# 中国林业产业与林产品年鉴

# YEARBOOK OF CHINA FOREST INDUSTRY

## 2017

国家林业和草原局　编
NATIONAL FORESTRY AND GRASSLAND ADMINISTRATION

中国林业出版社
CHINA FORESTRY PUBLISHING HOUSE

**图书在版编目(CIP)数据**

中国林业产业与林产品年鉴.2017/国家林业和草原局编.—北京：中国林业出版社，2018.6
ISBN 978-7-5038-9637-8

Ⅰ.①中… Ⅱ.①国… Ⅲ.①林业经济-中国-年鉴-2017 ②林产品-中国-年鉴-2017
Ⅳ.①F326.2-54 ②F426.88-54

中国版本图书馆CIP数据核字(2018)第141858号

**责任编辑：何 蕊　易婷婷**

---

**出版** 中国林业出版社(100009 北京西城区德内大街刘海胡同7号)
**电话** (010)83143666
**网址** http://lycb.forestry.gov.cn **E-mail**：cfybook@163.com
**发行** 中国林业出版社
**印刷** 北京中科印刷有限公司
**版次** 2018年10月第1版
**印次** 2018年10月第1次
**开本** 889mm×1194mm 1/16
**印张** 55.5
**字数** 1600千字
**定价** 399.00元

---

ISBN 978-7-5038-9637-8
9 787503 896378 >

# 《中国林业产业与林产品年鉴》
# 编 委 会

# 《中国林业产业与林产品年鉴》(2017)
## 特约编委

**《中国林业产业与林产品年鉴》(2017)**

**编 辑 部**

# 《中国林业产业与林产品年鉴》(2017)
## 分支主编

# 《中国林业产业与林产品年鉴》(2017)
## 特约编辑

# 编 辑 说 明

一、《中国林业产业与林产品年鉴》是一部全面、系统、准确反映我国林业产业体系建设成就、机制、经验及其发展动态的大型资料性工具书。每年一卷，限收录上一年度信息与资料。

二、《中国林业产业与林产品年鉴》的基本任务是，为我国林业现代化面向市场、生产基层，给林业行业广大生产经营单位、企业、各级行政职能机关，广大国内外投资者、经济科学研究工作者，提供全国林业产业各支柱产业的发展成就与水平；主要县（旗、市、区）林产品产销信息；国家有关政策法规；各省（区、市）与国有森工企业林业产业发展动态及其先进地县（市、局）经验与重点企业经营状况；林产品国际进出口贸易等资料。

三、第九卷（2017）根据国家林业局林策发〔2007〕117号通知要求，以2016年资料为主，全卷150多万字。

四、该卷（2017）编纂内容分六大部分：（一）特辑部分，收录国家领导人有关讲话，国家林业局主要文件等；（二）全国林业产业发展概述；（三）行业篇，包括木材、木材加工、果品、花卉、林下产品以及林产化工，森林旅游等林业产业支柱产业；（四）各省（区、市）林业产业，龙头企业及其品牌产品；（五）林产品主产县（旗、市、区、局）；（六）林产品进出口贸易资料。

五、该卷林业产业与林产品资料来源。《中国林业统计年鉴》《中国农业统计资料》、国家统计数据等。各县级资料，各省组织下属各县（旗、市、区、局）林业部门根据相关统计调查资料收集整理，并经省、地、县三级审核，通过中国林业产业与林产品信息网络平台填写上报。

六、该卷所录资料，均不含台湾省及香港、澳门特别行政区。

七、年鉴文字部分，实行条目编辑。条头设【 】。条目标题力求简明、规范。长条设黑体和楷体两级层次标题。全卷编排按内容分类。

八、年鉴编撰及资料收集，分别由各省（区、市）林业厅（局）、四大国有林区森工集团、兵团林业局和国家林业局有关司（局）及有关协会承担。

九、年鉴计量单位、文字撰稿、资料选用均执行国家在行立法规定。

十、条目、文章，一律署名，文责自负。

《中国林业产业与林产品年鉴》编辑部

# 《中国林业产业与林产品年鉴》编纂流程简图

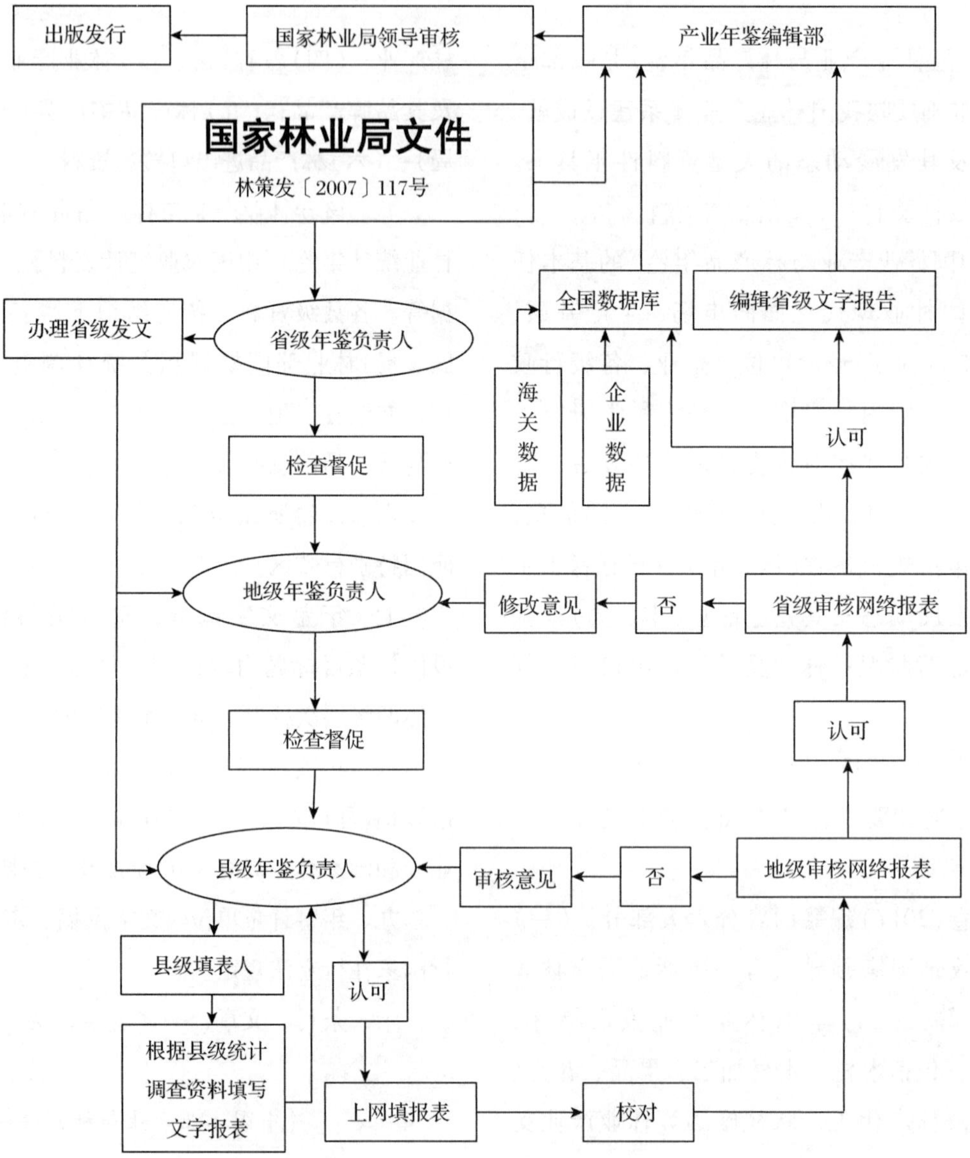

# 目　　录

## 特　辑



## 中国林业产业综述与行业篇

## 各省(区、市)林业产业

## 林产品主产地及产量

## 林产品进出口

# 特　辑

# SPECIAL

# 中华人民共和国主席令

第四十七号

《中华人民共和国野生动物保护法》已由中华人民共和国第十二届全国人民代表大会常务委员会第二十一次会议于2016年7月2日修订通过，现将修订后的《中华人民共和国野生动物保护法》公布，自2017年1月1日起施行。

中华人民共和国主席　习近平

2016年7月2日

# 中华人民共和国野生动物保护法

## 第一章　总　则

**第一条**　为了保护野生动物，拯救珍贵、濒危野生动物，维护生物多样性和生态平衡，推进生态文明建设，制定本法。

**第二条**　在中华人民共和国领域及管辖的其他海域，从事野生动物保护及相关活动，适用本法。

本法规定保护的野生动物，是指珍贵、濒危的陆生、水生野生动物和有重要生态、科学、社会价值的陆生野生动物。

本法规定的野生动物及其制品，是指野生动物的整体(含卵、蛋)、部分及其衍生物。

珍贵、濒危的水生野生动物以外的其他水生野生动物的保护，适用《中华人民共和国渔业法》等有关法律的规定。

**第三条**　野生动物资源属于国家所有。

国家保障依法从事野生动物科学研究、人工繁育等保护及相关活动的组织和个人的合法权益。

**第四条**　国家对野生动物实行保护优先、规范利用、严格监管的原则，鼓励开展野生动物科学研究，培育公民保护野生动物的意识，促进人与自然和谐发展。

**第五条**　国家保护野生动物及其栖息地。县级以上人民政府应当制定野生动物及其栖息地相关保护规划和措施，并将野生动物保护经费纳入预算。

国家鼓励公民、法人和其他组织依法通过捐赠、资助、志愿服务等方式参与野生动物保护活动，支持野生动物保护公益事业。

本法规定的野生动物栖息地，是指野生动物野外种群生息繁衍的重要区域。

**第六条**　任何组织和个人都有保护野生动物及其栖息地的义务。禁止违法猎捕野生动物、破坏野生动物栖息地。

任何组织和个人都有权向有关部门和机关举报或者控告违反本法的行为。野生动物保护主管部门和其他有关部门、机关对举报或者控告，应当及时依法处理。

**第七条**　国务院林业、渔业主管部门分别主管全国陆生、水生野生动物保护工作。

县级以上地方人民政府林业、渔业主管部门分别主管本行政区域内陆生、水生野生动物保护工作。

**第八条**　各级人民政府应当加强野生动物保护的宣传教育和科学知识普及工作，鼓励和支持基层群众性自治组织、社会组织、企业事业单位、志愿者开展野生动物保护法律法规和保护知识的宣传活动。

教育行政部门、学校应当对学生进行野生动物保护知识教育。

新闻媒体应当开展野生动物保护法律法规和保护知识的宣传，对违法行为进行舆论监督。

**第九条**　在野生动物保护和科学研究方面成

绩显著的组织和个人，由县级以上人民政府给予奖励。

## 第二章 野生动物及其栖息地保护

**第十条** 国家对野生动物实行分类分级保护。

国家对珍贵、濒危的野生动物实行重点保护。国家重点保护的野生动物分为一级保护野生动物和二级保护野生动物。国家重点保护野生动物名录，由国务院野生动物保护主管部门组织科学评估后制定，并每五年根据评估情况确定对名录进行调整。国家重点保护野生动物名录报国务院批准公布。

地方重点保护野生动物，是指国家重点保护野生动物以外，由省、自治区、直辖市重点保护的野生动物。地方重点保护野生动物名录，由省、自治区、直辖市人民政府组织科学评估后制定、调整并公布。

有重要生态、科学、社会价值的陆生野生动物名录，由国务院野生动物保护主管部门组织科学评估后制定、调整并公布。

**第十一条** 县级以上人民政府野生动物保护主管部门，应当定期组织或者委托有关科学研究机构对野生动物及其栖息地状况进行调查、监测和评估，建立健全野生动物及其栖息地档案。

对野生动物及其栖息地状况的调查、监测和评估应当包括下列内容：

（一）野生动物野外分布区域、种群数量及结构；

（二）野生动物栖息地的面积、生态状况；

（三）野生动物及其栖息地的主要威胁因素；

（四）野生动物人工繁育情况等其他需要调查、监测和评估的内容。

**第十二条** 国务院野生动物保护主管部门应当会同国务院有关部门，根据野生动物及其栖息地状况的调查、监测和评估结果，确定并发布野生动物重要栖息地名录。

省级以上人民政府依法划定相关自然保护区域，保护野生动物及其重要栖息地，保护、恢复和改善野生动物生存环境。对不具备划定相关自然保护区域条件的，县级以上人民政府可以采取划定禁猎（渔）区、规定禁猎（渔）期等其他形式予以保护。

禁止或者限制在相关自然保护区域内引入外来物种、营造单一纯林、过量施洒农药等人为干扰、威胁野生动物生息繁衍的行为。

相关自然保护区域，依照有关法律法规的规定划定和管理。

**第十三条** 县级以上人民政府及其有关部门在编制有关开发利用规划时，应当充分考虑野生动物及其栖息地保护的需要，分析、预测和评估规划实施可能对野生动物及其栖息地保护产生的整体影响，避免或者减少规划实施可能造成的不利后果。

禁止在相关自然保护区域建设法律法规规定不得建设的项目。机场、铁路、公路、水利水电、围堰、围填海等建设项目的选址选线，应当避让相关自然保护区域、野生动物迁徙洄游通道；无法避让的，应当采取修建野生动物通道、过鱼设施等措施，消除或者减少对野生动物的不利影响。

建设项目可能对相关自然保护区域、野生动物迁徙洄游通道产生影响的，环境影响评价文件的审批部门在审批环境影响评价文件时，涉及国家重点保护野生动物的，应当征求国务院野生动物保护主管部门意见；涉及地方重点保护野生动物的，应当征求省、自治区、直辖市人民政府野生动物保护主管部门意见。

**第十四条** 各级野生动物保护主管部门应当监视、监测环境对野生动物的影响。由于环境影响对野生动物造成危害时，野生动物保护主管部门应当会同有关部门进行调查处理。

**第十五条** 国家或者地方重点保护野生动物受到自然灾害、重大环境污染事故等突发事件威胁时，当地人民政府应当及时采取应急救助措施。

县级以上人民政府野生动物保护主管部门应当按照国家有关规定组织开展野生动物收容救护工作。

禁止以野生动物收容救护为名买卖野生动物及其制品。

**第十六条** 县级以上人民政府野生动物保护主管部门、兽医主管部门，应当按照职责分工对野生动物疫源疫病进行监测，组织开展预测、预报等工作，并按照规定制定野生动物疫情应急预案，报同级人民政府批准或者备案。

县级以上人民政府野生动物保护主管部门、兽医主管部门、卫生主管部门，应当按照职责分工负责与人畜共患传染病有关的动物传染病的防治管理工作。

**第十七条** 国家加强对野生动物遗传资源的保护，对濒危野生动物实施抢救性保护。

国务院野生动物保护主管部门应当会同国务院有关部门制定有关野生动物遗传资源保护和利用规划，建立国家野生动物遗传资源基因库，对原产我国的珍贵、濒危野生动物遗传资源实行重点保护。

**第十八条** 有关地方人民政府应当采取措施，预防、控制野生动物可能造成的危害，保障人畜安全和农业、林业生产。

**第十九条** 因保护本法规定保护的野生动物，造成人员伤亡、农作物或者其他财产损失的，由当地人民政府给予补偿。具体办法由省、自治区、直辖市人民政府制定。有关地方人民政府可以推动保险机构开展野生动物致害赔偿保险业务。

有关地方人民政府采取预防、控制国家重点保护野生动物造成危害的措施以及实行补偿所需经费，由中央财政按照国家有关规定予以补助。

## 第三章　野生动物管理

**第二十条** 在相关自然保护区域和禁猎(渔)区、禁猎(渔)期内，禁止猎捕以及其他妨碍野生动物生息繁衍的活动，但法律法规另有规定的除外。

野生动物迁徙洄游期间，在前款规定区域外的迁徙洄游通道内，禁止猎捕并严格限制其他妨碍野生动物生息繁衍的活动。迁徙洄游通道的范围以及妨碍野生动物生息繁衍活动的内容，由县级以上人民政府或者其野生动物保护主管部门规定并公布。

**第二十一条** 禁止猎捕、杀害国家重点保护野生动物。

因科学研究、种群调控、疫源疫病监测或者其他特殊情况，需要猎捕国家一级保护野生动物的，应当向国务院野生动物保护主管部门申请特许猎捕证；需要猎捕国家二级保护野生动物的，应当向省、自治区、直辖市人民政府野生动物保护主管部门申请特许猎捕证。

**第二十二条** 猎捕非国家重点保护野生动物的，应当依法取得县级以上地方人民政府野生动物保护主管部门核发的狩猎证，并且服从猎捕量限额管理。

**第二十三条** 猎捕者应当按照特许猎捕证、狩猎证规定的种类、数量、地点、工具、方法和期限进行猎捕。

持枪猎捕的，应当依法取得公安机关核发的持枪证。

**第二十四条** 禁止使用毒药、爆炸物、电击或者电子诱捕装置以及猎套、猎夹、地枪、排铳等工具进行猎捕，禁止使用夜间照明行猎、歼灭性围猎、捣毁巢穴、火攻、烟熏、网捕等方法进行猎捕，但因科学研究确需网捕、电子诱捕的除外。

前款规定以外的禁止使用的猎捕工具和方法，由县级以上地方人民政府规定并公布。

**第二十五条** 国家支持有关科学研究机构因物种保护目的人工繁育国家重点保护野生动物。

前款规定以外的人工繁育国家重点保护野生动物实行许可制度。人工繁育国家重点保护野生动物的，应当经省、自治区、直辖市人民政府野生动物保护主管部门批准，取得人工繁育许可证，但国务院对批准机关另有规定的除外。

人工繁育国家重点保护野生动物应当使用人工繁育子代种源，建立物种系谱、繁育档案和个体数据。因物种保护目的确需采用野外种源的，适用本法第二十一条和第二十三条的规定。

本法所称人工繁育子代，是指人工控制条件下繁殖出生的子代个体且其亲本也在人工控制条件下出生。

**第二十六条** 人工繁育国家重点保护野生动物应当有利于物种保护及其科学研究，不得破坏野外种群资源，并根据野生动物习性确保其具有必要的活动空间和生息繁衍、卫生健康条件，具备与其繁育目的、种类、发展规模相适应的场所、设施、技术，符合有关技术标准和防疫要求，不得虐待野生动物。

省级以上人民政府野生动物保护主管部门可

以根据保护国家重点保护野生动物的需要，组织开展国家重点保护野生动物放归野外环境工作。

**第二十七条** 禁止出售、购买、利用国家重点保护野生动物及其制品。

因科学研究、人工繁育、公众展示展演、文物保护或者其他特殊情况，需要出售、购买、利用国家重点保护野生动物及其制品的，应当经省、自治区、直辖市人民政府野生动物保护主管部门批准，并按照规定取得和使用专用标识，保证可追溯，但国务院对批准机关另有规定的除外。

实行国家重点保护野生动物及其制品专用标识的范围和管理办法，由国务院野生动物保护主管部门规定。

出售、利用非国家重点保护野生动物的，应当提供狩猎、进出口等合法来源证明。

出售本条第二款、第四款规定的野生动物的，还应当依法附有检疫证明。

**第二十八条** 对人工繁育技术成熟稳定的国家重点保护野生动物，经科学论证，纳入国务院野生动物保护主管部门制定的人工繁育国家重点保护野生动物名录。对列入名录的野生动物及其制品，可以凭人工繁育许可证，按照省、自治区、直辖市人民政府野生动物保护主管部门核验的年度生产数量直接取得专用标识，凭专用标识出售和利用，保证可追溯。

对本法第十条规定的国家重点保护野生动物名录进行调整时，根据有关野外种群保护情况，可以对前款规定的有关人工繁育技术成熟稳定野生动物的人工种群，不再列入国家重点保护野生动物名录，实行与野外种群不同的管理措施，但应当依照本法第二十五条第二款和本条第一款的规定取得人工繁育许可证和专用标识。

**第二十九条** 利用野生动物及其制品的，应当以人工繁育种群为主，有利于野外种群养护，符合生态文明建设的要求，尊重社会公德，遵守法律法规和国家有关规定。

野生动物及其制品作为药品经营和利用的，还应当遵守有关药品管理的法律法规。

**第三十条** 禁止生产、经营使用国家重点保护野生动物及其制品制作的食品，或者使用没有合法来源证明的非国家重点保护野生动物及其制品制作的食品。

禁止为食用非法购买国家重点保护的野生动物及其制品。

**第三十一条** 禁止为出售、购买、利用野生动物或者禁止使用的猎捕工具发布广告。禁止为违法出售、购买、利用野生动物制品发布广告。

**第三十二条** 禁止网络交易平台、商品交易市场等交易场所，为违法出售、购买、利用野生动物及其制品或者禁止使用的猎捕工具提供交易服务。

**第三十三条** 运输、携带、寄递国家重点保护野生动物及其制品、本法第二十八条第二款规定的野生动物及其制品出县境的，应当持有或者附有本法第二十一条、第二十五条、第二十七条或者第二十八条规定的许可证、批准文件的副本或者专用标识，以及检疫证明。

运输非国家重点保护野生动物出县境的，应当持有狩猎、进出口等合法来源证明，以及检疫证明。

**第三十四条** 县级以上人民政府野生动物保护主管部门应当对科学研究、人工繁育、公众展示展演等利用野生动物及其制品的活动进行监督管理。

县级以上人民政府其他有关部门，应当按照职责分工对野生动物及其制品出售、购买、利用、运输、寄递等活动进行监督检查。

**第三十五条** 中华人民共和国缔结或者参加的国际公约禁止或者限制贸易的野生动物或者其制品名录，由国家濒危物种进出口管理机构制定、调整并公布。

进出口列入前款名录的野生动物或者其制品的，出口国家重点保护野生动物或者其制品的，应当经国务院野生动物保护主管部门或者国务院批准，并取得国家濒危物种进出口管理机构核发的允许进出口证明书。依法实施进出境检疫。海关凭允许进出口证明书、检疫证明按照规定办理通关手续。

涉及科学技术保密的野生动物物种的出口，按照国务院有关规定办理。

列入本条第一款名录的野生动物，经国务院野生动物保护主管部门核准，在本法适用范围内可以按照国家重点保护的野生动物管理。

**第三十六条** 国家组织开展野生动物保护及相关执法活动的国际合作与交流；建立防范、打击野生动物及其制品的走私和非法贸易的部门协调机制，开展防范、打击走私和非法贸易行动。

**第三十七条** 从境外引进野生动物物种的，应当经国务院野生动物保护主管部门批准。从境外引进列入本法第三十五条第一款名录的野生动物，还应当依法取得允许进出口证明书。依法实施进境检疫。海关凭进口批准文件或者允许进出口证明书以及检疫证明按照规定办理通关手续。

从境外引进野生动物物种的，应当采取安全可靠的防范措施，防止其进入野外环境，避免对生态系统造成危害。确需将其放归野外的，按照国家有关规定执行。

**第三十八条** 任何组织和个人将野生动物放生至野外环境，应当选择适合放生地野外生存的当地物种，不得干扰当地居民的正常生活、生产，避免对生态系统造成危害。随意放生野生动物，造成他人人身、财产损害或者危害生态系统的，依法承担法律责任。

**第三十九条** 禁止伪造、变造、买卖、转让、租借特许猎捕证、狩猎证、人工繁育许可证及专用标识，出售、购买、利用国家重点保护野生动物及其制品的批准文件，或者允许进出口证明书、进出口等批准文件。

前款规定的有关许可证书、专用标识、批准文件的发放情况，应当依法公开。

**第四十条** 外国人在我国对国家重点保护野生动物进行野外考察或者在野外拍摄电影、录像，应当经省、自治区、直辖市人民政府野生动物保护主管部门或者其授权的单位批准，并遵守有关法律法规规定。

**第四十一条** 地方重点保护野生动物和其他非国家重点保护野生动物的管理办法，由省、自治区、直辖市人民代表大会或者其常务委员会制定。

## 第四章 法律责任

**第四十二条** 野生动物保护主管部门或者其他有关部门、机关不依法作出行政许可决定，发现违法行为或者接到对违法行为的举报不予查处或者不依法查处，或者有滥用职权等其他不依法履行职责的行为的，由本级人民政府或者上级人民政府有关部门、机关责令改正，对负有责任的主管人员和其他直接责任人员依法给予记过、记大过或者降级处分；造成严重后果的，给予撤职或者开除处分，其主要负责人应当引咎辞职；构成犯罪的，依法追究刑事责任。

**第四十三条** 违反本法第十二条第三款、第十三条第二款规定的，依照有关法律法规的规定处罚。

**第四十四条** 违反本法第十五条第三款规定，以收容救护为名买卖野生动物及其制品的，由县级以上人民政府野生动物保护主管部门没收野生动物及其制品、违法所得，并处野生动物及其制品价值二倍以上十倍以下的罚款，将有关违法信息记入社会诚信档案，向社会公布；构成犯罪的，依法追究刑事责任。

**第四十五条** 违反本法第二十条、第二十一条、第二十三条第一款、第二十四条第一款规定，在相关自然保护区域、禁猎(渔)区、禁猎(渔)期猎捕国家重点保护野生动物，未取得特许猎捕证、未按照特许猎捕证规定猎捕、杀害国家重点保护野生动物，或者使用禁用的工具、方法猎捕国家重点保护野生动物的，由县级以上人民政府野生动物保护主管部门、海洋执法部门或者有关保护区域管理机构按照职责分工没收猎获物、猎捕工具和违法所得，吊销特许猎捕证，并处猎获物价值二倍以上十倍以下的罚款；没有猎获物的，并处一万元以上五万元以下的罚款；构成犯罪的，依法追究刑事责任。

**第四十六条** 违反本法第二十条、第二十二条、第二十三条第一款、第二十四条第一款规定，在相关自然保护区域、禁猎(渔)区、禁猎(渔)期猎捕非国家重点保护野生动物，未取得狩猎证、未按照狩猎证规定猎捕非国家重点保护野生动物，或者使用禁用的工具、方法猎捕非国家重点保护野生动物的，由县级以上地方人民政府野生动物保护主管部门或者有关保护区域管理机构按照职责分工没收猎获物、猎捕工具和违法所得，吊销狩猎证，并处猎获物价值一倍以上五倍以下的罚款；没有猎获物的，并处二千元以上一万元以下的罚款；构成犯罪的，依法追究刑事责任。

违反本法第二十三条第二款规定，未取得持枪证持枪猎捕野生动物，构成违反治安管理行为的，由公安机关依法给予治安管理处罚；构成犯罪的，依法追究刑事责任。

**第四十七条** 违反本法第二十五条第二款规定，未取得人工繁育许可证繁育国家重点保护野生动物或者本法第二十八条第二款规定的野生动物的，由县级以上人民政府野生动物保护主管部门没收野生动物及其制品，并处野生动物及其制品价值一倍以上五倍以下的罚款。

**第四十八条** 违反本法第二十七条第一款和第二款、第二十八条第一款、第三十三条第一款规定，未经批准、未取得或者未按照规定使用专用标识，或者未持有、未附有人工繁育许可证、批准文件的副本或者专用标识出售、购买、利用、运输、携带、寄递国家重点保护野生动物及其制品或者本法第二十八条第二款规定的野生动物及其制品的，由县级以上人民政府野生动物保护主管部门或者工商行政管理部门按照职责分工没收野生动物及其制品和违法所得，并处野生动物及其制品价值二倍以上十倍以下的罚款；情节严重的，吊销人工繁育许可证、撤销批准文件、收回专用标识；构成犯罪的，依法追究刑事责任。

违反本法第二十七条第四款、第三十三条第二款规定，未持有合法来源证明出售、利用、运输非国家重点保护野生动物的，由县级以上地方人民政府野生动物保护主管部门或者工商行政管理部门按照职责分工没收野生动物，并处野生动物价值一倍以上五倍以下的罚款。

违反本法第二十七条第五款、第三十三条规定，出售、运输、携带、寄递有关野生动物及其制品未持有或者未附有检疫证明的，依照《中华人民共和国动物防疫法》的规定处罚。

**第四十九条** 违反本法第三十条规定，生产、经营使用国家重点保护野生动物及其制品或者没有合法来源证明的非国家重点保护野生动物及其制品制作食品，或者为食用非法购买国家重点保护的野生动物及其制品的，由县级以上人民政府野生动物保护主管部门或者工商行政管理部门按照职责分工责令停止违法行为，没收野生动物及其制品和违法所得，并处野生动物及其制品价值二倍以上十倍以下的罚款；构成犯罪的，依法追究刑事责任。

**第五十条** 违反本法第三十一条规定，为出售、购买、利用野生动物及其制品或者禁止使用的猎捕工具发布广告的，依照《中华人民共和国广告法》的规定处罚。

**第五十一条** 违反本法第三十二条规定，为违法出售、购买、利用野生动物及其制品或者禁止使用的猎捕工具提供交易服务的，由县级以上人民政府工商行政管理部门责令停止违法行为，限期改正，没收违法所得，并处违法所得二倍以上五倍以下的罚款；没有违法所得的，处一万元以上五万元以下的罚款；构成犯罪的，依法追究刑事责任。

**第五十二条** 违反本法第三十五条规定，进出口野生动物或者其制品的，由海关、检验检疫、公安机关、海洋执法部门依照法律、行政法规和国家有关规定处罚；构成犯罪的，依法追究刑事责任。

**第五十三条** 违反本法第三十七条第一款规定，从境外引进野生动物物种的，由县级以上人民政府野生动物保护主管部门没收所引进的野生动物，并处五万元以上二十五万元以下的罚款；未依法实施进境检疫的，依照《中华人民共和国进出境动植物检疫法》的规定处罚；构成犯罪的，依法追究刑事责任。

**第五十四条** 违反本法第三十七条第二款规定，将从境外引进的野生动物放归野外环境的，由县级以上人民政府野生动物保护主管部门责令限期捕回，处一万元以上五万元以下的罚款；逾期不捕回的，由有关野生动物保护主管部门代为捕回或者采取降低影响的措施，所需费用由被责令限期捕回者承担。

**第五十五条** 违反本法第三十九条第一款规定，伪造、变造、买卖、转让、租借有关证件、专用标识或者有关批准文件的，由县级以上人民政府野生动物保护主管部门没收违法证件、专用标识、有关批准文件和违法所得，并处五万元以上二十五万元以下的罚款；构成违反治安管理行为的，由公安机关依法给予治安管理处罚；构成犯罪的，依法追究刑事责任。

**第五十六条** 依照本法规定没收的实物，由县级以上人民政府野生动物保护主管部门或者其授权的单位按照规定处理。

**第五十七条** 本法规定的猎获物价值、野生动物及其制品价值的评估标准和方法，由国务院野生动物保护主管部门制定。

## 第五章 附 则

**第五十八条** 本法自2017年1月1日起施行。

# 全面开创林业产业发展新局面 为全面建成小康社会作出新贡献

## ——在第三届全国林业产业大会上的讲话

国家林业局局长　张建龙

（2016 年 12 月 23 日）

这次大会的主要任务是：深入学习贯彻习近平总书记关于“绿水青山就是金山银山”等系列重要讲话精神，总结近几年林业产业工作，研究部署今后一个时期林业产业工作，加快推进供给侧结构性改革，为林业改革发展和全面建成小康社会作出新贡献。刚才，我们观看了精品展示片，签署了合作协议，颁发了突出贡献奖，宣布了一批龙头企业。下面，我再讲三点意见。

**一、深入学习领会习近平总书记重要讲话精神，充分认识加快林业产业发展的重大意义**

党的十八大以来，习近平总书记对林业改革发展高度重视，先后作出一系列重要指示。习近平总书记强调，林区转型发展，要按照绿水青山就是金山银山、冰天雪地也是金山银山的思路，摸索接续产业发展路子；要让绿水青山充分发挥经济社会效益；要把增加绿色优质农产品供给放在突出位置。这些重要论述，为加快林业产业发展指明了方向、提供了遵循。我们要认真学习领会，切实把思想和行动统一到习近平总书记重要指示精神上来，充分认识加快林业产业发展的重大意义，以更大的力度、更实的措施推动林业产业发展。

（一）*加快林业产业发展，是将绿水青山变成金山银山的有效手段。*绿水青山是一个地区的最大优势和潜力所在，但一些地方虽有绿水青山，经济社会发展却相对滞后，民生问题仍然突出，究其根本原因就是没有找到绿水青山就是金山银山的有效办法。许多成功实践表明，在坚持保护优先的前提下，科学利用森林景观资源，大力发展森林康养、森林旅游、林下经济等林业产业，完全可以将资源优势、生态优势转化为经济优势，不砍树能致富将绿水青山变成金山银山，实现保护生态和发展经济双赢。

（二）*加快林业产业发展，是推进林业供给侧结构性改革的必然要求。*目前，我国生态产品和林产品都十分短缺，木材对外依存度近 50%，食用植物油依存度超过 70%，天然橡胶依存度高达 80%，其他绿色优质林产品也供不应求。推进林业供给侧结构性改革，必须加快林业产业发展，增强林产品供给能力，才能满足市场的多样化需求。我国有丰富的林地、湿地和物种资源，发展林业产业具有独特优势和巨大潜力，完全有条件通过做大做强林业产业，立足国内保障木材等林产品供给。要紧紧抓住推进供给侧结构性改革的良好机遇，借助林产品需求侧的强大拉动力，加快发展林业产业，调整优化产业和产品结构，努力增加优质林产品供给。

（三）*加快林业产业发展，是林业现代化建设的重要内容。*林业既是一项重要的公益事业，又是一项重要的基础产业，不仅要生产生态产品，而且要生产物质产品，保障林产品供给。在建设生态文明和美丽中国的新形势下，推进林业现代化建设，既要坚定不移地实施以生态建设为主的林业发展战略，全面保护各种林业资源，又要把发展林业产业摆在重要位置，坚持两手抓，二者不可偏废。保护生态和发展产业都是服务国家大局的需要，通过发展林业产业，让林业经营者获得适当的经济收入，也有利于更好地保护和培育森林资源，全面提升林业现代化建设水平。

（四）*加快林业产业发展，是实现农民增收和精准脱贫的重要途径。*我国山区、林区和沙区森林资源相对比较丰富，是发展林业产业的重点地区，这一区域集中了 60% 的贫困人口，森林资源是他们最重要的生产资料，林业产业是他们最适合从事的产业。林业具有涵盖范围广、产业链条长、产品种类多、就业容量大的优势。一些地方通过发展林业产业，已经帮助贫困人口实现精准脱贫、稳定脱贫。进一步做大做强林业产业，对于832个贫困县摘帽和农村贫困人口脱贫致富，确保与全国人民同步进入小康社会，意义十分重大。

*(五)加快林业产业发展，是完成林业改革任务的重要保障。*资源增长、收入增加、生态良好、林区和谐，是集体林权制度改革、国有林场改革和国有林区改革的主要目标。要实现这些目标，不仅要培育发展森林资源，而且要依托森林资源加快发展非林非木产业，促进职工群众就业增收，巩固和扩大改革成果。特别是国有林区，森林资源丰富，富余职工众多，产业结构单一，只有发挥绿色资源优势，大力发展特色产业、替代产业、接续产业，加快林区转型发展，改革目标才能顺利实现。

**二、科学把握林业产业发展面临的新形势，着力适应林业产业创新发展的新要求**

进入新世纪以来，党中央、国务院对加快林业产业发展作出了一系列重要部署。国家林业局先后召开了两次全国林业产业大会。经过全社会的共同努力，我国林业产业实现了快速、持续、健康发展。全国林业产业总产值已由2001年的4090亿元增加到2015年的5.94万亿元，15年增长了13.5倍，我国已成为世界上林业产业发展最快的国家和世界林产品生产、贸易、消费第一大国。

在我国林业产业发展的进程中，第一产业快速发展，2015年实现产值2万亿元，其中经济林产业异军突起，产值突破1万亿元，达到1.19万亿元。第二产业产值由2001年的1241.62亿元增加到2.98万亿元，增长23倍，这标志着我国林业工业化实现了跨越式发展。第三产业由2001年的145.16亿元增加到9262亿元。林业一、二、三产业结构由67∶30∶3调整为34∶50∶16，实现了显著优化。

总的来看，我国林业产业发展取得了巨大成就，为7亿多农村人口脱贫致富作出了重要贡献，对“绿水青山就是金山银山”作出了很好的诠释。但同时，我们也要清醒地看到，我国林业产业还存在不少问题。主要表现在：区域发展不平衡，企业规模小，科技水平低，结构不合理，高精深少，高附加值产品少，整体效益还不高，林业产业发展还有着巨大的潜力和空间。

当前，世界经济复苏乏力，追求绿色发展、低碳发展、循环发展成为全球经济发展的新趋势。我国经济发展进入新常态，正处在转型升级的重要阶段，党中央、国务院明确提出了加快供给侧结构性改革的新要求和创新、协调、绿色、开放、共享的新发展理念。林业产业发展在连续十几年实现高速增长的情况下，也出现了许多新变化。一是市场需求出现了新变化。国际市场对我国林产品的需求有所下降，国内市场对绿色产品、生态服务和品牌化、个性化产品的需求日益增长。二是产业形态出现了新变化。林业产业与信息技术的融合发展，与金融业的融合发展，与现代物流业的融合发展，与能源产业、中医药产业、运动产业、教育产业和服务业的融合发展，呈现出许多新业态、新模式、新趋势。三是要素配置出现了新变化。林地价值价格逐年上升，劳动力成本明显增加，国家已允许科技人员和科技成果入股经营，股权收购、兼并重组、建立私募基金成为林业产业发展新动向，PPP模式越来越受到重视，生态建设和林业产业发展已成为企业履行社会责任、发展低碳经济、推动绿色增长的重要领域。四是国际贸易环境出现了新变化。纳入《濒危野生动植物种国际贸易公约》严格限制交易的树种增加到246个，全球已有90个国家限制或禁止原木出口。国际贸易保护主义抬头，在传统贸易壁垒依然存在的情况下，技术性贸易壁垒正在逐步增加，绿色壁垒已经成为常态。近5年我国仅人造板材一项就遭受到来自11个国家的“双反”调查。

这些新形势、新变化，既给林业产业发展提出了新挑战，又给加快林业产业发展带来了新机遇。站在新的历史起点上，要抓住新机遇，应对新挑战，实现林业产业转型升级，实现林业产业由大变强的历史性转变，关键在创新发展，潜力在创新发展，希望也在创新发展。这是世情国情林情对林业产业发展提出的最重要、最核心的新要求。

一要加强机制创新。深化集体林权制度改革，积极稳妥推进国有林场和国有林区改革，着力改变体制不顺、机制不活、产权界定不清等制约林业发展的深层次问题。健全完善林业发展财政金融扶持制度，加强林业金融创新，用活用好金融资金，采取多元融资模式筹措产业发展资金，破解融资难题。刚才，我们与中国建设银行签署全面战略合作暨林业产业发展投资基金合作协议就是要解决林业产业融资问题，特别是解决金融资本进入林业产业的问题。

二要加强产品创新。坚持以市场需求引领产品研发和服务创新，把增加绿色优质林产品放在突出位置，着力增强林产品与生态服务供给的适应性和针对性。坚持以创新拓展市场领域，推动林业产业由资源依赖型向创新发展型转变。深入挖掘、深度开发林产品的生物质功能、碳汇功能、保健功能和文化功能，充分发挥林业产业的多样性、多功能性、生态性和林产品的可循环性、可降解性，为推行绿色发展方式和生活方式作出新贡献。

三要加强组织创新。积极引导发展家庭经营、合作经营、企业经营，促进适度规模经营，着力提升劳动生产率、林地产出率和资源利用率。充分发挥龙头企业在产业发展中的引领作用，着力推进一、二、三产业融合发展。建设集研发设计、流程优化、市场营销、物流配送等于一体的产业园区，充分发挥其节能降耗、降低成本、优势互补的作用，提升产业整体效益。

四要加强科技创新。科技创新在林业产业发展，特别是中央提出的供给侧结构性改革中意义非常重大。我们刚才观看的精品展示片中的生动实践表明，凡是林业产业发展好的地方，科技创新都做得比较好，只有加强科技创新，才能把林业产业不断做大做强。要突出加强基础研究，对现有高新技术企业要鼓励做大做强。落实林业科技成果处置和收益政策，推动科研院所、高校、涉林企业建立协同研发体系和创新联盟。继续加大林业生物质能源、生物质材料、生物制药、生物提取物等关键技术攻关，以新技术突破带动形成新产业新业态。用好用足现代信息技术，大力发展“智慧林业”，以信息化带动林业产业现代化。

**三、抓实抓好重点工作，努力开创林业产业发展新局面**

加快林业产业发展，必须全面贯彻党的十八大和十八届三中、四中、五中、六中全会精神，深入学习贯彻习近平总书记系列重要讲话精神，牢固树立新发展理念，以推进林业供给侧结构性改革为主线，以市场需求为导向，以政策引导、示范引领、龙头带动为抓手，做强一产、做优二产、做活三产，努力增加绿色优质林产品供给，为绿色富国、绿色惠民、全面建成小康社会作出新的贡献。力争到2020年，全国林业总产值达到9万亿元，一二三产业结构比例调整为27:52:21，林业主要产业带动就业人数达到6000万。实现林业产业发展目标，要着力抓实抓好八项重点工作。

（一）大力发展新兴产业和富民产业。要充分利用林业高新技术，做大林业生物质新材料、生物质能源、生物制药和生物提取物等新兴产业。对林下经济、木本油料、竹藤花卉、森林药材、森林食品、特色经济林、森林旅游康养和沙产业等富民产业，要突出特色，避免产业趋同；要发挥规模效应，一个县做成一两个支柱产业；要改造提升传统产业和优势产业，把传统产业做精，把优势产业做强。

（二）实施重点工程带动产业发展。“十三五”期间，要实施一批林业产业重点工程，以大工程带动大发展。今年我们制定了《林业产业发展“十三五”规划》，规划了一批重点发展的林业产业，大家要高度重视。要加快实施国家储备林建设工程，在自然条件适宜地区，大力培育速丰林、珍贵树种和大径级用材林，逐步解决我国用材问题。要加快实施木本粮油发展工程，建设油茶等一批木本粮油基地，推进加工产业发展，种植面积达到2.7亿亩，年产量达2450万吨。要实施森林旅游休闲康养服务工程，构建林业生态服务体系，各类森林旅游康养休闲基地数量达到1万个，年接待人数突破25亿人次，要结合实际打造一批依托国有林场、森林公园、湿地公园和沙漠公园的森林旅游、森林休闲、森林康养基地。要实施特色经济林、林下经济和竹藤花卉苗木产业发展工程，推进规模化、产业化、标准化生产。要实施林业生物产业、林业碳汇和林业装备制造工程，把我国特有资源、特有技术转化为产业优势、市场优势，补齐林业产业发展短板。特别要加大林产品采摘机械的研发力度，降低劳动强度和人工成本。要加强跟踪对比研究，通过实验和长期对比，把小品种培育成大产业。

（三）加快林业产业集群发展和示范园区建设。优化人造板、家具、木浆造纸和林业循环经济等产业布局，依托资源禀赋和口岸优势，打造一批精深加工产业集群，发挥重点产业集聚效应和区域产业竞争优势。发展适度规模经营，优化经营结构，推动规模经营与脱贫攻坚和带动农户增收有机结合。依托特色林产品基地、森林食品基地和竹藤示范区，建立特色林业精品园和林业产业现代化示范园区。特别要加强竹子的开发利用示范。大力培育林业龙头企业，完善动态评价管理机制，推动组建国家林业重点龙头企业联盟。支持林业龙头企业跨区域合作，鼓励龙头企业与林业合作社参股经营。落实好返乡下乡人员创业创新政策，扩大林业产业就业容量。

（四）推进林业产业与互联网深度融合。建立健全以林产品电子商务为重点的林产品市场体系，减少流通环节、降低流通成本、提升林产品价值。加快上海自贸区中国林产品交易所建设，探索林产品现货交易和期货交易，逐步形成全球性的林产品交易市场，增强我国大宗林产品的定价权。全面推进林产品国家标准、行业标准和企业标准建设，推动林产品标准国际化。抓紧实施品牌发展战略，加快制定并实施国家林业品牌建设与保护计划，建立森林生态标志产品质量可追溯体系，逐步形成集保真溯源、产品升级和金融、保险于一体的电子商务系列化服务平台，打造名牌产品。编制全国林产品企业名录，完善产业基础数据库。建设国家重点林产品市场监测预警体系，为林业产业防范市场风险提供可靠信息保障。

（五）继续深化林业产业国际合作。以“一带一路”建设国家战略为依托，扩大和深化国际林业产业合作。加强林业产业对外合作重大问题研究，主动参与国际贸易规则制定。加快林业“走出去”步伐，鼓励有条件的企业建立海外森林资源培育基地和林业投资合作示范园区，提高资源供给能力。引导企业优化林产品贸易结构，巩固现有市场，拓展新兴市场。深化我国木材加工、林业机械制造等优势产能国际合作，推进林业调查规划、勘察设计等服务和技术模式输出。依托国内木材口岸，建设进口木材资源储备加工交易基地。健全政府、行业和企业“三位一体”的林业贸易摩擦应对和境外投资预警协调机制。中国林业产业联合会、中国林产工业协会要继续与有关方面共同做好贸易摩擦应对工作。

（六）着力完善林业产业扶持政策。建立林权市场化收储加补贴机制，完善林权抵押质押贷款制度。创新中央财政扶持政策，推进实施与林业发展特点相适应的财政贴息政策，积极鼓励政府与企业、民营资本合作，大力推广国家储备林等林业 PPP 项目建设。力争“十三五”期间，社会资本和金融资本投入林业生态建设和保护达到5000亿元。建立和完善全国性的林业产业发展基金，鼓励有条件的地方政府和社会资本共同发起区域性林业绿色发展基金。完善森林保险制度，推动建立森林巨灾保险基金和巨灾再保险。完善商品林采伐管理，大力推行林木采伐限额公示。构建林业机械技术创新和制造体系，提升林业装备现代化水平。

（七）切实加强指导和服务。各地要依托森林资源禀赋和区域特点，统筹规划林业产业发展，因地制宜确定主导产业。加快推进“放管服”改革，制定林业产业和市场准入负面清单。建立林业重点企业联系制度，完善产业统计和监测指标体系。发挥行业协会桥梁纽带作用，加强行业自律和企业合法权益维护。

（八）进一步加强组织领导。当前，中央提出了供给侧结构性改革和精准脱贫的重要部署，大力发展林业产业正当其时。这一点希望各省区市林业主管部门引起高度重视，在高举生态建设大旗的同时，也要把林业产业做大做强。没有产业的林业，是不完整的林业，也是不会引起社会重视的林业。我们这次召开第三届全国林业产业大会，就是要强调林业产业非常重要，各地不仅要提高认识，更要有具体的推进措施。各级林业主管部门要把发展林业产业摆上重要位置。国家林业局林业产业工作领导小组及办公室要发挥好统筹协调作用。要积极争取发展改革、财政、银监、保险、商务、质检、工商等有关部门对林业产业的支持。各级林业主管部门要加强林业产业管理队伍建设，为加快林业产业发展提供组织保障。

同志们，做大做优做强林业产业，是深化林业供给侧结构性改革、培育林业发展新动能的战略选择。我们要统一思想、提高认识，齐心协力、真抓实干，全面开创林业产业发展新局面，为推进林业现代化建设、全面建成小康社会作出新的更大贡献！

# 全国绿化委员会关于进一步加强古树名木保护管理的意见

全绿字〔2016〕1号

各省、自治区、直辖市绿化委员会，各有关部门（系统）绿化委员会，中国人民解放军、中国人民武装警察部队绿化委员会，内蒙古、吉林、龙江、大兴安岭森工（林业）集团公司，新疆生产建设兵团绿化委员会：

古树名木是自然界和前人留下来的珍贵遗产，是森林资源中的瑰宝，具有极其重要的历史、文化、生态、科研价值和较高的经济价值。为深入贯彻落实党的十八大关于建设生态文明的战略决策，不断挖掘古树名木的深层重要价值，充分发挥其独特的时代作用，现就进一步加强古树名木保护管理提出如下意见：

**一、充分认识加强古树名木保护的重要性和紧迫性**

（一）全面深刻认识保护古树名木的重要意义。古树是指树龄在100年以上的树木。名木是指具有重要历史、文化、景观与科学价值和具有重要纪念意义的树木。古树名木保存了弥足珍贵的物种资源，记录了大自然的历史变迁，传承了人类发展的历史文化，孕育了自然绝美的生态奇观，承载了广大人民群众的乡愁情思。加强古树名木保护，对于保护自然与社会发展历史，弘扬先进生态文化，推进生态文明和美丽中国建设具有十分重要的意义。

（二）加强古树名木保护管理刻不容缓。近年来，各地、各部门（系统）积极采取措施，组织开展资源调查，制定法律法规，完善政策机制，落实管护责任，切实加强古树名木保护管理工作，取得了明显成效。但是，当前也还存在着认识不到位、保护意识不强、资源底数不清、资金投入不足、保护措施不力、管理手段单一等问题，擅自移植、盗伐盗卖等人为破坏现象时有发生，形势十分严峻，加强古树名木保护管理刻不容缓。各地、各部门（系统）绿化委员会要站在对历史负责、对人民负责、对自然生态负责的高度，充分认识保护古树名木的必要性和迫切性，切实采取有效措施，进一步强化古树名木保护管理。

**二、指导思想、基本原则和总体目标**

（三）指导思想。以邓小平理论、“三个代表”重要思想、科学发展观为指导，全面贯彻党的十八大和十八届三中、四中、五中全会精神，深入贯彻习近平总书记系列重要讲话精神，以实现古树名木资源有效保护为目标，坚持全面保护、依法管理、科学养护的方针，积极推进古树名木保护管理法治化建设，进一步落实古树名木管理和养护责任，不断加大投入力度，强化科技支撑，加强队伍建设，努力提高全社会保护意识，切实保护好每一棵古树名木，充分发挥古树名木在传承历史文化、弘扬生态文明中的独特作用，为推进绿色发展、建设美丽中国作出更大贡献。

（四）基本原则。坚持全面保护。古树名木是不可再生和复制的稀缺资源，是祖先留下的宝贵财富，必须做好全面普查，摸清资源状况，逐步将所有古树名木资源都纳入保护范围。

坚持依法保护。进一步加强古树名木保护立法，健全法规制度体系，依法管理，严格执法，着力提升法治化、规范化管理水平。

坚持政府主导。充分发挥地方各级人民政府和绿化委员会职能作用，逐步建立健全政府主导、绿化委员会组织领导、部门分工负责、社会广泛参与的保护管理机制。

坚持属地管理。县级以上绿化委员会统一组织本行政区域内古树名木保护管理工作。县级以上林业、住房城乡建设（园林绿化）等部门要根据省级人民政府规定，分工负责，切实做好本行政区域广大乡村和城市规划区的古树名木保护管理工作。

坚持原地保护。古树名木应原地保护，严禁

违法砍伐或者移植古树名木。要严格保护好古树名木的原生地生长环境，设立保护标志，完善保护设施。

坚持科学管护。积极组织开展古树名木保护管理科学研究，大力推广先进养护技术，建立健全技术标准体系，提高管护科技水平。坚持抢救复壮与日常管护并重，促进古树名木健康生长。

（五）工作目标。到2020年，完成第二次全国古树名木资源普查，形成详备完整的资源档案，建立全国统一的古树名木资源数据库；建成全国古树名木信息管理系统，初步实现古树名木网络化管理；建立古树名木定期普查与不定期调查相结合的资源清查制度，实现全国古树名木保护动态管理；逐步建立起国家与地方相结合的古树名木保护管理体系，初步实现古树名木保护系统化管理；建立比较完备的古树名木保护管理法律法规制度体系，逐步实现古树名木保护管理法治化；建立起比较完善的古树名木保护管理体制和责任机制，使古树名木都有部门管理、有人养护，实现全面保护；科技支撑进一步加强，初步建立起一支能满足古树名木保护工作需要的专业技术队伍；社会公众的古树名木保护意识显著提升，在全社会形成自觉保护古树名木的良好氛围。

**三、古树名木保护管理工作的主要任务**

（六）组织开展资源普查。全国绿化委员会每10年组织开展一次全国性古树名木资源普查。有条件的地方可根据工作实际需要，适时组织资源普查。在普查间隔期内，各地要加强补充调查和日常监测，及时掌握资源变化情况。对新发现的古树名木资源，应及时登记建档予以保护。

（七）加强古树名木认定、登记、建档、公布和挂牌保护。各地要根据古树名木资源普查结果，及时开展古树名木认定、登记、建档、公布、挂牌等基础工作。在做好纸质档案收集整理归纳的基础上，充分利用现代信息技术手段，建立古树名木资源电子档案。

（八）建立健全管理制度。各地、各有关部门要按照国家有关法规、部门职责和属地管理的原则，进一步加强古树名木保护管理制度建设，明确古树名木管理部门，层层落实管理责任；探索划定古树名木保护红线，严禁破坏古树名木及其自然生境。在有关建设项目审批中应避让古树名木；对重点工程建设确实无法避让的，应科学制订移植保护方案实行移植异地保护，严格依照相关法规规定办理审批手续；对工程建设影响到古树名木保护的项目，项目主管部门要及时与古树名木行政主管部门签订临时保护责任书，落实建设单位和施工单位的保护责任。林业、住房城乡建设（园林绿化）部门要加强古树名木日常巡查巡视，发现问题及时妥善处理。要结合本地古树名木资源状况，制订防范古树名木自然灾害应急预案。

（九）全面落实管护责任。要按照属地管理原则和古树名木权属情况，落实古树名木管护责任单位或责任人，由县级林业、住房城乡建设（园林绿化）等绿化行政主管部门与管护责任单位或责任人签订责任书，明确相关权利和义务。管护责任单位和责任人应切实履行管护责任，保障古树名木正常生长。

（十）加强日常养护。古树名木保护行政主管部门要根据古树名木生长势、立地条件及存在的主要问题，制订科学的日常养护方案，督促指导责任单位和责任人认真实施相关养护措施，积极创造条件改善古树名木生长环境。及时排查树体倾倒、腐朽、枯枝、病虫害等问题，并有针对性地采取保护措施；对易被雷击的高大、孤立古树名木，要及时采取防雷保护措施。

（十一）及时开展抢救复壮。对发现濒危的古树名木，要及时组织专业技术力量，采取切实可行的措施，尽力进行抢救。对长势衰弱的古树名木，要通过地上环境综合治理、地下土壤改良、有害生物防治、树洞防腐修补、树体支撑加固等措施，有步骤、有计划地开展复壮工作，逐步恢复其长势。

**四、完善保障措施**

（十二）完善法律法规体系。各地、各有关部门要认真贯彻实施《森林法》《环境保护法》《城市绿化条例》等法律法规中关于古树名木保护管理的相关规定，加快推进古树名木保护管理立法工作，将实践证明行之有效的经验和好的做法及时上升为法律法规，加强古树名木保护地方性法规、规章、制度的制修订，进一步健全完善法律法规制度体系，努力提高依法行政、依法治理的能力和水平。

（十三）加大执法力度。各地、各有关部门要依法依规履行保护管理职能，依法严厉打击盗砍盗伐和非法采挖、运输、移植、损害等破坏古树名木的违法行为。各有关部门要加强沟通协调，对破坏和非法采挖倒卖古树名木等行为，坚决依法依规，从严查处；对构成犯罪的，依法追究刑事责任。

（十四）加大资金投入。各地、各有关部门要加大资金投入力度，积极支持古树名木普查、鉴定、建档、挂牌、日常养护、复壮、抢救、保护设施建设以及科研、培训、宣传、表彰奖励等资金需求。拓宽资金投入渠道，将古树名木保护管理纳入全民义务植树尽责形式，鼓励社会各界、基金、社团组织和个人通过认捐、认养等多种形式参与古树名木保护。积极探索建立非国家所有的古树名木保护补偿机制。

（十五）强化科技支撑。要加大对古树名木保护管理科学技术研究的支持力度，组织开展保护技术攻关，大力推广应用先进养护技术，提高保护成效。研究制定古树名木资源普查、鉴定评估、养护管理、抢救复壮等技术规范，建立健全完善的古树名木保护管理技术规范体系。成立古树名木保护管理专家咨询委员会，为古树名木保护管理提供科学咨询和技术支持。

（十六）加强专业队伍建设。各地、各部门（系统）要加强古树名木保护管理从业人员专业技术培训，培养造就一批高素质的管理和专业技术人才队伍。组织开展管护责任单位、责任人的培训教育，提高管护水平，增强管护责任意识。

**五、加强组织领导**

（十七）切实加强领导。地方各级人民政府要高度重视，切实加强领导，将古树名木保护管理作为生态文明建设的重要内容，纳入经济社会发展规划；要将古树名木保护管理列入地方政府重要议事日程，编制古树名木保护规划并认真组织实施，及时研究解决古树名木保护工作中的重大问题，定期组织开展资源普查，向社会公布古树名木保护名录，设置保护设施和保护标志；要建立和完善古树名木保护工作目标责任制和责任追究制度。地方各级绿化委员会要加强组织领导和协调，统筹推进古树名木保护管理工作。地方各级林业、住房城乡建设（园林绿化）等绿化行政主管部门要制订年度工作计划，明确目标，落实责任，强化举措，扎实推进古树名木保护管理工作。其他相关部门要加强协作，形成合力，协同推进古树名木保护管理工作。乡镇、村屯等基层组织要按照属地管理的原则，落实管护责任，做到守土有责，确保古树名木安全、正常生长。

（十八）强化督促检查。地方各级绿化委员会要进一步加强古树名木保护工作的统筹协调和检查督促指导。全国绿化委员会办公室会同有关部门每 2 年组织开展一次古树名木保护工作落实情况督促检查，对古树名木保护工作突出、成效明显的，予以通报表扬；对保护工作不力的，责成立即整改；对发现违规移植古树名木的，不得参加生态保护和建设方面的各项评比表彰，已经获取相关奖项或称号的，一律予以取消。要建立古树名木保护定期通报制度、专家咨询制度及公众和舆论监督机制，推进古树名木保护工作科学化、民主化。

（十九）加大宣传力度。各地、各部门（系统）要将古树名木作为推进生态文明建设的重要载体，加大宣传教育力度，弘扬生态文明理念，提高全社会生态保护意识。要充分利用网络、电视、电台、报刊及各类新媒体，大力宣传保护古树名木的重要意义，宣传古树名木文化，不断增强社会各界和广大公众保护古树名木的自觉性。及时向社会发布古树名木保护信息，组织开展形式多样的专题宣传活动，组织编写发放通俗易懂、群众喜闻乐见的科普宣传资料，提高宣传成效。

全国绿化委员会
2016 年 2 月 2 日

# 国家林业局关于印发《国家林木种质资源库管理办法》的通知

林场发〔2016〕4 号

各省、自治区、直辖市林业厅(局),内蒙古、吉林、龙江、大兴安岭森工(林业)集团公司,新疆生产建设兵团林业局,国家林业局各司局、各直属单位:

为加强国家林木种质资源库建设和管理,保护好林木种质资源,根据《中华人民共和国种子法》《国务院办公厅关于加强林木种苗工作的意见》(国办发〔2012〕58 号)等有关规定,我局研究制定了《国家林木种质资源库管理办法》(见附件),现印发给你们,请遵照执行。

附件:国家林木种质资源库管理办法

国家林业局

2016 年 1 月 8 日

附件

## 国家林木种质资源库管理办法

**第一条** 为加强国家林木种质资源库建立和管理,保护好林木种质资源,根据《中华人民共和国种子法》《国务院办公厅关于加强林木种苗工作的意见》(国办发〔2012〕58 号)、《国务院办公厅关于深化种业体制改革提高创新能力的意见》(国办发〔2013〕109 号)等有关规定,制定本办法。

**第二条** 国家林木种质资源库建立和管理应当遵守本办法。

**第三条** 国家林木种质资源库是指因科研、生产或保护的需要,利用原地保存、异地保存、离体保存等方式建设的特种林分或特殊设施。收集保存的林木种质资源具有丰富性和代表性,在国内外有重大影响,具有重要的保护和利用价值。

**第四条** 国家林木种质资源库由国家林业局建立,具体工作由其所属的林木种苗管理机构负责。

**第五条** 国家林业局组织编制全国林木种质资源调查收集与保存利用规划,制定国家林木种质资源库发展和管理的相关政策,指导国家林木种质资源库建设与管理,在政策和资金上给予扶持,开展有关技术培训和交流,建立国家林木种质资源库基础数据库,实现资源共享。

**第六条** 省级林业主管部门可以受国家林业局委托,对国家林木种质资源库的生产和建设情况进行监督。根据国家林木种质资源库发展规划和建设条件,推荐国家林木种质资源库建议名单。

**第七条** 国家林木种质资源库应当具备下列条件:

(一)收集、保存的林木种质资源具有多样性和代表性,具有重要生产或科研价值,知识产权明确。

(二)具备一定保存规模和发展潜力。

1. 异地保存种质资源库规模应当根据保存的种质份数综合决定,但面积原则上不小于 15 公顷。

2. 具有特殊保护利用价值的种质资源保存库(圃)或种子及其他离体材料的设施保存库规模可根据实际情况确定。

(三)土地权属清楚,具有较好的、长期稳定的保护管理基础。

(四)生产基础设施健全,符合林木种质资源保存需要。

(五)管理机构健全,人员配备合理,具备与开展林木种质资源收集与保存工作相适应的专业技术人员。

（六）管理规范，制度健全，档案资料齐全且保存完整。

（七）与科研、教学单位长期合作，有技术力量较强的科技支撑单位和专家。

（八）有能够保障开展林木种质资源收集与保存所需的经费。

**第八条** 国家林木种质资源库主要职责和义务：

（一）编制区域国家林木种质资源发展规划。

（二）完成国家林业局部署的各项建设和生产任务。

（三）建立并完善各项管理制度，健全各类生产经营和管理档案及信息数据库。

（四）与科技支撑单位、技术专家及其他林木种质资源库协作，合作开展林木种质资源评价、利用活动。

（五）对原地或异地保存的林木种质资源，加强抚育管护，保证保存的林木种质资源生长势。

（六）对收集保存的林木种质资源应当面向公众开放，开展科普教育。

（七）每年年底前向国家林业局上报工作总结和下一年度工作计划。

**第九条** 国家林木种质资源库保存的林木种质资源属公共资源，应当长期保存，并根据可供利用的林木种质资源目录依法开放利用。

**第十条** 国家林木种质资源库可以由林木种质资源保存单位向国家林业局提出申请，也可以由所在地省级林业主管部门推荐。

**第十一条** 申请单位应当提供以下材料，并保证材料的真实性和准确性：

（一）国家林木种质资源库申报书（见附）。

（二）主要保护对象照片及资料。

（三）位置图和区界图等相关图件资料。

（四）土地使用证、林权证或土地等使用权属证明文件。

（五）技术人员证明材料。

（六）科技支撑协议书。

（七）申报单位法人证明材料。

（八）其他材料。

**第十二条** 国家林业局根据发展规划，组织专家对国家林木种质资源库申报材料进行评审，评审通过的，在国家林业局政府网站上进行公示，公示期限为7个工作日，无异议的由国家林业局向社会公告国家林木种质资源库名称。

**第十三条** 国家林业局对国家林木种质资源库实行动态管理，有下列情况之一的，调整出国家林木种质资源库目录清单：

（一）无正当理由未完成保存、建设任务的。

（二）管理混乱，导致保存的林木种质资源丢失的。

（三）不能履行国家林木种质资源库任务的。

（四）违规使用资金，挪用资金的。

（五）未经批准私自向境外提供林木种质资源或与外国投资者开展合作研究利用种质资源，造成林木种质资源流失的。

（六）其他违反有关规定的。

**第十四条** 规范国家林木种质资源库命名。命名方式统一为：林木种质资源保护库所在地名称或区域名称＋具有代表性的保护对象名称＋国家林木种质资源保护库。

**第十五条** 本办法自2016年3月1日起实施，有效期至2020年12月31日。

# 国家林业局　中国农业发展银行<br>关于充分发挥农业政策性金融作用支持林业发展的意见

林规发〔2016〕12号

各省、自治区、直辖市林业厅(局)，内蒙古、吉林、龙江、大兴安岭、长白山森工(林业)集团公司，新疆生产建设兵团林业局，各计划单列市林业局，中国农业发展银行各省、自治区、直辖市分行，国家林业局各司局、各直属单位：

为贯彻落实党的十八大和十八届三中、四中、五中全会以及2015年中央1号文件精神，充分发挥农业政策性金融在国家实施以生态建设为主的林业发展战略中的作用，加快推进生态文明建设，全面深化林业改革，实现林业现代化发展目标，现提出如下意见。

## 一、农业政策性金融支持林业发展意义重大

党中央、国务院高度重视生态文明建设和林业产业发展，党的十八大把生态文明建设摆上了中国特色社会主义五位一体总体布局的战略地位。

林业是一项重要的公益事业和基础产业，承担着生态建设和林产品供给的重要任务。我国经济快速发展给生态保护带来巨大压力，林业管理和经营体制不适应新形势发展的需要、林区基础设施建设和民生保障水平较低等问题日益突出，林业作为生态文明建设的主体，改革和发展的任务艰巨、责任重大。

中国农业发展银行(以下简称“农发行”)作为我国唯一的农业政策性银行，对于贯彻落实国家生态文明建设的战略部署、支持林业发展与改革责无旁贷。农发行具有专业性强、机构网络健全、资金规模充足、利率优惠和贷款期限长等优势，加大林业信贷支持，有助于解决林业发展长期资金不足的问题。各级林业主管部门和农发行要充分认识双方加强合作的重要性和紧迫性，增强责任感和使命感，充分发挥农业政策性金融的作用，推进林业改革与发展。

## 二、加强合作，全方位支持林业发展

(一)林业主管部门要积极配合农发行做好信贷支持工作。各级林业主管部门要主动加强与农发行的合作与沟通，把农发行作为林业改革发展融资的主要合作银行之一，积极配合农发行做好贷款办理和提供政策支持。一要强化林业政策制定和贯彻落实工作，积极协调发展改革、财政、人民银行、银监等部门，完善林业融资政策，创造良好的林业融资环境，协调有关主管部门规范和健全林权抵押登记、评估、流转及林权收储等机制和林权管理信息化服务体系，完善林木采伐管理制度，扩大森林保险范围等。二要发挥专业优势和组织优势，及时向农发行提供林业发展规划、产业政策信息、行业分析报告等专业资讯，主动与农发行开展项目对接，提出融资需求，配合农发行做好承贷主体的设立和遴选工作，协调有关主管部门为农发行抵押林权的核实查证、处置抵押林权提供快捷便利服务。三要加强行业指导和监督，用好农发行信贷政策及产品组合，配合农发行做好信贷资金和项目监管，对恶意逃废农发行债务的项目单位在行政管理职能范围内通过依法予以通报、停止贴息、停止发放采伐证等形式加强调控。

(二)农发行要为林业发展提供全面优质的金融服务。各级农发行要充分发挥系统、专业和政策性金融优势，主动作为，积极与林业主管部门做好衔接，通过多种方式为林业项目提供全面优质的金融服务。一要强化与地方政府合作，积极探索、重点推进通过公司类客户支持林业发展的信贷模式。结合林业项目特点和国家、地方有关政策，分别采用委托代建购买服务、政府特许经营、企业自营等项目融资模式。二要因地制宜、因项目制宜，为林业项目量身定制融资方案。努

力创新金融产品，研发符合林业产业特点、与林业生产周期相匹配的信贷产品，延长中长期贷款期限，实施优惠利率，开展风险可控的林权抵押贷款业务等。三要提高服务意识，增强服务水平，优化贷款审批流程，提高办贷效率，加快贷款投放，对林业主管部门推荐的优质项目和国家重点工程，开辟绿色通道，在信贷政策上予以倾斜。

（三）拓宽合作支持范围全方位服务林业发展。各级林业主管部门和农发行要拓宽合作范围，形成全方位支持林业发展格局。双方合作支持重点领域包括：一是国家储备林基地建设。二是天然林资源保护工程、生态防护林建设、森林抚育经营等林业生态修复和建设工程。三是林区道路、森林防火等林业基础设施建设。四是国有林区（场）改革转产项目。五是油茶、核桃等木本油料、工业原料林、林产品精深加工等林业产业发展。六是森林公园、湿地公园、沙漠公园等生态旅游开发。

**三、建立密切合作机制**

国家林业局与农发行总行是双方深化合作的组织领导机构，双方将建立联席会议制度，定期或不定期召开联席会议，交流行业政策规划、市场分析等信息动态，沟通推进项目合作进展事宜，研究解决双方在支持林业发展中遇到的问题等。

各级林业主管部门和农发行也要相应建立沟通协调机制，深化合作内容，加强项目对接，实现信息和资源共享，积极探索重大项目联合评估、联合监管，在课题研究、专项调研、业务培训等方面强化合作，推动双方合作顺畅高效进行。

各级农发行与林业主管部门应积极开展合作对接，双方本着贷款项目及早落地、贷款安全有效保障的指导思想，以上述合作重点领域为主要方向，就各地目前条件比较成熟的有合作空间的林业建设项目进行具体协商，将其作为双方“十三五”期间首批合作项目予以推进。

国家林业局
中国农业发展银行
2016 年 1 月 12 日

# 国家林业局　国家开发银行关于加强合作共同推进国家储备林等重点领域建设发展的通知

林规发〔2016〕15 号

各省、自治区、直辖市林业厅(局)，内蒙古、吉林、龙江、大兴安岭、长白山森工(林业)集团公司，新疆生产建设兵团林业局，各计划单列市林业局，国家开发银行各省、自治区、直辖市分行：

为贯彻落实党中央、国务院关于加快国家储备林等林业重点领域建设发展的决策部署，增强林业支撑保障能力，促进贫困地区全面建成小康社会，2015 年 12 月 17 日，国家林业局与国家开发银行签订了《共同推进国家储备林等重点领域建设发展合作协议》(以下简称《协议》)，现印发给你们，请按要求做好有关工作。

**一、林业主管部门要积极配合开发银行做好信贷支持工作**

各级林业主管部门要按照中央林业工作方针、中央扶贫开发工作会议有关精神和国家储备林建设规划有关要求，积极主动与所在地开发银行分行沟通，介绍有关规划、工程、项目和资金需求情况等。要发挥组织、协调、管理优势，在林业行业政策、业务推荐、信息共享等方面为开发银行提供必要的条件。要切实做好重点林业项目储备，根据项目成熟度，形成开发性金融支持林业发展的项目储备库，争取开发银行信贷资金支持。

**二、开发银行要发挥融资优势为林业发展提供优质服务**

开发银行各分行要发挥规划先行和融资优势，按照《协议》要求，参与所在地林业及生态扶贫“十三五”发展规划和林业重点领域规划研究工作，结合各地林业发展特点及融资需求，为各地林业主管部门和林业企业提供个性化多元化金融服务。对林业主管部门推荐的优质项目和重点林业工程项目，要在信贷政策上予以倾斜。要增强服务意识，提高服务水平，优化贷款审批流程，加快贷款投放速度。

**三、发挥开发性金融的作用助力创新促进林业发展**

各级林业主管部门与所在地开发银行分行要充分发挥各自优势，共同推动和促进包括融资主体、融资模式在内的金融体制创新；探索林权、林地承包经营权抵押、贷款风险准备金、项目相关应收账款质押及林业保险制度，建立林产品收储机制，完善风险防控体系；研究国家储备林及林业生态扶贫开发的支持政策和保障措施，争取多种货币政策工具和财税、金融优惠政策，降低林业资金成本，探索市场化融资渠道等措施，鼓励社会资本参与林业项目建设，多种渠道解决林业资金问题。

**四、建立密切合作机制共同防范金融风险**

各级林业主管部门与所在地开发银行分行要密切合作，协力推进开发性金融支持林业发展工作，协商解决有关问题，共同加快推进国家储备林、林业生态扶贫、境外林业资源开发等工作。各级林业主管部门要按照《协议》要求，加强行业指导，完善监督管理制度，协助开发银行加强林业融资主体培育体系建设和风险防控机制建设。

国家林业局与国家开发银行是双方合作的组织领导机构，对于合作中出现的重大问题，各省级林业主管部门和开发银行分行要及时报告。

特此通知。

附件：国家林业局 国家开发银行股份有限公司共同推进国家储备林等重点领域建设发展合作协议(略)

国家林业局
国家开发银行
2016 年 1 月 20 日

# 国家林业局国家标准化管理委员会关于公布2015年国家林业标准化示范企业的通知

林科发〔2016〕16号

各省、自治区、直辖市林业厅(局)、质量技术监督局(市场监督管理部门),内蒙古、吉林、龙江、大兴安岭森工(林业)集团公司,新疆生产建设兵团林业局、质量技术监督局:

为认真贯彻落实《国务院关于印发质量发展纲要(2011—2020年)的通知》(国发〔2012〕9号)精神,加快推进林业企业标准化生产,进一步提高林产品质量,不断形成一批生产管理标准化、市场竞争力较强的林业企业,根据国家林业局、国家标准委联合印发的《国家林业标准化示范企业管理办法》(林科发〔2014〕5号)和《国家林业局办公室关于开展2015年国家林业标准化示范企业申报工作的通知》(办科字〔2015〕96号)要求,按照企业自愿、政府引导的原则,在各省级林业和质监主管部门的推荐下,经审核,确定北京市黄垡苗圃等31家企业为2015年国家林业标准化示范企业(名单详见附件),期限自2016年1月至2018年12月。现就开展国家林业标准化示范企业(以下简称示范企业)建设工作提出如下要求。

一、示范企业要按照国家林业局和国家标准委关于开展示范企业建设工作的有关要求,结合实际,健全和完善企业标准化体系,在生产经营的全过程实施标准化,提升产品质量,增强市场竞争力。

二、各有关省级林业和质监主管部门要切实加强对示范企业的指导,及时总结示范企业建设工作经验,在工作开展过程中,如发生重大问题,应及时报送有关信息。

三、各地要积极开展林业标准化示范企业创建工作,探索林业企业标准化生产示范工作的新模式,推动林业产业健康快速发展。

特此通知。

附件:2015年国家林业标准化示范企业名单

国家林业局
国家标准化管理委员会
2016年1月29日

附件

## 2015年国家林业标准化示范企业名单

| 序 号 | 企业名称 | 所在地区 | 类 别 |
|---|---|---|---|
| 1 | 北京市黄垡苗圃 | 北 京 | 林木种苗 |
| 2 | 河北蓝鸟家具股份有限公司 | 河 北 | 林木制品 |
| 3 | 桦甸市惠邦木业有限责任公司 | 吉 林 | 林木制品 |
| 4 | 珲春兴家地板有限责任公司 | 吉 林 | 林木制品 |
| 5 | 抚松金隆木业集团有限公司 | 吉 林 | 林木制品 |
| 6 | 吉林森林工业股份有限公司露水河刨花板分公司 | 吉 林 | 林木制品 |
| 7 | 吉林省露水河林业局 | 吉 林 | 林木种苗 |
| 8 | 上海东林方杉林业发展有限公司 | 上 海 | 林木种苗 |

(续)

| 序　号 | 企业名称 | 所在地区 | 类　别 |
|---|---|---|---|
| 9 | 江苏德鲁尼木业有限公司 | 江　苏 | 林木制品 |
| 10 | 江苏晟宇地板有限公司 | 江　苏 | 林木制品 |
| 11 | 徐州飞亚木业有限公司 | 江　苏 | 林木制品 |
| 12 | 浙江虹越花卉股份有限公司 | 浙　江 | 林木种苗 |
| 13 | 浙江滕头园林股份有限公司 | 浙　江 | 林木种苗 |
| 14 | 江山欧派门业股份有限公司 | 浙　江 | 林木制品 |
| 15 | 浙江金凯门业有限责任公司 | 浙　江 | 林木制品 |
| 16 | 安徽舒城金桥农林科技有限公司 | 安　徽 | 林木种苗 |
| 17 | 安徽扬子地板股份有限公司 | 安　徽 | 林木制品 |
| 18 | 安徽德昌苗木有限公司 | 安　徽 | 林木种苗 |
| 19 | 宿州市东大木业有限公司 | 安　徽 | 林木制品 |
| 20 | 福建茗匠竹艺科技有限公司 | 福　建 | 林木制品 |
| 21 | 福建元力活性炭股份有限公司 | 福　建 | 林化产品 |
| 22 | 寿光市富士木业有限公司 | 山　东 | 林木制品 |
| 23 | 邵阳县现代农业科技示范有限责任公司 | 湖　南 | 林木种苗 |
| 24 | 衡阳市天天见梳篦实业有限公司 | 湖　南 | 林木制品 |
| 25 | 益阳森华林业发展有限公司 | 湖　南 | 林木制品 |
| 26 | 仁化县奥达胶合板有限公司 | 广　东 | 林木制品 |
| 27 | 广东省宜华木业股份有限公司 | 广　东 | 林木制品 |
| 28 | 海南柏盈兰花产业开发有限公司 | 海　南 | 林木种苗 |
| 29 | 贵州赤天化纸业股份有限公司 | 贵　州 | 林化产品 |
| 30 | 普洱市卫国林业局 | 云　南 | 林木制品 |
| 31 | 宁夏林业研究所股份有限公司 | 宁　夏 | 林木种苗 |

# 国家林业局令

第40号

《林木种子生产经营许可证管理办法》已经2016年4月11日国家林业局局务会议审议通过，现予公布，自2016年6月1日起施行。

国家林业局局长 张建龙
2016年4月19日

## 林木种子生产经营许可证管理办法

### 第一章 总 则

**第一条** 为了规范林木种子生产经营许可证的管理，根据《中华人民共和国种子法》《中华人民共和国行政许可法》的有关规定，制定本办法。

**第二条** 在中华人民共和国境内从事林木种子生产经营许可证的申请、审核、核发和管理等活动，适用本办法。

本办法所称林木种子生产经营许可证，是指县级以上人民政府林业主管部门核发的准予从事林木种子生产经营活动的证件。

**第三条** 本办法所称林木种子是指林木的种植材料(苗木)或者繁殖材料，具体是指乔木、灌木、藤本、竹类、花卉以及绿化和药用草本植物的籽粒、果实、根、茎、苗、芽、叶、花等。

**第四条** 从事林木种子经营和主要林木种子生产的单位和个人应当取得林木种子生产经营许可证，按照林木种子生产经营许可证载明的事项从事生产经营活动。

**第五条** 县级以上人民政府林业主管部门负责林木种子生产经营许可证的审核、核发和管理工作，具体工作可以由其委托的林木种苗管理机构负责。

### 第二章 申 请

**第六条** 从事林木种子经营和主要林木种子生产的单位和个人，应当向县级以上人民政府林业主管部门申请林木种子生产经营许可证。

**第七条** 申请林木种子生产经营许可证的单位和个人，应当提交下列材料：

(一)林木种子生产经营许可证申请表。

(二)营业执照或者法人证书复印件、身份证件复印件；单位还应当提供章程。

(三)经营场所、生产用地权属证明材料以及生产用地的用途证明材料。

(四)林木种子生产、加工、检验、储藏等设施和仪器设备的所有权或者使用权说明材料以及照片。

(五)林木种子生产、检验、加工、储藏等技术人员基本情况的说明材料以及劳动合同。

**第八条** 申请林木种子生产经营许可证属于下列情形的，申请人还应当提交下列材料：

(一)从事林木种子生产的，应当提供生产地点无检疫性有害生物证明。其中从事籽粒、果实等有性繁殖材料生产的，还应当提供具有安全隔离条件的说明材料、县级以上人民政府林业主管部门确定的采种林分证明以及照片。

(二)从事具有植物新品种权林木种子生产经营的，应当提供品种权人的书面同意或者国务院林业主管部门品种权转让公告、强制许可决定。

(三)从事林木良种种子生产经营的，应当提供林木良种证明材料。

(四)实行选育生产经营相结合的，应当提供育种科研团队、试验示范测试基地以及自主研发的林木品种等相关证明材料。

（五）生产经营引进外来林木品种种子的，应当提交引种成功的证明材料。

（六）从事林木种子进出口业务的，应当提供按照国家有关规定取得的种子进出口许可证明。

（七）从事转基因林木种子生产经营的，应当提供转基因林木安全证书。

## 第三章　审核和核发

**第九条**　申请林木种子进出口业务的林木种子生产经营许可证的，申请人应当向省、自治区、直辖市人民政府林业主管部门提出申请，经省、自治区、直辖市人民政府林业主管部门审核后，由国务院林业主管部门核发。

申请林木良种种子的生产经营和选育生产经营相结合的林木种子生产经营许可证的，申请人应当向所在地县级人民政府林业主管部门提出申请，经县级人民政府林业主管部门审核后，由省、自治区、直辖市人民政府林业主管部门核发。

申请前两款以外的其他林木种子生产经营许可证的，由生产经营者所在地县级以上地方人民政府林业主管部门核发。

只从事非主要林木种子生产的，不需办理林木种子生产经营许可证。

**第十条**　申请林木种子生产经营许可证的，应当具备下列条件：

（一）具有与林木种子生产经营的种类和数量相适应的生产经营场所。从事籽粒、果实等有性繁殖材料生产的，必须具有晒场、种子库。

（二）具有与林木种子生产经营的种类和数量相适应的设施、设备等。从事籽粒、果实等有性繁殖材料生产的，必须具有种子烘干、风选、精选机等生产设备和恒温培养箱、光照培养箱、干燥箱、扦样器、天平、电冰箱等种子检验仪器设备。

（三）具有林木种子相关专业中专以上学历、初级以上技术职称或者同等技术水平的生产、检验、加工、储藏等技术人员。

**第十一条**　申请林木种子生产经营许可证从事籽粒、果实等有性繁殖材料生产的，除第十条规定外，还应当具备下列条件：

（一）具有繁殖种子的隔离和培育条件。

（二）具有无检疫性有害生物的生产地点或者县级以上人民政府林业主管部门确定的采种林。

申请林木种子生产经营许可证从事苗木生产的，除第十条规定外，还应当具有无检疫性有害生物的生产地点。

**第十二条**　负责审核的林业主管部门应当自受理申请之日起二十个工作日内完成审查；负责核发的林业主管部门应当自受理申请或者收到审查材料之日起二十个工作日内作出行政许可决定，并将行政许可决定抄送负责审核的林业主管部门。二十个工作日内不能作出行政许可决定的，经本级林业主管部门负责人批准，可以延长十个工作日，并应当将延长期限的理由告知申请人。

核发林木种子生产经营许可证需要组织检验检测的，应当自受理之日起五个工作日内书面告知申请人。检验检测所需时间不得超过六十日。

检验检测所需时间不计入核发林木种子生产经营许可证工作日之内。

**第十三条**　对申请材料齐全、符合第十条以及第十一条规定条件的，林业主管部门应当核发林木种子生产经营许可证。对不符合第十条、第十一条规定条件的，林业主管部门应当作出不予核发林木种子生产经营许可证的行政许可决定，并告知不予许可的理由。

**第十四条**　林木种子生产经营许可证有效期限为五年，地方性法规、政府规章另有规定的除外。

**第十五条**　林木种子生产经营许可证有效期届满需要延续的，生产经营者应当在有效期届满三十日前向原发证机关提出延续的书面申请。申请者应当提交林木种子生产经营许可证延续申请表和上一年度生产经营情况说明。

林木种子生产经营许可证损坏、遗失的，生产经营者应当在有效期届满前向原发证机关提出补发的书面申请并说明理由，同时将已损坏的林木种子生产经营许可证交回原发证机关。

原发证机关应当根据申请，在林木种子生产经营许可证有效期届满前作出是否准予延期或者补发的决定。

**第十六条**　林木种子生产经营许可证应当载

明生产经营者名称、地址、法定代表人、生产经营种类、生产地点、有效期限、有效区域等事项。

从事林木良种种子生产经营的，林木种子生产经营许可证应当载明审(认)定的林木良种名称、编号。

林木种子生产经营许可证注明事项发生变更的，生产经营者应当自变更之日起三十日内，向原发证机关提出变更的书面申请。申请者应当提交变更申请和相应的项目变更证明材料，同时将林木种子生产经营许可证交回原发证机关。

有效期限和有效区域不得申请变更。

**第十七条** 林木种子生产经营许可证的有效区域由发证机关在其管辖范围内确定。生产经营者在林木种子生产经营许可证载明的有效区域设立分支机构的，专门经营不再分装的包装种子的，或者受具有林木种子生产经营许可证的生产经营者以书面委托生产、代销其种子的，不需要办理林木种子生产经营许可证。但应当在变更营业执照或者获得书面委托后十五日内，将林木种子生产经营许可证复印件、营业执照复印件或者书面委托合同等证明材料报生产经营者所在地县级人民政府林业主管部门备案。

生产经营者在林木种子生产经营许可证载明的有效区域外设立分支机构的，应当重新申请办理林木种子生产经营许可证。

实行选育生产经营相结合的种子企业的林木种子生产经营许可证的有效区域为全国。

## 第四章 监督管理

**第十八条** 县级以上人民政府林业主管部门及其工作人员，不得参与和从事林木种子生产经营活动。

**第十九条** 县级以上人民政府林业主管部门应当按照公开、公平、公正的原则，开展对生产经营者林木种子生产经营活动的监督检查，并将监督检查情况立卷、归档，实行动态监督管理。监督检查的主要内容包括：

(一)开展林木种子生产经营活动情况。

(二)林木种子生产经营档案制度执行情况。

(三)生产经营的林木种子质量情况。

对监督检查中发现的问题，应当按照《中华人民共和国种子法》等规定予以处理。

**第二十条** 县级以上人民政府林业主管部门应当建立林木种子生产经营许可证管理档案，具体内容包括：申请材料、审核、核发材料及有关法律、法规规定的文件等。

林木种子生产经营许可证管理档案应当从林木种子生产经营许可证被注销或者自动失效之日起至少保留五年。

省、自治区、直辖市人民政府林业主管部门应当于每年三月底前将上一年度林木种子生产经营许可证管理情况上报国家林业局。

**第二十一条** 生产经营者应当按照林木种子生产经营许可证的规定进行生产经营，建立林木种子生产经营档案。

**第二十二条** 申请者故意隐瞒有关情况或者提供虚假材料申请林木种子生产经营许可证的，申请人在一年内不得再次申请林木种子生产经营许可证。

生产经营者以欺骗、贿赂等不正当手段取得林木种子生产经营许可证的，生产经营者在三年内不得再次申请林木种子生产经营许可证。

**第二十三条** 有下列情形之一的，县级以上人民政府林业主管部门应当注销林木种子生产经营许可证，并予以公告：

(一)林木种子生产经营许可证有效期届满未延续的。

(二)林木种子生产经营许可证被吊销的。

(三)取得林木种子生产经营许可证后，无正当理由满六个月未开展相关生产经营活动或者停止相关生产经营活动满一年的。

(四)生产经营者的营业执照被吊销的。

(五)法律、法规规定的应当注销的其他情形。

**第二十四条** 林木种子生产经营许可证载明的林木良种被撤销审定或者认定到期的，生产经营者应当自公告发布之日起三十日内到原发证机关申请变更或者注销。

## 第五章 附 则

**第二十五条** 本办法中选育生产经营相结合企业，是指同时具备以下三个条件的林木种子生产经营企业：

1. 具有育种科研团队。

2. 具有试验示范测试基地。

3. 具有自主研发的林木品种。

**第二十六条** 林木种子生产经营许可证和申请表的格式由国家林业局制定。

**第二十七条** 本办法自2016年6月1日起施行。国家林业局于2002年12月2日发布、2011年1月25日第一次修改、2015年4月30日第二次修改的《林木种子生产、经营许可证管理办法》同时废止。

# 国家林业局关于省级以下森林公园审批有关事项的通知

林场发〔2016〕47 号

各省、自治区、直辖市林业厅(局),内蒙古、吉林、龙江、大兴安岭、长白山森工(林业)集团公司,新疆生产建设兵团林业局:

为全面贯彻落实《国务院关于第二批取消 152 项中央指定地方实施行政审批事项的决定》(国发〔2016〕9 号,以下简称国发〔2016〕9 号文件)精神,进一步加强省级以下(省、市、县级)森林公园建设发展,确保森林公园行政管理的稳定有序运行,推动森林公园事业健康持续发展,现就省级以下森林公园审批有关事项通知如下:

**一、深刻领会和准确把握国发〔2016〕9 号文件的精神**

根据国发〔2016〕9 号文件要求,“行政许可只能依据行政许可法的规定设定,不得把已取消的中央指定事项作为行政许可的设定依据。尚未制定法律、行政法规的,地方性法规可以设定行政许可;尚未制定法律、行政法规和地方性法规的,因行政管理的需要,确需立即实施行政许可的,省、自治区、直辖市人民政府规章可以设定临时性的行政许可”。1994 年原林业部发布施行的《森林公园管理办法》属部门规章,因此依照行政许可法的规定和国务院清理规范中央指定地方实施行政审批事项的要求,各地实施的省、市、县级森林公园行政审批不能以《森林公园管理办法》为依据。

**二、有效规范省级以下森林公园的审批**

截至 2015 年底,我国共建立 826 处国家级森林公园、1402 处省级森林公园和 1005 处县(市)级森林公园,省级以下森林公园是我国森林公园建设发展体系的重要组成部分。各地要把省级以下森林公园审批作为本地区森林公园建设发展工作的重要环节,认真抓实做好,确保省级以下森林公园审批的公开、公正、透明开展。实施省、市、县级森林公园行政审批,已经有地方性法规规定或者省、自治区、直辖市人民政府规章设定临时性行政许可的,要按行政许可法的规定进一步完善审批程序、简化审批环节、减少申请材料,加强规范;尚未出台地方性法规或者省级人民政府规章的,要加快推进森林公园立法,力争尽早出台,依法实施省、市、县级森林公园行政审批。

特此通知。

国家林业局
2016 年 4 月 15 日

# 国家林业局关于印发《林木种子生产经营档案管理办法》的通知

林场发〔2016〕71 号

各省、自治区、直辖市林业厅(局)，内蒙古、吉林、龙江、大兴安岭、长白山森工(林业)集团公司，新疆生产建设兵团林业局，国家林业局各司局、各直属单位：

为规范林木种子生产经营档案的建立和管理，加强对林木种子生产经营行为的监管，实行林木种子可追溯性管理，根据《中华人民共和国种子法》的有关规定，我局研究制定了《林木种子生产经营档案管理办法》(见附件)，现印发给你们，请遵照执行。

特此通知。

附件：林木种子生产经营档案管理办法

国家林业局

2016 年 5 月 30 日

**附件**

## 林木种子生产经营档案管理办法

**第一条** 为了规范林木种子生产经营档案的建立和管理，加强对林木种子生产经营行为的监管，实行林木种子可追溯性管理，根据《中华人民共和国种子法》(以下简称《种子法》)的规定，制定本办法。

**第二条** 从事林木种子生产经营的单位和个人，应当依法建立、健全林木种子生产经营档案，保证可追溯。

**第三条** 本办法所称林木种子是指林木的种植材料(苗木)或者繁殖材料，具体是指乔木、灌木、藤本、竹类、花卉以及绿化和药用草本植物的籽粒、果实、根、茎、苗、芽、叶、花等。

**第四条** 县级以上人民政府林业主管部门负责林木种子生产经营档案监督管理工作，具体工作可以由其委托的林木种苗管理机构负责。

**第五条** 林木种子生产经营者应当健全档案管理制度，配备必要的设备，专人管理。

**第六条** 林木种子生产经营者应当建立和保存包括种子来源、产地、数量、质量、销售去向、销售日期和有关责任人员等内容的生产经营档案。

林木种子生产经营档案应当保存如下资料：

(一)生产经营记录。

生产记录，包括采种林或采穗圃的施肥、灌溉、中耕除草、病虫害防治，种子或穗条采集、调制、储藏、种子产量等；苗木整地、播种(扦插、嫁接等)、间苗、定苗、移植、施肥、灌溉、中耕除草、病虫害防治等。

经营记录，包括种子出入库记录表、树种(品种)、数量、销售去向、销售日期等。

(二)证明种子来源、产地、销售去向的合同、票据、账簿、标签等。

(三)自检原始记录、种子质量检验证书、检疫证明等。

(四)林木种子生产经营许可证。

(五)与林木种子生产经营活动相关的技术标准。

(六)其他需要保存的文件资料等。

生产经营林木良种的，还应当保存林木良种证明材料。

生产经营转基因林木种子的，还应当保存转基因林木安全证书或者其复印件。

生产经营植物新品种的，还应当保存品种权

人的书面同意证明或者国家林业局品种权转让公告、强制许可决定。

实行选育生产经营相结合的企业，还应当保存林木品种选育的选育报告、实验数据、林木品种特征标准图谱(如叶、茎、根、花、果实、种子等的照片)及试验林照片等。

**第七条** 林木种子生产经营档案应当分类分年度归档，妥善保存。对破损或者变质的档案及时修复。档案毁损或者丢失的，应当及时补齐原有内容。

**第八条** 林木种子生产经营档案应当至少保存10年，林木良种、转基因林木种子生产经营档案应当永久保存。

**第九条** 林木种子生产经营档案记载的信息应当连续、完整、真实，不得用圆珠笔或者铅笔填写，不得随意涂改，签字、印章、日期等具有法律效用的标识要完备，并逐步实行电子化管理。

**第十条** 违反本办法规定，未建立、保存林木种子生产经营档案的，按《种子法》第八十条规定进行处罚。

**第十一条** 本办法自2016年7月1日起施行，有效期至2021年6月30日。《国家林业局关于印发〈林木种子生产、经营档案管理办法〉的通知》(林场发〔2008〕88号)同时废止。

# 国家林业局令

第42号

《国家林业局关于修改部分部门规章的决定》已经2016年7月25日国家林业局局务会议审议通过，现予公布，自公布之日起施行。

国家林业局局长　张建龙

2016年9月22日

## 国家林业局关于修改部分部门规章的决定

根据国务院关于清理不利于稳增长、促改革、调结构、惠民生、防风险的规章的要求，对下列部门规章进行修改：

一、《森林公园管理办法》(1994年1月22日林业部令第3号，2011年1月25日国家林业局令第26号修改)

(一)将第八条修改为："县级以上地方人民政府林业主管部门应当在上级林业主管部门的指导和同级人民政府的领导下，加强省级森林公园和市、县级森林公园的建设和管理。省级森林公园和市、县级森林公园设立、撤销、改变经营范围或者变更隶属关系的审批，按照地方有关规定执行。"

"省级森林公园和市、县级森林公园可以按照有关规定晋升为国家级森林公园。"

(二)删除第九条。

另外，将条文顺序作相应的调整。

二、《普及型国外引种试种苗圃资格认定管理办法》(2005年9月23日国家林业局令第17号)

将第五条第二项修改为："从事主要林木种子生产和林木种子经营的，应当提供《林木种子生产经营许可证》复印件"，并删除第五条第四项。

三、《松材线虫病疫木加工板材定点加工企业审批管理办法》(2005年9月23日国家林业局令第18号)

删除第五条第四项。

四、《引进陆生野生动物外来物种种类及数量审批管理办法》(2005年9月23日国家林业局令第19号，2015年4月30日国家林业局令第37号修改)

删除第五条第四项。

五、《大熊猫国内借展管理规定》(2011年7月25日国家林业局令第28号，2015年11月24日国家林业局令第38号)

删除第七条第八项。

六、《建设项目使用林地审核审批管理办法》(2015年3月30日国家林业局令第35号)

将第七条第四项修改为："建设项目使用林地可行性报告或者林地现状调查表。"

本决定自公布之日起施行。

根据本决定，对上述规章作相应修改，重新公布。

## 森林公园管理办法

(1994年1月22日林业部令第3号，2011年1月25日国家林业局令第26号修改，
2016年9月22日国家林业局令第42号修改)

**第一条**　为了加强森林公园管理，合理利用森林风景资源，发展森林旅游，根据《中华人民共和国森林法》和国家有关规定，制定本办法。

**第二条**　本办法所称森林公园，是指森林景

观优美，自然景观和人文景物集中，具有一定规模，可供人们游览、休息或进行科学、文化、教育活动的场所。

**第三条** 林业部主管全国森林公园工作。县级以上地方人民政府林业主管部门主管本行政区域内的森林公园工作。

**第四条** 在国有林业局、国有林场、国有苗圃、集体林场等单位经营范围内建立森林公园的，应当依法设立经营管理机构；但在国有林场、国有苗圃经营范围内建立森林公园的，国有林场、国有苗圃经营管理机构也是森林公园的经营管理机构，仍属事业单位。

**第五条** 森林公园经营管理机构负责森林公园的规划、建设、经营和管理。

森林公园经营管理机构对依法确定其管理的森林、林木、林地、野生动植物、水域、景点景物、各类设施等，享有经营管理权，其合法权益受法律保护，任何单位和个人不得侵犯。

**第六条** 森林公园分为以下三级：

（一）国家级森林公园：森林景观特别优美，人文景物比较集中，观赏、科学、文化价值高，地理位置特殊，具有一定的区域代表性，旅游服务设施齐全，有较高的知名度；

（二）省级森林公园：森林景观优美，人文景物相对集中，观赏、科学、文化价值较高，在本行政区域内具有代表性，具备必要的旅游服务设施，有一定的知名度；

（三）市、县级森林公园：森林景观有特色，景点景物有一定的观赏、科学、文化价值，在当地知名度较高。

**第七条** 建立国家级森林公园，由省级林业主管部门提出书面申请、可行性研究报告和图表、照片等资料，报林业部审批。

国家级森林公园的总体规划设计，由森林公园经营管理机构组织具有规划设计资格的单位负责编制，报省级林业主管部门审批，并报林业部备案。修改总体规划设计必须经原审批单位批准。

**第八条** 县级以上地方人民政府林业主管部门应当在上级林业主管部门的指导和同级人民政府的领导下，加强省级森林公园和市、县级森林公园的建设和管理。省级森林公园和市、县级森林公园设立、撤销、改变经营范围或者变更隶属关系的审批，按照地方有关规定执行。

省级森林公园和市、县级森林公园可以按照有关规定晋升为国家级森林公园。

**第九条** 森林公园的开发建设，可以由森林公园经营管理机构单独进行；由森林公园经营管理机构同其他单位或个人以合资、合作等方式联合进行的，不得改变森林公园经营管理机构的隶属关系。

**第十条** 森林公园的设施和景点建设，必须按照总体规划设计进行。

在珍贵景物、重要景点和核心景区，除必要的保护和附属设施外，不得建设宾馆、招待所、疗养院和其他工程设施。

**第十一条** 禁止在森林公园毁林开垦和毁林采石、采砂、采土以及其他毁林行为。

采伐森林公园的林木，必须遵守有关林业法规、经营方案和技术规程的规定。

**第十二条** 占用、征收、征用或者转让森林公园经营范围内的林地，必须征得森林公园经营管理机构同意，并按《中华人民共和国森林法》及其实施细则等有关规定，办理占用、征收、征用或者转让手续，按法定审批权限报人民政府批准，交纳有关费用。

依前款规定占用、征收、征用或者转让国有林地的，必须经省级林业主管部门审核同意。

**第十三条** 森林公园经营管理机构经有关部门批准可以收取门票及有关费用。在森林公园设立商业网点，必须经森林公园经营管理机构同意，并按国家和有关部门规定向森林公园经营管理机构交纳有关费用。

**第十四条** 森林公园经营范围内的单位、居民和进入森林公园内的游人，应当保护森林公园的各项设施，遵守有关管理制度。

**第十五条** 森林公园经营管理机构应当按规定设置防火、卫生、环保、安全等设施和标志，维护旅游秩序。

**第十六条** 森林公园经营管理机构应当按照林业法规的规定，做好植树造林、森林防火、森林病虫害防治、林木林地和野生动植物资源保护等工作。

**第十七条** 森林公园的治安管理工作，由所在地林业公安机构负责。

**第十八条** 在森林公园建设和管理工作中做出突出成绩的单位和个人，由林业主管部门或者森林公园经营管理机构给予奖励。

**第十九条** 破坏森林公园的森林和野生动植物资源，依照有关法律、法规的规定处理。

**第二十条** 本办法由林业部负责解释。

**第二十一条** 本办法自发布之日起施行。

## 普及型国外引种试种苗圃资格认定管理办法

(2005年9月23日国家林业局令第17号，2016年9月22日国家林业局令第42号修改)

**第一条** 为了防止外来林业有害生物传入国境，规范普及型国外引种试种苗圃资格认定活动，根据《中华人民共和国行政许可法》《国务院对确需保留的行政审批项目设定行政许可的决定》(国务院令第412号)和国家有关规定，制定本办法。

**第二条** 实施普及型国外引种试种苗圃资格认定的行政许可，应当遵守本办法。

**第三条** 从事林木种子、苗木和其他繁殖材料生产、经营的单位或者个人，可以申请普及型国外引种试种苗圃资格认定。

**第四条** 申请普及型国外引种试种苗圃资格认定，应当具备以下条件：

(一)苗圃周围一定距离内无与所引种试种植物同科、同属的植物；

(二)具有围墙、防疫沟等引种试种隔离条件；

(三)具有检疫和除治病虫害的设施、设备；

(四)引种试种的管理措施和制度健全；

(五)配备林业有害生物防治专业技术人员；

(六)苗圃地使用权期限不少于3年。

**第五条** 申请普及型国外引种试种苗圃资格认定，应当提交以下材料：

(一)普及型国外引种试种苗圃资格申请表；

(二)从事主要林木种子生产和林木种子经营的，应当提供《林木种子生产经营许可证》复印件；

(三)符合本办法第四条规定条件的证明材料。

**第六条** 国家林业局应当在收到普及型国外引种试种苗圃资格认定申请后，对申请材料齐全、符合法定形式的，即时出具《国家林业局行政许可受理通知书》；对不予受理的，应当即时告知申请人并说明理由，出具《国家林业局行政许可不予受理通知书》；对申请材料不齐或者不符合法定形式的，应当在5日内出具《国家林业局行政许可补正材料通知书》，并一次性告知申请人需要补正的全部内容。

**第七条** 国家林业局受理普及型国外引种试种苗圃资格认定的申请，需要对申请材料的实质内容进行核实的，应当指派两名以上工作人员进行调查，并告知申请人。

进行调查所需时间，不计算在作出行政许可决定的期限内。

**第八条** 国家林业局应当自受理申请之日起20日内作出是否准予行政许可的决定，出具《国家林业局准予行政许可决定书》或者《国家林业局不予行政许可决定书》，并告知申请人。

**第九条** 在法定期限内不能作出行政许可决定的，经国家林业局主管负责人批准，国家林业局应当在法定期限届满前5日办理《国家林业局行政许可延期通知书》，并告知申请人。

**第十条** 普及型国外引种试种苗圃资格的行政许可决定，应当以适当的方式公示、公告，公众有权查阅。

**第十一条** 国家林业局应当依法对被许可人从事行政许可事项的活动进行监督检查。

**第十二条** 被许可人违反法律、法规的规定，致使外来林业有害生物传播蔓延的，应当按照有关法律、法规的规定予以处罚。

**第十三条** 被许可人以欺骗、贿赂等不正当手段取得普及型国外引种试种苗圃资格的，国家林业局应当依法撤销，并予以公示、公告。

作出撤销行政许可决定的，国家林业局应当以书面形式通知被许可人，并告知其享有依法申请行政复议或者提起行政诉讼的权利。

**第十四条** 国家林业局的有关工作人员在实施普及型国外引种试种苗圃资格认定的行政许可中，滥用职权、徇私舞弊的，依法给予行政处分；情节严重，构成犯罪的，依法追究刑事责任。

**第十五条** 本办法自2005年11月1日起施行。

## 松材线虫病疫木加工板材定点加工企业审批管理办法

（2005年9月23日国家林业局令第18号，2016年9月22日国家林业局令第42号修改）

**第一条** 为了预防和除治松材线虫病，规范松材线虫病疫木加工板材定点加工企业审批行为，根据《中华人民共和国行政许可法》《国务院对确需保留的行政审批项目设定行政许可的决定》（国务院令第412号）和国家有关规定，制定本办法。

**第二条** 实施松材线虫病疫木加工板材定点加工企业审批的行政许可，应当遵守本办法。

松材线虫病疫木，是指松材线虫病疫区内的松科植物。

松材线虫病疫区，由省、自治区、直辖市人民政府或者国家林业局依法划定。

**第三条** 从事木材经营加工的企业，可以申请松材线虫病疫木加工板材定点加工企业资格。

**第四条** 申请松材线虫病疫木加工板材定点加工企业资格，应当具备以下条件：

（一）具有符合疫木加工板材要求和标准的生产设施；

（二）疫木板材加工工艺流程符合疫木除害处理要求；

（三）疫木板材加工管理措施和制度健全。

**第五条** 申请松材线虫病疫木加工板材定点加工企业资格，应当提交以下材料：

（一）申请报告；

（二）营业执照、木材经营加工资格批准文件的复印件；

（三）符合本办法第四条规定条件的证明材料。

**第六条** 国家林业局应当在收到松材线虫病疫木加工板材定点加工企业资格申请后，对申请材料齐全、符合法定形式的，即时出具《国家林业局行政许可受理通知书》；对不予受理的，应当即时告知申请人并说明理由，出具《国家林业局行政许可不予受理通知书》；对申请材料不齐或者不符合法定形式的，应当在5日内出具《国家林业局行政许可补正材料通知书》，并一次性告知申请人需要补正的全部内容。

**第七条** 国家林业局作出行政许可决定，需要组织专家评审论证的，应当自受理之日起10日内，出具《国家林业局行政许可需要听证、招标、拍卖、检验、检测、检疫、鉴定和专家评审通知书》，将专家评审论证所需时间告知申请人。

专家评审论证所需时间不计算在作出行政许可决定的期限内。

**第八条** 国家林业局应当自受理申请之日起20日内作出是否准予行政许可的决定，出具《国家林业局准予行政许可决定书》或者《国家林业局不予行政许可决定书》并告知申请人。

**第九条** 在法定期限内不能作出行政许可决定的，经国家林业局主管负责人批准，国家林业局应当在法定期限届满前5日办理《国家林业局行政许可延期通知书》，并告知申请人。

**第十条** 松材线虫病疫木加工板材定点加工企业资格的行政许可决定，应当以适当的方式公示、公告，公众有权查阅。

**第十一条** 国家林业局应当依法对被许可人的松材线虫病疫木加工情况进行监督检查。

**第十二条** 被许可人未按照法律、法规的规定或者有关标准加工松材线虫病疫木板材的，应当按照有关法律、法规的规定予以行政处罚。

**第十三条** 被许可人以欺骗、贿赂等不正当手段取得松材线虫病疫木加工板材定点加工企业资格的，国家林业局应当依法撤销，并予以公示、公告。

作出撤销行政许可决定的，国家林业局应当以书面形式通知被许可人，并告知其享有依法申请行政复议或者提起行政诉讼的权利。

**第十四条** 国家林业局的有关工作人员在实

施松材线虫病疫木加工板材定点加工企业审批的行政许可中，滥用职权、徇私舞弊的，依法给予行政处分；情节严重，构成犯罪的，依法追究刑事责任。

**第十五条** 本办法自 2005 年 11 月 1 日起施行。

## 引进陆生野生动物外来物种种类及数量审批管理办法

(2005 年 9 月 27 日国家林业局令第 19 号，2015 年 4 月 30 日国家林业局令第 37 号修改，2016 年 9 月 22 日国家林业局令第 42 号修改)

**第一条** 为了加强陆生野生动物外来物种管理，防止陆生野生动物外来物种入侵，保护生物多样性，维护国土生态安全，根据《中华人民共和国行政许可法》《国务院对确需保留的行政审批项目设定行政许可的决定》(国务院令第 412 号)和国家有关规定，制定本办法。

**第二条** 实施引进陆生野生动物外来物种种类及数量审批的行政许可事项，应当遵守本办法。

**第三条** 本办法所称陆生野生动物外来物种，是指自然分布在境外的陆生野生动物活体及繁殖材料。

**第四条** 引进陆生野生动物外来物种的，应当采取安全可靠的防范措施，防止其逃逸、扩散，避免对自然生态造成危害。

**第五条** 需要从境外引进陆生野生动物外来物种的，申请人应当提交下列材料：

(一)申请报告、进出口申请表及进口目的的说明；

(二)当事人签订的合同或者协议，属于委托引进的，还应当提供委托代理合同或者协议；

(三)证明具备与引进陆生野生动物外来物种种类及数量相适应的人员和技术的有效文件或者材料，以及安全措施的说明。

申请首次引进境外陆生野生动物外来物种的，申请人还应当提交证明申请人身份的有效文件和拟进行隔离引种试验的实施方案。

**第六条** 申请材料齐全且符合下列条件的，国家林业局应当作出准予行政许可的决定：

(一)具备与引进陆生野生动物外来物种种类及数量相适应的人员和技术；

(二)具备适宜商业性经营利用和科学研究外来物种的固定场所和必要设施；

(三)有安全可靠的防逃逸管理措施；

(四)具有相应的紧急事件处置措施。

**第七条** 国家林业局在收到引进陆生野生动物外来物种种类及数量审批的申请后，对申请材料齐全、符合法定形式的，即时出具《国家林业局行政许可受理通知书》；对不予受理的，应当即时告知申请人并说明理由，出具《国家林业局行政许可不予受理通知书》；对申请材料不齐或者不符合法定形式的，应当在 5 日内出具《国家林业局行政许可补正材料通知书》，并一次性告知申请人需要补正的全部内容。

**第八条** 国家林业局作出行政许可决定，需要举行听证或者组织专家评审的，应当自受理之日起 10 日内，出具《国家林业局行政许可需要听证、招标、拍卖、检验、检测、检疫、鉴定和专家评审通知书》，并将听证或者专家评审所需时间告知申请人。

听证和专家评审所需时间不计算在作出行政许可决定的期限内。

**第九条** 国家林业局应当自受理之日起 20 日内作出是否准予行政许可的决定，出具《国家林业局准予行政许可决定书》或者《国家林业局不予行政许可决定书》，并告知申请人。

在法定期限内不能作出行政许可决定的，经国家林业局主管负责人批准，国家林业局应当在法定期限届满前 5 日办理《国家林业局行政许可延期通知书》，并告知申请人。

**第十条** 准予首次引进境外陆生野生动物外来物种进行驯养繁殖的，应当进行隔离引种试验。

隔离引种试验由省、自治区、直辖市林业主管部门指定的科研机构或者专家进行评估，评估通过后方可继续引进和推广。

隔离引种试验应当包含中间试验。中间试验未获成功的，评估不得通过。

在自然保护区、自然保护小区、森林公园、风景名胜区以及自然生态环境特殊或者脆弱的区域，不得开展隔离引种试验。

**第十一条** 禁止开展陆生野生动物外来物种的野外放生活动。

因科学研究、生物防治、野生动物种群结构调节等特殊情况，需要放生陆生野生动物外来物种的，应当按照《中华人民共和国陆生野生动物保护实施条例》的相关规定执行。

**第十二条** 经批准从境外引进的陆生野生动物外来物种及其繁殖后代、产品应当依照国家有关规定进行标记。

**第十三条** 陆生野生动物外来物种发生逃逸的，被许可人应当立即向当地林业主管部门报告，由当地林业主管部门责令其限期捕回或者采取其他补救措施。被责令限期捕回或者采取其他补救措施而拒绝执行的，当地林业主管部门或者其委托的单位可以代为捕回或者采取其他补救措施，并由被许可人承担全部捕回或者采取其他补救措施所需的经费；造成损害的，依照有关法律法规承担法律责任。

**第十四条** 依法查没的陆生野生动物外来物种，应当由当地县级以上林业主管部门按照国家有关规定处理。

**第十五条** 国家林业局成立陆生野生动物外来物种咨询科学委员会，负责陆生野生动物外来物种管理的科学论证、评估和咨询。

**第十六条** 各级林业主管部门应当建立防范陆生野生动物外来物种入侵的预警和应急防范机制。

在野外发现陆生野生动物外来物种的，当地林业主管部门应当立即向同级人民政府和上级林业主管部门报告，并会同有关部门采取监测和防治措施。

**第十七条** 省、自治区、直辖市之间引进本行政区域内没有天然分布的陆生野生动物外来物种的，按照国家和省、自治区、直辖市的相关规定办理。

**第十八条** 引进的陆生野生动物属于中国参加的国际公约限制进出口的濒危物种的，必须向国家濒危物种进出口管理机构申请办理允许进出口证明书。

**第十九条** 本办法自 2005 年 11 月 1 日起施行。

## 大熊猫国内借展管理规定

（2011 年 7 月 25 日国家林业局令第 28 号，2015 年 11 月 24 日国家林业局令第 38 号修改，2016 年 9 月 22 日国家林业局令第 42 号修改）

**第一条** 为了加强大熊猫保护，规范大熊猫国内借展管理，保障大熊猫圈养种群健康发展，提高公众保护野生动物意识，促进生态文明建设，根据《中华人民共和国野生动物保护法》等有关法律法规，制定本规定。

**第二条** 本规定所称借展是指以文化交流、科普宣传或者公众教育等为目的，借出或者借入大熊猫进行展览的行为。

**第三条** 借展大熊猫应当遵循科学、适度的原则，不得危及大熊猫圈养种群的发展，不得以单纯营利为目的。

**第四条** 借展大熊猫的借入方应当具备与驯养繁殖大熊猫相适应的资金、设施和人员等条件，取得具有大熊猫物种的国家重点保护野生动物驯养繁殖许可证。

**第五条** 用于借展的大熊猫应当是人工繁殖的健康个体，年龄在 2 岁以上 25 岁以下。

禁止将非人工繁殖或者野外救护的大熊猫用于借展；禁止将 2 岁以下和 25 岁以上的大熊猫用于借展。

**第六条** 借展双方应当签订书面协议，对大熊猫生活条件、医疗条件、应急保障条件及应急预案、借展期限、费用、借展结束后大熊猫送返以及违约责任等进行约定。

借展大熊猫的期限不得少于1年，但因不可抗力等特殊情况除外。

**第七条** 申请借展大熊猫，应当提交下列书面材料：

(一)野生动物保护管理行政许可事项申请表；

(二)借展双方的单位证明材料；

(三)借展双方具有大熊猫物种的国家重点保护野生动物驯养繁殖许可证；

(四)借展双方签订的借展协议；

(五)借出方大熊猫圈养种群状况说明材料；

(六)借展大熊猫个体谱系号、标记等身份证明材料；

(七)借入方借展活动及大熊猫饲养管理、科普教育方案。

**第八条** 申请借展大熊猫按照下列程序办理：

(一)由借出方向国家林业局提出申请。

(二)国家林业局依法受理后，应当对申请材料进行审查。经过审查，符合本规定条件的，国家林业局应当在20个工作日内作出准予行政许可的决定。必要时，国家林业局可以组织专家在30日内对借入方借展活动、大熊猫饲养管理方案以及场馆设施进行论证或者实地检验。

(三)国家林业局作出行政许可决定后，借出、借入方所在地省级人民政府林业行政主管部门分别在借展开始前和结束后依据国家林业局行政许可文书核发大熊猫离开借出方、借入方的运输证件。

**第九条** 借展期间，借入方应当提供满足大熊猫生活、生理健康的饲养和医疗条件。

借展期间，借入方应当建立大熊猫病例档案和饲养日志，载明大熊猫饲养管理、医疗健康情况等内容。

借展期间，禁止采集借展大熊猫的血液、精液等样品，但是对大熊猫进行健康检查的除外。法律法规另有规定的，从其规定。

借展期间，借入方不得将借展大熊猫转借第三方。

**第十条** 借展期间，借出方应当对借入方的借展大熊猫的饲养管理和疫病防治等进行指导，并应当每年对借展大熊猫进行一次以上健康检查。

**第十一条** 国家林业局和借展双方所在地人民政府野生动物行政主管部门应当对大熊猫借展活动的情况进行监督检查，督促借展双方完善应急处置机制。

借展双方应当配合监督检查，如实提供有关材料。

**第十二条** 借展期间，借展大熊猫发生受伤、患病等突发事件的，借入方应当通知借出方，及时采取救护措施，并报告所在地县级以上地方人民政府野生动物行政主管部门；借展大熊猫发生致残、死亡等重大突发事件的，借入方应当立即通知借出方并报告所在地省级人民政府林业行政主管部门和国家林业局。

有关人民政府野生动物行政主管部门应当监督借展双方在发生突发事件时按照应急预案进行妥善处理。

**第十三条** 在借展期间，借出方或者借入方违反本规定的，由县级以上人民政府野生动物行政主管部门依照野生动物保护法律法规给予处罚；野生动物保护法律法规没有规定的，可以根据情节轻重作出如下处理：

(一)给予警告、责令限期改正；

(二)有违法所得的，处以违法所得一倍以上三倍以下且不超过三万元的罚款；没有违法所得的，处以一万元以下的罚款。

经责令改正仍拒不改正的，国家林业局可以责令终止借展活动，限期将大熊猫送返借出方。

借展期间，借出方或者借入方有违法行为、构成犯罪的，依法追究刑事责任。

**第十四条** 借出方或者借入方存在下列情形之一的，国家林业局1年内不予批准开展大熊猫借展活动：

(一)申请行政许可过程中隐瞒有关情况或者提供虚假材料的；

(二)擅自借出或者转借大熊猫的；

(三)重大过失造成大熊猫死亡的；

(四)拒不配合各级人民政府野生动物行政主管部门监督检查或者拒不执行野生动物行政主管部门处罚决定的。

借出方或者借入方以欺骗、贿赂等不正当手段取得行政许可的，国家林业局3年内不予批准开展大熊猫借展活动。

**第十五条** 各级人民政府野生动物行政主管部门有关工作人员在大熊猫借展管理过程中，滥用职权、徇私舞弊的，依法给予处分；情节严重、构成犯罪的，依法追究刑事责任。

**第十六条** 本规定所称“以上”包括本数，“以下”不包括本数。

**第十七条** 本规定自2011年9月1日起施行。

## 建设项目使用林地审核审批管理办法

（2015年3月30日国家林业局令第35号，2016年9月22日国家林业局令第42号修改）

**第一条** 为了规范建设项目使用林地审核和审批，严格保护和合理利用林地，促进生态林业和民生林业发展，根据《中华人民共和国森林法》《中华人民共和国行政许可法》《中华人民共和国森林法实施条例》，制定本办法。

**第二条** 本办法所称建设项目使用林地，是指在林地上建造永久性、临时性的建筑物、构筑物，以及其他改变林地用途的建设行为。包括：

（一）进行勘查、开采矿藏和各项建设工程占用林地。

（二）建设项目临时占用林地。

（三）森林经营单位在所经营的林地范围内修筑直接为林业生产服务的工程设施占用林地。

**第三条** 建设项目应当不占或者少占林地，必须使用林地的，应当符合林地保护利用规划，合理和节约集约利用林地。

建设项目使用林地实行总量控制和定额管理。

建设项目限制使用生态区位重要和生态脆弱地区的林地，限制使用天然林和单位面积蓄积量高的林地，限制经营性建设项目使用林地。

**第四条** 占用和临时占用林地的建设项目应当遵守林地分级管理的规定：

（一）各类建设项目不得使用Ⅰ级保护林地。

（二）国务院批准、同意的建设项目，国务院有关部门和省级人民政府及其有关部门批准的基础设施、公共事业、民生建设项目，可以使用Ⅱ级及其以下保护林地。

（三）国防、外交建设项目，可以使用Ⅱ级及其以下保护林地。

（四）县（市、区）和设区的市、自治州人民政府及其有关部门批准的基础设施、公共事业、民生建设项目，可以使用Ⅱ级及其以下保护林地。

（五）战略性新兴产业项目、勘查项目、大中型矿山、符合相关旅游规划的生态旅游开发项目，可以使用Ⅱ级及其以下保护林地。其他工矿、仓储建设项目和符合规划的经营性项目，可以使用Ⅲ级及其以下保护林地。

（六）符合城镇规划的建设项目和符合乡村规划的建设项目，可以使用Ⅱ级及其以下保护林地。

（七）符合自然保护区、森林公园、湿地公园、风景名胜区等规划的建设项目，可以使用自然保护区、森林公园、湿地公园、风景名胜区范围内Ⅱ级及其以下保护林地。

（八）公路、铁路、通讯、电力、油气管线等线性工程和水利水电、航道工程等建设项目配套的采石（沙）场、取土场使用林地按照主体建设项目使用林地范围执行，但不得使用Ⅱ级保护林地中的有林地。其中，在国务院确定的国家所有的重点林区（以下简称重点国有林区）内，不得使用Ⅲ级以上保护林地中的有林地。

（九）上述建设项目以外的其他建设项目可以使用Ⅳ级保护林地。

本条第一款第二项、第三项、第七项以外的建设项目使用林地，不得使用一级国家级公益林地。

国家林业局根据特殊情况对具体建设项目使用林地另有规定的，从其规定。

**第五条** 建设项目占用林地的审核权限，按照《中华人民共和国森林法实施条例》的有关规定执行。

建设项目占用林地，经林业主管部门审核同意后，建设单位和个人应当依照法律法规的规定办理建设用地审批手续。

**第六条** 建设项目临时占用林地和森林经营

单位在所经营的林地范围内修筑直接为林业生产服务的工程设施占用林地的审批权限，由县级以上地方人民政府林业主管部门按照省、自治区、直辖市有关规定办理。其中，重点国有林区内的建设项目，由省级林业主管部门审批。

**第七条** 占用林地和临时占用林地的用地单位或者个人提出使用林地申请，应当填写《使用林地申请表》，同时提供下列材料：

(一)用地单位的资质证明或者个人的身份证明。

(二)建设项目有关批准文件。包括：可行性研究报告批复、核准批复、备案确认文件、勘查许可证、采矿许可证、项目初步设计等批准文件；属于批次用地项目，提供经有关人民政府同意的批次用地说明书并附规划图。

(三)拟使用林地的有关材料。包括：林地权属证书、林地权属证书明细表或者林地证明；属于临时占用林地的，提供用地单位与被使用林地的单位、农村集体经济组织或者个人签订的使用林地补偿协议或者其他补偿证明材料；涉及使用国有林场等国有林业企事业单位经营的国有林地，提供其所属主管部门的意见材料及用地单位与其签订的使用林地补偿协议；属于符合自然保护区、森林公园、湿地公园、风景名胜区等规划的建设项目，提供相关规划或者相关管理部门出具的符合规划的证明材料，其中，涉及自然保护区和森林公园的林地，提供其主管部门或者机构的意见材料。

(四)建设项目使用林地可行性报告或者林地现状调查表。

**第八条** 修筑直接为林业生产服务的工程设施的森林经营单位提出使用林地申请，应当填写《使用林地申请表》，提供相关批准文件或者修筑工程设施必要性的说明，并提供工程设施内容、使用林地面积等情况说明。

**第九条** 建设项目需要使用林地的，用地单位或者个人应当向林地所在地的县级人民政府林业主管部门提出申请；跨县级行政区域的，分别向林地所在地的县级人民政府林业主管部门提出申请。

**第十条** 县级人民政府林业主管部门对材料齐全、符合条件的使用林地申请，应当在收到申请之日起10个工作日内，指派2名以上工作人员进行用地现场查验，并填写《使用林地现场查验表》。

**第十一条** 县级人民政府林业主管部门对建设项目拟使用的林地，应当在林地所在地的村(组)或者林场范围内将拟使用林地用途、范围、面积等内容进行公示，公示期不少于5个工作日。但是，依照相关法律法规的规定不需要公示的除外。

**第十二条** 按照规定需要报上级人民政府林业主管部门审核和审批的建设项目，下级人民政府林业主管部门应当将初步审查意见和全部材料报上级人民政府林业主管部门。

审查意见中应当包括以下内容：项目基本情况，拟使用林地和采伐林木情况，符合林地保护利用规划情况，使用林地定额情况，以及现场查验、公示情况等。

**第十三条** 有审核审批权的林业主管部门对申请材料不全或者不符合法定形式的，应当一次性书面告知用地单位或者个人限期补正；逾期未补正的，退还申请材料。

**第十四条** 符合本办法第三条、第四条规定的条件，并且符合国家供地政策，对生态环境不会造成重大影响，有审核审批权的人民政府林业主管部门应当作出准予使用林地的行政许可决定，按照国家规定的标准预收森林植被恢复费后，向用地单位或者个人核发准予行政许可决定书。不符合上述条件的，有关人民政府林业主管部门应当作出不予使用林地的行政许可决定，向用地单位或者个人核发不予行政许可决定书，告知不予许可的理由。

有审核审批权的人民政府林业主管部门对用地单位和个人提出的使用林地申请，应当在《中华人民共和国行政许可法》规定的期限内作出行政许可决定。

**第十五条** 建设项目需要使用林地的，用地单位或者个人应当一次申请。严禁化整为零、规避林地使用审核审批。

建设项目批准文件中已经明确分期或者分段建设的项目，可以根据分期或者分段实施安排，按照规定权限分次申请办理使用林地手续。

采矿项目总体占地范围确定，采取滚动方式开发的，可以根据开发计划分阶段按照规定权限申请办理使用林地手续。

公路、铁路、水利水电等建设项目配套的移民安置和专项设施迁建工程，可以分别具体建设项目，按照规定权限申请办理使用林地手续。

需要国务院或者国务院有关部门批准的公路、铁路、油气管线、水利水电等建设项目中的桥梁、隧道、围堰、导流（渠）洞、进场道路和输电设施等控制性单体工程和配套工程，根据有关开展前期工作的批文，可以由省级林业主管部门办理控制性单体工程和配套工程先行使用林地审核手续。整体项目申请时，应当附具单体工程和配套工程先行使用林地的批文及其申请材料，按照规定权限一次申请办理使用林地手续。

**第十六条** 国家或者省级重点的公路、铁路跨多个市（县），已经完成报批材料并且具备动工条件的，可以地级市为单位，由具有整体项目审核权限的人民政府林业主管部门分段审核。

大中型水利水电工程可以分别坝址、淹没区，由具有整体项目审核权限的人民政府林业主管部门分别审核。

**第十七条** 公路、铁路、输电线路、油气管线和水利水电、航道建设项目临时占用林地的，可以根据施工进展情况，一次或者分批次由具有整体项目审批权限的人民政府林业主管部门审批临时占用林地。

**第十八条** 抢险救灾等急需使用林地的建设项目，依据土地管理法律法规的有关规定，可以先行使用林地。用地单位或者个人应当在灾情结束后6个月内补办使用林地审核手续。属于临时用地的，灾后应当恢复林业生产条件，依法补偿后交还原林地使用者，不再办理用地审批手续。

**第十九条** 建设项目因设计变更等原因需要增加使用林地面积的，依据规定权限办理用地审核审批手续；需要改变使用林地位置或者减少使用林地面积的，向原审核审批机关申请办理变更手续。

**第二十条** 公路、铁路、水利水电、航道等建设项目临时占用的林地在批准期限届满后仍需继续使用的，应当在届满之日前3个月，由用地单位向原审批机关提出延续临时占用申请，并且提供本办法第七条第三项规定的有关补偿材料。原审批机关应当按照本办法规定的条件进行审查，作出延续行政许可决定。

**第二十一条** 国家依法保护林权权利人的合法权益。建设项目使用林地的，应当对涉及单位和个人的森林、林木、林地依法给予补偿。

**第二十二条** 建设项目临时占用林地期满后，用地单位应当在一年内恢复被使用林地的林业生产条件。

县级人民政府林业主管部门应当加强对用地单位使用林地情况的监管，督促用地单位恢复林业生产条件。

**第二十三条** 上级人民政府林业主管部门可以委托下级人民政府林业主管部门对建设项目使用林地实施行政许可。

**第二十四条** 经审核同意使用林地的建设项目，依照有关规定批准用地后，县级以上人民政府林业主管部门应当及时变更林地管理档案。

**第二十五条** 经审核同意使用林地的建设项目，准予行政许可决定书的有效期为两年。建设项目在有效期内未取得建设用地批准文件的，用地单位应当在有效期届满前3个月向原审核机关提出延期申请，原审核同意机关应当在准予行政许可决定书有效期届满前作出是否准予延期的决定。建设项目在有效期内未取得建设用地批准文件也未申请延期的，准予行政许可决定书失效。

**第二十六条** 《使用林地申请表》《使用林地现场查验表》式样，由国家林业局统一规定。

**第二十七条** 本办法所称Ⅰ、Ⅱ、Ⅲ、Ⅳ级保护林地，是指依据县级以上人民政府批准的林地保护利用规划确定的林地。

本办法所称国家级公益林林地，是指依据国家林业局、财政部的有关规定确定的公益林林地。

**第二十八条** 本办法所称“以上”均包含本数，“以下”均不包含本数。

**第二十九条** 本办法自2015年5月1日起施行。国家林业局于2001年1月4日发布、2011年1月25日修改的《占用征收征用林地审核审批管理办法》同时废止。

# 国家林业局关于印发《林木种子包装和标签管理办法》的通知

各省、自治区、直辖市林业厅(局)，内蒙古、吉林、龙江、大兴安岭森工(林业)集团公司，新疆生产建设兵团林业局，国家林业局各司局、各直属单位：

为加强林木种子包装、标签和使用说明管理，规范包装、标签和使用说明的制作、标注和使用行为，保护林木种子生产、经营和使用者的合法权益，根据《中华人民共和国种子法》的有关规定，我局研究制定了《林木种子包装和标签管理办法》(见附件)，现印发给你们，请遵照执行。

特此通知。

附件：林木种子包装和标签管理办法

国家林业局

2016 年 7 月 13 日

附件

## 林木种子包装和标签管理办法

### 第一章　总　则

**第一条**　为加强林木种子包装和标签管理，规范林木种子包装和标签的制作、标注和使用行为，保护林木种子生产经营者和使用者的合法权益，根据《中华人民共和国种子法》(以下简称《种子法》)的有关规定，制定本办法。

**第二条**　在中华人民共和国境内销售的林木种子包装、标签及使用说明的制作、标注、使用和管理，适用本办法。

**第三条**　本办法所称林木种子是指林木的种植材料(苗木)或者繁殖材料，具体是指乔木、灌木、藤本、竹类、花卉以及绿化和药用草本植物的籽粒、果实、根、茎、苗、芽、叶、花等。

**第四条**　销售的林木种子应当加工、分级、包装，并附有标签和使用说明。标签和使用说明标注的内容应当与销售的种子相符。林木种子生产经营者对标注内容的真实性和种子质量负责。

销售的林木种子应当符合国家或者行业标准；没有标准的要遵循合同约定。

**第五条**　本办法所称的标签是指印制、粘贴、固定或者附着在林木种子、包装物内外的特定图案及文字说明。本办法所称的使用说明是指对生产经营者信息以及主要栽培措施、适宜种植的区域、栽培季节等使用条件的说明和风险提示等。

**第六条**　县级以上人民政府林业主管部门负责林木种子包装和标签的管理工作，具体工作可以由其所委托的林木种苗管理机构负责。

### 第二章　包　装

**第七条**　籽粒、果实等林木种子，应当包装后销售。

下列林木种子可以不经包装进行销售：

(一)苗木。

(二)无性繁殖的器官和组织，包括根、茎、芽、叶、花等。

(三)其他不宜包装的林木种子。

**第八条**　大包装或者进口的林木种子可以分装；实行分装的，应当标注分装单位。

**第九条**　包装材料应当适宜林木种子的生理特性，坚固、耐用、清洁、环保，无检疫性有害生物。

**第十条**　林木种子包装应当便于贮藏、搬运、堆放、清点。

## 第三章 标签及使用说明内容

**第十一条** 标签应当标注：种子类别、树种(品种)名称、品种审定(认定)编号、产地、生产经营者及注册地、质量指标、重量(数量)、检疫证明编号、种子生产经营许可证编号、信息代码等。

(一)种子类别：应当填写普通种或者良种。

(二)树种(品种)名称：树种名称应当填写植物分类学的种、亚种或者变种名称；品种名称应当填写授权品种、通过审(认)定品种以及其他品种的名称。

(三)产地：应当填写林木种子生产所在地，应当标注到县。进口林木种子的产地，按照《中华人民共和国进出口货物原产地条例》标注。

(四)生产经营者及注册地：生产经营者名称、工商注册所在地。

(五)质量指标：籽粒质量指标按照净度、发芽率(生活力或优良度)、含水量等标注。

苗木质量指标按照苗高、地径等标注，标签标注的苗高、地径按照95%苗木能达到的数值填写。

(六)重量(数量)：每个包装(销售单元)籽粒(果实)的实际重量或者苗木数量，籽粒(果实)以千克(kg)、克(g)、粒等表示，苗木以株、根、条等表示。包装中含有多件小包装时除标明总重量(数量)外，还应当标明每一小包装的重量(数量)。

使用信息代码的，应当包含林木种子标签标注的内容等信息。

**第十二条** 除第十一条标注的内容外，属于下列情况的，应当分别加注：

(一)销售授权品种种子的，应当标注品种权号。

(二)销售进口林木种子的，应当附有进口审批文号和中文标签。

(三)销售转基因林木种子的，必须用明显的文字标注，并应当提示使用时的安全控制措施。

**第十三条** 使用说明应当包括下列内容：

(一)种子生产经营者信息：包括生产经营者名称、生产地点、经营地点、联系人、联系电话、网站等内容。

(二)主要栽培措施。

(三)适宜种植的区域。

(四)栽培季节。

(五)风险提示：包括种子贮藏条件、主要病虫害、极端天气引发的风险等内容及注意事项。

(六)其他信息。

生产经营通过审(认)定品种的，使用说明中第二项至第四项规定的内容应当与审定公告一致。

**第十四条** 种子生产经营者向种子使用者提供的使用说明不得作虚假、夸大或者引人误解的宣传。

使用说明书应当加盖生产经营者印章。

## 第四章 标签制作和使用

**第十五条** 林木种子标签制作材料应当有足够的强度和防水性。

**第十六条** 标签标注文字应当清晰，使用规范的中文。

**第十七条** 标签印刷要清晰，可以直接印制在包装物表面，也可制成印刷品粘贴、固定或者附着在包装物外或者放在包装物内。

可以不经包装进行销售的林木种子，标签应当制成印刷品在销售时提供给购买者。

**第十八条** 林木种子标签样式分为种子标签和苗木标签两类。籽粒、果实、种球及根、茎、叶、芽、花等填写种子标签，苗木填写苗木标签。

**第十九条** 林木种子标签底色分绿色、白色两种。林木良种种子使用绿色标签，普通林木种子使用白色标签。标签印刷字体颜色为黑色。

**第二十条** 包装销售的林木种子，每个包装需附带一个标签和使用说明；不需要包装销售的林木种子，每个销售单元至少附带一个标签和使用说明。

**第二十一条** 林木种子标签可以由林业主管部门统一印制，免费发放，也可由种子生产经营者自行制作，但要符合本办法规定。标签使用时应当加盖生产经营者印章。

## 第五章 监督管理

**第二十二条** 各级林业主管部门应当加强对林木种子生产经营者执行林木种子包装、标签和使用说明等制度的监督管理。

**第二十三条** 销售的林木种子与标签标注的内容不符或者没有标签的，按照《种子法》第七十五条进行处罚。

**第二十四条** 销售的林木种子质量低于标签标注指标的，按照《种子法》第七十六条进行处罚。

**第二十五条** 有下列情况的之一的，按照《种子法》第八十条进行处罚：

（一）销售的种子应当包装而没有包装的。

（二）销售的种子没有使用说明或者标签内容不符合规定的。

（三）涂改标签的。

（四）种子生产经营者专门经营不再分装的包装种子，未按照规定备案的。

## 第六章 附 则

**第二十六条** 本办法中销售单元，是指销售过程中低于一个种批或者苗批的任何销售重量或者数量。

**第二十七条** 本办法自2016年8月1日起施行，有效期至2021年7月31日。《国家林业局关于印发〈林木种子包装和标签管理办法〉的通知》（林场发〔2002〕186号）同时废止。

2016年7月31日前已经制作的旧版种子标签和使用说明可以沿用至2016年12月31日。

# 国家林业局办公室关于印发《国家林业产业示范园区认定命名办法》的通知

各省、自治区、直辖市林业厅(局)，内蒙古、吉林、龙江、大兴安岭、长白山森工(林业)集团公司，新疆生产建设兵团林业局，国家林业局各司局、各直属单位：

为规范国家林业产业示范园区认定命名工作，促进林业产业园区高端化、科学化、规范化发展，带动产业集聚融合和转型升级，我局研究制定了《国家林业产业示范园区认定命名办法》(见附件)，现印发给你们，请遵照执行。

附件：国家林业产业示范园区认定命名办法

国家林业局办公室
2016 年 7 月 1 日

**附件**

## 国家林业产业示范园区认定命名办法

### 第一章 总 则

**第一条** 为推动林业产业供给侧结构性改革，促进林业产业集聚融合发展，降低企业成本、发展循环利用、提高集群创新能力、提供社会化生产性服务，带动林业产业转型升级和提质增效。根据《国务院办公厅关于推进农村一、二、三产业融合发展的指导意见》(国办发〔2015〕93 号)和国家有关产业政策，制定本办法。

**第二条** 国家林业产业示范园区是指符合国家产业政策，经国家林业局认定，林产品加工、贸易、服务规模大，集中度高，创新能力强，资源循环利用，服务优良，管理规范，物流高效快捷，具有重要的区域经济地位，在创新、协调、绿色、开放、共享方面发挥明显示范带动作用的林业产业园区。

**第三条** 国家林业局负责国家林业产业示范园区的认定命名，具体工作由国家林业局农村林业改革发展司(以下简称“林改司”)承担。

**第四条** 国家林业产业示范园区的认定和命名，坚持公开、公平、公正原则，坚持促进林业产业与区域经济协调发展原则，坚持一、二、三产业融合发展原则，坚持绿色发展原则，坚持提高和创新林产品供给原则。

**第五条** 省级林业主管部门应当加强对示范园区建设发展的指导，将国家林业产业示范园区纳入本级林业产业发展规划，协调解决与示范园区建设发展的相关事项，在林产品原材料供应、林地供给以及有关项目和资金安排上予以倾斜。

林业主管部门应当争取地方人民政府对本地区内的国家林业产业示范园区加强监督管理，给予有效扶持，保障示范园区持续健康发展。

### 第二章 申报与认定

**第六条** 申报国家林业产业示范园区应当具备以下条件：

(一)产业园区以林产品加工、贸易、服务为主。园区内从事林产品加工贸易及相关服务的企业户数占总户数的 80% 以上，年林产品加工、贸易、服务额在 20 亿元以上。园区内林业主导产业符合当地经济社会发展和林业产业发展的总体要求，创新能力强。

(二)产业园区在区域经济中地位突出，辐射带动能力强，有国家林业重点龙头企业 1 家以上或省级林业龙头企业 3 家以上。

(三)产业园区规模与环境承载能力、生产技术条件和管理水平相适应。园区内水、电、路、通讯、网络等基础设施配套齐全。加工、贸易、服务布局合理。

(四)产业园区具有健全的社会化服务体系，技术、物流、信息、法律、金融等服务组织体系完备、运行顺畅，能满足园区企业发展的需要。

(五)产业园区组织管理制度化、规范化、科学化。规章制度和组织机构健全，管理到位，服务优良。

(六)建设规划已由当地建设用地规划主管部门、政府批复，选址科学，规划合理，配套完备，用地完成“三通一平”等基础设施建设的产业园区，规划产值不低于100亿元，具备一定的产业发展基础条件和重大创新条件，也可以申报。

**第七条** 国家林业产业示范园区由省级林业主管部门[包括内蒙古、吉林、龙江、大兴安岭、长白山森工(林业)集团公司，新疆生产建设兵团林业局，下同]提出申报。申报材料包括：

(一)省级林业主管部门报送的申报文件(含评估报告)。

(二)县、市级人民政府向省级林业主管部门报送的申报文件。

(三)其他材料。主要包括：同意成立产业园区的政府批复文件，建设用地规划主管部门批复的产业园区建设规划，申报理由、基本情况、运行现状、园区内节能减排和环境保护情况，园区内主要产品服务情况，地方政府给予的优惠扶持政策以及拟发挥的示范效应等。

**第八条** 国家林业局按照以下程序认定国家林业产业示范园区：

(一)国家林业局组建专家组，依据本办法规定，进行全面系统科学评估，并提交评估意见。专家组由具备相应专业的副高以上(含副高)技术职称或具备相应专业素养的技术与管理人员组成。

(二)根据专家组评估意见，综合考虑全国产业布局、区域特色产业发展、国家经济社会发展需求等因素，由林改司提出建议名单，会签国家林业局办公室、政法司后报主管局领导审核。

(三)通过国家林业局主管局领导审核的名单为公示名单，在国家林业局网或有关媒体公示。公示期为7个工作日，公示期满，如无异议，提交国家林业局局务会议审定。通过国家林业局局务会议审定的名单由国家林业局发文确认，并授牌和颁发证书。

(四)国家林业产业示范园区采取下列命名方式：

1. 国家＋地名/产品名＋(林业)产业示范园区。

2. 国家＋地名＋木材加工贸易示范园区。

## 第三章 考核与管理

**第九条** 国家林业局每3年对国家林业产业示范园区运行情况进行一次全面考核。

**第十条** 全面考核采取材料考核与现场考评相结合的方式。具体程序为：

(一)示范园区应于考核周期届满后第二年10月底前向省级林业主管部门提交情况报告，包括可复制、可推广的经验和建议。同时，提交反映第六条、第七条规定内容的材料。

(二)省级林业主管部门对上报材料进行审核。并将本地示范园区建设运行总体情况、审核意见、工作总结报送国家林业局。

(三)国家林业局在审核材料的基础上，组织专家组对示范园区进行现场考核评估，确定是否通过全面考核。

**第十一条** 考核应当关注示范园区在创新、协调、绿色、开放、共享以及管理、新供给、辐射能力、科技创新、设施装备水平、信息物流、产业发展与带动等方面的示范作用。

**第十二条** 有下列情形之一的，应当取消其国家林业产业示范园区命名并摘牌：

(一)未通过全面考核的。

(二)园区内主导产业非林化严重，已基本丧失林产品加工贸易服务功能的。

(三)发生重大生产安全事故、产品质量安全事故、重大环保责任事故，以及造成其他重大社会不良影响的。

(四)存在其他严重违规违法行为造成严重后果的。

**第十三条** 国家林业局应当在国家林业局网及有关媒体上对被取消命名的国家林业产业示范园区进行公告，5年内不再受理其申报。被取消命名名的国家林业产业示范园区不再享受相关优惠政策。

## 第四章　附　则

**第十四条**　国家林业局在每个国家五年规划期末向社会公布国家林业产业示范园区建设发展报告。

**第十五条**　本办法自发布之日起施行，有效期至2022年6月30日。

# 财政部　国家林业局关于印发《林业改革发展资金管理办法》的通知

财农〔2016〕196 号

各省、自治区、直辖市、计划单列市财政厅(局)、林业厅(局)，新疆生产建设兵团财务局、林业局，内蒙古、龙江、大兴安岭森工(林业)集团公司：

为加强和规范林业改革发展资金使用管理，推进资金统筹使用，提高财政资金使用效益，促进林业改革发展，根据《中华人民共和国预算法》《中华人民共和国森林法》《国务院关于印发推进财政资金统筹使用方案的通知》(国发〔2015〕35 号)等有关规定，我们制定了《林业改革发展资金管理办法》。现予印发，请遵照执行。

附件：林业改革发展资金管理办法

财政部　国家林业局
2016 年 12 月 6 日

附件

## 林业改革发展资金管理办法

### 第一章　总　则

**第一条**　为加强和规范林业改革发展资金使用管理，推进资金统筹使用，提高资金使用效益，促进林业改革发展，根据有关法律法规以及《国务院关于印发推进财政资金统筹使用方案的通知》(国发〔2015〕35 号)、《财政部关于印发〈中央对地方专项转移支付管理办法〉的通知》(财预〔2015〕230 号)等文件，制定本办法。

**第二条**　本办法所称林业改革发展资金是指中央财政预算安排的用于森林资源管护、森林资源培育、生态保护体系建设、国有林场改革、林业产业发展等支出方向的专项资金。

**第三条**　林业改革发展资金由财政部和国家林业局共同管理。财政部负责专项资金中期财政规划和年度预算编制，会同国家林业局分配及下达资金，对资金使用情况进行监督和绩效管理；国家林业局负责相关规划编制，会同财政部下达年度计划任务，指导、推动和监督开展林业改革发展工作，会同财政部做好资金使用情况监督和绩效管理。

**第四条**　林业改革发展资金按照“政策目标明确、分配办法统一、支出方向协调、绩效结果导向”的原则分配、使用和管理。

### 第二章　森林资源管护支出

**第五条**　森林资源管护支出包括天然林保护管理补助和森林生态效益补偿补助。

**第六条**　天然林保护管理补助包括天保工程区管护补助和天然林停伐管护补助。天保工程区管护补助是指天然林资源保护工程二期实施方案确定的国有林管护、集体和个人所有的地方公益林管护所发生的支出。国有林管护重点保障森林管护人员的工资性支出。天然林停伐管护补助是指全面停止天然商品林采伐后安排的管护支出。

**第七条**　森林生态效益补偿补助是指用于国家林业局会同财政部界定的国家级公益林保护和管理的支出。森林生态效益补偿补助包括管护补助支出和公共管护支出。国有的国家级公益林管护补助支出，用于国有林场、国有苗圃、自然保护区、森工企业等国有单位管护国家级公益林的劳务补助等支出。集体和个人所有的国家级公益林管护补助支出，用于集体和个人的经济补偿和管护国家级公益林的劳务补助等支出。公共管护支出用于地方各级林业主管部门开展国家级公益林监督检查和评价等方面的支出。

**第八条** 森林资源管护支出中央财政补助标准根据财力和管护成本确定，具体标准另行通知。各省、自治区、直辖市、计划单列市(以下简称省)森林资源管护支出执行标准不得低于中央财政补助标准。

**第九条** 地方各级财政部门会同林业主管部门测算审核管理成本，合理确定国有单位国家级公益林管护人员数量和具体管护劳务补助标准。林业主管部门应当与承担管护任务的国有单位、集体和个人签订管护合同。国有单位、集体和个人应当按照管护合同规定履行管护义务，承担管护责任，根据管护合同履行情况领取管护补助。

## 第三章 森林资源培育支出

**第十条** 森林资源培育支出包括林木良种培育补助、造林补助和森林抚育补助。

**第十一条** 林木良种培育补助包括良种繁育补助和良种苗木培育补助。良种繁育补助是指用于对良种生产、采集、处理、检验、储藏等方面的补助，补助对象为国家重点林木良种基地和国家林木种质资源库。良种苗木培育补助是指用于对因使用良种，采用组织培养、轻型基质、无纺布和穴盘容器育苗、幼化处理等先进技术培育的良种苗木所增加成本的补助，补助对象为国有育苗单位。

**第十二条** 造林补助是指对国有林场、林业职工(含林区人员，下同)、农民专业合作社和农民等造林主体在宜林荒山荒地、沙荒地、迹地、低产低效林地进行人工造林、更新和改造、营造混交林，面积不小于1亩的给予适当的补助。

**第十三条** 森林抚育补助是指对承担森林抚育任务的国有森工企业、国有林场、林业职工、农民专业合作社和农民开展间伐、补植、退化林修复、割灌除草、清理运输采伐剩余物、修建简易作业道路等生产作业的所需劳务用工和机械燃油等给予适当的补助，抚育对象为国有林中，或集体和个人所有的公益林中的幼龄林和中龄林。一级国家级公益林不纳入森林抚育补助范围。

**第十四条** 县级及以下可按照从严从紧的原则，在造林补助和森林抚育补助中，以不超过5%的比例，列支方案编制、作业设计等费用，不得用于财政补助单位人员经费和运转经费。省、市两级不得提取上述费用。

## 第四章 生态保护体系建设支出

**第十五条** 生态保护体系建设支出包括湿地补助、林业国家级自然保护区补助、沙化土地封禁保护区补助、林业防灾减灾补助、森林公安补助和珍稀濒危野生动植物保护补助。

**第十六条** 湿地补助包括湿地保护与恢复补助、退耕还湿补助、湿地生态效益补偿补助。湿地保护与恢复补助是指用于林业系统管理的国际重要湿地、国家重要湿地以及生态区位重要的国家湿地公园、省级以上(含省级)湿地自然保护区开展湿地保护与恢复的相关支出，包括监测监控设施维护和设备购置支出、退化湿地恢复支出和湿地所在保护管理机构聘用临时管护人员所需的劳务补助等支出。退耕还湿补助是指用于林业系统管理的国际重要湿地、国家级湿地自然保护区、国家重要湿地范围内的省级自然保护区实施退耕还湿的相关支出。湿地生态效益补偿补助是指用于对候鸟迁飞路线上的林业系统管理的重要湿地因鸟类等野生动物保护造成损失给予的补偿支出。

**第十七条** 林业国家级自然保护区补助是指用于林业系统管理的国家级自然保护区的生态保护、修复与治理，特种救护、保护设施设备购置和维护，专项调查和监测，宣传教育，以及保护管理机构聘用临时管护人员所需的劳务补助等支出。

**第十八条** 沙化土地封禁保护区补助是指用于对暂不具备治理条件和因保护生态需要不宜开发利用的连片沙化土地实施封禁保护的补助支出，包括：固沙压沙等生态修复与治理，管护站点和必要的配套设施修建和维护，必要的巡护和小型监测监控设施设备购置，巡护道路维护、围栏、界碑界桩和警示标牌修建，保护管理机构聘用临时管护人员所需的劳务补助等支出。

**第十九条** 林业防灾减灾补助包括森林防火补助、林业有害生物防治补助和林业生产救灾补助，补助对象为承担林业防灾减灾任务的基层林业单位。森林防火补助是指用于预防和对突发性的重特大森林火灾扑救等相关支出的补助，包括开设边境森林防火隔离带、购置扑救工具和器械、物资设备等支出，租用防火所需汽车等交通运输工具支出，森林航空消防所需租用飞机、航站地面保障等支出以及重点国有林区防火道路建设与维护支出等。林业有害生物防治补助是指用于对危害森林、林木、种苗正常生长的病、虫、鼠(兔)等重大灾害和有害植物的预防和治理等相关支出的补助。林业生产救灾补助是指用于支持林业系统遭受洪涝、干旱、雪灾、冻害、冰雹、地震、山体滑坡、泥石流、台风等自然灾害之后开展林业生产恢复等相关支出的补助。

**第二十条** 森林公安补助包括森林公安办案(业务)补助和业务装备补助。森林公安办案(业务)补助是指用于森林公安机关开展案件侦办查处、森林资源保护、林区治安管理、维护社会稳定、处置突发事件、禁种铲毒、民警教育培训等支出。业务装备补助是指用于森林公安机关购置指挥通信、刑侦技术、执法勤务(含警用交通工具)、信息化建设、处置突发事件、派出所和监管场所所需的各类警用业务装备的支出。

森林公安补助由中央、省级和省以下同级财政分区域按保障责任负担，中央财政安排的支出重点用于中西部地区的县级森林公安机关和省级直属的重点国有林区森林公安机关，以及工作任务重、财力困难地区的地(市)森林公安机关，对东部地区县级森林公安机关予以奖励性补助。省级财政部门应当在做好本级森林公安经费保障的同时，依照不低于本省公安机关的标准安排省级森林公安转移支付资金。中央财政安排的对省级森林公安机关补助的支出规模不得超过中央和省级森林公安转移支付资金总额的5%，且专项用于省级森林公安机关承办公安部、国家林业局部署的重大任务，直接侦办和督办重特大案件、组织开展专项行动、处置不可预见的突发事件、装备共建或其他特殊原因所需补助经费等。

**第二十一条** 珍稀濒危野生动植物保护补助是指用于大熊猫、朱鹮、虎、豹、亚洲象等珍稀濒危野生动物和极小种群野生植物保护的补助支出。

## 第五章 国有林场改革支出

**第二十二条** 国有林场改革支出是指用于补缴国有林场拖欠的职工基本养老保险和基本医疗保险费用、国有林场分离场办学校和医院等社会职能费用、对先行自主推进国有林场改革的省份奖励补助等。中央财政安排的补助资金补缴国有林场拖欠的职工基本养老保险和基本医疗保险费用有结余的，可用于林场缴纳职工基本养老和基本医疗等社会保险以及其他与改革相关的支出。

**第二十三条** 国有林场改革补助为一次性补助支出，中央财政按照每名职工(包括在职职工和离退休职工)2万元、每亩林地1.15元的标准测算补助，各省可根据本地实际情况确定补助标准。

## 第六章 林业产业发展支出

**第二十四条** 林业产业发展支出包括林业科技推广示范补助、林业贷款贴息补助、林业优势特色产业发展补助。

**第二十五条** 林业科技推广示范补助是指用于承担林业科技成果推广与示范任务的林业技术推广站(中心)、科研院所、大专院校、国有林场和国有苗圃等单位，开展林木优良品种繁育、先进实用技术与标准的应用示范、与科技推广和示范项目相关的简易基础设施建设、必需的专用材料及小型仪器设备购置、技术培训、技术咨询等支出。林业科技推广示范实行先进技术成果库管理，具体办法由国家林业局另行制定。

**第二十六条** 林业贷款贴息补助是指对各类银行(含农村信用社和小额贷款公司)发放的符合贴息条件的贷款安排的利息补助。

贴息条件为：各类经济实体营造的生态林(含储备林)、木本油料经济林、工业原料林贷款；国有林场、重点国有林区为保护森林资源、缓解经济压力开展的多种经营贷款，以及自然保护区、森林(湿地、沙漠)公园开展的生态旅游贷款；林业企业、林业专业合作社等以公司带基地、基地连农户(林业职工)的经营形式，立足于当地林业资源开发、带动林区和沙区经济发展的种植业以及林果等林产品加工业贷款；农户和林业职工个人从事的营造林、林业资源开发贷款。

林业贷款贴息采取一年一贴、据实贴息的方式，年贴息率为3%。对贴息年度(上一年度1月1日至12月31日)之内存续并正常付息的林业贷款，按实际贷款期限计算贴息。中央财政安排一定的补助资金，省级财政部门会同林业主管部门应当根据本省林业贷款实际情况，明确具体的贴息规模、贴息计算和拨付方式。

各省安排的林业贷款贴息补助，须将银行征信查询纳入审核环节，落实林业贷款贴息项目公告公示制度。对骗取林业贷款贴息补助的单位和个人，将其不良信息推送到人民银行征信系统，取消其申请林业贷款贴息补助资格。

**第二十七条** 林业优势特色产业发展补助是指用于支持油茶、核桃、油用牡丹、文冠果等木本油料及其他林业特色产业发展的补助支出。

## 第七章 资金分配下达

**第二十八条** 林业改革发展资金采取因素法分配。森林资源管护和国有林场改革两个支出方向按照各省工作任务、中央补助标准等因素确定补助规模，其余支出方向统一按照以下因素及权重分配：

(一)工作任务(权重50%)，以国家林业局会同财政部根据国民经济和社会发展规划纲要、林业发展规划等确定的任务计划为依据。

(二)资源状况(权重25%)，以国家林业局清查、调查公布的资源数量为依据。

(三)绩效因素(权重15%)，以财政部下达的区域绩效目标审核结果以及会同国家林业局组织开展的绩效评价结果为依据。

(四)政策因素(权重5%)，以中央重大林业生态建设政策为依据。

(五)财力状况(权重5%)，以不同地区财力状况为依据，适当向革命老区、民族地区、边疆地区和贫困地区倾斜。

**第二十九条** 省级林业主管部门会同财政部门于每年7月15日前，向国家林业局和财政部报送本省下一年度任务计划，抄送财政部驻各地财政监察专员办事处(以下简称专员办)。任务计划应当与本省林业发展规划、中期财政规划等相衔接，根据本办法规定的支出方向和具体补助内容进行细化并排序。

**第三十条** 国家林业局会同财政部于每年10月31日前，下达下一年度任务计划，抄送各地专员办。任务计划包括约束性指标和预期性指标，具体指标内容和属性由国家林业局商财政部另行确定。

**第三十一条** 财政部于每年10月31日前，按当年预计执行数的一定比例，将下一年度林业改革发展资金预计数提前下达省级财政部门，抄送国家林业局和各地专员办。

**第三十二条** 国家林业局于每年4月15日前，提出当年林业改革发展资金各省分配建议，函报财政部。

**第三十三条** 财政部于每年全国人民代表大会批准预算后90日内，根据中期财政规划、年度预算安排、国家林业局资金分配建议函等，审核下达当年林业改革发展资金，抄送国家林业局和各地专员办。

**第三十四条** 省级财政部门会同林业主管部门于每年8月31日前，编制林业改革发展资金当年使用情况报告，以正式文件报财政部和国家林业局备案，抄送当地专员办，作为预算监管、绩效目标监控、绩效评价和监督检查的重要依据。各省在确保完成中央下达的约束性指标的前提下，可根据本省工作实际，结合本级资金安排情况，在资金使用范围内统筹使用资金。资金使用情况报告编制内容附后。

## 第八章 资金管理监督

**第三十五条** 林业改革发展资金建立“预算编制有目标、预算执行有监控、预算完成有评价、评价结果有反馈、反馈结果有应用”的全过程预算绩效管理机制。绩效管理办法由财政部会同国家林业局另行制定。

**第三十六条** 林业改革发展资金中用于生态保护体系建设、林业产业发展两个支出方向中有关补助内容实行省级或市县项目库管理。项目库管理有关规定由国家林业局会同财政部另行制定。

**第三十七条** 各级财政部门和林业主管部门应当加快预算执行，提高资金使用效益。结转结余的林业改革发展资金，按照财政部关于结转结余资金管理的相关规定处理。

**第三十八条** 林业改革发展资金的支付执行国库集中支付制度有关规定。属于政府采购范围的，应当按照政府采购有关规定执行。

**第三十九条** 各地应当积极创新林业改革发展资金使用管理机制。国有林场公益林日常管护要通过合同、委托等方式面向社会购买服务。国有林区造林、管护、抚育等任务，凡能通过购买服务方式实现的要面向社会购买。各地政府购买服务的推行情况将作为中央对省级开展绩效评价的考核内容。

**第四十条** 林业改革发展资金使用管理应当全面落实预算信息公开有关要求。

**第四十一条** 各级财政部门和林业主管部门应当加强对林业改革发展资金的申请、分配、使用、管理情况的监督检查，发现问题及时纠正。各地专员办根据工作需要和财政部要求对林业改革发展资金的预算执行情况进行全面监管，定期或不定期形成监管报告报送财政部，根据财政部计划安排开展监督检查。

**第四十二条** 各级财政、林业等有关部门及其工作人员在林业改革发展资金分配、使用、管理等相关工作中，存在违反本办法规定的行为，以及其他滥用职权、玩忽职守、徇私舞弊等违法违纪行为的，按照《预算法》《公务员法》《行政监察法》《财政违法行为处罚处分条例》等国家有关规定追究相应责任；涉嫌犯罪的，移送司法机关处理。

资金使用单位和个人在使用林业改革发展资金中存在各类违法违规行为的，按照《预算法》《财政违法行为处罚处分条例》等国家有关规定追究相应责任。

## 第九章　附　则

**第四十三条** 林业改革发展资金中用于支持贫困县开展统筹整合使用财政涉农资金试点的部分，按照有关规定执行。

**第四十四条** 中央单位林业改革发展资金管理参照本办法执行，相关支出列入中央部门预算。

**第四十五条** 省级财政部门会同林业主管部门应当根据本办法制定实施细则，报送财政部和国家林业局，并抄送当地专员办。

**第四十六条** 本办法由财政部会同国家林业局负责解释。

**第四十七条** 本办法自2017年1月1日起施行。《财政部 国家林业局关于印发〈中央财政林业补助资金管理办法〉的通知》(财农〔2014〕9号)同时废止。《财政部 国家林业局关于印发〈森林防火项目资金管理办法〉的通知》(财农〔2007〕70号)中有关规定与本办法不符的，执行本办法。

# 国家林业局关于公布第二批国家林木种质资源库的通知

林场发〔2016〕153 号

各省、自治区、直辖市林业厅(局)，内蒙古、吉林、龙江、大兴安岭森工(林业)集团公司，新疆生产建设兵团林业局，中国林科院：

林木种质资源是林木良种选育的原始材料，是国家的重要战略资源，也是遗传多样性和物种多样性的基础。为了进一步贯彻落实《国务院办公厅关于加强林木种苗工作的意见》(国办发〔2012〕58 号)、《国务院办公厅关于深化种业体制改革提高创新能力的意见》(国办发〔2013〕109 号)和国家林业局《全国林木种质资源调查收集与保存利用规划(2014—2025 年)》，对重要乡土树种、珍贵树种、经济树种、沙生植物、名特花卉的种质资源进行重点收集、保护、研究、利用，在省级林业主管部门组织推荐和有关科研单位自行申报的基础上，经专家评审和社会公示，我局确定了第二批 86 处国家林木种质资源库(名单见附件)，现予以公布。

各地林业主管部门要按照《国家林木种质资源库管理办法》(林场发〔2016〕4 号)的有关要求，加强国家林木种质资源库的建设与管理。要科学制定保护利用规划，建立完备的档案；要不断更新和补充新的种质材料；要确保国家林木种质资源库的正常运转和资源安全，将国家林木种质资源库建设成为林木种质资源的收集保存基地、林木良种的选育研发中心、科学研究的合作交流平台和科普教育的展示窗口，为实现我国林木种质资源科学保护和评价利用作出更大贡献。

特此通知。

附件：第二批国家林木种质资源库名单

国家林业局

2016 年 10 月 27 日

**附件**

## 第二批国家林木种质资源库名单
## (共 86 处)

**北京市(3 处)**

北京市海棠国家林木种质资源库

中国林科院华北林业实验中心华北地区代表性植物国家林木种质资源库

国际竹藤中心竹类与花卉国家林木种质资源库

**河北省(3 处)**

洪崖山国有林场管理局蒙古栎、栓皮栎国家林木种质资源库

丰宁县邓栅子国有林场白榆国家林木种质资源库

中国林科院林业研究所绿化树种国家林木种质资源库

**山西省(2 处)**

太岳山国有林管理局石膏山林场白皮松国家林木种质资源库

桑干河杨树丰产林实验局杨树国家林木种质资源库

**内蒙古自治区(4 处)**

鄂尔多斯市造林总场沙柳国家林木种质资源库

克什克腾旗沙地云杉国家林木种质资源库

库布其濒危和沙生植物国家林木种质资源库

中国林科院沙漠林业实验中心沙棘国家林木种质资源库

**辽宁省(3 处)**

喀左县山杏国家林木种质资源保存库

大连市旅顺口区黑松国家林木种质资源库
阜新市五角枫、蒙古栎国家林木种质资源库
**吉林省(2处)**
长白县山楂海棠、朝鲜崖柏国家林木种质资源库
集安市刺楸国家林木种质资源库
**黑龙江省(2处)**
黑河市浆果经济树种国家林木种质资源库
宾县大泉子林场硬阔树种国家林木种质资源库
**上海市(3处)**
上海市唇形科植物国家林木种质资源库
上海市桃国家林木种质资源库
上海市蔷薇属植物国家林木种质资源库
**江苏省(4处)**
南京市溧水区桂花国家林木种质资源库
扬州市海棠国家林木种质资源库
常州市油用牡丹国家林木种质资源库
无锡市红豆杉国家林木种质资源库
**浙江省(4处)**
诸暨市香榧国家林木种质资源库
安吉县龙山林场无患子国家林木种质资源库
临安市天目山林场山核桃国家林木种质资源库
中国林科院亚热带林业研究所山茶、木兰国家林木种质资源库
**安徽省(1处)**
广德县竹类国家林木种质资源库
**福建省(1处)**
惠安县赤湖国有防护林场木麻黄国家林木种质资源库
**江西省(4处)**
省林木育种中心苦楝、南酸枣国家林木种质资源库
省林科院竹类国家林木种质资源库
齐云山食品有限公司南酸枣国家林木种质资源库
中国林科院亚热带林业实验中心亚热带林木国家林木种质资源库
**山东省(5处)**
省林木种质资源中心暖温带珍稀树种国家林木种质资源库
枣庄市石榴国家林木种质资源库
淄博市柿树国家林木种质资源库
泰安市乡土观赏树种国家林木种质资源库
中国林科院林业研究所滨海抗逆树种国家林木种质资源库
**河南省(3处)**
洛阳市牡丹国家林木种质资源库
国家林业局泡桐中心北方主要名优经济树种国家林木种质资源库
商丘市刺槐、榆树国家林木种质资源库
**湖北省(2处)**
京山县虎爪山林场枫香、皂荚国家林木种质资源库
竹溪县双竹林场楠木国家林木种质资源库
**湖南省(2处)**
湘西土家族苗族自治州油桐国家林木种质资源库
省林业种苗中心红花檵木国家林木种质资源库
**广东省(3处)**
肇庆市大南山林场红锥、香樟国家林木种质资源库
乐昌市龙山林场木兰科国家林木种质资源库
中国林科院林业研究所古巴加勒比松国家林木种质资源库
**广西壮族自治区(2处)**
广西林科院主要珍贵树种国家林木种质资源库
中国林科院热带林业实验中心热带与南亚热带珍贵树种国家林木种质资源库
**海南省(1处)**
中国林科院热带林业研究所试验站热带珍贵树种国家林木种质资源库
**重庆市(1处)**
永川区桢楠国家林木种质资源库
**四川省(3处)**
德昌县核桃、山核桃国家林木种质资源库
青川县天池林场毛叶山桐子国家林木种质资源库
西昌市油橄榄国家林木种质资源库
**贵州省(3处)**
三都县珍贵阔叶树种国家林木种质资源库
赤水市竹类国家林木种质资源库
望谟县国有林场油桐国家林木种质资源库

**云南省(4处)**

腾冲市腾冲红花油茶国家林木种质资源库

德宏傣族景颇族自治州珍贵树种国家林木种质资源库

瑞丽市石斛国家林木种质资源库

红河哈尼族彝族自治州柚木国家林木种质资源库

**西藏自治区(1处)**

拉萨市高寒地区乡土树种国家林木种质资源库

**陕西省(4处)**

榆林市沙生植物国家林木种质资源库

清涧县红枣国家林木种质资源库

镇安县七叶树国家林木种质资源库

桥山林业局油松国家林木种质资源库

**甘肃省(3处)**

兰州市紫斑牡丹国家林木种质资源库

静宁县苹果国家林木种质资源库

陇南市油橄榄国家林木种质资源库

**青海省(2处)**

西宁市湟水林场杨树国家林木种质资源库

西宁市丁香国家林木种质资源库

**宁夏回族自治区(2处)**

银川市枸杞国家林木种质资源库

银川市植物园沙生植物国家林木种质资源库

**新疆维吾尔自治区(2处)**

英吉沙县杏国家林木种质资源库

特克斯县野生果树国家林木种质资源库

**中国内蒙古森林工业集团有限责任公司(1处)**

阿里河林业局西伯利亚红松国家林木种质资源库

**中国吉林森林工业集团有限责任公司(1处)**

红石林业局水曲柳、胡桃楸国家林木种质资源库

**中国龙江森林工业(集团)总公司(1处)**

金山屯林业局红皮云杉国家林木种质资源库

**大兴安岭林业集团公司(2处)**

新林林业局西伯利亚红松国家林木种质资源库

呼中林业局钻天柳、偃松国家林木种质资源库

**新疆生产建设兵团(2处)**

石河子文冠果、榛子国家林木种质资源库

第九师一六一团野生巴旦杏国家林木种质资源库

# 国家林业局关于贯彻实施《野生动物保护法》的通知

林护发〔2016〕181号

各省、自治区、直辖市林业厅(局),内蒙古、吉林、龙江、大兴安岭、长白山森工(林业)集团公司,新疆生产建设兵团林业局,国家林业局各司局、各直属单位:

2016年7月2日,第十二届全国人大常委会第二十一次会议审议通过了修订后的《中华人民共和国野生动物保护法》(以下简称"新保护法"),并定于2017年1月1日起实施。这不仅为进一步加强野生动物保护奠定了更坚实的法律基础,也对各级林业主管部门依法强化保护、推进生态文明建设提出了新的更高的要求,必将产生重大而深远的影响。为指导各级林业主管部门依法履行保护职责,确保新保护法在全行业得以迅速、准确、全面的执行,现就贯彻实施有关工作通知如下:

**一、提高思想认识,加强组织领导**

新保护法按照大力推进生态文明建设的形势要求,确立了国家对野生动物实行"保护优先、规范利用、严格监管"的基本原则,并围绕这一原则充实、调整、完善了系列保护制度和措施,为破解保护难题、创立保护管理新机制指明了方向。各级林业主管部门要深刻认识新保护法对进一步加强野生动物保护、推进生态文明建设的重大历史性意义,把贯彻实施新保护法作为当前野生动物保护工作的头等大事,在各级党委政府的领导下,明确负责领导,组织专门力量,制定贯彻落实工作方案,主动协调各有关部门,从学习培训、宣传教育、规章制度、执法监管等各个方面入手,多头推进新保护法的贯彻实施;要针对本区域保护领域存在的突出问题和主要矛盾,尽快依法开展重大行动和采取重大举措,扩大影响、壮大声势,树立依法保护新气象。

**二、开展全行业学习培训,更新保护观念和思路**

正确理解、把握新保护法的原则要求和内涵,是全面贯彻实施的首要条件。各级林业主管部门要把开展新保护法学习培训作为贯彻实施的第一道工序,将其列入林业普法教育的重点内容,分期分批组织广大保护工作者进行专题学习培训,深入领会新保护法的核心要义,准确理解各项法律规定和要求,并结合保护工作实际,正确把握今后加强保护的方向和准则,更新保护观念,调整工作思路,创新保护模式,改进工作作风;还要全面、系统地加强对野生动物繁育利用从业单位和人员的培训教育,向他们详细讲解新保护法实施后须依法执行的有关管理程序、规定和要求,增强其守法遵规意识,共同维护行业的规范发展。

**三、加快配套法规和规章制度建设,稳妥推进保护管理工作的顺利过渡**

新保护法从适应经济社会发展和生态文明建设形势的角度,对野生动物保护管理规定进行了一系列修改、完善和充实,使得许多原有配套法规和规章制度出现了与新保护法规定不一致等问题。对此,我局正组织力量进行全面梳理,争取在短期内完成系列配套规章和制度的制定或修改工作。各级林业主管部门也要积极推进地方配套法规和规章制度建设,争取将地方配套法规的制定或修改列入立法计划,科学调整地方保护野生动物名录,并全面梳理现有的部门规章制度,对依法需要新增的规章制度尽快研究制定和发布,对以往规章制度中与新保护法规定不一致或要求不到位的情况,尽快修改完善。由于配套法规和规章制度的建设需要一定的时间和过程,在2017年1月1日新保护法实施后至相关配套法规和规章制度发布前,对新保护法规定的《有重要生态、科学和社会价值的陆生野生动物保护名录》暂按我局2000年发布的《国家保护的有益的或者有重要经济、科学研究价值的陆生野生动物名录》(国家林业局令第7号)执行,非原产我国的野生动物在我国境内的保护管理暂按《林业部关于核准部分濒危野生动物为国家重点保护野生动物的通知》(林护通字〔1993〕48号)执行；对现行有关野生动物收容救护、驯养繁殖、标识管理等规章制度中符合新保护法原则、规定和要求的内容，可继续参照执行，对其中与新保护法原则、规定和要求不一致或存在冲突的，一律按新保护法规定执行。

**四、规范行政许可行为，强化监督检查**

按照新保护法的相关规定，2017年1月1日新法实施后，部分行政许可事项须依法进行调整。各级林业主管部门要严格按照法律规定，周密部署，细致安排，确保调整工作规范、有序进行。一是对新保护法未列入行政许可项目的原行政许可事项一律停止审批。对2016年12月31日前已经受理、但尚未作出行政许可决定的，应及时告知申请人行政许可项目业已取消等情况，并将其申请退回。二是对行政许可审批机关发生变化的，原审批机关须一律停止审批。对2016年12月31日前已经受理、但尚未作出行政许可决定的，应及时告知申请人行政许可审批机关变化情况，并将其申请移交新的审批机关审批。三是已实行委托审批且行政许可项目及审批机关未发生变化的，原委托行为继续有效。四是对大熊猫、朱鹮、虎、豹类、象类、金丝猴类、长臂猿类、犀牛类、猩猩类、鸨类十种(类)国家重点保护野生动物的人工繁育许可证核发和出售、购买、利用上述10种(类)野生动物及其制品，以及出售、购买、利用天然麝香、赛加羚羊角、穿山甲片的行政许可，在国务院对审批机关作出规定后按规定办理。五是2016年12月31日前依法作出的行政许可决定和核发的行政许可证件在其有效期内仍然有效，已核发的《国家重点保护野生动物驯养繁殖许可证》在换发新证前应视同为《国家重点保护野生动物人工繁育许可证》。六是依法做好行政许可信息公开，每半年汇总并通过网站、官方微博等渠道向社会主动公开本机关受理的各类行政许可申请的件数、涉及的物种种类、许可决定情况等。对申请公开有关信息涉及国家秘密、商业秘密或者个人隐私的，应当征求所涉单位或个人的意见，经其同意后方可公开。在切实规范野生动物保护管理行政许可行为的同时，各级林业主管部门还要加强对行政许可审批过程及后续执行情况的监督检查，及时查找问题，改进工作方式，大力提高野生动物保护管理行政许可工作规范化水平。

**五、编制保护规划，强化执法协调**

当前正处于我国“十三五”建设开局之际，各级林业主管部门要抓住新保护法实施这一有利时机，认真研究野生动物保护现状，积极争取本级政府将野生动物保护纳入本行政区域国民经济和社会发展“十三五”规划内容，或制定专项规划，并将野生动物保护经费纳入预算，大力促进保护基础设施和管理体系建设，为全面强化野生动物及其栖息地保护奠定基础；还要针对乱捕滥猎滥食野生动物及走私、非法经营其产品等现象，主动会同公安、网信、交通运输、海关、工商、邮政等各有关部门依法建立健全部门间执法协调长效机制，形成从栖息地源头到餐馆饭店、交易市场、运输路线、网络及广告等各个环节齐抓共管、协同作战的良好态势，有效阻断野生动物非法交易链，坚决遏制乱捕滥猎滥食野生动物和走私、非法经营野生动物产品的违法犯罪势头。

**六、改变对野生动物及其制品运输、携带、寄递等活动的查验要求，切实加强监督管理**

新保护法明确了运输、携带、寄递国家重点保护野生动物及其制品出县境的各类凭证。各级林业主管部门要主动会同交通运输、铁路、民航、邮政等部门，依法强化对上述运输活动的查验，对运输、携带、寄递依法猎捕的国家重点保护野生动物或其制品的，查验其特许猎捕证；对运输、携带、寄递经批准出售、购买、利用的国家重点保护野生动物或其制品且属于专用标识管理范围的，查验其专用标识；对不属于专用标识管理范围的，查验省级以上野生动物保护主管部门批准相应活动的行政许可决定文书；对经批准进出口野生动物及其制品需要将野生动物及其制品运往出口口岸或进口目的地的，查验其允许进出口证明书；对人工繁育场所搬迁的，查验其国家重点保护野生动物人工繁育许可证；对救护和执法查没的国家重点保护野生动物的运输等特殊情况的，查验县级以上野生动物保护主管部门出具的救护、查扣证明或公安、海关、工商、质检等部门出具的查扣证明；对运输、携带、寄递非国家重点保护野生动物或其制品的，须根据来源情况查验狩猎证、允许进出口证明书或批准进口文件、合法购买凭证或野生动物保护主管部门出具的相应证明文件。此外，对运输、携带、寄递野生动物及其制品的，还应当依法办理检疫证明。对查验过程中发现运输凭证与上述要求不相符的，应当依法进行调查处理。

**七、广泛开展宣传教育，营造良好的社会氛围**

为提高全社会依法保护的法制观念和意识，各级林业主管部门在新保护法实施之际，要集中开展为期一个月的系列宣传，一是充分利用广播电视、报纸杂志、网络媒体等渠道，采用发布野生动物保护公益广告、组织专家专题讲解等方式，普及野生动物保护的法律规定和科学知识。二是举办专题宣传活动，散发新保护法单行本、宣传册页，引导公众了解野生动物保护新要求和新举措。三是在野生动物重要栖息地和集贸市场、餐馆饭店等重点区域，要有针对性地设置宣传展牌和张贴海报，发挥警示教育作用，告诫公众自觉抵制违法破坏野生动物及其栖息地等行为。四是主动协调教育行政部门和学校，依法加强对青少年学生野生动物保护知识教育，引导他们从小树立保护新观念。五是密切关注和监测野生动物舆情动态，对公众关心的野生动物保护热点和焦点问题及时回应和解说，有效争取公众和社会各界的理解和支持，推动更广泛的社会力量参与到保护行动中来，开创政府主导、全民参与、共同保护的良好局面。

本通知自2017年1月1日起施行，有效期至2021年12月31日。

特此通知。

国家林业局

2016年12月26日

# 中国林业产业综述与行业篇

# OVERVIEW OF CHINA'S FOREST INDUSTRY

# 2016 年全国林业统计年报数据及分析报告

【概　述】 2016 年是我国全面建成小康社会决胜阶段的开局之年，也是推进结构性改革的攻坚之年。全国林业系统认真贯彻落实习近平总书记系列重要讲话精神和党中央、国务院的决策部署，自觉践行新发展理念，全力推进林业现代化建设，各项建设和任务取得明显成效，为推动生态文明建设和地方经济社会发展做出了积极贡献。

【国土绿化与重点工程】

**营造林任务全面完成**　按照林业“十三五”规划确定的营造林总任务，创新营造林生产计划管理，编制下达三年滚动计划，2016～2018 年年均安排造林任务 1 亿亩*，森林抚育任务 1.2 亿亩。大幅提高中央造林投资补助标准，有效缓解了中央造林补助标准偏低的问题。

表 1　中央造林投资补助标准变化

| 指标 | 提高前 | 提高后 |
|---|---|---|
| 人工造林 | 300 元/亩 | 500 元/亩 |
| 封山育林 | 70 元/亩 | 100 元/亩 |
| 飞播造林 | 120 元/亩 | 160 元/亩 |

2016 年，全国共完成造林面积 720.35 万公顷，其中人工造林 382.37 万公顷，飞播造林 16.23 万公顷，新封山育林 195.36 万公顷，退化林修复 99.11 万公顷，人工更新 27.28 万公顷(自 2015 年起造林面积包括人工造林、飞播造林、新封山育林、退化林修复和人工更新)。

2016 年，国家林业重点生态工程建设扎实推进，完成造林面积 250.55 万公顷，占全部造林面积的比重持续下降，已由 2011 年的 51.6% 下降到 2016 年的 34.8%。地方政府和社会造林等其他造林面积 469.8 万公顷，占全部造林面积的 65.2%。

**天然林资源保护工程**　从 2016 年起全面停止天然林商业性采伐。森林管护面积达到 11497 万公顷。天保工程区项目实施单位年末人数为 76.55 万人，其中在岗职工 50.65 万人。

**退耕还林工程**　2014 年国家启动了新一轮退耕还林工程，三年累计下达退耕还林任务 184 万公顷。2016 年完成造林面积 68.32 万公顷，其中退耕地造林 55.85 万公顷，荒山荒地造林 12.44 万公顷。新一轮退耕还林任务重点向西部地区倾斜，西部 12 个省区(含新疆生产建设兵团)共完成退耕地造林 49.9 万公顷，占全部退耕地造林的 89.3%。

**京津风沙源治理工程**　京津风沙源治理二期工程自 2013 年启动实施以来，工程进展顺利。2016 年共完成造林面积 23 万公顷，完成工程固沙面积 1.23 万公顷。

**三北及长防等防护林体系建设工程**　三北防护林五期工程持续推进百万亩防护林基地、黄土高原综合治理、退化林分修复等重点项目建设，全年完成造林面积 64.85 万公顷，其中退化林分修复 3.05 万公顷。2016 年，长江防护林、珠江防护林、沿海防护林、太行山绿化、林业血防等防护林工程共完成造林面积 45.65 万公顷，为构筑我国国家重点战略区域生态屏障做出积极贡献。

【森林质量】 2016 年，国家林业局认真贯彻落实习近平总书记关于“着力提高森林质量”重要指示精神，印发了《全国森林经营规划(2016～2050 年)》。2016 年森林抚育面积比 2015 年增长 8.8%，退化林修复面积比 2015 年增长 34.1%，实现“十三五”森林质量提升建设的良好开局。

表 2　2016 年森林质量提升主要指标

| 指标 | 面积 | 比 2015 年相比 |
|---|---|---|
| 森林抚育 | 850.04 万公顷 | 增长 8.8% |
| 退化林修复 | 99.11 万公顷 | 增长 34.1% |

**注重林种、混交林比例**　在人工造林、退化林修复过程中注重优先营造混交林，全年新造和改造混交林面积 85.65 万公顷。人工造林按林种主导功能分，防护林所占比重最大，占全部人工造

* 1 亩≈0.067 公顷。

林面积的44.7%。

**加强优质种苗生产** 加强林木种苗保障能力建设，加快推进种质资源和良种繁育体系建设。林木种子采收量为3.18万吨；苗木产量为704.38亿株；育苗面积为140.74万公顷。林木种子样品合格率为86%；苗圃地苗木苗批合格率为91.2%；造林地抽查合格率为84%。

**【林业产业发展】** 2016年，我国林业产业保持中高速增长，以森林旅游为主的林业第三产业成为林业经济增长的新亮点，产业质量和结构逐步优化。

**林业产业规模不断扩大** 2016年林业产业总产值达到6.49万亿元(按现价计算)，比2015年增长9.3%，其中第三产业产值增速高达20.8%。自2010年以来，林业产业总产值的平均增速达到19.1%。

分地区看，中、西部地区林业产业增长势头强劲，增速分别达到16%和13%。东部地区林业产业总产值所占比重最大，占全部林业产业总产值的46.4%。受国有林区天然林商业采伐全面停止和森工企业转型影响，东北地区林业产业总产值连续两年出现负增长。林业产业总产值超过4000亿元的省份共有6个，分别是广东、山东、广西、福建、江苏、浙江[本书采用国家四大区域的分类方法，全国划分为东部、中部、西部和东北四大区域。东部地区包括：北京、天津、河北、上海、江苏、浙江、福建、山东、广东、海南10个省(市)；中部地区包括：山西、安徽、江西、河南、湖北、湖南6个省；西部地区包括：内蒙古、广西、重庆、四川、贵州、云南、西藏、陕西、甘肃、青海、宁夏、新疆12个省(区、市)；东北地区包括：辽宁、吉林、黑龙江3个省和大兴安岭地区]。

**林业产业结构优化** 分产业看，林业三次产业的产值结构已由2010年的39∶52∶9，调整为2016年的33∶50∶17。

**表3 2016年林业三次产业产值增速和比重**

| 指标 | 产值 | 同比增长 | 林业产业总产值占比 |
|---|---|---|---|
| 第一产业 | 21619亿元 | 7.0% | 1/3 |
| 第二产业 | 32081亿元 | 7.3% | 1/2 |
| 第三产业 | 11186亿元 | 20.8% | 1/6 |

**主要林产品产量稳步增长** 2016年，全国主要林产品产量稳步增长。

①木材产量情况。全国商品材总产量为7776万立方米，比2015年增长7.7%。此外，全国农民自用材采伐量557万立方米，农民烧材采伐量1800万立方米。

②竹材产量情况。大径竹产量为25.1亿根，比2015年增长6.4%，其中毛竹14.6亿根，其他直径在5厘米以上的大径竹10.5亿根。竹产业产值达2109亿元。

③各类经济林产品产量情况。全国各类经济林产品产量持续稳定增长，2016年达到1.80亿吨，比2015年增长3.8%。从产品类别看，杜仲、枸杞等木本药材和花椒、八角等林产调料产品产量增长较快，分别比2015年增长14%和10%。核桃、油茶等木本油料产品产量达到600万吨，其中油茶籽产量216万吨，种植面积达到401万公顷，年产值达756亿元。

④花卉苗木产量情况。花卉种植面积133万公顷，花卉及观赏苗木产业产值达到2282亿元。观赏苗木112亿株，切花切叶193亿支，盆栽植物47亿盆。花卉市场4092个，花卉企业5.5万家。花卉产业从业人员555万人。

⑤人造板产量情况。全国人造板总产量为30042万立方米，比2015年增长4.8%。其中胶合板17756万立方米，纤维板6651万立方米，刨花板产量2650万立方米，其他人造板2985万立方米(细木工板占56%)。

⑥木竹地板产量情况。木竹地板产量为8.4亿平方米，比2015年增长8.3%，其中实木地板1.5亿平方米，实木复合地板2.5亿平方米，强化木地板(浸渍纸层压木质地板)3.2亿平方米，竹地板等其他地板1.2亿平方米。

⑦林化产品产量情况。全国松香类产品产量184万吨，比2015年增长5.5%。松节油类产品产量27万吨，樟脑产量1.4万吨，冰片产量6901吨，栲胶类产品产量4969吨。木炭、竹炭等木竹热解产品产量177万吨。

**【林业改革】**

**国有林区改革** 截至2016年4月，国家国有林场林区改革工作小组批复了内蒙古、吉林、黑龙江和大兴安岭林业集团公司省级改革实施方案，标志着重点国有林区改革进入了实质性推动阶段。

积极推进金融债务化解。国家林业局配合银监会等部门，起草了《关于解决东北、内蒙古重点国有林区金融债务的意见》。开展国有林区金融债务清理核对工作，对东北、内蒙古重点国有林区与停止天然林商业性采伐相关的130亿元金融机构债务，财政部同意从2017年起到2020年按照年利率的4.9%安排利息补助6.37亿元。

落实国有林区改革支持政策。2016年，中央安排224亿元用于支持国有林区改革，其中安排重点国有林区停伐补助资金51亿元，将国有林管护费补助标准由2015年的每年每亩6元提高到8元。落实东北、内蒙古重点国有林区开展防火应急道路试点建设资金2亿元。将东北、内蒙古重点国有林区森工非经营性项目中央投资比例由过去的80%提高到90%，减轻了重点国有林区森工集团资金配套压力。

**国有林场改革** 2016年，国家国有林场林区改革工作小组先后对河北、浙江等6省的改革试点工作进行了验收和经验总结，31个省(区、市)的改革实施方案全部获得国家批复，并全部出台了省级改革实施方案。截至2016年年底，国有林场改革所涉及的1702个县(市、区)已有近1/3完成了市县改革实施方案审批，覆盖了全国2008个国有林场，占全国国有林场总数的41%，其中，安徽、福建等7省已基本完成市县改革实施方案审批。

开展改革督察。开展全国国有林场改革督察，采取专项督察、调研督导、试点验收等方式实现了国有林场改革督察督导全覆盖。

落实资金补助。中央财政已落实国有林场改革补助资金133.8亿元。

地方改革措施。广东、吉林等省已落实省级改革补助资金12.2亿元；湖南、宁夏等省(区)出台了国有林场编制核定指导意见；重庆、山西等省(市)主动化解金融债务近2亿元；山西、青海等省分别开展了国有林场森林资源立法保护、管护绩效考评、林地落界确权等工作；北京市制定了政府购买服务定额标准和发展规划，创新了国有林场发展机制。

**集体林权制度改革** 2016年，根据国务院办公厅印发的《关于完善集体林权制度的意见》(国办发〔2016〕85号)、国家林业局印发的《关于规范集体林权流转市场运行的意见》(林改发〔2016〕100号)和加强集体林地承包经营纠纷调处工作的通知要求，进一步深化集体林权制度改革。

截至2016年年底，全国集体林权流转2.83亿亩。召开了全国集体林业综合改革试验区现场会，总结推广30多个深化集体林改模式。培育家庭林场、农民专业合作社等新型经营主体达18.4万个。评定348家全国林业专业合作社示范社，117家林业专业合作社入围国家农民合作社示范社评选。县级以上林权管理服务机构达1800多个。

**【林业服务国家三大战略】**

**京津冀协同发展林业生态** 发布《国家林业局办公室关于贯彻落实共同推进京津冀协同发展林业生态率先突破框架协议分工方案的通知》(办规字〔2016〕263号)，统筹推进京津冀协同发展林业生态率先突破工作。

中央财政共安排京津冀地区停止天然林商业性采伐补助资金3.3亿元。

在河北省实施了3项国家湿地保护工程项目，共安排中央预算内投资1276万元；在京津冀地区实施中央财政湿地补贴项目18个，共落实资金7800万元。

加强对京津冀地区野生动植物保护和自然保护区建设的财政支持力度，2016年共拨付林业国家级自然保护区补助资金1000万元。

加大科技支撑力度，支持京津冀地区有关研究机构开展了一系列科学研究，取得一系列关键技术突破。

**长江经济带“共抓大保护”林业工作** 加快长江经济带“共抓大保护”生态保护修复工作，全面落实《长江经济带森林和湿地生态系统保护与修复规划》《长江沿江重点湿地保护修复工程规划》。

加大资金支持力度。2016年，安排中央财政森林生态效益补偿资金55.3亿元，贫困林场扶贫资金2亿元。

全面保护天然林资源。2016年，安排长江经济带天保工程资金和停伐补助资金66.9亿元。

积极推进新一轮退耕还林。2016年，针对湖北等6省(市)，国家下达退耕还林任务817万亩。

加强长江流域防护林体系建设。2016年，国家下达长江经济带各省(区、市)森林抚育任务3924万亩，并进一步加强林业有害生物防控工作。

积极推进长江经济带湿地保护工作。2016年，安排中央财政湿地保护补贴资金5.88亿元。加强长江流域生态保护力度，严格控制和治理长江水污染，强化沿江生态保护和修复工作。

**"一带一路"战略林业合作** 坚持共商、共建、共享绿色丝绸之路，聚焦重点地区、重点国家、重点项目，着力推进"一带一路"建设林业合作。编制了《丝绸之路经济带和21世纪海上丝绸之路建设林业合作规划》，搭建了"一带一路"林业贸易与投资合作平台。

召开中国—中东欧国家(1+16)林业产业工商与投资研讨会，建立了双方企业务实合作对接机制，推动合作项目落地。

建立中国—东盟贸易投资合作机制，召开了中国—东盟(1+10)林业经贸合作高峰论坛，积极推进与缅甸、老挝、泰国等国的贸易与投资合作。召开了中俄林业投资政策论坛，对俄林业投资合作质量不断提升。

成功发起"一带一路"防治荒漠化共同行动倡议。

"一带一路"建设境外木材工业园区等重大项目建设稳步推进，统筹谋划了一批重点储备项目。

中蒙俄经济走廊规划生态保护项目顺利推进。

绥芬河、满洲里进口木材加工交易示范基地建设取得突破性进展。

**【林业扶贫】** 为贯彻落实《中共中央 国务院关于打赢脱贫攻坚战的决定》精神，国家林业局结合行业自身的优势，确定了"四精准三巩固"的林业精准扶贫精准脱贫思路，即生态护林员精准到人，退耕还林精准到户，金融扶持精准利益分配机制，定点县精准摘帽时限；实施大规模国土绿化行动巩固脱贫成果；提升森林旅游水平巩固脱贫成果；发展特色林果和林下经济巩固脱贫成果。

**生态护林员精准到人** 国家林业局联合财政部、国务院扶贫办印发了《关于开展建档立卡贫困人口生态护林员选聘工作的通知》(林规发〔2016〕171号)，以集中连片困难地区和国家扶贫工作重点县为重点，以具有一定劳动能力，但又无业可扶、无力脱贫的贫困人口为对象，在中西部21个省(区、市)的建档立卡贫困人口中，选聘了28.8万名生态护林员，中央财政安排20亿元用于购买生态服务，精准带动108万人脱贫。

**退耕还林精准到户** 2016年，国家林业局在新增1335万亩退耕还林任务中的80%重点安排到可退面积大、建档立卡贫困人口多的贵州、甘肃、云南、新疆、重庆等省(区、市)。2016年，全国共安排72.9万贫困户退耕还林任务414万亩，每亩可得到国家补助1500元。

**【资源保护】**

**开展国家公园体制试点** 2016年，中央经济体制和生态文明体制改革专项小组召开专题会议，研究部署在四川、陕西、甘肃三省大熊猫主要栖息地整合设立大熊猫国家公园，在吉林和黑龙江两省东北虎主要栖息地整合设立东北虎豹国家公园。中央全面深化改革领导小组第三十次会议审议通过了《大熊猫国家公园体制试点方案》和《东北虎豹国家公园体制试点方案》。

大熊猫国家公园。试点区面积2.71万平方千米。覆盖现有野生大熊猫种群数量的86.59%。

东北虎豹国家公园。试点区面积1.46万平方千米。覆盖我国东北虎豹野生种群总数量的75%以上。

**第十二届全国人民代表大会常务委员会第二十一次会议修订通过新的《野生动物保护法》** 7月2日，新《野生动物保护法》经第十二届全国人民代表大会常务委员会第二十一次会议修订通过，并于2017年1月1日起开始实施。此次修订着重将保护方针调整为"保护优先、规范利用、严格监管"的原则，并着重围绕这三个原则对相关法律条款进行修订。

**林业自然保护区个数和面积继续增加** 自1956年我国第一处自然保护区建立以来，经过60年的发展，已基本形成类型比较齐全、布局基本合理、功能相对完善的自然保护区体系，林业部门管理着森林、湿地、荒漠生态系统和野生动物、野生植物五大类型自然保护区。

**表4 2016年全国林业系统自然保护区情况**

| 指　标 | 个数和面积 | 比2015年增加 |
|---|---|---|
| 林业系统自然保护区 | 2301处<br>12553万公顷 | 73处<br>122万公顷 |
| 其中：国家级 | 359处<br>8138万公顷 | 14处<br>30万公顷 |

**湿地保护修复力度加大** 2016年，国际重要湿地达到49处，面积411.24万公顷。新批准建立国家湿地公园试点134处，新增国家湿地公园试点面积34.3万公顷，新增湿地保护面积21万公顷。截至2016年年底，全国累计批准建立不同类型、不同级别的湿地公园1486处，总面积397.2万公顷，保护湿地面积257.8万公顷。

**中央全面深化改革领导小组第二十九次会议审议通过了《湿地保护修复制度方案》** 2016年，

中央全面深化改革领导小组第二十九次会议审议通过了《湿地保护修复制度方案》，国务院办公厅印发了《湿地保护修复制度方案》(国办发〔2016〕89号)。方案从完善湿地分级管理体系、确保现有湿地面积不减少、紧抓湿地利用监管薄弱环节、着力提升湿地生态系统整体功能、注重湿地保护修复效果这5个方面提出了湿地保护的具体政策措施。

【金融创新】

**国家储备林贷款首次超过中央造林投资规模** 以国家储备林建设为突破口，国家林业局与国家开发银行、中国农业发展银行(以下简称两行)创新了与林业生产经营周期相符合的贷款产品。贷款期限可达30年(含不超过8年的宽限期)、基准利率、最低资本金比例。

截至2016年年底，在天津等省(区、市)已经有40多个项目贷款获得批准，签署了1050亿元的林银贷款协议，贷款额度755亿元，已经放款152亿元，贷款规模首次超过中央造林投资规模，完成建设任务400万亩。

**国家储备林贷款政策扩大到林业五大领域** 6月22日，国家林业局与中国农业发展银行签订了《全面支持林业发展战略合作框架协议》，这是继2015年年底与国家开发银行签订《共同推进国家储备林等重点领域建设发展合作协议》后的又一重大突破，并与两行分别联合下发了有关支持林业发展的意见和通知，将国家储备林贷款政策扩大到林业五大领域。林业五大领域分别是国家储备林基地建设；林业精准扶贫林业精准脱贫；国有林区林场基础设施建设和产业转型发展；全面保护天然林以及大江大河源头生态建设等林业重点工程；林业产业发展，包括森林公园、湿地公园、沙漠公园、野生动物园等生态旅游开发等。

**中央财政出台支持引领政策** 中央财政给予造林补贴、林业贴息、森林保险等资金和政策支持，国家发改委允许将中央基本建设投资作为两行贷款项目的资本金，充分发挥财政资金的引领作用，撬动两行贷款支持林业建设。国家林业局与国家发改委、国家开发银行、中国农业发展银行联合印发《关于进一步利用开发性和政策性金融推进林业生态建设的通知》。

**政府和社会资本合作模式推进林业建设** 国家林业局分别在林业公共服务和林业传统基础设施建设领域与国家发改委、财政部印发《国家发展改革委 国家林业局关于运用政府和社会资本合作模式推进林业建设的指导意见》和《国家林业局 财政部关于运用政府和社会资本合作模式推进林业生态建设和保护利用的指导意见》，围绕五大重点领域提出了一系列政策措施，大力推广“PPP”模式，引导各方面资金投入林业建设。

**【林业投资】** 2016年，全部林业投资完成额达到4510亿元，比2015年增长5.1%。

林业投资按建设内容分，用于生态建设与保护方面的投资为2110亿元，占全部林业投资完成额的46.8%，占比最高。

2016年林业投资按建设内容分各类占比：生态建设与保护2110亿元，占46.8%；林业产业发展1742亿元，占38.6%；林业公共管理等其他资金254亿元，占5.6%；林木种苗、森林防火、有害生物防治等404亿元，占9.0%。

**中央林业投入大幅增长** 2016年，在中央财政收入增速放缓的不利形势下，全年投入中央林业资金1133亿元，扣除政策到期等不可比因素，同口径比2015年增长19%。主要原因是新开辟了国家公园、生态护林员、国有林区防火应急道路等新的资金渠道，启动了国家级自然保护区和湿地保护大项目建设试点，营造林中央投资补助标准大幅提高，东北、内蒙古重点国有林区基建项目中央投资比例由80%提高到90%，87个重点国有林区林业局单列纳入国家重点生态功能区范围，退耕还湿试点范围由5个省扩大到8个省，沙化土地封禁保护试点县由2013年的30个扩大到71个。

**林业棚户区(危旧房)改造** 2016年，林业棚户区(危旧房)改造项目继续实施，全年下达中央预算内投资8.48亿元，用于内蒙古、黑龙江、辽宁、江西、贵州、西藏、甘肃7省(区)5.44万户棚户区改造任务。截至2016年年底，已累计安排林业棚户区(危旧房)改造任务172万户，累计安排中央直接投资249亿元，竣工入住近150万户，惠及林区职工群众500余万人。

**林业利用外资项目个数和金额双下降** 2016年，国际引资竞争日趋激烈，我国林业利用外资大幅减少。林业实际利用外资金额占全国实际使用外资(FDI)金额(1260亿美元)的0.2%。2016年项目个数为133个，实际利用外资规模2.4亿美元；与2015年相比项目个数减少41个，实际利用外资规模减少35.9%。

【林业职工收入】

**林业系统单位个数和人数基本稳定** 2016年，林业系统单位个数共计42314个，年末人数共计147.1万人，其中在岗职工110.4万人，其他从业人员7.7万人，离开本单位仍保留劳动关系人员29万人。林业系统年末实有离退休人员105.2万人。

**林业系统在岗职工年平均工资大幅增长** 林业系统在岗职工年平均工资达到46714元，比2015年增长12.2%。

分地区看，西部地区林业系统在岗职工年平均工资增速最快，达到16.6%；东北地区林业系统在岗职工年平均工资不仅工资水平最低，增速也最慢，比2015年增长7.6%。东北地区林业系统在岗职工年平均工资34655元；中部地区林业系统在岗职工年平均工资44243元；西部地区林业系统在岗职工年平均工资53673元；东部地区林业系统在岗职工年平均工资65793元。

【森林火灾和林业安全生产情况】 2016年，林业灾害防控总体平稳。国务院批复了《全国森林防火规划(2016～2025年)》，各地认真落实森林防火责任制，全面加强森林防火能力建设，森林航空消防省份扩大到19个。开展了林业有害生物防治政府购买服务试点，强化了京津冀、长江经济带、黄山等重点区域重大外来有害生物防控。野生动物疫源疫病监测防控正式纳入国家生物安全保障体系，全年妥善处置野生动物疫情24起。林业系统未发生大的安全生产事故。

**森林火灾发生情况** 全国共发生森林火灾2034起(其中重大火灾1起，未发生特大森林火灾)，受害森林面积6224公顷，因灾造成人员伤亡36人(其中死亡20人)，与2015年相比，火灾次数、受害森林面积分别下降30.7%、51.9%。

**林业有害生物发生防治情况** 全国主要林业有害生物发生面积1211万公顷，比2015年减少0.58%，但仍属偏重发生状态，其中重度发生面积68.68万公顷，比2015年下降15.09%，全年完成林业有害生物防治面积833.82万公顷，主要林业有害生物成灾率控制在4.5‰以下，无公害防治率达到85%以上。

**野生动物疫源疫病监测防控情况** 全国共18个省(区、市)报告野生动物异常情况86起，发生12种26起一般野生动物疫情，死亡野生动物51种6818只(头)，在鸟类监测中发现13个亚型禽流感病毒84株。

**林业安全生产情况** 林业系统未发生大的安全生产事故，但林业生产事故伤亡人数比2015年有所增加，其中轻伤、重伤和死亡分别为419人次、41人次和44人。

【林产品进出口贸易】 据海关统计数据分析，2016年我国林产品进出口总值为1355.4亿美元，比2015年减少2.1%。其中，出口730.1亿美元，比2015年减少2.3%；进口625.3亿美元，比2015年减少1.9%。我国林产品进出口贸易明显好于全国进出口贸易整体水平(全国进出口贸易下降6.8%，其中出口下降7.7%，进口下降5.5%)，从2016年第三季度开始逐步回暖，11月、12月林产品贸易进出口额同比增长了11.9%和6.1%，呈现回稳向好态势。

表5 2016年我国林产品进出口贸易情况

| 指　标 | 金　额 | 与2015年相比 |
|---|---|---|
| 林产品进出口总值 | 1355.4亿美元 | 减少2.1% |
| 林产品出口值 | 730.1亿美元 | 减少2.3% |
| 林产品进口值 | 625.3亿美元 | 减少1.9% |

**主要林产品进口** 2016年原木、锯材进口呈现量价齐升。

表6 2016年我国主要林产品进口情况

| 产　品 | 进口量与2015年相比 | 进口额与2015年相比 |
|---|---|---|
| 原　木 | 增长9.3% | 增长0.2% |
| 锯　材 | 增长18.5% | 增长8.4% |
| 纸、纸板及纸制品 | 增长3.5% | 降低2.5% |

**主要林产品出口** 2016年主要的大宗木质林产品贸易额均呈现不同程度的下降。

表7 2016年我国主要林产品出口情况

| 产　品 | 出口额与2015年相比 |
|---|---|
| 木家具 | 降低2.8% |
| 纤维板 | 降低13.7% |
| 胶合板 | 降低3.9% |
| 木制品 | 降低3.0% |
| 纸、纸板及纸制品 | 降低6.1% |

(国家林业局发展规划与资金管理司)

## 【2016 年全国林业产业统计表】

**表 1　2016 各地区林业**

**(按现行**

| 地　区 | 总　计 | 第　一 | | | | | |
|---|---|---|---|---|---|---|---|
| | | 合　计 | 涉　林 | | | | |
| | | | 合　计 | 其中:湿地产业 | 林木育种和育苗 | | |
| | | | | | 小　计 | 林木育种 | 林木育苗 |
| **全国合计** | **648860444** | **216194380** | **204892275** | **969849** | **18912199** | **1543082** | **17369117** |
| 北　京 | 1465447 | 921256 | 921256 | — | 48636 | 638 | 47998 |
| 天　津 | 307129 | 285147 | 285147 | — | 4742 | — | 4742 |
| 河　北 | 15235131 | 7541310 | 7513986 | 300 | 464145 | 30686 | 433459 |
| 山　西 | 4990855 | 3854356 | 3844139 | — | 793532 | 16500 | 777032 |
| 内蒙古 | 4660967 | 2080674 | 1899352 | 2130 | 361693 | 6559 | 355134 |
| 内蒙古集团 | 644045 | 228764 | 223448 | — | 3059 | 20 | 3039 |
| 辽　宁 | 11712434 | 6752639 | 6661684 | 295 | 316565 | 84886 | 231679 |
| 吉　林 | 15658828 | 4057312 | 3739214 | 370 | 263745 | 23532 | 240213 |
| 吉林集团 | 1201932 | 246646 | 235849 | — | 5849 | 524 | 5325 |
| 长白山集团 | 691756 | 205337 | 185393 | — | 4195 | 101 | 4094 |
| 黑龙江 | 15010987 | 5743355 | 4067855 | 912 | 214681 | 28815 | 185866 |
| 龙江集团 | 5337101 | 1993696 | 891325 | — | 18355 | 7472 | 10883 |
| 上　海 | 4401414 | 406479 | 406479 | — | 45489 | — | 45489 |
| 江　苏 | 42564193 | 10358823 | 10046292 | 85716 | 1589244 | 227896 | 1361348 |
| 浙　江 | 41663309 | 8839072 | 8826267 | 4193 | 1788772 | 534 | 1788238 |
| 安　徽 | 31923833 | 9339393 | 9064938 | 131425 | 1037546 | 105042 | 932504 |
| 福　建 | 46106717 | 8162505 | 8105804 | 35169 | 116225 | 5432 | 110793 |
| 江　西 | 35048245 | 10616244 | 9959890 | 30039 | 1061958 | 204880 | 857078 |
| 山　东 | 67263543 | 24215489 | 23287295 | 112672 | 5304370 | 25394 | 5278976 |
| 河　南 | 18082141 | 8748700 | 8350524 | 1000 | 621306 | 117196 | 504110 |
| 湖　北 | 29991415 | 9799583 | 9155959 | 47982 | 626783 | 74570 | 552213 |
| 湖　南 | 37363158 | 12224174 | 11155508 | 360893 | 1072330 | 298496 | 773834 |
| 广　东 | 76957847 | 8831061 | 8701943 | 31468 | 101797 | 11483 | 90314 |
| 广　西 | 47769623 | 16858822 | 14061556 | 6021 | 341197 | 40072 | 301125 |
| 海　南 | 5366248 | 2801228 | 2801074 | — | 14594 | 289 | 14305 |
| 重　庆 | 8216196 | 3906435 | 3792909 | 14184 | 345094 | 70881 | 274213 |
| 四　川 | 30603257 | 11479296 | 10475903 | 65148 | 382034 | 47171 | 334863 |
| 贵　州 | 10000809 | 3964666 | 3828935 | 35376 | 329167 | 69739 | 259428 |
| 云　南 | 17055075 | 10892579 | 10673250 | — | 224472 | 9567 | 214905 |
| 西　藏 | 292252 | 261258 | 261258 | — | 45232 | — | 45232 |
| 陕　西 | 10970939 | 8561249 | 8529667 | 1800 | 620984 | 26675 | 594309 |
| 甘　肃 | 4632523 | 3950840 | 3848278 | — | 187797 | 11233 | 176564 |
| 青　海 | 484457 | 476823 | 476823 | 2356 | 44447 | 126 | 44321 |
| 宁　夏 | 1705557 | 906572 | 906572 | 400 | 88191 | 570 | 87621 |
| 新　疆 | 10534914 | 8982813 | 8968872 | — | 450508 | 4220 | 446288 |
| 新疆兵团 | 3962472 | 3904042 | 3895444 | — | 64546 | 3000 | 61546 |
| 大兴安岭 | 821001 | 374227 | 273646 | — | 4923 | — | 4923 |

产业总产值(一)
价格计算)

单位:万元

| 产　业<br>产　业<br>营造林 | 木材和竹材采运<br>小　计 | 木材采运 | 竹材采运 | 经济林产品的种植与采集<br>小　计 | 水果种植 | 坚果、含油果和香料作物种植 |
|---|---|---|---|---|---|---|
| **18264833** | **10642109** | **7655048** | **2987061** | **128754426** | **64531535** | **21868847** |
| 266580 | 7577 | 7577 | — | 448878 | 387317 | 61446 |
| 88262 | 11904 | 11904 | — | 153272 | 149696 | 3576 |
| 747033 | 71469 | 71469 | — | 5585952 | 4010477 | 1277224 |
| 783688 | 8967 | 8967 | — | 2211403 | 1408932 | 694954 |
| 911831 | 37036 | 37036 | — | 502499 | 248572 | 62650 |
| 178197 | 505 | 505 | — | 15064 | 150 | — |
| 203700 | 109441 | 109441 | — | 4661268 | 2509106 | 681780 |
| 254164 | 149120 | 149120 | — | 2416643 | 322513 | 158248 |
| 92075 | 4826 | 4826 | — | 111104 | 493 | 7092 |
| 46548 | 11842 | 11842 | — | 92094 | 245 | 19012 |
| 251134 | 70849 | 70849 | — | 3235456 | 155699 | 67864 |
| 144703 | 3706 | 3706 | — | 712008 | 1499 | 648 |
| 57279 | 4270 | 2933 | 1337 | 276199 | 273372 | — |
| 1650410 | 381106 | 363171 | 17935 | 4107590 | 2877188 | 106273 |
| 310805 | 404218 | 127633 | 276585 | 5582848 | 2271354 | 308213 |
| 1436697 | 785027 | 562120 | 222907 | 4696275 | 1540423 | 489080 |
| 311613 | 1478849 | 740243 | 738606 | 4856185 | 2018362 | 177344 |
| 804769 | 705489 | 425760 | 279729 | 5383785 | 2386469 | 415768 |
| 738078 | 311893 | 311893 | — | 12943733 | 10273942 | 1951190 |
| 600891 | 258902 | 253718 | 5184 | 4721780 | 2381842 | 726837 |
| 772521 | 237622 | 171700 | 65922 | 6111004 | 2501855 | 515564 |
| 1560302 | 639999 | 406273 | 233726 | 5772343 | 2363086 | 1335088 |
| 402936 | 813773 | 564187 | 249586 | 5190287 | 3526842 | 192199 |
| 1307716 | 2493489 | 2085828 | 407661 | 8325356 | 5161533 | 683510 |
| 168659 | 94869 | 90308 | 4561 | 2227148 | 1068965 | 721508 |
| 518858 | 105266 | 58600 | 46666 | 2341784 | 1493986 | 281191 |
| 717542 | 591859 | 295378 | 296481 | 6899171 | 2831493 | 1724024 |
| 745927 | 220107 | 190274 | 29833 | 2236382 | 762293 | 243176 |
| 545119 | 567853 | 459583 | 108270 | 8541504 | 1927396 | 1975243 |
| 140088 | 22004 | 21716 | 288 | 53934 | 17312 | 27067 |
| 639182 | 35096 | 33388 | 1708 | 7001858 | 4176305 | 1643000 |
| 344092 | 5570 | 5494 | 76 | 3283723 | 2202408 | 760193 |
| 55309 | 874 | 874 | — | 374082 | 1949 | 2617 |
| 143236 | 79 | 79 | — | 656795 | 222673 | 21634 |
| 636817 | 17532 | 17532 | — | 7854853 | 3058175 | 4556148 |
| 342837 | 4762 | 4762 | — | 3476945 | 1659384 | 1698470 |
| 149595 | — | — | — | 100436 | — | 4238 |

**表1　2015 各地区林业**

**(按现行**

| 地　区 | 第　一　产　业 | | | | | | |
|---|---|---|---|---|---|---|---|
| | 涉　林　产　业 | | | | | | 林业系统非林产业 |
| | 经济林产品的种植与采集 | | | | 花卉及其他观赏植物种植 | 陆生野生动物繁育与利用 | |
| | 茶及其他饮料作物的种植 | 森林药材种植 | 森林食品种植 | 林产品采集 | | | |
| **全国合计** | **11770578** | **9139368** | **10826584** | **10617514** | **22816192** | **5502516** | **11302105** |
| 北　京 | — | — | 100 | 15 | 137122 | 12463 | — |
| 天　津 | — | — | — | — | 26967 | — | — |
| 河　北 | 300 | 127127 | 76820 | 94004 | 427118 | 218269 | 27324 |
| 山　西 | 18 | 74573 | 31640 | 1286 | 35218 | 11331 | 10217 |
| 内蒙古 | 11589 | 67192 | 51414 | 61082 | 18387 | 67906 | 181322 |
| 内蒙古集团 | — | 240 | 2667 | 12007 | — | 26623 | 5316 |
| 辽　宁 | 116000 | 556339 | 602981 | 195062 | 487053 | 883657 | 90955 |
| 吉　林 | 8530 | 1370694 | 472604 | 84054 | 138452 | 517090 | 318098 |
| 吉林集团 | — | 68744 | 22562 | 12213 | 239 | 21756 | 10797 |
| 长白山集团 | — | 5144 | 56390 | 11303 | 80 | 30634 | 19944 |
| 黑龙江 | 3343 | 247347 | 2475540 | 285663 | 42544 | 253191 | 1675500 |
| 龙江集团 | — | 89768 | 478689 | 141404 | 30 | 12523 | 1102371 |
| 上　海 | 17 | — | 1786 | 1024 | 23242 | — | — |
| 江　苏 | 315035 | 248068 | 117133 | 443893 | 2254995 | 62947 | 312531 |
| 浙　江 | 1257958 | 352854 | 1280142 | 112327 | 536052 | 203572 | 12805 |
| 安　徽 | 1440342 | 385104 | 487279 | 354047 | 949953 | 159440 | 274455 |
| 福　建 | 1252614 | 164522 | 597273 | 646070 | 1250394 | 92538 | 56701 |
| 江　西 | 680909 | 215635 | 246782 | 1438222 | 1902889 | 101000 | 656354 |
| 山　东 | 527134 | 35183 | 127272 | 29012 | 2960619 | 1028602 | 928194 |
| 河　南 | 606750 | 366205 | 365731 | 274415 | 1879901 | 267744 | 398176 |
| 湖　北 | 1157789 | 401142 | 1245123 | 289531 | 1260143 | 147886 | 643624 |
| 湖　南 | 748738 | 551073 | 303552 | 470806 | 1862305 | 248229 | 1068666 |
| 广　东 | 284507 | 204845 | 268262 | 713632 | 2166601 | 26549 | 129118 |
| 广　西 | 490707 | 453664 | 384272 | 1151670 | 1053192 | 540606 | 2797266 |
| 海　南 | 3815 | 13674 | 3952 | 415234 | 252840 | 42964 | 154 |
| 重　庆 | 178964 | 130745 | 148254 | 108644 | 445644 | 36263 | 113526 |
| 四　川 | 701640 | 357486 | 748000 | 536528 | 1553897 | 331400 | 1003393 |
| 贵　州 | 650101 | 315250 | 71119 | 194443 | 255792 | 41560 | 135731 |
| 云　南 | 840912 | 961440 | 425520 | 2410993 | 682924 | 111378 | 219329 |
| 西　藏 | 625 | 5330 | 3600 | — | — | — | — |
| 陕　西 | 461748 | 248832 | 225316 | 246657 | 161890 | 70657 | 31582 |
| 甘　肃 | 16233 | 276814 | 12558 | 15517 | 23734 | 3362 | 102562 |
| 青　海 | 1860 | 367096 | 60 | 500 | 11 | 2100 | — |
| 宁　夏 | 12400 | 387425 | 788 | 11875 | 17901 | 370 | — |
| 新　疆 | — | 240307 | 90 | 133 | 8271 | 891 | 13941 |
| 新疆兵团 | — | 118868 | 90 | 133 | 6344 | 10 | 8598 |
| 大兴安岭 | — | 13402 | 51621 | 31175 | 141 | 18551 | 100581 |

产业总产值(二)
价格计算)

单位:万元

| 第二产业 | | | | | | | |
|---|---|---|---|---|---|---|---|
| 合计 | 涉林产业 | | | | | | |
| | 合计 | 其中:湿地产业 | 木材加工和木、竹、藤、棕、苇制品制造 | | | | |
| | | | 小计 | 木材加工 | 人造板制造 | 木制品制造 | 竹、藤、棕、苇制品制造 |
| **320806675** | **312720737** | **2339454** | **120387014** | **23661174** | **64840185** | **23774262** | **8111393** |
| 920 | 850 | — | — | — | — | — | — |
| 3642 | 3642 | — | 42 | 42 | — | — | — |
| 6771662 | 6770723 | — | 3369039 | 188660 | 2979273 | 197470 | 3636 |
| 728917 | 722467 | 14010 | 107564 | 39587 | 57787 | 10190 | — |
| 1522694 | 1388789 | — | 1255910 | 1055682 | 187730 | 12227 | 271 |
| 125588 | 260 | — | — | — | — | — | — |
| 3166944 | 3125481 | — | 1650020 | 418330 | 396213 | 820776 | 14701 |
| 9433987 | 8689824 | 56386 | 2666813 | 679240 | 988676 | 993487 | 5410 |
| 529553 | 400704 | 4252 | 320862 | 6627 | 193135 | 121100 | — |
| 163690 | 52738 | — | 47595 | 2955 | 14166 | 30474 | — |
| 6286533 | 4568182 | 1600 | 2626160 | 1097653 | 830992 | 695781 | 1734 |
| 1472148 | 370756 | — | 198359 | 40110 | 31260 | 126989 | — |
| 3786623 | 3786623 | — | 613059 | 36050 | 107200 | 466121 | 3688 |
| 27250615 | 25915929 | 1303695 | 16634909 | 2763119 | 11920277 | 1550974 | 400539 |
| 24552327 | 24546439 | — | 6947319 | 545695 | 1419555 | 3798918 | 1183151 |
| 15656453 | 15288737 | 94910 | 9602767 | 1340672 | 5856463 | 1403481 | 1002151 |
| 35680647 | 35528686 | 41600 | 11309212 | 1576371 | 3153697 | 3847585 | 2731559 |
| 16516215 | 15892272 | 65147 | 4461066 | 597988 | 1326491 | 2156811 | 379776 |
| 38376282 | 37905702 | 29987 | 20975468 | 4400104 | 15592780 | 836103 | 146481 |
| 7021754 | 6996893 | — | 3253645 | 633045 | 2266805 | 300418 | 53377 |
| 11332822 | 11018321 | 23020 | 3434019 | 343042 | 1760254 | 1087025 | 243698 |
| 13659329 | 12846801 | 490789 | 4151952 | 892997 | 1216566 | 1118209 | 924180 |
| 50227583 | 50211417 | 2937 | 7930432 | 1095455 | 4528211 | 1933710 | 373056 |
| 25725672 | 24972535 | 8890 | 13524822 | 4230420 | 7524960 | 1538091 | 231351 |
| 2311310 | 2310403 | — | 255636 | 170736 | 65266 | 13769 | 5865 |
| 2466398 | 2399070 | 3929 | 696722 | 236409 | 236756 | 142947 | 80610 |
| 9543161 | 9323531 | 123898 | 2750220 | 613122 | 1465236 | 448527 | 223335 |
| 1444037 | 1395979 | 44328 | 565821 | 196010 | 175349 | 125525 | 68937 |
| 4480632 | 4359008 | 34200 | 1187163 | 424290 | 531146 | 212616 | 19111 |
| 3194 | 3194 | — | 3194 | 3194 | — | — | — |
| 1293247 | 1250771 | — | 367900 | 69507 | 229343 | 54980 | 14070 |
| 206104 | 193517 | — | 12797 | 4635 | 7056 | 400 | 706 |
| — | — | — | — | — | — | — | — |
| 383816 | 383816 | 128 | 1750 | 1750 | — | — | — |
| 859522 | 856470 | — | 23586 | 6805 | 16047 | 734 | — |
| 18886 | 18886 | — | 2576 | 2576 | — | — | — |
| 113633 | 64665 | — | 8007 | 564 | 56 | 7387 | — |

**表 1　2016 各地区林业**

**(按现行**

| 地　区 | 第　二 | | | | | |
|---|---|---|---|---|---|---|
| | 涉　林 | | | | | |
| | 木、竹、藤家具制造 | 木、竹、苇浆造纸和纸制品 | | | | 林产化学产品制造 |
| | | 小　计 | 木、竹、苇浆制造 | 造　纸 | 纸制品制造 | |
| **全国合计** | **57566863** | **58185504** | **7009391** | **30363022** | **20813091** | **6863743** |
| 北　京 | — | — | — | — | — | — |
| 天　津 | 3600 | — | — | — | — | — |
| 河　北 | 574519 | 34823 | 2576 | 27777 | 4470 | 40290 |
| 山　西 | 30389 | 610 | — | 600 | 10 | 180 |
| 内蒙古 | 24439 | — | — | — | — | — |
| 内蒙古集团 | — | — | — | — | — | — |
| 辽　宁 | 505292 | 34127 | 31077 | 1900 | 1150 | 2944 |
| 吉　林 | 531259 | 568659 | 105320 | 162699 | 300640 | 9536 |
| 吉林集团 | 14794 | — | — | — | — | 5754 |
| 长白山集团 | 2700 | — | — | — | — | — |
| 黑龙江 | 566212 | 351631 | 5082 | 325883 | 20666 | 2285 |
| 龙江集团 | 64011 | 4887 | 387 | 4380 | 120 | — |
| 上　海 | 1374781 | 1435121 | 399562 | 1035559 | — | 40315 |
| 江　苏 | 1680154 | 4150605 | 270707 | 2225214 | 1654684 | 411688 |
| 浙　江 | 4063227 | 8794642 | 480686 | 4952405 | 3361551 | 160376 |
| 安　徽 | 1441964 | 526993 | 140147 | 248018 | 138828 | 142244 |
| 福　建 | 6788820 | 7611550 | 1517796 | 3502446 | 2591308 | 1070587 |
| 江　西 | 8622328 | 410887 | 10560 | 283949 | 116378 | 689827 |
| 山　东 | 3213645 | 4836528 | 1260583 | 3215646 | 360299 | 106793 |
| 河　南 | 1038078 | 870682 | 556910 | 178171 | 135601 | 17667 |
| 湖　北 | 1588588 | 1789127 | 196096 | 1324831 | 268200 | 47450 |
| 湖　南 | 1601851 | 2525017 | 226451 | 1833066 | 465500 | 246013 |
| 广　东 | 17364512 | 17962309 | 701497 | 7154469 | 10106343 | 934482 |
| 广　西 | 1558367 | 2905253 | 327106 | 1487087 | 1091060 | 2361012 |
| 海　南 | 41034 | 1609736 | 300 | 1609436 | — | 726 |
| 重　庆 | 641198 | 466098 | 283366 | 174733 | 7999 | 12048 |
| 四　川 | 3589631 | 1036199 | 449915 | 470254 | 116030 | 70923 |
| 贵　州 | 146617 | 93459 | 42925 | 28347 | 22187 | 39776 |
| 云　南 | 486217 | 141778 | 729 | 119144 | 21905 | 449114 |
| 西　藏 | — | — | — | — | — | — |
| 陕　西 | 79507 | 27490 | — | 1388 | 26102 | — |
| 甘　肃 | 7634 | — | — | — | — | 2645 |
| 青　海 | — | — | — | — | — | — |
| 宁　夏 | — | 110 | — | — | 110 | — |
| 新　疆 | 3000 | 2070 | — | — | 2070 | — |
| 新疆兵团 | — | — | — | — | — | — |
| 大兴安岭 | — | — | — | — | — | 4822 |

产业总产值(三)

价格计算)

单位:万元

| 产业 | | | | | | |
|---|---|---|---|---|---|---|
| 产业 | | | | | | 林业系统非林产业 |
| 木质工艺品和木质文教体育用品制造 | 非木质林产品加工制造业 | | | | 其他 | |
| | 小计 | 木本油料、果蔬、茶饮料等加工制造 | 野生动物食品与毛皮革等加工制造 | 森林药材加工制造 | | |
| **6318875** | **52730219** | **39483407** | **2868840** | **10377972** | **10668519** | **8085938** |
| — | 850 | — | 850 | — | — | 70 |
| — | — | — | — | — | — | — |
| 12893 | 2617519 | 1813829 | 46032 | 757658 | 121640 | 939 |
| 506 | 573056 | 555043 | 1205 | 16808 | 10162 | 6450 |
| 95 | 85180 | 69061 | 15999 | 120 | 23165 | 133905 |
| — | — | — | — | — | 260 | 125328 |
| 37952 | 782730 | 330194 | 136703 | 315833 | 112416 | 41463 |
| 61550 | 4741516 | 900880 | 121017 | 3719619 | 110491 | 744163 |
| 931 | 51998 | 49549 | 91 | 2358 | 6365 | 128849 |
| 103 | 158 | 158 | — | — | 2182 | 110952 |
| 76495 | 622728 | 450899 | 69112 | 102717 | 322671 | 1718351 |
| 4801 | 38736 | 8244 | — | 30492 | 59962 | 1101392 |
| 12788 | 310559 | 168897 | 46509 | 95153 | — | — |
| 249752 | 2450935 | 810322 | 804988 | 835625 | 337886 | 1334686 |
| 2048125 | 2336192 | 1776600 | 227222 | 332370 | 196558 | 5888 |
| 532935 | 2563780 | 2163076 | 35608 | 365096 | 478054 | 367716 |
| 1387015 | 5846322 | 5713249 | 51959 | 81114 | 1515180 | 151961 |
| 241796 | 1246098 | 1222901 | 4000 | 19197 | 220270 | 623943 |
| 485309 | 7963542 | 7797655 | 17975 | 147912 | 324417 | 470580 |
| 105118 | 1436671 | 929190 | 12617 | 494864 | 275032 | 24861 |
| 93665 | 3066652 | 2283266 | 336997 | 446389 | 998820 | 314501 |
| 205341 | 3146330 | 2680496 | 137460 | 328374 | 970297 | 812528 |
| 262562 | 4650893 | 3287319 | 490765 | 872809 | 1106227 | 16166 |
| 244824 | 2068936 | 991475 | 245602 | 831859 | 2309321 | 753137 |
| 85984 | 316539 | 316539 | — | — | 748 | 907 |
| 78193 | 265664 | 193830 | 4371 | 67463 | 239147 | 67328 |
| 55160 | 1313461 | 1149721 | 34167 | 129573 | 507937 | 219630 |
| 18851 | 407941 | 358231 | 2961 | 46749 | 123514 | 48058 |
| 19847 | 1931688 | 1800511 | 1336 | 129841 | 143201 | 121624 |
| — | — | — | — | — | — | — |
| 1985 | 635532 | 521445 | 13060 | 101027 | 138357 | 42476 |
| 134 | 169237 | 162855 | — | 6382 | 1070 | 12587 |
| — | — | — | — | — | — | — |
| — | 381120 | 265978 | 10011 | 105131 | 836 | — |
| — | 747112 | 718903 | 30 | 28179 | 80702 | 3052 |
| — | 16030 | 16000 | 30 | — | 280 | — |
| — | 51436 | 51042 | 284 | 110 | 400 | 48968 |

**表1　2016各地区林业**

**(按现行**

| 地　区 | 第　三 | | | | | |
|---|---|---|---|---|---|---|
| | 合　计 | 涉　林 | | | | |
| | | 合　计 | 其中：湿地产业 | 林业生产服务 | 林业旅游与休闲服务 | 林业生态服务 |
| **全国合计** | **111859389** | **102919775** | **1897129** | **4273030** | **83102474** | **7236808** |
| 北　京 | 543271 | 530401 | 2900 | 7743 | 407686 | 48851 |
| 天　津 | 18340 | 18340 | — | — | 18340 | — |
| 河　北 | 922159 | 859192 | 3277 | 72013 | 638242 | 44195 |
| 山　西 | 407582 | 380417 | 4966 | 33262 | 104008 | 131574 |
| 内蒙古 | 1057599 | 763600 | 6778 | 69456 | 521136 | 39765 |
| 内蒙古集团 | 289693 | 13711 | — | — | 4180 | — |
| 辽　宁 | 1792851 | 1673024 | 10173 | 50220 | 1381911 | 137158 |
| 吉　林 | 2167529 | 1516100 | 9193 | 60961 | 1249150 | 47486 |
| 吉林集团 | 425733 | 70317 | — | 15289 | 32067 | 1088 |
| 长白山集团 | 322729 | 74941 | 103 | 15745 | 17921 | 7354 |
| 黑龙江 | 2981099 | 1556216 | 23031 | 57461 | 1189591 | 87777 |
| 龙江集团 | 1871257 | 635201 | 107 | 16916 | 579643 | 107 |
| 上　海 | 208312 | 208312 | — | — | 121945 | 81587 |
| 江　苏 | 4954755 | 4846886 | 367511 | 415012 | 3107966 | 518774 |
| 浙　江 | 8271910 | 8176416 | 22224 | 70631 | 7163133 | 250357 |
| 安　徽 | 6927987 | 6748447 | 55210 | 229897 | 4949875 | 887817 |
| 福　建 | 2263565 | 2257674 | 9049 | 58260 | 1968019 | 107805 |
| 江　西 | 7915786 | 7615282 | 9640 | 220526 | 6324819 | 718961 |
| 山　东 | 4671772 | 4456071 | 340332 | 287683 | 3104228 | 580147 |
| 河　南 | 2311687 | 2278704 | 9350 | 47110 | 1659154 | 418391 |
| 湖　北 | 8859010 | 8214225 | 154842 | 845597 | 5492996 | 843192 |
| 湖　南 | 11479655 | 10639992 | 519819 | 599608 | 7964790 | 1027286 |
| 广　东 | 17899203 | 17220706 | — | 77978 | 16259173 | 275171 |
| 广　西 | 5185129 | 3748574 | 174009 | 428842 | 2902996 | 134448 |
| 海　南 | 253710 | 251707 | 6384 | 3835 | 209063 | 16646 |
| 重　庆 | 1843363 | 1776811 | 36870 | 34326 | 1512716 | 91984 |
| 四　川 | 9580800 | 8685781 | 35557 | 130243 | 8265958 | 156512 |
| 贵　州 | 4592106 | 4285372 | 85239 | 127239 | 3778058 | 264938 |
| 云　南 | 1681864 | 1386969 | 6748 | 174161 | 805866 | 120257 |
| 西　藏 | 27800 | 27800 | — | — | 27800 | — |
| 陕　西 | 1116443 | 1045338 | 156 | 33429 | 747166 | 170361 |
| 甘　肃 | 475579 | 417495 | 1701 | 33530 | 191025 | 16274 |
| 青　海 | 7634 | 7634 | — | — | 7634 | — |
| 宁　夏 | 415169 | 409869 | 1156 | 68562 | 340528 | 520 |
| 新　疆 | 692579 | 685917 | — | 19074 | 534361 | 15221 |
| 新疆兵团 | 39544 | 39544 | — | — | 39529 | — |
| 大兴安岭 | 333141 | 230503 | 1014 | 16371 | 153141 | 3353 |

产业总产值(四)

价格计算)

单位:万元

| 产　业 | | | 补充资料 | | |
| --- | --- | --- | --- | --- | --- |
| 产　业 | | | | | |
| 林业专业技术服务 | 林业公共管理及其他组织服务 | 林业系统非林产业 | 竹产业产值 | 油茶产业产值 | 林下经济产值 |
| **2222185** | **6085278** | **8939614** | **21092599** | **7561940** | **60207579** |
| 3647 | 62474 | 12870 | — | — | 12996 |
| — | — | — | — | — | 1650 |
| 26078 | 78664 | 62967 | — | — | 332501 |
| 5429 | 106144 | 27165 | — | — | 18289 |
| 24763 | 108480 | 293999 | — | — | 498465 |
| 6334 | 3197 | 275982 | — | — | 46977 |
| 51203 | 52532 | 119827 | — | — | 700353 |
| 22028 | 136475 | 651429 | — | — | 2316969 |
| 2633 | 19240 | 355416 | — | — | 78739 |
| 807 | 33114 | 247788 | — | — | 137064 |
| 40988 | 180399 | 1424883 | — | — | 4587792 |
| 17380 | 21155 | 1236056 | — | — | 3245293 |
| — | 4780 | — | — | — | 279 |
| 209523 | 595611 | 107869 | 8083 | 70 | 455332 |
| 98422 | 593873 | 95494 | 4695684 | 304812 | 13222837 |
| 167741 | 513117 | 179540 | 1772853 | 239801 | 2391030 |
| 23721 | 99869 | 5891 | 5486070 | 278907 | 4599555 |
| 78897 | 272079 | 300504 | 3451688 | 2321298 | 1935485 |
| 286297 | 197716 | 215701 | — | — | 2737658 |
| 47944 | 106105 | 32983 | 6068 | 52304 | 2172808 |
| 239486 | 792954 | 644785 | 460466 | 1043840 | 2109625 |
| 453139 | 595169 | 839663 | 2330815 | 2588625 | 2825603 |
| 3760 | 604624 | 678497 | 148542 | 109235 | 502506 |
| 97766 | 184522 | 1436555 | 341287 | 409566 | 7984483 |
| 2567 | 19596 | 2003 | 2058 | 43808 | 309028 |
| 40792 | 96993 | 66552 | 142936 | 20297 | 684314 |
| 86888 | 46180 | 895019 | 1980853 | 26890 | 6215124 |
| 33029 | 82108 | 306734 | 191546 | 84766 | 862376 |
| 97861 | 188824 | 294895 | 72404 | 26135 | 1464070 |
| — | — | — | — | — | — |
| 17676 | 76706 | 71105 | 1200 | 11586 | 642128 |
| 28167 | 148499 | 58084 | 46 | — | 363793 |
| — | — | — | — | — | 280 |
| 244 | 15 | 5300 | — | — | 8853 |
| 32155 | 85106 | 6662 | — | — | 40089 |
| — | 15 | — | — | — | 3157 |
| 1974 | 55664 | 102638 | — | — | 211308 |

**表 2 各地区主要木材、**

| 地区 | 木材及竹材 | | | | | | | | | | |
|---|---|---|---|---|---|---|---|---|---|---|---|
| | 商品 | | | | | | | | | | |
| | 合计 | 其中 | | 原木 | 薪材 | 按来源分 | | 按用途分 | | | |
| | | 热带木材 | 针叶木材 | | | 天然林 | 人工林 | 直接用原木 | 加工用材 | 造纸用材 | 其他 |
| **全国合计** | **7775.87** | **1430.09** | **1285.38** | **7125.45** | **650.41** | **170.70** | **7605.16** | **1389.28** | **4610.75** | **1214.74** | **561.10** |
| 北京 | 15.38 | — | 0.12 | 14.55 | 0.83 | 0.04 | 15.35 | 13.66 | — | — | 1.72 |
| 天津 | 18.00 | — | — | 18.00 | — | — | 18.00 | — | — | — | 18.00 |
| 河北 | 82.30 | — | 6.17 | 68.77 | 13.53 | 6.36 | 75.94 | 13.37 | 52.09 | 0.02 | 16.81 |
| 山西 | 21.48 | — | 1.65 | 16.13 | 5.35 | 3.62 | 17.85 | 12.23 | 2.63 | 0.03 | 6.58 |
| 内蒙古 | 81.71 | — | 1.78 | 77.80 | 3.90 | 0.60 | 81.10 | 19.52 | 55.54 | 0.08 | 6.57 |
| 内蒙古集团 | 0.88 | — | 0.13 | 0.80 | 0.08 | 0.55 | 0.33 | 0.16 | 0.14 | 0.08 | 0.50 |
| 辽宁 | 187.01 | — | 61.13 | 174.01 | 12.99 | 6.29 | 180.71 | 1.64 | 162.03 | 0.70 | 22.64 |
| 吉林 | 185.27 | — | 28.40 | 181.07 | 4.20 | 14.59 | 170.68 | 88.46 | 94.24 | — | 2.57 |
| 吉林集团 | 6.63 | — | — | 5.75 | 0.88 | 0.52 | 6.11 | 1.50 | 4.72 | — | 0.41 |
| 长白山集团 | 4.15 | — | 3.14 | 4.15 | — | 1.92 | 2.22 | 0.27 | 2.50 | — | 1.37 |
| 黑龙江 | 116.39 | — | 25.97 | 106.29 | 10.09 | 7.77 | 108.61 | 72.04 | 35.82 | 0.08 | 8.45 |
| 龙江集团 | 6.50 | — | 0.38 | 5.68 | 0.82 | 0.45 | 6.05 | 2.73 | 1.88 | — | 1.89 |
| 上海 | — | — | — | — | — | — | — | — | — | — | — |
| 江苏 | 156.08 | — | 5.57 | 146.49 | 9.59 | 0.01 | 156.07 | 53.38 | 86.64 | 3.71 | 12.35 |
| 浙江 | 108.18 | — | 50.26 | 104.77 | 3.41 | 12.29 | 95.89 | 45.27 | 59.48 | 0.37 | 3.05 |
| 安徽 | 447.27 | — | 90.57 | 391.32 | 55.95 | 10.81 | 436.46 | 170.33 | 252.68 | 8.93 | 15.34 |
| 福建 | 575.83 | — | 221.48 | 525.43 | 50.40 | 18.39 | 557.44 | 14.43 | 393.52 | 133.69 | 34.19 |
| 江西 | 228.01 | — | 159.38 | 215.52 | 12.49 | 7.42 | 220.59 | 31.94 | 165.75 | 10.48 | 19.83 |
| 山东 | 356.14 | — | 2.17 | 307.66 | 48.49 | — | 356.14 | 85.04 | 235.66 | 14.85 | 20.59 |
| 河南 | 274.00 | — | 0.05 | 247.82 | 26.18 | 0.11 | 273.88 | 2.11 | 249.84 | 2.43 | 19.61 |
| 湖北 | 193.11 | — | 14.42 | 165.69 | 27.42 | 9.46 | 183.65 | 7.96 | 177.40 | 4.82 | 2.93 |
| 湖南 | 273.75 | — | 55.99 | 254.90 | 18.84 | 13.08 | 260.67 | 100.16 | 130.41 | 22.67 | 20.51 |
| 广东 | 756.01 | 140.90 | 68.70 | 693.43 | 62.58 | 2.55 | 753.47 | 168.65 | 272.14 | 274.10 | 41.11 |
| 广西 | 2686.55 | 1062.77 | 312.38 | 2487.30 | 199.25 | 1.55 | 2685.00 | 115.46 | 1743.64 | 646.86 | 180.59 |
| 海南 | 150.12 | 146.75 | 1.43 | 142.09 | 8.03 | 0.11 | 150.01 | 8.11 | 100.95 | 20.28 | 20.77 |
| 重庆 | 55.23 | — | 8.39 | 43.39 | 11.85 | 5.27 | 49.96 | 13.35 | 17.80 | 11.43 | 12.66 |
| 四川 | 201.61 | — | 24.53 | 180.97 | 20.64 | 2.27 | 199.34 | 104.42 | 86.57 | 4.06 | 6.57 |
| 贵州 | 165.18 | — | 88.27 | 158.35 | 6.82 | 6.77 | 158.40 | 52.76 | 100.17 | 9.78 | 2.47 |
| 云南 | 391.58 | 79.68 | 56.48 | 356.02 | 35.56 | 34.97 | 356.61 | 157.15 | 126.93 | 45.37 | 62.13 |
| 西藏 | — | — | — | — | — | — | — | — | — | — | — |
| 陕西 | 11.74 | — | — | 11.16 | 0.58 | 5.06 | 6.68 | 8.86 | 2.08 | — | 0.79 |
| 甘肃 | 1.67 | — | 0.12 | 1.10 | 0.57 | 0.30 | 1.37 | 0.91 | 0.04 | — | 0.72 |
| 青海 | — | — | — | — | — | — | — | — | — | — | — |
| 宁夏 | — | — | — | — | — | — | — | — | — | — | — |
| 新疆 | 36.30 | — | — | 35.44 | 0.87 | 1.01 | 35.29 | 28.05 | 6.72 | — | 1.53 |
| 新疆兵团 | 11.30 | — | — | 11.30 | — | — | 11.30 | 9.76 | 1.13 | — | 0.41 |
| 大兴安岭 | — | — | — | — | — | — | — | — | — | — | — |

**竹材产品产量**

单位:万立方米

| 采伐产品 | | | | | | | | 木材及竹材采伐产品 | | | | |
|---|---|---|---|---|---|---|---|---|---|---|---|---|
| 材 | | | | | 非商品材 | | | 竹材 | | | | |
| 按生产单位分 | | | | | | | | 大径竹(万根) | | | | |
| 系统内国有企业单位生产的木材 | 系统内国有林场、事业单位生产的木材 | 系统外企、事业单位采伐自营林地的木材 | 乡(镇)集体企业及单位生产的木材 | 村及村以下各级组织和农民个人生产的木材 | 合计 | 农民自用材采伐量 | 农民烧材采伐量 | 合计 | 其中:村及村以下各级组织和农民个人生产的大径竹 | 毛竹 | 其他 | 小杂竹(万吨) |
| **240.19** | **1006.39** | **412.22** | **593.10** | **5523.97** | **2357.82** | **557.40** | **1800.42** | **250630.00** | **144471.45** | **145769.22** | **104860.78** | **1738.62** |
| — | 1.81 | 0.28 | 0.38 | 12.91 | 14.02 | 13.97 | 0.06 | — | — | — | — | — |
| — | — | — | — | 18.00 | — | — | — | — | — | — | — | — |
| 0.00 | 23.31 | 0.02 | 4.36 | 54.61 | 17.20 | 2.79 | 14.41 | — | — | — | — | — |
| 0.08 | 7.33 | 0.00 | 3.23 | 10.83 | 2.25 | 1.19 | 1.06 | — | — | — | — | — |
| 1.19 | 8.13 | 1.45 | 4.61 | 66.33 | 2.46 | 2.46 | — | — | — | — | — | — |
| 0.88 | — | — | — | — | — | — | — | — | — | — | — | — |
| 5.33 | 48.00 | 7.17 | 26.99 | 99.51 | 11.39 | 3.27 | 8.13 | — | — | — | — | — |
| 18.42 | 51.98 | 7.77 | 24.39 | 82.70 | 1.25 | 1.25 | — | — | — | — | — | — |
| 3.13 | — | 3.50 | — | — | — | — | — | — | — | — | — | — |
| 4.15 | — | — | — | — | — | — | — | — | — | — | — | — |
| 13.87 | 43.88 | 0.47 | 10.40 | 47.77 | 5.73 | 5.73 | — | — | — | — | — | — |
| 6.50 | — | — | — | — | — | — | — | — | — | — | — | — |
| — | — | — | — | — | — | — | — | — | — | — | — | 0.00 |
| 4.54 | 8.02 | 8.13 | 23.38 | 112.01 | 22.28 | 21.10 | 1.17 | 356.33 | 173.54 | 220.88 | 135.44 | 33.35 |
| 0.45 | 11.43 | 0.04 | 13.88 | 82.37 | 17.38 | 5.33 | 12.05 | 21184.90 | 9084.62 | 20439.05 | 745.84 | 54.91 |
| 1.82 | 19.57 | 5.57 | 27.34 | 392.96 | 112.20 | 48.80 | 63.40 | 16029.32 | 7288.48 | 12968.45 | 3060.87 | 122.95 |
| 42.01 | 90.34 | 9.90 | 74.09 | 359.49 | 931.57 | 44.10 | 887.47 | 74677.00 | 72565.00 | 48653.00 | 26024.00 | 231.21 |
| 22.39 | 64.07 | 15.75 | 28.52 | 97.27 | 83.91 | 30.91 | 52.99 | 18436.12 | 3896.42 | 16406.90 | 2029.22 | 139.48 |
| 1.56 | 6.33 | 0.48 | 23.84 | 323.94 | 15.53 | 9.39 | 6.15 | — | — | — | — | — |
| — | 6.59 | 2.14 | 14.41 | 250.86 | 60.98 | 34.87 | 26.12 | 153.50 | 128.50 | 153.50 | — | 7.99 |
| 0.95 | 10.32 | 7.17 | 17.00 | 157.66 | 89.79 | 44.35 | 45.43 | 3827.69 | 2535.52 | 2645.21 | 1182.49 | 10.72 |
| 13.56 | 36.96 | 20.69 | 38.46 | 164.07 | 84.48 | 33.61 | 50.86 | 14089.79 | 3279.18 | 13580.45 | 509.34 | 14.32 |
| 6.23 | 64.36 | 93.41 | 56.59 | 535.42 | 9.33 | 0.51 | 8.82 | 16931.14 | 6304.48 | 5197.16 | 11733.98 | 201.56 |
| 40.31 | 415.59 | 146.87 | 126.61 | 1957.18 | 268.25 | 94.82 | 173.43 | 50600.73 | 29668.73 | 13361.37 | 37239.36 | 68.37 |
| 21.40 | 14.05 | 25.81 | 10.46 | 78.40 | 3.62 | 1.95 | 1.67 | 785.30 | 0.65 | 5.23 | 780.07 | 0.20 |
| 0.08 | 7.11 | 5.97 | 8.96 | 33.12 | 14.73 | 9.48 | 5.26 | 9235.60 | 160.75 | 1463.90 | 7771.69 | 62.13 |
| 0.03 | 15.25 | 1.62 | 6.83 | 177.89 | 29.89 | 18.28 | 11.60 | 8410.30 | 6481.58 | 1409.56 | 7000.74 | 362.17 |
| 5.49 | 4.32 | 5.94 | 17.03 | 132.41 | 13.69 | 4.40 | 9.29 | 3835.66 | 588.11 | 3431.65 | 404.01 | 126.66 |
| 28.00 | 45.69 | 45.18 | 26.90 | 245.82 | 479.47 | 86.46 | 393.01 | 11567.08 | 2250.89 | 5373.41 | 6193.67 | 301.42 |
| — | — | — | — | — | 18.22 | 7.69 | 10.53 | — | — | — | — | 0.02 |
| 0.08 | 1.08 | 0.00 | 1.48 | 9.09 | 37.20 | 20.62 | 16.58 | 509.55 | 65.00 | 459.51 | 50.05 | 0.97 |
| — | 0.59 | 0.13 | 0.67 | 0.28 | 2.65 | 2.65 | — | — | — | — | — | 0.20 |
| — | — | — | — | — | 1.25 | 1.25 | — | — | — | — | — | — |
| — | — | — | — | — | 0.20 | 0.20 | — | — | — | — | — | — |
| 12.40 | 0.29 | 0.26 | 2.28 | 21.09 | 6.92 | 5.98 | 0.94 | — | — | — | — | — |
| 11.30 | — | — | — | — | — | — | — | — | — | — | — | — |
| — | — | — | — | — | — | — | — | — | — | — | — | — |

## 表3 各地区主要经济林

| 地 区 | 各类经济林产品总量 | 水果产品 | | | | | | | | |
|---|---|---|---|---|---|---|---|---|---|---|
| | | 合 计 | 苹 果 | 柑 橘 | 梨 | 葡 萄 | 桃 | 杏 | 荔 枝 | 龙 眼 |
| **全国合计** | **180240074** | **152087283** | **42880392** | **31730327** | **18639024** | **14044204** | **14072329** | **2625972** | **2499704** | **1773700** |
| 北 京 | 794857 | 709783 | 92953 | — | 117325 | 35468 | 389636 | 23829 | — | — |
| 天 津 | 304774 | 302058 | 55049 | — | 40503 | 73326 | 63455 | 2663 | — | — |
| 河 北 | 14637154 | 13209855 | 3662841 | — | 4992313 | 1700421 | 2020728 | 309835 | — | — |
| 山 西 | 7209002 | 5358864 | 3451474 | — | 922943 | 265141 | 492312 | 151627 | — | — |
| 内蒙古 | 732552 | 633820 | 167406 | — | 88326 | 95493 | 5297 | 39537 | — | — |
| 内蒙古集团 | 5729 | 519 | — | — | — | — | — | — | — | — |
| 辽 宁 | 7109086 | 6227142 | 2893320 | — | 1763041 | 651675 | 495985 | 87589 | — | — |
| 吉 林 | 1017322 | 701363 | 218160 | — | 145880 | 210949 | 1561 | 5561 | — | — |
| 吉林集团 | 10876 | 86 | — | — | — | — | — | — | — | — |
| 长白山集团 | 20509 | 293 | — | — | 257 | 15 | — | — | — | — |
| 黑龙江 | 783223 | 268058 | 126961 | — | 34366 | 62729 | 9 | 435 | — | — |
| 龙江集团 | 165050 | 3495 | — | — | 1158 | 845 | — | — | — | — |
| 上 海 | 273372 | 273182 | 18 | 110392 | 30200 | 83338 | 42775 | 34 | — | — |
| 江 苏 | 3116932 | 2931854 | 578847 | 34411 | 761750 | 699679 | 677697 | 8604 | — | — |
| 浙 江 | 4340519 | 3781386 | — | 1374929 | 432748 | 768302 | 369400 | — | — | — |
| 安 徽 | 3849968 | 3333731 | 398374 | 32975 | 1199620 | 552366 | 861784 | 23822 | — | — |
| 福 建 | 7766802 | 6190619 | 29511 | 2939765 | 240197 | 176622 | 281196 | 225 | 452539 | 239628 |
| 江 西 | 4638208 | 3907817 | 773 | 3372882 | 178146 | 92278 | 68257 | — | — | — |
| 山 东 | 20492152 | 19219090 | 10484042 | — | 1423357 | 1510307 | 3897973 | 307678 | — | — |
| 河 南 | 7567360 | 6431775 | 3035909 | 113258 | 1222158 | 625559 | 903902 | 134820 | — | — |
| 湖 北 | 8974459 | 7362685 | 16982 | 5181326 | 557191 | 387047 | 1079614 | 6061 | — | — |
| 湖 南 | 7155692 | 5489853 | — | 4250752 | 259838 | 354493 | 159229 | 1855 | — | — |
| 广 东 | 10191442 | 9466713 | — | 2664495 | 85482 | 5191 | 56123 | — | 1195771 | 801646 |
| 广 西 | 13598334 | 11890190 | — | 4904433 | 335716 | 507665 | 293709 | — | 664794 | 595602 |
| 海 南 | 2018589 | 1934434 | — | 31899 | — | — | 1697 | — | 149682 | 50504 |
| 重 庆 | 3530467 | 3222030 | 7091 | 2154403 | 324141 | 146467 | 121123 | 11457 | 190 | 18669 |
| 四 川 | 7211132 | 6024209 | 607437 | 3167103 | 633607 | 366477 | 419665 | 19807 | 15816 | 54275 |
| 贵 州 | 2426849 | 1738835 | 58395 | 402428 | 366079 | 261160 | 300129 | 2713 | 931 | 718 |
| 云 南 | 7228922 | 4818636 | 337198 | 631611 | 455828 | 829314 | 225271 | 2297 | 19981 | 12658 |
| 西 藏 | 13060 | 7103 | 3948 | 354 | 1701 | 35 | 880 | 6 | — | — |
| 陕 西 | 12568709 | 10657149 | 7529089 | 362911 | 363782 | 408658 | 417342 | 153804 | — | — |
| 甘 肃 | 9034161 | 8388669 | 7163357 | — | 381999 | 391474 | 230885 | 125755 | — | — |
| 青 海 | 93326 | 5659 | 2585 | — | 2070 | — | 14 | 706 | — | — |
| 宁 夏 | 1094162 | 842206 | 592529 | — | 25286 | 154989 | 10361 | 50269 | — | — |
| 新 疆 | 10451762 | 6758515 | 1366143 | — | 1253431 | 2627581 | 184320 | 1154983 | — | — |
| 新疆兵团 | 3105061 | 1901785 | 553285 | — | 459601 | 753435 | 67991 | 49233 | — | — |
| 大兴安岭 | 15725 | — | — | — | — | — | — | — | — | — |

## 产品生产情况(一)

单位:吨

| | | 干果产品 | | | | | | | |
|---|---|---|---|---|---|---|---|---|---|
| 猕猴桃 | 其他水果 | 合　计 | 板　栗 | 枣（干重） | 柿子（干重） | 仁用杏（大扁杏等甜杏仁） | 榛　子 | 松　子 | 其他干果 |
| **1782525** | **22039106** | **10916921** | **2289212** | **6249339** | **1147479** | **114589** | **129824** | **123872** | **862606** |
| — | 50572 | 72083 | 27179 | 11260 | 25880 | 5699 | — | — | 2065 |
| — | 67062 | 1385 | 1385 | — | — | — | — | — | — |
| 1570 | 522147 | 1148139 | 351423 | 555344 | 194535 | 33265 | 9767 | — | 3805 |
| 40 | 75327 | 1554412 | 11822 | 1176016 | 90891 | 24885 | — | 407 | 250391 |
| — | 237761 | 50766 | — | 976 | — | 12714 | 22034 | 2704 | 12338 |
| — | 519 | 2744 | — | — | — | — | 40 | 2704 | — |
| 23 | 335509 | 507361 | 157470 | 197892 | — | 15976 | 82290 | 30987 | 22746 |
| — | 119252 | 52045 | 853 | — | — | 91 | 6499 | 37177 | 7425 |
| — | 86 | 1876 | — | — | — | — | 58 | 1195 | 623 |
| — | 21 | 7306 | — | — | — | — | — | 7298 | 8 |
| — | 43558 | 24914 | — | — | — | — | 7982 | 16105 | 827 |
| — | 1492 | 8744 | — | — | — | — | 1513 | 6476 | 755 |
| 1137 | 5288 | — | — | — | — | — | — | — | — |
| 9371 | 161495 | 69667 | 21388 | 9229 | 36054 | 698 | — | — | 2298 |
| 51195 | 784812 | 87076 | 69574 | 1223 | 9954 | — | — | — | 6325 |
| 20784 | 244006 | 132953 | 93617 | 12832 | 23015 | 200 | — | — | 3289 |
| 18094 | 1812842 | 171406 | 118604 | 9 | 52331 | — | — | — | 462 |
| 32374 | 163107 | 31857 | 25017 | 842 | 1733 | — | — | — | 4265 |
| 8842 | 1586891 | 828720 | 302854 | 273378 | 114183 | 121 | 55 | — | 138129 |
| 66517 | 329652 | 395115 | 117826 | 124086 | 146309 | 1840 | — | — | 5054 |
| 37482 | 96982 | 474311 | 415107 | 19667 | 32079 | 147 | — | — | 7311 |
| 77279 | 386407 | 136062 | 98801 | 22841 | 11461 | — | — | — | 2959 |
| 4476 | 4653529 | 64203 | 22556 | 2121 | 33212 | — | — | — | 6314 |
| 8183 | 4580088 | 252403 | 105287 | 12272 | 124369 | — | — | — | 10475 |
| — | 1700652 | 18657 | — | — | — | — | — | — | 18657 |
| 36388 | 402101 | 29547 | 16987 | 3918 | 2643 | — | — | 1742 | 4257 |
| 223541 | 516481 | 70572 | 42142 | 14230 | 5071 | 55 | — | 6741 | 2333 |
| 69103 | 277179 | 85032 | 54015 | 2581 | 5392 | 231 | — | 1767 | 21046 |
| 8938 | 2295540 | 363918 | 144994 | 1799 | 30933 | — | 769 | 19963 | 165460 |
| — | 179 | 21 | — | — | — | 21 | — | — | — |
| 1107049 | 314514 | 1098793 | 86579 | 793360 | 198651 | 15879 | — | 3748 | 576 |
| 139 | 95060 | 202298 | 3732 | 164942 | 8783 | 1828 | — | 1360 | 21653 |
| — | 284 | — | — | — | — | — | — | — | — |
| — | 8772 | 136812 | — | 133531 | — | 10 | — | — | 3271 |
| — | 172057 | 2854794 | — | 2714990 | — | 929 | — | — | 138875 |
| — | 18240 | 1126176 | — | 1124944 | — | 517 | — | — | 715 |
| — | — | 1599 | — | — | — | — | 428 | 1171 | — |

## 表 3 各地区主要经济林

| 地 区 | 林产饮料产品(干重) | | | 林产调料产品(干重) | | | | |
|---|---|---|---|---|---|---|---|---|
| | 合 计 | 毛 茶 | 其他林产饮料产品 | 合 计 | 花 椒 | 八 角 | 桂 皮 | 其他林产调料产品 |
| **全国合计** | **2282052** | **2030584** | **251468** | **738676** | **399250** | **170866** | **93006** | **75554** |
| 北 京 | — | — | — | — | — | — | — | — |
| 天 津 | — | — | — | — | — | — | — | — |
| 河 北 | 5 | 5 | — | 10284 | 10284 | — | — | — |
| 山 西 | — | — | — | 14975 | 14357 | — | — | 618 |
| 内蒙古 | 5000 | — | 5000 | — | — | — | — | — |
| 内蒙古集团 | — | — | — | — | — | — | — | — |
| 辽 宁 | 7500 | — | 7500 | — | — | — | — | — |
| 吉 林 | — | — | — | — | — | — | — | — |
| 吉林集团 | — | — | — | — | — | — | — | — |
| 长白山集团 | — | — | — | — | — | — | — | — |
| 黑龙江 | 1000 | — | 1000 | — | — | — | — | — |
| 龙江集团 | — | — | — | — | — | — | — | — |
| 上 海 | 3 | 3 | — | — | — | — | — | — |
| 江 苏 | 13167 | 13167 | — | 125 | 125 | — | — | — |
| 浙 江 | 164397 | 160598 | 3799 | — | — | — | — | — |
| 安 徽 | 111305 | 107444 | 3861 | 859 | 305 | — | 202 | 352 |
| 福 建 | 387307 | 387052 | 255 | 440 | — | — | — | 440 |
| 江 西 | 61914 | 53224 | 8690 | 1113 | 26 | 26 | 17 | 1044 |
| 山 东 | 94461 | 23768 | 70693 | 57989 | 46261 | — | — | 11728 |
| 河 南 | 19911 | 19071 | 840 | 25014 | 24979 | — | — | 35 |
| 湖 北 | 265556 | 263448 | 2108 | 2455 | 1907 | 42 | 8 | 498 |
| 湖 南 | 98082 | 95926 | 2156 | 1497 | 1095 | 83 | 104 | 215 |
| 广 东 | 105194 | 91540 | 13654 | 55456 | 36 | 5207 | 49850 | 363 |
| 广 西 | 62551 | 60334 | 2217 | 194265 | 2 | 148570 | 41054 | 4639 |
| 海 南 | 726 | 265 | 461 | 30972 | 1905 | — | — | 29067 |
| 重 庆 | 17596 | 16642 | 954 | 55014 | 53617 | 367 | 325 | 705 |
| 四 川 | 135080 | 134051 | 1029 | 68165 | 65348 | 155 | 15 | 2647 |
| 贵 州 | 203957 | 202233 | 1724 | 8609 | 7097 | 506 | 450 | 556 |
| 云 南 | 452168 | 336806 | 115362 | 89949 | 50582 | 15900 | 965 | 22502 |
| 西 藏 | — | — | — | 36 | 36 | — | — | — |
| 陕 西 | 70256 | 63641 | 6615 | 64317 | 64146 | 10 | 16 | 145 |
| 甘 肃 | 1366 | 1366 | — | 56961 | 56961 | — | — | — |
| 青 海 | — | — | — | 105 | 105 | — | — | — |
| 宁 夏 | 3550 | — | 3550 | 76 | 76 | — | — | — |
| 新 疆 | — | — | — | — | — | — | — | — |
| 新疆兵团 | — | — | — | — | — | — | — | — |
| 大兴安岭 | — | — | — | — | — | — | — | — |

## 产品生产情况(二)

单位:吨

| 森林食品 | | | | | 森林药材 | | | | | | | | |
|---|---|---|---|---|---|---|---|---|---|---|---|---|---|
| 合　计 | 竹笋干 | 食用菌（干重） | 山野菜（干重） | 其他森林食品（干重） | 合　计 | 银杏（白果） | 山杏仁（苦杏仁） | 杜　仲 | 黄　柏 | 厚　朴 | 山茱萸 | 枸　杞 | 沙　棘 |
| **3542437** | **770705** | **1958496** | **400348** | **412888** | **2798218** | **148423** | **136781** | **206615** | **56181** | **219396** | **45796** | **360873** | **182572** |
| 400 | — | 400 | — | — | — | — | — | — | — | — | — | — | — |
| — | — | — | — | — | — | — | — | — | — | — | — | — | — |
| 9862 | — | 4928 | 3830 | 1104 | 72164 | — | 33036 | 75 | — | — | — | 12112 | 2522 |
| 31292 | — | 15716 | 180 | 15396 | 42038 | — | 2204 | 354 | — | — | 1401 | — | 704 |
| 14933 | — | 10305 | 3656 | 972 | 27834 | — | 360 | — | — | — | — | 17197 | 198 |
| 1909 | — | 418 | 1491 | — | 557 | — | — | — | — | — | — | — | — |
| 249965 | — | 112092 | 76829 | 61044 | 90346 | 302 | 75670 | — | — | — | — | 2693 | 12 |
| 151357 | — | 78801 | 61689 | 10867 | 88090 | — | — | — | — | — | — | 210 | 4300 |
| 4858 | — | 3143 | 1597 | 118 | 3358 | — | — | — | — | — | — | — | — |
| 11504 | — | 9970 | 1365 | 169 | 1085 | — | — | — | — | — | — | — | — |
| 437481 | — | 373313 | 53508 | 10660 | 50106 | — | 310 | — | — | — | — | 7 | 660 |
| 124436 | — | 72814 | 43467 | 8155 | 27437 | — | — | — | — | — | — | — | — |
| 187 | 187 | — | — | — | — | — | — | — | — | — | — | — | — |
| 43374 | 852 | 40160 | 2162 | 200 | 57417 | 48584 | — | 212 | — | — | 1 | 2 | — |
| 216482 | 159305 | 54473 | 2563 | 141 | 18116 | 2019 | — | 545 | — | 1919 | 4721 | — | — |
| 109027 | 31872 | 56488 | 7864 | 12803 | 31237 | 1894 | — | 1903 | 189 | 602 | 387 | 96 | — |
| 633242 | 185054 | 394217 | 51281 | 2690 | 79893 | 1957 | — | — | — | 3555 | 204 | — | — |
| 98698 | 43547 | 43300 | 9355 | 2496 | 34499 | 246 | — | 6822 | 125 | 3901 | 47 | — | — |
| 86074 | — | 37705 | 2088 | 46281 | 16704 | 9837 | 71 | 31 | — | — | — | 72 | — |
| 239433 | 1112 | 201728 | 25757 | 10836 | 192886 | 2034 | 140 | 17746 | — | — | 31824 | 1904 | — |
| 305509 | 22880 | 184200 | 21379 | 77050 | 235352 | 32563 | 7 | 19716 | 25730 | 14161 | 551 | 1759 | — |
| 169618 | 41643 | 33680 | 18489 | 75806 | 277287 | 2398 | 154 | 104851 | 5027 | 136638 | 44 | 3 | — |
| 74050 | 45118 | 27962 | 265 | 705 | 36103 | 819 | — | — | — | 282 | — | — | — |
| 71753 | 35475 | 32099 | 2195 | 1984 | 188472 | 11056 | — | 2941 | — | 3959 | — | 68 | — |
| 16308 | 348 | — | — | 15960 | 4372 | — | — | — | — | — | — | — | — |
| 48329 | 31494 | 12657 | 2206 | 1972 | 111420 | 2766 | — | 10303 | 7334 | 6504 | 108 | 402 | 20 |
| 265581 | 135266 | 83518 | 15347 | 31450 | 144310 | 16663 | — | 18395 | 12372 | 36929 | 118 | 85 | — |
| 60114 | 17691 | 16464 | 9997 | 15962 | 56844 | 6701 | 1193 | 8714 | 4564 | 2396 | 376 | 109 | — |
| 120839 | 12151 | 88537 | 13284 | 6867 | 257268 | 194 | — | 190 | 102 | 69 | — | — | — |
| 77 | — | 77 | — | — | 533 | — | — | — | — | — | — | — | — |
| 70240 | 6700 | 47365 | 12477 | 3698 | 260184 | 8241 | 23436 | 13599 | 668 | 8375 | 5953 | 171 | 143163 |
| 5926 | 10 | 3372 | 2224 | 320 | 130299 | 149 | — | 218 | 70 | 106 | 61 | 71269 | 10601 |
| — | — | — | — | — | 86954 | — | — | — | — | — | — | 81699 | 4800 |
| — | — | — | — | — | 111160 | — | 200 | — | — | — | — | 110960 | — |
| 7 | — | 7 | — | — | 94483 | — | — | — | — | — | — | 60055 | 15592 |
| 7 | — | 7 | — | — | 26209 | — | — | — | — | — | — | 22012 | 2433 |
| 12279 | — | 4932 | 1723 | 5624 | 1847 | — | — | — | — | — | — | — | — |

**表 3 各地区主要经济林**

| 地区 | | | 木本油料 | | | | | |
|---|---|---|---|---|---|---|---|---|
| | 五味子 | 其他森林药材 | 合计 | 油茶籽 | 核桃 | 油橄榄 | 油用牡丹籽 | 其他木本油料 |
| **全国合计** | **37240** | **1404341** | **5998545** | **2164440** | **3645170** | **38767** | **23184** | **126984** |
| 北京 | — | — | 12591 | — | 12591 | — | — | — |
| 天津 | — | — | 1331 | — | 1331 | — | — | — |
| 河北 | — | 24419 | 186845 | — | 185625 | — | 120 | 1100 |
| 山西 | — | 37375 | 207421 | — | 207328 | — | 23 | 70 |
| 内蒙古 | 1 | 10078 | 199 | — | — | — | — | 199 |
| 内蒙古集团 | — | 557 | — | — | — | — | — | — |
| 辽宁 | 2790 | 8879 | 26772 | — | 2822 | — | — | 23950 |
| 吉林 | 18565 | 65015 | 24467 | — | 24467 | — | — | — |
| 吉林集团 | 149 | 3209 | 698 | — | 698 | — | — | — |
| 长白山集团 | 385 | 700 | 321 | — | 321 | — | — | — |
| 黑龙江 | 9773 | 39356 | 1664 | — | 1664 | — | — | — |
| 龙江集团 | 6946 | 20491 | 938 | — | 938 | — | — | — |
| 上海 | — | — | — | — | — | — | — | — |
| 江苏 | 1 | 8617 | 1328 | 263 | 989 | — | 76 | — |
| 浙江 | — | 8912 | 72056 | 51421 | 20635 | — | — | — |
| 安徽 | 16 | 26150 | 110664 | 81735 | 21117 | — | 7623 | 189 |
| 福建 | 45 | 74132 | 143210 | 137922 | — | — | — | 5288 |
| 江西 | — | 23358 | 366173 | 366135 | 28 | — | — | 10 |
| 山东 | — | 6693 | 189114 | — | 179901 | — | 8424 | 789 |
| 河南 | 1360 | 137878 | 168031 | 29213 | 134318 | — | 2210 | 2290 |
| 湖北 | 259 | 140606 | 242839 | 142498 | 98075 | — | 1641 | 625 |
| 湖南 | 24 | 28148 | 892604 | 874642 | 16773 | 7 | 45 | 1137 |
| 广东 | — | 35002 | 151431 | 146833 | — | — | — | 4598 |
| 广西 | — | 170448 | 223086 | 196853 | 2240 | — | — | 23993 |
| 海南 | — | 4372 | 3455 | 3385 | — | — | — | 70 |
| 重庆 | 50 | 83933 | 36445 | 8779 | 22476 | 1037 | 783 | 3370 |
| 四川 | 33 | 59715 | 484835 | 17254 | 451486 | 9598 | 31 | 6466 |
| 贵州 | 661 | 32130 | 167961 | 73980 | 93154 | — | — | 827 |
| 云南 | 521 | 256192 | 977610 | 18058 | 945330 | 1657 | — | 12565 |
| 西藏 | — | 533 | 5290 | — | 5290 | — | — | — |
| 陕西 | 3072 | 53506 | 307842 | 15469 | 265820 | 30 | 2203 | 24320 |
| 甘肃 | 35 | 47790 | 248352 | — | 207018 | 26438 | 5 | 14891 |
| 青海 | — | 455 | 608 | — | 608 | — | — | — |
| 宁夏 | — | — | 358 | — | 358 | — | — | — |
| 新疆 | — | 18836 | 743963 | — | 743726 | — | — | 237 |
| 新疆兵团 | — | 1764 | 50884 | — | 50880 | — | — | 4 |
| 大兴安岭 | 34 | 1813 | — | — | — | — | — | — |

**产品生产情况(三)**

单位:吨

| 林产工业原料 | | | | | | | |
|---|---|---|---|---|---|---|---|
| 合 计 | 生 漆 | 油桐籽 | 乌桕籽 | 五倍子 | 棕 片 | 松 脂 | 紫胶<br>(原胶) |
| **1875942** | **21934** | **408518** | **26204** | **21647** | **60782** | **1328877** | **7980** |
| — | — | — | — | — | — | — | — |
| — | — | — | — | — | — | — | — |
| — | — | — | — | — | — | — | — |
| — | — | — | — | — | — | — | — |
| — | — | — | — | — | — | — | — |
| — | — | — | — | — | — | — | — |
| — | — | — | — | — | — | — | — |
| — | — | — | — | — | — | — | — |
| — | — | — | — | — | — | — | — |
| — | — | — | — | — | — | — | — |
| — | — | — | — | — | — | — | — |
| — | — | — | — | — | — | — | — |
| — | — | — | — | — | — | — | — |
| — | — | — | — | — | — | — | — |
| 1006 | 20 | 161 | — | — | 516 | 309 | — |
| 20192 | 161 | 1977 | 95 | 60 | 4057 | 13842 | — |
| 160685 | 133 | 26312 | 424 | 387 | 18354 | 110309 | 4766 |
| 136137 | 813 | 22299 | 210 | 86 | 2337 | 110392 | — |
| — | — | — | — | — | — | — | — |
| 95195 | 2092 | 81155 | 7869 | 4072 | — | 7 | — |
| 85752 | 3568 | 22066 | 11607 | 2830 | 2444 | 43237 | — |
| 90689 | 1060 | 35287 | 796 | 920 | 6060 | 46566 | — |
| 238292 | 55 | 6904 | 956 | — | 3541 | 225805 | 1031 |
| 715614 | 47 | 82068 | 75 | 133 | 2320 | 630873 | 98 |
| 9665 | — | — | — | — | — | 9665 | — |
| 10086 | 2246 | 5024 | 500 | 1866 | 430 | 20 | — |
| 18380 | 431 | 14490 | 1217 | 477 | 1395 | 370 | — |
| 105497 | 7649 | 66031 | 2194 | 6122 | 5462 | 17904 | 135 |
| 148534 | 385 | 17144 | — | 116 | 10277 | 118662 | 1950 |
| | — | — | — | — | — | — | — |
| 39928 | 3239 | 27549 | 261 | 4388 | 3575 | 916 | — |
| 290 | 35 | 51 | — | 190 | 14 | — | — |
| — | — | — | — | — | — | — | — |
| — | — | — | — | — | — | — | — |
| — | — | — | — | — | — | — | — |
| — | — | — | — | — | — | — | — |
| — | — | — | — | — | — | — | — |

**表4　各地区油茶与**

| 地　区 | 油茶产业发展情况 | | | | | | | | | | |
|---|---|---|---|---|---|---|---|---|---|---|---|
| | 年末实有油茶林面积(公顷) | | | 繁殖圃 | | 苗木产量(万株) | | | 油茶籽产量(万吨) | 油茶企业(个) | 年末实有花卉种植面积(公顷) |
| | 合　计 | 当年新造面积 | 当年低改面积 | 个数(个) | 面积(公顷) | 合　计 | 其中:一年生苗木产量 | 其中:二年留床苗木产量 | | | |
| **全国合计** | **4009209** | **160248** | **143232** | **616** | **9901** | **119098** | **62552** | **34631** | **216** | **2229** | **1328037** |
| 北　京 | — | — | — | — | — | — | — | — | — | — | 5102 |
| 天　津 | — | — | — | — | — | — | — | — | — | — | 275 |
| 河　北 | — | — | — | — | — | — | — | — | — | — | 46123 |
| 山　西 | — | — | — | — | — | — | — | — | — | — | 898 |
| 内蒙古 | — | — | — | — | — | — | — | — | — | — | 238 |
| 内蒙古集团 | — | — | — | — | — | — | — | — | — | — | — |
| 辽　宁 | — | — | — | — | — | — | — | — | — | — | 24060 |
| 吉　林 | — | — | — | — | — | — | — | — | — | — | 3759 |
| 吉林集团 | — | — | — | — | — | — | — | — | — | — | — |
| 长白山集团 | — | — | — | — | — | — | — | — | — | — | — |
| 黑龙江 | — | — | — | — | — | — | — | — | — | — | 1856 |
| 龙江集团 | — | — | — | — | — | — | — | — | — | — | — |
| 上　海 | — | — | — | — | — | — | — | — | — | — | 699 |
| 江　苏 | 200 | — | — | — | — | 4786 | 3026 | 352 | 0 | — | 299043 |
| 浙　江 | 174415 | 3934 | 7309 | 15 | 84 | 17024 | 4778 | 6801 | 5 | 267 | 102885 |
| 安　徽 | 127076 | 6549 | 1486 | 44 | 375 | 6237 | 3193 | 2359 | 8 | 128 | 34989 |
| 福　建 | 158628 | 4772 | 8372 | 11 | 372 | 6209 | 3412 | 788 | 14 | 141 | 64251 |
| 江　西 | 907597 | 34698 | 28652 | 69 | 5915 | 12105 | 6496 | 5480 | 37 | 305 | 57081 |
| 山　东 | — | — | — | — | — | — | — | — | — | — | 167723 |
| 河　南 | 46196 | 2769 | 732 | 10 | 54 | 1210 | 1070 | 140 | 3 | 16 | 128100 |
| 湖　北 | 254269 | 25510 | 7778 | 110 | 1398 | 8300 | 5553 | 2382 | 14 | 172 | 89848 |
| 湖　南 | 1294309 | 40611 | 71598 | 74 | 364 | 20953 | 13681 | 6284 | 87 | 759 | 60706 |
| 广　东 | 185660 | 4686 | 100 | 24 | 307 | 3496 | 1924 | 936 | 15 | 122 | 82949 |
| 广　西 | 333464 | 7845 | 8145 | 55 | 405 | 13831 | 3332 | 1879 | 20 | 104 | 24064 |
| 海　南 | 2813 | 544 | — | 58 | 116 | 1036 | 368 | 666 | 0 | 14 | 8882 |
| 重　庆 | 39394 | 7160 | 200 | 3 | 38 | 3668 | 2177 | 931 | 1 | 114 | 22739 |
| 四　川 | 27758 | 3947 | 403 | 6 | 15 | 4944 | 3414 | 1296 | 2 | 19 | 47006 |
| 贵　州 | 192313 | 7893 | 7817 | 54 | 157 | 6965 | 4446 | 1879 | 7 | 35 | 22064 |
| 云　南 | 238517 | 8048 | 640 | 34 | 71 | 7753 | 5328 | 2261 | 2 | 25 | 23134 |
| 西　藏 | — | — | — | — | — | — | — | — | — | — | — |
| 陕　西 | 26600 | 1282 | — | 49 | 230 | 582 | 354 | 198 | 2 | 8 | 5325 |
| 甘　肃 | — | — | — | — | — | — | — | — | — | — | 2897 |
| 青　海 | — | — | — | — | — | — | — | — | — | — | 40 |
| 宁　夏 | — | — | — | — | — | — | — | — | — | — | 844 |
| 新　疆 | — | — | — | — | — | — | — | — | — | — | 454 |
| 新疆兵团 | — | — | — | — | — | — | — | — | — | — | 115 |
| 大兴安岭 | — | — | — | — | — | — | — | — | — | — | 3 |

## 花卉产业发展情况

花卉产业发展情况

| 切花切叶产量（万支） | 盆栽植物产量（万盆） | 观赏苗木产量（万株） | 草坪产量（万平方米） | 花卉市场（个） | 花卉企业（个） | | 花农（万户） | 花卉从业人员（万人） | | 控温温室面积（万平方米） | 日光温室面积（万平方米） |
|---|---|---|---|---|---|---|---|---|---|---|---|
| | | | | | 合　计 | 其中：大中型企业 | | 合　计 | 其中：专业技术人员 | | |
| **1927547** | **468908** | **1124221** | **49748** | **4092** | **55250** | **8971** | **146.20** | **554.98** | **32.36** | **6072** | **19571** |
| 3832 | 15669 | 1723 | 576 | 35 | 205 | 93 | 0.17 | 0.99 | 0.10 | 109 | 321 |
| 218 | 2047 | 334 | 52 | 21 | 15 | 5 | 0.17 | 0.52 | 0.04 | 78 | 74 |
| 15203 | 8080 | 123173 | 433 | 294 | 1011 | 70 | 4.15 | 11.96 | 0.98 | 66 | 555 |
| 550 | 1401 | 646 | 125 | 126 | 173 | 21 | 0.13 | 0.70 | 0.18 | 21 | 1519 |
| 3006 | 1461 | 1578 | 8 | 101 | 49 | 2 | 0.04 | 0.50 | 0.03 | 6 | 73 |
| — | — | — | — | — | — | — | — | — | — | — | — |
| 138915 | 10281 | 5925 | 79 | 54 | 215 | 64 | 3.02 | 4.05 | 0.20 | 183 | 2506 |
| 4310 | 3312 | 838 | 108 | 31 | 112 | 7 | 0.28 | 1.10 | 0.09 | 21 | 16 |
| — | — | — | — | — | — | — | — | — | — | — | — |
| — | — | — | — | — | — | — | — | — | — | — | — |
| 228 | 402 | 923 | 28 | 17 | 84 | 19 | 0.17 | 1.05 | 0.08 | 21 | 9 |
| — | 0 | 20 | — | — | — | — | — | 0.00 | 0.00 | 0 | 0 |
| 22456 | 6019 | 52 | 1595 | 13 | 140 | 57 | 0.07 | 0.36 | 0.06 | 35 | 118 |
| 131106 | 20348 | 394099 | 20633 | 230 | 7017 | 1072 | 14.57 | 73.13 | 4.55 | 723 | 968 |
| 67558 | 37490 | 174287 | 3408 | 121 | 11165 | 2481 | 15.05 | 67.72 | 4.47 | 525 | 957 |
| 7710 | 5951 | 26045 | 4328 | 354 | 1772 | 227 | 5.02 | 16.24 | 1.15 | 80 | 261 |
| 167469 | 104028 | 25198 | 2096 | 171 | 3090 | 856 | 7.34 | 26.60 | 1.51 | 233 | 4785 |
| 17788 | 8466 | 30256 | 997 | 180 | 1420 | 119 | 2.84 | 9.45 | 1.12 | 25 | 42 |
| 156226 | 126541 | 116336 | 162 | 404 | 3983 | 940 | 19.88 | 67.51 | 3.74 | 3038 | 1521 |
| 65500 | 12267 | 51886 | 256 | 217 | 3438 | 638 | 11.12 | 61.98 | 1.98 | 152 | 326 |
| 14449 | 16763 | 41548 | 768 | 257 | 1565 | 222 | 7.03 | 23.15 | 1.67 | 102 | 230 |
| 5352 | 3273 | 23532 | 2815 | 302 | 2250 | 237 | 6.62 | 19.71 | 1.43 | 61 | 122 |
| 227755 | 26725 | 14211 | 3077 | 103 | 9041 | 864 | 5.90 | 15.62 | 0.99 | 147 | 1036 |
| 24196 | 7109 | 16842 | 4965 | 62 | 1186 | 112 | 10.21 | 83.85 | 1.12 | 57 | 70 |
| 93615 | 3453 | 1760 | 404 | 23 | 712 | 164 | 0.83 | 5.20 | 0.26 | 45 | 326 |
| 20116 | 2684 | 7216 | 1095 | 118 | 1804 | 167 | 3.73 | 15.83 | 0.87 | 18 | 19 |
| 48770 | 27867 | 21171 | 1148 | 347 | 2537 | 308 | 18.93 | 27.99 | 4.00 | 19 | 637 |
| 9806 | 2893 | 6284 | 383 | 110 | 563 | 64 | 0.59 | 1.65 | 0.10 | 21 | 33 |
| 666048 | 6757 | 19176 | 108 | 147 | 779 | 57 | 6.43 | 12.62 | 1.13 | 92 | 2490 |
| — | — | — | — | — | — | — | — | — | — | — | — |
| 706 | 1856 | 12288 | 61 | 106 | 535 | 25 | 0.59 | 2.74 | 0.26 | 42 | 70 |
| 9589 | 1885 | 2128 | 22 | 92 | 235 | 49 | 1.12 | 1.92 | 0.15 | 124 | 152 |
| 50 | 312 | 1 | — | 12 | 61 | 10 | 0.02 | 0.10 | 0.03 | 1 | 1 |
| 4976 | 952 | 3771 | 15 | 12 | 39 | 14 | 0.11 | 0.31 | 0.03 | 3 | 130 |
| 14 | 2616 | 951 | 3 | 32 | 54 | 7 | 0.12 | 0.44 | 0.05 | 26 | 202 |
| 1 | 1686 | 154 | — | 3 | 3 | 1 | 0.02 | 0.07 | 0.01 | 13 | 187 |
| 29 | — | 42 | — | — | — | — | 0.00 | 0.01 | 0.00 | 1 | 1 |

## 表 5 各地区主要林产工业

| 地区 | 木竹 | | | | | | | | |
|---|---|---|---|---|---|---|---|---|---|
| | 锯材 | | | | 木片、木粒加工产品（万实积立方米） | | | | |
| | | | | | | 总计 | 胶合板 | | |
| | 合计 | 普通锯材 | 特种锯材 | 枕木及其他锯材 | | | 合计 | 木胶合板 | 竹胶合板 |
| **全国合计** | **7716.14** | **7384.66** | **174.59** | **156.89** | **4576.12** | **30042.22** | **17755.62** | **16381.78** | **640.24** |
| 北京 | — | — | — | — | — | — | — | — | — |
| 天津 | — | — | — | — | — | 11.17 | 1.25 | 1.25 | — |
| 河北 | 152.82 | 152.75 | — | 0.07 | 15.36 | 1715.06 | 811.62 | 810.87 | — |
| 山西 | 13.02 | 12.99 | — | 0.03 | 20.96 | 46.41 | 8.11 | 1.38 | — |
| 内蒙古 | 1028.46 | 1028.27 | — | 0.19 | 6.47 | 42.38 | 26.76 | 26.76 | — |
| 内蒙古集团 | — | — | — | — | — | — | — | — | — |
| 辽宁 | 292.69 | 284.29 | 5.91 | 2.49 | 113.88 | 283.16 | 131.62 | 123.05 | — |
| 吉林 | 147.59 | 144.07 | 2.73 | 0.78 | 52.92 | 371.22 | 177.66 | 96.21 | — |
| 吉林集团 | 0.22 | 0.22 | — | — | 0.47 | 145.18 | 0.18 | 0.18 | — |
| 长白山集团 | 1.16 | 1.09 | 0.08 | — | 0.09 | 1.27 | 0.81 | 0.81 | — |
| 黑龙江 | 629.85 | 626.19 | 3.15 | 0.51 | 57.02 | 457.39 | 304.90 | 303.04 | — |
| 龙江集团 | 12.16 | 12.16 | — | — | 1.25 | 9.61 | 3.28 | 3.28 | — |
| 上海 | — | — | — | — | — | 1.67 | 1.67 | 1.67 | — |
| 江苏 | 285.89 | 285.35 | 0.40 | 0.14 | 166.07 | 5609.77 | 3896.40 | 3863.55 | 1.34 |
| 浙江 | 330.61 | 299.57 | 28.37 | 2.67 | 35.60 | 567.53 | 195.60 | 95.25 | 98.10 |
| 安徽 | 453.23 | 440.95 | 2.75 | 9.53 | 172.34 | 2296.38 | 1634.24 | 1551.01 | 57.43 |
| 福建 | 242.71 | 229.13 | 13.58 | — | 101.18 | 981.15 | 565.93 | 336.54 | 226.89 |
| 江西 | 227.93 | 209.28 | 4.00 | 14.66 | 131.84 | 498.95 | 206.98 | 84.54 | 94.02 |
| 山东 | 1339.55 | 1253.57 | 83.63 | 2.34 | 2167.36 | 7480.69 | 5157.40 | 4885.95 | — |
| 河南 | 255.40 | 254.74 | 0.05 | 0.61 | 275.27 | 1793.19 | 842.27 | 743.73 | — |
| 湖北 | 225.47 | 222.32 | 3.13 | 0.02 | 87.09 | 736.60 | 217.07 | 201.06 | 5.19 |
| 湖南 | 413.27 | 396.69 | 8.41 | 8.17 | 99.29 | 566.29 | 306.79 | 193.72 | 86.70 |
| 广东 | 188.69 | 188.06 | 0.48 | 0.15 | 216.64 | 1389.18 | 668.53 | 653.15 | 3.31 |
| 广西 | 896.17 | 789.82 | 11.23 | 95.13 | 671.50 | 3668.32 | 2137.69 | 2043.39 | 5.54 |
| 海南 | 67.43 | 67.36 | — | 0.08 | 41.58 | 29.71 | 17.69 | 17.69 | — |
| 重庆 | 41.91 | 38.71 | — | 3.19 | 27.94 | 126.05 | 39.67 | 33.12 | 5.76 |
| 四川 | 179.79 | 170.55 | 0.78 | 8.47 | 52.11 | 877.03 | 211.05 | 140.12 | 47.06 |
| 贵州 | 93.70 | 80.19 | 6.01 | 7.51 | 17.34 | 102.17 | 52.43 | 41.71 | 6.55 |
| 云南 | 191.40 | 191.40 | — | — | 35.81 | 311.90 | 124.97 | 116.05 | 2.36 |
| 西藏 | 2.22 | 2.22 | — | — | — | — | — | — | — |
| 陕西 | 7.83 | 7.67 | — | 0.16 | 6.71 | 59.69 | 10.09 | 9.70 | — |
| 甘肃 | 0.88 | 0.88 | — | — | 0.12 | 5.28 | 0.83 | 0.83 | — |
| 青海 | — | — | — | — | — | — | — | — | — |
| 宁夏 | — | — | — | — | — | 1.05 | — | — | — |
| 新疆 | 7.48 | 7.48 | — | — | 1.46 | 12.82 | 6.41 | 6.41 | — |
| 新疆兵团 | 0.51 | 0.51 | — | — | 0.44 | — | — | — | — |
| 大兴安岭 | 0.14 | 0.14 | — | — | 2.27 | 0.02 | — | — | — |

**产品产量(一)**

单位:万立方米

| 加工制品 | | | | | | | | | | |
|---|---|---|---|---|---|---|---|---|---|---|
| | 人造板 | | | | | | | | | |
| | 纤维板 | | | | | | 刨花板 | | | |
| | | 木质纤维板 | | | | | | 木质刨花板 | | |
| 其他胶合板 | 合计 | 小计 | 硬质纤维板 | 中密度纤维板 | 软质纤维板 | 非木质纤维板 | 合计 | 小计 | 其中:定向刨花(OSB) | 非木质刨花板 |
| **733.59** | **6651.22** | **6443.97** | **517.62** | **5904.38** | **21.97** | **207.25** | **2650.10** | **2572.10** | **91.00** | **78.00** |
| — | — | — | — | — | — | — | — | — | — | — |
| — | 9.92 | 9.92 | — | 9.92 | — | — | — | — | — | — |
| 0.75 | 534.04 | 534.04 | 5.21 | 528.65 | 0.19 | — | 308.23 | 301.70 | — | 6.52 |
| 6.73 | 17.54 | 17.54 | — | 17.54 | — | — | 5.45 | 5.45 | — | — |
| — | 1.64 | 1.64 | 0.01 | 1.63 | — | — | 0.15 | 0.15 | — | — |
| — | — | — | — | — | — | — | — | — | — | — |
| 8.57 | 61.25 | 61.25 | 9.56 | 51.00 | 0.70 | — | 25.02 | 25.02 | — | — |
| 81.45 | 102.75 | 102.75 | — | 102.75 | — | — | 38.59 | 38.59 | — | — |
| — | 102.35 | 102.35 | — | 102.35 | — | — | 36.95 | 36.95 | — | — |
| 0.00 | 0.40 | 0.40 | — | 0.40 | — | — | — | — | — | — |
| 1.86 | 86.82 | 86.82 | 1.38 | 85.44 | — | — | 46.71 | 46.71 | — | — |
| — | 0.29 | 0.29 | 0.29 | — | — | — | 3.11 | 3.11 | — | — |
| — | — | — | — | — | — | — | — | — | — | — |
| 31.51 | 768.23 | 768.23 | 34.40 | 732.27 | 1.56 | — | 678.14 | 677.98 | 0.08 | 0.16 |
| 2.25 | 96.05 | 95.94 | 2.08 | 93.66 | 0.20 | 0.10 | 9.46 | 9.20 | 3.82 | 0.26 |
| 25.80 | 347.10 | 347.10 | 46.55 | 300.55 | — | — | 152.64 | 152.41 | — | 0.23 |
| 2.49 | 189.49 | 189.49 | 0.95 | 188.53 | — | — | 36.26 | 36.26 | — | — |
| 28.42 | 131.08 | 130.48 | 42.43 | 87.50 | 0.55 | 0.60 | 42.45 | 40.13 | 0.38 | 2.32 |
| 271.45 | 1410.14 | 1223.46 | 261.58 | 951.41 | 10.47 | 186.68 | 528.86 | 525.16 | 8.51 | 3.70 |
| 98.54 | 380.34 | 380.34 | 11.32 | 361.77 | 7.25 | — | 130.85 | 130.85 | 23.40 | — |
| 10.82 | 397.11 | 383.95 | 23.73 | 360.16 | 0.06 | 13.16 | 79.58 | 77.73 | 52.34 | 1.85 |
| 26.37 | 56.28 | 56.28 | — | 56.28 | — | — | 29.21 | 29.21 | — | — |
| 12.06 | 501.01 | 501.01 | 32.24 | 468.77 | — | — | 205.42 | 172.99 | — | 32.43 |
| 88.76 | 838.61 | 838.61 | 15.00 | 823.61 | — | — | 187.40 | 187.40 | 1.57 | — |
| — | 3.00 | 3.00 | — | 3.00 | — | — | 9.01 | 9.01 | — | — |
| 0.78 | 49.36 | 47.79 | 0.52 | 47.28 | — | 1.57 | 28.38 | 22.38 | — | 6.00 |
| 23.87 | 488.30 | 483.17 | 28.67 | 453.50 | 1.00 | 5.13 | 63.71 | 39.38 | 0.10 | 24.33 |
| 4.17 | 7.66 | 7.66 | — | 7.66 | — | — | 8.23 | 8.23 | 0.80 | — |
| 6.57 | 114.54 | 114.54 | 0.67 | 113.87 | — | — | 35.50 | 35.50 | — | — |
| — | — | — | — | — | — | — | — | — | — | — |
| 0.39 | 48.29 | 48.29 | 1.32 | 46.97 | — | — | 0.86 | 0.66 | — | 0.20 |
| — | 4.44 | 4.44 | — | 4.44 | — | — | — | — | — | — |
| — | — | — | — | — | — | — | — | — | — | — |
| — | — | — | — | — | — | — | — | — | — | — |
| — | 6.20 | 6.20 | — | 6.20 | — | — | — | — | — | — |
| — | — | — | — | — | — | — | — | — | — | — |
| — | — | — | — | — | — | — | — | — | — | — |

**表5　各地区主要林产工业**

| 地区 | 人造板 | | 其他加工材 | | | 木竹 | |
|---|---|---|---|---|---|---|---|
| | 其他人造板 | | | | | | |
| | 合计 | 其中:细木工板 | 合计 | 改性木材 | 指接材 | 合计 | 实木地板 |
| **全国合计** | **2985.29** | **1667.04** | **1023.09** | **146.83** | **452.99** | **83798.66** | **14808.23** |
| 北京 | — | — | — | — | — | — | — |
| 天津 | — | — | — | — | — | 111.59 | — |
| 河北 | 61.17 | 48.40 | 16.09 | 9.64 | — | 70.09 | 70.09 |
| 山西 | 15.32 | 2.64 | 0.27 | 0.27 | — | 0.13 | — |
| 内蒙古 | 13.84 | 13.39 | — | — | — | 6.80 | 1.80 |
| 内蒙古集团 | — | — | — | — | — | — | — |
| 辽宁 | 65.26 | 2.41 | 14.05 | — | 13.75 | 2766.62 | 867.38 |
| 吉林 | 52.22 | 48.22 | 3.48 | 0.03 | 3.03 | 3622.32 | 326.44 |
| 吉林集团 | 5.70 | 5.70 | — | — | — | 415.51 | — |
| 长白山集团 | 0.05 | 0.05 | — | — | — | 186.95 | 5.92 |
| 黑龙江 | 18.96 | 16.42 | 4.65 | 0.10 | 4.47 | 2109.98 | 1945.66 |
| 龙江集团 | 2.94 | 2.88 | 1.06 | — | 1.06 | 28.87 | 8.78 |
| 上海 | — | — | — | — | — | 598.74 | 569.33 |
| 江苏 | 267.01 | 81.59 | 2.70 | 2.20 | — | 31798.75 | 2480.89 |
| 浙江 | 266.43 | 266.43 | 102.36 | — | 89.22 | 11206.51 | 4102.61 |
| 安徽 | 162.41 | 98.86 | 19.11 | 0.63 | 5.07 | 7919.97 | 617.93 |
| 福建 | 189.48 | 159.44 | 132.89 | 0.89 | 131.65 | 3178.71 | 433.44 |
| 江西 | 118.44 | 93.47 | 88.26 | 20.88 | 57.86 | 7282.86 | 217.65 |
| 山东 | 384.29 | 200.16 | 242.66 | 40.71 | 49.46 | 4124.36 | 400.95 |
| 河南 | 439.74 | 131.41 | 0.04 | — | — | 1289.83 | 1192.46 |
| 湖北 | 42.84 | 42.82 | 14.97 | 4.01 | 3.45 | 3242.59 | 46.87 |
| 湖南 | 174.01 | 138.78 | 22.36 | 0.89 | 20.87 | 1538.64 | 413.73 |
| 广东 | 14.21 | 9.81 | 3.40 | — | 0.70 | 1119.85 | 534.82 |
| 广西 | 504.62 | 259.65 | 299.81 | 49.64 | 40.06 | 577.45 | 79.90 |
| 海南 | — | — | 17.00 | 13.00 | 4.00 | 16.56 | 3.00 |
| 重庆 | 8.65 | 0.12 | 5.64 | 2.24 | 3.40 | 7.13 | 4.79 |
| 四川 | 113.97 | 21.72 | 19.50 | — | 13.97 | 866.03 | 411.89 |
| 贵州 | 33.84 | 18.24 | 4.99 | 1.50 | 3.39 | 113.56 | 50.37 |
| 云南 | 36.90 | 11.53 | 8.87 | 0.18 | 8.64 | 229.27 | 36.11 |
| 西藏 | — | — | — | — | — | — | — |
| 陕西 | 0.44 | 0.34 | — | — | — | 0.31 | 0.11 |
| 甘肃 | — | — | — | — | — | — | — |
| 青海 | — | — | — | — | — | — | — |
| 宁夏 | 1.05 | 1.05 | — | — | — | — | — |
| 新疆 | 0.21 | 0.14 | — | — | — | — | — |
| 新疆兵团 | — | — | — | — | — | — | — |
| 大兴安岭 | 0.02 | 0.02 | — | — | — | — | — |

**产品产量(二)**

单位:万立方米、吨

| 加工制品 | | | | 林产化学产品 | | | | | |
|---|---|---|---|---|---|---|---|---|---|
| 木竹地板(万平方米) | | | | 松香类产品 | | | 松节油类产品 | | |
| 实木复合木地板 | 浸渍纸层压木质地板(强化木地板) | 竹地板(含竹木复合地板) | 其他木地板(含软木地板、集成材地板等) | 合　计 | 松香 | 松香深加工产品 | 合　计 | 松节油 | 松节油深加工产品 |
| **24968.97** | **31621.50** | **11585.95** | **814.02** | **1838691** | **1490777** | **347914** | **273765** | **224698** | **49067** |
| — | — | — | — | — | — | — | — | — | — |
| 111.59 | — | — | — | — | — | — | — | — | — |
| — | — | — | — | — | — | — | — | — | — |
| — | — | — | 0.13 | — | — | — | — | — | — |
| 5.00 | — | — | — | — | — | — | — | — | — |
| — | — | — | — | — | — | — | — | — | — |
| 1185.03 | 712.00 | — | 2.20 | — | — | — | — | — | — |
| 3174.34 | 120.10 | — | 1.44 | — | — | — | — | — | — |
| 415.51 | — | — | — | — | — | — | — | — | — |
| 131.03 | 50.00 | — | — | — | — | — | — | — | — |
| 99.97 | 6.20 | — | 58.15 | — | — | — | — | — | — |
| — | 6.20 | — | 13.89 | — | — | — | — | — | — |
| — | 22.40 | 7.01 | — | — | — | — | — | — | — |
| 6903.28 | 21646.21 | 768.37 | — | 9600 | 9600 | — | — | — | — |
| 6069.43 | 8.55 | 975.91 | 50.00 | 21200 | 3700 | 17500 | 5500 | — | 5500 |
| 1349.70 | 4840.61 | 920.28 | 191.45 | 7685 | 7685 | — | 1898 | 1898 | — |
| 210.91 | — | 2534.16 | 0.20 | 138216 | 109818 | 28398 | 13677 | 11609 | 2068 |
| 542.88 | 591.54 | 5880.39 | 50.40 | 127063 | 111900 | 15163 | 56965 | 25020 | 31945 |
| 3412.56 | 243.69 | 2.11 | 65.05 | — | — | — | — | — | — |
| 61.62 | 35.75 | — | — | — | — | — | — | — | — |
| 636.92 | 2485.73 | 27.69 | 45.39 | 29310 | 29310 | — | 1392 | 1392 | — |
| 210.33 | 504.89 | 387.56 | 22.14 | 38540 | 23070 | 15470 | 6124 | 3824 | 2300 |
| 329.36 | — | 4.37 | 251.30 | 203380 | 152429 | 50951 | 30607 | 28986 | 1621 |
| 437.54 | — | — | 60.00 | 1044141 | 869764 | 174377 | 125995 | 120435 | 5560 |
| 10.00 | — | 3.56 | — | 591 | 591 | — | 134 | 134 | — |
| 0.30 | — | 2.04 | — | 1077 | 1077 | — | — | — | — |
| 126.97 | 303.71 | 10.10 | 13.36 | 300 | 300 | — | 25 | 25 | — |
| 0.05 | — | 62.19 | 0.94 | 13895 | 11509 | 2386 | 1253 | 1253 | — |
| 91.16 | 100.12 | — | 1.88 | 203493 | 159824 | 43669 | 30195 | 30122 | 73 |
| — | — | — | — | — | — | — | — | — | — |
| — | — | 0.20 | — | 200 | 200 | — | — | — | — |
| — | — | — | — | — | — | — | — | — | — |
| — | — | — | — | — | — | — | — | — | — |
| — | — | — | — | — | — | — | — | — | — |
| — | — | — | — | — | — | — | — | — | — |
| — | — | — | — | — | — | — | — | — | — |
| — | — | — | — | — | — | — | — | — | — |

## 表 5 各地区主要林产工业产品产量(三)

单位:万立方米、吨

| 地 区 | 林产化学产品 | | | | | | | | | | | |
|---|---|---|---|---|---|---|---|---|---|---|---|---|
| | 樟脑 | | 冰片 | | 栲胶类产品 | | | 紫胶类产品 | | | 木竹热解产品 | 木质生物质成型燃料 |
| | 合 计 | 其中:合成樟脑 | 合 计 | 其中:合成冰片 | 合 计 | 栲 胶 | 栲胶深加工产品 | 合 计 | 紫 胶 | 紫胶深加工产品 | | |
| 全国合计 | **14271** | **13773** | **6901** | **6830** | **4969** | **4169** | **800** | **4965** | **4282** | **683** | **1766646** | **810261** |
| 北 京 | — | — | — | — | — | — | — | — | — | — | — | — |
| 天 津 | — | — | — | — | — | — | — | — | — | — | — | — |
| 河 北 | — | — | — | — | 990 | 990 | — | — | — | — | 46136 | 14000 |
| 山 西 | — | — | — | — | — | — | — | — | — | — | 1250 | — |
| 内蒙古 | — | — | — | — | — | — | — | — | — | — | — | 80000 |
| 内蒙古集团 | — | — | — | — | — | — | — | — | — | — | — | — |
| 辽 宁 | — | — | — | — | — | — | — | — | — | — | 3200 | — |
| 吉 林 | — | — | — | — | — | — | — | — | — | — | 8166 | 1139 |
| 吉林集团 | — | — | — | — | — | — | — | — | — | — | — | — |
| 长白山集团 | — | — | — | — | — | — | — | — | — | — | — | 929 |
| 黑龙江 | — | — | — | — | — | — | — | — | — | — | 1790 | — |
| 龙江集团 | — | — | — | — | — | — | — | — | — | — | — | — |
| 上 海 | — | — | — | — | — | — | — | — | — | — | — | — |
| 江 苏 | — | — | — | — | — | — | — | — | — | — | 8000 | — |
| 浙 江 | — | — | — | — | — | — | — | — | — | — | 160013 | 204130 |
| 安 徽 | — | — | — | — | — | — | — | — | — | — | 89333 | 264213 |
| 福 建 | 13010 | 13010 | — | — | — | — | — | 27 | 27 | — | 427169 | — |
| 江 西 | 477 | 13 | 51 | 30 | — | — | — | — | — | — | 162728 | 18600 |
| 山 东 | — | — | — | — | — | — | — | — | — | — | 21121 | — |
| 河 南 | — | — | — | — | 1000 | 1000 | — | — | — | — | 15200 | — |
| 湖 北 | — | — | — | — | — | — | — | — | — | — | 300 | 73912 |
| 湖 南 | 104 | 70 | 6100 | 6100 | — | — | — | 23 | 23 | — | 158227 | 96658 |
| 广 东 | — | — | — | — | — | — | — | 186 | 186 | — | 13404 | 86 |
| 广 西 | — | — | — | — | 2123 | 2123 | — | 3255 | 3255 | — | 61769 | 19984 |
| 海 南 | — | — | — | — | — | — | — | — | — | — | 216 | — |
| 重 庆 | — | — | — | — | — | — | — | — | — | — | 6034 | — |
| 四 川 | 680 | 680 | — | — | — | — | — | — | — | — | 13500 | — |
| 贵 州 | — | — | 50 | — | 800 | — | 800 | — | — | — | 489480 | 36135 |
| 云 南 | — | — | 700 | 700 | 56 | 56 | — | 1474 | 791 | 683 | 69217 | — |
| 西 藏 | — | — | — | — | — | — | — | — | — | — | — | — |
| 陕 西 | — | — | — | — | — | — | — | — | — | — | — | — |
| 甘 肃 | — | — | — | — | — | — | — | — | — | — | — | — |
| 青 海 | — | — | — | — | — | — | — | — | — | — | — | — |
| 宁 夏 | — | — | — | — | — | — | — | — | — | — | — | — |
| 新 疆 | — | — | — | — | — | — | — | — | — | — | — | — |
| 新疆兵团 | — | — | — | — | — | — | — | — | — | — | — | — |
| 大兴安岭 | — | — | — | — | — | — | — | — | — | — | 10393 | 1404 |

**表 6　2016 年各地区林业旅游与休闲产业发展情况**

| 地　区 | 旅游人次（人次） | 旅游收入（万元） | 人均花费（元） | 直接带动的其他产业产值（万元） |
|---|---|---|---|---|
| **全国合计** | **2609331032** | **83102474** | **318** | **99537280** |
| 北　京 | 216715783 | 407686 | 19 | 254872 |
| 天　津 | 2926265 | 18340 | 63 | 9415 |
| 河　北 | 37536892 | 638242 | 170 | 456994 |
| 山　西 | 15837073 | 104008 | 66 | 159405 |
| 内蒙古 | 14861670 | 521136 | 351 | 338689 |
| 内蒙古集团 | 201056 | 4180 | 208 | 2363 |
| 辽　宁 | 50460244 | 1381911 | 274 | 1288938 |
| 吉　林 | 23585686 | 1249150 | 530 | 324980 |
| 吉林集团 | 231320 | 32067 | 1386 | 32461 |
| 长白山集团 | 343155 | 17921 | 522 | 36930 |
| 黑龙江 | 24801687 | 1189591 | 480 | 410332 |
| 龙江集团 | 11082912 | 579643 | 523 | 208239 |
| 上　海 | 12891845 | 121945 | 95 | 121945 |
| 江　苏 | 126849826 | 3107966 | 245 | 2258225 |
| 浙　江 | 332760814 | 7163133 | 215 | 6398648 |
| 安　徽 | 110225308 | 4949875 | 449 | 7158945 |
| 福　建 | 46985681 | 1968019 | 419 | 4708224 |
| 江　西 | 91628859 | 6324819 | 690 | 11211889 |
| 山　东 | 123542556 | 3104228 | 251 | 5292932 |
| 河　南 | 114635340 | 1659154 | 145 | 1195743 |
| 湖　北 | 137007332 | 5492996 | 401 | 10946343 |
| 湖　南 | 146163306 | 7964790 | 545 | 5416432 |
| 广　东 | 267304227 | 16259173 | 608 | 2178460 |
| 广　西 | 86389954 | 2902996 | 336 | 2853521 |
| 海　南 | 12537189 | 209063 | 167 | 570653 |
| 重　庆 | 49842989 | 1512716 | 303 | 690742 |
| 四　川 | 303482589 | 8265958 | 272 | 8689830 |
| 贵　州 | 136289243 | 3778058 | 277 | 23689934 |
| 云　南 | 40450251 | 805866 | 199 | 428018 |
| 西　藏 | 303000 | 27800 | 917 | 15000 |
| 陕　西 | 42289987 | 747166 | 177 | 809805 |
| 甘　肃 | 14419488 | 191025 | 132 | 49430 |
| 青　海 | 825953 | 7634 | 92 | 7634 |
| 宁　夏 | 12895312 | 340528 | 264 | 794931 |
| 新　疆 | 11390173 | 534361 | 469 | 696688 |
| 新疆兵团 | 2011173 | 39529 | 197 | 189260 |
| 大兴安岭 | 1494510 | 153141 | 1025 | 109683 |

# 中国造纸工业

【纸及纸板生产和消费情况】

**纸及纸板生产量和消费量** 据中国造纸协会调查资料，2016年全国纸及纸板生产企业约2800家，全国纸及纸板生产量10855万吨，较上年增长1.35%。消费量10419万吨，较上年增长0.65%，人均年消费量为75千克(13.83亿人)。2007~2016年，纸及纸板生产量年均增长率为4.43%，消费量年均增长率为4.05%(见表1)。

**表1 2016年纸及纸板生产和消费情况** 单位：万吨

| 品 种 | 生产量 | | | 消费量 | | |
|---|---|---|---|---|---|---|
| | 2015年 | 2016年 | 同比(%) | 2015年 | 2016年 | 同比(%) |
| 总 量 | 10710 | 10855 | 1.35 | 10352 | 10419 | 0.65 |
| 1. 新闻纸 | 295 | 260 | -11.86 | 299 | 265 | -11.37 |
| 2. 未涂布印刷书写纸 | 1745 | 1770 | 1.43 | 1680 | 1689 | 0.54 |
| 3. 涂布印刷纸 | 770 | 755 | -1.95 | 642 | 609 | -5.14 |
| 其中：铜版纸 | 680 | 665 | -2.21 | 596 | 565 | -5.20 |
| 4. 生活用纸 | 885 | 920 | 3.95 | 817 | 854 | 4.53 |
| 5. 包装用纸 | 665 | 675 | 1.50 | 681 | 689 | 1.17 |
| 6. 白纸板 | 1400 | 1405 | 0.36 | 1299 | 1265 | -2.62 |
| 其中：涂布白纸板 | 1340 | 1345 | 0.37 | 1238 | 1205 | -2.67 |
| 7. 箱纸板 | 2245 | 2305 | 2.67 | 2297 | 2364 | 2.92 |
| 8. 瓦楞原纸 | 2225 | 2270 | 2.02 | 2228 | 2271 | 1.93 |
| 9. 特种纸及纸板 | 265 | 280 | 5.66 | 217 | 225 | 3.69 |
| 10. 其他纸及纸板 | 215 | 215 | 0.00 | 192 | 188 | -2.08 |

**纸及纸板主要产品生产和消费情况**

①新闻纸。2016年新闻纸生产量260万吨，较上年增长-11.86%；消费量265万吨，较上年增长-11.37%。2007~2016年生产量年均增长率为-5.91%，消费量年均增长率为-4.28%。

②未涂布印刷书写纸。2016年未涂布印刷书写纸生产量1770万吨，较上年增长1.43%；消费量1689万吨，较上年增长0.54%。2007~2016年生产量年均增长率为3.14%，消费量年均增长率为2.67%。

③涂布印刷纸。2016年涂布印刷纸生产量755万吨，较上年增长-1.95%；消费量609万吨，较上年增长-5.14%。2007~2016年生产量年均增长率为4.46%，消费量年均增长率为4.05%。

其中：铜版纸。2016年铜版纸生产量665万吨，较上年增长-2.21%；消费量565万吨，较上年增长-5.20%。2007~2016年生产量年均增长率为5.24%，消费量年均增长率为4.91%。

④生活用纸。2016年生活用纸生产量920万吨，较上年增长3.95%；消费量854万吨，较上年增长4.53%。2007~2016年生产量年均增长率为6.54%，消费量年均增长率为6.71%。

⑤包装用纸。2016年包装用纸生产量675万吨，较上年增长1.50%；消费量689万吨，较上年增长1.17%。2007~2016年生产量年均增长率为2.72%，消费量年均增长率为2.81%。

⑥白纸板。2016年白纸板生产量1405万吨，较上年增长0.36%；消费量1265万吨，较上年增

长-2.62%。2007~2016 年生产量年均增长率为 3.28%，消费量年均增长率为 1.96%。

其中：涂布白纸板。2016 年涂布白纸板生产量 1345 万吨，较上年增长 0.37%；消费量 1205 万吨，较上年增长-2.67%。2007~2016 年生产量年均增长率为 3.35%，消费量年均增长率为 1.96%。

⑦箱纸板。2016 年箱纸板生产量 2305 万吨，较上年增长 2.67%；消费量 2364 万吨，较上年增长 2.92%。2007~2016 年生产量年均增长率为 6.04%，消费量年均增长率为 5.68%。

⑧瓦楞原纸。2016 年瓦楞原纸生产量 2270 万吨，较上年增长 2.02%；消费量 2271 万吨，较上年增长 1.93%。2007~2016 年生产量年均增长率为 6.03%，消费量年均增长率为 5.91%。

⑨特种纸及纸板。2016 年特种纸及纸板生产量 280 万吨，较上年增长 5.66%；消费量 225 万吨，较上年增长 3.69%。2007~2016 年生产量年均增长率为 9.87%，消费量年均增长率为 5.75%。

**【纸及纸板生产企业经济指标完成情况】**

据国家统计局统计，2016 年 1~12 月规模以上造纸生产企业 2757 家；主营业务收入 8725 亿元，同比增长 6.98%；工业增加值增速 6.70%；产成品存货 275 亿元，同比增长-13.08%；利润总额 486 亿元，同比增长 28.74%；资产总计 10037 亿元，同比增长 0.51%；资产负债率为 56.91%，较上年减少 1.83 个百分点；负债总额 5712 亿元，同比增长-2.98%；在统计的 2757 家造纸生产企业中，亏损企业有 316 家，占 11.46%。

**【纸浆生产和消耗情况】**

**2016 年纸浆生产情况** 据中国造纸协会调查资料，2016 年全国纸浆生产总量 7925 万吨，较上年增长-0.74%。其中：木浆 1005 万吨，较上年增长 4.03%；废纸浆 6329 万吨，较上年增长-0.14%；非木浆 591 万吨，较上年增长-13.08%（见表 2）。

**表 2 2007~2016 年纸浆生产情况** 单位：万吨

| 品种 \ 年度 | | 2007 | 2008 | 2009 | 2010 | 2011 | 2012 | 2013 | 2014 | 2015 | 2016 |
|---|---|---|---|---|---|---|---|---|---|---|---|
| 纸浆合计 | | 5924 | 6415 | 6733 | 7318 | 7723 | 7867 | 7651 | 7906 | 7984 | 7925 |
| 其中：1. 木浆 | | 605 | 679 | 560 | 716 | 823 | 810 | 882 | 962 | 966 | 1005 |
| 2. 废纸浆 | | 4017 | 4439 | 4997 | 5305 | 5660 | 5983 | 5940 | 6189 | 6338 | 6329 |
| 3. 非木浆 | 小计 | 1302 | 1297 | 1176 | 1297 | 1240 | 1074 | 829 | 755 | 680 | 591 |
| | 苇浆 | 144 | 150 | 144 | 156 | 158 | 143 | 126 | 113 | 100 | 68 |
| | 蔗渣浆 | 90 | 97 | 98 | 117 | 121 | 90 | 97 | 111 | 96 | 90 |
| | 竹浆 | 120 | 146 | 161 | 194 | 192 | 175 | 137 | 154 | 143 | 157 |
| | 稻麦草浆 | 849 | 808 | 676 | 719 | 660 | 592 | 401 | 336 | 303 | 244 |
| | 其他浆 | 99 | 97 | 97 | 111 | 109 | 74 | 68 | 41 | 38 | 32 |

**2016 年纸浆消耗情况** 2016 年，全国纸浆消耗总量 9797 万吨，较上年增长 0.68%。木浆 2877 万吨，占纸浆消耗总量 29%，其中进口木浆占 19%、国产木浆占 10%；废纸浆 6329 万吨，占纸浆消耗总量 65%，其中用进口废纸制浆占 24%、用国产废纸制浆占 41%；非木浆 591 万吨，占纸浆消耗总量 6%，其中稻麦草浆占 2.5%、竹浆占 1.6%、苇（荻）浆占 0.7%、蔗渣浆占 0.9%、其他非木浆占 0.3%（见表 3）。

**表 3 2016 年纸浆消耗情况** 单位：万吨

| 品种 | 2015 年 | 占比例（%） | 2016 年 | 占比例（%） | 同比（%） |
|---|---|---|---|---|---|
| 总量 | 9731 | 100 | 9797 | 100 | 0.68 |
| 木浆 | 2713 | 28 | 2877 | 29 | 6.04 |
| 其中：进口木浆 | 1757 * | 18 | 1881 ** | 19 | 7.06 |
| 废纸浆 | 6338 | 65 | 6329 | 65 | -0.14 |
| 其中：进口废纸制浆 | 2392 | 25 | 2308 | 24 | -3.51 |
| 非木浆 | 680 | 7 | 591 | 6 | -13.09 |

* 2015 年进口木浆 1984 万吨，扣除溶解浆 227 万吨，实际消耗量 1757 万吨。

** 2016 年进口木浆 2106 万吨，扣除溶解浆 225 万吨，实际消耗量 1881 万吨。

【纸制品生产和消费情况】 根据国家统计局数据，2016 年全国规模以上纸制品生产企业 3895 家，生产量 7190 万吨，较上年增长 2.16%；消费量 6911 万吨，较上年增长 2.14%；进口量 12 万吨，出口量 291 万吨。2007～2016 年，纸制品生产量年均增长率为 11.43%，消费量年均增长率为 11.58%。

【纸及纸板、纸浆、废纸及纸制品进出口情况】

**纸及纸板、纸浆、废纸及纸制品进口情况** 2016 年纸及纸板进口 297 万吨，较上年增长 3.48%；纸浆进口 2106 万吨，较上年增长 6.15%；废纸进口 2850 万吨，较上年增长 -2.66%；纸制品进口 12 万吨，与上年持平。2016 年进口纸及纸板、纸浆、废纸、纸制品合计 5265 万吨，较上年增长 1.04%，用汇 211.73 亿美元，较上年增长 -4.12%。进口纸及纸板平均价格为 1097.56 美元/吨，较上年平均价格增长 -5.57%；进口纸浆平均价格为 581.12 美元/吨，较上年平均价格增长 -9.6%；进口废纸平均价格为 175.06 美元/吨，较上年平均价格增长 -2.91%(见表4)。

**纸及纸板、纸浆、废纸及纸制品出口情况** 2016 年纸及纸板出口 733 万吨，较上年增长 13.64%；纸浆出口 9.57 万吨，较上年增长 -6.18%；废纸出口 0.23 万吨，较上年增长 228.57%；纸制品出口 291 万吨，较上年增长 2.46%。2016 年出口纸及纸板、纸浆、废纸、纸制品合计 1033.8 万吨，较上年增长 10.06%，创汇 177.48 亿美元，较上年增长 -6.41%。出口纸及纸板平均价格为 1235.85 美元/吨，较上年平均价格增长 - 12.85%；出口纸浆平均价格为 1139.84 美元/吨，较上年平均价格增长 3.09%(见表5)。

**表4　2016 年中国纸浆、废纸、纸及纸板、纸制品进口情况**

单位：万吨

| 品　种 | 2015 年进口量 | 2016 年进口量 | 同比(%) |
|---|---|---|---|
| 一、纸浆 | 1984 | 2106 | 6.15 |
| 二、废纸 | 2928 | 2850 | -2.66 |
| 三、纸及纸板 | 287 | 297 | 3.48 |
| 1. 新闻纸 | 6 | 6 | 0.00 |
| 2. 未涂布印刷书写纸 | 37 | 41 | 10.81 |
| 3. 涂布印刷纸 | 34 | 35 | 2.94 |
| 其中：铜版纸 | 26 | 26 | 0.00 |
| 4. 包装用纸 | 21 | 21 | 0.00 |
| 5. 箱纸板 | 84 | 94 | 11.90 |
| 6. 白纸板 | 61 | 58 | -4.92 |
| 其中：涂布白纸板 | 60 | 57 | -5.00 |
| 7. 生活用纸 | 3 | 3 | 0.00 |
| 8. 瓦楞原纸 | 9 | 8 | -11.11 |
| 9. 特种纸及纸板 | 26 | 26 | 0.00 |
| 10. 其他纸及纸板 | 6 | 5 | -16.67 |
| 四、纸制品 | 12 | 12 | 0.00 |
| 总　计 | 5211 | 5265 | 1.04 |

(续)

注：数据来源于海关总署。

**表5　2016 年中国纸浆、废纸、纸及纸板、纸制品出口情况**

单位：万吨

| 品　种 | 2015 年出口量 | 2016 年出口量 | 同比(%) |
|---|---|---|---|
| 一、纸浆 | 10.20 | 9.57 | -6.18 |
| 二、废纸 | 0.07 | 0.23 | 228.57 |
| 三、纸及纸板 | 645.00 | 733.00 | 13.64 |
| 1. 新闻纸 | 2.00 | 1.00 | -50.00 |
| 2. 未涂布印刷书写纸 | 102.00 | 122.00 | 19.61 |
| 3. 涂布印刷纸 | 162.00 | 181.00 | 11.73 |
| 其中：铜版纸 | 110.00 | 126.00 | 14.55 |
| 4. 包装用纸 | 5.00 | 7.00 | 40.00 |
| 5. 箱纸板 | 32.00 | 35.00 | 9.38 |
| 6. 白纸板 | 162.00 | 198.00 | 22.22 |
| 其中：涂布白纸板 | 162.00 | 197.00 | 21.60 |
| 7. 生活用纸 | 71.00 | 69.00 | -2.82 |
| 8. 瓦楞原纸 | 6.00 | 7.00 | 16.67 |
| 9. 特种纸及纸板 | 74.00 | 81.00 | 9.46 |
| 10. 其他纸及纸板 | 29.00 | 32.00 | 10.34 |
| 四、纸制品 | 284.00 | 291.00 | 2.46 |
| 总　计 | 939.27 | 1033.80 | 10.06 |

注：数据来源于海关总署。

**纸及纸板各品种进出口量比重** 2016 年纸及纸板各品种进口量比重：新闻纸 2.0%，生活用纸 1.0%，未涂布印刷书写纸 13.8%，涂布印刷纸 11.8%，包装用纸 7.1%，箱纸板 31.6%，白纸板

19.5%，瓦楞原纸 2.7%，特种纸及纸板 8.8%，其他 1.7%。

2016 年纸及纸板各品种出口量比重：新闻纸 0.1%，生活用纸 9.4%，未涂布印刷书写纸 16.6%，涂布印刷纸 24.7%，包装用纸 1.0%，箱纸板 4.8%，白纸板 27.0%，瓦楞原纸 1.0%，特种纸及纸板 11.1%，其他 4.4%。

**纸及纸板主要产品 2007～2016 年进出口情况**

①新闻纸：2016 年进口量大于出口量，净进口量 5 万吨。

②未涂布印刷书写纸：2016 年出口量大于进口量，净出口量 81 万吨。

③涂布印刷纸：2016 年出口量大于进口量，净出口量 146 万吨。

其中，铜版纸：2016 年出口量大于进口量，净出口量 100 万吨。

④生活用纸：2016 年出口量大于进口量，净出口量 66 万吨。

⑤包装用纸：2016 年进口量大于出口量，净进口量 14 万吨。

⑥白纸板：2016 年出口量大于进口量，净出口量 140 万吨。

其中，涂布白纸板：2016 年出口量大于进口量，净出口量 140 万吨。

⑦箱纸板：2016 年进口量大于出口量，净进口量 59 万吨。

⑧瓦楞原纸：2016 年进口量大于出口量，净进口量 1 万吨。

⑨特种纸及纸板：2016 年出口量大于进口量，净出口量 55 万吨。

**纸制品进出口情况**　2016 年纸制品进口量 12 万吨，与上年持平。2016 年纸制品出口量 291 万吨，较上年增加 7 万吨，同比增长 2%。

**【纸及纸板生产布局与集中度】**　根据中国造纸协会调查资料，2016 年我国东部地区 11 个省(区、市)，纸及纸板产量占全国纸及纸板产量比例为 75.1%；中部地区 8 个省(区)比例占 16.2%；西部地区 12 个省(区、市)比例占 8.7%(见表6)。

**表 6　2016 年纸及纸板生产量区域布局变化**

| | 2015 年 | | 2016 年 | |
|---|---|---|---|---|
| | 产量（万吨） | 比例（%） | 产量（万吨） | 比例（%） |
| 纸及纸板产量 | 10710 | 100.0 | 10855 | 100.0 |
| 其中：东部地区 | 8035 | 75.0 | 8153 | 75.1 |
| 其中：中部地区 | 1750 | 16.3 | 1758 | 16.2 |
| 其中：西部地区 | 925 | 8.7 | 944 | 8.7 |

注：据中国造纸协会调查资料。

2016 年山东、广东、浙江、江苏、福建、河南、湖南、安徽、重庆、河北、广西、天津、湖北、四川、江西和海南 16 个省(区、市)纸及纸板产量超过 100 万吨，产量合计 10370 万吨，占全国纸及纸板总产量的 95.53%(见表7)。

**表 7　2016 年纸及纸板产量 100 万吨以上的省(区、市)**

单位：万吨

| 省(区、市)＼产量 | 2015 年 | 2016 年 | 较上年增长（%） |
|---|---|---|---|
| 山　东 | 1780 | 1850 | 3.93 |
| 广　东 | 1820 | 1840 | 1.10 |
| 浙　江 | 1650 | 1690 | 2.42 |
| 江　苏 | 1305 | 1285 | -1.53 |
| 福　建 | 665 | 705 | 6.02 |
| 河　南 | 600 | 610 | 1.67 |
| 湖　南 | 320 | 310 | -3.13 |
| 安　徽 | 265 | 295 | 11.32 |
| 重　庆 | 290 | 280 | -3.45 |
| 河　北 | 305 | 275 | -9.84 |
| 广　西 | 230 | 240 | 4.35 |
| 天　津 | 235 | 230 | -2.13 |
| 湖　北 | 230 | 215 | -6.52 |
| 四　川 | 190 | 195 | 2.63 |
| 江　西 | 173 | 185 | 6.94 |
| 海　南 | 168 | 165 | -1.79 |
| 合　计 | 10226 | 10370 | 1.41 |

注：中国造纸协会调查资料。

2016 年主要省(区、市)纸及纸板产量比例：山东省 17.04%，浙江省 15.57%，广东省 16.95%，河南省 5.62%，江苏省 11.84%，河北省 2.53%，福建省 6.49%，湖南省 2.86%，湖北省 1.98%，安徽省 2.72%，四川省 1.80%，广西壮族自治区 2.21%，江西省 1.70%，重庆市 2.58%，天津市 2.12%，海南省 1.52%，其他省(区、市)4.47%。

**【环境保护】** 根据环境保护部统计，2015 年造纸和纸制品业(统计企业 4180 家，比上年减少 484 家)用水总量为 118.35 亿吨，其中新鲜水量为 28.98 亿吨，占工业总耗新鲜水量 386.96 亿吨的 7.5%；重复用水量为 89.37 亿吨，水重复利用率为 75.5%。万元工业产值(现价)新鲜水用量为 40.6 吨，比上年减少 5.6 吨，降低 12.1%。废水排放量为 23.67 亿吨，占全国工业废水总排放量 181.55 亿吨的 13.0%。排放废水中化学需氧量(COD)为 33.5 万吨，比上年 47.8 万吨减少 14.3 万吨，减少 29.9%，占全国工业 COD 总排放量 255.5 万吨的 13.1%。万元工业产值(现价)化学需氧量(COD)排放强度为 4.7 千克，比上年降低 28.8%。排放废水中氨氮为 1.2 万吨，占全国工业氨氮总排放量 19.6 万吨的 6.1%。万元工业产值(现价)氨氮排放强度为 0.17 千克，比上年降低 22.7%。造纸工业废水处理设施年运行费用为 54.2 亿元，比上年减少 2.7 亿元。

2015 年，造纸和纸制品业二氧化硫排放量 37.1 万吨，比上年降低 10.0%；氮氧化物排放量 22.0 万吨，比上年增长 13.4%；烟(粉)尘排放量 13.8 万吨，比上年降低 2.8%。废气治理设施年运行费用 20.5 亿元，比上年增长 18.5%。

**附表 2016 年重点造纸企业产量前 30 名企业**

| 单位名称 | 产量(万吨) | | |
|---|---|---|---|
| | 2015 年 | 2016 年 | 同比% |
| 玖龙纸业(控股)有限公司 | 1263.00 | 1331.00 | 5.38 |
| 理文造纸有限公司 | 519.45 | 543.13 | 4.56 |
| 山东晨鸣纸业集团股份有限公司 | 418.00 | 442.55 | 5.87 |
| 山东太阳控股集团有限公司 | 313.88 | 378.93 | 20.72 |
| 安徽山鹰纸业股份有限公司 | 294.00 | 354.00 | 20.41 |
| 华泰集团有限公司 | 307.98 | 318.65 | 3.46 |
| 福建联盛纸业 | 232.00 | 235.00 | 1.29 |
| 中国纸业投资有限公司 | 222.10 | 234.00 | 5.36 |
| 宁波中华纸业有限公司(含宁波亚洲浆纸业有限公司) | 199.31 | 223.90 | 12.34 |
| 金东纸业(江苏)股份有限公司 | 203.38 | 207.73 | 2.14 |
| 山东博汇纸业股份有限公司 | 181.00 | 197.85 | 9.31 |
| 江苏荣成环保科技股份有限公司 | 160.83 | 189.53 | 17.84 |
| 东莞建晖纸业有限公司 | 135.43 | 143.00 | 5.59 |
| 浙江景兴纸业股份有限公司 | 123.11 | 131.00 | 6.41 |
| 金红叶纸业集团有限公司 | 123.66 | 129.34 | 4.59 |
| 山东世纪阳光纸业集团有限公司 | 113.79 | 124.61 | 9.51 |
| 海南金海浆纸业有限公司 | 107.69 | 108.85 | 1.08 |
| 东莞金洲纸业有限公司 | 85.27 | 105.91 | 24.21 |
| 芬欧汇川(中国)有限公司 | 89.50 | 100.00 | 11.73 |
| 山东泉林纸业有限责任公司 | 77.37 | 93.06 | 20.28 |
| 浙江永正控股有限公司 | 105.59 | 83.90 | -20.54 |
| 新乡新亚纸业集团股份有限公司 | 68.59 | 75.86 | 10.60 |
| 武汉金凤凰纸业有限公司 | 47.30 | 73.22 | 54.80 |
| 浙江新胜大控股集团有限公司 | — | 70.99 | — |
| 金华盛纸业(苏州工业园区)有限公司 | 62.80 | 62.60 | -0.32 |
| 大河纸业有限公司 | 62.00 | 59.32 | -4.32 |
| 山东贵和显星纸业有限公司 | 55.83 | 57.59 | 3.15 |
| 广州造纸集团有限公司 | 53.50 | 50.50 | -5.61 |
| 山东恒联投资有限公司 | 41.75 | 50.29 | 20.46 |
| 亚太森博(广东)纸业有限公司 | 49.20 | 50.00 | 1.63 |

(续)

注：按已收集到的数据排列。

# 中国家具产业

**【概 述】** 2016年是我国“十三五”规划的开局之年，是调整家具行业发展方向的关键之年。面对国际和国内复杂的经济环境，我国家具行业运行缓中趋稳，稳中向好，在提质增效、结构改革、创新发展等方面取得了良好进展。

我国家具行业具有突出的规模总量优势。2016年，规模以上企业共有5561家，比2015年增加271家；全年家具行业产量7.95亿件；完成主营业务收入8559.46亿元，同比增长8.57%；累计实现利润总额537.48亿元，同比增长7.88%。出口额规模扩大的态势在2016年受阻下滑至491.89亿美元；家具进口26.32亿美元，增速提高到4.94%。

近年来，我国家具行业对国际市场的依赖程度持续减弱，部分以出口贸易为主营业务方向的家具企业开始关注内销市场，由出口导向转变为内外销并举。

**规模以上企业分布及运营情况** 从主营业务收入上看，2016年，家具行业完成主营业务收入8559.46亿元，同比增长8.57%。从近三年的月度主营业务收入走势可以看出，运行轨迹基本相似，上半年震荡上行，下半年呈现翘尾的态势。2016年，12月是全年主营业务收入最高的月份，增速经历了年中的下滑，在年末实现了拉升。近三年来，家具各子行业的主营业务收入及增速变化与整个家具行业大致相同，即主营业务收入保持逐年递增的趋势，但增速进一步放缓；木质家具制造业和其他家具制造业的占比有所扩大，其他3个子行业的占比则出现收窄。2016年，木质家具制造业累计完成主营业务收入(下同)5481.27亿元(占64.04%)，同比增长9.02%；金属家具制造业1545.69亿元(占18.06%)，同比增长6.28%；其他家具制造业1256.6亿元(占14.68%)，同比增长10.86%；竹、藤家具制造业178.41亿元(占2.08%)，同比增长3.77%；塑料家具制造业97.5亿元(占1.14%)，同比增长1.49%。

从利润总额上看，2016年，家具行业规模以上企业累计实现利润总额537.48亿元，同比增长7.88%；由于家具行业整体的边际利润有所下滑，继2013年后再次出现了利润总额增速低于主营业务收入增速的情况。从近三年家具行业月度利润总额的运行轨迹来看，2016年上半年的抬升止步于5月，6~7月连续下行，8~9月显示升降震荡后，10月起延续往年翘尾的走势。2016年前5个月，受前期房地产销售高增长的影响，家具需求释放，造成行业的利润总额快速上涨，各月均呈现出两位数增长，其中5月的增速突破了37%，6~12月利润总额增速的变化幅度较大。近三年，在家具各子行业中，木质家具制造业的盈利能力相对较好，利润总额及增速都保持了逐年递增的态势，塑料家具制造业的利润总额增速最快，金属家具制造业的利润总额降为个位数增长，而另外两个子行业则出现了利润总额下降、增速负增长。2016年，木质家具制造业的利润总额占家具行业总量(下同)的62.73%，金属家具制造业占20.6%，其他家具制造业占14.39%，竹、藤家具制造业占1.28%，塑料家具制造业占1%。

**行业发展格局** 规上企业是家具行业实现转型升级的重要载体，各子行业着手培育新规上企业，使得自身规模逐渐扩大。在不断发展多种材料制造家具的当下，木质家具制造企业依然是支撑家具行业发展的主力军。2016年，家具行业规上企业共有5561家，比2015年增加271家。其中，木质家具制造企业3606家(占64.85%)，金属家具制造企业951家(占17.1%)，其他家具制造企业806家(占14.49%)，竹、藤家具制造企业104家(占1.87%)，塑料家具制造企业94家(占1.69%)。与2015年相比，家具行业规上企业增加了271家，其中，木质家具制造企业家增加了175家，金属家具制造企业增加了20家，其他家具制造企业增加了58家，竹、藤家具制造企业增加了16家，塑料家具制造企业增加了2家。

近年来，我国家具行业对国际市场的依赖程度持续减弱，发展模式进一步转变为内需导向为主。2016年，家具行业规上企业的内销率由2011年的74.34%扩大为78.94%。

**区域发展格局** 按地区来看，家具制造主要集中在浙江、福建、广东、河南、山东、江西、四川、上海、辽宁、江苏10个地区，家具产量累计为7.14亿件，同比增长1.19%，占行业总产量的89.88%。江西、江苏、福建以及四川4个地区的家具产量增速达到了10%以上，河南与浙江的家具产量呈个位数增长；广东、辽宁、上海以及山东4个地区的家具产量增长为负，尤其前两个地区更是出现了两位数以上负增长。

2016年，以"去产能、去库存、去杠杆、降成本、补短板"等为重点的一系列供给侧结构性改革措施，加快了家具产业扩大有效产能、提高供给质量、加强技术创新的步伐。同时，我国家具行业以《中国制造2025》文件精神为指导，不断提升创新能力、加强品质品牌建设、优化发展结构，进一步贯彻国家提出的"增品种、提品质、创品牌"的"三品战略"，增强企业核心竞争力。2016年，家具企业整体发展平稳。

**表1 2016年家具行业规模以上企业主营业务收入表**

| 行业名称 | 2016年主营业务收入(亿元) | 2015年主营业务收入(亿元) | 增速(%·%) |
|---|---|---|---|
| 家具制造业 | 8559.5 | 7883.7 | 857.19 |
| 其中：木质家具制造业 | 5481.3 | 5027.8 | 901.94 |
| 竹、藤家具制造业 | 178.4 | 171.9 | 376.59 |
| 金属家具制造业 | 1545.7 | 1454.3 | 628.08 |
| 塑料家具制造业 | 97.5 | 96.1 | 148.96 |
| 其他家具制造业 | 1256.6 | 1133.6 | 10.86 |

**表2 2016年各地区家具产量表**

| 地区名 | 2016年产量(万件) | 2015年产量(万件) | 同比(%) |
|---|---|---|---|
| 全　国 | 79464.15 | 78464.21 | 1.27 |
| 北　京 | 776.16 | 693.36 | 11.94 |
| 天　津 | 1275.90 | 1279.58 | -0.29 |
| 河　北 | 1413.58 | 1365.61 | 3.51 |
| 山　西 | 10.91 | 12.28 | -11.18 |
| 内蒙古 | 86.01 | 83.18 | 3.41 |
| 辽　宁 | 1931.77 | 2158.44 | -10.50 |
| 吉　林 | 317.71 | 316.62 | 0.35 |
| 黑龙江 | 182.68 | 223.91 | -18.41 |
| 上　海 | 1975.84 | 2158.99 | -8.48 |
| 江　苏 | 1820.08 | 1593.63 | 14.21 |
| 浙　江 | 21685.45 | 21280.65 | 1.90 |
| 安　徽 | 947.51 | 1098.80 | -13.77 |
| 福　建 | 15123.24 | 13485.80 | 12.14 |
| 江　西 | 2508.75 | 2162.10 | 16.03 |
| 山　东 | 3745.70 | 3901.59 | -4.00 |
| 河　南 | 5885.37 | 5513.71 | 6.74 |
| 湖　北 | 669.26 | 654.80 | 2.21 |
| 湖　南 | 893.35 | 778.54 | 14.75 |
| 广　东 | 14587.82 | 16396.59 | 11.03 |
| 广　西 | 415.38 | 473.13 | 12.21 |
| 海　南 | 0.60 | 1.58 | -62.18 |
| 重　庆 | 632.69 | 580.94 | 8.91 |
| 四　川 | 2155.78 | 1929.18 | 11.75 |
| 贵　州 | 206.47 | 143.16 | 44.22 |
| 云　南 | 28.58 | 16.92 | 68.94 |
| 陕　西 | 108.31 | 91.95 | 17.79 |
| 甘　肃 | 15.02 | 6.26 | 140.04 |
| 青　海 | 2.07 | 2.26 | -8.48 |
| 宁　夏 | 25.06 | 22.21 | 12.79 |
| 新　疆 | 37.11 | 38.43 | -3.43 |

**【进出口贸易】** 对外贸易市场。近年来，我国家具行业对国际市场的依赖程度持续减弱。2016年，家具行业规上企业的出口依存度由2011年的25.66%降为21.06%。从近十年(2007~2016年)的家具行业进出口的发展情况看，贸易竞争力指数(TC)保持在0.90附近，标志着我国出口家具在国际市场上仍具备较强的竞争力。出口额规模扩大的态势在2016年受阻下滑至491.89亿美元，增速则是从2013年起大幅下跌，进入下行轨道，在2009年国际金融危机后，2016年再次出现了负增长，同比下降9.38%。家具的进口规模在经过

2015年回落后，2016年反弹到26.32亿美元，同时增速也由2015年的-10.57%提高到4.94%；2016年的贸易顺差为465.57亿美元，同比下降10.08%，是2010年以来首次下跌，比2012年少了10.70亿美元。

我国家具出口排名前十位的贸易国(地区)中，美国、日本和英国依旧位居前三，2016年对上述三国的出口额占比合计超过45%；与2015年相比，澳大利亚与德国的名次不变，中国香港地区与新加坡的排名发生互换，韩国由第十位升至第八位，而加拿大与马来西亚则顺次下降一位；从出口额占比来看，除澳大利亚、新加坡及马来西亚外，其他7个国家和地区的占比均有不同程度的扩大。2016年，仅有对中国香港地区的出口以超过20%的速度快速提升，对韩国呈个位数增长，对美国微增，其他7个国家均显示为负增长。2016年，我国前十位进口家具贸易国(地区)为德国、意大利、美国、越南、日本、韩国、波兰、英国、中国台湾及法国；有7个国家(地区)表现为正增长，其中从日本、波兰及意大利进口家具的增速恢复了快速增速。

**表3　2016年家具行业规模以上企业出口交货值表**

| 行业名称 | 2016年出口交货值(亿元) | 2015年出口交货值6(亿元) | 增速(%) |
|---|---|---|---|
| 家具制造业 | 1802.36 | 1744.29 | 3.33 |
| 其中：木质家具制造业 | 865.34 | 864.19 | 0.13 |
| 竹、藤家具制造业 | 47.99 | 50.09 | -4.19 |
| 金属家具制造业 | 499.56 | 466.53 | 7.08 |
| 塑料家具制造业 | 53.25 | 50.34 | 5.77 |
| 其他家具制造业 | 336.22 | 313.13 | 7.37 |

**表4　2016年全国各地区家具进口情况**

| 地区名 | 2016年进口值(美元) | 2015年进口值(美元) | 增速(%) |
|---|---|---|---|
| 全　国 | 2632201626 | 2508217125 | 4.94 |
| 上　海 | 920701952 | 919799670 | 0.10 |
| 广　东 | 374051427 | 341971782 | 9.38 |
| 北　京 | 274119383 | 262357327 | 4.48 |
| 江　苏 | 236913960 | 192624405 | 22.99 |
| 天　津 | 146181418 | 110340035 | 32.48 |
| 浙　江 | 129777951 | 119825860 | 8.31 |
| 辽　宁 | 100863248 | 101440892 | -0.57 |

(续)

| 地区名 | 2016年进口值(美元) | 2015年进口值(美元) | 增速(%) |
|---|---|---|---|
| 吉　林 | 75789970 | 80309080 | -5.63 |
| 福　建 | 67790269 | 84207849 | -19.50 |
| 山　东 | 57307485 | 48105740 | 19.13 |
| 湖　北 | 46491719 | 38245367 | 21.56 |
| 四　川 | 43470017 | 36295094 | 19.77 |
| 广　西 | 36729869 | 55337618 | -33.63 |
| 重　庆 | 33248895 | 42439972 | -21.66 |
| 河　北 | 23532903 | 24812050 | -5.16 |
| 湖　南 | 22531925 | 4601328 | 389.68 |
| 江　西 | 14737168 | 5619174 | 162.27 |
| 云　南 | 9843243 | 9255267 | 6.35 |
| 安　徽 | 3629851 | 1888803 | 92.18 |
| 陕　西 | 2671761 | 4288916 | -37.71 |
| 新　疆 | 2645824 | 3698631 | -28.46 |
| 河　南 | 2443363 | 2619483 | -6.72 |
| 海　南 | 1716133 | 2878879 | -40.39 |
| 黑龙江 | 1585593 | 11509147 | -86.22 |
| 贵　州 | 1117857 | 341049 | 227.77 |
| 山　西 | 981249 | 2573976 | -61.88 |
| 甘　肃 | 548718 | 404404 | 35.69 |
| 青　海 | 337781 | 37109 | 810.24 |
| 宁　夏 | 258434 | 3500 | 7283.83 |
| 内蒙古 | 106823 | 331731 | -67.80 |
| 西　藏 | 75437 | 52987 | 42.37 |

**表5　2016年全国各地区家具出口情况**

| 地区名 | 2016年出口值(美元) | 2015年出口值(美元) | 增速(%) |
|---|---|---|---|
| 全　国 | 49188834159 | 54283053126 | -9.38 |
| 广　东 | 21968506804 | 26237303854 | -16.27 |
| 浙　江 | 10380587655 | 10440968110 | -0.58 |
| 江　苏 | 3836159000 | 3719856756 | 3.13 |
| 福　建 | 2805958481 | 2907955440 | -3.51 |
| 上　海 | 2689559948 | 2841025184 | -5.33 |
| 山　东 | 2634524391 | 2507600972 | 5.06 |
| 河　北 | 1262410932 | 1153493546 | 9.44 |
| 江　西 | 712234462 | 936698386 | -23.96 |
| 天　津 | 558549707 | 566437293 | -1.39 |
| 辽　宁 | 513646396 | 553464870 | -7.19 |
| 河　南 | 470565524 | 364224060 | 29.20 |

(续)

| 地区名 | 2016年出口值(美元) | 2015年出口值(美元) | 增速(%) |
|---|---|---|---|
| 安　徽 | 390886346 | 424903890 | -8.01 |
| 北　京 | 198260959 | 232658827 | -14.78 |
| 湖　南 | 170789793 | 262387929 | -34.91 |
| 湖　北 | 159850250 | 199616421 | -19.92 |
| 黑龙江 | 108188392 | 130662123 | -17.20 |
| 重　庆 | 72760340 | 248210447 | -70.69 |
| 吉　林 | 68633734 | 74080141 | -7.35 |
| 广　西 | 48581646 | 53976851 | -10.00 |
| 新　疆 | 32603010 | 48171629 | -32.32 |
| 海　南 | 28581303 | 32703313 | -12.60 |
| 四　川 | 27548918 | 144052923 | -80.88 |
| 云　南 | 10074425 | 87657329 | -88.51 |
| 陕　西 | 9511792 | 20561596 | -53.74 |
| 贵　州 | 7893357 | 22531248 | -64.97 |
| 内蒙古 | 7394800 | 31150751 | -76.26 |
| 甘　肃 | 7321744 | 23862831 | -69.32 |
| 青　海 | 3590579 | 7769920 | -53.79 |
| 宁　夏 | 2708610 | 7803684 | -65.29 |
| 西　藏 | 496290 | 576830 | -13.96 |
| 山　西 | 454571 | 685972 | -33.73 |

**【中国家具产业集群】** 2016年，我国家具行业在中央提出的创新、协调、绿色、开放、共享五大发展理念的指引下，开展了供给侧结构性改革。根据国务院《关于开展消费品工业“三品”专项行动营造良好市场环境的若干意见》，开展了“增品种、提品质、创品牌”的工作，在全国建成小康社会的进程中，中国家具产业集群顺应家具产业发展趋势，在产品结构、加工制造、创新服务等方面不断转型升级，提高质量、效益和竞争力，取得了长足的发展。

**中国家具协会产业集群发展概况** 2003年以来，中国家具协会依据《中国家具行业特色区域荣誉称号的管理办法》及《中国家具新兴产业园区的管理办法》，培育、共建、命名了一批家具行业产业集群，使得各集群的发展取得了明显成果。

截至2016年年底，中国家具协会命名的家具产业集群共计46个，其中，特色区域35个，新兴产业园区11个。2015年，新增8个产业集群，数量规模都实现了跨越式发展。2016年，行业深耕基础，着力提升产业集群的质量效益，对中国中部家具产业基地——江西省南康市、中国金属家具产业基地——江西省樟树市进行复评，邀请专家把脉产业集群发展，对发展现状提出意见和建议。在此基础上，新命名了1个新兴产业园：中国华东实木家具总部基地、中国实木家具工匠之乡——浙江宁海。至此，中国家具产业集群进入规模扩张和提质增效的新阶段。

从类型上看，中国家具产业集群类型涵盖广泛，除11个新兴产业园区外，35个特色区域中，传统家具产区11个，分别是大涌、大江、三乡、剑川、阳信、海虞、碧溪、瑞丽、仙游、东阳、涞水；木制家具产区5个，分别是宁津、庄河、玉环、崇州、南康；商贸基地5个，分别是乐从、武侯、香河、蠡口、厚街；出口基地4个，分别是安吉、大岭山、海宁、杜村；金属家具产区3个，分别是胜芳、樟树、庞村；此外，还有办公家具产区杭州、西南家具产业基地新都、软体家具产区周村、校用家具产区南城、家具电商基地沙集、家具材料基地龙江、浴柜家具基地瓜沥。

从分布上看，这46个产业集群由南向北、自东向西分布在珠江三角洲(广东)、福建、长江三角洲(浙江、江苏)、环渤海(河北、山东)、东北(辽宁)、中部(河南、湖北、安徽、江西)、西部(四川、云南)地区，共计13个省份。这些省份是中国家具制造业的大省，其中，广东省有7个产业集群，浙江省有8个，江苏省5个，是产业集群分布最集中的3个地区。

中国家具产业集群规模庞大，是国内家具的主要产区，集中了中国家具的主要力量。据不完全统计，有60%～70%的家具产品在产业集群区域产出，也是主要的产销批发市场。家具产业集群具有良好的集聚效应，能够有效推动区域产业和经济发展。

我国的家具产业集群除中国家具协会正式命名的46个地区以外，还有一些正在成长并已初具规模的家具产业集聚区，主要汇总如下。

*广东省广州市石碁镇红木家具产业集聚区* 石碁镇位于广州市番禺区东南部，依托当地红木家具产业集群，建设“番禺红木特色小镇”，面积3

平方千米，年产值高达10亿元。为保证产业健康发展，石碁制定了红木家具联盟标准《红木家具标签标识及说明》，规范行业秩序。此外，建设市场监管体系、红盾服务维权工作站、申请注册集体商标等，推动产业健康有序发展。

江苏省邳州市木制品与木结构产业园区　木制品与木结构产业是邳州市的支柱产业，该市规模以上木制品企业有218家，占全市企业总数的43.9%。邳州木制品与木结构产业园规划面积23.63平方千米。2015年，园区完成生产总值132.66亿元，业务总收入603亿元。2012～2015年，园区累计新建亿元以上工业项目55个，完成固定资产投资88.2亿元。该集聚区木制品及相关企业共计2166家，其中生产型企业1581家、配套企业162家、服务型企业423家。

河北武邑硬木雕刻产业园区　武邑县硬木雕刻家具生产、加工企业有800多家，从业人员3万多人，年产各种雕刻木器产品200多个品种上千万套(件)。主要产品有明清仿古雕刻家具、花台花架等。园区规划用地3000多亩，规划区内设生产基地和展销基地，将形成以硬木雕刻产品生产、销售、展示、物流、旅游、观光休闲为一体的综合产业带。

吉林省辉南县抚民镇木椅产业集聚区　木制品加工业是抚民镇的支柱产业，具有很强的资源优势。抚民镇木艺制品产业有企业100余家，从业人员1830多人，木(椅)制品年产量145万件，年创产值6000万元，销售收入4000万元，年利税200万元。

江苏省苏州市光福苏作红木产业集聚区　光福镇红木企业(作坊)有200余家，年产值约30亿元人民币。光福镇有“苏福红木”“名仕阁”等一批苏作红木品牌企业。获得各类荣誉称号的有：苏州民间工艺家9人，苏州市工艺美术大师10人，江苏省工艺美术大师3人，江苏省工艺美术名人5人。光福镇积极参与“非遗”项目的建设，目前形成了“明式家具制作技艺项目”国家级、省级、市级传承人的人才梯队。

江苏省徐州市贾汪松木家具集聚区　贾汪区位于江苏省徐州市东北部。据统计，松木家具企业近300家，初具规模的(年产量千万以上的)大概有130家，行业年产值达100多亿元，从业人员4万余人。贾汪成立专业的培训团队，带动周围20家实木家具企业进驻电子商务平台，2016年贾汪区家具行业线上销售超过3.5亿元。近年，贾汪区探索转型升级之路，已经形成松木家具、现代实木家具、专业青少年实木家具、北欧现代实木家具、美式家具、新中式家具等几大板块，已涌现出近20家过亿产值的企业。

河南省开封市尉氏县产业集聚区　尉氏县产业集聚区成立于2006年，总规划面积26.7平方千米，现已建成区面积24.4平方千米，占规划总面积的91.4%。现代家居是尉氏县产业集聚区的一大主导产业。先后从浙江、广东等地引进了先进家居制造业为主的企业达43家，带动就业人数近12000人，已形成板材、地板、家具、五金、包装、物流等完整家居产业链条。配套设施建设使产业集聚区的服务功能更加完备。投资建造产业集聚区服务中心、产业发展服务平台等，并为企业提供电子商务、人力资源、金融服务和行政服务等各项保障。

河南省新乡市中原家居产业园　中原家居产业园位于河南新乡获嘉县亢村产业集聚区，园区总占地面积14000亩，首期规划用地3500亩(建筑面积400万平方米)。以家具生产拉动研发和贸易，围绕标准化厂房、原辅材料区、物流仓储区、展示博览区、企业总部商务区、生活配套区等环节，将园区规划为六大功能分区。项目建成后将引进生产性企业上千家，配套企业上万家，创造就业岗位10万多个，企业进驻实现产值过百亿，税收超几十亿元。2015年入驻园区企业66家，其中家居区28家，广告标识区38家。

陕西省西安市西北家具工业园　西北家具工业园位于蓝田县华胥镇，规划面积7平方千米，总投资160亿元，是一个集家具设计、制造、销售于一体的家具产业基地。建设年限2010～2025年。园区划为家具生产制造区、原材料供应区、产品展示区、总部经济平台、仓储物流区、生活配套区六大功能版块区。同时设立产品研发中心、产品检验中心、教育培训中心，引领企业向高附加值、高端产品发展。

湖北省武汉市新港(阳逻)国际家居产业园　武汉新港(阳逻)国际家居产业园位于武汉阳逻经

济开发区的核心地段，总占地面积1570亩，规划建设面积达200万平方米，分为7期进行完善开发和建设。其中，一期已经于2014年12月全面展开，涵盖九栋生产厂房、八栋研发中心及展示厅、高层综合楼等设施。品类上囊括家居综合生产区、品牌家居生产定制区、家居辅料批发市场、产品研发中心、展示中心、生活配套区等，并打造255亩独立仓储配送中心。

*河南省兰考县中部家居产业园*　兰考家居产业集聚区占地面积666.67万平方米，总投资100亿元，首期投资超过40亿元。项目由恒大集团发起，初期确定七家入驻企业，分别是曲美、索菲亚、广东顶固集创、喜临门、联邦家私、仁豪家具、森堡儿童家具。兰考具有一定的区位优势和资源优势，加上当地政府政策推动，兰考具有很大的发展潜力。

**中国家具产业集群发展特点**　第一，在发展中形成基地，实力在显现。中国家具产业集群特色区域，是由于当地自身的历史、文化、人才等因素，在发展中形成产业集聚，经过较长时间的积累，技术逐渐成熟，产业链日趋完善，当地某种类型的家具产业发展壮大，形成产业集群。

在46个家具产业集群中，发展中形成的特色区域有35个，可分为传统家具、木制家具、金属家具、家具贸易、出口基地等类型。经过多年发展，产业集群由自然集聚转向有效聚集，部分家具产业集群已经形成以较为成熟的大企业为龙头、中小企业配套加工的分工协作发展模式，集聚效应逐步显现。

家具产业集群的分布涵盖了全国家具主要生产和贸易区。家具产业集群的产生，使中国家具产业的生产分区更加专业化，对行业发展起到了巨大推动作用。

第二，新建产业园发展促进行业进步。我国家具产业转移具有鲜明的特点和规律，各地家具产业园招商引资，开发建设形成规模。我国家具新兴产业园是在国家政策的支持下发展起来的，具有一定的可持续发展基础和实力。

产业转移的规律和走势主要为沿海地区向内地，发达地区向发展中地区转移。产业转移的驱动力主要是各地政府有政策支持，可以获得土地的使用权，布局新的厂房，扩大生产力；同时可以降低成本，升级技术装备等。产业转移的趋势符合国家三纵两横的战略格局，有利于行业发展。

在各地政府的支持下，全国有11个家具产业园完成了审核和命名工作，新兴家具产业园反映了当代中国家具工业水平，引领了家具行业的发展方向。由于有政府的支持，家具产业园发展势头较好。在现有产业园的基础上，还有一些产业园在申请命名，这些产业园规划合理、可持续发展性强，对行业的发展有巨大的推动作用。

**国家相关政策**　①深入实施《中国制造2025》。现阶段要加快大数据、云计算、物联网等技术在产品设计、生产制造、营销推广及销售中的应用，以新技术、新业态、新模式，推动传统产业设计、生产、管理和营销模式变革，发展智能制造。

②坚持“三品战略”。中国家具产业集群要做好“增品种、提品质、创品牌”的工作。通过提高设计水平，增加中高端家具产品的供给，发展智能家具，实现增品种；通过加强质量精准化管理、推进质量检验检测和认证实现提品质；通过提高品牌竞争力、培育知名品牌、完善品牌服务体系、推进品牌国际化实现创品牌。

③坚持供给侧结构性改革。中国家具产业集群要从提高供给质量出发，扩大有效供给，提高劳动生产率，更好地满足消费者的需求。大力发展先进技术应用，改造提升传统行业，培育一批有核心竞争力的名牌企业，走提质增效的发展道路。

**表6　中国家具协会产业集群一览表**

| 序号 | 时间 | 名称 | 所在地 |
|---|---|---|---|
| 1 | 2003年3月 | 中国红木家具生产专业镇 | 广东省中山市大涌镇 |
| 2 | 2003年8月 | 中国椅业之乡 | 浙江省湖州市安吉县 |
| 3 | 2004年3月 | 中国家具商贸之都 | 广东省佛山市顺德乐从镇 |
| 4 | 2004年8月 | 中国实木家具之乡 | 山东省德州市宁津县 |

（续）

| 序号 | 时间 | 名称 | 所在地 |
|---|---|---|---|
| 5 | 2004 年 9 月 | 中国家具出口第一镇 | 广东省东莞市大岭山镇 |
| 6 | 2005 年 7 月 | 中国西部家具商贸之都 | 四川省成都市武侯区 |
| 7 | 2005 年 8 月 | 中国家具制造重镇 | 广东省顺德龙江镇 |
| 8 | 2005 年 8 月 | 中国家具材料之都 | 广东省顺德龙江镇 |
| 9 | 2005 年 9 月 | 中国金属玻璃家具产业基地 | 河北省廊坊市胜芳镇 |
| 10 | 2006 年 12 月 | 中国实木家具产业基地 | 辽宁省庄河市 |
| 11 | 2007 年 3 月 | 中国北方家具商贸之都 | 河北省廊坊市香河县 |
| 12 | 2007 年 5 月 | 中国欧式古典家具生产基地 | 浙江省玉环县 |
| 13 | 2008 年 1 月 | 中国传统家具专业镇 | 广东省台山市大江镇 |
| 14 | 2008 年 5 月 | 中国古典家具名镇 | 广东省中山市三乡镇 |
| 15 | 2009 年 6 月 | 中国东部家具商贸之都 | 江苏省苏州相成区蠡口镇 |
| 16 | 2009 年 12 月 | 中国民族木雕家具产业基地 | 云南省大理市剑川县 |
| 17 | 2010 年 4 月 | 中国板式家具产业基地 | 四川省崇州市 |
| 18 | 2011 年 4 月 | 中国出口沙发产业基地 | 浙江省海宁市 |
| 19 | 2011 年 6 月 | 中国中部家具产业基地 | 江西省南康市 |
| 20 | 2011 年 7 月 | 中国古典家具文化产业基地 | 山东省滨州市阳信县 |
| 21 | 2011 年 7 月 | 中国北方家具出口产业基地 | 山东省胶州市胶西镇 |
| 22 | 2011 年 7 月 | 中国华中家具产业园 | 湖北省潜江市 |
| 23 | 2011 年 7 月 | 中国家具彰武新型产业园区 | 辽宁省阜新市彰武县 |
| 24 | 2012 年 4 月 | 中国金属家具产业基地 | 江西省樟树市 |
| 25 | 2012 年 4 月 | 中国办公家具产业基地 | 浙江省杭州市 |
| 26 | 2012 年 10 月 | 中国浴柜之乡 | 浙江省杭州市萧山区党山镇 |
| 27 | 2012 年 11 月 | 中国苏作红木家具名镇－海虞 | 江苏省常熟市海虞镇 |
| 28 | 2012 年 11 月 | 中国苏作红木家具名镇－碧溪 | 江苏省常熟市碧溪镇 |
| 29 | 2012 年 12 月 | 中国家具红安新兴产业园 | 湖北省黄冈市红安县 |
| 30 | 2012 年 12 月 | 中国西南家具产业基地 | 四川省成都市新都区 |
| 31 | 2013 年 4 月 | 中国（瑞丽）红木家具产业基地 | 云南省瑞丽市 |
| 32 | 2013 年 4 月 | 中国仙作红木家具产业基地 | 福建省莆田市仙游县 |
| 33 | 2013 年 8 月 | 中国红木（雕刻）家具之都 | 浙江省东阳市 |
| 34 | 2013 年 8 月 | 中国东部家具产业基地 | 江苏省南通市海安县 |
| 35 | 2014 年 3 月 | 中国中原家具产业园 | 河南省新乡市原阳县 |
| 36 | 2014 年 9 月 | 中国京作古典家具产业基地 | 河北省保定市涞水县 |
| 37 | 2014 年 9 月 | 中国京作古典家具发祥地 | 河北省保定市涞水县 |
| 38 | 2014 年 11 月 | 中国钢制家具基地 | 河南省洛阳市庞村镇 |
| 39 | 2014 年 12 月 | 中国红木家居文化园 | 浙江省衢州市龙游县 |
| 40 | 2015 年 4 月 | 中国家具电商产销第一镇 | 江苏省睢宁县沙集镇 |
| 41 | 2015 年 5 月 | 中国长江经济带（湖北）家居产业园 | 湖北省锦州市监利县 |
| 42 | 2015 年 5 月 | 中国校具生产基地 | 江西省抚州市南城县 |
| 43 | 2015 年 5 月 | 中国中部（清丰）家具产业园 | 河南省濮阳市清丰县 |
| 44 | 2015 年 10 月 | 中国软体家具产业基地 | 山东省淄博市周村区 |
| 45 | 2015 年 11 月 | 中国（信阳）新兴家居产业基地 | 河南省信阳市羊山新区 |
| 46 | 2015 年 11 月 | 中国中部（叶集）家居产业园 | 安徽省六安市叶集实验区 |
| 47 | 2015 年 11 月 | 中国家具展览之都 | 广东省东莞市厚街镇 |
| 48 | 2016 年 7 月 | 中国华东实木家具总部基地 | 浙江省宁波市宁海县 |
| 49 | 2016 年 7 月 | 中国实木家具工匠之乡 | 浙江省宁波市宁海县 |

（中国家具协会）

# 中国花卉产业

**【概　述】** 2016 年，我国花卉生产稳中有升，内销增长强劲。全国花卉生产总面积 133.04 万公顷，比 2015 年增长 1.91%，增长幅度持续减少；销售额 1389.7 亿元，比 2015 年增长 6.69%；出口额 6.17 亿美元，同比下降 4.48%。

从花木种植面积看，2016 年排在前十位的仍是江苏、浙江、河南、山东、四川、云南、福建、湖南、广东、湖北，花木种植面积之和为 98.8 万公顷，占全国花木种植总面积的 74.26%，其中，江苏花木种植面积达 15.42 万公顷，同比增长 2.01%，除鲜切花类、盆栽植物类种植面积有所减少外，盆景类、花坛植物、观赏苗木、食用与药用花卉种植面积均有一定幅度上升；浙江花木种植面积 13.88 万公顷，同比降低 4.69%，其中观赏苗木生产面积减少 7033.9 公顷；河南花木种植面积 11.42 万公顷，同比降低 0.8%。

2016 年，江苏、浙江、广东、福建销售额均达上百亿元。其中，江苏花卉销售额列全国之首，为 178.18 亿元；浙江紧随其后，销售额达 155.82 亿元；广东、福建销售额分别为 145.75 亿元和 138.32 亿元。与 2015 年相比，销售额除江苏略降 0.6% 外，浙江、广东、福建均有一定幅度的增长，尤其是福建，增长 8.57%。浙江、江苏仍是观赏苗木生产大省，观赏苗木销售额分别为 115.87 亿元和 107.44 亿元，分别占本省总销售额的 74.36% 和 60.3%。广东、福建盆栽植物类生产优势仍比较明显。2016 年广东盆栽植物类销售额 61.74 亿元，虽比 2015 年下降 10.05%，但仍居榜首。福建盆栽植物类销售额 58.17 亿元，新增 12.11 亿元，增幅高达 26.28%。江苏盆栽植物类销售额位居第三，为 35.54 亿元，同比增长 2.99%。云南盆栽植物类销售额跃居全国第四，销售额 22.07 亿元，新增 11.28 亿元，增幅高达 104.5%。

2016 年，我国花卉出口仍主要集中在传统花卉生产和出口地区，花卉出口额在 4000 万美元以上的依次是云南、福建、江苏、浙江、黑龙江、广东。这 6 个省的花卉出口总额为 5.57 亿美元，占全国花卉出口总额的 90.22%。

2016 年云南花卉出口同比下降 10.26%，但在全国花卉出口中仍独占鳌头，出口额达 2.2 亿美元，占全国花卉总出口额的 35.57%。鲜切花是云南花卉出口的主要部分，出口额 1.96 亿美元，同比大幅增加 30.15%。福建花卉出口额位列全国第二，为 1.03 亿美元，同比增长 0.79%，其中，盆栽植物出口额 3436.4 万美元，同比增长 15.04%，而鲜切花出口额 1514.6 万美元，盆景出口额 3791.6 万美元，同比均有一定幅度降低。2016 年江苏花卉出口额 8730 万美元，同比小幅降低 0.71%，位列第三。鲜切花是江苏的主要出口种类，鲜切花的出口额为 6610 万美元，占江苏花卉出口的 75.72%。2016 年浙江花卉出口额 5363 万美元，同比大幅增长 10.62%，位列第四。其中，浙江鲜切花出口额大幅度增长，从上年度的 1340 万美元增长到 1703.8 万美元，增长 27.15%；鲜切叶出口额 3200.5 万美元，同比增长 8.27%。2016 年黑龙江花卉出口额 4776.19 万美元，同比增长 15.58%，位列第五位。黑龙江主要出口的花卉种类是工业及其他用途花卉，出口额高达 4189.17 万美元，占黑龙江花卉出口额的 87.71%。2016 年广东花卉出口额大幅下降，由 2015 年出口额 5345.5 万美元下降到 4530.54 万美元，下降 15.25%。其中，2016 年广东鲜切花和鲜切枝出口额明显下降，与 2015 年相比，鲜切花出口额下降 63.25%；鲜切枝出口额下降 90.24%；盆栽植物、盆景出口额变化不大。

**【鲜切花类】**

**生产布局稳定** 2016 年全国鲜切花类产品种植面积 6.46 万公顷，比 2015 年增长 2.63%。其中鲜切花种植面积 5.05 万公顷，同比增长 1.58%；鲜切叶 7496.85 公顷，同比增长 0.88%。鲜切叶生产仍以湖北、浙江、海南、广东、四川为主，种植面积分别为 2308 公顷、1110.5 公顷、805 公顷、777.83 公顷和 533 公顷。鲜切枝生产面积

6562.72 公顷，同比增长 13.97%。广东鲜切枝生产面积最大，达 2401.88 公顷，增长 17.17%；海南次之，生产面积 1041 公顷，略有回落；四川鲜切枝生产面积为 1000 公顷，位列我国第三位。云南和湖北鲜切花类产品的种植面积超过 1 万公顷，分别为 1.39 万公顷和 1.2 万公顷。

2016 年，全国鲜切花类产品销售额 143.51 亿元，比 2015 年的 127.10 亿元增长 12.91%。鲜切花、鲜切叶、鲜切枝销售额分别为 127.73 亿元、6.93 亿元、8.85 亿元，平均销售单价分别为 0.69 元/支、0.55 元/支、0.62 元/支，与 2015 年的 0.67 元/支、0.56 元/支、0.47 元/支相比，除鲜切叶略有回落外，鲜切花、鲜切枝的销售单价均上涨，尤其是鲜切枝大幅增长 30.74%。

**产品出口增长**　2016 年，全国鲜切花类产品出口总额 3.52 亿美元，比 2015 年的 3.04 亿美元大幅增长 15.84%，占全国花卉总出口额的 57.04%。其中，鲜切花出口 3.2 亿美元，同比增长 18.14%；鲜切叶出口 3221.53 万美元，增长 4.49%；但鲜切枝出口额为 25.08 万美元，大幅下降 90.24%。鲜切花类产品出口额排名前五位的分别是云南、江苏、浙江、福建、海南，这五省的出口总额为 3.4 亿美元，占整个鲜切花类产品出口总额的 96.48%。

2016 年，共有 9 个省(区、市)出口鲜切花，其中主要集中在云南、江苏、浙江、福建、海南五省，其出口额为 3.08 亿美元，占全国鲜切花出口总额的 96.27%。从统计数据看出，云南鲜切花出口继续保持领先优势，出口额达 1.96 亿美元，占全国鲜切花出口额的 61.41%，同比大幅增长 30.15%。除云南外，浙江、海南、黑龙江鲜切花出口也有较大幅度的增长，尤其是海南鲜切花出口额由 2015 年的 352 万美元增长到 1309.2 万美元，增长 2.72 倍；黑龙江鲜切花出口额从 2.16 万美元增长到 587.02 万美元。

2016 年，全国鲜切叶出口额 3221.53 万美元。浙江仍是鲜切叶生产和出口大省，除广东有 21.03 万美元的出口外，其余的 3200.5 万美元均由浙江出口，占我国鲜切叶总出口额的 99.35%。2016 年全国鲜切枝出口额仅为 25.08 万美元，均为广东出口。2016 年我国鲜切枝生产面积、销售量、销售额均有一定幅度增长，尤其是销售额大幅增长 36.83%。由此表明，鲜切枝被广大消费者认知和接受程度有所提高，越来越受消费者欢迎。

**主要鲜切花销售单价提高**　2016 年，月季、康乃馨、百合、唐菖蒲、菊花、非洲菊 6 种主要鲜切花的总种植面积是 48020 公顷，同比增长 9.30%。其中唐菖蒲增长幅度最大，达 42.07%，康乃馨增长 33.62%，月季增长 16.14%，百合、非洲菊下降幅度也相对较小，菊花基本持平。2016 年，月季、康乃馨、百合、唐菖蒲、菊花、非洲菊单价分别为 0.66 元/支、0.43 元/支、1.24 元/支、0.69 元/支、0.57 元/支、0.36 元/支，与 2015 年度的 0.49 元/支、0.37 元/支、2.45 元/支、0.54 元/支、0.51 元/支、0.33 元/支相比，除百合单价大幅下降之外，月季、康乃馨、唐菖蒲、菊花、非洲菊单价均大幅上涨，月季涨幅达 35.14%(见表 1)。

**表 1　2016 年主要鲜切花产销情况**

| 产品类型 | 种植面积(公顷) | 同比增减(%) | 销售量(万支) | 销售额(万元) | 平均价格(元/支) | 同比增减(%) |
|---|---|---|---|---|---|---|
| 月　季 | 15729.85 | 16.14 | 726172.23 | 480850.89 | 0.66 | 35.14 |
| 康乃馨 | 4031.14 | 33.62 | 338160.43 | 144865.30 | 0.43 | 15.78 |
| 百　合 | 8211.85 | -6.94 | 325455.26 | 405126.65 | 1.24 | -49.19 |
| 唐菖蒲 | 2895.62 | 42.07 | 29126.32 | 20133.94 | 0.69 | 28.01 |
| 菊　花 | 7228.74 | -0.62 | 265319.47 | 151755.79 | 0.57 | 12.15 |
| 非洲菊 | 4837.70 | -5.65 | 335327.96 | 121506.70 | 0.36 | 9.80 |

【盆栽植物类】

**面积小幅增长**　2016 年，全国盆栽植物类花卉种植面积 10.58 万公顷，比 2015 年的 10.48 万公顷增长 1.04%。广东、陕西、四川、福建、湖北、江苏、云南、湖南、河南、江西 10 个省的盆栽植物类花卉种植面积超过 4000 公顷。其中，广东、陕西种植面积超过 1 万公顷，分别为 1.84 万公顷、1.01 万公顷。10 个省的盆栽植物类花卉种植总面积为7.88万公顷，占全部盆栽植物类花卉种植总面积的74.47%。广东盆栽植物种植面积虽有所回落，但仍高达1.30万公顷。除广东外，福建、四川、云南、湖北盆栽植物种植面积均在4000公顷以上，种植总面积之和为3.34万公顷，占全部总面积的54.29%。盆景生产面积上千公顷以上的有广东、四川、福建、湖南、浙江、陕西、湖北、江西8个省，共1.39万公顷，占全部总面积的75.41%。各地均有花坛植物种植，其中种植面积上千公顷的有陕西、四川、广东、山东、湖南、福建、河南、江苏、内蒙古，总和为1.88万公顷，占全部总面积的72.49%。

**销售额全线增加** 2016年全国盆栽植物类销售额341.58亿元，比2015年的307.37亿元大幅增长11.13%。其中盆栽植物销售额230.77亿元，增长6.82%；盆景销售额57.77亿元，增长10.91%；花坛植物销售额53.04亿元，同比大幅增长35.13%。

**主要盆花单价有涨有跌** 2016年，主要盆栽植物种植面积5.62万公顷，同比增长9.67%。除凤梨外，红掌、观叶芋、杜鹃花、国兰、蝴蝶兰的种植面积全部增加，涨幅均在10%以上。从统计数据看，2016年，凤梨、红掌、观叶芋、杜鹃花、国兰、蝴蝶兰等盆花单价分别为10.82/盆、9.14元/盆、8.92元/盆、11.51元/盆、23.86元/盆、15.23元/盆，与2015年的13.18元/盆、11.59元/盆、9.31元/盆、9.41元/盆3.68元/盆、15.16元/盆相比，除杜鹃花和国兰上涨外，凤梨、红掌、观叶芋单价均有不同程度下跌，蝴蝶兰基本持平(见表2)。

**出口持平略低** 2016年盆栽植物类出口额1.26亿美元，同比略降0.71%。其中盆栽植物出口额从2015年的7126万美元增长到8443.5万美元，增长18.49%；盆景出口额4156.18万美元，同比大幅降低21.17%。2016年，福建盆栽植物类出口额7228万美元，同比增长4.34%，占全国盆栽植物类出口总额的57.37%。除福建外，江苏、广东、云南盆栽植物类出口额均在1000万美元以上，分别为2010万美元、1827.93万美元、1022万美元。福建、江苏、广东、云南盆栽植物类出口额1.21亿美元，占整个盆栽植物类出口总额的95.94%。福建盆栽植物类出口额全部由盆栽植物和盆景完成，其中盆栽植物出口额3436.4万美元，同比大幅增长15.04%；盆景出口额3791.6美元，同比略降3.78%。江苏2010万美元的出口额全部由盆栽植物完成。广东盆栽植物出口额1469.1万美元，同比增长13.72%；盆景358.58万美元，同比增长17.53%。云南1022万美元的出口额也全部由盆栽植物完成。此外，海南、浙江、江西、广西也有少量盆栽植物类产品出口。

**表2 2016年主要盆花产销情况**

| 产品类型 | 种植面积(公顷) | 同比增减(%) | 销售量(万盆) | 销售额(万元) | 平均价格(元/盆) | 同比增减(%) |
|---|---|---|---|---|---|---|
| 凤梨类 | 4334.01 | -8.44 | 14374.17 | 155572.24 | 10.82 | -17.88 |
| 红　掌 | 2699.26 | 12.99 | 13704.19 | 125262.93 | 9.14 | -21.13 |
| 观叶芋 | 6006.87 | 22.99 | 12471.92 | 111193.83 | 8.92 | -4.24 |
| 杜鹃花 | 1244.00 | 51.64 | 5246.16 | 60390.43 | 11.51 | 22.33 |
| 国　兰 | 1767.34 | 148.35 | 21316.85 | 508604.45 | 23.86 | 548.35 |
| 蝴蝶兰 | 609.69 | 12.09 | 2843.45 | 43310.35 | 15.23 | 0.47 |

**【观赏苗木】** 2016年，全国观赏苗木种植面积76.96万公顷，同比持平略增0.12%。销售量122.92亿株，同比下降7.37%；销售额651.35亿元，同比略增0.68%。销量大幅下降，销售额增加，表明2016年观赏苗木价格有所回升。观赏苗木种植面积上万公顷的省（区、市）下降到17个，分别是江苏、浙江、河南、福建、山东、广东、四川、江西、湖南、安徽、湖北、吉林、重庆、河北、云南、广西、陕西。17个省(区、市)的苗木种植面积总和为72.88万公顷，占全国总种植面积的94.7%。观赏苗木销售额在100亿元以上的仍然只有浙江、江苏两省，遥遥领先于其他省(区、

市）。其中浙江观赏苗木销售额115.87亿元，同比增长6.04%。江苏观赏苗木销售额107.44亿元，同比降低4.56%。销售额在10亿元以上的有浙江、江苏、河南、广东、山东、四川、福建、湖北、江西、湖南、广西、河北、重庆、安徽、贵州、陕西，销售额之和为609.78亿元，占总销售额的93.62%。2016年全国苗木出口额3387.13万美元，同比增长4.54%。广东仍是我国苗木出口大省，出口额1807.83万美元，同比降低19.83%。值得一提的是，新疆苗木出口额从零增加到1000万美元。福建、山东、江苏、云南也有一定的苗木出口，出口额分别为274.4万美元、193万美元、110万美元、1.9万美元。

**【食用药用、工业用花卉】** 2016年，全国食用与药用花卉种植面积26.55万公顷，同比增加2.95%。山东、云南、湖南、四川、河南、湖北、重庆、安徽是食用与药用花卉生产大省，种植面积均在1万公顷以上，种植面积总和为20.95万公顷，占总种植面积的78.91%。2016年，食用与药用花卉出口额1412.54万美元，同比降低18.44%。福建食用与药用花卉出口额最大，为742.1万美元，同比增长42.19%。河南、广东、浙江、云南也有食用与药用花卉出口，出口额分别为350万美元、214.48万美元、71.3万美元和34.66万美元。2016年，云南工业及其他用途花卉生产面积同比翻番，达1.6万公顷，销售额为1.29亿元。黑龙江紧随其后，生产面积1.04万公顷，同比减少19.51%，销售额为4.22亿元。2016年，四川、福建两省工业及其他用途花卉的生产面积增长幅度很大，分别为75.49%、93.41%，和广西一样，工业及其他用途花卉的生产面积均在5000公顷以上。2016年工业用花卉出口额5273.5万美元，同比大幅减少37.26%。其中，黑龙江出口额4189.17万美元，云南1083.33万美元，两省出口额总和为5272.5万美元，占总出口额的99.98%，广东也有1万美元的出口额。

**【花卉种苗生产】** 2016年全国花卉种子生产面积5251.26公顷，仍然集中在甘肃、内蒙古等西北地区，生产面积分别为956.6公顷、900公顷。广西、湖南、四川、河南、陕西花卉种子生产面积也在300公顷以上。甘肃销售额最高，达1.19亿元，另有225万美元的出口；广西次之，销售额1.11亿元。2016年种苗用花卉种植面积增长到8257.29公顷，同比增长12.18%。生产面积最大的是广东，为1137.77公顷，湖南、广西、河南、四川、陕西面积也均在500公顷以上。福建种苗销售额7.42亿元，位居榜首；广东第二，达1.6亿元；云南、陕西种苗销售额也在1亿元以上，分别为1.16亿元、1.12亿元。2016年种苗出口额从2015年的4644.55万美元下降到3137万美元，同比大幅下降32.46%。河南、上海、福建是种苗生产和出口大户，分别为1000万美元、930.8万美元、557.4万美元。此外，广东、山东、天津、浙江、甘肃也有一定的种苗出口，出口额分别为292.3万美元、130万美元、100万美元、91.5万美元、35万美元。2016年我国种球生产面积2630.31公顷，比2015年的6069.88公顷大幅减少50%以上。广东种球生产面积455.4公顷，甘肃、云南、陕西种球生产面积也在200公顷以上。整体来看，我国种球生产呈萎缩状态。

**【花卉经营单位与分布】** 2016年全国花卉市场3029个，比2015年的3220个持续减少191个，降低5.93%。河北花卉市场最多，达324个，四川、广东、湖南的花卉市场也都在200个以上。2016年，除江苏增加11个花卉市场外，全国各省（区、市）花卉市场增量都较小，但减量却很大，其中广西减少76个，云南减少48个，广东减少47个，辽宁减少26个，湖南减少了18个，浙江也减少了17个。2016年全国花卉企业79512个，同比降低6.43%，其中种植面积在3公顷以上或年营业额在500万元以上的大中型企业14108个，同比降低9.52%。大中型花卉企业仍主要分布在浙江、广东、江苏、山东、福建、河南、重庆、湖北等花卉主产区，其中浙江、广东、江苏、山东、福建的大中型花卉企业在1000个以上，分别为4103个、2149个、1757个、1520个和1109个。花农163.91万户。从业人员505.35万人，其中专业技术人员24.76万人。花农、从业人员同比有所下降，但专业技术人员增长6.02%。云南花农最多，为21.59万户；江苏次之，为20.68万户。浙江、四川、河南、湖南花农也在10万户以上。江苏从业人员最多，有63.1万人；浙江次之，有56.02万人；第三是云南，有48.88万人。广西、湖南、河南、四川、福建、山东、广东从业人员也都在20万人以上。专业技术人员中，江苏最多，达5.06万人；浙江次之，有3.62万人；广东第三，为3.19万人。福建、云南、河南、四川、广西专业技术人员也在1万人以上。

**【2016年全国花卉保护地栽培情况】** 2016年全国花卉保护地栽培面积11.62万公顷，比2015年，降低7.27%。其中温室面积2.46万公顷，同比大幅下降13.44%。温室中的节能日光温室面积1.1万公顷，同比降低4.67%。大(中、小)棚面积4.74万公顷，同比降低2.72%。遮阴棚面积4.42万公顷，同比降低8.23%。花卉保护地栽培面积在1万公顷以上的有江苏、广东、四川，其中江苏面积最大，达2.12万公顷，同比持平略高；广东次之，为1.35万公顷，大幅下降50.2%；四川第三，为1.09万公顷，下降5.98%。云南、浙江、福建、山东、辽宁、广西花卉保护地栽培面积均在5000公顷以上。山东温室栽培面积最大，达6900公顷，同比增长一倍以上；辽宁次之，为3571.9公顷，降低5.07%；江苏第三，为2491.5公顷，降低16.84%。温室中的节能日光温室辽宁面积最大，为2972.9公顷；河北次之，1615.9公顷；广东第三，为896公顷。江苏的大(中、小)棚面积最大，达1.32万公顷，增长6.2%；福建次之，为4874.6公顷，增长8.52%；云南第三，为4801.7公顷，大幅降低46.3%。广东遮阴棚面积最大，为8407公顷，大幅降低39.6%；四川次之，为6665公顷。江苏、浙江、海南的遮阴棚面积也分别达到5522.4公顷、4239.8公顷和3938.2公顷，其中浙江、海南遮阴棚面积分别大幅提升20.48%、53.12%。

**表3 2016年十大类花卉生产情况表**

| 序号 | 类别 | 种植面积(公顷) | 占总面积(%) |
|---|---|---|---|
| 1 | 鲜切花类 | 64560.5 | 4.85 |
| 2 | 盆栽植物类 | 105836.7 | 7.96 |
| 3 | 观赏苗木 | 769635.4 | 57.85 |
| 4 | 食用与药用花卉 | 265531.9 | 19.96 |
| 5 | 工业及其他用途花卉 | 59026.4 | 4.44 |
| 6 | 草坪 | 49444.8 | 3.72 |
| 7 | 种子用花卉 | 5251.3 | 0.39 |
| 8 | 种苗用花卉 | 8257.3 | 0.62 |
| 9 | 种球用花卉 | 2630.3 | 0.20 |
| 10 | 干燥花 | — | — |

(续)

**表4 2016年十大类花卉销售情况表**

| 类型 \ 项目 | 销售量单位 | 销售量 | 销售额(万元) | 出口额(万美元) |
|---|---|---|---|---|
| 合计 | — | — | 13896979.3 | 61701.0 |
| 一、鲜切花类 | 万支 | 2114555.1 | 1435138.9 | 35194.8 |
| 其中：鲜切花 | 万支 | 1844987.3 | 1277294.5 | 31948.2 |
| 鲜切叶 | 万支 | 125477.8 | 69304.0 | 3221.5 |
| 鲜切枝 | 万支 | 144090.1 | 88540.5 | 25.1 |
| 二、盆栽植物类 | 万盆 | 708363.1 | 3415804.6 | 12599.9 |
| 其中：盆栽植物 | 万盆 | 308131.7 | 2307672.5 | 8443.5 |
| 盆景 | 万盆 | 23117.7 | 577739.7 | 4156.2 |
| 花坛植物 | 万盆 | 377113.7 | 530392.5 | 0.3 |
| 三、观赏苗木 | 万株 | 1229190.4 | 6513455.0 | 3387.1 |
| 四、食用与药用花卉 | 千克 | 212200736.3 | 1589905.8 | 1412.5 |
| 五、工业及其他用途 | 吨 | 83922913.4 | 290928.8 | 5273.5 |
| 六、草坪 | 万平方米 | 123637.2 | 356452.9 | 3.2 |
| 七、种子用花卉 | 千克 | 1446313.8 | 45793.3 | 225.0 |
| 八、种苗用花卉 | 万株 | 518168.9 | 202412.5 | 3137.0 |
| 九、种球用花卉 | 万粒 | 66958.9 | 38879.0 | — |
| 十、干燥花 | — | — | 9744.2 | 280.9 |

说明：1. 食用与药用花卉计算干重；2. 工业及其他用途花卉计算鲜重。

**表5 2016年主要花卉品种产销情况表**

| 品种 \ 项目 | 种植面积(公顷) | 销售量(万支) | 销售额(万元) |
|---|---|---|---|
| 一、主要鲜切花 | | | |
| 1. 现代月季(玫瑰) | 15729.85 | 726172.23 | 480850.89 |
| 2. 康乃馨 | 4031.14 | 338160.43 | 144865.30 |
| 3. 百合 | 8211.85 | 325455.26 | 405126.65 |
| 4. 唐菖蒲 | 2895.62 | 29126.32 | 20133.94 |
| 5. 菊花 | 7228.74 | 265319.47 | 151755.79 |
| 6. 非洲菊 | 4837.70 | 335327.96 | 121506.70 |
| 二、主要盆栽植物 | | | |
| 1. 凤梨类 | 4334.01 | 14374.17 | 155572.24 |
| 2. 花烛属类 | 2699.26 | 13704.19 | 125262.93 |
| 3. 观叶芋类 | 6006.87 | 12471.92 | 111193.83 |
| 4. 杜鹃花类 | 1244.00 | 5246.16 | 508604.45 |
| 5. 中国兰花 | 1767.34 | 21316.85 | 508604.45 |
| 6. 蝴蝶兰类 | 609.69 | 2843.45 | 43310.35 |

(中国花卉协会)

# 中国茶产业

【概　述】 2016年茶叶种植规模扩大、产品结构优化、质量效益提升，保持了稳定发展的势头。各地围绕茶叶供给侧结构性改革，加快推进茶产业结构调整，推动转型升级绿色发展。

**面积增速放缓**　据调度，预计18个产茶省(区)茶园面积4300多万亩，比上年增加110多万亩，增幅2.6%、比上年低1.8个百分点。其中湖北、陕西、四川三省茶园面积增加较多，均超过15万亩。开采茶园面积3600多万亩、增加250万亩。

**产量稳定增加**　预计干毛茶产量240多万吨，比上年增加16万吨，增幅7%。分省看，贵州增产4.9万吨、四川增产3.2万吨、云南增产1.5万吨、湖南增产1.2万吨。其中，名优茶110万吨、增加8万吨。六大茶类全面增产，红茶、黑茶、白茶均增产10%以上，黄茶增产70%以上。

**产值持续提高**　预计干毛茶产值1680多亿元，比上年增加160多亿元，增幅10.5%。其中，名优茶产值1170亿元，比上年增加130多亿元。贵州干毛茶产值增加45亿元、四川增33亿元，陕西、河南和湖北均增10多亿元。

**品种结构优化**　茶园结构优化。无性系良种茶园面积比例达58.6%，比上年提高2个百分点，有机茶园面积比例7.2%，提高1个百分点。茶类结构优化，绿茶、乌龙茶占总产量的比重持续下调，分别达到63%、11%，红茶、黑茶、白茶、黄茶占比上升，六大茶类比例更加均衡。

**当前茶叶生产发展存在问题和困难**　一是存在越区种植现象。近几年，一些非优势区域盲目扩大种植，茶叶产量不高，质量不优，特色不突出，效益也不好。二是质量安全风险仍然存在。一家一户的传统种植模式还未彻底改变，茶园生产标准化程度偏低，绿色防控技术普及率不高，主要靠化学农药防病治虫，茶叶农残超标风险仍然较大。三是成本上涨销售压力加大。茶叶采摘用工贵、用工难现象普遍存在，农资价格持续上涨，生产成本进一步增加，影响产量和效益提升。部分茶企反映，收购价格上涨，销售价格走低，产品库存增加，回收货款困难，利润率降低。四是产业创新能力不强。龙头企业数量少、带动能力弱和知名品牌缺乏仍是制约产业发展的突出问题。80%的茶叶企业品牌是区域内品牌，带动力弱。25年以上的老茶园面积占1/4，品种老化，产量较低、品质较差。机械化水平较低，特别是茶叶机采问题未取得突破。

**表1　2016年茶叶主产区面积分布表**

| 序号 | 省　份 | 茶园总面积(万亩) | | 采摘面积(万亩) | | 无性系面积(万亩) | | 无公害面积(万亩) | | 有机茶面积(万亩) | |
|---|---|---|---|---|---|---|---|---|---|---|---|
| | | 2016年 | 增减% | 2016年 | 增减% | 2016年 | 增减% | 2016年 | 增减% | 2016年 | 增减% |
| 1 | 江　苏 | 51.00 | 0.00 | 44.50 | 0.45 | 18.40 | 7.60 | 39.80 | 1.79 | 4.90 | 19.51 |
| 2 | 浙　江 | 298.00 | 1.02 | 268.00 | 0.75 | 212.40 | 3.01 | 235.60 | (0.34) | 18.72 | (2.30) |
| 3 | 安　徽 | 266.00 | 4.31 | 241.00 | 8.56 | 91.25 | 26.74 | 194.00 | 7.78 | 17.55 | 75.50 |
| 4 | 福　建 | 380.00 | 1.29 | 355.00 | 4.33 | 365.00 | 3.56 | 95.00 | 5.56 | 53.00 | 6.00 |
| 5 | 江　西 | 148.60 | 6.52 | 122.80 | 18.99 | 100.60 | 7.10 | 97.30 | 10.44 | 43.00 | 16.85 |
| 6 | 山　东 | 58.19 | 6.32 | 44.47 | 7.75 | 7.50 | 16.15 | 43.08 | 7.24 | 6.25 | 16.82 |
| 7 | 河　南 | 237.60 | 2.99 | 168.32 | 9.18 | 91.47 | 1.27 | 163.90 | 1.36 | 23.65 | 181.55 |
| 8 | 湖　北 | 501.80 | 4.69 | 381.10 | 6.69 | 249.90 | 0.08 | 354.60 | 4.76 | 36.00 | 16.88 |
| 9 | 湖　南 | 206.60 | 3.71 | 166.40 | 5.72 | 118.70 | 8.00 | 148.70 | 4.28 | 9.20 | 16.46 |

(续)

| 序号 | 省 份 | 茶园总面积(万亩) | | 采摘面积(万亩) | | 无性系面积(万亩) | | 无公害面积(万亩) | | 有机茶面积(万亩) | |
|---|---|---|---|---|---|---|---|---|---|---|---|
| | | 2016 年 | 增减% | 2016 年 | 增减% | 2016 年 | 增减% | 2016 年 | 增减% | 2016 年 | 增减% |
| 10 | 广 东 | 76.50 | 3.28 | 71.00 | 2.90 | 57.50 | 4.55 | 74.00 | 2.78 | 11.80 | 12.38 |
| 11 | 广 西 | 106.00 | 2.91 | 103.00 | 3.00 | 72.00 | 4.35 | 40.00 | 2.56 | 5.50 | 3.77 |
| 12 | 海 南 | 2.00 | 2.04 | 1.65 | 2.48 | 0.40 | 0.00 | 0.60 | 0.00 | — | — |
| 13 | 重 庆 | 72.30 | 6.06 | 49.59 | 3.59 | 37.35 | 13.32 | 20.16 | 6.22 | 1.36 | (18.56) |
| 14 | 四 川 | 497.55 | 3.11 | 370.93 | 7.63 | 393.00 | 15.05 | 361.20 | 1.78 | 5.95 | 0.00 |
| 15 | 贵 州 | 693.20 | 0.59 | 499.10 | 17.93 | 486.40 | 0.85 | 329.50 | 21.68 | 20.10 | 1.01 |
| 16 | 云 南 | 610.00 | 0.33 | 575.00 | 4.55 | 230.00 | 0.00 | 530.00 | 0.00 | 41.10 | 4.05 |
| 17 | 陕 西 | 231.70 | 7.32 | 149.40 | 8.18 | 74.10 | 0.17 | 88.00 | 3.53 | 20.20 | 8.60 |
| 18 | 甘 肃 | 17.10 | 4.91 | 10.80 | 4.85 | 1.92 | 47.69 | 17.10 | 4.91 | 0.25 | 0.00 |
| | 合 计 | 4454.14 | 2.66 | 3622.06 | 7.46 | 2607.89 | 6.22 | 2832.54 | 4.75 | 318.53 | 16.18 |

**表 2 2016 年干毛茶、名优茶主产区产量产值明细表**

| 序号 | 省 份 | 干毛茶总产量(吨) | | 名优茶总产量(吨) | | 干毛茶总产值(万元) | | 名优茶总产值(万元) | |
|---|---|---|---|---|---|---|---|---|---|
| | | 2016 年 | 增减% | 2016 年 | 增减% | 2016 年 | 增减% | 2016 年 | 增减% |
| 1 | 江 苏 | 14408 | 2.82 | 4691.00 | 9.19 | 247538 | 14.65 | 188629.80 | 7.26 |
| 2 | 浙 江 | 165000 | (3.51) | 76600.00 | (4.49) | 1710000 | 3.01 | 1486800.00 | 0.80 |
| 3 | 安 徽 | 123759 | 7.62 | 38534.00 | 13.34 | 840520 | 2.50 | 696668.00 | 14.58 |
| 4 | 福 建 | 410000 | 1.91 | 180000.00 | 4.05 | 2080000 | 1.96 | 1200000.00 | 5.04 |
| 5 | 江 西 | 56865 | 12.16 | 16728.90 | 22.00 | 450843 | 6.71 | 312257.10 | 4.03 |
| 6 | 山 东 | 24971 | 8.98 | 15279.39 | 13.01 | 536966 | 13.45 | 495409.10 | 50.20 |
| 7 | 河 南 | 66820 | 12.17 | 50220.00 | 8.65 | 1162313 | 10.93 | 1011035.00 | 6.26 |
| 8 | 湖 北 | 288475 | 3.52 | 106988.00 | 1.67 | 1574652 | 7.34 | 1017328.00 | 2.26 |
| 9 | 湖 南 | 185231 | 7.47 | 17697.00 | 6.72 | 775459 | 9.10 | 256610.00 | 11.18 |
| 10 | 广 东 | 84100 | 5.99 | 33640.00 | 6.02 | 546000 | 14.71 | 296200.00 | 13.88 |
| 11 | 广 西 | 66000 | 10.00 | 37000.00 | 5.71 | 420000 | 5.58 | 281000.00 | 4.07 |
| 12 | 海 南 | 640 | 27.24 | 360.00 | 0.00 | 6900 | 2.99 | 3060.00 | 0.00 |
| 13 | 重 庆 | 32931 | 5.89 | 12294.10 | 14.85 | 200295 | 15.61 | 127655.73 | 42.47 |
| 14 | 四 川 | 280000 | 12.72 | 162400.00 | 15.67 | 1900000 | 21.02 | 1440400.00 | 22.93 |
| 15 | 贵 州 | 273000 | 21.88 | 106000.00 | 21.98 | 2605000 | 21.28 | 1645000.00 | 14.79 |
| 16 | 云 南 | 374853 | 4.17 | 222199.00 | 5.66 | 1217470 | 6.65 | 1769032.00 | 18.21 |
| 17 | 陕 西 | 79025 | 9.81 | 25789.40 | 4.88 | 1122127 | 12.49 | 577732.00 | 2.71 |
| 18 | 甘 肃 | 1335 | 2.53 | 494.00 | 5.11 | 23200 | 2.65 | 13380.00 | 17.99 |
| | 合 计 | 2527412.67 | 6.96 | 1106914.79 | 7.76 | 17419283 | 10.31 | 12818196.73 | 11.40 |

**表 3 2016 年分品种茶业主产区产量表**

| 序号 | 省 份 | 绿茶产量(吨) | | 红茶产量(吨) | | 乌龙茶产量(吨) | | 黑茶产量(吨) | | 白茶产量(吨) | | 黄茶产量(吨) | |
|---|---|---|---|---|---|---|---|---|---|---|---|---|---|
| | | 2016 年 | 增减% | 2016 年 | 增减% | 2016 年 | 增减% | 2016 年 | 增减% | 2016 年 | 增减% | 2016 年 | 增减% |
| 1 | 江 苏 | 11651.95 | 2.01 | 2470.00 | (0.30) | — | — | 150.00 | — | — | — | — | — |
| 2 | 浙 江 | 151950.00 | (4.48) | 6640.00 | 12.73 | 470.00 | (21.67) | 5600.00 | 3.70 | 320.00 | 2033.33 | 20.00 | 33.33 |

（续）

| 序号 | 省份 | 绿茶产量(吨) | | 红茶产量(吨) | | 乌龙茶产量(吨) | | 黑茶产量(吨) | | 白茶产量(吨) | | 黄茶产量(吨) | |
|---|---|---|---|---|---|---|---|---|---|---|---|---|---|
| | | 2016 年 | 增减% | 2016 年 | 增减% | 2016 年 | 增减% | 2016 年 | 增减% | 2016 年 | 增减% | 2016 年 | 增减% |
| 3 | 安 徽 | 109953.00 | 6.72 | 7994.00 | (11.18) | 157.00 | (51.69) | 255.00 | 27.50 | — | — | 5400.00 | 120.41 |
| 4 | 福 建 | 122000.00 | 0.63 | 48000.00 | 1.23 | 220000.00 | 1.97 | — | — | 18500.00 | 11.20 | — | — |
| 5 | 江 西 | 44785.60 | 10.04 | 10206.30 | 19.31 | 1164.00 | 43.35 | 700.00 | 11.11 | — | — | 8.80 | |
| 6 | 山 东 | 22202.22 | 8.22 | 2765.01 | 15.45 | 3.65 | 46.00 | — | — | 0.15 | 0.00 | 0.10 | 0.00 |
| 7 | 河 南 | 54975.00 | 11.22 | 8810.00 | 3.07 | 0.00 | (100.00) | 2600.00 | 65.39 | 3.00 | (70.00) | | |
| 8 | 湖 北 | 200618.00 | (1.16) | 40828.00 | 22.44 | 2402.00 | (30.05) | 42858.00 | 16.21 | 1763.00 | 2.80 | 5.00 | (98.46) |
| 9 | 湖 南 | 81817.00 | 1.82 | 21792.00 | 17.69 | 3345.00 | 1.18 | 76715.00 | 10.57 | 601.00 | 11920.00 | 961.00 | 21.19 |
| 10 | 广 东 | 31900.00 | 5.13 | 5080.00 | 7.22 | 39800.00 | 6.97 | 7233.00 | 3.73 | 75.00 | 2.74 | 12.00 | 20.00 |
| 11 | 广 西 | 30606.00 | 1.31 | 28500.00 | 6.70 | 1100.00 | 23.60 | 5754 | 165.28 | 40.00 | 100.00 | | |
| 12 | 海 南 | 282.00 | 94.48 | 358.00 | 0.00 | — | — | — | — | — | — | — | — |
| 13 | 重 庆 | 28153.45 | 5.99 | 3921.60 | 7.85 | 500.00 | (12.28) | 355.90 | 7.85 | — | — | — | — |
| 14 | 四 川 | 235300.00 | 3.47 | 12300.00 | 124.45 | 4000.00 | (2.91) | 28200.00 | 151.79 | — | — | 200.00 | 0.00 |
| 15 | 贵 州 | 221000.00 | 15.10 | 42000.00 | 121.05 | 800.00 | (42.86) | 8200.00 | (18.00) | 1000.00 | (9.09) | 50.00 | (37.50) |
| 16 | 云 南 | 171730.00 | 3.38 | 72435.00 | 12.14 | 690.00 | 0.44 | 129809.00 | 3.54 | 189.00 | (5.03) | — | — |
| 17 | 陕 西 | 73719.20 | 8.81 | 2004.50 | 65.94 | 41.50 | 15.28 | 3260.00 | 9.69 | — | — | — | — |
| 18 | 甘 肃 | 1294.10 | 7.63 | 18.90 | (74.80) | — | — | 22.00 | (12.00) | — | — | — | — |
| | 合 计 | 1593937.52 | 4.15 | 316123.31 | 20.68 | 274473.15 | 1.98 | 311711.90 | 14.13 | 22491.15 | 13.74 | 6656.90 | 71.88 |

（农业部种植业管理司　杜建斌）

**【茶叶进出口贸易】** 据海关统计，2016 年我国茶叶出口 32.9 万吨，金额约 14.8 亿美元，平均单价 4518 美元/吨，同比分别上升 1.15%、7.48% 和 6.25%。其中，绿茶出口 27.1 万吨，同比下降 0.47%，金额 10.6 亿美元，均价 3931 美元/吨，同比分别上升 5.91% 和 6.42%；红茶出口 33141 吨，金额约 2.6 亿美元，均价 7732 美元/吨，同比分别上升 17.87%、24.19% 和 5.36%；乌龙茶出口 15952 吨，金额约 8979 万美元，均价 5629 美元/吨，同比分别上升 3.82%、6.29% 和 2.38%；花茶出口 5803 吨，金额约 4773 万美元，均价 8225 美元/吨，同比分别下降 3.99%、6.73% 和 2.85%；普洱茶出口 2937 吨，金额 2628 万美元，均价 8949 美元/吨，同比分别下降 10.56%、23.22% 和 14.15%。在茶叶出口市场中，位居前五名的是摩洛哥、乌兹别克斯坦、塞内加尔、加纳和美国。

**表 4　2016 年我国茶叶出口海关统计分国别和地区前 20 位**

| | 国别(地区) | 出口量<br>(千克) | 出口额<br>(美元) | 均价<br>(美元) | 数量同比<br>(%) | 金额同比<br>(%) | 均价同比<br>(%) |
|---|---|---|---|---|---|---|---|
| 1 | 摩洛哥 | 67284612 | 226684583 | 3.37 | 4.42 | 0.05 | -4.18 |
| 2 | 乌兹别克斯坦 | 19159349 | 31505390 | 1.64 | -28.50 | -37.50 | -12.59 |
| 3 | 塞内加尔 | 18228159 | 78321327 | 4.30 | 5.85 | 3.90 | -1.84 |
| 4 | 加 纳 | 16939921 | 74558166 | 4.40 | 96.33 | 92.80 | -1.80 |
| 5 | 美 国 | 16702783 | 90618651 | 5.43 | 2.09 | -0.77 | -2.80 |
| 6 | 俄罗斯 | 14295788 | 41055733 | 2.87 | 11.94 | 10.38 | -1.40 |
| 7 | 毛里塔尼亚 | 13821285 | 59914111 | 4.34 | 7.43 | 7.64 | 0.20 |
| 8 | 阿尔及利亚 | 12755187 | 46849598 | 3.67 | -11.21 | -10.30 | 1.02 |

(续)

| | 国别(地区) | 出口量(千克) | 出口额(美元) | 均价(美元) | 数量同比(%) | 金额同比(%) | 均价同比(%) |
|---|---|---|---|---|---|---|---|
| 9 | 中国香港 | 12633257 | 162902272 | 12.90 | 22.52 | 39.52 | 13.88 |
| 10 | 日　本 | 11998672 | 50935956 | 4.25 | -8.22 | -10.11 | -2.06 |
| 11 | 德　国 | 11069381 | 43698141 | 3.95 | -11.29 | -12.08 | -0.89 |
| 12 | 多　哥 | 8919370 | 39098484 | 4.38 | -33.00 | -34.84 | -2.76 |
| 13 | 巴基斯坦 | 8122139 | 18883289 | 2.33 | 22.69 | -8.96 | -25.80 |
| 14 | 喀麦隆 | 6446114 | 5621772 | 0.00 | -13.91 | -11.91 | 2.33 |
| 15 | 泰　国 | 6443050 | 38599225 | 5.99 | 56.57 | 105.44 | 31.21 |
| 16 | 贝　宁 | 5925381 | 9289391 | 1.57 | 29.82 | 18.84 | -8.46 |
| 17 | 马　里 | 5351256 | 22396470 | 4.19 | -9.12 | -19.43 | -11.35 |
| 18 | 法　国 | 3850311 | 19361929 | 5.03 | -30.40 | -33.54 | -4.51 |
| 19 | 缅　甸 | 3815644 | 29318370 | 7.68 | 51.15 | 39.40 | -7.77 |
| 20 | 冈比亚 | 3770864 | 12420473 | 3.29 | -18.51 | -34.39 | -19.49 |

**表5　2016年我国绿茶出口海关统计分国别和地区前20位**

| | 国别(地区) | 出口量(千克) | 出口额(美元) | 均价(美元) | 数量同比(%) | 金额同比(%) | 均价同比(%) |
|---|---|---|---|---|---|---|---|
| 1 | 摩洛哥 | 66664740 | 224605391 | 3.37 | 4.51 | 0.05 | -4.27 |
| 2 | 乌兹别克斯坦 | 18732303 | 30823836 | 1.65 | -29.58 | -38.40 | -12.53 |
| 3 | 塞内加尔 | 18096794 | 77007837 | 4.26 | 5.78 | 3.32 | -2.33 |
| 4 | 加　纳 | 16937107 | 74375984 | 4.39 | 96.29 | 92.32 | -2.02 |
| 5 | 毛里塔尼亚 | 13821285 | 59914111 | 4.34 | 7.43 | 7.64 | 0.20 |
| 6 | 阿尔及利亚 | 12755187 | 46849598 | 3.67 | -11.16 | -10.27 | 0.99 |
| 7 | 俄罗斯 | 11230245 | 31868605 | 2.84 | 12.83 | 20.29 | 6.62 |
| 8 | 多　哥 | 8919370 | 39098484 | 4.38 | -33.00 | -34.84 | -2.76 |
| 9 | 德　国 | 7811621 | 29008044 | 3.71 | -13.05 | -15.12 | -2.38 |
| 10 | 美　国 | 6559049 | 35101079 | 5.35 | -3.00 | 3.89 | 7.11 |
| 11 | 喀麦隆 | 6446114 | 5621772 | 0.87 | -13.91 | -11.91 | 2.33 |
| 12 | 贝　宁 | 5925381 | 9289391 | 1.57 | 29.82 | 18.84 | -8.46 |
| 13 | 巴基斯坦 | 5375187 | 16773453 | 3.12 | -11.16 | -16.18 | -5.65 |
| 14 | 马　里 | 5346720 | 22359944 | 4.18 | -9.20 | -19.56 | -11.41 |
| 15 | 中国香港 | 5343251 | 64939481 | 12.15 | 72.62 | 100.76 | 16.30 |
| 16 | 冈比亚 | 3770864 | 12420473 | 3.29 | -18.51 | -34.39 | -19.49 |
| 17 | 泰　国 | 3423012 | 26477840 | 7.74 | 58.66 | 175.98 | 73.94 |
| 18 | 利比亚 | 3278730 | 9866528 | 3.01 | -34.29 | -31.00 | 5.01 |
| 19 | 法　国 | 3271481 | 15306251 | 4.68 | -33.48 | -38.91 | -8.15 |
| 20 | 几内亚 | 2941560 | 8223542 | 2.80 | 11.74 | 14.56 | 2.53 |

**表6　2016 年我国红茶出口海关统计分国别和地区前 20 位**

| | 国别(地区) | 出口量(千克) | 出口额(美元) | 均价(美元) | 数量同比(%) | 金额同比(%) | 均价同比(%) |
|---|---|---|---|---|---|---|---|
| 1 | 美　国 | 9010365 | 36942641 | 4.10 | 8.03 | 2.30 | -5.31 |
| 2 | 中国香港 | 3781299 | 68021414 | 17.99 | -4.41 | 31.33 | 37.39 |
| 3 | 缅　甸 | 3702394 | 25770891 | 6.96 | 48.83 | 31.21 | -11.84 |
| 4 | 巴基斯坦 | 2726633 | 1962921 | 0.72 | 397.12 | 224.19 | -34.79 |
| 5 | 德　国 | 2404816 | 8710539 | 3.62 | -3.45 | -7.33 | -4.02 |
| 6 | 俄罗斯 | 1946478 | 5907454 | 3.04 | 17.46 | -7.99 | -21.66 |
| 7 | 澳大利亚 | 1525213 | 14566036 | 9.55 | -9.38 | -23.91 | -16.03 |
| 8 | 蒙　古 | 1288628 | 1311772 | 1.02 | 10.40 | 1.20 | -8.33 |
| 9 | 越　南 | 905475 | 38665824 | 42.70 | 147.69 | 93.89 | -21.72 |
| 10 | 日　本 | 682861 | 5457771 | 7.99 | -8.78 | -15.07 | -6.89 |
| 11 | 英　国 | 592866 | 2345860 | 3.96 | 22.98 | 11.73 | -9.15 |
| 12 | 波　兰 | 536960 | 1870748 | 3.48 | -6.91 | -10.63 | -4.01 |
| 13 | 泰　国 | 527315 | 3829361 | 7.26 | -0.21 | 13.33 | 13.57 |
| 14 | 马来西亚 | 466159 | 12483721 | 26.78 | 25.50 | 548.89 | 417.06 |
| 15 | 乌兹别克斯坦 | 397256 | 568750 | 1.43 | 119.92 | 102.90 | -7.74 |
| 16 | 法　国 | 385139 | 1831644 | 4.76 | 0.04 | 11.04 | 11.00 |
| 17 | 加拿大 | 370646 | 4279809 | 11.55 | -11.18 | -12.34 | -1.30 |
| 18 | 新加坡 | 370404 | 1795006 | 4.85 | 10.42 | 0.63 | -8.87 |
| 19 | 中国澳门 | 167731 | 561068 | 3.35 | 20.08 | 5.16 | -12.43 |
| 20 | 荷　兰 | 161804 | 839326 | 5.19 | 87.30 | 43.79 | -23.23 |

**表7　2016 年我国乌龙茶出口海关统计分国别和地区前 20 位**

| | 国别(地区) | 出口量(千克) | 出口额(美元) | 均价(美元) | 数量同比(%) | 金额同比(%) | 均价同比(%) |
|---|---|---|---|---|---|---|---|
| 1 | 日　本 | 7818906 | 28943204 | 3.70 | -13.26 | -17.00 | -4.31 |
| 2 | 中国香港 | 2567235 | 19690832 | 7.67 | 29.36 | 52.93 | 18.22 |
| 3 | 泰　国 | 2443956 | 7727132 | 3.16 | 78.42 | 53.70 | -13.86 |
| 4 | 俄罗斯 | 747897 | 1822232 | 2.44 | 29.86 | -14.27 | -33.98 |
| 5 | 越　南 | 705591 | 9364739 | 0.01 | 17.81 | 2.97 | -12.60 |
| 6 | 美　国 | 370318 | 5965816 | 16.11 | -22.13 | -25.19 | -3.93 |
| 7 | 马来西亚 | 327155 | 6589525 | 20.14 | 6.62 | 54.54 | 44.94 |
| 8 | 新加坡 | 220744 | 1075840 | 4.87 | 9.56 | 12.68 | 2.85 |
| 9 | 印　度 | 202881 | 467517 | 2.30 | -13.72 | -23.64 | -11.50 |
| 10 | 德　国 | 124285 | 945645 | 7.61 | 51.64 | -6.92 | -38.62 |
| 11 | 加拿大 | 64762 | 529173 | 8.17 | 0.79 | 21.69 | 20.74 |
| 12 | 斯里兰卡 | 60509 | 207865 | 3.44 | -56.07 | -64.95 | -20.21 |
| 13 | 乌克兰 | 44395 | 129809 | 2.92 | 35.24 | 40.10 | 3.59 |
| 14 | 墨西哥 | 39140 | 343757 | 8.78 | 1.44 | 3.77 | 2.29 |
| 15 | 缅　甸 | 33141 | 3170488 | 95.67 | 198.68 | 190.71 | -2.67 |
| 16 | 菲律宾 | 30159 | 645003 | 21.39 | 315.99 | 474.58 | 38.13 |

(续)

| | 国别(地区) | 出口量(千克) | 出口额(美元) | 均价(美元) | 数量同比(%) | 金额同比(%) | 均价同比(%) |
|---|---|---|---|---|---|---|---|
| 17 | 澳大利亚 | 25556 | 425874 | 16.66 | -15.04 | -25.19 | -11.95 |
| 18 | 印度尼西亚 | 16385 | 173481 | 10.59 | 23.63 | 18.68 | -4.01 |
| 19 | 南　非 | 14801 | 279016 | 18.85 | -0.93 | 13.10 | -12.28 |
| 20 | 法　国 | 12399 | 130086 | 10.49 | 184.84 | 68.73 | -40.76 |

**表 8　2016 年我国花茶出口海关统计分国别和地区前 20 位**

| | 国别(地区) | 出口量(千克) | 出口额(美元) | 均价(美元) | 数量同比(%) | 金额同比(%) | 均价同比(%) |
|---|---|---|---|---|---|---|---|
| 1 | 日　本 | 1743204 | 11850964 | 6.80 | 24.99 | 17.11 | -6.30 |
| 2 | 美　国 | 667395 | 11668336 | 17.48 | -8.62 | -9.14 | -0.57 |
| 3 | 摩洛哥 | 590766 | 1942046 | 3.29 | -79.70 | -3.67 | 4.67 |
| 4 | 中国香港 | 360051 | 2815258 | 7.82 | -32.83 | -49.15 | -24.30 |
| 5 | 俄罗斯 | 353907 | 1260433 | 3.56 | -36.45 | -35.45 | 1.58 |
| 6 | 德　国 | 349522 | 3357972 | 9.61 | -6.30 | 15.50 | 23.26 |
| 7 | 新加坡 | 219018 | 1237191 | 5.65 | 16.27 | 13.91 | -2.02 |
| 8 | 马来西亚 | 202685 | 2143731 | 10.58 | -25.58 | -25.85 | -0.37 |
| 9 | 法　国 | 137564 | 1082441 | 7.87 | -23.28 | -16.41 | 8.96 |
| 10 | 英　国 | 131464 | 839634 | 6.39 | 7.62 | -6.00 | -12.66 |
| 11 | 塞内加尔 | 131365 | 1313490 | 10.00 | 15.51 | 55.03 | 34.21 |
| 12 | 阿拉伯联合酋长国 | 114256 | 674487 | 5.90 | 79.50 | 48.31 | -17.37 |
| 13 | 斯里兰卡 | 90569 | 438368 | 4.84 | -28.09 | -17.26 | 15.06 |
| 14 | 加拿大 | 82306 | 865178 | 10.51 | -24.42 | -23.51 | 1.21 |
| 15 | 澳大利亚 | 70015 | 873728 | 12.48 | -17.59 | -30.57 | -15.76 |
| 16 | 荷　兰 | 64978 | 658020 | 10.13 | 15.08 | 12.43 | -2.30 |
| 17 | 墨西哥 | 59661 | 727972 | 12.20 | 28.62 | 33.79 | 4.02 |
| 18 | 伊　朗 | 43466 | 268632 | 6.18 | 5074.52 | 5050.15 | -0.47 |
| 19 | 比利时 | 37027 | 286151 | 7.73 | -35.42 | -29.94 | 8.49 |
| 20 | 乌兹别克斯坦 | 29730 | 111751 | 3.76 | 165.97 | 44.28 | -43.75 |

**表 9　2016 年我国普洱茶出口海关统计分国别和地区前 20 位**

| | 国别(地区) | 出口量(千克) | 出口额(美元) | 均价(美元) | 数量同比(%) | 金额同比(%) | 均价同比(%) |
|---|---|---|---|---|---|---|---|
| 1 | 中国香港 | 581413 | 7428952 | 12.78 | -21.28 | -47.67 | -33.52 |
| 2 | 马来西亚 | 489468 | 4167789 | 8.52 | -6.77 | -20.94 | -15.20 |
| 3 | 日　本 | 451916 | 1637607 | 3.62 | -14.29 | -16.80 | -2.92 |
| 4 | 德　国 | 379137 | 1675941 | 4.42 | -30.82 | -23.93 | 9.96 |
| 5 | 中国台湾 | 229632 | 2921161 | 12.72 | 2.54 | -38.48 | -40.00 |
| 6 | 美　国 | 95656 | 940779 | 9.84 | 85.21 | 56.10 | -15.72 |
| 7 | 西班牙 | 93283 | 300573 | 3.22 | 20.34 | 41.34 | 17.45 |
| 8 | 中国澳门 | 85080 | 388103 | 4.56 | 35.28 | -3.32 | -28.53 |

（续）

| | 国别（地区） | 出口量（千克） | 出口额（美元） | 均价（美元） | 数量同比（%） | 金额同比（%） | 均价同比（%） |
|---|---|---|---|---|---|---|---|
| 9 | 新加坡 | 83818 | 712726 | 8.50 | -29.56 | -7.69 | 31.04 |
| 10 | 波　兰 | 82122 | 359050 | 4.37 | -9.57 | -19.96 | -11.49 |
| 11 | 韩　国 | 65602 | 1132779 | 17.27 | 219.06 | 173.50 | -14.28 |
| 12 | 蒙　古 | 62716 | 22568 | 0.36 | — | — | — |
| 13 | 法　国 | 43728 | 1011507 | 23.13 | -1.67 | -4.25 | -2.62 |
| 14 | 阿根廷 | 30000 | 58270 | 1.94 | 0.00 | -11.50 | -11.50 |
| 15 | 加拿大 | 29368 | 326235 | 11.11 | 103.25 | 37.10 | -32.55 |
| 16 | 泰　国 | 25642 | 442529 | 17.26 | -19.36 | -31.49 | -15.04 |
| 17 | 越　南 | 23450 | 2057903 | 87.76 | 384.00 | 16730.81 | 3377.41 |
| 18 | 智　利 | 20963 | 136551 | 6.51 | -22.74 | -17.92 | 6.24 |
| 19 | 俄罗斯 | 17261 | 197009 | 11.41 | -36.40 | 4.37 | 50.57 |
| 20 | 澳大利亚 | 15819 | 137737 | 8.71 | -22.53 | 30.40 | 10.15 |

**【2016年度中国茶叶行业综合实力百强企业】** 根据《关于开展“2016年度中国茶叶行业百强企业调查工作”的通知》（中茶协字〔2016〕55号）的相关规定，在通过2015年度企业财务审计报告的茶叶企业自愿申报的基础上，由各省市茶叶社团组织审核、推荐，经中国茶叶流通协会组织专家初审、确认，并通过网络公示与再次核实等相关程序，最终确定了“2016年度中国茶叶行业综合实力百强企业”。

整个调查公示过程坚持“自愿、公平、公正和公益”的原则，入选的百强企业代表了目前中国茶叶行业的总体发展水平，相关结果将作为今后的行业推介、信用等级评定、品牌商标评选等项工作的依据。

**表10　2016年度中国茶叶行业综合实力百强企业名单**

| 序号 | 企业名称 | 法人代表 |
|---|---|---|
| 1 | 中国茶叶有限公司 | 王　震 |
| 2 | 湖南省茶业集团股份有限公司 | 周重旺 |
| 3 | 天福(開曼)控股有限公司 | 李家麟 |
| 4 | 安徽省茶叶进出口有限公司 | 顾公新 |
| 5 | 北京张一元茶叶有限责任公司 | 杨有成 |
| 6 | 湖南湘丰茶业有限公司 | 汤　宇 |
| 7 | 华茗园茶业股份有限公司 | 胡家华 |
| 8 | 安徽省六安瓜片茶业股份有限公司 | 曾胜春 |
| 9 | 四川省茶业集团股份有限公司 | 颜泽文 |

（续）

| 序号 | 企业名称 | 法人代表 |
|---|---|---|
| 10 | 武夷星茶业有限公司 | 何一心 |
| 11 | 福建新坦洋集团股份有限公司 | 温雅玲 |
| 12 | 云南滇红集团股份有限公司 | 王天权 |
| 13 | 福建品品香茶业有限公司 | 林振传 |
| 14 | 腾冲市高黎贡山生态茶业有限责任公司 | 陈亚忠 |
| 15 | 安徽天方茶业（集团）有限公司 | 郑孝和 |
| 16 | 湖北汉家刘氏茶业股份有限公司 | 刘家国 |
| 17 | 四川省文君茶业有限公司 | 阎坤雄 |
| 18 | 云南下关沱茶（集团）股份有限公司 | 陈国风 |
| 19 | 福建省天湖茶业有限公司 | 林有希 |
| 20 | 湖南洞庭山科技发展有限公司 | 王岳芹 |
| 21 | 湖北邓村绿茶集团有限公司 | 黄宗虎 |
| 22 | 广东茶叶进出口有限公司 | 穆有为 |
| 23 | 谢裕大茶叶股份有限公司 | 谢一平 |
| 24 | 陕西苍山秦茶集团有限公司 | 纪晓明 |
| 25 | 河南省信阳卢氏茶叶有限公司 | 卢文全 |
| 26 | 湖南省白沙溪茶厂股份有限公司 | 周重旺 |
| 27 | 四川省蒙顶山皇茗园茶业集团有限公司 | 杨文学 |
| 28 | 湖北省赵李桥茶厂有限责任公司 | 李　勇 |
| 29 | 安徽省祁门红茶发展有限公司 | 王　昶 |
| 30 | 大不同集团有限公司 | 苏锦平 |
| 31 | 黄山市新安源有机茶开发有限公司 | 方国强 |
| 32 | 黄山王光熙松萝茶业股份公司 | 王光熙 |
| 33 | 黄山市猴坑茶业有限公司 | 方继凡 |

（续）

| 序号 | 企业名称 | 法人代表 |
|---|---|---|
| 34 | 福建鼎白茶业有限公司 | 王传意 |
| 35 | 陕西省紫阳富硒茶业有限公司 | 廖光伦 |
| 36 | 北京二商京华茶业有限公司 | 朱泉华 |
| 37 | 安徽省华国茗人农业有限公司 | 宋光英 |
| 38 | 安徽省抱儿钟秀茶业股份有限公司 | 文　亮 |
| 39 | 河南九华山茶业有限公司 | 舒学昌 |
| 40 | 福州东升茶厂 | 林增钦 |
| 41 | 六安市黄府茶业有限公司 | 张永芳 |
| 42 | 江苏天乙生态茶业科技有限公司 | 许林芳 |
| 43 | 安徽双园集团有限公司 | 袁　诚 |
| 44 | 福建省裕荣香茶业有限公司 | 蔡良绥 |
| 45 | 福州福民茶叶有限公司 | 刘南官 |
| 46 | 闽榕茶业有限公司 | 王尤伦 |
| 47 | 福建郑源茶业有限公司 | 郑传源 |
| 48 | 福建省天丰源茶产业有限公司 | 庄长强 |
| 49 | 黄山光明茶业有限公司 | 谢四十 |
| 50 | 江西省宁红集团有限公司 | 俞学文 |
| 51 | 湖北三品源茶业科技开发有限公司 | 谢松甫 |
| 52 | 广东凯达茶业股份有限公司 | 赖法卫 |
| 53 | 黄山市齐云山天然食品有限公司 | 郭德军 |
| 54 | 安徽良奇生态农业科技有限责任公司 | 秦名祥 |
| 55 | 安徽省池州市安池茶叶有限公司 | 杨学来 |
| 56 | 勐海陈升茶业有限公司 | 陈升河 |
| 57 | 浙江诚茂控股集团有限公司 | 俞晓刚 |
| 58 | 广西梧州茂圣茶业有限公司 | 苏淑梅 |
| 59 | 信阳市广义茶叶有限公司 | 李广义 |
| 60 | 河南新林茶业有限公司 | 张青海 |
| 61 | 福建瑞达茶业有限公司 | 陈家瑞 |
| 62 | 苏州三万昌茶叶有限公司 | 张建良 |
| 63 | 安徽国润茶业有限公司 | 殷天霁 |
| 64 | 厦门山国饮艺茶业有限公司 | 林玉辉 |
| 65 | 安徽一笑堂茶业有限公司 | 陈苏亮 |
| 66 | 福建省满园春茶业有限公司 | 赵师增 |

（续）

| 序号 | 企业名称 | 法人代表 |
|---|---|---|
| 67 | 河南蓝天茶业有限公司 | 李　建 |
| 68 | 黄山紫霞茶业有限公司 | 谢志生 |
| 69 | 广东省大埔县西岩茶叶集团有限公司 | 魏顶国 |
| 70 | 浮梁县浮瑶仙芝茶业有限公司 | 吴翊东 |
| 71 | 江西省武夷源茶业股份有限公司 | 谢明进 |
| 72 | 恩施土家族苗族州伍家台富硒贡茶有限责任公司 | 廖光伦 |
| 73 | 河南仰天雪绿茶叶有限公司 | 王章春 |
| 74 | 福建隽永天香茶业有限公司 | 龚　煦 |
| 75 | 安徽舒绿茶业有限公司 | 陈绍存 |
| 76 | 福建省广福茶业有限责任公司 | 林型彪 |
| 77 | 广西农垦茶业集团有限公司 | 唐永宁 |
| 78 | 五峰武陵山茶业股份有限公司 | 王诗告 |
| 79 | 婺源县鄣公山茶叶实业有限公司 | 黄　彤 |
| 80 | 福建誉达茶业有限公司 | 周瑞银 |
| 81 | 浙江千岛银珍农业开发有限公司 | 张再清 |
| 82 | 湖北宜红茶业有限公司 | 韩靖忠 |
| 83 | 贵州阳春白雪茶业有限公司 | 王　静 |
| 84 | 广东茗皇茶业有限公司 | 李裕南 |
| 85 | 广西金花茶业有限公司 | 翁荣彬 |
| 86 | 江西省赣韵实业有限公司 | 谢明进 |
| 87 | 信阳申林茶业开发有限公司 | 潘万勇 |
| 88 | 恩施市润邦国际富硒茶业有限公司 | 张文旗 |
| 89 | 宜都市安明有机富锌茶业有限公司 | 胡安明 |
| 90 | 浙江云翠茶业发展有限公司 | 汪秀芳 |
| 91 | 济南博茗茶叶交易中心 | 刘　勇 |
| 92 | 霍山汉唐清茗茶叶有限公司 | 程俊生 |
| 93 | 河南青峰云雾茶业有限公司 | 王章林 |
| 94 | 贵州湄潭盛兴茶业有限公司 | 潘勇辉 |
| 95 | 黄山一品有机茶业有限公司 | 程福寿 |
| 96 | 罗山县灵山茶业有限责任公司 | 钱晓玲 |
| 97 | 浙江省武义茶业有限公司 | 郑素萍 |
| 98 | 黄山市丰瑶泉绿色食品有限公司 | 方洪生 |
| 99 | 湖南百尼茶庵茶业有限公司 | 饶文兵 |
| 100 | 广东雪花岩茶业有限公司 | 李玉恒 |

（中国茶叶流通协会）

# 森林旅游业

【森林公园发展】

**森林公园总体情况** 截至2016年年底，全国共建立森林公园3392处，规划总面积1886.67万公顷。其中，国家级森林公园827处、国家级森林旅游区1处，面积1320.09万公顷；省级森林公园1457处，县(市)级森林公园1107处。11个省的森林公园总数超100处，分别是广东(672处)、山东(244处)、浙江(241处)、江西(179处)、福建(177处)、河南(171处)、山西(132处)、湖南(128处)、四川(127处)、江苏(107处)和河北(101处)。

**2016年度森林公园建设情况** 根据对31个省(区、市)及内蒙古、吉林、龙江、大兴安岭森工(林业)集团公司共3288处森林公园(含白山市国家级森林旅游区)的统计数据显示，2016年森林公园共投入建设资金537.95亿元，其中用于环境建设方面的投资57.04亿元，营造景观林8.95万公顷，改造林相15.52万公顷。截至2016年年底，森林公园共拥有游步道9.07万千米，旅游车船3.4万台(艘)，接待床位102.94万张，餐位197.1万个。从事管理与服务的职工达18.02万人，导游人员1.66万人。

**2016年度森林公园总体经营情况** 2016年，3288处森林公园(含白山市国家森林旅游区)共接待游客9.17亿人次(其中海外游客1497.69万人次)，占国内旅游总人数的20.8%，旅游收入781.61亿元，分别比2015年度增长15.3%和10.8%。据测算，2016年全国森林公园创造的社会综合产值超8200亿元。

依据对2335处森林公园(其中国家级森林公园827处，不含白山市国家森林旅游区)的具体统计数据，分析如下：①游客人数。2335处森林公园游客人数共计7.62亿人次，其中247处游客人数为0，243处游客人数不足1万人次，407处游客人数超50万人次，177处游客人数超100万人次。接待游客的2088处森林公园平均游客人数36万人次。②旅游收入。2335处森林公园旅游收入共计744.09亿元，其中522处森林公园旅游收入为0元，79处不足5万元，503处超1000万元，209处超5000万元，112处超亿元。取得旅游收入的1813处森林公园平均旅游收入4104万元。

**国家级森林公园经营情况** ①游客人数。827处国家级森林公园游客人数共计4.94亿人次，其中30处游客人数为0人次，40处不足1万人次，247处超50万人次，123处超100万人次。接待游客的797处国家级森林公园平均游客人次62万人次。②旅游收入。827处国家级森林公园旅游收入共计570.61亿元，其中60处旅游收入为0元，8处不足5万元，344处超1000万元，160处超5000万元，88处超亿元。取得旅游收入的767处国家级森林公园平均旅游收入7440万元。

**公益性开放** 根据对2335处森林公园的统计，1083处森林公园(其中国家级211处)目前免收门票，享受免票服务的游客达2.18亿人次(其中国家级6784.02万人次)，占本年度游客总人数的23.8%(占国家级游客总人数的13.7%)。

**2016年度国家专类公园与国家生态公园建设经营情况** 据不完全统计，2016年14处国家生态公园试点和8处国家林木(花卉)公园共投入建设资金7.14亿元，接待游客946.59万人次，综合收入达4.22亿。

**表1　森林公园年度建设**

| 地　区 | 森林公园总数（个） | 森林公园总面积（公顷） | 国家级森林公园数量（个） | 国家级森林公园面积（公顷） | 省级森林公园数量（个） | 省级森林公园面积（公顷） | 县市级森林公园数量（个） |
|---|---|---|---|---|---|---|---|
| 北　京 | 31 | 96260.27 | 15 | 68438.43 | 16 | 27821.84 | 0 |
| 天　津 | 1 | 2126.00 | 1 | 2126.00 | 0 | 0.00 | 0 |
| 河　北 | 101 | 512966.58 | 26 | 293673.68 | 75 | 219292.90 | 0 |
| 山　西 | 132 | 567683.71 | 19 | 389132.80 | 56 | 136744.33 | 57 |
| 内蒙古 | 46 | 771962.97 | 24 | 560472.63 | 21 | 206120.34 | 1 |
| 内蒙古森工 | 9 | 422118.00 | 9 | 422118.00 | 0 | 0.00 | 0 |
| 辽　宁 | 71 | 230955.10 | 29 | 140006.90 | 42 | 90948.20 | 0 |
| 吉　林 | 52 | 2410637.29 | 27 | 1950437.63 | 25 | 460199.66 | 0 |
| 吉林森工 | 8 | 89773.04 | 8 | 89773.04 | 0 | 0.00 | 0 |
| 黑龙江 | 63 | 547970.52 | 34 | 448831.93 | 29 | 99138.59 | 0 |
| 龙江森工 | 41 | 1610897.40 | 24 | 1511065.60 | 17 | 99831.80 | 0 |
| 大兴安岭 | 2 | 129972.37 | 2 | 129972.37 | 0 | 0.00 | 0 |
| 上　海 | 5 | 2252.10 | 4 | 1952.10 | 1 | 300.00 | 0 |
| 江　苏 | 107 | 180580.32 | 20 | 51780.56 | 46 | 41010.16 | 41 |
| 浙　江 | 241 | 450744.43 | 39 | 222602.71 | 80 | 143049.30 | 122 |
| 安　徽 | 80 | 164253.29 | 31 | 108790.64 | 49 | 55462.65 | 0 |
| 福　建 | 177 | 235963.17 | 29 | 124775.76 | 127 | 87931.82 | 21 |
| 江　西 | 179 | 518652.14 | 46 | 378349.39 | 120 | 112499.53 | 13 |
| 山　东 | 244 | 412850.32 | 48 | 209688.96 | 66 | 89149.24 | 130 |
| 河　南 | 171 | 391616.28 | 31 | 134026.68 | 83 | 161779.14 | 57 |
| 湖　北 | 94 | 420074.75 | 37 | 311372.31 | 57 | 108702.44 | 0 |
| 湖　南 | 128 | 496711.74 | 58 | 320804.85 | 57 | 151445.06 | 13 |
| 广　东 | 672 | 1144398.93 | 24 | 206170.56 | 79 | 117291.03 | 569 |
| 广　西 | 66 | 269343.28 | 20 | 214030.13 | 36 | 53623.90 | 10 |
| 海　南 | 28 | 168453.87 | 9 | 119101.93 | 17 | 47659.27 | 2 |
| 重　庆 | 97 | 194374.93 | 26 | 136303.35 | 61 | 56517.95 | 10 |
| 四　川 | 127 | 1200550.87 | 38 | 1070833.88 | 57 | 112417.66 | 32 |
| 贵　州 | 89 | 289299.70 | 25 | 165589.10 | 44 | 107800.83 | 20 |
| 云　南 | 42 | 151370.87 | 27 | 117564.22 | 15 | 33806.65 | 0 |
| 西　藏 | 9 | 1186760.06 | 9 | 1186760.06 | 0 | 0.00 | 0 |
| 陕　西 | 90 | 347041.02 | 35 | 185391.77 | 53 | 160650.55 | 2 |
| 甘　肃 | 92 | 990352.82 | 22 | 471751.45 | 70 | 518601.37 | 0 |
| 青　海 | 22 | 539025.28 | 7 | 293296.60 | 15 | 245728.68 | 0 |
| 宁　夏 | 11 | 37629.20 | 4 | 28587.00 | 7 | 9042.20 | 0 |
| 新　疆 | 64 | 1681134.74 | 21 | 1135365.51 | 36 | 544179.90 | 7 |
| 合　计 | 3392 | 18866757.36 | 828 | 13200938.53 | 1457 | 4298746.99 | 1107 |

注:国家级森林公园统计数据包括白山市国家级森林旅游区。

经营情况统计表(一)

| 县市级森林公园面积(公顷) | 森林公园收入情况 | | | | | |
|---|---|---|---|---|---|---|
| | 收入总额(万元) | 其中旅游收入 | | | | |
| | | 合　计(万元) | 门票收入(万元) | 食宿收入(万元) | 游乐收入(万元) | 其他收入(万元) |
| 0.00 | 34773.25 | 34773.25 | 6671.87 | 22451.58 | 2903.96 | 2745.84 |
| 0.00 | 2600.00 | 2600.00 | 1567.00 | 0.00 | 0.00 | 1033.00 |
| 0.00 | 133763.28 | 132888.68 | 71674.86 | 39154.63 | 7997.50 | 14061.69 |
| 41806.58 | 105009.33 | 105009.33 | 27130.00 | 44592.36 | 2875.38 | 30411.59 |
| 5370.00 | 11063.64 | 11023.64 | 6524.68 | 1900.00 | 1278.70 | 1320.26 |
| 0.00 | 12392.14 | 12392.14 | 7267.59 | 512.65 | 391.40 | 4220.50 |
| 0.00 | 118514.16 | 118514.16 | 29891.72 | 44233.19 | 23795.86 | 20593.39 |
| 0.00 | 1321858.35 | 306231.35 | 17806.10 | 193057.25 | 51389.00 | 43979.00 |
| 0.00 | 2928.32 | 2928.32 | 176.00 | 2453.43 | 241.37 | 57.52 |
| 0.00 | 64279.02 | 64279.02 | 6975.37 | 37297.23 | 17645.02 | 2361.40 |
| 0.00 | 184562.64 | 184562.64 | 15827.70 | 71208.95 | 32724.69 | 64801.30 |
| 0.00 | 1746.62 | 1746.62 | 48.00 | 1285.00 | 192.12 | 221.50 |
| 0.00 | 8917.99 | 8917.99 | 5685.22 | 670.00 | 2249.00 | 313.77 |
| 87789.60 | 477647.04 | 366983.13 | 89908.66 | 31002.34 | 8753.13 | 237319.00 |
| 85092.42 | 2272219.14 | 2170878.74 | 157020.51 | 1122493.57 | 85017.02 | 806347.64 |
| 0.00 | 89888.00 | 80510.50 | 25465.70 | 34741.00 | 6337.50 | 13966.30 |
| 23255.59 | 141987.97 | 94306.67 | 16390.94 | 41450.60 | 12311.96 | 24153.17 |
| 27803.22 | 1116366.90 | 1069241.30 | 184902.64 | 589558.38 | 154353.03 | 140427.25 |
| 114012.12 | 258460.67 | 238478.23 | 110700.10 | 63704.41 | 15145.13 | 48928.59 |
| 95810.46 | 120208.60 | 120208.60 | 58224.63 | 36299.75 | 14234.82 | 11449.40 |
| 0.00 | 487422.05 | 194202.03 | 23621.55 | 94454.76 | 46342.83 | 29782.89 |
| 24461.83 | 632001.53 | 371483.67 | 198284.12 | 90584.24 | 19085.22 | 63530.09 |
| 820937.34 | 304819.07 | 301516.36 | 51925.01 | 154321.69 | 26605.17 | 68664.49 |
| 1689.25 | 268527.80 | 225727.38 | 31407.91 | 84356.89 | 9275.39 | 100687.19 |
| 1692.67 | 36925.90 | 36925.90 | 23780.50 | 9981.00 | 132.00 | 3032.40 |
| 1553.63 | 312274.42 | 312274.42 | 73493.92 | 156889.62 | 37829.19 | 44061.69 |
| 17299.33 | 509844.38 | 507968.38 | 73406.75 | 223596.00 | 92618.03 | 118347.60 |
| 15909.77 | 612617.83 | 541774.53 | 89745.54 | 97491.14 | 52223.11 | 302314.74 |
| 0.00 | 29940.97 | 26868.16 | 13656.82 | 3368.55 | 1558.46 | 8284.33 |
| 0.00 | 16347.66 | 16347.66 | 5600.58 | 10742.50 | 0.00 | 4.58 |
| 998.70 | 85322.08 | 85322.08 | 60237.99 | 10781.38 | 8152.56 | 6150.15 |
| 0.00 | 12831.43 | 12831.43 | 5289.85 | 4300.03 | 1054.98 | 2186.57 |
| 0.00 | 11516.60 | 11516.60 | 3322.50 | 2524.00 | 957.00 | 4713.10 |
| 0.00 | 5025.83 | 5025.83 | 1896.00 | 807.64 | 634.52 | 1687.67 |
| 1589.33 | 39771.91 | 39771.91 | 21789.59 | 8999.94 | 782.69 | 8199.69 |
| 1367071.84 | 9844376.52 | 7816030.65 | 1517317.92 | 3331265.70 | 737087.74 | 2230359.29 |

**表1 森林公园年度建设**

| 地 区 | 旅游接待人数 | | 本年度投入资金 | | | |
|---|---|---|---|---|---|---|
| | 旅游总人数(万人次) | 海外旅游者(万人次) | 合计(万元) | 国投(万元) | 自筹(万元) | 引资(万元) |
| 北 京 | 1009.84 | 5.09 | 24070.00 | 14550.00 | 9520.00 | 0.00 |
| 天 津 | 34.00 | 5.00 | 1300.00 | 650.00 | 650.00 | 0.00 |
| 河 北 | 1594.17 | 19.81 | 612921.70 | 15646.89 | 245724.81 | 351550.00 |
| 山 西 | 2584.50 | 21.33 | 14855.00 | 9005.00 | 5050.00 | 800.00 |
| 内蒙古 | 473.54 | 5.10 | 55945.48 | 13598.40 | 37447.08 | 4900.00 |
| 内蒙古森工 | 123.83 | 0.24 | 14464.61 | 10433.00 | 2531.61 | 1500.00 |
| 辽 宁 | 2392.14 | 46.91 | 85094.00 | 3700.00 | 58694.00 | 22700.00 |
| 吉 林 | 1444.04 | 22.74 | 696606.50 | 6167.50 | 25383.00 | 665056.00 |
| 吉林森工 | 32.90 | 0.10 | 876.27 | 393.22 | 483.05 | 0.00 |
| 黑龙江 | 788.22 | 12.85 | 51099.11 | 22845.00 | 25077.77 | 3176.34 |
| 龙江森工 | 561.65 | 4.32 | 103436.46 | 5828.97 | 94534.49 | 3073.00 |
| 大兴安岭 | 16.06 | 0.00 | 1675.20 | 100.00 | 1477.20 | 98.00 |
| 上 海 | 586.04 | 2.70 | 13550.71 | 12089.82 | 1460.89 | 0.00 |
| 江 苏 | 5957.41 | 101.17 | 418558.20 | 47229.76 | 285248.44 | 86080.00 |
| 浙 江 | 6422.79 | 76.74 | 125747.99 | 61838.86 | 34329.13 | 29580.00 |
| 安 徽 | 2282.25 | 19.13 | 91818.00 | 22273.00 | 45642.00 | 23903.00 |
| 福 建 | 2421.12 | 199.68 | 65596.71 | 16179.79 | 46808.32 | 2608.60 |
| 江 西 | 7770.92 | 66.49 | 263464.71 | 49871.79 | 126954.51 | 86638.41 |
| 山 东 | 4631.90 | 102.17 | 251103.21 | 31464.93 | 148254.08 | 71384.20 |
| 河 南 | 3159.11 | 43.75 | 193741.85 | 18043.46 | 111161.59 | 64536.80 |
| 湖 北 | 2807.34 | 23.38 | 156291.03 | 47272.00 | 42723.03 | 66296.00 |
| 湖 南 | 4478.14 | 221.22 | 369636.18 | 93801.55 | 124407.49 | 151427.14 |
| 广 东 | 19810.06 | 297.12 | 392683.51 | 76523.66 | 162590.55 | 153569.30 |
| 广 西 | 960.77 | 26.56 | 48675.81 | 11744.00 | 33216.81 | 3715.00 |
| 海 南 | 234.19 | 5.15 | 14244.17 | 469.07 | 13175.10 | 600.00 |
| 重 庆 | 5578.49 | 42.14 | 236353.62 | 24695.72 | 74381.90 | 137276.00 |
| 四 川 | 3286.73 | 13.47 | 208027.69 | 94785.40 | 75172.29 | 38070.00 |
| 贵 州 | 4580.48 | 59.29 | 447291.51 | 82908.08 | 231976.43 | 132407.00 |
| 云 南 | 1044.47 | 9.62 | 51159.39 | 5176.07 | 19642.33 | 26340.99 |
| 西 藏 | 50.08 | 0.12 | 2715.45 | 1938.75 | 776.70 | 0.00 |
| 陕 西 | 1810.65 | 34.92 | 246249.56 | 71072.02 | 66644.54 | 108533.00 |
| 甘 肃 | 965.15 | 6.25 | 39265.25 | 9683.03 | 9860.22 | 19722.00 |
| 青 海 | 339.80 | 0.00 | 14985.00 | 5820.00 | 650.00 | 8515.00 |
| 宁 夏 | 212.01 | 0.17 | 14330.28 | 950.00 | 13380.28 | 0.00 |
| 新 疆 | 1236.98 | 2.96 | 51628.57 | 29825.40 | 8367.07 | 13436.10 |
| 合 计 | 91681.77 | 1497.69 | 5379462.73 | 918574.14 | 2183396.71 | 2277491.88 |

**经营情况统计表(二)**

| 本年度生态建设情况 | | | 从业人员现状 | | 基础设施现状 | | | | 社会旅游从业人员（人） |
|---|---|---|---|---|---|---|---|---|---|
| 生态建设投资（万元） | 植树造林（公顷） | 改造林相（公顷） | 职工总数（人） | 导游人数（人） | 车船总数（台/艘） | 游步道总数（千米） | 床位总数（张） | 餐位总数（个） | |
| 4780.00 | 202.00 | 3982.00 | 1110 | 204 | 280 | 924.00 | 3580 | 16834 | 13300 |
| 200.00 | 20.00 | 0.00 | 135 | 16 | 48 | 19.60 | 340 | 680 | 3000 |
| 23982.12 | 4728.90 | 8333.20 | 6108 | 621 | 1036 | 2703.70 | 122986 | 128430 | 88829 |
| 3131.00 | 895.00 | 662.50 | 3724 | 489 | 683 | 1800.95 | 59122 | 70416 | 22434 |
| 14387.22 | 2537.97 | 1936.67 | 1650 | 209 | 454 | 2215.30 | 6079 | 14100 | 6432 |
| 4645.00 | 2789.00 | 0.00 | 782 | 59 | 324 | 894.00 | 17941 | 40419 | 14045 |
| 12511.00 | 2640.00 | 860.00 | 3474 | 334 | 1277 | 2161.10 | 40565 | 67015 | 16311 |
| 4476.80 | 4717.50 | 1173.17 | 6686 | 655 | 2621 | 3295.70 | 31555 | 38943 | 26014 |
| 359.00 | 76.00 | 0.00 | 490 | 32 | 495 | 491.10 | 2255 | 6855 | 480 |
| 2847.29 | 971.42 | 1621.80 | 2422 | 238 | 1160 | 2113.27 | 18874 | 33056 | 5346 |
| 5431.97 | 1941.16 | 22380.05 | 5115 | 580 | 2179 | 2952.76 | 53700 | 79891 | 19856 |
| 81.00 | 0.00 | 107.00 | 198 | 11 | 18 | 440.00 | 476 | 1040 | 320 |
| 3638.00 | 7.67 | 37.33 | 537 | 53 | 191 | 153.22 | 482 | 3756 | 680 |
| 62146.36 | 8009.58 | 5006.69 | 11239 | 683 | 1345 | 2655.77 | 34202 | 49840 | 18206 |
| 22978.09 | 1899.96 | 5120.79 | 18725 | 1535 | 4269 | 3558.39 | 104713 | 282872 | 72984 |
| 6862.70 | 883.27 | 2571.00 | 4983 | 317 | 443 | 1788.50 | 9507 | 26672 | 27923 |
| 12920.98 | 2776.70 | 3607.06 | 6790 | 718 | 664 | 3346.89 | 8204 | 27738 | 18993 |
| 28655.42 | 5052.49 | 13410.15 | 7330 | 844 | 1378 | 9561.93 | 49841 | 123585 | 39896 |
| 64535.51 | 5344.62 | 15766.43 | 15020 | 1605 | 2393 | 7402.8 | 52508 | 133298 | 175134 |
| 52284.64 | 3989.60 | 12986.05 | 8130 | 1041 | 1885 | 3023.10 | 55343 | 101695 | 50069 |
| 30178.22 | 5522.51 | 9267.94 | 9664 | 1020 | 919 | 3426.90 | 60515 | 102554 | 40869 |
| 38972.43 | 4302.54 | 4443.38 | 13344 | 908 | 1630 | 4649.47 | 51964 | 106116 | 48569 |
| 67676.58 | 7981.99 | 9696.03 | 15985 | 891 | 2332 | 6978.82 | 39600 | 137997 | 48967 |
| 8525.78 | 700.65 | 642.40 | 2984 | 261 | 615 | 1083.40 | 11895 | 19970 | 8512 |
| 620.00 | 729.33 | 115.00 | 2332 | 122 | 150 | 306.30 | 1638 | 4480 | 2527 |
| 20119.50 | 3660.18 | 3878.21 | 5597 | 722 | 1051 | 3662.71 | 47547 | 95626 | 23035 |
| 33594.25 | 3397.82 | 6273.05 | 5993 | 626 | 888 | 7742.09 | 69294 | 111876 | 35703 |
| 9445.80 | 3567.30 | 1991.40 | 7064 | 493 | 1213 | 2559.82 | 13861 | 41499 | 15803 |
| 3588.86 | 546.47 | 3456.37 | 2124 | 176 | 339 | 982.32 | 3781 | 12804 | 4650 |
| 259.30 | 16.14 | 100.00 | 258 | 89 | 94 | 166.50 | 3345 | 942 | 758 |
| 9998.84 | 2158.51 | 6398.63 | 4053 | 504 | 598 | 2010.76 | 20977 | 35533 | 41077 |
| 2796.09 | 4457.44 | 1190.86 | 3658 | 234 | 252 | 2231.91 | 8800 | 20514 | 7006 |
| 1480.00 | 2106.00 | 6465.00 | 497 | 39 | 174 | 646.00 | 8178 | 12380 | 2964 |
| 2925.36 | 420.00 | 255.20 | 502 | 47 | 81 | 398.38 | 504 | 1750 | 540 |
| 9345.75 | 466.87 | 1430.25 | 1520 | 208 | 486 | 2316.96 | 15197 | 19798 | 8112 |
| 570380.86 | 89516.59 | 155165.61 | 180223 | 16584 | 33965 | 90664.42 | 1029369 | 1970974 | 909344 |

**表2　国家级森林公园名录(截至2016年年底)**

| 序号 | 省份 | 公园名称 | 建园时间 | 面积(公顷) | 行政区域位置 |
|---|---|---|---|---|---|
| 1 | 北京(15处) | 北京西山国家森林公园 | 1992.11 | 5926.10 | 海淀区 |
| 2 | | 北京上方山国家森林公园 | 1992.11 | 337.00 | 房山区 |
| 3 | | 北京蟒山国家森林公园 | 1992.11 | 8578.93 | 昌平区 |
| 4 | | 北京云蒙山国家森林公园 | 1995.11 | 2208.00 | 密云县 |
| 5 | | 北京小龙门国家森林公园 | 2000.02 | 1595.00 | 门头沟区 |
| 6 | | 北京鹫峰国家森林公园 | 2003.12 | 775.12 | 海淀区 |
| 7 | | 北京大兴古桑国家森林公园 | 2004.12 | 1164.79 | 大兴区 |
| 8 | | 北京大杨山国家森林公园 | 2004.12 | 2106.50 | 昌平区 |
| 9 | | 北京八达岭国家森林公园 | 2005.12 | 2940.00 | 延庆县 |
| 10 | | 北京北宫国家森林公园 | 2005.12 | 914.50 | 丰台区 |
| 11 | | 北京霞云岭国家森林公园 | 2005.12 | 21487.40 | 房山区 |
| 12 | | 北京黄松峪国家森林公园 | 2005.12 | 4274.00 | 平谷区 |
| 13 | | 北京崎峰山国家森林公园 | 2006.12 | 4290.18 | 怀柔区 |
| 14 | | 北京天门山国家森林公园 | 2006.12 | 669.41 | 门头沟区 |
| 15 | | 北京喇叭沟门国家森林公园 | 2008.01 | 11171.50 | 怀柔区 |
| | | 合　计 | | 68438.43 | |
| 1 | 天津(1处) | 天津九龙山国家森林公园 | 1997.12 | 2126.00 | 蓟县 |
| | | 合　计 | | 2126.00 | |
| 1 | 河北(26处) | 河北海滨国家森林公园 | 1991.11 | 1666.67 | 秦皇岛市北戴河区 |
| 2 | | 河北塞罕坝国家森林公园 | 1993.05 | 92634.70 | 围场县 |
| 3 | | 河北磬槌峰国家森林公园 | 1993.05 | 4020.00 | 承德市双桥区 |
| 4 | | 河北翔云岛国家森林公园 | 1993.05 | 2400.00 | 乐亭县 |
| 5 | | 河北清东陵国家森林公园 | 1993.05 | 2233.33 | 遵化县 |
| 6 | | 河北辽河源国家森林公园 | 1996.08 | 11886.00 | 平泉县 |
| 7 | | 河北山海关国家森林公园 | 1997.12 | 4853.30 | 秦皇岛市山海关区 |
| 8 | | 河北五岳寨国家森林公园 | 2000.12 | 4400.00 | 灵寿县 |
| 9 | | 河北白草洼国家森林公园 | 2002.12 | 5396.00 | 滦平县 |
| 10 | | 河北天生桥国家森林公园 | 2002.12 | 11600.00 | 阜平县 |
| 11 | | 河北黄羊山国家森林公园 | 2004.12 | 2107.00 | 涿鹿县 |
| 12 | | 河北茅荆坝国家森林公园 | 2004.12 | 19400.00 | 隆化县 |
| 13 | | 河北响堂山国家森林公园 | 2004.12 | 6348.80 | 邯郸市峰峰矿区 |
| 14 | | 河北野三坡国家森林公园 | 2004.12 | 22850.00 | 涞水县 |
| 15 | | 河北六里坪国家森林公园 | 2004.12 | 2250.00 | 兴隆县 |
| 16 | | 河北白石山国家森林公园 | 2005.12 | 3478.00 | 涞源县 |
| 17 | | 河北易州国家森林公园 | 2005.12 | 8446.00 | 易县 |
| 18 | | 河北古北岳国家森林公园 | 2005.12 | 1353.33 | 唐县 |
| 19 | | 河北武安国家森林公园 | 2005.12 | 40500.00 | 武安市 |
| 20 | | 河北前南峪国家森林公园 | 2006.12 | 2600.00 | 邢台县 |
| 21 | | 河北驼梁山国家森林公园 | 2006.12 | 15870.00 | 平山县 |
| 22 | | 河北木兰围场国家森林公园 | 2008.01 | 5351.00 | 围场县 |

（续）

| 序号 | 省份 | 公园名称 | 建园时间 | 面积(公顷) | 行政区域位置 |
|---|---|---|---|---|---|
| 23 | | 河北蝎子沟国家森林公园 | 2008.01 | 4634.15 | 临城县 |
| 24 | | 河北仙台山国家森林公园 | 2008.12 | 1522.00 | 井陉县 |
| 25 | | 河北丰宁国家森林公园 | 2008.12 | 8839.00 | 丰宁县 |
| 26 | | 河北黑龙山国家森林公园 | 2009.12 | 7034.40 | 赤城县 |
| | | 合　计 | | 293673.68 | |
| 1 | 山西（19处） | 山西五台山国家森林公园 | 1992.09 | 19133.33 | 五台县 |
| 2 | | 山西天龙山国家森林公园 | 1992.09 | 17732.95 | 太原市尖草坪区、万柏林区、晋源区、古交市 |
| 3 | | 山西关帝山国家森林公园 | 1992.09 | 68448.40 | 交城县、方山县、文水县、离石市、古交市、娄烦县 |
| 4 | | 山西管涔山国家森林公园 | 1992.09 | 43440.00 | 宁武县、五寨县、岢岚县 |
| 5 | | 山西恒山国家森林公园 | 1992.11 | 27960.00 | 浑源县 |
| 6 | | 山西云岗国家森林公园 | 1992.11 | 15820.40 | 大同市南郊区 |
| 7 | | 山西龙泉国家森林公园 | 1992.11 | 24380.00 | 左权县 |
| 8 | | 山西禹王洞国家森林公园 | 1992.11 | 7333.33 | 忻州市忻府区 |
| 9 | | 山西赵杲观国家森林公园 | 1992.11 | 4700.07 | 代县 |
| 10 | | 山西方山国家森林公园 | 1992.11 | 3333.33 | 寿阳县 |
| 11 | | 山西交城山国家森林公园 | 1992.11 | 16741.05 | 交城县 |
| 12 | | 山西太岳山国家森林公园 | 1992.11 | 60000.00 | 介休市、灵石县、霍州市、沁源县、洪洞县、古县 |
| 13 | | 山西五老峰国家森林公园 | 1992.11 | 10400.00 | 永济市 |
| 14 | | 山西老顶山国家森林公园 | 1992.11 | 2200.00 | 长治市城区 |
| 15 | | 山西乌金山国家森林公园 | 1993.05 | 3667.50 | 晋中市榆次区 |
| 16 | | 山西中条山国家森林公园 | 1993.10 | 46301.30 | 沁水县、阳城县、翼城县、乡宁县、垣曲县、夏县 |
| 17 | | 山西太行峡谷国家森林公园 | 1996.08 | 4000.00 | 壶关县 |
| 18 | | 山西黄崖洞国家森林公园 | 1996.08 | 6000.00 | 黎城县 |
| 19 | | 山西棋子山国家森林公园 | 2014.02 | 7541.14 | 陵川县 |
| | | 合　计 | | 389132.80 | |
| 1 | 内蒙古（24处） | 内蒙古红山国家森林公园 | 1991.11 | 3221.00 | 赤峰市红山区 |
| 2 | | 内蒙古哈达门国家森林公园 | 1992.04 | 3600.00 | 武川县 |
| 3 | | 内蒙古察尔森国家森林公园 | 1992.04 | 12133.33 | 科尔沁右翼前旗 |
| 4 | | 内蒙古海拉尔国家森林公园 | 1992.09 | 14062.00 | 呼伦贝尔市海拉尔区 |
| 5 | | 内蒙古乌拉山国家森林公园 | 1992.09 | 93042.00 | 乌拉特前旗 |
| 6 | | 内蒙古乌素图国家森林公园 | 1992.09 | 80000.00 | 呼和浩特市回民区、土默特左旗、新城区 |
| 7 | | 内蒙古马鞍山国家森林公园 | 1993.05 | 3500.00 | 喀喇沁旗 |
| 8 | | 内蒙古二龙什台国家森林公园 | 1993.05 | 9600.00 | 凉城县 |
| 9 | | 内蒙古兴隆国家森林公园 | 1994.12 | 2701.20 | 赤峰市元宝山区 |
| 10 | | 内蒙古黄岗梁国家森林公园 | 1996.08 | 103333.00 | 克什克腾旗 |
| 11 | | 内蒙古贺兰山国家森林公园 | 2002.12 | 3455.10 | 阿拉善左旗 |

(续)

| 序号 | 省份 | 公园名称 | 建园时间 | 面积(公顷) | 行政区域位置 |
|---|---|---|---|---|---|
| 12 | | 内蒙古旺业甸国家森林公园 | 2003.12 | 25400.00 | 喀喇沁旗 |
| 13 | | 内蒙古好森沟国家森林公园 | 2003.12 | 37996.00 | 阿尔山市 |
| 14 | | 内蒙古额济纳胡杨国家森林公园 | 2003.12 | 5636.00 | 额济纳旗 |
| 15 | | 内蒙古桦木沟国家森林公园 | 2003.12 | 40000.00 | 克什克腾旗 |
| 16 | | 内蒙古五当召国家森林公园 | 2005.12 | 1800.00 | 包头市石拐区 |
| 17 | | 内蒙古红花尔基樟子松国家森林公园 | 2005.12 | 6726.00 | 鄂温克旗 |
| 18 | | 内蒙古喇嘛山国家森林公园 | 2006.12 | 9379.00 | 牙克石市 |
| 19 | | 内蒙古滦河源国家森林公园 | 2009.07 | 12666.70 | 多伦县 |
| 20 | | 内蒙古河套国家森林公园 | 2009.12 | 9652.33 | 杭锦后旗 |
| 21 | | 内蒙古宝格达乌拉国家森林公园 | 2010.09 | 32562.80 | 东乌珠穆沁旗 |
| 22 | | 内蒙古龙胜国家森林公园 | 2014.02 | 1077.00 | 卓资县 |
| 23 | | 内蒙古敕勒川国家森林公园 | 2015.01 | 10329.17 | 土默特右旗 |
| 24 | | 内蒙古成吉思汗国家森林公园 | 2015.01 | 38600.00 | 伊金霍洛旗 |
| | | 合　计 | | 560472.63 | |
| 1 | 内蒙森工(9处) | 内蒙古莫尔道嘎国家森林公园 | 1999.05 | 148324.00 | 额尔古纳市 |
| 2 | | 内蒙古阿尔山国家森林公园 | 2000.02 | 103149.00 | 阿尔山市、扎兰屯市 |
| 3 | | 内蒙古达尔滨湖国家森林公园 | 2000.02 | 22081.00 | 鄂伦春旗 |
| 4 | | 内蒙古伊克萨玛国家森林公园 | 2001.11 | 15890.00 | 根河市 |
| 5 | | 内蒙古乌尔旗汉国家森林公园 | 2003.12 | 36922.00 | 牙克石市、鄂伦春旗 |
| 6 | | 内蒙古兴安国家森林公园 | 2004.12 | 19217.00 | 鄂伦春旗 |
| 7 | | 内蒙古绰源国家森林公园 | 2004.12 | 52858.00 | 牙克石市 |
| 8 | | 内蒙古阿里河国家森林公园 | 2004.12 | 2486.00 | 鄂伦春旗 |
| 9 | | 内蒙古绰尔大峡谷国家森林公园 | 2015.12 | 21191.00 | 牙克石市、扎兰屯市 |
| | | 合　计 | | 422118.00 | |
| 1 | 辽宁(29处) | 辽宁旅顺口国家森林公园 | 1990.08 | 2741.33 | 大连市旅顺口区 |
| 2 | | 辽宁海棠山国家森林公园 | 1991.08 | 1440.00 | 阜新县 |
| 3 | | 辽宁大孤山国家森林公园 | 1991.08 | 466.67 | 东港市 |
| 4 | | 辽宁首山国家森林公园 | 1991.08 | 666.67 | 兴城市 |
| 5 | | 辽宁凤凰山国家森林公园 | 1991.11 | 1333.33 | 朝阳市双塔区 |
| 6 | | 辽宁桓仁国家森林公园 | 1991.11 | 15786.67 | 桓仁县 |
| 7 | | 辽宁本溪国家森林公园 | 1991.11 | 6666.00 | 本溪县 |
| 8 | | 辽宁陨石山国家森林公园 | 1992.01 | 2000.00 | 沈阳市浑南新区 |
| 9 | | 辽宁盖县国家森林公园 | 1992.01 | 1600.00 | 盖州市 |
| 10 | | 辽宁元帅林国家森林公园 | 1992.07 | 7279.20 | 抚顺市东洲区 |
| 11 | | 辽宁仙人洞国家森林公园 | 1992.07 | 3575.00 | 庄河市 |
| 12 | | 大连大赫山国家森林公园 | 1992.07 | 3846.60 | 大连市金州区、甘井子区、经济技术开发区 |
| 13 | | 辽宁长山群岛国家海岛森林公园 | 1993.05 | 4630.70 | 长海县 |
| 14 | | 辽宁普兰店国家森林公园 | 1995.11 | 11000.00 | 普兰店市 |
| 15 | | 辽宁大黑山国家森林公园 | 1996.08 | 3031.00 | 北票市 |
| 16 | | 辽宁沈阳国家森林公园 | 1997.12 | 933.30 | 沈阳市沈北新区 |

（续）

| 序号 | 省份 | 公园名称 | 建园时间 | 面积(公顷) | 行政区域位置 |
|---|---|---|---|---|---|
| 17 | | 辽宁猴石国家森林公园 | 2002.12 | 5675.00 | 新宾县 |
| 18 | | 辽宁本溪环城国家森林公园 | 2002.12 | 19863.78 | 本溪市平山区、溪湖区、明山区、南芬区 |
| 19 | | 辽宁冰砬山国家森林公园 | 2002.12 | 2259.30 | 西丰县 |
| 20 | | 辽宁金龙寺国家森林公园 | 2002.12 | 2138.00 | 大连市甘井子区 |
| 21 | | 辽宁千山仙人台国家森林公园 | 2002.12 | 2931.00 | 鞍山市千山区 |
| 22 | | 辽宁清原红河谷国家森林公园 | 2003.12 | 9112.30 | 清原县 |
| 23 | | 大连天门山国家森林公园 | 2003.12 | 3100.00 | 庄河市 |
| 24 | | 辽宁三块石国家森林公园 | 2004.12 | 7211.60 | 抚顺县 |
| 25 | | 辽宁章古台沙地国家森林公园 | 2005.12 | 11341.30 | 彰武县 |
| 26 | | 大连银石滩国家森林公园 | 2005.12 | 570.00 | 庄河市 |
| 27 | | 大连西郊国家森林公园 | 2006.12 | 5958.00 | 大连市甘井子区 |
| 28 | | 辽宁医巫闾山国家森林公园 | 2008.01 | 1482.30 | 北镇市、义县 |
| 29 | | 辽宁和睦国家森林公园 | 2008.01 | 1367.85 | 新宾县 |
| | | 合　计 | | 140006.90 | |
| 1 | 吉林（26处） | 吉林净月潭国家森林公园 | 1989.11 | 8330.00 | 长春市南关区 |
| 2 | | 吉林五女峰国家森林公园 | 1992.11 | 6866.67 | 集安市 |
| 3 | | 吉林龙湾群国家森林公园 | 1992.11 | 8133.33 | 辉南县 |
| 4 | | 吉林白鸡峰国家级森林公园 | 1992.11 | 3333.33 | 通化市东昌区 |
| 5 | | 吉林帽儿山国家森林公园 | 1992.11 | 1100.00 | 延吉市 |
| 6 | | 吉林半拉山国家森林公园 | 1992.11 | 9299.00 | 四平市铁东区 |
| 7 | | 吉林三仙夹国家森林公园 | 1993.03 | 880.00 | 柳河县 |
| 8 | | 吉林大安国家森林公园 | 1993.03 | 666.67 | 大安市 |
| 9 | | 吉林长白国家森林公园 | 1993.05 | 27000.00 | 长白县 |
| 10 | | 吉林临江国家级森林公园 | 1995.11 | 18000.00 | 临江市 |
| 11 | | 吉林拉法山国家森林公园 | 1995.11 | 34396.00 | 蛟河市 |
| 12 | | 吉林图们江国家森林公园 | 1997.12 | 32678.00 | 珲春市 |
| 13 | | 吉林朱雀山国家森林公园 | 2001.11 | 5662.00 | 吉林市丰满区 |
| 14 | | 吉林图们江源国家森林公园 | 2002.12 | 12737.00 | 和龙市 |
| 15 | | 吉林延边仙峰国家森林公园 | 2002.12 | 19102.23 | 和龙市 |
| 16 | | 吉林官马莲花山国家森林公园 | 2003.12 | 5146.00 | 磐石市 |
| 17 | | 吉林肇大鸡山国家森林公园 | 2003.12 | 14127.63 | 桦甸市 |
| 18 | | 吉林寒葱顶国家森林公园 | 2004.12 | 7480.00 | 东丰县 |
| 19 | | 吉林满天星国家森林公园 | 2004.12 | 17057.30 | 汪清县 |
| 20 | | 吉林吊水壶国家森林公园 | 2004.12 | 4785.00 | 长春市双阳区 |
| 21 | | 吉林通化石湖国家森林公园 | 2005.12 | 2337.00 | 通化县 |
| 22 | | 吉林江源国家森林公园 | 2006.12 | 14636.00 | 白山市江源区 |
| 23 | | 吉林鸡冠山国家森林公园 | 2006.12 | 2903.61 | 梅河口市 |
| 24 | | 吉林兰家大峡谷国家森林公园 | 2013.01 | 10972.00 | 汪清县 |
| 25 | | 吉林长白山北坡国家森林公园 | 2013.10 | 11660.00 | 安图县 |
| 26 | | 吉林红叶岭国家森林公园 | 2015.01 | 6038.80 | 蛟河市 |

(续)

| 序号 | 省份 | 公园名称 | 建园时间 | 面积(公顷) | 行政区域位置 |
|---|---|---|---|---|---|
| | | 合 计 | | 285327.57 | |
| 1 | 吉林森工(8处) | 吉林露水河国家森林公园 | 2004.12 | 25786.94 | 抚松县 |
| 2 | | 吉林红石国家森林公园 | 2005.12 | 28574.60 | 桦甸市、靖宇县 |
| 3 | | 吉林泉阳泉国家森林公园 | 2008.12 | 4977.00 | 抚松县 |
| 4 | | 吉林白石山国家森林公园 | 2008.12 | 7473.50 | 蛟河市 |
| 5 | | 吉林松江河国家森林公园 | 2008.12 | 6018.00 | 抚松县 |
| 6 | | 吉林三岔子国家森林公园 | 2009.07 | 7126.00 | 白山市江源区、靖宇县 |
| 7 | | 吉林临江瀑布群国家森林公园 | 2009.07 | 4085.00 | 临江市 |
| 8 | | 吉林湾沟国家森林公园 | 2009.07 | 5732.00 | 白山市江源区、靖宇县、抚松县 |
| | | 合 计 | | 89773.04 | |
| 1 | 黑龙江(34处) | 黑龙江牡丹峰国家森林公园 | 1992.04 | 19466.67 | 牡丹江市东安区 |
| 2 | | 黑龙江火山口国家森林公园 | 1992.04 | 66933.33 | 宁安市 |
| 3 | | 黑龙江大亮子河国家森林公园 | 1992.04 | 7133.33 | 汤原县 |
| 4 | | 黑龙江乌龙国家森林公园 | 1992.04 | 28000.00 | 通河县 |
| 5 | | 黑龙江哈尔滨国家森林公园 | 1992.09 | 136.00 | 哈尔滨市香坊区 |
| 6 | | 黑龙江街津山国家森林公园 | 1992.09 | 13570.00 | 同江市 |
| 7 | | 黑龙江齐齐哈尔国家森林公园 | 1992.11 | 4666.00 | 齐齐哈尔市梅里斯区 |
| 8 | | 黑龙江北极村国家森林公园 | 1992.11 | 36376.00 | 漠河县 |
| 9 | | 黑龙江长寿国家森林公园 | 1993.05 | 2483.00 | 宾县 |
| 10 | | 黑龙江大庆国家森林公园 | 1993.05 | 5466.00 | 大庆市大同区 |
| 11 | | 黑龙江一面坡国家森林公园 | 1995.11 | 23408.00 | 尚志市 |
| 12 | | 黑龙江龙凤国家森林公园 | 1997.12 | 21840.00 | 五常市 |
| 13 | | 黑龙江金泉国家森林公园 | 1997.12 | 4000.00 | 哈尔滨市阿城区 |
| 14 | | 黑龙江乌苏里江国家森林公园 | 1997.12 | 25069.00 | 虎林市 |
| 15 | | 黑龙江驿马山国家森林公园 | 1998.09 | 458.00 | 巴彦县 |
| 16 | | 黑龙江三道关国家森林公园 | 1999.05 | 8000.00 | 牡丹江市爱民区 |
| 17 | | 黑龙江绥芬河国家森林公园 | 2000.12 | 971.00 | 绥芬河市 |
| 18 | | 黑龙江五顶山国家森林公园 | 2001.11 | 6651.00 | 富锦市 |
| 19 | | 黑龙江茅兰沟国家森林公园 | 2001.11 | 6000.00 | 嘉荫县 |
| 20 | | 黑龙江龙江三峡国家森林公园 | 2001.11 | 8569.20 | 萝北县 |
| 21 | | 黑龙江鹤岗国家森林公园 | 2002.12 | 2636.00 | 鹤岗市东山区 |
| 22 | | 黑龙江勃利国家森林公园 | 2003.12 | 17601.00 | 勃利县 |
| 23 | | 黑龙江丹清河国家森林公园 | 2003.12 | 2850.00 | 依兰县 |
| 24 | | 黑龙江石龙山国家森林公园 | 2003.12 | 6307.50 | 七台河市茄子河区 |
| 25 | | 黑龙江望龙山国家森林公园 | 2004.12 | 2152.00 | 庆安县 |
| 26 | | 黑龙江胜山要塞国家森林公园 | 2004.12 | 13828.00 | 孙吴县 |
| 27 | | 黑龙江五大连池国家森林公园 | 2004.12 | 12380.00 | 五大连池市 |
| 28 | | 黑龙江完达山国家森林公园 | 2005.12 | 61369.00 | 宝清县 |
| 29 | | 黑龙江金龙山国家森林公园 | 2008.01 | 8515.00 | 哈尔滨市阿城区 |
| 30 | | 黑龙江呼兰国家森林公园 | 2009.12 | 10000.00 | 哈尔滨市呼兰区 |

（续）

| 序号 | 省份 | 公园名称 | 建园时间 | 面积（公顷） | 行政区域位置 |
|---|---|---|---|---|---|
| 31 | | 黑龙江伊春兴安国家森林公园 | 2005.12 | 4515.00 | 伊春市伊春区 |
| 32 | | 黑龙江长寿山国家森林公园 | 2012.09 | 7402.00 | 延寿县 |
| 33 | | 黑龙江桦川国家森林公园 | 2015.01 | 7850.90 | 桦川县 |
| 34 | | 黑龙江双子山国家森林公园 | 2015.12 | 2229.00 | 方正县 |
| | | 合　计 | | 448831.93 | |
| 1 | 龙江森工（24 处） | 黑龙江威虎山国家森林公园 | 1993.10 | 414756.00 | 海林市、林口县 |
| 2 | | 黑龙江五营国家森林公园 | 1993.10 | 14141.00 | 伊春市五营区 |
| 3 | | 黑龙江亚布力国家森林公园 | 1993.10 | 11748.30 | 尚志市 |
| 4 | | 黑龙江桃山国家森林公园 | 1997.12 | 100000.00 | 铁力市 |
| 5 | | 黑龙江日月峡国家森林公园 | 2000.12 | 29708.00 | 铁力市 |
| 6 | | 黑龙江八里湾国家森林公园 | 2001.11 | 41000.00 | 尚志市 |
| 7 | | 黑龙江乌马河国家森林公园 | 2001.11 | 12415.00 | 伊春市乌马河区 |
| 8 | | 黑龙江凤凰山国家森林公园 | 2001.11 | 51801.00 | 五常市 |
| 9 | | 黑龙江兴隆国家森林公园 | 2001.11 | 26812.00 | 通河县、木兰县 |
| 10 | | 黑龙江雪乡国家森林公园 | 2001.11 | 186000.00 | 海林市 |
| 11 | | 黑龙江青山国家森林公园 | 2002.12 | 28000.00 | 双鸭山市 |
| 12 | | 黑龙江大沾河国家森林公园 | 2002.12 | 16270.30 | 五大连池市 |
| 13 | | 黑龙江廻龙湾国家森林公园 | 2002.12 | 6326.00 | 伊春市美溪区 |
| 14 | | 黑龙江金山国家森林公园 | 2003.12 | 12283.00 | 伊春市金山区 |
| 15 | | 黑龙江小兴安岭石林国家森林公园 | 2003.12 | 19007.00 | 伊春市汤旺河区 |
| 16 | | 黑龙江方正龙山国家森林公园 | 2003.12 | 66101.00 | 方正县 |
| 17 | | 黑龙江溪水国家森林公园 | 2003.12 | 4580.00 | 伊春市上甘岭区 |
| 18 | | 黑龙江镜泊湖国家森林公园 | 2003.12 | 314119.00 | 宁安市 |
| 19 | | 黑龙江六峰山国家森林公园 | 2003.12 | 34640.00 | 穆棱市 |
| 20 | | 黑龙江夹皮沟国家森林公园 | 2003.12 | 63114.00 | 海林市 |
| 21 | | 黑龙江珍宝岛国家森林公园 | 2005.12 | 13429.00 | 虎林市 |
| 22 | | 黑龙江红松林国家森林公园 | 2006.12 | 19000.00 | 萝北县 |
| 23 | | 黑龙江七星峰国家森林公园 | 2006.12 | 15260.00 | 桦南县 |
| 24 | | 黑龙江仙翁山国家森林公园 | 2008.01 | 10555.00 | 伊春市南岔区 |
| | | 合　计 | | 1511065.60 | |
| 1 | 大兴安岭（2 处） | 黑龙江呼中国家森林公园 | 2005.12 | 115340.27 | 大兴安岭地区呼中区 |
| 2 | | 黑龙江加格达奇国家森林公园 | 2008.12 | 14632.10 | 大兴安岭地区加格达奇 |
| | | 合　计 | | 129972.37 | |
| 1 | 上海（4 处） | 上海佘山国家森林公园 | 1993.05 | 401.00 | 松江区 |
| 2 | | 上海东平国家森林公园 | 1993.05 | 355.00 | 崇明县 |
| 3 | | 上海海湾国家森林公园 | 2004.12 | 1065.10 | 奉贤区 |
| 4 | | 上海共青国家森林公园 | 2005.12 | 131.00 | 杨浦区 |
| | | 合　计 | | 1952.10 | |
| 1 | 江苏（20 处） | 江苏虞山国家森林公园 | 1989.03 | 1466.67 | 常熟市 |
| 2 | | 江苏上方山国家森林公园 | 1992.07 | 500.00 | 苏州市虎丘区 |

(续)

| 序号 | 省份 | 公园名称 | 建园时间 | 面积(公顷) | 行政区域位置 |
|---|---|---|---|---|---|
| 3 | | 江苏徐州环城国家森林公园 | 1992.11 | 1333.33 | 徐州市云龙区、九里区、泉山区、鼓楼区 |
| 4 | | 江苏宜兴国家森林公园 | 1992.11 | 3400.00 | 宜兴市 |
| 5 | | 江苏惠山国家森林公园 | 1993.05 | 936.00 | 无锡市滨湖区 |
| 6 | | 江苏东吴国家森林公园 | 1993.05 | 1200.00 | 苏州市吴中区 |
| 7 | | 江苏云台山国家森林公园 | 1993.05 | 2000.00 | 连云港市连云区 |
| 8 | | 江苏盱眙第一山国家森林公园 | 1993.05 | 1400.00 | 盱眙县 |
| 9 | | 江苏南山国家森林公园 | 1995.11 | 1000.00 | 镇江市润州区 |
| 10 | | 江苏宝华山国家森林公园 | 1996.08 | 1700.00 | 句容市 |
| 11 | | 江苏西山国家森林公园 | 1997.12 | 6000.00 | 苏州市吴中区 |
| 12 | | 江苏铁山寺国家森林公园 | 2003.12 | 7058.00 | 盱眙县 |
| 13 | | 南京紫金山国家森林公园 | 2003.12 | 3008.80 | 南京市玄武区 |
| 14 | | 江苏大阳山国家森林公园 | 2009.02 | 1029.80 | 苏州市虎丘区 |
| 15 | | 南京栖霞山国家森林公园 | 2010.12 | 1019.00 | 南京市栖霞区 |
| 16 | | 江苏游子山国家森林公园 | 2012.01 | 3678.30 | 高淳县 |
| 17 | | 南京老山国家森林公园 | 2014.02 | 5063.00 | 南京市浦口区 |
| 18 | | 江苏天目湖国家森林公园 | 2015.01 | 3759.02 | 溧阳市 |
| 19 | | 南京无想山国家森林公园 | 2015.01 | 2071.71 | 南京市溧水区 |
| 20 | | 江苏黄海海滨国家森林公园 | 2015.12 | 4156.93 | 东台市 |
| | | 合　计 | | 51780.56 | |
| 1 | 浙江(39处) | 浙江千岛湖国家森林公园 | 1990.06 | 95000.00 | 淳安县 |
| 2 | | 浙江大奇山国家森林公园 | 1992.11 | 700.00 | 桐庐县 |
| 3 | | 浙江兰亭国家森林公园 | 1992.11 | 229.67 | 绍兴市柯桥区 |
| 4 | | 浙江午潮山国家森林公园 | 1992.11 | 253.33 | 杭州市西湖区 |
| 5 | | 浙江富春江国家森林公园 | 1995.07 | 8375.06 | 建德市 |
| 6 | | 浙江竹乡国家森林公园 | 1996.08 | 16600.00 | 安吉县 |
| 7 | | 浙江天童国家森林公园 | 1997.03 | 433.33 | 宁波市鄞州区 |
| 8 | | 浙江雁荡山国家森林公园 | 1997.03 | 840.00 | 乐清市 |
| 9 | | 浙江溪口国家森林公园 | 1997.03 | 186.67 | 奉化市 |
| 10 | | 浙江九龙山国家森林公园 | 1997.03 | 420.33 | 平湖市 |
| 11 | | 浙江双龙洞国家森林公园 | 1997.03 | 773.33 | 金华市婺城区 |
| 12 | | 浙江华顶国家森林公园 | 1997.03 | 3866.67 | 天台县 |
| 13 | | 浙江青山湖国家森林公园 | 1999.05 | 2671.50 | 临安市 |
| 14 | | 浙江玉苍山国家森林公园 | 1999.08 | 2378.60 | 苍南县 |
| 15 | | 浙江钱江源国家森林公园 | 1999.08 | 4500.00 | 开化县 |
| 16 | | 浙江紫微山国家森林公园 | 2000.02 | 5500.00 | 衢州市衢江区 |
| 17 | | 浙江铜铃山国家森林公园 | 2001.11 | 2755.00 | 文成县 |
| 18 | | 浙江花岩国家森林公园 | 2002.12 | 2640.00 | 瑞安市 |
| 19 | | 浙江龙湾潭国家森林公园 | 2002.12 | 1561.67 | 永嘉县 |
| 20 | | 浙江遂昌国家森林公园 | 2002.12 | 24647.37 | 遂昌县 |
| 21 | | 浙江五泄国家森林公园 | 2003.12 | 733.33 | 诸暨市 |

（续）

| 序号 | 省份 | 公园名称 | 建园时间 | 面积（公顷） | 行政区域位置 |
|---|---|---|---|---|---|
| 22 | | 浙江石门洞国家森林公园 | 2003.12 | 4295.00 | 青田县 |
| 23 | | 浙江四明山国家森林公园 | 2003.12 | 6251.00 | 余姚市 |
| 24 | | 浙江双峰国家森林公园 | 2003.12 | 2281.41 | 宁海县 |
| 25 | | 浙江仙霞国家森林公园 | 2004.12 | 3449.46 | 江山市 |
| 26 | | 浙江大溪国家森林公园 | 2004.12 | 3375.00 | 温岭市 |
| 27 | | 浙江松阳卯山国家森林公园 | 2005.12 | 1385.00 | 松阳县 |
| 28 | | 浙江牛头山国家森林公园 | 2005.12 | 1327.69 | 武义县 |
| 29 | | 浙江三衢国家森林公园 | 2005.12 | 1067.53 | 常山县 |
| 30 | | 浙江径山（山沟沟）国家森林公园 | 2006.12 | 5375.00 | 杭州市余杭区 |
| 31 | | 浙江南山湖国家森林公园 | 2006.12 | 2188.70 | 嵊州市 |
| 32 | | 浙江大竹海国家森林公园 | 2008.01 | 3126.60 | 龙游县 |
| 33 | | 浙江仙居国家森林公园 | 2008.01 | 2980.00 | 仙居县 |
| 34 | | 浙江桐庐瑶琳国家森林公园 | 2008.12 | 949.00 | 桐庐县 |
| 35 | | 浙江诸暨香榧国家森林公园 | 2009.12 | 2876.20 | 诸暨市 |
| 36 | | 杭州半山国家森林公园 | 2010.12 | 1002.88 | 杭州市拱墅区 |
| 37 | | 浙江庆元国家森林公园 | 2010.12 | 2455.70 | 庆元县 |
| 38 | | 杭州西山国家森林公园 | 2012.01 | 1775.20 | 杭州市西湖区 |
| 39 | | 浙江梁希国家森林公园 | 2014.02 | 1375.48 | 湖州市吴兴区 |
| | | 合　计 | | 222602.71 | |
| 1 | 安徽（31处） | 安徽黄山国家森林公园 | 1987.05 | 11686.67 | 黄山市黄山区 |
| 2 | | 安徽琅琊山国家森林公园 | 1992.07 | 4866.67 | 滁州市琅琊区、南谯区 |
| 3 | | 安徽天柱山国家森林公园 | 1992.07 | 2048.47 | 潜山县 |
| 4 | | 安徽九华山国家森林公园 | 1992.07 | 14333.33 | 青阳县 |
| 5 | | 安徽皇藏峪国家森林公园 | 1992.07 | 2276.00 | 萧县 |
| 6 | | 安徽徽州国家森林公园 | 1992.07 | 5326.65 | 歙县 |
| 7 | | 安徽大龙山国家森林公园 | 1992.07 | 4018.00 | 安庆市宜秀区 |
| 8 | | 安徽紫蓬山国家森林公园 | 1992.07 | 1002.47 | 肥西县 |
| 9 | | 安徽皇甫山国家森林公园 | 1992.07 | 3551.53 | 滁州市南谯区 |
| 10 | | 安徽天堂寨国家森林公园 | 1992.11 | 12000.00 | 金寨县 |
| 11 | | 安徽鸡笼山国家森林公园 | 1992.09 | 4500.00 | 和县 |
| 12 | | 安徽冶父山国家森林公园 | 1992.09 | 1141.28 | 庐江县 |
| 13 | | 安徽太湖山国家森林公园 | 1992.09 | 2006.47 | 含山县 |
| 14 | | 安徽神山国家森林公园 | 1992.09 | 2221.87 | 全椒县 |
| 15 | | 安徽妙道山国家森林公园 | 1992.09 | 752.00 | 岳西县 |
| 16 | | 安徽天井山国家森林公园 | 1992.09 | 1200.40 | 无为县 |
| 17 | | 安徽舜耕山国家森林公园 | 1992.09 | 2533.33 | 淮南市田家庵区 |
| 18 | | 安徽浮山国家森林公园 | 1992.12 | 3840.83 | 枞阳县 |
| 19 | | 安徽石莲洞国家森林公园 | 1992.12 | 1479.33 | 宿松县 |
| 20 | | 安徽齐云山国家森林公园 | 1993.05 | 6000.00 | 休宁县 |
| 21 | | 安徽韭山国家森林公园 | 1993.06 | 5533.33 | 凤阳县 |

(续)

| 序号 | 省份 | 公园名称 | 建园时间 | 面积(公顷) | 行政区域位置 |
|---|---|---|---|---|---|
| 22 | | 安徽横山国家森林公园 | 1994.12 | 1000.00 | 广德县 |
| 23 | | 安徽敬亭山国家森林公园 | 1996.08 | 2009.00 | 宣城市宣州区 |
| 24 | | 安徽八公山国家森林公园 | 2002.12 | 2759.00 | 淮南市八公山区、寿县 |
| 25 | | 安徽万佛山国家森林公园 | 2002.12 | 2000.00 | 舒城县 |
| 26 | | 安徽水西国家森林公园 | 2004.12 | 2147.00 | 泾县 |
| 27 | | 安徽青龙湾国家森林公园 | 2004.12 | 2730.00 | 宁国市 |
| 28 | | 安徽上窑国家森林公园 | 2005.12 | 1040.00 | 淮南市大通区 |
| 29 | | 安徽马仁山国家森林公园 | 2008.01 | 712.00 | 繁昌县 |
| 30 | | 合肥大蜀山国家森林公园 | 2013.01 | 1003.01 | 合肥市蜀山区 |
| 31 | | 合肥滨湖国家森林公园 | 2014.02 | 1072.00 | 合肥市包河区 |
| | | 合　计 | | 108790.64 | |
| 1 | 福建(29处) | 福建福州国家森林公园 | 1993.05 | 41814.50 | 福州市晋安区 |
| 2 | | 福建天柱山国家森林公园 | 1995.11 | 2983.00 | 长泰县 |
| 3 | | 福建平潭海岛国家森林公园 | 1999.08 | 1295.70 | 平潭县 |
| 4 | | 福建华安国家森林公园 | 2000.02 | 8153.33 | 华安县 |
| 5 | | 福建猫儿山国家森林公园 | 2000.02 | 2560.00 | 泰宁县 |
| 6 | | 福建三元国家森林公园 | 2000.12 | 4572.00 | 三明市三元区 |
| 7 | | 福建龙岩国家森林公园 | 2000.12 | 2200.00 | 龙岩市新罗区 |
| 8 | | 福建旗山国家森林公园 | 2000.12 | 3586.90 | 闽侯县 |
| 9 | | 福建灵石山国家森林公园 | 2001.02 | 2275.00 | 福清市 |
| 10 | | 福建东山国家森林公园 | 2002.12 | 874.60 | 东山县 |
| 11 | | 福建德化石牛山国家森林公园 | 2003.12 | 8411.00 | 德化县 |
| 12 | | 福建三明仙人谷国家森林公园 | 2003.12 | 1488.00 | 三明市梅列区 |
| 13 | | 福建将乐天阶山国家森林公园 | 2003.12 | 939.00 | 将乐县 |
| 14 | | 福建厦门莲花国家森林公园 | 2003.12 | 3824.00 | 厦门市同安区 |
| 15 | | 福建上杭国家森林公园 | 2003.12 | 4894.92 | 上杭县 |
| 16 | | 福建武夷山国家森林公园 | 2004.12 | 3085.00 | 武夷山市 |
| 17 | | 福建乌山国家森林公园 | 2004.12 | 6920.20 | 诏安县 |
| 18 | | 福建漳平天台国家森林公园 | 2004.12 | 3851.10 | 漳平市 |
| 19 | | 福建王寿山国家森林公园 | 2004.12 | 1535.20 | 永定县 |
| 20 | | 福建九龙谷国家森林公园 | 2006.12 | 1091.50 | 莆田市城厢区、仙游县 |
| 21 | | 福建支提山国家森林公园 | 2006.12 | 2299.93 | 宁德市蕉城区 |
| 22 | | 福建天星山国家森林公园 | 2008.01 | 1861.90 | 屏南县 |
| 23 | | 福建闽江源国家森林公园 | 2008.01 | 1182.52 | 建宁县 |
| 24 | | 福建九龙竹海国家森林公园 | 2008.12 | 1704.60 | 永安市 |
| 25 | | 福建长乐国家森林公园 | 2008.12 | 1768.90 | 长乐市 |
| 26 | | 福建匡山国家森林公园 | 2009.12 | 2175.13 | 浦城县 |
| 27 | | 福建南靖土楼国家森林公园 | 2010.09 | 2233.83 | 南靖县 |
| 28 | | 福建武夷天池国家森林公园 | 2013.01 | 2525.27 | 光泽县 |
| 29 | | 福建五虎山国家森林公园 | 2014.07 | 2668.73 | 闽侯县 |

（续）

| 序号 | 省份 | 公园名称 | 建园时间 | 面积（公顷） | 行政区域位置 |
|---|---|---|---|---|---|
| | | 合　计 | | 124775.76 | |
| 1 | 江西（46处） | 江西三爪仑国家森林公园 | 1993.03 | 12396.23 | 靖安县 |
| 2 | | 江西庐山山南国家森林公园 | 1993.05 | 3346.67 | 星子县 |
| 3 | | 江西梅岭国家森林公园 | 1993.05 | 11173.10 | 南昌市湾里区 |
| 4 | | 江西三百山国家森林公园 | 1993.05 | 3330.00 | 安远县 |
| 5 | | 江西马祖山国家森林公园 | 1993.05 | 666.67 | 九江市庐山区 |
| 6 | | 江西鄱阳湖口国家森林公园 | 1993.05 | 1280.00 | 湖口县 |
| 7 | | 江西灵岩洞国家森林公园 | 1993.05 | 3000.00 | 婺源县 |
| 8 | | 江西明月山国家森林公园 | 1994.12 | 7842.00 | 宜春市袁州区 |
| 9 | | 江西翠微峰国家森林公园 | 1994.12 | 7866.67 | 宁都县 |
| 10 | | 江西天柱峰国家森林公园 | 2000.02 | 20757.00 | 铜鼓县 |
| 11 | | 江西泰和国家森林公园 | 2000.12 | 3000.00 | 泰和县 |
| 12 | | 江西鹅湖山国家森林公园 | 2000.12 | 7950.00 | 铅山县 |
| 13 | | 江西龟峰国家森林公园 | 2000.12 | 7400.00 | 弋阳县 |
| 14 | | 江西上清国家森林公园 | 2000.12 | 11800.00 | 贵溪市 |
| 15 | | 江西梅关国家森林公园 | 2001.11 | 5300.00 | 大余县 |
| 16 | | 江西永丰国家森林公园 | 2001.11 | 7600.00 | 永丰县 |
| 17 | | 江西阁皂山国家森林公园 | 2001.11 | 6946.37 | 樟树市 |
| 18 | | 江西三叠泉国家森林公园 | 2001.11 | 1650.97 | 九江市庐山区 |
| 19 | | 江西武功山国家森林公园 | 2002.12 | 24190.00 | 安福县 |
| 20 | | 江西铜钹山国家森林公园 | 2002.12 | 19500.00 | 广丰县 |
| 21 | | 江西阳岭国家森林公园 | 2003.12 | 6889.80 | 崇义县 |
| 22 | | 江西天花井国家森林公园 | 2003.12 | 685.00 | 九江市庐山区 |
| 23 | | 江西五指峰国家森林公园 | 2003.12 | 24533.00 | 上犹县 |
| 24 | | 江西柘林湖国家森林公园 | 2004.12 | 16450.00 | 永修县 |
| 25 | | 江西陡水湖国家森林公园 | 2004.12 | 22666.67 | 上犹县、崇义县 |
| 26 | | 江西万安国家森林公园 | 2004.12 | 17160.44 | 万安县 |
| 27 | | 江西三湾国家森林公园 | 2004.12 | 15513.30 | 永新县 |
| 28 | | 江西安源国家森林公园 | 2004.12 | 11069.00 | 萍乡市安源区、上栗县 |
| 29 | | 江西景德镇国家森林公园 | 2005.12 | 5479.70 | 景德镇市昌江区、浮梁县 |
| 30 | | 江西云碧峰国家森林公园 | 2005.12 | 872.50 | 上饶市信州区 |
| 31 | | 江西九连山国家森林公园 | 2005.12 | 20063.00 | 龙南县 |
| 32 | | 江西岩泉国家森林公园 | 2005.12 | 4885.39 | 黎川县 |
| 33 | | 江西瑶里国家森林公园 | 2005.12 | 4471.00 | 浮梁县 |
| 34 | | 江西峰山国家森林公园 | 2006.12 | 20635.20 | 赣州市章贡区、赣县 |
| 35 | | 江西清凉山国家森林公园 | 2006.12 | 3397.82 | 资溪县 |
| 36 | | 江西九岭山国家森林公园 | 2006.12 | 1266.16 | 武宁县 |
| 37 | | 江西岑山国家森林公园 | 2008.01 | 955.00 | 横峰县 |
| 38 | | 江西五府山国家森林公园 | 2008.01 | 1715.00 | 上饶县 |
| 39 | | 江西军峰山国家森林公园 | 2008.01 | 1217.15 | 南丰县 |

(续)

| 序号 | 省份 | 公园名称 | 建园时间 | 面积(公顷) | 行政区域位置 |
|---|---|---|---|---|---|
| 40 | | 江西碧湖潭国家森林公园 | 2008.12 | 6838.70 | 萍乡市湘东区 |
| 41 | | 江西怀玉山国家森林公园 | 2008.12 | 3354.00 | 玉山县 |
| 42 | | 江西仰天岗国家森林公园 | 2009.07 | 2178.93 | 新余市孔目江生态经济区 |
| 43 | | 江西圣水堂国家森林公园 | 2009.12 | 4060.10 | 安义县 |
| 44 | | 江西鄱阳莲花山国家森林公园 | 2012.01 | 6510.00 | 鄱阳县 |
| 45 | | 江西彭泽国家森林公园 | 2013.01 | 2505.00 | 彭泽县 |
| 46 | | 江西金盆山国家森林公园 | 2014.02 | 5981.85 | 信丰县 |
| | | 合　计 | | 378349.39 | |
| 1 | 山东(48处) | 山东崂山国家森林公园 | 1992.09 | 7466.67 | 青岛市崂山区、城阳区 |
| 2 | | 山东抱犊崮国家森林公园 | 1992.09 | 666.67 | 枣庄市山亭区 |
| 3 | | 山东黄河口国家森林公园 | 1992.09 | 50933.33 | 垦利县、利津县 |
| 4 | | 山东昆嵛山国家森林公园 | 1992.09 | 4733.33 | 牟平县 |
| 5 | | 山东罗山国家森林公园 | 1992.09 | 480.00 | 招远市 |
| 6 | | 山东长岛国家森林公园 | 1992.09 | 5700.00 | 长岛县 |
| 7 | | 山东沂山国家森林公园 | 1992.09 | 6466.67 | 临朐县 |
| 8 | | 山东尼山国家森林公园 | 1992.09 | 590.00 | 曲阜市 |
| 9 | | 山东泰山国家森林公园 | 1992.09 | 12000.00 | 泰安市泰山区、岱岳区,济南市长清区、历城区 |
| 10 | | 山东徂徕山国家森林公园 | 1992.09 | 9000.00 | 泰安市岱岳区 |
| 11 | | 山东日照海滨国家森林公园 | 1992.09 | 788.67 | 日照市东港区 |
| 12 | | 山东鹤伴山国家森林公园 | 1992.09 | 480.00 | 邹平县 |
| 13 | | 山东孟良崮国家森林公园 | 1992.09 | 800.00 | 沂南县 |
| 14 | | 山东柳埠国家森林公园 | 1992.11 | 2465.53 | 济南市历城区、泰安市泰山区 |
| 15 | | 山东刘公岛国家森林公园 | 1992.11 | 247.53 | 威海市环翠区 |
| 16 | | 山东槎山国家森林公园 | 1992.11 | 106.67 | 荣成市 |
| 17 | | 山东药乡国家森林公园 | 1992.11 | 1463.67 | 济南市历城区 |
| 18 | | 山东原山国家森林公园 | 1992.12 | 1705.87 | 淄博市博山区 |
| 19 | | 山东灵山湾国家森林公园 | 1993.05 | 666.67 | 青岛市黄岛区 |
| 20 | | 山东双岛国家森林公园 | 1993.05 | 2477.30 | 威海市环翠区 |
| 21 | | 山东蒙山国家森林公园 | 1994.12 | 3675.87 | 蒙阴县 |
| 22 | | 山东腊山国家森林公园 | 1996.08 | 723.00 | 东平县 |
| 23 | | 山东仰天山国家森林公园 | 2000.02 | 2400.00 | 青州市 |
| 24 | | 山东伟德山国家森林公园 | 2000.12 | 9150.27 | 荣成市 |
| 25 | | 山东珠山国家森林公园 | 2000.12 | 4000.00 | 青岛市黄岛区 |
| 26 | | 山东牛山国家森林公园 | 2002.12 | 3000.00 | 肥城市 |
| 27 | | 山东鲁山国家森林公园 | 2002.12 | 4133.33 | 淄博市博山区 |
| 28 | | 山东岠嵎山国家森林公园 | 2002.12 | 1204.00 | 乳山市 |
| 29 | | 山东五莲山国家森林公园 | 2003.12 | 6800.00 | 五莲县 |
| 30 | | 山东莱芜华山国家森林公园 | 2003.12 | 4603.33 | 莱芜市莱城区 |
| 31 | | 山东艾山国家森林公园 | 2004.12 | 2578.67 | 蓬莱市 |

（续）

| 序号 | 省份 | 公园名称 | 建园时间 | 面积(公顷) | 行政区域位置 |
|---|---|---|---|---|---|
| 32 | | 山东龙口南山国家森林公园 | 2004.12 | 949.00 | 龙口市 |
| 33 | | 山东新泰莲花山国家森林公园 | 2005.12 | 2164.00 | 新泰市 |
| 34 | | 山东牙山国家森林公园 | 2005.12 | 10140.00 | 栖霞市 |
| 35 | | 山东招虎山国家森林公园 | 2005.12 | 1762.70 | 海阳市 |
| 36 | | 山东寿阳山国家森林公园 | 2008.12 | 2006.00 | 昌乐县 |
| 37 | | 山东东阿黄河国家森林公园 | 2010.12 | 2446.33 | 东阿县 |
| 38 | | 山东峨庄古村落国家森林公园 | 2010.12 | 6800.00 | 淄博市淄川区 |
| 39 | | 山东峄山国家森林公园 | 2012.09 | 2136.50 | 邹城市 |
| 40 | | 山东滕州墨子国家森林公园 | 2013.01 | 3041.60 | 滕州市 |
| 41 | | 山东密州国家森林公园 | 2013.10 | 2553.60 | 诸城市 |
| 42 | | 山东留山古火山国家森林公园 | 2013.10 | 2539.00 | 安丘市 |
| 43 | | 山东泉林国家森林公园 | 2014.02 | 4780.46 | 泗水县 |
| 44 | | 山东章丘国家森林公园 | 2015.01 | 5853.50 | 章丘市 |
| 45 | | 山东峄城古石榴国家森林公园 | 2015.01 | 2447.20 | 枣庄市峄城区 |
| 46 | | 山东棋山幽峡国家森林公园 | 2015.01 | 4257.60 | 莱芜市钢城区 |
| 47 | | 山东夏津黄河故道国家森林公园 | 2015.01 | 2177.82 | 夏津县 |
| 48 | | 山东茌平国家森林公园 | 2015.01 | 2126.60 | 茌平县 |
| | | 合　计 | | 209688.96 | |
| 1 | 河南（31 处） | 河南嵩山国家森林公园 | 1988.09 | 11582.00 | 登封市 |
| 2 | | 河南寺山国家森林公园 | 1992.09 | 5600.00 | 西峡县 |
| 3 | | 河南汝州国家森林公园 | 1992.09 | 4900.37 | 汝州市 |
| 4 | | 河南石漫滩国家森林公园 | 1992.09 | 5333.33 | 舞钢市 |
| 5 | | 河南薄山国家森林公园 | 1992.09 | 6066.67 | 确山县 |
| 6 | | 河南开封国家森林公园 | 1992.09 | 881.60 | 开封市金明区、顺河区 |
| 7 | | 河南亚武山国家森林公园 | 1992.11 | 15133.33 | 灵宝市 |
| 8 | | 河南花果山国家森林公园 | 1993.05 | 4200.00 | 宜阳县 |
| 9 | | 河南云台山国家森林公园 | 1993.05 | 360.00 | 修武县 |
| 10 | | 河南白云山国家森林公园 | 1992.09 | 8133.33 | 嵩县 |
| 11 | | 河南龙峪湾国家森林公园 | 1994.12 | 1833.33 | 栾川县 |
| 12 | | 河南五龙洞国家森林公园 | 1995.11 | 2527.00 | 林州市 |
| 13 | | 河南南湾国家森林公园 | 1996.09 | 3101.35 | 信阳市浉河区 |
| 14 | | 河南甘山国家森林公园 | 2000.12 | 3800.00 | 陕县 |
| 15 | | 河南淮河源国家森林公园 | 2002.12 | 4924.00 | 桐柏县 |
| 16 | | 河南神灵寨国家森林公园 | 2002.12 | 5300.00 | 洛宁县 |
| 17 | | 河南铜山湖国家森林公园 | 2002.12 | 1996.00 | 泌阳县 |
| 18 | | 河南黄河故道国家森林公园 | 2002.12 | 838.00 | 商丘市梁园区 |
| 19 | | 河南郁山国家森林公园 | 2002.12 | 2133.00 | 新安县 |
| 20 | | 河南玉皇山国家森林公园 | 2003.12 | 2982.00 | 卢氏县 |
| 21 | | 河南金兰山国家森林公园 | 2003.12 | 3333.00 | 新县 |
| 22 | | 河南嵖岈山国家森林公园 | 2004.12 | 2340.00 | 遂平县 |

(续)

| 序号 | 省份 | 公园名称 | 建园时间 | 面积(公顷) | 行政区域位置 |
|---|---|---|---|---|---|
| 23 | | 河南天池山国家森林公园 | 2004.12 | 1716.00 | 嵩县 |
| 24 | | 河南始祖山国家森林公园 | 2005.12 | 4667.00 | 新郑市 |
| 25 | | 河南黄柏山国家森林公园 | 2006.12 | 4010.00 | 商城县 |
| 26 | | 河南燕子山国家森林公园 | 2006.12 | 4776.00 | 灵宝市 |
| 27 | | 河南棠溪源国家森林公园 | 2006.12 | 3800.00 | 西平县 |
| 28 | | 河南大鸿寨国家森林公园 | 2008.01 | 3300.00 | 禹州市 |
| 29 | | 河南天目山国家森林公园 | 2015.01 | 4858.90 | 信阳市平桥区 |
| 30 | | 河南大苏山国家森林公园 | 2015.01 | 2788.53 | 光山县 |
| 31 | | 河南云梦山国家森林公园 | 2015.12 | 6811.94 | 淇县 |
| | | 合　计 | | 134026.68 | |
| 1 | 湖北(37处) | 湖北九峰国家森林公园 | 1992.07 | 333.33 | 武汉市洪山区 |
| 2 | | 湖北鹿门寺国家森林公园 | 1992.07 | 1866.67 | 襄阳市襄州区 |
| 3 | | 湖北玉泉寺国家森林公园 | 1992.07 | 9666.67 | 当阳市 |
| 4 | | 湖北大老岭国家森林公园 | 1992.07 | 6000.00 | 宜昌市夷陵区、秭归县、兴山县 |
| 5 | | 湖北大口国家森林公园 | 1995.07 | 6333.00 | 钟祥市 |
| 6 | | 湖北神农架国家森林公园 | 1992.11 | 13333.33 | 神农架林区 |
| 7 | | 湖北龙门河国家森林公园 | 1993.05 | 4644.40 | 兴山县 |
| 8 | | 湖北薤山国家森林公园 | 1994.12 | 4533.33 | 谷城县 |
| 9 | | 湖北清江国家森林公园 | 1996.08 | 55738.00 | 长阳县 |
| 10 | | 湖北大别山国家森林公园 | 1996.08 | 57427.00 | 罗田县 |
| 11 | | 湖北柴埠溪国家森林公园 | 1996.08 | 6667.00 | 五峰县 |
| 12 | | 湖北潜山国家森林公园 | 1996.09 | 206.47 | 咸宁市咸安区 |
| 13 | | 湖北八岭山国家森林公园 | 1996.09 | 666.67 | 荆州市荆州区 |
| 14 | | 湖北洈水国家森林公园 | 1998.09 | 28600.00 | 松滋市 |
| 15 | | 湖北三角山国家森林公园 | 2002.12 | 6451.70 | 浠水县 |
| 16 | | 湖北中华山国家森林公园 | 2002.12 | 5139.87 | 广水市 |
| 17 | | 湖北太子山国家森林公园 | 2002.12 | 7930.00 | 京山县 |
| 18 | | 湖北红安天台山国家森林公园 | 2003.12 | 6000.00 | 红安县 |
| 19 | | 湖北坪坝营国家森林公园 | 2004.12 | 13237.50 | 咸丰县 |
| 20 | | 湖北吴家山国家森林公园 | 2004.12 | 5873.00 | 英山县 |
| 21 | | 湖北千佛洞国家森林公园 | 2005.12 | 993.42 | 荆门市东宝区、掇刀区 |
| 22 | | 湖北双峰山国家森林公园 | 2005.12 | 1400.00 | 孝昌县 |
| 23 | | 湖北大洪山国家森林公园 | 2006.12 | 1755.50 | 随州市曾都区 |
| 24 | | 湖北虎爪山国家森林公园 | 2008.01 | 2600.00 | 京山县 |
| 25 | | 湖北五脑山国家森林公园 | 2008.01 | 2153.30 | 麻城市 |
| 26 | | 湖北沧浪山国家森林公园 | 2008.12 | 7466.70 | 郧县 |
| 27 | | 湖北安陆古银杏国家森林公园 | 2009.07 | 2413.00 | 安陆市 |
| 28 | | 湖北牛头山国家森林公园 | 2009.12 | 1840.00 | 十堰市张湾区 |
| 29 | | 湖北诗经源国家森林公园 | 2010.12 | 8280.00 | 房县 |
| 30 | | 湖北九女峰国家森林公园 | 2012.01 | 3527.00 | 竹山县 |

（续）

| 序号 | 省份 | 公园名称 | 建园时间 | 面积(公顷) | 行政区域位置 |
|---|---|---|---|---|---|
| 31 | | 湖北偏头山国家森林公园 | 2012.01 | 3131.65 | 竹溪县 |
| 32 | | 湖北丹江口国家森林公园 | 2013.01 | 17773.33 | 丹江口市 |
| 33 | | 湖北崇阳国家森林公园 | 2014.02 | 3080.00 | 崇阳县 |
| 34 | | 湖北汉江瀑布群国家森林公园 | 2014.02 | 5680.00 | 郧西县 |
| 35 | | 湖北西塞国国家森林公园 | 2015.01 | 8630.47 | 宜昌市夷陵区 |
| 36 | | 湖北岘山国家森林公园 | 2015.01 | 1759.00 | 襄阳市襄城区 |
| 37 | | 湖北白竹园寺国家森林公园 | 2015.12 | 3052.30 | 枣阳市 |
| | | 合　计 | | 311372.31 | |
| 1 | 湖南（58处） | 湖南张家界国家森林公园 | 1982.09 | 2466.67 | 张家界市武陵源区 |
| 2 | | 湖南神农谷国家森林公园 | 1992.07 | 10000.00 | 炎陵县 |
| 3 | | 湖南莽山国家森林公园 | 1992.07 | 19833.33 | 宜章县 |
| 4 | | 湖南大围山国家森林公园 | 1992.07 | 3703.00 | 浏阳市 |
| 5 | | 湖南云山国家森林公园 | 1992.07 | 3110.00 | 武冈市 |
| 6 | | 湖南九嶷山国家森林公园 | 1992.07 | 8454.63 | 宁远县 |
| 7 | | 湖南阳明山国家森林公园 | 1992.07 | 11733.33 | 双牌县 |
| 8 | | 湖南南华山国家森林公园 | 1992.07 | 2242.73 | 凤凰县 |
| 9 | | 湖南黄山头国家森林公园 | 1992.07 | 666.67 | 安乡县 |
| 10 | | 湖南桃花源国家森林公园 | 1992.07 | 233.33 | 桃源县 |
| 11 | | 湖南天门山国家森林公园 | 1992.07 | 733.33 | 张家界市永定区 |
| 12 | | 湖南天际岭国家森林公园 | 1992.07 | 140.00 | 长沙市雨花区 |
| 13 | | 湖南天鹅山国家森林公园 | 1992.07 | 6326.40 | 资兴市 |
| 14 | | 湖南舜皇山国家森林公园 | 1992.09 | 14548.00 | 东安县 |
| 15 | | 湖南东台山国家森林公园 | 1992.09 | 336.00 | 湘乡市 |
| 16 | | 湖南夹山国家森林公园 | 1993.02 | 1530.00 | 石门县 |
| 17 | | 湖南不二门国家森林公园 | 1993.05 | 5336.67 | 永顺县 |
| 18 | | 湖南河洑国家森林公园 | 1994.12 | 333.33 | 常德市武陵区 |
| 19 | | 湖南岣嵝峰国家森林公园 | 1995.11 | 2067.00 | 衡阳县 |
| 20 | | 湖南大云山国家森林公园 | 1996.08 | 1180.00 | 岳阳县 |
| 21 | | 湖南花岩溪国家森林公园 | 1997.12 | 4000.00 | 常德市鼎城区 |
| 22 | | 湖南云阳国家森林公园 | 2002.12 | 8688.70 | 茶陵县 |
| 23 | | 湖南大熊山国家森林公园 | 2002.12 | 7623.00 | 新化县 |
| 24 | | 湖南中坡国家森林公园 | 2002.12 | 1688.00 | 怀化市鹤城区 |
| 25 | | 湖南幕阜山国家森林公园 | 2005.12 | 1701.00 | 平江县 |
| 26 | | 湖南金洞国家森林公园 | 2005.12 | 2500.00 | 永州市金洞管理区 |
| 27 | | 湖南百里龙山国家森林公园 | 2006.12 | 13121.00 | 涟源市、新邵县 |
| 28 | | 湖南千家峒国家森林公园 | 2006.12 | 4430.93 | 江永县 |
| 29 | | 湖南两江峡谷国家森林公园 | 2008.01 | 6336.02 | 城乡县 |
| 30 | | 湖南雪峰山国家森林公园 | 2008.01 | 3478.10 | 洪江市 |
| 31 | | 湖南五尖山国家森林公园 | 2008.01 | 2879.89 | 临湘市 |
| 32 | | 湖南桃花江国家森林公园 | 2008.01 | 3153.05 | 桃江县 |

(续)

| 序号 | 省份 | 公园名称 | 建园时间 | 面积(公顷) | 行政区域位置 |
|---|---|---|---|---|---|
| 33 | | 湖南湘江源国家森林公园 | 2008.12 | 7046.70 | 蓝山县 |
| 34 | | 湖南月岩国家森林公园 | 2008.12 | 3936.70 | 道县 |
| 35 | | 湖南峰峦溪国家森林公园 | 2008.12 | 2216.60 | 桑植县 |
| 36 | | 湖南柘溪国家森林公园 | 2009.07 | 8579.30 | 安化县 |
| 37 | | 湖南天堂山国家森林公园 | 2009.12 | 5933.40 | 常宁市 |
| 38 | | 湖南宁乡香山国家森林公园 | 2009.12 | 2159.00 | 宁乡县 |
| 39 | | 湖南九龙江国家森林公园 | 2009.12 | 8436.30 | 汝城县 |
| 40 | | 湖南嵩云山国家森林公园 | 2010.09 | 3349.67 | 怀化市洪江区 |
| 41 | | 湖南天泉山国家森林公园 | 2010.09 | 3538.10 | 张家界市永定区 |
| 42 | | 湖南西瑶绿谷国家森林公园 | 2010.12 | 12441.00 | 临武县 |
| 43 | | 湖南青羊湖国家森林公园 | 2010.12 | 3247.47 | 宁乡县 |
| 44 | | 湖南熊峰山国家森林公园 | 2012.01 | 6161.00 | 安仁县 |
| 45 | | 湖南罗溪国家森林公园 | 2012.01 | 27718.70 | 洞口县 |
| 46 | | 湖南福音山国家森林公园 | 2012.01 | 6829.70 | 新田县 |
| 47 | | 长沙黑麋峰国家森林公园 | 2012.01 | 2451.70 | 长沙市望城区 |
| 48 | | 湖南坐龙峡国家森林公园 | 2012.01 | 2371.29 | 古丈县 |
| 49 | | 湖南攸州国家森林公园 | 2013.01 | 6304.20 | 攸县 |
| 50 | | 湖南矮寨国家森林公园 | 2013.10 | 3383.50 | 吉首市 |
| 51 | | 湖南嘉山国家森林公园 | 2014.02 | 2225.80 | 津市市 |
| 52 | | 湖南永兴丹霞国家森林公园 | 2015.01 | 9006.15 | 永兴县 |
| 53 | | 湖南齐云峰国家森林公园 | 2015.01 | 12078.00 | 桂东县 |
| 54 | | 湖南四明山国家森林公园 | 2015.01 | 4372.00 | 祁东县 |
| 55 | | 湖南北罗霄国家森林公园 | 2015.12 | 2936.46 | 平江县 |
| 56 | | 湖南靖州国家森林公园 | 2015.12 | 4301.36 | 靖州县 |
| 57 | | 湖南嘉禾国家森林公园 | 2015.12 | 4922.89 | 嘉禾县 |
| 58 | | 湖南沅陵国家森林公园 | 2015.12 | 10283.75 | 沅陵县 |
| | | 合　计 | | 320804.85 | |
| 1 | 广东(24处) | 广东梧桐山国家森林公园 | 1989.06 | 678.00 | 深圳市盐田区 |
| 2 | | 广东小坑国家森林公园 | 1992.09 | 16700.00 | 曲江县 |
| 3 | | 广东南澳海岛国家森林公园 | 1992.12 | 1373.33 | 南澳县 |
| 4 | | 广东南岭国家森林公园 | 1993.03 | 27333.33 | 乳源县 |
| 5 | | 广东新丰江国家森林公园 | 1993.05 | 4479.47 | 东源县 |
| 6 | | 广东韶关国家森林公园 | 1993.05 | 2010.73 | 韶关市武江区、浈江区 |
| 7 | | 广东流溪河国家森林公园 | 1993.09 | 9333.33 | 广州市从化区 |
| 8 | | 广东南昆山国家森林公园 | 1993.10 | 2000.00 | 龙门县 |
| 9 | | 广东西樵山国家森林公园 | 1994.12 | 1400.00 | 佛山市南海区 |
| 10 | | 广东石门国家森林公园 | 1995.11 | 2636.00 | 广州市从化区 |
| 11 | | 广东圭峰山国家森林公园 | 1997.12 | 3550.00 | 新会市 |
| 12 | | 广东英德国家森林公园 | 2000.12 | 107000.00 | 英德市 |
| 13 | | 广东广宁竹海国家森林公园 | 2004.12 | 8500.00 | 广宁县 |

（续）

| 序号 | 省份 | 公园名称 | 建园时间 | 面积(公顷) | 行政区域位置 |
|---|---|---|---|---|---|
| 14 | | 广东北峰山国家森林公园 | 2004.12 | 1161.60 | 台山市 |
| 15 | | 广东大王山国家森林公园 | 2004.12 | 806.00 | 郁南县 |
| 16 | | 广东梁化国家森林公园 | 2005.12 | 1333.33 | 惠东县 |
| 17 | | 广东神光山国家森林公园 | 2005.12 | 674.60 | 兴宁市 |
| 18 | | 广东观音山国家森林公园 | 2005.12 | 657.18 | 东莞市 |
| 19 | | 广东三岭山国家森林公园 | 2006.12 | 738.79 | 湛江市霞山区 |
| 20 | | 广东雁鸣湖国家森林公园 | 2006.12 | 923.80 | 梅州市梅县区 |
| 21 | | 广东天井山国家森林公园 | 2008.12 | 5564.10 | 乳源县 |
| 22 | | 广东大北山国家森林公园 | 2008.12 | 3067.20 | 揭西县 |
| 23 | | 广东镇山国家森林公园 | 2009.12 | 2177.37 | 蕉岭县 |
| 24 | | 广东南台山国家森林公园 | 2009.12 | 2073.20 | 平远县 |
| | | 合　计 | | 206170.56 | |
| 1 | 广西（20 处） | 广西桂林国家森林公园 | 1992.07 | 575.67 | 桂林市象山区 |
| 2 | | 广西良凤江国家森林公园 | 1992.09 | 1348.00 | 南宁市江南区、良庆区 |
| 3 | | 广西三门江国家森林公园 | 1993.05 | 12475.60 | 柳州市城中区 |
| 4 | | 广西龙潭国家森林公园 | 1993.05 | 7800.00 | 桂平市 |
| 5 | | 广西大桂山国家森林公园 | 1994.12 | 3000.00 | 贺州市八步区 |
| 6 | | 广西元宝山国家森林公园 | 1994.12 | 25000.00 | 融水县 |
| 7 | | 广西八角寨国家森林公园 | 1996.08 | 84000.00 | 资源县 |
| 8 | | 广西十万大山国家森林公园 | 1996.08 | 8810.00 | 上思县 |
| 9 | | 广西龙胜温泉国家森林公园 | 1996.08 | 1803.40 | 龙胜县 |
| 10 | | 广西姑婆山国家森林公园 | 1996.08 | 8000.00 | 贺州市平桂管理区 |
| 11 | | 广西大瑶山国家森林公园 | 1997.12 | 11124.00 | 金秀县 |
| 12 | | 广西黄猄洞天坑国家森林公园 | 2002.12 | 13879.70 | 乐业县 |
| 13 | | 广西飞龙湖国家森林公园 | 2003.12 | 12097.56 | 苍梧县 |
| 14 | | 广西太平狮山国家森林公园 | 2003.12 | 5550.23 | 藤县 |
| 15 | | 广西大容山国家森林公园 | 2003.12 | 4825.00 | 北流市 |
| 16 | | 广西九龙瀑布群国家森林公园 | 2005.12 | 1639.87 | 横县 |
| 17 | | 广西平天山国家森林公园 | 2005.12 | 1676.20 | 贵港市港北区、覃塘区 |
| 18 | | 广西红茶沟国家森林公园 | 2005.12 | 1896.40 | 融安县 |
| 19 | | 广西阳朔国家森林公园 | 2005.12 | 4355.90 | 阳朔县 |
| 20 | | 广西龙滩大峡谷国家森林公园 | 2008.01 | 4172.60 | 天峨县 |
| | | 合　计 | | 214030.13 | |
| 1 | 海南（9 处） | 海南尖峰岭国家森林公园 | 1992.09 | 46666.67 | 乐东县 |
| 2 | | 海南蓝洋温泉国家森林公园 | 1999.05 | 5660.32 | 儋州市 |
| 3 | | 海南吊罗山国家森林公园 | 1999.05 | 37900.00 | 陵水县、保亭县、五指山市、万宁市、琼中县 |
| 4 | | 海南海口火山国家森林公园 | 2000.02 | 2000.00 | 海口市琼山区 |
| 5 | | 海南七仙岭温泉国家森林公园 | 2001.11 | 2200.00 | 保亭县 |
| 6 | | 海南黎母山国家森林公园 | 2002.12 | 12889.00 | 琼中县 |
| 7 | | 海南海上国家森林公园 | 2005.12 | 526.33 | 儋州市 |

(续)

| 序号 | 省份 | 公园名称 | 建园时间 | 面积(公顷) | 行政区域位置 |
|---|---|---|---|---|---|
| 8 | | 海南霸王岭国家森林公园 | 2006.12 | 8444.30 | 昌江县 |
| 9 | | 海南兴隆侨乡国家森林公园 | 2013.10 | 2815.31 | 万宁市 |
| | | 合 计 | | 119101.93 | |
| 1 | 重庆(26处) | 重庆双桂山国家森林公园 | 1992.09 | 102.00 | 丰都县 |
| 2 | | 重庆小三峡国家森林公园 | 1993.10 | 2000.00 | 巫山县 |
| 3 | | 重庆金佛山国家森林公园 | 1994.12 | 6081.87 | 南川区 |
| 4 | | 重庆黄水国家森林公园 | 1998.09 | 4200.00 | 石柱县 |
| 5 | | 重庆仙女山国家森林公园 | 1999.05 | 2339.70 | 武隆县 |
| 6 | | 重庆茂云山国家森林公园 | 2000.12 | 1910.20 | 彭水县 |
| 7 | | 重庆武陵山国家森林公园 | 2001.11 | 1633.33 | 涪陵区 |
| 8 | | 重庆青龙湖国家森林公园 | 2001.11 | 5236.30 | 璧山县 |
| 9 | | 重庆黔江国家森林公园 | 2001.11 | 12800.00 | 黔江区 |
| 10 | | 重庆梁平东山国家森林公园 | 2001.11 | 3780.00 | 梁平县 |
| 11 | | 重庆桥口坝国家森林公园 | 2002.12 | 7655.17 | 巴南区 |
| 12 | | 重庆铁峰山国家森林公园 | 2002.12 | 9100.00 | 万州区 |
| 13 | | 重庆红池坝国家森林公园 | 2002.12 | 24200.00 | 巫溪县 |
| 14 | | 重庆雪宝山国家森林公园 | 2002.12 | 9771.80 | 开县 |
| 15 | | 重庆歌乐山国家森林公园 | 2003.12 | 1403.03 | 沙坪坝区 |
| 16 | | 重庆玉龙山国家森林公园 | 2003.12 | 3517.39 | 大足区 |
| 17 | | 重庆茶山竹海国家森林公园 | 2003.12 | 9979.00 | 永川区 |
| 18 | | 重庆黑山国家森林公园 | 2003.12 | 2652.00 | 万盛区 |
| 19 | | 重庆九重山国家森林公园 | 2004.12 | 10089.00 | 城口县 |
| 20 | | 重庆大园洞国家森林公园 | 2004.12 | 3459.00 | 江津区 |
| 21 | | 重庆南山国家森林公园 | 2004.12 | 3080.00 | 南岸区 |
| 22 | | 重庆观音峡国家森林公园 | 2005.12 | 1615.00 | 北碚区 |
| 23 | | 重庆天池山国家森林公园 | 2008.01 | 953.40 | 忠县 |
| 24 | | 重庆酉阳桃花源国家森林公园 | 2008.12 | 2734.33 | 酉阳县 |
| 25 | | 重庆巴尔盖国家森林公园 | 2010.09 | 3644.30 | 酉阳县 |
| 26 | | 重庆毓青山国家森林公园 | 2015.12 | 2366.53 | 铜梁区 |
| | | 合 计 | | 136303.35 | |
| 1 | 四川(38处) | 四川都江堰国家森林公园 | 1992.07 | 29548.00 | 都江堰市 |
| 2 | | 四川剑门关国家森林公园 | 1992.07 | 3311.51 | 剑阁县 |
| 3 | | 四川瓦屋山国家森林公园 | 1993.05 | 65869.80 | 洪雅县 |
| 4 | | 四川高山国家森林公园 | 1993.05 | 837.87 | 盐亭县 |
| 5 | | 四川西岭国家森林公园 | 1993.05 | 48650.00 | 大邑县 |
| 6 | | 四川二滩国家森林公园 | 1993.10 | 54546.67 | 盐边县、米易县 |
| 7 | | 四川海螺沟国家森林公园 | 1993.10 | 18598.00 | 泸定县 |
| 8 | | 四川七曲山国家森林公园 | 1994.12 | 2000.00 | 梓潼县 |
| 9 | | 四川九寨国家森林公园 | 1995.11 | 37000.00 | 九寨沟县 |
| 10 | | 四川天台山国家森林公园 | 1995.11 | 1328.00 | 邛崃市 |

（续）

| 序号 | 省份 | 公园名称 | 建园时间 | 面积（公顷） | 行政区域位置 |
|---|---|---|---|---|---|
| 11 | | 四川福宝国家森林公园 | 1997.12 | 11000.00 | 合江县 |
| 12 | | 四川黑竹沟国家森林公园 | 2000.02 | 28154.20 | 峨边县 |
| 13 | | 四川夹金山国家森林公园 | 2000.12 | 88332.10 | 宝兴县、小金县 |
| 14 | | 四川龙苍沟国家森林公园 | 2000.12 | 7776.93 | 荥经县 |
| 15 | | 四川美女峰国家森林公园 | 2001.11 | 1900.00 | 乐山市沙湾区 |
| 16 | | 四川白水河国家森林公园 | 2001.11 | 2271.71 | 彭州市 |
| 17 | | 四川华蓥山国家森林公园 | 2002.12 | 8091.25 | 华蓥市 |
| 18 | | 四川五峰山国家森林公园 | 2002.12 | 876.16 | 大竹县 |
| 19 | | 四川千佛山国家森林公园 | 2002.12 | 7800.00 | 安县 |
| 20 | | 四川措普国家森林公园 | 2002.12 | 48061.77 | 巴塘县 |
| 21 | | 四川米仓山国家森林公园 | 2002.12 | 40155.00 | 南江县 |
| 22 | | 四川天曌山国家森林公园 | 2003.12 | 1334.30 | 广元市利州区 |
| 23 | | 四川镇龙山国家森林公园 | 2003.12 | 2553.00 | 平昌县 |
| 24 | | 四川二郎山国家森林公园 | 2003.12 | 57517.00 | 天全县 |
| 25 | | 四川雅克夏国家森林公园 | 2003.12 | 44889.00 | 黑水县 |
| 26 | | 四川天马山国家森林公园 | 2004.12 | 2297.00 | 巴中市巴州区 |
| 27 | | 四川空山国家森林公园 | 2004.12 | 11511.00 | 通江县 |
| 28 | | 四川云湖国家森林公园 | 2004.12 | 1013.00 | 绵竹市 |
| 29 | | 四川铁山国家森林公园 | 2006.12 | 2666.70 | 达县 |
| 30 | | 四川荷花海国家森林公园 | 2006.12 | 16481.00 | 康定县 |
| 31 | | 四川凌云山国家森林公园 | 2008.01 | 1116.40 | 南充市高坪区 |
| 32 | | 四川北川国家森林公园 | 2012.09 | 3656.00 | 北川县 |
| 33 | | 四川阆中国家森林公园 | 2013.01 | 2330.50 | 阆中市 |
| 34 | | 四川宣汉国家森林公园 | 2015.01 | 4621.27 | 宣汉县 |
| 35 | | 四川苍溪国家森林公园 | 2015.01 | 2898.86 | 苍溪县 |
| 36 | | 四川沐川国家森林公园 | 2015.01 | 6485.93 | 沐川县 |
| 37 | | 四川鸡冠山国家森林公园 | 2015.12 | 2601.55 | 崇州市 |
| 38 | | 四川鲜水河大峡谷国家森林公园 | 2016.03 | 400752.40 | 道孚县、雅江县、新龙县 |
| | | 合　计 | | 1070833.88 | |
| 1 | 贵州（25处） | 贵州百里杜鹃国家森林公园 | 1993.05 | 18114.60 | 黔西县、大方县 |
| 2 | | 贵州竹海国家森林公园 | 1993.05 | 11200.00 | 赤水市 |
| 3 | | 贵州九龙山国家森林公园 | 2001.11 | 12500.00 | 安顺市西秀区 |
| 4 | | 贵州凤凰山国家森林公园 | 2001.11 | 1061.77 | 遵义市红花岗区 |
| 5 | | 贵州长坡岭国家森林公园 | 2001.11 | 1294.21 | 贵阳市白云区、花溪区 |
| 6 | | 贵州尧人山国家森林公园 | 2001.11 | 4787.00 | 三都县 |
| 7 | | 贵州燕子岩国家森林公园 | 2001.11 | 10400.00 | 赤水市 |
| 8 | | 贵州玉舍国家森林公园 | 2002.12 | 924.47 | 水城县 |
| 9 | | 贵州雷公山国家森林公园 | 2002.12 | 4354.73 | 雷山县 |
| 10 | | 贵州习水国家森林公园 | 2003.12 | 14027.46 | 习水县 |
| 11 | | 贵州黎平国家森林公园 | 2003.12 | 5475.00 | 黎平县 |

(续)

| 序号 | 省份 | 公园名称 | 建园时间 | 面积(公顷) | 行政区域位置 |
|---|---|---|---|---|---|
| 12 | | 贵州朱家山国家森林公园 | 2004.12 | 4888.20 | 瓮安县 |
| 13 | | 贵州紫林山国家森林公园 | 2004.12 | 3529.00 | 独山县 |
| 14 | | 贵州㵲阳湖国家森林公园 | 2004.12 | 21283.00 | 黄平县 |
| 15 | | 贵州赫章夜郎国家级森林公园 | 2004.12 | 4733.00 | 赫章县 |
| 16 | | 贵州青云湖国家森林公园 | 2005.12 | 2991.00 | 都匀市 |
| 17 | | 贵州大板水国家森林公园 | 2005.12 | 3132.00 | 遵义市红花岗区 |
| 18 | | 贵州毕节国家森林公园 | 2005.12 | 4133.00 | 毕节市七星关区 |
| 19 | | 贵州仙鹤坪国家森林公园 | 2005.12 | 9065.00 | 安龙县 |
| 20 | | 贵州龙架山国家森林公园 | 2006.12 | 6079.00 | 龙里县 |
| 21 | | 贵州九道水国家森林公园 | 2006.12 | 1244.50 | 正安县 |
| 22 | | 贵州台江国家森林公园 | 2012.01 | 6702.91 | 台江县 |
| 23 | | 贵州甘溪国家森林公园 | 2015.01 | 2680.04 | 贵定县 |
| 24 | | 贵州油杉河大峡谷国家森林公园 | 2015.01 | 5177.92 | 大方县 |
| 25 | | 贵州黄果树瀑布源国家森林公园 | 2015.01 | 5811.29 | 六盘水市六枝特区 |
| | | 合　计 | | 165589.10 | |
| 1 | 云南(27处) | 云南巍宝山国家森林公园 | 1992.11 | 1255.00 | 巍山县 |
| 2 | | 云南天星国家森林公园 | 1992.11 | 7420.00 | 威信县 |
| 3 | | 云南清华洞国家森林公园 | 1992.11 | 9856.47 | 祥云县 |
| 4 | | 云南东山国家森林公园 | 1992.11 | 6281.80 | 弥渡县 |
| 5 | | 云南来凤山国家森林公园 | 1992.11 | 6466.93 | 腾冲县 |
| 6 | | 云南花鱼洞国家森林公园 | 1992.11 | 3143.00 | 河口县 |
| 7 | | 云南磨盘山国家森林公园 | 1992.11 | 24200.00 | 新平县 |
| 8 | | 云南龙泉国家森林公园 | 1992.11 | 1000.00 | 易门县 |
| 9 | | 云南太阳河国家森林公园 | 1992.11 | 6666.67 | 普洱市思茅区 |
| 10 | | 云南金殿国家森林公园 | 1992.11 | 1970.40 | 昆明市盘龙区 |
| 11 | | 云南章凤国家森林公园 | 1993.03 | 7000.00 | 陇川县 |
| 12 | | 云南十八连山国家森林公园 | 1993.05 | 2078.00 | 富源县 |
| 13 | | 云南鲁布革国家森林公园 | 1993.05 | 4866.67 | 罗平县 |
| 14 | | 云南珠江源国家森林公园 | 1993.05 | 4376.00 | 沾益县 |
| 15 | | 云南五峰山国家森林公园 | 1993.05 | 2492.13 | 陆良县 |
| 16 | | 云南钟灵山国家森林公园 | 1993.05 | 540.00 | 寻甸县 |
| 17 | | 云南棋盘山国家森林公园 | 1997.12 | 1085.00 | 昆明市西山区 |
| 18 | | 云南灵宝山国家森林公园 | 1997.12 | 811.20 | 南涧县 |
| 19 | | 云南铜锣坝国家森林公园 | 1999.05 | 3237.00 | 水富县 |
| 20 | | 云南五老山国家森林公园 | 1999.05 | 3604.00 | 临沧市临翔区 |
| 21 | | 云南紫金山国家森林公园 | 2000.12 | 1700.00 | 楚雄市 |
| 22 | | 云南飞来寺国家森林公园 | 2000.12 | 3431.25 | 德钦县 |
| 23 | | 云南圭山国家森林公园 | 2000.12 | 3206.00 | 石林县 |
| 24 | | 云南新生桥国家森林公园 | 2001.11 | 2616.00 | 兰坪县 |
| 25 | | 云南西双版纳国家森林公园 | 2004.12 | 1801.70 | 景洪市 |

（续）

| 序号 | 省份 | 公园名称 | 建园时间 | 面积(公顷) | 行政区域位置 |
|---|---|---|---|---|---|
| 26 | | 云南宝台山国家森林公园 | 2005.12 | 1047.00 | 永平县 |
| 27 | | 云南双江古茶山国家森林公园 | 2015.01 | 5412.00 | 双江县 |
| | | 合　计 | | 117564.22 | |
| 1 | 西藏<br>(9处) | 西藏巴松湖国家森林公园 | 2001.11 | 410000.00 | 工布江达县 |
| 2 | | 西藏色季拉国家森林公园 | 2001.11 | 400000.00 | 林芝县、米林县 |
| 3 | | 西藏冈仁波齐国家森公园 | 2004.12 | 167703.91 | 普兰县 |
| 4 | | 西藏班公湖国家森公园 | 2004.12 | 48159.00 | 日土县 |
| 5 | | 西藏然乌湖国家森公园 | 2004.12 | 116150.00 | 八宿县 |
| 6 | | 西藏热振国家森公园 | 2004.12 | 7463.00 | 林周县 |
| 7 | | 西藏姐德秀国家森公园 | 2004.12 | 8498.00 | 贡嘎县 |
| 8 | | 西藏尼木国家森林公园 | 2009.07 | 6192.00 | 尼木县 |
| 9 | | 西藏比日神山国家森林公园 | 2012.01 | 22594.15 | 林芝县 |
| | | 合　计 | | 1186760.06 | |
| 1 | 陕西<br>(35处) | 陕西太白山国家森林公园 | 1991.08 | 2949.00 | 眉县 |
| 2 | | 陕西延安国家森林公园 | 1992.04 | 5446.67 | 延安市宝塔区 |
| 3 | | 陕西楼观台国家森林公园 | 1992.07 | 27487.00 | 周至县 |
| 4 | | 陕西终南山国家森林公园 | 1992.07 | 4799.00 | 西安市长安区 |
| 5 | | 陕西天台山国家森林公园 | 1993.05 | 8100.00 | 宝鸡市渭滨区 |
| 6 | | 陕西天华山国家森林公园 | 1997.12 | 6000.00 | 宁陕县 |
| 7 | | 陕西朱雀国家森林公园 | 1999.05 | 2621.00 | 户县 |
| 8 | | 陕西南宫山国家森林公园 | 2000.02 | 3100.00 | 岚皋县 |
| 9 | | 陕西王顺山国家森林公园 | 2000.12 | 3633.00 | 蓝田县 |
| 10 | | 陕西五龙洞国家森林公园 | 2001.11 | 5800.00 | 略阳县 |
| 11 | | 陕西骊山国家森林公园 | 2001.11 | 1873.30 | 西安市临潼区 |
| 12 | | 陕西汉中天台国家森林公园 | 2002.12 | 3929.00 | 汉中市汉台区 |
| 13 | | 陕西黎坪国家森林公园 | 2002.12 | 9400.00 | 南郑县 |
| 14 | | 陕西金丝大峡谷国家森林公园 | 2002.12 | 1790.00 | 商南县 |
| 15 | | 陕西通天河国家森林公园 | 2002.12 | 5235.00 | 凤县 |
| 16 | | 陕西木王国家森林公园 | 2003.12 | 3616.00 | 镇安县 |
| 17 | | 陕西榆林沙漠国家森林公园 | 2003.12 | 871.40 | 榆林市榆阳区 |
| 18 | | 陕西劳山国家森林公园 | 2004.12 | 1933.00 | 甘泉县 |
| 19 | | 陕西太平国家森林公园 | 2004.12 | 6085.00 | 户县 |
| 20 | | 陕西鬼谷岭国家森林公园 | 2004.12 | 5135.00 | 石泉县 |
| 21 | | 陕西蟒头山国家森林公园 | 2005.12 | 2120.00 | 宜川县 |
| 22 | | 陕西玉华宫国家森林公园 | 2005.12 | 3200.00 | 铜川市印台区 |
| 23 | | 陕西千家坪国家森林公园 | 2005.12 | 2145.00 | 平利县 |
| 24 | | 陕西上坝河国家森林公园 | 2006.12 | 4526.00 | 宁陕县 |
| 25 | | 陕西黑河国家森林公园 | 2006.12 | 7462.20 | 周至县 |
| 26 | | 陕西洪庆山国家森林公园 | 2006.12 | 3000.00 | 西安市灞桥区 |
| 27 | | 陕西牛背梁国家森林公园 | 2008.01 | 2123.70 | 柞水县 |

(续)

| 序号 | 省份 | 公园名称 | 建园时间 | 面积(公顷) | 行政区域位置 |
|---|---|---|---|---|---|
| 28 | | 陕西天竺山国家森林公园 | 2008.12 | 1809.00 | 山阳县 |
| 29 | | 陕西紫柏山国家森林公园 | 2008.12 | 4662.00 | 留坝县 |
| 30 | | 陕西少华山国家森林公园 | 2008.12 | 6300.00 | 华县 |
| 31 | | 陕西石门山国家森林公园 | 2010.09 | 8856.00 | 旬邑县 |
| 32 | | 陕西黄陵国家森林公园 | 2012.01 | 4358.50 | 黄陵县 |
| 33 | | 陕西青峰峡国家森林公园 | 2013.01 | 6878.00 | 太白县 |
| 34 | | 陕西黄龙山国家森林公园 | 2013.01 | 9913.00 | 黄龙县 |
| 35 | | 陕西汉阴凤凰山国家森林公园 | 2014.02 | 8235.00 | 汉阴县 |
| | | 合　计 | | 185391.77 | |
| 1 | 甘肃(22处) | 甘肃吐鲁沟国家森林公园 | 1992.09 | 5848.00 | 永登县 |
| 2 | | 甘肃石佛沟国家森林公园 | 1992.09 | 6376.00 | 兰州市七里河区 |
| 3 | | 甘肃松鸣岩国家森林公园 | 1992.09 | 2666.67 | 和政县、康乐县 |
| 4 | | 甘肃云崖寺国家森林公园 | 1992.11 | 14891.00 | 庄浪县 |
| 5 | | 甘肃徐家山国家森林公园 | 1992.11 | 171.07 | 兰州市城关区 |
| 6 | | 甘肃贵清山国家森林公园 | 1996.08 | 6200.00 | 漳县 |
| 7 | | 甘肃麦积国家森林公园 | 1997.12 | 8442.00 | 天水市麦积区 |
| 8 | | 甘肃鸡峰山国家森林公园 | 1999.05 | 4200.00 | 成县 |
| 9 | | 甘肃渭河源国家森林公园 | 2000.12 | 7917.00 | 渭源县 |
| 10 | | 甘肃天祝三峡国家森林公园 | 2002.12 | 138706.00 | 天祝县 |
| 11 | | 甘肃冶力关国家森林公园 | 2002.12 | 79400.00 | 卓尼县、临潭县、康乐县 |
| 12 | | 甘肃官鹅沟国家森林公园 | 2003.12 | 41996.10 | 宕昌县 |
| 13 | | 甘肃沙滩国家森林公园 | 2003.12 | 17415.00 | 舟曲县 |
| 14 | | 甘肃腊子口国家森林公园 | 2003.12 | 27896.90 | 迭部县 |
| 15 | | 甘肃大峪国家森林公园 | 2003.12 | 27625.00 | 卓尼县 |
| 16 | | 甘肃小陇山国家森林公园 | 2005.12 | 19670.00 | 天水市麦积区、两当县 |
| 17 | | 甘肃文县天池国家森林公园 | 2005.12 | 14338.00 | 文县 |
| 18 | | 甘肃莲花山国家森林公园 | 2005.12 | 4873.00 | 康乐县、临潭县、卓尼县、渭源县、临洮县 |
| 19 | | 甘肃周祖陵国家森林公园 | 2005.12 | 613.70 | 庆城县 |
| 20 | | 甘肃寿鹿山国家森林公园 | 2005.12 | 1086.01 | 景泰县 |
| 21 | | 甘肃大峡沟国家森林公园 | 2005.12 | 4070.00 | 舟曲县 |
| 22 | | 甘肃子午岭国家森林公园 | 2015.01 | 37350.00 | 华池县、宁县、合水县、正宁县 |
| | | 合　计 | | 471751.45 | |
| 1 | 宁夏(4处) | 宁夏六盘山国家森林公园 | 2000.02 | 7900.00 | 泾源县 |
| 2 | | 宁夏苏峪口国家森林公园 | 2000.02 | 9587.00 | 贺兰县 |
| 3 | | 宁夏花马寺国家森林公园 | 2002.12 | 5000.00 | 盐池县 |
| 4 | | 宁夏火石寨国家森林公园 | 2003.12 | 6100.00 | 西吉县 |
| | | 合　计 | | 28587.00 | |
| 1 | 青海(7处) | 青海坎布拉国家森林公园 | 1992.11 | 15247.00 | 尖扎县 |
| 2 | | 青海北山国家森林公园 | 1992.11 | 112723.00 | 互助县 |
| 3 | | 青海大通国家森林公园 | 2001.11 | 4747.10 | 大通县 |

（续）

| 序号 | 省份 | 公园名称 | 建园时间 | 面积(公顷) | 行政区域位置 |
|---|---|---|---|---|---|
| 4 | | 青海群加国家森林公园 | 2002.12 | 5849.00 | 湟中县 |
| 5 | | 青海仙米国家森林公园 | 2003.12 | 148025.00 | 门源县 |
| 6 | | 青海哈里哈图国家森林公园 | 2005.12 | 5170.50 | 乌兰县 |
| 7 | | 青海麦秀国家森林公园 | 2005.12 | 1535.00 | 泽库县 |
| | | 合　计 | | 293296.60 | |
| 1 | 新疆<br>（21处） | 新疆天山大峡谷国家森林公园 | 1993.05 | 84737.08 | 乌鲁木齐县 |
| 2 | | 新疆天池国家森林公园 | 1994.12 | 44627.00 | 阜康市 |
| 3 | | 新疆那拉提国家森林公园 | 2001.11 | 6025.00 | 新源县 |
| 4 | | 新疆巩乃斯国家森林公园 | 2001.11 | 73104.00 | 和静县 |
| 5 | | 新疆贾登峪国家森林公园 | 2002.12 | 38985.00 | 布尔津县 |
| 6 | | 新疆白哈巴国家森林公园 | 2002.12 | 48376.00 | 哈巴河县 |
| 7 | | 新疆江布拉克国家森林公园 | 2003.12 | 51474.90 | 奇台县 |
| 8 | | 新疆唐布拉国家森林公园 | 2003.12 | 34237.00 | 尼勒克县 |
| 9 | | 新疆科桑溶洞国家森林公园 | 2003.12 | 16400.00 | 特克斯县 |
| 10 | | 新疆金湖杨国家森林公园 | 2003.12 | 2000.00 | 泽普县 |
| 11 | | 新疆巩留恰西国家森林公园 | 2004.12 | 55600.00 | 巩留县 |
| 12 | | 新疆哈密天山国家森林公园 | 2004.12 | 166570.30 | 哈密市、巴里坤县、伊吾县 |
| 13 | | 新疆哈日图热格国家森林公园 | 2004.12 | 26848.00 | 温泉县 |
| 14 | | 新疆乌苏佛山国家森林公园 | 2008.12 | 39343.56 | 乌苏市、奎屯市、克拉玛依市独山子区 |
| 15 | | 新疆哈巴河白桦国家森林公园 | 2010.09 | 24700.95 | 哈巴河县 |
| 16 | | 新疆阿尔泰山温泉国家森林公园 | 2010.09 | 88793.00 | 福海县、富蕴县 |
| 17 | | 新疆夏塔古道国家森林公园 | 2010.09 | 38507.49 | 昭苏县 |
| 18 | | 新疆塔西河国家森林公园 | 2012.01 | 4309.14 | 玛纳斯县 |
| 19 | | 新疆巴楚胡杨林国家森林公园 | 2012.01 | 169371.03 | 巴楚县 |
| 20 | | 新疆乌鲁木齐天山国家森林公园 | 2015.01 | 21236.06 | 乌鲁木齐市米东区、水磨沟区 |
| 21 | | 新疆车师古道国家森林公园 | 2015.01 | 100120.00 | 吉木萨尔县 |
| | | 合　计 | | 1135365.51 | |
| | | 共　计(827处) | | 11535828.47 | |

（国家林业局森林公园保护与发展中心）

**【2016年森林公园十件大事】**

**“十二五”森林公园建设发展情况**　“十二五”期间，我国新增森林公园651处、新增保护面积124.02万公顷。其中，新增国家级森林公园80处、新增保护面积73.4万公顷；新增旅游道路2.7万千米、旅游车船1.03万(台)艘、接待床位30.14万个、餐位63.41万个；全国森林公园共接待游客31.1亿人次，旅游总收入达2598.54亿元，年增长率分别为15%和19%，带动社会综合旅游收入达2.54万亿元。全国森林公园还投入253.62亿元专门用于资源的保护培育和生态建设，共营造风景林52.09万公顷，改造林相87.73万公顷。目前，中国48处世界遗产中有18处以森林公园为主体，33处世界地质公园中有21处是森林公园。

**对未编总体规划的国家森林公园下发整改通知**　3月7日，国家林业局场圃总站分别向安徽、福建、江西、湖南、广东、陕西省林业厅下发通知，对安徽黄山等53处存在未编制总体规划或总体规划到期问题的国家级森林公园，责令18个月内完成国家级森林公园总体规划的编制和上报。

通知指出，逾期仍未上报国家级森林公园总体规划、导致国家级森林公园主体功能无法发挥的，将依照《国家级森林公园管理办法》相关规定撤销该国家级森林公园。

**举办2016年国家级森林公园申报培训班** 3月28～31日，2016年度国家级森林公园申报培训班在云南省普洱市举办。本次培训班课程专门编印了《森林公园管理法规规定汇编》，重点解读了国家级森林公园审批与申报、国家级森林公园管理和总体规划编制的政策规定，还特别讲解了江苏东台海滨国家森林公园申报、江苏张家港暨阳湖国家生态公园建设以及云南普洱国家公园建设的典型案例，理论讲授、专题讨论与现场教学相结合，大家普遍反映提高了认识、拓宽了思路、深化了理解，为有效做好国家级森林公园建设发展工作奠定了坚实基础。

**《省级以下森林公园审批有关事项的通知》下发** 4月15日，国家林业局印发《关于省级以下森林公园审批有关事项的通知》，要求各地把省级以下森林公园审批作为本地区森林公园建设发展工作的重要环节，认真抓实做好。通知要求，省(市、县)级森林公园行政审批要按行政许可法的规定进一步完善审批程序、简化审批环节、减少申请材料，加强规范；对尚未出台地方性法规或者省级人民政府规章的，要加快推进森林公园立法，力争尽早出台，依法实施省(市、县)级森林公园行政审批。

**59人获国家森林公园自然讲解员证书** 5月16～21日，2016年度国家级森林公园自然教育研讨班在湖南省长沙市县级举办。研讨班课程内容分为理论篇、设计篇、实践篇和经验篇4部分，其中既有课堂授课、现场教学，也有经验介绍，并通过课堂表现和综合考核相结合的方式，使学员较为全面了解自然教育的基础理论，掌握了自然教育活动设计和组织的原则和技巧。参训人员普遍认为，研讨班理论性强、操作性实，学习效果明显，对提升森林公园自然教育及解说人员业务素质，促进自然教育工作的规范化、专业化发展具有积极意义。经过考核，59人获国家森林公园自然讲解员证书。

**《建设项目使用国家级森林公园林地审查意见办理规程(试行)》制定** 6月，国家林业局场圃总站制定《建设项目使用国家级森林公园林地审查意见办理规程(试行)》，对建设项目使用国家级森林公园林地审查意见的申请材料、办理程序、出具不予同意审查意见的情形、未如实提供申请材料或提供虚假材料情况的处理等作出明确规定。

**对2012年批建的国家级森林公园开展“回头看”** 6月6～9日，2016年度森林公园建设管理研讨班在山东省邹城市举办，来自2012年度设立的18处国家级森林公园负责人、所在地的党政分管领导，有关的11个省级林业部门森林公园处室主管人员等参加研讨。本次研讨班采取课堂研讨、专题讲座、现场教学等形式，研究分析了新形势下森林公园建设管理和监督检查的新情况，学习了解了新技术在森林公园建设管理中的应用，对有效规范森林公园建设管理和强化森林公园监督检查增进了认识。参加人员普遍反映研讨班的针对性强、借鉴价值高、方法措施可行，受益良多。

**《城郊森林公园理论与实践》出版** 10月，由国家林业局森林公园管理办公室、福建农林大学、福建省社会科学研究基地生态文明研究中心共同编著的《城郊森林公园理论与实践》一书出版发行。全书属“森林公园理论与实践系列”丛书之一，内容包括理论篇、实践篇、国(境)外案例篇、支撑篇，共29章，对城郊森林公园运用的基础理论知识进行了梳理和提炼，对各地在城郊森林公园建设发展中的实践经验、具体做法、发展模式进行了研究和总结。

**举办森林公园工作座谈会暨主任培训班** 12月12～18日，2016年度国家级森林公园主任培训班在云南省昆明市举办。培训班课程涵盖生态旅游、自然保护、自然解说、生态文化等多方面，课堂讲授了森林风景资源管理新方法与森林旅游体验新技术，森林公园自然体验、教育、康养的规划设计，森林公园自然解说的理论与实践，中国森林体验基地申报及建设思路等内容，讲解了森林公园管理运营及智慧旅游的新技术新产品，开展了森林公园建设及野生动物科普教育、植物解说实践两次现场教学活动。通过理论讲授、案例解析及现场教学，大家普遍反映提高了认识、拓宽了思路、深化了理解，为有效做好国家级森林公园建设发展工作奠定了坚实基础。在此期间，还举办了2016年度国家级森林公园管理高级研讨班。研讨班上，不仅讲授了森林风景资源管理新方法与森林旅游体验新技术、自然保护地理念与云南的探索等内容，8个省级林业部门主管人员还分享了本地区森林公园森林旅游旅游管理实践经验，国家林业局森林公园管理办公室主任杨超结合培训内容对2016年森林公园森林旅游管理情况进行了总结，并对2017年工作提出了明确要求。

**评审通过21处国家级森林公园** 12月27～28日，2016年度国家级森林公园专家评审会在北京市召开。中国森林风景资源评价委员会专家委员经过严格审查，认为太行洪谷等21处达到国家级森林公园的资源质量条件，建议提交国家林业局审定批准。

（国家林业局森林旅游管理办公室）

**【自然保护区发展概述】** 截至2016年年底，全国共建立各种类型、不同级别的自然保护区2750个，保护区总面积14733万公顷。其中，自然保护区陆地面积约14288万公顷，占全国陆地面积的14.88%。国家级自然保护区446个，面积约9695万公顷，其中陆地面积占全国陆地面积的9.97%。

**湿 地** 2016年，国家湿地公园试点总数达到836处，新增国家湿地公园试点134处，新增保护面积23.5万公顷。实施湿地保护与修复工程、中央财政湿地补贴项目300多个，恢复退化湿地30万亩，退耕还湿20万亩。

**海洋国家级自然保护区** 监测的65个国家级海洋保护区中，36个保护区开展保护对象监测，54个保护区开展水质监测。结果表明，大部分保护区的保护对象和水质状况基本保持稳定。开展监测的保护对象中，珊瑚、红树、贝藻类等基本保持稳定；贝壳堤面积有所减少，出露滩面的古树桩多被侵蚀。

**典型海洋生态系统** 监测的21个典型海洋生态系统中，处于健康、亚健康和不健康状态的海洋生态系统个数分别占生态系统总数的23.8%、66.7%和9.5%。

**风景名胜区** 截至2016年年底，全国共建立国家级风景名胜区225处，总面积约10.36万平方千米，约占全国国土面积的1.08%；省级风景名胜区737处，总面积约9.2万平方千米；全国省级（含）以上风景名胜区面积约占国土面积的2.03%。有40处国家级风景名胜区、9处省级风景名胜区被联合国教科文组织列入《世界遗产名录》。

**表3 2016年全国不同类型自然保护区情况**

| 类 型 | 数量（个） | 面积（公顷） |
|---|---|---|
| 森林生态 | 1427 | 31728927 |
| 草原草甸 | 41 | 1654155 |
| 荒漠生态 | 31 | 40054288 |
| 内陆湿地 | 383 | 31105732 |
| 海洋海岸 | 68 | 716828 |
| 野生动物 | 529 | 38770689 |
| 野生植物 | 153 | 1769717 |
| 地质遗迹 | 85 | 982564 |
| 古生物遗迹 | 33 | 549557 |
| 合 计 | 2750 | 147332457 |

（2016年中国环境状况公报）

# 林木种苗产业

【概　述】 2016年，林木种苗供应和林木种苗生产情况总体保持平稳，林木种苗生产供应能力稳步提升。据统计，全国2016年共采收林木种子3182万千克，苗木生产总量704亿株。可供2017年造林绿化林木种子3695万千克，苗木总量为419亿株。从数量上看，基本满足全国造林绿化需求。

**2016年林木种苗生产情况**　2016年，全国共采收林木种子3182万千克，实际用种2458万千克；2016年全国育苗面积2111万亩，育苗总量704亿株，其中可供造林苗木419亿株，实际用苗量169亿株。

**种子生产**　全国共采收林木种子3182万千克，同比2015年增加了538万千克，增幅达20%。其中，林木良种1091千克，增加了427万千克。良种穗条66.3亿条(根)，减少79.7亿条(根)。

**苗木生产**　全国共完成育苗面积2111万亩，同比2015年增加65万亩，增加3.2%。其中，新育面积284万亩，占育苗总面积的13.45%；苗木生产总量704亿株，同比2015年增加4.9%。其中，容器育苗产量为104.4亿株，良种苗211.5亿株。

**2016年育苗单位情况**　全国实有苗圃总数365199个，其中国有苗圃为4863个，占苗圃总数1.33%；2016年实际育苗面积2111万亩，其中国有苗圃育苗面积106万亩，占总面积5.02%。

同比2015年，2016年全国苗圃总数减少6430个，减少1.73%；其中，国有苗圃减少6407个，减少22.44%。其中国有苗圃育苗面积减少16万亩，减少13.1%。

**2016年林木种苗使用和库存情况**　2016年实际用种2458万千克，同比2015年增加了11.2%。其中良种895万千克，增加43%；良种穗条79亿条(根)，减少47.6%；除留圃苗木外，实际用苗量为169亿株，同比增加3.2%。其中使用容器苗32.1亿株，良种苗58.1亿株。用于经济林和用材林苗木68.5亿株，同比增加1.5亿株；用于防护林等其他类型苗木100.5亿株，同比增加5.9亿株。用于防护林、用材林、经济林和其他林分苗木分别占2016年造林绿化使用总量的28.5%、20.3%、19.5%、31.7%。

截至2016年种子采收前，全国库存林木种子513万千克，其中良种102万千克。

(国家林业局国有林场和林木种苗工作总站　于滨丽)

# 各省(区、市)林业产业

# PROVINCIAL FOREST INDUSTRY

# 北京市林业产业

【概　述】 2016年，全系统认真贯彻习近平总书记系列讲话精神，牢固树立新发展理念，在市委、市政府的正确领导下，围绕首都城市战略定位和国际一流和谐宜居之都的目标，全面加快园林绿化建设，实现了“十三五”发展的良好开局。绿色惠民产业加快转型升级，林业产业工作有序推进，任务目标按时完成。

**创新果树产业经营机制**　推广现代栽培技术，新建和改造果园4.07万亩，全市果品产量达8.1亿千克，果品收入41.8亿元，28万户农户户均果品收入达1.5万元；落实“两田一园”空间划定，全市划定鲜果果园空间103.2万亩、干果资源100.3万亩，并全部上图入库；果树产业发展基金正式运行，通过创新新型担保方式，培育新型经营主体193个，对5个家庭农场、4家专业合作社、18家企业总投入1.2亿元，推动了果树产业规模化经营。加强食用林产品质量安全检测，全年抽检主产果品样品合格率达98%。

**平原地区规模化苗圃建设**　全年新建苗圃3万亩，全市累计建成规模化苗圃130个，总面积11.6万亩，超额完成10万亩建设任务。通过推进规模化苗圃建设，预计吸引社会资金60亿元；新增31个千亩以上规模化苗圃，全市累计达到53个，涌现出通州漷县、延庆旧县和永宁镇等一批示范基地；培育乔木1800万株，大规格苗木自给率提高30个百分点，达到80%；同时，带动近万人绿岗就业，取得显著的生态、经济和社会效益。

**花卉和蜂产业**　新增花卉种植面积1万余亩，全市花卉生产面积达到6万余亩，年产值达到11.7亿元；蜂产业成为山区精准扶贫的新亮点，全市蜜蜂饲养总量达到25万群，养蜂总产值达到1.8亿元，带动京郊千余户农民实现增收致富，密云区荣获“中国蜜蜂之乡”称号。

**林下经济**　新发展林下经济种植养殖面积8.14万亩，全市累计达到21.78万亩，总收益达2.15亿元，1.2万农户户均增收1.79万元，带动就业1.9万人。

**生态建设带动农民就业**　通过完善一、二道绿隔、五河十路绿色通道生态林统筹管护政策，市财政每年投入用地补助和管护资金达10.94亿元，新吸纳8900余农民就业，全市平原绿化累计带动2.4万农民绿岗就业，人均月收入超过3000元。

【果树产业】

**果树产业重点工作**　超额完成2016年4万亩新建、更新和改造重点任务。据统计，2016年已完成新建、更新和提升改造果树4.34万亩，其中新发展现代高效果园1.32万亩，更新低效果园1.44万亩，低效果园改造1.58万亩。培育新型经营主体193个，其中家庭农场44个，经营面积2647亩；合作组织68个，经营面积13649亩；集体经营果园17个，经营面积2037亩；企业64个，经营面积15490亩。四类经营主体平均经营面积分别为60亩、200亩、120亩及242亩。另有农户家庭果园9600亩。

率先并超额完成百万亩鲜果生产空间划定工作。2015年10月28日，市政府印发《关于开展农业生产空间划定工作的通知》(京政办函〔2015〕110号)，提出在2020年以前北京市农业粮田、菜田、果园生产空间保有量不低于250万亩。明确提出了“两田一园”空间划定工作的进度要求。按照职责分工，市农委牵头，市农业局负责粮田、菜田空间划定工作，北京市园林绿化局负责平原100万亩鲜果果园空间划定。按照领导部署，北京市园林绿化局由市林业勘察设计院、局信息中心组成联合工作组，以全市“十二五”二类森林资源清查数据为基础，率先完成“一园”划定工作。落实面积103.2万亩，同时还完成了全市100.3万亩干果资源的空间划定工作。全部果树资源已上图入库(数据库)，实现了全市果树资源分树种、到地块的空间划定工作的全覆盖。该项工作的完成，将为北京市今后果树产业发展科学决策、高效管理、精准服务奠定坚实的基础。目前工作成果已向局领导进行专项汇报并报送北京市副市长林克庆。

**新发展10万亩果园，改造50万亩低效果园** 召开2016年高效节水现代化果园建设及低效果园改造工作推进会。5月27日，北京市园林绿化局组织召开了2016年高效节水现代化果园建设及低效果园改造工作推进会。各区园林绿化局、平谷区果品办公室及海淀区农委相关负责人参加了会议，重点汇报了该项工作的进展情况、典型经验、果树产业扶持政策，以及在实施过程中遇到的困难和问题。各区主要做法是：一是龙头企业带动，通过自建、自管果园，为周边果农做好示范带动；二是把中小型果园引入技术服务组织，转变果农经营理念，确保果树高产稳产，提高经济效益；三是创新家庭精品果园，确保远、散、小等果园实现经济效益最大化。四是针对土地流转不通畅、缺少投入资金、项目评审时缺少政策性依据、缺乏宣传、投资者对高效现代化果园认知程度不高的问题，从北京果树产业发展的方向上，明确与中央农业发展精神一致；在促进果树产业发展上，积极争取各方面扶持政策；在更新及改造的相关标准上，确保基层有章可循，制定和完善新植规章；在研究市场开发问题上，充分利用“互联网+”果品产业发展，解决果品销售难的问题；在加大宣传力度上，树立典型，推动全市果树产业健康发展。

**新发展与低效果园改造检查验收工作** 对2013年以来新发展10万亩果园和改造50万亩低效果园重点任务已完成项目并进行检查验收。按照细化落实重点任务的要求，新发展10万亩高效果园、改造50万亩低效果园重点任务目前已落实到各区和乡镇一级，正抓紧落实到村。“十三五”期间，规划完成新发展和更新改造总任务34万亩；其中新发展7万亩，更新13万亩，改造14亩。

**果树产业现代化建设** 与互联网企业合作开展产业信息化建设，促进产销对接。与北京奥科美技术服务有限公司合作，利用其开发的互联网平台，搭建果园生产管理、产销对接、技术服务、安全质量追溯4个平台，具有数字化生产计划管理、种植过程管理、销售管理、采收库存管理、绿色履历、统计分析等功能，帮助果园实现果树标准化管理，推进果园与渠道商的网上对接。现已采集京郊果园信息268个，邀请超过1000家渠道商入驻该平台。

与高德地图合作，实现采摘“一键”直达。为了方便市民采摘，积极与高德地图合作，将北京市规模较大、安全绿色、服务规范的鲜果采摘园位置信息在高德地图上进行了标注，今后市民和采摘游客通过高德地图应用程序搜索“北京樱桃园”“北京苹果园”“北京梨园”“北京葡萄园”等关键词，即可选择心仪的采摘目的地，直接导航，“一键”直达。2016年根据果品成熟期，陆续组织发布了北京郊区杏、李子、蓝莓、梨、桃、葡萄、苹果、柿子、板栗等主要果园的信息，已上线果园346个，后续还将持续更新，方便市民前往观光采摘。

加大宣传力度，多渠道推介北京果品。为了解决北京市果品销售难的问题，主动与新闻媒体对接，在各果品采收季节积极宣传，并与BTV高收视率栏目《养生堂》合作专题宣传果品与健康的知识，目前已完成两期。另外，针对2016年部分区遭受雹灾、水灾给果农造成巨大损失的情况，第一时间积极组织专家指导自救，并在新闻媒体广泛宣传。仅2016年下半年，北京电视台在《北京新闻》节目中就播出3次北京果树产业发展的新闻。《养生堂》节目及北京新闻的宣传，树立北京果品和北京市园林绿化局的良好形象；利用新媒体，在局官方微博、微信公众号、果树交流微信群等信息平台对北京市果树产业进行宣传介绍，提升公众关注度和参与性。

举办首届果园先进机械现场会，促进果园生产机械化。为了宣传推广高效现代化节水果园栽培模式，全面提升果园现代化水平，引导果园向规模化生产、机械化操作、集约化经营管理迈进，9月23日，举办了首届林果先进机械现场会。来自国内外的9家果园机械经销商携带20多个型号的果园机械，为京郊各地的100余家果树种植大户、果品生产企业进行现场展示和服务咨询。

组织北京市果品参加京津冀名优果品争霸赛。为深入贯彻落实京津冀协同发展国家战略，实现三地优势互补，合作共赢，组织各区30个精选样品参加了第二十届中国(廊坊)农产品交易会议期间举办的“硅谷杯”京津冀名优果品争霸赛。经过中国林业科学研究院、中国农业大学等国家级专家评委和京津地区评委的权威评审，全市共有7个产品获得“果王”称号和大赛金奖，其中北京兴隆庄果品产销专业合作社的莱山蜜桃获得“桃王”称号，北京顺义区北务香逸葡萄大观园的“巨玫瑰葡萄”获得“葡萄王”称号；北京长子营昌兴种植园的“新高梨”获得“梨王”称号；美康佳源(北京)农业科技有限公司的榛子、北京龙湾玉明果品产销专业合作社的金冠苹果、北京顺义区北务香逸葡萄大观园的醉金香葡萄、金果天地(北京)生态科技有限公司的燕特红桃获得大赛金奖。

**落实重点任务的主要措施** 2015年12月7日，北京市副市长林克庆召集召开了推进果树产业发展专题调研会，重点听取了区园林绿化局、果树产业基金等对推进新发展10万亩高效节水果园、改造50万亩低效果园重点任务落实情况的汇报，并对果树产业发展作出指示。会后，北京市园林绿化局落实副市长林克庆果树产业发展专题调研会精神，起草了《关于果树产业发展专题调研会精神和近期需要落实的重点工作的通知》下发各区园林绿化局、果办，并多次利用会议、调研机会就贯彻落实提出明确要求。各区园林绿化部门以会议为契机，结合自身实际，积极研究制定了详尽的落实方案，其中密云、怀柔、昌平、顺义及平谷5个区还制定了专项扶持政策。如密云区对符合条件的新建果园项目给予投入总额50%的支持(最高8000～9000元/亩)；怀柔区对于新发展高效果园给予6600～8800元/亩奖励(区分地域、分期拨付、手续简便)；昌平区对更新发展苹果提供苗木、果袋、矮砧支柱、生物菌剂、质量安全认证等7项补贴；顺义区投入1000万元扶持高效现代果品产业示范建设项目，投入10万元支持果树专业技术培训项目，投入50万元扶持果品质量安全检测项目；平谷区对2016年验收合格的高密植桃园给予1500元/亩奖励；其他区县也正在研究制定相关扶持政策，推进重点任务落实。

利用果树投资基金推进果树产业发展初见成效。北京市果树产业发展基金，按照“政府引导、社会参与、市场运作、分类管理”的基本原则进行操作，既要保证经营者使用便捷高效，又要控制投资风险，同时注重与北京林果业政策相结合、与北京果品产业链发展相结合、与首都休闲观光农业发展相结合。基金设立方案得到副市长林克庆充分肯定，评价本基金是北京市大农业投融资领域的首次创新，倒逼政府部门和经营者转变思想观念和发展方式。按照市领导、局领导指示，北京市园林绿化局积极与市财政局、农投公司全力开展果树基金的相关筹备工作。北京市果树产业发展基金3月29日正式取得工商营业执照，投入运营。2016年上半年，北京市园林绿化局与市农业投资有限公司、六合基金管理公司、北京农村产权交易所、北京农担等单位共同到高效果园发展重点区县进行调研走访，直接与经营主体见面，就果树基金政策、借款条件、担保措施等进行沟通，听取区园林绿化部门和经营主体意见，在此基础上，根据经营主体类别实际情况，研究设置了差异化、个性化、经营主体能够接受的条件，探索创新有效担保措施，除常规担保措施外，尝试开展土地经营权质押、果树抵押、果品预售权质押、设置共管账户等新型担保方式。降低了经营主体的融资申请难度，降低融资成本，灵活设置投资期限。各区对运用基金推进重点任务的积极性较高，经过市、区园林绿化部门初审、复审，目前共向基金推荐了3批项目，基金管理机构对项目进行了尽职调查，及投资决策。截至2016年9月底，果树基金已投资和审批通过的项目共计11个，投资总额5637万元。投资果园面积6593亩，被投资主体包含6家企业、2家专业合作社和3个家庭农场。其中已放款的项目7个，总金额2150万元；基金投资决策委员会已通过、正在走银行放款流程的项目4个，总投资额3487万元。投资方式包括股权投资和债权投资，其中股权投资2300万元，委托商业银行发放贷款3337万元。最大单笔投资2300万元，最小单笔投资50万元，平均单笔投资额512万元。

在吸引社会资金方面，果树基金与正大集团、市供销社等单位经多次商谈，拟通过共同设立子基金的形式吸引和放大财政资金，目前已形成初步方案，准备报市财政局和市园林绿化局批准后落实子基金设立事宜。初步方案为：果树基金出资3000万元，与正大集团、平谷区政府共同发起设立正大平谷果业子基金(暂定名正大平谷果业发展投资基金)，首期基金总规模2亿元。正大集团和平谷区政府作为合伙人各承诺出资1000万元，同时向社会金融机构募集资金，围绕正大集团及平谷区的大桃产业规划投资高效节水果园及相关产业链项目。

**设施果树生产**　全市共有设施果树1.2万亩，其中结果面积7613亩(结果棚室6040个)，结果面积的平均亩收入3.4万元。据初步统计，2016年全市设施果品总产量达到854.3万千克，总收入2.6亿元，均与2015年基本持平。2016年全市新发展设施果树共338亩、374个棚室，同比分别增长31.0%、30.3%。随着设施栽培技术的不断完善，果农的精品意识、市场意识不断增强，严格按照无公害乃至有机果品标准进行生产管理，保持了较高效益水平。

樱桃种植面积扩大和品质提升。随着本市樱桃种植面积扩大和品质提升，作为“春果第一枝”，樱桃生产和观光采摘越来越受到关注。北京市园林绿化局在樱桃成熟期到来之前，组织召开2016年樱桃销售工作专题会，邀请樱桃专家张开春教授分析全国樱桃产销形势，与各区果树产业部门共同研究2016年樱桃销售对策，同时结合产业信息化工作，与奥科美、高德地图协调，优先保证樱桃种植园“上图”，促进了樱桃销售。据初步统计，2016年全市樱桃产量914.6万千克，总收入41474.3万元(均价45元/千克)，其中采摘量522.8万千克，采摘收入28996.7万元(55.5元/千克)接待采摘游客190.2万人次(人均消费152.5元)。

开展技术推广培训。各区积极组织开展高效节水现代化果园技术培训，其中昌平区培训80人次；延庆区培训100人次；延庆、怀柔区新建节水高产高效现代化果园技术指导6次。

产业项目落实情况。完成“2015年北京市优质安全果品基地土壤培肥工程”任务落实工作；组织2016年农业综合开发项目评审材料，已等待评审。

**【花卉产业】**　2016年全市花卉产业工作以举办2019北京世园会为契机，全力推进花卉产业各项工作。

**举办2016年世界月季洲际大会**　在北京市委市政府正确指导和各部门的共同努力下，历经3年时间的精心筹备，以“美丽月季 美好家园”为主题的2016年世界月季洲际大会于5月18日至6月18日在大兴区隆重举办。本届大会是“四会合一”的国际性月季盛会，大会核心区“三园一馆一中心”集中布展展示。共有国内外31个城市、70余家单位参展，累计接待游客20余万人。通过举办月季大会，带动魏善庄镇发展了13个以月季为主题的特色产业园区，从事月季产业的农民人均年收入增长了2.5万元，实现了由传统农业镇向“月季小镇”的转变。

大会活动内容丰富，参会人员层次高。成功举办了开幕式、20余场高端国际学术会议、中国月季产业论坛等。世界39国月季专家参加学术会议。

会展招展力度大。室外展参展省市9个，参展单位17个，自育品种展参展单位13个。室内会展“花绘北京”展馆参展城市31个，国内著名公园10家及45家企业参展。

月季展示品种数量多。最“高龄”古老月季——300多岁的大花香水月季、现代月季“鼻祖”——法兰西月季等为代表的2000多个月季品种绽放各展园，让游人流连忘返。

月季文化得以全方位展现。室内展打造以“花绘北京”等4个“汇 卉 惠 绘”为主题的展馆，全球首座以月季为主题的博物馆则以多感官全方位的形式，让游人感受月季文化。

北京自育月季新品种崭露头角。全国共有13家育种单位选送的150余个自育月季新品种参加中国月季展评比。专家组评选出的15个中国自育月季新品种金奖中，北京一举拿下11个。

积极组织协调布展参展。北京市园林绿化局重点承担的北京展园以“京韵胜春”为主题，以“院”和“园”为布局特色，传达了特有的北京月季文化；大会周边环境花团锦簇、气氛浓烈；各区县展区充分展示各自特色。

**第十二届中国菊花展各项筹备工作**　中国菊花展览会是中国风景园林学会组织和倡导的全国最高规格的专类花卉展。第十二届中国菊花展于

10月28日至11月28日在湖北省荆门市举办。本届菊展北京室外展区占地800平方米，设计主题为“北京精神”。整个展区运用多彩菊花等花材，以北京正阳门牌楼绿雕为背景，以植物鼓雕形式表现的北京精神——“爱国、创新、包容、厚德”为主线贯穿其中，并用北京市花、祥云等元素绿雕为陪衬，呈现出一幅斑斓艳丽的百菊图。按照菊展组委会要求，现北京市园林绿化局已完成现场施工布展工作。

**多项花卉文化宣传活动**　迎春年宵花展、郁金香文化节、月季文化节等北京传统花事活动顺利完成。一是迎春年宵花展活动。于1月24日至2月28日举办。20余个花卉市场与企业精心筹备年宵花卉烘托节日气氛。还举办组合盆栽大赛、兰花、梅花、水仙等专项展览活动。2016年活动有两大特色：其一，组合盆栽大赛首次向全市市民征集作品进行评比，市民参与热情高；其二，花卉企业首次与京东商城联手推出年宵花卉专题，主推各色组合盆栽花卉，多途径满足消费者需求。二是第七届北京郁金香文化节。4月2日至5月10日在北京国际鲜花港举办。2016年“北京花田”花事活动就此拉开帷幕。室外花田由400万株郁金香组成“哈尼梯田的记忆”等9个主题，打造出10万平方米壮美花海。室内则以“美丽生态空间”为主题，通过花卉文化创意，呼吁人们关注生态，保护环境。三是第八届北京月季文化节。于5月18日至6月30日在北京植物园、天坛公园、陶然亭公园、纳波湾园艺、2016年世界月季洲际大会主题公园等12个会场同时举办，规模创历届之最。以北京自育月季品种‘北京红’为主题花，意在展示北京月季产业及市花文化，同时宣传北京精神，向世界展示北京花卉产业的新成果与北京城市新形象。四是第八届北京菊花文化节。于9月10日至11月20日在北京国际鲜花港、世界葡萄博览园、北海公园、北京植物园、天坛公园、北京花木公司园艺中心、世界花卉大观园7个会场同时举办。本次菊花文化节集中展示了千余个品种，上百万盆菊花，位于延庆的世界葡萄博览园还将2019年世博会和2022年冬奥会的内容融入本次菊花文化节，彰显了“为世园增色，为冬奥添彩”的主题。

另外，北京市园林绿化局还组织参加了2016年香港花卉展。以“花卉与生活”为主题的北京展区，充分体现了花卉在现代北京人生活中的重要位置，荣获本届展览室内综合金奖。

**全市第四届职业技能大赛花卉园艺师竞赛**　在北京市第四届职业技能大赛组委会大力支持下，北京市园林绿化局广泛动员，市公园管理中心、各区县园林绿化等相关部门积极配合，来自全市公园系统、花卉企业40余家单位的花卉生产、养护一线工人及花农1300余人报名参加比赛，比上届增加600余人。经过初赛、复赛，113人进入决赛，经过各级比赛共有154人获得证书，分别为高级技师、技师、高级工、中级工和初级工，有力地提升了首都花卉从业人员的职业素养和技术水平。

**北京地区花卉育种研发与良种引进**　充分发挥花卉育种研发创新团队的作用，继续开展百合、菊花、月季、兰花、火鹤、彩色马蹄莲等八大类花卉的育种研发工作。研发团队在采用多种育种手段开展研发的同时，对已获得的优良株系观赏性状稳定性进行深入观察和综合评价。另外，2016年全市共收集和引进200余个花卉优良品种进行引种筛选与示范，丰富北京园林花卉应用种类。

**《北京市花卉产业发展行动计划(2016～2020)》**　面对京津冀协同发展、建设和谐宜居之都以及筹办2019北京世园会等新形势、新机遇，为实现首都花卉产业转型升级，北京市园林绿化局通过充分调研，组织起草了《北京市花卉产业发展行动计划(2016～2020)》，下一步将组织有关部门、专家、花卉重点企业等进行座谈，在充分吸收各方面意见的基础上，修改完善后实施。

**花卉地方标准制定与推广**　为了进一步规范花卉行业管理，结合当前全市花卉产业发展的实际，组织相关单位编写鸢尾、玉簪等节水耐旱园林花卉生产地方标准，待市质监局组织专家论证。

**全市花卉产业调研**　主要开展了三项花卉产业调研。一是为科学合理编制《北京市花卉产业发展行动计划(2016～2020)》，对全市“十二五”期间全市花卉产业投资结构情况进行调研分析。二是根据国家林业局相关部门要求，摸底调查了全市油用牡丹种植情况，对北京市园林绿化下一步规划油用牡丹发展提供了基础依据。三是积极配合北京市农委开展全市花卉生产领域煤改清洁能源使用及改造情况。通过摸底调查7个重点花卉生产区，计划年内改造51万平方米生产设施。

**【种苗产业】** 2016年，北京市种苗站全面贯彻落实新《种子法》，以平原区10万亩规模化苗圃建设为重点，在国家良种基地建设、林木品种审定、种苗行政许可与质量检验监督等方面大力推进。

**大力宣传、贯彻落实新《种子法》** 新修订的《种子法》于2016年1月1日起实施。为了做好宣传贯彻落实工作，市种苗站采取多项措施，积极动员，调动全市种苗执法人员开展宣传新法活动。一是制定北京市学习宣传贯彻落实新《种子法》工作方案，确定指导思想、宣传贯彻落实的具体步骤和途径。二是向各区园林绿化局转发《国家林业局关于学习宣传贯彻落实〈种子法〉的通知》，要求各区园林绿化系统提高认识，把学习新修订《种子法》作为重点工作，营造全市园林绿化系统干部职工学习氛围。三是组织新《种子法》培训。针对新法在行政许可、行政处罚、行政强制和监督管理方面做出的重大调整，聘请国家林业局法规司及场圃总站、北京林业大学专家、教授分别从林木种苗执法、林木种子生产经营许可、法律责任三方面入手，详细厘清新法与旧法的区别，引导种苗执法人员积极改变执法思路，应用新《种子法》开展执法实践，采取合法、合理的执法手段，文明、科学执法，提高执法人员法律意识。市种苗站上半年举办培训班2次，培训执法和企业人员120多人次。

**平原地区规模化苗圃建设** 根据《2016年市新农村建设重点工作》《2016年局(办)绩效任务》及规模化苗圃总体建设规划，继续按照2号文件精神及北京市市长王安顺“运作公开透明，选好树种，管护有要求有责任有考核”的批示精神和副市长林克庆的要求，2016年以“保任务、促成效”为重点，取得以下成绩。

推进建设工作，新建规模化苗圃3万余亩。2016年计划新建规模化苗圃3万亩。经市级专家评审、六委办局联审通过，2016年共批准建设规模化苗圃近3.8万亩。三年总计11.65万亩，超额完成10万亩建设任务；2016年栽植任务已完成约2万亩。

创新发展模式，3万亩苗圃预计吸引社会资金20余亿元。项目继续发挥创新投融资模式的典范效应，2016年新建的3万亩苗圃预计吸引社会资金20余亿元。3年建设预计共吸引社会资金60余亿元；截至2016年，已完成30亿元左右。总投资中，市级政府土地流转补助资金约2亿元，占4%，其余96%投资全部由企业筹措解决。

加强媒体宣传，社会知名度进一步提升。一是紧紧围绕“产苗、增绿、惠民”的发展理念，开展了4次大型宣传活动，通过中央电视台、北京电视台、《北京日报》等40余家媒体的报道和转载，使规模化苗圃影响力进一步扩大。二是通过多渠道、多形式开展宣传工作。拍摄专题宣传片；通过局官方网站、微博、微信公众号等渠道，发布动态信息、明信片、二维码等内容，宣传推广建设成果。

强化服务能力，管理水平显著提高。围绕规模化苗圃建设需要，开展了一系列交流培训活动。为解决部分企业资金短缺问题，联合中国邮政储蓄银行大兴区支行、北京农村产权交易所等部门与企业进行了面对面的沟通，并且针对苗圃企业的特点探索创新融资渠道，为7家企业提供了7000余万元的贷款，为2家企业争取了270万元的贷款贴息。为拓宽企业发展思路，促进林木种苗企业品牌升级，组织了林木种苗产业创新发展培训、企业现场考察交流等活动，累计培训企业高层管理人员400余人次。

**2处国家重点林木良种基地通过市级考核** 按照国家林业局《国家重点林木良种基地考核办法(试行)》要求，市种苗站组织苗圃生产、财务管理等方面的专家，对黄垡国家彩叶树种良种基地和十三陵林场国家白皮松良种基地建设及2015年度国家林木良种补贴资金使用情况进行了全面考核。两处基地均以优秀的好成绩通过了此次考核。该项考核工作的开展为国家重点林木良种基地下一步的建设重点指明了方向，也为下一阶段国家级林木良种基地考核工作的顺利开展奠定了基础。

9月12日，国家林业局对北京市第一批国家重点林木良种基地即黄垡国家彩叶树种良种基地进行了现场考核。考核组由国家林业局场圃总站副总站长张周忙任组长，成员包括国家林业局场圃总站、国家林业局林业基金管理总站、中国林科院林业所等单位的领导和专家。考核组通过现场踏查、查审账目和翻阅档案、听取汇报等方式，对黄堡国家彩叶树种良种基地2010～2015年的基地生产、基础设施建设、科技支撑、基地管理、补贴资金使用等情况进行了全面核查。考核组对北京市黄堡国家彩叶树种良种基地建设给予了充分肯定，并对基地下一步发展提出了意见和建议。

**林木品种审定工作** 完成10余个品种的专业委员会初审；针对新《种子法》对林木品种审定工作新的要求，开展了对审定技术规范、审定工作办法、委员会章程等文件的修订工作及相关培训；召开了审定技术规范修订的初审会议；组织了赴沈阳及甘肃的考察学习；启动了2006～2015年审定通过的300个良种的简介汇编工作；基本完成了三北局良种汇编工作的基础材料。

**林木种苗行政审批** 接收林木种子生产经营许可证审批申请29件，办结18件，其中上报国家林业局审批的林木种子(含园林绿化草种)生产经营许可初审8件，林木种子生产经营许可证核发、变更、延期10个，受理主要林木品种省级审定44件，行政审批事项办结率达100%。完成市工商先照后证归集263件。

**种苗质量检验监督** 配合国家林业局对北京市苗木进行质量抽查。为加强林木种苗质量管理，严厉打击制售和使用假冒伪劣林木种苗行为，落实《中华人民共和国种子法》和《林木种子质量管理办法》的规定，国家林业局2016年对我市进行种苗质量抽查。从4月5日开始到6月17日，共计检查了十一个区的35个单位，19个造林地点和19个苗圃，检查了档案、标签、检疫等制度落实情况，抽测了59个苗批。

开展“双随机”检查，规范事中事后监管。“双随机”检查是根据《关于推广随机抽查规范事中事后监管的通知》(国办发〔2015〕58号)要求，在北京市推广的随机抽取检查对象、随机选派执法检查人员的“双随机”抽查机制，达到规范事中事后监管的目的。市种苗站召集54家林木种子生产经营企业和9个直属苗圃业务管理人员就“对市场上或者企业成品库中待销的种子进行抽样检查”开展“双随机”检查进行了全面动员和部署。从3月到9月都开展了抽查工作。每月的抽查结果都通过局政务网进行数据公开。

【林下经济】

**林下经济林药、林菌模式品种引进与示范项目** 2016年，在通州、大兴、怀柔、延庆、昌平等区选取适宜地块开展林下经济林药、林菌模式品种引进与示范项目面积260亩，其中：完成林药模式200亩，主要引进特色枸杞、苦参、芍药、板蓝根等林药品种；完成林菌模式60亩，主要种植特色香菇、竹荪、羊肚菌等林菌品种。示范项目都已经全部完成，并开展了检查验收工作，验收平均成活率为91.3%，项目实施后，林下及林缘植被覆盖度平均增加57.86%。

**2015年财政项目绩效考评工作** 根据市财政局《关于开展2016年度财政支出绩效评价工作的通知》(京财预〔2016〕499号)，各部门完成部门整体支出绩效评价工作的要求，开展了2015年林下经济提质创新模式示范建设项目的绩效考评工作。北京市园林绿化局成立绩效评价自评委员会，并对项目有关材料进行了整理，完成了2015年林下经济提质创新模式示范建设项目绩效报告编写并及时完成了提交及绩效评审工作。

**林下中草药发展情况调研工作** 6月，北京市园林绿化局、市中医药管理局共同召开了北京市林下中药材种植发展情况研讨会，就全市林下中药材种植建设情况、生产加工情况、面临的问题及发展建议等方面开展了研判和实地调研。目前全市林下种植中药材4万余亩，主要集中在房山、门头沟、延庆和怀柔区等远山区。种植药材种类达30多种，有黄芩、金银花、黄芪、瞿麦、板蓝根、丹参、射干等品种。

**【森林观光旅游公园】** 2016年，北京市森林公园建设坚持“文化引领、场园一体”的发展思路，以提升森林公园内在素质为中心，深挖森林公园文化内涵，注重从数量型向质量型转变，不断拓展森林公园内在发展空间，有力推动了森林公园健康持续发展。

制定了2016年森林公园森林体验和森林养生工作方案。根据《国家林业局关于大力推进森林体验和森林养生发展的通知》精神，结合北京市实际，全局制定了推进工作方案，明确了工作的指导思想、总体目标、主要建设内容和组织领导。确定了以森林公园自然观察、森林教育、游憩体验、健康疗养等为主要建设内容，八达岭国家森林公园以森林体验为主，西山国家森林公园以森林音乐会、自然观察为主；百望山森林公园是以木栈道森林体验、碑林书香文化和森林手工为主要特色；松山自然保护区以森林体验、森林疗养为主要功能等。

组织举办了北京第四届森林文化节活动。3月26日，以“体验森林，感知文化”为主题的第四届北京森林文化节在西山国家森林公园举办，全市森林公园开展了110余项森林文化活动。今年的活动内容更丰富，组织形式更多样。从3月底开始，10月底结束，其中15场踏青赏花活动、6场秋赏红叶活动、12场森林体验教育活动、5场历史人文展览、5场森林音乐会、3次摄影比赛、12场森林“悦读”。通过举办森林文化节，进一步展示北京市园林绿化建设取得的丰硕成果，推动全市森林文化建设，提扩森林公园文化内涵，提升森林服务功能，动员社会各界积极关注、支持、参与森林文化建设和森林公园建设。

基本完成了森林公园养护管理标准编制工作。为进一步理顺森林公园管养关系，健全养护长效、常态管理机制，建立符合森林公园实际的养护质量标准、技术要求、养护流程、养护时效、养护作业量等一整套标准体系，促进森林公园养护作业管理的规范化、制度化、长效化、精细化水平，增强服务能力、提升养护水平，提高森林公园形象。北京市园林绿化局委托国家林业局规划设计院编制《北京市森林公园养护管理标准》，目前，北京市园林绿化局直属森林公园中已落实了部分管护经费，下一步将继续沟通协调相关部门，力争形成具有指导性的政策意见，将森林公园的日常管护费用纳入财政预算。

完成了北京市森林公园发展规划编制。《北京市森林公园发展总体规划》将森林公园发展的目标进一步细化量化，明确分三步走：近期(2016～2020)：重点建设期，初步建立森林公园空间层次体系，建立森林公园法规与管理标准体系。中期(2021～2025)：全面提升期，在近期重点突破的基础上，基本建成布局合理、类型齐全、功能完备的森林公园体系。远期(2025～2030)：完善发展期，进行系统完善，注重产品质量、服务质量，更注重保障体系的构建和完善；重视经济效益、文化效益、社会效益，更强调环境优先，实现可持续发展。

开展了森林公园的监督检查。延续往年同期做法，安排了全市各森林公园对设立以来的建设情况开展自查自纠，对部分森林公园开展了实地监督检查，重点检查总体规划、管理机构、建设发展、资源保护、占用林地等情况，重点解决“批而不建”问题。

加强了森林公园宣传工作。北京市园林绿化局和各森林公园上下联动、多措并举，大力加强森林公园宣传活动，取得了良好的宣传效果。全年森林公园被电台报道150余次，被电视台报道35次，被报刊、网络报道300余篇次，被其他系统信息简报刊载400余篇次。2016年，各森林公园利用新媒体宣传优势逐渐凸显，因微信、微博等自媒体宣传渠道慕名前来的自驾游游客显著增多。

争取保留了省级森林公园行政许可。经过近两年的反复努力，北京市省级森林公园行政许可工作得以保留。主要依据《北京市森林资源保护管理条例》第十六条，利用森林资源开发旅游项目的，应当持林权证书、开发规划、保护森林资源方案及其评估意见和其他有关文件，向市或者区、县林业行政主管部门提出申请，经批准后，方可办理其他手续。设立条件，符合北京市森林公园发展需要，能有效地依法依规地维护森林公园的职责权利，最大限度地制止侵权现象的发生。

**生态森林文化建设工作**　深入研究，探索推进森林文化政策。借鉴国外森林文化发展经验，北京市开始了森林文化的探索，为森林公园发展注入了新活力。根据多年来国际合作项目实施和科普教育活动开展取得的经验，在实地调查的基础上，撰写了《北京森林文化发展对策研究》《森林体验活动对推动森林文化建设的影响》等6篇调研报告。形成了《打造森林文化 丰富首都生态文明内涵》的政策建议，森林文化理念得到市政府和越来越多公众的认可，已融入到森林公园建设规划中。

打造品牌活动，形成森林文化公众参与平台。北京市各森林公园开展了一系列内容丰富、形式新颖、参与性强的森林文化活动。与艺术结合，举办森林音乐会、零碳音乐季，依托森林大舞台，借助音乐演出，开展群众喜闻乐见的文化宣传活动；与公众教育相结合，制作科普读物、模型、手工作品等宣教材料，打造森林“悦读”、森林体验、森林夏令营等品牌活动。

加强团队建设，提升森林文化发展核心驱动力。北京市大力开展自然讲解、森林疗养、环境教育、生态旅游等方面的宣传培训活动，共邀请来自韩国，日本，中国台湾、香港等地的27名森林文化专家培训我市技术人员500名，通过培训，国外在森林文化发展中的新理念、新技术得到了传播，提升了全市园林绿化行业从业人员能力。与此同时，完成了自然讲解师培训教材编写工作，在北京市首次启动自然讲解师培训，来自全市各大公园、林场、自然保护区等单位的37名学员参加了培训，填补了行业空白，为森林文化在北京的深入推广奠定了人才基础。

**【蜂产业工作】** 2016年，北京市蚕蜂站按照局办的工作总体部署和《首都蜂业产业“十三五”发展规划》的总体目标，以养蜂富民为目标，以推进蜜蜂授粉为重点，以提高蜂产业综合生产能力、抗风险能力和市场竞争能力为核心，抓好“一园、两带、四区、八龙头”建设，启动了千户养蜂精准扶贫工程和京津冀现代化蜂授粉服务区建设工程，成功申办了全国第六个“中国蜜蜂之乡”。为促进全市农业增产增值、农民增收、生态增效做出了积极贡献。

截至2016年年底，全市蜜蜂饲养总量为25万群，与2015年基本持平，蜂蜜产量735万千克，同比提高了15%。蜂王浆产量8.87万千克，同比提高了24%；蜂授粉收入1253万元，养蜂总产值1.8亿元，与2015年同期持平。蜂产品加工产值超过12亿元，出口创汇超过1800万美元。

**领导重视，统一部署，全市蜂产业快速发展** 2016年，各级领导十分重视蜂业产业的发展，并多次对蜂业发展做出指示。2016年初，北京市政府副秘书长赵根武视察门头沟区时指出：要结合门头沟区资源优势和区位优势，大力发展发展蜜蜂产业；3月31日、5月17日，密云区委书记汪先永两度考察北京西方蜜蜂育种场和京纯养蜂专业合作社，并到位于密云区白龙潭地区的蜜蜂大世界考察指导；6月13日，平谷区委书记王成国就“发展农业产业增值 促进农民增收致富”主题，到平谷区南独乐河镇“海鲸花养蜂专业合作社”调研。并就“精准扶贫，提高农民收入”对平谷区蜂产业发展提出了四点要求。同时，中国养蜂学会、中国蜂产品协会、北京市农委、市科委及市财政局等单位的领导同志多次视察北京蜂产业，并做出指导和给予支持。

**强化政策推动，蜂业产业政府导向能力明显增强** 2016年，北京市蜂业生产工作不断加大政府推动、组织管理和政策扶持力度，为产业发展提供了良好的政策环境和服务保障。

各区加大蜂产业扶持力度。出台扶持政策，努力将蜂产业打造成打造富有活力的“空中产业”和“富民产业”。

昌平区同时出台了两项产业扶持政策，一是蜜蜂养殖新增蜂群扶持政策，对符合条件的新发展蜂群给予资金补助；二是蜜蜂授粉发展计划，对授粉蜂群和使用蜜蜂授粉的种植农户均给予资金补助；密云区连续12年出台产业扶持政策，专项补贴中华蜜蜂发展，计划年内新发展中华蜜蜂4000群；平谷区启动了千户养蜂精准扶贫项目，并制定了平谷区蜂产业发展相关扶持政策；延庆区制定了《北京市延庆区支持低收入村户林业产业发展实施细则》，将蜂产业列入精准扶贫工作范畴，该政策2017年起将连续实施三年；房山区通过扶持养蜂基地和合作组织，推进蜂产业发展；大兴区出台了《2016年大兴区蜂产业发展实施意见》，重点加大蜜蜂授粉、无公害蜂产品生产和新发展蜂群的扶持力度。

启动养蜂精准扶贫工程。年内，承担了市政府折子工程，启动了养蜂精准扶贫工程，研究制定了“十三五”时期促进低收入农户实现养蜂增收致富的相关政策。选取1000户低收入农民实施重点帮扶，在密云、平谷、门头沟等区建成5个养蜂专业村，成熟蜂蜜生产基地100个，重点扶持蜂业专业合作组织2个，示范蜂群1万群，举办培训班11期，培训蜂农2000人次，为重点帮扶对象免费发放蜂群1万群、新蜂箱10000套、蜂胶采集器2万套、各类科普读物3万多本。年内，1000户重点帮扶对象，生产成熟蜂蜜600吨，实现产值1600万元，实现养蜂脱贫致富。

蜂业气象指数保险继续试点实施。2016年，北京市蚕蜂站积极与北京市农委、北京市财政局、人保北京分公司及各有关区沟通协作，继续在密云区、昌平区和门头沟区等3个区进行蜂业气象指数保险试点实施。年内，累计参保蜂农251户，承保蜂群16470群，投保金额65.88万元，蜂农自缴保险13.176万元，实现风险保障691.74万元，全市蜂农抗御自然灾害能力得到了显著提升。

**强化基地建设，蜂产品安全生产能力明显增强**　2016年，北京市蜂业生产基地建设工作以全国蜂产业技术体系建设为契机，重点加强无公害蜂蜜生产基地、蜂产品溯源管理基地、新型蜂产品生产示范基地和养蜂专业村等基地建设工作，目前全市有各类产业基地72个，通过完善基础设施建设，加强科技推广和技术力量配置，推广标准化生产规程，综合生产能力均显著增强。

国家蜂产业技术体系示范基地建设。北京市蚕蜂站自2008年承担国家蜂产业技术体系北京实验站工作，至2016年已第九年。年内，建设蜜蜂健康高效养殖技术基地1个，开展西方蜜蜂福利饲养技术的研发和示范、蜜蜂饲料生产与使用安全规范的应用，形成适合北京地区的西方蜜蜂标准化健康养殖技术体系。示范完善提高仿生免移虫育王技术与产浆机械化技术，试验示范人工蜂粮。继续参与研发与我国养蜂规模化发展相适应的养蜂机械2项。开展蜂农技术培训500人次。

蜂产品溯源管理基地建设。年内建成了4个蜂产品可溯源监控技术示范基地，投入可追溯蜂群2000群，基本实现了基地蜂产品生产全过程的可追溯性。

新型巢蜜规模化生产示范区建设。新型巢蜜具有产品科技附加值高、降低蜂农劳动强度和文化理念丰富等特点，通过自酿式瓶装巢蜜、创意图文巢蜜规模化生产技术的研发和示范推广，能够实现蜂产业与文化创意产业和休闲旅游产业的融合，促进地方旅游业和休闲农业的发展。年内，在密云区建成了1个新型巢蜜规模化生产示范区，示范农户100户，年产普通巢蜜2万框，自酿式瓶装巢蜜1万瓶，创意图文巢蜜5000块。

无公害蜂蜜生产基地建设。为贯彻落实农业部关于开办规模化标准化蜜蜂养殖基地的总体要求，2016年，北京市进一步加大无公害蜂产品生产基地建设力度。共完成3个无公害蜂蜜生产基地认证工作，基地由合作社牵头，由规模养殖大户组成，共有蜂群2000群。基地将按照共同发展、分散养殖、统一营销的发展战略，实现养蜂富民。

**强化科技攻关，蜂业产业自主创新能力明显增强**　2016年，北京市蚕蜂站加快蜂业科技试验示范与推广步伐，坚持自主创新与院校研发相结合，引进吸收与普及推广相结合，坚持成果转化与试验示范相结合，加大养蜂科研攻关与推广力度，创新、推广应用40余项蜂业科技成果，推广普及蜂业标准25个，主持起草国家级蜂业标准2个，获得国家发明专利15个。

新型蜂箱研发。为改变传统蜂箱消耗森林资源、寿命短、卫生差等弊端，年内，北京市蚕蜂站利用新材料研发出适合北京地区蜜蜂生产的新型蜂箱蜂具。新材料具有不用原木、无毒、防水、防火、使用寿命长、透气性好、不变形、不开裂、不褪色、便于运输和饲喂、不用油漆进行美化(更环保)等十大特点，且加入了纳米银抗菌技术并设计了自动化控制设备接口，能够从长远角度减少养蜂的持续投入并节约木材，提高蜂产品的质量安全性，具有良好的市场价值。

蜂产品加工设备研发及专利申报。年内，北京市蚕蜂站与蜂产品加工企业合作开展蜂产品深加工设备研发工作，主要研发成果为夹层蒸汽锅；搅拌夹层蒸汽锅；多层蜂蜜过滤装置；一种带温度警示的卧室搅拌锅；一种高精度的卧室搅拌锅；高效花粉筛选机；胶囊计数装置；一种蜂蜜灌装机；快速推送装置；一种快速推动装置；一种蜂蜜浓缩罐；一种蜂蜜浓缩设备等15种蜂产品深加工设备或装置，并均已获得发明专利和实用新型专利。

蜂业标准化建设。年内，北京市蚕蜂站主持制定国家标准2项，参与起草国家行业标准2项，申报北京市蜂业行业地方标准5项。其中主持制定的国家标准《巢蜜》(GB/T33045—2016)将于2017年5月正式实施；《王台型蜂王浆》国家标准已进入征求意见阶段。同时，大力推广8项北京市蜂业行业地方标准，使北京市蜂农蜜蜂饲养、蜂产品生产和蜜蜂授粉实现标准化操作。

蜂业科技培训。年内，北京市蚕蜂站积极开展蜂业科技推广与培训工作，共组织各类培训班20期，聘请蜂业专家19人次，培训蜂农和蜂业主管人员4000多人次，同时，参加了中国养蜂学会举办的"全国蜂产品安全标准化养蜂生产技术师资培训班"，收到了很好的效果。

**强化蜜蜂授粉，蜂业产业社会化服务能力明显增强** 根据首都蜂产业《"十三五"发展规划》总体部署，为推动京津冀蜜蜂授粉产业发展，充分利用北京地区的蜜蜂资源，推广安全、高效、省工的蜜蜂授粉技术，促进京津冀设施西瓜等果蔬主产区优质高产，北京市启动了"京津冀现代化蜂授粉服务区建设工程"，为京津冀提供蜜蜂授粉技术支持和服务，年内共开展蜂授粉50万亩，总增产值达3亿元。有力推动了京津冀蜜蜂授粉产业的协同发展。

**强化良种建设，蜂业产业良种繁育与保护能力明显增强** 优良种蜂王的繁育与推广。为进一步提高北京市蜂种良种率，选育优良蜂种，提高蜂群产量，北京市西方蜜蜂育种中心与吉林省蜜蜂育种场达成合作意向，开展技术合作，2016年，北京市西方蜜蜂育种中心共繁育蜂王"密云一号"2000只，已陆续发放给蜂农。同时，北京市蚕蜂站从山东龙口种蜂场和吉林省蜜蜂育种场引进优质高产蜂王3000只在全市进行推广，优良种蜂王的繁育、引进与推广，将有效解决北京市种蜂王数量紧缺和种性退化问题。

中华蜜蜂保护区建设。北京市中华蜜蜂数量稀少，仅有1万群，其中房山区蒲洼中华蜜蜂保护区2000群，密云区石城镇中华蜜蜂保护区8000群。为让首都人民更直观地了解中华蜜蜂、保护中华蜜蜂，年内，房山区积极申报中华蜂地理标识，努力打造房山品牌，进而助推北京市中蜂产业的发展与保护。

**强化文化建设，蜂业产业感召传播能力明显增强** 积极推动蜂产业功能拓展，大力开展蜜蜂文化旅游休闲，首都蜂产业感召传播能力明显增强。一是"中国蜜蜂之乡"落户密云。密云区也成为北京市首个、全国第六个荣获"中国蜜蜂之乡"殊荣的区县。二是北京市"花彤"牌蜂蜜成功申报国家级"生态原产地保护产品"，奥金达养蜂专业合作社也成为京津冀地区食品行业首个荣获此殊荣的企业；三是蜜蜂文化产业园——密云白龙潭"蜜蜂大世界"正式运营，是北京市中小学科普教育示范基地；四是以蜜蜂授粉、荆花文化节、蜜蜂文化观光园及蜜蜂博物馆为主体举办主题宣传活动，提升产业知名度和影响力。年内，各类蜂业文化展馆和活动累计接待参观10万余人，实现经济效益2500万元。 （张林生）

# 天津市林业产业

【概　述】

**森林资源**　天津市植物区系以华北成分为主，平原地区因为农耕文化历史悠久，所以原生植被已经不复存在，非地带性植被有杂草草甸、盐生草甸，坑塘，洼淀中有芦苇沼泽植被。全市共有1200多种植物，占全国的3.87%，隶属于150余科、近600属，其中被子植物种类1100多种，占总量的94.66%，植物成分具有明显的混合性。

野生动物在中国动物地理区划中，属于古北界东北亚界华北区，动物区系组成具有明显的过渡性，以古北界华北型为主。天津市复杂多样的生态环境，为多种野生动物的栖息、繁育、迁徙提供了条件，加上动物区系组成的过渡性，更增加了种群的多样性和差异性。各类动物共计有1180余种，其中哺乳动物类40多种，占动物总数的3.83%(陆生哺乳类、大型哺乳类动物较少)；鸟类330多种，占28.3%；爬行类20种，占1.69%；两栖类10种，占0.84%；鱼类近220种，占18.5%；昆虫类400多种，占35.6%；浮游动物130多种，占11.5%。天津市的野生动物不仅在类群组成上差别悬殊，而且在地区分布上也是不平衡的。从整体上看，呈现出山地丘陵地区多，沿海地区多，平原地区少的分布格局。

**林业投资**　2016年，全市林业总投资123328万元，其中，中央财政投资6692万元、地方财政投资116636万元。

**产业发展规模和业态**　天津已建成天津市小枣基地、天津市津西北水果基地和蓟宝干鲜果品基地等三大经济林基地，同时开展了山区及滨海葡萄基地建设和冬枣基地建设。基本形成了东部滨海地区鲜食与酒用葡萄产区，大港、静海、津南冬枣和金丝小枣产区，津西北水果及设施栽培产区，蓟县北部山区特色优质果品产区。近几年林木种苗业迅速发展，全市有市、县级国有苗圃10个，苗木生产品种由单一的用材树种向绿化苗木多品种转变。花卉产业基本形成了盆花、草花、宿根、球根花卉观叶花卉、绿化苗木、种苗生产等多种类、多品种的花卉种植结构。以森林资源为依托的生态旅游方兴未艾，全市有森林公园8处，包括：九龙山国家森林公园、天津官港森林公园、滨海森林公园、大港湿地公园、杨柳青森林公园、港北森林公园、青北森林公园、东丽湖森林公园。此外，还有八仙山森林公园、团泊洼生态旅游风景区，新建七里海生态旅游风景区、黄庄洼生态旅游风景区、青北森林公园、雁鸣湖森林公园等一批重点森林公园。生态风景区也已初具规模。

**发展经验**　①强化政策扶持。一是稳定林权。林业产业基地建设按照谁造谁有谁受益的原则，保护投资者的合法权益。二是加大资金扶持，财政专项资金予以适当倾斜，加大重点项目的扶持力度，同时构建林业产业信贷和多种形式的投融资机制。大力发展非公有制林业产业，鼓励社会和企业投资林业产业。三是落实国家有关减免林业税费征收的政策。②加强组织领导。③实行项目拉动。一是着眼长远、立足当前，下大力气抓好三北防护林建设、沿海防护林建设及市级重点项目的实施。二是积极培植和发展干鲜果品加工、储存、保鲜基地建设。三是建设大规模高标准产业基地，按照规划确定的区域，创新发展机遇，加大资金投入，改善发展条件，完善服务体系，以基地的不断发展带动更大区域覆盖范围的产品产业带的形成和发展，夯实产业发展的物质基础。④坚持科技兴林。强化科技兴林，加速推进林业产业的科技进步与创新，加强林业科技成果和实用技术的集成与推广应用，强化林业产业标准化体系建设，提升林业产业的开发力度，为林业发展和生态建设提供强有力的科技支撑。一是稳定林业科技队伍，完善科技推广体系。二是普及实用林业科技，以林业推广站和农民协会为阵地，大力开展技术培训。三是普及推广实用的丰产栽培技术，提高产量，改善品质。四是推广保鲜技术，提高保鲜能力。五是积极引进新品种、新工艺，开发市场占有率高，经济效益好的系列产品，同时开发推广种苗、花卉快繁技术。六是针对林业发展的关键技术组织科研人员联合攻关。⑤做好行业协会和专业经济合作组织建设，促进林业产业组织化程度的提高。在加强协会建设方面，重点抓好以下几项工作：一是加强协会的组织机构建设，按照专业化的要求组建协会。二是为协会创造良好的发展环境，按照“民办、公助、党领导”的协会建设方针，结合政府部门的职能转变，要放权给协会，帮助协会扩大影响力、增强凝聚力、树立权威性。三是注意发挥协会的作用，依靠和利用协会开展工作。四是搞好经纪人才的培养，建立现代营销体系和队伍。⑥加大人才培养力度。

**【林木种苗产业】** 截至2016年年底，天津现有苗圃育苗面积13340.6公顷。其中：国有苗圃14个，面积948.8公顷；个人苗圃1106个，育苗面积12391.8公顷。各类苗木总量达到28085万株。

为确保种质资源安全，避免经济损失和生态灾难，积极推动林木种苗法治建设进程，科技兴种取得新的进展，林木种苗行政管理职能逐步强化，林木种子生产经营许可证发证率明显提高，生产企业一律凭证经营，2016年全市核发林木种子生产经营许可证257份，林木种苗社会化服务得到进一步加强。

**【果品林业产业】** 天津果树栽植、经营、销售、加工历史悠久。改革开放以来，经过30多年的发展，已建成天津市小枣基地、天津市津西北水果基地和蓟宝干鲜果品基地三大经济林基地，同时开展了山区及滨海葡萄基地建设和冬枣基地建设。基本形成了东部滨海地区鲜食与酒用葡萄产区，大港、静海、津南冬枣和金丝小枣产区，津西北水果及设施栽培产区，蓟县北部山区特色优质果品产区。2016年，天津市经济林种植面积39037公顷，含干果1535公顷、各类水果36012公顷，木本油料1526公顷。年产各类干鲜果品30余万吨。其中主产区蓟县经济林面积13074公顷，含苹果1843公顷、梨2029公顷、板栗1535公顷、葡萄965公顷、桃972公顷、核桃1526公顷、杏329公顷；葡萄主产区滨海新区经济林种植面积5363公顷，其中葡萄1768公顷、桃269公顷、苹果127公顷，其他水果3199公顷；红枣主产区静海县经济林面积9326公顷，水果产量47063吨；近郊水果主产区武清区经济林面积3112公顷，主要生产各类优质水果。其余区县均有苹果、梨、桃等各类果树种植。目前，天津拥有商标注册并且具有影响力的果品有汉沽生产的“茶淀牌玫瑰香葡萄”和大港生产的“翠果牌冬枣”。其中，汉沽生产的玫瑰香葡萄玫瑰香味浓郁，含糖量高，品质上乘，口感独特，深受广大消费者喜爱，曾多次获得国家级、国际级奖励。2007年8月，被评为中华名果，成为2008年奥运会指定水果。汉沽有玫瑰香葡萄种植面积2000公顷，占该区耕地面积的68.3%，全区种植业面积的75%，年产葡萄7万吨，是全国最大的玫瑰香葡萄生产基地。此外，大港区引进栽植耐盐碱的冬枣，并迅速扩大种植面积，为加快优质冬枣苗木的繁育，该区还投资230万元建立冬枣苗木组培中心，研发苗木繁殖技术，使枣树定植成活率达95%以上。该地区生产的冬枣果个大、果肉细腻、果汁丰富、含糖量高，风味独特，为市场上的畅销品。

**【森林旅游产业】** 天津有自然保护区8处(包括：天津中上元古界国家级自然保护区、天津古海岸与湿地国家级自然保护区、天津八仙山国家级自然保护区、天津市团泊鸟类自然保护区、天津市盘山自然保护区、天津市北大港湿地自然保护区、天津大黄堡湿地自然保护区、天津青龙湾固沙林自然保护区)，总面积达911.1513平方千米，占全市国土面积的7.64%。其中，湿地类型自然保护区4处(包括：天津古海岸与湿地国家级自然保护区、天津市团泊鸟类自然保护区、天津市北大港湿地自然保护区、天津大黄堡湿地自然保护区)。全市已具有一定规模的森林公园共有8处(包括：九龙山国家森林公园、天津官港森林公园、滨海森林公园、大港湿地公园、杨柳青森林公园、港北森林公园、青北森林公园、东丽湖森林公园)。

其中蓟县国有林场，是天津市唯一的国有林场，该林场利用西水场自然景观建立了九龙山国家级森林公园，“十五”期间又开发了梨木台景区，两个旅游景区的基础设施和服务设施条件不断完善，每年接待中外游客达到10万人次，实现旅游综合收入约16311万元。

**【储藏加工企业】** 天津的果品贮藏和加工能力的发展相对不足。初步统计果品主产区蓟州目前有果品加工企业20家，年加工能力2.595万吨，其中千万元以上的加工企业4家。各类果品储藏库(窖)136个，1000吨以上气调保鲜库有3座，年储藏能力3.5万吨。汉沽与大港的贮藏与加工设施规模相对较小，其中，汉沽现有葡萄冷藏保鲜库700座，加工企业8家，年储藏、加工能力2万吨；大港有保鲜库27座，总库存量0.28万吨，比较大的加工企业4家，年加工能力0.22万吨。

天津先后推广实施《无公害农产品 红地球技术规范》《盘山磨盘柿》《天津板栗》《玫瑰香葡萄栽培技术规范》《玫瑰香葡萄病虫害防治技术规范》《玫瑰香葡萄保鲜库建库规范》《玫瑰香葡萄贮藏保鲜技术规范》《葡萄保鲜技术规范》《葡萄产地环境技术条件》《冬枣无公害生产》等十余项地方标准，既提高了经济林生产的标准化水平，又增加了农民收入。汉沽十分注重葡萄的无公害生产，始终坚持走精品发展之路，在国内部分葡萄专家的指导下，已形成了一整套适应当地葡萄生产的先进技术，制订了玫瑰香葡萄栽培、病虫害防治等4项企业标准，在农户中广泛推广葡萄标准化生产；在玫瑰香葡萄的产后服务中，执行《玫瑰香葡萄贮藏保鲜规范》和《保鲜库建库规范》，严格控制葡萄保鲜技术环节的各项理化指标，使葡萄保鲜精品率始终保持在90%以上，贮藏时间也达到150天以上。经济林实现产值132420万元，增加值63852万元。带动林农脱贫致富。在果品生产、贮藏过程中，严格按照相应的规范，强化对农药、消毒剂、防腐剂、保鲜剂的管理，确保食品安全。

**【林产品加工业】** 天津林产品加工业包含木材加工业和果品加工业。木材加工业主要产品为中密度纤维板、大芯板、胶合板、家具等。加工企业是以个体为主的中小型企业，全市共有30余家，主要分布在武清区、蓟县、静海、津南等区县。全市共有果品加工、贮藏企业1000多家，以葡萄酒生产、冬枣深加工以及罐头加工业为主。蓟县有天阳葡萄榨汁有限公司、天津明星葡萄酒有限公司和天津挂月果酒有限公司等60家中小型果品加工企业，年加工能力6.5万吨。大港翠果冬枣开发有限公司引进了意大利生产的气调贮藏保鲜设备，贮藏能力达1000吨，贮藏保鲜期达4个月以上；利用低温脱水干燥等物理方法，加工冬枣脆片，鲜枣日加工能力达到4吨，产品保值期延长到1年；大港区天津绿生源食品饮料有限公司开发了鲜冬枣汁、枣酒生产加工技术，日加工生产能力达到5吨。汉沽区有葡萄保鲜库700余座。

（宗晶莹）

# 河北省林业产业

**【概　述】** 2016年，全省林业系统认真贯彻落实省委、省政府关于脱贫攻坚的重大决策部署，大力扶持特色经济林、林下经济、花卉苗木等绿色产业。充分利用林地资源和森林环境，着力培育林下种养业，科学选择林药、林菌、林禽等发展模式，积极发展林业新兴产业。森林旅游、种苗、野生动物繁育利用等产业快速发展，成为农民增收致富新支柱。

2016年，全省林业产业产值达1523.5亿元，与2015年同期相比增长3.3%，其中：第一产业产值754.1亿元，第二产业产值677.2亿元，第三产业产值92.2亿元，与2015年同期相比分别增长4.5%、1.8%、3.6%。依托龙头企业、合作社，规划建设现代林果产业示范园区，培育壮大果品产业。2016年全年果品产量1583.1万吨，与2015年同期相比增长1.3%，其中：园林水果1524.6万吨，食用坚果58.5万 吨，分别比2015年同期增长1.1%、7.6%。全省人造板年产量达1715.1万立方米，与2015年同期相比增长2.7%。其中：胶合板产量811.6万立方米、纤维板产量534.1万立方米、刨花板产量308.2万立方米，其他人造板61.2万立方米。全年人造板产值达到298亿元。

（闫香妥）

**【国家林业重点龙头企业】** 2016年，经河北省林业厅推荐，唐山蓝猫饮品集团有限公司、迁西县远洋食品有限公司、衡水巴迈隆木业有限公司、文安县天华密度板有限公司、承德神栗食品有限公司、河北晶品果业有限公司、河北美珠生物技术有限公司、遵化市亚太食品有限责任公司等十家大型企业被国家林业局评为第二批国家林业重点龙头企业，加上2014年经国家林业局批准的第一批国家林业重点龙头企业的河北蓝鸟家具股份有限公司、廊坊三利木业有限公司、平山葫芦峪农业科技开发有限公司、河北绿岭果业有限公司，河北省目前已有14家国家林业重点龙头企业。

（蒲建民）

**【国家林下经济及绿色产业示范基地】** 7月，经河北省林业厅推荐，河北省临城县、赤城县和河北绿蕾农林科技有限公司、丰宁满族自治县丰北农牧有限公司、丰宁满族自治县兆瑞种植有限公司、怀安县安民本草种植专业合作社、河北省岭丰苗木种植专业合作社、河北保民农业科技开发有限公司、蔚县百草园园林绿化工程有限责任公司等二个县、七个企业被国家林业局评为服务精准扶贫国家林下经济及绿色产业示范基地。这些示范基地申报的成功，对促进河北省林下经济和绿色产业的发展起到积极的推动作用。（蒲建民）

**【花卉产业】** 截至2016年年底，河北省花卉种植面积已达到69.19万亩，产值42.71亿元，观赏苗木年产量12.31亿株，盆栽植物产量达8080万盆，年产切花切叶1.52亿支。培育出了仙客来、红掌、大丽花、高山杜鹃等一批特色花卉。花卉产业布局更趋合理正逐渐向重点产区聚集，花卉产业园区建设取得新突破，定州观赏苗木、巨鹿药用花卉、柏乡牡丹、肥乡彩叶苗木等重点产区已初具规模。花卉市场流通体系日臻完善。初步形成以市场为龙头、中介组织为衔接、零售花店为网点的销售体系，全省具备一定规模的花卉市场294个。花卉企业1011个，其中大中型企业70个，花农41456户，花卉从业人员119582人，其中专业技术人员9837人。近年来，其代表河北省参加了第八届中国花博会、2011年西安世园会、2014年青岛世园会、2015年北京兰花大会、2016年唐山世园会等花卉园艺盛会。另外，全省每年组织各地举办迎春花展、郁金香展、菊花展、牡丹节等活动，有力促进了全省花卉产业的发展。

（花卉管理中心　陶宏彬）

**【承德市林业产业】** 2016年，承德市林业产值为1634841万元，其中第一产业产值916764万元，第二产业产值683227万元，第三产业产值34850万元。全市共20家企业、3家合作组织被认定为2016～2017年度省级龙头企业、龙头合作组织；经中国林业产业联合会组织有关专家考查和评议，承德市被评为中国山杏产业基地；宽城苹果入选2016年全国果品区域公用品牌；承德县在北京成功召开承德国光苹果品牌战略发布会；承德神栗食品有限公司被国家林业局认定为第二批国家林业重点龙头企业；丰宁满族自治县兆瑞种植有限公司被国家林业局认定为"服务精准扶贫国家林下经济及绿色产业示范基地"；第二十届中国(廊坊)农产品交易会上，承德市选送的果品获果王称号2个，金奖16个，银奖14个，铜奖20个，加工产品奖9个，承德宇航人高山植物应用技术有限责任公司荣获十大林果加工品牌；截至2016年年底，全市已建成省级观光采摘园31个。

**承德神栗** 承德神栗食品股份有限公司，地处河北省宽城满族自治县境内，是一家集基地种植、科技研发、生产加工、市场营销于一体的综合性食品加工企业，拥有独立进出口经营权，是国家林业重点龙头企业、省级农业产业化经营重点龙头企业。公司成立于2000年12月，由宽城恒泰矿业集团投资3.6亿元进行异地扩建，注册资本8000万元。固定资产投资5亿元，厂区占地200亩，年加工能力10万吨。目前，公司主要产品有：板栗、山楂、蜂蜜、大枣、食用菌、杏仁、冻干食品等七大系列60余种产品。公司与中国农业科学院、中国农业大学、河北科技师范学院、承德CIQ建立了长期的技术合作关系。

公司生产的板栗系列产品，通过了HACCP食品安全体系认证和ISO9001国际质量管理体系认证、英国BRC认证、美国FDA认证，同时还通过了美国、日本、欧盟、中绿华夏四个有机食品认证和伊斯兰清真食品认证、犹太洁食认证等多项权威认证。"宽城板栗"获得了国家质量监督检验检疫总局颁发的"国家地理标志保护产品证书"。宽城的板栗、山楂、栗磨产品还通过了"生态原产地"认证。宽城板栗的栽培技术入选"中国农业文化遗产"，并在国内外享有"中国板栗在河北，河北板栗在宽城，宽城板栗中国神栗"的美誉。

目前，神栗食品已远销美国、德国、泰国、韩国、日本、以色列、新加坡等二十多个国家和地区，在国内二十多个省市设立了销售网点，搭建了中国板栗交易电子商务平台，建立了神栗食品官方旗舰店，跻身河北省电子商务三十强。

(承德市林业局果桑工作站 郭丽丽)

**【张家口市林业产业】** 2016年，张家口市新发展经济林30万亩。改造提升经济林基地32万亩，10家龙头企业贷款额度1.5亿元，财政贴息425万元，为历年最多。赤城县荣获经济及绿色特色产业示范县，怀安保民等三家公司及合作社荣获国家林下经济及绿色特色产业示范基地。怀来众诚葡萄专业合作社荣获2016年国家农民合作社示范社。沽源县被省林业厅认定为河北省花卉(金莲花)重点产区；河北省保民农业科技有限公司、张家口仟姿盛牡丹产业有限公司以及张家口景瑞农业开发有限公司分别依托茶用菊花、油用牡丹和鲜食菊花生产开发优势，被认定为河北省花卉示范基地；宣化县假日绿岛等6家公司及合作社被评为省级观光采摘园；9家林果企业、6家合作社获批2016～2017年度省级林果重点龙头企业和重点专业合作组织。10家林果专业合作社被认定为第五批农民专业合作社市级示范社。在20届廊交会河北省十大林果品牌和京津冀果王争霸赛上，张家口市共荣获40个奖项，其中11个产品荣获金奖，张家口市林业局产业科荣获优秀组织奖。

(封 坤)

**蔚县百草园园林绿化工程有限责任公司** 该公司是一家以现代农业和园林绿化产业为主营的农业产业化重点龙头企业。公司自创建以来，坚持"科技创新"的核心价值观，以"顾客至上，信誉第一"为宗旨，以"制度化、规范化、精细化、流程化"为运行模式，注重项目过程控制，严格管理，全力打造精品和提高核心竞争力。

公司认真贯彻落实县委、县政府关于支农惠农的各项方针政策，坚持打生态牌、走特色路，走"公司+基地+农户"的创新发展模式，依托中国林业科学研究院、河北农业大学、张家口市林科院的新成果新技术新品种，采取集中连片、一坡一品，一品多样的产业化格局，辐射带动广大农民群众积极发展林下经济，真正起到了基地示范带动作用。

公司主要林下产品有柴胡、黄芪、黄芩、知母、射干等品种，都是在空气质量好，无污染的山区种植，产品畅销，深受消费者的青睐，基地产品和河北安国等地经销商建立长期业务合作关系。目前合作社所生产的中药材正在申请产地认证。

公司以中药材资源综合开发为目标，以技术指导培训为平台，坚持“以林为主，保护第一”的原则，在确保森林资源安全的前提下，开发荒山荒坡荒沟及疏林地。与贫困农户建立指导协议，长久解决贫困农民没得种、不会种、增收难的问题，带动周围农民共同发展。（朱秀全）

**张家口怀安县安民本草种植专业合作社** 该合作社是怀安县西南部一家以绿色特色林果及林下中药材产业为主营的国家林下经济及绿色产业示范基地，2016 年被推荐申报张家口市政府的市级农民专业合作社示范社。该合作社于 2013 年 12 月 26 日注册，注册资本金 500 万元。该合作社位于怀安县西湾堡乡西湾堡村北坡水枳线和京包铁路以北的北坡处，目前经营林地面积达到 5000 余亩，其中自有核心示范林果基地 1000 余亩，通过与农户签订入股方式，建设集林果种植、采摘、观光、旅游、垂钓一体的综合性果园。

该园位置优越，地势高，视野宽，空气质量优良、没有企业污染，近年来，该合作社坚持“春赏花、夏乘凉、秋摘果、冬尝鲜”的发展理念；以发展绿色特色林果产业和无公害中药材为宗旨；倾力打造一流的“环境美、生态美、精神美、产业美”的“观光采摘园”。主要栽植杏树、李子、桃、苹果、小金红、油用及观赏牡丹、常山药材、甘草等，林下兼营柴鸡、大鹅养殖及鱼池的垂钓观光，果园内建立各功能的指示展牌，水泥路硬化，设立采摘休息厅，园区道路规划合理，布局完善，设立果品种植及产品营养价值介绍，给广大游客一种方便轻松、舒适、愉快、宜人的感觉。

（乔秀芳）

**【秦皇岛市林业产业】**

**种苗生产** 截至 2016 年年底，全市林木种苗生产企业数量为 343 家，面积 3.94 万亩，苗木总产量 2.6 亿株，产值逾 7 亿元，从业人数 8982 人。

各县区苗木生产企业数量。依次为昌黎县 180 家、青龙县 41 家、海港区 39 家、抚宁县 37 家、其他县区 45 家。

规模以上企业数量及分布。200 亩(包括 200 亩)到 500 亩(不包括 500 亩)的苗木企业共有 38 家，总育苗面积占全市 29%，其中昌黎县有 22 家。500 亩(包括 500 亩)以上苗木企业共有 11 家，育苗总面积占全市 16%，其中青龙县有 5 家。

树种比例及供应方向。该市苗木企业育苗品种分为经济林与园林绿化两大类，以经济林育苗面积最大，约占总面积的 2/3，园林绿化树种占 1/3。在经济林树种中又以葡萄苗木繁育规模最大。从育苗分布区域上看，昌黎与青龙两县为育苗大县。全市绿化苗木生产基本满足本市绿化需要，苗木自给率达 80% 以上，绝大多数工程造林用苗基本由本地培育供应。

不同经营所有制形式。公有制国有圃场 15 家(林业系统外 4 家)，占苗企总数的 4.3%，育苗面积 0.66 万亩，占育苗总面积的 19.4%。全市林木良种繁育的主体还是私有制企业，国有场圃尚不能发挥骨干中坚力量。

（汪永明）

**果品产业** 截至 2016 年年底，全市果树面积 155 万亩，其中新增各种经济林园区面积 6 万亩，年产各种果品 90 万吨。果品无公害率达 99%，新增标准化实施面积 5 万亩，树体改造 5 万亩，果实套袋 12 亿个，全市果树标准化实施面积达 125 万亩，果树苗木繁育 1.5 万亩，花卉生产 0.7 万亩。全市 28 家林果生产企业(合作社、家庭农场)在京津冀果王争霸赛中获奖产品 27 个(果王 1 个，金奖 7 个，银奖 7 个，铜奖 12 个)。（张 强）

**植物资源** 秦皇岛市境内植物共 138 科 1323 种，具有资源意义的植物有 1000 种以上。按经济用途分为 12 类。

木材类 共 40 余种，主要用于建筑、家具、工具等用材。主要种类有：油松、华北落叶松、侧柏、杨树、柳树、栎树类、桦树、山杨、榆树、椒树、椴树、刺槐、鹅耳枥等。

果树类 共有 300 余种栽培品种和野生品种，

主要栽培品种有苹果、梨、桃、葡萄、板栗、核桃、枣等，主要野生品种有榛、山杏、猕猴桃、酸枣等。其中以青龙龙富苹果、卢龙石门核桃、抚宁富宁苹果、昌黎碣石葡萄、山海关天宫牌大樱桃、青龙板栗为优质品种。

生态林类　包括防护林、特种用途林和水土保持林，主要有杨、柳、刺槐、辽东栎、家榆、沙棘、锦鸡儿、胡枝子、绣线菊、山刺玫、山杏、毛樱桃等。

牧草类　共计500多种。以禾本科、豆科牧草最多，其次为菊科、蔷薇科、唇形科、十字花科等。优等牧草主要有野豌豆、歪头菜、鸡眼草；良等牧草主要有胡枝子、山扁豆、木兰、草木樨、黄芪、芦苇；中等牧草主要有画眉草；劣等牧草主要有黄荆条、酸枣、锦鸡儿等。

纤维类　共140余种。主要用于纺织原料、造纸原料、绳索、编织、填充料等所用纤维。

酿造类　共有90余种。主要用于工业用淀粉制造和酿酒。用于制造淀粉的有栓皮栎、麻栎、槲栎、蒙古栎、葛藤、蕨菜、委陵菜；用于酿酒原料的有酒葡萄等。

油脂类　共有100多种。主要用于食品、医药、皮革、纺织、橡胶、化妆品的重要原料。可做油脂的植物主要有：胡桃、野皂荚、黄连木、山椒、山杏、君迁子、核桃、酸枣、文冠果、栾树等。

芳香类　共90多种。主要有玫瑰、黄刺玫、百里香、天女花、薄荷、荆芥、黄芩、侧柏、铃兰、茵陈蒿、独活、泽兰、照山白、荆条等。

鞣料类　共80多种。又称单宁植物，可提取拷胶。以壳斗科的栎属植物为主。其他有白桦、虎榛子、酸模、地榆、鼠李、油松、云杉、落叶松、胡桃、槭树等。

观赏类　近100种，主要有锦鸡儿、山刺玫、山桃、山杏、东陵八仙花、六道木、暴马丁香、锦带花、天女木兰花、杜鹃花、迎春花等。

中草药类　共有1000多种。主要有玉竹、黄芩、知母、枣仁、北沙参、丹参、徐长卿、柴胡、黄檗、刺五加、猕猴桃、白藓皮、映山红、照山白、苦参、板蓝根、黄芪等。

其他类　维生素类植物，有沙棘、玫瑰、猕猴桃、酸枣、君迁子。

蜜源植物　有刺槐、荆条、酸枣、小叶椴、二色胡枝子、香薷、山刺玫等。

食用植物和食用菌类　有蕨菜、百合、木耳、蘑菇、黄花菜、饭花子等。

**动物资源**　秦皇岛地区的动物区系属温带森林——草原农田动物群。全境处于东北亚与东亚过渡地带，动物资源比较丰富，是迁徙动物，尤其是候鸟的迁徙停息地。

兽类　共发现6目11科60余种，其中中型兽类有赤狐、獾、狼、草兔；小型兽类有刺猬、黄鼬、黑线仓鼠、黑线姬鼠、家蝠。列入《河北省级重点保护动物》的有松鼠、家蝠、草兔、赤兔、赤狐、黄鼬、狗獾、狍8种。

鸟类　共发现鸟类20目61科近500种，其中旅鸟和候鸟，有440余种(夏候鸟60余种，冬候鸟10余种，旅鸟370余种)，留鸟近50种。在珍稀鸟类中，列入世界《濒危野生动植物种国际贸易公约》的有14种：短尾信天翁、白鹳、白尾海雕、游隼、丹顶鹤、白鹤、小杓鹬、卷尾鸬鹚、大鸨、兰翅八色鸫等；列入国家一类保护鸟类的有12种：丹顶鹤、白鹤、金雕、白尾海雕、东方白鹳等；列入国家二类保护鸟类的有49种：大天鹅、小天鹅、灰鹤、白枕鹤、白头鹤、雕鸮等。

爬行类　共发现2目5科10余种，主要有壁虎、草晰、麻晰、锦蛇、游蛇等。

两栖类　共发现7种，以花背蟾蜍、黑斑蛙数量最多。　(李　倞)

**秦皇岛市青龙县林业产业**　全县现有果树总面积71.16万亩，其中结果面积49.42万亩。果品年总产量26万吨，其中苹果21万亩，年产量18万吨；板栗38万亩，年产量1.5万吨。果品年总产值9.04亿元。

截至2016年年底，全县注册果品专业合作社819个，果品家庭农场74个，丰果苹果协会一家。其中国家级果品专业合作社2家(五指山板栗专业合作社、大森店果品专业合作社)；省级果品专业合作社6家(大森店果品专业合作社、五指山板栗专业合作社、东屹板栗专业合作社、榆树沟果品专业合作社、康达种植专业合作社、楚王庄种植专业合作社)。　(青龙县林业局果桑站　佟景梅)

青龙满族自治县境内现知野生动物200多种，主要动物共11纲、112科、234种。其中豹、豹猫、赤狐、白鹳等19种为珍稀动物；白鹳、黑鹳等为国家一类保护动物；鸢、苍鹰、雀鹰、松雀鹰、勺鸡、长耳鸮、雕鸮等为国家二类保护动物；夜鹰、斑啄木鸟、红尾伯劳、寿带鸟、灰山椒鸟、大山雀等为省级保护动物。

（青龙县林业局资源林政股　张　雷）

**北戴河区林业产业**　①秦皇岛野生动物园，面积1.5万亩，是亚洲占地面积最大、自然环境最优美的国家4A级野生动物旅游景区，该园利用森林公园得天独厚的森林资源和优美的自然环境，采用大圈散养的方式，将动物分区隔离散放，建成猛兽区、热带动物区、草食动物区、非洲动物区、中心娱乐广场等二十多处动物观赏及娱乐休闲景区。园内放养着80余种5000多只动物，有世界珍禽名兽和我国一、二级保护动物，如东北虎、非洲狮、长颈鹿、斑马、棕熊、黑天鹅等。年接待游客85万人次，旅游收入6800万元。

②北戴河湿地。海岸与大海、山脉与沿海的平原相连让北戴河湿地具有得天独厚的区域优势，这里是鸟类动物的乐园，也是环节、软体、节肢类、兽类等野生动物的天堂。

野生动物有8个种类450多种，最为丰富的是鸟类资源，有20目61科412种。其中：国家一级保护的12种，二级保护的49种；留鸟36种，候鸟369种，是中国第一个候鸟保护区。北戴河湿地被纳入“国际湿地保护网络”，每年吸引着众多的中外观鸟爱好者，被誉为“观鸟的麦加”。

两栖动物有：青蛙、蟾蜍。爬行动物有：蛇、蜥蜴、壁虎、龟等。兽类主要有：獾、山梨、山狸、野兔、黄鼬、刺猬、蝙蝠等。环节动物有：蚯蚓、蚂蟥。软体动物有：河蚌、蜗牛。节肢动物有：蝴蝶、蜜蜂、野蜂、蝼蛄、螳螂、蜻蜓、蟋蟀、蚂蚁、金龟子、椿象、河虾、河蟹、蜈蚣、蜘蛛等。（北戴河区林业局　郑桂敏）

**昌黎县林业产业**　昌黎县是河北省果品生产重点县，全县果树总面积14万余亩，果品总产量22余万吨，果品产值近7亿元。其中设施果树种植面积1.3万亩，产量2.6万吨，产值近2亿元。果品业收入占农民年人均收入的12%左右，是该县农村经济发展、农民增收致富的三大支柱产业之一。玫瑰香葡萄、京白梨、蜜梨为该县特产，在市场上享有很高的声誉，在历届中国(廊坊)农产品交易会上多次获得名优产品奖。

苹果栽培面积4.15万余亩，产量7.06万吨。葡萄栽培面积2.98万亩，产量4.5万吨。桃栽培面积4.4万余亩，产量7.48万吨。梨栽培面积2.18万亩，产量3万吨。

昌黎县先后被命名为“全国经济林建设先进县”“中国葡萄之乡”“中国干红葡萄之乡”“中国酿酒葡萄之乡”“中国干红葡萄酒城”“河北省优质葡萄生产基地县”“河北省果品生产重点县”等荣誉称号。

中国干红葡萄酒。昌黎素有“东方波尔多”之称，其自然气候及地理条件确立了昌黎葡萄酒产业在县域经济发展中的最大优势，所产葡萄酒通过了国家地理商标认证。

2016年，酒葡萄种植面积1.6万余亩，酒葡萄产量3万余吨，品种主要为赤霞珠；全县酿酒企业27家，年产葡萄酒2.2万吨，产值4.75亿元。

（昌黎县林业发展中心果桑花卉技术站　李瑞星　李玉红）

**抚宁县果品产业**　全区现有果树总面积28.97万亩，其中挂果面积22.4万亩。果品年总产量17.35万吨，其中板栗16.3万亩，年产量1.2万吨；苹果5.9万亩，年产量9.7万吨。果品年总产值5.41亿元。由于发达的果品产业，全区注册果品专业合作社161个，果品家庭农场2个。其中市级优秀合作社两家(秦皇岛秀锦水果种植专业合作社、秦皇岛海强水果种植专业合作社)。

（抚宁区林业局林果业综合服务中心　赵海强）

**卢龙县林业产业**　卢龙县果树生产栽培历史悠久，全县果树栽培面积共计100373亩，主要有核桃、葡萄、苹果、桃等十余个树种。

现有核桃面积44903亩，常年产800吨左右，主栽品种为石门核桃魁香、硕宝及辽系核桃品种。苹果总面积12401亩，常年产量1.5万吨左右，主栽品种红富士、寒富、国光。葡萄总面积25876亩，常年产量6.6万吨左右。其中酿酒葡萄基地10367亩，主栽品种为赤霞珠，常年产量1.8万吨左右；鲜食葡萄基地15509亩，常年产量4.8万吨左右。桃总面积6898亩，常年产量1万吨左右，主栽品种有大久保、庆丰、金童五号。现有其他经济林5360亩，包括梨、杏、李、樱桃、板栗、山楂、柿子等。

全县各类经济林产品加工企业10家，年总加工能力1万吨，多数为小企业或小作坊，零星分布在全县各乡镇。各类仓储企业3家，年总仓储能力2000吨。经济林产品交易主要以商贩上户收购等。

（卢龙县林业局果树站　邵　明）

**野生动植物**　卢龙县野生植物资源丰富，植物方面有维管植物54科146属223种，其中蕨类植物3科3属5种、裸子植物3科4属4种、被子植物48科139属214种。动物主要有脊椎动物29目58科157种，其中鱼类5目9科20种、两栖类1目2科4种、爬行类2目4科11种、鸟类16目36科103种、兽类5目7科19种。

卢龙县境内湿地面积1910.87公顷，处于候鸟南北、东西迁徙带的交汇处，鸟类组成丰富。已发现鸟类16目36科103种。其中列入国家一级重点保护动物名录的2种；列入国家二级重点保护动物名录21种。

（卢龙县林业局林业技术推广中心　李　宾）

**山海关大樱桃**　山海关区自1985年开始栽植大樱桃，已有33年的栽培历史。目前，全区大樱桃栽培面积已达3万亩，达到盛果期面积2.5万亩，年产量超过2万吨，产值2亿元以上，主要栽培品种有红灯、意大利早红、美早、砂蜜豆、黄香蕉、拉宾斯、滨库等30多个品种。栽植范围遍及全区3个镇53个行政村，1.1万余农户，是北方大樱桃主产区之一，也是全国大樱桃品质最好的产区之一。

1999年在国家工商局申请注册了大樱桃图形商标；2008年山海关大樱桃生产标准化示范区从省级示范区升级为“国家级标准化生产示范区”；2008年山海关大樱桃被中国绿色食品发展中心认定为绿色食品A级产品；2009年成功申请创建全国绿色食品原料(大樱桃)标准化生产基地；2010年在国家工商局注册了“贡仙”商标；2014年12月山海关大樱桃被授予河北省优质产品。

（山海关区林业局　秦迎春）

## 【唐山市林业产业】

**唐山市滦县燕滦果蔬专业合作社**　滦县燕滦果蔬专业合作社于2008年11月成立，注册资本700万元。设有财务部、销售部、科研部、农残检测中心等，主营果品生产和销售、进出口业务。为唐山市农业产业化龙头企业、河北省林果产业重点龙头企业、河北省著名商标企业。燕滦果蔬专业合作社主要以苹果为主，销往国内各大批发市场、超市、政府采购、企业集体团购，出口到俄罗斯、孟加拉国等国，现有资产2300万元，年销售额4700万元。具备冷藏加工设施(2000吨冷库和3000吨加工厂)，属生产基地、冷藏加工，销售为一体的现代化农业生产模式，并同唐秦两市果品基地建立联结机制，带动农民明显增收。

随着燕滦产品品质不断提高，市场的占有率、产品附加值不断提升，燕滦品牌的影响力必将进一步提高。

（滦县林业局　产业科）

**迁安市林业产业**　截至2016年年底，迁安市干鲜果树面积25万亩，全市林业产业总产值6.4亿元，干鲜果品产值4.3亿元。林业产业正在得到丰富和扩展，林业与养殖业、林业与中草药、林业与旅游业、林业与餐饮业等建立了紧密联系。迁安亚滦湾国家农业开发创新产业有限公司是集果品生产和娱乐为一体的农业公园；唐山乐丫实业股份有限公司是集休闲观光采摘农业、特色农产品、绿色餐饮为一体的现代农业休闲娱乐观光园；河北燕禾泉食品股份有限公司是以生产果汁饮料酸梨汤为主的加工企业。

由于企业经营规模小，果树品种栽植杂乱，开拓市场能力较低，加之省级龙头企业少，不能形成区域优势，影响了林业产业整体效益，从业者的积极性降低，导致林业产业出现萎缩。

迁安市林业产业发展对策：一是整合林业产业资源，培植壮大林业龙头企业；二是制定扶植政策，进一步调动果农积极性，加快林业产业发展。

（迁安市林业局　马秀梅）

**唐山世界园艺博览会**　于2016年4月29日至10月16日在唐山胜利召开。本届世园会以“都市与自然·凤凰涅槃”为主题，以“时尚园艺、绿色环保、低碳生活，都市与自然和谐共生”为理念，是世界上首次利用采煤沉降地举办的世界园艺博览会，成为采煤区生态恢复的样板。世园会核心区540公顷，总体空间布局为“一轴、八园”。“一轴”为主轴景观区，由北向南依次布局为主门区、综合展示中心、中轴线广场、水幕电影、龙山、花海等景观节点；“八园”为国内园、国际园、设计师园三大主体展园和专类植物园、雕塑园、低碳生活园、少年世博园、科教生态园等5个专类展园。

57千米长的环城水系与世园会核心区域水体有机融合，实现了生态景观带、文化展示带、休闲旅游带和产业升级带的有机统一。国内国际不同地区的花卉园林特色艺术，汇聚世园会。“6+1”系列花卉展贯穿期间，500多万国内外游客在这里流连忘返。河北省国际经济贸易洽谈会、中国—中东欧国家地方领导人会议、中国金鸡百花电影节等大型的经贸、文化交流活动，使世园会亮点不断，精彩纷呈。

2016唐山世界园艺博览会的胜利召开，展示了唐山从工业文明向生态文明转型的新成果，为中国、为唐山提供了学习世界先进园艺文化和园艺风情的机会，也为新唐山增添了一张靓丽的名片。 （唐山市林业局　科教处）

**遵化板栗**　遵化是“京东板栗”的原产地，现主要栽培品种有紫珀、遵玉、东陵明珠、遵达栗、遵化短刺等十多个品种，所产板栗品质居世界食用栗之冠，曾获“全国林业博览会金奖”“99中国国际农业博览会名牌产品”等荣誉，是享誉中外的出口创汇拳头产品。

2016年全市板栗栽培面积34.5万亩，挂果面积22.5万亩，年产量2.6万吨，平均每千克售价12元，是遵化农村经济的支柱产业。近年来，遵化分别被国家林业局命名为“中国板栗之乡”“全国经济林建设先进县”，被省林业厅命名为“优质板栗生产基地县(市)”“无公害果品生产基地县(市)”。目前，已集中在北部建成跨十镇乡、含213个行政村、东西长百华里的板栗森林带，成为长城沿线一道壮观的绿色屏障和亮丽风景。据统计，北部栗产区十乡镇人均纯收入中板栗占六成，其中达志沟、高家峪等6个板栗专业村仅板栗一项人均收入就超过5000元。2016年遵化市马兰峪京东板栗生态园成功申报河北省观光采摘园，为遵化市板栗产业转型发展开辟了新途径。

该市的栗源食品有限公司、唐山珍珠甘栗食品有限公司等36家板栗贮藏加工龙头企业，年加工总能力达3.8万吨，创产值近6亿元，不仅使境内板栗产业化率达100%，而且带动了周边地区板栗产业发展，形成了“产业有格局、基地有规模、龙头有实力、产品有市场、增产又增收”的发展格局。其中栗源食品有限公司是全国最大规模的外向型板栗精深加工龙头企业，被评为国家农业产业化重点龙头企业，现有鲜板栗、速冻栗仁、软包装甘栗仁、板栗糕点、板栗营养粥等五条板栗加工生产线，贮藏、保鲜及深加工技术位居国际先进水平。 （遵化市林业局　果树科）

## 【廊坊市林业产业】

**廊坊市广阳区林下经济**　2016年，广阳区加大了果品安全宣传力度，举办无公害果品技术培训班20余期，培训人数达到2000人次，发放无公害果品宣传资料2万余份。高标准高质量完成桃、核桃、葡萄、枣等果树栽植1508亩。充分利用林间发展了3个林下种养殖示范点，推广、复制林菌、林粮、林禽模式，增加农民收入。抓好食品安全的宣传、督检工作，制定出主要树种的无公害生产管理技术规程，按技术规程内容进行培训，同时，与廊坊市林业局合作，对果树重点村街的果园的果品进行不定期的采样，保证生产出的果品完全无害化，从源头保证果品的无公害生产。

截至2016年年底，全区现有林地面积190786亩，其中用材林26812亩，经济林18587亩，防护林65040亩，果树面积80347亩(苹果面积7083亩，梨面积19039亩，葡萄面积14360亩，红枣面积3855亩，红果面积140亩，桃面积21803亩，杏面积4746亩，其他果树面积9321亩)。果品产量48008吨。全区花卉面积4899亩。年末实有育苗面积3585亩(留床面积1760亩，新植面积1825亩)，当年苗木产量141.5万株。

**廊坊市香河潮白河大运河国家湿地公园**　拟建的河北香河潮白河大运河国家湿地公园位于河北省廊坊市香河县，是以北运河、潮白河、青龙湾河和万亩荷塘为主体。湿地公园规划总面积为3689.36公顷。项目建设期为5年，即2015~2019

年。其中湿地面积1471.26公顷。湿地公园将建设富含历史文化特质和时代特征的运河文化中心、运河码头、运河驿站，打造京津周边生态文化旅游新地标；加快刘宋庆功台万亩荷塘综合开发，完善餐饮住宿、购物休闲等功能设施，同步推进周边村街改造提升和农家院、温泉浴、采摘园等特色开发，提高景区配套水平和协调功能。

**香河家具城** 中国香河国际家具城地处环渤海经济圈腹地，京津冀都市圈金点之区。以京津市场为依托，辐射华北、东北、西北地区，距北京45千米，离天津75千米，多条国道、省道穿域而过。四通八达的交通网络，为家具客商搭建了广阔的人流物流平台。

中国香河家具城是由金钥匙家具品牌CBD、红星美凯龙家具展厅、鑫亿隆家具展厅、顺隆家具展厅、嘉亿龙家具展厅、贵都家具展厅、汇美展厅、鹏大展厅、香河好百年家具展厅、北方广东家具展厅、富华家具展厅、中意家具展厅、明泰来家具展厅、华汇家具展厅、京华家具展厅、随缘家具展厅、美家源家具展厅、经纬家具展厅等33座单体家具城组成，拥有红木家具、民用家具、办公家具、宾馆套房家具、中高档沙发、软床、户外类、藤艺类、工艺品类等专业家具展厅组成，总面积突破300万平方米。城内参展家具企业7500余家，知名品牌1500余个，是中国北方最大的家具销售集散地、全国最大的办公家具和红木家具批发市场，产品除畅销北方十余个省、市外还远销东北亚、欧美和非洲等部分国家和地区，日客流量2万人以上，年客流量650万人次，年销售额280亿元。

**河北美盛农业科技有限公司** 始建于2010年8月，公司以科学发展观为指导，“城郊—都市型”为定位，“生态、休闲、集约、高效”为主线，提高农民收入为主要目标的现代农业。公司经过近5年的建设，2000亩园区已具雏形，成功打造了河北省优秀农业品牌“绿野灶台”，并形成了独具特色的五大产业：四季常供的有机、绿色蔬菜产业；以油桃、葡萄为主的水果产业；花卉苗木产业；农产品精深加工产业；以“绿色生态、乡村风情、世外桃源、文化休闲”的休闲旅游产业。

园区分为休闲区、文化区、种植区三部分。建有果蔬种植温室、露地水果种植基地、绿化树木种植基地、葡萄酒酿造试验中心、休闲木屋、竹艺建筑、大型生态餐厅、垂钓观赏湖以及美盛农林科学技术研究所、培训中心等，基础设施完善；园区现有新型智能日光温室8个类型151个，占地380亩，种有特色蔬菜、航天育种蔬菜及草莓、葡萄、甜瓜、蓝莓、紫皮花生等；露地水果种植采摘区有6个，占地1000亩，主要种植葡萄，油桃，梨、苹果、杏、李子、樱桃等露地水果；良种繁育基地230亩。

**【保定市林业产业】** 为实现“生态脱贫、兴果富农”，保定市政府先后出台了《关于支持林业改革发展的若干意见》《关于加快推进果品产业发展的意见》《“十三五”期间保定市果品基地建设实施方案》《关于推进贫困地区林业产业发展的实施方案》等政策规划，投入1000万元资金实施果品基地项目建设，完成林果栽植近万亩，同时，积极争取国家级、省级林果建设项目2个，争取资金220万元，完成葡萄、大枣基地建设1500亩。

2016年，全市共引进苹果、桃、葡萄、杏、榛子、枣、柿子优良品种25个。据初步估算，仅婆枣改接紫圆一项，亩纯增收便可达7000元，推广实用技术38项，建设高标准基地14.5万亩。引进冰草公司、山东万霖、河北建设集团等企业10家，建设高标准林果基地10个，惠及农户3万余人。（保定市林业局　刘　艳）

**阜平县林业产业** 截至2016年年底，该县果树总面积60.8万亩，年产果品12.39万吨，产值3.17亿元。

2016年共完成林果栽植2.75万亩。其中林果基地项目栽植果树1.51万亩，荒山综合开发基地项目栽植果树1.24万亩。启动了大枣综合试验站建设，新栽植大枣6万株。全年完成大枣标准化管理7万亩，改接换优4万亩，共引进8个优良枣品种，对原有果园进行改造提升2万亩。完成了3万亩的标准化管理，改接换优2万亩。对果农进行技术培训100余场次，培训人员达2万多人次，发放技术资料1万余份，为全县的果树发展提供可靠的技术支撑。（阜平县林业局　高　雪）

【沧州市林业产业】

**沧州献县金丝小枣** 全县现有红枣总面积达到26.6万亩，2016年总产量达到1.22亿千克，实现产值4.68亿元。献县先后被国家命名为“中国金丝小枣之乡”“全国经济林建设先进县”“全国农业标准化优秀示范区”。

本年度献县荣获河北省十大林果加工品牌单位1个(河北沧华园生物食品有限公司)、金奖1个(河北沧华园生物食品有限公司参赛的金丝小枣)、银奖1个(沧州永成枣业种植有限公司的参赛金丝小枣)、铜奖5个(沧州永成枣业种植有限公司参赛的金丝四号枣、冬枣、金丝大枣、早脆王枣、无核枣)、名优产品奖8个(河北沧华园生物食品有限公司参赛的鸭梨汁、水晶蜜枣、香蜜酸枣、冰糖雪梨蜜枣、黑糖阿胶蜜枣、阿胶蜜枣、雪梨片、红枣汁)。

献县建有占地面积80亩的国家A级农产品交易市场——尚庄红枣批发市场，年交易量达40000吨，交易额达1亿元，在全国各地建立金丝小枣销售网点500多个，从事金丝小枣经销的经纪人达3000多人，形成了献县小枣行销全国的良好态势。

(献县林业局　高　洁)

**泊头梨枣** 泊头是全国著名的鸭梨之乡和金丝小枣之乡，“国家级鲜梨出口质量安全示范县”“国家级鸭梨无公害标准化示范区”。泊头梨枣具有面积大、产量高、品质好等特点。泊头鸭梨和金丝小枣以其历史悠久、品质上乘享誉国内外。梨枣业是泊头的特色产业和支柱产业之一。

泊头市辖12个乡镇，人口51万，总面积1006平方千米，耕地面积95.6万亩，现泊头用材林面积15万亩，果树面积57.5万亩，其中梨25万亩，枣30万亩，其他2.5万亩。果品产量达60万吨(其中梨49万吨，枣9.5万吨，其他1.5万吨)，好果率达95%；林业产值达11.35亿元(其中果品达9.6亿元，其他1.75亿元)，果品年出口量达9万吨，出口创汇达6000万美元，农民人均林业收入达3000元。梨枣种植主要分布在泊头的齐桥、文庙、洼里王、王武、泊镇、营子、交河、寺门村等中东部乡镇。泊头市是蜚声中外的“天津鸭梨”和“金丝小枣”主要产区，素有“中国鸭梨第一乡”和“金丝小枣之乡”的美称。出产的鸭梨和小枣风味独特。泊头鸭梨以个大、皮薄、汁多、肉细、味甜、形美及其较高的营养和药用价值而名扬海内外。泊头金丝小枣则以核小、肉厚、甘甜醇香、肉质挂丝而得名，既是美味佳肴，又是滋补精品，备受人们的青睐。自20世纪50年代起，泊头鸭梨和金丝小枣就以“天津鸭梨”和“西河小枣”的商标，畅销中国香港、中国澳门、东南亚、中东、欧美等40多个国家和地区。目前年出口果品7.5万吨，创汇5000万美元，为河北省出口之冠。其出口的鸭梨荣获国家优质出口产品称号。

泊头市金丝小枣2004年被国家原产地域产品保护办公室认定为沧州金丝小枣原产地之一。2006年无公害枣生产面积达20万亩，无公害枣年产量达0.6亿千克。“产、加、销”相结合和“公司+基地+科技+农户”的运行模式，促进了泊头枣业产业化的发展。产品以其独特的品质，远销欧美东南亚、俄罗斯、中东等二十几个国家和地区，近年又发展起了小枣保鲜、制干、制脯、枣汁、鸡心枣等多个深加工项目，创出了“八月红”“龙晴”等多个品牌。

2016年，全市有梨销售企业20余家，有出口经营权的11家。公司以承租果园和同果农协议生产的形式搞联营，公司为果农提供梨袋、生产无公害果品的农药，给以果品最低保护价格，并由林业局提供技术支持。果农按技术规程操作，生产出合格的产品，形成了产、加、销的协调服务体系，推动了梨产业的发展。目前东方果品公司已是国家级龙头企业，亚丰果品等11家公司是河北龙头企业。有冷库125个，储存能力13万吨，其中千吨以上冷库40个，另外农民土窖存储7万吨左右。

(泊头市林业局　李红玉)

【邢台市林业产业】

**柏乡牡丹首进香港** 1月，由香港大棠有机生态园与柏乡县联合举办的“大棠(柏乡)牡丹展”在香港正式开幕，共展出牡丹品种16款1万余盆，展期自1月21日至3月20日两个月，这是柏乡牡丹首次进入香港年宵花市场。在展出现场，首批通过催花和控温技术培育的精选适合香港天气的名贵牡丹品种竞相开放，成片的牡丹，争艳斗芳，迎风摇曳，吸引了香港众多游客前来观赏。此次展会有利于增强粤港澳人民对牡丹文化认同感，也使更多的人了解汉牡丹、了解柏乡，让我们的牡丹文化直接传向世界。

近年来，柏乡县大力发展牡丹文化产业，推动本土旅游经济发展，柏乡县积极引导牡丹种植企业转变经营思路和销售模式，这次到香港举办“大棠(柏乡)牡丹展”就是一次成功尝试。目前，该县牡丹种植面积已达5000余亩，形成了九大色系、上千个品种，申请注册了“柏乡牡丹”地理标志，成功举办了4届“中国汉牡丹文化节”，将牡丹打造成拥有经济、文化、旅游等多项内涵的大产业。（苑清珍）

**邢台林业电商培训** “河北林业电商百县行”活动是由河北省林业厅、河北省林业产业协会主办，北京思享电子商务咨询服务有限公司、河北佳农农业科技有限公司承办，邢台市有幸成为全省首个试点市。各项活动于7月13日起在该市全面开展，到12月底结束。

“河北林业电商百县行”活动的定位是以政府为主导，以林业企业、合作社和林农为主要目标，以电商技能培训为主要手段，以实战指导为强化措施的大型公益性活动，针对不同水平的目标群体实现0到1、1到10、10到100三个层次的系统化培训。邢台市计划在市林业局、邢台县浆水镇、内丘岗底村、沙河、临城、柏乡、宁晋、新河、威县、平乡、巨鹿设立11个现场培训点进行巡回培训，将直接覆盖该市70%以上的县市区。

通过一系列有针对性的、系统化的培训和实战指导，有效地提高了全市林果、花卉、苗木、板材等林业产业组织的电商经营水平，促进广大林业企业、合作社和大户实现互联网创业，让该市浆水苹果等一大批知名产品在天猫、淘宝、苏宁等电商平台及众筹平台上脱颖而出，实现互联网与林业产业的融合创新，进而促进邢台全市林果产业又好又快发展。（国 宁）

**最美古树** 2016年，经邢台市林业局推荐，河北省寻找最美古树活动办公室组织林业、园林和高校有关专家、教授召开河北省最美古树审定会，对入围古树进行逐一审核，经专家认真筛选，推选出100棵为“河北最美古树”候选树，从中筛选并现场复核，确定候选“树王”15株。邢台县浆水镇前南峪村的“板栗王”以树高1300厘米、胸围385厘米、冠幅1485厘米的生长指数及300年的树龄被认定为河北省“树王”。

邢台县龙泉寺乡前敖峪村的酸枣树和临西县大刘庄乡陈新庄村的杜梨被评为“河北最美古树”，前者树高1400厘米、胸围175厘米、冠幅825厘米，后者树高1000厘米、胸围300厘米、冠幅1500厘米。此外，该市内丘县南赛乡神头村的“九龙柏”等3棵侧柏、邢台县皇寺镇郭村和任县西固城乡前台南村的2棵槐树、临城县赵庄乡驾游村的1棵黄连木以及邢台县长信林场白云山的1棵油松也跻身“河北最美古树”名录。

**龙头企业** 经邢台市林业部门组织申报，河北省林业厅进行评选、认定并公示，该市共有31家单位获评2016～2017年度省级林业龙头企业、龙头合作组织，分列林木板材类等七个大类，涉及邢台县、内丘县、临城县、巨鹿县、柏乡县、隆尧县、南宫市、宁晋县、新河县、高开区10个县市区。

该市获评省级林业龙头企业15家，其中河北蓝鸟家具股份有限公司等2家企业荣获林木板材类龙头企业，河北绿岭果业有限公司等7家企业荣获果品(蚕桑)类龙头企业，河北绿风园林工程有限公司等4家企业荣获种苗类龙头企业，邢台九绿农业开发有限公司荣获花卉类龙头企业，河北红沙峪林果开发有限责任公司荣获多种经营类龙头企业。

该市获评省级林业龙头合作组织16家，其中邢台县旭福果品专业合作社等15家合作社荣获果品(蚕桑)类龙头合作组织，南宫市兴旺苗木种植专业合作社荣获花卉类龙头合作组织。

评定龙头企业和合作组织将在培育壮大该市林果产业，优化产业布局，增强品牌意识，发挥带动、示范和领跑作用等方面起到积极作用，并为今后争取省级以上项目投资奠定基础。

（张 志）

**【邯郸市林业产业】**

**魏县林业产业** 2016年，魏县林业产业实现新突破。一是积极推广密植梨种植模式。该栽植模式由每亩常规栽植几十棵，增加到每亩130棵至

250 棵。县政府对面积达到 100 亩以上的新建梨密植园种植大户，累计补助 3800 元/亩。全县新发展密植梨 5000 亩，打造了沿漳河两岸万亩经济林带集聚区。二是大力发展林下经济。探索发展林养型、林药型、林菜型、林草型、林菌型多种林下开发模式，目前全县林下种养总面积 1 万余亩，平均每亩增收 3000 元。该县引入林下节水型农(林)作物间作，在林下套种构树食料林，亩均净增收 3500 元。三是发展壮大林果产业。果品产业上，发展壮大龙头企业及相关产业，打造了“魏县鸭梨”品牌，形成了以天仙果菜市场为主的国内市场销售龙头，实现了“能内销、能外销、能贮藏、能加工”，年销售鸭梨 5 万吨以上。河北爱美森木材加工有限公司，以杨木等速生丰产林木为原料，通过特殊优化处理产出优化材和集成材。该项目自投产运营以来，年产优化材 12 万立方米、集成材 3 万立方米、实木地板 200 万平方米。为魏县提供就业岗位 1000 余个，年纳税 3000 万元以上。目前，魏县有林地面积 32.7 万亩，活立木蓄积量达 200 万立方米，全县森林覆盖率达 25.35%，村庄绿化覆盖率达到 45%，城区绿化覆盖率达到 40%，形成了“出门见绿，出城见林”的绿化新格局。

(邯郸市林业局办公室　杜　萌)

**【定州市林业产业】** 截至 2016 年年底，全市苗木花卉种植总面积达 16.5 万亩，设施栽培面积达到 5300 亩，苗木花卉销售收入达 15.3 亿元，三级以上资质园林绿化企业达到 20 家，建成了 96 个花卉苗木专业村，形成了以河龙公路沿线乡镇为主的“花木长廊”，成为我国北方重要的观赏苗木生产地和集散地。

依托定州市国家现代农业示范园区，引入天津创世生态景观建设公司，投资 10 亿元的定州市现代苗木科技园和投资 3 亿元的定州苗木物流发展服务中心建设，将该市的苗木花卉产业打造成为中国北方最具创新活力、最宜企业创业发展、最具实体服务能力、配套资源最丰富的综合性苗木企业创新、研发、交易平台。

(定州市林业局　杜书轩)

**【塞罕坝机械林场大事记】**

**1 月** 《河北省塞罕坝国家森林公园修编》通过国家林业局批复。

**4 月** 获得了京津冀蒙种苗交易会“河北省十佳诚信苗圃”奖。

**5 月** 常伟强获“河北青年五四奖章”。

**5 月 24 日** 国家森林防火指挥部副总指挥、国家林业局副局长张永利，国家森林防火指挥部办公室副主任、森林公安局局长王海忠一行，在河北省林业厅厅长周金中、副厅长王忠等领导及市县和塞罕坝林场主要领导的陪同下，对塞罕坝森林防火工作进行检查督导。

**7 月 20 日** 京津冀旅游协同发展第六次工作会议在塞罕坝国家森林公园召开。

**8 月 13 ~ 15 日** 中共中央政治局委员、中央组织部部长赵乐际到塞罕坝机械林场调研。

**9 月 19 日** 河北省委书记、省人大常委会主任赵克志到塞罕坝林场调研，调研期间，赵克志主持召开座谈会。

**9 月 23 日** 围绕赵乐际视察塞罕坝时的“四个突出”精神，塞罕坝再次启动了新一轮的展馆改造升级。

**11 月** 塞罕坝国家森林公园纳入首批全国森林旅游游客量精准统计采集点。

同月由塞罕坝机械林场与国家林业局国有林场和林木种苗工作总站联手制订的《国有林场抚育间伐施工技能评估规范》在北京经国家林业局科技司组织的专家评审会议论证通过。

**12 月** 河北省塞罕坝机械林场造林碳汇项目第一批次国家核证减排量(CCER)成功获得了中华人民共和国国家发展和改革委员会签发，成为华北地区首个在国家发改委注册成功并获得签发的林业碳汇项目，是河北省首个获得国家发改委签发的林业碳汇项目，也是迄今为止全国林业碳汇签发碳减排量最大的自愿减排(CCER)碳汇项目。

(傅聿峰　宋彦文　温亚楠　刘克洲　孙连利)

**【小五台自然保护区】** 小五台保护区苗圃经营总面积为 368 亩，主要以培育油松和落叶松为主。2016 年，保护区采用播种育苗方式完成 10 亩地新育苗，存苗量为 130 万株。苗木长势良好，成苗后可取得良好的经济效益和社会效益。

**经济效益** 大田苗按每株0.5元可实现产值150万元，容器苗按每株1元可实现产值200万元。

**社会效益** 大力推广良种造林，可提高林分的抗逆性，提高造林成活率和保存率，减少资金投入；对带动周边群众就业和地方林业科学发展，提高林业经济效益将起到积极作用。

（小五台自然保护区 张 杰）

**【洪崖山林管局】** 河北省洪崖山国有林场管理局位于河北省保定市易县境内，原名河北省林业示范场，隶属于河北省林业厅，下辖3个分场和7个职能科室。截至2016年年底，总经营面积6.7万亩，其中国有林区面积6.58万亩，苗圃面积0.12万亩，年销售苗木收入280.7万元。

紧紧围绕京津冀一体化发展战略，充分利用区位和资源优势，为适应市场打造自己的品牌。为此，该局及时调整了3个分场的产业结构：七里亭示范场主要发展以落叶乔木为主的乡土树种；洪崖山林场利用自己独特的小气候优势，对雪松树种进行南树北引并取得了成功，与此同时，大力发展造型油松近万株，造型油松基地已初具规模。葫芦峪林场主要以花灌木为主要发展方向。3个分场各具特色，真正具备了人无我有，人有我优的优势。

另外，洪崖山林管局拓宽了销售渠道，在原有直销的基础上，利用互联网的优势，创建网络销售平台，将传统的直销与电商模式并行，为今后的苗木销售战略转型升级奠定基础。

（洪崖山林管局 李海华）

# 山西省林业产业

【概　述】　山西地处黄土高原，干旱少雨，生态脆弱。21世纪以来，森林覆盖率已达20.5%。目前已基本形成了干果经济林、速生丰产林、种苗花卉、森林旅游、林下经济等五大产业集群。2016年林业总产值达到499亿元。与兄弟省份相比，山西目前仍是一个造林大省、生态小省、产业弱省。

**第一产业发展迅猛**　一是干果经济林发展潜力巨大，区域优势突出。坚持以强化管理、优化结构、提高品质为重点，新发展各类特色经济林70万亩，改造低产低效经济林50万亩，着力塑造具有山西特色的干果经济林品牌。全省干果经济林面积已达到1700万亩，挂果面积818万亩，年产量达18亿千克。初步形成了以吕梁山、太行山、太岳山低山丘陵区为主的核桃主产区，面积890万亩，常年产量2.1亿千克；以黄河沿岸、汾河中下游地区为主的红枣主产区，面积316万亩，常年产量11亿千克；以晋北、晋西北地区为主的仁用杏主产区，面积133万亩，常年产量0.45亿千克；以临汾、运城为主的柿子主产区，面积22万亩，常年产量1.7亿千克；以太行山中南部丘陵区及晋南盆地边缘山区为主的花椒主产区，面积42万亩，常年产量0.19亿千克。同时，各地还推广了双季槐、皂荚、连翘、翅果油树等药用经济林；培育发展了文冠果、大果榛子、油用牡丹等木本油料经济林，2016年底油用牡丹已发展到25万亩。截至2016年年底，山西省被国家命名的名特优干果经济林之乡达到17个。

二是国家储备林建设及特殊林木后备资源培育项目示范引领作用明显。到2016年，全省共有11市67县9个省直林局纳入到了国家储备林建设范围。特殊林木后备资源培育项目主要由国有林场主体承担，共完成3.5万余亩，总投资2581万元，主要培育树种有白蜡、辽东栎、核桃楸等。

三是林木种苗良种基地建设和花卉产业健康发展。全省现有各类苗圃2.1万处，育苗总面积达到112.5万亩，苗木数量达51亿株，年出圃各类合格苗木10亿株。建有国家级良种基地8处，审定36个林木良种，认定3个林木良种，并对26个新申报的品种进行了初步审核。2016年，太岳林局白皮松国家种质资源库和杨树林局杨树国家种质资源库被审定为第二批国家林木种质资源库。2016年，山西省花卉种植面积发展到2.44万亩，花卉销售额4.86亿元，其中：种植鲜切花164.51公顷，年销售鲜切花1758.36万支，销售额约1.12亿元；种植盆栽植物736.47公顷，年销售盆花3689.12万盆，销售额约3.03亿元；种植观赏苗木728.39公顷，年销售观赏苗木1503.41万株，销售额0.71亿元。

四是全省各类野生动物养殖户达到509家，养殖存栏数约66万头(只)；林下经济发展势头良好，重点对林菌、林药种植基地进行扶持，出台了《2016年林下经济种植项目实施指导意见》，目前，林下经济经营面积达到551万亩，建设林下经济基地44个，实现产值165419多万元，其中种植业129074万元，养殖业36345.69万元，连接近11万农户，从事林下经济的农户人均收入达到1599元。

**第二产业日渐壮大**　依靠政府推动、市场拉动，全省各类林产品加工企业逐步发展，其中，干果经济林加工企业达到1300多个，年加工能力2.9亿千克，年销售收入在1000万元以上的企业达到110家；木材加工及家具生产企业发展到219家；野生动植物加工利用企业达到334家。全省涌现出博鸣木业、威特食品、天渊枣业、白老大食品、顺康天然、远锦贸易、鑫源骏达等一批市场潜力大、经济效益好的龙头企业。现已有5家被评为国家级林业重点龙头企业。尤其是全省涌现出一批新兴经济林加工企业，实现了企业连基地、基地带农户的发展格局，有效促进了干果经济林产业发展。

**第三产业方兴未艾** 一是森林公园建设成效显著。到目前，全省共设立森林公园127处，其中国家级19处，省级51处，县级57处，总面积56.49万公顷，占全省国土面积的3.6%。森林公园建设保护了全省著名的自然文化景观资源1200处、90%以上的野生动植物种类、80%的野生植物群类型，保存了全省五大类20个分类的72种森林风景资源。体现了其在自然文化资源保护中的核心地位。

二是森林旅游业前景乐观。依托森林公园、湿地公园、自然保护区形成了环五台山、太行山、吕梁风情、汾河源头、塞北明珠、黄河文化六大森林旅游品牌基地和六大森林旅游线路，78处城郊森林公园，日接待游人40万人次；吸纳社会就业人员1.5万人，提供公益性岗位4500多个，直接受惠人数达到2400万人，森林旅游社会综合收入超过100亿元。

**【2016年重点工作与主要成效】** 全省林业产业工作近年来坚持宏观指导与微观服务相结合、总体规划与重点突破相结合、政府引导与市场主导相结合、促进增绿与带动脱贫相结合、创新驱动与质量监管相结合的原则，以提质增效为总纲领、以丰富林产品供给为总目标、以做大做强特色产业为突破口，实施生态战略、良种战略、品牌战略，着力建设示范基地、培育龙头企业、搭建服务平台，不断总结推广先进经验和成功模式，有效地推动了全省林业一、二、三产业融合发展。

**总结推广新兴产业、扶持特色产业** 在广泛调研的基础上，注重发现和挖掘新兴特色产业树种，并进行总结推广。例如，山西南端的运城市，水热条件较好，近年来大力发展特色经济林，涌现出一些林产带头人。我们系统总结了他们的成功经验和可复制模式，形成调研报告，经厅领导研究同意后，组织适宜地区的市县林业局实地观摩、现场培训、会议交流，下发文件在全省进行自上而下的宣传推广，给予项目扶持和资金补助。2014年推广双季槐，运城市盐湖区林农雷茂端发现在退耕还林地上栽植的国槐可产槐米，经多年选育驯化，研发出两季结籽的槐米接穗，每亩产量150千克，每千克售价30元，制药厂用以提取芦丁，市场较好。经项目扶持，仅运城市就发展到15万亩。2015年推广皂角，盐湖区退休职工闫义定返乡创业，选育出良种"帅丁"，嫁接到野皂角上可让小灌木长成大乔木，并盛产皂刺，每千克售价130元，亩收入7000多元。我们选择这些树种建立产业示范基地，扶持特色产业，推荐评审地理标志产品，"十二五"期间利用煤炭基金建成50万亩干果示范园区，从2016年开始，选择有资源优势、主观积极性高的县区，每年新建8个特色产业示范基地，旨在引导、引领新兴特色产业健康发展。

**培育龙头企业，塑造品牌产品** 3月，开展全省农林企业大帮扶，联合国土、环保、发改、财政、农业、水利、扶贫等多部门成立联合帮扶小组，与市县政府对接，现场解决实际问题。组织企业参加森交会、农博会、林博会、义博会，宣传特色产品。申报国家级林业重点龙头企业，打造产品和企业品牌，起到辐射带动作用。

**开展产业专项调查，发现和推介特色产业** 一是组织人员对全省的林下资源进行调查，出版了《山西省国有林区林下资源概况》，内容包括林下资源分布、品种、现状等，绘制了林下资源分布图；二是开展了森林食品产业专项调查，建立了品种、产地、企业、产量、销售等数据库。

**搭建平台，开展培训、交流** 召开全省涉林企业座谈会，聘请专家教授进行技术培训，组织企业家交流经验。组织成立大同地区杏产业协会，研究和指导产业发展。建立山西林业产业网、森林食品网、晋林产业微信圈，搭建起互联网信息交流平台。

**食用林产品质量安全监管** 成立食安委，重点抓食用林产品的质量安全监督，启动食安标准制定工作，印制统一格式的食用林产品生产记录本，逐步建立追溯体系，检测重点品种，建立有奖举报制度。2016年重点对临猗县冬枣进行了10个批次检测，均未发现农药残留物。

**涉林企业诚信管理** 开展征信体系建设，组织企业参加诚信申报，鼓励企业成立专门的诚信管理部门，健全诚信管理的岗位责任制。

**产业扶贫** 2016产业工作重点瞄准产业扶贫，找突破口。起草了《林业扶贫决定草案》提交山西省人大，对全省的产值数据进行分析，研究利益联结机制，着力提升林业产业对富民增收的贡献率。

**【运城市林业产业】** 运城市的干果、苗木产业有着得天独厚的自然优势，是传统的农林产业。为使优势产业发展为强势产业，运城市靠政策优惠和机制创新，扩大规模、提质增效。运城市在全省率先实施"新栽一亩补三百，栽多少补多少"优惠政策。助推了以科技支撑建基地、标准化管理建园区为特色的核桃为主的干果经济林快速发展。传统产业以强劲的生命力托举民生林业成为运城市现代林业建设的新优势。5 年时间，运城市新发展干果经济林 40 万亩，干果经济林面积稳定在 200 万亩。2016 年核桃挂果面积接近 20 万亩，总产量超过 1000 万千克。苗木基地达到 50 万亩。干果、苗木产业以规模大、科技含量高、发展水平高、总产值达百亿元的绝对优势，名列全省前茅，成为农民增收的主导产业。在产业发展中，运城市采取宣传、培训等多种方式，向林农传授应用技术。广大果农崇尚科学、应用科技蔚然成风。涌现出一大批"农民技术员""农民专家"。高科技示范园区发展到 500 处。盐湖区三路里村雷茂端、河津市下牛村杜国良等潜心选育双季槐、单季槐新品种。盐湖区退休职工闫义定坚持 10 年，选育出皂角新品种。两项成果经省科技厅鉴定，达到国内先进水平，成为农民致富新的增长点。垣曲县和盐湖区打造出发展水平一流的双季槐、皂角产业群。在运城广袤的大地上，山区种植核桃；平原发展红枣、山楂；前山沿、丘陵区双季槐、核桃、花椒茂盛；黄土高原丘陵沟壑区核桃、双季槐、皂角果实丰硕。村与村相连，镇与镇相接，集中连片规模化，品种多样化的干果、苗木基地、园区，凸显出产业效益最大化。干果、苗木结构的大调整，在农民增收的同时，更促进全市生态系统的完整性和稳定性跨上新台阶。

**规模化、集约化，彰显产业实力** 在临猗县庙上乡设施冬枣栽培示范基地内，一座座塑料大棚排列成巨形方阵，向四周辐射延伸 7 个村达 8 万亩。基地的暖棚、春棚、遮雨棚内，以子弹头、爆米花为代表的早熟品种，以梨枣为代表的中熟品种，以冬枣为代表的晚熟品种，100% 的设施大棚达到"三棚四枣两指标"标准。临猗县冬枣以脆甜的口感、丰富的营养、浑圆的果形、亮丽的色彩受到消费者的喜爱。产品不但销往国内各大城市，还远销中国香港地区、东南亚和欧洲许多国家。

集中连片规模化种植，突出地域特色，提高专业化管理，集约化经营水平，是运城市经济林产业跨入现代化发展的根本。运城市的红枣、核桃、双季槐、柿子、板栗、山楂、花椒、皂角 8 大名优品牌，遍植于盐湖区。芮城、平陆、垣曲、夏县、绛县、永济、闻喜南垣 8 个县(市、区)以红枣、核桃、双季槐、花椒、皂角为主，面积 15 万亩的中条山丘陵浅坡地带干果经济林基地：盐湖、夏县、永济 3 县(市、区)以核桃、双季槐、皂角为主，面积 5 万亩的中条山北麓前沿冲积扇地带干果经济林基地：新绛、稷山、河津、万荣 4 县以核桃、红枣、双季槐为主，面积 5 万亩的汾河流域沿岸一带干果经济林基地：峨眉岭台地地带干果经济林基地：闻喜、盐湖、稷山、万荣、临猗五县(区)以发展鲜食枣、核桃、双季槐为主，面积 15 万亩的经济林基地。这四大重点干果经济林产业化基地，以垣曲县核桃面积达 20 万亩，农民人均面积接近一亩半；临猗县红枣面积 20 万亩，设施大棚遍布 9 个乡镇 70 多个村庄，年产值达 12 亿元；河津市百亩以上集中连片规模化干果经济林发展占总面积 90% 以上为突出代表，成为特色鲜明、效益显著的规模化、集约化、产业化、现代化发展的典范。为促进干果经济林健康发展，运城市创新干果经济林发展机制，以土地流转为切入点，以企业参与、大户承包为主，形成"龙头企业 + 农村经济合作社 + 基地 + 专业户"模式。盐湖区通过实行公司化造林和土地流传机制，在上郭乡、三路里镇建成万亩优质核桃经济林基地；仁核山谷公司在临猗、闻喜、盐湖规模化栽植核桃 3.5 万余亩，开创公司化、产业化运作的先河。

夏县西村万亩经济林示范基地，涉及桐城镇的西村、下庄、梨树坪、南岭、通峪 5 个行政村。采取"区域化布局、良种化选择、规模化发展、集约化管理、合作化运营"模式，发挥核桃产业在脱贫攻坚的杠杆作用。夏县格瑞特酒业有限公司通过流转土地的方式新建 5000 亩葡萄生态园，突出

几乎绝收；5～6月连续阴雨天气，光照少，因前期坐果少，造成树体旺长，套袋内桃果大量落果，细菌性穿孔病、褐腐病等病害严重等，不利天气对桃的影响以松江佘山地区最为严重。

据调查，2016年本市主栽水蜜桃成熟期较往年提前10天左右，但产量不及往年的50%，7月下旬销售基本结束，黄桃主栽品种"锦绣"平均亩产仅为往年的30%左右。2016年梨树花期在春季低温之后，因此坐果没受影响，产量也较往年有所增加，栽培面积占70%左右的主栽品种"翠冠"7月下旬成熟上市。葡萄采用设施单层膜覆盖促成栽培的果园，部分品种("巨峰""金手指"等)受到春季低温冻害影响，减产约为10%～20%，按投产面积核算，本市葡萄平均亩产较2015年减产3.3%。2016年是柑橘大年，平均亩产量达到2360千克，增幅达到49.4%。6月雨水总量较2015年减少约200毫米，7月中旬后，多有晴热高温天气，有利于水果糖分的积累，果品质量总体比2015年有所提高。

**主要工作** 一是开展"安全优质信得过果园"创建。上海市"安全优质信得过果园"创建评选活动进入第五年，年初评审工作小组组织对2015年的18家创建果园开展年度评审会，最终"上海大莲湖果业专业合作社"等8家果园获评，全市信得过果园达到70家，在2016年果树工作会议上，对新一批果园进行了颁证授牌。

全市启动新一轮创建活动，全年共有来自崇明、嘉定、金山、浦东等6个区县的19家果园报名参加，涉及桃、梨、葡萄、柑橘、火龙果等树种，市林业部门对果园环境、制度建设、园容园貌、树体管理、农资仓库、田间档案记录等方面进行综合考察，并对负责果园安全管理的技术人员进行系统的培训指导，经过三轮果园现场检查打分、果品质量测定、档案填报审核等工作，对每个果园进行综合打分，在2月召开的年度评审会上确定2016年度获选果园名单。

二是实施林果生产物资补贴项目。2016年，新一轮林业政策下达，继续实施经济果林"双增双减"和果实套袋项目，对果树生产物资进行普惠制推荐和补贴，2016年全市果实套袋实施面积9.06万亩，商品有机肥实施面积23.95万亩，无公害农药实施面积17.19万亩，全年申请市级财政补贴7588万元，比2015年减少约1900万元。实施总量减少的主要原因除了新一轮项目启动晚外，还因本市环境整治力度加强、果农种植业结构调整、市政工程动拆迁、自然灾害效益低下造成的生产面积减少等。

为做好全年政策实施工作，市区两级林业部门对农资供应商和物资进行了严格评审和把关，在项目实施期间，对有机肥和果实套袋进行质量抽查，对所有农药品种进行封样；配合市财政监督局专项检查组对光明集团、奉贤、金山、浦东、崇明等区县2013～2015年"双增双减"项目实施情况进行检查核实；对照项目管理办法，组织对"双增双减"检查补贴农资的需求清单、订货合同、送货签收单、面积、实际送货量等进行检查。

三是做好地产果品品牌营销宣传。近年来，市林业部门致力于为果农和市民搭建对接交流平台，开展果品营销宣传为目的的"乡土有约"系列活动，真正体现"服务市民、致富农民"的宗旨。2016年，本市果品营销活动筹备时间长、活动项目新颖、形式丰富、合作单位和参与人员多，更全面、系统地为沪郊果品进入市场做推介，主要开展了果品卡通形象征集，沪郊林果产业宣传片拍摄，果品进社区、进机关食堂、进公园，举办夏季优质果品推荐会等活动，并与果品销售企业合作，通过手机客户端进行地产果品的宣传和销售。

据统计，2016年经市林业总站牵线，"好果多"线上和门店销售签约沪郊果园果品约9000千克，销售额达61万元；"进食堂"活动，果品销售额超过30万元，同时带动了很多市区机关职工后续购买、游园采摘；"夏季果品进公园"活动累计销售逾108万元，秋季"柑橘进公园"活动，市区七大公园合计销售鲜柑橘72.6万千克，销售金额217.8万元。

四是破解果树生产技术难题。2016年，围绕树种更新、品质提升、品种丰富、供应期拉长等内容，本市开展了老桃园更新改建、桃贮藏保鲜、蟠桃设施栽培、葡萄早熟品种推广、柑橘引种筛选、果树智慧农旅系统等开展了大量项目的立项和研究工作。本市果树生产水平稳步提高，上海市蟠桃研究所立项的设施栽培技术研究项目，通过促成和避雨两种模式，提高果品质量，拉长果品供应期，解决目前蟠桃因品种单一，供应期短，商品果率低的问题；马陆葡萄主题公园在园区内建立基于微信平台建设了公园智慧农旅系统，实现了导航导览、葡萄品种介绍、景区介绍、可追溯系统以及感知葡萄等多项内容，是果园旅游观光展示的大胆探索和尝试。

五是组织技术考察与培训。2016 年，全市组织开展各类果树技术培训超过 1 万人次，培训对象包括市、区、镇各级果树技术人员、果园生产大户及普通散户等，培训内容涵盖产前、产中、产后的生产管理要点，国内外先进栽培理念与技术等。市林业总站与果树研究所联合编印《果树农事信息》31 期，寄发 6200 余份，编印《乡土专家谈农事》5 期，寄发 1000 余份。此外，市级林业部门还分别组织区县林果技术部门、市级研究所、乡土专家队伍、果园技术人员等赴山东泰安、山西晋中、浙江台州、江苏阳山等地交流考察当地果树品种、栽培模式和先进技术，进一步拓展了本地从业者的思路视野，将更多新优的技术成果带回试验，推广应用于生产实际。

**主要成效**　一是生产环境和果品安全得到保障。本市林业部门开展经济果林“双增双减”和果实套袋项目，从 2006～2008 年第一轮开始，至 2016 年进入第四轮，该项目连续实施，减少了果园内高毒高残留农药和化肥的施用，增施了有机肥，减少了土壤板结，减少了生产对果园周边水资源的污染；果实套袋、生物药剂药械的使用，减少了化学农药使用次数，减轻了生产对环境造成的负担，据林业部门近年来对全市各大果园果品农药残留抽检，合格率达到 100%，该项目的实施有力保障了地产果品的安全。

二是全市果园生产水平进一步提升。2016 年，全市“安全优质信得过果园”数量达到 70 家，覆盖全市 9 个郊区县，规模从 3 公顷至 100 公顷，基本涵盖了所有主栽树种，2016 度创建活动评审结束后，信得过果园队伍将进一步壮大。在这些信得过果园中，既有企业化管理的，也有普通果农经营的，共同的特点是，都有较为成熟的管理理念和完整的科学的栽培模式，果品安全和质量有保证，它们为本市周边果园和农户树立了良好的标杆，为本市推进果品标准化生产打下了坚实的基础。

三是地产果品品牌宣传成效日益凸显。据统计，市林业部门牵线果园和果品营销企业搭建网络销售平台，组织地产优质果品进“社区、机关食堂、公园”活动，累计销售超过 400 万元；推广手机水果游戏、发布 H5(移动端的网络页面)公益海报、积分代言、网络直播、果品推介会等活动，累计参与超过 50000 人次；媒体宣传始终贯穿全年的果品销售周期，及时发布果品产量、品质、生产特点等信息，还邀请上海星尚频道“今日印象”栏目组分 3 次录制介绍沪产果品的节目，本市网络、电视、广播、报纸等各媒体上几乎都可以看到关于沪郊果品的相关信息。

**工作方向**　一是引导规模化标准化生产。目前，本市规模在 3 公顷以下，没有通过无公害以及相关农产品认证的果园仍占较大比重。对此，“十三五”出台的相关林业政策，浦东新区、金山区等主要果树产区相继酝酿和出台老果园改造补贴，并加强引导和指导，鼓励果园建设向规模化、标准化方向发展，2016 年全市果树生产面积减少 4 万多亩，统调查，大都为管理水平低、商品质量差、不规范生产的低效果园。

二是倡导省力化栽培模式。面对果园生产劳动力日益紧张的问题，全市正加快各树种省力化栽培模式的探讨和实践，金山区国荣果业、闵行区闵优果蔬两家果园分别在生产中尝试桃梨宽行密植、机械化栽培模式，并取得可喜成效。本市果树技术推广部门也加强省力化栽培模式的研究和应用，对于新树种或新品种，在种植前加强指导，避免不必要的资源浪费。

三是注重基层技术人员培养。本市乡镇普遍存在果树技术推广岗位专职人员少，专业水平低等现象，重视基层果树技术力量的培养是各级政府和部门的当务之急，目前，本市林业部门已开始关注乡镇林业站能力建设，对乡镇相关技术人员开展培训指导，使乡镇真正成为实现果树科技成果转化、果农增产增收的前沿阵地。

（上海市林业局）

# 江苏省林业产业

**【概　述】** 截至2016年年底，全省林木覆盖率达22.8%，活立木总蓄积量9000多万立方米。全省人均森林面积仅为0.36亩，人均活立木蓄积量仅为1.13立方米，分别是全国平均水平的16.0%和9.4%。但江苏省林业产业较为发达，2016年，全省林业总产值4256亿元，居全国第六位。全省人造板产量5610万立方米，居全国第二；竹木地板产量超过3亿平方米，居全国第一；林木种苗面积和年产值均居全国前列。以占全国0.7%的林地，创造了占全国近7%的林业产值。全省林业一、二、三产业的产值比例从“十一五”之初的52:41:7调整为“十三五”之初的25:63:12。林业产业的健康快速发展，助推了地方经济，致富了一方百姓。

为促进林业产业加速发展，江苏省制定规划，实施木竹精深加工、林木种苗花卉、特色经济林果及综合利用、林下经济、野生动植物经营利用、森林湿地生态旅游等林业产业提升工程，加速林业一、二、三产业融合发展。

通过加强资源培育，不断提高森林质量和效益，加速木竹加工业、特色经济林产品加工、野生动植物驯养繁育利用等转型升级，加快创新驱动发展，推进集约化经营，加大资源节约型、绿色环保型林产品开发力度，加快林木良种化进程，优化种苗结构，发展现代市场流通体系，建设类型多样、布局合理、管理科学、功能齐备、效益良好的林业旅游网络，加强林业对外交流合作，深入实施“走出去、引进来”战略，努力发展外向型经济，持续促进林业产业转型升级。

**产业集聚效应逐渐显现**　江苏省林业产业规模快速壮大，配套协作不断完善，产业集聚效应初步显现。产业集中度明显提高，林业产业区域化和专业化特征日益显现，形成了若干区域特色鲜明的林业产业集群和产业带。邳州、宿迁地区成为全国人造板生产中心，邳州、泰兴地区成为全国药用银杏和果用银杏主产区，常州武进区成为全国地板产业集聚地，苏州、南京、南通成为家具制造业主要基地，武进区、句容市、沭阳市、江都区成长为规模庞大的苗木交易集散地。2016年，上述地区林业产业总产值占全省林业产业总产值的60%。

**产业结构稳步优化**　江苏省林业产业坚持以市场为导向，加快推进供给侧结构性改革，延长产业链条，拓宽发展空间，不断完善优化林业产业结构与布局。第一产业比重逐步降低，第二产业比重保持稳定，第三产业比重快速提高，工业化进程明显加快。产品系列化、品牌化发展加快，终端消费品比重大幅提高，资本密集型、技术密集型、规模以上林业企业大量涌现，林业企业活力和创新能力显著提升，林业服务业快速发展，产业发展质量明显提高。现已形成一、二、三产业协调发展，产品种类丰富的林业产业体系。随着绿色江苏建设和林权制度改革的不断推进，各地不断创新经营机制，激活林业生产要素市场，引导社会资本进军林业行业。全省以木竹加工为主的第二产业和森林旅游为代表的第三产业产值的比重逐年加大。林业龙头企业不断壮大，全省40强林业企业年总产值超过300亿元，其中有6家企业年产值超10亿元，大亚科技集团年产值超过100亿元。

**区域增收作用明显**　林业产业的健康快速发展，助推了地方经济，致富了一方百姓。随着集体林权改革深入完善和林业产业稳步发展，农民拥有的林木资源财产权和林地承包经营权逐步转变为创业资本，种苗花卉、林下经济、木竹、特色经济林果等富民产业产值和产品产量稳步增长。

亚洲最大木材加工企业大亚集团，企业年收购周边农户次小薪材、枝丫材及加工剩余物62万吨，惠及周边农户4.2万户，直接带给农户年创收近3亿元，每户增加收入7000元。解决当地农民就业1200人，同时带动周边地区培育速生原料林，促进了地方财政增税、农业增效、农民增收、大地增绿；邳州市为全国林业产业第一县，2016 年实现林业产值 430 亿元。集聚各类木材加工企业 2000 余家，带动周边杨树种植基地 20 余万亩，连接农户 14 万人，安置就业人员 1.4 万人，带动农民每年每人平均增收 1.5 万元。另外邳州市作为全国最大的银杏叶药用采叶加工基地，陈楼、铁富、港上、邹庄 4 个镇 30 万农民从银杏产业中获得的纯收入近 6 亿元，人均达 2000 元；句容市唐陵村位于句容市茅山革命老区，10 年前还是远近闻名的“穷山沟、负债村”，农村人均纯收入不到 3000 元。2007 年，村书记刘树安依托唐陵村的资源优势，坚持走“村社合一”的发展路子，成立苗木专业合作社，带领党员干部和全村百姓因地制宜发展林木种苗产业，以实际行动做给农民看、带着农民干、帮助农民销、实现农民富。2016 年，唐陵苗木交易市场年交易额超过 20 亿元，唐陵村 90% 的农民从事林木种苗的种植和相关产业，农业收入的 90% 来自于林木种苗，2016 年唐陵村农民人均收入达到 3.6 万元，被业内誉为“唐陵模式”。

**创新能力明显增强**　为推动林业产业供给测改革，全省林业部门积极引导促进林业企业与高校、科研院所产学研合作，加快林业技术创新研发和推广，鼓励木材加工企业加大科技研发投入，推动木材加工产业提档升级，开展生产工艺、生产流程、生产自动化等方面技术改造和环保、降耗、节能改造。推动林产品加工企业实施兼并重组，积极培育林业龙头企业，扩大生产规模，提高产品质量，打造名牌产品。

**林业产业发展存在的主要问题**　“十二五”以来，江苏省林业产值和主要林产品产量、贸易量位居全国前列，但还存在大而不强、资源基础不牢、创新能力不强、附加值不高和综合竞争力较弱等主要问题。

一是资源有效供给能力不强。江苏受制于“一山二水七分田”的自然资源状况，林业用地和林木资源相对较少。截至 2016 年年底，全省林木覆盖率达 22.8%，活立木总蓄积量 9000 多万立方米。全省人均森林面积仅为 0.36 亩，人均活立木蓄积量仅为 1.13 立方米，仅占全国平均水平的 16.0% 和 9.4%。随着生态产品需求增长和环境意识增强，森林资源供需矛盾不断加深，全省林业产业发展的资源有效供给能力趋紧。

二是产业企业素质仍然不高。专业化、规模化、集约化和机械化水平有待进一步加强，部分林业加工领域产品附加值较低，精深加工产品较少，产品趋同化现象有待解决，产业转型迫切需要推进林业科技进步和提高科技创新能力。

三是林产品国际贸易摩擦不断。江苏省是林产品贸易大省，人造板、地板、家具等木材加工制品出口量、出口额一直位居全国前列。随着经济全球化和贸易自由化进程加快，WTO 制度缺陷和国际分工产业竞争导致贸易摩擦越来越频繁。美国家具案、人造板双反、加拿大复合地板案、欧盟胶合板反倾销案等对我省林产品出口企业造成较大影响。随着国际市场竞争加剧，江苏省林产品国际贸易将面临更多技术性贸易壁垒和绿色贸易壁垒。林业企业面对的国际贸易环境和形势将更加严峻。

四是劳动力成本不断上升。全省林业产业总体上仍属于劳动密集型产业，劳动力成本上升对林业企业带来的压力逐年增大。支撑林业产业高速发展的人口红利已经开始衰减。面对劳动力成本逐年上升形势，江苏省林业产业发展应更加注重提高劳动生产率、加强科技创新、增加品牌附加值，减少劳动力成本上升带来的不利影响。

五是林业产业服务体系不完善。林业产业财政扶持、金融服务、技术和信息服务、管理体系、队伍建设等有待加强。林权抵押贷款具体落实难，森林保险仍需进一步完善。产、学、研、用相结合的成果转化体系需进一步提高，林业信息服务的针对性、及时性、易用性有待加强。

**【木竹加工业】**　木竹加工产业是江苏省林业产业的一大特色，产值、产量、规模均处全国前列。在原料供应上，一方面通过实施木材资源培育工程，全省可用资源稳步增加。全省现有杨树成片林 1000 万亩以上，泗洪陈圩林场建有亚洲规模最大和品系最多的美洲黑杨种质资源库，保有 42 个品系、300 多个无性系杨树优良品种；另一方面，通过进口木材弥补资源缺口。2016 年，江苏口岸共进口各类木材 2312 万立方米，占全国进口木材的1/4(24.7%),进口额37.62亿美元。其中原木1941.6万立方米,锯材370.23万立方米。仅张家港口岸2016年就进口木材436万立方米,是全国最大的海运阔叶材进口基地。截至2016年年底,全省以杨树为主要加工原料从简单初加工户到大型现代企业共6000多家,2016年木竹加工业总产值超过2000亿元。木竹制品出口额超30亿美元。

**【林木种苗业】** 林木种苗的种植规模和产值位居全国前列。全省已经形成以淮北、沿江、苏南为主的三大苗木主产区,涌现出一批闻名全国的花木交易市场。如武进夏溪花木市场、句容唐陵苗木交易市场、如皋花木大世界、沭阳花木大世界等,年销售额均在20亿元以上。

**【特色经济林果产业】** 2016年,特色经济林果种植与综合利用产值320亿元。其中银杏业产值超过70亿元,形成以采叶加工为主的邳州主产区和银杏果综合利用为主的泰兴主产区。全省银杏成片林总面积超过80万亩,年产白果1.2万吨,干青叶1.5万吨,银杏酮350吨。

**【野生动植物繁育利用产业】** 近年来,野生动植物繁育利用产业发展迅速,成为带动地区经济发展和促进农民增收致富的重要产业。全省涌现出野生动植物繁育加工利用企业110余家,实现产值90亿元,从业人员2.5万人。

**【森林湿地生态旅游产业】** 由于其具有生态建设和产业发展的双重属性,正逐步发展为林业产业增长的新亮点。全省现有森林公园107处,经营面积180580公顷,其中国家级森林公园20处。全省森林、湿地生态旅游人数超过6000万人次,旅游业从业人员达2.2万人,森林湿地生态旅游产值达到150亿元。

**【林产化工产业】** 江苏省林产化工产业凭借江苏较强的经济实力、丰富的人才资源和科技优势,已成为林业经济发展中重要组成部分。据不完全统计,全省现有林产化工企业约300家,其中,制浆造纸企业200多家,林产初级化学品及深加工产品生产企业20多家,活性炭及炭材料生产企业20家,植物提取物及其衍生物生产企业约30家,香料生产企业约50家。产品被广泛应用于化工、轻工、电子、机械、石油、军工和食品等行业。

(雷礼纲)

# 浙江省林业产业

【概　述】 2016年，浙江各级林业部门认真学习贯彻习近平总书记系列重要讲话精神，紧紧围绕“五年绿化平原水乡、十年建成森林浙江”的宏伟目标，在省委、省政府的坚强领导下坚定信心、凝神聚力，精心谋划、狠抓落实，主动适应经济新常态，牢固树立新发展理念，加快推进林业改革创新，加快转变林业发展方式，加快提升发展质量效益，加快建立生态文明制度，积极探索“绿水青山就是金山银山”的现代林业发展路子，全面完成目标任务，实现“十三五”的良好开局。

**林业产业保持稳步增长**　2016年，全省林业产业总产值5120.7亿元，比上年4522.9亿元增加597.9亿元，增幅为13.2%。全省林业产业规模继续扩大。

①按产业类别看：第一产业产值883.9亿元，占全部林业产业总产值的17.26%，较上年增加5.1%；第二产业产值2455.2亿元，占全部林业产业总产值的47.95%，较上年增加5.2%；第三产业产值1781.5亿元，占全部林业产业总产值的34.79%，较上年增加32.1%。近年来全省林业产业产值占比逐步调整，结构进一步优化，以林业旅游为主的三产比重稳步提高。

第一产业中，占份额前三的产业类别依次为经济林产品的种植与采集、林木育种和育苗、花卉及其他观赏植物种植，产值分别为558.3亿元、178.9亿元、53.6亿元。第二产业中，占份额前三的产业类别依次为木竹苇浆造纸和纸制品、木材加工和木竹藤棕苇制品制造、木竹藤家具制造，产值分别为879.5亿元、694.7亿元、406.3亿元。第三产业中，林业旅游与休闲服务产值为1356.2亿元，占比达76.1%。全部林业产业中，增长速度较快的产业主要有：林业旅游与休闲服务、野生动物食品与毛皮革等加工制造，较上年同期增长速度分别为38.8%、31.7%。

②分地级市看，2016年全省林业产业总产值超过500亿元的有5个市：杭州市916.3亿元、台州市636.4亿元、金华市588.5亿元、湖州市572.8亿元、宁波市533.7亿元，分别占全省林业产业总产值的17.9%、12.4%、11.5%、11.2%、10.4%。

11个地级市中，林业一产产值达到100亿元以上的有4个市：杭州市184.3亿元、绍兴市116.8亿元、宁波市109.5亿元、金华市103.8亿元，分别占全省林业一产产值的20.9%、13.2%、12.4%、11.7%。

林业二产产值中前四位的依次是：杭州市466.8亿元、湖州市342.6亿元、嘉兴市277.2亿元、宁波市275.5亿元，分别占全省林业二产产值的19.0%、14.0%、11.3%、11.2%。

林业三产产值突破200亿元的有4个市：台州市338.5亿元、杭州市265.2亿元、金华市239.4亿元、丽水市204.9亿元，分别占全省林业三产产值的19.0%、14.9%、13.4%、11.5%。

**木材产量继续下降、竹材产量略有增加**　2016年，全省共采伐商品材108.2万立方米，较上年减少15.4万立方米，降幅为12.5%；其中，原木采伐量104.8万立方米、薪材采伐量3.4万立方米。全省共采伐大径竹21184.9万根，较上年增加1439.9万根，增幅为7.3%；其中，毛竹采伐量20439.1万根、其他竹材745.8万根。

主要木材产品产量中，商品材采伐量较大的地市是：丽水市、杭州市、金华市、衢州市，分别占全省采伐量的38.1%、19.0%、12.4%、12.2%。此外全省采伐非商品材17.4万立方米，较2015年减少6.8万立方米，包括：农民自用材采伐量5.3万立方米、农民烧材采伐量12.1万立方米。

主要竹材产品产量中，大径竹采伐量较大的主要是：湖州市、丽水市、杭州市、绍兴市，分别占全省采伐量的23.6%、22.5%、17.0%、

12.9%。此外全省共采伐小杂竹54.9万吨，较上年的51.4万吨增长6.8%。

**油茶、花卉苗木稳步发展** 近年来全省各级林业及财政部门大力扶持油茶产业，产业稳步健康发展，同时加大花卉苗木产业“调结构、去产能、去库存”力度，加快花卉产业发展基金筹建步伐，苗木行情企稳回升。

截至2016年年末，全省实有油茶种植面积17.44万公顷，较上年增加1.47万公顷，增长9.2%。此外全省当年新造油茶面积3934公顷，当年低改面积7309公顷，定点圃15个，苗木产量1.7亿株，油茶籽产量5.14万吨。

全省实有花卉种植面积10.29万公顷，较上年增加1.24万公顷，增幅达13.65%。切花切叶产量6.756亿支，盆栽植物产量3.749亿盆，观赏苗木产量17.429亿株，草坪产量3407.76万平方米，全省具有一定规模的花卉市场121个，各类花卉企业11165家，花卉从业人员67.72万人，花农15.05万人，控温温室面积和日光温室面积分别为525万平方米、957万平方米。

**经济林产品产量总体平稳** 2016年，全省各类干果产量8.71万吨，较上年10.53万吨减产1.82万吨，降幅为17.28%，主要为板栗产量大幅减少。在特色林产品中，山核桃产量2.06万吨，较上年1.8万吨增产14.44%；香榧产量6050吨，较上年4322吨增产40%，产量均明显增加。在其他林产品中：毛茶产量16.06万吨，较2015年减少0.84万吨，减产5%；竹笋干产量15.9万吨，基本与上年持平；食用菌(干重)产量5.45万吨，较上年减少0.45万吨，减幅7.6%。

**主要林产工业产品产量保持稳定** 按产品分类看，锯材量增价减，木片、木粒产品产量和价格均降低；人造板产量和价格基本与2015年持平；木竹地板产量和价格均有小幅上升；林产化工产品量价与上年基本一致。

①锯材量增价减，木片、木粒产品产量和价格均降低。2016年全省锯材产量330.6万立方米，较上年增加2.8万立方米；产品主产地为衢州市、金华市、丽水市，分别占全省的36.15%、25.71%、9.75%；平均价格为1516元/立方米，较上年降低6.1%。全省木片木粒产量为35.6万实积立方米，较上年减产16.5万立方米，降幅达31.7%；平均价格为1247元/立方米，较上年下跌260元/立方米，跌幅为17.3%；产品主产地为嘉兴市、衢州市、金华市，分别占全省的31.67%、23.71%、16.61%。

②人造板产量和价格与上年基本持平。2016年全省人造板产量567.5万立方米，较上年575.2万立方米基本持平，平均价格为2140元/立方米。按产品类别区分，胶合板产量195.6万立方米，占全部人造板产量的34.5%；纤维板产量为96.1万立方米，占全部人造产量的16.9%；刨花板产量为9.4万立方米；其他人造板产量为266.4万立方米，主要为细木工板。

③木竹地板总产量较上年增加，价格上涨。2016年全省木竹地板总产量达到11206.5万平方米，较上年增长8.07%；平均价格为190元/平方米，较上年的182元/平方米有所上涨。按产品类别区分，实木地板产量为4102.6万平方米，实木复合木地板6069.4万平方米，竹地板产量975.9万平方米。

④林产化学产品。2016年全省松香类产品产量21200吨，较上年增加6%，所占份额最大的为松香深加工产品；松节油类产品产量5500吨；木炭产量18545吨，较上年16787吨增长10.47%；竹炭产量58225吨，较上年55031吨增长5.8%；活性炭产量60787吨较上年80261吨减少24.26%。

**林业资金保持稳步投入** 2016年，全省累计完成林业投资82.43亿元，与上年比变化不大，其中中央财政资金3.66亿元，占全部林业投资额的4.44%，占比减少。

按建设内容分，生态建设与保护的投入为47.93亿元，占全部林业投资完成额的58.15%；林业支撑与保障的投入为10.99亿元，占全部林业投资完成额的13.33%；林业产业发展的投入为11.85亿元，占全部林业投资完成额的14.38%；财政事业费11.66亿元，占全部林业投资完成额的14.14%。

按地区，林业累计完成投资额前四位的是宁波市20.11亿元、丽水市11.7亿元、杭州市8.5亿元、嘉兴市8.3亿元，分别占全省总投资额的24.4%、14.2%、10.3%、10.1%。

(浙江省林业厅)

**【淳安县林业产业】** 2016年，全县全年实现林业总产值110.34亿元，其中一产产值30.06亿元、二产产值8.22亿元、三产产值72.06亿元，并获得"浙江省国有林场改革工作先进集体""G20杭州峰会森林消防安保工作先进集体""全县综合考评优胜(满意)单位"等多项荣誉。

**全民义务植树** 3月7日，县党政军领导带头在鼓山工业园区开展义务植树活动，拉开全民义务植树序幕。以"两路两侧""四边绿化"、珍贵彩色树种造林为重点，全县设立义务植树基地48个，参加义务植树18.75万人次，植树60.63万株。

**营造林生产** 完成营林生产2726公顷，其中，造林180.33公顷、迹地更新498.8公顷、有林地补植44公顷、有林地和灌木林地封育244.13公顷、森林抚育1264公顷、四边绿化65.4公顷、育苗5.67公顷、零星种植423.67公顷。出台全省首个县级《珍贵彩色树种省赠送苗管理办法》，向全县22个乡镇98个村900余户赠送珍贵树苗23.12万株，繁育省定点采购珍贵树苗18万株。

**森林城市建设** 启动"浙江省森林城市"创建工作，新建千岛湖镇茂畈村、进贤村、宋家坞村等3个省级森林村庄，枫树岭镇下姜村创建为浙江省首批"森林人家"特色村。

**千岛湖森林彩化工程** 千岛湖森林彩化工程进展顺利。2016年完成建设面积260.47公顷，是县计划的108.5%，涉及9个乡镇3个国有林场24个村，种植北美枫香、檫树、银杏、千年桐、映山红等35个树种、18.65万株。启动环湖森林景观修复维护靓丽通道52行动，对淳杨线、千汾线、入城绿道、千威线、昌文线等5条环湖主要通道沿线的森林景观进行维护修复，工程总长200千米，除芒任务66.93公顷全面完成。组织开展杭黄高铁、千黄高速入城森林彩化提升工程规划，组织开展世行贷款林业项目的外业调查、环评报告编制、可研报告编制等工作。

**特色产业** 新发展毛竹148公顷、山核桃227.33公顷、油茶149.67公顷、珍贵树种253.8公顷。木本油料提升项目顺利开展，完成油茶良种新造林33.33公顷、香榧良种推广33.33公顷、油茶基地抚育374.67公顷、山核桃基地抚育46.67公顷、香榧基地抚育63.33公顷。林道建设被列为2016年县政府为民办十件实事之一，全年建成林区道路主干道100千米、辅助道50千米。组织12家林产品企业、合作社参加第九届义乌森博会，常香果牌山核桃、野花香牌山核桃、瑶记牌山茶油、千岛仙谷牌铁皮石斛等4种林产品获金奖，泽润百草牌泽润百草茶系列、千岛露珠牌茶油、瑶记牌山核桃、方腊牌山核桃、林居里牌千岛玉叶茶叶、千岛高峰牌花卉生态基质等6种林产品获优质奖。开展食用林产品"三大一严"专项行动，完成食用林产品安全定量抽样检测145批次，新建山核桃森林食品基地41.33公顷。全年山核桃产量6407吨、产值6.75亿元；竹产业总产值4.15亿元；油茶产量7717吨、产值2.55亿元。2016年林下经济规模达39333.33公顷、实现产值76.37亿元。

**生态公益林建设** 完成5933.33公顷市补公益林小班因子、地形图核对、协议书重新签订等复核工作，及时上报核减国家级生态公益林46.27公顷、省级公益林0.4公顷。

**林业技术推广** "铁皮石斛、金线莲、黄精等林下中药材种植关键技术研究与示范""油橄榄品种及关键配套技术引进与示范"等院县合作项目进展顺利。开展送科技下乡186次，完成林业科技培训129期，培训林农4660人次。

**林业科研项目** 林业科技项目12项，其中省级项目3项，分别是浙江省珍贵彩色森林经营模式研究与集成示范(与浙江省林科院合作)、油橄榄品种及关键配套技术引进与示范(与浙江省农科院作物与核技术利用研究所合作)、金线莲、黄精等林下中药材种植关键技术研究与示范(与浙江省农科院亚热带作物研究所合作)。完成标准化推广示范项目：有机山核桃标准化示范与有机油茶标准化示范项目。

**深化林权改革** 推进林权登记改革，全县林权登记职责按省市县要求统一划转到县国土资源局不动产登记中心。继续推进林权抵押贷款和林权流转，新培育丙级森林资源资产评估机构1家，全年共办理林权抵押贷款登记12宗、1975万元，林地经营权流转登记13宗、75.93公顷。

**国有林场改革发展** 国有林场完成招商引资到位资金4300万元，是任务数的187%，其中市外资金3200万元，是任务数的308%。通过招商，富溪林场与北京青普公司合作开发阳山岛，合作期限40年。投资580万元的许源农业渔业项目完成基地管理用房等建设任务。强化局属站场“五水共治”工作，开展国有林场办公、宿舍、出租房屋、林区岛屿及沿湖沿岸环境整治，严格管控污水排放。淳安县林业总场获全省第一批“现代国有林场”称号。

**“最美系列”评选**　组织参加省市最美森林系列评选活动，其中东山尖获评“浙江十大秀峰”，淳杨线获评“浙江十大最美绿化县道”、千岛湖镇睦州大道获评“浙江十大最美入城大道”，大墅镇、石林镇富德村获评“杭州十大最美竹乡”，瑶山乡天坪村获评“杭州十大特色竹乡”，茶山古道获评“杭州最美森林古道”，富溪林场获评“浙江省生态文化基地”。　（淳安县林业产业　张旭君）

**【富阳区林业产业】**　进入“十三五”以来，在着力构建稳定协调的林业生态系统同时，特色林业产业得到了有力的推进，特色林业产业快速发展，林农涉林收入持续增加。全区竹子、干果、花卉苗木等三大传统特色优势产业及野生动植物驯养繁殖、森林旅游两大新兴产业呈健康发展态势。

**竹产业**　全区竹林面积50万亩，其中毛竹林面积44.5万亩，亩均效益达到1000元以上的笋材两用林面积10万亩，其余材用林亩均效益300~500元；早竹笋面积6.5万亩，其中覆盖早出面积3000亩，亩均效益2万~3万元，其余早竹林亩均效益3000元；全区竹笋加工企业50余家，其中省级林业龙头企业5家，杭州市林业龙头企业6家；笋加工销售行业在全省领先，竹材加工则明显弱于其他竹子重点产区；2016年竹产业产值15.3亿元(三产统计在森林旅游中)。

**木本油料产业**　富阳纳入中央木本油料产业发展名录的主要树种有香榧、山核桃、油茶三大类，其余树种为银杏、板栗等。截至2016年年末，全区有香榧面积3.7万亩，其中2016年投产面积8000亩，香榧投产面积0.6万亩，2016年干果产量200吨，产值3200万元，比2015年增25%；与万市山核桃专业合作社结成科技扶贫对子，针对山核桃结果难、病虫害难防治和生态平衡破坏严重等问题，提出一整套山核桃综合防治技术在万市镇进行应用推广，2016年万市山核桃产量150吨，产值1500万元；2016年全区油茶总面积0.5万亩，新投产面积500亩，年产油茶籽5吨。香榧、山核桃、油茶三大产业由于生长期长，且随着年份的增长基地逐年进入盛产期，产值则逐年增长，全区银杏栽培面积2000亩，板栗栽培面积1000亩，由于产量低、品质较差，在市场的优胜劣汰中正逐渐萎缩。

**花卉苗木产业**　花卉苗木是调整林业产业结构，拓展林农增收渠道绿色朝阳产业，随着生态文明建设的快速推进，产业得到快速发展壮大。截至2016年年末，全区花卉苗木4.07万亩，其中观赏绿化苗木3.417万亩，盆栽0.4万亩，食药用花卉0.03万亩，工业及其他花卉0.2万亩，草坪0.02万亩，草花0.003万亩。2016年销售产值3.23亿元。

**森林旅游业**　该区的森林旅游产业主要依托森林公园、森林旅游区、野生动物园、森林古道、林业观光园区和农家乐、民宿等行业，截至2016年，该区共计有国家级生态文化基地2家、省级2家，省级森林公园4家，富阳区级5家；省级森林旅游区3家，省部级自然保护区2个，杭州野生动物世界4A级景区3家、省级林业观光园区3家，农家乐158家，民宿132家，森林古道42条，2016年森林旅游业产值达13.8亿元。

（富阳区林业局）

**【江山市林业产业】**　据统计，全年实现木业产业总产值136亿元，在各行各业普遍呈下滑趋势的情况下保持稳定略有上升状态，呈现诸多良性发展特征，从当初的简单“聚变”实现多样性“裂变”。

**产业格局越加优化，竞争能力显著增强**　按照“一、二、三产业融合发展”的原则，该市林业产业格局得到进一步优化，形成了以猕猴桃、林下药材优势产业为引擎，以木门及整体家居特色产业为驱动，以森林旅游新兴产业为补充的产业集群。①一产区域优势突出，发展势头强劲。借助得天独厚的物候条件，猕猴桃、林下药材的比较优势大量凸显，成为亩均产值上万元甚至数十万元的两大产业，成为林下经济新一轮关注亮点。

2016年，全市猕猴桃种植面积2.3万亩，中药材种植面积上万亩，拥有近万亩猕猴桃特色园和3200亩全国最大的连片覆盆子种植基地。2016年全市中药材种植面积10335亩，总产值17239万元，与2015年相比分别增长211.39%和95.43%。②二产转型升级加快，竞争能力提升。4年来，全市木业产业进行了大刀阔斧的变革并取得了一定成果，实现了一定层次上的战略转型。从粗加工占60%的比重向木门、家居等深加工占70%的比重转变，从依靠劳力获效益向机器智能现代化要效益转变，从传统营销向"互联网+"模式转变，走上了向改革要红利、向创业创新要收益的绿色低碳循环可持续发展之路。③三产生态优势显著，吸引能力增强。全市现有已开发的森林旅游景点12处，凭借其独特的自然景观、名胜古迹、文化遗产吸引众多游客前来观光旅游。特别是近两年，随着人们崇尚自然、回归自然的意识逐步增强，作为"朝阳产业""无烟工业"的森林旅游产业已为市委市政府高度重视，2016年，仅仙霞国家森林公园就接待游客25.8万人次，实现旅游收入3175万元，同比增长30.2%，森林旅游已成为该市林业新的经济增长点。

**品牌创建越加有力，名牌效应显著增强** 近年来，政府与企业双管齐下，在打造区域品牌和企业自主品牌上齐头并进。一是立足优势，区域品牌建设适时推进。自2008年成功打造"中国木门之都"金字招牌后，全市又先后荣获"浙江省低碳木业加工产业基地""浙江省木门产品商标品牌基地""国家级出口木门质量安全示范区"等多项区域荣誉。2016年初，根据产业发展趋势，及时申报国字号"中国定制家居名城"。通过区域品牌的成功打造，给产业发展带来新的爆发点和增长点。二是多措并举，自主品牌建设强势推进。近两年，依靠前期发展的累聚，在转型升级倒逼形势下，通过多种形式、多种渠道打造品牌、宣传品牌。此外，不少企业还结合自身发展现状，积极申报各级名牌。目前，全市有驰名及著名商标24件，浙江省名牌6个。

**创新意识越加深化，转型动力显著增强** 市场的形势倒逼木业企业积极转型，在不断创新中破茧重生。①在技术上不断创新。近几年木业产业科技投入稳步增加，技术创新能力明显增强，已形成了"政府职能部门推动，行业科研院所领跑，行业龙头企业参与"的"产学研"合作与创新机制，多项技术在应用领域上处于领先水平。2016年，全市木业产业获授权专利近600件，其中实用新型100多件。②在管理上不断创新。在传统管理模式向现代企业管理模式转变过程中，许多企业充分认识到管理创新的重要性，高薪聘请高素质的职业经理人，采用ERP管理系统，以"优化产品结构、理顺工艺流程、提升产品质量、缩短生产周期、提高产品交期达成率、增强柔性生产能力"为出发点，全面进行管理模式升级和改造，逐步实现标准化管理、制度化管理、流程化管理。③在融资渠道上不断创新。除传统的银行贷款融资渠道外，企业在资本运作的实践中，实现了融资渠道的创新。一批有实力的企业尝试通过上主板、新三板和林权交易平台等方式进行融资，该市欧派门业成为国内第一家主板上市木门企业。④在产品上不断创新。在近4年市场持续疲软的压力下，该市基本形成木门品牌化、板材差异化的发展格局。尤其是全市120多家指接板、细木工板二大板材企业，根据差异化的市场需求，生产出不同规格、不同材质的板材产品，在无品牌的困局中走出一条"人无我有，人有我精"的产品差异化发展之路。

**龙头带动越加明显，分工协作显著增强** 近年来，市委、市政府高度重视龙头企业的培育，采取积极有效的扶持政策，促进龙头企业的发展壮大，形成了一批以欧派门业为首的龙头骨干企业。目前，全市有各级龙头企业105家，其中国家级林业龙头企业1家，省级林业龙头企业27家。在龙头企业的带动下，"龙头+生产基地"的生产合作模式逐渐形成，产业链不断拉长和完善，相关原料、半成品配套生产企业不断涌现，社会化分工越来越细，专业化生产程度越来越高，1/3粗加工、半成品甚至成品加工企业为这些龙头企业配套协作生产。门业的头雁欧派门业，在2000名职工的辛勤努力下，2016年产值近8亿元，实现税收8000万元，投资12亿元建设的欧派产业园也于2016年动工建设，这将有力推动木门企业实现优势互补，抱团发展。

**优势产业(门业)逆势飞扬，前进步伐势不可挡** 经过近十年的快速发展和近年来的行业洗牌，全市木门行业开始步入品牌化、专业化的龙头带动中小规模企业协同发展的良性轨道，创新能力不断增强，设备投入逐渐增多，规上产能持续扩大。2016 年，金旗门业、五福门业等峡口工业园区企业已竣工投产。500 亩欧派产业园、近 200 亩的王牌门业、100 多亩的吴氏门业等莲华山工业园区企业也在施工或着手建设中。仅出口的木门就达 1950 批，货值超过 9400 万美元，占浙江省同类产品出口额的 58%，占中国同类产品出口额的 14%。 (江山市林业局)

**【丽水市林业产业】** 2016 年，全市林业总产值 471.3 亿元，同比增长 12.8%，占全省林业行业总产值的 9.2%，排名第 6 位。林业行业总产值在全市经济总量中，林业第一产业产值 93.3 亿元，占全市农业总产值 63.1%；林业第二产业产值 173.2 亿元，占全市工业总产值 9.5%；林业第三产业产值 204.8 亿元，占全市旅游总收入 38.2%。全年林业行业生产总值(GDP)228.7 亿元，占全市生产总值(GDP)19%，同比增长 14.9%。全市 9 个县(市、区)林业行业总产值全部超过 30 亿元，其中，龙泉市、庆元县超过 70 亿元，云和县、缙云县超过 61 亿元，遂昌县、松阳县、莲都区、青田县、景宁县超过 30 亿元。完成招商(或合作招商)项目 4 个，合同利用市外内资 19.78 亿元，实际到位市外内资 2.3 亿元。

**调整优化林业产业结构** 2016 年，全市林业一、二、三产业比重为 20∶37∶43，第一产业比重下降 1 个百分点，第二产业比重下降 3 个百分点，第三产业比重上升 4 个百分点。加大一产资金和技术投入力度，提高林地生产效率，提升林业第一产业，林业第一产业产值 93.3 亿元，同比增长 6%，增幅比 2015 年上升 3.1 个百分点；做大做强龙头企业和区块产业，提高森林资源综合利用率，增加产品附加值，调整提升林业第二产业，林业第二产业产值 173.2 亿元，同比增长 5.6%，增幅比 2015 年上升 2.75 个百分点；大力促进森林旅游业和生态精品林业发展，加快发展林业第三产业，林业第三产业产值 204.8 亿元，同比增长 24.9%，增幅比 2015 年上升 4.83 个百分点。

**创建林业产业品牌** 2016 年，组织 95 家企业参加第八届中国义乌国际森林产品博览会，展出展位 175 个。获第九届中国义乌国际森林产品博览会优质产品评选金奖 20 个，优质奖 31 个；丽水展团连续第九年获中国义乌国际森林产品博览会最佳组织奖。

**木业产业建设** 2016 年，继续推进木业产业向规模化、产业化和集群化方向发展。全市生产木材 41.3 万立方米，实现产值 3.7 亿元，分别比上年减少 9% 和 5.4%。全市木材加工企业 981 家，从业人员 2.9 万人，以“一扇木门、一支铅笔、一副玩具、一把太阳伞、一块纤维板”为代表木材加工业全年实现产值 82.9 亿元，比上年增长 5.3%。

**森林休闲旅游业发展** 全市自然保护区 4 处(其中国家级自然保护区 2 处，省级保护区 2 处)，自然保护小区 52 处；国家湿地公园 2 个；森林公园 13 个，其中国家级森林公园 4 个、省级森林公园 7 个、市级森林公园 2 个；全市新增省级森林特色小镇创建镇 5 个、森林人家 12 个，累计获省级森林特色小镇创建镇 10 个、森林人家 16 个；新建市级森林小镇 3 个、森林人家特色村 18 个、林业体验园 11 个。2016 年全市森林旅游业接待游客 3563 万人次，实现森林旅游总收入 182.7 亿元(占第三产业产值的 89.2%)，分别比 2015 年同期增长 13.8% 和 28.2%。

**林区道路建设** 继续采取“政府补一点、群众投一点、集体出一点”的办法多渠道筹集资金，加大竹林、油茶等经济林区和林业主导产业示范区、林业特色精品园区、含有林业项目的省级现代农业综合区开展林区道路建设力度。全市投入建设资金 2900 万元，建设林区道路 907 千米，其中主干道 580 千米、辅助道 327 千米；累计投入建设资金 6.19 亿元，建设林区道路 11815 千米，其中主干道 9329 千米、辅助道 2475 千米。

**林业经营新型主体培育** 2016 年，全市新增新型林业经营主体 113 家(其中家庭林场 57 家)，累计培育新型林业经营主体 709 家；新培育农转旅生产经营主体 51 个，转化农产品旅游地商品 69 个，旅游地商品销售收入 4.4 亿元，新增“三品一标”农产品个数 15 个，创建新增示范企业 6 家、示范合作社6个、示范家庭农(林)场(专业大户)40个、农(林)产品(基地)47个。

**林地流转** 继续推行林地经营权流转证制度，引导林地向林业专业合作社、家庭林场、经营大户集聚。2016年，全市新增林地流转面积7907公顷，累计流转面积10.28万公顷；规模林地流转颁发《林地经营权流转证》214本、发证面积2253公顷，累计颁发《林地经营权流转证》674本、发证面积8980公顷。新发放林地经营权流转证抵押贷款262笔、0.61亿元，累计发放林地经营权流转证抵押贷款664笔、2.21亿元、贷款余额565笔、1.49亿元。

**林权登记管理** 2016年，按照不动产登记职能整合调整，将市、县(市、区)林业部门的林权登记职责划转到不动产登记部门。9个县(市、区)林业局“三中心一机构”林改服务平台，继续完善“林权IC卡”制度，为林农提供林权变更、抵押、评估、交易等服务。全市累计完成林权勘界2122万亩，47.8万本林权证信息全部录入数据库，建立“统一评估，一户一卡，随用随贷”的林权信息系统，林权信息建档40.3万户，评估森林资产302亿元。至林权登记职责移交前，林业部门办理林权登记2501件(其中，初始登记343件、变更登记2158件)，累计办理林权登记27505件。

**笋竹产业建设** 2016年，全市竹业产值65.5亿元，比2015年增加6%，其中一产12.8亿元，二产52.7亿元。巩固提升已建的高效竹林基地经营水平，大力推广一竹三笋、竹林早出覆盖和竹林套种竹荪、三叶青、多花黄精等复合经营模式，全市新建“一亩山万元钱”示范竹林34.7公顷、辐射推广72公顷。继续实行竹产业首席专家(顾问)制度，在首席专家(顾问)制度的框架下开展各类研究及推广，举办各种形式的人才培训，进一步完善市、县(市、区)、乡(镇)三级推广体系和示范体系。

**种苗花卉产业** 2016年，全市育苗面积1315公顷，产苗量8725.9万株，其中，珍贵树种苗1659万株、油茶苗758.6万株、容器苗1485万株；花卉生产面积1618.13公顷。全市种苗花卉行业实现总产值4.02亿元，比上年增长9%，其中：一产产值2.12亿元，同比增长10.5%；二产产值0.9亿元，同比下降19.5%；三产产值0.99亿元，同比增长55%。继续开展“珍贵树种进万村”行动，向617个村庄4466户林农赠送种植苗木240.4万株(其中，省厅赠送种植珍贵树种89.1万株、彩色树种61.4万株)，赠送树种有南方红豆杉、红豆树等14个珍贵树种，以及黄山栾树、枫香、乌桕、无患子、四照花等7个彩色树种。加强林业种苗质量管理，全市造林实际用苗1639.8万株，抽查21个树种57个苗批，种苗质量总体优良苗批合格率为100%，Ⅱ级以上平均合格率为98.3%。

**油茶产业** 2016年，全市新建油茶新品种造林基地1873.7公顷，完成油茶抚育(包括低产林改造)4479.6公顷。举办各类油茶产业技术培训10余次，培训基层林技员和林农800余人次。全年争取上级对木本油料产业扶持资金4459万元，2009年以来连续8年获木本油料产业扶持资金共计3.62亿元。2016年，实现木本油料产业产值6.9亿元。

**食用林产品质量安全** 2016年，对全市食用笋(春笋、鞭笋、冬笋)、野生动物(石蛙、野猪肉)、板栗、香榧、油茶籽、木本药材等食用林产品进行例行监测、专项监测和风险监测，重点检测汞、砷、铅、镉、铬等重金属含量和对硫磷、乐果、敌敌畏农药残留等指标进行检测。全年抽检469批次，合格467批次，合格率为99.6%。根据丽水市餐桌安全治理行动三年计划(2015～2017年)要求，全面启动食用林产品质量安全整治提升工程。全市主要食用林产品标准化生产程度59.29%。全力开展“三大一严”专项行动。对全市可食用林产品种植、生产环节存在的隐患和突出问题进行全面的排查，组织联合执法9次，共出动人员2070人次，检查重点食用林产品种养殖基地663个、重点品种生产经营企业113家，约谈违规企业42家，排查重点风险隐患75个，风险隐患全部整改到位。

## 【龙泉市林业产业】

**林权改革政策推陈出新、联合推动、盘活资产** 全市再次率先全国试行公益林补偿金收益权质押贷款制度，农户以年度公益林补偿金收入的10倍质押，贷款最长期限可达5年，实行利息优惠，可直接降低农户融资成本 24.3 元/亩，又盘活了近 5 亿元的生态现金流。目前，全市累计发放林权抵押贷款 32.8 亿元，余额达到 9.3 亿元，占到全省的 13%；累计林权流转 107.5 万亩，流转率 27%，占到全省的 7%。该市创新的“林保姆”、林业“一本图”、公益林收益权信托、担保合作社、经营权流转证五个典型被列入浙江省深化集体林权制度改革创新实例，一系列举措有效破解农村融资瓶颈，拓宽农户融资渠道，实现了生态与发展的双赢，打开了“青山”变“金山”的通道。10 月 13 日，龙泉作为全国唯一县级单位参加全国林权抵押贷款工作座谈会并作 16 分钟的视频交流；11 月 30 日，龙泉再次作为全国唯一县级单位参加全国不动产林权登记问题研讨讨会并作典型发言。11 月 7 日，浙江省副省长孙景淼对龙泉林改工作作出批示给予肯定。一年来，《人民日报》《农民日报》、浙江卫视等主流媒体深入报道龙泉林改经验；山东、四川等 9 省 28 批次 300 多位同行、专家来龙泉学习考察与交流。

**华东森博园完成收工、亲近自然、引领风骚** 华东森博园项目位于龙泉市林科院地块，项目规划面积 340 亩，分两期建设。一期“龙渊驿”项目用地面积 17 亩，总投资 2300 万元，含 3 幢两层仿古建筑、2 幢一层仿古建筑及 1 幢两层异地搬迁的古民居，有 17 间特色民宿，项目立项后仅用 9 个月时间顺利竣工，达到“距城区 15 分钟左右车程、可吃可住可安保”的要求，再度创造了“林业速度”，成为丽水、龙泉乡村休闲旅游和民宿建设的示范样板基地。项目建成后，浙江省副省长孙景森、省政协副主席陈艳华等领导莅临调研并给予肯定，3 个月累计吸引 2100 多位社会各界人士慕名参观。目前，已将森博园一、二期项目对外公开招商，正与全国旅游集团 20 强企业“上海景域国际旅游运营集团”等多家知名企业进行合作谈判。同时，扩大有效投资工作稳步推进，固定资产投资、招项争资、招商引资任务全部完成，林科院容器苗改扩建工程、环九姑山绿道工程等政府投资项目进展顺利，完成披云山景区、浙西南大宗商品物流集散市场等 8 个项目林地报批工作，抽调干部完成衢宁铁路、江滨北岸拆迁等多个项目政策处理攻坚任务，获龙泉市江滨北岸土地与房屋征收工作先进集体。

**美丽林相规划先行、理念优化、扮靓“龙城”** 坚持以“Y”轴公路沿线为核心，以珍贵彩色健康森林、五水共治、六边三化三美建设为契机，大力开展美丽林相建设，努力打造“可看、可住、有内涵”的美丽森林风景线。编制实施《龙泉市美丽林相建设总体规划(2016～2035)》，规划“一轴五山十园”总体布局，今后 20 年建成珍贵彩色健康森林 150 万亩。组织千人干部职工开展迎新春和“3·12”绿化植树活动，联手建成大师林、才俊林、创业林等“中国宝剑小镇十大主题景观林”，续建“梅、樱、竹、桃、香榧、油茶、桂花”七大景观园，全年绿化造林 2.3 万亩，平原绿化 1525 亩，新增生态公益林优质林分 3.5 万亩，新植珍贵树种 84.6 万株，赠送珍贵树种苗木 30 万株，义务植树 58 万株，完成美丽林相建设 12.5 万亩，占丽水市年度任务的 152%，其中彩色森林 8000 亩、珍贵树种 8558 亩、大径材 1 万亩、森林抚育 10 万亩。全年，龙泉林业局新增“全国绿化先进集体(劳模级别)”和“全国生态建设突出贡献奖先进集体”两张国家级名片。

**林业产业发展借力发力、组合出击、提质增效** 依托“三大百万基地”“香榧南扩”战略，借助中国棘胸蛙之乡、国家珍贵树种培育示范县等名片，整合传统与特色产业资源，谋长处补短板，组织制定了《龙泉市林业局 2016 年加快农民增收组合拳系列工作实施方案》和《生态林业发展作战图》，大力发展毛竹、香榧、油茶、珍贵树种、石蛙、花卉苗木等六大林业产业。新建林区道路 280 千米，提升发展毛竹低效基地 6235 亩，特色发展香榧 3471 亩、油茶 1700 亩，加快发展红豆杉、红豆树等苗木花卉产业基地 600 亩。发展林药、林粮、林蛙、林菌、林畜(禽)、林蜂等“一亩山万元钱”林下经济示范基地 2200 亩，亩均产值达 4.16 万元。9 月 21 日，成功承办省第十三届林业科技周丽水分会场启动仪式暨全市珍贵彩色树种种苗培育工作现场会。12 月 7 日，龙泉市副市长何登新在市十五届人大常委会第三十八次会议上作《关于发展林下经济工作情况的报告》，获审议通过。林业产业仍为龙泉主导农业产业之一，是农民增收主要来源，竹木制品加工产业社会贡献率名列全市其他工业产业之首，上缴税费6945万元，解决就业6万余人。2016年实现林业产值70.92亿元，其中：一产18.98亿元，二产35.10亿元，三产16.83亿元，增长率11.7%，完成固定资产投资8611万元。

**林业信息化聚力再发、功能扩充、又争辉煌** 9月，龙泉市林业信息集成系统(二期)建设项目通过省专家验收，专家组认为，该项目“实现了移动式采集数据，智能化处理和个性化应用”，在全国具有领先示范作用。2016年以来，上级领导对该市创新的《林业信息集成(一本图)系统》非常重视，浙江省委常委、宣传部长葛慧君，省林业厅副厅长王章明及资源处、信息办等多位处长到龙泉调研林业“一本图”，龙泉林业局两次赴省厅作专题汇报，并确定龙泉为全省森林资源信息动态监测试点县。龙泉市林业视频会商系统正式运行，龙泉作为丽水唯一发言单位，在省林业厅首次组织召开的“省、市、县”三级林业系统工作视频交流会上作典型发言。

**G20峰会期间认真部署、组建团队、完美护航** 6~9月，做好维稳安保工作，举全局之力开展森林消防、安全生产、社会综合治理、涉林矛盾纠纷排查等维稳安保工作。出台《龙泉市森林消防安保工作实施方案》《龙泉市森林消防责任追究若干意见》等文件，组建完成市级32支736人区域性森林消防队伍和70人的平安志愿者队伍，召开全市“高温季节森林消防工作专题部署会”，建立“24小时值班备勤、一日一报”制度，开展“十问十查”维稳安保工作督查活动，在凤阳山、九姑山等重要路口设置一批卡哨，发放《森林防火条例》等安全生产资料9800份，G20峰会期间全市没有发生一例森林火灾、涉林安全生产事故和涉林上访事件。同时，维护了乌镇世界互联网大会期间龙泉林区的安全稳定。11月17日，龙泉市森林消防指挥部获G20杭州峰会森林消防安保工作先进单位。

**“森林人家”格局多样、功能各异、彰显特色** 坚持以打造世界历史经典文化小城为目标，以“森林生态、森林文化、森林旅游、野生动植物保护和利用”为主题，凝聚地域景观、森林文化和民俗风情等多元生态山水文化元素，加快发展森林旅游、森林民宿产业，着力推进丽水竹海公园、华东森博园、森林小镇、森林人家、森林古道等森林旅游项目建设，初步形成了以“森林人家(或示范村)为点，森林古道(或通道)为线，森林特色小镇为面”的休闲养生型品牌旅游格局。2016年，成功创建兰巨乡、宝溪乡省级森林特色小镇2个，林科院苗木培育、塔石秋丰木本花卉盆景林业体验园2个，炉岙、柳山头、源底、秋丰、下樟村等森林人家特色村5个，丽水市级绿化示范村3个，建成森林景观示范通道50千米，凤阳山—百山祖森林古道修复工程正式启动。9月28日，浙江省林业厅副厅长王章明、丽水市林业局局长项旭平等领导参加宝溪·国际竹建筑双年展开幕式，王章明致辞。

**涉林专项整治行动迅速、发力精准、林区和谐** 组织召开了《严厉打击非法占用林地等涉林违法犯罪专项行动工作部署会》，组建了一支以“综治组长、护林员、信息员、巡线员、邮递员、狩猎员”为一体的平安暨维稳队伍，开展了“雷霆一号”清火行动、第20个“世界湿地日”、野生动物保护即“爱鸟周”法制宣传教育等一系列专项整治行动，全年查结林业行政案件22起，破获刑事案件13起，办理林木采伐许可证27.3万立方米，仅占省下达计划的51.9%，办理信访件55件，处理山林纠纷42起，办理政协、人大代表案件10件，森林火灾受害率0.044‰，食用林产品质量安全合格率达100%，松材线虫病再度成为丽水仅存安全的3个县(市)之一，没有发生涉林越级上访、群体上访、重大特大事件，连续五年被省林业厅命名为“平安林区”县(市)。

**四项活动提升素质、锤炼队伍、服务增强** 2016年，组织开展“归零翻篇开新局”大讨论、“两学一做”专题学习教育和林业职工综合素质大提升三项活动，完成“归零翻篇开新局”专题学习讨论2次、领导干部蹲点调研活动7次、领导干部专访1次、查找出12条发展短板、撰写调研文章10篇(其中获奖2篇)，开展“抄党章、讲故事、晒干事、讲党课”“三访五看二送”“学先进、比先进”“结对帮扶”等一系列活动，编制完成《龙泉林业发展“十三五”规划》，组织开展林业信息化、木本油料技术培训、森林消防实用技能等专项培训7期，参与职工达300多人次，组织142名技术人员参加全市森林资源调查，已基本完成876个固定样地的复位调查和457万亩森林资源二类小班调查外业任务。认真落实党风廉政建设、组织、人才工作责任制，按时召开民主生活会，制定人才工作计划，2016年公开招录用职工4人，培养中级以上职称人才9人，基层林技人员定向招生3人。一系列活动坚定了林业职工廉洁从政、争当好干部、做好林农发展致富好帮手的信心和决心，增强了党员干部党性观念，树立现代林业理念，成功打造出一支忠诚清正廉洁的过硬林业干部队伍。11月1～4日，组织林业企业、专业合作社7家单位参加第9届中国义乌森博会，为企业搭建平台，展示展销产品，进一步提高龙泉林产品的知名度。

(*龙泉市林业局*)

**【温州市林业产业】** 2016年，全市林业产业总产值284.02亿元，比2015年相比增长15.72%。其中第一产业48.26亿元，第二产业91.29亿元，第三产业144.47亿元。市林业局先后获得了全国绿化先进集体、全省国有林场改革工作先进集体、第九届国际森博会最佳组织奖等荣誉。

**林业生态建设** 2016年全市完成更新造林39803亩(造林28710亩，迹地人工更新10093亩)，是浙江省下达任务完成率的186.3%；完成平原绿化11333亩，任务完成率271.8%。结合森林抚育，通过山地景观林相改造和通道沿线美化、彩化，建设彩色森林，实行森林景观质量提升；加快珍贵树种造林补植，培育珍贵树种后备资源；结合松材线虫病防治，建设健康森林。本年度全市完成珍贵彩色森林建设16.87万多亩，是任务数15.71万亩的107.4%；完成种植珍贵树259.9万株，任务完成率113.76%。

**林业产业** 2016年全市林业产业总产值达到284.02亿元，比上年增加38.51亿元，增长15.72%。其中：第一产业产值48.26亿元，比上年增加4848万元，增长1.01%，占全部林业产值的16.99%。第二产业产值91.29亿元，比上年增加11443万元，增长1.27%，占全部林业产值的32.15%。第三产业产值144.47亿元，比上年增加369571万元，增长34.37%，占全部林业产值的50.86%。

**森林生态旅游发展** 4月28日，在平阳县成功举办2016中国(温州)森林旅游节。浙江省政协副主席吴晶出席并宣布开幕，省林业厅厅长林云举、温州市委常委任玉明、市政协副主席徐育斐等领导出席，国家林业局、省林业厅、各地级市林业局、温州市及平阳县有关部门负责人和当地群众代表近1000人一起参加了开幕式。6月23日，与中国林业科学院共同创建的中国林业科学院温州森林康养研究中心在乐清挂牌成立，该中心的成立，标志着全市森林康养研究迈出重要一步。2016年，全市森林旅游旅客人数达4034万人次，同比增长30.9%。

**林业产品参展活动** 组织林业企业参加中国(义乌)森博会、省农博会等活动。在第九届中国义乌国际森林产品博览会上，温州共组织70家企业参展，参展数为历年最高，获得最佳组织奖，有16项森林产品获得森博会优质金奖。

**食用林产品质量安全监管** 2016年，市本级抽检共307批次，其中地产食用林产品抽检207批次，食用林产品基地环境(土壤、水等)抽检76批次，食用林产品生产投入品(肥料、覆盖物等)抽检24批次，抽检综合合格率为99.3%。

**林权交易管理** 继续稳步推进集体林权制度配套改革，据统计，共开展林权流转82笔，面积为8232亩；发放林权抵押贷款36笔，贷款金额2162.5万元。推进林地经营权流转证发证工作，全市发放林地经营权流转证本15笔，面积10836亩。

**资源林政管理** 2016年，温州市继续推进林业行政审批制度改革，减少审批环节。主要是做好三个“加法”和三个“减法”，提高业务素质和审批效率。通过建立双休日审批预约服务制度、重点工程项目提前介入制度、快递送达制度等，进一步完善服务水平。市本级全年共办理征占用林地150件，其中长期征收林地许可142件，面积49.9516公顷，临时占用林地3件，面积6.3731公顷，林业生产服务设施占用林地5件，面积0.1913公顷，有力地保障了经济建设；野生动植物类审核审批30件，其中经营利用许可12件，野生动物运输证许可5件，野生植物采集许可5件，驯养繁殖许可8件；枯死古树名木采伐10件；林木种子经营许可1件；森林植物检疫证46件；植物检疫要求书39件，木材运输许可22件，建设项目立项回复意见3件。全年林业行政审批服务满意率达100%，提前办结率为99.1%。

**湿地保护管理** 2016年，推进乐清市、洞头区等地的湿地保护规划实施。乐清市投入10万元在西门岛红树林区补种红树林30万株。洞头区对南北爿山省级海洋特别保护区进行续建，着重对海岛环境进行生态修复，采用恢复植被等生物措施防止水土流失，阻止岛体侵蚀的加剧。推进苍南县山海湿地公园建设，并启动10处重要湿地的省级湿地名录申报工作。

**森林消防** 2016年，全市共发生森林火灾28起，受害森林面积104.88公顷，森林火灾发生率为每10万公顷3.9次，森林火灾受害率为0.15‰。各项指标均远低于省定标准，没有发生人员伤亡事故。市、县两级财政安排森林消防经费3234.3万元，同比增长7.26%。市林业局和气象部门联合组建了各县(市、区)森林消防人工影响天气作业队。率全省之先将全市森林消防队员纳入城镇职工基本养老保险，并纳入市对县级政府的考绩。大部分县(市、区)都完成了参保工作，为稳定森林消防队伍，向森林消防专业化发展打下了良好基础。全市开展森林消防队员岗位培训21期2200多人次，开展防火演练115次，参加人数5000多人。

**森林资源保护** 2016年，在全市森林公安机关实行了领导警长、片区警长、责任警长和协助警员四级林区警长制，签订责任书，将工作任务责任落实到人，从源头强化林区的治安防控。全市森林公安出动民警约1200人次，严肃查处各类涉林案件，永嘉、泰顺等县还侦办了多起有一定影响的涉林案件。全市森林公安共接处警287起，综合查处率为98.2%。

**野生动植物管理保护** 开展野生动植物保护工作。4月16日，在乐清市青少年文化宫举办主题为“依法保护鸟类，建设美丽温州”的温州市2016年野生动植物保护宣传月暨“爱鸟周”宣传活动。根据温州市政府职能向社会组织转移暂行办法等文件要求，2016年继续对野生动物救助、野生动物疫源疫病监测等2项职能实行向社会组织公开招标转移。

**有害生物防控** 2016年，全市清理松枯死木近35万株，完成省下达任务数126.32%。在苍南、平阳、泰顺等地开展直升机防治松褐天牛工作，飞防面积25000亩，总防治面积48800亩，挂设诱捕器2500个。全市组织执法行动47次，检查企业157家，查处案件4件，关闭非法加工经营松木企业3家。

**木材运输检查** 2016年，全市各木材检查站、木材运输巡查大队共检查车辆666辆，查处违法运输木材案件50件，没收违法运输木材351.53立方米，没收非法采挖的大树6棵，收缴罚没款14.8204万元。

**林业种苗工作** 2016年，全市共调运苗木400多万株。保障全市造林绿化苗木需求。扎实做好珍贵树种进万村行动，共向各县(市区)赠送珍贵树种80余万株，涉及600多个村庄。联合温州市报业集团，1月在温州市国际会展中心举办温州市首届时尚花博会，80多家市内大型花卉企业和外地花卉龙头企业参展。联合浙江省亚热带作物研究所等科研单位，对山区、海岛等野生花卉资源进行普查。

**林业科技推广** 2016年，新增市级以上林技项目共28个，其中省级以上林技项目14个，市级林技项目14个；新增中央财政林业科技(种苗)推广示范资金项目4个，浙江省林业厅科技项目10个。搭建林业科技研究平台，与浙江省林科院合作实施项目1个。获得浙江省科技兴林奖三等奖3项。

森林生态文化建设。2016年，全市组织申报省级生态文化基地3个。

(温州市林业局　赵文光)

**【金华市林业产业】** 2016年，金华市拥有林业用地面积1049万亩，占土地总面积的63.85%；森林面积983万亩，森林覆盖率61.01%，林木蓄积量3035万立方米；省级以上生态公益林面积487.8万亩；完成造林更新29676亩、森林抚育73767亩、平原绿化2.11万亩，完成森林通道345.7千米，折合面积2372.7亩，完成通道沿线林相改造面积19550亩，平原林木覆盖率达20%

以上；投入1.8亿元，新植珍贵树239.3万株，建设珍贵彩色森林14.8万亩；拥有湿地面积48.2万亩，其中人工湿地30.8万亩；实现林业总产值588.46亿元，比2015年(511.6亿元)增加了76.86亿元，同比增长15.02%。

金华市林业产业总产值列全省第三，其中，一产产值103.83亿元，占总产值的17.6%；二产产值245.21亿元，占总产值的41.7%；三产产值239.42亿元，占总产值的40.7%，一、二、三产比例为18:42:40，与2015年相比，二、三产比重有所增大。金华市林业投资完成6.05亿元，同比增加11.41%。其中林业生态建设与保护3.25亿元，林业支撑与保障0.66亿元，林业产业发展1.31亿元，其他投资(含财政事业费)0.83亿元，分别占总投资完成额的53.72%，10.91%，21.65%，13.72%。

**实现了“一个总体目标”** 按照“森林金华”建设的总体要求，坚持问题导向，主攻关键环节，持续拓展绿化空间和绿量，圆满完成国家森林城市创建目标。金华市成功创建国家生态文化示范村1个，2个城市、10个城镇、21个村庄申报省级森林城市(城镇、村庄)并通过省级预检。2016年9月，金华市被国家林业局授予“国家森林城市”称号，比原计划提早了一年。

**实现了“三个重点突破”** 一是深化林业改革。一是积极推广林业经营体制改革“浦江模式”，全市新增林地流转面积4.3万亩(其中股份制流转0.3万亩)；成立家庭林场180余家。出台了林地经营权流转证市、县(区)管理办法，发放了林地经营权证17本，林地“三权分离”迈出了实质性步伐。二是积极推广林业金融改革“磐安模式”，全市林权抵押贷款当年发生额13.2亿元，林木综合保险覆盖面积6.4万亩，森林火灾险投保面积458万亩、投保金额14.36亿元、保费256万元，生态公益林100%参保。三是深化国有林场改革，全面启动现代国有林场创建工作。9月，金华市国有林场改革先进经验在全国国有林场改革林业局长培训班上作为典型案例交流发言。

二是守护生态红线。一是严守林地保护红线，全面完成全市“十三五”采伐限额编制、林地变更调查等工作。全市共发采伐证1581份，发证蓄积量8.8万立方米，占全市采伐限额36.30万的24%。二是探索建立古树名木管护制度，开展古树名木送诊下乡和古树名木保护工程，实现常态化、动态化管理。三是强化检疫性有害生物防控，认真开展“绿剑”检疫执法行动，全市林业有害生物无公害防治面积193149万亩，无公害防治率为99.78%；共投入防控资金3000万元，清理死松树13万株。四是严格落实森林火灾管控责任，在清明、夏季高温等关键时期持续开展督查，确保林区安全稳定。全市共发生森林火灾8起，受害森林面积23.08公顷；森林面积受害率为0.04‰，森林火灾次数发生率为1.27次/10万公顷。

三是推进国土绿化。一是深入推进平原绿化。全市完成造林更新29676亩、森林抚育73767亩、平原绿化2.11万亩，完成率分别为105%、122%、151%；完成森林通道345.7千米，折合面积2372.7亩，完成通道沿线林相改造面积19550亩。二是广泛开展义务植树。创新在全市范围发起“寻找身边绿化植树点，助力国家森林城市创建”活动，并同步在金华林业网和金华林业微信公众号上发布，掀起植绿增绿新热潮。全市共有126万人参加义务植树活动，累计种植各类绿化苗木334万株。三是扎实推进全市“整治环境、靓化金华”专项行动。开展“两路两侧”绿化缺失问题专项整治，完成省督办的8个绿化缺损点整治并通过省级审核。

**实施了“五大重点工程”** 一是实施技术创新与推广工程。总结推广林药、林粮等“一亩山万元钱”林下经济生产模式，新建示范基地9330亩，辐射推广面积13820亩，完成率分别为108.5%、126.8%。开展林业科技进村入户活动，组织林业实用技术培训班25期，培训基层林技人员1960人次。开展食用林产品安全生产监管，完成省级监测任务198批次，完成市级60批次，省级监测合格率为100%。

二是实施“一区两园”建设工程。采取“请进来、走出去”，邀请国家林业局湿地保护管理中心、浙江省林业厅专家实地考察，赴丽水市九龙、云和梯田国家湿地公园学习先进经验，加快推进浦江等地争创国家级、省级湿地公园步伐。2016年，省厅批准成立永康历山省级森林公园，义乌德胜岩、望道两个省级森林公园总体规划通过评审。制定出台《金华市森林公园认定办法(试行)》，金华市林业局批复同意命名“磐安向阳市级森林公园”和“磐安朝阳市级森林公园”等2个市级森林公园。

三是实施珍贵彩色森林建设工程。全市各级认真贯彻落实省政府“新植1亿株珍贵树”重大决策部署和全省林业工作会议精神，全面启动“新植千万株珍贵树”五年行动计划和“两路两侧”沿线林相改造工作。各县(市、区)编制县级《“两路两侧”林相改造(珍贵彩色森林建设)规划》，共投入1.8亿元，新植珍贵树239.3万株，完成率为117%。

四是实施传统产业提升工程。一是指导推进现代林业园区建设。截至2016年年底，全市共有现代林业园区创建点78个，已建成32个。二是积极培育现代林业主体。国家林业局又公布浙江森宇实业有限公司和东阳市响铃枣业有限公司2家企业为第二批国家林业重点龙头企业。金华市现共有国家级林业重点龙头企业3家、省级林业重点龙头企业69家、市级林业重点龙头企业87家。三是提升传统花木产业。金华市花卉苗木总产值45.19亿元，生产面积为32.67万亩，销售额20.28亿元。10月，金华永根杜鹃花培育有限公司自主选育的4个杜鹃花品种的2万粒种子随神舟十一号顺利奔向天宫，开启杜鹃花太空辐射育种新时代。

五是实施森林休闲养生工程。依托森林资源优势，已建成国家森林公园2个(金华双龙洞和武义牛头山国家森林公园)、省级森林公园14个、省级林业观光园区5个。指导磐安县成功举办浙江省第二届森林休闲养生节暨第四届杜鹃花节。新增省级森林特色小镇5个、森林人家特色村21个，入选“浙江最美山峰(峡谷)”12座。2016年，全市森林旅游接待游客达3079万人次、森林旅游业总产值达42.7亿元。

**第九届中国义乌国际森林产品博览会** 11月1~4日，由国家林业局、浙江省人民政府主办，中国林业产业联合会、浙江省林业厅、浙江省人民政府台湾事务办公室、义乌市人民政府承办的第九届中国义乌国际森林产品博览会在义乌国际博览中心举行。本届森博会以“绿色引领、共享发展”为主题，展会规模实现逆势增长，共吸引了45个国家和地区的1595家企业参展，设国际标准展位3736个，展馆由上届的9个增至10个，展览面积增至8.5万平方米，参展企业和展位数均创历史新高。除传统展区外，本届森博会新设“一带一路”主题馆、竹历史经典产品展、国家精准扶贫展区3个特色展区。据组委会统计，本届森博会累计到会参观者、采购商316600人次，实现成交额47.79亿元，同比增长1.29%。其中，内贸成交额35.55亿元，占总成交额的74.39%；外贸成交额12.24亿元，占总成交额的25.61%。本届森博会立足创新创业，注重招展招商，展会规模不断扩大，创历届森博会新高，“林业广交会”的地位更加牢固。

**2016中国花卉苗木交易会** 12月18日，2016中国花卉苗木交易会在位于澧浦镇的金华花卉生态示范园—金华花卉世界展馆盛大开幕。来自全国18个省市的苗木商将在此就绿化苗木、家庭园艺、园林工程、园艺资材等各种产业方向的花木交易进行商业洽谈。与往年相比，2016年花卉品种比重上升到了30%，加入鲜切花、盆花、花艺组合等花卉产品，展馆采用全玻璃结构，三层保温处理，内设18台风机、64米水帘，实现恒温控制，最大程度保证了花卉植物的展出状态。

**中国森林休闲与健康高峰论坛** 11月1~2日，中国森林休闲与健康高峰论坛在万达嘉华酒店举行。中国工程院院士尹伟伦、中国林业科学研究院分党组书记、副院长叶智、EPOS 3D TECH CORPORATION(加拿大)董事长兼首席工程师舒畅等专家，与大家探讨了《森林、湿地生态资源养生功能与利用》《跨界与融合——森林康养的必由之路》《3D+VR技术在森林体验和森林养生中的应用》等话题，共同探索森林康养的未来之路，为绿色变革和转型发展提供新理念和新成果。

**中国林业电商与创意林业高峰论坛暨国家林业重点龙头企业负责人培训班** 11月1~3日，中国林业电商与创意林业高峰论坛暨国家林业重点龙头企业负责人培训班在雅屋商城宾馆举行，来自全国120家重点龙头企业、16个省产业处共175名学员参加了论坛、培训与座谈，共同交流探讨林业电子商务发展、林业产业创意创新与转型升级等热点话题。并开展了热烈的讨论，参观了“森博会”展馆、国家林产品创意研发中心、“中国网店第一村”青岩刘村以及义乌国际商贸城。

（金华市林业局）

【绍兴市林业产业】 一是继续推进现代园区建设。完成6个现代林业园区提升，协调推进1.62万亩林园地经济型喷灌工程年度建设任务。组织实施“一亩山万元钱”林技推广项目，新发展林下经济4.1万亩。加强可食林产品质量监管，抽检森林食品250批次，诸暨市、上虞区创建成为省级农产品放心县。二是扎实开展“花卉绍兴”建设。加快绍兴花卉网“互联网+”模式建设，全市有花卉苗木生产面积47万亩，预估实现年销售额28亿元。三是快速发展香榧产业。制订出台《关于加快推进香榧产业传承发展的意见》《绍兴市香榧产业发展规划》，加大政策财政扶持力度。全市现有香榧种植面积30.1万亩，干果产量达4000吨，初步开发出香榧精油、香榧酒等衍生产品，建立了香榧区域营销中心和在北京、上海等大中城市设立精品店、销售展示中心，打造全国香榧研发、营销、苗木培育三中心的目标已初见成效。四是努力壮大森林休闲产业。印发《关于加快推进市级森林特色小镇和森林人家特色村建设的通知》，新建省级森林人家特色村1个，市级森林特色小镇2个和森林人家特色村5个；诸暨赵家香榧小镇、柯桥漓渚花木小镇列入第一批省级森林特色小镇创建名单，其中香榧特色小镇还被列入浙江省重大林业产业项目发展计划。出台《市级森林公园、湿地公园、自然保护小区认定办法》，新建市级森林公园2处。五是借助新平台推介林产品。组织77家企业参加第9届义乌国际森博会，市林业局连续九届荣获最佳组织奖，中国绍兴香榧特色馆获最佳展台奖。新增2个林企产品登录华东林交所，我市上市品种达5个，占华东林交所总品种数的38.46%。

（绍兴市林业局）

【台州市林业产业】 2016年，全市实现林业产业总产值636.43亿元，其中，第一产业实现产值79.20亿元，占全市林业产业总产值12.44%，同比增长11.73%；第二产业实现产值218.70亿元，占全市林业产业总产值34.36%，同比增长8.37%；第三产业实现产值338.53亿元，占全市林业产业总产值53.19%，同比增长20.71%。近年来，该市产业结构进一步调整，三产业比重逐渐超过二产业，形成“三、二、一”的产业格局。

经济林产品种植与采集是第一产业支柱行业，2016年实现产业产值68.13亿元，占第一产业比重86.02%，同比增长15.64%，

主要原因是全市一批富有地方特色的高效经济林基地群，已陆续投产或进入盛产期，产销形势两旺，产生了较好的经济效益，林果中，杨梅的产值最高，全市单杨梅一项产值就达到21.96亿元，主要分布在仙居县，临海市、黄岩区。

第二产业中木质工艺品制造和木竹苇浆造纸和纸制品产值合计127.84亿元，所占比重最大，为58.45%，其中，仙居县素有“中国工艺品王国”之称，2016年木质工艺品制造实现产值29.87亿元，产品远销法国、西班牙、丹麦、比利时、荷兰、美国、日本、加拿大、意大利、德国等30多个国家和地区。

第三产业的森林旅游与休闲服务成了新的经济增长点。2016年全市实现产业产值302.21亿元，占总产值的47.48%，比2015年同期增长21.20%。主要原因是全市自然生态良好，丰富和独特的森林旅游资源，正成为假日旅游的新热点，加上近年来，台州各级政府坚持“抓投入、抓品牌、抓集聚”，如天台县和仙居县不断致力于发展旅游经济，旅游内涵不断丰富，旅游业态不断创新，旅游品牌不断提升，2015年仙居神仙居景区、天台山景区被国家旅游局评定为5A级景区，有力地促进了森林休闲旅游快速健康发展，同时带动了周边经济的发展，实现了生态保护和旅游发展的双赢。

（台州市林业局）

# 安徽省林业产业

【概　述】 2016年，全省有国家林业重点龙头企业16家、国家标准化示范企业8家、省级林业产业化龙头企业694家；国家级农民林业专业合作社53家、省级林业合作社示范社233家；国家级林下经济示范基地32个，各类国家级和省级自然保护区38个，森林公园74个，湿地公园39个，省级森林旅游示范景区19家，“森林旅游人家”593家。

**践行“两山”思想，统筹生态产业协调发展** 5年来，累计完成造林978.88万亩，占规划建设任务的104%，创下单个五年规划期和单项工程造林两项历史记录。池州、合肥、安庆、黄山、宣城、六安6市成功创建国家森林城市。省级森林城市、森林城镇、森林村庄创建成果丰硕。立足省情林情，积极统筹生态与产业协调发展，坚持兴林与富民同步推进，打造特色经济林、木本油料、林下经济、苗木花卉、森林旅游等优势产业，2016年，全省林业产业总产值3192.38亿元，比2015年净增360.54亿元，一、二、三产比例是29:49:22，产业结构进一步优化，全省林业产业发展逐步由数量扩张向质量提升转变，有力地促进了生态与产业的协调发展。

**聚焦民生需要，大力发展高效富民产业** 林业产业的发展，有力促进了区域经济的发展，全省涌现出一批林业经济强县，宿州、宣城两市林业总产值超过500亿元，六安、滁州、安庆三市超过300亿元，阜阳、池州、黄山三市超过200亿元，砀山县、埇桥区、广德县、宁国市、南谯区超过100亿元，满足了社会对林业的民生需求。同时，林业产业在富民惠民方面也发挥了重要作用，成为农民脱贫致富的主要途径。拥有“中国竹子之乡”的广德县依托当地90万亩竹资源优势，开展竹林资源培育和综合开发利用，竹业产值达到30亿元，并扶植了森泰、宏宇等十多家竹子加工企业，建立了20多家竹业农业生产合作社，全县三分之一林农依靠竹业生产走上了发家致富的道路，竹业产值占到林业总产值的50%以上，2016年，全省竹林面积发展到560亩，竹产业已成为山区林农脱贫致富的新亮点。大力发展林下经济，全省林下经济已达830多万亩，其中林下种植337万亩、林下养殖115万亩，全省从事林下经济农业人口620万人，实现产值180亿元，农民人均增收1500元以上。

**深化供给侧结构性改革，推进林业产业转型升级** 一是加快培育优良乡土树种苗木，满足省内造林绿化和树种结构调整需要。通过大力推进森林城市、森林城镇、森林村庄和森林长廊创建工作，加快消化现有绿化大苗存量，为苗木产业升级“腾笼换鸟”，激发了现有苗木生产企业的发展活力。二是因地制宜发展特色经济林、木本油料林、花卉产业等，加快林业产业转型升级。阜阳市在结构调整中，大力发展花卉特色种植，把花卉产业做成“美丽经济”，截至2016年年底，全市花卉产业面积5.9万亩，花卉年产值10.6亿元，同时带动上万人从业就业。三是大力推进“互联网+”林业产业发展。依托安徽省森林食品、苗木花卉、竹木加工等优势产业，以池州中国森林标志产品电商平台为抓手，全省林产品电子商务发展迅速。12月27日，中国生态林产品电商产业园在池州开园，中国森林生态标志产品电商平台“大森林商城”同步上线。“大森林商城”汇聚了山珍山货、森林果品、养生林品、森林零食、森林茶叶、林下粮油、林下养殖、森林酒饮、林木种苗、竹木家居等十大类商品。自12月27日上线以来，线上大森林商城电商平台新增入驻林企52个，总入驻林企达135个，大森林商城电商平台月交易额达93万元。四是优化产业结构。根据市场需求，淘汰落后产能，加快推进林业机械化进程。芜湖宏春木业集团有限公司，率先采用智能化生产，引进机器人自动装打钉设备，以“机器换人”，提高劳动生产效率。五是特色林业基地项目稳步推进。省政府相继出台加快油茶、竹子、杨树三大树种发展的指导意见以及加快木本油料产业发展的实施意见，强化项目带动，加大政策扶持力度。全省已发展木本油料面积350万亩、竹林面积560万亩、杨树面积880万亩，苗木种植面积260万亩。

**培育龙头企业，产业集聚发展初具雏形** 积极培育龙头企业，不断壮大产业集群，全省林业产业规模和聚集度逐年提升，初步形成了皖北人造板家具产业群、沿江江淮苗木花卉产业群和皖南皖西竹产业群、特色经济林产业群和生态旅游产业群。2016年，全省获得“国家林业重点龙头企业”称号10家；获得“国家林业标准化示范企业”称号4家；进入全省农业产业化“甲级队”企业11家；13家企业成为全省示范现代农业产业化联合体；2家省级林业龙头企业成功登录新三板。安徽龙华集团、安徽鸿叶集团都属于生产毛竹系列产品的外向型企业，年出口量和生产量在全国同行业内均位居前列。滁州市已成为全国最大的强化木地板产业集群之一。六安市充分发挥区域优势，大力实施百万亩油茶产业行动计划，在培育油茶产业集群上做文章、下工夫，成为全国首批油茶产业发展示范市。位于金寨县的安徽大别山科技公司，作为国家级龙头企业，从育苗、种植到加工、销售一条龙发展，目前已通过多种形式发展油茶5万亩，带动农户5000多户。

**拓展森林康养，培育林业经济新增长点** 一是鼓励和支持各地开展森林公园和湿地公园建设，争取每个县(市、区)至少建立一处森林公园或湿地公园；二是加快森林景观和林相改造，增加观赏性树种和珍稀树种；三是完善林业生态旅游基础设施，鼓励森林公园和湿地公园招商引资发展旅游业；四是发展森林康养等林业生态旅游新业态。目前，全省已建立国家级和省级森林公园81个，2016年，全省森林公园直接旅游收入近8亿元，“森林旅游人家”实现收入1.5亿元，吸纳就业6000多人。

**抓好顶层设计，完成林业产业规划编制** 根据《全国林业产业发展“十三五”规划》和《安徽省林业发展“十三五”规划》，安徽省组织编制了《安徽林业产业发展“十三五”规划》。《规划》提出，到2020年林业总产值突破5000亿元，山区农民林业综合收入年均增长10%以上，形成“一群、一区、两带”林业产业发展格局。皖北用材林生产及木材精加工集群；沿江江淮木本油料及花卉苗木基地建设提升区；皖西大别山区森林旅游及特色经济林发展带、皖南山区森林旅游及特色林产品高效发展带。

**存在的问题** 2016年，虽然取得了显著成绩，但也存在一些问题，主要表现在，一是区域发展不平衡，各市县之间林业产值差距很大，有2个市林业产值超500亿元，但有的市不足50亿元；有7个县林业产值超100亿元，但部分县林业产值不足10亿元；二是林业改革措施和产业政策不配套，融资难、融资成本贵成为制约林业产业发展的瓶颈；三是科技支撑能力不够强，林业科技成果转化与林业产业需求脱节，特别是在信息技术、生物技术、新材料技术的应用和新方法的推广方面还存有缺陷需进一步加强。

**【经济林产业发展】** 据统计，截至2016年年底，全省实有经济林64.5万公顷，挂果面积32.3万公顷，占50%；基本上形成了以木本油料为主，木本油料林、水果林和茶叶三足鼎立的局面，其中以油茶、核桃、香榧、油用牡丹为主的木本油料林24万公顷，占经济林总面积的37%；以梨、桃、葡萄、石榴为主的水果林16.2万公顷，占经济林总面积的25%；毛茶15.8万公顷，占经济林总面积的24.5%。2016年新造经济林3.12万公顷，其中油茶0.67万公顷、薄壳山核桃0.38万公顷、梨0.36万公顷、桃0.45万公顷、葡萄0.35万公顷。另外，全省有竹林38.67万公顷，其中笋用林约1万公顷，笋材两用林约2万公顷；2016年新造竹林0.15万公顷。

全省现有经济林加工企业500余家，其中木本油料加工企业120余家，约占24%，主要为油茶和山核桃加工企业。油茶加工企业90余家，其中年产5000吨以上的有4家，实际年加工量12万吨，年产油量1万吨左右；山核桃加工企业近20家，安徽詹氏食品科技股份有限公司、安徽山里仁食品股份有限公司等较具规模的加工企业年加工量约4000吨以上，产值近3亿元；香榧、油用牡丹等加工企业也在稳步发展、推进。

2016年全省经济林产品种植、采集、加工总值达到722亿元，占全省林业总产值的22.6%，其中一产产值469.6亿元。各类经济林产品总量达到385万吨，其中：水果329万吨，干果30万吨[油茶籽10.25万吨，核桃(主要是山核桃)2.49万吨(干籽)，香榧400吨(干籽)，油用牡丹1.24万吨(干籽)]。

**主要做法**　为打造生态强省、建设美好安徽，2012年全省启动实施千万亩森林增长工程以来，全省经济林迎来了前所未有的发展机遇，每年以30万~50万亩左右的新增速度在增长，其中高标准、规模化的经济林基地占了相当比重。全省经济林的快速发展得益于以下几个因素。

①高位推动、措施有力。安徽省委、省政府先后召开了全省造林整地现场会、省千万亩森林增长工程建设领导小组全体会议，研究完善相关政策，量化细化落实工作任务，强力推进工程建设向纵深发展。省林业厅按照省委、省政府决策部署，强化检查督促，认真抓好落实。在整地和造林的关键时期，每十天通报一次进度，并派出8个督导组和24个专家组分赴各地进行督查指导，抓落实、促进度、保质量。各地迅速行动，认真分解落实造林绿化任务，相继召开现场会、调度会、推进会，党政领导深入造林现场，进行督促检查。各级林业部门全力以赴地做好技术培训、苗木调运和现场指导等服务，强力推进工程植树造林。

②上下合力，多方投入。千万亩森林增长工程实施以来，省财政每年安排5亿元的财政转移支付资金，对所有经省级部门验收合格后的一般社会造林给予300元/亩的财政补助。此外，省财政还设立现代农业发展木本油料专项资金，每年拿出3000万元专项用于支持油茶、薄壳山核桃等木本油料发展。近两年，每年农业综合开发经济林示范项目财政投入资金保持在3000万~3500万元左右。市、县各级部门根据当地财力状况，积极出台配套政策。寿县对成片造林500亩以上的，每亩奖励500元，连补6年。石台县出台《关于加快推进特色农业发展的若干意见》，对青檀等特色经济林造林每亩一次性补助700元，现有特色经济林培育每亩一次性补助200元。全椒县制定了薄壳山核桃产业发展规划，计划每年发展5000亩，到2020年发展薄壳山核桃5万亩；对同一区域内造林(栽植薄壳山核桃嫁接苗)面积100亩以上的县财政连续补助6年，当年验收合格后每亩补助1000元，第2~6年每年秋季验收合格后每年每亩补助400元。望江县计划用五年时间发展薄壳山核桃10万亩，每亩给予财政补助1200元，分三年拨付，第一年验收合格后拨付600元/亩，第二、三年验收合格后分别拨付300元/亩·年。

③深化改革、创新机制。全省继续推进集体林权制度改革，巩固和扩大改革成果，进一步完善财政奖补、项目建设、金融服务等扶持政策，探索创新林业经营形式，培育壮大新型林业经营主体，林业企业、大户、家庭林场、专业合作组织等成为造林绿化的主力军。2015年1月30日，省林业厅与省银监局联合制定《关于加快推进林权抵押贷款工作的意见》，进一步拓宽了林业融资渠道，为各类林业主体投资兴林注入了新动力。2015年以来，全省各类社会主体承担的造林占总任务的90%以上。

④典型示范，树立品牌。安徽省先后有祁门、金寨、宁国等9个县被国家林业局或中国经济林协会命名为“中国经济林之乡”。宁国市南极乡、绩溪县万富山、歙县英坑等5个山核桃基地被国家林业局命名为“国家级核桃示范基地”。六安市被国家林业局确定为全国油茶产业发展示范市。安徽詹氏食品股份有限公司被中国经济林协会、中国绿色时报社联合评选为“中国核桃产业十佳企业”。“宁国山核桃”“怀远石榴”、歙县“三潭枇杷”、淮北“塔山石榴”“金寨板栗”先后被国家质检局或国家工商局认定为“国家地理标志”保护产品。这些品牌的建设，极大地带动了企业的发展和当地林农经营经济林的积极性。宁国市是最早一批由发展经济林而致富的地区，山核桃产业年产值达8亿多元。宁国市山核桃中心产区南极乡，村民收入主要来自山核桃生产、经营，目前当地林农来自山核桃生产经营的收入人均达到3万元，占其总收入的90%以上。淮北市也已形成以烈山区塔山为中心，绵延50余千米的石榴种植基地生态群落，

年产石榴近5万吨，产值一亿多元。

⑤科技支撑，强化服务。在经济林营造中，安徽省坚持良种壮苗作为经济林营造的先决条件，大力扶持的木本油料树种油茶和薄壳山核桃，新造林已经全部使用省级审认定的优良品种苗木。为保证优质苗木供应，安徽省对油茶实行定点育苗制度，高峰时期有定点育苗基地12家，年育苗量达到4000万株；仍有7家育苗基地，完全能够满足省内造林需求。薄壳山核桃规模化繁育开始于2010年，首先在黄山、阜阳、亳州、宿州4个市进行试点，建立采穗圃和引种推广示范林，种子统一从美国引进。2013年初，明确了3个薄壳山核桃良种基地，坚持发展薄壳山核桃良种嫁接苗，到2016年年底已经扩大到了5个。

**主要困难与问题** 一是良种选育与繁育相对滞后。目前安徽省经济林新品种主要以引进周边省份优良品种为主，本省研发能力相对弱。山核桃、香榧等经济林树种良种化程度较低，生产中主要采用传统的有性繁殖，繁殖系数低。薄壳山核桃育苗所用种子主要依靠进口，种子的质量得不到有效保证，所建的部分良种采穗圃仍处于初期阶段，产穗量少，短期内不能满足大规模生产需求。受种子、良种接穗等材料限制以及嫁接技术不成熟等因素影响，山核桃、香榧等木本油料育苗成本高，苗木价格居高不下，每年能够出圃的优质壮苗数量无法满足生产需求。

二是栽培管理技术较为粗放。重造轻管现象还比较普遍，尤其是近两年大力发展的山核桃、香榧等木本油料良种选育，苗木快繁等技术尚待进一步提高，种植后林木生长缓慢、进入盛果期迟等问题还未得到有效解决。栽培技术、栽植模式、品种配置、整形修剪、肥水管理及病虫害防治等环节尚需要进一步研究、改进和完善。

三是资源综合加工能力滞后。受资金、加工技术等因素影响，经济林产品的多功能综合利用和新产品的开发滞后，总体加工手段多数还比较落后，产品精深加工不够，产区普遍存在“重面积、轻加工”现象，表现为加工企业规模小、加工技术落后、加工设备陈旧、加工产品单一、市场开发不够等，难以充分体现加工业对经济林产业的带动和支撑作用。

四是投资成本增加与资金投入不足的矛盾日益突出。大部分经济林树种投产期长，幼龄期短则五、六年，长则十多年，期间的管理技术难度大、费用高。以油茶、山核桃、香榧等木本油料林为例，目前新造林最低平均成本在3000元/亩以上，薄壳山核桃造林仅苗木费平均每亩即需1000元左右，香榧采用“2+5”大苗造林的平均，每亩苗木费需要6000元，加上基础设施建设和每年固定的除草、施肥等人工管护与生产资料投入，投资成本较大，资金投入不足仍然是制约全省经济林产业发展的最主要因素。

**【木本油料产业】** 安徽省是全国木本油料主要产地之一，木本油料栽培历史悠久，品种资源丰富，主要包括油茶、山核桃(薄壳山核桃、天目山山核桃、大别山山核桃)、香榧、油用牡丹等。近年来，全省木本油料产业快速发展，栽植面积已达360万亩，占全省经济林总面积的30.7%；全省木本油料加工企业达110余家，年产各类木本植物油3.5万吨，年产值32亿元。2016年全省完成油茶新造林11.6万亩，低产林改造15.8万亩，山核桃新造林4.76万亩，香榧新造林0.63万亩，新发展油用牡丹4.07万亩。

①发展木本油料是调优树种结构、实现增绿增效的好路子。2016年，全省将全面开展林业增绿增效行动，初步确定到2020年全省完成低产低效林改造500万亩。油茶、薄壳山核桃等经济价值高、收益期长、品质优良，是生态树、景观树、经济树“三树合一”的优良经济树种，已成为各地调优树种结构的重要选择。潜山县黄铺镇的丘陵山冈上原有6000多亩马尾松低产林，如今变成了生机盎然的油茶基地，成为承载农民脱贫致富希望的金山银山。其中2010年先期发展的500亩油茶，于2013年开始全面挂果，经省林业厅组织测产，2016年每亩产鲜果1248千克、产毛油46千克，亩产值2601元，已基本达到油茶丰产园标准。

②发展木本油料是实施精准扶贫、促进群众增收的好路子。很多县(区)充分利用林地资源和劳动力资源，大力发展油茶、薄壳山核桃，实现了产业发展与贫困户脱贫致富的精准对接。宿松县龙成集团在生产、管理、土地流转等环节，优

先使用、优先聘请贫困群众，使贫困户年务工收入达1.5万元以上，2016年已与柳溪村15个贫困户成功进行了对接。太湖县纯野茶油公司每年支付当地农民工工资约80万元，其中35户贫困户年务工收入达40万元，木本油料产业已成为山区群众脱贫致富的希望和潜力所在。省林业厅印发了《关于推进林业精准扶贫工作的实施意见》，决定开展木本油料产业扶贫，这对于加快贫困地区经济发展，促进农民群众增收致富，具有十分重要的现实意义。

③发展木本油料是吸引社会资本、推进三产融合的好路子。三产融合发展，是中央既定方针，也是安徽省林业转方式、调结构的战略选择。近三年，全省各级政府整合项目资金约3.5亿元投入木本油料发展，吸引社会投资约12.5亿元。仅2016年，各市、县(区)财政投入油茶产业资金就达8100万元，吸引各类资金2.2亿元。潜山县余井镇有三位企业家回乡投资发展油茶，注重走规模化、集约化现代林业发展之路，发挥了很好的示范带动作用。庐江县大寅薄壳山核桃科技种植专业合作社由一位转业军人回乡牵头创建，注重转变发展方式，推行科学化、规范化管理，安装滴灌设施，对每株苗木实行定时、定量的水施管理，使用物联网，着力打造成集薄壳山核桃研发、种植、加工、销售、仓储于一体的专业合作社，示范带动作用明显。

**【池州市林业产业】** 全市2016林业产业总产值247.89亿元(按现价计算)，实现增加值132.2亿元，总产值比2015年增长了12.17%，保持了稳中求进的总态势。第一产业产值74.59亿元，实现增加值57.23亿元，同比增长10.57%；第二产业产值77.78亿元，实现增加值24.32亿元，同比增长4.71%；第三产业产值95.52亿元，实现增加值50.65亿元，同比增长19.47%。一、二、三产分别占总产值的30.09%、31.38%、38.53%，一产、二产增长保持稳定，三产增长潜力进一步凸显。完成重点工程造林5.43万亩。人造板产量达710550立方米。林业旅游与休闲产业共接待旅游1838万人次。全市水果、茶叶、森林食品、木本油料、花卉苗木、竹木产品等产量稳步提升。山区农民林业年收入增长10%以上。

**创新能力显著增强，品牌打造取得进展** 一是产业基地基础进一步夯实。九华黄精荣获国家地理标志保护产品称号；国家森林生态产品基地发展到6个，当年新增九华葛根、七井山茱萸、兴农香菇申报国家森林生态产品基地获中国林业产业联合会批准；贵池棠溪镇(焦枣加工)荣获第五批安徽省产业集群专业镇；平天湖管委会申报全国生态林产品电商产业园通过专家评审正式落户。二是龙头企业打造取得历史性突破。安徽鸿叶集团荣获第二批国家林业重点龙头企业，并获2016年中国进出口诚信企业称号。三是涉林企业新增省著名商标5个，其中新认定省级林业产业化龙头企业2个(东至县恒源工贸有限公司的“红鱼塘”商标和池州天源现代农业有限公司的“升金湖”商标)。四是市林业局获得“中国林业产业突出贡献奖”，安徽鸿叶集团有限公司申报的“一次性竹签检验技术规程”、东至县兴农菌业有限责任公司申报的“一种毛木耳棉秆屑袋栽配方及栽培方法”分获“中国林业产业创新奖”三等奖。青阳县荣获全国森林旅游示范县称号。

**承办多项会议，林业电商平台上线** 一是成功承办8月8~9日在该市召开的全省林业产业发展工作会议。会议总结了“十二五”全省林业产业工作情况，交流经验，研究部署了“十三五”林业产业发展重点工作，动员全省林业部门，齐心协力推进全省林业产业持续、快速、健康发展，努力实现绿水青山与金山银山的有机统一。二是成功承办省政协“推动城乡建设绿色发展”专题调研会。安徽省政协常委、人资环委主任刘自林，省政协委员、省农垦集团有限公司董事长、党委书记田文俊，省政协委员、省林业厅党组书记、厅长程中才等近20位省政协委员参加调研。调研组一行先后考察了鸿叶集团、九华天池森林公园、齐山大道海绵城市建设示范点及杏花村湿地公园，并召开座谈会，听取相关情况汇报。市林业局汪力局长详细汇报了该市林业建设特别是林业产业发展情况。三是成功承办全国林业电子商务现场会暨互联网和林业产业发展培训班。12月27~29日，由国家林业局农村林业改革发展司、国家林业局林业产业办公室主办，中国林业产业联合会、国家林业局管理干部学院、安徽省林业厅、池州市人民政府承办的全国林业电子商务现场会暨互联网和林业产业发展培训班在池举行。国家林业局总工程师封加平、国家林业局林改司司长刘拓、安徽省林业厅厅长程中才、池州市市长雍成瀚和众多知名专家学者出席会议。各省(市)林业厅、五大森工集团产业负责人；省内各市林业局长、产业科长、十个重点县林业局长、龙头企业代表；市内各县林业局长、产业办主任共计300多人参加会议。会议观看了全国林业产业大会录像片，听取了封加平总工的主旨演讲，举行了中国生态林产品电商产业园开园暨"大森林商城"电商平台上线仪式，举办了全国林产品绿色发展论坛和"互联网+"林业产业发展培训班。会议对促进互联网与林业产业融合协调发展，推动林业现代化建设具有里程碑意义。

**【滁州市林业产业】** 2016年，全市完成新造林17.94万亩，实现林业产业总产值337亿元，林业园林事业呈现良好发展势头。截至2016年年底，全市森林面积658.9万亩，湿地面积136万亩，森林覆盖率达到32.5%，活立木蓄积量1750万立方米，"山、水、林、田、湖"和谐共生、生态质量进一步改善。

**坚持绿色发展，共筑环滁皆美新家园** 一是百万亩森林增长工程完美收官。2016年全市共完成新造林17.94万亩，占省下达计划16.77万亩的107%，培育新型林业经营主体501个，造林面积占总任务数的一半以上。10月底，经省专家组验收，全市森林增长两项重要指标，除一个市没有满分，其他7个县市区全部实现"双百"目标。

二是"四项创建"和"三线三边"绿化提升同步推进。积极争创2个省级森林城市、13个省级森林城镇、47个省级森林村庄，完成森林长廊示范段建设118千米，占省下达计划40千米的295%。完成"三线"线路绿化126.4千米，占原计划23.7千米的533%，"三边"新造林0.88万亩，占原计划0.15万亩的896%，造林绿化成果丰硕。

**坚持创新发展，催生林业建设新气象** 一是国有林场改革进入实质性阶段，年底全面完成。国有林场改革实施以来，市、县两级党委、政府认真贯彻落实省委、省政府决策部署，成立领导小组，制订时间表、路线图，紧锣密鼓开展调研，编制改革方案。7月上旬市政府常务会、市委常委会议讨论通过了各地改革方案，8月中旬省批复同意我市改革方案。目前，除全椒县外，市直和各县市区国有林场改革方案已正式印发并组织实施，年底全面完成。国有林场改革的实施，将建立起更加有利于改善生态和民生的国有林场新机制，促进林业生态建设进入更加科学、有序、安全的新阶段。

二是集体林权制度配套改革不断深入。推进林权交易平台建设，建立8个县级林权管理服务中心，成立安徽(黄山)江南林业产权交易所滁州分中心。推进林权抵押贷款，当年累计发放抵押贷款1.17亿元。推进林权流转。全市已流转林地65万亩，促进了森林资源资产的流通，增加了林农经济收入。

三是积极开展智慧林业建设。推行"互联网+"林业建设，在全省率先建设和启用森林资源地理信息系统；机关电子政务得到推广，无纸化办公渐成风尚；林业电子商务悄然兴起，2016年50%以上的林木交易都是在线上实现的，林木、林权OTO(线上到线下)交易模式得到了有益尝试。

**坚持协调发展，统筹好建设与保护利用的关系** 一是加快林业产业建设，同步推进生态建设与产业发展。2016年，在凤阳、全椒等地建设油茶林基地1万亩、薄壳山核桃基地2万亩；在定远、明光等地建设经果林基地5万亩；在来安、天长等地建设苗木花卉基地5万亩；在南谯、明光等地建设麻栎生物质能源林基地2万亩；在定远、凤阳、明光等地建设林下种、养殖基地1万亩。发展"森林旅游人家"50家，打造特色林、特色园50个；争创2个省级、8个市级现代林业示范区。把滁州重点林区乡镇打造成木本油料之乡、花果之乡、花木之乡、生物质能源之乡、中药材之乡、森林旅游之乡。林业二、三产业比重首次超过70%，实现林业可持续发展和永续利用。

二是加强森林资源管理，同步推进造林绿化与森林安全。严格执行限额采伐，坚持林地使用党组集体审批制度；严格实行森林防火责任制，多措并举抓防火，全市全年共发生2起森林火灾，没有发生重大森林火灾和亡人事故，森林火灾发生率和受害率均控制在0.5‰以下；开展林区严打整治“利剑行动”，确保了林区的安全稳定；开展打击非法占用林地专项行动，查处涉林刑事案件9起，取得阶段性成果；开展了林木种苗检疫联合执法“绿盾行动”。完成松材线虫病病区枯死树清理2.16万亩，病区皆伐406亩，外围皆伐863亩。开展美国白蛾防治专项行动，启动应急预案，实施网格化管理，在明光市、凤阳县等虫害重点发生区投入500余万元，开展飞机防治30余万亩，遏止虫害蔓延趋势。

**坚持开放发展，拓展林业建设新路径** 一是大力推进世界银行贷款林业综合发展项目。11月初，国家林业局在全椒县举办了“世界银行贷款林业综合发展项目竣工总结培训班”。

二是大力推进林业投资开发项目。充分利用国有林场现有资产，筹备成立滁州市林业发展投资开发公司，通过市场化运作，积极申报国家战略储备林、木本油料林等生态修复项目，推动森林产品研发与深加工，实施森林旅游开发、林木林地收储交易等合法经营。

三是加强行业合作，创新发展理念。在与南林大、安徽农大科技合作的基础上，与山东原山林场签订战略合作协议，引进外地发展新理念，创新本地林业发展新思路。

**坚持共享发展，取得兴林富民新成果** 一是实施生态保护脱贫计划。印发《关于生态脱贫工程的实施意见》，出台《滁州市林业和园林局2016年定点联系帮扶工作方案》《关于生态脱贫工程的实施意见》，启动实施扶贫“五个一”工作计划，召开了全市林业生态保护脱贫工作现场推进会，主要采取“四个优先”实施生态脱贫，即优先支持贫困地区加快发展木本油料等林业产业，实施“一村一品”战略；优先支持贫困地区开展重点林业生态工程建设；优先支持贫困地区开展免评估可循环的林权抵押小额贷款；优先支持贫困地区发展以生态养生、休闲观光为主的森林旅游业。2016年以来，用于贫困村和贫困户造林的奖补资金143万元，占奖补资金总额的11.5%，累计发放林业担保贷款993万元，全市35个国有林场雇用贫困人员110人，月人均收入1200元左右。

二是实施全市十件为民办实事工程之一的市植物园项目。2016年，市植物园总体规划已通过市专委会批准，功能区划分和部分道路修建等前期准备工作已完成，争取2018年开园。三是实施森林公园提升行动。大力开展招商引资，皇甫山争创国家4A级森林公园、老嘉山争创国家级森林公园，通过深度开发，为全市和周边地区群众打造一流的旅游休憩目的地。

**存在问题** 一是产业建设投入太少。目前除全椒县、凤阳县出台支持木本油料产业扶持政策(每亩补助2000~3000元)之外，市本级及其他县区基本上对林业产业没有扶持措施。此外，相对长防林、退耕还林等生态建设工程而言，国家、省财政对产业建设投入偏少、单个项目投资规模偏小。

二是林业缺乏投融资平台，内生动力不足。国有林区水、电、气、路等基础设施严重滞后，制约了森林旅游、康养中心、森林文化等产业持续健康发展。建议出台鼓励和支持各地成立林业投融资平台的政策，通过林业投融资平台，吸引各类资本投资林业建设，加快林业发展。

**【六安市林业产业】** 2016年，全市植树造林14.13万亩(其中因灾受损面积1.17万亩)，森林抚育81.34万亩，完成了各项林业生产建设任务，林业产业产值达到358.1亿元，在2015年330.5亿元的基础上增长8.35%。

**林业产业化龙头企业转化升级，示范作用显著** 近年来，该市采取“公司+企业+基地+农户”、招商引资等多种方式，大力扶持壮大林业产业化龙头企业，全市现有林业产业化龙头企业168家，其中国家级5家，省、市级163家，已建成100多万亩工业原料林基地，100多万亩经济林基地，并集中优势技术和资金，在六安主城区和各县城区扩展林业基地建设，延伸产业链条，逐步形成以主城区及各县城为骨干的林业产业集群格局，构建林产品加工开发的新框架，推动林业经济快速增长。同时，企业的产品结构、产业结构也发生了变化，由单纯的产品加工(或资源培育)，逐步延伸到资源培育(或产品加工)和服务业，形成了较为完美的产业链条。现有的200多家龙头企业，涉及木竹加工，家具制造，木本油料，特色经济林，林下经济，苗木花卉，野生动物驯养繁育与加工，森林生态旅游等多个门类。舒城县安徽省华竹实业有限公司和裕安区安徽省淮滨园艺有限公司华竹公司荣获“国家重点龙头企业”称号，霍山县安徽中盛食用油有限公司生产的“上悦谷”版茶籽油获省名牌产品称号，安徽德昌苗木有限公司和安徽舒城金桥农林科技有限公司被国家林业局和国家标准化管理委员会荣获“国家林业标准化示范企业”称号。

**低产低效林全面改造提升，实现增产增效** 2016年，六安市全面开展对低产低效林的改造，其中，油茶低产改造1万亩，抚育2万亩，大别山核桃低产改造1万亩，抚育1万亩，并选育栽种油茶良种5个和大别山山核桃良种3个，板栗换优改良5000亩，对现有竹林质量提升2万亩。通过低产改造、抚育、品种更新，引进加工企业等措施，实现了经济效益的快速增长。金寨县现有板栗园50万亩，年产板栗2万吨。被国家林业局命名为“中国板栗之乡”。2013年启动板栗良种改造工程，三年时间里通过高接换优改良板栗低效林1.5万亩，并计划逐步对全县50万亩板栗进行分类经营，实施品种改良、低产改造、退出经营实行封育，实现提质增效目标。县内2家大型板栗加工企业，年储藏能力2.5万吨，企业以板栗速冻、板栗休闲食品、板栗肽系列产品加工为主，年加工销售板栗达到1.5万吨，年加工销售产值1.5亿元。

**优势产业进一步提质增效，产业成效明显** 六安市是“全国油茶生产示范市”，以油茶、核桃为主的木本油料产业高速发展。全市油茶面积近100万亩，2016年新造林1万多亩，低产改造1万亩，抚育20万亩，年产油茶籽3万吨。现有油茶加工企业44家，其中金寨县安徽大别山科技开发有限公司是国家级林业产业化龙头企业。舒城县为国家级油茶产业发展试点县，安徽省油茶发展重点县、油茶良种苗木繁育基地县、油茶产业发展先进单位，金寨县2015年经批准建设国家级油茶标准化示范区，充分发挥了示范辐射作用。油茶、山核桃产业在部分山区群众脱贫致富中发挥了主导作用。已有“野岭”“大别山”“华银”“奥凯发”等多个茶油品牌，其中安徽华银茶油公司生产的“野岭”牌精制茶油荣获第五届全国食品博览会金奖，品牌效应初步显现。现有山核桃林15.9万亩，挂果林1.9万亩，2016年山核桃造林1万亩，抚育1万亩，年产山核桃干果600吨，直接产值4000余万元，山核桃加工企业2家。

全市木材生产以叶集区为重点，培育生产规模在10万立方米以上的大型家具生产及人造板加工企业，创办中型以上实木家具生产企业，进一步完善木材产业链，充分利用木材加工副产物，在企业内部、产业之间、社会层面等方面构建完整的木材循环经济体系。现有木竹加工企业2000余家，从业人员5万余人，其中规模以上企业67家，其中，省级林业龙头企业5家，市级龙头企业5家。拥有丽人木业、合和人造板、管仲地板(模板)等知名企业，2016年，全区年木材消耗量400余万方，林产工业加工产值达96亿元，被誉为“中国建筑模板之乡”。

按照区域化布局，规模化经营和科学管理化的要求，霍山、金寨、裕安等山区县大力发展毛竹。全市现有竹林96万亩，2016年新造竹林1万亩，实现竹产业产值44亿元。该市有舒城县安徽省华竹实业有限公司、霍山龙华竹业有限公司、霍邱华安达集团工艺品有限公司等国家级林业产业化龙头企业3家。

**特色经济产业科学引导，注重抓点带面** 一是以林茶、林药、林下食药用菌种植等为主的林下经济产业快速发展。全市现有栗茶混交园20万余亩，种植丹参、香茶菜、结香、七叶一枝花、西洋参、桔梗、白术等林药基地4万余亩。种植天麻3万余亩，年产15000吨；灵芝3000亩，年产2000吨；茯苓、香菇、木耳年产量3000余吨。金寨县、霍山县是全国22个中药材基地县之一，6个茯苓主产县之一，舒城县、金寨县曾被命名为“国家林下经济示范基地县”。2016年全市森林药材总产值达30亿元。二是林业苗木花卉培育产业不断发展壮大。2016年全市绿化苗木基地2.2万亩，育苗产业向基地化迈进，实现了花卉产业新的突破。绿化苗木品种也由原来的香樟、桂花等常绿苗木向落叶树种转变，由一般绿化苗木向较高观赏性特质苗木转变，树种结构更加合理，经济价值更高，全市总产值达15亿元。三是各类经果林产业为林业产业发展注入了新的活力。主要经济林果树种结构渐趋多样化，从原来单一的桃树向葡萄、猕猴桃、蓝莓等多品种发展。2016年全市经果林种植面积达16万亩，产量28万吨，总产值14亿元。

**森林旅游休闲服务产业稳步发展，步入健康轨道** 以森林旅游、生态观光、森林人家为主的森林生态旅游产业快速增加。全市有天堂寨、万佛河、白马尖、淠河湿地公园、燕子河大峡谷等几十家依托森林资源开展旅游的景区，带动森林人家(农家乐)3000余家，2016年实现森林旅游和休闲服务综合收入53亿元。

**产业化扶贫初见成效** 林业特色产业在全市从育苗到基地建设、加工、销售形成了产业链，其中木材、毛竹、油茶、菌药加工产值都在亿元以上。这些产业通过林地流转、技术培训、抚育管理、劳务投入、订单收购、合作经营、加工制造用工、经纪人销售等多种形式，与50余万农民结成了利益共同体，开辟了一条稳定的增收渠道，直接带动了一批贫困户脱贫致富。

**主要做法** 一是创新机制，加强领导。六安市成立了林业产业发展办公室，具体负责全市林业产业化工作，各县区相应成立了以林业局局长任组长，副局长任副组长，相关股室负责人为成员的产业化办公室，具体负责本县区林业产业化的规划、引导、组织协调和技术服务工作。各乡镇也明确了分管领导具体抓林业产业，林业站全程指导服务林业产业发展，在全市形成了一个组织完善、运行高效的林业产业工作网络。金寨县委县政府高度重视林业产业发展，始终把林业产业富民作为山区大县的要务来抓，紧抓全国人大对口帮扶金寨实施“5+1”项目和省委省政府扶贫攻坚“抓金寨、促全省”这一机遇，出台《全县林业生产331工程实施意见》《关于加快特色种养业发展的意见》《关于重点特色农林产业三年倍增计划的实施意见》。其他县区也相应出台了一系列具体政策，全市形成了坚持以工业的理念抓林业，强化政策扶持引导，加强基础设施建设，加快特色林业产业规模化、专业化、标准化、品牌化、市场化发展，努力打造林业产业强市。

二是科学规划，引导发展。充分发挥规划对产业发展的指导作用，该市在“十三五”规划中，对林业产业发展作了长远规划，提出了六大林业主导产业在“十三五”期间的发展目标，各县区针对县域林业经济资源条件、特色产业进一步细化分解，编制了符合当地实际的《油茶产业发展规划》《毛竹产业发展规划》《林下经济发展规划》《苗木花卉产业发展规划》等具体的规划措施，为林业产业的持续、快速、健康发展奠定了坚实的基础。

三是政策扶持、扶优壮强。积极争取中央、省级政策资金支持，利用林业贴息贷款资金、农业综合开发林业项目资金、专业合作社示范社专项资金等扶持壮大林业企业和专业合作社。2016年共争取林业贴息贷款8000多万元，贴息资金250.2万元，中央、省级用于该市林业建设的各类资金2.6亿元。市、县财政整合各类资金4.1亿元用于木竹资源利用、木本油料产业、林业经济等林业富民产业发展，通过以奖代补重点扶持林业企业、合作社及大户，流转山场、建基地、搞加工、创品牌、拓市场，使之逐步壮大。

四是科技支撑，集成示范。建立以市林业工作总站为中心，县林业局林业站为主，乡镇林业站为纽带，林业技术人员、重点企业为骨干的技术信息服务体系。采取请进来、送出去的办法，与各大科研院校(所)合作，加大科技攻关，强化技术培训和知识更新。市林业局每年组织各县区林业技术人员进行岗位在职教育培训，给考核合格人员颁发在职教育资格证书。对重点企业选派科技人员与之结对帮扶，对林农，专业合作社，抽调专业技术骨干科技下乡送服务，并为企业发展、林农致富做好跟踪服务。

五是创建品牌、培育市场。按照“建设规模化，生产标准化，经营品牌化，服务信息化，产品安全化”的要求，鼓励和培育林业企业走规模化、集约化发展路子，引导企业建立健全标准体系、计量检测体系和质量管理体系，鼓励企业开展ISO 14000环境管理体系、ISO 18000安全管理体系、ISO 9000质量标准体系认证和誉名、冠名申报，争创名优品牌和地理标志产品。通过电子商务，开通电商销售渠道，并与中国供销、华润集团等知名国企建立了产销合作关系，进一步拓宽了林产品销售市场。

**林业产业发展存在问题** 区域发展不平衡、企业规模小，科技水平低、结构不合理、高精尖少、高附加值产品少，整体效果还不高，林业产业发展还面临巨大的压力。

一是油茶产业发展缺乏后续资金。全市油茶面积已达近百万亩，由于前期政府重视程度高，资金扶持力度大，发展速度快，但油茶的抚育管理成本高，人员工资逐年上涨，茶油价格多年来在原位徘徊，收益回报慢，影响了发展油茶的积极性。还有大量低产茶园，低产林改造进展缓慢。

二是林业企业融资难。发展林业需要大量资金投入，收益回报慢。对林业企业(大户)的政策扶持少，贷款贴息要求严，审批严格，享受补助的范围小，享受补助的资金少；集体林权制度改革还需深入推进，林权交易平台还不够健全，林权抵押发展不快，全市林权抵押贷款不足10%，林业发展投资仍是一大瓶颈。

三是林下经济亟待扶持。林下种植、养殖和发展生态旅游是合理利用森林资金发展林业经济的绿色模式，既不消耗资源，又增加了收入，但项目和融资支持力度都偏于边缘化，应予以重点扶持。

四是常规绿化苗木严重过剩。全市现有各类绿化苗木基地面积近100万亩，其中常规绿化苗木留床量达5000万株，特别是桂花、紫薇、石楠等常规苗木过剩更为严重，而下步城市绿化美化所急需的花卉类苗木又不足，花卉苗木产业需进一步加大供给侧改革力度。

**【宣城市林业产业】** 2016年，全市实现林业总产值500.5亿元，较2015年提高15.4%。林业一、二、三产的比例由上年的30∶50∶20调整为28∶47∶25。山区农民人均林业综合收入达到3458元，较2015年提高14.9%。林业企业当年新获得省名牌产品26个、省著名商标22个，获得国家名牌产品5个。宣城市林业局和宁国市林业局王伟荣获第三届“中国林业产业发展突出贡献奖”。

**发展特色林业，推进林业供给侧结构性改革** 为正确处理“国家要生态、地方要发展、农民要增收”三者之间关系，该市在“十二五”期末，围绕优势林业资源，做出发展特色林业的决定。以建设特色林业基地、优化林种树种结构为基础，以强化加工利用、推进市场开拓为动力，实现由资源型、粗放型林业向市场化配置资源、高附加值型的战略转型，推进林业供给侧结构性改革。

2015年4月，宣城市政府在宁国召开全市特色林业产业发展现场会。提出“十三五”期间，建成三个百万亩基地(100万亩笋竹两用林、100万亩木本油料、100万亩林下中药材)，培育特色林业企业200家(竹笋加工企业50家、森林食品加工企业100家、生物制药企业30家、森林旅游企业20家)，新增林业总产值200亿元，增加山区农民年人均林业综合收入1000元。

为扎实推进“三个百万亩基地”建设，市政府将其纳入《宣城市“十三五”发展规划》和市政府2016年重点推进工作。市委成立了以3个市领导分别为组长的宣城市竹业、木本油料、中药材产业发展领导组。市林业局组织编制了3个特色林业产业发展规划。各县市区政府出台了一系列扶持政策。广德县政府制定《广德县竹业发展五年行动计划》，安排了10个事业编制，成立了竹产业发展局，县财政每年拿出2000万元支持竹产业发展。绩溪县政府设立“南桃北油”产业发展资金，从2016年起，县财政每年拿出100万元对油茶、山核桃产业进行奖补。旌德县政府出台《旌德县发展林下经济的实施意见》，大力推进林下经济发展，一举夺得“国家林下经济示范基地”桂冠。宣州区政府出台了促进现代农业发展政策，对发展油茶、宣木瓜、苗木花卉和笋竹两用林基地给予补助，对新批准成立的省级森林公园和观光采摘园一次性给予20万、10万元资金补助。

**培育战略性新兴产业，打造绿色生态林业高地** 该市在强化木竹深加工、制浆造纸和森林食品等传统产业转型升级的同时，积极构建技术先进、生产清洁、循环节约的新业态。

一是加快发展林下经济。认真实施《宣城市林下经济发展规划》，以林下种植中药材和菌类为突破口，带动林下养殖、林间采集加工和森林旅游业的发展。旌德县鼓励大户、家庭林场、专业合作社、龙头企业租赁林农“闲置”的林下空间，种植灵芝、黄精、白芨、茯苓、重楼。广德县利用竹林林下空间种植竹荪2万亩。据统计，2016年全市发展林下经济农户达1.9万户，种植面积57万亩，年收入35亿元。

二是做大做强中药材产业。市委、市政府决定，将中药材产业划归林业部门主管。市林业局组织力量对全市林下和田间的中药材资源进行了全面调查，筛选了宣木瓜、宁前胡、太子参、黄精、白芨、重楼、贝母、覆盆子、杜仲、牡丹等优势品种。2016年，全市新发展中药材7万亩，建立宣木瓜、宁前胡、黄精、白芨省级标准化种植示范区12个。在安徽省"十大皖药"评选中，该市旌德县灵芝、黄精，宣州区宣木瓜榜上有名。全市规模以上生物制药企业17家，实现产值15亿元。

三是积极推进森林旅游休闲康养。充分挖掘徽源文化和宣文化底蕴，利用障山大峡谷、徽杭古道、清凉峰自然保护区、皖南川藏线、水墨汀溪、江南第一漂、石佛山等森林景观资源，打造一批集观光赏景、休闲娱乐、美食品尝等多功能为一体的高品质森林旅游线路。依托国有林场、森林公园、湿地公园森林自然景观，发展一批集旅游、医疗、康养、教育、文化、扶贫于一体的林业综合服务业。绩溪县雄路苗圃引进上海多利集团投资5亿元，建成以森林狩猎为主体特色，以户外探险、疗养健身、休闲度假、文化娱乐为核心功能的复合型生态旅游度假胜地。2016年，该市被省林业厅、省旅游局命名授牌省级"森林旅游人家"96家。安徽旌德养生"慢生活"基地和安徽广德县四合乡"富氧民宿"被命名为"中国森林氧吧"。旌德县大礼生态林业有限公司兴隆森林康养基地被认定为"中国森林康养示范基地"。

**深化集体林权制度改革，创新产业发展体制机制** 抓住被列为国家集体林业综合改革试验示范区的机遇，制订出台《宣城市国家林改试验示范区建设实施方案》，推进各县市区大胆创新。围绕"资源变资产、资金变股金、农民变股民"，着力提升林业生产经营活力，努力开创"森林资源盘活、经营主体搞活、林农收入变活"的发展格局。

一是创新林业经营主体。进一步放活经营权，积极培育家庭林场、股份合作林场、专业合作组织等新型林业经营主体，促进多种形式的适度规模经营。全市共培育各类林业加工企业1570家，各类林业专业合作社765个。其中，国家级林业重点龙头企业4家、省级林业产业化龙头企业145家、市级林业产业化龙头企业44家，国家级农民林业专业合作社示范社2家、省级林业专业合作社示范社31家。宁国市被认定为全国农民林业专业合作建设示范县。

二是创新林业社会化服务。引导发展林业社会中介机构，逐步将森林资源清查、森林资源评估、造林抚育验收、伐区作业设计、木材检验检疫、林业物证鉴定等业务推向社会，实行政府购买服务。宣州区苗木协会建起了中国皖南花卉苗木网。泾县成立了健林林业有害生物防治社会化服务中心，为全县和周边县市区提供林木病虫害测报和防治。旌德县利用原木材公司技术力量，成立了安徽森力林业规划设计有限公司，实行市场化运营。宁国市成立了皖林林业工程设计服务有限评估公司，利用林业调查数据，开展森林资源评估。

三是创新林业投融资机制。市、县林业局积极争取政府设立林权收储资本金和风险补偿金，筹建林权收储中心，打通林业与金融融合的通道。市林业局通过招商引资，与搜三百集团签订合作协议，协议投资20亿元，建设万亩沉香产业示范基地、智慧型立体农场、有机肥料厂和林权收储中心。旌德县计划依托12万亩国有林场和站办林场，组建国有性质的林权收储中心，县政府和国有林场分别拿出资本金500万元。

**加强政策引导，促进企业转型升级** 通过制定政策，鼓励新建、技改林产品加工企业。宣州区对新建固定资产投资达200万元、技术改造达50万元以上的林业企业，区政府一次性给予20、10万元补助。2016年该区绿富水栀子加工企业建成投产。千川建材有限公司扩建新厂区6000平方米，并实施技术改造，细木工板日生产量增加到3000张。

通过制定政策，鼓励企业加大科技投入，加强与大专院校科研单位联系，引进新设备，改进新工艺，不断提高林产品的科技含量和附加值。绩溪县五蜂园、高山药业、大鹏生物等公司实现了扩能升级。

通过实施"请进来和走出去"战略，引导龙头企业跨区域、跨行业强强联合。宣州区博亚公司在柬埔寨设立分厂，并建成投产。宣城高立人造板公司与浙江沪千人造板公司商谈重组，共谋做大做强。

通过实施企业门诊，引导企业良性发展。该市将宣城市中小企业服务公司嫁接到上海中科荟智企业服务有限公司平台。利用中科荟智整合的专家和优秀服务机构资源，为全市中小企业转型升级开展顶层设计，提供解决方案、信息化工程、“工业 4.0”“互联网 +”、节能环保、长尾需求、并购与投资顾问等领域的服务。

**实施项目带动，培育壮大产业集群** 为加快林业产业集群发展，该市从做好重点产业集群项目的前期工作着手，有计划地扶持一批龙头企业。

一是建立市、县重点产业集群项目库，推动重点产业集群的项目储备和项目对接。利用农业综合开发项目、林业重点工程建设项目及专项贴息资金等扶持重点企业。对规模大、效益好的龙头企业，协调金融部门优先安排中长期贷款。

二是利用市产业投资基金，采用直投、直补和阶段参股子基金或跟进投资方式，重点支持传统产业提升和战略性新兴产业发展。宣州区福美达新材料公司利用市产业投资基金500万元，实施技术改造，当年产值过亿元。广德县森泰集团“年产250万平方米室内装饰地板关键技术研发及产业化项目”、宏宇竹业“年产3万立方米户外用竹基纤维复合材料项目”、尧龙竹木“年产200万平方米室内重竹地板扩建项目”均将建成投产。

三是对资源型企业实行木材采伐限额优先保障，对其加工产品流通通道提供快捷、优质的服务。鼓励外向型企业申报自营进出口权，将产品打入国际市场。

**发展“互联网 + 林业”，完善林产品市场机制** 一年来，该市注重强化林产品信息平台建设，坚持线上、线下资源互补和应用协同，鼓励发展“B2B”“B2C”、O2O和微商等营销网络平台，着力培育一批商业模式新、创新能力强、发展潜力大的林产品电子商务企业。宣州区目前已建立《中国皖南花木网》多用户交易平台。绩溪“袭美木艺”品牌2015、2016年成为淘宝网平台户外防腐木及其制品销售第一品牌。泾县2016年通过电商销售的木梳4800万把，年销售额3.5亿元。宁国明珍堂2014年从“B2C”端成功向“B2B”端转型，为淘宝天猫上的卖家企业做定牌生产，2016年使茶行业70%的卖家成为其客户。与此同时，引导森林食品企业加入中国林业产业诚信联盟，申报森林生态标志产品，试行林产品溯源制度。 （白卫萍）

# 福建省林业产业

【概　述】 2016 年，在全省广大林业产业干部职工共同努力下，保持了林业产业平稳发展。福建省林业厅产业处荣获国家林业局“林业产业突出贡献奖”和省直机关工委“优秀基层党组织”称号。

全省林业产业总产值 4611 亿元，同比增长 7.8%，其中：第一产业 816 亿元，比增 8.9%；第二产业3568 亿元，比增6.6%；第三产业227 亿元，比增 25.4%。落实省政府办公厅《关于加快推进竹产业发展七条措施的通知》，推进现代农业(竹业、油茶、花卉)、林下经济、竹材(笋)精深加工示范县和农业综合开发涉林项目的实施。全省新建丰产竹林基地 5.7 万公顷，新开设竹山道路 4143 千米，实施笋竹精深加工示范县项目 62 个；新造改造木本油料林 4.25 万公顷；新发展林下经济基地 3.48 万公顷；新建花卉生产设施 40.45 公顷、苗木示范基地 311.59 公顷。12 月 22 日，福建省碳排放权交易启动仪式在海峡股权交易中心举行，顺昌县国有林场、德化县林业局率先领到产品上线证书。成交 26.1 万吨，成交金额达 488.1 万元。13 项林业科研成果获得福建省科学技术进步奖，发布实施 6 项省地方标准，实施中央和省级林业推广项目 34 项，举办农村林业实用技术远程培训 12 期，培训农民 108 万人次。新增林权流转面积 1.02 万公顷(累计 70.85 万公顷)；各类林业贷款余额 260 亿元，其中林权抵押贷款余额 35.7 亿元。

**产销保持增长，增速有所放缓**　全省规模以上企业(以下均为规模以上数字)林业工业产值继续保持增长，但增速为近几年来首次出现个位数。全年完成工业产值 4339.43 亿元，同比增长 8.6%，增幅同比下降 2.2 个百分点，高于同期全省生产总值增幅 0.2 个百分点；累计完成销售收入 4212.42 亿元，同比增长 9.5%，增幅同比下降 1.2 个百分点；产销率 97.07%。全年累计完成林业工业增加值(可比)1099.23 亿元，同比增长 7.6%，与全省规模以上工业增加值增速持平，但增幅同比下降 2.7 个百分点。新增上市企业 2 家(累计 29 家)、国家林业重点龙头企业 12 家(累计 22 家)、省名牌产品 79 个(累计 208 个)。

**林产品出口保持较高增速**　全省林业工业主要产品完成出口交货值 330.08 亿元，同比增长 9.4%(高出全省 4.1% 的增速 5.3 个百分点)，增幅同比下降 2.4 个百分点，在出口形势总体低迷情况下仍保持了较高增速。木竹制品、家具等出口增幅大，为全省林产品出口保持较快增长作出贡献。

**木材产量大幅增加**　全年木材生产(商品原木)累计完成 574.9 万立方米，比上年增加 93.91 万立方米，增幅达 19.5%。其中南平完成 151.49 万立方米，比上年增加 0.87 万立方米；三明完成 120 万立方米，比上年增加 1.15 万立方米；龙岩完成 69.3 万立方米，比上年增加 29.3 万立方米；漳州完成 120.65 万立方米，比上年增加 34.32 万立方米；泉州完成 40.24 万立方米，比上年增加 9.8 万立方米；莆田完成 19.7 万立方米，比上年增加 5.1 万立方米；福州完成 34.2 万立方米，比上年增加 14.6 万立方米；宁德完成 16.96 万立方米，比上年减少 0.76 万立方米；省直属国有林场完成 2.35 万立方米，比上年增加 0.02 万立方米。2016 年以来，特别是下半年，2015 年冻害桉树采伐进度加快，沿海、龙岩等地区木材产量大幅增加。

**主要林产品产量有增有减**　人造板产量减产较多(主要是受沙县大亚停产影响，刨花板产量下降明显)，累计完成 1441.23 万立方米，同比下降 11.31%，增幅同比下降 23.69 个百分点，其中胶合板完成 953.4 万立方米，比上年增加 8.05%；纤维板完成 198.12 万立方米，比上年减少 16.78%；刨花板完成 88.32 万立方米，比上年减少 46.22%；人造板二次加工装饰板完成 191.74

万平方米，比上年减少29.09%。木制家具累计完成3147.33万件，同比下降9.72%；纸浆累计完成36.26万吨，同比下降2.02%；木竹地板累计完成979万平方米，同比增长2.16%；松香累计完成4.8万吨，同比增长14.3%；木质活性炭累计完成8万吨，与2015年基本持平。

**企业利润保持较高增长** 2016年全年全省规模以上林业企业共2666家，比上年增加153家，增长6.09%；实现利润总额255.78亿元，同比增长11%，增幅同比上升3个百分点，其中造纸和纸制品业增长26.7%，在主要行业中增速上升至第二位；实现税金总额110.17亿元，同比下降4.9%，增幅同比下降5.8个百分点。亏损企业预亏额为10.46亿元，比上年减少37.7%，增幅同比下降70.2个百分点。

**林产品价格总体保持平稳，个别产品有所上涨** 据了解，杉木平均价格约为1150元/立方米，比2015年同期上涨2.5%左右；松木价格约为700元/立方米，同比下降1.1%；杂木价格约为616元/立方米，同比下降4%；毛竹价格约为600元/吨，比2015年同期下降7.5%。主要林产品价格总体保持稳定，与2015年同期相比有所上涨，中纤板价格上涨约3.64%～5.06%(约1950～2050元/立方米)，胶合板上涨约24.44%(约56元/张)，刨花板上涨约2.96%(约1390～1500元/立方米)、木质活性炭(约6500～6800元/吨)与2015年价格基本持平，松香价格约为12600元/吨，同比增长11.5%。

**主要工作措施** 扎实推进林业产业供给侧结构性改革。一是开展调查研究。认真制定《福建省林业产业供给侧结构性改革调研工作方案》并开展相关调研和材料收集，基本摸清当前林业产业发展现状、产业短板、林产品供需现状以及市场对林产品的需求等情况，按照供给侧结构性改革"三去一降一补"的要求，提出本省林业重点八类行业的供给侧结构性改革意见。完成了《福建省林业产业供给侧机构性改革研究报告》，并起草了《福建省林业厅关于推进供给侧结构性改革 加快林业产业发展的指导意见》待审定后下发执行。二是完善省级林产品电商平台建设。继续做好省级林产品电商平台(闽山碧)招商推介和平台提升工作，上架企业已达77家，涉及食品、保健、木制建材等17类共计191款产品。开展与漳州港和相关花卉企业就做好进口材、花卉等林产品纳入交易进行调研，探索与三明"林品汇""春舞枝"和邵武"味家"等省内电商企业平台的合作。三是协调推进省级林木收储中心开展业务。全年共完成林权抵押担保并承诺违约收储的森林面积6895亩，价值2000万元，银行放贷985万元。完成红木收储合同金额约6亿元，缓解红木企业资金紧缺局面。四是加快补齐竹业加工短板。组织实施好16个竹材(笋)精深加工示范县项目，协助省财政厅完成2015年项目的绩效评价工作，全省项目总体评价为良好。督促设区市组织开展项目验收，2016年项目建设4500万财政资金已下拨，共实施62个项目，总投资21668万元。同时，配合起草的《福建省人民政府办公厅关于加快推进竹产业发展七条措施的通知》已下发实施。同时，主办了永安、政和、邵武等三大竹设计大赛，征集了一批作品。2016年全省竹业总产值达546.6亿元，比增23.3%，其中笋竹加工产值达368.4亿元，比增25.7%。

认真开展"6·18"林业项目对接和林业馆布展。按照省"6·18"(科技成果交易博览会)组委会总体要求，结合林业工作实际，认真制订工作方案并组织实施，福建省林业厅得到组委会颁制的"优秀组织奖"和信函表扬。一是展馆生态氛围浓。以"发展森林生态产业，增加百姓生态福利"为主题，以森林、山水、亭桥为造景，以竹材(笋)精深加工新产品、林业生物质利用产品、珍稀树种、花卉苗木新品种等为重点展示内容进行布展，让广大群众享受林业生态文明建设的成果和了解林业在生态建设中的地位与作用，展示展销4天，与会观众累计15万人，完成现场销售和订单合同约800万元。二是项目对接质量高。2016年，共征集技术需求89项，科研成果128项，其中总投资6亿元福建源华林业公司无患子生物资源综合利用项目、总投资10亿元鸿宇安生物公司新型生物质糖产业化项目等涉林战略性新兴产业科研成果25项，完成项目成果对接88项，总投资20.8亿元。5个涉林战略性新兴产业项目在"6·18"农口项目对接会上签约，项目投资达18.4亿元。

努力推动产业升级。一是积极做好品牌申报。推荐福建鑫森碳业股份有限公司等15家企业申报中国驰名商标或省著名商标。二是做好数据调度分析。与国家林业局经研中心合作开展了中国林业采购经理指数采集工作，主动与省统计局，商务厅投资处、贸易处进行对接，建立经常性联系制度，做好月份、季度林产工业经济运行形势分析。三是落实政策。编印近年来省委省政府涉林惠企政策2册，分发基层林业产业部门和林业企业，使企业了解政策、用好政策。四是开拓市场。组织企业参加四川竹博会、厦门投洽会、永安竹博会、义乌森博会、三明林博会等，累计达成合作意向293项。在福州、三明先后举办了森林食品对接会、木材原料供需对接会。据统计，通过政企、市企、科企等对接平台，达成市企合作意向396项、科企合作意向91项，帮助企业解决科研发展难题62个，协调省直部门解决企业存在问题19个。

狠抓县属国有林场改革。《福建省县属国有林场改革指导意见》下发和全省国有林场改革电视电话会议召开后，国有林场改革进入具体实施阶段。一是落实改革任务。编制下发《福建省县属国有林场改革文件汇编》和《县属国有林场改革实施方案编制基本要求》，明确改革步骤、时间要求、方案内容等。5月初召开改革培训会做好政策宣贯和解读，对改革方案编制进行指导和解惑。30个有改革任务的县(市、区)方案均已上报，并审核批复。二是开展改革配套政策等调研。完成了县属国有林场财务管理和森林资源监管调研，以及县属国有林场全面停止天然林商业性采伐风险评估和管护站点用房建设需求摸底，为国家林业局出台国有林场改革配套文件和全面了解县属国有林场现状提供依据。三是做好危旧房改造续建扫尾工作。督促县属国有林场危旧房续建工作，妥善处理了国家林业局场圃总站转办的反映建瓯福人林业公司挪用危旧房改造专项资金信访件事宜，并帮助协调解决建瓯危旧房建设过程中存在的问题和困难，完成全省林业危旧房(县属林场)改造续建任务3866套，完成投资0.48亿元。

结合职责开展扶贫工作。一是启动县属国有林场扶贫工作。在前期调查摸底和数据分析基础上，开展《福建省“十三五”国有县属贫困林场扶贫规划》编制工作。根据国家林业局《国有贫困林场界定指标与方法》确定40个贫困林场，占林场总数的36.7%，制定了具体扶贫目标、举措，筛选建立扶贫项目库，作为县属国有贫困林场扶贫资金下达使用和“十三五”期间开展精准扶贫的依据。全年安排中央财政国有贫困林场扶贫资金1178万元，共17个场18个项目，已按照因素分配申报额划拨到设区市，项目分配到林场、到项目，优先安排基础设施和森林培育项目。确保扶贫资金专款专用、精准高效。二是根据职责突出扶贫。如在龙头企业评定、项目资金安排，对23个重点贫困县实行政策倾斜，适当降低门槛或增加分配权重。三是落实好对贫困县涉林惠企的相关政策。

坚持林业安全生产不松懈。一是认真防灾减灾。重点是针对1月份全省强寒潮和5月上旬、6月中旬三明泰宁、龙岩连城、南平顺昌等部分地区的特大暴雨，及时部署防御和抗灾救灾工作，并第一时间做好灾情调度和争取救灾资金工作，据统计，全年全省林业系统因灾损失55.49亿元，下拨救灾资金2169.45万元。二是加强安全防范。扎实开展安全生产标准化建设提升工程三年行动工作。印发了由林场局起草制定的《福建省森林公园旅游景区安全生产标准化评定标准(试行)》，推进森林公园安全生产标准化建设。已完成评定企业1695家，占应评的100%，提前半年实现省政府安委会下达的目标任务。三是做好安全隐患整治。开展四次安全生产督查，下发督查通报，对安全隐患，责令限期整改。督促武夷山保护区管理局做好溪外楼危房隐患整治和生态学校做好学生宿舍楼安全隐患整治，目前生态学校对危楼已采取封楼措施。

做好林业外经贸和自贸区相关工作。一是主动与商务厅投资处、贸易处进行对接，建立经常性联系制度，并结合外经贸工作要求，完成“9·8”等外经活动。二是及时做好自贸区监管任务推进工作涉及福建省林业厅部分的收集汇总和反馈。

**产业工作亮点和不足**　2016年以来，全省林业工业经济在国家推进供给侧结构性改革，适度扩大总需求的宏观经济环境背景下，坚持稳中求进，保持了缓中趋稳，质量和效益有所提高，实现了“十三五”良好开局，基本与我国经济大势主旋律一致。也出现了几大发展亮点：一是竹产业增速保持快速增长。通过实施竹材(笋)精深加工示范县项目和现代竹业项目，带动了笋竹精深加工和竹林培育。福建省人民政府办公厅《关于加快推进竹产业发展七条措施的通知》的出台，促进了社会资本投资笋竹加工积极性，推动了林农笋竹培育的热情，从而使本省竹产业得以快速发展。据统计，2016 年全省竹业总产值达 546.6 亿元，同比增长 23.3%，其中：笋竹加工产值达 368.4 亿元，同比增长 25.7%。竹产业基础好的永安实现竹业总产值达 60.2 亿元(占全省 11%)，其中笋竹加工产值达 51.4 亿元，人均竹业收入 5850 元，占全市农民人均纯收入的 40%。建瓯市实现竹业总产值 116.61 亿元，其中一产 17 亿元、二产 76.1 亿元、三产 23.5 亿元。政和县也实现竹产业总产值 35.9 亿元，占全县 GDP 的 41.6%。二是“互联网+”等新业态与林业产业实现较好融合。清流“春舞枝”、邵武“味家”竹制品、“鑫森”炭业等电商销售已超过传统渠道销售量，同时，南平朝日网络的“闽北竹商网”和三明林业局的“林品汇”等一些电商公共服务平台也有一定规模，一些高端新电商平台也不断涌现，如邵武杜氏木业新成立了“匠心空间”电子商务平台。企业营销体系逐步向“平台化、社会化、移动化、电商化、国际化”发展，互联网与林业产业的结合，打破了地区性产业隔离，为林产业拓宽了新的发展空间。

受经济大环境影响，福建省林业产业仍受不利因素影响。一是受国内外经济下行压力和基数较高影响，增幅放缓；二是各地市发展不平衡，有的地方主动作为不够；三是企业融资难、融资成本贵仍未得到有效解决。四是产业发展后劲不足，大项目、好项目不多。

**【森林旅游业】** 2006 年，福建省林业厅首创提出发展“森林人家”。2007 年 4 月 30 日，福建省森林人家休闲健康游启动仪式在福州旗山国家森林公园举行。2010 年 6 月 21 日，由福州国家森林公园管理处向国家工商管理局注册了“森林人家”商标。2012 年 3 月，福建省林业厅同意授权国家林业局森林公园管理办公室在全国推广森林人家，经过近十年的发展，逐步得到社会的认可，影响力不断提升。目前，森林人家不仅是全省特色的乡村旅游知名品牌，而且已经成为国内林业行业的知名森林旅游品牌，为全省乃至全国森林旅游产业发展做出突出的贡献。据统计，截至 2016 年年底，全省森林人家授牌已达 453 家，年约接待游客 1297 万人次，年总收入 6.67 亿元，带动就业 7630 人。近年来，通过森林人家的等级划分与评定，促进森林人家提升品质，其中五星级 4 家，四星级 19 家，三星级 100 家，全省森林人家建设呈现稳步发展的良好业态。

**【林业新型经营主体】** 截至 2016 年 12 月底，全省新增林业专业合作社 261 家，累计建立林业专业合作社 3877 家，涉及农户 47.58 万户，经营面积 900.37 万亩；全省新增家庭林场 121 家，累计建立家庭林场 574 家，经营面积 44.43 万亩。

**【林业精准扶贫】** 2016 年，福建省林业厅共计争取省级以上财政资金 8500 万元，用于扶持现代农业(木本油料、竹业)示范基地建设。其中，安排中央财政补助资金 5000 万元，扶持 18 个县 5 万亩油茶、核桃、油用牡丹等木本油料示范基地建设(涉及 11 个省级扶贫开发重点县，安排补助资金 2760 万元)；扶持 38 个县和 90 个乡镇的丰产竹林建设，安排资金 3500 万元(涉及 18 个省级扶贫开发重点县，安排资金 3600 万元)。把发展林下种植业、林下养殖业和森林旅游业，作为扶贫解困的重要切入点，带动山区农民脱贫致富。2016 年，全省发展林下经济面积 1939.2 万亩，建设林下经济示范片 65 个。林下经济发展成为林业经济转型与结构调整的新业态，也成为山区农民脱贫致富的有效途径。2016 年争取国有贫困林场中央财政专项扶贫资金 2000 万元，安排 11 个省属国有林场 822 万元，安排 17 个县属国有林场 1178 万元。用于修建林区道路、改善职工危旧房等生产生活设施，以及培育森林资源，增强林场造血功能。

**【竹产业】** 全省现有竹林面积 1623 万亩，居全国第一，其中毛竹林 1500 万亩，占竹林总面积的 92.42%。毛竹立竹量 20.7 亿根。其他经济竹种

123万亩，有19属，约200种，主要种类有绿竹、麻竹、黄甜竹、台湾桂竹、苦竹、雷竹等。全省丰产竹林基地面积已达到683万亩，占竹林总面积的42.1%。2016年全省毛竹材产量达5.57亿根，小径竹材产量70.3万吨，鲜笋产量212万吨，实现竹业总产值达546.6亿元，比2010年的226亿元增长了2倍多，其中笋竹加工产值达368.4亿元。

**【南平市林业产业】** 全市林业总产值达到710.5亿元，同比增长8.34%；竹产业产值达到289亿元，同比增长10.7%。大力发展现代竹业，投入各级财政资金1.07亿元，建设丰产竹林面积1.82万公顷，占任务1.67万公顷的109%，完成市级示范片26片，建设竹山机耕路2546千米。扶持一批高标准的林下经济示范基地，新建林下经济示范基地(片)27个；开展森林人家标准化规范化建设，新增森林人家16家。在创业竞赛考评中提高竹产业发展比重，增加对平台建设和企业纳税能力的考核。从国家节能减排财政政策综合示范城市奖励资金中列出4000万元专项资金扶持竹产业二产发展，重点支持46家笋竹企业转型升级、2个竹产业公共平台建设和3家企业开展FSC认证，带动企业投资2.3亿元。将省级竹材(笋)精深加工示范县项目资金2400万元用于笋竹加工公共服务平台建设和技术改造。摸排木竹加工企业现状，帮助企业协调解决融资难问题，对接市政府企业应急转贷基金，应急保障竹加工企业使用转贷金29家(次)，累计应急转贷金总额1.06亿元。落实“五个一批”林业项目90个，总投资213.4亿元；完成林业招商引资项目114个，总投资126.75亿元。加快培育龙头企业。福建青松、福建味家和绿洲竹业3家企业成功入选国家林业重点龙头企业名单，占本次全省入选企业的25%。41家林业企业荣获福建省第八轮重点农业产业化省级重点龙头企业称号。祥福工艺、三信食品和美华实业3家企业入选2016年度福建省知识产权优势企业名单。在第三届中国林业产业大会上南平市林业局被国家林业局、中国农林水利气象工会全国委员会授予第三届中国林业产业突出贡献奖，南平市林业企业获得中国林业产业创新奖一等奖1名，二等奖2名，三等奖1名。

**【三明市林业产业】** 规模以上林产工业产值689亿元、同比增长9.9%。重点跟踪的22项新建续建项目开工率为96%、22项技改项目开工率为82%，建宁爱心木业竹木制品深加工、尤溪永丰茂薄页纸生产等项目建成投产。笋竹产业新建基地0.8万公顷，产值169亿元。油茶产业新建基地0.17万公顷，产值10亿元。花卉苗木产业基地总面积1.93万公顷，总产值66.2亿元。林下经济新建基地1万公顷，产值110亿元。第十二届林博会签约项目101项，总投资146.7亿元。天天林博会创新运营模式，成都花木交易所(清流)兰花上市，林品汇等电商平台更加完善。全市新批办涉林台企6家、推广台湾“五新”成果23项。全市涉林进口0.73亿美元，出口1.5亿美元、同比增长8%。金森林业、和其昌竹业、闽山化工和春舞枝花卉等4家企业被确定为第二批国家林业重点龙头企业。福建大自然林业等12家被确定为省重点上市后备企业。融和药业等13家林业企业入库省科技小巨人领军企业。

**【龙岩市林业产业】** 实现林业产业总产值321.2亿元，同比增长13.1%。林下经济经营面积达59.69万公顷，实现产值144.59亿元，同比增长19.3%。现有林下经济合作组织666个，惠及林农14.27万户。建立武平、连城2个国家林下经济示范县。种植花卉苗木1.3万公顷，实现产值55.5亿元，分别同比增长2.6%和11%。建设木荷、枫香、闽楠等阔叶树育苗面积51.67公顷。森林旅游共接待游客624万人次，同比增长18.6%；实现直接收入7.08亿元，同比增长5.0%；实现社会总产值24.96亿元，同比增长18.6%。林产工业保持稳定增长态势。全市生产商品材69.3万立方米，同比增长45.6%。实现林业工业产值179.5亿元，同比增长7.9%。生产竹材1.2亿根，实现产值60.16亿元，分别增长5.1%和7.5%。在全市17个村开展林下经济整村推进示范建设，规模发展林药、林果等林下经济项目。聘用30名贫困人员为生态公益护林员，人年均工资1.1万元以上。实施竹业精准脱贫工程，专项安排100万元在全市49个贫困村、280户贫困户实施竹林施肥170.73公顷，建设笋干烤房14座。编印发放《林业实用技术手册》5000本。将治理水土流失与治穷相结合，推行山林租赁、承包、合作等模式，实行“谁种谁有、谁治理谁受益”和送种苗、送肥料、送资金、送技术“四送”政策，对水土流失区发展种养业、森林旅游、特色经济林等给予税费减免、资金补贴等扶持。

**【林业产业大事记】**

**6月28日** 福建省政府办公厅下发《关于持续深化集体林权制度改革六条措施的通知》。要求着力培育新型林业经营主体、加大金融支持林业发展力度、完善林权抵押贷款风险防控机制、加强重点区位森林资源管护、科学发展林下经济、健全林业服务体系，从6个方面对全省深化林改工作进行全面规划安排。

**8月8日** 福建省政府办公厅下发《关于加快推进竹产业发展七条措施的通知》。要求到2020年，全省竹林面积稳定在1600万亩，竹产业产值年增长9%以上、总产值达700亿元以上。提出加快推进竹产业发展的七条措施：加强竹林基础设施建设；促进竹林可持续经营；大力发展笋竹精深加工；支持技术创新和品牌创建；鼓励经营模式创新；推动竹产业一、二、三产融合发展；加大财政资金投入。

**9月16日** 福建省政府办公厅下发《关于进一步加强乡镇林业工作站建设的意见》。要求到2020年，建设标准化林业站625个，林业站办公环境和工作条件得到明显改善；林业站人才队伍管理和人才培养机制较为完善，林业站人员结构基本合理，队伍素质和基层公共管理服务能力显著增强；全省林业站数量保持基本稳定，并作为县级林业主管部门的派出机构，人员经费全额纳入县级财政预算，基本实现林业站体制稳定、基础完善、队伍精干、管理规范、服务高效、保障有力。

**12月22日** 福建省碳排放权交易启动仪式在海峡股权交易中心举行，顺昌县国有林场、德化县林业局率先领到产品上线证书。成交26.1万吨，成交金额达488.1万元。

**【福建省上市林业企业】** 福建现有境内外上市林业企业30家，以下是部分企业情况。

**永安林业(集团)股份有限公司** 全国第一家以森林资源为经营对象的上市公司。

**福建省青山纸业股份有限公司** 福建省最大的造纸企业，纸袋纸系列产品的质量与市场占有率全国第一。

**福建省南纸股份有限公司** 全国首家同时获得质量体系和产品质量国际、国内双认证的新闻纸企业。

**泰宁南方林业发展有限公司** 中国首家在欧交所上市的林业企业，也是中国第一家在海外上市的民营林业企业。

**三明华健生物工程有限公司** 美国统一生物在中国的子公司，专业从事天然植物提取物和天然保健品的研发、生产和销售的高科技企业。

**福建元力活性炭股份有限公司** 国内综合实力最强的木质粉状活性炭生产企业。

**新洲(武平)林化有限公司** 新加坡三达投资有限公司投资设立的松香深加工企业。

**建瓯市青然食品有限公司** 全国规模最大的锥栗生产加工企业，福建省第一家在天津股权交易所挂牌上市的企业。

**福建中福实业股份有限公司** 以造林营林、林产品加工与销售为主营业务的上市公司。

**福建青松股份有限公司** 全球最大的合成樟脑生产企业。

**福建亚达集团有限公司** 全国最大的笋产品生产企业。

**漳州片仔癀药业股份有限公司** 全国中成药行业50强企业，片仔癀系列产品首批通过国家原产地标记认证。

**大亚木业(福建)有限公司** 刨花板单线产量亚洲最大。

**福建新日鲜集团有限公司** 全球首家竹产业上市企业。

**福建省亿隆家庭装饰品有限公司** 香港亿隆集团全资控股的子公司，专业生产藤木、竹木、中纤、画框、铁件等五大系列工艺制品。

**厦门喜盈门家具制品有限公司** 该公司是一家专业从事家具设计、生产、销售为一体的港商独资企业，也是国内第一家从事松木家具的生产制造企业。2000 年 10 月以一木国际控股有限公司在香港联交所上市。

**福建金森林业股份有限公司** 2012 年 6 月 5 日，福建金森林业股份有限公司在深圳证券交易所成功上市，为国内 A 股第一家专注于林业绿色可再生稀缺生态资源的打造及挖掘的公司。

**福建漳平木村林产有限公司** 7 月 6 日，福建漳平木村林产有限公司下属香港“美丽家园”控股有限公司在香港交易所主板成功挂牌上市，发行约 1. 8 亿股股份，募集资金 2. 07 亿港元。

**厦门中坤化学有限公司** 该公司是一家集研发、生产、销售于一体的精细化工高新技术企业。其母公司中怡精细化工集团有限公司于 2004 年 3 月在香港主板上市。

**嘉森国际控股有限公司(富友整木家居)** 2014 年在英国 AIM 挂牌上市，成为中国首家在欧洲资本市场上市的整木家居生产企业。

**春舞枝集团** 2014 年在德国法兰克福证券交易所挂牌上市，成为中国花卉企业在德国证券交易所挂牌上市的第一家。

**郑源国际控股有限公司** 福建省内最大茶具企业于 2015 年在“港三板”上市。

**福建芝星炭业股份有限公司** 全国最大的木质活性炭生产企业之一，于 2015 年在“新三板”上市。

**厦门市江平生物基质技术股份有限公司** 于 2015 年在“新三板”上市。

**福建华名华居家居股份有限公司** 于 2015 年在“新三板”上市。 (伍清亮)

# 江西省林业产业

【概　述】 2016 年，江西省林业产业呈现出良好的发展势头，产业集群建设初具规模，特色产业快速发展，森林旅游等产业异军突起。

全省林业用地面积 1.61 亿亩，占全省国土总面积的 64.21%；森林覆盖率 63.10%，林木蓄积量 4.45 亿立方米，被誉为中国“最绿的省”之一。

2016 年，江西省按照绿色惠民富民、精准扶贫发展的理念和生态文明示范省建设要求，着力做好“改革、提质、增效”三篇文章，林业产业发展迅速。全省现有林产工业及木竹经营加工企业 5000 多家，有国家级林业龙头企业 18 家，省级林业龙头企业达到 353 家。主要林产品包括人造板、家具、油茶、毛竹产品、林化产品、苗木花卉等。2016 年林业总产值达 3505 亿元，列全国第八位。

【产业集群建设】 2016 年，已基本形成了三大产业集群：一是南康实木家具，南城园林建筑及教学课桌，广丰、瑞昌红木家具等形成的家具产业集群；二是金溪、吉水形成的香料香精产业集群；三是奉新、宜丰形成的竹产业集群。这些产业集群的发展，为江西林产加工业增添了新活力。尤其是家具产业集群建设已成为江西林业产业重要组成部分，赣州市南康区积极发展家具产业，突出抓好融资、口岸、物流、检测、研发、园区、喷涂、烘干和展销等九大公共服务平台建设。同时，该区抓住国家“一带一路”建设的战略机遇，开通了中欧铁路专线，切实降低进出口货物的物流成本，提高通关效率，推动家具产业转型升级。把昔日的“木匠之乡”变成了今日的“家具之都”，已成为中部最具影响力的家具产业集群。2016 年该区家具及附属产业迈入千亿产业行列，从业人员达 30 多万人，带动了港口、物流、电商、外贸、会展等相关产业的发展，成为拉动赣南苏区振兴发展的重要力量，为促进革命老区经济发展和增加民生福祉作出了贡献。

【油茶产业】 一方面，在政策上支持高产油茶林建设。2016 年，省级油茶产业发展专项资金由上年度的 5000 万元提高到 8000 万元，高产油茶林建设补助标准提高至 500 元/亩；“金穗油茶贷”累计发放贷款超过 22.98 亿元。在森林质量提升、低产林改造、防护林建设等项目中，对新造油茶林施行“兜底”政策。赣州市启动全国木本粮油产业精准扶贫试点并获得国开行 60 亿元信贷资金额度。2016 年全省完成新造高产油茶林 70.68 万亩，比上年增长 107.5%，创历史新高。另一方面，引导油茶企业积极参与龙头企业评定、品牌创建，提高油茶企业知名度。全省现有油茶加工企业 103 家，年茶油生产能力 21 万吨。现有全国油茶产业重点企业 8 家，省级林业龙头企业 54 家，国家级林业龙头企业 7 家。有 19 个油茶产品荣获江西省著名商标称号，5 个油茶产品荣获中国驰名商标称号。2016 年，全省油茶产业总产值达到 232 亿元。宜春元博山茶油科技农业开发有限公司已成功在英国上市，江西源森油茶科技股份有限公司、江西友尼宝农业科技开发有限公司、江西宜春青龙高科技股份有限公司成功在新三板上市。江西也成为油茶企业在新三板上市最多的省份。

【毛竹产业】 江西省委省政府对竹产业非常重视，省财政每年安排毛竹专项资金，用于毛竹低产林改造、笋用林基地建设以及竹林道路建设。通过政策扶持。全省毛竹林资源质量不断提丬，为竹产业发展奠定了良好基础。据统计，2016 年，全省共实施毛竹低产林改造面积 44 万亩、笋用竹(笋材两用林)基地建设面积 0.55 万亩、建设竹林经营道路 1867 千米。在抓好竹林资源培育的同时，我省大力发展竹产品开发利用。2016 年全省竹胶板产量 94 万立方米，竹筷产量 624 万标准箱，竹地板产量 5880 万平方米(位居全国前列)。2016 年全省竹产业总产值345亿元，列全国第三位。引导竹产企业不断转型升级，毛竹产品已由传统的竹拉丝、竹地板、竹胶合板向竹键盘、竹家具、竹工艺(日用)品、竹纤维等高科技、高附加值产品迈进。江西飞宇竹业集团成功登陆新三板，江西康替龙竹业集团也在Q板挂牌上市。

**【香精香料产业】** 香精香料产业在江西省有较悠久历史。金溪、吉水县，充分利用丰富的森林资源，制定政策，大力发展林产香精香料产业。江西省林业厅对香精香料产业发展也非常重视，将香料香精原料林基地建设纳入造林补贴范畴，施行"兜底"政策。每年两会期间，江西省林业厅厅长阎钢军都要就发展香料香精产业提出提案建议。截至2016年年底，本省已基本形成了金溪、吉水两个在国内外有较大影响的香料香精产业集群，素有"华夏香都"美誉的金溪县，其樟科天然香料产量占全球产量的80%以上，天然芳樟醇、天然樟脑粉等4个产品产量居全球第一，拥有绝对的市场定价话语权。吉水县素有"香料油不到吉水不齐、不到吉水不香"的美誉，其主要产品为林产化工、药用香料两大系列、200多个品种，是全国主要的蒎烯加工基地和药用香料油集散地，产品畅销世界各地。

**【森林旅游产业】** 一方面，江西省积极争创"国家森林城市"，着力打造"江西省森林城市"和乡村风景林建设示范点。2016年已有7个设区市荣获"国家森林城市"称号，41个县(市、区)获评"江西省森林城市"，完成乡村风景林建设示范点1145个，面积12.7万亩。另一方面，全省认真抓好林业自然保护区、森林公园、湿地公园的创建工作，取得了较好成效。截至2016年年底，全省共建立林业自然保护区186处，其中国家级15处、省级31处。创建森林公园181处，其中国家级46处、省级122处。创建省级以上湿地公园84处，其中国家级28处、省级56处。2016年，全省林业旅游与休闲服务总产值达632亿元。此外，江西省林业厅又与省旅游集团签署了《共同推进全省森林旅游和林业产业发展战略合作协议》，共同打造具有江西特色的拳头旅游产品，扩大江西林业产业的知名度，帮助农民脱贫致富。

**【苗木花卉产业】** 江西省政府办公厅出台了《关于加快苗木花卉产业发展的意见》，在其的指导下，各地积极发展苗林一体化基地，大力发展苗木花卉产业。2016年，全省花卉种植面积达86万亩，花卉及其他观赏植物总产值达190亿元。林业龙头企业江西远泉林业股份有限公司成功在新三板上市。

**【野生动植物繁育与利用产业】** 各地因地制宜发展野生动植物繁育与利用产业，取得了喜人成绩。如景德镇的豪猪、孔雀，抚州的黑熊、黄栀子，上饶的梅花鹿、孔雀，鹰潭的斑嘴鸭、绿头鸭、苍鹭，萍乡的黑山羊、石斑鱼，新余的野猪等，成为我省林业产业发展的新亮点。全省现有经批准的野生动植物繁育和经营利用企业1102家，解决就业5万多人。樟树药材市场已成为闻名中外的中药材加工市场和集散地，进贤文港皮毛市场是我国南方最大的皮毛市场。6月，《江西省人民政府关于加快中医药发展若干意见》出台，经统计，全省约有4400种中草药资源，现有中药材种植面积达到25万亩，品种多达120余个，其中种植面积比较大的品种有杜仲、厚朴、龙脑樟、枳壳、黄栀子、铁皮石斛、草珊瑚、金银花、车前子等。10种道地或特色中药材通过国家中药材生产质量管理规范认证。

**【江西省林业协会情况】**

**江西省林产工业协会** 江西省林产工业协会成立于2001年。2001年12月15日，在南昌召开了江西省林产工业协会一届一次会员大会，原省森工局局长余小发当选为理事长。2007年9月29日，在南昌召开江西省林产工业协会二届一次会员代表大会，原省森林工业局局长何航伟当选为协会会长。2009年9月，根据协会与主管部门脱钩要求，何航伟不再担任协会会长职务，由江西农业大学林学院王宗德副院长担任协会会长职务。协会现有会员单位296个，其中常务副会长单位9个，副会长单位24个，理事单位78个。2007年协会被江西省民政厅授予"全省先进民间组织"称号。2015年，江西省林产工业协会更名为江西省林业产业联合会。

**江西省竹产业协会** 江西省竹产业协会成立于1996年。1996年9月，在南昌召开了江西省竹产业协会一届一次会员大会，会议选举产生了第一届理事会、理事长、秘书长。2005年8月，在宜丰县召开了江西省竹产业协会二届一次会员大会，会议选举产生了第二届理事会，理事会议选举江西康达竹产业集团公司董事长赖学桂为协会会长。2006年1月创办会刊《江西竹产业通讯》(月刊)。2007年，先后成立了竹地板、竹胶合板、竹栽培、竹贸易、竹筷五个专业委员会。2007年协会被江西省民政厅授予"全省先进民间组织"光荣称号。协会现有会员单位85个，副会长单位22个，副理事长单位12个，理事单位28个，下设竹地板专业委员会、竹胶合板专业委员会、竹栽培专业委员会、竹贸易专业委员会、竹餐具(竹工艺品)专业委员会和竹科技创新专业委员会。

**江西省油茶产业协会** 江西省油茶产业协会成立于2005年。2005年4月，在宜春召开江西省油茶产业协会一届一次会员大会，江西青龙高科董事长宋伟峰当选为第一届协会会长。2010年11月，在南昌召开了江西省油茶产业协会二届一次会员大会，江西春源绿色食品有限公司董事长李碧霞当选协会第二届会长。协会下设油茶加工和油茶种植两个专业委员会，现有会员单位85个，其中常务副会长单位3个，副会长单位15个，理事单位45个。

**江西省野生动植物保护协会** 江西省野生动植物保护协会成立于2007年。2007年4月6日，在南昌召开江西省野生动植物保护协会第一届第一次会员代表大会，江西省人大环资委副主任委员龚三堂任江西省野生动植物保护协会第一届理事会会长。协会现有单位会员287个，个人会员39487人，常务理事单位22个，理事单位52个。

**江西省国有林场协会** 江西省国有林场协会成立于1994年。1994年5月15日，在南昌召开了江西省林场协会一届一次会员大会，有团体会员98个，由于机构改革，协会工作一度停止。2004年3月31日，举行协会第二届一次代表大会，江西省林业厅厅长严金亮当选会长，省种苗站张玉英、罗桂平、赣州市林业局卜明生、吉安市林业局许先平当选副会长，省种苗站周水金当选秘书长，团体会员98个。2006年10月20日，在南昌召开江西省林场第三届一次代表大会，进行换届选举，赣州市犹江林场场长王元武当选为协会会长，景德镇枫树山林场江木发等7个林场厂长为副会长，省种苗站陈根平为秘书长。协会现有会员单位147个，其中副会长单位8个，常务理事单位23个，理事单位48个。

**江西省林业调查规划设计协会** 2009年6月，经江西省林业厅研究同意报省民政厅批准，成立省林业调查规划设计协会。2009年6月12日，协会成立大会暨第一次会员代表大会在南昌市召开。会议审议通过了协会章程，选举产生协会理事46人，常务理事19人，推举郭家副厅长担任协会名誉会长，严成担任协会会长，武来成担任协会常务副会长，严峰、彭诗涛、楼志文、张平、周国才、吴平发、张露、宋法生、何齐发担任协会副会长，宋法生兼任协会秘书长。协会成立了秘书处，设在省林业调查规划研究院。设立了"林业调查专业委员会"和"林业规划设计专业委员会"二个专业委员会。协会现有会员单位104家，其中甲级1家，乙级10家，丙级39家，丁级54家。

**江西省花木产业协会** 江西省花木产业协会(原江西省林木种苗协会)成立于2004年。2004年3月31日，在南昌召开江西省林木种苗协会一届一次会员大会，杭州蓝天园林公司陈相强当选为协会会长。2009年6月19日，在南昌召开了江西省林木种苗协会二届一次会员大会，江西卓茵园林景观工程有限公司总经理李章作当选为协会会长。2010年7月，为进一步加强协会工作，适应发展需求，突出强化协会在花木产业方面的协调沟通等服务职能，原江西省林木种苗协会名称经江西省林业厅、江西省民政厅等主管部门批准备案，正式更名为江西省花木产业协会。协会现有会员单位100个，其中副会长单位10个，常务理事单位17个，理事单位42个。

**江西省松香协会** 江西省松香协会成立于2006年。2006年8月1日，在南昌召开了江西省松香协会一届一次会员大会，安福县林化有限责任公司董事长叶祥跃当选为协会会长。2010年11

月，在南昌召开江西省松香协会二届一次会员大会，江西飞尚林产有限公司董事长谢有红当选为协会会长。协会现有会员单位55个，其中常务副会长单位3个，副会长单位6个，理事单位17个。

**江西省森林公园和森林旅游协会** 江西省森林公园和森林旅游协会于2004年4月29日，经省民间组织管理局批准成立，同年3月31日，在南昌召开了江西省森林公园和森林旅游协会第一届一次会员大会。江西省政协常委吴志清当选为协会会长，拥有会员93个，其中单位会员37个、个人会员56个。2006年10月20日，在南昌召开了江西省林场协会暨江西省森林公园和森林旅游协会换届大会，江西上饶市铜钹山国家森林公园管理委员会主任毛小东当选为新一届协会会长。协会现有会员单位48个，其中副会长单位9个，理事单位36个。

**江西省细木工板协会** 江西省细木工板协会成立于2006年。2006年12月19日，在南昌召开了江西省细木工板协会一届一次会员大会，江西绿野木业有限公司为会长单位，许伟林、蒋连松先后担任协会会长职务。现由南昌华辉木业有限公司董事长马耀华担任协会会长。协会现有会员单位43个，其中常务副会长单位3个，副会长单位5个，理事单位8个。

**江西省纤维板协会** 江西省纤维板协会成立于2007年。2007年6月15日，在南昌召开了江西省纤维板协会一届一次会员大会，江西罗宾有限公司总经理夏静弟当选为协会会长。协会现有会员单位31个，其中常务副会长单位2个，副会长单位3个，理事单位5个。

**江西省活性炭协会** 江西省活性炭协会成立于2006年。2006年10月19日，召开江西省活性炭协会一届一次会员大会，江西怀玉山活性炭集团公司董事长郑晓红当选为会长。2013年，丰城荣丰活性炭有限公司董事长王荣当选为会长，协会现有会员单位35个，其中副会长单位5个，理事单位16个。

**江西省速生丰产林协会** 江西省速生丰产林协会成立于2008年。2008年7月17日，在南昌召开江西省速生丰产林协会一届一次会议，江西为峰林业有限公司总经理余萌当选为协会会长。协会现有会员单位308个，其中副会长单位12个，常务理事单位6个，理事单位45个。

**江西省泡桐产业协会** 江西省泡桐产业协会成立于2009年。2009年10月28日，在鄱阳召开江西省泡桐产业协会一届一次会议，江西广联农业有限公司董事长马卿当选为协会会长。协会现有会员单位37个，其中副会长单位5个，常务理事单位1个，理事单位6个。

**江西省林产香料香精行业协会** 江西省林产香料香精行业协会成立于2010年。2010年10月19日，在南昌召开江西省林产香料香精行业协会一届一次会议，江西思派思香料化工有限公司董事长李祥林当选为协会会长。协会现有会员单位32个，其中常务副会长单位4个，副会长单位3个，理事单位7个。

**江西省林业体育协会** 江西省林业体育协会成立于1984年，现任会长是罗昌庆。协会会员是由江西省林业厅机关及部分厅属单位离、退休同志组成，现有会员300余人。

**江西省香榧产业协会** 江西省香榧产业协会成立于2015年。2015年11月27日，江西省香榧产业协会在南昌召开了第一届理事会议，婺源香榧产业发展有限公司陈海灿当选为协会会长。协会现有会员单位28个，其中副会长单位5个，理事单位11个。

**江西省食用菌产业协会** 江西省食用菌产业协会成立于2015年。2015年11月27日，江西省食用菌产业协会在南昌召开了第一届理事会议，江西仙客来生物科技有限公司潘新华当选为协会会长。协会现有会员单位30个，其中副会长单位8个，理事单位11个。

**【江西省省级林业龙头企业】**

**江西省省级林业龙头企业名单**

(2016年度，共353家)

**南昌市(17家)**

江西飞尚林产有限公司
江西晨鸣纸业有限责任公司
南昌华辉木业有限公司
江西省华府豪门装饰制品有限责任公司
江西丰林投资开发有限公司

江西省高氏林牧发展有限公司
江西淦鑫实业发展有限公司
江西金乔园林有限公司
江西卓茵园林景观工程有限公司
江西满园春园林景观有限公司
江西省磊鑫花木有限公司
南昌市林业投资发展有限公司
江西正邦林业开发有限公司
江西绿源油脂实业有限公司
江西省大白鲨油脂实业有限公司
江西林涛生态农业有限公司
南昌赣顺林业有限公司

**九江市(21家)**

江西省久木木业有限公司
江西华昂实业有限公司
九江升科生态农业发展有限公司
修水县金园园林绿化有限公司
江西宏远喀斯特综合开发有限公司
江西艺邦木业有限公司
九江鄱雁养殖有限公司
江西福欣木业有限公司
江西中塘生态园林股份有限公司
江西万茂科技有限公司
江西立信园艺制品有限公司
江西仙客来生物科技有限公司
九江凌华实业有限公司
九江市鑫森林业专业合作社
九江高生园林苗木专业合作社
江西神州通油茶投资有限公司
江西群鹿实业有限公司
江西省新光山水开发有限公司
九江市云山油茶科技发展有限公司
江西长发万亩油茶开发有限公司
武宁县西海生态农业综合开发有限公司

**景德镇市(3家)**

江西景德中药有限公司
江西昌新农业发展有限公司
乐平市伯乐珍禽养殖专业合作社

**萍乡市(16家)**

萍乡市博昌实业有限公司
江西多盛农林综合开发有限公司
莲花县华翔农林生态科技有限公司
莲花县森美农林开发有限公司
萍乡市翠涛毛竹专业合作社
萍乡市衍龙生态王蛇科技有限公司
萍乡市三友林果园开发有限公司
萍乡市仙居农业开发有限公司
萍乡市源盛祥林业有限责任公司
江西一统有机林农科技有限公司
江西福义实业有限公司
江西健航实业有限公司
芦溪县万龙山裕龙农林专业合作社
江西天天上农林科技有限公司
江西省丰瑞科技开发有限公司
江西宝鼎实业有限公司

**新余市(30家)**

新余市天欣源工贸有限公司
江西众鑫生态农业开发有限公司
新余仙女湖景笙农业综合开发有限公司
江西凯光新天地生态农林开发有限公司
分宜县钟氏木业有限公司
新余市泓鹏农村开发有限公司
新余市建发农业开发有限公司
新余市虹桥农业开发有限公司
江西珊娜果业有限公司
新余市欣源农业开发有限公司
新余市沃丰实业有限公司
江西新安农林生物科技有限公司
新余市创丰农业生态有限公司
新余市忠鸿林业开发有限公司
江西省新世界有机农业有限公司
江西顺民农林科技有限公司
新余市田丰生态农业开发有限公司
新余市新星园林有限责任公司
江西浩森东方生态科技有限公司
江西省湖龙农产品开发有限公司
新余市鑫海果业有限公司
新余市渝水区东湖林场
江西燕涞农业发展有限公司
江西绿阳林业有限公司
新余市欣欣荣农业科技有限公司
江西省梓海农林开发有限公司

江西省鹏乾生态农林开发有限责任公司
新余市龙水湾农业生态园
江西一鸣生态农业科技有限公司
新余市仙女湖畔生态农业开发有限公司

**鹰潭市(4 家)**

江西朝兴园林绿化有限公司
江西森禾林业科技有限公司
贵溪市樟塘综合养殖专业合作社
鹰潭市天元仙斛生物科技有限公司

**赣州市(63 家)**

江西省崇义华森竹业有限公司
江西永乐林源有限公司
崇义林业股份有限公司
江西虔心小镇生态农业有限责任公司
江西友尼宝农业科技股份有限公司
江西山村油脂食品有限公司
江西兴国嘉香乐食品有限公司
赣州庚艺农业生物科技有限公司
兴国红天下山茶油有限公司
会昌县远方林牧有限责任公司
江西省会昌县大自然油茶有限责任公司
江西星光现代生态农业发展有限公司
会昌县森辉林业有限责任公司
会昌县绿能生态林业发展有限公司
会昌县中盛雨霖林业发展有限公司
崇义县林业投资有限责任公司
江西省绿宏实业有限公司
定南县黄金坳高山茶油有限公司
江西高峰生态农林开发有限公司
江西省崇盛竹业有限公司
赣州市凌云苗业有限公司
全南厚朴生态林业有限公司
赣州市永森林业发展有限公司
江西省华颐丰生态实业有限公司
兴国县赣兴油茶发展有限公司
兴国红土地生态农业开发有限公司
江西省云顺竹木业有限公司
江西仰山园油茶开发有限公司
赣州源丰生态文化旅游发展有限公司
赣州金太阳科技林业有限公司
赣州市今日茶油实业有限公司
赣州市文华家瑞家具实业有限公司
于都县鑫民生态发展有限公司
于都东森源农林开发有限公司
江西宝生园农业开发有限公司
赣州裕丰林业开发有限公司
江西维平创业家具实业有限公司
瑞金市绿野轩林业有限责任公司
瑞金市绵江林业有限公司
瑞金市关山林业发展有限责任公司
上犹盛发苗木有限公司
江西兴民再生能源开发有限公司
江西仟亿家具实业有限公司
上犹强旺油茶开发有限公司
大余县林盛木业有限责任公司
赣州市南康区蓝天木业有限公司
赣州华劲纸业有限公司
赣州市南康区昭玺家具有限公司
江西红土地实业有限公司
江西华亿木业有限公司
赣州市金溪农业开发有限公司
江西新泰昇炭业科技有限公司
江西汇丰农林业科技有限公司
赣州市万林油茶开发有限公司
赣州春秋林业发展有限公司
江西客家农业发展有限公司
江西省金峰生态农林发展有限公司
崇义县嘉兴民营林场
江西绿野轩生物科技有限公司
瑞金市长源林业有限公司
瑞金市万山竹业专业合作社
江西知行合壹农业发展有限公司
赣州泰普化学有限公司

**宜春市(51 家)**

江西福丰木业有限公司
宜丰县正邦林业开发有限公司
宜丰县景笙林业开发有限公司
江西金凤竹业有限公司
江西康替龙竹业有限公司
罗宾有限公司
江西三高绿健农业集团有限公司
江西丰顶山农林生态科技有限公司

宜春元博山茶油科技农业开发有限公司
江西星火农林科技发展有限公司
宜春市秀江园林景观工程有限公司
江西晶粹油茶林基地种植有限公司
江西博明雨花园林科技发展有限公司
江西青龙高科油脂有限公司
宜春市沐阳农林科技有限公司
宜春市阳光家居城有限公司
上高县九峰园林工程有限公司
江西省鑫隆农业发展有限公司
江西山友实业有限公司
江西省远南竹材集团有限公司
江西飞宇竹材股份有限公司
江西华昌竹业集团有限公司
江西泰豪竹业有限公司
江西松涛竹业有限公司
丰城森禾花卉园艺有限公司
丰城市天缘花木药材有限公司
江西省好口福油脂有限公司
江西御润坊富硒山茶油有限公司
江西康达竹业科技股份有限公司
江西樟树天齐堂中药饮片有限公司
樟树市德泰木制品有限公司
江西邓志平园林绿化有限公司
高安市康丽竹木制品有限责任公司
高安市智锐竹木制品有限公司
江西丰茂林业开发有限公司
铜鼓县群生林场
江西铜鼓江桥竹木业有限责任公司
江西金丰食品有限责任公司
铜鼓县金轮实业有限公司
江西铜鼓华辉实业有限公司
江西腾达竹木业有限公司
江西省金松木业有限公司
江西樟树市艺霖实业有限公司
奉新园梦山庄有限公司
江西百峰岭林业生态综合开发有限公司
宜丰县丰祥木业有限公司
江西和顺景观园林建设工程有限公司
宜春市荣丰祥农林有限公司
江西省天玉油脂有限公司
丰城市宏泰农林投资有限公司
江西省万通园林绿化工程有限责任公司

**上饶市(71家)**

德兴市兔宝宝装饰材料有限公司
江西年年新生态食品科技有限公司
德兴市鸿祥木业有限公司
德兴市畲民油脂化工有限责任公司
江西翰雨油茶有限公司
德兴市荣兴苗木有限责任公司
江西源森油茶科技股份有限公司
江西恩泉油脂有限公司
上饶府山实业有限公司
江西远泉林业股份有限公司
上饶市兴达林业发展有限公司
上饶县金旺林业开发有限公司
上饶市致诚实业有限公司
江西济泓实业有限公司
上饶县茶园林业发展有限公司
江西美鑫华农业开发有限公司
江西兴华绿色农业开发有限公司
江西博华农林开发有限公司
江西吴记园食品有限公司
江西省翔宇农林综合开发有限公司
江西山旺鹿业特种养殖有限公司
广丰县飞鹰农业综合开发有限公司
江西绿丰实业有限公司
江西省广丰县岭底竹业有限公司
江西振发农业开发有限公司
江西春源绿色食品有限公司
江西三清山绿色食品有限责任公司
江西三山实业有限公司
江西省绿清农林开发有限公司
江西恒森农林开发有限公司
江西省太阳升农业科技发展有限公司
玉山县绿涛造林工程有限责任公司
江西玉榧农业发展有限公司
玉山县创新农业综合开发有限公司
玉山县蓬发实业有限公司
江西宏业农林开发有限公司
婺源县乡村文化发展有限公司
婺源县华龙木雕有限公司

江西省百源木业有限公司
江西广联农业有限公司
江西桐源林业科技有限公司
江西省元宝山农业发展有限公司
鄱阳县新水农业发展有限公司
江西环鄱湿地生态农业发展有限公司
江西澳洋生态农林发展有限公司
江西云河实业有限公司
江西万年神龙果开发有限公司
江西省喜果绿化有限公司
江西省万年县绿源花木有限公司
江西绿野山茶油有限公司
江西横峰葛佬葛产业开发有限公司
横峰县青松绿化有限公司
上饶市广信园林绿化工程有限公司
弋阳县艺林农业开发有限公司
弋阳县顺弋实业有限公司
江西金标实业集团有限公司
铅山县鹅湖远顺生态农业科技有限公司
铅山县天鑫绿化有限公司
德兴市惟德生态林业科技有限责任公司
江西和合家庭用品有限公司
江西福圣元生物科技有限公司
江西盛水实业集团有限公司
上饶市万和实业有限公司
江西千山农林开发有限公司
江西丰广实业有限公司
广丰区艺苑花卉苗木有限公司
江西齐力实业发展有限公司
婺源县五龙源激流有限责任公司
江西兴物市政园林绿化有限公司
江西婺源香榧产业发展有限公司
鄱阳县森和农业发展有限公司

**吉安市(31 家)**

江西绿洲人造板有限公司
新干县恒荣制板厂
新干县林瑞木业有限公司
江西省固欧家居实业有限公司
井冈山市井红饰材有限公司
江西金安林产实业有限公司
峡江县玉松林化有限公司
江西省吉水县兴华天然香料有限公司
江西福达香料化工有限公司
安福县福源毛竹实验林场
永丰县李山林场
江西省宏冠绿色农庄有限公司
万安县祥霖山茶油有限公司
吉安市高盛生物科技发展有限公司
安福县绿洲油茶开发有限公司
江西安邦林业开发有限公司
万安县井冈野猪豪猪养殖专业合作社
江西省青苹园林艺术有限公司
江西绿巨人生态环境股份有限公司
江西省金庐园林工程有限责任公司
江西绿海油脂有限公司
江西五百里井冈特产有限公司
江西普正制药有限公司
万安绿森木业有限公司
江西绿洲源木业股份有限公司
江西吉安兴和木业有限公司
江西麦丹永明木业有限公司
江西赫信化学有限公司
江西鑫海花木有限公司
江西省福鑫生态农业发展有限公司
江西顺福堂中药饮片有限公司

**抚州市(46 家)**

大亚木业(江西)有限公司
江西多木园林有限公司
江西天香林业开发有限公司
江西思派思香料化工有限公司
江西大地长春实业有限公司
江西华南林业有限公司
宜黄县森源木业有限公司
东乡县兴林果业有限公司
江西裕林茶花科技开发有限公司
江西荣胜艺术有限公司
江西省润邦农业开发集团有限公司
江西艺美家具有限公司
江西吉仁林化实业有限公司
江西红润苗木有限公司
广昌县广龙雪松制板有限责任公司
江西雅姿农林发展有限公司

江西银树农林科技开发有限责任公司
抚州远安茗杏绿地花木有限公司
江西天顺生态农业有限公司
江西东伟实业有限公司
江西宏绿实业有限公司
江西艺景园林发展有限公司
抚州苍源中药材种植股份有限公司
江西中天农业生物工程有限公司
江西南方林场有限公司
资溪新云峰木业有限公司
资溪县康熊实业有限公司
资溪曼图林业有限公司
资溪县大庄竹木制品有限公司
江西景田实业有限公司
资溪县华森林业发展有限公司
江西南丰振宇实业集团有限公司
江西真诚校具实业有限公司
黎川盛世本香林业开发有限公司
江西森冠农业发展有限公司
南丰县富然农林牧发展有限公司
江西鸿飞园林珍稀苗木有限公司
江西省鑫成园林工程有限公司
抚州源野农牧业发展有限公司
江西正兴林业开发有限公司
江西绿满源食品有限公司
江西省高氏油茶产业发展有限公司
江西绿亚竹木业有限公司
抚州市中盛农林开发有限公司
江西省资溪县实林木业有限公司
资溪县永盛林场

（万发令　陈　卉）

# 山东省林业产业

**【概　述】** 2016年，山东省加快林业供给侧结构性改革和新旧动能转换，推进林业产业转型升级、提质增效。产业规模继续扩大，林业产业产值稳定增长。全年实现林业产业总产值6726亿元，比2015年增加382亿元，增长6%，继续位居全国前列，三产比重由"十二五"初期的37∶58∶5调整为36∶57∶7，第三产业占比进一步提高。

分地区看，临沂、潍坊、烟台、菏泽、济宁五市林业产业产值继续保持全省前五位。其中临沂产值继续保持全省首位，达到1301亿元，同比增长5.1%；潍坊、烟台两市产值均首次突破千亿元大关，潍坊产值达1010亿元，同比增加133亿元，增幅为15.2%，居全省第二位；烟台产值达1007亿元，同比增加59亿元，增幅为6.2%，居全省第三位；菏泽、济宁紧随其后，产值分别是776亿元、566亿元，均比2015年同期有所增长。以上五市林业产业产值共达4659亿元，占全省的69.3%，同比增加0.9%。从各县(市、区)来看，2016年全省依然保持14个县(市、区)(兰山区、曹县、寿光市、诸城市、费县、龙口市、沂水县、栖霞市、芝罘区、高密市、蓬莱市、郓城县、牟平区、沂源县)林业产业产值超过100亿元，与2015年保持不变。其中临沂市兰山区产值达457亿元，继续稳居县级首位；其次是菏泽市曹县达331亿元、潍坊市寿光240亿元分别居县级第二、三位。另外，有40个县(市、区)林业产值超过了50亿元，比2015年增加了3个。

分产业看，2016年林业产业中第一产业产值为2422亿元，占全部林业总产值的36%；第二产业产值为3838亿元，占全部林业产值的57.1%；第三产业产值为467亿元，占全部林业产值的6.9%，产值比继续保持36∶57∶7的结构。

**林下经济产业** 2016年全省林下经济态势继续呈平稳发展，面积达23.8万公顷，林下经济年产值达274亿元，年纯收入93亿元，带动就业115.8万人。从产值角度来看，以养殖鸡、鸭、鹅等为主的林禽模式成为林下经济发展最主要的模式，年总产值90亿元，占林下经济总产值的32.8%，养殖规模达4.1亿只，带动劳动就业25.7万人；其次是以养殖貂、狐狸等为主的林驯模式，年产值69.7亿元，养殖规模8369万只(头)，年纯收入17.3亿元，成为发展林下经济中经济效益较好的又一种模式；另外，林菌种植年总产值21.3亿元，种植面积8774公顷，产量70.9万吨，年纯收入12.8亿元；林药种植年总产值11.9亿元，产量8.5万吨，年纯收入4.8亿元。林禽、林驯、林菌、林药成为山东省带动林下经济发展的主要模式。

**林业旅游与休闲服务业** 2016年产值为310.4亿元，同比保持稳定，占三产的66.4%。2016年全部林业旅游与休闲人次达12354万人次，同比增长5.8%；直接带动其他产业产值529亿元，与2015年相比分别增长5.8%和1%。

**经济林及种苗花卉业** 2016年全省各类经济林产品年末实有结果面积107万公顷，产量达2049万吨，同比呈微增长势头。其中水果产量1922万吨，与2015年同比增加2.2%；干果产量83万吨，同比下降12.6%；由于天气等因素，2016年日照等茶叶主产区茶叶产量有所减产，导致全省毛茶等林产品饮料产量下降，产量为9万吨，同比减少24.4%。

2016年全省育苗面积达185487公顷，林木的育种和育苗产值为530.4亿元，同比增长2%，占一产产值的21.9%；年末实有花卉种植面积16.8万公顷，与2015年基本保持平衡，产值为296亿元，占一产的12.2%，同比增加1%；全省花卉市场达404个，花卉企业3983个，花卉从业人员67.5万人。

**木材生产及林产工业** 2016年，山东省人造板产量为7481万立方米，同比增长413万立方米，增长5.8%；人造板制造业产值达1559亿元，占全省木材加工业产值的74.3%，占第二产业产值的40.6%，总产值的23.2%，所占比重均比2015年同期有所增加，继续保持山东省林业主导产业中的优势地位。山东省人造板产业主要由胶合板、纤维板和刨花板三部分构成。在全部人造板产量中，胶合板产量达5157万立方米，同比增长6.6%，占全部人造板产量的68.9%；纤维板产量1410万立方米，同比增加34万立方米；由于潍坊等地新上大型刨花板生产线，2016年全省刨花板产量达529万立方米，同比增加126万立方米，增幅达31.3%。

从各市产量来看，临沂人造板产量达3408万立方米，比2015年增长了85万立方米，领先其他市。其中临沂兰山区产量为2145万立方米，占临沂产量的62.9%，占全省总产量的28.7%，板材加工业成为当地的支柱产业。菏泽人造板产量首次突破2000万大关，达到2065万立方米，同比增加134万立方米，增幅为6.9%。其中曹县产量为1293万立方米，在全省县(市、区)中仅次于临沂兰山区，排名第二，占菏泽人造板产量的62.6%，占全省总产量的17.3%。临沂、菏泽两市人造板产量达5473万立方米，占全省总产量的73.2%。潍坊人造板产量为681万立方米，在全省排第三位，与2015年相比，增加了271万立方米，增幅达66.1%，成为全省人造板产量增幅最大的市。除此之外，全省人造板产量超过100万立方米的还有聊城、济宁、德州和滨州4市，以上7个市人造板产量共计7207万立方米，占全省人造板总产量的96.4%，占比进一步增大，同比亦有提高。

**产业集群发展情况** 全省八大主导林业产业发展越来越突出，区域化、规模化、集群化发展趋势更加明显，如临沂的木材加工及人造板产业群，日照岚山区碑廓镇的木材进出口加工贸易产业群，龙口市的果品储藏加工产业群，青州市的花卉产业群，济宁任城区李营的绿化苗木产业群，茌平县的中密度纤维板产业群，费县、宁津县的实木家具产业群，菏泽市的木材加工产业群，齐河县、沂水县的林下种养产业群等，都在当地区域经济中占有较大比重。寿光木材加工业发展迅猛，汇集了鲁丽集团、晨鸣板材、富士木业等一大批知名品牌企业，将打造成山东第一个千亿级产业集群。

**产业发展措施与成效** 抓龙头示范带动，促进林业产业健康发展。一是按照国家林业局通知要求，经各市认真遴选，山东省林业厅积极推荐，2016年全省新认定国家级林业重点龙头企业11家，总数达到18家。二是根据《山东省林业龙头企业认定和管理办法》要求，林改办开展了2016年度省级林业龙头企业评选工作。在企业自愿申报，县、市林业主管部门审核推荐的基础上，经组织专家评审，并报厅长办公会议同意、公示后，2016年评选认定了161家省级林业龙头企业，使我省省级林业龙头企业达到559家。这些企业涵盖了木材加工、经济林种植和加工、种苗花卉、园林绿化、林下经济等林业一、二、三产业的多个方面；包括了烟台张裕、华泰集团、正和木业等多家国内外知名的上市企业；有三分之一的企业与农民签订了收购或代销合同；50%的企业取得了质量体系、环境管理体系和职业健康体系的认证。通过龙头企业的示范带动，林业产业得到全面、规范、健康的发展。

抓林下经济建设，促进农民增收致富。全省立足实际，因地制宜，勇于创新，挖掘潜力，引导林农和国有林区进行立体林业开发，大力发展“短、平、快”项目，实现以短养长，形成了林粮、林禽、林菜、林草、林畜、林菌、林渔、林药、林间生态旅游等模式，有力地促进了农民增收致富。一是继续贯彻落实省政府办公厅《关于加快林下经济发展的意见》，推广“龙头企业+专业合作组织+基地+农户”的运作模式和“一县一业，一村一品”的发展格局，逐步建立较为完善的生产、加工利用和销售体系。二是2016年新认定省级林下经济示范基地2处，总数达到39处，国家级示范基地达到8处。示范带动林下经济普及发展。

抓新兴产业发展，优化林业产业结构。森林休闲旅游、康养和体验，渐渐成为林业服务业新的经济增长点。结合全省森林旅游传统优势，积极打造新兴林业服务产业。2016年，山东省被认定国家级“森林旅游示范县”2个，“中国森林体验基地”3处，“中国森林养生基地”5处，“中国慢生活休闲体验区、村(镇)”4处，有力带动和促进了森林康养等新兴产业的和林业服务业发展，进一步优化了林业产业结构。

抓展会经济，打造产业品牌。一是成功举办第十三届林产品交易会，大会历时4天，组织严密，运作规范，成果丰硕。据统计，本次展会参会人员达15.3万人次，交易总额15.8亿元，其中，签订销售合同及协议891个，总金额12.1亿元，现场交易额1.2亿元，网上交易额达到2.5亿元。本次筹展办展工作得到国家林业局和省政府领导好评。同时大会共评出234个奖项，其中金奖128个，银奖106个。山东省产品丰富，获奖超过总数的60%，提高了山东省林产品美誉度和知名度。二是与临沂市人民政府共同主办了“第三届世界人造板大会”。为木材加工全产业链的上下游交流合作、国际间的友好往来，产业的创新发展、转型升级提供了最佳交流平台。三是组织学习义乌森林食品博览会经验。经厅长办公会议同意，11月1~2日，组织各市林业局负责展会和产业工作的同志赴义乌，学习了“第九届森林食品博览会”。通过实地学习和交流，学习办展经验，了解产业发展信息。

抓规划制定，全面落实产业发展目标。2016年产业工作划归林改办管理，根据工作安排林改办起草了《山东省林业产业发展“十三五”规划(初稿)》。规划详细总结了“十二五”以来林业产业的工作成效，分析了当前林业产业发展面临的形势、机遇和存在的问题，综合了“十三五”林业产业发展的总体思路和发展目标，制定了具体的工作任务、工程项目和保障措施，规划的制定为近期全省林业产业发展奠定了理论依据和实践基础。目前规划正在征求各市和相关处室的意见建议，待进一步完善后尽快出台，组织落实。

抓林产品电子商务建设，促进林业产业线上发展。在经济新常态下，如何主动应用电子商务，创新生产及贸易方式，是林业产业发展的现实问题。“电商换市”的目的是减少商品流通环节，加快流通速度，提高经济运行效率和效益，同时也是促进林业产业转型升级的必由之路。为贯彻全省发展农产品电子商务实施方案要求，加快全省林产品电子商务发展，一是开展了山东省林产品电商需求调研，摸清全省林产品电商发展基本情况、存在问题，总结经验，形成调研报告上报国家林业局，为下一步工作开展提供参考依据。二是汇总全省林产品电子商务发展情况需求，发布林业电商发展指引路径，协助企业对接阿里、京东等电商平台，集中推荐林业电商工作中的先进经验、典型，引导全省林产品电子商务健康发展。三是将林产品电子商务发展纳入林业产业发展“十三五”规划，落实具体任务和目标。

**存在问题**　一是资源支撑能力不足。山东省森林资源基础支撑能力较弱，森林资源总量相对匮乏。全省人均林地面积0.39亩，人均林木蓄积量只有0.86立方米，是林木蓄积量较少的省份之一。森林资源支撑能力不足或将成为制约全省林业产业发展的瓶颈。

二是林业产业发展档次不高。在林业总产值中，山东省二、三产业产值仅为64%，其中第三产业产值所占比重仅为7%，产业结构调整任重道远。

三是科技创新能力不足。科技是提高林业生产力的根本措施，是支撑和引领现代林业发展的关键。目前，山东省林业产业科技发展水平不高，科技与生产脱节的问题依然存在。

四是社会化服务体系不完善。全省林业产业公共服务体系尚未形成，缺乏统一的标准和规范，资源汇聚程度和服务能力还不足以支撑林业产业的持续健康发展。

**【龙头企业】**　目前山东省共有559家林业产业龙头企业，涵盖了人造板生产、家具制造、果品加工、种苗花卉、木浆造纸、园林绿化、林下经济等各个林业领域。2016年在企业自愿申报，县、市林业主管部门审核推荐的基础上，组织十几位专家进行了综合评审，210家申报企业中161家通过了省级龙头企业评审认定，颁发了证书和匾牌。

山东省共有18家国家级林业龙头企业，分别是菏泽尧舜牡丹生物科技有限公司、山东霞光实业有限公司、山东贺友集团有限公司、山东新港企业集团有限公司、东营正和木业有限公司、鲁丽集团有限公司和诸城市松源木业有限责任公司、山东鼎力枣业食品集团有限公司、山东华鲁食品有限公司、山东曹普工艺有限公司、山东立晨集团有限公司、山东穆拉德生物医药科技有限公司、山东鑫迪家居装饰有限公司、聊城市东正实业有限责任公司、山东阳光园林建设有限公司、东华市政园林工程有限公司、山东世丰农业有限公司、海阳市聚丰源甜柿专业合作社。山东鑫迪家居装饰有限公司、山东立晨集团有限公司、青岛彬圣木业有限公司3家企业被评为中国林业产业木门及木结构诚信企业。山东太阳纸业股份有限公司、山东华泰纸业股份有限公司、山东潍坊恒联浆纸有限公司、山东潍坊恒联铜版纸有限公司获得首届中国林业产业创新奖(林浆纸类)。

山东省人造板产量一直居于全国前列。山东鑫迪家居装饰有限公司位于鲁班故里——山东省滕州市，始创于2002年，是一家集实木板材及木质家居配饰产品的设计、生产、销售、施工于一体的现代化大型制造企业。公司总部占地面积170余亩，建有现代化标准厂房11万余平方米，职工1600余人，其中技术及管理人员180余人。公司云集了多年从事木门设计、制造的优秀人才，引进德国、意大利、日本等国家现代化的生产加工设备300余台(套)，掌握拼接门、镶嵌配色和雕刻镂空三大室内门生产主流技术，产品设计与生产已跨入同行业先进行列，成为当前国内生产室内门、实木板材等品种最多、发展最快的专业木制品制造商。公司通过了ISO 9001:2008质量管理体系认证、中国环境标志认证，同时被授予“中国木门十大品牌”“中国木门30强双承诺示范企业”“中国木门领军企业”“中国木门专业委员会副会长单位”“中国木门与木制品特级企业”称号。

在山东省委、省政府的大力支持和扶持下，全省的种苗花卉业近几年发展迅猛。全国十大园林苗木企业在山东均有生产基地，很多大型企业转产转业到苗木行业求新发展和突破。山东世丰农业有限公司成立于2010年，是专业从事组培种苗研发、扩繁、种植、销售苗木的企业，属中美合作，是山东省林业龙头企业，主要经营北美海棠、美国红枫、加拿大红樱、蓝莓、树梅、大樱桃等品种的种植培育。该企业以引进国外先进农业技术为宗旨，坚持“品种先进、技术领先、设施一流”的目标，专注现代林业发展。现拥有国内最大的北美海棠种植基地，并设有独立的容器苗栽培专区，该基地属于“国家普及型引种试种苗圃”，共计从美国引进北美海棠43个品种，引进美国北美海棠品种及规模据国内首位，引进的皇家雨点、紫色王子、草原之火等海棠品种，成为国内表现力最好的树种，并在全国成功推广。几年来该公司带动并培育了以组培种苗为主的大丰园蓝莓基地项目和丰美园林现代育苗项目。大丰园项目从荷兰引进世界领先组培技术，建成目前国内最先进的组培实验室，年组培育苗2000万棵；丰美园林项目与美方合作，园区的生产技术管理全部由美方派员负责，利用美国技术建成国内最先进的现代苗木扩繁基地。现拥有3000亩彩色苗木基地，1000亩蓝莓基地，及6000亩的美式现代育苗基地，基地规划设计及种植技术全部采用美国技术，是国内理念领先、技术先进，最有影响力的苗木企业。被评为全国十佳苗圃，山东省现代化示范苗圃，山东省林业龙头企业，农业龙头企业。公司将充分吸收利用美方的先进技术和经验，以一流的技术、一流的产品，一流的服务，铸就一流的品牌，建设成为国内育苗行业的龙头企业。

山东省木浆造纸产业不断发展，在获得“中国轻工业造纸行业10强企业”称号中，山东省有2家龙头企业获此殊荣，分别是华泰纸业有限公司、山东晨鸣纸业集团股份有限公司。此外，山东省正大纸业等造纸企业也在造纸行业中居于前列。山东晨鸣纸业集团股份有限公司是以制浆、造纸为主业的大型上市企业集团，总资产260多亿元，年纸品生产能力400万吨，进入中国企业500强和世界纸业50强。主导产品为高档铜版纸、白卡纸、轻涂纸、新闻纸、双胶纸、电话号簿纸、静电复印纸、箱板纸、书写纸、高密度纤维板、强化木地板等。山东华泰集团是集造纸、化工、印刷、林业等于一体的国家大型企业，公司现有员工15000余人，总资产300亿元；年造纸生产能力400万吨，化工及造纸助剂200万吨，年承接印刷能力50万色令。2012年，华泰集团销售收入突破300亿元，利税35亿元，同比分别增长10.9%、10.8%，继续保持了稳健发展势头。

果品加工企业中，山东鼎力枣业食品集团有限公司是国内专业加工金丝小枣系列制品规模最大的企业，是山东省林业龙头企业、高新技术企业，是农业产业化国家重点龙头企业、国家扶贫龙头企业、国家守合同重信用企业、中国枣产业著名企业，拥有国家枣加工技术研发分中心、省级企业技术中心和山东省工程研究中心，拥有3个现代化工业园区、1个红枣生态园区、1个万头肉牛养殖繁育基地。通过了HACCP认证 、GMP产品合格认证、绿色食品认证和有机转换产品认证，拥有自营进出口权。

鼎力集团现有员工4000余人，主营业务为加工、销售枣深加工系列制品。公司拥有一流的管理人才，高素质的产品开发、营销队伍，拥有自己的“十万亩枣园”绿色食品基地。主要产品有枣啤酒、枣汁饮料、冻干纯枣粉、浓缩枣汁、红枣营养嚼片、红枣营养冲剂、枣肽精华口服液等六大系列产品。金丝小枣、金丝小枣汁饮料被中国绿色食品发展中心认证为“绿色食品”，“鼎力”“金粒宝”商标被评为山东省著名商标。先进的技术、科学的管理、可靠的质量使公司产品赢得了广阔的市场，受到广大消费者青睐，产品畅销全国各地，金丝小枣汁饮料产销量被山东省饮料行业协会审定为山东省同行业中排名第一位。2014年实现销售收入286605万元，净利润30575万元。

鼎力集团是国内起步较早的专业加工枣制品的企业之一，经过多年的努力，规模不断扩大、品种不断增多，金丝小枣深加工程度越来越高，科技含量日益提高，对金丝小枣的栽培、种植、保藏、研发、加工、销售等各个方面都有专业的认识，培养了一大批专业人员，在金丝小枣深加工方面具有其他企业无法比拟的优势，已获得国家发明专利6项，省科技成果7项，承担过国家、省级重大项目4项，参与了中国饮料工业协会技术工作委员会牵头起草的轻工业标准《浓缩枣汁(浆)》的制定工作。

(张忠东　李景春　杨　涛)

# 河南省林业产业

【概　述】 河南省地处中原，现有18个省辖市，10个省直管县(市)，149个县(市、区)，总面积16.7万平方千米，居全国各省区市第17位，占全国总面积的1.73%。有四大水系(黄河、长江、淮河、海河)，四大山系(太行山、伏牛山、桐柏山、大别山)。东部是广阔的黄淮海冲积平原，山地(含丘陵)和平原分别占全省总土地面积的44.3%和55.7%。截至2016年年底，全省森林面积为402.8万公顷，森林覆盖率为24.12%。

河南属自南向北亚热带向暖温带过渡的大陆性季风气候，同时还具有自东向西由平原向丘陵山地气候过渡的两个特征。具有四季分明、雨热同期、复杂多样和气象灾害频繁，冬季寒冷少雨雪，春季干旱多风沙，夏季炎热多雨水，秋季晴爽日照长的特点。全省由北向南年平均气温为12.8～15.5℃，年均降水量600～1200毫米，降雨以6～8月最多，年均日照2000～2600小时，全年无霜期190～230天。

河南地处中原，交通发达，土壤、气候等自然条件较好，适宜多种林木生长。近年来，河南林业产业一直保持良好的发展势头。

2016年河南省林业总产值达1808.21亿元，较2015年增长9.05%。其中第一产业产值为874.87亿元，第二产业产值为702.17亿元，第三产业产值为231.17亿元，较2015年同期分别增长了54.25亿元、56.85亿元、38.92亿元；一、二、三产业产值比例为48∶39∶13。全省林业产业结构逐步得到优化，发展质量明显提高，生态产品供给能力明显增强。

**以森林资源培育为主的第一产业规模稳步扩增** 2016年，全省积极组织实施天然林保护、退耕还林、重点地区防护林等国家重点林业生态工程和生态廊道网络、“百千万”农田防护林、城镇社区绿化美化、山区营造林等省级重点林业生态工程建设以及外资造林项目，造林绿化持续推进，第一产业产值稳步增长。其中林木育种和育苗年产值为62.13亿元，占7.1%；营造林年产值为60.09亿元，占6.86%；木材和竹材采运年产值为25.89亿元，占2.96%；经济林产品种植与采集产值年产值为472.18亿元，占53.97%；花卉及其他观赏植物种植类产年产值为187.99亿元，占21.5%；陆生野生动物繁育与利用年产值为26.77亿元，占3.06%；林业系统非林产业年产值为39.82亿元占4.55%。经济林产品种植与采集产业作为农民增收的重要载体和支撑，继续保持主导发展优势。

**以林产品加工为主的第二产业效益不断提升** 全省用材林与工业原料林、经济林基地的快速发展持续助力林产品加工业。各地依据当地森林资源优势和地理区位优势，已逐步发展起一批以骨干企业为龙头的人造板、家具、经济林产品等林产品加工企业，促使林产品加工业规模不断壮大。其中木材加工和木、竹、藤、棕、苇制品制造业年产值为325.36亿元，占46.33%；木、竹、藤家具制造业年产值为103.8亿元，占14.79%；木、竹、苇浆造纸和纸制品产年产值为87.07亿元，占12.4%；林产化学产品制造业年产值为1.77亿元，占0.25%；木质工艺品和木质文教体育用品制造业年产值为10.51亿元，占1.5%；非木质产品加工制造业年产值为143.67亿元，占20.46%；林业系统非林产业年产值为2.49亿元，占0.36%；其他为27.5亿元，占3.91%。有效地提高了当地林产品资源的转化率和附加值，有力地推动了全省经济的发展。

**以森林旅游为主的第三产业取得了快速发展** 河南省现有森林公园118个，面积29.66万公顷。其中国家级森林公园34个，面积12.91万公顷；省级森林公园84个，面积16.75万公顷；国家级生态公园试点3个，总面积4024公顷；全省森林公园职工总人数达到8130人，导游1041人，社会旅游从业人员50069人，年接待游客3159.11万人。初步形成了以太行山森林旅游区、嵩山森林旅游区、伏牛山森林旅游区、大别山森林旅游区，黄河沿岸及故道森林旅游区和中、东部平原森林旅游区为主的七大森林旅游区，为社会创造了更多的就业机会，充分发挥了森林公园的经济、生态、社会效益及强劲的带动作用。其中林业生产服务年产值为4.71亿元，占2.03%；林业旅游与休闲服务年产值为165.92亿元，占71.78%；林业生态服务年产值为41.84亿元，占18.1%；林业专业技术服务年产值为4.79亿元，占2.07%；林业公共管理及其他组织服务年产值为10.61亿元，占4.59%；林业系统非林产业年产值为3.3亿元，占1.43%。河南林业旅游与休闲服务产业呈现良好快速发展态势，林业旅游与休闲服务产业所占份额逐渐扩大，社会经济效益成效显著。

**【龙头企业】** 按照《河南省林业产业化重点龙头企业认定监测管理办法》，2016年省林业厅在各地推荐的基础上，安排人员对部分企业进行了实地察看，并组织专家对全省新申报和参加复审的企业进行了评审，对符合条件的企业进行认定。目前，省级林业产业化重点龙头企业已由355家增加到400家。其中河南省艾迪嘉家具有限公司、夏邑县永震农业发展有限公司 、河南省济源市济世药业有限公司、河南景缘园林绿化工程有限公司、漯河青苑农业发展有限公司等5家企业通过专家评审，被认定为第二批国家林业产业化重点龙头企业，国家级林业产业化重点龙头企业已由5家增加到10家。从全省重点龙头企业的运营数据看，企业运营情况良好，产品深受市场欢迎，一批原有知名品牌产品得到保护与开发利用，新的一批知名品牌产品不断涌现。

实行动态管理，促进企业自主创新。积极引导省级林业产业化重点龙头企业打造行业品牌，增创品牌效益，提高综合效益。

一是着力引导以龙头企业牵引，推进“龙头企业+基地+农户”“合作社+基地+农户”等经营模式；二是着力引导以加工型林业产业化龙头企业自主经营或通过直接投资、参股经营、签订长期合同等发展模式，建设标准化和规模化的原料生产基地，促进初级产品向精深加工延伸，充分发挥龙头企业的带动辐射作用，不断提高全省林业产业化经营水平；三是鼓励和推动林业产业化重点龙头企业与网商、微商与实体店商相结合，创新实现“互联网+林产品”营销机制新业态的融合。全方位拓展林产品营销市场，不断提升林业产业影响力和竞争力，力促龙头企业做大做强。同时为加快河南脱贫攻坚、精准扶贫步伐起到了积极的助推作用。

**【产业集群】** 在大力推进林业一、二、三产业融合发展中，依托省级林业重点龙头企业培育林板与家具加工、果品加工、森林药材加工等一批产业化集群，有效地提高了林产品资源的转化率和附加值，推动当地经济的发展。截至2016年年底，全省共培育林业产业集群104个，其中花卉苗木类27个，特色经济林类16个，林下种植养殖类18个，经济林产品加工类18个，木材加工类25个。新郑市、灵宝市等地的果品加工集群，濮阳市、商丘市、许昌市长葛市、开封市尉氏县、邓州市等地的林板与家具加工集群，焦作市武陟县、濮阳市高新区等地的林纸加工集群，信阳市浉河区、新县等地的茶叶加工集群，南阳市西峡县等地的森林药材加工集群等，区域特色明显。

**【林下经济】** 随着全省集体林改的不断深化，各地充分利用集体林权制度主体改革的成果，因地制宜积极发展林下经济，探索出了林菌、林禽、林畜、林菜、林药、林草、林蝉等复合经营模式，形成了长短结合、林、农、牧协调发展的多赢格局，对调整农业产业结构，增加农民收入，促进农村经济的发展起到了积极作用。截至2016年年底，全省林下经济面积发展到2501.2万亩，产值达378亿元。

**【国家储备林建设】** 2016年，实施完成了1万亩的木材战略储备基地项目建设任务，其中新造林2700亩，现有林改培7300亩，项目建设单位涉及商丘市民权林场、信阳市南湾实验林场、商城县黄柏山林场、洛宁县吕村林场、洛宁县全宝山林场、固始县林场等6个国有林场。各建设单位前期准备工作扎实，专门成立了基地建设项目领导小组，制订方案，签订责任书。一是按照作业设计认真组织实施，实行了目标考核责任制和作业质量追究制，确保造林和现有林改培质量；二是建立了工作台账，实行项目实施进度月报告制度，实行目标考核责任制和作业质量追究制，做到责任到人；三是组织专业技术人员进行培训，认真做好外业调查和内业设计等相关工作。6月底，1万亩的建设任务全部完成。

为全面推进河南省国家储备林项目建设，充分发挥政策性和开发性银行贷款的促进作用，河南省领导、林业厅领导利用各种会议宣传，利用政策性和开发性银行建设国家储备林的重大意义和重大机遇，动员各级政府、社会各界积极参与国家储备林建设。河南省林业厅成立了国家储备林建设领导小组，多次与国家开发银行、中国农业发展银行进行沟通协调，并与国家开发银行组织联合实地考察，在考察的基础上，双方共同制定了合作协议，为全省的国家储备林项目建设推进打下了良好的基础。

**【林产科技创新成果转化应用】** 2016年，河南省林业科研工作围绕生态省建设，针对生产中的实际问题，依托河南林业科研院所等单位积极开展科技攻关，在森林生态效益评价、林业装备智能化、主要林木良种选育、种质资源收集保护与利用等方面取得显著进展，涌现出一批新成果。《四倍体泡桐种质创新与新品种培育研究》荣获国家科技进步二等奖；“林业特种用途机器人”，获得2016年河南省首届智能制造(工业4.0)创新创业大赛“应用与产品类”一等奖(第1名)、全国智能制造创新创业总决赛二等奖(总排名第13名)。有6项林业科技成果获河南省科技进步奖，其中河南省推广站完成的“省沽油高效栽培技术研究”项目荣获省科技进步二等奖。有30项林业科技成果获河南省林业厅科技进步奖，其中一等奖17项、二等奖13项。

积极结合省财政科技兴林项目、国家农业综合开发项目和中央财政推广项目，推进林产科技创新成果中的新品种、新技术、新成果在林业生产中的推广转化应用。在全省各地建设了30多个林业科技示范基地，推广了杜仲、粗糠、白榆、毛白杨等60多个新品种，示范了蜡梅核辐射育种、设施葡萄早熟栽培、鲜食桃延迟栽培等40多项新技术，有效地促进了林业产业增质提效，为林业生产提供了技术支撑。

**【卢氏县核桃产业】** 2016年，全县国内生产总值达85.55亿元，财政收入6.3614亿元，农民人均纯收入8016元。林业总产值为30.35亿元，其中核桃年产量达2800万千克，年产值达4.48亿元。

近年来，卢氏县委、县政府把核桃作为全县富民强县的支柱产业强力培育。依据县独特的自然条件，按照“五边”(村边、地边、坡边、路边、河边)核桃的总体思路，坚持“因地制宜、发挥优势、合理布局、规模发展”的原则，结合退耕还林、农业综合开发、新农村建设、小流域治理等工程的展开，使之形成“大集中、小分散”的区域化格局，集中规划建设了一批万亩、千亩基地和核桃沟、核桃村、核桃路。在基地建设上，一是县政府每年拿出近1000万元为果农补贴。截至2016年年底，全县育苗农户达3200户，现有核桃苗木9835.4亩，年产优质核桃苗4000余万株，年产值2亿余元；2016年全县建成核桃示范基地44个(核桃村3个、核桃沟8个、科技示范园33个)，共2.5万亩。二是把辽核1号、绿波、薄丰、香玲、清香等9个品种作为当前主栽品种，连片建园推广早实良种，以辽核、香玲、中林、西扶四大品系为主，零星栽植以卢氏5号、辽核等晚实品种为主，实现规模化发展，促进了核桃产业良性发展和增值增效。目前，全县核桃种植面积达到60万亩，挂果面积35万亩，平均亩产80千克，产量达2800万千克，年产值达4.48亿元(每千克16元)。全县从事核桃产业68000户，27.1万人，人均收入达到1600余元。

积极推进“龙头企业+基地+农户”“合作社+基地+农户”等发展模式，规范林业产业专合组织，培育和引进林产品精深加工企业，促进初级产品向精深加工延伸。鼓励和推广网商、微商与实体店商相结合，创新实现“互联网+核桃”营销机制，全方位拓展核桃产品营销市场。如：华阳公司、龙泉保健公司、香盛轩核桃专业合作社和德胜核桃苗木合作社等企业分别在阿里巴巴、百度、淘宝、一亩田等电子商务平台做大做活核桃产业，线上销售达542万元。已建成核桃加工企业2家。华阳食品有限公司，可实现年加工各类核桃系列产品5000吨，产值3亿元，安排就业216人，产品销往美国、日本、韩国、欧盟等地。三门峡龙泉保健食品有限公司是一家集研发、生产、经营、销售为一体的农副产品深加工企业。公司依靠得天独厚的地理位置及其“中国核桃之乡”的资源优势，与中国食品工业发酵研究院合作，致力于核桃酒的系列产品研发、生产，建成1000吨核桃酒生产线，生产的“燕居”牌核桃酒远销北京、上海等17个省市。企业获得“中国名优酒”“河南省著名商标”“消费者最喜爱的品牌”“河南省优秀科技型企业”“河南省名牌产品”等多项荣誉称号。两家均为河南省林业产业化重点龙头企业。

**【西峡县猕猴桃产业】** 西峡县是中国开展猕猴桃人工栽培最早的地区，是中国第一个大面积人工育苗成功，建立中国第一个猕猴桃人工栽培基地，“国家级猕猴桃标准化生产示范县”。

西峡县在促进猕猴桃产业发展上，县委、县政府专门成立了猕猴桃产业领导小组和猕猴桃生产办公室。按照“标准化生产、集约化种植、产业化经营、品牌化营销”的发展思路，坚持老园更新和新建基地并重、人工建园与野生改造并重。在40万亩野生猕猴桃资源得到保护和开发基础上，新建猕猴桃人工基地11.5万亩。主要品种有海沃德、金桃、徐香、米良、金艳、华美2号、红阳、脐红等，挂果面积4.5万亩，年产量5万吨。打造形成了“312国道百公里猕猴桃长廊”，基地规模和产量居全国第三位。建成一村一品猕猴桃专业村126个、专业户2000余个，专业村猕猴桃总面积约5万亩，总产量约4.2万吨，分别占全县总量的51%和90%。猕猴桃产业已成为支撑农村经济发展和农民增收的主导产业及闻名全国的特色产业。

在引导开拓市场上。一是县委、县政府采取了扶持县内销售企业、引进国内外销售企业，以大企业入驻、加盟、收购为主、以当地农民经纪人队伍销售为辅的营销策略，以此扩大销售队伍，提高市场占有率。二是按照“公司+专业合作社+基地+果农”的生产经营模式，建立稳定的购销关系。实行订单生产收购、上海大宗农产品电子交易市场网上交易、举办西峡猕猴桃商贸洽谈及订货会、在全国各大城市建立营销窗口、支持基层干部和果农走出家门促销、推销等措施。现已与联想集团华夏联诚、郑州好想你枣业、广东健力宝集团、台湾佳美集团和新西兰安发集团等国内外大型加工企业合作协商，共同对西峡猕猴桃资源进行开发利用。已建立了南阳果然风情公司、南阳市西峡华邦公司和哪吒食品有限公司等一批供应链下游加工企业。全县规模较大的猕猴桃生产加工企业达到10余家，年加工能力达到3万吨。产品主要有果汁、果片、果酱、果酒、罐头等五大系列20多个品种。特别是联想控股有限公司拟投资1.5亿元，3年内在西峡县建设两万吨产能的物流中心、冷库、猕猴桃科研中心和猕猴桃种植示范园等，并通过专利品种授权种植，带动2万亩猕猴桃种植园区进行产业升级。全县已形成猕猴桃贮藏和深加工产业链体系，具备了一定的贮藏优势，延长了鲜果的上市周期，解决了广大果农的后顾之忧，为西峡猕猴桃产业的大发展带来了历史机遇。全县已建成保鲜库85座，贮藏量达3.5万吨。各种形式的销售网络，渗透到县城、乡镇、村庄。全县果农自己创立的各类信息服务部、销售中心、销售联络点已有180多家，从事市场营销的人员3000多人，销售网络遍布全国20多个省区，40多个大中城市，销往日本、加拿大、中国香港、中国台湾等10多个国家和地区，年出口鲜果5000吨。

**【新县油茶产业】** 新县地处豫南大别山腹地，具备自然条件、气候、土壤等适宜发展油茶的得天独厚物候条件，自然油茶林分布较多，油茶在大别山区种植历史已有1000多年。按照《全国油茶产业发展规划(2009~2020年)》，新县被确定为全国油茶产业规划“三带、九区”中适宜油茶产业发展的县(市、区)之一，是全国首批100个油茶产业发展重点县之一，是有名的“油茶之乡”，也是河南省财政厅确定的首批河南省木本粮油试点县。根据国家、省市发展木本油料产业的政策，新县县委、县政府高度重视油茶等木本油料产业发展。

立足优势，结合实际，专门成立了油茶办，强力推进油茶产业发展，依照计划到2020年全县油茶林新增面积达到50万亩。有天然野生油茶林20万亩，新造高产油茶林10万亩，年产油茶1200万多千克，总产值达到近5亿元。适宜新县栽植的国家林木良种高产优质油茶优良品种有：长林4号、长林18号、长林53号、长林27号和长林40号五个品种，生产精炼茶油能力的企业有4家，设计生产能力为6500吨。河南绿达山茶油股份有限公司就具备年产5000吨的生产能力，有"绿达""安太"等知名商标。其"绿达"产品除销往全国各地外，远销美国市场，并在美国曼哈顿设立了山茶公司。

**【林业产业国际合作】** 2016年，欧洲投资银行贷款河南珍稀优质用材林可持续经营项目资金申请报告得到批复，且与欧投行签署了项目协议，标志着项目已进入实施阶段。2016年计划总投资11721.28万元，落实省级配套资金2622万元，计划完成营造林面积10830公顷。其中营造用材林8690公顷(抚育4060公顷，低改1640公顷)，防护林640公顷，经济林1500公顷。

2016年申报由洛阳市孟津县上报的日本冈山市日中友好协会绿化基金项目。国家林业局对外合作项目中心已批准将该项目列入2016年度中日民间绿化合作资助项目。该项目建设生态水保林60.5公顷，分三年完成。项目总投资290.1万元，日方每年资助448万日元，三年共计资助1344万日元。

**【林业产业大事记】**

**1月7日** 河南省省长谢伏瞻与欧洲投资银行正式签署了《欧洲投资银行贷款河南珍稀优质用材林可持续经营项目项目协议》，欧投项目正式启动实施。项目建设总投资为58105.94万元，计划营造珍稀优质用材林41950公顷。

**1月21日** 国家林业局对外合作项目中心对我厅《关于洛阳市申请利用日中绿化交流基金的请示》(豫林项〔2015〕137号)进行了批复(林合交便字〔2016〕11号)，将洛阳市孟津县日中绿化交流基金项目列入2016年度项目实施滚动计划。

**3月2日** 国家林业局、河南省人民政府在北京共同签署《关于进一步推进中原经济区生态建设的意见》，2015~2020年河南省计划利用国家开发性银行贷款建设国家储备林基地930万亩。

**4月29日** 河南省人民政府办公厅颁发了《关于加快木本油料产业发展的实施意见》(豫政办〔2016〕54号)。力争到2020年，全省建成40个核桃、油用牡丹、油茶等木本油料重点县，建成一批规模化、集约化、标准化、产业化示范乡镇和高效示范基地，新发展木本油料基地400万亩，改造低产林150万亩，木本油料种植面积达到800万亩，年产木本食用油6万吨以上，建设一批木本油料产业化集群，将河南省建成全国重要的木本油料产业基地。

**5月20日** 艾迪嘉家具有限公司、夏邑县永震农业发展有限公司、河南景缘园林绿化工程有限公司、漯河青苑农业发展有限公司、河南省济源市济世药业有限公司5家林业企业被国家林业局认定为第二批国家林业产业化重点龙头企业。

**11月14日** 组织完成《河南省木材经营加工许可证管理办法》的修订工作，并下发了贯彻落实《河南省木材经营加工许可证管理办法》的通知。

**12月14日** 根据《河南省林业产业化重点龙头企业认定监测管理办法》(豫林产〔2010〕171号)规定，在各地推荐的基础上，省林业厅组织专家对全省新申报和参加复审的企业进行了评审。印发了《河南省林业厅关于公布河南省林业产业化重点龙头企业名单的通知》，公布了400家企业为河南省林业产业化省级重点龙头企业。

(肖武奇　温保良　肖建成　胡旭东)

# 湖北省林业产业

【概　述】 2016年，全省林业产业年总产值2999.14亿元，其中第一产业产值979.96亿元、第二产业产值1133.28亿元、第三产业产值885.9亿元。

**林产工业** 全年全省商品木材产量193.11万立方米，其中原木165.69万立方米、薪材27.42万立方米。非商品材89.79万立方米，其中农民自用材采伐量44.35万立方米、农民烧材45.43万立方米。竹材产量3827.69万根，其中毛竹2645.21万根、其他大径竹材1182.49万根，小杂竹10.72万吨，竹产业年总产值46.05亿元。主要木竹加工产品包括锯材、木片、人造板、木竹地板及其他加工材等五大类林产品分别为：锯材年产量225.47万立方米；木片87.09万立方米；人造板产量736.6万立方米，其中胶合板217.07万立方米、纤维板397.11万立方米、刨花板79.58万立方米、细木工板等其他人造板42.84万立方米；木竹地板3242.59万平方米；改性材与指接材等其他加工材14.97万立方米。

**林产化工产品** 主要林产化工产品有松香类、松节油类、木竹热解产品、木质生物质成型燃料等四大类。产品分别为：松香类产品2.93万吨、松节油类产品1392吨、竹炭292吨、木质活性炭8吨，木质生物质成型燃料7.39万吨。

**第六届世界木材与木制品贸易大会** 9月13~14日，由中国木材与木制品流通协会主办、湖北福汉木业集团具体承办的第六届世界木材与木制品贸易大会在武汉举办，来自美国、德国、俄罗斯、新西兰、瑞典、芬兰、日本等10余个国家和地区的政府、行业协会、知名企业、权威专家、国际组织代表共500多人参加了大会。大会期间举办的10场主旨演讲和9场专家论坛，以及木材贸易洽谈专场，围绕全球木材供应链如何服务中国市场而展开。本届大会包括主旨发言和分会论坛、商贸洽谈、欢迎晚宴暨专项签约、精品展览和行业考察等环节，全省各市林业部门主管领导、产业部门负责人及省内30多家木材进出口、木制品生产及铁路、港航等物流企业参会学习、与中外客商交流洽谈，收获了丰富的行业新动向、新理念、新观点。现场还签订武汉国际钢木高新技术产业园(阳逻港)、俄罗斯森林资源开发与中欧班列多式联运、SCM集团全球合作签约等7项合作协议，签约资金27亿元。中外客商参观考察了武汉阳逻港、红安融园产业园。并分别于5月27日与9月28日，开展了与法国板栗企业代表团和秘鲁林业代表团的交流合作。省内林业企业积极对接“一带一路”发展战略。阳光凯迪在芬兰投资7亿欧元林业生物质能源项目。湖北福汉木业集团控股中航林业，取得俄罗斯托木斯克州5000平方千克森林50年经营权。湖北宜昌邓村绿茶、宜城大山合、随州中兴、神农炎帝、荆门永兴等企业对外贸易销售额超过5亿美元。

**产业发展成就** 全省新增油茶、核桃、板栗、中药材等特色经济林基地快速增长，国家林业重点龙头企业增至18家，省级林业重点龙头企业增加到492家。全省创办现代林业科技产业园24个，入园企业456家，已投产225家，完成投资330亿元，实现年销售总额410亿元，年利税27亿元，出口总额8亿美元，产业集群发展成效初步显现。

**“万名干部进万企”活动** 完成第一轮“万名干部进万企”活动任务，对口联系康欣、黄袍山、燕加隆等三家涉林企业。涉及市场管理、行政审批、安全生产、经济纠纷、林农矛盾、森林防火以及原材料、资金、技术短缺等方面。于4月28日在武昌召开省林业产业促进会换届工作会，完成社团脱钩改制任务。

**产业政策** 湖北省林业厅印发《关于进一步抓好林业产业统计工作的通知》，通过实施竞争性分配，确定32家省级重点龙头企业定点实施林业产业发展专项补助资金1000万元，重点支持以原料林基地建设、木材精深加工、木本油料、林特经济等为主业的品牌型、科技创新型企业发展。印发了《关于开展2016年度省级林业产业发展补助项目绩效运行跟踪监测工作的通知》，对项目绩效运行情况进行监测。组织省内80多家涉林企业参加义乌森博会、森林旅游节、菏泽林博会等重要林产品展览、交易会，参展面积达500多平方米，获得最佳组织奖、优秀组织奖各1项，送展林产品获产品金质4奖、优质奖8项。举办林业电子商务与安全生产标准化培训班，组织市州林业产业分管领导、产业科长及涉林企业100人参训。印发了《省林业厅办公室关于做好迎接〈湖北省安全生产条例〉执法检查开展自查工作的通知》《关于切实加强“五一”节日期间和汛期安全生产工作的通知》等一系列文件，制订《省林业厅落实安委会成员单位安全生产责任目标考核有关工作的方案》《省林业厅关于开展安全生产大检查工作行动方案》等工作行动方案，通过开展安全生产自查、排查、检查与抽查，安全生产月宣传活动等一系列的活动内容的实施，做到安全生产天天讲、月月抓，安全生产监管工作步入常态化。制定并首次印发《省林业厅直属系统食堂食品安全工作责任管理办法》，加强了涉林食品的质量安全监管力度。

**【主要经济林产品】** 2016年，全省主要经济林产品总量年末实有种植面积162.04万公顷、年末实有结果面积93.97万公顷、产量897.45万吨。主要产品有水果、干果、林产饮料、林产调料、森林食品、木本药材、木本油料、林产工业原料八大类经济林产品。

2016年全部经济林产品的种植与采集总产值实现611.1亿元，其中水果种植250.19亿元、坚果及含油果和香料作物种植51.56亿元、茶及其他饮料作物的种植产值115.78亿元、森林药材的种植40.11亿元、森林食品种植总产值124.51亿元。林产品的采集产值28.95亿元，油茶产业产值104.38亿元。“香芝源”茶油、“武当”金银花、“智慧果”核桃、“人人康”茶油等22个商标、产品获得“中国驰名商标”“湖北省著名商标”或“湖北名牌产品”。

**水果** 水果产量736.27万吨，年末实有种植面积45.47万公顷，年末实有结果面积37.64万公顷，其中：苹果1.7万吨、柑橘518.13万吨、梨55.72万吨、葡萄38.7万吨、桃107.96万吨、杏6061吨、猕猴桃3.75万吨、其他水果9.7万吨。

**干果** 干果产量47.43万吨，年末实有种植面积33.54万公顷，年末实有结果面积29.78万公顷，其中：板栗41.51万吨、枣1.97万吨、柿子3.21万吨、仁用杏147吨、其他干果7311吨。

**林产饮料产品** 林产饮料产品26.56万吨，年末实有种植面积25.7万公顷，其中：毛茶26.34万吨。其他林产饮料产品2108吨。

**林产调料产品** 林产调料产品2455吨，其中：花椒1907吨、八角42吨、桂皮8吨、其他调料产品498吨。

**森林食品** 森林食品30.55万吨，其中：竹笋干2.29万吨、食用菌18.42万吨、山野菜2.14万吨、其他森林食品7.71万吨。

**森林药材** 森林药材23.54万吨，年末实有种植面积14.24万公顷，其中：银杏3.26万吨、年末实有种植面积2.11万公顷，山杏仁7吨、杜仲1.97万吨、年末实有种植面积3.1万公顷，黄柏2.57万吨、年末实有种植面积5250公顷，厚朴1.42万吨、年末实有种植面积2.44万公顷，枸杞1759吨、年末实有种植面积1890公顷，山茱萸551吨、年末实有种植面积245公顷，五味子259吨、年末实有种植面积698公顷，其他森林药材14.06万吨、年末实有种植面积5.78万公顷。

**木本油料** 木本油料24.28万吨，年末实有种植面积43.08万公顷，年末实有结果面积26.56万公顷。其中油茶籽14.25万吨、年末实有种植面积25.43万公顷，年末实有结果面积16.84万公顷；核桃9.81万吨、年末实有种植面积16.96万公顷，年末实有结果面积9.38万公顷；油用牡丹籽1641吨、年末实有种植面积4710公顷，年末实有结果面积2487公顷；其他木本油料625吨、年末实有种植面积2189公顷，年末实有结果面积869公顷。

**林产工业原料** 林产工业原料8.58万吨，其中生漆3568吨、油桐籽2.21万吨、乌桕籽1.16万吨、五倍子2830吨、棕片2444吨、松脂4.32万吨。

**【苗木花卉业】** 2016年，林木种子采集量3529吨，育苗面积4.72万公顷，其中国有育苗面积2582公顷，全省当年苗木产量17.89亿株。当年林木育种与育苗总产值62.68亿元，其中林木育种7.46亿元、林木育苗55.22亿元。2016年末，实有花卉种植面积8.98万公顷，切花切叶产量1.44亿支，盆花植物产量1.68亿盆，观赏苗木产量4.15亿株，草坪产量768.34万平方米，全省共有花卉市场257个，花卉企业1565个，其中大中型花卉企业222个，花卉从业人员23.15万人，花农7.03万户，全年花卉及其他观赏植物种植产值126.01亿元。

**【森林公园和森林旅游业】** 2016年，全省省级及以上森林公园共96个，其中：国家级森林公园37个，省级森林公园59个。全省林业旅游与休闲产业共吸纳1.37亿人次，旅游收入549.3亿元，人均花费401元。林业旅游与休闲产业直接带动的其他产业产值1094.63亿元，其中全省林业旅游1.22亿人次，旅游收入489.77亿元，林业旅游直接带动的其他产业产值996.86亿元；林业疗养与休闲1503.35万人次，疗养与休闲收入59.53亿元，直接带动的其他产业产值97.78亿元。

**【野生动物驯养繁殖】** 2016年全省野生动物种源繁育基地231个，其中公益性野生动物救护繁育基地16个，商业性野生动物驯养繁殖单位215个。全年陆生野生动物繁育与利用总产值14.79亿元。驯养繁殖的野生动物食品与毛皮革等加工制造产值33.7亿元。全年陆生野生动物繁育与利用单位9个，年末实有经营人数55人。

**【林下经济发展】** 2016年，全省林下经济总产值210.96亿元。全省林下经济面积已发展到66.67万公顷。全省有房县和湖北保康帝豪中药材种植有限责任公司、鄂州市兴林有限责任公司、湖北福舟坊药材有限公司、湖北春又生菜业股份有限公司、湖北武陵惠风农业科技有限公司5个龙头企业获国家级林下经济示范县与基地称号。林下经济已涵盖种植、养殖、林下产品采集加工、餐饮服务、生态休闲旅游等行业。

**【国家级重点林业龙头企业】** 湖北黄袍山绿色产品有限公司是一家集油茶科研、种植、加工、销售于一体的民营股份制高科技企业。2016年，公司秉承“绿色、健康、低碳、可持续”的经营理念，围绕基地种植、精深加工、产品研发、市场开拓等环节进行创新性建设，取得了一定成绩，先后被授予全国林业重点龙头企业、全国油茶产业重点企业、全国放心粮油生产示范企业，湖北省农业产业化重点龙头企业、湖北省高新技术企业等荣誉称号。2016年实现销售收入2.8亿元，完成利税2600万元，同比增长12.2%。

**湖北九森林业股份有限公司** 2016年实现销售收入8769万元，实现利润696万元；稳步推进了公司珍贵林木、油茶和白茶基地建设，公司新增林地面积1426公顷；争取政府各项补贴资金124.3万元；筹措资金加快推进大悟项目建设和仙桃新实木生态板项目建设；实现定增1000万元。

**湖北荆州市万树木业有限公司** 2016年湖北荆州市万树木业有限公司生产的“万树牌”高密度纤维板被评为湖北省名牌产品，连续多年被银行评定并授予企业AA+级信用等级单位，是湖北省林业产业化和农业产业化重点龙头企业之一，国家认定的资源综合利用企业。经湖北省企业上市工作领导小组办公室审核，省政府同意已列入省上市后备企业。2016年中高密度纤维板产量15.8万立方米，强化木地板产量455万平方米，产值7.8亿元。万树木业按照“林板一体化”战略目标，为打好企业可持续发展资源基础，企业先后斥巨资用于人造林基地建设拓展，以收购、合作造林等形势，已在荆门、钟祥、京山、随州、五峰、南漳、枣阳等县、市，丘陵荒山、荒坡地域，实现了大面积低产林造林改造。截至2016年年底，公司已累计投入3.8亿元，拥有自有林权证造林2.5万公顷，合作造林3.3万公顷的万树林木基地，为企业持续发展提供了资源保障。在促进万树木业可持续发展的过程中，公司特别强调照顾农民利益，在对环境条件差的小块低产林进行集约效应改造中，采取返聘农民进行施工和管护的方式，林农工每种植一棵树苗，公司付给种植人8~10元的报酬。在林木成材后，按照速生丰产用材林林场10%的比例与农林协会代表分成，然后再由农林协会转分发给农民。使农民不但在参与公司造林的全过程中能有就业收益，更有一个长效的利益保障机制，实实在在为当地农民提供大量就业机会和增加收入的保证。2016年底，带动基地农户数17500余户，农民19260多人，年人均增加收入13816元。

**武汉林业集团** 2016年，实现经营收入3.99亿元，超过年初制定的2.3亿元目标值73%，全年利润总额达到1495.94万元，完成年初目标值110%。集团全年生产经营工作稳中有进，超额完成了预定的经营目标。集团充分发挥资金、技术和人才的聚集辐射功能，巩固和提升传统绿化工程业务品牌效应。进一步扩大业务范围，相继承接建设了光谷新中心(公共服务中心段)景观工程(标段一)绿化工程、武昌区立交匝道及高架中分带绿化改造提升工程、左岭新镇二期还建社区A区景观绿化工程、硃山破损山体生态修复建设工程、东风大道绿化工程、官莲湖绿化工程等多个单体过600万元的重大项目，树立了良好的品牌形象，得到了业界和客户的广泛认可和赞誉。其中光谷新中心(公共服务中心段)景观工程(标段一)绿化工程获评为2016年度湖北省园林绿化优质工程。集团在加强业务开拓的同时，积极推进建设、设计的资质申报工作，为企业开展绿化施工项目取得有效的资格保障。集团正式启动了市政总承包和仿古建筑的资质申报，美境公司已经顺利通过网上公示并发布了合格公告。集团加快转型步伐，大力推进工程、花卉、种苗、生态游四大板块建设，将商业、林业、园林绿化、服务业融为一体，园林绿化设计、施工、养护等传统业务巩固的同时，花卉、种苗生产效益稳步提升，生态旅游业务蓬勃发展，体现了公司多元化发展的态势和灵活互补的经营理念。

**湖北四季春茶油股份有限公司** 该公司2016年生产精品茶油350吨，实现营业收入5326万元，其中网上营销收入1352万元。公司位于湖北省麻城市经济开发区湖北现代林业麻城木本粮油科技产业园，占地4公顷，从业人员118人，固定资产3865万元，流动资产1224万元，是大别山地区唯一采用自主研发的全程纯低温压榨工艺生产精品茶油的企业，2012年和2015年两度被省林业厅认定为湖北省林业产业化重点龙头企业，2014年4月被国家林业局认定为国家级林业产业化重点龙头企业。具备年加工茶籽1900吨，产精品茶油400吨的生产能力。自建原料林基地2.3万亩，带动农民521人参与油茶种植。

**湖北宜昌龙源林业有限公司** 宜昌龙源林业有限公司是一家主营绿化苗木、经济林木、花卉盆景种植和销售，旅游资源开发经营管理的现代林业企业。先后被评为“宜昌市农业产业化重点龙头企业”“湖北省林业产业化龙头企业”“国家林业产业化重点龙头企业”，是中国林业与环境促进会常务理事单位，国家森标认证委员会委员，公司董事长还曾荣获“2012~2013年度中国林业产业突出贡献奖”。公司实行标准化生产、规范化管理、规模化种植、市场化经营和“龙头企业+基地+农户”的发展模式，相继在海南的澄迈县，湖北的枝江、当阳、蕲春等地建成17个苗圃基地。公司已在北京、武汉、广州、海南、郑州、宜昌、枝江、蕲春等多地设立分公司，并在武汉、萧山、金华、鄢陵、海口、常州设立了供销网点。2016年年底，企业总资产已达25677.66万元，销售收入8351万元，实现利润总额1278.32万元，负债总额6331.74万元，所有者权益19345.92万元，资产负债率19.64%，银行信用等级AA+级。公司高度重视产学研合作，在蕲春与北京林业大学合作成立了北京林业大学龙源林业研究所，并建立了北京林业大学学生实习实践基地和珍稀濒危引种驯化基地，加紧培育新、特、优林木品种，培养储备科技人才队伍。公司为北京林业大学优秀的研究生提供奖学金资助，安排暑期实习实践，更好的实现了产学研的高效结合。在生产中，公司为当地农民创造了大量的就业机会，提高了部分偏远地方农民的收入。据统计，龙源林业的发展累计新增就业机会5万多人次，带动苗木种植户2200多户，带动农村合作社种植面积逾4667公顷。同时，公司利用现有苗圃优势，结合国家宏观政策鼓励，积极布局生态旅游观光园产业，开发了当阳胡家湾、黄冈蕲春、武汉新洲和海南澄迈苗木种植基地，充分延伸自身产业链，有效提升企业核心竞争力，着力打造以花卉苗木观赏、农家乐餐饮、绿色土特产、花卉果品采摘体验为主的精品生态观光旅游项目，推动生态旅游观光园品牌建设。位于湖北当阳的胡家湾生态观光园已经连续三年成功举办樱花节，利用樱花游园活动搭台举办千里“樱”缘相亲会、“‘樱’为有你”摄影大赛等创新主题活动，共吸引游客20万余人，新开张32家农家乐餐馆，家家生意火爆，餐馆服务业营销总额突破1000万元，带动全镇绿色土特产销售额突破600万元，立体展示了胡家湾生态观光旅游新风貌。另一处位于黄冈蕲春、神医李时珍故乡的龙泉花海，也于2016年的3月17日正式开园迎客，吸引了万千游客。企业电子商务推进：一是整合资源；二是融合创新；三是循序渐进；四是积极拥抱资本，发展产业互联网金融；五是发展产业链互联网。

**【潜江市林业产业】** 2016年潜江市委市政府在大力开展“绿满潜江”“创建园林城市”等生态环境建设的同时，始终坚持把林业产业化建设放在现代林业发展的重要位置，基本体现了一、二、三产业协调发展。2016年林业总产值达到45.78亿元，实现了林业经济效益、生态效益和社会效益的同步增长，林业产业化建设位列全省县(市)前列。全市现有果木经济林5333公顷，主要以葡萄、桃为主。全市林业产业基地包括果木绿化苗，林地总面积约2万公顷。全市以野鸡、野鸭、青蛙为主的野生动物养殖业，不断壮大，2016年全年达到9000万只，全市林下养殖约1万公顷，总产值约6亿元。

**龙头企业** 全市有木材加工单位120家。户品主要有纤维板、杨木化机浆、建筑模板、旋切单板、家具家装板材。木材加工业正由小作坊加工向工业化生产，由初加工向精深加工发展、华中家具产业园是华中地区最大的家具制造园区、有木制家具企业20余家、年加工能力达百亿元。拥有亚洲最大的板式。通过以循环经济工作等一系列活动扶持和服务企业，发展了一批龙头企业，对林业的带动作用显著。全市现有林业产业化省级龙头企业7家。其中木材加工企业2家：湖北巨江实业有限公司年加工木材35万吨、生产木制纤维板25万立方米，年产值3亿元；潜江乐水林纸科技开发有限公司年加工木材10万吨，生产杨木化机浆5万吨，年产值2亿元。苗木企业2家：湖北滕头苗木有限公司拥有苗圃1.1万亩，年销售5000万元；潜江先林苗木合作社拥有苗圃2000余亩。家具企业1家：湖北汉田家具；野生动植物驯养繁殖企业1家：潜江禄秀特色农业合作社。果树种植企业一家：潜江龙鹏果蔬种植专业合作社(湖北满园果有限公司)。这些龙头企带领着林业传统业效益有明显增长。

**主导产业** 全市林业产业已形成了八个方面的主导产业：一是工业原料林建设(速生林：杨树、枫杨)，积极引导加工企业按照“公司+基地+农户”模式发展工业原料林；二是果木经济林种植(葡萄、桃、李、梨、橙、柚等)优化种植模式，提高产量和品质；三是苗木生产(杨树苗木及绿化苗、果树苗等)推广珍贵苗及精品苗木种植模式；四是木材加工推进专业向精深加工发展；五是家具制造要提高产销率；六是野生动植物驯养繁殖实现，产业化运作；七是森林旅游包括森林公园、水杉公园、兴隆河水利枢纽景观林、章华台花海、总口产业新城花海等旅游景点建设。八是林药种植(潜半夏)种植加工。助推林下种植半夏等药材。

**【黄冈市林业产业】** 黄冈市地处豫、皖、赣交界的大别山南麓、长江中游北岸，全市现有林业用地面积81.785万公顷，占国土总面积的46.88%，森林覆盖率为41.49%，森林蓄积量3458.08万立方米，是全国闻名的板栗之乡、甜柿之乡、茶叶之乡、油茶之乡、野生兰花之乡和杜鹃花城。2016年，黄冈林业实施“生态立市、产业强市”发展战略，不断优化产业结构，取得了显著成绩。2016年全市实现林业总产值190.19亿元，增长39.09%，其中第一产业75.70亿元，第二产业41.07亿元，第三产业73.43亿元。

第一产业向社会提供木材12.79万立方米、竹材119.19万根、水果106012吨、干果68616吨、森林食品4771吨、木本油料34108吨、森林药材34929吨、林产工业原料6084吨。

第二产业林产工业产品：生产锯材100877立方米，人造板214769立方米，其中胶合板69909立方米、纤维板139878立方米、刨花板4451立方米、细木工板356立方米、实木(复合)木竹地板318.27万平方米；林产化学品：松香类产品3200吨。

第三产业森林旅游接待游客1182万人次，旅游收入64.03亿元，带动相关产业产值153.26亿元。其中：大别山国家森林公园、天堂湖国家湿地公园、进士河水上漂流乐园、乡村全域旅游等成为森林生态旅游新热点；大别山主峰4A级景区、桃花冲4A级景区、丽景风景区，温泉山庄、神峰山庄、润禾农业、福辉农庄等酒店农庄，成了旅客、游客的首选，起了头雁作用。

林下经济龙潭峡、毕升大峡谷、桃花溪等漂流探险，斐富、绿源等家具厂都是以森林资源为载体，以秀水青山为切入点而发展起来的；茯苓、天麻、百合、苍术等中药材林下种植业及羊、牛、鸡、鸭等林下养殖业，发展成为了黄冈市林下经济产业的新亮点；林特产品电商服务业不断发展壮大，不少贫困户和林农通过“互联网+”平台，建立了电商销售网店，向全国销售罗田板栗、甜柿、土鸡、土羊等林特产品，走上了新型产业脱贫攻坚、创业致富之路。林特产品市场竞争力不断提升。罗田板栗、甜柿、茯苓、天麻等特色产品，市场竞争力不断增大，出口创汇能力逐步增强。英山以茶、桑、栗、药为四大支柱产业，其他有油桐、油茶、乌桕以及林副产品茯苓、天麻等特色林产品，经济林水果有葡萄、猕猴桃，柑橘等，也形成了一定规模及特色。

市内所属的英山县每年4月20日隆重举办“中国英山茶叶文化旅游节”，通过开展茶叶制作比赛、名茶评审、茶产业发展论坛、品牌宣传推介等活动，每年茶叶节，中外客商蜂拥而来，达到了以节促销、以茶兴旅、内壮产业、外树形象的良好效果。板栗产业为罗田精准扶贫攻坚的“五大扶贫产业”之一。扶持贫困户发展其他产业基数须达到以下规模：水果、干果、油茶、青茶为2亩及以上，扶持每户2万元的贷款贴息、5000元的补助资金。

黄冈市全域内拳头产品主要是板栗、油茶籽和茶叶。一是板栗，是罗田、麻城和红安的大宗拳头产品。2016年全市板栗面积16.89万公顷，挂果面积10.98万公顷，产量5.93万吨。2016年加工贮藏量达1.8万吨以上，仅湖北绿润食品有限公司年板栗加工量就达0.5万吨。加工产品种类多。主要有保鲜板栗、速冻板栗仁、速冻刀削板栗仁、冷冻开口笑栗、糖水板栗罐头、栗甘露煮、清水栗仁、糖水栗丁、含气甘栗等板栗产品20多种。加工集群实力强。全市现有板栗加工企业35家，其中规模以上企业8家，省、市级林业产业化龙头企业3家，形成了加工集群，抱团扩展市场。湖北绿润食品有限公司投资1亿元、兴建万吨板栗加工企业，成为全国板栗加工最大的龙头企业。

二是油茶籽，年产量3.41万吨，主要由湖北四季春茶油股份有限公司和宏宇农业开发有限公司等企业收购加工，制成精品茶油，然后流向市场。部分产品在公司公众微信平台、淘宝黄冈馆、爱人送商城、静港云e生等电子商务平台销售。“麻城茶油”已被国家质量监督检验总局认定为国家地理标志保护产品。

三是茶叶，2016年全市茶叶产量3.38万吨，系列产值近15亿元，加工厂房面积达到24.4万平方米，拥有各种制茶机具8350多台(套)，形成了较完整的茶业体系。通过招商引资、整合重组、政策扶持等措施，着力培植了一批产业“龙头”。全市有10多家龙头企业和60多家茶叶专业合作社参与了名优绿茶、红茶、乌龙茶、白茶、砖茶、大宗绿茶、精制出口绿茶生产。1家企业被评为“湖北茶业十强企业”，有2家企业被评为“湖北省茶叶出口重点加工企业”，有1家企业被评为“湖北省十佳名优茶加工企业”。产品全部达到了国家标准。全市已有29家茶叶生产企业获得了QS标识，有3家企业通过了ISO 9001-2000国际质量体系认证，有2个产品获准使用有机茶标识，有4个产品获准使用绿色食品茶标识，有2个产品获准使用无公害茶标识。

**龙头企业** 黄冈市现有省级龙头企业24家，黄冈市在林业产业科技推广体系建设上，建立健全了以林业局为主体，以林业技术推广中心、森防站为骨干，以乡镇林业站为支点，以林业重点企业为基层单位的县、乡、村三级科技推广服务体系。2016年继续与湖北省林科院合作开展板栗、甜柿、油茶等科研课题攻关，开展技术培训15期，培训林农6万人次，期间黄冈市林业局还邀请省林业技术推广中心高工周伟国、黎曙光到顺河集镇专门为油茶种植专业户20户讲技术课。湖北绿润食品有限公司投资兴建万吨板栗加工园区，推进板栗加工业升级；引导培植湖北罗田大自然生物科技有限公司、湖北食为天科技有限公司发展成为省级林业产业化龙头企业。

**【保康县林业产业】** 2016年，保康县林业产业定位于将保康建成"都市襄阳后花园"和"绿色襄阳示范区"，坚持"生态优先，绿色发展"，充分发挥山区地理优势和资源优势，逐步推进林业特色产业服务精准扶贫战略，形成了森林食品、茶叶、中药材、苗木花卉、木本油料、森林旅游等六大重点产业集群，建成林业产业基地4.75万公顷，林业产业呈现出蓬勃发展的良好局面。2016年，全县林业总产值达150.18亿元，比2015年同期增长11.34%，其中第一产业产值57.2亿元，第二产业产值13.5亿元，第三产业产值79.5亿元。截至2016年年底，全县建设核桃产业基地达3.33万公顷，年产核桃8000吨，实现产值3.28亿元；发展茶园面积1万公顷，年产茶叶7131吨，产值达7.1亿元；全县油用牡丹企业(专业合作社)达27家，建成油用牡丹产业示范基地1227公顷，种质资源圃3个5.2公顷；新建蓝莓基地333.3公顷，年产蓝莓果干、果汁等产品产量200吨，实现销售收入4000万元；全县中药材基地面积达2733公顷，已注册10家药材专业合作社，共有26家分社，拥有技术、管理人员138人，网络1.25万农户；发展苗木花卉基地156公顷，从业户数达185户557人，年产花卉苗木408.5万株(盆)，年产值1157万元。

**产业政策** 为全面推动县域经济发展，保康县委县政府制定《保康县现代林业发展总体规划(2012～2017)》，并相继出台《大力发展核桃产业的实施意见》《大力发展油用牡丹产业的实施意见》《保康县精准扶贫产业发展操作办法》《保康县精准扶贫产业发展扶持意见(试行)》《保康县新型经营主体帮扶建档立卡贫困户奖扶意见(试行)》《保康县新型经营主体帮扶建档立卡贫困户奖扶意见操作办法(试行)》等一系列产业优惠政策。县委县政府成立了"林业重点产业发展领导小组"，组建了"林业重点产业发展办公室"，具体负责领导、指导、引导林业产业发展工作，狠抓林业重点产业基地建设。

**核桃产业** 2016年，全县累计投入资金6亿元，新发展核桃面积3万公顷，核桃总面积达到3.3万公顷，一批核桃种植户通过种植核桃实现了致富。2016年全县核桃产量达8000吨，实现产值3.28亿元。

**茶叶产业** 保康县委、县政府高度重视茶叶产业发展，提出了"一县一品"的发展目标，出台优惠政策，积极引导农户规模化种植，规范化生产，截至2016年年底，全县10个乡镇188个行政村4587户种植茶叶，茶园面积1万公顷，加工厂216家，机械设备968台/套，2016年生产茶叶7131吨，产值达7.1亿元。其中，荆山锦茶业有限公司有机茶基地、有机茶加工厂连年通过欧盟(IMO)国际有机食品认证，先后荣获"湖北省无公害示范茶园""全国科普示范基地""国家农业茶叶标准化生产示范基地"等称号。荆山锦有机茶产品获得"中国国际农博会金奖""湖北省名牌产品""湖北十大名茶""绿色产品金奖"等200多项大奖。"荆山锦茶"商标先后被认定为"湖北省著名商标"和"中国驰名商标"，荆山锦茶业技术协会申报的"保康绿茶"商标获得国家工商总局颁发的中国地理标志证明商标证书。全县现有"荆山锦""威杰""徐记""九皇山""品上品"牌企业自主品牌。保康县被国家命名为"全国重点产茶县"称号，湖北荆山锦茶业有限公司、襄阳威杰食品有限公司、保康县采花茶叶专业合作社三家龙头企业的产品通过了QS认证，官山茶场、罗丝沟茶场(属湖北荆山锦茶业有限公司)、正源有机茶专业合作社(属采花茶叶专业合作社)3个基地通过武汉易生生物科技有限公司做了有机茶生产基地认证，受其委托生产有机绿茶出口。

**油用牡丹产业** 保康素有"牡丹故乡"之称，在全省乃至全国都占有一席之地。据调查，全县牡丹资源在后坪、黄堡、龙坪、歇马、两峪、马桥、寺坪、过渡湾、城关镇等9个乡镇和横冲药材场、官山林场、大水林场等地均有分布，总面积800公顷，约10万株。近几年，保康在后坪镇九池村、大水林场、横冲药材场建立了3个野生牡丹种质资源基因库，对其生长情况进行跟踪监测，开展了一系列科研工作。与襄阳市林业科学技术推广站进行科研合作，开展了《野生牡丹种质资源收集保存与繁育技术的研究》，荣获襄阳市科技进步一等奖；对不同引种区域、不同海拔的油用牡丹7个种批48个样本进行了检测，牡丹籽含油率稳定在27.76%～34.69%，平均含油率为31.22%，与油茶相当。平均不饱和脂肪酸含量为92%，其中被称为“血液营养素”“植物脑黄金”的亚麻酸含量在41.2%～48.9%，平均亚麻酸含量46.64%，明显高于目前国内报道的油用牡丹品种(亚麻酸含量42%)。积极开展牡丹良种选育，选育出以“保康紫斑牡丹”命名的优良油用牡丹品种，通过了省林木品种审定委员会认定，为全县油用牡丹种苗推广提供了更广阔的空间。

扎实推进建立“以企业、专业合作社投入为主，政策项目投入为辅”的多元化投入机制，形成“边筹资、边建设、边受益、边发展”的多层次开发格局。截至2016年年底，全县油用牡丹企业(专业合作社)达27家。

**蓝莓产业**　保康是全山区县，具有发展蓝莓种植得天独厚的气候和土壤环境。龙头公司襄阳佰蒂生物科技有限责任公司，科学制定“公司+基地+农户”的产业发展规划。由龙头公司负责技术和种苗，以订货农业的形式向农户推广，支持蓝莓种植家庭农场建设。在佰蒂生物科技公司的带动下，茶庵村25位农民正在筹备成立超惠蓝莓专业种植合作社，“公司+基地+农户”的经营模式，预计可带动农民增收20亿元。

**药材产业**　中药材种植是保康县的一项传统产业。全县野生中药材有天麻、柴胡、苍术、灵芝等近1600种，居全国前列，其中临床常用中药材365个品种中，保康县就有230种。近年来，保康成立了药材产业领导小组，组建了药材产业办公室，在基地布局、标准化生产、龙头企业建设、专业合作组织培育、市场开发5个方面加大工作力度，坚持现代农业理念，培育发展药材种植重点村、专业大户，实现专业基地面积规模扩张。2016年，全县药材基地面积达2733公顷。在全县培育了30个药材种植重点村，100个药材种植大户。全县已注册10家药材专业合作社，共有26家分社，拥有技术、管理人员138人，网络1.25万农户，全部实行订单生产，规避了农户种植药材的技术、市场风险，保证了产业稳步、健康发展。

**苗木花卉产业**　保康县大力保护培育蜡梅、牡丹、紫薇、杜鹃等特色花卉，先后兴建了刺滩沟蜡梅盆景园、紫薇繁育开发中心等苗木花卉基地，并在后坪镇九池村、横冲药材场、大水林场创建野生牡丹种质资源基地三处，移栽和人工培育野生牡丹共10万余株，在襄阳和武汉等地开展人工栽培试验。全县发展苗木花卉基地156公顷，从业户数达185户557人，年产花卉苗木408.5万株(盆)，年产值1157万元。

**【孝感市林业产业】**　2016年，全市林业产业工作取得了显著的成效。林业总年产值217.7亿元，其中第一产业产值29.1亿元，占比总产值13.4%；第二产业产值170.3亿元，占比总产值78.2%；第三产业产值18.2亿元，占比总产值8.4%。林业年总产值占比孝感市年GDP的12.7%。国家级林业产业化重点龙头企业2家、省级27家。2016年全市林业产业大力推进速生丰产林、木本油料及茶、花卉苗木、野生动物驯养繁殖四大特色产业建设。全市已形成了6万公顷速生丰产用材林、5.3万公顷木本油料及茶种植、4000公顷中药材种植、2.13万公顷花卉苗木的林特基地板块，林业生态建设美化一方环境、带活一方经济的双重作用日益显现。全市已形成成熟木制品加工产业链、造纸业、板材制作加工、家具制造、木地板生产及包装等一系列项目，打造野生动物驯养利用业，大力支持茶、中药材加工制造业，2016年木板加工制造达55万立方米，野生动物驯养利用业产出鳄鱼10万余条、野猪3500余头、野鸭2万多只，黑斑蛙510万余只、蓝孔雀1万余只、水貂、银狐1200余只、鹧鸪近40万对，全市野生动物经营利用民营、个体数达49家；驯养繁殖企业达35家。中药材加工年产出银杏系列产品4万多吨、茶叶5千多吨。

孝感市亿元以上林产品主要有纤维板木地板及胶合板、造纸业、防腐木材、木制家具、茶叶、木本油料加工制造、中药材加工、野生动物驯养利用、花卉苗木种植、林业观光旅游十类。2016

年全市林业从业人员6.1万人，其中第一产业3万人，第二产业2.5万人，第三产业0.6万人。种养殖大户2250户，专业合作社405个，林业企业550个。

**森林旅游** 全市现有国家级森林公园2个，省级森林公园1个，国家级湿地公园试点5个。2016年兴起林业生态休闲观光园10多家，总数达20多家，全市加大双峰山国家森林公园、安陆古银杏森林公园、大悟泉水寨森林公园、观音湖风景区、朱湖湿地公园、府河湿地公园、老鹳湖湿地公园等景区的基础设施、景点建设力度，推进金卉庄园、花芊谷、楚珍园生态旅游度假区、南河古渡、盛世闻樱、红叶山庄等都市休闲观光型农庄发展，打造孝南杨店、安陆烟店、大悟四姑等一批以桃花、银杏、红叶为特色的乡镇生态旅游景点，“金卉庄园郁金香节”成为湖北旅游首推品牌，年接待游客百万人次，全市全年吸引生态观光游游客500万人次，积极建设森林康养基地、大力推动碳汇发展、加快发展“互联网＋林业”。

**产业政策** 一是加强供给侧结构性调整。在木本油料基地开发上，降速提质，着力推广“一高三新”产品基地，加强老基地抚育管理，提高产品质量。建设林产品电商交易中心、林果交易市场。在林产品加工项目上，节能减耗、技改提质，降产清库、多方促销。二是出台“关于加快发展苗木花卉的实施意见”，对发展苗木花卉产业的业主进行奖励，实行苗木产业供给侧改革，搭建合作学习平台，进一步将传统苗木升级为精品苗木，融合文化、农家元素，打造有特色的苗木产业。三是出台建设“生态资源大县、林业产业强县”奋斗目标，围绕“巩固发展板栗、加速发展绿茶、大力发展中药材、突破性发展油茶、恢复性发展乌桕、持续发展用材林，”的产业发展思路，不断调整产业结构。

**【竹溪县林业产业】** 2016年，竹溪县委、县政府紧紧抓住“生态文明建设”这一有利契机，围绕绿水青山就是金山银山的宗旨，着力创建生态文明县，打造具有地方特色的林业经济品牌、发展绿色产业。充分依托竹溪自然资源优势，积极调整产业结构，大力发展特色林业，稳步推进“竹房城镇带”和“三廊”建设，将自然资源优势变为林业经济优势，使竹溪县的林业经济得到了较大的发展。该县立足当地自然资源优势，结合竹房城镇带建设，稳步推进“三廊”建设，围绕生态建设主体，发展优势产业。依托国家生态工程建设，用活项目资金，引进、引导社会资金，建设龙头、示范基地，充分利用先进科技手段，改造现有资源，提质增效。林果业是竹溪林业经济的重点，全县在围绕生态建设这个发展主题的同时，重点兼顾林业经济增效项目的配置，将核桃、茶叶、油茶、梭椤、油用牡丹、猕猴桃等作为产业支撑，形成了一定的规模。截至2016年年底，全县林业产业总产值达到了22亿多元。

**苗木产业** 为确保林业经济的可持续发展，竹溪县建立了以竹溪中心苗圃为中心，带动社会大户育苗，集生态种苗培育、城镇绿化苗木、花卉苗木培植为一体的多功能基地，年培育和引进驯化生态建设用苗、城镇绿化苗木及花卉、林果基地建设苗木2000万株。

**林下经济** 主要以种植中药材(黄连、玄参、杜仲、黄柏等)为主，培育香菇、林下种植魔芋、林下养蜜蜂、林下养鸡、养羊、养牛等由于地理环境等多种因素的限制，规模一般较小，从事与林产品有关的规模以上加工企业全县主要有10家，从业人员927人，年产值12.3亿元。

**电商发展情况** 赶街网、京东等著名网商已在竹溪落地，为竹溪的企业搭建电商平台提供了便利。60%以上企业通过互联网平台设置有企业产品展示窗口，通过互联网展示企业状态，推销产品。

**产业集群** 竹溪县林业经济发展的特色主要是以传统茶产业种植加工为龙头，以核桃基地为优势，以猕猴桃、油用牡丹、梭椤(七叶树)为储备基地，建立种植加工产业群，推动休闲旅游服务。以中鑫生物为龙头的茶产业加工已具备一定的规模和效益优势，林果业基地建设前景较好，旅游休闲产业朝阳初升、方兴未艾。

**【咸安区林业产业】** 2016年，咸安区林业产业总产值达38.34亿元。其中，森工产值18.51亿元，苗木花卉产值1.69亿元，桂花产值3.05亿元，林果产值 2.02 亿元，竹产业产值 13.07 亿元。较 2015 年增长 25.5%。完成人工造林 3333 公顷，占计划 100%，其中桂花、楠竹、油茶特色基地 1000 公顷。

**产业园区** 竹产业园区建设加快，巨宁竹业、江南春竹业和湖北汉邦木业等 3 家龙头企业入驻咸宁市竹循环产业园区，巨宁竹业和江南春竹业已投产，湖北汉邦木业正在建设中。竹产业配套企业已达到 20 家。

**产业政策** 咸安区已将森林工业、苗木花卉、桂花、楠竹和林果等五大产业作为咸安林业主要产业来发展。在此期间，先后出台了《关于进一步促进工业大发展的若干意见》《关于进一步加快竹产业发展的实施意见》《咸安区竹产业发展规划(2013~2020 年)》和《咸安区关于加快建设丰产高效竹林示范基地的意见》等新政策和新措施，为促进咸安区林业产业快速发展，加快经济建设步伐，创造条件，打下坚实的基础。全县整合产业发展基金和县域经济调度资金，设立全区林业产业发展基金，额度不少于 1000 万元，用于扶持林产品加工重点企业发展。简化林产品加工企业办理程序，降低收费标准；支持企业申报国家产业发展项目；鼓励企业争创品牌，对新获得中国驰名商标的企业和湖北省著名商标或湖北省名牌产品称号的企业分别奖励 20 万元和 5 万元；加快林业绿色食品开发力度，对获得有机食品生产基地认证和地理标志产品认证企业分别奖励 3 万元；对成功上市且注册地在咸安的企业，由区财政奖励 100 万元。大力宣传招商引资优惠政策，扩大影响力和吸引力，对来投资兴办林产品加工且经科技部门认定的国家级以上高新技术企业，在项目审批、征地、税费、水电、贷款等方面实行优惠政策，提供全方位、零障碍、低成本、高效率服务，对招商引资办企业的有功人员给予重奖。重点企业原材料供应实行指标单列，实行竹加工原材料(含原竹、初加工产品、半成品)宽进严出政策，对企业购进区域外原材料有关部门不再征收税费，对将原材料直接销往区域外的，按税收征管的规定依法足额征收。落实税费优惠政策，严格落实国家竹制品出口退(免)税政策，国税部门对出口林产品加工企业实行按月申报审批办理退(免)税。对新建企业从投产年度起，所得税地方留存部分，前三年全额奖励给企业，后三年 50% 奖励给企业。并建立奖励政策，区政府每年对在竹产业发展中工作突出、成绩显著的先进单位、优秀企业及个人进行表彰和给予奖励。建立健全政府、银行、企业联席会议制度，积极推进银企合作，搭建企业融资平台，争取金融部门信贷政策、金融服务的支持，增进相互了解，推动互惠合作，拓宽企业融资渠道，缓解企业融资难题；积极引导和鼓励民间资金投资入股；搞好林权抵押贷款，积极争取提高授信额度，为林农修建林道、创办林业基地等提供支持。

**巨宁公司** 咸安区的拳头产品主要是“巨宁牌”纤维板，延伸深加工的产品有地板、家具、橱柜、木门、集成材、建筑模板等，现已形成了十多个系列 100 多个品种的产品群，主要销往全国各地。在稳步巩固国内销售市场的基础上，积极开发国际市场。2016 年，巨宁公司生产的纤维板产量达到 23.61 万立方米，实现年产值 7.9981 亿元。

**龙头企业** 咸安区现有省级龙头企业 10 家，其中巨宁、绿洲 2 家主要生产纤维板；奥森、爱尔、贝森、博大鑫海 4 家主要生产地板；鹏程公司、桂乡园林有限公司和青鹏园艺有限公司是专门从事林木种植，农、林业相关产品和技术开发与销售的林业公司。全区 10 家龙头企业资产总额达到 16.28 亿元。主要产品有：纤维板、地板、家具、橱柜、木门、集成材、建筑模板及林木种植培育等。纤维板年产量共计 29.4566 万立方米，地板年产量共计 432.6 万平方米，年种植培育林木 2500 亩。年实现销售额共计 11.648 亿元。

**林业合作社** 咸安区现有林业合作社共计 75 家，入社农户共计 63389 户，涉经济林面积总计 2.1 万公顷。

**竹产业** 2016 年，全区竹产业发展在围绕咸宁市打造百亿竹产业链群的建设工作中，凭借地方资源优势，积极抓好竹资源管护、推进竹资源开发、推动竹资源产业化等方面做了大量工作。为把“竹产业”打造成“主产业”，举全区之力，抢抓机遇，科学谋划、精心组织、强化措施、狠抓落实，全力推进竹产业发展，使竹产业正式成为兴区富民的主导产业。咸安区现共有竹林面积

1.95 万公顷，立竹总量 5257.5 万株，年采伐量 470 万株。2016 年全区新造竹林面积 335 公顷，占全年任务的 100.4%；竹林劈抚完成 1 万公顷，占全年任务的 100%，一是竹产业产值稳步增长。2016 年，全区竹产业产值 13.07 亿元，其中一产 4.318 亿元，二产 6.802 亿元，三产 1.95 亿元；二是竹农收入逐步增加。2016 年，全区实际采伐楠竹 500 万株，每株按 15 元计算，收入 7500 万元，全区 2.5 万竹农户平均增加收入 1000 元。全区从事竹材加工、经营的人数达 3500 多人，较好地解决了当地就业问题，带动农民致富，发挥着重要的作用。全区现有一定规模的竹加工企业 23 家，年消耗竹材 270.1 万株，生产的主要产品有重组竹方料、竹地板、竹帘、竹炭、竹工艺品等，另外还有竹扫把等林副产业加工点 200 多个。全区规模较大的加工企业有湖北巨宁竹业科技股份有限公司和湖北江南春竹业有限公司。年消耗原竹 400 万根，年生产重组竹方料和板材 2.5 万立方米，产值达 1.5 亿元。

竹文化旅游是竹产业新的增长点，全区利用“桂花之乡”“楠竹之乡”品牌，大力打造鄂南大竹海、桂花源风景区等旅游景点，吸引各地旅客来咸安观光旅游。初步形成了鄂南大竹海、潜山、大幕以及与周边县市的随阳、黄龙、金沙、九宫等竹生态旅游景区体系；先后有 50 多个国家和地区的 1500 多名官员、专家、学者到星星竹海参观考察；据统计，2016 年，全区竹林景区旅游 31 万人次。竹林旅游实现产值 8600 万元。

**桂花产业** 全区桂花种植面积、产量、产值大幅度增长，桂花产业得到长足发展，2016 年全区桂花产业产值 3.05 亿元。栽植各类桂花 420 万株，桂花苗木 12000 多万株。全区有产花树和试花树 120 多万株，年产鲜桂花 50 多万千克。百年以上挂牌保护古桂树 2503 株，其中桂花古树群 26 个，1936 株；散生 567 株。在古桂中，一级古桂 7 株，二级 145 株，三级 2351 株。为了保护好现有桂花资源，咸安区严格执行桂花大树、古树保护制度。在桂花镇柏墩村设立面积为 800 公顷的省级桂花自然保护小区，并将保护小区范围内的森林纳入了省级公益林进行保护和补偿。对桂花大树(地径 8 厘米以上)采挖执行“区政府审批，林业部门监管”的管理机制，严格控制桂花大树过度采挖；三是对挂牌桂花古树(树龄 100 年以上)签订管护合同，区政府按每年每株 30 元标准给管护人补贴管护费。全区现有规模以上桂花加工企业 4 家，分别是咸宁市咸安区桂源红酒业有限公司，咸宁八月花食品有限公司、咸宁市咸安区清香桂花制品厂、湖北省咸宁市天源生物科技有限责任公司。产品有桂花茶、桂花酒、饮料、糕点、桂花浸膏、香精等 50 余个。桂花产品畅销全国 20 多个省市区，销往日本、欧美和东南亚 10 多个国家和地区。向阳湖镇育苗户陈国庆平均每年苗木销售收入超过 70 万元，桂花镇柏墩村平均每户收入 2 万元左右。桂花苗木产业已成为当地群众致富奔小康的一项重要产业。 (彭锦云)

# 湖南省林业产业

【概　述】 2016年，湖南省林业产业以“创新创业、绿色惠民、稳中求进、稳中提升”为核心，推进供给侧结构性改革，增强绿色增长动力，林业产业总产值达3736亿元，较2015年增长511亿元，同比增长15.8%。

**结构调整成效显现** 林业产业结构进一步优化，一产业产值1222亿元，同比增长12.5%，二产业产值1366亿元，同比增长16.7%，三产业1148亿元，同比增长18.5%，一、二、三产业结构比为33∶36∶31。一、二、三产业均突破千亿元大关，三产业增长较快。其中：油茶产业产值达259亿元，竹产业233亿元，家具产业270亿元，花卉苗木产业293亿元，森林旅游416亿元，林下经济484亿元，木竹制浆造纸业252亿元，人造板产业122亿元，森林食品产业492亿元，森林药材产业135亿元。

**园区建设步入快车道** 实施湖南省人民政府“双百工程”，推进现代林业产业园建设，财政投入园区建设资金6000万元，新建51个现代林业特色产业园、1个现代林业综合产业园。各类生产要素向园区集聚，园区的企业、合作社和农户利益联结机制进一步完善，有效推动了精准扶贫。2014年以来，湖南省已建设99个湖南省现代林业特色产业园，21个现代林业综合产业园，仅省级层面财政投入园区建设资金总额达3.01亿元。

**新兴产业势头强劲** 森林康养产业被纳入《湖南省“十三五”林业发展规划》，湖南省政府办公厅出台了《关于推进森林康养发展的通知》文件，湖南省林业厅与北大未名集团正式签署《“未名青羊湖国际森林康养中心”项目合作建设协议》。湖南有4家森林康养示范基地被纳入第一批全国森林康养基地试点建设单位范畴。林下经济产值从2012年的77.37亿元增长到2016年的484亿元，年均增长率达58.1%，成功探索了新化、靖州的“林药”模式，平江、浏阳的“林养”模式。湖南林业碳汇工程湘西土家族苗族自治州试点正式启动。中部林业产权交易服务中心完成湖南省林权流转项目1073宗、交易面积1.72万公顷、交易金额达24911万元，业务辐射四川、云南等13个省份。

**龙头企业持续壮大** 加上新认定129家省林业产业龙头企业，湖南全省已有507家。衡阳天天见梳篦实业有限公司等7家企业成功获批第二批国家林业重点龙头企业，湖南省国家级林业龙头企业增至14家。2016年新增和重新认定湖南著名商标75个、湖南名牌产品11个。加强林产工业和竹产业专项扶持，投入1300万元支持重点龙头企业实施技术和产品升级项目。企业创新发展能力增强，湖南大三湘油茶科技有限公司的“油茶功能脂质高效制备关键技术与产品创制”项目荣获国家科学技术进步二等奖，邵阳丰源科技等12项研发成果被评为第三届中国林业产业创新奖。

**发展环境继续优化** 深入开展“企业服务年”活动，建立健全湖南省、市、县三级联系龙头企业制度，为企业申请中央财政贷款贴息1104万元。创新管理机制，建立产业发展联席会议制度，定期召开联席会议研究产业发展工作，凝聚了发展共识、形成了发展合力。举办了湖南省林业产业电子商务培训班，推进了“互联网+林业产业”新进程。

**行业管理工作** 加强完成国家林业局和湖南省林业厅下达的林产品质量安全监测621批次的检测任务，加强不合格企业产品的曝光。组织开展“安全生产监管执法年”和“大排查、大管控、大整治”专项行动，抓实安全生产责任及措施，保持了林业系统、林业行业安全稳定的局面。申报森工林场危旧管护用房和天然林停伐补助资金323万元、救灾资金100万元，下达林区道路养护资金3000万元，养护里程4866.2千米，林区、林场基础设施条件得以持续改善。

【木、竹材生产与林产工业】

**木、竹材生产** 2016年，湖南省生产商品材273.75万立方米，较上年增长4.19%。生产竹材14089.79万根，较上年增长120.2%，其中毛竹13580.45万根、其他竹材509.34万根，分别占竹材产量的96.39%和3.61%。

**林产工业** 2016年，湖南省共生产锯材413.27万立方米，较上年减少1.7%；生产人造板566.29万立方米，较上年增长15.13%；其中：生产木胶合板193.72万立方米，较上年增长27.51%；竹胶合板86.7万立方米，较上年增长4.12%；密度纤维板56.28万立方米，较上年增长8.17%；刨花板29.2万立方木，较上年增长68.1%；细木工板138.78万，较上年增长4.95%；生产松香及其深加工产品3.85万吨，较上年减少0.5%。制浆造纸业完成产值252.5亿元，较上年增长16.2%；木本油料、果蔬、茶饮料等加工制造业完成产值268.04亿元，较上年增长23.36%；野生动物食品与毛皮革等加工制造业完成产值13.75亿元，较上年增长34.8%；林药加工制造业完成产值32.84亿元，较上年增长37.12%。

【经济林、花卉产业】

**经济林发展** 2016年，湖南省各类经济林产品总产量为7155702吨，比上年增加10.12%。其中：水果产量5489853吨，比上年增加11.34%；干果产量136072吨，增加2.76%；林产饮料产品(干重)98082吨，减少5.57%；林产调料产品(干重)1497吨，增加18.43%；森林食品(干重)169618吨，增加6.87%；森林药材277287吨，增加10.81%；木本油料892604吨，增加6.46%；林产工业原料90689吨，增加9.82%。

**花卉产业** 2016年，湖南省花卉种植面积为60706公顷，比上年增长2.16%，切花切叶产量5352.46万枝，盆栽植物产量3273.42万盆，观赏苗木产量23532.36万株，草坪产量2814.8万平方米，花卉市场302个，花卉企业2250个，花农6.62万户，花卉从业人员19.71万人，控温温室面积60.92万平方米，日光温室面积121.86万平方米。

【油茶产业】 2016年，湖南省油茶产业围绕“巩固成果、提质增效、绿色发展”目标，坚持稳步推进，创新发展，强化资源培育，开拓油茶市场，破解发展瓶颈，取得了良好成绩。2016年，湖南省油茶林总面积达到129.43万公顷。茶油总产量达23.4万吨，产值达259亿元，各项指标均排在全国前列。完成油茶造林4.2万公顷，其中新造林3万公顷，更新造林1.2万公顷，占计划任务178%。完成油茶林垦复6.9万公顷，占计划任务的103.5%。抚育油茶林9.9万公顷。新增油茶特色产业园9个，油茶综合产业园达18个，油茶特色产业园达30个，油茶新造(低改)高产示范达25个园。2016年湖南省投入油茶造林资金19.17亿元，其中：中央资金1.85亿元、地方各级财政及整合资金2.45亿元。在资金项目全面整合的情况下，保留了省级油茶专项4000万元。2016年，投入油茶造林的社会资本高达14.87亿元。中粮集团、广东长青集团、万象控股集团、中联天地等大型企业加大投入投资湖南省油茶产业。油茶产业带动扶持37.2万户贫困户和119万人贫困人口脱贫，户均扶持资金1825元，为湖南省扶贫攻坚作出了贡献。

【森林公园建设及森林旅游业】 2016年，湖南省森林公园建设和森林旅游发展以“五大发展理念”引领，以保护森林风景资源为前提，以市场需求为导向，大力发展森林旅游，助推林区扶贫富民，为林业转型升级发展和生态文明建设，作出了重要贡献。一是森林公园建设成效显著。截至2016年年底，湖南省森林公园已发展至130处，其中国家级62处，省级55处，县级13处，湖南省森林公园经营管理面积49.92万公顷。二是森林旅游呈现快速发展的态势。全年旅游总人数4478.14万人次，同比增长12%；其中海外游客221.22万人次，同比增长9%；湖南省森林公园收入总额为63.20亿元，同比增长22%；湖南省森林公园共投入建设资金369636.18万元，同比增长19%。三是积极申报国家森林公园。成功申报了湖南溆浦、汉寿竹海、萱州3处国家森林公园，湖南国家森林公园数量达到62个，继续位列全国第一。四是强化森林公园质量管理。在湖南省首次开展森林公园管理质量检查，制定《湖南省森林公园质量管理检查办法暨评分标准》，对118个省级以上森林公园全面进行考核，评选了“湖南省森林公园质量管理十佳”，对10个质量管理不合格的森林公园限期整改，强力推动森林公园管理提质。五是森林旅游助推精准扶贫成效显著。依托森林公园自然、生态、文化三大核心优势资源，大力发展森林旅游产业，使100万林农在发展森林旅游中受益，提供就业岗位近8万个。8月，全国政协副主席罗富和在湖南调研期间，给予湖南省的森林旅游助推精准扶贫工作高度评价。六是生态文化活动成果丰硕。湖南省林业厅组团参加2016年中国森林旅游节，湖南展馆以“山美、林美、湖南美”为主题，全面展示了湖南优美的森林旅游资源和生态文明建设成果，获得森林旅游节组委会评定的最佳组织奖等4项殊荣。张家界市、新化县分别获评全国森林旅游示范市、全国森林旅游示范县。

**【森林康养】** 2016年，森林康养的发展得到了湖南省委、省政府的高度重视。2月，湖南省委书记考察了湖南林业森林康养中心，对林业发展的这一新业态给予点赞，希望森林康养中心主动对接人民群众的需求，大力发展以“走进森林、回归自然”为特点的森林康养产业。湖南省林业厅充分利用湖南优质丰富的森林资源，积极贯彻绿色发展理念，全力推动森林康养发展。一是成立高规格领导小组。湖南省林业厅成立了由厅长邓三龙任组长，巡视员柏方敏、副巡视员桂小杰任副组长的湖南省森林康养领导小组，下设8个专业工作组，负责湖南省森林康养产业的规划编制、科学研究、设计监测、标准制定、产业发展、文化宣传、人才培训和国际交流。二是报请省政府办公厅下发了《湖南省人民政府办公厅关于推进森林康养发展的通知》(湘政办发〔2016〕97号)，这是全国第一个以省政府名义下发推进森林康养发展通知的省份。三是科学编制发展规划。《湖南省森林康养发展规划(2016～2025)》历经半年多的编写、征求意见和20余次修改完善，于11月15日顺利通过了由中国工程院院士、北京林业大学原校长尹伟伦教授担任组长的评审专家组的评审，成为全国第一个由林业、医疗卫生部门专家联合制定的省级森林康养规划。四是成功申报了青羊湖、杜家冲2个国家森林养生和森林体验基地，评选了青羊湖等20处森林康养试点示范基地，以点带面，带动湖南省森林康养基地的创建。五是推动省青羊湖国有林场与北大未名集团签署《“未名青羊湖国际森林康养中心”项目合作建设协议》，利用双方各自优势，计划投入不少于30亿元将青羊湖国有林场打造成“国内一流、国际知名”的森林康养示范基地。

**【林下经济】**

**对接精准扶贫，投入大幅增长** 积极贯彻落实中央和省委扶贫攻坚精神，将扶持林下经济发展融入到推进贫困地区脱贫致富的总体大局来抓，在项目建设和资金安排上给予贫困地区重点倾斜。2016年，湖南省财政林下经济专项扶持资金预算由800万元增加到1300万元，全年共安排省财政林下经济扶持项目99个，其中贫困县(市、区)43个、资金555万元；与省经信委、省农委等8个部门联合认定了8个首批湖南省中药材种植基地示范县，其中贫困县(市、区)6个；创建国家林业局“服务精准扶贫国家林下经济及绿色产业示范基地”22家，全部在贫困地区推荐；创建湖南省林下经济特色产业园省级示范园15个，财政奖补资金1500万元，其中贫困县(市、区)8个、奖补资金800万元。

**注重典型示范，带动成效明显** 截至2016年年底，湖南省共创建国家林下经济示范基地32家(为全国最多省份)，其中2016年度22家；创建省级林下经济示范基地178家，其中2016年度62家；创建省级林下经济科研示范基地5家，其中2016年度1家；创建省级木本药材和林下经济特色产业园21个，其中2016年度15个。9月，全国林下经济示范基地现场观摩培训班在湖南省成功举办，来自各省(市、区)的林下经济管理工作骨干及国家林下经济示范基地的代表100余人参加培训。在典型示范带动下，湖南省261.49万农户参与发展林下经济，湖南省林下经济发展面积达189.3万公顷，林下经济产值从2012年的77.37亿元增长到2016年的484.11亿元，年复合增长率达58.1%。2016年，湖南省农民人均林业综合收入2158.49元，其中林下经济占35%。

【林业产业大事记】

**3月24日** 湖南省林业厅组织湖南省知名的油茶专家、学者、企业家、有关人大代表、政协委员、地方领导、行业领导共80余人齐聚中国油茶之都邵阳县共商“十三五”油茶产业发展大计，形成了“坚定信心、迎接挑战、抢抓机遇、创新发展、开创湖南省油茶产业‘十三五’发展新局面”的《邵阳共识》。

**9月9日** 组织湖南油茶企业组团参展由商务部和湖南省人民政府联合举办的2016年中国食品餐饮博览会。湖南省林业厅厅长邓三龙、巡视员唐苗生作了演讲和产业产品推介。展会期间到湖南油茶展馆参观考察的客商和观众近3万人次，湖南油茶在中国食品餐饮博览会上再一次引起轰动。

**10月18日** 湖南省林业厅和张家界市人民政府成功主办了以“森林保护，旅游扶贫”为主题的第18届中国湖南张家界国际森林保护节，彰显了森林公园在生态文明建设中的重大作用。

**11月11日** 国家林业局在湖南省永州市召开了第八次全国油茶产业发展现场会。国家林业局副局长陈凤学到会作工作报告，副省长戴道晋到会并讲话。全国15个油茶主产区和湖南省林业厅(局)、国家发改委、国家农开办、国家开发银行、中国农业发展银行、中国农业银行等有关部门负责人参加了会议。

**11月15日** 《湖南省森林康养发展规划(2016~2025)》顺利通过了由中国工程院院士、北京林业大学原校长尹伟伦教授担任组长的评审专家组的评审。

**12月20日** 《国家林业局、中国农林水利气象工会全国委员会关于表彰第三届中国林业产业突出贡献奖、创新奖获得者的决定》发布，湖南林业获得中国林业产业突出贡献奖10项，中国林业产业创新奖12项。

【国家林业重点龙头企业名录】

益阳森华林业发展有限公司
株洲松本林化有限公司
湖南瑞柏茶油有限公司
湖南福湘木业有限责任公司
伟特家居股份有限公司
湖南林之神生物科技有限公司
湖南山润油茶科技发展有限公司
衡阳市天天见梳篦实业有限公司
湖南省百山洁具有限责任公司
浏阳市金仁林业集团有限公司
湖南银山竹业有限公司
株洲市万樟园林绿化工程有限责任公司
娄底市海人科技开发有限公司
湖南贵太太茶油科技有限公司

【省级林业产业龙头企业名录】

永州市异蛇产业有限公司
永州市异蛇科技实业有限公司
永州市山香香料有限公司
湖南新金浩茶油股份有限公司
湖南科茂林化有限公司
湖南敬和堂制药有限公司
永州利达工贸实业有限公司
湖南省江永县大众木业有限责任公司
湖南银光粮油股份有限公司
永州市湘南出口包装有限公司
永州市福源木业有限公司
湖南大自然制药有限公司
湖南湘浩油茶生物科技有限公司
江永县金榄果茶油有限责任公司
湖南省唐家山油茶开发有限公司
湖南果秀食品有限公司
湖南舜皇峰竹木有限公司
永州市鑫森农林业开发有限公司
永州市东安汤氏竹业有限公司
永州锦田木业有限公司
永州市阳明生态农业发展有限公司
湖南咏农投资开发有限公司
湖南希尔天然药业有限公司
湖南恒伟药业股份有限公司
蓝山县湘蓝竹木制品有限公司
蓝山县鑫旺竹业有限公司
湖南家乐竹木有限公司
新田苗木绿化有限公司

湖南林丰木业有限公司
永州伊园科技有限公司
永州万喜登农业发展有限公司
湖南凯丰活性炭环保科技有限公司
湖南华泰家私有限责任公司
湖南吉星家居有限公司
蓝山县郁葱林业有限责任公司
永州市馨园园艺有限责任公司
东安县新科生态农业有限公司
双牌县聚农林场
湖南闽新人造板有限责任公司
湖南天沃科技有限公司
蓝山县景峰林业发展有限责任公司
永州市沐阳恬园农林开发有限公司
湖南恒康农林科技有限公司
湖南盛源竹业有限公司
湖南省康德佳林业科技有限公司
湖南栋梁木业有限公司
湖南天惠油茶开发有限公司
东安瑞峰农林牧发展有限公司
永州市建华林产科技开发有限公司
永州市永大九嶷油茶开发有限公司
湖南云生竹业科技有限公司
永州浙南竹木有限公司
湖南通天旅游文化传播有限公司
永兴县绿洲木业有限公司
郴州海华竹木制品有限公司
湖南创兴人造板有限公司
郴州天湖绿色食品有限公司
郴州邦尔泰苏仙油脂有限公司
嘉禾嘉津实业有限公司
汝城县湘苏木业有限责任公司
资兴市华兴木制品有限公司
汝城县纯正木业有限公司
汝城县绿叶木业有限责任公司
宜章裕农林业发展有限公司
郴州华鼎粮油工业有限公司
郴州御林傢俬有限公司
湖南宏润绿色油业科技有限公司
湖南中南油茶控股有限公司
湖南省绿色家园现代休闲农业有限公司
桂阳郁葱葱生态林业发展有限公司
永兴县源和油茶有限公司
湖南过山瑶农业有限公司
湖南利诺生物药业有限公司
湖南御仙生态农业发展有限公司
资兴市东江天然绿色食品有限公司
永兴泰宇茶油有限公司
宜章县盛世农业发展有限公司
宜章天泉林产品有限公司
宜章县林富生态农业发展有限公司
郴州皓翔农林产业有限公司
桂阳县天能生态农业发展有限公司
郴州湘众中药材种植贸易有限公司
湘林集团有限公司
湖南省丰源体育科技有限公司
邵阳佰龙竹木有限责任公司
湖南旺正新材料有限公司
洞口县佳利木业有限公司
洞口县五龙山胶合板厂
湖南崀山家具有限公司
武冈市云山木业有限责任公司
绥宁县力马画材有限公司
湖南紫薇投资集团有限公司
湖南银山竹业有限公司
洞口佳和建材有限公司
湖南花研园林景观有限公司
邵阳市鑫众农林科技发展有限公司
邵阳市华立竹木制品有限公司
湖南李文食品有限公司
湖南瑞柏茶油有限公司
湖南百山洁具有限责任公司
湖南德润蓝昆生物工程技术有限公司
邵阳心连心食品有限公司
湖南湘宝油茶开发有限公司
邵东县古奇洞玫瑰开发有限公司
邵阳天元木业有限公司
湖南省武冈市银林林业发展有限公司
湖南金芒果家居有限公司
邵阳市新康尼生态农业发展有限责任公司
湖南东方新绿洲农林科技有限公司
邵阳市檀香园现代农业综合开发有限公司

新宁县福鑫木业有限责任公司
邵阳市新绿洲农林高新科技发展股份有限公司
湖南华强粮油发展有限公司
湖南浩达农林发展有限责任公司
邵阳县珍奇木材加工厂
湖南美景生态农林发展有限公司
洞口县玉竹木业总厂
湖南青钱柳科技开发有限公司
城步苗族自治县鸿丰木业有限公司
新宁县崀山中药材种植有限责任公司
邵东县新屋农林发展有限责任公司
湖南鸿利药业有限公司
湖南雪湘玫瑰花农业科技有限公司
湖南家富三禾农林科技发展有限公司
邵阳县盛和农林科技发展有限公司
邵阳县五龙休闲农业开发有限公司
新宁县森鑫竹木发展有限公司
湖南益宏园林建设有限公司
武冈市青钱柳茶业有限公司
新邵南陌生物科技有限公司
湖南中集竹木业发展有限公司
湖南省林辉实业有限公司
邵阳县顺丰农业发展有限公司
邵阳县兴隆粮油食品有限公司
湖南坤乾食品有限公司
湖南省红芳农业开发有限公司
邵东县多特农业有限公司
隆回县建兴林业发展有限公司
隆回佳鼎木业有限公司
湖南古楼雪峰云雾茶有限公司
邵阳美源农林科技有限公司
会同县贤胜油业有限责任公司
湖南补天药业有限公司
怀化市松涛林产化工有限公司
湖南美森竹木住宅科技有限公司
怀化市恒裕竹木开发有限公司
湖南骏泰浆纸有限责任公司
湖南湘虹葛业股份有限公司
湖南泰格林纸集团洪江纸业有限责任公司
会同县康奇瑞竹木有限公司
湖南鸿森木业有限公司
湖南佰诺酒业有限公司
沅陵大博农林开发有限公司
怀化市洪源农林开发有限公司
怀化市四宝山生物科技有限公司
湖南杨家将茶油股份有限公司
湖南省新晃县龙脑开发有限责任公司
湖南省怀化市华鑫生态科技发展有限公司
湖南恒森农业发展有限公司
溆浦乐园竹业有限公司
湖南洪江棓雅生物科技有限公司
湖南汉清生物技术有限公司
怀化市荣华生态农业开发有限公司
靖州县金茶油科技开发有限责任公司
怀化福民油茶发展有限公司
湖南金月云农林投资开发有限公司
芷江春知蓝笋业开发有限公司
怀化市洪江区欣隆竹胶板厂
湖南寰宇木业有限公司
怀化市靖萍农林牧综合开发有限公司
湖南生泰茶油有限公司
湖南博嘉魔力农业科技有限公司
湖南龙丰茯苓科技开发有限公司
湖南德宇农林发展有限公司
湖南一品东方生物科技有限公司
靖州县湘百仕酒业有限责任公司
湖南有生绿色产业开发集团有限公司
怀化市腾升油脂有限公司
湖南长江木业实业有限公司
湖南福湘木业有限责任公司
湖南山润油茶科技开发有限公司
岳阳纸业股份有限公司
湖南茂源林业有限责任公司
湖南大亨湖湘木业有限公司
湖南省福星林业股份有限公司
岳阳华信人造板有限公司
岳阳县芭蕉扇业有限责任公司
汨罗市宏达木业有限公司
湖南基荣木业有限公司
湘阴县兴湘木业有限责任公司
湖南省及时春金银花保健品有限公司
湖南给力生物能源股份有限公司

湖南省长康实业有限责任公司
岳阳县林园生态农业科技有限公司
湖南现代家具装饰有限公司
临湘市晨星竹业有限公司
临湘市新兴实业有限公司
湖南正盛农林科技开发有限公司
岳阳绿普园林艺术有限公司
岳阳县雷公藤中药材种植专业合作社
湖南圣泰园林绿化有限公司
古丈县卓良木业有限责任公司
湘西老爹生物有限公司
湖南龙山县现代中药材开发有限责任公司
永顺县源植天然香精香料有限责任公司
湘西宏成制药有限责任公司
古丈县神土地农副特产制品厂
湖南边城生物科技有限公司
湘西自治州奥瑞克医药化工有限责任公司
泸溪县武陵阳光生物科技有限责任公司
湖南鸿光林产品开发有限公司
湖南鑫科牧业有限公司
龙山县恒龙中药业拓展有限公司
湘西自治州牛角生态农业科技开发有限公司
古丈罗马特种生物科技有限公司
衡阳市天天见梳篦实业集团有限公司
湖南开福家具有限公司
湖南省天福油脂有限公司
湖南大三湘油茶科技有限公司
祁东县宏泰家具实业有限公司
湖南省衡东县中药饮片厂
祁东县新丰果业有限公司
湖南森香木业有限公司
湖南江山生态农林发展有限公司
耒阳市神农农业科技发展有限公司
湖南省三香农林开发有限公司
湖南恒建农林综合开发有限公司
衡阳市嘉兴木业有限公司
湖南金昌生物技术有限公司
衡阳市众森木业有限公司
湖南隆昌农林开发有限公司
湖南省展望生物科技发展有限公司
湖南珍丰农业发展有限公司
湖南省易湘生态农业科技有限公司
湖南花果果农林综合开发有限公司
常宁市碧翔农业开发有限公司
湖南松林农业开发有限公司
耒阳市金鑫农业科技发展有限公司
湖南省广林农业科技开发有限公司
衡山天华生态农业有限公司
祁东县一家家居有限公司
湖南省洣江农林综合开发有限公司
衡阳市荣盛农业科技发展有限公司
湖南中联天地科技有限公司
澧县振顺人造板有限责任公司
湖南国珍木业有限公司
桃源县桃花源跃宇竹业有限责任公司
常德市鼎城东方恒康竹业有限公司
汉寿县洞庭木业有限责任公司
湖南省石门县白云山国有林场
常德荣星家具有限公司
湖南省文源林业开发有限公司
常德湘大环保科技有限公司
湖南常德湘联实业有限责任公司
常德市卧山夫烙画有限公司
汉寿县绿博农业综合开发有限公司
汉寿县芙蓉林业园林有限责任公司
湖南林钰王科技环保有限公司
常德市鼎城金标粮油工业有限公司
湖南华耀浆纸有限公司
常德市鼎城区富祥木业有限公司
湖南城头山农林开发有限公司
常德百佳园林建设有限责任公司
湖南新合丰装饰材料有限公司
湖南天骄农林发展有限公司
湖南博邦农林科技股份有限公司
湖南周记工贸有限公司
常德市鼎城区天野竹业有限公司
湖南同飞农林科技开发有限公司
湖南天福农业综合开发有限公司
汉寿县湘汉苗木有限公司
澧县康园农业开发有限公司
汉寿县银河岸农林科技发展有限公司
湖南长笛龙吟竹业有限公司

湖南桃凌木业有限公司
湖南三力绿色生态产业发展有限公司
湖南无患子农林发展有限公司
湖南省石门县犟哥野生素食研制中心
澧县树大园林有限责任公司
湖南欢颜新材料科技有限公司
湖南润农生态茶油有限公司
湖南山晖农林投资开发有限公司
湖南申友农林投资有限公司
湖南波比木业有限责任公司
湖南唐臣粮油实业有限公司
湖南行寅贤农业科技有限公司
湖南农其科技开发有限公司
湖南明月山庄农业发展有限公司
湘潭市鑫美园林苗木有限责任公司
湖南汇景投资有限公司
湘潭市花园林产品交易市场有限公司
湘潭金峰生态农业有限责任公司
湖南福鑫木业有限公司
湖南荣和谷农业发展有限公司
湘潭市向阳苗木花卉有限公司
湖南月意生态工程有限公司
湖南鑫湘木业有限公司
湘潭县东兴木业有限责任公司
湖南省壹点园林有限公司
湘乡春天木业有限公司
湘潭市木材公司
湘潭康奕达油茶生物科技有限公司
湖南东方威生物制品有限公司
湖南润竹竹业有限公司
湖南陆陆木业有限公司
湖南昭舜农林开发有限公司
湘潭盘龙生态农业示范园有限公司
湖南百里醇油茶科技发展有限公司
湖南楚山宝农业发展有限公司
湖南泰格林纸集团有限责任公司
浏阳市永鑫建材有限责任公司
浏阳市金仁竹木工艺品有限公司
湖南地宝龙装饰材料有限公司
湖南望城出口包装有限公司
长沙千禧木业有限公司
湖南省浏阳市大围山竹木制品厂
浏阳市中南竹业有限公司
湖南圣保罗木业有限公司
浏阳市康明木业有限公司
浏阳市戴式木业厂
浏阳市顺捷木艺有限公司
长沙菱格木业有限公司
浏阳市古港镇虎康厨具用品厂
湖南先伟实业有限公司
浏阳市恒春木业有限公司
长沙李氏家具有限公司
长沙市欧林雅家纺有限责任公司
长沙民湾家具制造有限公司
浏阳市龙伏镇圣丽亚木业厂
湖南文和家具有限公司
湖南贵太太茶油科技有限公司
湖南省达美包装有限公司
湖南省美津园粮油食品有限责任公司
湖南高鹏木艺有限公司
湖南森鑫环境景观园林工程有限公司
湖南金太阳木制品有限公司
浏阳市山田腾飞木业厂
长沙林盛林业科技开发有限责任公司
湖南雪丰建材有限公司
湖南怡人园林绿化有限公司
浏阳市富豪木业有限公司
浏阳市时上木业厂
长沙千龙湖生态农业开发有限公司
湖南瀚海林业发展有限公司
湖南天华油茶科技股份有限公司
湖南长浏园林建设发展有限公司
伟特家居股份有限公司
浏阳市闩山门业有限公司
浏阳市名柏木业有限公司
湖南顺天园林绿化有限公司
湖南省文华农业工程技术有限公司
湖南湘纯农业科技有限公司
浏阳市蜜蜂哥哥蜂产业专业合作社
浏阳市汉瑞木业有限公司
湖南宏健茶油生物科技有限公司
浏阳市佳源生态农林开发有限公司

湖南省海韵农业开发有限公司
浏阳五祥木业有限公司
浏阳市淳口镇永旺木业厂
长沙市壕铭文教用品有限公司
湖南江城景观建设有限公司
浏阳市沿溪家旺竹木制品厂
长沙一苇景观建材有限公司
浏阳市鑫昌鑫木业有限公司
湖南固得木艺有限公司
湖南裕容家具产业园有限公司
长沙三珍林业科技开发有限公司
湖南天泉生态草业工程有限公司
长沙天然油茶科技发展有限公司
湖南天合农业发展股份有限公司
长沙世光家具有限公司
湖南沩滨农业科技有限公司
长沙县多彩农业科技有限公司
长沙星城园林绿化工程有限公司
湖南九九慢城杜仲产业集团有限公司
湖南金霞(浏阳)油茶科技有限公司
湖南省晚安家居实业有限公司
湖南桃花江实业有限公司
益阳瑞亚高科纺织有限公司
益阳桃花江竹业发展有限公司
益阳海利宏竹业有限公司
湖南森艺家具有限公司
湖南万森木业有限公司
桃江县湘益木业有限责任公司
益阳森华林业发展有限公司
益阳市远益竹青砧板有限公司
益阳市华林实业发展有限公司
湖南省科农林业科技开发有限公司
益阳市恒生木业有限公司
湖南省桃江县竹制品有限公司
沅江纸业有限责任公司
沅江市天健林业开发有限公司
湖南家湘美木业有限公司
湖南德群园林绿化有限公司
湖南省桃江县杨林移民竹业有限责任公司
湖南省桃江县吉华竹木制品有限公司
湖南省桃江县金桥竹业有限公司
桃江县罗家坪福利竹业有限公司
桃江县宏森木业有限责任公司
桃江县福森木业有限公司
益阳福民油茶产业发展有限公司
沅江市鸿海农业综合开发有限公司
湖南拓普竹麻产业开发有限公司
湖南森润富隆林业发展有限公司
湖南金柠农林科技综合开发有限公司
桃江县伊联木业有限责任公司
益阳康力竹艺制品有限公司
湖南三盟油茶科技开发有限公司
湖南瑞慧农林科技有限公司
益阳市新昌竹木制品有限公司
沅江市中旺木业有限公司
湖南风河竹木科技有限公司
益阳和祥竹业有限公司
桃江曙林家居有限公司
湖南胜辉木业有限公司
湖南绿苑园林景观工程有限公司
湖南力都科技有限公司
湖南省春龙竹艺有限公司
桃江县杨林木业有限公司
安化县龙塘柏溪竹业有限责任公司
湖南山山绿色食品有限公司
益阳冉哲竹木有限公司
湖南省西施园林科技有限公司
湖南顺德城家居股份有限公司
益阳市鸿顺竹木制品有限公司
湖南天翔生态竹业科技有限公司
益阳市银丰园林景观有限公司
桃江冰梦家居用品有限公司
桃江县汇泉农业发展有限公司
张家界久瑞生物科技有限公司
湖南张家界九天食品有限责任公司
张家界康华实业有限公司
张家界茅岩莓有限公司
张家界福安家木业有限公司
张家界惊梦酒业食品有限责任公司
张家界广惠众生态农业有限公司
湖南大湘西魔芋有限公司
张家界三木能源开发有限公司

桑植金桥农产品有限责任公司
张家界立功旅游农业发展公司
张家界大峡谷旅游景区管理有限公司
慈利县绿为装饰材料有限责任公司
株洲松本林化有限公司
株洲江山置业有限公司
株洲市丹陵花木有限责任公司
攸县奇瑞实木家私有限公司
湖南省绿达新材料有限公司
炎陵县振盛木业厂
茶陵古城香业有限责任公司
株洲云田花木有限公司
炎陵县南都木业厂
株洲县林之鹰竹胶板厂
湖南红星盛康油脂股份有限公司
茶陵县虎踞林场发展有限公司
茶陵县浙南竹木开发有限公司
株洲市万樟园林绿化工程有限责任公司
湖南省山森林业开发有限公司
炎陵县盛发木业有限责任公司
湖南森龙林业开发有限公司
湖南省慧科生态园林开发有限公司
茶陵县木森木业有限责任公司
醴陵金桥生态林农实业有限公司
株洲市大顺包装有限公司
茶陵县飞鹏竹木业有限公司
炎陵县金兴木业有限责任公司
茶陵县卧龙林业有限公司
醴陵金鼎生态农业科技开发有限公司
茶陵县强林林业有限责任公司
湖南省尚竹家居用品有限公司
湖南金鹰服饰集团有限公司
湖南娄底响莲实业发展有限公司
湖南亲情果饮料有限公司
湖南省双峰县汇元竹木胶合板厂
双峰县双龙家具装饰有限责任公司
湖南湘雪农业发展有限公司
涟源市祥兴农林科技开发有限公司
湖南华人中药科技有限公司
娄底龙山竹业有限公司
双峰县永盛木业胶板厂
新化县绿源农林科技有限公司
湖南贵鸿生态农业发展有限责任公司
湖南华泰农林科技有限公司
湖南汇美天下集团园林绿化有限公司
湖南瑞生源生物科技有限公司
湖南省新贵园农业科技发展有限公司
湖南味茹妨生物科技有限公司
湖南中南神箭竹木有限公司
娄底市海人科技开发有限公司
娄底市神州生物能源有限公司
湖南省大泽生农林开发有限公司
冷水江市潮盛生态林业发展有限公司
娄底市万花花卉有限公司
娄底市现代园林绿化有限公司
湖南省林海农林综合开发有限公司
湖南省桑圆门业有限责任公司
湖南省宜东农林发展有限公司
湖南省宇诚农业科技发展有限公司
涟源市利群农贸综合开发有限公司
新化县中派集成家具有限公司
新化县天龙山农林科技开发有限公司
新化县恒安工贸有限公司
冷水江市优景农业科技发展有限责任公司
湖南水云峰农业科技有限公司
冷水江市旭翔农业开发有限公司
涟源市南芙生态农业有限公司
涟源市翠远生态农业有限公司
湖南林之神生物科技有限公司

**【湖南省现代林业特色产业园】**

| 市州 | 序号 | 县市区 | 项目名称 |
|---|---|---|---|
| 长沙市 | 1 | 雨花区 | 特色珍贵花卉苗木产业园 |
| | 2 | 长沙县 | 华南源特色花卉苗木产业园 |
| | 3 | 浏阳市 | 浏阳国际家具城特色家具产业园 |
| 株洲市 | 4 | 云龙示范区 | 经济林产业园 |
| | 5 | 株洲县 | 湖南森龙特色油茶产业园 |
| | 6 | 茶陵县 | 万樟园林特色珍贵花卉苗木产业园 |
| 湘潭市 | 7 | 天易示范区 | 湘潭竹木工业园 |
| | 8 | 岳塘区 | 湘潭盘龙特色花卉苗木产业园 |
| 衡阳市 | 9 | 衡阳县 | 特色木本中药材、经济林产业园 |
| | 10 | 祁东县 | 祁东酥脆枣特色经济林产业园 |
| | 11 | 耒阳市 | 蔡伦竹海森林旅游特色产业园 |

(续)

| 市州 | 序号 | 县市区 | 项目名称 |
|---|---|---|---|
| 邵阳市 | 12 | 双清区 | 紫薇花木产业园 |
| | 13 | 邵东县 | 邵东县黄草坪油茶林场特色油茶产业园 |
| | 14 | 新邵县 | 新邵县特色林下经济产业园 |
| | 15 | 城步县 | 城步县华科特色楠竹产业园 |
| 岳阳市 | 16 | 临湘市 | 湘北楠竹科技产业园 |
| | 17 | 平江县 | 幕阜山特色森林旅游产业园 |
| 常德市 | 18 | 桃源县 | 湖南省桃源县跃宇楠竹产业示范园 |
| | 19 | 汉寿县 | 汉寿县特色油茶产业园 |
| 张家界 | 20 | 慈利县 | 张家界大峡谷森林旅游产业园 |
| 益阳市 | 21 | 赫山区 | 现代农业特色珍贵花卉苗木产业园 |
| | 22 | 赫山区 | 益阳顺德城特色泛家居产业园 |
| | 23 | 资阳区 | 森华特色林板一体化产业园 |
| | 24 | 桃江县 | 桃江县马迹塘特色竹笋产业园 |
| 永州市 | 25 | 冷水滩区 | 恒伟特色银杏药材种植及深加工产业园 |
| | 26 | 新田县 | 新田华泰家俬产业园 |
| | 27 | 东安县 | 东安县竹精深加工产业园 |

(续)

| 市州 | 序号 | 县市区 | 项目名称 |
|---|---|---|---|
| 永州市 | 28 | 零陵区 | 永州特色蛇类驯养繁殖利用产业园 |
| | 29 | 双牌县 | 阳明山特色木本药材产业园 |
| 郴州市 | 30 | 安仁县 | 特色珍贵花卉苗木产业园 |
| | 31 | 桂阳县 | 桂阳县特色林下经济产业园 |
| | 32 | 宜章县 | 宜章县天泉林产品有限公司特色林脂产业园 |
| 娄底市 | 33 | 新化县 | 特色木本中药材产业园 |
| | 34 | 涟源市 | 涟源市祥兴特色油茶产业园 |
| 怀化市 | 35 | 市本级 | 湖南中坡国家森林公园森林文化旅游产业园 |
| | 36 | 会同县 | 湖南林业(会同)现代产业园 |
| | 37 | 沅陵县 | 借母溪特色森林旅游产业园 |
| | 38 | 洪江市 | 洪江市特色楠竹产业园 |
| 湘西自治州 | 39 | 古丈县 | 古丈县神土地农副特产制品厂特色林下经济产业园 |
| | 40 | 花垣县 | 花垣县特色梓鑫玫瑰产业园 |
| 省直 | 41 | 省科技厅 | 湖南油茶科技创新集成产业园 |

(何　宏　甄国懿)

# 广东省林业产业

【概　述】 2016年年底，全省森林面积1092万公顷，森林蓄积量5.73亿立方米，森林覆盖率为58.98%，林业产业总产值7695.78亿元。

2016年，广东林业产业工作紧紧围绕生态增优、林业增效、林农增收的目标，加快转变经济发展方式，优化产业结构，积极推进林业供给侧结构性改革，按照"做优第一产业，做强第二产业，做大第三产业"的发展思路，力促第一产业、第二产业和第三产业融合发展，发展态势良好。

**全省林业产业总产值连续多年位居全国第一**

"十二五"期间，全省林业产业总产值年平均增长21%，为广东现代林业建设打下坚实基础。2016年，全省林业产业总产值达7695.78亿元，其中第一产业产值883.11亿元，占比11.47%；第二产业产值5022.76亿元，占比65.27%；第三产业产值1789.92亿元，占比23.26%。与上年度相比，第一产业产值比重基本持平，第二产业产值比重下降，第三产业产值比重上升。

**以森林资源培育业为主的第一产业越做越优**

近几年来，广东森林资源培育业不断发展壮大，珍贵树种、大径材、林下经济产品等优质森林资源得到大力发展，森林资源质量不断优化，林地产出率不断提高。2016年森林资源培育业产值636.54亿元，较2015年增长8.0%。

**以木竹材加工业、木竹藤家具业为主的第二产业越做越强**　2016年，面对全球性贸易持续低迷等不利因素的影响，广东林业第二产业积极推进供给侧结构性改革，注重转变发展方式，淘汰落后产能，加快转型升级，产能集中度不断提高，推动了产业集聚发展。以木竹材加工业、木竹藤家具业为主的第二产业越做越强，涌现出一批知名家具专业镇和林产品知名品牌，企业和产品的竞争力不断提升，资源利用率和经济效益逐步提高。2016年，第二产业产值5022.76亿元，较2015年增长4.03%。

**以森林生态旅游业为主的第三产业越做越大**

2016年，广东林业第三产业规模不断扩大，年总产值达1789.92亿元，较2015年增长19.61%，其中森林生态旅游业1625.92亿元，占第三产业产值的90.84%，较2015年增长18.75%；林业服务业(含林业系统非林产业)产值164.00亿元，较2015年增长28.85%。森林生态旅游业产值占林业产业总产值21.13%，已成为林业经济新的增长极。截至2016年年底，全省已建设森林公园1351个，湿地公园190个，自然保护区290个，森林生态旅游示范基地83个，为发展森林生态旅游打下良好基础。2016年，全省森林公园接待游客2.67亿人次，促进了各地特色林产品和社会经济发展，带动了农民增收脱贫。

**以科技创新促进产业转型升级发展**　广东林业产业通过创新体制和机制，探索区域林业科技创新模式，完善成果转化激励政策，营造良好创新环境，充分调动各类人才的创新动力与活力。加快实施林业科技创新驱动发展战略，加强产业发展领域关键技术攻关，推进科技创新、成果转化、科技服务三大公共科技创新和支撑平台建设，促进林业科技资源的优化配置、共享和信息交流，增强科技创新能力。积极引导林业企业主动"触网"，推动林业产业与"互联网+"的融合，开拓线上线下统一销售平台的新业态。广物木材公司(原鱼珠集团)通过开通电商平台"木材王国"，与省交行共创"木易通"金融平台等举措，实现年木材销售额500亿元，同时利用木材流通"大数据"，建立"中国木材价格指数"，实现"指数和标准"先行，引领国内外木材市场价格，成为全国木材市场价格风向标。全省众多林业知名企业以自建、参股等形式进军互联网，开展了网上营销，极大地提升了信息化经营管理水平，提高了企业经济效益。

【林业产业产值】 2016年，广东全省林业产业总产值统计范围涉及林业支柱产业13个行业，共调查收集了2万多家涉林企业的基础信息，重点调查了1000多家企业，其中包括148家省级林业龙头企业，83家森林生态旅游示范基地。

经调查统计，2016年广东全省林业产业总产值为7695.78亿元，比2015年增长7.60%。其中森林资源培育业产值636.54亿元，占8.27%；林木种苗与花卉业产值212.44亿元，占2.26%；野生动植物资源培育业产值34.13亿元，占0.44%；木竹材生产业产值90.49亿元，占1.18%；人造板制造业产值318.06亿元，占4.13%；木竹地板业产值374.40亿元，占4.87%；木竹藤制品业产值261.18亿元，占3.39%；木竹家具业产值2445.63亿元，占31.78%；木竹浆纸业产值1120.17亿元，占14.56%；森林食品药材和油料生产加工业产值301.12亿元，占3.91%；林产化工业产值111.70亿元，占1.45%；森林生态旅游业产值1625.92亿元，占21.13%；林业服务业(含林业系统非林产业)产值164.00亿元，占2.13%。

2016年，除第一产业中森林培育业、第三产业中森林生态旅游业和林业服务业增长较快以外，总体增速及各个行业增速较2015年均有所放缓。森林资源培育业产值636.54亿元，较2015年增长8.00%；森林生态旅游业产值1625.92亿元，较2015年增长18.75%；林业服务业(含林业系统非林产业)产值164.00亿元，较2015年增长28.85%。

经调查统计，各市及省属单位林业产业产值为：佛山市1204.92亿元，占15.66%；东莞市1079.90亿元，占14.03%；深圳市896.92亿元，占11.65%；广州市976.51亿元，占11.39%；中山市600.15亿元，占7.80%；肇庆市473.56亿元，占6.15%；湛江市358.13亿元，占4.65%；江门市354.10亿元，占4.60%；清远市235.27亿元，占3.06%；惠州市225.47亿元，占2.93%；韶关市208.38亿元，占2.71%；茂名市196.37亿元，占2.55%；珠海市192.60亿元，占2.50%；阳江市184.94亿元，占2.40%；梅州市133.51亿元，占1.73%；河源市132.89亿元，占1.73%；揭阳市86.77亿元，占1.13%；汕头市68.92亿元，占0.90%；云浮市67.60亿元，占0.88%；汕尾市62.41亿元，占0.81%；潮州市39.02亿元，占0.51%；雷州林业局12.31亿元，占0.16%；省直属林场5.13亿元，占0.07%；国家级自然保护区0.03亿元。

调查统计表明，广东林业产业产值超过500亿元的地级市共有5个，分别是佛山市、东莞市、深圳市、广州市和中山市。上述5个地级市的木竹藤家具业、木竹浆纸业、人造板制造业企业规模化、品牌化发展已经比较成熟，产业集聚发展较好，产值多年位居前列。全省各市均拥有自己的优势产业，如广州市的森林生态旅游业、木竹藤家具业、人造板制造业、木竹地板业、野生动植物资源培育业等；东莞市的木竹藤家具业、木竹浆纸业、森林生态旅游业等；佛山市的木竹藤家具业、木竹地板业、人造板制造业、森林生态旅游业、林木种苗与花卉业等；深圳市的木竹藤家具业、森林生态旅游业、木竹地板业等；中山市的木竹藤家具业、木竹地板业、林木种苗与花卉业等；江门市的木竹藤家具业、木竹浆纸业、人造板制造业、森林生态旅游业、木竹藤制品业等；肇庆市的森林生态旅游业、人造板制造业、林产化工业、木竹藤制品业等；惠州市的森林生态旅游业、森林资源培育业、人造板制造业等；清远市的森林资源培育业、森林生态旅游业等；茂名市的森林资源培育业、野生动植物资源培育业、森林生态旅游业等；梅州市的森林生态旅游业、油茶产业、森林资源培育业等；湛江市的木竹浆纸业、森林资源培育业、人造板制造业、木竹材生产业等；韶关市的森林生态旅游业、人造板制造业、森林资源培育业等。

**【全省木材消耗量与采伐量】** 广东是木材消耗大省，2016年全省木材加工企业(未含家具业和木地板业)木材消耗量为2929.9万立方米，而全省木材采伐量仅为756.7万立方米，缺口巨大，木材需求大部分依赖外部供应。

**【森林资源培育业】** 近年来，广东省森林资源培育业不断发展壮大，已形成产业化经营模式。森林资源培育业包括以桉树为主的速生丰产林，以松树为主的工业原料林，以水果、调料香料、木本粮油、森林食品、森林药材为主的特色经济林，以檀香、沉香为主的珍贵树林，油茶林及竹林。2016年森林资源培育业产值636.54亿元，较2015年产值589.39亿元增长8.00%。截至2016年年底，全省林业用地共有1092.00万公顷(其中有林地993.16公顷)，森林资源培育业经营面积359.27万公顷，其中速生丰产林85.12公顷，工业原料林76.23万公顷，油茶林18.67万公顷，特色经济林107.62公顷，珍贵树林7.33万公顷，竹林64.30万公顷。

广东速生丰产林主要以桉树为主。桉树在华南地区大规模种植，是纸浆、纤维板、胶合板和刨花板的原料主要来源，并形成完整的林业产业链。广东省成功借鉴“用不足全国森林面积17%的人工林，生产占自用产量95%的木材”的新西兰经验，以不足全省林地面积8%的桉树林，提供了全省超过60%的木材采伐量。以少量的桉树林通过集约经营来提供大量木材，从而更好地保护大面积的天然林，使其免遭砍伐。

近几年，广东省为充分发挥林业在维护生态平衡、维持生物多样性、提高生态承载力中的决定性作用，对桉树发展的原则是不再扩大种植面积，并逐步改造位于重要生态调节功能区内予以保护和限制经营利用区域的桉树纯林。因此，桉树林的保有量从2012年开始逐年减少，2014年至2016年桉树林面积分别为83.41万公顷、79.24万公顷、78.06万公顷。

油茶林种植方面。广东林业产业根据国家林业产业布局，全省逐年加大对油茶种植的扶持力度，群众积极参与，油茶种植热情持续高涨，种植面积稳步增长。2016年，全省油茶种植面积达18.67万公顷，总种植面积增加了8.9%。然而，油茶种植也存在一些影响其发展的问题：一是良种选育方面，主要以引进广西、湖南、江西品种为主，缺少本地优良品种选育；二是成本方面，林地租赁价格高，肥料价格和人工成本上涨快，种植投资大，资金回收周期长，需继续政策鼓励，加大科技投入，对自主选育本土油茶良种进行发掘。

**【林木种苗与花卉业】** 广东林木种苗与花卉业主要包括：造林种苗、经济林种苗、绿化种苗及木本花卉。2016年林木种苗与花卉业产值212.44亿元，较上年度增长4.89%。林木种苗与花卉业育苗面积10629.1公顷，其中一般造林苗圃1078.9公顷，经济林苗圃432.7公顷，绿化苗圃6012.2公顷，其他综合类苗圃3105.3公顷。

2016年，全省采收林木种子44.15吨，采收良种穗条3206万条(根)。种子采收总量较2015年的75.60吨减少31.45吨，下降41.60%。主要原因是林木种子采摘难度大，劳动力成本高，采种成本远大于相邻省份，影响采种积极性，造成省内种子以引进外地种源为主。2016年全年生产苗木57130.9万株，其中一年生及以下的苗木42360万株，二年生苗木11592.1万株，三年生苗木1411万株，三年以上苗木1767.8万株。2016年实际销售苗木33067.4万株，与2015年相比，苗木产量增加3709.9万株，而当年出售的苗木有所减少。主要原因有：一是2016年城市绿化工程减少，市场对绿化苗木的需求量下降，导致苗木产量过剩；二是2016年度四大林业重点生态工程中的人工造林任务面积为20万公顷，比2015年22万公顷下降9.09%，而且有部分造林任务结转到下一年，人工造林实际完成面积不足20万公顷，导致造林苗木需求量减少；三是从2015年开始，全省对上山造林苗木规格提出更高要求，森林碳汇重点生态工程项目造林的苗木要求使用二年生苗，导致一年生苗木出售量大幅减少。

**【野生动植物资源培育业】** 广东野生动植物资源培育业主要包括野生动物驯养繁殖及其产品加工利用、野生植物培育及其产品加工利用等方面。2016年，广东全省拥有野生动植物资源培育利用的规模企业87家，产业产值为34.13亿元，比2015年的33.46亿元增长2%。广东野生动植物资源经营利用在产业化发展中已初具规模，逐渐形成一批有特色的龙头企业。野生动物驯养繁殖方面，主要驯养繁殖的野生动物种类有鳄鱼、大鲵、黑熊、竹鼠、食蟹猴、蛇类、梅花鹿、野猪等20多种野生动物。鳄鱼养殖 主要分布在高州市、东莞市、佛山市三水区、四会市等地，大鲵养殖主要分布在广州市从化区、揭东县，黑熊养殖主要分布在广州市花都区，竹鼠养殖主要分布在德庆县、阳山县，食蟹猴养殖主要分布在广州市白云区和从化区，蛇类养殖主要分布在肇庆市鼎湖区和高要区、曲江县等地，梅花鹿养殖主要分布在江门市、东莞市，野猪养殖主要分布在乳源县、曲江县等地。

野生植物培育方面，广东主要培植的珍贵野生植物种类有灵芝、石斛、金线莲、五指毛桃等。灵芝种植地主要分布在韶关市仁化县、乳源县、始兴县、新丰县、连山县等。石斛、金线莲种植地主要分布在韶关市、梅州市、茂名市、潮州市，五指毛桃种植地主要分布在河源市各县。

**【木竹材生产业】** 木竹材生产业包括原木、锯材、木片、竹材、单板、薄木生产。2016 年，原木产量 756 万立方米，锯材产量 188.7 万立方米，木片产量 216.6 万立方米，竹材产量 16931.1 万根，单板产量 33 万立方米；木竹材生产业总产值 90.49 亿元，较上年增长约 2%。2016 年原木、锯材、竹材产品产量较 2015 年均有增加。

**【人造板制造业】** 广东人造板制造业包括胶合板、纤维板(主要统计中密度纤维板)、刨花板、其他人造板(主要统计细木工板)。2016 年广东省人造板总产量为 1233.6 万立方米，比 2015 年增加 3.8%。其中胶合板 297.9 万立方米，比上年增加 10.2%；中密度纤维板 454.8 万立方米，比上年减少 4.4%；刨花板 428.9 万立方米，比上年增加 10.1%，细木工板为主的其他人造板 52 万立方米，比上年减少 2.3%。

2016 年，全省共有 6 个地级市的人造板总产量超过 100 万立方米，分别是佛山市 200.4 万立方米，韶关市 141.3 万立方米，东莞市 129.8 万立方米，广州市 116.3 万立方米，惠州市 110.5 万立方米，江门市 102.7 万立方米，以上 6 市的人造板总产量为 801 万立方米，占全省人造板总产量的 64.9%。广东省人造板企业共计 481 家，平均生产规模约 2.56 万立方米，平均生产规模偏小。其中胶合板企业 297 家，平均生产规模 1 万立方米；刨花板企业 86 家，平均生产规模 5 万立方米；中密度纤维板企业 65 家，平均生产规模 7 万立方米。统计数据显示，广东中密度纤维板企业平均生产规模较合理，刨花板企业平均生产规模略低，胶合板企业平均生产规模仍然偏小，应加以合理调整。

近几年，广东省人造板制造业实施供给侧结构性改革，转变发展方式，加快转型升级，淘汰落后产能，产能集中度和产品质量不断提高。2016 年，广东省中密度纤维板年产 10 万立方米以上的企业有 16 家(其中连续平压生产线 12 条)，其产量占总产量的 50.26%；刨花板年产 10 万立方米以上的企业有 10 家，其产量占总产量的 49.02%。

2016 年，在供给侧结构性改革过程中，广东汉鸿木业有限公司利用原有年产 10 万立方米纤维板连续平压生产线改造成年产 22 万立方米的刨花板生产线，调整产品结构，降低单位产品能耗和材耗，提升了产品质量；韶关仁化鸿伟木业有限公司、始兴县华洲木业有限公司、广东翰森环保材料科技有限公司、惠州丰林亚创人造板有限公司、惠州市盛易木业有限公司等 5 家刨花板生产企业运用了国际先进水平，优化了产业结构，取得了良好的经济效益。

**【木竹地板业】** 2016 年，广东全省木竹地板产量为 16091.5 万平方米，比 2015 年增加 2.79%。其中，实木地板产量 2787.5 万平方米，实木复合地板产量 6133 万平方米，强化木地板产量 7103 万平方米，竹材地板产量 68 万平方米。2016 年，广东省木竹地板业尽管遭受不少困难，但由于房地产行业的拉动，木竹地板业仍然扭转了 2015 年度负增长的局面。

总体而言，广东木地板行业经过 20 多年的快速发展，2016 年已进入稳步发展的成熟阶段，建立了从生产、销售到配套铺装的整套服务体系，广东地板行业的市场格局将由价格竞争转向品牌竞争，统领行业发展的必然是自动化程度高、规模化定制、标准化生产的大型企业。大自然家居(中国)有限公司、巴洛克木业(中山)有限公司、广东省宜华木业股份有限公司、东莞富尔玛木业科技有限公司、东莞市洪梅赛维纳地板厂、深圳圣象木地板有限公司、深圳康美林木业有限公司、泉发木制品有限公司等均为广东省上规模的品牌木地板生产企业。2016 年地暖地板异军突起，在全国地板市场所占份额越来越大。值得注意的是，随着市场竞争加剧，生产成本增加，省内部分企业出现外迁，如实木复合地板大型企业广东康达木业有限公司整厂迁移到越南，对广东省的木地板行业产生一定的影响。

**【木竹藤制品业】** 木竹藤制品业主要产品类型包括木门窗、木线及木制装饰材料、木制包装箱、地台板、卡板、木塑材料等，2016 年广东省的木竹藤制品业企业有 1840 家，总产值为 261.18 亿元，企业数量和总产值较 2015 年度均有一定程度增长。木竹藤制品业产值超过 10 亿元的有 5 个市，分别是肇庆市 36.3 亿元、佛山市 32.41 亿元、广州市 23.75 亿元、深圳市 13.12 亿元、东莞市 11.3 亿元。全省木竹藤制品企业大多数生产规模较小，其中木竹藤生活用品、工艺品的生产企业数量最多，共 1172 家，占行业的 63.7%。近年来，以产品出口为主的竹制品企业有所增加，代表性企业主要有：广宁县万众竹木业工艺制品有限公司、罗定市恒兆蒸笼有限公司、蕉岭县鹏宇装饰材料有限公司和阳江市阳东区大森竹木工艺品加工厂等。

据广东省家具协会统计资料，2016 年广东省家具行业总产值 4010 亿元，同比增长 4.97%，其中规模以上企业主营业务收入 2038.33 亿元，占全国规模以上企业主营业务收入 8559.46 亿元的 23.81%，广东家具行业依旧保持了在国内的传统优势地位；2016 年出口 额达 1316.2 亿元，比 2015 年同期增长 2.3%，占全国家具出口额的 41.76%，较上年度提高 3.56 个百分点，持续保持着中国家具出口的龙头地位。其中全省木竹家具产值为 2445.63 亿元，同比 2015 年的 2337.62 亿元增长 4.62%。规模企业销售总产值净增长 151.69 亿元，占全行业净增长总数 190 亿元的八成。2016 年全省家具行业规模企业总产量 14587.82 万件，比 2015 年同期减少 11.03%，净减少 1808.77 万件，但是家具产品平均单价快速上涨，达到 1397.28 元/件，比 2015 年同期 1150.63 元/件上涨 21.44%。

**【木竹浆纸业】** 2016 年，广东省木竹浆纸业总产量 3163.5 万吨，比 2015 年度增长 0.74%。其中木(竹)浆产量 106 万吨，比 2015 年减少 7.83%；机制纸和纸板产量 2127.5 吨(居全国第二位)，比 2015 年增加 2.37%；纸制品产量 930 万吨，比 2015 年减少 1.79%。广东省造纸行业现有生产企业 1378 家(规模以上企业 204 家)，其中制浆企业 12 家(规模以上制浆企业 5 家)；机制纸和纸板企业 406 家；纸制品企业 960 家。机制纸和纸板仍以包装箱纸为主。

广东省木竹浆纸业产能集中度高。2016 年，广东省机制纸和纸板企业产能超过 10 万吨有 43 家。其中产能 100 万吨以上企业 5 家，产量 852.5 吨，占全省总产量的 40.07%；30 万～100 万吨企业 8 家；10 万～30 万吨企业 20 家。木竹浆纸业企业继续加大转型升级力度，继 2015 年东莞市关停 53 家企业之后，2016 年全省又关停 15 条造纸生产线，淘汰落后产能 9.658 万吨。截至 2016 年年底，广东省木竹浆纸业共有“中国驰名商标”4 个，“广东省著名商标”39 个，“广东省名牌产品”44 个。

广东省木竹浆纸业主要特点如下。

一是产能分布比较集中，已逐步形成东莞包装纸产业基地、江门银州湖纸业基地、湛江林浆纸产业基地、广宁特色纸产业基地及珠海(阳江)高 新区技术开发区产业转移工业园等 5 个产业集群。

二是木(竹)浆产量占比较低，约为机制纸和纸板生产所需木(竹)浆的 5%，造纸所需 95% 原料依靠回收废纸(含进口)和进口木浆板。

三是机制纸和纸板品种较多，主要包括包装纸、卫生纸、新闻纸，双胶纸、书写纸、铜版纸、复印纸、液体包装纸、无碳复印纸，其中包装纸和卫生纸产量最大，占全省机制纸和纸板总产量的 80% 以上。

广东为建设全国绿色生态第一省，对生态环境建设提出了更高的要求，造纸企业排污标准和总量控制将更严格。因此，开发用水少、污染低的新工艺，增加高附加值产品的生产，将是广东木竹浆纸业的发展方向。

**【森林食品药材业】** 广东森林食品药材和油料生

产加工业主要包括：茶油、果品类(干、鲜果)、工业原料类、药材调料类、森林食品饮料类。2016年，广东森林食品药材和油料生产加工业总产值301.12亿元，较上年度增加5.5%。广东独具特色的森林食品药材加工品种有：广州的荔枝，高州的龙眼，梅州市的板栗、柚子，南雄市的红菇，始兴县的木耳，仁化县的铁皮石斛、灵芝，高要市、德庆县、信宜市的肉桂，德庆县的首乌、巴戟，阳春市的春砂仁，清远市清新区的金银花，鹤山市的凉粉草，广宁县的竹笋，德庆县、五华县的野生巴戟，河源市的五指毛桃，恩平市的簕菜茶，紫金县的竹壳茶，龙门县的西溪笋，化州市的橘红，广州市从化区的蜂蜜，新兴县的凉果，江门市新会区的陈皮等。

**【木本粮油业】** 广东木本粮油产业，主要是茶油加工。广东全省有规模以上茶油加工企业24家，设计产能5.13万吨，主要分布在粤东的梅州市、河源市和粤北的韶关市、清远市，其中产能最大的是梅州市，为2.77万吨，占总设计产能的53.95%。2016年全省茶油产量有较大提高，总产量约为2.3万吨，比上年度增长9.5%，原因之一是肇庆市广宁县的广东康帝绿色生物科技有限公司年产能3000吨茶油生产线投产。

由于广东优质高产新品种油茶的种植起步较晚，大部分新造油茶林未到丰产期，原材料供应不足，多数茶油加工企业未达产能，2016年广东全省茶油总产量仅占设计产能的44.80%。

**【林产化工业】** 广东林产化工业主要包括松香、树脂、松节油、活性炭及其他林化产品。2016年，广东林产化工业总产值111.7亿元，较上年度增长2.70%。2016年以松香为代表的广东省林产化工业发展持续低迷，全年松香产量6.64万吨，比2015年增加3.75%。广东省松香生产面临松林资源减少，并且松林资源老化严重、企业整体规模偏小与产能过剩现象突出、技术落后、深加工产品比例偏低、采脂工人匮乏、生产成本上涨过快、国外低价松香及石油树脂等替代产品的大量使用冲击松香产品消费等诸多方面的问题，再加上广东省公益林面积不断扩大，可供采脂的松林面积不断减少，2016年松香产量仅6.64万吨，与生产线设计产能29万吨相比，大部分企业还远远未达到产能。

**【森林生态旅游业】** 广东开展森林生态旅游的主要载体有国家公园、森林公园、自然保护区、野生动物园、植物园、树木园、湿地公园和其他森林生态旅游区。

2016年，广东省森林生态旅游业发展态势良好，森林生态旅游总收入为1625.92亿元(含景区内餐饮、住宿、零售、交通、游乐、门票等)，比上年增加18.8%，森林生态旅游人次达2.67亿人次，比上年增加6.2%。2016年森林生态旅游业总产值超过100亿元的地级市有6个，分别是：广州市278.66亿元，深圳市135.83亿元，梅州市130.62亿元，佛山市124.68亿元，韶关市121.12亿元，东莞市104.72亿元。

2016年，广东全省新建森林公园265个。截至2016年年底，全省已建立各类森林公园1351个(国家级24个、省级79个、市县级569个、镇级679个)，其中，城郊森林公园900个，占全省森林公园总数的66.6%，全省森林公园规划面积达到123.05万公顷，占全省国土总面积的6.8%，占全省林业用地面积的11.2%。2016年，广东确立第一个省立国家公园："森林—丹霞"平远国家公园。

2016年，广东全省已建成湿地公园190个，湿地公园总面积达77950公顷，其中国家湿地公园22个，面积46926公顷，省级湿地公园5个，面积1570.6公顷。2016年，广东入选国家级湿地公园试点建设的湿地公园有7处，分别是：广东花都湖国家湿地公园、广东开平孔雀湖国家湿地公园、广东阳东寿长河红树林国家湿地公园、广东新会小鸟天堂国家湿地公园、广东四会绥江国家湿地公园、广东连南瑶排梯田国家湿地公园、广东深圳华侨城国家湿地公园。

2016年，广东全省已建立各种类型、不同级别的自然保护区290个，总面积为130.17万公顷，占全省国土面积的7.2%，占全省林业用地面积的11.4%。其中，国家级8个，面积为16.27万公顷；省级50个，面积为36.87万公顷；市、县级

232个，面积为77.04万公顷。截至2016年年底，广州、惠州、东莞、珠海和肇庆已成功创建国家森林城市，珠三角国家森林城市群的建设逐步成型。珠三角区域森林覆盖率达51.5%，城区绿化覆盖率达42.8%，城区人均公园绿地面积达19.2平方米。

广东省林业厅和旅游局联合举办评选“森林生态旅游示范基地”活动，已评选出83家“森林生态旅游示范基地”。为了重点建设一批美誉度高、知名度远、具有带动示范作用的森林公园，广东省先后制定了《森林公园质量等级划分与评定》《森林公园建设指引》《广东省森林公园质量等级评定管理办法(试行)》《广东省市、县和镇森林公园体系建设指引》等标准和办法，推动全省森林公园建设管理逐步迈入了标准化和规范化建设管理轨道。2016年，广东省在全国率先组织开展森林公园质量等级评定工作，质量等级划分为五级，从高到低依次为五星级、四星级、三星级、二星级和一星级。

2016年，广东省林业厅正式开展森林小镇建设工作，并于12月28日正式批准广州市增城区派潭镇、深圳市南澳街道等12个镇为广东省森林小镇示范镇。

**【林业服务业】** 广东林业服务业主要包括：林业规划设计、林业工程监理、林业评估认证、林业产权交易、林业技术培训和其他服务。2016年，广东林业服务业产值164.00亿元，较2015年度增长28.85%，其中，涉林服务业产值96.15亿元，林业系统非林产业产值67.85亿元。

截至2016年年底，广东全省林业系统拥有各种经济类型单位共计1722家，其中企业38家、事业单位1424家、机关260家。依据《国务院办公厅关于清理规范国务院部门行政审批中介服务的通知》(国办发〔2015〕31号)，随着事业单位改革和清理规范行政审批中介服务事项的深入推进，林业技术服务业务不断推向市场，在最近的几年中，广东林业服务业一直以比较高的增长率在发展，林业服务业的比重不断加重，企业效益增势明显，发展势头良好。

**【林产品市场流通业】** 广东省林产品市场流通业主要包括：木材市场、人造板市场、家具市场和建材市场。2016年，全省有大型专业木材、人造板市场有25家，大型家具市场有362家，专业建材市场有106家，全年林产品销售额达5680亿元(此销售额未计入年度林业产业总产值)，较2015年增长4.89%。流通市场总建设面积2550.4万平方米，前六位的分别是：佛山市1557.8万平方米、广州市374.8万平方米、东莞市133.3万平方米、深圳市135.5万平方米、江门市77.8万平方米、中山市53.5万平方米。随着全省林业产业的不断做大做强，广东林产品市场流通行业面临着不断的改革与创新，优化整合林产品市场流通市场，加强专业林产品市场的建设，提升林产品市场流通业的科技平台是当下的技术课题。

**【林下经济】** 广东林下经济涵盖林下种植、林下养殖、相关产品采集加工、森林景观利用等四大类型，涉及林业第一产业、第二产业和第三产业。自2012年7月国务院办公厅印发了《关于加快林下经济发展的意见》(国发〔2012〕42号)以来，广东省委省政府高度重视，统筹谋划，精心部署，采取多项措施扎实推进林下经济快速发展，取得了显著成效。2016年，广东省人大常委会将“关于大力发展特色林下经济，助力山区脱贫奔小康”的建议列为重点督办，由广东省政府牵头办理和督办，广东省林业厅会同省农业厅认真办理。2016年11月，广东省政府办公厅转发省农业厅、省林业厅《关于进一步推进林下经济发展的意见的通知》(粤府办〔2016〕124号)，从政策措施、科技支撑、示范带动等方面对进一步加快全省林下经济发展进行了全面部署。“十二五”以来，广东省林业厅坚持把加快发展林下经济作为深化林权制度改革工作的重点，制定了一系列政策全力推进林下经济发展，助推林农脱贫致富。广东各市、县人民政府也纷纷制定相关政策文件和落实措施，通过增加资金投入、改善基础设施、出台扶持政策等有效措施，推动林业龙头企业、专业合作社和广大林农加快林下经济发展，掀起了全省加快林下经济发展的新高潮。

2016年，广东全省林下经济产值达489.4亿元，经营面积198.8万公顷，受益农户192.4万户，从事林下经济管理的农户在林下经济方面的人均年收入到3988元。广东全省已形成林下种植、林下养殖、相关产品采集加工、森林景观利用等林下经济发展四大类型。涵盖林菌、林药、林粮、林果、林草、林菜、林茶、林禽、林畜、林虫、林蜂、林下珍贵野生动物、松脂采集、野生菌采集、竹笋采集加工、野菜采集加工、藤芒编织、森林人家、森林生态休闲游等。

林下养殖主要品种有：鸡、鸭、鹅、鸽、猪、牛、羊、蜜蜂、青蛙、野猪、蛇、竹鼠等。林下养殖地域特色品牌有：阳山县的清远鸡、吴川市的三黄鸡、信宜市的怀乡鸡、南雄市的黑山羊、高州市的肉牛、广州市从化区的蜜蜂。林下种植相关产品采集加工业涵盖：松脂采集、竹笋采集加工、野生菌采集加工、野生中药材采集加工、野菜采集加工、檀香茶、沉香茶采集加工、蜂蜜采集加工、竹藤编织等。林下种植地域特色品牌有：广宁县的竹笋，德庆县、封开县、新兴县、郁南县的松脂，蕉岭县的野生菌，德庆县、五华县的野生巴戟，河源市、乳源县的五指毛桃，恩平市的簕菜茶，紫金县的竹壳茶，龙门县的西溪笋，广州市从化区的蜂蜜等采集加工。

森林景观利用包括森林生态休闲旅游、森林休闲山庄游等。地域特色品牌有：龙门县南昆山森林人家、广州市从化区的林家乐、乳源县的森林休闲旅游、南雄市帽子峰林场、揭东县望天湖生态园等。

**广东林下经济逐步实现产业化经营** 广东林下经济初步形成“龙头企业+专业合作组织+基地+农户”的产业化运作模式，对提高林下经济产业化、规模化、集约化水平发挥了积极的作用。翁源县、始兴县、德庆县3个县被国家林业局列为“全国林业专业合作社示范县”，翁源县绿丰园合作社、高州市新劲种养合作社等7个林业合作社被国家林业局授予“国家级林业合作社示范社”称号。2016年，全省已建各类农民林业合作组织1510个，加入合作组织的农户45.6万户，经营林地面积43.95万公顷。

**林下经济示范基地建设** 广东省林业厅坚持以示范建设带动全省林下经济大发展，自2015年开始，积极推进林下经济示范基地建设工作。截至2016年年底，全省已建立林下经济扶贫示范县10个(乐昌市、和平县、紫金县、蕉岭县、平远县、五华县、雷州市、清新区、揭西县、郁南县)，国家级林下经济示范基地4个，省级林下经济示范基地40个。林下经济示范基地遍布13个地级市，总面积约2.55万公顷，年产值10.8亿元，带动农户数3.68万户。

**林下经济资金和政策扶持** 2016年，广东对林下经济资金和政策上的扶持主要有3个方面：一是财政资金扶持。广东省财政对林下经济扶贫示范县、省级林下经济示范基地和特色经济林在规划设计、设施改进、技术培训、科学研究等方面予以补助，支持林下经济优势产品集约化、产业化发展。二是林权抵押贷款。全省累计发放林权抵押贷款130亿元，涵盖林下种植和林产品加工等多个林下经济发展领域。三是森林保险试点工作。2016年，全省政策性森林保险投保面积突破346.7万公顷，提供森林保险保值逾260亿元。

**【林业龙头企业】** 12月，根据《广东省林业龙头企业评选标准》(粤林函〔2008〕503号)和《广东省林业厅关于开展2016年广东省林业龙头企业复核工作的通知》精神，广东省林业厅评审组对2010年、2013年的省林业龙头企业进行复核，保留了南雄市松林树脂有限公司等33家企业“广东省林业龙头企业”资格，取消了广东金霖竹业有限公司、广东盛世通生物有限公司、梅州市益顺农林发展有限公司、揭阳市北山茶业有限公司等4家企业“广东省林业龙头企业”称号。

**【广东林业产业发展的经验】** 2016年，广东全省林业产业总产值达7695.78亿元，继续位居全国前列，全省林业第一产业、第二产业、第三产业齐头并进，发展态势良好。广东林业产业发展的主要经验如下。

**创新发展理念，引领产业发展** 一是充分发挥广东省综合优势，创新管理机制，在全国率先停止木材经营加工行政许可核发，取消省林业行政审批事项9项，下放6项，委托实施1项，放宽木材经营加工门槛，搞活木材经营，降低企业经营成本，引领产业发展。二是产业发展与生态建设协调迈进。“十二五”以来，广东着力发展壮大林木种苗与花卉、森林资源培育、茶油和森林生态旅游等产业，实施碳汇造林、森林进城围城等重大林业建设工程，大力推广珍贵树种和乡土阔叶树种植，生态效益和经济效益得到显著提升。

**完善产业政策，激发行业活力** 为加快广东林业产业发展，广东先后制定和完善了《中共广东省委、广东省人民政府关于加快经济发展方式转变的若干意见》(粤发〔2012〕8号)；《广东省林业厅关于加快林业产业发展的指导意见》(粤林〔2010〕98号)；《广东省人民政府办公厅转发省农业厅省林业厅关于进一步推进林下经济发展的意见》(粤府办〔2016〕124号)；《广东省林业产业发展“十三五”规划(2016～2020年)》等一系列扶持林业产业发展政策，有序引导广东林业产业发展。另一方面是，落实林业产业发展资金项目和税费优惠政策，如：种苗补助、造林抚育补助、林业贷款贴息、森林保险、农业综合开发、扶贫开发、林下经济和特色经济林基地建设补助等财政资金等，激发社会投资营造林、经营森林的积极性。

**落实供给侧改革，实施转型升级** 广东省林业产业通过落实供给侧结构性改革，加快转型升级，始终立足国际先进技术前沿，占领产业现代化制高点。林业产业加工业从传统制造向智能制造转变，人造板方面，优质刨花板生产线占全国一半，其中广东翰森环保材料科技有限公司、仁化县鸿伟木业有限公司引进了国际最先进的年产30万立方米、9尺幅度的刨花板制造设备，实现生产全过程自动化；木地板方面，大自然家居(中国)有限公司从德国引进世界最先进的强化木地板一次成型生产线，成为业界领跑者；家具方面，红木家具生产也更加趋向专业化，“干燥中心”“开料中心”相继成立，整体提升红木家具业的档次、质量和效益。

**集群规模发展，壮大特色产业** 通过政府引导，市场主导，实施品牌战略，提升企业核心竞争力，促进产业集聚发展，着力打造“一地一品”的特色产业，形成区域化、规模化产业格局。2016年，全省有40多个区域被认定为中国特色产业之乡。其中，红木特色产业基地有中山大涌、台山大江、新会大泽等，现代家具制造园有顺德乐从、东莞大岭山、梅州五华等，资源培育特色产业有茂名电白的沉香、肇庆的珍贵树种和顺德陈村的花卉苗木等。

**培育林业龙头，实施品牌战略** 广东林业产业积极开展林业龙头企业和林下经济示范基地建设工作，实行动态管理，实施品牌战略，促进企业自主创新。2016年，全省共培育115个省名牌产品、55个驰名商标，培育认定国家林业重点龙头企业16家、省级林业龙头企业148家，国家级林下经济示范基地4个、省级林下经济示范基地40个。林业龙头充分发挥示范引领作用，促进了新产品的开发、新市场的开拓及产业融合发展。

**鼓励科技创新，提升技术水平** 通过加快实施林业科技创新驱动发展战略，加强林业产业发展领域关键技术攻关，推进科技创新、成果转化、科技服务三大攻关科技创新和支撑平台建设，促进林业科技资源的优化配置、共享和信息交流，增强科技创新能力，引导企业主动“触网”，发展“互联网+”新业态，提高产业信息化水平。2016年有9项林业科技成果获“2015年度广东省科学技术奖”，其中由中国科学院华南植物园、广东省林业科学研究院共同完成的“南亚热带典型林分提质增效关键技术与应用”获得一等奖。

**【林业产业大事记】**

**1月12日** 广东省林业系统共有10项科技推广项目获2014年度广东省农业技术推广奖，其中：省林业科学研究院主持完成的“樟树良种及其种苗产业化快繁技术推广”获得一等奖；广东省林业科学研究院主持完成的“广东油茶养分高效管理技术推广”“森林消防立体灭火技术推广”和“松材线虫病持续控制技术推广”、广东省林业调查规划院主持完成“广东森林植被碳汇研究与应用推广”及佛山林业科学研究所主持完成的“杜鹃红山茶等优良茶花推广”5个项目获得二等奖；中山市国有森林资源保护中心主持完成的“中山市生态风景林景观评价技术研究与推广应用”、茂名市林业科学研究所主持完成的“热带北缘桉树无性系推广”、东莞市林业科学研究所主持完成的“东莞低效人工林改造升级关键技术及应用研究”及梅州市林业科学研究所主持完成的“红豆杉栽培技术推广应用”4 个项目获得三等奖。

**1 月 13 日** 广东省林业厅、广东保监局联合印发新版《广东省森林保险承保理赔业务规程及灾害损失认定标准》，规程和标准的出台将更有利于保护森林保险消费者的合法权益，防范森林保险经营风险，促进全省森林保险健康持续发展。

**1 月 15 日** 广东省林业厅与广东省科学技术厅联合印发了《广东省林业科技发展规划(2016 ~ 2025 年)》。《规划》的出台标志着双方的合作又进入了一个更加紧密、具体和务实的新阶段。

**1 月 19 日** 国家林业局科技司组织专家组，对广东省 2015 年到期的中央财政林业科技推广示范跨区域重点推广示范项目：广东省林业科学研究院承担的“油茶良种栽培技术推广”(〔2012〕TK59 号)和“林下构树栽培技术示范”(〔2012〕TK62 号)、广宁县林科所承担的“油茶良种栽培技术推广”(〔2012〕TK60 号)、兴宁市林科所承担的“果用红锥林培育技术推广”(〔2012〕TK61 号)和汕头市林业科学研究所承担的“樟树优良品系的示范推广”(〔2013〕TK60 号)共 5 个项目进行现场查定。

**1 月 20 日** 国家林业局党组书记、局长张建龙来到广东，就新一轮绿化广东大行动进行专项调研。

**1 月 26 日** 国家林业局发出《关于 2015 年试点国家湿地公园验收情况的通知》，同意广东省乳源南水湖、广州海珠湖等 2 处试点国家湿地公园正式成为“国家湿地公园”。

**1 月 29 日** 国家林业局批复同意广东省的麻涌华阳湖湿地、中山翠亨湿地、罗定金银湖湿地和翁源滃江源等 4 处湿地开展国家湿地公园试点工作。

**1 月 25 ~ 28 日** 国务院参事刘燕华率调研组一行 7 人到广东省开展林业发展情况调研，深入了解广东生态建设、林业改革、经营管护和林业产业发展等情况。

**2 月 23 日** 9 项林业科技成果获 2015 年度广东省科学技术奖：由中国科学院华南植物园、广东省林业科学研究院共同完成的“南亚热带典型林分提质增效关键技术与应用”获得一等奖；由广东省林业科学研究院主持完成的“南方次生林经营关键技术”“广东油茶主要病虫害防控关键技术”和华南农业大学主持完成的“油茶加工关键技术集成创新及推广应用”获得二等奖；“粤北山区雨雪冰冻灾害受损森林群落恢复技术”“粉单竹林高效培育及可持续经营技术”“油茶优良品系引进及快速繁育技术应用”“花木跨区域规模化引种驯化与人居环境应用研究”和“基于澳洲茶油树精油活性成分的产品开发及综合利用”等 5 个项目获得三等奖。

**4 月 20 日** 为贯彻落实《国务院办公厅关于加快林下经济发展的意见》的精神，加快发展广东省林下经济，广东省政府在广州召开了林下经济发展专家座谈会，邀请了华南农业大学、广东省农业科学研究院、广东省林业调查规划院等 10 个单位的 18 位专家学者，为广东省林下经济发展精准把脉、建言献策。

**5 月 18 ~ 22 日** 国家林业局农村林业改革发展司(全国木材行业管理办公室)巡视员(主任)付贵率队到广东省开展林下经济及林业产业发展工作调研。

**6 月 3 日** 广东长荣林业发展股份有限公司、广东播龙农业科技发展有限公司、广东瑞恒农业科技发展有限公司、韶关市明弘生态农业有限公司、广东绿宝佳股份有限公司、广东肇林林业发展有限公司、广东望天湖现代农业科技有限公司、梅县雁南飞茶田有限公司、广东始兴县华洲木业有限公司、广东威华股份有限公司等 10 家省级林业龙头企业成为第二批国家林业重点龙头企业。

**8 月 5 日** 由广东省家具协会、广东省涂料协会、广东省林业产业协会联合发起的“绿色家具产业联盟”在广州正式成立。

**9 月 8 日** 广东雷州九龙山红树林、广东孔江、广东万绿湖等 3 处试点，正式升级为“国家湿地公园”。

**11 月 18 日** 广东省政府办公厅转发广东省农业厅、广东省林业厅《关于进一步推进林下经济发展的意见》，从政策措施、科技支撑、示范带动等方面对进一步加快广东省林下经济发展进行了全面部署。

**12 月 9 日** 广东省林业厅产业处组织的《林业产业基础数据调查技术规范》培训班暨 2016 年度广东省林业龙头企业评审会在广州召开。

**12 月 21 日** 广东省林业厅在广州召开了全省深化集体林权制度改革暨加快林下经济发展工作会议。

**12 月 28 日** 广东省林业厅正式批准广州市增城区派潭镇、深圳市南澳街道等 12 个镇为广东省森林小镇示范镇。 (吴灿军)

# 广西壮族自治区林业产业

【概　述】 2016年，广西林业产业积极主动适应经济发展新常态，以建设发达的林业产业体系为目标，以转变林业发展方式为主线，以创建特色林业示范区、现代林业产业园区与培育龙头企业为抓手，巩固与提升造纸与木材加工千亿元等传统优势产业，扶强做大新兴生态产业，广西林业产业工作取得了较好成绩。

广西林业产业基本形成了以市场需求为导向，以资源培育为基础，以优势产业为主体、新兴产业为增长点，一、二、三产业全面覆盖，多元主体共同参与的产业体系和发展格局。广西林业产业培育了速丰林、人造板、林浆纸、木材精深加工、林产化工、林下经济、森林旅游、花卉苗木、特色经济林、野生动植物繁育利用和竹藤加工等11大特色产业集群，形成了门类比较齐全的产业体系。2016年，广西林业产业总产值达4778亿元，排全国第三位，其中第一产业产值1687亿元，比2015年增长14.37%，第二产业产值2575亿元，比2015年增长7.20%，第三产业产值516亿元，比2015年增长20.56%；人造板产量近3668万立方米，约占全国人造板产量的1/9，排全国第三位，其中胶合板产量2137万立方米，纤维板产量839万立方米，刨花板产量187万立方米，其他人造板产量505万立方米；锯材产量896万立方米，木片产量671万立方米，木竹地板577万平方米；造纸与木材加工业实现销售收入1821亿元，成为广西第九个千亿元产业；松香类产品产量111万吨，其中松香产品100万吨，松香深加工产品11万吨；松节油类产品产量12.5万吨，其中松节油产品12万吨，松节油深加工产品0.5万吨；栲胶产品0.2万吨，紫胶产品0.3万吨；林下经济发展面积达到5573万亩，林下经济产值达到803亿元；广西森林旅游游客量超过8900万人次，实现产值291亿元；年末实有花卉种植面积178万亩。

**加强改制企业后续管理工作**　一是推进政企脱钩工作。制定了政企脱钩总体方案并报自治区国资委审批，印发了自治区林业厅政企脱钩工作实施方案，将自治区国资委委托林业厅监管的16家经营性国有资产企业全部列入政企脱钩的范围，同广西林业集团一起开展有关改制企业整体移交林业集团的前期调研工作。二是抓好改制企业后续管理工作。继续深入有关企业开展各类调研，倾听职工的诉求，及时处理各类信访事项，及时排查和化解企业不稳定因素，2016年没有发生大规模上访事件。三是做好离退休人员移交社区管理工作。改制企业离退休人员移交社区管理已近基本完成。四是指导广西林业基本建设工程公司完成整体产权挂牌转让。

**林业安全生产**　认真贯彻落实全国、全区安全生产工作会议精神，印发《2016年全区林业安全生产工作要点》，部署2016年全区林业安全生产工作。与23家区直属林业单位党政负责人分别签订了安全生产责任书，全面落实安全生产责任。顺利完成国务院安委会安全生产巡查迎检工作，部署全区林业系统做好重点时段、节假日安全生产工作。组织开展“安全生产月”活动，组织开展汛期、夏季消防安全生产检查和粉尘涉爆企业检查、危化品专项整治工作，加强生产安全事故联网直报信息管理，开展安全生产综合督查，共查处整治各类安全隐患458起，标本兼治和遏制重特大生产安全事故的发生。全年全区林业生产未出现重大生产安全事故。

【木材精深加工产业】 2016年，广西木材年产量达2955万立方米，连续多年成为全国最大的木材产区。人造板产量3668万立方米，居全国第三。广西现有人造板生产企业1800多家，另有板式家具制造企业50多家，主要集中于南宁、贵港、柳州、梧州、贺州、玉林、钦州等地，全区人造板生产行业就业人数近30万人。

**产业集群** 广西形成了以南宁、柳州、桂林、梧州、玉林、贵港等为核心的木材加工产业集群。主要包括以柳州、桂林、南宁为中心的板式家具制造基地，以南宁、贵港为中心的胶合板制造基地，以南宁、梧州、贺州为中心的纤维板生产基地，以崇左、贺州为中心的刨花板生产基地，以柳州、河池为中心的细木工板、指接板生产基地；以凭祥、东兴为中心红木家具进出口及商贸物流基地，以玉林容县为代表的异型胶合板生产基地，以桂林荔浦县为代表的中国木衣架生产基地等木材精深加工产业基地。

**知名品牌** 以"高林""丰林""三威"三大品牌为首的纤维板以产量大、质量优良而享誉全国；"铜冠牌"指接板畅销国内；"壮象"生态板以环保健康、品质高优而畅销泰国、马来西亚等东盟国家；"俏天下""裕祥""华海""高旭""庆祥""居美工艺"等品牌的木竹衣架产品享誉全国，畅销海外；"西柳·源木世家"的高档椎木家具以原料优质独特、糅合传统文化与先进制作工艺而畅销国内。

**行政许可审批** 一是推动木材经营加工行政许可审批改革，4 月底由林业厅领导带队，组织调研组前往广东省调研学习木材经营加工行政审批改革经验及完善木材加工行业监督、服务的措施和办法，在调研的基础上，提出了深化广西木材经营加工行政审批改革的具体意见，形成专题调研报告上报厅党组。二是配合部门权力清单制度建设和商事制度改革，经梳理后将木材经营加工行政许可列入林业部门权力清单，现代林业产业龙头企业认定和运行监测和自治区级森林公园认定列入其他行政权力，并就加强审批事中事后监管提出了相应措施和办法。三是严格办理行政审批。2016 年，广西壮族自治区林业厅共办理木材经营加工行政审批事项共 2 项，新增人造板生产能力 33 万立方米。

**重点产业园区建设** 2016 年，共安排 225 万元资金用于支持柳州融安香杉产业园、梧州现代林业产业园区、贵港覃塘林业产业园、来宾兴宾区林业产业园区、百色市现代林业产业园区、崇左市凭祥市东盟林业综合产业园、崇左龙赞东盟国际林业循环经济产业园等 7 个重点林业产业园区建设，认真指导和帮助重点林业产业园区做好规划编制、基础设施建设、招商引资等工作。

**林业产业重大项目建设** 5 月 23 日，总投资达 35 亿元的 15 个林业重大项目分别在南宁、钦州、玉林市 6 个地点举行区直林业单位项目集中开工暨建设环首府森林休闲旅游圈启动仪式。集中开工建设的林业重大项目主要涉及森林休闲旅游、林下经济、林产品精深加工、生物质能源、花卉苗木良种繁育、林业业务用房及工业标准厂房等多个领域。项目一期投资 7 亿元，由广西林业集团、广西林科院和南宁树木园、高峰林场、七坡林场、六万林场、钦廉林场等为业主单位。这 15 个重点项目由广西林业系统各级各单位抓住重点、精准施策，围绕"促增抓降"谋划，将有效推动生产要素向林业集聚，有利于发展绿色产业、打造绿色品牌、培育绿色文化。

**林业产业科技创新** 对广西壮象木业有限公司、桂林亚非林业开发有限公司、桂林市新美环保科技有限公司、梧州市飞卓林产品实业有限公司、广西玉麒木业股份有限公司、广西华峰林业集团股份有限公司、贵港理昂生物质发电有限公司等 7 家公司的木材精深加工、林化深细化工等科技创新项目进行资金扶持。

**成立广西国旭集团** 12 月 28 日，广西壮族自治区直属国有林场人造板企业重组启动暨广西国旭林业发展集团股份有限公司揭牌仪式在南宁举行。中国林产工业协会秘书长石峰、林业厅厅长黄显阳致辞。自治区政府副秘书长敖安强、自治区国资委副主任王晓华、南宁市副市长刘为民、林业厅总工程师蒋桂雄等出席仪式，林业厅副厅长黄政康主持仪式。广西林业集团副总经理余浩光、广西林业产业协会理事长李可夫、13 家区直林场代表和来自全国各地客商代表共 140 多人参加仪式。

广西国旭林业发展集团股份有限公司(简称国旭集团)是在全面推进供给侧结构性改革和国有林场改革的政策背景下，经广西壮族自治区林业厅批准，以广西国有高峰林场、广西南宁树木园、广西国有派阳山林场、广西国有博白林场、广西国有大桂山林场等 5 家自治区直属国有林场为首批股东单位，整合重组 13 家国有林场下属的广西华峰林业集团股份有限公司、广西祥盛林业有限责任公司、广西浩林人造板有限公司、广西都盘岭木业有限公司等十几家人造板企业组建而成的大型国有控股企业。国旭集团总资产50亿元，年营业收入30亿元，人造板总产能250万立方米，位居广西第一，全国前列。

**【林产化工产业】** 广西林产化工产业主要包括：以马尾松、湿地松商品松脂资源林培育并以此为原料的松香、松节油生产及其深加工的松脂产业；以八角、肉桂经济林培育并以此为原料的八角果、桂皮生产及其深加工产业；以油桐经济林培育并以此为原料的桐油生产及其深加工产业。林产化工类省级现代林业产业龙头企业有12家。形成了梧州、玉林、贵港、防城港等地的林产化工一体化产业集群。主要有“华松”牌歧化松香系列产品、“龙舟牌”松香及系列深加工产品、“嘉盈”牌松香树脂产品，这些品牌的松香产品在全球的市场中占有一定份额。

**【森林旅游业】** 2016年，广西各级林业部门在自治区党委、政府的正确领导和国家林业局支持与帮助下，扎实推进森林公园提质增量工程、加强城郊森林公园发展，推进环绿城南宁森林旅游圈项目，森林公园建设进一步加快，森林公园生态文化内容进一步拓展，森林公园建设和森林旅游发展取得了较好的成效。

**森林公园建设和经营管理** 2016年，新建1处自治区级森林公园、2处市县级森林公园，森林公园总数达到65处，其中国家级森林公园20处、自治区级森林公园36处、市(县)级森林公园9处。森林公园经营总面积267046.39公顷，比2015年增加985.9公顷，占广西国土总面积的1.1%，游道里程达1083.4千米，比2015年增加127.5千米，同比增长13.3%，职工总数2984人，导游人数261人，车船总数615台(艘)，接待床位11895张，接待餐位19770个。2016年各级森林公园共投入建设资金48675.81万元(其中国家投资11744万元，自筹33216.81万元，招商引资3715万元)；其中，森林公园环境保护投入8425.78万元，植树造林700.65公顷，改造林相642.40公顷。2016年各级森林公园接待游客量960.77万人次，比2015年增长2.79%；森林公园收入总额26.85亿元，比2015年增长4.76%。

**“环绿城南宁森林旅游圈”项目** 2016年，在南宁市郊区，以良凤江森林公园、七坡森林公园、金鸡山森林公园、高峰森林公园为依托，整合南宁市周边的森林资源，统筹规划建设一批森林休闲旅游项目，打造集休闲观光、森林体验、森林养生、森林科普教育为一体的森林旅游龙头项目——“环绿城南宁森林旅游圈”。项目建设得到自治区党委、政府的高度重视，自治区党委书记彭清华亲自对项目建设进行调研指导，自治区政府副主席张秀隆亲自参加项目开工仪式。环绿城南宁森林旅游圈项目还列入自治区重点项目“首府南宁都市观光农业示范区”建设范围。

**森林旅游政策文件** 4月11日，林业厅印发《关于加快森林公园发展的意见》，提出了加快发展森林公园的目标、任务和工作重点。鼓励国有林场利用林地权属清楚、管理机构健全等方面的优势，在生态环境良好、景观度较高、旅游市场潜力大的区域规划建设森林公园。要求各市、县结合“绿满八桂”造林绿化工程、“美丽广西”活动，在城乡结合部、城乡风貌改造区和社会主义新农村建设点，进行绿化美化，建设城郊型、乡村型森林公园。

**林业与旅游部门合作** 5月，广西林业厅与广西旅游发展委联合印发《加快林业与旅游产业融合发展实施方案》，明确提出采取编制森林旅游发展规划、加大森林旅游投入力度、着力建设森林旅游产品体系、加强森林旅游宣传推介、完善部门合作机制等5项举措共同实施森林旅游“510”工程(重点建设10处森林公园、10处国家湿地公园、10处自然保护区生态旅游区、10处森林养生基地、10处花卉苗木观光基地)、打造环南宁森林旅游圈、推进森林旅游示范区以及森林旅游文化建设。2016年，广西旅游发展委安排旅游专项资金3000万元用于森林公园或森林旅游景区建设，利用宣传优势在“广西旅游在线”、广西旅游发展委微信平台大量发布森林公园森林旅游信息，起到良好的宣传效果。

**森林公园行业管理** 2016年，广西林业厅组织龙潭国家森林公园和靖西五岭、富川西岭自治区森林公园等3处森林公园编制总体规划；开展森林公园地方立法研究，2016年通过政府采购方式，委托广西政法管理干部学院进行《广西森林公园管理条例》立法研究，完成课题研究报告和条例草案的初稿；继续实行森林公园建设管理绩效考评，把森林公园保护列入各市政府的生态保护指标进行考核；成立广西林业产业和森林旅游工作领导小组，厅长黄显阳任组长，分管副厅长任领导小组办公室主任，厅办公室、计财处、产业处等15个处室为领导小组成员，进一步加强森林旅游工作的领导；加强森林公园业务培训。12月6～7日，广西壮族自治区林业厅举办一期森林旅游管理业务和森林旅游产业扶贫培训班，请西南林业大学、广西大学的教授讲授森林体验、森林养生和森林旅游产业扶贫的知识，广西各级森林公园的负责人、业务人员共110多人参加培训。

**森林旅游示范建设** 广西把森林旅游示范建设纳入广西现代特色农业示范区建设范围，2016年，启动南宁良凤江森林旅游示范区、贺州姑婆山森林旅游示范区、桂平龙潭森林旅游示范区建设，其中贺州姑婆山森林旅游示范区已经通过自治区考评验收。

姑婆山生态文化旅游示范区。位于贺州市平桂管理区黄田镇境内，规划总面积33830公顷，其中核心区8480公顷，拓展区6708公顷，辐射区18642公顷。总投入资金4323万元。规划总体目标是创建“自治区级现代特色林业示范区、优秀的森林生态文化旅游示范区”，带动贺州温泉、十八水、玉石林等景区的风景观光纽带，打造贺州市绿色旅游的精品，城市文化旅游的绿色景观新名片。建设的主要内容为“一园、一带”。一园是指姑婆山国家森林公园。姑婆山国家森林公园以融入森林生态文化内涵为重点，通过森林生态文化教育、森林生态文化休闲、森林生态文化度假、森林生态文化运动及森林生态文化服务体系的建设，形成广西森林生态文化旅游的示范典型。推动5A级景区创建，把示范区打造成为广西森林生态文化旅游的标杆。一带是姑婆山大道所形成的发展带。依托姑婆山国家森林公园带动十八水景区、萌岭葡萄园、香桂缘苗木基地等景区的风景观光纽带，着力打造集种植、养殖、餐饮、住宿、休闲体验、美丽乡村、旅游开发为一体的产业发展带。建成观光休闲长廊，带动区域乡村旅游发展，实现了林业增效、农民增收，推动了我区林业现代化进程。

桂林国际茶花谷休闲旅游示范区。示范区是全州县积极贯彻落实自治区、市关于创建现代特色农业(核心)示范区的决策部署项目，在上级业务主管部门的精心指导和大力支持下，在县政府的正确领导下，项目为充分利用全州县丰富的农林资源、区位优势，严格按照示范区实施方案的要求，抓好规划建设，加大资金投入，强化项目管理，探索现代农业发展方式，以国际茶花谷休闲旅游基地建设为契机，以现代农业示范区建设为突破口，促进示范区建设工作科学、快速、健康有序的发展，通过努力，已完成了现代农业示范区的建设，示范区已成为集科研、示范、科普、培训、推广、观光等为一体的综合现代农业示范基地。

来宾市金秀县长垌青山生态观光旅游示范区。示范区通过“示范区＋公司＋合作社＋农户”的模式运营，以市场需求和高起点规划、高规格实施、高标准建设、高科技示范、高水平管理和高效益产出为理念，突出经营组织化、装备设施化、生产标准化、要素集成化、特色产业化“五化”要求，扎实发展现代特色农业，以平孟村为创建主体，扎实发展现代特色农业，取得了显著成效。示范区内青山瀑布景区2015年11月成功申报国家3A级景区，于2016年7月3日正式对外营业。

**森林旅游宣传** 一是高度重视组织参加2016年中国森林旅游节。广西壮族自治区林业厅厅长黄显阳亲自带领森林公园等森林旅游景区参加国家林业局在吉林长白山举办的中国森林旅游节，还组织100多人的观摩团，学习外省发展森林旅游的经验。二是组织森林公园参加广西首届乡村旅游嘉年华活动；三是在中国-东盟博览会林木展上安排森林旅游专区进行森林旅游宣传。四是各森林公园举办形式多样的主题宣传活动。

**森林公园“提质增量”工程** 2016年，有平天山、六万山2处森林公园评为3A级景区，姑婆山、龙滩大峡谷2处森林公园正在创建5A级景区，另外有5处森林公园在创建4A级景区之中。通过创建A级景区，一批森林公园景观品位和旅游服务水平有明显的提升，姑婆山国家森林公园荣获2016《中国国家旅游》年度“最受欢迎新兴旅游目的地”奖，大容山国家森林公园评为旅游服务最佳景区，荣登国家旅游局发布的“十一”假日旅游“红榜”名单。

**森林旅游安全管理** 林业厅将森林公园安全管理工作纳入广西林业安全生产管理的主要内容，在重要节假日、旅游高峰期都对森林旅游安全工作进行具体部署。各森林公园高度重视森林旅游景区的安全生产工作，按照“安全第一、预防为主、综合治理”的工作方针，落实各项安全生产责任制。各地林业、旅游、安委会和各森林旅游景区严格落实经营单位安全生产主体责任和安全监管职责，加强旅游旺季以及重大节庆日的旅游安全管理，2016年没有发生重大旅游安全事故。

**【花卉产业】**

**花卉培训** 7月28～29日，林业厅花卉办在南宁市举办全区现代林业花卉苗木栽培技术示范推广培训班，全区各市林业局花卉办、花卉协会负责人，花卉相关科研院所及拟建现代特色林业核心示范区内的重点花卉企业负责人参加培训，听取业内专家学者讲授的《我国花卉产业与全区花卉产业发展形势及思路，花卉栽培与应用管理技术》《兰花、铁皮石斛种植管理技术》《树桩盆景、园林树木造型技术》《金花茶、茶花快速繁育和种植管护技术》，现场参观了南宁市武鸣伊岭岩花卉基地、广西台湾花卉园、南宁十里花卉长廊、广西林科院。

**花事活动** 中国台湾花卉产业园幸福花海春节展销活动。2月8日至4月25日，由专业的宣传策划公司对幸福花海进行宣传策划，举行冬季赏花观美景春节展销活动。

2016年中国(横县)茉莉花文化节。8月23～26日，由中国茶叶流通协会主办，中国花卉协会支持，横县人民政府和中国花卉协会花文化委员会承办的2016年中国(横县)茉莉花文化节在广西横县隆重举办，文化节以“好一朵茉莉花”为主题，评定“茉莉花”为横县县花，文化节的总体内容包括开幕式、文体活动、茶事活动、经贸活动、旅游活动和现场参观活动共六大部分17项活动内容。作为2016年中国(横县)茉莉花文化节的重头戏与新亮点，2016中国(横县)淘宝茉莉花文化节首次把茉莉花文化节搬上了互联网，让本届茉莉花文化节收获了喜人的成果，8月21～29日，本次活动在淘宝网电脑客户端首页焦点推荐位24小时展示，淘宝网无线端首页焦点推荐位48小时展示，每天约2000万人次的访问量，让横县茉莉花产品集中展示取得成效；在销售方面，据本次活动主页面及17家参展商家监测数据显示，活动期间，访客数达到104万人次，浏览量达332.8万人次，成交单量3.64万单，成交金额203.6万元，客户来源分布：38%为北京、河北、山东、河南、山西、辽宁、黑龙江，32%为广西，30%为其他地区。

广西园林园艺博览会。7月23日至8月22日，由广西园林园艺博览会组委会主办，自治区住房和城乡建设厅、自治区农业厅、自治区林业厅、自治区旅游发展委员会、玉林市人民政府共同承办的第八届广西园林园艺博览会在玉林市隆重举办。7月23日，广西园林园艺博览会组委会副主任、自治区住房和城乡建设厅厅长严世明主持开幕式，自治区党委常委、自治区副主席蓝天立宣布第八届广西园林园艺博览会开幕，园博园坐落于玉东湖片区，总规划面积约1402亩，建设主题为“五彩玉林·八桂画卷”。

花卉座谈会。10月30日，广西花卉协会在南宁市召开座谈会暨现场经验交流会，来自广西各地的30余名协会代表出席座谈并现场参观考察。与会代表畅谈发展花卉苗木的经验及存在的问题，并就今后的发展提出了宝贵意见和建议。

**花卉示范区建设** 2016年，柳州“兰亭林叙”花卉苗木产业示范区、北海市银海罗汉松产业示范区、钦州宝鸭坪花木世界林业产业示范区通过自治区级现代特色林业示范区考评验收，南宁桂台花卉产业示范区、荔浦县花卉苗木示范区、桂林市临桂区嫦娥桂花香示范区通过县级现代特色林业示范区考评验收，南宁市经开区茶柳坡花卉苗木产业示范区、梧州市苍梧县旺甫镇花卉苗木产业示范区通过乡级现代特色林业示范区考评验收。

柳州“兰亭林叙”花卉苗木产业示范区。示范区规划总面积2万亩(核心区3000亩、拓展区7000亩、辐射区10000亩),设施栽培500亩,培育龙头企业5家、农民专业合作社5家,其中2015~2016年规划建成核心区1600亩、拓展区3000亩、辐射区5000亩,设施栽培500亩,培育龙头企业3家、农民专业合作社2家。2016年完成各类花卉苗木推广种植15000亩,其中核心区2164亩,位于沙塘镇三合村;拓展区5000亩,包括沙塘镇江湾村、石碑坪镇古木村、下陶村等,辐射区7850亩,涵盖周边4个镇村,主要产品有国兰、蝴蝶兰、铁皮石斛、树葡萄、牛樟芝、樱花、景观大树、草花、阴生植物等,其中石碑坪镇目前是广西最大的洋紫荆连片种植区,被誉为广西“紫荆花之乡”。

北海市银海罗汉松产业示范区。核心区3300亩罗汉松种植全部按标准化种植,核心区罗汉松质量安全关键技术到位率达100%,病虫害防治覆盖率达100%,镰刀弯、厚叶神、贵妃等本地优良品种覆盖率达100%,引进、推广先进实用技术达90%以上,通过核心区示范带动,拓展区、辐射区罗汉松种植农户成倍增长,2016年北海市罗汉松种植户达到600多户,从业人员达到3000多人,其中专业技术人员130多人,种植面积达到20000多亩,北海市外运销售的罗汉松达4800多株,销售收入达到6900多万元。

钦州宝鸭坪花木世界林业产业示范区。示范区位于钦北区中部,距钦州市区22千米,规划面积22446.8亩,其中核心区5446.8亩,拓展区5000亩,辐射区12000亩。已建成核心区3000亩,拓展区5000亩,辐射区10000亩。核心区包括小董镇榃头村委会宝鸭坪自然村的第九、十、十一、十二共4个村民小组及其周边区域,325户农户,常住人口1650人,经营产业以种植花卉苗木为主。2016年,示范区建成公共服务中心,入口大门,入口广场,综合服务中心,精品花木展示厅,玻璃温室大棚,苗圃育苗展览中心,2家农家乐,1座六角凉亭,传统苗木种植区,农情人家,山林生态果园,13千米道路,入口生态停车场,1座300立方米高位水池,7千米水利设施,喷灌系统,抽水站10千伏配电工程,4座小型休闲园林,4座乡村休闲广场,3座现代化公厕,6座休闲长廊,3座休闲凉亭等项目。

南宁桂台花卉产业示范区。核心区3150亩(明阳社区平况坡,68户,305人)、拓展区6270亩(含明阳社区、永红村和坛白村的部分村坡,438户,1199人)、辐射区12060亩(含永红村、坛白村及那备村等行政村的部分村坡,930户,3615人)。2016年,南宁桂台花卉产业示范区核心区3150亩建设已基本完成,总投资86000多万元,已完成绿化苗木生产示范区1624.7亩、四季花海观光区264.3亩、生态停车场51.3亩、花卉市场80.5亩及花卉养生休闲区(前期)5.1亩等多个功能区建设。其中,绿化苗木生产示范区内引进和培育日本、中国台湾等国家及地区的名贵树种罗汉松、真柏、嘉宝果等景观苗木,景观树造型各异,具有较高的艺术观赏性。同时,自主培育金花茶、黄花梨、柚木、风柃木、兰花楹、桂花树、楸枫、萍婆等全国各地名贵风景树种和绿化苗木共计50多万株;四季花海观光区的“幸福花海”开放期间,平均每天入园人数达2000人次以上(单日最高达2.1万人次)。

荔浦县花卉苗木示范区。示范区总面积50000亩,其中核心区面积5000亩,拓展区面积10000亩,辐射区面积35000亩,形成“一个市场、两个示范基地、五个产业示范区”的发展推广示范体系。2016年,示范区引进桂林三宝药业有限公司和桂林丰润莱生物科技有限公司、荔浦庆祥竹木有限公司3家重点龙头企业,实现了“示范区+企业+合作社+农户”的生产经营模式。成立“荔浦县桂森源花卉苗木专业合作社”等花卉苗木生产合作社(协会)12个,注册资金2453万元,社员2600多人,基本达到“示范区+合作社+农户”的生产经营模式。在专业合作社的辐射带动下,示范区建立有荔浦县何惠兰果蔬种植家庭农场、荔浦县振华种植场2家家庭农场及农业经营性服务组织。核心区内的桂林丰润莱生物科技有限公司和荔浦县桂森源花卉苗木专业合作社等花卉苗木生产合作社(协会)等,年销售收入达4022万元。

桂林市临桂区嫦娥桂花香示范区。核心区位于临桂区北部五通镇区内,321国道两侧,规划核心区3500亩，拓展区7000亩、辐射区面积15000亩。2016年，经营主体投入2253万元，临桂区财政投入2122万元，完善示范区基础设施建设。

南宁市经开区茶柳坡花卉苗木产业示范区。示范区项目计划总投资6500多万元，由广西林业集团公司作为主体进行开发建设，核心区520亩(坛白村茶柳坡，21户，142人)、拓展区1000亩(坛白村茶柳坡、咘晓坡和那料坡，216户，1330人)、辐射区1500亩(坛白村那邑坡、那勤坡、定淋坡、定湴坡、坛渣坡和巷咘坡，523户，2480人)。2016年，已完成投资1300多万元，核心区内的花卉苗木种植区建设已基本完成，已完成绿化苗木520亩的建设(其中园林苗木280亩，鸦胆子70亩，芦竹100亩，桂桐70亩)，建成进入核心示范区的道路1.6千米、喷淋供水管路1.8千米、电力线路1.1千米、生产道路3.7千米。

梧州市苍梧县旺甫镇花卉苗木产业示范区。示范区位于苍梧县旺甫镇，示范区规划面积2000亩，其中大棚区100亩、隔离试种区200亩、展示交易区200亩、市级保障性苗圃500亩、花卉及绿化苗木生产区1000亩。

**【对外合作与产业博览】**

**2016中国-东盟博览会林产品及木制品展** 12月2~5日，由国家林业局和广西壮族自治区人民政府主办，广西林业厅、中国—东盟博览会秘书处和中国林产工业协会承办的2016中国-东盟博览会林木展在南宁国际会展中心举行。广西政协副主席彭钊、国家林业局产业领导小组副组长、国家林业局农村林业改革发展司司长刘拓，自治区林业厅、中国-东盟博览会秘书处和中国林产工业协会等部门领导，越南驻南宁总领事范清平、马来西亚驻南宁总领事黄奕瑞等东盟国家驻南宁总领事馆官员以及中外参展企业代表出席了展会启幕仪式，并参观了展会。本届展会展览规模20000平方米，围绕中国-东盟各国林业特色产业，设立了实木家具、东盟林产品、林业装备、林业先进技术及合作、国家级贫困县特色林产品、东兴展区等六大主题展区，并首次在广西东兴市设立景观树展览会分会场，用以展示各种东盟特色景观树及花卉苗木。展会期间举办了第六届中国(南宁)林产品国际贸易论坛、2016全国纤维板工业发展研讨会暨中国林产工业协会纤维板专业委员会第六届换届会、IWCS 2016国际木文化活动、木工机械对接会等丰富务实的系列活动。进一步发挥了中国与东盟林业经贸合作与交流的平台作用。

**加强产业合作交流** 4月24~30日，组织广西林业分团参与桂台经贸文化交流合作系列活动，赴中国台湾各地开展桂台森林生态旅游交流合作。5月30日至6月6日，组织广西林业招商团参加马来西亚贸工部和广西壮族自治区人民政府在马来西亚举办的中马“两国双园”联合推介会和“关丹之夜”招商活动，探讨深化与东盟国家的林业产能合作，研究化解本区木材加工原料相对紧缺、中低端产能过剩、市场同质化竞争加剧、部分企业经营困难等难题，带动自治区林业企业“走出去”。认真参与组织6月22~25日举办的广西农业项目合作洽谈暨科技成果展示对接会，承办了现代林业专场推介会，通过整体行业推介和重点项目推介，集中向上百位区内外客商集中介绍了广西林业发展的重点和优势，重点招商单位及项目的投资价值、效益回报等；筛选出投资额在1000万元以上的项目116个并编印成《广西林业招商引资项目册》，项目总投资近630亿元；邀请到中国林业集团、中国水电建设集团等40多家区内外林业企业前来参会，集中签约林业项目16个，签约金额50多亿元，其中合同签约近30亿元；协助接待了湖南省政府代表团等参会重要贵宾；组织10家林业企事业单位26个展位开展林业科技成果及精深加工产品展示等。11月27~28日，协助安排了台湾中国海峡两岸农业协会在南宁的考察活动，并就桂台双方在森林休闲旅游、花卉和木材加工等领域重点项目进行了交流。

**【广西现代特色林业示范区创建】** 2016年，广西有40个林业示范区(其中6个自治区级、20个县级、14个乡级林业示范区)通过了第一批林业示范区的考评认定，通过率为80%，其中获得五星级的自治区级林业示范区2个，四星级2个，三星级2个。

**开展试点选择** 在发展基础良好、创建积极性高、推进速度快、示范作用明显的柳州兰亭林叙花卉苗木、钦州宝鸭坪花木世界、玉林容县沙田柚、贺州姑婆山森林生态文化旅游、河池凤山核桃等5个示范区开展创建试点。试点示范区着重在高水平编制建设规划和方案、创新完善建设运营管理新体制、构建多元化投入机制、统筹推进基础设施建设、增强产业组织化程度、提高科技支撑能力等方面进行先行先试。林业厅在发展规划、项目安排、资金补助上与试点示范区所在地方进行衔接，整合特色经济林、林下经济、村屯绿化、精准扶贫、产业园区、花卉苗木、森林旅游等林业专项资金，支持试点示范区创建。各地各级林业部门都迅速落实具体工作措施，努力协调和安排建设补助资金，全力动员各方力量推进创建工作。

**出台政策文件** 在试点工作基础上，根据《国家林业发展“十三五”规划》关于“培育现代林业产业示范园区”的要求并参照浙江、湖北、四川等地林业发展先进地区的成功经验，林业厅全面深入地研究、厘清示范区建设的内涵和要求，再次组织对《广西现代特色林业示范区创建方案》《广西现代特色林业示范区建设参考标准》和《自治区、县、乡级现代特色林业示范区考评表》进行了修改完善并上报自治区人民政府。自治区人民政府办公厅在2016年11月正式印发《创建方案》，并要求示范区厅际联席会议抓紧审定、印发《建设参考标准》《考评表》，使各地创建工作有章可循、扎实推进。

**组织培训** 为全面加快创建步伐，12月下旬，广西壮族自治区林业厅在柳州举办了全区现代特色林业示范区创建业务培训班。全区各市及创建工作重点县、区直林业事业单位主抓示范区建设的负责人共140余人参加培训。这次培训，通过现场参观和专家课堂讲解的形式，使参加人员充分了解林业示范区的创建意义和建设基础，掌握创建的基本内涵、重点内容和要求，熟悉创建模式和流程，同时对可能遇到的问题和困难进行分析探讨，研究提出切实有效的解决办法，增强了各地各单位开展创建工作的信心和能力。

**面上推进** 林业厅专门安排厅领导率调研组多次赴14个市和区直林场就创建林业示范区开展专项调研，指导面上创建工作。调研组实地了解各地森林资源、产业基础、地理条件、发展规划、用地保障等情况，认真传达自治区党委、政府关于开展现代特色林业示范区创建工作的决策部署，重点指导建设规划编制、具体建设方案制订和创建工作推进计划等，协调解决示范区建设过程中遇到的困难和问题。同时林业厅还安排专门人员参加农业示范区的督查、考评等工作。（罗小三）

# 海南省林业产业

**【概　述】** 海南省全省陆地总面积3.54万平方千米，海域面积约200多万平方千米。有全国最丰富的热带野生动植物资源，维管束植物6036种，本岛野生植物4579多种，其中：海南特有种483种，被列为国家一级保护8种，国家二级保护45种；乔灌木1400多种，药用植物2500多种，经济价值较高的用材树种800多种。野生陆栖脊椎动物660种，列入国家一、二类重点保护名录的123种，省级保护206种，海南长臂猿和海南坡鹿为海南独有。

全省规划林地面积3165万亩。2016年底，全省森林面积3199万亩，森林覆盖率达62.1%。

2016年，海南省紧紧围绕林业供给侧结构性改革这条主线，大力发展热带特色林业产业，在经济下行和生态环境保护双重压力的特定环境下，全省热带特色林业产业仍然取得长足发展，有效促进了林业经济发展和农民增收，全年实现林业总产值488亿元，比2015年增长4.1%。

**做大优势产业，引导花卉产业转型升级**　一是开展花卉产业专项调研，制定产业发展政策，安排专项资金，扶持企业改造和升级基础设施，促进结构性调整；二是提高花卉品质，促进出口。海南柏盈兰花产业开发有限公司进入美国允许介质蝴蝶兰输美温室名单，实现我国介质蝴蝶兰输美历史性突破。神马白菊、多头彩菊、金钱树等也在瞄准日韩市场出口销售，特别是金钱树出口韩国也实现了零的突破。全年花卉出口额达1980万美元，增长123%；三是大力推进花卉示范基地建设。重点抓好海口红旗花卉产业小镇、柏盈兰花观光园、博大文心兰花产业基地、三亚兰花世界、东方菊花基地、乐东金钱树等基地建设。

**做强特色产业，引导油茶产业健康有序发展**　一是编制油茶产业发展规划。首先对全省油茶产业开展全面普查，全面掌握海南油茶种植面积、管理水平、油料加工和销售现状，以及农民、企业种植油茶的愿望等，在此基础上编制全省油茶产业发展规划。二是举办两期海南热带油茶产业发展论坛，邀请全国知名油茶专家到会学术交流，全省主要油茶种植区的市县林业部门负责人和技术人员、主要油茶育苗户和种植户参加学习。三是开展油茶优良品种认定工作，认定了9个优良无性系。四是推进良种采穗圃、良种示范园建设。五是建设油茶良种苗木培育基地200多亩。六是开展油茶高接换冠、修枝整形、施肥等低产林改造试验，取得增产五倍的研究效果。

**打造独特产业，促进森林旅游财大业大**　滨海沙滩与热带森林旅游共存，碧海蓝天与绿林白沙交相辉映是海南独特的森林旅游资源，是游客向往之地。亚龙湾热带天堂森林公园、呀诺达热带森林公园节假日总是人山人海，尖峰岭、吊罗山、五指山等国家森林公园为主的热带森林旅游方兴未艾。全年森林旅游总人数达572.96万人次，总收入达8亿元。

**扶持龙头企业，助推海南林业产业的发展**　2016年，海南省拥有国家级林业龙头企业共3家、省级林业龙头企业共12家，龙头企业在自身发展的同时，与农民建立利益联动机制，带动了农民增收致富。

此外，2016年全省评选省级现代农业示范基地20家，其中林业种养殖企业4家，涵盖了动物驯养、花卉产销、林产化工、食用菌种植等方面，包括2015年评选3家在内，全省林业企业已评选出7个现代农业示范基地。

**扶持农民专业合作社，推进精准扶贫进程**　推广“公司+专业合作社+贫困户”经营模式，实施精准扶贫、精准脱贫战略。全省各地成立了毒蜘蛛、果子狸、豪猪、蛇类、野猪、蜜蜂等野生动物驯养农民专业合作社，南药、花卉等农民种植专业合作社。全省建立林业产业农民专业合作社130多个，带动了900多户贫困户脱贫致富。白沙县惠农南药种植专业合作社29户农户种植380亩砂仁，2016年收砂仁9.5万千克，产值104万元，户均收益3万多元。五指山市毒蜘蛛养殖专业户有45名贫困户，2016年户均分红10000元，人均收入21600元。

**加大政策扶持，林下经济逐步壮大** 大力发展林药、林菌、林蜂、林鸡、林猪、林牧等林下种养业，提高林地复合经营利用率。2016年全省林下经济新增面积6.72万亩、产值4.33亿元，新增就业人数6268人。全省林下经济累计从业人数达59.58万人，面积222.65万亩，产值126.81亿元。

**加强木材市场管理，促进木材加工产业平稳发展** 重点整顿木材流通市场和木材加工厂，支持木材加工产业转型升级，拉长产业链，提升产品价值。通过各种措施克服市场和价格波动的不利影响，木材加工产业完成产值91.7亿元。

**多方筹措资金，促进林业产业快速发展** 2016年，海南省从中央现代农业发展资金中安排7988万元，支持热带特色林业产业发展，其中，3218万元支持茶叶产业园建设，3000万元支持花卉产业，1000万元支持绿橙产业，770万元支持油茶产业。同时，国家林业局安排了700万科技推广示范项目资金，用于科技成果转化产业发展示范工程。此外，海南省政府安排1000万元品牌发展资金补助和500万元扶持花卉和油茶产业发展。据不完全统计，2016年共筹措中央和地方财政资金1亿多元支持林业产业发展，撬动特色林业产业发展资金投入10亿多元。

【林木种苗行业】

**林木种苗行业规范发展** 成立了省林木品种审定委员会，认定良种18个。2016年全省共有苗圃数量660个，占地面积达64976.85亩，育苗20719.69万株，产值约40亿元，比2015年增长6.67%。

2015年6月，成立了海南省林木品种审定委员会，2016年12月，第一批认定了油茶、沉香、花卉等18个优良品种。其中9个油茶品种、1个沉香品种、8个花卉品种(朱瑾1个、鹤蕉2个、秋石斛4个、竹叶兰1个)。林木良种工作的推进填补了我省发展林木良种的空白，对品种选育、造林绿化产生了深远的影响。

【野生动物驯养业】

**野生动物驯养业健康发展** 2016年，全省野生动物驯养繁殖场共有323家，比上一年增加了70家，因市场行情较好，年产值达5亿元，比上一年大幅提高。

海南省的野生动物驯养繁育企业(个人)分布于全省18个市县，其中主要分布在海口市、文昌市、澄迈县、儋州市、万宁市、琼海市、屯昌县等市县。主要养殖有虎纹蛙、龟类、蛇类(眼镜蛇、滑鼠蛇、灰鼠蛇、蟒蛇)、食蟹猴、果子狸、原鸡、豪猪、竹鼠等野生动物。

为大力推进野生动物驯养繁殖产业的发展，全省一是加强对人工驯养繁殖野生动物的市场指导，建议政府在政策、资金上给予支持，采取"以奖代补"和"贴息贷款"等形式扶持。二是重点扶持龙头企业助推周边的野生动物驯养繁殖产业的发展。三是拓宽人工驯养繁殖野生动物及其产品的销售渠道，让其走向市场合理销售，促进海南省经济发展。

【森林旅游业】 截至2016年年底，全省共设有各级森林公园28处，其中国家级森林公园9处，省级森林公园17处，市县级森林公园2处。森林公园拥有旅游步道158.05千米，车船210台(艘)，床位1763张，餐位5880个，职工和导游总数分别约为4760人和397人，社会从业人员约4427人。

全省全年投入森林公园建设资金约2.17亿元，其中国家及各级地方财政投入0.047亿元，自筹资金为2.07亿元，环境建设投入为0.062亿元，累计完成植树造林1637.99公顷，改造林相729.3公顷。全省森林公园基础设施和旅游服务设施逐步完善，环境日趋美观，旅游条件和品质继续大幅提升。2016年全年共接待国内外游客572.96万人次，其中海外旅游人数9.48万人次，森林公园总收入8亿元。

【热带花卉产业】 海南省花卉产业起步于20世纪80年代中期，发展于20世纪90年代后期，进入

21世纪后，特别是近年来凭借海南独特的环境和自然地理优势，热带花卉产业得到迅速发展，2016年种植面积达到12.8万亩，新增种植面积5000亩，年销售总额达到20亿元，同比增长13.2%；出口额达1980万美元，增长123%。

**产业规模不断扩大，区域化格局初步形成** 经过30多年的时间，海南省花卉产业实现了从无到有，从小到大的发展。目前，海南省花卉产业逐步形成了区域化、集聚化、专业化发展格局，北部地区重点发展鲜切花(叶、枝)、盆栽观叶植物和观赏苗木；南部地区以热带兰花、金钱树等切花和盆栽植物为主；中部地区重点发展阴生观叶植物(鲜切叶及盆栽)、高档盆花和珍贵乡土树种等观赏苗木；西部地区优先发展反季节性菊花等鲜切花和耐旱观赏植物盆景。

**花色品种日趋丰富，市场影响力显著提升** 2016年，全省花卉品种数量已达上万个，仅兰花栽培品种就有近500个。主要观花类植物有热带兰花、菊花、红掌、玫瑰花等切花花卉1.1万亩，散尾葵、鱼尾葵、巴西铁等鲜切叶花卉1.4万亩，富贵竹等切枝花卉1.5万亩，凤梨、三角梅等盆栽花卉植物3.6万亩，绿化用观赏苗木4.3万亩，还有食用、药用、种苗用和草坪等花卉0.9万亩。海南省已建立热带兰花、三角梅等花卉种质资源圃，花卉新品种培育研发能力不断增强，已培育出热带兰花、红掌、三角梅、木槿等花卉新品种200多个，其中16个新品种已登录“英国皇家园艺协会”品种(RHS)，还有16个木槿新品种登录“国际木槿协会”(IHS)。海南省热带兰盆花、鹤蕉等树立了自己的品牌，打入全国各大花市，在冬季市场上独占鳌头；菊花、金钱树、热带兰花产品等还出口日本、俄罗斯、韩国、荷兰。此外，海南省在三亚连续举办了11届国际兰花博览会，在海口连续举办了16届迎春花市和两届三角梅文化节。柏盈兰花成为中国首个获得进入美国允许介质蝴蝶兰输美温室名单，实现我国介质蝴蝶兰输美历史性突破。

**花卉产业链不断延伸，正在成为“三农”经济支柱产业** 目前，海南省内年营业额在500万元以上或种植面积在45亩以上的大中型企业有106个，各地还涌现了一批产值超千万元的大型企业。如海南省金林花卉有限公司、海南荣丰花卉有限公司、海南博大兰花科技有限公司、三亚柏盈热带兰花有限公司、三亚碧兰春兰花有限公司、亚龙湾玫瑰谷等，生产领域涉及花卉生产、深加工、旅游、物流、会议会展服务、零售、设计施工等。目前，“公司+基地+农户”“合作社+基地+农户”等产业化经营形式发展平稳。2016年，海口市花卉种植面积达6.89万亩，年产值达10.7亿元，亩均产值1.55万元。三亚市花卉种植面积1.18万亩，销售收入4.8亿元，亩产值4.06万元。2015年，国务院副总理汪洋考察柏盈兰花，对柏盈公司花卉旅游、兰花产业链以及帮助农民脱贫增收的做法表示肯定，称赞“种兰花就是种金子”。乐东县金钱树种植面积达0.97万亩，金钱树基地达170个，年销售量1600万盆，销售金额达4.8亿元，出口创汇700万美元。东方市花卉种植总面积0.75万亩，销售额1.33亿元，亩均产值1.77万元，仅菊花种植面积就达3700多亩，年产菊花1.15亿枝，年产值达1亿多元，亩均值达3万元左右。花卉产业正在成为部分乡镇“三农”经济的支柱产业。

**花卉产业成为农民脱贫致富的重要途径** 据统计，海口市从事花卉农户有1500多户，花卉从业人员约3万人，花农年人均收入过万元，部分农民林下种植切叶花卉，年增收益可达3000多元/亩。东方市菊花产业为当地创造3000多个就业岗位，农民工平均月收入达3000多元，部分计件领取工资的农民工月收入高达4000多元。三亚市兰德国际玫瑰谷发展有限公司采用“公司+合作社+农户”的发展模式，建立了18家合作社，解决了当地515人就业，就业人员年均收入近3万元。2013年，习近平总书记考察玫瑰谷，肯定了海南花卉发展模式。乐东佛罗镇金钱树产业，带动当地农民在家门口打工，日工资达100多元，不少农民通过从事金钱树产业盖起了小洋楼，当地群众形象地称为“金钱树楼”。东方、乐东等地花卉企业负责人反映，当地百姓通过从事花卉产业致富，生活质量普遍提高，偷盗现象大幅减少，社会治安明显改善。可见，花卉产业不仅能促进农业增效，带动农民增收，更能助力建设经济繁荣、社会文明、生态宜居、人民幸福的美好新海南。

**花卉标准化体系逐步建成，销售渠道多元化正在形成** 为适应企业标准化生产要求，海南省林业厅加快林业标准化体系建设，在省质量技术监督局支持下，海南省林业厅积极联合科研单位、高等院校推进林业标准化制定工作。“十二五”期间，先后制定了60多项地方标准和企业标准，特别是重点制定兰花、菊花、莲花竹等鲜切花品种地方标准和企业标准，为林业工程建设和产业发展提供了强有力的技术支撑，提升了企业产品质量和市场竞争力。此外，大力推进标准温室建设，兰花标准温室面积在全国名列前茅。

**【木材加工业】** 2016年，木材加工行业完成产值约91.7亿元。其中，木、竹浆纸产值80亿元，其中浆产量约155万吨，产值约42亿元；纸产量122万吨，产值约38亿元。锯材产值4.2亿元，产量约30万立方米。人造板产值2.8亿元，各类纤维板、胶合板等产量约8万立方米。木片产值3.2亿元，木片产量约30万吨。木、竹、藤制成品及其他产品产值1.5亿元。与2015年对比，产值下降了5.3亿元，主要原因是作为浆纸业头雁之一的金海浆纸厂4月份进行停机检修，产量产值大幅下降。

2016年，海南我省木材加工产业存在的主要问题是木材加工产业的销路不好，一些木材经营加工企业因货款被大量拖欠，流动资金严重缺乏，被迫停产歇业等。

**【特色经济林产业】**

**经济林种植** 经济林是经济、生态、社会效益融于一体的林种，海南省具有发展热带特色经济林得天独厚的自然条件和传统。造林树种有椰子、槟榔、橡胶、蜜柚等。2016年全省种植经济林10.8万亩，年产值192.90亿元。

**珍贵树种种植** 全省从过去以营造速生丰产林为主，转变为发展以花梨、白木香(土沉香)和檀香等为主的乡土珍贵树种，2016年种植乡土珍贵树种面积0.81万亩。

**【林下经济产业】** 发展林下经济产业，海南省主要经验和做法，一是为提高林下经济和林业产业品牌质量效益，提升市场竞争力，促进农民增收、农村奔小康，省林业厅联合省财政厅制定了《2016年度海南省品牌林业发展资金申报指南》，共同对全省审核合格的27个林业项目奖励扶持品牌林业发展资金共计803.42万元；二是根据《国家林业局办公室关于在贫困地区开展国家林下经济及绿色特色产业示范基地推荐认定的通知》，在海南省贫困县推荐海南福莱斯林业有限公司和白沙黎族苗族自治县碧盈农业开发有限公司为全国示范基地，并得到国家林业局的认定；三是2016年全省林下经济新增面积6.72万亩，新增就业人数6268人。全省林下经济累计从业人数达59.58万人，面积222.65万亩，产值126.81亿元。 (李炜芳)

# 重庆市林业产业

**【概　述】** 2016年，重庆市完成营造林578.1万亩，为国家下达计划任务的100.9%，其中人工造林150.9万亩，封山育林93.6万亩，退化林修复95万亩，森林抚育238.6万亩。森林覆盖率稳定在45%，林业总产值达742亿元。全市林业生态建设取得新成效，实现"十三五"良好开局。

**【印发实施全市林业"十三五"发展规划】** 以习近平总书记视察重庆重要讲话精神统领林业工作。组织党组、中心组9次深入学习研讨，及时召开全市林业局长座谈会、林业扶贫现场会暨林业产业发展推进会、国土绿化暨退耕还林现场会，将市委、市政府关于林业生态建设的工作部署层层传导给区县党委政府、林业系统广大干部职工，并举办国有林场改革、深化集体林权制度改革、林产经济发展等专题培训，进一步统一思想、提高认识，不断增强林业生态建设的责任意识、机遇意识、发展意识和担当意识，全力推动"十三五"林业工作取得新成效。围绕筑牢长江上游重要生态屏障目标，开展生态修复、资源保护、林产经济等课题研究，进一步明晰林业工作思路。按照全市经济社会发展"十三五"规划纲要，印发实施全市林业"十三五"发展规划，明确到2020年，完成营造林1000万亩，森林抚育1000万亩，低效林改造500万亩，森林覆盖率达到并稳定在46%以上，森林蓄积量达到2.4亿立方米，林业总产值增长10%以上，95%以上珍稀濒危野生动植物和典型生态系统得到有效保护。着力构建林业资源保护体系、林业生态修复体系、林业生态经济体系、林业生态文化体系和林业生态服务体系，建成碧水青山、绿色低碳、人文厚重、和谐宜居的生态文明城市。

**【生态保护成效】** 将6300万亩林地、5600万亩森林和310万亩湿地生态红线落到山头、地块和图斑，实行林地一张图有效管控。严格林地分级保护管理，将全市林地区划为四级，严格执行林地用途管制和差别化管理制度。配合国家林业局西北森林资源监测中心完成本届政府届中保护和发展森林资源目标考核和"十二五"规划目标考核工作。重庆市政府办公厅下发《关于加强"十三五"期间年森林采伐限额管理工作的通知》，"十三五"年森林采伐限额全部分解下达到区县，坚持森林采伐限额管理，森林采伐量大幅减少，实际采伐量不到采伐限额的50%。开展林地变更补充调查，完成图片解译和内业区划。强化林地征占用管理，重点工程建设使用林地审核审批率达到100%。印发《加强林业系统自然保护区规范化管理的意见》，切实加强自然保护区、湿地保护区、森林公园、湿地公园、国有林场、主城"四山"等重点区域林地管控，严格控制范围及功能区调整。出台政策文件全面停止天然林商业性采伐，严禁移植天然大树进城，4400万亩天然林得到有效保护。积极应对2016年夏天连晴高温的异常天气，高火险期全市3万多人巡山护林，排查整改火灾隐患5000多处，航空护林全年飞行164个架次，全年共发生森林火灾14起，受害森林面积9.4公顷，与近5年同期平均值相比，森林火灾数量、受害森林面积分别减少72%、90%。以松材线虫病防控为重点切实保护好全市2000多万亩松林，与各疫情区县签订《重庆市重大林业有害生物防治(2015～2017年度)目标责任书》，实施飞机防治125.3万亩次，推广新型诱捕器3.3万套，全市未发生大的林业有害生物灾害和害虫扰民事件。在全市开展严厉打击非法占用林地等涉林违法犯罪专项行动，加大对破坏生态的打击力度。

**【生态修复治理】** 围绕建设长江上游重要生态屏障，全面实施林业重点工程。2016年度100万亩任务已全部分解下达到23个区县，完成造林

41.24 万亩，占计划任务的41.2%，累计80%以上的退耕还林任务安排在贫困区县。将天然林保护纳入各级政府目标考核内容，落实管护资金7.07亿元，管护人员1.5万人，管护森林面积4505万亩，4400万亩天然林得到有效保护。加大石漠化生物措施治理力度，继续在10个石漠化重点区县开展治理，规划"十三五"期间治理岩溶土地面积375万亩，治理石漠化土地面积150万亩，2016年度配合市发改委下达人工造林任务2.6万亩、封山育林任务11.7万亩。启动石漠化监测，继续开展林业碳汇计量监测、碳汇交易相关工作。配合国家林业局在重庆万州成功召开长江经济带"共抓大保护"林业工作会议，既展示了党的十八大以来重庆林业生态建设情况，又对推动长江生态保护、生态修复作出了部署，并发出倡议，力求形成上中下游联动推进长江生态屏障建设格局。与市移民局联合印发《关于加强重庆三峡水库生态屏障区生态林管护的意见》，完成2011～2013年度生态屏障区植被恢复项目市级复查，切实巩固长江生态屏障建设成果。编制完成《重庆市森林质量精准提升工程总体规划》。加快木材战略储备基地建设。通过生态修复治理，生态环境质量有所改善，全市空气负氧离子平均值达到1128个/立方厘米，比去年同期增加43个/立方厘米。

**【生态服务】** 生态服务水平进一步提升。重庆市领导带头参加春季义务植树活动，以实际行动贯彻落实习近平总书记关于"多种树、种好树、管好树，让大地山川绿起来，让人民群众生活环境美起来"的号召。市绿委办组织5次义务植树活动，公布52个义务植树点，全市1057万人次参加义务植树活动，累计植树4390万株。"2·2"湿地日和"3·12"植树节，所有湿地公园免费向公众开放。"3·21"国际森林日，向市民免费开放87个市级以上森林公园、26个市级以上湿地公园、17个市级以上自然保护区，在鸿恩寺森林公园开展有120多个亲子家庭参与的森林体验活动，在北碚区状元小学开展森林教育进校园体验活动。与市委宣传部等部门共同主办第三届梦想课堂·自然笔记大赛。组织开展"长江经济带生态文明建设"主题宣传，联合重庆日报等举办"共建生态文明 共享绿色家园"——重庆市首届生态文明建设新闻摄影大赛。坚持空气负氧离子日测日报，在中国气象频道启动20个监测点的空气负氧离子试点播报。首次发布《重庆市生态文明建设林业公报》。积极开展"重庆市绿色新村"创建，指导巴南、荣昌等5个区县开展"国家森林城市"创建工作。积极组织开展第二届寻找重庆最美森林氧吧、第二届"重庆市生态文化村"评选活动。重庆黔江国家森林公园等5地获评中国森林氧吧，全市"中国森林氧吧"达10家，占全国84家的近1/8。丰都县都督乡都督居委等6个行政村获评"全国生态文化村"，全市"全国生态文化村"总数达25个。

**【林产经济发展】** 印发实施《重庆市林业产业发展规划(2016～2020)》。围绕供给侧结构改革，着力延伸林产经济链条，提升林产品精深加工水平，提高附加值，推进林业一、二、三产业融合发展，助推林业精准扶贫。召开全市林业产业扶贫现场会暨林业产业发展推进会，进一步明确林产经济发展思路和目标，确定林业种植业、加工业、服务业发展重点。贯彻落实市政府办公厅印发的《关于加快木本油料产业发展的实施意见》，新建油茶基地近5万亩，全市油茶、核桃、油橄榄、油用牡丹种植面积共达到110万亩，木本食用油年生产量达到2000吨，初步形成产业链条。推进林业产业园区化，在长寿建设智能家居产业园，发挥产业聚集效应和规模效益。大力发展森林旅游，满足市民乡村游、休闲游、周末游的需要，森林旅游达7100万人次，实现旅游收入112亿元。坚持把产业发展与扶贫增收紧密结合起来，制定林业扶贫实施意见，出台对贫困区县和贫困农户16条支持政策，全年对贫困区县发展林下经济项目补助资金1500万元，涉及贫困户8000多户；支持发展市级森林人家138户，补助资金690万元。落实涉农林业资金整合使用要求，将林业特色效益产业、森林人家、林业专业合作社、贫困户林下经济、贫困户森林抚育5项纳入整合使用试点范围。推进贫困户就近转为生态护林员试点。认真实施国家木材储备战略，完成抚育间伐1.2万亩、新造林2500亩。

**【林业改革】** 全面启动国有林场改革，市委、市政府印发《重庆市国有林场改革实施方案》，市政府召开国有林场改革工作推进会，全面部署国有林场改革工作。市政府办公厅印发《关于国有林场改革重点任务责任分工的通知》，全面落实市级相关部门责任担当。兑现债务豁免政策，完成国有林场贷款核销8494万元。2016年5月，全市国有林场改革推进情况得到国家国有林场改革督查组的肯定。国家国有林场改革调研组充分肯定了重庆市做法，并明确重庆市在即将召开的全国国有林场改革推进会上作交流发言。不断深化集体林权制度改革，与国家林业局管理干部学院在北京举办重庆市深化集体林权制度改革培训班，围绕盘活集体林地资源，加快自然资本增值等深入学习研讨。在永川、北碚等6个区县围绕集体林地“三权分置”、公益林管理机制创新、财政金融扶持体系创新等9个方面开展试验示范。在南川、巴南区探索集体林权自愿有偿退出机制，引导进城务工且有稳定非农收入的农民自愿退出林地承包经营权。加强与国开行、农业银行等金融机构合作，继续推进林权抵押贷款融资，2016年新增林权抵押贷款13亿元，累计达到253亿元。制定重庆林权交易规则，进一步规范林权交易，2016年新增林权流转面积47万亩、流转金额1.21亿元，累计流转面积达到605万亩、流转金额27.5亿元。推进林木采伐管理改革，采伐10立方米以下林木委托乡镇政府办理，国有林场和森林经营面积1000亩以上的林业大户实行单独编限，取消育林基金征收和竹材凭证运输制度。全面实施森林保险，全市4505万亩公益林全部纳入保险范畴，实现了区县和公益林全覆盖，参保森林保障金额230.3亿元，提升了林地林木价值。大力培育林业新型经营主体，大力发展林业专业合作组织，全市林业专业合作社1886个、专业大户6469户、家庭林场183个、森林人家1891个。探索生态文明体制改革，提出建设三峡国家公园和大娄山国家公园的初步构想。完善公益林生态效益补偿政策，对渝东北、渝东南两大生态区市财政补助比例由原来80%提高到90%～95%。

**【林业发展基础保障】** 一是推进依法治林。重庆市人大组织开展《重庆市森林防火条例》贯彻落实情况检查。协同市政府法制办加快《重庆市公益林管理办法》修改送审。向社会公布市级林业行政权力和责任清单，清理完成全市林业系统的行政权力110项并报市政府。开展政策性文件的合法审查和清理。全面实现网上林业行政审批。宣传贯彻新《种子法》，强化林业法制培训。加大林业执法，组织开展各类专项行动，森林和野生动物案件共立案2883起，查破2858起，查破率为99.1%。加强打击侵犯林业植物新品种权和制售假冒伪劣林木种苗以及互联网领域涉林侵权假冒行为执法。二是加快科技兴林。组织推进核桃、油茶、油橄榄等经济林良种选育及栽培，消落区湿地和石漠化生态恢复，物联网双红外森林防火系统、麻竹循环综合利用等林业应用研究。加强科技成果转化，实施林业科技推广项目35个，建成示范基地30多个，开展林业实用技术培训与指导12000人次以上。发布施行地方标准2项，制订国家行业标准4项，取得“国家林业局林产品质量检验检测中心(重庆)”的计量认证资质。编制完成《重庆市林木良种基地发展规划》，培育油茶、核桃、油用牡丹、油橄榄等良种苗木1945万株。开展核桃遗传资源调查编目。编制全市林业信息化建设规划。三是强化基础保障。组织召开长江上游重要生态屏障建设研讨会，编制《重庆建设长江上游重要生态屏障林业规划纲要》，形成了长江上游重要生态屏障开展“1+11”课题研究报告。创新林业投入机制，拓展林业投资渠道，争取市级以上林业投入35.35亿元。制定欧投项目管理办法，完成德援项目和世行项目资金财务会计核算。制订中美自然学校项目实施方案。推动仙女山国家森林公园与加拿大红河谷城市公园缔结姐妹公园。积极推进标准化林业站建设。完成南川现代林业示范基地建设用地征用拆迁工作，基地总体规划修编、道路工程等加紧实施。森林消防应急救援基地建设有序推进。

(李辉乾)

# 四川省林业产业

【概　述】 2016年，全省林业认真贯彻落实中央和省委推动绿色发展决策部署，在大力建设生态林业的同时，积极调整林业产业结构、转变林业产业发展方式、提升林业产业质量和效益。

**林业产业基地有新突破**　①当年培育。2016年，全省共培育林业产业基地900.1万亩。其中，新造679.2万亩，占75.5%，低改或抚育220.9万亩，占24.5%。在当年培育基地中，以核桃、油橄榄为主的木本油料林居多，占总面积的65.1%。

**表1　2016年全省林业产业基地当年培育情况表**　　单位：万亩、%

| 培育种类 | 合计 | 木质原料林 | 竹林 | 特色干果 | 木本药材 | 木本油料 | 森林蔬菜 | 生物能源林 | 茶桑果 |
|---|---|---|---|---|---|---|---|---|---|
| 面积 | 900.1 | 104.2 | 52.8 | 88.6 | 11.5 | 586.3 | 4.2 | 0.5 | 52 |
| 百分比 | 100 | 11.6 | 5.9 | 9.8 | 1.3 | 65.1 | 0.5 | 0.1 | 5.8 |

②基地总量。截至2016年年底，全省林业产业基地总规模达到10305.3万亩，其中木质原料林基地3723.3万亩，占总基地面积的36.1%，位居第一。

**表2　2016年全省林业产业基地构成表**　　单位：万亩、%

| 培育种类 | 合计 | 木质原料林 | 竹林 | 特色干果 | 木本药材 | 木本油料 | 森林蔬菜 | 生物能源林 | 茶桑果 |
|---|---|---|---|---|---|---|---|---|---|
| 面积 | 10305.3 | 3723.3 | 1742.2 | 678.2 | 303.8 | 1786.1 | 419.7 | 79.4 | 1572.6 |
| 百分比 | 100 | 36.1 | 16.9 | 6.6 | 2.9 | 17.3 | 4.1 | 0.8 | 15.3 |

③现代林业产业基地。截至2016年年底，21个市(州)的127个县(市、区)已建成现代林业产业基地2528万亩，其中木质原料林基地、竹林基地和木本油料基地面积位列前三，分别占总面积的40.6%、28%和18%。

**表3　2016年全省现代林业产业基地构成表**　　单位：万亩

| 基地类型 | 合计 | 速生丰产用材林、珍贵树种用材林 | 纸浆竹林、材用竹林基地 | 笋用竹林、笋材两用竹林基地 | 木本油料 | 木本药材 | 木本调料 | 木本粮食 | 木本饮料 | 森林蔬菜 | 其他特色经济林基地 |
|---|---|---|---|---|---|---|---|---|---|---|---|
| 面积 | 2528 | 1027 | 458 | 250 | 456 | 78 | 108 | 25 | 15 | 69 | 42 |

【林产加工结构不断优化】

**加工企业情况**　截至2016年年底，全省有林产加工企业7769家，比2015年增加21家。在所有林产加工企业中，木材加工类企业数约占77.8%，占绝对优势。

**表4　2016年底全省林产加工企业统计表**　　单位：家

| 企业类型 | 合计 | 木材加工类 | 竹材加工类 | 竹笋加工类 | 特色经济林产品加工类 | 林下产品加工类 | 野生动植物产品加工类 |
|---|---|---|---|---|---|---|---|
| 2016年末情况 | 7769 | 6042 | 867 | 120 | 691 | 37 | 12 |
| 比2015年增减情况 | 21 | -18 | 17 | 3 | 21 | -1 | -1 |

**林产加工能力情况** 2016年,受市场影响,全省木竹地板产能降幅较大,木竹人造板、木竹工艺品、特色经济林产品加工产能有所下降。但总的来看,全省林产加工能力稳步提高。

**表5 2016年全省林业产业企业产能情况表**

| 加工产品 | 木竹人造板(万立方米) | 木竹地板(万立方米) | 木竹家具(万件、套) | 木竹工艺品(万件) | 竹笋加工(万吨) | 竹浆生产及造纸(万吨) | 特色经济林产品加工(万吨) | 林下产品加工(万吨) | 野生动植物产品加工(万吨) |
|---|---|---|---|---|---|---|---|---|---|
| 产能 | 1254.2 | 1312.7 | 4210.8 | 204.2 | 57.9 | 209 | 244.5 | 3 | 0.3 |
| 同比增长率(%) | -7.7 | -40.1 | 22.9 | -11.8 | 3.9 | 0.6 | -4.3 | -37.5 | -66.7 |

【林产品产量稍有波动】

**木竹产品产量** 2016年,全省次小薪材、杂竹材和鲜竹笋比2015年有所减少,原木、楠竹和竹片产量稳步增加。

**表6 2016年全省木竹产品产量表**

| 木竹产品 | 原木(万立方米) | 次小薪材(万吨) | 楠竹(万根) | 杂竹材(鲜)(万吨) | 鲜竹笋(万吨) | 竹片(万吨) |
|---|---|---|---|---|---|---|
| 产量 | 204.2 | 101.2 | 1605.1 | 412.1 | 76.7 | 183 |
| 同比增长率(%) | 23.3 | -15.2 | 44.5 | -2.3 | -1.3 | 17.5 |

**经济林产品产量** 2016年,全省经济林果产品产量稳步增长,花椒、核桃、油橄榄产量均保持较高增长,比2015年增长20%以上。

**表7 2016年全省经济林产品产量表** 单位:万吨、%

| 经济林产品 | 特色干果(干) | | 木本药材(干) | 木本油料 | | | | 森林蔬菜(干) |
|---|---|---|---|---|---|---|---|---|
| | 小计 | 花椒 | | 小计 | 核桃(干) | 油橄榄果(鲜) | 油茶籽(干) | |
| 产量 | 12.6 | 6.3 | 11.1 | 44.9 | 41.5 | 1 | 2.1 | 11 |
| 同比增长率(%) | 8.6 | 21.2 | 2.8 | 20.1 | 20.3 | 25.0 | 0.0 | 5.8 |

**木竹加工产品产量** 2016年,全省木竹加工产品产量出现小幅波动,木竹人造板、木竹地板和竹笋加工产量有所减少,木竹家具、木竹工艺品和竹浆生产及造纸产量有所上升,

**表8 2016年全省木竹加工产品产量表**

| 木竹加工产品 | 木竹人造板(万立方米) | 木竹地板(万立方米) | 木竹家具(万件、套) | 木竹工艺品(万件) | 竹浆生产及造纸(万吨) | 竹笋加工(万吨) |
|---|---|---|---|---|---|---|
| 产量 | 795.6 | 683.3 | 2245.5 | 73.6 | 153.8 | 23.8 |
| 同比增长率(%) | -11.5 | -25.2 | 4.9 | 20.1 | 10.4 | -8.8 |

【林业经济保持平稳增长】

**市县林业产值情况** 2016年,全省实现林业总产值3060.2亿元,进入全国林业总产值排名第一梯队。其中超过百亿元的市(州)有12个;超过30亿元的县级统计单位有29个,较2015年增加4个。新都、温江、都江堰、崇州、峨眉山、南部、九寨沟等7个县林业总产值超过50亿元,其中新都区达到121亿元。

**表 9　2016 年市县林业总产值统计表**

单位：个

| 总产值 | 合计 | <5 亿元 | 5 亿元≤x<30 亿元 | 30 亿元≤x<100 亿元 | ≥100 亿元 |
|---|---|---|---|---|---|
| 市(州) | 21 | | | 9 | 12 |
| 县级单位 | 183 | 51 | 102 | 29 | 1 |

**表 10　2016 年林业总产值过百亿市(州)情况表**

单位：亿元

| 序号 | 林业总产值过百亿市(州) | 产值(亿元) |
|---|---|---|
| 1 | 成都市 | 643.0 |
| 2 | 泸州市 | 192.4 |
| 3 | 绵阳市 | 171.6 |
| 4 | 广元市 | 180.2 |
| 5 | 乐山市 | 226.8 |
| 6 | 眉山市 | 209.4 |
| 7 | 南充市 | 155.8 |
| 8 | 宜宾市 | 190.4 |
| 9 | 达州市 | 125.6 |
| 10 | 巴中市 | 149.5 |
| 11 | 雅安市 | 125.7 |
| 12 | 凉山州 | 121.3 |

**产值增速情况**　2016 年，全省林业总产值较 2015 年增长 14.9%，其中第一产业增长 13.9%，第二产业增长 9.2%，第三产业增长 22.4%。在 21 个市(州)中，超过全省平均增速的有 12 个市(州)，其中成都市达 24.9%。在 183 个县(市、区)中，增速超过 30%(含)的有 13 个县(市、区)。

**表 11　2016 年市县林业总产值增长情况表**

单位：个

| 增长率 | 合计 | <14.9% | 14.9%≤x<30% | ≥30% |
|---|---|---|---|---|
| 市(州) | 21 | 9 | 12 | |
| 县(市、区) | 183 | 85 | 85 | 13 |

注：14.9%为 2016 年全省林业总产值平均增幅。

**林业产值构成情况**　2016 年，全省林业第一、第二、第三产业产值的构成比为 37.5∶31.2∶31.3。其中第三产业产值比重较 2015 年增加了 2 个百分点，表明四川省以森林观光、休闲、度假、康养为主的生态旅游、仓储物流等服务业快速增长。

**表 12　2016 年全省林业总产值构成表**

单位：亿元、%

| 统计指标 | 合计 | 第一产业 | 第二产业 | 第三产业 |
|---|---|---|---|---|
| 产　值 | 3060.2 | 1147.9 | 954.3 | 958.0 |
| 2016 年构成百分比 | 100 | 37.5 | 31.2 | 31.3 |
| 2015 年构成百分比 | 100 | 37.8 | 32.8 | 29.4 |

**【竹产业】**　2016 年，全省竹林面积达到 1742.2 万亩，位居全国第一，其中现代竹产业基地达到 709.0 万亩；20 个市、州 126 个县(市、区)有竹林分布，其中面积 20 万亩以上 26 个，50 万亩以上 6 个，80 万亩以上 3 个，叙永县突破 100 万亩；以竹浆、竹人造板、竹家具、竹编、竹包装、竹笋等为主的竹产品加工体系基本形成，竹浆产能达到 100 万吨，居全国第一，竹人造板产能达到 208 万立方米，竹家具产能达到 648 万件(套)，竹笋加工产能达到 40.9 万吨；建成集非物质文化遗产和国际、国内竹工艺技术培训为一体的培训基地 1 个，年培育国内外产业技术工人 1000 人以上，从事竹编技术研发和教育的职业技术院校 1 所，年招收大专生约 200 人；建成依托竹林类型国家级森林公园、国家级风景区、国家级森林康养基地 5 个，国家级竹子之乡和特色竹乡 4 个，青神县南沟村被国家林业局任命为“中华竹编第一村”，省级森林康养基地 1 个，省级湿地公园 1 个，竹类专题博览馆和产业园区 4 个，“竹林人家”25 家，年接待游客 600 万人次；从事竹资源培育与利用的竹农达到 434.3 万户、1107.8 万人，专合组织 420 个，竹加工企业 328 家，其中规模以上企业 101 家，省级龙头企业 16 家，国家级龙头企业 2 家。

2016 年，全省实现竹业总产值 217.6 亿元，其中一产 73.5 亿元，二产 130.4 亿元，三产 13.7 亿元；川南竹产业集群实现竹业总产值 133.29 亿元，占全省的 60%以上，其中沐川、犍为、长宁、叙永、青神、纳溪、井研、富顺 8 个区县竹产业产值突破 10 亿元。竹农竹业收入人均 748.7 元，有 11 个县竹农竹业人均收入超过 2000 元；叙永县竹农人均竹业收入 3036 元；沐川县竹农人均林业收入 4002 元，占收入的 1/3；青神县 6000 余农民从事竹编生产，年人均收入超万元。

【核桃产业】

**核桃基地情况** 截至2016年年底，全省核桃种植范围已扩展到21个市(州)146个县(市、区)，累计种植面积1691万亩，比2010年增长210.3%。其中凉山州820万亩、广元市207万亩、巴中市114万亩，分居全省前三位。种植面积5万亩以上的有60个县(市、区)，其中盐源县114万亩、宁南县90万亩，位列全省一、二名。

**核桃产量情况** 2016年，全省生产核桃干果41.5万吨，从产地看，以攀西地区和秦巴山区为多，广元市、凉山州、绵阳市超过5万吨，分占全省的27%、26.4%和17.9%，分别比2010年增长2.5倍、1.9倍和8.1倍。

**科技支撑情况** 全省已选育经省审(认)定的优良品种72个，建成良种采穗圃8200亩，研发与推广核桃嫁接育苗、"春季枝接+夏季芽接""保果灵"、专用肥料、生物农药、系列产品加工和多酚类物质提取等实用技术60余项，为全省核桃产业发展提供了有力的科技支撑。

**加工能力持续提高** 近年来，四川省核桃加工产能逐步扩大、产品日渐丰富。2016年，全省核桃就地粗加工基本实现全覆盖，累计建成核桃加工企业26个，年加工核桃7.5万吨，以核桃糖、核桃仁、核桃乳、核桃油为主的系列产品逐渐投放市场，涌现出了四川良源食品、广元天湟山、广元棒仁食品、四川茂华食品等一批知名企业和品牌。

**助农增收效果初显** 目前，核桃产业已成为四川省一些山区农民收入增加的主要途径之一。2016年，全省924.6万核桃种植户从种苗生产、基地培育、干果销售、产品加工与储运、技术服务等环节人均获得收入856元。朝天、利州和米易等18个县(市、区)核桃种植户人均核桃收入超2000元。

【花椒产业】 四川目前花椒总面积439万亩，分布于全省21个市州128个县市区。花椒主产县中，种植面积5万亩以上达23个。2016年，花椒干果产量6万吨，产值超过50亿元。累计建设花椒加工企业93家，年花椒加工能力2.5万吨，形成了"贡椒源""牛市坡""永丰和""尹耀""六月红""麻香嘴""黎红""幺麻子""帅青"等知名花椒品牌，系列产品远销30多个国家。 (李 艳)

# 贵州省林业产业

【概　述】 2016年，贵州省在省委、省政府的坚强领导下，在国家林业局的大力支持下，全省林业系统深入贯彻落实习近平总书记系列重要讲话精神，增强“四个意识”，主动适应和服务经济新常态，紧紧围绕“四个着力”“五大战略”，按照中央和省委省政府的决策部署，撸起袖子加油干，林业产业各项工作任务圆满完成，“十三五”首战告捷，开局良好。

2016年，全省完成林业产业总产值1012亿元，占目标任务的101.2%，林业总产值较2015年净增202亿元。其中第一产业产值350亿元、第二产业产值206亿元、第三产业产值456亿元。

**及时安排部署**　2016年初召开市州林业局长会议。贵州省林业厅对产业工作做了全面安排部署，一季度召开市州林业产业工作座谈会，分解落实三年倍增计划的目标任务，具体安排今年产业发展的重点工作。8月，省政府召开全省林下经济发展现场推进会，副省长刘远坤出席会议并讲话，对当前和今后一个时期的林下经济发展进行全面部署。三季度，省林业厅再次召开市州林业产业工作座谈会，贯彻落实全省林下经济发展现场推进会精神，对各地产业发展进行督促。

**组织申报省级林业产业发展专项资金项目**　及时下发《关于组织申报2016年度省级林业产业发展专项资金项目的通知》，组织各地申报2016年项目。经收集、汇总、审定，10月与省财政厅一起下达专项资金3200万元，扶持各地林产品加工、林下经济、花卉苗木等共170个产业项目，带动社会资本15.08亿元投入林业产业发展。

**探索开展森林康养**　森林康养是大旅游和大健康融合发展的新业态。在省林业厅的推动下，森林康养首次写入贵州省人民政府办公厅关于印发贵州省2016年供给侧结构性改革重点任务的通知(黔府办发〔2016〕110号)文件中，在省委十一届七次全会通过的《关于推动绿色发展建设生态文明的意见》(黔党发〔2016〕19号)中也得以体现。2016年以来，林业厅在森林康养产业发展上主动作为，4月7日，在贵阳举办了全省森林康养基地建设培训班，邀请国家林业局对外合作项目中心及有关单位专家授课。由省对外合作项目中心牵头，组织编制全省森林康养规划和标准，并积极创造条件，申报国家林业局森林康养试点，积极探索森林康养的贵州发展路径、模式。为推动森林康养产业发展，省林业厅草拟了《关于加快森林康养产业发展的意见》，争取以省政府办公厅文件名义出台，更好地指导全省森林康养产业健康发展。在康养基地建设方面，省扎佐林场、荔波茂兰国家级自然保护区、梵净山国家级自然保护区和思南白鹭湖湿地公园被列入全国森林康养基地试点单位，率先开展示范试点。

**深入开展林业产业调研**　按照省政府关于开展大兴调查研究之风破解难题竞赛活动的通知要求，产业处围绕“促进贵州林业产业发展的关键措施”，认真制定调研方案。深入基层，了解、收集、归纳总结好各地产业发展的成功经验、现实需求、问题瓶颈，在此基础上，深入研究，紧紧围绕省委、省政府大扶贫、大健康、大数据等发展战略，进一步提出加快林业产业发展政策需求、工作措施，按时完成了调研报告。

**制定出台林菌产业发展指导意见**　按照厅里的安排，产业处与资源处一道，对全省食用菌产业发展情况进行了调研，产业处起草《省林业厅关于推进全省食用菌产业发展的指导意见》，下发各级林业主管部门，指导全省林业系统合理有序利用阔叶菌材资源，理顺保护和发展的关系，推进食用菌产业发展，促进农民脱贫增收。

**组织企业参加全国林业会展**　按照国家林业局的统一部署，组织省内39家林业企业参加第9届中国义乌森林产品博览会，参展产品包括茶叶、竹荪、茯苓、油茶、刺梨、天麻、石斛、皂角、猕猴桃、竹笋、水苔及系列产品等13大类、40个品种。贵州展团圆满完成了展会的布展、产品展示及宣传推介任务，参展企业开阔了视野，增长了见识，启迪了思路，拓宽了市场，取得了良好的成效。

【产业成效】

**林业产业快速发展，进一步扩大绿色经济** 安顺、铜仁、黔南、黔东南4个市州先后出台了推进林业产业发展的实施意见。安排2016年度林业产业发展专项资金3200万元，扶持各地林产品加工、林下经济、花卉苗木产业发展。牵头实施的7个现代高效农业产业示范园区签约项目17个，签约到位资金4.81亿元，园区完成投资26.71亿元，实现总产值34.52亿元。园区入驻企业111个(其中有省级龙头企业24个)，农民合作社87个，从业农民达到5.04万人。油茶、花卉苗木、竹产业已初具规模，“园区+企业+合作社+农户”发展格局已经形成。加快推进油茶、核桃、刺梨等特色经济林基地建设，2016年全省营造经济林面积达150万亩以上。省政府组织召开全省林下经济产业现场推进会，习水等9个单位入选国家林下经济及绿色产业示范基地，全省林下经济产值达155.85亿元。探索开展森林康养，组织编制全省森林康养规划和标准，扎佐林场和茂兰、梵净山国家级自然保户区及岭南白鹭湖湿地公园成功申报为全国森林康养基地试点单位。正式印发《省林业厅关于推进林菌产业健康发展的指导意见》,《关于加快森林康养产业发展的意见》正在进一步修改完善。与省旅游局签订了森林旅游发展备忘录。组织编制《贵州省城郊森林公园发展规划》《贵州省森林公园发展规划》和《贵州省森林人家创建标准》。施秉、荔波、习水3个县被授予“全国森林旅游示范县”。新设立各级森林(生态)公园16处，其中国家级生态公园1处、省级森林公园13处，截至2016年年底，全省各级森林(生态)公园达90个，其中国家级森林公园25个、省级44个、国家级生态公园1处。2016年森林公园接待游客约4200万人次，直接旅游收入约60亿元，实现旅游综合收入约500亿元。2016年全省林业产业总产值一举突破1000亿元大关，达到1012亿元。

**增强生态产品和林产品的供给能力** 贵州省林业产业效益偏低，单位面积森林创造的直接经济价值不到全国平均水平的1/3，林业产值仅排全国第21位，与资源总量不匹配，另一方面也可看出，贵州省提高林业效益的潜力巨大，可发展的空间广阔。

推进实施林业产业发展实施方案。加强工业原料林、油茶、核桃等木本油料和刺梨、木本药材等基地建设，进一步突显林业特色产业优势。以林业部门牵头的现代高效农业示范园区为重点，着力抓好林业招商引资。落实市县两级财政产业发展扶持资金。认真谋划、合理布局林业一、二、三产的示范点，探索总结成功经验，以点带面，推动产业快速发展。大力发展林下经济，不断扩大林下经济经营面积和提升林下经济产值。

**全面推进林业产业发展，逐步推进林产品规模化、质量标准化、营销网络化** 以退耕还林为主要依托，加快培育刺梨、油茶等特色经果林，力争2017年新增经果林300万亩以上。支持、指导各类经营主体加大经营力度，加强经果林管理，提高林业经果产品的数量和质量。以全省森林公园、湿地公园和保护区的景观资源为依托，加快发展森林旅游，充分吸纳各地的传统文化和民俗风情元素，不断提升森林生态旅游品位。积极推进森林康养等新兴产业发展，争取省政府出台《关于加快森林康养产业发展的意见》，组织制定森林康养基地建设有关标准及相关发展规划，抓好4个全国森林康养基地试点建设工作，在从江县开展森林康养省级试点，努力拓展林业新业态。发展林下经济，扶持建立一批林下经济示范基地，培育发展一批潜力大、辐射带动能力强的龙头企业和林下经济专业合作组织，采取“公司+农户”“专业合作社+农户”等经营模式，发展林禽、林蜂、林药、林菌等种养殖业。优化全省林菌产业发展布局和规模，总结推广菌用材的培育利用、林菌发展的技术和模式，制定系列扶持政策，将林菌产业做大做强做优。发展林产品加工业，以定向刨花板、木竹复合新材料、竹浆纸一体化等木竹产品加工和油茶、刺梨、蓝莓、核桃、板栗、木本药材等经济林产品加工为重点，进一步加大招商引资力度，促进林产品加工集聚发展。鼓励现有林产品加工企业开展技术改造和产品品牌打造，促进精深加工，延长产业链。促进林业产业与互联网融合发展。配合贵州绿色农产品“风行天下”行动，组织涉林企业和相关产品，积极参与品牌培育、招商推介、网络营销等活动，推进黔货出山。

**【森林康养】** 森林康养作为新兴的绿色产业，在贵州已有探索实践，为充分发挥贵州独特的生态资源优势，促进大生态与大旅游、大健康的深度融合，省林业厅拟定了《关于加快森林康养产业发展的意见》。近年先后开展了较大规模的森林康养专业培训，成功申报了扎佐林场、荔波茂兰国家级自然保护区、梵净山国家级自然保护区和思南白鹭湖湿地公园“全国森林康养基地试点单位”，试点工作走在了全国前列。起草完成《加快森林康养产业发展的意见》和相关技术标准。全国首批森林康养基地共33家，同时，省首批省级森林康养试点基地获得命名，名单如下。

开阳椿悦南江森林康养中心
贵州省赤水市天鹅堡森林康养基地(中心)
贵州习水习部森林康养基地
贵州安顺西秀九龙山森林康养基地
独山紫林山森林康养基地
从江县加榜百里梯田森林康养中心
黎平侗乡森林康养基地
梵净东麓森林康养基地
百里杜鹃国家森林公园森林康养基地
野玉海森林康养基地
贵州北盘江森林康养中心
贵州景阳森林康养中心

**【森林旅游业】** 2016年，全省各地区林业旅游与休闲服务总产值为727亿元，全省林业旅游达5472.5646万人次，收入149.0789亿元，直接带动其他产业产值33.2907亿元；林业疗养与休闲达90.05万人次，收入5.5432亿元，直接带动其他产业产值3.562亿元。两项合计达5562.6146万人次，收入154.6221亿元，直接带动其他产业产值36.8527亿元。

**【林下经济】** 2016年，全省林下经济种植面积1910万亩，产值134.75亿元，农户31万户。林下养殖利用林地面积158万亩，产值14.42亿元，农户38万户。现有林下经济示范基地169个，其中：省级17个，市级9个。全省现有林业专业合作社2242个，产值17.87亿元。

**【园区建设】** 2016年，林业厅牵头实施的7个园区种植基地面积总计28.41万亩，园区入驻企业115个(其中有省级龙头企业24个)，农民合作社87个，社员数10478个，从业农民达到5.04万人。油茶、花卉苗木、竹产业已具规模，形成了“园区+企业+合作社+农户”利益共同体。7个园区2016年签约项目24个，签约到位资金7.15亿元，园区完成投资33.54亿元，总销售收入45.43亿元，实现总产值52.91亿元。

**【刺梨产业】** 全省种植面积160万亩，产值23亿元。按照《贵州省刺梨产业发展规划(2014～2020年)》，2016年全省规划刺梨基地建设任务为20万亩，其中黔南州8万亩，安顺市2.5万亩，六盘水市6.5万亩，毕节市3万亩。一年来，贵州省4个刺梨重点市(州)共完成刺梨基地种植43.85万亩，超出年度规划任务数23.85万亩。其中黔南州完成9.11万亩，六盘水市完成20.57万亩，毕节市完成13.39万亩，安顺市完成0.78万亩。截至2016年12月31日，全省刺梨基地总规模面积已达到159.52万亩，已挂果面积为31.15万亩。2016年全省刺梨鲜果产量达13.33万吨，同比增幅21%，刺梨产业总产值23亿多元，同比增幅9.5%，其中鲜果销售产值8亿元，加工产值15亿元。目前全省从事刺梨加工企业达到30余家，年设计加工生产能力49万吨。2016年刺梨加工量稳步增加，其中，具有较大经营能力、实力和影响力的企业依然是盘县天刺力、贵州天赐贵宝食品有限公司、贵州金维宝刺梨开发有限公司、长顺丹索亚刺梨庄园有限公司等10余家。黔南州现有贵州山王果健康实业有限公司等年鲜果加工能力2000吨以上刺梨加工企业13家，刺梨鲜果加工能力已达20万吨。六盘水盘县贵州天刺力食品有限公司已建成9条生产线，2016年加工刺梨鲜果3500吨，产值达

1.5亿元，项目全部建成投产后加工能力达15万吨，2015年新增投入3000万元，建成二期年产2000吨的凉都圣地亚酒庄和果脯生产线，新开发了刺梨茶饮料、罐头、口服液、含片等产品。安顺市2016年有8家加工企业投产和试生产，金刺梨产业链初步形成，目前金刺梨加工能力达3万余吨，2016年金刺梨加工量5730吨，企业通过产品销售、发展林下经济及旅游服务业等产值达3.5亿元。黔西县绿原食品开发有限公司拥有年产4300吨刺梨饮料生产线和年产100吨刺梨果干生产线，并按"公司+专业合作社+农户"形式建成种植基地1.1万余亩。全省销售食用刺梨鲜果8500吨，其中安顺3500余吨，价格8元/千克，产值2800万元；黔南5000余吨，价格10元/千克，产值5000万元。

**【核桃产业】** 截至2016年12月，全省共有核桃林资源面积611万亩，已投产面积150.28万亩，年产量11.04万吨，年产值39.46亿元。贵州省核桃基地主要分布在毕节市的赫章、威宁、大方、金沙，六盘水市的盘县、水城、六枝、黔南州的长顺、黔西南州的普安以及遵义市的播州等地。近年来，贵州省核桃基地的建设主要依托省产业化扶贫项目和新一轮退耕还林项目来实施。省内有6家加工企业，即盘县信友核桃乳有限责任公司，年生产核桃乳3000吨，赫章县赫之林核桃乳有限公司，年产核桃乳20000吨、普安县资轻松天然食品有限公司年产核桃乳5000吨，赫章县的莱阳韩记食品有限公司、贵州金果缘核桃实业有限公司(500吨)、贵州利民食品有限责任公司等具有一定规模，产品主销省内外大中城市。另有小规模的核桃糖加工作坊(赫章县和花溪区青岩镇等地)十余家。

**【竹产业】** 全省种植面积400万亩，产值29.93亿元，毛竹产量800余万根，杂竹(鲜)产量89余万吨，竹笋(鲜)11.3万吨。竹产业产值70亿元，占林业总产值的8.6%。毛竹蓄积株数1.5亿株，其他麻竹、光箨篌竹、慈竹等杂竹20亿株以上。"十二五"期间营造竹资源在50万亩左右。贵州省竹资源分布面积较大的有赤水、桐梓、正安、绥阳、江口、碧江、松桃、黎平、榕江、锦屏、三都、荔波等县(市)。贵州省著名竹产区，进入全国第一批"十大竹乡"之一的赤水市，市委、市政府确立了"生态立市、竹业强市、旅游兴市"的发展战略，大力推进竹产业发展，竹产业已经成为赤水最重要的产业。赤水市鼓励和支持开展竹业科学研究和新技术推广，成立了科研机构，邀请南京林业大学等高校的知名专家到赤水举办培训班，推广毛竹丰产林培育技术、乡土竹丰产栽培技术、短周期竹浆原料培育技术，实施低产低效竹林改造和标准化基地建设工程，科技进步助推竹资源培育实现跨越式发展。2001年以来赤水市新造竹林近80万亩，到2015年底，全市有林地面积增至218余万亩，竹林面积达131万亩。其中：毛竹51万亩，杂竹80万亩，有竹类25属300余种。与1996年原林业部命名赤水"中国竹子之乡"时相比，竹林面积翻了一番多，竹林面积为中国竹子之乡第二；竹林面积占国土面积的48%，为"中国竹子之乡"第一；人均拥有竹林4.22亩，为"中国竹子之乡"第一；毛竹蓄积量约9000万株，年可采伐量1200万株，年产竹笋2万吨；杂竹蓄积量300万吨，年可采伐量75万吨以上，年可产竹笋5万吨。贵州省以竹为原料的加工企业(含作坊)有600多家，其中，省级龙头企业6家，年产值亿元以上的企业3家，其中赤天化纸业年产值达5亿元，竹产品加工与综合开发利用正向多元化方向发展，已形成竹浆板、竹地板、竹笋系列、建材系列、家具系列、工艺品、生活用品七大系列300多个品种，竹材加工利用率95%，有20多个品种拥有自主知识产权并获国家专利。

**【油茶产业】** 贵州栽培油茶历史悠久，是全国油茶主产区之一。油茶在贵州全省大部分县(区)均有分布，主要产区群众对油茶种植管理积累了丰富的经验，发展油茶产业有很好的群众基础。油茶主要分布于贵州省东南、东部和西南地区的玉屏、松桃、碧江、天柱、黎平、锦屏、从江、册亨、望谟等20余县(市区)，其中东部地区的玉屏县是贵州省最著名的产区之一，1958年荣获过周恩来总理亲笔题名"油茶之乡"的美誉。2016年省安排上亿元资金用于油茶基地建设，按照新造油茶林1200元/亩，油茶低效林改造600元/亩的补助标准进行补助，积极推动油茶产业发展。贵州省黎平、玉屏等县，当地群众对油茶种植热情高于其他经济林树种，在扶贫攻坚和山地高效林业资源培育中，油茶占有及其重要的位置。截至2016年年底，贵州现有油茶252.28万亩，年产油茶籽5.57万吨，年总产值8.68亿元。

**【林业龙头企业】** 截至2016年年底，全国共公布两批国家级林业龙头企业，共294家，贵州省现有4家。现有省级龙头企业113个，产值56.32亿元，其中：遵义23家、黔东南21家、黔西南18家、黔南13家、铜仁11家、安顺8家、贵阳7家、毕节7家、六盘水5家。名单如下。

**第五批省级林业龙头企业认定名单(55家)**

**贵阳市(1家)**

1. 贵州森林野生动物园股份有限公司

**遵义市(10家)**

2. 贵州赤天化纸业股份有限公司
3. 贵州省赤水市金钗石斛产业开发有限公司
4. 道真仡佬族苗族自治县博联茶业有限公司
5. 凤冈县富源茯苓有限责任公司
6. 贵州省凤冈县田坝魅力黔茶有限公司
7. 贵州省凤冈县浪竹茶业公司
8. 贵州湄潭兰馨茶业有限公司
9. 贵州苗夫都市园艺有限公司
10. 贵州海峰木业发展有限公司
11. 遵义市郎笑笑食品有限责任公司

**安顺市(5家)**

12. 安顺鸿祥绿色产业有限责任公司
13. 安顺市西秀区黔中缘种养殖农民专业合作社
14. 贵州昌泰科技开发有限公司
15. 普定县绿源苗业开发有限公司
16. 普定县思源现农业发展有限公司

**黔南州(3家)**

17. 贵州景天园林工程有限公司
18. 贵州青龙农林股份有限公司
19. 贵州御龙尊茶业有限公司

**黔东南州(6家)**

20. 贵州涵龙生物科技有限公司
21. 贵州恒生源农业开发有限公司
22. 贵州省黎平县黔香园油脂有限公司
23. 贵州鸿辉木业技术有限公司
24. 锦屏县锦源木业有限公司
25. 贵州永盛木业有限责任公司

**铜仁市(10家)**

26. 贵州大龙健康油脂有限公司
27. 贵州省玉屏县康惠植物油厂
28. 贵州一航生态农牧科技开发有限公司
29. 贵州苗药生物技术有限公司
30. 贵州玉屏千林林业投资有限公司
31. 思南乌江利民木业有限公司
32. 贵州天德农产品开发有限责任公司
33. 贵州德天生物科技有限公司
34. 贵州德江县康奇药植开发有限责任公司
35. 德江县伊甸园农业发展有限公司

**毕节市(5家)**

36. 贵州赫之林食品饮料有限公司
37. 黔西县金碧镇杨勇种植农民专业合作社
38. 贵州惠馨果业发展有限公司
39. 纳雍县万寿玛瑙红樱桃有限公司
40. 大方县阳光林业综合开发有限责任公司

**黔西南州(13家)**

41. 兴仁县富益茶业有限公司
42. 贵州楚人典范农业科技发展有限公司
43. 贵州资轻松天然食品有限公司
44. 册亨奇松林业发展有限公司
45. 安龙县西城秀树农林有限责任公司
46. 黔西南州鲲波生物资源开发有限公司
47. 贵州阳光农业科技有限公司
48. 贵州珠江源生态实业有限公司
49. 兴义市绿缘中药材种植农民专业合作社
50. 黔西南州绿缘动植物科技开发有限公司
51. 望谟县四海桐油福利加工厂
52. 贵州禾丰苑农林开发有限公司
53. 兴义市文辉中药材农民专业合作社

**六盘水市(2家)**

54. 六盘水金玲籽农业科技发展有限公司
55. 水城县茶叶发展有限公司

**通过监测评价继续授予省级林业龙头企业称号名单(58家)**

**贵阳市(6 家)**
1. 贵阳单宁科技有限公司
2. 贵州合众家具有限公司
3. 贵州大自然科技有限公司
4. 贵州由由农业开发有限责任公司
5. 贵州阳光林业科技开发有限公司
6. 开阳紫江富硒茶叶有限公司

**遵义市(13 家)**
7. 贵州红赤水集团有限公司
8. 贵州新锦竹木制品有限公司
9. 赤水市供销社综合经营公司
10. 赤水市黔原笋业有限责任公司
11. 贵州赤水市新生竹纤维板有限公司
12. 贵州省桐梓县康利绿色食品有限公司
13. 贵州山珍宝绿色科技开发有限公司
14. 正安县顶箐方竹笋有限公司
15. 贵州乾艺园林工程有限公司
16. 贵州金泽地绿色产品开发有限责任公司
17. 贵州省三阁园林绿化工程有限责任公司
18. 遵义林源医药化工有限责任公司
19. 贵州凤冈仙人岭锌硒有机茶业有限公司

**安顺市(3 家)**
20. 贵州省关岭自治县板贵花椒食品香料有限公司
21. 普定县朵贝重华茶业有限责任公司
22. 安顺市西秀区钰霖种植农民专业合作社

**黔南州(10 家)**
23. 贵州颖梵农业资源开发有限公司
24. 贵州恒力源林业科技有限公司
25. 贵州龙港生态资源开发有限公司
26. 贵州汇生林业开发有限公司
27. 贵州金鸟木业有限责任公司
28. 三都县顺发木业有限公司
29. 长顺丹索亚刺梨庄园有限公司
30. 贵定县黔星云雾贡茶产业有限公司
31. 贵州高原农产资材开发有限公司
32. 贵定县三胜绿色产业开发基地

**黔东南州(15 家)**
33. 从江县华丰木业有限责任公司
34. 贵州永恒丰木业有限公司
35. 贵州省从江县红枫木业有限公司
36. 从江县盛源木业有限公司
37. 贵州森泰实业有限公司
38. 黎平县霞宇油脂有限公司
39. 黎平县锦龙木业公司
40. 锦屏县胜利木业有限公司
41. 锦屏县森科林产品有限公司
42. 锦屏县寰宇木业有限公司
43. 榕江县五榕木业有限责任公司
44. 贵州甘力木业有限公司
45. 贵州华宏木业有限公司
46. 贵州福林福木业工贸有限责任公司
47. 贵州黔昌生态农林股份有限公司

**铜仁市(1 家)**
48. 贵州省石阡和记绿色食品开发有限公司

**毕节市(2 家)**
49. 黔西县绿源食品开发有限公司
50. 大方县九龙天麻开发有限公司

**六盘水市(3 家)**
51. 贵州天刺力食品科技有限责任公司
52. 水城县玉舍旭鑫种养殖专业合作社
53. 六盘水神驰生物科技有限公司

**黔西南州(5 家)**
54. 贵州芳阳特产有限公司
55. 贞丰县顶鐔椒业有限公司
56. 贵州马岭河植物油有限公司
57. 黔西南州宏森木业有限公司
58. 贵州益发绿色产业开发有限公司

(沈永生)

# 云南省林业产业

【概　述】 全省林业资源丰富，森林类型多样，森林环境原始，物种多样性极为丰富，林地面积2607.11万公顷，占全省土地总面积的68%，居全国第2位；森林面积2273.56万公顷，居全国第2位，森林覆盖率达59.30%，居全国第五位。森林中珍稀物种种类和数量占全国的1/2以上，其富集程度居全国首位。全省分布有高等植物18000余种，占全国总数的53.9%；陆生野生脊椎动物1400余种，占全国总数的52.8%；湿地鸟类162种，占全国湿地鸟类种类的70.13%。

**发展思路及目标**　深入推进林业供给侧结构性改革，保障优质绿色林产品供给，大力发展生态富民林业产业。立足云南省森林资源优势，加快发展特色经济林、森林生态旅游、林下经济等绿色富民产业，创新发展模式、转变发展方式、完善流通体系、发展精深加工，积极培育新的增长点，推进高效林业持续快速发展，为市场提供更多优质、高效、绿色、生态的林业产品，切实满足人民群众对林业生态产品的市场需求。当前尤其要突出抓好木本油料产业提质增效、林业生态旅游转型升级、林产品的加工贸易、龙头企业及林业专业合作组织培育扶持等工作，科学规划、积极推进"互联网+现代林业"，促进林业一、二、三产业融合发展，努力实现"林业强、林区美、林农富"的目标。大力推进林业供给侧结构性改革，围绕打造650亿元核桃产业目标，继续深入实施核桃基地提质增效工程，加强核桃高效经营、采收、精深加工技术研究，全面推广核桃烘培先进技术，加快推进核桃交易平台建设，完善核桃产品综合标准化体系。稳步推进油茶、澳洲坚果、油橄榄等特色经济林建设。大力发展林下经济，巩固提升基地建设质量。继续开展林业产业省级龙头企业和林农专业合作社省级示范社的认定工作，加快发展林业新型经营主体。着力推进林业投融资机制创新，加快林业资源资本化、生态资本化进程，研究破解国有森林资源、公益林抵押担保权能问题，积极协调相关部门和政策性银行，健全林业贴息贷款制度，大力推进林权抵押贷款工作，选择条件具备、积极性高、有贷款意愿的地方申报2个林业PPP项目，力争林权抵押贷款余额和林业贴息贷款计划稳中有升。加快推进现代林业重点县建设工作。积极推进林产品地理标志暨原产地认证申报，加大林产品品牌创建。

**珍贵用材林**　2016年，组织实施了2015年下达的中央预算内林业基本建设投资计划项目(云林计财〔2015〕55号)，建设木材战略储备基地4.8万亩，全部为珍贵树种，其中新造3.4万亩、改培1.4万亩；培育国家特殊及珍稀林木0.36万亩，为珍贵树种新造林。

2016年中央预算内林业基本建设投资计划项目(云林计财〔2016〕56号)下达云南省，将培育国家特殊及珍稀林木1万亩(0.6万亩新造、0.4万亩改培)，建设国家储备林基地4万亩(3.1万亩新造、0.9万亩改培，全部为珍贵树种)。

【木本油料】 截至2016年年末，云南已成为全国核桃主产省，种植面积、干果产量均居全国之冠，全省核桃种植面积达4280万亩(2015年种植面积4230万亩)，投产面积1787.6万亩(初果期面积1041.7万亩，盛果期面积745.9万亩)、产量102万吨、综合产值305亿元，全省90%以上的县种植核桃，其中种植规模较大的县达70个，种植总面积超过100万亩的有8个县，超过50万亩的有28个县。其中：大理白族自治州12个县(市)有96%的乡镇、88%的行政村、50%以上的农户种植核桃。全省审认定核桃良种113个，目前有效核桃良种76个；创建了核桃种质资源库，营建了采穗圃67个2548亩，年可供应穗条5176.7万条；确定了核桃定点采穗基地、定点育苗基地373个，育苗面积4739亩，2016年培育核桃苗木0.61亿株，种苗数量总量充足；全省核桃基地建设良种和采穗基地穗条使用率、合格苗使用率均达95%以上，全省核桃良种选育和扩繁工作迈上新台阶。截至2016年末，共制定《核桃种质资源描述记载规范》《核桃品种选育技术规程》《核桃采穗圃营建技术规程》《核桃苗木繁育技术规程》《核桃栽培技术规程》《薄壳山核桃育苗技术规程》《薄壳山核桃栽培技术规程》等核桃育苗、栽培技术标准9项，地理标志产品标准3项；获得专利授权191项，30多项技术创新成果获国家、省科技进步二等奖表彰奖励。科技推广和培训力度加大，实用技术普及率提高。全省现有推广机构121个，其中：省级1个、州市级16个、县级104个，建站率81%；全省从事林业技术推广工作的技术人员为10464人，共计培训人数达756510人次。全省已建各类示范基地283个，面积54.82万亩，辐射带动150万亩。其中，国家级核桃示范基地8个，“森林云南建设”示范基地9个，省级示范基地56个；漾濞、昌宁、大姚、楚雄、南华、凤庆、会泽、鲁甸8个县（市）先后荣获“中国名特优经济林核桃之乡”荣誉称号；大理白族自治州被评为“中国核桃第一州（市）”。

自1996年澳洲坚果首次引入云南以来，在省委、省政府的关心支持下，经过21年的不断发展，特别是“十一五”将澳洲坚果纳入木本油料产业发展规划以来，全省澳洲坚果基地以年均10万亩的速度增长。截至2016年年末，全省澳洲坚果种植面积突破200万亩，壳果产量1.4万吨，综合产值3.5亿元，均居全国之首，其中镇康、盈江等5个县种植面积超过10万亩，景洪、江城、昌宁等8个县市种植面积超过5万亩，培育了云澳达、迪思、结圆等为代表的澳洲坚果种植加工龙头企业，形成了“云澳达”“迪思”“云果”“澳真”等品牌，其中迪思、云澳达被评为“云南省名牌产品”。

云南省引种油橄榄开始于20世纪初，至今已有百年历史。1964年周恩来总理在昆明海口林场亲自种下了油橄榄树，拉开了云南油橄榄产业发展的序幕，先后引进的103个品种（品系），已初步选育出皮削利、软阿斯等在云南适应性强、抗病好、产量较高的品种。目前，全省现有油橄榄种植企业21家、专业合作社12个，种植面积近10万亩，投产面积约2.8万亩，年产鲜果600多吨，产值1500多万元。昆明市、丽江市已经成立了油橄榄行业协会。

**【林下经济】** 随着集体林权制度改革的深入推进，全省各地坚持“产业发展生态化，生态建设产业化”发展思路，开展了不同形式的林下经济活动，通过发展林下经济，提高林地利用率，拓宽林业发展空间，增进资源培育，增加林地产出效益，提升森林生态产品供给能力，林下经济发展逐步向产业经营转变。

通过开展林下种植、林下养殖、林果采摘及加工、森林资源采集及加工、生物质能源和森林景观利用，初步形成了以林下养殖、林下种植、林产品采集加工、森林生态旅游等为重点，涉及林药、林菌、林花、林果、林菜、林草、林禽、林畜、林虫、林景等领域的林下经济发展格局，林、农、牧等资源共享、优势互补、循环发展已形成趋势。

滇中地区以野生菌、林下药材及木本油料产品的加工及流通为主；滇东北地区以林下药材种植为主，天麻、重楼等名贵药材种植已经形成规模；滇南地区多种植石斛、三七等林下药材；滇西北及滇西南地区依托丰富的旅游资源开展森林生态旅游。

截至2016年12月，全省林下经济发展面积达6800万亩，产值650亿元，参与农户304.56万户。

**【森林旅游业】** 云南复杂的地理环境，多样的森林类型，丰富的物种多样性，造就了多姿多彩的自然景观，孕育了丰富的森林旅游资源，云南省发挥林业资源优势，以森林、湿地、野生动植物等特色资源为依托，开展以森林公园、自然保护区、国家公园、湿地公园、动物园、植物园、国营林场等为载体的森林旅游，发展森林生态观光、野生动植物科考、森林休闲度假、森林探险、森林科考科普和生态旅游村等特色旅游产品。截至2016年年底，全省已建27个国家级森林公园和15个省级森林公园，森林公园总面积达15.12万公顷，形成了西双版纳、磨盘山、来凤山、宝台山等一批保护与开发成效显著的森林旅游景区；省政府已批复建立普达措、丽江老君山、西双版纳、梅里雪山、普洱、高黎贡山、南滚河、大围山等13处国家公园；已建立红河哈尼梯田、洱源西湖、普洱五湖、普者黑喀斯特、蒙自长桥海、鹤庆东草海、盈江、石屏异龙湖、通海杞麓湖、晋宁南滇池、沾益西河、玉溪抚仙湖、保山青华海、泸西黄草洲、兰坪箐花甸、江川星云湖等16处国家湿地公园。2016年，全省共接待森林旅游游客4045.03万人次，实现旅游收入80.59亿元，直接带动其他产业产值42.80亿元。

**【保山市林业产业】** 保山市依托山区资源优势，以建设“森林保山”“美丽保山”为目标，按照“围绕增收调结构，突出特色闯市场，依靠科技增效益”的发展思路，在巩固提升传统产业的同时，把核桃、油茶、澳洲坚果作为产业培育重点，制定出台了加快核桃、油茶产业发展的实施意见、相关扶持政策和考核奖惩措施。截至2016年年底，全市木本油料基地总规模达到592.72万亩，产量10.58万吨，产值27.4亿元。其中全市核桃面积达457万亩，产量10万吨，产值26.9亿元；油茶面积85.7万亩，茶籽产量0.48万吨，产值1187万元；澳洲坚果面积30.02万亩，产量0.1万吨，产值4002万元；高黎贡山糯橄榄面积20万亩，产量35万吨，产值24万元，为农民增收和经济社会发展作出了重要贡献。保山市丰富的特色林产化工资源，主要有松脂、紫胶、桉叶油类、植物香料等。2016年末，全市松香产量6300吨，产值达549万元，桉叶油类产量5250吨，产值达2626万元，全市林产化工产业总产值为3203万元。

**【楚雄彝族自治州林业产业】** 楚雄州全州属中国Ⅰ类核桃生产区，所产的三台核桃和云南泡核桃属中国最优良的核桃品种。2001年，楚雄市、大姚县和南华县被国家林业局命名为“中国核桃之乡”；2007年，楚雄市、大姚县被国家林业局评为全国100个经济林(核桃)产业示范县；有6个县被省林业厅列为全省核桃产业基地县。全州现种植核桃569万亩，年产核桃6.73万吨、产值17.14亿元，已建有核桃加工企业24户，其中有16户企业被省林业厅认定为省级林业龙头企业，有5个产品获得云南省名牌产品，1个产品获得云南名牌农产品。全州有野生食用菌300多种，是云南省乃至全国野生菌资源最丰富的地区之一，有4个县被列为云南省“松茸基地县”，有3个乡被云南省林业厅和国家濒管办授予“松茸之乡”称号，现有野生菌加工出口企业27户。2016年，全州野生菌产量达2.53万吨、实现野生菌等林下经济产业产值34.31亿元，其中松茸产量956吨、产值2.49亿元，牛肝菌产量1.1万吨、产值3.34亿元，鸡枞1895吨、产值1.77亿元，全州农民人均野生菌收入623元。2016年，全州采集森林蔬菜4674吨、森林药材8513吨、食用野果9391吨。楚雄州有可供采脂的云南松近、成、过熟林139万亩、9300多万株，理论年可采松脂26万吨以上，有松香、香料、紫胶等加工企业10户，2016年全州采集松脂2937吨，加工松香、松节油8.88万吨，全年实现松香加工工业产值10.09亿元。

**【丽江市林业产业】** 丽江市地处金沙江、澜沧江、怒江三江并流地区和滇、川、藏三角连接区域，独特的地形地貌和立体气候特点，孕育了全市丰富的森林资源，森林覆盖率为66.15%。目前全市共有野生动物驯养繁殖企业27户，驯养繁殖野猪、梅花鹿、猕猴、山鸡等；中药材种植、经营、生产企业30多户，其中产值上亿元的有2户，产值上千万元的6户，主要种植云木香、滇红花、续断、附子、秦艽、桔梗、重楼、白术、当归、黄山药、珠子参、金铁锁等，2016年实现种植产值9.19亿元，工业产值3.18亿元，总产值达到12.37亿元；现有品牌“堃”牌花椒、“森泽”牌油橄榄、“沁香”牌调味品、“得一”系列果脯、“乌木春”牌茶叶以及“鹅个好”“花痴鸟”“永玉她留土鸡”“女儿珍”“沈氏滇重楼”“边屯”、“鼎誉”等商标。

**【大理白族自治州林业产业】** 大理白族自治州核桃栽培历史悠久，不仅是我国南方优良核桃品种“漾濞核桃”的原产地、主产区和重要商品出口区，还是美国山核桃和新疆核桃适宜引种栽培区。2014年以来，大理白族自治州推进核桃产业提质增效，狠抓核桃中幼林抚育，各级政府共投入核桃优抚优育上的配套资金达2895万元。全州核桃面积已达1015.53万亩，农民人均核桃种植面积已达3亩以上。核桃产量已达33.76万吨，产值75.87亿元，人均产值3704元，核桃人均收入占农民人均可支配收入42%。建成了永平县曲硐、漾濞县上街下街、巍山县永建、南涧县公郎、宾川县拉乌、祥云县刘厂六个西南最大的核桃加工交易市场，每年加工交易核桃超过15万吨，交易额突破30亿元，每年还为当地提供了240多万个工日的劳动就业机会。此外，还有很多农户依靠核桃育苗、嫁接走上了致富道路。目前，全州相继涌现出了漾濞核桃有限公司、漾濞县核桃秀工艺品厂、洱源县洱宝实业公司、大理白族自治州怀宝经贸有限责任公司、南涧县红云核桃加工销售有限责任公司、永平县果亮农副产品有限责任公司、巍山县鑫森农业实业有限公司等一批核桃加工企业。2016年，全州核桃加工户数26745户(500吨以下有26653户，500~1000吨有65户，1000吨以上有27户)，其中：核桃、核桃仁等粗加工户数达26740户、年加工量10.8007万吨、年产量15.7553万吨、年产值41.4567万元、年增加值2.9亿元，核桃油、核桃乳、核桃工艺品等精加工户数达7户、年加工量1.5357万吨、年产量1.3028万吨、年产值4.0512万元、年增加值0.686亿元；全州核桃营销户数达87809户，其中：50吨以下有87544户，50~500吨有169户，500~1000吨有71户，1000吨以上有25户。加工的产品远销北京、上海、山东、福建、浙江、四川等省(市)和韩国、新加坡等国家及中国台湾、香港地区，部分还转销欧洲。营销量22.231万吨，营销额77.1亿元。

**大理白族自治州是云南红豆杉天然分布** 富集区，也是果梅、云南红豆杉人工栽培历史最久、适宜范围最广的地区。该州云龙、永平、漾濞、大理、鹤庆、洱源、剑川等县(市)和其他海拔在2000米左右适生地区积极发展人工红豆杉原料林基地建设，围绕着力开发紫杉醇等系列产品和紫杉醇针剂临床医药产品，实现较为完整的紫杉醇及其药品的加工体系的目标。全州红豆杉基地累计建成10万亩，产值7亿元；果梅基地累计发展到17.44万亩，产值1.50亿元。

长期以来，全州采拾(摘)的野生食用菌和森林野菜以品质优，吃味香而闻名遐迩，其中松茸、香菇、鸡枞、美味牛肝菌、干巴菌等珍贵野生菌尤为突出，远销韩国、日本、阿拉伯、东南亚等国家和地区。全州林下资源开发利用规模达174.8万亩，产量达65884.6吨，产值达14亿元。其中，野生食用菌产量15858.7吨，产值36870.9万元；森林蔬菜产量15529.4吨，产值8788万元；重楼、续断、石斛、三七、天麻、附子等林下中药材种植面积16.7万亩，产量27393.9吨，产值34259.6万元。

**【临沧市林业产业】** 临沧市立足资源优势和现有生产基础，着力提高林地产出率和产品附加值，加速林业产业转型升级，现代林业发展步伐全面加快。着力提升核桃、澳洲坚果等主导产业基地建设质量，狠抓核桃、澳洲坚果产业提质增效，实现了资源总量的扩张和质量效益的提升，截至2016年年底，全市核桃种植面积800.39万亩，投产面积481.85万亩，产量26万吨，产值50.6亿元，种植面积、产量均居全省第二位；澳洲坚果投产面积达23.32万亩，产量5719吨，产值1.52亿元，种植面积居全国州市级第一位、产量居全省第二位。现有木本油料加工企业有8户，总资产5.57亿元，销售收入达2.89亿元，基地建设规模12万亩。

围绕建设“天下茶仓·红茶之都”战略目标，坚持三产并举，绿色发展，加强茶叶基地的生态化改造，推进茶叶产业转型升级，把临沧打造成为世界知名的优质红茶生产基地和国际红茶交易中心。实行澳洲坚果基地套种咖啡，发展庄园经济，以“公司+基地+合作社+农户+科技”发展机制为主导大力发展咖啡产业，把临沧打造成云南第一、全国乃至世界重要的咖啡生产基地。以孟定镇为中心，布局耿马县、沧源县、永德县、镇康县，充分利用境内与境外热区资源，巩固橡胶产业基地，推进橡胶产品加工基地建设，推进橡胶制品及橡胶木材、橡胶籽油等加工。

2016年，全市实现林业总产值165.29亿元，其中，第一产业产值112.65亿元，比2015年99.67亿元增长13%；第二产业产值41.95亿元，比2015年的36.37亿元增长14.5%；第三产业产值10.69万元，比2015年的6.46亿元增长65%。三产比例结构由2015年的70∶25.5∶4.5调整为：68.1∶25.4∶6.5，呈现出一产“有所减缓”、二产“稳步发展”、三产“快速推进”的业态。

**【怒江傈僳族自治州林业产业】** 怒江州地理条件复杂、森林类型多样、野生动植物种类丰富，根据1999年野生动物调查资料记载，有豹、羚羊、野牛、岩羊、滇金丝猴、小熊猫、猕猴、鹿、麂、黑熊、飞鼠、水獭、尾稍红雉、灰角雉、环颈雉等国家一级、二级、三级保护动物39种，野生植物秃杉、水青树、红椿、楠木等25种被列为国家重点保护野生植物。其中：桫椤属国家一类保护植物。现有松茸、鸡枞、灵芝、羊肚菌、木耳、香菇、糙皮侧耳、美味侧耳、亚侧耳、裂褶菌、香乳菇、变绿红菇等40余种野生菌；有虫草、云南黄连、珠子参、天麻、茯苓、重楼、川贝母、胡黄连、白芨、石斛、牛夕、羌活等170余种药用植物。

怒江大峡谷是世界十大生物多样性地区之一，素有“世界物种基因库”之美称，境内“三江并流”世界自然遗产四个主要片区和自然保护区，具有得天独厚的生态旅游和绚丽多彩的民族文化资源，非常适合开展森林生态文化旅游。2016年接待国内外游客224.4万人(次)，旅游业收入13.88亿元，林业旅游与休闲服务产值达1300万元。

**【西双版纳傣族自治州林业产业】** 西双版纳州以森林资源禀赋为基础，集全力发展林业产业，提升森林生态旅游水平。2016年，全州原木产量43.36万立方米，锯材产量15.95万立方米，烧材产量5.15万吨，竹产量6719.5万根；经济林产品资源面积1225公顷，鲜果产量12346吨，干果产量30吨，其中：香蕉鲜果产量350626吨、菠萝产量2206吨、火龙果3304吨、荔枝1538吨、龙眼12吨、芒果153吨、柚子2784吨、椰子35吨、柑橘491吨、甜瓜33吨、板栗400吨、梨80吨、葡萄1200吨、桃110吨；核桃干果产量30吨；森林蔬菜共计528吨，其中：食用菌类220吨，竹笋308吨；森林饮料资源面积44630.2公顷，产量30059吨，其中：茶叶面积43430.2公顷，产量29202吨；咖啡面积1200公顷，产量857吨；鲜药材产量(石斛)333吨；干药材产量3310吨，其中：石斛1349吨，砂仁1961吨；共驯养野生动物80664(头)只，其中：豪猪2190头，孔雀430只，野猪652头，竹鼠77392只；林化产品产量216109吨，其中：松脂1426吨，橡胶及其制品167991吨，木炭46692吨；共有观赏苗木347.06万株(盆)。其中：观赏苗木77.82万株，盆花10.22万盆，鲜切花258.02万枝。草坪生产量1.14万平方米；林业旅游接待人数674.2万人，旅游总收入29248万元，其中：门票收入4944万元；共有养蜂户数4600户，蜂蜜产量73000千克。

**【普洱市林业产业】** 普洱市坚持走林化、林纸、林板一体化经营的发展路子，经过多年探索和实践，共有林化企业13户，其中6户为省级林业产业龙头企业，主要产品有松香、松节油、树脂、岐化松香等，均为大宗出口创汇产品。2016年，生产松脂10.4万吨，比上年下降11.9%；松香9.6万吨，比上年增长9.1%；松节油1.5万吨，比上年增长7.1%；实现产值14.49亿元，比上年增长0.8%。依托云景林纸、金光集团建设200万亩林浆纸纤原料林基地，建成投产纸浆、生活用纸2个产品。2016年，生产纸浆23.5万吨，比上年增长0.4%；生活用纸2.1万吨，比上年减少12.5%；实现产值10.3亿元，比上年增长14.5%。作为云南省重要的林板生产基地，2016年，全市完成木材生产108.7万立方米，比上年减少9.0%；锯材24.1万立方米，比上年减少35.9%；人造板66.3万立方米，比上年减少14.2%，其中胶合板30.08万立方米，同比增长0.4%；中纤板34.1万立方米，同比减少22.6%；其他人造板2.15万立方米，同比减少35.6%；实现产值16.4亿元，比上年减少12.5%。全市林下经济经营利用面积达490万亩，实现林下综合产值91.2亿元，比上年增长2.4%，占全市林业产值43.4%，共有林下经济开发公司114户，林下经济专业合作社227个，成为林业经济新的增长点和林农增收的主要产业。林下种植34.95万亩，产值达31.1亿元，主要是石斛、重楼、白芨、黄精、草果、砂仁、茯苓等生物药和刺五加、甜菜、香椿、树头菜、刺包菜、刺竹等野生菜。林下养殖285万亩，产值达32.3亿元，主要是野猪、豪猪、竹鼠、天鹅、麂子、梅花鹿等野生动物驯养繁殖和牛、羊、鸡等畜禽，建成以景东、景谷为代表的黑山羊养殖基地，以宁洱、景东为代表乌骨鸡养殖基地，以江城曼老山特种养场为代表的特种养殖基地，办理野生动物驯养繁殖的单位和个人222户，种类46种，形成一批规模经营养殖龙头企业、专业合作社、示范社。林下采集109.1万亩，产值达15.2亿元，主要是松脂、林果，奶浆菌、大红菌、牛肝菌、鸡纵和黑木耳、灵芝、香菇等野生菌，年产松脂10.4万吨，脂农收入9.4亿元，野生菌2万吨，收入4亿元。森林景观利用60.9万亩，产值达12.6亿元，主要以发展旅游观光、休闲度假、康复疗养等为主，普洱国家公园开业运行，加快森林生态旅游步伐。初步形成以林下种植、养殖、采集加工和森林旅游为重点的林下经济发展新格局。宁洱通达中药材种植专业合作社利用丰富松林资源种植松茯苓78万包，2015年产鲜茯苓1579吨，实现收入1200万元，带动800农户参与茯苓种植，户均增收1.5万元；以"311"脱贫扶持模式与145户建档立卡贫困户551人签订茯苓种植协议，发放茯苓菌种32.1万袋，投入资金95.1万元，无偿提供种苗和技术服务，收购建档立卡贫困户鲜茯苓390吨，收入300多万元。全市建成以核桃、澳洲坚果为主的木本油料林基地240万亩，其中核桃185万亩，景东65万亩、镇沅33万亩、墨江38万亩，其他县(区)49万亩，投产96万亩，进入盛果期30万亩，年产核桃1.8万吨，生产核桃苗木5000多万株，年产值达15.5亿元；澳洲坚果55万亩，江城中澳农业科技发展有限公司投资3亿元，建设澳洲坚果核心基地2.5万亩，并辐射到镇沅、墨江、宁洱、思茅、澜沧等县(区)，木本油料业发展势头强劲。

**【2016年云南省林业龙头企业】**

**表1　2016年云南省林业龙头企业名单**

(续)

| 序号 | 龙头企业名称 |
|---|---|
| 1 | 西双版纳青松林业有限公司 |
| 2 | 云南湄公河生物科技有限公司 |
| 3 | 景洪市版纳乐华木业有限责任公司 |
| 4 | 景洪福兴种植场 |
| 5 | 西双版纳蓝峰工贸有限公司 |
| 6 | 景洪市大黑山林场 |
| 7 | 云南金孔雀旅游集团有限公司 |
| 8 | 云南勐象竹业有限公司 |
| 9 | 西双版纳增靓生物科技有限公司 |
| 10 | 景洪市晨晓商贸有限公司 |
| 11 | 西双版纳银海福林石斛有限公司 |
| 12 | 西双版纳天源林石斛种植有限公司 |
| 13 | 西双版纳恒兴创吉橡胶有限公司 |
| 14 | 西双版纳云丰木业有限公司 |
| 15 | 云南景泰绿色产业有限公司 |
| 16 | 西双版纳菊香诚信木业有限公司 |
| 17 | 西双版纳礼龙木业有限公司 |
| 18 | 西双版纳印奇生物资源开发有限公司 |
| 19 | 勐海县布朗山林业有限公司 |
| 20 | 西双版纳高山铁皮石斛有限公司 |
| 21 | 勐海金沙农业科技发展有限责任公司 |
| 22 | 云南红土生源药用生物科技开发有限公司 |
| 23 | 光明食品集团云南石斛生物科技开发有限公司 |
| 24 | 西双版纳广顺生物科技有限责任公司 |
| 25 | 景洪雄伟园林种植有限公司 |
| 26 | 勐腊田野橡胶销售有限责任公司 |
| 27 | 西双版纳千松石斛种植有限责任公司 |
| 28 | 西双版纳华坤生物科技有限责任公司 |
| 29 | 西双版纳宏思达农业科技发展有限责任公司 |
| 30 | 勐腊县高源农夫养殖专业合作社 |
| 31 | 保山昌宁红茶业集团有限公司 |
| 32 | 云南昌宁建星纸业有限公司 |
| 33 | 昌宁县雄达木业有限公司 |
| 34 | 昌宁县桦东实业有限公司 |
| 35 | 昌宁笑果果食品有限公司 |
| 36 | 昌宁十里香食品有限公司 |
| 37 | 云南品斛堂生物科技有限公司 |
| 38 | 龙陵县碧寨金戈土特产品加工厂 |
| 39 | 龙陵县青丰生物科技有限公司 |
| 40 | 龙陵县盛龙生物科技发展有限公司 |
| 41 | 云南群田高原特色农业开发有限公司 |
| 42 | 龙陵县龙斛生物科技有限公司 |
| 43 | 龙陵县林源石斛开发有限公司 |
| 44 | 龙陵县富民石斛开发有限公司 |
| 45 | 龙陵县顺兴木材加工厂 |
| 46 | 云南极斛生物科技有限公司 |

(续)

| 序号 | 龙头企业名称 |
|---|---|
| 47 | 龙陵县云河石斛开发有限责任公司 |
| 48 | 保山滇宝贡山绿色食品有限责任公司 |
| 49 | 保山市隆茂农业开发有限公司 |
| 50 | 云南大庄园食品有限公司 |
| 51 | 云南保山华恒木业有限公司 |
| 52 | 云南省保山市林业投资发展公司 |
| 53 | 保山奥新绿色资源开发有限公司 |
| 54 | 隆阳区丰源木业有限公司 |
| 55 | 保山市映山红甜柿开发有限公司 |
| 56 | 隆阳区凤溪茶叶有限公司 |
| 57 | 保山德森人造板有限公司 |
| 58 | 隆阳区华品木材高压板厂 |
| 59 | 保山丰源汇生物产业有限公司 |
| 60 | 保山富群农业科技有限公司 |
| 61 | 保山林佳园林绿化有限公司 |
| 62 | 保山市山田种植有限责任公司 |
| 63 | 云南优昊实业有限公司 |
| 64 | 保山市大寨山核桃开发有限公司 |
| 65 | 施甸县美良园艺有限公司 |
| 66 | 云南大山合农业科技发展有限公司 |
| 67 | 施甸荣呈石斛生物科技开发有限公司 |
| 68 | 云南斛健庄园生物科技有限公司 |
| 69 | 腾冲高黎贡山生态食品发展有限公司 |
| 70 | 腾冲县古林木业有限责任公司 |
| 71 | 云南省腾冲县林瑞木制品有限责任公司 |
| 72 | 云南腾冲杜鹃王旅游产品有限公司 |
| 73 | 和顺鑫生态食品开发有限公司 |
| 74 | 腾冲县腾虹油业有限公司 |
| 75 | 腾冲县高黎贡山生态茶业有限责任公司 |
| 76 | 云南维多酒业有限公司 |
| 77 | 云南腾云银杏发展有限公司 |
| 78 | 龙陵县宏兴茶饮料开发有限责任公司 |
| 79 | 龙陵维祯石斛文化产业园有限公司 |
| 80 | 龙陵县黄氏蜂业有限公司 |
| 81 | 楚雄泰恒工贸有限责任公司 |
| 82 | 云南欣绿茶花股份有限公司 |
| 83 | 云南楚雄东宝生物资源开发有限公司 |
| 84 | 楚雄宏桂绿色食品有限公司 |
| 85 | 云南摩尔农庄生物科技开发有限公司 |
| 86 | 云南滇洱古道山茶花园艺有限公司 |
| 87 | 楚雄泓利达食品有限公司 |
| 88 | 云南森阳林木种植有限责任公司 |

(续)

| 序号 | 龙头企业名称 |
|---|---|
| 89 | 大姚东兴食品有限公司 |
| 90 | 大姚顺达农林科技有限公司 |
| 91 | 大姚县三台绿特食品开发有限责任公司 |
| 92 | 大姚亿利丰农产品有限公司 |
| 93 | 大姚广益发展有限公司 |
| 94 | 大姚兆鹏食品有限责任公司 |
| 95 | 大姚锦亿土特产有限公司 |
| 96 | 大姚森盛木业有限责任公司 |
| 97 | 大姚家和天然食品开发有限责任公司 |
| 98 | 大姚欣杰食品有限公司 |
| 99 | 大姚华盛饮料食品有限责任公司 |
| 100 | 楚雄市树苴乡农业技术综合开发有限公司 |
| 101 | 云南嘉缘绿色产业有限责任公司 |
| 102 | 云南楚雄圣谷食品有限公司 |
| 103 | 云南牟定恒瑞生物化工有限公司 |
| 104 | 云南星贸食品有限公司 |
| 105 | 楚雄德尔思紫胶有限公司 |
| 106 | 南华县云华绿色食品有限责任公司 |
| 107 | 南华县宏怡野生菌开发有限公司 |
| 108 | 南华松香厂 |
| 109 | 南华鸿发核桃产业开发有限公司 |
| 110 | 南华新世纪生物工程有限公司 |
| 111 | 南华县腾龙物流有限责任公司 |
| 112 | 云南华香源香料有限公司 |
| 113 | 南华嘉懋绿色食品有限公司 |
| 114 | 云南美森源林产科技有限公司 |
| 115 | 云南森源化工有限公司 |
| 116 | 双柏华兴人造板有限公司 |
| 117 | 云南万年青经贸有限责任公司 |
| 118 | 永仁县元宏农特产品开发有限公司 |
| 119 | 云南彝辉实业发展有限责任公司 |
| 120 | 大姚仕华绿色产业开发有限公司 |
| 121 | 云南牟定正兴(集团)有限公司 |
| 122 | 楚雄名膳堂食品有限公司 |
| 123 | 楚雄中信塑木新型材料有限公司 |
| 124 | 云南森美达生物科技有限公司 |
| 125 | 楚雄中耕现代农业发展有限公司 |
| 126 | 楚雄欣源生物科技有限公司 |
| 127 | 永仁太谷农业发展有限公司 |
| 128 | 永仁野森达菌业有限公司 |
| 129 | 云南哲林实业有限公司 |
| 130 | 宾川康弘林产品有限责任公司 |

(续)

| 序号 | 龙头企业名称 |
|---|---|
| 131 | 宾川瑞林克林业科技有限公司 |
| 132 | 宾川县沧海农林有限责任公司 |
| 133 | 宾川高原有机农业开发有限公司 |
| 134 | 大理国沣农产品有限公司 |
| 135 | 宾川拉乌峨溪核桃金果有限责任公司 |
| 136 | 大理堃达绿化有限公司 |
| 137 | 云南福安园林景观工程有限公司 |
| 138 | 大理番秀农牧有限责任公司 |
| 139 | 大理苍山植物园生物科技有限公司 |
| 140 | 云南印榕环境工程有限责任公司 |
| 141 | 大理福娟花卉有限公司 |
| 142 | 云南大理市佳利有限公司 |
| 143 | 云南远益园林工程有限公司 |
| 144 | 大理瑞鹤生物科技有限公司 |
| 145 | 云南绿野花卉科技有限公司 |
| 146 | 云南大理康亚生物科技有限公司 |
| 147 | 大理冠宇花卉发展有限公司 |
| 148 | 云南大理洱宝实业有限公司 |
| 149 | 洱源县云洱果脯有限公司 |
| 150 | 洱源县佳潓核桃食品开发有限公司 |
| 151 | 洱源县苗圃基地 |
| 152 | 洱源恒旺林畜开发有限公司 |
| 153 | 大理金彩龙农作物余料开发利用有限公司 |
| 154 | 鹤庆县石榴园赛丰核桃专业合作社 |
| 155 | 剑川县林兴木材有限公司 |
| 156 | 剑川县华艺木雕有限公司 |
| 157 | 剑川县兴艺古典木雕刻家具厂 |
| 158 | 剑川宏盛古建筑工程有限责任公司 |
| 159 | 云南茶花林化有限公司 |
| 160 | 云南凤凰木业开发有限责任公司 |
| 161 | 南涧县红云核桃加工销售有限责任公司 |
| 162 | 巍山县福禄食品有限责任公司 |
| 163 | 大理鑫湖食品有限公司 |
| 164 | 巍山县鸟道雄关生物投资开发有限责任公司 |
| 165 | 巍山县年丰农副产品有限责任公司 |
| 166 | 巍山大仓文华农产品有限责任公司 |
| 167 | 祥云县品位经贸有限责任公司 |
| 168 | 祥云县融兴经贸有限责任公司 |
| 169 | 祥云县龙云经贸有限责任公司 |
| 170 | 大理白族自治州怀宝经贸有限责任公司 |
| 171 | 祥云县晨宇经贸有限公司 |
| 172 | 漾濞侨盛核桃加工厂 |

(续)

| 序号 | 龙头企业名称 |
|---|---|
| 173 | 漾濞彝族自治县万佳核桃有限责任公司 |
| 174 | 漾濞县昌茂林业开发有限公司 |
| 175 | 漾濞县彤兴核桃加工厂 |
| 176 | 大理漾濞核桃有限公司 |
| 177 | 大理涵轩绿色产业开发有限公司 |
| 178 | 漾濞县核桃秀工艺品厂 |
| 179 | 漾濞大漾生物科技有限公司 |
| 180 | 永平县果亮农副产品有限责任公司 |
| 181 | 永平县锦源绿化造林有限责任公司 |
| 182 | 昆明自主择业集源生物科技有限公司 |
| 183 | 永平云森木业有限公司 |
| 184 | 永平建标生命科学研究开发有限公司 |
| 185 | 永平创盈实业有限公司 |
| 186 | 永平大林生物科技有限公司 |
| 187 | 永平大衍生物科技有限公司 |
| 188 | 云南岚福源生态资源投资有限公司 |
| 189 | 云龙县恒源林产实业有限公司 |
| 190 | 云龙海嘉生物技术有限公司 |
| 191 | 云龙三森生物科技有限公司 |
| 192 | 阳森生物技术开发有限公司 |
| 193 | 巍山彝族回族自治县绿源林果有限责任公司 |
| 194 | 大理鑫森农业实业有限公司 |
| 195 | 漾濞马厂核桃林场 |
| 196 | 巍山县广源农副产品有限责任公司 |
| 197 | 大理为民中草药种植有限公司 |
| 198 | 洱源隆盛农林生物科技有限公司 |
| 199 | 祥云县圣康生物科技有限责任公司 |
| 200 | 宾川绿宝源辣木开发有限责任公司 |
| 201 | 大理博达园艺花卉有限公司 |
| 202 | 上药集团(大理)红豆杉生物有限公司 |
| 203 | 鹤庆县兄弟果业发展有限公司 |
| 204 | 大理神农生态发展有限公司 |
| 205 | 梁河县三禾林业有限公司 |
| 206 | 陇川县集强林竹产业有限责任公司 |
| 207 | 陇川县雅森特木业有限公司 |
| 208 | 陇川山茶茶油有限责任公司 |
| 209 | 云南省陇川县福斯特实业有限公司 |
| 210 | 云南永利发林业有限公司 |
| 211 | 德宏后谷咖啡有限公司 |
| 212 | 德宏州天佑科技开发有限公司 |
| 213 | 德宏恒利达生物科技开发有限公司 |
| 214 | 芒市信凯石斛发展有限公司 |

(续)

| 序号 | 龙头企业名称 |
|---|---|
| 215 | 云南铁枫石斛发展有限公司 |
| 216 | 云南亚豪木业有限责任公司 |
| 217 | 芒市大地生物科技有限公司 |
| 218 | 瑞丽彩云南集团木业有限公司 |
| 219 | 瑞丽市德冠恒隆红木家具有限公司 |
| 220 | 瑞丽市涵森实业有限责任公司 |
| 221 | 云南久丽康源石斛开发有限公司 |
| 222 | 瑞丽市岭瑞农业开发有限公司 |
| 223 | 瑞丽市千紫木业发展有限责任公司 |
| 224 | 瑞丽市宏茂石斛生物科技开发有限公司 |
| 225 | 云南迪思企业集团坚果有限公司 |
| 226 | 盈江林立油茶有限责任公司 |
| 227 | 盈江县源润坚果开发有限公司 |
| 228 | 瑞丽市金土地生物科技开发有限公司 |
| 229 | 瑞丽市源金药用资源开发有限公司 |
| 230 | 维西叁疆植物保护抢救有限公司 |
| 231 | 维西傈僳族自治县综合贸易股份合作公司 |
| 232 | 云南香格里拉藏龙生物资源开发有限公司 |
| 233 | 迪庆香格里拉舒达有机食品有限公司 |
| 234 | 维西县康邦美味绿色资源开发公司 |
| 235 | 中甸野生食品进出口有限责任公司 |
| 236 | 香格里拉市圣宝食品进出口有限责任公司 |
| 237 | 香格里拉县智圆食品科技有限责任公司 |
| 238 | 香格里拉县祥和食品有限责任公司 |
| 239 | 香格里拉县岭地野生动物养殖有限公司 |
| 240 | 维西伟宏农特源开发有限责任公司 |
| 241 | 云南兰草生物科技开发有限公司 |
| 242 | 个旧市佳润三木家居有限公司 |
| 243 | 个旧市高绿农林开发有限公司 |
| 244 | 云南攀大木棉科技应用有限公司 |
| 245 | 云南红河州巨丰生物科技股份有限公司 |
| 246 | 恒盛木业有限公司 |
| 247 | 河口瑶族自治县坝洒农场 |
| 248 | 河口县森泰商贸发展有限责任公司 |
| 249 | 河口丰收农业发展有限公司 |
| 250 | 红河麟源农业科技发展有限公司 |
| 251 | 云南天佑熊业制药有限公司 |
| 252 | 红河谷辣木产业有限公司 |
| 253 | 红河顺和庄园有限公司 |
| 254 | 红河县郡励农林产业开发有限公司 |
| 255 | 红河瑞达农林开发有限公司 |
| 256 | 云南红河自然棕业有限公司 |

(续)

| 序号 | 龙头企业名称 |
|---|---|
| 257 | 红河棕业有限责任公司 |
| 258 | 云南红河棠洲林木开发有限公司 |
| 259 | 建水县鸿林林业开发有限责任公司 |
| 260 | 建水大洋林化有限公司 |
| 261 | 建水千原木业有限公司 |
| 262 | 建水县浩野农林产业有限公司 |
| 263 | 红河州和源农业开发有限公司 |
| 264 | 大丰林业开发有限公司 |
| 265 | 红河山鼎木业有限公司 |
| 266 | 云南雲海山茶油有限公司 |
| 267 | 金平分水岭西隆生物资源开发有限责任公司 |
| 268 | 金平县金合宸投资有限公司 |
| 269 | 开远绿润苗木种植有限公司 |
| 270 | 开远南圃园林景观工程有限公司 |
| 271 | 开远市三鼎产业有限责任公司 |
| 272 | 云南浙兴林果种植有限公司 |
| 273 | 泸西希康银杏发展有限公司 |
| 274 | 云南粤泸木业有限责任公司 |
| 275 | 云南深发林业有限公司 |
| 276 | 红河中丹橡胶实业有限公司 |
| 277 | 红河五里冲生态茶业有限公司 |
| 278 | 红河阳光生物质能源有限公司 |
| 279 | 大山林业发展有限公司 |
| 280 | 云南桑田绿洲种植有限公司 |
| 281 | 弥勒县唐氏特种养殖有限公司 |
| 282 | 云南天巍竹业有限公司 |
| 283 | 吉成花卉园艺有限公司 |
| 284 | 远达果业有限公司 |
| 285 | 东兴昱特禽生态养殖场 |
| 286 | 弥勒江泰园林绿化有限责任公司 |
| 287 | 屏边县永春木业有限公司 |
| 288 | 红河阳光天地生态农业科技有限公司 |
| 289 | 云南长盛农林生物科技有限公司 |
| 290 | 云南省石屏县采伐林场 |
| 291 | 云南省红石木业有限责任公司 |
| 292 | 红河山鼎生物资源开发有限公司 |
| 293 | 红河县库博农业发展有限公司 |
| 294 | 红河彤瑞园林花卉有限公司 |
| 295 | 红河州华信城市绿化苗木种植有限责任公司 |
| 296 | 开远阿玉鼎茂种植有限公司 |
| 297 | 红河天成农林牧集团科技开发有限公司 |
| 298 | 红河州森和农业开发有限公司 |

（续）

| 序号 | 龙头企业名称 |
|---|---|
| 299 | 昆明斗南国际花卉产业园区开发有限公司 |
| 300 | 云南宝琨置业有限公司 |
| 301 | 云南一条龙企业集团绿化工程有限公司 |
| 302 | 云南程盈森林资源开发控股集团有限公司 |
| 303 | 昆明大树景观绿化有限公司 |
| 304 | 昆明林茂科技有限公司 |
| 305 | 云南兴箐集团农林科技开发有限公司 |
| 306 | 富民富亚实业有限公司 |
| 307 | 昆明圣果园科技开发有限公司 |
| 308 | 云南康景农业科技有限公司 |
| 309 | 云南利鲁环境建设有限公司 |
| 310 | 云南腾众新能源科技有限公司 |
| 311 | 云南戎信农林产业开发股份有限公司 |
| 312 | 云南滇龙达园林工程有限公司 |
| 313 | 云南长江绿海环境工程集团有限公司 |
| 314 | 昆明宇妥生物科技有限公司 |
| 315 | 云南木水花旅游文化城有限公司 |
| 316 | 昆明金派园林绿化工程有限公司 |
| 317 | 云南绿原实业发展有限公司 |
| 318 | 云南绿大地生物科技股份有限公司 |
| 319 | 云南信威食品有限公司 |
| 320 | 昆明百年家园家具有限公司 |
| 321 | 昆明云蕈食品有限责任公司 |
| 322 | 云南洪尧园林绿化工程有限公司 |
| 323 | 云南恒苑绿色产业开发有限公司 |
| 324 | 云南泰诚园艺工程有限公司 |
| 325 | 云南碧根农业科技有限公司 |
| 326 | 云南绿茵环境建设有限公司 |
| 327 | 昆明汇丰花卉园艺有限公司 |
| 328 | 云南大森生态园艺工程有限公司 |
| 329 | 云南新兴绿化工程有限公司 |
| 330 | 云南贝尔木业有限公司 |
| 331 | 云南悦馨香料科技有限公司 |
| 332 | 云南绿泰园艺有限公司 |
| 333 | 云南瑞丰园林绿化有限公司 |
| 334 | 昆明康嘉乐生物科技有限公司 |
| 335 | 昆明恒沅食品工业有限公司 |
| 336 | 昆明苏化生物科技有限公司 |
| 337 | 云南凯云科工贸有限公司 |
| 338 | 昆明福莱威尔家具制造有限公司 |
| 339 | 昆明天森木业有限公司 |
| 340 | 云南汇昱园林景观工程有限公司 |

（续）

| 序号 | 龙头企业名称 |
|---|---|
| 341 | 云南大色彩绿化有限公司 |
| 342 | 昆明鸿垚农业开发投资有限公司 |
| 343 | 锦德林业资源开发有限公司 |
| 344 | 云南园林绿化(集团)绿化有限公司 |
| 345 | 云南长江云通环境工程有限公司 |
| 346 | 昆明奥斯腾木业有限公司 |
| 347 | 云南九彩云蝶生物科技有限公司 |
| 348 | 云南腾龙园艺绿化工程技术有限公司 |
| 349 | 禄劝茂利农业发展有限责任公司 |
| 350 | 云南滇勃生物资源开发有限公司 |
| 351 | 云南彝道农业发展有限公司 |
| 352 | 禄劝绿大地农业科技发展有限公司 |
| 353 | 禄劝立云农业科技开发有限公司 |
| 354 | 昆明云河农业科技发展有限公司 |
| 355 | 云南川云养生保健食品有限公司 |
| 356 | 云南汇丰神农有限公司 |
| 357 | 昆明康蕊药业有限责任公司 |
| 358 | 云南苏林绿化工程有限公司 |
| 359 | 昆明泽恒林业技术开发有限公司 |
| 360 | 云南宝顿农林科技有限公司 |
| 361 | 云南中龙园林绿化工程有限公司 |
| 362 | 云南根源道农业科技有限公司 |
| 363 | 云南野生动物园有限公司 |
| 364 | 云南野生兰收藏基地有限公司 |
| 365 | 嵩明美迎和睦家具有限公司 |
| 366 | 云南捷森木业有限公司 |
| 367 | 昆明为民林木种植有限公司 |
| 368 | 云南乾润林业开发有限公司 |
| 369 | 云南万家欢食品集团有限公司 |
| 370 | 昆明艾兰生物科技有限公司 |
| 371 | 云南景园绿化工程有限公司 |
| 372 | 昆明皓源园艺有限公司 |
| 373 | 云南高润林业科技有限公司 |
| 374 | 云南源宥林权投资管理有限公司 |
| 375 | 石林龙晖野生动物科研中心有限公司 |
| 376 | 石林红杉农林科技开发有限公司 |
| 377 | 石林闽滇绿化苗木有限公司 |
| 378 | 石林兴滇农产品开发有限公司 |
| 379 | 石林绿呈生物科技开发有限公司 |
| 380 | 昆明丰源花木有限公司 |
| 381 | 石林联申农产品开发有限公司 |
| 382 | 昆明振楚工贸有限公司 |

(续)

| 序号 | 龙头企业名称 |
|---|---|
| 383 | 嵩明志龙林木良种培育有限公司 |
| 384 | 云南交林林业勘察绿化有限公司 |
| 385 | 昆明松远经贸有限公司 |
| 386 | 云南永烨园林景观工程有限公司 |
| 387 | 云南云澳达坚果开发有限公司 |
| 388 | 云南瑞林中密度纤维板有限公司 |
| 389 | 云南金江绿色产业有限公司 |
| 390 | 云南金九地生物科技有限公司 |
| 391 | 云南邦业园林绿化有限公司 |
| 392 | 云南华龙园林绿化工程有限公司 |
| 393 | 云南绿盛美地园林景观有限公司 |
| 394 | 云南山河园林有限公司 |
| 395 | 云南绿洲装饰有限公司 |
| 396 | 云南永通木业有限公司 |
| 397 | 云南海侨园艺有限公司 |
| 398 | 昆明鸣洲园林绿化工程有限公司 |
| 399 | 昆明森工集团有限公司 |
| 400 | 昆明新飞林人造板有限公司 |
| 401 | 云南汉德生物技术有限公司 |
| 402 | 云南神宇新能源有限公司 |
| 403 | 云南云安商贸有限公司 |
| 404 | 云南汇元生物开发有限公司 |
| 405 | 云南省林业投资有限公司 |
| 406 | 昆明大商汇实业有限公司 |
| 407 | 昆明普朗特园林绿化工程有限公司 |
| 408 | 昆明兴海绿化有限公司 |
| 409 | 昆明云海环境工程有限公司 |
| 410 | 云南山川园林有限公司 |
| 411 | 昆明三德木门制造有限公司 |
| 412 | 云南滇木人造板有限公司 |
| 413 | 寻甸林立方林业投资有限公司 |
| 414 | 云南林聚绿化工程有限公司 |
| 415 | 云南菜根潭饮食文化有限公司 |
| 416 | 云南辰申生物科技开发有限公司 |
| 417 | 云南天齐绿色食品开发有限公司 |
| 418 | 呈贡三人食品有限公司 |
| 419 | 云南锦苑春种植有限公司 |
| 420 | 宜良振明苗木种植有限公司 |
| 421 | 宜良安源农林科技有限公司 |
| 422 | 云南品淳农业科技开发有限公司 |
| 423 | 昆明市宜良滇王食品有限公司 |
| 424 | 东来种植开发有限公司 |

(续)

| 序号 | 龙头企业名称 |
|---|---|
| 425 | 云南程春种植有限公司 |
| 426 | 云南雷兰生物科技有限公司 |
| 427 | 云南花城景观建设有限公司 |
| 428 | 云南福宜天水园艺科技有限公司 |
| 429 | 宜良绿兴苗木有限责任公司 |
| 430 | 云南兰弗农业科技开发有限公司 |
| 431 | 云南新泽兴人造板有限公司 |
| 432 | 云南德股集团有限公司 |
| 433 | 云南山大王食用菌有限公司 |
| 434 | 云南公投市政园林工程有限公司 |
| 435 | 云南德茂生物科技有限责任公司 |
| 436 | 石林融莹食品有限公司 |
| 437 | 昆明裕泰农业科技发展有限公司 |
| 438 | 昆明益生药业有限责任公司 |
| 439 | 禄劝畯达农产品开发有限公司 |
| 440 | 东川区井田中药饮片厂 |
| 441 | 云南雪域印象生物科技有限公司 |
| 442 | 禄劝昌盛农产品开发有限责任公司 |
| 443 | 云南家伟木业有限责任公司 |
| 444 | 宜良县轩泰苗木种植有限公司 |
| 445 | 富民县成浩种植有限公司 |
| 446 | 昆明花仙子园林绿化工程有限公司 |
| 447 | 禄劝林源农牧发展有限公司 |
| 448 | 云南牧慷农业开发有限公司 |
| 449 | 昆明新千里装饰工程有限公司 |
| 450 | 云南丰春坊生物科技有限公司 |
| 451 | 云南汇林生物科技有限公司 |
| 452 | 云南百沣农业发展有限公司 |
| 453 | 华坪县楷瑞商贸有限责任公司 |
| 454 | 华坪县嘉兴种养殖有限公司 |
| 455 | 丽江华利生物开发药业有限公司 |
| 456 | 宁蒗县女儿珍生物工程有限公司 |
| 457 | 丽江永胜边屯食尚养生园有限公司 |
| 458 | 永胜林辰绿色资源开发有限责任公司 |
| 459 | 云南永胜绿地源植物开发有限公司 |
| 460 | 永胜雷特生物工程有限责任公司 |
| 461 | 丽江得一食品有限责任公司 |
| 462 | 丽江中源绿色食品有限责任公司 |
| 463 | 丽江华坪腾辉蓝莓庄园有限公司 |
| 464 | 宁蒗沈氏滇重楼药材有限公司 |
| 465 | 丽江田园油橄榄科技开发有限公司 |
| 466 | 丽江金稞乡村旅游观光农场有限公司 |

(续)

| 序号 | 龙头企业名称 |
|---|---|
| 467 | 丽江森泽林业科技发展有限责任公司 |
| 468 | 沧源县茂名华建投资有限责任公司 |
| 469 | 凤庆磊鑫农产品开发有限责任公司 |
| 470 | 云南凤庆巨达食品工业有限责任公司 |
| 471 | 云南滇红集团股份有限公司 |
| 472 | 凤庆县胜达木业有限公司 |
| 473 | 耿马东兴园林绿化有限公司 |
| 474 | 云南仁利坤元养殖有限责任公司 |
| 475 | 临沧道地中药材种植科技有限公司 |
| 476 | 耿马泰兴发展有限责任公司 |
| 477 | 临沧南华纸业有限公司 |
| 478 | 耿马四方生物科技开发有限责任公司 |
| 479 | 临沧凌丰咖啡产业发展有限公司 |
| 480 | 临沧邦泰昔归庄园有限公司 |
| 481 | 云南省临沧市泛华林业投资发展有限公司 |
| 482 | 临沧凌丰产业(集团)有限公司 |
| 483 | 临沧市天移园林绿化工程有限责任公司 |
| 484 | 双江云药园生物资源开发有限公司 |
| 485 | 双江行云生物科技有限公司 |
| 486 | 云南奕华农业生物有限公司 |
| 487 | 云南福滋农业科技开发有限公司 |
| 488 | 永德县供销集团有限责任公司 |
| 489 | 永德华顺园林绿化植物研发工程有限公司 |
| 490 | 永德县林产业开发有限责任公司 |
| 491 | 永德县大雪山实业有限公司 |
| 492 | 云南康伟生物有限公司 |
| 493 | 云县乡土农业综合开发有限公司 |
| 494 | 云县凝鑫紫胶产业发展有限公司 |
| 495 | 临沧兴诚古树茶庄园有限公司 |
| 496 | 云南茅粮酒业集团有限公司 |
| 497 | 云南汇智源食品有限公司 |
| 498 | 云县嘉木茶业制品有限责任公司 |
| 499 | 云县新云州实业有限责任公司 |
| 500 | 临沧市结圆坚果有限公司 |
| 501 | 镇康县恒昊实业有限公司 |
| 502 | 镇康县安源经贸有限责任公司 |
| 503 | 镇康县创森林木开发有限责任公司 |
| 504 | 镇康县如意橡胶开发有限责任公司 |
| 505 | 镇康县云华物业管理有限责任公司 |
| 506 | 临沧方源林产品有限公司 |
| 507 | 云县新云州林业有限责任公司 |
| 508 | 双江荣康达投资有限公司 |

(续)

| 序号 | 龙头企业名称 |
|---|---|
| 509 | 凤庆县宏达食品有限责任公司 |
| 510 | 镇康盛源经贸有限责任公司 |
| 511 | 临沧沐源农业开发有限公司 |
| 512 | 双江自治县林业化工厂 |
| 513 | 贡山县三源种养专业合作社 |
| 514 | 兰坪滇盛中药材种植有限公司 |
| 515 | 兰坪县啦井镇紫兴五味子饮品厂 |
| 516 | 泸水县银坡春灵种养开发基地 |
| 517 | 泸水县万群种养殖有限责任公司 |
| 518 | 云南森友木业有限公司 |
| 519 | 怒江绿源绿色产业发展有限公司 |
| 520 | 泸水县农业生产资料有限责任公司 |
| 521 | 云南怒江东方大峡谷生物城有限责任公司 |
| 522 | 怒江滇鑫农业科技示范园 |
| 523 | 云南福维临生物药业有限公司 |
| 524 | 泸水县凯锋农林发展有限公司 |
| 525 | 怒江八达农业科技发展有限公司 |
| 526 | 兰坪县中盛生态产业有限公司 |
| 527 | 泸水县春林实业有限责任公司 |
| 528 | 兰坪县民发山茶果种植开发有限责任公司 |
| 529 | 怒江润农农牧产业开发有限公司 |
| 530 | 怒江晶绿园生物科技有限公司 |
| 531 | 镇沅圣元堂生物科技开发有限责任公司 |
| 532 | 普洱泛亚农林资源开发有限公司 |
| 533 | 普洱南药庄园科技有限公司 |
| 534 | 云南江城木制品有限公司 |
| 535 | 普洱三国庄园茶业有限责任公司 |
| 536 | 江城耀霖木业有限责任公司 |
| 537 | 景东力奥林产集团有限公司 |
| 538 | 景东彝族自治县昌龙林产工业有限公司 |
| 539 | 景东彝族自治县天瑞林业有限公司 |
| 540 | 景谷邦永生物资源开发有限公司 |
| 541 | 云南景谷林业股份有限公司 |
| 542 | 云南云景林纸股份有限公司 |
| 543 | 景谷林化有限公司 |
| 544 | 思茅金澜沧丰产有限公司 |
| 545 | 孟连大发铁皮石斛有限公司 |
| 546 | 宁洱同泽生物科技有限责任公司 |
| 547 | 云南峻山傲斛珍浠植物药业有限公司 |
| 548 | 普洱林达木业有限责任公司 |
| 549 | 普洱市卫国林业局 |
| 550 | 普洱科茂林化有限公司 |

(续)

| 序号 | 龙头企业名称 |
|---|---|
| 551 | 普洱瑞霖生物技术开发有限公司 |
| 552 | 普洱市玉林林业开发有限公司 |
| 553 | 云南斛哥庄园有限公司 |
| 554 | 云南恩润生物科技发展有限公司 |
| 555 | 普洱市思茅区森盛林化有限责任公司 |
| 556 | 普洱福通(集团)木业有限公司 |
| 557 | 普洱市思茅区沪顺木业有限公司 |
| 558 | 普洱市鼎达园林景观有限公司 |
| 559 | 云南长源投资集团普洱天翔林业开发有限公司 |
| 560 | 镇沅县林产工业有限公司 |
| 561 | 镇沅彝族哈尼族拉祜族自治县松香厂 |
| 562 | 镇沅彝族哈尼族拉祜族自治县昌龙林产工业有限公司 |
| 563 | 云南华晨林业发展有限公司 |
| 564 | 云南滇猬农林产业开发有限公司 |
| 565 | 澜沧美投林业有限责任公司 |
| 566 | 江城中澳农业科技发展有限公司 |
| 567 | 镇沅彝族哈尼族拉祜族自治县昌辉实业有限公司 |
| 568 | 云南普洱英爵油业科技发展有限公司 |
| 569 | 云南融创实业有限公司 |
| 570 | 普洱东茂农林牧科技发展有限公司 |
| 571 | 曲靖市万隆生态科技有限责任公司 |
| 572 | 富源县后所镇一带谷林场 |
| 573 | 富源县林山野生动物驯养繁殖有限责任公司 |
| 574 | 富源县聚农绿色食品开发有限公司 |
| 575 | 会泽绿大地种苗有限责任公司 |
| 576 | 云南陆良国康天然生物资源开发有限公司 |
| 577 | 陆良招宝特种野生养殖有限公司 |
| 578 | 云南大地生态产业开发有限公司 |
| 579 | 云南奥普兰生物科技有限公司 |
| 580 | 马龙县红石农业科技开发有限公司 |
| 581 | 曲靖市荣昕园林绿化有限公司 |
| 582 | 云南育春园林艺术有限公司 |
| 583 | 曲靖市楹源农业科技有限公司 |
| 584 | 曲靖市俊成园艺有限公司 |
| 585 | 云南翠楹花卉公司 |
| 586 | 师宗县鑫盛绿化有限责任公司 |
| 587 | 师宗华海木业有限公司 |
| 588 | 云南司珈尔木业股份有限公司 |
| 589 | 宣威市鸿达移民园林有限公司 |
| 590 | 宣威市福宝种养殖专业合作社 |
| 591 | 宣威市汇丰食用菌开发有限公司 |
| 592 | 宣威市虹桥生态旅游开发有限公司 |

(续)

| 序号 | 龙头企业名称 |
|---|---|
| 593 | 云南为君开园林工程有限公司 |
| 594 | 宣威市宝鑫种养殖科技发展有限公司 |
| 595 | 沾益县春海农林科技开发有限公司 |
| 596 | 曲靖市园通林牧有限公司 |
| 597 | 云南煜欣农林生物科技有限公司 |
| 598 | 曲靖市祥源农林开发有限公司 |
| 599 | 沾益播乐庄园农业科技有限公司 |
| 600 | 曲靖康庄肥业有限公司 |
| 601 | 曲靖兆金园艺有限公司 |
| 602 | 曲靖浩凯农林投资开发公司 |
| 603 | 曲靖鸿昊生物科技有限公司 |
| 604 | 沾益县坤泰园艺有限公司 |
| 605 | 曲靖市富田园林有限公司 |
| 606 | 云南伊森源林业开发有限公司 |
| 607 | 云南希美康农业开发有限公司 |
| 608 | 沾益县华晋农牧有限责任公司 |
| 609 | 会泽林下种植有限公司 |
| 610 | 曲靖华云园林工程有限责任公司 |
| 611 | 云南水乡胜境园林有限公司 |
| 612 | 云南宣威好品火腿股份有限公司 |
| 613 | 云南耀源农林开发有限公司 |
| 614 | 沾益县兴建农业科技开发有限公司 |
| 615 | 云南大山木业有限责任公司 |
| 616 | 云南万道香茶业有限公司 |
| 617 | 云南富嘉林产科技有限公司 |
| 618 | 云南东昌农林产品开发有限公司 |
| 619 | 云南云岭山茶油有限公司 |
| 620 | 广南润和木业有限公司 |
| 621 | 广南豪威木业有限公司 |
| 622 | 广南皇饰木业有限公司 |
| 623 | 广南县天云植物油业有限公司 |
| 624 | 云南归田实业有限公司 |
| 625 | 麻栗坡县佳林咖啡发展有限责任公司 |
| 626 | 丘北县富亿木业有限公司 |
| 627 | 丘北县双龙油脂有限责任公司 |
| 628 | 文山开开药业有限公司 |
| 629 | 云南七乡农业综合开发有限公司 |
| 630 | 文山盘龙山生态农业综合开发有限公司 |
| 631 | 云南希诺康生物科技有限公司 |
| 632 | 文山市益力生物科技发展有限公司 |
| 633 | 云南跃兴园林工程有限公司 |
| 634 | 文山县金达利三七生物科技有限责任公司 |

(续)

| 序号 | 龙头企业名称 |
|---|---|
| 635 | 金光集团文山金文山丰产林有限公司 |
| 636 | 文山圆和圆经贸有限责任公司 |
| 637 | 文山州叶飞林木种植有限公司 |
| 638 | 西畴县国营香坪山林场 |
| 639 | 西畴县百汇药材林果种植有限公司 |
| 640 | 云南盛禾生态农业科技发展有限公司 |
| 641 | 云南澄江木森苗木经营有限公司 |
| 642 | 澄江乐万家果林农庄有限公司 |
| 643 | 峨山天资生物开发有限公司 |
| 644 | 峨山彝人谷万亩竹海生态旅游开发有限公司 |
| 645 | 云南峨山高香万亩生态茶业有限责任公司 |
| 646 | 峨山县森达林业开发有限责任公司 |
| 647 | 峨山彝族自治县玉和林场 |
| 648 | 玉溪市洛河昱鑫工贸有限公司 |
| 649 | 云南锦萃园林工程有限公司 |
| 650 | 玉溪子墨商贸服务有限公司 |
| 651 | 云南玉达木门制造有限公司 |
| 652 | 玉溪比格力富康门业 |
| 653 | 华宁泉溪农林综合开发有限责任公司 |
| 654 | 云南万家红园艺有限公司 |
| 655 | 华宁华富核桃产业开发有限责任公司 |
| 656 | 玉溪市华冠蔬果有限公司 |
| 657 | 云南华宁鑫辰食品有限公司 |
| 658 | 华宁县山水农林开发有限责任公司 |
| 659 | 云南省江川县柏池古绿色产业有限公司 |
| 660 | 江川泰怡园林绿化工程有限公司 |
| 661 | 云南绿地园林绿化有限公司 |
| 662 | 通海元景园林有限责任公司 |
| 663 | 云南新平哀牢山兴智植物油厂 |
| 664 | 中林化工有限公司 |
| 665 | 云南新平南恩糖纸有限责任公司 |
| 666 | 云南磨浆农业有限公司 |
| 667 | 云南易门丛山食用菌有限责任公司 |
| 668 | 云南易门益生绿色食品有限责任公司 |
| 669 | 云南易门山里香食品有限责任公司 |
| 670 | 易门县康源菌业有限公司 |
| 671 | 云南林缘香料有限公司 |
| 672 | 云南金土地生态开发有限公司 |
| 673 | 云南易门恒源食品有限公司 |
| 674 | 云南玉加宝人造板有限公司 |
| 675 | 云南玉溪金土地绿色产品开发有限公司 |
| 676 | 云南原林生态有限公司 |

(续)

| 序号 | 龙头企业名称 |
|---|---|
| 677 | 元江县江风园艺有限公司 |
| 678 | 云南瑞江木业有限公司 |
| 679 | 云南源天生物集团有限公司 |
| 680 | 华宁县通红甸乡龙树柑橘科技开发有限公司 |
| 681 | 新平濒危乡土植物园有限公司 |
| 682 | 云南鼎成农业科技有限公司 |
| 683 | 云南睦群农业综合开发有限责任公司 |
| 684 | 云南省玉溪市高原甜橙有限责任公司 |
| 685 | 易门森森林业科技开发有限公司 |
| 686 | 易门元源林农产品开发有限公司 |
| 687 | 鲁甸县鑫辉农特产品开发有限公司 |
| 688 | 鲁甸县鸭子塘农业开发农民专业合作社 |
| 689 | 昭通市大成农业开发有限责任公司 |
| 690 | 云南威信锦昌生物科技有限公司 |
| 691 | 威信县兴源木业有限公司 |
| 692 | 盐津津华竹产业专业合作社 |
| 693 | 云南莱人家食品有限公司 |
| 694 | 云南永孜堂制药有限公司 |
| 695 | 昭通市宏联实业有限责任公司 |
| 696 | 昭通市昭阳区庆丰果树有限公司 |
| 697 | 镇雄县叶茂开发有限责任公司 |
| 698 | 昭通市益雄药业有限公司 |
| 699 | 云南明磊实业有限公司 |
| 700 | 镇雄滇龙生态科技有限公司 |
| 701 | 威信县翠威园林绿化工程有限公司 |
| 702 | 云南博泽林化工有限公司 |
| 703 | 昭通兴园农林种植有限公司 |

## 【2016年云南省林农专业合作社省级示范社】

**表2　2016年云南省林农专业合作社省级示范社名单**

| 序号 | 合作社名称 |
|---|---|
| 1 | 景洪市景讷乡林园鸡养殖专业合作社 |
| 2 | 基诺洛普惠农冬瓜猪养殖专业合作社 |
| 3 | 勐海惠农林业专业合作社 |
| 4 | 勐海县勐混镇映彰林业专业合作社 |
| 5 | 勐海曼满富海林业种植专业合作社 |
| 6 | 勐海县天生绿科技农业专业合作社 |
| 7 | 勐海县竹源养殖专业合作社 |
| 8 | 西双版纳山水石斛种植专业合作社 |
| 9 | 勐腊县高源农夫养殖专业合作社 |
| 10 | 昌宁县国光永泽泡核桃种植专业合作社 |

(续)

| 序号 | 合作社名称 |
|---|---|
| 11 | 昌宁县荣星兴果泡核桃专业合作社 |
| 12 | 昌宁县恒亚农产品种植专业合作社 |
| 13 | 昌宁县正强嘎薄泡核桃专业合作社 |
| 14 | 昌宁县仙亚泡核桃专业合作社 |
| 15 | 昌宁县鑫隆金果泡核桃专业合作社 |
| 16 | 昌宁县智源金果泡核桃专业合作社 |
| 17 | 昌宁县军林泡核桃专业合作社 |
| 18 | 昌宁县大良田坚果种植专业合作社 |
| 19 | 昌宁县森鑫泡核桃专业合作社 |
| 20 | 昌宁县一根丝泡核桃种植专业合作社 |
| 21 | 昌宁县晶壳泡核桃专业合作社 |
| 22 | 昌宁县乡富华荣鑫泡核桃专业合作社 |
| 23 | 昌宁县客落勐泡核桃种植专业合作社 |
| 24 | 昌宁县盛和美食食用菌种植专业合作社 |
| 25 | 昌宁县春慧食用菌专业合作社 |
| 26 | 昌宁县欣欣药材种植专业合作社 |
| 27 | 昌宁县禹建平泡核桃专业合作社 |
| 28 | 昌宁县沧江明珠泡核桃专业合作社 |
| 29 | 昌宁县郑子根泡核桃专业合作社 |
| 30 | 昌宁县志成竹鼠养殖专业合作社 |
| 31 | 昌宁县实生益坚果种植专业合作社 |
| 32 | 昌宁县温泉镇联席古树茶专业合作社 |
| 33 | 昌宁县珍果泡核桃专业合作社 |
| 34 | 昌宁县文银魔芋专业合作社 |
| 35 | 昌宁县桥发东禽类养殖专业合作社 |
| 36 | 昌宁县佳杰古树茶叶种植专业合作社 |
| 37 | 龙陵县林博石斛种植专业合作社 |
| 38 | 龙陵县金泉水核桃种植专业合作社 |
| 39 | 龙陵县合鑫众益核桃专业合作社 |
| 40 | 龙陵县翔丰草果种植专业合作社 |
| 41 | 龙陵县万金石斛专业合作社 |
| 42 | 龙陵县常盛棕树种植专业合作社 |
| 43 | 龙陵县富民石斛专业合作社 |
| 44 | 龙陵县正广重楼种植专业合作社 |
| 45 | 龙陵县立新石斛种植专业合作社 |
| 46 | 龙陵县永丰石斛专业合作社 |
| 47 | 龙陵县正才石斛专业合作社 |
| 48 | 龙陵县昌家石斛种植专业合作社 |
| 49 | 龙陵县春逸石斛种植专业合作社 |
| 50 | 龙陵县摩山重楼种植专业合作社 |
| 51 | 龙陵县旺盛草果种植专业合作社 |
| 52 | 龙陵县龙杰核桃种植专业合作社 |

(续)

| 序号 | 合作社名称 |
|---|---|
| 53 | 龙陵县杨春焕重楼种植专业合作社 |
| 54 | 龙陵县富农中药材种植专业合作社 |
| 55 | 龙陵县香山石斛种植专业合作社 |
| 56 | 龙陵县康农石斛种植专业合作社 |
| 57 | 龙陵县威露农产品种植专业合作社 |
| 58 | 龙陵县永发橄榄种植专业合作社 |
| 59 | 隆阳区合惠元生物资源开发专业合作社 |
| 60 | 隆阳区英智竹柳树种植专业合作社 |
| 61 | 隆阳区贵盛核桃种植专业合作社 |
| 62 | 隆阳区昊天石斛种植专业合作社 |
| 63 | 隆阳区丰宇农产品专业合作社 |
| 64 | 隆阳区川顺核桃种植专业合作社 |
| 65 | 隆阳区明和种植专业合作社 |
| 66 | 隆阳区中昌中药材种植专业合作社 |
| 67 | 隆阳区中洲农产品专业合作社 |
| 68 | 隆阳区阿辉农产品种植专业合作社 |
| 69 | 隆阳区杨昇糯橄榄种植专业合作社 |
| 70 | 隆阳区康和种植专业合作社 |
| 71 | 隆阳区东睿种植专业合作社 |
| 72 | 隆阳区松坡金银花种植专业合作社 |
| 73 | 隆阳区金元盛农产品种植专业合作社 |
| 74 | 隆阳区横山农产品种植专业合作社 |
| 75 | 隆阳区永蔚林果种植专业合作社 |
| 76 | 隆阳区三达地果蔬专业合作社 |
| 77 | 隆阳区百岑农产品种植专业合作社 |
| 78 | 隆阳区绿金农产品种植专业合作社 |
| 79 | 隆阳区长生农产品种植专业合作社 |
| 80 | 隆阳区怒江雪林农产品种植专业合作社 |
| 81 | 保山市佳品农产品专业合作社 |
| 82 | 隆阳区金鑫农产品种植专业合作社 |
| 83 | 隆阳区好伙伴农产品种植专业合作社 |
| 84 | 隆阳区振昇农产品种植专业合作社 |
| 85 | 保山市利民石斛种植专业合作社 |
| 86 | 隆阳区云贵养殖专业合作社 |
| 87 | 隆阳区赛格农产品种植专业合作社 |
| 88 | 隆阳区汇宏核桃种植专业合作社 |
| 89 | 隆阳区源升农产品种植专业合作社 |
| 90 | 隆阳区香树坚果种植专业合作社 |
| 91 | 隆阳区八鸭塘种植专业合作社 |
| 92 | 隆阳区万鑫农产品种植专业合作社 |
| 93 | 隆阳区丛岗农产品种植专业合作社 |
| 94 | 隆阳区大雁种植专业合作社 |

(续)

| 序号 | 合作社名称 |
|---|---|
| 95 | 隆阳区柴河农产品种植专业合作社 |
| 96 | 隆阳区康源农产品种植专业合作社 |
| 97 | 隆阳区上麦庄核桃种植专业合作社 |
| 98 | 隆阳区十岸农产品种植专业合作社 |
| 99 | 隆阳区新寨聚源咖啡种植专业合作社 |
| 100 | 施甸县木老元雪山黑山羊专业合作社 |
| 101 | 施甸县金梧中药材种植专业合作社 |
| 102 | 施甸县勐旺甜柿专业合作社 |
| 103 | 施甸县利民果蔬专业合作社 |
| 104 | 施甸县高峰核桃种植专业合作社 |
| 105 | 施甸县禾源果蔬专业合作社 |
| 106 | 施甸县核老松果蔬专业合作社 |
| 107 | 施甸县查邑油茶种植专业合作社 |
| 108 | 保山市康宏农产品种植专业合作社 |
| 109 | 施甸县亚新亚食用菌种植专业合作社 |
| 110 | 施甸县宝翔果蔬专业合作社 |
| 111 | 腾冲腾龙石斛种植专业合作社 |
| 112 | 腾冲县强辉食用菌种植专业合作社 |
| 113 | 腾冲众富重楼种植专业合作社 |
| 114 | 腾冲谢家山金铁锁种植专业合作社 |
| 115 | 腾冲县新岐绿益林业专业合作社 |
| 116 | 腾冲茂文中药材种植专业合作社 |
| 117 | 腾冲县华威草果种植专业合作社 |
| 118 | 腾冲县大尖山草果专业合作社 |
| 119 | 腾冲县界头石斛种植种植专业合作社 |
| 120 | 腾冲县云华红花油茶专业合作社 |
| 121 | 腾冲县宏营阳光石斛专业合作社 |
| 122 | 腾冲县富民药材种植专业合作社 |
| 123 | 腾冲县永兴核桃专业合作社 |
| 124 | 腾冲县箐口林业专业合作社 |
| 125 | 腾冲县侍郎坝花木种植专业合作社 |
| 126 | 腾冲县利民石斛专业合作社 |
| 127 | 腾冲县户弄核桃专业合作社 |
| 128 | 腾冲县公平火山银杏叶生产专业合作社 |
| 129 | 腾冲县大黑山泡核桃种植专业合作社 |
| 130 | 腾冲县红茂石斛种植专业合作社 |
| 131 | 腾冲南凹木瓜种植专业合作社 |
| 132 | 腾冲民鑫石斛种植专业合作社 |
| 133 | 楚雄市哀牢山森林蔬菜专业合作社 |
| 134 | 楚雄市八角核桃专业合作社 |
| 135 | 楚雄市大地基核桃专业合作社 |
| 136 | 楚雄市天森商品林木种苗专业合作社 |

(续)

| 序号 | 合作社名称 |
|---|---|
| 137 | 楚雄市中山镇草介核桃专业合作社 |
| 138 | 楚雄滇彝农产品产销专业合作社 |
| 139 | 楚雄市紫溪林果业农民专业合作社 |
| 140 | 大姚县百草岭天麻种植专业合作社 |
| 141 | 大姚县桂花乡宏源野生菌专业合作社 |
| 142 | 大姚县锦彝核桃专业合作社 |
| 143 | 大姚县百草岭蜂养蜂专业合作社 |
| 144 | 大姚亿利丰核桃专业合作社 |
| 145 | 大姚县三台庆丰农副产品专业合作社 |
| 146 | 大姚三台核桃种苗专业合作社 |
| 147 | 大姚县三台丰顺核桃专业合作社 |
| 148 | 大姚县彝山松子专业合作社 |
| 149 | 楚雄新思路彝苗专业合作社 |
| 150 | 大姚县铁锁青花椒专业合作社 |
| 151 | 大姚县金碧镇涧水花椒种植专业合作社 |
| 152 | 大姚县荃玛箐核桃发展专业合作社 |
| 153 | 大姚县彝丽核桃专业合作社 |
| 154 | 大姚县桂花核桃专业合作社 |
| 155 | 大姚县殷连核桃发展专业合作社 |
| 156 | 禄丰县大华农产品种植营销专业合作社 |
| 157 | 禄丰县和平缘农林产品种植营销专业合作社 |
| 158 | 南华县金润杨梅种植专业合作社 |
| 159 | 南华鸿发农产品专业合作社 |
| 160 | 南华县张和新村种养殖专业合作社 |
| 161 | 宾川县毛氏种养业专业合作社 |
| 162 | 宾川县永升核桃产业开发专业合作社 |
| 163 | 大理市凤仪镇三哨村红亮核桃种植专业合作社 |
| 164 | 大理市海东上登南山林果专业合作社 |
| 165 | 大理市下关镇吊草食用菌种植专业合作社 |
| 166 | 大理市凤仪镇吉祥村松山核桃种植专业合作社 |
| 167 | 大理市桃树村邑兴核桃种植专业合作社 |
| 168 | 大理市凤仪镇绍宝核桃种植专业合作社 |
| 169 | 大理市凤仪镇银鑫核桃专业合作社 |
| 170 | 大理市凤仪镇南汤天村金彪核桃种植专业合作社 |
| 171 | 大理市挖色镇光邑村全月林果专业合作社 |
| 172 | 大理市森旺苗木种植专业合作社 |
| 173 | 大理市凤仪毓强核桃种植专业合作社 |
| 174 | 大理市下关镇瀚森苗木专业合作社 |
| 175 | 大理市凤仪镇明军核桃种植专业合作社 |
| 176 | 大理市挖色镇光邑村望旺林果种植专业合作社 |
| 177 | 大理州阳光森林园艺专业合作社 |
| 178 | 鹤庆县石榴园赛丰核桃专业合作社 |

(续)

| 序号 | 合作社名称 |
| --- | --- |
| 179 | 弥渡县红土中草药种植农民专业合作社 |
| 180 | 南涧县金秋林果加工专业合作社 |
| 181 | 南涧县宏凤林产业专业合作社 |
| 182 | 南涧无量朝武泡核桃生产专业合作社 |
| 183 | 南涧云宏农民购销合作社 |
| 184 | 南涧县广纳特种养殖专业合作社 |
| 185 | 南涧县龙凤中药材种植专业合作社 |
| 186 | 南涧县无量山开春种植专业合作社 |
| 187 | 南涧县无量阿四茶叶购销专业合作社 |
| 188 | 祥云县明昌种植农民专业合作社 |
| 189 | 祥云县王葵种植农民专业合作社 |
| 190 | 祥云县吉才林园农民种植专业合作社 |
| 191 | 祥云县森茂种植农民专业合作社 |
| 192 | 祥云县经纬种植农民专业合作社 |
| 193 | 漾江核桃中药材种植农民专业合作社 |
| 194 | 箐口核桃专业合作社 |
| 195 | 漾濞彝族自治县李家庄农民专业合作社 |
| 196 | 永平县胜泉苗木专业合作社 |
| 197 | 永平县荣兴林木培育农民专业合作社 |
| 198 | 永平县囿鑫中药材种植专业合作社 |
| 199 | 永平县龙门乡信农核桃种植专业合作社 |
| 200 | 永平县七昌村核桃农民专业合作社 |
| 201 | 永平县佳亿核桃种植农民专业合作社 |
| 202 | 永平县金丽苗木专业合作社 |
| 203 | 云龙县团结益创生态专业合作社 |
| 204 | 云龙共邦生态野猪养殖专业合作社 |
| 205 | 云龙县宏达核桃专业合社 |
| 206 | 云龙县宝丰乡胜得种植专业合作社 |
| 207 | 云龙县农欢重楼种植专业合作社 |
| 208 | 梁河县生龙林业合作社 |
| 209 | 梁河县宏梁蓝孔雀养殖专业合作社 |
| 210 | 陇川县双贵竹产品专业合作社 |
| 211 | 陇川县恒峰石斛种植专业合作社 |
| 212 | 芒市江东乡共荣石斛专业合作社 |
| 213 | 芒市江东乡云岩石斛发展专业合作社 |
| 214 | 芒市轩岗乡水井石斛发展专业合作社 |
| 215 | 芒市金山核桃专业合作社 |
| 216 | 芒市中山坚果咖啡专业合作社 |
| 217 | 芒市林生石斛科技发展专业合作社 |
| 218 | 芒市合心石斛发展专业合作社 |
| 219 | 芒市宏康重楼种植专业合作社 |
| 220 | 芒市众鑫核桃专业合作社 |

(续)

| 序号 | 合作社名称 |
| --- | --- |
| 221 | 瑞丽市边育林产业专业合作社 |
| 222 | 盈江县儒林石斛种植专业合作社联合社 |
| 223 | 盈江县邦伟山核桃种植专业合作社 |
| 224 | 维西鹏程林农科技专业合作社 |
| 225 | 维西共吉惠民核桃种植农民专业合作社 |
| 226 | 维西县三和蜜蜂养殖专业合作社 |
| 227 | 塔城春福新藏药材种植专业合作社 |
| 228 | 维西卫红中药材农产品种植专业合作社 |
| 229 | 香格里拉县金江镇兴文村奔旺综合种养殖农民专业合作社 |
| 230 | 香格里拉县旺达种养殖专业合作社 |
| 231 | 香格里拉县东旺乡德康龙核桃种植农民专业合作社 |
| 232 | 香格里拉市山泉种植农民专业合作社 |
| 233 | 洛吉“绿生干果种植专业合作社” |
| 234 | 香格里拉县虎跳峡镇金星史跨迪综合种植农民专业合作社 |
| 235 | 香格里拉县虎跳峡镇界碑核桃种植农民专业合作社 |
| 236 | 香格里拉县崩龙养殖农民专业合作社 |
| 237 | 河口莲花滩橡胶农民专业合作社 |
| 238 | 河口县子母咖啡香蕉种植农民专业合作社 |
| 239 | 红河县泰富木豆种植专业合作社 |
| 240 | 建水县利民乡清江柑橘专业合作社 |
| 241 | 建水县思媛养殖专业合作社 |
| 242 | 金平县金色油茶专业合作社 |
| 243 | 金平县金山油茶产销专业合作社 |
| 244 | 金平县兴农油茶产销专业合作社 |
| 245 | 金平泓泰沉香美藤果开发专业合作社 |
| 246 | 金平云海山茶油产销专业合作社 |
| 247 | 金平十里生物产业开发专业合作社 |
| 248 | 开远市红土高原种植专业合作社 |
| 249 | 开远市伟业丰水梨种植专业合作社 |
| 250 | 元阳县煊元火龙果产业开发专业合作社 |
| 251 | 开远市绿野蜜桃专业合作社 |
| 252 | 泸西县泸忆农油桃产销农民专业合作社 |
| 253 | 泸西县普泽苗木花卉生产经营农民专业合作社 |
| 254 | 绿春县刁比东茶叶专业合作社 |
| 255 | 蒙自市新安东桥石榴产销专业合作社 |
| 256 | 蒙自市龙潭兴农水果产销专业合作 |
| 257 | 蒙自市南疆水果产销专业合作社 |
| 258 | 弥勒县法门香椿专业合作社 |
| 259 | 弥勒县翠泉水果专业合作社 |

(续)

| 序号 | 合作社名称 |
|---|---|
| 260 | 弥勒县绿水林业果蔬专业合作社 |
| 261 | 屏边县苗林贵族甜柿种植专业合作社 |
| 262 | 屏边县马马草果种植专业合作社 |
| 263 | 石屏县兴海大枇杷专业合作社 |
| 264 | 石屏县湖东杨梅专业合作社 |
| 265 | 石屏县湖畔杨梅种植专业合作社 |
| 266 | 石屏县果富杨梅专业合作社 |
| 267 | 石屏县园丽蓝莓种植专业合作社 |
| 268 | 元阳县黄茅岭乡橡胶专业合作社 |
| 269 | 元阳县康达重楼种植农民专业合作社 |
| 270 | 元阳县全福庄种植养殖专业合作社 |
| 271 | 安宁诚川油茶种植专业合作社 |
| 272 | 东川区杉木东柏种植专业合作社 |
| 273 | 昆明市响水河农产品种植专业合作社 |
| 274 | 富民兴胜种植专业合作社 |
| 275 | 昆明清泉苗木种植专业合作社 |
| 276 | 禄劝忠义核桃种植专业合作社 |
| 277 | 石林县联谊林业专业合作社 |
| 278 | 寻甸永祥种植专业合作社 |
| 279 | 寻甸发祥种植专业合作社 |
| 280 | 宜良县大鹏坚果产销专业合作社 |
| 281 | 宜良恒瑞林木种植专业合作社 |
| 282 | 宜良全丰种植专业合作社 |
| 283 | 华坪县国华核桃种植农民专业合作社 |
| 284 | 华坪县源艺芒果种植专业合作社 |
| 285 | 华坪县金牛畜禽养殖专业合作社 |
| 286 | 宁蒗锦钰畜禽养殖专业合作社 |
| 287 | 永胜县林鑫种养专业合作社 |
| 288 | 永胜国海添绿林农种养专业合作社 |
| 289 | 永胜县荣和养殖专业合作社 |
| 290 | 永胜县德禄石榴专业合作社 |
| 291 | 凤庆县德发魔芋种植专业合作社 |
| 292 | 凤庆县裕泽谷核桃专业合作社 |
| 293 | 凤庆县春芽苗木种植专业合作社 |
| 294 | 凤庆县仙草石斛种植专业合作社 |
| 295 | 凤庆县核艺阁核桃专业合作社 |
| 296 | 凤庆县雪山镇裕源核桃种植专业合作社 |
| 297 | 凤庆县秋吉核桃专业合作社 |
| 298 | 凤庆县凤山镇东城社区金银花种植专业合作社 |
| 299 | 凤庆县万宝核桃种植农民专业合作社 |

(续)

| 序号 | 合作社名称 |
|---|---|
| 300 | 凤庆县禾山种养殖合作社 |
| 301 | 凤庆县民生石斛专业合作社 |
| 302 | 耿马四方石斛种植专业合作社 |
| 303 | 耿马林农种植专业合作社 |
| 304 | 临沧市顺发中药材种植专业合作社 |
| 305 | 临沧市邦东乡古树茶农民专业合作社 |
| 306 | 临沧市邦东昔归茶叶农民专业合作社 |
| 307 | 临沧市南美植宝养殖农民专业合作社 |
| 308 | 临沧双鹿源石斛种植林农专业合作社 |
| 309 | 临沧金顺祥中药材种植专业合作社 |
| 310 | 临沧市勐昌药材种植专业合作社 |
| 311 | 临沧银河草果种植专业合作社 |
| 312 | 双江邦丙乡金壳泡核桃种植专业合作社 |
| 313 | 永德县联源竹鼠产销专业合作社 |
| 314 | 永德县康伟药材德党产销专业合作社 |
| 315 | 永德县忙肺茶叶产销专业合作社 |
| 316 | 临沧市云县大寨云林核桃种植专业合作社 |
| 317 | 镇康县半个山核桃种植专业合作社 |
| 318 | 镇康县马鞍山大包包茶叶生产专业合作社 |
| 319 | 镇康县董家寨核桃种植专业合作社 |
| 320 | 镇康县麦地核桃专业合作社 |
| 321 | 镇康县南班木水果种植专业合作社 |
| 322 | 镇康石镇坚果专业合作社 |
| 323 | 福贡县野生鸡脚云黄连种植专业合作社 |
| 324 | 福贡迪付草果种植农民专业合作社 |
| 325 | 福贡老姆登高山茶种植农民专业合作社 |
| 326 | 贡山县三源种养专业合作社 |
| 327 | 贡山县一园中草药种植农民专业合作社 |
| 328 | 贡山县永刚独龙牛养殖农民专业合作社 |
| 329 | 兰坪县鑫良核桃种植农民专业合作社 |
| 330 | 兰坪县芳韵兰花专业合作社 |
| 331 | 兰坪县金浩药材种植农民专业合作社 |
| 332 | 兰坪县金顶镇仁和种植专业合作社 |
| 333 | 兰坪县联利生源核桃基地专业合作社 |
| 334 | 兰坪县通甸镇水俸福源核桃种植专业合作社 |
| 335 | 泸水县茂源碧乃金种养殖农民专业合作社 |
| 336 | 泸水县廖忠核桃种植农民专业合作社 |
| 337 | 泸水县老窝乡银坡村厂天灵重楼种植专业合作社 |
| 338 | 泸水县三河草果专业合作社 |
| 339 | 怒江望三江果品农民专业合作社 |

(续)

| 序号 | 合作社名称 |
|---|---|
| 340 | 泸水县秤杆村一了石榴种植农民专业合作社 |
| 341 | 泸水县洛本卓久金生漆种植专业合作社 |
| 342 | 泸水县文中火龙果种植农民专业合作社 |
| 343 | 泸水县片古岗茶山族金源核桃种植林农专业合作社 |
| 344 | 泸水县华祥柑橘种植农民专业合作社 |
| 345 | 泸水县河新楤木种植农民专业合作社 |
| 346 | 泸水县农林木香种植农民专业合作社 |
| 347 | 泸水县云升核桃种植农民专业合作社 |
| 348 | 兰坪民丰有机农产品专业合作社 |
| 349 | 泸水县建彪石斛种植农民专业合作社 |
| 350 | 泸水县顺发土鸡养殖专业合作社 |
| 351 | 泸水县尤邓种养殖林农专业合作社 |
| 352 | 泸水县坤杉药材种植林农专业合作社 |
| 353 | 江城县曲水乡怒那橡胶农民专业合作社 |
| 354 | 江城县瑶家山润森林场林业种植农民专业合作社 |
| 355 | 江城县加禾乡大岔河橡胶农民专业合作社 |
| 356 | 江城三江联盟种植专业合作社 |
| 357 | 景东新会中药材种植农民专业合作社 |
| 358 | 景东文俄泡核桃种植农民专业合作社 |
| 359 | 景东朝阳天鹅养殖农民专业合作社 |
| 360 | 景东加福石斛种植农民专业合作社 |
| 361 | 景东志和核桃种植农民专业合作社 |
| 362 | 景东花山泡核桃种植农民专业合作社 |
| 363 | 景东龙街泡核桃种植农民专业合作社 |
| 364 | 景东县新民陶府核桃种植农民专业合作社 |
| 365 | 景东桥万发核桃种植农民专业合作社 |
| 366 | 景谷雄剑重楼种植专业合作社 |
| 367 | 景谷香盐林业专业合作社 |
| 368 | 景谷春来绿勃氏甜龙竹种植专业合作社 |
| 369 | 景谷金果来黄栀子种植专业合作社 |
| 370 | 景谷阳林养殖专业合作社 |
| 371 | 墨江县文武乡文武村老毕寨核桃种植专业合作社 |
| 372 | 墨江泗南江镇干坝核桃种植农民专业合作社 |
| 373 | 墨江县团田乡生态农产品开发农民专业合作社 |
| 374 | 墨江县滇绿药材种植农民专业合作社 |
| 375 | 墨江县那哈乡坝栏河咖啡种植农民专业合作社 |
| 376 | 宁洱磨黑正春林下经济作物种植畜禽养殖试验示范农民专业合作社 |
| 377 | 普洱仙之源中草药种植专业合作社 |
| 378 | 镇沅根盛农林生物药种植农民专业合作社 |
| 379 | 镇沅县田坝乡龙藤铁皮石斛专业合作社 |
| 380 | 镇沅凯利龙胆草种植专业合作社 |
| 381 | 镇沅县祖明野生动物驯养繁殖专业合作社 |
| 382 | 镇沅县勐大镇东升石斛种植农民专业合作社 |
| 383 | 镇沅县勐大镇文开村重楼种植农民专业合作社 |
| 384 | 镇沅县金叶石斛种植农民专业合作社 |
| 385 | 镇沅利民林下养殖种植专业合作社 |
| 386 | 镇沅县茂源牲畜养殖专业合作社 |
| 387 | 会泽县马路乡泽辰种植专业合作社 |
| 388 | 会泽纸厂翔鸿种植专业合作社 |
| 389 | 罗平县九龙生态农业专业合作社 |
| 390 | 师宗五龙花桂林业发展专业合作社 |
| 391 | 师宗五龙南岩林业发展专业合作社 |
| 392 | 宣威市福宝种养殖专业合作社 |
| 393 | 天宝蓝莓种植农民专业合作社 |
| 394 | 富宁县南渭茶果种植专业合作社 |
| 395 | 富宁县玉弄大红优质油茶专业合作社 |
| 396 | 富宁宏达油茶种植专业合作社 |
| 397 | 富宁田坝油茶农民专业合作社 |
| 398 | 富宁红都油茶种植专业合作社 |
| 399 | 广南县木贴秃杉种植农民专业合作社 |
| 400 | 广南县森源林果种植农民专业合作社 |
| 401 | 麻栗坡县林沃草果种植农民专业合作社 |
| 402 | 麻栗坡云岭野生中药材种植专业合作社 |
| 403 | 文山市薄竹清油茶种植服务专业合作社 |
| 404 | 文山市君龙源种植养殖农民专业合作社 |
| 405 | 文山市朵白库希诺康农业专业合作社 |
| 406 | 文山市老君山药材种植农民专业合作社 |
| 407 | 文山市明春他披梨种植农民专业合作社 |
| 408 | 文山市七花果蔬专业合作社 |
| 409 | 文山市七乡种植养殖专业合作社 |
| 410 | 文山市绿欣种养殖农民专业合作社 |
| 411 | 西畴县顺发阳荷种植专业合作社 |
| 412 | 西畴县莲花塘乡森海绿化林木种植专业合作社 |
| 413 | 澄江永鑫蓝莓种植专业合作社 |
| 414 | 澄江星星蓝莓农民专业合作社 |
| 415 | 澄江县森茂苗圃种植农民专业合作社 |
| 416 | 澄江县昌旭蓝莓种植专业合作社 |
| 417 | 国祥石斛种植农民专业合作社 |
| 418 | 澄江县禄充车厘子水果樱桃农民专业合作社 |

(续)

| 序号 | 合作社名称 |
|---|---|
| 419 | 澄江县忠窑梅花鹿养殖农民专业合作社 |
| 420 | 澄江神农蓝莓专业合作社 |
| 421 | 澄江大山金果种植专业合作社 |
| 422 | 澄江县庆丰水果农民专业合作社 |
| 423 | 峨山县岔河谢扎富果核桃种植专业合作社 |
| 424 | 玉溪市红塔区小石桥彝族乡龙马梨王产销专业合作社 |
| 425 | 玉溪市宏升现代烟草农业专业合作社 |
| 426 | 玉溪活力中药材种植专业合作社 |
| 427 | 华宁县华溪镇桔乡柑橘专业合作社 |
| 428 | 华宁县泉乡梨专业合作社 |
| 429 | 华宁县阿贝楚甜柿专业合作社 |
| 430 | 华宁县盘溪镇果蔬营销专业合作社 |
| 431 | 江川柏池古经果林产销专业合作社 |
| 432 | 江川盛果核桃种植专业合作社 |
| 433 | 江川上头营冬桃产销专业合作社 |
| 434 | 江川红燊蓝莓庄园专业合作社 |
| 435 | 通海县竹下天麻专业合作社 |
| 436 | 新平戛洒竹园竹子种植专业合作社 |
| 437 | 新平南达核桃产销专业合作社 |
| 438 | 新平睦群魔芋产销专业合作社 |
| 439 | 兴智核桃产销专业合作社 |
| 440 | 易门县浦贝乡板栗专业合作社 |
| 441 | 易门县阿告米核桃专业合作社 |
| 442 | 易门县龙泉镇大营板栗专业合作社 |
| 443 | 易门乡源食用菌专业合作社 |
| 444 | 岭锦源板栗专业合作社 |
| 445 | 易门县乾坤源核桃专业合作社 |
| 446 | 元江县果洛垤林果专业合作社 |
| 447 | 元江县龙洞荔枝专业合作社 |
| 448 | 元江县老虎箐芒果专业合作社 |
| 449 | 大关县中药材种植专业合作社 |
| 450 | 大关县永胜林果农民专业合作社 |
| 451 | 鲁甸县鸭子塘农业开发农民专业合作社 |
| 452 | 鲁甸县祥瑞核桃产业专业合作社 |
| 453 | 鲁甸县梭山乡妥乐村花椒专业合作社 |
| 454 | 鲁甸县绿林核桃种植专业合作社 |
| 455 | 巧家县白鹤滩生态农业专业合作社 |
| 456 | 绥江县丰华林果种植专业合作社 |
| 457 | 盐津津华竹产业专业合作社 |
| 458 | 彝良县富农核桃种植专业合作社 |

(续)

| 序号 | 合作社名称 |
|---|---|
| 459 | 彝良县山地天麻种植专业合作社 |
| 460 | 彝良县小草坝天麻专业合作社 |
| 461 | 彝良县原生态天麻种植专业合作社 |
| 462 | 彝良县鸿志义观赏苗木种植专业合作社 |
| 463 | 彝良县白水江林农专业合作社 |
| 464 | 彝良县牛街猕猴桃专业合作社 |
| 465 | 永善县得天核桃种植专业合作社 |
| 466 | 昭通市昭阳区龙瑞竹柳专业种植合作社 |
| 467 | 镇雄县友贻核桃专业合作社 |
| 468 | 东川区隆辉中药材种植专业合作社 |
| 469 | 宜良双塘子农林产销专业合作社 |
| 470 | 师宗县民通种养殖专业合作社 |
| 471 | 罗平县兴兴种养专业合作社 |
| 472 | 罗平县九龙镇坤荣养殖专业合作社 |
| 473 | 会泽洪源种植专业合作社 |
| 474 | 玉溪市江川区早谷田野生菌产销专业合作社 |
| 475 | 玉溪市江川区利凯农业专业合作社 |
| 476 | 澄江县云瑞生态蓝莓种植农民专业合作社 |
| 477 | 澄江县李青蓝莓种植农民专业合作社 |
| 478 | 澄江县丽丰瑞禾核桃农民专业合作社 |
| 479 | 澄江县澄梁核桃种植农民专业合作社 |
| 480 | 澄江星澄蓝莓农民专业合作社联合社 |
| 481 | 通海源森天麻专业合作社 |
| 482 | 易门金橄园种植专业合作社 |
| 483 | 峨山县玉洪核桃专业合作社 |
| 484 | 施甸县大东山酸木瓜种植专业合作社 |
| 485 | 施甸县福元食用菌种植专业合作社 |
| 486 | 施甸县子明核桃专业合作社 |
| 487 | 龙陵县登峰石斛种植专业合作社 |
| 488 | 龙陵县杨梅田核桃种植专业合作社 |
| 489 | 龙陵县新农民滇重楼种植专业合作社 |
| 490 | 龙陵县禄源石斛专业合作社 |
| 491 | 龙陵县桥头中草药种植专业合作社 |
| 492 | 龙陵县发新石斛专业合作社 |
| 493 | 龙陵县洋烟河核桃种植专业合作社 |
| 494 | 昌宁县庆林泡核桃专业合作社 |
| 495 | 昌宁县民兴果蔬专业合作社 |
| 496 | 昌宁县茶湾苗木专业合作社 |
| 497 | 昌宁县绿康园中药材种植专业合作社 |
| 498 | 昌宁县陶然珍品泡核桃专业合作社 |

（续）

| 序号 | 合作社名称 |
|---|---|
| 499 | 昌宁县棚鲜食用菌专业合作社 |
| 500 | 昌宁县临福源林畜专业合作社 |
| 501 | 昌宁县旺民果蔬专业合作社 |
| 502 | 昌宁县明伟泡核桃专业合作社 |
| 503 | 昌宁县绿源中草药种植专业合作社 |
| 504 | 盐津单宁五倍子经营专业合作社 |
| 505 | 玉龙县雪鹿养殖专业合作社 |
| 506 | 永胜县大风口种养专业合作社 |
| 507 | 永胜县兴和种养专业合作社 |
| 508 | 宁蒗县顺达畜禽养殖专业合作社 |
| 509 | 宁蒗县绿林畜禽养殖专业合作社 |
| 510 | 镇沅联盛林下畜牧养殖专业合作社 |
| 511 | 凤庆县杰鸿种植专业合作社 |
| 512 | 楚雄市西舍路乡明发核桃专业合作社 |
| 513 | 蒙自市龙谷湖茶叶产销专业合作社 |
| 514 | 建水县富林中药材种植农民专业合作社 |
| 515 | 泸西县金源果业农民专业合作社 |
| 516 | 泸西县大偏山果树开发农民专业合作社 |
| 517 | 元阳县振兴草果种植专业合作社 |
| 518 | 红河州联农油茶产销专业合作社 |
| 519 | 金平县双团坡香蕉种植专业合作社 |
| 520 | 大理市康亚林业开发专业合作社 |
| 521 | 漾濞县马厂村核桃园专业合作社 |
| 522 | 漾濞县漾江镇海娟养殖种植农民专业合作社 |
| 523 | 漾濞县富恒种植业农民专业合作社 |
| 524 | 漾濞红庆种植养殖农民专业合作社 |
| 525 | 漾濞县绿源金果核桃专业合作社 |
| 526 | 永平县玉琴核桃种植专业合作社 |
| 527 | 云龙县康源中药材种植专业合作社 |
| 528 | 云龙县横箐天麻种植专业合作社 |
| 529 | 芒市团结石斛科技发展专业合作社 |
| 530 | 泸水县丙奉草果种植专业合作社 |
| 531 | 泸水县金缘种养殖农民专业合作社 |
| 532 | 兰坪县惠裕种植农民专业合作社 |
| 533 | 维西金土地林农专业合作社 |

**【林业产业大事记】**

**1月21日** 西南绿色发展研究院在昆揭牌成立，旨在汇集国内外专家学者智力，打造绿色发展智库，构建开发和利用绿色生产技术、环境保护技术支撑体系，促进社会可持续发展。西南绿色发展研究院依托西南林业大学建立，将发挥人才培养、关键技术研发和引进、成果培育与转化、企业孵化、发展智库等五大功能，整合国内重点科研平台、创新中心、创新资源，建成绿色发展数据和信息中心、产业技术交易平台，为服务区域绿色发展和生态文明建设探索新的路径和平台，为云南生态文明建设和生物产业链转型升级提供科学的政策咨询和技术指导。

**4月22日** 由国家林业局、美国产权与资源机构主办，云南省林业厅、西双版纳州协办的“大森林论坛2016年会”在云南景洪闭幕。论坛主题为“国有林改革与绿色增长”，中国、美国、巴西、瑞典、刚果(金)等10个国家的林业机构领导人和专家代表50余人出席论坛。云南省政府党组成员张登良，国家林业局党组成员、副局长陈凤学，云南省林业厅厅长冷华、副厅长万勇，西双版纳州州委书记陈玉侯、副州长唐家华出席论坛。会议期间，陈凤学会见了巴西、加拿大等国家林业机构负责人并就加强双边林业合作事宜进行了广泛而深入的交流，签署了《林业机构领导人声明》。参会代表考察了西双版纳环境友好型生态胶园千亩试验示范基地、亚洲象繁育基地及景洪市勐养镇曼掌村云南省文化农庄试点村。

**5月7日** 云南省委副书记、省长陈豪到云南省林业科学院油茶研究所调研。陈豪参观了省林科院油茶研究所科研成果展示，实地察看了油茶研究所科研实验基地及本力登院士工作站规划现场，油茶蒜头果嫁接现场，听取了林科院专家关于油茶、蒜头果相关科研工作情况的汇报，详细询问了油茶研究所在油茶、蒜头果良种选育、资源培育及产品开发利用情况。陈豪对省林科院取得的科研成果给予肯定，要求下一步要在创新驱动发展、引领林产业转型升级方面有新的作为。

**6月28日** 云南省“兴产业、促跨越”系列新闻发布会“高原特色现代农业产业篇”在昆明海埂会堂举行。云南省林业厅党组成员、副厅长谢晖代表林业厅对外发布云南高效林业建设情况。谢晖认为云南独特的地理、气候、物种、开放优势，为云南建设高效林业夯实了基础。与此同时，云南省委省政府高度重视林业发展，明确了“生态建设产业化、产业发展生态化”的发展思路。截至2015年年底，云南木本油料种植面积达4900万亩，产量90万吨，产值290亿元，成为全国重要的木本油料基地，建成观赏苗木基地4000余家，经营面积30余万亩，实现产值45.69亿元。林下经济经营面积超过6800万亩，主要产品产量达750万吨，产值超过650亿元，相关产业综合产值超过1000亿元。谢晖特别强调要突出重点做大做强核桃产业，2016年4月，云南核桃产业被省委省政府确定为“高原特色现代农业重点产业”之一。《云南省高原特色现代农业重点产业 核桃产业发展“十三五”规划》明确，到2020年，核桃基地面积达到并稳定在4500万亩，投产面积3000万亩以上，建成产值30亿元以上的核桃产业重点县5个以上，新增省级龙头企业25户，产值10亿元以上龙头企业10户以上，产值1亿元到5亿元的龙头企业30户，核桃产业综合产值实现500亿元以上的总体目标。

**6月29日** 云南省林业产业协会专家委员会正式成立。这是省林业产业协会为落实国家创新发展战略、建立协会专业技术储备队伍、更好地为政府和会员企业提供技术服务的又一重要措施。新成立的专家委员会由24人组成。其中，有已经退休、德高望重的老专家，有仍在职、朝气蓬勃的中青年专家。这些专家是分布在云南省林业科研、大专院校、调查规划和林业企业的专业技术人才，所涉及的业务范围涵盖了云南林业的九大产业。在成立大会上，出席会议的专家一致推选原省林业产业协会会长凌鹤为专家委员会主任，省林业产业协会会长刁建国向受聘专家颁发聘书。

**7月20日** 由云南省林业厅组织的高原特色现代农业核桃产业“十三五”规划暨核桃发展座谈会在楚雄市召开。座谈会研究讨论了云南核桃产业发展方向，对《云南省高原特色现代农业“十三五”核桃产业发展规划》讨论稿提出了修改意见和建议。昆明、昭通、楚雄、大理、保山、临沧等6个核桃主产区州市林业局分管领导，8家核桃龙头企业、2家专业合作社、1家行业协会、2个核桃交易市场主要负责人以及省林业厅造林处、改产处、计财处、科教处、林科院、规划院的负责人近60人参加座谈会。会上，省林业厅通报了规划的编制思路和文本完成情况，参会代表从实际出发，着重就规划讨论稿中设计的加工环节、流通环节、农民增收、产业增效等7个重点内容提出意见和建议。参会代表还参观了“国家重点林业龙头企业”“中国核桃产业十佳企业”云南摩尔农庄生物科技开发有限公司。

**9月7~8日** 由中国经济林协会、云南省林业厅、楚雄州人民政府主办，中国经济林协会油橄榄分会、云南省林科院、楚雄州林业局、永仁县委县政府承办的中国(永仁)油橄榄产业发展研讨会暨2016年中国经济林协会油橄榄分会年会在楚雄州永仁县举行。在为期两天的会议中，参会人员通过实地考察，了解了云南省油橄榄从良种选育、规模化种植、产业化发展和加工销售等一系列过程。并通过加强国际油橄榄产业发展的学术研讨、技术和信息交流，总结国际油橄榄产业发展的成效和经验，分析存在问题，研讨推进我国油橄榄产业发展的途径、对策和措施。来自中国科学院、中国林科院等科研机构，全国各地的林业部门、科学技术人员、企业代表和希腊、西班牙、以色列、美国的5位油橄榄专家作了研讨交流。

（云南省林业厅林业改革与产业发展处 李伟平 陶德双 杨红朝）

# 西藏自治区林业产业

**【概　述】** 西藏自治区全区土地总面积12284.36万公顷，其中林地面积1783.64万公顷，占土地总面积的14.52%；森林面积1471.56万公顷，占林地面积的82.5%，森林覆盖率为11.98%。活立木蓄积量228812.16万立方米，其中森林蓄积量226207.05万立方米，占98.86%。近年来西藏林业产业总产值连续保持增长态势，林业收入占农牧民人均收入的比重不断增大，林业产业已经成为林区广大农牧民增收致富的重要渠道之一。

2016年，西藏林业总产值29.23亿元，林业产值依然保持了10.42%的速度增长。第一产业依然是我区林业产业发展主流，产值为26.13亿元，占全部林业总产值的89.4%；2016年全区已全面停止天然林商业性采伐。第二产业产值将逐年减少，产值为3194万元，占全部林业总产值的1.09%，随着西藏旅游业的不断发展，第三产业比重与2015年略有增加，产值为2.78亿元，占全部林业总产值的9.51%。

**【苗木产业】** 全区各类苗圃275个，用地总面积1.93万亩，育苗面积为2.25万亩，占全区苗圃用地总面积的81%，育苗主要以针叶树苗木和插杆苗为主。全区年均苗木产量3520.96万株，年产值达21819.38万元。其中，山南市苗木基地规模最大，面积为15383.98亩，其次分别为林芝市9537.5亩，拉萨市8525.19亩，昌都市7251.59亩，日喀则市5489亩。

**【特色经济林产业】** 西藏经济林资源主要分布于海拔在1500~4150米的38个县(区)，主要品种有苹果、梨、桃等水果类和核桃、花椒等干果类，且种植历史悠久。西藏自治区林业厅依据西藏各地区的地域特点，因地制宜，总体推进，重点突破，打造具有西藏高原生态特色的经济林基地。通过对现有特色经济林的培育改造和新建，2016年全区经济林产品年末实有种植12.53万亩，年末实有结果8.65万亩，产量1.31万吨。其中，以核桃为主的木本油料经济林种植面积达7.19万亩，林芝、昌都、山南等地以核桃为主的木本油料示范基地初具规模。林芝县、察隅县、桑日县和卡若区建设核桃示范基地4个，共1213亩。同时，建设了核桃良种采穗圃500亩，其中山南市建设良种采穗圃200亩，林芝和昌都两市各建设良种采穗圃150亩。茶叶以及苹果、藏冬桃、蜜柚等果品均有不同程度的发展，因地制宜推进了优质水果、林业食品种植。

**【林下资源产业】** 以保护促繁森林为前提，以合理开发利用为核心，以兴林富民为目标，科学规划，创新机制，培育龙头，兴建基地，形成“公司+专业合作社+基地+农户”的林下种植、养殖和采集加工的发展格局，林农复合经营的生产模式，重点发展林下种植和林下养殖两大类，主要发展品种为，以天麻为主的特色藏药材、食用菌的林下种植及藏香猪、藏鸡等西藏特有品种的林下养殖。林下中药材年产量最大的为林芝地区，主要有天麻、灵芝、三七、丹参等品种。林下食用菌年产量最大的也是林芝地区，主要有松茸、青杠菌等品种。

**【木材生产及木材加工】** 2016年，全区共下达非商品性木材生产计划为25.83万立方米，占国务院批准全区“十三五”期间年森林采伐限额44.3万立方米的58.31%。根据中央领导的指示和2016年全国林业厅(局)长会议精神，全面保护天然林，扩大天然林保护范围，全面停止国有林场天然林商业性采伐，完善天然林保护政策，提高补助标准，巩固停伐成果。因此，从2016年起，西藏自治区不再安排和下达商品材计划指标，只下达林区自用材、薪炭材计划指标。2016年实际下达林区非商品材采伐计划25.8328万立方米，其中自用材8.1515万立方米，自治区应急特大自然灾害所需预留计划指标1.2916万立方米，薪炭材17.6813万立方米，竹子(箭竹)22万根(不占限额)。

**【林业产业扶贫】** 西藏是全国唯一的省级集中连片贫困地区，是贫困面积最大，贫困程度最深的地区。为贯彻落实全区扶贫工作会议决策部署，林业厅结合行业资源优势，突出发展种植业、养殖业、林果及林下资源、林产品加工、旅游服务业等产业。巩固发展传统产业和优势产业的同时，着力打造经济增长新引擎，着力培育经济增长新亮点，逐步建立了以政府投入为引导，企业和专业合作组织、农牧民投入为主体的多元化投入机制。统筹各类林业投资，加大对木本油料基地建设和良种繁育的扶持力度，在生态治理项目建设中，增加乡土经济林树种比例，带动地方投资和各类社会投资积极参与。充分利用国家林业产业发展政策，积极争取各级财政加大对林业企业、产业基地建设的扶持力度，进一步推动林业产业发展，促进地方经济发展和农牧民增收。鼓励农牧民兴办营造林、林木种苗、经济林、林业生态旅游等各种专业合作经济组织，发展林业产业，拓宽林业产业扶贫路径。

为进一步推进林业产业精准扶贫，林业厅联合中国人民银行拉萨中心支行、西藏自治区财政厅、中国保险监督管理委员会西藏监管局制定出台了《关于做好集体林权制度改革与林业发展金融服务工作的意见》(拉银发〔2016〕80号)，鼓励银行业金融机构创新金融产品，加大对林业发展的有效信贷投放。为林业产业发展助推精准扶贫工作提供了强有力的金融支持政策。

**【自然保护区】** 西藏林业自然保护区始建于1985年，经过30余年的建设和发展，截至2016年年底，全区林业自然保护区数量已达62处，面积4110万公顷，约占西藏国土面积的33.46%，约占全国林业国家级自然保护区面积的48%。其中，国家级自然保护区8处，面积3701.4万公顷，自治区级自然保护区10处，面积254.9万公顷，地区级自然保护区10处，面积177.7万公顷，县级自然保护区34处，面积130.1万公顷。已初步形成了全区林业系统自然保护区建设的系统网络。

**【野生动物】** 西藏是野生动物资源大省，全区共有野生脊椎动物795种，其种类居全国第三，大中型野生动物种群数量居全国前列。现有野生动物中被列为国家和自治区重点保护的野生动物有141种，其中国家一级重点保护野生动物45种，国家二级重点保护野生动物80种，自治区重点保护野生动物16种；“三有”动物352种；被列为《濒危野生动植物种国际贸易公约》(CITES)所附录的动物种达140余种。此外，西藏还有多种特殊的裂腹鱼类，其种类和数量均占世界裂腹鱼类的90%以上；鸟类488种中有22种为西藏特有。

**【森林公园】** 2016年，积极申报了国家森林公园保护利用设施建设项目。申报了本区“十三五”时期国家森林公园保护利用设施建设项目共4个，申报投资近2亿元。落实热振国家森林公园保护利用设施建设项目资金1200万元。积极推进林相改造项目建设。拨付热振和尼木国家森林公园林相改造资金各80万元，开展定期清理林地、补植补造、人工抚育、封山育林、科普解说体系以及设立宣传牌等内容建设。

全区森林公园共有9处，总面积达132.96万公顷，均为国家森林公园，其中能够开展生态旅游的有6处，其余3处森林公园因为开发程度低，基础设施薄弱，目前未出售门票，旅游收入极少。2016年森林旅游接待游客50.08万人次，旅游总收入达16347.66万元，旅游产业发展相对较快，实现了“十三五”良好开局。

**【湿地资源】** 西藏湿地不仅是青藏高原的“物种基因库”和重要的氧气补给源，也是发源于此的河流流域生态系统的重要“平衡器”和“调节器”。根据西藏第二次湿地资源调查结果，西藏湿地共有4类17型，是我国湿地类型齐全、数量最为丰富的省区之一。现有各类湿地652.9万公顷，占西藏国土面积的5.31%，其中，自然湿地占全区湿地面积的99.92%。在自然湿地中，湖泊湿地面积为

303.52 万公顷，占全区湿地面积的 46.49%；沼泽湿地面积为 205.43 万公顷，占全区湿地面积的 31.46%；河流湿地面积为 143.45 万公顷，占全区湿地面积的 21.97%；人工湿地面积 0.5 万公顷，占全区湿地面积的 0.08%。

截至 2016 年，全区已有 2 块湿地被列入国际重要湿地名录，16 块湿地列入全国重要湿地名录；建立了各级别湿地类型的自然保护区 19 处、国家湿地公园 14 处(含试点)，受保护湿地面积达 430.8 万公顷，占全区湿地面积的 65.98%，以自然保护区为主体，国家级湿地公园、国际重要湿地和国家重要湿地等多种方式的湿地保护体系逐步形成。 (张万茹　德吉央宗)

# 陕西省林业产业

【概　述】 2016年陕西林业产业总产值1097亿元，比上年增长8.8%。其中第一产业产值856亿元，第二产业产值129亿元，第三产业产值112亿元，分别比上年增长9.7%、9.3%、1.8%，三产比例为78:12:10。

**政策措施**　制定了2016年核桃红枣经济林基地及精品示范园建设项目计划，联合省财政厅下达各市县建设项目资金计划1.35亿元。

加大省级精品示范园建设力度。制定了《2016年核桃、红枣精品示范园建设指南》，4月在大荔县举办了"全省核桃、红枣精品园建设项目现场培训会"，各市、有关县林业产业工作负责人及陕西省林业厅有关部门负责人参加了会议。会议总结了2015年6个"精品示范园"建设工作，对2016年10个精品示范园建设方案进行了评审。会后及时下达了各市建设批复，督促指导示范园建设有序开展。

会议还向各市下发了《关于上报2017年林业产业发展项目和精品园建设项目的通知》，并依据各市申报计划，完成了2017年度林业产业发展项目和精品园建设项目的征集工作。

探索校政企联合促进产业提质增效新举措，推动校政企合作持续深入。一是5月组织4个市县主管产业的领导和部分龙头企业负责人赴西北农林科技大学调研，就"关于加大力度支持校地联合，促进陕西核桃产业提质增效""建立陕西林业产业发展专家咨询团队""毕业生实习就业现状"等问题进行了交流讨论，达成了共识，达成合作意向。二是促成西农大与龙头企业签订了实习学生到企业实习合作框架协议，实现产学结合，互赢互利，搭建校政企实质性合作促进产业发展的平台。三是积极协助陕西省具有影响力的龙头企业作为发起人，筹备成立"陕西省林业产业发展协会"，切实发挥行业协会在促进我省林业产业发展中的桥梁和纽带作用，目前筹备工作进展顺利。四是与京东等电商沟通对接，探讨陕西省林产品电子交易平台建设的思路和模式，加快陕西省"互联网+"林业产业发展建设。

加强产业管理，深入调查研究，制定发展目标。一是成立了"陕西省林业厅林业产业工作领导小组"，办公室设产业中心，具体承担领导小组日常工作。二是向各市下发《关于对全省林业龙头企业及林业产业发展情况检查调研的通知》。在县级自查和市级核查的基础上，由4名领导分别带队，抽调有关市林业局产业科骨干，分4个检查小组赴全省12个市(区)，深入120余个县乡进行重点检查，基本掌握了各地林业产业发展现状及存在问题，形成专题调研报告。三是配合省决策咨询委完成了木本油料产业专题调研工作。四是在深入调研和搜集整理分析数据的基础上，广泛征求各市、相关单位及专家意见建议，完成《陕西省林业产业"十三五"规划》编制工作。五是完成了《林业产业发展大家谈》论文集的编辑。

**科技教育**　紧紧围绕全省林业生态建设与保护，积极开展科技攻关、成果转化和示范推广，取得了明显成效。组织科技项目申报，申请国家林业局科研计划项目14项，争取落实国家生态定位站、工程研究中心运行补助项目6项，下达林业公益性行业科研专项4项，争取省科技统筹创新项目5个。

启动GEF项目建设，受中央项目办委托，承办了全国GEF项目陕西现场会议。陕西省GEF项目管理建设得到了国家项目办的好评。

**林业专业合作社**　扶持发展农民林业专业合作组织，不断提高市场竞争力。截至2016年年底，全省已注册各类林业专业合作组织1737个，注册资金6亿元。评定国家级农民林业专业合作示范社32个，省级示范社50个。

【特色经济林】 2016年新造核桃等五大干杂果经

济林86.64万亩，改造96.57万亩。其中核桃新建68.94万亩，改造57.46万亩；红枣新建4.32万亩，改造13.95万亩。

完成了3个国家级和1个省级核桃示范基地的认定工作，全省国家级核桃示范基地达到6个，省级核桃示范基地达到15个。

园区标准化建设带动产业发展工作全面推开。一是通过积极推荐，韩城花椒产业发展园区被国家林业局认定为首个国家级经济林产业发展园区。二是协助安康市制定《安康林业产业园区建设管理办法》，安康242个产业园区已纳入市园区建设管理库，安康园区化建设提升产业化发展初见成效。三是联合省气象局开展2016年陕西果品气候品质认证工作。与省经济作物气象台签订合作协议，建立双方主管领导协调机制和双方联动服务机制。实现了陕西省核桃、红枣等经济林在种植面积、分布、产业发展与天气情报、灾害预报预警、气候监测预测等动态数据的资源共享。全面提升气象精准服务核桃、红枣等经济林园区建设水平。

谋划大品牌带动大产业发展，扎实推进走出去战略。一是配合韩城市政府成功举办了韩城国际花椒节，打造韩城花椒国际品牌形象。二是协调组织商洛市、榆林市先后召开核桃、红枣产业发展推进会。三是协助韩城市、安康市先后在北京人民大会堂召开了林产品推介会。四是全力推荐陕西林产品企业走出陕西。向各市下发了《关于做好国家林业局2016年国家级林业重点展会工作的通知》，制定了林业厅《参加2016年国家级林业重点展会活动方案》，并召开了参展工作动员部署工作会议。充分应用国家六大展会平台组织陕西省企事业单位专题展销陕西核桃、油用牡丹、红枣、花椒等系列林产品，积极向外推介陕西，推销陕西的林产品。在第十三届中国林产品交易会及第九届中国义乌国际森林产品博览会上，陕西省林业厅荣获优秀组织奖，参展林产品荣获5个金奖、7个优质奖。

**【产业扶贫】** 林业产业扶贫成效明显。一是全省安排贫困县核桃红枣经济林建设项目资金8998.8万元，占项目总资金的66.7%。二是引导龙头企业通过产业带动，履行精准扶贫的社会责任。把履行精准扶贫任务作为安排精品示范园，考核申报龙头企业的首要条件。据统计，85%的省级以上龙头企业采取"龙头企业+基地+贫困户"的精准扶贫模式完成精准扶贫任务，林业龙头企业成为区县林业精准扶贫的主力。三是制订《陕西省林业产业精准扶贫实施方案》。四是收集整理林业产业脱贫典型事例134例，通过总结经验，树立典型，发挥示范带动作用。

**【森林旅游业】** 截至2016年年底，全省共建立森林公园87处，其中国家级35处，省级52处，规划面积34万公顷。实现旅游收入9.42亿元，同比增长16.8%和15.6%。

严格审核征占用森林公园林地建设项目，全年审核5处，其中上报国家林业局2处。编制完成《"十三五"全省森林公园发展规划》，组织评审批复森林公园总体规划3处。强化安全管理，累计检查安全工作30人次。组织森林公园管理人员20多人参加国家林业局森林公园行业培训班等。协调争取黄陵等4处森林公园入选"'十三五'国家级森林公园保护利用设施建设项目库"。推荐黄陵国家森林公园为"全国首批森林养生基地试点"，获得国家林业局批准。

加大森林公园和森林旅游的宣传力度。一是召开2017年陕西森林旅游年票发行会议。二是指导各森林公园开展"陕西森林旅游宣传月"活动。三是参加"2016年中国森林旅游节"，采用多种形式展示了陕西省森林风景资源特色，加强了推介，扩大了知名度。陕西省眉县作为"全国森林旅游建设示范县"，获得国家林业局的表彰和授牌。

**【种苗花卉业】** 2016年，全省采收林木种子180万公斤，育苗面积55万亩，生产各类苗木45亿株。及时安排部署，制订印发《省林业厅关于学习宣传贯彻〈中华人民共和国种子法〉的工作方案》，明确了全省新《种子法》宣传贯彻工作目标。组织举办了全省林木种苗执法人员培训班。集中组织开展种苗质量监督抽查工作，抽查了涉及核桃等14个树种、40个苗批的种苗质量，全部合格。加强种苗生产经营许可证发放管理，共计核发良种生产经营许可证26份，组织有关专家和技术人员

60 多人次进行资料审核和现地核查。推进林木品种审定和种苗科技工作，新审定板栗、枣树、牡丹等 9 个树种 15 个品种为陕西省林木良种。抽调省财政、国土资源、农业、水利等有关部门，对关中 5 市苗木花卉产业发展情况进行调研。

**【林下经济】** 积极争取中央、省财政资金项目，开展林下经济工作。在岚皋县等 9 个县实施中央财政林木良种补贴资金项目，发展云木香、黄姜、芍药等 13 类中药材的种植及苗木培育。在陈仓区、宁东林业局等 38 个县(区)、实施省财政扶持林下种养殖、林产品加工等林下经济产业。组织贫困地区相关单位申报国家林下经济及绿色产业示范基地工作。经过国家林业局评定，陕西省商洛市林业科工贸有限公司等 7 家公司(合作社)被认定为首批国家林下经济及绿色特色产业示范基地。开展创建省级林下经济示范基地活动，从全省申报单位中评选出周至县诚和养蜂专业合作社等 33 家公司(合作社)为 2016 年陕西省省级林下经济示范基地。

**【林业产业龙头企业】** 加强林业产业龙头企业建设和管理。一是深入各市 50 余个县，全面考察掌握省级以上龙头企业经营生产情况。二是完成 5 个国家级林业龙头企业申报审批工作，实现陕西省国家级林业龙头企业从 1 家到 6 家的快速发展。三是新认定了 15 家省级龙头企业，省级林业产业龙头企业的总数由 54 家上升到 69 家。四是 10 月在韩城举办了“全省花椒产业发展座谈培训会”。五是 11 月在浙江义乌举办了“陕粤国家级龙头企业交流座谈会”，实现了本省龙头企业跨省交流合作。六是 12 月在杨凌成功举办了“林业产业发展融资座谈培训会”。各市区林业局主管林业产业工作的负责人及全省 69 家龙头企业负责人约 150 人参加了培训。各企业现场展示精品林特产品、洽谈合作意向，专家学者系统讲授了企业融资、品牌建设、企业能力素质培养、林业贴息贷款运用等方面的内容。通过学习交流，取得了良好的效果。

**【野生动物繁育利用】** 2016 年，全省朱鹮繁育成活 494 只，超出年度目标任务的 119.6%，朱鹮种群数量已达 2083 只，其中圈养朱鹮种群数量 387 只，野外朱鹮数量已达 1696 只。林麝繁育成活 3151 头，超额 186.5% 完成年度目标任务，目前全省人工养殖种群数量 12141 只。

3 月 3 日，成功举办陕西省暨西安市第三届“世界野生动植物日”。宣传活动在陕西自然博物馆启动。现场陈列展板，发放宣传资料，组织志愿者参观学习。4 月 9 日，陕西省第 35 届“爱鸟周”活动在西咸新区启动，现场陈列展板和标本，发放宣传资料，组织小学生参加“爱鸟周”汇报演出等。

**【大荔县冬枣产业】** 红枣是大荔县传统的名优特产品，有 2000 多年栽培历史，自然资源优势明显，全县现有红枣品种 140 多个，品种数量居全国之首，是全国红枣种质资源库和枣树发源地之一。特别是大荔冬枣已成为县域经济发展、农民增收、农业现代化建设的新亮点。截至 2016 年年底，全县冬枣面积 35 万亩，产量 35 万吨，产值 37 亿元。从事冬枣生产的农民达到 30 万人，人均冬枣纯收入 1776 元，占农民人均纯收入的 25%，冬枣已成为拉动大荔县域经济增长的强劲板块，成为富民强县的特色支柱产业。大荔县被国家林业局命名为“中国枣乡”。并先后荣获“后稷金像奖”、陕西国际年会“优质水果奖”。大荔绿苑合作社的“真社缘”牌冬枣获得“第二届中国国际林业产业博览会”金奖。中央电视台、《陕西日报》等国家、省级新闻媒体，对大荔县红枣产业进行了多次报道。现在，大荔冬枣已走出陕西，走向全国。 (郝媛媛)

# 甘肃省林业产业

【概　述】 甘肃省根据省委省政府的要求，全省各地以市场需求为导向，以基地建设为抓手，以科技支撑为动力，以农民增收为核心，加大产业结构调整力度，积极推进传统林果产业向现代林果产业的转变，积极帮助引导群众大力发展经济林果，全力打造绿色富民产业，取得了显著成效。

**产业发展推动扶贫工作** 全力推进林业行业扶贫工作，贫困县全年完成新增造林 229.5 万亩，封山育林 68 万亩；新增经济林果 71.2 万亩，提质增效 124 万亩；新建林下经济示范点 73 个，新增育苗面积 16.8 万亩，完成农民培训 69.3 万人次，各项指标全面或超额完成目标任务计划。紧紧依托全省千万亩林果基地建设项目，把特色林果产业建设与精准扶贫开发相结合，对全省经济林果产业发展进行重新定位和科学布局，苹果、梨、枸杞、红枣、核桃等重要经济林树种栽植区域按照《甘肃省林果基地建设发展规划(2016～2020)》布局，集中连片，示范带动，规模发展。把建设任务向 2016 年预脱贫的贫困村重点倾斜，建设一批优势明显、各具特色的林果产业基地，2016 年 75 个贫困县区完成特色经济林 71.2 万亩，提质增效 130 万亩。2016 年全省培育林下经济示范典型 71 个。同时，以实施林业综合服务提升、林地规范有序流转、林权抵押贷款扩量、林业主导产业培育、林下经济发展增效、专业合作社组织壮大、森林抚育经营管理、生态保护制度创新“八大工程”为重点，采取农户联合、大户领办、企业带动等方式，认真落实优先注册登记、优先减免税费、优先贴息贷款、优先项目扶持“五项”优惠政策，不断提高贫困乡村农民收入，促进贫困乡村经济发展。

【经济林果产业】

**产业布局基本形成** 截至 2016 年年底，全省特色经济林总面积 2180.2 万亩，挂果面积 1126.05 万亩，产量预计达 680.42 万吨，产值预计达 276.7 亿元；2016 年新增特色经济林果 76.7 万亩，完成经济林果提质增产和低产林改造 135 万亩，分别占年度目标任务 60 万亩和 120 万亩的 127.8% 和 112.5%，超额完成年度目标任务。2016 年，安排专项资金 6150 万元扶持 68 个贫困县(区)建成林果标准化示范基地 62168.48 亩。全省林果产品加工企业 186 家，年加工能力 124 万吨。自 2011 年始至 2015 年年底，甘肃省级财政共投入林果产业专项资金 17733.5 万元，新建标准化示范基地面积 259234 亩，提质增效标准化基地面积 8700 多亩。

**做法及成效** 一是积极引导、各界参与、营造良好发展环境。甘肃省林业厅把林果产业作为富民增收的支柱产业，积极引导、强力推进，积极从发改、财政等部门争取资金，不断加大扶持力度，采用多种形式支持林果产业发展，林果基地建设步伐明显加快，质量和效益不断提高。天水市把发展林果产业作为培育农村经济增长点和增加农民收入的一项重要任务，优化投资环境，提供优惠政策，吸引社会各界参与林果产业发展，林果企业总数达到 113 家。组建果品专业合作社 510 个，注册人数 1.7 万人，年销售果品 17.6 万吨，实现收入 5.3 亿元。二是技术引领、示范带动、推动产业转型升级。全省积极推进现代农业产业技术体系建设，组建了林果产业发展专家团队，在全省范围内采取跨区域、跨行业、跨部门形式聘用林果业发展首席专家 13 名，林果专家 113 名，每年选派 120 名全国林业科技特派员，深入基层一线开展科技服务工作，极大地促进了产学研用的有机结合；各市州、县市区依托科技资源和人才队伍，广泛开展校(院)地合作，不断强化林果产业发展的科技支撑，积极推进现代农业产业技术体系建设，大力推广旱地栽培、高效节水、矮化密植、设施栽培等先进实用技术，通过新建和提质增效标准化示范基地建设，辐射带动广大农户提高经营管理水平，促进林果生产基地向优质、高效、生态、安全方向发展。已建成千亩以上集中连片规模化林果基地 1957 个，其中 5000 亩以上 400 个，10000 亩以上 200 个。三是培育品牌、开拓市场、提高市场竞争力。狠抓林果产品生产标准体系、质量认证体系和产品商标注册、产地认证等工作，成立了国家林业局经济林产品质量检验检测中心兰州分中心，不断提高全省林产品质量检测服务水平，特色经济林果已形成陇东富士系苹果，陇中元帅系苹果，陇南核桃、花椒、油橄榄，河西走廊和沿黄灌区红枣、葡萄、枸杞等特色鲜明的优质林果基地，区域特色进一步凸现。平凉、庆阳已成为全国知名的优质红富士苹果生产基地，天水已成为全国最大的元帅系苹果生产基地，河西走廊具有生产葡萄尤其是酿造葡萄最佳的光、热、水、土自然资源优势，是中国乃至全世界有机葡萄酒的最佳原料产地之一。全省林果贮藏、加工、包装及市场体系建设快速发展，已建成 500～10000 吨级果品贮藏气调库、恒温库 464 座，各种简易果窖 3.2 万个，贮藏能力达到 150 万吨；建成各类果品加工企业 186 家，年加工能力 123.86 万吨，建成各类果品产地交易及中小型批发市场 131 处，年交易量达到 503.26 万吨。平凉金果、麦积花牛苹果、武都大红袍花椒、陇南油橄榄、河西葡萄、瓜州枸杞等一批知名品牌在国内外市场初具知名度和影响力。通过参加国内外各种形式的林果产品展销会、博览会和推介会，利用各种媒体和网络，采用连锁经营、网上交易、电子商务等现代流通手段，参与国内外市场竞争，拓展了林果产品销售渠道，市场流通体系不断完善，产业综合效益显著提高。陇南市祥宇油橄榄科技开发公司、田园油橄榄科技开发有限公司、甘肃绿源农林科技有限公司、甘肃和政八八啤特果集团有限公司、瓜州县立林生态农业科技开发有限责任公司等 5 家企业被评为国家林业重点龙头企业。四是创新机制、合作共赢、增强产业发展后劲。按照政府引导、农民自愿、社会参与、互惠互利的原则，通过土地流转、承包、租赁、入股等方式，形成了“龙头企业＋农民合作社＋基地”“龙头企业＋基地＋农户”“果农协会＋农民合作社＋农户”等多种经营模式，增强了果农进入市场的组织化程度；通过规范企业和农民的生产经营行为，初步形成了企业与果农风险共担、利益共享的分配机制；积极探索果树经济林林权抵押融资方式，拓宽了林果产业融资渠道。目前，全省注册登记各级林果经济协作组织 1122 个，农民参加人数 28771 人，资产总额 28.35 亿元，带动农户 55.24 万户。泾川县积极探索，为果农颁发果树经济林林权证，通过果树经济林林权抵押，发放贷款 1.66 亿元，受益农户 7730 户，有效缓解了产业发展资金不足的难题。农民合作社＋农户＋基地已成为我省目前最为成功的生产经营模式之一。敦煌市七里镇秦家湾村雅丹红提葡萄合作社，通过组建技术服务队，辐射周边 6 个组，经营面积 4300 亩。

**【林下经济】**

**发展现状、成效和特点**　根据国家林业局《关于在贫困地区开展国家林下经济及绿色特色产业示范基地推荐认定的通知》精神，经积极推荐，康县、静宁县、徽县 3 县和 21 个林业新型经营主体被国家林业局评定为“国家林下经济及绿色产业示范基地”。立足全省林下经济发展需要，在总结“十二五”发展成效基础上，编制了《甘肃省“十三五”林下经济发展规划》。认真实施三类林下经济项目(中央财政木本药材、草本药材和省级财政林下经济项目)，专门印发《关于做好 2016 年省级财政林下经济项目管理的通知》，要求县级林业主管部门严格审核把关，对项目实施主体的真实性、合规性和项目可行性负责，市级林业部门负责实施方案的审核批复、项目检查验收等工作，形成省市县三级林业部门齐抓共管、各负其责的项目管理机制。依托财政补助资金，积极开展示范创建，培育扶持一批规模大、效益好、带动力强的林下经济示范基地和示范点，引领带动林下经济的规模高效发展。2016 年全省实现林下经济产值 68.23 亿元。

**【成县核桃产业】**　陇南成县将核桃列为主导型农业特色产业，制定了中、长远发展规划，每年专题研究，先后出台了核桃产业发展的实施方案，在基地建设、管理体制、市场建设等方面出台了一系列政策和意见，县人大还将发展核桃产业的优惠政策列入地方发展条例。扩大招商引资力度、设立专项基金、加快土地流转、扶持专业合作社，使核桃产业基地迅速得到了扩张，效益得到了大幅提升。为实现核桃产业提质增效，县委、政府把“联村联户、为民富民”行动、精准扶贫和发展核桃产业有机结合，动员各级干部群众广泛参与，依托扶贫开发，大力整合林业、农牧、科技、农发等项目资金，结合各级双联单位帮扶，群众自筹等方式，多元化筹集资金，2016 年共筹集资金 1500 万元，有力推动了核桃产业发展。核桃是成县主要特色产业，也是重要的支柱产业。全县有核桃 51 万亩，1100 万株，2016 年核桃坚果产量 2.1571 万吨，产值 4.3142 亿元，农民人均核桃收入 2247 元。人均核桃收入占全县人均可支配收入的 34%，受益农户 21 万人，占农民总人口的 95.3%，是目前全县面积最大，受益人口最多，带动性强，增收空间最大的优势特色产业。2001 年成县被国家林业局命名为“中国核桃之乡”，“成县核桃”也是国家质检总局地理标志保护产品。20 世纪 90 年代中期，县委政府从发展当地经济的需要出发，将核桃确定为支柱产业，举全县之力大力发展。从引进和培育品种，建立丰产示范园、采穗园、繁育圃等“三园”建设入手，制定了全县核桃产业发展的中、长远规划。先后从国内外许多科研院所、良种基地引进核桃优良品种 100 多个，依靠自己的技术力量，选育审定了具有独立知识产权的陇南 755 和陇南 15 号 2 个地方品种，填补了甘肃省核桃育种的空白。先后在全县建立核桃良种丰产示范园 2 万多亩、采穗园 2700 亩、繁育圃 5000 多亩。通过十多年的努力，逐步形成了以县城为中心的城关至纸坊、城关至宋坪、城关至黄渚、城关至二郎的四条万亩核桃林带，辐射带动全县 17 个乡镇 245 个行政村实现了核桃全覆盖，总面积达到了 51 万亩。

成县核桃从产业发展之初总面积为 10 万亩，220 万株，产值 0.3 亿元，发展到 2010 年，总面积达到了 48 万亩，1056 万株，产值 0.894 亿元，分别增长了 380% 和 198%。2010 年以后开始实施提质增效工程，2016 年总面积达到了 51 万亩，1100 万株，产值 4.3142 亿元，6 年时间分别增长了 10.6% 和 482.5%。核桃产业带动了县域经济发展，增加了农民收入，促进了交通运输业、服务业的发展，创造了新的就业机会，改善了当地生态环境，提高了农民科技意识，加快了全县农民脱贫致富步伐。全县核桃产品主要有三种类型进行销售，核桃仁是成县核桃销售的主要产品，占全年核桃总产量的 75%；鲜核桃和核桃坚果，占全年核桃总产量的 25%。成县核桃仁主要依托小川核桃专业市场销售到全国各地，是目前甘肃核桃仁主要的销售集散地。成县核桃仁以其优良的品质占有国内市场，是国家地理标志保护产品，20 世纪 70 年代获得国家出口贸易局颁发的优质产品铜奖，进入 20 世纪 80 年代后，获得“甘肃省十大名果”等荣誉称号。2016 年全县核桃仁总产量 0.8 万吨，全县以陇南市华龙恒业农产品有限公司和宏远土特产公司为骨干企业为主核桃仁初加工企业有 22 家，年销售总额 4 亿元。其中陇南市华龙恒业农产品有限公司是省级龙头企业，生产核桃仁 5 种 9 个系列产品，核桃坚果 3 种 6 个系列产品，核桃罐头 4 种 6 个系列产品，核桃油 1 种 3 个系列产品。

在核桃产业发展过程中，整合林业、农牧、科技、农发、财政等部门资金，全面实施核桃提质增效工程，截至 2016 年年底，全县累计完成低产核桃园改造 30 多万亩，其中 2016 年改造 3 万亩。完成核桃树综合管理 51 万亩。通过科技培训，积极引导农户开展修剪、嫁接、病虫防治、施肥和脱青烘干等技术措施，增加核桃产量，提高核桃品质。2016 年底，全县核桃产量 2.1571 万吨，产值 4.3142 亿元，户均核桃收入达到 8988 元，人均核桃收入 2247 元。已成为广大农户增收致富的重要渠道。并出台一系列优惠政策，鼓励支持发展各种形式的林下经济，如核桃林下套种油用牡丹、核桃林下家禽养殖、套种蔬菜、药材等。不仅发展了核桃产业，丰富了林业产业，还增加了广大农户的经济收入，为精准扶贫、精准脱贫奠定了坚实的基础。

成县森林资源丰富，发展森林旅游优势明显，近年来县委政府非常重视旅游业的发展，整合项目资金，贯通了王磨至二郎、鸡峰至宋坪南北二山的森林旅游路线，支持发展农家客栈(如宋坪乡的龙门客栈)，吸收农村贫困人员从事餐饮服务。通过发展，自驾游到成县的人数增加快速，有效地带动了南北二山林区核桃、板栗、蜂蜜等农副产品的销售，增加了当地农户的经济收入。

**【西和县林业产业】** 陇南西和县将核桃、花椒列为主导型农业特色产业，目前全县有核桃28.86万亩、花椒17.44万亩，2016年核桃坚果产量3200吨，产值4800万元；花椒干果产量1050吨，产值9500万元。20世纪90年代末期，县委政府从发展当地经济的需要出发，将核桃、花椒确定为支柱产业，举全县之力大力发展。从引进和培育品种，建立丰产示范园、采穗园、繁育圃等建设入手，制定了全县核桃产业发展的中、长远规划。先后在全县建立核桃良种丰产示范园2万多亩、采穗园2500亩、繁育圃3000多亩。

**【古浪县林业产业】** 武威市古浪县林业产业发展主要有以下几个类型，一是以林副产品为主；二是以果品产业为主；三是以林下经济为主。其中林副产品为主的占林业产业总产值的5%，果品产业为主的占林业产业总产值的85%，林下经济为主的占林业产业总产值的10%。以果品为主的林业产业类型为主要林业产业。自2011年以来，古浪县以调整农业产业结构、促进农民增收为目的，依托国家重点生态功能区转移支付项目，大力发展以红枣、优质梨、枸杞为主的特色林果业。截至2016年年底，全县共建成特色林果基地35.91万亩，其中优质梨13.68万亩、枸杞10.41万亩、红枣4.42万亩、其他7.4万亩。

2016年，全县特色林果挂果面积达6.02万亩，产量达到62801.3吨，产值达48334.99万元，其中，优质梨2万亩，产量40000吨，产值达11200万元；红枣0.33万亩，产量654.8吨，产值达288.11万元；枸杞3万亩，产量6000吨，产值达27600万元；红提葡萄0.4万亩，产量达6000吨，产值可达6000万元；苹果0.29万亩，产量达10146.5吨，产值可达3246.88万元。

古浪县通过多种鼓励措施，积极宣传发动，在全县12个川区乡镇协助成立各类林业专业合作组织27个，建设枸杞烘干加工厂、果蔬储藏库和红枣包装加工厂20多家，可保障全县特色林果果品储藏加工。培养建设的古浪县东岐农林科技有限公司、古浪县紫钰枸杞专业合作社、古浪县腾飞农牧专业合作社和鸿鑫种植专业合作社等4家骨干企业，截至2016年年底，累计建设特色林果面积达1万多亩，建设枸杞烘干厂6家，果蔬气调库2家，可年产枸杞2000吨。

在特色产业发展过程中，县委县政府以国家重点生态功能区转移支付项目为依托，由林业部门牵头，联系宣传、广电、农牧局、水务局、财政局、审计局、发改局等部门，全面实施特色林果业提质增效，截至2016年年底，全县累计完成枸杞基地提质增效0.81万亩，其中2016年0.46万亩。通过科技培训，积极引导农户开展修剪、病虫防治、施肥和脱制干等技术措施，增加枸杞产量，提高枸杞品质。2016年年底，全县枸杞干果产量0.6万吨，产值2.76亿元，户均核桃收入达到2667.8元，人均枸杞毛收入666.95元。

**【民乐县林业产业】** 2016年，张掖市民乐县立足地域优势和区位优势，紧紧围绕县委、县政府聚焦“三大”转型，聚力“三县”建设的总体要求和省市县重点工程建设任务，精心实施高原生态县绿化工程，强化林业重点工程建设，着力推进林业产业发展，生态建设和产业建设保持了良好的发展态势。

一是支持设施果蔬大棚，生产绿色有机产品。新建高标准绿色有机果蔬日光温室每座一次性补助资金1万元(建档立卡贫困户补助1.5万元)，新建钢架大棚每座一次性补助资金4000元；连片新建200座以上高标准果蔬日光温室或钢架大棚，水务部门配套相应供水设施。

二是支持造林绿化、林果产业发展。对连片栽植生态乔木林50亩以上种植户每亩补助资金200元；对连片栽植生态灌木林100亩以上种植户每亩补助资金200元；对在宜林荒滩造林100亩以上或营造防风林带2千米以上种植户，林业部门无偿提供苗木；对连片种植林果、木本油料等特色经济林50亩以上种植户每亩补助资金100元。

三是支持休闲农业发展。发展观赏花卉、观

光采摘、农家乐等乡村休闲旅游，配套停车场、公厕等基础设施的经营主体给予一定奖励。

四是支持冷链物流建设。对新建4000吨以上农畜产品冷藏库，每座补助资金10万元；对购置冷藏运输车辆按购置款的25%给予资金补助；对在县外城市、阿拉木图及对外口岸设立销售窗口销售民乐农产品并达到一定数额的给予奖励。

五是支持电子商务发展。对农产品网上销售额达到200万元以上的乡镇电子商务服务站，按销售额5‰奖励。

六是支持农产品品牌建设。被新评定为中国驰名商标、甘肃省著名商标、有机食品、绿色食品认证的企业或专业合作社分别一次性奖励20万元、10万元、10万元和3万元，对获得地理标志保护产品(地理标志商标)称号的企业或专业合作社一次性奖励20万元(同一项产品在同一年度获得多项称号的以最高奖额为准)。

随着农村产业结构的不断调整，县委、县政府高度重视林果产业的发展，一直把发展优质林果业作为农民增收，脱贫致富的主要途径之一、实施优势资源转换战略的一项重要内容。在继续抓好传统林果业生产销售的同时，突出抓好优势和特色林果业的生产，林果业占农民收入的比重逐年上升，林果业已呈现出良好的发展势头。2016年，结合县委1号文件精神，集中造林项目资金和技术，加大经济林果基地建设，在民联乡等6个乡镇栽植梨、杏、枸杞、杂果等经济林苗木128.61万株，栽植面积8300亩；在国道227线(开发区段)建成1500亩林业观光采摘园，栽植以经济林为主的金红等十多个品种8500多株；栽植以观赏为主的刺槐等十多个品种的花灌木4.6万株；在东灰山遗址南侧集中连片造林200亩，建设遗址林网1.9千米，栽植适宜本地生长的珍珠油杏、李广杏、苹果梨、早酥梨、李子、太阳李等果树12个品种6000多株，栽植乔木及花灌木4.5万株。

2016年，协同河北神兴沙棘研究院和青海高原珍果沙棘开发有限公司赴精准扶贫村进行捐资助学、帮扶救助和捐树植绿活动，向100名贫困学生捐助现金6万元，书包、文具等学习用品100套。探访慰问20名贫困孤寡老人和20户贫困农民家庭，捐助衣物、生活用具和现金共计10万余元。共建神兴沙棘公益林活动，栽植沙棘苗木10万株。

**【林业龙头企业】**

**国家级林业重点龙头企业** 甘肃省经过逐层推荐和严格审核，经过国家林业局最终评定，现有陇南市祥宇油橄榄科技开发公司、甘肃绿源农林科技有限公司、甘肃省陇南市田园油橄榄科技开发有限公司、甘肃和政八八啤特果集团有限公司、瓜州县立林生态农业科技开发有限责任公司五家国家级龙头企业。

**省级林业龙头企业情况** 结合《国家林业重点龙头企业推选和管理工作实施方案》，甘肃省编制了《甘肃省林业产业化重点龙头企业认定和管理暂行办法》，并于2015年1月报省政府法制办备案后印发各市州和相关单位，组织开展省级林业产业化重点龙头企业申报工作。截至2016年年底，全省共有64家涉林企业申请评选省级林业重点龙头企业。

(甘肃省林业厅造林产业处)

# 青海省林业产业

**【概　述】** 近年来，在国家的大力支持和省委省政府的高度重视下，青海林业产业得到了较快发展，“东部沙棘，西部枸杞，南部藏茶、河湟杂果”的发展思路基本形成，乐都的大果樱桃、循化的核桃、柴达木的枸杞已初具规模，市场竞争力和知名度不断提升。2016 年，全省建设沙棘、枸杞、藏茶(花叶海棠)、核桃等特色经济林基地 362.63 万亩，其中，沙棘 241 万亩、枸杞 62.67 万亩、藏茶(花叶海棠)种植 1.51 万亩，核桃、大果樱桃等杂果 59.25 万亩。同时，加大林业产业市场主体培育。全省林业产业化龙头企业发展到 61 家，国家级林业龙头企业达到 3 家，沙棘、枸杞加工企业 40 家，初步打造了“大漠红”“诺蓝杞”“青海青”沙棘和“中华核桃”等，青海枸杞、沙棘、核桃品牌。全省林业总产值从 2010 年的 7.49 亿元增加到 2016 年的 44.4 亿元。

**林下经济**　以保护森林生态环境为前提，以科学利用林地资源为基础，抓示范、树典型、促服务，有计划、有重点地发展林下种植、林下养殖、生态茶园、农家乐，兼顾林菜林菌种植和野生动物驯养繁殖。2016 年底，全年发展林下经济面积共计 33.94 万亩，涉及农户 1.94 万户，总产值达 2 亿元，全省林下经济呈现快速发展的势头。

**【林木种苗业】** 林木种苗是林业产业建设的重要一环，决定着林产品的数量、品质和种类，也是林业产业建设的重要基础，对林产品多样化需求起着重要作用。近年来，全省各地因地制宜大力发展种苗产业，为地方经济发展、林业生态建设、增加农民收入做出了重要贡献。

目前，全省有各类苗圃 10840 公顷，其中国有苗圃 1566.7 公顷、集体苗圃 193.3 公顷、个体苗圃 9080 公顷，种子生产基地 5400 公顷，年均可提供苗木 61000 万株，各类林木种子 20 万千克，满足了林业快速发展对林木种苗的需求。

为规范林木种苗行政执法，青海省相继修订和完善了《种子法》配套法规和规章，同时积极开展林木品种审定认定工作，规范完善了林木种子生产经营许可制度。全省现有林木种苗管理机构 26 个，其中省级 1 个、市州级 5 个，县市、区级 20 个，有从事林木种苗管理人员 234 人，其中中级专业技术人员 165 人。

**【经济林基地培育业】** 青海地处青藏高原，自然生态环境脆弱，但土地资源丰富。选择适宜的小气候、因地制宜、适地适树、科学布局、适度规模有计划地发展生态经济型经济林产业仍具有很大的潜力，也是青海林业实现跨越式发展的重要基础条件之一。近年来，青海依托“三北”工程、退耕还林等重点工程，按照“东部沙棘，西部枸杞”的林业产业发展思路，着力强化沙棘、枸杞基地建设，同时发展核桃、花椒、大果樱桃种植，全省经济林面积逐步扩大，经济林的优良树种品种率明显增加。民和县、贵德县、循化县等地引进了部分苹果、梨、油桃、仁用杏、西洋大樱桃等新品种，并建立了小面积的良种母木园和苗圃。

**沙棘**　沙棘是青海省最突出的一个乡土树种，也是造林绿化的主要灌木树种，同时还是一个生态经济型树种，果实素有“维生素 C 之王”的美称，富含丰富的营养物质和生物活性物质。沙棘资源分布广泛，全省 2 市 6 州的 30 多个县皆有分布。共有中国沙棘、肋果沙棘、西藏沙棘 3 个品种及大果沙棘系列品种。

自 2000 年始，在青海省委、省政府的高度重视下，经各级政府、各地林业主管部门和龙头企业的共同努力，沙棘产业发展取得了一定的成效。

在退耕还林、三北防护林等国家林业重点工程带动下，全省各级林业部门积极培育发展沙棘资源，强化沙棘基地建设，沙棘资源面积达到 241 万亩，其中人工林 155 万亩，天然林 86 万亩，为青海沙棘产业发展奠定了坚实的基础。

目前，全省从事沙棘生产加工的龙头企业有青海康普生物科技股份有限公司、青海清华博众生物技术有限公司、青海伊纳维康生物科技有限公司，其中康普生物科技股份有限公司2016年被国家林业局评为国家林业重点龙头企业，这也是青海首家以生产加工沙棘为主的国家林业重点龙头企业。青海伊纳维康生物科技有限公司于2012年投入1.3亿元，进入青海省沙棘产业领域，主要开展沙棘叶和沙棘果加工利用，沙棘产品进一步丰富，为青海沙棘产业发展注入了新的活力。

据统计，2016年青海康普科技股份有限责任公司等3家企业年产值4.4亿元。共带动农牧户1万余户，农牧民3万余人，对农牧民劳务增收贡献达到0.8亿元，沙棘产业已成为西宁周边及东部地区农牧民增收致富的重要途径。

**枸杞** 自2008年以来，青海省林业部门依托国家退耕还林后续产业专项资金和省财政支农专项资金，逐年安排枸杞基地建设任务，枸杞种植面积由2005年4万亩发展到2016年的62.67万亩，其中红果枸杞56.24万亩，黑果枸杞6.43万亩。种植区域从柴达木盆地的都兰县、德令哈市、格尔木市、乌兰县、大柴旦行委扩展到共和盆地共和县、贵南县。枸杞基地的有机认证从无到有，有机认证面积10.34万亩，其中，海西州已通过欧盟ECOCERT、德国BCS、色瑞斯(CERES)等国际知名认证机构认证。全省已经认证的企业、专业合作社组织25家，有机基地认证面积8.18万亩；海南州已通过有机基地认证面积2.16万亩。

枸杞产业的经济效益正在凸现，据统计，2016年枸杞产量达5.7万吨，产值约24亿元，其中黑果枸杞产量195吨，产值1.95亿元。枸杞出口932吨，创汇1392.4万美元。枸杞产业辐射带动周边农户2.6万户，带动5.9万人，共支付劳动报酬3.9亿元，人均增收6611元。

产业园区正在发挥效益，诺木洪枸杞产业园区已引进54家制干企业入驻，投入资金达2.6亿余元。年烘干枸杞鲜果1.5万吨。枸杞种植面积从2000年的5.4万亩增加到目前的8.3万亩，枸杞干果年产量从1.2万吨增加到3万余吨，年均增幅达37.5%。综合产值从4亿元增至15亿元。都兰县枸杞产业园区已入驻企业共有9家，其中青海大漠红实业有限责任公司累计投资3亿元，建成有机枸杞种植面积2万亩，5000吨枸杞鲜果冷藏库1座、1000吨冻干枸杞生产线1条，8000吨100%枸杞果汁生产线1条。德令哈市绿色产业园区已建设机井60眼，配套电力设施50套，节水灌溉设施6万亩，硬化道路120千米，修建枸杞晒场2万平方米，管理用房及民工住房5000平方米，修建枸杞烘干房13座，标准化库房1500平方米，修建蓄水池3座，水肥一体化系统2套，控制面积1万亩，园区内基本形成路相通、管相接、电相同、林成网。建成了柴达木枸杞生产基地5处共6万亩，基地周边建设防护林0.3万亩，完成有机枸杞BCS及色瑞斯地有机认证总面积约3万亩。年产枸杞干果4500吨，年产值1.5亿元。

枸杞生产和加工企业迅猛发展，由2008年的4家发展到2016年的24家，其中涉及枸杞种植及加工的省级林业产业化龙头企业有青海康普科技股份有限责任公司、青海大漠红枸杞有限公司等22家。主要从事枸杞种植生产、产品研发及加工销售。产品由直销干果逐步研发出枸杞浓缩汁、枸杞茶、枸杞籽油、枸杞多糖等系列产品。如，青海柴达木高科技药业有限公司已研制开发的产品有通心舒胶囊、心脑康胶囊、流感丸、消渴降糖胶囊、枸杞多糖、降糖饼干等三十余种。青海大漠红枸杞有限公司生产开发的冻干枸杞，青海圣烽生物技术公司开发生产的枸杞系列酒、枸杞籽等。枸杞产业已成为当地群众脱贫致富，带动农村经济全面发展的“主导产业”和“富民产业”。

为引导和规范枸杞基地建设，发展枸杞产业，青海省相继出台了《关于加快枸杞沙棘产业发展的意见》《青海省枸杞产业发展规划》《青海省柴达木地区枸杞生态经济林基地建设技术规程(试行)》《有机枸杞栽培技术规范》《有机枸杞种植基地建设技术规范》《关于加快林产业发展得实施意见》《关于加快有机枸杞产业发展的实施意见》等，积极引导枸杞种植走向规模化、标准化、有机化发展的道路。

**核桃** 青海省适宜发展核桃的区域为光热条件较好的黄河及其一级支流湟水河两岸的一、二级台地，行政区域包括海东地区的化隆、循化、民和、乐都4县，海南州的贵德、共和2县，黄南州的尖扎县，该地区雨热同期，是青海省农业生产条件最好的地区，有利于核桃的生长发育和优质生产，并有供核桃发展的荒山荒地、田坎、地边、河(沟)边及房屋四周等土地。近年来，青海省在循化、民和、化隆等地引进薄皮核桃进行种植，其特点是个大仁满，皮薄而脆，出仁率高，含油丰富，取得了良好的经济效益。目前，全省较著名的核桃品种有史纳大核桃、薄皮核桃、喇嘛核桃、离壳油核桃、循化露仁核桃等。

**【森林旅游及森林公园】** 随着经济社会的发展和生活水平的提高，社会公众到户外游憩、回归大自然、享受天然氧吧等生态旅游需求日益增长，森林以其优美的自然环境、清新洁净的空气和繁茂的花草树木日益受到游人的青睐，森林生态旅游业无论是在林业产业还是在旅游业中的地位都越来越突出。青海森林资源较为丰富，国家和省级森林公园的道路、电力基础设施较为完善，具有发展森林生态旅游业的较好条件。青海省以“保护为主，开发、利用相结合”的方针，把森林公园建设和森林生态旅游产业作为新的经济增长点，大力推进森林公园开发建设。

目前已建成森林公园23处，总经营面积47.51万公顷，其中，国家级森林公园7处，经营面29.33万公顷；省级森林公园16处，经营面积25.15万公顷。拥有专业导游112人，社会旅游从业人员2994人。2016年，森林旅游人次达356.8万人次，森林旅游总收入11544.6万元。

**【湿地资源】** 青海被誉为“三江源”“中华水塔”，是水之宗、山之祖，不仅发源了长江、黄河、澜沧江、黑河等大江大河，还有昆仑山、祁连山、唐古拉山等著名山脉，是我国淡水资源的重要补给地、亚洲重要的河源区，维护着长江、黄河、澜沧江和黑河水资源安全，在全国乃至世界上都具有不可替代的生态地位。青海高原特殊的地质、地形和气候为高原沼泽草甸湿地、湖泊湿地、河流湿地的广泛发育提供了得天独厚的条件。

青海省湿地面积814.36万公顷，占全国湿地总面积的15.19%，占全省国土面积的11.3%，湿地面积居全国第一。有3处国际重要湿地，分别为青海湖鸟岛、扎陵湖、鄂陵湖。截至2016年，青海已建国家湿地公园19处，分别为贵德黄河清、海南洮河源、西宁湟水、玛多冬格措纳湖、都兰阿拉克湖、乌兰都兰湖、德令哈尕海、玉树巴塘河、天峻布哈河、祁连黑河源、互助南门峡、泽库泽曲、曲麻莱德曲源、乐都大地湾、班玛玛可河、达日黄河、甘德班玛任拓、刚察沙流河、贵南茫曲国家湿地公园。

三江源地处地球“第三极”青藏高原腹地，是长江、黄河、澜沧江三大江河的发源地，是中国和亚洲的重要淡水供给地，有着“高寒生物种质资源库”之称，也是全球气候变化反应最敏感的区域之一。其生态系统服务功能、自然景观、生物多样性具有全国乃至全球意义的保护价值。

三江源国家公园规划范围以三大江河的源头典型代表区域为主构架，构成了“一园三区”格局，即长江源、黄河源、澜沧江源3个园区。总面积为12.3万平方千米，占三江源地区面积的31.2%。涉及青海省果洛藏族自治州玛多县，玉树藏族自治州杂多县、曲麻莱县、治多县，12个乡镇，53个村。

**【自然保护区】** 目前，青海省已建立国家级、省级自然保护区11处，总面积达21.8万平方千米，占省域国土面积的30.24%。其中国家级保护区7处，省级保护区4处。从东向西、由南至北，全省已建立起具有典型性、代表性和多样性特点的森林、湿地、荒漠生态系统和野生动植物类型的自然保护区，形成了涵盖全省三江源、青海湖流域、祁连山地、柴达木盆地和黄河干流五大地理区域，在维护区域生态系统平衡、物种多样性保护、资源与社会经济可持续发展的进程中发挥了应有的作用。

可可西里保护区的藏羚羊种群数量已明显恢复；青海湖保护区通过实施湿地恢复与保护工程和流域生态综合治理等工程项目，区域内退化、沙化的生态环境有了较快恢复，围栏封育和人工综合治理取得一定成效，已连续几年水位增长、水量增加。三江源保护区从2010年开始，先后和北京大学合作，开展了18处雪豹主要栖息分布调查研究，并实施了红外相机野外监测，首次收集到珍贵的雪豹照片资料；针对棕熊对社区的危害现状，为了解棕熊的活动栖息规律，开展了无线电相圈跟踪迁徙方面的调查。青海湖保护区与中国科学院计算机网络中心、病毒所、遥感所、湖泊所、西北高原生物研究所等科研部门多方面合作，积极搭建科研平台。在候鸟资源网络实时监控体系建设、鸟类迁徙规律跟踪课题研究、搭建青海湖数字化标本平台和野生候鸟疫源疫病监测研究等领域有了长足推进和实践。

（青海省林业厅林业产业处　孙鸿儒）

# 宁夏回族自治区林业产业

【概　述】 2016年，全区完成营造林8.065万公顷，完成人工生态修复5.576万公顷，退化林分改造0.65万公顷，确权湿地面积47839公顷，湿地斑块391，全区林业有害生物成灾率控制在5.49‰以内，义务植树1000万株，实现林业贷款31亿元。完成90公顷引黄灌区沟道生物护坡建设任务，生态移民迁出区生态修复完成人工生态修复5.576万公顷，其中林业工程2.59万公顷，草地保护与恢复工程完成3.39万公顷。投资19156.1万元完成水土保持工程115座。

【林业产业】 全区林业产业实现总产值200亿元，完成经济林新增面积0.88万公顷，其中枸杞0.36万公顷、苹果0.18万公顷、红枣0.07万公顷、花卉0.01万公顷、小杂果及其他经济林0.25万公顷；全年低产低效改造提升完成0.35万公顷，新增育苗面积0.12万公顷，新建苹果细纺锤形篱架栽培、中部干旱带压砂地枣树小冠纺锤形修剪、仁用杏保花保果等各类示范园区12个，成立了8个枸杞产业人才高地工作站，建立红枣示范园区6个，苹果示范园区5个，优质红梅杏示范园区1个；建设苹果矮化自根砧篱架栽培模式13.33公顷、矮化中间砧高密高效栽培66.66公顷；矮化中间砧高密高效栽培示范园106.66公顷；成功举办2015中阿博览会中国枸杞论坛暨中宁枸杞文化节，在新加坡、马来西亚等国家开展了宁夏枸杞宣传推介活动，枸杞国际影响力显著提升。自治区出台《宁夏回族自治区枸杞产业促进条例》，自治区政府成立由自治区主席刘慧任组长、党组副书记郝林海、副主席曾一春为副组长的枸杞产业领导小组，编制完成再造宁夏枸杞产业发展新优势《工作方案》和《发展规划》，全面推进枸杞产业发展，打造宁夏枸杞产业升级版。

【产业规划】 枸杞产业是宁夏最具地方特色和品牌优势的战略性主导产业。宁夏枸杞以其独特的产业优势、品质优势、品牌优势，已经成为宁夏面向全国走向世界的一张“红色名片”。为主动适应经济发展新常态，准确把握枸杞产业新形势，全力打造枸杞产业发展升级版，自治区制定了《再造枸杞产业新优势发展规划》(2016～2020年)。《规划》坚持以市场需求为导向，创新驱动为支撑，机制创新为突破，充分发挥市场主体作用和政府引导作用，挖掘资源优势，夯实产业基础，延伸产业链，增加附加值，全面提升宁夏枸杞产业发展水平和市场竞争力，大力推动枸杞产业种植环节绿色化、基地建设标准化、链条拓展生态化、加工转化精细化、机械应用现代化、营销流通网络化、市场竞争国际化、助农增收常态化，着力提升枸杞产业综合效益，再造枸杞产业发展新优势，全力打造“中国枸杞之都”。为确保“再造宁夏枸杞产业发展新优势”，打造枸杞产业升级版，以促进枸杞及相关产业可持续发展。枸杞产业发展将从基础研究、良种培育、基地建设、精深加工、品牌建设、文化引领六个方面寻求突破。努力构建“一核、两带、十产区”的产业发展新格局，着力实施良种培育、示范基地建设、低产低效园改造、质量安全提升、龙头企业壮大、文化引领六大工程，再造宁夏枸杞产业发展新优势。

【产业政策】 为保障农业农村投入，发挥好财政资金“四两拨千斤”作用，引导更多社会资本投向林业产业，推进林业产业结构性改革，自治区人民政府制定下发了《关于创新财政支农方式加快发展农(林)业特色优势产业的意见》(宁政发〔2016〕27号)。根据《意见》精神，自治区林业厅和财政厅联合制定了《关于创新财政支农方式加快枸杞产业发展的扶持政策暨实施办法》，转变财政支农方式。着力打造“一核、两带、十产区”新格局。

**基础研究扶持重点**　加快枸杞鲜食、药用、茶用、加工等优新品种培育，围绕枸杞有效成分提取、功能食品饮品、医药保健品和枸杞机械采摘等关键技术环节进行重点攻关；建立健全宁夏枸杞生产、加工、质量安全标准体系。

**良种繁育扶持重点** 依托区内外科研院所，收集和引进国内外枸杞种质资源，建立育繁推一体化的现代种业模式。

**标准化建设扶持重点** 支持枸杞种植经营主体积极推行宁夏枸杞现代化标准生产，鼓励出口基地、中药材基地、枸杞良好农业操作规范(GAP)和枸杞危害分析与关键控制点(HACCP)认证；建立枸杞新品种、新技术、新装备全产业链标准化基地扶持机制，改造提升传统低产低效园。

**品牌建设扶持重点** 鼓励各枸杞生产经营主体建立健全枸杞信息化电商平台、质量安全追溯体系、大数据库、物流体系，打造"互联网+"新型枸杞质量管理，完善经营服务体系，提升宁夏枸杞品牌国际影响力。

**社会化公共服务扶持重点** 通过政府购买服务方式，扶持一批从事枸杞统防统治和设施制干服务的专业化公司，完善农超服务体系和病虫害预测预报体系。发挥区、市、县、乡"四级"林业技术推广体系和"一组两会"的作用，分层次开展枸杞标准化生产及现代化管理技术培训。

**文化引领扶持重点** 深度挖掘枸杞历史文化，公开出版发行枸杞科普及其他文学作品等；加大枸杞宣传力度，主动组织参加国家级和世界性国际展会、推介会。

**扶持方式** 直接扶持(以奖代补)主要扶持基础研究、良种繁育、标准化建设、社会化服务、文化宣传五大环节；金融扶持主要通过贷款担保、贷款风险补偿、贷款贴息、引导基金、农业保险5种方式，扶持基础建设、产品研发、成果转化、品牌建设、市场开拓等环节。

**【林业改革】** 完成21个县(区)和自治区直属6个国有林场改革实施方案审核，落实补助资金19516万元。制订《宁夏湿地产权确权试点工作实施方案》，完成吴忠市范围内预划分湿地土地利用属性及所有权、用益物权调查，确权湿地面积4.8万公顷，湿地斑块391个，涉及农户和企业2408户，做到数据准确、资料完整、权属清楚，建立湿地确权登记系统，湿地产权确权试点改革全面完成。深化集体林权制度改革，推进集体林权规范有序流转，流转集体林地1.51万公顷；进一步放活经营权、落实处置权、保障收益权，实现林业贷款31亿元。完成青铜峡等4个县(市、区)非基本农田葡萄确权试点，共确权0.45万公顷。探索开展非基本农田枸杞、红枣确权试点和集体林地所有权、承包权和经营权分置改革试点。大力扶持发展以林下种植、养殖、森林景观等为主的林下经济26.73万公顷，落实产值近23亿元。不断扶持壮大新型林业经营主体，新增林业专业大户126户、家庭林场108家、农民专业合作社80个。

**【林业科技】** 全力推进黄河湿地、城市森林、平原绿化3个国家级生态定位研究实验站和国家级重点实验室建设，启动林业创新团队和宁夏林创空间建设。完成枸杞杂交品种选育、油用牡丹栽培技术示范推广等22项科技攻关。新储备中央财政林业科技项目20个，组织评审申报中央、自治区财政林业科技项目25个。启动11个中央财政林业科技推广示范项目，完成沙地土壤修复技术引进等2项国家级林业项目验收，15项林业科技项目获得自治区科技进步奖。组织编制审定《宁夏酿酒葡萄栽培技术规程》等47项林业地方标准。引进木槿、大花黄牡丹等6个优新树种，扩繁小叶白蜡等8个树种。积极争取国家和自治区政策、项目支持，全年争取林业投资19.6亿元。提请自治区人民政府与国家林业局签署了《共同推进宁夏生态林业建设合作协议》。编制上报《宁夏林业生态护林员扶贫项目实施方案》，争取中央投资6000万元，落实生态护林员名额6000人，制定下发《宁夏建档立卡贫困人口生态护林员选聘办法》，全面开展生态护林员选聘工作。积极开展科技(科普)活动，举办各类培训班18场次，培训基层林业技术人员、果农2100余人。

**【宁夏枸杞产业】**

**知名品牌** 2016年，自治区评选出宁夏枸杞知名品牌6个，分别是百瑞源、宁夏红、早康、沃福百瑞、杞动力、福寿果。

**优质基地** 2016年，自治区评选出宁夏枸杞优质基地6个，分别是：百瑞源标准化枸杞示范基地、宁夏杞泰农业科技有限公司枸杞基地、宁夏农林科学院枸杞研究所枸杞基地、宁夏源乡玺赞生态枸杞庄园、宁夏大地中宁红梧山现代枸杞高新技术试验示范区暨道地中药材GAP认证基地、宁夏润德庄园。

**【林下经济示范基地、示范家庭林场】** 2016年，自治区林业厅组织开展了自治区林下经济示范基地和示范家庭林场评选认定工作。由经营主体自愿申请，市、县（区）林业局层层遴选推荐，共认定自治区林下经济示范基地10个、示范家庭林场9家。林下经济示范基地分别是：宁夏银润涞生态开发有限公司林下种植基地、吴忠市玉静果品产销专业合作社林下种植基地、同心县成世种植家庭农场林下种植基地、青铜峡市鼎瑞生态养殖专业合作社林下养殖基地、原州区桃花园山核制品加工专业合作社林下综合利用基地、彭阳县玉兰养殖专业合作社林下养殖基地、隆德县山河花卉苗木专业合作社林下综合利用基地、隆德县清凉山林下产业专业合作社林下综合利用基地、西吉县宝义林下产业园区林下综合利用基地、海原县西安镇海涯生态养殖专业合作社林下养殖基地；自治区示范家庭林场分别是：永宁县小草家庭林场、大武口区长兴王维广种植场、石嘴山市大漠绿洲家庭农场、平罗县瑞琪家庭林场、青铜峡市李杰苹果种植家庭农场、盐池县东雄家庭园林场、中卫市占林家庭林场、隆德县象山生态养殖场、西吉县永吉家庭农场。

**【林业产业大事记】**

**1月22日** 全区林业工作会议在银川市召开。自治区副主席曾一春出席会议并讲话。自治区林业厅党组书记、厅长马金元主持会议并作了题为《坚持绿色发展建设美丽宁夏》的主题报告。

**1月25～29日** 全区枸杞现代市场营销与企业管理、全区苹果红枣现代化栽培技术3个培训班分别在中宁县、银川市、利通区举办。

**2月24日** 由宁夏回族自治区林业厅主办，宁夏枸杞协会承办，台湾神农科技发展协会协办的“宁夏枸杞走进台湾——枸杞系列产品推介会”在中国台湾省台北市举行。

**2月24～25日** 自治区党委副书记崔波、自治区政府副主席曾一春深入青铜峡市树新林场、宁夏金沙林场调研国有林场改革工作，自治区林业厅党组书记、厅长马金元，吴忠市委、政府有关领导陪同调研。

**3月30日** 由中国绿化基金会、联合国环境规划署、东南卫视、全国绿化委员会办公室、宁夏回族自治区林业厅等机构联合主办的2016“幸福家园·绿色西海固——全国志愿者生态扶贫植树交流活动”在宁夏项目地海原县举行。

**3月30日** 自治区林业厅副巡视员王明忠带领林改处、宁夏林权服务中心负责人赴贺兰县和永宁县开展了非基本农田葡萄确权试点调研，并就两县开展葡萄确权试点工作作了全面部署。

**4月8日** 宁夏枸杞质量标准体系建设座谈会在北京市召开，自治区副主席曾一春和农业部、国家卫生计生委、国家质检总局、国家食品药品监管总局、国家林业局等部委及行业协会的领导、专家参加了会议。

**4月13～14日** 国家林业局党组成员、副局长陈凤学一行，对本区湿地产权确权工作进行调研，自治区副主席曾一春会见并陪同副局长陈凤学一行到吴忠调研。自治区林业厅厅长马金元，吴忠市委书记赵永清，以及银川、吴忠、中卫三市有关负责同志分别陪同调研。

**5月6～8日** 宁夏特色优质农产品推介展销系列活动在福建省厦门国际会议展览中心成功举办，本次推介展销活动由自治区人民政府主办，重点推介以枸杞等为主的“1＋4”特色农产品。

**5月9～13日** 国家三北防护林局组织专家组对自治区三北五期中期总结评估工作开展了考察。考察组一行12人，中国科学院院士傅伯杰莅临自治区考察指导，北京林业大学博士生导师朱清科、西北农林科技大学教授韩恩贤，西北院总工李立球等领导随同考察，国家三北局副局长李冬生、核查处处长孙同洋全程陪同考察。自治区林业厅副厅长平学智参加了本次考察。

**6月13日** 2016宁夏枸杞专场推介会在上海举办。国家质量检验检疫总局副局长张沁荣、宁夏回族自治区副主席曾一春，国务院参事、中国出入境检验检疫协会会长葛志荣以及自治区林业厅、农牧厅等相关厅局主要负责同志参加了推介活动。

**6 月 14 日** 2016 中国枸杞产业展览会在上海新国际博览中心开幕。国家质量检验检疫总局副局长张沁荣、自治区副主席曾一春，国务院参事、中国出入境检验检疫协会会长葛志荣参观了宁夏枸杞展区。

**7 月 22 日** 全区林木种苗工作会议暨新《种子法》培训班在银川举行。自治区林业厅党组成员、副厅长金韶琴出席会议并讲话，厅副巡视员李安作动员讲话；国家林业局政策法规司高静芳处长和国家场圃总站周景莉处长分别就《林木种苗行政执法及行政审批制度》《种子法》和相关政策进行了解读。

**7 月 25～26 日** 中国科学院生物物理研究所研究员刘汉民，中国科学院天津工业生物技术研究所研究员孙媛霞等专家组一行，在自治区林业厅党组成员、副厅长陈建华，宁夏林业产业发展中心主任李惠军的陪同下调研考察了自治区枸杞产业发展情况，并就宁夏枸杞功能性产品研发进行了座谈。

**8 月 2～3 日** 自治区推进枸杞产业发展提升工作领导小组召开了再造宁夏枸杞产业发展新优势工作推进会，自治区副主席、自治区推进枸杞产业发展提升工作领导小组副组长曾一春莅会观摩，并在座谈会上讲话。自治区林业厅厅长马金元汇报了全区再造枸杞产业新优势总体工作进展情况。

**8 月 20 日** 中宁枸杞—海口馆在美丽的国际滨海旅游城市——海口市开馆。自治区政府驻广东办事处主任傅伟君，自治区林业厅副厅长陈建华，中宁县政府副县长范永伟等应邀出席了开业庆典。

**9 月 7 日** 自治区林业厅在盐池县召开了全区柠条平茬利用现场观摩会，盐池县是自治区唯一被国家林业局确定为灌木林平茬抚育试点的县。自治区林业厅党组成员、副厅长平学智参加了现场观摩会并就全区柠条平茬利用进行了安排部署。

**9 月 11～15 日** 由自治区林业厅党组成员，副厅长陈建华率 10 人赴俄罗斯参加世界级食品展览盛会，并在博览中心红宝石展馆内搭建的 54 平方米宁夏枸杞特装展位上举行了现场推介活动。这是在“一带一路”战略引领下，宁夏政府首次组团枸杞企业参加大型国际性商展，旨在以此为契机，宣传推介宁夏枸杞，提升宁夏枸杞的国际影响力，着力打造中国枸杞之都。

**9 月 28～29 日** 自治区林业厅分别组织召开了川区、山区市民休闲森林公园建设观摩交流会。自治区林业厅党组成员、副厅长金韶琴出席观摩会并讲话。自治区发改委、财政厅、建设厅、国土厅相关处室负责同志出席会议，全区各市、县(市、区)林业(园林)局负责同志、市民休闲森林公园负责人分别参加了川区、山区观摩会。

**10 月 16～20 日** 自治区林业厅巡视员桑敏莉、产业中心主任李惠军率相关企业赴法国参加了世界级食品展览盛会，并在博览中心 4 号有机展馆内搭建的 54 平方米宁夏枸杞特装展位上举行了现场推介活动。宁夏政府首次组团枸杞企业参加法国国际食品展，旨在以此为契机，借助法国国际大都市的平台，宣传推介宁夏枸杞，推动宁夏枸杞走向世界，进一步提升宁夏枸杞的国际影响力，着力打造中国枸杞之都。

**10 月 21 日** 国家林业局与宁夏回族自治区人民政府在银川市签署《共同推进宁夏生态林业建设合作协议》。国家林业局局长张建龙、副局长刘东生、总工程师封加平，自治区领导李建华、咸辉、崔波、曾一春出席签字仪式。张建龙与咸辉共同签署合作协议书。

**12 月 18 日** 由自治区推进枸杞产业发展工作领导小组主办，自治区林业厅、中国优质农产品开发服务协会、宁夏枸杞协会承办的宁夏枸杞品牌战略发布会暨宁夏枸杞品牌建设高峰论坛在京举办。自治区党委常委、副主席李锐，国家林业局副局长张永利，全国政协委员、国家质检总局原副局长、中国品牌建设促进会理事长刘平均，国务院参事室特邀研究员、农业部原党组成员、中国农产品市场协会会长张玉香，农业部农产品质量安全中心主任张华荣，自治区政府副秘书长王凌等相关领导出席发布会。

（李　国　马永福　牛锦凤　周　珲）

# 新疆维吾尔自治区林业产业

**【概　述】** 截至2016年年底，新疆特色林果总面积2213.97万亩，年果品总产量达1106.97万吨，年总产值865.55亿元。其中，地方林果种植面积1888.97万亩，年总产量732.97万吨，年产值515.55亿元，比2015年增长9.7%。

地方林果中，红枣590.71万亩、产量159万吨，核桃531.53万亩、产量69.28万吨，杏179.30万亩、产量110.57万吨，葡萄155.93万亩、产量187.41万吨，巴旦木112.53万亩、产量7.62万吨，香梨80.06万亩、产量79.38万吨，苹果70.71万亩。全区获得国家级和自治区级的各类知名品牌名牌林果产品134个，"库尔勒香梨""阿克苏苹果"等13种林果产品及商标获中国驰名商标和"中国名牌产品""中国农业名牌产品"称号，"吐鲁番葡萄""哈密大枣"等33种产品获国家地理标志保护产品称号，"阿克苏红枣""阿克苏核桃"等88种产品成为"新疆著名商标"和"新疆名牌产品"，6家林果企业获得国家林业局首批"国家林业重点龙头企业"称号，17个县被国家林业局授予"中国经济林之乡"称号。

（林果业发展协调领导小组办公室　王　磊）

**【森林公园】** 截至2016年年底，全区共建立各级森林公园62处，森林公园经营总面积164.69万公顷。其中，国家级21处，面积111.32万公顷；自治区级33处，面积53.19万公顷；县级8处，面积0.19万公顷。此外，天保工程实施单位开发森林旅游服务、种植养殖、物业出租、农业综合开发、冰雪运动服务等林下经济项目85个。2016年营业收入5354万元，盈利690万元。

全区森林公园旅游直接收入3.1亿元，比2015年增加了34.8%。门票收入1.38亿元，较2015年增加了72.5%。接待游客人数首次突破千万，达到1029.06万人次，比2015年增长了32.8%。2016年共投入建设资金4.16亿元，森林公园基础设施和旅游接待条件不断改善。全区森林公园拥有旅游车船484台(艘)，旅游床位数14719张，餐位19057个，旅游步道2398.96千米，旅游经营能力进一步增强，"吃、住、行、游、购、娱"相配套的旅游服务体系建设日趋完善。

积极推进森林公园森林旅游旅游标准体系建设。《森林公园森林旅游旅游住宿标准》和《森林公园森林旅游餐饮标准》已通过自治区质量技术监督局标准化处专家评审，于12月20日正式向社会发布。

完成了《新疆森林旅游资源普查》和《新疆森林公园和森林旅游发展规划》。

积极与自治区旅游局合作，强化对森林旅游的组织、协调和管理。自2011年国家林业局与国家旅游局签订了《关于加快森林旅游发展的合作框架协议》、区党委和区人民政府出台《关于推进旅游业跨越式发展的意见》后，自治区林业厅党委高度重视森林旅游工作，自治区林业厅与自治区旅游局多次协商，就双方共同推进森林旅游发展达成一致意见。国家林业局于2016年9月24~26日在吉林省长白山举办"2016中国森林旅游节"，自治区积极组织相关单位参加。由艾山江·艾合买提厅长带队，厅相关处室同志及各地州50余人的观摩团参加了此次森林旅游节。自治区共展出森林旅游相关图片百余张，视频宣传短片500多分钟，扩大自治区各森林公园森林旅游的影响力。自治区在此次森林旅游节上荣获优秀团体奖。2016年林业厅又召开了全区森林公园和森林旅游工作会议暨森林公园管理培训班，通过以会带训的方式，向全区森林公园工作者通报每年森林公园和森林旅游发展取得的成效和存在问题并进行总结，对今后森林公园和森林旅游工作进行安排部署，起到了回顾总结，明确目标的效果。

自治区林业厅与自治区旅游局在全区森林公园和森林旅游工作会议上签订了《自治区林业厅

自治区旅游局 关于推进森林旅游发展的合作协议》。双方将统筹推进森林旅游发展，共同打造森林旅游目的地体系，实施森林旅游精品工程，建设森林旅游示范工程，加强森林资源保护，引导和带动全区森林旅游事业持续健康发展。自治区林业厅、自治区旅游局联合发文，成立了"新疆维吾尔自治区森林旅游工作领导小组"，下设办公室。领导小组的工作职责是协调、指导全区森林旅游发展工作；制定推进森林旅游发展的政策措施；研究部署重大活动和合作事宜；争取项目资金，联合开展创建"森林旅游示范区"活动，打造一批特色鲜明、竞争力强的森林旅游产品。

(新疆维吾尔自治区林业厅天保和产业办 王江涛)

**【种苗产业】** 据统计，2016年全区苗圃数量1.05万处，育苗面积520557亩(其中：国有苗圃面积59658亩)，苗木产量234550万株，其中，1年生及以下、2年生、3年生和3年以上苗木产量分别为51537万株、71615万株、42020万株和69378万株。2015年造林实际用苗量46077万株，其中，容器苗891万株，良种36874万株。2016年全区苗木产值达到40亿元。

(林业种苗管理总站 刘 刚)

**【花卉产业】** 新疆花卉产业呈现鲜切花、盆栽植物、观赏苗木、草坪和食用、药用、工业用花卉等多品种共同发展态势。截至2016年年底，全区花卉种植面积达到30万亩，总产值约15亿元，花卉市场70个左右，企业约2100个，从业人员月53100人，保护地栽培面积约(日光温室、大棚)225万平方米。

新疆花卉生产主要分布在乌鲁木齐、昌吉、石河子、库尔勒、伊宁、喀什等城市，以鲜切花、盆栽植物和观赏苗木为主，出口主要面向中亚、俄罗斯等地区和国家。新疆花卉产业为调整农村产业结构，带动当地农民增收致富发挥了积极作用。 (花卉业管理中心 孙永民)

**【沙产业】** 新疆始终坚持治沙与治穷相结合，在确保生态改善的同时，注重结构调整，发展沙区产业，增加农民收入，带动种植、育苗等林业产业以及二、三产业的融合型发展。已初步形成以灌草饲料、中药材、经济林果、沙漠旅游等为重点的沙区特色产业，开发出了饲料、药品、保健品、化妆品、食品、饮料、果品等一大批沙产业产品，带动了种植、加工、贮藏、运输、销售等相关产业的发展，沙产业链不断延长，增加了农民在加工、物流和销售环节上的就业。据统计，全区肉苁蓉、酿酒葡萄、沙棘、枸杞、玫瑰、甘草、黑加仑等沙区特色经济植物种植面积已达131万亩，沙产业深加工企业93家，年加工能力118万吨，年总产值34.5亿元。

新疆以其独特的地理环境，丰富的风、光、热能资源，有着良好的沙产业发展前景。兴办沙产业、发展循环经济，把生态建设与推进农牧业产业化、增加农牧民收入紧密结合起来，建立生态保护与建设的长效机制，树立"生态立区、兴林富民"理念，把"绿化"与"产业化"相结合，把"治沙"与"致富"相结合，大力改善生活环境、生产环境，解决就业增收，保护沙区资源，保障林沙产品供给都可以极大地改善民生。沙产业将成为新疆继林果业之后农牧民新的增收点，也将成为新疆社会经济发展的新亮点。

**沙生特色经济植物种植和加工已初具规模**

目前全区肉苁蓉、酿酒葡萄、沙棘、枸杞、玫瑰、甘草、黑加仑等沙区特色经济植物种植面积总达131万亩。

①肉苁蓉产业。全区各地把开发以红柳大芸为主的沙生药物产业作为优化农村经济结构、培育农村经济新的增长点和改善生态环境的战略性举措。目前，全区各地人工定植红柳43.76万亩，接种红柳大芸34.1万亩，年产肉苁蓉成品2050吨。其中，主要包括和田地区人工定植32.96万亩，接种红柳大芸30.6万亩；巴州地区人工定植6万亩，接种2.5万亩；塔里木沙漠公路沿线防风固沙林建设人工定植4.8万亩，接种1万亩。

和田先后引进和田天力沙生药物开发有限公司、和田帝辰沙生药物开发有限公司沙产业龙头企业，产品远销日本及东南亚；中山大学在墨玉县玉北开发区建立了荒漠肉苁蓉育种采集试验站。红柳大芸产业既改善了当地局部生态环境，又促进了农民增收。民丰县若克雅乡博斯坦村和于田县奥依托合拉克乡兰干吾斯塘村部分农户红柳大芸年收入户均15000元以上，成为了远近闻名的“红柳大芸致富村”。

②沙漠玫瑰产业。自治区得天独厚的地理优势赋予了沙漠玫瑰生长。特别是和田沙漠玫瑰实属世界唯一高地沙漠玫瑰资源，也是中国玫瑰精油优于世界玫瑰精油的主要缘由之一。全地区沙漠玫瑰种植面积达5万亩，年产玫瑰6000吨。

2004年成立的阳光沙漠玫瑰有限公司以产业优势为突破，积极开拓国际高端市场，加快发展外向型经济，通过实施“订单式”和“公司+基地+农户”“公司+合作社(协会)+农户”“股田制”等多种企农利益联结模式。实现了农业增效、农民增收、企业发展、员工有保障的一条可持续发展的农业产业化道路，其玫瑰系列产品在国际、国内林产品博览会上屡获金奖，产品远销日本、韩国，年产值近亿元。

③沙区设施农业。特别是南疆地区按照“多采光、少用水、节耕地、新技术、高效益”的发展思路，充分利用沙漠、戈壁、荒滩资源，引导和支持农民群众在荒漠区大力发展现代设施农业。据统计，截至2015年年底，和田地区已建成日光温室77340座，77340亩，拱棚82753座，23163亩。设施栽培呈现出多样化，除种植栽培常规的林果、蔬菜，还包括花卉、食用菌。

策勒县充分利用丰富的光热和沙土资源，大力发展沙区食用菌基地，在荒漠戈壁上新建大棚436栋，年预计产菇量2400吨，产值达3000万元。

**沙产品加工企业蓬勃发展** 近年来，已初步形成了以灌草饮料、中药材、经济林果、沙漠旅游等为重点的沙区特色产业，开发出了饮料、药品、保健品、化妆品、食品、饮料、果品等一大批沙产业产品，并带动了种植、加工、贮藏、运输、销售等相关产业的发展，沙产业链不断延长，产值不断增加。各种类型的沙区特色经济植物深加工企业达150多家，其中自治区级以上的农业产业化龙头企业30多家。沙生特色经济植物种植和加工业年产值25亿元。

**开发以沙为原料新型建材业** 目前，全区共有以和田地区仁创公司为代表的生产防渗砖、轻质砖、空心砖、保温等新型建设材料的企业11家，2013年年产沙砖80万立方米，56万吨，年产值将达到3.3亿元。

2011年成立的和田地区团结新型建材有限责任公司、闽兴新型建材有限公司两家企业投资6000万元，生产轻质砖、空心砖、保温等新型墙体材料生产线及配套附属设施，2013年年产沙砖40万立方米(约合28万吨)，年产值将达到7340万元。增加了当地劳动力就业岗位，有着较好的经济效益和社会效益，实现了和田地区建材行业的更新换代。

**和田帝辰医药生物科技有限公司** 其是一家集研发、生产、销售于一体的现代医疗企业。公司主要经营：医疗医药中间体。产品有帝辰康咖—沙漠苁蓉，拥有完整产业链和世界最大的管花肉苁蓉生产基地，带动和田地区农民致富奔小康。

**新疆和田阳光沙漠玫瑰有限公司** 该公司成立于2004年1月18日，企业总资产8860万元，坐落在新疆和田市浙江工业园区天目山路9号，公司总投资10783万元，设计生产规模为年提取玫瑰精油2000公斤，鲜玫瑰露600吨，玫瑰花茶500吨，玫瑰花酱500吨，产值1.4亿。

**和田甜蜜蜜果业有限责任公司** 该公司是专门从事荒地荒漠治理、林果种植的一家公司，2008年到阿克苏开发荒漠一万余亩，成为当地荒漠开发、林果种植的重点企业。

截至2014年年底，实际完成投资1.2亿元，开发荒漠土地4万亩，以每年2万亩的速度开发整理土地，同时配套建设相应生产设施(水、电、路、滴灌设施)，以及住房等生活保障设施。公司现已引进种植户300余户，成立了“绿洲种植农民专业合作社”。采取“公司+合作社+农户”的模式运营，通过“六统一”(统一开发管理，统一种植品种，统一供应生产资料，统一技术服务，统一品牌，统一产品销售)，实现带动农户共同致富的目标。目前已种植红枣27000亩、核桃1800亩、经济防风林7500亩、桃子350亩，四翅滨藜2000亩、其他林果1350亩。公司已注册了“甜蜜蜜果业”“大漠果园”“南疆果园”“嘎嘎甜”商标，在北京市成立了销售公司。

**【国家沙漠公园及沙漠旅游】** 沙漠公园是以沙漠

景观为主体，以保护荒漠生态系统为目的，在促进防沙治沙和保护生态功能的基础上，合理利用沙区资源，开展公众游憩、旅游休闲和进行科学、文化、宣传和教育活动的特定区域。2013 年以来，自治区累计申报成功 23 个沙漠公园，总面积 286.95 万亩(19.13 万公顷)，其中第一批(吉木萨尔、阜康、奇台、木垒、鄯善、伊吾、尉犁、且末和沙雅)9 个 121.8 万亩(8.12 万公顷)，第二批(和丰、精河、博湖、吐鲁番和洛浦)5 个县 70.9 万亩(4.73 万公顷)，第三批(库车、莎车、岳普湖和麦盖提)4 个 61.5 万亩(4.1 万公顷)。第四批(布尔津、玛纳斯、昌吉市、呼图壁、英吉沙萨罕)5 个 32.67 万亩(2.18 万公顷)，拟建还有乌苏、沙湾、轮台、新和县等。据初步统计，2015 年全区国家沙漠公园年接待游客已达 139.7 万人次，实现旅游收入 1.5 亿元，景区职工 512 人，接待床位 1304 个。《自治区国家沙漠公园建设规划》(2016 ~ 2020 年)已编制完成。

为吸引各界人士亲身走进沙漠，领略独特的沙漠风光资源，各地区利用玉石文化旅游节、胡杨文化节及特色沙区林果文化节等方式，拓展沙漠旅游平台。

自治区的干旱荒漠化地区具有极其丰富的旅游资源和独特的自然景观。如沙漠、戈壁、风蚀地貌、草原、河流、湖泊等自然景观；这些地区又是维吾尔、哈萨克等少数民族聚居区，拥有多彩的民族风情；自治区已开发出的景区，有楼兰、尼亚、高昌、罗布泊、魔鬼城等。沙区特色旅游业正处在快速发展的阶段。

(防沙治沙工作协调领导小组办公室　吴　闵)

# 内蒙古大兴安岭重点国有林管理局林业产业

**【概　述】** 内蒙古森林工业集团(以下简称森工集团)作为中央确定的国有林区改革试点，肩负着“先行一步、做出表率”探索建立重点国有林区生态保护长效机制和治理能力现代化建设的重大使命。2016年，森工集团紧紧围绕中央和自治区对国有林区的发展定位，林区上下全面贯彻上级各项决策部署，科学研判形势，谋划改革思路，找准发展路径，明确目标任务，经过广大干部职工不懈努力，林区各项事业取得了突破性进展，在统筹推进保生态、促改革、稳增长、调结构、抓党建、惠民生等各项工作中保持了稳中有进、稳中向好的发展态势。

**【生态建设】** 森工集团坚持生态优先战略，把生态保护作为林区奋力前行的首要职责。对待生态建设要像保护眼睛一样保护生态环境，像对待生命一样对待生态环境，建设好“山水林田湖”生命共同体，确保森林资源总量持续增加、森林资源质量持续提高、生态产品生产能力持续提升、生态功能持续增强。规划到“十三五”期末，林区森林蓄积量增加8000万立方米，达到9.3亿立方米以上，活立木总蓄积量达到10亿立方米以上；森林覆盖率提高0.86个百分点，达到78.3%；林地保有量951.36万公顷，湿地保有量120.35万公顷；林业自然保护面积占林区总面积比例达到20%，生态保护示范区的建设，保护进一步推进，功能进一步凸现，生态、经济、社会三大效益进一步提升。

**【森林旅游业】** 2016年，内蒙古大兴安岭林区深入贯彻落实国家和自治区要求，积极融入内蒙古自治区旅游发展总体规划和地区旅游经济发展大局，依托林区厚重的森林、历史、民族文化，完善开发森林观光、休闲度假、极地探险、冰雪体验、文化科考、民俗风情等旅游项目，规划建设了以阿尔山、北部原始林区、毕拉河为中心的南、北、东三大旅游板块，建立满洲里－海拉尔－阿尔山、加格达奇－阿里河－毕拉河－北大河7条旅游精品环线，着力塑造内蒙古大兴安岭森林旅游品牌。截至2016年11月底，林区共接待游客131.33万人次，旅游直接收入1.278亿元。

**【林下经济产业】** 结合林区实际，按照规模化、集约化的思路，分类实施，分区打造，食用菌培植和绿色产品加工、经济林果种植、中草药种植、森林牲畜和特种动物养殖等示范基地基本形成，并依托基地逐渐培育龙头企业，以“公司+基地+林户”的产业发展模式已经确立。

**食用菌培植** 林区以黑木耳、滑子菇为主要产品的食用菌产业已经成为林区职工群众致富增收的重要途径。目前，培植规模较大的主要有克一河、阿里河、吉文、库都尔等森工公司(林业局)，而产业链相对完善的有克一河、阿里河和莫尔道嘎森工公司(林业局)。截至2016年年末，林区因全面停止天然林商业性采伐、实施“十个全覆盖”工程，对林区闲置的废旧房舍进行了拆除，食用菌培植户用以发展食用菌培植的木质原料和发菌场所锐减，使林区食用菌培植规模有所缩减，全林区食用菌培植规模在2000万袋左右，从事食用菌种植的家庭经济户有630户左右。

**经济林果种植** 森工集团加大了生态产业发展力度，以蓝莓、榛子、大果沙棘为主要品种的经济林果种植和种苗繁育已初见成效。截至2016年年末，林区蓝莓人工种植面积达2450余亩，营造榛子林28000余亩、营造沙棘林11600亩，发展经济林果种植家庭经济户有50户左右。

**中草药培育** 森工集团北药种植规模逐年稳步增扩，产业发展呈现出良好态势，种植的品种有返魂草、赤芍、防风、北五味子、金莲花、黄芩、林下参、白鲜皮等，主要集中在图里河、绰源、吉文、乌尔旗汉等林业局。截至2016年年末，各类中草药种植面积已达9697.3余亩，发展北药种植家庭经济户129户左右。

**森林牲畜养殖** 林区的森林牲畜养殖主要集中在林区中、南部林业局，其他林业局也有少量养殖，养殖品种主要以马、牛、羊为主。截至2016年年末，林区有马匹11883匹，从事马匹养殖341户，草场面积16015公顷，涉及养殖林场55个；同时林区还有羊24351只，牛15500余头，牦牛1000头。林区的牲畜饲养大多采取散养方式，养殖场所主要是临时修建的简易棚舍，基础设施简陋。

**特种动物养殖** 林区北部的“冷资源”优势明显，冬季气温往往达到零下40℃，为发展北极狐养殖提供了得天独厚的自然环境。林区发展特种动物养殖业主要是以家庭为单位，品种主要有北极狐、水貂、獭兔、鹿和野猪等，主要集中在根河、金河、阿龙山等林业局。其中养殖规模较大、效益较好的是金河地区的北极狐养殖，已成为金河地区主要的富民产业项目，从事北极狐养殖家庭经济户有276户，北极狐养殖产业发展已经完全市场化，皮张和种狐销售都在本地进行，大部分销往辽阳、肃宁等地区。截至2016年年末，林区各类特种动物养殖规模达22285头、只，其中北极狐种狐10408只、野猪1958头、鹿428只，从事特种动物养殖家庭经济户约有390户。

**林下采集业** 内蒙古大兴安岭林区林下资源丰富，品种多样，在采集季节，部分职工群众自愿上山进行野生资源采集，采集的产品主要有野生蓝莓、红豆、松子、榛子、蘑菇和山野菜等，采集业已成为林区职工群众增收的一条重要途径。内蒙古大兴安岭林区为了加强对林下资源的保护和开发利用，相继出台一系列林下资源采集方面的管理办法和措施，确保野生资源的可持续发展。林区的林下资源因受气候、年份的影响，产量不稳定，同时林区山高林密、森林环境复杂，致使林下资源采集业还未形成产业化。截至2016年年底，据不完全统计金河、阿龙山、满归林业局采集蓝莓260吨、红豆560吨、松子1250吨左右，参与采集的人员达5380人左右。

（许玉成）

# 中国吉林森林工业集团有限责任公司林业产业

【概　述】 据初步测算，2016年集团合并报表资产总额348.4亿元，比年初增加6.3亿元；净资产46.9亿元，比年初减少15.5亿元。全年实现营业收入77.5亿元，比上年减少3.5亿元；实现净利润-14.2亿元。

**多措并举，稳住局面**　坚持谋改革、稳增长、保民生，经过上下坚持不懈的努力，稳定了改革发展大局　一是综合改革稳妥有序推进。改革之初，坚决落实省委省政府部署要求，适应时代发展，顺应民心民意，以资产增值、员工增收、企业增强核心竞争力为目标，深入研究、精心制定集团综合改革方案，并经吉林省政府国企改革领导小组批准实施。通过召开改革动员大会，举办百名高级管理干部培训班，认真组织各种讨论活动，集团上下统一了思想认识，凝聚了改革共识，形成了集中智慧谋改革、同心协力推改革的氛围，迅速打开了改革局面。同时，按照中央6号文件要求，围绕保生态、保民生，积极主动地向国家和省里提出“森林资源所有权、管理权、监督权、经营权分离”等国有林区改革合理化意见和建议。经过努力争取，国家明确了森林资源经营权归属森工企业，稳定了集团发展的根基。

二是生产经营保持持续稳定。克服停伐带来的采运业、营林业和木材加工业全面萎缩的影响，围绕提高质量和效益，坚持稳健经营，加强督导检查，调整经营预算，加强资金管控，适时调度、跟踪督导重点加工业以及房地产企业生产和销售，严控金融、投资和小贷公司经营风险，落实责任、齐抓共管，全力保障安全生产，连续8年实现“三无”目标，保持了生产经营稳定。人造板实现销售收入27亿元，同比提高76.2%；北京门业实现销售收入3.2亿元，同比提高45.5%，净利润2060万元，同比提高94.7%；矿泉水实现销售收入4.1亿元，同比提高30.5%，净利润8066万元，同比提高59.5%。

三是林区社会保持和谐稳定。坚守民生底线，通过增设森林管护岗位和增加抚育工作量、恢复域内部分人造板生产、向域外企业转移等措施，分流安置8600多名停伐富余职工；通过停伐补助和银行贷款，为暂未安置的富余职工按月发放基本生活费。采取结对包保帮扶和带动发展创业等措施，基层企业1400多名特困职工半数以上实现脱贫。及时研判形势，畅通信访渠道，倾听群众诉求，耐心疏导，妥善处理信访2200余起。

**聚焦发力，挺过难关**　一是挺过了资金链断续难关。停伐后各金融机构累计压缩贷款49.9亿元，集团直面还债高峰期的困境。通过争取国家停伐相关政策、与金融机构达成合作协议、降低内部资金使用成本、优化债务结构等措施，在资金流净减少12.2亿元的情况下，集团上下同心协力，多方筹措，全年182笔贷款完成倒贷101笔，寻找新的接续资金37.7亿元，维护了整体资金链稳定，安全度过了债务危机。二是挺过了房地产资不抵债难关。针对房地产板块严重亏损的现状，改变各自为战、分散经营的策略，对房地产企业进行整合经营，实施整体管控，有效遏制了持续亏损趋势。三是挺过了股份公司“空壳”难关。加快资本运作步伐，股份公司在完成人造板产业资产划转的基础上，稳步推进与泉阳泉饮品公司和苏州园林公司的重大资产重组，在解决产业空心化问题上取得了实质性进展。四是挺过了转型发展融资难关。积极引进战略投资者，利用股份公司控股的吉人股权投资基金管理公司作为平台与东北证券、九台农商行等金融机构合作设立吉林森工绿色发展产业基金，首期10亿元资金即将陆续到位。

**群策群力，谋划思路** 一是谋划确立了集团综合改革思路——立足注入市场元素，突出问题导向和目标导向，围绕克服管理行政化、决策随意性和分配大锅饭，通过体制机制创新和结构性改革，推动集团由传统企业向现代企业跨越，激发内生动力和市场活力，实现自我革命、脱胎换骨、浴火重生。二是谋划确立了产业发展思路——依托森林资源核心优势，围绕产品整合企业、优化产业、精干主业，巩固和发展传统产业，培育和打造新兴产业，转型退出非主营业务，着力构建森林经营、木材加工、森林康养和森林特色食品“四大产业”格局，增强内生动力和发展动能。三是谋划确立了建立现代企业思路——对较发达地区先进企业，提出了规范法人治理结构、打造科学高效组织架构、明确母子公司功能定位、三项制度改革试点先行、健全激励约束机制、构建高位统筹管控体系的建设方向，努力再造管理流程，形成市场化运营机制，依靠管理革新不断激发企业发展活力。

**脚踏实地，迈出步子** 一是全面从严治党扎实推进。健全完善党委专题议党、理论中心组学习、民主生活会等制度，党内各项法规制度得到有效落实。深入开展“两学一做”学习教育，带着问题学、针对问题改、按照标准做，广大党员干部争当改革先锋、争做合格党员，先锋模范作用得到充分发挥。坚决纠正“四风”，认真开展企业领导人员履职待遇、薪酬发放及公车使用专项治理，广大党员干部纪律规矩意识明显增强。坚持有腐必反、有贪必肃，强化监督执纪问责，先后查处违规违纪案件10起，给予党纪政纪处分24人，形成了风清气正的创业氛围。二是主业构架初步形成。推进业务整合和存量调整，构建了以森林经营、木材加工、森林康养、森林特色食品为主的业务格局新框架。组建森林康养集团并启动运营，已谋划项目18个，并组织开展招商引资。森林特色食品公司组织架构已经搭建，完成工商注册，筹划项目14个。三是基层企业改革试点稳步实施。在金桥地板集团和股份公司启动综合改革和三项制度改革先行试点，积累经验做法，发挥示范引领作用。四是去产能、去库存取得阶段性成果。人造板直接关停2户企业和2条设备陈旧、产品老化的生产线，去产能19万立方米。房地产去库存完成44%，地板和人造板去库存分别完成61%和70%。五是散小股权清理和闲置资产处置以及成本、费用控制成效明显。集团确定清理71项散小股权，启动46项、完成13项，处置闲置资产246项，活化资金1.08亿元。矿泉水生产成本下降13.2%，集团管理费用、财务费用同比分别降低4.9%和13.9%。六是补人才和营销短板取得较大进展。通过内培外引和市场化选聘方式在集团本级和子公司任用了3名高管。不拘一格、大胆选用了一批有担当、能干事、能成事的优秀人才，配强了重点企业和关键岗位的“四梁八柱”；泉阳泉饮品公司与中石化签约利用其旗下2.5万家易捷超市销售矿泉水，与上海梅高创意咨询公司实施捆绑式营销合作，销售渠道得到进一步拓展。七是重点项目建设稳步推进。泉阳林业局贮木场改建矿泉水厂一期50万吨项目建成投产，与中石化合作经营矿泉水一期50万吨项目正式启动。10万吨蓝莓等小浆果特色饮品项目完成设备安装。河北永清二期10万樘实木复合门项目完成厂房建设。八是争取国家停伐政策成果突出。先后争取到与停伐直接相关的65.4亿元金融债务按4.9%利率贴息政策，年采伐限额50.6万立方米的天然林抚育和人工林采伐政策，新增林下补植补造和中幼林抚育补贴资金1亿元政策。辖区63.7万公顷森林纳入国家储备林基地项目建设规划，以域内人工林林木资产抵押贷款建设域外国家储备林基地获得批准，国开行一期项目贷款30亿元已经到位18亿元，为企业更新发展奠定了坚实基础。

（涂海萍　杨秋月）

# 中国龙江森林工业(集团)总公司林业产业

【概　述】 中国龙江森林工业(集团)总公司暨黑龙江省森林工业总局，2016年上下同心，积极努力，圆满完成各项工作任务，实现了“十三五”良好开局。一是经济总量稳步提升。全林区完成产业总产值533.7亿元，同比增长6.4%，三次产业比由38.9∶29.9∶31.2调整为37.3∶27.6∶35.1，其中一、二产比重有所下降，三产比重提高3.9个百分点；二是产业转型迈出坚实步伐。林下经济规模不断扩大，实现产值324亿元，占森工总产值的60.7%，森林生态旅游实现收入61亿元，同比增长18%。推进52个重点项目建设，总投资79.5亿元，完成年度投资23.1亿元。研究制订了森工集团组建方案，着手调整产业布局和发展重点，探索了资源、资产与资本对接模式，与天邦集团千万头生猪养殖合作项目率先在东方红林业局启动试点；三是生态建设基础进一步巩固。建设了森林资源基础信息管理平台，初步实现了“一张图”管理，探索林业碳汇交易项目管理模式，翠峦林业局碳汇交易项目、林口林业局碳汇造林项目通过国家发改委备案，完成了国际重要湿地和国家湿地公园申报，推进了东北虎豹国家公园建设；四是各项改革全面推进。认真贯彻中央6号文件精神，修改完善《黑龙江省重点国有林区改革总体方案》，经省政府讨论通过后以黑发〔2016〕36号文印发，五营、柴河、方正、清河4个改革试点单位已经挂牌运营，组建重点国有林管理局，实行政企分开；五是为支持龙煤集团改革脱困发展，2016年龙江森工接收龙煤集团分流职工2500名和3.64万公顷林地，组织职工发展林下经济，实现安置创业增收。

**基本建设** 截至2016年，系统内拥有建筑施工企业36家，从业人员3900人，施工产值11.2亿。一是全面提速城镇建设。完成13个林业局控制性详细规划和海绵城市建设规划编制工作，不断完善城镇功能及配套设施，优化人居环境。截至2016年年末，局址自来水用户20.86万户，普及率98.4%，集中供热18.20万户，供热率为85.8%，污水集中排放率为88.2%。实施绿化工程812.09万平方米，维修改造公园广场129个，占地272.68万平方米。提档升级照明设施1.13万套，亮化895座建筑楼体，提升了林区形象。二是完成棚改任务。林区棚改开工率为100%，竣工率为87%，超额完成省政府确定的目标。棚改贷款合同4.3亿元，到位2.45亿元。开工建设保障性安居工程配套基础设施项目26项，投资2.95亿元。20个林业局完成2008～2013年棚改项目验收。三是规范依法行政。国家审计署2015年保障性安居工程跟踪审计提出的17个问题，已整改到位。完成38个国投项目初步设计审批，组织对33个国投项目验收。对接“黑龙江省建筑市场一体化平台管理系统”，33个建设项目在平台履行审批程序，查处违法案件21起。发放棚改房产权证1.3万本，有7个林业局实施物业管理，收取物业费1360万元。

**林业科技** 一是召开“全省森工科技创新大会”，会上下发《黑龙江省森工重点国有林区“十三五”科技发展规划》和《总局党委、总局关于推进森工科技创新 加速科技成果转化的实施意见》，表彰了“十二五”期间的19个科技工作先进集体和73名先进工作者。二是调整充实了总局专家咨询委员会，评选2016年总局科技进步奖20项，向省政府推荐12项，获得省科技进步奖二等奖1项、三等奖9项，向国家林业局林业科技专家信息库推荐业内专家66人，并录入国家林业局系统；获国家林业局生态建设科技工作先进集体1个，先进工作者2名。三是2016年共落实各级各类科技项目60

项，经费2523万元，其中中央财政林业科技推广示范项目8项，经费800万元；国家重点研发计划项目1项，经费620万元；国家林业局部门预算项目11项，经费103万元；总局自立科技项目40项，经费1000万元。获得省知识产权专利资助项目13项，其中发明专利5项，共计获得省知识产权局奖励资金0.716万元。

**政策法规** 全面推进依法行政，规范监管行为。一是加强行政执法监督，着力优化森工林区法治环境。制定下发进一步优化森工林区法治环境的通知，建立了相应的工作制度及机制。规范了本系统行政审批事项的办理条件、申报材料、办理程序、办理时限、定期检验等内容，通过省政府网上工作平台对外公示。严格落实“两随机、一公开”制度，完成了“两单、一库、一细则”的数据库搭建工作。选聘了森工系统行政法律顾问，全过程参与了处理东京城局居民小区商业开发遗留问题、绥棱局招商引资项目经济纠纷问题。二是积极配合省人大、省政府加强林区立法工作。配合省人大常委会完成了“一法一例”检查。《黑龙江省森林防火条例》《黑龙江省湿地条例》已通过省人大审议。进一步明确了总局卫生局的食品药品监督职能，明确了总局林木种子站代总局行使相应的行政执法权。加强对规范性文件的审核力度，严格执行审批报备制度。三是加强了法制机构、行政执法队伍建设。完成了林区7375名执法监督人员综合法律知识培训以及申领换发行政执法证工作，确保了“先培训、再持证、后上岗”。加强林区三级法制机构及队伍建设，办公条件和办案条件的硬件水平显著提高。四是完成了总局省级和市县级行政权力流程梳理工作。完成省级64大项(拆分子项后79小项)和市县级共1308项行政权力流程梳理的审核及上报。

**教育培训** 2016年，龙江森工系统参加高考人数3671人，本科录取人数2059人，专科录取人数1433人，单招608人，共录取大专以上考生4100人，总录取率为95.82%。委托黑龙江生态工程职业学院共举办了11期中小学校长及教师教研培训班，共计培训2298人，有效提升了森工林区教育战线的政治思想素质、专业能力和管理水平，使林区教师队伍的业务能力、服务能力、合作能力等均得到进一步提高。认真做好免除普通高中家庭困难学生学杂费建档立卡有关工作，核定高中困难学生2785人，对已收取的62.6万元学杂费，在10月底前全部返还给学生，同时申报242名学生获得滋蕙计划资助，每生2000元，将国家的资助政策及时惠及困难学生。

**【营林产业】** 累计完成更新造林23.2万亩，森林抚育777万亩，义务植树367万株，活立木总蓄积量达8.92亿立方米，有效防治森林病虫害214.9万亩，无公害防治率达到99.1%，种苗产地检疫率达100%。

**森林抚育经营工作有序开展** 一是序时下达2016年度森林抚育计划777万亩，涵盖40个林业局及省林科院、青梅林场、长岗林场、伊春森林经营所和西林经营所5个直属单位；二是制定《黑龙江省国有重点林区森林抚育经营实施细则》《黑龙省国有重点林区森林沟系经营实施意见》，对森林经营理念、经营方针、经营原则、技术标准进行明确、具体的规定，更具操作性的指导全系统森林经营工作；三是科学开展森林经营示范，用示范引领带动促进全区森林经营工作；四是完成2015年度省级森林抚育补贴检查验收工作。经国家林业局对新青、铁力、清河、柴河、海林5个局核查及总局、林管局抽查，作业质量均合格。

**加快森林资源培育，推进生态环境建设** 一是狠抓质量，规范管理，巩固更新造林成果。春造期间，总局、林管局、林业局有关人员深入一线检查指导工作，对生产中存在的问题及时纠正，层层落实责任，为提高造林成活率打下良好基础。二是狠抓天保二期森林培育成效，实行质量监管常态化。总局于10月24~31日对绥阳、桦南、美溪、兴隆4个林业局2016年后备森林资源培育作业的质量进行了抽查验收，通过抽查和林业局自检合格率为100%，平均成活率为94.3%，为提高更新造林成果和国家后期资金的有效投入打下了良好的基础。三是接收龙煤集团所属鹤岗、双鸭山、七台河矿务局3个林业处划转的林地3.64万公顷，其中有林地面积2.37公顷，多数为人工落叶松林，占81%。四是继续开展“美丽森工、绿色林场(所)”建设活动，2016年有123个单位申报绿色林场(所)，总局组织相关人员对申报单位进行抽查，达标98个单位，达标率为85.2%。

**加强森林公园建设，为生态旅游产业助力** 一是申报“十三五”期间国家森林公园建设项目，其中亚布力、雪乡、凤凰山、东方红国家森林公园建设项目已纳入国家“十三五”期间重点支持的林业发展项目，并对各国家级森林公园投入960万元。海林林业局获得国家林业局100万元林相改造资金。亚布力管委会、雪乡国家森林公园，汤旺河石林国家森林公园被国家林业局授予全国森林旅游示范县。二是参加了2016中国森林旅游节，获得了优秀团体奖、优秀设计创意奖、优秀市场服务奖，加强森林公园行业宣传，为今后在森林风景资源管理，向国家申请专项资金投入打下良好的基础。

**营林基础工作取得新成绩** 一是国家林业局授予龙江森工林木种子工作“全国林业生态建设突出贡献奖先进单位”；二是推进标准化苗圃达标竞赛活动，强化种苗信息管理，落实良种苗木培育补贴工作；三是林业有害生物监控能力和防治水平有所提高。完成了林业有害生物普查外业汇总工作，调查面积5548.8万亩，普查危险性林业有害生物发生种类共计93种，包括森林病害19种、虫害62种、森林害鼠10种、有害植物2种；四是各级森林物候气象站从过去的定时发布24小时短期预报、旬报及中、长期天气预报，扩展为农、林业气象灾害评估和预警，开展林木病虫害气象预报，并向产业发展、民生改善、生态安全、国家森林公园及湿地景区观测等服务领域渠道发展。

**【林产工业】** 实现工业产值51.2亿元，比上年降低15.6%，其中境内完成26.2亿元，境外完成25亿元。

**进行产业结构调整** 一是产品结构调整。面对停伐后森工区域内木材原料的实际，围绕供给侧结构性改革，实施产业结构调整，提升家具、地板、木制品、雕刻工艺品等精深加工产品比重，延长产业链，增加附加值；二是调整企业布局。实施“走出去”发展战略，落实在犹太州建设境外园区，滨海边疆区建设境外原料加工基地，支持建设境内口岸木材采购、精深加工基地，在绥芬河、满洲里口岸采购原料，确保境内精深加工原料充足，形成境内外产业互动发展格局。

**树立推广发展典型，引领产业发展** 一是树立推广海林局在俄罗斯建立加工园区的典型；二是树立推广绥阳局在境外建设加工基地，境内发展精深加工的典型；三是树立推广海林、柴河依靠境外原料，建设境内工业园区，实现产业集聚发展的典型；四是树立推广牡丹江木材厂实现由二产向三产转型，大力发展仓储物流业的典型；五是开展争先创优。柴河、方正林业局，亚布力滑雪旅游度假区管理委员会获得了第三届中国林业产业突出贡献奖，鹤北局、牡丹江厂获得个人突出贡献奖。

**院墙企业改革取得新进展** 一是产业结构调整、建设龙头企业。牡丹江木材厂产业结构调整取得新进展。通过发挥地域优势，优化要素配置，调整产业结构，建设仓储、物流、石材3个园区，建设门窗市场。主营业务由第二产业木材加工调整为仓储物流第三产业，实现仓储库房种类多样化，物流园区功能齐全化，以规模促进产业发展，形成了仓储物流为主导产业，“三区一场”——宾馆的多方位经营格局，实现了产业深度转型，员工全部上岗，企业仓储物流年收入1600万元。园区入住商户636户，常驻经营人员3755人，是牡丹江较大规模仓储物流园区；松江胶合板厂在原有地板产能基础上，与北大荒集团合作建设农业、山特产品配送中心项目，与中意集团合作谋划建设200万平方米实木复合地板项目。二是实现体制机制创新。牡丹江厂建设股份制物流园区；齐新工厂实施“一园多区、转型发展”战略。

**【多种经营】** 2016年，多种经营战线总产值完成324亿元，同比增长8%，占森工总产值60.7%，同比提高1.1个百分点。主要是种植业产值58亿元、养殖业43.7亿元，森林食品业72.2亿元，北药业18.4亿元。

**主导产业稳步发展** 一是努力做大森林食品业。食用菌栽培规模13.2亿袋，其中黑木耳栽培规模12.7亿袋，产量5.7万吨，4个林业局黑木耳生产规模过亿袋。浆果人工栽培5.1万亩，产量1万吨，坚果人工栽培1万亩，采集山野菜3.9万吨。三江林区有效使用绿色、有机、无公害产品标识102个，认证面积共计188万亩。建设质量可追溯体系企业11家。二是大力发展林下养殖业。重点推进森工总局与天邦股份有限公司千万头生猪养殖项目，东方红林业局试点先行，与汉世伟集团百万头生猪养殖合作项目已全面展开。积极开展“两牛一猪”规模化标准化示范基地建设工作，改扩建、新建规模化标准化养殖场12个。三是积极发展绿色高效农业。农业播种面积695万亩，粮食产量145万吨，粮食仓储企业18个，仓储能力达到515万吨。四是精心培育北药产业。全林区人工栽培北药面积8.7万亩，产量2.3万吨，其中五味子3万亩，平贝2.3万亩，“两参”2万亩。

**产业化水平不断提高** 一是强化原料基地建设。重点建设了50个规模大、效益好、带动力强的森林食品原料基地和10个千亩北药种植基地。有10个基地被省农委列入省级“互联网+农业”高标准种植示范基地，其中2个被列为“互联网+农业”高标准种植样板示范基地。二是强化龙头企业培育。培育国有(含国有控股)、民营森林食品生产企业75家，其中国有(含国有控股)16家，民营企业59家，生产规模1000吨以上企业30家。三是强化品牌培育力度。不断强化品牌管理和宣传推广力度，加强产品质量监管体系建设。“黑森”品牌系列产品已达13大类，近500个品种。四是强化市场营销体系建设。建设黑森绿色食品旗舰店26家，加盟的连锁店、代理商已达到200余家。成功组织企业参加哈洽会、绿博会、农交会及省政府组织的候鸟式养老推介等大型展会，拓宽了产品销售领域，提升了“黑森”品牌知名度。

**管理服务力度不断增强** 一是争取政策驱动。2016年争取农开资金6000万元，农机补贴资金1000万元，新建五大连池市沾河林业局江山现代农机合作社，争取国家投入600万元；争取安置龙煤集团转岗分流人员农开项目4个，金额2500万元；争取地力保护补贴、大豆、玉米价格补贴等政策资金共计7.15亿元；争取“两牛一猪”标准化规模养殖基地建设项目补贴资金1100万元。二是科技支撑拉动。集中举办了北药种植、“互联网+”绿色食品营销、森林禽类、森林猪、野猪养殖技术和无规定动物疫病区建设等6期培训班，培训林业局技术人员、大户600余人次。三是典型引领互动。2016年7月，在绥阳、八面通林业局召开了“全省森工林区发展林下经济现场推进会议”，总结经验，树立典型，凝聚共识，对全面推动森工林区林下经济产业发展和森工经济转型起到了积极作用。

**【生态旅游】** 实现产值及收入61亿元，比上年增长18%，接待1150万人次，比上年增长15%。

**加强重点景区旅游规划工作指导** 编制龙江森工林区旅游发展“十三五”规划，以资源保护为重点，指导管局、林业局各景区的项目规划；对预建项目的可研规划、精品项目的提升规划、原有项目改扩建规划进行审核，坚持在保护基础上开发的原则，对资源开发利用进行严格把关，对规划设计单位资质和业绩严加把控，杜绝规划不切实际、不能落地的情况发生。

**指导景区开发，推动提档升级** 一是配合省旅游局2016年4A级以上景区复核工作，指导大海林、山河屯、柴河林业局和亚管会、平山旅游区管理局5个单位开展自查和整改，以复核检查为契机，整体提升森工所属4A景区经营管理水平，同时按照上级要求组织专家对森工3A级以下景区进行全面复核，方正罗勒密景区被评为4A级景区，对发现的问题进行了整改；二是继续推进旅游厕所建设，按照“三年厕所革命”的要求继续在各个景区及主要交通节点新建和改造生态环保厕所，满足游客需求，同时监督2015年新评A级景区奖励资金和旅游厕所奖励资金使用情况；三是申报亚布力滑雪旅游度假区为国家级度假区，推进雪乡、凤凰山景区完善各项工作，为下一步晋评5A级景区做准备。

**完成2016中国森林旅游节工作** 在布展上，龙江森工展位充分突出了森工的特色，非常醒目地与其他省份的展位区别开来，森林旅游节开幕当天，吸引了全国政协副主席罗富和、国家林业局局长张建龙等领导驻足观看，并饶有兴趣地听取了亚布力滑雪旅游度假区、雪乡和凤凰山景区的介绍，展出效果超出预期。获得了优秀团体奖、优秀设计创意奖、优秀市场服务奖，同时，亚布力管委会、大海林林业局、伊春汤旺河林业局被授予国家森林旅游示范县的称号，上甘岭溪水国家森林公园步道和凤凰山国家森林公园步道受到国家级层面上的表彰。

**加大执法力度、强化行业监管** 2016年，森工各旅游景区实现了旅游人数和收入的双增长，游客投诉和旅游安全事故率两降低的良好局面，真正实现了总局党委、总局要求的旅游产业两升两降的目标。在旅游旺季时及旺季来临前，加强对扰乱旅游市场经营行为的监管和处罚力度，对私自承揽导游业务、带旅行团没有团单、司机无导游证代替导游等行为进行及时处罚，起到了一定的震慑作用。

**多渠道扩展森工景区对外宣传** 一是参加中国旅游协会的相关工作，龙江森工作为副理事单位积极参与相关活动；二是指导并参加山河屯林业局凤凰山景区在哈尔滨、齐齐哈尔和大庆举行的推介会，参加省旅游局组织的5省、市夏季旅游宣传推广活动，在参加黑龙江省“冰雪之冠·畅爽龙江”旅游推介会的同时，在北京、济南、上海、成都、广州5城市召开黑龙江国有林区冬季冰雪旅游推介活动，邀请当地新闻媒体、旅行社参加。通过派发景区门票和抽奖活动，鼓励当地媒体和旅行社等为龙江森工旅游景区进行多角度、全方位的推介。

**【机电能源】** 2016年，全省森工林区万元生产总值综合能耗降低到0.2841吨标准煤，比2015年同期降低3.16%，按此计算，年节约标准煤30132吨。截至2016年年末，全省森工林区已建成运行风力发电项目19个，装机容量85.45万千瓦，2016年度完成发电量14.68亿千瓦时，上网电量14.09亿千瓦时。

**进一步加强森工林区节能管理工作，完成年度节能工作目标** 一是组织编制《森工林区“十三五”节能专项规划》，组织制定2016年度森工企业林区万元生产总值综合能耗计划，制定了各森工企业2016年度的节能目标计划；二是继续开展淘汰工业燃煤小锅炉工作，实现了2016年度森工林区淘汰落后燃煤小锅炉20蒸吨，完成30蒸吨燃煤锅炉的节能改造目标；三是积极推广节能新产品、新技术、新工艺。重点推广柴河林机厂高效节能锅炉产品，推广柴河林业局供热公司锅炉改造和供热的先进经验；四是根据省工信委的有关要求，推荐柴河林机厂生产的40吨和65吨锅炉产品参加评审，经省工信委组织专家评审，两种锅炉产品列入《黑龙江省工业重点节能技术(产品)推广目录(2016)》。

**加强供用电监管工作，推进林区供电管理体制改革，为林区转型发展提供电力保障** 一是按照中央《关于进一步深化电力体制改革的若干意见》精神和省政府相关工作的部署，组织开展林区供电企业改革相关情况调研工作，为森工林区电力体制改革做好准备工作；二是加大林区电力行政执法工作力度，组织开展林区电力行政执法工作，为林区生产和生活安全用电提供保障；三是积极推进柴河林业局小九寨、雪村旅游景区供电设施升级改造工作，改造工程已于2016年5月竣工运行，为柴河林业局小九寨、威虎山雪村旅游项目发展及周边林场所转型发展提供了用电保障。

**积极推进清洁能源产业项目建设，不断壮大产业规模** 一是根据总局产业转型发展的工作要求，修改完善了森工林区清洁能源“十三五”规划；二是组织制定了《黑龙江省森工林区生物质能产业发展规划(2016~2020年)》，明确了全森工林区2016~2020年生物质能发展目标；三是积极推进清洁能源产业项目建设。重点推进林口、方正、海林林业局在建和新开工风电项目3个，装机容量19.35万千瓦。四是按照总局的统一部署，完成了风电项目产业清产核资工作。

**【经贸招商】** 2016年，全森工林区进出口额完成5507万美元。其中，进口额452万美元，出口额5055万美元，同比增长10%。

**开展“招商之冬”和“招商之春”专题招商活动** 先后组织赴韩国、俄罗斯、中国香港、北京、广东等地开展了7次招商活动。2016年全省森工系统共计签约合同、意向、在谈项目34个，项目总金额52.3亿元。其中，合同项目25个，签约金额19.4亿元，超亿元项目4个，已开工项目23个，实际到位资金10.4亿元；在谈、意向项目9个，项目金额32.9亿元。这些项目打破了局域限制，突显了对整个产业链的整合和整体效能发挥。

**积极做好项目筹备，做好项目对接编辑并印刷** “2016年招商引资册”，重新修订“森工林区投资发展与潜力报告”，起草“森工林区投资指南”等。借助省政府和国家林业局搭建的各类招商活动平台，寻找项目线索，主要参加了第二十七届哈洽会暨第四届新博会、第三届中俄博览会、首届龙商大会、黑龙江——韩国经贸合作推介会、黑龙江——新加坡(北京)经贸合作交流等活动，与韩国圃美多集团、永诚保险有限公司、恒大集团、联想集团、博天环境、松岭、九鼎基金等一批有实力的企业建立了联系，部分项目达成了合作意向。

**加快园区建设，为产业发展搭建平台** 森工已形成1个境外园区、4个仓储物流园区、24个产业园区布局。园区规划面积30.5平方千米，入户企业205户，其中，清河和沾河林业局园区为省级产业园，方正、迎春林业局申报享受省级工业园区的汇总材料正在完善中。

【劳动保障】

**做好惠民实事，力图有所创新** 一是经过实际调查和测算，对2017年调整国有企业职工工资方式，采取“限高调低，适度倾斜、公平均衡”的基本原则，使工资分配真正起到了杠杆和激励作用，企业反响普遍较好；二是在森工厂办大集体改革工作中，既考虑森工群体的特点，又全面兼顾企业的实际情况，最大程度上为职工排忧、为企业解难，实现了政策的最优化，也得到职工群体和企业的拥护。

**努力服务基层，在放管服上有所突破** 一是在开展森工厂办大集体改革人员身份认定工作中，坚持方便基层、服务基层，总局分3个工作组，历时近一个月，深入林区基层，对11.8万厂办大集体人员进行了身份认定的审核工作；二是对参加城镇职工养老保险人员，采取网上申报和现场分片审核审批的形式，减少基层的车马劳顿，方便基层，受到基层的欢迎。

**直面新情况，解决新问题** 一是为加强森工人力资源管理，精准掌握森工人力资源的整体情况，促进人力资源合理配置，与总局信息中心共同开发设计了《森工林区人力资源管理系统》，培训了业务人员，在几个单位试运行，为森工林区人力资源全员实名制深层次管理奠定基础；二是为解决龙煤集团人员超编问题，2016年龙江森工接收龙煤集团分流职工2500人，分别为原龙煤三个林业处原有干部职工569人，鹤岗煤矿、七台河煤矿、双鸭山矿分流地面附属人员1931人。由3个林业局分别接收，其中，鹤北局接收1000人、桦南局接收1000人、双鸭山局接收500人。

(李海波)

# 大兴安岭林业集团公司林业产业

【概　述】 2016年，大兴安岭林业集团公司林业产业总产值达到82.1亿元。其中第一产业产值37.4亿元；第二产业产值11.4亿元；第三产业产值33.3亿元。三次产业产值结构由停伐前2013年的46.1∶38∶15.9调整为45.5∶13.9∶40.6，第三产业比重上升了24.7个百分点。

查处盗伐林木、毁林开垦、滥捕滥猎野生动物等资源林政案件257起，收回林地2727亩。完成森林抚育356.3万亩、人工造林8.7万亩、补植补造46.1万亩，连续5年获得全国森林抚育核查前三名。开展呼玛县域涉农林地清查；北极村、呼源钻天柳自然保护区分别晋升国家级和省级，十八站呼玛河湿地公园晋升国家级试点。与中国开发性金融促进会签署漠河生态、冰雪健康养老小镇项目建设协议，中国特色小镇500亿元母基金正式启动，对北极村、北红村、龙江第一湾等景区进行提档升级，百泉谷(天台山)景区初步建成，印象·南瓮河旅游项目开工建设，兴安冰雪乐园开园运营，漠河和大兴安岭纳入“国家全域旅游示范区”创建名录。中捷集团森林猪养殖加工项目启动资金到位1.1亿元，建成京东大兴安岭馆和大兴安岭电商云仓物流园，绿色食品入驻全国12个城市19个旗舰店。与中国科学院和哈尔滨股权交易中心分别签署战略合作协议，林格贝公司并购齐齐哈尔市鼎恒升药业，十八站北五味子、韩家园菊苣种植加工项目开工建设，张仲景养生院纳入全国森林康养基地试点。与崂山矿泉水和哈铁分局达成开发大兴安岭矿泉水协议，农夫山泉矿泉水项目完成投资3970万元，图强碳汇造林项目完成碳量核证外业工作，监测报告在国家自愿减排交易平台公示并通过，获得全国首单1000万元林业碳汇质押贷款，十八站碳汇造林项目已备案，松岭等3个碳汇项目取得突破性进展。20个重点产业项目全部开复工，完成投资6.1亿元，为年度计划的125.3%，5个项目建成投产。新签约项目31个，签约额197.1亿元，到位资金32.2亿元，11个项目开工建设。工业园区实现产值3.5亿元、利润4902.8万元、税收2441.5万元，安置就业2500余人。

【产业产值】 林业产业总产值中，系统内产值55.1亿元，占林业产业总产值的67.1%，系统外产值27亿元，占林业产业总产值的32.9%。系统内产值中，营造林产值15亿元，占系统内总产值的27.2%；种植业产值4亿元，占系统内总产值的7.2%；煤炭开采业产值2.8亿元，占系统内总产值的5.1%；电力能源产值2.1亿元，占系统内总产值的3.8%；林业公共管理及服务组织产值5.5亿元，占系统内总产值的9.9%；旅游休闲业产值11.7亿元，占系统内总产值的21.2%；教育卫生产值6.5亿元，占系统内总产值的11.8%；境外采伐产值2.6亿元，占系统内总产值的4.7%。系统外产值，林产品的种植和采集产值10.0亿元，占系统外产值的37%；畜牧业产值5.9亿元，占系统外产值的21.8%；种植业产值2亿元，占系统外产值的7.4%；非木质林产品加工制造产值5.1亿元，占系统外产值的18.9%；旅游休闲业产值3.6亿元，占系统外产值的13.3%。

**第一产业** 食用菌种植与采集实现产值5.2亿元，食用菌产业受停伐原材料紧缺的影响，同比下降24.6%。食用菌养殖9248万袋，同比下降44.5%，其中黑木耳养殖7555万袋，占食用菌养殖的81.7%。

林产品采集实现产值4.6亿元，同比增长8.7%。其中野生浆果采集产值2.5亿元，山野菜采集产值0.3亿元，中药材采集产值1.4亿元，松子榛子产值0.4亿元。采集蓝莓和红豆11248吨，同比下降10.7%；其中蓝莓5066吨，同比下降14.1%；红豆6182吨，同比下降7.7%。采集北药1847吨，同比下降50.4%。采集山野菜1723

吨，同比下降 30%。采集松子 1198 吨、榛子 211 吨。

特色养殖业实现产值 6.5 亿元，同比增长 8.3%。年末牛存栏 1.3 万头，羊存栏 8.3 万只，家禽存栏 50.7 万只，鹿存栏 0.14 万头，狐貂貉存栏 4 万只，其中图强林业局 2.9 万只，西林吉林业局 1 万只，占存栏总数 97.5%。

农作物播种面积完成 123 万亩，其中大豆面积 97.5 万亩，小麦面积 13.5 万亩，土豆面积 7.5 万亩，大豆种植面积占播种总面积的 79.2%。受 6～7 月气温偏低和降雨减少的影响，农业产值达到 5.5 亿元，同比下降 40.7%。粮豆薯总产量为 10.5 万吨，同比减少 7.3 万吨，其中大豆产量 4.9 万吨，同比减少 8.1 吨；大豆每亩产量为 51 千克，比 2015 年同期每亩减少 76 千克。林业集团公司的两个直属企业岭南管委会、大杨树农工商联合公司耕地面积为 102 万亩、13.5 万亩，占农作物播种面积的比重分别为 82.9%、11%，产值分别完成 3.2 亿元、0.3 亿元，同比下降 56%、61.5%。

**第二产业** 2016 年，木材加工业受原材料的影响仅完成产值 1.3 亿元，同比下降 49.7%。木材加工产品锯材产量 1379 立方米，细木工板产量 210 立方米，建筑模板产量 540 立方米，卫生筷子产量 17652 标准箱，木屋 13115 平方米。林化产品木炭产量 3064 吨，木质活性炭产量 2892 吨，机制锯末炭产量 4437 吨、木质颗粒产量 1404 吨。

蓝莓饮料加工实现产值 2.7 亿元，同比增长 39.9%，野生浆果饮料加工完成 1197 吨，野生浆果果酒加工完成 452 吨。食用菌加工制造实现产值 0.5 亿元，菌包加工实现产值 1.6 亿元。食用菌加工 565 吨，生产菌包 9248 万袋。

电力供热产值完成 2.1 亿元，其中供热产值完成 1.5 亿元，占电力供热产值的 71.4%，林业集团公司的 3 个电厂都是热电联产电厂，主体由过去的发电逐步转向供热。发电量完成 2.4 亿度，同比下降 22.7%；制热量完成 592 万吉焦，同比增长 7.1%。

绿色矿业产值实现 2.3 亿元，同比增长 17.3%。原煤产量 167.5 万吨，其中古莲河煤矿产量 130 万吨，十八站欧浦煤矿产量 37.5 万吨。

**第三产业** 林业旅游与休闲业保持持续增长势头，实现产值 15.3 亿元，同比增长 11.3%；林业公共管理及其他服务组织实现产值 5.5 亿元，同比增长 25%；林业生产服务实现产值 1.6 亿元，同比增长 45%；教育、卫生实现产值 6.5 亿元，同比 18.2%；境外采伐实现产值 2.6 亿元，同比降低 41.8%。

**【生态建设】** 2016 年，国家继续提高天保工程的补助标准，森林管护费由 6 元/亩提高到 8 元/亩，补植补造由 200 元/亩提高到 300 元/亩，人工造林由 300 元/亩提高到 500 元/亩。人工造林面积完成 8.69 万亩，其中当年计划任务 4 万亩、上年结转 4.69 万亩；补植补造面积完成 46.1 万亩，其中当年计划任务 31.33 万亩、上年结转 14.77 万亩；森林抚育面积完成 345.9 万亩。育苗面积完成 805 万亩，成苗数量完成 7594 万株，义务植树完成 93.3 万株。对 809.8 万公顷林地实行管护全覆盖，落实了管护责任。活立木总蓄积量增加了 1097 万立方米，达到 5.82 亿立方米，森林覆被率增加了 0.05 个百分点，达到 81.91%。

北极村省级自然保护区晋升为国家级自然保护区，呼源钻天柳地级自然保护区晋升为省级自然保护区，十八站呼玛河湿地公园晋升国家级试点。大兴安岭林区已建成森林、湿地和野生动植物物种保护类型自然保护区 32 处，总面积 219.3 万公顷，占全区总面积的 26.26%，其中，国家级保护区 6 处，分别为呼中、南瓮河、双河、绰纳河、多布库尔、北极村国家级保护区，总面积 85.8 万公顷，其中南瓮河国家自然区又是国际重要湿地，总面积 22.9 万公顷。省级保护区 6 处，分别为岭峰、盘中、盘古河、常青、呼源和漠河野生蓝莓保护区，总面积 30.9 万公顷，地级自然保护区 20 处。自然保护区按类型分，湿地类型自然保护区 18 处，总面积 134.2 万公顷；森林类型自然保护区的有 9 个，总面积 65.3 万公顷；野生动物类型自然保护区 2 处，总面积 11.1 万公顷；野生植物类型自然保护区 3 处，总面积 8.7 万公顷，形成类型齐全、布局合理的寒温带生态保护群。

**【林业投资】** 2016 年，完成林业投资 33.7 亿元，同比增长8%。天保工程二期投资完成30.0亿元，其中，营造林4.9亿元，管护事业费9.3亿元，社会保险6亿元，政社性支出9.8亿元。从投资主体看，国家投资32.9亿元，占总投资的97.9%；企业自有资金完成0.7亿元，占总投资的2.1%。

林业固定资产投资完成4.5亿元。按构成分，建筑安装工程完成2.3亿元，设备工器具购置完成0.5亿元，其他完成1.7亿元。按性质分，新建完成1.9亿元、改建和技术改造0.5亿元、恢复1.6亿元、单纯购置0.5亿元。本年新增固定资产1.2亿元。

**【职工人数与工资】** 2016年，林业集团公司年末人数56111人，其中在岗职工53790人，同比降低2.3%；离开本单位保留劳动关系的职工2321人。在岗职工工资总额20.2亿元，同比增长10.1%。在岗职工年平均工资37680元/人，同比增长12.1%。离退休人员66161人，离退休人员生活费18.6亿元，离退休人员年均生活费28073元/人。

按性质分，企业在岗职工49124人，在岗职工工资总额17.3亿元，年平均工资37680元；事业单位在岗职工3638人，在岗职工工资总额2.1亿元，年平均工资59134元；机关单位在岗职工1028人，在岗职工工资总额0.8亿元，年平均工资71285元。

林业集团公司总户数12.7万户、人口31.4万人。其中，10个林业局11.2万户、人口27万人；5个直属企业0.6万户、人口1.8万人。

**【资源管理】** 活立木总蓄积量增加了1093.7万立方米达到5.82亿立方米；森林覆被率增加了0.05个百分点达到81.91%。

印制《木材停伐宣传手册》，发放到各局作业组直接生产人员手中；将国家批复的“十三五”期间年森林采伐限额分解落实到各林业局，指导各林业局依法依规开展森林资源经营利用活动；升级了三类调查设计软件，制定出台了《关于进一步加强拨交验收管理工作的通知》《森林抚育调查设计暂行管理办法》等一系列规章制度；下发了《关于进一步做好停止商业采伐工作的通知》，采取各驻局监督办每月1查、地区不定期抽查等多种形式，全面加强停伐监督检查，查处木材加工厂私收木材和盗伐木材案件1起，并移交公安部门；与计统部联合开展了全区木材加工企业库存清查盘点，及时准确掌握现有加工企业产、销、存情况，建立台账，对库存清零的加工企业停止办理一切销售运输手续。

全面启动了为期5年的保护森林资源“十三五”行动，开展了打击毁林种参、毁林开垦等专项行动，对偷盗木材、违法运输、毁林开垦等违法行为予以严厉打击。已累计查处各类林政案件257起，收回林地181.85公顷，收缴木材259立方米，处理违法人员268人。

将所有使用林地项目全部纳入网上使用林地审核审批申报系统，编制完成了《建设项目使用林地审核审批申报指南》。完成永久使用林地初审和上报项目18项，经国家林业局审核批复14项，占地面积66.22公顷；林业集团公司批复临时和直接为林业生产服务项目62个，占地面积1155.57公顷。查清集团公司林地范围、林地保护利用状况以及林地管理属性变化情况，经审查后上报国家林业局。重新制定《大兴安岭地区林地、林木补偿费标准》。

国家林业局投资1100万元，对十八站、松岭2个林业局开展森林资源二类调查工作，制定了操作细则、召开了森林经理会和业务培训班，二类调查外业已经全部结束。

**【营林生产】** 2016年，集团公司森林抚育任务共计345.9万亩(天保规划275.9万亩，追加70万亩)。全面完成2015年结转人工造林4.8万亩、补植补造14.7万亩和2016年国家林业局下达集团公司的4万亩人工造林、31.33万亩补植补造任务。编制《旅游线路造林绿化实施方案》，共计完成了5908亩干线造林绿化任务。并顺利通过了国家林业局对集团公司2015年度人工造林的核查。

全年共完成义务植树71.6万株(全年计划93.3万株，除加格达奇区计划34.1万株，只完成12.4万株外，其他县区局均全部完成栽植任务)，完成计划的76.74%。2016年，呼中区、十八站林业局分别获得全国绿化委员会授予的“全国绿化先进县”和“全国绿化先进单位”荣誉称号，大兴安岭

5 位同志荣获"全国绿化奖章"，绿化宣传工作得到了加强。

2016 年，共举办森林抚育、造林及补植补造技术、营林生产质量管理、林业有害生物防治等各类营林技术培训班 133 期，培训营林管理技术人员、生产作业人员 20187 人次。并与地区总工会、行署人力资源和社会保障局联合举办、由十八站林业局承办的"2016 年大兴安岭地区人工造林技能竞赛"。全年共进行营林安全生产管理检查 6 次，下发了《营林行业安全生产预案》《营林系统重大安全事故应急预案》等 12 个安全管理文件。

完成了 2015 年度 357.4 万亩森林抚育任务(其中森工计划 345.9 万亩，地方 11.5 万亩)的质量核查工作，制定了科学的检查验收工作方案，由地区纪委、监察局随机抽取核查地块，共抽查作业单位 119 个，小班 416 个，抽检面积 9.66 万亩，抽检比例达 2.7%，超过了国家规定的省级抽检比例，面积达标率为 93.87%，较上年提高了 8 个百分点。

共提供造林绿化上山苗木 3371 万株；西伯利亚红松培育成效显著，春季提供西伯利亚上山苗 31 万株，营林局林木种苗站获得全国"生态建设突出贡献奖"。

重点对加格达奇北山公园及街区绿化树木进行虫害防治，防治作业面积 1.22 万亩，防效达到 96%。同时狠抓了林业有害生物监测预报、防治减灾、检疫执法、灾害普查和宣传培训工作。

**【国际森林开发】** 累计境外生产商品材 31.89 万立方米，其中直接生产 14.3 万立方米，劳务生产 17.59 万立方米；加工板材 7.24 万立方米。编制完成《大兴安岭地区林木加工(对俄林业合作)发展规划》。部分项目争取到了国家有关优惠政策，解决了在开展境外林业投资合作中遇到的经济困难和政策困难，扩大境外采伐规模。新林林业局境外采伐项目已连续 5 年争取到国家对外投资专项资金共计 352 万元，均已发放到位。

新林林业局境外采伐项目在俄罗斯租赁林地 35.7 万公顷，拥有 5200 万立方米森林资源开采权，年设计产量 29 万立方米，经营期限 22 年。已累计生产商品材近 60 万立方米。松岭林业局境外采伐项目在俄租赁林地总面积 1.28 万公顷，木材蓄积量 294 万立方米，租期 49 年。2011 年至 2015 年度生产木材均达到 5 万立方米，加工木材达到 2 万立方米。阿木尔林业局境外采伐项目在俄拥有林地面积 1.93 万公顷，蓄积量 142.21 万立方米，采伐年限 10 年。2009 年至今每年均有 3 万立方米以上的直接产量。兴邦阿玛扎尔林浆一体化及北极星工业园区项目已完成投资约 27.38 亿元。年加工 10 万立方米木材的林克生产线已建设完成、纸浆厂工程进度已完成 60% 以上。上市公司中捷资源投资股份有限公司收购兴邦公司 60% 股权及定向增发已上报中国证券监督管理委员会，进入最后审查程序。

**【碳汇管理】** 图强林业局碳汇造林项目获得国家发改委备案，备案计入期 20 年，减排量 820 万吨二氧化碳当量，年均减排量 41 万吨。2016 年 10 月 20 日，图强林业局碳汇造林项目监测报告又在中国自愿减排交易信息平台备案公示。10 月 23 ~ 26 日，图强碳汇造林项目完成了第三方服务认证机构(DOE)碳量核证的外业工作，待 DOE 出具碳量核证报告经专家再次评审核证备案后，国家发改委将签发碳量，即可上市交易。通过了《大兴安岭地区林业碳汇产业发展指导意见》《大兴安岭地区碳资产管理制度》

与北京环境交易所洽谈合作在加格达奇成立"北京环境交易所大兴安岭碳交易中心"，已达成初步《合作框架协议》。组织 73 人次参加了 6 次由国家林业局和省林业厅举办的林业碳汇业务学习培训班，其中处级以上领导干部 18 人次。在图强林业局成功举办了大兴安岭林业碳汇项目开发与交易培训班，邀请到了国家顶尖专家授课，参训人数达 150 人。另外，通过建立"大兴安岭林业碳汇公共信息平台"发送林业碳汇相关业务知识、电子课件及国家有关政策和管理办法，组织两级管理机构人员进行网络培训。与黑龙江大兴安岭农村商业银行签署碳金融合作协议，于 2016 年 6 月 15 日，以 2015 年年碳汇量 40 万吨为质押授信，从农村商业银行获得全国首单林业碳汇质押贷款 1000 万元。《大兴安岭森林生态系统碳汇监测体系建设》科研课题正式立项。

**【野生动植物保护】** 全年共举办科普讲座、展览、网络、社区等活动86次，制作摆放宣传展板91块，展出本土野生动物摄影作品30幅，设立咨询台37个，悬挂宣传条幅113条，执法检查41次，发放野生动物保护宣传单2万份、野生动物疫源疫病宣传彩图5000张、湿地保护宣传张贴画10000余份、《黑龙江省湿地保护条例》解读宣传单6000余份、单行本100册。邀请北京林业大学专家于12月1～3日在加格达奇区举办了《保护法》研修班，12月5～7日深入社区开展法律知识讲座。

出动执法人员3645人次，执法车辆701台次，检查市场、宾馆、饭店247户，清理非法入山人员44人，清理套、夹、粘网等猎捕工具685件，捣毁地窨子1个，放飞(生)野鸭、鸟、林蛙703只，收缴野生动物3只，查获1起破坏野生动物刑事案件。开展大兴安岭地区冬季水鸟同步调查地点6处，布设观测区8个，观测点8处。

遴选出阿木尔国家级野生动物疫源疫病监测站，申报成为国家林业局先期确定的34家野生动物疫源疫病监测站防控标准建设单位之一。组织全区各级监测站加强重点时期重点区域的监测巡查频度和强度，加强节假日监测应急值守，确保第一时间发现、报告并处置。组织开展鸟类疫病调查研究和非洲猪瘟疫情主动监测预警工作。共环志鸟类4317只，采粪便样2329份，已检测的171份样本呈禽流感阴性。采集非洲猪瘟媒介虫——蜱虫样本830只，送检至长春军事兽医研究所。大兴安岭各级监测站19个，兼职监测员60多人。野生动物疫情监测应急救援队1个，人员11人。

黑龙江北极村自然保护区晋升为国家级自然保护区，黑龙江呼源钻天柳自然保护区晋升为省级自然保护区。使大兴安岭林业国家级自然保护区达到6处，面积85.77万公顷，省级自然保护区6处，面积30.98万公顷。省级以上林业自然保护区面积达116.74万公顷，占大兴安岭总经营面积的13.98%。

推进九曲十八湾、阿木尔、双河源和古里河4个国家湿地公园(试点)申请国家验收的相关工作。完成GEF项目2016年计划。协助中央项目专家组完成了建立和运行大兴安岭示范区生态监测与调查培训、融资计划、生物多样性保护与行动计划、示范点管理计划与生态旅游规划编制、生物多样性信息系统建设，配合中央项目办完成了项目中期评估工作。

各林业局已完成承包经营试点方案制订、确定承包地块、参与承包人员身份核查、承包合同签订工作。大兴安岭参与以蓝莓、红豆、偃松为主的林下资源富集区试点承包职工人数355人，试点承包面积48750公顷。工作完成率100%。对野生蓝莓、红豆和偃松的保护与利用管理，积极组织相关单位对林下资源采集情况进行监督检查。大兴安岭从事野生蓝莓、红豆、偃松采集人员10820人，采集产品鲜重6623吨(蓝莓3030吨、红豆2089吨、偃松1504吨)，实现产值86906300元，(平均售价野生蓝莓20.2元/千克、红豆6.6元/千克、偃松8.2元/千克)，采集人人均收入8032元。

**【绿色产业】** 2016年，森林生态食品产业完成产值314004万元，完成全年计划310991万元的100.97%。其中，绿色种植业完成119031万元，完成计划118805万元的100.2%；蓝莓产业完成68143元，完成计划68092万元的100.07%；食用菌完成70540万元，完成计划70480万元的100.08%；养殖业完成41599万元，完成计划39154万元的106.24%；冷水鱼、榛子、偃松、山野菜均完成计划。绿色种植业种植规模175万亩，完成产值11.9亿元；野生蓝莓管护面积6607公顷，野生蓝莓采集4802吨，野生红豆采集5359吨；食用菌菌包完成10097万袋。

林下经济产业完成产值305049万元，完成全年计划301426万元的101.2%。北药产业实现产值9.3亿元，药材采集数量1049吨；特色养殖业完成产值5.77亿元，禽类出栏54.6万羽，牲畜出栏19万头。

编制《大兴安岭森林生态食品发展规划(2016～2020)》，制订《大兴安岭森林生态食品实施方案》；按照《大兴安岭黑木耳技术标准方案》的要求，由地区科技局、农委、技术监督局、职教学院等单位的专家对两个规程进行认真评定后，制定下发《黑木耳菌种生产技术规程》《黑木耳(大棚吊袋)标准化栽培技术规程》两个大兴安岭地方标准。

获得“三品一标”产品达到118个，其中有机食品34个，较去年增加3个；绿色食品20个，较去年增加4个；无公害产业认证达到59个；5个国家地理标志产品。

推进的绿色食品产业项目共7项，年计划投资9842万元，通过制订方案、设置节点和实地督办等方式，全年固定资产投资已完成11492万元，完成计划的116.7%。

**【林产工业】** 2016年，产值完成12829.9万元，完成年计划的104.4%；增加值完成5003.4万元，完成年计划的104.4%。

协助神州北极木业有限公司在绥芬河国林木业城建立加工分厂；与北京工业大学合作研发的世界首个蜗牛餐厅木屋在北京工业大学建造完工。神木公司的“异形承载木梁拼板制造技术与应用”项目及主要完成人白伟东双双荣获全国木结构行业唯一一个国家科技进步二等奖；公司取得了ISO9001质量体系认证和省级企业技术中心认证，荣获大兴安岭创新突出科技型企业称号。神木公司实现产值5770.6万元，占林产工业总产值的比重达45%。

制定了生物质能源发展规划，测算了生物质原料年产量，测算了山场削片的成本，为生物质项目的发展提供理论依据。选择了五块挖掘树根的示范样板地，测算了树根挖掘、运输、削片成本，抓好林下剩余物资源的集运工作。将林下剩余物加工成炭棒，再进行气化，提高设备的利用效率和产品价格。协调十八站、韩家园、阿木尔等林业局为塔河的富来森生物质能源炭电联产项目供应原料。推进塔河的富来森生物质能源项目与中林集团合作。中林集团已决定与塔河的富来森生物质能源项目合作，已签订框架协议，正进行财务审计工作。塔河的富来森生物质能源炭电联产项目上网电价为0.75元/千瓦时。富来森生物质能源生产的活性炭实现产值1928万元，占林产工业总产值比重的15%。壮志生物质能源炭、气联产项目通过试运行达到用户使用要求。

**【森林旅游业】** 成为黑龙江省第一家将旅游业确立为转型发展的战略性支柱产业、第一家成立旅游项目评审委员会、第一家成立了旅游质量安全办公室、第一家开发了涵盖旅游各要素信息的“兴安智慧游应用”软件、第一家运用新媒体开展旅游营销。连续两年推出乘坐直升机和热气球空中旅游观光项目，填补了省内直升机和热气球空中游览项目的空白。

进行3条主要自驾线路沿线改造和修建休憩节点6个，新建和完善旅游厕所5个，设立全景导览图17块，设立景区引导标识牌48块。旅游管理提档升级，漠河县和大兴安岭分别入选全国首批和第二批“国家全域旅游示范区”，漠河县旅游景区管理委员会荣获“全国旅游系统先进集体”荣誉称号，呼玛荣获“中国避暑养生休闲度假旅游最佳目的地”称号，北极镇入选“2016中国避暑小镇百佳榜”、洛古河村入选中国最美乡村。确定了以“魅力兴安·极致冰雪”为主题的“三区七宗最”冬季旅游系列产品(三区：神州北极极致冰雪挑战区、最冷小镇森林穿越探险区、激情兴安冰雪娱乐体验区；七宗最：最北神奇天象观赏、最冷冰雪极寒挑战、最原味圣诞世界探秘、最纯净林海雪原穿越、最长雪期滑雪体验、最纯极致冰雪美景、最北圣洁冰雪祈福)。联合行署文体广新局，共同举办了黑龙江省全民冰雪活动日暨“冰天雪地”徒步行活动(大兴安岭)启动仪式。加大了对旅游行业干部和旅游人才队伍的培训，年初以来共培训310多人，使旅游行业人员业务能力和综合素质得到提升；举办了2016年度全区“文明旅游之星”“诚信旅行社”和“十佳导游(讲解)员”评选活动，通过表彰先进、激励后进和典型引路的方式，进一步提升全区旅游从业人员的整体文明素质和服务水准。

**【招商引资】** 与中捷集团、中燃集团、中国林业集团、中韩国际、南航深圳分公司等大企业、大财团进行深入洽谈，促进一批重大项目的签约。全区新签约项目31个，签约额197.12亿元，同比增长5.1倍；亿元以上签约项目占签约项目总数的46.9%，比2015年同期提高14.94个百分点。

有17个项目已经签约，有9个项目开工建设，有6个项目开始办理前期手续，有2个项目正在做规划设计。有41个项目已开复工，其中，新开工项目11个，复工项目30个。与中促旅、中捷资源、蓝源资本、东旭光电等国内知名企业达成了战略合作意向和协议，目前，正在积极开展项目前期工作。

突出存量闲置资产项目及PPP项目进行大项目重点谋划，共谋划招商引资项目141个，同比增长107.4%，其中，亿元以上项目54个。盘活存量资产项目20个(含5个PPP项目)。

参加了“2016黑龙江省香港(广东)经贸交流活动、2016年黑龙江省林业产业发展合作大会、第四届新博会和第二十七届哈洽会、龙江振兴与国企改革论坛暨2016年黑龙江省与央企合作活动、2016年大兴安岭(深圳)经贸旅游交流活动”等6个重点招商活动。其中，哈洽会上全区共有14个项目签约，签约额34.45亿元。其中经合项目13个，签约额33.95亿元，贸易项目1个，签约额0.5亿元。

**【电子商务】** 参加了中国国际电子商务博览会、国际电商产业大会和全省电子商务进农村培训会。成立电商公共服务中心，累计开展电商培训80场，培训人员2800人次，为20余家直接服务企业实现销售额30%的增长。电商产业园累计帮助5户企业融资70万元。电子商务企业(淘宝店铺、天猫店铺等)在“双十一”期间共计发货12800余单，实现销售收入220余万元。

推动园区企业建成“京东·大兴安岭馆”，共有8家企业优质品牌入驻。大兴安岭电商云仓物流园，于2016年11月28日正式建成投入运营，已吸纳20家生产企业产品。塔河县和塔河“互联网+”电子商务创业园通过省级电子商务示范县及示范基地评选活动复选评审，获得省科技厅孵化器建设运营扶持资金10万元。

对园区入驻企业实行5S管理。目前，两期电商产业园入驻企业31家，累计实现销售5570余万元，解决就业岗位132个，培育以电商营销为基础的加工型企业8个，孵化出年销售500万元以上企业2个，发展活跃电商企业和店铺106个，有30家生产加工型企业开展电子商务，700余人参与电商运营。两期电商产业园先后获得“黑龙江省青年五四奖章”“省级中小企业创业孵化基地”“科技企业孵化器”荣誉称号。

**【畜牧业】** 生猪存栏9.5万头，同比增长11.24%，出栏10.9万头，同比增长5.9%(其中森林猪存栏2.1万头，同比增长31.51，出栏1.6万头，同比增长34.87%)；肉牛存栏2.03万头，同比下降2.8%，出栏1.18万头，同比增长8.36%；羊存栏11.8万只，同比下降7.22%，出栏8.7万只，同比增长7.72%；禽类存栏77.88万只，同比增长7.58%，出栏69.21万只，同比增长4.9%；全区狐貉存栏6.8万只，同比增长13.5%，生产皮张17.6万张，同比增长15.5%。主要畜产品产量为：肉类13320吨，同比增长1.2%；蛋类7302吨，同比增长9.7%；奶类2327吨，同比增长-11.8%；皮张19.4万张，同比增长5.8%。畜牧业产值实现13.2亿元，同比增长8.1%。

森林猪养殖户数发展到92户；存栏千头以上的养殖场2个、500~1000头的养殖场6个、100~500头的养殖场51个。“两牛一猪”标准化规模场建设项目1个，补贴资金100万元。标准化养殖科技示范基地达55个，新增5个。协会新吸纳会员42名，新发展年饲养500头左右的森林猪养殖户11个。畜牧合作经济组织已发展到52个，新增2个，养殖专业大户114个，新增13个。中捷资源在我区注册成立了大兴安岭捷瑞生态黑猪有限公司，注册资金10亿元人民币，到位资金1.1亿元。松岭金山生态牧业有限公司投资1000万元建设完成年加工2万头森林猪冷鲜肉和冷冻肉分割加工厂，年出栏2000头的森林猪养殖基地正在扩建中。图强博龙牧业养殖有限公司投资800万元，对养殖场区进行了改扩建；又投资360万欧元在芬兰购买了一个养殖场，为进口种狐奠定了基础(已引进种狐2000只，在哈尔滨隔离中)。大兴安岭绿森林食品有限公司在获取生猪屠宰分割包装SC认证的基础上，在黑龙江省农产品质量安全追溯公共服务平台建立了森林猪可追溯体系，并在青岛开设了大兴安岭绿色产品旗舰店，下设连锁店33家。

**【科学技术】** 2016年，新注册成立科技型企业19家，新增年销售收入500万元以上的科技企业7家，新认定国家级高新技术企业1家。大兴安岭中科众创空间建立并正式运营，转化中国科学院科技成果注册的4家初创科技型企业入孵众创空间。推进地区全民创业电商产业园一期、二期投入运营，在孵企业26家，其中科技型企业20家。推进企业与成果市场对接，加速科技成果转化，组织科技成果对接活动14次，在哈尔滨科技大厦举办了黑龙江省科技创新成果展大兴安岭主题日活动，发布科技成果21项，大兴安岭企业发布科技需求8项，11个项目达成科技合作意向。推进企业与资本市场对接，组织投融资对接活动5次，推动林格贝寒带生物股份公司股权融资10850万元，推动西林麦尔公司与中投惠民金融集团、中国科学院天津生物工业技术研究所三方"1000吨生物发酵天然产物项目"已开工建设，项目建成后将为寒带生物产业的发展发挥示范带动作用，打造科技成果、资本、企业三方深度合作的示范样板。与哈尔滨股权交易中心合作建立了大兴安岭中科众创空间股权孵化基地，5家企业挂牌上市，林格贝公司荣获挖贝网2016"新三板"最具成长性TOP100上市公司；编制下发《大兴安岭地区"十二五"以来科技成就回顾》；出台《大兴安岭地区"十三五"科技创新规划》；安排地本级科技经费700万元，组织实施了22个科技项目，取得一批创新成果，打造了3个先进适用技术示范样板。围绕林区转型发展和接续产业培育中的关键技术问题，谋划设计项目，争取国家和省科技项目7个，到位资金142万元。制订出台《大兴安岭地区企业研发经费投入后补助实施办法》和《大兴安岭地区创新创业券管理暂行办法》，对购买科技成果或专利技术进行转化和产业化或委托高校院所研发科技成果的科技型企业，给予一定比例的后补助支持。

（康文学）

# 新疆生产建设兵团林业产业

【概　述】

**农业结构调整出现新进展**　经核实2016年完成新建园27.6万亩，为兵团计划的138%，主要有苹果7万亩，香梨5.5万亩，红枣4.2万亩，鲜食葡萄1.2万亩，核桃3.5万亩等。

**设施农业发展取得新成效**　建设温室蔬菜大棚31606座，比2015年增长993座，实现产量25万吨、产值16亿元，分别比2015年同期增长50%和33%；完成新建温室大棚11247亩、5302座，为兵团计划任务的112%。

**果品生产实现新突破**　全年预计完成果品产量367万吨，为兵团计划的104%，预计比2015年增产18万吨，再创历史新高，其中红枣产量预计为174万吨，预计比2015年增产12万吨；葡萄预计产量为90万吨，预计比2015年增产5万吨，苹果预计产量为48万吨，预计同比增产1万多吨。

**主要特点**　各级党委、领导高度重视，将特色林果业作为调整农业、深入供给侧结构改革的突破口大力发展，发展速度之快，建园规模之大，建设标准之高，创兵团近几年来最好成绩。

现代园艺新科学新技术推广取得重大进展。一是兵团上下对推广现代园艺栽培管理新模式的认识达到高度一致，推广的主动性增强；二是"以主干结果"(简化树形)为主的果树栽培新模式推广力度加大。2016年新建果园27.6万亩，其中完成"以主干结果"(简化树形)为主的高标准新建园达到16.8万亩，为兵团计划10万亩的的168%，创兵团最好成绩；"以主干结果"为主的果树试验示范范围由原来的5个团场扩大到今年的84个团场，布置各类试验示范点103处，面积达24.6万亩，凡拥有果树生产的团场都建立了面积不等的试验示范基地；葡萄"厂"字型推进成效显著，完成面积12.8万亩，为兵团计划的108%，至此，兵团"以主干结果"(简化树形)为主的果树栽培新模式面积达到40万亩。三是设施农业现代基质栽培包括智能化水肥一体化设备技术已从无到有、从小到大逐渐发展起来，目前有4个师、10个团、约250座、200亩日光温室大棚采用现代基质栽培技术并初见成效，为兵团进一步推广提供了非常好的示范作用。

公司化或专业合作运行模式进一步深入发展，特别是设施农业，大多数师、团场都成立了公司或专业合作社进行生产经营，无论温室大棚的建设标准，还是蔬菜种植生产组织化程度和基质化栽培试验示范推广的力度都好于往年，如三师叶河阳光农业股份公司。九师成立了果蔬公司，7个团场成立了设施果蔬农业合作社，成员730人，有效地促进了兵团设施农业的健康持续发展。

全面认真开展新建园、高标准建园、温室大棚以及"果树主干结果"检查验收工作。在各有关团场自查、师抽查的基础下，兵团组织农垦科学院林园所和兵团林业工作管理总站有关人员对一、二、三、八、十四师12个团场进行了抽查，抽查比例为30%，通过抽查比照，基本完成2016年建设任务。

**存在的突出问题**　引导资金缺乏，一是发展现代设施农业缺乏引导资金，团场压力较大，工程进展较慢；二是推广果树"主干结果"试验示范缺乏引导资金，特别是葡萄"厂"字型的推广技术因缺乏引导补助资金，推行阻力还比较大。

果树"主干结果"试验示范技术及集成配套还需要加大力度，特别是香梨和核桃要加强科研攻关工作。

现代设施农业全套基质栽培技术，包括良种、基质、水肥一体化和有关机械等，技术配套层面上还需要引进、吸收和消化。

【果树生产形势和市场分析】

**果树生产形势分析**　2016年果树生产形势，为重灾之年，一是灾害多，如5、6月巴州地区塔里木盆地的干热风，导致二师10万亩红枣头茬花授粉不利，坐果不好，现在生产的红枣多为二、三茬果，其品质较低；南北疆冰雹灾害频繁发生，特别是一师冰雹连续发生4次，且在8、9月发生，正值果实即将成熟之时，导致一师10万亩果树、3万吨果品受灾；秋季雨水还比较多，特别是南疆和田地区秋季降雨不仅降雨量大，是正常年份的7倍多，而且连续不断，持续时间长达一个多月，为60年所不遇，导致十四师20多万亩红枣、12.6万吨果品受灾，损失巨大。二是灾害严重，使兵团果树受灾面积达到40多万亩、果品损失16万吨，经济损失将达到7亿元，是近十年来最严重的一次。

虽然2016年的灾害具有偶然性，但也暴露出兵团在果树方面抗灾自救的薄弱环节，一是预防灾害的能力还比较弱，如一师预报天气的单位和人员为自筹自支单位和人员，经费无来源、无保障，他们为了谋生还要在自己承包的土地干活；又如十四师遇到2016年的雨灾无法预计会有如此大的损失，所以，在雨情监测和应对雨情灾害方面，工作还存在一些薄弱环节；二是保险机制不健全。现在农业方面，棉花受灾有保险、畜牧受灾有保险。但唯独果树和设施农业受灾没有保险，因此，面对年年受灾，在园艺救济方面没有一个比较有效的长效机制。

**果品市场分析** 2016年果品市场比较好，一是销售比较畅通，2015年库存的红枣，目前已全部销售完毕；2016年的果品除红枣正在采摘待销售外，其余果品都已销售完毕。二是果品价格高于2015年，苹果、葡萄、香梨每千克分别比2015年高0.5元、0.5~0.8元和1元，推广“以主干结果”为主的果树栽培新模式，其果品售价比传统模式的高出2~3元，且备受客商的青睐，可见，大力推广“以主干结果”为主的果树栽培新模式，是深入推行供给侧结构改革的有效途径。

**【下一步重点工作】**

**进一步调整农业结构** 2017年新建园20万亩、全部推广“以主干结果”为主的果树栽培新模式；新建日光温室大棚1万亩、5000座。

**积极开展《兵地融合发展促进民族团结“十大行动计划”实施方案》** 认真落实在南疆建设4个兵地融合型设施农业示范区，4个标准化示范园建设任务并力争完成。

**抓好冬季设施农业生产工作** 一是组织有关专家赴重点师、团场进行检查指导生产；二是组织开好冬季生产现场会。

**继续抓好“果树主干结果”和现代设施农业全套基质栽培管理技术集成配套工作** 组织力量，集聚优势，凝心聚智，对“果树主干结果”和现代设施农业全套基质栽培等管理技术持续引进和攻关。

**重视抓好果品销售工作，特别是红枣的销售工作** 一是要推行优质优价销售。团场要实行最低保护价收购，确保职工的利益。二是师或团场龙头企业要发挥更大的引领作用，通过龙头企业的分级包装盒深加工，实现果品增值，让团场和职工享受到加工销售增值的成果。

（新疆生产建设兵团园艺处）

# 林产品主产地及产量

# PRINCIPAL PRODUCTION COUNTIES AND OUTPUT FOR FOREST PRODUCTS

**表 1-1　原木主产地产量**

（续）　（续）

| 序号 | 原木主产地 | 万立方米 | 序号 | 原木主产地 | 万立方米 | 序号 | 原木主产地 | 万立方米 |
|---|---|---|---|---|---|---|---|---|
| 1 | 塞罕坝机械林场(冀) | 11.07 | 46 | 科尔沁右翼中旗(内蒙古) | 0.75 | 91 | 辉南县(吉) | 3.00 |
| 2 | 木栏围场国营林场(冀) | 6.36 | 47 | 突泉县(内蒙古) | 0.70 | 92 | 丰满区(吉) | 2.60 |
| 3 | 丰宁满族自治县(冀) | 3.35 | 48 | 乌拉特前旗(内蒙古) | 0.70 | 93 | 磐石市(吉) | 2.52 |
| 4 | 遵化市(冀) | 1.50 | 49 | 杭锦后旗(内蒙古) | 0.67 | 94 | 龙井市(吉) | 2.28 |
| 5 | 平泉县(冀) | 1.27 | 50 | 五原县(内蒙古) | 0.65 | 95 | 和龙市(吉) | 2.18 |
| 6 | 安次区(冀) | 1.05 | 51 | 磴口县(内蒙古) | 0.56 | 96 | 珲春林业局(吉) | 1.77 |
| 7 | 迁安市(冀) | 1.03 | 52 | 赛罕区(内蒙古) | 0.51 | 97 | 东昌区(吉) | 1.60 |
| 8 | 滦平县(冀) | 0.98 | 53 | 清原满族自治县(辽) | 18.00 | 98 | 双阳区(吉) | 1.54 |
| 9 | 乐亭县(冀) | 0.86 | 54 | 桓仁满族自治县(辽) | 15.00 | 99 | 乾安县(吉) | 1.50 |
| 10 | 承德县(冀) | 0.82 | 55 | 宽甸满族自治县(辽) | 14.00 | 100 | 珲春市(吉) | 1.42 |
| 11 | 香河县(冀) | 0.75 | 56 | 本溪满族自治县(辽) | 9.40 | 101 | 敦化市(吉) | 1.37 |
| 12 | 邢台县(冀) | 0.69 | 57 | 新宾满族自治县(辽) | 9.00 | 102 | 桦甸市(吉) | 1.31 |
| 13 | 青龙满族自治县(冀) | 0.62 | 58 | 昌图县(辽) | 8.00 | 103 | 洮北区(吉) | 1.25 |
| 14 | 深州市(冀) | 0.61 | 59 | 抚顺县(辽) | 4.80 | 104 | 江源区(吉) | 1.15 |
| 15 | 兴隆县(冀) | 0.61 | 60 | 彰武县(辽) | 4.00 | 105 | 敦化林业局(吉) | 1.00 |
| 16 | 丰润区(冀) | 0.60 | 61 | 开原市(辽) | 3.90 | 106 | 九台区(吉) | 1.00 |
| 17 | 灵寿县(冀) | 0.60 | 62 | 阜新蒙古族自治县(辽) | 3.70 | 107 | 图们市(吉) | 0.99 |
| 18 | 滦　县(冀) | 0.60 | 63 | 凌源市(辽) | 3.20 | 108 | 黄泥河林业局(吉) | 0.90 |
| 19 | 桃城区(冀) | 0.56 | 64 | 建平县(辽) | 3.11 | 109 | 松原市市辖区(吉) | 0.90 |
| 20 | 景　县(冀) | 0.53 | 65 | 辽中区(辽) | 3.04 | 110 | 临江市(吉) | 0.80 |
| 21 | 冀州市(冀) | 0.50 | 66 | 康平县(辽) | 2.34 | 111 | 浑江区(吉) | 0.55 |
| 22 | 易　县(冀) | 0.50 | 67 | 铁岭县(辽) | 2.28 | 112 | 伊通满族自治县(吉) | 0.50 |
| 23 | 涿州市(冀) | 0.50 | 68 | 岫岩满族自治县(辽) | 2.16 | 113 | 龙江县(黑) | 4.70 |
| 24 | 屯留县(晋) | 1.14 | 69 | 喀喇沁左翼蒙古族自治县(辽) | 2.07 | 114 | 拜泉县(黑) | 4.20 |
| 25 | 洪洞县(晋) | 1.00 | 70 | 西丰县(辽) | 2.00 | 115 | 双城区(黑) | 3.86 |
| 26 | 沁　县(晋) | 0.60 | 71 | 南芬区(辽) | 1.85 | 116 | 宾县(黑) | 3.63 |
| 27 | 阳曲县(晋) | 0.52 | 72 | 辽宁实验林场(辽) | 1.80 | 117 | 肇源县(黑) | 3.10 |
| 28 | 科尔沁左翼后旗(内蒙古) | 11.06 | 73 | 朝阳县(辽) | 1.38 | 118 | 鸡东县(黑) | 2.90 |
| 29 | 巴林左旗(内蒙古) | 10.70 | 74 | 辽阳县(辽) | 1.35 | 119 | 海伦市(黑) | 2.88 |
| 30 | 阿鲁科尔沁旗(内蒙古) | 7.66 | 75 | 北票市(辽) | 1.30 | 120 | 北林区(黑) | 2.80 |
| 31 | 开鲁县(内蒙古) | 5.49 | 76 | 绥中县(辽) | 1.19 | 121 | 转山实验林场(黑) | 2.56 |
| 32 | 敖汉旗(内蒙古) | 4.55 | 77 | 建昌县(辽) | 1.01 | 122 | 宝清县(黑) | 2.54 |
| 33 | 巴林右旗(内蒙古) | 4.30 | 78 | 黑山县(辽) | 1.00 | 123 | 桦南县(黑) | 2.50 |
| 34 | 科尔沁左翼中旗(内蒙古) | 3.05 | 79 | 海城市(辽) | 0.97 | 124 | 汤原县(黑) | 2.50 |
| 35 | 库伦旗(内蒙古) | 2.61 | 80 | 法库县(辽) | 0.93 | 125 | 孟家岗林场(黑) | 2.19 |
| 36 | 扎赉特旗(内蒙古) | 2.50 | 81 | 东港市(辽) | 0.70 | 126 | 庆安国有林场管理局(黑) | 2.16 |
| 37 | 翁牛特旗(内蒙古) | 2.39 | 82 | 东洲区(辽) | 0.70 | 127 | 阿城区(黑) | 2.00 |
| 38 | 松山区(内蒙古) | 2.24 | 83 | 义　县(辽) | 0.60 | 128 | 林口县(黑) | 1.94 |
| 39 | 扎鲁特旗(内蒙古) | 2.22 | 84 | 农安县(吉) | 16.69 | 129 | 木兰县(黑) | 1.66 |
| 40 | 喀喇沁旗(内蒙古) | 1.75 | 85 | 榆树市(吉) | 10.21 | 130 | 方正县(黑) | 1.50 |
| 41 | 元宝山区(内蒙古) | 1.75 | 86 | 公主岭市(吉) | 10.20 | 131 | 肇州县(黑) | 1.19 |
| 42 | 奈曼旗(内蒙古) | 1.64 | 87 | 东丰县(吉) | 6.41 | 132 | 依兰县(黑) | 1.10 |
| 43 | 科尔沁区(内蒙古) | 1.58 | 88 | 德惠市(吉) | 5.00 | 133 | 富锦市(黑) | 1.07 |
| 44 | 临河区(内蒙古) | 1.40 | 89 | 集安市(吉) | 4.67 | 134 | 海林市(黑) | 1.00 |
| 45 | 宁城县(内蒙古) | 1.20 | 90 | 洮南市(吉) | 3.19 | 135 | 明水县(黑) | 1.00 |

（续）

| 序号 | 原木主产地 | 万立方米 |
|---|---|---|
| 136 | 集贤县（黑） | 0.98 |
| 137 | 山河实验林场（黑） | 0.91 |
| 138 | 望奎县（黑） | 0.91 |
| 139 | 桦川县（黑） | 0.74 |
| 140 | 林甸县（黑） | 0.65 |
| 141 | 通河县（黑） | 0.60 |
| 142 | 佳木斯市郊区（黑） | 0.57 |
| 143 | 虎林市（黑） | 0.50 |
| 144 | 邳州市（苏） | 12.82 |
| 145 | 宿城区（苏） | 8.98 |
| 146 | 六合区（苏） | 8.85 |
| 147 | 宝应县（苏） | 7.60 |
| 148 | 东海县（苏） | 7.23 |
| 149 | 邗江区（苏） | 6.99 |
| 150 | 赣榆区（苏） | 5.66 |
| 151 | 新沂市（苏） | 5.60 |
| 152 | 泗洪县（苏） | 5.46 |
| 153 | 响水县（苏） | 5.37 |
| 154 | 丰　县（苏） | 4.50 |
| 155 | 东台市（苏） | 4.50 |
| 156 | 泗阳县（苏） | 4.15 |
| 157 | 淮安区（苏） | 4.08 |
| 158 | 灌云县（苏） | 3.80 |
| 159 | 沛　县（苏） | 3.69 |
| 160 | 洪泽县（苏） | 3.40 |
| 161 | 大丰区（苏） | 3.32 |
| 162 | 睢宁县（苏） | 3.25 |
| 163 | 宿豫区（苏） | 2.80 |
| 164 | 金湖县（苏） | 2.65 |
| 165 | 盱眙县（苏） | 2.40 |
| 166 | 阜宁县（苏） | 2.40 |
| 167 | 滨海县（苏） | 2.19 |
| 168 | 海州区（苏） | 2.11 |
| 169 | 沭阳县（苏） | 2.00 |
| 170 | 涟水县（苏） | 1.90 |
| 171 | 丹阳市（苏） | 1.81 |
| 172 | 淮阴区（苏） | 1.50 |
| 173 | 射阳县（苏） | 1.50 |
| 174 | 高邮市（苏） | 1.40 |
| 175 | 建湖县（苏） | 1.32 |
| 176 | 铜山区（苏） | 1.20 |
| 177 | 江都区（苏） | 1.15 |
| 178 | 贾汪区（苏） | 0.97 |
| 179 | 宜兴市（苏） | 0.93 |
| 180 | 浦口区（苏） | 0.88 |

（续）

| 序号 | 原木主产地 | 万立方米 |
|---|---|---|
| 181 | 盐都区（苏） | 0.60 |
| 182 | 江宁区（苏） | 0.50 |
| 183 | 龙泉市（浙） | 19.00 |
| 184 | 开化县（浙） | 9.27 |
| 185 | 庆元县（浙） | 7.00 |
| 186 | 建德市（浙） | 6.24 |
| 187 | 淳安县（浙） | 5.32 |
| 188 | 临安市（浙） | 5.24 |
| 189 | 遂昌县（浙） | 4.05 |
| 190 | 松阳县（浙） | 3.50 |
| 191 | 仙居县（浙） | 2.97 |
| 192 | 磐安县（浙） | 2.03 |
| 193 | 江山市（浙） | 1.97 |
| 194 | 婺城区（浙） | 1.93 |
| 195 | 浦江县（浙） | 1.87 |
| 196 | 天台县（浙） | 1.86 |
| 197 | 临海市（浙） | 1.81 |
| 198 | 云和县（浙） | 1.65 |
| 199 | 永嘉县（浙） | 1.60 |
| 200 | 诸暨市（浙） | 1.38 |
| 201 | 安吉县（浙） | 1.34 |
| 202 | 莲都区（浙） | 1.30 |
| 203 | 缙云县（浙） | 1.23 |
| 204 | 衢江区（浙） | 1.10 |
| 205 | 泰顺县（浙） | 1.03 |
| 206 | 宁海县（浙） | 0.60 |
| 207 | 永康市（浙） | 0.56 |
| 208 | 兰溪市（浙） | 0.54 |
| 209 | 新昌县（浙） | 0.52 |
| 210 | 长兴县（浙） | 0.52 |
| 211 | 祁门县（皖） | 18.36 |
| 212 | 埇桥区（皖） | 11.69 |
| 213 | 萧　县（皖） | 11.23 |
| 214 | 东至县（皖） | 11.21 |
| 215 | 潜山县（皖） | 11.20 |
| 216 | 休宁县（皖） | 11.00 |
| 217 | 泾　县（皖） | 10.00 |
| 218 | 涡阳县（皖） | 10.00 |
| 219 | 宣州区（皖） | 8.20 |
| 220 | 颍上县（皖） | 8.00 |
| 221 | 旌德县（皖） | 7.14 |
| 222 | 利辛县（皖） | 7.10 |
| 223 | 太和县（皖） | 7.00 |
| 224 | 阜南县（皖） | 6.97 |
| 225 | 太湖县（皖） | 6.81 |

（续）

| 序号 | 原木主产地 | 万立方米 |
|---|---|---|
| 226 | 青阳县（皖） | 6.62 |
| 227 | 砀山县（皖） | 5.73 |
| 228 | 固镇县（皖） | 5.29 |
| 229 | 黄山区（皖） | 4.90 |
| 230 | 宿松县（皖） | 4.11 |
| 231 | 怀远县（皖） | 4.00 |
| 232 | 霍山县（皖） | 4.00 |
| 233 | 南谯区（皖） | 4.00 |
| 234 | 五河县（皖） | 4.00 |
| 235 | 岳西县（皖） | 4.00 |
| 236 | 广德县（皖） | 3.90 |
| 237 | 石台县（皖） | 3.82 |
| 238 | 界首市（皖） | 3.60 |
| 239 | 黟　县（皖） | 3.60 |
| 240 | 裕安区（皖） | 3.56 |
| 241 | 金寨县（皖） | 3.30 |
| 242 | 定远县（皖） | 3.13 |
| 243 | 颍泉区（皖） | 3.10 |
| 244 | 宁国市（皖） | 2.84 |
| 245 | 绩溪县（皖） | 2.80 |
| 246 | 全椒县（皖） | 2.70 |
| 247 | 望江县（皖） | 2.68 |
| 248 | 南陵县（皖） | 2.56 |
| 249 | 歙　县（皖） | 2.44 |
| 250 | 寿　县（皖） | 2.20 |
| 251 | 怀宁县（皖） | 2.10 |
| 252 | 义安区（皖） | 2.10 |
| 253 | 颍东区（皖） | 2.10 |
| 254 | 桐城市（皖） | 2.00 |
| 255 | 舒城县（皖） | 1.97 |
| 256 | 明光市（皖） | 1.80 |
| 257 | 郎溪县（皖） | 1.70 |
| 258 | 枞阳县（皖） | 1.61 |
| 259 | 巢湖市（皖） | 1.60 |
| 260 | 无为县（皖） | 1.43 |
| 261 | 淮上区（皖） | 1.40 |
| 262 | 长丰县（皖） | 1.40 |
| 263 | 滁州市管店林业总场（皖） | 1.30 |
| 264 | 来安县（皖） | 1.17 |
| 265 | 霍邱县（皖） | 1.13 |
| 266 | 凤阳县（皖） | 0.90 |
| 267 | 金安区（皖） | 0.76 |
| 268 | 繁昌县（皖） | 0.70 |
| 269 | 凤台县（皖） | 0.70 |
| 270 | 和　县（皖） | 0.52 |

(续)

| 序号 | 原木主产地 | 万立方米 |
|---|---|---|
| 271 | 大观区(皖) | 0.50 |
| 272 | 肥西县(皖) | 0.50 |
| 273 | 崇义县(赣) | 15.29 |
| 274 | 安福县(赣) | 15.10 |
| 275 | 永丰县(赣) | 13.80 |
| 276 | 永新县(赣) | 8.70 |
| 277 | 遂川县(赣) | 8.00 |
| 278 | 吉水县(赣) | 7.89 |
| 279 | 信丰县(赣) | 7.85 |
| 280 | 新干县(赣) | 7.70 |
| 281 | 宜丰县(赣) | 7.09 |
| 282 | 大余县(赣) | 6.50 |
| 283 | 泰和县(赣) | 6.00 |
| 284 | 峡江县(赣) | 5.21 |
| 285 | 瑞金市(赣) | 5.12 |
| 286 | 婺源县(赣) | 4.10 |
| 287 | 彭泽县(赣) | 3.95 |
| 288 | 德兴市(赣) | 3.76 |
| 289 | 靖安县(赣) | 3.51 |
| 290 | 吉安县(赣) | 3.26 |
| 291 | 奉新县(赣) | 3.20 |
| 292 | 全南县(赣) | 3.00 |
| 293 | 井冈山市(赣) | 2.70 |
| 294 | 万载县(赣) | 2.63 |
| 295 | 上犹县(赣) | 2.55 |
| 296 | 分宜县(赣) | 2.51 |
| 297 | 会昌县(赣) | 2.36 |
| 298 | 高安市(赣) | 2.31 |
| 299 | 安远县(赣) | 2.22 |
| 300 | 万安县(赣) | 1.99 |
| 301 | 铜鼓县(赣) | 1.86 |
| 302 | 修水县(赣) | 1.86 |
| 303 | 宁都县(赣) | 1.84 |
| 304 | 定南县(赣) | 1.61 |
| 305 | 袁州区(赣) | 1.58 |
| 306 | 黎川县(赣) | 1.50 |
| 307 | 德安县(赣) | 1.45 |
| 308 | 龙南县(赣) | 1.42 |
| 309 | 永修县(赣) | 1.38 |
| 310 | 石城县(赣) | 1.36 |
| 311 | 南康市(赣) | 1.20 |
| 312 | 资溪县(赣) | 0.99 |
| 313 | 寻乌县(赣) | 0.98 |
| 314 | 渝水区(赣) | 0.95 |
| 315 | 丰城市(赣) | 0.90 |

(续)

| 序号 | 原木主产地 | 万立方米 |
|---|---|---|
| 316 | 都昌县(赣) | 0.89 |
| 317 | 贵溪市(赣) | 0.89 |
| 318 | 于都县(赣) | 0.89 |
| 319 | 余江县(赣) | 0.80 |
| 320 | 临川区(赣) | 0.78 |
| 321 | 上饶县(赣) | 0.70 |
| 322 | 鄱阳县(赣) | 0.62 |
| 323 | 玉山县(赣) | 0.60 |
| 324 | 武宁县(赣) | 0.58 |
| 325 | 金溪县(赣) | 0.53 |
| 326 | 九江县(赣) | 0.50 |
| 327 | 万年县(赣) | 0.50 |
| 328 | 高密市(鲁) | 10.40 |
| 329 | 冠　县(鲁) | 9.60 |
| 330 | 费　县(鲁) | 5.50 |
| 331 | 平原县(鲁) | 5.49 |
| 332 | 昌乐县(鲁) | 5.10 |
| 333 | 临邑县(鲁) | 5.00 |
| 334 | 长清区(鲁) | 4.50 |
| 335 | 诸城市(鲁) | 4.40 |
| 336 | 平邑县(鲁) | 4.30 |
| 337 | 莒南县(鲁) | 4.00 |
| 338 | 沂水县(鲁) | 4.00 |
| 339 | 安丘市(鲁) | 3.85 |
| 340 | 宁阳县(鲁) | 3.70 |
| 341 | 临沭县(鲁) | 3.60 |
| 342 | 兰山区(鲁) | 3.50 |
| 343 | 兖州市(鲁) | 3.45 |
| 344 | 乐陵市(鲁) | 3.40 |
| 345 | 沂南县(鲁) | 3.12 |
| 346 | 高青县(鲁) | 3.10 |
| 347 | 邹平县(鲁) | 3.00 |
| 348 | 梁山县(鲁) | 2.51 |
| 349 | 肥城市(鲁) | 2.48 |
| 350 | 罗庄区(鲁) | 2.37 |
| 351 | 兰陵县(鲁) | 2.30 |
| 352 | 东阿县(鲁) | 2.26 |
| 353 | 新泰市(鲁) | 2.24 |
| 354 | 高唐县(鲁) | 2.12 |
| 355 | 沂源县(鲁) | 2.10 |
| 356 | 东明县(鲁) | 1.97 |
| 357 | 广饶县(鲁) | 1.88 |
| 358 | 曲阜市(鲁) | 1.85 |
| 359 | 东昌府区(鲁) | 1.62 |
| 360 | 陵城区(鲁) | 1.62 |

(续)

| 序号 | 原木主产地 | 万立方米 |
|---|---|---|
| 361 | 茌平县(鲁) | 1.50 |
| 362 | 临沂市蒙山旅游区(鲁) | 1.50 |
| 363 | 博兴县(鲁) | 1.39 |
| 364 | 岱岳区(鲁) | 1.30 |
| 365 | 德城区(鲁) | 1.30 |
| 366 | 济阳县(鲁) | 1.28 |
| 367 | 东营区(鲁) | 1.22 |
| 368 | 微山县(鲁) | 1.10 |
| 369 | 嘉祥县(鲁) | 1.00 |
| 370 | 泗水县(鲁) | 1.00 |
| 371 | 淄川区(鲁) | 0.98 |
| 372 | 莘　县(鲁) | 0.98 |
| 373 | 潍坊市峡山区(鲁) | 0.92 |
| 374 | 武城县(鲁) | 0.92 |
| 375 | 齐河县(鲁) | 0.90 |
| 376 | 阳谷县(鲁) | 0.90 |
| 377 | 惠民县(鲁) | 0.80 |
| 378 | 临淄区(鲁) | 0.68 |
| 379 | 文登市(鲁) | 0.63 |
| 380 | 任城区(鲁) | 0.62 |
| 381 | 潍城区(鲁) | 0.61 |
| 382 | 钢城区(鲁) | 0.54 |
| 383 | 青州市(鲁) | 0.51 |
| 384 | 博山区(鲁) | 0.50 |
| 385 | 河口区(鲁) | 0.50 |
| 386 | 永城市(豫) | 8.36 |
| 387 | 洛宁县(豫) | 7.21 |
| 388 | 内黄县(豫) | 5.81 |
| 389 | 栾川县(豫) | 4.30 |
| 390 | 固始县(豫) | 4.10 |
| 391 | 商水县(豫) | 3.91 |
| 392 | 柘城县(豫) | 3.90 |
| 393 | 长垣县(豫) | 3.60 |
| 394 | 原阳县(豫) | 3.50 |
| 395 | 太康县(豫) | 3.10 |
| 396 | 项城市(豫) | 3.10 |
| 397 | 嵩　县(豫) | 2.89 |
| 398 | 商城县(豫) | 2.80 |
| 399 | 武陟县(豫) | 2.67 |
| 400 | 宁陵县(豫) | 2.60 |
| 401 | 辉县市(豫) | 2.50 |
| 402 | 兰考县(豫) | 2.50 |
| 403 | 睢阳区(豫) | 2.50 |
| 404 | 灵宝市(豫) | 2.44 |
| 405 | 禹州市(豫) | 2.30 |

（续）

| 序号 | 原木主产地 | 万立方米 |
|---|---|---|
| 406 | 上蔡县(豫) | 2.10 |
| 407 | 许昌县(豫) | 2.08 |
| 408 | 潢川县(豫) | 1.99 |
| 409 | 临颍县(豫) | 1.88 |
| 410 | 汝州市(豫) | 1.86 |
| 411 | 封丘县(豫) | 1.81 |
| 412 | 通许县(豫) | 1.71 |
| 413 | 遂平县(豫) | 1.68 |
| 414 | 博爱县(豫) | 1.66 |
| 415 | 泌阳县(豫) | 1.63 |
| 416 | 梁园区(豫) | 1.52 |
| 417 | 汝南县(豫) | 1.51 |
| 418 | 确山县(豫) | 1.50 |
| 419 | 襄城县(豫) | 1.50 |
| 420 | 罗山县(豫) | 1.47 |
| 421 | 邓州市(豫) | 1.45 |
| 422 | 卢氏县(豫) | 1.42 |
| 423 | 新安县(豫) | 1.42 |
| 424 | 陕　县(豫) | 1.38 |
| 425 | 宝丰县(豫) | 1.36 |
| 426 | 汝阳县(豫) | 1.36 |
| 427 | 尉氏县(豫) | 1.36 |
| 428 | 郏　县(豫) | 1.23 |
| 429 | 获嘉县(豫) | 1.11 |
| 430 | 宜阳县(豫) | 1.10 |
| 431 | 新　县(豫) | 1.04 |
| 432 | 汤阴县(豫) | 1.02 |
| 433 | 社旗县(豫) | 1.00 |
| 434 | 方城县(豫) | 0.96 |
| 435 | 正阳县(豫) | 0.96 |
| 436 | 安阳县(豫) | 0.90 |
| 437 | 民权县(豫) | 0.90 |
| 438 | 修武县(豫) | 0.90 |
| 439 | 温　县(豫) | 0.84 |
| 440 | 郾城区(豫) | 0.81 |
| 441 | 平桥区(豫) | 0.80 |
| 442 | 孟州市(豫) | 0.78 |
| 443 | 卫辉市(豫) | 0.78 |
| 444 | 光山县(豫) | 0.77 |
| 445 | 范　县(豫) | 0.73 |
| 446 | 舞钢市(豫) | 0.69 |
| 447 | 长葛市(豫) | 0.68 |
| 448 | 渑池县(豫) | 0.61 |
| 449 | 林州市(豫) | 0.60 |
| 450 | 鲁山县(豫) | 0.60 |
| 451 | 唐河县(豫) | 0.59 |
| 452 | 新野县(豫) | 0.58 |
| 453 | 叶　县(豫) | 0.54 |
| 454 | 浉河区(豫) | 0.50 |
| 455 | 洪湖市(鄂) | 9.50 |
| 456 | 潜江市(鄂) | 9.00 |
| 457 | 南漳县(鄂) | 8.50 |
| 458 | 监利县(鄂) | 7.00 |
| 459 | 公安县(鄂) | 6.96 |
| 460 | 松滋市(鄂) | 5.80 |
| 461 | 赤壁市(鄂) | 5.40 |
| 462 | 宜城市(鄂) | 5.00 |
| 463 | 枣阳市(鄂) | 4.50 |
| 464 | 江陵县(鄂) | 3.68 |
| 465 | 京山县(鄂) | 3.66 |
| 466 | 罗田县(鄂) | 3.30 |
| 467 | 咸安区(鄂) | 3.15 |
| 468 | 荆州区(鄂) | 3.08 |
| 469 | 沙市区(鄂) | 2.98 |
| 470 | 远安县(鄂) | 2.94 |
| 471 | 谷城县(鄂) | 2.82 |
| 472 | 房　县(鄂) | 2.60 |
| 473 | 钟祥市(鄂) | 2.38 |
| 474 | 嘉鱼县(鄂) | 2.07 |
| 475 | 大悟县(鄂) | 2.00 |
| 476 | 黄梅县(鄂) | 2.00 |
| 477 | 浠水县(鄂) | 2.00 |
| 478 | 广水市(鄂) | 1.84 |
| 479 | 随　县(鄂) | 1.78 |
| 480 | 天门市(鄂) | 1.74 |
| 481 | 蔡甸区(鄂) | 1.69 |
| 482 | 兴山县(鄂) | 1.64 |
| 483 | 安陆市(鄂) | 1.50 |
| 484 | 通山县(鄂) | 1.36 |
| 485 | 建始县(鄂) | 1.35 |
| 486 | 宣恩县(鄂) | 1.33 |
| 487 | 当阳市(鄂) | 1.31 |
| 488 | 枝江市(鄂) | 1.30 |
| 489 | 曾都区(鄂) | 1.23 |
| 490 | 英山县(鄂) | 1.23 |
| 491 | 沙洋县(鄂) | 1.20 |
| 492 | 利川市(鄂) | 1.00 |
| 493 | 麻城市(鄂) | 0.97 |
| 494 | 武穴市(鄂) | 0.90 |
| 495 | 鄂州市市辖区(鄂) | 0.85 |
| 496 | 红安县(鄂) | 0.77 |
| 497 | 咸丰县(鄂) | 0.68 |
| 498 | 孝南区(鄂) | 0.67 |
| 499 | 宜都市(鄂) | 0.63 |
| 500 | 来凤县(鄂) | 0.60 |
| 501 | 襄城区(鄂) | 0.55 |
| 502 | 阳新县(鄂) | 0.55 |
| 503 | 黄陂区(鄂) | 0.50 |
| 504 | 应城市(鄂) | 0.50 |
| 505 | 张湾区(鄂) | 0.50 |
| 506 | 江华瑶族自治县(湘) | 10.10 |
| 507 | 绥宁县(湘) | 10.06 |
| 508 | 洞口县(湘) | 7.74 |
| 509 | 靖州苗族侗族自治县(湘) | 7.66 |
| 510 | 双牌县(湘) | 7.65 |
| 511 | 鼎城区(湘) | 6.80 |
| 512 | 攸　县(湘) | 6.30 |
| 513 | 炎陵县(湘) | 5.60 |
| 514 | 会同县(湘) | 5.50 |
| 515 | 沅江市(湘) | 5.41 |
| 516 | 安化县(湘) | 5.30 |
| 517 | 城步苗族自治县(湘) | 4.90 |
| 518 | 武冈市(湘) | 4.90 |
| 519 | 资兴市(湘) | 4.34 |
| 520 | 华容县(湘) | 3.92 |
| 521 | 平江县(湘) | 3.37 |
| 522 | 桃源县(湘) | 3.30 |
| 523 | 通道侗族自治县(湘) | 3.17 |
| 524 | 桂东县(湘) | 3.00 |
| 525 | 永定区(湘) | 3.00 |
| 526 | 蓝山县(湘) | 2.70 |
| 527 | 芷江侗族自治县(湘) | 2.64 |
| 528 | 汝城县(湘) | 2.60 |
| 529 | 新宁县(湘) | 2.60 |
| 530 | 溆浦县(湘) | 2.52 |
| 531 | 澧　县(湘) | 2.51 |
| 532 | 江永县(湘) | 2.30 |
| 533 | 宜章县(湘) | 2.30 |
| 534 | 沅陵县(湘) | 2.20 |
| 535 | 祁阳县(湘) | 2.10 |
| 536 | 隆回县(湘) | 2.07 |
| 537 | 汨罗市(湘) | 1.88 |
| 538 | 道　县(湘) | 1.82 |
| 539 | 临湘市(湘) | 1.80 |
| 540 | 南　县(湘) | 1.70 |

(续)

| 序号 | 原木主产地 | 万立方米 |
|---|---|---|
| 541 | 新化县(湘) | 1.68 |
| 542 | 宁远县(湘) | 1.61 |
| 543 | 资阳区(湘) | 1.60 |
| 544 | 桑植县(湘) | 1.50 |
| 545 | 永兴县(湘) | 1.38 |
| 546 | 辰溪县(湘) | 1.31 |
| 547 | 常宁市(湘) | 1.18 |
| 548 | 衡东县(湘) | 1.15 |
| 549 | 桂阳县(湘) | 1.14 |
| 550 | 洪江市(湘) | 1.12 |
| 551 | 安仁县(湘) | 1.05 |
| 552 | 冷水滩区(湘) | 1.04 |
| 553 | 新田县(湘) | 1.01 |
| 554 | 鹤城区(湘) | 1.00 |
| 555 | 宁乡县(湘) | 1.00 |
| 556 | 新晃侗族自治县(湘) | 1.00 |
| 557 | 中方县(湘) | 1.00 |
| 558 | 茶陵县(湘) | 0.96 |
| 559 | 临武县(湘) | 0.94 |
| 560 | 东安县(湘) | 0.91 |
| 561 | 衡南县(湘) | 0.83 |
| 562 | 望城区(湘) | 0.80 |
| 563 | 零陵区(湘) | 0.70 |
| 564 | 嘉禾县(湘) | 0.65 |
| 565 | 湘潭县(湘) | 0.61 |
| 566 | 永顺县(湘) | 0.60 |
| 567 | 衡山县(湘) | 0.56 |
| 568 | 株洲县(湘) | 0.56 |
| 569 | 北湖区(湘) | 0.50 |
| 570 | 祁东县(湘) | 0.50 |
| 571 | 怀集县(粤) | 34.00 |
| 572 | 德庆县(粤) | 28.50 |
| 573 | 英德市(粤) | 27.50 |
| 574 | 高要市(粤) | 24.79 |
| 575 | 广宁县(粤) | 21.92 |
| 576 | 紫金县(粤) | 21.40 |
| 577 | 东源县(粤) | 21.00 |
| 578 | 封开县(粤) | 17.50 |
| 579 | 台山市(粤) | 17.40 |
| 580 | 鹤山市(粤) | 16.73 |
| 581 | 五华县(粤) | 15.62 |
| 582 | 开平市(粤) | 12.93 |
| 583 | 佛冈县(粤) | 11.50 |
| 584 | 翁源县(粤) | 11.21 |
| 585 | 四会市(粤) | 10.80 |
| 586 | 龙川县(粤) | 10.30 |
| 587 | 增城区(粤) | 10.15 |
| 588 | 西江林业局(粤) | 9.87 |
| 589 | 新兴县(粤) | 9.68 |
| 590 | 新丰县(粤) | 9.43 |
| 591 | 高明区(粤) | 9.00 |
| 592 | 肇庆市林业总场(粤) | 8.71 |
| 593 | 信宜市(粤) | 8.68 |
| 594 | 清城区(粤) | 8.50 |
| 595 | 罗定市(粤) | 8.40 |
| 596 | 从化区(粤) | 8.11 |
| 597 | 大埔县(粤) | 8.00 |
| 598 | 浈江区(粤) | 7.70 |
| 599 | 乳源瑶族自治县(粤) | 7.60 |
| 600 | 梅县区(粤) | 6.80 |
| 601 | 恩平市(粤) | 6.79 |
| 602 | 云安县(粤) | 6.34 |
| 603 | 武江区(粤) | 6.16 |
| 604 | 和平县(粤) | 5.50 |
| 605 | 清远市属总林场(粤) | 5.50 |
| 606 | 丰顺县(粤) | 5.00 |
| 607 | 曲江区(粤) | 4.79 |
| 608 | 兴宁市(粤) | 4.70 |
| 609 | 云城区(粤) | 4.70 |
| 610 | 高州市(粤) | 4.60 |
| 611 | 乐昌市(粤) | 4.30 |
| 612 | 阳山县(粤) | 4.20 |
| 613 | 阳东县(粤) | 4.05 |
| 614 | 连州市(粤) | 4.01 |
| 615 | 惠东县(粤) | 3.80 |
| 616 | 仁化县(粤) | 3.70 |
| 617 | 南雄市(粤) | 3.62 |
| 618 | 连南瑶族自治县(粤) | 3.51 |
| 619 | 连平县(粤) | 3.38 |
| 620 | 化州市(粤) | 3.21 |
| 621 | 茂名市属总林场(粤) | 3.04 |
| 622 | 连山壮族瑶族自治县(粤) | 2.81 |
| 623 | 电白区(粤) | 2.78 |
| 624 | 阳西县(粤) | 2.60 |
| 625 | 郁南县(粤) | 2.50 |
| 626 | 清新区(粤) | 2.48 |
| 627 | 普宁市(粤) | 2.47 |
| 628 | 中山市(粤) | 2.31 |
| 629 | 饶平县(粤) | 2.04 |
| 630 | 新丰江林管局(粤) | 1.80 |
| 631 | 平远县(粤) | 1.69 |
| 632 | 东江林场(粤) | 1.50 |
| 633 | 揭东区(粤) | 1.50 |
| 634 | 惠州市属总林场(粤) | 1.37 |
| 635 | 阳江林场(粤) | 1.32 |
| 636 | 梅江区(粤) | 1.10 |
| 637 | 九连山林场(粤) | 0.99 |
| 638 | 连山林场(粤) | 0.98 |
| 639 | 乐昌林场(粤) | 0.96 |
| 640 | 始兴县(粤) | 0.89 |
| 641 | 揭西县(粤) | 0.82 |
| 642 | 惠阳区(粤) | 0.80 |
| 643 | 蕉岭县(粤) | 0.80 |
| 644 | 龙埔林场(粤) | 0.75 |
| 645 | 大云雾林场(粤) | 0.66 |
| 646 | 同乐林场(粤) | 0.65 |
| 647 | 飞马林场(粤) | 0.63 |
| 648 | 樟木头林场(粤) | 0.58 |
| 649 | 鹿寨县(桂) | 79.95 |
| 650 | 博白县(桂) | 77.20 |
| 651 | 兴宾区(桂) | 77.15 |
| 652 | 北流市(桂) | 66.00 |
| 653 | 田林县(桂) | 60.84 |
| 654 | 上思县(桂) | 59.63 |
| 655 | 灵山县(桂) | 57.30 |
| 656 | 横　县(桂) | 54.53 |
| 657 | 环江毛南族自治县(桂) | 54.00 |
| 658 | 藤　县(桂) | 52.16 |
| 659 | 象州县(桂) | 52.00 |
| 660 | 桂平市(桂) | 50.65 |
| 661 | 武宣县(桂) | 49.33 |
| 662 | 武鸣县(桂) | 46.50 |
| 663 | 平果县(桂) | 43.60 |
| 664 | 宁明县(桂) | 41.58 |
| 665 | 容　县(桂) | 40.50 |
| 666 | 宜州市(桂) | 39.10 |
| 667 | 右江区(桂) | 38.00 |
| 668 | 昭平县(桂) | 37.32 |
| 669 | 合浦县(桂) | 36.80 |
| 670 | 钦北区(桂) | 35.83 |
| 671 | 钦南区(桂) | 35.80 |
| 672 | 浦北县(桂) | 35.69 |
| 673 | 扶绥县(桂) | 35.46 |
| 674 | 陆川县(桂) | 35.00 |
| 675 | 宾阳县(桂) | 33.74 |

（续）

| 序号 | 原木主产地 | 万立方米 |
| --- | --- | --- |
| 676 | 融安县(桂) | 32.40 |
| 677 | 融水苗族自治县(桂) | 30.29 |
| 678 | 苍梧县(桂) | 30.00 |
| 679 | 马山县(桂) | 29.49 |
| 680 | 忻城县(桂) | 29.43 |
| 681 | 罗城仫佬族自治县(桂) | 29.27 |
| 682 | 柳城县(桂) | 27.92 |
| 683 | 田东县(桂) | 27.37 |
| 684 | 良庆区(桂) | 27.29 |
| 685 | 岑溪市(桂) | 25.10 |
| 686 | 柳江县(桂) | 23.83 |
| 687 | 港南区(桂) | 23.43 |
| 688 | 西林县(桂) | 21.11 |
| 689 | 港北区(桂) | 20.71 |
| 690 | 覃塘区(桂) | 20.00 |
| 691 | 江州区(桂) | 19.96 |
| 692 | 博白林场(桂) | 19.29 |
| 693 | 田阳县(桂) | 18.43 |
| 694 | 巴马瑶族自治县(桂) | 17.21 |
| 695 | 南丹县(桂) | 16.37 |
| 696 | 蒙山县(桂) | 15.50 |
| 697 | 兴业县(桂) | 15.38 |
| 698 | 兴宁区(桂) | 15.00 |
| 699 | 上林县(桂) | 14.49 |
| 700 | 合山市(桂) | 14.36 |
| 701 | 隆安县(桂) | 14.04 |
| 702 | 维都林场(桂) | 14.02 |
| 703 | 金秀瑶族自治县(桂) | 13.84 |
| 704 | 隆林各族自治县(桂) | 13.84 |
| 705 | 玉林市福绵区(桂) | 13.31 |
| 706 | 七坡林场(桂) | 13.25 |
| 707 | 贺州市平桂管理区(桂) | 11.76 |
| 708 | 永福县(桂) | 11.69 |
| 709 | 钦廉林场(桂) | 10.94 |
| 710 | 防城区(桂) | 10.73 |
| 711 | 龙胜各族自治县(桂) | 10.59 |
| 712 | 那坡县(桂) | 10.19 |
| 713 | 金城江区(桂) | 10.06 |
| 714 | 三江侗族自治县(桂) | 9.93 |
| 715 | 邕宁区(桂) | 9.80 |
| 716 | 龙圩区(桂) | 9.60 |
| 717 | 凌云县(桂) | 9.21 |
| 718 | 青秀区(桂) | 9.04 |
| 719 | 派阳山林场(桂) | 8.60 |
| 720 | 天等县(桂) | 8.36 |

（续）

| 序号 | 原木主产地 | 万立方米 |
| --- | --- | --- |
| 721 | 大新县(桂) | 8.12 |
| 722 | 三门江林场(桂) | 7.99 |
| 723 | 柳北区(桂) | 7.79 |
| 724 | 凭祥市(桂) | 7.58 |
| 725 | 江南区(桂) | 7.00 |
| 726 | 东兰县(桂) | 6.66 |
| 727 | 长洲区(桂) | 6.19 |
| 728 | 西乡塘区(桂) | 6.17 |
| 729 | 全州县(桂) | 6.13 |
| 730 | 靖西县(桂) | 5.87 |
| 731 | 兴安县(桂) | 5.80 |
| 732 | 大化瑶族自治县(桂) | 5.68 |
| 733 | 东门林场(桂) | 5.66 |
| 734 | 乐业县(桂) | 5.39 |
| 735 | 德保县(桂) | 5.32 |
| 736 | 六万林场(桂) | 4.80 |
| 737 | 富川瑶族自治县(桂) | 4.66 |
| 738 | 万秀区(桂) | 4.50 |
| 739 | 龙州县(桂) | 4.00 |
| 740 | 凤山县(桂) | 3.97 |
| 741 | 都安瑶族自治县(桂) | 3.79 |
| 742 | 钟山县(桂) | 3.53 |
| 743 | 中国林科院热林中心(桂) | 3.20 |
| 744 | 灌阳县(桂) | 2.91 |
| 745 | 临桂区(桂) | 2.39 |
| 746 | 铁山港区(桂) | 2.34 |
| 747 | 玉州区(桂) | 2.25 |
| 748 | 平乐县(桂) | 2.20 |
| 749 | 资源县(桂) | 2.00 |
| 750 | 阳朔县(桂) | 1.77 |
| 751 | 灵川县(桂) | 1.52 |
| 752 | 东兴市(桂) | 1.26 |
| 753 | 恭城瑶族自治县(桂) | 1.09 |
| 754 | 银海区(桂) | 0.95 |
| 755 | 平南县(桂) | 0.50 |
| 756 | 酉阳土家族苗族自治县(渝) | 1.95 |
| 757 | 江津区(渝) | 1.82 |
| 758 | 涪陵区(渝) | 1.50 |
| 759 | 彭水苗族土家族自治县(渝) | 1.20 |
| 760 | 綦江区(渝) | 1.11 |
| 761 | 南川区(渝) | 1.08 |
| 762 | 黔江区(渝) | 0.89 |
| 763 | 武隆县(渝) | 0.70 |
| 764 | 夹江县(川) | 9.50 |
| 765 | 沐川县(川) | 8.71 |

（续）

| 序号 | 原木主产地 | 万立方米 |
| --- | --- | --- |
| 766 | 宣汉县(川) | 7.33 |
| 767 | 沙湾区(川) | 5.90 |
| 768 | 珙　县(川) | 5.68 |
| 769 | 北川羌族自治县(川) | 5.20 |
| 770 | 安　县(川) | 5.10 |
| 771 | 屏山县(川) | 5.02 |
| 772 | 盐源县(川) | 4.80 |
| 773 | 荥经县(川) | 4.74 |
| 774 | 邛崃市(川) | 4.73 |
| 775 | 峨眉山市(川) | 4.62 |
| 776 | 叙永县(川) | 4.45 |
| 777 | 芦山县(川) | 4.42 |
| 778 | 宝兴县(川) | 4.19 |
| 779 | 峨边彝族自治县(川) | 4.09 |
| 780 | 古蔺县(川) | 4.00 |
| 781 | 平武县(川) | 4.00 |
| 782 | 东坡区(川) | 3.58 |
| 783 | 平昌县(川) | 3.01 |
| 784 | 青神县(川) | 2.85 |
| 785 | 名山区(川) | 2.70 |
| 786 | 威远县(川) | 2.69 |
| 787 | 西昌市(川) | 2.50 |
| 788 | 昭化区(川) | 2.50 |
| 789 | 彭山区(川) | 2.30 |
| 790 | 马边彝族自治县(川) | 2.28 |
| 791 | 绵竹市(川) | 2.09 |
| 792 | 宜宾县(川) | 2.09 |
| 793 | 犍为县(川) | 2.04 |
| 794 | 江油市(川) | 1.91 |
| 795 | 合江县(川) | 1.81 |
| 796 | 泸　县(川) | 1.73 |
| 797 | 筠连县(川) | 1.71 |
| 798 | 五通桥区(川) | 1.68 |
| 799 | 苍溪县(川) | 1.65 |
| 800 | 利州区(川) | 1.60 |
| 801 | 剑阁县(川) | 1.50 |
| 802 | 天全县(川) | 1.50 |
| 803 | 巴州区(川) | 1.48 |
| 804 | 崇州市(川) | 1.46 |
| 805 | 彭州市(川) | 1.44 |
| 806 | 乐山市市中区(川) | 1.37 |
| 807 | 通江县(川) | 1.19 |
| 808 | 丹棱县(川) | 1.19 |
| 809 | 南江县(川) | 1.15 |
| 810 | 恩阳区(川) | 1.05 |

(续)

| 序号 | 原木主产地 | 万立方米 |
|---|---|---|
| 811 | 高　县(川) | 0.91 |
| 812 | 大竹县(川) | 0.90 |
| 813 | 仁寿县(川) | 0.90 |
| 814 | 仪陇县(川) | 0.85 |
| 815 | 达川区(川) | 0.80 |
| 816 | 什邡市(川) | 0.76 |
| 817 | 游仙区(川) | 0.72 |
| 818 | 万源市(川) | 0.71 |
| 819 | 大邑县(川) | 0.70 |
| 820 | 内江市市中区(川) | 0.66 |
| 821 | 简阳市(川) | 0.61 |
| 822 | 金堂县(川) | 0.58 |
| 823 | 乐至县(川) | 0.55 |
| 824 | 盐亭县(川) | 0.52 |
| 825 | 邻水县(川) | 0.50 |
| 826 | 册亨县(黔) | 44.58 |
| 827 | 榕江县(黔) | 20.23 |
| 828 | 三都水族自治县(黔) | 6.52 |
| 829 | 荔波县(黔) | 2.96 |
| 830 | 兴仁县(黔) | 1.80 |
| 831 | 普安县(黔) | 1.61 |
| 832 | 黄平县(黔) | 1.17 |
| 833 | 贞丰县(黔) | 0.92 |
| 834 | 思南县(黔) | 0.90 |
| 835 | 碧江区(黔) | 0.74 |
| 836 | 开阳县(黔) | 0.69 |
| 837 | 六枝特区(黔) | 0.56 |
| 838 | 镇远县(黔) | 0.55 |
| 839 | 景谷傣族彝族自治县(滇) | 51.68 |
| 840 | 腾冲县(滇) | 20.04 |
| 841 | 宁洱哈尼族彝族自治县(滇) | 18.20 |
| 842 | 石屏县(滇) | 15.40 |
| 843 | 富宁县(滇) | 13.00 |
| 844 | 马关县(滇) | 10.07 |
| 845 | 麻栗坡县(滇) | 8.94 |
| 846 | 金平苗族瑶族傣族自治县(滇) | 8.65 |
| 847 | 墨江哈尼族自治县(滇) | 6.67 |
| 848 | 广南县(滇) | 6.29 |
| 849 | 大姚县(滇) | 6.06 |
| 850 | 师宗县(滇) | 6.00 |
| 851 | 隆阳区(滇) | 5.57 |
| 852 | 芒　市(滇) | 5.45 |
| 853 | 屏边苗族自治县(滇) | 5.26 |
| 854 | 思茅区(滇) | 5.21 |
| 855 | 蒙自市(滇) | 5.20 |

(续)

| 序号 | 原木主产地 | 万立方米 |
|---|---|---|
| 856 | 元阳县(滇) | 4.82 |
| 857 | 陆良县(滇) | 4.52 |
| 858 | 盈江县(滇) | 4.31 |
| 859 | 瑞丽市(滇) | 4.12 |
| 860 | 罗平县(滇) | 3.98 |
| 861 | 双柏县(滇) | 3.86 |
| 862 | 勐海县(滇) | 3.40 |
| 863 | 澜沧拉祜族自治县(滇) | 3.13 |
| 864 | 景东彝族自治县(滇) | 2.98 |
| 865 | 弥勒市(滇) | 2.90 |
| 866 | 威信县(滇) | 2.90 |
| 867 | 陇川县(滇) | 2.74 |
| 868 | 西畴县(滇) | 2.66 |
| 869 | 丘北县(滇) | 2.28 |
| 870 | 楚雄市(滇) | 2.26 |
| 871 | 砚山县(滇) | 2.21 |
| 872 | 双江拉祜族佤族布朗族傣族自治县(滇) | 1.83 |
| 873 | 沧源佤族自治县(滇) | 1.80 |
| 874 | 永善县(滇) | 1.76 |
| 875 | 文山市(滇) | 1.47 |
| 876 | 泸西县(滇) | 1.43 |
| 877 | 孟连傣族拉祜族佤族自治县(滇) | 1.40 |
| 878 | 牟定县(滇) | 1.37 |
| 879 | 绿春县(滇) | 1.36 |
| 880 | 个旧市(滇) | 1.32 |
| 881 | 巧家县(滇) | 1.29 |
| 882 | 宣威市(滇) | 1.20 |
| 883 | 盐津县(滇) | 1.20 |
| 884 | 大关县(滇) | 1.19 |
| 885 | 昌宁县(滇) | 1.11 |
| 886 | 通海县(滇) | 1.09 |
| 887 | 云　县(滇) | 1.09 |
| 888 | 梁河县(滇) | 1.03 |
| 889 | 江城哈尼族彝族自治县(滇) | 1.01 |
| 890 | 巍山彝族回族自治县(滇) | 0.94 |
| 891 | 镇雄县(滇) | 0.90 |
| 892 | 河口瑶族自治县(滇) | 0.87 |
| 893 | 祥云县(滇) | 0.73 |
| 894 | 建水县(滇) | 0.67 |
| 895 | 宜良县(滇) | 0.67 |
| 896 | 永仁县(滇) | 0.63 |
| 897 | 开远市(滇) | 0.60 |
| 898 | 南华县(滇) | 0.59 |
| 899 | 兰坪白族普米族自治县(滇) | 0.58 |

(续)

| 序号 | 原木主产地 | 万立方米 |
|---|---|---|
| 900 | 新平彝族傣族自治县(滇) | 0.54 |
| 901 | 永德县(滇) | 0.53 |
| 902 | 阳宗海管理区(滇) | 0.52 |
| 903 | 陇　县(陕) | 1.22 |
| 904 | 镇安县(陕) | 0.91 |
| 905 | 洋　县(陕) | 0.60 |
| 906 | 临江林业局(吉林森工) | 2.35 |
| 907 | 三岔子林业局(吉林森工) | 0.52 |

**表 1-2　锯材主产地产量**

| 序号 | 锯材主产地 | 万立方米 |
|---|---|---|
| 1 | 临漳县(冀) | 98.00 |
| 2 | 南和县(冀) | 31.20 |
| 3 | 永年县(冀) | 3.99 |
| 4 | 沙河市(冀) | 3.57 |
| 5 | 栾城区(冀) | 3.00 |
| 6 | 景　县(冀) | 2.87 |
| 7 | 藁城区(冀) | 2.60 |
| 8 | 围场满族蒙古族自治县(冀) | 2.00 |
| 9 | 正定县(冀) | 1.30 |
| 10 | 迁安市(冀) | 1.03 |
| 11 | 定州市填报用户(冀) | 0.72 |
| 12 | 平山县(冀) | 0.61 |
| 13 | 兴隆县(冀) | 0.60 |
| 14 | 洪洞县(晋) | 1.00 |
| 15 | 阳高县(晋) | 0.60 |
| 16 | 巴林左旗(内蒙古) | 3.20 |
| 17 | 开鲁县(内蒙古) | 3.00 |
| 18 | 扎赉特旗(内蒙古) | 2.00 |
| 19 | 巴林右旗(内蒙古) | 1.53 |
| 20 | 喀喇沁旗(内蒙古) | 1.33 |
| 21 | 奈曼旗(内蒙古) | 1.15 |
| 22 | 五原县(内蒙古) | 1.10 |
| 23 | 桓仁满族自治县(辽) | 42.80 |
| 24 | 顺城区(辽) | 23.16 |
| 25 | 新宾满族自治县(辽) | 11.00 |
| 26 | 海城市(辽) | 6.50 |
| 27 | 昌图县(辽) | 6.00 |
| 28 | 大连市金州新区(辽) | 5.50 |
| 29 | 宽甸满族自治县(辽) | 5.00 |
| 30 | 振安区(辽) | 5.00 |
| 31 | 清原满族自治县(辽) | 3.60 |
| 32 | 新民市(辽) | 3.50 |
| 33 | 东洲区(辽) | 3.10 |
| 34 | 义　县(辽) | 3.00 |

（续）

| 序号 | 锯材主产地 | 万立方米 |
|---|---|---|
| 35 | 东港市(辽) | 2.50 |
| 36 | 凌源市(辽) | 2.40 |
| 37 | 元宝区(辽) | 1.84 |
| 38 | 喀喇沁左翼蒙古族自治县(辽) | 1.00 |
| 39 | 铁岭县(辽) | 0.75 |
| 40 | 盖州市(辽) | 0.64 |
| 41 | 抚顺县(辽) | 0.60 |
| 42 | 西丰县(辽) | 0.50 |
| 43 | 二道区(吉) | 13.00 |
| 44 | 敦化市(吉) | 10.60 |
| 45 | 辉南县(吉) | 9.50 |
| 46 | 榆树市(吉) | 5.45 |
| 47 | 蛟河市(吉) | 4.65 |
| 48 | 公主岭市(吉) | 4.61 |
| 49 | 梨树县(吉) | 4.47 |
| 50 | 图们市(吉) | 3.77 |
| 51 | 集安市(吉) | 3.45 |
| 52 | 前郭尔罗斯蒙古族自治县(吉) | 2.53 |
| 53 | 和龙市(吉) | 2.48 |
| 54 | 双阳区(吉) | 1.54 |
| 55 | 乾安县(吉) | 1.50 |
| 56 | 经济开发区(吉) | 1.24 |
| 57 | 农安县(吉) | 1.24 |
| 58 | 丰满区(吉) | 1.10 |
| 59 | 九台区(吉) | 1.00 |
| 60 | 洮南市(吉) | 0.95 |
| 61 | 二道江区(吉) | 0.83 |
| 62 | 抚松县(吉) | 0.82 |
| 63 | 江源区(吉) | 0.79 |
| 64 | 龙井市(吉) | 0.69 |
| 65 | 临江市(吉) | 0.60 |
| 66 | 舒兰市(吉) | 0.57 |
| 67 | 同江市(黑) | 74.37 |
| 68 | 宁安市(黑) | 21.70 |
| 69 | 拜泉县(黑) | 3.40 |
| 70 | 宝清县(黑) | 2.58 |
| 71 | 木兰县(黑) | 2.50 |
| 72 | 庆安国有林场管理局(黑) | 2.00 |
| 73 | 密山市(黑) | 2.00 |
| 74 | 绥棱县(黑) | 1.30 |
| 75 | 鸡冠区(黑) | 1.20 |
| 76 | 青冈县(黑) | 1.20 |
| 77 | 爱辉区(黑) | 1.00 |
| 78 | 新兴区(黑) | 1.00 |
| 79 | 林口县(黑) | 0.81 |

（续）

| 序号 | 锯材主产地 | 万立方米 |
|---|---|---|
| 80 | 海林市(黑) | 0.80 |
| 81 | 集贤县(黑) | 0.80 |
| 82 | 双城区(黑) | 0.77 |
| 83 | 肇州县(黑) | 0.71 |
| 84 | 明水县(黑) | 0.70 |
| 85 | 汤原县(黑) | 0.60 |
| 86 | 抚远县(黑) | 0.50 |
| 87 | 转山实验林场(黑) | 0.50 |
| 88 | 鸡西市市辖区(黑) | 0.50 |
| 89 | 太仓市(苏) | 100.00 |
| 90 | 丰　县(苏) | 52.00 |
| 91 | 大丰区(苏) | 40.80 |
| 92 | 沭阳县(苏) | 29.50 |
| 93 | 东台市(苏) | 9.50 |
| 94 | 泗洪县(苏) | 7.65 |
| 95 | 沛　县(苏) | 6.00 |
| 96 | 吴中区(苏) | 5.50 |
| 97 | 宝应县(苏) | 3.00 |
| 98 | 宿城区(苏) | 2.73 |
| 99 | 通州区(苏) | 2.65 |
| 100 | 滨海县(苏) | 2.50 |
| 101 | 常熟市(苏) | 2.47 |
| 102 | 阜宁县(苏) | 1.96 |
| 103 | 睢宁县(苏) | 1.92 |
| 104 | 江宁区(苏) | 1.90 |
| 105 | 盐都区(苏) | 1.88 |
| 106 | 涟水县(苏) | 1.50 |
| 107 | 金湖县(苏) | 1.40 |
| 108 | 泗阳县(苏) | 1.39 |
| 109 | 宿豫区(苏) | 1.36 |
| 110 | 建湖县(苏) | 1.35 |
| 111 | 射阳县(苏) | 0.97 |
| 112 | 淮安区(苏) | 0.90 |
| 113 | 仪征市(苏) | 0.77 |
| 114 | 高邮市(苏) | 0.75 |
| 115 | 淮阴区(苏) | 0.70 |
| 116 | 邗江区(苏) | 0.61 |
| 117 | 句容市(苏) | 0.55 |
| 118 | 江山市(浙) | 109.42 |
| 119 | 桐乡市(浙) | 16.20 |
| 120 | 安吉县(浙) | 15.44 |
| 121 | 龙泉市(浙) | 14.00 |
| 122 | 临安市(浙) | 10.50 |
| 123 | 淳安县(浙) | 4.82 |
| 124 | 婺城区(浙) | 4.56 |

（续）

| 序号 | 锯材主产地 | 万立方米 |
|---|---|---|
| 125 | 衢江区(浙) | 3.50 |
| 126 | 苍南县(浙) | 3.35 |
| 127 | 长兴县(浙) | 3.10 |
| 128 | 临海市(浙) | 2.95 |
| 129 | 景宁畲族自治县(浙) | 2.55 |
| 130 | 建德市(浙) | 2.50 |
| 131 | 富阳区(浙) | 2.33 |
| 132 | 武义县(浙) | 2.33 |
| 133 | 仙居县(浙) | 2.32 |
| 134 | 莲都区(浙) | 2.31 |
| 135 | 遂昌县(浙) | 2.25 |
| 136 | 宁海县(浙) | 2.20 |
| 137 | 桐庐县(浙) | 2.15 |
| 138 | 云和县(浙) | 1.89 |
| 139 | 松阳县(浙) | 1.88 |
| 140 | 余杭区(浙) | 1.36 |
| 141 | 庆元县(浙) | 1.32 |
| 142 | 兰溪市(浙) | 1.32 |
| 143 | 永康市(浙) | 1.21 |
| 144 | 永嘉县(浙) | 1.02 |
| 145 | 磐安县(浙) | 1.00 |
| 146 | 天台县(浙) | 1.00 |
| 147 | 缙云县(浙) | 0.96 |
| 148 | 德清县(浙) | 0.83 |
| 149 | 浦江县(浙) | 0.50 |
| 150 | 宣州区(皖) | 88.50 |
| 151 | 六安市叶集区(皖) | 43.00 |
| 152 | 东至县(皖) | 22.33 |
| 153 | 郎溪县(皖) | 14.50 |
| 154 | 天长市(皖) | 12.00 |
| 155 | 阜南县(皖) | 9.54 |
| 156 | 全椒县(皖) | 9.30 |
| 157 | 南陵县(皖) | 9.02 |
| 158 | 灵璧县(皖) | 7.90 |
| 159 | 谯城区(皖) | 7.00 |
| 160 | 南谯区(皖) | 7.00 |
| 161 | 祁门县(皖) | 6.50 |
| 162 | 潜山县(皖) | 6.50 |
| 163 | 太和县(皖) | 6.20 |
| 164 | 泾　县(皖) | 6.00 |
| 165 | 望江县(皖) | 5.64 |
| 166 | 颍州区(皖) | 3.85 |
| 167 | 青阳县(皖) | 3.61 |
| 168 | 埇桥区(皖) | 2.99 |
| 169 | 太湖县(皖) | 2.84 |

(续)

| 序号 | 锯材主产地 | 万立方米 |
|---|---|---|
| 170 | 明光市(皖) | 2.70 |
| 171 | 无为县(皖) | 2.63 |
| 172 | 黟　县(皖) | 2.60 |
| 173 | 怀宁县(皖) | 2.20 |
| 174 | 大观区(皖) | 2.00 |
| 175 | 休宁县(皖) | 1.89 |
| 176 | 旌德县(皖) | 1.69 |
| 177 | 宿松县(皖) | 1.68 |
| 178 | 义安区(皖) | 1.28 |
| 179 | 枞阳县(皖) | 1.20 |
| 180 | 岳西县(皖) | 1.20 |
| 181 | 和　县(皖) | 1.20 |
| 182 | 霍邱县(皖) | 1.13 |
| 183 | 固镇县(皖) | 1.01 |
| 184 | 桐城市(皖) | 1.00 |
| 185 | 霍山县(皖) | 1.00 |
| 186 | 肥东县(皖) | 1.00 |
| 187 | 颍东区(皖) | 0.98 |
| 188 | 绩溪县(皖) | 0.77 |
| 189 | 长丰县(皖) | 0.70 |
| 190 | 琅琊区(皖) | 0.70 |
| 191 | 界首市(皖) | 0.61 |
| 192 | 金安区(皖) | 0.61 |
| 193 | 庐江县(皖) | 0.58 |
| 194 | 肥西县(皖) | 0.50 |
| 195 | 南昌市市辖区(赣) | 107.00 |
| 196 | 新干县(赣) | 13.00 |
| 197 | 南康市(赣) | 9.00 |
| 198 | 遂川县(赣) | 7.50 |
| 199 | 章贡区(赣) | 6.82 |
| 200 | 东乡县(赣) | 6.76 |
| 201 | 鄱阳县(赣) | 5.89 |
| 202 | 贵溪市(赣) | 5.70 |
| 203 | 永新县(赣) | 3.90 |
| 204 | 上高县(赣) | 3.23 |
| 205 | 婺源县(赣) | 2.78 |
| 206 | 吉水县(赣) | 2.45 |
| 207 | 峡江县(赣) | 1.94 |
| 208 | 瑞金市(赣) | 1.80 |
| 209 | 余江县(赣) | 1.80 |
| 210 | 信丰县(赣) | 1.66 |
| 211 | 庐山区(赣) | 1.65 |
| 212 | 渝水区(赣) | 1.60 |
| 213 | 兴国县(赣) | 1.56 |
| 214 | 分宜县(赣) | 1.54 |

(续)

| 序号 | 锯材主产地 | 万立方米 |
|---|---|---|
| 215 | 袁州区(赣) | 1.52 |
| 216 | 安福县(赣) | 1.50 |
| 217 | 安远县(赣) | 1.25 |
| 218 | 宜丰县(赣) | 1.25 |
| 219 | 安源区(赣) | 1.14 |
| 220 | 宜黄县(赣) | 1.00 |
| 221 | 崇义县(赣) | 0.86 |
| 222 | 高安市(赣) | 0.85 |
| 223 | 玉山县(赣) | 0.80 |
| 224 | 铜鼓县(赣) | 0.80 |
| 225 | 德安县(赣) | 0.80 |
| 226 | 全南县(赣) | 0.72 |
| 227 | 月湖区(赣) | 0.60 |
| 228 | 彭泽县(赣) | 0.50 |
| 229 | 临川区(赣) | 0.50 |
| 230 | 安义县(赣) | 0.50 |
| 231 | 曹　县(鲁) | 317.72 |
| 232 | 临沂市临港经济开发区(鲁) | 185.00 |
| 233 | 郯城县(鲁) | 42.50 |
| 234 | 寿光市(鲁) | 35.82 |
| 235 | 诸城市(鲁) | 33.82 |
| 236 | 梁山县(鲁) | 29.64 |
| 237 | 高密市(鲁) | 20.00 |
| 238 | 兰山区(鲁) | 14.50 |
| 239 | 蒙阴县(鲁) | 8.30 |
| 240 | 莱州市(鲁) | 8.00 |
| 241 | 微山县(鲁) | 7.30 |
| 242 | 东平县(鲁) | 6.82 |
| 243 | 嘉祥县(鲁) | 6.50 |
| 244 | 冠　县(鲁) | 5.20 |
| 245 | 兰陵县(鲁) | 3.30 |
| 246 | 昌乐县(鲁) | 3.00 |
| 247 | 新泰市(鲁) | 2.67 |
| 248 | 临邑县(鲁) | 2.60 |
| 249 | 沂水县(鲁) | 2.00 |
| 250 | 东明县(鲁) | 1.97 |
| 251 | 临清市(鲁) | 1.85 |
| 252 | 东昌府区(鲁) | 1.75 |
| 253 | 安丘市(鲁) | 1.72 |
| 254 | 汶上县(鲁) | 1.59 |
| 255 | 肥城市(鲁) | 1.40 |
| 256 | 东营区(鲁) | 1.22 |
| 257 | 五莲县(鲁) | 1.20 |
| 258 | 莱城区(鲁) | 1.12 |
| 259 | 沂南县(鲁) | 1.11 |

(续)

| 序号 | 锯材主产地 | 万立方米 |
|---|---|---|
| 260 | 鄄城县(鲁) | 1.06 |
| 261 | 淄川区(鲁) | 0.98 |
| 262 | 乐陵市(鲁) | 0.82 |
| 263 | 高青县(鲁) | 0.80 |
| 264 | 莘　县(鲁) | 0.77 |
| 265 | 阳谷县(鲁) | 0.60 |
| 266 | 莒南县(鲁) | 0.60 |
| 267 | 武城县(鲁) | 0.55 |
| 268 | 临颍县(豫) | 14.84 |
| 269 | 西华县(豫) | 12.00 |
| 270 | 睢阳区(豫) | 11.20 |
| 271 | 山城区(豫) | 9.20 |
| 272 | 鲁山县(豫) | 9.00 |
| 273 | 梁园区(豫) | 8.69 |
| 274 | 浚　县(豫) | 7.20 |
| 275 | 沈丘县(豫) | 5.30 |
| 276 | 尉氏县(豫) | 5.14 |
| 277 | 虞城县(豫) | 5.00 |
| 278 | 内黄县(豫) | 4.84 |
| 279 | 淮阳县(豫) | 4.50 |
| 280 | 太康县(豫) | 4.00 |
| 281 | 柘城县(豫) | 4.00 |
| 282 | 镇平县(豫) | 3.69 |
| 283 | 商水县(豫) | 3.65 |
| 284 | 睢　县(豫) | 3.50 |
| 285 | 内乡县(豫) | 3.00 |
| 286 | 卫辉市(豫) | 2.66 |
| 287 | 郸城县(豫) | 2.60 |
| 288 | 商城县(豫) | 2.60 |
| 289 | 开封县(豫) | 2.30 |
| 290 | 淮滨县(豫) | 2.10 |
| 291 | 民权县(豫) | 2.00 |
| 292 | 台前县(豫) | 1.90 |
| 293 | 宁陵县(豫) | 1.90 |
| 294 | 新密市(豫) | 1.80 |
| 295 | 安阳县(豫) | 1.64 |
| 296 | 宝丰县(豫) | 1.54 |
| 297 | 确山县(豫) | 1.38 |
| 298 | 辉县市(豫) | 1.30 |
| 299 | 汝阳县(豫) | 1.25 |
| 300 | 川汇区(豫) | 1.20 |
| 301 | 温　县(豫) | 1.20 |
| 302 | 兰考县(豫) | 1.20 |
| 303 | 罗山县(豫) | 1.18 |
| 304 | 灵宝市(豫) | 1.13 |

（续）

| 序号 | 锯材主产地 | 万立方米 |
|---|---|---|
| 305 | 社旗县(豫) | 1.10 |
| 306 | 郾城区(豫) | 1.07 |
| 307 | 固始县(豫) | 1.02 |
| 308 | 夏邑县(豫) | 1.00 |
| 309 | 禹州市(豫) | 0.95 |
| 310 | 叶　县(豫) | 0.85 |
| 311 | 许昌县(豫) | 0.85 |
| 312 | 伊川县(豫) | 0.80 |
| 313 | 新郑市(豫) | 0.80 |
| 314 | 方城县(豫) | 0.76 |
| 315 | 新野县(豫) | 0.75 |
| 316 | 长葛市(豫) | 0.68 |
| 317 | 卢氏县(豫) | 0.57 |
| 318 | 荥阳市(豫) | 0.52 |
| 319 | 潢川县(豫) | 0.51 |
| 320 | 嵩　县(豫) | 0.50 |
| 321 | 汝州市(豫) | 0.50 |
| 322 | 石首市(鄂) | 14.00 |
| 323 | 监利县(鄂) | 12.00 |
| 324 | 襄州区(鄂) | 9.88 |
| 325 | 枣阳市(鄂) | 9.60 |
| 326 | 嘉鱼县(鄂) | 8.10 |
| 327 | 仙桃市(鄂) | 6.50 |
| 328 | 潜江市(鄂) | 6.00 |
| 329 | 公安县(鄂) | 4.28 |
| 330 | 钟祥市(鄂) | 4.00 |
| 331 | 东宝区(鄂) | 3.00 |
| 332 | 恩施市(鄂) | 1.88 |
| 333 | 随　县(鄂) | 1.78 |
| 334 | 蔡甸区(鄂) | 1.69 |
| 335 | 夷陵区(鄂) | 1.64 |
| 336 | 黄陂区(鄂) | 1.50 |
| 337 | 沙市区(鄂) | 1.32 |
| 338 | 谷城县(鄂) | 1.10 |
| 339 | 浠水县(鄂) | 1.00 |
| 340 | 宜城市(鄂) | 0.86 |
| 341 | 京山县(鄂) | 0.74 |
| 342 | 襄城区(鄂) | 0.70 |
| 343 | 张湾区(鄂) | 0.65 |
| 344 | 通山县(鄂) | 0.65 |
| 345 | 沙洋县(鄂) | 0.60 |
| 346 | 樊城区(鄂) | 0.59 |
| 347 | 利川市(鄂) | 0.56 |
| 348 | 大悟县(鄂) | 0.50 |
| 349 | 来凤县(鄂) | 0.50 |

（续）

| 序号 | 锯材主产地 | 万立方米 |
|---|---|---|
| 350 | 汉寿县(湘) | 13.40 |
| 351 | 双牌县(湘) | 10.65 |
| 352 | 靖州苗族侗族自治县(湘) | 6.70 |
| 353 | 鼎城区(湘) | 6.50 |
| 354 | 开福区(湘) | 6.00 |
| 355 | 双峰县(湘) | 5.80 |
| 356 | 绥宁县(湘) | 5.02 |
| 357 | 会同县(湘) | 4.50 |
| 358 | 炎陵县(湘) | 4.39 |
| 359 | 道　县(湘) | 3.96 |
| 360 | 赫山区(湘) | 3.50 |
| 361 | 安化县(湘) | 3.40 |
| 362 | 安仁县(湘) | 3.40 |
| 363 | 北塔区(湘) | 3.34 |
| 364 | 衡山县(湘) | 3.21 |
| 365 | 蓝山县(湘) | 3.20 |
| 366 | 金洞林场(湘) | 3.00 |
| 367 | 湘阴县(湘) | 3.00 |
| 368 | 祁阳县(湘) | 2.85 |
| 369 | 洞口县(湘) | 2.40 |
| 370 | 君山区(湘) | 2.10 |
| 371 | 麻阳苗族自治县(湘) | 2.00 |
| 372 | 中方县(湘) | 2.00 |
| 373 | 湘乡市(湘) | 2.00 |
| 374 | 汝城县(湘) | 1.99 |
| 375 | 桃源县(湘) | 1.98 |
| 376 | 东安县(湘) | 1.96 |
| 377 | 云溪区(湘) | 1.81 |
| 378 | 通道侗族自治县(湘) | 1.81 |
| 379 | 武陵区(湘) | 1.77 |
| 380 | 临湘市(湘) | 1.70 |
| 381 | 永兴县(湘) | 1.65 |
| 382 | 平江县(湘) | 1.62 |
| 383 | 新宁县(湘) | 1.50 |
| 384 | 祁东县(湘) | 1.50 |
| 385 | 洪江市(湘) | 1.21 |
| 386 | 城步苗族自治县(湘) | 1.20 |
| 387 | 珠晖区(湘) | 1.20 |
| 388 | 嘉禾县(湘) | 1.16 |
| 389 | 沅陵县(湘) | 1.10 |
| 390 | 雨湖区(湘) | 1.10 |
| 391 | 安乡县(湘) | 1.10 |
| 392 | 衡东县(湘) | 1.06 |
| 393 | 衡南县(湘) | 1.05 |
| 394 | 澧　县(湘) | 0.86 |

（续）

| 序号 | 锯材主产地 | 万立方米 |
|---|---|---|
| 395 | 江永县(湘) | 0.80 |
| 396 | 新化县(湘) | 0.80 |
| 397 | 资阳区(湘) | 0.80 |
| 398 | 宁远县(湘) | 0.79 |
| 399 | 辰溪县(湘) | 0.68 |
| 400 | 慈利县(湘) | 0.68 |
| 401 | 武陵源区(湘) | 0.67 |
| 402 | 荷塘区(湘) | 0.64 |
| 403 | 隆回县(湘) | 0.63 |
| 404 | 资兴市(湘) | 0.60 |
| 405 | 衡阳县(湘) | 0.55 |
| 406 | 桂东县(湘) | 0.53 |
| 407 | 古丈县(湘) | 0.52 |
| 408 | 永定区(湘) | 0.52 |
| 409 | 岳麓区(湘) | 0.50 |
| 410 | 蓬江区(粤) | 18.60 |
| 411 | 鹤山市(粤) | 13.99 |
| 412 | 高要市(粤) | 13.91 |
| 413 | 东源县(粤) | 13.00 |
| 414 | 怀集县(粤) | 9.20 |
| 415 | 台山市(粤) | 8.00 |
| 416 | 四会市(粤) | 7.02 |
| 417 | 浈江区(粤) | 7.00 |
| 418 | 增城区(粤) | 6.82 |
| 419 | 恩平市(粤) | 6.64 |
| 420 | 清城区(粤) | 5.32 |
| 421 | 大埔县(粤) | 5.00 |
| 422 | 南雄市(粤) | 3.96 |
| 423 | 乳源瑶族自治县(粤) | 3.50 |
| 424 | 兴宁市(粤) | 3.00 |
| 425 | 乐昌市(粤) | 2.90 |
| 426 | 罗定市(粤) | 2.50 |
| 427 | 化州市(粤) | 2.17 |
| 428 | 清新区(粤) | 1.83 |
| 429 | 封开县(粤) | 1.63 |
| 430 | 龙川县(粤) | 1.50 |
| 431 | 开平市(粤) | 1.50 |
| 432 | 电白区(粤) | 1.44 |
| 433 | 中山市(粤) | 1.43 |
| 434 | 惠阳区(粤) | 1.41 |
| 435 | 信宜市(粤) | 1.40 |
| 436 | 新丰县(粤) | 1.36 |
| 437 | 阳山县(粤) | 1.20 |
| 438 | 连山壮族瑶族自治县(粤) | 1.18 |
| 439 | 蕉岭县(粤) | 1.13 |

(续)

| 序号 | 锯材主产地 | 万立方米 |
|---|---|---|
| 440 | 和平县(粤) | 1.00 |
| 441 | 连州市(粤) | 0.86 |
| 442 | 曲江区(粤) | 0.81 |
| 443 | 揭东区(粤) | 0.80 |
| 444 | 阳东县(粤) | 0.75 |
| 445 | 仁化县(粤) | 0.74 |
| 446 | 揭西县(粤) | 0.54 |
| 447 | 平远县(粤) | 0.54 |
| 448 | 高州市(粤) | 0.50 |
| 449 | 扶绥县(桂) | 61.26 |
| 450 | 兴宾区(桂) | 53.21 |
| 451 | 柳江县(桂) | 49.90 |
| 452 | 龙胜各族自治县(桂) | 32.61 |
| 453 | 兴宁区(桂) | 32.00 |
| 454 | 宁明县(桂) | 31.40 |
| 455 | 江南区(桂) | 28.42 |
| 456 | 兴业县(桂) | 26.20 |
| 457 | 八步区(桂) | 23.33 |
| 458 | 大桂山林场(桂) | 23.33 |
| 459 | 玉州区(桂) | 22.24 |
| 460 | 北流市(桂) | 22.10 |
| 461 | 宜州市(桂) | 15.49 |
| 462 | 上林县(桂) | 14.68 |
| 463 | 柳南区(桂) | 13.90 |
| 464 | 贺州市平桂管理区(桂) | 13.70 |
| 465 | 临桂区(桂) | 11.84 |
| 466 | 苍梧县(桂) | 11.00 |
| 467 | 凤山县(桂) | 10.65 |
| 468 | 合浦县(桂) | 10.50 |
| 469 | 博白县(桂) | 10.40 |
| 470 | 平果县(桂) | 10.10 |
| 471 | 港北区(桂) | 10.00 |
| 472 | 罗城仫佬族自治县(桂) | 9.62 |
| 473 | 忻城县(桂) | 9.20 |
| 474 | 柳北区(桂) | 9.05 |
| 475 | 钦北区(桂) | 8.90 |
| 476 | 环江毛南族自治县(桂) | 8.54 |
| 477 | 象州县(桂) | 8.00 |
| 478 | 鹿寨县(桂) | 7.95 |
| 479 | 灵山县(桂) | 7.80 |
| 480 | 金秀瑶族自治县(桂) | 7.70 |
| 481 | 大新县(桂) | 7.44 |
| 482 | 那坡县(桂) | 7.25 |
| 483 | 兴安县(桂) | 7.23 |
| 484 | 右江区(桂) | 6.80 |
| 485 | 东兰县(桂) | 6.66 |
| 486 | 西乡塘区(桂) | 6.33 |
| 487 | 融水苗族自治县(桂) | 6.29 |
| 488 | 象山区(桂) | 6.00 |
| 489 | 三江侗族自治县(桂) | 5.42 |
| 490 | 隆林各族自治县(桂) | 5.12 |
| 491 | 覃塘区(桂) | 5.00 |
| 492 | 七星区(桂) | 5.00 |
| 493 | 荔浦县(桂) | 4.95 |
| 494 | 永福县(桂) | 4.80 |
| 495 | 防城区(桂) | 4.75 |
| 496 | 恭城瑶族自治县(桂) | 4.28 |
| 497 | 乐业县(桂) | 4.05 |
| 498 | 陆川县(桂) | 4.00 |
| 499 | 资源县(桂) | 4.00 |
| 500 | 平乐县(桂) | 3.98 |
| 501 | 南丹县(桂) | 3.84 |
| 502 | 全州县(桂) | 3.80 |
| 503 | 武宣县(桂) | 3.77 |
| 504 | 宾阳县(桂) | 3.76 |
| 505 | 蒙山县(桂) | 3.60 |
| 506 | 田东县(桂) | 3.60 |
| 507 | 田阳县(桂) | 3.26 |
| 508 | 柳城县(桂) | 3.19 |
| 509 | 田林县(桂) | 3.00 |
| 510 | 金城江区(桂) | 3.00 |
| 511 | 桂平市(桂) | 2.85 |
| 512 | 玉林市福绵区(桂) | 2.61 |
| 513 | 德保县(桂) | 2.56 |
| 514 | 良庆区(桂) | 2.50 |
| 515 | 灵川县(桂) | 2.36 |
| 516 | 凌云县(桂) | 2.09 |
| 517 | 海城区(桂) | 2.00 |
| 518 | 岑溪市(桂) | 1.80 |
| 519 | 西林县(桂) | 1.70 |
| 520 | 昭平县(桂) | 1.68 |
| 521 | 灌阳县(桂) | 1.57 |
| 522 | 叠彩区(桂) | 1.50 |
| 523 | 天峨县(桂) | 1.36 |
| 524 | 富川瑶族自治县(桂) | 1.31 |
| 525 | 浦北县(桂) | 1.30 |
| 526 | 阳朔县(桂) | 1.24 |
| 527 | 钦南区(桂) | 1.20 |
| 528 | 龙圩区(桂) | 1.00 |
| 529 | 大化瑶族自治县(桂) | 0.94 |
| 530 | 靖西县(桂) | 0.84 |
| 531 | 秀峰区(桂) | 0.80 |
| 532 | 雁山区(桂) | 0.79 |
| 533 | 龙州县(桂) | 0.69 |
| 534 | 容　县(桂) | 0.61 |
| 535 | 港口区(桂) | 0.60 |
| 536 | 邕宁区(桂) | 0.58 |
| 537 | 钟山县(桂) | 0.58 |
| 538 | 长洲区(桂) | 0.58 |
| 539 | 都安瑶族自治县(桂) | 0.52 |
| 540 | 九龙坡区(渝) | 14.66 |
| 541 | 开　县(渝) | 1.70 |
| 542 | 梁平县(渝) | 1.46 |
| 543 | 酉阳土家族苗族自治县(渝) | 1.20 |
| 544 | 万州区(渝) | 1.00 |
| 545 | 彭水苗族土家族自治县(渝) | 0.89 |
| 546 | 黔江区(渝) | 0.72 |
| 547 | 垫江县(渝) | 0.65 |
| 548 | 双流县(川) | 24.22 |
| 549 | 珙　县(川) | 14.50 |
| 550 | 洪雅县(川) | 9.10 |
| 551 | 威远县(川) | 6.38 |
| 552 | 崇州市(川) | 6.34 |
| 553 | 夹江县(川) | 5.00 |
| 554 | 雅安市市辖区(川) | 4.81 |
| 555 | 犍为县(川) | 4.21 |
| 556 | 射洪县(川) | 4.10 |
| 557 | 南部县(川) | 3.98 |
| 558 | 乐山市市中区(川) | 3.90 |
| 559 | 梓潼县(川) | 3.68 |
| 560 | 江油市(川) | 3.58 |
| 561 | 北川羌族自治县(川) | 3.50 |
| 562 | 彭州市(川) | 3.27 |
| 563 | 攀枝花市西区(川) | 2.80 |
| 564 | 叙永县(川) | 2.55 |
| 565 | 翠屏区(川) | 2.30 |
| 566 | 邻水县(川) | 2.21 |
| 567 | 沙湾区(川) | 2.20 |
| 568 | 安　县(川) | 2.00 |
| 569 | 邛崃市(川) | 1.84 |
| 570 | 绵竹市(川) | 1.65 |
| 571 | 雷波县(川) | 1.60 |
| 572 | 冕宁县(川) | 1.34 |
| 573 | 彭山区(川) | 1.23 |
| 574 | 昭化区(川) | 1.20 |

（续）

| 序号 | 锯材主产地 | 万立方米 |
|---|---|---|
| 575 | 芦山县(川) | 1.20 |
| 576 | 郫　县(川) | 1.16 |
| 577 | 盐亭县(川) | 1.13 |
| 578 | 东坡区(川) | 1.10 |
| 579 | 筠连县(川) | 1.00 |
| 580 | 丹棱县(川) | 0.91 |
| 581 | 平武县(川) | 0.91 |
| 582 | 都江堰市(川) | 0.85 |
| 583 | 宣汉县(川) | 0.83 |
| 584 | 达川区(川) | 0.80 |
| 585 | 仪陇县(川) | 0.80 |
| 586 | 苍溪县(川) | 0.75 |
| 587 | 恩阳区(川) | 0.75 |
| 588 | 广安区(川) | 0.73 |
| 589 | 华蓥市(川) | 0.70 |
| 590 | 仁和区(川) | 0.70 |
| 591 | 西昌市(川) | 0.68 |
| 592 | 安岳县(川) | 0.64 |
| 593 | 通川区(川) | 0.62 |
| 594 | 旌阳区(川) | 0.60 |
| 595 | 美姑县(川) | 0.60 |
| 596 | 营山县(川) | 0.60 |
| 597 | 剑阁县(川) | 0.60 |
| 598 | 五通桥区(川) | 0.57 |
| 599 | 万源市(川) | 0.56 |
| 600 | 涪城区(川) | 0.51 |
| 601 | 泸　县(川) | 0.50 |
| 602 | 册亨县(黔) | 41.65 |
| 603 | 三都水族自治县(黔) | 2.64 |
| 604 | 普定县(黔) | 1.76 |
| 605 | 西秀区(黔) | 1.17 |
| 606 | 六枝特区(黔) | 0.56 |
| 607 | 思南县(黔) | 0.55 |
| 608 | 碧江区(黔) | 0.54 |
| 609 | 道真仡佬族苗族自治县(黔) | 0.52 |
| 610 | 西山区(滇) | 37.10 |
| 611 | 双柏县(滇) | 12.92 |
| 612 | 思茅区(滇) | 9.18 |
| 613 | 姚安县(滇) | 9.09 |
| 614 | 勐腊县(滇) | 8.85 |
| 615 | 景洪市(滇) | 6.50 |
| 616 | 马关县(滇) | 5.23 |
| 617 | 陆良县(滇) | 5.22 |
| 618 | 蒙自市(滇) | 3.92 |
| 619 | 屏边苗族自治县(滇) | 3.70 |

（续）

| 序号 | 锯材主产地 | 万立方米 |
|---|---|---|
| 620 | 石屏县(滇) | 3.50 |
| 621 | 陇川县(滇) | 3.40 |
| 622 | 镇沅彝族哈尼族拉祜族自治县(滇) | 3.15 |
| 623 | 广南县(滇) | 3.03 |
| 624 | 澜沧拉祜族自治县(滇) | 2.97 |
| 625 | 文山市(滇) | 2.95 |
| 626 | 耿马傣族佤族自治县(滇) | 2.54 |
| 627 | 罗平县(滇) | 2.36 |
| 628 | 墨江哈尼族自治县(滇) | 2.30 |
| 629 | 芒　市(滇) | 2.12 |
| 630 | 腾冲县(滇) | 2.00 |
| 631 | 南华县(滇) | 2.00 |
| 632 | 富宁县(滇) | 2.00 |
| 633 | 楚雄市(滇) | 1.94 |
| 634 | 盈江县(滇) | 1.87 |
| 635 | 宁洱哈尼族彝族自治县(滇) | 1.81 |
| 636 | 金平苗族瑶族傣族自治县(滇) | 1.80 |
| 637 | 昭阳区(滇) | 1.63 |
| 638 | 元阳县(滇) | 1.50 |
| 639 | 景东彝族自治县(滇) | 1.37 |
| 640 | 宾川县(滇) | 1.20 |
| 641 | 威信县(滇) | 1.20 |
| 642 | 江城哈尼族彝族自治县(滇) | 1.14 |
| 643 | 孟连傣族拉祜族佤族自治县(滇) | 1.14 |
| 644 | 砚山县(滇) | 0.99 |
| 645 | 个旧市(滇) | 0.93 |
| 646 | 景谷傣族彝族自治县(滇) | 0.86 |
| 647 | 巧家县(滇) | 0.83 |
| 648 | 建水县(滇) | 0.82 |
| 649 | 镇康县(滇) | 0.80 |
| 650 | 宣威市(滇) | 0.80 |
| 651 | 河口瑶族自治县(滇) | 0.79 |
| 652 | 隆阳区(滇) | 0.76 |
| 653 | 瑞丽市(滇) | 0.75 |
| 654 | 禄丰县(滇) | 0.75 |
| 655 | 盐津县(滇) | 0.72 |
| 656 | 沧源佤族自治县(滇) | 0.60 |
| 657 | 勐海县(滇) | 0.60 |
| 658 | 永善县(滇) | 0.51 |
| 659 | 通海县(滇) | 0.50 |
| 660 | 汉滨区(陕) | 2.60 |
| 661 | 汉台区(陕) | 1.50 |
| 662 | 陇　县(陕) | 1.22 |
| 663 | 穆棱林业局(龙江森工) | 1.56 |
| 664 | 苇河林业局(龙江森工) | 1.56 |

（续）

| 序号 | 锯材主产地 | 万立方米 |
|---|---|---|
| 665 | 绥阳林业局(龙江森工) | 1.49 |
| 666 | 双丰林业局(龙江森工) | 1.30 |
| 667 | 林口林业局(龙江森工) | 0.90 |
| 668 | 亚布力林业局(龙江森工) | 0.86 |
| 669 | 乌马河林业局(龙江森工) | 0.85 |
| 670 | 柴河林业局(龙江森工) | 0.72 |
| 671 | 兴隆林业局(龙江森工) | 0.53 |
| 672 | 鹤北林业局(龙江森工) | 0.50 |

**表 1-3　木片主产地产量**

| 序号 | 木片主产地 | 万实积立方米 |
|---|---|---|
| 1 | 涿州市(冀) | 3.50 |
| 2 | 景　县(冀) | 3.49 |
| 3 | 曲阳县(冀) | 1.90 |
| 4 | 藁城区(冀) | 0.99 |
| 5 | 兴隆县(冀) | 0.90 |
| 6 | 襄汾县(晋) | 6.51 |
| 7 | 清徐县(晋) | 0.52 |
| 8 | 五原县(内蒙古) | 3.31 |
| 9 | 扎赉特旗(内蒙古) | 0.50 |
| 10 | 东港市(辽) | 22.00 |
| 11 | 大连市金州新区(辽) | 8.10 |
| 12 | 昌图县(辽) | 5.00 |
| 13 | 顺城区(辽) | 4.60 |
| 14 | 振安区(辽) | 3.00 |
| 15 | 新宾满族自治县(辽) | 2.30 |
| 16 | 喀喇沁左翼蒙古族自治县(辽) | 1.00 |
| 17 | 北票市(辽) | 0.50 |
| 18 | 松原市市辖区(吉) | 10.03 |
| 19 | 梨树县(吉) | 5.87 |
| 20 | 白城市市辖区(吉) | 4.50 |
| 21 | 江源区(吉) | 1.91 |
| 22 | 经济开发区(吉) | 1.78 |
| 23 | 二道区(吉) | 1.25 |
| 24 | 安图县(吉) | 1.03 |
| 25 | 公主岭市(吉) | 0.84 |
| 26 | 乾安县(吉) | 0.80 |
| 27 | 爱辉区(黑) | 3.60 |
| 28 | 龙江县(黑) | 3.23 |
| 29 | 方正县(黑) | 2.20 |
| 30 | 拜泉县(黑) | 1.80 |
| 31 | 孟家岗林场(黑) | 1.00 |
| 32 | 新兴区(黑) | 1.00 |
| 33 | 转山实验林场(黑) | 0.83 |
| 34 | 密山市(黑) | 0.82 |

(续)

| 序号 | 木片主产地 | 万实积立方米 |
|---|---|---|
| 35 | 泗阳县(苏) | 61.65 |
| 36 | 泗洪县(苏) | 54.75 |
| 37 | 洪泽县(苏) | 15.00 |
| 38 | 海州区(苏) | 9.27 |
| 39 | 新沂市(苏) | 5.50 |
| 40 | 宜兴市(苏) | 3.90 |
| 41 | 宿城区(苏) | 3.87 |
| 42 | 金湖县(苏) | 3.00 |
| 43 | 沛　县(苏) | 2.00 |
| 44 | 滨海县(苏) | 2.00 |
| 45 | 盐都区(苏) | 1.80 |
| 46 | 宝应县(苏) | 1.50 |
| 47 | 睢宁县(苏) | 0.82 |
| 48 | 桐乡市(浙) | 9.10 |
| 49 | 江山市(浙) | 7.80 |
| 50 | 临海市(浙) | 3.15 |
| 51 | 长兴县(浙) | 1.22 |
| 52 | 苍南县(浙) | 1.06 |
| 53 | 镇海区(浙) | 0.70 |
| 54 | 淳安县(浙) | 0.60 |
| 55 | 婺城区(浙) | 0.58 |
| 56 | 奉化区(浙) | 0.56 |
| 57 | 太和县(皖) | 25.00 |
| 58 | 谯城区(皖) | 19.00 |
| 59 | 东至县(皖) | 16.71 |
| 60 | 潜山县(皖) | 5.80 |
| 61 | 南陵县(皖) | 4.65 |
| 62 | 望江县(皖) | 4.52 |
| 63 | 无为县(皖) | 4.10 |
| 64 | 霍山县(皖) | 4.00 |
| 65 | 阜南县(皖) | 3.88 |
| 66 | 六安市叶集区(皖) | 3.60 |
| 67 | 固镇县(皖) | 3.56 |
| 68 | 宿松县(皖) | 3.27 |
| 69 | 埇桥区(皖) | 3.20 |
| 70 | 大观区(皖) | 3.00 |
| 71 | 颍州区(皖) | 2.76 |
| 72 | 太湖县(皖) | 2.66 |
| 73 | 怀宁县(皖) | 2.60 |
| 74 | 涡阳县(皖) | 2.00 |
| 75 | 裕安区(皖) | 1.20 |
| 76 | 长丰县(皖) | 1.20 |
| 77 | 桐城市(皖) | 1.10 |
| 78 | 灵璧县(皖) | 1.10 |
| 79 | 淮上区(皖) | 1.00 |

(续)

| 序号 | 木片主产地 | 万实积立方米 |
|---|---|---|
| 80 | 怀远县(皖) | 1.00 |
| 81 | 霍邱县(皖) | 0.68 |
| 82 | 寿　县(皖) | 0.60 |
| 83 | 泾　县(皖) | 0.50 |
| 84 | 青阳县(皖) | 0.50 |
| 85 | 南昌市市辖区(赣) | 84.10 |
| 86 | 南康市(赣) | 10.00 |
| 87 | 贵溪市(赣) | 8.37 |
| 88 | 安福县(赣) | 5.55 |
| 89 | 上高县(赣) | 2.70 |
| 90 | 万安县(赣) | 1.87 |
| 91 | 南城县(赣) | 1.80 |
| 92 | 峡江县(赣) | 1.59 |
| 93 | 安源区(赣) | 1.43 |
| 94 | 永新县(赣) | 1.00 |
| 95 | 上犹县(赣) | 0.71 |
| 96 | 新建县(赣) | 0.60 |
| 97 | 瑞金市(赣) | 0.60 |
| 98 | 余江县(赣) | 0.60 |
| 99 | 曹　县(鲁) | 1056.21 |
| 100 | 费　县(鲁) | 400.00 |
| 101 | 茌平县(鲁) | 167.02 |
| 102 | 济阳县(鲁) | 40.00 |
| 103 | 兰陵县(鲁) | 39.70 |
| 104 | 郯城县(鲁) | 38.00 |
| 105 | 河东区(鲁) | 25.00 |
| 106 | 莒　县(鲁) | 16.80 |
| 107 | 嘉祥县(鲁) | 14.30 |
| 108 | 东平县(鲁) | 14.09 |
| 109 | 莘　县(鲁) | 12.70 |
| 110 | 沂南县(鲁) | 12.28 |
| 111 | 齐河县(鲁) | 11.00 |
| 112 | 临朐县(鲁) | 10.50 |
| 113 | 临清市(鲁) | 10.00 |
| 114 | 东阿县(鲁) | 9.30 |
| 115 | 宁阳县(鲁) | 8.96 |
| 116 | 泗水县(鲁) | 7.88 |
| 117 | 新泰市(鲁) | 7.86 |
| 118 | 蒙阴县(鲁) | 7.40 |
| 119 | 岚山区(鲁) | 6.60 |
| 120 | 鄄城县(鲁) | 6.20 |
| 121 | 高唐县(鲁) | 6.10 |
| 122 | 梁山县(鲁) | 6.10 |
| 123 | 昌乐县(鲁) | 6.00 |
| 124 | 寿光市(鲁) | 5.54 |

(续)

| 序号 | 木片主产地 | 万实积立方米 |
|---|---|---|
| 125 | 兖州市(鲁) | 5.00 |
| 126 | 诸城市(鲁) | 4.54 |
| 127 | 临沂市临港经济开发区(鲁) | 4.50 |
| 128 | 微山县(鲁) | 4.39 |
| 129 | 肥城市(鲁) | 3.80 |
| 130 | 陵城区(鲁) | 3.00 |
| 131 | 峄城区(鲁) | 2.98 |
| 132 | 邹城市(鲁) | 2.96 |
| 133 | 高密市(鲁) | 2.60 |
| 134 | 惠民县(鲁) | 1.70 |
| 135 | 东明县(鲁) | 1.63 |
| 136 | 安丘市(鲁) | 1.52 |
| 137 | 沂水县(鲁) | 1.40 |
| 138 | 冠　县(鲁) | 1.40 |
| 139 | 莒南县(鲁) | 1.20 |
| 140 | 乐陵市(鲁) | 0.89 |
| 141 | 临沂市蒙山旅游区(鲁) | 0.70 |
| 142 | 淄川区(鲁) | 0.55 |
| 143 | 莱城区(鲁) | 0.53 |
| 144 | 范　县(豫) | 71.00 |
| 145 | 临颍县(豫) | 33.20 |
| 146 | 商水县(豫) | 29.77 |
| 147 | 固始县(豫) | 14.90 |
| 148 | 西华县(豫) | 11.00 |
| 149 | 武陟县(豫) | 11.00 |
| 150 | 梁园区(豫) | 10.30 |
| 151 | 洛宁县(豫) | 10.00 |
| 152 | 尉氏县(豫) | 8.80 |
| 153 | 新郑市(豫) | 7.80 |
| 154 | 濮阳县(豫) | 7.00 |
| 155 | 淮阳县(豫) | 6.00 |
| 156 | 许昌县(豫) | 5.50 |
| 157 | 南乐县(豫) | 5.00 |
| 158 | 社旗县(豫) | 4.00 |
| 159 | 镇平县(豫) | 3.76 |
| 160 | 内黄县(豫) | 3.30 |
| 161 | 台前县(豫) | 3.00 |
| 162 | 川汇区(豫) | 2.60 |
| 163 | 安阳县(豫) | 2.50 |
| 164 | 浚　县(豫) | 2.40 |
| 165 | 息　县(豫) | 2.00 |
| 166 | 禹州市(豫) | 1.96 |
| 167 | 郸城县(豫) | 1.80 |
| 168 | 虞城县(豫) | 1.30 |
| 169 | 太康县(豫) | 1.10 |

（续）

| 序号 | 木片主产地 | 万实积立方米 |
|---|---|---|
| 170 | 灵宝市(豫) | 1.09 |
| 171 | 郾城区(豫) | 1.01 |
| 172 | 中牟县(豫) | 1.00 |
| 173 | 民权县(豫) | 1.00 |
| 174 | 伊川县(豫) | 1.00 |
| 175 | 封丘县(豫) | 0.98 |
| 176 | 通许县(豫) | 0.95 |
| 177 | 获嘉县(豫) | 0.89 |
| 178 | 汝阳县(豫) | 0.88 |
| 179 | 栾川县(豫) | 0.82 |
| 180 | 内乡县(豫) | 0.80 |
| 181 | 淮滨县(豫) | 0.80 |
| 182 | 淇　县(豫) | 0.75 |
| 183 | 潢川县(豫) | 0.72 |
| 184 | 汝州市(豫) | 0.60 |
| 185 | 嵩　县(豫) | 0.50 |
| 186 | 松滋市(鄂) | 19.85 |
| 187 | 谷城县(鄂) | 9.20 |
| 188 | 天门市(鄂) | 6.96 |
| 189 | 潜江市(鄂) | 6.00 |
| 190 | 监利县(鄂) | 3.00 |
| 191 | 枣阳市(鄂) | 2.03 |
| 192 | 黄陂区(鄂) | 1.60 |
| 193 | 利川市(鄂) | 1.50 |
| 194 | 宜城市(鄂) | 1.20 |
| 195 | 嘉鱼县(鄂) | 1.09 |
| 196 | 夷陵区(鄂) | 1.01 |
| 197 | 张湾区(鄂) | 1.00 |
| 198 | 浠水县(鄂) | 1.00 |
| 199 | 仙桃市(鄂) | 0.80 |
| 200 | 老河口市(鄂) | 0.60 |
| 201 | 樊城区(鄂) | 0.59 |
| 202 | 襄城区(鄂) | 0.50 |
| 203 | 沙洋县(鄂) | 0.50 |
| 204 | 来凤县(鄂) | 0.50 |
| 205 | 双峰县(湘) | 5.05 |
| 206 | 东安县(湘) | 4.40 |
| 207 | 炎陵县(湘) | 4.01 |
| 208 | 开福区(湘) | 3.00 |
| 209 | 汉寿县(湘) | 2.60 |
| 210 | 衡山县(湘) | 2.41 |
| 211 | 君山区(湘) | 1.60 |
| 212 | 双牌县(湘) | 1.49 |
| 213 | 祁东县(湘) | 1.40 |
| 214 | 靖州苗族侗族自治县(湘) | 1.32 |

（续）

| 序号 | 木片主产地 | 万实积立方米 |
|---|---|---|
| 215 | 湘阴县(湘) | 1.20 |
| 216 | 衡东县(湘) | 1.13 |
| 217 | 岳阳县(湘) | 1.00 |
| 218 | 洞口县(湘) | 1.00 |
| 219 | 云溪区(湘) | 0.99 |
| 220 | 岳麓区(湘) | 0.90 |
| 221 | 赫山区(湘) | 0.60 |
| 222 | 珠晖区(湘) | 0.60 |
| 223 | 芙蓉区(湘) | 0.60 |
| 224 | 天心区(湘) | 0.60 |
| 225 | 通道侗族自治县(湘) | 0.54 |
| 226 | 澧　县(湘) | 0.54 |
| 227 | 揭阳市普侨区(粤) | 10.00 |
| 228 | 浈江区(粤) | 10.00 |
| 229 | 高要市(粤) | 6.45 |
| 230 | 恩平市(粤) | 5.54 |
| 231 | 化州市(粤) | 4.00 |
| 232 | 怀集县(粤) | 3.70 |
| 233 | 封开县(粤) | 3.56 |
| 234 | 乳源瑶族自治县(粤) | 2.40 |
| 235 | 阳西县(粤) | 2.00 |
| 236 | 新丰县(粤) | 1.92 |
| 237 | 中山市(粤) | 1.76 |
| 238 | 大埔县(粤) | 1.00 |
| 239 | 高州市(粤) | 0.90 |
| 240 | 翁源县(粤) | 0.55 |
| 241 | 东源县(粤) | 0.50 |
| 242 | 宜州市(桂) | 88.16 |
| 243 | 柳江县(桂) | 65.85 |
| 244 | 兴宁区(桂) | 45.00 |
| 245 | 西乡塘区(桂) | 40.16 |
| 246 | 覃塘区(桂) | 40.00 |
| 247 | 凭祥市(桂) | 32.23 |
| 248 | 博白县(桂) | 32.20 |
| 249 | 邕宁区(桂) | 25.90 |
| 250 | 江南区(桂) | 23.00 |
| 251 | 永福县(桂) | 22.88 |
| 252 | 鹿寨县(桂) | 20.10 |
| 253 | 武鸣县(桂) | 15.20 |
| 254 | 田林县(桂) | 15.00 |
| 255 | 北流市(桂) | 13.94 |
| 256 | 宁明县(桂) | 11.82 |
| 257 | 钦北区(桂) | 10.30 |
| 258 | 良庆区(桂) | 9.70 |
| 259 | 合浦县(桂) | 9.00 |

（续）

| 序号 | 木片主产地 | 万实积立方米 |
|---|---|---|
| 260 | 浦北县(桂) | 9.00 |
| 261 | 港北区(桂) | 8.60 |
| 262 | 兴宾区(桂) | 8.56 |
| 263 | 灵山县(桂) | 8.20 |
| 264 | 玉林市福绵区(桂) | 7.38 |
| 265 | 横　县(桂) | 6.73 |
| 266 | 钦南区(桂) | 5.90 |
| 267 | 蒙山县(桂) | 5.40 |
| 268 | 柳北区(桂) | 5.26 |
| 269 | 宾阳县(桂) | 5.22 |
| 270 | 八步区(桂) | 4.93 |
| 271 | 大桂山林场(桂) | 4.93 |
| 272 | 鱼峰区(桂) | 4.89 |
| 273 | 防城区(桂) | 4.42 |
| 274 | 全州县(桂) | 4.35 |
| 275 | 长洲区(桂) | 4.14 |
| 276 | 上思县(桂) | 4.04 |
| 277 | 扶绥县(桂) | 3.25 |
| 278 | 陆川县(桂) | 3.00 |
| 279 | 大新县(桂) | 2.74 |
| 280 | 兴安县(桂) | 2.57 |
| 281 | 隆安县(桂) | 2.45 |
| 282 | 江州区(桂) | 2.25 |
| 283 | 阳朔县(桂) | 2.04 |
| 284 | 象山区(桂) | 2.00 |
| 285 | 合山市(桂) | 1.99 |
| 286 | 大化瑶族自治县(桂) | 1.90 |
| 287 | 兴业县(桂) | 1.50 |
| 288 | 富川瑶族自治县(桂) | 1.37 |
| 289 | 临桂区(桂) | 1.12 |
| 290 | 贺州市平桂管理区(桂) | 1.09 |
| 291 | 右江区(桂) | 1.00 |
| 292 | 龙圩区(桂) | 1.00 |
| 293 | 隆林各族自治县(桂) | 0.94 |
| 294 | 桂平市(桂) | 0.92 |
| 295 | 岑溪市(桂) | 0.90 |
| 296 | 铁山港区(桂) | 0.89 |
| 297 | 苍梧县(桂) | 0.80 |
| 298 | 西林县(桂) | 0.79 |
| 299 | 钟山县(桂) | 0.66 |
| 300 | 雁山区(桂) | 0.65 |
| 301 | 港口区(桂) | 0.60 |
| 302 | 资源县(桂) | 0.60 |
| 303 | 平乐县(桂) | 0.54 |
| 304 | 环江毛南族自治县(桂) | 0.52 |

(续)

| 序号 | 木片主产地 | 万实积立方米 |
|---|---|---|
| 305 | 黄冕林场(桂) | 0.52 |
| 306 | 容　县(桂) | 0.50 |
| 307 | 武宣县(桂) | 0.50 |
| 308 | 七星区(桂) | 0.50 |
| 309 | 万州区(渝) | 7.20 |
| 310 | 涪陵区(渝) | 3.00 |
| 311 | 九龙坡区(渝) | 2.01 |
| 312 | 梁平县(渝) | 1.67 |
| 313 | 开　县(渝) | 0.90 |
| 314 | 垫江县(渝) | 0.80 |
| 315 | 彭水苗族土家族自治县(渝) | 0.80 |
| 316 | 夹江县(川) | 5.00 |
| 317 | 彭山区(川) | 3.54 |
| 318 | 东坡区(川) | 3.50 |
| 319 | 渠　县(川) | 3.18 |
| 320 | 射洪县(川) | 3.00 |
| 321 | 乐山市市中区(川) | 2.10 |
| 322 | 荥经县(川) | 1.80 |
| 323 | 五通桥区(川) | 1.60 |
| 324 | 绵竹市(川) | 1.43 |
| 325 | 江油市(川) | 1.37 |
| 326 | 雅安市市辖区(川) | 1.30 |
| 327 | 盐亭县(川) | 1.23 |
| 328 | 邻水县(川) | 1.23 |
| 329 | 剑阁县(川) | 1.20 |
| 330 | 富顺县(川) | 1.17 |
| 331 | 中江县(川) | 1.10 |
| 332 | 沐川县(川) | 1.05 |
| 333 | 昭化区(川) | 1.00 |
| 334 | 芦山县(川) | 1.00 |
| 335 | 安　县(川) | 1.00 |
| 336 | 丹棱县(川) | 0.99 |
| 337 | 苍溪县(川) | 0.84 |
| 338 | 南溪县(川) | 0.75 |
| 339 | 邛崃市(川) | 0.60 |
| 340 | 册亨县(黔) | 5.40 |
| 341 | 赤水市(黔) | 2.95 |
| 342 | 景谷傣族彝族自治县(滇) | 10.50 |
| 343 | 河口瑶族自治县(滇) | 10.03 |
| 344 | 罗平县(滇) | 2.80 |
| 345 | 砚山县(滇) | 2.06 |
| 346 | 盈江县(滇) | 1.64 |
| 347 | 澜沧拉祜族自治县(滇) | 1.15 |
| 348 | 牟定县(滇) | 1.12 |
| 349 | 威信县(滇) | 1.10 |

(续)

| 序号 | 木片主产地 | 万实积立方米 |
|---|---|---|
| 350 | 双柏县(滇) | 0.96 |
| 351 | 西山区(滇) | 0.89 |
| 352 | 耿马傣族佤族自治县(滇) | 0.66 |
| 353 | 巧家县(滇) | 0.58 |
| 354 | 宣威市(滇) | 0.50 |
| 355 | 城固县(陕) | 0.70 |
| 356 | 洋　县(陕) | 0.60 |
| 357 | 翠峦林业局(龙江森工) | 1.25 |
| 358 | 塔河林业局(大兴安岭集团) | 2.21 |

## 表 2-1　胶合板主产地产量

| 序号 | 胶合板主产地 | 万立方米 |
|---|---|---|
| 1 | 文安县(冀) | 605.80 |
| 2 | 邢台市高新技术开发区(冀) | 50.00 |
| 3 | 霸州市(冀) | 29.81 |
| 4 | 灵寿县(冀) | 9.00 |
| 5 | 正定县(冀) | 6.30 |
| 6 | 昌黎县(冀) | 3.20 |
| 7 | 青龙满族自治县(冀) | 3.16 |
| 8 | 新乐市(冀) | 2.60 |
| 9 | 望都县(冀) | 2.53 |
| 10 | 临漳县(冀) | 2.18 |
| 11 | 三河市(冀) | 0.85 |
| 12 | 盐山县(冀) | 0.75 |
| 13 | 景　县(冀) | 0.66 |
| 14 | 涿州市(冀) | 0.61 |
| 15 | 南和县(冀) | 0.60 |
| 16 | 唐　县(冀) | 0.50 |
| 17 | 夏　县(晋) | 6.70 |
| 18 | 洪洞县(晋) | 0.60 |
| 19 | 元宝山区(内蒙古) | 20.00 |
| 20 | 巴林右旗(内蒙古) | 1.56 |
| 21 | 扎鲁特旗(内蒙古) | 1.30 |
| 22 | 杭锦后旗(内蒙古) | 1.24 |
| 23 | 宁城县(内蒙古) | 0.81 |
| 24 | 红山区(内蒙古) | 0.70 |
| 25 | 松山区(内蒙古) | 0.50 |
| 26 | 大连市金州新区(辽) | 56.68 |
| 27 | 新民市(辽) | 9.40 |
| 28 | 顺城区(辽) | 7.02 |
| 29 | 建平县(辽) | 3.60 |
| 30 | 辽中区(辽) | 3.10 |
| 31 | 鞍山市开发区(辽) | 2.10 |
| 32 | 台安县(辽) | 2.00 |
| 33 | 海城市(辽) | 1.50 |

(续)

| 序号 | 胶合板主产地 | 万立方米 |
|---|---|---|
| 34 | 黑山县(辽) | 1.10 |
| 35 | 喀喇沁左翼蒙古族自治县(辽) | 1.00 |
| 36 | 彰武县(辽) | 1.00 |
| 37 | 延吉市(吉) | 53.60 |
| 38 | 敦化市(吉) | 40.20 |
| 39 | 珲春市(吉) | 18.02 |
| 40 | 安图县(吉) | 10.11 |
| 41 | 龙井市(吉) | 10.11 |
| 42 | 农安县(吉) | 5.43 |
| 43 | 梨树县(吉) | 4.88 |
| 44 | 二道区(吉) | 2.00 |
| 45 | 江源区(吉) | 1.90 |
| 46 | 图们市(吉) | 1.36 |
| 47 | 长岭县(吉) | 1.30 |
| 48 | 公主岭市(吉) | 0.64 |
| 49 | 榆树市(吉) | 0.50 |
| 50 | 绿园区(吉) | 0.50 |
| 51 | 宁安市(黑) | 22.00 |
| 52 | 明水县(黑) | 5.05 |
| 53 | 道里区(黑) | 1.40 |
| 54 | 北林区(黑) | 1.20 |
| 55 | 克山县(黑) | 1.00 |
| 56 | 五常市(黑) | 0.90 |
| 57 | 香坊区(黑) | 0.80 |
| 58 | 拜泉县(黑) | 0.80 |
| 59 | 沭阳县(苏) | 1043.72 |
| 60 | 邳州市(苏) | 1000.00 |
| 61 | 泗阳县(苏) | 886.00 |
| 62 | 太仓市(苏) | 220.00 |
| 63 | 丰　县(苏) | 160.00 |
| 64 | 铜山区(苏) | 61.00 |
| 65 | 灌南县(苏) | 42.00 |
| 66 | 沛　县(苏) | 40.00 |
| 67 | 东台市(苏) | 33.82 |
| 68 | 东海县(苏) | 32.57 |
| 69 | 泗洪县(苏) | 23.32 |
| 70 | 赣榆区(苏) | 23.20 |
| 71 | 涟水县(苏) | 21.60 |
| 72 | 新沂市(苏) | 16.00 |
| 73 | 宿豫区(苏) | 11.88 |
| 74 | 宿城区(苏) | 7.81 |
| 75 | 灌云县(苏) | 7.80 |
| 76 | 高淳县(苏) | 7.73 |
| 77 | 睢宁县(苏) | 7.72 |
| 78 | 江都区(苏) | 6.65 |

（续）

| 序号 | 胶合板主产地 | 万立方米 |
|---|---|---|
| 79 | 启东市(苏) | 5.00 |
| 80 | 海州区(苏) | 4.86 |
| 81 | 盱眙县(苏) | 4.54 |
| 82 | 江宁区(苏) | 3.87 |
| 83 | 金湖县(苏) | 3.40 |
| 84 | 宜兴市(苏) | 3.29 |
| 85 | 如东县(苏) | 3.00 |
| 86 | 淮安区(苏) | 2.47 |
| 87 | 吴中区(苏) | 2.15 |
| 88 | 姜堰区(苏) | 1.82 |
| 89 | 建湖县(苏) | 1.30 |
| 90 | 高邮市(苏) | 1.00 |
| 91 | 贾汪区(苏) | 0.75 |
| 92 | 射阳县(苏) | 0.64 |
| 93 | 响水县(苏) | 0.59 |
| 94 | 通州区(苏) | 0.50 |
| 95 | 安吉县(浙) | 44.22 |
| 96 | 德清县(浙) | 22.00 |
| 97 | 龙泉市(浙) | 19.00 |
| 98 | 江山市(浙) | 18.35 |
| 99 | 建德市(浙) | 17.85 |
| 100 | 南浔区(浙) | 13.58 |
| 101 | 吴兴区(浙) | 7.85 |
| 102 | 富阳区(浙) | 7.44 |
| 103 | 诸暨市(浙) | 6.96 |
| 104 | 衢江区(浙) | 5.40 |
| 105 | 庆元县(浙) | 4.51 |
| 106 | 长兴县(浙) | 2.89 |
| 107 | 临海市(浙) | 2.81 |
| 108 | 宁海县(浙) | 2.69 |
| 109 | 桐庐县(浙) | 1.88 |
| 110 | 苍南县(浙) | 1.37 |
| 111 | 莲都区(浙) | 1.01 |
| 112 | 义乌市(浙) | 1.00 |
| 113 | 新昌县(浙) | 0.79 |
| 114 | 余姚市(浙) | 0.75 |
| 115 | 泰顺县(浙) | 0.75 |
| 116 | 永康市(浙) | 0.63 |
| 117 | 桐乡市(浙) | 0.61 |
| 118 | 平湖市(浙) | 0.60 |
| 119 | 淳安县(浙) | 0.54 |
| 120 | 镇海区(浙) | 0.51 |
| 121 | 埇桥区(皖) | 433.96 |
| 122 | 六安市叶集区(皖) | 296.30 |
| 123 | 砀山县(皖) | 116.28 |

（续）

| 序号 | 胶合板主产地 | 万立方米 |
|---|---|---|
| 124 | 萧　县(皖) | 89.50 |
| 125 | 灵璧县(皖) | 56.40 |
| 126 | 广德县(皖) | 43.30 |
| 127 | 天长市(皖) | 40.00 |
| 128 | 宣州区(皖) | 34.10 |
| 129 | 怀宁县(皖) | 26.70 |
| 130 | 蒙城县(皖) | 22.00 |
| 131 | 利辛县(皖) | 15.00 |
| 132 | 太和县(皖) | 12.80 |
| 133 | 宁国市(皖) | 10.52 |
| 134 | 南谯区(皖) | 9.00 |
| 135 | 颍上县(皖) | 7.90 |
| 136 | 颍泉区(皖) | 6.40 |
| 137 | 寿　县(皖) | 5.90 |
| 138 | 霍山县(皖) | 5.00 |
| 139 | 大观区(皖) | 5.00 |
| 140 | 潜山县(皖) | 4.80 |
| 141 | 宿松县(皖) | 4.58 |
| 142 | 固镇县(皖) | 4.52 |
| 143 | 宜秀区(皖) | 4.20 |
| 144 | 长丰县(皖) | 3.90 |
| 145 | 琅琊区(皖) | 3.80 |
| 146 | 黟　县(皖) | 3.35 |
| 147 | 定远县(皖) | 3.00 |
| 148 | 金寨县(皖) | 2.70 |
| 149 | 霍邱县(皖) | 2.51 |
| 150 | 博望区(皖) | 2.50 |
| 151 | 旌德县(皖) | 2.45 |
| 152 | 涡阳县(皖) | 2.00 |
| 153 | 凤阳县(皖) | 2.00 |
| 154 | 义安区(皖) | 2.00 |
| 155 | 界首市(皖) | 1.82 |
| 156 | 禹会区(皖) | 1.80 |
| 157 | 屯溪区(皖) | 1.80 |
| 158 | 全椒县(皖) | 1.75 |
| 159 | 东至县(皖) | 1.55 |
| 160 | 太湖县(皖) | 1.40 |
| 161 | 郎溪县(皖) | 1.40 |
| 162 | 颍州区(皖) | 1.40 |
| 163 | 铜陵市市辖区(皖) | 1.40 |
| 164 | 明光市(皖) | 1.35 |
| 165 | 临泉县(皖) | 1.20 |
| 166 | 当涂县(皖) | 1.20 |
| 167 | 徽州区(皖) | 1.15 |
| 168 | 祁门县(皖) | 1.10 |

（续）

| 序号 | 胶合板主产地 | 万立方米 |
|---|---|---|
| 169 | 和　县(皖) | 1.10 |
| 170 | 望江县(皖) | 0.93 |
| 171 | 裕安区(皖) | 0.77 |
| 172 | 青阳县(皖) | 0.70 |
| 173 | 石台县(皖) | 0.57 |
| 174 | 南陵县(皖) | 0.54 |
| 175 | 南丰县(赣) | 70.00 |
| 176 | 宜丰县(赣) | 45.53 |
| 177 | 南康市(赣) | 18.27 |
| 178 | 新干县(赣) | 7.00 |
| 179 | 靖安县(赣) | 6.48 |
| 180 | 章贡区(赣) | 6.16 |
| 181 | 万载县(赣) | 5.51 |
| 182 | 峡江县(赣) | 5.30 |
| 183 | 东乡县(赣) | 4.50 |
| 184 | 宜黄县(赣) | 4.00 |
| 185 | 遂川县(赣) | 3.60 |
| 186 | 德兴市(赣) | 2.80 |
| 187 | 安福县(赣) | 2.70 |
| 188 | 贵溪市(赣) | 2.28 |
| 189 | 万安县(赣) | 2.20 |
| 190 | 婺源县(赣) | 1.86 |
| 191 | 崇义县(赣) | 1.83 |
| 192 | 九江县(赣) | 1.80 |
| 193 | 泰和县(赣) | 1.60 |
| 194 | 黎川县(赣) | 1.20 |
| 195 | 永丰县(赣) | 1.00 |
| 196 | 永新县(赣) | 0.98 |
| 197 | 南城县(赣) | 0.95 |
| 198 | 瑞金市(赣) | 0.90 |
| 199 | 分宜县(赣) | 0.85 |
| 200 | 宁都县(赣) | 0.80 |
| 201 | 石城县(赣) | 0.78 |
| 202 | 吉安县(赣) | 0.66 |
| 203 | 龙南县(赣) | 0.64 |
| 204 | 广昌县(赣) | 0.61 |
| 205 | 吉州区(赣) | 0.60 |
| 206 | 兴国县(赣) | 0.60 |
| 207 | 上犹县(赣) | 0.58 |
| 208 | 井冈山市(赣) | 0.53 |
| 209 | 全南县(赣) | 0.50 |
| 210 | 兰山区(鲁) | 1926.80 |
| 211 | 长清区(鲁) | 1700.00 |
| 212 | 沂水县(鲁) | 324.00 |
| 213 | 寿光市(鲁) | 251.00 |

(续)

| 序号 | 胶合板主产地 | 万立方米 |
|---|---|---|
| 214 | 临沂市高新技术产业开发区(鲁) | 98.75 |
| 215 | 昌乐县(鲁) | 88.00 |
| 216 | 东明县(鲁) | 68.72 |
| 217 | 茌平县(鲁) | 68.20 |
| 218 | 嘉祥县(鲁) | 67.40 |
| 219 | 莘　县(鲁) | 52.49 |
| 220 | 高唐县(鲁) | 38.00 |
| 221 | 高密市(鲁) | 35.00 |
| 222 | 兰陵县(鲁) | 29.60 |
| 223 | 平邑县(鲁) | 28.20 |
| 224 | 东平县(鲁) | 27.84 |
| 225 | 诸城市(鲁) | 22.81 |
| 226 | 微山县(鲁) | 22.18 |
| 227 | 安丘市(鲁) | 20.10 |
| 228 | 齐河县(鲁) | 19.30 |
| 229 | 梁山县(鲁) | 19.30 |
| 230 | 济阳县(鲁) | 18.00 |
| 231 | 新泰市(鲁) | 16.00 |
| 232 | 罗庄区(鲁) | 16.00 |
| 233 | 阳信县(鲁) | 16.00 |
| 234 | 东阿县(鲁) | 13.20 |
| 235 | 郯城县(鲁) | 11.80 |
| 236 | 莱山区(鲁) | 11.00 |
| 237 | 宁阳县(鲁) | 8.35 |
| 238 | 鄄城县(鲁) | 8.00 |
| 239 | 东营区(鲁) | 8.00 |
| 240 | 河东区(鲁) | 7.80 |
| 241 | 陵　县(鲁) | 7.70 |
| 242 | 蒙阴县(鲁) | 7.60 |
| 243 | 潍城区(鲁) | 7.60 |
| 244 | 鱼台县(鲁) | 6.80 |
| 245 | 薛城区(鲁) | 6.00 |
| 246 | 泗水县(鲁) | 5.28 |
| 247 | 平原县(鲁) | 4.98 |
| 248 | 岱岳区(鲁) | 4.50 |
| 249 | 莒南县(鲁) | 4.20 |
| 250 | 邹平县(鲁) | 4.04 |
| 251 | 肥城市(鲁) | 4.00 |
| 252 | 汶上县(鲁) | 3.50 |
| 253 | 青州市(鲁) | 2.78 |
| 254 | 临邑县(鲁) | 2.60 |
| 255 | 沂源县(鲁) | 2.40 |
| 256 | 冠　县(鲁) | 2.40 |
| 257 | 桓台县(鲁) | 2.20 |
| 258 | 莒　县(鲁) | 1.86 |

(续)

| 序号 | 胶合板主产地 | 万立方米 |
|---|---|---|
| 259 | 惠民县(鲁) | 1.80 |
| 260 | 沂南县(鲁) | 1.43 |
| 261 | 博兴县(鲁) | 1.35 |
| 262 | 高青县(鲁) | 1.10 |
| 263 | 峄城区(鲁) | 1.04 |
| 264 | 泰山区(鲁) | 0.84 |
| 265 | 兖州市(鲁) | 0.75 |
| 266 | 五莲县(鲁) | 0.62 |
| 267 | 临朐县(鲁) | 0.60 |
| 268 | 临颍县(豫) | 89.90 |
| 269 | 原阳县(豫) | 30.50 |
| 270 | 梁园区(豫) | 25.40 |
| 271 | 邓州市(豫) | 17.00 |
| 272 | 上蔡县(豫) | 16.74 |
| 273 | 夏邑县(豫) | 15.00 |
| 274 | 开封县(豫) | 13.20 |
| 275 | 内乡县(豫) | 12.00 |
| 276 | 禹州市(豫) | 11.38 |
| 277 | 宁陵县(豫) | 11.00 |
| 278 | 固始县(豫) | 10.80 |
| 279 | 睢阳区(豫) | 9.82 |
| 280 | 永城市(豫) | 9.75 |
| 281 | 尉氏县(豫) | 9.40 |
| 282 | 范　县(豫) | 9.00 |
| 283 | 正阳县(豫) | 8.50 |
| 284 | 淮阳县(豫) | 7.50 |
| 285 | 台前县(豫) | 6.20 |
| 286 | 息　县(豫) | 5.80 |
| 287 | 镇平县(豫) | 5.43 |
| 288 | 浚　县(豫) | 5.01 |
| 289 | 驿城区(豫) | 5.00 |
| 290 | 汝南县(豫) | 4.60 |
| 291 | 柘城县(豫) | 4.20 |
| 292 | 宛城区(豫) | 4.19 |
| 293 | 太康县(豫) | 3.80 |
| 294 | 嵩　县(豫) | 3.70 |
| 295 | 罗山县(豫) | 3.63 |
| 296 | 郸城县(豫) | 3.60 |
| 297 | 兰考县(豫) | 3.50 |
| 298 | 淮滨县(豫) | 3.50 |
| 299 | 武陟县(豫) | 3.10 |
| 300 | 郾城区(豫) | 3.05 |
| 301 | 伊川县(豫) | 3.00 |
| 302 | 内黄县(豫) | 2.90 |
| 303 | 许昌县(豫) | 2.74 |

(续)

| 序号 | 胶合板主产地 | 万立方米 |
|---|---|---|
| 304 | 通许县(豫) | 2.71 |
| 305 | 商水县(豫) | 2.70 |
| 306 | 洛宁县(豫) | 2.66 |
| 307 | 民权县(豫) | 2.45 |
| 308 | 平舆县(豫) | 2.25 |
| 309 | 新野县(豫) | 1.80 |
| 310 | 确山县(豫) | 1.62 |
| 311 | 登封市(豫) | 1.55 |
| 312 | 博爱县(豫) | 1.40 |
| 313 | 封丘县(豫) | 1.30 |
| 314 | 项城市(豫) | 1.20 |
| 315 | 叶　县(豫) | 1.10 |
| 316 | 淇　县(豫) | 1.02 |
| 317 | 川汇区(豫) | 1.00 |
| 318 | 偃师市(豫) | 1.00 |
| 319 | 陕　县(豫) | 0.98 |
| 320 | 西峡县(豫) | 0.96 |
| 321 | 牧野区(豫) | 0.95 |
| 322 | 获嘉县(豫) | 0.89 |
| 323 | 遂平县(豫) | 0.88 |
| 324 | 汝阳县(豫) | 0.85 |
| 325 | 卫辉市(豫) | 0.71 |
| 326 | 辉县市(豫) | 0.70 |
| 327 | 修武县(豫) | 0.60 |
| 328 | 潢川县(豫) | 0.56 |
| 329 | 谷城县(鄂) | 13.00 |
| 330 | 仙桃市(鄂) | 11.30 |
| 331 | 嘉鱼县(鄂) | 9.48 |
| 332 | 钟祥市(鄂) | 7.80 |
| 333 | 曾都区(鄂) | 7.31 |
| 334 | 潜江市(鄂) | 5.00 |
| 335 | 襄州区(鄂) | 5.00 |
| 336 | 武穴市(鄂) | 4.07 |
| 337 | 石首市(鄂) | 4.00 |
| 338 | 洪湖市(鄂) | 3.75 |
| 339 | 咸安区(鄂) | 3.00 |
| 340 | 孝南区(鄂) | 2.28 |
| 341 | 当阳市(鄂) | 2.24 |
| 342 | 枣阳市(鄂) | 2.20 |
| 343 | 沙洋县(鄂) | 2.00 |
| 344 | 黄梅县(鄂) | 2.00 |
| 345 | 公安县(鄂) | 1.95 |
| 346 | 老河口市(鄂) | 1.60 |
| 347 | 建始县(鄂) | 1.50 |
| 348 | 京山县(鄂) | 1.25 |

（续）

| 序号 | 胶合板主产地 | 万立方米 |
|---|---|---|
| 349 | 通山县(鄂) | 1.17 |
| 350 | 黄陂区(鄂) | 1.10 |
| 351 | 张湾区(鄂) | 1.00 |
| 352 | 浠水县(鄂) | 1.00 |
| 353 | 汉川市(鄂) | 0.92 |
| 354 | 樊城区(鄂) | 0.71 |
| 355 | 襄城区(鄂) | 0.56 |
| 356 | 应城市(鄂) | 0.50 |
| 357 | 恩施市(鄂) | 0.50 |
| 358 | 炎陵县(湘) | 45.00 |
| 359 | 攸　县(湘) | 32.00 |
| 360 | 汉寿县(湘) | 15.00 |
| 361 | 湘阴县(湘) | 15.00 |
| 362 | 新田县(湘) | 12.00 |
| 363 | 衡山县(湘) | 11.99 |
| 364 | 浏阳市(湘) | 9.95 |
| 365 | 双峰县(湘) | 9.80 |
| 366 | 芦淞区(湘) | 9.20 |
| 367 | 永定区(湘) | 8.00 |
| 368 | 东安县(湘) | 7.05 |
| 369 | 珠晖区(湘) | 6.60 |
| 370 | 鼎城区(湘) | 5.80 |
| 371 | 沅江市(湘) | 5.63 |
| 372 | 祁东县(湘) | 5.40 |
| 373 | 安化县(湘) | 5.00 |
| 374 | 常宁市(湘) | 4.85 |
| 375 | 株洲县(湘) | 4.80 |
| 376 | 鹤城区(湘) | 4.70 |
| 377 | 绥宁县(湘) | 4.20 |
| 378 | 洪江区(湘) | 3.64 |
| 379 | 桃江县(湘) | 3.20 |
| 380 | 开福区(湘) | 3.00 |
| 381 | 武冈市(湘) | 2.83 |
| 382 | 雨湖区(湘) | 2.30 |
| 383 | 石门县(湘) | 2.10 |
| 384 | 洞口县(湘) | 2.00 |
| 385 | 邵阳县(湘) | 2.00 |
| 386 | 衡阳县(湘) | 1.90 |
| 387 | 汝城县(湘) | 1.79 |
| 388 | 澧　县(湘) | 1.55 |
| 389 | 大祥区(湘) | 1.51 |
| 390 | 冷水滩区(湘) | 1.51 |
| 391 | 赫山区(湘) | 1.50 |
| 392 | 双牌县(湘) | 1.49 |
| 393 | 冷水江市(湘) | 1.40 |

（续）

| 序号 | 胶合板主产地 | 万立方米 |
|---|---|---|
| 394 | 沅陵县(湘) | 1.20 |
| 395 | 芷江侗族自治县(湘) | 1.20 |
| 396 | 长沙县(湘) | 1.06 |
| 397 | 岳阳县(湘) | 1.00 |
| 398 | 安仁县(湘) | 0.95 |
| 399 | 零陵区(湘) | 0.90 |
| 400 | 岳麓区(湘) | 0.90 |
| 401 | 娄星区(湘) | 0.88 |
| 402 | 汨罗市(湘) | 0.83 |
| 403 | 岳阳楼区(湘) | 0.81 |
| 404 | 临澧县(湘) | 0.80 |
| 405 | 麻阳苗族自治县(湘) | 0.70 |
| 406 | 茶陵县(湘) | 0.69 |
| 407 | 蓝山县(湘) | 0.60 |
| 408 | 湘潭县(湘) | 0.60 |
| 409 | 天心区(湘) | 0.60 |
| 410 | 君山区(湘) | 0.53 |
| 411 | 桑植县(湘) | 0.50 |
| 412 | 南海区(粤) | 269.00 |
| 413 | 揭阳市普侨区(粤) | 50.00 |
| 414 | 开平市(粤) | 47.00 |
| 415 | 始兴县(粤) | 30.00 |
| 416 | 普宁市(粤) | 26.82 |
| 417 | 顺德区(粤) | 22.21 |
| 418 | 三水区(粤) | 20.64 |
| 419 | 南雄市(粤) | 20.00 |
| 420 | 浈江区(粤) | 20.00 |
| 421 | 台山市(粤) | 15.00 |
| 422 | 东源县(粤) | 15.00 |
| 423 | 东莞市(粤) | 11.92 |
| 424 | 鹤山市(粤) | 9.00 |
| 425 | 和平县(粤) | 9.00 |
| 426 | 英德市(粤) | 8.80 |
| 427 | 化州市(粤) | 8.80 |
| 428 | 连平县(粤) | 6.30 |
| 429 | 五华县(粤) | 6.22 |
| 430 | 郁南县(粤) | 6.20 |
| 431 | 蕉岭县(粤) | 4.66 |
| 432 | 仁化县(粤) | 3.60 |
| 433 | 中山市(粤) | 2.21 |
| 434 | 高明区(粤) | 2.10 |
| 435 | 乳源瑶族自治县(粤) | 1.90 |
| 436 | 平远县(粤) | 1.58 |
| 437 | 饶平县(粤) | 1.40 |
| 438 | 兴宁市(粤) | 1.30 |

（续）

| 序号 | 胶合板主产地 | 万立方米 |
|---|---|---|
| 439 | 高州市(粤) | 1.17 |
| 440 | 龙川县(粤) | 1.10 |
| 441 | 怀集县(粤) | 1.07 |
| 442 | 黄埔区(粤) | 1.00 |
| 443 | 禅城区(粤) | 0.95 |
| 444 | 大埔县(粤) | 0.90 |
| 445 | 揭东区(粤) | 0.80 |
| 446 | 揭西县(粤) | 0.75 |
| 447 | 信宜市(粤) | 0.70 |
| 448 | 连州市(粤) | 0.51 |
| 449 | 港南区(桂) | 311.09 |
| 450 | 覃塘区(桂) | 113.00 |
| 451 | 武鸣县(桂) | 102.00 |
| 452 | 容　县(桂) | 92.80 |
| 453 | 浦北县(桂) | 68.00 |
| 454 | 藤　县(桂) | 65.01 |
| 455 | 国家级南宁经济技术开发区(桂) | 60.00 |
| 456 | 柳江县(桂) | 55.09 |
| 457 | 鹿寨县(桂) | 51.81 |
| 458 | 博白县(桂) | 46.50 |
| 459 | 岑溪市(桂) | 41.43 |
| 460 | 港北区(桂) | 38.00 |
| 461 | 扶绥县(桂) | 35.91 |
| 462 | 宜州市(桂) | 31.13 |
| 463 | 桂平市(桂) | 30.05 |
| 464 | 西乡塘区(桂) | 29.62 |
| 465 | 柳城县(桂) | 28.63 |
| 466 | 玉州区(桂) | 27.20 |
| 467 | 横　县(桂) | 27.19 |
| 468 | 八步区(桂) | 25.74 |
| 469 | 大桂山林场(桂) | 25.74 |
| 470 | 临桂区(桂) | 24.68 |
| 471 | 灵山县(桂) | 22.60 |
| 472 | 宾阳县(桂) | 21.60 |
| 473 | 凭祥市(桂) | 21.42 |
| 474 | 北流市(桂) | 20.10 |
| 475 | 合浦县(桂) | 19.80 |
| 476 | 兴宾区(桂) | 19.11 |
| 477 | 苍梧县(桂) | 18.00 |
| 478 | 良庆区(桂) | 18.00 |
| 479 | 柳南区(桂) | 17.70 |
| 480 | 兴业县(桂) | 17.00 |
| 481 | 龙胜各族自治县(桂) | 16.37 |
| 482 | 田林县(桂) | 16.00 |
| 483 | 荔浦县(桂) | 15.21 |

(续)

| 序号 | 胶合板主产地 | 万立方米 |
|---|---|---|
| 484 | 宁明县(桂) | 15.20 |
| 485 | 江南区(桂) | 14.80 |
| 486 | 玉林市福绵区(桂) | 13.80 |
| 487 | 灵川县(桂) | 13.54 |
| 488 | 钦北区(桂) | 13.54 |
| 489 | 防城区(桂) | 13.02 |
| 490 | 金秀瑶族自治县(桂) | 13.00 |
| 491 | 象州县(桂) | 12.80 |
| 492 | 环江毛南族自治县(桂) | 12.07 |
| 493 | 平果县(桂) | 12.00 |
| 494 | 万秀区(桂) | 12.00 |
| 495 | 富川瑶族自治县(桂) | 11.50 |
| 496 | 灌阳县(桂) | 11.11 |
| 497 | 钦南区(桂) | 10.90 |
| 498 | 全州县(桂) | 10.90 |
| 499 | 贺州市平桂管理区(桂) | 10.70 |
| 500 | 平乐县(桂) | 10.20 |
| 501 | 龙圩区(桂) | 10.00 |
| 502 | 兴安县(桂) | 9.70 |
| 503 | 阳朔县(桂) | 9.10 |
| 504 | 西林县(桂) | 8.61 |
| 505 | 柳北区(桂) | 7.60 |
| 506 | 上林县(桂) | 7.00 |
| 507 | 永福县(桂) | 6.40 |
| 508 | 右江区(桂) | 6.10 |
| 509 | 港口区(桂) | 6.00 |
| 510 | 资源县(桂) | 6.00 |
| 511 | 上思县(桂) | 6.00 |
| 512 | 青秀区(桂) | 5.89 |
| 513 | 钟山县(桂) | 5.72 |
| 514 | 马山县(桂) | 5.50 |
| 515 | 平南县(桂) | 5.00 |
| 516 | 恭城瑶族自治县(桂) | 4.99 |
| 517 | 田阳县(桂) | 4.97 |
| 518 | 隆安县(桂) | 4.68 |
| 519 | 隆林各族自治县(桂) | 4.57 |
| 520 | 鱼峰区(桂) | 4.37 |
| 521 | 武宣县(桂) | 4.19 |
| 522 | 陆川县(桂) | 4.00 |
| 523 | 银海区(桂) | 3.90 |
| 524 | 大新县(桂) | 3.80 |
| 525 | 昭平县(桂) | 3.70 |
| 526 | 博白林场(桂) | 3.68 |
| 527 | 田东县(桂) | 3.51 |
| 528 | 长洲区(桂) | 3.51 |
| 529 | 蒙山县(桂) | 3.50 |
| 530 | 凌云县(桂) | 3.41 |
| 531 | 兴宁区(桂) | 3.40 |
| 532 | 六万林场(桂) | 3.27 |
| 533 | 象山区(桂) | 3.00 |
| 534 | 海城区(桂) | 2.80 |
| 535 | 大化瑶族自治县(桂) | 2.63 |
| 536 | 江州区(桂) | 2.60 |
| 537 | 金城江区(桂) | 2.00 |
| 538 | 南丹县(桂) | 1.92 |
| 539 | 东兰县(桂) | 1.85 |
| 540 | 雅长林场(桂) | 1.80 |
| 541 | 那坡县(桂) | 1.65 |
| 542 | 龙州县(桂) | 1.37 |
| 543 | 东兴市(桂) | 1.30 |
| 544 | 天等县(桂) | 1.30 |
| 545 | 忻城县(桂) | 1.20 |
| 546 | 巴马瑶族自治县(桂) | 1.00 |
| 547 | 罗城仫佬族自治县(桂) | 1.00 |
| 548 | 雁山区(桂) | 0.96 |
| 549 | 铁山港区(桂) | 0.93 |
| 550 | 天峨县(桂) | 0.79 |
| 551 | 靖西县(桂) | 0.60 |
| 552 | 融安县(桂) | 0.50 |
| 553 | 九龙坡区(渝) | 8.87 |
| 554 | 黔江区(渝) | 4.16 |
| 555 | 大渡口区(渝) | 3.70 |
| 556 | 荣昌区(渝) | 2.72 |
| 557 | 开　县(渝) | 2.15 |
| 558 | 垫江县(渝) | 1.90 |
| 559 | 酉阳土家族苗族自治县(渝) | 1.50 |
| 560 | 江津区(渝) | 0.73 |
| 561 | 万盛区(渝) | 0.63 |
| 562 | 彭水苗族土家族自治县(渝) | 0.54 |
| 563 | 雨城区(川) | 36.00 |
| 564 | 井研县(川) | 24.00 |
| 565 | 合江县(川) | 11.00 |
| 566 | 新都区(川) | 9.00 |
| 567 | 前锋区(川) | 8.00 |
| 568 | 万源市(川) | 7.00 |
| 569 | 营山县(川) | 6.00 |
| 570 | 高坪区(川) | 5.70 |
| 571 | 雁江区(川) | 5.30 |
| 572 | 蓬安县(川) | 5.00 |
| 573 | 长宁县(川) | 4.20 |
| 574 | 邻水县(川) | 4.10 |
| 575 | 宣汉县(川) | 4.00 |
| 576 | 渠　县(川) | 3.50 |
| 577 | 犍为县(川) | 3.06 |
| 578 | 宜宾县(川) | 2.40 |
| 579 | 江油市(川) | 2.38 |
| 580 | 东坡区(川) | 2.28 |
| 581 | 翠屏区(川) | 1.80 |
| 582 | 郫　县(川) | 1.77 |
| 583 | 金堂县(川) | 1.70 |
| 584 | 旺苍县(川) | 1.50 |
| 585 | 江安县(川) | 1.43 |
| 586 | 达川区(川) | 1.40 |
| 587 | 贡井区(川) | 1.20 |
| 588 | 沙湾区(川) | 1.20 |
| 589 | 乐山市市中区(川) | 1.20 |
| 590 | 旌阳区(川) | 1.20 |
| 591 | 罗江县(川) | 1.10 |
| 592 | 通川区(川) | 1.00 |
| 593 | 剑阁县(川) | 1.00 |
| 594 | 安　县(川) | 1.00 |
| 595 | 蓬溪县(川) | 1.00 |
| 596 | 泸　县(川) | 0.90 |
| 597 | 隆昌县(川) | 0.80 |
| 598 | 高　县(川) | 0.80 |
| 599 | 马边彝族自治县(川) | 0.67 |
| 600 | 平昌县(川) | 0.60 |
| 601 | 纳溪区(川) | 0.50 |
| 602 | 会东县(川) | 0.50 |
| 603 | 赤水市(黔) | 12.24 |
| 604 | 册亨县(黔) | 5.00 |
| 605 | 镇远县(黔) | 0.89 |
| 606 | 西秀区(黔) | 0.75 |
| 607 | 黄平县(黔) | 0.60 |
| 608 | 广南县(滇) | 19.49 |
| 609 | 昌宁县(滇) | 16.85 |
| 610 | 景谷傣族彝族自治县(滇) | 15.74 |
| 611 | 双柏县(滇) | 7.23 |
| 612 | 宁洱哈尼族彝族自治县(滇) | 6.83 |
| 613 | 寻甸回族彝族自治县(滇) | 5.60 |
| 614 | 富宁县(滇) | 5.00 |
| 615 | 楚雄市(滇) | 4.95 |
| 616 | 盈江县(滇) | 4.45 |
| 617 | 马关县(滇) | 3.83 |
| 618 | 个旧市(滇) | 3.00 |

（续）

| 序号 | 胶合板主产地 | 万立方米 |
|---|---|---|
| 619 | 砚山县(滇) | 2.82 |
| 620 | 腾冲县(滇) | 2.45 |
| 621 | 卫　国(滇) | 2.30 |
| 622 | 南华县(滇) | 2.22 |
| 623 | 大姚县(滇) | 2.22 |
| 624 | 巧家县(滇) | 2.22 |
| 625 | 镇沅彝族哈尼族拉祜族自治县(滇) | 2.21 |
| 626 | 隆阳区(滇) | 2.12 |
| 627 | 澜沧拉祜族自治县(滇) | 1.80 |
| 628 | 宣威市(滇) | 1.50 |
| 629 | 西畴县(滇) | 1.42 |
| 630 | 西山区(滇) | 1.40 |
| 631 | 陆良县(滇) | 0.90 |
| 632 | 文山市(滇) | 0.89 |
| 633 | 思茅区(滇) | 0.84 |
| 634 | 芒　市(滇) | 0.75 |
| 635 | 元阳县(滇) | 0.73 |
| 636 | 陇川县(滇) | 0.60 |
| 637 | 孟连傣族拉祜族佤族自治县(滇) | 0.50 |
| 638 | 威信县(滇) | 0.50 |
| 639 | 昭阳区(滇) | 0.50 |
| 640 | 岐山县(陕) | 4.00 |
| 641 | 三原县(陕) | 1.00 |
| 642 | 城固县(陕) | 0.60 |
| 643 | 商南县(陕) | 0.54 |
| 644 | 汉台区(陕) | 0.50 |
| 645 | 绥棱林业局(龙江森工) | 1.20 |
| 646 | 美溪林业局(龙江森工) | 0.95 |

**表 2-2　纤维板主产地产量**

| 序号 | 纤维板主产地 | 万立方米 |
|---|---|---|
| 1 | 文安县(冀) | 310.32 |
| 2 | 藁城区(冀) | 121.04 |
| 3 | 易　县(冀) | 24.50 |
| 4 | 邱　县(冀) | 15.32 |
| 5 | 正定县(冀) | 15.00 |
| 6 | 平泉县(冀) | 10.00 |
| 7 | 辛集市(冀) | 9.82 |
| 8 | 唐　县(冀) | 9.10 |
| 9 | 安平县(冀) | 6.70 |
| 10 | 深州市(冀) | 5.00 |
| 11 | 霸州市(冀) | 3.71 |
| 12 | 路南区(冀) | 0.57 |
| 13 | 涿州市(冀) | 0.52 |
| 14 | 孟村回族自治县(冀) | 0.50 |

（续）

| 序号 | 纤维板主产地 | 万立方米 |
|---|---|---|
| 15 | 杭锦后旗(内蒙古) | 0.61 |
| 16 | 台安县(辽) | 15.00 |
| 17 | 阜新蒙古族自治县(辽) | 10.00 |
| 18 | 桓仁满族自治县(辽) | 5.30 |
| 19 | 清原满族自治县(辽) | 4.50 |
| 20 | 新宾满族自治县(辽) | 3.75 |
| 21 | 海城市(辽) | 3.50 |
| 22 | 彰武县(辽) | 2.20 |
| 23 | 黑山县(辽) | 2.00 |
| 24 | 沭阳县(苏) | 224.56 |
| 25 | 丹阳市(苏) | 98.57 |
| 26 | 泗阳县(苏) | 54.34 |
| 27 | 邳州市(苏) | 48.00 |
| 28 | 灌南县(苏) | 45.05 |
| 29 | 浦口区(苏) | 39.49 |
| 30 | 新沂市(苏) | 35.00 |
| 31 | 泗洪县(苏) | 30.09 |
| 32 | 赣榆区(苏) | 24.89 |
| 33 | 沛　县(苏) | 20.00 |
| 34 | 洪泽县(苏) | 20.00 |
| 35 | 高邮市(苏) | 18.50 |
| 36 | 东海县(苏) | 16.35 |
| 37 | 大丰区(苏) | 11.00 |
| 38 | 溧阳市(苏) | 10.81 |
| 39 | 滨海县(苏) | 10.00 |
| 40 | 睢宁县(苏) | 9.89 |
| 41 | 盱眙县(苏) | 9.80 |
| 42 | 淮阴区(苏) | 9.40 |
| 43 | 宝应县(苏) | 3.00 |
| 44 | 宿豫区(苏) | 2.62 |
| 45 | 涟水县(苏) | 0.50 |
| 46 | 泰顺县(浙) | 35.00 |
| 47 | 江山市(浙) | 14.10 |
| 48 | 遂昌县(浙) | 12.34 |
| 49 | 仙居县(浙) | 8.37 |
| 50 | 桐乡市(浙) | 8.15 |
| 51 | 苍南县(浙) | 1.88 |
| 52 | 阜南县(皖) | 40.60 |
| 53 | 怀宁县(皖) | 28.90 |
| 54 | 太和县(皖) | 22.40 |
| 55 | 宣州区(皖) | 21.50 |
| 56 | 宁国市(皖) | 16.83 |
| 57 | 琅琊区(皖) | 14.00 |
| 58 | 寿　县(皖) | 12.70 |
| 59 | 灵璧县(皖) | 12.70 |

（续）

| 序号 | 纤维板主产地 | 万立方米 |
|---|---|---|
| 60 | 埇桥区(皖) | 11.62 |
| 61 | 南谯区(皖) | 11.00 |
| 62 | 定远县(皖) | 10.98 |
| 63 | 东至县(皖) | 9.54 |
| 64 | 固镇县(皖) | 7.77 |
| 65 | 裕安区(皖) | 6.85 |
| 66 | 桐城市(皖) | 6.50 |
| 67 | 含山县(皖) | 6.50 |
| 68 | 太湖县(皖) | 5.70 |
| 69 | 怀远县(皖) | 4.00 |
| 70 | 颍泉区(皖) | 3.70 |
| 71 | 谯城区(皖) | 3.20 |
| 72 | 宜秀区(皖) | 2.00 |
| 73 | 潜山县(皖) | 1.60 |
| 74 | 祁门县(皖) | 1.33 |
| 75 | 利辛县(皖) | 0.90 |
| 76 | 颍州区(皖) | 0.65 |
| 77 | 禹会区(皖) | 0.59 |
| 78 | 南康市(赣) | 31.99 |
| 79 | 吉安县(赣) | 21.48 |
| 80 | 袁州区(赣) | 18.60 |
| 81 | 信丰县(赣) | 10.66 |
| 82 | 临川区(赣) | 9.86 |
| 83 | 遂川县(赣) | 8.60 |
| 84 | 永丰县(赣) | 7.00 |
| 85 | 九江县(赣) | 3.00 |
| 86 | 余江县(赣) | 0.60 |
| 87 | 兰山区(鲁) | 195.20 |
| 88 | 茌平县(鲁) | 181.85 |
| 89 | 嘉祥县(鲁) | 37.50 |
| 90 | 邹城市(鲁) | 29.01 |
| 91 | 寿光市(鲁) | 28.85 |
| 92 | 高唐县(鲁) | 25.10 |
| 93 | 广饶县(鲁) | 19.77 |
| 94 | 肥城市(鲁) | 10.00 |
| 95 | 郯城县(鲁) | 9.90 |
| 96 | 齐河县(鲁) | 9.80 |
| 97 | 东平县(鲁) | 6.99 |
| 98 | 临清市(鲁) | 6.90 |
| 99 | 沾化县(鲁) | 6.55 |
| 100 | 汶上县(鲁) | 6.22 |
| 101 | 惠民县(鲁) | 6.00 |
| 102 | 任城区(鲁) | 5.80 |
| 103 | 沂水县(鲁) | 5.00 |
| 104 | 费　县(鲁) | 4.00 |

(续)

| 序号 | 纤维板主产地 | 万立方米 |
|---|---|---|
| 105 | 薛城区(鲁) | 3.80 |
| 106 | 潍城区(鲁) | 3.70 |
| 107 | 鄄城县(鲁) | 2.88 |
| 108 | 兖州市(鲁) | 2.53 |
| 109 | 宁阳县(鲁) | 2.28 |
| 110 | 新泰市(鲁) | 2.00 |
| 111 | 河东区(鲁) | 2.00 |
| 112 | 东营区(鲁) | 2.00 |
| 113 | 冠　县(鲁) | 1.80 |
| 114 | 博兴县(鲁) | 1.44 |
| 115 | 沂南县(鲁) | 1.32 |
| 116 | 桓台县(鲁) | 0.90 |
| 117 | 长葛市(豫) | 125.30 |
| 118 | 范　县(豫) | 30.00 |
| 119 | 濮阳县(豫) | 28.50 |
| 120 | 汝南县(豫) | 25.90 |
| 121 | 扶沟县(豫) | 22.60 |
| 122 | 夏邑县(豫) | 22.30 |
| 123 | 尉氏县(豫) | 22.27 |
| 124 | 邓州市(豫) | 16.80 |
| 125 | 西华县(豫) | 13.60 |
| 126 | 罗山县(豫) | 12.46 |
| 127 | 孟州市(豫) | 12.00 |
| 128 | 临颍县(豫) | 6.25 |
| 129 | 睢阳区(豫) | 6.15 |
| 130 | 新乡县(豫) | 4.79 |
| 131 | 固始县(豫) | 4.01 |
| 132 | 商水县(豫) | 3.86 |
| 133 | 西峡县(豫) | 3.64 |
| 134 | 郸城县(豫) | 3.50 |
| 135 | 内乡县(豫) | 3.00 |
| 136 | 沈丘县(豫) | 2.20 |
| 137 | 浚　县(豫) | 1.08 |
| 138 | 淇　县(豫) | 1.01 |
| 139 | 宁陵县(豫) | 0.56 |
| 140 | 监利县(鄂) | 42.00 |
| 141 | 天门市(鄂) | 39.90 |
| 142 | 潜江市(鄂) | 25.00 |
| 143 | 曾都区(鄂) | 21.86 |
| 144 | 松滋市(鄂) | 16.50 |
| 145 | 南漳县(鄂) | 16.00 |
| 146 | 咸安区(鄂) | 14.80 |
| 147 | 远安县(鄂) | 13.25 |
| 148 | 云梦县(鄂) | 12.00 |
| 149 | 枝江市(鄂) | 11.00 |

(续)

| 序号 | 纤维板主产地 | 万立方米 |
|---|---|---|
| 150 | 赤壁市(鄂) | 10.00 |
| 151 | 沙市区(鄂) | 10.00 |
| 152 | 沙洋县(鄂) | 8.00 |
| 153 | 仙桃市(鄂) | 6.80 |
| 154 | 嘉鱼县(鄂) | 5.24 |
| 155 | 枣阳市(鄂) | 1.20 |
| 156 | 黄陂区(鄂) | 0.80 |
| 157 | 麻城市(鄂) | 0.60 |
| 158 | 宜城市(鄂) | 0.50 |
| 159 | 湘阴县(湘) | 18.00 |
| 160 | 资阳区(湘) | 16.50 |
| 161 | 炎陵县(湘) | 5.00 |
| 162 | 华容县(湘) | 3.90 |
| 163 | 新邵县(湘) | 2.00 |
| 164 | 开福区(湘) | 2.00 |
| 165 | 资兴市(湘) | 1.80 |
| 166 | 冷水滩区(湘) | 1.01 |
| 167 | 岳麓区(湘) | 1.00 |
| 168 | 祁东县(湘) | 0.70 |
| 169 | 天心区(湘) | 0.60 |
| 170 | 安化县(湘) | 0.50 |
| 171 | 揭阳市普侨区(粤) | 50.00 |
| 172 | 茂南区(粤) | 33.00 |
| 173 | 四会市(粤) | 24.00 |
| 174 | 封开县(粤) | 23.40 |
| 175 | 德庆县(粤) | 22.00 |
| 176 | 阳东县(粤) | 21.28 |
| 177 | 始兴县(粤) | 20.00 |
| 178 | 罗定市(粤) | 18.00 |
| 179 | 鹤山市(粤) | 12.80 |
| 180 | 台山市(粤) | 10.00 |
| 181 | 化州市(粤) | 8.65 |
| 182 | 高明区(粤) | 7.90 |
| 183 | 新丰县(粤) | 7.88 |
| 184 | 郁南县(粤) | 7.00 |
| 185 | 怀集县(粤) | 5.96 |
| 186 | 南海区(粤) | 4.80 |
| 187 | 东莞市(粤) | 2.78 |
| 188 | 中山市(粤) | 2.42 |
| 189 | 顺德区(粤) | 2.19 |
| 190 | 恩平市(粤) | 1.75 |
| 191 | 禅城区(粤) | 1.40 |
| 192 | 藤　县(桂) | 49.98 |
| 193 | 高峰林场(桂) | 49.10 |
| 194 | 横　县(桂) | 47.28 |

(续)

| 序号 | 纤维板主产地 | 万立方米 |
|---|---|---|
| 195 | 万秀区(桂) | 47.00 |
| 196 | 隆安县(桂) | 45.77 |
| 197 | 宾阳县(桂) | 45.64 |
| 198 | 合浦县(桂) | 41.00 |
| 199 | 广西林业集团有限公司(桂) | 36.15 |
| 200 | 昭平县(桂) | 33.50 |
| 201 | 扶绥县(桂) | 32.86 |
| 202 | 右江区(桂) | 29.00 |
| 203 | 博白县(桂) | 26.20 |
| 204 | 良庆区(桂) | 23.30 |
| 205 | 覃塘区(桂) | 23.00 |
| 206 | 岑溪市(桂) | 21.63 |
| 207 | 柳城县(桂) | 20.00 |
| 208 | 永福县(桂) | 19.50 |
| 209 | 博白林场(桂) | 19.07 |
| 210 | 象州县(桂) | 17.20 |
| 211 | 上思县(桂) | 17.00 |
| 212 | 容　县(桂) | 16.41 |
| 213 | 宜州市(桂) | 15.61 |
| 214 | 凭祥市(桂) | 15.14 |
| 215 | 鹿寨县(桂) | 15.00 |
| 216 | 兴宁区(桂) | 13.00 |
| 217 | 八步区(桂) | 11.35 |
| 218 | 大桂山林场(桂) | 11.35 |
| 219 | 武宣县(桂) | 10.05 |
| 220 | 国家级南宁经济技术开发区(桂) | 10.00 |
| 221 | 钦廉林场(桂) | 9.30 |
| 222 | 陆川县(桂) | 9.00 |
| 223 | 苍梧县(桂) | 8.50 |
| 224 | 柳北区(桂) | 7.34 |
| 225 | 兴业县(桂) | 7.20 |
| 226 | 兴宾区(桂) | 7.15 |
| 227 | 桂平市(桂) | 6.85 |
| 228 | 全州县(桂) | 6.25 |
| 229 | 浦北县(桂) | 5.00 |
| 230 | 蒙山县(桂) | 4.20 |
| 231 | 灵川县(桂) | 2.00 |
| 232 | 钟山县(桂) | 1.46 |
| 233 | 南岸区(渝) | 3.20 |
| 234 | 开　县(渝) | 1.51 |
| 235 | 彭水苗族土家族自治县(渝) | 1.40 |
| 236 | 秀山土家族苗族自治县(渝) | 1.20 |
| 237 | 彭山区(川) | 42.62 |
| 238 | 南部县(川) | 30.00 |
| 239 | 邛崃市(川) | 27.20 |

（续）

| 序号 | 纤维板主产地 | 万立方米 |
|---|---|---|
| 240 | 乐山市市中区（川） | 25.30 |
| 241 | 梓潼县（川） | 25.00 |
| 242 | 双流县（川） | 19.33 |
| 243 | 崇州市（川） | 18.00 |
| 244 | 盐亭县（川） | 14.70 |
| 245 | 彭州市（川） | 14.10 |
| 246 | 昭化区（川） | 10.00 |
| 247 | 屏山县（川） | 10.00 |
| 248 | 夹江县（川） | 10.00 |
| 249 | 乐至县（川） | 8.00 |
| 250 | 北川羌族自治县（川） | 8.00 |
| 251 | 大邑县（川） | 7.70 |
| 252 | 新都区（川） | 7.00 |
| 253 | 高坪区（川） | 5.10 |
| 254 | 资中县（川） | 5.00 |
| 255 | 安　县（川） | 5.00 |
| 256 | 名山区（川） | 5.00 |
| 257 | 营山县（川） | 4.00 |
| 258 | 温江区（川） | 3.90 |
| 259 | 宣汉县（川） | 3.80 |
| 260 | 达川区（川） | 3.60 |
| 261 | 三台县（川） | 3.60 |
| 262 | 平武县（川） | 3.50 |
| 263 | 剑阁县（川） | 2.20 |
| 264 | 蓬溪县（川） | 2.00 |
| 265 | 江油市（川） | 1.91 |
| 266 | 青川县（川） | 1.00 |
| 267 | 金堂县（川） | 0.85 |
| 268 | 苍溪县（川） | 0.80 |
| 269 | 叙永县（川） | 0.50 |
| 270 | 双柏县（滇） | 17.06 |
| 271 | 师宗县（滇） | 11.00 |
| 272 | 腾冲县（滇） | 9.73 |
| 273 | 宁洱哈尼族彝族自治县（滇） | 8.45 |
| 274 | 思茅区（滇） | 8.19 |
| 275 | 临翔区（滇） | 7.24 |
| 276 | 景东彝族自治县（滇） | 7.10 |
| 277 | 隆阳区（滇） | 5.10 |
| 278 | 麒麟区（滇） | 3.00 |
| 279 | 卫　国（滇） | 3.00 |
| 280 | 墨江哈尼族自治县（滇） | 2.76 |
| 281 | 建水县（滇） | 2.21 |
| 282 | 镇沅彝族哈尼族拉祜族自治县（滇） | 2.02 |
| 283 | 巧家县（滇） | 1.29 |
| 284 | 威信县（滇） | 1.20 |

（续）

| 序号 | 纤维板主产地 | 万立方米 |
|---|---|---|
| 285 | 高陵县（陕） | 43.80 |
| 286 | 勉　县（陕） | 1.32 |
| 287 | 白河县（陕） | 0.90 |
| 288 | 吉林森工人造板集团有限公司（吉林森工） | 101.99 |

**表 2-3　刨花板主产地产量**

| 序号 | 刨花板主产地 | 万立方米 |
|---|---|---|
| 1 | 文安县（冀） | 196.88 |
| 2 | 南和县（冀） | 35.00 |
| 3 | 武邑县（冀） | 20.31 |
| 4 | 正定县（冀） | 17.00 |
| 5 | 藁城区（冀） | 12.03 |
| 6 | 望都县（冀） | 6.07 |
| 7 | 吴桥县（冀） | 6.03 |
| 8 | 邢台市高新技术开发区（冀） | 4.10 |
| 9 | 霸州市（冀） | 3.05 |
| 10 | 临漳县（冀） | 1.56 |
| 11 | 三河市（冀） | 0.74 |
| 12 | 灵寿县（冀） | 0.60 |
| 13 | 夏　县（晋） | 5.30 |
| 14 | 法库县（辽） | 10.20 |
| 15 | 普兰店市（辽） | 5.20 |
| 16 | 海城市（辽） | 2.70 |
| 17 | 辽阳县（辽） | 1.08 |
| 18 | 新宾满族自治县（辽） | 1.00 |
| 19 | 公主岭市（吉） | 1.16 |
| 20 | 宁安市（黑） | 16.00 |
| 21 | 鸡西市市辖区（黑） | 2.00 |
| 22 | 武进区（苏） | 378.94 |
| 23 | 沭阳县（苏） | 115.91 |
| 24 | 宿豫区（苏） | 58.60 |
| 25 | 洪泽县（苏） | 40.00 |
| 26 | 丹阳市（苏） | 32.95 |
| 27 | 泗阳县（苏） | 16.55 |
| 28 | 盱眙县（苏） | 8.90 |
| 29 | 丰　县（苏） | 4.20 |
| 30 | 常熟市（苏） | 3.65 |
| 31 | 宿城区（苏） | 3.20 |
| 32 | 滨海县（苏） | 1.80 |
| 33 | 宝应县（苏） | 1.00 |
| 34 | 建湖县（苏） | 0.79 |
| 35 | 吴中区（苏） | 0.61 |
| 36 | 淮阴区（苏） | 0.50 |
| 37 | 高邮市（苏） | 0.50 |

（续）

| 序号 | 刨花板主产地 | 万立方米 |
|---|---|---|
| 38 | 吴兴区（浙） | 3.82 |
| 39 | 鄞州区（浙） | 3.10 |
| 40 | 江山市（浙） | 1.39 |
| 41 | 砀山县（皖） | 12.73 |
| 42 | 南谯区（皖） | 10.00 |
| 43 | 凤阳县（皖） | 6.00 |
| 44 | 怀宁县（皖） | 5.70 |
| 45 | 宜秀区（皖） | 2.50 |
| 46 | 石台县（皖） | 2.32 |
| 47 | 大观区（皖） | 2.30 |
| 48 | 潜山县（皖） | 1.50 |
| 49 | 宿松县（皖） | 1.07 |
| 50 | 望江县（皖） | 0.87 |
| 51 | 东至县（皖） | 0.80 |
| 52 | 南陵县（皖） | 0.76 |
| 53 | 琅琊区（皖） | 0.50 |
| 54 | 南康市（赣） | 15.12 |
| 55 | 九江县（赣） | 5.10 |
| 56 | 万安县（赣） | 0.90 |
| 57 | 上高县（赣） | 0.54 |
| 58 | 余江县（赣） | 0.50 |
| 59 | 寿光市（鲁） | 99.55 |
| 60 | 费　县（鲁） | 60.00 |
| 61 | 莘　县（鲁） | 32.30 |
| 62 | 兰山区（鲁） | 23.11 |
| 63 | 沂水县（鲁） | 23.00 |
| 64 | 鄄城县（鲁） | 17.80 |
| 65 | 郯城县（鲁） | 9.00 |
| 66 | 山亭区（鲁） | 8.70 |
| 67 | 岚山区（鲁） | 4.45 |
| 68 | 诸城市（鲁） | 2.21 |
| 69 | 微山县（鲁） | 1.59 |
| 70 | 东平县（鲁） | 1.20 |
| 71 | 沂南县（鲁） | 0.87 |
| 72 | 东明县（鲁） | 0.77 |
| 73 | 冠　县（鲁） | 0.60 |
| 74 | 汶上县（鲁） | 0.54 |
| 75 | 肥城市（鲁） | 0.53 |
| 76 | 潍城区（鲁） | 0.53 |
| 77 | 柘城县（豫） | 36.00 |
| 78 | 尉氏县（豫） | 22.10 |
| 79 | 临颍县（豫） | 17.42 |
| 80 | 睢　县（豫） | 12.00 |
| 81 | 许昌县（豫） | 7.90 |
| 82 | 睢阳区（豫） | 7.90 |

(续)

| 序号 | 刨花板主产地 | 万立方米 |
| --- | --- | --- |
| 83 | 夏邑县(豫) | 5.00 |
| 84 | 杞　县(豫) | 4.53 |
| 85 | 湖滨区(豫) | 4.50 |
| 86 | 新野县(豫) | 1.62 |
| 87 | 沈丘县(豫) | 1.60 |
| 88 | 宁陵县(豫) | 1.57 |
| 89 | 长葛市(豫) | 1.32 |
| 90 | 郸城县(豫) | 1.20 |
| 91 | 新安县(豫) | 1.20 |
| 92 | 平桥区(豫) | 0.90 |
| 93 | 民权县(豫) | 0.62 |
| 94 | 内乡县(豫) | 0.50 |
| 95 | 监利县(鄂) | 22.00 |
| 96 | 枣阳市(鄂) | 1.80 |
| 97 | 石首市(鄂) | 1.30 |
| 98 | 通山县(鄂) | 1.17 |
| 99 | 黄陂区(鄂) | 0.90 |
| 100 | 恩施市(鄂) | 0.60 |
| 101 | 炎陵县(湘) | 6.00 |
| 102 | 零陵区(湘) | 6.00 |
| 103 | 汨罗市(湘) | 2.10 |
| 104 | 岳麓区(湘) | 2.00 |
| 105 | 桃江县(湘) | 1.40 |
| 106 | 汝城县(湘) | 1.18 |
| 107 | 开福区(湘) | 1.00 |
| 108 | 祁阳县(湘) | 0.96 |
| 109 | 冷水江市(湘) | 0.85 |
| 110 | 君山区(湘) | 0.73 |
| 111 | 揭阳市普侨区(粤) | 50.00 |
| 112 | 曲江区(粤) | 33.28 |
| 113 | 仁化县(粤) | 20.00 |
| 114 | 始兴县(粤) | 15.00 |
| 115 | 东莞市(粤) | 5.93 |
| 116 | 顺德区(粤) | 4.21 |
| 117 | 浈江区(粤) | 3.00 |
| 118 | 化州市(粤) | 2.56 |
| 119 | 广宁县(粤) | 2.30 |
| 120 | 中山市(粤) | 1.33 |
| 121 | 龙川县(粤) | 1.10 |
| 122 | 阳春市(粤) | 0.54 |
| 123 | 和平县(粤) | 0.50 |
| 124 | 派阳山林场(桂) | 33.07 |
| 125 | 高峰林场(桂) | 28.91 |
| 126 | 宁明县(桂) | 27.01 |
| 127 | 覃塘区(桂) | 21.00 |

(续)

| 序号 | 刨花板主产地 | 万立方米 |
| --- | --- | --- |
| 128 | 大桂山林场(桂) | 19.19 |
| 129 | 国家级南宁经济技术开发区(桂) | 10.00 |
| 130 | 横　县(桂) | 9.26 |
| 131 | 港南区(桂) | 8.38 |
| 132 | 荔浦县(桂) | 5.81 |
| 133 | 龙圩区(桂) | 5.50 |
| 134 | 田林县(桂) | 4.00 |
| 135 | 蒙山县(桂) | 3.50 |
| 136 | 柳南区(桂) | 2.90 |
| 137 | 宾阳县(桂) | 2.80 |
| 138 | 融安县(桂) | 1.60 |
| 139 | 铁山港区(桂) | 1.08 |
| 140 | 柳北区(桂) | 1.02 |
| 141 | 雁山区(桂) | 0.95 |
| 142 | 龙州县(桂) | 0.79 |
| 143 | 永川区(渝) | 21.79 |
| 144 | 新都区(川) | 11.00 |
| 145 | 三台县(川) | 6.90 |
| 146 | 什邡市(川) | 6.00 |
| 147 | 雁江区(川) | 5.10 |
| 148 | 营山县(川) | 5.00 |
| 149 | 蓬溪县(川) | 5.00 |
| 150 | 宣汉县(川) | 3.00 |
| 151 | 昭化区(川) | 3.00 |
| 152 | 崇州市(川) | 3.00 |
| 153 | 安　县(川) | 2.00 |
| 154 | 江油市(川) | 1.25 |
| 155 | 邛崃市(川) | 1.00 |
| 156 | 剑阁县(川) | 0.80 |
| 157 | 隆昌县(川) | 0.73 |
| 158 | 大邑县(川) | 0.50 |
| 159 | 西秀区(黔) | 0.65 |
| 160 | 昌宁县(滇) | 7.11 |
| 161 | 五华区(滇) | 6.00 |
| 162 | 鹤庆县(滇) | 5.90 |
| 163 | 晋宁县(滇) | 3.00 |
| 164 | 富民县(滇) | 2.09 |
| 165 | 盐津县(滇) | 1.10 |
| 166 | 麒麟区(滇) | 1.00 |
| 167 | 巧家县(滇) | 0.88 |
| 168 | 宣威市(滇) | 0.70 |
| 169 | 昭阳区(滇) | 0.60 |
| 170 | 定边县(陕) | 0.53 |
| 171 | 吉林森工人造板集团有限公司(吉林森工) | 36.15 |

(续)

| 序号 | 刨花板主产地 | 万立方米 |
| --- | --- | --- |
| 172 | 吉林森工集团股份公司(吉林森工) | 1.71 |
| 173 | 穆棱林业局(龙江森工) | 2.69 |

**表 2-4　细木工板(大芯板)主产地产量**

| 序号 | 细木工板(大芯板)主产地 | 万立方米 |
| --- | --- | --- |
| 1 | 南和县(冀) | 15.00 |
| 2 | 灵寿县(冀) | 2.00 |
| 3 | 青龙满族自治县(冀) | 1.50 |
| 4 | 元氏县(冀) | 1.10 |
| 5 | 藁城区(冀) | 1.00 |
| 6 | 元宝山区(内蒙古) | 10.00 |
| 7 | 奈曼旗(内蒙古) | 1.89 |
| 8 | 翁牛特旗(内蒙古) | 0.72 |
| 9 | 杭锦后旗(内蒙古) | 0.70 |
| 10 | 凌源市(辽) | 0.85 |
| 11 | 彰武县(辽) | 0.80 |
| 12 | 康平县(辽) | 0.50 |
| 13 | 延吉市(吉) | 10.54 |
| 14 | 梨树县(吉) | 9.52 |
| 15 | 公主岭市(吉) | 3.91 |
| 16 | 龙山区(吉) | 2.70 |
| 17 | 经济开发区(吉) | 1.78 |
| 18 | 农安县(吉) | 0.77 |
| 19 | 绿园区(吉) | 0.60 |
| 20 | 香坊区(黑) | 4.00 |
| 21 | 松北区(黑) | 3.00 |
| 22 | 北安市(黑) | 1.50 |
| 23 | 望奎县(黑) | 1.15 |
| 24 | 明水县(黑) | 1.01 |
| 25 | 青冈县(黑) | 1.00 |
| 26 | 方正县(黑) | 0.80 |
| 27 | 呼兰区(黑) | 0.50 |
| 28 | 克东县(黑) | 0.50 |
| 29 | 沭阳县(苏) | 67.69 |
| 30 | 六合区(苏) | 5.60 |
| 31 | 宿豫区(苏) | 3.86 |
| 32 | 铜山区(苏) | 2.00 |
| 33 | 丰　县(苏) | 1.00 |
| 34 | 涟水县(苏) | 0.70 |
| 35 | 江山市(浙) | 62.96 |
| 36 | 德清县(浙) | 23.00 |
| 37 | 余杭区(浙) | 10.11 |
| 38 | 天台县(浙) | 4.46 |
| 39 | 庆元县(浙) | 4.39 |

（续）

| 序号 | 细木工板(大芯板)主产地 | 万立方米 |
|---|---|---|
| 40 | 桐庐县(浙) | 4.03 |
| 41 | 龙泉市(浙) | 4.00 |
| 42 | 兰溪市(浙) | 3.67 |
| 43 | 瓯海区(浙) | 3.02 |
| 44 | 开化县(浙) | 1.50 |
| 45 | 萧山区(浙) | 0.59 |
| 46 | 砀山县(皖) | 45.61 |
| 47 | 六安市叶集区(皖) | 15.30 |
| 48 | 谯城区(皖) | 7.50 |
| 49 | 潜山县(皖) | 3.60 |
| 50 | 天长市(皖) | 3.50 |
| 51 | 祁门县(皖) | 1.81 |
| 52 | 宜秀区(皖) | 1.50 |
| 53 | 大观区(皖) | 1.10 |
| 54 | 五河县(皖) | 1.00 |
| 55 | 舒城县(皖) | 0.95 |
| 56 | 泾　县(皖) | 0.80 |
| 57 | 青阳县(皖) | 0.80 |
| 58 | 东至县(皖) | 0.72 |
| 59 | 太湖县(皖) | 0.64 |
| 60 | 利辛县(皖) | 0.60 |
| 61 | 明光市(皖) | 0.56 |
| 62 | 裕安区(皖) | 0.55 |
| 63 | 遂川县(赣) | 12.00 |
| 64 | 南康市(赣) | 10.00 |
| 65 | 新干县(赣) | 8.00 |
| 66 | 铜鼓县(赣) | 6.52 |
| 67 | 上高县(赣) | 5.50 |
| 68 | 德兴市(赣) | 3.87 |
| 69 | 资溪县(赣) | 3.12 |
| 70 | 婺源县(赣) | 3.00 |
| 71 | 武宁县(赣) | 2.80 |
| 72 | 修水县(赣) | 2.54 |
| 73 | 万载县(赣) | 2.42 |
| 74 | 分宜县(赣) | 2.00 |
| 75 | 瑞金市(赣) | 1.70 |
| 76 | 广昌县(赣) | 1.37 |
| 77 | 丰城市(赣) | 1.20 |
| 78 | 安福县(赣) | 1.20 |
| 79 | 九江县(赣) | 0.80 |
| 80 | 宜黄县(赣) | 0.75 |
| 81 | 黎川县(赣) | 0.70 |
| 82 | 峡江县(赣) | 0.53 |
| 83 | 永丰县(赣) | 0.50 |
| 84 | 泰和县(赣) | 0.50 |
| 85 | 彭泽县(赣) | 0.50 |
| 86 | 吉州区(赣) | 0.50 |
| 87 | 青原区(赣) | 0.50 |
| 88 | 沂水县(鲁) | 72.00 |
| 89 | 平原县(鲁) | 25.00 |
| 90 | 东明县(鲁) | 21.62 |
| 91 | 高密市(鲁) | 15.00 |
| 92 | 济阳县(鲁) | 10.00 |
| 93 | 寿光市(鲁) | 8.50 |
| 94 | 鄄城县(鲁) | 8.50 |
| 95 | 阳信县(鲁) | 5.00 |
| 96 | 梁山县(鲁) | 4.41 |
| 97 | 任城区(鲁) | 4.00 |
| 98 | 费　县(鲁) | 4.00 |
| 99 | 岱岳区(鲁) | 1.80 |
| 100 | 肥城市(鲁) | 1.58 |
| 101 | 宁阳县(鲁) | 1.38 |
| 102 | 邹城市(鲁) | 1.32 |
| 103 | 东平县(鲁) | 0.91 |
| 104 | 冠　县(鲁) | 0.80 |
| 105 | 汶上县(鲁) | 0.61 |
| 106 | 齐河县(鲁) | 0.60 |
| 107 | 禹州市(豫) | 71.49 |
| 108 | 尉氏县(豫) | 31.40 |
| 109 | 南乐县(豫) | 11.90 |
| 110 | 邓州市(豫) | 6.00 |
| 111 | 新密市(豫) | 2.80 |
| 112 | 义马市(豫) | 2.20 |
| 113 | 睢　县(豫) | 1.50 |
| 114 | 兰考县(豫) | 1.20 |
| 115 | 濮阳县(豫) | 1.00 |
| 116 | 临颍县(豫) | 0.68 |
| 117 | 嵩　县(豫) | 0.50 |
| 118 | 钟祥市(鄂) | 4.50 |
| 119 | 潜江市(鄂) | 3.00 |
| 120 | 黄陂区(鄂) | 0.80 |
| 121 | 湘阴县(湘) | 36.00 |
| 122 | 桃江县(湘) | 10.50 |
| 123 | 鹤城区(湘) | 6.40 |
| 124 | 冷水滩区(湘) | 5.46 |
| 125 | 洞口县(湘) | 4.60 |
| 126 | 湘潭县(湘) | 4.56 |
| 127 | 衡山县(湘) | 4.13 |
| 128 | 中方县(湘) | 4.00 |
| 129 | 新化县(湘) | 3.95 |
| 130 | 双牌县(湘) | 3.23 |
| 131 | 双峰县(湘) | 3.00 |
| 132 | 蓝山县(湘) | 3.00 |
| 133 | 北塔区(湘) | 2.97 |
| 134 | 安化县(湘) | 2.80 |
| 135 | 慈利县(湘) | 2.80 |
| 136 | 武冈市(湘) | 2.65 |
| 137 | 汝城县(湘) | 2.44 |
| 138 | 江永县(湘) | 2.10 |
| 139 | 零陵区(湘) | 2.00 |
| 140 | 开福区(湘) | 2.00 |
| 141 | 耒阳市(湘) | 1.80 |
| 142 | 衡阳县(湘) | 1.50 |
| 143 | 祁东县(湘) | 1.50 |
| 144 | 岳阳楼区(湘) | 1.35 |
| 145 | 衡东县(湘) | 1.30 |
| 146 | 芦淞区(湘) | 1.30 |
| 147 | 桃源县(湘) | 1.25 |
| 148 | 岳阳市市辖区(湘) | 1.13 |
| 149 | 新宁县(湘) | 1.10 |
| 150 | 会同县(湘) | 1.10 |
| 151 | 炎陵县(湘) | 1.00 |
| 152 | 祁阳县(湘) | 0.92 |
| 153 | 湘乡市(湘) | 0.90 |
| 154 | 岳麓区(湘) | 0.90 |
| 155 | 浏阳市(湘) | 0.80 |
| 156 | 宁乡县(湘) | 0.80 |
| 157 | 株洲县(湘) | 0.75 |
| 158 | 资兴市(湘) | 0.65 |
| 159 | 溆浦县(湘) | 0.60 |
| 160 | 资阳区(湘) | 0.60 |
| 161 | 城步苗族自治县(湘) | 0.50 |
| 162 | 永定区(湘) | 0.50 |
| 163 | 乳源瑶族自治县(粤) | 2.80 |
| 164 | 清新区(粤) | 1.61 |
| 165 | 大埔县(粤) | 1.50 |
| 166 | 台山市(粤) | 0.70 |
| 167 | 中山市(粤) | 0.63 |
| 168 | 浈江区(粤) | 0.50 |
| 169 | 融水苗族自治县(桂) | 103.88 |
| 170 | 融安县(桂) | 55.00 |
| 171 | 横　县(桂) | 18.28 |
| 172 | 柳城县(桂) | 14.54 |
| 173 | 大桂山林场(桂) | 8.34 |
| 174 | 环江毛南族自治县(桂) | 7.27 |

(续)

| 序号 | 细木工板(大芯板)主产地 | 万立方米 |
|---|---|---|
| 175 | 罗城仫佬族自治县(桂) | 6.00 |
| 176 | 乐业县(桂) | 5.80 |
| 177 | 江南区(桂) | 5.20 |
| 178 | 田林县(桂) | 4.00 |
| 179 | 隆安县(桂) | 3.06 |
| 180 | 资源县(桂) | 3.00 |
| 181 | 金城江区(桂) | 3.00 |
| 182 | 博白县(桂) | 2.80 |
| 183 | 灵川县(桂) | 2.60 |
| 184 | 青秀区(桂) | 2.10 |
| 185 | 凌云县(桂) | 2.03 |
| 186 | 七星区(桂) | 2.00 |
| 187 | 田阳县(桂) | 1.62 |
| 188 | 蒙山县(桂) | 1.50 |
| 189 | 雁山区(桂) | 1.10 |
| 190 | 万秀区(桂) | 1.00 |
| 191 | 灌阳县(桂) | 0.92 |
| 192 | 那坡县(桂) | 0.65 |
| 193 | 叠彩区(桂) | 0.50 |
| 194 | 青神县(川) | 5.30 |
| 195 | 夹江县(川) | 5.00 |
| 196 | 沐川县(川) | 3.30 |
| 197 | 宣汉县(川) | 2.60 |
| 198 | 筠连县(川) | 1.69 |
| 199 | 江安县(川) | 1.10 |
| 200 | 安　县(川) | 1.00 |
| 201 | 万源市(川) | 0.60 |
| 202 | 北川羌族自治县(川) | 0.50 |
| 203 | 册亨县(黔) | 2.00 |
| 204 | 三都水族自治县(黔) | 1.69 |
| 205 | 西秀区(黔) | 0.85 |
| 206 | 巧家县(滇) | 1.35 |
| 207 | 昭阳区(滇) | 1.20 |
| 208 | 威信县(滇) | 0.80 |
| 209 | 宁洱哈尼族彝族自治县(滇) | 0.72 |
| 210 | 柴河林业局(龙江森工) | 1.00 |
| 211 | 带岭实验局(龙江森工) | 0.50 |

**表 3-1　木地板主产地产量**

| 序号 | 木地板主产地 | 万平方米 |
|---|---|---|
| 1 | 广宗县(冀) | 5.55 |
| 2 | 冀州市(冀) | 1.89 |
| 3 | 甘井子区(辽) | 429.00 |
| 4 | 于洪区(辽) | 400.00 |
| 5 | 开原市(辽) | 300.00 |

(续)

| 序号 | 木地板主产地 | 万立方米 |
|---|---|---|
| 6 | 溪湖区(辽) | 300.00 |
| 7 | 顺城区(辽) | 256.23 |
| 8 | 新民市(辽) | 192.00 |
| 9 | 抚顺县(辽) | 177.00 |
| 10 | 庄河市(辽) | 70.00 |
| 11 | 普兰店市(辽) | 66.70 |
| 12 | 大石桥市(辽) | 33.00 |
| 13 | 新宾满族自治县(辽) | 7.00 |
| 14 | 沈北新区(辽) | 5.00 |
| 15 | 彰武县(辽) | 3.00 |
| 16 | 珲春市(吉) | 1601.65 |
| 17 | 敦化市(吉) | 633.80 |
| 18 | 宽城区(吉) | 415.51 |
| 19 | 抚松县(吉) | 290.00 |
| 20 | 新元木业公司(吉) | 71.00 |
| 21 | 珲春森林山公司(吉) | 70.00 |
| 22 | 昌邑区(吉) | 55.00 |
| 23 | 汪清林业局(吉) | 50.00 |
| 24 | 二道区(吉) | 4.00 |
| 25 | 延吉市(吉) | 3.57 |
| 26 | 公主岭市(吉) | 1.85 |
| 27 | 东丰县(吉) | 1.40 |
| 28 | 绥芬河市(黑) | 80.00 |
| 29 | 嘉荫县(黑) | 45.51 |
| 30 | 海林市(黑) | 40.00 |
| 31 | 五常市(黑) | 40.00 |
| 32 | 香坊区(黑) | 7.50 |
| 33 | 道里区(黑) | 6.00 |
| 34 | 呼兰区(黑) | 2.00 |
| 35 | 茄子河区(黑) | 2.00 |
| 36 | 牡丹江市市本级(黑) | 1.80 |
| 37 | 北安市(黑) | 1.00 |
| 38 | 方正县(黑) | 0.86 |
| 39 | 武进区(苏) | 20092.97 |
| 40 | 丹阳市(苏) | 6459.50 |
| 41 | 沭阳县(苏) | 500.00 |
| 42 | 吴江市(苏) | 476.84 |
| 43 | 邳州市(苏) | 450.00 |
| 44 | 泗阳县(苏) | 365.09 |
| 45 | 宜兴市(苏) | 250.20 |
| 46 | 赣榆区(苏) | 145.00 |
| 47 | 金坛市(苏) | 130.00 |
| 48 | 铜山区(苏) | 100.00 |
| 49 | 启东市(苏) | 72.50 |
| 50 | 东台市(苏) | 71.24 |

(续)

| 序号 | 木地板主产地 | 万立方米 |
|---|---|---|
| 51 | 江宁区(苏) | 68.98 |
| 52 | 泗洪县(苏) | 13.55 |
| 53 | 大丰区(苏) | 10.00 |
| 54 | 锡山区(苏) | 8.00 |
| 55 | 丰　县(苏) | 5.00 |
| 56 | 邗江区(苏) | 4.52 |
| 57 | 海州区(苏) | 3.22 |
| 58 | 盱眙县(苏) | 2.40 |
| 59 | 高邮市(苏) | 1.60 |
| 60 | 常熟市(苏) | 1.55 |
| 61 | 海安县(苏) | 0.91 |
| 62 | 南浔区(浙) | 6732.32 |
| 63 | 吴兴区(浙) | 336.39 |
| 64 | 德清县(浙) | 300.00 |
| 65 | 长兴县(浙) | 200.00 |
| 66 | 桐庐县(浙) | 195.85 |
| 67 | 龙泉市(浙) | 161.00 |
| 68 | 柯桥区(浙) | 120.00 |
| 69 | 安吉县(浙) | 48.79 |
| 70 | 余杭区(浙) | 44.06 |
| 71 | 鄞州区(浙) | 24.60 |
| 72 | 越城区(浙) | 24.52 |
| 73 | 海盐县(浙) | 17.20 |
| 74 | 江山市(浙) | 12.00 |
| 75 | 建德市(浙) | 9.60 |
| 76 | 武义县(浙) | 8.90 |
| 77 | 开化县(浙) | 7.50 |
| 78 | 奉化区(浙) | 5.98 |
| 79 | 兰溪市(浙) | 5.50 |
| 80 | 瓯海区(浙) | 2.98 |
| 81 | 淳安县(浙) | 2.20 |
| 82 | 富阳区(浙) | 1.85 |
| 83 | 定海区(浙) | 1.70 |
| 84 | 永康市(浙) | 1.68 |
| 85 | 桐乡市(浙) | 1.60 |
| 86 | 镇海区(浙) | 1.45 |
| 87 | 遂昌县(浙) | 1.33 |
| 88 | 临安市(浙) | 0.80 |
| 89 | 来安县(皖) | 600.00 |
| 90 | 灵璧县(皖) | 483.40 |
| 91 | 阜南县(皖) | 350.00 |
| 92 | 砀山县(皖) | 332.86 |
| 93 | 琅琊区(皖) | 320.00 |
| 94 | 怀宁县(皖) | 310.00 |
| 95 | 南谯区(皖) | 306.60 |

（续）

| 序号 | 木地板主产地 | 万立方米 |
|---|---|---|
| 96 | 繁昌县(皖) | 230.00 |
| 97 | 宣州区(皖) | 214.90 |
| 98 | 埇桥区(皖) | 184.90 |
| 99 | 广德县(皖) | 131.50 |
| 100 | 定远县(皖) | 89.60 |
| 101 | 淮上区(皖) | 80.00 |
| 102 | 天长市(皖) | 48.90 |
| 103 | 黟　县(皖) | 26.75 |
| 104 | 东至县(皖) | 8.16 |
| 105 | 旌德县(皖) | 7.99 |
| 106 | 休宁县(皖) | 7.93 |
| 107 | 裕安区(皖) | 4.61 |
| 108 | 霍山县(皖) | 2.90 |
| 109 | 屯溪区(皖) | 2.60 |
| 110 | 太湖县(皖) | 2.12 |
| 111 | 祁门县(皖) | 2.10 |
| 112 | 六安市叶集区(皖) | 1.80 |
| 113 | 潜山县(皖) | 1.60 |
| 114 | 石台县(皖) | 1.31 |
| 115 | 颍上县(皖) | 0.98 |
| 116 | 望江县(皖) | 0.78 |
| 117 | 宜丰县(赣) | 429.60 |
| 118 | 资溪县(赣) | 52.10 |
| 119 | 万载县(赣) | 34.86 |
| 120 | 新干县(赣) | 34.00 |
| 121 | 吉安县(赣) | 20.00 |
| 122 | 永新县(赣) | 16.00 |
| 123 | 遂川县(赣) | 15.50 |
| 124 | 玉山县(赣) | 12.30 |
| 125 | 高安市(赣) | 7.50 |
| 126 | 安福县(赣) | 6.02 |
| 127 | 石城县(赣) | 5.50 |
| 128 | 上高县(赣) | 3.32 |
| 129 | 广昌县(赣) | 3.12 |
| 130 | 婺源县(赣) | 2.56 |
| 131 | 分宜县(赣) | 2.00 |
| 132 | 吉州区(赣) | 1.82 |
| 133 | 袁州区(赣) | 1.20 |
| 134 | 芦溪县(赣) | 1.10 |
| 135 | 永丰县(赣) | 1.00 |
| 136 | 泰和县(赣) | 0.90 |
| 137 | 井冈山市(赣) | 0.82 |
| 138 | 靖安县(赣) | 0.80 |
| 139 | 峡江县(赣) | 0.78 |
| 140 | 大余县(赣) | 0.68 |

（续）

| 序号 | 木地板主产地 | 万立方米 |
|---|---|---|
| 141 | 万安县(赣) | 0.68 |
| 142 | 瑞金市(赣) | 0.60 |
| 143 | 茌平县(鲁) | 2166.30 |
| 144 | 任城区(鲁) | 522.00 |
| 145 | 兖州市(鲁) | 140.00 |
| 146 | 东明县(鲁) | 125.50 |
| 147 | 寿光市(鲁) | 123.90 |
| 148 | 齐河县(鲁) | 106.00 |
| 149 | 邹平县(鲁) | 97.00 |
| 150 | 邹城市(鲁) | 79.67 |
| 151 | 高唐县(鲁) | 44.50 |
| 152 | 肥城市(鲁) | 40.00 |
| 153 | 桓台县(鲁) | 20.00 |
| 154 | 东平县(鲁) | 15.43 |
| 155 | 河口区(鲁) | 4.80 |
| 156 | 费　县(鲁) | 2.00 |
| 157 | 曹　县(鲁) | 1.00 |
| 158 | 沂水县(鲁) | 0.50 |
| 159 | 尉氏县(豫) | 1100.00 |
| 160 | 邓州市(豫) | 88.00 |
| 161 | 台前县(豫) | 35.80 |
| 162 | 兰考县(豫) | 11.00 |
| 163 | 长葛市(豫) | 7.60 |
| 164 | 宁陵县(豫) | 3.12 |
| 165 | 固始县(豫) | 1.20 |
| 166 | 孝南区(鄂) | 1330.00 |
| 167 | 嘉鱼县(鄂) | 468.48 |
| 168 | 荆州区(鄂) | 250.00 |
| 169 | 咸安区(鄂) | 247.00 |
| 170 | 蔡甸区(鄂) | 195.00 |
| 171 | 东宝区(鄂) | 150.00 |
| 172 | 云梦县(鄂) | 33.00 |
| 173 | 房　县(鄂) | 3.00 |
| 174 | 通山县(鄂) | 2.00 |
| 175 | 利川市(鄂) | 2.00 |
| 176 | 黄陂区(鄂) | 0.60 |
| 177 | 仙桃市(鄂) | 0.50 |
| 178 | 孝昌县(鄂) | 0.50 |
| 179 | 攸　县(湘) | 173.10 |
| 180 | 湘阴县(湘) | 56.50 |
| 181 | 望城区(湘) | 40.00 |
| 182 | 炎陵县(湘) | 25.00 |
| 183 | 永定区(湘) | 25.00 |
| 184 | 安化县(湘) | 23.00 |
| 185 | 开福区(湘) | 20.00 |

（续）

| 序号 | 木地板主产地 | 万立方米 |
|---|---|---|
| 186 | 武冈市(湘) | 11.00 |
| 187 | 桃源县(湘) | 10.50 |
| 188 | 洪江区(湘) | 10.00 |
| 189 | 沅陵县(湘) | 9.50 |
| 190 | 苏仙区(湘) | 8.25 |
| 191 | 株洲县(湘) | 6.20 |
| 192 | 岳麓区(湘) | 6.00 |
| 193 | 浏阳市(湘) | 5.00 |
| 194 | 洞口县(湘) | 4.00 |
| 195 | 靖州苗族侗族自治县(湘) | 3.70 |
| 196 | 绥宁县(湘) | 3.30 |
| 197 | 石峰区(湘) | 3.30 |
| 198 | 溆浦县(湘) | 3.00 |
| 199 | 新化县(湘) | 2.56 |
| 200 | 鹤城区(湘) | 1.60 |
| 201 | 桑植县(湘) | 1.20 |
| 202 | 洪江市(湘) | 1.00 |
| 203 | 凤凰县(湘) | 1.00 |
| 204 | 零陵区(湘) | 0.90 |
| 205 | 麻阳苗族自治县(湘) | 0.80 |
| 206 | 衡南县(湘) | 0.60 |
| 207 | 东安县(湘) | 0.55 |
| 208 | 芙蓉区(湘) | 0.50 |
| 209 | 增城区(粤) | 300.00 |
| 210 | 澄海区(粤) | 129.00 |
| 211 | 揭阳市普侨区(粤) | 100.00 |
| 212 | 顺德区(粤) | 50.77 |
| 213 | 番禺区(粤) | 24.45 |
| 214 | 浈江区(粤) | 20.00 |
| 215 | 东源县(粤) | 11.00 |
| 216 | 禅城区(粤) | 8.00 |
| 217 | 鹤山市(粤) | 7.30 |
| 218 | 仁化县(粤) | 7.00 |
| 219 | 惠东县(粤) | 3.00 |
| 220 | 乳源瑶族自治县(粤) | 1.60 |
| 221 | 大埔县(粤) | 0.50 |
| 222 | 港南区(桂) | 289.14 |
| 223 | 三江侗族自治县(桂) | 60.66 |
| 224 | 武鸣县(桂) | 42.00 |
| 225 | 宾阳县(桂) | 40.00 |
| 226 | 融水苗族自治县(桂) | 38.63 |
| 227 | 国家级南宁经济技术开发区(桂) | 30.00 |
| 228 | 龙圩区(桂) | 2.00 |
| 229 | 象山区(桂) | 2.00 |
| 230 | 七星区(桂) | 1.00 |

(续)

| 序号 | 木地板主产地 | 万立方米 |
|---|---|---|
| 231 | 酉阳土家族苗族自治县(渝) | 2.60 |
| 232 | 彭水苗族土家族自治县(渝) | 1.40 |
| 233 | 黔江区(渝) | 0.89 |
| 234 | 乐至县(川) | 200.00 |
| 235 | 青白江区(川) | 164.36 |
| 236 | 乐山市市中区(川) | 110.00 |
| 237 | 雁江区(川) | 48.50 |
| 238 | 郫　县(川) | 47.18 |
| 239 | 营山县(川) | 39.00 |
| 240 | 新都区(川) | 32.00 |
| 241 | 双流县(川) | 27.03 |
| 242 | 剑阁县(川) | 15.00 |
| 243 | 南部县(川) | 12.00 |
| 244 | 温江区(川) | 12.00 |
| 245 | 安　县(川) | 9.00 |
| 246 | 南江县(川) | 8.50 |
| 247 | 前锋区(川) | 7.00 |
| 248 | 华蓥市(川) | 6.80 |
| 249 | 开江县(川) | 3.00 |
| 250 | 江油市(川) | 2.13 |
| 251 | 涪城区(川) | 1.61 |
| 252 | 三台县(川) | 1.30 |
| 253 | 昭化区(川) | 1.20 |
| 254 | 蓬溪县(川) | 1.10 |
| 255 | 阆中市(川) | 0.60 |
| 256 | 碧江区(黔) | 2.40 |
| 257 | 赤水市(黔) | 1.61 |
| 258 | 盈江县(滇) | 90.70 |
| 259 | 瑞丽市(滇) | 34.88 |
| 260 | 昆明市经济技术开发区(滇) | 15.00 |
| 261 | 文山市(滇) | 8.00 |
| 262 | 晋宁县(滇) | 7.00 |
| 263 | 巧家县(滇) | 2.56 |
| 264 | 盐津县(滇) | 2.10 |
| 265 | 芒　市(滇) | 1.88 |
| 266 | 昭阳区(滇) | 1.50 |
| 267 | 梁河县(滇) | 1.07 |
| 268 | 腾冲县(滇) | 0.78 |
| 269 | 吉林森工集团金桥木业有限公司(吉林森工) | 415.51 |
| 270 | 松江胶合板厂(龙江森工) | 9.89 |
| 271 | 穆棱林业局(龙江森工) | 7.72 |
| 272 | 新工木材综合加工厂(龙江森工) | 6.20 |
| 273 | 林口林业局(龙江森工) | 4.00 |
| 274 | 桃山林业局(龙江森工) | 1.06 |

**表 3-2　单板(刨切、旋切、微薄板)主产地产量**

| 序号 | 单板(刨切、旋切、微薄板)主产地 | 万立方米 |
|---|---|---|
| 1 | 文安县(冀) | 65.00 |
| 2 | 望都县(冀) | 6.45 |
| 3 | 灵寿县(冀) | 5.20 |
| 4 | 洪洞县(晋) | 0.52 |
| 5 | 元宝山区(内蒙古) | 5.00 |
| 6 | 松山区(内蒙古) | 1.90 |
| 7 | 扎鲁特旗(内蒙古) | 1.00 |
| 8 | 扎赉特旗(内蒙古) | 0.50 |
| 9 | 抚顺县(辽) | 41.00 |
| 10 | 彰武县(辽) | 8.00 |
| 11 | 昌图县(辽) | 5.00 |
| 12 | 建平县(辽) | 2.00 |
| 13 | 辽中区(辽) | 2.00 |
| 14 | 新宾满族自治县(辽) | 1.80 |
| 15 | 辽阳县(辽) | 1.08 |
| 16 | 新邱区(辽) | 0.90 |
| 17 | 北票市(辽) | 0.70 |
| 18 | 敦化市(吉) | 92.30 |
| 19 | 延吉市(吉) | 15.80 |
| 20 | 二道区(吉) | 6.85 |
| 21 | 东丰县(吉) | 0.50 |
| 22 | 青冈县(黑) | 6.30 |
| 23 | 海林市(黑) | 5.00 |
| 24 | 明水县(黑) | 4.06 |
| 25 | 拜泉县(黑) | 3.80 |
| 26 | 龙江县(黑) | 3.00 |
| 27 | 甘南县(黑) | 1.77 |
| 28 | 南岗区(黑) | 1.30 |
| 29 | 讷河市(黑) | 1.26 |
| 30 | 克东县(黑) | 1.20 |
| 31 | 克山县(黑) | 1.00 |
| 32 | 通河县(黑) | 0.60 |
| 33 | 鸡东县(黑) | 0.60 |
| 34 | 绥芬河市(黑) | 0.50 |
| 35 | 集贤县(黑) | 0.50 |
| 36 | 六安市叶集区(皖) | 223.40 |
| 37 | 灵璧县(皖) | 42.20 |
| 38 | 太和县(皖) | 10.00 |
| 39 | 潜山县(皖) | 6.50 |
| 40 | 霍邱县(皖) | 6.10 |
| 41 | 涡阳县(皖) | 5.80 |
| 42 | 谯城区(皖) | 2.00 |
| 43 | 临泉县(皖) | 1.60 |

(续)

| 序号 | 单板(刨切、旋切、微薄板)主产地 | 万立方米 |
|---|---|---|
| 44 | 颍州区(皖) | 1.22 |
| 45 | 全椒县(皖) | 1.20 |
| 46 | 裕安区(皖) | 1.10 |
| 47 | 泾　县(皖) | 1.00 |
| 48 | 桐城市(皖) | 1.00 |
| 49 | 南陵县(皖) | 0.72 |
| 50 | 望江县(皖) | 0.70 |
| 51 | 寿　县(皖) | 0.60 |
| 52 | 怀远县(皖) | 0.50 |
| 53 | 南康市(赣) | 4.00 |
| 54 | 石城县(赣) | 2.00 |
| 55 | 余江县(赣) | 1.60 |
| 56 | 泰和县(赣) | 1.10 |
| 57 | 东乡县(赣) | 1.00 |
| 58 | 瑞金市(赣) | 0.90 |
| 59 | 赣　县(赣) | 0.70 |
| 60 | 高安市(赣) | 0.50 |
| 61 | 费　县(鲁) | 400.00 |
| 62 | 肥城市(鲁) | 140.00 |
| 63 | 昌乐县(鲁) | 30.00 |
| 64 | 鱼台县(鲁) | 11.00 |
| 65 | 梁山县(鲁) | 9.89 |
| 66 | 高唐县(鲁) | 6.70 |
| 67 | 新泰市(鲁) | 4.56 |
| 68 | 诸城市(鲁) | 4.54 |
| 69 | 岱岳区(鲁) | 3.60 |
| 70 | 平邑县(鲁) | 3.30 |
| 71 | 兖州市(鲁) | 3.00 |
| 72 | 宁阳县(鲁) | 2.60 |
| 73 | 莒南县(鲁) | 2.30 |
| 74 | 惠民县(鲁) | 2.00 |
| 75 | 东明县(鲁) | 1.97 |
| 76 | 冠　县(鲁) | 1.20 |
| 77 | 范　县(豫) | 40.00 |
| 78 | 商水县(豫) | 29.77 |
| 79 | 夏邑县(豫) | 16.00 |
| 80 | 兰考县(豫) | 12.00 |
| 81 | 虞城县(豫) | 9.00 |
| 82 | 濮阳县(豫) | 7.00 |
| 83 | 宛城区(豫) | 6.51 |
| 84 | 淮滨县(豫) | 4.80 |
| 85 | 唐河县(豫) | 3.82 |
| 86 | 内乡县(豫) | 3.00 |
| 87 | 项城市(豫) | 3.00 |

（续）

| 序号 | 单板（刨切、旋切、微薄板）主产地 | 万立方米 |
|---|---|---|
| 88 | 新野县（豫） | 1.70 |
| 89 | 洛宁县（豫） | 1.60 |
| 90 | 偃师市（豫） | 1.00 |
| 91 | 光山县（豫） | 0.61 |
| 92 | 潜江市（鄂） | 8.00 |
| 93 | 仙桃市（鄂） | 1.80 |
| 94 | 京山县（鄂） | 1.50 |
| 95 | 南漳县（鄂） | 1.48 |
| 96 | 洪湖市（鄂） | 1.00 |
| 97 | 襄城区（鄂） | 0.52 |
| 98 | 开福区（湘） | 20.00 |
| 99 | 炎陵县（湘） | 6.00 |
| 100 | 岳麓区（湘） | 2.00 |
| 101 | 湘阴县（湘） | 1.50 |
| 102 | 安乡县（湘） | 1.10 |
| 103 | 赫山区（湘） | 1.00 |
| 104 | 祁东县（湘） | 1.00 |
| 105 | 汉寿县（湘） | 0.80 |
| 106 | 零陵区（湘） | 0.71 |
| 107 | 桃江县（湘） | 0.50 |
| 108 | 鼎城区（湘） | 0.50 |
| 109 | 浈江区（粤） | 20.00 |
| 110 | 翁源县（粤） | 10.33 |
| 111 | 东源县（粤） | 10.00 |
| 112 | 清新区（粤） | 8.54 |
| 113 | 封开县（粤） | 7.85 |
| 114 | 乳源瑶族自治县（粤） | 5.72 |
| 115 | 紫金县（粤） | 5.70 |
| 116 | 新丰县（粤） | 2.70 |
| 117 | 佛冈县（粤） | 2.00 |
| 118 | 惠东县（粤） | 2.00 |
| 119 | 高州市（粤） | 1.80 |
| 120 | 仁化县（粤） | 1.70 |
| 121 | 惠阳区（粤） | 1.36 |
| 122 | 电白区（粤） | 1.30 |
| 123 | 中山市（粤） | 1.24 |
| 124 | 阳山县（粤） | 1.15 |
| 125 | 清城区（粤） | 0.91 |
| 126 | 大埔县（粤） | 0.80 |
| 127 | 始兴县（粤） | 0.80 |
| 128 | 连平县（粤） | 0.70 |
| 129 | 增城区（粤） | 0.63 |
| 130 | 云城区（粤） | 0.60 |
| 131 | 乐昌市（粤） | 0.60 |

（续）

| 序号 | 单板（刨切、旋切、微薄板）主产地 | 万立方米 |
|---|---|---|
| 132 | 和平县（粤） | 0.50 |
| 133 | 覃塘区（桂） | 180.00 |
| 134 | 武鸣县（桂） | 132.60 |
| 135 | 柳北区（桂） | 83.65 |
| 136 | 合浦县（桂） | 69.00 |
| 137 | 扶绥县（桂） | 61.26 |
| 138 | 容　县（桂） | 50.56 |
| 139 | 兴宾区（桂） | 47.00 |
| 140 | 鹿寨县（桂） | 39.50 |
| 141 | 灵山县（桂） | 37.50 |
| 142 | 北流市（桂） | 36.82 |
| 143 | 岑溪市（桂） | 33.28 |
| 144 | 博白县（桂） | 30.20 |
| 145 | 港北区（桂） | 30.00 |
| 146 | 国家级南宁经济技术开发区（桂） | 30.00 |
| 147 | 钦北区（桂） | 23.84 |
| 148 | 防城区（桂） | 23.16 |
| 149 | 上思县（桂） | 20.95 |
| 150 | 浦北县（桂） | 20.00 |
| 151 | 江南区（桂） | 19.80 |
| 152 | 环江毛南族自治县（桂） | 18.40 |
| 153 | 田林县（桂） | 18.00 |
| 154 | 忻城县（桂） | 15.39 |
| 155 | 兴宁区（桂） | 15.00 |
| 156 | 良庆区（桂） | 15.00 |
| 157 | 隆安县（桂） | 12.50 |
| 158 | 平果县（桂） | 10.50 |
| 159 | 港南区（桂） | 9.97 |
| 160 | 上林县（桂） | 9.28 |
| 161 | 钦南区（桂） | 8.98 |
| 162 | 合山市（桂） | 7.23 |
| 163 | 马山县（桂） | 6.67 |
| 164 | 临桂区（桂） | 6.50 |
| 165 | 桂平市（桂） | 6.36 |
| 166 | 西林县（桂） | 5.10 |
| 167 | 港口区（桂） | 5.01 |
| 168 | 陆川县（桂） | 5.00 |
| 169 | 全州县（桂） | 5.00 |
| 170 | 蒙山县（桂） | 4.50 |
| 171 | 武宣县（桂） | 4.03 |
| 172 | 田东县（桂） | 3.50 |
| 173 | 天等县（桂） | 3.30 |
| 174 | 柳城县（桂） | 3.19 |
| 175 | 平南县（桂） | 3.00 |

（续）

| 序号 | 单板（刨切、旋切、微薄板）主产地 | 万立方米 |
|---|---|---|
| 176 | 象山区（桂） | 3.00 |
| 177 | 兴安县（桂） | 2.61 |
| 178 | 昭平县（桂） | 2.50 |
| 179 | 巴马瑶族自治县（桂） | 2.30 |
| 180 | 黄冕林场（桂） | 1.87 |
| 181 | 德保县（桂） | 1.57 |
| 182 | 荔浦县（桂） | 1.26 |
| 183 | 苍梧县（桂） | 1.00 |
| 184 | 派阳山林场（桂） | 0.82 |
| 185 | 罗城仫佬族自治县（桂） | 0.50 |
| 186 | 永川区（渝） | 1.10 |
| 187 | 夹江县（川） | 3.00 |
| 188 | 三台县（川） | 2.00 |
| 189 | 罗江县（川） | 0.50 |
| 190 | 册亨县（黔） | 2.00 |
| 191 | 西秀区（黔） | 1.50 |
| 192 | 宁洱哈尼族彝族自治县（滇） | 1.93 |
| 193 | 砚山县（滇） | 1.92 |
| 194 | 盐津县（滇） | 0.90 |
| 195 | 腾冲县（滇） | 0.86 |
| 196 | 孟连傣族拉祜族佤族自治县（滇） | 0.80 |
| 197 | 昭阳区（滇） | 0.80 |

**表 3-3　木质家具主产地产量**

| 序号 | 木质家具主产地 | 万件 |
|---|---|---|
| 1 | 香河县（冀） | 238.60 |
| 2 | 武邑县（冀） | 190.00 |
| 3 | 井陉矿区（冀） | 150.00 |
| 4 | 丰南区（冀） | 65.00 |
| 5 | 巨鹿县（冀） | 56.00 |
| 6 | 无极县（冀） | 38.00 |
| 7 | 邢台市高新技术开发区（冀） | 15.00 |
| 8 | 广平县（冀） | 12.00 |
| 9 | 文安县（冀） | 12.00 |
| 10 | 路南区（冀） | 12.00 |
| 11 | 宁晋县（冀） | 11.46 |
| 12 | 威　县（冀） | 11.30 |
| 13 | 玉田县（冀） | 10.00 |
| 14 | 滦南县（冀） | 9.30 |
| 15 | 秦皇岛开发区（冀） | 5.30 |
| 16 | 广宗县（冀） | 4.60 |
| 17 | 栾城区（冀） | 4.50 |
| 18 | 平山县（冀） | 3.40 |
| 19 | 望都县（冀） | 2.81 |

(续)

| 序号 | 木质家具主产地 | 万立方米 |
|---|---|---|
| 20 | 平泉县(冀) | 2.60 |
| 21 | 任丘市(冀) | 2.53 |
| 22 | 丰宁满族自治县(冀) | 2.30 |
| 23 | 涿州市(冀) | 1.52 |
| 24 | 永年县(冀) | 1.50 |
| 25 | 高碑店市(冀) | 1.20 |
| 26 | 武强县(冀) | 1.15 |
| 27 | 馆陶县(冀) | 1.09 |
| 28 | 鸡泽县(冀) | 1.08 |
| 29 | 磁　县(冀) | 1.02 |
| 30 | 涞水县(冀) | 1.00 |
| 31 | 灵寿县(冀) | 1.00 |
| 32 | 赵　县(冀) | 1.00 |
| 33 | 魏　县(冀) | 0.99 |
| 34 | 峰峰矿区(冀) | 0.81 |
| 35 | 永清县(冀) | 0.80 |
| 36 | 任　县(冀) | 0.63 |
| 37 | 大名县(冀) | 0.62 |
| 38 | 桃城区(冀) | 0.52 |
| 39 | 深泽县(冀) | 0.50 |
| 40 | 宽城满族自治县(冀) | 0.50 |
| 41 | 尖草坪区(晋) | 1.20 |
| 42 | 侯马市(晋) | 1.14 |
| 43 | 垣曲县(晋) | 1.10 |
| 44 | 南郊区(晋) | 0.86 |
| 45 | 喀喇沁旗(内蒙古) | 2.90 |
| 46 | 扎赉特旗(内蒙古) | 0.80 |
| 47 | 于洪区(辽) | 180.00 |
| 48 | 太子河区(辽) | 160.00 |
| 49 | 甘井子区(辽) | 160.00 |
| 50 | 普兰店市(辽) | 126.00 |
| 51 | 沈北新区(辽) | 20.00 |
| 52 | 南芬区(辽) | 18.00 |
| 53 | 新宾满族自治县(辽) | 13.00 |
| 54 | 庄河市(辽) | 12.00 |
| 55 | 桓仁满族自治县(辽) | 4.00 |
| 56 | 喀喇沁左翼蒙古族自治县(辽) | 4.00 |
| 57 | 银州区(辽) | 4.00 |
| 58 | 彰武县(辽) | 3.00 |
| 59 | 北票市(辽) | 2.80 |
| 60 | 建昌县(辽) | 2.40 |
| 61 | 龙城区(辽) | 1.50 |
| 62 | 盖州市(辽) | 1.40 |
| 63 | 本溪市经济开发区(辽) | 1.00 |
| 64 | 辽中区(辽) | 1.00 |

(续)

| 序号 | 木质家具主产地 | 万立方米 |
|---|---|---|
| 65 | 兴城市(辽) | 0.70 |
| 66 | 抚顺县(辽) | 0.60 |
| 67 | 辉南县(吉) | 180.00 |
| 68 | 双阳区(吉) | 29.00 |
| 69 | 安图县(吉) | 28.40 |
| 70 | 敦化市(吉) | 20.40 |
| 71 | 蛟河市(吉) | 19.53 |
| 72 | 宽城区(吉) | 3.61 |
| 73 | 二道区(吉) | 3.30 |
| 74 | 东丰县(吉) | 3.00 |
| 75 | 新元木业公司(吉) | 3.00 |
| 76 | 绿园区(吉) | 2.80 |
| 77 | 长春市净月经济开发区(吉) | 2.67 |
| 78 | 靖宇县(吉) | 2.20 |
| 79 | 抚松县(吉) | 1.93 |
| 80 | 南关区(吉) | 1.40 |
| 81 | 长岭县(吉) | 1.30 |
| 82 | 昌邑区(吉) | 1.22 |
| 83 | 龙潭区(吉) | 1.00 |
| 84 | 西新开发区(吉) | 1.00 |
| 85 | 南岗区(黑) | 32.00 |
| 86 | 香坊区(黑) | 21.00 |
| 87 | 巴彦县(黑) | 14.50 |
| 88 | 阿城区(黑) | 13.00 |
| 89 | 松北区(黑) | 10.00 |
| 90 | 五常市(黑) | 7.00 |
| 91 | 鸡冠区(黑) | 5.00 |
| 92 | 克山县(黑) | 4.50 |
| 93 | 宾　县(黑) | 3.30 |
| 94 | 克东县(黑) | 3.20 |
| 95 | 方正县(黑) | 1.20 |
| 96 | 尚志国有林场管理局(黑) | 1.20 |
| 97 | 新兴区(黑) | 1.00 |
| 98 | 呼兰区(黑) | 1.00 |
| 99 | 安吉县(浙) | 945.96 |
| 100 | 诸暨市(浙) | 712.98 |
| 101 | 莲都区(浙) | 333.85 |
| 102 | 萧山区(浙) | 309.00 |
| 103 | 婺城区(浙) | 255.00 |
| 104 | 建德市(浙) | 177.42 |
| 105 | 玉环市(浙) | 130.00 |
| 106 | 余姚市(浙) | 83.00 |
| 107 | 德清县(浙) | 79.00 |
| 108 | 青田县(浙) | 69.50 |
| 109 | 云和县(浙) | 68.49 |

(续)

| 序号 | 木质家具主产地 | 万立方米 |
|---|---|---|
| 110 | 浦江县(浙) | 63.89 |
| 111 | 椒江区(浙) | 61.49 |
| 112 | 义乌市(浙) | 50.00 |
| 113 | 江山市(浙) | 48.64 |
| 114 | 富阳区(浙) | 46.36 |
| 115 | 江北区(浙) | 46.00 |
| 116 | 龙湾区(浙) | 44.99 |
| 117 | 海盐县(浙) | 40.30 |
| 118 | 南浔区(浙) | 40.23 |
| 119 | 遂昌县(浙) | 32.87 |
| 120 | 三门县(浙) | 32.60 |
| 121 | 龙泉市(浙) | 31.00 |
| 122 | 临海市(浙) | 27.96 |
| 123 | 开化县(浙) | 26.00 |
| 124 | 余杭区(浙) | 25.72 |
| 125 | 苍南县(浙) | 21.67 |
| 126 | 温岭市(浙) | 21.03 |
| 127 | 慈溪市(浙) | 18.52 |
| 128 | 鄞州区(浙) | 18.30 |
| 129 | 桐庐县(浙) | 17.02 |
| 130 | 镇海区(浙) | 15.89 |
| 131 | 定海区(浙) | 14.23 |
| 132 | 仙居县(浙) | 13.90 |
| 133 | 象山县(浙) | 10.60 |
| 134 | 奉化区(浙) | 9.26 |
| 135 | 瑞安市(浙) | 7.69 |
| 136 | 天台县(浙) | 7.49 |
| 137 | 桐乡市(浙) | 6.40 |
| 138 | 柯桥区(浙) | 5.70 |
| 139 | 泰顺县(浙) | 5.65 |
| 140 | 临安市(浙) | 5.50 |
| 141 | 淳安县(浙) | 5.30 |
| 142 | 磐安县(浙) | 4.85 |
| 143 | 越城区(浙) | 4.50 |
| 144 | 瓯海区(浙) | 3.70 |
| 145 | 长兴县(浙) | 2.50 |
| 146 | 宁海县(浙) | 2.50 |
| 147 | 秀洲区(浙) | 1.50 |
| 148 | 平湖市(浙) | 1.28 |
| 149 | 永康市(浙) | 1.21 |
| 150 | 吴兴区(浙) | 0.71 |
| 151 | 普陀区(浙) | 0.55 |
| 152 | 潜山县(皖) | 68.00 |
| 153 | 谯城区(皖) | 45.00 |
| 154 | 砀山县(皖) | 28.00 |

（续）

| 序号 | 木质家具主产地 | 万立方米 |
|---|---|---|
| 155 | 颍州区（皖） | 22.60 |
| 156 | 蒙城县（皖） | 22.00 |
| 157 | 临泉县（皖） | 18.00 |
| 158 | 东至县（皖） | 15.43 |
| 159 | 颍泉区（皖） | 12.50 |
| 160 | 固镇县（皖） | 10.00 |
| 161 | 青阳县（皖） | 8.55 |
| 162 | 桐城市（皖） | 7.50 |
| 163 | 裕安区（皖） | 7.20 |
| 164 | 岳西县（皖） | 6.50 |
| 165 | 界首市（皖） | 6.30 |
| 166 | 枞阳县（皖） | 5.60 |
| 167 | 五河县（皖） | 5.00 |
| 168 | 怀宁县（皖） | 5.00 |
| 169 | 潘集区（皖） | 4.51 |
| 170 | 徽州区（皖） | 4.20 |
| 171 | 太湖县（皖） | 4.01 |
| 172 | 石台县（皖） | 2.85 |
| 173 | 霍山县（皖） | 2.00 |
| 174 | 太和县（皖） | 2.00 |
| 175 | 大观区（皖） | 2.00 |
| 176 | 黟　县（皖） | 1.90 |
| 177 | 毛集实验区（皖） | 1.50 |
| 178 | 祁门县（皖） | 1.40 |
| 179 | 怀远县（皖） | 1.20 |
| 180 | 灵璧县（皖） | 1.10 |
| 181 | 涡阳县（皖） | 1.00 |
| 182 | 全椒县（皖） | 1.00 |
| 183 | 望江县（皖） | 0.70 |
| 184 | 寿　县（皖） | 0.60 |
| 185 | 泾　县（皖） | 0.50 |
| 186 | 金安区（皖） | 0.50 |
| 187 | 余江县（赣） | 300.00 |
| 188 | 龙南县（赣） | 172.00 |
| 189 | 丰城市（赣） | 52.00 |
| 190 | 宜丰县（赣） | 51.00 |
| 191 | 瑞金市（赣） | 39.00 |
| 192 | 章贡区（赣） | 33.00 |
| 193 | 永新县（赣） | 29.00 |
| 194 | 吉水县（赣） | 27.00 |
| 195 | 贵溪市（赣） | 26.02 |
| 196 | 遂川县（赣） | 20.00 |
| 197 | 安远县（赣） | 19.00 |
| 198 | 永丰县（赣） | 10.00 |
| 199 | 德兴市（赣） | 8.22 |

（续）

| 序号 | 木质家具主产地 | 万立方米 |
|---|---|---|
| 200 | 石城县（赣） | 7.10 |
| 201 | 临川区（赣） | 6.60 |
| 202 | 定南县（赣） | 6.30 |
| 203 | 吉安县（赣） | 6.00 |
| 204 | 万载县（赣） | 5.66 |
| 205 | 广丰县（赣） | 5.38 |
| 206 | 青原区（赣） | 5.00 |
| 207 | 寻乌县（赣） | 3.60 |
| 208 | 南城县（赣） | 3.00 |
| 209 | 信丰县（赣） | 2.83 |
| 210 | 赣　县（赣） | 2.70 |
| 211 | 分宜县（赣） | 2.60 |
| 212 | 万年县（赣） | 2.60 |
| 213 | 全南县（赣） | 2.43 |
| 214 | 鄱阳县（赣） | 2.19 |
| 215 | 泰和县（赣） | 1.90 |
| 216 | 樟树市（赣） | 1.89 |
| 217 | 永修县（赣） | 1.80 |
| 218 | 婺源县（赣） | 1.76 |
| 219 | 上高县（赣） | 1.60 |
| 220 | 玉山县（赣） | 1.10 |
| 221 | 安福县（赣） | 1.00 |
| 222 | 信州区（赣） | 1.00 |
| 223 | 都昌县（赣） | 1.00 |
| 224 | 新干县（赣） | 0.80 |
| 225 | 兴国县（赣） | 0.80 |
| 226 | 大余县（赣） | 0.74 |
| 227 | 安源区（赣） | 0.54 |
| 228 | 庐山区（赣） | 0.51 |
| 229 | 微山县（鲁） | 1230.00 |
| 230 | 寿光市（鲁） | 500.00 |
| 231 | 费　县（鲁） | 260.00 |
| 232 | 高密市（鲁） | 200.00 |
| 233 | 莱阳市（鲁） | 165.00 |
| 234 | 乐陵市（鲁） | 150.00 |
| 235 | 肥城市（鲁） | 120.00 |
| 236 | 邹平县（鲁） | 56.00 |
| 237 | 惠民县（鲁） | 38.21 |
| 238 | 沂南县（鲁） | 33.50 |
| 239 | 鱼台县（鲁） | 23.00 |
| 240 | 桓台县（鲁） | 20.50 |
| 241 | 莒南县（鲁） | 20.00 |
| 242 | 东平县（鲁） | 16.00 |
| 243 | 河东区（鲁） | 16.00 |
| 244 | 青州市（鲁） | 14.17 |

（续）

| 序号 | 木质家具主产地 | 万立方米 |
|---|---|---|
| 245 | 莒　县（鲁） | 13.16 |
| 246 | 新泰市（鲁） | 13.00 |
| 247 | 阳信县（鲁） | 12.00 |
| 248 | 昌乐县（鲁） | 12.00 |
| 249 | 平原县（鲁） | 10.00 |
| 250 | 曲阜市（鲁） | 10.00 |
| 251 | 冠　县（鲁） | 8.50 |
| 252 | 沂源县（鲁） | 8.30 |
| 253 | 宁阳县（鲁） | 5.40 |
| 254 | 岱岳区（鲁） | 4.70 |
| 255 | 临沂市临港经济开发区（鲁） | 3.60 |
| 256 | 东昌府区（鲁） | 2.90 |
| 257 | 周村区（鲁） | 2.80 |
| 258 | 莘　县（鲁） | 2.65 |
| 259 | 龙口市（鲁） | 2.35 |
| 260 | 兖州市（鲁） | 2.20 |
| 261 | 博山区（鲁） | 2.00 |
| 262 | 滨城区（鲁） | 1.80 |
| 263 | 罗庄区（鲁） | 1.60 |
| 264 | 五莲县（鲁） | 1.00 |
| 265 | 淄川区（鲁） | 1.00 |
| 266 | 峄城区（鲁） | 1.00 |
| 267 | 坊子区（鲁） | 0.90 |
| 268 | 宁陵县（豫） | 2500.00 |
| 269 | 平桥区（豫） | 150.00 |
| 270 | 清丰县（豫） | 78.00 |
| 271 | 沈丘县（豫） | 66.00 |
| 272 | 西华县（豫） | 65.00 |
| 273 | 项城市（豫） | 55.00 |
| 274 | 夏邑县（豫） | 50.00 |
| 275 | 原阳县（豫） | 50.00 |
| 276 | 镇平县（豫） | 46.00 |
| 277 | 兰考县（豫） | 44.50 |
| 278 | 梁园区（豫） | 33.00 |
| 279 | 邓州市（豫） | 30.00 |
| 280 | 新安县（豫） | 30.00 |
| 281 | 范　县（豫） | 28.00 |
| 282 | 渑池县（豫） | 27.00 |
| 283 | 辉县市（豫） | 26.00 |
| 284 | 淅川县（豫） | 25.00 |
| 285 | 中牟县（豫） | 21.00 |
| 286 | 濮阳县（豫） | 20.00 |
| 287 | 魏都区（豫） | 20.00 |
| 288 | 嵩　县（豫） | 20.00 |
| 289 | 西峡县（豫） | 19.82 |

(续)

| 序号 | 木质家具主产地 | 万立方米 |
|---|---|---|
| 290 | 睢阳区(豫) | 17.50 |
| 291 | 虞城县(豫) | 16.00 |
| 292 | 汤阴县(豫) | 10.00 |
| 293 | 荥阳市(豫) | 9.60 |
| 294 | 平舆县(豫) | 9.47 |
| 295 | 卧龙区(豫) | 9.00 |
| 296 | 商水县(豫) | 8.69 |
| 297 | 台前县(豫) | 8.10 |
| 298 | 华龙区(豫) | 8.00 |
| 299 | 淮阳县(豫) | 8.00 |
| 300 | 桐柏县(豫) | 7.30 |
| 301 | 博爱县(豫) | 7.20 |
| 302 | 太康县(豫) | 7.10 |
| 303 | 浚　县(豫) | 7.00 |
| 304 | 洛宁县(豫) | 6.80 |
| 305 | 宝丰县(豫) | 6.50 |
| 306 | 南乐县(豫) | 6.10 |
| 307 | 郸城县(豫) | 6.00 |
| 308 | 湖滨区(豫) | 6.00 |
| 309 | 商城县(豫) | 6.00 |
| 310 | 林州市(豫) | 5.50 |
| 311 | 睢　县(豫) | 5.50 |
| 312 | 汝阳县(豫) | 5.39 |
| 313 | 洛龙区(豫) | 5.00 |
| 314 | 偃师市(豫) | 5.00 |
| 315 | 方城县(豫) | 4.70 |
| 316 | 登封市(豫) | 4.45 |
| 317 | 汝州市(豫) | 4.24 |
| 318 | 郾城区(豫) | 3.99 |
| 319 | 获嘉县(豫) | 3.70 |
| 320 | 长葛市(豫) | 3.60 |
| 321 | 杞　县(豫) | 3.53 |
| 322 | 新野县(豫) | 3.50 |
| 323 | 安阳县(豫) | 3.40 |
| 324 | 新密市(豫) | 3.00 |
| 325 | 永城市(豫) | 2.90 |
| 326 | 固始县(豫) | 2.90 |
| 327 | 淮滨县(豫) | 2.80 |
| 328 | 卫辉市(豫) | 2.65 |
| 329 | 灵宝市(豫) | 2.60 |
| 330 | 息　县(豫) | 2.50 |
| 331 | 山城区(豫) | 2.30 |
| 332 | 光山县(豫) | 2.20 |
| 333 | 封丘县(豫) | 2.10 |
| 334 | 牧野区(豫) | 2.10 |
| 335 | 确山县(豫) | 2.00 |
| 336 | 柘城县(豫) | 1.80 |
| 337 | 温　县(豫) | 1.50 |
| 338 | 社旗县(豫) | 1.37 |
| 339 | 济源市(豫) | 1.10 |
| 340 | 内乡县(豫) | 1.00 |
| 341 | 新郑市(豫) | 0.80 |
| 342 | 淇　县(豫) | 0.70 |
| 343 | 舞钢市(豫) | 0.68 |
| 344 | 文峰区(豫) | 0.60 |
| 345 | 川汇区(豫) | 0.60 |
| 346 | 龙亭区(豫) | 0.60 |
| 347 | 竹山县(鄂) | 191.00 |
| 348 | 潜江市(鄂) | 120.00 |
| 349 | 枣阳市(鄂) | 83.00 |
| 350 | 荆州区(鄂) | 64.40 |
| 351 | 黄州区(鄂) | 19.00 |
| 352 | 天门市(鄂) | 18.00 |
| 353 | 洪湖市(鄂) | 17.50 |
| 354 | 华容区(鄂) | 15.00 |
| 355 | 襄州区(鄂) | 11.30 |
| 356 | 巴东县(鄂) | 11.24 |
| 357 | 黄陂区(鄂) | 10.00 |
| 358 | 掇刀区(鄂) | 9.50 |
| 359 | 汉川市(鄂) | 8.90 |
| 360 | 阳新县(鄂) | 8.30 |
| 361 | 梁子湖区(鄂) | 5.10 |
| 362 | 英山县(鄂) | 5.00 |
| 363 | 利川市(鄂) | 5.00 |
| 364 | 鄂城区(鄂) | 4.30 |
| 365 | 钟祥市(鄂) | 4.15 |
| 366 | 仙桃市(鄂) | 4.00 |
| 367 | 当阳市(鄂) | 3.86 |
| 368 | 红安县(鄂) | 3.59 |
| 369 | 云梦县(鄂) | 3.50 |
| 370 | 京山县(鄂) | 3.29 |
| 371 | 罗田县(鄂) | 3.00 |
| 372 | 沙洋县(鄂) | 3.00 |
| 373 | 松滋市(鄂) | 2.60 |
| 374 | 兴山县(鄂) | 2.60 |
| 375 | 张湾区(鄂) | 2.50 |
| 376 | 蔡甸区(鄂) | 2.46 |
| 377 | 宜城市(鄂) | 2.00 |
| 378 | 樊城区(鄂) | 2.00 |
| 379 | 浠水县(鄂) | 2.00 |
| 380 | 随　县(鄂) | 2.00 |
| 381 | 秭归县(鄂) | 2.00 |
| 382 | 来凤县(鄂) | 2.00 |
| 383 | 远安县(鄂) | 1.89 |
| 384 | 咸丰县(鄂) | 1.65 |
| 385 | 咸安区(鄂) | 1.40 |
| 386 | 建始县(鄂) | 1.00 |
| 387 | 大冶市(鄂) | 1.00 |
| 388 | 黄梅县(鄂) | 1.00 |
| 389 | 宜都市(鄂) | 0.90 |
| 390 | 江陵县(鄂) | 0.85 |
| 391 | 襄城区(鄂) | 0.77 |
| 392 | 沙市区(鄂) | 0.50 |
| 393 | 恩施市(鄂) | 0.50 |
| 394 | 涟源市(湘) | 90.00 |
| 395 | 汝城县(湘) | 62.00 |
| 396 | 鹤城区(湘) | 59.00 |
| 397 | 开福区(湘) | 50.00 |
| 398 | 安化县(湘) | 45.00 |
| 399 | 湘潭县(湘) | 38.25 |
| 400 | 鼎城区(湘) | 34.00 |
| 401 | 岳塘区(湘) | 30.46 |
| 402 | 岳麓区(湘) | 30.00 |
| 403 | 湘乡市(湘) | 29.00 |
| 404 | 蓝山县(湘) | 25.00 |
| 405 | 芙蓉区(湘) | 20.00 |
| 406 | 新化县(湘) | 18.00 |
| 407 | 资阳区(湘) | 18.00 |
| 408 | 桂东县(湘) | 17.20 |
| 409 | 桃源县(湘) | 16.50 |
| 410 | 双峰县(湘) | 15.00 |
| 411 | 资兴市(湘) | 14.50 |
| 412 | 武陵区(湘) | 13.00 |
| 413 | 宜章县(湘) | 12.50 |
| 414 | 中方县(湘) | 12.50 |
| 415 | 汨罗市(湘) | 12.20 |
| 416 | 株洲县(湘) | 10.80 |
| 417 | 雨湖区(湘) | 10.50 |
| 418 | 天心区(湘) | 10.00 |
| 419 | 临武县(湘) | 9.90 |
| 420 | 石峰区(湘) | 9.70 |
| 421 | 邵东县(湘) | 8.00 |
| 422 | 新田县(湘) | 8.00 |
| 423 | 衡山县(湘) | 6.34 |
| 424 | 醴陵市(湘) | 6.20 |

（续）

| 序号 | 木质家具主产地 | 万立方米 |
|---|---|---|
| 425 | 赫山区(湘) | 6.00 |
| 426 | 衡阳县(湘) | 5.80 |
| 427 | 北湖区(湘) | 5.60 |
| 428 | 临澧县(湘) | 5.00 |
| 429 | 珠晖区(湘) | 5.00 |
| 430 | 石门县(湘) | 5.00 |
| 431 | 永兴县(湘) | 3.75 |
| 432 | 汉寿县(湘) | 3.50 |
| 433 | 湘阴县(湘) | 3.50 |
| 434 | 衡南县(湘) | 3.00 |
| 435 | 东安县(湘) | 3.00 |
| 436 | 桃江县(湘) | 3.00 |
| 437 | 永定区(湘) | 2.90 |
| 438 | 苏仙区(湘) | 2.86 |
| 439 | 新宁县(湘) | 2.80 |
| 440 | 北塔区(湘) | 2.70 |
| 441 | 津市市(湘) | 2.20 |
| 442 | 洞口县(湘) | 2.10 |
| 443 | 新晃侗族自治县(湘) | 2.00 |
| 444 | 攸　县(湘) | 2.00 |
| 445 | 零陵区(湘) | 1.90 |
| 446 | 耒阳市(湘) | 1.75 |
| 447 | 芦淞区(湘) | 1.65 |
| 448 | 澧　县(湘) | 1.60 |
| 449 | 岳阳楼区(湘) | 1.51 |
| 450 | 洪江区(湘) | 1.50 |
| 451 | 宁远县(湘) | 1.35 |
| 452 | 麻阳苗族自治县(湘) | 1.20 |
| 453 | 华容县(湘) | 1.20 |
| 454 | 常德市市辖区(湘) | 1.20 |
| 455 | 邵阳县(湘) | 1.00 |
| 456 | 保靖县(湘) | 1.00 |
| 457 | 凤凰县(湘) | 0.80 |
| 458 | 隆回县(湘) | 0.66 |
| 459 | 芷江侗族自治县(湘) | 0.61 |
| 460 | 南　县(湘) | 0.60 |
| 461 | 茶陵县(湘) | 0.53 |
| 462 | 洪江市(湘) | 0.51 |
| 463 | 岳阳县(湘) | 0.50 |
| 464 | 永顺县(湘) | 0.50 |
| 465 | 岳阳市市辖区(湘) | 0.50 |
| 466 | 东莞市(粤) | 1400.00 |
| 467 | 澄海区(粤) | 137.70 |
| 468 | 蓬江区(粤) | 85.67 |
| 469 | 江海区(粤) | 34.00 |

（续）

| 序号 | 木质家具主产地 | 万立方米 |
|---|---|---|
| 470 | 中山市(粤) | 28.35 |
| 471 | 郁南县(粤) | 25.00 |
| 472 | 台山市(粤) | 23.00 |
| 473 | 阳东县(粤) | 17.30 |
| 474 | 德庆县(粤) | 5.10 |
| 475 | 惠阳区(粤) | 3.00 |
| 476 | 龙川县(粤) | 2.80 |
| 477 | 乳源瑶族自治县(粤) | 2.60 |
| 478 | 番禺区(粤) | 2.36 |
| 479 | 罗定市(粤) | 2.23 |
| 480 | 浈江区(粤) | 1.50 |
| 481 | 濠江区(粤) | 1.20 |
| 482 | 茂南区(粤) | 1.20 |
| 483 | 云安县(粤) | 1.00 |
| 484 | 化州市(粤) | 0.50 |
| 485 | 惠东县(粤) | 0.50 |
| 486 | 合浦县(桂) | 148.00 |
| 487 | 龙胜各族自治县(桂) | 35.91 |
| 488 | 象州县(桂) | 29.70 |
| 489 | 平南县(桂) | 18.00 |
| 490 | 临桂区(桂) | 11.00 |
| 491 | 灌阳县(桂) | 10.80 |
| 492 | 兴安县(桂) | 9.38 |
| 493 | 灵山县(桂) | 8.80 |
| 494 | 融水苗族自治县(桂) | 8.29 |
| 495 | 阳朔县(桂) | 8.16 |
| 496 | 覃塘区(桂) | 8.00 |
| 497 | 永福县(桂) | 5.34 |
| 498 | 昭平县(桂) | 5.20 |
| 499 | 融安县(桂) | 5.00 |
| 500 | 灵川县(桂) | 4.52 |
| 501 | 浦北县(桂) | 4.00 |
| 502 | 乐业县(桂) | 4.00 |
| 503 | 桂平市(桂) | 3.99 |
| 504 | 武宣县(桂) | 3.80 |
| 505 | 金城江区(桂) | 3.42 |
| 506 | 银海区(桂) | 3.30 |
| 507 | 鹿寨县(桂) | 3.04 |
| 508 | 忻城县(桂) | 3.00 |
| 509 | 田阳县(桂) | 2.62 |
| 510 | 港北区(桂) | 2.30 |
| 511 | 雁山区(桂) | 2.30 |
| 512 | 蒙山县(桂) | 2.30 |
| 513 | 博白县(桂) | 2.10 |
| 514 | 秀峰区(桂) | 2.00 |

（续）

| 序号 | 木质家具主产地 | 万立方米 |
|---|---|---|
| 515 | 那坡县(桂) | 1.80 |
| 516 | 江州区(桂) | 1.65 |
| 517 | 靖西县(桂) | 1.50 |
| 518 | 南丹县(桂) | 1.30 |
| 519 | 陆川县(桂) | 1.00 |
| 520 | 叠彩区(桂) | 1.00 |
| 521 | 海城区(桂) | 1.00 |
| 522 | 合山市(桂) | 1.00 |
| 523 | 良庆区(桂) | 0.97 |
| 524 | 扶绥县(桂) | 0.60 |
| 525 | 龙州县(桂) | 0.57 |
| 526 | 田林县(桂) | 0.50 |
| 527 | 合川区(渝) | 32.50 |
| 528 | 万州区(渝) | 25.00 |
| 529 | 永川区(渝) | 12.00 |
| 530 | 南川区(渝) | 9.60 |
| 531 | 铜梁县(渝) | 5.10 |
| 532 | 綦江区(渝) | 5.00 |
| 533 | 酉阳土家族苗族自治县(渝) | 4.00 |
| 534 | 彭水苗族土家族自治县(渝) | 3.00 |
| 535 | 江津区(渝) | 1.50 |
| 536 | 巴南区(渝) | 0.50 |
| 537 | 崇州市(川) | 780.00 |
| 538 | 新都区(川) | 184.00 |
| 539 | 仁寿县(川) | 73.28 |
| 540 | 青神县(川) | 42.00 |
| 541 | 大邑县(川) | 42.00 |
| 542 | 彭州市(川) | 41.05 |
| 543 | 营山县(川) | 40.00 |
| 544 | 彭山区(川) | 37.59 |
| 545 | 华蓥市(川) | 30.00 |
| 546 | 乐山市市中区(川) | 25.00 |
| 547 | 平昌县(川) | 23.00 |
| 548 | 万源市(川) | 23.00 |
| 549 | 泸　县(川) | 22.00 |
| 550 | 三台县(川) | 21.60 |
| 551 | 游仙区(川) | 21.00 |
| 552 | 温江区(川) | 20.30 |
| 553 | 邛崃市(川) | 20.00 |
| 554 | 巴州区(川) | 20.00 |
| 555 | 恩阳区(川) | 18.50 |
| 556 | 东坡区(川) | 18.26 |
| 557 | 峨眉山市(川) | 17.00 |
| 558 | 宣汉县(川) | 16.00 |
| 559 | 井研县(川) | 16.00 |

(续)

| 序号 | 木质家具主产地 | 万立方米 |
|---|---|---|
| 560 | 广安区(川) | 13.40 |
| 561 | 乐至县(川) | 13.00 |
| 562 | 丹棱县(川) | 12.40 |
| 563 | 金堂县(川) | 12.00 |
| 564 | 龙马潭区(川) | 11.20 |
| 565 | 盐亭县(川) | 11.20 |
| 566 | 大英县(川) | 11.00 |
| 567 | 射洪县(川) | 10.30 |
| 568 | 纳溪区(川) | 10.00 |
| 569 | 岳池县(川) | 10.00 |
| 570 | 梓潼县(川) | 9.00 |
| 571 | 都江堰市(川) | 8.70 |
| 572 | 顺庆区(川) | 8.00 |
| 573 | 筠连县(川) | 7.85 |
| 574 | 安岳县(川) | 7.60 |
| 575 | 利州区(川) | 7.50 |
| 576 | 简阳市(川) | 7.30 |
| 577 | 绵竹市(川) | 6.00 |
| 578 | 芦山县(川) | 6.00 |
| 579 | 雅安市市辖区(川) | 5.80 |
| 580 | 雁江区(川) | 5.10 |
| 581 | 什邡市(川) | 5.00 |
| 582 | 蓬溪县(川) | 5.00 |
| 583 | 邻水县(川) | 4.20 |
| 584 | 江油市(川) | 3.95 |
| 585 | 高　县(川) | 3.90 |
| 586 | 阆中市(川) | 3.80 |
| 587 | 渠　县(川) | 3.60 |
| 588 | 布拖县(川) | 3.50 |
| 589 | 安　县(川) | 3.40 |
| 590 | 郫　县(川) | 3.17 |
| 591 | 荥经县(川) | 3.00 |
| 592 | 通江县(川) | 3.00 |
| 593 | 威远县(川) | 3.00 |
| 594 | 剑阁县(川) | 2.80 |
| 595 | 南溪县(川) | 2.70 |
| 596 | 达川区(川) | 2.50 |
| 597 | 长宁县(川) | 2.50 |
| 598 | 蒲江县(川) | 2.50 |
| 599 | 南江县(川) | 2.20 |
| 600 | 江安县(川) | 1.96 |
| 601 | 雷波县(川) | 1.80 |
| 602 | 仁和区(川) | 1.70 |
| 603 | 罗江县(川) | 1.65 |
| 604 | 富顺县(川) | 1.60 |

(续)

| 序号 | 木质家具主产地 | 万立方米 |
|---|---|---|
| 605 | 珙　县(川) | 1.53 |
| 606 | 苍溪县(川) | 1.46 |
| 607 | 涪城区(川) | 1.45 |
| 608 | 犍为县(川) | 1.26 |
| 609 | 北川羌族自治县(川) | 1.25 |
| 610 | 通川区(川) | 1.20 |
| 611 | 贡井区(川) | 1.20 |
| 612 | 高坪区(川) | 1.20 |
| 613 | 隆昌县(川) | 1.20 |
| 614 | 攀枝花市东区(川) | 1.20 |
| 615 | 蓬安县(川) | 1.10 |
| 616 | 平武县(川) | 1.00 |
| 617 | 旌阳区(川) | 1.00 |
| 618 | 兴文县(川) | 0.90 |
| 619 | 喜德县(川) | 0.90 |
| 620 | 旺苍县(川) | 0.84 |
| 621 | 洪雅县(川) | 0.82 |
| 622 | 资中县(川) | 0.80 |
| 623 | 嘉陵区(川) | 0.75 |
| 624 | 翠屏区(川) | 0.70 |
| 625 | 武胜县(川) | 0.70 |
| 626 | 前锋区(川) | 0.60 |
| 627 | 宝兴县(川) | 0.56 |
| 628 | 德昌县(川) | 0.50 |
| 629 | 越西县(川) | 0.50 |
| 630 | 沿河土家族自治县(黔) | 30.00 |
| 631 | 兴仁县(黔) | 10.00 |
| 632 | 普安县(黔) | 6.00 |
| 633 | 西秀区(黔) | 1.85 |
| 634 | 思南县(黔) | 1.60 |
| 635 | 紫云苗族布依族自治县(黔) | 1.50 |
| 636 | 贞丰县(黔) | 1.35 |
| 637 | 黄平县(黔) | 1.20 |
| 638 | 碧江区(黔) | 0.90 |
| 639 | 册亨县(黔) | 0.50 |
| 640 | 开发区农林牧水局(黔) | 0.50 |
| 641 | 隆阳区(滇) | 17.10 |
| 642 | 昆明市经济技术开发区(滇) | 11.23 |
| 643 | 广南县(滇) | 7.69 |
| 644 | 武定县(滇) | 7.31 |
| 645 | 镇沅彝族哈尼族拉祜族自治县(滇) | 5.91 |
| 646 | 昌宁县(滇) | 4.78 |
| 647 | 寻甸回族彝族自治县(滇) | 4.50 |
| 648 | 大理市(滇) | 4.38 |
| 649 | 盈江县(滇) | 3.60 |

(续)

| 序号 | 木质家具主产地 | 万立方米 |
|---|---|---|
| 650 | 麒麟区(滇) | 3.50 |
| 651 | 腾冲县(滇) | 3.25 |
| 652 | 瑞丽市(滇) | 3.20 |
| 653 | 富民县(滇) | 3.20 |
| 654 | 西畴县(滇) | 3.10 |
| 655 | 易门县(滇) | 3.10 |
| 656 | 开远市(滇) | 3.00 |
| 657 | 五华区(滇) | 3.00 |
| 658 | 芒　市(滇) | 2.59 |
| 659 | 澜沧拉祜族自治县(滇) | 2.14 |
| 660 | 元谋县(滇) | 1.89 |
| 661 | 南华县(滇) | 1.87 |
| 662 | 富宁县(滇) | 1.75 |
| 663 | 宣威市(滇) | 1.30 |
| 664 | 昭阳区(滇) | 1.30 |
| 665 | 罗平县(滇) | 1.00 |
| 666 | 威信县(滇) | 1.00 |
| 667 | 陆良县(滇) | 0.92 |
| 668 | 剑川县(滇) | 0.70 |
| 669 | 盐津县(滇) | 0.70 |
| 670 | 大关县(滇) | 0.63 |
| 671 | 兰坪白族普米族自治县(滇) | 0.60 |
| 672 | 乃东县(藏) | 3.00 |
| 673 | 淳化县(陕) | 20.00 |
| 674 | 长安区(陕) | 4.20 |
| 675 | 旬邑县(陕) | 2.73 |
| 676 | 金台区(陕) | 2.50 |
| 677 | 渭滨区(陕) | 2.40 |
| 678 | 蓝田县(陕) | 2.00 |
| 679 | 南郑县(陕) | 1.25 |
| 680 | 商南县(陕) | 1.15 |
| 681 | 子洲县(陕) | 1.10 |
| 682 | 雁塔区(陕) | 1.00 |
| 683 | 眉　县(陕) | 0.80 |
| 684 | 秦都区(陕) | 0.65 |
| 685 | 商州区(陕) | 0.50 |
| 686 | 七里河区(甘) | 1.00 |
| 687 | 吉林森工集团股份公司(吉林森工) | 31.00 |
| 688 | 红石林业局(吉林森工) | 1.78 |

**表 3-4　卫生筷子主产地产量**

| 序号 | 卫生筷子主产地 | 标准箱 |
|---|---|---|
| 1 | 敦化市(吉) | 34265 |
| 2 | 通河县(黑) | 100000 |
| 3 | 泰顺县(浙) | 124665 |

（续）

| 序号 | 卫生筷子主产地 | 标准箱 |
|---|---|---|
| 4 | 余杭区（浙） | 113000 |
| 5 | 安吉县（浙） | 79000 |
| 6 | 龙泉市（浙） | 25083 |
| 7 | 淳安县（浙） | 4500 |
| 8 | 奉化区（浙） | 1500 |
| 9 | 潜山县（皖） | 32530 |
| 10 | 石台县（皖） | 28500 |
| 11 | 东至县（皖） | 26200 |
| 12 | 霍山县（皖） | 8500 |
| 13 | 界首市（皖） | 6500 |
| 14 | 铅山县（赣） | 805000 |
| 15 | 安远县（赣） | 448500 |
| 16 | 靖安县（赣） | 257220 |
| 17 | 定南县（赣） | 180000 |
| 18 | 新干县（赣） | 176573 |
| 19 | 武宁县（赣） | 176121 |
| 20 | 修水县（赣） | 134300 |
| 21 | 龙南县（赣） | 133000 |
| 22 | 上饶县（赣） | 120000 |
| 23 | 全南县（赣） | 100000 |
| 24 | 兴国县（赣） | 50000 |
| 25 | 资溪县（赣） | 40000 |
| 26 | 永新县（赣） | 30000 |
| 27 | 吉水县（赣） | 28500 |
| 28 | 井冈山市（赣） | 26800 |
| 29 | 泰和县（赣） | 22600 |
| 30 | 石城县（赣） | 16000 |
| 31 | 寻乌县（赣） | 15000 |
| 32 | 遂川县（赣） | 15000 |
| 33 | 婺源县（赣） | 13800 |
| 34 | 瑞昌市（赣） | 8000 |
| 35 | 铜鼓县（赣） | 8000 |
| 36 | 南城县（赣） | 7000 |
| 37 | 于都县（赣） | 6500 |
| 38 | 崇仁县（赣） | 5000 |
| 39 | 宜丰县（赣） | 3500 |
| 40 | 都昌县（赣） | 3000 |
| 41 | 奉新县（赣） | 1800 |
| 42 | 广丰县（赣） | 1800 |
| 43 | 渝水区（赣） | 1550 |
| 44 | 分宜县（赣） | 1200 |
| 45 | 瑞金市（赣） | 1150 |
| 46 | 冠　县（鲁） | 12000 |
| 47 | 利川市（鄂） | 20000 |
| 48 | 浠水县（鄂） | 18000 |

（续）

| 序号 | 卫生筷子主产地 | 标准箱 |
|---|---|---|
| 49 | 黄州区（鄂） | 9000 |
| 50 | 安化县（湘） | 350000 |
| 51 | 大祥区（湘） | 310000 |
| 52 | 汝城县（湘） | 100300 |
| 53 | 茶陵县（湘） | 72000 |
| 54 | 新化县（湘） | 70000 |
| 55 | 衡南县（湘） | 52000 |
| 56 | 赫山区（湘） | 50000 |
| 57 | 武冈市（湘） | 50000 |
| 58 | 洪江市（湘） | 39200 |
| 59 | 耒阳市（湘） | 36400 |
| 60 | 城步苗族自治县（湘） | 30000 |
| 61 | 资兴市（湘） | 28000 |
| 62 | 鼎城区（湘） | 26000 |
| 63 | 东安县（湘） | 20000 |
| 64 | 祁东县（湘） | 18000 |
| 65 | 零陵区（湘） | 16000 |
| 66 | 双峰县（湘） | 14000 |
| 67 | 洞口县（湘） | 12000 |
| 68 | 衡阳县（湘） | 7500 |
| 69 | 隆回县（湘） | 6000 |
| 70 | 衡东县（湘） | 5000 |
| 71 | 溆浦县（湘） | 2100 |
| 72 | 邵阳县（湘） | 2000 |
| 73 | 乳源瑶族自治县（粤） | 1830 |
| 74 | 灵川县（桂） | 197010 |
| 75 | 象山区（桂） | 50000 |
| 76 | 阳朔县（桂） | 10734 |
| 77 | 叠彩区（桂） | 10000 |
| 78 | 翠屏区（川） | 150000 |
| 79 | 巧家县（滇） | 600000 |
| 80 | 芒　市（滇） | 71600 |
| 81 | 麒麟区（滇） | 20000 |
| 82 | 腾冲县（滇） | 9800 |
| 83 | 瑞丽市（滇） | 6750 |
| 84 | 绥阳林业局（龙江森工） | 120000 |
| 85 | 亚布力林业局（龙江森工） | 75207 |
| 86 | 鹤北林业局（龙江森工） | 60000 |
| 87 | 大海林林业局（龙江森工） | 44800 |
| 88 | 东京城林业局（龙江森工） | 30000 |
| 89 | 穆棱林业局（龙江森工） | 1200 |
| 90 | 新林林业局（大兴安岭集团） | 13752 |
| 91 | 十八站林业局（大兴安岭集团） | 3900 |

**表 4-1　木浆主产地产量**

| 序号 | 木浆主产地 | 万吨 |
|---|---|---|
| 1 | 龙潭区（吉） | 37.00 |
| 2 | 密山市（黑） | 2.00 |
| 3 | 瑞安市（浙） | 15.00 |
| 4 | 余杭区（浙） | 6.43 |
| 5 | 浦江县（浙） | 3.50 |
| 6 | 潜山县（皖） | 17.00 |
| 7 | 颍州区（皖） | 7.00 |
| 8 | 袁州区（赣） | 1.00 |
| 9 | 兖州市（鲁） | 119.00 |
| 10 | 费　县（鲁） | 100.00 |
| 11 | 寿光市（鲁） | 58.00 |
| 12 | 广饶县（鲁） | 37.28 |
| 13 | 宁阳县（鲁） | 37.20 |
| 14 | 桓台县（鲁） | 25.00 |
| 15 | 齐河县（鲁） | 3.75 |
| 16 | 陵城区（鲁） | 0.50 |
| 17 | 新乡县（豫） | 13.55 |
| 18 | 濮阳市高新区（豫） | 11.50 |
| 19 | 武陟县（豫） | 3.10 |
| 20 | 禹州市（豫） | 0.80 |
| 21 | 赤壁市（鄂） | 10.00 |
| 22 | 潜江市（鄂） | 5.00 |
| 23 | 监利县（鄂） | 5.00 |
| 24 | 南漳县（鄂） | 1.00 |
| 25 | 岳阳楼区（湘） | 62.00 |
| 26 | 沅江市（湘） | 16.01 |
| 27 | 双峰县（湘） | 2.00 |
| 28 | 新邵县（湘） | 2.00 |
| 29 | 开福区（湘） | 2.00 |
| 30 | 望城区（湘） | 1.00 |
| 31 | 揭阳市普侨区（粤） | 30.00 |
| 32 | 广宁县（粤） | 10.00 |
| 33 | 乳源瑶族自治县（粤） | 3.80 |
| 34 | 始兴县（粤） | 3.20 |
| 35 | 台山市（粤） | 1.00 |
| 36 | 钦南区（桂） | 57.65 |
| 37 | 覃塘区（桂） | 13.00 |
| 38 | 象山区（桂） | 8.00 |
| 39 | 良庆区（桂） | 6.23 |
| 40 | 龙圩区（桂） | 3.00 |
| 41 | 港北区（桂） | 2.00 |
| 42 | 田阳县（桂） | 0.70 |
| 43 | 荔浦县（桂） | 0.50 |
| 44 | 思南县（黔） | 160.00 |
| 45 | 景谷傣族彝族自治县（滇） | 21.26 |

(续)

| 序号 | 木浆主产地 | 标准箱 |
|---|---|---|
| 46 | 昭阳区(滇) | 10.00 |
| 47 | 麒麟区(滇) | 2.00 |
| 48 | 青铜峡市(宁) | 2.00 |

**表 4-2 木浆纸主产地产量**

| 序号 | 木浆纸主产地 | 万吨 |
|---|---|---|
| 1 | 顺平县(冀) | 1.10 |
| 2 | 稷山县(晋) | 1.00 |
| 3 | 龙潭区(吉) | 26.00 |
| 4 | 密山市(黑) | 1.50 |
| 5 | 德清县(浙) | 180.00 |
| 6 | 鄞州区(浙) | 85.40 |
| 7 | 瑞安市(浙) | 13.00 |
| 8 | 南浔区(浙) | 12.00 |
| 9 | 长兴县(浙) | 8.88 |
| 10 | 浦江县(浙) | 2.50 |
| 11 | 镇海区(浙) | 1.98 |
| 12 | 迎江区(皖) | 35.00 |
| 13 | 兖州市(鲁) | 379.00 |
| 14 | 寿光市(鲁) | 214.00 |
| 15 | 广饶县(鲁) | 84.25 |
| 16 | 桓台县(鲁) | 21.00 |
| 17 | 新泰市(鲁) | 20.50 |
| 18 | 宁阳县(鲁) | 17.56 |
| 19 | 临淄区(鲁) | 17.31 |
| 20 | 龙口市(鲁) | 12.89 |
| 21 | 东平县(鲁) | 9.56 |
| 22 | 青州市(鲁) | 8.70 |
| 23 | 昌乐县(鲁) | 8.50 |
| 24 | 梁山县(鲁) | 0.93 |
| 25 | 濮阳市高新区(豫) | 29.00 |
| 26 | 台前县(豫) | 13.30 |
| 27 | 睢　县(豫) | 7.00 |
| 28 | 范　县(豫) | 5.00 |
| 29 | 武陟县(豫) | 3.30 |
| 30 | 荆州区(鄂) | 50.00 |
| 31 | 嘉鱼县(鄂) | 41.00 |
| 32 | 孝南区(鄂) | 4.40 |
| 33 | 南漳县(鄂) | 1.10 |
| 34 | 岳阳楼区(湘) | 88.00 |
| 35 | 常德市市辖区(湘) | 4.00 |
| 36 | 洪江区(湘) | 2.80 |
| 37 | 绥宁县(湘) | 2.40 |
| 38 | 双峰县(湘) | 0.50 |
| 39 | 揭阳市普侨区(粤) | 20.00 |

(续)

| 序号 | 木浆纸主产地 | 标准箱 |
|---|---|---|
| 40 | 始兴县(粤) | 2.40 |
| 41 | 乳源瑶族自治县(粤) | 1.50 |
| 42 | 钦南区(桂) | 80.03 |
| 43 | 象山区(桂) | 6.00 |
| 44 | 广西林业集团有限公司(桂) | 1.27 |
| 45 | 港北区(桂) | 1.20 |
| 46 | 昭阳区(滇) | 5.00 |
| 47 | 景谷傣族彝族自治县(滇) | 2.41 |
| 48 | 商州区(陕) | 1.00 |
| 49 | 青铜峡市(宁) | 0.50 |

**表 4-3 竹浆主产地产量**

| 序号 | 竹浆主产地 | 万吨 |
|---|---|---|
| 1 | 浦江县(浙) | 10.30 |
| 2 | 余杭区(浙) | 5.39 |
| 3 | 铅山县(赣) | 30.00 |
| 4 | 宜丰县(赣) | 7.50 |
| 5 | 临川区(赣) | 0.80 |
| 6 | 泰和县(赣) | 0.72 |
| 7 | 大冶市(鄂) | 1.00 |
| 8 | 东安县(湘) | 1.90 |
| 9 | 双峰县(湘) | 1.50 |
| 10 | 望城区(湘) | 1.00 |
| 11 | 开福区(湘) | 0.60 |
| 12 | 城步苗族自治县(湘) | 0.50 |
| 13 | 四会市(粤) | 10.00 |
| 14 | 揭阳市普侨区(粤) | 10.00 |
| 15 | 乳源瑶族自治县(粤) | 3.90 |
| 16 | 南雄市(粤) | 2.76 |
| 17 | 始兴县(粤) | 1.10 |
| 18 | 龙圩区(桂) | 2.00 |
| 19 | 永川区(渝) | 18.00 |
| 20 | 梁平县(渝) | 2.86 |
| 21 | 沐川县(川) | 30.00 |
| 22 | 犍为县(川) | 21.70 |
| 23 | 江安县(川) | 13.00 |
| 24 | 平武县(川) | 10.00 |
| 25 | 纳溪区(川) | 5.50 |
| 26 | 富顺县(川) | 2.40 |
| 27 | 沙湾区(川) | 1.50 |
| 28 | 宜宾县(川) | 1.06 |
| 29 | 夹江县(川) | 1.00 |
| 30 | 长宁县(川) | 0.60 |
| 31 | 赤水市(黔) | 20.00 |
| 32 | 新平彝族傣族自治县(滇) | 3.50 |
| 33 | 景谷傣族彝族自治县(滇) | 2.19 |

**表 4-4 竹浆纸主产地产量**

| 序号 | 竹浆纸主产地 | 万吨 |
|---|---|---|
| 1 | 德清县(浙) | 46.00 |
| 2 | 浦江县(浙) | 9.29 |
| 3 | 章贡区(赣) | 13.00 |
| 4 | 修水县(赣) | 1.20 |
| 5 | 铅山县(赣) | 1.00 |
| 6 | 临川区(赣) | 0.70 |
| 7 | 安化县(湘) | 0.90 |
| 8 | 双峰县(湘) | 0.80 |
| 9 | 揭阳市普侨区(粤) | 10.00 |
| 10 | 四会市(粤) | 8.00 |
| 11 | 南雄市(粤) | 3.17 |
| 12 | 封开县(粤) | 2.60 |
| 13 | 乳源瑶族自治县(粤) | 1.41 |
| 14 | 鹿寨县(桂) | 14.52 |
| 15 | 田东县(桂) | 10.00 |
| 16 | 融水苗族自治县(桂) | 0.50 |
| 17 | 沐川县(川) | 13.00 |
| 18 | 犍为县(川) | 11.88 |
| 19 | 南溪县(川) | 10.43 |
| 20 | 纳溪区(川) | 6.50 |
| 21 | 青神县(川) | 6.10 |
| 22 | 屏山县(川) | 4.60 |
| 23 | 高　县(川) | 4.15 |
| 24 | 达川区(川) | 3.00 |
| 25 | 东坡区(川) | 3.00 |
| 26 | 宜宾县(川) | 0.85 |
| 27 | 沙湾区(川) | 0.58 |
| 28 | 赤水市(黔) | 1.50 |
| 29 | 绥江县(滇) | 3.00 |
| 30 | 新平彝族傣族自治县(滇) | 2.68 |

**表 4-5 其他浆主产地产量**

| 序号 | 其他浆主产地 | 万吨 |
|---|---|---|
| 1 | 平湖市(浙) | 25.39 |
| 2 | 三门县(浙) | 3.56 |
| 3 | 郎溪县(皖) | 9.00 |
| 4 | 石城县(赣) | 0.50 |
| 5 | 高青县(鲁) | 0.50 |
| 6 | 内乡县(豫) | 15.00 |
| 7 | 嵩　县(豫) | 1.00 |
| 8 | 城步苗族自治县(湘) | 0.80 |
| 9 | 双峰县(湘) | 0.70 |
| 10 | 开福区(湘) | 0.60 |
| 11 | 湘阴县(湘) | 0.50 |
| 12 | 揭阳市普侨区(粤) | 10.00 |

（续）

| 序号 | 其他浆主产地 | 标准箱 |
| --- | --- | --- |
| 13 | 乳源瑶族自治县（粤） | 2.80 |
| 14 | 连州市（粤） | 1.21 |
| 15 | 北流市（桂） | 5.64 |
| 16 | 武宣县（桂） | 0.50 |
| 17 | 蓬安县（川） | 1.00 |
| 18 | 筠连县（川） | 0.89 |
| 19 | 云　县（滇） | 0.50 |

**表 4-6　其他纸主产地产量**

| 序号 | 其他纸主产地 | 万吨 |
| --- | --- | --- |
| 1 | 赵　县（冀） | 32.00 |
| 2 | 高碑店市（冀） | 0.50 |
| 3 | 稷山县（晋） | 3.00 |
| 4 | 大同区（黑） | 1.99 |
| 5 | 杜尔伯特蒙古族自治县（黑） | 1.40 |
| 6 | 林甸县（黑） | 1.00 |
| 7 | 富阳区（浙） | 564.18 |
| 8 | 海盐县（浙） | 216.31 |
| 9 | 平湖市（浙） | 98.27 |
| 10 | 温岭市（浙） | 80.27 |
| 11 | 临海市（浙） | 44.08 |
| 12 | 路桥区（浙） | 34.84 |
| 13 | 椒江区（浙） | 18.15 |
| 14 | 越城区（浙） | 18.01 |
| 15 | 仙居县（浙） | 16.17 |
| 16 | 玉环市（浙） | 9.20 |
| 17 | 三门县（浙） | 8.89 |
| 18 | 缙云县（浙） | 7.56 |
| 19 | 安吉县（浙） | 4.90 |
| 20 | 庆元县（浙） | 2.58 |
| 21 | 天台县（浙） | 1.97 |
| 22 | 桐乡市（浙） | 1.50 |
| 23 | 松阳县（浙） | 0.93 |
| 24 | 岱山县（浙） | 0.50 |
| 25 | 霍山县（皖） | 18.00 |
| 26 | 潜山县（皖） | 9.00 |
| 27 | 泾　县（皖） | 3.50 |
| 28 | 郎溪县（皖） | 3.00 |
| 29 | 怀宁县（皖） | 0.70 |
| 30 | 安福县（赣） | 10.00 |
| 31 | 奉新县（赣） | 5.61 |
| 32 | 石城县（赣） | 3.10 |
| 33 | 安远县（赣） | 2.77 |
| 34 | 都昌县（赣） | 1.60 |
| 35 | 宁阳县（鲁） | 4.60 |

（续）

| 序号 | 其他纸主产地 | 标准箱 |
| --- | --- | --- |
| 36 | 临清市（鲁） | 3.13 |
| 37 | 肥城市（鲁） | 0.60 |
| 38 | 高青县（鲁） | 0.51 |
| 39 | 太康县（豫） | 37.50 |
| 40 | 内乡县（豫） | 12.00 |
| 41 | 新乡县（豫） | 9.36 |
| 42 | 淮阳县（豫） | 1.80 |
| 43 | 温　县（豫） | 0.90 |
| 44 | 禹州市（豫） | 0.71 |
| 45 | 淮滨县（豫） | 0.60 |
| 46 | 岳阳楼区（湘） | 119.00 |
| 47 | 双牌县（湘） | 1.20 |
| 48 | 开福区（湘） | 0.90 |
| 49 | 新化县（湘） | 0.55 |
| 50 | 双峰县（湘） | 0.50 |
| 51 | 通道侗族自治县（湘） | 0.50 |
| 52 | 三水区（粤） | 20.44 |
| 53 | 揭阳市普侨区（粤） | 15.00 |
| 54 | 连州市（粤） | 1.03 |
| 55 | 乳源瑶族自治县（粤） | 0.89 |
| 56 | 北流市（桂） | 30.54 |
| 57 | 象州县（桂） | 13.60 |
| 58 | 田东县（桂） | 7.00 |
| 59 | 田林县（桂） | 6.91 |
| 60 | 万秀区（桂） | 6.50 |
| 61 | 港南区（桂） | 4.43 |
| 62 | 富川瑶族自治县（桂） | 1.02 |
| 63 | 全州县（桂） | 0.75 |
| 64 | 永川区（渝） | 94.82 |
| 65 | 江津区（渝） | 1.50 |
| 66 | 丹棱县（川） | 7.60 |
| 67 | 蓬安县（川） | 1.00 |
| 68 | 平坝县（黔） | 0.50 |
| 69 | 江川县（滇） | 0.72 |
| 70 | 晋宁县（滇） | 0.50 |
| 71 | 柴河林业局（龙江森工） | 2.46 |

**表 5-1　毛竹主产地产量**

| 序号 | 毛竹主产地 | 万根 |
| --- | --- | --- |
| 1 | 宜兴市（苏） | 150.00 |
| 2 | 涟水县（苏） | 25.00 |
| 3 | 六合区（苏） | 8.84 |
| 4 | 句容市（苏） | 6.61 |
| 5 | 江宁区（苏） | 6.39 |
| 6 | 丹徒区（苏） | 5.00 |

（续）

| 序号 | 毛竹主产地 | 标准箱 |
| --- | --- | --- |
| 7 | 溧水县（苏） | 4.32 |
| 8 | 高淳县（苏） | 3.00 |
| 9 | 金坛市（苏） | 2.68 |
| 10 | 江阴市（苏） | 2.38 |
| 11 | 京口区（苏） | 2.00 |
| 12 | 锡山区（苏） | 1.80 |
| 13 | 仪征市（苏） | 0.90 |
| 14 | 溧阳市（苏） | 0.86 |
| 15 | 惠山区（苏） | 0.61 |
| 16 | 高邮市（苏） | 0.50 |
| 17 | 安吉县（浙） | 2870.00 |
| 18 | 庆元县（浙） | 2088.00 |
| 19 | 柯桥区（浙） | 1700.00 |
| 20 | 龙泉市（浙） | 1468.00 |
| 21 | 富阳区（浙） | 1223.00 |
| 22 | 衢江区（浙） | 820.00 |
| 23 | 遂昌县（浙） | 728.19 |
| 24 | 德清县（浙） | 600.00 |
| 25 | 临安市（浙） | 550.00 |
| 26 | 奉化区（浙） | 537.50 |
| 27 | 诸暨市（浙） | 530.00 |
| 28 | 东阳市（浙） | 515.00 |
| 29 | 长兴县（浙） | 500.00 |
| 30 | 淳安县（浙） | 468.18 |
| 31 | 鄞州区（浙） | 462.00 |
| 32 | 吴兴区（浙） | 428.80 |
| 33 | 桐庐县（浙） | 420.00 |
| 34 | 宁海县（浙） | 400.00 |
| 35 | 泰顺县（浙） | 278.30 |
| 36 | 余姚市（浙） | 240.00 |
| 37 | 建德市（浙） | 220.06 |
| 38 | 缙云县（浙） | 207.70 |
| 39 | 萧山区（浙） | 138.00 |
| 40 | 景宁畲族自治县（浙） | 108.00 |
| 41 | 开化县（浙） | 80.00 |
| 42 | 永嘉县（浙） | 78.50 |
| 43 | 松阳县（浙） | 76.53 |
| 44 | 余杭区（浙） | 73.42 |
| 45 | 磐安县（浙） | 67.53 |
| 46 | 越城区（浙） | 56.60 |
| 47 | 婺城区（浙） | 56.00 |
| 48 | 莲都区（浙） | 50.10 |
| 49 | 临海市（浙） | 40.90 |
| 50 | 慈溪市（浙） | 36.00 |
| 51 | 苍南县（浙） | 27.83 |

(续)

| 序号 | 毛竹主产地 | 标准箱 |
|---|---|---|
| 52 | 仙居县(浙) | 25.00 |
| 53 | 江北区(浙) | 22.00 |
| 54 | 瓯海区(浙) | 21.70 |
| 55 | 云和县(浙) | 20.30 |
| 56 | 天台县(浙) | 18.69 |
| 57 | 青田县(浙) | 18.60 |
| 58 | 瑞安市(浙) | 15.00 |
| 59 | 温岭市(浙) | 14.60 |
| 60 | 永康市(浙) | 7.70 |
| 61 | 象山县(浙) | 7.20 |
| 62 | 镇海区(浙) | 6.44 |
| 63 | 兰溪市(浙) | 5.50 |
| 64 | 三门县(浙) | 5.37 |
| 65 | 浦江县(浙) | 5.10 |
| 66 | 新昌县(浙) | 5.05 |
| 67 | 北仑区(浙) | 4.50 |
| 68 | 义乌市(浙) | 2.00 |
| 69 | 广德县(皖) | 4000.00 |
| 70 | 霍山县(皖) | 2000.00 |
| 71 | 宿松县(皖) | 1713.50 |
| 72 | 宁国市(皖) | 1147.00 |
| 73 | 东至县(皖) | 396.77 |
| 74 | 宣州区(皖) | 375.00 |
| 75 | 休宁县(皖) | 320.00 |
| 76 | 南陵县(皖) | 315.00 |
| 77 | 金寨县(皖) | 285.00 |
| 78 | 石台县(皖) | 260.00 |
| 79 | 舒城县(皖) | 258.00 |
| 80 | 潜山县(皖) | 250.00 |
| 81 | 祁门县(皖) | 205.00 |
| 82 | 歙　县(皖) | 165.00 |
| 83 | 黄山区(皖) | 160.00 |
| 84 | 金安区(皖) | 120.00 |
| 85 | 裕安区(皖) | 112.00 |
| 86 | 郎溪县(皖) | 110.00 |
| 87 | 繁昌县(皖) | 110.00 |
| 88 | 黟　县(皖) | 100.00 |
| 89 | 太湖县(皖) | 79.30 |
| 90 | 义安区(皖) | 70.00 |
| 91 | 青阳县(皖) | 57.09 |
| 92 | 绩溪县(皖) | 53.00 |
| 93 | 岳西县(皖) | 40.00 |
| 94 | 徽州区(皖) | 36.00 |
| 95 | 望江县(皖) | 35.00 |
| 96 | 旌德县(皖) | 31.00 |
| 97 | 无为县(皖) | 23.00 |
| 98 | 庐江县(皖) | 14.12 |
| 99 | 枞阳县(皖) | 12.20 |
| 100 | 花山区(皖) | 6.53 |
| 101 | 宜秀区(皖) | 6.50 |
| 102 | 全椒县(皖) | 4.00 |
| 103 | 屯溪区(皖) | 3.10 |
| 104 | 桐城市(皖) | 1.50 |
| 105 | 鸠江区(皖) | 1.50 |
| 106 | 博望区(皖) | 1.00 |
| 107 | 和　县(皖) | 1.00 |
| 108 | 怀宁县(皖) | 1.00 |
| 109 | 巢湖市(皖) | 0.80 |
| 110 | 大观区(皖) | 0.80 |
| 111 | 芜湖县(皖) | 0.50 |
| 112 | 宜丰县(赣) | 1375.50 |
| 113 | 遂川县(赣) | 1300.00 |
| 114 | 崇义县(赣) | 920.00 |
| 115 | 贵溪市(赣) | 842.15 |
| 116 | 乐安县(赣) | 780.00 |
| 117 | 资溪县(赣) | 653.37 |
| 118 | 崇仁县(赣) | 542.00 |
| 119 | 上饶县(赣) | 475.23 |
| 120 | 井冈山市(赣) | 459.73 |
| 121 | 黎川县(赣) | 358.00 |
| 122 | 龙南县(赣) | 350.16 |
| 123 | 芦溪县(赣) | 320.00 |
| 124 | 瑞金市(赣) | 320.00 |
| 125 | 奉新县(赣) | 310.00 |
| 126 | 铜鼓县(赣) | 300.00 |
| 127 | 宜黄县(赣) | 300.00 |
| 128 | 婺源县(赣) | 300.00 |
| 129 | 武宁县(赣) | 298.00 |
| 130 | 广丰县(赣) | 270.38 |
| 131 | 青原区(赣) | 268.00 |
| 132 | 铅山县(赣) | 248.00 |
| 133 | 袁州区(赣) | 240.00 |
| 134 | 新干县(赣) | 210.00 |
| 135 | 宁都县(赣) | 210.00 |
| 136 | 余江县(赣) | 190.00 |
| 137 | 广昌县(赣) | 181.74 |
| 138 | 彭泽县(赣) | 180.00 |
| 139 | 安福县(赣) | 180.00 |
| 140 | 大余县(赣) | 169.00 |
| 141 | 修水县(赣) | 163.00 |
| 142 | 南丰县(赣) | 150.00 |
| 143 | 南城县(赣) | 137.00 |
| 144 | 靖安县(赣) | 133.60 |
| 145 | 峡江县(赣) | 130.00 |
| 146 | 吉水县(赣) | 112.50 |
| 147 | 永丰县(赣) | 100.00 |
| 148 | 于都县(赣) | 89.60 |
| 149 | 吉安县(赣) | 87.00 |
| 150 | 万安县(赣) | 85.00 |
| 151 | 会昌县(赣) | 83.40 |
| 152 | 分宜县(赣) | 80.00 |
| 153 | 横峰县(赣) | 79.28 |
| 154 | 寻乌县(赣) | 72.99 |
| 155 | 泰和县(赣) | 71.70 |
| 156 | 丰城市(赣) | 70.00 |
| 157 | 万载县(赣) | 63.58 |
| 158 | 金溪县(赣) | 49.00 |
| 159 | 兴国县(赣) | 45.00 |
| 160 | 定南县(赣) | 40.00 |
| 161 | 信丰县(赣) | 39.04 |
| 162 | 玉山县(赣) | 32.00 |
| 163 | 临川区(赣) | 32.00 |
| 164 | 永新县(赣) | 30.00 |
| 165 | 全南县(赣) | 22.56 |
| 166 | 赣　县(赣) | 18.00 |
| 167 | 上高县(赣) | 15.00 |
| 168 | 德兴市(赣) | 11.62 |
| 169 | 瑞昌市(赣) | 10.50 |
| 170 | 都昌县(赣) | 8.00 |
| 171 | 德安县(赣) | 8.00 |
| 172 | 万年县(赣) | 7.90 |
| 173 | 永修县(赣) | 7.50 |
| 174 | 樟树市(赣) | 6.10 |
| 175 | 九江县(赣) | 5.00 |
| 176 | 渝水区(赣) | 4.00 |
| 177 | 安源区(赣) | 4.00 |
| 178 | 安远县(赣) | 3.57 |
| 179 | 上栗县(赣) | 3.20 |
| 180 | 莲花县(赣) | 3.20 |
| 181 | 共青城市(赣) | 3.00 |
| 182 | 南康市(赣) | 3.00 |
| 183 | 东乡县(赣) | 2.00 |
| 184 | 余干县(赣) | 1.20 |
| 185 | 石城县(赣) | 1.00 |
| 186 | 安义县(赣) | 1.00 |

（续）

| 序号 | 毛竹主产地 | 标准箱 |
|---|---|---|
| 187 | 鄱阳县(赣) | 0.80 |
| 188 | 进贤县(赣) | 0.50 |
| 189 | 新　县(豫) | 61.35 |
| 190 | 商城县(豫) | 39.00 |
| 191 | 固始县(豫) | 20.00 |
| 192 | 西峡县(豫) | 7.42 |
| 193 | 唐河县(豫) | 6.80 |
| 194 | 平桥区(豫) | 4.60 |
| 195 | 南召县(豫) | 3.60 |
| 196 | 光山县(豫) | 2.30 |
| 197 | 赤壁市(鄂) | 560.00 |
| 198 | 通山县(鄂) | 489.00 |
| 199 | 咸安区(鄂) | 351.00 |
| 200 | 黄梅县(鄂) | 90.00 |
| 201 | 鹤峰县(鄂) | 45.00 |
| 202 | 石首市(鄂) | 35.00 |
| 203 | 远安县(鄂) | 35.00 |
| 204 | 麻城市(鄂) | 25.00 |
| 205 | 松滋市(鄂) | 21.00 |
| 206 | 阳新县(鄂) | 20.00 |
| 207 | 宜都市(鄂) | 20.00 |
| 208 | 随州市市辖区(鄂) | 20.00 |
| 209 | 来凤县(鄂) | 18.00 |
| 210 | 英山县(鄂) | 15.85 |
| 211 | 通城县(鄂) | 12.30 |
| 212 | 浠水县(鄂) | 12.00 |
| 213 | 宜城市(鄂) | 11.00 |
| 214 | 随　县(鄂) | 10.00 |
| 215 | 武穴市(鄂) | 10.00 |
| 216 | 嘉鱼县(鄂) | 9.65 |
| 217 | 大悟县(鄂) | 5.00 |
| 218 | 鄂州市市辖区(鄂) | 4.90 |
| 219 | 钟祥市(鄂) | 3.00 |
| 220 | 鄂城区(鄂) | 2.80 |
| 221 | 梁子湖区(鄂) | 2.60 |
| 222 | 咸丰县(鄂) | 2.50 |
| 223 | 宣恩县(鄂) | 2.00 |
| 224 | 恩施市(鄂) | 2.00 |
| 225 | 大冶市(鄂) | 1.00 |
| 226 | 孝昌县(鄂) | 1.00 |
| 227 | 红安县(鄂) | 0.68 |
| 228 | 京山县(鄂) | 0.50 |
| 229 | 桃江县(湘) | 2700.00 |
| 230 | 城步苗族自治县(湘) | 1500.00 |
| 231 | 桃源县(湘) | 1100.00 |
| 232 | 攸　县(湘) | 678.00 |
| 233 | 桑植县(湘) | 650.00 |
| 234 | 岳阳县(湘) | 500.00 |
| 235 | 衡东县(湘) | 350.00 |
| 236 | 安化县(湘) | 310.00 |
| 237 | 新化县(湘) | 300.00 |
| 238 | 鼎城区(湘) | 290.00 |
| 239 | 株洲县(湘) | 285.00 |
| 240 | 绥宁县(湘) | 241.00 |
| 241 | 祁东县(湘) | 230.00 |
| 242 | 蓝山县(湘) | 225.00 |
| 243 | 衡阳县(湘) | 200.00 |
| 244 | 会同县(湘) | 160.00 |
| 245 | 零陵区(湘) | 150.00 |
| 246 | 常德市市辖区(湘) | 150.00 |
| 247 | 麻阳苗族自治县(湘) | 140.00 |
| 248 | 耒阳市(湘) | 122.20 |
| 249 | 天心区(湘) | 120.00 |
| 250 | 衡山县(湘) | 115.17 |
| 251 | 桂东县(湘) | 115.00 |
| 252 | 鹤城区(湘) | 100.00 |
| 253 | 新宁县(湘) | 91.00 |
| 254 | 赫山区(湘) | 90.00 |
| 255 | 衡南县(湘) | 85.00 |
| 256 | 茶陵县(湘) | 79.00 |
| 257 | 资兴市(湘) | 70.00 |
| 258 | 常宁市(湘) | 63.59 |
| 259 | 洪江区(湘) | 60.00 |
| 260 | 武冈市(湘) | 56.60 |
| 261 | 洪江市(湘) | 45.00 |
| 262 | 汨罗市(湘) | 41.00 |
| 263 | 洞口县(湘) | 40.00 |
| 264 | 平江县(湘) | 39.00 |
| 265 | 东安县(湘) | 36.00 |
| 266 | 冷水江市(湘) | 33.00 |
| 267 | 荷塘区(湘) | 31.00 |
| 268 | 岳麓区(湘) | 30.00 |
| 269 | 开福区(湘) | 30.00 |
| 270 | 醴陵市(湘) | 28.00 |
| 271 | 永定区(湘) | 25.10 |
| 272 | 双牌县(湘) | 21.60 |
| 273 | 南岳区(湘) | 21.00 |
| 274 | 资阳区(湘) | 16.80 |
| 275 | 汉寿县(湘) | 16.70 |
| 276 | 珠晖区(湘) | 13.00 |
| 277 | 汝城县(湘) | 12.00 |
| 278 | 宜章县(湘) | 10.50 |
| 279 | 湘潭市市辖区(湘) | 10.40 |
| 280 | 苏仙区(湘) | 10.00 |
| 281 | 中方县(湘) | 10.00 |
| 282 | 澧　县(湘) | 10.00 |
| 283 | 安仁县(湘) | 9.50 |
| 284 | 永兴县(湘) | 8.47 |
| 285 | 桂阳县(湘) | 8.00 |
| 286 | 新田县(湘) | 8.00 |
| 287 | 湘潭县(湘) | 7.03 |
| 288 | 隆回县(湘) | 6.33 |
| 289 | 涟源市(湘) | 6.30 |
| 290 | 北湖区(湘) | 6.00 |
| 291 | 湘乡市(湘) | 6.00 |
| 292 | 云溪区(湘) | 5.81 |
| 293 | 祁阳县(湘) | 5.00 |
| 294 | 金洞林场(湘) | 5.00 |
| 295 | 溆浦县(湘) | 5.00 |
| 296 | 新邵县(湘) | 5.00 |
| 297 | 湘阴县(湘) | 5.00 |
| 298 | 永顺县(湘) | 4.50 |
| 299 | 芷江侗族自治县(湘) | 3.50 |
| 300 | 靖州苗族侗族自治县(湘) | 3.20 |
| 301 | 邵阳县(湘) | 3.20 |
| 302 | 蒸湘区(湘) | 3.00 |
| 303 | 凤凰县(湘) | 3.00 |
| 304 | 慈利县(湘) | 3.00 |
| 305 | 辰溪县(湘) | 2.80 |
| 306 | 新晃侗族自治县(湘) | 2.00 |
| 307 | 石门县(湘) | 2.00 |
| 308 | 临武县(湘) | 1.85 |
| 309 | 邵东县(湘) | 1.70 |
| 310 | 雨湖区(湘) | 1.53 |
| 311 | 望城区(湘) | 1.50 |
| 312 | 大祥区(湘) | 1.46 |
| 313 | 江华瑶族自治县(湘) | 1.26 |
| 314 | 沅陵县(湘) | 1.00 |
| 315 | 芦淞区(湘) | 0.93 |
| 316 | 韶山市(湘) | 0.81 |
| 317 | 冷水滩区(湘) | 0.80 |
| 318 | 临澧县(湘) | 0.77 |
| 319 | 保靖县(湘) | 0.70 |
| 320 | 宁远县(湘) | 0.50 |
| 321 | 怀集县(粤) | 588.00 |

(续)

| 序号 | 毛竹主产地 | 标准箱 |
|---|---|---|
| 322 | 广宁县(粤) | 495.00 |
| 323 | 仁化县(粤) | 450.00 |
| 324 | 和平县(粤) | 350.00 |
| 325 | 揭阳市普侨区(粤) | 300.00 |
| 326 | 信宜市(粤) | 219.00 |
| 327 | 化州市(粤) | 186.95 |
| 328 | 南雄市(粤) | 157.11 |
| 329 | 高州市(粤) | 145.04 |
| 330 | 梅县区(粤) | 120.00 |
| 331 | 始兴县(粤) | 120.00 |
| 332 | 开平市(粤) | 103.78 |
| 333 | 从化市(粤) | 74.44 |
| 334 | 大埔县(粤) | 68.00 |
| 335 | 连南瑶族自治县(粤) | 67.59 |
| 336 | 蕉岭县(粤) | 65.00 |
| 337 | 清城区(粤) | 58.00 |
| 338 | 武江区(粤) | 51.23 |
| 339 | 曲江区(粤) | 51.00 |
| 340 | 连州市(粤) | 45.14 |
| 341 | 龙川县(粤) | 38.00 |
| 342 | 清新区(粤) | 36.00 |
| 343 | 云安县(粤) | 32.30 |
| 344 | 郁南县(粤) | 25.00 |
| 345 | 五华县(粤) | 19.80 |
| 346 | 乳源瑶族自治县(粤) | 19.06 |
| 347 | 饶平县(粤) | 19.00 |
| 348 | 东源县(粤) | 15.00 |
| 349 | 新丰县(粤) | 7.60 |
| 350 | 连平县(粤) | 7.00 |
| 351 | 浈江区(粤) | 5.00 |
| 352 | 潮阳区(粤) | 4.10 |
| 353 | 连山壮族瑶族自治县(粤) | 3.20 |
| 354 | 翁源县(粤) | 3.00 |
| 355 | 惠东县(粤) | 3.00 |
| 356 | 兴安县(桂) | 2200.00 |
| 357 | 防城区(桂) | 2122.00 |
| 358 | 融水苗族自治县(桂) | 1488.00 |
| 359 | 资源县(桂) | 800.00 |
| 360 | 灌阳县(桂) | 691.60 |
| 361 | 三江侗族自治县(桂) | 550.00 |
| 362 | 蒙山县(桂) | 528.00 |
| 363 | 龙胜各族自治县(桂) | 345.00 |
| 364 | 昭平县(桂) | 330.05 |
| 365 | 融安县(桂) | 291.00 |
| 366 | 临桂区(桂) | 268.16 |

(续)

| 序号 | 毛竹主产地 | 标准箱 |
|---|---|---|
| 367 | 港口区(桂) | 170.65 |
| 368 | 全州县(桂) | 152.00 |
| 369 | 玉林市福绵区(桂) | 140.00 |
| 370 | 宜州市(桂) | 112.00 |
| 371 | 大化瑶族自治县(桂) | 90.00 |
| 372 | 罗城仫佬族自治县(桂) | 88.00 |
| 373 | 隆安县(桂) | 87.00 |
| 374 | 钟山县(桂) | 71.10 |
| 375 | 贺州市平桂管理区(桂) | 67.10 |
| 376 | 灵川县(桂) | 67.00 |
| 377 | 乐业县(桂) | 60.00 |
| 378 | 环江毛南族自治县(桂) | 53.08 |
| 379 | 藤　县(桂) | 53.00 |
| 380 | 富川瑶族自治县(桂) | 35.50 |
| 381 | 鹿寨县(桂) | 31.00 |
| 382 | 阳朔县(桂) | 29.45 |
| 383 | 北流市(桂) | 27.01 |
| 384 | 天峨县(桂) | 16.00 |
| 385 | 金秀瑶族自治县(桂) | 11.50 |
| 386 | 凤山县(桂) | 11.00 |
| 387 | 东兴市(桂) | 10.40 |
| 388 | 灵山县(桂) | 8.40 |
| 389 | 平乐县(桂) | 8.03 |
| 390 | 长洲区(桂) | 5.00 |
| 391 | 江南区(桂) | 4.60 |
| 392 | 东兰县(桂) | 4.05 |
| 393 | 金城江区(桂) | 3.50 |
| 394 | 龙圩区(桂) | 2.10 |
| 395 | 苍梧县(桂) | 2.00 |
| 396 | 那坡县(桂) | 0.69 |
| 397 | 梁平县(渝) | 432.78 |
| 398 | 合川区(渝) | 132.00 |
| 399 | 垫江县(渝) | 60.00 |
| 400 | 江津区(渝) | 22.50 |
| 401 | 黔江区(渝) | 15.52 |
| 402 | 渝北区(渝) | 15.00 |
| 403 | 万州区(渝) | 7.50 |
| 404 | 铜梁县(渝) | 6.50 |
| 405 | 永川区(渝) | 6.12 |
| 406 | 綦江区(渝) | 3.00 |
| 407 | 璧山区(渝) | 1.29 |
| 408 | 酉阳土家族苗族自治县(渝) | 1.00 |
| 409 | 米易县(川) | 261.00 |
| 410 | 盐边县(川) | 226.00 |
| 411 | 安　县(川) | 220.00 |

(续)

| 序号 | 毛竹主产地 | 标准箱 |
|---|---|---|
| 412 | 长宁县(川) | 137.40 |
| 413 | 叙永县(川) | 125.00 |
| 414 | 会理县(川) | 50.25 |
| 415 | 平昌县(川) | 30.00 |
| 416 | 合江县(川) | 27.00 |
| 417 | 平武县(川) | 25.00 |
| 418 | 纳溪区(川) | 21.00 |
| 419 | 古蔺县(川) | 18.50 |
| 420 | 雅安市市辖区(川) | 16.00 |
| 421 | 筠连县(川) | 15.00 |
| 422 | 北川羌族自治县(川) | 14.00 |
| 423 | 宣汉县(川) | 12.70 |
| 424 | 江安县(川) | 12.00 |
| 425 | 威远县(川) | 10.00 |
| 426 | 达川区(川) | 9.00 |
| 427 | 恩阳区(川) | 9.00 |
| 428 | 大竹县(川) | 8.50 |
| 429 | 富顺县(川) | 8.10 |
| 430 | 宜宾县(川) | 6.28 |
| 431 | 五通桥区(川) | 6.10 |
| 432 | 兴文县(川) | 5.00 |
| 433 | 崇州市(川) | 4.20 |
| 434 | 屏山县(川) | 4.00 |
| 435 | 沙湾区(川) | 3.80 |
| 436 | 都江堰市(川) | 3.40 |
| 437 | 大邑县(川) | 3.30 |
| 438 | 资中县(川) | 3.00 |
| 439 | 犍为县(川) | 2.89 |
| 440 | 邛崃市(川) | 2.40 |
| 441 | 高坪区(川) | 2.00 |
| 442 | 泸　县(川) | 2.00 |
| 443 | 彭州市(川) | 1.25 |
| 444 | 仁寿县(川) | 1.07 |
| 445 | 罗江县(川) | 1.00 |
| 446 | 高　县(川) | 0.52 |
| 447 | 沿河土家族自治县(黔) | 102.30 |
| 448 | 普安县(黔) | 86.00 |
| 449 | 惠水县(黔) | 50.00 |
| 450 | 兴仁县(黔) | 32.00 |
| 451 | 贞丰县(黔) | 25.00 |
| 452 | 榕江县(黔) | 12.90 |
| 453 | 思南县(黔) | 12.00 |
| 454 | 镇远县(黔) | 10.00 |
| 455 | 镇宁布依族苗族自治县(黔) | 7.50 |
| 456 | 江口县(黔) | 7.00 |

（续）

| 序号 | 毛竹主产地 | 标准箱 |
|---|---|---|
| 457 | 三都水族自治县(黔) | 4.50 |
| 458 | 黄果树林业绿化局(黔) | 2.00 |
| 459 | 黄平县(黔) | 1.00 |
| 460 | 平坝县(黔) | 1.00 |
| 461 | 碧江区(黔) | 0.50 |
| 462 | 寻甸回族彝族自治县(滇) | 556.00 |
| 463 | 峨山彝族自治县(滇) | 505.20 |
| 464 | 勐海县(滇) | 400.00 |
| 465 | 威信县(滇) | 350.00 |
| 466 | 富源县(滇) | 315.70 |
| 467 | 华坪县(滇) | 211.79 |
| 468 | 建水县(滇) | 203.50 |
| 469 | 耿马傣族佤族自治县(滇) | 199.63 |
| 470 | 元阳县(滇) | 187.00 |
| 471 | 鹤庆县(滇) | 176.00 |
| 472 | 昌宁县(滇) | 158.00 |
| 473 | 勐腊县(滇) | 154.50 |
| 474 | 凤庆县(滇) | 151.12 |
| 475 | 景东彝族自治县(滇) | 149.00 |
| 476 | 石屏县(滇) | 111.60 |
| 477 | 永德县(滇) | 100.00 |
| 478 | 施甸县(滇) | 98.00 |
| 479 | 云　县(滇) | 92.85 |
| 480 | 倘甸工业园区(滇) | 75.00 |
| 481 | 玉龙纳西族自治县(滇) | 71.00 |
| 482 | 腾冲县(滇) | 70.00 |
| 483 | 南涧彝族自治县(滇) | 70.00 |
| 484 | 澜沧拉祜族自治县(滇) | 60.00 |
| 485 | 维西傈僳族自治县(滇) | 57.40 |
| 486 | 罗平县(滇) | 52.01 |
| 487 | 砚山县(滇) | 50.00 |
| 488 | 陇川县(滇) | 49.34 |
| 489 | 镇康县(滇) | 47.11 |
| 490 | 瑞丽市(滇) | 44.33 |
| 491 | 马龙县(滇) | 39.70 |
| 492 | 梁河县(滇) | 38.00 |
| 493 | 镇沅彝族哈尼族拉祜族自治县(滇) | 31.00 |
| 494 | 隆阳区(滇) | 29.73 |
| 495 | 墨江哈尼族自治县(滇) | 29.00 |
| 496 | 文山市(滇) | 27.70 |
| 497 | 盈江县(滇) | 27.35 |
| 498 | 双江拉祜族佤族布朗族傣族自治县(滇) | 24.00 |
| 499 | 江城哈尼族彝族自治县(滇) | 22.30 |
| 500 | 剑川县(滇) | 22.00 |

（续）

| 序号 | 毛竹主产地 | 标准箱 |
|---|---|---|
| 501 | 富宁县(滇) | 22.00 |
| 502 | 武定县(滇) | 17.50 |
| 503 | 临翔区(滇) | 17.32 |
| 504 | 宾川县(滇) | 15.20 |
| 505 | 麻栗坡县(滇) | 15.13 |
| 506 | 西盟佤族自治县(滇) | 15.00 |
| 507 | 永仁县(滇) | 11.38 |
| 508 | 孟连傣族拉祜族佤族自治县(滇) | 10.00 |
| 509 | 石林彝族自治县(滇) | 10.00 |
| 510 | 晋宁县(滇) | 5.60 |
| 511 | 芒　市(滇) | 5.40 |
| 512 | 宣威市(滇) | 5.00 |
| 513 | 西畴县(滇) | 3.40 |
| 514 | 马关县(滇) | 2.74 |
| 515 | 兰坪白族普米族自治县(滇) | 2.00 |
| 516 | 红河县(滇) | 1.10 |
| 517 | 江川县(滇) | 0.80 |
| 518 | 南郑县(陕) | 250.00 |
| 519 | 洋　县(陕) | 75.00 |
| 520 | 石泉县(陕) | 50.00 |
| 521 | 汉阴县(陕) | 49.00 |
| 522 | 蓝田县(陕) | 20.00 |
| 523 | 紫阳县(陕) | 15.00 |

## 表 5-2　篙竹主产地产量

| 序号 | 篙竹主产地 | 万根 |
|---|---|---|
| 1 | 安吉县(浙) | 330.00 |
| 2 | 淳安县(浙) | 100.86 |
| 3 | 德清县(浙) | 97.00 |
| 4 | 吴兴区(浙) | 94.80 |
| 5 | 桐庐县(浙) | 45.00 |
| 6 | 繁昌县(皖) | 800.00 |
| 7 | 郎溪县(皖) | 170.00 |
| 8 | 石台县(皖) | 100.00 |
| 9 | 宣州区(皖) | 92.00 |
| 10 | 六安市叶集区(皖) | 80.00 |
| 11 | 霍山县(皖) | 20.00 |
| 12 | 休宁县(皖) | 5.00 |
| 13 | 潜山县(皖) | 4.00 |
| 14 | 东至县(皖) | 2.11 |
| 15 | 青阳县(皖) | 1.20 |
| 16 | 贵溪市(赣) | 586.52 |
| 17 | 瑞昌市(赣) | 426.40 |
| 18 | 崇义县(赣) | 200.00 |
| 19 | 资溪县(赣) | 163.34 |

（续）

| 序号 | 篙竹主产地 | 标准箱 |
|---|---|---|
| 20 | 丰城市(赣) | 110.00 |
| 21 | 泰和县(赣) | 93.00 |
| 22 | 吉水县(赣) | 67.10 |
| 23 | 定南县(赣) | 55.00 |
| 24 | 遂川县(赣) | 50.00 |
| 25 | 安福县(赣) | 40.00 |
| 26 | 瑞金市(赣) | 38.00 |
| 27 | 广昌县(赣) | 23.26 |
| 28 | 永丰县(赣) | 20.00 |
| 29 | 乐安县(赣) | 16.00 |
| 30 | 分宜县(赣) | 15.00 |
| 31 | 新干县(赣) | 12.00 |
| 32 | 吉安县(赣) | 12.00 |
| 33 | 会昌县(赣) | 10.00 |
| 34 | 渝水区(赣) | 9.60 |
| 35 | 井冈山市(赣) | 9.56 |
| 36 | 九江县(赣) | 8.00 |
| 37 | 武宁县(赣) | 7.30 |
| 38 | 兴国县(赣) | 5.00 |
| 39 | 铅山县(赣) | 2.10 |
| 40 | 临川区(赣) | 2.00 |
| 41 | 上高县(赣) | 2.00 |
| 42 | 信丰县(赣) | 1.83 |
| 43 | 峡江县(赣) | 1.80 |
| 44 | 德安县(赣) | 1.00 |
| 45 | 余干县(赣) | 0.80 |
| 46 | 安远县(赣) | 0.58 |
| 47 | 咸安区(鄂) | 125.50 |
| 48 | 宜城市(鄂) | 11.00 |
| 49 | 麻城市(鄂) | 10.00 |
| 50 | 宜都市(鄂) | 3.00 |
| 51 | 阳新县(鄂) | 1.90 |
| 52 | 恩施市(鄂) | 0.50 |
| 53 | 祁东县(湘) | 95.00 |
| 54 | 鼎城区(湘) | 86.00 |
| 55 | 株洲县(湘) | 25.00 |
| 56 | 岳麓区(湘) | 20.00 |
| 57 | 开福区(湘) | 20.00 |
| 58 | 汝城县(湘) | 14.89 |
| 59 | 茶陵县(湘) | 11.00 |
| 60 | 南岳区(湘) | 10.00 |
| 61 | 天心区(湘) | 10.00 |
| 62 | 蓝山县(湘) | 8.70 |
| 63 | 新宁县(湘) | 8.20 |
| 64 | 城步苗族自治县(湘) | 8.00 |

(续)

| 序号 | 篙竹主产地 | 标准箱 |
|---|---|---|
| 65 | 平江县(湘) | 6.00 |
| 66 | 永定区(湘) | 5.90 |
| 67 | 洪江市(湘) | 4.00 |
| 68 | 永兴县(湘) | 3.63 |
| 69 | 衡南县(湘) | 2.80 |
| 70 | 隆回县(湘) | 2.67 |
| 71 | 澧　县(湘) | 2.00 |
| 72 | 资阳区(湘) | 0.80 |
| 73 | 怀集县(粤) | 2636.00 |
| 74 | 广宁县(粤) | 936.00 |
| 75 | 四会市(粤) | 620.57 |
| 76 | 始兴县(粤) | 325.00 |
| 77 | 封开县(粤) | 250.00 |
| 78 | 仁化县(粤) | 200.00 |
| 79 | 和平县(粤) | 87.00 |
| 80 | 揭阳市普侨区(粤) | 50.00 |
| 81 | 清新区(粤) | 27.00 |
| 82 | 连南瑶族自治县(粤) | 13.80 |
| 83 | 浈江区(粤) | 10.00 |
| 84 | 乳源瑶族自治县(粤) | 9.11 |
| 85 | 信宜市(粤) | 9.00 |
| 86 | 云安县(粤) | 7.60 |
| 87 | 连山壮族瑶族自治县(粤) | 7.58 |
| 88 | 新丰县(粤) | 5.32 |
| 89 | 连州市(粤) | 4.02 |
| 90 | 博白县(桂) | 3500.00 |
| 91 | 容　县(桂) | 1350.00 |
| 92 | 横　县(桂) | 966.28 |
| 93 | 罗城仫佬族自治县(桂) | 880.00 |
| 94 | 宾阳县(桂) | 602.00 |
| 95 | 蒙山县(桂) | 485.00 |
| 96 | 宜州市(桂) | 470.09 |
| 97 | 钦南区(桂) | 470.00 |
| 98 | 那坡县(桂) | 454.14 |
| 99 | 万秀区(桂) | 408.00 |
| 100 | 防城区(桂) | 381.00 |
| 101 | 田东县(桂) | 350.00 |
| 102 | 融水苗族自治县(桂) | 348.00 |
| 103 | 龙州县(桂) | 281.20 |
| 104 | 昭平县(桂) | 270.00 |
| 105 | 灌阳县(桂) | 230.30 |
| 106 | 三江侗族自治县(桂) | 180.00 |
| 107 | 合浦县(桂) | 178.00 |
| 108 | 平果县(桂) | 176.80 |
| 109 | 龙圩区(桂) | 160.00 |

(续)

| 序号 | 篙竹主产地 | 标准箱 |
|---|---|---|
| 110 | 苍梧县(桂) | 158.00 |
| 111 | 鹿寨县(桂) | 158.00 |
| 112 | 兴宾区(桂) | 122.00 |
| 113 | 田阳县(桂) | 110.00 |
| 114 | 右江区(桂) | 110.00 |
| 115 | 柳江县(桂) | 93.61 |
| 116 | 北流市(桂) | 91.30 |
| 117 | 上林县(桂) | 83.06 |
| 118 | 乐业县(桂) | 61.00 |
| 119 | 凌云县(桂) | 60.00 |
| 120 | 灵山县(桂) | 55.20 |
| 121 | 凤山县(桂) | 46.00 |
| 122 | 龙胜各族自治县(桂) | 40.00 |
| 123 | 长洲区(桂) | 25.00 |
| 124 | 阳朔县(桂) | 21.26 |
| 125 | 兴业县(桂) | 17.90 |
| 126 | 田林县(桂) | 16.72 |
| 127 | 天等县(桂) | 14.00 |
| 128 | 陆川县(桂) | 12.00 |
| 129 | 柳北区(桂) | 10.00 |
| 130 | 岑溪市(桂) | 8.90 |
| 131 | 靖西县(桂) | 8.65 |
| 132 | 平乐县(桂) | 8.20 |
| 133 | 钦北区(桂) | 5.40 |
| 134 | 港北区(桂) | 3.00 |
| 135 | 铁山港区(桂) | 2.55 |
| 136 | 黔江区(渝) | 2.65 |
| 137 | 酉阳土家族苗族自治县(渝) | 2.20 |
| 138 | 旺苍县(川) | 4567.00 |
| 139 | 泸　县(川) | 492.00 |
| 140 | 资中县(川) | 1.00 |
| 141 | 镇宁布依族苗族自治县(黔) | 1.00 |
| 142 | 盐津县(滇) | 600.00 |
| 143 | 水富县(滇) | 140.00 |
| 144 | 汉滨区(陕) | 23.50 |

**表 5-3　小杂竹主产地产量**

| 序号 | 小杂竹主产地 | 万吨 |
|---|---|---|
| 1 | 临安市(浙) | 31.05 |
| 2 | 余杭区(浙) | 13.22 |
| 3 | 安吉县(浙) | 3.80 |
| 4 | 诸暨市(浙) | 1.05 |
| 5 | 余姚市(浙) | 0.90 |
| 6 | 德清县(浙) | 0.80 |
| 7 | 吴兴区(浙) | 0.68 |

(续)

| 序号 | 小杂竹主产地 | 标准箱 |
|---|---|---|
| 8 | 奉化区(浙) | 0.50 |
| 9 | 青阳县(皖) | 43.90 |
| 10 | 郎溪县(皖) | 30.00 |
| 11 | 东至县(皖) | 10.45 |
| 12 | 宣州区(皖) | 5.60 |
| 13 | 宁国市(皖) | 4.40 |
| 14 | 潜山县(皖) | 3.00 |
| 15 | 裕安区(皖) | 2.56 |
| 16 | 颍州区(皖) | 1.35 |
| 17 | 绩溪县(皖) | 1.25 |
| 18 | 桐城市(皖) | 1.00 |
| 19 | 颍上县(皖) | 0.98 |
| 20 | 霍邱县(皖) | 0.56 |
| 21 | 临泉县(皖) | 0.50 |
| 22 | 泾　县(皖) | 0.50 |
| 23 | 怀宁县(皖) | 0.50 |
| 24 | 崇仁县(赣) | 30.00 |
| 25 | 于都县(赣) | 27.00 |
| 26 | 广昌县(赣) | 12.39 |
| 27 | 永修县(赣) | 10.00 |
| 28 | 上栗县(赣) | 10.00 |
| 29 | 瑞金市(赣) | 6.30 |
| 30 | 彭泽县(赣) | 4.50 |
| 31 | 乐安县(赣) | 3.00 |
| 32 | 永丰县(赣) | 2.00 |
| 33 | 大余县(赣) | 1.65 |
| 34 | 瑞昌市(赣) | 1.64 |
| 35 | 德安县(赣) | 1.50 |
| 36 | 分宜县(赣) | 0.80 |
| 37 | 万安县(赣) | 0.73 |
| 38 | 永新县(赣) | 0.60 |
| 39 | 固始县(豫) | 3.00 |
| 40 | 汝阳县(豫) | 1.23 |
| 41 | 咸安区(鄂) | 2.00 |
| 42 | 房　县(鄂) | 1.20 |
| 43 | 鄂州市市辖区(鄂) | 1.10 |
| 44 | 茅箭区(鄂) | 1.00 |
| 45 | 巴东县(鄂) | 1.00 |
| 46 | 恩施市(鄂) | 1.00 |
| 47 | 梁子湖区(鄂) | 0.90 |
| 48 | 宜都市(鄂) | 0.80 |
| 49 | 石首市(鄂) | 0.50 |
| 50 | 沙洋县(鄂) | 0.50 |
| 51 | 冷水江市(湘) | 2.20 |
| 52 | 平江县(湘) | 2.00 |

（续）

| 序号 | 小杂竹主产地 | 标准箱 |
|---|---|---|
| 53 | 凤凰县（湘） | 2.00 |
| 54 | 茶陵县（湘） | 1.24 |
| 55 | 澧　县（湘） | 1.00 |
| 56 | 石门县（湘） | 1.00 |
| 57 | 天心区（湘） | 1.00 |
| 58 | 永定区（湘） | 1.00 |
| 59 | 新田县（湘） | 0.70 |
| 60 | 衡南县（湘） | 0.60 |
| 61 | 中方县（湘） | 0.50 |
| 62 | 湘阴县（湘） | 0.50 |
| 63 | 潮南区（粤） | 59.00 |
| 64 | 大埔县（粤） | 20.00 |
| 65 | 化州市（粤） | 19.00 |
| 66 | 四会市（粤） | 12.75 |
| 67 | 揭阳市普侨区（粤） | 10.00 |
| 68 | 浈江区（粤） | 10.00 |
| 69 | 从化市（粤） | 9.43 |
| 70 | 清新区（粤） | 7.00 |
| 71 | 封开县（粤） | 3.50 |
| 72 | 云安县（粤） | 2.32 |
| 73 | 龙川县（粤） | 2.00 |
| 74 | 高州市（粤） | 1.86 |
| 75 | 连山壮族瑶族自治县（粤） | 1.28 |
| 76 | 连州市（粤） | 1.23 |
| 77 | 新丰县（粤） | 1.02 |
| 78 | 连南瑶族自治县（粤） | 0.97 |
| 79 | 恩平市（粤） | 0.69 |
| 80 | 始兴县（粤） | 0.60 |
| 81 | 富川瑶族自治县（桂） | 15.50 |
| 82 | 田东县（桂） | 9.70 |
| 83 | 南丹县（桂） | 9.00 |
| 84 | 岑溪市（桂） | 5.70 |
| 85 | 长洲区（桂） | 5.00 |
| 86 | 蒙山县（桂） | 2.50 |
| 87 | 藤　县（桂） | 1.76 |
| 88 | 融水苗族自治县（桂） | 1.68 |
| 89 | 防城区（桂） | 1.60 |
| 90 | 容　县（桂） | 1.40 |
| 91 | 兴安县（桂） | 1.25 |
| 92 | 融安县（桂） | 1.14 |
| 93 | 宾阳县（桂） | 1.01 |
| 94 | 覃塘区（桂） | 1.00 |
| 95 | 柳北区（桂） | 1.00 |
| 96 | 昭平县（桂） | 1.00 |
| 97 | 苍梧县（桂） | 0.85 |

（续）

| 序号 | 小杂竹主产地 | 标准箱 |
|---|---|---|
| 98 | 罗城仫佬族自治县（桂） | 0.83 |
| 99 | 灵山县（桂） | 0.80 |
| 100 | 上林县（桂） | 0.77 |
| 101 | 鹿寨县（桂） | 0.60 |
| 102 | 铜梁县（渝） | 21.20 |
| 103 | 梁平县（渝） | 17.85 |
| 104 | 万州区（渝） | 4.70 |
| 105 | 荣昌区（渝） | 3.97 |
| 106 | 涪陵区（渝） | 3.50 |
| 107 | 綦江区（渝） | 2.00 |
| 108 | 璧山区（渝） | 1.13 |
| 109 | 犍为县（川） | 30.20 |
| 110 | 江安县（川） | 27.00 |
| 111 | 宜宾县（川） | 23.00 |
| 112 | 邛崃市（川） | 22.00 |
| 113 | 富顺县（川） | 18.80 |
| 114 | 高　县（川） | 18.21 |
| 115 | 东坡区（川） | 17.80 |
| 116 | 合江县（川） | 17.00 |
| 117 | 井研县（川） | 16.40 |
| 118 | 安居区（川） | 16.00 |
| 119 | 广安区（川） | 15.20 |
| 120 | 南溪县（川） | 14.70 |
| 121 | 长宁县（川） | 13.47 |
| 122 | 纳溪区（川） | 12.00 |
| 123 | 雅安市市辖区（川） | 12.00 |
| 124 | 洪雅县（川） | 11.00 |
| 125 | 青神县（川） | 8.76 |
| 126 | 江油市（川） | 7.52 |
| 127 | 仁寿县（川） | 7.18 |
| 128 | 沙湾区（川） | 4.80 |
| 129 | 芦山县（川） | 4.50 |
| 130 | 盐亭县（川） | 3.12 |
| 131 | 平武县（川） | 3.00 |
| 132 | 德昌县（川） | 2.90 |
| 133 | 五通桥区（川） | 2.51 |
| 134 | 翠屏区（川） | 2.50 |
| 135 | 名山区（川） | 2.20 |
| 136 | 大竹县（川） | 2.00 |
| 137 | 彭州市（川） | 1.43 |
| 138 | 中江县（川） | 1.40 |
| 139 | 隆昌县（川） | 1.28 |
| 140 | 安岳县（川） | 1.13 |
| 141 | 乐至县（川） | 1.00 |
| 142 | 泸　县（川） | 1.00 |

（续）

| 序号 | 小杂竹主产地 | 标准箱 |
|---|---|---|
| 143 | 安　县（川） | 1.00 |
| 144 | 仁和区（川） | 1.00 |
| 145 | 雁江区（川） | 0.99 |
| 146 | 渠　县（川） | 0.90 |
| 147 | 贡井区（川） | 0.82 |
| 148 | 梓潼县（川） | 0.82 |
| 149 | 大英县（川） | 0.80 |
| 150 | 荥经县（川） | 0.70 |
| 151 | 乐山市市中区（川） | 0.68 |
| 152 | 西充县（川） | 0.65 |
| 153 | 宣汉县（川） | 0.60 |
| 154 | 都江堰市（川） | 0.60 |
| 155 | 仪陇县（川） | 0.60 |
| 156 | 夹江县（川） | 0.50 |
| 157 | 镇宁布依族苗族自治县（黔） | 50.00 |
| 158 | 思南县（黔） | 5.20 |
| 159 | 平坝县（黔） | 0.50 |
| 160 | 施甸县（滇） | 95.00 |
| 161 | 文山市（滇） | 46.16 |
| 162 | 富宁县（滇） | 41.00 |
| 163 | 金平苗族瑶族傣族自治县（滇） | 28.00 |
| 164 | 沧源佤族自治县（滇） | 20.00 |
| 165 | 鹤庆县（滇） | 16.00 |
| 166 | 南华县（滇） | 12.64 |
| 167 | 砚山县（滇） | 5.00 |
| 168 | 西畴县（滇） | 4.20 |
| 169 | 新平彝族傣族自治县（滇） | 2.81 |
| 170 | 石屏县（滇） | 2.60 |
| 171 | 个旧市（滇） | 2.50 |
| 172 | 腾冲县（滇） | 2.30 |
| 173 | 芒　市（滇） | 1.53 |
| 174 | 昌宁县（滇） | 1.01 |
| 175 | 麒麟区（滇） | 1.00 |
| 176 | 河口瑶族自治县（滇） | 0.70 |
| 177 | 宣威市（滇） | 0.60 |
| 178 | 隆阳区（滇） | 0.58 |
| 179 | 倘甸工业园区（滇） | 0.55 |

### 表 5-4　藤类主产地产量

| 序号 | 藤类主产地 | 万吨 |
|---|---|---|
| 1 | 霍山县（皖） | 14.50 |
| 2 | 潜山县（皖） | 4.00 |
| 3 | 郎溪县（皖） | 1.00 |
| 4 | 青阳县（皖） | 0.85 |
| 5 | 太湖县（皖） | 0.68 |

(续)

| 序号 | 藤类主产地 | 标准箱 |
|---|---|---|
| 6 | 石台县(皖) | 0.60 |
| 7 | 祁门县(皖) | 0.27 |
| 8 | 瑶海区(皖) | 0.10 |
| 9 | 乐安县(赣) | 16.00 |
| 10 | 广昌县(赣) | 14.39 |
| 11 | 瑞金市(赣) | 11.00 |
| 12 | 石城县(赣) | 1.00 |
| 13 | 鱼台县(鲁) | 150.00 |
| 14 | 宁阳县(鲁) | 5.10 |
| 15 | 梁山县(鲁) | 0.98 |
| 16 | 淮滨县(豫) | 50.00 |
| 17 | 渑池县(豫) | 45.00 |
| 18 | 宁陵县(豫) | 0.72 |
| 19 | 内乡县(豫) | 0.30 |
| 20 | 浠水县(鄂) | 1.00 |
| 21 | 恩施市(鄂) | 0.20 |
| 22 | 岳麓区(湘) | 10.00 |
| 23 | 开福区(湘) | 10.00 |
| 24 | 涟源市(湘) | 3.20 |
| 25 | 冷水江市(湘) | 2.40 |
| 26 | 攸　县(湘) | 2.00 |
| 27 | 天心区(湘) | 2.00 |
| 28 | 凤凰县(湘) | 1.00 |
| 29 | 株洲市市辖区(湘) | 0.80 |
| 30 | 衡南县(湘) | 0.70 |
| 31 | 祁东县(湘) | 0.50 |
| 32 | 蓝山县(湘) | 0.50 |
| 33 | 城步苗族自治县(湘) | 0.20 |
| 34 | 怀集县(粤) | 75.20 |
| 35 | 揭阳市普侨区(粤) | 10.00 |
| 36 | 台山市(粤) | 1.00 |
| 37 | 大埔县(粤) | 0.50 |
| 38 | 和平县(粤) | 0.20 |
| 39 | 乳源瑶族自治县(粤) | 0.20 |
| 40 | 始兴县(粤) | 0.10 |
| 41 | 灵山县(桂) | 0.85 |
| 42 | 陆川县(桂) | 0.70 |
| 43 | 田阳县(桂) | 0.40 |
| 44 | 合川区(渝) | 63.00 |
| 45 | 彭水苗族土家族自治县(渝) | 0.30 |
| 46 | 思南县(黔) | 2.60 |
| 47 | 镇宁布依族苗族自治县(黔) | 2.00 |
| 48 | 盐津县(滇) | 53.00 |
| 49 | 澜沧拉祜族自治县(滇) | 1.45 |
| 50 | 盈江县(滇) | 1.20 |
| 51 | 南郑县(陕) | 0.70 |
| 52 | 康　县(甘) | 0.85 |

**表 6-1　油茶籽主产地产量**

| 序号 | 油茶籽主产地 | 吨 |
|---|---|---|
| 1 | 青田县(浙) | 12000.00 |
| 2 | 淳安县(浙) | 7717.00 |
| 3 | 莲都区(浙) | 3688.00 |
| 4 | 松阳县(浙) | 3158.00 |
| 5 | 天台县(浙) | 2600.00 |
| 6 | 衢江区(浙) | 2400.00 |
| 7 | 遂昌县(浙) | 2397.00 |
| 8 | 缙云县(浙) | 2144.00 |
| 9 | 仙居县(浙) | 1600.00 |
| 10 | 龙泉市(浙) | 1179.00 |
| 11 | 婺城区(浙) | 701.00 |
| 12 | 开化县(浙) | 600.00 |
| 13 | 新昌县(浙) | 382.00 |
| 14 | 三门县(浙) | 340.00 |
| 15 | 桐庐县(浙) | 300.00 |
| 16 | 永嘉县(浙) | 228.00 |
| 17 | 苍南县(浙) | 199.00 |
| 18 | 磐安县(浙) | 195.00 |
| 19 | 景宁畲族自治县(浙) | 179.00 |
| 20 | 云和县(浙) | 175.00 |
| 21 | 临安市(浙) | 120.00 |
| 22 | 泰顺县(浙) | 100.00 |
| 23 | 舒城县(皖) | 18800.00 |
| 24 | 义安区(皖) | 15000.00 |
| 25 | 太湖县(皖) | 14800.00 |
| 26 | 金寨县(皖) | 5111.00 |
| 27 | 潜山县(皖) | 3800.00 |
| 28 | 霍山县(皖) | 2600.00 |
| 29 | 桐城市(皖) | 2200.00 |
| 30 | 裕安区(皖) | 2020.00 |
| 31 | 祁门县(皖) | 1810.00 |
| 32 | 绩溪县(皖) | 1560.00 |
| 33 | 歙　县(皖) | 1426.00 |
| 34 | 休宁县(皖) | 1384.00 |
| 35 | 凤阳县(皖) | 1078.00 |
| 36 | 徽州区(皖) | 635.00 |
| 37 | 东至县(皖) | 590.00 |
| 38 | 黟　县(皖) | 403.00 |
| 39 | 黄山区(皖) | 350.00 |
| 40 | 庐江县(皖) | 312.00 |
| 41 | 含山县(皖) | 107.00 |
| 42 | 博望区(皖) | 105.00 |
| 43 | 怀宁县(皖) | 103.00 |
| 44 | 尤溪县(闽) | 34668.00 |
| 45 | 永泰县(闽) | 14056.00 |
| 46 | 平和县(闽) | 12930.00 |
| 47 | 清流县(闽) | 10860.00 |
| 48 | 大田县(闽) | 10428.00 |
| 49 | 福安市(闽) | 9094.00 |
| 50 | 宁化县(闽) | 6517.00 |
| 51 | 仙游县(闽) | 5914.00 |
| 52 | 闽清县(闽) | 5902.00 |
| 53 | 建阳市(闽) | 5374.00 |
| 54 | 沙　县(闽) | 5113.00 |
| 55 | 松溪县(闽) | 4894.00 |
| 56 | 建宁县(闽) | 3992.00 |
| 57 | 邵武市(闽) | 3921.00 |
| 58 | 延平区(闽) | 3765.00 |
| 59 | 浦城县(闽) | 3746.00 |
| 60 | 将乐县(闽) | 2469.00 |
| 61 | 漳平市(闽) | 2123.00 |
| 62 | 德化县(闽) | 1791.00 |
| 63 | 明溪县(闽) | 1434.00 |
| 64 | 永安市(闽) | 1415.00 |
| 65 | 长汀县(闽) | 1325.00 |
| 66 | 顺昌县(闽) | 1188.00 |
| 67 | 晋安区(闽) | 1144.00 |
| 68 | 建瓯市(闽) | 960.00 |
| 69 | 泰宁县(闽) | 829.00 |
| 70 | 闽侯县(闽) | 750.00 |
| 71 | 光泽县(闽) | 673.00 |
| 72 | 武平县(闽) | 651.00 |
| 73 | 新罗区(闽) | 560.00 |
| 74 | 连城县(闽) | 549.00 |
| 75 | 武夷山市(闽) | 401.00 |
| 76 | 罗源县(闽) | 365.00 |
| 77 | 上杭县(闽) | 312.00 |
| 78 | 永定县(闽) | 243.00 |
| 79 | 南安市(闽) | 239.00 |
| 80 | 长乐市(闽) | 234.00 |
| 81 | 永春县(闽) | 220.00 |
| 82 | 安溪县(闽) | 159.00 |
| 83 | 城厢区(闽) | 136.00 |
| 84 | 上栗县(赣) | 33000.00 |
| 85 | 永丰县(赣) | 32400.00 |

（续）

| 序号 | 油茶籽主产地 | 标准箱 |
|---|---|---|
| 86 | 丰城市(赣) | 27760.00 |
| 87 | 上饶县(赣) | 20300.00 |
| 88 | 遂川县(赣) | 20158.00 |
| 89 | 玉山县(赣) | 13341.00 |
| 90 | 袁州区(赣) | 13000.00 |
| 91 | 樟树市(赣) | 11504.00 |
| 92 | 赣　县(赣) | 9677.00 |
| 93 | 高安市(赣) | 8282.00 |
| 94 | 上犹县(赣) | 8000.00 |
| 95 | 万载县(赣) | 7695.00 |
| 96 | 兴国县(赣) | 7510.00 |
| 97 | 万安县(赣) | 7200.00 |
| 98 | 进贤县(赣) | 7128.00 |
| 99 | 青原区(赣) | 6890.00 |
| 100 | 新干县(赣) | 6690.00 |
| 101 | 渝水区(赣) | 6500.00 |
| 102 | 石城县(赣) | 5815.00 |
| 103 | 南康市(赣) | 5600.00 |
| 104 | 修水县(赣) | 5600.00 |
| 105 | 井冈山市(赣) | 5472.00 |
| 106 | 于都县(赣) | 4660.00 |
| 107 | 吉安县(赣) | 4660.00 |
| 108 | 崇义县(赣) | 4000.00 |
| 109 | 会昌县(赣) | 3857.60 |
| 110 | 宜丰县(赣) | 3326.00 |
| 111 | 武宁县(赣) | 3203.00 |
| 112 | 永新县(赣) | 3000.00 |
| 113 | 横峰县(赣) | 3000.00 |
| 114 | 宁都县(赣) | 3000.00 |
| 115 | 芦溪县(赣) | 2900.00 |
| 116 | 崇仁县(赣) | 2900.00 |
| 117 | 临川区(赣) | 2830.00 |
| 118 | 东乡县(赣) | 2790.00 |
| 119 | 分宜县(赣) | 2500.00 |
| 120 | 余江县(赣) | 2500.00 |
| 121 | 安福县(赣) | 2400.00 |
| 122 | 铅山县(赣) | 2360.00 |
| 123 | 全南县(赣) | 2350.00 |
| 124 | 瑞金市(赣) | 2250.00 |
| 125 | 寻乌县(赣) | 2208.00 |
| 126 | 龙南县(赣) | 1756.00 |
| 127 | 广昌县(赣) | 1581.00 |
| 128 | 奉新县(赣) | 1560.00 |
| 129 | 广丰县(赣) | 1430.00 |
| 130 | 湖口县(赣) | 1400.00 |
| 131 | 金溪县(赣) | 1298.00 |
| 132 | 婺源县(赣) | 1100.00 |

（续）

| 序号 | 油茶籽主产地 | 标准箱 |
|---|---|---|
| 133 | 永修县(赣) | 1090.00 |
| 134 | 九江县(赣) | 1028.00 |
| 135 | 铜鼓县(赣) | 960.00 |
| 136 | 定南县(赣) | 892.00 |
| 137 | 安远县(赣) | 891.00 |
| 138 | 信丰县(赣) | 773.00 |
| 139 | 上高县(赣) | 640.00 |
| 140 | 安义县(赣) | 600.00 |
| 141 | 共青城市(赣) | 409.00 |
| 142 | 信州区(赣) | 402.00 |
| 143 | 靖安县(赣) | 360.00 |
| 144 | 都昌县(赣) | 340.00 |
| 145 | 南城县(赣) | 310.00 |
| 146 | 余干县(赣) | 310.00 |
| 147 | 万年县(赣) | 300.00 |
| 148 | 瑞昌市(赣) | 225.00 |
| 149 | 黎川县(赣) | 210.00 |
| 150 | 莲花县(赣) | 197.90 |
| 151 | 大余县(赣) | 160.00 |
| 152 | 安源区(赣) | 160.00 |
| 153 | 德安县(赣) | 120.00 |
| 154 | 资溪县(赣) | 113.00 |
| 155 | 商城县(豫) | 12000.00 |
| 156 | 光山县(豫) | 2000.00 |
| 157 | 桐柏县(豫) | 500.00 |
| 158 | 罗山县(豫) | 224.00 |
| 159 | 通城县(鄂) | 21915.00 |
| 160 | 枣阳市(鄂) | 20000.00 |
| 161 | 通山县(鄂) | 17200.00 |
| 162 | 麻城市(鄂) | 15000.00 |
| 163 | 谷城县(鄂) | 11968.00 |
| 164 | 阳新县(鄂) | 8670.00 |
| 165 | 英山县(鄂) | 7400.00 |
| 166 | 恩施市(鄂) | 4577.00 |
| 167 | 京山县(鄂) | 3810.00 |
| 168 | 大悟县(鄂) | 3050.00 |
| 169 | 黄梅县(鄂) | 3000.00 |
| 170 | 来凤县(鄂) | 2960.00 |
| 171 | 浠水县(鄂) | 2212.00 |
| 172 | 广水市(鄂) | 2210.00 |
| 173 | 红安县(鄂) | 1670.00 |
| 174 | 罗田县(鄂) | 1190.00 |
| 175 | 随　县(鄂) | 1125.00 |
| 176 | 梁子湖区(鄂) | 1100.00 |
| 177 | 郧西县(鄂) | 1000.00 |
| 178 | 大冶市(鄂) | 1000.00 |
| 179 | 曾都区(鄂) | 931.00 |

（续）

| 序号 | 油茶籽主产地 | 标准箱 |
|---|---|---|
| 180 | 鄂城区(鄂) | 900.00 |
| 181 | 松滋市(鄂) | 800.00 |
| 182 | 利川市(鄂) | 600.00 |
| 183 | 嘉鱼县(鄂) | 540.00 |
| 184 | 赤壁市(鄂) | 417.00 |
| 185 | 钟祥市(鄂) | 350.00 |
| 186 | 长阳土家族自治县(鄂) | 280.00 |
| 187 | 鄂州市市辖区(鄂) | 240.00 |
| 188 | 五峰土家族自治县(鄂) | 131.00 |
| 189 | 夷陵区(鄂) | 120.00 |
| 190 | 竹山县(鄂) | 120.00 |
| 191 | 当阳市(鄂) | 100.00 |
| 192 | 邵阳县(湘) | 60400.00 |
| 193 | 浏阳市(湘) | 60000.00 |
| 194 | 衡东县(湘) | 57600.00 |
| 195 | 常宁市(湘) | 37200.00 |
| 196 | 武冈市(湘) | 37000.00 |
| 197 | 衡南县(湘) | 32400.00 |
| 198 | 株洲县(湘) | 32100.00 |
| 199 | 衡阳县(湘) | 30000.00 |
| 200 | 涟源市(湘) | 27776.00 |
| 201 | 道　县(湘) | 25800.00 |
| 202 | 耒阳市(湘) | 25000.00 |
| 203 | 永兴县(湘) | 23073.00 |
| 204 | 津市市(湘) | 19000.00 |
| 205 | 平江县(湘) | 19000.00 |
| 206 | 祁东县(湘) | 17400.00 |
| 207 | 宁远县(湘) | 17010.00 |
| 208 | 祁阳县(湘) | 16265.00 |
| 209 | 中方县(湘) | 15700.00 |
| 210 | 江华瑶族自治县(湘) | 15665.00 |
| 211 | 赫山区(湘) | 14000.00 |
| 212 | 临澧县(湘) | 13300.00 |
| 213 | 蓝山县(湘) | 13220.00 |
| 214 | 桃源县(湘) | 13000.00 |
| 215 | 桂阳县(湘) | 12816.00 |
| 216 | 攸　县(湘) | 12000.00 |
| 217 | 新化县(湘) | 11580.00 |
| 218 | 茶陵县(湘) | 11250.00 |
| 219 | 醴陵市(湘) | 11173.00 |
| 220 | 冷水滩区(湘) | 10257.00 |
| 221 | 安化县(湘) | 9820.00 |
| 222 | 新田县(湘) | 8370.00 |
| 223 | 东安县(湘) | 8331.00 |
| 224 | 鼎城区(湘) | 7300.00 |
| 225 | 苏仙区(湘) | 7025.00 |
| 226 | 湘潭县(湘) | 6420.00 |

(续)

| 序号 | 油茶籽主产地 | 标准箱 |
|---|---|---|
| 227 | 花垣县(湘) | 6000.00 |
| 228 | 汝城县(湘) | 5956.00 |
| 229 | 零陵区(湘) | 5600.00 |
| 230 | 嘉禾县(湘) | 5530.00 |
| 231 | 资兴市(湘) | 5120.00 |
| 232 | 北湖区(湘) | 4698.00 |
| 233 | 桃江县(湘) | 4500.00 |
| 234 | 鹤城区(湘) | 3850.00 |
| 235 | 天元区(湘) | 3600.00 |
| 236 | 永顺县(湘) | 3467.00 |
| 237 | 双峰县(湘) | 3200.00 |
| 238 | 湘乡市(湘) | 3137.00 |
| 239 | 绥宁县(湘) | 3100.00 |
| 240 | 邵东县(湘) | 3000.00 |
| 241 | 古丈县(湘) | 2850.00 |
| 242 | 沅陵县(湘) | 2600.00 |
| 243 | 凤凰县(湘) | 2475.00 |
| 244 | 临武县(湘) | 2400.00 |
| 245 | 长沙县(湘) | 2400.00 |
| 246 | 辰溪县(湘) | 2400.00 |
| 247 | 桂东县(湘) | 2187.00 |
| 248 | 城步苗族自治县(湘) | 2100.00 |
| 249 | 岳阳市市辖区(湘) | 2080.00 |
| 250 | 保靖县(湘) | 2050.00 |
| 251 | 桑植县(湘) | 2000.00 |
| 252 | 石峰区(湘) | 1900.00 |
| 253 | 江永县(湘) | 1760.00 |
| 254 | 芦淞区(湘) | 1660.00 |
| 255 | 溆浦县(湘) | 1520.00 |
| 256 | 澧　县(湘) | 1500.00 |
| 257 | 石门县(湘) | 1400.00 |
| 258 | 雨湖区(湘) | 1303.00 |
| 259 | 慈利县(湘) | 1300.00 |
| 260 | 宜章县(湘) | 1100.00 |
| 261 | 靖州苗族侗族自治县(湘) | 1100.00 |
| 262 | 永定区(湘) | 1100.00 |
| 263 | 汉寿县(湘) | 1050.00 |
| 264 | 大祥区(湘) | 1040.00 |
| 265 | 双牌县(湘) | 1020.00 |
| 266 | 洪江市(湘) | 980.00 |
| 267 | 泸溪县(湘) | 960.00 |
| 268 | 荷塘区(湘) | 909.00 |
| 269 | 隆回县(湘) | 900.00 |
| 270 | 珠晖区(湘) | 800.00 |
| 271 | 韶山市(湘) | 800.00 |
| 272 | 临湘市(湘) | 600.00 |
| 273 | 洞口县(湘) | 450.00 |

(续)

| 序号 | 油茶籽主产地 | 标准箱 |
|---|---|---|
| 274 | 武陵区(湘) | 410.00 |
| 275 | 新宁县(湘) | 400.00 |
| 276 | 麻阳苗族自治县(湘) | 340.00 |
| 277 | 湘潭市市辖区(湘) | 336.00 |
| 278 | 芷江侗族自治县(湘) | 330.00 |
| 279 | 洪江区(湘) | 235.00 |
| 280 | 岳阳县(湘) | 150.00 |
| 281 | 南岳区(湘) | 150.00 |
| 282 | 金洞林场(湘) | 132.00 |
| 283 | 冷水江市(湘) | 120.00 |
| 284 | 梅县区(粤) | 25586.00 |
| 285 | 兴宁市(粤) | 9375.00 |
| 286 | 和平县(粤) | 8500.00 |
| 287 | 阳山县(粤) | 8020.00 |
| 288 | 龙川县(粤) | 7262.00 |
| 289 | 连南瑶族自治县(粤) | 5768.00 |
| 290 | 平远县(粤) | 4980.00 |
| 291 | 连州市(粤) | 3850.00 |
| 292 | 郁南县(粤) | 3000.00 |
| 293 | 云安县(粤) | 3000.00 |
| 294 | 高州市(粤) | 2037.00 |
| 295 | 东源县(粤) | 1860.50 |
| 296 | 化州市(粤) | 1206.00 |
| 297 | 广宁县(粤) | 1148.00 |
| 298 | 连平县(粤) | 1000.00 |
| 299 | 罗定市(粤) | 912.00 |
| 300 | 连山壮族瑶族自治县(粤) | 903.00 |
| 301 | 高要市(粤) | 694.00 |
| 302 | 梅江区(粤) | 550.00 |
| 303 | 乐昌市(粤) | 515.00 |
| 304 | 丰顺县(粤) | 415.00 |
| 305 | 封开县(粤) | 389.00 |
| 306 | 浈江区(粤) | 300.00 |
| 307 | 潮南区(粤) | 226.00 |
| 308 | 蕉岭县(粤) | 205.00 |
| 309 | 翁源县(粤) | 150.00 |
| 310 | 德庆县(粤) | 134.00 |
| 311 | 揭阳市蓝城区(粤) | 130.00 |
| 312 | 仁化县(粤) | 120.00 |
| 313 | 佛冈县(粤) | 115.00 |
| 314 | 新丰县(粤) | 100.00 |
| 315 | 巴马瑶族自治县(桂) | 15710.00 |
| 316 | 三江侗族自治县(桂) | 15200.00 |
| 317 | 右江区(桂) | 11700.00 |
| 318 | 平乐县(桂) | 11506.00 |
| 319 | 龙胜各族自治县(桂) | 10510.00 |
| 320 | 昭平县(桂) | 8818.00 |

(续)

| 序号 | 油茶籽主产地 | 标准箱 |
|---|---|---|
| 321 | 田阳县(桂) | 8370.00 |
| 322 | 田林县(桂) | 7976.00 |
| 323 | 隆林各族自治县(桂) | 7900.00 |
| 324 | 钟山县(桂) | 7869.00 |
| 325 | 田东县(桂) | 7026.00 |
| 326 | 融水苗族自治县(桂) | 5764.00 |
| 327 | 凤山县(桂) | 4666.00 |
| 328 | 凌云县(桂) | 4213.00 |
| 329 | 永福县(桂) | 3919.00 |
| 330 | 融安县(桂) | 3779.00 |
| 331 | 象州县(桂) | 3638.00 |
| 332 | 藤　县(桂) | 3478.00 |
| 333 | 金秀瑶族自治县(桂) | 2735.00 |
| 334 | 那坡县(桂) | 2431.00 |
| 335 | 浦北县(桂) | 2421.00 |
| 336 | 鹿寨县(桂) | 2249.00 |
| 337 | 西林县(桂) | 2220.00 |
| 338 | 富川瑶族自治县(桂) | 2089.00 |
| 339 | 南丹县(桂) | 2063.00 |
| 340 | 罗城仫佬族自治县(桂) | 1945.00 |
| 341 | 环江毛南族自治县(桂) | 1459.00 |
| 342 | 天峨县(桂) | 1329.00 |
| 343 | 灌阳县(桂) | 1286.00 |
| 344 | 乐业县(桂) | 1138.00 |
| 345 | 恭城瑶族自治县(桂) | 857.00 |
| 346 | 苍梧县(桂) | 730.00 |
| 347 | 武宣县(桂) | 549.00 |
| 348 | 资源县(桂) | 400.00 |
| 349 | 兴安县(桂) | 348.00 |
| 350 | 兴宾区(桂) | 326.00 |
| 351 | 靖西县(桂) | 300.00 |
| 352 | 大化瑶族自治县(桂) | 299.30 |
| 353 | 金城江区(桂) | 293.00 |
| 354 | 临桂区(桂) | 240.00 |
| 355 | 桂平市(桂) | 195.00 |
| 356 | 万秀区(桂) | 180.00 |
| 357 | 忻城县(桂) | 150.00 |
| 358 | 钦北区(桂) | 130.10 |
| 359 | 防城区(桂) | 121.00 |
| 360 | 陆川县(桂) | 110.00 |
| 361 | 酉阳土家族苗族自治县(渝) | 3000.00 |
| 362 | 秀山土家族苗族自治县(渝) | 2135.00 |
| 363 | 梁平县(渝) | 232.23 |
| 364 | 黔江区(渝) | 160.00 |
| 365 | 江油市(川) | 530.00 |
| 366 | 富顺县(川) | 480.00 |
| 367 | 隆昌县(川) | 385.00 |

（续）

| 序号 | 油茶籽主产地 | 标准箱 |
|---|---|---|
| 368 | 贡井区(川) | 280.00 |
| 369 | 江安县(川) | 246.00 |
| 370 | 威远县(川) | 200.00 |
| 371 | 犍为县(川) | 152.00 |
| 372 | 名山区(川) | 120.00 |
| 373 | 册亨县(黔) | 4050.00 |
| 374 | 镇宁布依族苗族自治县(黔) | 3825.00 |
| 375 | 碧江区(黔) | 2772.00 |
| 376 | 榕江县(黔) | 2108.00 |
| 377 | 思南县(黔) | 2000.00 |
| 378 | 江口县(黔) | 1660.00 |
| 379 | 石阡县(黔) | 319.00 |
| 380 | 沿河土家族自治县(黔) | 140.00 |
| 381 | 富宁县(滇) | 5503.00 |
| 382 | 广南县(滇) | 5460.00 |
| 383 | 腾冲县(滇) | 4300.00 |
| 384 | 师宗县(滇) | 3000.00 |
| 385 | 盈江县(滇) | 1414.90 |
| 386 | 江川县(滇) | 582.00 |
| 387 | 梁河县(滇) | 235.00 |
| 388 | 丘北县(滇) | 201.00 |
| 389 | 元阳县(滇) | 158.00 |
| 390 | 砚山县(滇) | 147.00 |
| 391 | 龙陵县(滇) | 100.00 |
| 392 | 南郑县(陕) | 4500.00 |
| 393 | 汉滨区(陕) | 3067.00 |
| 394 | 汉阴县(陕) | 1514.00 |

**表 6-2　核桃主产地产量**

| 序号 | 核桃主产地 | 吨 |
|---|---|---|
| 1 | 房山区(京) | 1325.40 |
| 2 | 怀柔区(京) | 993.10 |
| 3 | 涉　县(冀) | 20000.00 |
| 4 | 赞皇县(冀) | 18500.00 |
| 5 | 武安市(冀) | 14700.00 |
| 6 | 平山县(冀) | 12000.00 |
| 7 | 临城县(冀) | 11500.00 |
| 8 | 兴隆县(冀) | 11473.00 |
| 9 | 灵寿县(冀) | 9600.00 |
| 10 | 唐　县(冀) | 7985.00 |
| 11 | 邢台县(冀) | 7730.00 |
| 12 | 迁西县(冀) | 6378.00 |
| 13 | 迁安市(冀) | 5706.00 |
| 14 | 内丘县(冀) | 4720.00 |
| 15 | 遵化市(冀) | 4660.00 |
| 16 | 阜平县(冀) | 3500.00 |
| 17 | 鹿泉区(冀) | 2634.00 |

（续）

| 序号 | 核桃主产地 | 标准箱 |
|---|---|---|
| 18 | 抚宁区(冀) | 2569.00 |
| 19 | 丰润区(冀) | 2260.00 |
| 20 | 井陉县(冀) | 2244.00 |
| 21 | 定州市填报用户(冀) | 2200.00 |
| 22 | 涞源县(冀) | 2200.00 |
| 23 | 曲阳县(冀) | 1953.00 |
| 24 | 易　县(冀) | 1700.00 |
| 25 | 宽城满族自治县(冀) | 1700.00 |
| 26 | 涞水县(冀) | 1650.00 |
| 27 | 深泽县(冀) | 1523.00 |
| 28 | 卢龙县(冀) | 1232.00 |
| 29 | 元氏县(冀) | 1100.00 |
| 30 | 滦　县(冀) | 1012.00 |
| 31 | 海港区(冀) | 871.00 |
| 32 | 青龙满族自治县(冀) | 850.00 |
| 33 | 玉田县(冀) | 836.00 |
| 34 | 高邑县(冀) | 800.00 |
| 35 | 藁城区(冀) | 705.00 |
| 36 | 行唐县(冀) | 600.00 |
| 37 | 涿鹿县(冀) | 531.00 |
| 38 | 隆尧县(冀) | 500.00 |
| 39 | 平乡县(冀) | 350.00 |
| 40 | 怀来县(冀) | 320.00 |
| 41 | 景　县(冀) | 300.00 |
| 42 | 顺平县(冀) | 250.00 |
| 43 | 高碑店市(冀) | 248.00 |
| 44 | 博野县(冀) | 200.00 |
| 45 | 秦皇岛开发区(冀) | 156.00 |
| 46 | 徐水县(冀) | 120.00 |
| 47 | 柏乡县(冀) | 118.00 |
| 48 | 永年县(冀) | 100.00 |
| 49 | 栾城区(冀) | 100.00 |
| 50 | 永和县(晋) | 4100.00 |
| 51 | 夏　县(晋) | 3708.00 |
| 52 | 交口县(晋) | 3500.00 |
| 53 | 盂　县(晋) | 3310.00 |
| 54 | 临猗县(晋) | 3100.00 |
| 55 | 沁　县(晋) | 2700.00 |
| 56 | 襄汾县(晋) | 2250.00 |
| 57 | 平定县(晋) | 2100.00 |
| 58 | 黎城县(晋) | 1700.00 |
| 59 | 陵川县(晋) | 1643.00 |
| 60 | 河津市(晋) | 1500.00 |
| 61 | 介休市(晋) | 1400.00 |
| 62 | 翼城县(晋) | 1250.00 |
| 63 | 榆社县(晋) | 870.00 |
| 64 | 稷山县(晋) | 800.00 |

（续）

| 序号 | 核桃主产地 | 标准箱 |
|---|---|---|
| 65 | 大宁县(晋) | 731.00 |
| 66 | 寿阳县(晋) | 700.00 |
| 67 | 垣曲县(晋) | 650.00 |
| 68 | 襄垣县(晋) | 530.00 |
| 69 | 定襄县(晋) | 500.00 |
| 70 | 太谷县(晋) | 500.00 |
| 71 | 阳泉市郊区(晋) | 500.00 |
| 72 | 祁　县(晋) | 427.00 |
| 73 | 闻喜县(晋) | 355.00 |
| 74 | 忻府区(晋) | 335.00 |
| 75 | 平陆县(晋) | 320.00 |
| 76 | 长治县(晋) | 194.00 |
| 77 | 东洲区(辽) | 2000.00 |
| 78 | 凌源市(辽) | 399.00 |
| 79 | 振安区(辽) | 380.00 |
| 80 | 安图森林经营局(吉) | 141.00 |
| 81 | 东丰县(吉) | 100.00 |
| 82 | 牡丹江市市本级(黑) | 119.00 |
| 83 | 贾汪区(苏) | 539.00 |
| 84 | 亭湖区(苏) | 180.00 |
| 85 | 阜宁县(苏) | 150.00 |
| 86 | 临安市(浙) | 12121.00 |
| 87 | 桐庐县(浙) | 1300.00 |
| 88 | 安吉县(浙) | 450.00 |
| 89 | 富阳区(浙) | 150.00 |
| 90 | 宁国市(皖) | 10232.00 |
| 91 | 绩溪县(皖) | 4330.00 |
| 92 | 歙　县(皖) | 2366.00 |
| 93 | 舒城县(皖) | 1210.00 |
| 94 | 霍山县(皖) | 490.00 |
| 95 | 广德县(皖) | 420.00 |
| 96 | 金寨县(皖) | 300.00 |
| 97 | 沂水县(鲁) | 14084.00 |
| 98 | 肥城市(鲁) | 13466.00 |
| 99 | 东平县(鲁) | 12911.00 |
| 100 | 长清区(鲁) | 8250.00 |
| 101 | 汶上县(鲁) | 8100.00 |
| 102 | 新泰市(鲁) | 7516.00 |
| 103 | 宁阳县(鲁) | 4550.00 |
| 104 | 安丘市(鲁) | 4000.00 |
| 105 | 泗水县(鲁) | 3559.00 |
| 106 | 邹城市(鲁) | 2740.00 |
| 107 | 岱岳区(鲁) | 2271.00 |
| 108 | 蒙阴县(鲁) | 2000.00 |
| 109 | 青州市(鲁) | 1910.00 |
| 110 | 栖霞市(鲁) | 1576.00 |
| 111 | 临朐县(鲁) | 1200.00 |

(续)

| 序号 | 核桃主产地 | 标准箱 |
|---|---|---|
| 112 | 莱芜市雪野旅游区(鲁) | 1033.20 |
| 113 | 山亭区(鲁) | 1029.00 |
| 114 | 兰陵县(鲁) | 963.00 |
| 115 | 莱城区(鲁) | 810.00 |
| 116 | 诸城市(鲁) | 529.00 |
| 117 | 桓台县(鲁) | 480.00 |
| 118 | 沂源县(鲁) | 443.00 |
| 119 | 费　县(鲁) | 399.00 |
| 120 | 五莲县(鲁) | 350.00 |
| 121 | 邹平县(鲁) | 325.00 |
| 122 | 莱阳市(鲁) | 306.00 |
| 123 | 海阳市(鲁) | 300.00 |
| 124 | 昌邑市(鲁) | 300.00 |
| 125 | 郯城县(鲁) | 280.00 |
| 126 | 沂南县(鲁) | 260.00 |
| 127 | 寿光市(鲁) | 236.00 |
| 128 | 梁山县(鲁) | 207.00 |
| 129 | 龙口市(鲁) | 120.00 |
| 130 | 东阿县(鲁) | 120.00 |
| 131 | 临淄区(鲁) | 115.00 |
| 132 | 平邑县(鲁) | 105.00 |
| 133 | 莱州市(鲁) | 102.00 |
| 134 | 灵宝市(豫) | 30000.00 |
| 135 | 卢氏县(豫) | 22310.00 |
| 136 | 伊川县(豫) | 10000.00 |
| 137 | 湖滨区(豫) | 7537.00 |
| 138 | 济源市(豫) | 4995.00 |
| 139 | 嵩　县(豫) | 4500.00 |
| 140 | 林州市(豫) | 4171.00 |
| 141 | 新安县(豫) | 3765.00 |
| 142 | 洛宁县(豫) | 3000.00 |
| 143 | 栾川县(豫) | 2910.00 |
| 144 | 渑池县(豫) | 1293.40 |
| 145 | 新密市(豫) | 1200.00 |
| 146 | 叶　县(豫) | 1100.00 |
| 147 | 博爱县(豫) | 1050.00 |
| 148 | 内乡县(豫) | 900.00 |
| 149 | 偃师市(豫) | 600.00 |
| 150 | 鲁山县(豫) | 600.00 |
| 151 | 卫辉市(豫) | 520.00 |
| 152 | 舞钢市(豫) | 500.00 |
| 153 | 台前县(豫) | 470.00 |
| 154 | 方城县(豫) | 321.00 |
| 155 | 禹州市(豫) | 315.00 |
| 156 | 确山县(豫) | 300.00 |
| 157 | 新野县(豫) | 225.00 |
| 158 | 吉利区(豫) | 210.00 |

(续)

| 序号 | 核桃主产地 | 标准箱 |
|---|---|---|
| 159 | 商城县(豫) | 180.00 |
| 160 | 商水县(豫) | 160.00 |
| 161 | 驿城区(豫) | 133.00 |
| 162 | 淅川县(豫) | 120.00 |
| 163 | 镇平县(豫) | 100.00 |
| 164 | 巴东县(鄂) | 10000.00 |
| 165 | 兴山县(鄂) | 8000.00 |
| 166 | 秭归县(鄂) | 4800.00 |
| 167 | 保康县(鄂) | 4044.00 |
| 168 | 广水市(鄂) | 1900.00 |
| 169 | 竹山县(鄂) | 1800.00 |
| 170 | 郧　县(鄂) | 1500.00 |
| 171 | 随　县(鄂) | 1406.00 |
| 172 | 夷陵区(鄂) | 1400.00 |
| 173 | 钟祥市(鄂) | 1135.00 |
| 174 | 建始县(鄂) | 500.00 |
| 175 | 丹江口市(鄂) | 450.00 |
| 176 | 谷城县(鄂) | 406.00 |
| 177 | 神农架林区(鄂) | 350.00 |
| 178 | 竹溪县(鄂) | 327.00 |
| 179 | 宣恩县(鄂) | 305.00 |
| 180 | 鹤峰县(鄂) | 208.00 |
| 181 | 宜都市(鄂) | 200.00 |
| 182 | 通山县(鄂) | 166.00 |
| 183 | 宜城市(鄂) | 150.00 |
| 184 | 靖州苗族侗族自治县(湘) | 1279.00 |
| 185 | 鹤城区(湘) | 1230.00 |
| 186 | 永定区(湘) | 820.00 |
| 187 | 石门县(湘) | 500.00 |
| 188 | 新邵县(湘) | 300.00 |
| 189 | 洪江市(湘) | 292.00 |
| 190 | 通道侗族自治县(湘) | 260.00 |
| 191 | 永顺县(湘) | 250.00 |
| 192 | 慈利县(湘) | 188.00 |
| 193 | 沅陵县(湘) | 160.00 |
| 194 | 凤山县(桂) | 1044.00 |
| 195 | 天峨县(桂) | 407.00 |
| 196 | 隆林各族自治县(桂) | 260.00 |
| 197 | 乐业县(桂) | 158.00 |
| 198 | 田林县(桂) | 117.00 |
| 199 | 荣昌区(渝) | 813.00 |
| 200 | 黔江区(渝) | 721.00 |
| 201 | 酉阳土家族苗族自治县(渝) | 600.00 |
| 202 | 璧山区(渝) | 229.00 |
| 203 | 南川区(渝) | 210.00 |
| 204 | 朝天区(川) | 37000.00 |
| 205 | 盐源县(川) | 28350.00 |

(续)

| 序号 | 核桃主产地 | 标准箱 |
|---|---|---|
| 206 | 利州区(川) | 25471.00 |
| 207 | 旺苍县(川) | 21544.00 |
| 208 | 南江县(川) | 15000.00 |
| 209 | 昭化区(川) | 15000.00 |
| 210 | 会理县(川) | 15000.00 |
| 211 | 宜宾县(川) | 12600.00 |
| 212 | 德昌县(川) | 10723.00 |
| 213 | 剑阁县(川) | 9630.00 |
| 214 | 米易县(川) | 9507.00 |
| 215 | 雁江区(川) | 8000.00 |
| 216 | 雷波县(川) | 7977.00 |
| 217 | 盐亭县(川) | 7880.00 |
| 218 | 通江县(川) | 7500.00 |
| 219 | 甘洛县(川) | 5750.00 |
| 220 | 苍溪县(川) | 5350.00 |
| 221 | 木里藏族自治县(川) | 4426.00 |
| 222 | 冕宁县(川) | 4060.00 |
| 223 | 西昌市(川) | 4052.00 |
| 224 | 泸定县(川) | 4000.00 |
| 225 | 旌阳区(川) | 3200.00 |
| 226 | 美姑县(川) | 3150.00 |
| 227 | 万源市(川) | 3000.00 |
| 228 | 平武县(川) | 2900.00 |
| 229 | 汉源县(川) | 2840.00 |
| 230 | 梓潼县(川) | 2700.00 |
| 231 | 江油市(川) | 2657.00 |
| 232 | 越西县(川) | 2432.00 |
| 233 | 巴塘县(川) | 2316.00 |
| 234 | 中江县(川) | 2294.00 |
| 235 | 宣汉县(川) | 2250.00 |
| 236 | 汶川县(川) | 2160.00 |
| 237 | 古蔺县(川) | 2150.00 |
| 238 | 会东县(川) | 2000.00 |
| 239 | 大英县(川) | 2000.00 |
| 240 | 仁寿县(川) | 1975.00 |
| 241 | 巴州区(川) | 1950.00 |
| 242 | 蓬安县(川) | 1870.00 |
| 243 | 昭觉县(川) | 1800.00 |
| 244 | 资中县(川) | 1688.00 |
| 245 | 渠　县(川) | 1500.00 |
| 246 | 威远县(川) | 1500.00 |
| 247 | 喜德县(川) | 1375.00 |
| 248 | 叙永县(川) | 1360.00 |
| 249 | 游仙区(川) | 1200.00 |
| 250 | 犍为县(川) | 1120.00 |
| 251 | 嘉陵区(川) | 970.00 |
| 252 | 恩阳区(川) | 900.00 |

（续）

| 序号 | 核桃主产地 | 标准箱 |
|---|---|---|
| 253 | 金川县(川) | 880.00 |
| 254 | 开江县(川) | 800.00 |
| 255 | 北川羌族自治县(川) | 780.00 |
| 256 | 得荣县(川) | 750.00 |
| 257 | 宁南县(川) | 720.00 |
| 258 | 普格县(川) | 720.00 |
| 259 | 布拖县(川) | 650.00 |
| 260 | 西充县(川) | 590.00 |
| 261 | 仁和区(川) | 500.00 |
| 262 | 丹巴县(川) | 480.00 |
| 263 | 邻水县(川) | 470.00 |
| 264 | 金口河区(川) | 450.00 |
| 265 | 平昌县(川) | 420.00 |
| 266 | 兴文县(川) | 402.00 |
| 267 | 理　县(川) | 395.30 |
| 268 | 乡城县(川) | 325.00 |
| 269 | 屏山县(川) | 300.00 |
| 270 | 内江市市中区(川) | 280.00 |
| 271 | 稻城县(川) | 260.00 |
| 272 | 涪城区(川) | 230.00 |
| 273 | 达川区(川) | 200.00 |
| 274 | 彭山区(川) | 182.00 |
| 275 | 隆昌县(川) | 180.00 |
| 276 | 九龙县(川) | 175.00 |
| 277 | 洪雅县(川) | 166.60 |
| 278 | 峨眉山市(川) | 150.00 |
| 279 | 邛崃市(川) | 145.00 |
| 280 | 大竹县(川) | 138.00 |
| 281 | 沙湾区(川) | 135.00 |
| 282 | 康定县(川) | 124.00 |
| 283 | 安居区(川) | 120.00 |
| 284 | 兴仁县(黔) | 1500.00 |
| 285 | 紫云苗族布依族自治县(黔) | 1000.00 |
| 286 | 普安县(黔) | 860.00 |
| 287 | 册亨县(黔) | 720.00 |
| 288 | 惠水县(黔) | 531.00 |
| 289 | 六枝特区(黔) | 475.00 |
| 290 | 镇宁布依族苗族自治县(黔) | 450.00 |
| 291 | 凤庆县(滇) | 112428.00 |
| 292 | 昌宁县(滇) | 49031.70 |
| 293 | 云龙县(滇) | 49000.00 |
| 294 | 漾濞彝族自治县(滇) | 46000.00 |
| 295 | 云　县(滇) | 44191.00 |
| 296 | 隆阳区(滇) | 40206.00 |
| 297 | 巍山彝族回族自治县(滇) | 26200.00 |
| 298 | 临翔区(滇) | 18059.70 |
| 299 | 禄劝彝族苗族自治县(滇) | 17000.00 |

（续）

| 序号 | 核桃主产地 | 标准箱 |
|---|---|---|
| 300 | 宾川县(滇) | 16700.00 |
| 301 | 洱源县(滇) | 16100.00 |
| 302 | 宣威市(滇) | 14500.00 |
| 303 | 楚雄市(滇) | 12388.00 |
| 304 | 剑川县(滇) | 10700.00 |
| 305 | 南华县(滇) | 10172.00 |
| 306 | 会泽县(滇) | 10000.00 |
| 307 | 玉龙纳西族自治县(滇) | 9600.00 |
| 308 | 景东彝族自治县(滇) | 9376.80 |
| 309 | 永胜县(滇) | 9242.60 |
| 310 | 禄丰县(滇) | 8490.00 |
| 311 | 姚安县(滇) | 8010.00 |
| 312 | 永善县(滇) | 7511.70 |
| 313 | 新平彝族傣族自治县(滇) | 6600.00 |
| 314 | 鹤庆县(滇) | 6100.00 |
| 315 | 耿马傣族佤族自治县(滇) | 5538.00 |
| 316 | 兰坪白族普米族自治县(滇) | 5500.00 |
| 317 | 华坪县(滇) | 4995.00 |
| 318 | 维西傈僳族自治县(滇) | 4816.20 |
| 319 | 龙陵县(滇) | 4300.00 |
| 320 | 镇雄县(滇) | 3850.00 |
| 321 | 武定县(滇) | 3709.00 |
| 322 | 双柏县(滇) | 3659.00 |
| 323 | 景谷傣族彝族自治县(滇) | 3257.00 |
| 324 | 腾冲县(滇) | 3173.30 |
| 325 | 香格里拉县(滇) | 3164.00 |
| 326 | 巧家县(滇) | 2760.00 |
| 327 | 盈江县(滇) | 2392.50 |
| 328 | 开远市(滇) | 1769.30 |
| 329 | 陆良县(滇) | 1700.00 |
| 330 | 石林彝族自治县(滇) | 1526.00 |
| 331 | 富源县(滇) | 1440.00 |
| 332 | 元阳县(滇) | 1341.00 |
| 333 | 大关县(滇) | 1100.00 |
| 334 | 永仁县(滇) | 964.00 |
| 335 | 易门县(滇) | 885.68 |
| 336 | 沧源佤族自治县(滇) | 863.00 |
| 337 | 砚山县(滇) | 838.00 |
| 338 | 华宁县(滇) | 830.00 |
| 339 | 峨山彝族自治县(滇) | 780.00 |
| 340 | 寻甸回族彝族自治县(滇) | 780.00 |
| 341 | 贡山独龙族怒族自治县(滇) | 758.00 |
| 342 | 元江哈尼族彝族傣族自治县(滇) | 710.00 |
| 343 | 马关县(滇) | 640.00 |
| 344 | 宁洱哈尼族彝族自治县(滇) | 611.00 |
| 345 | 丘北县(滇) | 556.00 |
| 346 | 陇川县(滇) | 538.70 |

（续）

| 序号 | 核桃主产地 | 标准箱 |
|---|---|---|
| 347 | 梁河县(滇) | 487.00 |
| 348 | 芒　市(滇) | 458.60 |
| 349 | 元谋县(滇) | 456.00 |
| 350 | 盐津县(滇) | 400.00 |
| 351 | 牟定县(滇) | 396.00 |
| 352 | 富宁县(滇) | 393.00 |
| 353 | 文山市(滇) | 332.00 |
| 354 | 西畴县(滇) | 311.00 |
| 355 | 东川区(滇) | 291.30 |
| 356 | 建水县(滇) | 290.00 |
| 357 | 瑞丽市(滇) | 258.50 |
| 358 | 澜沧拉祜族自治县(滇) | 256.00 |
| 359 | 江川县(滇) | 220.00 |
| 360 | 个旧市(滇) | 217.00 |
| 361 | 绥江县(滇) | 204.00 |
| 362 | 倘甸工业园区(滇) | 168.00 |
| 363 | 晋宁县(滇) | 167.50 |
| 364 | 澄江县(滇) | 100.00 |
| 365 | 芒康县(藏) | 3498.78 |
| 366 | 洛南县(陕) | 26313.00 |
| 367 | 山阳县(陕) | 19630.00 |
| 368 | 宜君县(陕) | 11810.00 |
| 369 | 蓝田县(陕) | 10000.00 |
| 370 | 陇　县(陕) | 8897.00 |
| 371 | 丹凤县(陕) | 8100.00 |
| 372 | 柞水县(陕) | 6832.00 |
| 373 | 镇安县(陕) | 6800.00 |
| 374 | 宁强县(陕) | 6800.00 |
| 375 | 陈仓区(陕) | 6100.00 |
| 376 | 平利县(陕) | 6000.00 |
| 377 | 麟游县(陕) | 5600.00 |
| 378 | 旬阳县(陕) | 4300.00 |
| 379 | 勉　县(陕) | 3420.00 |
| 380 | 略阳县(陕) | 3260.00 |
| 381 | 淳化县(陕) | 3106.00 |
| 382 | 千阳县(陕) | 2436.00 |
| 383 | 汉阴县(陕) | 2185.00 |
| 384 | 南郑县(陕) | 1850.00 |
| 385 | 渭滨区(陕) | 1759.00 |
| 386 | 洋　县(陕) | 1550.00 |
| 387 | 城固县(陕) | 1420.00 |
| 388 | 岐山县(陕) | 1175.00 |
| 389 | 太白县(陕) | 1006.00 |
| 390 | 宁陕县(陕) | 980.00 |
| 391 | 印台区(陕) | 868.00 |
| 392 | 凤翔县(陕) | 860.00 |
| 393 | 镇坪县(陕) | 610.00 |

(续)

| 序号 | 核桃主产地 | 标准箱 |
|---|---|---|
| 394 | 紫阳县(陕) | 600.00 |
| 395 | 临潼区(陕) | 480.00 |
| 396 | 白河县(陕) | 470.00 |
| 397 | 佛坪县(陕) | 400.00 |
| 398 | 岚皋县(陕) | 350.00 |
| 399 | 石泉县(陕) | 250.00 |
| 400 | 户　县(陕) | 216.00 |
| 401 | 清水县(甘) | 71117.00 |
| 402 | 麦积区(甘) | 58000.00 |
| 403 | 武都区(甘) | 14820.00 |
| 404 | 武山县(甘) | 9858.00 |
| 405 | 礼　县(甘) | 8760.00 |
| 406 | 成　县(甘) | 8628.40 |
| 407 | 徽　县(甘) | 6598.00 |
| 408 | 红古区(甘) | 3520.00 |
| 409 | 张家川回族自治县(甘) | 3407.50 |
| 410 | 庆城县(甘) | 3012.00 |
| 411 | 西和县(甘) | 2860.00 |
| 412 | 崆峒区(甘) | 2229.00 |
| 413 | 宕昌县(甘) | 1879.00 |
| 414 | 两当县(甘) | 1300.00 |
| 415 | 宁　县(甘) | 1264.00 |
| 416 | 正宁县(甘) | 765.00 |
| 417 | 镇原县(甘) | 620.00 |
| 418 | 彭阳县(宁) | 130.00 |
| 419 | 桃山林业局(龙江森工) | 450.00 |
| 420 | 带岭实验局(龙江森工) | 200.00 |
| 421 | 双丰林业局(龙江森工) | 150.00 |

## 表 6-3　板栗主产地产量

| 序号 | 板栗主产地 | 吨 |
|---|---|---|
| 1 | 怀柔区(京) | 7862.00 |
| 2 | 兴隆县(冀) | 133913.00 |
| 3 | 迁西县(冀) | 59976.00 |
| 4 | 宽城满族自治县(冀) | 42000.00 |
| 5 | 遵化市(冀) | 26121.00 |
| 6 | 邢台县(冀) | 14963.00 |
| 7 | 抚宁区(冀) | 12559.00 |
| 8 | 海港区(冀) | 10433.00 |
| 9 | 迁安市(冀) | 5128.00 |
| 10 | 内丘县(冀) | 4650.00 |
| 11 | 灵寿县(冀) | 4400.00 |
| 12 | 承德县(冀) | 2623.00 |
| 13 | 平泉县(冀) | 2050.00 |
| 14 | 平山县(冀) | 1650.00 |
| 15 | 赞皇县(冀) | 1200.00 |
| 16 | 易　县(冀) | 1100.00 |

(续)

| 序号 | 板栗主产地 | 标准箱 |
|---|---|---|
| 17 | 滦平县(冀) | 900.00 |
| 18 | 临城县(冀) | 700.00 |
| 19 | 阜平县(冀) | 520.00 |
| 20 | 鹰手营子矿区(冀) | 450.00 |
| 21 | 滦　县(冀) | 356.00 |
| 22 | 秦皇岛开发区(冀) | 173.00 |
| 23 | 涞水县(冀) | 150.00 |
| 24 | 夏　县(晋) | 11700.00 |
| 25 | 宽甸满族自治县(辽) | 30000.00 |
| 26 | 桓仁满族自治县(辽) | 9231.00 |
| 27 | 振安区(辽) | 7000.00 |
| 28 | 凌源市(辽) | 647.00 |
| 29 | 大连市保税区(辽) | 470.00 |
| 30 | 建昌县(辽) | 250.00 |
| 31 | 绥中县(辽) | 200.00 |
| 32 | 东洲区(辽) | 100.00 |
| 33 | 赣榆区(苏) | 7269.00 |
| 34 | 溧阳市(苏) | 2350.00 |
| 35 | 宜兴市(苏) | 1225.00 |
| 36 | 新沂市(苏) | 1150.00 |
| 37 | 六合区(苏) | 1095.00 |
| 38 | 浦口区(苏) | 970.00 |
| 39 | 沭阳县(苏) | 850.00 |
| 40 | 溧水县(苏) | 796.00 |
| 41 | 邳州市(苏) | 696.00 |
| 42 | 句容市(苏) | 503.00 |
| 43 | 吴中区(苏) | 441.00 |
| 44 | 东海县(苏) | 382.00 |
| 45 | 金坛市(苏) | 360.00 |
| 46 | 丹徒区(苏) | 250.00 |
| 47 | 宿城区(苏) | 190.00 |
| 48 | 江宁区(苏) | 189.00 |
| 49 | 灌云县(苏) | 160.00 |
| 50 | 连云区(苏) | 112.00 |
| 51 | 仪征市(苏) | 110.00 |
| 52 | 桐庐县(浙) | 6000.00 |
| 53 | 淳安县(浙) | 4550.00 |
| 54 | 遂昌县(浙) | 3890.00 |
| 55 | 永嘉县(浙) | 3574.00 |
| 56 | 莲都区(浙) | 3200.00 |
| 57 | 建德市(浙) | 2850.00 |
| 58 | 泰顺县(浙) | 2760.00 |
| 59 | 松阳县(浙) | 2641.00 |
| 60 | 庆元县(浙) | 2143.00 |
| 61 | 诸暨市(浙) | 1800.00 |
| 62 | 景宁畲族自治县(浙) | 1445.00 |
| 63 | 富阳区(浙) | 1200.00 |

(续)

| 序号 | 板栗主产地 | 标准箱 |
|---|---|---|
| 64 | 衢江区(浙) | 1020.00 |
| 65 | 仙居县(浙) | 1000.00 |
| 66 | 武义县(浙) | 910.00 |
| 67 | 云和县(浙) | 700.00 |
| 68 | 余姚市(浙) | 650.00 |
| 69 | 临海市(浙) | 550.00 |
| 70 | 天台县(浙) | 367.00 |
| 71 | 三门县(浙) | 225.00 |
| 72 | 黄岩区(浙) | 192.00 |
| 73 | 东阳市(浙) | 186.00 |
| 74 | 德清县(浙) | 185.00 |
| 75 | 长兴县(浙) | 180.00 |
| 76 | 余杭区(浙) | 150.00 |
| 77 | 龙泉市(浙) | 127.00 |
| 78 | 舒城县(皖) | 22420.00 |
| 79 | 太湖县(皖) | 10680.00 |
| 80 | 金寨县(皖) | 10600.00 |
| 81 | 裕安区(皖) | 4992.00 |
| 82 | 霍山县(皖) | 3500.00 |
| 83 | 广德县(皖) | 3000.00 |
| 84 | 潜山县(皖) | 2410.00 |
| 85 | 明光市(皖) | 2260.00 |
| 86 | 全椒县(皖) | 2000.00 |
| 87 | 石台县(皖) | 1140.00 |
| 88 | 宁国市(皖) | 822.00 |
| 89 | 岳西县(皖) | 800.00 |
| 90 | 泾　县(皖) | 660.00 |
| 91 | 庐江县(皖) | 657.00 |
| 92 | 休宁县(皖) | 560.00 |
| 93 | 祁门县(皖) | 516.00 |
| 94 | 宣州区(皖) | 500.00 |
| 95 | 南谯区(皖) | 500.00 |
| 96 | 无为县(皖) | 480.00 |
| 97 | 郎溪县(皖) | 350.00 |
| 98 | 滁州市管店林业总场(皖) | 277.00 |
| 99 | 南陵县(皖) | 264.00 |
| 100 | 八公山区(皖) | 260.00 |
| 101 | 繁昌县(皖) | 200.00 |
| 102 | 怀宁县(皖) | 150.00 |
| 103 | 东至县(皖) | 121.00 |
| 104 | 武宁县(赣) | 2800.00 |
| 105 | 靖安县(赣) | 1400.00 |
| 106 | 铜鼓县(赣) | 1160.00 |
| 107 | 龙南县(赣) | 1000.00 |
| 108 | 永修县(赣) | 961.00 |
| 109 | 玉山县(赣) | 486.00 |
| 110 | 修水县(赣) | 311.00 |

（续）

| 序号 | 板栗主产地 | 标准箱 |
|---|---|---|
| 111 | 全南县(赣) | 265.00 |
| 112 | 定南县(赣) | 197.00 |
| 113 | 万载县(赣) | 185.00 |
| 114 | 石城县(赣) | 165.00 |
| 115 | 资溪县(赣) | 165.00 |
| 116 | 德安县(赣) | 160.00 |
| 117 | 岱岳区(鲁) | 41912.00 |
| 118 | 沂水县(鲁) | 14900.00 |
| 119 | 诸城市(鲁) | 14409.00 |
| 120 | 沂南县(鲁) | 14350.00 |
| 121 | 五莲县(鲁) | 12100.00 |
| 122 | 海阳市(鲁) | 11000.00 |
| 123 | 乳山市(鲁) | 9000.00 |
| 124 | 临朐县(鲁) | 8100.00 |
| 125 | 莒南县(鲁) | 7780.00 |
| 126 | 沂源县(鲁) | 6949.00 |
| 127 | 新泰市(鲁) | 6304.00 |
| 128 | 莱城区(鲁) | 6120.00 |
| 129 | 泰山区(鲁) | 6050.00 |
| 130 | 郯城县(鲁) | 6000.00 |
| 131 | 山亭区(鲁) | 5580.00 |
| 132 | 东港区(鲁) | 4579.00 |
| 133 | 莱阳市(鲁) | 4080.00 |
| 134 | 泗水县(鲁) | 3705.00 |
| 135 | 安丘市(鲁) | 3000.00 |
| 136 | 兰陵县(鲁) | 2731.00 |
| 137 | 长清区(鲁) | 2650.00 |
| 138 | 招远市(鲁) | 2100.00 |
| 139 | 蒙阴县(鲁) | 2050.00 |
| 140 | 临沂市临港经济开发区(鲁) | 1060.00 |
| 141 | 肥城市(鲁) | 1013.50 |
| 142 | 博山区(鲁) | 1005.00 |
| 143 | 莱芜市雪野旅游区(鲁) | 962.32 |
| 144 | 栖霞市(鲁) | 800.00 |
| 145 | 荣成市(鲁) | 765.00 |
| 146 | 河东区(鲁) | 700.00 |
| 147 | 牟平区(鲁) | 499.00 |
| 148 | 临沭县(鲁) | 495.00 |
| 149 | 环翠区(鲁) | 273.00 |
| 150 | 宁阳县(鲁) | 215.50 |
| 151 | 商城县(豫) | 31250.00 |
| 152 | 浉河区(豫) | 8500.00 |
| 153 | 确山县(豫) | 8100.00 |
| 154 | 栾川县(豫) | 7535.00 |
| 155 | 嵩　县(豫) | 7420.00 |
| 156 | 新　县(豫) | 7154.00 |
| 157 | 平桥区(豫) | 5800.00 |

（续）

| 序号 | 板栗主产地 | 标准箱 |
|---|---|---|
| 158 | 固始县(豫) | 4500.00 |
| 159 | 卢氏县(豫) | 4050.00 |
| 160 | 罗山县(豫) | 2570.00 |
| 161 | 内乡县(豫) | 2480.00 |
| 162 | 鲁山县(豫) | 1800.00 |
| 163 | 林州市(豫) | 1290.00 |
| 164 | 光山县(豫) | 600.00 |
| 165 | 汝阳县(豫) | 352.00 |
| 166 | 方城县(豫) | 200.00 |
| 167 | 叶　县(豫) | 200.00 |
| 168 | 遂平县(豫) | 150.00 |
| 169 | 舞钢市(豫) | 105.00 |
| 170 | 唐河县(豫) | 100.00 |
| 171 | 大悟县(鄂) | 35000.00 |
| 172 | 麻城市(鄂) | 17000.00 |
| 173 | 黄陂区(鄂) | 10000.00 |
| 174 | 浠水县(鄂) | 7400.00 |
| 175 | 英山县(鄂) | 6740.00 |
| 176 | 红安县(鄂) | 5420.00 |
| 177 | 广水市(鄂) | 3500.00 |
| 178 | 夷陵区(鄂) | 2210.00 |
| 179 | 宜城市(鄂) | 2100.00 |
| 180 | 竹山县(鄂) | 1800.00 |
| 181 | 谷城县(鄂) | 1790.00 |
| 182 | 鹤峰县(鄂) | 1712.00 |
| 183 | 曾都区(鄂) | 1303.00 |
| 184 | 秭归县(鄂) | 1144.00 |
| 185 | 保康县(鄂) | 1022.00 |
| 186 | 神农架林区(鄂) | 820.00 |
| 187 | 钟祥市(鄂) | 777.00 |
| 188 | 阳新县(鄂) | 771.00 |
| 189 | 远安县(鄂) | 680.00 |
| 190 | 利川市(鄂) | 600.00 |
| 191 | 通山县(鄂) | 552.00 |
| 192 | 赤壁市(鄂) | 522.00 |
| 193 | 兴山县(鄂) | 300.00 |
| 194 | 建始县(鄂) | 210.00 |
| 195 | 来凤县(鄂) | 143.00 |
| 196 | 长阳土家族自治县(鄂) | 100.00 |
| 197 | 长沙县(湘) | 6110.00 |
| 198 | 沅陵县(湘) | 5660.00 |
| 199 | 浏阳市(湘) | 5060.00 |
| 200 | 耒阳市(湘) | 5000.00 |
| 201 | 新化县(湘) | 4850.00 |
| 202 | 新晃侗族自治县(湘) | 4126.00 |
| 203 | 城步苗族自治县(湘) | 3400.00 |
| 204 | 永定区(湘) | 3200.00 |

（续）

| 序号 | 板栗主产地 | 标准箱 |
|---|---|---|
| 205 | 永顺县(湘) | 2465.00 |
| 206 | 鹤城区(湘) | 1985.00 |
| 207 | 江华瑶族自治县(湘) | 1872.00 |
| 208 | 大祥区(湘) | 1866.00 |
| 209 | 祁阳县(湘) | 1695.00 |
| 210 | 新田县(湘) | 1690.00 |
| 211 | 北湖区(湘) | 1456.00 |
| 212 | 零陵区(湘) | 1456.00 |
| 213 | 石门县(湘) | 1200.00 |
| 214 | 常宁市(湘) | 1000.00 |
| 215 | 会同县(湘) | 1000.00 |
| 216 | 慈利县(湘) | 980.00 |
| 217 | 安化县(湘) | 800.00 |
| 218 | 衡山县(湘) | 703.00 |
| 219 | 保靖县(湘) | 680.00 |
| 220 | 洞口县(湘) | 605.00 |
| 221 | 株洲县(湘) | 585.00 |
| 222 | 道　县(湘) | 460.00 |
| 223 | 宁远县(湘) | 348.00 |
| 224 | 临武县(湘) | 332.00 |
| 225 | 新邵县(湘) | 300.00 |
| 226 | 炎陵县(湘) | 278.00 |
| 227 | 靖州苗族侗族自治县(湘) | 217.00 |
| 228 | 通道侗族自治县(湘) | 201.00 |
| 229 | 茶陵县(湘) | 184.00 |
| 230 | 津市市(湘) | 180.00 |
| 231 | 永兴县(湘) | 167.00 |
| 232 | 鼎城区(湘) | 140.00 |
| 233 | 冷水江市(湘) | 130.00 |
| 234 | 绥宁县(湘) | 120.00 |
| 235 | 东安县(湘) | 109.00 |
| 236 | 阳山县(粤) | 6674.00 |
| 237 | 封开县(粤) | 4426.00 |
| 238 | 和平县(粤) | 2200.00 |
| 239 | 乳源瑶族自治县(粤) | 950.00 |
| 240 | 连州市(粤) | 831.10 |
| 241 | 英德市(粤) | 472.00 |
| 242 | 连南瑶族自治县(粤) | 428.00 |
| 243 | 隆安县(桂) | 18898.00 |
| 244 | 南丹县(桂) | 6068.00 |
| 245 | 田林县(桂) | 4570.00 |
| 246 | 天峨县(桂) | 3560.00 |
| 247 | 右江区(桂) | 3500.00 |
| 248 | 巴马瑶族自治县(桂) | 2538.00 |
| 249 | 乐业县(桂) | 2088.00 |
| 250 | 融安县(桂) | 1347.00 |
| 251 | 灌阳县(桂) | 1129.00 |

(续)

| 序号 | 板栗主产地 | 标准箱 |
|---|---|---|
| 252 | 西林县(桂) | 730.00 |
| 253 | 凤山县(桂) | 720.00 |
| 254 | 龙胜各族自治县(桂) | 503.00 |
| 255 | 三江侗族自治县(桂) | 456.00 |
| 256 | 武宣县(桂) | 297.00 |
| 257 | 融水苗族自治县(桂) | 295.00 |
| 258 | 钟山县(桂) | 188.00 |
| 259 | 昭平县(桂) | 155.00 |
| 260 | 凭祥市(桂) | 140.00 |
| 261 | 南川区(渝) | 900.00 |
| 262 | 黔江区(渝) | 633.00 |
| 263 | 万州区(渝) | 382.00 |
| 264 | 璧山区(渝) | 346.00 |
| 265 | 德昌县(川) | 18000.00 |
| 266 | 会理县(川) | 2121.00 |
| 267 | 南江县(川) | 1850.00 |
| 268 | 万源市(川) | 1374.00 |
| 269 | 宣汉县(川) | 1150.00 |
| 270 | 叙永县(川) | 1025.00 |
| 271 | 仁和区(川) | 1010.00 |
| 272 | 通江县(川) | 930.00 |
| 273 | 达川区(川) | 800.00 |
| 274 | 冕宁县(川) | 750.00 |
| 275 | 江油市(川) | 730.00 |
| 276 | 开江县(川) | 700.00 |
| 277 | 米易县(川) | 684.00 |
| 278 | 宁南县(川) | 660.00 |
| 279 | 邻水县(川) | 480.00 |
| 280 | 利州区(川) | 460.00 |
| 281 | 雷波县(川) | 420.00 |
| 282 | 会东县(川) | 350.00 |
| 283 | 汉源县(川) | 300.00 |
| 284 | 朝天区(川) | 268.00 |
| 285 | 巴州区(川) | 220.00 |
| 286 | 西昌市(川) | 205.00 |
| 287 | 崇州市(川) | 172.00 |
| 288 | 宜宾县(川) | 158.00 |
| 289 | 盐源县(川) | 152.00 |
| 290 | 平昌县(川) | 140.00 |
| 291 | 普格县(川) | 140.00 |
| 292 | 泸定县(川) | 110.00 |
| 293 | 册亨县(黔) | 4320.00 |
| 294 | 碧江区(黔) | 1685.00 |
| 295 | 荔波县(黔) | 1585.00 |
| 296 | 紫云苗族布依族自治县(黔) | 500.00 |

(续)

| 序号 | 板栗主产地 | 标准箱 |
|---|---|---|
| 297 | 惠水县(黔) | 448.00 |
| 298 | 兴仁县(黔) | 185.00 |
| 299 | 镇远县(黔) | 153.00 |
| 300 | 禄劝彝族苗族自治县(滇) | 61000.00 |
| 301 | 景谷傣族彝族自治县(滇) | 3646.00 |
| 302 | 武定县(滇) | 3475.00 |
| 303 | 禄丰县(滇) | 3235.00 |
| 304 | 寻甸回族彝族自治县(滇) | 3200.00 |
| 305 | 永仁县(滇) | 3048.00 |
| 306 | 元阳县(滇) | 2487.00 |
| 307 | 石林彝族自治县(滇) | 1952.00 |
| 308 | 弥勒市(滇) | 1807.00 |
| 309 | 隆阳区(滇) | 1386.70 |
| 310 | 易门县(滇) | 1228.13 |
| 311 | 镇雄县(滇) | 900.00 |
| 312 | 剑川县(滇) | 870.00 |
| 313 | 江川县(滇) | 620.00 |
| 314 | 维西傈僳族自治县(滇) | 501.20 |
| 315 | 澄江县(滇) | 500.00 |
| 316 | 玉龙纳西族自治县(滇) | 435.00 |
| 317 | 昌宁县(滇) | 399.50 |
| 318 | 腾冲县(滇) | 345.00 |
| 319 | 牟定县(滇) | 316.00 |
| 320 | 峨山彝族自治县(滇) | 310.00 |
| 321 | 华坪县(滇) | 275.00 |
| 322 | 元谋县(滇) | 267.00 |
| 323 | 楚雄市(滇) | 241.00 |
| 324 | 景东彝族自治县(滇) | 240.00 |
| 325 | 宾川县(滇) | 230.00 |
| 326 | 晋宁县(滇) | 226.90 |
| 327 | 永胜县(滇) | 218.60 |
| 328 | 耿马傣族佤族自治县(滇) | 207.30 |
| 329 | 双柏县(滇) | 204.00 |
| 330 | 大关县(滇) | 200.00 |
| 331 | 陇川县(滇) | 196.50 |
| 332 | 云　县(滇) | 163.00 |
| 333 | 香格里拉县(滇) | 158.00 |
| 334 | 盈江县(滇) | 151.70 |
| 335 | 姚安县(滇) | 150.00 |
| 336 | 瑞丽市(滇) | 149.00 |
| 337 | 沧源佤族自治县(滇) | 144.00 |
| 338 | 洱源县(滇) | 140.70 |
| 339 | 富宁县(滇) | 140.00 |
| 340 | 建水县(滇) | 130.00 |
| 341 | 丘北县(滇) | 125.00 |

(续)

| 序号 | 板栗主产地 | 标准箱 |
|---|---|---|
| 342 | 芒　市(滇) | 115.40 |
| 343 | 宁洱哈尼族彝族自治县(滇) | 112.00 |
| 344 | 华宁县(滇) | 110.00 |
| 345 | 西畴县(滇) | 105.00 |
| 346 | 个旧市(滇) | 104.00 |
| 347 | 镇安县(陕) | 6550.00 |
| 348 | 蓝田县(陕) | 5600.00 |
| 349 | 柞水县(陕) | 4618.00 |
| 350 | 宁陕县(陕) | 3910.00 |
| 351 | 旬阳县(陕) | 3800.00 |
| 352 | 汉阴县(陕) | 3463.00 |
| 353 | 平利县(陕) | 2500.00 |
| 354 | 洋　县(陕) | 2357.00 |
| 355 | 城固县(陕) | 1800.00 |
| 356 | 镇坪县(陕) | 1800.00 |
| 357 | 略阳县(陕) | 1549.00 |
| 358 | 岚皋县(陕) | 1200.00 |
| 359 | 南郑县(陕) | 1150.00 |
| 360 | 陈仓区(陕) | 680.00 |
| 361 | 佛坪县(陕) | 500.00 |
| 362 | 紫阳县(陕) | 500.00 |
| 363 | 白河县(陕) | 411.00 |
| 364 | 岐山县(陕) | 410.00 |
| 365 | 洛南县(陕) | 218.00 |
| 366 | 渭滨区(陕) | 159.00 |
| 367 | 徽　县(甘) | 1028.00 |

**表 6-4　花椒籽主产地产量**

| 序号 | 花椒籽主产地 | 吨 |
|---|---|---|
| 1 | 平山县(冀) | 3800.00 |
| 2 | 涉　县(冀) | 3526.00 |
| 3 | 武安市(冀) | 2280.00 |
| 4 | 宽城满族自治县(冀) | 300.00 |
| 5 | 井陉县(冀) | 299.00 |
| 6 | 临猗县(晋) | 1550.00 |
| 7 | 河津市(晋) | 875.00 |
| 8 | 乡宁县(晋) | 825.00 |
| 9 | 大宁县(晋) | 658.00 |
| 10 | 平陆县(晋) | 540.00 |
| 11 | 夏　县(晋) | 525.00 |
| 12 | 襄汾县(晋) | 280.00 |
| 13 | 祁　县(晋) | 218.76 |
| 14 | 稷山县(晋) | 200.00 |
| 15 | 铜山区(苏) | 100.00 |
| 16 | 沂水县(鲁) | 6674.00 |

（续）

| 序号 | 花椒籽主产地 | 标准箱 |
|---|---|---|
| 17 | 莱城区(鲁) | 4230.00 |
| 18 | 莱芜市雪野旅游区(鲁) | 3997.20 |
| 19 | 兰陵县(鲁) | 2280.00 |
| 20 | 博山区(鲁) | 2005.00 |
| 21 | 蒙阴县(鲁) | 2000.00 |
| 22 | 费　县(鲁) | 820.00 |
| 23 | 新泰市(鲁) | 466.00 |
| 24 | 邹平县(鲁) | 317.45 |
| 25 | 宁阳县(鲁) | 185.00 |
| 26 | 岱岳区(鲁) | 132.00 |
| 27 | 安阳县(豫) | 3150.00 |
| 28 | 湖滨区(豫) | 3000.00 |
| 29 | 林州市(豫) | 2803.00 |
| 30 | 济源市(豫) | 1150.00 |
| 31 | 宝丰县(豫) | 820.00 |
| 32 | 登封市(豫) | 800.00 |
| 33 | 嵩　县(豫) | 748.00 |
| 34 | 内乡县(豫) | 680.00 |
| 35 | 渑池县(豫) | 622.00 |
| 36 | 宜阳县(豫) | 452.00 |
| 37 | 博爱县(豫) | 100.00 |
| 38 | 宜都市(鄂) | 250.00 |
| 39 | 随　县(鄂) | 205.00 |
| 40 | 利川市(鄂) | 120.00 |
| 41 | 保靖县(湘) | 135.00 |
| 42 | 璧山区(渝) | 4458.00 |
| 43 | 开　县(渝) | 1120.00 |
| 44 | 酉阳土家族苗族自治县(渝) | 800.00 |
| 45 | 涪陵区(渝) | 610.00 |
| 46 | 巴南区(渝) | 550.00 |
| 47 | 合川区(渝) | 512.00 |
| 48 | 梁平县(渝) | 320.32 |
| 49 | 荣昌区(渝) | 285.00 |
| 50 | 永川区(渝) | 140.00 |
| 51 | 南部县(川) | 6000.00 |
| 52 | 渠　县(川) | 5300.00 |
| 53 | 盐源县(川) | 5200.00 |
| 54 | 岳池县(川) | 4800.00 |
| 55 | 沿滩区(川) | 4785.00 |
| 56 | 冕宁县(川) | 3405.00 |
| 57 | 仁寿县(川) | 2653.00 |
| 58 | 雷波县(川) | 2145.00 |
| 59 | 安居区(川) | 1800.00 |
| 60 | 达川区(川) | 1600.00 |

（续）

| 序号 | 花椒籽主产地 | 标准箱 |
|---|---|---|
| 61 | 宣汉县(川) | 1460.00 |
| 62 | 木里藏族自治县(川) | 1432.00 |
| 63 | 德昌县(川) | 1242.00 |
| 64 | 美姑县(川) | 1103.00 |
| 65 | 布拖县(川) | 1100.00 |
| 66 | 会理县(川) | 1008.00 |
| 67 | 西昌市(川) | 925.00 |
| 68 | 昭觉县(川) | 810.00 |
| 69 | 梓潼县(川) | 800.00 |
| 70 | 喜德县(川) | 750.00 |
| 71 | 米易县(川) | 743.00 |
| 72 | 普格县(川) | 620.00 |
| 73 | 越西县(川) | 611.00 |
| 74 | 开江县(川) | 600.00 |
| 75 | 宁南县(川) | 480.00 |
| 76 | 金川县(川) | 450.00 |
| 77 | 邻水县(川) | 420.00 |
| 78 | 南江县(川) | 400.00 |
| 79 | 乐至县(川) | 350.00 |
| 80 | 泸定县(川) | 294.00 |
| 81 | 丹巴县(川) | 280.00 |
| 82 | 通江县(川) | 250.00 |
| 83 | 富顺县(川) | 231.00 |
| 84 | 理　县(川) | 207.70 |
| 85 | 罗江县(川) | 198.00 |
| 86 | 长宁县(川) | 176.00 |
| 87 | 康定县(川) | 160.00 |
| 88 | 华蓥市(川) | 160.00 |
| 89 | 江安县(川) | 157.00 |
| 90 | 涪城区(川) | 150.00 |
| 91 | 盐亭县(川) | 142.00 |
| 92 | 蓬安县(川) | 131.00 |
| 93 | 平昌县(川) | 120.00 |
| 94 | 营山县(川) | 115.00 |
| 95 | 九龙县(川) | 104.00 |
| 96 | 会泽县(滇) | 6000.00 |
| 97 | 永善县(滇) | 5292.60 |
| 98 | 玉龙纳西族自治县(滇) | 4660.00 |
| 99 | 巧家县(滇) | 1969.00 |
| 100 | 永胜县(滇) | 1496.50 |
| 101 | 东川区(滇) | 1125.00 |
| 102 | 寻甸回族彝族自治县(滇) | 870.00 |
| 103 | 罗平县(滇) | 810.00 |
| 104 | 姚安县(滇) | 774.00 |

（续）

| 序号 | 花椒籽主产地 | 标准箱 |
|---|---|---|
| 105 | 华坪县(滇) | 739.00 |
| 106 | 洱源县(滇) | 676.80 |
| 107 | 香格里拉县(滇) | 596.40 |
| 108 | 鹤庆县(滇) | 339.00 |
| 109 | 禄丰县(滇) | 314.00 |
| 110 | 武定县(滇) | 308.00 |
| 111 | 禄劝彝族苗族自治县(滇) | 300.00 |
| 112 | 大关县(滇) | 295.00 |
| 113 | 澜沧拉祜族自治县(滇) | 261.00 |
| 114 | 景谷傣族彝族自治县(滇) | 163.00 |
| 115 | 隆阳区(滇) | 148.00 |
| 116 | 双柏县(滇) | 136.00 |
| 117 | 兰坪白族普米族自治县(滇) | 110.00 |
| 118 | 元谋县(滇) | 103.00 |
| 119 | 韩城市林业局(陕) | 24000.00 |
| 120 | 陈仓区(陕) | 2273.00 |
| 121 | 宜川县(陕) | 1230.00 |
| 122 | 延长县(陕) | 1130.00 |
| 123 | 礼泉县(陕) | 450.00 |
| 124 | 蓝田县(陕) | 200.00 |
| 125 | 铜川市新区(陕) | 200.00 |
| 126 | 太白县(陕) | 190.00 |
| 127 | 黄龙县(陕) | 171.54 |
| 128 | 洛南县(陕) | 170.00 |
| 129 | 淳化县(陕) | 142.00 |
| 130 | 汉阴县(陕) | 142.00 |
| 131 | 渭滨区(陕) | 140.00 |
| 132 | 略阳县(陕) | 120.00 |
| 133 | 印台区(陕) | 101.00 |
| 134 | 武都区(甘) | 20000.00 |
| 135 | 秦安县(甘) | 9779.63 |
| 136 | 甘谷县(甘) | 6683.00 |
| 137 | 麦积区(甘) | 4000.00 |
| 138 | 广河县(甘) | 2250.00 |
| 139 | 宕昌县(甘) | 2154.00 |
| 140 | 积石山保安族东乡族撒拉族自治县(甘) | 2120.00 |
| 141 | 礼　县(甘) | 1993.00 |
| 142 | 西和县(甘) | 1080.00 |
| 143 | 清水县(甘) | 473.00 |
| 144 | 张家川回族自治县(甘) | 247.36 |
| 145 | 武山县(甘) | 242.00 |
| 146 | 镇原县(甘) | 210.00 |
| 147 | 徽　县(甘) | 181.00 |

## 表 6-5 八角主产地产量

| 序号 | 八角主产地 | 吨 | 序号 | 八角主产地 | 吨 | 序号 | 八角主产地 | 吨 |
|---|---|---|---|---|---|---|---|---|
| 1 | 会同县(湘) | 16.00 | 19 | 靖西县(桂) | 1170.00 | 37 | 钟山县(桂) | 43.00 |
| 2 | 信宜市(粤) | 2012.00 | 20 | 融水苗族自治县(桂) | 1136.00 | 38 | 临桂区(桂) | 31.00 |
| 3 | 茂名市属总林场(粤) | 207.00 | 21 | 江州区(桂) | 832.00 | 39 | 钦北区(桂) | 14.80 |
| 4 | 封开县(粤) | 51.00 | 22 | 天等县(桂) | 831.00 | 40 | 武隆县(渝) | 31.00 |
| 5 | 浦北县(桂) | 17565.00 | 23 | 融安县(桂) | 810.00 | 41 | 富宁县(滇) | 6940.00 |
| 6 | 金秀瑶族自治县(桂) | 9455.00 | 24 | 北流市(桂) | 600.00 | 42 | 西畴县(滇) | 873.00 |
| 7 | 右江区(桂) | 9300.00 | 25 | 天峨县(桂) | 365.00 | 43 | 麻栗坡县(滇) | 472.50 |
| 8 | 苍梧县(桂) | 7425.00 | 26 | 派阳山林场(桂) | 320.00 | 44 | 文山市(滇) | 281.00 |
| 9 | 防城区(桂) | 7112.00 | 27 | 永福县(桂) | 282.00 | 45 | 芒 市(滇) | 116.40 |
| 10 | 凤山县(桂) | 6334.00 | 28 | 三江侗族自治县(桂) | 258.00 | 46 | 元江哈尼族彝族傣族自治县(滇) | 54.00 |
| 11 | 龙州县(桂) | 5146.00 | 29 | 灵山县(桂) | 255.00 | 47 | 陇川县(滇) | 53.00 |
| 12 | 田林县(桂) | 4357.00 | 30 | 万秀区(桂) | 250.00 | 48 | 腾冲县(滇) | 34.00 |
| 13 | 凌云县(桂) | 3256.00 | 31 | 隆安县(桂) | 166.00 | 49 | 盈江县(滇) | 34.00 |
| 14 | 上林县(桂) | 3186.00 | 32 | 西林县(桂) | 119.00 | 50 | 墨江哈尼族自治县(滇) | 32.00 |
| 15 | 宁明县(桂) | 3101.00 | 33 | 陆川县(桂) | 100.00 | 51 | 砚山县(滇) | 25.00 |
| 16 | 乐业县(桂) | 2853.00 | 34 | 平乐县(桂) | 77.00 | 52 | 耿马傣族佤族自治县(滇) | 24.40 |
| 17 | 巴马瑶族自治县(桂) | 2186.00 | 35 | 高峰林场(桂) | 65.00 | 53 | 景东彝族自治县(滇) | 20.00 |
| 18 | 昭平县(桂) | 1309.00 | 36 | 武宣县(桂) | 47.00 | 54 | 澜沧拉祜族自治县(滇) | 19.00 |

## 表 6-6 其他木本粮油主产地产量

(续)

| 序号 | 其他木本粮油主产地 | 品种 | 产量(吨) | 序号 | 其他木本粮油主产地 | 品种 | 产量(吨) |
|---|---|---|---|---|---|---|---|
| 1 | 沧 县(冀) | 干枣 | 106834.00 | 30 | 祁阳县(湘) | 干枣 | 1790.00 |
| 2 | 太谷县(晋) | 干枣 | 50000.00 | 31 | 平乡县(冀) | 干枣 | 1760.00 |
| 3 | 献 县(冀) | 干枣 | 48971.00 | 32 | 莱城区(鲁) | 干枣 | 1659.00 |
| 4 | 赞皇县(冀) | 干枣 | 46960.00 | 33 | 茌平县(鲁) | 干枣 | 1487.00 |
| 5 | 内黄县(豫) | 干枣 | 44000.00 | 34 | 溆浦县(湘) | 干枣 | 1306.00 |
| 6 | 宁阳县(鲁) | 干枣 | 42150.00 | 35 | 江华瑶族自治县(湘) | 干枣 | 1229.00 |
| 7 | 黄骅市(冀) | 干枣 | 41687.00 | 36 | 淳化县(陕) | 干枣 | 1200.00 |
| 8 | 泊头市(冀) | 干枣 | 20956.00 | 37 | 兰陵县(鲁) | 干枣 | 1128.00 |
| 9 | 永和县(晋) | 干枣 | 20000.00 | 38 | 西夏区(宁) | 干枣 | 1118.00 |
| 10 | 海兴县(冀) | 干枣 | 13388.00 | 39 | 临城县(冀) | 干枣 | 1052.00 |
| 11 | 祁东县(湘) | 干枣 | 10020.00 | 40 | 任 县(冀) | 干枣 | 1032.00 |
| 12 | 盐山县(冀) | 干枣 | 9200.00 | 41 | 连州市(粤) | 干枣 | 960.00 |
| 13 | 威 县(冀) | 干枣 | 8400.00 | 42 | 平定县(晋) | 干枣 | 960.00 |
| 14 | 青 县(冀) | 干枣 | 8267.00 | 43 | 邢台县(冀) | 干枣 | 865.00 |
| 15 | 怀来县(冀) | 干枣 | 8000.00 | 44 | 沂水县(鲁) | 干枣 | 803.00 |
| 16 | 凌源市(辽) | 干枣 | 8000.00 | 45 | 孟州市(豫) | 干枣 | 800.00 |
| 17 | 南皮县(冀) | 干枣 | 7198.00 | 46 | 定襄县(晋) | 干枣 | 800.00 |
| 18 | 山亭区(鲁) | 干枣 | 6400.00 | 47 | 宜阳县(豫) | 干枣 | 750.00 |
| 19 | 昌邑市(鲁) | 干枣 | 6000.00 | 48 | 河津市(晋) | 干枣 | 750.00 |
| 20 | 盱眙县(苏) | 干枣 | 5860.00 | 49 | 贾汪区(苏) | 干枣 | 697.00 |
| 21 | 阜新蒙古族自治县(辽) | 干枣 | 5140.00 | 50 | 梁山县(鲁) | 干枣 | 654.00 |
| 22 | 南丹县(桂) | 干枣 | 4672.00 | 51 | 宾川县(滇) | 干枣 | 650.00 |
| 23 | 祁 县(晋) | 干枣 | 3263.30 | 52 | 六合区(苏) | 干枣 | 640.00 |
| 24 | 景泰县(甘) | 干枣 | 2800.00 | 53 | 任丘市(冀) | 干枣 | 634.00 |
| 25 | 河间市(冀) | 干枣 | 2720.00 | 54 | 浦口区(苏) | 干枣 | 492.00 |
| 26 | 平陆县(晋) | 干枣 | 2500.00 | 55 | 津市市(湘) | 干枣 | 450.00 |
| 27 | 平山县(冀) | 干枣 | 2480.00 | 56 | 凤阳县(皖) | 干枣 | 430.00 |
| 28 | 冀州市(冀) | 干枣 | 2313.00 | 57 | 大祥区(湘) | 干枣 | 381.00 |
| 29 | 襄汾县(晋) | 干枣 | 2000.00 | 58 | 滨城区(鲁) | 干枣 | 381.00 |

（续）

| 序号 | 其他木本粮油主产地 | 品种 | 产量(吨) | 序号 | 其他木本粮油主产地 | 品种 | 产量(吨) |
|---|---|---|---|---|---|---|---|
| 59 | 泗水县(鲁) | 干枣 | 375.00 | 104 | 南部县(川) | 核桃楸 | 6500.00 |
| 60 | 巨鹿县(冀) | 干枣 | 370.00 | 105 | 湾沟林业局(吉林森工) | 核桃楸 | 500.00 |
| 61 | 钟祥市(鄂) | 干枣 | 368.00 | 106 | 南芬区(辽) | 核桃楸 | 310.00 |
| 62 | 东阳市(浙) | 干枣 | 362.00 | 107 | 明山区(辽) | 核桃楸 | 240.00 |
| 63 | 沂南县(鲁) | 干枣 | 356.00 | 108 | 清原满族自治县(辽) | 红松籽 | 9425.00 |
| 64 | 淮阴区(苏) | 干枣 | 342.00 | 109 | 新宾满族自治县(辽) | 红松籽 | 4300.00 |
| 65 | 宁远县(湘) | 干枣 | 326.00 | 110 | 桓仁满族自治县(辽) | 红松籽 | 4090.00 |
| 66 | 北湖区(湘) | 干枣 | 300.00 | 111 | 红石林业局(吉林森工) | 红松籽 | 1084.00 |
| 67 | 海陵区(苏) | 干枣 | 300.00 | 112 | 东丰县(吉) | 红松籽 | 490.00 |
| 68 | 镇原县(甘) | 干枣 | 297.00 | 113 | 安图森林经营局(吉) | 红松籽 | 446.00 |
| 69 | 个旧市(滇) | 干枣 | 272.00 | 114 | 南芬区(辽) | 红松籽 | 420.00 |
| 70 | 江永县(湘) | 干枣 | 260.00 | 115 | 七台河市市辖区(黑) | 红松籽 | 360.00 |
| 71 | 宽城满族自治县(冀) | 干枣 | 252.00 | 116 | 振安区(辽) | 红松籽 | 356.00 |
| 72 | 沧州市临港经济技术开发区(冀) | 干枣 | 250.00 | 117 | 黄泥河林业局(吉) | 红松籽 | 159.00 |
| 73 | 建昌县(辽) | 干枣 | 250.00 | 118 | 萝北县(黑) | 红松籽 | 100.00 |
| 74 | 开江县(川) | 干枣 | 250.00 | 119 | 禄丰县(滇) | 红松籽 | 92.00 |
| 75 | 耒阳市(湘) | 干枣 | 240.00 | 120 | 文山市(滇) | 红松籽 | 52.00 |
| 76 | 嘉禾县(湘) | 干枣 | 235.00 | 121 | 元谋县(滇) | 红松籽 | 51.00 |
| 77 | 阳新县(鄂) | 干枣 | 230.00 | 122 | 鸡东县(黑) | 红松籽 | 40.00 |
| 78 | 东光县(冀) | 干枣 | 212.00 | 123 | 漾濞彝族自治县(滇) | 梅类 | 6700.00 |
| 79 | 永福县(桂) | 干枣 | 205.00 | 124 | 信宜市(粤) | 梅类 | 2293.00 |
| 80 | 海阳市(鲁) | 干枣 | 200.00 | 125 | 永定区(湘) | 梅类 | 1500.00 |
| 81 | 盐都区(苏) | 干枣 | 170.00 | 126 | 台山市(粤) | 梅类 | 600.00 |
| 82 | 桐梓县(黔) | 干枣 | 164.00 | 127 | 利川市(鄂) | 梅类 | 500.00 |
| 83 | 子洲县(陕) | 干枣 | 156.00 | 128 | 凤庆县(滇) | 梅类 | 132.90 |
| 84 | 大观区(皖) | 干枣 | 152.00 | 129 | 商州区(陕) | 牡丹籽 | 1600.00 |
| 85 | 大冶市(鄂) | 干枣 | 150.00 | 130 | 鄄城县(鲁) | 牡丹籽 | 1200.00 |
| 86 | 长沙县(湘) | 干枣 | 150.00 | 131 | 建始县(鄂) | 牡丹籽 | 524.00 |
| 87 | 滨海县(苏) | 干枣 | 150.00 | 132 | 兰州新区(甘) | 牡丹籽 | 499.80 |
| 88 | 冷水滩区(湘) | 干枣 | 145.00 | 133 | 凤翔县(陕) | 牡丹籽 | 350.00 |
| 89 | 沧州市南大港管理区(冀) | 干枣 | 136.00 | 134 | 汶上县(鲁) | 牡丹籽 | 110.00 |
| 90 | 沂源县(鲁) | 干枣 | 136.00 | 135 | 东明县(鲁) | 牡丹籽 | 80.00 |
| 91 | 济源市(豫) | 干枣 | 130.00 | 136 | 金坛市(苏) | 牡丹籽 | 75.00 |
| 92 | 赣榆区(苏) | 干枣 | 130.00 | 137 | 柏乡县(冀) | 牡丹籽 | 40.00 |
| 93 | 珠晖区(湘) | 干枣 | 120.00 | 138 | 溆浦县(湘) | 牡丹籽 | 40.00 |
| 94 | 翼城县(晋) | 干枣 | 120.00 | 139 | 建平县(辽) | 仁用杏 | 49200.00 |
| 95 | 孟村回族自治县(冀) | 干枣 | 118.00 | 140 | 阜新蒙古族自治县(辽) | 仁用杏 | 8000.00 |
| 96 | 诸城市(鲁) | 干枣 | 112.00 | 141 | 和顺县(晋) | 仁用杏 | 8000.00 |
| 97 | 万州区(渝) | 干枣 | 108.00 | 142 | 涿鹿县(冀) | 仁用杏 | 6168.97 |
| 98 | 栾川县(豫) | 干枣 | 106.00 | 143 | 蔚　县(冀) | 仁用杏 | 5240.00 |
| 99 | 忻府区(晋) | 干枣 | 104.00 | 144 | 喀喇沁旗(内蒙古) | 仁用杏 | 4500.00 |
| 100 | 泗洪县(苏) | 干枣 | 100.00 | 145 | 宣化区(冀) | 仁用杏 | 3671.00 |
| 101 | 宽甸满族自治县(辽) | 核桃楸 | 33000.00 | 146 | 怀来县(冀) | 仁用杏 | 2886.00 |
| 102 | 清原满族自治县(辽) | 核桃楸 | 29000.00 | 147 | 凌源市(辽) | 仁用杏 | 2734.00 |
| 103 | 新宾满族自治县(辽) | 核桃楸 | 18000.00 | 148 | 唐　县(冀) | 仁用杏 | 1890.00 |

(续)

| 序号 | 其他木本粮油主产地 | 品种 | 产量(吨) |
|---|---|---|---|
| 149 | 榆阳区(陕) | 仁用杏 | 1690.00 |
| 150 | 下花园区(冀) | 仁用杏 | 1550.00 |
| 151 | 怀安县(冀) | 仁用杏 | 1400.00 |
| 152 | 丰宁满族自治县(冀) | 仁用杏 | 1202.00 |
| 153 | 寿阳县(晋) | 仁用杏 | 1200.00 |
| 154 | 涞水县(冀) | 仁用杏 | 1100.00 |
| 155 | 易　县(冀) | 仁用杏 | 1000.00 |
| 156 | 涞源县(冀) | 仁用杏 | 908.00 |
| 157 | 襄垣县(晋) | 仁用杏 | 900.00 |
| 158 | 会宁县(甘) | 仁用杏 | 880.00 |
| 159 | 子洲县(陕) | 仁用杏 | 830.00 |
| 160 | 平泉县(冀) | 仁用杏 | 780.00 |
| 161 | 建昌县(辽) | 仁用杏 | 750.00 |
| 162 | 康平县(辽) | 仁用杏 | 750.00 |
| 163 | 隰　县(晋) | 仁用杏 | 750.00 |
| 164 | 凌海市(辽) | 仁用杏 | 650.00 |
| 165 | 通江县(川) | 仁用杏 | 645.00 |
| 166 | 盱眙县(苏) | 仁用杏 | 635.00 |
| 167 | 阳原县(冀) | 仁用杏 | 625.00 |
| 168 | 双塔区(辽) | 仁用杏 | 530.00 |
| 169 | 奈曼旗(内蒙古) | 仁用杏 | 500.00 |
| 170 | 承德县(冀) | 仁用杏 | 490.00 |
| 171 | 怀柔区(京) | 仁用杏 | 418.90 |
| 172 | 兴隆县(冀) | 仁用杏 | 348.00 |
| 173 | 宜阳县(豫) | 仁用杏 | 336.00 |
| 174 | 宽城满族自治县(冀) | 仁用杏 | 300.00 |
| 175 | 元宝山区(内蒙古) | 仁用杏 | 300.00 |
| 176 | 天镇县(晋) | 仁用杏 | 296.00 |
| 177 | 万全区(冀) | 仁用杏 | 256.00 |
| 178 | 隆化县(冀) | 仁用杏 | 205.00 |
| 179 | 张家口市高新技术管理区(冀) | 仁用杏 | 175.00 |
| 180 | 博爱县(豫) | 仁用杏 | 150.00 |
| 181 | 曲阳县(冀) | 仁用杏 | 106.00 |
| 182 | 绥中县(辽) | 仁用杏 | 100.00 |
| 183 | 防城区(桂) | 肉桂 | 12512.00 |
| 184 | 郁南县(粤) | 肉桂 | 11000.00 |
| 185 | 乳源瑶族自治县(粤) | 肉桂 | 650.00 |
| 186 | 龙州县(桂) | 肉桂 | 516.00 |
| 187 | 龙圩区(桂) | 肉桂 | 380.00 |
| 188 | 万秀区(桂) | 肉桂 | 362.00 |
| 189 | 云安县(粤) | 肉桂 | 100.00 |
| 190 | 封开县(粤) | 肉桂 | 69.00 |
| 191 | 宁明县(桂) | 肉桂 | 20.00 |
| 192 | 信宜市(粤) | 肉桂 | 13.00 |
| 193 | 清水河县(内蒙古) | 山杏 | 16958.00 |

(续)

| 序号 | 其他木本粮油主产地 | 品种 | 产量(吨) |
|---|---|---|---|
| 194 | 凌源市(辽) | 山杏 | 16450.00 |
| 195 | 朝阳县(辽) | 山杏 | 12000.00 |
| 196 | 敖汉旗(内蒙古) | 山杏 | 9600.00 |
| 197 | 北票市(辽) | 山杏 | 6000.00 |
| 198 | 承德县(冀) | 山杏 | 5229.00 |
| 199 | 榆社县(晋) | 山杏 | 5100.00 |
| 200 | 隆化县(冀) | 山杏 | 5050.00 |
| 201 | 滦平县(冀) | 山杏 | 5000.00 |
| 202 | 宁阳县(鲁) | 山杏 | 3980.00 |
| 203 | 平泉县(冀) | 山杏 | 3000.00 |
| 204 | 赤城县(冀) | 山杏 | 2590.00 |
| 205 | 巴林左旗(内蒙古) | 山杏 | 2400.00 |
| 206 | 丰宁满族自治县(冀) | 山杏 | 2372.00 |
| 207 | 宣化区(冀) | 山杏 | 2100.00 |
| 208 | 宁城县(内蒙古) | 山杏 | 2000.00 |
| 209 | 围场满族蒙古族自治县(冀) | 山杏 | 1755.00 |
| 210 | 隆德县(宁) | 山杏 | 1500.00 |
| 211 | 子洲县(陕) | 山杏 | 1420.00 |
| 212 | 会宁县(甘) | 山杏 | 1328.00 |
| 213 | 翁牛特旗(内蒙古) | 山杏 | 1200.00 |
| 214 | 嵩　县(豫) | 山杏 | 1000.00 |
| 215 | 阿鲁科尔沁旗(内蒙古) | 山杏 | 1000.00 |
| 216 | 平遥县(晋) | 山杏 | 1000.00 |
| 217 | 麟游县(陕) | 山杏 | 695.00 |
| 218 | 怀来县(冀) | 山杏 | 650.00 |
| 219 | 彭阳县(宁) | 山杏 | 600.00 |
| 220 | 巴林右旗(内蒙古) | 山杏 | 560.00 |
| 221 | 元氏县(冀) | 山杏 | 550.00 |
| 222 | 双滦区(冀) | 山杏 | 240.00 |
| 223 | 大宁县(晋) | 山杏 | 210.00 |
| 224 | 奈曼旗(内蒙古) | 山杏 | 200.00 |
| 225 | 鹰手营子矿区(冀) | 山杏 | 130.00 |
| 226 | 海阳市(鲁) | 山杏 | 100.00 |
| 227 | 青州市(鲁) | 柿饼 | 7235.00 |
| 228 | 海阳市(鲁) | 柿饼 | 6666.00 |
| 229 | 隆阳区(滇) | 柿饼 | 5910.00 |
| 230 | 沂南县(鲁) | 柿饼 | 2300.00 |
| 231 | 保康县(鄂) | 柿饼 | 1685.00 |
| 232 | 永嘉县(浙) | 柿饼 | 350.00 |
| 233 | 洱源县(滇) | 松果 | 663.80 |
| 234 | 南郑县(陕) | 松果 | 550.00 |
| 235 | 利川市(鄂) | 松果 | 500.00 |
| 236 | 凤庆县(滇) | 松果 | 258.30 |
| 237 | 陆良县(滇) | 松果 | 110.00 |
| 238 | 宾川县(滇) | 松果 | 78.00 |

（续）

| 序号 | 其他木本粮油主产地 | 品种 | 产量（吨） |
|---|---|---|---|
| 239 | 江川县（滇） | 松果 | 77.00 |
| 240 | 阳曲县（晋） | 松果 | 72.00 |
| 241 | 晋宁县（滇） | 松果 | 42.40 |
| 242 | 腾冲县（滇） | 松果 | 39.30 |
| 243 | 剑川县（滇） | 松果 | 21.00 |
| 244 | 漾濞彝族自治县（滇） | 松果 | 18.00 |
| 245 | 保康县（鄂） | 松果 | 15.00 |
| 246 | 峨山彝族自治县（滇） | 松果 | 15.00 |
| 247 | 喀喇沁旗（内蒙古） | 松果 | 13.00 |
| 248 | 诸暨市（浙） | 香榧 | 2250.00 |
| 249 | 磐安县（浙） | 香榧 | 950.00 |
| 250 | 富阳区（浙） | 香榧 | 200.00 |
| 251 | 宁海县（浙） | 香榧 | 175.00 |
| 252 | 休宁县（皖） | 香榧 | 110.00 |
| 253 | 景宁畲族自治县（浙） | 香榧 | 95.00 |
| 254 | 松阳县（浙） | 香榧 | 78.00 |
| 255 | 黟　县（皖） | 香榧 | 60.00 |
| 256 | 建德市（浙） | 香榧 | 56.00 |
| 257 | 淳安县（浙） | 香榧 | 44.00 |
| 258 | 黄山区（皖） | 香榧 | 40.00 |
| 259 | 安吉县（浙） | 香榧 | 15.00 |
| 260 | 新宁县（湘） | 香榧 | 12.00 |
| 261 | 武都区（甘） | 油橄榄 | 24140.00 |
| 262 | 郁南县（粤） | 油橄榄 | 4000.00 |
| 263 | 开江县（川） | 油橄榄 | 3762.00 |
| 264 | 青川县（川） | 油橄榄 | 3060.00 |
| 265 | 郧　县（鄂） | 油橄榄 | 1500.00 |
| 266 | 玉龙纳西族自治县（滇） | 油橄榄 | 1442.00 |
| 267 | 三台县（川） | 油橄榄 | 1327.00 |
| 268 | 宕昌县（甘） | 油橄榄 | 700.00 |
| 269 | 利州区（川） | 油橄榄 | 527.00 |
| 270 | 营山县（川） | 油橄榄 | 450.00 |
| 271 | 西昌市（川） | 油橄榄 | 360.00 |
| 272 | 游仙区（川） | 油橄榄 | 350.00 |
| 273 | 蓬安县（川） | 油橄榄 | 170.00 |
| 274 | 永仁县（滇） | 油橄榄 | 160.00 |
| 275 | 冕宁县（川） | 油橄榄 | 80.00 |
| 276 | 会理县（川） | 油橄榄 | 50.00 |
| 277 | 城固县（陕） | 油橄榄 | 30.00 |
| 278 | 永胜县（滇） | 油橄榄 | 26.00 |
| 279 | 合川区（渝） | 油橄榄 | 10.00 |
| 280 | 曹　县（鲁） | 油用牡丹籽 | 2503.00 |
| 281 | 东阿县（鲁） | 油用牡丹籽 | 600.00 |
| 282 | 新　县（豫） | 油用牡丹籽 | 552.50 |
| 283 | 商州区（陕） | 油用牡丹籽 | 160.00 |

（续）

| 序号 | 其他木本粮油主产地 | 品种 | 产量（吨） |
|---|---|---|---|
| 284 | 永城市（豫） | 油用牡丹籽 | 147.00 |
| 285 | 襄垣县（晋） | 油用牡丹籽 | 135.00 |
| 286 | 犍为县（川） | 油用牡丹籽 | 122.00 |
| 287 | 莱州市（鲁） | 油用牡丹籽 | 112.50 |
| 288 | 怀远县（皖） | 油用牡丹籽 | 80.00 |
| 289 | 河间市（冀） | 油用牡丹籽 | 80.00 |
| 290 | 禹州市（豫） | 油用牡丹籽 | 80.00 |
| 291 | 洛宁县（豫） | 油用牡丹籽 | 80.00 |
| 292 | 嘉祥县（鲁） | 油用牡丹籽 | 50.00 |
| 293 | 黄龙山林业局（陕） | 油用牡丹籽 | 50.00 |
| 294 | 成　县（甘） | 油用牡丹籽 | 45.00 |
| 295 | 镇安县（陕） | 油用牡丹籽 | 33.00 |
| 296 | 南乐县（豫） | 油用牡丹籽 | 30.00 |
| 297 | 沙湾区（川） | 油用牡丹籽 | 25.00 |
| 298 | 宜阳县（豫） | 油用牡丹籽 | 23.00 |
| 299 | 高密市（鲁） | 油用牡丹籽 | 20.00 |
| 300 | 丛台区（冀） | 油用牡丹籽 | 15.00 |
| 301 | 彭泽县（赣） | 油用牡丹籽 | 15.00 |
| 302 | 长清区（鲁） | 油用牡丹籽 | 15.00 |
| 303 | 保康县（鄂） | 油用牡丹籽 | 12.00 |
| 304 | 栾川县（豫） | 油用牡丹籽 | 10.50 |
| 305 | 通川区（川） | 油用牡丹籽 | 10.00 |
| 306 | 昌邑市（鲁） | 元宝枫 | 198.00 |
| 307 | 长治县（晋） | 元宝枫 | 194.00 |
| 308 | 嵩　县（豫） | 元宝枫 | 30.00 |
| 309 | 翁牛特旗（内蒙古） | 元宝枫 | 26.00 |
| 310 | 铁岭县（辽） | 榛子 | 16000.00 |
| 311 | 西丰县（辽） | 榛子 | 14000.00 |
| 312 | 开原市（辽） | 榛子 | 9350.00 |
| 313 | 围场满族蒙古族自治县（冀） | 榛子 | 9100.00 |
| 314 | 桓仁满族自治县（辽） | 榛子 | 2343.00 |
| 315 | 海城市（辽） | 榛子 | 2000.00 |
| 316 | 清原满族自治县（辽） | 榛子 | 1600.00 |
| 317 | 宣恩县（鄂） | 榛子 | 700.00 |
| 318 | 内蒙柴河林业局（内蒙古） | 榛子 | 675.00 |
| 319 | 新宾满族自治县（辽） | 榛子 | 450.00 |
| 320 | 平泉县（冀） | 榛子 | 410.00 |
| 321 | 铁岭市经济开发区（辽） | 榛子 | 300.00 |
| 322 | 赤城县（冀） | 榛子 | 256.00 |
| 323 | 东丰县（吉） | 榛子 | 200.00 |
| 324 | 建昌县（辽） | 榛子 | 200.00 |
| 325 | 宁城县（内蒙古） | 榛子 | 200.00 |
| 326 | 南芬区（辽） | 榛子 | 123.00 |
| 327 | 爱辉区（黑） | 榛子 | 100.00 |

表 6-7 主要木本工业用油料主产地产量

(续)

| 序号 | 主产地 | 品种 | 产量(吨) |
|---|---|---|---|
| 1 | 牟定县(滇) | 桉树树叶 | 30606.00 |
| 2 | 禄劝彝族苗族自治县(滇) | 桉树树叶 | 150.00 |
| 3 | 乡宁县(晋) | 翅果油树 | 500.00 |
| 4 | 会理县(川) | 华山松籽 | 4815.00 |
| 5 | 会东县(川) | 华山松籽 | 1800.00 |
| 6 | 利川市(鄂) | 华山松籽 | 400.00 |
| 7 | 宣威市(滇) | 华山松籽 | 300.00 |
| 8 | 恩施市(鄂) | 华山松籽 | 50.00 |
| 9 | 施甸县(滇) | 华山松籽 | 36.40 |
| 10 | 嵩　县(豫) | 华山松籽 | 30.00 |
| 11 | 漾濞彝族自治县(滇) | 华山松籽 | 18.00 |
| 12 | 峨山彝族自治县(滇) | 华山松籽 | 15.00 |
| 13 | 万源市(川) | 黄檗籽 | 680.00 |
| 14 | 利川市(鄂) | 黄檗籽 | 600.00 |
| 15 | 沅陵县(湘) | 黄檗籽 | 100.00 |
| 16 | 保靖县(湘) | 黄檗籽 | 66.00 |
| 17 | 资兴市(湘) | 黄檗籽 | 30.00 |
| 18 | 石门县(湘) | 黄檗籽 | 15.00 |
| 19 | 新宁县(湘) | 黄檗籽 | 12.50 |
| 20 | 栾川县(豫) | 黄连木籽 | 5000.00 |
| 21 | 汝阳县(豫) | 黄连木籽 | 1345.00 |
| 22 | 林州市(豫) | 黄连木籽 | 750.00 |
| 23 | 辉县市(豫) | 黄连木籽 | 72.00 |
| 24 | 嵩　县(豫) | 黄连木籽 | 20.00 |
| 25 | 藤　县(桂) | 马尾松籽 | 34783.00 |
| 26 | 北流市(桂) | 马尾松籽 | 14103.60 |
| 27 | 昭平县(桂) | 马尾松籽 | 12994.00 |
| 28 | 巴马瑶族自治县(桂) | 马尾松籽 | 10858.00 |
| 29 | 石门县(湘) | 马尾松籽 | 10000.00 |
| 30 | 高州市(粤) | 马尾松籽 | 7010.00 |
| 31 | 乳源瑶族自治县(粤) | 马尾松籽 | 6380.00 |
| 32 | 思南县(黔) | 马尾松籽 | 5000.00 |
| 33 | 永定区(湘) | 马尾松籽 | 1040.00 |
| 34 | 桑植县(湘) | 马尾松籽 | 600.00 |
| 35 | 利川市(鄂) | 马尾松籽 | 500.00 |
| 36 | 临武县(湘) | 马尾松籽 | 230.00 |
| 37 | 新晃侗族自治县(湘) | 马尾松籽 | 180.00 |
| 38 | 常宁市(湘) | 马尾松籽 | 100.00 |
| 39 | 桐梓县(黔) | 马尾松籽 | 40.00 |
| 40 | 祁东县(湘) | 马尾松籽 | 22.00 |
| 41 | 南江县(川) | 马尾松籽 | 15.00 |
| 42 | 永城市(豫) | 玫瑰 | 160.00 |
| 43 | 兖州市(鲁) | 玫瑰 | 15.00 |
| 44 | 酉阳土家族苗族自治县(渝) | 漆树籽 | 890.00 |
| 45 | 兰坪白族普米族自治县(滇) | 漆树籽 | 550.00 |
| 46 | 汉阴县(陕) | 漆树籽 | 319.00 |
| 47 | 城固县(陕) | 漆树籽 | 295.00 |
| 48 | 柞水县(陕) | 漆树籽 | 150.00 |
| 49 | 巴东县(鄂) | 漆树籽 | 100.00 |
| 50 | 新邵县(湘) | 漆树籽 | 100.00 |
| 51 | 桐梓县(黔) | 漆树籽 | 94.00 |
| 52 | 栾川县(豫) | 漆树籽 | 90.00 |
| 53 | 蓝山县(湘) | 漆树籽 | 66.00 |
| 54 | 万源市(川) | 漆树籽 | 65.00 |
| 55 | 武隆县(渝) | 漆树籽 | 46.00 |
| 56 | 利川市(鄂) | 漆树籽 | 30.00 |
| 57 | 宁南县(川) | 漆树籽 | 24.00 |
| 58 | 太湖县(皖) | 漆树籽 | 20.00 |
| 59 | 石门县(湘) | 漆树籽 | 15.00 |
| 60 | 乳源瑶族自治县(粤) | 山苍籽 | 11060.00 |
| 61 | 清流县(闽) | 山苍籽 | 3266.00 |
| 62 | 江口县(黔) | 山苍籽 | 2000.00 |
| 63 | 福安市(闽) | 山苍籽 | 1595.00 |
| 64 | 尤溪县(闽) | 山苍籽 | 1532.00 |
| 65 | 建瓯市(闽) | 山苍籽 | 1154.00 |
| 66 | 桂东县(湘) | 山苍籽 | 1150.00 |
| 67 | 资兴市(湘) | 山苍籽 | 1120.00 |
| 68 | 大田县(闽) | 山苍籽 | 1023.00 |
| 69 | 衡阳县(湘) | 山苍籽 | 900.00 |
| 70 | 明溪县(闽) | 山苍籽 | 790.00 |
| 71 | 邵武市(闽) | 山苍籽 | 638.00 |
| 72 | 建宁县(闽) | 山苍籽 | 605.00 |
| 73 | 永泰县(闽) | 山苍籽 | 602.00 |
| 74 | 遂川县(赣) | 山苍籽 | 600.00 |
| 75 | 延平区(闽) | 山苍籽 | 570.00 |
| 76 | 沙　县(闽) | 山苍籽 | 562.00 |
| 77 | 耒阳市(湘) | 山苍籽 | 500.00 |
| 78 | 建阳市(闽) | 山苍籽 | 473.00 |
| 79 | 武平县(闽) | 山苍籽 | 444.00 |
| 80 | 永安市(闽) | 山苍籽 | 415.00 |
| 81 | 洪江市(湘) | 山苍籽 | 368.00 |
| 82 | 翁源县(粤) | 山苍籽 | 250.00 |
| 83 | 松溪县(闽) | 山苍籽 | 240.00 |
| 84 | 连城县(闽) | 山苍籽 | 194.00 |
| 85 | 宁化县(闽) | 山苍籽 | 192.00 |
| 86 | 将乐县(闽) | 山苍籽 | 146.00 |
| 87 | 长汀县(闽) | 山苍籽 | 115.00 |
| 88 | 浦城县(闽) | 山苍籽 | 113.00 |
| 89 | 顺昌县(闽) | 山苍籽 | 103.00 |
| 90 | 零陵区(湘) | 山苍籽 | 100.00 |

（续）

| 序号 | 主产地 | 品种 | 产量(吨) |
|---|---|---|---|
| 91 | 连南瑶族自治县(粤) | 山苍籽 | 92.00 |
| 92 | 漳平市(闽) | 山苍籽 | 91.00 |
| 93 | 闽清县(闽) | 山苍籽 | 86.00 |
| 94 | 政和县(闽) | 山苍籽 | 82.00 |
| 95 | 武夷山市(闽) | 山苍籽 | 81.00 |
| 96 | 陇川县(滇) | 山苍籽 | 66.60 |
| 97 | 莲花县(赣) | 山苍籽 | 60.00 |
| 98 | 赣　县(赣) | 山苍籽 | 60.00 |
| 99 | 祁东县(湘) | 山苍籽 | 58.00 |
| 100 | 连山壮族瑶族自治县(粤) | 山苍籽 | 54.00 |
| 101 | 桑植县(湘) | 山苍籽 | 50.00 |
| 102 | 新邵县(湘) | 山苍籽 | 40.00 |
| 103 | 芷江侗族自治县(湘) | 山苍籽 | 26.00 |
| 104 | 闽侯县(闽) | 山苍籽 | 25.00 |
| 105 | 石门县(湘) | 山苍籽 | 20.00 |
| 106 | 石台县(皖) | 山苍籽 | 15.00 |
| 107 | 永定区(湘) | 山苍籽 | 15.00 |
| 108 | 梅列区(闽) | 山苍籽 | 13.00 |
| 109 | 永定县(闽) | 山苍籽 | 12.00 |
| 110 | 盈江县(滇) | 山苍籽 | 10.30 |
| 111 | 新化县(湘) | 山苍籽 | 10.00 |
| 112 | 瑞金市(赣) | 山苍籽 | 10.00 |
| 113 | 兴国县(赣) | 山苍籽 | 10.00 |
| 114 | 大悟县(鄂) | 乌桕籽 | 4250.00 |
| 115 | 确山县(豫) | 乌桕籽 | 1000.00 |
| 116 | 乳源瑶族自治县(粤) | 乌桕籽 | 650.00 |
| 117 | 祁东县(湘) | 乌桕籽 | 510.00 |
| 118 | 麻城市(鄂) | 乌桕籽 | 390.00 |
| 119 | 商南县(陕) | 乌桕籽 | 340.00 |
| 120 | 酉阳土家族苗族自治县(渝) | 乌桕籽 | 265.00 |
| 121 | 罗田县(鄂) | 乌桕籽 | 250.00 |
| 122 | 随　县(鄂) | 乌桕籽 | 249.00 |
| 123 | 清流县(闽) | 乌桕籽 | 231.00 |
| 124 | 郧　县(鄂) | 乌桕籽 | 200.00 |
| 125 | 浦城县(闽) | 乌桕籽 | 111.00 |
| 126 | 城固县(陕) | 乌桕籽 | 111.00 |
| 127 | 红安县(鄂) | 乌桕籽 | 76.00 |
| 128 | 太湖县(皖) | 乌桕籽 | 60.00 |
| 129 | 建宁县(闽) | 乌桕籽 | 60.00 |
| 130 | 新邵县(湘) | 乌桕籽 | 46.00 |
| 131 | 赣　县(赣) | 乌桕籽 | 45.00 |
| 132 | 桐梓县(黔) | 乌桕籽 | 43.00 |
| 133 | 英山县(鄂) | 乌桕籽 | 42.00 |
| 134 | 合川区(渝) | 乌桕籽 | 34.00 |
| 135 | 建始县(鄂) | 乌桕籽 | 34.00 |

（续）

| 序号 | 主产地 | 品种 | 产量(吨) |
|---|---|---|---|
| 136 | 信丰县(赣) | 乌桕籽 | 32.00 |
| 137 | 勉　县(陕) | 乌桕籽 | 28.00 |
| 138 | 永福县(桂) | 乌桕籽 | 23.00 |
| 139 | 嵩　县(豫) | 乌桕籽 | 23.00 |
| 140 | 宜都市(鄂) | 乌桕籽 | 20.00 |
| 141 | 石门县(湘) | 乌桕籽 | 20.00 |
| 142 | 兴安县(桂) | 乌桕籽 | 18.00 |
| 143 | 冷水滩区(湘) | 乌桕籽 | 15.80 |
| 144 | 长汀县(闽) | 乌桕籽 | 14.00 |
| 145 | 龙胜各族自治县(桂) | 乌桕籽 | 13.00 |
| 146 | 阳新县(鄂) | 乌桕籽 | 11.00 |
| 147 | 谷城县(鄂) | 乌桕籽 | 10.00 |
| 148 | 宁　县(甘) | 杏核 | 2868.00 |
| 149 | 涞水县(冀) | 杏核 | 800.00 |
| 150 | 彭阳县(宁) | 杏核 | 600.00 |
| 151 | 利川市(鄂) | 杏核 | 50.00 |
| 152 | 永胜县(滇) | 油料麻疯树 | 1837.00 |
| 153 | 会理县(川) | 油料麻疯树 | 416.00 |
| 154 | 会东县(川) | 油料麻疯树 | 260.00 |
| 155 | 华坪县(滇) | 油料麻疯树 | 86.00 |
| 156 | 册亨县(黔) | 油桐籽 | 30000.00 |
| 157 | 田林县(桂) | 油桐籽 | 19995.00 |
| 158 | 武冈市(湘) | 油桐籽 | 18000.00 |
| 159 | 天峨县(桂) | 油桐籽 | 13834.00 |
| 160 | 吉安县(赣) | 油桐籽 | 11260.00 |
| 161 | 平江县(湘) | 油桐籽 | 9375.00 |
| 162 | 郧西县(鄂) | 油桐籽 | 8787.00 |
| 163 | 南丹县(桂) | 油桐籽 | 7159.00 |
| 164 | 固始县(豫) | 油桐籽 | 7000.00 |
| 165 | 西林县(桂) | 油桐籽 | 6870.00 |
| 166 | 确山县(豫) | 油桐籽 | 6000.00 |
| 167 | 广南县(滇) | 油桐籽 | 5947.00 |
| 168 | 隆林各族自治县(桂) | 油桐籽 | 5500.00 |
| 169 | 嵩　县(豫) | 油桐籽 | 5025.00 |
| 170 | 苏仙区(湘) | 油桐籽 | 4850.00 |
| 171 | 汉滨区(陕) | 油桐籽 | 4513.00 |
| 172 | 西峡县(豫) | 油桐籽 | 4200.00 |
| 173 | 澧　县(湘) | 油桐籽 | 3750.00 |
| 174 | 汝阳县(豫) | 油桐籽 | 3455.00 |
| 175 | 商南县(陕) | 油桐籽 | 3428.00 |
| 176 | 建阳市(闽) | 油桐籽 | 3228.00 |
| 177 | 开江县(川) | 油桐籽 | 3200.00 |
| 178 | 右江区(桂) | 油桐籽 | 3110.00 |
| 179 | 永福县(桂) | 油桐籽 | 2665.00 |
| 180 | 紫云苗族布依族自治县(黔) | 油桐籽 | 2500.00 |

(续)

| 序号 | 主产地 | 品种 | 产量(吨) |
|---|---|---|---|
| 181 | 遂平县(豫) | 油桐籽 | 2300.00 |
| 182 | 永泰县(闽) | 油桐籽 | 2297.00 |
| 183 | 清流县(闽) | 油桐籽 | 2188.00 |
| 184 | 凌云县(桂) | 油桐籽 | 2118.00 |
| 185 | 桐柏县(豫) | 油桐籽 | 2073.00 |
| 186 | 龙胜各族自治县(桂) | 油桐籽 | 1897.00 |
| 187 | 大田县(闽) | 油桐籽 | 1872.00 |
| 188 | 沙　县(闽) | 油桐籽 | 1735.00 |
| 189 | 尤溪县(闽) | 油桐籽 | 1564.00 |
| 190 | 松溪县(闽) | 油桐籽 | 1561.00 |
| 191 | 龙川县(粤) | 油桐籽 | 1560.00 |
| 192 | 将乐县(闽) | 油桐籽 | 1456.00 |
| 193 | 内乡县(豫) | 油桐籽 | 1450.00 |
| 194 | 沅陵县(湘) | 油桐籽 | 1400.00 |
| 195 | 建宁县(闽) | 油桐籽 | 1384.00 |
| 196 | 汉阴县(陕) | 油桐籽 | 1372.00 |
| 197 | 武平县(闽) | 油桐籽 | 1335.00 |
| 198 | 汝城县(湘) | 油桐籽 | 1289.00 |
| 199 | 凤山县(桂) | 油桐籽 | 1186.00 |
| 200 | 祁东县(湘) | 油桐籽 | 1180.00 |
| 201 | 延平区(闽) | 油桐籽 | 1096.00 |
| 202 | 山阳县(陕) | 油桐籽 | 1032.00 |
| 203 | 麻城市(鄂) | 油桐籽 | 1000.00 |
| 204 | 安化县(湘) | 油桐籽 | 980.00 |
| 205 | 闽清县(闽) | 油桐籽 | 941.00 |
| 206 | 永新县(赣) | 油桐籽 | 920.00 |
| 207 | 江华瑶族自治县(湘) | 油桐籽 | 805.00 |
| 208 | 邵武市(闽) | 油桐籽 | 758.00 |
| 209 | 合川区(渝) | 油桐籽 | 742.00 |
| 210 | 罗田县(鄂) | 油桐籽 | 703.00 |
| 211 | 浦城县(闽) | 油桐籽 | 684.00 |
| 212 | 唐河县(豫) | 油桐籽 | 683.00 |
| 213 | 宁南县(川) | 油桐籽 | 668.00 |
| 214 | 瑞金市(赣) | 油桐籽 | 660.00 |
| 215 | 乳源瑶族自治县(粤) | 油桐籽 | 650.00 |
| 216 | 漳平市(闽) | 油桐籽 | 620.00 |
| 217 | 叶　县(豫) | 油桐籽 | 600.00 |
| 218 | 衡南县(湘) | 油桐籽 | 600.00 |
| 219 | 分宜县(赣) | 油桐籽 | 600.00 |
| 220 | 于都县(赣) | 油桐籽 | 600.00 |
| 221 | 明溪县(闽) | 油桐籽 | 587.00 |
| 222 | 灌阳县(桂) | 油桐籽 | 578.00 |
| 223 | 环江毛南族自治县(桂) | 油桐籽 | 577.00 |
| 224 | 建瓯市(闽) | 油桐籽 | 565.00 |
| 225 | 宁化县(闽) | 油桐籽 | 556.00 |

(续)

| 序号 | 主产地 | 品种 | 产量(吨) |
|---|---|---|---|
| 226 | 方城县(豫) | 油桐籽 | 542.00 |
| 227 | 镇远县(黔) | 油桐籽 | 510.00 |
| 228 | 福安市(闽) | 油桐籽 | 497.00 |
| 229 | 文　县(甘) | 油桐籽 | 471.00 |
| 230 | 晋安区(闽) | 油桐籽 | 468.00 |
| 231 | 资兴市(湘) | 油桐籽 | 465.00 |
| 232 | 永定县(闽) | 油桐籽 | 458.00 |
| 233 | 平远县(粤) | 油桐籽 | 450.00 |
| 234 | 镇宁布依族苗族自治县(黔) | 油桐籽 | 450.00 |
| 235 | 竹山县(鄂) | 油桐籽 | 434.00 |
| 236 | 鹿寨县(桂) | 油桐籽 | 421.00 |
| 237 | 平和县(闽) | 油桐籽 | 402.00 |
| 238 | 新化县(湘) | 油桐籽 | 400.00 |
| 239 | 随　县(鄂) | 油桐籽 | 380.00 |
| 240 | 道　县(湘) | 油桐籽 | 380.00 |
| 241 | 顺昌县(闽) | 油桐籽 | 372.00 |
| 242 | 太湖县(皖) | 油桐籽 | 370.00 |
| 243 | 宁都县(赣) | 油桐籽 | 350.00 |
| 244 | 丘北县(滇) | 油桐籽 | 342.00 |
| 245 | 城固县(陕) | 油桐籽 | 341.00 |
| 246 | 酉阳土家族苗族自治县(渝) | 油桐籽 | 340.00 |
| 247 | 麻栗坡县(滇) | 油桐籽 | 331.70 |
| 248 | 桐城市(皖) | 油桐籽 | 330.00 |
| 249 | 田阳县(桂) | 油桐籽 | 310.00 |
| 250 | 桐梓县(黔) | 油桐籽 | 291.00 |
| 251 | 咸安区(鄂) | 油桐籽 | 285.10 |
| 252 | 那坡县(桂) | 油桐籽 | 281.00 |
| 253 | 上杭县(闽) | 油桐籽 | 271.00 |
| 254 | 信丰县(赣) | 油桐籽 | 270.00 |
| 255 | 万载县(赣) | 油桐籽 | 260.00 |
| 256 | 禄劝彝族苗族自治县(滇) | 油桐籽 | 240.00 |
| 257 | 横　县(桂) | 油桐籽 | 237.00 |
| 258 | 平乐县(桂) | 油桐籽 | 224.00 |
| 259 | 通道侗族自治县(湘) | 油桐籽 | 222.00 |
| 260 | 武宁县(赣) | 油桐籽 | 222.00 |
| 261 | 湘乡市(湘) | 油桐籽 | 220.00 |
| 262 | 高州市(粤) | 油桐籽 | 212.00 |
| 263 | 阳新县(鄂) | 油桐籽 | 212.00 |
| 264 | 宜都市(鄂) | 油桐籽 | 210.00 |
| 265 | 勉　县(陕) | 油桐籽 | 208.00 |
| 266 | 连城县(闽) | 油桐籽 | 207.00 |
| 267 | 郧　县(鄂) | 油桐籽 | 200.00 |
| 268 | 利川市(鄂) | 油桐籽 | 200.00 |
| 269 | 连平县(粤) | 油桐籽 | 190.00 |
| 270 | 龙南县(赣) | 油桐籽 | 189.00 |

（续）

| 序号 | 主产地 | 品种 | 产量(吨) |
|---|---|---|---|
| 271 | 黔江区(渝) | 油桐籽 | 187.00 |
| 272 | 万州区(渝) | 油桐籽 | 180.00 |
| 273 | 三江侗族自治县(桂) | 油桐籽 | 175.00 |
| 274 | 巴南区(渝) | 油桐籽 | 172.00 |
| 275 | 兴安县(桂) | 油桐籽 | 168.00 |
| 276 | 昭平县(桂) | 油桐籽 | 160.00 |
| 277 | 临武县(湘) | 油桐籽 | 160.00 |
| 278 | 慈利县(湘) | 油桐籽 | 160.00 |
| 279 | 隆阳区(滇) | 油桐籽 | 154.10 |
| 280 | 江州区(桂) | 油桐籽 | 150.00 |
| 281 | 双牌县(湘) | 油桐籽 | 150.00 |
| 282 | 江安县(川) | 油桐籽 | 142.00 |
| 283 | 南安市(闽) | 油桐籽 | 141.00 |
| 284 | 蕉岭县(粤) | 油桐籽 | 138.00 |
| 285 | 连山壮族瑶族自治县(粤) | 油桐籽 | 136.00 |
| 286 | 会昌县(赣) | 油桐籽 | 135.00 |
| 287 | 长汀县(闽) | 油桐籽 | 132.00 |
| 288 | 罗城仫佬族自治县(桂) | 油桐籽 | 132.00 |
| 289 | 绥宁县(湘) | 油桐籽 | 130.00 |
| 290 | 全南县(赣) | 油桐籽 | 126.00 |
| 291 | 荔波县(黔) | 油桐籽 | 123.00 |
| 292 | 冷水滩区(湘) | 油桐籽 | 123.00 |
| 293 | 宁明县(桂) | 油桐籽 | 122.00 |
| 294 | 潜山县(皖) | 油桐籽 | 120.00 |
| 295 | 桑植县(湘) | 油桐籽 | 120.00 |
| 296 | 莲花县(赣) | 油桐籽 | 120.00 |
| 297 | 北湖区(湘) | 油桐籽 | 118.00 |
| 298 | 兴仁县(黔) | 油桐籽 | 110.00 |
| 299 | 保靖县(湘) | 油桐籽 | 110.00 |
| 300 | 连南瑶族自治县(粤) | 油桐籽 | 109.00 |
| 301 | 藤　县(桂) | 油桐籽 | 108.00 |
| 302 | 兴宾区(桂) | 油桐籽 | 105.00 |
| 303 | 临澧县(湘) | 油桐籽 | 105.00 |
| 304 | 江口县(黔) | 油桐籽 | 100.00 |
| 305 | 大悟县(鄂) | 油桐籽 | 100.00 |
| 306 | 宜章县(湘) | 油桐籽 | 100.00 |
| 307 | 岳阳县(湘) | 油桐籽 | 100.00 |
| 308 | 零陵区(湘) | 油桐籽 | 100.00 |
| 309 | 英山县(鄂) | 油桐籽 | 98.00 |
| 310 | 靖安县(赣) | 油桐籽 | 95.00 |
| 311 | 永安市(闽) | 油桐籽 | 90.00 |
| 312 | 德兴市(赣) | 油桐籽 | 90.00 |
| 313 | 石台县(皖) | 油桐籽 | 85.00 |
| 314 | 石门县(湘) | 油桐籽 | 80.00 |
| 315 | 永定区(湘) | 油桐籽 | 80.00 |
| 316 | 永顺县(湘) | 油桐籽 | 72.00 |
| 317 | 政和县(闽) | 油桐籽 | 71.00 |
| 318 | 株洲县(湘) | 油桐籽 | 68.00 |
| 319 | 英德市(粤) | 油桐籽 | 62.00 |
| 320 | 溆浦县(湘) | 油桐籽 | 62.00 |
| 321 | 霍山县(皖) | 油桐籽 | 60.00 |
| 322 | 栾川县(豫) | 油桐籽 | 60.00 |
| 323 | 凤凰县(湘) | 油桐籽 | 60.00 |
| 324 | 南郑县(陕) | 油桐籽 | 60.00 |
| 325 | 宁远县(湘) | 油桐籽 | 58.00 |
| 326 | 建始县(鄂) | 油桐籽 | 56.00 |
| 327 | 南川区(渝) | 油桐籽 | 52.00 |
| 328 | 新罗区(闽) | 油桐籽 | 52.00 |
| 329 | 南陵县(皖) | 油桐籽 | 51.00 |
| 330 | 康　县(甘) | 油桐籽 | 51.00 |
| 331 | 黄平县(黔) | 油桐籽 | 50.00 |
| 332 | 兴山县(鄂) | 油桐籽 | 50.00 |
| 333 | 辰溪县(湘) | 油桐籽 | 50.00 |
| 334 | 中方县(湘) | 油桐籽 | 50.00 |
| 335 | 宜丰县(赣) | 油桐籽 | 50.00 |
| 336 | 融水苗族自治县(桂) | 油桐籽 | 49.00 |
| 337 | 天等县(桂) | 油桐籽 | 45.00 |
| 338 | 衡东县(湘) | 油桐籽 | 45.00 |
| 339 | 南雄市(粤) | 油桐籽 | 43.00 |
| 340 | 谷城县(鄂) | 油桐籽 | 42.00 |
| 341 | 平桥区(豫) | 油桐籽 | 40.00 |
| 342 | 宝丰县(豫) | 油桐籽 | 37.00 |
| 343 | 泾　县(皖) | 油桐籽 | 35.00 |
| 344 | 泰宁县(闽) | 油桐籽 | 35.00 |
| 345 | 邵阳县(湘) | 油桐籽 | 35.00 |
| 346 | 修水县(赣) | 油桐籽 | 35.00 |
| 347 | 钦南区(桂) | 油桐籽 | 33.00 |
| 348 | 仙游县(闽) | 油桐籽 | 32.00 |
| 349 | 武夷山市(闽) | 油桐籽 | 32.00 |
| 350 | 钦北区(桂) | 油桐籽 | 30.52 |
| 351 | 舒城县(皖) | 油桐籽 | 30.00 |
| 352 | 宾阳县(桂) | 油桐籽 | 30.00 |
| 353 | 罗源县(闽) | 油桐籽 | 29.00 |
| 354 | 浦北县(桂) | 油桐籽 | 29.00 |
| 355 | 西畴县(滇) | 油桐籽 | 29.00 |
| 356 | 定南县(赣) | 油桐籽 | 28.00 |
| 357 | 东至县(皖) | 油桐籽 | 26.00 |
| 358 | 秀山土家族苗族自治县(渝) | 油桐籽 | 25.00 |
| 359 | 梅县区(粤) | 油桐籽 | 25.00 |
| 360 | 蓝山县(湘) | 油桐籽 | 24.00 |

(续)

| 序号 | 主要木本工业用油料主产地 | 品种 | 产量(吨) |
|---|---|---|---|
| 361 | 武隆县(渝) | 油桐籽 | 23.00 |
| 362 | 苍梧县(桂) | 油桐籽 | 23.00 |
| 363 | 武宣县(桂) | 油桐籽 | 22.00 |
| 364 | 京山县(鄂) | 油桐籽 | 20.00 |
| 365 | 江永县(湘) | 油桐籽 | 20.00 |
| 366 | 常宁市(湘) | 油桐籽 | 20.00 |
| 367 | 兰坪白族普米族自治县(滇) | 油桐籽 | 20.00 |
| 368 | 合山市(桂) | 油桐籽 | 19.00 |
| 369 | 兴文县(川) | 油桐籽 | 19.00 |
| 370 | 雨湖区(湘) | 油桐籽 | 18.00 |
| 371 | 梅列区(闽) | 油桐籽 | 16.00 |
| 372 | 覃塘区(桂) | 油桐籽 | 16.00 |
| 373 | 枣阳市(鄂) | 油桐籽 | 15.00 |
| 374 | 南漳县(鄂) | 油桐籽 | 15.00 |
| 375 | 开　县(渝) | 油桐籽 | 13.70 |
| 376 | 汨罗市(湘) | 油桐籽 | 12.00 |
| 377 | 鼎城区(湘) | 油桐籽 | 12.00 |
| 378 | 新丰县(粤) | 油桐籽 | 11.00 |
| 379 | 靖西县(桂) | 油桐籽 | 10.00 |
| 380 | 浠水县(鄂) | 油桐籽 | 10.00 |
| 381 | 保康县(鄂) | 油桐籽 | 10.00 |

(续)

| 序号 | 主要木本工业用油料主产地 | 品种 | 产量(吨) |
|---|---|---|---|
| 382 | 咸丰县(鄂) | 油桐籽 | 10.00 |
| 383 | 北川羌族自治县(川) | 油桐籽 | 10.00 |
| 384 | 乳源瑶族自治县(粤) | 樟树籽 | 12680.00 |
| 385 | 石门县(湘) | 樟树籽 | 1000.00 |
| 386 | 犍为县(川) | 樟树籽 | 411.00 |
| 387 | 祁东县(湘) | 樟树籽 | 280.00 |
| 388 | 芜湖县(皖) | 樟树籽 | 190.00 |
| 389 | 桑植县(湘) | 樟树籽 | 60.00 |
| 390 | 望城区(湘) | 樟树籽 | 12.00 |
| 391 | 城固县(陕) | 棕榈籽 | 1580.00 |
| 392 | 于都县(赣) | 棕榈籽 | 940.00 |
| 393 | 合川区(渝) | 棕榈籽 | 508.00 |
| 394 | 桐梓县(黔) | 棕榈籽 | 392.00 |
| 395 | 汉阴县(陕) | 棕榈籽 | 324.00 |
| 396 | 阳新县(鄂) | 棕榈籽 | 117.00 |
| 397 | 蓝山县(湘) | 棕榈籽 | 41.00 |
| 398 | 株洲县(湘) | 棕榈籽 | 39.00 |
| 399 | 兴山县(鄂) | 棕榈籽 | 32.00 |
| 400 | 武隆县(渝) | 棕榈籽 | 22.00 |
| 401 | 利川市(鄂) | 棕榈籽 | 20.00 |

**表 7-1　苹果主产地产量**

| 序号 | 苹果主产地 | 产量(吨) |
|---|---|---|
| 1 | 顺义区(京) | 20133.00 |
| 2 | 昌平区(京) | 15951.20 |
| 3 | 密云县(京) | 11461.00 |
| 4 | 通州区(京) | 7687.40 |
| 5 | 房山区(京) | 2812.60 |
| 6 | 怀柔区(京) | 1400.30 |
| 7 | 深州市(冀) | 244494.00 |
| 8 | 承德县(冀) | 205402.00 |
| 9 | 青龙满族自治县(冀) | 181000.00 |
| 10 | 乐亭县(冀) | 157626.00 |
| 11 | 围场满族蒙古族自治县(冀) | 143397.20 |
| 12 | 平泉县(冀) | 139365.00 |
| 13 | 邢台县(冀) | 103714.00 |
| 14 | 辛集市(冀) | 101220.00 |
| 15 | 抚宁区(冀) | 98538.00 |
| 16 | 迁安市(冀) | 80425.00 |
| 17 | 遵化市(冀) | 77420.00 |
| 18 | 兴隆县(冀) | 75458.00 |
| 19 | 枣强县(冀) | 75437.00 |
| 20 | 昌黎县(冀) | 70600.00 |
| 21 | 深泽县(冀) | 68714.00 |

(续)

| 序号 | 苹果主产地 | 产量(吨) |
|---|---|---|
| 22 | 顺平县(冀) | 68650.00 |
| 23 | 三河市(冀) | 61780.00 |
| 24 | 冀州市(冀) | 59374.00 |
| 25 | 涿鹿县(冀) | 53768.00 |
| 26 | 藁城区(冀) | 43640.00 |
| 27 | 井陉县(冀) | 43560.00 |
| 28 | 武邑县(冀) | 40499.00 |
| 29 | 故城县(冀) | 38854.00 |
| 30 | 玉田县(冀) | 38800.00 |
| 31 | 宽城满族自治县(冀) | 35000.00 |
| 32 | 卢龙县(冀) | 33593.00 |
| 33 | 丰润区(冀) | 30000.00 |
| 34 | 怀来县(冀) | 28825.00 |
| 35 | 魏　县(冀) | 27745.00 |
| 36 | 隆尧县(冀) | 26084.00 |
| 37 | 献　县(冀) | 26033.00 |
| 38 | 定州市(冀) | 25600.00 |
| 39 | 新河县(冀) | 25403.00 |
| 40 | 内丘县(冀) | 24615.00 |
| 41 | 景　县(冀) | 23733.00 |
| 42 | 肥乡县(冀) | 22000.00 |

(续)

| 序号 | 苹果主产地 | 产量(吨) |
|---|---|---|
| 43 | 阜城县(冀) | 21320.00 |
| 44 | 肃宁县(冀) | 21123.00 |
| 45 | 安平县(冀) | 20535.00 |
| 46 | 晋州市(冀) | 20000.00 |
| 47 | 平山县(冀) | 19500.00 |
| 48 | 永清县(冀) | 19000.00 |
| 49 | 南宫市(冀) | 18676.00 |
| 50 | 成安县(冀) | 18600.00 |
| 51 | 无极县(冀) | 18254.00 |
| 52 | 武安市(冀) | 18100.00 |
| 53 | 饶阳县(冀) | 18098.00 |
| 54 | 文安县(冀) | 18076.00 |
| 55 | 南皮县(冀) | 17210.00 |
| 56 | 桃城区(冀) | 17098.00 |
| 57 | 安国市(冀) | 16660.00 |
| 58 | 曲周县(冀) | 16520.00 |
| 59 | 海港区(冀) | 16495.00 |
| 60 | 临城县(冀) | 15800.00 |
| 61 | 泊头市(冀) | 15640.00 |
| 62 | 盐山县(冀) | 15000.00 |
| 63 | 鹿泉区(冀) | 14195.00 |

（续）

| 序号 | 苹果主产地 | 产量(吨) | 序号 | 苹果主产地 | 产量(吨) | 序号 | 苹果主产地 | 产量(吨) |
|---|---|---|---|---|---|---|---|---|
| 64 | 巨鹿县(冀) | 12410.00 | 109 | 青　县(冀) | 3878.00 | 154 | 临猗县(晋) | 1990.00 |
| 65 | 隆化县(冀) | 12350.00 | 110 | 邯山区(冀) | 3785.00 | 155 | 长治县(晋) | 1900.00 |
| 66 | 博野县(冀) | 11200.00 | 111 | 新乐市(冀) | 3750.00 | 156 | 长治市郊区(晋) | 1795.00 |
| 67 | 馆陶县(冀) | 11032.00 | 112 | 井陉矿区(冀) | 3710.00 | 157 | 安泽县(晋) | 1720.00 |
| 68 | 邱　县(冀) | 11000.00 | 113 | 崇礼区(冀) | 3484.00 | 158 | 尖草坪区(晋) | 1250.00 |
| 69 | 宁晋县(冀) | 10769.00 | 114 | 武强县(冀) | 3448.00 | 159 | 五台县(晋) | 1039.00 |
| 70 | 沧　县(冀) | 10155.00 | 115 | 柏乡县(冀) | 3323.00 | 160 | 宁城县(内蒙古) | 31500.00 |
| 71 | 蠡　县(冀) | 10000.00 | 116 | 唐海县(冀) | 3190.00 | 161 | 阿鲁科尔沁旗(内蒙古) | 26100.00 |
| 72 | 望都县(冀) | 9500.00 | 117 | 正定县(冀) | 3112.00 | 162 | 松山区(内蒙古) | 14254.00 |
| 73 | 迁西县(冀) | 9438.00 | 118 | 大厂回族自治县(冀) | 3023.00 | 163 | 敖汉旗(内蒙古) | 9309.00 |
| 74 | 临漳县(冀) | 9300.00 | 119 | 东光县(冀) | 3000.00 | 164 | 林西县(内蒙古) | 8600.00 |
| 75 | 吴桥县(冀) | 9039.00 | 120 | 磁　县(冀) | 2904.00 | 165 | 土默特右旗(内蒙古) | 8522.50 |
| 76 | 行唐县(冀) | 9000.00 | 121 | 安新县(冀) | 2800.00 | 166 | 土默特左旗(内蒙古) | 7550.00 |
| 77 | 大名县(冀) | 8940.00 | 122 | 秦皇岛开发区(冀) | 2761.00 | 167 | 奈曼旗(内蒙古) | 7043.00 |
| 78 | 广平县(冀) | 8640.00 | 123 | 怀安县(冀) | 2300.00 | 168 | 巴林左旗(内蒙古) | 6200.00 |
| 79 | 香河县(冀) | 8500.00 | 124 | 峰峰矿区(冀) | 2033.00 | 169 | 元宝山区(内蒙古) | 3872.00 |
| 80 | 威　县(冀) | 8020.00 | 125 | 永年县(冀) | 2000.00 | 170 | 临河区(内蒙古) | 3600.00 |
| 81 | 海兴县(冀) | 7875.00 | 126 | 南和县(冀) | 1857.00 | 171 | 开鲁县(内蒙古) | 3300.00 |
| 82 | 曲阳县(冀) | 7660.00 | 127 | 广宗县(冀) | 1808.00 | 172 | 喀喇沁旗(内蒙古) | 2700.00 |
| 83 | 易　县(冀) | 7500.00 | 128 | 清河县(冀) | 1792.00 | 173 | 科尔沁左翼中旗(内蒙古) | 2430.00 |
| 84 | 徐水县(冀) | 7283.00 | 129 | 邢台市桥西区(冀) | 1653.00 | 174 | 红山区(内蒙古) | 2351.00 |
| 85 | 雄　县(冀) | 7000.00 | 130 | 高碑店市(冀) | 1462.00 | 175 | 乌审旗(内蒙古) | 2000.00 |
| 86 | 沙河市(冀) | 6933.00 | 131 | 运河区(冀) | 1048.00 | 176 | 巴林右旗(内蒙古) | 1798.00 |
| 87 | 任丘市(冀) | 6270.00 | 132 | 翼城县(晋) | 180000.00 | 177 | 杭锦旗(内蒙古) | 1500.00 |
| 88 | 灵寿县(冀) | 6250.00 | 133 | 吉　县(晋) | 180000.00 | 178 | 和林格尔县(内蒙古) | 1010.00 |
| 89 | 固安县(冀) | 6100.00 | 134 | 夏　县(晋) | 143445.00 | 179 | 绥中县(辽) | 400000.00 |
| 90 | 古冶区(冀) | 5753.00 | 135 | 襄汾县(晋) | 105000.00 | 180 | 普兰店市(辽) | 248038.00 |
| 91 | 平乡县(冀) | 5685.00 | 136 | 平陆县(晋) | 80500.00 | 181 | 盖州市(辽) | 187610.00 |
| 92 | 任　县(冀) | 5531.00 | 137 | 稷山县(晋) | 53590.00 | 182 | 新民市(辽) | 118200.00 |
| 93 | 临西县(冀) | 5346.00 | 138 | 曲沃县(晋) | 35365.00 | 183 | 海城市(辽) | 56000.00 |
| 94 | 唐　县(冀) | 5305.00 | 139 | 新绛县(晋) | 32160.00 | 184 | 台安县(辽) | 55000.00 |
| 95 | 丰宁满族自治县(冀) | 5270.00 | 140 | 河津市(晋) | 24015.00 | 185 | 东港市(辽) | 54504.00 |
| 96 | 黄骅市(冀) | 5256.00 | 141 | 高平市(晋) | 23300.00 | 186 | 朝阳县(辽) | 53000.00 |
| 97 | 广阳区(冀) | 5182.00 | 142 | 阳曲县(晋) | 16250.00 | 187 | 喀喇沁左翼蒙古族自治县(辽) | 45342.00 |
| 98 | 大城县(冀) | 5050.00 | 143 | 闻喜县(晋) | 12076.00 | 188 | 浑南区(辽) | 37250.00 |
| 99 | 赞皇县(冀) | 5000.00 | 144 | 浮山县(晋) | 11000.00 | 189 | 义　县(辽) | 35000.00 |
| 100 | 霸州市(冀) | 4836.00 | 145 | 侯马市(晋) | 8663.00 | 190 | 大连市金州新区(辽) | 33800.00 |
| 101 | 清苑县(冀) | 4760.00 | 146 | 定襄县(晋) | 8000.00 | 191 | 阜新蒙古族自治县(辽) | 27800.00 |
| 102 | 涞水县(冀) | 4600.00 | 147 | 壶关县(晋) | 7600.00 | 192 | 建昌县(辽) | 27000.00 |
| 103 | 赤城县(冀) | 4560.00 | 148 | 洪洞县(晋) | 5456.00 | 193 | 宽甸满族自治县(辽) | 25000.00 |
| 104 | 满城县(冀) | 4550.00 | 149 | 忻府区(晋) | 4321.10 | 194 | 旅顺口区(辽) | 24000.00 |
| 105 | 河间市(冀) | 4350.00 | 150 | 阳泉市郊区(晋) | 4125.00 | 195 | 于洪区(辽) | 22000.00 |
| 106 | 宣化区(冀) | 4184.00 | 151 | 垣曲县(晋) | 3500.00 | 196 | 连山区(辽) | 20200.00 |
| 107 | 孟村回族自治县(冀) | 4150.00 | 152 | 长子县(晋) | 2890.00 | 197 | 法库县(辽) | 20000.00 |
| 108 | 丰南区(冀) | 3943.00 | 153 | 黎城县(晋) | 2800.00 | 198 | 铁岭县(辽) | 20000.00 |

(续)

| 序号 | 苹果主产地 | 产量(吨) |
|---|---|---|
| 199 | 鞍山市开发区(辽) | 18055.00 |
| 200 | 兴城市(辽) | 18000.00 |
| 201 | 太和区(辽) | 12000.00 |
| 202 | 凤城市(辽) | 11025.00 |
| 203 | 甘井子区(辽) | 11000.00 |
| 204 | 北票市(辽) | 10000.00 |
| 205 | 康平县(辽) | 10000.00 |
| 206 | 辽阳县(辽) | 9000.00 |
| 207 | 南票区(辽) | 8000.00 |
| 208 | 大石桥市(辽) | 7150.00 |
| 209 | 清河区(辽) | 7000.00 |
| 210 | 沈北新区(辽) | 7000.00 |
| 211 | 建平县(辽) | 6800.00 |
| 212 | 岫岩满族自治县(辽) | 6250.00 |
| 213 | 清原满族自治县(辽) | 5700.00 |
| 214 | 昌图县(辽) | 5000.00 |
| 215 | 抚顺县(辽) | 4600.00 |
| 216 | 苏家屯区(辽) | 4421.00 |
| 217 | 文圣区(辽) | 4410.00 |
| 218 | 千山区(辽) | 4073.00 |
| 219 | 北镇市(辽) | 4000.00 |
| 220 | 太子河区(辽) | 3300.00 |
| 221 | 盘山县(辽) | 3183.00 |
| 222 | 大连市花园口经济开发区(辽) | 3000.00 |
| 223 | 大连市保税区(辽) | 2772.00 |
| 224 | 大连市长兴岛临港工业区(辽) | 2500.00 |
| 225 | 龙城区(辽) | 2000.00 |
| 226 | 振安区(辽) | 1500.00 |
| 227 | 宏伟区(辽) | 1420.00 |
| 228 | 凌海市(辽) | 1100.00 |
| 229 | 大洼县(辽) | 1080.00 |
| 230 | 调兵山市(辽) | 1050.00 |
| 231 | 大连市高新技术园区(辽) | 1000.00 |
| 232 | 珲春市(吉) | 18762.00 |
| 233 | 东丰县(吉) | 10941.00 |
| 234 | 蛟河市(吉) | 9951.50 |
| 235 | 柳河县(吉) | 6000.00 |
| 236 | 磐石市(吉) | 5320.00 |
| 237 | 辉南县(吉) | 4600.00 |
| 238 | 集安市(吉) | 3084.00 |
| 239 | 榆树市(吉) | 2500.00 |
| 240 | 洮南市(吉) | 1100.00 |
| 241 | 桦甸市(吉) | 1014.25 |
| 242 | 牡丹江市市本级(黑) | 95819.00 |
| 243 | 北安市(黑) | 15000.00 |

(续)

| 序号 | 苹果主产地 | 产量(吨) |
|---|---|---|
| 244 | 林口县(黑) | 5530.00 |
| 245 | 恒山区(黑) | 2300.00 |
| 246 | 杜尔伯特蒙古族自治县(黑) | 1120.00 |
| 247 | 丰　县(苏) | 434000.00 |
| 248 | 沛　县(苏) | 36000.00 |
| 249 | 沭阳县(苏) | 26500.00 |
| 250 | 赣榆区(苏) | 15210.00 |
| 251 | 睢宁县(苏) | 11380.00 |
| 252 | 铜山区(苏) | 10430.00 |
| 253 | 涟水县(苏) | 10000.00 |
| 254 | 邳州市(苏) | 8063.00 |
| 255 | 滨海县(苏) | 6100.00 |
| 256 | 泗阳县(苏) | 6075.00 |
| 257 | 阜宁县(苏) | 4000.00 |
| 258 | 盐都区(苏) | 2680.00 |
| 259 | 灌云县(苏) | 1920.00 |
| 260 | 新沂市(苏) | 1700.00 |
| 261 | 砀山县(皖) | 297000.00 |
| 262 | 灵璧县(皖) | 15957.00 |
| 263 | 凤阳县(皖) | 9650.00 |
| 264 | 埇桥区(皖) | 2166.00 |
| 265 | 栖霞市(鲁) | 1897712.00 |
| 266 | 蓬莱市(鲁) | 917000.00 |
| 267 | 沂源县(鲁) | 874330.00 |
| 268 | 牟平区(鲁) | 562466.00 |
| 269 | 海阳市(鲁) | 502000.00 |
| 270 | 莱州市(鲁) | 349986.00 |
| 271 | 荣成市(鲁) | 340000.00 |
| 272 | 莱阳市(鲁) | 326000.00 |
| 273 | 沂水县(鲁) | 260280.00 |
| 274 | 冠　县(鲁) | 219000.00 |
| 275 | 文登市(鲁) | 213500.00 |
| 276 | 龙口市(鲁) | 198407.00 |
| 277 | 岱岳区(鲁) | 113042.00 |
| 278 | 新泰市(鲁) | 102061.00 |
| 279 | 寿光市(鲁) | 101300.00 |
| 280 | 莱山区(鲁) | 60000.00 |
| 281 | 东港区(鲁) | 56810.00 |
| 282 | 惠民县(鲁) | 55830.00 |
| 283 | 诸城市(鲁) | 51129.00 |
| 284 | 蒙阴县(鲁) | 44200.00 |
| 285 | 威海市工业新区(鲁) | 42200.00 |
| 286 | 寒亭区(鲁) | 34865.00 |
| 287 | 肥城市(鲁) | 34419.00 |
| 288 | 临清市(鲁) | 31800.00 |

(续)

| 序号 | 苹果主产地 | 产量(吨) |
|---|---|---|
| 289 | 莒　县(鲁) | 31200.00 |
| 290 | 环翠区(鲁) | 30472.00 |
| 291 | 岚山区(鲁) | 30012.00 |
| 292 | 河口区(鲁) | 29190.00 |
| 293 | 高青县(鲁) | 29000.00 |
| 294 | 鄄城县(鲁) | 28000.00 |
| 295 | 曲阜市(鲁) | 26000.00 |
| 296 | 福山区(鲁) | 25470.00 |
| 297 | 费　县(鲁) | 25000.00 |
| 298 | 五莲县(鲁) | 24500.00 |
| 299 | 邹城市(鲁) | 23237.00 |
| 300 | 乐陵市(鲁) | 22797.00 |
| 301 | 高密市(鲁) | 18668.00 |
| 302 | 嘉祥县(鲁) | 16759.00 |
| 303 | 临朐县(鲁) | 16500.00 |
| 304 | 安丘市(鲁) | 16000.00 |
| 305 | 阳谷县(鲁) | 15800.00 |
| 306 | 莱城区(鲁) | 15430.00 |
| 307 | 泗水县(鲁) | 15300.00 |
| 308 | 潍城区(鲁) | 14755.00 |
| 309 | 山亭区(鲁) | 14560.00 |
| 310 | 梁山县(鲁) | 13089.00 |
| 311 | 莒南县(鲁) | 12760.00 |
| 312 | 东昌府区(鲁) | 12237.00 |
| 313 | 东阿县(鲁) | 10600.00 |
| 314 | 平原县(鲁) | 10253.10 |
| 315 | 临邑县(鲁) | 10125.00 |
| 316 | 昌乐县(鲁) | 9732.00 |
| 317 | 滨城区(鲁) | 9005.00 |
| 318 | 东平县(鲁) | 8351.00 |
| 319 | 临沂市临港经济开发区(鲁) | 7800.00 |
| 320 | 垦利县(鲁) | 7700.00 |
| 321 | 阳信县(鲁) | 7000.00 |
| 322 | 泰山区(鲁) | 6700.00 |
| 323 | 青州市(鲁) | 6600.00 |
| 324 | 沾化县(鲁) | 6500.00 |
| 325 | 宁阳县(鲁) | 5900.00 |
| 326 | 茌平县(鲁) | 5838.00 |
| 327 | 武城县(鲁) | 5436.00 |
| 328 | 临沭县(鲁) | 5163.00 |
| 329 | 齐河县(鲁) | 5000.00 |
| 330 | 高唐县(鲁) | 4135.00 |
| 331 | 博山区(鲁) | 4100.00 |
| 332 | 曹　县(鲁) | 4050.00 |
| 333 | 博兴县(鲁) | 3895.00 |

（续）

| 序号 | 苹果主产地 | 产量(吨) |
|---|---|---|
| 334 | 莱芜市雪野旅游区(鲁) | 3080.20 |
| 335 | 济阳县(鲁) | 3029.00 |
| 336 | 邹平县(鲁) | 3002.00 |
| 337 | 张店区(鲁) | 3000.00 |
| 338 | 威海市高技术产业开发区(鲁) | 2935.00 |
| 339 | 威海市经济技术开发区(鲁) | 2627.00 |
| 340 | 潍坊市市辖区(鲁) | 2500.00 |
| 341 | 兰陵县(鲁) | 1862.00 |
| 342 | 德城区(鲁) | 1818.00 |
| 343 | 陵城区(鲁) | 1789.00 |
| 344 | 长清区(鲁) | 1650.00 |
| 345 | 东明县(鲁) | 1600.00 |
| 346 | 汶上县(鲁) | 1550.00 |
| 347 | 临淄区(鲁) | 1503.00 |
| 348 | 坊子区(鲁) | 1320.00 |
| 349 | 微山县(鲁) | 1268.00 |
| 350 | 潍坊市峡山区(鲁) | 1200.00 |
| 351 | 灵宝市(豫) | 1020465.00 |
| 352 | 陕　县(豫) | 570000.00 |
| 353 | 洛宁县(豫) | 200000.00 |
| 354 | 南乐县(豫) | 113292.00 |
| 355 | 封丘县(豫) | 78750.00 |
| 356 | 永城市(豫) | 65000.00 |
| 357 | 原阳县(豫) | 49500.00 |
| 358 | 兰考县(豫) | 47160.00 |
| 359 | 通许县(豫) | 45057.00 |
| 360 | 内黄县(豫) | 45000.00 |
| 361 | 孟州市(豫) | 42000.00 |
| 362 | 民权县(豫) | 39300.00 |
| 363 | 卢氏县(豫) | 36500.00 |
| 364 | 梁园区(豫) | 30912.00 |
| 365 | 汤阴县(豫) | 30555.00 |
| 366 | 武陟县(豫) | 21000.00 |
| 367 | 西华县(豫) | 19400.00 |
| 368 | 林州市(豫) | 18725.00 |
| 369 | 睢阳区(豫) | 17495.00 |
| 370 | 湖滨区(豫) | 15000.00 |
| 371 | 夏邑县(豫) | 13500.00 |
| 372 | 宜阳县(豫) | 12000.00 |
| 373 | 宁陵县(豫) | 11237.00 |
| 374 | 濮阳市高新区(豫) | 9900.00 |
| 375 | 卫辉市(豫) | 9260.00 |
| 376 | 孟津县(豫) | 9000.00 |
| 377 | 济源市(豫) | 7695.00 |
| 378 | 清丰县(豫) | 7500.00 |

（续）

| 序号 | 苹果主产地 | 产量(吨) |
|---|---|---|
| 379 | 安阳县(豫) | 7300.00 |
| 380 | 荥阳市(豫) | 6304.40 |
| 381 | 杞　县(豫) | 5500.00 |
| 382 | 太康县(豫) | 4560.00 |
| 383 | 开封县(豫) | 4500.00 |
| 384 | 获嘉县(豫) | 4300.00 |
| 385 | 濮阳县(豫) | 4200.00 |
| 386 | 新乡县(豫) | 4010.00 |
| 387 | 扶沟县(豫) | 3858.00 |
| 388 | 汝州市(豫) | 3700.00 |
| 389 | 伊川县(豫) | 3600.00 |
| 390 | 台前县(豫) | 3500.00 |
| 391 | 登封市(豫) | 2673.00 |
| 392 | 柘城县(豫) | 2610.00 |
| 393 | 淇滨区(豫) | 2260.00 |
| 394 | 龙安区(豫) | 1755.00 |
| 395 | 郸城县(豫) | 1600.00 |
| 396 | 栾川县(豫) | 1600.00 |
| 397 | 凤泉区(豫) | 1538.00 |
| 398 | 范　县(豫) | 1430.00 |
| 399 | 辉县市(豫) | 1260.00 |
| 400 | 枣阳市(鄂) | 7200.00 |
| 401 | 谷城县(鄂) | 1373.00 |
| 402 | 奉节县(渝) | 2350.00 |
| 403 | 南岸区(渝) | 2161.00 |
| 404 | 盐源县(川) | 355000.00 |
| 405 | 中江县(川) | 28888.00 |
| 406 | 万源市(川) | 8000.00 |
| 407 | 木里藏族自治县(川) | 6074.90 |
| 408 | 越西县(川) | 4796.00 |
| 409 | 利州区(川) | 2800.00 |
| 410 | 会理县(川) | 2262.00 |
| 411 | 乡城县(川) | 1840.00 |
| 412 | 恩阳区(川) | 1560.00 |
| 413 | 苍溪县(川) | 1100.00 |
| 414 | 宣汉县(川) | 1010.00 |
| 415 | 美姑县(川) | 1000.00 |
| 416 | 西秀区(黔) | 6900.00 |
| 417 | 马龙县(滇) | 53538.00 |
| 418 | 香格里拉县(滇) | 10665.00 |
| 419 | 玉龙纳西族自治县(滇) | 10509.00 |
| 420 | 西山区(滇) | 8576.00 |
| 421 | 漾濞彝族自治县(滇) | 6920.00 |
| 422 | 洱源县(滇) | 5200.00 |
| 423 | 师宗县(滇) | 3851.00 |

（续）

| 序号 | 苹果主产地 | 产量(吨) |
|---|---|---|
| 424 | 富源县(滇) | 3401.00 |
| 425 | 鹤庆县(滇) | 1878.00 |
| 426 | 永胜县(滇) | 1739.20 |
| 427 | 武定县(滇) | 1613.00 |
| 428 | 南华县(滇) | 1103.00 |
| 429 | 淳化县(陕) | 575860.00 |
| 430 | 永寿县(陕) | 294000.00 |
| 431 | 旬邑县(陕) | 198886.00 |
| 432 | 礼泉县(陕) | 156000.00 |
| 433 | 凤翔县(陕) | 145655.00 |
| 434 | 韩城市林业局(陕) | 134747.00 |
| 435 | 三原县(陕) | 120000.00 |
| 436 | 岐山县(陕) | 106050.00 |
| 437 | 陈仓区(陕) | 96263.00 |
| 438 | 绥德县(陕) | 79645.00 |
| 439 | 铜川市新区(陕) | 70000.00 |
| 440 | 凤　县(陕) | 53368.00 |
| 441 | 王益区(陕) | 36800.00 |
| 442 | 秦都区(陕) | 36628.00 |
| 443 | 陇　县(陕) | 26670.00 |
| 444 | 米脂县(陕) | 22483.00 |
| 445 | 千阳县(陕) | 15129.00 |
| 446 | 靖边县(陕) | 10050.00 |
| 447 | 子洲县(陕) | 7200.00 |
| 448 | 杨凌区农林局(陕) | 7102.00 |
| 449 | 泾阳县(陕) | 6355.00 |
| 450 | 临潼区(陕) | 4500.00 |
| 451 | 旬阳县(陕) | 3042.00 |
| 452 | 麟游县(陕) | 2887.00 |
| 453 | 眉　县(陕) | 2425.00 |
| 454 | 定边县(陕) | 1526.00 |
| 455 | 略阳县(陕) | 1393.00 |
| 456 | 山阳县(陕) | 1315.00 |
| 457 | 商州区(陕) | 1100.00 |
| 458 | 柞水县(陕) | 1096.00 |
| 459 | 礼　县(甘) | 2940000.00 |
| 460 | 秦安县(甘) | 622938.97 |
| 461 | 甘谷县(甘) | 470888.00 |
| 462 | 麦积区(甘) | 450221.00 |
| 463 | 泾川县(甘) | 403262.00 |
| 464 | 庄浪县(甘) | 400000.00 |
| 465 | 秦州区(甘) | 332260.00 |
| 466 | 庆城县(甘) | 152640.00 |
| 467 | 清水县(甘) | 136286.00 |
| 468 | 西峰区(甘) | 126921.00 |

(续)

| 序号 | 苹果主产地 | 产量(吨) |
|---|---|---|
| 469 | 正宁县(甘) | 107310.00 |
| 470 | 镇原县(甘) | 98000.00 |
| 471 | 张家川回族自治县(甘) | 75503.00 |
| 472 | 武山县(甘) | 69490.00 |
| 473 | 崆峒区(甘) | 62878.00 |
| 474 | 会宁县(甘) | 57980.00 |
| 475 | 靖远县(甘) | 42995.00 |
| 476 | 崇信县(甘) | 30000.00 |
| 477 | 宁　县(甘) | 29168.00 |
| 478 | 西和县(甘) | 15000.00 |
| 479 | 白银区(甘) | 15000.00 |
| 480 | 七里河区(甘) | 14630.00 |
| 481 | 环　县(甘) | 13955.00 |
| 482 | 红古区(甘) | 11895.00 |
| 483 | 高台县(甘) | 10900.00 |
| 484 | 皋兰县(甘) | 10001.41 |
| 485 | 华池县(甘) | 10000.00 |
| 486 | 古浪县(甘) | 9100.00 |
| 487 | 甘州区(甘) | 7000.00 |
| 488 | 迭部县(甘) | 6525.00 |
| 489 | 榆中县(甘) | 6200.00 |
| 490 | 通渭县(甘) | 6000.00 |
| 491 | 金塔县(甘) | 5752.00 |
| 492 | 西固区(甘) | 5500.00 |
| 493 | 肃州区(甘) | 3459.50 |
| 494 | 徽　县(甘) | 2762.00 |
| 495 | 永登县(甘) | 2413.00 |
| 496 | 敦煌市(甘) | 1600.00 |
| 497 | 平川区(甘) | 1400.00 |
| 498 | 临泽县(甘) | 1322.90 |
| 499 | 临夏县(甘) | 1309.00 |
| 500 | 康　县(甘) | 1234.00 |
| 501 | 安定区(甘) | 1100.00 |
| 502 | 嘉峪关市(甘) | 1000.00 |
| 503 | 沙坡头区(宁) | 160000.00 |
| 504 | 中宁县(宁) | 100000.00 |
| 505 | 利通区(宁) | 46000.00 |
| 506 | 灵武市(宁) | 23528.00 |
| 507 | 农垦事业管理局(宁) | 18721.00 |
| 508 | 大武口区(宁) | 13205.00 |
| 509 | 永宁县(宁) | 10000.00 |
| 510 | 海原县(宁) | 9123.00 |
| 511 | 贺兰县(宁) | 7001.30 |
| 512 | 青铜峡市(宁) | 7000.00 |
| 513 | 惠农区(宁) | 6215.18 |
| 514 | 宁夏仁存渡护岸林场(宁) | 3184.50 |
| 515 | 平罗县(宁) | 1320.00 |

### 表 7-2　梨主产地产量

| 序号 | 梨主产地 | 产量(吨) |
|---|---|---|
| 1 | 顺义区(京) | 25138.00 |
| 2 | 密云县(京) | 17941.00 |
| 3 | 通州区(京) | 8472.90 |
| 4 | 房山区(京) | 3370.90 |
| 5 | 怀柔区(京) | 2561.10 |
| 6 | 昌平区(京) | 1601.50 |
| 7 | 赵　县(冀) | 620000.00 |
| 8 | 晋州市(冀) | 614200.00 |
| 9 | 泊头市(冀) | 432418.00 |
| 10 | 深州市(冀) | 410563.00 |
| 11 | 辛集市(冀) | 337064.00 |
| 12 | 宁晋县(冀) | 288838.00 |
| 13 | 阜城县(冀) | 203670.00 |
| 14 | 魏　县(冀) | 195720.00 |
| 15 | 藁城区(冀) | 178355.00 |
| 16 | 定州市(冀) | 99167.00 |
| 17 | 永清县(冀) | 86000.00 |
| 18 | 肃宁县(冀) | 65163.00 |
| 19 | 曲阳县(冀) | 63660.00 |
| 20 | 固安县(冀) | 60660.00 |
| 21 | 兴隆县(冀) | 58321.00 |
| 22 | 遵化市(冀) | 51813.00 |
| 23 | 青龙满族自治县(冀) | 50000.00 |
| 24 | 平泉县(冀) | 48500.00 |
| 25 | 南皮县(冀) | 40561.00 |
| 26 | 冀州市(冀) | 40539.00 |
| 27 | 昌黎县(冀) | 30015.00 |
| 28 | 滦平县(冀) | 30000.00 |
| 29 | 馆陶县(冀) | 29400.00 |
| 30 | 临漳县(冀) | 26626.00 |
| 31 | 新河县(冀) | 26567.00 |
| 32 | 乐亭县(冀) | 25637.00 |
| 33 | 深泽县(冀) | 25514.00 |
| 34 | 迁安市(冀) | 24834.00 |
| 35 | 隆尧县(冀) | 24501.00 |
| 36 | 文安县(冀) | 22259.00 |
| 37 | 饶阳县(冀) | 21801.00 |
| 38 | 迁西县(冀) | 21288.00 |
| 39 | 新乐市(冀) | 21000.00 |
| 40 | 雄　县(冀) | 20000.00 |
| 41 | 抚宁区(冀) | 19970.00 |
| 42 | 怀来县(冀) | 19900.00 |
| 43 | 成安县(冀) | 18600.00 |
| 44 | 安国市(冀) | 18410.00 |
| 45 | 涿州市(冀) | 17500.00 |
| 46 | 丰润区(冀) | 17199.00 |
| 47 | 南宫市(冀) | 17126.00 |
| 48 | 广阳区(冀) | 16844.00 |
| 49 | 青　县(冀) | 16092.00 |
| 50 | 无极县(冀) | 15203.00 |
| 51 | 承德县(冀) | 14945.00 |
| 52 | 高阳县(冀) | 14300.00 |
| 53 | 广平县(冀) | 14063.00 |
| 54 | 高碑店市(冀) | 14000.00 |
| 55 | 威　县(冀) | 13680.00 |
| 56 | 安次区(冀) | 13359.00 |
| 57 | 海兴县(冀) | 12420.00 |
| 58 | 博野县(冀) | 12400.00 |
| 59 | 任丘市(冀) | 12370.00 |
| 60 | 沧　县(冀) | 12345.00 |
| 61 | 隆化县(冀) | 12070.00 |
| 62 | 蠡　县(冀) | 12000.00 |
| 63 | 大名县(冀) | 11670.00 |
| 64 | 河间市(冀) | 10545.00 |
| 65 | 肥乡县(冀) | 10000.00 |
| 66 | 献　县(冀) | 9970.00 |
| 67 | 大城县(冀) | 9950.00 |
| 68 | 丰宁满族自治县(冀) | 9850.00 |
| 69 | 景　县(冀) | 8802.00 |
| 70 | 平乡县(冀) | 8415.00 |
| 71 | 安平县(冀) | 7980.00 |
| 72 | 丰南区(冀) | 7793.00 |
| 73 | 柏乡县(冀) | 7569.00 |
| 74 | 临西县(冀) | 6940.00 |
| 75 | 三河市(冀) | 6930.00 |
| 76 | 曲周县(冀) | 6390.00 |
| 77 | 巨鹿县(冀) | 6180.00 |
| 78 | 故城县(冀) | 6150.00 |
| 79 | 盐山县(冀) | 6000.00 |
| 80 | 海港区(冀) | 5237.00 |
| 81 | 孟村回族自治县(冀) | 5131.00 |
| 82 | 武邑县(冀) | 4794.00 |
| 83 | 清苑县(冀) | 4760.00 |
| 84 | 黄骅市(冀) | 4678.00 |
| 85 | 玉田县(冀) | 4669.00 |

（续）

| 序号 | 梨主产地 | 产量(吨) |
|---|---|---|
| 86 | 古冶区(冀) | 4470.00 |
| 87 | 枣强县(冀) | 4386.00 |
| 88 | 平山县(冀) | 4280.00 |
| 89 | 灵寿县(冀) | 4250.00 |
| 90 | 东光县(冀) | 4000.00 |
| 91 | 围场满族蒙古族自治县(冀) | 3892.50 |
| 92 | 卢龙县(冀) | 3247.00 |
| 93 | 永年县(冀) | 3080.00 |
| 94 | 霸州市(冀) | 3000.00 |
| 95 | 邯山区(冀) | 2834.00 |
| 96 | 长安区(冀) | 2800.00 |
| 97 | 新华区(冀) | 2675.00 |
| 98 | 徐水县(冀) | 2661.00 |
| 99 | 吴桥县(冀) | 2657.00 |
| 100 | 秦皇岛开发区(冀) | 2307.00 |
| 101 | 南和县(冀) | 2300.00 |
| 102 | 邢台县(冀) | 2152.00 |
| 103 | 安新县(冀) | 2050.00 |
| 104 | 邢台市大曹庄管理区(冀) | 2015.00 |
| 105 | 赞皇县(冀) | 2000.00 |
| 106 | 磁　县(冀) | 1980.00 |
| 107 | 鹿泉区(冀) | 1829.00 |
| 108 | 正定县(冀) | 1800.00 |
| 109 | 宽城满族自治县(冀) | 1720.00 |
| 110 | 邢台市桥东区(冀) | 1510.00 |
| 111 | 易　县(冀) | 1500.00 |
| 112 | 临城县(冀) | 1500.00 |
| 113 | 武强县(冀) | 1420.00 |
| 114 | 桃城区(冀) | 1265.00 |
| 115 | 涿鹿县(冀) | 1214.30 |
| 116 | 广宗县(冀) | 1125.00 |
| 117 | 行唐县(冀) | 1000.00 |
| 118 | 邱　县(冀) | 1000.00 |
| 119 | 高平市(晋) | 13500.00 |
| 120 | 清徐县(晋) | 11800.00 |
| 121 | 翼城县(晋) | 6000.00 |
| 122 | 壶关县(晋) | 5850.00 |
| 123 | 定襄县(晋) | 5200.00 |
| 124 | 长子县(晋) | 3715.00 |
| 125 | 平陆县(晋) | 3000.00 |
| 126 | 阳曲县(晋) | 2500.00 |
| 127 | 忻府区(晋) | 2224.90 |
| 128 | 稷山县(晋) | 1900.00 |
| 129 | 河津市(晋) | 1786.00 |
| 130 | 夏　县(晋) | 1730.00 |

（续）

| 序号 | 梨主产地 | 产量(吨) |
|---|---|---|
| 131 | 长治县(晋) | 1400.00 |
| 132 | 襄汾县(晋) | 1300.00 |
| 133 | 尖草坪区(晋) | 1000.00 |
| 134 | 杭锦后旗(内蒙古) | 24160.00 |
| 135 | 临河区(内蒙古) | 15669.00 |
| 136 | 宁城县(内蒙古) | 11250.00 |
| 137 | 喀喇沁旗(内蒙古) | 7000.00 |
| 138 | 巴林左旗(内蒙古) | 2600.00 |
| 139 | 敖汉旗(内蒙古) | 1830.00 |
| 140 | 绥中县(辽) | 320000.00 |
| 141 | 海城市(辽) | 185000.00 |
| 142 | 建平县(辽) | 120000.00 |
| 143 | 千山区(辽) | 118679.00 |
| 144 | 建昌县(辽) | 55000.00 |
| 145 | 辽阳县(辽) | 50000.00 |
| 146 | 义　县(辽) | 45000.00 |
| 147 | 北镇市(辽) | 40400.00 |
| 148 | 鞍山市开发区(辽) | 36110.00 |
| 149 | 喀喇沁左翼蒙古族自治县(辽) | 29310.00 |
| 150 | 连山区(辽) | 26000.00 |
| 151 | 东港市(辽) | 25685.00 |
| 152 | 北票市(辽) | 25000.00 |
| 153 | 康平县(辽) | 18000.00 |
| 154 | 宽甸满族自治县(辽) | 15000.00 |
| 155 | 大石桥市(辽) | 15000.00 |
| 156 | 凤城市(辽) | 10300.00 |
| 157 | 兴城市(辽) | 10000.00 |
| 158 | 岫岩满族自治县(辽) | 9000.00 |
| 159 | 苏家屯区(辽) | 8900.00 |
| 160 | 清原满族自治县(辽) | 8500.00 |
| 161 | 沈北新区(辽) | 7500.00 |
| 162 | 太和区(辽) | 7500.00 |
| 163 | 大连市金州新区(辽) | 6300.00 |
| 164 | 盖州市(辽) | 4248.00 |
| 165 | 法库县(辽) | 4000.00 |
| 166 | 桓仁满族自治县(辽) | 2700.00 |
| 167 | 文圣区(辽) | 2540.00 |
| 168 | 大洼县(辽) | 2334.00 |
| 169 | 清河门区(辽) | 2125.00 |
| 170 | 清河区(辽) | 2100.00 |
| 171 | 抚顺县(辽) | 2053.00 |
| 172 | 太子河区(辽) | 2000.00 |
| 173 | 龙城区(辽) | 2000.00 |
| 174 | 甘井子区(辽) | 1980.00 |
| 175 | 普兰店市(辽) | 1930.00 |

（续）

| 序号 | 梨主产地 | 产量(吨) |
|---|---|---|
| 176 | 东洲区(辽) | 1879.00 |
| 177 | 弓长岭区(辽) | 1770.00 |
| 178 | 新邱区(辽) | 1699.00 |
| 179 | 朝阳县(辽) | 1600.00 |
| 180 | 双塔区(辽) | 1500.00 |
| 181 | 调兵山市(辽) | 1407.00 |
| 182 | 南票区(辽) | 1310.00 |
| 183 | 浑南区(辽) | 1000.00 |
| 184 | 龙井市(吉) | 30612.00 |
| 185 | 延吉市(吉) | 19550.00 |
| 186 | 柳河县(吉) | 6000.00 |
| 187 | 和龙市(吉) | 5514.00 |
| 188 | 集安市(吉) | 3315.00 |
| 189 | 图们市(吉) | 1360.00 |
| 190 | 白城市市辖区(吉) | 1028.00 |
| 191 | 牡丹江市市本级(黑) | 15525.00 |
| 192 | 密山市(黑) | 5380.00 |
| 193 | 延寿县(黑) | 4800.00 |
| 194 | 林口县(黑) | 1963.00 |
| 195 | 恒山区(黑) | 1680.00 |
| 196 | 鸡冠区(黑) | 1500.00 |
| 197 | 奉贤区(沪) | 8791.00 |
| 198 | 崇明县(沪) | 6475.27 |
| 199 | 金山区(沪) | 3112.70 |
| 200 | 松江区(沪) | 1797.00 |
| 201 | 青浦区(沪) | 1250.80 |
| 202 | 射阳县(苏) | 161500.00 |
| 203 | 丰　县(苏) | 110000.00 |
| 204 | 阜宁县(苏) | 33500.00 |
| 205 | 睢宁县(苏) | 33087.00 |
| 206 | 赣榆区(苏) | 28360.00 |
| 207 | 铜山区(苏) | 27550.00 |
| 208 | 如东县(苏) | 26400.00 |
| 209 | 启东市(苏) | 24610.00 |
| 210 | 大丰区(苏) | 24000.00 |
| 211 | 东海县(苏) | 23891.00 |
| 212 | 滨海县(苏) | 20120.00 |
| 213 | 亭湖区(苏) | 16200.00 |
| 214 | 泗阳县(苏) | 15030.00 |
| 215 | 盐都区(苏) | 13950.00 |
| 216 | 响水县(苏) | 12654.00 |
| 217 | 灌云县(苏) | 12160.00 |
| 218 | 武进区(苏) | 10506.00 |
| 219 | 沛　县(苏) | 10500.00 |
| 220 | 江阴市(苏) | 10246.00 |

(续)

| 序号 | 梨主产地 | 产量(吨) |
|---|---|---|
| 221 | 句容市(苏) | 9170.00 |
| 222 | 涟水县(苏) | 9000.00 |
| 223 | 宿豫区(苏) | 8100.00 |
| 224 | 浦口区(苏) | 7672.00 |
| 225 | 建湖县(苏) | 7186.00 |
| 226 | 高淳县(苏) | 6500.00 |
| 227 | 灌南县(苏) | 6350.00 |
| 228 | 盱眙县(苏) | 5700.00 |
| 229 | 海安县(苏) | 5600.00 |
| 230 | 高邮市(苏) | 5050.00 |
| 231 | 溧水县(苏) | 4950.00 |
| 232 | 泗洪县(苏) | 4600.00 |
| 233 | 沭阳县(苏) | 4460.00 |
| 234 | 宜兴市(苏) | 4121.00 |
| 235 | 溧阳市(苏) | 3830.00 |
| 236 | 昆山市(苏) | 3512.00 |
| 237 | 东台市(苏) | 3000.00 |
| 238 | 邳州市(苏) | 2980.00 |
| 239 | 兴化市(苏) | 2700.00 |
| 240 | 金坛市(苏) | 2520.00 |
| 241 | 靖江市(苏) | 2400.00 |
| 242 | 张家港市(苏) | 2237.00 |
| 243 | 宝应县(苏) | 2025.00 |
| 244 | 仪征市(苏) | 2000.00 |
| 245 | 锡山区(苏) | 1974.00 |
| 246 | 江都区(苏) | 1890.00 |
| 247 | 海州区(苏) | 1863.00 |
| 248 | 江宁区(苏) | 1715.00 |
| 249 | 六合区(苏) | 1550.00 |
| 250 | 新沂市(苏) | 1550.00 |
| 251 | 吴江市(苏) | 1488.00 |
| 252 | 泰兴市(苏) | 1380.00 |
| 253 | 淮安区(苏) | 1300.00 |
| 254 | 宿城区(苏) | 1300.00 |
| 255 | 姜堰区(苏) | 1215.00 |
| 256 | 丹徒区(苏) | 1102.00 |
| 257 | 慈溪市(浙) | 51000.00 |
| 258 | 余姚市(浙) | 23360.00 |
| 259 | 桐庐县(浙) | 22017.00 |
| 260 | 秀洲区(浙) | 20215.00 |
| 261 | 天台县(浙) | 20000.00 |
| 262 | 武义县(浙) | 16053.00 |
| 263 | 建德市(浙) | 15628.00 |
| 264 | 余杭区(浙) | 14274.00 |
| 265 | 义乌市(浙) | 13860.00 |
| 266 | 诸暨市(浙) | 13500.00 |
| 267 | 金东区(浙) | 9630.00 |
| 268 | 上虞市(浙) | 8900.00 |
| 269 | 富阳区(浙) | 8550.00 |
| 270 | 宁海县(浙) | 7000.00 |
| 271 | 江北区(浙) | 6600.00 |
| 272 | 临海市(浙) | 6500.00 |
| 273 | 浦江县(浙) | 6115.00 |
| 274 | 永康市(浙) | 5750.00 |
| 275 | 淳安县(浙) | 5544.00 |
| 276 | 仙居县(浙) | 5500.00 |
| 277 | 鄞州区(浙) | 5450.00 |
| 278 | 德清县(浙) | 5090.00 |
| 279 | 临安市(浙) | 4900.00 |
| 280 | 海盐县(浙) | 4370.00 |
| 281 | 松阳县(浙) | 4024.00 |
| 282 | 缙云县(浙) | 3567.00 |
| 283 | 青田县(浙) | 3430.00 |
| 284 | 温岭市(浙) | 3320.00 |
| 285 | 象山县(浙) | 3253.00 |
| 286 | 莲都区(浙) | 3226.00 |
| 287 | 长兴县(浙) | 3000.00 |
| 288 | 云和县(浙) | 2991.00 |
| 289 | 婺城区(浙) | 2950.00 |
| 290 | 安吉县(浙) | 2950.00 |
| 291 | 吴兴区(浙) | 2661.00 |
| 292 | 平湖市(浙) | 2484.00 |
| 293 | 三门县(浙) | 2450.00 |
| 294 | 新昌县(浙) | 1820.00 |
| 295 | 庆元县(浙) | 1750.00 |
| 296 | 龙泉市(浙) | 1565.00 |
| 297 | 镇海区(浙) | 1540.00 |
| 298 | 北仑区(浙) | 1255.00 |
| 299 | 玉环市(浙) | 1020.00 |
| 300 | 砀山县(皖) | 1101600.00 |
| 301 | 灵璧县(皖) | 49767.00 |
| 302 | 埇桥区(皖) | 31798.00 |
| 303 | 五河县(皖) | 25668.00 |
| 304 | 阜南县(皖) | 19805.00 |
| 305 | 寿　县(皖) | 7403.00 |
| 306 | 固镇县(皖) | 6000.00 |
| 307 | 凤阳县(皖) | 3911.00 |
| 308 | 凤台县(皖) | 3788.00 |
| 309 | 潘集区(皖) | 3000.00 |
| 310 | 定远县(皖) | 2700.00 |
| 311 | 长丰县(皖) | 2460.00 |
| 312 | 宣州区(皖) | 2100.00 |
| 313 | 颍泉区(皖) | 2100.00 |
| 314 | 八公山区(皖) | 1900.00 |
| 315 | 宜秀区(皖) | 1800.00 |
| 316 | 大通区(皖) | 1688.00 |
| 317 | 东至县(皖) | 1500.00 |
| 318 | 和　县(皖) | 1300.00 |
| 319 | 淮上区(皖) | 1164.00 |
| 320 | 歙　县(皖) | 1158.00 |
| 321 | 六安市叶集区(皖) | 1125.00 |
| 322 | 金溪县(赣) | 34209.00 |
| 323 | 余干县(赣) | 9000.00 |
| 324 | 永修县(赣) | 8746.00 |
| 325 | 瑞昌市(赣) | 8632.00 |
| 326 | 鄱阳县(赣) | 8569.00 |
| 327 | 武宁县(赣) | 7300.00 |
| 328 | 高安市(赣) | 4750.00 |
| 329 | 新干县(赣) | 4114.00 |
| 330 | 东乡县(赣) | 4016.00 |
| 331 | 靖安县(赣) | 4008.00 |
| 332 | 莲花县(赣) | 3038.00 |
| 333 | 九江县(赣) | 2800.00 |
| 334 | 玉山县(赣) | 2664.00 |
| 335 | 兴国县(赣) | 2423.00 |
| 336 | 横峰县(赣) | 2138.00 |
| 337 | 于都县(赣) | 1926.00 |
| 338 | 湖口县(赣) | 1900.00 |
| 339 | 乐安县(赣) | 1836.00 |
| 340 | 广丰县(赣) | 1825.00 |
| 341 | 宁都县(赣) | 1591.00 |
| 342 | 大余县(赣) | 1456.00 |
| 343 | 永丰县(赣) | 1415.00 |
| 344 | 上饶县(赣) | 1400.00 |
| 345 | 奉新县(赣) | 1350.00 |
| 346 | 定南县(赣) | 1291.00 |
| 347 | 安福县(赣) | 1280.00 |
| 348 | 南丰县(赣) | 1230.00 |
| 349 | 南城县(赣) | 1170.00 |
| 350 | 黎川县(赣) | 1137.00 |
| 351 | 进贤县(赣) | 1118.00 |
| 352 | 湘东区(赣) | 1100.00 |
| 353 | 莱阳市(鲁) | 235000.00 |
| 354 | 冠　县(鲁) | 181000.00 |
| 355 | 阳信县(鲁) | 130860.00 |

（续）

| 序号 | 梨主产地 | 产量（吨） |
|---|---|---|
| 356 | 龙口市（鲁） | 93415.00 |
| 357 | 荣成市（鲁） | 37000.00 |
| 358 | 梁山县（鲁） | 35640.00 |
| 359 | 蓬莱市（鲁） | 35456.00 |
| 360 | 临清市（鲁） | 31800.00 |
| 361 | 安丘市（鲁） | 30000.00 |
| 362 | 栖霞市（鲁） | 29709.00 |
| 363 | 齐河县（鲁） | 28620.00 |
| 364 | 海阳市（鲁） | 24400.00 |
| 365 | 寿光市（鲁） | 20210.00 |
| 366 | 费　县（鲁） | 20190.00 |
| 367 | 沂源县（鲁） | 19432.00 |
| 368 | 临沂市临港经济开发区（鲁） | 16500.00 |
| 369 | 岱岳区（鲁） | 16230.00 |
| 370 | 河东区（鲁） | 11000.00 |
| 371 | 东阿县（鲁） | 10150.00 |
| 372 | 沂水县（鲁） | 9547.00 |
| 373 | 诸城市（鲁） | 8829.00 |
| 374 | 莒南县（鲁） | 8600.00 |
| 375 | 邹城市（鲁） | 7678.00 |
| 376 | 宁阳县（鲁） | 7643.00 |
| 377 | 嘉祥县（鲁） | 6520.00 |
| 378 | 威海市工业新区（鲁） | 5180.00 |
| 379 | 新泰市（鲁） | 5131.00 |
| 380 | 鄄城县（鲁） | 5000.00 |
| 381 | 高密市（鲁） | 4867.00 |
| 382 | 文登市（鲁） | 4750.00 |
| 383 | 河口区（鲁） | 4657.00 |
| 384 | 东昌府区（鲁） | 4343.00 |
| 385 | 济阳县（鲁） | 3876.00 |
| 386 | 威海市经济技术开发区（鲁） | 3784.00 |
| 387 | 环翠区（鲁） | 3600.00 |
| 388 | 牟平区（鲁） | 3254.00 |
| 389 | 兰陵县（鲁） | 3027.00 |
| 390 | 邹平县（鲁） | 3011.00 |
| 391 | 阳谷县（鲁） | 3000.00 |
| 392 | 莱山区（鲁） | 3000.00 |
| 393 | 临邑县（鲁） | 3000.00 |
| 394 | 曲阜市（鲁） | 2800.00 |
| 395 | 山亭区（鲁） | 2770.00 |
| 396 | 岚山区（鲁） | 2698.00 |
| 397 | 兖州市（鲁） | 2620.00 |
| 398 | 长清区（鲁） | 2200.00 |
| 399 | 滨城区（鲁） | 2178.00 |
| 400 | 莱城区（鲁） | 2117.00 |

（续）

| 序号 | 梨主产地 | 产量（吨） |
|---|---|---|
| 401 | 平原县（鲁） | 2065.93 |
| 402 | 微山县（鲁） | 1945.00 |
| 403 | 沂南县（鲁） | 1832.00 |
| 404 | 天桥区（鲁） | 1600.00 |
| 405 | 临沭县（鲁） | 1484.00 |
| 406 | 寒亭区（鲁） | 1480.00 |
| 407 | 茌平县（鲁） | 1449.00 |
| 408 | 钢城区（鲁） | 1400.00 |
| 409 | 汶上县（鲁） | 1300.00 |
| 410 | 惠民县（鲁） | 1250.00 |
| 411 | 临沂市高新技术产业开发区（鲁） | 1202.00 |
| 412 | 德城区（鲁） | 1164.00 |
| 413 | 高唐县（鲁） | 1130.00 |
| 414 | 临朐县（鲁） | 1035.00 |
| 415 | 宁陵县（豫） | 325100.00 |
| 416 | 永城市（豫） | 151632.00 |
| 417 | 虞城县（豫） | 120000.00 |
| 418 | 夏邑县（豫） | 45000.00 |
| 419 | 方城县（豫） | 44573.00 |
| 420 | 兰考县（豫） | 43750.00 |
| 421 | 孟津县（豫） | 36000.00 |
| 422 | 梁园区（豫） | 21336.00 |
| 423 | 洛宁县（豫） | 20000.00 |
| 424 | 西华县（豫） | 16000.00 |
| 425 | 太康县（豫） | 15100.00 |
| 426 | 商水县（豫） | 12150.00 |
| 427 | 社旗县（豫） | 11000.00 |
| 428 | 新乡县（豫） | 10835.00 |
| 429 | 民权县（豫） | 10190.00 |
| 430 | 南乐县（豫） | 9560.00 |
| 431 | 内黄县（豫） | 9300.00 |
| 432 | 济源市（豫） | 8500.00 |
| 433 | 确山县（豫） | 8500.00 |
| 434 | 临颍县（豫） | 8320.00 |
| 435 | 正阳县（豫） | 7500.00 |
| 436 | 汝州市（豫） | 7100.00 |
| 437 | 柘城县（豫） | 6885.00 |
| 438 | 遂平县（豫） | 6600.00 |
| 439 | 舞钢市（豫） | 5928.00 |
| 440 | 睢阳区（豫） | 5660.00 |
| 441 | 杞　县（豫） | 5400.00 |
| 442 | 原阳县（豫） | 5250.00 |
| 443 | 卫辉市（豫） | 5200.00 |
| 444 | 上蔡县（豫） | 5155.00 |
| 445 | 扶沟县（豫） | 5140.00 |

（续）

| 序号 | 梨主产地 | 产量（吨） |
|---|---|---|
| 446 | 潢川县（豫） | 5115.00 |
| 447 | 清丰县（豫） | 5000.00 |
| 448 | 淇滨区（豫） | 4600.00 |
| 449 | 长垣县（豫） | 4280.00 |
| 450 | 息　县（豫） | 4050.00 |
| 451 | 新野县（豫） | 4000.00 |
| 452 | 卢氏县（豫） | 3860.00 |
| 453 | 汤阴县（豫） | 3750.00 |
| 454 | 郾城区（豫） | 3620.00 |
| 455 | 栾川县（豫） | 3615.00 |
| 456 | 封丘县（豫） | 3200.00 |
| 457 | 宜阳县（豫） | 3150.00 |
| 458 | 安阳县（豫） | 2800.00 |
| 459 | 通许县（豫） | 2704.00 |
| 460 | 邓州市（豫） | 2700.00 |
| 461 | 龙亭区（豫） | 2600.00 |
| 462 | 濮阳县（豫） | 2520.00 |
| 463 | 获嘉县（豫） | 2400.00 |
| 464 | 汝南县（豫） | 2372.00 |
| 465 | 新　县（豫） | 2326.00 |
| 466 | 林州市（豫） | 2255.00 |
| 467 | 伊川县（豫） | 1750.00 |
| 468 | 荥阳市（豫） | 1700.00 |
| 469 | 新密市（豫） | 1650.00 |
| 470 | 襄城县（豫） | 1415.00 |
| 471 | 开封县（豫） | 1350.00 |
| 472 | 郸城县（豫） | 1200.00 |
| 473 | 博爱县（豫） | 1200.00 |
| 474 | 许昌县（豫） | 1100.00 |
| 475 | 卧龙区（豫） | 1000.00 |
| 476 | 郏　县（豫） | 1000.00 |
| 477 | 钟祥市（鄂） | 99200.00 |
| 478 | 利川市（鄂） | 68000.00 |
| 479 | 枝江市（鄂） | 25093.00 |
| 480 | 老河口市（鄂） | 16200.00 |
| 481 | 沙洋县（鄂） | 15750.00 |
| 482 | 潜江市（鄂） | 15000.00 |
| 483 | 咸丰县（鄂） | 12045.00 |
| 484 | 京山县（鄂） | 12000.00 |
| 485 | 襄州区（鄂） | 10712.00 |
| 486 | 随　县（鄂） | 5731.00 |
| 487 | 东宝区（鄂） | 5100.00 |
| 488 | 宜城市（鄂） | 4930.00 |
| 489 | 谷城县（鄂） | 3375.00 |
| 490 | 宣恩县（鄂） | 3085.00 |

(续)

| 序号 | 梨主产地 | 产量(吨) |
|---|---|---|
| 491 | 荆州区(鄂) | 3048.00 |
| 492 | 大悟县(鄂) | 2520.00 |
| 493 | 通山县(鄂) | 1995.00 |
| 494 | 监利县(鄂) | 1850.00 |
| 495 | 孝南区(鄂) | 1810.00 |
| 496 | 掇刀区(鄂) | 1500.00 |
| 497 | 云梦县(鄂) | 1440.00 |
| 498 | 松滋市(鄂) | 1380.00 |
| 499 | 安陆市(鄂) | 1231.00 |
| 500 | 涟源市(湘) | 50220.00 |
| 501 | 中方县(湘) | 25500.00 |
| 502 | 浏阳市(湘) | 16366.00 |
| 503 | 临武县(湘) | 13200.00 |
| 504 | 蓝山县(湘) | 10364.00 |
| 505 | 湘潭县(湘) | 10118.00 |
| 506 | 资兴市(湘) | 9197.00 |
| 507 | 靖州苗族侗族自治县(湘) | 8100.00 |
| 508 | 绥宁县(湘) | 7870.00 |
| 509 | 宜章县(湘) | 6890.00 |
| 510 | 平江县(湘) | 4620.00 |
| 511 | 北湖区(湘) | 4286.00 |
| 512 | 城步苗族自治县(湘) | 3000.00 |
| 513 | 珠晖区(湘) | 3000.00 |
| 514 | 石门县(湘) | 3000.00 |
| 515 | 新田县(湘) | 2750.00 |
| 516 | 保靖县(湘) | 2650.00 |
| 517 | 大祥区(湘) | 2630.00 |
| 518 | 衡东县(湘) | 2500.00 |
| 519 | 长沙县(湘) | 2277.00 |
| 520 | 炎陵县(湘) | 2251.00 |
| 521 | 嘉禾县(湘) | 1970.00 |
| 522 | 衡阳县(湘) | 1613.00 |
| 523 | 新邵县(湘) | 1600.00 |
| 524 | 永顺县(湘) | 1500.00 |
| 525 | 道　县(湘) | 1390.00 |
| 526 | 宁远县(湘) | 1306.00 |
| 527 | 津市市(湘) | 1300.00 |
| 528 | 新化县(湘) | 1100.00 |
| 529 | 洪江区(湘) | 1037.00 |
| 530 | 连州市(粤) | 54518.00 |
| 531 | 乐昌市(粤) | 12000.00 |
| 532 | 封开县(粤) | 11786.00 |
| 533 | 和平县(粤) | 8000.00 |
| 534 | 阳山县(粤) | 1901.00 |
| 535 | 龙川县(粤) | 1370.00 |

(续)

| 序号 | 梨主产地 | 产量(吨) |
|---|---|---|
| 536 | 南雄市(粤) | 1162.00 |
| 537 | 始兴县(粤) | 1000.00 |
| 538 | 灌阳县(桂) | 91604.00 |
| 539 | 钦北区(桂) | 15823.00 |
| 540 | 富川瑶族自治县(桂) | 13603.00 |
| 541 | 柳江县(桂) | 12658.00 |
| 542 | 兴安县(桂) | 10472.00 |
| 543 | 兴宾区(桂) | 8891.00 |
| 544 | 临桂区(桂) | 7857.00 |
| 545 | 平乐县(桂) | 5660.00 |
| 546 | 永福县(桂) | 4125.00 |
| 547 | 金城江区(桂) | 3613.00 |
| 548 | 龙胜各族自治县(桂) | 3436.00 |
| 549 | 宜州市(桂) | 3339.00 |
| 550 | 钟山县(桂) | 3155.00 |
| 551 | 天等县(桂) | 2710.00 |
| 552 | 南丹县(桂) | 2634.00 |
| 553 | 象州县(桂) | 2298.00 |
| 554 | 横　县(桂) | 2257.00 |
| 555 | 隆林各族自治县(桂) | 2225.00 |
| 556 | 大新县(桂) | 2137.00 |
| 557 | 贺州市平桂管理区(桂) | 1774.00 |
| 558 | 罗城仫佬族自治县(桂) | 1457.00 |
| 559 | 金秀瑶族自治县(桂) | 1348.00 |
| 560 | 右江区(桂) | 1300.00 |
| 561 | 昭平县(桂) | 1247.00 |
| 562 | 天峨县(桂) | 1207.00 |
| 563 | 那坡县(桂) | 1198.00 |
| 564 | 永川区(渝) | 56000.00 |
| 565 | 璧山区(渝) | 31540.00 |
| 566 | 合川区(渝) | 19243.00 |
| 567 | 江津区(渝) | 19000.00 |
| 568 | 南川区(渝) | 18000.00 |
| 569 | 云阳县(渝) | 18000.00 |
| 570 | 万州区(渝) | 15901.00 |
| 571 | 渝北区(渝) | 13000.00 |
| 572 | 开　县(渝) | 9815.70 |
| 573 | 荣昌区(渝) | 6060.00 |
| 574 | 巴南区(渝) | 6012.00 |
| 575 | 奉节县(渝) | 2785.00 |
| 576 | 武隆县(渝) | 1999.00 |
| 577 | 南岸区(渝) | 1673.00 |
| 578 | 黔江区(渝) | 1568.00 |
| 579 | 梁平县(渝) | 1459.74 |
| 580 | 涪陵区(渝) | 1290.00 |

(续)

| 序号 | 梨主产地 | 产量(吨) |
|---|---|---|
| 581 | 九龙坡区(渝) | 1200.00 |
| 582 | 南溪县(川) | 19200.00 |
| 583 | 屏山县(川) | 19000.00 |
| 584 | 邻水县(川) | 14680.00 |
| 585 | 会理县(川) | 13750.00 |
| 586 | 金川县(川) | 13696.00 |
| 587 | 万源市(川) | 12200.00 |
| 588 | 宜宾县(川) | 12010.00 |
| 589 | 苍溪县(川) | 12000.00 |
| 590 | 长宁县(川) | 10105.00 |
| 591 | 青白江区(川) | 10000.00 |
| 592 | 中江县(川) | 9371.00 |
| 593 | 绵竹市(川) | 7589.00 |
| 594 | 游仙区(川) | 7560.00 |
| 595 | 仪陇县(川) | 7500.00 |
| 596 | 宣汉县(川) | 7370.00 |
| 597 | 彭州市(川) | 6564.00 |
| 598 | 顺庆区(川) | 6500.00 |
| 599 | 新津县(川) | 6440.00 |
| 600 | 高　县(川) | 6410.00 |
| 601 | 双流县(川) | 6063.00 |
| 602 | 翠屏区(川) | 5980.00 |
| 603 | 南江县(川) | 5700.00 |
| 604 | 珙　县(川) | 5700.00 |
| 605 | 罗江县(川) | 5000.00 |
| 606 | 富顺县(川) | 4140.00 |
| 607 | 崇州市(川) | 4030.00 |
| 608 | 阆中市(川) | 3800.00 |
| 609 | 越西县(川) | 3557.00 |
| 610 | 宁南县(川) | 3474.00 |
| 611 | 巴州区(川) | 3244.00 |
| 612 | 隆昌县(川) | 3200.00 |
| 613 | 威远县(川) | 3200.00 |
| 614 | 昭觉县(川) | 3180.00 |
| 615 | 峨眉山市(川) | 2850.00 |
| 616 | 乐至县(川) | 2500.00 |
| 617 | 江安县(川) | 2390.00 |
| 618 | 平昌县(川) | 2294.00 |
| 619 | 开江县(川) | 2000.00 |
| 620 | 马边彝族自治县(川) | 1895.00 |
| 621 | 古蔺县(川) | 1884.00 |
| 622 | 恩阳区(川) | 1840.00 |
| 623 | 大邑县(川) | 1735.00 |
| 624 | 美姑县(川) | 1700.00 |
| 625 | 安　县(川) | 1700.00 |

（续）

| 序号 | 梨主产地 | 产量(吨) |
|---|---|---|
| 626 | 嘉陵区(川) | 1550.00 |
| 627 | 雷波县(川) | 1400.00 |
| 628 | 仁寿县(川) | 1374.00 |
| 629 | 西充县(川) | 1300.00 |
| 630 | 江油市(川) | 1300.00 |
| 631 | 什邡市(川) | 1194.00 |
| 632 | 纳溪区(川) | 1100.00 |
| 633 | 甘洛县(川) | 1060.00 |
| 634 | 盐亭县(川) | 1000.00 |
| 635 | 六枝特区(黔) | 19451.00 |
| 636 | 乌当区(黔) | 19049.00 |
| 637 | 西秀区(黔) | 19000.00 |
| 638 | 镇远县(黔) | 13431.00 |
| 639 | 荔波县(黔) | 10200.00 |
| 640 | 桐梓县(黔) | 8412.00 |
| 641 | 三都水族自治县(黔) | 6545.00 |
| 642 | 黄平县(黔) | 4305.00 |
| 643 | 普安县(黔) | 4028.00 |
| 644 | 兴仁县(黔) | 2850.00 |
| 645 | 惠水县(黔) | 2603.00 |
| 646 | 赤水市(黔) | 2388.00 |
| 647 | 沿河土家族自治县(黔) | 2206.00 |
| 648 | 石阡县(黔) | 2028.00 |
| 649 | 江口县(黔) | 2000.00 |
| 650 | 贞丰县(黔) | 1900.00 |
| 651 | 兴义市(黔) | 1800.00 |
| 652 | 册亨县(黔) | 1500.00 |
| 653 | 花溪区(黔) | 1500.00 |
| 654 | 开远市(滇) | 18240.00 |
| 655 | 师宗县(滇) | 16900.00 |
| 656 | 石林彝族自治县(滇) | 16552.00 |
| 657 | 麒麟区(滇) | 15000.00 |
| 658 | 西山区(滇) | 14824.00 |
| 659 | 红塔区(滇) | 13000.00 |
| 660 | 香格里拉县(滇) | 12840.00 |
| 661 | 泸西县(滇) | 10000.00 |
| 662 | 洱源县(滇) | 9300.00 |
| 663 | 漾濞彝族自治县(滇) | 8000.00 |
| 664 | 禄丰县(滇) | 7646.00 |
| 665 | 武定县(滇) | 6035.00 |
| 666 | 永胜县(滇) | 5508.80 |
| 667 | 楚雄市(滇) | 5398.00 |
| 668 | 弥勒市(滇) | 5296.00 |
| 669 | 个旧市(滇) | 5092.00 |
| 670 | 鹤庆县(滇) | 4695.00 |

（续）

| 序号 | 梨主产地 | 产量(吨) |
|---|---|---|
| 671 | 文山市(滇) | 4315.00 |
| 672 | 玉龙纳西族自治县(滇) | 3966.00 |
| 673 | 牟定县(滇) | 3600.00 |
| 674 | 广南县(滇) | 3577.00 |
| 675 | 马龙县(滇) | 3522.00 |
| 676 | 南华县(滇) | 3490.00 |
| 677 | 隆阳区(滇) | 3405.00 |
| 678 | 富源县(滇) | 3120.00 |
| 679 | 建水县(滇) | 3105.00 |
| 680 | 云　县(滇) | 2019.00 |
| 681 | 丘北县(滇) | 1763.00 |
| 682 | 马关县(滇) | 1624.00 |
| 683 | 镇雄县(滇) | 1560.00 |
| 684 | 施甸县(滇) | 1538.00 |
| 685 | 凤庆县(滇) | 1400.00 |
| 686 | 晋宁县(滇) | 1393.60 |
| 687 | 宾川县(滇) | 1350.00 |
| 688 | 富宁县(滇) | 1222.00 |
| 689 | 沧源佤族自治县(滇) | 1212.00 |
| 690 | 景谷傣族彝族自治县(滇) | 1202.00 |
| 691 | 姚安县(滇) | 1158.00 |
| 692 | 大姚县(滇) | 1109.00 |
| 693 | 通海县(滇) | 1100.00 |
| 694 | 元阳县(滇) | 1093.00 |
| 695 | 永仁县(滇) | 1030.00 |
| 696 | 洋　县(陕) | 22800.00 |
| 697 | 阎良区(陕) | 15615.00 |
| 698 | 秦都区(陕) | 7500.00 |
| 699 | 米脂县(陕) | 4940.00 |
| 700 | 泾阳县(陕) | 4555.00 |
| 701 | 绥德县(陕) | 4254.00 |
| 702 | 南郑县(陕) | 3800.00 |
| 703 | 陈仓区(陕) | 3119.00 |
| 704 | 子洲县(陕) | 3100.00 |
| 705 | 礼泉县(陕) | 2600.00 |
| 706 | 淳化县(陕) | 2100.00 |
| 707 | 永寿县(陕) | 1800.00 |
| 708 | 略阳县(陕) | 1770.00 |
| 709 | 旬阳县(陕) | 1620.00 |
| 710 | 汉阴县(陕) | 1430.00 |
| 711 | 汉滨区(陕) | 1297.00 |
| 712 | 景泰县(甘) | 79000.00 |
| 713 | 民乐县(甘) | 49000.00 |
| 714 | 甘州区(甘) | 35000.00 |
| 715 | 秦安县(甘) | 16438.80 |

（续）

| 序号 | 梨主产地 | 产量(吨) |
|---|---|---|
| 716 | 甘谷县(甘) | 16249.00 |
| 717 | 高台县(甘) | 15000.00 |
| 718 | 金塔县(甘) | 11802.00 |
| 719 | 张家川回族自治县(甘) | 8246.00 |
| 720 | 靖远县(甘) | 8238.00 |
| 721 | 皋兰县(甘) | 7257.43 |
| 722 | 临夏县(甘) | 6787.00 |
| 723 | 秦州区(甘) | 6505.30 |
| 724 | 会宁县(甘) | 6058.00 |
| 725 | 七里河区(甘) | 5650.00 |
| 726 | 古浪县(甘) | 5285.00 |
| 727 | 安定区(甘) | 5000.00 |
| 728 | 和政县(甘) | 4500.00 |
| 729 | 敦煌市(甘) | 4450.00 |
| 730 | 积石山保安族东乡族撒拉族自治县(甘) | 4210.00 |
| 731 | 泾川县(甘) | 3940.00 |
| 732 | 崆峒区(甘) | 3597.00 |
| 733 | 迭部县(甘) | 3300.00 |
| 734 | 嘉峪关市(甘) | 3100.00 |
| 735 | 榆中县(甘) | 3000.00 |
| 736 | 康乐县(甘) | 2980.00 |
| 737 | 山丹县(甘) | 2700.00 |
| 738 | 平川区(甘) | 2500.00 |
| 739 | 临泽县(甘) | 2175.60 |
| 740 | 徽　县(甘) | 1634.00 |
| 741 | 肃州区(甘) | 1568.00 |
| 742 | 永登县(甘) | 1453.00 |
| 743 | 临夏市(甘) | 1392.00 |
| 744 | 西和县(甘) | 1300.00 |
| 745 | 西峰区(甘) | 1133.00 |
| 746 | 玉门市(甘) | 1080.00 |
| 747 | 灵武市(宁) | 4069.00 |
| 748 | 海原县(宁) | 3312.00 |
| 749 | 永宁县(宁) | 2725.00 |
| 750 | 贺兰县(宁) | 1463.20 |
| 751 | 青铜峡市(宁) | 1000.00 |

**表 7-3　桃主产地产量**

| 序号 | 桃主产地 | 产量(吨) |
|---|---|---|
| 1 | 通州区(京) | 18964.30 |
| 2 | 顺义区(京) | 6151.00 |
| 3 | 昌平区(京) | 4069.80 |
| 4 | 房山区(京) | 4048.40 |
| 5 | 怀柔区(京) | 2929.70 |

(续)

| 序号 | 桃主产地 | 产量(吨) |
|---|---|---|
| 6 | 密云县(京) | 2885.00 |
| 7 | 顺平县(冀) | 308500.00 |
| 8 | 乐亭县(冀) | 263195.00 |
| 9 | 深州市(冀) | 221979.00 |
| 10 | 满城县(冀) | 88150.00 |
| 11 | 临漳县(冀) | 78889.00 |
| 12 | 昌黎县(冀) | 74800.00 |
| 13 | 遵化市(冀) | 46977.00 |
| 14 | 辛集市(冀) | 45152.00 |
| 15 | 永清县(冀) | 38000.00 |
| 16 | 抚宁区(冀) | 38000.00 |
| 17 | 迁安市(冀) | 34424.00 |
| 18 | 安次区(冀) | 33381.00 |
| 19 | 晋州市(冀) | 30000.00 |
| 20 | 固安县(冀) | 29500.00 |
| 21 | 丰润区(冀) | 26991.00 |
| 22 | 邯山区(冀) | 26415.00 |
| 23 | 定兴县(冀) | 24330.00 |
| 24 | 唐　县(冀) | 22800.00 |
| 25 | 魏　县(冀) | 21268.00 |
| 26 | 卢龙县(冀) | 20139.00 |
| 27 | 饶阳县(冀) | 17559.00 |
| 28 | 定州市(冀) | 16800.00 |
| 29 | 高碑店市(冀) | 14700.00 |
| 30 | 怀来县(冀) | 14550.00 |
| 31 | 成安县(冀) | 14500.00 |
| 32 | 山海关区(冀) | 13887.00 |
| 33 | 涿州市(冀) | 13500.00 |
| 34 | 兴隆县(冀) | 13175.00 |
| 35 | 正定县(冀) | 11348.00 |
| 36 | 威　县(冀) | 10360.00 |
| 37 | 泊头市(冀) | 10336.00 |
| 38 | 香河县(冀) | 10296.00 |
| 39 | 古冶区(冀) | 10253.00 |
| 40 | 邢台县(冀) | 9740.00 |
| 41 | 广阳区(冀) | 9415.00 |
| 42 | 秦皇岛开发区(冀) | 9388.00 |
| 43 | 三河市(冀) | 8465.00 |
| 44 | 安平县(冀) | 8102.00 |
| 45 | 博野县(冀) | 7835.00 |
| 46 | 易　县(冀) | 7370.00 |
| 47 | 藁城区(冀) | 6945.00 |
| 48 | 沧　县(冀) | 6921.00 |
| 49 | 平山县(冀) | 6300.00 |
| 50 | 宁晋县(冀) | 5740.00 |
| 51 | 景　县(冀) | 5420.00 |
| 52 | 玉田县(冀) | 5356.00 |
| 53 | 广宗县(冀) | 5052.00 |
| 54 | 涞水县(冀) | 5000.00 |
| 55 | 丰南区(冀) | 4944.00 |
| 56 | 献　县(冀) | 4873.00 |
| 57 | 任　县(冀) | 4645.00 |
| 58 | 巨鹿县(冀) | 4359.00 |
| 59 | 路北区(冀) | 4101.00 |
| 60 | 大城县(冀) | 4100.00 |
| 61 | 平乡县(冀) | 4000.00 |
| 62 | 新乐市(冀) | 3850.00 |
| 63 | 邱　县(冀) | 3800.00 |
| 64 | 河间市(冀) | 3560.00 |
| 65 | 大名县(冀) | 3220.00 |
| 66 | 望都县(冀) | 3150.00 |
| 67 | 新市区(冀) | 3133.00 |
| 68 | 阜城县(冀) | 3120.00 |
| 69 | 肥乡县(冀) | 3100.00 |
| 70 | 冀州市(冀) | 3035.00 |
| 71 | 曲阳县(冀) | 3030.00 |
| 72 | 吴桥县(冀) | 2992.00 |
| 73 | 任丘市(冀) | 2902.00 |
| 74 | 肃宁县(冀) | 2881.00 |
| 75 | 长安区(冀) | 2800.00 |
| 76 | 徐水县(冀) | 2530.00 |
| 77 | 孟村回族自治县(冀) | 2521.00 |
| 78 | 雄　县(冀) | 2500.00 |
| 79 | 承德县(冀) | 2432.00 |
| 80 | 文安县(冀) | 2360.00 |
| 81 | 霸州市(冀) | 2350.00 |
| 82 | 海港区(冀) | 2268.00 |
| 83 | 唐海县(冀) | 2169.00 |
| 84 | 内丘县(冀) | 2054.00 |
| 85 | 盐山县(冀) | 2046.00 |
| 86 | 南宫市(冀) | 1853.00 |
| 87 | 永年县(冀) | 1795.00 |
| 88 | 北戴河区(冀) | 1750.00 |
| 89 | 黄骅市(冀) | 1666.00 |
| 90 | 枣强县(冀) | 1568.00 |
| 91 | 磁　县(冀) | 1500.00 |
| 92 | 鹿泉区(冀) | 1493.00 |
| 93 | 迁西县(冀) | 1465.00 |
| 94 | 青龙满族自治县(冀) | 1350.00 |
| 95 | 深泽县(冀) | 1339.00 |
| 96 | 高邑县(冀) | 1282.00 |
| 97 | 武强县(冀) | 1166.00 |
| 98 | 涿鹿县(冀) | 1118.10 |
| 99 | 邢台市桥东区(冀) | 1108.00 |
| 100 | 清苑县(冀) | 1100.00 |
| 101 | 隆尧县(冀) | 1018.00 |
| 102 | 丰宁满族自治县(冀) | 1005.00 |
| 103 | 临猗县(晋) | 118500.00 |
| 104 | 夏　县(晋) | 73980.00 |
| 105 | 平陆县(晋) | 39000.00 |
| 106 | 稷山县(晋) | 29170.00 |
| 107 | 新绛县(晋) | 21600.00 |
| 108 | 翼城县(晋) | 20000.00 |
| 109 | 河津市(晋) | 10022.00 |
| 110 | 襄汾县(晋) | 4800.00 |
| 111 | 闻喜县(晋) | 2000.00 |
| 112 | 高平市(晋) | 1400.00 |
| 113 | 曲沃县(晋) | 1372.00 |
| 114 | 普兰店市(辽) | 77240.00 |
| 115 | 盖州市(辽) | 51287.00 |
| 116 | 大连市金州新区(辽) | 37200.00 |
| 117 | 东港市(辽) | 24708.00 |
| 118 | 建昌县(辽) | 13000.00 |
| 119 | 大连市保税区(辽) | 7332.00 |
| 120 | 振安区(辽) | 5000.00 |
| 121 | 连山区(辽) | 4800.00 |
| 122 | 甘井子区(辽) | 4400.00 |
| 123 | 海城市(辽) | 3500.00 |
| 124 | 大连市长兴岛临港工业区(辽) | 3056.00 |
| 125 | 大连市花园口经济开发区(辽) | 2700.00 |
| 126 | 北镇市(辽) | 2000.00 |
| 127 | 集安市(吉) | 1326.00 |
| 128 | 崇明县(沪) | 9003.25 |
| 129 | 奉贤区(沪) | 7166.10 |
| 130 | 金山区(沪) | 5577.40 |
| 131 | 青浦区(沪) | 2908.70 |
| 132 | 松江区(沪) | 1122.00 |
| 133 | 贾汪区(苏) | 57845.00 |
| 134 | 铜山区(苏) | 49050.00 |
| 135 | 丰　县(苏) | 39500.00 |
| 136 | 邳州市(苏) | 39160.00 |
| 137 | 新沂市(苏) | 38950.00 |
| 138 | 如东县(苏) | 38500.00 |
| 139 | 赣榆区(苏) | 38250.00 |
| 140 | 泗阳县(苏) | 35000.00 |

（续）

| 序号 | 桃主产地 | 产量（吨） | 序号 | 桃主产地 | 产量（吨） | 序号 | 桃主产地 | 产量（吨） |
|---|---|---|---|---|---|---|---|---|
| 141 | 武进区（苏） | 29970.00 | 186 | 启东市（苏） | 1500.00 | 231 | 永康市（浙） | 1350.00 |
| 142 | 句容市（苏） | 28380.00 | 187 | 雨花台区（苏） | 1300.00 | 232 | 玉环市（浙） | 1121.00 |
| 143 | 惠山区（苏） | 25203.00 | 188 | 如皋市（苏） | 1300.00 | 233 | 苍南县（浙） | 1057.00 |
| 144 | 六合区（苏） | 23980.00 | 189 | 润州区（苏） | 1278.00 | 234 | 砀山县（皖） | 507600.00 |
| 145 | 沛　县（苏） | 21000.00 | 190 | 响水县（苏） | 1250.00 | 235 | 埇桥区（皖） | 65513.00 |
| 146 | 泗洪县（苏） | 19600.00 | 191 | 太仓市（苏） | 1219.00 | 236 | 裕安区（皖） | 58085.00 |
| 147 | 江阴市（苏） | 12224.00 | 192 | 海门市（苏） | 1202.00 | 237 | 来安县（皖） | 34000.00 |
| 148 | 灌云县（苏） | 11590.00 | 193 | 高港区（苏） | 1200.00 | 238 | 长丰县（皖） | 32900.00 |
| 149 | 睢宁县（苏） | 8421.00 | 194 | 扬中市（苏） | 1150.00 | 239 | 定远县（皖） | 28800.00 |
| 150 | 盱眙县（苏） | 7100.00 | 195 | 射阳县（苏） | 1050.00 | 240 | 肥西县（皖） | 25200.00 |
| 151 | 阜宁县（苏） | 6800.00 | 196 | 泰兴市（苏） | 1050.00 | 241 | 五河县（皖） | 9900.00 |
| 152 | 兴化市（苏） | 6720.00 | 197 | 莲都区（浙） | 35385.00 | 242 | 无为县（皖） | 9127.00 |
| 153 | 浦口区（苏） | 6185.00 | 198 | 奉化区（浙） | 25650.00 | 243 | 八公山区（皖） | 7650.00 |
| 154 | 张家港市（苏） | 6161.00 | 199 | 长兴县（浙） | 21000.00 | 244 | 灵璧县（皖） | 7633.00 |
| 155 | 海州区（苏） | 5062.00 | 200 | 临海市（浙） | 20050.00 | 245 | 当涂县（皖） | 7545.00 |
| 156 | 大丰区（苏） | 4900.00 | 201 | 缙云县（浙） | 19778.00 | 246 | 南谯区（皖） | 6000.00 |
| 157 | 滨湖区（苏） | 4720.00 | 202 | 建德市（浙） | 15244.00 | 247 | 寿　县（皖） | 5845.00 |
| 158 | 宝应县（苏） | 4242.00 | 203 | 义乌市（浙） | 14212.00 | 248 | 潘集区（皖） | 5738.00 |
| 159 | 宜兴市（苏） | 4067.00 | 204 | 桐庐县（浙） | 10387.00 | 249 | 全椒县（皖） | 5000.00 |
| 160 | 亭湖区（苏） | 4000.00 | 205 | 金东区（浙） | 9385.00 | 250 | 庐江县（皖） | 4621.00 |
| 161 | 高邮市（苏） | 3970.00 | 206 | 仙居县（浙） | 8440.00 | 251 | 琅琊区（皖） | 3000.00 |
| 162 | 江宁区（苏） | 3915.00 | 207 | 余杭区（浙） | 8204.00 | 252 | 颍泉区（皖） | 2900.00 |
| 163 | 丹阳市（苏） | 3550.00 | 208 | 宁海县（浙） | 8000.00 | 253 | 凤台县（皖） | 2700.00 |
| 164 | 金坛市（苏） | 3500.00 | 209 | 富阳区（浙） | 7979.00 | 254 | 太湖县（皖） | 2200.00 |
| 165 | 连云区（苏） | 3272.00 | 210 | 诸暨市（浙） | 7550.00 | 255 | 临泉县（皖） | 2200.00 |
| 166 | 滨海县（苏） | 3200.00 | 211 | 秀洲区（浙） | 7433.00 | 256 | 凤阳县（皖） | 2170.00 |
| 167 | 溧阳市（苏） | 3150.00 | 212 | 天台县（浙） | 6200.00 | 257 | 涡阳县（皖） | 2100.00 |
| 168 | 锡山区（苏） | 3085.00 | 213 | 慈溪市（浙） | 6000.00 | 258 | 界首市（皖） | 2000.00 |
| 169 | 昆山市（苏） | 2947.00 | 214 | 德清县（浙） | 5400.00 | 259 | 芜湖县（皖） | 1850.00 |
| 170 | 仪征市（苏） | 2850.00 | 215 | 上虞市（浙） | 4916.00 | 260 | 东至县（皖） | 1790.00 |
| 171 | 吴中区（苏） | 2628.00 | 216 | 青田县（浙） | 4910.00 | 261 | 颍东区（皖） | 1770.00 |
| 172 | 建湖县（苏） | 2611.00 | 217 | 新昌县（浙） | 4520.00 | 262 | 霍邱县（皖） | 1770.00 |
| 173 | 东台市（苏） | 2500.00 | 218 | 鄞州区（浙） | 4325.00 | 263 | 巢湖市（皖） | 1650.00 |
| 174 | 淮阴区（苏） | 2453.00 | 219 | 吴兴区（浙） | 4077.00 | 264 | 黟　县（皖） | 1620.00 |
| 175 | 通州区（苏） | 2400.00 | 220 | 松阳县（浙） | 3148.00 | 265 | 大通区（皖） | 1519.00 |
| 176 | 姜堰区（苏） | 2166.00 | 221 | 黄岩区（浙） | 2698.00 | 266 | 六安市叶集区（皖） | 1500.00 |
| 177 | 盐都区（苏） | 2140.00 | 222 | 路桥区（浙） | 2500.00 | 267 | 繁昌县（皖） | 1200.00 |
| 178 | 靖江市（苏） | 2100.00 | 223 | 浦江县（浙） | 2400.00 | 268 | 望江县（皖） | 1200.00 |
| 179 | 丹徒区（苏） | 2060.00 | 224 | 余姚市（浙） | 2238.00 | 269 | 博望区（皖） | 1100.00 |
| 180 | 溧水县（苏） | 2050.00 | 225 | 三门县（浙） | 1920.00 | 270 | 桐城市（皖） | 1000.00 |
| 181 | 江都区（苏） | 2050.00 | 226 | 象山县（浙） | 1886.00 | 271 | 永修县（赣） | 6815.00 |
| 182 | 宿豫区（苏） | 1994.00 | 227 | 平湖市（浙） | 1855.00 | 272 | 龙南县（赣） | 3490.00 |
| 183 | 广陵区（苏） | 1550.00 | 228 | 武义县（浙） | 1617.00 | 273 | 临川区（赣） | 3221.00 |
| 184 | 沭阳县（苏） | 1550.00 | 229 | 海盐县（浙） | 1540.00 | 274 | 湖口县（赣） | 2800.00 |
| 185 | 高淳县（苏） | 1500.00 | 230 | 温岭市（浙） | 1369.00 | 275 | 瑞昌市（赣） | 2288.00 |

(续)

| 序号 | 桃主产地 | 产量(吨) |
| --- | --- | --- |
| 276 | 于都县(赣) | 1987.00 |
| 277 | 会昌县(赣) | 1800.00 |
| 278 | 武宁县(赣) | 1630.00 |
| 279 | 新干县(赣) | 1619.00 |
| 280 | 宁都县(赣) | 1615.00 |
| 281 | 乐安县(赣) | 1415.00 |
| 282 | 高安市(赣) | 1354.00 |
| 283 | 修水县(赣) | 1345.00 |
| 284 | 进贤县(赣) | 1240.00 |
| 285 | 九江县(赣) | 1200.00 |
| 286 | 蒙阴县(鲁) | 720000.00 |
| 287 | 肥城市(鲁) | 185407.00 |
| 288 | 安丘市(鲁) | 170000.00 |
| 289 | 沂水县(鲁) | 145100.00 |
| 290 | 费　县(鲁) | 135000.00 |
| 291 | 临朐县(鲁) | 75000.00 |
| 292 | 青州市(鲁) | 66650.00 |
| 293 | 诸城市(鲁) | 60894.00 |
| 294 | 泗水县(鲁) | 57690.00 |
| 295 | 沂南县(鲁) | 57620.00 |
| 296 | 新泰市(鲁) | 56871.00 |
| 297 | 冠　县(鲁) | 56000.00 |
| 298 | 山亭区(鲁) | 51150.00 |
| 299 | 兰陵县(鲁) | 49963.00 |
| 300 | 莱阳市(鲁) | 43900.00 |
| 301 | 博山区(鲁) | 43500.00 |
| 302 | 邹城市(鲁) | 43308.00 |
| 303 | 莒　县(鲁) | 41902.00 |
| 304 | 栖霞市(鲁) | 35500.00 |
| 305 | 寿光市(鲁) | 24300.00 |
| 306 | 海阳市(鲁) | 22500.00 |
| 307 | 河东区(鲁) | 22000.00 |
| 308 | 五莲县(鲁) | 20300.00 |
| 309 | 莱城区(鲁) | 18920.00 |
| 310 | 昌乐县(鲁) | 18520.00 |
| 311 | 莒南县(鲁) | 17540.00 |
| 312 | 邹平县(鲁) | 16896.00 |
| 313 | 曲阜市(鲁) | 16200.00 |
| 314 | 济阳县(鲁) | 16057.00 |
| 315 | 惠民县(鲁) | 13400.00 |
| 316 | 东平县(鲁) | 12395.00 |
| 317 | 荣成市(鲁) | 12000.00 |
| 318 | 钢城区(鲁) | 10150.00 |
| 319 | 高青县(鲁) | 10000.00 |
| 320 | 岚山区(鲁) | 9300.00 |

(续)

| 序号 | 桃主产地 | 产量(吨) |
| --- | --- | --- |
| 321 | 兰山区(鲁) | 9100.50 |
| 322 | 嘉祥县(鲁) | 8856.00 |
| 323 | 微山县(鲁) | 8720.00 |
| 324 | 潍坊市峡山区(鲁) | 7600.00 |
| 325 | 峄城区(鲁) | 7560.00 |
| 326 | 曹　县(鲁) | 7242.00 |
| 327 | 兖州市(鲁) | 6920.00 |
| 328 | 薛城区(鲁) | 6510.00 |
| 329 | 东港区(鲁) | 6348.00 |
| 330 | 泰山区(鲁) | 6345.55 |
| 331 | 龙口市(鲁) | 6266.00 |
| 332 | 环翠区(鲁) | 5960.00 |
| 333 | 武城县(鲁) | 5537.00 |
| 334 | 宁阳县(鲁) | 5500.00 |
| 335 | 临清市(鲁) | 5400.00 |
| 336 | 平原县(鲁) | 5257.00 |
| 337 | 长清区(鲁) | 5250.00 |
| 338 | 齐河县(鲁) | 5100.00 |
| 339 | 梁山县(鲁) | 5068.00 |
| 340 | 阳谷县(鲁) | 5066.00 |
| 341 | 临邑县(鲁) | 5000.00 |
| 342 | 临沭县(鲁) | 4895.00 |
| 343 | 高唐县(鲁) | 4300.00 |
| 344 | 郯城县(鲁) | 4230.00 |
| 345 | 莱山区(鲁) | 4000.00 |
| 346 | 鄄城县(鲁) | 3600.00 |
| 347 | 岱岳区(鲁) | 3473.00 |
| 348 | 德城区(鲁) | 3432.00 |
| 349 | 潍城区(鲁) | 3095.00 |
| 350 | 临淄区(鲁) | 2923.00 |
| 351 | 文登市(鲁) | 2450.00 |
| 352 | 高密市(鲁) | 2450.00 |
| 353 | 牟平区(鲁) | 2049.00 |
| 354 | 汶上县(鲁) | 1980.00 |
| 355 | 临沂市临港经济开发区(鲁) | 1560.00 |
| 356 | 莱芜市雪野旅游区(鲁) | 1460.40 |
| 357 | 东明县(鲁) | 1350.00 |
| 358 | 坊子区(鲁) | 1330.00 |
| 359 | 茌平县(鲁) | 1254.00 |
| 360 | 滨城区(鲁) | 1033.00 |
| 361 | 张店区(鲁) | 1030.00 |
| 362 | 陵城区(鲁) | 1020.00 |
| 363 | 虞城县(豫) | 180000.00 |
| 364 | 内乡县(豫) | 110000.00 |
| 365 | 西华县(豫) | 85600.00 |

(续)

| 序号 | 桃主产地 | 产量(吨) |
| --- | --- | --- |
| 366 | 内黄县(豫) | 50000.00 |
| 367 | 原阳县(豫) | 37000.00 |
| 368 | 太康县(豫) | 26600.00 |
| 369 | 永城市(豫) | 26580.00 |
| 370 | 光山县(豫) | 20000.00 |
| 371 | 卫辉市(豫) | 16040.00 |
| 372 | 武陟县(豫) | 14000.00 |
| 373 | 扶沟县(豫) | 12600.00 |
| 374 | 博爱县(豫) | 12000.00 |
| 375 | 濮阳市高新区(豫) | 11700.00 |
| 376 | 郾城区(豫) | 11041.00 |
| 377 | 栾川县(豫) | 9728.00 |
| 378 | 济源市(豫) | 9000.00 |
| 379 | 汝州市(豫) | 9000.00 |
| 380 | 洛宁县(豫) | 9000.00 |
| 381 | 孟津县(豫) | 9000.00 |
| 382 | 宜阳县(豫) | 8550.00 |
| 383 | 开封县(豫) | 8400.00 |
| 384 | 项城市(豫) | 8000.00 |
| 385 | 兰考县(豫) | 7575.00 |
| 386 | 孟州市(豫) | 7500.00 |
| 387 | 新乡县(豫) | 7219.00 |
| 388 | 确山县(豫) | 6900.00 |
| 389 | 汤阴县(豫) | 6900.00 |
| 390 | 辉县市(豫) | 6900.00 |
| 391 | 舞钢市(豫) | 6260.00 |
| 392 | 潢川县(豫) | 6210.00 |
| 393 | 民权县(豫) | 6200.00 |
| 394 | 浚　县(豫) | 6000.00 |
| 395 | 桐柏县(豫) | 5612.00 |
| 396 | 杞　县(豫) | 5600.00 |
| 397 | 宁陵县(豫) | 5582.00 |
| 398 | 嵩　县(豫) | 5419.00 |
| 399 | 新野县(豫) | 5400.00 |
| 400 | 鲁山县(豫) | 5300.00 |
| 401 | 商水县(豫) | 5250.00 |
| 402 | 尉氏县(豫) | 5250.00 |
| 403 | 卢氏县(豫) | 5200.00 |
| 404 | 获嘉县(豫) | 5145.00 |
| 405 | 荥阳市(豫) | 4924.00 |
| 406 | 平桥区(豫) | 4330.00 |
| 407 | 上蔡县(豫) | 4289.00 |
| 408 | 通许县(豫) | 3866.00 |
| 409 | 封丘县(豫) | 3750.00 |
| 410 | 淇滨区(豫) | 3662.00 |

（续）

| 序号 | 桃主产地 | 产量(吨) |
|---|---|---|
| 411 | 长垣县(豫) | 3400.00 |
| 412 | 社旗县(豫) | 3200.00 |
| 413 | 龙亭区(豫) | 2912.00 |
| 414 | 湛河区(豫) | 2900.00 |
| 415 | 汝南县(豫) | 2782.00 |
| 416 | 洛龙区(豫) | 2600.00 |
| 417 | 襄城县(豫) | 2478.00 |
| 418 | 邓州市(豫) | 2475.00 |
| 419 | 渑池县(豫) | 2340.00 |
| 420 | 郏　县(豫) | 2300.00 |
| 421 | 息　县(豫) | 2250.00 |
| 422 | 长葛市(豫) | 2200.00 |
| 423 | 郸城县(豫) | 2100.00 |
| 424 | 许昌县(豫) | 2012.00 |
| 425 | 台前县(豫) | 2000.00 |
| 426 | 安阳县(豫) | 1967.00 |
| 427 | 新　县(豫) | 1965.00 |
| 428 | 卧龙区(豫) | 1900.00 |
| 429 | 遂平县(豫) | 1760.00 |
| 430 | 中原区(豫) | 1600.00 |
| 431 | 汝阳县(豫) | 1563.00 |
| 432 | 新密市(豫) | 1343.00 |
| 433 | 临颍县(豫) | 1323.00 |
| 434 | 叶　县(豫) | 1200.00 |
| 435 | 牧野区(豫) | 1200.00 |
| 436 | 林州市(豫) | 1100.00 |
| 437 | 正阳县(豫) | 1000.00 |
| 438 | 清丰县(豫) | 1000.00 |
| 439 | 枣阳市(鄂) | 416603.00 |
| 440 | 宜城市(鄂) | 85444.00 |
| 441 | 随　县(鄂) | 42557.00 |
| 442 | 钟祥市(鄂) | 38073.00 |
| 443 | 孝南区(鄂) | 28800.00 |
| 444 | 老河口市(鄂) | 25600.00 |
| 445 | 枝江市(鄂) | 23355.00 |
| 446 | 潜江市(鄂) | 22000.00 |
| 447 | 襄州区(鄂) | 18680.00 |
| 448 | 沙洋县(鄂) | 18000.00 |
| 449 | 石首市(鄂) | 8200.00 |
| 450 | 竹山县(鄂) | 6910.00 |
| 451 | 大悟县(鄂) | 4347.00 |
| 452 | 荆州区(鄂) | 4173.00 |
| 453 | 丹江口市(鄂) | 3270.00 |
| 454 | 安陆市(鄂) | 3000.00 |
| 455 | 掇刀区(鄂) | 3000.00 |

（续）

| 序号 | 桃主产地 | 产量(吨) |
|---|---|---|
| 456 | 京山县(鄂) | 2700.00 |
| 457 | 应城市(鄂) | 2600.00 |
| 458 | 江陵县(鄂) | 2315.00 |
| 459 | 襄城区(鄂) | 2100.00 |
| 460 | 东宝区(鄂) | 2100.00 |
| 461 | 黄陂区(鄂) | 2000.00 |
| 462 | 公安县(鄂) | 1746.00 |
| 463 | 大冶市(鄂) | 1660.00 |
| 464 | 曾都区(鄂) | 1654.00 |
| 465 | 宜都市(鄂) | 1650.00 |
| 466 | 监利县(鄂) | 1650.00 |
| 467 | 嘉鱼县(鄂) | 1587.00 |
| 468 | 通城县(鄂) | 1516.00 |
| 469 | 郧　县(鄂) | 1500.00 |
| 470 | 孝昌县(鄂) | 1500.00 |
| 471 | 云梦县(鄂) | 1480.00 |
| 472 | 房　县(鄂) | 1435.00 |
| 473 | 保康县(鄂) | 1366.00 |
| 474 | 鹤峰县(鄂) | 1200.00 |
| 475 | 谷城县(鄂) | 1024.00 |
| 476 | 浏阳市(湘) | 15077.00 |
| 477 | 澧　县(湘) | 11000.00 |
| 478 | 临澧县(湘) | 5951.00 |
| 479 | 涟源市(湘) | 5700.00 |
| 480 | 永定区(湘) | 5500.00 |
| 481 | 资兴市(湘) | 4364.00 |
| 482 | 湘潭县(湘) | 4154.00 |
| 483 | 临武县(湘) | 4000.00 |
| 484 | 靖州苗族侗族自治县(湘) | 3750.00 |
| 485 | 长沙县(湘) | 3191.00 |
| 486 | 永顺县(湘) | 3000.00 |
| 487 | 大祥区(湘) | 2980.00 |
| 488 | 新田县(湘) | 2780.00 |
| 489 | 祁阳县(湘) | 2700.00 |
| 490 | 津市市(湘) | 2500.00 |
| 491 | 株洲县(湘) | 2400.00 |
| 492 | 道　县(湘) | 2400.00 |
| 493 | 保靖县(湘) | 2300.00 |
| 494 | 云溪区(湘) | 2196.00 |
| 495 | 衡山县(湘) | 2073.00 |
| 496 | 衡东县(湘) | 2000.00 |
| 497 | 湘乡市(湘) | 1931.00 |
| 498 | 麻阳苗族自治县(湘) | 1900.00 |
| 499 | 洞口县(湘) | 1600.00 |
| 500 | 慈利县(湘) | 1541.00 |

（续）

| 序号 | 桃主产地 | 产量(吨) |
|---|---|---|
| 501 | 东安县(湘) | 1540.00 |
| 502 | 辰溪县(湘) | 1500.00 |
| 503 | 石门县(湘) | 1500.00 |
| 504 | 新邵县(湘) | 1300.00 |
| 505 | 祁东县(湘) | 1230.00 |
| 506 | 新宁县(湘) | 1200.00 |
| 507 | 衡阳县(湘) | 1127.00 |
| 508 | 宜章县(湘) | 1108.00 |
| 509 | 绥宁县(湘) | 1050.00 |
| 510 | 和平县(粤) | 32000.00 |
| 511 | 连州市(粤) | 8520.00 |
| 512 | 五华县(粤) | 2000.00 |
| 513 | 恭城瑶族自治县(桂) | 50467.00 |
| 514 | 平乐县(桂) | 32802.00 |
| 515 | 象州县(桂) | 20920.00 |
| 516 | 灌阳县(桂) | 11936.00 |
| 517 | 兴宾区(桂) | 9143.00 |
| 518 | 兴安县(桂) | 7001.00 |
| 519 | 天峨县(桂) | 6266.00 |
| 520 | 柳城县(桂) | 4926.00 |
| 521 | 钟山县(桂) | 4541.00 |
| 522 | 罗城仫佬族自治县(桂) | 3413.00 |
| 523 | 田林县(桂) | 3132.00 |
| 524 | 柳江县(桂) | 3132.00 |
| 525 | 金秀瑶族自治县(桂) | 2978.00 |
| 526 | 富川瑶族自治县(桂) | 2690.00 |
| 527 | 龙胜各族自治县(桂) | 2004.00 |
| 528 | 武宣县(桂) | 1940.00 |
| 529 | 南丹县(桂) | 1886.00 |
| 530 | 隆林各族自治县(桂) | 1490.00 |
| 531 | 永福县(桂) | 1455.00 |
| 532 | 巴马瑶族自治县(桂) | 1302.00 |
| 533 | 金城江区(桂) | 1200.00 |
| 534 | 都安瑶族自治县(桂) | 1162.00 |
| 535 | 贺州市平桂管理区(桂) | 1158.00 |
| 536 | 奉节县(渝) | 13266.00 |
| 537 | 合川区(渝) | 10083.00 |
| 538 | 璧山区(渝) | 8430.00 |
| 539 | 云阳县(渝) | 8000.00 |
| 540 | 万州区(渝) | 7380.00 |
| 541 | 秀山土家族苗族自治县(渝) | 5455.00 |
| 542 | 铜梁县(渝) | 4000.00 |
| 543 | 巴南区(渝) | 3680.00 |
| 544 | 酉阳土家族苗族自治县(渝) | 3350.00 |
| 545 | 渝北区(渝) | 2600.00 |

(续)

| 序号 | 桃主产地 | 产量(吨) |
|---|---|---|
| 546 | 南川区(渝) | 2500.00 |
| 547 | 永川区(渝) | 2500.00 |
| 548 | 荣昌区(渝) | 1148.00 |
| 549 | 青白江区(川) | 20000.00 |
| 550 | 西充县(川) | 14241.00 |
| 551 | 乐至县(川) | 10000.00 |
| 552 | 会理县(川) | 8537.00 |
| 553 | 威远县(川) | 7700.00 |
| 554 | 仁寿县(川) | 6843.00 |
| 555 | 顺庆区(川) | 6000.00 |
| 556 | 盐亭县(川) | 6000.00 |
| 557 | 峨眉山市(川) | 5500.00 |
| 558 | 邻水县(川) | 4440.00 |
| 559 | 南江县(川) | 4300.00 |
| 560 | 屏山县(川) | 3000.00 |
| 561 | 万源市(川) | 3000.00 |
| 562 | 西昌市(川) | 2820.00 |
| 563 | 巴州区(川) | 2550.00 |
| 564 | 阆中市(川) | 2389.00 |
| 565 | 游仙区(川) | 2350.00 |
| 566 | 仪陇县(川) | 2300.00 |
| 567 | 恩阳区(川) | 2200.00 |
| 568 | 甘洛县(川) | 2180.00 |
| 569 | 利州区(川) | 2000.00 |
| 570 | 嘉陵区(川) | 1601.00 |
| 571 | 南溪县(川) | 1600.00 |
| 572 | 大英县(川) | 1500.00 |
| 573 | 彭州市(川) | 1463.00 |
| 574 | 高　县(川) | 1360.00 |
| 575 | 五通桥区(川) | 1301.00 |
| 576 | 双流县(川) | 1227.00 |
| 577 | 开江县(川) | 1000.00 |
| 578 | 荔波县(黔) | 10561.00 |
| 579 | 石阡县(黔) | 9238.00 |
| 580 | 六枝特区(黔) | 8900.00 |
| 581 | 桐梓县(黔) | 8127.00 |
| 582 | 开阳县(黔) | 7650.00 |
| 583 | 镇远县(黔) | 6385.00 |
| 584 | 乌当区(黔) | 3180.00 |
| 585 | 黄平县(黔) | 2812.00 |
| 586 | 惠水县(黔) | 2782.00 |
| 587 | 花溪区(黔) | 2700.00 |
| 588 | 兴仁县(黔) | 1950.00 |
| 589 | 碧江区(黔) | 1738.00 |
| 590 | 册亨县(黔) | 1500.00 |

(续)

| 序号 | 桃主产地 | 产量(吨) |
|---|---|---|
| 591 | 普安县(黔) | 1200.00 |
| 592 | 江口县(黔) | 1200.00 |
| 593 | 三都水族自治县(黔) | 1086.00 |
| 594 | 开远市(滇) | 35881.20 |
| 595 | 元江哈尼族彝族傣族自治县(滇) | 27200.00 |
| 596 | 麒麟区(滇) | 12000.00 |
| 597 | 弥勒市(滇) | 8200.00 |
| 598 | 石林彝族自治县(滇) | 6125.00 |
| 599 | 玉龙纳西族自治县(滇) | 4554.00 |
| 600 | 建水县(滇) | 4110.00 |
| 601 | 个旧市(滇) | 4090.00 |
| 602 | 文山市(滇) | 3820.00 |
| 603 | 永仁县(滇) | 3719.00 |
| 604 | 马关县(滇) | 3158.00 |
| 605 | 香格里拉县(滇) | 3033.00 |
| 606 | 楚雄市(滇) | 2886.00 |
| 607 | 武定县(滇) | 2740.00 |
| 608 | 富宁县(滇) | 2626.00 |
| 609 | 西山区(滇) | 2600.00 |
| 610 | 嵩明县(滇) | 2016.00 |
| 611 | 西畴县(滇) | 1968.00 |
| 612 | 凤庆县(滇) | 1882.00 |
| 613 | 马龙县(滇) | 1785.00 |
| 614 | 云　县(滇) | 1785.00 |
| 615 | 元阳县(滇) | 1735.00 |
| 616 | 南华县(滇) | 1565.00 |
| 617 | 禄丰县(滇) | 1548.00 |
| 618 | 易门县(滇) | 1404.94 |
| 619 | 隆阳区(滇) | 1367.00 |
| 620 | 景谷傣族彝族自治县(滇) | 1356.00 |
| 621 | 鹤庆县(滇) | 1339.00 |
| 622 | 牟定县(滇) | 1330.00 |
| 623 | 丘北县(滇) | 1280.00 |
| 624 | 洱源县(滇) | 1250.00 |
| 625 | 富源县(滇) | 1025.00 |
| 626 | 泸西县(滇) | 1000.00 |
| 627 | 礼泉县(陕) | 78000.00 |
| 628 | 长安区(陕) | 38550.00 |
| 629 | 淳化县(陕) | 23260.00 |
| 630 | 韩城市林业局(陕) | 15216.00 |
| 631 | 眉　县(陕) | 11947.00 |
| 632 | 秦都区(陕) | 9583.00 |
| 633 | 汉阴县(陕) | 9417.00 |
| 634 | 临潼区(陕) | 9000.00 |

(续)

| 序号 | 桃主产地 | 产量(吨) |
|---|---|---|
| 635 | 旬阳县(陕) | 6800.00 |
| 636 | 汉滨区(陕) | 6712.00 |
| 637 | 汉台区(陕) | 6000.00 |
| 638 | 永寿县(陕) | 5591.00 |
| 639 | 岐山县(陕) | 4970.00 |
| 640 | 渭滨区(陕) | 4689.00 |
| 641 | 阎良区(陕) | 4620.00 |
| 642 | 陈仓区(陕) | 3588.00 |
| 643 | 南郑县(陕) | 3300.00 |
| 644 | 灞桥区(陕) | 3295.00 |
| 645 | 千阳县(陕) | 2468.00 |
| 646 | 王益区(陕) | 2100.00 |
| 647 | 绥德县(陕) | 1737.00 |
| 648 | 凤翔县(陕) | 1690.00 |
| 649 | 商州区(陕) | 1550.00 |
| 650 | 略阳县(陕) | 1431.00 |
| 651 | 未央区(陕) | 1200.00 |
| 652 | 秦安县(甘) | 162525.00 |
| 653 | 皋兰县(甘) | 11546.70 |
| 654 | 七里河区(甘) | 9242.00 |
| 655 | 敦煌市(甘) | 4280.00 |
| 656 | 红古区(甘) | 3465.00 |
| 657 | 崆峒区(甘) | 2780.00 |
| 658 | 靖远县(甘) | 2738.00 |
| 659 | 宁　县(甘) | 2012.00 |
| 660 | 泾川县(甘) | 1836.00 |
| 661 | 金塔县(甘) | 1542.00 |
| 662 | 榆中县(甘) | 1390.00 |
| 663 | 庆城县(甘) | 1379.00 |
| 664 | 西峰区(甘) | 1299.00 |
| 665 | 麦积区(甘) | 1233.75 |
| 666 | 西和县(甘) | 1110.00 |
| 667 | 徽　县(甘) | 1077.00 |
| 668 | 甘谷县(甘) | 1028.00 |
| 669 | 利通区(宁) | 3500.00 |
| 670 | 彭阳县(宁) | 2000.00 |
| 671 | 贺兰县(宁) | 1425.00 |

**表 7-4　杏主产地产量**

| 序号 | 杏主产地 | 产量(吨) |
|---|---|---|
| 1 | 密云县(京) | 4582.00 |
| 2 | 顺义区(京) | 2100.00 |
| 3 | 怀柔区(京) | 1799.40 |
| 4 | 房山区(京) | 1561.70 |
| 5 | 昌平区(京) | 1479.40 |

（续）

| 序号 | 杏主产地 | 产量（吨） |
|---|---|---|
| 6 | 通州区（京） | 834.80 |
| 7 | 巨鹿县（冀） | 82398.00 |
| 8 | 顺平县（冀） | 21550.00 |
| 9 | 易　县（冀） | 21000.00 |
| 10 | 满城县（冀） | 17000.00 |
| 11 | 兴隆县（冀） | 14800.00 |
| 12 | 永清县（冀） | 9000.00 |
| 13 | 宣化区（冀） | 8251.00 |
| 14 | 辛集市（冀） | 7160.00 |
| 15 | 涞水县（冀） | 6500.00 |
| 16 | 新河县（冀） | 6448.00 |
| 17 | 阜城县（冀） | 5100.00 |
| 18 | 怀安县（冀） | 5000.00 |
| 19 | 蔚　县（冀） | 4717.00 |
| 20 | 行唐县（冀） | 4040.00 |
| 21 | 青龙满族自治县（冀） | 3840.00 |
| 22 | 鹿泉区（冀） | 3781.00 |
| 23 | 唐　县（冀） | 3675.00 |
| 24 | 沙河市（冀） | 3290.00 |
| 25 | 肥乡县（冀） | 3100.00 |
| 26 | 藁城区（冀） | 3000.00 |
| 27 | 丰润区（冀） | 3000.00 |
| 28 | 万全区（冀） | 2591.00 |
| 29 | 平乡县（冀） | 2500.00 |
| 30 | 承德县（冀） | 2490.00 |
| 31 | 怀来县（冀） | 2064.00 |
| 32 | 清苑县（冀） | 2000.00 |
| 33 | 迁西县（冀） | 1868.00 |
| 34 | 大名县（冀） | 1800.00 |
| 35 | 威　县（冀） | 1780.00 |
| 36 | 抚宁区（冀） | 1600.00 |
| 37 | 深州市（冀） | 1488.00 |
| 38 | 涞源县（冀） | 1458.00 |
| 39 | 饶阳县（冀） | 1428.00 |
| 40 | 魏　县（冀） | 1289.00 |
| 41 | 平山县（冀） | 1200.00 |
| 42 | 成安县（冀） | 1200.00 |
| 43 | 广阳区（冀） | 1172.00 |
| 44 | 迁安市（冀） | 1153.00 |
| 45 | 任　县（冀） | 1130.00 |
| 46 | 献　县（冀） | 927.00 |
| 47 | 滦平县（冀） | 900.00 |
| 48 | 枣强县（冀） | 864.00 |
| 49 | 南宫市（冀） | 843.00 |
| 50 | 徐水县（冀） | 833.00 |

（续）

| 序号 | 杏主产地 | 产量（吨） |
|---|---|---|
| 51 | 博野县（冀） | 800.00 |
| 52 | 望都县（冀） | 700.00 |
| 53 | 武邑县（冀） | 697.00 |
| 54 | 玉田县（冀） | 696.00 |
| 55 | 涿鹿县（冀） | 674.60 |
| 56 | 赤城县（冀） | 650.00 |
| 57 | 安国市（冀） | 600.00 |
| 58 | 丰宁满族自治县（冀） | 532.00 |
| 59 | 海港区（冀） | 529.00 |
| 60 | 新乐市（冀） | 500.00 |
| 61 | 安次区（冀） | 500.00 |
| 62 | 临猗县（晋） | 20750.00 |
| 63 | 夏　县（晋） | 12460.00 |
| 64 | 阳高县（晋） | 9200.00 |
| 65 | 临　县（晋） | 4500.00 |
| 66 | 大同县（晋） | 2800.00 |
| 67 | 河津市（晋） | 2018.00 |
| 68 | 清徐县（晋） | 1800.00 |
| 69 | 高平市（晋） | 1200.00 |
| 70 | 闻喜县（晋） | 1118.00 |
| 71 | 平遥县（晋） | 1100.00 |
| 72 | 忻府区（晋） | 1002.50 |
| 73 | 尖草坪区（晋） | 1000.00 |
| 74 | 稷山县（晋） | 790.00 |
| 75 | 南郊区（晋） | 750.00 |
| 76 | 尧都区（晋） | 592.00 |
| 77 | 古交市（晋） | 500.00 |
| 78 | 土默特右旗（内蒙古） | 14755.92 |
| 79 | 土默特左旗（内蒙古） | 6915.00 |
| 80 | 临河区（内蒙古） | 6280.00 |
| 81 | 准格尔旗（内蒙古） | 2140.00 |
| 82 | 杭锦后旗（内蒙古） | 1170.00 |
| 83 | 科尔沁左翼后旗（内蒙古） | 600.00 |
| 84 | 喀喇沁旗（内蒙古） | 600.00 |
| 85 | 丰镇市（内蒙古） | 600.00 |
| 86 | 建昌县（辽） | 31000.00 |
| 87 | 南票区（辽） | 5120.00 |
| 88 | 连山区（辽） | 4200.00 |
| 89 | 建平县（辽） | 3000.00 |
| 90 | 龙城区（辽） | 1650.00 |
| 91 | 海城市（辽） | 1500.00 |
| 92 | 法库县（辽） | 1500.00 |
| 93 | 东港市（辽） | 1006.00 |
| 94 | 浑南区（辽） | 1000.00 |
| 95 | 贾汪区（苏） | 5014.00 |

（续）

| 序号 | 杏主产地 | 产量（吨） |
|---|---|---|
| 96 | 铜山区（苏） | 1100.00 |
| 97 | 东平县（鲁） | 16468.00 |
| 98 | 邹平县（鲁） | 15897.00 |
| 99 | 岱岳区（鲁） | 13095.00 |
| 100 | 新泰市（鲁） | 12613.00 |
| 101 | 长清区（鲁） | 11750.00 |
| 102 | 邹城市（鲁） | 9799.00 |
| 103 | 费　县（鲁） | 8500.00 |
| 104 | 莱阳市（鲁） | 8260.00 |
| 105 | 沂水县（鲁） | 8100.00 |
| 106 | 泗水县（鲁） | 7452.00 |
| 107 | 莱州市（鲁） | 6287.00 |
| 108 | 肥城市（鲁） | 5959.00 |
| 109 | 龙口市（鲁） | 5217.00 |
| 110 | 博山区（鲁） | 5050.00 |
| 111 | 临清市（鲁） | 4000.00 |
| 112 | 宁阳县（鲁） | 3980.00 |
| 113 | 曲阜市（鲁） | 3100.00 |
| 114 | 青州市（鲁） | 3080.00 |
| 115 | 微山县（鲁） | 2650.00 |
| 116 | 荣成市（鲁） | 2400.00 |
| 117 | 蓬莱市（鲁） | 2155.00 |
| 118 | 诸城市（鲁） | 2035.00 |
| 119 | 临朐县（鲁） | 1650.00 |
| 120 | 峄城区（鲁） | 1620.00 |
| 121 | 泰山区（鲁） | 1550.00 |
| 122 | 沂南县（鲁） | 1500.00 |
| 123 | 东昌府区（鲁） | 1420.00 |
| 124 | 山亭区（鲁） | 1350.00 |
| 125 | 昌乐县（鲁） | 1000.00 |
| 126 | 坊子区（鲁） | 960.00 |
| 127 | 沂源县（鲁） | 946.00 |
| 128 | 冠　县（鲁） | 850.00 |
| 129 | 汶上县（鲁） | 600.00 |
| 130 | 临邑县（鲁） | 600.00 |
| 131 | 临沂市临港经济开发区（鲁） | 560.00 |
| 132 | 德城区（鲁） | 525.00 |
| 133 | 兖州市（鲁） | 500.00 |
| 134 | 齐河县（鲁） | 500.00 |
| 135 | 宜阳县（豫） | 8400.00 |
| 136 | 内黄县（豫） | 7000.00 |
| 137 | 内乡县（豫） | 6500.00 |
| 138 | 林州市（豫） | 5655.00 |
| 139 | 南乐县（豫） | 5245.00 |
| 140 | 原阳县（豫） | 4500.00 |

(续)

| 序号 | 杏主产地 | 产量(吨) |
|---|---|---|
| 141 | 汝州市(豫) | 4200.00 |
| 142 | 新密市(豫) | 3600.00 |
| 143 | 封丘县(豫) | 3600.00 |
| 144 | 渑池县(豫) | 3175.60 |
| 145 | 洛宁县(豫) | 2810.00 |
| 146 | 郏　县(豫) | 2800.00 |
| 147 | 栾川县(豫) | 2700.00 |
| 148 | 新乡县(豫) | 2403.00 |
| 149 | 济源市(豫) | 2300.00 |
| 150 | 太康县(豫) | 1800.00 |
| 151 | 嵩　县(豫) | 1748.00 |
| 152 | 博爱县(豫) | 1500.00 |
| 153 | 荥阳市(豫) | 1150.00 |
| 154 | 许昌县(豫) | 1100.00 |
| 155 | 睢阳区(豫) | 1023.00 |
| 156 | 登封市(豫) | 999.00 |
| 157 | 卫辉市(豫) | 860.00 |
| 158 | 兰考县(豫) | 748.50 |
| 159 | 湛河区(豫) | 730.00 |
| 160 | 桐柏县(豫) | 505.00 |
| 161 | 确山县(豫) | 500.00 |
| 162 | 清丰县(豫) | 500.00 |
| 163 | 涪陵区(渝) | 565.00 |
| 164 | 酉阳土家族苗族自治县(渝) | 500.00 |
| 165 | 中江县(川) | 6289.00 |
| 166 | 青白江区(川) | 1894.00 |
| 167 | 恩阳区(川) | 910.00 |
| 168 | 仪陇县(川) | 700.00 |
| 169 | 邻水县(川) | 565.00 |
| 170 | 韩城市(陕) | 26546.00 |
| 171 | 蓝田县(陕) | 15000.00 |
| 172 | 淳化县(陕) | 12780.00 |
| 173 | 吴起县(陕) | 11063.00 |
| 174 | 泾阳县(陕) | 7126.00 |
| 175 | 志丹县(陕) | 6353.00 |
| 176 | 安塞县(陕) | 6340.00 |
| 177 | 礼泉县(陕) | 4800.00 |
| 178 | 延长县(陕) | 3520.00 |
| 179 | 甘泉县(陕) | 2480.00 |
| 180 | 汉滨区(陕) | 2360.00 |
| 181 | 靖边县(陕) | 2300.00 |
| 182 | 绥德县(陕) | 1846.00 |
| 183 | 子长县(陕) | 1720.00 |
| 184 | 灞桥区(陕) | 1136.00 |
| 185 | 米脂县(陕) | 1130.00 |

(续)

| 序号 | 杏主产地 | 产量(吨) |
|---|---|---|
| 186 | 宜川县(陕) | 1074.00 |
| 187 | 岐山县(陕) | 925.00 |
| 188 | 汉阴县(陕) | 902.00 |
| 189 | 旬邑县(陕) | 800.00 |
| 190 | 子洲县(陕) | 760.00 |
| 191 | 阎良区(陕) | 563.00 |
| 192 | 镇原县(甘) | 26531.00 |
| 193 | 渭源县(甘) | 21000.00 |
| 194 | 庆城县(甘) | 9731.00 |
| 195 | 环　县(甘) | 9408.00 |
| 196 | 宁　县(甘) | 6430.00 |
| 197 | 民乐县(甘) | 5600.00 |
| 198 | 山丹县(甘) | 4600.00 |
| 199 | 敦煌市(甘) | 4320.00 |
| 200 | 张家川回族自治县(甘) | 3941.19 |
| 201 | 正宁县(甘) | 3750.00 |
| 202 | 西峰区(甘) | 2608.00 |
| 203 | 崆峒区(甘) | 2500.00 |
| 204 | 榆中县(甘) | 2100.00 |
| 205 | 会宁县(甘) | 2060.00 |
| 206 | 平川区(甘) | 2000.00 |
| 207 | 泾川县(甘) | 1876.00 |
| 208 | 金塔县(甘) | 1504.00 |
| 209 | 甘州区(甘) | 1300.00 |
| 210 | 通渭县(甘) | 1250.00 |
| 211 | 玉门市(甘) | 1120.00 |
| 212 | 白银区(甘) | 900.00 |
| 213 | 永登县(甘) | 820.00 |
| 214 | 麦积区(甘) | 812.00 |
| 215 | 甘谷县(甘) | 688.00 |
| 216 | 西和县(甘) | 640.00 |
| 217 | 崇信县(甘) | 600.00 |
| 218 | 秦州区(甘) | 598.80 |
| 219 | 临泽县(甘) | 517.83 |
| 220 | 彭阳县(宁) | 31000.00 |
| 221 | 贺兰县(宁) | 1440.00 |
| 222 | 盐池县(宁) | 700.00 |
| 223 | 原州区(宁) | 625.00 |
| 224 | 利通区(宁) | 510.00 |

**表 7-5　李主产地产量**

| 序号 | 李主产地 | 产量(吨) |
|---|---|---|
| 1 | 密云县(京) | 4834.00 |
| 2 | 顺义区(京) | 2588.00 |
| 3 | 昌平区(京) | 874.70 |
| 4 | 怀柔区(京) | 835.10 |
| 5 | 通州区(京) | 440.80 |
| 6 | 房山区(京) | 436.50 |
| 7 | 围场满族蒙古族自治县(冀) | 4400.00 |
| 8 | 迁安市(冀) | 3623.00 |
| 9 | 滦平县(冀) | 2815.00 |
| 10 | 迁西县(冀) | 2300.00 |
| 11 | 高邑县(冀) | 2025.00 |
| 12 | 藁城区(冀) | 1030.00 |
| 13 | 平泉县(冀) | 975.00 |
| 14 | 海港区(冀) | 573.50 |
| 15 | 涿鹿县(冀) | 392.80 |
| 16 | 涿州市(冀) | 350.00 |
| 17 | 丰宁满族自治县(冀) | 240.00 |
| 18 | 武邑县(冀) | 128.00 |
| 19 | 长治县(晋) | 465.00 |
| 20 | 杭锦后旗(内蒙古) | 765.00 |
| 21 | 扎赉特旗(内蒙古) | 500.00 |
| 22 | 翁牛特旗(内蒙古) | 480.00 |
| 23 | 开鲁县(内蒙古) | 450.00 |
| 24 | 奈曼旗(内蒙古) | 337.50 |
| 25 | 乌拉特中旗(内蒙古) | 300.00 |
| 26 | 松山区(内蒙古) | 225.00 |
| 27 | 阿鲁科尔沁旗(内蒙古) | 200.00 |
| 28 | 林西县(内蒙古) | 140.00 |
| 29 | 和林格尔县(内蒙古) | 120.00 |
| 30 | 盖州市(辽) | 17493.00 |
| 31 | 连山区(辽) | 5740.00 |
| 32 | 义　县(辽) | 4100.00 |
| 33 | 康平县(辽) | 4000.00 |
| 34 | 大石桥市(辽) | 2400.00 |
| 35 | 调兵山市(辽) | 2247.00 |
| 36 | 苏家屯区(辽) | 146.00 |
| 37 | 铁岭市经济开发区(辽) | 100.00 |
| 38 | 清河门区(辽) | 100.00 |
| 39 | 蛟河市(吉) | 3927.50 |
| 40 | 洮南市(吉) | 2009.00 |
| 41 | 辉南县(吉) | 1850.00 |
| 42 | 农安县(吉) | 1250.00 |
| 43 | 丰满区(吉) | 1100.00 |
| 44 | 洮北区(吉) | 1023.00 |
| 45 | 前郭尔罗斯蒙古族自治县(吉) | 895.00 |
| 46 | 白城市市辖区(吉) | 600.00 |
| 47 | 九台区(吉) | 250.00 |
| 48 | 磐石市(吉) | 180.00 |

（续）

| 序号 | 李主产地 | 产量（吨） |
|---|---|---|
| 49 | 东丰县（吉） | 140.00 |
| 50 | 长岭县（吉） | 100.00 |
| 51 | 绿园区（吉） | 100.00 |
| 52 | 肇州县（黑） | 11203.00 |
| 53 | 碾子山区（黑） | 3897.00 |
| 54 | 五常市（黑） | 410.00 |
| 55 | 让胡路区（黑） | 402.00 |
| 56 | 龙江县（黑） | 250.00 |
| 57 | 龙凤区（黑） | 245.00 |
| 58 | 建德市（浙） | 8400.00 |
| 59 | 松阳县（浙） | 5010.00 |
| 60 | 浦江县（浙） | 3420.00 |
| 61 | 象山县（浙） | 3253.00 |
| 62 | 诸暨市（浙） | 2650.00 |
| 63 | 新昌县（浙） | 1860.00 |
| 64 | 淳安县（浙） | 1694.00 |
| 65 | 莲都区（浙） | 1497.00 |
| 66 | 桐庐县（浙） | 1466.00 |
| 67 | 定海区（浙） | 1200.00 |
| 68 | 缙云县（浙） | 1047.00 |
| 69 | 宁海县（浙） | 1000.00 |
| 70 | 临海市（浙） | 960.00 |
| 71 | 平湖市（浙） | 600.00 |
| 72 | 永康市（浙） | 580.00 |
| 73 | 余杭区（浙） | 561.00 |
| 74 | 龙泉市（浙） | 514.00 |
| 75 | 义乌市（浙） | 463.00 |
| 76 | 富阳区（浙） | 423.00 |
| 77 | 天台县（浙） | 400.00 |
| 78 | 仙居县（浙） | 300.00 |
| 79 | 安吉县（浙） | 231.00 |
| 80 | 遂昌县（浙） | 194.00 |
| 81 | 三门县（浙） | 175.00 |
| 82 | 鄞州区（浙） | 120.00 |
| 83 | 磐安县（浙） | 112.00 |
| 84 | 瑞安市（浙） | 105.00 |
| 85 | 肥西县（皖） | 950.00 |
| 86 | 屯溪区（皖） | 550.00 |
| 87 | 灵璧县（皖） | 300.00 |
| 88 | 潜山县（皖） | 250.00 |
| 89 | 黟　县（皖） | 230.00 |
| 90 | 赣　县（赣） | 1740.00 |
| 91 | 龙南县（赣） | 810.00 |
| 92 | 瑞金市（赣） | 750.00 |
| 93 | 临朐县（鲁） | 2000.00 |

（续）

| 序号 | 李主产地 | 产量（吨） |
|---|---|---|
| 94 | 岱岳区（鲁） | 1640.00 |
| 95 | 宁阳县（鲁） | 320.00 |
| 96 | 费　县（鲁） | 280.00 |
| 97 | 邹平县（鲁） | 227.00 |
| 98 | 肥城市（鲁） | 150.00 |
| 99 | 商水县（豫） | 7326.00 |
| 100 | 林州市（豫） | 2363.00 |
| 101 | 嵩　县（豫） | 1736.00 |
| 102 | 遂平县（豫） | 450.00 |
| 103 | 宁陵县（豫） | 105.00 |
| 104 | 利川市（鄂） | 1000.00 |
| 105 | 竹山县（鄂） | 300.00 |
| 106 | 阳新县（鄂） | 252.00 |
| 107 | 大冶市（鄂） | 200.00 |
| 108 | 襄城区（鄂） | 136.00 |
| 109 | 新化县（湘） | 50000.00 |
| 110 | 祁东县（湘） | 13700.00 |
| 111 | 涟源市（湘） | 6300.00 |
| 112 | 浏阳市（湘） | 5400.00 |
| 113 | 武冈市（湘） | 5000.00 |
| 114 | 中方县（湘） | 4600.00 |
| 115 | 永定区（湘） | 4000.00 |
| 116 | 新邵县（湘） | 1700.00 |
| 117 | 永顺县（湘） | 1125.00 |
| 118 | 汝城县（湘） | 1023.00 |
| 119 | 新晃侗族自治县（湘） | 947.00 |
| 120 | 安化县（湘） | 600.00 |
| 121 | 桑植县（湘） | 600.00 |
| 122 | 临澧县（湘） | 510.00 |
| 123 | 麻阳苗族自治县（湘） | 400.00 |
| 124 | 鼎城区（湘） | 290.00 |
| 125 | 邵阳县（湘） | 280.00 |
| 126 | 衡山县（湘） | 267.30 |
| 127 | 新宁县（湘） | 200.00 |
| 128 | 石门县（湘） | 200.00 |
| 129 | 南岳区（湘） | 180.00 |
| 130 | 乐昌市（粤） | 28000.00 |
| 131 | 新丰县（粤） | 26860.00 |
| 132 | 信宜市（粤） | 17700.00 |
| 133 | 平远县（粤） | 15500.00 |
| 134 | 从化市（粤） | 9343.00 |
| 135 | 封开县（粤） | 7875.00 |
| 136 | 佛冈县（粤） | 3903.00 |
| 137 | 阳山县（粤） | 3416.00 |
| 138 | 蕉岭县（粤） | 2390.00 |

（续）

| 序号 | 李主产地 | 产量（吨） |
|---|---|---|
| 139 | 郁南县（粤） | 2000.00 |
| 140 | 乳源瑶族自治县（粤） | 1880.00 |
| 141 | 始兴县（粤） | 1500.00 |
| 142 | 潮南区（粤） | 198.00 |
| 143 | 丰顺县（粤） | 165.00 |
| 144 | 连南瑶族自治县（粤） | 104.00 |
| 145 | 灌阳县（桂） | 98147.00 |
| 146 | 武宣县（桂） | 31319.00 |
| 147 | 平乐县（桂） | 20527.00 |
| 148 | 天峨县（桂） | 7629.00 |
| 149 | 田林县（桂） | 6990.00 |
| 150 | 金城江区（桂） | 2280.00 |
| 151 | 龙胜各族自治县（桂） | 1626.00 |
| 152 | 巴马瑶族自治县（桂） | 1509.00 |
| 153 | 钦南区（桂） | 1035.00 |
| 154 | 江州区（桂） | 714.00 |
| 155 | 靖西县（桂） | 572.00 |
| 156 | 宾阳县（桂） | 513.00 |
| 157 | 融安县（桂） | 499.00 |
| 158 | 合山市（桂） | 457.00 |
| 159 | 梁平县（渝） | 10938.93 |
| 160 | 黔江区（渝） | 9800.00 |
| 161 | 铜梁县（渝） | 8000.00 |
| 162 | 璧山区（渝） | 6398.00 |
| 163 | 合川区（渝） | 4089.00 |
| 164 | 渝北区（渝） | 3800.00 |
| 165 | 万州区（渝） | 2001.00 |
| 166 | 永川区（渝） | 1500.00 |
| 167 | 屏山县（川） | 21800.00 |
| 168 | 江油市（川） | 7500.00 |
| 169 | 珙　县（川） | 6000.00 |
| 170 | 江安县（川） | 4200.00 |
| 171 | 古蔺县（川） | 2978.00 |
| 172 | 宣汉县（川） | 2310.00 |
| 173 | 兴文县（川） | 2192.00 |
| 174 | 理　县（川） | 2140.00 |
| 175 | 越西县（川） | 1800.00 |
| 176 | 开江县（川） | 1500.00 |
| 177 | 昭觉县（川） | 1250.00 |
| 178 | 巴州区（川） | 1050.00 |
| 179 | 游仙区（川） | 1000.00 |
| 180 | 郫　县（川） | 660.00 |
| 181 | 雷波县（川） | 500.00 |
| 182 | 北川羌族自治县（川） | 481.00 |
| 183 | 邻水县（川） | 460.00 |

(续)

| 序号 | 李主产地 | 产量(吨) |
|---|---|---|
| 184 | 达川区(川) | 400.00 |
| 185 | 美姑县(川) | 386.00 |
| 186 | 甘洛县(川) | 380.00 |
| 187 | 九寨沟县(川) | 320.00 |
| 188 | 大竹县(川) | 210.00 |
| 189 | 乡城县(川) | 200.00 |
| 190 | 得荣县(川) | 200.00 |
| 191 | 贡井区(川) | 180.00 |
| 192 | 恩阳区(川) | 150.00 |
| 193 | 武胜县(川) | 130.00 |
| 194 | 长宁县(川) | 123.00 |
| 195 | 贞丰县(黔) | 34030.00 |
| 196 | 镇宁布依族苗族自治县(黔) | 18000.00 |
| 197 | 桐梓县(黔) | 6943.00 |
| 198 | 沿河土家族自治县(黔) | 5040.00 |
| 199 | 紫云苗族布依族自治县(黔) | 5000.00 |
| 200 | 乌当区(黔) | 2118.00 |
| 201 | 荔波县(黔) | 2080.00 |
| 202 | 兴仁县(黔) | 1000.00 |
| 203 | 晴隆县(黔) | 200.00 |
| 204 | 元江哈尼族彝族傣族自治县(滇) | 34300.00 |
| 205 | 绥江县(滇) | 15039.00 |
| 206 | 砚山县(滇) | 8000.00 |
| 207 | 开远市(滇) | 4060.00 |
| 208 | 马关县(滇) | 2571.00 |
| 209 | 元阳县(滇) | 2483.00 |
| 210 | 禄丰县(滇) | 1611.00 |
| 211 | 麒麟区(滇) | 1500.00 |
| 212 | 双江拉祜族佤族布朗族傣族自治县(滇) | 1357.00 |
| 213 | 石林彝族自治县(滇) | 1325.30 |
| 214 | 云　县(滇) | 836.00 |
| 215 | 大关县(滇) | 800.00 |
| 216 | 景谷傣族彝族自治县(滇) | 677.20 |
| 217 | 洱源县(滇) | 620.00 |
| 218 | 晋宁县(滇) | 501.80 |
| 219 | 武定县(滇) | 472.00 |
| 220 | 盈江县(滇) | 339.50 |
| 221 | 江川县(滇) | 310.00 |
| 222 | 双柏县(滇) | 270.00 |
| 223 | 水富县(滇) | 170.00 |
| 224 | 楚雄市(滇) | 161.00 |
| 225 | 大姚县(滇) | 119.00 |
| 226 | 汉滨区(陕) | 1950.00 |
| 227 | 南郑县(陕) | 820.00 |
| 228 | 石泉县(陕) | 750.00 |
| 229 | 岚皋县(陕) | 575.00 |
| 230 | 镇坪县(陕) | 150.00 |
| 231 | 康　县(甘) | 885.98 |
| 232 | 红古区(甘) | 158.00 |
| 233 | 利通区(宁) | 420.00 |

## 表 7-6　樱桃主产地产量

| 序号 | 樱桃主产地 | 产量(吨) |
|---|---|---|
| 1 | 通州区(京) | 2840.80 |
| 2 | 房山区(京) | 1727.10 |
| 3 | 顺义区(京) | 1323.00 |
| 4 | 昌平区(京) | 1272.10 |
| 5 | 密云县(京) | 832.00 |
| 6 | 丰台区(京) | 250.00 |
| 7 | 怀柔区(京) | 136.20 |
| 8 | 山海关区(冀) | 20265.00 |
| 9 | 望都县(冀) | 2000.00 |
| 10 | 灵寿县(冀) | 1290.00 |
| 11 | 迁安市(冀) | 567.00 |
| 12 | 迁西县(冀) | 500.00 |
| 13 | 平泉县(冀) | 440.00 |
| 14 | 海港区(冀) | 294.10 |
| 15 | 三河市(冀) | 290.00 |
| 16 | 鸡泽县(冀) | 150.00 |
| 17 | 高碑店市(冀) | 150.00 |
| 18 | 河津市(晋) | 300.00 |
| 19 | 大连市金州新区(辽) | 41200.00 |
| 20 | 大连市保税区(辽) | 5909.00 |
| 21 | 普兰店市(辽) | 3757.00 |
| 22 | 前郭尔罗斯蒙古族自治县(吉) | 300.00 |
| 23 | 桐庐县(浙) | 1040.00 |
| 24 | 余姚市(浙) | 170.00 |
| 25 | 浦江县(浙) | 170.00 |
| 26 | 肥西县(皖) | 500.00 |
| 27 | 栖霞市(鲁) | 65540.00 |
| 28 | 临朐县(鲁) | 46000.00 |
| 29 | 新泰市(鲁) | 36529.00 |
| 30 | 福山区(鲁) | 26792.00 |
| 31 | 安丘市(鲁) | 25000.00 |
| 32 | 牟平区(鲁) | 24092.00 |
| 33 | 肥城市(鲁) | 23724.00 |
| 34 | 岱岳区(鲁) | 19980.00 |
| 35 | 长清区(鲁) | 16000.00 |
| 36 | 海阳市(鲁) | 15000.00 |
| 37 | 临沂市临港经济开发区(鲁) | 9500.00 |
| 38 | 龙口市(鲁) | 6896.00 |
| 39 | 泰山区(鲁) | 6784.38 |
| 40 | 五莲县(鲁) | 5200.00 |
| 41 | 莒南县(鲁) | 3760.00 |
| 42 | 东平县(鲁) | 2966.00 |
| 43 | 文登市(鲁) | 2260.00 |
| 44 | 芝罘区(鲁) | 2213.00 |
| 45 | 蒙阴县(鲁) | 2000.00 |
| 46 | 荣成市(鲁) | 1500.00 |
| 47 | 临清市(鲁) | 1318.00 |
| 48 | 博山区(鲁) | 1000.00 |
| 49 | 临淄区(鲁) | 980.00 |
| 50 | 莱芜市雪野旅游区(鲁) | 971.60 |
| 51 | 费　县(鲁) | 680.00 |
| 52 | 青州市(鲁) | 670.00 |
| 53 | 张店区(鲁) | 650.00 |
| 54 | 东昌府区(鲁) | 467.00 |
| 55 | 阳谷县(鲁) | 263.00 |
| 56 | 高密市(鲁) | 185.00 |
| 57 | 曹　县(鲁) | 150.00 |
| 58 | 薛城区(鲁) | 100.00 |
| 59 | 新安县(豫) | 4280.00 |
| 60 | 栾川县(豫) | 3328.00 |
| 61 | 台前县(豫) | 1900.00 |
| 62 | 金水区(豫) | 880.00 |
| 63 | 洛龙区(豫) | 824.00 |
| 64 | 新密市(豫) | 600.00 |
| 65 | 封丘县(豫) | 500.00 |
| 66 | 淮阳县(豫) | 370.00 |
| 67 | 商水县(豫) | 360.00 |
| 68 | 睢　县(豫) | 300.00 |
| 69 | 长垣县(豫) | 250.00 |
| 70 | 濮阳县(豫) | 150.00 |
| 71 | 长葛市(豫) | 110.00 |
| 72 | 房　县(鄂) | 1021.00 |
| 73 | 利川市(鄂) | 1000.00 |
| 74 | 张湾区(鄂) | 740.00 |
| 75 | 保康县(鄂) | 326.00 |
| 76 | 兴山县(鄂) | 220.00 |
| 77 | 郧　县(鄂) | 200.00 |
| 78 | 铜梁县(渝) | 3000.00 |
| 79 | 璧山区(渝) | 2287.00 |
| 80 | 合川区(渝) | 626.00 |

（续）

| 序号 | 樱桃主产地 | 产量（吨） |
|---|---|---|
| 81 | 永川区（渝） | 400.00 |
| 82 | 西昌市（川） | 2560.00 |
| 83 | 理　县（川） | 1654.00 |
| 84 | 巴州区（川） | 630.00 |
| 85 | 九寨沟县（川） | 438.00 |
| 86 | 开江县（川） | 300.00 |
| 87 | 万源市（川） | 200.00 |
| 88 | 木里藏族自治县（川） | 100.00 |
| 89 | 镇宁布依族苗族自治县（黔） | 6000.00 |
| 90 | 西秀区（黔） | 2730.00 |
| 91 | 乌当区（黔） | 1185.00 |
| 92 | 开阳县（黔） | 500.00 |
| 93 | 普安县（黔） | 200.00 |
| 94 | 麒麟区（滇） | 1200.00 |
| 95 | 隆阳区（滇） | 950.00 |
| 96 | 武定县（滇） | 863.00 |
| 97 | 通海县（滇） | 750.00 |
| 98 | 盐津县（滇） | 600.00 |
| 99 | 禄丰县（滇） | 298.00 |
| 100 | 大姚县（滇） | 180.00 |
| 101 | 元江哈尼族彝族傣族自治县（滇） | 156.00 |
| 102 | 灞桥区（陕） | 45547.00 |
| 103 | 蓝田县（陕） | 22500.00 |
| 104 | 铜川市新区（陕） | 5700.00 |
| 105 | 长安区（陕） | 5250.00 |
| 106 | 临潼区（陕） | 3000.00 |
| 107 | 商州区（陕） | 3000.00 |
| 108 | 眉　县（陕） | 2941.00 |
| 109 | 渭滨区（陕） | 1755.00 |
| 110 | 西乡县（陕） | 1736.00 |
| 111 | 周至县（陕） | 1145.00 |
| 112 | 丹凤县（陕） | 787.00 |
| 113 | 韩城市林业局（陕） | 724.00 |
| 114 | 淳化县（陕） | 600.00 |
| 115 | 略阳县（陕） | 557.00 |
| 116 | 洛南县（陕） | 267.00 |
| 117 | 杨凌区农林局（陕） | 182.00 |
| 118 | 石泉县（陕） | 180.00 |
| 119 | 白河县（陕） | 150.00 |
| 120 | 汉滨区（陕） | 143.00 |
| 121 | 秦州区（甘） | 30012.00 |
| 122 | 清水县（甘） | 3027.00 |
| 123 | 麦积区（甘） | 630.93 |
| 124 | 武都区（甘） | 520.00 |
| 125 | 成　县（甘） | 454.40 |
| 126 | 张家川回族自治县（甘） | 256.20 |

**表 7-7　猕猴桃主产地产量**

| 序号 | 猕猴桃主产地 | 产量（吨） |
|---|---|---|
| 1 | 灵寿县（冀） | 1500.00 |
| 2 | 崇明县（沪） | 484.34 |
| 3 | 金山区（沪） | 275.50 |
| 4 | 新沂市（苏） | 1950.00 |
| 5 | 江都区（苏） | 1944.00 |
| 6 | 海门市（苏） | 1863.00 |
| 7 | 六合区（苏） | 520.00 |
| 8 | 射阳县（苏） | 520.00 |
| 9 | 东台市（苏） | 500.00 |
| 10 | 高港区（苏） | 310.00 |
| 11 | 相城区（苏） | 258.00 |
| 12 | 宜兴市（苏） | 205.00 |
| 13 | 张家港市（苏） | 196.00 |
| 14 | 亭湖区（苏） | 180.00 |
| 15 | 昆山市（苏） | 162.00 |
| 16 | 姜堰区（苏） | 136.00 |
| 17 | 泰顺县（浙） | 7000.00 |
| 18 | 上虞市（浙） | 4150.00 |
| 19 | 仙居县（浙） | 3000.00 |
| 20 | 遂昌县（浙） | 1493.00 |
| 21 | 长兴县（浙） | 1100.00 |
| 22 | 义乌市（浙） | 1094.00 |
| 23 | 桐庐县（浙） | 949.00 |
| 24 | 莲都区（浙） | 863.00 |
| 25 | 宁海县（浙） | 800.00 |
| 26 | 天台县（浙） | 800.00 |
| 27 | 富阳区（浙） | 787.00 |
| 28 | 武义县（浙） | 680.00 |
| 29 | 三门县（浙） | 635.00 |
| 30 | 临安市（浙） | 600.00 |
| 31 | 磐安县（浙） | 576.00 |
| 32 | 淳安县（浙） | 535.00 |
| 33 | 鄞州区（浙） | 523.00 |
| 34 | 临海市（浙） | 520.00 |
| 35 | 龙泉市（浙） | 370.00 |
| 36 | 诸暨市（浙） | 356.00 |
| 37 | 吴兴区（浙） | 349.00 |
| 38 | 余杭区（浙） | 346.00 |
| 39 | 温岭市（浙） | 330.00 |
| 40 | 黄岩区（浙） | 318.00 |
| 41 | 东阳市（浙） | 228.00 |
| 42 | 新昌县（浙） | 200.00 |
| 43 | 永康市（浙） | 195.00 |
| 44 | 奉化区（浙） | 150.00 |
| 45 | 平湖市（浙） | 146.00 |
| 46 | 路桥区（浙） | 130.00 |
| 47 | 浦江县（浙） | 125.00 |
| 48 | 余姚市（浙） | 120.00 |
| 49 | 庆元县（浙） | 110.00 |
| 50 | 椒江区（浙） | 110.00 |
| 51 | 开化县（浙） | 100.00 |
| 52 | 瑞安市（浙） | 100.00 |
| 53 | 广德县（皖） | 3150.00 |
| 54 | 舒城县（皖） | 1020.00 |
| 55 | 歙　县（皖） | 800.00 |
| 56 | 岳西县（皖） | 750.00 |
| 57 | 石台县（皖） | 530.00 |
| 58 | 霍邱县（皖） | 210.00 |
| 59 | 五河县（皖） | 203.00 |
| 60 | 奉新县（赣） | 25731.00 |
| 61 | 庐山区（赣） | 4600.00 |
| 62 | 安远县（赣） | 990.00 |
| 63 | 宁都县（赣） | 908.00 |
| 64 | 寻乌县（赣） | 450.00 |
| 65 | 东乡县（赣） | 400.00 |
| 66 | 横峰县（赣） | 300.00 |
| 67 | 彭泽县（赣） | 187.00 |
| 68 | 瑞昌市（赣） | 168.00 |
| 69 | 武宁县（赣） | 165.00 |
| 70 | 信州区（赣） | 100.00 |
| 71 | 坊子区（鲁） | 210.00 |
| 72 | 西峡县（豫） | 22000.00 |
| 73 | 开封县（豫） | 3780.00 |
| 74 | 内乡县（豫） | 2300.00 |
| 75 | 栾川县（豫） | 2024.00 |
| 76 | 鲁山县（豫） | 1550.00 |
| 77 | 卢氏县（豫） | 1300.00 |
| 78 | 汝南县（豫） | 247.00 |
| 79 | 获嘉县（豫） | 212.00 |
| 80 | 平桥区（豫） | 200.00 |
| 81 | 长葛市（豫） | 195.00 |
| 82 | 郾城区（豫） | 126.00 |
| 83 | 新　县（豫） | 124.00 |
| 84 | 赤壁市（鄂） | 15000.00 |
| 85 | 利川市（鄂） | 2400.00 |

(续)

| 序号 | 猕猴桃主产地 | 产量(吨) |
|---|---|---|
| 86 | 丹江口市(鄂) | 1890.00 |
| 87 | 郧　县(鄂) | 1600.00 |
| 88 | 浠水县(鄂) | 1500.00 |
| 89 | 夷陵区(鄂) | 1000.00 |
| 90 | 竹山县(鄂) | 1000.00 |
| 91 | 英山县(鄂) | 618.00 |
| 92 | 房　县(鄂) | 577.00 |
| 93 | 随　县(鄂) | 573.00 |
| 94 | 保康县(鄂) | 324.00 |
| 95 | 鹤峰县(鄂) | 220.00 |
| 96 | 竹溪县(鄂) | 180.00 |
| 97 | 来凤县(鄂) | 160.00 |
| 98 | 兴山县(鄂) | 116.00 |
| 99 | 永顺县(湘) | 30000.00 |
| 100 | 临武县(湘) | 5000.00 |
| 101 | 保靖县(湘) | 2680.00 |
| 102 | 桑植县(湘) | 1500.00 |
| 103 | 沅陵县(湘) | 1051.00 |
| 104 | 永定区(湘) | 980.00 |
| 105 | 双牌县(湘) | 800.00 |
| 106 | 新宁县(湘) | 700.00 |
| 107 | 新化县(湘) | 520.00 |
| 108 | 绥宁县(湘) | 260.00 |
| 109 | 蓝山县(湘) | 250.00 |
| 110 | 古丈县(湘) | 230.00 |
| 111 | 石门县(湘) | 200.00 |
| 112 | 麻阳苗族自治县(湘) | 180.00 |
| 113 | 祁东县(湘) | 152.00 |
| 114 | 桂东县(湘) | 102.00 |
| 115 | 乳源瑶族自治县(粤) | 340.00 |
| 116 | 兴安县(桂) | 1516.00 |
| 117 | 南丹县(桂) | 1250.00 |
| 118 | 乐业县(桂) | 985.00 |
| 119 | 临桂区(桂) | 540.00 |
| 120 | 靖西县(桂) | 352.00 |
| 121 | 罗城仫佬族自治县(桂) | 170.00 |
| 122 | 酉阳土家族苗族自治县(渝) | 5100.00 |
| 123 | 铜梁县(渝) | 4000.00 |
| 124 | 江津区(渝) | 2400.00 |
| 125 | 奉节县(渝) | 2150.00 |
| 126 | 永川区(渝) | 2000.00 |
| 127 | 黔江区(渝) | 1810.00 |
| 128 | 开　县(渝) | 1560.00 |
| 129 | 万州区(渝) | 1455.00 |
| 130 | 万盛区(渝) | 794.00 |
| 131 | 武隆县(渝) | 291.00 |
| 132 | 荣昌区(渝) | 162.00 |
| 133 | 苍溪县(川) | 42800.00 |
| 134 | 都江堰市(川) | 35122.00 |
| 135 | 双流县(川) | 16973.00 |
| 136 | 名山区(川) | 6850.00 |
| 137 | 邛崃市(川) | 4520.00 |
| 138 | 彭州市(川) | 4466.00 |
| 139 | 大邑县(川) | 4291.00 |
| 140 | 乐山市市中区(川) | 4250.00 |
| 141 | 恩阳区(川) | 3100.00 |
| 142 | 宣汉县(川) | 2720.00 |
| 143 | 巴州区(川) | 2500.00 |
| 144 | 北川羌族自治县(川) | 2220.00 |
| 145 | 南江县(川) | 2200.00 |
| 146 | 万源市(川) | 1600.00 |
| 147 | 兴文县(川) | 1460.00 |
| 148 | 什邡市(川) | 1124.00 |
| 149 | 屏山县(川) | 1100.00 |
| 150 | 开江县(川) | 700.00 |
| 151 | 游仙区(川) | 600.00 |
| 152 | 安　县(川) | 600.00 |
| 153 | 旺苍县(川) | 579.00 |
| 154 | 彭山区(川) | 560.00 |
| 155 | 邻水县(川) | 380.00 |
| 156 | 郫　县(川) | 253.00 |
| 157 | 宜宾县(川) | 202.00 |
| 158 | 珙　县(川) | 200.00 |
| 159 | 平昌县(川) | 197.00 |
| 160 | 马边彝族自治县(川) | 138.00 |
| 161 | 阆中市(川) | 102.00 |
| 162 | 黄平县(黔) | 1238.00 |
| 163 | 石阡县(黔) | 1078.00 |
| 164 | 兴义市(黔) | 750.00 |
| 165 | 开阳县(黔) | 500.00 |
| 166 | 贞丰县(黔) | 250.00 |
| 167 | 乌当区(黔) | 151.00 |
| 168 | 碧江区(黔) | 150.00 |
| 169 | 思南县(黔) | 150.00 |
| 170 | 江口县(黔) | 120.00 |
| 171 | 师宗县(滇) | 3361.00 |
| 172 | 屏边苗族自治县(滇) | 600.00 |
| 173 | 威信县(滇) | 500.00 |
| 174 | 绥江县(滇) | 249.00 |
| 175 | 施甸县(滇) | 150.00 |
| 176 | 马关县(滇) | 132.00 |
| 177 | 眉　县(陕) | 474924.00 |
| 178 | 岐山县(陕) | 51360.00 |
| 179 | 杨凌区农林局(陕) | 35366.00 |
| 180 | 城固县(陕) | 28100.00 |
| 181 | 灞桥区(陕) | 22317.00 |
| 182 | 陈仓区(陕) | 10354.00 |
| 183 | 渭滨区(陕) | 7176.00 |
| 184 | 临潼区(陕) | 3000.00 |
| 185 | 南郑县(陕) | 730.00 |
| 186 | 太白县(陕) | 678.00 |
| 187 | 商南县(陕) | 670.00 |
| 188 | 汉滨区(陕) | 650.00 |
| 189 | 镇坪县(陕) | 647.00 |
| 190 | 平利县(陕) | 500.00 |
| 191 | 佛坪县(陕) | 297.00 |
| 192 | 柞水县(陕) | 276.00 |
| 193 | 凤翔县(陕) | 269.00 |
| 194 | 岚皋县(陕) | 140.00 |
| 195 | 略阳县(陕) | 135.00 |
| 196 | 商州区(陕) | 110.00 |

**表 7-8　鲜葡萄主产地产量**

| 序号 | 鲜葡萄主产地 | 产量(吨) |
|---|---|---|
| 1 | 顺义区(京) | 4862.00 |
| 2 | 通州区(京) | 4595.80 |
| 3 | 密云县(京) | 4167.00 |
| 4 | 房山区(京) | 3932.60 |
| 5 | 涿鹿县(冀) | 315098.10 |
| 6 | 怀来县(冀) | 186520.00 |
| 7 | 卢龙县(冀) | 102163.00 |
| 8 | 乐亭县(冀) | 100880.00 |
| 9 | 晋州市(冀) | 88000.00 |
| 10 | 永清县(冀) | 85400.00 |
| 11 | 威　县(冀) | 76575.00 |
| 12 | 饶阳县(冀) | 74371.00 |
| 13 | 柏乡县(冀) | 61389.00 |
| 14 | 昌黎县(冀) | 44700.00 |
| 15 | 永年县(冀) | 44440.00 |
| 16 | 顺平县(冀) | 31160.00 |
| 17 | 清苑县(冀) | 23690.00 |
| 18 | 满城县(冀) | 21570.00 |
| 19 | 辛集市(冀) | 18620.00 |
| 20 | 深泽县(冀) | 18450.00 |
| 21 | 鸡泽县(冀) | 18100.00 |

（续）

| 序号 | 鲜葡萄主产地 | 产量（吨） |
|---|---|---|
| 22 | 成安县（冀） | 16600.00 |
| 23 | 曲周县（冀） | 15780.00 |
| 24 | 献　县（冀） | 15000.00 |
| 25 | 鹿泉区（冀） | 14558.00 |
| 26 | 肥乡县（冀） | 14400.00 |
| 27 | 玉田县（冀） | 13161.00 |
| 28 | 广阳区（冀） | 11105.00 |
| 29 | 阜城县（冀） | 10243.00 |
| 30 | 新河县（冀） | 8169.00 |
| 31 | 蠡　县（冀） | 8000.00 |
| 32 | 宣化区（冀） | 7769.00 |
| 33 | 广宗县（冀） | 7531.00 |
| 34 | 香河县（冀） | 7130.00 |
| 35 | 望都县（冀） | 6750.00 |
| 36 | 三河市（冀） | 6560.00 |
| 37 | 古冶区（冀） | 6360.00 |
| 38 | 定州市（冀） | 6206.00 |
| 39 | 徐水县（冀） | 6004.00 |
| 40 | 丰润区（冀） | 6000.00 |
| 41 | 大城县（冀） | 6000.00 |
| 42 | 藁城区（冀） | 5340.00 |
| 43 | 安次区（冀） | 5000.00 |
| 44 | 安平县（冀） | 4473.00 |
| 45 | 灵寿县（冀） | 4000.00 |
| 46 | 遵化市（冀） | 3976.00 |
| 47 | 邱　县（冀） | 3750.00 |
| 48 | 故城县（冀） | 3560.00 |
| 49 | 曲阳县（冀） | 3540.00 |
| 50 | 大名县（冀） | 3500.00 |
| 51 | 迁西县（冀） | 3394.00 |
| 52 | 唐海县（冀） | 3374.00 |
| 53 | 霸州市（冀） | 3264.00 |
| 54 | 定兴县（冀） | 3100.00 |
| 55 | 丰南区（冀） | 2757.00 |
| 56 | 肃宁县（冀） | 2622.00 |
| 57 | 阳原县（冀） | 2614.00 |
| 58 | 盐山县（冀） | 2500.00 |
| 59 | 魏　县（冀） | 2479.00 |
| 60 | 任　县（冀） | 2352.00 |
| 61 | 迁安市（冀） | 2274.00 |
| 62 | 泊头市（冀） | 2189.00 |
| 63 | 枣强县（冀） | 2163.00 |
| 64 | 唐山市汉沽管理区（冀） | 2008.00 |
| 65 | 文安县（冀） | 1950.00 |
| 66 | 南宫市（冀） | 1888.00 |

（续）

| 序号 | 鲜葡萄主产地 | 产量（吨） |
|---|---|---|
| 67 | 平乡县（冀） | 1650.00 |
| 68 | 博野县（冀） | 1600.00 |
| 69 | 广平县（冀） | 1530.00 |
| 70 | 黄骅市（冀） | 1513.00 |
| 71 | 深州市（冀） | 1476.00 |
| 72 | 河间市（冀） | 1310.00 |
| 73 | 新乐市（冀） | 1250.00 |
| 74 | 抚宁区（冀） | 1206.00 |
| 75 | 平泉县（冀） | 1200.00 |
| 76 | 丰宁满族自治县（冀） | 1196.00 |
| 77 | 固安县（冀） | 1165.00 |
| 78 | 唐　县（冀） | 1155.00 |
| 79 | 曲沃县（晋） | 28018.00 |
| 80 | 夏　县（晋） | 21375.00 |
| 81 | 稷山县（晋） | 17987.00 |
| 82 | 临猗县（晋） | 7835.00 |
| 83 | 尖草坪区（晋） | 6510.00 |
| 84 | 襄汾县（晋） | 6500.00 |
| 85 | 南郊区（晋） | 5100.00 |
| 86 | 河津市（晋） | 3440.00 |
| 87 | 侯马市（晋） | 2774.00 |
| 88 | 新绛县（晋） | 2700.00 |
| 89 | 高平市（晋） | 2100.00 |
| 90 | 河曲县（晋） | 1362.00 |
| 91 | 松山区（内蒙古） | 18517.00 |
| 92 | 元宝山区（内蒙古） | 4500.00 |
| 93 | 巴林左旗（内蒙古） | 4300.00 |
| 94 | 科尔沁区（内蒙古） | 2250.00 |
| 95 | 开鲁县（内蒙古） | 1600.00 |
| 96 | 海南区（内蒙古） | 1600.00 |
| 97 | 科尔沁左翼中旗（内蒙古） | 1563.00 |
| 98 | 阿鲁科尔沁旗（内蒙古） | 1500.00 |
| 99 | 土默特右旗（内蒙古） | 1305.00 |
| 100 | 红山区（内蒙古） | 1123.90 |
| 101 | 北镇市（辽） | 183000.00 |
| 102 | 南票区（辽） | 62980.00 |
| 103 | 阜新蒙古族自治县（辽） | 55823.00 |
| 104 | 桓仁满族自治县（辽） | 22160.00 |
| 105 | 龙城区（辽） | 20000.00 |
| 106 | 苏家屯区（辽） | 12716.00 |
| 107 | 旅顺口区（辽） | 12000.00 |
| 108 | 义　县（辽） | 10000.00 |
| 109 | 康平县（辽） | 9000.00 |
| 110 | 建平县（辽） | 9000.00 |
| 111 | 连山区（辽） | 8900.00 |

（续）

| 序号 | 鲜葡萄主产地 | 产量（吨） |
|---|---|---|
| 112 | 新民市（辽） | 8775.00 |
| 113 | 辽阳县（辽） | 8000.00 |
| 114 | 大连市金州新区（辽） | 7500.00 |
| 115 | 甘井子区（辽） | 6300.00 |
| 116 | 法库县（辽） | 6000.00 |
| 117 | 太子河区（辽） | 5900.00 |
| 118 | 东港市（辽） | 5223.00 |
| 119 | 喀喇沁左翼蒙古族自治县（辽） | 4410.00 |
| 120 | 海城市（辽） | 4000.00 |
| 121 | 凌海市（辽） | 3500.00 |
| 122 | 东洲区（辽） | 3134.00 |
| 123 | 盘山县（辽） | 2980.00 |
| 124 | 普兰店市（辽） | 2065.00 |
| 125 | 于洪区（辽） | 2000.00 |
| 126 | 弓长岭区（辽） | 1813.00 |
| 127 | 大石桥市（辽） | 1800.00 |
| 128 | 沈北新区（辽） | 1500.00 |
| 129 | 千山区（辽） | 1283.00 |
| 130 | 清河区（辽） | 1100.00 |
| 131 | 浑南区（辽） | 1000.00 |
| 132 | 柳河县（吉） | 30000.00 |
| 133 | 集安市（吉） | 19227.00 |
| 134 | 南关区（吉） | 17500.00 |
| 135 | 德惠市（吉） | 6000.00 |
| 136 | 双阳区（吉） | 5000.00 |
| 137 | 农安县（吉） | 3750.00 |
| 138 | 洮北区（吉） | 3125.00 |
| 139 | 洮南市（吉） | 3100.00 |
| 140 | 榆树市（吉） | 3000.00 |
| 141 | 绿园区（吉） | 2800.00 |
| 142 | 辉南县（吉） | 1570.00 |
| 143 | 大同区（黑） | 34480.00 |
| 144 | 牡丹江市市本级（黑） | 8613.00 |
| 145 | 北安市（黑） | 4000.00 |
| 146 | 松北区（黑） | 2690.00 |
| 147 | 肇源县（黑） | 1840.00 |
| 148 | 延寿县（黑） | 1600.00 |
| 149 | 肇州县（黑） | 1453.00 |
| 150 | 让胡路区（黑） | 1015.00 |
| 151 | 奉贤区（沪） | 22971.50 |
| 152 | 嘉定区（沪） | 16469.00 |
| 153 | 金山区（沪） | 11829.40 |
| 154 | 崇明县（沪） | 10407.70 |
| 155 | 青浦区（沪） | 5810.20 |
| 156 | 松江区（沪） | 3682.00 |

(续)

| 序号 | 鲜葡萄主产地 | 产量(吨) |
|---|---|---|
| 157 | 宝山区(沪) | 3135.30 |
| 158 | 东海县(苏) | 76520.00 |
| 159 | 句容市(苏) | 76110.00 |
| 160 | 江阴市(苏) | 49649.00 |
| 161 | 邳州市(苏) | 47881.00 |
| 162 | 如东县(苏) | 42120.00 |
| 163 | 武进区(苏) | 37878.00 |
| 164 | 铜山区(苏) | 23560.00 |
| 165 | 盐都区(苏) | 20660.00 |
| 166 | 浦口区(苏) | 15250.00 |
| 167 | 常熟市(苏) | 13078.00 |
| 168 | 通州区(苏) | 12600.00 |
| 169 | 灌云县(苏) | 12260.00 |
| 170 | 新沂市(苏) | 12000.00 |
| 171 | 沛　县(苏) | 11000.00 |
| 172 | 高邮市(苏) | 10900.00 |
| 173 | 江宁区(苏) | 10738.00 |
| 174 | 锡山区(苏) | 10031.00 |
| 175 | 兴化市(苏) | 9150.00 |
| 176 | 东台市(苏) | 7800.00 |
| 177 | 如皋市(苏) | 7500.00 |
| 178 | 宜兴市(苏) | 6880.00 |
| 179 | 六合区(苏) | 6814.00 |
| 180 | 海门市(苏) | 6636.00 |
| 181 | 涟水县(苏) | 6000.00 |
| 182 | 太仓市(苏) | 5900.00 |
| 183 | 惠山区(苏) | 5889.00 |
| 184 | 泰兴市(苏) | 5800.00 |
| 185 | 昆山市(苏) | 5744.00 |
| 186 | 睢宁县(苏) | 5389.00 |
| 187 | 滨湖区(苏) | 5110.00 |
| 188 | 亭湖区(苏) | 5000.00 |
| 189 | 泗洪县(苏) | 5000.00 |
| 190 | 张家港市(苏) | 4764.00 |
| 191 | 淮阴区(苏) | 4430.00 |
| 192 | 丹徒区(苏) | 4326.00 |
| 193 | 射阳县(苏) | 4160.00 |
| 194 | 金坛市(苏) | 4100.00 |
| 195 | 海安县(苏) | 3840.00 |
| 196 | 贾汪区(苏) | 3706.00 |
| 197 | 高淳县(苏) | 3700.00 |
| 198 | 赣榆区(苏) | 3670.00 |
| 199 | 宝应县(苏) | 3420.00 |
| 200 | 江都区(苏) | 3016.00 |
| 201 | 灌南县(苏) | 2880.00 |

(续)

| 序号 | 鲜葡萄主产地 | 产量(吨) |
|---|---|---|
| 202 | 海州区(苏) | 2813.00 |
| 203 | 溧阳市(苏) | 2740.00 |
| 204 | 滨海县(苏) | 2500.00 |
| 205 | 姜堰区(苏) | 2455.00 |
| 206 | 扬中市(苏) | 2370.00 |
| 207 | 广陵区(苏) | 2220.00 |
| 208 | 沭阳县(苏) | 2050.00 |
| 209 | 启东市(苏) | 2040.00 |
| 210 | 溧水县(苏) | 2030.00 |
| 211 | 阜宁县(苏) | 2000.00 |
| 212 | 靖江市(苏) | 2000.00 |
| 213 | 丰　县(苏) | 2000.00 |
| 214 | 建湖县(苏) | 1623.00 |
| 215 | 大丰区(苏) | 1500.00 |
| 216 | 吴中区(苏) | 1487.00 |
| 217 | 港闸区(苏) | 1400.00 |
| 218 | 海陵区(苏) | 1380.00 |
| 219 | 高港区(苏) | 1300.00 |
| 220 | 仪征市(苏) | 1290.00 |
| 221 | 邗江区(苏) | 1277.00 |
| 222 | 丹阳市(苏) | 1250.00 |
| 223 | 吴江市(苏) | 1152.00 |
| 224 | 泗阳县(苏) | 1125.00 |
| 225 | 浦江县(浙) | 79000.00 |
| 226 | 慈溪市(浙) | 73000.00 |
| 227 | 温岭市(浙) | 57060.00 |
| 228 | 海盐县(浙) | 56355.00 |
| 229 | 长兴县(浙) | 35000.00 |
| 230 | 秀洲区(浙) | 32446.00 |
| 231 | 余姚市(浙) | 24520.00 |
| 232 | 金东区(浙) | 23016.00 |
| 233 | 永康市(浙) | 16560.00 |
| 234 | 鄞州区(浙) | 15243.00 |
| 235 | 路桥区(浙) | 13860.00 |
| 236 | 玉环市(浙) | 13652.00 |
| 237 | 诸暨市(浙) | 10680.00 |
| 238 | 义乌市(浙) | 10085.00 |
| 239 | 象山县(浙) | 8722.00 |
| 240 | 临海市(浙) | 7500.00 |
| 241 | 余杭区(浙) | 7295.00 |
| 242 | 江北区(浙) | 6780.00 |
| 243 | 北仑区(浙) | 6270.00 |
| 244 | 镇海区(浙) | 6000.00 |
| 245 | 奉化区(浙) | 5820.00 |
| 246 | 椒江区(浙) | 5790.00 |

(续)

| 序号 | 鲜葡萄主产地 | 产量(吨) |
|---|---|---|
| 247 | 宁海县(浙) | 5500.00 |
| 248 | 建德市(浙) | 4630.00 |
| 249 | 天台县(浙) | 4500.00 |
| 250 | 富阳区(浙) | 4480.00 |
| 251 | 吴兴区(浙) | 4285.00 |
| 252 | 仙居县(浙) | 4200.00 |
| 253 | 平湖市(浙) | 3982.00 |
| 254 | 德清县(浙) | 3925.00 |
| 255 | 莲都区(浙) | 3487.00 |
| 256 | 缙云县(浙) | 3355.00 |
| 257 | 黄岩区(浙) | 3056.00 |
| 258 | 三门县(浙) | 2560.00 |
| 259 | 萧山区(浙) | 2500.00 |
| 260 | 临安市(浙) | 2300.00 |
| 261 | 定海区(浙) | 2000.00 |
| 262 | 桐庐县(浙) | 1962.00 |
| 263 | 衢江区(浙) | 1700.00 |
| 264 | 婺城区(浙) | 1650.00 |
| 265 | 遂昌县(浙) | 1620.00 |
| 266 | 岱山县(浙) | 1620.00 |
| 267 | 瑞安市(浙) | 1530.00 |
| 268 | 新昌县(浙) | 1210.00 |
| 269 | 苍南县(浙) | 1103.00 |
| 270 | 安吉县(浙) | 1080.00 |
| 271 | 埇桥区(皖) | 46069.00 |
| 272 | 庐江县(皖) | 31837.00 |
| 273 | 来安县(皖) | 24000.00 |
| 274 | 临泉县(皖) | 22500.00 |
| 275 | 定远县(皖) | 22500.00 |
| 276 | 包河区(皖) | 18000.00 |
| 277 | 凤阳县(皖) | 16055.00 |
| 278 | 广德县(皖) | 16000.00 |
| 279 | 肥西县(皖) | 15100.00 |
| 280 | 灵璧县(皖) | 9200.00 |
| 281 | 无为县(皖) | 8346.00 |
| 282 | 歙　县(皖) | 7591.00 |
| 283 | 宣州区(皖) | 7450.00 |
| 284 | 潘集区(皖) | 7013.00 |
| 285 | 舒城县(皖) | 6750.00 |
| 286 | 寿　县(皖) | 5950.00 |
| 287 | 宿松县(皖) | 5405.00 |
| 288 | 和　县(皖) | 4800.00 |
| 289 | 颍泉区(皖) | 4700.00 |
| 290 | 当涂县(皖) | 4575.00 |
| 291 | 裕安区(皖) | 4200.00 |

（续）

| 序号 | 鲜葡萄主产地 | 产量(吨) |
|---|---|---|
| 292 | 凤台县(皖) | 4125.00 |
| 293 | 大通区(皖) | 4125.00 |
| 294 | 谢家集区(皖) | 3713.00 |
| 295 | 巢湖市(皖) | 3120.00 |
| 296 | 固镇县(皖) | 3000.00 |
| 297 | 长丰县(皖) | 2380.00 |
| 298 | 五河县(皖) | 2343.00 |
| 299 | 花山区(皖) | 2250.00 |
| 300 | 繁昌县(皖) | 2200.00 |
| 301 | 霍邱县(皖) | 2100.00 |
| 302 | 八公山区(皖) | 2000.00 |
| 303 | 铜陵市郊区(皖) | 1800.00 |
| 304 | 六安市叶集区(皖) | 1660.00 |
| 305 | 博望区(皖) | 1550.00 |
| 306 | 涡阳县(皖) | 1400.00 |
| 307 | 颍上县(皖) | 1400.00 |
| 308 | 龙子湖区(皖) | 1300.00 |
| 309 | 颍东区(皖) | 1260.00 |
| 310 | 蒙城县(皖) | 1125.00 |
| 311 | 东至县(皖) | 1000.00 |
| 312 | 谯城区(皖) | 1000.00 |
| 313 | 吉安县(赣) | 16000.00 |
| 314 | 余干县(赣) | 11000.00 |
| 315 | 金溪县(赣) | 4750.00 |
| 316 | 新干县(赣) | 4620.00 |
| 317 | 全南县(赣) | 4033.00 |
| 318 | 九江县(赣) | 4000.00 |
| 319 | 玉山县(赣) | 2100.00 |
| 320 | 宁都县(赣) | 1563.00 |
| 321 | 永丰县(赣) | 1289.00 |
| 322 | 吉州区(赣) | 1267.00 |
| 323 | 崇义县(赣) | 1235.00 |
| 324 | 分宜县(赣) | 1200.00 |
| 325 | 东乡县(赣) | 1110.00 |
| 326 | 进贤县(赣) | 1076.00 |
| 327 | 武宁县(赣) | 1030.00 |
| 328 | 蓬莱市(鲁) | 298825.00 |
| 329 | 莱阳市(鲁) | 73000.00 |
| 330 | 龙口市(鲁) | 72159.00 |
| 331 | 曲阜市(鲁) | 62000.00 |
| 332 | 蒙阴县(鲁) | 47200.00 |
| 333 | 沂源县(鲁) | 43511.00 |
| 334 | 栖霞市(鲁) | 39744.00 |
| 335 | 沂水县(鲁) | 37005.00 |
| 336 | 临沂市经济技术开发区(鲁) | 30000.00 |

（续）

| 序号 | 鲜葡萄主产地 | 产量(吨) |
|---|---|---|
| 337 | 任城区(鲁) | 28000.00 |
| 338 | 高密市(鲁) | 25493.00 |
| 339 | 冠　县(鲁) | 24100.00 |
| 340 | 海阳市(鲁) | 23500.00 |
| 341 | 荣成市(鲁) | 21000.00 |
| 342 | 东昌府区(鲁) | 19433.00 |
| 343 | 安丘市(鲁) | 15000.00 |
| 344 | 费　县(鲁) | 15000.00 |
| 345 | 临朐县(鲁) | 14000.00 |
| 346 | 寿光市(鲁) | 13000.00 |
| 347 | 泗水县(鲁) | 12630.00 |
| 348 | 临沭县(鲁) | 12000.00 |
| 349 | 岱岳区(鲁) | 11040.00 |
| 350 | 新泰市(鲁) | 10461.00 |
| 351 | 邹城市(鲁) | 10080.00 |
| 352 | 寒亭区(鲁) | 9726.00 |
| 353 | 莒南县(鲁) | 8700.00 |
| 354 | 嘉祥县(鲁) | 8100.00 |
| 355 | 沂南县(鲁) | 7135.00 |
| 356 | 阳谷县(鲁) | 6550.00 |
| 357 | 平原县(鲁) | 6213.10 |
| 358 | 山亭区(鲁) | 5520.00 |
| 359 | 汶上县(鲁) | 5160.00 |
| 360 | 茌平县(鲁) | 4716.00 |
| 361 | 阳信县(鲁) | 3550.00 |
| 362 | 郯城县(鲁) | 3520.00 |
| 363 | 东港区(鲁) | 3376.00 |
| 364 | 济阳县(鲁) | 3118.00 |
| 365 | 微山县(鲁) | 3110.00 |
| 366 | 肥城市(鲁) | 3020.00 |
| 367 | 桓台县(鲁) | 3000.00 |
| 368 | 莱山区(鲁) | 3000.00 |
| 369 | 兰陵县(鲁) | 2660.00 |
| 370 | 坊子区(鲁) | 2550.00 |
| 371 | 垦利县(鲁) | 2500.00 |
| 372 | 齐河县(鲁) | 2485.00 |
| 373 | 潍城区(鲁) | 2196.00 |
| 374 | 陵城区(鲁) | 2047.00 |
| 375 | 文登市(鲁) | 2010.00 |
| 376 | 邹平县(鲁) | 1836.00 |
| 377 | 昌乐县(鲁) | 1680.00 |
| 378 | 诸城市(鲁) | 1640.00 |
| 379 | 德城区(鲁) | 1533.00 |
| 380 | 岚山区(鲁) | 1350.00 |
| 381 | 惠民县(鲁) | 1300.00 |

（续）

| 序号 | 鲜葡萄主产地 | 产量(吨) |
|---|---|---|
| 382 | 沾化县(鲁) | 1300.00 |
| 383 | 临淄区(鲁) | 1260.00 |
| 384 | 莒　县(鲁) | 1205.00 |
| 385 | 临清市(鲁) | 1189.00 |
| 386 | 乐陵市(鲁) | 1143.00 |
| 387 | 牟平区(鲁) | 1108.00 |
| 388 | 鄄城县(鲁) | 1100.00 |
| 389 | 民权县(豫) | 38517.00 |
| 390 | 宁陵县(豫) | 28996.00 |
| 391 | 许昌县(豫) | 27000.00 |
| 392 | 长垣县(豫) | 19500.00 |
| 393 | 孟州市(豫) | 18000.00 |
| 394 | 灵宝市(豫) | 16880.00 |
| 395 | 桐柏县(豫) | 16629.00 |
| 396 | 汝州市(豫) | 16200.00 |
| 397 | 太康县(豫) | 15900.00 |
| 398 | 内黄县(豫) | 15000.00 |
| 399 | 淮阳县(豫) | 12840.00 |
| 400 | 西华县(豫) | 11230.00 |
| 401 | 二七区(豫) | 10151.00 |
| 402 | 开封县(豫) | 9450.00 |
| 403 | 孟津县(豫) | 9000.00 |
| 404 | 洛龙区(豫) | 8540.00 |
| 405 | 睢　县(豫) | 7500.00 |
| 406 | 偃师市(豫) | 6500.00 |
| 407 | 博爱县(豫) | 6000.00 |
| 408 | 夏邑县(豫) | 6000.00 |
| 409 | 清丰县(豫) | 6000.00 |
| 410 | 商水县(豫) | 5880.00 |
| 411 | 南乐县(豫) | 5428.00 |
| 412 | 项城市(豫) | 5250.00 |
| 413 | 新密市(豫) | 5100.00 |
| 414 | 湖滨区(豫) | 5000.00 |
| 415 | 永城市(豫) | 4963.00 |
| 416 | 杞　县(豫) | 4800.00 |
| 417 | 嵩　县(豫) | 4578.00 |
| 418 | 息　县(豫) | 4500.00 |
| 419 | 郾城区(豫) | 4211.00 |
| 420 | 驿城区(豫) | 4000.00 |
| 421 | 固始县(豫) | 4000.00 |
| 422 | 上蔡县(豫) | 3967.00 |
| 423 | 临颍县(豫) | 3682.00 |
| 424 | 扶沟县(豫) | 3150.00 |
| 425 | 确山县(豫) | 3000.00 |
| 426 | 兰考县(豫) | 2931.50 |

（续）

| 序号 | 鲜葡萄主产地 | 产量（吨） |
|---|---|---|
| 427 | 社旗县（豫） | 2800.00 |
| 428 | 襄城县（豫） | 2604.00 |
| 429 | 郸城县（豫） | 2400.00 |
| 430 | 平桥区（豫） | 2118.00 |
| 431 | 汝南县（豫） | 2083.00 |
| 432 | 华龙区（豫） | 2000.00 |
| 433 | 宜阳县（豫） | 2000.00 |
| 434 | 鲁山县（豫） | 1900.00 |
| 435 | 郏　县（豫） | 1900.00 |
| 436 | 新野县（豫） | 1800.00 |
| 437 | 禹王台区（豫） | 1800.00 |
| 438 | 遂平县（豫） | 1760.00 |
| 439 | 潢川县（豫） | 1709.00 |
| 440 | 睢阳区（豫） | 1662.00 |
| 441 | 荥阳市（豫） | 1600.00 |
| 442 | 舞钢市（豫） | 1600.00 |
| 443 | 洛宁县（豫） | 1600.00 |
| 444 | 濮阳市高新区（豫） | 1575.00 |
| 445 | 濮阳县（豫） | 1500.00 |
| 446 | 凤泉区（豫） | 1460.00 |
| 447 | 长葛市（豫） | 1220.00 |
| 448 | 获嘉县（豫） | 1200.00 |
| 449 | 梁园区（豫） | 1128.00 |
| 450 | 封丘县（豫） | 1100.00 |
| 451 | 公安县（鄂） | 116567.00 |
| 452 | 荆州区（鄂） | 13695.00 |
| 453 | 沙洋县（鄂） | 11250.00 |
| 454 | 随　县（鄂） | 10000.00 |
| 455 | 松滋市（鄂） | 8850.00 |
| 456 | 兴山县（鄂） | 7000.00 |
| 457 | 石首市（鄂） | 6200.00 |
| 458 | 潜江市（鄂） | 5200.00 |
| 459 | 浠水县（鄂） | 5200.00 |
| 460 | 钟祥市（鄂） | 5067.00 |
| 461 | 江陵县（鄂） | 3125.00 |
| 462 | 郧西县（鄂） | 2680.00 |
| 463 | 老河口市（鄂） | 2300.00 |
| 464 | 枣阳市（鄂） | 2236.00 |
| 465 | 嘉鱼县（鄂） | 1995.00 |
| 466 | 黄州区（鄂） | 1950.00 |
| 467 | 夷陵区（鄂） | 1900.00 |
| 468 | 京山县（鄂） | 1500.00 |
| 469 | 云梦县（鄂） | 1500.00 |
| 470 | 漳河新区（鄂） | 1500.00 |
| 471 | 远安县（鄂） | 1250.00 |

（续）

| 序号 | 鲜葡萄主产地 | 产量（吨） |
|---|---|---|
| 472 | 屈家岭管理区（鄂） | 1200.00 |
| 473 | 枝江市（鄂） | 1037.00 |
| 474 | 澧　县（湘） | 65000.00 |
| 475 | 蓝山县（湘） | 33870.00 |
| 476 | 中方县（湘） | 20000.00 |
| 477 | 珠晖区（湘） | 18000.00 |
| 478 | 永定区（湘） | 8500.00 |
| 479 | 长沙县（湘） | 6628.00 |
| 480 | 宜章县（湘） | 5905.00 |
| 481 | 北湖区（湘） | 5103.00 |
| 482 | 涟源市（湘） | 4960.00 |
| 483 | 大祥区（湘） | 4820.00 |
| 484 | 靖州苗族侗族自治县（湘） | 4800.00 |
| 485 | 浏阳市（湘） | 4392.00 |
| 486 | 常宁市（湘） | 3600.00 |
| 487 | 东安县（湘） | 3102.00 |
| 488 | 泸溪县（湘） | 3000.00 |
| 489 | 双清区（湘） | 2956.00 |
| 490 | 绥宁县（湘） | 2860.00 |
| 491 | 鼎城区（湘） | 2850.00 |
| 492 | 临武县（湘） | 2800.00 |
| 493 | 祁阳县（湘） | 2680.00 |
| 494 | 祁东县（湘） | 2500.00 |
| 495 | 武陵区（湘） | 2400.00 |
| 496 | 会同县（湘） | 2200.00 |
| 497 | 湘潭县（湘） | 2010.00 |
| 498 | 衡东县（湘） | 2000.00 |
| 499 | 城步苗族自治县（湘） | 2000.00 |
| 500 | 湘乡市（湘） | 1968.00 |
| 501 | 株洲县（湘） | 1850.00 |
| 502 | 鹤城区（湘） | 1815.00 |
| 503 | 临澧县（湘） | 1812.00 |
| 504 | 衡阳县（湘） | 1727.00 |
| 505 | 苏仙区（湘） | 1700.00 |
| 506 | 雨湖区（湘） | 1678.00 |
| 507 | 岳阳县（湘） | 1500.00 |
| 508 | 道　县（湘） | 1430.00 |
| 509 | 洞口县（湘） | 1400.00 |
| 510 | 平江县（湘） | 1231.00 |
| 511 | 冷水江市（湘） | 1200.00 |
| 512 | 安化县（湘） | 1100.00 |
| 513 | 兴安县（桂） | 211233.00 |
| 514 | 柳江县（桂） | 48354.00 |
| 515 | 柳城县（桂） | 17727.00 |
| 516 | 罗城仫佬族自治县（桂） | 12108.00 |

（续）

| 序号 | 鲜葡萄主产地 | 产量（吨） |
|---|---|---|
| 517 | 宜州市（桂） | 11755.00 |
| 518 | 平乐县（桂） | 9621.00 |
| 519 | 平果县（桂） | 9002.00 |
| 520 | 兴宾区（桂） | 7688.00 |
| 521 | 柳北区（桂） | 6812.00 |
| 522 | 临桂区（桂） | 6103.00 |
| 523 | 宾阳县（桂） | 5640.00 |
| 524 | 象州县（桂） | 3767.00 |
| 525 | 灌阳县（桂） | 3486.00 |
| 526 | 都安瑶族自治县（桂） | 3287.00 |
| 527 | 天等县（桂） | 3156.00 |
| 528 | 柳南区（桂） | 3000.00 |
| 529 | 武宣县（桂） | 2875.00 |
| 530 | 横　县（桂） | 2860.00 |
| 531 | 永福县（桂） | 2625.00 |
| 532 | 恭城瑶族自治县（桂） | 2506.00 |
| 533 | 融安县（桂） | 2405.00 |
| 534 | 青秀区（桂） | 2169.00 |
| 535 | 上林县（桂） | 2027.00 |
| 536 | 大新县（桂） | 1757.00 |
| 537 | 南丹县（桂） | 1715.00 |
| 538 | 靖西县（桂） | 1107.00 |
| 539 | 璧山区（渝） | 46070.00 |
| 540 | 铜梁县（渝） | 12000.00 |
| 541 | 万州区（渝） | 7089.00 |
| 542 | 合川区（渝） | 4105.00 |
| 543 | 渝北区（渝） | 3500.00 |
| 544 | 奉节县（渝） | 3450.00 |
| 545 | 九龙坡区（渝） | 3100.00 |
| 546 | 江津区（渝） | 3000.00 |
| 547 | 南川区（渝） | 2400.00 |
| 548 | 云阳县（渝） | 2020.00 |
| 549 | 垫江县（渝） | 2000.00 |
| 550 | 永川区（渝） | 2000.00 |
| 551 | 开　县（渝） | 1936.00 |
| 552 | 南岸区（渝） | 1677.00 |
| 553 | 黔江区（渝） | 1321.00 |
| 554 | 巴南区（渝） | 1296.00 |
| 555 | 荣昌区（渝） | 1178.00 |
| 556 | 翠屏区（川） | 12000.00 |
| 557 | 游仙区（川） | 11880.00 |
| 558 | 大邑县（川） | 10368.00 |
| 559 | 五通桥区（川） | 9393.00 |
| 560 | 中江县（川） | 7910.00 |
| 561 | 双流县（川） | 7729.00 |

（续）

| 序号 | 鲜葡萄主产地 | 产量(吨) |
|---|---|---|
| 562 | 新津县(川) | 5980.00 |
| 563 | 南江县(川) | 5750.00 |
| 564 | 恩阳区(川) | 5300.00 |
| 565 | 乐山市市中区(川) | 5221.00 |
| 566 | 仪陇县(川) | 4500.00 |
| 567 | 宜宾县(川) | 4368.00 |
| 568 | 峨眉山市(川) | 4220.00 |
| 569 | 西昌市(川) | 3520.00 |
| 570 | 南溪县(川) | 3500.00 |
| 571 | 宁南县(川) | 3432.00 |
| 572 | 屏山县(川) | 3000.00 |
| 573 | 崇州市(川) | 2910.00 |
| 574 | 彭山区(川) | 2800.00 |
| 575 | 巴州区(川) | 2526.00 |
| 576 | 邛崃市(川) | 1800.00 |
| 577 | 彭州市(川) | 1751.00 |
| 578 | 威远县(川) | 1300.00 |
| 579 | 青白江区(川) | 1200.00 |
| 580 | 江油市(川) | 1120.00 |
| 581 | 邻水县(川) | 1080.00 |
| 582 | 盐亭县(川) | 1000.00 |
| 583 | 三都水族自治县(黔) | 50690.00 |
| 584 | 紫云苗族布依族自治县(黔) | 20000.00 |
| 585 | 江口县(黔) | 5000.00 |
| 586 | 碧江区(黔) | 2854.00 |
| 587 | 荔波县(黔) | 2134.00 |
| 588 | 开阳县(黔) | 1270.00 |
| 589 | 惠水县(黔) | 1170.00 |
| 590 | 宾川县(滇) | 371900.00 |
| 591 | 弥勒市(滇) | 156694.00 |
| 592 | 建水县(滇) | 75217.00 |
| 593 | 永仁县(滇) | 26852.00 |
| 594 | 元谋县(滇) | 24348.00 |
| 595 | 红塔区(滇) | 16500.00 |
| 596 | 永胜县(滇) | 11328.60 |
| 597 | 开远市(滇) | 10700.00 |
| 598 | 石林彝族自治县(滇) | 8425.30 |
| 599 | 鹤庆县(滇) | 7127.00 |
| 600 | 禄丰县(滇) | 4442.00 |
| 601 | 个旧市(滇) | 4030.00 |
| 602 | 文山市(滇) | 3511.00 |
| 603 | 香格里拉县(滇) | 3242.00 |
| 604 | 大姚县(滇) | 2835.00 |
| 605 | 景谷傣族彝族自治县(滇) | 2366.00 |
| 606 | 广南县(滇) | 1852.00 |

（续）

| 序号 | 鲜葡萄主产地 | 产量(吨) |
|---|---|---|
| 607 | 丘北县(滇) | 1630.00 |
| 608 | 勐海县(滇) | 1200.00 |
| 609 | 水富县(滇) | 1200.00 |
| 610 | 灞桥区(陕) | 45840.00 |
| 611 | 泾阳县(陕) | 25873.00 |
| 612 | 淳化县(陕) | 21505.00 |
| 613 | 长安区(陕) | 16900.00 |
| 614 | 阎良区(陕) | 14715.00 |
| 615 | 眉　县(陕) | 13290.00 |
| 616 | 渭滨区(陕) | 11621.00 |
| 617 | 临潼区(陕) | 8400.00 |
| 618 | 杨凌区农林局(陕) | 7215.00 |
| 619 | 陈仓区(陕) | 6332.00 |
| 620 | 汉台区(陕) | 6000.00 |
| 621 | 岐山县(陕) | 4160.00 |
| 622 | 礼泉县(陕) | 4000.00 |
| 623 | 韩城市(陕) | 3810.00 |
| 624 | 汉滨区(陕) | 3800.00 |
| 625 | 永寿县(陕) | 3758.00 |
| 626 | 绥德县(陕) | 2400.00 |
| 627 | 金台区(陕) | 2381.00 |
| 628 | 凤翔县(陕) | 2319.00 |
| 629 | 千阳县(陕) | 1067.00 |
| 630 | 敦煌市(甘) | 183000.00 |
| 631 | 麦积区(甘) | 41286.00 |
| 632 | 高台县(甘) | 41100.00 |
| 633 | 临泽县(甘) | 27886.30 |
| 634 | 民勤县(甘) | 10000.00 |
| 635 | 金塔县(甘) | 9931.00 |
| 636 | 清水县(甘) | 5783.00 |
| 637 | 永登县(甘) | 4000.00 |
| 638 | 甘州区(甘) | 4000.00 |
| 639 | 玉门市(甘) | 3200.00 |
| 640 | 古浪县(甘) | 2220.00 |
| 641 | 嘉峪关市(甘) | 1970.00 |
| 642 | 武威市市辖区(甘) | 1831.25 |
| 643 | 山丹县(甘) | 1800.00 |
| 644 | 民乐县(甘) | 1600.00 |
| 645 | 庆城县(甘) | 1421.00 |
| 646 | 天祝藏族自治县(甘) | 1200.00 |
| 647 | 甘谷县(甘) | 1164.00 |
| 648 | 金川区(甘) | 1052.00 |
| 649 | 农垦事业管理局(宁) | 30334.00 |
| 650 | 贺兰县(宁) | 25247.00 |
| 651 | 利通区(宁) | 8750.00 |

（续）

| 序号 | 鲜葡萄主产地 | 产量(吨) |
|---|---|---|
| 652 | 红寺堡区(宁) | 8370.00 |
| 653 | 沙坡头区(宁) | 6000.00 |
| 654 | 永宁县(宁) | 2259.00 |
| 655 | 西夏区(宁) | 1210.00 |
| 656 | 灵武市(宁) | 1106.00 |
| 657 | 惠农区(宁) | 1044.20 |

## 表 7-9　山楂主产地产量

| 序号 | 山楂主产地 | 产量(吨) |
|---|---|---|
| 1 | 清河县(冀) | 50000.00 |
| 2 | 隆化县(冀) | 19140.00 |
| 3 | 蠡　县(冀) | 2835.00 |
| 4 | 桃城区(冀) | 1026.00 |
| 5 | 抚宁区(冀) | 546.00 |
| 6 | 古冶区(冀) | 429.00 |
| 7 | 晋州市(冀) | 160.00 |
| 8 | 高碑店市(冀) | 130.00 |
| 9 | 闻喜县(晋) | 14762.00 |
| 10 | 泽州县(晋) | 7680.00 |
| 11 | 河津市(晋) | 7013.00 |
| 12 | 洪洞县(晋) | 6750.00 |
| 13 | 临猗县(晋) | 3850.00 |
| 14 | 垣曲县(晋) | 800.00 |
| 15 | 平遥县(晋) | 523.00 |
| 16 | 阳城县(晋) | 452.00 |
| 17 | 祁　县(晋) | 356.25 |
| 18 | 尖草坪区(晋) | 260.00 |
| 19 | 陵川县(晋) | 150.00 |
| 20 | 壶关县(晋) | 138.00 |
| 21 | 义　县(辽) | 12500.00 |
| 22 | 法库县(辽) | 10000.00 |
| 23 | 清原满族自治县(辽) | 1600.00 |
| 24 | 桓仁满族自治县(辽) | 510.00 |
| 25 | 普兰店市(辽) | 156.00 |
| 26 | 苏家屯区(辽) | 152.00 |
| 27 | 新宾满族自治县(辽) | 130.00 |
| 28 | 辉南县(吉) | 749.00 |
| 29 | 费　县(鲁) | 61000.00 |
| 30 | 青州市(鲁) | 23150.00 |
| 31 | 临朐县(鲁) | 20000.00 |
| 32 | 岱岳区(鲁) | 11665.00 |
| 33 | 新泰市(鲁) | 10979.00 |
| 34 | 昌邑市(鲁) | 6500.00 |
| 35 | 临沭县(鲁) | 1929.00 |
| 36 | 泰山区(鲁) | 1349.31 |

(续)

| 序号 | 山楂主产地 | 产量(吨) |
|---|---|---|
| 37 | 莱芜市雪野旅游区(鲁) | 1094.40 |
| 38 | 莒　县(鲁) | 1000.00 |
| 39 | 邹平县(鲁) | 928.00 |
| 40 | 坊子区(鲁) | 610.00 |
| 41 | 长清区(鲁) | 480.00 |
| 42 | 东平县(鲁) | 367.00 |
| 43 | 平原县(鲁) | 355.00 |
| 44 | 肥城市(鲁) | 346.00 |
| 45 | 临沂市临港经济开发区(鲁) | 156.00 |
| 46 | 临淄区(鲁) | 150.00 |
| 47 | 辉县市(豫) | 42000.00 |
| 48 | 林州市(豫) | 4920.00 |
| 49 | 嵩　县(豫) | 874.00 |
| 50 | 汝阳县(豫) | 781.00 |
| 51 | 荥阳市(豫) | 135.00 |
| 52 | 利川市(鄂) | 1200.00 |
| 53 | 信宜市(粤) | 2500.00 |

## 表 7-10　柚主产地产量

| 序号 | 柚主产地 | 产量(吨) |
|---|---|---|
| 1 | 青浦区(沪) | 267.80 |
| 2 | 苍南县(浙) | 5312.00 |
| 3 | 万安县(赣) | 6998.00 |
| 4 | 南康市(赣) | 5000.00 |
| 5 | 安远县(赣) | 4050.00 |
| 6 | 余江县(赣) | 3000.00 |
| 7 | 广丰县(赣) | 2500.00 |
| 8 | 新干县(赣) | 2330.00 |
| 9 | 大余县(赣) | 1590.00 |
| 10 | 于都县(赣) | 1500.00 |
| 11 | 龙南县(赣) | 1131.00 |
| 12 | 吉州区(赣) | 735.00 |
| 13 | 东乡县(赣) | 532.00 |
| 14 | 兴国县(赣) | 260.00 |
| 15 | 信丰县(赣) | 175.00 |
| 16 | 芦溪县(赣) | 100.00 |
| 17 | 梁子湖区(鄂) | 30000.00 |
| 18 | 宜都市(鄂) | 18000.00 |
| 19 | 鄂城区(鄂) | 10600.00 |
| 20 | 鄂州市市辖区(鄂) | 7000.00 |
| 21 | 来凤县(鄂) | 2150.00 |
| 22 | 华容区(鄂) | 1200.00 |
| 23 | 公安县(鄂) | 300.00 |
| 24 | 兴山县(鄂) | 200.00 |
| 25 | 永顺县(湘) | 18000.00 |

(续)

| 序号 | 柚主产地 | 产量(吨) |
|---|---|---|
| 26 | 津市市(湘) | 3000.00 |
| 27 | 石门县(湘) | 3000.00 |
| 28 | 鼎城区(湘) | 2200.00 |
| 29 | 永定区(湘) | 1900.00 |
| 30 | 麻阳苗族自治县(湘) | 1650.00 |
| 31 | 桑植县(湘) | 700.00 |
| 32 | 新邵县(湘) | 400.00 |
| 33 | 蒸湘区(湘) | 300.00 |
| 34 | 南岳区(湘) | 300.00 |
| 35 | 武冈市(湘) | 200.00 |
| 36 | 五华县(粤) | 20000.00 |
| 37 | 蕉岭县(粤) | 19013.00 |
| 38 | 平远县(粤) | 15585.00 |
| 39 | 阳山县(粤) | 6838.00 |
| 40 | 和平县(粤) | 3750.00 |
| 41 | 丰顺县(粤) | 3400.00 |
| 42 | 龙川县(粤) | 1743.00 |
| 43 | 封开县(粤) | 1700.00 |
| 44 | 连南瑶族自治县(粤) | 802.00 |
| 45 | 乳源瑶族自治县(粤) | 365.00 |
| 46 | 新丰县(粤) | 196.00 |
| 47 | 昭平县(桂) | 19800.00 |
| 48 | 融水苗族自治县(桂) | 16400.00 |
| 49 | 罗城仫佬族自治县(桂) | 14412.00 |
| 50 | 金城江区(桂) | 8642.00 |
| 51 | 武宣县(桂) | 5102.00 |
| 52 | 天峨县(桂) | 4016.00 |
| 53 | 融安县(桂) | 3867.00 |
| 54 | 巴马瑶族自治县(桂) | 3600.00 |
| 55 | 苍梧县(桂) | 2099.00 |
| 56 | 靖西县(桂) | 1780.00 |
| 57 | 黄冕林场(桂) | 1120.00 |
| 58 | 扶绥县(桂) | 845.00 |
| 59 | 防城区(桂) | 750.00 |
| 60 | 龙胜各族自治县(桂) | 588.00 |
| 61 | 钦南区(桂) | 245.00 |
| 62 | 宾阳县(桂) | 208.00 |
| 63 | 江州区(桂) | 105.00 |
| 64 | 梁平县(渝) | 67650.44 |
| 65 | 合川区(渝) | 19660.00 |
| 66 | 铜梁县(渝) | 12000.00 |
| 67 | 万盛区(渝) | 234.00 |
| 68 | 梓潼县(川) | 3400.00 |
| 69 | 彭山区(川) | 1800.00 |
| 70 | 巴州区(川) | 1563.00 |

(续)

| 序号 | 柚主产地 | 产量(吨) |
|---|---|---|
| 71 | 郫　县(川) | 1500.00 |
| 72 | 武胜县(川) | 650.00 |
| 73 | 盐亭县(川) | 600.00 |
| 74 | 开江县(川) | 400.00 |
| 75 | 邻水县(川) | 360.00 |
| 76 | 纳溪区(川) | 300.00 |
| 77 | 达川区(川) | 200.00 |
| 78 | 都江堰市(川) | 175.00 |
| 79 | 江口县(黔) | 1500.00 |
| 80 | 普安县(黔) | 150.00 |
| 81 | 镇宁布依族苗族自治县(黔) | 105.00 |
| 82 | 瑞丽市(滇) | 7250.00 |
| 83 | 勐腊县(滇) | 2784.00 |
| 84 | 孟连傣族拉祜族佤族自治县(滇) | 1000.00 |
| 85 | 盈江县(滇) | 148.80 |

## 表 7-11　柑橘主产地产量

| 序号 | 柑橘主产地 | 产量(吨) |
|---|---|---|
| 1 | 崇明县(沪) | 107954.77 |
| 2 | 金山区(沪) | 1347.40 |
| 3 | 吴江市(苏) | 9068.00 |
| 4 | 吴中区(苏) | 5307.00 |
| 5 | 张家港市(苏) | 4560.00 |
| 6 | 滨湖区(苏) | 2900.00 |
| 7 | 通州区(苏) | 2000.00 |
| 8 | 丹徒区(苏) | 1955.00 |
| 9 | 启东市(苏) | 1688.00 |
| 10 | 海门市(苏) | 1305.00 |
| 11 | 武进区(苏) | 1219.00 |
| 12 | 临海市(浙) | 175258.00 |
| 13 | 衢江区(浙) | 100000.00 |
| 14 | 象山县(浙) | 98038.00 |
| 15 | 宁海县(浙) | 70000.00 |
| 16 | 三门县(浙) | 66746.00 |
| 17 | 金东区(浙) | 64652.00 |
| 18 | 淳安县(浙) | 55739.00 |
| 19 | 黄岩区(浙) | 55641.50 |
| 20 | 莲都区(浙) | 46539.00 |
| 21 | 建德市(浙) | 36300.00 |
| 22 | 玉环市(浙) | 26847.00 |
| 23 | 瓯海区(浙) | 25080.00 |
| 24 | 椒江区(浙) | 21805.00 |
| 25 | 天台县(浙) | 21370.00 |
| 26 | 鄞州区(浙) | 19797.00 |
| 27 | 青田县(浙) | 17416.00 |

（续）

| 序号 | 柑橘主产地 | 产量(吨) |
|---|---|---|
| 28 | 庆元县(浙) | 16500.00 |
| 29 | 普陀区(浙) | 16378.00 |
| 30 | 瑞安市(浙) | 15270.00 |
| 31 | 海盐县(浙) | 14990.00 |
| 32 | 仙居县(浙) | 14950.00 |
| 33 | 义乌市(浙) | 14291.00 |
| 34 | 定海区(浙) | 12170.00 |
| 35 | 苍南县(浙) | 11635.00 |
| 36 | 慈溪市(浙) | 11600.00 |
| 37 | 奉化区(浙) | 11060.00 |
| 38 | 温岭市(浙) | 9681.00 |
| 39 | 婺城区(浙) | 9308.00 |
| 40 | 松阳县(浙) | 8373.00 |
| 41 | 北仑区(浙) | 8370.00 |
| 42 | 武义县(浙) | 6455.00 |
| 43 | 岱山县(浙) | 4504.00 |
| 44 | 镇海区(浙) | 4392.00 |
| 45 | 景宁畲族自治县(浙) | 3305.00 |
| 46 | 永康市(浙) | 3050.00 |
| 47 | 江北区(浙) | 2745.00 |
| 48 | 路桥区(浙) | 2545.00 |
| 49 | 缙云县(浙) | 2303.00 |
| 50 | 新昌县(浙) | 2010.00 |
| 51 | 龙泉市(浙) | 1595.00 |
| 52 | 东阳市(浙) | 1203.00 |
| 53 | 平湖市(浙) | 1185.00 |
| 54 | 歙　县(皖) | 7632.00 |
| 55 | 太湖县(皖) | 4460.00 |
| 56 | 宿松县(皖) | 3290.00 |
| 57 | 望江县(皖) | 2000.00 |
| 58 | 东至县(皖) | 1660.00 |
| 59 | 南丰县(赣) | 1198608.00 |
| 60 | 寻乌县(赣) | 318055.00 |
| 61 | 新干县(赣) | 173709.00 |
| 62 | 会昌县(赣) | 125600.00 |
| 63 | 宁都县(赣) | 110574.00 |
| 64 | 信丰县(赣) | 100309.00 |
| 65 | 南城县(赣) | 96828.00 |
| 66 | 渝水区(赣) | 67128.00 |
| 67 | 金溪县(赣) | 57082.00 |
| 68 | 临川区(赣) | 55193.00 |
| 69 | 遂川县(赣) | 54600.00 |
| 70 | 永修县(赣) | 54497.00 |
| 71 | 靖安县(赣) | 44974.00 |
| 72 | 崇义县(赣) | 39453.00 |

（续）

| 序号 | 柑橘主产地 | 产量(吨) |
|---|---|---|
| 73 | 大余县(赣) | 24805.00 |
| 74 | 安远县(赣) | 21283.00 |
| 75 | 吉水县(赣) | 18520.00 |
| 76 | 上高县(赣) | 14285.10 |
| 77 | 泰和县(赣) | 12407.00 |
| 78 | 武宁县(赣) | 11000.00 |
| 79 | 进贤县(赣) | 9100.00 |
| 80 | 黎川县(赣) | 8174.00 |
| 81 | 安福县(赣) | 7005.00 |
| 82 | 崇仁县(赣) | 6772.00 |
| 83 | 樟树市(赣) | 6586.00 |
| 84 | 永丰县(赣) | 4993.00 |
| 85 | 定南县(赣) | 4805.00 |
| 86 | 莲花县(赣) | 4462.00 |
| 87 | 九江县(赣) | 4415.00 |
| 88 | 高安市(赣) | 4210.00 |
| 89 | 瑞昌市(赣) | 3653.00 |
| 90 | 分宜县(赣) | 3600.00 |
| 91 | 乐安县(赣) | 3561.00 |
| 92 | 赣　县(赣) | 3559.00 |
| 93 | 东乡县(赣) | 3041.00 |
| 94 | 宜黄县(赣) | 2617.00 |
| 95 | 井冈山市(赣) | 2418.00 |
| 96 | 余干县(赣) | 2337.00 |
| 97 | 铜鼓县(赣) | 2020.00 |
| 98 | 龙南县(赣) | 2005.00 |
| 99 | 余江县(赣) | 1800.00 |
| 100 | 章贡区(赣) | 1706.00 |
| 101 | 庐山区(赣) | 1700.00 |
| 102 | 共青城市(赣) | 1690.00 |
| 103 | 上饶县(赣) | 1512.00 |
| 104 | 宜丰县(赣) | 1342.00 |
| 105 | 石城县(赣) | 1271.00 |
| 106 | 湘东区(赣) | 1100.00 |
| 107 | 淅川县(豫) | 24000.00 |
| 108 | 内乡县(豫) | 6500.00 |
| 109 | 当阳市(鄂) | 783246.00 |
| 110 | 夷陵区(鄂) | 750000.00 |
| 111 | 枝江市(鄂) | 630700.00 |
| 112 | 丹江口市(鄂) | 398710.00 |
| 113 | 秭归县(鄂) | 383653.00 |
| 114 | 宜都市(鄂) | 350000.00 |
| 115 | 松滋市(鄂) | 228900.00 |
| 116 | 宣恩县(鄂) | 103415.00 |
| 117 | 公安县(鄂) | 100912.00 |

（续）

| 序号 | 柑橘主产地 | 产量(吨) |
|---|---|---|
| 118 | 兴山县(鄂) | 90000.00 |
| 119 | 长阳土家族自治县(鄂) | 64352.00 |
| 120 | 钟祥市(鄂) | 63346.00 |
| 121 | 漳河新区(鄂) | 47000.00 |
| 122 | 荆州区(鄂) | 35900.00 |
| 123 | 浠水县(鄂) | 33250.00 |
| 124 | 阳新县(鄂) | 31838.00 |
| 125 | 利川市(鄂) | 30000.00 |
| 126 | 远安县(鄂) | 20154.00 |
| 127 | 赤壁市(鄂) | 18000.00 |
| 128 | 来凤县(鄂) | 12000.00 |
| 129 | 江陵县(鄂) | 10000.00 |
| 130 | 通山县(鄂) | 9400.00 |
| 131 | 枣阳市(鄂) | 8246.00 |
| 132 | 黄陂区(鄂) | 8000.00 |
| 133 | 宜城市(鄂) | 7269.20 |
| 134 | 通城县(鄂) | 6615.00 |
| 135 | 监利县(鄂) | 6000.00 |
| 136 | 蔡甸区(鄂) | 5220.00 |
| 137 | 京山县(鄂) | 4800.00 |
| 138 | 咸安区(鄂) | 4550.00 |
| 139 | 房　县(鄂) | 4219.00 |
| 140 | 咸丰县(鄂) | 3600.00 |
| 141 | 嘉鱼县(鄂) | 3300.00 |
| 142 | 谷城县(鄂) | 2352.00 |
| 143 | 鹤峰县(鄂) | 2090.00 |
| 144 | 大冶市(鄂) | 2050.00 |
| 145 | 石首市(鄂) | 1730.00 |
| 146 | 孝南区(鄂) | 1730.00 |
| 147 | 应城市(鄂) | 1700.00 |
| 148 | 云梦县(鄂) | 1500.00 |
| 149 | 黄梅县(鄂) | 1500.00 |
| 150 | 东宝区(鄂) | 1350.00 |
| 151 | 孝昌县(鄂) | 1300.00 |
| 152 | 掇刀区(鄂) | 1200.00 |
| 153 | 巴东县(鄂) | 1000.00 |
| 154 | 临武县(湘) | 360000.00 |
| 155 | 麻阳苗族自治县(湘) | 280500.00 |
| 156 | 泸溪县(湘) | 180000.00 |
| 157 | 慈利县(湘) | 176318.00 |
| 158 | 邵东县(湘) | 160000.00 |
| 159 | 沅江市(湘) | 150000.00 |
| 160 | 洪江市(湘) | 137100.00 |
| 161 | 道　县(湘) | 121341.00 |
| 162 | 江永县(湘) | 116533.00 |

(续)

| 序号 | 柑橘主产地 | 产量(吨) |
|---|---|---|
| 163 | 澧　县(湘) | 114400.00 |
| 164 | 新晃侗族自治县(湘) | 113783.00 |
| 165 | 永定区(湘) | 95000.00 |
| 166 | 资兴市(湘) | 90887.00 |
| 167 | 永顺县(湘) | 90000.00 |
| 168 | 石门县(湘) | 70000.00 |
| 169 | 靖州苗族侗族自治县(湘) | 68850.00 |
| 170 | 保靖县(湘) | 57500.00 |
| 171 | 会同县(湘) | 55049.00 |
| 172 | 宜章县(湘) | 54980.00 |
| 173 | 临澧县(湘) | 53652.00 |
| 174 | 中方县(湘) | 52000.00 |
| 175 | 绥宁县(湘) | 48320.00 |
| 176 | 浏阳市(湘) | 37890.00 |
| 177 | 洞口县(湘) | 37768.00 |
| 178 | 东安县(湘) | 36450.00 |
| 179 | 安化县(湘) | 35500.00 |
| 180 | 津市市(湘) | 35000.00 |
| 181 | 冷水滩区(湘) | 31370.00 |
| 182 | 蓝山县(湘) | 30700.00 |
| 183 | 岳阳县(湘) | 30000.00 |
| 184 | 辰溪县(湘) | 30000.00 |
| 185 | 嘉禾县(湘) | 26200.00 |
| 186 | 永兴县(湘) | 21515.00 |
| 187 | 新宁县(湘) | 21000.00 |
| 188 | 涟源市(湘) | 20350.00 |
| 189 | 鼎城区(湘) | 20000.00 |
| 190 | 桃源县(湘) | 19500.00 |
| 191 | 古丈县(湘) | 19253.00 |
| 192 | 武陵区(湘) | 18700.00 |
| 193 | 沅陵县(湘) | 16342.00 |
| 194 | 长沙县(湘) | 14972.00 |
| 195 | 衡阳县(湘) | 14317.00 |
| 196 | 平江县(湘) | 12652.00 |
| 197 | 城步苗族自治县(湘) | 12000.00 |
| 198 | 江华瑶族自治县(湘) | 11393.00 |
| 199 | 鹤城区(湘) | 10250.00 |
| 200 | 大祥区(湘) | 9200.00 |
| 201 | 溆浦县(湘) | 9120.00 |
| 202 | 祁阳县(湘) | 9010.00 |
| 203 | 株洲县(湘) | 7860.00 |
| 204 | 双峰县(湘) | 7600.00 |
| 205 | 邵阳县(湘) | 7200.00 |
| 206 | 耒阳市(湘) | 7000.00 |
| 207 | 苏仙区(湘) | 6750.00 |

(续)

| 序号 | 柑橘主产地 | 产量(吨) |
|---|---|---|
| 208 | 新邵县(湘) | 6500.00 |
| 209 | 常宁市(湘) | 6300.00 |
| 210 | 珠晖区(湘) | 5000.00 |
| 211 | 湘乡市(湘) | 4989.00 |
| 212 | 双牌县(湘) | 4320.00 |
| 213 | 武冈市(湘) | 4000.00 |
| 214 | 雨湖区(湘) | 3901.00 |
| 215 | 衡东县(湘) | 3500.00 |
| 216 | 湘潭县(湘) | 3495.00 |
| 217 | 炎陵县(湘) | 3477.00 |
| 218 | 汝城县(湘) | 3210.00 |
| 219 | 岳阳楼区(湘) | 3150.00 |
| 220 | 衡山县(湘) | 2968.00 |
| 221 | 洪江区(湘) | 2701.00 |
| 222 | 金洞林场(湘) | 2608.00 |
| 223 | 北湖区(湘) | 2381.00 |
| 224 | 新化县(湘) | 2100.00 |
| 225 | 汨罗市(湘) | 1812.00 |
| 226 | 冷水江市(湘) | 1800.00 |
| 227 | 桂阳县(湘) | 1636.00 |
| 228 | 双清区(湘) | 1541.00 |
| 229 | 蒸湘区(湘) | 1500.00 |
| 230 | 临湘市(湘) | 1400.00 |
| 231 | 桂东县(湘) | 1340.00 |
| 232 | 赫山区(湘) | 1200.00 |
| 233 | 桑植县(湘) | 1200.00 |
| 234 | 英德市(粤) | 187245.00 |
| 235 | 德庆县(粤) | 121302.00 |
| 236 | 封开县(粤) | 120180.00 |
| 237 | 云安县(粤) | 103332.00 |
| 238 | 普宁市(粤) | 70773.00 |
| 239 | 四会市(粤) | 62028.00 |
| 240 | 五华县(粤) | 62000.00 |
| 241 | 平远县(粤) | 55000.00 |
| 242 | 郁南县(粤) | 52000.00 |
| 243 | 佛冈县(粤) | 50253.00 |
| 244 | 阳山县(粤) | 47322.00 |
| 245 | 乐昌市(粤) | 36000.00 |
| 246 | 饶平县(粤) | 31526.00 |
| 247 | 云城区(粤) | 26000.00 |
| 248 | 连州市(粤) | 24591.00 |
| 249 | 新兴县(粤) | 21355.00 |
| 250 | 恩平市(粤) | 19268.00 |
| 251 | 从化市(粤) | 18364.00 |
| 252 | 清城区(粤) | 15800.00 |

(续)

| 序号 | 柑橘主产地 | 产量(吨) |
|---|---|---|
| 253 | 龙川县(粤) | 13830.00 |
| 254 | 新丰县(粤) | 11193.00 |
| 255 | 台山市(粤) | 10219.00 |
| 256 | 开平市(粤) | 9818.00 |
| 257 | 连山壮族瑶族自治县(粤) | 8509.00 |
| 258 | 高要市(粤) | 7731.00 |
| 259 | 中山市(粤) | 6104.00 |
| 260 | 蕉岭县(粤) | 4969.00 |
| 261 | 连平县(粤) | 4750.00 |
| 262 | 信宜市(粤) | 3560.00 |
| 263 | 清远市属总林场(粤) | 3500.00 |
| 264 | 丰顺县(粤) | 3360.00 |
| 265 | 鹤山市(粤) | 2693.00 |
| 266 | 高明区(粤) | 2000.00 |
| 267 | 南雄市(粤) | 1418.05 |
| 268 | 始兴县(粤) | 1100.00 |
| 269 | 连南瑶族自治县(粤) | 1020.00 |
| 270 | 恭城瑶族自治县(桂) | 505960.00 |
| 271 | 柳城县(桂) | 312060.00 |
| 272 | 平乐县(桂) | 297782.00 |
| 273 | 永福县(桂) | 220899.00 |
| 274 | 兴安县(桂) | 171113.00 |
| 275 | 灌阳县(桂) | 133149.00 |
| 276 | 富川瑶族自治县(桂) | 126761.00 |
| 277 | 临桂区(桂) | 124854.00 |
| 278 | 融安县(桂) | 123417.00 |
| 279 | 苍梧县(桂) | 107647.00 |
| 280 | 藤　县(桂) | 97238.00 |
| 281 | 浦北县(桂) | 90604.00 |
| 282 | 兴宾区(桂) | 75000.00 |
| 283 | 钟山县(桂) | 74991.00 |
| 284 | 龙胜各族自治县(桂) | 70795.00 |
| 285 | 龙圩区(桂) | 61000.00 |
| 286 | 象州县(桂) | 58800.00 |
| 287 | 岑溪市(桂) | 45000.00 |
| 288 | 右江区(桂) | 35300.00 |
| 289 | 金秀瑶族自治县(桂) | 32930.00 |
| 290 | 龙州县(桂) | 31599.00 |
| 291 | 扶绥县(桂) | 29333.00 |
| 292 | 融水苗族自治县(桂) | 27787.00 |
| 293 | 合浦县(桂) | 27222.00 |
| 294 | 柳北区(桂) | 22247.00 |
| 295 | 宜州市(桂) | 21486.00 |
| 296 | 大新县(桂) | 20630.00 |
| 297 | 南丹县(桂) | 20611.00 |

（续）

| 序号 | 柑橘主产地 | 产量（吨） |
|---|---|---|
| 298 | 柳江县（桂） | 18831.00 |
| 299 | 宁明县（桂） | 17209.00 |
| 300 | 金城江区（桂） | 16036.00 |
| 301 | 昭平县（桂） | 15795.00 |
| 302 | 贺州市平桂管理区（桂） | 14180.00 |
| 303 | 防城区（桂） | 13011.00 |
| 304 | 环江毛南族自治县（桂） | 11553.00 |
| 305 | 东兰县（桂） | 10145.00 |
| 306 | 三江侗族自治县（桂） | 9571.00 |
| 307 | 桂平市（桂） | 8906.00 |
| 308 | 靖西县（桂） | 7820.00 |
| 309 | 都安瑶族自治县（桂） | 6795.00 |
| 310 | 罗城仫佬族自治县（桂） | 6460.00 |
| 311 | 武宣县（桂） | 6350.00 |
| 312 | 田林县（桂） | 6111.00 |
| 313 | 巴马瑶族自治县（桂） | 6040.00 |
| 314 | 钦南区（桂） | 5609.00 |
| 315 | 平果县（桂） | 5247.00 |
| 316 | 天等县（桂） | 4882.00 |
| 317 | 宾阳县（桂） | 4576.00 |
| 318 | 江州区（桂） | 4206.00 |
| 319 | 东兴市（桂） | 3591.00 |
| 320 | 隆林各族自治县（桂） | 3542.00 |
| 321 | 那坡县（桂） | 3446.00 |
| 322 | 江南区（桂） | 3150.00 |
| 323 | 凤山县（桂） | 2972.00 |
| 324 | 横　县（桂） | 2334.00 |
| 325 | 凭祥市（桂） | 2085.00 |
| 326 | 天峨县（桂） | 1830.00 |
| 327 | 港北区（桂） | 1478.00 |
| 328 | 万秀区（桂） | 1250.00 |
| 329 | 万州区（渝） | 200400.00 |
| 330 | 云阳县（渝） | 200000.00 |
| 331 | 江津区（渝） | 138800.00 |
| 332 | 渝北区（渝） | 85000.00 |
| 333 | 永川区（渝） | 77000.00 |
| 334 | 铜梁县（渝） | 75000.00 |
| 335 | 秀山土家族苗族自治县（渝） | 53778.00 |
| 336 | 璧山区（渝） | 49360.00 |
| 337 | 开　县（渝） | 32128.00 |
| 338 | 垫江县（渝） | 31497.00 |
| 339 | 合川区（渝） | 28688.00 |
| 340 | 荣昌区（渝） | 13785.00 |
| 341 | 九龙坡区（渝） | 12000.00 |
| 342 | 涪陵区（渝） | 11500.00 |

（续）

| 序号 | 柑橘主产地 | 产量（吨） |
|---|---|---|
| 343 | 黔江区（渝） | 9293.00 |
| 344 | 武隆县（渝） | 7653.00 |
| 345 | 巴南区（渝） | 6750.00 |
| 346 | 酉阳土家族苗族自治县（渝） | 4200.00 |
| 347 | 南川区（渝） | 1500.00 |
| 348 | 梁平县（渝） | 1323.72 |
| 349 | 阆中市（川） | 87999.00 |
| 350 | 资中县（川） | 80000.00 |
| 351 | 仁寿县（川） | 69041.00 |
| 352 | 青神县（川） | 64050.00 |
| 353 | 富顺县（川） | 61470.00 |
| 354 | 威远县（川） | 54900.00 |
| 355 | 西充县（川） | 54683.00 |
| 356 | 宜宾县（川） | 50126.00 |
| 357 | 渠　县（川） | 50000.00 |
| 358 | 江安县（川） | 48845.00 |
| 359 | 翠屏区（川） | 46770.00 |
| 360 | 嘉陵区（川） | 35466.00 |
| 361 | 雁江区（川） | 30001.00 |
| 362 | 顺庆区（川） | 25000.00 |
| 363 | 南溪县（川） | 24500.00 |
| 364 | 新津县（川） | 22650.00 |
| 365 | 井研县（川） | 21840.00 |
| 366 | 屏山县（川） | 18800.00 |
| 367 | 青白江区（川） | 18300.00 |
| 368 | 巴州区（川） | 14500.00 |
| 369 | 五通桥区（川） | 13660.00 |
| 370 | 仪陇县（川） | 13084.00 |
| 371 | 隆昌县（川） | 10500.00 |
| 372 | 乐山市市中区（川） | 9419.00 |
| 373 | 彭山区（川） | 9300.00 |
| 374 | 开江县（川） | 9000.00 |
| 375 | 雷波县（川） | 8500.00 |
| 376 | 江油市（川） | 7500.00 |
| 377 | 邛崃市（川） | 7235.00 |
| 378 | 宁南县（川） | 6946.00 |
| 379 | 洪雅县（川） | 5568.00 |
| 380 | 南江县（川） | 5500.00 |
| 381 | 珙　县（川） | 5250.00 |
| 382 | 兴文县（川） | 4623.00 |
| 383 | 高　县（川） | 4510.00 |
| 384 | 沿滩区（川） | 4420.00 |
| 385 | 古蔺县（川） | 4145.00 |
| 386 | 游仙区（川） | 4100.00 |
| 387 | 苍溪县（川） | 3600.00 |

（续）

| 序号 | 柑橘主产地 | 产量（吨） |
|---|---|---|
| 388 | 恩阳区（川） | 3500.00 |
| 389 | 平昌县（川） | 3372.00 |
| 390 | 纳溪区（川） | 3059.00 |
| 391 | 崇州市（川） | 3050.00 |
| 392 | 峨眉山市（川） | 2610.00 |
| 393 | 龙马潭区（川） | 2000.00 |
| 394 | 美姑县（川） | 2000.00 |
| 395 | 木里藏族自治县（川） | 1840.60 |
| 396 | 罗江县（川） | 1785.00 |
| 397 | 双流县（川） | 1573.00 |
| 398 | 贡井区（川） | 1530.00 |
| 399 | 内江市市中区（川） | 1500.00 |
| 400 | 沙湾区（川） | 1450.00 |
| 401 | 会理县（川） | 1307.00 |
| 402 | 大英县（川） | 1300.00 |
| 403 | 长宁县（川） | 1245.00 |
| 404 | 泸　县（川） | 1069.00 |
| 405 | 什邡市（川） | 1046.00 |
| 406 | 旺苍县（川） | 1013.00 |
| 407 | 荔波县（黔） | 48050.00 |
| 408 | 三都水族自治县（黔） | 14208.00 |
| 409 | 石阡县（黔） | 12150.00 |
| 410 | 桐梓县（黔） | 10812.00 |
| 411 | 沿河土家族自治县（黔） | 9817.00 |
| 412 | 思南县（黔） | 8215.00 |
| 413 | 惠水县（黔） | 7697.00 |
| 414 | 册亨县（黔） | 5000.00 |
| 415 | 镇远县（黔） | 4120.00 |
| 416 | 普安县（黔） | 3610.00 |
| 417 | 赤水市（黔） | 3452.00 |
| 418 | 黄平县（黔） | 3315.00 |
| 419 | 碧江区（黔） | 3134.00 |
| 420 | 贞丰县（黔） | 1750.00 |
| 421 | 华宁县（滇） | 201000.00 |
| 422 | 宾川县（滇） | 99126.00 |
| 423 | 建水县（滇） | 51162.00 |
| 424 | 师宗县（滇） | 28070.00 |
| 425 | 元江哈尼族彝族傣族自治县（滇） | 20400.00 |
| 426 | 弥勒市（滇） | 18359.00 |
| 427 | 广南县（滇） | 11172.00 |
| 428 | 马关县（滇） | 10984.00 |
| 429 | 芒　市（滇） | 8390.00 |
| 430 | 开远市（滇） | 7560.00 |
| 431 | 个旧市（滇） | 5690.00 |

(续)

| 序号 | 柑橘主产地 | 产量(吨) |
|---|---|---|
| 432 | 双江拉祜族佤族布朗族傣族自治县(滇) | 5415.00 |
| 433 | 思茅区(滇) | 4655.00 |
| 434 | 隆阳区(滇) | 3638.00 |
| 435 | 永胜县(滇) | 3583.10 |
| 436 | 景谷傣族彝族自治县(滇) | 3400.00 |
| 437 | 香格里拉县(滇) | 3031.00 |
| 438 | 元谋县(滇) | 3000.00 |
| 439 | 镇沅彝族哈尼族拉祜族自治县(滇) | 2955.00 |
| 440 | 华坪县(滇) | 2205.00 |
| 441 | 西畴县(滇) | 1956.00 |
| 442 | 镇雄县(滇) | 1931.00 |
| 443 | 文山市(滇) | 1529.00 |
| 444 | 富宁县(滇) | 1500.00 |
| 445 | 武定县(滇) | 1176.00 |
| 446 | 梁河县(滇) | 1051.00 |
| 447 | 城固县(陕) | 188630.00 |
| 448 | 汉台区(陕) | 50000.00 |
| 449 | 汉滨区(陕) | 47650.00 |
| 450 | 旬阳县(陕) | 31800.00 |
| 451 | 洋　县(陕) | 13583.00 |
| 452 | 白河县(陕) | 5500.00 |
| 453 | 南郑县(陕) | 3680.00 |
| 454 | 紫阳县(陕) | 2200.00 |

## 表 7-12　枇杷主产地产量

| 序号 | 枇杷主产地 | 产量(吨) |
|---|---|---|
| 1 | 崇明县(沪) | 250.77 |
| 2 | 婺城区(浙) | 2780.00 |
| 3 | 余杭区(浙) | 2522.00 |
| 4 | 衢江区(浙) | 1900.00 |
| 5 | 黄岩区(浙) | 1806.00 |
| 6 | 德清县(浙) | 1465.00 |
| 7 | 象山县(浙) | 1437.00 |
| 8 | 建德市(浙) | 1400.00 |
| 9 | 淳安县(浙) | 1360.00 |
| 10 | 临海市(浙) | 1160.00 |
| 11 | 玉环市(浙) | 750.00 |
| 12 | 义乌市(浙) | 744.00 |
| 13 | 金东区(浙) | 679.00 |
| 14 | 路桥区(浙) | 630.00 |
| 15 | 莲都区(浙) | 550.00 |
| 16 | 椒江区(浙) | 425.00 |
| 17 | 桐庐县(浙) | 402.00 |
| 18 | 诸暨市(浙) | 400.00 |
| 19 | 仙居县(浙) | 310.00 |
| 20 | 定海区(浙) | 270.00 |
| 21 | 瑞安市(浙) | 270.00 |
| 22 | 温岭市(浙) | 250.00 |
| 23 | 三门县(浙) | 220.00 |
| 24 | 宁海县(浙) | 180.00 |
| 25 | 松阳县(浙) | 178.00 |
| 26 | 缙云县(浙) | 174.00 |
| 27 | 富阳区(浙) | 143.00 |
| 28 | 浦江县(浙) | 142.00 |
| 29 | 鄞州区(浙) | 120.00 |
| 30 | 武义县(浙) | 104.00 |
| 31 | 宜秀区(皖) | 562.00 |
| 32 | 大观区(皖) | 153.00 |
| 33 | 歙　县(皖) | 143.00 |
| 34 | 利川市(鄂) | 1200.00 |
| 35 | 来凤县(鄂) | 850.00 |
| 36 | 阳新县(鄂) | 270.00 |
| 37 | 兴山县(鄂) | 250.00 |
| 38 | 漳河新区(鄂) | 100.00 |
| 39 | 临武县(湘) | 4000.00 |
| 40 | 永顺县(湘) | 2250.00 |
| 41 | 武冈市(湘) | 1500.00 |
| 42 | 桑植县(湘) | 1200.00 |
| 43 | 永定区(湘) | 1000.00 |
| 44 | 澧　县(湘) | 360.00 |
| 45 | 鼎城区(湘) | 250.00 |
| 46 | 津市市(湘) | 225.00 |
| 47 | 麻阳苗族自治县(湘) | 180.00 |
| 48 | 云安县(粤) | 3000.00 |
| 49 | 信宜市(粤) | 1700.00 |
| 50 | 和平县(粤) | 800.00 |
| 51 | 乳源瑶族自治县(粤) | 700.00 |
| 52 | 始兴县(粤) | 300.00 |
| 53 | 万秀区(桂) | 102.00 |
| 54 | 黔江区(渝) | 20000.00 |
| 55 | 合川区(渝) | 18768.00 |
| 56 | 璧山区(渝) | 5115.00 |
| 57 | 铜梁县(渝) | 4000.00 |
| 58 | 永川区(渝) | 1700.00 |
| 59 | 资中县(川) | 15000.00 |
| 60 | 仁寿县(川) | 9024.00 |
| 61 | 屏山县(川) | 5000.00 |
| 62 | 三台县(川) | 2100.00 |
| 63 | 越西县(川) | 1800.00 |
| 64 | 长宁县(川) | 1156.00 |
| 65 | 雷波县(川) | 1000.00 |
| 66 | 巴州区(川) | 960.00 |
| 67 | 北川羌族自治县(川) | 901.00 |
| 68 | 恩阳区(川) | 850.00 |
| 69 | 宣汉县(川) | 560.00 |
| 70 | 盐亭县(川) | 330.00 |
| 71 | 金口河区(川) | 300.00 |
| 72 | 纳溪区(川) | 200.00 |
| 73 | 甘洛县(川) | 180.00 |
| 74 | 江油市(川) | 145.00 |
| 75 | 开阳县(黔) | 21624.00 |
| 76 | 荔波县(黔) | 5548.00 |
| 77 | 乌当区(黔) | 2880.00 |
| 78 | 兴仁县(黔) | 2000.00 |
| 79 | 西秀区(黔) | 540.00 |
| 80 | 元阳县(滇) | 2873.00 |
| 81 | 陇川县(滇) | 580.70 |
| 82 | 开远市(滇) | 430.20 |
| 83 | 屏边苗族自治县(滇) | 400.00 |
| 84 | 大关县(滇) | 300.00 |
| 85 | 元谋县(滇) | 245.00 |
| 86 | 汉滨区(陕) | 3581.00 |
| 87 | 石泉县(陕) | 160.00 |
| 88 | 南郑县(陕) | 120.00 |
| 89 | 武都区(甘) | 200.00 |

## 表 7-13　杧果主产地产量

| 序号 | 杧果主产地 | 产量(吨) |
|---|---|---|
| 1 | 郁南县(粤) | 4000.00 |
| 2 | 云安县(粤) | 4000.00 |
| 3 | 信宜市(粤) | 1600.00 |
| 4 | 丰顺县(粤) | 708.00 |
| 5 | 东莞市(粤) | 576.00 |
| 6 | 台山市(粤) | 332.00 |
| 7 | 佛冈县(粤) | 198.00 |
| 8 | 从化市(粤) | 182.00 |
| 9 | 田阳县(桂) | 145108.00 |
| 10 | 田东县(桂) | 133000.00 |
| 11 | 钦北区(桂) | 12754.00 |
| 12 | 田林县(桂) | 6329.00 |
| 13 | 扶绥县(桂) | 2751.00 |
| 14 | 钦南区(桂) | 2601.00 |
| 15 | 江州区(桂) | 828.00 |
| 16 | 银海区(桂) | 810.00 |

（续）

| 序号 | 杧果主产地 | 产量（吨） |
|---|---|---|
| 17 | 防城区（桂） | 612.00 |
| 18 | 宾阳县（桂） | 592.00 |
| 19 | 巴马瑶族自治县（桂） | 265.00 |
| 20 | 攀枝花市西区（川） | 2524.00 |
| 21 | 会理县（川） | 1741.00 |
| 22 | 镇宁布依族苗族自治县（黔） | 402.00 |
| 23 | 红河县（滇） | 144000.00 |
| 24 | 华坪县（滇） | 100500.00 |
| 25 | 元江哈尼族彝族傣族自治县（滇） | 53286.00 |
| 26 | 元阳县（滇） | 5480.00 |
| 27 | 景谷傣族彝族自治县（滇） | 5369.50 |
| 28 | 元谋县（滇） | 2897.00 |
| 29 | 云　县（滇） | 1749.00 |
| 30 | 双江拉祜族佤族布朗族傣族自治县（滇） | 1554.00 |
| 31 | 镇沅彝族哈尼族拉祜族自治县（滇） | 630.00 |
| 32 | 武定县（滇） | 574.00 |
| 33 | 施甸县（滇） | 500.00 |
| 34 | 永胜县（滇） | 385.10 |
| 35 | 开远市（滇） | 180.00 |
| 36 | 陇川县（滇） | 157.60 |
| 37 | 勐腊县（滇） | 153.00 |
| 38 | 景东彝族自治县（滇） | 100.00 |

**表 7-14　荔枝主产地产量**

| 序号 | 荔枝主产地 | 产量（吨） |
|---|---|---|
| 1 | 高州市（粤） | 193586.00 |
| 2 | 电白区（粤） | 186300.00 |
| 3 | 从化市（粤） | 35043.00 |
| 4 | 惠来县（粤） | 33961.00 |
| 5 | 化州市（粤） | 29955.00 |
| 6 | 揭西县（粤） | 18788.00 |
| 7 | 郁南县（粤） | 18000.00 |
| 8 | 饶平县（粤） | 13945.00 |
| 9 | 普宁市（粤） | 13865.00 |
| 10 | 新兴县（粤） | 10982.00 |
| 11 | 阳西县（粤） | 10000.00 |
| 12 | 丰顺县（粤） | 8201.00 |
| 13 | 五华县（粤） | 8000.00 |
| 14 | 台山市（粤） | 7213.00 |
| 15 | 信宜市（粤） | 7160.00 |
| 16 | 中山市（粤） | 6957.00 |
| 17 | 云安县（粤） | 5504.00 |

（续）

| 序号 | 荔枝主产地 | 产量（吨） |
|---|---|---|
| 18 | 东莞市（粤） | 5492.00 |
| 19 | 佛冈县（粤） | 5277.00 |
| 20 | 恩平市（粤） | 5230.00 |
| 21 | 茂南区（粤） | 5074.00 |
| 22 | 惠阳区（粤） | 4200.00 |
| 23 | 花都区（粤） | 4016.00 |
| 24 | 黄埔区（粤） | 3154.00 |
| 25 | 封开县（粤） | 1928.00 |
| 26 | 开平市（粤） | 1898.00 |
| 27 | 潮南区（粤） | 1716.00 |
| 28 | 茂名市属总林场（粤） | 1500.00 |
| 29 | 清城区（粤） | 1301.00 |
| 30 | 高明区（粤） | 1107.00 |
| 31 | 高要市（粤） | 965.00 |
| 32 | 源城区（粤） | 943.00 |
| 33 | 珠海市高新区（粤） | 804.00 |
| 34 | 云城区（粤） | 650.00 |
| 35 | 鹤山市（粤） | 595.00 |
| 36 | 蕉岭县（粤） | 403.00 |
| 37 | 龙川县（粤） | 361.00 |
| 38 | 揭阳市蓝城区（粤） | 300.00 |
| 39 | 英德市（粤） | 265.00 |
| 40 | 揭阳市大南山侨区（粤） | 245.00 |
| 41 | 钦北区（桂） | 120134.00 |
| 42 | 北流市（桂） | 110270.00 |
| 43 | 浦北县（桂） | 69108.00 |
| 44 | 桂平市（桂） | 52350.00 |
| 45 | 良庆区（桂） | 13523.00 |
| 46 | 横　县（桂） | 9451.00 |
| 47 | 合浦县（桂） | 8713.00 |
| 48 | 藤　县（桂） | 8275.00 |
| 49 | 钦南区（桂） | 7380.00 |
| 50 | 龙圩区（桂） | 3800.00 |
| 51 | 右江区（桂） | 3560.00 |
| 52 | 宁明县（桂） | 2908.00 |
| 53 | 苍梧县（桂） | 2705.00 |
| 54 | 防城区（桂） | 2583.00 |
| 55 | 港北区（桂） | 2285.00 |
| 56 | 东兴市（桂） | 2239.00 |
| 57 | 青秀区（桂） | 2075.00 |
| 58 | 兴宾区（桂） | 1980.00 |
| 59 | 扶绥县（桂） | 1609.00 |
| 60 | 江南区（桂） | 1158.00 |
| 61 | 铁山港区（桂） | 1083.00 |
| 62 | 宾阳县（桂） | 1070.00 |

（续）

| 序号 | 荔枝主产地 | 产量（吨） |
|---|---|---|
| 63 | 武宣县（桂） | 915.00 |
| 64 | 都安瑶族自治县（桂） | 870.00 |
| 65 | 钦廉林场（桂） | 808.00 |
| 66 | 玉州区（桂） | 654.00 |
| 67 | 银海区（桂） | 600.00 |
| 68 | 天等县（桂） | 445.00 |
| 69 | 大新县（桂） | 397.00 |
| 70 | 柳城县（桂） | 393.00 |
| 71 | 平果县（桂） | 312.00 |
| 72 | 田东县（桂） | 311.00 |
| 73 | 凭祥市（桂） | 266.00 |
| 74 | 兴宁区（桂） | 205.00 |
| 75 | 巴马瑶族自治县（桂） | 194.00 |
| 76 | 陆川县（桂） | 180.00 |
| 77 | 柳江县（桂） | 171.00 |
| 78 | 田阳县（桂） | 160.00 |
| 79 | 靖西县（桂） | 132.00 |
| 80 | 江州区（桂） | 128.00 |
| 81 | 那坡县（桂） | 112.00 |
| 82 | 万州区（渝） | 101.00 |
| 83 | 宜宾县（川） | 1340.00 |
| 84 | 南溪县（川） | 500.00 |
| 85 | 乐山市市中区（川） | 229.00 |
| 86 | 江安县（川） | 210.00 |
| 87 | 富顺县（川） | 186.00 |
| 88 | 泸　县（川） | 100.00 |
| 89 | 赤水市（黔） | 424.00 |
| 90 | 元江哈尼族彝族傣族自治县（滇） | 3520.00 |
| 91 | 隆阳区（滇） | 3081.00 |
| 92 | 元阳县（滇） | 1573.00 |
| 93 | 勐腊县（滇） | 1538.00 |
| 94 | 永胜县（滇） | 620.00 |
| 95 | 马关县（滇） | 358.00 |
| 96 | 麻栗坡县（滇） | 252.00 |
| 97 | 云　县（滇） | 195.00 |
| 98 | 思茅区（滇） | 191.00 |
| 99 | 建水县（滇） | 125.00 |
| 100 | 盈江县（滇） | 120.60 |
| 101 | 瑞丽市（滇） | 106.40 |
| 102 | 元谋县（滇） | 103.00 |

**表 7-15　龙眼主产地产量**

| 序号 | 龙眼主产地 | 产量（吨） |
|---|---|---|
| 1 | 高州市（粤） | 139734.00 |

(续)

| 序号 | 龙眼主产地 | 产量(吨) |
|---|---|---|
| 2 | 电白区(粤) | 47700.00 |
| 3 | 饶平县(粤) | 38050.00 |
| 4 | 化州市(粤) | 15110.00 |
| 5 | 台山市(粤) | 13621.00 |
| 6 | 从化市(粤) | 13489.00 |
| 7 | 揭西县(粤) | 11670.00 |
| 8 | 丰顺县(粤) | 10865.00 |
| 9 | 恩平市(粤) | 9968.00 |
| 10 | 郁南县(粤) | 9000.00 |
| 11 | 信宜市(粤) | 8350.00 |
| 12 | 云安县(粤) | 8079.00 |
| 13 | 新兴县(粤) | 8021.00 |
| 14 | 惠阳区(粤) | 6700.00 |
| 15 | 封开县(粤) | 5210.00 |
| 16 | 茂南区(粤) | 4480.00 |
| 17 | 清城区(粤) | 4310.00 |
| 18 | 中山市(粤) | 4221.00 |
| 19 | 英德市(粤) | 3778.00 |
| 20 | 佛冈县(粤) | 3726.00 |
| 21 | 蕉岭县(粤) | 3705.00 |
| 22 | 花都区(粤) | 3158.00 |
| 23 | 普宁市(粤) | 3100.00 |
| 24 | 东莞市(粤) | 2541.00 |
| 25 | 黄埔区(粤) | 2020.00 |
| 26 | 开平市(粤) | 1909.00 |
| 27 | 高要市(粤) | 1482.00 |
| 28 | 茂名市属总林场(粤) | 1323.00 |
| 29 | 高明区(粤) | 1200.00 |
| 30 | 龙川县(粤) | 969.00 |
| 31 | 源城区(粤) | 968.00 |
| 32 | 潮南区(粤) | 934.00 |
| 33 | 五华县(粤) | 800.00 |
| 34 | 阳西县(粤) | 700.00 |
| 35 | 珠海市高新区(粤) | 634.00 |
| 36 | 鹤山市(粤) | 587.00 |
| 37 | 云城区(粤) | 320.00 |
| 38 | 揭阳市蓝城区(粤) | 250.00 |
| 39 | 新丰县(粤) | 173.00 |
| 40 | 钦北区(桂) | 32457.00 |
| 41 | 武宣县(桂) | 25386.00 |
| 42 | 大新县(桂) | 23260.00 |
| 43 | 桂平市(桂) | 16880.00 |
| 44 | 藤　县(桂) | 16563.00 |
| 45 | 兴宾区(桂) | 16180.00 |
| 46 | 横　县(桂) | 13518.00 |

(续)

| 序号 | 龙眼主产地 | 产量(吨) |
|---|---|---|
| 47 | 合浦县(桂) | 11143.00 |
| 48 | 江州区(桂) | 10359.00 |
| 49 | 扶绥县(桂) | 9921.00 |
| 50 | 龙州县(桂) | 9826.00 |
| 51 | 浦北县(桂) | 9686.00 |
| 52 | 良庆区(桂) | 8963.00 |
| 53 | 钦南区(桂) | 8146.00 |
| 54 | 象州县(桂) | 6521.00 |
| 55 | 右江区(桂) | 6000.00 |
| 56 | 青秀区(桂) | 4300.00 |
| 57 | 防城区(桂) | 4122.00 |
| 58 | 天等县(桂) | 3998.00 |
| 59 | 港北区(桂) | 3972.00 |
| 60 | 东兴市(桂) | 3316.00 |
| 61 | 柳江县(桂) | 3275.00 |
| 62 | 江南区(桂) | 3000.00 |
| 63 | 宁明县(桂) | 2780.00 |
| 64 | 银海区(桂) | 2613.00 |
| 65 | 都安瑶族自治县(桂) | 2576.00 |
| 66 | 田东县(桂) | 2528.00 |
| 67 | 宾阳县(桂) | 2173.00 |
| 68 | 平果县(桂) | 2040.00 |
| 69 | 兴宁区(桂) | 1670.00 |
| 70 | 苍梧县(桂) | 1398.00 |
| 71 | 金秀瑶族自治县(桂) | 1378.00 |
| 72 | 铁山港区(桂) | 1361.00 |
| 73 | 北流市(桂) | 1258.70 |
| 74 | 巴马瑶族自治县(桂) | 1127.00 |
| 75 | 合山市(桂) | 852.00 |
| 76 | 灵山县(桂) | 790.00 |
| 77 | 柳城县(桂) | 661.00 |
| 78 | 上林县(桂) | 598.00 |
| 79 | 玉州区(桂) | 545.00 |
| 80 | 龙圩区(桂) | 420.00 |
| 81 | 柳南区(桂) | 380.00 |
| 82 | 良凤江国家森林公园(桂) | 250.00 |
| 83 | 天峨县(桂) | 242.00 |
| 84 | 田阳县(桂) | 234.00 |
| 85 | 东兰县(桂) | 228.00 |
| 86 | 靖西县(桂) | 176.00 |
| 87 | 万秀区(桂) | 116.00 |
| 88 | 永川区(渝) | 7600.00 |
| 89 | 江津区(渝) | 2000.00 |
| 90 | 万州区(渝) | 608.00 |
| 91 | 璧山区(渝) | 341.00 |

(续)

| 序号 | 龙眼主产地 | 产量(吨) |
|---|---|---|
| 92 | 荣昌区(渝) | 270.00 |
| 93 | 涪陵区(渝) | 190.00 |
| 94 | 富顺县(川) | 8079.00 |
| 95 | 龙马潭区(川) | 5650.00 |
| 96 | 南溪县(川) | 4500.00 |
| 97 | 屏山县(川) | 4500.00 |
| 98 | 泸　县(川) | 2500.00 |
| 99 | 宜宾县(川) | 1768.00 |
| 100 | 高　县(川) | 1660.00 |
| 101 | 翠屏区(川) | 1200.00 |
| 102 | 江安县(川) | 380.00 |
| 103 | 雷波县(川) | 110.00 |
| 104 | 珙　县(川) | 100.00 |
| 105 | 赤水市(黔) | 504.00 |
| 106 | 元江哈尼族彝族傣族自治县(滇) | 2880.00 |
| 107 | 永胜县(滇) | 2200.20 |
| 108 | 鹤庆县(滇) | 1625.00 |
| 109 | 开远市(滇) | 1482.00 |
| 110 | 元谋县(滇) | 1257.00 |
| 111 | 施甸县(滇) | 203.00 |
| 112 | 水富县(滇) | 165.00 |
| 113 | 马关县(滇) | 120.00 |

## 表 7-16　香蕉主产地产量

| 序号 | 香蕉主产地 | 产量(吨) |
|---|---|---|
| 1 | 高州市(粤) | 934547.00 |
| 2 | 中山市(粤) | 106917.00 |
| 3 | 东莞市(粤) | 43123.00 |
| 4 | 丰顺县(粤) | 15000.00 |
| 5 | 封开县(粤) | 7700.00 |
| 6 | 台山市(粤) | 6985.00 |
| 7 | 揭东区(粤) | 6700.00 |
| 8 | 佛冈县(粤) | 3563.00 |
| 9 | 龙川县(粤) | 1901.00 |
| 10 | 番禺区(粤) | 1657.50 |
| 11 | 潮南区(粤) | 1249.00 |
| 12 | 蓬江区(粤) | 1170.00 |
| 13 | 从化市(粤) | 1155.00 |
| 14 | 珠海市高新区(粤) | 402.00 |
| 15 | 新丰县(粤) | 228.00 |
| 16 | 浦北县(桂) | 395781.00 |
| 17 | 田东县(桂) | 109619.00 |
| 18 | 江州区(桂) | 48807.00 |
| 19 | 合浦县(桂) | 28900.00 |

（续）

| 序号 | 香蕉主产地 | 产量(吨) |
|---|---|---|
| 20 | 钦北区(桂) | 26113.00 |
| 21 | 钦南区(桂) | 12245.00 |
| 22 | 扶绥县(桂) | 8588.00 |
| 23 | 铁山港区(桂) | 4458.00 |
| 24 | 防城区(桂) | 3796.00 |
| 25 | 苍梧县(桂) | 3362.00 |
| 26 | 宾阳县(桂) | 1760.00 |
| 27 | 银海区(桂) | 1485.00 |
| 28 | 罗城仫佬族自治县(桂) | 858.00 |
| 29 | 巴马瑶族自治县(桂) | 420.00 |
| 30 | 东兴市(桂) | 337.00 |
| 31 | 会理县(川) | 8758.00 |
| 32 | 宁南县(川) | 490.00 |
| 33 | 金平苗族瑶族傣族自治县(滇) | 400378.00 |
| 34 | 勐腊县(滇) | 350626.00 |
| 35 | 马关县(滇) | 285164.00 |
| 36 | 个旧市(滇) | 239262.00 |
| 37 | 瑞丽市(滇) | 86604.20 |
| 38 | 孟连傣族拉祜族佤族自治县(滇) | 60000.00 |
| 39 | 盈江县(滇) | 32104.90 |
| 40 | 元阳县(滇) | 27627.00 |
| 41 | 元江哈尼族彝族傣族自治县(滇) | 20357.00 |
| 42 | 麻栗坡县(滇) | 19581.30 |
| 43 | 景谷傣族彝族自治县(滇) | 12213.20 |
| 44 | 武定县(滇) | 7531.00 |
| 45 | 富宁县(滇) | 1480.00 |
| 46 | 开远市(滇) | 1400.00 |
| 47 | 双江拉祜族佤族布朗族傣族自治县(滇) | 691.00 |
| 48 | 双柏县(滇) | 557.00 |
| 49 | 西盟佤族自治县(滇) | 175.00 |
| 50 | 施甸县(滇) | 150.00 |
| 51 | 华坪县(滇) | 135.40 |

**表 7-17　草莓主产地产量**

| 序号 | 草莓主产地 | 产量(吨) |
|---|---|---|
| 1 | 丰宁满族自治县(冀) | 427.00 |
| 2 | 双滦区(冀) | 120.00 |
| 3 | 秦皇岛开发区(冀) | 102.00 |
| 4 | 普兰店市(辽) | 7000.00 |
| 5 | 苏家屯区(辽) | 1492.00 |
| 6 | 桓仁满族自治县(辽) | 336.00 |
| 7 | 太子河区(辽) | 200.00 |
| 8 | 清原满族自治县(辽) | 130.00 |
| 9 | 长白朝鲜族自治县(吉) | 1196.00 |

（续）

| 序号 | 草莓主产地 | 产量(吨) |
|---|---|---|
| 10 | 辉南县(吉) | 600.00 |
| 11 | 磐石市(吉) | 260.00 |
| 12 | 桐庐县(浙) | 1910.00 |
| 13 | 永康市(浙) | 1300.00 |
| 14 | 北仑区(浙) | 402.50 |
| 15 | 黄岩区(浙) | 296.00 |
| 16 | 颍泉区(皖) | 12000.00 |
| 17 | 巢湖市(皖) | 7280.00 |
| 18 | 霍山县(皖) | 1500.00 |
| 19 | 裕安区(皖) | 1200.00 |
| 20 | 潘集区(皖) | 600.00 |
| 21 | 界首市(皖) | 500.00 |
| 22 | 涡阳县(皖) | 400.00 |
| 23 | 临泉县(皖) | 300.00 |
| 24 | 花山区(皖) | 220.00 |
| 25 | 望江县(皖) | 150.00 |
| 26 | 龙子湖区(皖) | 150.00 |
| 27 | 大观区(皖) | 100.00 |
| 28 | 芦溪县(赣) | 390.00 |
| 29 | 莒南县(鲁) | 35200.00 |
| 30 | 费　县(鲁) | 30000.00 |
| 31 | 新泰市(鲁) | 950.00 |
| 32 | 滨城区(鲁) | 290.00 |
| 33 | 临沂市临港经济开发区(鲁) | 220.00 |
| 34 | 宁阳县(鲁) | 180.00 |
| 35 | 薛城区(鲁) | 150.00 |
| 36 | 商水县(豫) | 2850.00 |
| 37 | 梁园区(豫) | 698.00 |
| 38 | 濮阳县(豫) | 650.00 |
| 39 | 淮阳县(豫) | 520.00 |
| 40 | 卫滨区(豫) | 350.00 |
| 41 | 管城回族区(豫) | 174.00 |
| 42 | 睢　县(豫) | 150.00 |
| 43 | 黄陂区(鄂) | 10000.00 |
| 44 | 随　县(鄂) | 2000.00 |
| 45 | 利川市(鄂) | 600.00 |
| 46 | 郧　县(鄂) | 300.00 |
| 47 | 新晃侗族自治县(湘) | 8451.00 |
| 48 | 临武县(湘) | 6000.00 |
| 49 | 北湖区(湘) | 1950.00 |
| 50 | 澧　县(湘) | 450.00 |
| 51 | 石门县(湘) | 400.00 |
| 52 | 鼎城区(湘) | 370.00 |
| 53 | 津市市(湘) | 300.00 |
| 54 | 永定区(湘) | 300.00 |

（续）

| 序号 | 草莓主产地 | 产量(吨) |
|---|---|---|
| 55 | 安仁县(湘) | 280.00 |
| 56 | 蒸湘区(湘) | 112.00 |
| 57 | 乳源瑶族自治县(粤) | 380.00 |
| 58 | 合山市(桂) | 100.00 |
| 59 | 合川区(渝) | 376.00 |
| 60 | 永川区(渝) | 350.00 |
| 61 | 黔江区(渝) | 230.00 |
| 62 | 西昌市(川) | 1690.00 |
| 63 | 甘洛县(川) | 360.00 |
| 64 | 巴州区(川) | 245.00 |
| 65 | 郫　县(川) | 161.00 |
| 66 | 屏山县(川) | 120.00 |
| 67 | 镇宁布依族苗族自治县(黔) | 45000.00 |
| 68 | 镇沅彝族哈尼族拉祜族自治县(滇) | 130.00 |
| 69 | 略阳县(陕) | 2120.00 |
| 70 | 灞桥区(陕) | 1149.00 |
| 71 | 南郑县(陕) | 250.00 |
| 72 | 亚布力林业局(龙江森工) | 540.00 |
| 73 | 海林林业局(龙江森工) | 110.00 |

**表 7-18　鲜红枣主产地产量**

| 序号 | 鲜红枣主产地 | 产量(吨) |
|---|---|---|
| 1 | 怀柔区(京) | 1634.50 |
| 2 | 顺义区(京) | 825.00 |
| 3 | 通州区(京) | 388.30 |
| 4 | 房山区(京) | 277.70 |
| 5 | 沧　县(冀) | 265096.00 |
| 6 | 行唐县(冀) | 130000.00 |
| 7 | 阜平县(冀) | 119480.00 |
| 8 | 献　县(冀) | 117406.00 |
| 9 | 新河县(冀) | 94084.00 |
| 10 | 曲阳县(冀) | 74977.00 |
| 11 | 大城县(冀) | 44000.00 |
| 12 | 泊头市(冀) | 42458.00 |
| 13 | 海兴县(冀) | 25594.00 |
| 14 | 盐山县(冀) | 22700.00 |
| 15 | 唐　县(冀) | 20860.00 |
| 16 | 青　县(冀) | 19967.00 |
| 17 | 南皮县(冀) | 13953.00 |
| 18 | 河间市(冀) | 6625.00 |
| 19 | 平山县(冀) | 6200.00 |
| 20 | 涿鹿县(冀) | 6132.60 |
| 21 | 武邑县(冀) | 5100.00 |
| 22 | 藁城区(冀) | 4830.00 |

(续)

| 序号 | 鲜红枣主产地 | 产量(吨) |
|---|---|---|
| 23 | 井陉县(冀) | 4135.00 |
| 24 | 丛台区(冀) | 3050.00 |
| 25 | 南宫市(冀) | 2658.00 |
| 26 | 冀州市(冀) | 2313.00 |
| 27 | 承德县(冀) | 2056.00 |
| 28 | 阜城县(冀) | 2046.00 |
| 29 | 辛集市(冀) | 1872.00 |
| 30 | 滦平县(冀) | 1800.00 |
| 31 | 玉田县(冀) | 1775.00 |
| 32 | 任丘市(冀) | 1585.00 |
| 33 | 丰润区(冀) | 1500.00 |
| 34 | 霸州市(冀) | 1335.00 |
| 35 | 枣强县(冀) | 1215.00 |
| 36 | 兴隆县(冀) | 1205.00 |
| 37 | 景　县(冀) | 1200.00 |
| 38 | 迁西县(冀) | 1066.00 |
| 39 | 广阳区(冀) | 1002.00 |
| 40 | 武强县(冀) | 850.00 |
| 41 | 内丘县(冀) | 832.00 |
| 42 | 故城县(冀) | 790.00 |
| 43 | 迁安市(冀) | 720.00 |
| 44 | 易　县(冀) | 700.00 |
| 45 | 徐水县(冀) | 675.00 |
| 46 | 平泉县(冀) | 673.00 |
| 47 | 安次区(冀) | 659.00 |
| 48 | 黄骅市(冀) | 623.00 |
| 49 | 固安县(冀) | 605.00 |
| 50 | 邯山区(冀) | 581.00 |
| 51 | 三河市(冀) | 530.00 |
| 52 | 东光县(冀) | 450.00 |
| 53 | 丰宁满族自治县(冀) | 427.00 |
| 54 | 高碑店市(冀) | 375.00 |
| 55 | 临西县(冀) | 300.00 |
| 56 | 孟村回族自治县(冀) | 295.00 |
| 57 | 沧州市南大港管理区(冀) | 285.00 |
| 58 | 大名县(冀) | 240.00 |
| 59 | 高邑县(冀) | 230.00 |
| 60 | 双桥区(冀) | 210.00 |
| 61 | 鸡泽县(冀) | 200.00 |
| 62 | 成安县(冀) | 200.00 |
| 63 | 定兴县(冀) | 190.00 |
| 64 | 涿州市(冀) | 155.00 |
| 65 | 桃城区(冀) | 150.00 |
| 66 | 吴桥县(冀) | 113.00 |
| 67 | 万全区(冀) | 100.00 |

(续)

| 序号 | 鲜红枣主产地 | 产量(吨) |
|---|---|---|
| 68 | 磁　县(冀) | 100.00 |
| 69 | 永年县(冀) | 100.00 |
| 70 | 临　县(晋) | 180000.00 |
| 71 | 稷山县(晋) | 50000.00 |
| 72 | 夏　县(晋) | 35145.00 |
| 73 | 榆次区(晋) | 7500.00 |
| 74 | 尧都区(晋) | 5750.00 |
| 75 | 平陆县(晋) | 2610.00 |
| 76 | 翼城县(晋) | 2100.00 |
| 77 | 介休市(晋) | 700.00 |
| 78 | 阳曲县(晋) | 514.20 |
| 79 | 河曲县(晋) | 415.00 |
| 80 | 垣曲县(晋) | 350.00 |
| 81 | 潞城市(晋) | 300.00 |
| 82 | 寿阳县(晋) | 300.00 |
| 83 | 壶关县(晋) | 138.00 |
| 84 | 盂　县(晋) | 100.00 |
| 85 | 朝阳县(辽) | 100000.00 |
| 86 | 北票市(辽) | 20000.00 |
| 87 | 南票区(辽) | 8000.00 |
| 88 | 龙城区(辽) | 4500.00 |
| 89 | 大石桥市(辽) | 2200.00 |
| 90 | 连山区(辽) | 133.00 |
| 91 | 浦江县(浙) | 450.00 |
| 92 | 霍邱县(皖) | 620.00 |
| 93 | 石城县(赣) | 195.00 |
| 94 | 宁阳县(鲁) | 39000.00 |
| 95 | 新泰市(鲁) | 2590.00 |
| 96 | 东昌府区(鲁) | 1319.00 |
| 97 | 莱芜市雪野旅游区(鲁) | 337.30 |
| 98 | 东平县(鲁) | 293.00 |
| 99 | 邹平县(鲁) | 289.00 |
| 100 | 灵宝市(豫) | 20000.00 |
| 101 | 扶沟县(豫) | 252.00 |
| 102 | 汝州市(豫) | 148.00 |
| 103 | 房　县(鄂) | 888.00 |
| 104 | 临武县(湘) | 30000.00 |
| 105 | 衡阳县(湘) | 384.00 |
| 106 | 雁峰区(湘) | 105.00 |
| 107 | 武宣县(桂) | 795.00 |
| 108 | 江津区(渝) | 403.00 |
| 109 | 璧山区(渝) | 168.00 |
| 110 | 黔江区(渝) | 105.00 |
| 111 | 青白江区(川) | 195.00 |
| 112 | 元谋县(滇) | 1216.00 |

(续)

| 序号 | 鲜红枣主产地 | 产量(吨) |
|---|---|---|
| 113 | 佳　县(陕) | 175000.00 |
| 114 | 延川县(陕) | 100000.00 |
| 115 | 绥德县(陕) | 36426.00 |
| 116 | 吴堡县(陕) | 22000.00 |
| 117 | 延长县(陕) | 7918.00 |
| 118 | 安塞县(陕) | 7000.00 |
| 119 | 府谷县(陕) | 3000.00 |
| 120 | 阎良区(陕) | 2400.00 |
| 121 | 榆阳区(陕) | 1400.00 |
| 122 | 商南县(陕) | 294.00 |
| 123 | 灞桥区(陕) | 255.00 |
| 124 | 子长县(陕) | 250.00 |
| 125 | 宝塔区(陕) | 200.00 |
| 126 | 平川区(甘) | 37500.00 |
| 127 | 敦煌市(甘) | 11000.00 |
| 128 | 宁　县(甘) | 5814.00 |
| 129 | 金塔县(甘) | 2798.00 |
| 130 | 庆城县(甘) | 2013.00 |
| 131 | 白银区(甘) | 1716.00 |
| 132 | 皋兰县(甘) | 429.60 |
| 133 | 西峰区(甘) | 112.00 |
| 134 | 环　县(甘) | 102.00 |
| 135 | 古浪县(甘) | 101.25 |
| 136 | 中宁县(宁) | 30080.00 |
| 137 | 灵武市(宁) | 18374.00 |
| 138 | 同心县(宁) | 15000.00 |
| 139 | 沙坡头区(宁) | 7500.00 |
| 140 | 贺兰县(宁) | 4380.00 |
| 141 | 西夏区(宁) | 3000.00 |
| 142 | 利通区(宁) | 2960.00 |
| 143 | 农垦事业管理局(宁) | 2211.00 |
| 144 | 青铜峡市(宁) | 2000.00 |
| 145 | 平罗县(宁) | 567.00 |
| 146 | 红寺堡区(宁) | 420.00 |
| 147 | 惠农区(宁) | 366.66 |

**表 7-19　青枣主产地产量**

| 序号 | 青枣主产地 | 产量(吨) |
|---|---|---|
| 1 | 密云县(京) | 1318.00 |
| 2 | 昌平区(京) | 1128.60 |
| 3 | 丰台区(京) | 103.00 |
| 4 | 广平县(冀) | 150.00 |
| 5 | 永和县(晋) | 2500.00 |
| 6 | 宁城县(内蒙古) | 750.00 |
| 7 | 宣州区(皖) | 3200.00 |

（续）

| 序号 | 青枣主产地 | 产量（吨） |
|---|---|---|
| 8 | 颍泉区（皖） | 800.00 |
| 9 | 灵璧县（皖） | 558.00 |
| 10 | 界首市（皖） | 120.00 |
| 11 | 南城县（赣） | 364.00 |
| 12 | 费　县（鲁） | 27000.00 |
| 13 | 卫辉市（豫） | 390.00 |
| 14 | 阳新县（鄂） | 1800.00 |
| 15 | 衡山县（湘） | 702.40 |
| 16 | 南岳区（湘） | 300.00 |
| 17 | 连州市（粤） | 5934.60 |
| 18 | 灌阳县（桂） | 2157.00 |
| 19 | 罗城仫佬族自治县（桂） | 823.00 |
| 20 | 元江哈尼族彝族傣族自治县（滇） | 20381.00 |
| 21 | 元谋县（滇） | 16879.00 |
| 22 | 禄丰县（滇） | 2573.00 |
| 23 | 双柏县（滇） | 1264.00 |
| 24 | 武定县（滇） | 258.00 |
| 25 | 峨山彝族自治县（滇） | 102.00 |
| 26 | 西固区（甘） | 1150.00 |

**表 7-20　冬枣主产地产量**

| 序号 | 冬枣主产地 | 产量（吨） |
|---|---|---|
| 1 | 黄骅市（冀） | 103595.00 |
| 2 | 泊头市（冀） | 9932.00 |
| 3 | 海兴县（冀） | 7875.00 |
| 4 | 献　县（冀） | 5021.00 |
| 5 | 南皮县（冀） | 4043.00 |
| 6 | 鹿泉区（冀） | 2096.00 |
| 7 | 沧　县（冀） | 1989.00 |
| 8 | 青　县（冀） | 700.00 |
| 9 | 沧州市临港经济技术开发区（冀） | 625.00 |
| 10 | 盐山县（冀） | 300.00 |
| 11 | 河间市（冀） | 175.00 |
| 12 | 涿州市（冀） | 145.00 |
| 13 | 临猗县（晋） | 215400.00 |
| 14 | 永济市（晋） | 46725.00 |
| 15 | 尧都区（晋） | 2250.00 |
| 16 | 乌审旗（内蒙古） | 180.00 |
| 17 | 青浦区（沪） | 212.00 |
| 18 | 定远县（皖） | 2520.00 |
| 19 | 临泉县（皖） | 300.00 |
| 20 | 蒙城县（皖） | 225.00 |
| 21 | 沾化县（鲁） | 325040.00 |

（续）

| 序号 | 冬枣主产地 | 产量（吨） |
|---|---|---|
| 22 | 无棣县（鲁） | 128381.00 |
| 23 | 河口区（鲁） | 10303.00 |
| 24 | 昌邑市（鲁） | 6000.00 |
| 25 | 滨城区（鲁） | 1933.00 |
| 26 | 莒　县（鲁） | 1710.00 |
| 27 | 莱州市（鲁） | 1123.00 |
| 28 | 沂水县（鲁） | 803.00 |
| 29 | 阳信县（鲁） | 480.00 |
| 30 | 泗水县（鲁） | 375.00 |
| 31 | 垦利县（鲁） | 330.00 |
| 32 | 东昌府区（鲁） | 200.00 |
| 33 | 博兴县（鲁） | 100.00 |
| 34 | 濮阳县（豫） | 5830.00 |
| 35 | 长垣县（豫） | 3600.00 |
| 36 | 睢　县（豫） | 350.00 |
| 37 | 龙安区（豫） | 125.00 |
| 38 | 祁东县（湘） | 28000.00 |
| 39 | 石门县（湘） | 400.00 |
| 40 | 湘乡市（湘） | 180.00 |
| 41 | 双峰县（湘） | 130.00 |
| 42 | 攀枝花市东区（川） | 150.00 |
| 43 | 峨山彝族自治县（滇） | 102.00 |

**表 7-21　石榴主产地产量**

| 序号 | 石榴主产地 | 产量（吨） |
|---|---|---|
| 1 | 房山区（京） | 123.50 |
| 2 | 临猗县（晋） | 10300.00 |
| 3 | 凤台县（皖） | 1238.00 |
| 4 | 灵璧县（皖） | 900.00 |
| 5 | 峄城区（鲁） | 7590.00 |
| 6 | 东平县（鲁） | 5878.00 |
| 7 | 沂南县（鲁） | 2600.00 |
| 8 | 泰山区（鲁） | 1505.00 |
| 9 | 薛城区（鲁） | 1360.00 |
| 10 | 岱岳区（鲁） | 1196.00 |
| 11 | 新泰市（鲁） | 950.00 |
| 12 | 宁阳县（鲁） | 800.00 |
| 13 | 梁山县（鲁） | 360.00 |
| 14 | 肥城市（鲁） | 325.30 |
| 15 | 鱼台县（鲁） | 101.00 |
| 16 | 荥阳市（豫） | 19000.00 |
| 17 | 淅川县（豫） | 3100.00 |
| 18 | 卧龙区（豫） | 2600.00 |
| 19 | 平桥区（豫） | 2330.00 |
| 20 | 封丘县（豫） | 1500.00 |

（续）

| 序号 | 石榴主产地 | 产量（吨） |
|---|---|---|
| 21 | 商水县（豫） | 1350.00 |
| 22 | 卫东区（豫） | 981.00 |
| 23 | 洛龙区（豫） | 450.00 |
| 24 | 兰考县（豫） | 225.00 |
| 25 | 新密市（豫） | 200.00 |
| 26 | 利川市（鄂） | 3000.00 |
| 27 | 武冈市（湘） | 200.00 |
| 28 | 番禺区（粤） | 5475.00 |
| 29 | 封开县（粤） | 5100.00 |
| 30 | 东莞市（粤） | 1757.00 |
| 31 | 蕉岭县（粤） | 123.00 |
| 32 | 会理县（川） | 42920.00 |
| 33 | 会东县（川） | 2070.00 |
| 34 | 木里藏族自治县（川） | 262.20 |
| 35 | 西秀区（黔） | 3000.00 |
| 36 | 开远市（滇） | 4560.00 |
| 37 | 个旧市（滇） | 1798.00 |
| 38 | 禄丰县（滇） | 1351.00 |
| 39 | 元谋县（滇） | 1206.00 |
| 40 | 双柏县（滇） | 465.00 |
| 41 | 武定县（滇） | 283.00 |
| 42 | 牟定县（滇） | 120.00 |
| 43 | 临潼区（陕） | 75000.00 |
| 44 | 灞桥区（陕） | 3200.00 |

**表 7-22　鲜柿子主产地产量**

| 序号 | 鲜柿子主产地 | 产量（吨） |
|---|---|---|
| 1 | 房山区（京） | 15695.50 |
| 2 | 昌平区（京） | 2737.50 |
| 3 | 密云县（京） | 2518.00 |
| 4 | 易　县（冀） | 174801.00 |
| 5 | 满城县（冀） | 91719.00 |
| 6 | 顺平县（冀） | 51250.00 |
| 7 | 唐　县（冀） | 31460.00 |
| 8 | 遵化市（冀） | 23230.00 |
| 9 | 徐水县（冀） | 22065.00 |
| 10 | 平山县（冀） | 18210.00 |
| 11 | 兴隆县（冀） | 14580.00 |
| 12 | 涞水县（冀） | 10333.00 |
| 13 | 磁　县（冀） | 10000.00 |
| 14 | 内丘县（冀） | 5775.00 |
| 15 | 灵寿县（冀） | 5400.00 |
| 16 | 玉田县（冀） | 5169.00 |
| 17 | 曲阳县（冀） | 5136.00 |
| 18 | 迁安市（冀） | 2634.00 |

（续）

| 序号 | 鲜柿子主产地 | 产量(吨) |
|---|---|---|
| 19 | 丰润区(冀) | 2433.00 |
| 20 | 沙河市(冀) | 2431.00 |
| 21 | 三河市(冀) | 2349.00 |
| 22 | 辛集市(冀) | 2259.00 |
| 23 | 古冶区(冀) | 1470.00 |
| 24 | 景　县(冀) | 1000.00 |
| 25 | 临猗县(晋) | 46100.00 |
| 26 | 永济市(晋) | 9840.00 |
| 27 | 稷山县(晋) | 5700.00 |
| 28 | 夏　县(晋) | 4800.00 |
| 29 | 闻喜县(晋) | 4448.00 |
| 30 | 泽州县(晋) | 3169.30 |
| 31 | 垣曲县(晋) | 2000.00 |
| 32 | 新绛县(晋) | 1800.00 |
| 33 | 大丰区(苏) | 8425.00 |
| 34 | 余姚市(浙) | 1680.00 |
| 35 | 新昌县(浙) | 1520.00 |
| 36 | 临海市(浙) | 1099.00 |
| 37 | 灵璧县(皖) | 4500.00 |
| 38 | 潘集区(皖) | 1800.00 |
| 39 | 临朐县(鲁) | 11500.00 |
| 40 | 岱岳区(鲁) | 7620.00 |
| 41 | 邹平县(鲁) | 5070.00 |
| 42 | 新泰市(鲁) | 4311.70 |
| 43 | 东平县(鲁) | 2646.00 |
| 44 | 沂南县(鲁) | 2300.00 |
| 45 | 薛城区(鲁) | 1490.00 |
| 46 | 临沭县(鲁) | 1400.00 |
| 47 | 莱芜市雪野旅游区(鲁) | 1125.30 |
| 48 | 荥阳市(豫) | 4924.30 |
| 49 | 方城县(豫) | 3750.00 |
| 50 | 原阳县(豫) | 3400.00 |
| 51 | 渑池县(豫) | 2580.00 |
| 52 | 封丘县(豫) | 2300.00 |
| 53 | 正阳县(豫) | 2000.00 |
| 54 | 鲁山县(豫) | 1600.00 |
| 55 | 洛龙区(豫) | 1220.00 |
| 56 | 杞　县(豫) | 1200.00 |
| 57 | 兰考县(豫) | 1000.00 |
| 58 | 龙川县(粤) | 16387.00 |
| 59 | 从化市(粤) | 9470.00 |
| 60 | 封开县(粤) | 4900.00 |
| 61 | 平远县(粤) | 3720.00 |
| 62 | 和平县(粤) | 2500.00 |
| 63 | 郁南县(粤) | 1500.00 |

（续）

| 序号 | 鲜柿子主产地 | 产量(吨) |
|---|---|---|
| 64 | 新丰县(粤) | 1247.00 |
| 65 | 平乐县(桂) | 282980.00 |
| 66 | 武宣县(桂) | 68850.00 |
| 67 | 灌阳县(桂) | 41887.00 |
| 68 | 合山市(桂) | 6750.00 |
| 69 | 柳江县(桂) | 4955.00 |
| 70 | 钦北区(桂) | 3602.00 |
| 71 | 田林县(桂) | 2636.00 |
| 72 | 金城江区(桂) | 2603.00 |
| 73 | 天峨县(桂) | 2467.00 |
| 74 | 东兰县(桂) | 2189.00 |
| 75 | 罗城仫佬族自治县(桂) | 1568.00 |
| 76 | 龙胜各族自治县(桂) | 1473.00 |
| 77 | 巴马瑶族自治县(桂) | 1350.00 |
| 78 | 西秀区(黔) | 5100.00 |
| 79 | 石林彝族自治县(滇) | 4125.00 |
| 80 | 施甸县(滇) | 3627.00 |
| 81 | 华宁县(滇) | 1750.00 |
| 82 | 洱源县(滇) | 1200.00 |
| 83 | 永寿县(陕) | 13500.00 |
| 84 | 岐山县(陕) | 9800.00 |
| 85 | 周至县(陕) | 7267.00 |
| 86 | 洛南县(陕) | 7115.00 |
| 87 | 山阳县(陕) | 6370.00 |
| 88 | 白河县(陕) | 6000.00 |
| 89 | 户　县(陕) | 5124.00 |
| 90 | 凤翔县(陕) | 4985.00 |
| 91 | 略阳县(陕) | 3065.00 |
| 92 | 商南县(陕) | 2808.00 |
| 93 | 蓝田县(陕) | 2500.00 |
| 94 | 眉　县(陕) | 2474.00 |
| 95 | 汉滨区(陕) | 2385.00 |
| 96 | 灞桥区(陕) | 1203.00 |
| 97 | 千阳县(陕) | 1098.00 |

**表 7-23　脐橙主产地产量**

| 序号 | 脐橙主产地 | 产量(吨) |
|---|---|---|
| 1 | 北仑区(浙) | 252.00 |
| 2 | 黄岩区(浙) | 200.00 |
| 3 | 瑞金市(赣) | 82300.00 |
| 4 | 龙南县(赣) | 55499.00 |
| 5 | 兴国县(赣) | 42447.00 |
| 6 | 赣　县(赣) | 33200.00 |
| 7 | 全南县(赣) | 20320.00 |
| 8 | 定南县(赣) | 15100.00 |

（续）

| 序号 | 脐橙主产地 | 产量(吨) |
|---|---|---|
| 9 | 南康市(赣) | 10000.00 |
| 10 | 石城县(赣) | 6296.00 |
| 11 | 长阳土家族自治县(鄂) | 680.00 |
| 12 | 新宁县(湘) | 106250.00 |
| 13 | 安仁县(湘) | 48000.00 |
| 14 | 石门县(湘) | 25000.00 |
| 15 | 澧　县(湘) | 4500.00 |
| 16 | 永定区(湘) | 3000.00 |
| 17 | 武冈市(湘) | 1500.00 |
| 18 | 零陵区(湘) | 1000.00 |
| 19 | 新邵县(湘) | 500.00 |
| 20 | 汉寿县(湘) | 150.00 |
| 21 | 雁峰区(湘) | 150.00 |
| 22 | 临武县(湘) | 120.00 |
| 23 | 和平县(粤) | 3700.00 |
| 24 | 潮南区(粤) | 586.00 |
| 25 | 富川瑶族自治县(桂) | 315996.00 |
| 26 | 靖西县(桂) | 1800.00 |
| 27 | 奉节县(渝) | 279117.00 |
| 28 | 邻水县(川) | 219500.00 |
| 29 | 巴州区(川) | 1060.00 |
| 30 | 恩阳区(川) | 250.00 |
| 31 | 贡井区(川) | 220.00 |
| 32 | 普安县(黔) | 350.00 |
| 33 | 榕江县(黔) | 300.00 |
| 34 | 紫云苗族布依族自治县(黔) | 250.00 |

**表 7-24　红果主产地产量**

| 序号 | 红果主产地 | 产量(吨) |
|---|---|---|
| 1 | 密云县(京) | 5876.00 |
| 2 | 怀柔区(京) | 1264.90 |
| 3 | 昌平区(京) | 103.30 |
| 4 | 兴隆县(冀) | 220281.00 |
| 5 | 遵化市(冀) | 15127.00 |
| 6 | 承德县(冀) | 11818.00 |
| 7 | 滦平县(冀) | 7100.00 |
| 8 | 徐水县(冀) | 2970.00 |
| 9 | 海港区(冀) | 2021.00 |
| 10 | 灵寿县(冀) | 1420.00 |
| 11 | 迁安市(冀) | 1390.00 |
| 12 | 平泉县(冀) | 1350.00 |
| 13 | 博野县(冀) | 1000.00 |
| 14 | 涿鹿县(冀) | 942.00 |
| 15 | 鹰手营子矿区(冀) | 900.00 |
| 16 | 卢龙县(冀) | 578.00 |

（续）

| 序号 | 红果主产地 | 产量（吨） |
|---|---|---|
| 17 | 丰宁满族自治县（冀） | 470.00 |
| 18 | 迁西县（冀） | 466.00 |
| 19 | 双桥区（冀） | 420.00 |
| 20 | 万全区（冀） | 400.00 |
| 21 | 玉田县（冀） | 348.00 |
| 22 | 广阳区（冀） | 201.00 |
| 23 | 深泽县（冀） | 200.00 |
| 24 | 平山县（冀） | 200.00 |
| 25 | 霸州市（冀） | 160.00 |
| 26 | 涞水县（冀） | 150.00 |
| 27 | 清苑县（冀） | 150.00 |
| 28 | 邱　县（冀） | 145.00 |
| 29 | 乐亭县（冀） | 145.00 |
| 30 | 高邑县（冀） | 110.00 |
| 31 | 壶关县（晋） | 520.00 |
| 32 | 保德县（晋） | 500.00 |
| 33 | 松山区（内蒙古） | 320.00 |

## 表 7-25　蓝莓主产地产量

| 序号 | 蓝莓主产地 | 产量（吨） |
|---|---|---|
| 1 | 连山区（辽） | 260.00 |
| 2 | 集安市（吉） | 3067.50 |
| 3 | 江源区（吉） | 1000.00 |
| 4 | 双阳区（吉） | 400.00 |
| 5 | 临江市（吉） | 172.00 |

（续）

| 序号 | 蓝莓主产地 | 产量（吨） |
|---|---|---|
| 6 | 抚松县（吉） | 164.00 |
| 7 | 九台区（吉） | 105.00 |
| 8 | 延寿县（黑） | 3800.00 |
| 9 | 尚志市（黑） | 400.00 |
| 10 | 松江区（沪） | 246.20 |
| 11 | 青浦区（沪） | 137.40 |
| 12 | 临海市（浙） | 992.00 |
| 13 | 秀洲区（浙） | 489.00 |
| 14 | 天台县（浙） | 367.00 |
| 15 | 江北区（浙） | 250.00 |
| 16 | 桐庐县（浙） | 213.00 |
| 17 | 宁海县（浙） | 120.00 |
| 18 | 富阳区（浙） | 108.00 |
| 19 | 郎溪县（皖） | 600.00 |
| 20 | 宜秀区（皖） | 486.00 |
| 21 | 桐城市（皖） | 225.00 |
| 22 | 灵璧县（皖） | 120.00 |
| 23 | 东港区（鲁） | 11138.00 |
| 24 | 临沭县（鲁） | 2260.00 |
| 25 | 海阳市（鲁） | 1100.00 |
| 26 | 临沂市临港经济开发区（鲁） | 480.00 |
| 27 | 荣成市（鲁） | 450.00 |
| 28 | 新泰市（鲁） | 420.00 |
| 29 | 钢城区（鲁） | 200.00 |
| 30 | 莒　县（鲁） | 200.00 |

（续）

| 序号 | 蓝莓主产地 | 产量（吨） |
|---|---|---|
| 31 | 肥城市（鲁） | 200.00 |
| 32 | 岱岳区（鲁） | 160.00 |
| 33 | 平桥区（豫） | 300.00 |
| 34 | 伊川县（豫） | 180.00 |
| 35 | 黄陂区（鄂） | 3000.00 |
| 36 | 安陆市（鄂） | 1231.00 |
| 37 | 掇刀区（鄂） | 1000.00 |
| 38 | 黄梅县（鄂） | 400.00 |
| 39 | 保康县（鄂） | 200.00 |
| 40 | 利川市（鄂） | 150.00 |
| 41 | 长沙县（湘） | 1723.00 |
| 42 | 安仁县（湘） | 150.00 |
| 43 | 合川区（渝） | 502.00 |
| 44 | 游仙区（川） | 150.00 |
| 45 | 乡城县（川） | 150.00 |
| 46 | 紫云苗族布依族自治县（黔） | 500.00 |
| 47 | 黄平县（黔） | 426.00 |
| 48 | 澄江县（滇） | 2246.00 |
| 49 | 麒麟区（滇） | 1000.00 |
| 50 | 清河林业局（龙江森工） | 3100.00 |
| 51 | 友好林业局（龙江森工） | 1300.00 |
| 52 | 朗乡林业局（龙江森工） | 1149.00 |
| 53 | 乌马河林业局（龙江森工） | 702.00 |
| 54 | 五营林业局（龙江森工） | 304.00 |
| 55 | 汤旺河林业局（龙江森工） | 140.00 |

## 表 7-26　其他果品主产地产量

| 序号 | 其他果品主产地 | 品种 | 产量（吨） |
|---|---|---|---|
| 1 | 隆林各族自治县（桂） | 芭蕉 | 19125.00 |
| 2 | 巴马瑶族自治县（桂） | 芭蕉 | 9480.00 |
| 3 | 元阳县（滇） | 芭蕉 | 9280.00 |
| 4 | 钦南区（桂） | 芭蕉 | 1100.00 |
| 5 | 镇宁布依族苗族自治县（黔） | 芭蕉 | 1080.00 |
| 6 | 武宣县（桂） | 芭蕉 | 922.00 |
| 7 | 墨脱县（藏） | 芭蕉 | 731.00 |
| 8 | 双江拉祜族佤族布朗族傣族自治县（滇） | 芭蕉 | 493.20 |
| 9 | 靖西县（桂） | 芭蕉 | 351.00 |
| 10 | 和平县（粤） | 百香果 | 32000.00 |
| 11 | 钦南区（桂） | 百香果 | 5980.00 |
| 12 | 龙胜各族自治县（桂） | 百香果 | 3257.00 |
| 13 | 宾阳县（桂） | 百香果 | 2996.00 |
| 14 | 融安县（桂） | 百香果 | 2525.00 |
| 15 | 五华县（粤） | 百香果 | 1300.00 |
| 16 | 云城区（粤） | 百香果 | 1000.00 |
| 17 | 武宣县（桂） | 百香果 | 1000.00 |

（续）

| 序号 | 其他果品主产地 | 品种 | 产量（吨） |
|---|---|---|---|
| 18 | 普安县（黔） | 百香果 | 500.00 |
| 19 | 靖西县（桂） | 百香果 | 200.00 |
| 20 | 扶绥县（桂） | 百香果 | 180.00 |
| 21 | 田林县（桂） | 百香果 | 125.00 |
| 22 | 中山市（粤） | 菠萝 | 2751.00 |
| 23 | 勐腊县（滇） | 菠萝 | 2206.00 |
| 24 | 马关县（滇） | 菠萝 | 1710.00 |
| 25 | 银海区（桂） | 菠萝 | 1028.00 |
| 26 | 双江拉祜族佤族布朗族傣族自治县（滇） | 菠萝 | 783.00 |
| 27 | 防城区（桂） | 菠萝 | 703.00 |
| 28 | 麻栗坡县（滇） | 菠萝 | 474.20 |
| 29 | 孟连傣族拉祜族佤族自治县（滇） | 菠萝 | 300.00 |
| 30 | 盈江县（滇） | 菠萝 | 145.40 |
| 31 | 东兴市（桂） | 菠萝 | 132.00 |
| 32 | 潮南区（粤） | 菠萝 | 123.00 |
| 33 | 渝水区（赣） | 刺梨 | 9360.70 |
| 34 | 泗水县（鲁） | 刺梨 | 4800.00 |

(续)

| 序号 | 其他果品主产地 | 品种 | 产量(吨) |
|---|---|---|---|
| 35 | 西秀区(黔) | 刺梨 | 4000.00 |
| 36 | 利川市(鄂) | 刺梨 | 3000.00 |
| 37 | 兴仁县(黔) | 刺梨 | 1220.00 |
| 38 | 临泉县(皖) | 刺梨 | 900.00 |
| 39 | 永定区(湘) | 刺梨 | 850.00 |
| 40 | 乐业县(桂) | 刺梨 | 546.00 |
| 41 | 隆回县(湘) | 刺梨 | 360.00 |
| 42 | 乳源瑶族自治县(粤) | 番木瓜 | 1055.00 |
| 43 | 竹山县(鄂) | 番木瓜 | 1000.00 |
| 44 | 盈江县(滇) | 番木瓜 | 273.10 |
| 45 | 怀来县(冀) | 海棠 | 10670.00 |
| 46 | 扎赉特旗(内蒙古) | 海棠 | 6300.00 |
| 47 | 临沂市经济技术开发区(鲁) | 海棠 | 3300.00 |
| 48 | 西秀区(黔) | 海棠 | 2400.00 |
| 49 | 前郭尔罗斯蒙古族自治县(吉) | 海棠 | 1264.00 |
| 50 | 平泉县(冀) | 海棠 | 615.00 |
| 51 | 土默特右旗(内蒙古) | 海棠 | 407.00 |
| 52 | 赤城县(冀) | 海棠 | 340.00 |
| 53 | 丰宁满族自治县(冀) | 海棠 | 202.00 |
| 54 | 亚布力林业局(龙江森工) | 黑穗醋栗(黑豆果) | 1342.00 |
| 55 | 汤旺河林业局(龙江森工) | 黑穗醋栗(黑豆果) | 750.00 |
| 56 | 朗乡林业局(龙江森工) | 黑穗醋栗(黑豆果) | 360.00 |
| 57 | 围场满族蒙古族自治县(冀) | 黄太平果 | 111780.00 |
| 58 | 阿鲁科尔沁旗(内蒙古) | 黄太平果 | 13000.00 |
| 59 | 龙江县(黑) | 黄太平果 | 9000.00 |
| 60 | 奈曼旗(内蒙古) | 黄太平果 | 8025.00 |
| 61 | 北安市(黑) | 黄太平果 | 5000.00 |
| 62 | 开鲁县(内蒙古) | 黄太平果 | 4000.00 |
| 63 | 甘南县(黑) | 黄太平果 | 2350.00 |
| 64 | 碾子山区(黑) | 黄太平果 | 1080.00 |
| 65 | 龙凤区(黑) | 黄太平果 | 750.00 |
| 66 | 准格尔旗(内蒙古) | 黄太平果 | 600.00 |
| 67 | 科尔沁区(内蒙古) | 黄太平果 | 500.00 |
| 68 | 翁牛特旗(内蒙古) | 黄太平果 | 390.00 |
| 69 | 镇宁布依族苗族自治县(黔) | 火龙果 | 13125.00 |
| 70 | 钦南区(桂) | 火龙果 | 10673.00 |
| 71 | 连平县(粤) | 火龙果 | 9000.00 |
| 72 | 江州区(桂) | 火龙果 | 8616.00 |
| 73 | 元谋县(滇) | 火龙果 | 6000.00 |
| 74 | 云安县(粤) | 火龙果 | 5131.00 |
| 75 | 元阳县(滇) | 火龙果 | 4650.00 |
| 76 | 勐腊县(滇) | 火龙果 | 3154.00 |

(续)

| 序号 | 其他果品主产地 | 品种 | 产量(吨) |
|---|---|---|---|
| 77 | 宾阳县(桂) | 火龙果 | 1860.00 |
| 78 | 番禺区(粤) | 火龙果 | 1300.00 |
| 79 | 秀洲区(浙) | 火龙果 | 1134.00 |
| 80 | 温岭市(浙) | 火龙果 | 1106.00 |
| 81 | 天台县(浙) | 火龙果 | 972.00 |
| 82 | 高明区(粤) | 火龙果 | 750.00 |
| 83 | 合山市(桂) | 火龙果 | 600.00 |
| 84 | 镇沅彝族哈尼族拉祜族自治县(滇) | 火龙果 | 493.00 |
| 85 | 瑞丽市(滇) | 火龙果 | 441.10 |
| 86 | 武宣县(桂) | 火龙果 | 420.00 |
| 87 | 潮南区(粤) | 火龙果 | 389.00 |
| 88 | 盈江县(滇) | 火龙果 | 387.60 |
| 89 | 开远市(滇) | 火龙果 | 385.00 |
| 90 | 宁城县(内蒙古) | 火龙果 | 264.00 |
| 91 | 椒江区(浙) | 火龙果 | 200.00 |
| 92 | 荔波县(黔) | 火龙果 | 183.00 |
| 93 | 黄岩区(浙) | 火龙果 | 165.00 |
| 94 | 勐海县(滇) | 火龙果 | 150.00 |
| 95 | 东源县(粤) | 火龙果 | 130.00 |
| 96 | 五华县(粤) | 火龙果 | 120.00 |
| 97 | 陆川县(桂) | 火龙果 | 110.00 |
| 98 | 永康市(浙) | 火龙果 | 108.00 |
| 99 | 三门县(浙) | 火龙果 | 100.00 |
| 100 | 宁海县(浙) | 火龙果 | 100.00 |
| 101 | 马关县(滇) | 火龙果 | 100.00 |
| 102 | 龙川县(粤) | 金橘 | 8986.00 |
| 103 | 山阳县(陕) | 金橘 | 1750.00 |
| 104 | 北仑区(浙) | 金橘 | 481.00 |
| 105 | 浏阳市(湘) | 金橘 | 300.00 |
| 106 | 新晃侗族自治县(湘) | 梅 | 9000.00 |
| 107 | 漾濞彝族自治县(滇) | 梅 | 6700.00 |
| 108 | 长兴县(浙) | 梅 | 3500.00 |
| 109 | 武冈市(湘) | 梅 | 2000.00 |
| 110 | 郁南县(粤) | 梅 | 2000.00 |
| 111 | 腾冲县(滇) | 梅 | 1500.00 |
| 112 | 丹凤县(陕) | 梅 | 1260.00 |
| 113 | 连州市(粤) | 梅 | 954.00 |
| 114 | 宁海县(浙) | 梅 | 650.00 |
| 115 | 衢江区(浙) | 梅 | 590.00 |
| 116 | 新干县(赣) | 梅 | 360.00 |
| 117 | 赣　县(赣) | 梅 | 180.00 |
| 118 | 辰溪县(湘) | 梅 | 150.00 |
| 119 | 凤庆县(滇) | 梅 | 132.90 |
| 120 | 云　县(滇) | 梅 | 107.00 |
| 121 | 吴兴区(浙) | 梅 | 100.00 |

（续）

| 序号 | 其他果品主产地 | 品种 | 产量（吨） |
|---|---|---|---|
| 122 | 洱源县（滇） | 木瓜 | 11200.00 |
| 123 | 浏阳市（湘） | 木瓜 | 6500.00 |
| 124 | 云安县（粤） | 木瓜 | 4000.00 |
| 125 | 景东彝族自治县（滇） | 木瓜 | 3630.00 |
| 126 | 云　县（滇） | 木瓜 | 3435.00 |
| 127 | 保康县（鄂） | 木瓜 | 575.00 |
| 128 | 双江拉祜族佤族布朗族傣族自治县（滇） | 木瓜 | 424.30 |
| 129 | 桑植县（湘） | 木瓜 | 380.00 |
| 130 | 景谷傣族彝族自治县（滇） | 木瓜 | 299.90 |
| 131 | 瑞丽市（滇） | 木瓜 | 271.60 |
| 132 | 安岳县（川） | 柠檬 | 38600.00 |
| 133 | 资中县（川） | 柠檬 | 33000.00 |
| 134 | 安居区（川） | 柠檬 | 8925.00 |
| 135 | 铜梁县（渝） | 柠檬 | 8000.00 |
| 136 | 瑞丽市（滇） | 柠檬 | 7457.50 |
| 137 | 乐至县（川） | 柠檬 | 6000.00 |
| 138 | 合川区（渝） | 柠檬 | 460.00 |
| 139 | 木里藏族自治县（川） | 柠檬 | 444.80 |
| 140 | 大英县（川） | 柠檬 | 370.00 |
| 141 | 普宁市（粤） | 青梅 | 33724.00 |
| 142 | 玉龙纳西族自治县（滇） | 青梅 | 23700.00 |
| 143 | 洱源县（滇） | 青梅 | 20000.00 |
| 144 | 利川市（鄂） | 青梅 | 2500.00 |
| 145 | 奉化区（浙） | 青梅 | 2000.00 |
| 146 | 建德市（浙） | 青梅 | 1500.00 |
| 147 | 荔波县（黔） | 青梅 | 1000.00 |
| 148 | 萧山区（浙） | 青梅 | 800.00 |
| 149 | 潮南区（粤） | 青梅 | 572.00 |
| 150 | 天台县（浙） | 青梅 | 300.00 |
| 151 | 长沙县（湘） | 青梅 | 151.20 |
| 152 | 双柏县（滇） | 青梅 | 125.00 |
| 153 | 象山县（浙） | 青梅 | 124.00 |
| 154 | 富阳区（浙） | 青梅 | 100.00 |
| 155 | 龙川县（粤） | 三华李 | 20415.00 |
| 156 | 和平县（粤） | 三华李 | 3900.00 |
| 157 | 五华县（粤） | 三华李 | 3000.00 |
| 158 | 苍梧县（桂） | 三华李 | 1055.00 |
| 159 | 武义县（浙） | 三华李 | 960.00 |
| 160 | 忻城县（桂） | 三华李 | 150.00 |
| 161 | 绥德县（陕） | 桑葚 | 8567.00 |
| 162 | 奉化区（浙） | 桑葚 | 950.00 |
| 163 | 麒麟区（滇） | 桑葚 | 700.00 |
| 164 | 平桥区（豫） | 桑葚 | 600.00 |
| 165 | 封丘县（豫） | 桑葚 | 425.00 |
| 166 | 房山区（京） | 桑葚 | 330.80 |

（续）

| 序号 | 其他果品主产地 | 品种 | 产量（吨） |
|---|---|---|---|
| 167 | 临海市（浙） | 桑葚 | 323.00 |
| 168 | 利川市（鄂） | 桑葚 | 300.00 |
| 169 | 甘洛县（川） | 桑葚 | 300.00 |
| 170 | 永康市（浙） | 桑葚 | 243.00 |
| 171 | 献　县（冀） | 桑葚 | 200.00 |
| 172 | 宁阳县（鲁） | 桑葚 | 150.00 |
| 173 | 余姚市（浙） | 桑葚 | 118.00 |
| 174 | 松江区（沪） | 桑葚 | 105.00 |
| 175 | 尚志市（黑） | 树莓 | 23000.00 |
| 176 | 封丘县（豫） | 树莓 | 10000.00 |
| 177 | 台安县（辽） | 树莓 | 5000.00 |
| 178 | 北安市（黑） | 树莓 | 5000.00 |
| 179 | 金塔县（甘） | 树莓 | 2067.00 |
| 180 | 兰考县（豫） | 树莓 | 1250.00 |
| 181 | 林口县（黑） | 树莓 | 823.00 |
| 182 | 涡阳县（皖） | 树莓 | 210.00 |
| 183 | 三门县（浙） | 树莓 | 120.00 |
| 184 | 钦北区（桂） | 酸梅 | 1910.00 |
| 185 | 宜州市（桂） | 甜瓜 | 45716.00 |
| 186 | 集贤县（黑） | 甜瓜 | 28077.00 |
| 187 | 东丰县（吉） | 甜瓜 | 4600.00 |
| 188 | 阳曲县（晋） | 甜瓜 | 2250.00 |
| 189 | 信丰县（赣） | 甜瓜 | 1822.00 |
| 190 | 商水县（豫） | 甜瓜 | 1500.00 |
| 191 | 京山县（鄂） | 甜瓜 | 1338.00 |
| 192 | 遂平县（豫） | 甜瓜 | 900.00 |
| 193 | 北仑区（浙） | 甜瓜 | 770.00 |
| 194 | 鼎城区（湘） | 甜瓜 | 620.00 |
| 195 | 淮阳县（豫） | 甜瓜 | 600.00 |
| 196 | 青铜峡市（宁） | 甜瓜 | 500.00 |
| 197 | 扎赉特旗（内蒙古） | 甜瓜 | 300.00 |
| 198 | 新城区（豫） | 甜瓜 | 260.00 |
| 199 | 郾城区（豫） | 甜瓜 | 115.00 |
| 200 | 荔波县（黔） | 甜瓜 | 113.00 |
| 201 | 靖西县（桂） | 甜瓜 | 105.00 |
| 202 | 景泰县（甘） | 文冠果 | 7292.00 |
| 203 | 荣成市（鲁） | 无花果 | 23000.00 |
| 204 | 威远县（川） | 无花果 | 20000.00 |
| 205 | 威海市经济技术开发区（鲁） | 无花果 | 7990.00 |
| 206 | 环翠区（鲁） | 无花果 | 3000.00 |
| 207 | 秀洲区（浙） | 无花果 | 643.00 |
| 208 | 平湖市（浙） | 无花果 | 528.00 |
| 209 | 荥阳市（豫） | 无花果 | 500.00 |
| 210 | 河口区（鲁） | 无花果 | 429.00 |
| 211 | 邹平县（鲁） | 无花果 | 400.00 |

(续)

| 序号 | 其他果品主产地 | 品种 | 产量(吨) |
|---|---|---|---|
| 212 | 包河区(皖) | 无花果 | 300.00 |
| 213 | 崇明县(沪) | 无花果 | 239.80 |
| 214 | 宁阳县(鲁) | 无花果 | 230.00 |
| 215 | 奉贤区(沪) | 无花果 | 211.10 |
| 216 | 武强县(冀) | 无花果 | 150.00 |
| 217 | 梁山县(鲁) | 无花果 | 100.00 |
| 218 | 利州区(川) | 香梨 | 10000.00 |
| 219 | 会昌县(赣) | 香梨 | 630.00 |
| 220 | 尚志市(黑) | 小浆果 | 13000.00 |
| 221 | 泊头市(冀) | 小浆果 | 4000.00 |
| 222 | 围场满族蒙古族自治县(冀) | 小浆果 | 3371.00 |
| 223 | 肃宁县(冀) | 小浆果 | 474.00 |
| 224 | 河间市(冀) | 小浆果 | 225.00 |
| 225 | 仙居县(浙) | 杨梅 | 82400.00 |
| 226 | 临海市(浙) | 杨梅 | 81000.00 |
| 227 | 临武县(湘) | 杨梅 | 60000.00 |
| 228 | 黄岩区(浙) | 杨梅 | 41880.00 |
| 229 | 靖州苗族侗族自治县(湘) | 杨梅 | 41176.00 |
| 230 | 新化县(湘) | 杨梅 | 31000.00 |
| 231 | 慈溪市(浙) | 杨梅 | 30250.00 |
| 232 | 西秀区(黔) | 杨梅 | 28100.00 |
| 233 | 余姚市(浙) | 杨梅 | 25200.00 |
| 234 | 青田县(浙) | 杨梅 | 19250.00 |
| 235 | 邵东县(湘) | 杨梅 | 18000.00 |
| 236 | 瑞安市(浙) | 杨梅 | 16981.00 |
| 237 | 象山县(浙) | 杨梅 | 14736.00 |
| 238 | 宁海县(浙) | 杨梅 | 12000.00 |
| 239 | 椒江区(浙) | 杨梅 | 11810.20 |
| 240 | 天台县(浙) | 杨梅 | 9900.00 |
| 241 | 温岭市(浙) | 杨梅 | 9550.00 |
| 242 | 三门县(浙) | 杨梅 | 9320.00 |
| 243 | 缙云县(浙) | 杨梅 | 8307.00 |
| 244 | 路桥区(浙) | 杨梅 | 7878.00 |
| 245 | 义乌市(浙) | 杨梅 | 7784.00 |
| 246 | 泰顺县(浙) | 杨梅 | 7198.00 |
| 247 | 瓯海区(浙) | 杨梅 | 6844.00 |
| 248 | 莲都区(浙) | 杨梅 | 6113.00 |
| 249 | 奉化区(浙) | 杨梅 | 5500.00 |
| 250 | 乌当区(黔) | 杨梅 | 5105.00 |
| 251 | 上虞市(浙) | 杨梅 | 4874.00 |
| 252 | 渝北区(渝) | 杨梅 | 4800.00 |
| 253 | 玉环市(浙) | 杨梅 | 4721.00 |
| 254 | 苍南县(浙) | 杨梅 | 4532.00 |
| 255 | 长兴县(浙) | 杨梅 | 4000.00 |
| 256 | 乳源瑶族自治县(粤) | 杨梅 | 3480.00 |

(续)

| 序号 | 其他果品主产地 | 品种 | 产量(吨) |
|---|---|---|---|
| 257 | 开远市(滇) | 杨梅 | 3087.50 |
| 258 | 定海区(浙) | 杨梅 | 3050.00 |
| 259 | 鄞州区(浙) | 杨梅 | 3000.00 |
| 260 | 始兴县(粤) | 杨梅 | 3000.00 |
| 261 | 钦北区(桂) | 杨梅 | 2331.00 |
| 262 | 余江县(赣) | 杨梅 | 2000.00 |
| 263 | 中方县(湘) | 杨梅 | 2000.00 |
| 264 | 诸暨市(浙) | 杨梅 | 1840.00 |
| 265 | 新昌县(浙) | 杨梅 | 1830.00 |
| 266 | 江北区(浙) | 杨梅 | 1750.00 |
| 267 | 淳安县(浙) | 杨梅 | 1554.00 |
| 268 | 婺源县(赣) | 杨梅 | 1350.00 |
| 269 | 上饶县(赣) | 杨梅 | 1340.00 |
| 270 | 余杭区(浙) | 杨梅 | 1304.00 |
| 271 | 西畴县(滇) | 杨梅 | 1270.00 |
| 272 | 富阳区(浙) | 杨梅 | 1239.00 |
| 273 | 永康市(浙) | 杨梅 | 1202.00 |
| 274 | 萧山区(浙) | 杨梅 | 1200.00 |
| 275 | 松阳县(浙) | 杨梅 | 1124.00 |
| 276 | 普陀区(浙) | 杨梅 | 1026.00 |
| 277 | 开化县(浙) | 杨梅 | 1000.00 |
| 278 | 全南县(赣) | 杨梅 | 950.00 |
| 279 | 石林彝族自治县(滇) | 杨梅 | 950.00 |
| 280 | 武宁县(赣) | 杨梅 | 947.00 |
| 281 | 临安市(浙) | 杨梅 | 900.00 |
| 282 | 景宁畲族自治县(浙) | 杨梅 | 893.00 |
| 283 | 浦江县(浙) | 杨梅 | 753.00 |
| 284 | 安吉县(浙) | 杨梅 | 750.00 |
| 285 | 开阳县(黔) | 杨梅 | 700.00 |
| 286 | 兴国县(赣) | 杨梅 | 676.00 |
| 287 | 东阳市(浙) | 杨梅 | 653.00 |
| 288 | 楚雄市(滇) | 杨梅 | 650.00 |
| 289 | 武义县(浙) | 杨梅 | 632.00 |
| 290 | 镇海区(浙) | 杨梅 | 610.00 |
| 291 | 宜秀区(皖) | 杨梅 | 605.00 |
| 292 | 荔波县(黔) | 杨梅 | 594.00 |
| 293 | 磐安县(浙) | 杨梅 | 531.00 |
| 294 | 德清县(浙) | 杨梅 | 455.00 |
| 295 | 遂昌县(浙) | 杨梅 | 389.00 |
| 296 | 分宜县(赣) | 杨梅 | 380.00 |
| 297 | 禄丰县(滇) | 杨梅 | 376.00 |
| 298 | 潮南区(粤) | 杨梅 | 369.00 |
| 299 | 瑞金市(赣) | 杨梅 | 350.00 |
| 300 | 婺城区(浙) | 杨梅 | 329.00 |
| 301 | 望江县(皖) | 杨梅 | 320.00 |

（续）

| 序号 | 其他果品主产地 | 品种 | 产量（吨） |
|---|---|---|---|
| 302 | 万载县（赣） | 杨梅 | 320.00 |
| 303 | 鹤城区（湘） | 杨梅 | 300.00 |
| 304 | 岱山县（浙） | 杨梅 | 270.00 |
| 305 | 大姚县（滇） | 杨梅 | 258.00 |
| 306 | 南华县（滇） | 杨梅 | 236.00 |
| 307 | 云和县（浙） | 杨梅 | 227.00 |
| 308 | 安仁县（湘） | 杨梅 | 200.00 |
| 309 | 永定区（湘） | 杨梅 | 200.00 |
| 310 | 永川区（渝） | 杨梅 | 200.00 |
| 311 | 北塔区（湘） | 杨梅 | 198.00 |
| 312 | 彭泽县（赣） | 杨梅 | 192.00 |
| 313 | 海盐县（浙） | 杨梅 | 190.00 |
| 314 | 普安县（黔） | 杨梅 | 180.00 |
| 315 | 长沙县（湘） | 杨梅 | 178.00 |
| 316 | 双柏县（滇） | 杨梅 | 165.00 |
| 317 | 安化县（湘） | 杨梅 | 155.00 |
| 318 | 武定县（滇） | 杨梅 | 149.00 |
| 319 | 宜黄县（赣） | 杨梅 | 130.00 |
| 320 | 吴兴区（浙） | 杨梅 | 125.00 |
| 321 | 洞口县（湘） | 杨梅 | 120.00 |
| 322 | 武陵源区（湘） | 杨梅 | 110.00 |
| 323 | 三都水族自治县（黔） | 杨梅 | 110.00 |
| 324 | 峨山彝族自治县（滇） | 杨梅 | 104.00 |
| 325 | 鼎城区（湘） | 杨梅 | 102.00 |
| 326 | 铜鼓县（赣） | 杨梅 | 100.00 |

**表 8　母树林种子主产地产量**

| 序号 | 母树林种子主产地 | 品种 | 产量（千克） |
|---|---|---|---|
| 1 | 东安县（湘） | 桉树 | 4020.00 |
| 2 | 青铜峡市（宁） | 白蜡 | 500.00 |
| 3 | 长清区（鲁） | 白皮松 | 2150.00 |
| 4 | 淅川县（豫） | 柏树 | 300000.00 |
| 5 | 渑池县（豫） | 柏树 | 17560.00 |
| 6 | 蒙阴县（鲁） | 柏树 | 12700.00 |
| 7 | 稷山县（晋） | 柏树 | 2500.00 |
| 8 | 天祝藏族自治县（甘） | 柏树 | 967.82 |
| 9 | 永定区（湘） | 柏树 | 550.00 |
| 10 | 民乐县（甘） | 柏树 | 260.00 |
| 11 | 富阳区（浙） | 板栗 | 3370786.00 |
| 12 | 大悟县（鄂） | 板栗 | 2250000.00 |
| 13 | 汝阳县（豫） | 板栗 | 321251.00 |
| 14 | 诸城市（鲁） | 板栗 | 5000.00 |
| 15 | 宁强县（陕） | 板栗 | 1440.00 |
| 16 | 南雄市（粤） | 板栗 | 1380.00 |
| 17 | 利川市（鄂） | 板栗 | 600.00 |

（续）

| 序号 | 母树林种子主产地 | 品种 | 产量（吨） |
|---|---|---|---|
| 18 | 石门县（湘） | 板栗 | 600.00 |
| 19 | 潜山县（皖） | 板栗 | 300.00 |
| 20 | 西秀区（黔） | 冰脆李 | 60300.00 |
| 21 | 昭化区（川） | 藏柏 | 800.00 |
| 22 | 山亭区（鲁） | 侧柏 | 100000.00 |
| 23 | 汝阳县（豫） | 侧柏 | 31200.00 |
| 24 | 平邑县（鲁） | 侧柏 | 22600.00 |
| 25 | 石台县（皖） | 侧柏 | 300.00 |
| 26 | 沁　县（晋） | 侧柏 | 252.00 |
| 27 | 梁山县（鲁） | 侧柏 | 180.00 |
| 28 | 盐津县（滇） | 茶花 | 1000.00 |
| 29 | 东源县（粤） | 茶叶 | 120000.00 |
| 30 | 寻乌县（赣） | 茶叶 | 85000.00 |
| 31 | 凤庆县（滇） | 茶叶 | 35386.00 |
| 32 | 潜山县（皖） | 茶叶 | 3500.00 |
| 33 | 桐柏县（豫） | 茶叶 | 2813.00 |
| 34 | 元阳县（滇） | 茶叶 | 2075.00 |
| 35 | 盐津县（滇） | 茶叶 | 1500.00 |
| 36 | 万源市（川） | 茶叶 | 750.00 |
| 37 | 利川市（鄂） | 茶叶 | 100.00 |
| 38 | 石门县（湘） | 茶叶 | 100.00 |
| 39 | 鼎城区（湘） | 池杉 | 800.00 |
| 40 | 庄河市（辽） | 赤松 | 4000.00 |
| 41 | 宁　县（甘） | 刺槐 | 12000.00 |
| 42 | 蒙阴县（鲁） | 刺槐 | 6600.00 |
| 43 | 沁　县（晋） | 刺槐 | 3840.00 |
| 44 | 凌海市（辽） | 刺槐 | 2500.00 |
| 45 | 贺兰县（宁） | 刺槐 | 208.00 |
| 46 | 西秀区（黔） | 刺梨 | 60000.00 |
| 47 | 商州区（陕） | 大叶女贞 | 300.00 |
| 48 | 汝阳县（豫） | 杜仲 | 3125500.00 |
| 49 | 略阳县（陕） | 杜仲 | 37210.00 |
| 50 | 利川市（鄂） | 杜仲 | 700.00 |
| 51 | 白河林业局（吉） | 椴树 | 100.00 |
| 52 | 巴东县（鄂） | 鹅掌楸 | 100000.00 |
| 53 | 五峰土家族自治县（鄂） | 鹅掌楸 | 600.00 |
| 54 | 祁东县（湘） | 枫香 | 3100.00 |
| 55 | 桑植县（湘） | 枫香 | 2000.00 |
| 56 | 石台县（皖） | 枫香 | 1000.00 |
| 57 | 古蔺县（川） | 枫香 | 320.00 |
| 58 | 南岳区（湘） | 枫香 | 200.00 |
| 59 | 仁寿县（川） | 柑橘 | 581.00 |
| 60 | 中国林科院热林中心（桂） | 格木 | 2000.00 |
| 61 | 始兴县（粤） | 观光木 | 1200.00 |
| 62 | 南岳区（湘） | 桂花 | 3000.00 |

(续)

| 序号 | 母树林种子主产地 | 品种 | 产量(吨) |
|---|---|---|---|
| 63 | 冷水江市(湘) | 桂花 | 1100.00 |
| 64 | 安　县(川) | 桂花 | 620.00 |
| 65 | 铜鼓县(赣) | 桂花 | 150.00 |
| 66 | 梁山县(鲁) | 国槐 | 100.00 |
| 67 | 资中县(川) | 国外松 | 3000.00 |
| 68 | 冷水滩区(湘) | 国外松 | 2300.00 |
| 69 | 于都县(赣) | 国外松 | 300.00 |
| 70 | 泾　县(皖) | 国外松 | 100.00 |
| 71 | 丰顺县(粤) | 荷木 | 324.00 |
| 72 | 文　县(甘) | 核桃 | 622600.00 |
| 73 | 西秀区(黔) | 核桃 | 542700.00 |
| 74 | 漾濞彝族自治县(滇) | 核桃 | 120000.00 |
| 75 | 麒麟区(滇) | 核桃 | 80000.00 |
| 76 | 内乡县(豫) | 核桃 | 15000.00 |
| 77 | 施甸县(滇) | 核桃 | 10000.00 |
| 78 | 宣威市(滇) | 核桃 | 7200.00 |
| 79 | 利川市(鄂) | 核桃 | 4500.00 |
| 80 | 昌宁县(滇) | 核桃 | 3600.00 |
| 81 | 两当县(甘) | 核桃 | 3000.00 |
| 82 | 梁山县(鲁) | 核桃 | 3000.00 |
| 83 | 平利县(陕) | 核桃 | 1000.00 |
| 84 | 米易县(川) | 核桃 | 1000.00 |
| 85 | 石门县(湘) | 核桃 | 500.00 |
| 86 | 蓬安县(川) | 核桃 | 341.00 |
| 87 | 广水市(鄂) | 核桃 | 100.00 |
| 88 | 桑植县(湘) | 红豆杉 | 3000.00 |
| 89 | 彭水苗族土家族自治县(渝) | 红豆杉 | 200.00 |
| 90 | 永顺县(湘) | 红豆杉 | 200.00 |
| 91 | 利川市(鄂) | 红豆杉 | 140.00 |
| 92 | 敦化市(吉) | 红松 | 1300000.00 |
| 93 | 宁安市(黑) | 红松 | 910000.00 |
| 94 | 新宾满族自治县(辽) | 红松 | 409135.00 |
| 95 | 鹤岗市市辖区(黑) | 红松 | 250000.00 |
| 96 | 靖宇县(吉) | 红松 | 220800.00 |
| 97 | 密山市(黑) | 红松 | 113262.00 |
| 98 | 桦南县(黑) | 红松 | 90000.00 |
| 99 | 辉南县(吉) | 红松 | 83000.00 |
| 100 | 辽宁省森林经营研究所(辽) | 红松 | 80000.00 |
| 101 | 汤旺河林业局(龙江森工) | 红松 | 80000.00 |
| 102 | 本溪满族自治县(辽) | 红松 | 70000.00 |
| 103 | 孟家岗林场(黑) | 红松 | 69000.00 |
| 104 | 磐石市(吉) | 红松 | 58000.00 |
| 105 | 临江市(吉) | 红松 | 54000.00 |
| 106 | 海林市(黑) | 红松 | 50000.00 |
| 107 | 通河县(黑) | 红松 | 50000.00 |

(续)

| 序号 | 母树林种子主产地 | 品种 | 产量(吨) |
|---|---|---|---|
| 108 | 八家子林业局(吉) | 红松 | 41304.00 |
| 109 | 江源区(吉) | 红松 | 27800.00 |
| 110 | 明山区(辽) | 红松 | 23713.00 |
| 111 | 黄泥河林业局(吉) | 红松 | 18620.00 |
| 112 | 安图县(吉) | 红松 | 7500.00 |
| 113 | 东洲区(辽) | 红松 | 5500.00 |
| 114 | 山河实验林场(黑) | 红松 | 5000.00 |
| 115 | 东丰县(吉) | 红松 | 5000.00 |
| 116 | 和龙林业局(吉) | 红松 | 4000.00 |
| 117 | 亚布力林业局(龙江森工) | 红松 | 4000.00 |
| 118 | 双鸭山林业局(龙江森工) | 红松 | 4000.00 |
| 119 | 东京城林业局(龙江森工) | 红松 | 3750.00 |
| 120 | 八面通林业局(龙江森工) | 红松 | 3750.00 |
| 121 | 露水河林业局(吉林森工) | 红松 | 3500.00 |
| 122 | 绥阳林业局(龙江森工) | 红松 | 3500.00 |
| 123 | 大石头林业局(吉) | 红松 | 3000.00 |
| 124 | 通北林业局(龙江森工) | 红松 | 3000.00 |
| 125 | 清河林业局(龙江森工) | 红松 | 3000.00 |
| 126 | 鹤北林业局(龙江森工) | 红松 | 2665.00 |
| 127 | 迎春林业局(龙江森工) | 红松 | 2450.00 |
| 128 | 东方红林业局(龙江森工) | 红松 | 2250.00 |
| 129 | 沾河林业局(龙江森工) | 红松 | 2100.00 |
| 130 | 丰满区(吉) | 红松 | 2000.00 |
| 131 | 松江河林业有限公司(吉林森工) | 红松 | 1950.00 |
| 132 | 白河林业局(吉) | 红松 | 1500.00 |
| 133 | 红石林业局(吉林森工) | 红松 | 1500.00 |
| 134 | 山河屯林业局(龙江森工) | 红松 | 1500.00 |
| 135 | 珲春林业局(吉) | 红松 | 1350.00 |
| 136 | 长白朝鲜族自治县(吉) | 红松 | 819.00 |
| 137 | 桦南林业局(龙江森工) | 红松 | 500.00 |
| 138 | 辽宁实验林场(辽) | 红松 | 195.00 |
| 139 | 延寿县(黑) | 红松 | 150.00 |
| 140 | 汤原县(黑) | 红松 | 126.50 |
| 141 | 南岳区(湘) | 红叶石楠 | 500.00 |
| 142 | 高州市(粤) | 红锥 | 82500.00 |
| 143 | 紫金县(粤) | 红锥 | 10000.00 |
| 144 | 浦北县(桂) | 红锥 | 1250.00 |
| 145 | 信宜市(粤) | 红锥 | 525.00 |
| 146 | 中国林科院热林中心(桂) | 红锥 | 1000.00 |
| 147 | 城固县(陕) | 厚朴 | 60000.00 |
| 148 | 桂东县(湘) | 厚朴 | 18100.00 |
| 149 | 南郑县(陕) | 厚朴 | 6000.00 |
| 150 | 新宾满族自治县(辽) | 胡桃楸 | 448120.00 |
| 151 | 三岔子林业局(吉林森工) | 胡桃楸 | 30000.00 |
| 152 | 五常市(黑) | 胡桃楸 | 7100.00 |

（续）

| 序号 | 母树林种子主产地 | 品种 | 产量(吨) |
|---|---|---|---|
| 153 | 方正林业局(龙江森工) | 胡桃楸 | 5000.00 |
| 154 | 敦化林业局(吉) | 胡桃楸 | 2900.00 |
| 155 | 鹤北林业局(龙江森工) | 胡桃楸 | 2515.00 |
| 156 | 海林林业局(龙江森工) | 胡桃楸 | 1650.00 |
| 157 | 清河林业局(龙江森工) | 胡桃楸 | 1500.00 |
| 158 | 松江河林业有限公司(吉林森工) | 胡桃楸 | 1000.00 |
| 159 | 山河屯林业局(龙江森工) | 胡桃楸 | 1000.00 |
| 160 | 东方红林业局(龙江森工) | 胡桃楸 | 600.00 |
| 161 | 汝阳县(豫) | 花椒 | 6255500.00 |
| 162 | 大渡口区(渝) | 花椒 | 2000000.00 |
| 163 | 文　县(甘) | 花椒 | 136800.00 |
| 164 | 江津区(渝) | 花椒 | 25000.00 |
| 165 | 麒麟区(滇) | 花椒 | 4500.00 |
| 166 | 鲁甸县(滇) | 花椒 | 3000.00 |
| 167 | 涪城区(川) | 花椒 | 1000.00 |
| 168 | 梁山县(鲁) | 花椒 | 300.00 |
| 169 | 利川市(鄂) | 花椒 | 120.00 |
| 170 | 倘甸工业园区(滇) | 华山松 | 960000.00 |
| 171 | 略阳县(陕) | 华山松 | 490000.00 |
| 172 | 南郑县(陕) | 华山松 | 30000.00 |
| 173 | 永善县(滇) | 华山松 | 23144.00 |
| 174 | 富源县(滇) | 华山松 | 20000.00 |
| 175 | 兰坪白族普米族自治县(滇) | 华山松 | 10000.00 |
| 176 | 澄江县(滇) | 华山松 | 7500.00 |
| 177 | 清水县(甘) | 华山松 | 3200.00 |
| 178 | 楚雄市(滇) | 华山松 | 2850.00 |
| 179 | 巧家县(滇) | 华山松 | 2059.00 |
| 180 | 会东县(川) | 华山松 | 1565.00 |
| 181 | 南华县(滇) | 华山松 | 1240.00 |
| 182 | 万源市(川) | 华山松 | 750.00 |
| 183 | 商州区(陕) | 华山松 | 600.00 |
| 184 | 凤　县(陕) | 华山松 | 400.00 |
| 185 | 洞口县(湘) | 黄檗 | 20000.00 |
| 186 | 珲春林业局(吉) | 黄波罗 | 5178.00 |
| 187 | 安福县(赣) | 火炬松 | 260.00 |
| 188 | 英德市(粤) | 火炬松 | 150.00 |
| 189 | 婺源县(赣) | 火炬松 | 100.00 |
| 190 | 揭阳市蓝城区(粤) | 金花茶 | 48000.00 |
| 191 | 西秀区(黔) | 金银花 | 5850.00 |
| 192 | 婺源县(赣) | 栲树 | 500.00 |
| 193 | 西秀区(黔) | 梨树 | 58500.00 |
| 194 | 固始县(豫) | 栎树 | 16000.00 |
| 195 | 霍山县(皖) | 栎树 | 10000.00 |
| 196 | 舞钢市(豫) | 栎树 | 2880.00 |
| 197 | 资兴市(湘) | 栎树 | 1779.00 |

（续）

| 序号 | 母树林种子主产地 | 品种 | 产量(吨) |
|---|---|---|---|
| 198 | 浠水县(鄂) | 栎树 | 450.00 |
| 199 | 丰满区(吉) | 栎树 | 400.00 |
| 200 | 南岳区(湘) | 柳杉 | 3000.00 |
| 201 | 利川市(鄂) | 柳杉 | 1000.00 |
| 202 | 洪雅县(川) | 柳杉 | 1000.00 |
| 203 | 安　县(川) | 柳杉 | 120.00 |
| 204 | 井研县(川) | 栾树 | 7000.00 |
| 205 | 海城区(桂) | 罗汉松 | 2000.00 |
| 206 | 敦化林业局(吉) | 落叶松 | 151965.00 |
| 207 | 兴和县(内蒙古) | 落叶松 | 5850.00 |
| 208 | 庄河市(辽) | 落叶松 | 4400.00 |
| 209 | 清原满族自治县(辽) | 落叶松 | 3200.00 |
| 210 | 和林格尔县(内蒙古) | 落叶松 | 1700.00 |
| 211 | 富锦市(黑) | 落叶松 | 1000.00 |
| 212 | 克山县(黑) | 落叶松 | 1000.00 |
| 213 | 东丰县(吉) | 落叶松 | 1000.00 |
| 214 | 白河林业局(吉) | 落叶松 | 1000.00 |
| 215 | 巴林左旗(内蒙古) | 落叶松 | 550.00 |
| 216 | 长城山林场(晋) | 落叶松 | 500.00 |
| 217 | 克东县(黑) | 落叶松 | 280.00 |
| 218 | 长白朝鲜族自治县(吉) | 落叶松 | 216.00 |
| 219 | 尚义县(冀) | 落叶松 | 200.00 |
| 220 | 密山市(黑) | 落叶松 | 195.00 |
| 221 | 龙江县(黑) | 落叶松 | 180.00 |
| 222 | 利川市(鄂) | 落羽杉 | 120.00 |
| 223 | 开　县(渝) | 马尾松 | 145800.00 |
| 224 | 南郑县(陕) | 马尾松 | 45000.00 |
| 225 | 祁东县(湘) | 马尾松 | 23510.00 |
| 226 | 城固县(陕) | 马尾松 | 22000.00 |
| 227 | 大悟县(鄂) | 马尾松 | 20000.00 |
| 228 | 乳源瑶族自治县(粤) | 马尾松 | 18750.00 |
| 229 | 安化县(湘) | 马尾松 | 16000.00 |
| 230 | 汝城县(湘) | 马尾松 | 11200.00 |
| 231 | 桑植县(湘) | 马尾松 | 9000.00 |
| 232 | 平果县(桂) | 马尾松 | 8000.00 |
| 233 | 袁州区(赣) | 马尾松 | 7500.00 |
| 234 | 黔江区(渝) | 马尾松 | 6500.00 |
| 235 | 南岳区(湘) | 马尾松 | 5000.00 |
| 236 | 桐柏县(豫) | 马尾松 | 2200.00 |
| 237 | 潜山县(皖) | 马尾松 | 1000.00 |
| 238 | 黄平县(黔) | 马尾松 | 800.00 |
| 239 | 利川市(鄂) | 马尾松 | 500.00 |
| 240 | 江永县(湘) | 马尾松 | 500.00 |
| 241 | 忻城县(桂) | 马尾松 | 300.00 |
| 242 | 高　县(川) | 马尾松 | 227.50 |

(续)

| 序号 | 母树林种子主产地 | 品种 | 产量(吨) |
|---|---|---|---|
| 243 | 淳安县(浙) | 马尾松 | 220.00 |
| 244 | 陆川县(桂) | 马尾松 | 180.00 |
| 245 | 蓝山县(湘) | 马尾松 | 120.00 |
| 246 | 景东彝族自治县(滇) | 杧果 | 1000.00 |
| 247 | 中国林科院热林中心(桂) | 米老排 | 150.00 |
| 248 | 盐津县(滇) | 绵竹 | 1500.00 |
| 249 | 西秀区(黔) | 牡丹 | 29700.00 |
| 250 | 元阳县(滇) | 木棉 | 16240.00 |
| 251 | 铜鼓县(赣) | 南方红豆杉 | 160.00 |
| 252 | 江口县(黔) | 楠木 | 2000.00 |
| 253 | 金洞林场(湘) | 楠木 | 1500.00 |
| 254 | 永顺县(湘) | 楠木 | 600.00 |
| 255 | 长宁县(川) | 楠木 | 550.00 |
| 256 | 长宁县(川) | 楠竹 | 1500.00 |
| 257 | 利川市(鄂) | 楠竹 | 120.00 |
| 258 | 米脂县(陕) | 柠条 | 75000.00 |
| 259 | 同心县(宁) | 柠条 | 72000.00 |
| 260 | 盐池县(宁) | 柠条 | 50000.00 |
| 261 | 西吉县(宁) | 柠条 | 30000.00 |
| 262 | 鄂托克前旗(内蒙古) | 柠条 | 11500.00 |
| 263 | 科尔沁左翼中旗(内蒙古) | 柠条 | 10000.00 |
| 264 | 阿鲁科尔沁旗(内蒙古) | 柠条 | 10000.00 |
| 265 | 那坡县(桂) | 女贞 | 1200.00 |
| 266 | 南岳区(湘) | 女贞 | 100.00 |
| 267 | 桦甸市(吉) | 苹果 | 100.00 |
| 268 | 元阳县(滇) | 桤木 | 87660.00 |
| 269 | 平昌县(川) | 桤木 | 8000.00 |
| 270 | 巴州区(川) | 桤木 | 1500.00 |
| 271 | 安　县(川) | 桤木 | 300.00 |
| 272 | 汨罗市(湘) | 桤木 | 105.00 |
| 273 | 那坡县(桂) | 任豆 | 100.00 |
| 274 | 洛隆县(藏) | 沙棘 | 1000.00 |
| 275 | 惠农区(宁) | 沙枣 | 3000.00 |
| 276 | 大悟县(鄂) | 杉木 | 100000.00 |
| 277 | 元阳县(滇) | 杉木 | 67950.00 |
| 278 | 安化县(湘) | 杉木 | 21000.00 |
| 279 | 倘甸工业园区(滇) | 杉木 | 20000.00 |
| 280 | 城固县(陕) | 杉木 | 10000.00 |
| 281 | 桑植县(湘) | 杉木 | 8000.00 |
| 282 | 祁东县(湘) | 杉木 | 5030.00 |
| 283 | 乐安县(赣) | 杉木 | 5000.00 |
| 284 | 资兴市(湘) | 杉木 | 3938.00 |
| 285 | 安福县(赣) | 杉木 | 3200.00 |
| 286 | 靖州苗族侗族自治县(湘) | 杉木 | 2950.00 |
| 287 | 峡江县(赣) | 杉木 | 2475.00 |
| 288 | 五岔沟林业局(内蒙古) | 杉木 | 2000.00 |
| 289 | 盐津县(滇) | 杉木 | 1500.00 |
| 290 | 会同县(湘) | 杉木 | 1400.00 |
| 291 | 阳新县(鄂) | 杉木 | 1276.00 |
| 292 | 那坡县(桂) | 杉木 | 1250.00 |
| 293 | 筠连县(川) | 杉木 | 1200.00 |
| 294 | 昭平县(桂) | 杉木 | 1000.00 |
| 295 | 恩施市(鄂) | 杉木 | 1000.00 |
| 296 | 梁平县(渝) | 杉木 | 755.04 |
| 297 | 马关县(滇) | 杉木 | 690.00 |
| 298 | 古蔺县(川) | 杉木 | 670.00 |
| 299 | 融水苗族自治县(桂) | 杉木 | 501.00 |
| 300 | 青川县(川) | 杉木 | 500.00 |
| 301 | 瑞金市(赣) | 杉木 | 455.00 |
| 302 | 安远县(赣) | 杉木 | 320.00 |
| 303 | 黄平县(黔) | 杉木 | 230.00 |
| 304 | 休宁县(皖) | 杉木 | 210.00 |
| 305 | 铜鼓县(赣) | 杉木 | 200.00 |
| 306 | 商城县(豫) | 杉木 | 170.00 |
| 307 | 鼎城区(湘) | 杉木 | 170.00 |
| 308 | 祁门县(皖) | 杉木 | 150.00 |
| 309 | 永定区(湘) | 杉木 | 150.00 |
| 310 | 平和县(闽) | 杉木 | 120.00 |
| 311 | 南岳区(湘) | 杉木 | 100.00 |
| 312 | 西秀区(黔) | 芍药 | 29700.00 |
| 313 | 汨罗市(湘) | 湿地松 | 4150.00 |
| 314 | 台山市(粤) | 湿地松 | 2000.00 |
| 315 | 荆门市市辖区(鄂) | 湿地松 | 1000.00 |
| 316 | 瑞金市(赣) | 湿地松 | 500.00 |
| 317 | 新宾满族自治县(辽) | 水曲柳 | 77275.00 |
| 318 | 海林林业局(龙江森工) | 水曲柳 | 750.00 |
| 319 | 方正林业局(龙江森工) | 水曲柳 | 700.00 |
| 320 | 白河林业局(吉) | 水曲柳 | 300.00 |
| 321 | 五常市(黑) | 水曲柳 | 177.00 |
| 322 | 山河屯林业局(龙江森工) | 水曲柳 | 150.00 |
| 323 | 迎春林业局(龙江森工) | 水曲柳 | 125.00 |
| 324 | 鼎城区(湘) | 水杉 | 240.00 |
| 325 | 利川市(鄂) | 水杉 | 100.00 |
| 326 | 景东彝族自治县(滇) | 思茅松 | 5000.00 |
| 327 | 景谷傣族彝族自治县(滇) | 思茅松 | 130.00 |
| 328 | 桦甸市(吉) | 糖槭 | 1928.00 |
| 329 | 昌宁县(滇) | 秃杉 | 460.00 |
| 330 | 阿鲁科尔沁旗(内蒙古) | 文冠果 | 50000.00 |
| 331 | 科尔沁左翼中旗(内蒙古) | 文冠果 | 5000.00 |
| 332 | 石门县(湘) | 无患子 | 1500.00 |

（续）

| 序号 | 母树林种子主产地 | 品种 | 产量（吨） |
|---|---|---|---|
| 333 | 长清区（鲁） | 五角枫 | 10000.00 |
| 334 | 万源市（川） | 香椿 | 1500.00 |
| 335 | 蓬溪县（川） | 香椿 | 300.00 |
| 336 | 诸暨市（浙） | 香榧 | 20000.00 |
| 337 | 祁东县（湘） | 香樟 | 2600000.00 |
| 338 | 西秀区（黔） | 香樟 | 303750.00 |
| 339 | 翠屏区（川） | 香樟 | 205000.00 |
| 340 | 南岳区（湘） | 香樟 | 20000.00 |
| 341 | 冷水江市（湘） | 香樟 | 6100.00 |
| 342 | 巴州区（川） | 香樟 | 2000.00 |
| 343 | 岳阳县（湘） | 香樟 | 1100.00 |
| 344 | 永顺县（湘） | 香樟 | 600.00 |
| 345 | 石门县（湘） | 香樟 | 500.00 |
| 346 | 潜山县（皖） | 香樟 | 350.00 |
| 347 | 安　县（川） | 香樟 | 300.00 |
| 348 | 林西县（内蒙古） | 杏 | 100000.00 |
| 349 | 洮南市（吉） | 杏 | 40000.00 |
| 350 | 安陆市（鄂） | 银杏 | 80000.00 |
| 351 | 略阳县（陕） | 银杏 | 9820.00 |
| 352 | 西秀区（黔） | 樱桃 | 1215000.00 |
| 353 | 寻乌县（赣） | 油茶 | 1626000.00 |
| 354 | 婺城区（浙） | 油茶 | 701000.00 |
| 355 | 揭东区（粤） | 油茶 | 250000.00 |
| 356 | 梁平县（渝） | 油茶 | 194594.40 |
| 357 | 云安县（粤） | 油茶 | 25000.00 |
| 358 | 上饶县（赣） | 油茶 | 20300.00 |
| 359 | 龙圩区（桂） | 油茶 | 10000.00 |
| 360 | 大悟县（鄂） | 油茶 | 10000.00 |
| 361 | 耒阳市（湘） | 油茶 | 10000.00 |
| 362 | 浏阳市（湘） | 油茶 | 6000.00 |
| 363 | 宁乡县（湘） | 油茶 | 6000.00 |
| 364 | 那坡县（桂） | 油茶 | 2000.00 |
| 365 | 新　县（豫） | 油茶 | 1010.00 |
| 366 | 利川市（鄂） | 油茶 | 600.00 |
| 367 | 阜新蒙古族自治县（辽） | 油松 | 155000.00 |
| 368 | 凌源市（辽） | 油松 | 100000.00 |
| 369 | 华池县（甘） | 油松 | 25000.00 |
| 370 | 迭部县（甘） | 油松 | 15800.00 |
| 371 | 南郑县（陕） | 油松 | 8000.00 |
| 372 | 沁　县（晋） | 油松 | 7980.00 |
| 373 | 平顺县（晋） | 油松 | 4500.00 |
| 374 | 凌海市（辽） | 油松 | 3500.00 |
| 375 | 平泉县（冀） | 油松 | 2100.00 |
| 376 | 合水林业总场（甘） | 油松 | 2000.00 |
| 377 | 正宁林业总场（甘） | 油松 | 1850.00 |

（续）

| 序号 | 母树林种子主产地 | 品种 | 产量（吨） |
|---|---|---|---|
| 378 | 辉县市（豫） | 油松 | 1250.00 |
| 379 | 卢氏县（豫） | 油松 | 1200.00 |
| 380 | 宁城县（内蒙古） | 油松 | 600.00 |
| 381 | 麟游县（陕） | 油松 | 300.00 |
| 382 | 凤　县（陕） | 油松 | 180.00 |
| 383 | 宜宾县（川） | 油樟 | 2500.00 |
| 384 | 河口瑶族自治县（滇） | 柚木 | 12000.00 |
| 385 | 中国林科院热林中心（桂） | 柚木 | 500.00 |
| 386 | 科尔沁左翼后旗（内蒙古） | 榆树 | 60000.00 |
| 387 | 科尔沁左翼中旗（内蒙古） | 榆树 | 1000.00 |
| 388 | 西吉县（宁） | 榆树 | 800.00 |
| 389 | 隆阳区（滇） | 云南松 | 690000.00 |
| 390 | 倘甸工业园区（滇） | 云南松 | 25000.00 |
| 391 | 腾冲县（滇） | 云南松 | 500.00 |
| 392 | 那坡县（桂） | 云南松 | 300.00 |
| 393 | 雅江县（川） | 云南松 | 100.00 |
| 394 | 桦甸市（吉） | 云杉 | 569400.00 |
| 395 | 迭部县（甘） | 云杉 | 3500.00 |
| 396 | 洛隆县（藏） | 云杉 | 2000.00 |
| 397 | 嫩江县（黑） | 云杉 | 700.00 |
| 398 | 天祝藏族自治县（甘） | 云杉 | 421.17 |
| 399 | 翁达林业局（川） | 云杉 | 150.00 |
| 400 | 乌鲁木齐南山林场（新） | 云杉 | 130.00 |
| 401 | 迎春林业局（龙江森工） | 云杉 | 100.00 |
| 402 | 炉霍林业局（川） | 云杉 | 100.00 |
| 403 | 珲春林业局（吉） | 柞树 | 68064.00 |
| 404 | 九台区（吉） | 柞树 | 1200.00 |
| 405 | 富顺县（川） | 樟树 | 610.00 |
| 406 | 耒阳市（湘） | 樟树 | 500.00 |
| 407 | 桦川县（黑） | 樟子松 | 5000.00 |
| 408 | 彰武县（辽） | 樟子松 | 5000.00 |
| 409 | 北票市（辽） | 樟子松 | 2500.00 |
| 410 | 黑河市直属林场（黑） | 樟子松 | 2000.00 |
| 411 | 昌图县（辽） | 樟子松 | 1200.00 |
| 412 | 塔河县（黑） | 樟子松 | 1100.00 |
| 413 | 嫩江县（黑） | 樟子松 | 1000.00 |
| 414 | 克山县（黑） | 樟子松 | 1000.00 |
| 415 | 长岭县（吉） | 樟子松 | 1000.00 |
| 416 | 龙江县（黑） | 樟子松 | 760.00 |
| 417 | 巴彦县（黑） | 樟子松 | 500.00 |
| 418 | 扎兰屯市（内蒙古） | 樟子松 | 500.00 |
| 419 | 红花尔基林业局（内蒙古） | 樟子松 | 500.00 |
| 420 | 密山市（黑） | 樟子松 | 165.00 |
| 421 | 竹山县（鄂） | 珍稀乡土树 | 7000.00 |
| 422 | 庆元县（浙） | 珍稀乡土树 | 207.60 |

(续)

| 序号 | 母树林种子主产地 | 品种 | 产量(吨) |
|---|---|---|---|
| 423 | 长宁县(川) | 桢楠 | 3500.00 |
| 424 | 永川区(渝) | 桢楠 | 636.00 |
| 425 | 盐津县(滇) | 桢楠 | 100.00 |

**表9 种子园种子主产地产量**

| 序号 | 种子园种子主产地 | 品种 | 产量(千克) |
|---|---|---|---|
| 1 | 澄江县(滇) | 桉树 | 1600.00 |
| 2 | 惠民县(鲁) | 白蜡 | 120000.00 |
| 3 | 惠农区(宁) | 白蜡 | 3000.00 |
| 4 | 青铜峡市(宁) | 白蜡 | 500.00 |
| 5 | 平罗县(宁) | 白蜡 | 224.00 |
| 6 | 长清区(鲁) | 白皮松 | 300.00 |
| 7 | 垣曲县(晋) | 柏树 | 150000.00 |
| 8 | 内乡县(豫) | 柏树 | 75000.00 |
| 9 | 郧　县(鄂) | 柏树 | 10000.00 |
| 10 | 淅川县(豫) | 柏树 | 290.00 |
| 11 | 蓬安县(川) | 柏树 | 220.00 |
| 12 | 三台县(川) | 柏树 | 120.00 |
| 13 | 石林彝族自治县(滇) | 柏树 | 115.00 |
| 14 | 禄劝彝族苗族自治县(滇) | 板栗 | 36500.00 |
| 15 | 屏山县(川) | 板栗 | 16000.00 |
| 16 | 元阳县(滇) | 板栗 | 12860.00 |
| 17 | 利川市(鄂) | 板栗 | 6000.00 |
| 18 | 石门县(湘) | 板栗 | 400.00 |
| 19 | 竹山县(鄂) | 檫树 | 7500.00 |
| 20 | 利川市(鄂) | 池杉 | 10000.00 |
| 21 | 洪湖市(鄂) | 池杉 | 5800.00 |
| 22 | 鼎城区(湘) | 池杉 | 700.00 |
| 23 | 内乡县(豫) | 刺槐 | 75000.00 |
| 24 | 垣曲县(晋) | 刺槐 | 35000.00 |
| 25 | 北票市(辽) | 刺槐 | 24000.00 |
| 26 | 凌海市(辽) | 刺槐 | 2500.00 |
| 27 | 利川市(鄂) | 刺槐 | 2000.00 |
| 28 | 吉　县(晋) | 刺槐 | 1000.00 |
| 29 | 淅川县(豫) | 刺槐 | 700.00 |
| 30 | 宁　县(甘) | 刺槐 | 683.00 |
| 31 | 万源市(川) | 刺槐 | 540.00 |
| 32 | 费　县(鲁) | 刺槐 | 360.00 |
| 33 | 清水县(甘) | 刺槐 | 350.00 |
| 34 | 贺兰县(宁) | 刺槐 | 208.00 |
| 35 | 资中县(川) | 国外松 | 3000.00 |
| 36 | 冷水滩区(湘) | 国外松 | 2330.00 |
| 37 | 内乡县(豫) | 核桃 | 4200000.00 |
| 38 | 文　县(甘) | 核桃 | 460000.00 |
| 39 | 东平县(鲁) | 核桃 | 300000.00 |

(续)

| 序号 | 种子园种子主产地 | 品种 | 产量(吨) |
|---|---|---|---|
| 40 | 汝阳县(豫) | 核桃 | 185509.00 |
| 41 | 昭阳区(滇) | 核桃 | 60000.00 |
| 42 | 昌宁县(滇) | 核桃 | 30000.00 |
| 43 | 元阳县(滇) | 核桃 | 16830.00 |
| 44 | 石林彝族自治县(滇) | 核桃 | 16500.00 |
| 45 | 南郑县(陕) | 核桃 | 7500.00 |
| 46 | 巧家县(滇) | 核桃 | 5000.00 |
| 47 | 华宁县(滇) | 核桃 | 3500.00 |
| 48 | 仁寿县(川) | 核桃 | 1268.00 |
| 49 | 米易县(川) | 核桃 | 1000.00 |
| 50 | 洛宁县(豫) | 核桃 | 400.00 |
| 51 | 新宾满族自治县(辽) | 红松 | 3500100.00 |
| 52 | 江源区(吉) | 红松 | 27800.00 |
| 53 | 本溪满族自治县(辽) | 红松 | 22500.00 |
| 54 | 柳河县(吉) | 红松 | 11000.00 |
| 55 | 露水河林业局(吉林森工) | 红松 | 7320.00 |
| 56 | 苇河林业局(龙江森工) | 红松 | 5000.00 |
| 57 | 抚顺县(辽) | 红松 | 4950.00 |
| 58 | 红石林业局(吉林森工) | 红松 | 3500.00 |
| 59 | 林口林业局(龙江森工) | 红松 | 2400.00 |
| 60 | 鸡西市市辖区(黑) | 红松 | 2000.00 |
| 61 | 带岭实验局(龙江森工) | 红松 | 1500.00 |
| 62 | 辽宁省森林经营研究所(辽) | 红松 | 800.00 |
| 63 | 龙井市(吉) | 红松 | 750.00 |
| 64 | 海林林业局(龙江森工) | 红松 | 350.00 |
| 65 | 林口县(黑) | 红松 | 200.00 |
| 66 | 磐石市(吉) | 红松 | 150.00 |
| 67 | 敦化林业局(吉) | 红松 | 120.00 |
| 68 | 汪清林业局(吉) | 红松 | 100.00 |
| 69 | 龙眼洞林场(粤) | 红锥 | 150.00 |
| 70 | 新宾满族自治县(辽) | 胡桃楸 | 4352500.00 |
| 71 | 禄劝彝族苗族自治县(滇) | 华山松 | 600000.00 |
| 72 | 平利县(陕) | 华山松 | 150000.00 |
| 73 | 易门县(滇) | 华山松 | 100000.00 |
| 74 | 麒麟区(滇) | 华山松 | 60000.00 |
| 75 | 万源市(川) | 华山松 | 12000.00 |
| 76 | 洱源县(滇) | 华山松 | 6000.00 |
| 77 | 利川市(鄂) | 华山松 | 5000.00 |
| 78 | 楚雄市(滇) | 华山松 | 2850.00 |
| 79 | 竹山县(鄂) | 华山松 | 1000.00 |
| 80 | 宁东林业局(陕) | 华山松 | 1000.00 |
| 81 | 荆州区(鄂) | 火炬松 | 1500.00 |
| 82 | 安福县(赣) | 火炬松 | 240.00 |
| 83 | 英德市(粤) | 火炬松 | 150.00 |
| 84 | 郧　县(鄂) | 栎树 | 200000.00 |

（续）

| 序号 | 种子园种子主产地 | 品种 | 产量(吨) |
|---|---|---|---|
| 85 | 固始县(豫) | 栎树 | 30000.00 |
| 86 | 南郑县(陕) | 栎树 | 15000.00 |
| 87 | 舞钢市(豫) | 栎树 | 6750.00 |
| 88 | 竹山县(鄂) | 柳杉 | 10000.00 |
| 89 | 利川市(鄂) | 柳杉 | 4000.00 |
| 90 | 万源市(川) | 柳杉 | 500.00 |
| 91 | 南川区(渝) | 柳杉 | 350.00 |
| 92 | 南岳区(湘) | 柳杉 | 200.00 |
| 93 | 清原满族自治县(辽) | 落叶松 | 8500.00 |
| 94 | 赤城县(冀) | 落叶松 | 3500.00 |
| 95 | 鸡西市市辖区(黑) | 落叶松 | 3000.00 |
| 96 | 新宾满族自治县(辽) | 落叶松 | 2015.00 |
| 97 | 和林格尔县(内蒙古) | 落叶松 | 1300.00 |
| 98 | 富锦市(黑) | 落叶松 | 1000.00 |
| 99 | 木栏围场国营林场(冀) | 落叶松 | 550.00 |
| 100 | 巴林左旗(内蒙古) | 落叶松 | 550.00 |
| 101 | 龙江县(黑) | 落叶松 | 500.00 |
| 102 | 利川市(鄂) | 落叶松 | 500.00 |
| 103 | 柳河县(吉) | 落叶松 | 500.00 |
| 104 | 长城山林场(晋) | 落叶松 | 485.00 |
| 105 | 宁城县(内蒙古) | 落叶松 | 300.00 |
| 106 | 克山县(黑) | 落叶松 | 250.00 |
| 107 | 万源市(川) | 落叶松 | 200.00 |
| 108 | 东洲区(辽) | 落叶松 | 143.50 |
| 109 | 敦化林业局(吉) | 落叶松 | 100.00 |
| 110 | 乳源瑶族自治县(粤) | 马尾松 | 18050.00 |
| 111 | 霍山县(皖) | 马尾松 | 15000.00 |
| 112 | 平桥区(豫) | 马尾松 | 15000.00 |
| 113 | 开　县(渝) | 马尾松 | 13608.00 |
| 114 | 祁东县(湘) | 马尾松 | 12500.00 |
| 115 | 利川市(鄂) | 马尾松 | 10000.00 |
| 116 | 袁州区(赣) | 马尾松 | 7500.00 |
| 117 | 黔江区(渝) | 马尾松 | 6500.00 |
| 118 | 屏山县(川) | 马尾松 | 4000.00 |
| 119 | 龙圩区(桂) | 马尾松 | 1100.00 |
| 120 | 桐柏县(豫) | 马尾松 | 1000.00 |
| 121 | 万源市(川) | 马尾松 | 800.00 |
| 122 | 安化县(湘) | 马尾松 | 700.00 |
| 123 | 瑞金市(赣) | 马尾松 | 600.00 |
| 124 | 富顺县(川) | 马尾松 | 410.00 |
| 125 | 南岳区(湘) | 马尾松 | 400.00 |
| 126 | 桂阳县(湘) | 马尾松 | 300.00 |
| 127 | 全椒县(皖) | 马尾松 | 280.00 |
| 128 | 藤　县(桂) | 马尾松 | 250.00 |
| 129 | 忻城县(桂) | 马尾松 | 250.00 |

（续）

| 序号 | 种子园种子主产地 | 品种 | 产量(吨) |
|---|---|---|---|
| 130 | 高　县(川) | 马尾松 | 215.00 |
| 131 | 裕安区(皖) | 马尾松 | 210.00 |
| 132 | 湖北省太子山林场管理局(鄂) | 马尾松 | 150.00 |
| 133 | 赫山区(湘) | 马尾松 | 150.00 |
| 134 | 樟树市(赣) | 马尾松 | 150.00 |
| 135 | 田阳县(桂) | 杧果 | 150000.00 |
| 136 | 瑞金市(赣) | 木荷 | 300.00 |
| 137 | 利川市(鄂) | 楠木 | 500.00 |
| 138 | 建德市(浙) | 楠木 | 210.00 |
| 139 | 原州区(宁) | 柠条 | 75000.00 |
| 140 | 盐池县(宁) | 柠条 | 50000.00 |
| 141 | 定西市巉口林业试验场(甘) | 柠条 | 5250.00 |
| 142 | 灵武市(宁) | 柠条 | 743.50 |
| 143 | 利川市(鄂) | 葡萄 | 100.00 |
| 144 | 祁东县(湘) | 杉木 | 11000.00 |
| 145 | 利川市(鄂) | 杉木 | 10000.00 |
| 146 | 郧　县(鄂) | 杉木 | 5000.00 |
| 147 | 乐安县(赣) | 杉木 | 5000.00 |
| 148 | 岳阳县(湘) | 杉木 | 3000.00 |
| 149 | 会同县(湘) | 杉木 | 2800.00 |
| 150 | 龙泉市(浙) | 杉木 | 2000.00 |
| 151 | 攸　县(湘) | 杉木 | 1500.00 |
| 152 | 阳新县(鄂) | 杉木 | 1276.00 |
| 153 | 筠连县(川) | 杉木 | 1200.00 |
| 154 | 资兴市(湘) | 杉木 | 1053.00 |
| 155 | 信丰县(赣) | 杉木 | 1050.00 |
| 156 | 乐昌市(粤) | 杉木 | 1000.00 |
| 157 | 昭平县(桂) | 杉木 | 1000.00 |
| 158 | 恩施市(鄂) | 杉木 | 1000.00 |
| 159 | 青原区(赣) | 杉木 | 800.00 |
| 160 | 万源市(川) | 杉木 | 720.00 |
| 161 | 马关县(滇) | 杉木 | 690.00 |
| 162 | 高　县(川) | 杉木 | 685.00 |
| 163 | 昌宁县(滇) | 杉木 | 600.00 |
| 164 | 安远县(赣) | 杉木 | 576.00 |
| 165 | 彭水苗族土家族自治县(渝) | 杉木 | 500.00 |
| 166 | 石台县(皖) | 杉木 | 500.00 |
| 167 | 融水苗族自治县(桂) | 杉木 | 500.00 |
| 168 | 曲江区(粤) | 杉木 | 460.00 |
| 169 | 安福县(赣) | 杉木 | 320.00 |
| 170 | 靖州苗族侗族自治县(湘) | 杉木 | 310.00 |
| 171 | 江华瑶族自治县(湘) | 杉木 | 300.00 |
| 172 | 休宁县(皖) | 杉木 | 290.00 |
| 173 | 瑞金市(赣) | 杉木 | 240.00 |
| 174 | 古蔺县(川) | 杉木 | 220.00 |

(续)

| 序号 | 种子园种子主产地 | 品种 | 产量(吨) |
|---|---|---|---|
| 175 | 余江县(赣) | 杉木 | 200.00 |
| 176 | 屏边苗族自治县(滇) | 杉木 | 200.00 |
| 177 | 开化县(浙) | 杉木 | 180.00 |
| 178 | 盐津县(滇) | 杉木 | 150.00 |
| 179 | 城步苗族自治县(湘) | 杉木 | 101.00 |
| 180 | 泾　县(皖) | 杉木 | 100.00 |
| 181 | 汨罗市(湘) | 湿地松 | 4150.00 |
| 182 | 台山市(粤) | 湿地松 | 2018.00 |
| 183 | 余杭区(浙) | 湿地松 | 729.00 |
| 184 | 余江县(赣) | 湿地松 | 600.00 |
| 185 | 泾　县(皖) | 湿地松 | 380.00 |
| 186 | 瑞金市(赣) | 湿地松 | 300.00 |
| 187 | 苇河林业局(龙江森工) | 水曲柳 | 150.00 |
| 188 | 利川市(鄂) | 水杉 | 1000.00 |
| 189 | 潜江市(鄂) | 水杉 | 500.00 |
| 190 | 景谷傣族彝族自治县(滇) | 思茅松 | 130.00 |
| 191 | 北票市(辽) | 杏 | 500000.00 |
| 192 | 赤城县(冀) | 杏 | 25000.00 |
| 193 | 环　县(甘) | 杏 | 5000.00 |
| 194 | 华池县(甘) | 杏 | 2500.00 |
| 195 | 沙市区(鄂) | 杨树 | 1000.00 |
| 196 | 广水市(鄂) | 杨树 | 300.00 |
| 197 | 北票市(辽) | 油松 | 80000.00 |
| 198 | 蓝田县(陕) | 油松 | 40000.00 |
| 199 | 赤城县(冀) | 油松 | 5200.00 |
| 200 | 平顺县(晋) | 油松 | 4500.00 |

(续)

| 序号 | 种子园种子主产地 | 品种 | 产量(吨) |
|---|---|---|---|
| 201 | 凌海市(辽) | 油松 | 3500.00 |
| 202 | 正宁林业总场(甘) | 油松 | 1300.00 |
| 203 | 合水林业总场(甘) | 油松 | 1000.00 |
| 204 | 利川市(鄂) | 油松 | 1000.00 |
| 205 | 陇　县(陕) | 油松 | 792.00 |
| 206 | 土默特左旗(内蒙古) | 油松 | 350.00 |
| 207 | 平泉县(冀) | 油松 | 310.00 |
| 208 | 卢氏县(豫) | 油松 | 300.00 |
| 209 | 宁城县(内蒙古) | 油松 | 200.00 |
| 210 | 惠民县(鲁) | 榆树 | 37500.00 |
| 211 | 玉龙纳西族自治县(滇) | 云南松 | 600.00 |
| 212 | 宣威市(滇) | 云南松 | 500.00 |
| 213 | 普格县(川) | 云南松 | 270.00 |
| 214 | 弥渡县(滇) | 云南松 | 180.00 |
| 215 | 乌鲁木齐南山林场(新) | 云杉 | 110.00 |
| 216 | 炉霍林业局(川) | 云杉 | 100.00 |
| 217 | 三岔子林业局(吉林森工) | 柞树 | 1000.00 |
| 218 | 竹山县(鄂) | 樟树 | 20000.00 |
| 219 | 宁强县(陕) | 樟树 | 8500.00 |
| 220 | 石门县(湘) | 樟树 | 300.00 |
| 221 | 彰武县(辽) | 樟子松 | 5000.00 |
| 222 | 克东县(黑) | 樟子松 | 380.00 |
| 223 | 阿尔山市(内蒙古) | 樟子松 | 300.00 |
| 224 | 克山县(黑) | 樟子松 | 250.00 |
| 225 | 八家子林业局(吉) | 樟子松 | 200.00 |
| 226 | 龙江县(黑) | 樟子松 | 140.00 |

**表 10-1　马尾松苗主产地产量**

| 序号 | 马尾松苗主产地 | 产量(万株) |
|---|---|---|
| 1 | 张家口市林场(冀) | 35.00 |
| 2 | 龙泉市(浙) | 22.00 |
| 3 | 云和县(浙) | 20.00 |
| 4 | 建德市(浙) | 20.00 |
| 5 | 旌德县(皖) | 200.00 |
| 6 | 潜山县(皖) | 20.00 |
| 7 | 瑞金市(赣) | 600.00 |
| 8 | 石城县(赣) | 385.00 |
| 9 | 安远县(赣) | 245.00 |
| 10 | 大余县(赣) | 200.00 |
| 11 | 信丰县(赣) | 100.00 |
| 12 | 分宜县(赣) | 50.00 |
| 13 | 上栗县(赣) | 10.00 |
| 14 | 大悟县(鄂) | 560.00 |
| 15 | 阳新县(鄂) | 240.00 |
| 16 | 浠水县(鄂) | 45.00 |

(续)

| 序号 | 马尾松苗主产地 | 产量(万株) |
|---|---|---|
| 17 | 大冶市(鄂) | 30.00 |
| 18 | 宜城市(鄂) | 10.00 |
| 19 | 茶陵县(湘) | 1500.00 |
| 20 | 冷水江市(湘) | 1000.00 |
| 21 | 蓝山县(湘) | 882.00 |
| 22 | 武冈市(湘) | 600.00 |
| 23 | 汝城县(湘) | 320.00 |
| 24 | 湘乡市(湘) | 300.00 |
| 25 | 芷江侗族自治县(湘) | 256.00 |
| 26 | 新化县(湘) | 200.00 |
| 27 | 资兴市(湘) | 178.00 |
| 28 | 新宁县(湘) | 150.00 |
| 29 | 宁远县(湘) | 150.00 |
| 30 | 洞口县(湘) | 150.00 |
| 31 | 江永县(湘) | 130.00 |
| 32 | 安化县(湘) | 120.00 |

(续)

| 序号 | 马尾松苗主产地 | 产量(万株) |
|---|---|---|
| 33 | 麻阳苗族自治县(湘) | 100.00 |
| 34 | 临武县(湘) | 100.00 |
| 35 | 桂阳县(湘) | 95.60 |
| 36 | 双峰县(湘) | 90.00 |
| 37 | 永定区(湘) | 90.00 |
| 38 | 会同县(湘) | 80.00 |
| 39 | 中方县(湘) | 80.00 |
| 40 | 洪江市(湘) | 72.00 |
| 41 | 新晃侗族自治县(湘) | 60.00 |
| 42 | 溆浦县(湘) | 59.00 |
| 43 | 绥宁县(湘) | 50.00 |
| 44 | 石门县(湘) | 50.00 |
| 45 | 永兴县(湘) | 48.00 |
| 46 | 永顺县(湘) | 20.00 |
| 47 | 连州市(粤) | 300.00 |
| 48 | 信宜市(粤) | 210.00 |

（续）

| 序号 | 马尾松苗主产地 | 产量（万株） |
|---|---|---|
| 49 | 封开县（粤） | 80.00 |
| 50 | 阳西县（粤） | 60.00 |
| 51 | 清新区（粤） | 60.00 |
| 52 | 高要市（粤） | 30.00 |
| 53 | 郁南县（粤） | 30.00 |
| 54 | 阳山县（粤） | 20.00 |
| 55 | 罗定市（粤） | 10.00 |
| 56 | 田东县（桂） | 605.00 |
| 57 | 资源县（桂） | 600.00 |
| 58 | 派阳山林场（桂） | 354.00 |
| 59 | 藤　县（桂） | 215.00 |
| 60 | 田阳县（桂） | 200.00 |
| 61 | 巴马瑶族自治县（桂） | 200.00 |
| 62 | 隆林各族自治县（桂） | 155.00 |
| 63 | 平果县（桂） | 120.00 |
| 64 | 宜州市（桂） | 120.00 |
| 65 | 灌阳县（桂） | 100.00 |
| 66 | 陆川县（桂） | 80.00 |
| 67 | 都安瑶族自治县（桂） | 80.00 |
| 68 | 田林县（桂） | 73.00 |
| 69 | 六万林场（桂） | 60.00 |
| 70 | 钦北区（桂） | 53.00 |
| 71 | 高峰林场（桂） | 42.49 |
| 72 | 万秀区（桂） | 36.00 |
| 73 | 贺州市平桂管理区（桂） | 30.00 |
| 74 | 那坡县（桂） | 27.00 |
| 75 | 博白林场（桂） | 20.00 |
| 76 | 黄冕林场（桂） | 19.01 |
| 77 | 七坡林场（桂） | 18.00 |
| 78 | 昭平县（桂） | 17.00 |
| 79 | 三门江林场（桂） | 13.00 |
| 80 | 酉阳土家族苗族自治县（渝） | 80.00 |
| 81 | 开　县（渝） | 38.00 |
| 82 | 宣汉县（川） | 240.00 |
| 83 | 高　县（川） | 16.00 |
| 84 | 三都水族自治县（黔） | 312.00 |
| 85 | 普安县（黔） | 200.00 |
| 86 | 荔波县（黔） | 200.00 |
| 87 | 沿河土家族自治县（黔） | 160.00 |
| 88 | 碧江区（黔） | 120.00 |
| 89 | 江口县（黔） | 90.00 |
| 90 | 黄平县（黔） | 80.00 |
| 91 | 开阳县（黔） | 10.00 |
| 92 | 建水县（滇） | 74.00 |

## 表 10-2　落叶松苗主产地产量

| 序号 | 落叶松苗主产地 | 产量（万株） |
|---|---|---|
| 1 | 丰宁满族自治县（冀） | 7420.00 |
| 2 | 赤城县（冀） | 2287.00 |
| 3 | 承德县（冀） | 1000.00 |
| 4 | 围场满族蒙古族自治县（冀） | 750.00 |
| 5 | 康保县（冀） | 200.00 |
| 6 | 塞罕坝机械林场（冀） | 75.00 |
| 7 | 尚义县（冀） | 67.00 |
| 8 | 木栏围场国营林场（冀） | 11.77 |
| 9 | 五台县（晋） | 3000.00 |
| 10 | 神池县（晋） | 115.00 |
| 11 | 岢岚县（晋） | 100.00 |
| 12 | 克什克腾旗（内蒙古） | 1230.00 |
| 13 | 宁城县（内蒙古） | 300.00 |
| 14 | 松山区（内蒙古） | 220.00 |
| 15 | 武川县（内蒙古） | 90.00 |
| 16 | 红花尔基林业局（内蒙古） | 80.00 |
| 17 | 免渡河林业局（内蒙古） | 12.00 |
| 18 | 凤城市（辽） | 8000.00 |
| 19 | 清原满族自治县（辽） | 3000.00 |
| 20 | 庄河市（辽） | 690.00 |
| 21 | 抚顺县（辽） | 453.00 |
| 22 | 新宾满族自治县（辽） | 60.00 |
| 23 | 桓仁满族自治县（辽） | 59.00 |
| 24 | 盖州市（辽） | 52.00 |
| 25 | 辽宁实验林场（辽） | 47.10 |
| 26 | 东洲区（辽） | 36.00 |
| 27 | 本溪满族自治县（辽） | 17.00 |
| 28 | 大石桥市（辽） | 10.00 |
| 29 | 柳河县（吉） | 7500.00 |
| 30 | 辉南县（吉） | 1687.00 |
| 31 | 丰满区（吉） | 350.00 |
| 32 | 长白朝鲜族自治县（吉） | 72.00 |
| 33 | 东丰县（吉） | 70.00 |
| 34 | 天桥岭林业局（吉） | 68.00 |
| 35 | 蛟河市（吉） | 60.00 |
| 36 | 舒兰市（吉） | 50.00 |
| 37 | 龙潭区（吉） | 40.00 |
| 38 | 安图县（吉） | 40.00 |
| 39 | 敦化林业局（吉） | 21.00 |
| 40 | 磐石市（吉） | 20.00 |
| 41 | 八家子林业局（吉） | 10.20 |
| 42 | 尚志市（黑） | 6500.00 |
| 43 | 佳木斯市郊区（黑） | 1430.00 |
| 44 | 汤原县（黑） | 900.00 |
| 45 | 延寿县（黑） | 800.00 |

（续）

| 序号 | 落叶松苗主产地 | 产量（万株） |
|---|---|---|
| 46 | 孙吴县（黑） | 782.00 |
| 47 | 海林市（黑） | 675.00 |
| 48 | 嫩江县（黑） | 500.00 |
| 49 | 孟家岗林场（黑） | 468.00 |
| 50 | 密山市（黑） | 372.00 |
| 51 | 五大连池市（黑） | 332.00 |
| 52 | 五常市（黑） | 300.00 |
| 53 | 嘉荫县（黑） | 300.00 |
| 54 | 鸡东县（黑） | 220.00 |
| 55 | 尚志国有林场管理局（黑） | 216.00 |
| 56 | 克山县（黑） | 195.00 |
| 57 | 桦南县（黑） | 160.00 |
| 58 | 宁安市（黑） | 150.00 |
| 59 | 抚远县（黑） | 120.00 |
| 60 | 同江市（黑） | 110.00 |
| 61 | 绥棱县（黑） | 52.30 |
| 62 | 鹤岗市市辖区（黑） | 50.00 |
| 63 | 集贤县（黑） | 40.00 |
| 64 | 林口县（黑） | 36.00 |
| 65 | 呼玛县（黑） | 25.00 |
| 66 | 富锦市（黑） | 20.00 |
| 67 | 济源市（豫） | 20.00 |
| 68 | 利川市（鄂） | 1200.00 |
| 69 | 建始县（鄂） | 180.00 |
| 70 | 白玉林业局（川） | 10.00 |
| 71 | 永善县（滇） | 100.00 |
| 72 | 武都区（甘） | 11010.00 |
| 73 | 渭源县（甘） | 5400.00 |
| 74 | 礼　县（甘） | 4900.00 |
| 75 | 岷　县（甘） | 2000.00 |
| 76 | 文　县（甘） | 900.00 |
| 77 | 舟曲县（甘） | 900.00 |
| 78 | 关山林业管理局（甘） | 538.00 |
| 79 | 西和县（甘） | 420.00 |
| 80 | 庄浪县（甘） | 75.00 |
| 81 | 临潭县（甘） | 30.00 |
| 82 | 隆德县（宁） | 680.00 |
| 83 | 原州区（宁） | 182.00 |
| 84 | 八面通林业局（龙江森工） | 82.00 |
| 85 | 东方红林业局（龙江森工） | 73.50 |
| 86 | 红星林业局（龙江森工） | 15.60 |

## 表 10-3　红松苗主产地产量

| 序号 | 红松苗主产地 | 产量（万株） |
|---|---|---|
| 1 | 清原满族自治县（辽） | 7500.00 |

(续)

| 序号 | 红松苗主产地 | 产量(万株) |
|---|---|---|
| 2 | 宽甸满族自治县(辽) | 4350.00 |
| 3 | 新宾满族自治县(辽) | 2498.00 |
| 4 | 凤城市(辽) | 2257.00 |
| 5 | 桓仁满族自治县(辽) | 1009.00 |
| 6 | 本溪满族自治县(辽) | 853.00 |
| 7 | 辽宁省森林经营研究所(辽) | 700.00 |
| 8 | 振兴区(辽) | 80.00 |
| 9 | 东港市(辽) | 71.00 |
| 10 | 辽宁实验林场(辽) | 26.55 |
| 11 | 振安区(辽) | 25.00 |
| 12 | 柳河县(吉) | 10000.00 |
| 13 | 蛟河市(吉) | 2903.00 |
| 14 | 辉南县(吉) | 1377.00 |
| 15 | 磐石市(吉) | 1315.00 |
| 16 | 江源区(吉) | 1270.00 |
| 17 | 白河林业局(吉) | 1000.00 |
| 18 | 汪清林业局(吉) | 986.00 |
| 19 | 天桥岭林业局(吉) | 845.00 |
| 20 | 黄泥河林业局(吉) | 812.00 |
| 21 | 珲春林业局(吉) | 736.48 |
| 22 | 敦化林业局(吉) | 729.00 |
| 23 | 长白朝鲜族自治县(吉) | 712.00 |
| 24 | 八家子林业局(吉) | 575.00 |
| 25 | 和龙林业局(吉) | 552.00 |
| 26 | 临江市(吉) | 511.00 |
| 27 | 敦化市(吉) | 420.00 |
| 28 | 龙井市(吉) | 349.30 |
| 29 | 大石头林业局(吉) | 320.00 |
| 30 | 安图县(吉) | 300.00 |
| 31 | 和龙市(吉) | 282.00 |
| 32 | 丰满区(吉) | 250.00 |
| 33 | 东丰县(吉) | 200.00 |
| 34 | 延吉市(吉) | 150.00 |
| 35 | 舒兰市(吉) | 127.00 |
| 36 | 龙潭区(吉) | 100.00 |
| 37 | 桦甸市(吉) | 97.20 |
| 38 | 安图森林经营局(吉) | 34.00 |
| 39 | 昌邑区(吉) | 26.00 |
| 40 | 图们市(吉) | 22.00 |
| 41 | 汤原县(黑) | 3420.00 |
| 42 | 孙吴县(黑) | 1064.00 |
| 43 | 木兰县(黑) | 540.00 |
| 44 | 延寿县(黑) | 510.00 |
| 45 | 庆安国有林场管理局(黑) | 489.50 |
| 46 | 密山市(黑) | 368.00 |

(续)

| 序号 | 红松苗主产地 | 产量(万株) |
|---|---|---|
| 47 | 孟家岗林场(黑) | 251.00 |
| 48 | 海林市(黑) | 202.00 |
| 49 | 宁安市(黑) | 180.00 |
| 50 | 鸡东县(黑) | 176.00 |
| 51 | 尚志国有林场管理局(黑) | 145.00 |
| 52 | 集贤县(黑) | 98.00 |
| 53 | 抚远县(黑) | 90.00 |
| 54 | 鹤岗市市辖区(黑) | 70.00 |
| 55 | 萝北县(黑) | 50.00 |
| 56 | 佳木斯市郊区(黑) | 50.00 |
| 57 | 饶河县(黑) | 39.38 |
| 58 | 桦南县(黑) | 29.00 |
| 59 | 林口县(黑) | 20.00 |
| 60 | 鸡西市市辖区(黑) | 10.00 |
| 61 | 奉新县(赣) | 854.00 |
| 62 | 临江林业局(吉林森工) | 1046.95 |
| 63 | 三岔子林业局(吉林森工) | 960.40 |
| 64 | 松江河林业有限公司(吉林森工) | 901.00 |
| 65 | 白石山林业局(吉林森工) | 795.50 |
| 66 | 露水河林业局(吉林森工) | 426.66 |
| 67 | 红石林业局(吉林森工) | 400.00 |
| 68 | 湾沟林业局(吉林森工) | 100.00 |
| 69 | 林口林业局(龙江森工) | 584.20 |
| 70 | 东京城林业局(龙江森工) | 291.60 |
| 71 | 亚布力林业局(龙江森工) | 279.10 |
| 72 | 大海林林业局(龙江森工) | 175.00 |
| 73 | 带岭实验局(龙江森工) | 166.70 |
| 74 | 沾河林业局(龙江森工) | 162.00 |
| 75 | 柴河林业局(龙江森工) | 145.20 |
| 76 | 双鸭山林业局(龙江森工) | 141.10 |
| 77 | 迎春林业局(龙江森工) | 140.00 |
| 78 | 方正林业局(龙江森工) | 137.40 |
| 79 | 苇河林业局(龙江森工) | 117.90 |
| 80 | 鹤北林业局(龙江森工) | 113.60 |
| 81 | 金山屯林业局(龙江森工) | 108.00 |
| 82 | 绥阳林业局(龙江森工) | 106.00 |
| 83 | 穆棱林业局(龙江森工) | 103.00 |
| 84 | 桦南林业局(龙江森工) | 102.10 |
| 85 | 朗乡林业局(龙江森工) | 102.00 |
| 86 | 铁力林业局(龙江森工) | 97.90 |
| 87 | 双丰林业局(龙江森工) | 95.00 |
| 88 | 八面通林业局(龙江森工) | 85.00 |
| 89 | 南岔林业局(龙江森工) | 67.20 |
| 90 | 山河屯林业局(龙江森工) | 63.90 |
| 91 | 鹤立林业局(龙江森工) | 60.20 |

(续)

| 序号 | 红松苗主产地 | 产量(万株) |
|---|---|---|
| 92 | 乌马河林业局(龙江森工) | 60.00 |
| 93 | 红星林业局(龙江森工) | 53.90 |
| 94 | 新青林业局(龙江森工) | 53.10 |
| 95 | 美溪林业局(龙江森工) | 49.20 |
| 96 | 海林林业局(龙江森工) | 48.60 |
| 97 | 清河林业局(龙江森工) | 44.50 |
| 98 | 绥棱林业局(龙江森工) | 43.80 |
| 99 | 通北林业局(龙江森工) | 43.00 |
| 100 | 友好林业局(龙江森工) | 38.00 |
| 101 | 上甘岭林业局(龙江森工) | 32.00 |
| 102 | 兴隆林业局(龙江森工) | 30.00 |
| 103 | 五营林业局(龙江森工) | 19.80 |
| 104 | 乌伊岭林业局(龙江森工) | 12.70 |
| 105 | 桃山林业局(龙江森工) | 12.50 |
| 106 | 翠峦林业局(龙江森工) | 12.00 |

**表 10-4 国外松苗主产地产量**

| 序号 | 国外松苗主产地 | 产量(万株) |
|---|---|---|
| 1 | 南陵县(皖) | 300.00 |
| 2 | 宿松县(皖) | 135.00 |
| 3 | 泾　县(皖) | 100.00 |
| 4 | 怀宁县(皖) | 100.00 |
| 5 | 桐城市(皖) | 40.00 |
| 6 | 定远县(皖) | 10.00 |
| 7 | 永丰县(赣) | 1000.00 |
| 8 | 瑞金市(赣) | 300.00 |
| 9 | 于都县(赣) | 65.00 |
| 10 | 上高县(赣) | 35.00 |
| 11 | 南漳县(鄂) | 352.00 |
| 12 | 大悟县(鄂) | 220.00 |
| 13 | 当阳市(鄂) | 180.00 |
| 14 | 枣阳市(鄂) | 122.50 |
| 15 | 曾都区(鄂) | 120.00 |
| 16 | 随州市经济技术开发区(鄂) | 80.00 |
| 17 | 大冶市(鄂) | 60.00 |
| 18 | 东安县(湘) | 1760.00 |
| 19 | 衡山县(湘) | 536.90 |
| 20 | 汨罗市(湘) | 450.00 |
| 21 | 攸　县(湘) | 260.00 |
| 22 | 岳阳县(湘) | 250.00 |
| 23 | 零陵区(湘) | 150.00 |
| 24 | 鼎城区(湘) | 150.00 |
| 25 | 新宁县(湘) | 100.00 |
| 26 | 临澧县(湘) | 100.00 |
| 27 | 桂阳县(湘) | 99.90 |

（续）

| 序号 | 国外松苗主产地 | 产量(万株) |
|---|---|---|
| 28 | 湘潭县(湘) | 95.00 |
| 29 | 湘乡市(湘) | 80.00 |
| 30 | 资兴市(湘) | 75.00 |
| 31 | 赫山区(湘) | 60.00 |
| 32 | 大祥区(湘) | 40.00 |
| 33 | 冷水滩区(湘) | 37.00 |
| 34 | 芷江侗族自治县(湘) | 35.00 |
| 35 | 邵东县(湘) | 30.00 |
| 36 | 北塔区(湘) | 28.54 |
| 37 | 邵阳县(湘) | 25.00 |
| 38 | 永兴县(湘) | 24.00 |
| 39 | 江华瑶族自治县(湘) | 15.00 |
| 40 | 台山市(粤) | 504.00 |
| 41 | 云城区(粤) | 500.00 |
| 42 | 灵山县(桂) | 125.00 |
| 43 | 东兴市(桂) | 80.00 |
| 44 | 钦北区(桂) | 75.00 |

**表 10-5　黑松苗主产地产量**

| 序号 | 黑松苗主产地 | 产量(万株) |
|---|---|---|
| 1 | 松山区(内蒙古) | 1396.00 |
| 2 | 鲅鱼圈区(辽) | 55.00 |
| 3 | 庄河市(辽) | 45.00 |
| 4 | 普兰店市(辽) | 43.00 |
| 5 | 莒南县(鲁) | 5680.00 |
| 6 | 东港区(鲁) | 996.00 |
| 7 | 新泰市(鲁) | 820.00 |
| 8 | 栖霞市(鲁) | 805.00 |
| 9 | 莱城区(鲁) | 538.00 |
| 10 | 临沂市临港经济开发区(鲁) | 445.00 |
| 11 | 沂水县(鲁) | 441.00 |
| 12 | 岚山区(鲁) | 425.00 |
| 13 | 蒙阴县(鲁) | 350.00 |
| 14 | 荣成市(鲁) | 350.00 |
| 15 | 宁阳县(鲁) | 221.00 |
| 16 | 莱芜市高新区(鲁) | 200.00 |
| 17 | 牟平区(鲁) | 158.00 |
| 18 | 博山区(鲁) | 118.00 |
| 19 | 文登市(鲁) | 100.00 |
| 20 | 莱山区(鲁) | 100.00 |
| 21 | 安丘市(鲁) | 97.00 |
| 22 | 沂源县(鲁) | 83.11 |
| 23 | 泰安市泰山景区(鲁) | 80.00 |
| 24 | 海阳市(鲁) | 80.00 |
| 25 | 曲阜市(鲁) | 80.00 |

（续）

| 序号 | 黑松苗主产地 | 产量(万株) |
|---|---|---|
| 26 | 临沭县(鲁) | 75.00 |
| 27 | 陵城区(鲁) | 51.00 |
| 28 | 威海市经济技术开发区(鲁) | 43.00 |
| 29 | 费　县(鲁) | 40.00 |
| 30 | 广饶县(鲁) | 39.00 |
| 31 | 环翠区(鲁) | 28.00 |
| 32 | 寒亭区(鲁) | 15.00 |
| 33 | 肥城市(鲁) | 11.90 |
| 34 | 威海市工业新区(鲁) | 10.70 |
| 35 | 潢川县(豫) | 47.00 |
| 36 | 富源县(滇) | 30.00 |

**表 10-6　华山松苗主产地产量**

| 序号 | 华山松苗主产地 | 产量(万株) |
|---|---|---|
| 1 | 易　县(冀) | 165.00 |
| 2 | 桓仁满族自治县(辽) | 264.00 |
| 3 | 泰山区(鲁) | 720.00 |
| 4 | 海阳市(鲁) | 10.00 |
| 5 | 汉源县(川) | 80.00 |
| 6 | 会东县(川) | 43.80 |
| 7 | 兴义市(黔) | 12.00 |
| 8 | 富源县(滇) | 800.00 |
| 9 | 宣威市(滇) | 750.00 |
| 10 | 腾冲县(滇) | 250.00 |
| 11 | 倘甸工业园区(滇) | 180.00 |
| 12 | 巧家县(滇) | 160.00 |
| 13 | 洱源县(滇) | 60.00 |
| 14 | 南华县(滇) | 56.00 |
| 15 | 永德县(滇) | 40.00 |
| 16 | 澄江县(滇) | 33.00 |
| 17 | 施甸县(滇) | 30.00 |
| 18 | 玉龙纳西族自治县(滇) | 28.60 |
| 19 | 石林彝族自治县(滇) | 24.00 |
| 20 | 易门县(滇) | 20.00 |
| 21 | 双江拉祜族佤族布朗族傣族自治县(滇) | 15.00 |
| 22 | 平利县(陕) | 1800.00 |
| 23 | 蓝田县(陕) | 900.00 |
| 24 | 周至县(陕) | 237.00 |
| 25 | 陇　县(陕) | 169.00 |
| 26 | 千阳县(陕) | 54.00 |
| 27 | 镇巴县(陕) | 50.00 |
| 28 | 镇安县(陕) | 40.00 |
| 29 | 留坝县(陕) | 40.00 |
| 30 | 勉　县(陕) | 35.00 |

（续）

| 序号 | 华山松苗主产地 | 产量(万株) |
|---|---|---|
| 31 | 南郑县(陕) | 30.00 |
| 32 | 镇坪县(陕) | 30.00 |
| 33 | 太白县(陕) | 24.50 |
| 34 | 佛坪县(陕) | 23.70 |
| 35 | 洋　县(陕) | 18.00 |
| 36 | 礼　县(甘) | 800.00 |
| 37 | 武都区(甘) | 699.00 |
| 38 | 文　县(甘) | 260.00 |
| 39 | 西和县(甘) | 198.00 |
| 40 | 正宁林业总场(甘) | 190.80 |
| 41 | 华池林业总场(甘) | 183.85 |
| 42 | 合水林业总场(甘) | 148.35 |

**表 10-7　湿地松苗主产地产量**

| 序号 | 湿地松苗主产地 | 产量(万株) |
|---|---|---|
| 1 | 衢江区(浙) | 35.00 |
| 2 | 临海市(浙) | 35.00 |
| 3 | 天台县(浙) | 35.00 |
| 4 | 鄞州区(浙) | 32.00 |
| 5 | 苍南县(浙) | 20.00 |
| 6 | 建德市(浙) | 18.00 |
| 7 | 三门县(浙) | 16.00 |
| 8 | 桐乡市(浙) | 10.80 |
| 9 | 含山县(皖) | 130.00 |
| 10 | 枞阳县(皖) | 120.00 |
| 11 | 肥东县(皖) | 119.00 |
| 12 | 奉新县(赣) | 3800.00 |
| 13 | 吉安县(赣) | 445.00 |
| 14 | 万年县(赣) | 400.00 |
| 15 | 宁都县(赣) | 400.00 |
| 16 | 万载县(赣) | 250.00 |
| 17 | 崇仁县(赣) | 200.00 |
| 18 | 安福县(赣) | 180.00 |
| 19 | 临川区(赣) | 163.60 |
| 20 | 德兴市(赣) | 140.00 |
| 21 | 铅山县(赣) | 130.00 |
| 22 | 瑞昌市(赣) | 94.30 |
| 23 | 玉山县(赣) | 80.00 |
| 24 | 高安市(赣) | 71.00 |
| 25 | 广昌县(赣) | 68.10 |
| 26 | 广丰县(赣) | 40.00 |
| 27 | 德安县(赣) | 40.00 |
| 28 | 信丰县(赣) | 30.00 |
| 29 | 全南县(赣) | 28.00 |
| 30 | 樟树市(赣) | 20.00 |

(续)

| 序号 | 湿地松苗主产地 | 产量(万株) |
|---|---|---|
| 31 | 东乡县(赣) | 15.00 |
| 32 | 兴国县(赣) | 12.00 |
| 33 | 分宜县(赣) | 10.00 |
| 34 | 桐柏县(豫) | 9570.00 |
| 35 | 潢川县(豫) | 105.00 |
| 36 | 随　县(鄂) | 1000.00 |
| 37 | 浠水县(鄂) | 480.00 |
| 38 | 京山县(鄂) | 450.00 |
| 39 | 黄梅县(鄂) | 450.00 |
| 40 | 大悟县(鄂) | 375.00 |
| 41 | 阳新县(鄂) | 184.00 |
| 42 | 英山县(鄂) | 65.00 |
| 43 | 黄陂区(鄂) | 30.00 |
| 44 | 谷城县(鄂) | 15.00 |
| 45 | 蓝山县(湘) | 588.00 |
| 46 | 祁东县(湘) | 550.00 |
| 47 | 宁远县(湘) | 330.00 |
| 48 | 麻阳苗族自治县(湘) | 325.00 |
| 49 | 桃江县(湘) | 200.00 |
| 50 | 新邵县(湘) | 200.00 |
| 51 | 临武县(湘) | 100.00 |
| 52 | 新田县(湘) | 70.00 |
| 53 | 平江县(湘) | 50.00 |
| 54 | 常宁市(湘) | 18.70 |
| 55 | 洪江市(湘) | 18.00 |
| 56 | 英德市(粤) | 312.00 |
| 57 | 揭西县(粤) | 280.00 |
| 58 | 台山市(粤) | 178.00 |
| 59 | 化州市(粤) | 140.00 |
| 60 | 阳西县(粤) | 110.00 |
| 61 | 揭东区(粤) | 47.00 |
| 62 | 高要市(粤) | 45.00 |
| 63 | 钦南区(桂) | 75.00 |
| 64 | 防城区(桂) | 11.50 |
| 65 | 开江县(川) | 133.00 |
| 66 | 威远县(川) | 20.00 |
| 67 | 惠水县(黔) | 307.00 |

**表 10-8　白皮松苗主产地产量**

| 序号 | 白皮松苗主产地 | 产量(万株) |
|---|---|---|
| 1 | 顺义区(京) | 29.57 |
| 2 | 昌平区(京) | 24.02 |
| 3 | 平谷区(京) | 13.90 |
| 4 | 定州市(冀) | 100.00 |
| 5 | 三河市(冀) | 12.00 |
| 6 | 临猗县(晋) | 1270.00 |
| 7 | 吉　县(晋) | 1150.00 |
| 8 | 垣曲县(晋) | 820.00 |
| 9 | 襄汾县(晋) | 455.00 |
| 10 | 曲沃县(晋) | 190.00 |
| 11 | 中阳县(晋) | 159.00 |
| 12 | 洪洞县(晋) | 73.70 |
| 13 | 夏　县(晋) | 68.60 |
| 14 | 侯马市(晋) | 65.00 |
| 15 | 翼城县(晋) | 36.00 |
| 16 | 平定县(晋) | 30.00 |
| 17 | 河津市(晋) | 18.00 |
| 18 | 泽州县(晋) | 16.50 |
| 19 | 壶关县(晋) | 16.00 |
| 20 | 长清区(鲁) | 2950.00 |
| 21 | 泰山区(鲁) | 860.00 |
| 22 | 泰安市泰山景区(鲁) | 100.00 |
| 23 | 宁阳县(鲁) | 12.50 |
| 24 | 文登市(鲁) | 10.00 |
| 25 | 海阳市(鲁) | 10.00 |
| 26 | 嵩　县(豫) | 150.00 |
| 27 | 汝州市(豫) | 90.00 |
| 28 | 长葛市(豫) | 45.00 |
| 29 | 洛宁县(豫) | 40.00 |
| 30 | 新安县(豫) | 22.00 |
| 31 | 济源市(豫) | 17.00 |
| 32 | 蓝田县(陕) | 6200.00 |
| 33 | 韩城市林业局(陕) | 1308.82 |
| 34 | 渭滨区(陕) | 600.00 |
| 35 | 陇　县(陕) | 478.00 |
| 36 | 洛南县(陕) | 158.00 |
| 37 | 镇安县(陕) | 150.00 |
| 38 | 眉　县(陕) | 98.00 |
| 39 | 千阳县(陕) | 53.00 |
| 40 | 丹凤县(陕) | 50.00 |
| 41 | 太白县(陕) | 49.80 |
| 42 | 勉　县(陕) | 36.00 |
| 43 | 秦都区(陕) | 29.00 |
| 44 | 杨凌区农林局(陕) | 24.60 |
| 45 | 户　县(陕) | 22.00 |
| 46 | 金台区(陕) | 22.00 |
| 47 | 佛坪县(陕) | 13.00 |
| 48 | 桥北林业局(陕) | 10.25 |
| 49 | 徽　县(甘) | 760.00 |
| 50 | 礼　县(甘) | 320.00 |
| 51 | 合水林业总场(甘) | 155.20 |
| 52 | 正宁林业总场(甘) | 141.15 |
| 53 | 成　县(甘) | 100.00 |
| 54 | 湘乐林业总场(甘) | 97.48 |
| 55 | 华池林业总场(甘) | 35.09 |
| 56 | 大武口区(宁) | 10.00 |

**表 10-9　油松苗主产地产量**

| 序号 | 油松苗主产地 | 产量(万株) |
|---|---|---|
| 1 | 顺义区(京) | 248.30 |
| 2 | 昌平区(京) | 21.13 |
| 3 | 平谷区(京) | 10.80 |
| 4 | 丰宁满族自治县(冀) | 27240.00 |
| 5 | 承德县(冀) | 7500.00 |
| 6 | 围场满族蒙古族自治县(冀) | 7000.00 |
| 7 | 平泉县(冀) | 4986.00 |
| 8 | 赤城县(冀) | 3433.00 |
| 9 | 滦平县(冀) | 3000.00 |
| 10 | 木栏围场国营林场(冀) | 944.34 |
| 11 | 怀来县(冀) | 840.49 |
| 12 | 阳原县(冀) | 667.50 |
| 13 | 阜平县(冀) | 459.00 |
| 14 | 满城县(冀) | 450.00 |
| 15 | 涿州市(冀) | 325.00 |
| 16 | 易　县(冀) | 300.00 |
| 17 | 尚义县(冀) | 293.00 |
| 18 | 定州市(冀) | 230.00 |
| 19 | 张家口市高新技术管理区(冀) | 187.00 |
| 20 | 双桥区(冀) | 180.00 |
| 21 | 小五台国家级自然保护区(冀) | 130.00 |
| 22 | 卢龙县(冀) | 125.00 |
| 23 | 宽城满族自治县(冀) | 100.00 |
| 24 | 蔚　县(冀) | 98.00 |
| 25 | 沧　县(冀) | 75.00 |
| 26 | 滦　县(冀) | 65.00 |
| 27 | 河北省林业示范场(冀) | 50.95 |
| 28 | 博野县(冀) | 50.00 |
| 29 | 广阳区(冀) | 37.50 |
| 30 | 滦平林场管理局(冀) | 23.46 |
| 31 | 三河市(冀) | 15.00 |
| 32 | 鹿泉区(冀) | 10.62 |
| 33 | 康保县(冀) | 10.00 |
| 34 | 中阳县(晋) | 4800.00 |
| 35 | 五台县(晋) | 4300.00 |
| 36 | 新荣区(晋) | 2541.00 |

（续）

| 序号 | 油松苗主产地 | 产量（万株） |
|---|---|---|
| 37 | 吉　县（晋） | 2210.00 |
| 38 | 忻府区（晋） | 1800.83 |
| 39 | 沁　县（晋） | 1644.00 |
| 40 | 定襄县（晋） | 1500.00 |
| 41 | 大同县（晋） | 1250.00 |
| 42 | 平顺县（晋） | 1250.00 |
| 43 | 阳高县（晋） | 800.00 |
| 44 | 岢岚县（晋） | 800.00 |
| 45 | 大宁县（晋） | 750.00 |
| 46 | 阳泉市郊区（晋） | 730.00 |
| 47 | 保德县（晋） | 700.00 |
| 48 | 浑源县（晋） | 600.00 |
| 49 | 平定县（晋） | 600.00 |
| 50 | 临　县（晋） | 450.00 |
| 51 | 沁源县（晋） | 400.00 |
| 52 | 广灵县（晋） | 390.00 |
| 53 | 山阴县（晋） | 300.00 |
| 54 | 交口县（晋） | 300.00 |
| 55 | 古交市（晋） | 300.00 |
| 56 | 河曲县（晋） | 299.30 |
| 57 | 天镇县（晋） | 240.00 |
| 58 | 神池县（晋） | 231.00 |
| 59 | 稷山县（晋） | 193.80 |
| 60 | 南郊区（晋） | 190.00 |
| 61 | 恒山林场（晋） | 182.00 |
| 62 | 翼城县（晋） | 140.00 |
| 63 | 屯留县（晋） | 130.00 |
| 64 | 曲沃县（晋） | 120.00 |
| 65 | 阳曲县（晋） | 100.00 |
| 66 | 泽州县（晋） | 75.00 |
| 67 | 襄汾县（晋） | 75.00 |
| 68 | 永和县（晋） | 60.00 |
| 69 | 洪洞县（晋） | 36.00 |
| 70 | 侯马市（晋） | 36.00 |
| 71 | 朔城区（晋） | 33.30 |
| 72 | 夏　县（晋） | 23.80 |
| 73 | 阳城县（晋） | 14.30 |
| 74 | 襄垣县（晋） | 14.00 |
| 75 | 潞城市（晋） | 10.00 |
| 76 | 伊金霍洛旗（内蒙古） | 1036.72 |
| 77 | 集宁区（内蒙古） | 832.00 |
| 78 | 丰镇市（内蒙古） | 608.80 |
| 79 | 武川县（内蒙古） | 510.00 |
| 80 | 翁牛特旗（内蒙古） | 447.00 |
| 81 | 土默特右旗（内蒙古） | 360.32 |
| 82 | 宁城县（内蒙古） | 360.00 |
| 83 | 土默特左旗（内蒙古） | 173.00 |
| 84 | 敖汉旗（内蒙古） | 145.00 |
| 85 | 清水河县（内蒙古） | 138.00 |
| 86 | 库伦旗（内蒙古） | 91.40 |
| 87 | 阿鲁科尔沁旗（内蒙古） | 80.00 |
| 88 | 红山区（内蒙古） | 71.60 |
| 89 | 赛罕区（内蒙古） | 68.00 |
| 90 | 巴林左旗（内蒙古） | 40.25 |
| 91 | 和林格尔县（内蒙古） | 30.00 |
| 92 | 石拐区（内蒙古） | 25.00 |
| 93 | 察哈尔右翼前旗（内蒙古） | 23.05 |
| 94 | 东河区（内蒙古） | 22.00 |
| 95 | 元宝山区（内蒙古） | 22.00 |
| 96 | 鄂托克前旗（内蒙古） | 18.55 |
| 97 | 东胜区（内蒙古） | 16.00 |
| 98 | 托克托县（内蒙古） | 15.26 |
| 99 | 商都县（内蒙古） | 15.00 |
| 100 | 察哈尔右翼后旗（内蒙古） | 10.00 |
| 101 | 阜新蒙古族自治县（辽） | 1800.00 |
| 102 | 凌海市（辽） | 800.00 |
| 103 | 绥中县（辽） | 300.00 |
| 104 | 盖州市（辽） | 285.00 |
| 105 | 凌源市（辽） | 225.00 |
| 106 | 本溪满族自治县（辽） | 143.95 |
| 107 | 喀喇沁左翼蒙古族自治县（辽） | 110.00 |
| 108 | 建平县（辽） | 75.00 |
| 109 | 辽宁省固沙造林研究所（辽） | 60.00 |
| 110 | 长白朝鲜族自治县（吉） | 62.00 |
| 111 | 密山市（黑） | 140.00 |
| 112 | 莒南县（鲁） | 1170.00 |
| 113 | 海阳市（鲁） | 12.00 |
| 114 | 卢氏县（豫） | 191.80 |
| 115 | 济源市（豫） | 48.00 |
| 116 | 松滋市（鄂） | 50.00 |
| 117 | 汶川县（川） | 56.00 |
| 118 | 横山县（陕） | 4000.00 |
| 119 | 麟游县（陕） | 2648.00 |
| 120 | 千阳县（陕） | 1670.00 |
| 121 | 山阳县（陕） | 1620.00 |
| 122 | 周至县（陕） | 1140.00 |
| 123 | 凤　县（陕） | 900.00 |
| 124 | 绥德县（陕） | 685.50 |
| 125 | 陇　县（陕） | 489.00 |
| 126 | 靖边县（陕） | 480.00 |
| 127 | 宜君县（陕） | 352.00 |
| 128 | 黄龙山林业局（陕） | 251.00 |
| 129 | 永寿县（陕） | 225.00 |
| 130 | 桥北林业局（陕） | 221.00 |
| 131 | 勉　县（陕） | 220.00 |
| 132 | 神木县（陕） | 200.00 |
| 133 | 三原县（陕） | 200.00 |
| 134 | 太白林业局（陕） | 164.00 |
| 135 | 洛南县（陕） | 163.00 |
| 136 | 丹凤县（陕） | 150.00 |
| 137 | 杨凌区农林局（陕） | 150.00 |
| 138 | 镇安县（陕） | 145.00 |
| 139 | 太白县（陕） | 138.90 |
| 140 | 定边县（陕） | 135.00 |
| 141 | 米脂县（陕） | 116.26 |
| 142 | 商南县（陕） | 80.00 |
| 143 | 平利县（陕） | 80.00 |
| 144 | 南郑县（陕） | 60.00 |
| 145 | 留坝县（陕） | 50.00 |
| 146 | 清涧县（陕） | 45.00 |
| 147 | 子洲县（陕） | 33.00 |
| 148 | 淳化县（陕） | 30.00 |
| 149 | 韩城市林业局（陕） | 21.49 |
| 150 | 渭滨区（陕） | 19.00 |
| 151 | 长安区（陕） | 16.00 |
| 152 | 镇坪县（陕） | 15.00 |
| 153 | 商州区（陕） | 12.00 |
| 154 | 合水林业总场（甘） | 5726.80 |
| 155 | 华池林业总场（甘） | 5622.59 |
| 156 | 礼　县（甘） | 4900.00 |
| 157 | 庄浪县（甘） | 4500.00 |
| 158 | 临洮县（甘） | 3700.00 |
| 159 | 正宁林业总场（甘） | 2907.70 |
| 160 | 武都区（甘） | 2320.00 |
| 161 | 湘乐林业总场（甘） | 1904.20 |
| 162 | 迭部县（甘） | 1750.00 |
| 163 | 西峰区（甘） | 1200.00 |
| 164 | 岷　县（甘） | 1200.00 |
| 165 | 舟曲县（甘） | 1050.00 |
| 166 | 清水县（甘） | 880.00 |
| 167 | 庆城县（甘） | 660.00 |
| 168 | 关山林业管理局（甘） | 469.00 |
| 169 | 西和县（甘） | 312.00 |
| 170 | 古浪县（甘） | 245.00 |
| 171 | 崆峒区（甘） | 175.00 |

(续)

| 序号 | 油松苗主产地 | 产量(万株) |
|---|---|---|
| 172 | 临夏市(甘) | 167.00 |
| 173 | 广河县(甘) | 60.00 |
| 174 | 民乐县(甘) | 55.00 |
| 175 | 永昌县(甘) | 40.00 |
| 176 | 武威市市辖区(甘) | 27.00 |
| 177 | 崇信县(甘) | 25.00 |
| 178 | 甘州区(甘) | 22.36 |
| 179 | 会宁县(甘) | 13.20 |
| 180 | 泾源县(宁) | 6200.00 |
| 181 | 隆德县(宁) | 982.00 |
| 182 | 原州区(宁) | 547.50 |
| 183 | 彭阳县(宁) | 270.00 |
| 184 | 西吉县(宁) | 87.00 |
| 185 | 平罗县(宁) | 18.51 |
| 186 | 贺兰县(宁) | 12.60 |

**表 10-10 樟子松苗主产地产量**

| 序号 | 樟子松苗主产地 | 产量(万株) |
|---|---|---|
| 1 | 沽源县(冀) | 12000.00 |
| 2 | 丰宁满族自治县(冀) | 5850.00 |
| 3 | 围场满族蒙古族自治县(冀) | 5000.00 |
| 4 | 康保县(冀) | 1168.51 |
| 5 | 尚义县(冀) | 820.00 |
| 6 | 张北县(冀) | 631.20 |
| 7 | 定州市(冀) | 200.00 |
| 8 | 塞罕坝机械林场(冀) | 165.00 |
| 9 | 木栏围场国营林场(冀) | 104.41 |
| 10 | 怀来县(冀) | 13.60 |
| 11 | 张家口市高新技术管理区(冀) | 13.50 |
| 12 | 新荣区(晋) | 4033.00 |
| 13 | 南郊区(晋) | 180.00 |
| 14 | 广灵县(晋) | 126.00 |
| 15 | 大同县(晋) | 120.00 |
| 16 | 左云县(晋) | 105.00 |
| 17 | 阳高县(晋) | 80.00 |
| 18 | 忻府区(晋) | 60.88 |
| 19 | 山阴县(晋) | 40.00 |
| 20 | 河曲县(晋) | 32.50 |
| 21 | 岢岚县(晋) | 10.00 |
| 22 | 乌审旗(内蒙古) | 31000.00 |
| 23 | 伊金霍洛旗(内蒙古) | 13760.14 |
| 24 | 和林格尔县(内蒙古) | 3260.00 |
| 25 | 阿鲁科尔沁旗(内蒙古) | 2955.00 |
| 26 | 扎赉特旗(内蒙古) | 2100.00 |
| 27 | 陈巴尔虎旗(内蒙古) | 1528.00 |

(续)

| 序号 | 樟子松苗主产地 | 产量(万株) |
|---|---|---|
| 28 | 新巴尔虎左旗(内蒙古) | 1396.00 |
| 29 | 克什克腾旗(内蒙古) | 1235.00 |
| 30 | 库伦旗(内蒙古) | 942.10 |
| 31 | 丰镇市(内蒙古) | 854.10 |
| 32 | 扎兰屯市(内蒙古) | 450.00 |
| 33 | 阿荣旗(内蒙古) | 400.00 |
| 34 | 杭锦旗(内蒙古) | 388.40 |
| 35 | 巴林右旗(内蒙古) | 346.70 |
| 36 | 鄂托克前旗(内蒙古) | 342.18 |
| 37 | 卓资县(内蒙古) | 340.00 |
| 38 | 阿尔山市(内蒙古) | 300.00 |
| 39 | 巴林左旗(内蒙古) | 298.60 |
| 40 | 敖汉旗(内蒙古) | 289.00 |
| 41 | 正蓝旗(内蒙古) | 280.50 |
| 42 | 鄂温克族自治旗(内蒙古) | 270.00 |
| 43 | 武川县(内蒙古) | 266.00 |
| 44 | 宁城县(内蒙古) | 250.00 |
| 45 | 清水河县(内蒙古) | 247.04 |
| 46 | 白狼林业局(内蒙古) | 229.00 |
| 47 | 察哈尔右翼后旗(内蒙古) | 214.00 |
| 48 | 翁牛特旗(内蒙古) | 200.00 |
| 49 | 海拉尔区(内蒙古) | 180.00 |
| 50 | 科尔沁左翼中旗(内蒙古) | 150.00 |
| 51 | 土默特左旗(内蒙古) | 150.00 |
| 52 | 赛罕区(内蒙古) | 132.00 |
| 53 | 林西县(内蒙古) | 110.00 |
| 54 | 松山区(内蒙古) | 108.00 |
| 55 | 牙克石市(内蒙古) | 100.74 |
| 56 | 固阳县(内蒙古) | 94.00 |
| 57 | 奈曼旗(内蒙古) | 88.00 |
| 58 | 红山区(内蒙古) | 83.40 |
| 59 | 察哈尔右翼前旗(内蒙古) | 68.31 |
| 60 | 四子王旗(内蒙古) | 65.00 |
| 61 | 托克托县(内蒙古) | 56.04 |
| 62 | 东河区(内蒙古) | 31.00 |
| 63 | 开鲁县(内蒙古) | 30.00 |
| 64 | 元宝山区(内蒙古) | 25.00 |
| 65 | 东乌珠穆沁旗(内蒙古) | 23.00 |
| 66 | 察哈尔右翼中旗(内蒙古) | 22.00 |
| 67 | 巴林林业局(内蒙古) | 18.40 |
| 68 | 霍林郭勒市(内蒙古) | 18.00 |
| 69 | 东胜区(内蒙古) | 16.00 |
| 70 | 乌拉特后旗(内蒙古) | 15.00 |
| 71 | 达拉特旗(内蒙古) | 12.00 |
| 72 | 鄂托克旗(内蒙古) | 10.00 |

(续)

| 序号 | 樟子松苗主产地 | 产量(万株) |
|---|---|---|
| 73 | 商都县(内蒙古) | 10.00 |
| 74 | 彰武县(辽) | 2600.00 |
| 75 | 阜新蒙古族自治县(辽) | 1500.00 |
| 76 | 昌图县(辽) | 250.00 |
| 77 | 辽宁省固沙造林研究所(辽) | 200.00 |
| 78 | 九台区(吉) | 1200.00 |
| 79 | 江源区(吉) | 190.00 |
| 80 | 长白朝鲜族自治县(吉) | 173.00 |
| 81 | 伊通满族自治县(吉) | 150.00 |
| 82 | 辉南县(吉) | 139.00 |
| 83 | 东丰县(吉) | 110.00 |
| 84 | 长春市净月经济开发区(吉) | 108.95 |
| 85 | 梨树县(吉) | 96.00 |
| 86 | 蛟河市(吉) | 71.40 |
| 87 | 临江市(吉) | 52.70 |
| 88 | 龙井市(吉) | 43.00 |
| 89 | 洮南市(吉) | 20.00 |
| 90 | 龙潭区(吉) | 12.00 |
| 91 | 尚志市(黑) | 4500.00 |
| 92 | 佳木斯市郊区(黑) | 1768.00 |
| 93 | 孙吴县(黑) | 1176.00 |
| 94 | 汤原县(黑) | 1050.00 |
| 95 | 克东县(黑) | 1000.00 |
| 96 | 嫩江县(黑) | 860.00 |
| 97 | 逊克县(黑) | 670.00 |
| 98 | 密山市(黑) | 393.00 |
| 99 | 海林市(黑) | 337.50 |
| 100 | 杜尔伯特蒙古族自治县(黑) | 283.50 |
| 101 | 桦南县(黑) | 245.00 |
| 102 | 黑河市直属林场(黑) | 225.00 |
| 103 | 五大连池市(黑) | 202.30 |
| 104 | 孟家岗林场(黑) | 200.00 |
| 105 | 克山县(黑) | 180.00 |
| 106 | 呼兰区(黑) | 150.00 |
| 107 | 尚志国有林场管理局(黑) | 132.00 |
| 108 | 城子河区(黑) | 120.00 |
| 109 | 绥棱县(黑) | 106.00 |
| 110 | 同江市(黑) | 100.00 |
| 111 | 大同区(黑) | 69.00 |
| 112 | 讷河市(黑) | 60.60 |
| 113 | 甘南县(黑) | 60.00 |
| 114 | 抚远县(黑) | 50.00 |
| 115 | 鸡东县(黑) | 50.00 |
| 116 | 北林区(黑) | 50.00 |
| 117 | 让胡路区(黑) | 40.00 |

（续）

| 序号 | 樟子松苗主产地 | 产量（万株） |
|---|---|---|
| 118 | 富锦市（黑） | 30.00 |
| 119 | 集贤县（黑） | 18.00 |
| 120 | 呼玛县（黑） | 15.00 |
| 121 | 林口县（黑） | 14.00 |
| 122 | 横山县（陕） | 102000.00 |
| 123 | 榆阳区（陕） | 750.00 |
| 124 | 神木县（陕） | 500.00 |
| 125 | 定边县（陕） | 465.00 |
| 126 | 千阳县（陕） | 18.00 |
| 127 | 渭源县（甘） | 1200.00 |
| 128 | 岷　县（甘） | 500.00 |
| 129 | 广河县（甘） | 300.00 |
| 130 | 临洮县（甘） | 200.00 |
| 131 | 临泽县（甘） | 194.20 |
| 132 | 华池林业总场（甘） | 112.95 |
| 133 | 武威市市辖区（甘） | 96.00 |
| 134 | 甘州区（甘） | 91.69 |
| 135 | 榆中县（甘） | 84.00 |
| 136 | 民乐县（甘） | 48.00 |
| 137 | 永昌县（甘） | 36.40 |
| 138 | 正宁林业总场（甘） | 35.20 |
| 139 | 合水林业总场（甘） | 23.06 |
| 140 | 金川区（甘） | 21.00 |
| 141 | 临夏市（甘） | 16.80 |
| 142 | 民勤县（甘） | 15.58 |
| 143 | 古浪县（甘） | 10.00 |
| 144 | 隆德县（宁） | 2350.00 |
| 145 | 泾源县（宁） | 1510.00 |
| 146 | 盐池县（宁） | 527.13 |
| 147 | 原州区（宁） | 420.00 |
| 148 | 永宁县（宁） | 348.00 |
| 149 | 灵武市（宁） | 66.72 |
| 150 | 贺兰县（宁） | 46.20 |
| 151 | 金凤区（宁） | 26.20 |
| 152 | 平罗县（宁） | 23.13 |
| 153 | 双鸭山林业局（龙江森工） | 82.20 |
| 154 | 红星林业局（龙江森工） | 29.00 |
| 155 | 柴河林业局（龙江森工） | 21.00 |
| 156 | 东京城林业局（龙江森工） | 19.00 |

**表 10-11　柳杉苗主产地产量**

| 序号 | 柳杉苗主产地 | 产量（万株） |
|---|---|---|
| 1 | 奉化区（浙） | 200.00 |
| 2 | 仙居县（浙） | 170.00 |
| 3 | 永康市（浙） | 71.95 |
| 4 | 江北区（浙） | 34.00 |
| 5 | 路桥区（浙） | 30.00 |
| 6 | 黄岩区（浙） | 28.00 |
| 7 | 瓯海区（浙） | 25.00 |
| 8 | 义乌市（浙） | 21.37 |
| 9 | 三门县（浙） | 14.50 |
| 10 | 遂昌县（浙） | 12.23 |
| 11 | 永嘉县（浙） | 11.00 |
| 12 | 金东区（浙） | 10.00 |
| 13 | 兰溪市（浙） | 8.90 |
| 14 | 鹿城区（浙） | 6.60 |
| 15 | 云和县（浙） | 5.00 |
| 16 | 青田县（浙） | 4.60 |
| 17 | 苍南县（浙） | 2.10 |
| 18 | 莲都区（浙） | 1.80 |
| 19 | 温岭市（浙） | 1.58 |
| 20 | 迎江区（皖） | 5.00 |
| 21 | 望江县（皖） | 1.00 |
| 22 | 瑞金市（赣） | 75.00 |
| 23 | 兴国县（赣） | 21.00 |
| 24 | 上饶县（赣） | 9.00 |
| 25 | 宜丰县（赣） | 8.30 |
| 26 | 龙南县（赣） | 8.00 |
| 27 | 江华瑶族自治县（湘） | 15.00 |
| 28 | 平江县（湘） | 15.00 |
| 29 | 沅江市（湘） | 2.50 |
| 30 | 茂南区（粤） | 127.00 |
| 31 | 连平县（粤） | 50.00 |
| 32 | 英德市（粤） | 10.00 |
| 33 | 新丰县（粤） | 2.30 |
| 34 | 海城区（桂） | 150.00 |
| 35 | 银海区（桂） | 95.00 |
| 36 | 良凤江国家森林公园（桂） | 5.90 |
| 37 | 铁山港区（桂） | 2.00 |
| 38 | 防城区（桂） | 1.80 |
| 39 | 江南区（桂） | 1.00 |
| 40 | 开阳县（黔） | 20.53 |
| 41 | 江口县（黔） | 5.30 |
| 42 | 孟连傣族拉祜族佤族自治县（滇） | 8.00 |
| 43 | 双江拉祜族佤族布朗族傣族自治县（滇） | 2.60 |

**表 10-12　雪松苗主产地产量**

| 序号 | 雪松苗主产地 | 产量（万株） |
|---|---|---|
| 1 | 丰台区（京） | 4.30 |
| 2 | 定州市（冀） | 400.00 |
| 3 | 井陉矿区（冀） | 10.00 |
| 4 | 河北省林业示范场（冀） | 3.00 |
| 5 | 涿州市（冀） | 1.10 |
| 6 | 襄汾县（晋） | 75.00 |
| 7 | 夏　县（晋） | 62.40 |
| 8 | 曲沃县（晋） | 25.00 |
| 9 | 河津市（晋） | 20.00 |
| 10 | 平陆县（晋） | 15.00 |
| 11 | 侯马市（晋） | 7.00 |
| 12 | 阳城县（晋） | 1.70 |
| 13 | 松江区（沪） | 3.90 |
| 14 | 三门县（浙） | 10.60 |
| 15 | 余杭区（浙） | 8.00 |
| 16 | 奉化区（浙） | 5.00 |
| 17 | 青田县（浙） | 1.77 |
| 18 | 诸城市（鲁） | 1000.00 |
| 19 | 莱城区（鲁） | 480.00 |
| 20 | 坊子区（鲁） | 60.00 |
| 21 | 肥城市（鲁） | 57.60 |
| 22 | 宁阳县（鲁） | 50.00 |
| 23 | 新泰市（鲁） | 38.00 |
| 24 | 海阳市（鲁） | 20.00 |
| 25 | 高密市（鲁） | 12.00 |
| 26 | 威海市经济技术开发区（鲁） | 9.50 |
| 27 | 威海市高技术产业开发区（鲁） | 4.00 |
| 28 | 牟平区（鲁） | 2.00 |
| 29 | 临沭县（鲁） | 1.00 |
| 30 | 汝南县（豫） | 1370.00 |
| 31 | 潢川县（豫） | 191.00 |
| 32 | 湖滨区（豫） | 64.60 |
| 33 | 中原区（豫） | 42.00 |
| 34 | 方城县（豫） | 36.00 |
| 35 | 惠济区（豫） | 27.27 |
| 36 | 义马市（豫） | 20.00 |
| 37 | 嵩　县（豫） | 11.50 |
| 38 | 舞钢市（豫） | 6.80 |
| 39 | 博爱县（豫） | 6.18 |
| 40 | 荥阳市（豫） | 4.90 |
| 41 | 林州市（豫） | 4.80 |
| 42 | 淅川县（豫） | 2.80 |
| 43 | 项城市（豫） | 1.40 |
| 44 | 凤泉区（豫） | 1.33 |
| 45 | 卫辉市（豫） | 1.00 |

(续)

| 序号 | 雪松苗主产地 | 产量(万株) |
|---|---|---|
| 46 | 蔡甸区(鄂) | 10.00 |
| 47 | 孝南区(鄂) | 1.00 |
| 48 | 巴南区(渝) | 33.00 |
| 49 | 渝北区(渝) | 1.70 |
| 50 | 郫　县(川) | 4.00 |
| 51 | 开阳县(黔) | 48.06 |
| 52 | 道真仡佬族苗族自治县(黔) | 3.20 |
| 53 | 陆良县(滇) | 117.95 |
| 54 | 富源县(滇) | 50.00 |
| 55 | 澄江县(滇) | 42.00 |
| 56 | 蒙自市(滇) | 35.00 |
| 57 | 洱源县(滇) | 22.00 |
| 58 | 昆明市经济技术开发区(滇) | 9.07 |
| 59 | 阳宗海管理区(滇) | 6.00 |
| 60 | 香格里拉县(滇) | 4.52 |
| 61 | 巍山彝族回族自治县(滇) | 3.00 |
| 62 | 江川县(滇) | 2.64 |
| 63 | 南郑县(陕) | 12.00 |
| 64 | 韩城市林业局(陕) | 5.40 |
| 65 | 金台区(陕) | 5.00 |
| 66 | 户　县(陕) | 2.50 |
| 67 | 阎良区(陕) | 2.30 |
| 68 | 清水县(甘) | 2.00 |
| 69 | 麦积区(甘) | 1.25 |

## 表 10-13　水杉苗主产地产量

| 序号 | 水杉苗主产地 | 产量(万株) |
|---|---|---|
| 1 | 松江区(沪) | 12.10 |
| 2 | 桐乡市(浙) | 368.60 |
| 3 | 江北区(浙) | 35.00 |
| 4 | 天台县(浙) | 31.00 |
| 5 | 海盐县(浙) | 18.20 |
| 6 | 奉化区(浙) | 15.00 |
| 7 | 三门县(浙) | 12.50 |
| 8 | 衢江区(浙) | 2.00 |
| 9 | 南陵县(皖) | 60.00 |
| 10 | 广德县(皖) | 7.80 |
| 11 | 肥东县(皖) | 4.00 |
| 12 | 分宜县(赣) | 2.00 |
| 13 | 栾川县(豫) | 1317.00 |
| 14 | 潢川县(豫) | 120.00 |
| 15 | 卫辉市(豫) | 1.80 |
| 16 | 利川市(鄂) | 5000.00 |
| 17 | 枣阳市(鄂) | 15.00 |
| 18 | 南　县(湘) | 28.00 |

(续)

| 序号 | 水杉苗主产地 | 产量(万株) |
|---|---|---|
| 19 | 沅江市(湘) | 22.00 |
| 20 | 平江县(湘) | 15.00 |
| 21 | 泸溪县(湘) | 8.00 |
| 22 | 古丈县(湘) | 6.40 |
| 23 | 大竹县(川) | 222.00 |
| 24 | 开江县(川) | 25.00 |
| 25 | 通江县(川) | 2.00 |
| 26 | 桐梓县(黔) | 537.00 |
| 27 | 蒙自市(滇) | 6.20 |

## 表 10-14　杉木苗主产地产量

| 序号 | 杉木苗主产地 | 产量(万株) |
|---|---|---|
| 1 | 衢江区(浙) | 40.00 |
| 2 | 仙居县(浙) | 30.00 |
| 3 | 遂昌县(浙) | 29.37 |
| 4 | 云和县(浙) | 25.00 |
| 5 | 三门县(浙) | 17.00 |
| 6 | 青田县(浙) | 15.00 |
| 7 | 黄山区(皖) | 1100.00 |
| 8 | 东至县(皖) | 900.00 |
| 9 | 南陵县(皖) | 400.00 |
| 10 | 泾　县(皖) | 250.00 |
| 11 | 石台县(皖) | 225.00 |
| 12 | 祁门县(皖) | 210.00 |
| 13 | 金寨县(皖) | 150.00 |
| 14 | 宿松县(皖) | 37.00 |
| 15 | 广德县(皖) | 25.00 |
| 16 | 青阳县(皖) | 12.00 |
| 17 | 黟　县(皖) | 10.00 |
| 18 | 安福县(赣) | 9600.00 |
| 19 | 奉新县(赣) | 4350.00 |
| 20 | 万载县(赣) | 2701.00 |
| 21 | 永丰县(赣) | 2000.00 |
| 22 | 崇义县(赣) | 1300.00 |
| 23 | 信丰县(赣) | 1300.00 |
| 24 | 遂川县(赣) | 1160.00 |
| 25 | 大余县(赣) | 1015.00 |
| 26 | 峡江县(赣) | 990.00 |
| 27 | 泰和县(赣) | 980.00 |
| 28 | 永新县(赣) | 969.00 |
| 29 | 宜丰县(赣) | 936.00 |
| 30 | 全南县(赣) | 810.00 |
| 31 | 瑞金市(赣) | 460.00 |
| 32 | 宁都县(赣) | 450.00 |
| 33 | 广昌县(赣) | 410.00 |

(续)

| 序号 | 杉木苗主产地 | 产量(万株) |
|---|---|---|
| 34 | 万年县(赣) | 400.00 |
| 35 | 上高县(赣) | 380.00 |
| 36 | 铅山县(赣) | 310.00 |
| 37 | 德兴市(赣) | 300.00 |
| 38 | 德安县(赣) | 260.00 |
| 39 | 乐安县(赣) | 254.00 |
| 40 | 定南县(赣) | 248.00 |
| 41 | 铜鼓县(赣) | 200.00 |
| 42 | 井冈山市(赣) | 198.00 |
| 43 | 新干县(赣) | 189.00 |
| 44 | 彭泽县(赣) | 180.00 |
| 45 | 临川区(赣) | 149.00 |
| 46 | 安远县(赣) | 128.00 |
| 47 | 婺源县(赣) | 120.00 |
| 48 | 瑞昌市(赣) | 116.50 |
| 49 | 分宜县(赣) | 100.00 |
| 50 | 龙南县(赣) | 100.00 |
| 51 | 崇仁县(赣) | 90.00 |
| 52 | 玉山县(赣) | 50.00 |
| 53 | 于都县(赣) | 48.00 |
| 54 | 兴国县(赣) | 40.00 |
| 55 | 高安市(赣) | 25.00 |
| 56 | 樟树市(赣) | 20.00 |
| 57 | 广丰县(赣) | 20.00 |
| 58 | 新　县(豫) | 1501.00 |
| 59 | 竹溪县(鄂) | 3150.00 |
| 60 | 阳新县(鄂) | 820.00 |
| 61 | 南漳县(鄂) | 800.00 |
| 62 | 大悟县(鄂) | 600.00 |
| 63 | 谷城县(鄂) | 538.00 |
| 64 | 房　县(鄂) | 300.00 |
| 65 | 建始县(鄂) | 220.00 |
| 66 | 枣阳市(鄂) | 200.00 |
| 67 | 宜都市(鄂) | 80.00 |
| 68 | 来凤县(鄂) | 65.00 |
| 69 | 大冶市(鄂) | 60.00 |
| 70 | 郧　县(鄂) | 54.00 |
| 71 | 京山县(鄂) | 36.00 |
| 72 | 松滋市(鄂) | 35.00 |
| 73 | 浠水县(鄂) | 30.00 |
| 74 | 广水市(鄂) | 20.00 |
| 75 | 桃江县(湘) | 6000.00 |
| 76 | 茶陵县(湘) | 6000.00 |
| 77 | 东安县(湘) | 1590.00 |
| 78 | 资兴市(湘) | 1254.00 |

（续）

| 序号 | 杉木苗主产地 | 产量（万株） |
|---|---|---|
| 79 | 武冈市（湘） | 1200.00 |
| 80 | 绥宁县（湘） | 950.00 |
| 81 | 汝城县（湘） | 888.00 |
| 82 | 苏仙区（湘） | 800.00 |
| 83 | 宁远县（湘） | 700.00 |
| 84 | 祁阳县（湘） | 626.00 |
| 85 | 安化县（湘） | 600.00 |
| 86 | 新宁县（湘） | 500.00 |
| 87 | 麻阳苗族自治县（湘） | 455.00 |
| 88 | 鼎城区（湘） | 450.00 |
| 89 | 城步苗族自治县（湘） | 400.00 |
| 90 | 慈利县（湘） | 400.00 |
| 91 | 会同县（湘） | 320.00 |
| 92 | 新邵县（湘） | 300.00 |
| 93 | 芷江侗族自治县（湘） | 300.00 |
| 94 | 靖州苗族侗族自治县（湘） | 295.00 |
| 95 | 冷水江市（湘） | 280.00 |
| 96 | 洪江市（湘） | 270.00 |
| 97 | 衡山县（湘） | 263.30 |
| 98 | 临澧县（湘） | 260.00 |
| 99 | 新田县（湘） | 250.00 |
| 100 | 江永县（湘） | 245.00 |
| 101 | 江华瑶族自治县（湘） | 245.00 |
| 102 | 岳阳县（湘） | 240.00 |
| 103 | 汨罗市（湘） | 236.00 |
| 104 | 浏阳市（湘） | 225.00 |
| 105 | 常宁市（湘） | 212.15 |
| 106 | 平江县（湘） | 210.00 |
| 107 | 耒阳市（湘） | 200.00 |
| 108 | 临武县（湘） | 200.00 |
| 109 | 零陵区（湘） | 200.00 |
| 110 | 攸　县（湘） | 200.00 |
| 111 | 永兴县（湘） | 163.00 |
| 112 | 祁东县（湘） | 160.00 |
| 113 | 株洲市市辖区（湘） | 145.00 |
| 114 | 辰溪县（湘） | 120.00 |
| 115 | 湘乡市（湘） | 120.00 |
| 116 | 株洲县（湘） | 105.90 |
| 117 | 溆浦县（湘） | 105.00 |
| 118 | 赫山区（湘） | 100.00 |
| 119 | 金洞林场（湘） | 100.00 |
| 120 | 中方县（湘） | 100.00 |
| 121 | 桂阳县（湘） | 99.80 |
| 122 | 永定区（湘） | 85.00 |
| 123 | 石门县（湘） | 80.00 |
| 124 | 沅陵县（湘） | 70.00 |
| 125 | 泸溪县（湘） | 60.00 |
| 126 | 新晃侗族自治县（湘） | 60.00 |
| 127 | 新化县（湘） | 50.00 |
| 128 | 衡南县（湘） | 45.00 |
| 129 | 双峰县（湘） | 42.00 |
| 130 | 湘潭县（湘） | 35.00 |
| 131 | 桂东县（湘） | 28.00 |
| 132 | 邵阳县（湘） | 15.00 |
| 133 | 乳源瑶族自治县（粤） | 1990.00 |
| 134 | 乐昌市（粤） | 560.00 |
| 135 | 连州市（粤） | 400.00 |
| 136 | 新丰县（粤） | 370.00 |
| 137 | 曲江区（粤） | 300.00 |
| 138 | 清城区（粤） | 200.00 |
| 139 | 连南瑶族自治县（粤） | 120.00 |
| 140 | 封开县（粤） | 100.00 |
| 141 | 乐昌林场（粤） | 74.00 |
| 142 | 郁南县（粤） | 50.00 |
| 143 | 连山林场（粤） | 50.00 |
| 144 | 蕉岭县（粤） | 30.00 |
| 145 | 阳山县（粤） | 30.00 |
| 146 | 连平县（粤） | 30.00 |
| 147 | 西江林业局（粤） | 28.60 |
| 148 | 龙川县（粤） | 12.00 |
| 149 | 从化市（粤） | 10.26 |
| 150 | 田林县（桂） | 1620.00 |
| 151 | 融水苗族自治县（桂） | 895.00 |
| 152 | 龙胜各族自治县（桂） | 785.00 |
| 153 | 那坡县（桂） | 753.00 |
| 154 | 凌云县（桂） | 620.00 |
| 155 | 灌阳县（桂） | 610.00 |
| 156 | 资源县（桂） | 600.00 |
| 157 | 贺州市平桂管理区（桂） | 600.00 |
| 158 | 昭平县（桂） | 535.00 |
| 159 | 维都林场（桂） | 336.00 |
| 160 | 兴安县（桂） | 320.00 |
| 161 | 隆林各族自治县（桂） | 286.00 |
| 162 | 武宣县（桂） | 270.00 |
| 163 | 蒙山县（桂） | 250.00 |
| 164 | 田东县（桂） | 200.00 |
| 165 | 浦北县（桂） | 60.00 |
| 166 | 高峰林场（桂） | 52.23 |
| 167 | 黄冕林场（桂） | 45.50 |
| 168 | 平果县（桂） | 32.00 |
| 169 | 万秀区（桂） | 25.00 |
| 170 | 六万林场（桂） | 22.00 |
| 171 | 藤　县（桂） | 10.00 |
| 172 | 巴马瑶族自治县（桂） | 10.00 |
| 173 | 梁平县（渝） | 514.80 |
| 174 | 酉阳土家族苗族自治县（渝） | 500.00 |
| 175 | 黔江区（渝） | 160.00 |
| 176 | 綦江区（渝） | 20.00 |
| 177 | 大竹县（川） | 400.00 |
| 178 | 合江县（川） | 360.00 |
| 179 | 宣汉县（川） | 250.00 |
| 180 | 邻水县（川） | 200.00 |
| 181 | 马边彝族自治县（川） | 160.00 |
| 182 | 古蔺县（川） | 100.00 |
| 183 | 青川县（川） | 70.00 |
| 184 | 开江县（川） | 65.00 |
| 185 | 高　县（川） | 29.50 |
| 186 | 达川区（川） | 20.00 |
| 187 | 威远县（川） | 10.00 |
| 188 | 榕江县（黔） | 2500.00 |
| 189 | 兴义市（黔） | 2000.00 |
| 190 | 兴仁县（黔） | 1500.00 |
| 191 | 普安县（黔） | 800.00 |
| 192 | 桐梓县（黔） | 500.00 |
| 193 | 晴隆县（黔） | 500.00 |
| 194 | 沿河土家族自治县（黔） | 260.00 |
| 195 | 碧江区（黔） | 180.00 |
| 196 | 江口县（黔） | 155.00 |
| 197 | 紫云苗族布依族自治县（黔） | 110.00 |
| 198 | 荔波县（黔） | 100.00 |
| 199 | 黄平县（黔） | 60.00 |
| 200 | 开阳县（黔） | 49.67 |
| 201 | 思南县（黔） | 40.00 |
| 202 | 贞丰县（黔） | 15.00 |
| 203 | 三都水族自治县（黔） | 12.80 |
| 204 | 丘北县（滇） | 2898.00 |
| 205 | 绿春县（滇） | 2500.00 |
| 206 | 广南县（滇） | 2145.00 |
| 207 | 罗平县（滇） | 2128.00 |
| 208 | 元阳县（滇） | 1875.00 |
| 209 | 马关县（滇） | 1650.00 |
| 210 | 镇雄县（滇） | 900.00 |
| 211 | 红河县（滇） | 800.00 |
| 212 | 砚山县（滇） | 680.00 |
| 213 | 富源县（滇） | 450.00 |

(续)

| 序号 | 杉木苗主产地 | 产量(万株) |
|---|---|---|
| 214 | 昌宁县(滇) | 350.00 |
| 215 | 盈江县(滇) | 331.00 |
| 216 | 石屏县(滇) | 300.00 |
| 217 | 屏边苗族自治县(滇) | 300.00 |
| 218 | 金平苗族瑶族傣族自治县(滇) | 300.00 |
| 219 | 双江拉祜族佤族布朗族傣族自治县(滇) | 265.00 |
| 220 | 沧源佤族自治县(滇) | 200.00 |
| 221 | 绥江县(滇) | 150.00 |
| 222 | 陇川县(滇) | 140.00 |
| 223 | 麻栗坡县(滇) | 106.00 |
| 224 | 永德县(滇) | 100.00 |
| 225 | 西盟佤族自治县(滇) | 58.00 |
| 226 | 西畴县(滇) | 55.00 |
| 227 | 个旧市(滇) | 47.00 |
| 228 | 瑞丽市(滇) | 34.00 |
| 229 | 大关县(滇) | 30.00 |
| 230 | 泸西县(滇) | 26.00 |
| 231 | 宁洱哈尼族彝族自治县(滇) | 20.00 |
| 232 | 澜沧拉祜族自治县(滇) | 15.00 |
| 233 | 峨山彝族自治县(滇) | 14.50 |
| 234 | 施甸县(滇) | 10.00 |
| 235 | 石泉县(陕) | 200.00 |
| 236 | 汉滨区(陕) | 100.00 |

### 表 10-15　云杉苗主产地产量

| 序号 | 云杉苗主产地 | 产量(万株) |
|---|---|---|
| 1 | 定州市(冀) | 672.00 |
| 2 | 木栏围场国营林场(冀) | 655.62 |
| 3 | 围场满族蒙古族自治县(冀) | 500.00 |
| 4 | 康保县(冀) | 272.97 |
| 5 | 尚义县(冀) | 154.00 |
| 6 | 塞罕坝机械林场(冀) | 30.00 |
| 7 | 阳高县(晋) | 75.00 |
| 8 | 定襄县(晋) | 30.00 |
| 9 | 左云县(晋) | 25.00 |
| 10 | 襄汾县(晋) | 25.00 |
| 11 | 岢岚县(晋) | 15.00 |
| 12 | 平定县(晋) | 15.00 |
| 13 | 克什克腾旗(内蒙古) | 3065.00 |
| 14 | 白狼林业局(内蒙古) | 1737.00 |
| 15 | 陈巴尔虎旗(内蒙古) | 503.00 |
| 16 | 赛罕区(内蒙古) | 259.00 |
| 17 | 阿尔山市(内蒙古) | 250.00 |
| 18 | 土默特左旗(内蒙古) | 107.00 |

(续)

| 序号 | 云杉苗主产地 | 产量(万株) |
|---|---|---|
| 19 | 阿荣旗(内蒙古) | 100.00 |
| 20 | 丰镇市(内蒙古) | 85.70 |
| 21 | 和林格尔县(内蒙古) | 75.00 |
| 22 | 察哈尔右翼前旗(内蒙古) | 64.79 |
| 23 | 松山区(内蒙古) | 62.00 |
| 24 | 扎兰屯市(内蒙古) | 49.00 |
| 25 | 宁城县(内蒙古) | 45.00 |
| 26 | 武川县(内蒙古) | 43.00 |
| 27 | 商都县(内蒙古) | 40.00 |
| 28 | 察哈尔右翼后旗(内蒙古) | 35.70 |
| 29 | 鄂温克族自治旗(内蒙古) | 30.00 |
| 30 | 固阳县(内蒙古) | 26.00 |
| 31 | 巴林林业局(内蒙古) | 25.20 |
| 32 | 敖汉旗(内蒙古) | 23.00 |
| 33 | 红山区(内蒙古) | 22.52 |
| 34 | 土默特右旗(内蒙古) | 12.02 |
| 35 | 库伦旗(内蒙古) | 12.00 |
| 36 | 清水河县(内蒙古) | 10.70 |
| 37 | 元宝山区(内蒙古) | 10.00 |
| 38 | 集宁区(内蒙古) | 10.00 |
| 39 | 桓仁满族自治县(辽) | 740.00 |
| 40 | 本溪满族自治县(辽) | 159.50 |
| 41 | 柳河县(吉) | 10000.00 |
| 42 | 江源区(吉) | 3600.00 |
| 43 | 蛟河市(吉) | 2695.50 |
| 44 | 长白朝鲜族自治县(吉) | 2315.00 |
| 45 | 九台区(吉) | 1000.00 |
| 46 | 临江市(吉) | 684.30 |
| 47 | 梨树县(吉) | 490.00 |
| 48 | 汪清林业局(吉) | 466.00 |
| 49 | 黄泥河林业局(吉) | 455.00 |
| 50 | 八家子林业局(吉) | 433.50 |
| 51 | 双阳区(吉) | 429.00 |
| 52 | 辉南县(吉) | 390.00 |
| 53 | 天桥岭林业局(吉) | 385.00 |
| 54 | 龙井市(吉) | 217.60 |
| 55 | 珲春林业局(吉) | 204.29 |
| 56 | 延吉市(吉) | 100.00 |
| 57 | 磐石市(吉) | 94.00 |
| 58 | 长春市净月经济开发区(吉) | 73.54 |
| 59 | 敦化林业局(吉) | 64.70 |
| 60 | 丰满区(吉) | 50.00 |
| 61 | 伊通满族自治县(吉) | 50.00 |
| 62 | 安图县(吉) | 35.00 |
| 63 | 和龙市(吉) | 30.00 |

(续)

| 序号 | 云杉苗主产地 | 产量(万株) |
|---|---|---|
| 64 | 龙潭区(吉) | 25.00 |
| 65 | 东丰县(吉) | 20.00 |
| 66 | 二道江区(吉) | 20.00 |
| 67 | 桦甸市(吉) | 18.00 |
| 68 | 昌邑区(吉) | 13.00 |
| 69 | 孙吴县(黑) | 14840.63 |
| 70 | 尚志市(黑) | 4000.00 |
| 71 | 嫩江县(黑) | 1000.00 |
| 72 | 延寿县(黑) | 800.00 |
| 73 | 鹤岗市市辖区(黑) | 500.00 |
| 74 | 克东县(黑) | 500.00 |
| 75 | 黑河市直属林场(黑) | 400.00 |
| 76 | 林甸县(黑) | 300.00 |
| 77 | 五大连池市(黑) | 216.70 |
| 78 | 密山市(黑) | 211.00 |
| 79 | 克山县(黑) | 160.00 |
| 80 | 尚志国有林场管理局(黑) | 152.00 |
| 81 | 集贤县(黑) | 135.00 |
| 82 | 孟家岗林场(黑) | 121.00 |
| 83 | 汤原县(黑) | 90.00 |
| 84 | 庆安国有林场管理局(黑) | 87.40 |
| 85 | 呼兰区(黑) | 70.00 |
| 86 | 绥棱县(黑) | 59.00 |
| 87 | 伊春市市辖区(黑) | 52.70 |
| 88 | 富锦市(黑) | 50.00 |
| 89 | 铁力市(黑) | 50.00 |
| 90 | 逊克县(黑) | 46.00 |
| 91 | 鸡东县(黑) | 44.00 |
| 92 | 桦南县(黑) | 40.00 |
| 93 | 绥芬河市(黑) | 40.00 |
| 94 | 北林区(黑) | 40.00 |
| 95 | 巴彦县(黑) | 30.00 |
| 96 | 大同区(黑) | 21.40 |
| 97 | 佳木斯市郊区(黑) | 20.00 |
| 98 | 通河县(黑) | 10.00 |
| 99 | 雅江县(川) | 566.31 |
| 100 | 道孚林业局(川) | 508.00 |
| 101 | 白玉林业局(川) | 300.00 |
| 102 | 炉霍县(川) | 110.00 |
| 103 | 丹巴林业局(川) | 70.00 |
| 104 | 理塘县(川) | 30.00 |
| 105 | 甘孜州林业工程处(川) | 25.00 |
| 106 | 汉源县(川) | 20.00 |
| 107 | 炉霍林业局(川) | 20.00 |
| 108 | 芒康县(藏) | 37.90 |

（续）

| 序号 | 云杉苗主产地 | 产量(万株) |
|---|---|---|
| 109 | 江达县(藏) | 35.00 |
| 110 | 洛隆县(藏) | 20.00 |
| 111 | 丁青县(藏) | 10.00 |
| 112 | 太白县(陕) | 94.70 |
| 113 | 宁西林业局(陕) | 90.00 |
| 114 | 辛家山林业局(陕) | 10.00 |
| 115 | 迭部县(甘) | 15200.00 |
| 116 | 舟曲县(甘) | 10125.00 |
| 117 | 渭源县(甘) | 9000.00 |
| 118 | 临洮县(甘) | 6100.00 |
| 119 | 岷　县(甘) | 1500.00 |
| 120 | 临潭县(甘) | 1200.00 |
| 121 | 积石山保安族东乡族撒拉族自治县(甘) | 1140.00 |
| 122 | 天祝藏族自治县(甘) | 1024.63 |
| 123 | 榆中县(甘) | 790.00 |
| 124 | 武都区(甘) | 753.00 |
| 125 | 关山林业管理局(甘) | 586.00 |
| 126 | 碌曲县(甘) | 520.00 |
| 127 | 卓尼县(甘) | 360.00 |
| 128 | 古浪县(甘) | 215.00 |
| 129 | 礼　县(甘) | 210.00 |
| 130 | 夏河县(甘) | 200.00 |
| 131 | 甘州区(甘) | 198.96 |
| 132 | 和政县(甘) | 157.50 |
| 133 | 正宁林业总场(甘) | 151.60 |
| 134 | 临夏市(甘) | 146.00 |
| 135 | 民乐县(甘) | 113.00 |
| 136 | 合水林业总场(甘) | 107.20 |
| 137 | 红古区(甘) | 100.00 |
| 138 | 广河县(甘) | 90.00 |
| 139 | 合作市(甘) | 80.00 |
| 140 | 崆峒区(甘) | 78.00 |
| 141 | 宕昌县(甘) | 75.00 |
| 142 | 会宁县(甘) | 60.00 |
| 143 | 通渭县(甘) | 55.00 |
| 144 | 康乐县(甘) | 48.00 |
| 145 | 华池林业总场(甘) | 37.81 |
| 146 | 武威市市辖区(甘) | 26.60 |
| 147 | 临夏县(甘) | 17.25 |
| 148 | 湘乐林业总场(甘) | 14.02 |
| 149 | 隆德县(宁) | 7200.00 |
| 150 | 原州区(宁) | 1474.90 |
| 151 | 永宁县(宁) | 858.00 |
| 152 | 西吉县(宁) | 720.00 |

（续）

| 序号 | 云杉苗主产地 | 产量(万株) |
|---|---|---|
| 153 | 彭阳县(宁) | 360.00 |
| 154 | 大武口区(宁) | 10.65 |
| 155 | 三岔子林业局(吉林森工) | 677.97 |
| 156 | 临江林业局(吉林森工) | 406.74 |
| 157 | 松江河林业有限公司(吉林森工) | 200.00 |
| 158 | 露水河林业局(吉林森工) | 150.48 |
| 159 | 红石林业局(吉林森工) | 93.00 |
| 160 | 朗乡林业局(龙江森工) | 460.70 |
| 161 | 鹤立林业局(龙江森工) | 416.20 |
| 162 | 带岭实验局(龙江森工) | 361.60 |
| 163 | 汤旺河林业局(龙江森工) | 293.00 |
| 164 | 穆棱林业局(龙江森工) | 237.50 |
| 165 | 翠峦林业局(龙江森工) | 200.00 |
| 166 | 双鸭山林业局(龙江森工) | 196.40 |
| 167 | 友好林业局(龙江森工) | 178.00 |
| 168 | 苇河林业局(龙江森工) | 160.10 |
| 169 | 绥阳林业局(龙江森工) | 159.80 |
| 170 | 东方红林业局(龙江森工) | 153.00 |
| 171 | 绥棱林业局(龙江森工) | 150.40 |
| 172 | 桦南林业局(龙江森工) | 144.30 |
| 173 | 东京城林业局(龙江森工) | 140.90 |
| 174 | 铁力林业局(龙江森工) | 129.80 |
| 175 | 新青林业局(龙江森工) | 127.00 |
| 176 | 沾河林业局(龙江森工) | 122.20 |
| 177 | 乌马河林业局(龙江森工) | 120.00 |
| 178 | 兴隆林业局(龙江森工) | 107.70 |
| 179 | 红星林业局(龙江森工) | 107.00 |
| 180 | 林口林业局(龙江森工) | 105.00 |
| 181 | 柴河林业局(龙江森工) | 101.70 |
| 182 | 清河林业局(龙江森工) | 98.00 |
| 183 | 双丰林业局(龙江森工) | 81.30 |
| 184 | 金山屯林业局(龙江森工) | 73.90 |
| 185 | 山河屯林业局(龙江森工) | 72.70 |
| 186 | 迎春林业局(龙江森工) | 70.00 |
| 187 | 鹤北林业局(龙江森工) | 68.80 |
| 188 | 大海林林业局(龙江森工) | 68.00 |
| 189 | 乌伊岭林业局(龙江森工) | 57.20 |
| 190 | 通北林业局(龙江森工) | 48.00 |
| 191 | 方正林业局(龙江森工) | 46.60 |
| 192 | 上甘岭林业局(龙江森工) | 42.90 |
| 193 | 五营林业局(龙江森工) | 28.70 |
| 194 | 八面通林业局(龙江森工) | 25.00 |
| 195 | 美溪林业局(龙江森工) | 21.30 |
| 196 | 海林林业局(龙江森工) | 16.60 |
| 197 | 南岔林业局(龙江森工) | 14.50 |

## 表 10-16　柏树苗主产地产量

| 序号 | 柏树苗主产地 | 产量(万株) |
|---|---|---|
| 1 | 定州市(冀) | 7400.00 |
| 2 | 兴隆县(冀) | 510.00 |
| 3 | 阜平县(冀) | 151.50 |
| 4 | 沧　县(冀) | 80.00 |
| 5 | 临城县(冀) | 75.00 |
| 6 | 迁西县(冀) | 70.82 |
| 7 | 开平区(冀) | 50.00 |
| 8 | 平山县(冀) | 15.00 |
| 9 | 平顺县(晋) | 2120.00 |
| 10 | 垣曲县(晋) | 500.00 |
| 11 | 临　县(晋) | 352.00 |
| 12 | 河曲县(晋) | 285.00 |
| 13 | 定襄县(晋) | 260.00 |
| 14 | 南郊区(晋) | 110.00 |
| 15 | 永和县(晋) | 60.00 |
| 16 | 曲沃县(晋) | 55.00 |
| 17 | 平定县(晋) | 20.00 |
| 18 | 长治县(晋) | 18.30 |
| 19 | 壶关县(晋) | 15.00 |
| 20 | 乌拉特后旗(内蒙古) | 12.00 |
| 21 | 盖州市(辽) | 320.00 |
| 22 | 振安区(辽) | 150.00 |
| 23 | 南票区(辽) | 150.00 |
| 24 | 连山区(辽) | 100.00 |
| 25 | 普兰店市(辽) | 100.00 |
| 26 | 建平县(辽) | 74.00 |
| 27 | 绥中县(辽) | 18.30 |
| 28 | 于洪区(辽) | 10.00 |
| 29 | 肥城市(鲁) | 1500.00 |
| 30 | 蒙阴县(鲁) | 1300.00 |
| 31 | 岚山区(鲁) | 1295.00 |
| 32 | 东港区(鲁) | 365.00 |
| 33 | 高密市(鲁) | 225.00 |
| 34 | 沂水县(鲁) | 191.00 |
| 35 | 兖州市(鲁) | 45.00 |
| 36 | 平原县(鲁) | 22.00 |
| 37 | 淅川县(豫) | 4200.00 |
| 38 | 内乡县(豫) | 240.00 |
| 39 | 禹州市(豫) | 100.00 |
| 40 | 竹山县(鄂) | 500.00 |
| 41 | 郧西县(鄂) | 400.00 |
| 42 | 兴山县(鄂) | 15.00 |
| 43 | 蔡甸区(鄂) | 10.00 |
| 44 | 武冈市(湘) | 1350.00 |
| 45 | 洞口县(湘) | 200.00 |

(续)

| 序号 | 柏树苗主产地 | 产量(万株) |
|---|---|---|
| 46 | 新邵县(湘) | 180.00 |
| 47 | 涟源市(湘) | 140.00 |
| 48 | 泸溪县(湘) | 100.00 |
| 49 | 零陵区(湘) | 100.00 |
| 50 | 慈利县(湘) | 100.00 |
| 51 | 永定区(湘) | 85.00 |
| 52 | 新田县(湘) | 80.00 |
| 53 | 桂阳县(湘) | 54.30 |
| 54 | 新宁县(湘) | 50.00 |
| 55 | 江华瑶族自治县(湘) | 39.00 |
| 56 | 衡山县(湘) | 26.33 |
| 57 | 祁东县(湘) | 17.00 |
| 58 | 永顺县(湘) | 15.00 |
| 59 | 双峰县(湘) | 10.00 |
| 60 | 开　县(渝) | 385.00 |
| 61 | 万州区(渝) | 311.00 |
| 62 | 酉阳土家族苗族自治县(渝) | 250.00 |
| 63 | 奉节县(渝) | 100.00 |
| 64 | 黔江区(渝) | 55.00 |
| 65 | 邻水县(川) | 450.00 |
| 66 | 开江县(川) | 192.00 |
| 67 | 宣汉县(川) | 100.00 |
| 68 | 古蔺县(川) | 25.00 |
| 69 | 江口县(黔) | 262.80 |
| 70 | 兴仁县(黔) | 150.00 |
| 71 | 紫云苗族布依族自治县(黔) | 130.00 |
| 72 | 兴义市(黔) | 130.00 |
| 73 | 开阳县(黔) | 94.53 |
| 74 | 沿河土家族自治县(黔) | 60.00 |
| 75 | 开发区农林牧水局(黔) | 55.00 |
| 76 | 思南县(黔) | 20.00 |
| 77 | 麒麟区(滇) | 400.00 |
| 78 | 宣威市(滇) | 400.00 |
| 79 | 丘北县(滇) | 341.70 |
| 80 | 富源县(滇) | 300.00 |
| 81 | 砚山县(滇) | 210.00 |
| 82 | 隆阳区(滇) | 200.00 |
| 83 | 东川区(滇) | 90.00 |
| 84 | 石林彝族自治县(滇) | 80.00 |
| 85 | 玉龙纳西族自治县(滇) | 65.00 |
| 86 | 罗平县(滇) | 60.00 |
| 87 | 西畴县(滇) | 59.00 |
| 88 | 古城区(滇) | 40.00 |
| 89 | 倘甸工业园区(滇) | 25.00 |
| 90 | 峨山彝族自治县(滇) | 20.40 |

(续)

| 序号 | 柏树苗主产地 | 产量(万株) |
|---|---|---|
| 91 | 洱源县(滇) | 19.00 |
| 92 | 昭阳区(滇) | 15.00 |
| 93 | 施甸县(滇) | 14.00 |
| 94 | 广南县(滇) | 10.00 |
| 95 | 杨凌区农林局(陕) | 40.00 |
| 96 | 定边县(陕) | 39.00 |
| 97 | 崆峒区(甘) | 95.00 |
| 98 | 环　县(甘) | 88.00 |
| 99 | 民乐县(甘) | 47.00 |
| 100 | 湘乐林业总场(甘) | 45.00 |
| 101 | 永宁县(宁) | 1158.00 |
| 102 | 灵武市(宁) | 42.44 |

### 表 10-17　刺槐苗主产地产量

| 序号 | 刺槐苗主产地 | 产量(万株) |
|---|---|---|
| 1 | 顺义区(京) | 60.63 |
| 2 | 定州市(冀) | 1600.00 |
| 3 | 宽城满族自治县(冀) | 1000.00 |
| 4 | 阜平县(冀) | 750.00 |
| 5 | 临城县(冀) | 150.00 |
| 6 | 博野县(冀) | 140.00 |
| 7 | 易　县(冀) | 120.00 |
| 8 | 曲阳县(冀) | 120.00 |
| 9 | 平泉县(冀) | 120.00 |
| 10 | 安国市(冀) | 60.00 |
| 11 | 桃城区(冀) | 38.00 |
| 12 | 平山县(冀) | 20.00 |
| 13 | 吴桥县(冀) | 14.00 |
| 14 | 河津市(晋) | 410.00 |
| 15 | 中阳县(晋) | 360.00 |
| 16 | 阳泉市郊区(晋) | 270.00 |
| 17 | 吉　县(晋) | 190.00 |
| 18 | 南郊区(晋) | 95.00 |
| 19 | 平定县(晋) | 90.00 |
| 20 | 壶关县(晋) | 85.00 |
| 21 | 忻府区(晋) | 63.51 |
| 22 | 阳城县(晋) | 50.40 |
| 23 | 乡宁县(晋) | 24.27 |
| 24 | 襄汾县(晋) | 20.00 |
| 25 | 宁城县(内蒙古) | 70.00 |
| 26 | 鄂托克前旗(内蒙古) | 12.88 |
| 27 | 兴城市(辽) | 3179.30 |
| 28 | 凌海市(辽) | 800.00 |
| 29 | 普兰店市(辽) | 450.00 |
| 30 | 灯塔市(辽) | 400.00 |

(续)

| 序号 | 刺槐苗主产地 | 产量(万株) |
|---|---|---|
| 31 | 凌源市(辽) | 390.00 |
| 32 | 喀喇沁左翼蒙古族自治县(辽) | 344.00 |
| 33 | 抚顺县(辽) | 260.00 |
| 34 | 连山区(辽) | 200.00 |
| 35 | 绥中县(辽) | 100.00 |
| 36 | 盖州市(辽) | 84.00 |
| 37 | 桓仁满族自治县(辽) | 58.00 |
| 38 | 大石桥市(辽) | 45.00 |
| 39 | 南票区(辽) | 45.00 |
| 40 | 阜新蒙古族自治县(辽) | 15.00 |
| 41 | 太子河区(辽) | 10.00 |
| 42 | 东洲区(辽) | 10.00 |
| 43 | 于洪区(辽) | 10.00 |
| 44 | 老边区(辽) | 10.00 |
| 45 | 埇桥区(皖) | 800.00 |
| 46 | 萧　县(皖) | 72.00 |
| 47 | 平原县(鲁) | 108.00 |
| 48 | 鄄城县(鲁) | 50.00 |
| 49 | 桓台县(鲁) | 40.00 |
| 50 | 德城区(鲁) | 33.00 |
| 51 | 河口区(鲁) | 32.00 |
| 52 | 宁阳县(鲁) | 20.00 |
| 53 | 广饶县(鲁) | 20.00 |
| 54 | 肥城市(鲁) | 18.00 |
| 55 | 惠民县(鲁) | 10.00 |
| 56 | 卢氏县(豫) | 382.45 |
| 57 | 洛宁县(豫) | 198.00 |
| 58 | 淇滨区(豫) | 165.00 |
| 59 | 宜阳县(豫) | 114.00 |
| 60 | 太康县(豫) | 68.00 |
| 61 | 商水县(豫) | 45.00 |
| 62 | 淅川县(豫) | 42.00 |
| 63 | 潢川县(豫) | 40.20 |
| 64 | 灵宝市(豫) | 30.00 |
| 65 | 长葛市(豫) | 17.50 |
| 66 | 义马市(豫) | 15.00 |
| 67 | 济源市(豫) | 10.00 |
| 68 | 大悟县(鄂) | 500.00 |
| 69 | 竹溪县(鄂) | 120.00 |
| 70 | 郧西县(鄂) | 80.00 |
| 71 | 宜都市(鄂) | 50.00 |
| 72 | 利川市(鄂) | 50.00 |
| 73 | 广水市(鄂) | 30.00 |
| 74 | 万州区(渝) | 201.40 |
| 75 | 酉阳土家族苗族自治县(渝) | 90.00 |

（续）

| 序号 | 刺槐苗主产地 | 产量（万株） |
|---|---|---|
| 76 | 万盛区（渝） | 10.00 |
| 77 | 桐梓县（黔） | 300.00 |
| 78 | 长武县（陕） | 763.00 |
| 79 | 永寿县（陕） | 400.00 |
| 80 | 麟游县（陕） | 239.00 |
| 81 | 榆阳区（陕） | 150.00 |
| 82 | 靖边县（陕） | 120.00 |
| 83 | 镇安县（陕） | 118.00 |
| 84 | 淳化县（陕） | 100.00 |
| 85 | 陇　县（陕） | 92.90 |
| 86 | 镇坪县（陕） | 80.00 |
| 87 | 韩城市林业局（陕） | 67.67 |
| 88 | 印台区（陕） | 55.00 |
| 89 | 商南县（陕） | 40.00 |
| 90 | 镇巴县（陕） | 35.00 |
| 91 | 柞水县（陕） | 18.00 |
| 92 | 商州区（陕） | 10.00 |
| 93 | 西峰区（甘） | 3900.00 |
| 94 | 礼　县（甘） | 900.00 |
| 95 | 会宁县（甘） | 805.00 |
| 96 | 临洮县（甘） | 415.00 |
| 97 | 舟曲县（甘） | 300.00 |
| 98 | 武都区（甘） | 281.00 |
| 99 | 崆峒区（甘） | 275.00 |
| 100 | 合水林业总场（甘） | 273.30 |
| 101 | 兰州新区（甘） | 200.00 |
| 102 | 崇信县（甘） | 174.00 |
| 103 | 清水县（甘） | 120.00 |
| 104 | 庆城县（甘） | 105.00 |
| 105 | 华池林业总场（甘） | 103.52 |
| 106 | 红古区（甘） | 100.00 |
| 107 | 西和县（甘） | 96.00 |
| 108 | 正宁县（甘） | 70.00 |
| 109 | 正宁林业总场（甘） | 63.70 |
| 110 | 庄浪县（甘） | 45.00 |
| 111 | 古浪县（甘） | 40.00 |
| 112 | 湘乐林业总场（甘） | 36.50 |
| 113 | 民勤县（甘） | 23.45 |
| 114 | 武威市市辖区（甘） | 21.50 |
| 115 | 环　县（甘） | 12.00 |
| 116 | 彭阳县（宁） | 1630.00 |
| 117 | 永宁县（宁） | 998.00 |
| 118 | 中宁县（宁） | 415.55 |
| 119 | 大武口区（宁） | 141.31 |
| 120 | 隆德县（宁） | 89.00 |

（续）

| 序号 | 刺槐苗主产地 | 产量（万株） |
|---|---|---|
| 121 | 贺兰县（宁） | 87.00 |
| 122 | 灵武市（宁） | 86.58 |
| 123 | 同心县（宁） | 78.40 |
| 124 | 原州区（宁） | 69.90 |
| 125 | 盐池县（宁） | 51.30 |
| 126 | 平罗县（宁） | 27.47 |
| 127 | 灵武白芨滩国家级自然保护区（宁） | 12.84 |
| 128 | 惠农区（宁） | 12.00 |
| 129 | 西夏区（宁） | 12.00 |
| 130 | 青铜峡市（宁） | 10.00 |

**表 10-18　国槐苗主产地产量**

| 序号 | 国槐苗主产地 | 产量（万株） |
|---|---|---|
| 1 | 顺义区（京） | 336.57 |
| 2 | 丰台区（京） | 22.30 |
| 3 | 安国市（冀） | 3445.00 |
| 4 | 博野县（冀） | 2750.00 |
| 5 | 高阳县（冀） | 725.00 |
| 6 | 定州市（冀） | 500.00 |
| 7 | 滦南县（冀） | 463.50 |
| 8 | 南和县（冀） | 461.00 |
| 9 | 涿州市（冀） | 425.00 |
| 10 | 景　县（冀） | 350.00 |
| 11 | 沧　县（冀） | 290.00 |
| 12 | 临西县（冀） | 225.00 |
| 13 | 曲阳县（冀） | 210.00 |
| 14 | 隆尧县（冀） | 200.00 |
| 15 | 行唐县（冀） | 175.00 |
| 16 | 邢台县（冀） | 168.00 |
| 17 | 肥乡县（冀） | 150.00 |
| 18 | 河间市（冀） | 129.00 |
| 19 | 临城县（冀） | 120.00 |
| 20 | 吴桥县（冀） | 81.00 |
| 21 | 邯山区（冀） | 75.00 |
| 22 | 赵　县（冀） | 75.00 |
| 23 | 安平县（冀） | 74.00 |
| 24 | 青　县（冀） | 70.00 |
| 25 | 清河县（冀） | 65.00 |
| 26 | 阜城县（冀） | 64.00 |
| 27 | 新河县（冀） | 63.00 |
| 28 | 滦　县（冀） | 58.00 |
| 29 | 广阳区（冀） | 56.25 |
| 30 | 大名县（冀） | 56.00 |
| 31 | 易　县（冀） | 55.00 |

（续）

| 序号 | 国槐苗主产地 | 产量（万株） |
|---|---|---|
| 32 | 满城县（冀） | 50.00 |
| 33 | 定兴县（冀） | 50.00 |
| 34 | 肃宁县（冀） | 45.00 |
| 35 | 盐山县（冀） | 44.75 |
| 36 | 任　县（冀） | 42.00 |
| 37 | 桃城区（冀） | 40.00 |
| 38 | 永年县（冀） | 36.00 |
| 39 | 怀来县（冀） | 32.78 |
| 40 | 宁晋县（冀） | 32.00 |
| 41 | 徐水县（冀） | 32.00 |
| 42 | 故城县（冀） | 28.40 |
| 43 | 深泽县（冀） | 25.00 |
| 44 | 栾城区（冀） | 22.00 |
| 45 | 广平县（冀） | 20.00 |
| 46 | 新华区（冀） | 16.80 |
| 47 | 深州市（冀） | 16.00 |
| 48 | 平乡县（冀） | 15.00 |
| 49 | 安新县（冀） | 15.00 |
| 50 | 鹿泉区（冀） | 14.98 |
| 51 | 献　县（冀） | 14.00 |
| 52 | 饶阳县（冀） | 11.00 |
| 53 | 井陉矿区（冀） | 10.00 |
| 54 | 河津市（晋） | 900.00 |
| 55 | 夏　县（晋） | 705.00 |
| 56 | 襄汾县（晋） | 200.00 |
| 57 | 翼城县（晋） | 166.00 |
| 58 | 曲沃县（晋） | 160.00 |
| 59 | 定襄县（晋） | 140.00 |
| 60 | 洪洞县（晋） | 120.00 |
| 61 | 中阳县（晋） | 105.00 |
| 62 | 侯马市（晋） | 85.00 |
| 63 | 吉　县（晋） | 69.00 |
| 64 | 平定县（晋） | 55.00 |
| 65 | 大宁县（晋） | 45.00 |
| 66 | 河曲县（晋） | 42.43 |
| 67 | 屯留县（晋） | 40.00 |
| 68 | 襄垣县（晋） | 35.00 |
| 69 | 泽州县（晋） | 24.00 |
| 70 | 平陆县（晋） | 23.00 |
| 71 | 壶关县（晋） | 20.00 |
| 72 | 临猗县（晋） | 13.00 |
| 73 | 霍州市（晋） | 10.12 |
| 74 | 乌审旗（内蒙古） | 76.00 |
| 75 | 鄂托克前旗（内蒙古） | 33.53 |
| 76 | 长海县（辽） | 33970.00 |

(续)

| 序号 | 国槐苗主产地 | 产量(万株) |
|---|---|---|
| 77 | 于洪区(辽) | 50.00 |
| 78 | 绥中县(辽) | 15.10 |
| 79 | 灵璧县(皖) | 180.00 |
| 80 | 利辛县(皖) | 30.00 |
| 81 | 界首市(皖) | 30.00 |
| 82 | 怀远县(皖) | 18.00 |
| 83 | 惠民县(鲁) | 9492.00 |
| 84 | 高青县(鲁) | 2400.00 |
| 85 | 诸城市(鲁) | 800.00 |
| 86 | 东营区(鲁) | 700.00 |
| 87 | 安丘市(鲁) | 587.00 |
| 88 | 广饶县(鲁) | 464.00 |
| 89 | 梁山县(鲁) | 405.00 |
| 90 | 兖州市(鲁) | 400.00 |
| 91 | 河口区(鲁) | 360.00 |
| 92 | 乐陵市(鲁) | 308.80 |
| 93 | 东平县(鲁) | 300.00 |
| 94 | 平原县(鲁) | 280.00 |
| 95 | 嘉祥县(鲁) | 270.00 |
| 96 | 陵城区(鲁) | 231.00 |
| 97 | 茌平县(鲁) | 183.00 |
| 98 | 昌乐县(鲁) | 180.00 |
| 99 | 泰安市泰山景区(鲁) | 150.00 |
| 100 | 阳信县(鲁) | 126.00 |
| 101 | 寿光市(鲁) | 122.00 |
| 102 | 肥城市(鲁) | 83.00 |
| 103 | 青州市(鲁) | 80.00 |
| 104 | 鄄城县(鲁) | 62.00 |
| 105 | 荣成市(鲁) | 55.00 |
| 106 | 新泰市(鲁) | 52.00 |
| 107 | 淄川区(鲁) | 50.00 |
| 108 | 汶上县(鲁) | 45.00 |
| 109 | 昌邑市(鲁) | 45.00 |
| 110 | 坊子区(鲁) | 40.00 |
| 111 | 费　县(鲁) | 37.00 |
| 112 | 高密市(鲁) | 35.00 |
| 113 | 武城县(鲁) | 33.00 |
| 114 | 寒亭区(鲁) | 30.00 |
| 115 | 曲阜市(鲁) | 30.00 |
| 116 | 东昌府区(鲁) | 20.00 |
| 117 | 山亭区(鲁) | 20.00 |
| 118 | 德城区(鲁) | 18.00 |
| 119 | 文登市(鲁) | 10.00 |
| 120 | 邹平县(鲁) | 10.00 |
| 121 | 濮阳县(豫) | 348.00 |

(续)

| 序号 | 国槐苗主产地 | 产量(万株) |
|---|---|---|
| 122 | 牧野区(豫) | 260.00 |
| 123 | 兰考县(豫) | 149.00 |
| 124 | 西华县(豫) | 130.00 |
| 125 | 安阳县(豫) | 118.00 |
| 126 | 禹州市(豫) | 90.00 |
| 127 | 宜阳县(豫) | 73.80 |
| 128 | 许昌县(豫) | 70.00 |
| 129 | 郾城区(豫) | 68.94 |
| 130 | 永城市(豫) | 58.60 |
| 131 | 项城市(豫) | 55.00 |
| 132 | 襄城县(豫) | 54.00 |
| 133 | 宁陵县(豫) | 50.00 |
| 134 | 长葛市(豫) | 42.00 |
| 135 | 新野县(豫) | 39.00 |
| 136 | 南乐县(豫) | 30.00 |
| 137 | 内黄县(豫) | 24.80 |
| 138 | 湖滨区(豫) | 24.00 |
| 139 | 北关区(豫) | 22.20 |
| 140 | 虞城县(豫) | 21.00 |
| 141 | 荥阳市(豫) | 16.00 |
| 142 | 驿城区(豫) | 15.00 |
| 143 | 商水县(豫) | 14.00 |
| 144 | 清丰县(豫) | 14.00 |
| 145 | 淇滨区(豫) | 12.00 |
| 146 | 汤阴县(豫) | 11.30 |
| 147 | 洛宁县(豫) | 10.50 |
| 148 | 孝南区(鄂) | 25.60 |
| 149 | 广水市(鄂) | 10.00 |
| 150 | 韩城市林业局(陕) | 329.92 |
| 151 | 长武县(陕) | 285.00 |
| 152 | 横山县(陕) | 160.00 |
| 153 | 麟游县(陕) | 103.00 |
| 154 | 米脂县(陕) | 100.00 |
| 155 | 印台区(陕) | 91.00 |
| 156 | 淳化县(陕) | 50.00 |
| 157 | 榆阳区(陕) | 45.00 |
| 158 | 杨凌区农林局(陕) | 45.00 |
| 159 | 旬邑县(陕) | 40.00 |
| 160 | 佛坪县(陕) | 15.00 |
| 161 | 周至县(陕) | 12.40 |
| 162 | 秦都区(陕) | 11.00 |
| 163 | 太白县(陕) | 10.60 |
| 164 | 临洮县(甘) | 1088.00 |
| 165 | 庆城县(甘) | 620.00 |
| 166 | 金川区(甘) | 193.00 |

(续)

| 序号 | 国槐苗主产地 | 产量(万株) |
|---|---|---|
| 167 | 古浪县(甘) | 150.00 |
| 168 | 临泽县(甘) | 149.60 |
| 169 | 永昌县(甘) | 143.00 |
| 170 | 礼　县(甘) | 130.00 |
| 171 | 崆峒区(甘) | 100.00 |
| 172 | 兰州新区(甘) | 100.00 |
| 173 | 正宁县(甘) | 80.00 |
| 174 | 景泰县(甘) | 80.00 |
| 175 | 甘州区(甘) | 74.52 |
| 176 | 金塔县(甘) | 44.00 |
| 177 | 武威市市辖区(甘) | 42.00 |
| 178 | 榆中县(甘) | 32.70 |
| 179 | 高台县(甘) | 25.40 |
| 180 | 合水林业总场(甘) | 23.86 |
| 181 | 敦煌市(甘) | 16.90 |
| 182 | 环　县(甘) | 15.00 |
| 183 | 民勤县(甘) | 13.70 |
| 184 | 正宁林业总场(甘) | 12.80 |
| 185 | 积石山保安族东乡族撒拉族自治县(甘) | 12.00 |
| 186 | 永宁县(宁) | 845.00 |
| 187 | 灵武市(宁) | 535.45 |
| 188 | 中宁县(宁) | 323.20 |
| 189 | 平罗县(宁) | 254.04 |
| 190 | 原州区(宁) | 214.00 |
| 191 | 金凤区(宁) | 40.20 |
| 192 | 同心县(宁) | 30.68 |
| 193 | 青铜峡市(宁) | 30.00 |
| 194 | 盐池县(宁) | 22.24 |
| 195 | 贺兰县(宁) | 15.60 |
| 196 | 大武口区(宁) | 11.79 |

**表 10-19　桦树苗主产地产量**

| 序号 | 桦树苗主产地 | 产量(万株) |
|---|---|---|
| 1 | 木栏围场国营林场(冀) | 25.44 |
| 2 | 围场满族蒙古族自治县(冀) | 23.00 |
| 3 | 康保县(冀) | 3.30 |
| 4 | 红山区(内蒙古) | 20.18 |
| 5 | 阿尔山市(内蒙古) | 6.00 |
| 6 | 松山区(内蒙古) | 2.80 |
| 7 | 东乌珠穆沁旗(内蒙古) | 1.00 |
| 8 | 桓仁满族自治县(辽) | 158.00 |
| 9 | 辽宁实验林场(辽) | 6.70 |
| 10 | 蛟河市(吉) | 12.05 |
| 11 | 汤原县(黑) | 58.00 |

（续）

| 序号 | 桦树苗主产地 | 产量（万株） |
|---|---|---|
| 12 | 庆安国有林场管理局（黑） | 11.41 |
| 13 | 呼兰区（黑） | 10.00 |
| 14 | 开阳县（黔） | 3.98 |
| 15 | 渭源县（甘） | 12.00 |
| 16 | 临潭县（甘） | 8.00 |
| 17 | 金凤区（宁） | 17.00 |
| 18 | 呼图壁林场（新） | 5.00 |
| 19 | 沙湾林场（新） | 1.60 |

**表 10-20　泡桐苗主产地产量**

| 序号 | 泡桐苗主产地 | 产量（万株） |
|---|---|---|
| 1 | 南和县（冀） | 72.00 |
| 2 | 安国市（冀） | 34.00 |
| 3 | 赵　县（冀） | 6.00 |
| 4 | 任　县（冀） | 2.00 |
| 5 | 夏　县（晋） | 22.50 |
| 6 | 襄汾县（晋） | 7.00 |
| 7 | 侯马市（晋） | 4.40 |
| 8 | 临泉县（皖） | 15.00 |
| 9 | 谯城区（皖） | 8.00 |
| 10 | 金寨县（皖） | 6.00 |
| 11 | 肥东县（皖） | 5.00 |
| 12 | 共青城市（赣） | 78.00 |
| 13 | 高安市（赣） | 3.80 |
| 14 | 瑞昌市（赣） | 1.25 |
| 15 | 青州市（鲁） | 25.00 |
| 16 | 尉氏县（豫） | 600.00 |
| 17 | 民权县（豫） | 300.00 |
| 18 | 西华县（豫） | 137.00 |
| 19 | 睢　县（豫） | 110.00 |
| 20 | 睢阳区（豫） | 105.00 |
| 21 | 柘城县（豫） | 83.00 |
| 22 | 禹州市（豫） | 80.00 |
| 23 | 郸城县（豫） | 75.00 |
| 24 | 洛宁县（豫） | 56.00 |
| 25 | 宜阳县（豫） | 53.60 |
| 26 | 项城市（豫） | 50.00 |
| 27 | 长葛市（豫） | 49.00 |
| 28 | 商水县（豫） | 46.00 |
| 29 | 梁园区（豫） | 33.60 |
| 30 | 确山县（豫） | 30.00 |
| 31 | 通许县（豫） | 20.70 |
| 32 | 南乐县（豫） | 18.00 |
| 33 | 杞　县（豫） | 14.00 |
| 34 | 淮阳县（豫） | 12.60 |

（续）

| 序号 | 泡桐苗主产地 | 产量（万株） |
|---|---|---|
| 35 | 淇滨区（豫） | 12.00 |
| 36 | 偃师市（豫） | 11.00 |
| 37 | 兰考县（豫） | 5.20 |
| 38 | 郾城区（豫） | 2.84 |
| 39 | 牧野区（豫） | 2.30 |
| 40 | 濮阳县（豫） | 2.00 |
| 41 | 沈丘县（豫） | 1.06 |
| 42 | 大悟县（鄂） | 9.00 |

**表 10-21　柳树苗主产地产量**

| 序号 | 柳树苗主产地 | 产量（万株） |
|---|---|---|
| 1 | 丰台区（京） | 13.20 |
| 2 | 顺义区（京） | 12.24 |
| 3 | 滦南县（冀） | 2300.00 |
| 4 | 定州市（冀） | 1050.00 |
| 5 | 博野县（冀） | 480.00 |
| 6 | 涿州市（冀） | 300.00 |
| 7 | 南和县（冀） | 290.00 |
| 8 | 阳原县（冀） | 270.00 |
| 9 | 沧　县（冀） | 202.00 |
| 10 | 丰宁满族自治县（冀） | 185.00 |
| 11 | 邢台县（冀） | 172.00 |
| 12 | 河间市（冀） | 159.00 |
| 13 | 晋州市（冀） | 140.26 |
| 14 | 康保县（冀） | 121.60 |
| 15 | 平乡县（冀） | 100.00 |
| 16 | 阜平县（冀） | 93.50 |
| 17 | 临西县（冀） | 93.00 |
| 18 | 辛集市（冀） | 84.00 |
| 19 | 景　县（冀） | 70.00 |
| 20 | 吴桥县（冀） | 68.00 |
| 21 | 阜城县（冀） | 68.00 |
| 22 | 滦　县（冀） | 68.00 |
| 23 | 宁晋县（冀） | 67.80 |
| 24 | 永年县（冀） | 60.00 |
| 25 | 肥乡县（冀） | 45.00 |
| 26 | 武邑县（冀） | 41.00 |
| 27 | 高阳县（冀） | 40.00 |
| 28 | 围场满族蒙古族自治县（冀） | 40.00 |
| 29 | 广平县（冀） | 40.00 |
| 30 | 任　县（冀） | 38.00 |
| 31 | 南皮县（冀） | 36.00 |
| 32 | 海兴县（冀） | 35.00 |
| 33 | 盐山县（冀） | 32.60 |
| 34 | 桃城区（冀） | 30.00 |

（续）

| 序号 | 柳树苗主产地 | 产量（万株） |
|---|---|---|
| 35 | 唐山市汉沽管理区（冀） | 30.00 |
| 36 | 开平区（冀） | 25.00 |
| 37 | 大名县（冀） | 24.00 |
| 38 | 乐亭县（冀） | 20.10 |
| 39 | 蔚　县（冀） | 20.00 |
| 40 | 魏　县（冀） | 19.00 |
| 41 | 北戴河区（冀） | 17.00 |
| 42 | 鸡泽县（冀） | 16.00 |
| 43 | 安平县（冀） | 14.00 |
| 44 | 张家口市高新技术管理区（冀） | 12.00 |
| 45 | 黄骅市（冀） | 11.50 |
| 46 | 沧州市临港经济技术开发区（冀） | 11.50 |
| 47 | 安新县（冀） | 10.00 |
| 48 | 中阳县（晋） | 252.00 |
| 49 | 浑源县（晋） | 250.00 |
| 50 | 河津市（晋） | 200.00 |
| 51 | 潞城市（晋） | 180.00 |
| 52 | 稷山县（晋） | 163.08 |
| 53 | 定襄县（晋） | 150.00 |
| 54 | 阳高县（晋） | 130.00 |
| 55 | 五台县（晋） | 110.00 |
| 56 | 忻府区（晋） | 103.22 |
| 57 | 襄垣县（晋） | 100.00 |
| 58 | 山阴县（晋） | 100.00 |
| 59 | 曲沃县（晋） | 82.00 |
| 60 | 侯马市（晋） | 65.00 |
| 61 | 泽州县（晋） | 60.00 |
| 62 | 壶关县（晋） | 60.00 |
| 63 | 临猗县（晋） | 59.00 |
| 64 | 广灵县（晋） | 54.00 |
| 65 | 襄汾县（晋） | 50.00 |
| 66 | 平定县（晋） | 50.00 |
| 67 | 屯留县（晋） | 45.00 |
| 68 | 河曲县（晋） | 36.23 |
| 69 | 翼城县（晋） | 36.00 |
| 70 | 夏　县（晋） | 35.80 |
| 71 | 新荣区（晋） | 24.80 |
| 72 | 乡宁县（晋） | 22.59 |
| 73 | 土默特右旗（内蒙古） | 813.00 |
| 74 | 科尔沁区（内蒙古） | 450.00 |
| 75 | 阿尔山市（内蒙古） | 350.00 |
| 76 | 乌拉特前旗（内蒙古） | 300.00 |
| 77 | 达拉特旗（内蒙古） | 300.00 |
| 78 | 科尔沁左翼中旗（内蒙古） | 270.00 |

(续)

| 序号 | 柳树苗主产地 | 产量(万株) |
|---|---|---|
| 79 | 临河区(内蒙古) | 204.00 |
| 80 | 阿荣旗(内蒙古) | 200.00 |
| 81 | 乌拉特后旗(内蒙古) | 180.00 |
| 82 | 巴林右旗(内蒙古) | 127.10 |
| 83 | 杭锦后旗(内蒙古) | 120.00 |
| 84 | 乌审旗(内蒙古) | 100.00 |
| 85 | 库伦旗(内蒙古) | 98.00 |
| 86 | 奈曼旗(内蒙古) | 91.00 |
| 87 | 伊金霍洛旗(内蒙古) | 75.53 |
| 88 | 赛罕区(内蒙古) | 67.00 |
| 89 | 托克托县(内蒙古) | 59.90 |
| 90 | 鄂托克前旗(内蒙古) | 48.53 |
| 91 | 红山区(内蒙古) | 34.10 |
| 92 | 东河区(内蒙古) | 34.00 |
| 93 | 固阳县(内蒙古) | 31.00 |
| 94 | 开鲁县(内蒙古) | 30.00 |
| 95 | 元宝山区(内蒙古) | 30.00 |
| 96 | 宁城县(内蒙古) | 24.00 |
| 97 | 敖汉旗(内蒙古) | 22.00 |
| 98 | 松山区(内蒙古) | 18.15 |
| 99 | 新巴尔虎右旗(内蒙古) | 15.00 |
| 100 | 丰镇市(内蒙古) | 13.70 |
| 101 | 阜新蒙古族自治县(辽) | 1125.00 |
| 102 | 东港市(辽) | 319.00 |
| 103 | 普兰店市(辽) | 247.00 |
| 104 | 康平县(辽) | 200.00 |
| 105 | 法库县(辽) | 116.00 |
| 106 | 桓仁满族自治县(辽) | 83.00 |
| 107 | 灯塔市(辽) | 45.00 |
| 108 | 绥中县(辽) | 35.00 |
| 109 | 义　县(辽) | 30.00 |
| 110 | 庄河市(辽) | 25.00 |
| 111 | 调兵山市(辽) | 21.00 |
| 112 | 大洼县(辽) | 21.00 |
| 113 | 银州区(辽) | 20.00 |
| 114 | 于洪区(辽) | 10.00 |
| 115 | 老边区(辽) | 10.00 |
| 116 | 洮南市(吉) | 489.00 |
| 117 | 磐石市(吉) | 150.00 |
| 118 | 梨树县(吉) | 90.00 |
| 119 | 辉南县(吉) | 83.00 |
| 120 | 伊通满族自治县(吉) | 20.00 |
| 121 | 绿园区(吉) | 10.00 |
| 122 | 林甸县(黑) | 610.00 |
| 123 | 呼兰区(黑) | 250.00 |
| 124 | 五常市(黑) | 200.00 |
| 125 | 五大连池市(黑) | 58.50 |
| 126 | 大同区(黑) | 33.00 |
| 127 | 巴彦县(黑) | 30.00 |
| 128 | 克东县(黑) | 30.00 |
| 129 | 龙江县(黑) | 20.00 |
| 130 | 同江市(黑) | 15.00 |
| 131 | 通河县(黑) | 10.00 |
| 132 | 庆安国有林场管理局(黑) | 10.00 |
| 133 | 海盐县(浙) | 12.10 |
| 134 | 秀洲区(浙) | 10.22 |
| 135 | 奉化区(浙) | 10.00 |
| 136 | 怀远县(皖) | 50.00 |
| 137 | 肥东县(皖) | 28.00 |
| 138 | 潘集区(皖) | 23.00 |
| 139 | 毛集实验区(皖) | 20.00 |
| 140 | 临泉县(皖) | 15.00 |
| 141 | 灵璧县(皖) | 10.00 |
| 142 | 惠民县(鲁) | 3520.00 |
| 143 | 乐陵市(鲁) | 1935.80 |
| 144 | 河口区(鲁) | 1515.00 |
| 145 | 沾化县(鲁) | 1398.00 |
| 146 | 诸城市(鲁) | 1000.00 |
| 147 | 平原县(鲁) | 957.00 |
| 148 | 高青县(鲁) | 900.00 |
| 149 | 安丘市(鲁) | 885.00 |
| 150 | 高密市(鲁) | 840.00 |
| 151 | 陵城区(鲁) | 734.00 |
| 152 | 茌平县(鲁) | 419.00 |
| 153 | 新泰市(鲁) | 370.00 |
| 154 | 东营区(鲁) | 300.00 |
| 155 | 广饶县(鲁) | 264.00 |
| 156 | 莱城区(鲁) | 220.00 |
| 157 | 东平县(鲁) | 200.00 |
| 158 | 梁山县(鲁) | 170.00 |
| 159 | 宁阳县(鲁) | 166.00 |
| 160 | 肥城市(鲁) | 150.00 |
| 161 | 兖州市(鲁) | 120.00 |
| 162 | 河东区(鲁) | 100.00 |
| 163 | 滨城区(鲁) | 96.00 |
| 164 | 寒亭区(鲁) | 80.00 |
| 165 | 青州市(鲁) | 60.00 |
| 166 | 昌乐县(鲁) | 60.00 |
| 167 | 鄄城县(鲁) | 52.00 |
| 168 | 东昌府区(鲁) | 50.00 |
| 169 | 桓台县(鲁) | 42.00 |
| 170 | 德城区(鲁) | 40.00 |
| 171 | 阳信县(鲁) | 35.00 |
| 172 | 沂水县(鲁) | 33.00 |
| 173 | 岱岳区(鲁) | 31.00 |
| 174 | 莒　县(鲁) | 31.00 |
| 175 | 费　县(鲁) | 24.00 |
| 176 | 山亭区(鲁) | 21.00 |
| 177 | 嘉祥县(鲁) | 21.00 |
| 178 | 坊子区(鲁) | 20.00 |
| 179 | 博山区(鲁) | 19.90 |
| 180 | 海阳市(鲁) | 10.00 |
| 181 | 牟平区(鲁) | 10.00 |
| 182 | 濮阳县(豫) | 794.00 |
| 183 | 汝州市(豫) | 363.00 |
| 184 | 社旗县(豫) | 360.00 |
| 185 | 杞　县(豫) | 240.00 |
| 186 | 栾川县(豫) | 201.78 |
| 187 | 长葛市(豫) | 131.00 |
| 188 | 范　县(豫) | 110.00 |
| 189 | 汝南县(豫) | 105.00 |
| 190 | 邓州市(豫) | 91.00 |
| 191 | 商水县(豫) | 76.00 |
| 192 | 华龙区(豫) | 65.00 |
| 193 | 清丰县(豫) | 47.00 |
| 194 | 淅川县(豫) | 30.00 |
| 195 | 上蔡县(豫) | 24.00 |
| 196 | 许昌县(豫) | 23.00 |
| 197 | 南乐县(豫) | 23.00 |
| 198 | 兰考县(豫) | 22.70 |
| 199 | 新野县(豫) | 19.50 |
| 200 | 辉县市(豫) | 18.00 |
| 201 | 原阳县(豫) | 18.00 |
| 202 | 宁陵县(豫) | 12.00 |
| 203 | 郧　县(鄂) | 313.00 |
| 204 | 樊城区(鄂) | 50.00 |
| 205 | 孝南区(鄂) | 14.78 |
| 206 | 泸溪县(湘) | 20.00 |
| 207 | 新都区(川) | 115.00 |
| 208 | 甘孜县(川) | 36.00 |
| 209 | 德格县(川) | 21.87 |
| 210 | 理塘县(川) | 19.00 |
| 211 | 翁达林业局(川) | 18.00 |
| 212 | 色达县(川) | 15.00 |
| 213 | 丁青县(藏) | 15.00 |

（续）

| 序号 | 柳树苗主产地 | 产量（万株） |
|---|---|---|
| 214 | 陇　县（陕） | 85.10 |
| 215 | 高陵县（陕） | 15.00 |
| 216 | 会宁县（甘） | 503.00 |
| 217 | 广河县（甘） | 450.00 |
| 218 | 礼　县（甘） | 300.00 |
| 219 | 崆峒区（甘） | 275.00 |
| 220 | 武威市市辖区（甘） | 235.00 |
| 221 | 临夏市（甘） | 228.00 |
| 222 | 兰州新区（甘） | 200.00 |
| 223 | 永昌县（甘） | 187.30 |
| 224 | 西固区（甘） | 150.00 |
| 225 | 崇信县（甘） | 83.00 |
| 226 | 康乐县（甘） | 70.00 |
| 227 | 通渭县（甘） | 45.00 |
| 228 | 民勤县（甘） | 44.50 |
| 229 | 民乐县（甘） | 40.00 |
| 230 | 西峰区（甘） | 38.00 |
| 231 | 华池林业总场（甘） | 31.05 |
| 232 | 古浪县（甘） | 26.50 |
| 233 | 靖远县（甘） | 25.00 |
| 234 | 敦煌市（甘） | 20.70 |
| 235 | 红古区（甘） | 20.00 |
| 236 | 庄浪县（甘） | 12.00 |
| 237 | 清水县（甘） | 12.00 |
| 238 | 瓜州县（甘） | 12.00 |
| 239 | 中宁县（宁） | 1206.00 |
| 240 | 隆德县（宁） | 690.00 |
| 241 | 原州区（宁） | 661.00 |
| 242 | 同心县（宁） | 569.50 |
| 243 | 平罗县（宁） | 173.04 |
| 244 | 灵武市（宁） | 165.09 |
| 245 | 大武口区（宁） | 106.89 |
| 246 | 金凤区（宁） | 66.60 |
| 247 | 利通区（宁） | 64.00 |
| 248 | 沙坡头区（宁） | 50.20 |
| 249 | 红寺堡区（宁） | 15.70 |
| 250 | 西夏区（宁） | 12.00 |
| 251 | 灵武白芨滩国家级自然保护区（宁） | 10.61 |

**表 10-22　杨树苗主产地产量**

| 序号 | 杨树苗主产地 | 产量（万株） |
|---|---|---|
| 1 | 滦南县（冀） | 3500.00 |
| 2 | 涿州市（冀） | 1407.30 |
| 3 | 邱　县（冀） | 1000.00 |
| 4 | 康保县（冀） | 943.25 |
| 5 | 河间市（冀） | 842.00 |
| 6 | 丰宁满族自治县（冀） | 840.00 |
| 7 | 迁安市（冀） | 817.00 |
| 8 | 临漳县（冀） | 777.00 |
| 9 | 魏　县（冀） | 731.00 |
| 10 | 宁晋县（冀） | 600.80 |
| 11 | 曲周县（冀） | 469.00 |
| 12 | 阳原县（冀） | 450.00 |
| 13 | 香河县（冀） | 430.00 |
| 14 | 曲阳县（冀） | 420.00 |
| 15 | 东光县（冀） | 400.00 |
| 16 | 阜城县（冀） | 382.00 |
| 17 | 辛集市（冀） | 352.00 |
| 18 | 沧　县（冀） | 350.00 |
| 19 | 定兴县（冀） | 350.00 |
| 20 | 永清县（冀） | 350.00 |
| 21 | 广阳区（冀） | 315.00 |
| 22 | 围场满族蒙古族自治县（冀） | 300.00 |
| 23 | 玉田县（冀） | 295.00 |
| 24 | 南和县（冀） | 283.00 |
| 25 | 尚义县（冀） | 276.00 |
| 26 | 武邑县（冀） | 255.00 |
| 27 | 定州市（冀） | 250.00 |
| 28 | 永年县（冀） | 240.00 |
| 29 | 晋州市（冀） | 238.03 |
| 30 | 任丘市（冀） | 232.97 |
| 31 | 泊头市（冀） | 228.24 |
| 32 | 隆尧县（冀） | 220.00 |
| 33 | 邢台县（冀） | 212.00 |
| 34 | 南皮县（冀） | 202.00 |
| 35 | 广宗县（冀） | 200.00 |
| 36 | 吴桥县（冀） | 199.00 |
| 37 | 高阳县（冀） | 160.00 |
| 38 | 卢龙县（冀） | 150.00 |
| 39 | 昌黎县（冀） | 150.00 |
| 40 | 临西县（冀） | 129.00 |
| 41 | 博野县（冀） | 105.00 |
| 42 | 宽城满族自治县（冀） | 100.00 |
| 43 | 肃宁县（冀） | 99.20 |
| 44 | 藁城区（冀） | 97.29 |
| 45 | 雄　县（冀） | 92.00 |
| 46 | 赵　县（冀） | 90.00 |
| 47 | 新乐市（冀） | 80.00 |
| 48 | 景　县（冀） | 75.00 |
| 49 | 文安县（冀） | 75.00 |
| 50 | 清河县（冀） | 75.00 |
| 51 | 容城县（冀） | 72.00 |
| 52 | 任　县（冀） | 70.00 |
| 53 | 迁西县（冀） | 69.93 |
| 54 | 大厂回族自治县（冀） | 60.00 |
| 55 | 威　县（冀） | 55.00 |
| 56 | 蔚　县（冀） | 48.00 |
| 57 | 肥乡县（冀） | 45.00 |
| 58 | 开平区（冀） | 45.00 |
| 59 | 新河县（冀） | 43.00 |
| 60 | 桃城区（冀） | 40.00 |
| 61 | 故城县（冀） | 38.40 |
| 62 | 磁　县（冀） | 35.00 |
| 63 | 平山县（冀） | 34.00 |
| 64 | 鸡泽县（冀） | 33.00 |
| 65 | 大名县（冀） | 33.00 |
| 66 | 青　县（冀） | 30.00 |
| 67 | 满城县（冀） | 30.00 |
| 68 | 唐山市汉沽管理区（冀） | 30.00 |
| 69 | 盐山县（冀） | 28.21 |
| 70 | 孟村回族自治县（冀） | 25.00 |
| 71 | 易　县（冀） | 25.00 |
| 72 | 广平县（冀） | 25.00 |
| 73 | 平泉县（冀） | 24.00 |
| 74 | 沧州市南大港管理区（冀） | 20.00 |
| 75 | 枣强县（冀） | 20.00 |
| 76 | 安新县（冀） | 20.00 |
| 77 | 张家口市高新技术管理区（冀） | 20.00 |
| 78 | 武强县（冀） | 15.00 |
| 79 | 灵寿县（冀） | 15.00 |
| 80 | 三河市（冀） | 15.00 |
| 81 | 新华区（冀） | 14.50 |
| 82 | 无极县（冀） | 14.00 |
| 83 | 安平县（冀） | 12.00 |
| 84 | 献　县（冀） | 10.00 |
| 85 | 平乡县（冀） | 10.00 |
| 86 | 朔城区（晋） | 500.00 |
| 87 | 襄垣县（晋） | 370.00 |
| 88 | 大同县（晋） | 300.00 |
| 89 | 定襄县（晋） | 220.00 |
| 90 | 襄汾县（晋） | 200.00 |
| 91 | 山阴县（晋） | 200.00 |
| 92 | 忻府区（晋） | 193.91 |
| 93 | 河津市（晋） | 150.00 |

(续)

| 序号 | 杨树苗主产地 | 产量(万株) |
|---|---|---|
| 94 | 五台县(晋) | 150.00 |
| 95 | 沁源县(晋) | 130.00 |
| 96 | 屯留县(晋) | 127.00 |
| 97 | 洪洞县(晋) | 124.00 |
| 98 | 沁　县(晋) | 111.00 |
| 99 | 南郊区(晋) | 90.00 |
| 100 | 潞城市(晋) | 90.00 |
| 101 | 河曲县(晋) | 86.40 |
| 102 | 新荣区(晋) | 74.25 |
| 103 | 翼城县(晋) | 74.00 |
| 104 | 泽州县(晋) | 65.80 |
| 105 | 稷山县(晋) | 65.10 |
| 106 | 阳高县(晋) | 60.00 |
| 107 | 阳城县(晋) | 50.00 |
| 108 | 天镇县(晋) | 32.00 |
| 109 | 广灵县(晋) | 30.00 |
| 110 | 黎城县(晋) | 30.00 |
| 111 | 阳曲县(晋) | 30.00 |
| 112 | 平定县(晋) | 30.00 |
| 113 | 壶关县(晋) | 25.00 |
| 114 | 左云县(晋) | 18.00 |
| 115 | 长治县(晋) | 13.50 |
| 116 | 土默特右旗(内蒙古) | 5359.00 |
| 117 | 科尔沁左翼后旗(内蒙古) | 2480.00 |
| 118 | 科尔沁区(内蒙古) | 1420.00 |
| 119 | 开鲁县(内蒙古) | 1250.00 |
| 120 | 科尔沁左翼中旗(内蒙古) | 1100.00 |
| 121 | 扎赉特旗(内蒙古) | 800.00 |
| 122 | 杭锦后旗(内蒙古) | 788.00 |
| 123 | 达拉特旗(内蒙古) | 473.00 |
| 124 | 阿荣旗(内蒙古) | 410.00 |
| 125 | 陈巴尔虎旗(内蒙古) | 407.00 |
| 126 | 五原县(内蒙古) | 337.00 |
| 127 | 临河区(内蒙古) | 310.00 |
| 128 | 乌拉特前旗(内蒙古) | 300.00 |
| 129 | 奈曼旗(内蒙古) | 268.00 |
| 130 | 库伦旗(内蒙古) | 249.90 |
| 131 | 伊金霍洛旗(内蒙古) | 155.95 |
| 132 | 突泉县(内蒙古) | 150.00 |
| 133 | 翁牛特旗(内蒙古) | 115.00 |
| 134 | 鄂托克前旗(内蒙古) | 97.25 |
| 135 | 巴林右旗(内蒙古) | 93.20 |
| 136 | 敖汉旗(内蒙古) | 90.00 |
| 137 | 赛罕区(内蒙古) | 88.00 |
| 138 | 东乌珠穆沁旗(内蒙古) | 81.10 |
| 139 | 察哈尔右翼后旗(内蒙古) | 76.00 |
| 140 | 察哈尔右翼中旗(内蒙古) | 67.50 |
| 141 | 固阳县(内蒙古) | 65.00 |
| 142 | 额尔古纳市(内蒙古) | 60.00 |
| 143 | 土默特左旗(内蒙古) | 60.00 |
| 144 | 林西县(内蒙古) | 58.00 |
| 145 | 托克托县(内蒙古) | 57.30 |
| 146 | 乌拉特后旗(内蒙古) | 50.00 |
| 147 | 杭锦旗(内蒙古) | 36.90 |
| 148 | 正蓝旗(内蒙古) | 36.00 |
| 149 | 红山区(内蒙古) | 34.41 |
| 150 | 丰镇市(内蒙古) | 31.20 |
| 151 | 海拉尔区(内蒙古) | 30.00 |
| 152 | 阿鲁科尔沁旗(内蒙古) | 30.00 |
| 153 | 新巴尔虎右旗(内蒙古) | 30.00 |
| 154 | 达尔罕茂明安联合旗(内蒙古) | 26.10 |
| 155 | 四子王旗(内蒙古) | 25.00 |
| 156 | 松山区(内蒙古) | 21.40 |
| 157 | 武川县(内蒙古) | 20.00 |
| 158 | 清水河县(内蒙古) | 20.00 |
| 159 | 东河区(内蒙古) | 17.00 |
| 160 | 新民市(辽) | 1517.00 |
| 161 | 辽中区(辽) | 1400.00 |
| 162 | 康平县(辽) | 850.00 |
| 163 | 凌海市(辽) | 800.00 |
| 164 | 昌图县(辽) | 500.00 |
| 165 | 喀喇沁左翼蒙古族自治县(辽) | 393.80 |
| 166 | 阜新蒙古族自治县(辽) | 300.00 |
| 167 | 法库县(辽) | 194.00 |
| 168 | 凌源市(辽) | 180.00 |
| 169 | 盘山县(辽) | 131.00 |
| 170 | 灯塔市(辽) | 90.00 |
| 171 | 大洼县(辽) | 64.00 |
| 172 | 建平县(辽) | 61.00 |
| 173 | 普兰店市(辽) | 54.00 |
| 174 | 绥中县(辽) | 50.00 |
| 175 | 盖州市(辽) | 45.00 |
| 176 | 义　县(辽) | 45.00 |
| 177 | 老边区(辽) | 45.00 |
| 178 | 太子河区(辽) | 27.50 |
| 179 | 庄河市(辽) | 20.00 |
| 180 | 银州区(辽) | 19.00 |
| 181 | 苏家屯区(辽) | 10.00 |
| 182 | 于洪区(辽) | 10.00 |
| 183 | 农安县(吉) | 3000.00 |
| 184 | 长岭县(吉) | 1500.00 |
| 185 | 乾安县(吉) | 1185.00 |
| 186 | 洮南市(吉) | 1130.00 |
| 187 | 前郭尔罗斯蒙古族自治县(吉) | 257.00 |
| 188 | 白城市市辖区(吉) | 232.10 |
| 189 | 磐石市(吉) | 231.00 |
| 190 | 梨树县(吉) | 180.00 |
| 191 | 丰满区(吉) | 75.00 |
| 192 | 辉南县(吉) | 56.00 |
| 193 | 伊通满族自治县(吉) | 20.00 |
| 194 | 长白朝鲜族自治县(吉) | 12.00 |
| 195 | 舒兰市(吉) | 11.00 |
| 196 | 松北区(黑) | 2631.00 |
| 197 | 林甸县(黑) | 1620.00 |
| 198 | 阿城区(黑) | 1130.00 |
| 199 | 双城区(黑) | 723.00 |
| 200 | 甘南县(黑) | 690.00 |
| 201 | 木兰县(黑) | 616.00 |
| 202 | 巴彦县(黑) | 600.00 |
| 203 | 呼兰区(黑) | 600.00 |
| 204 | 杜尔伯特蒙古族自治县(黑) | 540.00 |
| 205 | 让胡路区(黑) | 520.00 |
| 206 | 肇源县(黑) | 518.00 |
| 207 | 五常市(黑) | 500.00 |
| 208 | 明水县(黑) | 320.00 |
| 209 | 肇州县(黑) | 300.00 |
| 210 | 北林区(黑) | 250.00 |
| 211 | 克山县(黑) | 245.00 |
| 212 | 汤原县(黑) | 242.80 |
| 213 | 大同区(黑) | 242.00 |
| 214 | 龙江县(黑) | 200.00 |
| 215 | 桦南县(黑) | 190.00 |
| 216 | 尚志市(黑) | 130.00 |
| 217 | 齐齐哈尔市市辖区(黑) | 100.00 |
| 218 | 望奎县(黑) | 70.00 |
| 219 | 道外区(黑) | 65.00 |
| 220 | 克东县(黑) | 60.00 |
| 221 | 集贤县(黑) | 60.00 |
| 222 | 红岗区(黑) | 40.00 |
| 223 | 绥滨县(黑) | 35.00 |
| 224 | 五大连池市(黑) | 35.00 |
| 225 | 密山市(黑) | 35.00 |
| 226 | 铁力市(黑) | 25.00 |
| 227 | 庆安国有林场管理局(黑) | 21.60 |
| 228 | 虎林市(黑) | 15.00 |

（续）

| 序号 | 杨树苗主产地 | 产量（万株） |
|---|---|---|
| 229 | 同江市（黑） | 10.00 |
| 230 | 通河县（黑） | 10.00 |
| 231 | 孙吴县（黑） | 10.00 |
| 232 | 霍邱县（皖） | 520.00 |
| 233 | 定远县（皖） | 270.00 |
| 234 | 淮上区（皖） | 200.00 |
| 235 | 无为县（皖） | 140.00 |
| 236 | 寿　县（皖） | 102.00 |
| 237 | 萧　县（皖） | 75.00 |
| 238 | 芜湖县（皖） | 60.00 |
| 239 | 灵璧县（皖） | 50.00 |
| 240 | 迎江区（皖） | 50.00 |
| 241 | 怀远县（皖） | 45.00 |
| 242 | 裕安区（皖） | 36.00 |
| 243 | 固镇县（皖） | 30.00 |
| 244 | 肥东县（皖） | 28.00 |
| 245 | 齐河县（鲁） | 4294.00 |
| 246 | 郯城县（鲁） | 3200.00 |
| 247 | 新泰市（鲁） | 2840.00 |
| 248 | 冠　县（鲁） | 2468.90 |
| 249 | 东平县（鲁） | 2400.00 |
| 250 | 肥城市（鲁） | 2280.00 |
| 251 | 诸城市（鲁） | 2000.00 |
| 252 | 微山县（鲁） | 1892.40 |
| 253 | 安丘市（鲁） | 1465.00 |
| 254 | 惠民县（鲁） | 1360.00 |
| 255 | 高密市（鲁） | 1200.00 |
| 256 | 莒南县（鲁） | 960.00 |
| 257 | 乐陵市（鲁） | 824.10 |
| 258 | 宁阳县（鲁） | 790.00 |
| 259 | 平原县（鲁） | 760.00 |
| 260 | 茌平县（鲁） | 652.00 |
| 261 | 嘉祥县（鲁） | 630.00 |
| 262 | 高青县（鲁） | 550.00 |
| 263 | 岱岳区（鲁） | 520.00 |
| 264 | 汶上县（鲁） | 450.00 |
| 265 | 蒙阴县（鲁） | 400.00 |
| 266 | 陵城区（鲁） | 364.00 |
| 267 | 曹　县（鲁） | 324.00 |
| 268 | 莱城区（鲁） | 300.00 |
| 269 | 桓台县（鲁） | 270.00 |
| 270 | 费　县（鲁） | 236.00 |
| 271 | 沂水县（鲁） | 225.00 |
| 272 | 梁山县（鲁） | 209.00 |
| 273 | 沂南县（鲁） | 200.00 |

（续）

| 序号 | 杨树苗主产地 | 产量（万株） |
|---|---|---|
| 274 | 昌乐县（鲁） | 130.00 |
| 275 | 莱阳市（鲁） | 122.00 |
| 276 | 薛城区（鲁） | 117.00 |
| 277 | 兖州市（鲁） | 115.00 |
| 278 | 武城县（鲁） | 80.00 |
| 279 | 滨城区（鲁） | 60.00 |
| 280 | 青州市（鲁） | 60.00 |
| 281 | 临沭县（鲁） | 60.00 |
| 282 | 东昌府区（鲁） | 57.00 |
| 283 | 坊子区（鲁） | 45.00 |
| 284 | 河口区（鲁） | 40.00 |
| 285 | 莘　县（鲁） | 35.20 |
| 286 | 广饶县（鲁） | 33.00 |
| 287 | 阳信县（鲁） | 24.00 |
| 288 | 山亭区（鲁） | 22.00 |
| 289 | 鱼台县（鲁） | 21.00 |
| 290 | 德城区（鲁） | 16.50 |
| 291 | 东港区（鲁） | 10.00 |
| 292 | 荣成市（鲁） | 10.00 |
| 293 | 获嘉县（豫） | 2492.00 |
| 294 | 商水县（豫） | 1520.00 |
| 295 | 尉氏县（豫） | 1200.00 |
| 296 | 台前县（豫） | 1042.70 |
| 297 | 卢氏县（豫） | 969.50 |
| 298 | 平舆县（豫） | 548.80 |
| 299 | 濮阳县（豫） | 430.00 |
| 300 | 睢　县（豫） | 400.00 |
| 301 | 范　县（豫） | 397.20 |
| 302 | 民权县（豫） | 360.00 |
| 303 | 开封县（豫） | 321.00 |
| 304 | 虞城县（豫） | 270.00 |
| 305 | 济源市（豫） | 228.00 |
| 306 | 长葛市（豫） | 223.00 |
| 307 | 洛宁县（豫） | 210.00 |
| 308 | 潢川县（豫） | 205.00 |
| 309 | 安阳县（豫） | 195.00 |
| 310 | 内黄县（豫） | 153.67 |
| 311 | 夏邑县（豫） | 144.00 |
| 312 | 平桥区（豫） | 135.00 |
| 313 | 扶沟县（豫） | 134.00 |
| 314 | 原阳县（豫） | 112.50 |
| 315 | 南乐县（豫） | 90.00 |
| 316 | 睢阳区（豫） | 78.00 |
| 317 | 郾城区（豫） | 70.18 |
| 318 | 禹州市（豫） | 68.00 |

（续）

| 序号 | 杨树苗主产地 | 产量（万株） |
|---|---|---|
| 319 | 濮阳市高新区（豫） | 54.20 |
| 320 | 上蔡县（豫） | 52.50 |
| 321 | 叶　县（豫） | 52.00 |
| 322 | 汝州市（豫） | 46.00 |
| 323 | 确山县（豫） | 40.00 |
| 324 | 林州市（豫） | 38.20 |
| 325 | 淇滨区（豫） | 33.00 |
| 326 | 许昌县（豫） | 30.00 |
| 327 | 华龙区（豫） | 26.00 |
| 328 | 义马市（豫） | 22.00 |
| 329 | 杞　县（豫） | 21.00 |
| 330 | 宜阳县（豫） | 20.30 |
| 331 | 浚　县（豫） | 20.00 |
| 332 | 博爱县（豫） | 19.79 |
| 333 | 顺河回族区（豫） | 18.00 |
| 334 | 梁园区（豫） | 16.30 |
| 335 | 殷都区（豫） | 12.50 |
| 336 | 洪湖市（鄂） | 480.00 |
| 337 | 云梦县（鄂） | 387.00 |
| 338 | 襄城区（鄂） | 250.00 |
| 339 | 天门市（鄂） | 240.00 |
| 340 | 蔡甸区（鄂） | 185.00 |
| 341 | 江陵县（鄂） | 180.00 |
| 342 | 沙市区（鄂） | 100.00 |
| 343 | 枣阳市（鄂） | 75.00 |
| 344 | 应城市（鄂） | 60.00 |
| 345 | 孝南区（鄂） | 27.00 |
| 346 | 随　县（鄂） | 20.00 |
| 347 | 阳新县（鄂） | 19.00 |
| 348 | 浠水县（鄂） | 18.00 |
| 349 | 松滋市（鄂） | 15.00 |
| 350 | 当阳市（鄂） | 15.00 |
| 351 | 谷城县（鄂） | 12.40 |
| 352 | 君山区（湘） | 660.00 |
| 353 | 华容县（湘） | 100.00 |
| 354 | 湘阴县（湘） | 45.00 |
| 355 | 鼎城区（湘） | 29.00 |
| 356 | 武陵区（湘） | 27.00 |
| 357 | 安乡县（湘） | 15.00 |
| 358 | 巴南区（渝） | 44.00 |
| 359 | 顺庆区（川） | 1000.00 |
| 360 | 甘孜县（川） | 41.00 |
| 361 | 稻城县（川） | 40.00 |
| 362 | 大英县（川） | 30.00 |
| 363 | 岳池县（川） | 30.00 |

(续)

| 序号 | 杨树苗主产地 | 产量(万株) |
|---|---|---|
| 364 | 郫　县(川) | 22.00 |
| 365 | 丁青县(藏) | 15.00 |
| 366 | 榆阳区(陕) | 100.00 |
| 367 | 陇　县(陕) | 96.90 |
| 368 | 定边县(陕) | 96.00 |
| 369 | 桥北林业局(陕) | 30.00 |
| 370 | 麟游县(陕) | 28.00 |
| 371 | 会宁县(甘) | 600.00 |
| 372 | 玉门市(甘) | 500.00 |
| 373 | 临泽县(甘) | 498.10 |
| 374 | 甘州区(甘) | 443.23 |
| 375 | 金塔县(甘) | 374.00 |
| 376 | 高台县(甘) | 359.70 |
| 377 | 景泰县(甘) | 280.00 |
| 378 | 敦煌市(甘) | 222.30 |
| 379 | 靖远县(甘) | 187.50 |
| 380 | 永昌县(甘) | 172.20 |
| 381 | 武威市市辖区(甘) | 162.40 |
| 382 | 礼　县(甘) | 140.00 |
| 383 | 民勤县(甘) | 83.72 |
| 384 | 瓜州县(甘) | 68.00 |
| 385 | 榆中县(甘) | 66.70 |
| 386 | 民乐县(甘) | 50.00 |
| 387 | 临洮县(甘) | 40.00 |
| 388 | 积石山保安族东乡族撒拉族自治县(甘) | 30.00 |
| 389 | 华池林业总场(甘) | 23.60 |
| 390 | 红古区(甘) | 20.00 |
| 391 | 正宁林业总场(甘) | 14.27 |
| 392 | 西吉县(宁) | 10555.00 |
| 393 | 永宁县(宁) | 2250.00 |
| 394 | 隆德县(宁) | 750.00 |
| 395 | 平罗县(宁) | 698.63 |
| 396 | 中宁县(宁) | 371.80 |
| 397 | 贺兰县(宁) | 249.00 |
| 398 | 灵武市(宁) | 160.64 |
| 399 | 宁夏仁存渡护岸林场(宁) | 119.94 |
| 400 | 同心县(宁) | 102.00 |
| 401 | 惠农区(宁) | 100.00 |
| 402 | 利通区(宁) | 80.00 |
| 403 | 金凤区(宁) | 67.40 |
| 404 | 盐池县(宁) | 58.37 |
| 405 | 大武口区(宁) | 52.48 |
| 406 | 沙坡头区(宁) | 31.60 |
| 407 | 西夏区(宁) | 15.00 |
| 408 | 红寺堡区(宁) | 11.40 |

## 表 10-23　白蜡苗主产地产量

| 序号 | 白蜡苗主产地 | 产量(万株) |
|---|---|---|
| 1 | 顺义区(京) | 49.77 |
| 2 | 丰台区(京) | 11.30 |
| 3 | 定州市(冀) | 1200.00 |
| 4 | 博野县(冀) | 630.00 |
| 5 | 滦南县(冀) | 480.00 |
| 6 | 南和县(冀) | 468.00 |
| 7 | 沧　县(冀) | 380.00 |
| 8 | 广阳区(冀) | 337.50 |
| 9 | 涿州市(冀) | 325.00 |
| 10 | 行唐县(冀) | 310.00 |
| 11 | 景　县(冀) | 282.40 |
| 12 | 海兴县(冀) | 185.00 |
| 13 | 新河县(冀) | 133.00 |
| 14 | 河间市(冀) | 132.00 |
| 15 | 雄　县(冀) | 100.00 |
| 16 | 吴桥县(冀) | 97.00 |
| 17 | 滦　县(冀) | 96.00 |
| 18 | 肃宁县(冀) | 81.00 |
| 19 | 辛集市(冀) | 80.00 |
| 20 | 安国市(冀) | 80.00 |
| 21 | 隆尧县(冀) | 70.00 |
| 22 | 沧州市南大港管理区(冀) | 65.00 |
| 23 | 高阳县(冀) | 60.00 |
| 24 | 盐山县(冀) | 49.40 |
| 25 | 清河县(冀) | 45.00 |
| 26 | 阜城县(冀) | 40.00 |
| 27 | 泊头市(冀) | 39.77 |
| 28 | 黄骅市(冀) | 39.00 |
| 29 | 晋州市(冀) | 36.28 |
| 30 | 永年县(冀) | 36.00 |
| 31 | 桃城区(冀) | 35.00 |
| 32 | 沧州市临港经济技术开发区(冀) | 32.58 |
| 33 | 宁晋县(冀) | 32.00 |
| 34 | 易　县(冀) | 30.00 |
| 35 | 任　县(冀) | 29.00 |
| 36 | 故城县(冀) | 28.00 |
| 37 | 徐水县(冀) | 27.00 |
| 38 | 新华区(冀) | 25.20 |
| 39 | 栾城区(冀) | 25.00 |
| 40 | 邢台县(冀) | 24.00 |
| 41 | 赵　县(冀) | 24.00 |
| 42 | 开平区(冀) | 22.00 |
| 43 | 临西县(冀) | 20.00 |
| 44 | 鹿泉区(冀) | 16.25 |

(续)

| 序号 | 白蜡苗主产地 | 产量(万株) |
|---|---|---|
| 45 | 广平县(冀) | 15.00 |
| 46 | 三河市(冀) | 15.00 |
| 47 | 安平县(冀) | 14.00 |
| 48 | 饶阳县(冀) | 13.00 |
| 49 | 青　县(冀) | 12.59 |
| 50 | 安新县(冀) | 12.00 |
| 51 | 深泽县(冀) | 12.00 |
| 52 | 大厂回族自治县(冀) | 11.00 |
| 53 | 邯山区(冀) | 10.80 |
| 54 | 满城县(冀) | 10.00 |
| 55 | 高碑店市(冀) | 10.00 |
| 56 | 中阳县(晋) | 172.00 |
| 57 | 侯马市(晋) | 100.00 |
| 58 | 曲沃县(晋) | 80.00 |
| 59 | 夏　县(晋) | 75.60 |
| 60 | 临猗县(晋) | 75.00 |
| 61 | 襄汾县(晋) | 25.00 |
| 62 | 黎城县(晋) | 20.00 |
| 63 | 河津市(晋) | 18.00 |
| 64 | 定襄县(晋) | 15.00 |
| 65 | 红山区(内蒙古) | 27.68 |
| 66 | 鄂托克前旗(内蒙古) | 14.18 |
| 67 | 东港市(辽) | 196.00 |
| 68 | 普兰店市(辽) | 30.00 |
| 69 | 大洼县(辽) | 24.00 |
| 70 | 绥中县(辽) | 18.60 |
| 71 | 老边区(辽) | 10.00 |
| 72 | 灵璧县(皖) | 150.00 |
| 73 | 界首市(皖) | 35.00 |
| 74 | 五河县(皖) | 20.00 |
| 75 | 惠民县(鲁) | 14506.00 |
| 76 | 寿光市(鲁) | 4100.00 |
| 77 | 高青县(鲁) | 2400.00 |
| 78 | 长清区(鲁) | 2400.00 |
| 79 | 河口区(鲁) | 2140.00 |
| 80 | 沾化县(鲁) | 1200.00 |
| 81 | 嘉祥县(鲁) | 1020.00 |
| 82 | 广饶县(鲁) | 907.00 |
| 83 | 曲阜市(鲁) | 800.00 |
| 84 | 东明县(鲁) | 767.33 |
| 85 | 临沂市经济技术开发区(鲁) | 732.00 |
| 86 | 梁山县(鲁) | 720.00 |
| 87 | 安丘市(鲁) | 657.00 |
| 88 | 兖州市(鲁) | 600.00 |
| 89 | 陵城区(鲁) | 509.00 |

（续）

| 序号 | 白蜡苗主产地 | 产量（万株） |
|---|---|---|
| 90 | 昌乐县（鲁） | 230.00 |
| 91 | 东昌府区（鲁） | 225.00 |
| 92 | 河东区（鲁） | 210.00 |
| 93 | 茌平县（鲁） | 206.00 |
| 94 | 鄄城县（鲁） | 170.00 |
| 95 | 汶上县（鲁） | 136.50 |
| 96 | 邹平县（鲁） | 126.00 |
| 97 | 海阳市（鲁） | 120.00 |
| 98 | 周村区（鲁） | 120.00 |
| 99 | 平原县（鲁） | 120.00 |
| 100 | 高密市（鲁） | 110.00 |
| 101 | 东平县（鲁） | 99.00 |
| 102 | 阳信县（鲁） | 96.00 |
| 103 | 德城区（鲁） | 90.00 |
| 104 | 桓台县（鲁） | 74.00 |
| 105 | 泰安市泰山景区（鲁） | 70.00 |
| 106 | 荣成市（鲁） | 65.00 |
| 107 | 肥城市（鲁） | 61.50 |
| 108 | 天桥区（鲁） | 60.00 |
| 109 | 武城县（鲁） | 60.00 |
| 110 | 昌邑市（鲁） | 48.80 |
| 111 | 青州市（鲁） | 45.00 |
| 112 | 牟平区（鲁） | 40.00 |
| 113 | 坊子区（鲁） | 40.00 |
| 114 | 文登市（鲁） | 35.00 |
| 115 | 东营区（鲁） | 35.00 |
| 116 | 曹　县（鲁） | 33.02 |
| 117 | 淄川区（鲁） | 30.00 |
| 118 | 栖霞市（鲁） | 30.00 |
| 119 | 莱州市（鲁） | 30.00 |
| 120 | 费　县（鲁） | 28.00 |
| 121 | 莒　县（鲁） | 25.00 |
| 122 | 寒亭区（鲁） | 21.00 |
| 123 | 滨城区（鲁） | 20.00 |
| 124 | 临沭县（鲁） | 20.00 |
| 125 | 临淄区（鲁） | 15.00 |
| 126 | 潍坊市峡山区（鲁） | 12.00 |
| 127 | 山亭区（鲁） | 11.00 |
| 128 | 峄城区（鲁） | 10.00 |
| 129 | 濮阳县（豫） | 804.00 |
| 130 | 安阳县（豫） | 250.00 |
| 131 | 清丰县（豫） | 241.00 |
| 132 | 济源市（豫） | 225.00 |
| 133 | 夏邑县（豫） | 195.00 |
| 134 | 嵩　县（豫） | 184.00 |

（续）

| 序号 | 白蜡苗主产地 | 产量（万株） |
|---|---|---|
| 135 | 湖滨区（豫） | 140.00 |
| 136 | 南乐县（豫） | 130.00 |
| 137 | 西华县（豫） | 125.00 |
| 138 | 华龙区（豫） | 116.00 |
| 139 | 潢川县（豫） | 110.00 |
| 140 | 邓州市（豫） | 103.00 |
| 141 | 长葛市（豫） | 100.00 |
| 142 | 凤泉区（豫） | 97.00 |
| 143 | 项城市（豫） | 95.00 |
| 144 | 许昌县（豫） | 92.00 |
| 145 | 太康县（豫） | 90.00 |
| 146 | 牧野区（豫） | 50.00 |
| 147 | 范　县（豫） | 45.00 |
| 148 | 汤阴县（豫） | 45.00 |
| 149 | 上蔡县（豫） | 40.00 |
| 150 | 新密市（豫） | 35.00 |
| 151 | 郾城区（豫） | 33.23 |
| 152 | 商水县（豫） | 28.00 |
| 153 | 禹州市（豫） | 28.00 |
| 154 | 驿城区（豫） | 22.00 |
| 155 | 荥阳市（豫） | 20.30 |
| 156 | 淇滨区（豫） | 13.50 |
| 157 | 原阳县（豫） | 11.00 |
| 158 | 宜都市（鄂） | 150.00 |
| 159 | 京山县（鄂） | 128.00 |
| 160 | 庆城县（甘） | 218.00 |
| 161 | 合水林业总场（甘） | 185.69 |
| 162 | 古浪县（甘） | 60.00 |
| 163 | 武威市市辖区（甘） | 22.80 |
| 164 | 华池林业总场（甘） | 22.10 |
| 165 | 临泽县（甘） | 16.10 |
| 166 | 民勤县（甘） | 14.85 |
| 167 | 敦煌市（甘） | 13.50 |
| 168 | 正宁林业总场（甘） | 12.25 |
| 169 | 永宁县（宁） | 642.00 |
| 170 | 贺兰县（宁） | 473.00 |
| 171 | 平罗县（宁） | 287.94 |
| 172 | 灵武市（宁） | 144.42 |
| 173 | 大武口区（宁） | 136.05 |
| 174 | 原州区（宁） | 48.40 |
| 175 | 盐池县（宁） | 18.63 |
| 176 | 金凤区（宁） | 14.40 |
| 177 | 惠农区（宁） | 11.25 |
| 178 | 呼图壁林场（新） | 14.40 |

**表 10-24　水曲柳苗主产地产量**

| 序号 | 水曲柳苗主产地 | 产量（万株） |
|---|---|---|
| 1 | 木栏围场国营林场（冀） | 4.09 |
| 2 | 乌拉特后旗（内蒙古） | 2.10 |
| 3 | 桓仁满族自治县（辽） | 161.00 |
| 4 | 振安区（辽） | 40.00 |
| 5 | 辽宁实验林场（辽） | 5.26 |
| 6 | 本溪满族自治县（辽） | 4.40 |
| 7 | 白河林业局（吉） | 500.00 |
| 8 | 蛟河市（吉） | 248.48 |
| 9 | 江源区（吉） | 70.00 |
| 10 | 长春市净月经济开发区（吉） | 46.30 |
| 11 | 长白朝鲜族自治县（吉） | 46.00 |
| 12 | 临江市（吉） | 23.50 |
| 13 | 舒兰市（吉） | 20.00 |
| 14 | 龙潭区（吉） | 16.00 |
| 15 | 天桥岭林业局（吉） | 15.00 |
| 16 | 辉南县（吉） | 10.00 |
| 17 | 白城市市辖区（吉） | 7.30 |
| 18 | 珲春林业局（吉） | 6.95 |
| 19 | 敦化林业局（吉） | 4.80 |
| 20 | 桦甸市（吉） | 2.00 |
| 21 | 白山市市辖区（吉） | 2.00 |
| 22 | 榆树市（吉） | 1.00 |
| 23 | 汪清县（吉） | 1.00 |
| 24 | 孟家岗林场（黑） | 98.00 |
| 25 | 尚志国有林场管理局（黑） | 27.00 |
| 26 | 伊春市市辖区（黑） | 12.40 |
| 27 | 萝北县（黑） | 10.00 |
| 28 | 讷河市（黑） | 5.50 |
| 29 | 绥棱县（黑） | 2.40 |
| 30 | 饶河县（黑） | 2.12 |
| 31 | 庆安国有林场管理局（黑） | 1.80 |
| 32 | 中宁县（宁） | 60.00 |
| 33 | 呼图壁林场（新） | 4.30 |
| 34 | 松江河林业有限公司（吉林森工） | 316.00 |
| 35 | 三岔子林业局（吉林森工） | 128.80 |
| 36 | 露水河林业局（吉林森工） | 124.55 |
| 37 | 白石山林业局（吉林森工） | 42.04 |
| 38 | 临江林业局（吉林森工） | 22.50 |
| 39 | 海林林业局（龙江森工） | 154.80 |
| 40 | 朗乡林业局（龙江森工） | 56.90 |
| 41 | 大海林林业局（龙江森工） | 50.50 |
| 42 | 东方红林业局（龙江森工） | 38.60 |
| 43 | 山河屯林业局（龙江森工） | 36.40 |
| 44 | 南岔林业局（龙江森工） | 35.40 |
| 45 | 方正林业局（龙江森工） | 25.20 |

(续)

| 序号 | 水曲柳苗主产地 | 产量(万株) |
|---|---|---|
| 46 | 桦南林业局(龙江森工) | 25.00 |
| 47 | 乌伊岭林业局(龙江森工) | 20.40 |
| 48 | 苇河林业局(龙江森工) | 15.10 |
| 49 | 绥棱林业局(龙江森工) | 13.80 |
| 50 | 带岭实验局(龙江森工) | 11.80 |
| 51 | 东京城林业局(龙江森工) | 5.30 |
| 52 | 柴河林业局(龙江森工) | 2.00 |

**表 10-25 榆树苗主产地产量**

| 序号 | 榆树苗主产地 | 产量(万株) |
|---|---|---|
| 1 | 顺义区(京) | 29.05 |
| 2 | 康保县(冀) | 2672.50 |
| 3 | 阳原县(冀) | 2100.00 |
| 4 | 博野县(冀) | 2000.00 |
| 5 | 丰宁满族自治县(冀) | 1725.00 |
| 6 | 定州市(冀) | 1100.00 |
| 7 | 肥乡县(冀) | 760.00 |
| 8 | 围场满族蒙古族自治县(冀) | 300.00 |
| 9 | 宁晋县(冀) | 195.00 |
| 10 | 赵　县(冀) | 135.00 |
| 11 | 尚义县(冀) | 97.00 |
| 12 | 吴桥县(冀) | 95.00 |
| 13 | 盐山县(冀) | 35.12 |
| 14 | 高阳县(冀) | 30.00 |
| 15 | 桃城区(冀) | 30.00 |
| 16 | 临西县(冀) | 30.00 |
| 17 | 海兴县(冀) | 27.00 |
| 18 | 邢台县(冀) | 25.00 |
| 19 | 肃宁县(冀) | 14.00 |
| 20 | 安平县(冀) | 13.00 |
| 21 | 任　县(冀) | 12.00 |
| 22 | 张家口市高新技术管理区(冀) | 12.00 |
| 23 | 化德县(内蒙古) | 80000.00 |
| 24 | 巴林右旗(内蒙古) | 1391.00 |
| 25 | 杭锦后旗(内蒙古) | 1350.00 |
| 26 | 武川县(内蒙古) | 1000.00 |
| 27 | 察哈尔右翼后旗(内蒙古) | 900.00 |
| 28 | 土默特右旗(内蒙古) | 890.00 |
| 29 | 托克托县(内蒙古) | 667.30 |
| 30 | 达尔罕茂明安联合旗(内蒙古) | 529.50 |
| 31 | 翁牛特旗(内蒙古) | 390.00 |
| 32 | 察哈尔右翼中旗(内蒙古) | 320.00 |
| 33 | 陈巴尔虎旗(内蒙古) | 237.00 |
| 34 | 固阳县(内蒙古) | 186.00 |
| 35 | 丰镇市(内蒙古) | 136.00 |

(续)

| 序号 | 榆树苗主产地 | 产量(万株) |
|---|---|---|
| 36 | 伊金霍洛旗(内蒙古) | 120.05 |
| 37 | 鄂温克族自治旗(内蒙古) | 120.00 |
| 38 | 松山区(内蒙古) | 112.40 |
| 39 | 赛罕区(内蒙古) | 92.00 |
| 40 | 阿荣旗(内蒙古) | 80.00 |
| 41 | 乌拉特后旗(内蒙古) | 75.00 |
| 42 | 鄂托克前旗(内蒙古) | 64.19 |
| 43 | 正蓝旗(内蒙古) | 60.00 |
| 44 | 海拉尔区(内蒙古) | 50.00 |
| 45 | 商都县(内蒙古) | 50.00 |
| 46 | 新巴尔虎右旗(内蒙古) | 30.00 |
| 47 | 阿鲁科尔沁旗(内蒙古) | 29.00 |
| 48 | 四子王旗(内蒙古) | 13.00 |
| 49 | 察哈尔右翼前旗(内蒙古) | 12.00 |
| 50 | 库伦旗(内蒙古) | 10.25 |
| 51 | 敖汉旗(内蒙古) | 10.00 |
| 52 | 奈曼旗(内蒙古) | 10.00 |
| 53 | 阜新蒙古族自治县(辽) | 2500.00 |
| 54 | 大洼县(辽) | 1380.00 |
| 55 | 法库县(辽) | 42.00 |
| 56 | 于洪区(辽) | 40.00 |
| 57 | 灯塔市(辽) | 25.00 |
| 58 | 太子河区(辽) | 20.00 |
| 59 | 丰满区(吉) | 35.00 |
| 60 | 明水县(黑) | 360.00 |
| 61 | 呼兰区(黑) | 60.00 |
| 62 | 嘉定区(沪) | 50.05 |
| 63 | 桐城市(皖) | 15.00 |
| 64 | 乐陵市(鲁) | 1254.50 |
| 65 | 东营区(鲁) | 253.00 |
| 66 | 河口区(鲁) | 221.00 |
| 67 | 广饶县(鲁) | 204.00 |
| 68 | 平原县(鲁) | 86.00 |
| 69 | 昌邑市(鲁) | 45.00 |
| 70 | 梁山县(鲁) | 45.00 |
| 71 | 阳信县(鲁) | 21.00 |
| 72 | 环翠区(鲁) | 20.00 |
| 73 | 武城县(鲁) | 20.00 |
| 74 | 威海市工业新区(鲁) | 19.00 |
| 75 | 许昌县(豫) | 52.00 |
| 76 | 卫辉市(豫) | 50.00 |
| 77 | 华龙区(豫) | 15.40 |
| 78 | 甘州区(甘) | 150.53 |
| 79 | 民勤县(甘) | 52.22 |
| 80 | 山丹县(甘) | 42.00 |

(续)

| 序号 | 榆树苗主产地 | 产量(万株) |
|---|---|---|
| 81 | 武威市市辖区(甘) | 40.00 |
| 82 | 永昌县(甘) | 37.31 |
| 83 | 金川区(甘) | 18.00 |
| 84 | 积石山保安族东乡族撒拉族自治县(甘) | 15.00 |
| 85 | 敦煌市(甘) | 13.50 |
| 86 | 永宁县(宁) | 1100.00 |
| 87 | 灵武市(宁) | 197.26 |
| 88 | 盐池县(宁) | 118.90 |
| 89 | 贺兰县(宁) | 110.60 |
| 90 | 同心县(宁) | 72.89 |
| 91 | 平罗县(宁) | 38.51 |
| 92 | 大武口区(宁) | 32.96 |
| 93 | 青铜峡市(宁) | 30.00 |
| 94 | 灵武白芨滩国家级自然保护区(宁) | 26.13 |
| 95 | 金凤区(宁) | 12.50 |

**表 10-26 楠木苗主产地产量**

| 序号 | 楠木苗主产地 | 产量(万株) |
|---|---|---|
| 1 | 建德市(浙) | 80.00 |
| 2 | 临海市(浙) | 48.00 |
| 3 | 仙居县(浙) | 30.00 |
| 4 | 黄岩区(浙) | 11.10 |
| 5 | 德安县(赣) | 166.00 |
| 6 | 宁都县(赣) | 30.00 |
| 7 | 临川区(赣) | 10.00 |
| 8 | 宜城市(鄂) | 228.00 |
| 9 | 竹溪县(鄂) | 70.00 |
| 10 | 荆门市市辖区(鄂) | 70.00 |
| 11 | 浠水县(鄂) | 15.00 |
| 12 | 来凤县(鄂) | 15.00 |
| 13 | 湖北省太子山林场管理局(鄂) | 2.00 |
| 14 | 临武县(湘) | 210.00 |
| 15 | 金洞林场(湘) | 200.00 |
| 16 | 茶陵县(湘) | 180.00 |
| 17 | 涟源市(湘) | 178.00 |
| 18 | 桑植县(湘) | 120.00 |
| 19 | 常宁市(湘) | 74.30 |
| 20 | 安化县(湘) | 50.00 |
| 21 | 临澧县(湘) | 50.00 |
| 22 | 江华瑶族自治县(湘) | 50.00 |
| 23 | 永顺县(湘) | 40.00 |
| 24 | 古丈县(湘) | 30.00 |
| 25 | 株洲县(湘) | 28.00 |
| 26 | 会同县(湘) | 15.00 |

（续）

| 序号 | 楠木苗主产地 | 产量（万株） |
|---|---|---|
| 27 | 慈利县（湘） | 15.00 |
| 28 | 新化县（湘） | 12.00 |
| 29 | 沅陵县（湘） | 6.00 |
| 30 | 泸溪县（湘） | 5.00 |
| 31 | 衡南县（湘） | 4.50 |
| 32 | 双峰县（湘） | 1.20 |
| 33 | 南澳县（粤） | 90.00 |
| 34 | 封开县（粤） | 10.00 |
| 35 | 新丰江林管局（粤） | 2.50 |
| 36 | 昭平县（桂） | 15.80 |
| 37 | 良凤江国家森林公园（桂） | 4.00 |
| 38 | 江津区（渝） | 30.00 |
| 39 | 綦江区（渝） | 1.00 |
| 40 | 长宁县（川） | 205.00 |
| 41 | 四川省大渡河造林局（川） | 30.00 |
| 42 | 崇州市（川） | 14.00 |
| 43 | 郫　县（川） | 8.00 |
| 44 | 思南县（黔） | 180.00 |
| 45 | 江口县（黔） | 55.65 |
| 46 | 三都水族自治县（黔） | 54.10 |
| 47 | 沿河土家族自治县（黔） | 10.00 |
| 48 | 石林彝族自治县（滇） | 95.00 |
| 49 | 盐津县（滇） | 3.00 |

**表 10-27　桉树苗主产地产量**

| 序号 | 桉树苗主产地 | 产量（万株） |
|---|---|---|
| 1 | 梅县区（粤） | 900.00 |
| 2 | 清城区（粤） | 800.00 |
| 3 | 四会市（粤） | 530.00 |
| 4 | 乳源瑶族自治县（粤） | 460.00 |
| 5 | 高要市（粤） | 350.00 |
| 6 | 西江林业局（粤） | 289.40 |
| 7 | 阳西县（粤） | 160.00 |
| 8 | 化州市（粤） | 150.00 |
| 9 | 怀集县（粤） | 120.00 |
| 10 | 清新区（粤） | 120.00 |
| 11 | 台山市（粤） | 106.00 |
| 12 | 封开县（粤） | 100.00 |
| 13 | 云安县（粤） | 30.00 |
| 14 | 钦南区（桂） | 3300.00 |
| 15 | 桂平市（桂） | 2500.00 |
| 16 | 钦北区（桂） | 1214.00 |
| 17 | 合浦县（桂） | 1000.00 |
| 18 | 覃塘区（桂） | 900.00 |
| 19 | 灵山县（桂） | 900.00 |

（续）

| 序号 | 桉树苗主产地 | 产量（万株） |
|---|---|---|
| 20 | 田东县（桂） | 862.00 |
| 21 | 博白林场（桂） | 720.00 |
| 22 | 藤　县（桂） | 417.00 |
| 23 | 陆川县（桂） | 400.00 |
| 24 | 平果县（桂） | 378.00 |
| 25 | 田阳县（桂） | 350.00 |
| 26 | 派阳山林场（桂） | 222.60 |
| 27 | 宜州市（桂） | 220.00 |
| 28 | 六万林场（桂） | 210.00 |
| 29 | 高峰林场（桂） | 199.72 |
| 30 | 钦廉林场（桂） | 172.00 |
| 31 | 维都林场（桂） | 168.00 |
| 32 | 七坡林场（桂） | 145.00 |
| 33 | 合山市（桂） | 125.00 |
| 34 | 武宣县（桂） | 110.00 |
| 35 | 象州县（桂） | 100.00 |
| 36 | 田林县（桂） | 84.00 |
| 37 | 横　县（桂） | 82.15 |
| 38 | 三门江林场（桂） | 80.00 |
| 39 | 良凤江国家森林公园（桂） | 58.00 |
| 40 | 蒙山县（桂） | 50.00 |
| 41 | 北流市（桂） | 40.10 |
| 42 | 江州区（桂） | 40.00 |
| 43 | 贺州市平桂管理区（桂） | 40.00 |
| 44 | 万秀区（桂） | 35.00 |
| 45 | 那坡县（桂） | 30.00 |
| 46 | 忻城县（桂） | 30.00 |
| 47 | 铁山港区（桂） | 20.00 |
| 48 | 鹿寨县（桂） | 10.00 |
| 49 | 永川区（渝） | 200.00 |
| 50 | 梓潼县（川） | 130.00 |
| 51 | 江油市（川） | 60.00 |
| 52 | 南江县（川） | 35.00 |
| 53 | 乐山市市辖区（川） | 16.76 |
| 54 | 威远县（川） | 15.00 |
| 55 | 镇宁布依族苗族自治县（黔） | 50.00 |
| 56 | 景谷傣族彝族自治县（滇） | 250.00 |
| 57 | 南华县（滇） | 63.00 |
| 58 | 禄丰县（滇） | 55.08 |
| 59 | 宁洱哈尼族彝族自治县（滇） | 45.00 |
| 60 | 双江拉祜族佤族布朗族傣族自治县（滇） | 30.00 |
| 61 | 孟连傣族拉祜族佤族自治县（滇） | 20.00 |
| 62 | 倘甸工业园区（滇） | 20.00 |

**表 10-28　香樟苗主产地产量**

| 序号 | 香樟苗主产地 | 产量（万株） |
|---|---|---|
| 1 | 松江区（沪） | 107.80 |
| 2 | 嘉定区（沪） | 34.81 |
| 3 | 桐乡市（浙） | 736.80 |
| 4 | 秀洲区（浙） | 446.20 |
| 5 | 奉化区（浙） | 350.00 |
| 6 | 鄞州区（浙） | 285.00 |
| 7 | 黄岩区（浙） | 213.00 |
| 8 | 余杭区（浙） | 175.00 |
| 9 | 金东区（浙） | 108.00 |
| 10 | 临安市（浙） | 77.00 |
| 11 | 义乌市（浙） | 70.34 |
| 12 | 江北区（浙） | 55.00 |
| 13 | 定海区（浙） | 48.00 |
| 14 | 青田县（浙） | 42.00 |
| 15 | 建德市（浙） | 40.00 |
| 16 | 平湖市（浙） | 33.00 |
| 17 | 路桥区（浙） | 32.00 |
| 18 | 天台县（浙） | 32.00 |
| 19 | 诸暨市（浙） | 30.00 |
| 20 | 瓯海区（浙） | 25.00 |
| 21 | 玉环市（浙） | 21.00 |
| 22 | 象山县（浙） | 21.00 |
| 23 | 海盐县（浙） | 18.80 |
| 24 | 温岭市（浙） | 18.58 |
| 25 | 兰溪市（浙） | 17.80 |
| 26 | 三门县（浙） | 17.00 |
| 27 | 衢江区（浙） | 13.00 |
| 28 | 永嘉县（浙） | 10.00 |
| 29 | 鸠江区（皖） | 4286.00 |
| 30 | 庐阳区（皖） | 498.00 |
| 31 | 霍邱县（皖） | 290.00 |
| 32 | 望江县（皖） | 249.01 |
| 33 | 芜湖县（皖） | 180.00 |
| 34 | 弋江区（皖） | 165.00 |
| 35 | 桐城市（皖） | 150.00 |
| 36 | 寿　县（皖） | 95.00 |
| 37 | 无为县（皖） | 81.00 |
| 38 | 南陵县（皖） | 80.00 |
| 39 | 肥东县（皖） | 59.00 |
| 40 | 包河区（皖） | 54.00 |
| 41 | 宣州区（皖） | 53.10 |
| 42 | 裕安区（皖） | 48.20 |
| 43 | 霍山县（皖） | 30.00 |
| 44 | 屯溪区（皖） | 30.00 |
| 45 | 青阳县（皖） | 29.90 |

(续)

| 序号 | 香樟苗主产地 | 产量(万株) | 序号 | 香樟苗主产地 | 产量(万株) | 序号 | 香樟苗主产地 | 产量(万株) |
|---|---|---|---|---|---|---|---|---|
| 46 | 金安区(皖) | 25.00 | 91 | 赫山区(湘) | 450.00 | 136 | 万盛区(渝) | 95.00 |
| 47 | 东至县(皖) | 20.00 | 92 | 衡山县(湘) | 351.10 | 137 | 九龙坡区(渝) | 69.00 |
| 48 | 蜀山区(皖) | 20.00 | 93 | 辰溪县(湘) | 300.00 | 138 | 巴南区(渝) | 66.00 |
| 49 | 博望区(皖) | 12.00 | 94 | 涟源市(湘) | 182.00 | 139 | 渝北区(渝) | 50.75 |
| 50 | 万年县(赣) | 5000.00 | 95 | 临澧县(湘) | 125.00 | 140 | 开　县(渝) | 45.00 |
| 51 | 奉新县(赣) | 1865.00 | 96 | 资阳区(湘) | 120.00 | 141 | 铜梁县(渝) | 36.00 |
| 52 | 上高县(赣) | 1100.00 | 97 | 汨罗市(湘) | 116.00 | 142 | 酉阳土家族苗族自治县(渝) | 12.53 |
| 53 | 会昌县(赣) | 600.00 | 98 | 澧　县(湘) | 97.50 | 143 | 荣昌区(渝) | 12.29 |
| 54 | 上栗县(赣) | 380.00 | 99 | 江华瑶族自治县(湘) | 85.00 | 144 | 綦江区(渝) | 10.00 |
| 55 | 上犹县(赣) | 200.00 | 100 | 蓝山县(湘) | 73.50 | 145 | 华蓥市(川) | 800.00 |
| 56 | 东乡县(赣) | 102.00 | 101 | 桂东县(湘) | 72.00 | 146 | 安　县(川) | 310.00 |
| 57 | 上饶县(赣) | 95.00 | 102 | 攸　县(湘) | 60.00 | 147 | 彭山区(川) | 300.00 |
| 58 | 芦溪县(赣) | 78.00 | 103 | 苏仙区(湘) | 45.00 | 148 | 万源市(川) | 140.00 |
| 59 | 瑞金市(赣) | 50.00 | 104 | 湘潭市市辖区(湘) | 36.23 | 149 | 巴州区(川) | 127.70 |
| 60 | 玉山县(赣) | 45.00 | 105 | 临武县(湘) | 31.00 | 150 | 丹棱县(川) | 100.00 |
| 61 | 全南县(赣) | 41.00 | 106 | 新宁县(湘) | 30.00 | 151 | 邻水县(川) | 100.00 |
| 62 | 樟树市(赣) | 35.00 | 107 | 麻阳苗族自治县(湘) | 25.00 | 152 | 大英县(川) | 70.00 |
| 63 | 黎川县(赣) | 32.00 | 108 | 沅江市(湘) | 18.00 | 153 | 富顺县(川) | 60.00 |
| 64 | 龙南县(赣) | 20.00 | 109 | 永定区(湘) | 18.00 | 154 | 宣汉县(川) | 50.00 |
| 65 | 宁都县(赣) | 11.00 | 110 | 新田县(湘) | 15.00 | 155 | 沿滩区(川) | 42.10 |
| 66 | 潢川县(豫) | 320.00 | 111 | 泸溪县(湘) | 13.00 | 156 | 江油市(川) | 40.00 |
| 67 | 平桥区(豫) | 68.00 | 112 | 汉寿县(湘) | 12.00 | 157 | 长宁县(川) | 31.00 |
| 68 | 驿城区(豫) | 35.00 | 113 | 梅县区(粤) | 2500.00 | 158 | 新都区(川) | 29.00 |
| 69 | 固始县(豫) | 15.00 | 114 | 始兴县(粤) | 750.00 | 159 | 龙泉驿区(川) | 27.00 |
| 70 | 沙洋县(鄂) | 18000.00 | 115 | 乳源瑶族自治县(粤) | 730.00 | 160 | 渠　县(川) | 25.00 |
| 71 | 阳新县(鄂) | 647.00 | 116 | 惠来县(粤) | 250.00 | 161 | 郫　县(川) | 25.00 |
| 72 | 老河口市(鄂) | 450.00 | 117 | 清新区(粤) | 150.00 | 162 | 高　县(川) | 23.80 |
| 73 | 大悟县(鄂) | 450.00 | 118 | 高要市(粤) | 60.00 | 163 | 温江区(川) | 21.00 |
| 74 | 天门市(鄂) | 400.00 | 119 | 浈江区(粤) | 60.00 | 164 | 威远县(川) | 20.00 |
| 75 | 利川市(鄂) | 400.00 | 120 | 梅江区(粤) | 45.00 | 165 | 古蔺县(川) | 15.00 |
| 76 | 襄州区(鄂) | 282.00 | 121 | 郁南县(粤) | 40.00 | 166 | 桐梓县(黔) | 500.00 |
| 77 | 枣阳市(鄂) | 220.00 | 122 | 信宜市(粤) | 39.50 | 167 | 兴义市(黔) | 50.00 |
| 78 | 荆州区(鄂) | 200.00 | 123 | 蕉岭县(粤) | 35.00 | 168 | 开阳县(黔) | 47.69 |
| 79 | 孝南区(鄂) | 150.10 | 124 | 英德市(粤) | 30.00 | 169 | 镇宁布依族苗族自治县(黔) | 12.00 |
| 80 | 宜都市(鄂) | 150.00 | 125 | 南澳县(粤) | 18.00 | 170 | 倘甸工业园区(滇) | 120.00 |
| 81 | 蔡甸区(鄂) | 130.00 | 126 | 乐昌市(粤) | 16.00 | 171 | 石林彝族自治县(滇) | 66.00 |
| 82 | 汉川市(鄂) | 100.00 | 127 | 五华县(粤) | 14.00 | 172 | 双江拉祜族佤族布朗族傣族自治县(滇) | 51.82 |
| 83 | 松滋市(鄂) | 95.00 | 128 | 阳山县(粤) | 10.00 | | | |
| 84 | 应城市(鄂) | 45.00 | 129 | 连州市(粤) | 10.00 | 173 | 双柏县(滇) | 50.00 |
| 85 | 樊城区(鄂) | 35.00 | 130 | 连南瑶族自治县(粤) | 10.00 | 174 | 禄丰县(滇) | 35.15 |
| 86 | 江陵县(鄂) | 20.00 | 131 | 榕城区(粤) | 10.00 | 175 | 弥勒市(滇) | 33.80 |
| 87 | 漳河新区(鄂) | 20.00 | 132 | 江津区(渝) | 1200.00 | 176 | 易门县(滇) | 32.00 |
| 88 | 屈家岭管理区(鄂) | 19.00 | 133 | 合川区(渝) | 399.00 | 177 | 蒙自市(滇) | 28.00 |
| 89 | 谷城县(鄂) | 16.00 | 134 | 黔江区(渝) | 376.00 | 178 | 澄江县(滇) | 18.00 |
| 90 | 长沙县(湘) | 725.40 | 135 | 璧山区(渝) | 210.00 | 179 | 永德县(滇) | 15.00 |

（续）

| 序号 | 香樟苗主产地 | 产量（万株） |
|---|---|---|
| 180 | 南郑县（陕） | 100.00 |
| 181 | 西乡县（陕） | 80.00 |
| 182 | 汉滨区（陕） | 20.00 |
| 183 | 石泉县（陕） | 11.20 |

## 表 10-29 大叶女贞苗主产地产量

| 序号 | 大叶女贞苗主产地 | 产量（万株） |
|---|---|---|
| 1 | 武邑县（冀） | 146.00 |
| 2 | 深州市（冀） | 80.00 |
| 3 | 高阳县（冀） | 30.00 |
| 4 | 北戴河区（冀） | 13.00 |
| 5 | 临猗县（晋） | 28.00 |
| 6 | 河津市（晋） | 7.50 |
| 7 | 东河区（内蒙古） | 100.00 |
| 8 | 路桥区（浙） | 8.20 |
| 9 | 临海市（浙） | 3.00 |
| 10 | 界首市（皖） | 350.00 |
| 11 | 来安县（皖） | 200.00 |
| 12 | 肥东县（皖） | 183.00 |
| 13 | 五河县（皖） | 150.00 |
| 14 | 灵璧县（皖） | 80.00 |
| 15 | 长丰县（皖） | 36.00 |
| 16 | 潘集区（皖） | 23.00 |
| 17 | 郎溪县（皖） | 20.00 |
| 18 | 毛集实验区（皖） | 10.00 |
| 19 | 舒城县（皖） | 3.00 |
| 20 | 枞阳县（皖） | 1.30 |
| 21 | 分宜县（赣） | 3.00 |
| 22 | 梁山县（鲁） | 80.00 |
| 23 | 东平县（鲁） | 60.00 |
| 24 | 汶上县（鲁） | 43.00 |
| 25 | 临沭县（鲁） | 14.00 |
| 26 | 文登市（鲁） | 12.00 |
| 27 | 峄城区（鲁） | 10.00 |
| 28 | 海阳市（鲁） | 6.00 |
| 29 | 鄄城县（鲁） | 5.00 |
| 30 | 罗庄区（鲁） | 5.00 |
| 31 | 光山县（豫） | 6000.00 |
| 32 | 新安县（豫） | 1200.00 |
| 33 | 潢川县（豫） | 750.00 |
| 34 | 汝州市（豫） | 635.00 |
| 35 | 西峡县（豫） | 450.00 |
| 36 | 孟津县（豫） | 300.00 |
| 37 | 邓州市（豫） | 182.60 |
| 38 | 商水县（豫） | 172.00 |

（续）

| 序号 | 大叶女贞苗主产地 | 产量（万株） |
|---|---|---|
| 39 | 尉氏县（豫） | 165.00 |
| 40 | 永城市（豫） | 142.00 |
| 41 | 镇平县（豫） | 126.00 |
| 42 | 牧野区（豫） | 90.00 |
| 43 | 宜阳县（豫） | 86.40 |
| 44 | 郸城县（豫） | 80.00 |
| 45 | 中原区（豫） | 80.00 |
| 46 | 项城市（豫） | 66.00 |
| 47 | 宛城区（豫） | 60.00 |
| 48 | 禹州市（豫） | 60.00 |
| 49 | 博爱县（豫） | 54.79 |
| 50 | 湖滨区（豫） | 45.60 |
| 51 | 辉县市（豫） | 29.00 |
| 52 | 原阳县（豫） | 25.00 |
| 53 | 固始县（豫） | 20.00 |
| 54 | 伊川县（豫） | 20.00 |
| 55 | 太康县（豫） | 19.20 |
| 56 | 林州市（豫） | 18.50 |
| 57 | 洛宁县（豫） | 18.00 |
| 58 | 卫辉市（豫） | 11.84 |
| 59 | 管城回族区（豫） | 7.20 |
| 60 | 文峰区（豫） | 3.00 |
| 61 | 新华区（豫） | 3.00 |
| 62 | 登封市（豫） | 1.89 |
| 63 | 湛河区（豫） | 1.00 |
| 64 | 沙洋县（鄂） | 9000.00 |
| 65 | 天门市（鄂） | 450.00 |
| 66 | 江陵县（鄂） | 80.00 |
| 67 | 当阳市（鄂） | 52.00 |
| 68 | 樊城区（鄂） | 35.00 |
| 69 | 阳新县（鄂） | 30.00 |
| 70 | 宜城市（鄂） | 27.50 |
| 71 | 竹溪县（鄂） | 15.00 |
| 72 | 茅箭区（鄂） | 12.00 |
| 73 | 长沙县（湘） | 1523.00 |
| 74 | 泸溪县（湘） | 40.00 |
| 75 | 石门县（湘） | 10.00 |
| 76 | 江油市（川） | 31.00 |
| 77 | 开阳县（黔） | 10.30 |
| 78 | 正安县（黔） | 10.00 |
| 79 | 香格里拉县（滇） | 1.13 |
| 80 | 高陵县（陕） | 32.00 |
| 81 | 杨凌区农林局（陕） | 8.00 |
| 82 | 户　县（陕） | 7.50 |
| 83 | 秦都区（陕） | 7.00 |

（续）

| 序号 | 大叶女贞苗主产地 | 产量（万株） |
|---|---|---|
| 84 | 金台区（陕） | 7.00 |
| 85 | 丹凤县（陕） | 3.00 |
| 86 | 商州区（陕） | 3.00 |
| 87 | 榆中县（甘） | 30.60 |

## 表 10-30 女贞苗主产地产量

| 序号 | 女贞苗主产地 | 产量（万株） |
|---|---|---|
| 1 | 定州市（冀） | 18000.00 |
| 2 | 南和县（冀） | 390.00 |
| 3 | 深州市（冀） | 174.00 |
| 4 | 沧　县（冀） | 133.00 |
| 5 | 开平区（冀） | 28.00 |
| 6 | 洪洞县（晋） | 380.00 |
| 7 | 阳泉市郊区（晋） | 280.00 |
| 8 | 阳城县（晋） | 36.00 |
| 9 | 赛罕区（内蒙古） | 77.00 |
| 10 | 松山区（内蒙古） | 70.00 |
| 11 | 北仑区（浙） | 1915.00 |
| 12 | 金东区（浙） | 193.00 |
| 13 | 慈溪市（浙） | 125.00 |
| 14 | 缙云县（浙） | 67.50 |
| 15 | 余杭区（浙） | 56.00 |
| 16 | 兰溪市（浙） | 30.70 |
| 17 | 镇海区（浙） | 25.00 |
| 18 | 瓯海区（浙） | 25.00 |
| 19 | 海盐县（浙） | 23.40 |
| 20 | 三门县（浙） | 15.00 |
| 21 | 奉化区（浙） | 15.00 |
| 22 | 定海区（浙） | 10.60 |
| 23 | 衢江区（浙） | 10.00 |
| 24 | 怀远县（皖） | 240.00 |
| 25 | 蜀山区（皖） | 200.00 |
| 26 | 定远县（皖） | 150.00 |
| 27 | 桐城市（皖） | 120.00 |
| 28 | 五河县（皖） | 80.00 |
| 29 | 弋江区（皖） | 72.00 |
| 30 | 淮上区（皖） | 30.00 |
| 31 | 利辛县（皖） | 30.00 |
| 32 | 寿　县（皖） | 26.00 |
| 33 | 谯城区（皖） | 25.00 |
| 34 | 颍泉区（皖） | 20.40 |
| 35 | 无为县（皖） | 18.00 |
| 36 | 宣州区（皖） | 14.90 |
| 37 | 巢湖市（皖） | 12.00 |
| 38 | 芜湖县（皖） | 12.00 |

(续)

| 序号 | 女贞苗主产地 | 产量(万株) |
|---|---|---|
| 39 | 南谯区(皖) | 10.00 |
| 40 | 界首市(皖) | 10.00 |
| 41 | 宜丰县(赣) | 17.20 |
| 42 | 玉山县(赣) | 10.00 |
| 43 | 新泰市(鲁) | 1200.00 |
| 44 | 河东区(鲁) | 700.00 |
| 45 | 青州市(鲁) | 200.00 |
| 46 | 诸城市(鲁) | 120.00 |
| 47 | 岚山区(鲁) | 72.00 |
| 48 | 临沂市经济技术开发区(鲁) | 55.00 |
| 49 | 曹　县(鲁) | 29.50 |
| 50 | 沂水县(鲁) | 24.00 |
| 51 | 高密市(鲁) | 12.00 |
| 52 | 薛城区(鲁) | 10.00 |
| 53 | 武陟县(豫) | 4570.00 |
| 54 | 济源市(豫) | 580.00 |
| 55 | 内乡县(豫) | 460.00 |
| 56 | 卧龙区(豫) | 380.00 |
| 57 | 长葛市(豫) | 242.00 |
| 58 | 新密市(豫) | 235.00 |
| 59 | 新野县(豫) | 195.00 |
| 60 | 舞钢市(豫) | 141.00 |
| 61 | 平桥区(豫) | 135.00 |
| 62 | 宝丰县(豫) | 105.00 |
| 63 | 清丰县(豫) | 102.00 |
| 64 | 濮阳县(豫) | 63.00 |
| 65 | 嵩　县(豫) | 60.00 |
| 66 | 宁陵县(豫) | 36.00 |
| 67 | 方城县(豫) | 32.00 |
| 68 | 淇滨区(豫) | 31.50 |
| 69 | 荥阳市(豫) | 26.63 |
| 70 | 华龙区(豫) | 22.00 |
| 71 | 义马市(豫) | 22.00 |
| 72 | 惠济区(豫) | 19.57 |
| 73 | 虞城县(豫) | 10.00 |
| 74 | 蔡甸区(鄂) | 800.00 |
| 75 | 房　县(鄂) | 500.00 |
| 76 | 大悟县(鄂) | 450.00 |
| 77 | 汉川市(鄂) | 300.00 |
| 78 | 孝南区(鄂) | 117.52 |
| 79 | 来凤县(鄂) | 50.00 |
| 80 | 京山县(鄂) | 50.00 |
| 81 | 荆门市市辖区(鄂) | 50.00 |
| 82 | 枣阳市(鄂) | 25.00 |
| 83 | 松滋市(鄂) | 25.00 |

(续)

| 序号 | 女贞苗主产地 | 产量(万株) |
|---|---|---|
| 84 | 漳河新区(鄂) | 23.00 |
| 85 | 屈家岭管理区(鄂) | 17.00 |
| 86 | 宜城市(鄂) | 10.10 |
| 87 | 竹山县(鄂) | 10.00 |
| 88 | 汝城县(湘) | 109.00 |
| 89 | 石门县(湘) | 20.00 |
| 90 | 乳源瑶族自治县(粤) | 228.00 |
| 91 | 和平县(粤) | 15.00 |
| 92 | 巴南区(渝) | 110.00 |
| 93 | 邻水县(川) | 1500.00 |
| 94 | 高　县(川) | 55.00 |
| 95 | 桐梓县(黔) | 800.00 |
| 96 | 开阳县(黔) | 48.85 |
| 97 | 石林彝族自治县(滇) | 120.00 |
| 98 | 昆明市经济技术开发区(滇) | 40.90 |
| 99 | 鲁甸县(滇) | 37.00 |
| 100 | 眉　县(陕) | 139.00 |
| 101 | 南郑县(陕) | 40.00 |
| 102 | 杨凌区农林局(陕) | 32.00 |
| 103 | 礼　县(甘) | 300.00 |

## 表 10-31　山杜英苗主产地产量

| 序号 | 山杜英苗主产地 | 产量(万株) |
|---|---|---|
| 1 | 余杭区(浙) | 43.00 |
| 2 | 江北区(浙) | 38.00 |
| 3 | 淳安县(浙) | 19.00 |
| 4 | 青田县(浙) | 10.62 |
| 5 | 莲都区(浙) | 7.50 |
| 6 | 黄岩区(浙) | 7.00 |
| 7 | 温岭市(浙) | 6.41 |
| 8 | 奉化区(浙) | 6.00 |
| 9 | 三门县(浙) | 4.80 |
| 10 | 定海区(浙) | 3.00 |
| 11 | 秀洲区(浙) | 2.50 |
| 12 | 分宜县(赣) | 6.00 |
| 13 | 连平县(粤) | 200.00 |
| 14 | 四会市(粤) | 165.00 |
| 15 | 惠东县(粤) | 150.00 |
| 16 | 紫金县(粤) | 80.00 |
| 17 | 和平县(粤) | 52.00 |
| 18 | 平远县(粤) | 40.00 |
| 19 | 龙川县(粤) | 39.00 |
| 20 | 新丰江林管局(粤) | 34.50 |
| 21 | 信宜市(粤) | 32.40 |
| 22 | 新丰县(粤) | 24.50 |

(续)

| 序号 | 山杜英苗主产地 | 产量(万株) |
|---|---|---|
| 23 | 蕉岭县(粤) | 15.00 |
| 24 | 南澳县(粤) | 12.00 |
| 25 | 五华县(粤) | 10.00 |
| 26 | 惠城区(粤) | 10.00 |
| 27 | 郁南县(粤) | 5.00 |
| 28 | 佛冈县(粤) | 3.00 |
| 29 | 濠江区(粤) | 1.00 |

## 表 10-32　杜英苗主产地产量

| 序号 | 杜英苗主产地 | 产量(万株) |
|---|---|---|
| 1 | 松江区(沪) | 11.20 |
| 2 | 衢江区(浙) | 1.20 |
| 3 | 弋江区(皖) | 15.00 |
| 4 | 东乡县(赣) | 72.00 |
| 5 | 共青城市(赣) | 25.60 |
| 6 | 德安县(赣) | 16.40 |
| 7 | 临川区(赣) | 14.40 |
| 8 | 分宜县(赣) | 10.00 |
| 9 | 宁都县(赣) | 10.00 |
| 10 | 瑞昌市(赣) | 9.71 |
| 11 | 余江县(赣) | 5.00 |
| 12 | 安远县(赣) | 4.02 |
| 13 | 兴国县(赣) | 3.00 |
| 14 | 修水县(赣) | 2.60 |
| 15 | 高安市(赣) | 2.40 |
| 16 | 宜丰县(赣) | 2.20 |
| 17 | 襄城区(鄂) | 41.00 |
| 18 | 罗田县(鄂) | 18.00 |
| 19 | 蔡甸区(鄂) | 17.00 |
| 20 | 黄州区(鄂) | 8.50 |
| 21 | 阳新县(鄂) | 2.10 |
| 22 | 汝城县(湘) | 123.00 |
| 23 | 赫山区(湘) | 120.00 |
| 24 | 洞口县(湘) | 85.00 |
| 25 | 长沙县(湘) | 76.00 |
| 26 | 株洲市市辖区(湘) | 65.00 |
| 27 | 新宁县(湘) | 50.00 |
| 28 | 涟源市(湘) | 27.00 |
| 29 | 南岳区(湘) | 20.00 |
| 30 | 双峰县(湘) | 20.00 |
| 31 | 石门县(湘) | 20.00 |
| 32 | 宁远县(湘) | 5.00 |
| 33 | 新化县(湘) | 3.50 |
| 34 | 澧　县(湘) | 1.80 |
| 35 | 始兴县(粤) | 750.00 |

（续）

| 序号 | 杜英苗主产地 | 产量（万株） |
|---|---|---|
| 36 | 翁源县（粤） | 240.00 |
| 37 | 梅县区（粤） | 120.00 |
| 38 | 武江区（粤） | 50.00 |
| 39 | 清新区（粤） | 45.00 |
| 40 | 梅江区（粤） | 45.00 |
| 41 | 乐昌市（粤） | 40.00 |
| 42 | 浈江区（粤） | 40.00 |
| 43 | 清城区（粤） | 25.00 |
| 44 | 电白区（粤） | 20.00 |
| 45 | 连州市（粤） | 20.00 |
| 46 | 普宁市（粤） | 20.00 |
| 47 | 英德市（粤） | 8.00 |
| 48 | 璧山区（渝） | 138.00 |
| 49 | 巴南区（渝） | 88.00 |
| 50 | 荣昌县（渝） | 8.90 |
| 51 | 黔江区（渝） | 2.00 |
| 52 | 郫　县（川） | 5.00 |
| 53 | 碧江区（黔） | 1.00 |

**表 10-33　桂花苗主产地产量**

| 序号 | 桂花苗主产地 | 产量（万株） |
|---|---|---|
| 1 | 松江区（沪） | 45.40 |
| 2 | 嘉定区（沪） | 16.20 |
| 3 | 义乌市（浙） | 711.70 |
| 4 | 黄岩区（浙） | 708.00 |
| 5 | 奉化区（浙） | 450.00 |
| 6 | 余杭区（浙） | 280.00 |
| 7 | 金东区（浙） | 167.00 |
| 8 | 永康市（浙） | 146.82 |
| 9 | 仙居县（浙） | 140.00 |
| 10 | 鄞州区（浙） | 130.00 |
| 11 | 象山县（浙） | 125.00 |
| 12 | 兰溪市（浙） | 124.50 |
| 13 | 缙云县（浙） | 100.00 |
| 14 | 秀洲区（浙） | 82.50 |
| 15 | 淳安县（浙） | 79.00 |
| 16 | 建德市（浙） | 76.00 |
| 17 | 永嘉县（浙） | 38.00 |
| 18 | 路桥区（浙） | 36.80 |
| 19 | 北仑区（浙） | 36.00 |
| 20 | 莲都区（浙） | 34.70 |
| 21 | 天台县（浙） | 31.00 |
| 22 | 三门县（浙） | 30.00 |
| 23 | 遂昌县（浙） | 28.65 |
| 24 | 定海区（浙） | 27.90 |

（续）

| 序号 | 桂花苗主产地 | 产量（万株） |
|---|---|---|
| 25 | 慈溪市（浙） | 25.00 |
| 26 | 苍南县（浙） | 23.20 |
| 27 | 诸暨市（浙） | 20.00 |
| 28 | 温岭市（浙） | 17.63 |
| 29 | 海盐县（浙） | 14.70 |
| 30 | 青田县（浙） | 11.00 |
| 31 | 江北区（浙） | 10.00 |
| 32 | 岳西县（皖） | 1500.00 |
| 33 | 旌德县（皖） | 550.00 |
| 34 | 鸠江区（皖） | 420.00 |
| 35 | 寿　县（皖） | 360.00 |
| 36 | 桐城市（皖） | 300.00 |
| 37 | 庐阳区（皖） | 290.00 |
| 38 | 弋江区（皖） | 255.00 |
| 39 | 无为县（皖） | 190.00 |
| 40 | 舒城县（皖） | 184.00 |
| 41 | 绩溪县（皖） | 160.00 |
| 42 | 蜀山区（皖） | 150.00 |
| 43 | 肥东县（皖） | 147.00 |
| 44 | 青阳县（皖） | 137.45 |
| 45 | 潜山县（皖） | 60.00 |
| 46 | 来安县（皖） | 55.00 |
| 47 | 霍邱县（皖） | 40.00 |
| 48 | 望江县（皖） | 39.41 |
| 49 | 长丰县（皖） | 36.00 |
| 50 | 宣州区（皖） | 35.00 |
| 51 | 巢湖市（皖） | 34.00 |
| 52 | 霍山县（皖） | 30.00 |
| 53 | 南谯区（皖） | 30.00 |
| 54 | 东至县（皖） | 20.00 |
| 55 | 临泉县（皖） | 20.00 |
| 56 | 屯溪区（皖） | 20.00 |
| 57 | 利辛县（皖） | 20.00 |
| 58 | 裕安区（皖） | 17.60 |
| 59 | 石台县（皖） | 15.00 |
| 60 | 宿松县（皖） | 15.00 |
| 61 | 蒙城县（皖） | 12.00 |
| 62 | 怀远县（皖） | 12.00 |
| 63 | 郎溪县（皖） | 10.00 |
| 64 | 芜湖县（皖） | 10.00 |
| 65 | 界首市（皖） | 10.00 |
| 66 | 上高县（赣） | 1700.00 |
| 67 | 奉新县（赣） | 1320.00 |
| 68 | 芦溪县（赣） | 1100.00 |
| 69 | 会昌县（赣） | 900.00 |

（续）

| 序号 | 桂花苗主产地 | 产量（万株） |
|---|---|---|
| 70 | 万年县（赣） | 600.00 |
| 71 | 湖口县（赣） | 500.00 |
| 72 | 宜丰县（赣） | 455.00 |
| 73 | 上栗县（赣） | 360.00 |
| 74 | 渝水区（赣） | 314.90 |
| 75 | 德安县（赣） | 270.10 |
| 76 | 兴国县（赣） | 262.00 |
| 77 | 东乡县（赣） | 240.00 |
| 78 | 铜鼓县（赣） | 219.00 |
| 79 | 上犹县（赣） | 200.00 |
| 80 | 高安市（赣） | 173.70 |
| 81 | 共青城市（赣） | 167.00 |
| 82 | 分宜县（赣） | 100.00 |
| 83 | 瑞金市（赣） | 75.00 |
| 84 | 上饶县（赣） | 68.50 |
| 85 | 临川区（赣） | 61.20 |
| 86 | 宁都县（赣） | 60.00 |
| 87 | 进贤县（赣） | 50.00 |
| 88 | 龙南县（赣） | 35.00 |
| 89 | 玉山县（赣） | 20.00 |
| 90 | 樟树市（赣） | 12.00 |
| 91 | 安源区（赣） | 10.00 |
| 92 | 海阳市（鲁） | 12.00 |
| 93 | 临沭县（鲁） | 10.00 |
| 94 | 潢川县（豫） | 5300.00 |
| 95 | 桐柏县（豫） | 1650.00 |
| 96 | 内乡县（豫） | 300.00 |
| 97 | 新密市（豫） | 199.00 |
| 98 | 平桥区（豫） | 158.00 |
| 99 | 驿城区（豫） | 110.00 |
| 100 | 永城市（豫） | 88.40 |
| 101 | 卧龙区（豫） | 80.00 |
| 102 | 济源市（豫） | 56.00 |
| 103 | 方城县（豫） | 47.00 |
| 104 | 镇平县（豫） | 42.00 |
| 105 | 夏邑县（豫） | 23.00 |
| 106 | 长葛市（豫） | 20.50 |
| 107 | 禹州市（豫） | 20.00 |
| 108 | 固始县（豫） | 20.00 |
| 109 | 汝州市（豫） | 16.00 |
| 110 | 咸安区（鄂） | 10350.00 |
| 111 | 鄂州市市辖区（鄂） | 1100.00 |
| 112 | 长阳土家族自治县（鄂） | 1000.00 |
| 113 | 沙洋县（鄂） | 750.00 |
| 114 | 宜都市（鄂） | 600.00 |

(续)

| 序号 | 桂花苗主产地 | 产量(万株) |
|---|---|---|
| 115 | 房　县(鄂) | 500.00 |
| 116 | 罗田县(鄂) | 450.00 |
| 117 | 来凤县(鄂) | 430.00 |
| 118 | 老河口市(鄂) | 400.00 |
| 119 | 孝南区(鄂) | 240.26 |
| 120 | 襄州区(鄂) | 203.00 |
| 121 | 天门市(鄂) | 200.00 |
| 122 | 襄城区(鄂) | 184.00 |
| 123 | 通城县(鄂) | 172.00 |
| 124 | 大悟县(鄂) | 165.00 |
| 125 | 汉川市(鄂) | 150.00 |
| 126 | 荆门市市辖区(鄂) | 133.00 |
| 127 | 南漳县(鄂) | 110.00 |
| 128 | 张湾区(鄂) | 70.00 |
| 129 | 松滋市(鄂) | 70.00 |
| 130 | 竹溪县(鄂) | 67.00 |
| 131 | 蔡甸区(鄂) | 52.00 |
| 132 | 江陵县(鄂) | 50.00 |
| 133 | 阳新县(鄂) | 43.00 |
| 134 | 五峰土家族自治县(鄂) | 40.00 |
| 135 | 应城市(鄂) | 30.00 |
| 136 | 樊城区(鄂) | 27.00 |
| 137 | 枣阳市(鄂) | 20.00 |
| 138 | 郧　县(鄂) | 20.00 |
| 139 | 兴山县(鄂) | 10.00 |
| 140 | 长沙县(湘) | 1720.80 |
| 141 | 韶山市(湘) | 610.00 |
| 142 | 冷水江市(湘) | 500.00 |
| 143 | 茶陵县(湘) | 234.00 |
| 144 | 永定区(湘) | 200.00 |
| 145 | 涟源市(湘) | 114.00 |
| 146 | 新宁县(湘) | 100.00 |
| 147 | 金洞林场(湘) | 100.00 |
| 148 | 湘乡市(湘) | 100.00 |
| 149 | 汨罗市(湘) | 84.00 |
| 150 | 澧　县(湘) | 80.00 |
| 151 | 江华瑶族自治县(湘) | 79.00 |
| 152 | 苏仙区(湘) | 76.00 |
| 153 | 雨湖区(湘) | 60.00 |
| 154 | 道　县(湘) | 53.00 |
| 155 | 洞口县(湘) | 50.00 |
| 156 | 新田县(湘) | 50.00 |
| 157 | 石门县(湘) | 50.00 |
| 158 | 麻阳苗族自治县(湘) | 40.00 |
| 159 | 桂东县(湘) | 36.00 |
| 160 | 湘潭市市辖区(湘) | 31.05 |
| 161 | 蒸湘区(湘) | 30.00 |
| 162 | 安仁县(湘) | 30.00 |
| 163 | 鹤城区(湘) | 24.00 |
| 164 | 泸溪县(湘) | 20.00 |
| 165 | 资阳区(湘) | 20.00 |
| 166 | 大祥区(湘) | 18.50 |
| 167 | 芷江侗族自治县(湘) | 17.10 |
| 168 | 岳阳楼区(湘) | 17.00 |
| 169 | 祁东县(湘) | 15.20 |
| 170 | 宁远县(湘) | 15.00 |
| 171 | 南岳区(湘) | 15.00 |
| 172 | 新晃侗族自治县(湘) | 15.00 |
| 173 | 岳阳市市辖区(湘) | 10.73 |
| 174 | 新化县(湘) | 10.00 |
| 175 | 始兴县(粤) | 1500.00 |
| 176 | 清城区(粤) | 140.00 |
| 177 | 清新区(粤) | 90.00 |
| 178 | 浈江区(粤) | 80.00 |
| 179 | 英德市(粤) | 20.00 |
| 180 | 封开县(粤) | 20.00 |
| 181 | 乳源瑶族自治县(粤) | 15.60 |
| 182 | 仁化县(粤) | 15.00 |
| 183 | 蕉岭县(粤) | 10.00 |
| 184 | 灌阳县(桂) | 96.00 |
| 185 | 宜州市(桂) | 90.00 |
| 186 | 资源县(桂) | 30.00 |
| 187 | 浦北县(桂) | 20.00 |
| 188 | 三门江林场(桂) | 15.00 |
| 189 | 兴宁区(桂) | 15.00 |
| 190 | 靖西县(桂) | 10.00 |
| 191 | 垫江县(渝) | 750.00 |
| 192 | 合川区(渝) | 529.00 |
| 193 | 璧山区(渝) | 465.00 |
| 194 | 酉阳土家族苗族自治县(渝) | 455.20 |
| 195 | 黔江区(渝) | 322.00 |
| 196 | 巴南区(渝) | 110.00 |
| 197 | 江津区(渝) | 100.00 |
| 198 | 荣昌区(渝) | 48.65 |
| 199 | 开　县(渝) | 38.00 |
| 200 | 万州区(渝) | 37.90 |
| 201 | 铜梁县(渝) | 15.00 |
| 202 | 九龙坡区(渝) | 15.00 |
| 203 | 安　县(川) | 620.00 |
| 204 | 苍溪县(川) | 350.00 |
| 205 | 邻水县(川) | 300.00 |
| 206 | 温江区(川) | 294.00 |
| 207 | 郫　县(川) | 280.00 |
| 208 | 新都区(川) | 220.00 |
| 209 | 高　县(川) | 204.50 |
| 210 | 射洪县(川) | 150.00 |
| 211 | 大英县(川) | 50.00 |
| 212 | 崇州市(川) | 35.00 |
| 213 | 恩阳区(川) | 30.00 |
| 214 | 通川区(川) | 25.00 |
| 215 | 巴州区(川) | 23.80 |
| 216 | 宣汉县(川) | 20.00 |
| 217 | 资中县(川) | 20.00 |
| 218 | 东兴区(川) | 18.00 |
| 219 | 江油市(川) | 15.00 |
| 220 | 屏山县(川) | 15.00 |
| 221 | 古蔺县(川) | 10.00 |
| 222 | 南明区(黔) | 153.00 |
| 223 | 江口县(黔) | 149.57 |
| 224 | 开阳县(黔) | 97.42 |
| 225 | 开发区农林牧水局(黔) | 76.00 |
| 226 | 紫云苗族布依族自治县(黔) | 33.00 |
| 227 | 道真仡佬族苗族自治县(黔) | 30.50 |
| 228 | 黄平县(黔) | 30.00 |
| 229 | 兴义市(黔) | 25.00 |
| 230 | 桐梓县(黔) | 20.00 |
| 231 | 麒麟区(滇) | 200.00 |
| 232 | 富源县(滇) | 30.00 |
| 233 | 石林彝族自治县(滇) | 30.00 |
| 234 | 水富县(滇) | 17.00 |
| 235 | 弥勒市(滇) | 11.30 |
| 236 | 永平县(滇) | 10.00 |
| 237 | 汉滨区(陕) | 228.80 |
| 238 | 南郑县(陕) | 72.00 |
| 239 | 勉　县(陕) | 40.00 |
| 240 | 西乡县(陕) | 33.00 |
| 241 | 石泉县(陕) | 25.30 |
| 242 | 洋　县(陕) | 20.00 |
| 243 | 留坝县(陕) | 10.00 |

**表 10-34　广玉兰苗主产地产量**

| 序号 | 广玉兰苗主产地 | 产量(万株) |
|---|---|---|
| 1 | 定州市(冀) | 300.00 |
| 2 | 三河市(冀) | 3.00 |
| 3 | 阳城县(晋) | 3.50 |

（续）

| 序号 | 广玉兰苗主产地 | 产量（万株） |
|---|---|---|
| 4 | 松江区（沪） | 5.90 |
| 5 | 奉化区（浙） | 140.00 |
| 6 | 诸暨市（浙） | 15.00 |
| 7 | 余杭区（浙） | 13.50 |
| 8 | 金东区（浙） | 12.80 |
| 9 | 兰溪市（浙） | 7.10 |
| 10 | 秀洲区（浙） | 5.86 |
| 11 | 临安市（浙） | 5.50 |
| 12 | 衢江区（浙） | 5.00 |
| 13 | 临海市（浙） | 4.00 |
| 14 | 义乌市（浙） | 3.74 |
| 15 | 象山县（浙） | 3.00 |
| 16 | 永康市（浙） | 2.82 |
| 17 | 路桥区（浙） | 2.10 |
| 18 | 仙居县（浙） | 2.00 |
| 19 | 黄岩区（浙） | 2.00 |
| 20 | 建德市（浙） | 2.00 |
| 21 | 鸠江区（皖） | 312.00 |
| 22 | 无为县（皖） | 60.00 |
| 23 | 弋江区（皖） | 56.00 |
| 24 | 界首市（皖） | 45.00 |
| 25 | 潜山县（皖） | 42.00 |
| 26 | 铜陵市郊区（皖） | 31.50 |
| 27 | 肥东县（皖） | 26.80 |
| 28 | 寿　县（皖） | 9.00 |
| 29 | 舒城县（皖） | 6.00 |
| 30 | 宜秀区（皖） | 6.00 |
| 31 | 淮上区（皖） | 5.00 |
| 32 | 南陵县（皖） | 5.00 |
| 33 | 裕安区（皖） | 3.80 |
| 34 | 青阳县（皖） | 3.40 |
| 35 | 大观区（皖） | 3.00 |
| 36 | 芜湖县（皖） | 2.00 |
| 37 | 利辛县（皖） | 2.00 |
| 38 | 蚌山区（皖） | 1.70 |
| 39 | 玉山县（赣） | 5.00 |
| 40 | 德安县（赣） | 5.00 |
| 41 | 共青城市（赣） | 3.60 |
| 42 | 芦溪县（赣） | 3.53 |
| 43 | 临川区（赣） | 2.60 |
| 44 | 修水县（赣） | 1.50 |
| 45 | 临沭县（鲁） | 50.00 |
| 46 | 东平县（鲁） | 33.00 |
| 47 | 青州市（鲁） | 15.00 |
| 48 | 岚山区（鲁） | 6.90 |

（续）

| 序号 | 广玉兰苗主产地 | 产量（万株） |
|---|---|---|
| 49 | 海阳市（鲁） | 2.00 |
| 50 | 牟平区（鲁） | 2.00 |
| 51 | 潢川县（豫） | 3500.00 |
| 52 | 宝丰县（豫） | 110.00 |
| 53 | 邓州市（豫） | 96.10 |
| 54 | 卧龙区（豫） | 55.00 |
| 55 | 长葛市（豫） | 47.50 |
| 56 | 方城县（豫） | 38.00 |
| 57 | 平桥区（豫） | 28.00 |
| 58 | 新野县（豫） | 19.50 |
| 59 | 淅川县（豫） | 8.90 |
| 60 | 新密市（豫） | 7.00 |
| 61 | 博爱县（豫） | 6.75 |
| 62 | 商水县（豫） | 6.70 |
| 63 | 项城市（豫） | 6.00 |
| 64 | 湛河区（豫） | 5.00 |
| 65 | 登封市（豫） | 2.74 |
| 66 | 中原区（豫） | 2.50 |
| 67 | 沙洋县（鄂） | 750.00 |
| 68 | 天门市（鄂） | 100.00 |
| 69 | 蔡甸区（鄂） | 91.00 |
| 70 | 襄城区（鄂） | 51.00 |
| 71 | 樊城区（鄂） | 45.00 |
| 72 | 应城市（鄂） | 45.00 |
| 73 | 枣阳市（鄂） | 22.00 |
| 74 | 孝南区（鄂） | 18.03 |
| 75 | 宜都市（鄂） | 15.00 |
| 76 | 当阳市（鄂） | 10.00 |
| 77 | 罗田县（鄂） | 8.00 |
| 78 | 阳新县（鄂） | 4.50 |
| 79 | 远安县（鄂） | 3.00 |
| 80 | 荆门市市辖区（鄂） | 2.00 |
| 81 | 宜城市（鄂） | 1.30 |
| 82 | 长沙县（湘） | 231.00 |
| 83 | 洞口县（湘） | 18.00 |
| 84 | 岳阳楼区（湘） | 2.89 |
| 85 | 新化县（湘） | 2.00 |
| 86 | 武陵区（湘） | 1.30 |
| 87 | 澧　县（湘） | 1.00 |
| 88 | 巴南区（渝） | 66.00 |
| 89 | 温江区（川） | 30.00 |
| 90 | 开阳县（黔） | 1.19 |
| 91 | 晋宁县（滇） | 10.00 |
| 92 | 南郑县（陕） | 40.00 |
| 93 | 石泉县（陕） | 6.00 |
| 94 | 杨凌区农林局（陕） | 2.00 |

**表 10-35　杏苗主产地产量**

| 序号 | 杏苗主产地 | 产量（万株） |
|---|---|---|
| 1 | 丰宁满族自治县（冀） | 3840.00 |
| 2 | 宽城满族自治县（冀） | 830.00 |
| 3 | 康保县（冀） | 438.70 |
| 4 | 尚义县（冀） | 253.00 |
| 5 | 阳原县（冀） | 105.00 |
| 6 | 围场满族蒙古族自治县（冀） | 80.00 |
| 7 | 广阳区（冀） | 75.00 |
| 8 | 阜平县（冀） | 52.50 |
| 9 | 怀来县（冀） | 47.30 |
| 10 | 满城县（冀） | 5.00 |
| 11 | 涿州市（冀） | 2.60 |
| 12 | 阳高县（晋） | 825.00 |
| 13 | 曲沃县（晋） | 50.00 |
| 14 | 黎城县（晋） | 50.00 |
| 15 | 大同县（晋） | 30.00 |
| 16 | 天镇县（晋） | 12.00 |
| 17 | 侯马市（晋） | 3.20 |
| 18 | 壶关县（晋） | 2.00 |
| 19 | 伊金霍洛旗（内蒙古） | 4994.01 |
| 20 | 察哈尔右翼后旗（内蒙古） | 4500.00 |
| 21 | 奈曼旗（内蒙古） | 433.00 |
| 22 | 翁牛特旗（内蒙古） | 240.00 |
| 23 | 巴林右旗（内蒙古） | 170.00 |
| 24 | 杭锦旗（内蒙古） | 159.40 |
| 25 | 清水河县（内蒙古） | 126.00 |
| 26 | 松山区（内蒙古） | 61.00 |
| 27 | 东乌珠穆沁旗（内蒙古） | 15.00 |
| 28 | 商都县（内蒙古） | 8.00 |
| 29 | 红山区（内蒙古） | 7.00 |
| 30 | 乌审旗（内蒙古） | 4.00 |
| 31 | 察哈尔右翼前旗（内蒙古） | 2.00 |
| 32 | 喀喇沁左翼蒙古族自治县（辽） | 853.00 |
| 33 | 凌源市（辽） | 687.00 |
| 34 | 义　县（辽） | 420.00 |
| 35 | 建平县（辽） | 323.00 |
| 36 | 康平县（辽） | 300.00 |
| 37 | 法库县（辽） | 285.00 |
| 38 | 辽宁省生态实验林场（辽） | 5.98 |
| 39 | 洮南市（吉） | 487.00 |
| 40 | 新泰市（鲁） | 700.00 |
| 41 | 平原县（鲁） | 22.00 |
| 42 | 牟平区（鲁） | 10.00 |
| 43 | 舞钢市（豫） | 42.00 |
| 44 | 长葛市（豫） | 16.00 |
| 45 | 淇滨区（豫） | 6.50 |

(续)

| 序号 | 杏苗主产地 | 产量(万株) |
|---|---|---|
| 46 | 顺河回族区(豫) | 4.50 |
| 47 | 洛隆县(藏) | 1.00 |
| 48 | 榆阳区(陕) | 110.00 |
| 49 | 子洲县(陕) | 2.20 |
| 50 | 渭源县(甘) | 1800.00 |
| 51 | 临夏市(甘) | 274.00 |
| 52 | 环　县(甘) | 80.00 |
| 53 | 玉门市(甘) | 50.00 |
| 54 | 榆中县(甘) | 45.50 |
| 55 | 临洮县(甘) | 30.00 |
| 56 | 甘州区(甘) | 20.04 |
| 57 | 金川区(甘) | 17.00 |
| 58 | 山丹县(甘) | 6.10 |
| 59 | 临夏县(甘) | 1.50 |
| 60 | 原州区(宁) | 117.00 |
| 61 | 平罗县(宁) | 3.56 |

**表 10-36　核桃苗主产地产量**

| 序号 | 核桃苗主产地 | 产量(万株) |
|---|---|---|
| 1 | 定州市(冀) | 6900.00 |
| 2 | 临城县(冀) | 1350.00 |
| 3 | 迁西县(冀) | 749.25 |
| 4 | 涉　县(冀) | 420.00 |
| 5 | 邢台县(冀) | 210.00 |
| 6 | 卢龙县(冀) | 150.00 |
| 7 | 井陉县(冀) | 150.00 |
| 8 | 灵寿县(冀) | 120.00 |
| 9 | 满城县(冀) | 100.00 |
| 10 | 内丘县(冀) | 90.00 |
| 11 | 阜平县(冀) | 82.50 |
| 12 | 曲阳县(冀) | 75.00 |
| 13 | 容城县(冀) | 30.00 |
| 14 | 迁安市(冀) | 30.00 |
| 15 | 赵　县(冀) | 30.00 |
| 16 | 平山县(冀) | 25.00 |
| 17 | 高邑县(冀) | 20.00 |
| 18 | 峰峰矿区(冀) | 19.00 |
| 19 | 永年县(冀) | 10.00 |
| 20 | 磁　县(冀) | 10.00 |
| 21 | 临猗县(晋) | 200.00 |
| 22 | 大宁县(晋) | 154.00 |
| 23 | 曲沃县(晋) | 130.00 |
| 24 | 壶关县(晋) | 100.00 |
| 25 | 洪洞县(晋) | 39.00 |
| 26 | 襄汾县(晋) | 37.00 |

(续)

| 序号 | 核桃苗主产地 | 产量(万株) |
|---|---|---|
| 27 | 黎城县(晋) | 35.00 |
| 28 | 沁　县(晋) | 31.00 |
| 29 | 屯留县(晋) | 30.00 |
| 30 | 乡宁县(晋) | 30.00 |
| 31 | 阳城县(晋) | 24.00 |
| 32 | 古　县(晋) | 20.00 |
| 33 | 浮山县(晋) | 18.00 |
| 34 | 平定县(晋) | 18.00 |
| 35 | 建昌县(辽) | 90.00 |
| 36 | 绥中县(辽) | 18.00 |
| 37 | 建德市(浙) | 80.00 |
| 38 | 临安市(浙) | 70.00 |
| 39 | 青田县(浙) | 20.55 |
| 40 | 六安市叶集区(皖) | 120.00 |
| 41 | 舒城县(皖) | 60.00 |
| 42 | 滁州市市辖区(皖) | 10.00 |
| 43 | 东平县(鲁) | 2000.00 |
| 44 | 肥城市(鲁) | 1656.00 |
| 45 | 泰安市高新区(鲁) | 800.20 |
| 46 | 新泰市(鲁) | 600.00 |
| 47 | 费　县(鲁) | 403.00 |
| 48 | 沂源县(鲁) | 341.12 |
| 49 | 岱岳区(鲁) | 170.00 |
| 50 | 宁阳县(鲁) | 150.00 |
| 51 | 河东区(鲁) | 80.00 |
| 52 | 东阿县(鲁) | 80.00 |
| 53 | 山亭区(鲁) | 71.00 |
| 54 | 蒙阴县(鲁) | 65.00 |
| 55 | 昌邑市(鲁) | 50.00 |
| 56 | 莱城区(鲁) | 41.00 |
| 57 | 平原县(鲁) | 34.00 |
| 58 | 广饶县(鲁) | 34.00 |
| 59 | 曹　县(鲁) | 32.00 |
| 60 | 海阳市(鲁) | 30.00 |
| 61 | 青州市(鲁) | 30.00 |
| 62 | 博山区(鲁) | 22.00 |
| 63 | 峄城区(鲁) | 20.00 |
| 64 | 潍坊市峡山区(鲁) | 20.00 |
| 65 | 茌平县(鲁) | 19.00 |
| 66 | 莱芜市高新区(鲁) | 18.00 |
| 67 | 卢氏县(豫) | 2094.50 |
| 68 | 新安县(豫) | 650.00 |
| 69 | 济源市(豫) | 560.00 |
| 70 | 新密市(豫) | 279.00 |
| 71 | 内乡县(豫) | 240.00 |

(续)

| 序号 | 核桃苗主产地 | 产量(万株) |
|---|---|---|
| 72 | 许昌县(豫) | 213.28 |
| 73 | 凤泉区(豫) | 180.00 |
| 74 | 洛宁县(豫) | 168.00 |
| 75 | 汝州市(豫) | 165.00 |
| 76 | 襄城县(豫) | 142.00 |
| 77 | 淅川县(豫) | 110.00 |
| 78 | 嵩　县(豫) | 90.00 |
| 79 | 登封市(豫) | 70.00 |
| 80 | 夏邑县(豫) | 70.00 |
| 81 | 灵宝市(豫) | 60.00 |
| 82 | 范　县(豫) | 50.00 |
| 83 | 长葛市(豫) | 45.00 |
| 84 | 卫辉市(豫) | 37.70 |
| 85 | 舞钢市(豫) | 33.00 |
| 86 | 内黄县(豫) | 30.00 |
| 87 | 林州市(豫) | 27.80 |
| 88 | 淇滨区(豫) | 27.00 |
| 89 | 惠济区(豫) | 12.50 |
| 90 | 保康县(鄂) | 250.00 |
| 91 | 竹溪县(鄂) | 240.00 |
| 92 | 兴山县(鄂) | 150.00 |
| 93 | 秭归县(鄂) | 120.00 |
| 94 | 郧西县(鄂) | 100.00 |
| 95 | 巴东县(鄂) | 100.00 |
| 96 | 建始县(鄂) | 60.00 |
| 97 | 房　县(鄂) | 15.00 |
| 98 | 石门县(湘) | 30.00 |
| 99 | 靖州苗族侗族自治县(湘) | 17.00 |
| 100 | 南丹县(桂) | 360.00 |
| 101 | 巴马瑶族自治县(桂) | 15.00 |
| 102 | 酉阳土家族苗族自治县(渝) | 560.00 |
| 103 | 武隆县(渝) | 168.00 |
| 104 | 黔江区(渝) | 41.00 |
| 105 | 秀山土家族苗族自治县(渝) | 40.00 |
| 106 | 彭水苗族土家族自治县(渝) | 20.00 |
| 107 | 简阳市(川) | 16345.20 |
| 108 | 苍溪县(川) | 3100.00 |
| 109 | 盐源县(川) | 1910.00 |
| 110 | 中江县(川) | 1600.00 |
| 111 | 冕宁县(川) | 1060.00 |
| 112 | 南江县(川) | 1020.00 |
| 113 | 普格县(川) | 900.00 |
| 114 | 越西县(川) | 900.00 |
| 115 | 雁江区(川) | 800.00 |
| 116 | 美姑县(川) | 750.00 |

（续）

| 序号 | 核桃苗主产地 | 产量（万株） |
|---|---|---|
| 117 | 剑阁县（川） | 600.00 |
| 118 | 会东县（川） | 491.10 |
| 119 | 布拖县（川） | 472.00 |
| 120 | 昭化区（川） | 410.00 |
| 121 | 盐亭县（川） | 361.00 |
| 122 | 恩阳区（川） | 350.00 |
| 123 | 射洪县（川） | 220.00 |
| 124 | 宣汉县（川） | 200.00 |
| 125 | 大竹县（川） | 200.00 |
| 126 | 平昌县（川） | 200.00 |
| 127 | 喜德县（川） | 200.00 |
| 128 | 万源市（川） | 190.00 |
| 129 | 旺苍县（川） | 167.50 |
| 130 | 江油市（川） | 152.00 |
| 131 | 大英县（川） | 150.00 |
| 132 | 顺庆区（川） | 150.00 |
| 133 | 通江县（川） | 139.18 |
| 134 | 仁寿县（川） | 136.00 |
| 135 | 汉源县（川） | 131.00 |
| 136 | 西昌市（川） | 130.00 |
| 137 | 峨边彝族自治县（川） | 100.00 |
| 138 | 沙湾区（川） | 100.00 |
| 139 | 会理县（川） | 100.00 |
| 140 | 仁和区（川） | 100.00 |
| 141 | 嘉陵区（川） | 90.00 |
| 142 | 蓬溪县（川） | 80.00 |
| 143 | 甘洛县（川） | 76.00 |
| 144 | 金堂县（川） | 73.00 |
| 145 | 乐至县（川） | 60.00 |
| 146 | 四川省大渡河造林局（川） | 40.80 |
| 147 | 巴塘县（川） | 35.00 |
| 148 | 古蔺县（川） | 30.00 |
| 149 | 岳池县（川） | 30.00 |
| 150 | 犍为县（川） | 29.00 |
| 151 | 青川县（川） | 20.00 |
| 152 | 北川羌族自治县（川） | 20.00 |
| 153 | 米易县（川） | 20.00 |
| 154 | 旌阳区（川） | 20.00 |
| 155 | 渠　县（川） | 18.00 |
| 156 | 屏山县（川） | 15.00 |
| 157 | 威远县（川） | 15.00 |
| 158 | 得荣县（川） | 14.00 |
| 159 | 游仙区（川） | 10.00 |
| 160 | 乡城县（川） | 10.00 |
| 161 | 广安区（川） | 10.00 |
| 162 | 桐梓县（黔） | 150.00 |
| 163 | 普安县（黔） | 130.00 |
| 164 | 兴义市（黔） | 80.00 |
| 165 | 紫云苗族布依族自治县（黔） | 65.00 |
| 166 | 道真仡佬族苗族自治县（黔） | 15.00 |
| 167 | 晴隆县（黔） | 12.00 |
| 168 | 开阳县（黔） | 10.27 |
| 169 | 景东彝族自治县（滇） | 3370.00 |
| 170 | 漾濞彝族自治县（滇） | 826.00 |
| 171 | 华宁县（滇） | 345.60 |
| 172 | 宁蒗彝族自治县（滇） | 310.00 |
| 173 | 南华县（滇） | 287.00 |
| 174 | 禄丰县（滇） | 212.60 |
| 175 | 香格里拉县（滇） | 200.97 |
| 176 | 倘甸工业园区（滇） | 200.00 |
| 177 | 楚雄市（滇） | 183.00 |
| 178 | 麒麟区（滇） | 150.00 |
| 179 | 永平县（滇） | 150.00 |
| 180 | 砚山县（滇） | 139.00 |
| 181 | 宣威市（滇） | 120.00 |
| 182 | 大姚县（滇） | 91.60 |
| 183 | 兰坪白族普米族自治县（滇） | 90.00 |
| 184 | 新平彝族傣族自治县（滇） | 83.00 |
| 185 | 丘北县（滇） | 82.70 |
| 186 | 元阳县（滇） | 80.00 |
| 187 | 巧家县（滇） | 80.00 |
| 188 | 镇雄县（滇） | 60.00 |
| 189 | 石林彝族自治县（滇） | 60.00 |
| 190 | 鲁甸县（滇） | 45.00 |
| 191 | 昭阳区（滇） | 45.00 |
| 192 | 永胜县（滇） | 40.00 |
| 193 | 永仁县（滇） | 32.00 |
| 194 | 罗平县（滇） | 31.00 |
| 195 | 宁洱哈尼族彝族自治县（滇） | 30.00 |
| 196 | 双柏县（滇） | 30.00 |
| 197 | 宾川县（滇） | 25.00 |
| 198 | 大理市（滇） | 24.00 |
| 199 | 维西傈僳族自治县（滇） | 21.04 |
| 200 | 永德县（滇） | 20.00 |
| 201 | 永善县（滇） | 20.00 |
| 202 | 峨山彝族自治县（滇） | 18.00 |
| 203 | 玉龙纳西族自治县（滇） | 17.00 |
| 204 | 西畴县（滇） | 16.00 |
| 205 | 大关县（滇） | 15.00 |
| 206 | 禄劝彝族苗族自治县（滇） | 15.00 |
| 207 | 泸西县（滇） | 12.00 |
| 208 | 昌宁县（滇） | 10.00 |
| 209 | 古城区（滇） | 10.00 |
| 210 | 芒　市（滇） | 10.00 |
| 211 | 澜沧拉祜族自治县（滇） | 10.00 |
| 212 | 眉　县（陕） | 441.60 |
| 213 | 宜君县（陕） | 300.00 |
| 214 | 洋　县（陕） | 270.00 |
| 215 | 周至县（陕） | 177.00 |
| 216 | 商南县（陕） | 165.00 |
| 217 | 柞水县（陕） | 150.00 |
| 218 | 平利县（陕） | 145.00 |
| 219 | 山阳县（陕） | 138.00 |
| 220 | 岐山县（陕） | 136.00 |
| 221 | 绥德县（陕） | 120.00 |
| 222 | 韩城市林业局（陕） | 84.00 |
| 223 | 汉滨区（陕） | 82.50 |
| 224 | 白河县（陕） | 80.00 |
| 225 | 镇坪县（陕） | 80.00 |
| 226 | 蓝田县（陕） | 75.00 |
| 227 | 印台区（陕） | 70.00 |
| 228 | 千阳县（陕） | 64.00 |
| 229 | 西乡县（陕） | 62.00 |
| 230 | 城固县（陕） | 60.00 |
| 231 | 镇巴县（陕） | 60.00 |
| 232 | 洛南县（陕） | 53.00 |
| 233 | 凤　县（陕） | 45.00 |
| 234 | 麟游县（陕） | 39.00 |
| 235 | 镇安县（陕） | 35.00 |
| 236 | 淳化县（陕） | 30.00 |
| 237 | 榆阳区（陕） | 25.00 |
| 238 | 长安区（陕） | 23.00 |
| 239 | 略阳县（陕） | 22.00 |
| 240 | 永寿县（陕） | 21.00 |
| 241 | 米脂县（陕） | 20.00 |
| 242 | 王益区（陕） | 17.00 |
| 243 | 旬邑县（陕） | 15.00 |
| 244 | 南郑县（陕） | 10.00 |
| 245 | 商州区（陕） | 10.00 |
| 246 | 徽　县（甘） | 960.00 |
| 247 | 积石山保安族东乡族撒拉族自治县（甘） | 851.00 |
| 248 | 舟曲县（甘） | 477.00 |
| 249 | 武都区（甘） | 422.00 |
| 250 | 礼　县（甘） | 400.00 |

(续)

| 序号 | 核桃苗主产地 | 产量(万株) |
|---|---|---|
| 251 | 清水县(甘) | 180.00 |
| 252 | 文　县(甘) | 180.00 |
| 253 | 成　县(甘) | 150.00 |
| 254 | 宕昌县(甘) | 75.00 |
| 255 | 秦州区(甘) | 60.00 |
| 256 | 西峰区(甘) | 45.00 |
| 257 | 会宁县(甘) | 40.00 |
| 258 | 西和县(甘) | 27.00 |

**表 10-37　葡萄苗主产地产量**

| 序号 | 葡萄苗主产地 | 产量(万株) |
|---|---|---|
| 1 | 昌黎县(冀) | 3000.00 |
| 2 | 怀来县(冀) | 147.65 |
| 3 | 卢龙县(冀) | 82.00 |
| 4 | 乐亭县(冀) | 51.70 |
| 5 | 鸡泽县(冀) | 26.00 |
| 6 | 饶阳县(冀) | 26.00 |
| 7 | 永年县(冀) | 24.00 |
| 8 | 任　县(冀) | 3.00 |
| 9 | 南郊区(晋) | 75.00 |
| 10 | 侯马市(晋) | 5.90 |
| 11 | 壶关县(晋) | 4.00 |
| 12 | 大同县(晋) | 4.00 |
| 13 | 乌审旗(内蒙古) | 100.00 |
| 14 | 东河区(内蒙古) | 6.00 |
| 15 | 扎赉特旗(内蒙古) | 5.00 |
| 16 | 松山区(内蒙古) | 3.00 |
| 17 | 南票区(辽) | 150.00 |
| 18 | 于洪区(辽) | 22.00 |
| 19 | 东洲区(辽) | 2.50 |
| 20 | 绿园区(吉) | 18.00 |
| 21 | 五常市(黑) | 60.00 |
| 22 | 三门县(浙) | 16.00 |
| 23 | 怀远县(皖) | 40.00 |
| 24 | 潘集区(皖) | 12.00 |
| 25 | 禹会区(皖) | 8.90 |
| 26 | 临沂市经济技术开发区(鲁) | 324.00 |
| 27 | 坊子区(鲁) | 120.00 |
| 28 | 偃师市(豫) | 150.00 |
| 29 | 兰考县(豫) | 114.00 |
| 30 | 汝州市(豫) | 113.00 |
| 31 | 内黄县(豫) | 30.00 |
| 32 | 顺河回族区(豫) | 18.00 |
| 33 | 卫辉市(豫) | 11.00 |
| 34 | 通许县(豫) | 7.00 |

(续)

| 序号 | 葡萄苗主产地 | 产量(万株) |
|---|---|---|
| 35 | 洞口县(湘) | 24.00 |
| 36 | 芷江侗族自治县(湘) | 6.00 |
| 37 | 铜梁县(渝) | 30.00 |
| 38 | 巴州区(川) | 1.50 |
| 39 | 荔波县(黔) | 80.00 |
| 40 | 三都水族自治县(黔) | 72.50 |
| 41 | 贞丰县(黔) | 25.00 |
| 42 | 元谋县(滇) | 1000.00 |
| 43 | 玉门市(甘) | 80.00 |
| 44 | 民勤县(甘) | 3.00 |
| 45 | 永宁县(宁) | 952.00 |
| 46 | 红寺堡区(宁) | 198.00 |
| 47 | 农垦事业管理局(宁) | 100.00 |
| 48 | 青铜峡市(宁) | 20.00 |
| 49 | 灵武市(宁) | 7.30 |

**表 10-38　苹果苗主产地产量**

| 序号 | 苹果苗主产地 | 产量(万株) |
|---|---|---|
| 1 | 滦平县(冀) | 1000.00 |
| 2 | 宽城满族自治县(冀) | 225.00 |
| 3 | 昌黎县(冀) | 216.00 |
| 4 | 围场满族蒙古族自治县(冀) | 200.00 |
| 5 | 蠡　县(冀) | 150.00 |
| 6 | 隆化县(冀) | 120.00 |
| 7 | 平泉县(冀) | 60.00 |
| 8 | 卢龙县(冀) | 56.00 |
| 9 | 唐　县(冀) | 52.00 |
| 10 | 晋州市(冀) | 45.00 |
| 11 | 乐亭县(冀) | 42.00 |
| 12 | 怀来县(冀) | 25.60 |
| 13 | 深州市(冀) | 23.00 |
| 14 | 藁城区(冀) | 22.00 |
| 15 | 阜平县(冀) | 21.00 |
| 16 | 内丘县(冀) | 15.00 |
| 17 | 邯山区(冀) | 10.53 |
| 18 | 魏　县(冀) | 10.00 |
| 19 | 邢台县(冀) | 4.00 |
| 20 | 平山县(冀) | 4.00 |
| 21 | 任　县(冀) | 3.00 |
| 22 | 满城县(冀) | 3.00 |
| 23 | 鹿泉区(冀) | 2.75 |
| 24 | 深泽县(冀) | 2.00 |
| 25 | 襄汾县(晋) | 37.00 |
| 26 | 壶关县(晋) | 9.00 |
| 27 | 侯马市(晋) | 5.40 |

(续)

| 序号 | 苹果苗主产地 | 产量(万株) |
|---|---|---|
| 28 | 大同县(晋) | 3.00 |
| 29 | 忻府区(晋) | 1.00 |
| 30 | 奈曼旗(内蒙古) | 259.00 |
| 31 | 开鲁县(内蒙古) | 60.00 |
| 32 | 固阳县(内蒙古) | 14.00 |
| 33 | 林西县(内蒙古) | 12.92 |
| 34 | 宁城县(内蒙古) | 12.50 |
| 35 | 松山区(内蒙古) | 10.60 |
| 36 | 红山区(内蒙古) | 2.40 |
| 37 | 盖州市(辽) | 432.00 |
| 38 | 法库县(辽) | 180.00 |
| 39 | 大石桥市(辽) | 150.00 |
| 40 | 于洪区(辽) | 23.00 |
| 41 | 桦甸市(吉) | 500.40 |
| 42 | 蛟河市(吉) | 20.00 |
| 43 | 辉南县(吉) | 6.00 |
| 44 | 龙江县(黑) | 7.50 |
| 45 | 河东区(鲁) | 2700.00 |
| 46 | 栖霞市(鲁) | 2147.00 |
| 47 | 泰安市高新区(鲁) | 1785.70 |
| 48 | 海阳市(鲁) | 100.00 |
| 49 | 坊子区(鲁) | 100.00 |
| 50 | 牟平区(鲁) | 68.00 |
| 51 | 新泰市(鲁) | 60.00 |
| 52 | 惠民县(鲁) | 60.00 |
| 53 | 平原县(鲁) | 30.00 |
| 54 | 河口区(鲁) | 25.00 |
| 55 | 寒亭区(鲁) | 25.00 |
| 56 | 文登市(鲁) | 23.00 |
| 57 | 泰安市泰山景区(鲁) | 20.00 |
| 58 | 荣成市(鲁) | 20.00 |
| 59 | 费　县(鲁) | 17.00 |
| 60 | 广饶县(鲁) | 11.00 |
| 61 | 威海市经济技术开发区(鲁) | 10.00 |
| 62 | 茌平县(鲁) | 3.00 |
| 63 | 昌邑市(鲁) | 1.30 |
| 64 | 东昌府区(鲁) | 1.00 |
| 65 | 武陟县(豫) | 2640.00 |
| 66 | 洛宁县(豫) | 80.30 |
| 67 | 登封市(豫) | 61.60 |
| 68 | 西华县(豫) | 32.00 |
| 69 | 夏邑县(豫) | 30.00 |
| 70 | 通许县(豫) | 3.40 |
| 71 | 汉源县(川) | 40.00 |
| 72 | 普安县(黔) | 20.00 |

（续）

| 序号 | 苹果苗主产地 | 产量(万株) |
|---|---|---|
| 73 | 贞丰县(黔) | 15.00 |
| 74 | 马龙县(滇) | 100.00 |
| 75 | 石屏县(滇) | 1.50 |
| 76 | 屏边苗族自治县(滇) | 1.50 |
| 77 | 杨凌区农林局(陕) | 2030.00 |
| 78 | 千阳县(陕) | 135.00 |
| 79 | 米脂县(陕) | 100.00 |
| 80 | 商州区(陕) | 3.00 |
| 81 | 庄浪县(甘) | 300.00 |
| 82 | 秦州区(甘) | 225.00 |
| 83 | 崇信县(甘) | 124.00 |
| 84 | 西和县(甘) | 120.00 |
| 85 | 清水县(甘) | 60.00 |
| 86 | 庆城县(甘) | 46.00 |
| 87 | 榆中县(甘) | 35.20 |
| 88 | 正宁林业总场(甘) | 29.50 |
| 89 | 西峰区(甘) | 24.00 |
| 90 | 靖远县(甘) | 8.00 |
| 91 | 宁　县(甘) | 2.00 |
| 92 | 甘州区(甘) | 1.70 |
| 93 | 永宁县(宁) | 129.50 |
| 94 | 灵武市(宁) | 20.75 |

**表 10-39　桤木苗主产地产量**

| 序号 | 桤木苗主产地 | 产量(万株) |
|---|---|---|
| 1 | 瑞金市(赣) | 360.00 |
| 2 | 宜丰县(赣) | 36.00 |
| 3 | 铜鼓县(赣) | 25.00 |
| 4 | 宁远县(湘) | 30.00 |
| 5 | 酉阳土家族苗族自治县(渝) | 280.00 |
| 6 | 万州区(渝) | 225.50 |
| 7 | 恩阳区(川) | 720.00 |
| 8 | 宣汉县(川) | 600.00 |
| 9 | 安　县(川) | 300.00 |
| 10 | 达川区(川) | 250.00 |
| 11 | 巴州区(川) | 182.60 |
| 12 | 平昌县(川) | 160.00 |
| 13 | 梓潼县(川) | 90.00 |
| 14 | 四川省大渡河造林局(川) | 30.00 |
| 15 | 乐山市市辖区(川) | 23.20 |
| 16 | 新都区(川) | 20.00 |
| 17 | 青川县(川) | 10.00 |
| 18 | 元阳县(滇) | 1560.00 |
| 19 | 麒麟区(滇) | 400.00 |
| 20 | 石林彝族自治县(滇) | 250.00 |
| 21 | 泸西县(滇) | 210.00 |
| 22 | 红河县(滇) | 200.00 |
| 23 | 盈江县(滇) | 167.00 |
| 24 | 富源县(滇) | 150.00 |
| 25 | 施甸县(滇) | 100.00 |
| 26 | 梁河县(滇) | 90.00 |
| 27 | 广南县(滇) | 60.00 |
| 28 | 双江拉祜族佤族布朗族傣族自治县(滇) | 50.00 |
| 29 | 澄江县(滇) | 50.00 |
| 30 | 红塔区(滇) | 50.00 |
| 31 | 倘甸工业园区(滇) | 50.00 |
| 32 | 西畴县(滇) | 45.00 |
| 33 | 建水县(滇) | 42.00 |
| 34 | 陇川县(滇) | 24.00 |
| 35 | 麻栗坡县(滇) | 23.00 |
| 36 | 宁洱哈尼族彝族自治县(滇) | 20.00 |
| 37 | 罗平县(滇) | 20.00 |
| 38 | 华宁县(滇) | 15.00 |
| 39 | 瑞丽市(滇) | 12.75 |

**表 10-40　枫香苗主产地产量**

| 序号 | 枫香苗主产地 | 产量(万株) |
|---|---|---|
| 1 | 青田县(浙) | 98.90 |
| 2 | 云和县(浙) | 59.00 |
| 3 | 莲都区(浙) | 47.70 |
| 4 | 建德市(浙) | 26.00 |
| 5 | 余杭区(浙) | 22.00 |
| 6 | 临安市(浙) | 21.00 |
| 7 | 江北区(浙) | 18.00 |
| 8 | 遂昌县(浙) | 17.17 |
| 9 | 缙云县(浙) | 12.00 |
| 10 | 黄岩区(浙) | 11.00 |
| 11 | 仙居县(浙) | 10.00 |
| 12 | 临海市(浙) | 10.00 |
| 13 | 桐城市(皖) | 300.00 |
| 14 | 霍山县(皖) | 300.00 |
| 15 | 旌德县(皖) | 160.00 |
| 16 | 枞阳县(皖) | 90.00 |
| 17 | 潜山县(皖) | 10.00 |
| 18 | 奉新县(赣) | 2650.00 |
| 19 | 上高县(赣) | 2300.00 |
| 20 | 赣　县(赣) | 60.00 |
| 21 | 临川区(赣) | 40.00 |
| 22 | 德兴市(赣) | 30.00 |
| 23 | 宁都县(赣) | 30.00 |
| 24 | 铜鼓县(赣) | 22.00 |
| 25 | 全南县(赣) | 21.00 |
| 26 | 兴国县(赣) | 19.30 |
| 27 | 分宜县(赣) | 10.00 |
| 28 | 宜丰县(赣) | 10.00 |
| 29 | 英山县(鄂) | 240.00 |
| 30 | 大悟县(鄂) | 112.00 |
| 31 | 罗田县(鄂) | 75.00 |
| 32 | 茶陵县(湘) | 540.00 |
| 33 | 桃江县(湘) | 150.00 |
| 34 | 桂阳县(湘) | 65.50 |
| 35 | 新邵县(湘) | 60.00 |
| 36 | 长沙县(湘) | 46.70 |
| 37 | 宁远县(湘) | 40.00 |
| 38 | 新宁县(湘) | 30.00 |
| 39 | 靖州苗族侗族自治县(湘) | 28.00 |
| 40 | 麻阳苗族自治县(湘) | 25.00 |
| 41 | 永兴县(湘) | 24.00 |
| 42 | 安化县(湘) | 20.00 |
| 43 | 绥宁县(湘) | 15.00 |
| 44 | 南岳区(湘) | 15.00 |
| 45 | 桂东县(湘) | 13.00 |
| 46 | 常宁市(湘) | 11.00 |
| 47 | 双峰县(湘) | 10.00 |
| 48 | 乳源瑶族自治县(粤) | 300.00 |
| 49 | 翁源县(粤) | 300.00 |
| 50 | 梅县区(粤) | 280.00 |
| 51 | 惠东县(粤) | 200.00 |
| 52 | 和平县(粤) | 136.00 |
| 53 | 龙川县(粤) | 117.00 |
| 54 | 新丰县(粤) | 111.40 |
| 55 | 连平县(粤) | 100.00 |
| 56 | 清新区(粤) | 80.00 |
| 57 | 武江区(粤) | 75.00 |
| 58 | 蕉岭县(粤) | 50.00 |
| 59 | 饶平县(粤) | 40.00 |
| 60 | 乐昌市(粤) | 40.00 |
| 61 | 浈江区(粤) | 40.00 |
| 62 | 平远县(粤) | 31.00 |
| 63 | 普宁市(粤) | 30.00 |
| 64 | 增城区(粤) | 30.00 |
| 65 | 源城区(粤) | 20.00 |
| 66 | 紫金县(粤) | 20.00 |
| 67 | 封开县(粤) | 20.00 |

(续)

| 序号 | 枫香苗主产地 | 产量(万株) |
|---|---|---|
| 68 | 佛冈县(粤) | 14.00 |
| 69 | 郁南县(粤) | 14.00 |
| 70 | 五华县(粤) | 10.00 |
| 71 | 阳山县(粤) | 10.00 |
| 72 | 榕城区(粤) | 10.00 |
| 73 | 惠城区(粤) | 10.00 |
| 74 | 巴南区(渝) | 55.00 |
| 75 | 酉阳土家族苗族自治县(渝) | 30.00 |
| 76 | 石林彝族自治县(滇) | 36.00 |

## 表 10-41 柑橘苗主产地产量

| 序号 | 柑橘苗主产地 | 产量(万株) |
|---|---|---|
| 1 | 临海市(浙) | 18.00 |
| 2 | 定海区(浙) | 14.00 |
| 3 | 莲都区(浙) | 13.00 |
| 4 | 三门县(浙) | 12.50 |
| 5 | 路桥区(浙) | 12.00 |
| 6 | 兴山县(鄂) | 600.00 |
| 7 | 利川市(鄂) | 200.00 |
| 8 | 巴东县(鄂) | 50.00 |
| 9 | 孝南区(鄂) | 15.00 |
| 10 | 黄州区(鄂) | 15.00 |
| 11 | 桃源县(湘) | 2200.00 |
| 12 | 石门县(湘) | 350.00 |
| 13 | 岳阳市市辖区(湘) | 26.00 |
| 14 | 清新区(粤) | 150.00 |
| 15 | 连平县(粤) | 60.00 |
| 16 | 德保县(桂) | 190.00 |
| 17 | 靖西县(桂) | 40.00 |
| 18 | 龙圩区(桂) | 10.00 |
| 19 | 江津区(渝) | 1000.00 |
| 20 | 垫江县(渝) | 240.00 |
| 21 | 铜梁县(渝) | 50.00 |
| 22 | 璧山区(渝) | 28.00 |
| 23 | 蒲江县(川) | 1326.00 |
| 24 | 雁江区(川) | 900.00 |
| 25 | 江安县(川) | 150.00 |
| 26 | 汉源县(川) | 39.00 |
| 27 | 大英县(川) | 30.00 |
| 28 | 仁寿县(川) | 19.70 |
| 29 | 井研县(川) | 18.00 |
| 30 | 思南县(黔) | 100.00 |
| 31 | 沿河土家族自治县(黔) | 25.00 |
| 32 | 华宁县(滇) | 400.00 |

## 表 10-42 香椿苗主产地产量

| 序号 | 香椿苗主产地 | 产量(万株) |
|---|---|---|
| 1 | 井陉矿区(冀) | 10.00 |
| 2 | 侯马市(晋) | 13.50 |
| 3 | 建德市(浙) | 12.00 |
| 4 | 颍泉区(皖) | 70.80 |
| 5 | 霍山县(皖) | 15.00 |
| 6 | 泰安市高新区(鲁) | 3105.00 |
| 7 | 青州市(鲁) | 300.00 |
| 8 | 新泰市(鲁) | 250.00 |
| 9 | 商水县(豫) | 45.00 |
| 10 | 襄城县(豫) | 20.00 |
| 11 | 利川市(鄂) | 1600.00 |
| 12 | 郧西县(鄂) | 240.00 |
| 13 | 桂阳县(湘) | 50.00 |
| 14 | 永顺县(湘) | 45.00 |
| 15 | 平江县(湘) | 20.00 |
| 16 | 衡南县(湘) | 16.00 |
| 17 | 江津区(渝) | 1500.00 |
| 18 | 酉阳土家族苗族自治县(渝) | 1500.00 |
| 19 | 九龙坡区(渝) | 22.00 |
| 20 | 万盛区(渝) | 15.00 |
| 21 | 大竹县(川) | 306.00 |
| 22 | 盐亭县(川) | 250.00 |
| 23 | 大英县(川) | 115.00 |
| 24 | 万源市(川) | 86.00 |
| 25 | 蓬溪县(川) | 60.00 |
| 26 | 仁和区(川) | 35.00 |
| 27 | 乐至县(川) | 28.00 |
| 28 | 武胜县(川) | 20.00 |
| 29 | 荔波县(黔) | 20.00 |
| 30 | 西畴县(滇) | 74.00 |
| 31 | 东川区(滇) | 10.50 |
| 32 | 镇巴县(陕) | 20.00 |

## 表 10-43 栾树苗主产地产量

| 序号 | 栾树苗主产地 | 产量(万株) |
|---|---|---|
| 1 | 顺义区(京) | 115.29 |
| 2 | 丰台区(京) | 15.50 |
| 3 | 昌平区(京) | 14.50 |
| 4 | 博野县(冀) | 1060.00 |
| 5 | 安国市(冀) | 690.00 |
| 6 | 定州市(冀) | 200.00 |
| 7 | 涿州市(冀) | 200.00 |
| 8 | 滦南县(冀) | 130.00 |
| 9 | 临城县(冀) | 60.00 |
| 10 | 易　县(冀) | 45.00 |

(续)

| 序号 | 栾树苗主产地 | 产量(万株) |
|---|---|---|
| 11 | 泊头市(冀) | 31.90 |
| 12 | 高阳县(冀) | 30.00 |
| 13 | 桃城区(冀) | 30.00 |
| 14 | 河间市(冀) | 22.50 |
| 15 | 任　县(冀) | 12.00 |
| 16 | 宁晋县(冀) | 10.40 |
| 17 | 夏　县(晋) | 60.60 |
| 18 | 曲沃县(晋) | 35.00 |
| 19 | 临猗县(晋) | 15.00 |
| 20 | 襄汾县(晋) | 12.00 |
| 21 | 平陆县(晋) | 10.00 |
| 22 | 桐乡市(浙) | 425.10 |
| 23 | 秀洲区(浙) | 111.80 |
| 24 | 仙居县(浙) | 30.00 |
| 25 | 海盐县(浙) | 26.40 |
| 26 | 金东区(浙) | 18.00 |
| 27 | 奉化区(浙) | 10.00 |
| 28 | 庐阳区(皖) | 348.60 |
| 29 | 鸠江区(皖) | 282.00 |
| 30 | 肥东县(皖) | 117.00 |
| 31 | 灵璧县(皖) | 110.00 |
| 32 | 金安区(皖) | 80.00 |
| 33 | 舒城县(皖) | 61.00 |
| 34 | 南谯区(皖) | 46.00 |
| 35 | 桐城市(皖) | 45.00 |
| 36 | 三山区(皖) | 40.00 |
| 37 | 蜀山区(皖) | 35.00 |
| 38 | 利辛县(皖) | 30.00 |
| 39 | 固镇县(皖) | 30.00 |
| 40 | 寿　县(皖) | 25.00 |
| 41 | 潘集区(皖) | 24.00 |
| 42 | 巢湖市(皖) | 22.50 |
| 43 | 博望区(皖) | 22.00 |
| 44 | 淮上区(皖) | 20.00 |
| 45 | 望江县(皖) | 15.00 |
| 46 | 旌德县(皖) | 13.00 |
| 47 | 广德县(皖) | 11.00 |
| 48 | 临泉县(皖) | 11.00 |
| 49 | 共青城市(赣) | 10.70 |
| 50 | 兖州市(鲁) | 300.00 |
| 51 | 鄄城县(鲁) | 150.00 |
| 52 | 桓台县(鲁) | 98.00 |
| 53 | 梁山县(鲁) | 73.00 |
| 54 | 东平县(鲁) | 70.00 |
| 55 | 汶上县(鲁) | 30.00 |

（续）

| 序号 | 栾树苗主产地 | 产量(万株) |
|---|---|---|
| 56 | 海阳市(鲁) | 20.00 |
| 57 | 平原县(鲁) | 10.00 |
| 58 | 新安县(豫) | 800.00 |
| 59 | 潢川县(豫) | 730.00 |
| 60 | 汝州市(豫) | 480.00 |
| 61 | 济源市(豫) | 300.00 |
| 62 | 邓州市(豫) | 274.00 |
| 63 | 嵩　县(豫) | 270.00 |
| 64 | 光山县(豫) | 200.00 |
| 65 | 孟津县(豫) | 150.00 |
| 66 | 平桥区(豫) | 135.00 |
| 67 | 长葛市(豫) | 124.00 |
| 68 | 新野县(豫) | 97.50 |
| 69 | 宜阳县(豫) | 72.60 |
| 70 | 宝丰县(豫) | 69.00 |
| 71 | 太康县(豫) | 60.20 |
| 72 | 许昌县(豫) | 59.00 |
| 73 | 濮阳县(豫) | 56.00 |
| 74 | 项城市(豫) | 55.00 |
| 75 | 洛宁县(豫) | 49.50 |
| 76 | 荥阳市(豫) | 42.00 |
| 77 | 郾城区(豫) | 36.10 |
| 78 | 清丰县(豫) | 34.00 |
| 79 | 南乐县(豫) | 30.00 |
| 80 | 宁陵县(豫) | 27.00 |
| 81 | 林州市(豫) | 20.20 |
| 82 | 伊川县(豫) | 20.00 |
| 83 | 湖滨区(豫) | 18.70 |
| 84 | 新密市(豫) | 16.00 |
| 85 | 淇滨区(豫) | 15.60 |
| 86 | 义马市(豫) | 12.00 |
| 87 | 华龙区(豫) | 10.00 |
| 88 | 宜都市(鄂) | 500.00 |
| 89 | 天门市(鄂) | 300.00 |
| 90 | 襄州区(鄂) | 201.00 |
| 91 | 松滋市(鄂) | 150.00 |
| 92 | 浠水县(鄂) | 120.00 |
| 93 | 枣阳市(鄂) | 100.00 |
| 94 | 荆州区(鄂) | 100.00 |
| 95 | 长阳土家族自治县(鄂) | 100.00 |
| 96 | 荆门市市辖区(鄂) | 100.00 |
| 97 | 建始县(鄂) | 90.00 |
| 98 | 漳河新区(鄂) | 65.00 |
| 99 | 襄城区(鄂) | 60.00 |
| 100 | 大悟县(鄂) | 45.00 |

（续）

| 序号 | 栾树苗主产地 | 产量(万株) |
|---|---|---|
| 101 | 孝南区(鄂) | 36.06 |
| 102 | 宜城市(鄂) | 28.50 |
| 103 | 阳新县(鄂) | 28.00 |
| 104 | 蔡甸区(鄂) | 20.00 |
| 105 | 屈家岭管理区(鄂) | 18.00 |
| 106 | 京山县(鄂) | 15.00 |
| 107 | 樊城区(鄂) | 12.00 |
| 108 | 桃源县(湘) | 2700.00 |
| 109 | 石门县(湘) | 150.00 |
| 110 | 澧　县(湘) | 110.00 |
| 111 | 泸溪县(湘) | 80.00 |
| 112 | 新宁县(湘) | 60.00 |
| 113 | 嘉禾县(湘) | 18.00 |
| 114 | 衡南县(湘) | 14.00 |
| 115 | 汉寿县(湘) | 14.00 |
| 116 | 宁远县(湘) | 10.00 |
| 117 | 永顺县(湘) | 10.00 |
| 118 | 万州区(渝) | 1789.00 |
| 119 | 合川区(渝) | 683.00 |
| 120 | 江津区(渝) | 210.00 |
| 121 | 开　县(渝) | 51.00 |
| 122 | 璧山区(渝) | 46.00 |
| 123 | 九龙坡区(渝) | 39.00 |
| 124 | 荣昌区(渝) | 20.74 |
| 125 | 綦江区(渝) | 20.00 |
| 126 | 井研县(川) | 180.00 |
| 127 | 大英县(川) | 130.00 |
| 128 | 彭山区(川) | 55.00 |
| 129 | 资中县(川) | 24.00 |
| 130 | 龙泉驿区(川) | 20.00 |
| 131 | 屏山县(川) | 20.00 |
| 132 | 乐至县(川) | 11.00 |
| 133 | 兴义市(黔) | 60.00 |
| 134 | 镇宁布依族苗族自治县(黔) | 30.00 |
| 135 | 江口县(黔) | 10.60 |
| 136 | 高陵县(陕) | 18.00 |

**表 10-44　银杏苗主产地产量**

| 序号 | 银杏苗主产地 | 产量(万株) |
|---|---|---|
| 1 | 顺义区(京) | 72.40 |
| 2 | 昌平区(京) | 33.42 |
| 3 | 丰台区(京) | 13.40 |
| 4 | 平谷区(京) | 11.70 |
| 5 | 定州市(冀) | 450.00 |
| 6 | 南和县(冀) | 240.00 |

（续）

| 序号 | 银杏苗主产地 | 产量(万株) |
|---|---|---|
| 7 | 涿州市(冀) | 225.00 |
| 8 | 开平区(冀) | 30.00 |
| 9 | 邢台县(冀) | 26.00 |
| 10 | 高阳县(冀) | 25.00 |
| 11 | 博野县(冀) | 15.00 |
| 12 | 大厂回族自治县(冀) | 15.00 |
| 13 | 襄汾县(晋) | 12.00 |
| 14 | 振安区(辽) | 1150.00 |
| 15 | 东港市(辽) | 676.00 |
| 16 | 庄河市(辽) | 600.00 |
| 17 | 连山区(辽) | 145.00 |
| 18 | 凤城市(辽) | 77.00 |
| 19 | 桓仁满族自治县(辽) | 70.00 |
| 20 | 普兰店市(辽) | 68.00 |
| 21 | 于洪区(辽) | 30.00 |
| 22 | 绥中县(辽) | 13.30 |
| 23 | 嘉定区(沪) | 153.55 |
| 24 | 路桥区(浙) | 47.00 |
| 25 | 江北区(浙) | 40.00 |
| 26 | 临安市(浙) | 40.00 |
| 27 | 诸暨市(浙) | 20.00 |
| 28 | 三门县(浙) | 20.00 |
| 29 | 缙云县(浙) | 20.00 |
| 30 | 余杭区(浙) | 15.00 |
| 31 | 灵璧县(皖) | 270.00 |
| 32 | 旌德县(皖) | 90.00 |
| 33 | 舒城县(皖) | 28.00 |
| 34 | 海阳市(鲁) | 400.00 |
| 35 | 安丘市(鲁) | 329.00 |
| 36 | 高密市(鲁) | 150.00 |
| 37 | 莒　县(鲁) | 149.00 |
| 38 | 荣成市(鲁) | 128.00 |
| 39 | 昌乐县(鲁) | 115.00 |
| 40 | 莱城区(鲁) | 80.00 |
| 41 | 桓台县(鲁) | 74.00 |
| 42 | 东营区(鲁) | 65.00 |
| 43 | 广饶县(鲁) | 51.00 |
| 44 | 河东区(鲁) | 50.00 |
| 45 | 兖州市(鲁) | 50.00 |
| 46 | 泰安市泰山景区(鲁) | 40.00 |
| 47 | 文登市(鲁) | 35.00 |
| 48 | 平原县(鲁) | 29.00 |
| 49 | 费　县(鲁) | 15.00 |
| 50 | 栖霞市(鲁) | 14.00 |
| 51 | 寒亭区(鲁) | 10.00 |

(续)

| 序号 | 银杏苗主产地 | 产量(万株) |
|---|---|---|
| 52 | 濮阳县(豫) | 88.98 |
| 53 | 长葛市(豫) | 31.00 |
| 54 | 汝州市(豫) | 27.00 |
| 55 | 牧野区(豫) | 19.00 |
| 56 | 魏都区(豫) | 13.40 |
| 57 | 巴东县(鄂) | 3000.00 |
| 58 | 建始县(鄂) | 540.00 |
| 59 | 长阳土家族自治县(鄂) | 240.00 |
| 60 | 孝南区(鄂) | 221.52 |
| 61 | 浠水县(鄂) | 200.00 |
| 62 | 恩施市(鄂) | 100.00 |
| 63 | 襄城区(鄂) | 74.00 |
| 64 | 大悟县(鄂) | 72.00 |
| 65 | 襄州区(鄂) | 69.00 |
| 66 | 枣阳市(鄂) | 48.00 |
| 67 | 宜都市(鄂) | 20.00 |
| 68 | 东宝区(鄂) | 20.00 |
| 69 | 蔡甸区(鄂) | 16.00 |
| 70 | 宜城市(鄂) | 12.00 |
| 71 | 桂东县(湘) | 40.00 |
| 72 | 长沙县(湘) | 36.50 |
| 73 | 株洲市市辖区(湘) | 21.00 |
| 74 | 韶山市(湘) | 16.00 |
| 75 | 双峰县(湘) | 15.00 |
| 76 | 永定区(湘) | 10.00 |
| 77 | 秀山土家族苗族自治县(渝) | 120.00 |
| 78 | 璧山区(渝) | 67.00 |
| 79 | 荣昌区(渝) | 52.80 |
| 80 | 黔江区(渝) | 47.00 |
| 81 | 巴南区(渝) | 44.00 |
| 82 | 万州区(渝) | 20.80 |
| 83 | 恩阳区(川) | 1400.00 |
| 84 | 苍溪县(川) | 800.00 |
| 85 | 开江县(川) | 573.00 |
| 86 | 万源市(川) | 155.00 |
| 87 | 彭山区(川) | 140.00 |
| 88 | 温江区(川) | 105.00 |
| 89 | 高　县(川) | 102.20 |
| 90 | 丹棱县(川) | 100.00 |
| 91 | 长宁县(川) | 89.00 |
| 92 | 射洪县(川) | 80.00 |
| 93 | 井研县(川) | 60.00 |
| 94 | 岳池县(川) | 50.00 |
| 95 | 崇州市(川) | 42.00 |
| 96 | 宣汉县(川) | 30.00 |
| 97 | 郫　县(川) | 30.00 |
| 98 | 新都区(川) | 20.80 |
| 99 | 通江县(川) | 15.50 |
| 100 | 六枝特区(黔) | 1003.00 |
| 101 | 正安县(黔) | 300.00 |
| 102 | 兴义市(黔) | 200.00 |
| 103 | 开阳县(黔) | 97.72 |
| 104 | 兴仁县(黔) | 30.00 |
| 105 | 江口县(黔) | 20.00 |
| 106 | 道真仡佬族苗族自治县(黔) | 18.10 |
| 107 | 文山市(滇) | 2100.00 |
| 108 | 晋宁县(滇) | 60.00 |
| 109 | 永平县(滇) | 38.00 |
| 110 | 宁强县(陕) | 7500.00 |
| 111 | 洋　县(陕) | 357.00 |
| 112 | 勉　县(陕) | 180.00 |
| 113 | 西乡县(陕) | 85.00 |
| 114 | 佛坪县(陕) | 62.00 |
| 115 | 镇巴县(陕) | 50.00 |
| 116 | 石泉县(陕) | 40.00 |
| 117 | 洛南县(陕) | 12.00 |
| 118 | 两当县(甘) | 38.00 |

**表 10-45　油茶苗主产地产量**

| 序号 | 油茶苗主产地 | 产量(万株) |
|---|---|---|
| 1 | 青田县(浙) | 336.50 |
| 2 | 苍南县(浙) | 200.00 |
| 3 | 天台县(浙) | 185.00 |
| 4 | 莲都区(浙) | 156.00 |
| 5 | 云和县(浙) | 100.00 |
| 6 | 建德市(浙) | 80.00 |
| 7 | 松阳县(浙) | 10.00 |
| 8 | 太湖县(皖) | 660.00 |
| 9 | 舒城县(皖) | 300.00 |
| 10 | 金寨县(皖) | 260.00 |
| 11 | 宿松县(皖) | 226.00 |
| 12 | 歙　县(皖) | 170.00 |
| 13 | 绩溪县(皖) | 136.00 |
| 14 | 桐城市(皖) | 90.00 |
| 15 | 潜山县(皖) | 45.00 |
| 16 | 怀宁县(皖) | 40.00 |
| 17 | 霍山县(皖) | 20.00 |
| 18 | 宣州区(皖) | 10.00 |
| 19 | 滁州市市辖区(皖) | 10.00 |
| 20 | 袁州区(赣) | 1702.00 |
| 21 | 靖安县(赣) | 960.00 |
| 22 | 广丰县(赣) | 300.00 |
| 23 | 芦溪县(赣) | 285.00 |
| 24 | 宁都县(赣) | 230.00 |
| 25 | 安福县(赣) | 220.00 |
| 26 | 樟树市(赣) | 200.00 |
| 27 | 分宜县(赣) | 200.00 |
| 28 | 武宁县(赣) | 180.00 |
| 29 | 瑞金市(赣) | 160.00 |
| 30 | 德兴市(赣) | 60.00 |
| 31 | 赣　县(赣) | 50.00 |
| 32 | 瑞昌市(赣) | 48.15 |
| 33 | 东乡县(赣) | 20.00 |
| 34 | 商城县(豫) | 990.00 |
| 35 | 新　县(豫) | 801.00 |
| 36 | 麻城市(鄂) | 500.00 |
| 37 | 浠水县(鄂) | 450.00 |
| 38 | 阳新县(鄂) | 400.00 |
| 39 | 大悟县(鄂) | 200.00 |
| 40 | 谷城县(鄂) | 200.00 |
| 41 | 恩施市(鄂) | 130.00 |
| 42 | 黄陂区(鄂) | 100.00 |
| 43 | 曾都区(鄂) | 90.00 |
| 44 | 大冶市(鄂) | 80.00 |
| 45 | 京山县(鄂) | 60.00 |
| 46 | 宣恩县(鄂) | 45.00 |
| 47 | 松滋市(鄂) | 40.00 |
| 48 | 五峰土家族自治县(鄂) | 40.00 |
| 49 | 常宁市(湘) | 2844.00 |
| 50 | 鼎城区(湘) | 840.00 |
| 51 | 宁远县(湘) | 550.00 |
| 52 | 涟源市(湘) | 416.00 |
| 53 | 新邵县(湘) | 300.00 |
| 54 | 中方县(湘) | 300.00 |
| 55 | 邵阳县(湘) | 248.00 |
| 56 | 道　县(湘) | 240.00 |
| 57 | 平江县(湘) | 220.00 |
| 58 | 古丈县(湘) | 220.00 |
| 59 | 苏仙区(湘) | 218.00 |
| 60 | 江华瑶族自治县(湘) | 200.00 |
| 61 | 慈利县(湘) | 200.00 |
| 62 | 安仁县(湘) | 180.00 |
| 63 | 衡南县(湘) | 175.00 |
| 64 | 浏阳市(湘) | 150.00 |
| 65 | 耒阳市(湘) | 150.00 |

（续）

| 序号 | 油茶苗主产地 | 产量（万株） |
|---|---|---|
| 66 | 衡山县（湘） | 140.40 |
| 67 | 株洲县（湘） | 138.00 |
| 68 | 攸　县（湘） | 135.00 |
| 69 | 新化县（湘） | 120.00 |
| 70 | 湘潭县（湘） | 117.00 |
| 71 | 宁乡县（湘） | 100.00 |
| 72 | 临澧县（湘） | 85.00 |
| 73 | 桂阳县（湘） | 53.00 |
| 74 | 株洲市市辖区（湘） | 40.00 |
| 75 | 石门县（湘） | 40.00 |
| 76 | 桂东县（湘） | 29.00 |
| 77 | 梅县区（粤） | 2300.00 |
| 78 | 罗定市（粤） | 300.00 |
| 79 | 高要市（粤） | 100.00 |
| 80 | 清新区（粤） | 100.00 |
| 81 | 高州市（粤） | 63.80 |
| 82 | 信宜市（粤） | 55.00 |
| 83 | 平远县（粤） | 50.00 |
| 84 | 连平县（粤） | 30.00 |
| 85 | 曲江区（粤） | 20.80 |
| 86 | 三江侗族自治县（桂） | 1000.00 |
| 87 | 那坡县（桂） | 750.00 |
| 88 | 田林县（桂） | 662.00 |
| 89 | 武宣县（桂） | 560.00 |
| 90 | 巴马瑶族自治县（桂） | 418.00 |
| 91 | 龙胜各族自治县（桂） | 295.00 |
| 92 | 藤　县（桂） | 200.00 |
| 93 | 田阳县（桂） | 150.00 |
| 94 | 东兰县（桂） | 150.00 |
| 95 | 昭平县（桂） | 42.00 |
| 96 | 三门江林场（桂） | 30.00 |
| 97 | 凌云县（桂） | 25.00 |
| 98 | 维都林场（桂） | 10.00 |
| 99 | 秀山土家族苗族自治县（渝） | 600.00 |
| 100 | 梁平县（渝） | 286.00 |
| 101 | 彭水苗族土家族自治县（渝） | 200.00 |
| 102 | 翠屏区（川） | 360.00 |
| 103 | 叙永县（川） | 185.00 |
| 104 | 江安县（川） | 125.00 |
| 105 | 富顺县（川） | 60.00 |
| 106 | 碧江区（黔） | 150.00 |
| 107 | 江口县（黔） | 27.00 |
| 108 | 金平苗族瑶族傣族自治县（滇） | 750.00 |
| 109 | 砚山县（滇） | 457.00 |
| 110 | 建水县（滇） | 252.00 |
| 111 | 东川区（滇） | 76.00 |
| 112 | 盈江县（滇） | 20.00 |
| 113 | 腾冲县（滇） | 18.00 |
| 114 | 丘北县（滇） | 18.00 |
| 115 | 昌宁县（滇） | 10.00 |
| 116 | 陇川县（滇） | 10.00 |
| 117 | 商南县（陕） | 240.00 |
| 118 | 镇安县（陕） | 200.00 |
| 119 | 汉滨区（陕） | 150.00 |
| 120 | 镇巴县（陕） | 90.00 |
| 121 | 南郑县（陕） | 25.00 |

**表 10-46　荷木苗主产地产量**

| 序号 | 荷木苗主产地 | 产量（万株） |
|---|---|---|
| 1 | 瑞金市（赣） | 300.00 |
| 2 | 安福县（赣） | 90.00 |
| 3 | 铅山县（赣） | 60.00 |
| 4 | 宜丰县（赣） | 42.00 |
| 5 | 铜鼓县（赣） | 22.00 |
| 6 | 宁都县（赣） | 20.00 |
| 7 | 茶陵县（湘） | 270.00 |
| 8 | 浏阳市（湘） | 45.00 |
| 9 | 新宁县（湘） | 30.00 |
| 10 | 靖州苗族侗族自治县（湘） | 23.00 |
| 11 | 宁远县（湘） | 20.00 |
| 12 | 桂东县（湘） | 13.00 |
| 13 | 梅县区（粤） | 2400.00 |
| 14 | 始兴县（粤） | 1200.00 |
| 15 | 连平县（粤） | 270.00 |
| 16 | 惠东县（粤） | 250.00 |
| 17 | 云城区（粤） | 150.00 |
| 18 | 惠城区（粤） | 150.00 |
| 19 | 翁源县（粤） | 150.00 |
| 20 | 龙川县（粤） | 121.00 |
| 21 | 五华县（粤） | 103.00 |
| 22 | 乳源瑶族自治县（粤） | 80.50 |
| 23 | 高要市（粤） | 80.00 |
| 24 | 清新区（粤） | 80.00 |
| 25 | 清城区（粤） | 75.00 |
| 26 | 揭东区（粤） | 60.00 |
| 27 | 饶平县（粤） | 60.00 |
| 28 | 武江区（粤） | 60.00 |
| 29 | 封开县（粤） | 50.00 |
| 30 | 和平县（粤） | 40.00 |
| 31 | 潮南区（粤） | 40.00 |
| 32 | 乐昌市（粤） | 40.00 |
| 33 | 英德市（粤） | 36.00 |
| 34 | 紫金县（粤） | 30.00 |
| 35 | 郁南县（粤） | 27.00 |
| 36 | 蕉岭县（粤） | 25.00 |
| 37 | 水台林场（粤） | 24.00 |
| 38 | 源城区（粤） | 20.00 |
| 39 | 高州市（粤） | 20.00 |
| 40 | 电白区（粤） | 20.00 |
| 41 | 榕城区（粤） | 20.00 |
| 42 | 罗定市（粤） | 16.00 |
| 43 | 普宁市（粤） | 15.00 |
| 44 | 新丰江林管局（粤） | 13.90 |
| 45 | 信宜市（粤） | 13.00 |
| 46 | 新丰县（粤） | 10.00 |
| 47 | 阳山县（粤） | 10.00 |
| 48 | 连州市（粤） | 10.00 |
| 49 | 连南瑶族自治县（粤） | 10.00 |
| 50 | 巴南区（渝） | 55.00 |

**表 10-47　樟树苗主产地产量**

| 序号 | 樟树苗主产地 | 产量（万株） |
|---|---|---|
| 1 | 永康市（浙） | 4.70 |
| 2 | 苍南县（浙） | 2.10 |
| 3 | 宿松县（皖） | 185.00 |
| 4 | 潜山县（皖） | 120.00 |
| 5 | 舒城县（皖） | 51.00 |
| 6 | 巢湖市（皖） | 24.00 |
| 7 | 蚌山区（皖） | 4.00 |
| 8 | 高安市（赣） | 225.50 |
| 9 | 共青城市（赣） | 157.50 |
| 10 | 德安县（赣） | 109.00 |
| 11 | 兴国县（赣） | 97.00 |
| 12 | 宜丰县（赣） | 48.00 |
| 13 | 渝水区（赣） | 45.90 |
| 14 | 临川区（赣） | 39.50 |
| 15 | 安远县（赣） | 15.00 |
| 16 | 分宜县（赣） | 10.00 |
| 17 | 黎川县（赣） | 1.30 |
| 18 | 荆门市市辖区（鄂） | 380.00 |
| 19 | 襄城区（鄂） | 160.00 |
| 20 | 浠水县（鄂） | 30.00 |
| 21 | 茅箭区（鄂） | 5.00 |
| 22 | 京山县（鄂） | 5.00 |
| 23 | 株洲市市辖区（湘） | 1541.00 |

(续)

| 序号 | 樟树苗主产地 | 产量(万株) |
|---|---|---|
| 24 | 茶陵县(湘) | 270.00 |
| 25 | 常宁市(湘) | 118.04 |
| 26 | 华容县(湘) | 90.00 |
| 27 | 桃江县(湘) | 50.00 |
| 28 | 芷江侗族自治县(湘) | 20.00 |
| 29 | 雨湖区(湘) | 20.00 |
| 30 | 衡南县(湘) | 6.00 |
| 31 | 平江县(湘) | 6.00 |
| 32 | 阳春市(粤) | 168.00 |
| 33 | 连平县(粤) | 150.00 |
| 34 | 饶平县(粤) | 150.00 |
| 35 | 云城区(粤) | 135.00 |
| 36 | 惠东县(粤) | 100.00 |
| 37 | 翁源县(粤) | 90.00 |
| 38 | 和平县(粤) | 65.00 |
| 39 | 增城区(粤) | 62.00 |
| 40 | 紫金县(粤) | 30.00 |
| 41 | 封开县(粤) | 30.00 |
| 42 | 惠城区(粤) | 25.00 |
| 43 | 新丰江林管局(粤) | 24.00 |
| 44 | 潮阳区(粤) | 17.00 |
| 45 | 源城区(粤) | 16.00 |
| 46 | 从化市(粤) | 10.22 |
| 47 | 澄海区(粤) | 6.00 |
| 48 | 番禺区(粤) | 5.00 |
| 49 | 九连山林场(粤) | 3.50 |
| 50 | 西江林业局(粤) | 2.20 |
| 51 | 东莞市(粤) | 2.20 |
| 52 | 濠江区(粤) | 1.80 |
| 53 | 广西林业集团有限公司(桂) | 1.80 |
| 54 | 井研县(川) | 8.00 |
| 55 | 富源县(滇) | 50.00 |
| 56 | 阳宗海管理区(滇) | 3.00 |

## 表 10-48　紫薇苗主产地产量

| 序号 | 紫薇苗主产地 | 产量(万株) |
|---|---|---|
| 1 | 顺义区(京) | 3.03 |
| 2 | 定州市(冀) | 650.00 |
| 3 | 北戴河区(冀) | 7.50 |
| 4 | 三河市(冀) | 1.20 |
| 5 | 侯马市(晋) | 1.20 |
| 6 | 松江区(沪) | 3.90 |
| 7 | 义乌市(浙) | 170.60 |
| 8 | 奉化区(浙) | 60.00 |
| 9 | 慈溪市(浙) | 56.00 |

(续)

| 序号 | 紫薇苗主产地 | 产量(万株) |
|---|---|---|
| 10 | 莲都区(浙) | 37.20 |
| 11 | 兰溪市(浙) | 32.20 |
| 12 | 临安市(浙) | 17.00 |
| 13 | 淳安县(浙) | 15.75 |
| 14 | 海盐县(浙) | 14.40 |
| 15 | 定海区(浙) | 13.00 |
| 16 | 三门县(浙) | 10.50 |
| 17 | 秀洲区(浙) | 9.31 |
| 18 | 建德市(浙) | 8.00 |
| 19 | 苍南县(浙) | 7.40 |
| 20 | 青田县(浙) | 7.40 |
| 21 | 黄岩区(浙) | 7.00 |
| 22 | 象山县(浙) | 5.00 |
| 23 | 永康市(浙) | 4.17 |
| 24 | 云和县(浙) | 3.50 |
| 25 | 温岭市(浙) | 2.50 |
| 26 | 瓯海区(浙) | 2.00 |
| 27 | 埇桥区(皖) | 470.00 |
| 28 | 庐阳区(皖) | 373.50 |
| 29 | 青阳县(皖) | 182.90 |
| 30 | 潜山县(皖) | 130.00 |
| 31 | 宣州区(皖) | 113.00 |
| 32 | 祁门县(皖) | 110.00 |
| 33 | 肥东县(皖) | 99.00 |
| 34 | 寿　县(皖) | 82.00 |
| 35 | 望江县(皖) | 60.17 |
| 36 | 金安区(皖) | 50.00 |
| 37 | 弋江区(皖) | 25.00 |
| 38 | 蜀山区(皖) | 24.00 |
| 39 | 蒙城县(皖) | 23.00 |
| 40 | 灵璧县(皖) | 20.00 |
| 41 | 无为县(皖) | 18.00 |
| 42 | 舒城县(皖) | 17.00 |
| 43 | 巢湖市(皖) | 16.00 |
| 44 | 广德县(皖) | 15.20 |
| 45 | 霍邱县(皖) | 15.00 |
| 46 | 淮上区(皖) | 10.00 |
| 47 | 宜秀区(皖) | 6.00 |
| 48 | 枞阳县(皖) | 1.30 |
| 49 | 万年县(赣) | 3000.00 |
| 50 | 奉新县(赣) | 855.00 |
| 51 | 上饶县(赣) | 23.00 |
| 52 | 宜丰县(赣) | 22.50 |
| 53 | 龙南县(赣) | 10.00 |
| 54 | 兴国县(赣) | 4.00 |

(续)

| 序号 | 紫薇苗主产地 | 产量(万株) |
|---|---|---|
| 55 | 黎川县(赣) | 2.90 |
| 56 | 彭泽县(赣) | 1.50 |
| 57 | 诸城市(鲁) | 600.00 |
| 58 | 东港区(鲁) | 527.00 |
| 59 | 荣成市(鲁) | 300.00 |
| 60 | 岱岳区(鲁) | 240.00 |
| 61 | 嘉祥县(鲁) | 240.00 |
| 62 | 兖州市(鲁) | 200.00 |
| 63 | 高密市(鲁) | 75.00 |
| 64 | 泰安市泰山景区(鲁) | 60.00 |
| 65 | 东营区(鲁) | 48.00 |
| 66 | 坊子区(鲁) | 30.00 |
| 67 | 文登市(鲁) | 22.00 |
| 68 | 五莲县(鲁) | 21.00 |
| 69 | 莱城区(鲁) | 20.00 |
| 70 | 费　县(鲁) | 19.00 |
| 71 | 峄城区(鲁) | 15.00 |
| 72 | 威海市经济技术开发区(鲁) | 14.50 |
| 73 | 昌乐县(鲁) | 10.00 |
| 74 | 寒亭区(鲁) | 10.00 |
| 75 | 山亭区(鲁) | 6.00 |
| 76 | 梁山县(鲁) | 5.00 |
| 77 | 威海市工业新区(鲁) | 3.30 |
| 78 | 东昌府区(鲁) | 2.00 |
| 79 | 牟平区(鲁) | 2.00 |
| 80 | 茌平县(鲁) | 1.00 |
| 81 | 中原区(豫) | 120.00 |
| 82 | 光山县(豫) | 60.00 |
| 83 | 长葛市(豫) | 43.00 |
| 84 | 平桥区(豫) | 38.00 |
| 85 | 新野县(豫) | 19.50 |
| 86 | 济源市(豫) | 15.00 |
| 87 | 华龙区(豫) | 6.60 |
| 88 | 通许县(豫) | 1.40 |
| 89 | 沙洋县(鄂) | 3000.00 |
| 90 | 浠水县(鄂) | 500.00 |
| 91 | 襄城区(鄂) | 400.00 |
| 92 | 大悟县(鄂) | 225.00 |
| 93 | 荆门市市辖区(鄂) | 205.00 |
| 94 | 天门市(鄂) | 200.00 |
| 95 | 罗田县(鄂) | 150.00 |
| 96 | 孝南区(鄂) | 122.55 |
| 97 | 宜城市(鄂) | 80.60 |
| 98 | 黄州区(鄂) | 29.00 |
| 99 | 东宝区(鄂) | 22.00 |

（续）

| 序号 | 紫薇苗主产地 | 产量（万株） |
|---|---|---|
| 100 | 阳新县（鄂） | 11.00 |
| 101 | 远安县（鄂） | 6.00 |
| 102 | 屈家岭管理区（鄂） | 3.00 |
| 103 | 长沙县（湘） | 631.00 |
| 104 | 桂东县（湘） | 100.00 |
| 105 | 安仁县（湘） | 50.00 |
| 106 | 苏仙区（湘） | 25.00 |
| 107 | 嘉禾县（湘） | 8.00 |
| 108 | 岳阳市市辖区（湘） | 6.60 |
| 109 | 资阳区（湘） | 1.20 |
| 110 | 英德市（粤） | 5.00 |
| 111 | 新丰县（粤） | 3.50 |
| 112 | 番禺区（粤） | 1.50 |
| 113 | 綦江区（渝） | 20.00 |
| 114 | 温江区（川） | 165.00 |
| 115 | 盐亭县（川） | 51.00 |
| 116 | 沿滩区（川） | 31.60 |
| 117 | 巴州区（川） | 24.60 |
| 118 | 屏山县（川） | 15.00 |
| 119 | 高　县（川） | 14.50 |
| 120 | 内江市市中区（川） | 1.20 |
| 121 | 江口县（黔） | 172.90 |
| 122 | 开阳县（黔） | 43.78 |
| 123 | 正安县（黔） | 3.00 |
| 124 | 蒙自市（滇） | 7.30 |
| 125 | 江川县（滇） | 6.35 |
| 126 | 眉　县（陕） | 420.10 |
| 127 | 西乡县（陕） | 54.00 |
| 128 | 勉　县（陕） | 27.00 |
| 129 | 杨凌区农林局（陕） | 11.00 |
| 130 | 石泉县（陕） | 9.96 |
| 131 | 镇巴县（陕） | 8.00 |
| 132 | 金台区（陕） | 4.00 |
| 133 | 阎良区（陕） | 2.30 |
| 134 | 汉滨区（陕） | 1.20 |

**表 10-49　紫叶李苗主产地产量**

| 序号 | 紫叶李苗主产地 | 产量（万株） |
|---|---|---|
| 1 | 丰台区（京） | 9.10 |
| 2 | 安国市（冀） | 540.00 |
| 3 | 定州市（冀） | 410.00 |
| 4 | 滦　县（冀） | 50.00 |
| 5 | 景　县（冀） | 45.00 |
| 6 | 吴桥县（冀） | 33.00 |
| 7 | 围场满族蒙古族自治县（冀） | 10.00 |
| 8 | 大厂回族自治县（冀） | 8.00 |
| 9 | 宁晋县（冀） | 6.40 |
| 10 | 井陉矿区（冀） | 6.00 |
| 11 | 徐水县（冀） | 5.00 |
| 12 | 新河县（冀） | 4.50 |
| 13 | 邢台县（冀） | 4.00 |
| 14 | 三河市（冀） | 3.90 |
| 15 | 故城县（冀） | 3.50 |
| 16 | 正定县（冀） | 3.00 |
| 17 | 高碑店市（冀） | 2.00 |
| 18 | 夏　县（晋） | 102.40 |
| 19 | 侯马市（晋） | 68.00 |
| 20 | 临猗县（晋） | 60.00 |
| 21 | 曲沃县（晋） | 55.00 |
| 22 | 开鲁县（内蒙古） | 7.00 |
| 23 | 调兵山市（辽） | 12.00 |
| 24 | 呼兰区（黑） | 300.00 |
| 25 | 肥东县（皖） | 32.00 |
| 26 | 颍泉区（皖） | 15.00 |
| 27 | 淮上区（皖） | 5.00 |
| 28 | 蒙城县（皖） | 4.50 |
| 29 | 禹会区（皖） | 3.30 |
| 30 | 泰山区（鲁） | 1370.00 |
| 31 | 诸城市（鲁） | 400.00 |
| 32 | 岱岳区（鲁） | 160.00 |
| 33 | 鄄城县（鲁） | 115.00 |
| 34 | 泰安市泰山景区（鲁） | 110.00 |
| 35 | 梁山县（鲁） | 94.00 |
| 36 | 坊子区（鲁） | 90.00 |
| 37 | 文登市（鲁） | 61.00 |
| 38 | 东平县（鲁） | 50.00 |
| 39 | 新泰市（鲁） | 40.00 |
| 40 | 青州市（鲁） | 40.00 |
| 41 | 广饶县（鲁） | 33.00 |
| 42 | 高密市（鲁） | 28.00 |
| 43 | 兖州市（鲁） | 20.00 |
| 44 | 环翠区（鲁） | 18.00 |
| 45 | 河东区（鲁） | 16.00 |
| 46 | 平原县（鲁） | 16.00 |
| 47 | 武城县（鲁） | 15.00 |
| 48 | 潍城区（鲁） | 13.00 |
| 49 | 牟平区（鲁） | 9.00 |
| 50 | 潍坊市峡山区（鲁） | 9.00 |
| 51 | 威海市工业新区（鲁） | 4.00 |
| 52 | 莱芜市高新区（鲁） | 2.00 |
| 53 | 威海市经济技术开发区（鲁） | 1.00 |
| 54 | 东阿县（鲁） | 1.00 |
| 55 | 项城市（豫） | 65.00 |
| 56 | 嵩　县（豫） | 60.00 |
| 57 | 长葛市（豫） | 51.00 |
| 58 | 范　县（豫） | 45.00 |
| 59 | 新野县（豫） | 19.50 |
| 60 | 商水县（豫） | 12.00 |
| 61 | 华龙区（豫） | 11.00 |
| 62 | 清丰县（豫） | 10.00 |
| 63 | 林州市（豫） | 5.00 |
| 64 | 中原区（豫） | 4.00 |
| 65 | 文峰区（豫） | 2.20 |
| 66 | 吉利区（豫） | 2.00 |
| 67 | 襄城区（鄂） | 16.00 |
| 68 | 竹山县（鄂） | 15.00 |
| 69 | 江陵县（鄂） | 9.00 |
| 70 | 孝南区（鄂） | 4.95 |
| 71 | 会东县（川） | 150.00 |
| 72 | 巴州区（川） | 23.60 |
| 73 | 涪城区（川） | 14.00 |
| 74 | 内江市市中区（川） | 1.00 |
| 75 | 江川县（滇） | 1.47 |
| 76 | 杨凌区农林局（陕） | 810.00 |
| 77 | 韩城市林业局（陕） | 67.35 |
| 78 | 户　县（陕） | 6.50 |
| 79 | 未央区（陕） | 2.60 |
| 80 | 石泉县（陕） | 1.50 |
| 81 | 红古区（甘） | 200.00 |
| 82 | 正宁林业总场（甘） | 1.17 |
| 83 | 永宁县（宁） | 308.00 |
| 84 | 平罗县（宁） | 9.85 |
| 85 | 大武口区（宁） | 6.74 |
| 86 | 金凤区（宁） | 1.30 |

**表 10-50　竹柳苗主产地产量**

| 序号 | 竹柳苗主产地 | 产量（万株） |
|---|---|---|
| 1 | 昌黎县（冀） | 360.00 |
| 2 | 曲阳县（冀） | 100.00 |
| 3 | 文安县（冀） | 90.00 |
| 4 | 怀来县（冀） | 43.70 |
| 5 | 献　县（冀） | 42.00 |
| 6 | 抚宁区（冀） | 32.00 |
| 7 | 邢台市高新技术开发区（冀） | 20.00 |
| 8 | 香河县（冀） | 15.00 |

(续)

| 序号 | 竹柳苗主产地 | 产量(万株) |
|---|---|---|
| 9 | 鹿泉区(冀) | 12.70 |
| 10 | 忻府区(晋) | 14.00 |
| 11 | 乌审旗(内蒙古) | 20.00 |
| 12 | 平湖市(浙) | 60.00 |
| 13 | 肥东县(皖) | 398.00 |
| 14 | 怀远县(皖) | 33.00 |
| 15 | 巢湖市(皖) | 22.40 |
| 16 | 三山区(皖) | 15.00 |
| 17 | 兴国县(赣) | 33.00 |
| 18 | 平原县(鲁) | 120.00 |
| 19 | 罗庄区(鲁) | 45.00 |
| 20 | 兖州市(鲁) | 40.00 |
| 21 | 文登市(鲁) | 30.00 |
| 22 | 潍坊市峡山区(鲁) | 25.00 |
| 23 | 淄川区(鲁) | 20.00 |
| 24 | 牟平区(鲁) | 10.00 |
| 25 | 平桥区(豫) | 411.00 |
| 26 | 南乐县(豫) | 159.30 |
| 27 | 宜阳县(豫) | 138.60 |
| 28 | 卫辉市(豫) | 101.00 |
| 29 | 长葛市(豫) | 70.00 |
| 30 | 宁陵县(豫) | 28.00 |
| 31 | 华容县(湘) | 90.00 |
| 32 | 通江县(川) | 11.50 |
| 33 | 江口县(黔) | 23.00 |
| 34 | 道真仡佬族苗族自治县(黔) | 18.40 |
| 35 | 高台县(甘) | 1411.20 |
| 36 | 金川区(甘) | 120.00 |
| 37 | 甘州区(甘) | 16.77 |
| 38 | 贺兰县(宁) | 2346.00 |
| 39 | 平罗县(宁) | 70.97 |
| 40 | 永宁县(宁) | 50.00 |
| 41 | 大武口区(宁) | 19.00 |
| 42 | 同心县(宁) | 18.00 |

**表 10-51　五角枫苗主产地产量**

| 序号 | 五角枫苗主产地 | 产量(万株) |
|---|---|---|
| 1 | 顺义区(京) | 15.00 |
| 2 | 安国市(冀) | 210.00 |
| 3 | 定州市(冀) | 170.00 |
| 4 | 博野县(冀) | 138.00 |
| 5 | 涿州市(冀) | 75.00 |
| 6 | 高阳县(冀) | 60.00 |
| 7 | 围场满族蒙古族自治县(冀) | 50.00 |
| 8 | 邢台县(冀) | 12.00 |
| 9 | 安新县(冀) | 8.00 |
| 10 | 满城县(冀) | 5.00 |
| 11 | 北戴河区(冀) | 4.50 |
| 12 | 任　县(冀) | 4.00 |
| 13 | 大厂回族自治县(冀) | 4.00 |
| 14 | 滦平林场管理局(冀) | 3.68 |
| 15 | 栾城区(冀) | 3.00 |
| 16 | 三河市(冀) | 2.20 |
| 17 | 定兴县(冀) | 2.00 |
| 18 | 香河县(冀) | 2.00 |
| 19 | 饶阳县(冀) | 2.00 |
| 20 | 故城县(冀) | 1.20 |
| 21 | 木栏围场国营林场(冀) | 1.10 |
| 22 | 襄汾县(晋) | 50.00 |
| 23 | 曲沃县(晋) | 40.00 |
| 24 | 库伦旗(内蒙古) | 98.85 |
| 25 | 松山区(内蒙古) | 58.00 |
| 26 | 开鲁县(内蒙古) | 30.00 |
| 27 | 奈曼旗(内蒙古) | 11.00 |
| 28 | 红山区(内蒙古) | 3.03 |
| 29 | 宁城县(内蒙古) | 3.00 |
| 30 | 扎兰屯市(内蒙古) | 3.00 |
| 31 | 东港市(辽) | 7208.00 |
| 32 | 振安区(辽) | 160.00 |
| 33 | 普兰店市(辽) | 148.00 |
| 34 | 绥中县(辽) | 37.90 |
| 35 | 于洪区(辽) | 20.00 |
| 36 | 连山区(辽) | 15.00 |
| 37 | 辽宁实验林场(辽) | 8.04 |
| 38 | 大洼县(辽) | 5.00 |
| 39 | 文圣区(辽) | 1.10 |
| 40 | 大连市保税区(辽) | 1.00 |
| 41 | 昌邑区(吉) | 5000.00 |
| 42 | 柳河县(吉) | 50.00 |
| 43 | 桦甸市(吉) | 30.45 |
| 44 | 蛟河市(吉) | 25.25 |
| 45 | 临江市(吉) | 22.00 |
| 46 | 汪清县(吉) | 2.50 |
| 47 | 白山市市辖区(吉) | 1.00 |
| 48 | 萝北县(黑) | 7.00 |
| 49 | 肥东县(皖) | 14.00 |
| 50 | 长丰县(皖) | 6.00 |
| 51 | 万年县(赣) | 300.00 |
| 52 | 长清区(鲁) | 1250.00 |
| 53 | 泰安市泰山景区(鲁) | 160.00 |
| 54 | 海阳市(鲁) | 110.00 |
| 55 | 坊子区(鲁) | 90.00 |
| 56 | 诸城市(鲁) | 80.00 |
| 57 | 高密市(鲁) | 22.00 |
| 58 | 山亭区(鲁) | 22.00 |
| 59 | 武城县(鲁) | 15.00 |
| 60 | 栾川县(豫) | 2200.00 |
| 61 | 桐柏县(豫) | 2100.00 |
| 62 | 汝州市(豫) | 336.00 |
| 63 | 湖滨区(豫) | 316.00 |
| 64 | 嵩　县(豫) | 270.00 |
| 65 | 宜阳县(豫) | 163.50 |
| 66 | 邓州市(豫) | 145.00 |
| 67 | 潢川县(豫) | 120.00 |
| 68 | 许昌县(豫) | 120.00 |
| 69 | 光山县(豫) | 100.00 |
| 70 | 禹州市(豫) | 81.00 |
| 71 | 淇滨区(豫) | 42.00 |
| 72 | 长葛市(豫) | 42.00 |
| 73 | 林州市(豫) | 38.70 |
| 74 | 郾城区(豫) | 35.00 |
| 75 | 荥阳市(豫) | 32.50 |
| 76 | 济源市(豫) | 27.00 |
| 77 | 南召县(豫) | 26.20 |
| 78 | 西峡县(豫) | 17.00 |
| 79 | 洛宁县(豫) | 15.60 |
| 80 | 驿城区(豫) | 15.00 |
| 81 | 清丰县(豫) | 15.00 |
| 82 | 北关区(豫) | 14.80 |
| 83 | 汝阳县(豫) | 9.13 |
| 84 | 灵宝市(豫) | 3.50 |
| 85 | 利川市(鄂) | 400.00 |
| 86 | 远安县(鄂) | 1.50 |
| 87 | 留坝县(陕) | 45.00 |
| 88 | 麟游县(陕) | 36.00 |
| 89 | 王益区(陕) | 26.00 |
| 90 | 韩城市林业局(陕) | 14.12 |
| 91 | 桥北林业局(陕) | 2.00 |
| 92 | 杨凌区农林局(陕) | 1.00 |
| 93 | 合水林业总场(甘) | 30.85 |
| 94 | 华池林业总场(甘) | 5.19 |
| 95 | 正宁林业总场(甘) | 2.20 |

**表 10-52　侧柏苗主产地产量**

（续）　（续）

| 序号 | 侧柏苗主产地 | 产量(万株) |
|---|---|---|
| 1 | 顺义区(京) | 55.60 |
| 2 | 昌平区(京) | 49.80 |
| 3 | 定州市(冀) | 9280.00 |
| 4 | 滦平县(冀) | 4000.00 |
| 5 | 井陉县(冀) | 3000.00 |
| 6 | 涉　县(冀) | 2200.00 |
| 7 | 易　县(冀) | 1450.00 |
| 8 | 唐　县(冀) | 889.00 |
| 9 | 曲阳县(冀) | 600.00 |
| 10 | 怀来县(冀) | 572.90 |
| 11 | 博野县(冀) | 450.00 |
| 12 | 峰峰矿区(冀) | 290.00 |
| 13 | 迁安市(冀) | 279.00 |
| 14 | 满城县(冀) | 200.00 |
| 15 | 宽城满族自治县(冀) | 150.00 |
| 16 | 双桥区(冀) | 90.00 |
| 17 | 邢台县(冀) | 86.00 |
| 18 | 鹿泉区(冀) | 59.65 |
| 19 | 滦平林场管理局(冀) | 18.98 |
| 20 | 内丘县(冀) | 15.00 |
| 21 | 河间市(冀) | 11.00 |
| 22 | 井陉矿区(冀) | 11.00 |
| 23 | 中阳县(晋) | 2000.00 |
| 24 | 大宁县(晋) | 1800.00 |
| 25 | 吉　县(晋) | 1250.00 |
| 26 | 平定县(晋) | 1185.00 |
| 27 | 阳城县(晋) | 1130.00 |
| 28 | 夏　县(晋) | 385.40 |
| 29 | 屯留县(晋) | 350.00 |
| 30 | 阳泉市郊区(晋) | 350.00 |
| 31 | 泽州县(晋) | 264.00 |
| 32 | 保德县(晋) | 200.00 |
| 33 | 沁　县(晋) | 140.00 |
| 34 | 襄垣县(晋) | 135.00 |
| 35 | 壶关县(晋) | 130.00 |
| 36 | 河津市(晋) | 100.00 |
| 37 | 黎城县(晋) | 100.00 |
| 38 | 灵丘县(晋) | 75.00 |
| 39 | 洪洞县(晋) | 40.00 |
| 40 | 平陆县(晋) | 38.00 |
| 41 | 乡宁县(晋) | 37.70 |
| 42 | 浮山县(晋) | 30.00 |
| 43 | 潞城市(晋) | 30.00 |
| 44 | 襄汾县(晋) | 25.00 |
| 45 | 忻府区(晋) | 21.81 |
| 46 | 侯马市(晋) | 20.00 |
| 47 | 天镇县(晋) | 16.00 |
| 48 | 古交市(晋) | 15.00 |
| 49 | 土默特右旗(内蒙古) | 3537.00 |
| 50 | 乌审旗(内蒙古) | 80.00 |
| 51 | 敖汉旗(内蒙古) | 45.00 |
| 52 | 鄂托克前旗(内蒙古) | 35.34 |
| 53 | 宁城县(内蒙古) | 30.00 |
| 54 | 稀土高新区(内蒙古) | 12.62 |
| 55 | 松山区(内蒙古) | 11.80 |
| 56 | 东河区(内蒙古) | 10.00 |
| 57 | 阜新蒙古族自治县(辽) | 1000.00 |
| 58 | 凌海市(辽) | 600.00 |
| 59 | 凌源市(辽) | 300.00 |
| 60 | 喀喇沁左翼蒙古族自治县(辽) | 118.00 |
| 61 | 于洪区(辽) | 10.00 |
| 62 | 三门县(浙) | 11.00 |
| 63 | 埇桥区(皖) | 50.00 |
| 64 | 郯城县(鲁) | 6070.00 |
| 65 | 莒南县(鲁) | 3160.00 |
| 66 | 青州市(鲁) | 3010.00 |
| 67 | 岱岳区(鲁) | 2500.00 |
| 68 | 沂源县(鲁) | 2192.30 |
| 69 | 新泰市(鲁) | 1230.00 |
| 70 | 沂南县(鲁) | 800.00 |
| 71 | 费　县(鲁) | 790.00 |
| 72 | 博山区(鲁) | 625.00 |
| 73 | 莱城区(鲁) | 385.00 |
| 74 | 宁阳县(鲁) | 380.00 |
| 75 | 山亭区(鲁) | 320.00 |
| 76 | 薛城区(鲁) | 310.00 |
| 77 | 东平县(鲁) | 300.00 |
| 78 | 坊子区(鲁) | 200.00 |
| 79 | 淄川区(鲁) | 150.00 |
| 80 | 峄城区(鲁) | 150.00 |
| 81 | 临沂市临港经济开发区(鲁) | 105.00 |
| 82 | 汶上县(鲁) | 42.00 |
| 83 | 安丘市(鲁) | 35.00 |
| 84 | 临淄区(鲁) | 33.00 |
| 85 | 钢城区(鲁) | 30.00 |
| 86 | 临沭县(鲁) | 21.00 |
| 87 | 广饶县(鲁) | 15.00 |
| 88 | 梁山县(鲁) | 12.00 |
| 89 | 海阳市(鲁) | 10.00 |
| 90 | 济源市(豫) | 4809.00 |
| 91 | 卢氏县(豫) | 4000.00 |
| 92 | 洛宁县(豫) | 2700.00 |
| 93 | 新安县(豫) | 1500.00 |
| 94 | 嵩　县(豫) | 900.00 |
| 95 | 安阳县(豫) | 654.00 |
| 96 | 卫辉市(豫) | 378.00 |
| 97 | 林州市(豫) | 365.50 |
| 98 | 湖滨区(豫) | 343.00 |
| 99 | 渑池县(豫) | 310.00 |
| 100 | 凤泉区(豫) | 260.00 |
| 101 | 宜阳县(豫) | 257.50 |
| 102 | 灵宝市(豫) | 200.00 |
| 103 | 新密市(豫) | 150.00 |
| 104 | 牧野区(豫) | 136.00 |
| 105 | 淇滨区(豫) | 120.00 |
| 106 | 义马市(豫) | 70.00 |
| 107 | 辉县市(豫) | 41.00 |
| 108 | 偃师市(豫) | 30.00 |
| 109 | 郧　县(鄂) | 375.00 |
| 110 | 新邵县(湘) | 60.00 |
| 111 | 宣汉县(川) | 50.00 |
| 112 | 绥德县(陕) | 2232.40 |
| 113 | 山阳县(陕) | 1980.00 |
| 114 | 耀州区(陕) | 1200.00 |
| 115 | 丹凤县(陕) | 1125.00 |
| 116 | 千阳县(陕) | 963.00 |
| 117 | 洋　县(陕) | 450.00 |
| 118 | 长武县(陕) | 401.00 |
| 119 | 商南县(陕) | 400.00 |
| 120 | 麟游县(陕) | 357.00 |
| 121 | 宜君县(陕) | 346.50 |
| 122 | 神木县(陕) | 300.00 |
| 123 | 汉阴县(陕) | 207.50 |
| 124 | 宁陕县(陕) | 184.00 |
| 125 | 清涧县(陕) | 180.00 |
| 126 | 汉滨区(陕) | 124.50 |
| 127 | 淳化县(陕) | 100.00 |
| 128 | 岐山县(陕) | 81.00 |
| 129 | 镇安县(陕) | 75.00 |
| 130 | 子洲县(陕) | 61.00 |
| 131 | 永寿县(陕) | 60.00 |
| 132 | 石泉县(陕) | 58.00 |
| 133 | 靖边县(陕) | 44.80 |
| 134 | 白河县(陕) | 43.00 |
| 135 | 镇巴县(陕) | 30.00 |

(续)

| 序号 | 侧柏苗主产地 | 产量(万株) |
|---|---|---|
| 136 | 王益区(陕) | 26.00 |
| 137 | 米脂县(陕) | 20.00 |
| 138 | 勉　县(陕) | 20.00 |
| 139 | 汉台区(陕) | 20.00 |
| 140 | 柞水县(陕) | 13.00 |
| 141 | 洛南县(陕) | 13.00 |
| 142 | 镇坪县(陕) | 12.00 |
| 143 | 周至县(陕) | 10.00 |
| 144 | 舟曲县(甘) | 3990.00 |
| 145 | 武都区(甘) | 271.00 |
| 146 | 礼　县(甘) | 240.00 |
| 147 | 华池林业总场(甘) | 188.68 |
| 148 | 清水县(甘) | 180.00 |
| 149 | 合水林业总场(甘) | 159.10 |
| 150 | 文　县(甘) | 130.00 |
| 151 | 榆中县(甘) | 115.50 |
| 152 | 环　县(甘) | 50.00 |
| 153 | 崇信县(甘) | 50.00 |
| 154 | 甘州区(甘) | 15.48 |
| 155 | 定西市巉口林业试验场(甘) | 15.00 |
| 156 | 靖远县(甘) | 12.50 |
| 157 | 灵武市(宁) | 27.54 |
| 158 | 贺兰县(宁) | 15.75 |
| 159 | 隆德县(宁) | 13.00 |

**表 10-53　法桐苗主产地产量**

| 序号 | 法桐苗主产地 | 产量(万株) |
|---|---|---|
| 1 | 顺义区(京) | 24.33 |
| 2 | 博野县(冀) | 700.00 |
| 3 | 南和县(冀) | 545.00 |
| 4 | 滦南县(冀) | 495.00 |
| 5 | 安国市(冀) | 350.00 |
| 6 | 定州市(冀) | 250.00 |
| 7 | 涿州市(冀) | 200.00 |
| 8 | 行唐县(冀) | 140.00 |
| 9 | 临西县(冀) | 90.00 |
| 10 | 邯山区(冀) | 75.80 |
| 11 | 广阳区(冀) | 75.00 |
| 12 | 吴桥县(冀) | 62.00 |
| 13 | 清河县(冀) | 60.00 |
| 14 | 邢台县(冀) | 52.00 |
| 15 | 肃宁县(冀) | 50.00 |
| 16 | 高阳县(冀) | 50.00 |
| 17 | 隆尧县(冀) | 50.00 |
| 18 | 宁晋县(冀) | 47.00 |
| 19 | 河间市(冀) | 46.50 |
| 20 | 赵　县(冀) | 45.00 |
| 21 | 桃城区(冀) | 40.00 |
| 22 | 藁城区(冀) | 35.00 |
| 23 | 大厂回族自治县(冀) | 30.00 |
| 24 | 开平区(冀) | 30.00 |
| 25 | 成安县(冀) | 30.00 |
| 26 | 滦　县(冀) | 30.00 |
| 27 | 任　县(冀) | 29.00 |
| 28 | 辛集市(冀) | 26.00 |
| 29 | 徐水县(冀) | 22.00 |
| 30 | 晋州市(冀) | 21.43 |
| 31 | 大名县(冀) | 21.00 |
| 32 | 香河县(冀) | 20.00 |
| 33 | 峰峰矿区(冀) | 19.00 |
| 34 | 深泽县(冀) | 19.00 |
| 35 | 永年县(冀) | 18.00 |
| 36 | 乐亭县(冀) | 15.60 |
| 37 | 广平县(冀) | 15.00 |
| 38 | 新华区(冀) | 14.00 |
| 39 | 运河区(冀) | 13.50 |
| 40 | 正定县(冀) | 11.80 |
| 41 | 三河市(冀) | 11.00 |
| 42 | 满城县(冀) | 10.00 |
| 43 | 高碑店市(冀) | 10.00 |
| 44 | 曲沃县(晋) | 140.00 |
| 45 | 稷山县(晋) | 84.00 |
| 46 | 襄汾县(晋) | 75.00 |
| 47 | 河津市(晋) | 70.00 |
| 48 | 临猗县(晋) | 70.00 |
| 49 | 洪洞县(晋) | 51.00 |
| 50 | 夏　县(晋) | 45.00 |
| 51 | 侯马市(晋) | 40.00 |
| 52 | 普兰店市(辽) | 12.00 |
| 53 | 埇桥区(皖) | 5000.00 |
| 54 | 怀远县(皖) | 450.00 |
| 55 | 五河县(皖) | 150.00 |
| 56 | 灵璧县(皖) | 80.00 |
| 57 | 界首市(皖) | 75.00 |
| 58 | 利辛县(皖) | 50.00 |
| 59 | 固镇县(皖) | 30.00 |
| 60 | 肥东县(皖) | 29.00 |
| 61 | 潘集区(皖) | 26.00 |
| 62 | 临泉县(皖) | 20.00 |
| 63 | 淮上区(皖) | 12.00 |
| 64 | 兖州市(鲁) | 5600.00 |
| 65 | 长清区(鲁) | 4338.00 |
| 66 | 梁山县(鲁) | 1547.00 |
| 67 | 曲阜市(鲁) | 1500.00 |
| 68 | 乐陵市(鲁) | 1215.90 |
| 69 | 嘉祥县(鲁) | 1000.00 |
| 70 | 安丘市(鲁) | 673.00 |
| 71 | 诸城市(鲁) | 600.00 |
| 72 | 高青县(鲁) | 550.00 |
| 73 | 广饶县(鲁) | 466.00 |
| 74 | 东营区(鲁) | 400.00 |
| 75 | 平原县(鲁) | 315.00 |
| 76 | 茌平县(鲁) | 263.00 |
| 77 | 莘　县(鲁) | 180.00 |
| 78 | 高密市(鲁) | 150.00 |
| 79 | 陵城区(鲁) | 150.00 |
| 80 | 莒　县(鲁) | 140.00 |
| 81 | 寿光市(鲁) | 140.00 |
| 82 | 临沭县(鲁) | 132.00 |
| 83 | 东昌府区(鲁) | 130.00 |
| 84 | 鄄城县(鲁) | 130.00 |
| 85 | 海阳市(鲁) | 130.00 |
| 86 | 荣成市(鲁) | 130.00 |
| 87 | 邹平县(鲁) | 128.00 |
| 88 | 东平县(鲁) | 118.00 |
| 89 | 肥城市(鲁) | 100.00 |
| 90 | 莱芜市高新区(鲁) | 100.00 |
| 91 | 岱岳区(鲁) | 90.00 |
| 92 | 汶上县(鲁) | 85.50 |
| 93 | 曹　县(鲁) | 52.02 |
| 94 | 文登市(鲁) | 52.00 |
| 95 | 莱州市(鲁) | 45.00 |
| 96 | 坊子区(鲁) | 40.00 |
| 97 | 临沂市经济技术开发区(鲁) | 32.00 |
| 98 | 青州市(鲁) | 30.00 |
| 99 | 武城县(鲁) | 30.00 |
| 100 | 潍坊市峡山区(鲁) | 30.00 |
| 101 | 新泰市(鲁) | 28.00 |
| 102 | 昌邑市(鲁) | 21.00 |
| 103 | 费　县(鲁) | 15.00 |
| 104 | 峄城区(鲁) | 10.00 |
| 105 | 罗庄区(鲁) | 10.00 |
| 106 | 武陟县(豫) | 1300.00 |
| 107 | 新安县(豫) | 1100.00 |
| 108 | 濮阳县(豫) | 769.50 |

（续）

| 序号 | 法桐苗主产地 | 产量（万株） |
|---|---|---|
| 109 | 西华县（豫） | 496.00 |
| 110 | 济源市（豫） | 320.00 |
| 111 | 光山县（豫） | 230.00 |
| 112 | 新野县（豫） | 214.50 |
| 113 | 尉氏县（豫） | 160.00 |
| 114 | 安阳县（豫） | 156.00 |
| 115 | 汝南县（豫） | 150.00 |
| 116 | 郸城县（豫） | 150.00 |
| 117 | 牧野区（豫） | 150.00 |
| 118 | 平桥区（豫） | 133.00 |
| 119 | 长葛市（豫） | 114.00 |
| 120 | 荥阳市（豫） | 92.15 |
| 121 | 许昌县（豫） | 87.00 |
| 122 | 淮阳县（豫） | 75.00 |
| 123 | 宜阳县（豫） | 72.90 |
| 124 | 商水县（豫） | 72.49 |
| 125 | 南乐县（豫） | 50.00 |
| 126 | 汤阴县（豫） | 37.50 |
| 127 | 襄城县（豫） | 37.00 |
| 128 | 中原区（豫） | 34.00 |
| 129 | 汝州市（豫） | 31.00 |
| 130 | 范　县（豫） | 30.00 |
| 131 | 清丰县（豫） | 26.00 |
| 132 | 郾城区（豫） | 25.24 |
| 133 | 洛宁县（豫） | 20.30 |
| 134 | 原阳县（豫） | 20.00 |
| 135 | 宁陵县（豫） | 19.50 |
| 136 | 博爱县（豫） | 17.35 |
| 137 | 濮阳市高新区（豫） | 17.18 |
| 138 | 驿城区（豫） | 15.00 |
| 139 | 殷都区（豫） | 14.00 |
| 140 | 淇滨区（豫） | 13.50 |
| 141 | 兰考县（豫） | 13.50 |
| 142 | 凤泉区（豫） | 12.00 |
| 143 | 华龙区（豫） | 10.00 |
| 144 | 红旗区（豫） | 10.00 |
| 145 | 孝南区（鄂） | 26.03 |

## 表 10-54　海棠苗主产地产量

| 序号 | 海棠苗主产地 | 产量（万株） |
|---|---|---|
| 1 | 顺义区（京） | 45.63 |
| 2 | 安国市（冀） | 375.00 |
| 3 | 滦南县（冀） | 113.00 |
| 4 | 围场满族蒙古族自治县（冀） | 50.00 |
| 5 | 吴桥县（冀） | 44.00 |
| 6 | 桃城区（冀） | 40.00 |
| 7 | 鹿泉区（冀） | 35.57 |
| 8 | 景　县（冀） | 35.00 |
| 9 | 永年县（冀） | 30.00 |
| 10 | 宁晋县（冀） | 16.00 |
| 11 | 徐水县（冀） | 15.00 |
| 12 | 枣强县（冀） | 12.40 |
| 13 | 高阳县（冀） | 10.00 |
| 14 | 曲沃县（晋） | 40.00 |
| 15 | 襄汾县（晋） | 37.00 |
| 16 | 松山区（内蒙古） | 13.00 |
| 17 | 榆树市（吉） | 100.00 |
| 18 | 双阳区（吉） | 15.00 |
| 19 | 城子河区（黑） | 80.00 |
| 20 | 慈溪市（浙） | 85.00 |
| 21 | 黄岩区（浙） | 35.00 |
| 22 | 路桥区（浙） | 30.50 |
| 23 | 寿　县（皖） | 80.00 |
| 24 | 舒城县（皖） | 67.00 |
| 25 | 肥东县（皖） | 37.00 |
| 26 | 蜀山区（皖） | 30.00 |
| 27 | 东港区（鲁） | 1835.00 |
| 28 | 曲阜市（鲁） | 1200.00 |
| 29 | 惠民县（鲁） | 500.00 |
| 30 | 安丘市（鲁） | 420.00 |
| 31 | 莒　县（鲁） | 311.00 |
| 32 | 临沭县（鲁） | 200.00 |
| 33 | 平原县（鲁） | 145.00 |
| 34 | 广饶县（鲁） | 138.00 |
| 35 | 费　县（鲁） | 134.00 |
| 36 | 东平县（鲁） | 133.00 |
| 37 | 周村区（鲁） | 130.00 |
| 38 | 茌平县（鲁） | 121.00 |
| 39 | 昌邑市（鲁） | 112.00 |
| 40 | 昌乐县（鲁） | 100.00 |
| 41 | 寒亭区（鲁） | 87.00 |
| 42 | 东营区（鲁） | 82.00 |
| 43 | 海阳市（鲁） | 80.00 |
| 44 | 陵城区（鲁） | 77.00 |
| 45 | 梁山县（鲁） | 76.00 |
| 46 | 东昌府区（鲁） | 40.00 |
| 47 | 青州市（鲁） | 40.00 |
| 48 | 荣成市（鲁） | 40.00 |
| 49 | 鄄城县（鲁） | 26.00 |
| 50 | 峄城区（鲁） | 24.00 |
| 51 | 山亭区（鲁） | 22.00 |
| 52 | 德城区（鲁） | 11.00 |
| 53 | 中牟县（豫） | 185.00 |
| 54 | 濮阳市高新区（豫） | 93.10 |
| 55 | 嵩　县（豫） | 60.00 |
| 56 | 汝州市（豫） | 40.00 |
| 57 | 南乐县（豫） | 36.00 |
| 58 | 清丰县（豫） | 32.00 |
| 59 | 兰考县（豫） | 29.40 |
| 60 | 北关区（豫） | 27.40 |
| 61 | 孝南区（鄂） | 20.00 |
| 62 | 长沙县（湘） | 63.00 |
| 63 | 道孚林业局（川） | 109.50 |
| 64 | 炉霍县（川） | 80.00 |
| 65 | 甘孜县（川） | 49.00 |
| 66 | 白玉林业局（川） | 40.00 |
| 67 | 翁达林业局（川） | 10.00 |
| 68 | 开阳县（黔） | 17.33 |
| 69 | 庄浪县（甘） | 90.00 |
| 70 | 榆中县（甘） | 27.00 |

## 表 10-55　红豆杉苗主产地产量

| 序号 | 红豆杉苗主产地 | 产量（万株） |
|---|---|---|
| 1 | 海港区（冀） | 3.00 |
| 2 | 滦平林场管理局（冀） | 2.00 |
| 3 | 抚宁区（冀） | 1.80 |
| 4 | 汪清县（吉） | 3000.00 |
| 5 | 二道江区（吉） | 340.00 |
| 6 | 临江市（吉） | 149.50 |
| 7 | 昌邑区（吉） | 2.00 |
| 8 | 黄岩区（浙） | 160.00 |
| 9 | 仙居县（浙） | 44.00 |
| 10 | 鹿城区（浙） | 42.80 |
| 11 | 云和县（浙） | 17.20 |
| 12 | 镇海区（浙） | 8.50 |
| 13 | 永康市（浙） | 8.15 |
| 14 | 江北区（浙） | 6.00 |
| 15 | 临海市（浙） | 5.20 |
| 16 | 温岭市（浙） | 4.98 |
| 17 | 桐城市（皖） | 60.00 |
| 18 | 广德县（皖） | 50.00 |
| 19 | 毛集实验区（皖） | 4.00 |
| 20 | 包河区（皖） | 3.00 |
| 21 | 怀远县（皖） | 2.00 |
| 22 | 万年县（赣） | 2000.00 |

(续)

| 序号 | 红豆杉苗主产地 | 产量(万株) |
|---|---|---|
| 23 | 会昌县(赣) | 30.00 |
| 24 | 分宜县(赣) | 5.00 |
| 25 | 安远县(赣) | 5.00 |
| 26 | 上饶县(赣) | 5.00 |
| 27 | 黎川县(赣) | 3.00 |
| 28 | 海阳市(鲁) | 40.00 |
| 29 | 文登市(鲁) | 30.00 |
| 30 | 新密市(豫) | 300.00 |
| 31 | 建始县(鄂) | 56.00 |
| 32 | 利川市(鄂) | 40.00 |
| 33 | 张湾区(鄂) | 40.00 |
| 34 | 竹溪县(鄂) | 12.00 |
| 35 | 宜都市(鄂) | 2.00 |
| 36 | 长沙县(湘) | 932.00 |
| 37 | 新宁县(湘) | 200.00 |
| 38 | 金洞林场(湘) | 150.00 |
| 39 | 双牌县(湘) | 88.00 |
| 40 | 临武县(湘) | 71.00 |
| 41 | 江华瑶族自治县(湘) | 24.00 |
| 42 | 桑植县(湘) | 20.00 |
| 43 | 新晃侗族自治县(湘) | 15.00 |
| 44 | 古丈县(湘) | 12.00 |
| 45 | 宁远县(湘) | 10.00 |
| 46 | 洞口县(湘) | 8.00 |
| 47 | 平江县(湘) | 5.00 |
| 48 | 炎陵县(湘) | 3.00 |
| 49 | 荷塘区(湘) | 3.00 |
| 50 | 仁化县(粤) | 2000.00 |
| 51 | 始兴县(粤) | 60.00 |
| 52 | 连平县(粤) | 25.00 |
| 53 | 蕉岭县(粤) | 20.00 |
| 54 | 奉节县(渝) | 5000.00 |
| 55 | 北川羌族自治县(川) | 5000.00 |
| 56 | 江油市(川) | 85.00 |
| 57 | 南江县(川) | 30.00 |
| 58 | 高　县(川) | 9.30 |
| 59 | 开阳县(黔) | 53.38 |
| 60 | 思南县(黔) | 50.00 |
| 61 | 道真仡佬族苗族自治县(黔) | 34.60 |
| 62 | 桐梓县(黔) | 30.00 |
| 63 | 黄平县(黔) | 20.00 |
| 64 | 六枝特区(黔) | 5.00 |
| 65 | 正安县(黔) | 1.00 |
| 66 | 丘北县(滇) | 56.52 |

(续)

| 序号 | 红豆杉苗主产地 | 产量(万株) |
|---|---|---|
| 67 | 双江拉祜族佤族布朗族傣族自治县(滇) | 2.10 |
| 68 | 澄江县(滇) | 2.10 |
| 69 | 孟连傣族拉祜族佤族自治县(滇) | 2.00 |
| 70 | 宜良县(滇) | 1.70 |
| 71 | 柞水县(陕) | 70.00 |
| 72 | 略阳县(陕) | 25.00 |
| 73 | 金台区(陕) | 21.00 |
| 74 | 佛坪县(陕) | 13.00 |
| 75 | 徽　县(甘) | 110.00 |
| 76 | 两当县(甘) | 23.00 |

## 表 10-56　红枫苗主产地产量

| 序号 | 红枫苗主产地 | 产量(万株) |
|---|---|---|
| 1 | 宁晋县(冀) | 19.40 |
| 2 | 涿州市(冀) | 6.70 |
| 3 | 邢台县(冀) | 5.00 |
| 4 | 峰峰矿区(冀) | 1.00 |
| 5 | 振安区(辽) | 50.00 |
| 6 | 金东区(浙) | 43.00 |
| 7 | 天台县(浙) | 37.00 |
| 8 | 三门县(浙) | 30.00 |
| 9 | 江北区(浙) | 18.00 |
| 10 | 北仑区(浙) | 17.00 |
| 11 | 义乌市(浙) | 16.95 |
| 12 | 黄岩区(浙) | 14.00 |
| 13 | 定海区(浙) | 13.30 |
| 14 | 秀洲区(浙) | 11.70 |
| 15 | 路桥区(浙) | 11.40 |
| 16 | 余杭区(浙) | 10.20 |
| 17 | 永康市(浙) | 6.19 |
| 18 | 兰溪市(浙) | 5.70 |
| 19 | 青田县(浙) | 5.60 |
| 20 | 淳安县(浙) | 5.57 |
| 21 | 象山县(浙) | 5.30 |
| 22 | 缙云县(浙) | 2.00 |
| 23 | 温岭市(浙) | 1.07 |
| 24 | 宣州区(皖) | 119.00 |
| 25 | 埇桥区(皖) | 60.00 |
| 26 | 潜山县(皖) | 40.00 |
| 27 | 舒城县(皖) | 31.00 |
| 28 | 寿　县(皖) | 16.00 |
| 29 | 肥东县(皖) | 13.00 |
| 30 | 青阳县(皖) | 3.90 |

(续)

| 序号 | 红枫苗主产地 | 产量(万株) |
|---|---|---|
| 31 | 芜湖县(皖) | 3.00 |
| 32 | 枞阳县(皖) | 2.10 |
| 33 | 分宜县(赣) | 1.00 |
| 34 | 五莲县(鲁) | 600.00 |
| 35 | 罗庄区(鲁) | 500.00 |
| 36 | 东平县(鲁) | 400.00 |
| 37 | 青州市(鲁) | 40.00 |
| 38 | 曹　县(鲁) | 24.00 |
| 39 | 峄城区(鲁) | 10.00 |
| 40 | 临沭县(鲁) | 6.80 |
| 41 | 汶上县(鲁) | 3.00 |
| 42 | 海阳市(鲁) | 3.00 |
| 43 | 威海市经济技术开发区(鲁) | 1.50 |
| 44 | 郾城区(豫) | 89.63 |
| 45 | 湛河区(豫) | 24.00 |
| 46 | 长葛市(豫) | 12.00 |
| 47 | 唐河县(豫) | 4.00 |
| 48 | 襄城区(鄂) | 55.00 |
| 49 | 大悟县(鄂) | 30.00 |
| 50 | 孝南区(鄂) | 26.40 |
| 51 | 长沙县(湘) | 234.00 |
| 52 | 桂阳县(湘) | 57.40 |
| 53 | 宁远县(湘) | 3.00 |
| 54 | 信宜市(粤) | 28.10 |
| 55 | 万盛区(渝) | 3.00 |
| 56 | 高　县(川) | 3.50 |
| 57 | 内江市市中区(川) | 1.00 |
| 58 | 开阳县(黔) | 3.59 |
| 59 | 江川县(滇) | 3.29 |
| 60 | 石泉县(陕) | 1.10 |
| 61 | 玉门市(甘) | 70.00 |

## 表 10-57　红叶石楠苗主产地产量

| 序号 | 红叶石楠苗主产地 | 产量(万株) |
|---|---|---|
| 1 | 嘉定区(沪) | 28.24 |
| 2 | 北仑区(浙) | 7025.00 |
| 3 | 余杭区(浙) | 2520.00 |
| 4 | 兰溪市(浙) | 1236.00 |
| 5 | 义乌市(浙) | 1000.00 |
| 6 | 缙云县(浙) | 920.00 |
| 7 | 临安市(浙) | 750.00 |
| 8 | 象山县(浙) | 410.00 |
| 9 | 永康市(浙) | 362.00 |
| 10 | 建德市(浙) | 360.00 |
| 11 | 遂昌县(浙) | 345.75 |

（续）

| 序号 | 红叶石楠苗主产地 | 产量（万株） |
|---|---|---|
| 12 | 天台县（浙） | 190.00 |
| 13 | 淳安县（浙） | 134.60 |
| 14 | 莲都区（浙） | 115.60 |
| 15 | 秀洲区（浙） | 107.10 |
| 16 | 奉化区（浙） | 95.00 |
| 17 | 定海区（浙） | 83.00 |
| 18 | 衢江区（浙） | 80.00 |
| 19 | 临海市（浙） | 80.00 |
| 20 | 温岭市（浙） | 76.96 |
| 21 | 镇海区（浙） | 66.00 |
| 22 | 三门县（浙） | 40.00 |
| 23 | 椒江区（浙） | 37.54 |
| 24 | 海盐县（浙） | 34.60 |
| 25 | 路桥区（浙） | 30.50 |
| 26 | 瓯海区（浙） | 20.00 |
| 27 | 平湖市（浙） | 18.00 |
| 28 | 黄岩区（浙） | 13.00 |
| 29 | 青田县（浙） | 11.60 |
| 30 | 五河县（皖） | 6000.00 |
| 31 | 旌德县（皖） | 1980.00 |
| 32 | 桐城市（皖） | 1800.00 |
| 33 | 蜀山区（皖） | 1800.00 |
| 34 | 南陵县（皖） | 1000.00 |
| 35 | 潜山县（皖） | 500.00 |
| 36 | 庐阳区（皖） | 448.20 |
| 37 | 寿　县（皖） | 340.00 |
| 38 | 弋江区（皖） | 255.00 |
| 39 | 肥东县（皖） | 220.00 |
| 40 | 宣州区（皖） | 145.00 |
| 41 | 灵璧县（皖） | 140.00 |
| 42 | 怀远县（皖） | 120.00 |
| 43 | 泾　县（皖） | 100.00 |
| 44 | 青阳县（皖） | 99.68 |
| 45 | 利辛县（皖） | 70.00 |
| 46 | 金安区（皖） | 60.00 |
| 47 | 巢湖市（皖） | 50.00 |
| 48 | 屯溪区（皖） | 30.00 |
| 49 | 望江县（皖） | 27.44 |
| 50 | 界首市（皖） | 20.00 |
| 51 | 淮上区（皖） | 15.00 |
| 52 | 宜秀区（皖） | 15.00 |
| 53 | 太湖县（皖） | 10.00 |
| 54 | 三山区（皖） | 10.00 |
| 55 | 上高县（赣） | 4850.00 |

（续）

| 序号 | 红叶石楠苗主产地 | 产量（万株） |
|---|---|---|
| 56 | 会昌县（赣） | 1800.00 |
| 57 | 渝水区（赣） | 117.70 |
| 58 | 芦溪县（赣） | 88.00 |
| 59 | 兴国县（赣） | 30.10 |
| 60 | 上饶县（赣） | 29.70 |
| 61 | 峄城区（鲁） | 50.00 |
| 62 | 鄄城县（鲁） | 38.00 |
| 63 | 海阳市（鲁） | 20.00 |
| 64 | 临沭县（鲁） | 10.00 |
| 65 | 内乡县（豫） | 400.00 |
| 66 | 平桥区（豫） | 250.00 |
| 67 | 长葛市（豫） | 194.00 |
| 68 | 新野县（豫） | 156.00 |
| 69 | 邓州市（豫） | 154.00 |
| 70 | 牧野区（豫） | 140.00 |
| 71 | 永城市（豫） | 113.20 |
| 72 | 襄城县（豫） | 65.00 |
| 73 | 范　县（豫） | 50.00 |
| 74 | 宁陵县（豫） | 45.00 |
| 75 | 项城市（豫） | 31.00 |
| 76 | 博爱县（豫） | 21.72 |
| 77 | 禹州市（豫） | 21.00 |
| 78 | 商水县（豫） | 16.00 |
| 79 | 魏都区（豫） | 15.00 |
| 80 | 伊川县（豫） | 15.00 |
| 81 | 沙洋县（鄂） | 3000.00 |
| 82 | 襄城区（鄂） | 1100.00 |
| 83 | 孝南区（鄂） | 660.20 |
| 84 | 天门市（鄂） | 480.00 |
| 85 | 京山县（鄂） | 400.00 |
| 86 | 襄州区（鄂） | 390.00 |
| 87 | 荆门市市辖区（鄂） | 350.00 |
| 88 | 枣阳市（鄂） | 300.00 |
| 89 | 黄陂区（鄂） | 300.00 |
| 90 | 大悟县（鄂） | 300.00 |
| 91 | 利川市（鄂） | 300.00 |
| 92 | 罗田县（鄂） | 300.00 |
| 93 | 阳新县（鄂） | 235.00 |
| 94 | 汉川市（鄂） | 200.00 |
| 95 | 黄州区（鄂） | 165.00 |
| 96 | 宜都市（鄂） | 150.00 |
| 97 | 竹溪县（鄂） | 150.00 |
| 98 | 浠水县（鄂） | 150.00 |
| 99 | 黄梅县（鄂） | 90.00 |

（续）

| 序号 | 红叶石楠苗主产地 | 产量（万株） |
|---|---|---|
| 100 | 屈家岭管理区（鄂） | 80.00 |
| 101 | 通城县（鄂） | 72.00 |
| 102 | 宜城市（鄂） | 34.00 |
| 103 | 郧　县（鄂） | 32.00 |
| 104 | 茅箭区（鄂） | 18.00 |
| 105 | 漳河新区（鄂） | 16.00 |
| 106 | 松滋市（鄂） | 15.00 |
| 107 | 涟源市（湘） | 375.00 |
| 108 | 桂东县（湘） | 200.00 |
| 109 | 永顺县（湘） | 150.00 |
| 110 | 道　县（湘） | 132.00 |
| 111 | 苏仙区（湘） | 110.00 |
| 112 | 华容县（湘） | 90.00 |
| 113 | 江华瑶族自治县（湘） | 79.50 |
| 114 | 新田县（湘） | 50.00 |
| 115 | 蒸湘区（湘） | 40.00 |
| 116 | 新晃侗族自治县（湘） | 26.00 |
| 117 | 湘潭市市辖区（湘） | 20.70 |
| 118 | 新宁县（湘） | 20.00 |
| 119 | 宁远县（湘） | 20.00 |
| 120 | 石门县（湘） | 20.00 |
| 121 | 平江县（湘） | 10.00 |
| 122 | 始兴县（粤） | 45.00 |
| 123 | 合川区（渝） | 1139.00 |
| 124 | 江津区（渝） | 200.00 |
| 125 | 万盛区（渝） | 20.00 |
| 126 | 恩阳区（川） | 350.00 |
| 127 | 高　县（川） | 41.50 |
| 128 | 屏山县（川） | 25.00 |
| 129 | 江口县（黔） | 105.85 |
| 130 | 黄平县（黔） | 50.00 |
| 131 | 桐梓县（黔） | 50.00 |
| 132 | 普安县（黔） | 45.00 |
| 133 | 开阳县（黔） | 25.55 |
| 134 | 镇宁布依族苗族自治县（黔） | 12.00 |
| 135 | 晋宁县（滇） | 130.00 |
| 136 | 石林彝族自治县（滇） | 66.00 |
| 137 | 弥勒市（滇） | 33.80 |
| 138 | 澄江县（滇） | 30.00 |
| 139 | 巍山彝族回族自治县（滇） | 10.00 |
| 140 | 洱源县（滇） | 10.00 |
| 141 | 西乡县（陕） | 110.00 |
| 142 | 石泉县（陕） | 52.30 |

**表 10-58　花椒苗主产地产量**

| 序号 | 花椒苗主产地 | 产量(万株) |
|---|---|---|
| 1 | 满城县(冀) | 20.00 |
| 2 | 平山县(冀) | 19.00 |
| 3 | 大宁县(晋) | 66.00 |
| 4 | 襄汾县(晋) | 25.00 |
| 5 | 修水县(赣) | 15.00 |
| 6 | 泰安市高新区(鲁) | 900.00 |
| 7 | 山亭区(鲁) | 380.00 |
| 8 | 东平县(鲁) | 150.00 |
| 9 | 坊子区(鲁) | 90.00 |
| 10 | 青州市(鲁) | 60.00 |
| 11 | 梁山县(鲁) | 16.00 |
| 12 | 汝阳县(豫) | 22451.00 |
| 13 | 汝州市(豫) | 85.00 |
| 14 | 灵宝市(豫) | 70.00 |
| 15 | 洛宁县(豫) | 67.50 |
| 16 | 林州市(豫) | 64.00 |
| 17 | 辉县市(豫) | 42.00 |
| 18 | 卫辉市(豫) | 30.00 |
| 19 | 湖滨区(豫) | 22.70 |
| 20 | 利川市(鄂) | 10.00 |
| 21 | 宜州市(桂) | 100.00 |
| 22 | 江津区(渝) | 1400.00 |
| 23 | 酉阳土家族苗族自治县(渝) | 1200.00 |
| 24 | 平昌县(川) | 1850.00 |
| 25 | 盐源县(川) | 1360.00 |
| 26 | 汉源县(川) | 474.00 |
| 27 | 冕宁县(川) | 300.00 |
| 28 | 蓬溪县(川) | 150.00 |
| 29 | 普格县(川) | 120.00 |
| 30 | 昭化区(川) | 108.00 |
| 31 | 越西县(川) | 100.00 |
| 32 | 岳池县(川) | 80.00 |
| 33 | 西昌市(川) | 70.00 |
| 34 | 广安区(川) | 50.00 |
| 35 | 前锋区(川) | 50.00 |
| 36 | 涪城区(川) | 45.00 |
| 37 | 渠　县(川) | 40.00 |
| 38 | 仁寿县(川) | 19.20 |
| 39 | 武胜县(川) | 15.00 |
| 40 | 大英县(川) | 15.00 |
| 41 | 思南县(黔) | 390.00 |
| 42 | 沿河土家族自治县(黔) | 100.00 |
| 43 | 贞丰县(黔) | 18.00 |
| 44 | 黄平县(黔) | 12.00 |
| 45 | 楚雄市(滇) | 781.00 |
| 46 | 宁蒗彝族自治县(滇) | 500.00 |
| 47 | 华坪县(滇) | 360.00 |
| 48 | 大姚县(滇) | 212.50 |
| 49 | 鲁甸县(滇) | 120.00 |
| 50 | 维西傈僳族自治县(滇) | 106.07 |
| 51 | 双柏县(滇) | 100.00 |
| 52 | 永善县(滇) | 100.00 |
| 53 | 宾川县(滇) | 70.00 |
| 54 | 巧家县(滇) | 60.00 |
| 55 | 古城区(滇) | 50.00 |
| 56 | 东川区(滇) | 45.00 |
| 57 | 砚山县(滇) | 20.00 |
| 58 | 石林彝族自治县(滇) | 20.00 |
| 59 | 韩城市林业局(陕) | 1376.30 |
| 60 | 礼　县(甘) | 1200.00 |
| 61 | 清水县(甘) | 300.00 |
| 62 | 文　县(甘) | 300.00 |
| 63 | 武都区(甘) | 157.00 |
| 64 | 积石山保安族东乡族撒拉族自治县(甘) | 153.00 |
| 65 | 舟曲县(甘) | 150.00 |
| 66 | 宕昌县(甘) | 75.00 |

**表 10-59　樱花苗主产地产量**

| 序号 | 樱花苗主产地 | 产量(万株) |
|---|---|---|
| 1 | 顺义区(京) | 70.89 |
| 2 | 定州市(冀) | 140.00 |
| 3 | 鹿泉区(冀) | 27.23 |
| 4 | 邢台县(冀) | 11.00 |
| 5 | 襄汾县(晋) | 20.00 |
| 6 | 侯马市(晋) | 17.00 |
| 7 | 于洪区(辽) | 20.00 |
| 8 | 奉化区(浙) | 800.00 |
| 9 | 黄岩区(浙) | 111.00 |
| 10 | 秀洲区(浙) | 45.93 |
| 11 | 定海区(浙) | 20.00 |
| 12 | 路桥区(浙) | 17.60 |
| 13 | 金东区(浙) | 10.00 |
| 14 | 舒城县(皖) | 65.00 |
| 15 | 肥东县(皖) | 57.00 |
| 16 | 寿　县(皖) | 38.00 |
| 17 | 巢湖市(皖) | 12.50 |
| 18 | 颍泉区(皖) | 10.50 |
| 19 | 博望区(皖) | 10.00 |
| 20 | 泰山区(鲁) | 5600.00 |
| 21 | 诸城市(鲁) | 800.00 |
| 22 | 东港区(鲁) | 790.00 |
| 23 | 岱岳区(鲁) | 730.00 |
| 24 | 荣成市(鲁) | 250.00 |
| 25 | 五莲县(鲁) | 210.00 |
| 26 | 兖州市(鲁) | 200.00 |
| 27 | 高密市(鲁) | 170.00 |
| 28 | 梁山县(鲁) | 132.00 |
| 29 | 莒　县(鲁) | 110.00 |
| 30 | 东平县(鲁) | 100.00 |
| 31 | 泰安市泰山景区(鲁) | 90.00 |
| 32 | 坊子区(鲁) | 50.00 |
| 33 | 新泰市(鲁) | 40.00 |
| 34 | 牟平区(鲁) | 30.00 |
| 35 | 青州市(鲁) | 30.00 |
| 36 | 平原县(鲁) | 24.00 |
| 37 | 文登市(鲁) | 15.00 |
| 38 | 威海市经济技术开发区(鲁) | 10.00 |
| 39 | 峄城区(鲁) | 10.00 |
| 40 | 昌邑市(鲁) | 10.00 |
| 41 | 永城市(豫) | 121.30 |
| 42 | 汝州市(豫) | 87.00 |
| 43 | 长葛市(豫) | 72.00 |
| 44 | 济源市(豫) | 70.00 |
| 45 | 南乐县(豫) | 24.00 |
| 46 | 清丰县(豫) | 23.00 |
| 47 | 惠济区(豫) | 16.00 |
| 48 | 天门市(鄂) | 45.00 |
| 49 | 孝南区(鄂) | 43.08 |
| 50 | 襄城区(鄂) | 43.00 |
| 51 | 阳新县(鄂) | 13.20 |
| 52 | 宜都市(鄂) | 12.00 |
| 53 | 长沙县(湘) | 82.60 |
| 54 | 新丰县(粤) | 19.60 |
| 55 | 巴州区(川) | 28.80 |
| 56 | 涪城区(川) | 13.00 |
| 57 | 开阳县(黔) | 32.03 |
| 58 | 宜良县(滇) | 500.00 |
| 59 | 永平县(滇) | 54.00 |
| 60 | 澄江县(滇) | 45.00 |
| 61 | 弥勒市(滇) | 33.80 |
| 62 | 维西傈僳族自治县(滇) | 20.44 |
| 63 | 阳宗海管理区(滇) | 18.00 |
| 64 | 石林彝族自治县(滇) | 15.00 |
| 65 | 禄丰县(滇) | 13.40 |

（续）

| 序号 | 樱花苗主产地 | 产量（万株） |
|---|---|---|
| 66 | 洋　县（陕） | 165.00 |
| 67 | 紫阳县（陕） | 120.00 |
| 68 | 勉　县（陕） | 80.00 |
| 69 | 眉　县（陕） | 67.10 |
| 70 | 印台区（陕） | 56.00 |
| 71 | 王益区（陕） | 25.00 |
| 72 | 西乡县（陕） | 20.00 |
| 73 | 留坝县（陕） | 20.00 |
| 74 | 关山林业管理局（甘） | 26.00 |

**表 10-60　其他主要苗圃苗木主产地产量**

（续）

| 序号 | 其他主要苗圃苗木主产地 | 品种 | 产量（万株） |
|---|---|---|---|
| 1 | 平原县（鲁） | 傲雪金银木 | 12.00 |
| 2 | 防城区（桂） | 八角 | 11.30 |
| 3 | 六万林场（桂） | 八角 | 8.00 |
| 4 | 黄陂区（鄂） | 八月桂 | 2000.00 |
| 5 | 利川市（鄂） | 八月桂 | 1000.00 |
| 6 | 隆阳区（滇） | 八月桂 | 570.00 |
| 7 | 建始县（鄂） | 八月桂 | 300.00 |
| 8 | 武冈市（湘） | 八月桂 | 300.00 |
| 9 | 株洲市市辖区（湘） | 八月桂 | 120.00 |
| 10 | 恩施市（鄂） | 八月桂 | 60.00 |
| 11 | 攸　县（湘） | 八月桂 | 50.00 |
| 12 | 零陵区（湘） | 八月桂 | 45.00 |
| 13 | 雨花区（湘） | 八月桂 | 40.00 |
| 14 | 珠晖区（湘） | 八月桂 | 30.00 |
| 15 | 黄州区（鄂） | 八月桂 | 28.00 |
| 16 | 修水县（赣） | 八月桂 | 19.50 |
| 17 | 正安县（黔） | 八月桂 | 15.00 |
| 18 | 汉寿县（湘） | 八月桂 | 11.00 |
| 19 | 浦北县（桂） | 白木香 | 30.00 |
| 20 | 忻城县（桂） | 百香果 | 100.00 |
| 21 | 江南区（桂） | 百香果 | 25.00 |
| 22 | 蕉岭县（粤） | 百香果 | 20.00 |
| 23 | 普安县（黔） | 百香果 | 4.00 |
| 24 | 秀峰区（桂） | 百香果 | 2.00 |
| 25 | 利川市（鄂） | 板栗 | 50000.00 |
| 26 | 迁西县（冀） | 板栗 | 1350.00 |
| 27 | 泰安市高新区（鲁） | 板栗 | 799.50 |
| 28 | 宽城满族自治县（冀） | 板栗 | 750.00 |
| 29 | 桃源县（湘） | 板栗 | 750.00 |
| 30 | 岱岳区（鲁） | 板栗 | 600.00 |
| 31 | 兴隆县（冀） | 板栗 | 500.00 |
| 32 | 镇雄县（滇） | 板栗 | 300.00 |
| 33 | 山阳县（陕） | 板栗 | 270.00 |
| 34 | 茶陵县（湘） | 板栗 | 240.00 |
| 35 | 长沙县（湘） | 板栗 | 96.00 |
| 36 | 庄河市（辽） | 板栗 | 92.00 |
| 37 | 大悟县（鄂） | 板栗 | 90.00 |
| 38 | 元阳县（滇） | 板栗 | 90.00 |
| 39 | 兴义市（黔） | 板栗 | 70.00 |
| 40 | 莱城区（鲁） | 板栗 | 66.00 |
| 41 | 贞丰县（黔） | 板栗 | 60.00 |
| 42 | 柞水县（陕） | 板栗 | 53.00 |
| 43 | 石门县（湘） | 板栗 | 50.00 |
| 44 | 振安区（辽） | 板栗 | 50.00 |
| 45 | 镇坪县（陕） | 板栗 | 50.00 |
| 46 | 临城县（冀） | 板栗 | 45.00 |
| 47 | 荣成市（鲁） | 板栗 | 40.00 |
| 48 | 镇安县（陕） | 板栗 | 40.00 |
| 49 | 汉滨区（陕） | 板栗 | 39.00 |
| 50 | 阜平县（冀） | 板栗 | 36.00 |
| 51 | 永仁县（滇） | 板栗 | 36.00 |
| 52 | 牟平区（鲁） | 板栗 | 35.00 |
| 53 | 商南县（陕） | 板栗 | 35.00 |
| 54 | 佛坪县（陕） | 板栗 | 32.50 |
| 55 | 临沭县（鲁） | 板栗 | 30.00 |
| 56 | 迁安市（冀） | 板栗 | 30.00 |
| 57 | 禄丰县（滇） | 板栗 | 28.10 |
| 58 | 封开县（粤） | 板栗 | 20.00 |
| 59 | 永德县（滇） | 板栗 | 20.00 |
| 60 | 盐源县（川） | 板栗 | 13.00 |
| 61 | 山亭区（鲁） | 板栗 | 12.00 |
| 62 | 东源县（粤） | 板栗 | 10.00 |
| 63 | 施甸县（滇） | 板栗 | 10.00 |
| 64 | 雨湖区（湘） | 板栗 | 10.00 |
| 65 | 榆阳区（陕） | 扁桃 | 1500.00 |
| 66 | 田阳县（桂） | 扁桃 | 80.00 |
| 67 | 江南区（桂） | 扁桃 | 32.00 |
| 68 | 奈曼旗（内蒙古） | 扁桃 | 6.00 |
| 69 | 扶绥县（桂） | 扁桃 | 5.00 |
| 70 | 晴隆县（黔） | 冰脆李 | 1500.00 |
| 71 | 贞丰县（黔） | 冰脆李 | 592.00 |
| 72 | 镇宁布依族苗族自治县（黔） | 冰脆李 | 543.00 |
| 73 | 镇雄县（滇） | 冰脆李 | 100.00 |
| 74 | 思南县（黔） | 冰脆李 | 50.00 |
| 75 | 兴义市（黔） | 冰脆李 | 30.00 |
| 76 | 大关县（滇） | 冰脆李 | 25.00 |
| 77 | 西秀区（黔） | 冰脆李 | 18.50 |
| 78 | 北京市黄垡苗圃（京） | 彩叶豆梨 | 0.34 |

(续)

| 序号 | 其他主要苗圃苗木主产地 | 品种 | 产量(万株) |
|---|---|---|---|
| 79 | 隆阳区(滇) | 藏柏 | 9900.00 |
| 80 | 晋宁县(滇) | 藏柏 | 200.00 |
| 81 | 泸西县(滇) | 藏柏 | 85.00 |
| 82 | 镇宁布依族苗族自治县(黔) | 藏柏 | 60.00 |
| 83 | 开阳县(黔) | 藏柏 | 24.89 |
| 84 | 黄平县(黔) | 藏柏 | 20.00 |
| 85 | 高峰林场(桂) | 草珊瑚 | 1.00 |
| 86 | 上高县(赣) | 茶花 | 1030.00 |
| 87 | 奉化区(浙) | 茶花 | 920.00 |
| 88 | 高　县(川) | 茶花 | 531.00 |
| 89 | 浠水县(鄂) | 茶花 | 530.00 |
| 90 | 兰溪市(浙) | 茶花 | 110.00 |
| 91 | 长沙县(湘) | 茶花 | 102.00 |
| 92 | 义乌市(浙) | 茶花 | 100.40 |
| 93 | 黄岩区(浙) | 茶花 | 65.00 |
| 94 | 路桥区(浙) | 茶花 | 50.50 |
| 95 | 郎溪县(皖) | 茶花 | 50.00 |
| 96 | 西山区(滇) | 茶花 | 40.00 |
| 97 | 开阳县(黔) | 茶花 | 32.60 |
| 98 | 盐津县(滇) | 茶花 | 30.00 |
| 99 | 定海区(浙) | 茶花 | 28.50 |
| 100 | 阳新县(鄂) | 茶花 | 22.00 |
| 101 | 永嘉县(浙) | 茶花 | 22.00 |
| 102 | 鹿城区(浙) | 茶花 | 20.80 |
| 103 | 蕉岭县(粤) | 茶花 | 20.00 |
| 104 | 宁远县(湘) | 茶花 | 20.00 |
| 105 | 椒江区(浙) | 茶花 | 12.70 |
| 106 | 三门县(浙) | 茶花 | 12.00 |
| 107 | 仙居县(浙) | 茶花 | 12.00 |
| 108 | 庆安国有林场管理局(黑) | 茶条槭 | 23.53 |
| 109 | 黄龙山林业局(陕) | 茶条槭 | 16.50 |
| 110 | 涿州市(冀) | 茶条槭 | 9.00 |
| 111 | 大同区(黑) | 茶条槭 | 3.23 |
| 112 | 栾城区(冀) | 茶条槭 | 3.00 |
| 113 | 合水林业总场(甘) | 茶条槭 | 1.20 |
| 114 | 齐齐哈尔市市辖区(黑) | 茶条槭 | 1.00 |
| 115 | 汉滨区(陕) | 茶叶 | 15050.00 |
| 116 | 普安县(黔) | 茶叶 | 10200.00 |
| 117 | 郎溪县(皖) | 茶叶 | 9000.00 |
| 118 | 平利县(陕) | 茶叶 | 5000.00 |
| 119 | 大悟县(鄂) | 茶叶 | 3000.00 |
| 120 | 恩施市(鄂) | 茶叶 | 2200.00 |
| 121 | 兴山县(鄂) | 茶叶 | 2000.00 |
| 122 | 竹山县(鄂) | 茶叶 | 1918.00 |
| 123 | 蒲江县(川) | 茶叶 | 1800.00 |

(续)

| 序号 | 其他主要苗圃苗木主产地 | 品种 | 产量(万株) |
|---|---|---|---|
| 124 | 高　县(川) | 茶叶 | 1760.00 |
| 125 | 白河县(陕) | 茶叶 | 1491.00 |
| 126 | 建始县(鄂) | 茶叶 | 1200.00 |
| 127 | 英山县(鄂) | 茶叶 | 1200.00 |
| 128 | 昭平县(桂) | 茶叶 | 1040.00 |
| 129 | 旌德县(皖) | 茶叶 | 1000.00 |
| 130 | 六枝特区(黔) | 茶叶 | 1000.00 |
| 131 | 惠水县(黔) | 茶叶 | 868.00 |
| 132 | 孝南区(鄂) | 茶叶 | 800.00 |
| 133 | 通城县(鄂) | 茶叶 | 730.00 |
| 134 | 元阳县(滇) | 茶叶 | 525.00 |
| 135 | 秀山土家族苗族自治县(渝) | 茶叶 | 500.00 |
| 136 | 双江拉祜族佤族布朗族傣族自治县(滇) | 茶叶 | 460.00 |
| 137 | 光山县(豫) | 茶叶 | 450.00 |
| 138 | 瑞金市(赣) | 茶叶 | 420.00 |
| 139 | 饶平县(粤) | 茶叶 | 300.00 |
| 140 | 开阳县(黔) | 茶叶 | 281.64 |
| 141 | 宿松县(皖) | 茶叶 | 220.00 |
| 142 | 桐城市(皖) | 茶叶 | 180.00 |
| 143 | 潜山县(皖) | 茶叶 | 165.00 |
| 144 | 道孚县(川) | 茶叶 | 160.00 |
| 145 | 竹溪县(鄂) | 茶叶 | 160.00 |
| 146 | 内乡县(豫) | 茶叶 | 135.00 |
| 147 | 巴东县(鄂) | 茶叶 | 100.00 |
| 148 | 石门县(湘) | 茶叶 | 80.00 |
| 149 | 南江县(川) | 茶叶 | 66.00 |
| 150 | 连平县(粤) | 茶叶 | 30.00 |
| 151 | 旌德县(皖) | 檫树 | 90.00 |
| 152 | 镇雄县(滇) | 檫树 | 68.00 |
| 153 | 桥北林业局(陕) | 柴松 | 10.00 |
| 154 | 海阳市(鲁) | 车梁木 | 2.00 |
| 155 | 凭祥市(桂) | 沉香 | 60.00 |
| 156 | 惠东县(粤) | 沉香 | 50.00 |
| 157 | 双江拉祜族佤族布朗族傣族自治县(滇) | 沉香 | 7.03 |
| 158 | 博白林场(桂) | 沉香 | 6.00 |
| 159 | 惠城区(粤) | 沉香 | 5.00 |
| 160 | 蕉岭县(粤) | 沉香 | 5.00 |
| 161 | 罗定市(粤) | 沉香 | 5.00 |
| 162 | 孟连傣族拉祜族佤族自治县(滇) | 沉香 | 1.50 |
| 163 | 江南区(桂) | 沉香 | 1.00 |
| 164 | 乌拉特前旗(内蒙古) | 柽柳 | 300.00 |
| 165 | 民勤县(甘) | 柽柳 | 266.00 |
| 166 | 陈巴尔虎旗(内蒙古) | 柽柳 | 200.00 |
| 167 | 河口区(鲁) | 柽柳 | 145.00 |
| 168 | 平罗县(宁) | 柽柳 | 108.55 |

（续）

| 序号 | 其他主要苗圃苗木主产地 | 品种 | 产量（万株） |
|---|---|---|---|
| 169 | 玉门市（甘） | 柽柳 | 100.00 |
| 170 | 高台县（甘） | 柽柳 | 73.50 |
| 171 | 贺兰县（宁） | 柽柳 | 51.00 |
| 172 | 昌邑市（鲁） | 柽柳 | 40.00 |
| 173 | 武威市市辖区（甘） | 柽柳 | 40.00 |
| 174 | 新巴尔虎右旗（内蒙古） | 柽柳 | 30.00 |
| 175 | 永昌县（甘） | 柽柳 | 26.00 |
| 176 | 潍坊市峡山区（鲁） | 柽柳 | 15.00 |
| 177 | 海阳市（鲁） | 柽柳 | 10.00 |
| 178 | 托克托县（内蒙古） | 柽柳 | 10.00 |
| 179 | 桐乡市（浙） | 池杉 | 323.10 |
| 180 | 江陵县（鄂） | 池杉 | 50.00 |
| 181 | 南　县（湘） | 池杉 | 24.00 |
| 182 | 松江区（沪） | 池杉 | 23.10 |
| 183 | 沅江市（湘） | 池杉 | 13.50 |
| 184 | 海盐县（浙） | 池杉 | 6.60 |
| 185 | 奉化区（浙） | 池杉 | 5.00 |
| 186 | 分宜县（赣） | 池杉 | 2.00 |
| 187 | 三门县（浙） | 池杉 | 2.00 |
| 188 | 辽宁省固沙造林研究所（辽） | 赤松 | 100.00 |
| 189 | 惠民县（鲁） | 臭椿 | 270.00 |
| 190 | 大武口区（宁） | 臭椿 | 72.23 |
| 191 | 茌平县（鲁） | 臭椿 | 66.00 |
| 192 | 广饶县（鲁） | 臭椿 | 54.00 |
| 193 | 平原县（鲁） | 臭椿 | 50.00 |
| 194 | 德城区（鲁） | 臭椿 | 40.00 |
| 195 | 河口区（鲁） | 臭椿 | 35.00 |
| 196 | 海阳市（鲁） | 臭椿 | 30.00 |
| 197 | 鄄城县（鲁） | 臭椿 | 17.00 |
| 198 | 大名县（冀） | 臭椿 | 16.00 |
| 199 | 寒亭区（鲁） | 臭椿 | 16.00 |
| 200 | 平罗县（宁） | 臭椿 | 15.28 |
| 201 | 襄汾县（晋） | 臭椿 | 12.00 |
| 202 | 吉　县（晋） | 臭椿 | 10.00 |
| 203 | 河东区（鲁） | 垂丝海棠 | 230.00 |
| 204 | 旌德县（皖） | 垂丝海棠 | 120.00 |
| 205 | 长葛市（豫） | 垂丝海棠 | 102.50 |
| 206 | 临沂市经济技术开发区（鲁） | 垂丝海棠 | 70.00 |
| 207 | 奉化区（浙） | 垂丝海棠 | 67.00 |
| 208 | 莱州市（鲁） | 垂丝海棠 | 40.00 |
| 209 | 怀远县（皖） | 垂丝海棠 | 30.00 |
| 210 | 襄城区（鄂） | 垂丝海棠 | 22.00 |
| 211 | 孝南区（鄂） | 垂丝海棠 | 20.00 |
| 212 | 商水县（豫） | 垂丝海棠 | 17.98 |
| 213 | 光山县（豫） | 垂丝海棠 | 15.00 |

（续）

| 序号 | 其他主要苗圃苗木主产地 | 品种 | 产量（万株） |
|---|---|---|---|
| 214 | 涪城区（川） | 垂丝海棠 | 10.00 |
| 215 | 晴隆县（黔） | 刺梨 | 800.00 |
| 216 | 普安县（黔） | 刺梨 | 660.00 |
| 217 | 三都水族自治县（黔） | 刺梨 | 396.00 |
| 218 | 六枝特区（黔） | 刺梨 | 280.00 |
| 219 | 开发区农林牧水局（黔） | 刺梨 | 33.50 |
| 220 | 贞丰县（黔） | 刺梨 | 15.00 |
| 221 | 苍溪县（川） | 脆红 | 2600.00 |
| 222 | 汉源县（川） | 脆红 | 25.00 |
| 223 | 通城县（鄂） | 大果油茶 | 460.00 |
| 224 | 揭阳市蓝城区（粤） | 大果油茶 | 300.00 |
| 225 | 邵东县（湘） | 大果油茶 | 300.00 |
| 226 | 永顺县（湘） | 大果油茶 | 120.00 |
| 227 | 广水市（鄂） | 大果油茶 | 50.00 |
| 228 | 修水县（赣） | 大果油茶 | 46.00 |
| 229 | 当阳市（鄂） | 大果油茶 | 40.00 |
| 230 | 怀远县（皖） | 大花紫薇 | 300.00 |
| 231 | 长阳土家族自治县（鄂） | 大花紫薇 | 300.00 |
| 232 | 来安县（皖） | 大花紫薇 | 140.00 |
| 233 | 旌德县（皖） | 大花紫薇 | 118.00 |
| 234 | 长沙县（湘） | 大花紫薇 | 62.30 |
| 235 | 当阳市（鄂） | 大花紫薇 | 50.00 |
| 236 | 包河区（皖） | 大花紫薇 | 30.00 |
| 237 | 江南区（桂） | 大花紫薇 | 20.00 |
| 238 | 范　县（豫） | 大花紫薇 | 10.00 |
| 239 | 宁远县（湘） | 大花紫薇 | 10.00 |
| 240 | 永城市（豫） | 大叶丝棉木 | 80.90 |
| 241 | 文安县（冀） | 大叶丝棉木 | 5.00 |
| 242 | 海阳市（鲁） | 大叶丝棉木 | 3.00 |
| 243 | 栾城区（冀） | 大叶丝棉木 | 2.00 |
| 244 | 零陵区（湘） | 大叶樟 | 160.00 |
| 245 | 长沙县（湘） | 大叶樟 | 156.00 |
| 246 | 光山县（豫） | 大叶樟 | 80.00 |
| 247 | 当阳市（鄂） | 大叶樟 | 60.00 |
| 248 | 黄梅县（鄂） | 大叶樟 | 30.00 |
| 249 | 广水市（鄂） | 大叶樟 | 20.00 |
| 250 | 龙眼洞林场（粤） | 大叶樟 | 20.00 |
| 251 | 隆回县（湘） | 大叶樟 | 20.00 |
| 252 | 沅江市（湘） | 大叶樟 | 15.00 |
| 253 | 正安县（黔） | 大叶樟 | 11.00 |
| 254 | 安仁县（湘） | 大叶樟 | 10.00 |
| 255 | 宁远县（湘） | 大叶樟 | 10.00 |
| 256 | 珠晖区（湘） | 大叶樟 | 10.00 |
| 257 | 凤凰县（湘） | 灯台树 | 150.00 |
| 258 | 蒙自市（滇） | 灯台树 | 35.40 |

(续)

| 序号 | 其他主要苗圃苗木主产地 | 品种 | 产量(万株) |
|---|---|---|---|
| 259 | 腾冲县(滇) | 滇楸 | 40.00 |
| 260 | 罗平县(滇) | 滇楸 | 20.00 |
| 261 | 张北县(冀) | 丁香 | 3744.00 |
| 262 | 沽源县(冀) | 丁香 | 2280.00 |
| 263 | 林甸县(黑) | 丁香 | 500.00 |
| 264 | 阿荣旗(内蒙古) | 丁香 | 300.00 |
| 265 | 西吉县(宁) | 丁香 | 300.00 |
| 266 | 红古区(甘) | 丁香 | 280.00 |
| 267 | 九原区(内蒙古) | 丁香 | 151.00 |
| 268 | 阳高县(晋) | 丁香 | 150.00 |
| 269 | 松北区(黑) | 丁香 | 143.00 |
| 270 | 周村区(鲁) | 丁香 | 140.00 |
| 271 | 康保县(冀) | 丁香 | 127.20 |
| 272 | 振安区(辽) | 丁香 | 100.00 |
| 273 | 鄂托克前旗(内蒙古) | 丁香 | 88.53 |
| 274 | 土默特左旗(内蒙古) | 丁香 | 81.00 |
| 275 | 榆阳区(陕) | 丁香 | 75.00 |
| 276 | 孙吴县(黑) | 丁香 | 70.80 |
| 277 | 赛罕区(内蒙古) | 丁香 | 68.00 |
| 278 | 托克托县(内蒙古) | 丁香 | 64.50 |
| 279 | 安国市(冀) | 丁香 | 60.00 |
| 280 | 让胡路区(黑) | 丁香 | 60.00 |
| 281 | 克东县(黑) | 丁香 | 50.00 |
| 282 | 南郊区(晋) | 丁香 | 50.00 |
| 283 | 武川县(内蒙古) | 丁香 | 50.00 |
| 284 | 松山区(内蒙古) | 丁香 | 45.70 |
| 285 | 山阴县(晋) | 丁香 | 45.00 |
| 286 | 红山区(内蒙古) | 丁香 | 32.62 |
| 287 | 海阳市(鲁) | 丁香 | 30.00 |
| 288 | 康平县(辽) | 丁香 | 30.00 |
| 289 | 榆中县(甘) | 丁香 | 28.10 |
| 290 | 东河区(内蒙古) | 丁香 | 28.00 |
| 291 | 朝阳区(吉) | 丁香 | 25.00 |
| 292 | 绥中县(辽) | 丁香 | 21.50 |
| 293 | 甘州区(甘) | 丁香 | 21.02 |
| 294 | 鄂温克族自治旗(内蒙古) | 丁香 | 14.00 |
| 295 | 达尔罕茂明安联合旗(内蒙古) | 丁香 | 13.70 |
| 296 | 讷河市(黑) | 丁香 | 13.00 |
| 297 | 五大连池市(黑) | 丁香 | 12.10 |
| 298 | 临猗县(晋) | 丁香 | 12.00 |
| 299 | 大武口区(宁) | 丁香 | 11.05 |
| 300 | 清水河县(内蒙古) | 丁香 | 10.80 |
| 301 | 龙江县(黑) | 丁香 | 10.00 |
| 302 | 乌审旗(内蒙古) | 丁香 | 10.00 |
| 303 | 托克托县(内蒙古) | 杜松 | 17.10 |

(续)

| 序号 | 其他主要苗圃苗木主产地 | 品种 | 产量(万株) |
|---|---|---|---|
| 304 | 察哈尔右翼前旗(内蒙古) | 杜松 | 2.98 |
| 305 | 清水河县(内蒙古) | 杜松 | 2.80 |
| 306 | 康保县(冀) | 杜松 | 1.17 |
| 307 | 栾川县(豫) | 杜仲 | 3000.00 |
| 308 | 埇桥区(皖) | 杜仲 | 1300.00 |
| 309 | 柘城县(豫) | 杜仲 | 360.00 |
| 310 | 礼　县(甘) | 杜仲 | 300.00 |
| 311 | 安国市(冀) | 杜仲 | 156.00 |
| 312 | 双牌县(湘) | 杜仲 | 156.00 |
| 313 | 宣汉县(川) | 杜仲 | 100.00 |
| 314 | 洛宁县(豫) | 杜仲 | 90.00 |
| 315 | 略阳县(陕) | 杜仲 | 56.00 |
| 316 | 大悟县(鄂) | 杜仲 | 45.00 |
| 317 | 汝州市(豫) | 杜仲 | 37.00 |
| 318 | 青州市(鲁) | 杜仲 | 30.00 |
| 319 | 怀远县(皖) | 椴树 | 8.00 |
| 320 | 埇桥区(皖) | 鹅掌楸 | 1800.00 |
| 321 | 竹溪县(鄂) | 鹅掌楸 | 135.00 |
| 322 | 丰城市(赣) | 鹅掌楸 | 100.00 |
| 323 | 潢川县(豫) | 鹅掌楸 | 96.00 |
| 324 | 商水县(豫) | 鹅掌楸 | 36.00 |
| 325 | 慈溪市(浙) | 鹅掌楸 | 30.00 |
| 326 | 新宁县(湘) | 鹅掌楸 | 25.00 |
| 327 | 费　县(鲁) | 二年生国槐播种苗 | 9.00 |
| 328 | 北京市黄垡苗圃(京) | 二年生国槐播种苗 | 5.38 |
| 329 | 元谋县(滇) | 凤凰木 | 30.00 |
| 330 | 抚宁区(冀) | 高原之火 | 0.50 |
| 331 | 中国林科院热林中心(桂) | 格木 | 50.00 |
| 332 | 良凤江国家森林公园(桂) | 格木 | 9.60 |
| 333 | 大岭山林场(粤) | 格木 | 1.34 |
| 334 | 派阳山林场(桂) | 格木 | 1.17 |
| 335 | 孟连傣族拉祜族佤族自治县(滇) | 格木 | 1.00 |
| 336 | 江南区(桂) | 宫粉紫薇 | 80.00 |
| 337 | 扶绥县(桂) | 宫粉紫薇 | 8.00 |
| 338 | 良凤江国家森林公园(桂) | 宫粉紫薇 | 8.00 |
| 339 | 中宁县(宁) | 枸杞 | 14518.90 |
| 340 | 海原县(宁) | 枸杞 | 3700.00 |
| 341 | 沙坡头区(宁) | 枸杞 | 2385.00 |
| 342 | 托克托县(内蒙古) | 枸杞 | 308.02 |
| 343 | 景泰县(甘) | 枸杞 | 280.00 |
| 344 | 红寺堡区(宁) | 枸杞 | 238.80 |
| 345 | 惠农区(宁) | 枸杞 | 200.00 |
| 346 | 瓜州县(甘) | 枸杞 | 181.00 |

（续）

| 序号 | 其他主要苗圃苗木主产地 | 品种 | 产量（万株） |
|---|---|---|---|
| 347 | 建始县(鄂) | 枸杞 | 135.00 |
| 348 | 乌拉特前旗(内蒙古) | 枸杞 | 90.00 |
| 349 | 康保县(冀) | 枸杞 | 75.00 |
| 350 | 玉门市(甘) | 枸杞 | 70.00 |
| 351 | 平罗县(宁) | 枸杞 | 28.30 |
| 352 | 西夏区(宁) | 枸杞 | 28.00 |
| 353 | 民勤县(甘) | 枸杞 | 10.00 |
| 354 | 新荣区(晋) | 观光木 | 764.40 |
| 355 | 南江县(川) | 观光木 | 120.00 |
| 356 | 始兴县(粤) | 观光木 | 75.00 |
| 357 | 澜沧拉祜族自治县(滇) | 观光木 | 71.00 |
| 358 | 涿州市(冀) | 国王枫 | 3.30 |
| 359 | 抚宁区(冀) | 国王枫 | 0.25 |
| 360 | 北京市黄垡苗圃（京） | 国王枫 | 0.11 |
| 361 | 江油市(川) | 海棠丰盛 | 21.00 |
| 362 | 威海市高技术产业开发区(鲁) | 海棠丰盛 | 5.00 |
| 363 | 青山区(内蒙古) | 海棠丰盛 | 1.00 |
| 364 | 围场满族蒙古族自治县(冀) | 海棠红丽 | 15.00 |
| 365 | 永康市(浙) | 海棠红丽 | 1.50 |
| 366 | 围场满族蒙古族自治县(冀) | 海棠凯尔斯 | 1.00 |
| 367 | 江川县(滇) | 海棠凯尔斯 | 0.98 |
| 368 | 抚宁区(冀) | 海棠凯尔斯 | 0.20 |
| 369 | 东川区(滇) | 合欢 | 400.00 |
| 370 | 潢川县(豫) | 合欢 | 350.00 |
| 371 | 定州市(冀) | 合欢 | 212.00 |
| 372 | 汝州市(豫) | 合欢 | 85.00 |
| 373 | 商水县(豫) | 合欢 | 63.00 |
| 374 | 嵩　县(豫) | 合欢 | 42.00 |
| 375 | 滦南县(冀) | 合欢 | 36.00 |
| 376 | 肥东县(皖) | 合欢 | 31.00 |
| 377 | 长葛市(豫) | 合欢 | 26.00 |
| 378 | 秀洲区(浙) | 合欢 | 24.00 |
| 379 | 孝南区(鄂) | 合欢 | 21.34 |
| 380 | 博野县(冀) | 合欢 | 20.00 |
| 381 | 嘉禾县(湘) | 合欢 | 20.00 |
| 382 | 临海市(浙) | 合欢 | 20.00 |
| 383 | 干洪区(辽) | 合欢 | 20.00 |
| 384 | 鄄城县(鲁) | 合欢 | 15.00 |
| 385 | 三门县(浙) | 合欢 | 15.00 |
| 386 | 清丰县(豫) | 合欢 | 11.00 |
| 387 | 奉化区(浙) | 合欢 | 10.00 |
| 388 | 惠城区(粤) | 黑木相思 | 62.00 |
| 389 | 五华县(粤) | 黑木相思 | 25.00 |
| 390 | 合浦县(桂) | 黑木相思 | 20.00 |
| 391 | 坊子区(鲁) | 红宝石海棠 | 45.00 |

（续）

| 序号 | 其他主要苗圃苗木主产地 | 品种 | 产量（万株） |
|---|---|---|---|
| 392 | 昌黎县(冀) | 红宝石海棠 | 30.00 |
| 393 | 顺义区(京) | 红宝石海棠 | 18.41 |
| 394 | 围场满族蒙古族自治县(冀) | 红宝石海棠 | 15.00 |
| 395 | 海阳市(鲁) | 红宝石海棠 | 10.00 |
| 396 | 滦　县(冀) | 红宝石海棠 | 10.00 |
| 397 | 秀山土家族苗族自治县(渝) | 红椿 | 200.00 |
| 398 | 富源县(滇) | 红椿 | 150.00 |
| 399 | 沙湾区(川) | 红椿 | 50.00 |
| 400 | 泸西县(滇) | 红椿 | 35.00 |
| 401 | 三都水族自治县(黔) | 红椿 | 34.80 |
| 402 | 西畴县(滇) | 红椿 | 26.00 |
| 403 | 罗平县(滇) | 红椿 | 20.00 |
| 404 | 腾冲县(滇) | 红豆树 | 500.00 |
| 405 | 天台县(浙) | 红豆树 | 8.00 |
| 406 | 云和县(浙) | 红豆树 | 6.10 |
| 407 | 新宁县(湘) | 红豆树 | 6.00 |
| 408 | 青田县(浙) | 红豆树 | 4.10 |
| 409 | 开阳县(黔) | 红豆树 | 3.34 |
| 410 | 临海市(浙) | 红豆树 | 3.00 |
| 411 | 铜梁县(渝) | 红豆树 | 3.00 |
| 412 | 莲都区(浙) | 红豆树 | 2.40 |
| 413 | 永康市(浙) | 红豆树 | 2.33 |
| 414 | 濠江区(粤) | 红豆树 | 1.50 |
| 415 | 北京市黄垡苗圃（京） | 红枫秋火焰 | 0.14 |
| 416 | 北京市黄垡苗圃（京） | 红枫秋日梦幻 | 0.11 |
| 417 | 长沙县(湘) | 红檵木 | 971.00 |
| 418 | 莲都区(浙) | 红檵木 | 231.50 |
| 419 | 奉化区(浙) | 红檵木 | 140.00 |
| 420 | 开发区农林牧水局(黔) | 红檵木 | 102.00 |
| 421 | 澧　县(湘) | 红檵木 | 100.00 |
| 422 | 永顺县(湘) | 红檵木 | 100.00 |
| 423 | 潜山县(皖) | 红檵木 | 90.00 |
| 424 | 蒸湘区(湘) | 红檵木 | 80.00 |
| 425 | 温岭市(浙) | 红檵木 | 53.38 |
| 426 | 椒江区(浙) | 红檵木 | 32.30 |
| 427 | 荆门市市辖区(鄂) | 红檵木 | 30.00 |
| 428 | 珠晖区(湘) | 红檵木 | 30.00 |
| 429 | 瓯海区(浙) | 红檵木 | 25.00 |
| 430 | 三门县(浙) | 红檵木 | 20.00 |
| 431 | 石门县(湘) | 红檵木 | 20.00 |
| 432 | 肥东县(皖) | 红檵木 | 19.00 |
| 433 | 新晃侗族自治县(湘) | 红檵木 | 18.00 |
| 434 | 兴国县(赣) | 红檵木 | 16.30 |
| 435 | 嘉定区(沪) | 红檵木 | 15.99 |
| 436 | 湘潭市市辖区(湘) | 红檵木 | 15.53 |

(续)

| 序号 | 其他主要苗圃苗木主产地 | 品种 | 产量(万株) |
|---|---|---|---|
| 437 | 黄梅县(鄂) | 红檵木 | 15.00 |
| 438 | 青田县(浙) | 红檵木 | 14.00 |
| 439 | 路桥区(浙) | 红檵木 | 10.00 |
| 440 | 澄海区(粤) | 红树类 | 100.00 |
| 441 | 三门江林场(桂) | 红树类 | 11.00 |
| 442 | 北京市大东流苗圃(京) | 红叶白蜡 | 4.37 |
| 443 | 灵武白芨滩国家级自然保护区(宁) | 红叶白蜡 | 0.31 |
| 444 | 安国市(冀) | 红叶碧桃 | 279.00 |
| 445 | 兖州市(鲁) | 红叶碧桃 | 220.00 |
| 446 | 东平县(鲁) | 红叶碧桃 | 80.00 |
| 447 | 坊子区(鲁) | 红叶碧桃 | 60.00 |
| 448 | 曲沃县(晋) | 红叶碧桃 | 45.00 |
| 449 | 襄汾县(晋) | 红叶碧桃 | 25.00 |
| 450 | 桃城区(冀) | 红叶碧桃 | 20.00 |
| 451 | 通许县(豫) | 红叶碧桃 | 11.25 |
| 452 | 华龙区(豫) | 红叶碧桃 | 11.00 |
| 453 | 郾城区(豫) | 红叶碧桃 | 10.00 |
| 454 | 宜阳县(豫) | 红叶碧桃 | 8.25 |
| 455 | 荥阳市(豫) | 红叶碧桃 | 7.00 |
| 456 | 曹　县(鲁) | 红叶碧桃 | 5.00 |
| 457 | 新河县(冀) | 红叶碧桃 | 4.50 |
| 458 | 肥东县(皖) | 红叶碧桃 | 4.00 |
| 459 | 海阳市(鲁) | 红叶碧桃 | 4.00 |
| 460 | 林州市(豫) | 红叶碧桃 | 4.00 |
| 461 | 金台区(陕) | 红叶碧桃 | 3.00 |
| 462 | 麦积区(甘) | 红叶碧桃 | 2.00 |
| 463 | 威海市工业新区(鲁) | 红叶碧桃 | 1.50 |
| 464 | 大武口区(宁) | 红叶碧桃 | 1.20 |
| 465 | 开阳县(黔) | 红叶碧桃 | 1.09 |
| 466 | 抚宁区(冀) | 红叶碧桃 | 1.00 |
| 467 | 永昌县(甘) | 红叶碧桃 | 1.00 |
| 468 | 长葛市(豫) | 红叶臭椿 | 46.00 |
| 469 | 抚宁区(冀) | 红叶豆梨 | 0.70 |
| 470 | 户　县(陕) | 红叶复叶槭 | 3.50 |
| 471 | 湛河区(豫) | 红叶复叶槭 | 3.00 |
| 472 | 开原市(辽) | 红叶密枝李 | 1000.00 |
| 473 | 邓州市(豫) | 红叶密枝李 | 162.00 |
| 474 | 蛟河市(吉) | 红叶密枝李 | 130.30 |
| 475 | 稷山县(晋) | 红叶密枝李 | 116.90 |
| 476 | 蜀山区(皖) | 红叶密枝李 | 24.00 |
| 477 | 荥阳市(豫) | 红叶密枝李 | 19.05 |
| 478 | 平桥区(豫) | 红叶密枝李 | 13.00 |
| 479 | 宜阳县(豫) | 红叶密枝李 | 11.70 |
| 480 | 榆中县(甘) | 红叶密枝李 | 10.40 |
| 481 | 开阳县(黔) | 红叶密枝李 | 6.02 |

(续)

| 序号 | 其他主要苗圃苗木主产地 | 品种 | 产量(万株) |
|---|---|---|---|
| 482 | 洛宁县(豫) | 红叶密枝李 | 6.00 |
| 483 | 平定县(晋) | 红叶密枝李 | 6.00 |
| 484 | 十里河林场(晋) | 红叶密枝李 | 2.50 |
| 485 | 通许县(豫) | 红叶密枝李 | 2.30 |
| 486 | 白城市市辖区(吉) | 红叶密枝李 | 2.20 |
| 487 | 嘉定区(沪) | 红叶密枝李 | 2.20 |
| 488 | 抚宁区(冀) | 红叶密枝李 | 1.20 |
| 489 | 木栏围场国营林场(冀) | 红叶密枝李 | 1.00 |
| 490 | 灵武市(宁) | 红枣 | 651.80 |
| 491 | 沧　县(冀) | 红枣 | 520.00 |
| 492 | 祁东县(湘) | 红枣 | 380.00 |
| 493 | 乌审旗(内蒙古) | 红枣 | 300.00 |
| 494 | 乐陵市(鲁) | 红枣 | 212.90 |
| 495 | 临猗县(晋) | 红枣 | 200.00 |
| 496 | 绥德县(陕) | 红枣 | 125.00 |
| 497 | 临泽县(甘) | 红枣 | 45.20 |
| 498 | 曲沃县(晋) | 红枣 | 40.00 |
| 499 | 宁阳县(鲁) | 红枣 | 39.00 |
| 500 | 内黄县(豫) | 红枣 | 36.13 |
| 501 | 永宁县(宁) | 红枣 | 35.50 |
| 502 | 沙坡头区(宁) | 红枣 | 28.00 |
| 503 | 阜平县(冀) | 红枣 | 25.50 |
| 504 | 民勤县(甘) | 红枣 | 21.10 |
| 505 | 襄汾县(晋) | 红枣 | 20.00 |
| 506 | 梅县区(粤) | 红锥 | 2600.00 |
| 507 | 高州市(粤) | 红锥 | 402.00 |
| 508 | 电白区(粤) | 红锥 | 200.00 |
| 509 | 龙川县(粤) | 红锥 | 120.00 |
| 510 | 紫金县(粤) | 红锥 | 100.00 |
| 511 | 信宜市(粤) | 红锥 | 61.30 |
| 512 | 五华县(粤) | 红锥 | 54.00 |
| 513 | 钦廉林场(桂) | 红锥 | 50.00 |
| 514 | 清新区(粤) | 红锥 | 50.00 |
| 515 | 翁源县(粤) | 红锥 | 45.00 |
| 516 | 梅江区(粤) | 红锥 | 38.00 |
| 517 | 博白林场(桂) | 红锥 | 30.00 |
| 518 | 良凤江国家森林公园(桂) | 红锥 | 30.00 |
| 519 | 六万林场(桂) | 红锥 | 29.50 |
| 520 | 饶平县(粤) | 红锥 | 25.00 |
| 521 | 龙眼洞林场(粤) | 红锥 | 20.00 |
| 522 | 水台林场(粤) | 红锥 | 18.00 |
| 523 | 普宁市(粤) | 红锥 | 15.00 |
| 524 | 三门江林场(桂) | 红锥 | 10.00 |
| 525 | 利川市(鄂) | 厚朴 | 1000.00 |
| 526 | 资源县(桂) | 厚朴 | 200.00 |

（续）

| 序号 | 其他主要苗圃苗木主产地 | 品种 | 产量(万株) |
|---|---|---|---|
| 527 | 宣汉县(川) | 厚朴 | 160.00 |
| 528 | 大邑县(川) | 厚朴 | 150.00 |
| 529 | 建始县(鄂) | 厚朴 | 120.00 |
| 530 | 五峰土家族自治县(鄂) | 厚朴 | 100.00 |
| 531 | 宁陕县(陕) | 厚朴 | 70.10 |
| 532 | 新宁县(湘) | 厚朴 | 60.00 |
| 533 | 镇巴县(陕) | 厚朴 | 45.00 |
| 534 | 安化县(湘) | 厚朴 | 20.00 |
| 535 | 桂东县(湘) | 厚朴 | 12.00 |
| 536 | 敦化市(吉) | 胡桃楸 | 50.00 |
| 537 | 五常市(黑) | 胡桃楸 | 50.00 |
| 538 | 三岔子林业局(吉林森工) | 胡桃楸 | 30.00 |
| 539 | 临江林业局(吉林森工) | 胡桃楸 | 25.00 |
| 540 | 南岔林业局(龙江森工) | 胡桃楸 | 25.00 |
| 541 | 迎春林业局(龙江森工) | 胡桃楸 | 21.70 |
| 542 | 兴隆林业局(龙江森工) | 胡桃楸 | 18.00 |
| 543 | 白石山林业局(吉林森工) | 胡桃楸 | 16.90 |
| 544 | 东方红林业局(龙江森工) | 胡桃楸 | 11.20 |
| 545 | 山河屯林业局(龙江森工) | 胡桃楸 | 10.40 |
| 546 | 乌拉特前旗(内蒙古) | 胡杨 | 500.00 |
| 547 | 金塔县(甘) | 胡杨 | 467.00 |
| 548 | 敦煌市(甘) | 胡杨 | 216.00 |
| 549 | 额济纳旗(内蒙古) | 胡杨 | 55.00 |
| 550 | 蒙城县(皖) | 胡杨 | 21.00 |
| 551 | 武威市市辖区(甘) | 胡杨 | 16.00 |
| 552 | 民勤县(甘) | 胡杨 | 12.10 |
| 553 | 乌拉特后旗(内蒙古) | 胡杨 | 10.00 |
| 554 | 长治市郊区(晋) | 槐树 | 2520.00 |
| 555 | 定州市(冀) | 槐树 | 1106.00 |
| 556 | 周村区(鲁) | 槐树 | 630.00 |
| 557 | 连山区(辽) | 槐树 | 240.00 |
| 558 | 稷山县(晋) | 槐树 | 81.00 |
| 559 | 沧　县(冀) | 槐树 | 70.00 |
| 560 | 泊头市(冀) | 槐树 | 67.41 |
| 561 | 石林彝族自治县(滇) | 槐树 | 55.00 |
| 562 | 海兴县(冀) | 槐树 | 50.00 |
| 563 | 开平区(冀) | 槐树 | 50.00 |
| 564 | 新泰市(鲁) | 槐树 | 50.00 |
| 565 | 蠡　县(冀) | 槐树 | 24.00 |
| 566 | 同心县(宁) | 槐树 | 16.20 |
| 567 | 靖远县(甘) | 槐树 | 12.50 |
| 568 | 南皮县(冀) | 槐树 | 12.00 |
| 569 | 沙坡头区(宁) | 槐树 | 11.80 |
| 570 | 利川市(鄂) | 黄檗 | 160.00 |
| 571 | 大邑县(川) | 黄檗 | 150.00 |

（续）

| 序号 | 其他主要苗圃苗木主产地 | 品种 | 产量(万株) |
|---|---|---|---|
| 572 | 宣汉县(川) | 黄檗 | 100.00 |
| 573 | 大关县(滇) | 黄檗 | 80.00 |
| 574 | 江口县(黔) | 黄檗 | 65.30 |
| 575 | 振安区(辽) | 黄檗 | 50.00 |
| 576 | 镇巴县(陕) | 黄檗 | 35.00 |
| 577 | 永善县(滇) | 黄檗 | 30.00 |
| 578 | 石林彝族自治县(滇) | 黄檗 | 21.00 |
| 579 | 沿河土家族自治县(黔) | 黄檗 | 15.00 |
| 580 | 道真仡佬族苗族自治县(黔) | 黄檗 | 10.00 |
| 581 | 永顺县(湘) | 黄檗 | 10.00 |
| 582 | 蛟河市(吉) | 黄波罗 | 125.31 |
| 583 | 白山市市辖区(吉) | 黄波罗 | 40.00 |
| 584 | 红星林业局(龙江森工) | 黄波罗 | 32.20 |
| 585 | 临江市(吉) | 黄波罗 | 30.00 |
| 586 | 山河屯林业局(龙江森工) | 黄波罗 | 22.90 |
| 587 | 珲春林业局(吉) | 黄波罗 | 14.50 |
| 588 | 三岔子林业局(吉林森工) | 黄波罗 | 9.00 |
| 589 | 扎兰屯市(内蒙古) | 黄波罗 | 8.00 |
| 590 | 露水河林业局(吉林森工) | 黄波罗 | 7.67 |
| 591 | 龙潭区(吉) | 黄波罗 | 5.00 |
| 592 | 松江河林业有限公司(吉林森工) | 黄波罗 | 3.00 |
| 593 | 讷河市(黑) | 黄波罗 | 2.10 |
| 594 | 饶河县(黑) | 黄波罗 | 1.80 |
| 595 | 桦甸市(吉) | 黄波罗 | 1.50 |
| 596 | 萝北县(黑) | 黄波罗 | 1.50 |
| 597 | 榆树市(吉) | 黄波罗 | 1.40 |
| 598 | 昌邑区(吉) | 黄波罗 | 1.00 |
| 599 | 木栏围场国营林场(冀) | 黄波罗 | 1.00 |
| 600 | 英德市(粤) | 黄花风铃 | 50.00 |
| 601 | 惠城区(粤) | 黄花风铃 | 5.00 |
| 602 | 良凤江国家森林公园(桂) | 黄花风铃 | 5.00 |
| 603 | 蓬江区(粤) | 黄花风铃 | 1.50 |
| 604 | 郁南县(粤) | 黄花梨 | 17.00 |
| 605 | 扶绥县(桂) | 黄花梨 | 10.00 |
| 606 | 澜沧拉祜族自治县(滇) | 黄花梨 | 8.00 |
| 607 | 宁洱哈尼族彝族自治县(滇) | 黄花梨 | 3.00 |
| 608 | 高　县(川) | 黄花梨 | 1.10 |
| 609 | 安国市(冀) | 黄槐 | 48.00 |
| 610 | 江南区(桂) | 黄槐 | 17.50 |
| 611 | 新巴尔虎右旗(内蒙古) | 黄槐 | 10.00 |
| 612 | 广西林业集团有限公司(桂) | 黄槐 | 5.70 |
| 613 | 呼兰区(黑) | 黄槐 | 2.00 |
| 614 | 江川县(滇) | 黄金叶 | 1.15 |
| 615 | 禹州市(豫) | 黄连木 | 105.00 |
| 616 | 恩阳区(川) | 黄连木 | 50.00 |

(续)

| 序号 | 其他主要苗圃苗木主产地 | 品种 | 产量(万株) |
|---|---|---|---|
| 617 | 霍邱县(皖) | 黄连木 | 30.00 |
| 618 | 弥勒市(滇) | 黄连木 | 11.30 |
| 619 | 衡南县(湘) | 黄连木 | 10.00 |
| 620 | 澄江县(滇) | 黄连木 | 9.00 |
| 621 | 嵩明县(滇) | 黄连木 | 5.00 |
| 622 | 宜良县(滇) | 黄连木 | 4.20 |
| 623 | 江川县(滇) | 黄连木 | 4.00 |
| 624 | 定海区(浙) | 黄连木 | 3.60 |
| 625 | 呈贡县(滇) | 黄连木 | 1.52 |
| 626 | 青州市(鲁) | 黄栌 | 480.00 |
| 627 | 定州市(冀) | 黄栌 | 310.00 |
| 628 | 汝阳县(豫) | 黄栌 | 62.00 |
| 629 | 南召县(豫) | 黄栌 | 26.50 |
| 630 | 涿州市(冀) | 黄栌 | 9.00 |
| 631 | 海阳市(鲁) | 黄栌 | 5.00 |
| 632 | 顺义区(京) | 黄栌 | 1.45 |
| 633 | 三河市(冀) | 黄栌 | 1.20 |
| 634 | 钦廉林场(桂) | 黄素梅 | 2.00 |
| 635 | 良凤江国家森林公园(桂) | 灰木莲 | 4.70 |
| 636 | 七坡林场(桂) | 灰木莲 | 2.50 |
| 637 | 长海县(辽) | 火炬 | 44688.00 |
| 638 | 连山区(辽) | 火炬 | 200.00 |
| 639 | 安国市(冀) | 火炬 | 45.00 |
| 640 | 庄河市(辽) | 火炬 | 30.00 |
| 641 | 涿州市(冀) | 火炬 | 25.00 |
| 642 | 大武口区(宁) | 火炬 | 24.85 |
| 643 | 北戴河区(冀) | 火炬 | 13.40 |
| 644 | 榆阳区(陕) | 火炬 | 13.00 |
| 645 | 望花区(辽) | 火炬 | 10.00 |
| 646 | 邢台县(冀) | 火炬 | 6.00 |
| 647 | 运河区(冀) | 火炬 | 1.50 |
| 648 | 灵武白芨滩国家级自然保护区(宁) | 火炬 | 1.38 |
| 649 | 湘乐林业总场(甘) | 火炬 | 1.24 |
| 650 | 卫辉市(豫) | 火炬 | 1.00 |
| 651 | 含山县(皖) | 火炬松 | 40.00 |
| 652 | 余杭区(浙) | 火炬松 | 4.20 |
| 653 | 四会市(粤) | 火力楠 | 250.00 |
| 654 | 始兴县(粤) | 火力楠 | 90.00 |
| 655 | 阳春市(粤) | 火力楠 | 67.00 |
| 656 | 六万林场(桂) | 火力楠 | 50.00 |
| 657 | 清新区(粤) | 火力楠 | 50.00 |
| 658 | 翁源县(粤) | 火力楠 | 50.00 |
| 659 | 紫金县(粤) | 火力楠 | 50.00 |
| 660 | 博白林场(桂) | 火力楠 | 40.00 |
| 661 | 钦廉林场(桂) | 火力楠 | 36.00 |

(续)

| 序号 | 其他主要苗圃苗木主产地 | 品种 | 产量(万株) |
|---|---|---|---|
| 662 | 电白区(粤) | 火力楠 | 30.00 |
| 663 | 信宜市(粤) | 火力楠 | 27.30 |
| 664 | 惠城区(粤) | 火力楠 | 25.00 |
| 665 | 蕉岭县(粤) | 火力楠 | 20.00 |
| 666 | 连平县(粤) | 火力楠 | 20.00 |
| 667 | 水台林场(粤) | 火力楠 | 18.00 |
| 668 | 高州市(粤) | 火力楠 | 16.00 |
| 669 | 五华县(粤) | 火力楠 | 16.00 |
| 670 | 郁南县(粤) | 火力楠 | 13.00 |
| 671 | 乐昌市(粤) | 火力楠 | 10.00 |
| 672 | 中国林科院热林中心(桂) | 火力楠 | 10.00 |
| 673 | 西江林业局(粤) | 火力楠 | 7.60 |
| 674 | 高峰林场(桂) | 火力楠 | 7.48 |
| 675 | 九连山林场(粤) | 火力楠 | 6.30 |
| 676 | 龙眼洞林场(粤) | 火力楠 | 5.00 |
| 677 | 南澳县(粤) | 火力楠 | 5.00 |
| 678 | 七坡林场(桂) | 火力楠 | 4.25 |
| 679 | 派阳山林场(桂) | 火力楠 | 4.19 |
| 680 | 新丰江林管局(粤) | 火力楠 | 4.00 |
| 681 | 维都林场(桂) | 火力楠 | 3.70 |
| 682 | 合浦县(桂) | 火力楠 | 3.60 |
| 683 | 藤　县(桂) | 火力楠 | 3.00 |
| 684 | 黄冕林场(桂) | 火力楠 | 1.97 |
| 685 | 新丰县(粤) | 火力楠 | 1.80 |
| 686 | 樟木头林场(粤) | 火力楠 | 1.50 |
| 687 | 大岭山林场(粤) | 火力楠 | 1.28 |
| 688 | 分宜县(赣) | 火力楠 | 1.00 |
| 689 | 镇康县(滇) | 火力楠 | 1.00 |
| 690 | 雅长林场(桂) | 火焰花 | 1.48 |
| 691 | 良凤江国家森林公园(桂) | 火焰花 | 0.79 |
| 692 | 广西林业集团有限公司(桂) | 火焰花 | 0.76 |
| 693 | 奉化区(浙) | 鸡爪槭 | 580.00 |
| 694 | 博野县(冀) | 鸡爪槭 | 192.00 |
| 695 | 兖州市(鲁) | 鸡爪槭 | 100.00 |
| 696 | 旌德县(皖) | 鸡爪槭 | 60.00 |
| 697 | 寿　县(皖) | 鸡爪槭 | 31.00 |
| 698 | 海盐县(浙) | 鸡爪槭 | 19.60 |
| 699 | 冀州市(冀) | 鸡爪槭 | 18.00 |
| 700 | 宣州区(皖) | 鸡爪槭 | 17.50 |
| 701 | 义乌市(浙) | 鸡爪槭 | 16.39 |
| 702 | 三门县(浙) | 鸡爪槭 | 16.00 |
| 703 | 甘南县(黑) | 鸡爪槭 | 8.00 |
| 704 | 海阳市(鲁) | 鸡爪槭 | 6.00 |
| 705 | 余杭区(浙) | 鸡爪槭 | 6.00 |
| 706 | 建德市(浙) | 鸡爪槭 | 5.00 |

（续）

| 序号 | 其他主要苗圃苗木主产地 | 品种 | 产量(万株) |
|---|---|---|---|
| 707 | 舒城县(皖) | 鸡爪槭 | 4.00 |
| 708 | 兰溪市(浙) | 鸡爪槭 | 3.60 |
| 709 | 青田县(浙) | 鸡爪槭 | 3.01 |
| 710 | 衢江区(浙) | 鸡爪槭 | 3.00 |
| 711 | 永康市(浙) | 鸡爪槭 | 1.50 |
| 712 | 青田县(浙) | 夹竹桃 | 9.00 |
| 713 | 三门县(浙) | 夹竹桃 | 4.00 |
| 714 | 岱山县(浙) | 夹竹桃 | 1.00 |
| 715 | 蓝山县(湘) | 江南油杉 | 661.50 |
| 716 | 双江拉祜族佤族布朗族傣族自治县(滇) | 降香黄檀 | 93.19 |
| 717 | 中国林科院热林中心(桂) | 降香黄檀 | 45.00 |
| 718 | 永仁县(滇) | 降香黄檀 | 20.00 |
| 719 | 良凤江国家森林公园(桂) | 降香黄檀 | 15.30 |
| 720 | 信宜市(粤) | 降香黄檀 | 14.50 |
| 721 | 扶绥县(桂) | 降香黄檀 | 9.00 |
| 722 | 维都林场(桂) | 降香黄檀 | 7.00 |
| 723 | 派阳山林场(桂) | 降香黄檀 | 4.37 |
| 724 | 防城区(桂) | 金花茶 | 71.61 |
| 725 | 信宜市(粤) | 金花茶 | 35.00 |
| 726 | 合浦县(桂) | 金花茶 | 21.90 |
| 727 | 良凤江国家森林公园(桂) | 金花茶 | 18.00 |
| 728 | 江南区(桂) | 金花茶 | 1.00 |
| 729 | 江北区(浙) | 金钱松 | 18.00 |
| 730 | 奉化区(浙) | 金钱松 | 2.00 |
| 731 | 天台县(浙) | 金钱松 | 1.00 |
| 732 | 滦南县(冀) | 金丝垂柳 | 600.00 |
| 733 | 开原市(辽) | 金丝垂柳 | 500.00 |
| 734 | 襄城区(鄂) | 金丝垂柳 | 390.00 |
| 735 | 昌黎县(冀) | 金丝垂柳 | 60.00 |
| 736 | 潢川县(豫) | 金丝垂柳 | 43.00 |
| 737 | 洛南县(陕) | 金丝垂柳 | 25.00 |
| 738 | 淇滨区(豫) | 金丝垂柳 | 21.00 |
| 739 | 延寿县(黑) | 金丝垂柳 | 15.00 |
| 740 | 汤阴县(豫) | 金丝垂柳 | 11.30 |
| 741 | 冀州市(冀) | 金叶白蜡 | 17.00 |
| 742 | 北京市黄垡苗圃（京） | 金叶白蜡 | 2.35 |
| 743 | 涿州市(冀) | 金叶白蜡 | 2.20 |
| 744 | 武强县(冀) | 金叶白蜡 | 1.00 |
| 745 | 开原市(辽) | 金叶复叶槭 | 1000.00 |
| 746 | 郾城区(豫) | 金叶复叶槭 | 496.11 |
| 747 | 界首市(皖) | 金叶复叶槭 | 250.00 |
| 748 | 博野县(冀) | 金叶复叶槭 | 30.00 |
| 749 | 平罗县(宁) | 金叶复叶槭 | 15.76 |
| 750 | 冀州市(冀) | 金叶复叶槭 | 15.00 |
| 751 | 临猗县(晋) | 金叶复叶槭 | 10.00 |

（续）

| 序号 | 其他主要苗圃苗木主产地 | 品种 | 产量(万株) |
|---|---|---|---|
| 752 | 平原县(鲁) | 金叶复叶槭 | 10.00 |
| 753 | 文圣区(辽) | 金叶复叶槭 | 9.00 |
| 754 | 金台区(陕) | 金叶复叶槭 | 6.00 |
| 755 | 顺义区(京) | 金叶复叶槭 | 4.83 |
| 756 | 吉利区(豫) | 金叶复叶槭 | 4.00 |
| 757 | 毛集实验区(皖) | 金叶复叶槭 | 4.00 |
| 758 | 湘乐林业总场(甘) | 金叶复叶槭 | 3.45 |
| 759 | 敖汉旗(内蒙古) | 金叶复叶槭 | 3.00 |
| 760 | 涿州市(冀) | 金叶复叶槭 | 2.70 |
| 761 | 北京市黄垡苗圃（京） | 金叶复叶槭 | 2.59 |
| 762 | 宁晋县(冀) | 金叶复叶槭 | 2.50 |
| 763 | 海阳市(鲁) | 金叶复叶槭 | 2.00 |
| 764 | 满城县(冀) | 金叶复叶槭 | 1.00 |
| 765 | 青山区(内蒙古) | 金叶复叶槭 | 1.00 |
| 766 | 顺义区(京) | 金叶国槐 | 1.71 |
| 767 | 定西市巉口林业试验场(甘) | 金叶榆 | 4500.00 |
| 768 | 康保县(冀) | 金叶榆 | 1307.50 |
| 769 | 松北区(黑) | 金叶榆 | 516.00 |
| 770 | 张北县(冀) | 金叶榆 | 384.00 |
| 771 | 平原县(鲁) | 金叶榆 | 210.00 |
| 772 | 榆树市(吉) | 金叶榆 | 201.00 |
| 773 | 梨树县(吉) | 金叶榆 | 122.00 |
| 774 | 红古区(甘) | 金叶榆 | 100.00 |
| 775 | 顺义区(京) | 金叶榆 | 95.35 |
| 776 | 安国市(冀) | 金叶榆 | 84.00 |
| 777 | 甘州区(甘) | 金叶榆 | 72.33 |
| 778 | 康平县(辽) | 金叶榆 | 60.00 |
| 779 | 怀来县(冀) | 金叶榆 | 48.14 |
| 780 | 杨凌区农林局(陕) | 金叶榆 | 35.00 |
| 781 | 于洪区(辽) | 金叶榆 | 35.00 |
| 782 | 平罗县(宁) | 金叶榆 | 33.60 |
| 783 | 大同县(晋) | 金叶榆 | 30.00 |
| 784 | 景　县(冀) | 金叶榆 | 30.00 |
| 785 | 围场满族蒙古族自治县(冀) | 金叶榆 | 30.00 |
| 786 | 陵城区(鲁) | 金叶榆 | 27.00 |
| 787 | 蛟河市(吉) | 金叶榆 | 25.00 |
| 788 | 乌拉特后旗(内蒙古) | 金叶榆 | 21.00 |
| 789 | 邢台县(冀) | 金叶榆 | 19.00 |
| 790 | 榆中县(甘) | 金叶榆 | 18.20 |
| 791 | 灵武市(宁) | 金叶榆 | 17.19 |
| 792 | 金凤区(宁) | 金叶榆 | 15.50 |
| 793 | 复兴区(冀) | 金叶榆 | 15.00 |
| 794 | 呼兰区(黑) | 金叶榆 | 15.00 |
| 795 | 昌邑市(鲁) | 金叶榆 | 12.00 |
| 796 | 大厂回族自治县(冀) | 金叶榆 | 12.00 |

(续)

| 序号 | 其他主要苗圃苗木主产地 | 品种 | 产量(万株) |
|---|---|---|---|
| 797 | 忻府区(晋) | 金叶榆 | 11.87 |
| 798 | 乌拉特前旗(内蒙古) | 金叶榆 | 11.25 |
| 799 | 大武口区(宁) | 金叶榆 | 10.58 |
| 800 | 清水河县(内蒙古) | 金叶榆 | 10.00 |
| 801 | 北京市黄堡苗圃(京) | 金叶榆圆球 | 0.23 |
| 802 | 平邑县(鲁) | 金银花 | 4800.00 |
| 803 | 费　县(鲁) | 金银花 | 940.00 |
| 804 | 莱城区(鲁) | 金银花 | 240.00 |
| 805 | 洛南县(陕) | 金银花 | 72.00 |
| 806 | 东昌府区(鲁) | 金银花 | 60.00 |
| 807 | 宁陵县(豫) | 金银花 | 30.00 |
| 808 | 宁远县(湘) | 金银花 | 10.00 |
| 809 | 登封市(豫) | 金银花 | 8.00 |
| 810 | 任　县(冀) | 金银花 | 6.00 |
| 811 | 兖州市(鲁) | 金银花 | 6.00 |
| 812 | 石门县(湘) | 金银花 | 5.00 |
| 813 | 平乡县(冀) | 金银花 | 3.00 |
| 814 | 禹会区(皖) | 金银花 | 1.20 |
| 815 | 大同县(晋) | 金银花 | 1.00 |
| 816 | 榆阳区(陕) | 景天 | 120.00 |
| 817 | 甘州区(甘) | 景天 | 18.00 |
| 818 | 襄汾县(晋) | 景天 | 7.50 |
| 819 | 永昌县(甘) | 景天 | 1.30 |
| 820 | 孝南区(鄂) | 榉木 | 26.03 |
| 821 | 建德市(浙) | 榉木 | 22.00 |
| 822 | 鄞州区(浙) | 榉木 | 14.00 |
| 823 | 株洲县(湘) | 榉木 | 3.40 |
| 824 | 慈利县(湘) | 榉木 | 3.00 |
| 825 | 衡南县(湘) | 榉木 | 3.00 |
| 826 | 江华瑶族自治县(湘) | 榉木 | 2.00 |
| 827 | 桐乡市(浙) | 榉树 | 506.70 |
| 828 | 秀洲区(浙) | 榉树 | 271.20 |
| 829 | 海盐县(浙) | 榉树 | 126.80 |
| 830 | 南谯区(皖) | 榉树 | 96.00 |
| 831 | 界首市(皖) | 榉树 | 60.00 |
| 832 | 桐城市(皖) | 榉树 | 60.00 |
| 833 | 平湖市(浙) | 榉树 | 50.00 |
| 834 | 宣州区(皖) | 榉树 | 46.10 |
| 835 | 肥东县(皖) | 榉树 | 46.00 |
| 836 | 郎溪县(皖) | 榉树 | 30.00 |
| 837 | 兰溪市(浙) | 榉树 | 26.70 |
| 838 | 顺义区(京) | 榉树 | 25.40 |
| 839 | 无为县(皖) | 榉树 | 22.00 |
| 840 | 广德县(皖) | 榉树 | 21.20 |
| 841 | 青阳县(皖) | 榉树 | 20.54 |

(续)

| 序号 | 其他主要苗圃苗木主产地 | 品种 | 产量(万株) |
|---|---|---|---|
| 842 | 云和县(浙) | 榉树 | 19.00 |
| 843 | 寿　县(皖) | 榉树 | 15.00 |
| 844 | 株洲市市辖区(湘) | 榉树 | 12.00 |
| 845 | 从化市(粤) | 栲树 | 6.12 |
| 846 | 良凤江国家森林公园(桂) | 腊肠树 | 1.20 |
| 847 | 元阳县(滇) | 辣木 | 2400.00 |
| 848 | 双江拉祜族佤族布朗族傣族自治县(滇) | 辣木 | 19.20 |
| 849 | 永仁县(滇) | 辣木 | 15.00 |
| 850 | 界首市(皖) | 蓝冰柏 | 22.00 |
| 851 | 卫辉市(豫) | 蓝冰柏 | 15.00 |
| 852 | 临猗县(晋) | 蓝冰柏 | 2.00 |
| 853 | 弥勒市(滇) | 蓝花楹 | 22.58 |
| 854 | 万盛区(渝) | 蓝花楹 | 8.00 |
| 855 | 英德市(粤) | 蓝花楹 | 8.00 |
| 856 | 东兴区(川) | 蓝花楹 | 4.00 |
| 857 | 良凤江国家森林公园(桂) | 蓝花楹 | 1.50 |
| 858 | 高　县(川) | 蓝花楹 | 1.30 |
| 859 | 广西林业集团有限公司(桂) | 蓝花楹 | 1.27 |
| 860 | 内江市市中区(川) | 蓝花楹 | 1.00 |
| 861 | 桦甸市(吉) | 蓝杉 | 2.00 |
| 862 | 隆阳区(滇) | 梨树 | 1800.00 |
| 863 | 泰安市高新区(鲁) | 梨树 | 1529.60 |
| 864 | 苍溪县(川) | 梨树 | 1350.00 |
| 865 | 滦平县(冀) | 梨树 | 492.44 |
| 866 | 寿　县(皖) | 梨树 | 150.00 |
| 867 | 巍山彝族回族自治县(滇) | 梨树 | 150.00 |
| 868 | 西华县(豫) | 梨树 | 132.00 |
| 869 | 和政县(甘) | 梨树 | 90.00 |
| 870 | 平泉县(冀) | 梨树 | 90.00 |
| 871 | 新野县(豫) | 梨树 | 75.00 |
| 872 | 永平县(滇) | 梨树 | 72.00 |
| 873 | 晋州市(冀) | 梨树 | 70.00 |
| 874 | 南乐县(豫) | 梨树 | 50.00 |
| 875 | 怀远县(皖) | 梨树 | 45.00 |
| 876 | 坊子区(鲁) | 梨树 | 40.00 |
| 877 | 紫云苗族布依族自治县(黔) | 梨树 | 37.00 |
| 878 | 宁城县(内蒙古) | 梨树 | 36.00 |
| 879 | 建始县(鄂) | 梨树 | 30.00 |
| 880 | 普安县(黔) | 梨树 | 30.00 |
| 881 | 平原县(鲁) | 梨树 | 22.00 |
| 882 | 铜梁县(渝) | 梨树 | 20.00 |
| 883 | 卫辉市(豫) | 梨树 | 20.00 |
| 884 | 宁陵县(豫) | 梨树 | 18.00 |
| 885 | 甘州区(甘) | 梨树 | 16.12 |
| 886 | 宁晋县(冀) | 梨树 | 12.80 |

（续）

| 序号 | 其他主要苗圃苗木主产地 | 品种 | 产量（万株） |
|---|---|---|---|
| 887 | 淇滨区（豫） | 梨树 | 12.00 |
| 888 | 魏　县（冀） | 梨树 | 12.00 |
| 889 | 襄汾县（晋） | 梨树 | 12.00 |
| 890 | 壶关县（晋） | 梨树 | 10.00 |
| 891 | 荔波县（黔） | 梨树 | 10.00 |
| 892 | 临沭县（鲁） | 梨树 | 10.00 |
| 893 | 六枝特区（黔） | 梨树 | 10.00 |
| 894 | 围场满族蒙古族自治县（冀） | 梨树 | 10.00 |
| 895 | 南谯区（皖） | 栎树 | 265.00 |
| 896 | 霍山县（皖） | 栎树 | 50.00 |
| 897 | 孝南区（鄂） | 栎树 | 39.80 |
| 898 | 麻阳苗族自治县（湘） | 栎树 | 25.00 |
| 899 | 定远县（皖） | 栎树 | 20.00 |
| 900 | 青州市（鲁） | 栎树 | 20.00 |
| 901 | 于洪区（辽） | 栎树 | 20.00 |
| 902 | 青州市（鲁） | 连翘 | 500.00 |
| 903 | 泽州县（晋） | 连翘 | 450.00 |
| 904 | 红古区（甘） | 连翘 | 280.00 |
| 905 | 沁源县（晋） | 连翘 | 250.00 |
| 906 | 平定县（晋） | 连翘 | 180.00 |
| 907 | 振安区（辽） | 连翘 | 150.00 |
| 908 | 壶关县（晋） | 连翘 | 120.00 |
| 909 | 潞城市（晋） | 连翘 | 100.00 |
| 910 | 榆阳区（陕） | 连翘 | 60.00 |
| 911 | 安国市（冀） | 连翘 | 53.00 |
| 912 | 古　县（晋） | 连翘 | 40.00 |
| 913 | 浮山县（晋） | 连翘 | 30.00 |
| 914 | 围场满族蒙古族自治县（冀） | 连翘 | 30.00 |
| 915 | 吴桥县（冀） | 连翘 | 27.00 |
| 916 | 鹿泉区（冀） | 连翘 | 20.20 |
| 917 | 襄汾县（晋） | 连翘 | 20.00 |
| 918 | 甘州区（甘） | 连翘 | 13.00 |
| 919 | 松山区（内蒙古） | 连翘 | 10.38 |
| 920 | 利川市（鄂） | 柳杉 | 1000.00 |
| 921 | 临翔区（滇） | 柳杉 | 1000.00 |
| 922 | 麒麟区（滇） | 柳杉 | 500.00 |
| 923 | 桐梓县（黔） | 柳杉 | 500.00 |
| 924 | 富源县（滇） | 柳杉 | 250.00 |
| 925 | 绵竹市（川） | 柳杉 | 240.00 |
| 926 | 马边彝族自治县（川） | 柳杉 | 190.00 |
| 927 | 彭州市（川） | 柳杉 | 157.00 |
| 928 | 安　县（川） | 柳杉 | 120.00 |
| 929 | 古蔺县（川） | 柳杉 | 100.00 |
| 930 | 恩施市（鄂） | 柳杉 | 80.00 |
| 931 | 开发区农林牧水局（黔） | 柳杉 | 60.00 |

（续）

| 序号 | 其他主要苗圃苗木主产地 | 品种 | 产量（万株） |
|---|---|---|---|
| 932 | 罗平县（滇） | 柳杉 | 60.00 |
| 933 | 个旧市（滇） | 柳杉 | 47.00 |
| 934 | 资源县（桂） | 柳杉 | 30.00 |
| 935 | 密山市（黑） | 柳杉 | 24.00 |
| 936 | 开阳县（黔） | 柳杉 | 12.83 |
| 937 | 马龙县（滇） | 柳杉 | 10.00 |
| 938 | 东港区（鲁） | 龙柏 | 38900.00 |
| 939 | 长海县（辽） | 龙柏 | 24591.00 |
| 940 | 岱岳区（鲁） | 龙柏 | 3500.00 |
| 941 | 泰山区（鲁） | 龙柏 | 1134.00 |
| 942 | 新泰市（鲁） | 龙柏 | 880.00 |
| 943 | 莒　县（鲁） | 龙柏 | 368.00 |
| 944 | 海阳市（鲁） | 龙柏 | 360.00 |
| 945 | 荣成市（鲁） | 龙柏 | 330.00 |
| 946 | 青州市（鲁） | 龙柏 | 300.00 |
| 947 | 坊子区（鲁） | 龙柏 | 90.00 |
| 948 | 文登市（鲁） | 龙柏 | 25.00 |
| 949 | 牟平区（鲁） | 龙柏 | 23.00 |
| 950 | 威海市经济技术开发区（鲁） | 龙柏 | 20.00 |
| 951 | 临沭县（鲁） | 龙柏 | 15.00 |
| 952 | 路桥区（浙） | 龙柏 | 15.00 |
| 953 | 宜城市（鄂） | 龙柏 | 10.10 |
| 954 | 桐乡市（浙） | 落羽杉 | 273.10 |
| 955 | 淮滨县（豫） | 落羽杉 | 120.00 |
| 956 | 松江区（沪） | 落羽杉 | 102.60 |
| 957 | 南　县（湘） | 落羽杉 | 26.00 |
| 958 | 天台县（浙） | 落羽杉 | 18.00 |
| 959 | 元谋县（滇） | 杧果 | 200.00 |
| 960 | 永仁县（滇） | 杧果 | 159.00 |
| 961 | 平原县（鲁） | 毛白杨实验林 | 41.00 |
| 962 | 满城县（冀） | 毛白杨实验林 | 5.00 |
| 963 | 涿州市（冀） | 毛白杨雄株 | 250.00 |
| 964 | 夏　县（晋） | 毛白杨雄株 | 79.60 |
| 965 | 茌平县（鲁） | 毛白杨雄株 | 32.00 |
| 966 | 东昌府区（鲁） | 毛白杨雄株 | 30.00 |
| 967 | 鹿泉区（冀） | 毛白杨雄株 | 28.60 |
| 968 | 惠民县（鲁） | 毛白杨雄株 | 28.00 |
| 969 | 北京市黄垡苗圃（京） | 毛白杨雄株 | 26.60 |
| 970 | 荥阳市（豫） | 毛白杨雄株 | 20.00 |
| 971 | 华龙区（豫） | 毛白杨雄株 | 13.00 |
| 972 | 江津区（渝） | 毛杜鹃 | 500.00 |
| 973 | 奉化区（浙） | 毛杜鹃 | 60.00 |
| 974 | 嵩明县（滇） | 毛杜鹃 | 50.00 |
| 975 | 巍山彝族回族自治县（滇） | 毛杜鹃 | 30.00 |
| 976 | 太湖县（皖） | 毛竹 | 400.00 |

(续)

| 序号 | 其他主要苗圃苗木主产地 | 品种 | 产量(万株) |
|---|---|---|---|
| 977 | 缙云县(浙) | 毛竹 | 207.70 |
| 978 | 绥江县(滇) | 毛竹 | 120.00 |
| 979 | 双江拉祜族佤族布朗族傣族自治县(滇) | 毛竹 | 50.00 |
| 980 | 镇宁布依族苗族自治县(黔) | 毛竹 | 25.00 |
| 981 | 广平县(冀) | 毛竹 | 15.00 |
| 982 | 清新区(粤) | 米老排 | 120.00 |
| 983 | 惠城区(粤) | 米老排 | 8.00 |
| 984 | 郁南县(粤) | 米老排 | 7.00 |
| 985 | 中国林科院热林中心(桂) | 米老排 | 5.00 |
| 986 | 雅长林场(桂) | 米老排 | 2.20 |
| 987 | 盐津县(滇) | 绵竹 | 100.00 |
| 988 | 永川区(渝) | 绵竹 | 10.00 |
| 989 | 冷水江市(湘) | 闽楠 | 400.00 |
| 990 | 新宁县(湘) | 闽楠 | 300.00 |
| 991 | 樟树市(赣) | 闽楠 | 20.00 |
| 992 | 南澳县(粤) | 闽楠 | 14.00 |
| 993 | 莲都区(浙) | 闽楠 | 13.50 |
| 994 | 宁远县(湘) | 闽楠 | 10.00 |
| 995 | 谯城区(皖) | 牡丹 | 70000.00 |
| 996 | 西乡县(陕) | 牡丹 | 3000.00 |
| 997 | 临洮县(甘) | 牡丹 | 2929.00 |
| 998 | 保康县(鄂) | 牡丹 | 1006.00 |
| 999 | 怀远县(皖) | 牡丹 | 900.00 |
| 1000 | 彭州市(川) | 牡丹 | 600.00 |
| 1001 | 宁陵县(豫) | 牡丹 | 450.00 |
| 1002 | 三门峡市市辖区(豫) | 牡丹 | 300.00 |
| 1003 | 郸城县(豫) | 牡丹 | 200.00 |
| 1004 | 南陵县(皖) | 牡丹 | 150.00 |
| 1005 | 榆中县(甘) | 牡丹 | 129.00 |
| 1006 | 荥阳市(豫) | 牡丹 | 100.00 |
| 1007 | 浠水县(鄂) | 牡丹 | 80.00 |
| 1008 | 东阿县(鲁) | 牡丹 | 70.00 |
| 1009 | 嵩　县(豫) | 牡丹 | 48.00 |
| 1010 | 潜山县(皖) | 牡丹 | 30.00 |
| 1011 | 派阳山林场(桂) | 木波罗 | 1.16 |
| 1012 | 河东区(鲁) | 木瓜 | 6800.00 |
| 1013 | 桐柏县(豫) | 木瓜 | 2730.00 |
| 1014 | 长阳土家族自治县(鄂) | 木瓜 | 560.00 |
| 1015 | 舞钢市(豫) | 木瓜 | 220.00 |
| 1016 | 白河县(陕) | 木瓜 | 120.00 |
| 1017 | 嵩　县(豫) | 木瓜 | 92.00 |
| 1018 | 维西傈僳族自治县(滇) | 木瓜 | 57.99 |
| 1019 | 长葛市(豫) | 木瓜 | 38.00 |
| 1020 | 潜山县(皖) | 木瓜 | 25.00 |
| 1021 | 霍山县(皖) | 木瓜 | 20.00 |

(续)

| 序号 | 其他主要苗圃苗木主产地 | 品种 | 产量(万株) |
|---|---|---|---|
| 1022 | 潢川县(豫) | 木槿 | 230.00 |
| 1023 | 东营区(鲁) | 木槿 | 150.00 |
| 1024 | 定州市(冀) | 木槿 | 100.00 |
| 1025 | 鄄城县(鲁) | 木槿 | 75.00 |
| 1026 | 汝州市(豫) | 木槿 | 55.00 |
| 1027 | 淇滨区(豫) | 木槿 | 48.00 |
| 1028 | 济源市(豫) | 木槿 | 45.00 |
| 1029 | 鹿泉区(冀) | 木槿 | 33.20 |
| 1030 | 奉化区(浙) | 木槿 | 30.00 |
| 1031 | 临沂市经济技术开发区(鲁) | 木槿 | 30.00 |
| 1032 | 东昌府区(鲁) | 木槿 | 25.00 |
| 1033 | 襄汾县(晋) | 木槿 | 25.00 |
| 1034 | 广平县(冀) | 木槿 | 15.00 |
| 1035 | 三门县(浙) | 木槿 | 15.00 |
| 1036 | 平邑县(鲁) | 木槿 | 12.00 |
| 1037 | 北戴河区(冀) | 木槿 | 10.00 |
| 1038 | 牟平区(鲁) | 木槿 | 10.00 |
| 1039 | 峄城区(鲁) | 木槿 | 10.00 |
| 1040 | 元阳县(滇) | 木棉 | 300.00 |
| 1041 | 孝南区(鄂) | 木棉 | 3.30 |
| 1042 | 澄海区(粤) | 木棉 | 2.00 |
| 1043 | 江南区(桂) | 木棉 | 1.00 |
| 1044 | 桂东县(湘) | 南方红豆杉 | 350.00 |
| 1045 | 乳源瑶族自治县(粤) | 南方红豆杉 | 275.00 |
| 1046 | 汝城县(湘) | 南方红豆杉 | 268.00 |
| 1047 | 莲都区(浙) | 南方红豆杉 | 250.50 |
| 1048 | 青田县(浙) | 南方红豆杉 | 248.12 |
| 1049 | 铜鼓县(赣) | 南方红豆杉 | 235.00 |
| 1050 | 永嘉县(浙) | 南方红豆杉 | 176.00 |
| 1051 | 天台县(浙) | 南方红豆杉 | 79.00 |
| 1052 | 昌宁县(滇) | 南方红豆杉 | 78.00 |
| 1053 | 象山县(浙) | 南方红豆杉 | 55.00 |
| 1054 | 德安县(赣) | 南方红豆杉 | 44.00 |
| 1055 | 石林彝族自治县(滇) | 南方红豆杉 | 43.00 |
| 1056 | 龙南县(赣) | 南方红豆杉 | 36.00 |
| 1057 | 瓯海区(浙) | 南方红豆杉 | 30.00 |
| 1058 | 玉山县(赣) | 南方红豆杉 | 30.00 |
| 1059 | 建德市(浙) | 南方红豆杉 | 26.00 |
| 1060 | 衢江区(浙) | 南方红豆杉 | 23.00 |
| 1061 | 遂昌县(浙) | 南方红豆杉 | 22.30 |
| 1062 | 临安市(浙) | 南方红豆杉 | 22.00 |
| 1063 | 余杭区(浙) | 南方红豆杉 | 15.50 |
| 1064 | 义乌市(浙) | 南方红豆杉 | 15.22 |
| 1065 | 奉化区(浙) | 南方红豆杉 | 15.00 |
| 1066 | 缙云县(浙) | 南方红豆杉 | 15.00 |

（续）

| 序号 | 其他主要苗圃苗木主产地 | 品种 | 产量（万株） |
|---|---|---|---|
| 1067 | 龙泉市（浙） | 南方红豆杉 | 15.00 |
| 1068 | 兰溪市（浙） | 南方红豆杉 | 14.30 |
| 1069 | 三门县（浙） | 南方红豆杉 | 14.00 |
| 1070 | 灌阳县（桂） | 南方红豆杉 | 10.00 |
| 1071 | 桐梓县（黔） | 楠竹 | 300.00 |
| 1072 | 紫云苗族布依族自治县（黔） | 楠竹 | 65.00 |
| 1073 | 西秀区（黔） | 楠竹 | 53.00 |
| 1074 | 江口县（黔） | 楠竹 | 49.50 |
| 1075 | 沿河土家族自治县（黔） | 楠竹 | 25.00 |
| 1076 | 永川区（渝） | 楠竹 | 20.00 |
| 1077 | 鄂托克旗（内蒙古） | 柠条 | 3000.00 |
| 1078 | 河曲县（晋） | 柠条 | 2124.00 |
| 1079 | 翁牛特旗（内蒙古） | 柠条 | 2080.00 |
| 1080 | 鄂托克前旗（内蒙古） | 柠条 | 1450.00 |
| 1081 | 正蓝旗（内蒙古） | 柠条 | 900.00 |
| 1082 | 巴林右旗（内蒙古） | 柠条 | 735.00 |
| 1083 | 灵武市（宁） | 柠条 | 640.00 |
| 1084 | 民勤县（甘） | 柠条 | 541.00 |
| 1085 | 科尔沁左翼中旗（内蒙古） | 柠条 | 360.00 |
| 1086 | 阿鲁科尔沁旗（内蒙古） | 柠条 | 343.00 |
| 1087 | 古浪县（甘） | 柠条 | 330.00 |
| 1088 | 康保县（冀） | 柠条 | 272.75 |
| 1089 | 神池县（晋） | 柠条 | 223.00 |
| 1090 | 伊金霍洛旗（内蒙古） | 柠条 | 210.00 |
| 1091 | 四子王旗（内蒙古） | 柠条 | 200.00 |
| 1092 | 克什克腾旗（内蒙古） | 柠条 | 174.00 |
| 1093 | 丰镇市（内蒙古） | 柠条 | 133.00 |
| 1094 | 尚义县（冀） | 柠条 | 120.00 |
| 1095 | 南郊区（晋） | 柠条 | 110.00 |
| 1096 | 固阳县（内蒙古） | 柠条 | 105.00 |
| 1097 | 东乌珠穆沁旗（内蒙古） | 柠条 | 60.00 |
| 1098 | 红山区（内蒙古） | 柠条 | 50.00 |
| 1099 | 山丹县（甘） | 柠条 | 38.00 |
| 1100 | 乌拉特后旗（内蒙古） | 柠条 | 24.00 |
| 1101 | 东胜区（内蒙古） | 柠条 | 20.00 |
| 1102 | 松山区（内蒙古） | 柠条 | 20.00 |
| 1103 | 库伦旗（内蒙古） | 柠条 | 12.00 |
| 1104 | 大武口区（宁） | 柠条 | 10.70 |
| 1105 | 新巴尔虎右旗（内蒙古） | 柠条 | 10.00 |
| 1106 | 茶陵县（湘） | 刨花楠 | 180.00 |
| 1107 | 连南瑶族自治县（粤） | 刨花楠 | 20.00 |
| 1108 | 宁远县（湘） | 刨花楠 | 10.00 |
| 1109 | 建德市（浙） | 刨花楠 | 8.00 |
| 1110 | 良凤江国家森林公园（桂） | 刨花楠 | 1.40 |
| 1111 | 路桥区（浙） | 刨花楠 | 1.00 |

（续）

| 序号 | 其他主要苗圃苗木主产地 | 品种 | 产量（万株） |
|---|---|---|---|
| 1112 | 三门县（浙） | 刨花楠 | 1.00 |
| 1113 | 白云区（粤） | 盆架子 | 0.20 |
| 1114 | 花都区（粤） | 盆架子 | 0.09 |
| 1115 | 广西林业集团有限公司（桂） | 盆架子 | 0.06 |
| 1116 | 雅长林场（桂） | 盆架子 | 0.05 |
| 1117 | 扶绥县（桂） | 苹婆 | 20.00 |
| 1118 | 浦北县（桂） | 苹婆 | 6.00 |
| 1119 | 富源县（滇） | 朴树 | 150.00 |
| 1120 | 桐乡市（浙） | 朴树 | 112.10 |
| 1121 | 石林彝族自治县（滇） | 朴树 | 85.00 |
| 1122 | 弥勒市（滇） | 朴树 | 45.10 |
| 1123 | 秀洲区（浙） | 朴树 | 38.37 |
| 1124 | 寿　县（皖） | 朴树 | 30.00 |
| 1125 | 昆明市经济技术开发区（滇） | 朴树 | 29.33 |
| 1126 | 肥东县（皖） | 朴树 | 25.00 |
| 1127 | 双柏县（滇） | 朴树 | 20.00 |
| 1128 | 呈贡县（滇） | 朴树 | 17.75 |
| 1129 | 桐城市（皖） | 朴树 | 15.00 |
| 1130 | 无为县（皖） | 朴树 | 15.00 |
| 1131 | 裕安区（皖） | 朴树 | 14.60 |
| 1132 | 建德市（浙） | 朴树 | 14.00 |
| 1133 | 宣州区（皖） | 朴树 | 12.30 |
| 1134 | 澄江县（滇） | 朴树 | 10.00 |
| 1135 | 栾川县（豫） | 七叶树 | 450.00 |
| 1136 | 内乡县（豫） | 七叶树 | 300.00 |
| 1137 | 西峡县（豫） | 七叶树 | 135.00 |
| 1138 | 佛坪县（陕） | 七叶树 | 115.60 |
| 1139 | 留坝县（陕） | 七叶树 | 100.00 |
| 1140 | 南漳县（鄂） | 七叶树 | 100.00 |
| 1141 | 石泉县（陕） | 七叶树 | 90.00 |
| 1142 | 房　县（鄂） | 七叶树 | 50.00 |
| 1143 | 眉　县（陕） | 七叶树 | 37.70 |
| 1144 | 嵩　县（豫） | 七叶树 | 37.00 |
| 1145 | 镇安县（陕） | 七叶树 | 30.65 |
| 1146 | 两当县（甘） | 七叶树 | 24.68 |
| 1147 | 略阳县（陕） | 七叶树 | 18.00 |
| 1148 | 太白县（陕） | 七叶树 | 17.60 |
| 1149 | 洋　县（陕） | 七叶树 | 12.00 |
| 1150 | 奉化区（浙） | 七叶树 | 10.00 |
| 1151 | 博野县（冀） | 千头椿 | 460.00 |
| 1152 | 陵城区（鲁） | 千头椿 | 46.00 |
| 1153 | 安国市（冀） | 千头椿 | 33.00 |
| 1154 | 河间市（冀） | 千头椿 | 29.00 |
| 1155 | 任　县（冀） | 千头椿 | 12.00 |
| 1156 | 新宁县（湘） | 青钱柳 | 100.00 |

(续)

| 序号 | 其他主要苗圃苗木主产地 | 品种 | 产量(万株) |
|---|---|---|---|
| 1157 | 略阳县(陕) | 青钱柳 | 60.00 |
| 1158 | 石门县(湘) | 青钱柳 | 10.00 |
| 1159 | 定州市(冀) | 青桐 | 300.00 |
| 1160 | 商水县(豫) | 青桐 | 75.00 |
| 1161 | 河东区(鲁) | 青桐 | 5.00 |
| 1162 | 肥东县(皖) | 青桐 | 2.00 |
| 1163 | 清新区(粤) | 秋风木 | 60.00 |
| 1164 | 兴宁区(桂) | 秋枫 | 52.00 |
| 1165 | 郁南县(粤) | 秋枫 | 19.00 |
| 1166 | 英德市(粤) | 秋枫 | 15.00 |
| 1167 | 增城区(粤) | 秋枫 | 15.00 |
| 1168 | 扶绥县(桂) | 秋枫 | 11.00 |
| 1169 | 平定县(晋) | 秋紫白蜡 | 6.00 |
| 1170 | 孟津县(豫) | 楸树 | 300.00 |
| 1171 | 内乡县(豫) | 楸树 | 300.00 |
| 1172 | 栾川县(豫) | 楸树 | 210.00 |
| 1173 | 太康县(豫) | 楸树 | 207.00 |
| 1174 | 淮阳县(豫) | 楸树 | 199.80 |
| 1175 | 汝南县(豫) | 楸树 | 128.00 |
| 1176 | 界首市(皖) | 楸树 | 100.00 |
| 1177 | 维西傈僳族自治县(滇) | 楸树 | 84.65 |
| 1178 | 武城县(鲁) | 楸树 | 70.00 |
| 1179 | 荥阳市(豫) | 楸树 | 54.00 |
| 1180 | 汝州市(豫) | 楸树 | 53.00 |
| 1181 | 嘉定区(沪) | 楸树 | 50.00 |
| 1182 | 驿城区(豫) | 楸树 | 36.00 |
| 1183 | 洛宁县(豫) | 楸树 | 32.00 |
| 1184 | 惠济区(豫) | 楸树 | 21.35 |
| 1185 | 红山区(内蒙古) | 楸树 | 20.00 |
| 1186 | 青州市(鲁) | 楸树 | 20.00 |
| 1187 | 偃师市(豫) | 楸树 | 19.00 |
| 1188 | 海阳市(鲁) | 楸树 | 15.00 |
| 1189 | 兰考县(豫) | 楸树 | 11.70 |
| 1190 | 清新区(粤) | 任豆 | 50.00 |
| 1191 | 那坡县(桂) | 任豆 | 30.00 |
| 1192 | 靖西县(桂) | 任豆 | 18.00 |
| 1193 | 阳山县(粤) | 任豆 | 10.00 |
| 1194 | 南谯区(皖) | 三角枫 | 550.00 |
| 1195 | 枣阳市(鄂) | 三角枫 | 120.00 |
| 1196 | 利川市(鄂) | 三角枫 | 100.00 |
| 1197 | 京山县(鄂) | 三角枫 | 45.00 |
| 1198 | 舒城县(皖) | 三角枫 | 29.00 |
| 1199 | 宜城市(鄂) | 三角枫 | 28.00 |
| 1200 | 嵩明县(滇) | 三角枫 | 20.00 |
| 1201 | 长葛市(豫) | 三角枫 | 19.00 |

(续)

| 序号 | 其他主要苗圃苗木主产地 | 品种 | 产量(万株) |
|---|---|---|---|
| 1202 | 宣州区(皖) | 三角枫 | 18.50 |
| 1203 | 维西傈僳族自治县(滇) | 三角枫 | 13.67 |
| 1204 | 丰宁满族自治县(冀) | 沙棘 | 7500.00 |
| 1205 | 岷　县(甘) | 沙棘 | 3900.00 |
| 1206 | 张北县(冀) | 沙棘 | 1872.00 |
| 1207 | 武川县(内蒙古) | 沙棘 | 1600.00 |
| 1208 | 建平县(辽) | 沙棘 | 1448.00 |
| 1209 | 托克托县(内蒙古) | 沙棘 | 1200.00 |
| 1210 | 围场满族蒙古族自治县(冀) | 沙棘 | 1000.00 |
| 1211 | 尚义县(冀) | 沙棘 | 735.00 |
| 1212 | 林西县(内蒙古) | 沙棘 | 510.00 |
| 1213 | 合水林业总场(甘) | 沙棘 | 325.14 |
| 1214 | 临潭县(甘) | 沙棘 | 320.00 |
| 1215 | 康保县(冀) | 沙棘 | 317.00 |
| 1216 | 华池林业总场(甘) | 沙棘 | 190.00 |
| 1217 | 孙吴县(黑) | 沙棘 | 154.07 |
| 1218 | 古浪县(甘) | 沙棘 | 150.00 |
| 1219 | 松山区(内蒙古) | 沙棘 | 150.00 |
| 1220 | 宁城县(内蒙古) | 沙棘 | 96.50 |
| 1221 | 原州区(宁) | 沙棘 | 75.00 |
| 1222 | 喀喇沁左翼蒙古族自治县(辽) | 沙棘 | 64.00 |
| 1223 | 理塘县(川) | 沙棘 | 50.00 |
| 1224 | 壶关县(晋) | 沙棘 | 30.00 |
| 1225 | 固阳县(内蒙古) | 沙棘 | 20.00 |
| 1226 | 库伦旗(内蒙古) | 沙棘 | 15.20 |
| 1227 | 塞罕坝机械林场(冀) | 沙棘 | 15.00 |
| 1228 | 东港市(辽) | 沙松 | 457.00 |
| 1229 | 三岔子林业局(吉林森工) | 沙松 | 53.21 |
| 1230 | 临泽县(甘) | 沙枣 | 2919.40 |
| 1231 | 金塔县(甘) | 沙枣 | 1560.00 |
| 1232 | 永宁县(宁) | 沙枣 | 923.00 |
| 1233 | 翁牛特旗(内蒙古) | 沙枣 | 354.00 |
| 1234 | 灵武市(宁) | 沙枣 | 244.31 |
| 1235 | 古浪县(甘) | 沙枣 | 190.00 |
| 1236 | 平罗县(宁) | 沙枣 | 124.90 |
| 1237 | 高台县(甘) | 沙枣 | 85.00 |
| 1238 | 杭锦旗(内蒙古) | 沙枣 | 71.40 |
| 1239 | 武威市市辖区(甘) | 沙枣 | 66.00 |
| 1240 | 民勤县(甘) | 沙枣 | 51.00 |
| 1241 | 东胜区(内蒙古) | 沙枣 | 50.00 |
| 1242 | 固阳县(内蒙古) | 沙枣 | 50.00 |
| 1243 | 贺兰县(宁) | 沙枣 | 30.00 |
| 1244 | 永昌县(甘) | 沙枣 | 30.00 |
| 1245 | 金川区(甘) | 沙枣 | 25.00 |
| 1246 | 惠农区(宁) | 沙枣 | 20.00 |

（续）

| 序号 | 其他主要苗圃苗木主产地 | 品种 | 产量（万株） |
|---|---|---|---|
| 1247 | 山丹县（甘） | 沙枣 | 20.00 |
| 1248 | 奈曼旗（内蒙古） | 沙枣 | 11.00 |
| 1249 | 龙潭区（吉） | 山槐 | 10.00 |
| 1250 | 萝北县（黑） | 山槐 | 8.00 |
| 1251 | 桦甸市（吉） | 山槐 | 3.50 |
| 1252 | 珲春林业局（吉） | 山槐 | 2.79 |
| 1253 | 派阳山林场（桂） | 山黄皮果 | 3.99 |
| 1254 | 七坡林场（桂） | 山木兰 | 0.99 |
| 1255 | 利川市（鄂） | 芍药 | 2800.00 |
| 1256 | 侯马市（晋） | 芍药 | 80.00 |
| 1257 | 襄汾县（晋） | 芍药 | 50.00 |
| 1258 | 怀远县（皖） | 芍药 | 20.00 |
| 1259 | 兖州市（鲁） | 芍药 | 12.00 |
| 1260 | 杞　县（豫） | 少紫穗槐 | 600.00 |
| 1261 | 怀来县（冀） | 少紫穗槐 | 13.55 |
| 1262 | 始兴县（粤） | 深山含笑 | 150.00 |
| 1263 | 璧山区（渝） | 深山含笑 | 33.00 |
| 1264 | 新宁县（湘） | 深山含笑 | 30.00 |
| 1265 | 蕉岭县（粤） | 深山含笑 | 15.00 |
| 1266 | 洞口县（湘） | 深山含笑 | 14.00 |
| 1267 | 龙南县（赣） | 深山含笑 | 5.00 |
| 1268 | 仙居县（浙） | 深山含笑 | 3.00 |
| 1269 | 郫　县（川） | 深山含笑 | 2.00 |
| 1270 | 南岳区（湘） | 深山含笑 | 1.50 |
| 1271 | 芦溪县（赣） | 深山含笑 | 1.30 |
| 1272 | 黔江区（渝） | 深山含笑 | 1.00 |
| 1273 | 隆阳区（滇） | 石榴 | 780.00 |
| 1274 | 荥阳市（豫） | 石榴 | 530.00 |
| 1275 | 峄城区（鲁） | 石榴 | 120.00 |
| 1276 | 镇宁布依族苗族自治县(黔) | 石榴 | 100.00 |
| 1277 | 六枝特区（黔） | 石榴 | 70.00 |
| 1278 | 汝州市（豫） | 石榴 | 65.00 |
| 1279 | 礼泉县（陕） | 石榴 | 60.00 |
| 1280 | 禹会区（皖） | 石榴 | 50.00 |
| 1281 | 张湾区（鄂） | 石榴 | 50.00 |
| 1282 | 怀远县（皖） | 石榴 | 36.00 |
| 1283 | 普安县（黔） | 石榴 | 30.00 |
| 1284 | 惠济区（豫） | 石榴 | 24.75 |
| 1285 | 卫辉市（豫） | 石榴 | 15.40 |
| 1286 | 沿河土家族自治县（黔） | 石榴 | 15.00 |
| 1287 | 舒城县（皖） | 石楠 | 543.00 |
| 1288 | 汝州市（豫） | 石楠 | 515.00 |
| 1289 | 房　县（鄂） | 石楠 | 500.00 |
| 1290 | 湖口县（赣） | 石楠 | 500.00 |
| 1291 | 兴义市（黔） | 石楠 | 300.00 |

（续）

| 序号 | 其他主要苗圃苗木主产地 | 品种 | 产量（万株） |
|---|---|---|---|
| 1292 | 荆门市市辖区（鄂） | 石楠 | 205.00 |
| 1293 | 镇平县（豫） | 石楠 | 100.00 |
| 1294 | 郸城县（豫） | 石楠 | 90.00 |
| 1295 | 梁山县（鲁） | 石楠 | 75.00 |
| 1296 | 驿城区（豫） | 石楠 | 63.00 |
| 1297 | 黄陂区（鄂） | 石楠 | 60.00 |
| 1298 | 保康县（鄂） | 石楠 | 58.00 |
| 1299 | 昆明市经济技术开发区（滇） | 石楠 | 47.50 |
| 1300 | 淇滨区（豫） | 石楠 | 45.00 |
| 1301 | 宜丰县（赣） | 石楠 | 42.60 |
| 1302 | 卫辉市（豫） | 石楠 | 41.60 |
| 1303 | 太康县（豫） | 石楠 | 40.70 |
| 1304 | 惠济区（豫） | 石楠 | 34.87 |
| 1305 | 松江区（沪） | 石楠 | 32.70 |
| 1306 | 荥阳市（豫） | 石楠 | 23.40 |
| 1307 | 洋　县（陕） | 石楠 | 23.00 |
| 1308 | 杨凌区农林局（陕） | 石楠 | 22.00 |
| 1309 | 博望区（皖） | 石楠 | 20.00 |
| 1310 | 大冶市（鄂） | 石楠 | 20.00 |
| 1311 | 濮阳县（豫） | 石楠 | 20.00 |
| 1312 | 江川县（滇） | 石楠 | 14.18 |
| 1313 | 青田县（浙） | 石楠 | 11.60 |
| 1314 | 灵武市（宁） | 丝棉木 | 846.64 |
| 1315 | 安国市（冀） | 丝棉木 | 263.00 |
| 1316 | 梁山县（鲁） | 丝棉木 | 80.00 |
| 1317 | 平原县（鲁） | 丝棉木 | 20.00 |
| 1318 | 平罗县（宁） | 丝棉木 | 19.55 |
| 1319 | 东昌府区（鲁） | 丝棉木 | 10.00 |
| 1320 | 大武口区（宁） | 丝棉木 | 5.77 |
| 1321 | 涿州市（冀） | 丝棉木 | 4.40 |
| 1322 | 灵武白芨滩国家级自然保护区（宁） | 丝棉木 | 3.86 |
| 1323 | 宁晋县（冀） | 丝棉木 | 3.80 |
| 1324 | 顺义区（京） | 丝棉木 | 3.56 |
| 1325 | 金凤区（宁） | 丝棉木 | 2.70 |
| 1326 | 华池林业总场（甘） | 丝棉木 | 1.42 |
| 1327 | 三河市（冀） | 丝棉木 | 1.20 |
| 1328 | 文峰区（豫） | 丝棉木 | 1.00 |
| 1329 | 景东彝族自治县（滇） | 思茅松 | 360.00 |
| 1330 | 澜沧拉祜族自治县（滇） | 思茅松 | 220.00 |
| 1331 | 孟连傣族拉祜族佤族自治县(滇) | 思茅松 | 150.00 |
| 1332 | 景谷傣族彝族自治县（滇） | 思茅松 | 70.00 |
| 1333 | 宁洱哈尼族彝族自治县（滇） | 思茅松 | 60.00 |
| 1334 | 始兴县（粤） | 四季桂 | 900.00 |
| 1335 | 麒麟区（滇） | 四季桂 | 100.00 |
| 1336 | 竹山县（鄂） | 四季桂 | 11.00 |

(续)

| 序号 | 其他主要苗圃苗木主产地 | 品种 | 产量(万株) |
|---|---|---|---|
| 1337 | 石林彝族自治县(滇) | 四照花 | 36.00 |
| 1338 | 嵩明县(滇) | 四照花 | 5.00 |
| 1339 | 维西傈僳族自治县(滇) | 四照花 | 1.80 |
| 1340 | 费　县(鲁) | 酥脆枣 | 30.00 |
| 1341 | 奈曼旗(内蒙古) | 酸梅 | 5.00 |
| 1342 | 定州市(冀) | 塔柏 | 3150.00 |
| 1343 | 隆阳区(滇) | 塔柏 | 1000.00 |
| 1344 | 易　县(冀) | 塔柏 | 500.00 |
| 1345 | 夏　县(晋) | 塔柏 | 48.60 |
| 1346 | 眉　县(陕) | 塔柏 | 30.00 |
| 1347 | 牟平区(鲁) | 塔柏 | 12.00 |
| 1348 | 洋　县(陕) | 塔柏 | 12.00 |
| 1349 | 博野县(冀) | 塔柏 | 10.00 |
| 1350 | 昌黎县(冀) | 太阳李 | 30.00 |
| 1351 | 高阳县(冀) | 太阳李 | 20.00 |
| 1352 | 贺兰县(宁) | 太阳李 | 17.30 |
| 1353 | 麦积区(甘) | 太阳李 | 10.00 |
| 1354 | 满城县(冀) | 太阳李 | 10.00 |
| 1355 | 克东县(黑) | 糖槭 | 100.00 |
| 1356 | 让胡路区(黑) | 糖槭 | 80.00 |
| 1357 | 大同区(黑) | 糖槭 | 74.00 |
| 1358 | 长春市净月经济开发区(吉) | 糖槭 | 43.58 |
| 1359 | 梨树县(吉) | 糖槭 | 38.00 |
| 1360 | 集贤县(黑) | 糖槭 | 25.00 |
| 1361 | 青州市(鲁) | 糖槭 | 20.00 |
| 1362 | 双阳区(吉) | 糖槭 | 15.00 |
| 1363 | 萝北县(黑) | 糖槭 | 10.00 |
| 1364 | 泰安市高新区(鲁) | 桃 | 3000.00 |
| 1365 | 武陟县(豫) | 桃 | 2900.00 |
| 1366 | 昌黎县(冀) | 桃 | 1500.00 |
| 1367 | 苍溪县(川) | 桃 | 1300.00 |
| 1368 | 萧　县(皖) | 桃 | 600.00 |
| 1369 | 杨凌区农林局(陕) | 桃 | 560.00 |
| 1370 | 昌乐县(鲁) | 桃 | 525.00 |
| 1371 | 寿　县(皖) | 桃 | 480.00 |
| 1372 | 内黄县(豫) | 桃 | 400.00 |
| 1373 | 青州市(鲁) | 桃 | 350.00 |
| 1374 | 连平县(粤) | 桃 | 300.00 |
| 1375 | 费　县(鲁) | 桃 | 260.00 |
| 1376 | 河东区(鲁) | 桃 | 250.00 |
| 1377 | 伊金霍洛旗(内蒙古) | 桃 | 215.14 |
| 1378 | 安丘市(鲁) | 桃 | 211.00 |
| 1379 | 夏邑县(豫) | 桃 | 190.00 |
| 1380 | 嵩　县(豫) | 桃 | 180.00 |
| 1381 | 西华县(豫) | 桃 | 163.00 |

(续)

| 序号 | 其他主要苗圃苗木主产地 | 品种 | 产量(万株) |
|---|---|---|---|
| 1382 | 察哈尔右翼后旗(内蒙古) | 桃 | 150.00 |
| 1383 | 山亭区(鲁) | 桃 | 150.00 |
| 1384 | 新野县(豫) | 桃 | 150.00 |
| 1385 | 莱城区(鲁) | 桃 | 144.00 |
| 1386 | 坊子区(鲁) | 桃 | 120.00 |
| 1387 | 岱岳区(鲁) | 桃 | 115.00 |
| 1388 | 原州区(宁) | 桃 | 110.10 |
| 1389 | 奉化区(浙) | 桃 | 100.00 |
| 1390 | 大悟县(鄂) | 桃 | 90.00 |
| 1391 | 卢龙县(冀) | 桃 | 80.00 |
| 1392 | 平定县(晋) | 桃 | 80.00 |
| 1393 | 宁晋县(冀) | 桃 | 76.80 |
| 1394 | 邯山区(冀) | 桃 | 70.03 |
| 1395 | 松山区(内蒙古) | 桃 | 66.13 |
| 1396 | 东平县(鲁) | 桃 | 60.00 |
| 1397 | 老河口市(鄂) | 桃 | 56.00 |
| 1398 | 大关县(滇) | 桃 | 50.00 |
| 1399 | 黎城县(晋) | 桃 | 50.00 |
| 1400 | 思南县(黔) | 桃 | 50.00 |
| 1401 | 万盛区(渝) | 桃 | 50.00 |
| 1402 | 察哈尔右翼前旗(内蒙古) | 桃 | 46.40 |
| 1403 | 莲都区(浙) | 桃 | 42.20 |
| 1404 | 永平县(滇) | 桃 | 36.00 |
| 1405 | 道真仡佬族苗族自治县(黔) | 桃 | 35.00 |
| 1406 | 满城县(冀) | 桃 | 33.50 |
| 1407 | 阜平县(冀) | 桃 | 31.50 |
| 1408 | 惠民县(鲁) | 桃 | 30.00 |
| 1409 | 普安县(黔) | 桃 | 30.00 |
| 1410 | 沿河土家族自治县(黔) | 桃 | 25.00 |
| 1411 | 涿州市(冀) | 桃 | 25.00 |
| 1412 | 紫云苗族布依族自治县(黔) | 桃 | 25.00 |
| 1413 | 广饶县(鲁) | 桃 | 24.00 |
| 1414 | 寒亭区(鲁) | 桃 | 24.00 |
| 1415 | 郧　县(鄂) | 桃 | 24.00 |
| 1416 | 魏　县(冀) | 桃 | 22.00 |
| 1417 | 建始县(鄂) | 桃 | 21.00 |
| 1418 | 乐亭县(冀) | 桃 | 20.50 |
| 1419 | 海阳市(鲁) | 桃 | 20.00 |
| 1420 | 怀远县(皖) | 桃 | 20.00 |
| 1421 | 南乐县(豫) | 桃 | 18.00 |
| 1422 | 江口县(黔) | 桃 | 16.00 |
| 1423 | 六枝特区(黔) | 桃 | 16.00 |
| 1424 | 禄丰县(滇) | 桃 | 16.00 |
| 1425 | 施甸县(滇) | 桃 | 16.00 |
| 1426 | 卫辉市(豫) | 桃 | 16.00 |

（续）

| 序号 | 其他主要苗圃苗木主产地 | 品种 | 产量(万株) |
|---|---|---|---|
| 1427 | 房　县(鄂) | 桃 | 15.00 |
| 1428 | 牟平区(鲁) | 桃 | 15.00 |
| 1429 | 深州市(冀) | 桃 | 15.00 |
| 1430 | 孝南区(鄂) | 桃 | 15.00 |
| 1431 | 肥城市(鲁) | 桃 | 14.40 |
| 1432 | 汉源县(川) | 桃 | 14.00 |
| 1433 | 山海关区(冀) | 桃 | 13.00 |
| 1434 | 高台县(甘) | 桃 | 12.75 |
| 1435 | 兰考县(豫) | 桃 | 12.00 |
| 1436 | 潘集区(皖) | 桃 | 12.00 |
| 1437 | 竹山县(鄂) | 桃 | 12.00 |
| 1438 | 宜城市(鄂) | 桃 | 11.50 |
| 1439 | 邢台县(冀) | 桃 | 11.00 |
| 1440 | 怀来县(冀) | 桃 | 10.40 |
| 1441 | 建昌县(辽) | 桃 | 10.00 |
| 1442 | 荔波县(黔) | 桃 | 10.00 |
| 1443 | 商都县(内蒙古) | 桃 | 10.00 |
| 1444 | 铜梁县(渝) | 桃 | 10.00 |
| 1445 | 揭东区(粤) | 桃花心木 | 34.00 |
| 1446 | 榕城区(粤) | 桃花心木 | 10.00 |
| 1447 | 惠城区(粤) | 桃花心木 | 5.00 |
| 1448 | 瑞丽市(滇) | 桃花心木 | 2.25 |
| 1449 | 潮南区(粤) | 桃花心木 | 2.00 |
| 1450 | 濠江区(粤) | 桃花心木 | 1.00 |
| 1451 | 璧山区(渝) | 天竺桂 | 279.00 |
| 1452 | 麒麟区(滇) | 天竺桂 | 100.00 |
| 1453 | 大英县(川) | 天竺桂 | 90.00 |
| 1454 | 温江区(川) | 天竺桂 | 36.00 |
| 1455 | 郫　县(川) | 天竺桂 | 30.00 |
| 1456 | 通川区(川) | 天竺桂 | 28.00 |
| 1457 | 禄丰县(滇) | 天竺桂 | 15.00 |
| 1458 | 荣昌区(渝) | 天竺桂 | 12.98 |
| 1459 | 双江拉祜族佤族布朗族傣族自治县(滇) | 天竺桂 | 12.00 |
| 1460 | 铜梁县(渝) | 天竺桂 | 10.00 |
| 1461 | 安岳县(川) | 天竺桂 | 4.60 |
| 1462 | 江川县(滇) | 天竺桂 | 4.30 |
| 1463 | 高　县(川) | 天竺桂 | 3.60 |
| 1464 | 奉化区(浙) | 天竺桂 | 3.00 |
| 1465 | 九龙坡区(渝) | 天竺桂 | 3.00 |
| 1466 | 内江市市中区(川) | 天竺桂 | 3.00 |
| 1467 | 兴国县(赣) | 天竺桂 | 2.10 |
| 1468 | 澄江县(滇) | 天竺桂 | 2.00 |
| 1469 | 蒙自市(滇) | 天竺桂 | 2.00 |
| 1470 | 黔江区(渝) | 天竺桂 | 1.00 |
| 1471 | 万盛区(渝) | 天竺桂 | 1.00 |
| 1472 | 双江拉祜族佤族布朗族傣族自治县(滇) | 铁力木 | 8.32 |
| 1473 | 惠城区(粤) | 铁力木 | 5.00 |
| 1474 | 永德县(滇) | 铁力木 | 5.00 |
| 1475 | 瑞丽市(滇) | 铁力木 | 1.44 |
| 1476 | 腾冲县(滇) | 秃杉 | 100.00 |
| 1477 | 巴马瑶族自治县(桂) | 秃杉 | 60.00 |
| 1478 | 雅长林场(桂) | 秃杉 | 35.10 |
| 1479 | 陇川县(滇) | 秃杉 | 10.00 |
| 1480 | 盈江县(滇) | 秃杉 | 3.34 |
| 1481 | 良凤江国家森林公园(桂) | 土沉香 | 21.00 |
| 1482 | 中国林科院热林中心(桂) | 土沉香 | 10.00 |
| 1483 | 北流市(桂) | 土沉香 | 7.20 |
| 1484 | 高州市(粤) | 土沉香 | 6.00 |
| 1485 | 龙眼洞林场(粤) | 土沉香 | 5.00 |
| 1486 | 蓬江区(粤) | 土沉香 | 2.00 |
| 1487 | 派阳山林场(桂) | 土沉香 | 1.28 |
| 1488 | 青州市(鲁) | 卫矛 | 400.00 |
| 1489 | 阳泉市郊区(晋) | 卫矛 | 290.00 |
| 1490 | 深州市(冀) | 卫矛 | 265.00 |
| 1491 | 满城县(冀) | 卫矛 | 100.00 |
| 1492 | 平定县(晋) | 卫矛 | 60.00 |
| 1493 | 襄汾县(晋) | 卫矛 | 50.00 |
| 1494 | 武强县(冀) | 卫矛 | 40.00 |
| 1495 | 运河区(冀) | 卫矛 | 22.00 |
| 1496 | 抚宁区(冀) | 卫矛 | 20.00 |
| 1497 | 马头滩林业局(陕) | 卫矛 | 20.00 |
| 1498 | 麦积区(甘) | 卫矛 | 20.00 |
| 1499 | 北戴河区(冀) | 卫矛 | 19.00 |
| 1500 | 松山区(内蒙古) | 卫矛 | 11.30 |
| 1501 | 侯马市(晋) | 卫矛 | 10.00 |
| 1502 | 山海关区(冀) | 卫矛 | 10.00 |
| 1503 | 靖远县(甘) | 文冠果 | 3000.00 |
| 1504 | 建平县(辽) | 文冠果 | 487.00 |
| 1505 | 阿鲁科尔沁旗(内蒙古) | 文冠果 | 274.00 |
| 1506 | 凌源市(辽) | 文冠果 | 150.00 |
| 1507 | 翁牛特旗(内蒙古) | 文冠果 | 120.00 |
| 1508 | 红山区(内蒙古) | 文冠果 | 110.87 |
| 1509 | 林西县(内蒙古) | 文冠果 | 109.00 |
| 1510 | 鄂托克前旗(内蒙古) | 文冠果 | 104.26 |
| 1511 | 敖汉旗(内蒙古) | 文冠果 | 89.00 |
| 1512 | 松山区(内蒙古) | 文冠果 | 68.00 |
| 1513 | 库伦旗(内蒙古) | 文冠果 | 55.00 |
| 1514 | 襄汾县(晋) | 文冠果 | 50.00 |
| 1515 | 扎赉特旗(内蒙古) | 文冠果 | 45.00 |
| 1516 | 定西市巉口林业试验场(甘) | 文冠果 | 14.00 |

(续)

| 序号 | 其他主要苗圃苗木主产地 | 品种 | 产量(万株) |
|---|---|---|---|
| 1517 | 兴义市(黔) | 无患子 | 400.00 |
| 1518 | 石门县(湘) | 无患子 | 300.00 |
| 1519 | 桐乡市(浙) | 无患子 | 207.70 |
| 1520 | 天台县(浙) | 无患子 | 150.00 |
| 1521 | 安吉县(浙) | 无患子 | 125.40 |
| 1522 | 德安县(赣) | 无患子 | 93.80 |
| 1523 | 贞丰县(黔) | 无患子 | 72.00 |
| 1524 | 秀洲区(浙) | 无患子 | 66.00 |
| 1525 | 慈溪市(浙) | 无患子 | 49.00 |
| 1526 | 路桥区(浙) | 无患子 | 30.60 |
| 1527 | 垫江县(渝) | 无患子 | 30.00 |
| 1528 | 余杭区(浙) | 无患子 | 26.50 |
| 1529 | 金东区(浙) | 无患子 | 26.00 |
| 1530 | 衢江区(浙) | 无患子 | 22.00 |
| 1531 | 兰溪市(浙) | 无患子 | 21.90 |
| 1532 | 沅江市(湘) | 无患子 | 18.00 |
| 1533 | 义乌市(浙) | 无患子 | 15.69 |
| 1534 | 海盐县(浙) | 无患子 | 13.30 |
| 1535 | 肥东县(皖) | 无患子 | 13.00 |
| 1536 | 松江区(沪) | 无患子 | 12.30 |
| 1537 | 奉化区(浙) | 无患子 | 12.00 |
| 1538 | 阳新县(鄂) | 吴茱萸 | 150.00 |
| 1539 | 樟树市(赣) | 吴茱萸 | 20.00 |
| 1540 | 定州市(冀) | 西府海棠 | 1440.00 |
| 1541 | 泰安市高新区(鲁) | 西府海棠 | 1080.00 |
| 1542 | 莱城区(鲁) | 西府海棠 | 230.00 |
| 1543 | 兖州市(鲁) | 西府海棠 | 200.00 |
| 1544 | 济源市(豫) | 西府海棠 | 61.00 |
| 1545 | 河间市(冀) | 西府海棠 | 53.00 |
| 1546 | 临沂市经济技术开发区(鲁) | 西府海棠 | 48.00 |
| 1547 | 坊子区(鲁) | 西府海棠 | 45.00 |
| 1548 | 曲阳县(冀) | 西府海棠 | 45.00 |
| 1549 | 商水县(豫) | 西府海棠 | 24.50 |
| 1550 | 文登市(鲁) | 西府海棠 | 22.00 |
| 1551 | 蠡　县(冀) | 西府海棠 | 15.00 |
| 1552 | 襄汾县(晋) | 西府海棠 | 12.00 |
| 1553 | 华龙区(豫) | 西府海棠 | 11.00 |
| 1554 | 盈江县(滇) | 西南桦 | 167.00 |
| 1555 | 施甸县(滇) | 西南桦 | 100.00 |
| 1556 | 梁河县(滇) | 西南桦 | 60.00 |
| 1557 | 双江拉祜族佤族布朗族傣族自治县(滇) | 西南桦 | 50.00 |
| 1558 | 陇川县(滇) | 西南桦 | 30.00 |
| 1559 | 澜沧拉祜族自治县(滇) | 西南桦 | 28.00 |
| 1560 | 西畴县(滇) | 西南桦 | 20.00 |
| 1561 | 中国林科院热林中心(桂) | 西南桦 | 20.00 |

(续)

| 序号 | 其他主要苗圃苗木主产地 | 品种 | 产量(万株) |
|---|---|---|---|
| 1562 | 瑞丽市(滇) | 西南桦 | 12.75 |
| 1563 | 芒　市(滇) | 西南桦 | 10.00 |
| 1564 | 松阳县(浙) | 香榧 | 50.00 |
| 1565 | 玉山县(赣) | 香榧 | 50.00 |
| 1566 | 浠水县(鄂) | 香榧 | 30.00 |
| 1567 | 岳西县(皖) | 香榧 | 30.00 |
| 1568 | 青田县(浙) | 香榧 | 25.20 |
| 1569 | 奉化区(浙) | 香榧 | 20.00 |
| 1570 | 遂昌县(浙) | 香榧 | 16.00 |
| 1571 | 合川区(渝) | 香花槐 | 512.00 |
| 1572 | 襄汾县(晋) | 香花槐 | 200.00 |
| 1573 | 安国市(冀) | 香花槐 | 195.00 |
| 1574 | 定州市(冀) | 香花槐 | 120.00 |
| 1575 | 侯马市(晋) | 香花槐 | 71.00 |
| 1576 | 博野县(冀) | 香花槐 | 70.00 |
| 1577 | 泰安市泰山景区(鲁) | 香花槐 | 60.00 |
| 1578 | 灵武市(宁) | 香花槐 | 58.47 |
| 1579 | 永宁县(宁) | 香花槐 | 52.00 |
| 1580 | 河口区(鲁) | 香花槐 | 31.00 |
| 1581 | 平罗县(宁) | 香花槐 | 29.42 |
| 1582 | 吉　县(晋) | 香花槐 | 25.50 |
| 1583 | 河间市(冀) | 香花槐 | 25.00 |
| 1584 | 青州市(鲁) | 香花槐 | 25.00 |
| 1585 | 金川区(甘) | 香花槐 | 18.20 |
| 1586 | 榆阳区(陕) | 香花槐 | 15.00 |
| 1587 | 古浪县(甘) | 香花槐 | 14.50 |
| 1588 | 武威市市辖区(甘) | 香花槐 | 14.00 |
| 1589 | 榆中县(甘) | 香花槐 | 11.70 |
| 1590 | 荥阳市(豫) | 香花槐 | 10.50 |
| 1591 | 慈溪市(浙) | 香梨 | 379.00 |
| 1592 | 榆中县(甘) | 香梨 | 29.00 |
| 1593 | 长葛市(豫) | 香梨 | 12.00 |
| 1594 | 金平苗族瑶族傣族自治县(滇) | 橡胶树 | 45.00 |
| 1595 | 阳西县(粤) | 橡胶树 | 40.00 |
| 1596 | 定州市(冀) | 小檗 | 15000.00 |
| 1597 | 杨凌区农林局(陕) | 小檗 | 1560.00 |
| 1598 | 新泰市(鲁) | 小檗 | 1200.00 |
| 1599 | 南和县(冀) | 小檗 | 455.00 |
| 1600 | 沂水县(鲁) | 小檗 | 395.00 |
| 1601 | 薛城区(鲁) | 小檗 | 300.00 |
| 1602 | 阳泉市郊区(晋) | 小檗 | 280.00 |
| 1603 | 青州市(鲁) | 小檗 | 200.00 |
| 1604 | 商水县(豫) | 小檗 | 192.00 |
| 1605 | 坊子区(鲁) | 小檗 | 180.00 |
| 1606 | 高密市(鲁) | 小檗 | 120.00 |

（续）

| 序号 | 其他主要苗圃苗木主产地 | 品种 | 产量（万株） |
|---|---|---|---|
| 1607 | 莱芜市高新区（鲁） | 小檗 | 80.00 |
| 1608 | 平定县（晋） | 小檗 | 45.00 |
| 1609 | 阳城县（晋） | 小檗 | 39.00 |
| 1610 | 侯马市（晋） | 小檗 | 12.00 |
| 1611 | 榆中县（甘） | 小檗 | 11.40 |
| 1612 | 顺义区（京） | 小檗 | 10.30 |
| 1613 | 黄平县（黔） | 小浆果 | 30.00 |
| 1614 | 牟平区（鲁） | 小浆果 | 10.00 |
| 1615 | 扶绥县（桂） | 小叶榄仁 | 18.00 |
| 1616 | 榕城区（粤） | 小叶榄仁 | 5.00 |
| 1617 | 良凤江国家森林公园（桂） | 小叶榄仁 | 3.20 |
| 1618 | 广西林业集团有限公司（桂） | 小叶榄仁 | 2.39 |
| 1619 | 濠江区（粤） | 小叶榄仁 | 1.00 |
| 1620 | 璧山区（渝） | 小叶榕 | 329.00 |
| 1621 | 隆安县（桂） | 小叶榕 | 150.00 |
| 1622 | 会东县（川） | 小叶榕 | 65.10 |
| 1623 | 永平县（滇） | 小叶榕 | 54.00 |
| 1624 | 仁和区（川） | 小叶榕 | 50.00 |
| 1625 | 弥勒市（滇） | 小叶榕 | 33.80 |
| 1626 | 龙南县（赣） | 小叶榕 | 30.00 |
| 1627 | 瓯海区（浙） | 小叶榕 | 20.00 |
| 1628 | 攀枝花市西区（川） | 小叶榕 | 20.00 |
| 1629 | 英德市（粤） | 小叶榕 | 15.00 |
| 1630 | 良凤江国家森林公园（桂） | 羊蹄甲 | 33.40 |
| 1631 | 高　县（川） | 羊蹄甲 | 25.80 |
| 1632 | 扶绥县（桂） | 羊蹄甲 | 5.00 |
| 1633 | 兰溪市（浙） | 杨梅 | 217.00 |
| 1634 | 靖州苗族侗族自治县（湘） | 杨梅 | 160.00 |
| 1635 | 慈溪市（浙） | 杨梅 | 95.00 |
| 1636 | 六枝特区（黔） | 杨梅 | 25.00 |
| 1637 | 永康市（浙） | 杨梅 | 15.20 |
| 1638 | 三门县（浙） | 杨梅 | 11.70 |
| 1639 | 定海区（浙） | 杨梅 | 10.00 |
| 1640 | 清新区（粤） | 洋紫荆 | 35.00 |
| 1641 | 忻城县（桂） | 洋紫荆 | 15.00 |
| 1642 | 英德市（粤） | 洋紫荆 | 10.00 |
| 1643 | 增城区（粤） | 洋紫荆 | 10.00 |
| 1644 | 良凤江国家森林公园（桂） | 仪花 | 1.37 |
| 1645 | 北京市大东流苗圃（京） | 银白槭 | 5.70 |
| 1646 | 临沂市经济技术开发区（鲁） | 银杉 | 4.00 |
| 1647 | 派阳山林场（桂） | 印度紫檀 | 1465.00 |
| 1648 | 孟连傣族拉祜族佤族自治县（滇） | 印度紫檀 | 3.00 |
| 1649 | 澜沧拉祜族自治县（滇） | 印度紫檀 | 2.00 |
| 1650 | 秦州区（甘） | 樱桃 | 210.00 |
| 1651 | 文登市（鲁） | 樱桃 | 156.00 |
| 1652 | 丰镇市（内蒙古） | 樱桃 | 151.60 |
| 1653 | 岱岳区（鲁） | 樱桃 | 120.00 |
| 1654 | 泰安市泰山景区（鲁） | 樱桃 | 120.00 |
| 1655 | 牟平区（鲁） | 樱桃 | 70.00 |
| 1656 | 嵩　县（豫） | 樱桃 | 60.00 |
| 1657 | 山海关区（冀） | 樱桃 | 59.00 |
| 1658 | 汉源县（川） | 樱桃 | 58.00 |
| 1659 | 永德县（滇） | 樱桃 | 50.00 |
| 1660 | 荥阳市（豫） | 樱桃 | 47.13 |
| 1661 | 潍城区（鲁） | 樱桃 | 40.00 |
| 1662 | 永平县（滇） | 樱桃 | 36.00 |
| 1663 | 房　县（鄂） | 樱桃 | 20.00 |
| 1664 | 三门县（浙） | 樱桃 | 20.00 |
| 1665 | 五华区（滇） | 樱桃 | 20.00 |
| 1666 | 襄汾县（晋） | 樱桃 | 12.00 |
| 1667 | 华宁县（滇） | 樱桃 | 10.00 |
| 1668 | 山亭区（鲁） | 樱桃 | 10.00 |
| 1669 | 双江拉祜族佤族布朗族傣族自治县（滇） | 樱桃 | 10.00 |
| 1670 | 铜梁县（渝） | 樱桃 | 10.00 |
| 1671 | 武都区（甘） | 油橄榄 | 4632.00 |
| 1672 | 合川区（渝） | 油橄榄 | 546.00 |
| 1673 | 文　县（甘） | 油橄榄 | 300.00 |
| 1674 | 游仙区（川） | 油橄榄 | 200.00 |
| 1675 | 冕宁县（川） | 油橄榄 | 140.00 |
| 1676 | 郧　县（鄂） | 油橄榄 | 112.50 |
| 1677 | 玉龙纳西族自治县（滇） | 油橄榄 | 105.00 |
| 1678 | 永仁县（滇） | 油橄榄 | 100.80 |
| 1679 | 奉节县（渝） | 油橄榄 | 80.00 |
| 1680 | 金堂县（川） | 油橄榄 | 60.00 |
| 1681 | 永胜县（滇） | 油橄榄 | 60.00 |
| 1682 | 西昌市（川） | 油橄榄 | 52.00 |
| 1683 | 宾川县（滇） | 油橄榄 | 50.00 |
| 1684 | 仁和区（川） | 油橄榄 | 50.00 |
| 1685 | 峨山彝族自治县（滇） | 油橄榄 | 27.00 |
| 1686 | 洛宁县（豫） | 油用牡丹 | 20480.00 |
| 1687 | 镇安县（陕） | 油用牡丹 | 19575.00 |
| 1688 | 汝阳县（豫） | 油用牡丹 | 8120.00 |
| 1689 | 杨凌区农林局（陕） | 油用牡丹 | 5300.00 |
| 1690 | 襄垣县（晋） | 油用牡丹 | 3000.00 |
| 1691 | 白河县（陕） | 油用牡丹 | 2000.00 |
| 1692 | 汉台区（陕） | 油用牡丹 | 2000.00 |
| 1693 | 长阳土家族自治县（鄂） | 油用牡丹 | 1200.00 |
| 1694 | 平桥区（豫） | 油用牡丹 | 660.00 |
| 1695 | 周至县（陕） | 油用牡丹 | 600.00 |
| 1696 | 秀山土家族苗族自治县（渝） | 油用牡丹 | 480.00 |

(续)

| 序号 | 其他主要苗圃苗木主产地 | 品种 | 产量(万株) |
|---|---|---|---|
| 1697 | 汉滨区(陕) | 油用牡丹 | 312.00 |
| 1698 | 柞水县(陕) | 油用牡丹 | 238.00 |
| 1699 | 谷城县(鄂) | 油用牡丹 | 200.00 |
| 1700 | 屏山县(川) | 油用牡丹 | 200.00 |
| 1701 | 商南县(陕) | 油用牡丹 | 200.00 |
| 1702 | 泸西县(滇) | 油用牡丹 | 150.00 |
| 1703 | 西吉县(宁) | 油用牡丹 | 120.00 |
| 1704 | 光山县(豫) | 油用牡丹 | 110.00 |
| 1705 | 武隆县(渝) | 油用牡丹 | 90.00 |
| 1706 | 佛坪县(陕) | 油用牡丹 | 78.60 |
| 1707 | 当阳市(鄂) | 油用牡丹 | 55.00 |
| 1708 | 岐山县(陕) | 油用牡丹 | 54.00 |
| 1709 | 普安县(黔) | 油用牡丹 | 50.00 |
| 1710 | 泽州县(晋) | 油用牡丹 | 40.00 |
| 1711 | 永宁县(宁) | 油用牡丹 | 33.33 |
| 1712 | 洛南县(陕) | 油用牡丹 | 30.00 |
| 1713 | 乌拉特中旗(内蒙古) | 油用牡丹 | 30.00 |
| 1714 | 洋　县(陕) | 油用牡丹 | 30.00 |
| 1715 | 镇坪县(陕) | 油用牡丹 | 30.00 |
| 1716 | 商州区(陕) | 油用牡丹 | 20.00 |
| 1717 | 淅川县(豫) | 油用牡丹 | 20.00 |
| 1718 | 禹州市(豫) | 油用牡丹 | 20.00 |
| 1719 | 裕安区(皖) | 油用牡丹 | 16.50 |
| 1720 | 渭源县(甘) | 油用牡丹 | 12.00 |
| 1721 | 垫江县(渝) | 油樟 | 60.00 |
| 1722 | 犍为县(川) | 油樟 | 36.50 |
| 1723 | 宜宾县(川) | 油樟 | 20.00 |
| 1724 | 思南县(黔) | 柚木 | 150.00 |
| 1725 | 湞江区(粤) | 柚木 | 64.00 |
| 1726 | 屏边苗族自治县(滇) | 柚木 | 60.00 |
| 1727 | 罗定市(粤) | 玉桂 | 50.00 |
| 1728 | 黄陂区(鄂) | 玉兰 | 600.00 |
| 1729 | 上高县(赣) | 玉兰 | 500.00 |
| 1730 | 定州市(冀) | 玉兰 | 310.00 |
| 1731 | 兖州市(鲁) | 玉兰 | 170.00 |
| 1732 | 汝州市(豫) | 玉兰 | 140.00 |
| 1733 | 镇平县(豫) | 玉兰 | 100.00 |
| 1734 | 金东区(浙) | 玉兰 | 76.00 |
| 1735 | 奉化区(浙) | 玉兰 | 75.00 |
| 1736 | 璧山区(渝) | 玉兰 | 59.00 |
| 1737 | 坊子区(鲁) | 玉兰 | 50.00 |
| 1738 | 长葛市(豫) | 玉兰 | 31.00 |
| 1739 | 于洪区(辽) | 玉兰 | 20.00 |
| 1740 | 三门县(浙) | 玉兰 | 17.50 |
| 1741 | 洛宁县(豫) | 玉兰 | 16.80 |
| 1742 | 平桥区(豫) | 玉兰 | 16.00 |
| 1743 | 株洲市市辖区(湘) | 玉兰 | 15.00 |
| 1744 | 酉阳土家族苗族自治县(渝) | 玉兰 | 12.38 |
| 1745 | 江南区(桂) | 玉兰 | 12.00 |
| 1746 | 海阳市(鲁) | 玉兰 | 10.00 |
| 1747 | 荆门市市辖区(鄂) | 玉兰 | 10.00 |
| 1748 | 衢江区(浙) | 玉兰 | 10.00 |
| 1749 | 三门江林场(桂) | 玉兰 | 10.00 |
| 1750 | 扶风县(陕) | 元宝枫 | 2000.00 |
| 1751 | 嵩　县(豫) | 元宝枫 | 540.00 |
| 1752 | 汝州市(豫) | 元宝枫 | 336.00 |
| 1753 | 定州市(冀) | 元宝枫 | 200.00 |
| 1754 | 翁牛特旗(内蒙古) | 元宝枫 | 183.10 |
| 1755 | 宜阳县(豫) | 元宝枫 | 150.00 |
| 1756 | 顺义区(京) | 元宝枫 | 136.86 |
| 1757 | 涿州市(冀) | 元宝枫 | 125.00 |
| 1758 | 吉　县(晋) | 元宝枫 | 48.00 |
| 1759 | 郾城区(豫) | 元宝枫 | 35.00 |
| 1760 | 平原县(鲁) | 元宝枫 | 12.00 |
| 1761 | 郫　县(川) | 月季 | 600.00 |
| 1762 | 榆中县(甘) | 月季 | 194.00 |
| 1763 | 环翠区(鲁) | 月季 | 45.00 |
| 1764 | 新野县(豫) | 月季 | 39.00 |
| 1765 | 东营区(鲁) | 月季 | 28.00 |
| 1766 | 襄汾县(晋) | 月季 | 25.00 |
| 1767 | 鹿泉区(冀) | 月季 | 20.19 |
| 1768 | 广平县(冀) | 月季 | 20.00 |
| 1769 | 梁山县(鲁) | 月季 | 5.00 |
| 1770 | 德城区(鲁) | 月季 | 4.00 |
| 1771 | 威海市经济技术开发区(鲁) | 月季 | 3.00 |
| 1772 | 洛宁县(豫) | 月季 | 1.50 |
| 1773 | 万盛区(渝) | 月季 | 1.00 |
| 1774 | 派阳山林场(桂) | 越南萢茎茶 | 0.96 |
| 1775 | 寻甸回族彝族自治县(滇) | 云南松 | 2000.00 |
| 1776 | 富源县(滇) | 云南松 | 400.00 |
| 1777 | 双柏县(滇) | 云南松 | 100.00 |
| 1778 | 雅长林场(桂) | 云南松 | 47.39 |
| 1779 | 巍山彝族回族自治县(滇) | 云南松 | 45.00 |
| 1780 | 香格里拉县(滇) | 云南松 | 20.15 |
| 1781 | 腾冲县(滇) | 云南松 | 20.00 |
| 1782 | 通海县(滇) | 云南松 | 13.50 |
| 1783 | 榆中县(甘) | 枣树 | 422.80 |
| 1784 | 南票区(辽) | 枣树 | 150.00 |
| 1785 | 武隆县(渝) | 枣树 | 100.00 |
| 1786 | 饶平县(粤) | 枣树 | 30.00 |

（续）

| 序号 | 其他主要苗圃苗木主产地 | 品种 | 产量（万株） |
|---|---|---|---|
| 1787 | 崇义县（赣） | 枣树 | 25.00 |
| 1788 | 景泰县（甘） | 枣树 | 20.00 |
| 1789 | 嵩　县（豫） | 皂荚 | 1800.00 |
| 1790 | 栾川县（豫） | 皂荚 | 1500.00 |
| 1791 | 湖滨区（豫） | 皂荚 | 198.00 |
| 1792 | 三门峡市市辖区（豫） | 皂荚 | 150.00 |
| 1793 | 郧西县（鄂） | 皂荚 | 100.00 |
| 1794 | 禹州市（豫） | 皂荚 | 80.00 |
| 1795 | 汝州市（豫） | 皂荚 | 66.00 |
| 1796 | 襄汾县（晋） | 皂荚 | 63.00 |
| 1797 | 夏　县（晋） | 皂荚 | 51.90 |
| 1798 | 潍城区（鲁） | 皂荚 | 50.00 |
| 1799 | 曲沃县（晋） | 皂荚 | 40.00 |
| 1800 | 山亭区（鲁） | 皂荚 | 25.00 |
| 1801 | 费　县（鲁） | 皂荚 | 18.00 |
| 1802 | 宜城市（鄂） | 皂荚 | 15.00 |
| 1803 | 韩城市林业局（陕） | 皂荚 | 13.73 |
| 1804 | 吴桥县（冀） | 皂荚 | 12.60 |
| 1805 | 清丰县（豫） | 皂荚 | 12.00 |
| 1806 | 木栏围场国营林场（冀） | 柞树 | 4.00 |
| 1807 | 汪清县（吉） | 柞树 | 2.00 |
| 1808 | 讷河市（黑） | 柞树 | 1.60 |
| 1809 | 蛟河市（吉） | 柞树 | 1.44 |
| 1810 | 江川县（滇） | 长梗润楠 | 3.72 |
| 1811 | 良凤江国家森林公园（桂） | 长梗润楠 | 1.20 |
| 1812 | 桃江县（湘） | 珍稀乡土 | 300.00 |
| 1813 | 新　县（豫） | 珍稀乡土 | 300.00 |
| 1814 | 江油市（川） | 珍稀乡土 | 271.00 |
| 1815 | 岚皋县（陕） | 珍稀乡土 | 245.00 |
| 1816 | 南郑县（陕） | 珍稀乡土 | 230.00 |
| 1817 | 屯溪区（皖） | 珍稀乡土 | 120.00 |
| 1818 | 乐昌市（粤） | 珍稀乡土 | 75.00 |
| 1819 | 高要市（粤） | 珍稀乡土 | 55.00 |
| 1820 | 保康县（鄂） | 珍稀乡土 | 52.00 |
| 1821 | 淮阳县（豫） | 珍稀乡土 | 45.00 |
| 1822 | 新丰县（粤） | 珍稀乡土 | 28.90 |
| 1823 | 中国林科院热林中心（桂） | 珍稀乡土 | 15.00 |
| 1824 | 荣昌区（渝） | 桢楠 | 202.64 |
| 1825 | 永川区（渝） | 桢楠 | 120.00 |
| 1826 | 沙湾区（川） | 桢楠 | 105.00 |
| 1827 | 高　县（川） | 桢楠 | 76.20 |
| 1828 | 大邑县（川） | 桢楠 | 68.00 |
| 1829 | 渝北区（渝） | 桢楠 | 43.96 |
| 1830 | 犍为县（川） | 桢楠 | 37.30 |
| 1831 | 永嘉县（浙） | 桢楠 | 35.00 |

（续）

| 序号 | 其他主要苗圃苗木主产地 | 品种 | 产量（万株） |
|---|---|---|---|
| 1832 | 富顺县（川） | 桢楠 | 20.00 |
| 1833 | 筠连县（川） | 桢楠 | 20.00 |
| 1834 | 郁南县（粤） | 桢楠 | 12.50 |
| 1835 | 云和县（浙） | 桢楠 | 12.50 |
| 1836 | 高州市（粤） | 桢楠 | 12.00 |
| 1837 | 平江县（湘） | 桢楠 | 12.00 |
| 1838 | 樟树市（赣） | 枳壳 | 100.00 |
| 1839 | 镇巴县（陕） | 枳壳 | 32.00 |
| 1840 | 江华瑶族自治县（湘） | 竹柏 | 28.00 |
| 1841 | 黄岩区（浙） | 竹柏 | 12.00 |
| 1842 | 温岭市（浙） | 竹柏 | 11.00 |
| 1843 | 饶河县（黑） | 紫椴 | 36.35 |
| 1844 | 松江河林业有限公司（吉林森工） | 紫椴 | 9.00 |
| 1845 | 讷河市（黑） | 紫椴 | 5.80 |
| 1846 | 蛟河市（吉） | 紫椴 | 5.00 |
| 1847 | 振安区（辽） | 紫杉 | 90.00 |
| 1848 | 丰宁满族自治县（冀） | 紫穗槐 | 1500.00 |
| 1849 | 阳原县（冀） | 紫穗槐 | 900.00 |
| 1850 | 喀喇沁左翼蒙古族自治县（辽） | 紫穗槐 | 425.00 |
| 1851 | 青铜峡市（宁） | 紫穗槐 | 200.00 |
| 1852 | 榆阳区（陕） | 紫穗槐 | 120.00 |
| 1853 | 大武口区（宁） | 紫穗槐 | 100.00 |
| 1854 | 平泉县（冀） | 紫穗槐 | 90.00 |
| 1855 | 库伦旗（内蒙古） | 紫穗槐 | 75.00 |
| 1856 | 永宁县（宁） | 紫穗槐 | 72.00 |
| 1857 | 于洪区（辽） | 紫穗槐 | 50.00 |
| 1858 | 乌审旗（内蒙古） | 紫穗槐 | 45.00 |
| 1859 | 鄂托克前旗（内蒙古） | 紫穗槐 | 30.00 |
| 1860 | 平罗县（宁） | 紫穗槐 | 30.00 |
| 1861 | 平原县（鲁） | 紫穗槐 | 30.00 |
| 1862 | 松北区（黑） | 紫叶稠李 | 1803.00 |
| 1863 | 开原市（辽） | 紫叶稠李 | 1000.00 |
| 1864 | 东港市（辽） | 紫叶稠李 | 265.00 |
| 1865 | 蛟河市（吉） | 紫叶稠李 | 231.85 |
| 1866 | 榆树市（吉） | 紫叶稠李 | 100.00 |
| 1867 | 榆中县（甘） | 紫叶稠李 | 72.00 |
| 1868 | 阜新蒙古族自治县（辽） | 紫叶稠李 | 50.00 |
| 1869 | 大同区（黑） | 紫叶稠李 | 30.00 |
| 1870 | 康平县（辽） | 紫叶稠李 | 30.00 |
| 1871 | 五常市（黑） | 紫叶稠李 | 30.00 |
| 1872 | 昌邑区（吉） | 紫叶稠李 | 16.20 |
| 1873 | 双阳区（吉） | 紫叶稠李 | 15.00 |
| 1874 | 桦甸市（吉） | 紫叶稠李 | 11.10 |
| 1875 | 围场满族蒙古族自治县（冀） | 紫叶稠李 | 10.00 |

## 表 11-1 松香主产地产量

| 序号 | 松香主产地 | 产量(吨) |
|---|---|---|
| 1 | 雨花台区(苏) | 9600.00 |
| 2 | 开化县(浙) | 3700.00 |
| 3 | 全椒县(皖) | 1750.00 |
| 4 | 南谯区(皖) | 400.00 |
| 5 | 祁门县(皖) | 399.00 |
| 6 | 桐城市(皖) | 150.00 |
| 7 | 泾　县(皖) | 130.00 |
| 8 | 郎溪县(皖) | 120.00 |
| 9 | 吉安县(赣) | 10806.00 |
| 10 | 吉水县(赣) | 8300.00 |
| 11 | 宁都县(赣) | 7500.00 |
| 12 | 崇仁县(赣) | 7350.00 |
| 13 | 南昌市市辖区(赣) | 6300.00 |
| 14 | 遂川县(赣) | 5500.00 |
| 15 | 安福县(赣) | 5000.00 |
| 16 | 永丰县(赣) | 4600.00 |
| 17 | 乐安县(赣) | 4600.00 |
| 18 | 青原区(赣) | 4182.00 |
| 19 | 安远县(赣) | 4000.00 |
| 20 | 泰和县(赣) | 3800.00 |
| 21 | 峡江县(赣) | 3134.00 |
| 22 | 安义县(赣) | 3020.00 |
| 23 | 永新县(赣) | 3000.00 |
| 24 | 万安县(赣) | 3000.00 |
| 25 | 信丰县(赣) | 2850.00 |
| 26 | 瑞金市(赣) | 2450.00 |
| 27 | 新干县(赣) | 2306.00 |
| 28 | 吉州区(赣) | 2100.00 |
| 29 | 奉新县(赣) | 1825.00 |
| 30 | 于都县(赣) | 700.00 |
| 31 | 金溪县(赣) | 490.00 |
| 32 | 修水县(赣) | 400.00 |
| 33 | 宜丰县(赣) | 306.00 |
| 34 | 德兴市(赣) | 300.00 |
| 35 | 上高县(赣) | 295.00 |
| 36 | 上饶县(赣) | 210.00 |
| 37 | 赣　县(赣) | 188.00 |
| 38 | 靖安县(赣) | 150.00 |
| 39 | 婺源县(赣) | 140.00 |
| 40 | 大余县(赣) | 100.00 |
| 41 | 内乡县(豫) | 300.00 |
| 42 | 当阳市(鄂) | 20680.00 |
| 43 | 英山县(鄂) | 1100.00 |
| 44 | 京山县(鄂) | 955.00 |
| 45 | 随　县(鄂) | 180.00 |
| 46 | 兴山县(鄂) | 150.00 |
| 47 | 荆州区(鄂) | 100.00 |
| 48 | 株洲市市辖区(湘) | 6800.00 |
| 49 | 道　县(湘) | 3390.00 |
| 50 | 宜章县(湘) | 1600.00 |
| 51 | 古丈县(湘) | 1298.00 |
| 52 | 绥宁县(湘) | 595.00 |
| 53 | 辰溪县(湘) | 500.00 |
| 54 | 浏阳市(湘) | 400.00 |
| 55 | 安化县(湘) | 320.00 |
| 56 | 衡山县(湘) | 276.54 |
| 57 | 东安县(湘) | 271.00 |
| 58 | 衡东县(湘) | 250.00 |
| 59 | 双牌县(湘) | 220.00 |
| 60 | 芦淞区(湘) | 158.00 |
| 61 | 云安县(粤) | 40000.00 |
| 62 | 南雄市(粤) | 11057.00 |
| 63 | 高要市(粤) | 10046.00 |
| 64 | 德庆县(粤) | 10030.00 |
| 65 | 梅县区(粤) | 8800.00 |
| 66 | 封开县(粤) | 6016.00 |
| 67 | 广宁县(粤) | 4400.00 |
| 68 | 浈江区(粤) | 3500.00 |
| 69 | 阳东县(粤) | 3200.00 |
| 70 | 仁化县(粤) | 2000.00 |
| 71 | 乳源瑶族自治县(粤) | 850.00 |
| 72 | 和平县(粤) | 500.00 |
| 73 | 连州市(粤) | 485.00 |
| 74 | 新兴县(粤) | 465.00 |
| 75 | 信宜市(粤) | 300.00 |
| 76 | 佛冈县(粤) | 101.00 |
| 77 | 宁明县(桂) | 187453.00 |
| 78 | 北流市(桂) | 95648.00 |
| 79 | 武鸣县(桂) | 56789.00 |
| 80 | 象州县(桂) | 37800.00 |
| 81 | 兴安县(桂) | 24110.00 |
| 82 | 防城区(桂) | 17534.00 |
| 83 | 岑溪市(桂) | 16500.00 |
| 84 | 钦北区(桂) | 15079.00 |
| 85 | 金秀瑶族自治县(桂) | 14022.00 |
| 86 | 港口区(桂) | 8500.00 |
| 87 | 昭平县(桂) | 8500.00 |
| 88 | 融水苗族自治县(桂) | 8421.00 |
| 89 | 宾阳县(桂) | 7638.00 |
| 90 | 隆安县(桂) | 7116.00 |
| 91 | 苍梧县(桂) | 6060.00 |
| 92 | 容　县(桂) | 5620.00 |
| 93 | 钦南区(桂) | 5000.00 |
| 94 | 恭城瑶族自治县(桂) | 4050.00 |
| 95 | 良庆区(桂) | 3826.00 |
| 96 | 江州区(桂) | 3163.00 |
| 97 | 武宣县(桂) | 2920.00 |
| 98 | 七坡林场(桂) | 2906.58 |
| 99 | 六万林场(桂) | 1836.19 |
| 100 | 柳北区(桂) | 1443.00 |
| 101 | 永福县(桂) | 800.00 |
| 102 | 桂平市(桂) | 450.00 |
| 103 | 环江毛南族自治县(桂) | 435.00 |
| 104 | 玉林市福绵区(桂) | 420.00 |
| 105 | 陆川县(桂) | 380.00 |
| 106 | 仁和区(川) | 300.00 |
| 107 | 镇远县(黔) | 2620.00 |
| 108 | 镇沅彝族哈尼族拉祜族自治县(滇) | 25630.00 |
| 109 | 景东彝族自治县(滇) | 20400.00 |
| 110 | 宁洱哈尼族彝族自治县(滇) | 20295.00 |
| 111 | 南华县(滇) | 20174.00 |
| 112 | 双柏县(滇) | 15895.00 |
| 113 | 景谷傣族彝族自治县(滇) | 13580.00 |
| 114 | 宣威市(滇) | 12000.00 |
| 115 | 双江拉祜族佤族布朗族傣族自治县(滇) | 11857.00 |
| 116 | 临翔区(滇) | 4500.00 |
| 117 | 易门县(滇) | 2600.00 |
| 118 | 云　县(滇) | 2044.00 |
| 119 | 巍山彝族回族自治县(滇) | 1495.00 |
| 120 | 砚山县(滇) | 475.00 |
| 121 | 隆阳区(滇) | 430.00 |
| 122 | 禄丰县(滇) | 296.00 |
| 123 | 施甸县(滇) | 200.00 |
| 124 | 梁河县(滇) | 200.00 |
| 125 | 凤庆县(滇) | 186.30 |

## 表 11-2 松节油主产地产量

| 序号 | 松节油主产地 | 产量(吨) |
|---|---|---|
| 1 | 开化县(浙) | 5500.00 |
| 2 | 全椒县(皖) | 485.00 |
| 3 | 祁门县(皖) | 78.70 |
| 4 | 滁州市管店林业总场(皖) | 41.00 |
| 5 | 泾　县(皖) | 40.00 |
| 6 | 郎溪县(皖) | 30.00 |

（续）

| 序号 | 松节油主产地 | 产量(吨) |
|---|---|---|
| 7 | 怀宁县(皖) | 20.00 |
| 8 | 吉水县(赣) | 26948.00 |
| 9 | 遂川县(赣) | 5200.00 |
| 10 | 南昌市市辖区(赣) | 4200.00 |
| 11 | 乐安县(赣) | 3650.00 |
| 12 | 吉安县(赣) | 2754.00 |
| 13 | 崇仁县(赣) | 2016.00 |
| 14 | 永新县(赣) | 1000.00 |
| 15 | 宁都县(赣) | 953.00 |
| 16 | 永丰县(赣) | 900.00 |
| 17 | 泰和县(赣) | 852.00 |
| 18 | 青原区(赣) | 847.00 |
| 19 | 安远县(赣) | 800.00 |
| 20 | 峡江县(赣) | 690.00 |
| 21 | 会昌县(赣) | 585.00 |
| 22 | 安福县(赣) | 550.00 |
| 23 | 新干县(赣) | 464.00 |
| 24 | 奉新县(赣) | 450.00 |
| 25 | 吉州区(赣) | 440.00 |
| 26 | 余江县(赣) | 220.00 |
| 27 | 于都县(赣) | 180.00 |
| 28 | 宜丰县(赣) | 90.00 |
| 29 | 井冈山市(赣) | 65.00 |
| 30 | 金溪县(赣) | 62.00 |
| 31 | 德兴市(赣) | 60.00 |
| 32 | 修水县(赣) | 60.00 |
| 33 | 上高县(赣) | 54.00 |
| 34 | 余干县(赣) | 50.00 |
| 35 | 赣　县(赣) | 38.00 |
| 36 | 大余县(赣) | 20.00 |
| 37 | 京山县(鄂) | 409.00 |
| 38 | 随　县(鄂) | 59.00 |
| 39 | 攸　县(湘) | 2000.00 |
| 40 | 株洲市市辖区(湘) | 1180.00 |
| 41 | 道　县(湘) | 563.00 |
| 42 | 宜章县(湘) | 320.00 |
| 43 | 古丈县(湘) | 292.00 |
| 44 | 浏阳市(湘) | 100.00 |
| 45 | 汉寿县(湘) | 100.00 |
| 46 | 炎陵县(湘) | 100.00 |
| 47 | 双牌县(湘) | 65.00 |
| 48 | 衡东县(湘) | 35.00 |
| 49 | 湘阴县(湘) | 30.00 |
| 50 | 衡山县(湘) | 29.19 |
| 51 | 德庆县(粤) | 3062.00 |

（续）

| 序号 | 松节油主产地 | 产量(吨) |
|---|---|---|
| 52 | 高要市(粤) | 2210.00 |
| 53 | 封开县(粤) | 770.00 |
| 54 | 新兴县(粤) | 104.00 |
| 55 | 连州市(粤) | 96.00 |
| 56 | 阳东县(粤) | 32.00 |
| 57 | 南雄市(粤) | 20.00 |
| 58 | 万秀区(桂) | 26500.00 |
| 59 | 宁明县(桂) | 23722.00 |
| 60 | 武鸣县(桂) | 8965.00 |
| 61 | 昭平县(桂) | 3500.00 |
| 62 | 北流市(桂) | 2640.30 |
| 63 | 全州县(桂) | 2000.00 |
| 64 | 钦北区(桂) | 1903.00 |
| 65 | 灵山县(桂) | 1550.00 |
| 66 | 融水苗族自治县(桂) | 1453.00 |
| 67 | 苍梧县(桂) | 969.00 |
| 68 | 隆安县(桂) | 930.00 |
| 69 | 永福县(桂) | 893.00 |
| 70 | 兴安县(桂) | 550.00 |
| 71 | 金秀瑶族自治县(桂) | 473.00 |
| 72 | 江州区(桂) | 320.00 |
| 73 | 玉林市福绵区(桂) | 210.00 |
| 74 | 六万林场(桂) | 178.35 |
| 75 | 武宣县(桂) | 160.00 |
| 76 | 仁和区(川) | 24.50 |
| 77 | 南华县(滇) | 8422.00 |
| 78 | 镇沅彝族哈尼族拉祜族自治县(滇) | 5126.00 |
| 79 | 宁洱哈尼族彝族自治县(滇) | 4255.00 |
| 80 | 景东彝族自治县(滇) | 3090.00 |
| 81 | 景谷傣族彝族自治县(滇) | 2512.00 |
| 82 | 双江拉祜族佤族布朗族傣族自治县(滇) | 2402.00 |
| 83 | 双柏县(滇) | 1978.00 |
| 84 | 易门县(滇) | 1500.00 |
| 85 | 临翔区(滇) | 750.00 |
| 86 | 云　县(滇) | 418.00 |
| 87 | 砚山县(滇) | 85.00 |
| 88 | 凤庆县(滇) | 62.10 |

**表 11-3　松脂主产地产量**

| 序号 | 松脂主产地 | 产量(吨) |
|---|---|---|
| 1 | 余杭区(浙) | 50.00 |
| 2 | 临安市(浙) | 10.00 |
| 3 | 太湖县(皖) | 2100.00 |
| 4 | 怀宁县(皖) | 700.00 |

（续）

| 序号 | 松脂主产地 | 产量(吨) |
|---|---|---|
| 5 | 祁门县(皖) | 525.00 |
| 6 | 明光市(皖) | 500.00 |
| 7 | 潜山县(皖) | 480.00 |
| 8 | 宣州区(皖) | 420.00 |
| 9 | 旌德县(皖) | 300.00 |
| 10 | 泾　县(皖) | 250.00 |
| 11 | 望江县(皖) | 170.00 |
| 12 | 南陵县(皖) | 51.00 |
| 13 | 金寨县(皖) | 30.00 |
| 14 | 尤溪县(闽) | 14860.00 |
| 15 | 大田县(闽) | 11568.00 |
| 16 | 宁化县(闽) | 9526.00 |
| 17 | 清流县(闽) | 8002.00 |
| 18 | 连城县(闽) | 7651.00 |
| 19 | 明溪县(闽) | 6406.00 |
| 20 | 永定县(闽) | 5321.00 |
| 21 | 将乐县(闽) | 4696.00 |
| 22 | 建阳市(闽) | 4336.00 |
| 23 | 建宁县(闽) | 4257.00 |
| 24 | 德化县(闽) | 3372.00 |
| 25 | 漳平市(闽) | 3186.00 |
| 26 | 上杭县(闽) | 2777.00 |
| 27 | 长汀县(闽) | 2730.00 |
| 28 | 武平县(闽) | 2590.00 |
| 29 | 沙　县(闽) | 2586.00 |
| 30 | 建瓯市(闽) | 2579.00 |
| 31 | 永泰县(闽) | 1891.00 |
| 32 | 邵武市(闽) | 1765.00 |
| 33 | 永安市(闽) | 1275.00 |
| 34 | 延平区(闽) | 1067.00 |
| 35 | 三元区(闽) | 975.00 |
| 36 | 松溪县(闽) | 824.00 |
| 37 | 仙游县(闽) | 797.00 |
| 38 | 新罗区(闽) | 736.00 |
| 39 | 武夷山市(闽) | 490.00 |
| 40 | 泰宁县(闽) | 458.00 |
| 41 | 浦城县(闽) | 160.00 |
| 42 | 光泽县(闽) | 138.00 |
| 43 | 南安市(闽) | 102.00 |
| 44 | 顺昌县(闽) | 51.00 |
| 45 | 永春县(闽) | 49.00 |
| 46 | 闽清县(闽) | 40.00 |
| 47 | 贵溪市(赣) | 12600.00 |
| 48 | 吉安县(赣) | 12250.00 |
| 49 | 永新县(赣) | 7000.00 |

(续)

| 序号 | 松脂主产地 | 产量(吨) |
|---|---|---|
| 50 | 会昌县(赣) | 5850.00 |
| 51 | 青原区(赣) | 5200.00 |
| 52 | 新干县(赣) | 2570.00 |
| 53 | 瑞金市(赣) | 2450.00 |
| 54 | 乐安县(赣) | 1350.00 |
| 55 | 于都县(赣) | 905.00 |
| 56 | 永修县(赣) | 658.00 |
| 57 | 上高县(赣) | 357.00 |
| 58 | 临川区(赣) | 300.00 |
| 59 | 赣　县(赣) | 257.00 |
| 60 | 兴国县(赣) | 200.00 |
| 61 | 德兴市(赣) | 180.00 |
| 62 | 万载县(赣) | 150.00 |
| 63 | 分宜县(赣) | 120.00 |
| 64 | 章贡区(赣) | 73.00 |
| 65 | 都昌县(赣) | 60.00 |
| 66 | 全南县(赣) | 38.00 |
| 67 | 资溪县(赣) | 35.00 |
| 68 | 南漳县(鄂) | 10000.00 |
| 69 | 京山县(鄂) | 2300.00 |
| 70 | 谷城县(鄂) | 215.00 |
| 71 | 浠水县(鄂) | 200.00 |
| 72 | 房　县(鄂) | 190.00 |
| 73 | 东宝区(鄂) | 75.00 |
| 74 | 保康县(鄂) | 10.00 |
| 75 | 宜章县(湘) | 2170.00 |
| 76 | 冷水滩区(湘) | 1500.00 |
| 77 | 浏阳市(湘) | 700.00 |
| 78 | 沅陵县(湘) | 680.00 |
| 79 | 新宁县(湘) | 600.00 |
| 80 | 安化县(湘) | 350.00 |
| 81 | 祁东县(湘) | 290.00 |
| 82 | 临湘市(湘) | 160.00 |
| 83 | 武冈市(湘) | 82.00 |
| 84 | 鼎城区(湘) | 80.00 |
| 85 | 永顺县(湘) | 65.00 |
| 86 | 芷江侗族自治县(湘) | 49.50 |
| 87 | 平江县(湘) | 40.00 |
| 88 | 新化县(湘) | 30.00 |
| 89 | 宁远县(湘) | 30.00 |
| 90 | 永定区(湘) | 30.00 |
| 91 | 洪江市(湘) | 20.00 |
| 92 | 汨罗市(湘) | 11.00 |
| 93 | 怀集县(粤) | 26000.00 |
| 94 | 高要市(粤) | 13761.00 |
| 95 | 郁南县(粤) | 12000.00 |
| 96 | 云城区(粤) | 9620.00 |
| 97 | 德庆县(粤) | 7345.00 |
| 98 | 四会市(粤) | 5910.00 |
| 99 | 连山壮族瑶族自治县(粤) | 4733.00 |
| 100 | 信宜市(粤) | 1800.00 |
| 101 | 台山市(粤) | 1002.00 |
| 102 | 龙埔林场(粤) | 476.00 |
| 103 | 新兴县(粤) | 447.00 |
| 104 | 大云雾林场(粤) | 300.00 |
| 105 | 平远县(粤) | 295.00 |
| 106 | 英德市(粤) | 265.00 |
| 107 | 武江区(粤) | 230.00 |
| 108 | 南雄市(粤) | 175.00 |
| 109 | 佛冈县(粤) | 119.00 |
| 110 | 新丰县(粤) | 106.00 |
| 111 | 东江林场(粤) | 100.00 |
| 112 | 飞马林场(粤) | 75.00 |
| 113 | 连平县(粤) | 28.00 |
| 114 | 藤　县(桂) | 34783.00 |
| 115 | 钦北区(桂) | 32114.00 |
| 116 | 苍梧县(桂) | 28763.00 |
| 117 | 防城区(桂) | 15041.00 |
| 118 | 钦南区(桂) | 13936.00 |
| 119 | 覃塘区(桂) | 13584.00 |
| 120 | 昭平县(桂) | 12994.00 |
| 121 | 凭祥市(桂) | 11286.00 |
| 122 | 象州县(桂) | 10146.00 |
| 123 | 宜州市(桂) | 9358.00 |
| 124 | 龙圩区(桂) | 7000.00 |
| 125 | 万秀区(桂) | 6950.00 |
| 126 | 永福县(桂) | 6188.00 |
| 127 | 平乐县(桂) | 5673.00 |
| 128 | 横　县(桂) | 5249.00 |
| 129 | 长洲区(桂) | 5010.00 |
| 130 | 右江区(桂) | 4870.00 |
| 131 | 兴宾区(桂) | 4770.00 |
| 132 | 江州区(桂) | 4217.00 |
| 133 | 兴安县(桂) | 4022.00 |
| 134 | 资源县(桂) | 4000.00 |
| 135 | 平果县(桂) | 3120.00 |
| 136 | 港北区(桂) | 3092.00 |
| 137 | 武宣县(桂) | 2308.00 |
| 138 | 金秀瑶族自治县(桂) | 1668.00 |
| 139 | 东兴市(桂) | 1564.00 |
| 140 | 中国林科院热林中心(桂) | 1558.00 |
| 141 | 北流市(桂) | 1530.00 |
| 142 | 贺州市平桂管理区(桂) | 1451.00 |
| 143 | 扶绥县(桂) | 910.00 |
| 144 | 天等县(桂) | 850.00 |
| 145 | 田阳县(桂) | 780.00 |
| 146 | 融安县(桂) | 667.00 |
| 147 | 城中区(桂) | 600.00 |
| 148 | 忻城县(桂) | 600.00 |
| 149 | 龙胜各族自治县(桂) | 500.00 |
| 150 | 靖西县(桂) | 250.00 |
| 151 | 合山市(桂) | 216.00 |
| 152 | 柳城县(桂) | 185.00 |
| 153 | 田林县(桂) | 183.00 |
| 154 | 凌云县(桂) | 80.00 |
| 155 | 都安瑶族自治县(桂) | 27.00 |
| 156 | 金城江区(桂) | 19.00 |
| 157 | 南江县(川) | 200.00 |
| 158 | 开江县(川) | 50.00 |
| 159 | 思南县(黔) | 15000.00 |
| 160 | 黄平县(黔) | 864.00 |
| 161 | 荔波县(黔) | 160.00 |
| 162 | 榕江县(黔) | 150.00 |
| 163 | 册亨县(黔) | 125.00 |
| 164 | 惠水县(黔) | 10.00 |
| 165 | 景谷傣族彝族自治县(滇) | 56000.00 |
| 166 | 景东彝族自治县(滇) | 22743.00 |
| 167 | 墨江哈尼族自治县(滇) | 6404.00 |
| 168 | 临翔区(滇) | 5657.00 |
| 169 | 思茅区(滇) | 5000.00 |
| 170 | 宁洱哈尼族彝族自治县(滇) | 4104.10 |
| 171 | 双江拉祜族佤族布朗族傣族自治县(滇) | 2948.00 |
| 172 | 澜沧拉祜族自治县(滇) | 2112.00 |
| 173 | 双柏县(滇) | 1998.00 |
| 174 | 景洪市(滇) | 1426.00 |
| 175 | 凤庆县(滇) | 138.00 |
| 176 | 镇康县(滇) | 55.10 |
| 177 | 昌宁县(滇) | 53.90 |
| 178 | 漾濞彝族自治县(滇) | 20.90 |
| 179 | 南郑县(陕) | 22.00 |

## 表 11-4 活性炭主产地产量

| 序号 | 活性炭主产地 | 产量(吨) |
|---|---|---|
| 1 | 平泉县(冀) | 46136.00 |
| 2 | 宁城县(内蒙古) | 1800.00 |
| 3 | 松阳县(浙) | 8616.00 |
| 4 | 淳安县(浙) | 7500.00 |
| 5 | 德清县(浙) | 4550.00 |
| 6 | 莲都区(浙) | 4000.00 |
| 7 | 开化县(浙) | 3500.00 |
| 8 | 龙泉市(浙) | 3151.00 |
| 9 | 江山市(浙) | 2520.00 |
| 10 | 遂昌县(浙) | 1600.00 |
| 11 | 长兴县(浙) | 1000.00 |
| 12 | 浦江县(浙) | 50.00 |
| 13 | 旌德县(皖) | 950.00 |
| 14 | 祁门县(皖) | 375.00 |
| 15 | 裕安区(皖) | 48.00 |
| 16 | 潜山县(皖) | 20.00 |
| 17 | 崇义县(赣) | 13407.00 |
| 18 | 玉山县(赣) | 9800.00 |
| 19 | 南城县(赣) | 9500.00 |
| 20 | 南康市(赣) | 5000.00 |
| 21 | 龙南县(赣) | 2921.00 |
| 22 | 余江县(赣) | 1500.00 |
| 23 | 靖安县(赣) | 1282.00 |
| 24 | 宜丰县(赣) | 900.00 |
| 25 | 渝水区(赣) | 680.00 |
| 26 | 铜鼓县(赣) | 580.00 |
| 27 | 芦溪县(赣) | 520.00 |
| 28 | 嘉祥县(鲁) | 9000.00 |
| 29 | 桂东县(湘) | 2000.00 |
| 30 | 靖州苗族侗族自治县(湘) | 1700.00 |
| 31 | 中方县(湘) | 1500.00 |
| 32 | 安仁县(湘) | 1400.00 |
| 33 | 绥宁县(湘) | 800.00 |
| 34 | 安化县(湘) | 200.00 |
| 35 | 溆浦县(湘) | 180.00 |
| 36 | 保靖县(湘) | 60.00 |
| 37 | 乳源瑶族自治县(粤) | 350.00 |
| 38 | 融水苗族自治县(桂) | 4175.00 |
| 39 | 江津区(渝) | 5000.00 |
| 40 | 碧江区(黔) | 250.00 |
| 41 | 昭阳区(滇) | 12000.00 |
| 42 | 漾濞彝族自治县(滇) | 800.00 |

## 表 11-5 生漆及其制品主产地产量

| 序号 | 生漆及其制品主产地 | 产量(吨) |
|---|---|---|
| 1 | 浦城县(闽) | 116.00 |
| 2 | 光泽县(闽) | 10.00 |
| 3 | 房　县(鄂) | 151.00 |
| 4 | 恩施市(鄂) | 50.00 |
| 5 | 利川市(鄂) | 30.00 |
| 6 | 武冈市(湘) | 21.00 |
| 7 | 南川区(渝) | 22.00 |
| 8 | 彭水苗族土家族自治县(渝) | 10.00 |
| 9 | 南江县(川) | 70.00 |
| 10 | 安　县(川) | 40.00 |
| 11 | 兴文县(川) | 18.00 |
| 12 | 普安县(黔) | 10.00 |
| 13 | 镇雄县(滇) | 100.00 |
| 14 | 兰坪白族普米族自治县(滇) | 60.00 |
| 15 | 大关县(滇) | 48.00 |
| 16 | 平利县(陕) | 1000.00 |
| 17 | 城固县(陕) | 295.00 |
| 18 | 紫阳县(陕) | 100.00 |
| 19 | 商南县(陕) | 98.00 |
| 20 | 南郑县(陕) | 50.00 |

## 表 11-6 木炭主产地产量

| 序号 | 木炭主产地 | 产量(吨) |
|---|---|---|
| 1 | 彰武县(辽) | 12000.00 |
| 2 | 图们市(吉) | 3800.00 |
| 3 | 丰　县(苏) | 8000.00 |
| 4 | 江山市(浙) | 17280.00 |
| 5 | 长兴县(浙) | 180.00 |
| 6 | 淳安县(浙) | 48.00 |
| 7 | 南谯区(皖) | 50000.00 |
| 8 | 太湖县(皖) | 4300.00 |
| 9 | 舒城县(皖) | 1000.00 |
| 10 | 旌德县(皖) | 660.00 |
| 11 | 滁州市管店林业总场(皖) | 300.00 |
| 12 | 泾　县(皖) | 200.00 |
| 13 | 郎溪县(皖) | 200.00 |
| 14 | 和　县(皖) | 200.00 |
| 15 | 霍山县(皖) | 100.00 |
| 16 | 宿松县(皖) | 25.00 |
| 17 | 金溪县(赣) | 1260.00 |
| 18 | 泰和县(赣) | 1257.00 |
| 19 | 全南县(赣) | 1006.08 |
| 20 | 遂川县(赣) | 860.00 |
| 21 | 瑞金市(赣) | 800.00 |
| 22 | 崇义县(赣) | 300.00 |

(续)

| 序号 | 木炭主产地 | 产量(吨) |
|---|---|---|
| 23 | 靖安县(赣) | 95.00 |
| 24 | 井冈山市(赣) | 63.00 |
| 25 | 南城县(赣) | 20.00 |
| 26 | 龙南县(赣) | 18.00 |
| 27 | 大余县(赣) | 10.00 |
| 28 | 临沂市临港经济开发区(鲁) | 275000.00 |
| 29 | 嘉祥县(鲁) | 6000.00 |
| 30 | 济阳县(鲁) | 16.00 |
| 31 | 商城县(豫) | 3200.00 |
| 32 | 永城市(豫) | 380.00 |
| 33 | 固始县(豫) | 70.00 |
| 34 | 建始县(鄂) | 800.00 |
| 35 | 随　县(鄂) | 380.00 |
| 36 | 新宁县(湘) | 6000.00 |
| 37 | 绥宁县(湘) | 6000.00 |
| 38 | 会同县(湘) | 5000.00 |
| 39 | 双牌县(湘) | 3300.00 |
| 40 | 临湘市(湘) | 3200.00 |
| 41 | 衡东县(湘) | 1500.00 |
| 42 | 湘潭县(湘) | 1235.00 |
| 43 | 株洲市市辖区(湘) | 870.00 |
| 44 | 平江县(湘) | 780.00 |
| 45 | 安化县(湘) | 700.00 |
| 46 | 溆浦县(湘) | 550.00 |
| 47 | 东安县(湘) | 462.00 |
| 48 | 新化县(湘) | 300.00 |
| 49 | 汝城县(湘) | 220.00 |
| 50 | 桂东县(湘) | 200.00 |
| 51 | 衡阳县(湘) | 130.00 |
| 52 | 祁东县(湘) | 120.00 |
| 53 | 桂阳县(湘) | 110.00 |
| 54 | 娄星区(湘) | 102.00 |
| 55 | 赫山区(湘) | 100.00 |
| 56 | 永兴县(湘) | 94.00 |
| 57 | 桃源县(湘) | 80.00 |
| 58 | 株洲县(湘) | 80.00 |
| 59 | 慈利县(湘) | 60.00 |
| 60 | 和平县(粤) | 800.00 |
| 61 | 化州市(粤) | 620.00 |
| 62 | 乳源瑶族自治县(粤) | 380.00 |
| 63 | 新丰县(粤) | 86.00 |
| 64 | 台山市(粤) | 13.00 |
| 65 | 隆林各族自治县(桂) | 1200.00 |
| 66 | 武宣县(桂) | 550.00 |
| 67 | 北流市(桂) | 50.00 |

(续)

| 序号 | 木炭主产地 | 产量(吨) |
|---|---|---|
| 68 | 靖西县(桂) | 30.00 |
| 69 | 黔江区(渝) | 2012.00 |
| 70 | 荣昌区(渝) | 560.00 |
| 71 | 彭水苗族土家族自治县(渝) | 50.00 |
| 72 | 平昌县(川) | 8600.00 |
| 73 | 筠连县(川) | 200.00 |
| 74 | 仪陇县(川) | 150.00 |
| 75 | 镇远县(黔) | 430.00 |
| 76 | 黄平县(黔) | 360.00 |
| 77 | 榕江县(黔) | 300.00 |
| 78 | 思南县(黔) | 220.00 |
| 79 | 碧江区(黔) | 60.00 |
| 80 | 勐腊县(滇) | 46692.00 |
| 81 | 宁洱哈尼族彝族自治县(滇) | 1390.00 |
| 82 | 陇川县(滇) | 1000.00 |
| 83 | 漾濞彝族自治县(滇) | 200.00 |
| 84 | 元阳县(滇) | 125.00 |
| 85 | 兰坪白族普米族自治县(滇) | 60.00 |
| 86 | 西畴县(滇) | 36.40 |

## 表 11-7 其他林化产品主产地产量

(续)

| 序号 | 其他林化产品主产地 | 品种 | 产量(吨) |
|---|---|---|---|
| 1 | 新宁县(湘) | 白蜡 | 100.00 |
| 2 | 乐山市市辖区(川) | 白蜡 | 60.00 |
| 3 | 喜德县(川) | 白蜡 | 20.00 |
| 4 | 五峰土家族自治县(鄂) | 单宁 | 2000.00 |
| 5 | 盐津县(滇) | 单宁 | 20.00 |
| 6 | 万秀区(桂) | 芳樟醇 | 8620.00 |
| 7 | 翠屏区(川) | 芳樟醇 | 3100.00 |
| 8 | 金溪县(赣) | 芳樟醇 | 1717.00 |
| 9 | 乳源瑶族自治县(粤) | 芳樟醇 | 460.00 |
| 10 | 罗定市(粤) | 桂油 | 650.00 |
| 11 | 乳源瑶族自治县(粤) | 桂油 | 350.00 |
| 12 | 那坡县(桂) | 桂油 | 195.00 |
| 13 | 梓潼县(川) | 桂油 | 100.00 |
| 14 | 蓬溪县(川) | 桂油 | 50.00 |
| 15 | 万秀区(桂) | 合成龙脑 | 650.00 |
| 16 | 新晃侗族自治县(湘) | 合成龙脑 | 120.00 |
| 17 | 万秀区(桂) | 合成樟脑 | 1800.00 |
| 18 | 渝水区(赣) | 合成樟脑 | 110.74 |
| 19 | 那坡县(桂) | 茴油 | 2335.00 |
| 20 | 德保县(桂) | 茴油 | 500.00 |
| 21 | 会昌县(赣) | 聚合松香 | 2500.00 |
| 22 | 七坡林场(桂) | 聚合松香 | 528.18 |
| 23 | 渝水区(赣) | 聚合松香 | 194.36 |
| 24 | 道　县(湘) | 聚酯树脂 | 4003.00 |
| 25 | 右江区(桂) | 栲胶 | 2123.00 |
| 26 | 栾川县(豫) | 栲胶 | 1200.00 |
| 27 | 青龙满族自治县(冀) | 栲胶 | 990.00 |
| 28 | 南丹县(桂) | 栲胶 | 60.00 |
| 29 | 始兴县(粤) | 毛竹 | 600000.00 |
| 30 | 新宁县(湘) | 毛竹 | 360000.00 |
| 31 | 宁洱哈尼族彝族自治县(滇) | 毛竹 | 274333.00 |
| 32 | 融水苗族自治县(桂) | 毛竹 | 217200.00 |
| 33 | 南陵县(皖) | 毛竹 | 85000.00 |
| 34 | 元阳县(滇) | 毛竹 | 58837.00 |
| 35 | 武冈市(湘) | 毛竹 | 56000.00 |
| 36 | 潜山县(皖) | 毛竹 | 37000.00 |
| 37 | 乳源瑶族自治县(粤) | 毛竹 | 33090.00 |
| 38 | 石台县(皖) | 毛竹 | 17500.00 |
| 39 | 桐庐县(浙) | 毛竹 | 15750.00 |
| 40 | 于都县(赣) | 毛竹 | 7100.00 |
| 41 | 威信县(滇) | 毛竹 | 2850.00 |
| 42 | 沅陵县(湘) | 毛竹 | 2800.00 |
| 43 | 三山区(皖) | 毛竹 | 2700.00 |
| 44 | 衡阳县(湘) | 毛竹 | 2000.00 |
| 45 | 五华县(粤) | 毛竹 | 1766.00 |
| 46 | 莲花县(赣) | 毛竹 | 914.20 |
| 47 | 蓬安县(川) | 毛竹 | 621.00 |
| 48 | 威远县(川) | 毛竹 | 500.00 |
| 49 | 黄平县(黔) | 毛竹 | 500.00 |
| 50 | 铜梁县(渝) | 毛竹 | 433.00 |
| 51 | 桑植县(湘) | 毛竹 | 220.00 |
| 52 | 三台县(川) | 毛竹 | 200.00 |
| 53 | 来凤县(鄂) | 毛竹 | 160.00 |
| 54 | 瑞安市(浙) | 毛竹 | 150.00 |
| 55 | 兴仁县(黔) | 毛竹 | 150.00 |
| 56 | 淅川县(豫) | 毛竹 | 100.00 |
| 57 | 万秀区(桂) | 歧化松香 | 25300.00 |
| 58 | 南华县(滇) | 歧化松香 | 14034.00 |
| 59 | 双柏县(滇) | 歧化松香 | 13227.00 |
| 60 | 苍梧县(桂) | 歧化松香 | 3839.00 |
| 61 | 内乡县(豫) | 栓皮 | 5000.00 |
| 62 | 霍山县(皖) | 栓皮 | 1000.00 |
| 63 | 西峡县(豫) | 栓皮 | 530.00 |
| 64 | 北川羌族自治县(川) | 栓皮 | 300.00 |
| 65 | 凤　县(陕) | 栓皮 | 200.00 |
| 66 | 房　县(鄂) | 栓皮 | 188.00 |
| 67 | 商南县(陕) | 栓皮 | 132.00 |
| 68 | 青阳县(皖) | 栓皮 | 100.00 |
| 69 | 万秀区(桂) | 松油醇 | 10043.00 |
| 70 | 遂川县(赣) | 萜烯树脂 | 180.00 |

（续）

| 序号 | 其他林化产品主产地 | 品种 | 产量（吨） |
|---|---|---|---|
| 71 | 勐腊县（滇） | 橡胶及其制品 | 167991.00 |
| 72 | 河口瑶族自治县（滇） | 橡胶及其制品 | 7000.00 |
| 73 | 武鸣县（桂） | 橡胶及其制品 | 3157.00 |
| 74 | 麻栗坡县（滇） | 橡胶及其制品 | 113.00 |
| 75 | 大冶市（鄂） | 熏衣草 | 456.00 |
| 76 | 万秀区（桂） | 脂松香 | 42500.00 |
| 77 | 苍梧县（桂） | 脂松香 | 11379.00 |
| 78 | 莲都区（浙） | 竹炭 | 10000.00 |
| 79 | 奉化区（浙） | 竹炭 | 8300.00 |
| 80 | 定南县（赣） | 竹炭 | 7135.00 |
| 81 | 汝城县（湘） | 竹炭 | 7100.00 |
| 82 | 崇义县（赣） | 竹炭 | 6453.00 |
| 83 | 安吉县（浙） | 竹炭 | 5062.00 |
| 84 | 临湘市（湘） | 竹炭 | 4000.00 |
| 85 | 石台县（皖） | 竹炭 | 3700.00 |
| 86 | 武宁县（赣） | 竹炭 | 2807.00 |
| 87 | 遂昌县（浙） | 竹炭 | 2676.00 |
| 88 | 余姚市（浙） | 竹炭 | 2500.00 |
| 89 | 和平县（粤） | 竹炭 | 2500.00 |
| 90 | 绥宁县（湘） | 竹炭 | 2000.00 |
| 91 | 新化县（湘） | 竹炭 | 2000.00 |

（续）

| 序号 | 其他林化产品主产地 | 品种 | 产量（吨） |
|---|---|---|---|
| 92 | 新昌县（浙） | 竹炭 | 1900.00 |
| 93 | 纳溪区（川） | 竹炭 | 1600.00 |
| 94 | 衡东县（湘） | 竹炭 | 1500.00 |
| 95 | 庆元县（浙） | 竹炭 | 1365.00 |
| 96 | 太湖县（皖） | 竹炭 | 1300.00 |
| 97 | 双牌县（湘） | 竹炭 | 1100.00 |
| 98 | 广昌县（赣） | 竹炭 | 677.00 |
| 99 | 炎陵县（湘） | 竹炭 | 508.00 |
| 100 | 靖安县（赣） | 竹炭 | 400.00 |
| 101 | 遂川县（赣） | 竹炭 | 240.00 |
| 102 | 诸暨市（浙） | 竹炭 | 200.00 |
| 103 | 富阳区（浙） | 竹炭 | 200.00 |
| 104 | 东安县（湘） | 竹炭 | 150.00 |
| 105 | 株洲市市辖区（湘） | 竹炭 | 110.00 |
| 106 | 分宜县（赣） | 竹炭 | 100.00 |
| 107 | 墨江哈尼族自治县（滇） | 紫胶 | 449.00 |
| 108 | 牟定县（滇） | 紫胶 | 280.00 |
| 109 | 绿春县（滇） | 紫胶 | 100.00 |
| 110 | 昌宁县（滇） | 紫胶 | 65.00 |
| 111 | 镇康县（滇） | 紫胶 | 28.00 |
| 112 | 宁洱哈尼族彝族自治县（滇） | 紫胶 | 22.00 |

**表 12-1　野菜主产地产量**

| 序号 | 野菜主产地 | 产量（吨） |
|---|---|---|
| 1 | 承德县（冀） | 500.00 |
| 2 | 丰宁满族自治县（冀） | 263.00 |
| 3 | 围场满族蒙古族自治县（冀） | 250.00 |
| 4 | 平泉县（冀） | 100.00 |
| 5 | 阿荣旗（内蒙古） | 1000.00 |
| 6 | 凤城市（辽） | 42196.00 |
| 7 | 宽甸满族自治县（辽） | 35000.00 |
| 8 | 清原满族自治县（辽） | 19000.00 |
| 9 | 新宾满族自治县（辽） | 9100.00 |
| 10 | 桓仁满族自治县（辽） | 5000.00 |
| 11 | 抚顺县（辽） | 1618.00 |
| 12 | 振安区（辽） | 715.00 |
| 13 | 岫岩满族自治县（辽） | 700.00 |
| 14 | 东洲区（辽） | 697.00 |
| 15 | 东港市（辽） | 475.00 |
| 16 | 清河区（辽） | 450.00 |
| 17 | 南芬区（辽） | 300.00 |
| 18 | 凌海市（辽） | 200.00 |
| 19 | 普兰店市（辽） | 100.00 |
| 20 | 延吉市（吉） | 2770.00 |
| 21 | 敦化市（吉） | 900.00 |

（续）

| 序号 | 野菜主产地 | 产量（吨） |
|---|---|---|
| 22 | 柳河县（吉） | 800.00 |
| 23 | 东丰县（吉） | 605.00 |
| 24 | 靖宇县（吉） | 530.00 |
| 25 | 蛟河市（吉） | 461.00 |
| 26 | 集安市（吉） | 431.70 |
| 27 | 浑江区（吉） | 371.00 |
| 28 | 黄泥河林业局（吉） | 362.00 |
| 29 | 天桥岭林业局（吉） | 280.00 |
| 30 | 八家子林业局（吉） | 154.00 |
| 31 | 安图森林经营局（吉） | 146.00 |
| 32 | 长白朝鲜族自治县（吉） | 143.00 |
| 33 | 和龙林业局（吉） | 120.00 |
| 34 | 敦化林业局（吉） | 111.00 |
| 35 | 萝北县（黑） | 5000.00 |
| 36 | 尚志市（黑） | 5000.00 |
| 37 | 牡丹江市市本级（黑） | 2987.00 |
| 38 | 宁安市（黑） | 2903.00 |
| 39 | 依兰县（黑） | 1732.50 |
| 40 | 阿城区（黑） | 1200.00 |
| 41 | 五常市（黑） | 800.00 |
| 42 | 延寿县（黑） | 600.00 |

（续）

| 序号 | 野菜主产地 | 产量（吨） |
|---|---|---|
| 43 | 北安市（黑） | 500.00 |
| 44 | 恒山区（黑） | 400.00 |
| 45 | 五大连池市（黑） | 360.00 |
| 46 | 密山市（黑） | 127.60 |
| 47 | 林口县（黑） | 120.00 |
| 48 | 铁力市（黑） | 110.00 |
| 49 | 高淳县（苏） | 2000.00 |
| 50 | 淳安县（浙） | 2150.00 |
| 51 | 三门县（浙） | 405.00 |
| 52 | 苍南县（浙） | 320.00 |
| 53 | 景宁畲族自治县（浙） | 150.00 |
| 54 | 舒城县（皖） | 2910.00 |
| 55 | 宿松县（皖） | 2850.00 |
| 56 | 霍山县（皖） | 2800.00 |
| 57 | 凤阳县（皖） | 1350.00 |
| 58 | 太湖县（皖） | 1060.00 |
| 59 | 繁昌县（皖） | 800.00 |
| 60 | 休宁县（皖） | 233.00 |
| 61 | 定远县（皖） | 210.00 |
| 62 | 旌德县（皖） | 120.00 |
| 63 | 九江县（赣） | 3488.00 |

(续)

| 序号 | 野菜主产地 | 产量(吨) |
|---|---|---|
| 64 | 宁都县(赣) | 2500.00 |
| 65 | 遂川县(赣) | 200.00 |
| 66 | 南城县(赣) | 198.00 |
| 67 | 青州市(鲁) | 220.00 |
| 68 | 桐柏县(豫) | 14000.00 |
| 69 | 卢氏县(豫) | 6000.00 |
| 70 | 新安县(豫) | 680.00 |
| 71 | 新　县(豫) | 601.00 |
| 72 | 辉县市(豫) | 350.00 |
| 73 | 舞钢市(豫) | 300.00 |
| 74 | 栾川县(豫) | 200.00 |
| 75 | 商城县(豫) | 160.00 |
| 76 | 咸丰县(鄂) | 1550.00 |
| 77 | 保康县(鄂) | 1514.00 |
| 78 | 宜都市(鄂) | 800.00 |
| 79 | 竹山县(鄂) | 750.00 |
| 80 | 谷城县(鄂) | 650.00 |
| 81 | 郧　县(鄂) | 500.00 |
| 82 | 夷陵区(鄂) | 390.00 |
| 83 | 房　县(鄂) | 354.00 |
| 84 | 大悟县(鄂) | 220.00 |
| 85 | 鹤峰县(鄂) | 200.00 |
| 86 | 远安县(鄂) | 200.00 |
| 87 | 鄂城区(鄂) | 160.00 |
| 88 | 利川市(鄂) | 150.00 |
| 89 | 阳新县(鄂) | 141.00 |
| 90 | 鄂州市市辖区(鄂) | 100.00 |
| 91 | 沅陵县(湘) | 9960.00 |
| 92 | 安化县(湘) | 2700.00 |
| 93 | 北湖区(湘) | 1568.00 |
| 94 | 常宁市(湘) | 1500.00 |
| 95 | 桑植县(湘) | 1500.00 |
| 96 | 新宁县(湘) | 1000.00 |
| 97 | 江华瑶族自治县(湘) | 763.00 |
| 98 | 新化县(湘) | 500.00 |
| 99 | 醴陵市(湘) | 500.00 |
| 100 | 鹤城区(湘) | 400.00 |
| 101 | 汉寿县(湘) | 320.00 |
| 102 | 临澧县(湘) | 270.00 |
| 103 | 桃源县(湘) | 220.00 |
| 104 | 吉首市(湘) | 210.00 |
| 105 | 城步苗族自治县(湘) | 200.00 |
| 106 | 石门县(湘) | 200.00 |
| 107 | 炎陵县(湘) | 197.00 |
| 108 | 宁远县(湘) | 187.00 |
| 109 | 麻阳苗族自治县(湘) | 130.00 |
| 110 | 赫山区(湘) | 120.00 |
| 111 | 靖州苗族侗族自治县(湘) | 111.00 |
| 112 | 临武县(湘) | 110.00 |
| 113 | 乳源瑶族自治县(粤) | 1690.00 |
| 114 | 连州市(粤) | 273.60 |
| 115 | 金秀瑶族自治县(桂) | 1000.00 |
| 116 | 昭平县(桂) | 980.00 |
| 117 | 融水苗族自治县(桂) | 878.00 |
| 118 | 巴南区(渝) | 155.00 |
| 119 | 彭州市(川) | 6040.00 |
| 120 | 雷波县(川) | 2500.00 |
| 121 | 芦山县(川) | 2000.00 |
| 122 | 冕宁县(川) | 1546.63 |
| 123 | 宣汉县(川) | 1355.00 |
| 124 | 安　县(川) | 1000.00 |
| 125 | 宜宾县(川) | 850.00 |
| 126 | 纳溪区(川) | 800.00 |
| 127 | 井研县(川) | 580.00 |
| 128 | 万源市(川) | 420.00 |
| 129 | 平武县(川) | 400.00 |
| 130 | 平昌县(川) | 320.00 |
| 131 | 金川县(川) | 250.00 |
| 132 | 邻水县(川) | 210.00 |
| 133 | 西昌市(川) | 205.00 |
| 134 | 会理县(川) | 150.00 |
| 135 | 西秀区(黔) | 750.00 |
| 136 | 惠水县(黔) | 300.00 |
| 137 | 麒麟区(滇) | 1500.00 |
| 138 | 禄丰县(滇) | 1090.00 |
| 139 | 腾冲县(滇) | 831.50 |
| 140 | 昌宁县(滇) | 610.00 |
| 141 | 大理市(滇) | 606.00 |
| 142 | 双江拉祜族佤族布朗族傣族自治县(滇) | 490.00 |
| 143 | 罗平县(滇) | 468.00 |
| 144 | 贡山独龙族怒族自治县(滇) | 448.00 |
| 145 | 洱源县(滇) | 431.00 |
| 146 | 双柏县(滇) | 405.00 |
| 147 | 姚安县(滇) | 363.00 |
| 148 | 江川县(滇) | 320.00 |
| 149 | 盈江县(滇) | 319.50 |
| 150 | 绥江县(滇) | 300.00 |
| 151 | 孟连傣族拉祜族佤族自治县(滇) | 200.00 |
| 152 | 施甸县(滇) | 150.00 |
| 153 | 建水县(滇) | 132.00 |
| 154 | 武定县(滇) | 131.00 |
| 155 | 陇川县(滇) | 125.00 |
| 156 | 寻甸回族彝族自治县(滇) | 100.00 |
| 157 | 勉　县(陕) | 3260.00 |
| 158 | 西乡县(陕) | 2025.00 |
| 159 | 略阳县(陕) | 923.00 |
| 160 | 城固县(陕) | 600.00 |
| 161 | 南郑县(陕) | 300.00 |
| 162 | 平利县(陕) | 150.00 |
| 163 | 岷　县(甘) | 7500.00 |
| 164 | 文　县(甘) | 3200.00 |
| 165 | 清水县(甘) | 520.00 |
| 166 | 麦积区(甘) | 470.00 |
| 167 | 宕昌县(甘) | 160.00 |
| 168 | 三岔子林业局(吉林森工) | 489.00 |
| 169 | 红石林业局(吉林森工) | 457.00 |
| 170 | 临江林业局(吉林森工) | 258.00 |
| 171 | 沾河林业局(龙江森工) | 11000.00 |
| 172 | 五营林业局(龙江森工) | 2812.00 |
| 173 | 双丰林业局(龙江森工) | 2300.00 |
| 174 | 汤旺河林业局(龙江森工) | 2185.00 |
| 175 | 新青林业局(龙江森工) | 2089.00 |
| 176 | 朗乡林业局(龙江森工) | 2030.00 |
| 177 | 鹤北林业局(龙江森工) | 1503.00 |
| 178 | 铁力林业局(龙江森工) | 1280.00 |
| 179 | 乌伊岭林业局(龙江森工) | 1254.00 |
| 180 | 带岭实验局(龙江森工) | 1100.00 |
| 181 | 亚布力林业局(龙江森工) | 1010.00 |
| 182 | 南岔林业局(龙江森工) | 954.00 |
| 183 | 东方红林业局(龙江森工) | 950.00 |
| 184 | 乌马河林业局(龙江森工) | 870.00 |
| 185 | 方正林业局(龙江森工) | 837.00 |
| 186 | 红星林业局(龙江森工) | 780.00 |
| 187 | 通北林业局(龙江森工) | 750.00 |
| 188 | 大海林林业局(龙江森工) | 722.00 |
| 189 | 美溪林业局(龙江森工) | 700.00 |
| 190 | 桃山林业局(龙江森工) | 680.00 |
| 191 | 海林林业局(龙江森工) | 600.00 |
| 192 | 兴隆林业局(龙江森工) | 503.00 |
| 193 | 清河林业局(龙江森工) | 500.00 |
| 194 | 苇河林业局(龙江森工) | 448.00 |
| 195 | 东京城林业局(龙江森工) | 420.00 |
| 196 | 友好林业局(龙江森工) | 400.00 |
| 197 | 山河屯林业局(龙江森工) | 355.00 |

（续）

| 序号 | 野菜主产地 | 产量(吨) |
|---|---|---|
| 198 | 迎春林业局(龙江森工) | 301.00 |
| 199 | 穆棱林业局(龙江森工) | 300.00 |
| 200 | 双鸭山林业局(龙江森工) | 300.00 |
| 201 | 上甘岭林业局(龙江森工) | 280.00 |
| 202 | 林口林业局(龙江森工) | 262.00 |
| 203 | 翠峦林业局(龙江森工) | 242.00 |
| 204 | 桦南林业局(龙江森工) | 235.00 |
| 205 | 金山屯林业局(龙江森工) | 233.00 |
| 206 | 鹤立林业局(龙江森工) | 190.00 |
| 207 | 柴河林业局(龙江森工) | 120.00 |

**表 12-2　食用菌类主产地产量**

| 序号 | 食用菌类主产地 | 产量(吨) |
|---|---|---|
| 1 | 围场满族蒙古族自治县(冀) | 3000.00 |
| 2 | 迁西县(冀) | 2010.00 |
| 3 | 承德县(冀) | 1800.00 |
| 4 | 平泉县(冀) | 310.00 |
| 5 | 丰宁满族自治县(冀) | 165.00 |
| 6 | 浑源县(晋) | 600.00 |
| 7 | 宁城县(内蒙古) | 22610.00 |
| 8 | 巴林左旗(内蒙古) | 5000.00 |
| 9 | 敖汉旗(内蒙古) | 2640.00 |
| 10 | 喀喇沁旗(内蒙古) | 1100.00 |
| 11 | 武川县(内蒙古) | 134.00 |
| 12 | 宽甸满族自治县(辽) | 64000.00 |
| 13 | 岫岩满族自治县(辽) | 50000.00 |
| 14 | 东港市(辽) | 24103.00 |
| 15 | 凤城市(辽) | 16708.00 |
| 16 | 清原满族自治县(辽) | 15200.00 |
| 17 | 兴城市(辽) | 8000.00 |
| 18 | 海城市(辽) | 2950.00 |
| 19 | 大洼县(辽) | 1633.00 |
| 20 | 新宾满族自治县(辽) | 1600.00 |
| 21 | 桓仁满族自治县(辽) | 1420.00 |
| 22 | 盘山县(辽) | 604.00 |
| 23 | 振安区(辽) | 228.00 |
| 24 | 普兰店市(辽) | 200.00 |
| 25 | 松原市市辖区(吉) | 5980.00 |
| 26 | 和龙市(吉) | 2420.00 |
| 27 | 大石头林业局(吉) | 2367.00 |
| 28 | 天桥岭林业局(吉) | 1964.00 |
| 29 | 黄泥河林业局(吉) | 1763.00 |
| 30 | 敦化市(吉) | 1500.00 |
| 31 | 丰满区(吉) | 1400.00 |
| 32 | 东丰县(吉) | 1250.00 |

（续）

| 序号 | 食用菌类主产地 | 产量(吨) |
|---|---|---|
| 33 | 大兴沟林业局(吉) | 1038.00 |
| 34 | 白河林业局(吉) | 750.00 |
| 35 | 和龙林业局(吉) | 535.00 |
| 36 | 敦化林业局(吉) | 494.00 |
| 37 | 汪清县(吉) | 492.00 |
| 38 | 汪清林业局(吉) | 466.00 |
| 39 | 长白朝鲜族自治县(吉) | 385.00 |
| 40 | 桦甸市(吉) | 380.50 |
| 41 | 浑江区(吉) | 316.00 |
| 42 | 龙井市(吉) | 312.00 |
| 43 | 舒兰市(吉) | 184.00 |
| 44 | 八家子林业局(吉) | 165.00 |
| 45 | 柳河县(吉) | 150.00 |
| 46 | 图们市(吉) | 149.00 |
| 47 | 安图森林经营局(吉) | 145.00 |
| 48 | 尚志市(黑) | 100150.00 |
| 49 | 林口县(黑) | 36288.00 |
| 50 | 宁安市(黑) | 8184.00 |
| 51 | 汤原县(黑) | 8000.00 |
| 52 | 嘉荫县(黑) | 4000.00 |
| 53 | 五常市(黑) | 1700.00 |
| 54 | 密山市(黑) | 1500.00 |
| 55 | 孙吴县(黑) | 1009.69 |
| 56 | 依兰县(黑) | 924.00 |
| 57 | 桦南县(黑) | 800.00 |
| 58 | 阿城区(黑) | 514.50 |
| 59 | 逊克县(黑) | 426.00 |
| 60 | 龙凤区(黑) | 420.00 |
| 61 | 北安市(黑) | 345.00 |
| 62 | 鹤岗市市辖区(黑) | 300.00 |
| 63 | 方正县(黑) | 261.00 |
| 64 | 绥芬河市(黑) | 236.00 |
| 65 | 平房区(黑) | 230.00 |
| 66 | 五大连池市(黑) | 198.30 |
| 67 | 尚志国有林场管理局(黑) | 195.00 |
| 68 | 双城区(黑) | 188.00 |
| 69 | 同江市(黑) | 172.00 |
| 70 | 黑河市直属林场(黑) | 170.00 |
| 71 | 鸡西市市辖区(黑) | 150.00 |
| 72 | 延寿县(黑) | 120.00 |
| 73 | 仪征市(苏) | 17638.00 |
| 74 | 丹徒区(苏) | 12372.00 |
| 75 | 高淳县(苏) | 6000.00 |
| 76 | 溧水县(苏) | 3890.00 |
| 77 | 东台市(苏) | 115.00 |

（续）

| 序号 | 食用菌类主产地 | 产量(吨) |
|---|---|---|
| 78 | 磐安县(浙) | 30375.00 |
| 79 | 开化县(浙) | 20600.00 |
| 80 | 龙泉市(浙) | 16349.00 |
| 81 | 庆元县(浙) | 8008.00 |
| 82 | 莲都区(浙) | 7126.00 |
| 83 | 云和县(浙) | 6170.00 |
| 84 | 奉化区(浙) | 6100.00 |
| 85 | 淳安县(浙) | 5601.00 |
| 86 | 缙云县(浙) | 4419.00 |
| 87 | 苍南县(浙) | 3220.00 |
| 88 | 景宁畲族自治县(浙) | 3151.00 |
| 89 | 桐庐县(浙) | 2365.00 |
| 90 | 富阳区(浙) | 1645.00 |
| 91 | 武义县(浙) | 1611.00 |
| 92 | 遂昌县(浙) | 1493.00 |
| 93 | 黄岩区(浙) | 745.00 |
| 94 | 永康市(浙) | 397.00 |
| 95 | 桐乡市(浙) | 360.00 |
| 96 | 兰溪市(浙) | 307.00 |
| 97 | 建德市(浙) | 288.00 |
| 98 | 三门县(浙) | 108.00 |
| 99 | 芜湖县(皖) | 24700.00 |
| 100 | 潜山县(皖) | 7900.00 |
| 101 | 南陵县(皖) | 6500.00 |
| 102 | 舒城县(皖) | 5100.00 |
| 103 | 桐城市(皖) | 2800.00 |
| 104 | 宿松县(皖) | 1300.00 |
| 105 | 东至县(皖) | 1100.00 |
| 106 | 凤阳县(皖) | 960.00 |
| 107 | 明光市(皖) | 890.00 |
| 108 | 祁门县(皖) | 841.00 |
| 109 | 旌德县(皖) | 820.00 |
| 110 | 泾　县(皖) | 600.00 |
| 111 | 太湖县(皖) | 470.00 |
| 112 | 金寨县(皖) | 449.00 |
| 113 | 石台县(皖) | 325.00 |
| 114 | 霍山县(皖) | 210.00 |
| 115 | 定远县(皖) | 180.00 |
| 116 | 休宁县(皖) | 115.00 |
| 117 | 滁州市沙河集林业总场(皖) | 110.00 |
| 118 | 黟　县(皖) | 108.00 |
| 119 | 九江县(赣) | 6060.00 |
| 120 | 永丰县(赣) | 4000.00 |
| 121 | 渝水区(赣) | 3600.00 |
| 122 | 定南县(赣) | 2418.00 |

(续)

| 序号 | 食用菌类主产地 | 产量(吨) |
|---|---|---|
| 123 | 万载县(赣) | 1292.20 |
| 124 | 金溪县(赣) | 1287.00 |
| 125 | 德安县(赣) | 675.00 |
| 126 | 安远县(赣) | 587.00 |
| 127 | 月湖区(赣) | 500.00 |
| 128 | 奉新县(赣) | 460.00 |
| 129 | 赣　县(赣) | 456.00 |
| 130 | 瑞金市(赣) | 400.00 |
| 131 | 靖安县(赣) | 397.00 |
| 132 | 崇义县(赣) | 380.00 |
| 133 | 芦溪县(赣) | 296.00 |
| 134 | 于都县(赣) | 255.00 |
| 135 | 遂川县(赣) | 250.00 |
| 136 | 宁都县(赣) | 250.00 |
| 137 | 资溪县(赣) | 243.00 |
| 138 | 修水县(赣) | 231.00 |
| 139 | 婺源县(赣) | 230.00 |
| 140 | 大余县(赣) | 200.00 |
| 141 | 新干县(赣) | 185.00 |
| 142 | 南城县(赣) | 180.00 |
| 143 | 会昌县(赣) | 170.00 |
| 144 | 全南县(赣) | 125.30 |
| 145 | 德兴市(赣) | 115.00 |
| 146 | 武宁县(赣) | 105.00 |
| 147 | 铜鼓县(赣) | 100.00 |
| 148 | 分宜县(赣) | 100.00 |
| 149 | 沂水县(鲁) | 5310.00 |
| 150 | 宁阳县(鲁) | 3588.00 |
| 151 | 梁山县(鲁) | 2210.00 |
| 152 | 肥城市(鲁) | 1500.00 |
| 153 | 乐陵市(鲁) | 1500.00 |
| 154 | 沂南县(鲁) | 1340.00 |
| 155 | 兰陵县(鲁) | 1100.00 |
| 156 | 青州市(鲁) | 500.00 |
| 157 | 诸城市(鲁) | 350.00 |
| 158 | 兖州市(鲁) | 200.00 |
| 159 | 夏邑县(豫) | 200000.00 |
| 160 | 灵宝市(豫) | 60000.00 |
| 161 | 卢氏县(豫) | 50000.00 |
| 162 | 西峡县(豫) | 48000.00 |
| 163 | 西华县(豫) | 12000.00 |
| 164 | 桐柏县(豫) | 5471.00 |
| 165 | 淅川县(豫) | 5000.00 |
| 166 | 汝州市(豫) | 5000.00 |
| 167 | 淮阳县(豫) | 4073.00 |

(续)

| 序号 | 食用菌类主产地 | 产量(吨) |
|---|---|---|
| 168 | 辉县市(豫) | 2680.00 |
| 169 | 方城县(豫) | 2450.00 |
| 170 | 内乡县(豫) | 1700.00 |
| 171 | 洛宁县(豫) | 1300.00 |
| 172 | 镇平县(豫) | 826.00 |
| 173 | 舞钢市(豫) | 800.00 |
| 174 | 叶　县(豫) | 470.00 |
| 175 | 新野县(豫) | 450.00 |
| 176 | 商城县(豫) | 310.00 |
| 177 | 新　县(豫) | 301.00 |
| 178 | 睢　县(豫) | 300.00 |
| 179 | 栾川县(豫) | 280.00 |
| 180 | 平桥区(豫) | 270.00 |
| 181 | 宜阳县(豫) | 152.00 |
| 182 | 中牟县(豫) | 100.00 |
| 183 | 确山县(豫) | 100.00 |
| 184 | 随　县(鄂) | 60000.00 |
| 185 | 远安县(鄂) | 52500.00 |
| 186 | 沙市区(鄂) | 40000.00 |
| 187 | 当阳市(鄂) | 18000.00 |
| 188 | 南漳县(鄂) | 8660.00 |
| 189 | 钟祥市(鄂) | 8500.00 |
| 190 | 保康县(鄂) | 7948.00 |
| 191 | 阳新县(鄂) | 7200.00 |
| 192 | 东宝区(鄂) | 7200.00 |
| 193 | 宜城市(鄂) | 7000.00 |
| 194 | 京山县(鄂) | 4900.00 |
| 195 | 房　县(鄂) | 4735.00 |
| 196 | 谷城县(鄂) | 3500.00 |
| 197 | 松滋市(鄂) | 2849.00 |
| 198 | 兴山县(鄂) | 2574.00 |
| 199 | 丹江口市(鄂) | 2100.00 |
| 200 | 郧　县(鄂) | 1200.00 |
| 201 | 咸丰县(鄂) | 980.00 |
| 202 | 建始县(鄂) | 950.00 |
| 203 | 竹山县(鄂) | 530.00 |
| 204 | 夷陵区(鄂) | 500.00 |
| 205 | 广水市(鄂) | 500.00 |
| 206 | 大悟县(鄂) | 415.00 |
| 207 | 鹤峰县(鄂) | 370.00 |
| 208 | 长阳土家族自治县(鄂) | 252.00 |
| 209 | 宜都市(鄂) | 200.00 |
| 210 | 利川市(鄂) | 150.00 |
| 211 | 秭归县(鄂) | 138.00 |
| 212 | 巴东县(鄂) | 127.00 |

(续)

| 序号 | 食用菌类主产地 | 产量(吨) |
|---|---|---|
| 213 | 麻城市(鄂) | 120.00 |
| 214 | 浏阳市(湘) | 7600.00 |
| 215 | 新化县(湘) | 5000.00 |
| 216 | 长沙县(湘) | 4561.00 |
| 217 | 炎陵县(湘) | 4132.00 |
| 218 | 衡山县(湘) | 3863.90 |
| 219 | 江华瑶族自治县(湘) | 2419.00 |
| 220 | 衡阳县(湘) | 2400.00 |
| 221 | 道　县(湘) | 1996.00 |
| 222 | 沅陵县(湘) | 1890.00 |
| 223 | 祁阳县(湘) | 1800.00 |
| 224 | 靖州苗族侗族自治县(湘) | 1729.00 |
| 225 | 常宁市(湘) | 1500.00 |
| 226 | 邵东县(湘) | 1000.00 |
| 227 | 赫山区(湘) | 1000.00 |
| 228 | 衡南县(湘) | 1000.00 |
| 229 | 鹤城区(湘) | 954.00 |
| 230 | 临武县(湘) | 900.00 |
| 231 | 安化县(湘) | 700.00 |
| 232 | 永兴县(湘) | 684.00 |
| 233 | 北湖区(湘) | 618.00 |
| 234 | 资兴市(湘) | 612.00 |
| 235 | 宁乡县(湘) | 500.00 |
| 236 | 涟源市(湘) | 375.00 |
| 237 | 桑植县(湘) | 350.00 |
| 238 | 冷水滩区(湘) | 330.00 |
| 239 | 绥宁县(湘) | 310.00 |
| 240 | 新宁县(湘) | 300.00 |
| 241 | 城步苗族自治县(湘) | 230.00 |
| 242 | 宁远县(湘) | 228.00 |
| 243 | 新邵县(湘) | 200.00 |
| 244 | 石门县(湘) | 200.00 |
| 245 | 麻阳苗族自治县(湘) | 170.00 |
| 246 | 永定区(湘) | 150.00 |
| 247 | 江永县(湘) | 142.00 |
| 248 | 桂东县(湘) | 125.00 |
| 249 | 平江县(湘) | 106.00 |
| 250 | 乳源瑶族自治县(粤) | 3500.00 |
| 251 | 丰顺县(粤) | 3014.00 |
| 252 | 始兴县(粤) | 2210.00 |
| 253 | 阳山县(粤) | 1274.00 |
| 254 | 仁化县(粤) | 1200.00 |
| 255 | 封开县(粤) | 806.00 |
| 256 | 南雄市(粤) | 612.00 |
| 257 | 武江区(粤) | 440.00 |

（续）

| 序号 | 食用菌类主产地 | 产量(吨) |
|---|---|---|
| 258 | 高要市(粤) | 258.00 |
| 259 | 云安县(粤) | 200.00 |
| 260 | 新丰县(粤) | 194.00 |
| 261 | 连州市(粤) | 122.00 |
| 262 | 柳城县(桂) | 7355.00 |
| 263 | 兴宾区(桂) | 3560.00 |
| 264 | 龙胜各族自治县(桂) | 3274.00 |
| 265 | 兴安县(桂) | 2589.00 |
| 266 | 昭平县(桂) | 1850.00 |
| 267 | 金城江区(桂) | 1455.00 |
| 268 | 田林县(桂) | 1164.00 |
| 269 | 融水苗族自治县(桂) | 1129.00 |
| 270 | 融安县(桂) | 519.00 |
| 271 | 浦北县(桂) | 495.00 |
| 272 | 乐业县(桂) | 238.00 |
| 273 | 苍梧县(桂) | 103.00 |
| 274 | 垫江县(渝) | 1900.00 |
| 275 | 铜梁县(渝) | 1688.00 |
| 276 | 荣昌区(渝) | 645.00 |
| 277 | 万盛区(渝) | 500.00 |
| 278 | 云阳县(渝) | 460.00 |
| 279 | 合川区(渝) | 235.00 |
| 280 | 巴南区(渝) | 165.00 |
| 281 | 开　县(渝) | 125.30 |
| 282 | 青川县(川) | 16100.00 |
| 283 | 朝天区(川) | 9213.00 |
| 284 | 顺庆区(川) | 4550.00 |
| 285 | 利州区(川) | 4335.00 |
| 286 | 通江县(川) | 3000.00 |
| 287 | 彭州市(川) | 2740.00 |
| 288 | 旺苍县(川) | 2583.00 |
| 289 | 江油市(川) | 2200.00 |
| 290 | 昭化区(川) | 2000.00 |
| 291 | 南江县(川) | 1870.00 |
| 292 | 会理县(川) | 1672.00 |
| 293 | 蓬安县(川) | 1600.00 |
| 294 | 小金县(川) | 1040.00 |
| 295 | 剑阁县(川) | 1027.00 |
| 296 | 三台县(川) | 1002.00 |
| 297 | 万源市(川) | 1000.00 |
| 298 | 仁寿县(川) | 937.00 |
| 299 | 苍溪县(川) | 838.00 |
| 300 | 宣汉县(川) | 830.00 |
| 301 | 木里藏族自治县(川) | 691.70 |
| 302 | 长宁县(川) | 600.25 |

（续）

| 序号 | 食用菌类主产地 | 产量(吨) |
|---|---|---|
| 303 | 德昌县(川) | 600.00 |
| 304 | 什邡市(川) | 535.00 |
| 305 | 冕宁县(川) | 516.37 |
| 306 | 盐源县(川) | 506.00 |
| 307 | 邻水县(川) | 500.00 |
| 308 | 开江县(川) | 450.00 |
| 309 | 宜宾县(川) | 380.00 |
| 310 | 巴塘县(川) | 380.00 |
| 311 | 营山县(川) | 375.00 |
| 312 | 安　县(川) | 300.00 |
| 313 | 雅江县(川) | 240.10 |
| 314 | 江安县(川) | 213.80 |
| 315 | 纳溪区(川) | 200.00 |
| 316 | 梓潼县(川) | 200.00 |
| 317 | 丹巴县(川) | 190.14 |
| 318 | 五通桥区(川) | 182.00 |
| 319 | 西昌市(川) | 180.00 |
| 320 | 喜德县(川) | 180.00 |
| 321 | 普格县(川) | 160.30 |
| 322 | 稻城县(川) | 150.00 |
| 323 | 九龙县(川) | 123.00 |
| 324 | 会东县(川) | 110.00 |
| 325 | 炉霍县(川) | 100.00 |
| 326 | 新龙县(川) | 100.00 |
| 327 | 赤水市(黔) | 5303.00 |
| 328 | 桐梓县(黔) | 1194.00 |
| 329 | 榕江县(黔) | 500.00 |
| 330 | 兴仁县(黔) | 312.00 |
| 331 | 道真仡佬族苗族自治县(黔) | 300.00 |
| 332 | 荔波县(黔) | 296.00 |
| 333 | 惠水县(黔) | 200.00 |
| 334 | 普安县(黔) | 130.00 |
| 335 | 碧江区(黔) | 102.00 |
| 336 | 永胜县(滇) | 32300.00 |
| 337 | 大姚县(滇) | 28115.00 |
| 338 | 禄劝彝族苗族自治县(滇) | 5400.00 |
| 339 | 南华县(滇) | 5364.70 |
| 340 | 禄丰县(滇) | 4159.00 |
| 341 | 剑川县(滇) | 4100.00 |
| 342 | 鹤庆县(滇) | 3730.00 |
| 343 | 楚雄市(滇) | 3576.00 |
| 344 | 弥勒市(滇) | 3342.00 |
| 345 | 麒麟区(滇) | 3300.00 |
| 346 | 武定县(滇) | 2375.00 |
| 347 | 南涧彝族自治县(滇) | 2200.00 |

（续）

| 序号 | 食用菌类主产地 | 产量(吨) |
|---|---|---|
| 348 | 景东彝族自治县(滇) | 2098.00 |
| 349 | 芒　市(滇) | 1781.10 |
| 350 | 昭阳区(滇) | 1600.00 |
| 351 | 镇沅彝族哈尼族拉祜族自治县(滇) | 1387.00 |
| 352 | 姚安县(滇) | 1363.00 |
| 353 | 香格里拉县(滇) | 1224.50 |
| 354 | 弥渡县(滇) | 1198.00 |
| 355 | 倘甸工业园区(滇) | 1115.00 |
| 356 | 施甸县(滇) | 1090.00 |
| 357 | 晋宁县(滇) | 998.00 |
| 358 | 思茅区(滇) | 900.00 |
| 359 | 漾濞彝族自治县(滇) | 878.00 |
| 360 | 元谋县(滇) | 817.00 |
| 361 | 兰坪白族普米族自治县(滇) | 780.00 |
| 362 | 易门县(滇) | 759.18 |
| 363 | 牟定县(滇) | 685.00 |
| 364 | 大理市(滇) | 624.00 |
| 365 | 墨江哈尼族自治县(滇) | 569.00 |
| 366 | 陆良县(滇) | 551.00 |
| 367 | 梁河县(滇) | 513.00 |
| 368 | 马龙县(滇) | 500.00 |
| 369 | 洱源县(滇) | 458.60 |
| 370 | 广南县(滇) | 386.60 |
| 371 | 玉龙纳西族自治县(滇) | 326.00 |
| 372 | 富宁县(滇) | 326.00 |
| 373 | 罗平县(滇) | 325.00 |
| 374 | 石屏县(滇) | 300.00 |
| 375 | 绥江县(滇) | 300.00 |
| 376 | 宁洱哈尼族彝族自治县(滇) | 192.70 |
| 377 | 盈江县(滇) | 183.90 |
| 378 | 昌宁县(滇) | 179.00 |
| 379 | 江川县(滇) | 175.00 |
| 380 | 腾冲县(滇) | 162.90 |
| 381 | 临翔区(滇) | 150.00 |
| 382 | 孟连傣族拉祜族佤族自治县(滇) | 150.00 |
| 383 | 丘北县(滇) | 137.40 |
| 384 | 宁蒗彝族自治县(滇) | 136.00 |
| 385 | 石林彝族自治县(滇) | 115.30 |
| 386 | 镇巴县(陕) | 6750.00 |
| 387 | 西乡县(陕) | 6065.00 |
| 388 | 汉阴县(陕) | 3630.00 |
| 389 | 略阳县(陕) | 3488.00 |
| 390 | 南郑县(陕) | 3200.00 |
| 391 | 留坝县(陕) | 2961.00 |
| 392 | 城固县(陕) | 2600.00 |

(续)

| 序号 | 食用菌类主产地 | 产量(吨) |
|---|---|---|
| 393 | 商州区(陕) | 1300.00 |
| 394 | 山阳县(陕) | 1116.00 |
| 395 | 太白县(陕) | 1065.00 |
| 396 | 镇坪县(陕) | 881.00 |
| 397 | 镇安县(陕) | 819.00 |
| 398 | 长青林业局(陕) | 800.00 |
| 399 | 陈仓区(陕) | 720.00 |
| 400 | 勉　县(陕) | 610.00 |
| 401 | 洛南县(陕) | 560.00 |
| 402 | 淳化县(陕) | 468.00 |
| 403 | 岚皋县(陕) | 390.00 |
| 404 | 佛坪县(陕) | 320.00 |
| 405 | 旬阳县(陕) | 200.00 |
| 406 | 柞水县(陕) | 120.00 |
| 407 | 平利县(陕) | 120.00 |
| 408 | 太白林业局(陕) | 110.00 |
| 409 | 迭部县(甘) | 2890.00 |
| 410 | 康　县(甘) | 480.00 |
| 411 | 徽　县(甘) | 216.00 |
| 412 | 临江林业局(吉林森工) | 210.00 |
| 413 | 绥阳林业局(龙江森工) | 19325.00 |
| 414 | 苇河林业局(龙江森工) | 6561.00 |
| 415 | 东京城林业局(龙江森工) | 5500.00 |
| 416 | 亚布力林业局(龙江森工) | 4147.00 |
| 417 | 方正林业局(龙江森工) | 4065.00 |
| 418 | 朗乡林业局(龙江森工) | 3843.00 |
| 419 | 汤旺河林业局(龙江森工) | 3648.00 |
| 420 | 五营林业局(龙江森工) | 2756.00 |
| 421 | 清河林业局(龙江森工) | 2600.00 |
| 422 | 穆棱林业局(龙江森工) | 2424.50 |
| 423 | 南岔林业局(龙江森工) | 2370.00 |
| 424 | 金山屯林业局(龙江森工) | 2284.10 |
| 425 | 新青林业局(龙江森工) | 2020.00 |
| 426 | 美溪林业局(龙江森工) | 1812.00 |
| 427 | 鹤北林业局(龙江森工) | 1810.00 |
| 428 | 大海林林业局(龙江森工) | 1804.00 |
| 429 | 柴河林业局(龙江森工) | 1378.20 |
| 430 | 东方红林业局(龙江森工) | 1350.00 |
| 431 | 兴隆林业局(龙江森工) | 1338.00 |
| 432 | 林口林业局(龙江森工) | 1329.00 |
| 433 | 乌马河林业局(龙江森工) | 1305.00 |
| 434 | 红星林业局(龙江森工) | 1070.00 |
| 435 | 乌伊岭林业局(龙江森工) | 1015.00 |
| 436 | 山河屯林业局(龙江森工) | 920.00 |
| 437 | 翠峦林业局(龙江森工) | 902.60 |
| 438 | 绥棱林业局(龙江森工) | 770.00 |
| 439 | 友好林业局(龙江森工) | 761.00 |
| 440 | 沾河林业局(龙江森工) | 745.00 |
| 441 | 双丰林业局(龙江森工) | 720.00 |
| 442 | 上甘岭林业局(龙江森工) | 614.00 |
| 443 | 铁力林业局(龙江森工) | 606.00 |
| 444 | 桃山林业局(龙江森工) | 562.00 |
| 445 | 海林林业局(龙江森工) | 480.00 |
| 446 | 八面通林业局(龙江森工) | 400.00 |
| 447 | 鹤立林业局(龙江森工) | 343.00 |
| 448 | 带岭实验局(龙江森工) | 270.00 |
| 449 | 双鸭山林业局(龙江森工) | 126.00 |

**表 12-3　竹笋主产地产量**

| 序号 | 竹笋主产地 | 产量(吨) |
|---|---|---|
| 1 | 金山区(沪) | 2555.00 |
| 2 | 宜兴市(苏) | 384.00 |
| 3 | 溧水县(苏) | 265.00 |
| 4 | 高淳县(苏) | 100.00 |
| 5 | 富阳区(浙) | 81564.00 |
| 6 | 余杭区(浙) | 76700.00 |
| 7 | 遂昌县(浙) | 74833.00 |
| 8 | 德清县(浙) | 71600.00 |
| 9 | 龙泉市(浙) | 60905.00 |
| 10 | 桐庐县(浙) | 60000.00 |
| 11 | 奉化区(浙) | 48633.00 |
| 12 | 安吉县(浙) | 46800.00 |
| 13 | 余姚市(浙) | 38960.00 |
| 14 | 长兴县(浙) | 37740.00 |
| 15 | 宁海县(浙) | 29940.00 |
| 16 | 临海市(浙) | 22140.00 |
| 17 | 临安市(浙) | 22000.00 |
| 18 | 建德市(浙) | 20060.00 |
| 19 | 松阳县(浙) | 18756.00 |
| 20 | 淳安县(浙) | 16600.00 |
| 21 | 莲都区(浙) | 14019.00 |
| 22 | 越城区(浙) | 11920.00 |
| 23 | 庆元县(浙) | 11385.00 |
| 24 | 缙云县(浙) | 8780.00 |
| 25 | 天台县(浙) | 8400.00 |
| 26 | 新昌县(浙) | 7674.00 |
| 27 | 仙居县(浙) | 7450.00 |
| 28 | 慈溪市(浙) | 6730.00 |
| 29 | 象山县(浙) | 5450.00 |
| 30 | 诸暨市(浙) | 4350.00 |
| 31 | 黄岩区(浙) | 4150.00 |
| 32 | 永康市(浙) | 3800.00 |
| 33 | 景宁畲族自治县(浙) | 3151.00 |
| 34 | 瓯海区(浙) | 3000.00 |
| 35 | 三门县(浙) | 2690.00 |
| 36 | 开化县(浙) | 2000.00 |
| 37 | 北仑区(浙) | 1830.00 |
| 38 | 磐安县(浙) | 1805.00 |
| 39 | 泰顺县(浙) | 1254.00 |
| 40 | 苍南县(浙) | 1084.00 |
| 41 | 青田县(浙) | 900.00 |
| 42 | 瑞安市(浙) | 780.00 |
| 43 | 浦江县(浙) | 575.00 |
| 44 | 兰溪市(浙) | 460.00 |
| 45 | 海盐县(浙) | 450.00 |
| 46 | 云和县(浙) | 398.00 |
| 47 | 武义县(浙) | 295.00 |
| 48 | 温岭市(浙) | 230.00 |
| 49 | 定海区(浙) | 220.00 |
| 50 | 广德县(皖) | 64000.00 |
| 51 | 旌德县(皖) | 6000.00 |
| 52 | 舒城县(皖) | 2450.00 |
| 53 | 繁昌县(皖) | 2300.00 |
| 54 | 岳西县(皖) | 1500.00 |
| 55 | 绩溪县(皖) | 1350.00 |
| 56 | 祁门县(皖) | 1033.00 |
| 57 | 南陵县(皖) | 950.00 |
| 58 | 滁州市沙河集林业总场(皖) | 700.00 |
| 59 | 黟　县(皖) | 595.00 |
| 60 | 休宁县(皖) | 475.00 |
| 61 | 芜湖县(皖) | 400.00 |
| 62 | 青阳县(皖) | 385.00 |
| 63 | 潜山县(皖) | 360.00 |
| 64 | 石台县(皖) | 230.00 |
| 65 | 枞阳县(皖) | 221.00 |
| 66 | 宿松县(皖) | 155.00 |
| 67 | 定远县(皖) | 150.00 |
| 68 | 徽州区(皖) | 150.00 |
| 69 | 霍山县(皖) | 120.00 |
| 70 | 东至县(皖) | 100.00 |
| 71 | 泾　县(皖) | 100.00 |
| 72 | 建瓯市(闽) | 42474.00 |
| 73 | 沙　县(闽) | 24700.00 |
| 74 | 建阳市(闽) | 20524.00 |
| 75 | 南靖县(闽) | 18745.00 |

（续）

| 序号 | 竹笋主产地 | 产量（吨） |
|---|---|---|
| 76 | 永安市（闽） | 16304.00 |
| 77 | 邵武市（闽） | 16007.00 |
| 78 | 延平区（闽） | 15250.00 |
| 79 | 永泰县（闽） | 14847.00 |
| 80 | 尤溪县（闽） | 14456.00 |
| 81 | 武夷山市（闽） | 13085.00 |
| 82 | 建宁县（闽） | 12643.00 |
| 83 | 松溪县（闽） | 9735.00 |
| 84 | 顺昌县（闽） | 8734.00 |
| 85 | 宁化县（闽） | 7990.00 |
| 86 | 三元区（闽） | 7846.00 |
| 87 | 将乐县（闽） | 7120.00 |
| 88 | 泰宁县（闽） | 7041.00 |
| 89 | 闽清县（闽） | 5771.00 |
| 90 | 政和县（闽） | 5623.00 |
| 91 | 福安市（闽） | 4487.00 |
| 92 | 连城县（闽） | 4110.00 |
| 93 | 明溪县（闽） | 4027.00 |
| 94 | 华安县（闽） | 3851.00 |
| 95 | 大田县（闽） | 3744.00 |
| 96 | 永定县（闽） | 3645.00 |
| 97 | 漳平市（闽） | 3607.00 |
| 98 | 清流县（闽） | 3266.00 |
| 99 | 浦城县（闽） | 2909.00 |
| 100 | 新罗区（闽） | 2783.00 |
| 101 | 长汀县（闽） | 2730.00 |
| 102 | 永春县（闽） | 2635.00 |
| 103 | 梅列区（闽） | 2106.00 |
| 104 | 芗城区（闽） | 1856.00 |
| 105 | 龙海市（闽） | 1759.00 |
| 106 | 漳浦县（闽） | 1697.00 |
| 107 | 蕉城区（闽） | 1472.00 |
| 108 | 武平县（闽） | 1357.00 |
| 109 | 上杭县（闽） | 1227.00 |
| 110 | 仙游县（闽） | 1124.00 |
| 111 | 德化县（闽） | 1103.00 |
| 112 | 光泽县（闽） | 1058.00 |
| 113 | 晋安区（闽） | 841.00 |
| 114 | 闽侯县（闽） | 784.00 |
| 115 | 长泰县（闽） | 549.00 |
| 116 | 涵江区（闽） | 469.00 |
| 117 | 罗源县（闽） | 388.00 |
| 118 | 连江县（闽） | 327.00 |
| 119 | 安溪县（闽） | 190.00 |
| 120 | 崇义县（赣） | 24000.00 |

（续）

| 序号 | 竹笋主产地 | 产量（吨） |
|---|---|---|
| 121 | 芦溪县（赣） | 6300.00 |
| 122 | 资溪县（赣） | 6100.00 |
| 123 | 宜丰县（赣） | 4766.00 |
| 124 | 金溪县（赣） | 3829.00 |
| 125 | 石城县（赣） | 3500.00 |
| 126 | 瑞金市（赣） | 3400.00 |
| 127 | 武宁县（赣） | 2570.00 |
| 128 | 广丰县（赣） | 1732.00 |
| 129 | 上高县（赣） | 1560.00 |
| 130 | 万年县（赣） | 1500.00 |
| 131 | 万载县（赣） | 1410.00 |
| 132 | 井冈山市（赣） | 1026.00 |
| 133 | 铜鼓县（赣） | 1000.00 |
| 134 | 遂川县（赣） | 700.00 |
| 135 | 兴国县（赣） | 600.00 |
| 136 | 上栗县（赣） | 500.00 |
| 137 | 赣　县（赣） | 426.00 |
| 138 | 永丰县（赣） | 410.00 |
| 139 | 全南县（赣） | 400.00 |
| 140 | 大余县（赣） | 400.00 |
| 141 | 修水县（赣） | 380.00 |
| 142 | 靖安县（赣） | 322.00 |
| 143 | 分宜县（赣） | 300.00 |
| 144 | 会昌县（赣） | 300.00 |
| 145 | 南城县（赣） | 300.00 |
| 146 | 横峰县（赣） | 286.00 |
| 147 | 宁都县（赣） | 250.00 |
| 148 | 定南县（赣） | 180.00 |
| 149 | 瑞昌市（赣） | 160.00 |
| 150 | 余江县（赣） | 150.00 |
| 151 | 新干县（赣） | 120.00 |
| 152 | 德兴市（赣） | 120.00 |
| 153 | 信丰县（赣） | 120.00 |
| 154 | 于都县（赣） | 110.00 |
| 155 | 安远县（赣） | 108.00 |
| 156 | 商城县（豫） | 155.00 |
| 157 | 远安县（鄂） | 3000.00 |
| 158 | 黄梅县（鄂） | 1500.00 |
| 159 | 房　县（鄂） | 622.00 |
| 160 | 阳新县（鄂） | 562.00 |
| 161 | 夷陵区（鄂） | 460.00 |
| 162 | 利川市（鄂） | 300.00 |
| 163 | 当阳市（鄂） | 206.00 |
| 164 | 郧　县（鄂） | 200.00 |
| 165 | 竹溪县（鄂） | 198.00 |

（续）

| 序号 | 竹笋主产地 | 产量（吨） |
|---|---|---|
| 166 | 武穴市（鄂） | 186.00 |
| 167 | 鄂州市市辖区（鄂） | 160.00 |
| 168 | 来凤县（鄂） | 150.00 |
| 169 | 宜都市（鄂） | 100.00 |
| 170 | 竹山县（鄂） | 100.00 |
| 171 | 京山县（鄂） | 100.00 |
| 172 | 桃江县（湘） | 50000.00 |
| 173 | 浏阳市（湘） | 34800.00 |
| 174 | 城步苗族自治县（湘） | 13200.00 |
| 175 | 苏仙区（湘） | 10020.00 |
| 176 | 新化县（湘） | 10000.00 |
| 177 | 衡山县（湘） | 8049.80 |
| 178 | 赫山区（湘） | 6000.00 |
| 179 | 桑植县（湘） | 6000.00 |
| 180 | 宁乡县（湘） | 5000.00 |
| 181 | 炎陵县（湘） | 4990.00 |
| 182 | 耒阳市（湘） | 4500.00 |
| 183 | 沅陵县（湘） | 4310.00 |
| 184 | 资兴市（湘） | 3560.00 |
| 185 | 新宁县（湘） | 3500.00 |
| 186 | 会同县（湘） | 3200.00 |
| 187 | 涟源市（湘） | 3020.00 |
| 188 | 长沙县（湘） | 2510.00 |
| 189 | 北湖区（湘） | 2186.00 |
| 190 | 鹤城区（湘） | 1489.00 |
| 191 | 常宁市（湘） | 1400.00 |
| 192 | 鼎城区（湘） | 1300.00 |
| 193 | 绥宁县（湘） | 1200.00 |
| 194 | 洪江市（湘） | 1200.00 |
| 195 | 永兴县（湘） | 1197.00 |
| 196 | 冷水滩区（湘） | 830.00 |
| 197 | 祁阳县（湘） | 760.00 |
| 198 | 株洲县（湘） | 750.00 |
| 199 | 江华瑶族自治县（湘） | 737.00 |
| 200 | 溆浦县（湘） | 620.00 |
| 201 | 安化县（湘） | 600.00 |
| 202 | 南岳区（湘） | 600.00 |
| 203 | 新邵县（湘） | 500.00 |
| 204 | 双牌县（湘） | 420.00 |
| 205 | 宁远县（湘） | 405.00 |
| 206 | 临武县（湘） | 350.00 |
| 207 | 洞口县（湘） | 300.00 |
| 208 | 芷江侗族自治县（湘） | 288.00 |
| 209 | 东安县（湘） | 286.00 |
| 210 | 慈利县（湘） | 271.00 |

(续)

| 序号 | 竹笋主产地 | 产量(吨) |
| --- | --- | --- |
| 211 | 平江县(湘) | 263.00 |
| 212 | 辰溪县(湘) | 225.00 |
| 213 | 湘乡市(湘) | 215.00 |
| 214 | 衡阳县(湘) | 200.00 |
| 215 | 醴陵市(湘) | 200.00 |
| 216 | 蓝山县(湘) | 200.00 |
| 217 | 澧　县(湘) | 200.00 |
| 218 | 石门县(湘) | 200.00 |
| 219 | 桂东县(湘) | 185.00 |
| 220 | 永定区(湘) | 160.00 |
| 221 | 麻阳苗族自治县(湘) | 150.00 |
| 222 | 中方县(湘) | 130.00 |
| 223 | 冷水江市(湘) | 125.00 |
| 224 | 始兴县(粤) | 80000.00 |
| 225 | 清新区(粤) | 32500.00 |
| 226 | 揭东区(粤) | 25000.00 |
| 227 | 英德市(粤) | 16876.00 |
| 228 | 乳源瑶族自治县(粤) | 16600.00 |
| 229 | 浈江区(粤) | 13500.00 |
| 230 | 和平县(粤) | 6500.00 |
| 231 | 广宁县(粤) | 5000.00 |
| 232 | 封开县(粤) | 4344.00 |
| 233 | 五华县(粤) | 4000.00 |
| 234 | 云安县(粤) | 3000.00 |
| 235 | 连州市(粤) | 2358.00 |
| 236 | 饶平县(粤) | 2200.00 |
| 237 | 阳山县(粤) | 1543.00 |
| 238 | 连南瑶族自治县(粤) | 717.00 |
| 239 | 揭西县(粤) | 680.00 |
| 240 | 郁南县(粤) | 420.00 |
| 241 | 南雄市(粤) | 326.00 |
| 242 | 武江区(粤) | 320.00 |
| 243 | 四会市(粤) | 308.00 |
| 244 | 连山壮族瑶族自治县(粤) | 199.00 |
| 245 | 高要市(粤) | 190.00 |
| 246 | 乐昌市(粤) | 170.00 |
| 247 | 台山市(粤) | 165.00 |
| 248 | 新丰县(粤) | 151.00 |
| 249 | 揭阳市蓝城区(粤) | 100.00 |
| 250 | 田林县(桂) | 4000.00 |
| 251 | 龙州县(桂) | 3885.00 |
| 252 | 融水苗族自治县(桂) | 3375.00 |
| 253 | 田阳县(桂) | 2350.00 |
| 254 | 金秀瑶族自治县(桂) | 1200.00 |
| 255 | 资源县(桂) | 1000.00 |

(续)

| 序号 | 竹笋主产地 | 产量(吨) |
| --- | --- | --- |
| 256 | 长洲区(桂) | 1000.00 |
| 257 | 浦北县(桂) | 831.00 |
| 258 | 北流市(桂) | 790.30 |
| 259 | 防城区(桂) | 550.00 |
| 260 | 藤　县(桂) | 550.00 |
| 261 | 万秀区(桂) | 452.00 |
| 262 | 兴安县(桂) | 389.00 |
| 263 | 龙胜各族自治县(桂) | 362.00 |
| 264 | 隆林各族自治县(桂) | 358.00 |
| 265 | 昭平县(桂) | 348.00 |
| 266 | 西林县(桂) | 252.00 |
| 267 | 灵山县(桂) | 245.00 |
| 268 | 钦南区(桂) | 175.00 |
| 269 | 恭城瑶族自治县(桂) | 124.00 |
| 270 | 大新县(桂) | 120.00 |
| 271 | 兴宾区(桂) | 101.00 |
| 272 | 渝北区(渝) | 42000.00 |
| 273 | 南川区(渝) | 30000.00 |
| 274 | 武隆县(渝) | 6668.00 |
| 275 | 铜梁县(渝) | 3800.00 |
| 276 | 涪陵区(渝) | 2100.00 |
| 277 | 荣昌区(渝) | 1874.00 |
| 278 | 垫江县(渝) | 1800.00 |
| 279 | 合川区(渝) | 570.00 |
| 280 | 万盛区(渝) | 500.00 |
| 281 | 梁平县(渝) | 236.92 |
| 282 | 巴南区(渝) | 160.00 |
| 283 | 璧山县(渝) | 115.70 |
| 284 | 雁江区(川) | 300025.00 |
| 285 | 富顺县(川) | 205399.00 |
| 286 | 叙永县(川) | 114000.00 |
| 287 | 长宁县(川) | 85093.00 |
| 288 | 合江县(川) | 32000.00 |
| 289 | 兴文县(川) | 31871.00 |
| 290 | 隆昌县(川) | 21000.00 |
| 291 | 东兴区(川) | 18000.00 |
| 292 | 雷波县(川) | 16300.00 |
| 293 | 威远县(川) | 15000.00 |
| 294 | 江安县(川) | 14788.60 |
| 295 | 沐川县(川) | 14000.00 |
| 296 | 都江堰市(川) | 11175.00 |
| 297 | 内江市市中区(川) | 10200.00 |
| 298 | 高　县(川) | 9250.00 |
| 299 | 资中县(川) | 8000.00 |
| 300 | 纳溪区(川) | 5500.00 |

(续)

| 序号 | 竹笋主产地 | 产量(吨) |
| --- | --- | --- |
| 301 | 仁寿县(川) | 5385.00 |
| 302 | 马边彝族自治县(川) | 4825.00 |
| 303 | 万源市(川) | 4620.00 |
| 304 | 乐至县(川) | 4500.00 |
| 305 | 南部县(川) | 4250.00 |
| 306 | 乐山市市中区(川) | 4200.00 |
| 307 | 洪雅县(川) | 3906.00 |
| 308 | 翠屏区(川) | 3390.00 |
| 309 | 屏山县(川) | 3000.00 |
| 310 | 名山区(川) | 2750.00 |
| 311 | 芦山县(川) | 2000.00 |
| 312 | 安　县(川) | 2000.00 |
| 313 | 峨边彝族自治县(川) | 1787.00 |
| 314 | 宜宾县(川) | 1680.00 |
| 315 | 夹江县(川) | 1500.00 |
| 316 | 五通桥区(川) | 1263.00 |
| 317 | 古蔺县(川) | 1100.00 |
| 318 | 沿滩区(川) | 914.00 |
| 319 | 开江县(川) | 900.00 |
| 320 | 江油市(川) | 760.00 |
| 321 | 金口河区(川) | 682.00 |
| 322 | 米易县(川) | 610.00 |
| 323 | 巴州区(川) | 600.00 |
| 324 | 雅安市市辖区(川) | 545.00 |
| 325 | 青神县(川) | 436.00 |
| 326 | 井研县(川) | 432.00 |
| 327 | 邻水县(川) | 260.00 |
| 328 | 涪城区(川) | 250.00 |
| 329 | 南江县(川) | 198.00 |
| 330 | 北川羌族自治县(川) | 120.00 |
| 331 | 赤水市(黔) | 21600.00 |
| 332 | 桐梓县(黔) | 1717.00 |
| 333 | 榕江县(黔) | 700.00 |
| 334 | 紫云苗族布依族自治县(黔) | 500.00 |
| 335 | 黄平县(黔) | 230.00 |
| 336 | 碧江区(黔) | 184.00 |
| 337 | 镇远县(黔) | 162.00 |
| 338 | 盐津县(滇) | 12000.00 |
| 339 | 大关县(滇) | 8000.00 |
| 340 | 镇雄县(滇) | 7000.00 |
| 341 | 威信县(滇) | 5011.00 |
| 342 | 元阳县(滇) | 3375.00 |
| 343 | 孟连傣族拉祜族佤族自治县(滇) | 2000.00 |
| 344 | 瑞丽市(滇) | 1255.00 |
| 345 | 思茅区(滇) | 786.00 |

（续）

| 序号 | 竹笋主产地 | 产量(吨) |
|---|---|---|
| 346 | 盈江县(滇) | 394.60 |
| 347 | 墨江哈尼族自治县(滇) | 349.00 |
| 348 | 芒　市(滇) | 314.80 |
| 349 | 河口瑶族自治县(滇) | 290.00 |
| 350 | 陇川县(滇) | 260.00 |
| 351 | 勐海县(滇) | 260.00 |
| 352 | 梁河县(滇) | 249.00 |
| 353 | 沧源佤族自治县(滇) | 241.00 |
| 354 | 兰坪白族普米族自治县(滇) | 160.00 |
| 355 | 施甸县(滇) | 147.00 |
| 356 | 贡山独龙族怒族自治县(滇) | 141.00 |
| 357 | 景谷傣族彝族自治县(滇) | 129.00 |
| 358 | 南郑县(陕) | 2400.00 |
| 359 | 镇坪县(陕) | 744.00 |
| 360 | 城固县(陕) | 420.00 |
| 361 | 平利县(陕) | 410.00 |
| 362 | 汉阴县(陕) | 194.00 |

**表 12-4　蕨菜主产地产量**

| 序号 | 蕨菜主产地 | 产量(吨) |
|---|---|---|
| 1 | 围场满族蒙古族自治县(冀) | 3000.00 |
| 2 | 丰宁满族自治县(冀) | 200.00 |
| 3 | 赤城县(冀) | 170.00 |
| 4 | 阿荣旗(内蒙古) | 560.00 |
| 5 | 克什克腾旗(内蒙古) | 500.00 |
| 6 | 新宾满族自治县(辽) | 1500.00 |
| 7 | 东港市(辽) | 386.00 |
| 8 | 盖州市(辽) | 60.00 |
| 9 | 天桥岭林业局(吉) | 215.00 |
| 10 | 长白朝鲜族自治县(吉) | 153.00 |
| 11 | 舒兰市(吉) | 74.00 |
| 12 | 汪清林业局(吉) | 63.00 |
| 13 | 逊克县(黑) | 4500.00 |
| 14 | 北安市(黑) | 1500.00 |
| 15 | 萝北县(黑) | 1000.00 |
| 16 | 嘉荫县(黑) | 1000.00 |
| 17 | 铁力市(黑) | 450.00 |
| 18 | 延寿县(黑) | 210.00 |
| 19 | 鹤岗市市辖区(黑) | 200.00 |
| 20 | 爱辉区(黑) | 180.00 |
| 21 | 桦南县(黑) | 140.00 |
| 22 | 鸡冠区(黑) | 120.00 |
| 23 | 恒山区(黑) | 120.00 |
| 24 | 嫩江县(黑) | 110.00 |
| 25 | 林口县(黑) | 75.00 |

（续）

| 序号 | 蕨菜主产地 | 产量(吨) |
|---|---|---|
| 26 | 木兰县(黑) | 63.00 |
| 27 | 孙吴县(黑) | 60.00 |
| 28 | 淳安县(浙) | 113.00 |
| 29 | 天台县(浙) | 90.00 |
| 30 | 太湖县(皖) | 590.00 |
| 31 | 祁门县(皖) | 420.00 |
| 32 | 霍山县(皖) | 300.00 |
| 33 | 泾　县(皖) | 100.00 |
| 34 | 休宁县(皖) | 96.00 |
| 35 | 黟　县(皖) | 86.00 |
| 36 | 潜山县(皖) | 50.00 |
| 37 | 靖安县(赣) | 230.00 |
| 38 | 万载县(赣) | 186.00 |
| 39 | 永新县(赣) | 60.00 |
| 40 | 崇仁县(赣) | 60.00 |
| 41 | 德兴市(赣) | 60.00 |
| 42 | 南召县(豫) | 410.00 |
| 43 | 遂平县(豫) | 200.00 |
| 44 | 新　县(豫) | 110.00 |
| 45 | 嵩　县(豫) | 55.00 |
| 46 | 固始县(豫) | 50.00 |
| 47 | 阳新县(鄂) | 1750.00 |
| 48 | 巴东县(鄂) | 500.00 |
| 49 | 五峰土家族自治县(鄂) | 240.00 |
| 50 | 梁子湖区(鄂) | 150.00 |
| 51 | 竹山县(鄂) | 80.00 |
| 52 | 竹溪县(鄂) | 50.00 |
| 53 | 耒阳市(湘) | 21000.00 |
| 54 | 宁远县(湘) | 5000.00 |
| 55 | 沅陵县(湘) | 3180.00 |
| 56 | 新宁县(湘) | 3000.00 |
| 57 | 株洲县(湘) | 2700.00 |
| 58 | 武冈市(湘) | 1000.00 |
| 59 | 蓝山县(湘) | 600.00 |
| 60 | 永顺县(湘) | 500.00 |
| 61 | 新化县(湘) | 500.00 |
| 62 | 醴陵市(湘) | 500.00 |
| 63 | 资兴市(湘) | 450.00 |
| 64 | 安化县(湘) | 400.00 |
| 65 | 新晃侗族自治县(湘) | 400.00 |
| 66 | 湘乡市(湘) | 311.00 |
| 67 | 古丈县(湘) | 223.00 |
| 68 | 城步苗族自治县(湘) | 210.00 |
| 69 | 鹤城区(湘) | 200.00 |
| 70 | 会同县(湘) | 200.00 |

（续）

| 序号 | 蕨菜主产地 | 产量(吨) |
|---|---|---|
| 71 | 蒸湘区(湘) | 187.00 |
| 72 | 涟源市(湘) | 165.00 |
| 73 | 溆浦县(湘) | 165.00 |
| 74 | 洪江市(湘) | 148.00 |
| 75 | 石门县(湘) | 100.00 |
| 76 | 双牌县(湘) | 68.00 |
| 77 | 赫山区(湘) | 60.00 |
| 78 | 金洞林场(湘) | 50.00 |
| 79 | 珠晖区(湘) | 50.00 |
| 80 | 合川区(渝) | 78.00 |
| 81 | 宣汉县(川) | 885.00 |
| 82 | 筠连县(川) | 470.00 |
| 83 | 兴文县(川) | 354.00 |
| 84 | 荥经县(川) | 217.00 |
| 85 | 越西县(川) | 206.00 |
| 86 | 合江县(川) | 193.00 |
| 87 | 长宁县(川) | 103.60 |
| 88 | 布拖县(川) | 80.00 |
| 89 | 德昌县(川) | 68.00 |
| 90 | 邻水县(川) | 60.00 |
| 91 | 宁南县(川) | 51.00 |
| 92 | 安　县(川) | 50.00 |
| 93 | 西秀区(黔) | 4500.00 |
| 94 | 荔波县(黔) | 834.00 |
| 95 | 榕江县(黔) | 800.00 |
| 96 | 惠水县(黔) | 300.00 |
| 97 | 紫云苗族布依族自治县(黔) | 250.00 |
| 98 | 黄平县(黔) | 60.00 |
| 99 | 普安县(黔) | 50.00 |
| 100 | 孟连傣族拉祜族佤族自治县(滇) | 2000.00 |
| 101 | 宣威市(滇) | 2000.00 |
| 102 | 麒麟区(滇) | 1500.00 |
| 103 | 隆阳区(滇) | 1338.90 |
| 104 | 弥渡县(滇) | 910.00 |
| 105 | 云龙县(滇) | 900.00 |
| 106 | 兰坪白族普米族自治县(滇) | 510.00 |
| 107 | 大关县(滇) | 500.00 |
| 108 | 江川县(滇) | 380.00 |
| 109 | 双江拉祜族佤族布朗族傣族自治县(滇) | 370.00 |
| 110 | 剑川县(滇) | 360.00 |
| 111 | 鹤庆县(滇) | 295.00 |
| 112 | 临翔区(滇) | 280.00 |
| 113 | 双柏县(滇) | 272.00 |
| 114 | 盈江县(滇) | 268.50 |

(续)

| 序号 | 蕨菜主产地 | 产量(吨) |
|---|---|---|
| 115 | 云　县(滇) | 260.00 |
| 116 | 禄丰县(滇) | 200.00 |
| 117 | 威信县(滇) | 200.00 |
| 118 | 大姚县(滇) | 184.00 |
| 119 | 易门县(滇) | 165.49 |
| 120 | 永胜县(滇) | 155.00 |
| 121 | 元阳县(滇) | 120.00 |
| 122 | 武定县(滇) | 100.00 |
| 123 | 水富县(滇) | 100.00 |
| 124 | 洱源县(滇) | 96.50 |
| 125 | 石林彝族自治县(滇) | 90.00 |
| 126 | 昌宁县(滇) | 86.00 |
| 127 | 漾濞彝族自治县(滇) | 80.00 |
| 128 | 姚安县(滇) | 70.00 |
| 129 | 陆良县(滇) | 61.00 |
| 130 | 施甸县(滇) | 55.00 |
| 131 | 马龙县(滇) | 50.00 |
| 132 | 平利县(陕) | 120.00 |
| 133 | 岷　县(甘) | 10444.00 |
| 134 | 迭部县(甘) | 9200.00 |
| 135 | 渭源县(甘) | 4600.00 |
| 136 | 文　县(甘) | 1600.00 |
| 137 | 三岔子林业局(吉林森工) | 239.00 |

## 表 12-5　香椿主产地产量

| 序号 | 香椿主产地 | 产量(吨) |
|---|---|---|
| 1 | 河津市(晋) | 90.00 |
| 2 | 忻府区(晋) | 59.00 |
| 3 | 东河区(内蒙古) | 21.00 |
| 4 | 富阳区(浙) | 12.00 |
| 5 | 太和县(皖) | 5000.00 |
| 6 | 定远县(皖) | 60.00 |
| 7 | 泾　县(皖) | 40.00 |
| 8 | 怀宁县(皖) | 19.00 |
| 9 | 繁昌县(皖) | 15.00 |
| 10 | 祁门县(皖) | 14.00 |
| 11 | 潜山县(皖) | 11.00 |
| 12 | 德安县(赣) | 30.00 |
| 13 | 青州市(鲁) | 4350.00 |
| 14 | 沂水县(鲁) | 3055.00 |
| 15 | 邹平县(鲁) | 1835.00 |
| 16 | 沂南县(鲁) | 1800.00 |
| 17 | 岱岳区(鲁) | 700.00 |
| 18 | 东平县(鲁) | 430.00 |
| 19 | 乐陵市(鲁) | 370.00 |

(续)

| 序号 | 香椿主产地 | 产量(吨) |
|---|---|---|
| 20 | 博山区(鲁) | 155.00 |
| 21 | 阳信县(鲁) | 135.00 |
| 22 | 武城县(鲁) | 100.00 |
| 23 | 宁阳县(鲁) | 45.00 |
| 24 | 河东区(鲁) | 40.00 |
| 25 | 陵城区(鲁) | 10.00 |
| 26 | 梁山县(鲁) | 10.00 |
| 27 | 辉县市(豫) | 420.00 |
| 28 | 孟津县(豫) | 300.00 |
| 29 | 汝州市(豫) | 200.00 |
| 30 | 新　县(豫) | 121.00 |
| 31 | 林州市(豫) | 90.00 |
| 32 | 栾川县(豫) | 28.00 |
| 33 | 遂平县(豫) | 22.00 |
| 34 | 淅川县(豫) | 20.00 |
| 35 | 平桥区(豫) | 10.00 |
| 36 | 钟祥市(鄂) | 2000.00 |
| 37 | 宜都市(鄂) | 500.00 |
| 38 | 五峰土家族自治县(鄂) | 250.00 |
| 39 | 南漳县(鄂) | 180.00 |
| 40 | 郧　县(鄂) | 100.00 |
| 41 | 来凤县(鄂) | 100.00 |
| 42 | 竹山县(鄂) | 91.80 |
| 43 | 鄂州市市辖区(鄂) | 80.00 |
| 44 | 鹤峰县(鄂) | 50.00 |
| 45 | 竹溪县(鄂) | 30.00 |
| 46 | 浠水县(鄂) | 30.00 |
| 47 | 随　县(鄂) | 10.00 |
| 48 | 兴山县(鄂) | 10.00 |
| 49 | 沅陵县(湘) | 570.00 |
| 50 | 武冈市(湘) | 500.00 |
| 51 | 石门县(湘) | 300.00 |
| 52 | 永定区(湘) | 135.00 |
| 53 | 城步苗族自治县(湘) | 125.00 |
| 54 | 新宁县(湘) | 100.00 |
| 55 | 桑植县(湘) | 50.00 |
| 56 | 辰溪县(湘) | 37.50 |
| 57 | 临武县(湘) | 30.00 |
| 58 | 新晃侗族自治县(湘) | 15.00 |
| 59 | 永兴县(湘) | 14.00 |
| 60 | 宁远县(湘) | 10.00 |
| 61 | 合川区(渝) | 1428.00 |
| 62 | 梁平县(渝) | 789.36 |
| 63 | 秀山土家族苗族自治县(渝) | 200.00 |
| 64 | 黔江区(渝) | 23.00 |
| 65 | 大竹县(川) | 7400.00 |
| 66 | 雁江区(川) | 2350.00 |

(续)

| 序号 | 香椿主产地 | 产量(吨) |
|---|---|---|
| 67 | 达川区(川) | 1000.00 |
| 68 | 绵竹市(川) | 875.00 |
| 69 | 渠　县(川) | 650.00 |
| 70 | 越西县(川) | 70.00 |
| 71 | 梓潼县(川) | 50.00 |
| 72 | 平昌县(川) | 38.00 |
| 73 | 广安区(川) | 34.00 |
| 74 | 宣汉县(川) | 30.00 |
| 75 | 邻水县(川) | 30.00 |
| 76 | 盐亭县(川) | 24.00 |
| 77 | 雷波县(川) | 15.00 |
| 78 | 西秀区(黔) | 170.00 |
| 79 | 惠水县(黔) | 50.00 |
| 80 | 镇宁布依族苗族自治县(黔) | 15.00 |
| 81 | 宣威市(滇) | 1650.00 |
| 82 | 腾冲县(滇) | 214.50 |
| 83 | 陆良县(滇) | 210.70 |
| 84 | 禄丰县(滇) | 200.00 |
| 85 | 倘甸工业园区(滇) | 125.00 |
| 86 | 洱源县(滇) | 124.50 |
| 87 | 弥勒市(滇) | 120.00 |
| 88 | 石林彝族自治县(滇) | 82.00 |
| 89 | 兰坪白族普米族自治县(滇) | 80.00 |
| 90 | 双柏县(滇) | 78.00 |
| 91 | 武定县(滇) | 68.00 |
| 92 | 姚安县(滇) | 35.00 |
| 93 | 鹤庆县(滇) | 34.70 |
| 94 | 大姚县(滇) | 30.00 |
| 95 | 盈江县(滇) | 25.50 |
| 96 | 江川县(滇) | 25.00 |
| 97 | 牟定县(滇) | 24.00 |
| 98 | 施甸县(滇) | 22.00 |
| 99 | 昌宁县(滇) | 18.60 |
| 100 | 元谋县(滇) | 17.00 |
| 101 | 巍山彝族回族自治县(滇) | 15.50 |
| 102 | 贡山独龙族怒族自治县(滇) | 15.00 |
| 103 | 南华县(滇) | 15.00 |
| 104 | 南涧彝族自治县(滇) | 15.00 |
| 105 | 个旧市(滇) | 10.00 |
| 106 | 马龙县(滇) | 10.00 |
| 107 | 宁强县(陕) | 230.00 |
| 108 | 长安区(陕) | 88.00 |
| 109 | 镇巴县(陕) | 80.00 |
| 110 | 洋　县(陕) | 24.00 |
| 111 | 蓝田县(陕) | 20.00 |
| 112 | 略阳县(陕) | 16.00 |
| 113 | 康　县(甘) | 651.79 |

**表 12-6　其他森林蔬菜主产地产量**

（续）

| 序号 | 其他森林蔬菜主产地 | 品种 | 产量(吨) |
|---|---|---|---|
| 1 | 霍山县(皖) | 百合 | 29000.00 |
| 2 | 宁远县(湘) | 百合 | 3000.00 |
| 3 | 利川市(鄂) | 百合 | 1200.00 |
| 4 | 来凤县(鄂) | 百合 | 1200.00 |
| 5 | 黔江区(渝) | 百合 | 802.00 |
| 6 | 沅陵县(湘) | 百合 | 650.00 |
| 7 | 铜梁县(渝) | 百合 | 200.00 |
| 8 | 邵阳县(湘) | 百合 | 180.00 |
| 9 | 永定区(湘) | 百合 | 150.00 |
| 10 | 元阳县(滇) | 百合 | 150.00 |
| 11 | 安化县(湘) | 百合 | 100.00 |
| 12 | 邵东县(湘) | 黄花菜 | 3100.00 |
| 13 | 耒阳市(湘) | 黄花菜 | 3000.00 |
| 14 | 祁东县(湘) | 黄花菜 | 2800.00 |
| 15 | 宁　县(甘) | 黄花菜 | 1821.00 |
| 16 | 利川市(鄂) | 黄花菜 | 450.00 |
| 17 | 资兴市(湘) | 黄花菜 | 450.00 |
| 18 | 巴州区(川) | 黄花菜 | 284.00 |
| 19 | 兰溪市(浙) | 黄花菜 | 200.00 |
| 20 | 赤城县(冀) | 黄花菜 | 197.00 |
| 21 | 东平县(鲁) | 黄花菜 | 150.00 |
| 22 | 宁阳县(鲁) | 黄花菜 | 136.00 |
| 23 | 文　县(甘) | 黄花菜 | 120.00 |
| 24 | 围场满族蒙古族自治县(冀) | 黄花菜 | 100.00 |
| 25 | 宁远县(湘) | 黄花菜 | 90.00 |
| 26 | 酉阳土家族苗族自治县(渝) | 黄花菜 | 87.00 |
| 27 | 霍山县(皖) | 黄花菜 | 60.00 |
| 28 | 淮阳县(豫) | 黄花菜 | 54.00 |
| 29 | 丰宁满族自治县(冀) | 黄花菜 | 41.00 |
| 30 | 广灵县(晋) | 黄花菜 | 30.00 |
| 31 | 随　县(鄂) | 黄花菜 | 25.00 |
| 32 | 邵阳县(湘) | 黄花菜 | 25.00 |
| 33 | 爱辉区(黑) | 黄花菜 | 15.00 |
| 34 | 永兴县(湘) | 黄花菜 | 14.00 |
| 35 | 五大连池市管委会(黑) | 黄花菜 | 13.00 |
| 36 | 桦南县(黑) | 黄花菜 | 12.00 |
| 37 | 醴陵市(湘) | 黄花菜 | 10.60 |
| 38 | 嫩江县(黑) | 黄花菜 | 10.00 |
| 39 | 抚远县(黑) | 黄花菜 | 10.00 |
| 40 | 竹山县(鄂) | 黄花菜 | 10.00 |
| 41 | 石门县(湘) | 黄花菜 | 10.00 |
| 42 | 邻水县(川) | 黄花菜 | 10.00 |
| 43 | 华池县(甘) | 黄花菜 | 10.00 |
| 44 | 合水县(甘) | 黄花菜 | 10.00 |
| 45 | 马关县(滇) | 姜 | 77212.00 |
| 46 | 来凤县(鄂) | 姜 | 41000.00 |
| 47 | 沐川县(川) | 姜 | 30000.00 |
| 48 | 昌乐县(鲁) | 姜 | 11060.00 |
| 49 | 五华县(粤) | 姜 | 8800.00 |
| 50 | 利川市(鄂) | 姜 | 6500.00 |
| 51 | 宁远县(湘) | 姜 | 6000.00 |
| 52 | 新化县(湘) | 姜 | 5000.00 |
| 53 | 连南瑶族自治县(粤) | 姜 | 4480.00 |
| 54 | 临武县(湘) | 姜 | 4000.00 |
| 55 | 融安县(桂) | 姜 | 3270.00 |
| 56 | 乳源瑶族自治县(粤) | 姜 | 3200.00 |
| 57 | 岳西县(皖) | 姜 | 3000.00 |
| 58 | 宣威市(滇) | 姜 | 2300.00 |
| 59 | 兴国县(赣) | 姜 | 2000.00 |
| 60 | 始兴县(粤) | 姜 | 1800.00 |
| 61 | 兰溪市(浙) | 姜 | 1665.00 |
| 62 | 元阳县(滇) | 姜 | 1590.00 |
| 63 | 永康市(浙) | 姜 | 1300.00 |
| 64 | 营山县(川) | 姜 | 1080.00 |
| 65 | 云安县(粤) | 姜 | 800.00 |
| 66 | 汝城县(湘) | 姜 | 675.00 |
| 67 | 孟连傣族拉祜族佤族自治县(滇) | 姜 | 500.00 |
| 68 | 酉阳土家族苗族自治县(渝) | 姜 | 308.00 |
| 69 | 黄平县(黔) | 姜 | 300.00 |
| 70 | 上高县(赣) | 姜 | 200.00 |
| 71 | 赫山区(湘) | 姜 | 150.00 |
| 72 | 新晃侗族自治县(湘) | 姜 | 120.00 |
| 73 | 鹤城区(湘) | 姜 | 100.00 |
| 74 | 石门县(湘) | 姜 | 100.00 |
| 75 | 邻水县(川) | 姜 | 100.00 |
| 76 | 黄果树林业绿化局(黔) | 姜 | 100.00 |
| 77 | 铁岭县(辽) | 龙芽木 | 42.00 |
| 78 | 天桥岭林业局(吉) | 龙芽木 | 40.00 |
| 79 | 东丰县(吉) | 龙芽木 | 32.00 |
| 80 | 明山区(辽) | 龙芽木 | 26.00 |
| 81 | 嵩　县(豫) | 龙芽木 | 18.00 |
| 82 | 大石桥市(辽) | 龙芽木 | 15.00 |
| 83 | 仙桃市(鄂) | 水生莲菜 | 1080000.00 |
| 84 | 淮阳县(豫) | 水生莲菜 | 8930.00 |
| 85 | 松滋市(鄂) | 水生莲菜 | 5230.00 |
| 86 | 房　县(鄂) | 水生莲菜 | 4705.00 |
| 87 | 南陵县(皖) | 水生莲菜 | 300.00 |
| 88 | 随　县(鄂) | 水生莲菜 | 230.00 |

**表 12-7 茶叶主产地产量**

| 序号 | 茶叶主产地 | 产量(吨) |
|---|---|---|
| 1 | 宜兴市(苏) | 6119.00 |
| 2 | 溧阳市(苏) | 2217.00 |
| 3 | 金坛市(苏) | 753.00 |
| 4 | 溧水县(苏) | 535.00 |
| 5 | 仪征市(苏) | 530.00 |
| 6 | 江宁区(苏) | 495.00 |
| 7 | 高淳县(苏) | 350.00 |
| 8 | 丹徒区(苏) | 340.00 |
| 9 | 吴中区(苏) | 285.00 |
| 10 | 赣榆区(苏) | 233.00 |
| 11 | 滨湖区(苏) | 160.00 |
| 12 | 浦口区(苏) | 159.00 |
| 13 | 锡山区(苏) | 146.00 |
| 14 | 六合区(苏) | 105.00 |
| 15 | 松阳县(浙) | 12500.00 |
| 16 | 武义县(浙) | 12205.00 |
| 17 | 遂昌县(浙) | 9951.00 |
| 18 | 余杭区(浙) | 8056.00 |
| 19 | 开化县(浙) | 8000.00 |
| 20 | 诸暨市(浙) | 7801.00 |
| 21 | 余姚市(浙) | 7050.00 |
| 22 | 安吉县(浙) | 6150.00 |
| 23 | 新昌县(浙) | 6120.00 |
| 24 | 宁海县(浙) | 5810.00 |
| 25 | 淳安县(浙) | 4366.00 |
| 26 | 婺城区(浙) | 3500.00 |
| 27 | 泰顺县(浙) | 3215.00 |
| 28 | 桐庐县(浙) | 3100.00 |
| 29 | 天台县(浙) | 2544.00 |
| 30 | 奉化区(浙) | 2500.00 |
| 31 | 建德市(浙) | 2366.00 |
| 32 | 磐安县(浙) | 2300.00 |
| 33 | 鄞州区(浙) | 2246.00 |
| 34 | 临安市(浙) | 2105.00 |
| 35 | 富阳区(浙) | 1910.00 |
| 36 | 龙泉市(浙) | 1886.00 |
| 37 | 莲都区(浙) | 1850.00 |
| 38 | 德清县(浙) | 1572.00 |
| 39 | 兰溪市(浙) | 1532.00 |
| 40 | 临海市(浙) | 1300.00 |
| 41 | 义乌市(浙) | 1030.00 |
| 42 | 越城区(浙) | 1005.00 |
| 43 | 浦江县(浙) | 918.00 |
| 44 | 云和县(浙) | 864.00 |
| 45 | 苍南县(浙) | 834.00 |
| 46 | 仙居县(浙) | 720.00 |
| 47 | 三门县(浙) | 535.00 |
| 48 | 象山县(浙) | 518.00 |
| 49 | 庆元县(浙) | 457.00 |
| 50 | 吴兴区(浙) | 380.00 |
| 51 | 北仑区(浙) | 358.00 |
| 52 | 青田县(浙) | 164.00 |
| 53 | 休宁县(皖) | 10900.00 |
| 54 | 金寨县(皖) | 7120.00 |
| 55 | 裕安区(皖) | 7020.00 |
| 56 | 祁门县(皖) | 5890.00 |
| 57 | 郎溪县(皖) | 5500.00 |
| 58 | 岳西县(皖) | 4700.00 |
| 59 | 宣州区(皖) | 4100.00 |
| 60 | 霍山县(皖) | 3800.00 |
| 61 | 东至县(皖) | 3510.00 |
| 62 | 潜山县(皖) | 3120.00 |
| 63 | 石台县(皖) | 3005.00 |
| 64 | 宁国市(皖) | 2800.00 |
| 65 | 广德县(皖) | 2600.00 |
| 66 | 泾　县(皖) | 2400.00 |
| 67 | 太湖县(皖) | 2300.00 |
| 68 | 舒城县(皖) | 2300.00 |
| 69 | 黟　县(皖) | 2180.00 |
| 70 | 庐江县(皖) | 1589.00 |
| 71 | 徽州区(皖) | 1483.00 |
| 72 | 南谯区(皖) | 1000.00 |
| 73 | 绩溪县(皖) | 800.00 |
| 74 | 桐城市(皖) | 750.00 |
| 75 | 屯溪区(皖) | 618.00 |
| 76 | 宿松县(皖) | 487.00 |
| 77 | 南陵县(皖) | 460.00 |
| 78 | 枞阳县(皖) | 351.00 |
| 79 | 义安区(皖) | 195.00 |
| 80 | 无为县(皖) | 180.00 |
| 81 | 婺源县(赣) | 16100.00 |
| 82 | 铜鼓县(赣) | 12620.00 |
| 83 | 遂川县(赣) | 4476.00 |
| 84 | 修水县(赣) | 1987.00 |
| 85 | 上饶县(赣) | 1465.00 |
| 86 | 高安市(赣) | 1270.00 |
| 87 | 崇义县(赣) | 899.00 |
| 88 | 泰和县(赣) | 742.00 |
| 89 | 广丰县(赣) | 620.00 |
| 90 | 于都县(赣) | 531.00 |
| 91 | 兴国县(赣) | 470.00 |
| 92 | 永丰县(赣) | 442.00 |
| 93 | 靖安县(赣) | 357.00 |
| 94 | 武宁县(赣) | 340.00 |
| 95 | 鄱阳县(赣) | 289.00 |
| 96 | 樟树市(赣) | 283.00 |
| 97 | 崇仁县(赣) | 279.00 |
| 98 | 共青城市(赣) | 250.00 |
| 99 | 永修县(赣) | 234.00 |
| 100 | 上高县(赣) | 226.00 |
| 101 | 庐山区(赣) | 210.00 |
| 102 | 德兴市(赣) | 210.00 |
| 103 | 定南县(赣) | 173.00 |
| 104 | 会昌县(赣) | 170.00 |
| 105 | 彭泽县(赣) | 145.50 |
| 106 | 铅山县(赣) | 145.00 |
| 107 | 全南县(赣) | 138.00 |
| 108 | 玉山县(赣) | 120.00 |
| 109 | 东港区(鲁) | 4570.00 |
| 110 | 莒南县(鲁) | 1243.00 |
| 111 | 诸城市(鲁) | 1225.00 |
| 112 | 莒　县(鲁) | 781.00 |
| 113 | 五莲县(鲁) | 500.00 |
| 114 | 新泰市(鲁) | 440.00 |
| 115 | 泰山区(鲁) | 237.00 |
| 116 | 临沭县(鲁) | 225.00 |
| 117 | 长清区(鲁) | 180.00 |
| 118 | 浉河区(豫) | 8850.00 |
| 119 | 商城县(豫) | 4343.00 |
| 120 | 新　县(豫) | 2100.00 |
| 121 | 固始县(豫) | 750.00 |
| 122 | 桐柏县(豫) | 572.00 |
| 123 | 登封市(豫) | 399.00 |
| 124 | 潢川县(豫) | 330.00 |
| 125 | 内乡县(豫) | 200.00 |
| 126 | 确山县(豫) | 100.00 |
| 127 | 英山县(鄂) | 27400.00 |
| 128 | 鹤峰县(鄂) | 26500.00 |
| 129 | 夷陵区(鄂) | 22000.00 |
| 130 | 恩施市(鄂) | 21330.00 |
| 131 | 宜都市(鄂) | 17000.00 |
| 132 | 咸丰县(鄂) | 8530.00 |
| 133 | 竹溪县(鄂) | 6602.00 |
| 134 | 保康县(鄂) | 6501.00 |
| 135 | 随　县(鄂) | 6000.00 |

(续)

| 序号 | 茶叶主产地 | 产量(吨) |
|---|---|---|
| 136 | 大悟县(鄂) | 5534.00 |
| 137 | 竹山县(鄂) | 4918.80 |
| 138 | 秭归县(鄂) | 3865.00 |
| 139 | 五峰土家族自治县(鄂) | 2400.00 |
| 140 | 长阳土家族自治县(鄂) | 2243.00 |
| 141 | 远安县(鄂) | 2124.00 |
| 142 | 建始县(鄂) | 1633.00 |
| 143 | 南漳县(鄂) | 1400.00 |
| 144 | 郧　县(鄂) | 1324.00 |
| 145 | 嘉鱼县(鄂) | 982.00 |
| 146 | 房　县(鄂) | 818.00 |
| 147 | 宜城市(鄂) | 677.00 |
| 148 | 来凤县(鄂) | 562.00 |
| 149 | 罗田县(鄂) | 506.00 |
| 150 | 孝昌县(鄂) | 500.00 |
| 151 | 黄梅县(鄂) | 450.00 |
| 152 | 天门市(鄂) | 400.00 |
| 153 | 丹江口市(鄂) | 400.00 |
| 154 | 阳新县(鄂) | 355.00 |
| 155 | 枣阳市(鄂) | 312.00 |
| 156 | 浠水县(鄂) | 300.00 |
| 157 | 京山县(鄂) | 290.00 |
| 158 | 应城市(鄂) | 148.00 |
| 159 | 钟祥市(鄂) | 144.00 |
| 160 | 郧西县(鄂) | 120.00 |
| 161 | 曾都区(鄂) | 102.00 |
| 162 | 巴东县(鄂) | 100.00 |
| 163 | 安化县(湘) | 25380.00 |
| 164 | 衡山县(湘) | 7191.25 |
| 165 | 石门县(湘) | 6000.00 |
| 166 | 桃源县(湘) | 5000.00 |
| 167 | 长沙县(湘) | 4712.00 |
| 168 | 平江县(湘) | 3890.00 |
| 169 | 宁乡县(湘) | 3000.00 |
| 170 | 古丈县(湘) | 2742.00 |
| 171 | 桃江县(湘) | 2250.00 |
| 172 | 慈利县(湘) | 1828.00 |
| 173 | 汨罗市(湘) | 1750.00 |
| 174 | 浏阳市(湘) | 1711.00 |
| 175 | 双峰县(湘) | 1500.00 |
| 176 | 新化县(湘) | 1500.00 |
| 177 | 资兴市(湘) | 1305.00 |
| 178 | 邵东县(湘) | 1200.00 |
| 179 | 洞口县(湘) | 1200.00 |
| 180 | 株洲县(湘) | 1050.00 |

(续)

| 序号 | 茶叶主产地 | 产量(吨) |
|---|---|---|
| 181 | 湘潭县(湘) | 970.00 |
| 182 | 赫山区(湘) | 900.00 |
| 183 | 湘乡市(湘) | 888.00 |
| 184 | 江华瑶族自治县(湘) | 848.00 |
| 185 | 沅陵县(湘) | 727.00 |
| 186 | 桂东县(湘) | 640.00 |
| 187 | 会同县(湘) | 520.00 |
| 188 | 城步苗族自治县(湘) | 450.00 |
| 189 | 蓝山县(湘) | 445.00 |
| 190 | 常宁市(湘) | 400.00 |
| 191 | 苏仙区(湘) | 365.00 |
| 192 | 涟源市(湘) | 340.00 |
| 193 | 桑植县(湘) | 300.00 |
| 194 | 宜章县(湘) | 286.00 |
| 195 | 保靖县(湘) | 280.00 |
| 196 | 鼎城区(湘) | 280.00 |
| 197 | 云溪区(湘) | 221.00 |
| 198 | 祁阳县(湘) | 218.00 |
| 199 | 宁远县(湘) | 210.00 |
| 200 | 吉首市(湘) | 200.00 |
| 201 | 永顺县(湘) | 190.00 |
| 202 | 中方县(湘) | 170.00 |
| 203 | 溆浦县(湘) | 160.00 |
| 204 | 临澧县(湘) | 137.00 |
| 205 | 江永县(湘) | 115.00 |
| 206 | 耒阳市(湘) | 115.00 |
| 207 | 岳阳县(湘) | 100.00 |
| 208 | 新宁县(湘) | 100.00 |
| 209 | 绥宁县(湘) | 100.00 |
| 210 | 信宜市(粤) | 9560.00 |
| 211 | 英德市(粤) | 4566.00 |
| 212 | 蕉岭县(粤) | 3944.00 |
| 213 | 饶平县(粤) | 3096.00 |
| 214 | 丰顺县(粤) | 2450.00 |
| 215 | 乳源瑶族自治县(粤) | 1800.00 |
| 216 | 揭东区(粤) | 1300.00 |
| 217 | 封开县(粤) | 1063.00 |
| 218 | 平远县(粤) | 735.00 |
| 219 | 五华县(粤) | 730.00 |
| 220 | 乐昌市(粤) | 600.00 |
| 221 | 连南瑶族自治县(粤) | 574.00 |
| 222 | 梅江区(粤) | 560.00 |
| 223 | 连平县(粤) | 469.00 |
| 224 | 新丰县(粤) | 389.00 |
| 225 | 南雄市(粤) | 374.97 |

(续)

| 序号 | 茶叶主产地 | 产量(吨) |
|---|---|---|
| 226 | 连山壮族瑶族自治县(粤) | 338.00 |
| 227 | 揭阳市普侨区(粤) | 300.00 |
| 228 | 恩平市(粤) | 211.00 |
| 229 | 德庆县(粤) | 210.00 |
| 230 | 鹤山市(粤) | 170.00 |
| 231 | 开平市(粤) | 140.00 |
| 232 | 连州市(粤) | 122.00 |
| 233 | 南澳县(粤) | 120.00 |
| 234 | 潮南区(粤) | 114.00 |
| 235 | 阳山县(粤) | 110.00 |
| 236 | 揭阳市蓝城区(粤) | 100.00 |
| 237 | 昭平县(桂) | 7627.00 |
| 238 | 乐业县(桂) | 6708.00 |
| 239 | 凌云县(桂) | 5427.00 |
| 240 | 灵山县(桂) | 4200.00 |
| 241 | 西林县(桂) | 3186.00 |
| 242 | 横　县(桂) | 3082.00 |
| 243 | 龙州县(桂) | 2363.00 |
| 244 | 大新县(桂) | 2215.00 |
| 245 | 那坡县(桂) | 1802.00 |
| 246 | 浦北县(桂) | 1282.00 |
| 247 | 平乐县(桂) | 999.00 |
| 248 | 苍梧县(桂) | 992.00 |
| 249 | 恭城瑶族自治县(桂) | 692.00 |
| 250 | 龙胜各族自治县(桂) | 678.00 |
| 251 | 万秀区(桂) | 665.00 |
| 252 | 藤　县(桂) | 585.00 |
| 253 | 防城区(桂) | 489.00 |
| 254 | 金秀瑶族自治县(桂) | 408.00 |
| 255 | 隆林各族自治县(桂) | 355.00 |
| 256 | 武宣县(桂) | 330.00 |
| 257 | 兴安县(桂) | 316.00 |
| 258 | 融水苗族自治县(桂) | 310.00 |
| 259 | 忻城县(桂) | 300.00 |
| 260 | 钟山县(桂) | 135.00 |
| 261 | 巴南区(渝) | 3610.00 |
| 262 | 荣昌区(渝) | 3518.00 |
| 263 | 秀山土家族苗族自治县(渝) | 1306.00 |
| 264 | 江津区(渝) | 800.00 |
| 265 | 万盛区(渝) | 780.00 |
| 266 | 铜梁县(渝) | 650.00 |
| 267 | 黔江区(渝) | 638.00 |
| 268 | 合川区(渝) | 512.00 |
| 269 | 奉节县(渝) | 412.00 |
| 270 | 南川区(渝) | 360.00 |

(续)

| 序号 | 茶叶主产地 | 产量(吨) |
|---|---|---|
| 271 | 云阳县(渝) | 355.00 |
| 272 | 涪陵区(渝) | 330.00 |
| 273 | 万州区(渝) | 210.00 |
| 274 | 名山区(川) | 27980.00 |
| 275 | 屏山县(川) | 13551.00 |
| 276 | 珙　县(川) | 7509.00 |
| 277 | 邛崃市(川) | 6000.00 |
| 278 | 犍为县(川) | 4060.00 |
| 279 | 筠连县(川) | 2650.00 |
| 280 | 都江堰市(川) | 2518.00 |
| 281 | 高　县(川) | 2490.00 |
| 282 | 旺苍县(川) | 2391.00 |
| 283 | 乐山市市中区(川) | 2140.00 |
| 284 | 宜宾县(川) | 1992.00 |
| 285 | 翠屏区(川) | 1750.00 |
| 286 | 叙永县(川) | 1720.00 |
| 287 | 五通桥区(川) | 1539.00 |
| 288 | 纳溪区(川) | 1500.00 |
| 289 | 万源市(川) | 1464.00 |
| 290 | 青川县(川) | 1360.00 |
| 291 | 通江县(川) | 1300.00 |
| 292 | 威远县(川) | 1250.00 |
| 293 | 开江县(川) | 1000.00 |
| 294 | 北川羌族自治县(川) | 812.00 |
| 295 | 雷波县(川) | 720.00 |
| 296 | 宣汉县(川) | 560.00 |
| 297 | 崇州市(川) | 465.00 |
| 298 | 井研县(川) | 420.00 |
| 299 | 马边彝族自治县(川) | 412.00 |
| 300 | 青神县(川) | 371.00 |
| 301 | 渠　县(川) | 350.00 |
| 302 | 四川省大渡河造林局(川) | 315.03 |
| 303 | 南溪县(川) | 310.00 |
| 304 | 大邑县(川) | 218.00 |
| 305 | 平昌县(川) | 178.00 |
| 306 | 南江县(川) | 176.00 |
| 307 | 资中县(川) | 160.00 |
| 308 | 沙湾区(川) | 106.00 |
| 309 | 仁寿县(川) | 103.00 |
| 310 | 西秀区(黔) | 8500.00 |
| 311 | 石阡县(黔) | 8000.00 |
| 312 | 思南县(黔) | 6734.00 |
| 313 | 普安县(黔) | 6000.00 |
| 314 | 江口县(黔) | 5635.00 |
| 315 | 沿河土家族自治县(黔) | 2788.00 |

(续)

| 序号 | 茶叶主产地 | 产量(吨) |
|---|---|---|
| 316 | 紫云苗族布依族自治县(黔) | 1500.00 |
| 317 | 镇宁布依族苗族自治县(黔) | 954.00 |
| 318 | 惠水县(黔) | 810.00 |
| 319 | 六枝特区(黔) | 680.00 |
| 320 | 贞丰县(黔) | 610.00 |
| 321 | 桐梓县(黔) | 220.00 |
| 322 | 凤庆县(滇) | 35386.00 |
| 323 | 勐海县(滇) | 24509.00 |
| 324 | 昌宁县(滇) | 24220.60 |
| 325 | 云　县(滇) | 22020.00 |
| 326 | 澜沧拉祜族自治县(滇) | 16668.00 |
| 327 | 临翔区(滇) | 15127.00 |
| 328 | 思茅区(滇) | 14483.00 |
| 329 | 江城哈尼族彝族自治县(滇) | 14188.00 |
| 330 | 腾冲县(滇) | 13301.00 |
| 331 | 墨江哈尼族自治县(滇) | 12922.00 |
| 332 | 景东彝族自治县(滇) | 11916.00 |
| 333 | 绿春县(滇) | 11200.00 |
| 334 | 宁洱哈尼族彝族自治县(滇) | 10659.00 |
| 335 | 南涧彝族自治县(滇) | 10484.00 |
| 336 | 景谷傣族彝族自治县(滇) | 10301.30 |
| 337 | 广南县(滇) | 9423.00 |
| 338 | 沧源佤族自治县(滇) | 8236.00 |
| 339 | 勐腊县(滇) | 4691.00 |
| 340 | 盈江县(滇) | 4223.30 |
| 341 | 梁河县(滇) | 3174.00 |
| 342 | 西盟佤族自治县(滇) | 3041.00 |
| 343 | 孟连傣族拉祜族佤族自治县(滇) | 3030.00 |
| 344 | 元阳县(滇) | 1543.00 |
| 345 | 陇川县(滇) | 1424.00 |
| 346 | 华坪县(滇) | 877.00 |
| 347 | 双柏县(滇) | 738.00 |
| 348 | 麻栗坡县(滇) | 604.20 |
| 349 | 富宁县(滇) | 604.00 |
| 350 | 南华县(滇) | 431.00 |
| 351 | 元江哈尼族彝族傣族自治县(滇) | 393.00 |
| 352 | 西畴县(滇) | 302.00 |
| 353 | 瑞丽市(滇) | 258.70 |
| 354 | 牟定县(滇) | 209.00 |
| 355 | 盐津县(滇) | 200.00 |
| 356 | 楚雄市(滇) | 149.00 |
| 357 | 峨山彝族自治县(滇) | 105.00 |
| 358 | 西乡县(陕) | 10652.00 |
| 359 | 勉　县(陕) | 9952.00 |
| 360 | 平利县(陕) | 9600.00 |

(续)

| 序号 | 茶叶主产地 | 产量(吨) |
|---|---|---|
| 361 | 南郑县(陕) | 6150.00 |
| 362 | 紫阳县(陕) | 5863.00 |
| 363 | 汉滨区(陕) | 3618.00 |
| 364 | 城固县(陕) | 3321.00 |
| 365 | 岚皋县(陕) | 2900.00 |
| 366 | 商南县(陕) | 2212.00 |
| 367 | 汉阴县(陕) | 981.00 |
| 368 | 石泉县(陕) | 570.00 |
| 369 | 山阳县(陕) | 312.00 |
| 370 | 镇安县(陕) | 308.00 |
| 371 | 镇坪县(陕) | 261.00 |
| 372 | 康　县(甘) | 726.00 |
| 373 | 武都区(甘) | 100.00 |

## 表 12-8　矿泉水主产地产量

| 序号 | 矿泉水主产地 | 产量(吨) |
|---|---|---|
| 1 | 长白朝鲜族自治县(吉) | 101001.00 |
| 2 | 磐石市(吉) | 27600.00 |
| 3 | 辉南县(吉) | 13000.00 |
| 4 | 通河县(黑) | 100000.00 |
| 5 | 抚远县(黑) | 21000.00 |
| 6 | 密山市(黑) | 1850.00 |
| 7 | 逊克县(黑) | 1500.00 |
| 8 | 依兰县(黑) | 1155.00 |
| 9 | 巴彦县(黑) | 500.00 |
| 10 | 黑河市直属林场(黑) | 300.00 |
| 11 | 孙吴县(黑) | 200.00 |
| 12 | 霍山县(皖) | 240000.00 |
| 13 | 东至县(皖) | 120.00 |
| 14 | 于都县(赣) | 22000.00 |
| 15 | 瑞金市(赣) | 12000.00 |
| 16 | 分宜县(赣) | 8000.00 |
| 17 | 修水县(赣) | 1200.00 |
| 18 | 沂水县(鲁) | 2400.00 |
| 19 | 禹州市(豫) | 58000.00 |
| 20 | 新　县(豫) | 8100.00 |
| 21 | 汝阳县(豫) | 186.00 |
| 22 | 利川市(鄂) | 30000.00 |
| 23 | 长阳土家族自治县(鄂) | 8000.00 |
| 24 | 随　县(鄂) | 3000.00 |
| 25 | 浠水县(鄂) | 3000.00 |
| 26 | 枣阳市(鄂) | 1800.00 |
| 27 | 城步苗族自治县(湘) | 900200.00 |
| 28 | 桃源县(湘) | 150000.00 |
| 29 | 临武县(湘) | 100000.00 |

（续）

| 序号 | 矿泉水主产地 | 产量(吨) |
|---|---|---|
| 30 | 耒阳市(湘) | 73500.00 |
| 31 | 平江县(湘) | 21500.00 |
| 32 | 安化县(湘) | 20000.00 |
| 33 | 醴陵市(湘) | 20000.00 |
| 34 | 隆回县(湘) | 20000.00 |
| 35 | 湘乡市(湘) | 11300.00 |
| 36 | 韶山市(湘) | 11200.00 |
| 37 | 新晃侗族自治县(湘) | 10000.00 |
| 38 | 中方县(湘) | 10000.00 |
| 39 | 桑植县(湘) | 9000.00 |
| 40 | 邵东县(湘) | 5000.00 |
| 41 | 沅陵县(湘) | 2600.00 |
| 42 | 石门县(湘) | 2000.00 |
| 43 | 汨罗市(湘) | 1200.00 |
| 44 | 资兴市(湘) | 520.00 |
| 45 | 株洲县(湘) | 200.00 |
| 46 | 桂阳县(湘) | 99.00 |
| 47 | 祁东县(湘) | 80.00 |
| 48 | 五华县(粤) | 7300000.00 |
| 49 | 清远市属总林场(粤) | 14500.00 |
| 50 | 乳源瑶族自治县(粤) | 3325.00 |
| 51 | 龙川县(粤) | 2500.00 |
| 52 | 连平县(粤) | 1000.00 |
| 53 | 巴马瑶族自治县(桂) | 2800000.00 |
| 54 | 北流市(桂) | 13680.00 |
| 55 | 陆川县(桂) | 800.00 |
| 56 | 彭州市(川) | 500.00 |
| 57 | 翠屏区(川) | 50.00 |
| 58 | 黄平县(黔) | 10000.00 |
| 59 | 元阳县(滇) | 500000.00 |
| 60 | 江川县(滇) | 3450.00 |
| 61 | 漾濞彝族自治县(滇) | 3000.00 |
| 62 | 香格里拉县(滇) | 2030.00 |
| 63 | 腾冲县(滇) | 1500.00 |
| 64 | 河口瑶族自治县(滇) | 1300.00 |
| 65 | 楚雄市(滇) | 450.00 |
| 66 | 盐津县(滇) | 100.00 |
| 67 | 宁强县(陕) | 463.00 |
| 68 | 渭源县(甘) | 80000.00 |
| 69 | 宕昌县(甘) | 450.00 |
| 70 | 吉林森工集团泉阳泉饮品有限公司(吉林森工) | 500000.00 |
| 71 | 沾河林业局(龙江森工) | 6000.00 |
| 72 | 绥阳林业局(龙江森工) | 5000.00 |
| 73 | 双鸭山林业局(龙江森工) | 2800.00 |
| 74 | 鹤北林业局(龙江森工) | 1900.00 |
| 75 | 大海林林业局(龙江森工) | 1800.00 |
| 76 | 鹤立林业局(龙江森工) | 1200.00 |
| 77 | 柴河林业局(龙江森工) | 900.00 |
| 78 | 八面通林业局(龙江森工) | 600.00 |
| 79 | 东方红林业局(龙江森工) | 400.00 |

**表 12-9　其他森林饮料主产地产量**

（续）

| 序号 | 其他森林饮料主产地 | 品种 | 产量(吨) |
|---|---|---|---|
| 1 | 西秀区(黔) | 刺梨 | 1500.00 |
| 2 | 乐业县(桂) | 刺梨 | 546.00 |
| 3 | 兴仁县(黔) | 刺梨 | 500.00 |
| 4 | 辉南县(吉) | 刺五加 | 1560.00 |
| 5 | 五常市(黑) | 刺五加 | 200.00 |
| 6 | 勃利县(黑) | 刺五加 | 50.00 |
| 7 | 桓仁满族自治县(辽) | 刺五加 | 40.00 |
| 8 | 新宾满族自治县(辽) | 刺五加 | 18.00 |
| 9 | 冷水江市(湘) | 葛根 | 9200.00 |
| 10 | 横峰县(赣) | 葛根 | 8070.00 |
| 11 | 元阳县(滇) | 葛根 | 5860.00 |
| 12 | 梓潼县(川) | 葛根 | 4000.00 |
| 13 | 祁东县(湘) | 葛根 | 3100.00 |
| 14 | 桑植县(湘) | 葛根 | 3000.00 |
| 15 | 蕉岭县(粤) | 葛根 | 1780.00 |
| 16 | 霍山县(皖) | 葛根 | 1700.00 |
| 17 | 石门县(湘) | 葛根 | 1200.00 |
| 18 | 德兴市(赣) | 葛根 | 980.00 |
| 19 | 牟定县(滇) | 葛根 | 720.00 |
| 20 | 竹溪县(鄂) | 葛根 | 560.00 |
| 21 | 宜都市(鄂) | 葛根 | 450.00 |
| 22 | 洱源县(滇) | 葛根 | 260.00 |
| 23 | 永定区(湘) | 葛根 | 250.00 |
| 24 | 竹山县(鄂) | 葛根 | 200.00 |
| 25 | 合川区(渝) | 葛根 | 101.00 |
| 26 | 新宁县(湘) | 葛根 | 100.00 |
| 27 | 宁洱哈尼族彝族自治县(滇) | 咖啡 | 8459.00 |
| 28 | 盈江县(滇) | 咖啡 | 7480.30 |
| 29 | 孟连傣族拉祜族佤族自治县(滇) | 咖啡 | 6717.00 |
| 30 | 澜沧拉祜族自治县(滇) | 咖啡 | 6100.00 |
| 31 | 墨江哈尼族自治县(滇) | 咖啡 | 5038.00 |
| 32 | 景谷傣族彝族自治县(滇) | 咖啡 | 5017.00 |
| 33 | 沧源佤族自治县(滇) | 咖啡 | 1688.00 |
| 34 | 瑞丽市(滇) | 咖啡 | 961.00 |
| 35 | 景东彝族自治县(滇) | 咖啡 | 774.00 |
| 36 | 勐腊县(滇) | 咖啡 | 577.00 |
| 37 | 麻栗坡县(滇) | 咖啡 | 545.30 |
| 38 | 西盟佤族自治县(滇) | 咖啡 | 431.00 |
| 39 | 云安县(粤) | 咖啡 | 400.00 |
| 40 | 陇川县(滇) | 咖啡 | 323.80 |
| 41 | 勐海县(滇) | 咖啡 | 280.00 |
| 42 | 仁和区(川) | 块菌酒 | 30.00 |
| 43 | 普威林业局(川) | 块菌酒 | 10.00 |
| 44 | 北安市(黑) | 蓝靛果酒 | 5000.00 |
| 45 | 七台河市市辖区(黑) | 蓝靛果酒 | 1000.00 |
| 46 | 乳源瑶族自治县(粤) | 栗子汁 | 850.00 |
| 47 | 郧　县(鄂) | 木瓜 | 18300.00 |
| 48 | 白河县(陕) | 木瓜 | 8237.00 |
| 49 | 浏阳市(湘) | 木瓜 | 6500.00 |
| 50 | 云安县(粤) | 木瓜 | 3000.00 |

(续)

| 序号 | 其他森林饮料主产地 | 品种 | 产量(吨) |
|---|---|---|---|
| 51 | 桑植县(湘) | 木瓜 | 550.00 |
| 52 | 竹山县(鄂) | 木瓜 | 500.00 |
| 53 | 永寿县(陕) | 苹果汁 | 420000.00 |
| 54 | 牟平区(鲁) | 苹果汁 | 103686.00 |
| 55 | 济源市(豫) | 苹果汁 | 31936.00 |
| 56 | 围场满族蒙古族自治县(冀) | 苹果汁 | 20000.00 |
| 57 | 灵宝市(豫) | 苹果汁 | 13000.00 |
| 58 | 中宁县(宁) | 苹果汁 | 13000.00 |
| 59 | 利通区(宁) | 苹果汁 | 12165.00 |
| 60 | 宁　县(甘) | 苹果汁 | 11880.00 |
| 61 | 青铜峡市(宁) | 苹果汁 | 6000.00 |
| 62 | 乐陵市(鲁) | 苹果汁 | 5500.00 |
| 63 | 阳信县(鲁) | 秋梨膏 | 960.00 |
| 64 | 建平县(辽) | 沙棘 | 50000.00 |
| 65 | 伊金霍洛旗(内蒙古) | 沙棘 | 18618.00 |
| 66 | 敖汉旗(内蒙古) | 沙棘 | 9500.00 |
| 67 | 东胜区(内蒙古) | 沙棘 | 5467.00 |
| 68 | 和林格尔县(内蒙古) | 沙棘 | 4500.00 |
| 69 | 隆德县(宁) | 沙棘 | 3550.00 |
| 70 | 科尔沁区(内蒙古) | 沙棘 | 3000.00 |
| 71 | 围场满族蒙古族自治县(冀) | 沙棘 | 2521.60 |
| 72 | 孙吴县(黑) | 沙棘 | 2500.00 |
| 73 | 克什克腾旗(内蒙古) | 沙棘 | 2400.00 |
| 74 | 延寿县(黑) | 沙棘 | 1200.00 |
| 75 | 清水县(甘) | 沙棘 | 600.00 |
| 76 | 宁城县(内蒙古) | 沙棘 | 500.00 |
| 77 | 华池县(甘) | 沙棘 | 500.00 |
| 78 | 岢岚县(晋) | 沙棘 | 330.00 |
| 79 | 阳曲县(晋) | 沙棘 | 250.00 |
| 80 | 渭源县(甘) | 沙棘 | 120.00 |
| 81 | 旌德县(皖) | 山泉水 | 1250000.00 |
| 82 | 北流市(桂) | 山泉水 | 547000.00 |
| 83 | 景谷傣族彝族自治县(滇) | 山泉水 | 119070.00 |
| 84 | 新化县(湘) | 山泉水 | 115000.00 |
| 85 | 修水县(赣) | 山泉水 | 45000.00 |
| 86 | 于都县(赣) | 山泉水 | 31000.00 |
| 87 | 分宜县(赣) | 山泉水 | 30000.00 |
| 88 | 醴陵市(湘) | 山泉水 | 21000.00 |
| 89 | 利川市(鄂) | 山泉水 | 20000.00 |
| 90 | 新宾满族自治县(辽) | 山泉水 | 16400.00 |
| 91 | 中国林科院热林中心(桂) | 山泉水 | 14800.00 |
| 92 | 湘潭县(湘) | 山泉水 | 12500.00 |
| 93 | 延寿县(黑) | 山泉水 | 10000.00 |
| 94 | 邵阳县(湘) | 山泉水 | 7800.00 |
| 95 | 洱源县(滇) | 山泉水 | 5500.00 |
| 96 | 上高县(赣) | 山泉水 | 5400.00 |
| 97 | 宁　县(甘) | 山泉水 | 5400.00 |
| 98 | 岱岳区(鲁) | 山泉水 | 4600.00 |
| 99 | 六万林场(桂) | 山泉水 | 3728.00 |
| 100 | 乳源瑶族自治县(粤) | 山泉水 | 3320.00 |
| 101 | 水富县(滇) | 山泉水 | 1095.00 |
| 102 | 新宁县(湘) | 山泉水 | 1000.00 |
| 103 | 镇巴县(陕) | 山泉水 | 600.00 |
| 104 | 金洞林场(湘) | 山泉水 | 500.00 |
| 105 | 成　县(甘) | 山泉水 | 200.00 |
| 106 | 建平县(辽) | 鸭梨饮品 | 240000.00 |
| 107 | 阳信县(鲁) | 鸭梨饮品 | 46800.00 |
| 108 | 双城区(黑) | 鸭梨饮品 | 900.00 |
| 109 | 楚雄市(滇) | 余甘子 | 3948.00 |
| 110 | 龙陵县(滇) | 余甘子 | 670.00 |
| 111 | 元谋县(滇) | 余甘子 | 150.00 |
| 112 | 漾濞彝族自治县(滇) | 余甘子 | 120.00 |
| 113 | 万秀区(桂) | 余甘子 | 102.00 |
| 114 | 阜平县(冀) | 枣醋 | 1000.00 |

**表 12-10　主要森林饲料主产地产量**

| 序号 | 主要森林饲料主产地 | 品种 | 产量(吨) |
|---|---|---|---|
| 1 | 鄂托克旗(内蒙古) | 阔叶维生素粉 | 16000.00 |
| 2 | 乳源瑶族自治县(粤) | 阔叶维生素粉 | 3300.00 |
| 3 | 随　县(鄂) | 阔叶维生素粉 | 1000.00 |
| 4 | 石门县(湘) | 阔叶维生素粉 | 500.00 |
| 5 | 桑植县(湘) | 嫩树枝叶 | 600000.00 |
| 6 | 乌审旗(内蒙古) | 嫩树枝叶 | 300000.00 |
| 7 | 敖汉旗(内蒙古) | 嫩树枝叶 | 60210.00 |
| 8 | 新宾满族自治县(辽) | 嫩树枝叶 | 37200.00 |
| 9 | 竹山县(鄂) | 嫩树枝叶 | 15000.00 |
| 10 | 东平县(鲁) | 嫩树枝叶 | 15000.00 |
| 11 | 南华县(滇) | 嫩树枝叶 | 14898.00 |
| 12 | 嵩　县(豫) | 嫩树枝叶 | 6300.00 |
| 13 | 萝北县(黑) | 嫩树枝叶 | 5000.00 |
| 14 | 元阳县(滇) | 嫩树枝叶 | 5000.00 |
| 15 | 瑞金市(赣) | 嫩树枝叶 | 3900.00 |
| 16 | 耒阳市(湘) | 嫩树枝叶 | 3650.00 |
| 17 | 魏　县(冀) | 嫩树枝叶 | 3300.00 |
| 18 | 黄平县(黔) | 嫩树枝叶 | 2000.00 |
| 19 | 沅陵县(湘) | 嫩树枝叶 | 1977.00 |
| 20 | 乳源瑶族自治县(粤) | 嫩树枝叶 | 1900.00 |
| 21 | 五峰土家族自治县(鄂) | 嫩树枝叶 | 1100.00 |
| 22 | 恩施市(鄂) | 嫩树枝叶 | 1000.00 |
| 23 | 新化县(湘) | 嫩树枝叶 | 1000.00 |

（续）

| 序号 | 主要森林饲料主产地 | 品种 | 产量（吨） |
|---|---|---|---|
| 24 | 石门县（湘） | 嫩树枝叶 | 1000.00 |
| 25 | 京山县（鄂） | 嫩树枝叶 | 500.00 |
| 26 | 宁　县（甘） | 嫩树枝叶 | 385.00 |
| 27 | 田阳县（桂） | 嫩树枝叶 | 150.00 |
| 28 | 浠水县（鄂） | 嫩树枝叶 | 120.00 |
| 29 | 德兴市（赣） | 嫩树枝叶 | 112.00 |
| 30 | 霍山县（皖） | 嫩树枝叶 | 100.00 |
| 31 | 普安县（黔） | 嫩树枝叶 | 100.00 |
| 32 | 黔江区（渝） | 桑叶 | 180500.00 |
| 33 | 麒麟区（滇） | 桑叶 | 180000.00 |
| 34 | 高　县（川） | 桑叶 | 155800.00 |
| 35 | 株洲县（湘） | 桑叶 | 60000.00 |
| 36 | 涪城区（川） | 桑叶 | 36390.00 |
| 37 | 铜梁县（渝） | 桑叶 | 25000.00 |
| 38 | 昭平县（桂） | 桑叶 | 21850.00 |
| 39 | 融水苗族自治县（桂） | 桑叶 | 21690.00 |
| 40 | 沂水县（鲁） | 桑叶 | 18700.00 |
| 41 | 忻城县（桂） | 桑叶 | 18000.00 |
| 42 | 江津区（渝） | 桑叶 | 15000.00 |
| 43 | 肥西县（皖） | 桑叶 | 15000.00 |
| 44 | 连南瑶族自治县（粤） | 桑叶 | 12662.00 |
| 45 | 巴州区（川） | 桑叶 | 9200.00 |
| 46 | 紫阳县（陕） | 桑叶 | 9000.00 |
| 47 | 岱岳区（鲁） | 桑叶 | 7610.00 |
| 48 | 威远县（川） | 桑叶 | 7500.00 |
| 49 | 东平县（鲁） | 桑叶 | 6538.00 |
| 50 | 井研县（川） | 桑叶 | 5880.00 |
| 51 | 米易县（川） | 桑叶 | 5000.00 |
| 52 | 乐至县（川） | 桑叶 | 4680.00 |
| 53 | 始兴县（粤） | 桑叶 | 4500.00 |
| 54 | 平果县（桂） | 桑叶 | 3960.00 |
| 55 | 潜山县（皖） | 桑叶 | 3800.00 |
| 56 | 乳源瑶族自治县（粤） | 桑叶 | 3350.00 |
| 57 | 隆林各族自治县（桂） | 桑叶 | 3300.00 |
| 58 | 黟　县（皖） | 桑叶 | 3015.00 |
| 59 | 苍梧县（桂） | 桑叶 | 3015.00 |
| 60 | 南漳县（鄂） | 桑叶 | 2650.00 |
| 61 | 合川区（渝） | 桑叶 | 2390.00 |
| 62 | 安　县（川） | 桑叶 | 2200.00 |
| 63 | 汉阴县（陕） | 桑叶 | 2012.00 |
| 64 | 乐安县（赣） | 桑叶 | 2000.00 |
| 65 | 开　县（渝） | 桑叶 | 1936.00 |
| 66 | 兴文县（川） | 桑叶 | 1836.00 |
| 67 | 云安县（粤） | 桑叶 | 1500.00 |
| 68 | 竹山县（鄂） | 桑叶 | 1500.00 |

（续）

| 序号 | 主要森林饲料主产地 | 品种 | 产量（吨） |
|---|---|---|---|
| 69 | 砚山县（滇） | 桑叶 | 1500.00 |
| 70 | 祁东县（湘） | 桑叶 | 1300.00 |
| 71 | 霍山县（皖） | 桑叶 | 1200.00 |
| 72 | 莒南县（鲁） | 桑叶 | 1014.00 |
| 73 | 桐城市（皖） | 桑叶 | 1000.00 |
| 74 | 施甸县（滇） | 桑叶 | 980.00 |
| 75 | 蓬安县（川） | 桑叶 | 970.00 |
| 76 | 开江县（川） | 桑叶 | 900.00 |
| 77 | 南郑县（陕） | 桑叶 | 800.00 |
| 78 | 平利县（陕） | 桑叶 | 800.00 |
| 79 | 建德市（浙） | 桑叶 | 800.00 |
| 80 | 宜丰县（赣） | 桑叶 | 750.00 |
| 81 | 蒙阴县（鲁） | 桑叶 | 700.00 |
| 82 | 汉滨区（陕） | 桑叶 | 679.00 |
| 83 | 利川市（鄂） | 桑叶 | 650.00 |
| 84 | 郁南县（粤） | 桑叶 | 516.00 |
| 85 | 鼎城区（湘） | 桑叶 | 500.00 |
| 86 | 元阳县（滇） | 桑叶 | 500.00 |
| 87 | 遂川县（赣） | 桑叶 | 330.00 |
| 88 | 沅陵县（湘） | 桑叶 | 310.00 |
| 89 | 固始县（豫） | 桑叶 | 190.00 |
| 90 | 新干县（赣） | 桑叶 | 180.00 |
| 91 | 澜沧拉祜族自治县（滇） | 桑叶 | 160.13 |
| 92 | 阳新县（鄂） | 桑叶 | 160.00 |
| 93 | 芜湖县（皖） | 桑叶 | 150.00 |
| 94 | 宁阳县（鲁） | 桑叶 | 150.00 |
| 95 | 嵩　县（豫） | 桑叶 | 120.00 |
| 96 | 江安县（川） | 桑叶 | 120.00 |
| 97 | 渠　县（川） | 桑叶 | 120.00 |
| 98 | 双柏县（滇） | 桑叶 | 109.80 |
| 99 | 米脂县（陕） | 紫穗槐 | 75000.00 |
| 100 | 横山县（陕） | 紫穗槐 | 53000.00 |
| 101 | 围场满族蒙古族自治县（冀） | 紫穗槐 | 2000.00 |
| 102 | 竹山县（鄂） | 紫穗槐 | 500.00 |
| 103 | 冷水滩区（湘） | 紫穗槐 | 210.00 |

**表 13-1　蝴蝶兰主产地产量**

| 序号 | 蝴蝶兰主产地 | 花卉类别（单位） | 生产量 |
|---|---|---|---|
| 1 | 吉安县（赣） | 城市绿化苗（万株） | 300.00 |
| 2 | 南岳区（湘） | 城市绿化苗（万株） | 100.00 |
| 3 | 开远市（滇） | 城市绿化苗（万株） | 100.00 |
| 4 | 许昌县（豫） | 城市绿化苗（万株） | 6.00 |
| 5 | 利川市（鄂） | 城市绿化苗（万株） | 3.00 |
| 6 | 大洼县（辽） | 观赏苗木（万株） | 164.00 |
| 7 | 苏家屯区（辽） | 观赏苗木（万株） | 5.00 |

(续)

| 序号 | 蝴蝶兰主产地 | 花卉类别(单位) | 生产量 |
|---|---|---|---|
| 8 | 丹凤县(陕) | 观赏苗木(万株) | 1.00 |
| 9 | 吉安县(赣) | 观叶植物(万盆) | 500.00 |
| 10 | 高青县(鲁) | 观叶植物(万盆) | 340.00 |
| 11 | 新城区(内蒙古) | 观叶植物(万盆) | 1.80 |
| 12 | 青州市(鲁) | 盆花(万盆) | 600.00 |
| 13 | 濮阳市高新区(豫) | 盆花(万盆) | 400.00 |
| 14 | 昆都仑区(内蒙古) | 盆花(万盆) | 120.00 |
| 15 | 昌平区(京) | 盆花(万盆) | 118.30 |
| 16 | 临洮县(甘) | 盆花(万盆) | 110.00 |
| 17 | 游仙区(川) | 盆花(万盆) | 100.00 |
| 18 | 颍泉区(皖) | 盆花(万盆) | 60.75 |
| 19 | 兴庆区(宁) | 盆花(万盆) | 56.00 |
| 20 | 四会市(粤) | 盆花(万盆) | 53.00 |
| 21 | 莱阳市(鲁) | 盆花(万盆) | 53.00 |
| 22 | 惠济区(豫) | 盆花(万盆) | 50.00 |
| 23 | 邹平县(鲁) | 盆花(万盆) | 48.00 |
| 24 | 丰宁满族自治县(冀) | 盆花(万盆) | 45.00 |
| 25 | 原阳县(豫) | 盆花(万盆) | 45.00 |
| 26 | 环翠区(鲁) | 盆花(万盆) | 45.00 |
| 27 | 广饶县(鲁) | 盆花(万盆) | 41.00 |
| 28 | 玉田县(冀) | 盆花(万盆) | 40.00 |
| 29 | 灵宝市(豫) | 盆花(万盆) | 40.00 |
| 30 | 兖州市(鲁) | 盆花(万盆) | 40.00 |
| 31 | 张家口市高新技术管理区(冀) | 盆花(万盆) | 30.00 |
| 32 | 濮阳县(豫) | 盆花(万盆) | 30.00 |
| 33 | 阜新蒙古族自治县(辽) | 盆花(万盆) | 30.00 |
| 34 | 长安区(陕) | 盆花(万盆) | 25.00 |
| 35 | 喀喇沁左翼蒙古族自治县(辽) | 盆花(万盆) | 20.00 |
| 36 | 牟平区(鲁) | 盆花(万盆) | 20.00 |
| 37 | 威海市工业新区(鲁) | 盆花(万盆) | 20.00 |
| 38 | 阎良区(陕) | 盆花(万盆) | 20.00 |
| 39 | 涿州市(冀) | 盆花(万盆) | 10.00 |
| 40 | 攀枝花市西区(川) | 盆花(万盆) | 10.00 |
| 41 | 鹿城区(浙) | 盆花(万盆) | 10.00 |
| 42 | 红山区(内蒙古) | 盆花(万盆) | 9.00 |
| 43 | 路北区(冀) | 盆花(万盆) | 8.00 |
| 44 | 莒　县(鲁) | 盆花(万盆) | 6.70 |
| 45 | 莱山区(鲁) | 盆花(万盆) | 6.00 |
| 46 | 雁山区(桂) | 盆花(万盆) | 5.00 |
| 47 | 藁城区(冀) | 盆花(万盆) | 5.00 |
| 48 | 东洲区(辽) | 盆花(万盆) | 4.70 |
| 49 | 宁东林业局(陕) | 盆花(万盆) | 4.00 |
| 50 | 开封县(豫) | 盆花(万盆) | 3.50 |
| 51 | 阳信县(鲁) | 盆花(万盆) | 3.00 |
| 52 | 晋州市(冀) | 盆花(万盆) | 2.40 |
| 53 | 北京市大东流苗圃(京) | 盆花(万盆) | 2.28 |
| 54 | 迁安市(冀) | 盆花(万盆) | 2.00 |
| 55 | 洪洞县(晋) | 盆花(万盆) | 2.00 |
| 56 | 岳阳楼区(湘) | 盆花(万盆) | 1.52 |
| 57 | 汶上县(鲁) | 盆花(万盆) | 1.20 |
| 58 | 榕城区(粤) | 盆花(万盆) | 1.00 |
| 59 | 大城县(冀) | 盆花(万盆) | 1.00 |
| 60 | 洞口县(湘) | 盆花(万盆) | 0.80 |
| 61 | 西安区(吉) | 盆花(万盆) | 0.70 |
| 62 | 西夏区(宁) | 盆花(万盆) | 0.50 |
| 63 | 杨凌区农林局(陕) | 盆花(万盆) | 0.50 |
| 64 | 长安区(冀) | 盆景(万盆) | 32.60 |
| 65 | 新丰县(粤) | 盆景(万盆) | 4.90 |
| 66 | 翠屏区(川) | 盆景(万盆) | 2.30 |
| 67 | 新丰县(粤) | 鲜切花(万支) | 558.00 |
| 68 | 万州区(渝) | 鲜切花(万支) | 20.00 |
| 69 | 临洮县(甘) | 鲜切花(万支) | 6.00 |
| 70 | 桃城区(冀) | 鲜切花(万支) | 1.20 |
| 71 | 灵寿县(冀) | 鲜切花(万支) | 1.00 |

### 表 13-2　吊兰主产地产量

| 序号 | 吊兰主产地 | 花卉类别(单位) | 生产量 |
|---|---|---|---|
| 1 | 利川市(鄂) | 城市绿化苗(万株) | 100.00 |
| 2 | 许昌县(豫) | 城市绿化苗(万株) | 8.00 |
| 3 | 侯马市(晋) | 城市绿化苗(万株) | 6.00 |
| 4 | 平利县(陕) | 城市绿化苗(万株) | 0.50 |
| 5 | 五华县(粤) | 观赏苗木(万株) | 100.00 |
| 6 | 南丹县(桂) | 观赏苗木(万株) | 70.00 |
| 7 | 镇坪县(陕) | 观赏苗木(万株) | 21.00 |
| 8 | 湖滨区(豫) | 观赏苗木(万株) | 20.00 |
| 9 | 龙南县(赣) | 观赏苗木(万株) | 20.00 |
| 10 | 环翠区(鲁) | 观赏苗木(万株) | 20.00 |
| 11 | 射洪县(川) | 观赏苗木(万株) | 20.00 |
| 12 | 太康县(豫) | 观赏苗木(万株) | 12.00 |
| 13 | 薛城区(鲁) | 观赏苗木(万株) | 10.00 |
| 14 | 蕉岭县(粤) | 观赏苗木(万株) | 8.00 |
| 15 | 呼兰区(黑) | 观赏苗木(万株) | 4.00 |
| 16 | 镇宁布依族苗族自治县(黔) | 观赏苗木(万株) | 2.00 |
| 17 | 魏　县(冀) | 观赏苗木(万株) | 2.00 |
| 18 | 灵璧县(皖) | 观赏苗木(万株) | 1.00 |
| 19 | 平武县(川) | 观叶植物(万盆) | 50.00 |
| 20 | 中方县(湘) | 观叶植物(万盆) | 15.00 |
| 21 | 洋　县(陕) | 观叶植物(万盆) | 12.00 |
| 22 | 嵩　县(豫) | 观叶植物(万盆) | 10.00 |
| 23 | 会同县(湘) | 观叶植物(万盆) | 5.00 |

（续）

| 序号 | 吊兰主产地 | 花卉类别(单位) | 生产量 |
|---|---|---|---|
| 24 | 赞皇县(冀) | 观叶植物(万盆) | 4.30 |
| 25 | 辛集市(冀) | 观叶植物(万盆) | 4.00 |
| 26 | 金城江区(桂) | 观叶植物(万盆) | 2.00 |
| 27 | 商水县(豫) | 观叶植物(万盆) | 2.00 |
| 28 | 忻府区(晋) | 观叶植物(万盆) | 1.55 |
| 29 | 固始县(豫) | 观叶植物(万盆) | 1.30 |
| 30 | 界首市(皖) | 观叶植物(万盆) | 1.00 |
| 31 | 景　县(冀) | 观叶植物(万盆) | 1.00 |
| 32 | 孟村回族自治县(冀) | 观叶植物(万盆) | 0.80 |
| 33 | 临沭县(鲁) | 观叶植物(万盆) | 0.80 |
| 34 | 三门县(浙) | 观叶植物(万盆) | 0.80 |
| 35 | 长沙县(湘) | 盆花(万盆) | 312.00 |
| 36 | 清苑县(冀) | 盆花(万盆) | 200.00 |
| 37 | 濮阳县(豫) | 盆花(万盆) | 100.00 |
| 38 | 兴庆区(宁) | 盆花(万盆) | 72.00 |
| 39 | 青州市(鲁) | 盆花(万盆) | 65.00 |
| 40 | 颍泉区(皖) | 盆花(万盆) | 50.74 |
| 41 | 孝南区(鄂) | 盆花(万盆) | 50.00 |
| 42 | 无极县(冀) | 盆花(万盆) | 30.00 |
| 43 | 广饶县(鲁) | 盆花(万盆) | 30.00 |
| 44 | 石家庄市桥西区(冀) | 盆花(万盆) | 29.00 |
| 45 | 涿州市(冀) | 盆花(万盆) | 25.00 |
| 46 | 高邑县(冀) | 盆花(万盆) | 15.00 |
| 47 | 藁城区(冀) | 盆花(万盆) | 10.50 |
| 48 | 会宁县(甘) | 盆花(万盆) | 10.00 |
| 49 | 黄骅市(冀) | 盆花(万盆) | 10.00 |
| 50 | 桃城区(冀) | 盆花(万盆) | 10.00 |
| 51 | 望花区(辽) | 盆花(万盆) | 10.00 |
| 52 | 射洪县(川) | 盆花(万盆) | 10.00 |
| 53 | 鹤城区(湘) | 盆花(万盆) | 7.80 |
| 54 | 北戴河区(冀) | 盆花(万盆) | 7.00 |
| 55 | 遂川县(赣) | 盆花(万盆) | 7.00 |
| 56 | 永清县(冀) | 盆花(万盆) | 6.00 |
| 57 | 阳新县(鄂) | 盆花(万盆) | 6.00 |
| 58 | 郧西县(鄂) | 盆花(万盆) | 6.00 |
| 59 | 青　县(冀) | 盆花(万盆) | 5.90 |
| 60 | 禄丰县(滇) | 盆花(万盆) | 5.65 |
| 61 | 大城县(冀) | 盆花(万盆) | 5.50 |
| 62 | 岳阳楼区(湘) | 盆花(万盆) | 5.30 |
| 63 | 莒　县(鲁) | 盆花(万盆) | 5.10 |
| 64 | 运河区(冀) | 盆花(万盆) | 5.00 |
| 65 | 红山区(内蒙古) | 盆花(万盆) | 5.00 |
| 66 | 旌阳区(川) | 盆花(万盆) | 5.00 |
| 67 | 井研县(川) | 盆花(万盆) | 4.20 |
| 68 | 西华县(豫) | 盆花(万盆) | 4.00 |
| 69 | 新华区(豫) | 盆花(万盆) | 4.00 |
| 70 | 任丘市(冀) | 盆花(万盆) | 3.85 |
| 71 | 迁安市(冀) | 盆花(万盆) | 3.60 |
| 72 | 潢川县(豫) | 盆花(万盆) | 3.50 |
| 73 | 东洲区(辽) | 盆花(万盆) | 3.50 |
| 74 | 盐山县(冀) | 盆花(万盆) | 3.10 |
| 75 | 花山区(皖) | 盆花(万盆) | 3.00 |
| 76 | 桐柏县(豫) | 盆花(万盆) | 2.80 |
| 77 | 丰润区(冀) | 盆花(万盆) | 2.50 |
| 78 | 雁山区(桂) | 盆花(万盆) | 2.00 |
| 79 | 龙安区(豫) | 盆花(万盆) | 2.00 |
| 80 | 峄城区(鲁) | 盆花(万盆) | 2.00 |
| 81 | 晋州市(冀) | 盆花(万盆) | 1.90 |
| 82 | 阜城县(冀) | 盆花(万盆) | 1.80 |
| 83 | 临洮县(甘) | 盆花(万盆) | 1.50 |
| 84 | 洞口县(湘) | 盆花(万盆) | 1.50 |
| 85 | 徽　县(甘) | 盆花(万盆) | 1.20 |
| 86 | 唐　县(冀) | 盆花(万盆) | 1.20 |
| 87 | 宁晋县(冀) | 盆花(万盆) | 1.20 |
| 88 | 武强县(冀) | 盆花(万盆) | 1.20 |
| 89 | 宁东林业局(陕) | 盆花(万盆) | 1.20 |
| 90 | 海兴县(冀) | 盆花(万盆) | 1.00 |
| 91 | 献　县(冀) | 盆花(万盆) | 1.00 |
| 92 | 定兴县(冀) | 盆花(万盆) | 1.00 |
| 93 | 饶阳县(冀) | 盆花(万盆) | 1.00 |
| 94 | 南乐县(豫) | 盆花(万盆) | 1.00 |
| 95 | 陵城区(鲁) | 盆花(万盆) | 1.00 |
| 96 | 灵寿县(冀) | 盆花(万盆) | 0.80 |
| 97 | 庆元县(浙) | 盆花(万盆) | 0.80 |
| 98 | 方城县(豫) | 盆花(万盆) | 0.70 |
| 99 | 新城区(内蒙古) | 盆花(万盆) | 0.60 |
| 100 | 汶上县(鲁) | 盆花(万盆) | 0.60 |
| 101 | 北京市大东流苗圃(京) | 盆花(万盆) | 0.50 |
| 102 | 鹤峰县(鄂) | 盆花(万盆) | 0.50 |
| 103 | 乳源瑶族自治县(粤) | 盆景(万盆) | 70.00 |
| 104 | 襄城县(豫) | 盆景(万盆) | 55.00 |
| 105 | 会理县(川) | 盆景(万盆) | 16.50 |
| 106 | 永新县(赣) | 盆景(万盆) | 13.00 |
| 107 | 黄州区(鄂) | 盆景(万盆) | 3.00 |
| 108 | 株洲县(湘) | 盆景(万盆) | 2.30 |
| 109 | 故城县(冀) | 盆景(万盆) | 1.00 |
| 110 | 平利县(陕) | 盆景(万盆) | 0.65 |
| 111 | 新丰县(粤) | 盆景(万盆) | 0.50 |
| 112 | 昌乐县(鲁) | 盆景(万盆) | 0.50 |
| 113 | 榆树市(吉) | 鲜切花(万支) | 200.00 |

(续)

| 序号 | 吊兰主产地 | 花卉类别(单位) | 生产量 |
|---|---|---|---|
| 114 | 新丰县(粤) | 鲜切花(万支) | 123.00 |
| 115 | 会宁县(甘) | 鲜切花(万支) | 2.00 |
| 116 | 洋　县(陕) | 鲜切花(万支) | 1.00 |
| 117 | 汤阴县(豫) | 鲜切叶(万支) | 50.00 |
| 118 | 藁城区(冀) | 鲜切叶(万支) | 25.00 |

**表 13-3　君子兰主产地产量**

| 序号 | 君子兰主产地 | 花卉类别(单位) | 生产量 |
|---|---|---|---|
| 1 | 利川市(鄂) | 城市绿化苗(万株) | 5.00 |
| 2 | 二道江区(吉) | 观赏苗木(万株) | 15.00 |
| 3 | 太康县(豫) | 观赏苗木(万株) | 8.00 |
| 4 | 商州区(陕) | 观赏苗木(万株) | 3.00 |
| 5 | 西峰区(甘) | 观赏苗木(万株) | 1.75 |
| 6 | 淄川区(鲁) | 观赏苗木(万株) | 0.60 |
| 7 | 奈曼旗(内蒙古) | 观叶植物(万盆) | 20.00 |
| 8 | 连平县(粤) | 观叶植物(万盆) | 10.00 |
| 9 | 赞皇县(冀) | 观叶植物(万盆) | 7.30 |
| 10 | 洋　县(陕) | 观叶植物(万盆) | 5.00 |
| 11 | 登封市(豫) | 观叶植物(万盆) | 4.50 |
| 12 | 固始县(豫) | 观叶植物(万盆) | 4.20 |
| 13 | 商水县(豫) | 观叶植物(万盆) | 1.00 |
| 14 | 太子河区(辽) | 盆花(万盆) | 540.00 |
| 15 | 濮阳县(豫) | 盆花(万盆) | 80.00 |
| 16 | 永新县(赣) | 盆花(万盆) | 65.00 |
| 17 | 颍泉区(皖) | 盆花(万盆) | 50.20 |
| 18 | 邹平县(鲁) | 盆花(万盆) | 16.00 |
| 19 | 青龙满族自治县(冀) | 盆花(万盆) | 10.00 |
| 20 | 武城县(鲁) | 盆花(万盆) | 10.00 |
| 21 | 青州市(鲁) | 盆花(万盆) | 9.00 |
| 22 | 藁城区(冀) | 盆花(万盆) | 8.00 |
| 23 | 岳阳楼区(湘) | 盆花(万盆) | 6.57 |
| 24 | 涿州市(冀) | 盆花(万盆) | 5.00 |
| 25 | 石家庄市桥西区(冀) | 盆花(万盆) | 5.00 |
| 26 | 东平县(鲁) | 盆花(万盆) | 5.00 |
| 27 | 莒　县(鲁) | 盆花(万盆) | 2.30 |
| 28 | 巴州区(川) | 盆花(万盆) | 2.10 |
| 29 | 丰宁满族自治县(冀) | 盆花(万盆) | 2.00 |
| 30 | 定兴县(冀) | 盆花(万盆) | 2.00 |
| 31 | 无极县(冀) | 盆花(万盆) | 2.00 |
| 32 | 迁安市(冀) | 盆花(万盆) | 2.00 |
| 33 | 大城县(冀) | 盆花(万盆) | 2.00 |
| 34 | 任丘市(冀) | 盆花(万盆) | 1.50 |
| 35 | 宽城满族自治县(冀) | 盆花(万盆) | 1.50 |
| 36 | 承德县(冀) | 盆花(万盆) | 1.00 |
| 37 | 峄城区(鲁) | 盆花(万盆) | 1.00 |

(续)

| 序号 | 君子兰主产地 | 花卉类别(单位) | 生产量 |
|---|---|---|---|
| 38 | 西安区(吉) | 盆花(万盆) | 0.80 |
| 39 | 黔江区(渝) | 盆花(万盆) | 0.80 |
| 40 | 碧江区(黔) | 盆花(万盆) | 0.60 |
| 41 | 三门县(浙) | 盆花(万盆) | 0.60 |
| 42 | 忻府区(晋) | 盆花(万盆) | 0.52 |
| 43 | 株洲县(湘) | 盆景(万盆) | 0.70 |
| 44 | 新丰县(粤) | 盆景(万盆) | 0.50 |
| 45 | 藁城区(冀) | 鲜切花(万支) | 7.00 |
| 46 | 宣恩县(鄂) | 鲜切花(万支) | 0.50 |

**表 13-4　玉兰主产地产量**

| 序号 | 玉兰主产地 | 花卉类别(单位) | 生产量 |
|---|---|---|---|
| 1 | 灵山县(桂) | 城市绿化苗(万株) | 5800.00 |
| 2 | 潢川县(豫) | 城市绿化苗(万株) | 1380.00 |
| 3 | 麒麟区(滇) | 城市绿化苗(万株) | 500.00 |
| 4 | 栾川县(豫) | 城市绿化苗(万株) | 150.00 |
| 5 | 新　县(豫) | 城市绿化苗(万株) | 121.00 |
| 6 | 无为县(皖) | 城市绿化苗(万株) | 80.00 |
| 7 | 上蔡县(豫) | 城市绿化苗(万株) | 57.00 |
| 8 | 郸城县(豫) | 城市绿化苗(万株) | 50.00 |
| 9 | 偃师市(豫) | 城市绿化苗(万株) | 46.00 |
| 10 | 五峰土家族自治县(鄂) | 城市绿化苗(万株) | 40.00 |
| 11 | 邵东县(湘) | 城市绿化苗(万株) | 30.00 |
| 12 | 东平县(鲁) | 城市绿化苗(万株) | 30.00 |
| 13 | 桐城市(皖) | 城市绿化苗(万株) | 20.00 |
| 14 | 兴义市(黔) | 城市绿化苗(万株) | 20.00 |
| 15 | 山亭区(鲁) | 城市绿化苗(万株) | 15.00 |
| 16 | 大竹县(川) | 城市绿化苗(万株) | 13.00 |
| 17 | 中方县(湘) | 城市绿化苗(万株) | 12.00 |
| 18 | 威海市经济技术开发区(鲁) | 城市绿化苗(万株) | 6.00 |
| 19 | 北仑区(浙) | 城市绿化苗(万株) | 6.00 |
| 20 | 雨花区(湘) | 城市绿化苗(万株) | 5.00 |
| 21 | 仙桃市(鄂) | 城市绿化苗(万株) | 4.20 |
| 22 | 象山县(浙) | 城市绿化苗(万株) | 4.00 |
| 23 | 莱芜市高新区(鲁) | 城市绿化苗(万株) | 4.00 |
| 24 | 宾阳县(桂) | 城市绿化苗(万株) | 3.00 |
| 25 | 侯马市(晋) | 城市绿化苗(万株) | 3.00 |
| 26 | 镜湖区(皖) | 城市绿化苗(万株) | 3.00 |
| 27 | 思南县(黔) | 城市绿化苗(万株) | 1.00 |
| 28 | 黄山区(皖) | 城市绿化苗(万株) | 1.00 |
| 29 | 玉山县(赣) | 城市绿化苗(万株) | 1.00 |
| 30 | 碧江区(黔) | 城市绿化苗(万株) | 0.80 |
| 31 | 江川县(滇) | 城市绿化苗(万株) | 0.56 |
| 32 | 钟祥市(鄂) | 观赏苗木(万株) | 300.00 |
| 33 | 兖州市(鲁) | 观赏苗木(万株) | 170.00 |

（续）

| 序号 | 玉兰主产地 | 花卉类别(单位) | 生产量 |
|---|---|---|---|
| 34 | 内乡县(豫) | 观赏苗木(万株) | 100.00 |
| 35 | 五峰土家族自治县(鄂) | 观赏苗木(万株) | 90.00 |
| 36 | 镇平县(豫) | 观赏苗木(万株) | 68.00 |
| 37 | 长垣县(豫) | 观赏苗木(万株) | 47.00 |
| 38 | 汝南县(豫) | 观赏苗木(万株) | 35.00 |
| 39 | 鲁山县(豫) | 观赏苗木(万株) | 30.00 |
| 40 | 濮阳县(豫) | 观赏苗木(万株) | 30.00 |
| 41 | 长葛市(豫) | 观赏苗木(万株) | 29.25 |
| 42 | 宁阳县(鲁) | 观赏苗木(万株) | 29.00 |
| 43 | 桐柏县(豫) | 观赏苗木(万株) | 22.70 |
| 44 | 藁城区(冀) | 观赏苗木(万株) | 20.00 |
| 45 | 芜湖县(皖) | 观赏苗木(万株) | 20.00 |
| 46 | 霸州市(冀) | 观赏苗木(万株) | 20.00 |
| 47 | 大祥区(湘) | 观赏苗木(万株) | 20.00 |
| 48 | 新泰市(鲁) | 观赏苗木(万株) | 18.00 |
| 49 | 岚山区(鲁) | 观赏苗木(万株) | 17.00 |
| 50 | 沂水县(鲁) | 观赏苗木(万株) | 16.00 |
| 51 | 博野县(冀) | 观赏苗木(万株) | 13.00 |
| 52 | 安化县(湘) | 观赏苗木(万株) | 10.50 |
| 53 | 阳新县(鄂) | 观赏苗木(万株) | 9.00 |
| 54 | 方城县(豫) | 观赏苗木(万株) | 8.00 |
| 55 | 武陵区(湘) | 观赏苗木(万株) | 7.00 |
| 56 | 长治县(晋) | 观赏苗木(万株) | 7.00 |
| 57 | 蔡甸区(鄂) | 观赏苗木(万株) | 6.00 |
| 58 | 乐亭县(冀) | 观赏苗木(万株) | 5.00 |
| 59 | 大厂回族自治县(冀) | 观赏苗木(万株) | 5.00 |
| 60 | 蒙阴县(鲁) | 观赏苗木(万株) | 5.00 |
| 61 | 晋州市(冀) | 观赏苗木(万株) | 4.20 |
| 62 | 鹿泉区(冀) | 观赏苗木(万株) | 4.00 |
| 63 | 双峰县(湘) | 观赏苗木(万株) | 3.00 |
| 64 | 淮阳县(豫) | 观赏苗木(万株) | 3.00 |
| 65 | 洋　县(陕) | 观赏苗木(万株) | 2.60 |
| 66 | 巴州区(川) | 观赏苗木(万株) | 2.10 |
| 67 | 井陉矿区(冀) | 观赏苗木(万株) | 2.00 |
| 68 | 迁安市(冀) | 观赏苗木(万株) | 2.00 |
| 69 | 邱　县(冀) | 观赏苗木(万株) | 2.00 |
| 70 | 平罗县(宁) | 观赏苗木(万株) | 2.00 |
| 71 | 灵璧县(皖) | 观赏苗木(万株) | 2.00 |
| 72 | 台山市(粤) | 观赏苗木(万株) | 2.00 |
| 73 | 涿州市(冀) | 观赏苗木(万株) | 2.00 |
| 74 | 北戴河区(冀) | 观赏苗木(万株) | 1.70 |
| 75 | 闻喜县(晋) | 观赏苗木(万株) | 1.50 |
| 76 | 宝丰县(豫) | 观赏苗木(万株) | 1.50 |
| 77 | 镇宁布依族苗族自治县(黔) | 观赏苗木(万株) | 1.00 |
| 78 | 芝罘区(鲁) | 观赏苗木(万株) | 0.90 |
| 79 | 富源县(滇) | 观赏苗木(万株) | 0.90 |
| 80 | 平利县(陕) | 观叶植物(万盆) | 0.50 |
| 81 | 南郑县(陕) | 花卉用种苗(千苗) | 900.00 |
| 82 | 乳源瑶族自治县(粤) | 盆花(万盆) | 122.00 |
| 83 | 巴州区(川) | 盆花(万盆) | 8.40 |
| 84 | 潢川县(豫) | 盆花(万盆) | 3.80 |
| 85 | 常宁市(湘) | 盆景(万盆) | 0.80 |
| 86 | 新丰县(粤) | 盆景(万盆) | 0.70 |
| 87 | 新丰县(粤) | 鲜切花(万支) | 310.00 |
| 88 | 巴州区(川) | 鲜切花(万支) | 15.00 |
| 89 | 邱　县(冀) | 鲜切花(万支) | 10.00 |
| 90 | 巴州区(川) | 鲜切叶(万支) | 10.50 |

**表 13-5　牡丹主产地产量**

| 序号 | 牡丹主产地 | 花卉类别(单位) | 生产量 |
|---|---|---|---|
| 1 | 麒麟区(滇) | 城市绿化苗(万株) | 500.00 |
| 2 | 永年县(冀) | 城市绿化苗(万株) | 36.00 |
| 3 | 利川市(鄂) | 城市绿化苗(万株) | 20.00 |
| 4 | 桦甸市(吉) | 城市绿化苗(万株) | 2.50 |
| 5 | 偃师市(豫) | 城市绿化苗(万株) | 2.00 |
| 6 | 保康县(鄂) | 工业及其他用途花卉(千克) | 480.00 |
| 7 | 保康县(鄂) | 观赏苗木(万株) | 765.00 |
| 8 | 奉节县(渝) | 观赏苗木(万株) | 441.00 |
| 9 | 富顺县(川) | 观赏苗木(万株) | 80.00 |
| 10 | 汝阳县(豫) | 观赏苗木(万株) | 61.26 |
| 11 | 范　县(豫) | 观赏苗木(万株) | 60.00 |
| 12 | 商州区(陕) | 观赏苗木(万株) | 30.00 |
| 13 | 迁西县(冀) | 观赏苗木(万株) | 22.00 |
| 14 | 魏　县(冀) | 观赏苗木(万株) | 21.00 |
| 15 | 大城县(冀) | 观赏苗木(万株) | 20.00 |
| 16 | 镇坪县(陕) | 观赏苗木(万株) | 10.00 |
| 17 | 铜川市新区(陕) | 观赏苗木(万株) | 6.00 |
| 18 | 三门县(浙) | 观赏苗木(万株) | 2.00 |
| 19 | 西峰区(甘) | 观赏苗木(万株) | 0.50 |
| 20 | 南关区(吉) | 观叶植物(万盆) | 320.00 |
| 21 | 兴义市(黔) | 花卉用种苗(千苗) | 600.00 |
| 22 | 新安县(豫) | 盆花(万盆) | 400.00 |
| 23 | 隆德县(宁) | 盆花(万盆) | 11.00 |
| 24 | 鼎城区(湘) | 盆花(万盆) | 6.00 |
| 25 | 谯城区(皖) | 盆花(万盆) | 5.00 |
| 26 | 汶上县(鲁) | 盆花(万盆) | 0.80 |
| 27 | 柏乡县(冀) | 盆花(万盆) | 0.62 |
| 28 | 阜城县(冀) | 盆花(万盆) | 0.50 |
| 29 | 嵩　县(豫) | 盆花(万盆) | 0.50 |

(续)

| 序号 | 牡丹主产地 | 花卉类别(单位) | 生产量 |
|---|---|---|---|
| 30 | 鄄城县(鲁) | 食用及药用花卉(吨) | 1200.00 |
| 31 | 康乐县(甘) | 食用及药用花卉(吨) | 37.00 |
| 32 | 铜梁县(渝) | 食用及药用花卉(千克) | 10.00 |
| 33 | 榆中县(甘) | 鲜切花(万支) | 125.00 |
| 34 | 临洮县(甘) | 鲜切花(万支) | 90.00 |
| 35 | 临夏市(甘) | 鲜切花(万支) | 85.00 |
| 36 | 和政县(甘) | 鲜切花(万支) | 10.00 |
| 37 | 平山县(冀) | 鲜切花(万支) | 9.00 |
| 38 | 西峰区(甘) | 鲜切花(万支) | 3.50 |

## 表 13-6 榆叶梅主产地产量

| 序号 | 榆叶梅主产地 | 花卉类别(单位) | 生产量 |
|---|---|---|---|
| 1 | 康保县(冀) | 城市绿化苗(万株) | 246.30 |
| 2 | 九台区(吉) | 城市绿化苗(万株) | 160.00 |
| 3 | 海拉尔区(内蒙古) | 城市绿化苗(万株) | 60.00 |
| 4 | 龙潭区(吉) | 城市绿化苗(万株) | 30.00 |
| 5 | 大同区(黑) | 城市绿化苗(万株) | 22.60 |
| 6 | 大武口区(宁) | 城市绿化苗(万株) | 20.00 |
| 7 | 围场满族蒙古族自治县(冀) | 城市绿化苗(万株) | 8.00 |
| 8 | 青铜峡市(宁) | 城市绿化苗(万株) | 8.00 |
| 9 | 金凤区(宁) | 城市绿化苗(万株) | 7.80 |
| 10 | 侯马市(晋) | 城市绿化苗(万株) | 4.00 |
| 11 | 崆峒区(甘) | 城市绿化苗(万株) | 3.00 |
| 12 | 敦煌市(甘) | 城市绿化苗(万株) | 2.20 |
| 13 | 永昌县(甘) | 城市绿化苗(万株) | 1.70 |
| 14 | 金塔县(甘) | 城市绿化苗(万株) | 0.55 |
| 15 | 永清县(冀) | 观赏苗木(万株) | 230.00 |
| 16 | 平泉县(冀) | 观赏苗木(万株) | 210.00 |
| 17 | 藁城区(冀) | 观赏苗木(万株) | 55.00 |
| 18 | 隆德县(宁) | 观赏苗木(万株) | 47.00 |
| 19 | 丰宁满族自治县(冀) | 观赏苗木(万株) | 42.00 |
| 20 | 玉田县(冀) | 观赏苗木(万株) | 30.00 |
| 21 | 博野县(冀) | 观赏苗木(万株) | 24.00 |
| 22 | 临夏市(甘) | 观赏苗木(万株) | 20.00 |
| 23 | 固安县(冀) | 观赏苗木(万株) | 20.00 |
| 24 | 闻喜县(晋) | 观赏苗木(万株) | 15.60 |
| 25 | 新泰市(鲁) | 观赏苗木(万株) | 14.00 |
| 26 | 安平县(冀) | 观赏苗木(万株) | 11.70 |
| 27 | 大城县(冀) | 观赏苗木(万株) | 10.00 |
| 28 | 涿州市(冀) | 观赏苗木(万株) | 7.00 |
| 29 | 大厂回族自治县(冀) | 观赏苗木(万株) | 6.00 |
| 30 | 忻府区(晋) | 观赏苗木(万株) | 5.28 |

(续)

| 序号 | 榆叶梅主产地 | 花卉类别(单位) | 生产量 |
|---|---|---|---|
| 31 | 怀来县(冀) | 观赏苗木(万株) | 5.00 |
| 32 | 运河区(冀) | 观赏苗木(万株) | 4.00 |
| 33 | 任　县(冀) | 观赏苗木(万株) | 4.00 |
| 34 | 滦平县(冀) | 观赏苗木(万株) | 4.00 |
| 35 | 迁安市(冀) | 观赏苗木(万株) | 4.00 |
| 36 | 晋州市(冀) | 观赏苗木(万株) | 3.80 |
| 37 | 乐亭县(冀) | 观赏苗木(万株) | 3.60 |
| 38 | 赤城县(冀) | 观赏苗木(万株) | 3.00 |
| 39 | 东乌珠穆沁旗(内蒙古) | 观赏苗木(万株) | 3.00 |
| 40 | 满城县(冀) | 观赏苗木(万株) | 1.00 |
| 41 | 万全区(冀) | 观赏苗木(万株) | 1.00 |
| 42 | 嘉峪关市(甘) | 观赏苗木(万株) | 0.70 |
| 43 | 内江市市中区(川) | 观赏苗木(万株) | 0.50 |
| 44 | 商水县(豫) | 观叶植物(万盆) | 1.50 |

## 表 13-7 波斯菊主产地产量

| 序号 | 波斯菊主产地 | 花卉类别(单位) | 生产量 |
|---|---|---|---|
| 1 | 攀枝花市东区(川) | 城市绿化苗(万株) | 3.50 |
| 2 | 新晃侗族自治县(湘) | 城市绿化苗(万株) | 2.00 |
| 3 | 桐梓县(黔) | 观赏苗木(万株) | 395.00 |
| 4 | 三门县(浙) | 观赏苗木(万株) | 10.00 |
| 5 | 禹会区(皖) | 观赏苗木(万株) | 3.00 |
| 6 | 金城江区(桂) | 观叶植物(万盆) | 30.20 |
| 7 | 仙桃市(鄂) | 观叶植物(万盆) | 12.80 |
| 8 | 道里区(黑) | 观叶植物(万盆) | 1.00 |
| 9 | 西夏区(宁) | 花卉用种苗(千苗) | 500.00 |
| 10 | 富顺县(川) | 盆花(万盆) | 60.00 |
| 11 | 邹平县(鲁) | 盆花(万盆) | 25.00 |
| 12 | 阳泉市郊区(晋) | 盆花(万盆) | 20.00 |
| 13 | 南岗区(黑) | 盆花(万盆) | 15.00 |
| 14 | 竹山县(鄂) | 盆花(万盆) | 9.10 |
| 15 | 巴州区(川) | 盆花(万盆) | 8.40 |
| 16 | 襄汾县(晋) | 盆花(万盆) | 8.00 |
| 17 | 运河区(冀) | 盆花(万盆) | 5.00 |
| 18 | 高碑店市(冀) | 盆花(万盆) | 5.00 |
| 19 | 嘉陵区(川) | 盆花(万盆) | 2.90 |
| 20 | 深泽县(冀) | 盆花(万盆) | 2.80 |
| 21 | 枣强县(冀) | 盆花(万盆) | 1.60 |
| 22 | 衡山县(湘) | 盆花(万盆) | 1.28 |
| 23 | 饶阳县(冀) | 盆花(万盆) | 0.90 |
| 24 | 榆树市(吉) | 鲜切花(万支) | 300.00 |
| 25 | 迁西县(冀) | 鲜切花(万支) | 100.00 |
| 26 | 容城县(冀) | 鲜切花(万支) | 2.00 |
| 27 | 望都县(冀) | 鲜切花(万支) | 2.00 |
| 28 | 阳泉市郊区(晋) | 鲜切花(万支) | 2.00 |

## 表 13-8　万寿菊主产地产量

| 序号 | 万寿菊主产地 | 花卉类别(单位) | 生产量 |
|---|---|---|---|
| 1 | 麒麟区(滇) | 城市绿化苗(万株) | 5000.00 |
| 2 | 大武口区(宁) | 城市绿化苗(万株) | 180.00 |
| 3 | 元宝山区(内蒙古) | 城市绿化苗(万株) | 110.00 |
| 4 | 海拉尔区(内蒙古) | 城市绿化苗(万株) | 40.00 |
| 5 | 木兰县(黑) | 城市绿化苗(万株) | 20.00 |
| 6 | 新城区(内蒙古) | 城市绿化苗(万株) | 6.40 |
| 7 | 青铜峡市(宁) | 城市绿化苗(万株) | 6.00 |
| 8 | 侯马市(晋) | 城市绿化苗(万株) | 6.00 |
| 9 | 利川市(鄂) | 城市绿化苗(万株) | 5.00 |
| 10 | 洮南市(吉) | 城市绿化苗(万株) | 3.30 |
| 11 | 民乐县(甘) | 工业及其他用途花卉(吨) | 450.00 |
| 12 | 石林彝族自治县(滇) | 工业及其他用途花卉(千克) | 3225.12 |
| 13 | 二道江区(吉) | 观赏苗木(万株) | 240.00 |
| 14 | 甘南县(黑) | 观赏苗木(万株) | 16.00 |
| 15 | 嘉峪关市(甘) | 观赏苗木(万株) | 9.00 |
| 16 | 呼兰区(黑) | 观赏苗木(万株) | 5.00 |
| 17 | 肥西县(皖) | 观赏苗木(万株) | 2.00 |
| 18 | 商州区(陕) | 观叶植物(万盆) | 3.00 |
| 19 | 东胜区(内蒙古) | 盆花(万盆) | 400.00 |
| 20 | 新安县(豫) | 盆花(万盆) | 300.00 |
| 21 | 邹平县(鲁) | 盆花(万盆) | 228.00 |
| 22 | 九龙坡区(渝) | 盆花(万盆) | 210.00 |
| 23 | 莒南县(鲁) | 盆花(万盆) | 170.00 |
| 24 | 松山区(内蒙古) | 盆花(万盆) | 150.00 |
| 25 | 兴庆区(宁) | 盆花(万盆) | 123.60 |
| 26 | 三河市(冀) | 盆花(万盆) | 110.00 |
| 27 | 颍泉区(皖) | 盆花(万盆) | 101.00 |
| 28 | 商水县(豫) | 盆花(万盆) | 100.00 |
| 29 | 肃州区(甘) | 盆花(万盆) | 40.00 |
| 30 | 新泰市(鲁) | 盆花(万盆) | 32.00 |
| 31 | 临洮县(甘) | 盆花(万盆) | 30.50 |
| 32 | 永清县(冀) | 盆花(万盆) | 30.00 |
| 33 | 户　县(陕) | 盆花(万盆) | 30.00 |
| 34 | 永年县(冀) | 盆花(万盆) | 23.00 |
| 35 | 涿州市(冀) | 盆花(万盆) | 20.00 |
| 36 | 隆尧县(冀) | 盆花(万盆) | 15.00 |
| 37 | 惠济区(豫) | 盆花(万盆) | 15.00 |
| 38 | 敦煌市(甘) | 盆花(万盆) | 12.00 |
| 39 | 广阳区(冀) | 盆花(万盆) | 12.00 |
| 40 | 平罗县(宁) | 盆花(万盆) | 10.00 |
| 41 | 金凤区(宁) | 盆花(万盆) | 10.00 |
| 42 | 魏　县(冀) | 盆花(万盆) | 8.00 |
| 43 | 察哈尔右翼前旗(内蒙古) | 盆花(万盆) | 8.00 |
| 44 | 忻府区(晋) | 盆花(万盆) | 8.00 |
| 45 | 南和县(冀) | 盆花(万盆) | 7.00 |
| 46 | 东乌珠穆沁旗(内蒙古) | 盆花(万盆) | 7.00 |
| 47 | 石家庄市桥西区(冀) | 盆花(万盆) | 6.00 |
| 48 | 高碑店市(冀) | 盆花(万盆) | 5.00 |
| 49 | 固安县(冀) | 盆花(万盆) | 5.00 |
| 50 | 东昌府区(鲁) | 盆花(万盆) | 5.00 |
| 51 | 未央区(陕) | 盆花(万盆) | 5.00 |
| 52 | 东洲区(辽) | 盆花(万盆) | 3.50 |
| 53 | 唐　县(冀) | 盆花(万盆) | 3.10 |
| 54 | 瓜州县(甘) | 盆花(万盆) | 3.00 |
| 55 | 满城县(冀) | 盆花(万盆) | 3.00 |
| 56 | 鹿泉区(冀) | 盆花(万盆) | 3.00 |
| 57 | 闵行区(沪) | 盆花(万盆) | 3.00 |
| 58 | 蚌山区(皖) | 盆花(万盆) | 2.10 |
| 59 | 肃宁县(冀) | 盆花(万盆) | 2.00 |
| 60 | 临武县(湘) | 盆花(万盆) | 1.65 |
| 61 | 邱　县(冀) | 盆花(万盆) | 1.50 |
| 62 | 山海关区(冀) | 盆花(万盆) | 1.20 |
| 63 | 芜湖县(皖) | 盆花(万盆) | 1.00 |
| 64 | 景　县(冀) | 盆花(万盆) | 0.60 |
| 65 | 张北县(冀) | 盆花(万盆) | 0.50 |
| 66 | 枣强县(冀) | 盆花(万盆) | 0.50 |
| 67 | 井陉矿区(冀) | 盆花(万盆) | 0.50 |
| 68 | 长葛市(豫) | 盆花(万盆) | 0.50 |
| 69 | 汶上县(鲁) | 盆花(万盆) | 0.50 |
| 70 | 克东县(黑) | 食用及药用花卉(吨) | 300.00 |
| 71 | 围场满族蒙古族自治县(冀) | 食用及药用花卉(吨) | 16.00 |
| 72 | 临沭县(鲁) | 鲜切花(万支) | 1000.00 |
| 73 | 长葛市(豫) | 鲜切花(万支) | 80.00 |
| 74 | 甘井子区(辽) | 鲜切花(万支) | 14.50 |
| 75 | 临洮县(甘) | 鲜切花(万支) | 2.00 |

## 表 13-9　雏菊主产地产量

| 序号 | 雏菊主产地 | 花卉类别(单位) | 生产量 |
|---|---|---|---|
| 1 | 许昌县(豫) | 城市绿化苗(万株) | 238.00 |
| 2 | 武胜县(川) | 城市绿化苗(万株) | 130.00 |
| 3 | 利川市(鄂) | 城市绿化苗(万株) | 20.00 |
| 4 | 汉寿县(湘) | 城市绿化苗(万株) | 20.00 |
| 5 | 罗江县(川) | 城市绿化苗(万株) | 10.00 |
| 6 | 洞口县(湘) | 城市绿化苗(万株) | 2.00 |
| 7 | 新晃侗族自治县(湘) | 城市绿化苗(万株) | 1.00 |
| 8 | 禹州市(豫) | 观赏苗木(万株) | 420.00 |
| 9 | 南丹县(桂) | 观赏苗木(万株) | 62.00 |
| 10 | 揭阳市蓝城区(粤) | 观赏苗木(万株) | 3.00 |
| 12 | 花山区(皖) | 观叶植物(万盆) | 5.00 |

(续)

| 序号 | 雏菊主产地 | 花卉类别(单位) | 生产量 |
|---|---|---|---|
| 13 | 商州区(陕) | 花卉用种子(千克) | 300.00 |
| 14 | 吉安县(赣) | 盆花(万盆) | 800.00 |
| 15 | 新安县(豫) | 盆花(万盆) | 360.00 |
| 16 | 武胜县(川) | 盆花(万盆) | 320.00 |
| 17 | 武陟县(豫) | 盆花(万盆) | 300.00 |
| 18 | 濮阳县(豫) | 盆花(万盆) | 80.00 |
| 19 | 禹王台区(豫) | 盆花(万盆) | 80.00 |
| 20 | 邹平县(鲁) | 盆花(万盆) | 56.00 |
| 21 | 雨山区(皖) | 盆花(万盆) | 40.00 |
| 22 | 安图森林经营局(吉) | 盆花(万盆) | 40.00 |
| 23 | 石家庄市桥西区(冀) | 盆花(万盆) | 18.00 |
| 24 | 龙子湖区(皖) | 盆花(万盆) | 12.00 |
| 25 | 隆尧县(冀) | 盆花(万盆) | 12.00 |
| 26 | 北戴河区(冀) | 盆花(万盆) | 10.00 |
| 27 | 泊头市(冀) | 盆花(万盆) | 9.26 |
| 28 | 运河区(冀) | 盆花(万盆) | 9.00 |
| 29 | 襄汾县(晋) | 盆花(万盆) | 9.00 |
| 30 | 成安县(冀) | 盆花(万盆) | 8.00 |
| 31 | 邢台市桥西区(冀) | 盆花(万盆) | 8.00 |
| 32 | 西华县(豫) | 盆花(万盆) | 8.00 |
| 33 | 高碑店市(冀) | 盆花(万盆) | 5.00 |
| 34 | 旌阳区(川) | 盆花(万盆) | 4.00 |
| 35 | 竹山县(鄂) | 盆花(万盆) | 3.00 |
| 36 | 肥城市(鲁) | 盆花(万盆) | 2.80 |
| 37 | 湘乡市(湘) | 盆花(万盆) | 2.19 |
| 38 | 公安县(鄂) | 盆花(万盆) | 1.50 |
| 39 | 汶上县(鲁) | 盆花(万盆) | 1.40 |
| 40 | 榕城区(粤) | 盆花(万盆) | 1.00 |
| 41 | 黎川县(赣) | 盆花(万盆) | 0.65 |
| 46 | 新丰县(粤) | 鲜切花(万支) | 180.00 |
| 47 | 榆树市(吉) | 鲜切花(万支) | 100.00 |
| 48 | 迁西县(冀) | 鲜切花(万支) | 50.00 |
| 49 | 凤城市(辽) | 鲜切花(万支) | 22.00 |
| 50 | 安国市(冀) | 鲜切花(万支) | 8.00 |
| 51 | 东洲区(辽) | 鲜切花(万支) | 7.20 |
| 52 | 洋　县(陕) | 鲜切花(万支) | 2.00 |

## 表 13-10　非洲菊主产地产量

| 序号 | 非洲菊主产地 | 花卉类别(单位) | 生产量 |
|---|---|---|---|
| 1 | 井研县(川) | 城市绿化苗(万株) | 15.00 |
| 2 | 临洮县(甘) | 城市绿化苗(万株) | 12.00 |
| 3 | 蕉岭县(粤) | 城市绿化苗(万株) | 5.00 |
| 4 | 古交市(晋) | 城市绿化苗(万株) | 1.00 |
| 5 | 简阳市(川) | 观赏苗木(万株) | 1492.00 |
| 6 | 港口区(桂) | 观赏苗木(万株) | 0.62 |

(续)

| 序号 | 非洲菊主产地 | 花卉类别(单位) | 生产量 |
|---|---|---|---|
| 7 | 金城江区(桂) | 观叶植物(万盆) | 3.20 |
| 8 | 邹平县(鲁) | 盆花(万盆) | 460.00 |
| 9 | 兰陵县(鲁) | 盆花(万盆) | 13.00 |
| 10 | 霸州市(冀) | 盆花(万盆) | 10.00 |
| 11 | 运河区(冀) | 盆花(万盆) | 2.00 |
| 12 | 会同县(湘) | 盆花(万盆) | 2.00 |
| 13 | 峄城区(鲁) | 盆花(万盆) | 2.00 |
| 14 | 临洮县(甘) | 盆花(万盆) | 0.50 |
| 15 | 贡井区(川) | 盆景(万盆) | 20.00 |
| 16 | 祁东县(湘) | 盆景(万盆) | 15.00 |
| 17 | 兰山区(鲁) | 鲜切花(万支) | 50000.00 |
| 18 | 奉贤区(沪) | 鲜切花(万支) | 19176.00 |
| 19 | 河东区(鲁) | 鲜切花(万支) | 17000.00 |
| 20 | 晋宁县(滇) | 鲜切花(万支) | 16200.00 |
| 21 | 濮阳市高新区(豫) | 鲜切花(万支) | 14500.00 |
| 22 | 莒　县(鲁) | 鲜切花(万支) | 11503.00 |
| 23 | 简阳市(川) | 鲜切花(万支) | 10523.00 |
| 24 | 古冶区(冀) | 鲜切花(万支) | 4533.00 |
| 25 | 临沭县(鲁) | 鲜切花(万支) | 4100.00 |
| 26 | 新都区(川) | 鲜切花(万支) | 3750.00 |
| 27 | 石林彝族自治县(滇) | 鲜切花(万支) | 3695.33 |
| 28 | 费　县(鲁) | 鲜切花(万支) | 3560.00 |
| 29 | 崇明县(沪) | 鲜切花(万支) | 1875.00 |
| 30 | 海盐县(浙) | 鲜切花(万支) | 1513.90 |
| 31 | 长兴县(浙) | 鲜切花(万支) | 880.00 |
| 32 | 玉环市(浙) | 鲜切花(万支) | 740.00 |
| 33 | 漳河新区(鄂) | 鲜切花(万支) | 600.00 |
| 34 | 台安县(辽) | 鲜切花(万支) | 500.00 |
| 35 | 凌源市(辽) | 鲜切花(万支) | 460.00 |
| 36 | 喀喇沁左翼蒙古族自治县(辽) | 鲜切花(万支) | 400.00 |
| 37 | 昌平区(京) | 鲜切花(万支) | 205.20 |
| 38 | 平原县(鲁) | 鲜切花(万支) | 200.00 |
| 39 | 花都区(粤) | 鲜切花(万支) | 176.00 |
| 40 | 沂水县(鲁) | 鲜切花(万支) | 152.00 |
| 41 | 青浦区(沪) | 鲜切花(万支) | 128.00 |
| 42 | 平湖市(浙) | 鲜切花(万支) | 54.00 |
| 43 | 德安县(赣) | 鲜切花(万支) | 50.00 |
| 44 | 蒙阴县(鲁) | 鲜切花(万支) | 50.00 |
| 45 | 贡井区(川) | 鲜切花(万支) | 40.00 |
| 46 | 慈溪市(浙) | 鲜切花(万支) | 30.00 |
| 47 | 秀洲区(浙) | 鲜切花(万支) | 30.00 |
| 48 | 平谷区(京) | 鲜切花(万支) | 28.00 |
| 49 | 广昌县(赣) | 鲜切花(万支) | 23.60 |
| 50 | 白银区(甘) | 鲜切花(万支) | 22.00 |
| 51 | 平泉县(冀) | 鲜切花(万支) | 20.00 |

（续）

| 序号 | 非洲菊主产地 | 花卉类别(单位) | 生产量 |
|---|---|---|---|
| 52 | 松江区(沪) | 鲜切花(万支) | 16.00 |
| 53 | 路北区(冀) | 鲜切花(万支) | 15.00 |
| 54 | 庆元县(浙) | 鲜切花(万支) | 15.00 |
| 55 | 管城回族区(豫) | 鲜切花(万支) | 13.00 |
| 56 | 新干县(赣) | 鲜切花(万支) | 12.00 |
| 57 | 临洮县(甘) | 鲜切花(万支) | 8.00 |
| 58 | 开平区(冀) | 鲜切花(万支) | 8.00 |
| 59 | 肃州区(甘) | 鲜切花(万支) | 5.00 |
| 60 | 嘉定区(沪) | 鲜切花(万支) | 4.20 |
| 61 | 顺庆区(川) | 鲜切花(万支) | 4.00 |
| 62 | 江川县(滇) | 鲜切花(万支) | 4.00 |

## 表 13-11 菊花主产地产量

| 序号 | 菊花产地 | 花卉类别(单位) | 生产量 |
|---|---|---|---|
| 1 | 修水县(赣) | 城市绿化苗(万株) | 250.00 |
| 2 | 武胜县(川) | 城市绿化苗(万株) | 160.00 |
| 3 | 游仙区(川) | 城市绿化苗(万株) | 100.00 |
| 4 | 甘州区(甘) | 城市绿化苗(万株) | 50.00 |
| 5 | 仙桃市(鄂) | 城市绿化苗(万株) | 27.00 |
| 6 | 新晃侗族自治县(湘) | 城市绿化苗(万株) | 10.00 |
| 7 | 威海市经济技术开发区(鲁) | 城市绿化苗(万株) | 10.00 |
| 8 | 侯马市(晋) | 城市绿化苗(万株) | 8.60 |
| 9 | 桐城市(皖) | 城市绿化苗(万株) | 8.00 |
| 10 | 镜湖区(皖) | 城市绿化苗(万株) | 5.00 |
| 11 | 利川市(鄂) | 城市绿化苗(万株) | 5.00 |
| 12 | 德安县(赣) | 城市绿化苗(万株) | 2.00 |
| 13 | 攀枝花市东区(川) | 城市绿化苗(万株) | 1.50 |
| 14 | 澧　县(湘) | 城市绿化苗(万株) | 1.00 |
| 15 | 香洲区(粤) | 工业及其他用途花卉(千克) | 35.00 |
| 16 | 东平县(鲁) | 观赏苗木(万株) | 800.00 |
| 17 | 梁园区(豫) | 观赏苗木(万株) | 540.00 |
| 18 | 丰宁满族自治县(冀) | 观赏苗木(万株) | 400.00 |
| 19 | 禹州市(豫) | 观赏苗木(万株) | 230.00 |
| 20 | 汤阴县(豫) | 观赏苗木(万株) | 100.00 |
| 21 | 武陵源区(湘) | 观赏苗木(万株) | 100.00 |
| 22 | 安丘市(鲁) | 观赏苗木(万株) | 42.00 |
| 23 | 元氏县(冀) | 观赏苗木(万株) | 38.10 |
| 24 | 大城县(冀) | 观赏苗木(万株) | 20.00 |
| 25 | 中方县(湘) | 观赏苗木(万株) | 20.00 |
| 26 | 泸　县(川) | 观赏苗木(万株) | 20.00 |
| 27 | 三门县(浙) | 观赏苗木(万株) | 16.00 |
| 28 | 邵东县(湘) | 观赏苗木(万株) | 10.00 |
| 29 | 商州区(陕) | 观赏苗木(万株) | 10.00 |
| 30 | 薛城区(鲁) | 观赏苗木(万株) | 6.00 |

（续）

| 序号 | 菊花主产地 | 花卉类别(单位) | 生产量 |
|---|---|---|---|
| 31 | 会同县(湘) | 观赏苗木(万株) | 5.00 |
| 32 | 岚山区(鲁) | 观赏苗木(万株) | 5.00 |
| 33 | 山丹县(甘) | 观赏苗木(万株) | 2.00 |
| 34 | 港口区(桂) | 观赏苗木(万株) | 1.10 |
| 35 | 镇宁布依族苗族自治县(黔) | 观赏苗木(万株) | 1.00 |
| 36 | 魏　县(冀) | 观赏苗木(万株) | 1.00 |
| 37 | 卫辉市(豫) | 观赏苗木(万株) | 0.80 |
| 38 | 茅箭区(鄂) | 观叶植物(万盆) | 20.00 |
| 39 | 杞　县(豫) | 观叶植物(万盆) | 1.20 |
| 40 | 松江区(沪) | 花卉用种苗(千苗) | 1103.00 |
| 41 | 新安县(豫) | 盆花(万盆) | 620.00 |
| 42 | 炉霍县(川) | 盆花(万盆) | 550.00 |
| 43 | 肥乡县(冀) | 盆花(万盆) | 500.00 |
| 44 | 昌平区(京) | 盆花(万盆) | 258.10 |
| 45 | 商水县(豫) | 盆花(万盆) | 205.00 |
| 46 | 鼎城区(湘) | 盆花(万盆) | 170.00 |
| 47 | 蔡甸区(鄂) | 盆花(万盆) | 150.00 |
| 48 | 濮阳县(豫) | 盆花(万盆) | 120.00 |
| 49 | 赫山区(湘) | 盆花(万盆) | 120.00 |
| 50 | 左云县(晋) | 盆花(万盆) | 100.00 |
| 51 | 玉田县(冀) | 盆花(万盆) | 80.00 |
| 52 | 临川区(赣) | 盆花(万盆) | 72.00 |
| 53 | 襄城县(豫) | 盆花(万盆) | 67.00 |
| 54 | 三河市(冀) | 盆花(万盆) | 65.00 |
| 55 | 新泰市(鲁) | 盆花(万盆) | 60.00 |
| 56 | 钟祥市(鄂) | 盆花(万盆) | 50.00 |
| 57 | 恩阳区(川) | 盆花(万盆) | 50.00 |
| 58 | 颍泉区(皖) | 盆花(万盆) | 42.21 |
| 59 | 临洮县(甘) | 盆花(万盆) | 40.00 |
| 60 | 青龙满族自治县(冀) | 盆花(万盆) | 30.00 |
| 61 | 顺河回族区(豫) | 盆花(万盆) | 30.00 |
| 62 | 青州市(鲁) | 盆花(万盆) | 30.00 |
| 63 | 潍城区(鲁) | 盆花(万盆) | 28.00 |
| 64 | 石家庄市桥西区(冀) | 盆花(万盆) | 25.00 |
| 65 | 淮滨县(豫) | 盆花(万盆) | 25.00 |
| 66 | 沂水县(鲁) | 盆花(万盆) | 24.00 |
| 67 | 河间市(冀) | 盆花(万盆) | 23.00 |
| 68 | 蒙城县(皖) | 盆花(万盆) | 21.00 |
| 69 | 藁城区(冀) | 盆花(万盆) | 20.60 |
| 70 | 路北区(冀) | 盆花(万盆) | 20.00 |
| 71 | 内乡县(豫) | 盆花(万盆) | 20.00 |
| 72 | 郧西县(鄂) | 盆花(万盆) | 20.00 |
| 73 | 金凤区(宁) | 盆花(万盆) | 20.00 |
| 74 | 彭山区(川) | 盆花(万盆) | 20.00 |
| 75 | 灵璧县(皖) | 盆花(万盆) | 18.00 |

(续)

| 序号 | 菊花主产地 | 花卉类别(单位) | 生产量 |
|---|---|---|---|
| 76 | 辛集市(冀) | 盆花(万盆) | 18.00 |
| 77 | 北戴河区(冀) | 盆花(万盆) | 15.00 |
| 78 | 鄄城县(鲁) | 盆花(万盆) | 15.00 |
| 79 | 武城县(鲁) | 盆花(万盆) | 15.00 |
| 80 | 邹平县(鲁) | 盆花(万盆) | 12.00 |
| 81 | 莒　县(鲁) | 盆花(万盆) | 10.20 |
| 82 | 谯城区(皖) | 盆花(万盆) | 10.00 |
| 83 | 连州市(粤) | 盆花(万盆) | 10.00 |
| 84 | 运河区(冀) | 盆花(万盆) | 10.00 |
| 85 | 海港区(冀) | 盆花(万盆) | 10.00 |
| 86 | 固安县(冀) | 盆花(万盆) | 10.00 |
| 87 | 安化县(湘) | 盆花(万盆) | 10.00 |
| 88 | 沂南县(鲁) | 盆花(万盆) | 10.00 |
| 89 | 枣强县(冀) | 盆花(万盆) | 9.56 |
| 90 | 临夏市(甘) | 盆花(万盆) | 8.00 |
| 91 | 六枝特区(黔) | 盆花(万盆) | 7.02 |
| 92 | 任　县(冀) | 盆花(万盆) | 7.00 |
| 93 | 曲周县(冀) | 盆花(万盆) | 6.30 |
| 94 | 寿　县(皖) | 盆花(万盆) | 6.00 |
| 95 | 黔江区(渝) | 盆花(万盆) | 6.00 |
| 96 | 顺义区(京) | 盆花(万盆) | 5.37 |
| 97 | 青　县(冀) | 盆花(万盆) | 5.10 |
| 98 | 九龙坡区(渝) | 盆花(万盆) | 5.00 |
| 99 | 平山县(冀) | 盆花(万盆) | 4.60 |
| 100 | 津市市(湘) | 盆花(万盆) | 4.50 |
| 101 | 鹿泉区(冀) | 盆花(万盆) | 4.00 |
| 102 | 旌阳区(川) | 盆花(万盆) | 4.00 |
| 103 | 清城区(粤) | 盆花(万盆) | 3.60 |
| 104 | 鸡泽县(冀) | 盆花(万盆) | 3.40 |
| 105 | 赵　县(冀) | 盆花(万盆) | 3.20 |
| 106 | 蚌山区(皖) | 盆花(万盆) | 3.00 |
| 107 | 崆峒区(甘) | 盆花(万盆) | 3.00 |
| 108 | 承德县(冀) | 盆花(万盆) | 3.00 |
| 109 | 嵩　县(豫) | 盆花(万盆) | 3.00 |
| 110 | 鼓楼区(豫) | 盆花(万盆) | 3.00 |
| 111 | 阳新县(鄂) | 盆花(万盆) | 3.00 |
| 112 | 桐庐县(浙) | 盆花(万盆) | 3.00 |
| 113 | 黄骅市(冀) | 盆花(万盆) | 2.70 |
| 114 | 信宜市(粤) | 盆花(万盆) | 2.60 |
| 115 | 任丘市(冀) | 盆花(万盆) | 2.50 |
| 116 | 方城县(豫) | 盆花(万盆) | 2.50 |
| 117 | 宝丰县(豫) | 盆花(万盆) | 2.30 |
| 118 | 襄城区(鄂) | 盆花(万盆) | 2.30 |
| 119 | 北京市大东流苗圃(京) | 盆花(万盆) | 2.07 |
| 120 | 淮上区(皖) | 盆花(万盆) | 2.00 |

(续)

| 序号 | 菊花主产地 | 花卉类别(单位) | 生产量 |
|---|---|---|---|
| 121 | 徽　县(甘) | 盆花(万盆) | 2.00 |
| 122 | 复兴区(冀) | 盆花(万盆) | 2.00 |
| 123 | 磁　县(冀) | 盆花(万盆) | 2.00 |
| 124 | 平泉县(冀) | 盆花(万盆) | 2.00 |
| 125 | 邵阳县(湘) | 盆花(万盆) | 2.00 |
| 126 | 肥城市(鲁) | 盆花(万盆) | 2.00 |
| 127 | 陵城区(鲁) | 盆花(万盆) | 2.00 |
| 128 | 安平县(冀) | 盆花(万盆) | 1.92 |
| 129 | 宁晋县(冀) | 盆花(万盆) | 1.90 |
| 130 | 西安区(吉) | 盆花(万盆) | 1.60 |
| 131 | 宁阳县(鲁) | 盆花(万盆) | 1.60 |
| 132 | 阜城县(冀) | 盆花(万盆) | 1.50 |
| 133 | 武陵区(湘) | 盆花(万盆) | 1.50 |
| 134 | 三门县(浙) | 盆花(万盆) | 1.50 |
| 135 | 芷江侗族自治县(湘) | 盆花(万盆) | 1.20 |
| 136 | 台山市(粤) | 盆花(万盆) | 1.10 |
| 137 | 芜湖县(皖) | 盆花(万盆) | 1.00 |
| 138 | 榕城区(粤) | 盆花(万盆) | 1.00 |
| 139 | 迁安市(冀) | 盆花(万盆) | 1.00 |
| 140 | 大城县(冀) | 盆花(万盆) | 1.00 |
| 141 | 巴州区(川) | 盆花(万盆) | 1.00 |
| 142 | 鹤峰县(鄂) | 盆花(万盆) | 0.80 |
| 143 | 通城县(鄂) | 盆花(万盆) | 0.70 |
| 144 | 故城县(冀) | 盆花(万盆) | 0.60 |
| 145 | 大名县(冀) | 盆花(万盆) | 0.50 |
| 146 | 昌乐县(鲁) | 盆花(万盆) | 0.50 |
| 147 | 阜南县(皖) | 盆景(万盆) | 17.86 |
| 148 | 霍山县(皖) | 盆景(万盆) | 6.00 |
| 149 | 株洲县(湘) | 盆景(万盆) | 1.80 |
| 150 | 常宁市(湘) | 盆景(万盆) | 1.60 |
| 151 | 石泉县(陕) | 盆景(万盆) | 0.80 |
| 152 | 松滋市(鄂) | 食用及药用花卉(千克) | 10000.00 |
| 153 | 内乡县(豫) | 食用及药用花卉(千克) | 1500.00 |
| 154 | 兰考县(豫) | 食用及药用花卉(千克) | 1100.00 |
| 155 | 永年县(冀) | 食用及药用花卉(千克) | 400.00 |
| 156 | 太子河区(辽) | 鲜切花(万支) | 1750.00 |
| 157 | 奉贤区(沪) | 鲜切花(万支) | 1042.00 |
| 158 | 青浦区(沪) | 鲜切花(万支) | 958.70 |
| 159 | 玉环市(浙) | 鲜切花(万支) | 850.00 |
| 160 | 松江区(沪) | 鲜切花(万支) | 812.00 |
| 161 | 上街区(豫) | 鲜切花(万支) | 700.00 |
| 162 | 卫滨区(豫) | 鲜切花(万支) | 450.00 |
| 163 | 衢江区(浙) | 鲜切花(万支) | 410.00 |
| 164 | 顺义区(京) | 鲜切花(万支) | 200.00 |
| 165 | 榆树市(吉) | 鲜切花(万支) | 200.00 |

（续）

| 序号 | 菊花主产地 | 花卉类别(单位) | 生产量 |
|---|---|---|---|
| 166 | 金山区(沪) | 鲜切花(万支) | 180.00 |
| 167 | 东洲区(辽) | 鲜切花(万支) | 171.00 |
| 168 | 阳新县(鄂) | 鲜切花(万支) | 160.00 |
| 169 | 新丰县(粤) | 鲜切花(万支) | 157.00 |
| 170 | 花都区(粤) | 鲜切花(万支) | 153.00 |
| 171 | 汤阴县(豫) | 鲜切花(万支) | 150.00 |
| 172 | 阳宗海管理区(滇) | 鲜切花(万支) | 150.00 |
| 173 | 昌平区(京) | 鲜切花(万支) | 145.70 |
| 174 | 永清县(冀) | 鲜切花(万支) | 120.00 |
| 175 | 兴庆区(宁) | 鲜切花(万支) | 93.00 |
| 176 | 宣汉县(川) | 鲜切花(万支) | 88.00 |
| 177 | 迁安市(冀) | 鲜切花(万支) | 80.00 |
| 178 | 银海区(桂) | 鲜切花(万支) | 75.00 |
| 179 | 固安县(冀) | 鲜切花(万支) | 70.00 |
| 180 | 江口县(黔) | 鲜切花(万支) | 50.00 |
| 181 | 藁城区(冀) | 鲜切花(万支) | 40.31 |
| 182 | 大英县(川) | 鲜切花(万支) | 40.00 |
| 183 | 嘉定区(沪) | 鲜切花(万支) | 21.50 |
| 184 | 九龙坡区(渝) | 鲜切花(万支) | 20.00 |
| 185 | 安国市(冀) | 鲜切花(万支) | 18.00 |
| 186 | 东营区(鲁) | 鲜切花(万支) | 18.00 |
| 187 | 永兴县(湘) | 鲜切花(万支) | 16.00 |
| 188 | 广阳区(冀) | 鲜切花(万支) | 15.34 |
| 189 | 连州市(粤) | 鲜切花(万支) | 15.00 |
| 190 | 牧野区(豫) | 鲜切花(万支) | 15.00 |
| 191 | 祁东县(湘) | 鲜切花(万支) | 12.00 |
| 192 | 宝山区(沪) | 鲜切花(万支) | 10.39 |
| 193 | 淮上区(皖) | 鲜切花(万支) | 10.00 |
| 194 | 灵璧县(皖) | 鲜切花(万支) | 10.00 |
| 195 | 敦煌市(甘) | 鲜切花(万支) | 10.00 |
| 196 | 肃州区(甘) | 鲜切花(万支) | 10.00 |
| 197 | 迁西县(冀) | 鲜切花(万支) | 10.00 |
| 198 | 长安区(冀) | 鲜切花(万支) | 7.00 |
| 199 | 碧江区(黔) | 鲜切花(万支) | 6.00 |
| 200 | 满城县(冀) | 鲜切花(万支) | 3.50 |
| 201 | 津市市(湘) | 鲜切花(万支) | 3.50 |
| 202 | 西峰区(甘) | 鲜切花(万支) | 2.60 |
| 203 | 蠡　县(冀) | 鲜切花(万支) | 2.00 |
| 204 | 开平区(冀) | 鲜切花(万支) | 2.00 |
| 205 | 丰润区(冀) | 鲜切花(万支) | 2.00 |
| 206 | 安新县(冀) | 鲜切花(万支) | 1.50 |
| 207 | 台山市(粤) | 鲜切花(万支) | 1.20 |
| 208 | 灞桥区(陕) | 鲜切花(万支) | 1.12 |
| 209 | 海兴县(冀) | 鲜切花(万支) | 0.60 |
| 210 | 丰润区(冀) | 鲜切叶(万支) | 0.80 |
| 211 | 滦平县(冀) | 鲜切叶(万支) | 0.70 |

## 表 13-12　月季类主产地产量

| 序号 | 月季类主产地 | 花卉类别(单位) | 生产量 |
|---|---|---|---|
| 1 | 潢川县(豫) | 城市绿化苗(万株) | 1100.00 |
| 2 | 东平县(鲁) | 城市绿化苗(万株) | 500.00 |
| 3 | 麒麟区(滇) | 城市绿化苗(万株) | 500.00 |
| 4 | 邓州市(豫) | 城市绿化苗(万株) | 62.00 |
| 5 | 临洮县(甘) | 城市绿化苗(万株) | 60.00 |
| 6 | 永年县(冀) | 城市绿化苗(万株) | 42.00 |
| 7 | 龙安区(豫) | 城市绿化苗(万株) | 30.00 |
| 8 | 侯马市(晋) | 城市绿化苗(万株) | 10.00 |
| 9 | 文　县(甘) | 城市绿化苗(万株) | 5.00 |
| 10 | 双滦区(冀) | 城市绿化苗(万株) | 5.00 |
| 11 | 北仑区(浙) | 城市绿化苗(万株) | 2.50 |
| 12 | 青铜峡市(宁) | 城市绿化苗(万株) | 2.00 |
| 13 | 卧龙区(豫) | 观赏苗木(万株) | 11100.00 |
| 14 | 随州市市辖区(鄂) | 观赏苗木(万株) | 7800.00 |
| 15 | 固安县(冀) | 观赏苗木(万株) | 600.00 |
| 16 | 邹平县(鲁) | 观赏苗木(万株) | 262.00 |
| 17 | 汤阴县(豫) | 观赏苗木(万株) | 150.00 |
| 18 | 湛河区(豫) | 观赏苗木(万株) | 68.00 |
| 19 | 安丘市(鲁) | 观赏苗木(万株) | 58.00 |
| 20 | 镇坪县(陕) | 观赏苗木(万株) | 56.00 |
| 21 | 大城县(冀) | 观赏苗木(万株) | 30.00 |
| 22 | 双峰县(湘) | 观赏苗木(万株) | 30.00 |
| 23 | 藁城区(冀) | 观赏苗木(万株) | 25.30 |
| 24 | 吴桥县(冀) | 观赏苗木(万株) | 20.00 |
| 25 | 社旗县(豫) | 观赏苗木(万株) | 20.00 |
| 26 | 迁安市(冀) | 观赏苗木(万株) | 15.00 |
| 27 | 新乐市(冀) | 观赏苗木(万株) | 15.00 |
| 28 | 陵城区(鲁) | 观赏苗木(万株) | 15.00 |
| 29 | 三门县(浙) | 观赏苗木(万株) | 15.00 |
| 30 | 辛集市(冀) | 观赏苗木(万株) | 13.00 |
| 31 | 兖州市(鲁) | 观赏苗木(万株) | 12.00 |
| 32 | 肥西县(皖) | 观赏苗木(万株) | 10.00 |
| 33 | 夏邑县(豫) | 观赏苗木(万株) | 10.00 |
| 34 | 青　县(冀) | 观赏苗木(万株) | 9.00 |
| 35 | 运河区(冀) | 观赏苗木(万株) | 8.00 |
| 36 | 新泰市(鲁) | 观赏苗木(万株) | 8.00 |
| 37 | 洪洞县(晋) | 观赏苗木(万株) | 7.00 |
| 38 | 巴州区(川) | 观赏苗木(万株) | 5.30 |
| 39 | 德城区(鲁) | 观赏苗木(万株) | 4.00 |
| 40 | 灵璧县(皖) | 观赏苗木(万株) | 3.00 |
| 41 | 大厂回族自治县(冀) | 观赏苗木(万株) | 3.00 |
| 42 | 赞皇县(冀) | 观赏苗木(万株) | 2.80 |
| 43 | 山海关区(冀) | 观赏苗木(万株) | 2.70 |
| 44 | 淮阳县(豫) | 观赏苗木(万株) | 2.50 |
| 45 | 赵　县(冀) | 观赏苗木(万株) | 1.20 |

(续)

| 序号 | 月季类主产地 | 花卉类别(单位) | 生产量 |
|---|---|---|---|
| 46 | 孟村回族自治县(冀) | 观赏苗木(万株) | 1.00 |
| 47 | 阜城县(冀) | 观赏苗木(万株) | 1.00 |
| 48 | 双桥区(冀) | 观赏苗木(万株) | 1.00 |
| 49 | 泸溪县(湘) | 观赏苗木(万株) | 1.00 |
| 50 | 石泉县(陕) | 观赏苗木(万株) | 1.00 |
| 51 | 太子河区(辽) | 观叶植物(万盆) | 860.00 |
| 52 | 博爱县(豫) | 观叶植物(万盆) | 200.00 |
| 53 | 莱州市(鲁) | 观叶植物(万盆) | 100.00 |
| 54 | 渠　县(川) | 观叶植物(万盆) | 5.00 |
| 55 | 连平县(粤) | 观叶植物(万盆) | 0.50 |
| 56 | 庄浪县(甘) | 花卉用种苗(千苗) | 420.00 |
| 57 | 金川区(甘) | 花卉用种球(千粒) | 20.00 |
| 58 | 望都县(冀) | 盆花(万盆) | 990.00 |
| 59 | 昌平区(京) | 盆花(万盆) | 154.00 |
| 60 | 阜新蒙古族自治县(辽) | 盆花(万盆) | 100.00 |
| 61 | 游仙区(川) | 盆花(万盆) | 100.00 |
| 62 | 襄城县(豫) | 盆花(万盆) | 69.00 |
| 63 | 顺义区(京) | 盆花(万盆) | 64.40 |
| 64 | 辉南县(吉) | 盆花(万盆) | 60.00 |
| 65 | 睢　县(豫) | 盆花(万盆) | 50.00 |
| 66 | 郧西县(鄂) | 盆花(万盆) | 35.00 |
| 67 | 太和区(辽) | 盆花(万盆) | 30.00 |
| 68 | 南和县(冀) | 盆花(万盆) | 26.00 |
| 69 | 馆陶县(冀) | 盆花(万盆) | 25.00 |
| 70 | 巴州区(川) | 盆花(万盆) | 23.60 |
| 71 | 隆尧县(冀) | 盆花(万盆) | 23.00 |
| 72 | 洋　县(陕) | 盆花(万盆) | 23.00 |
| 73 | 商水县(豫) | 盆花(万盆) | 20.00 |
| 74 | 长治市郊区(晋) | 盆花(万盆) | 20.00 |
| 75 | 阳泉市郊区(晋) | 盆花(万盆) | 20.00 |
| 76 | 河间市(冀) | 盆花(万盆) | 18.00 |
| 77 | 兰陵县(鲁) | 盆花(万盆) | 15.00 |
| 78 | 固安县(冀) | 盆花(万盆) | 12.00 |
| 79 | 魏　县(冀) | 盆花(万盆) | 11.00 |
| 80 | 灵璧县(皖) | 盆花(万盆) | 10.00 |
| 81 | 肃州区(甘) | 盆花(万盆) | 10.00 |
| 82 | 藁城区(冀) | 盆花(万盆) | 10.00 |
| 83 | 鼎城区(湘) | 盆花(万盆) | 10.00 |
| 84 | 新宾满族自治县(辽) | 盆花(万盆) | 9.00 |
| 85 | 闵行区(沪) | 盆花(万盆) | 8.20 |
| 86 | 吴桥县(冀) | 盆花(万盆) | 8.00 |
| 87 | 邢台县(冀) | 盆花(万盆) | 6.00 |
| 88 | 磁　县(冀) | 盆花(万盆) | 6.00 |
| 89 | 盐山县(冀) | 盆花(万盆) | 5.10 |
| 90 | 寿　县(皖) | 盆花(万盆) | 5.00 |

(续)

| 序号 | 月季类主产地 | 花卉类别(单位) | 生产量 |
|---|---|---|---|
| 91 | 曲阳县(冀) | 盆花(万盆) | 5.00 |
| 92 | 奈曼旗(内蒙古) | 盆花(万盆) | 5.00 |
| 93 | 临武县(湘) | 盆花(万盆) | 4.50 |
| 94 | 潢川县(豫) | 盆花(万盆) | 4.00 |
| 95 | 桐柏县(豫) | 盆花(万盆) | 4.00 |
| 96 | 枣强县(冀) | 盆花(万盆) | 3.50 |
| 97 | 容城县(冀) | 盆花(万盆) | 3.10 |
| 98 | 禹会区(皖) | 盆花(万盆) | 3.00 |
| 99 | 临洮县(甘) | 盆花(万盆) | 3.00 |
| 100 | 方城县(豫) | 盆花(万盆) | 3.00 |
| 101 | 息　县(豫) | 盆花(万盆) | 3.00 |
| 102 | 宽城满族自治县(冀) | 盆花(万盆) | 2.50 |
| 103 | 陵　县(鲁) | 盆花(万盆) | 2.20 |
| 104 | 安平县(冀) | 盆花(万盆) | 2.10 |
| 105 | 开平区(冀) | 盆花(万盆) | 2.00 |
| 106 | 鹿泉区(冀) | 盆花(万盆) | 2.00 |
| 107 | 西峰区(甘) | 盆花(万盆) | 1.60 |
| 108 | 黔江区(渝) | 盆花(万盆) | 1.50 |
| 109 | 通城县(鄂) | 盆花(万盆) | 1.20 |
| 110 | 西安区(吉) | 盆花(万盆) | 1.20 |
| 111 | 三门县(浙) | 盆花(万盆) | 1.20 |
| 112 | 定兴县(冀) | 盆花(万盆) | 1.00 |
| 113 | 迁安市(冀) | 盆花(万盆) | 1.00 |
| 114 | 大城县(冀) | 盆花(万盆) | 1.00 |
| 115 | 樊城区(鄂) | 盆花(万盆) | 1.00 |
| 116 | 赵　县(冀) | 盆花(万盆) | 0.80 |
| 117 | 宁晋县(冀) | 盆花(万盆) | 0.60 |
| 118 | 淮上区(皖) | 盆花(万盆) | 0.50 |
| 119 | 鸡泽县(冀) | 盆花(万盆) | 0.50 |
| 120 | 长葛市(豫) | 盆花(万盆) | 0.50 |
| 121 | 奉贤区(沪) | 盆景(万盆) | 28.00 |
| 122 | 荣成市(鲁) | 盆景(万盆) | 2.00 |
| 123 | 石泉县(陕) | 盆景(万盆) | 2.00 |
| 124 | 常宁市(湘) | 盆景(万盆) | 0.50 |
| 125 | 磐石市(吉) | 食用及药用花卉(吨) | 60.00 |
| 126 | 肥东县(皖) | 鲜切花(万支) | 70000.00 |
| 127 | 阳宗海管理区(滇) | 鲜切花(万支) | 25000.00 |
| 128 | 辽中区(辽) | 鲜切花(万支) | 22090.00 |
| 129 | 苏仙区(湘) | 鲜切花(万支) | 7200.00 |
| 130 | 南召县(豫) | 鲜切花(万支) | 4900.00 |
| 131 | 江川县(滇) | 鲜切花(万支) | 570.00 |
| 132 | 宛城区(豫) | 鲜切花(万支) | 396.00 |
| 133 | 新野县(豫) | 鲜切花(万支) | 300.00 |
| 134 | 新丰县(粤) | 鲜切花(万支) | 280.00 |
| 135 | 阳新县(鄂) | 鲜切花(万支) | 180.00 |

（续）

| 序号 | 月季类主产地 | 花卉类别(单位) | 生产量 |
|---|---|---|---|
| 136 | 榆中县(甘) | 鲜切花(万支) | 143.00 |
| 137 | 固安县(冀) | 鲜切花(万支) | 105.00 |
| 138 | 三河市(冀) | 鲜切花(万支) | 100.00 |
| 139 | 广昌县(赣) | 鲜切花(万支) | 83.82 |
| 140 | 临夏市(甘) | 鲜切花(万支) | 54.00 |
| 141 | 招远市(鲁) | 鲜切花(万支) | 50.00 |
| 142 | 定南县(赣) | 鲜切花(万支) | 43.58 |
| 143 | 大英县(川) | 鲜切花(万支) | 40.00 |
| 144 | 宣汉县(川) | 鲜切花(万支) | 36.30 |
| 145 | 九龙坡区(渝) | 鲜切花(万支) | 30.00 |
| 146 | 涿州市(冀) | 鲜切花(万支) | 25.00 |
| 147 | 巴州区(川) | 鲜切花(万支) | 21.00 |
| 148 | 彭山区(川) | 鲜切花(万支) | 20.00 |
| 149 | 玉田县(冀) | 鲜切花(万支) | 19.00 |
| 150 | 西华县(豫) | 鲜切花(万支) | 18.00 |
| 151 | 东洲区(辽) | 鲜切花(万支) | 16.00 |
| 152 | 东营区(鲁) | 鲜切花(万支) | 15.00 |
| 153 | 灵璧县(皖) | 鲜切花(万支) | 11.00 |
| 154 | 满城县(冀) | 鲜切花(万支) | 10.04 |
| 155 | 怀柔区(京) | 鲜切花(万支) | 10.00 |
| 156 | 平泉县(冀) | 鲜切花(万支) | 10.00 |
| 157 | 固始县(豫) | 鲜切花(万支) | 10.00 |
| 158 | 洋　县(陕) | 鲜切花(万支) | 9.60 |
| 159 | 昌平区(京) | 鲜切花(万支) | 8.80 |
| 160 | 衡山县(湘) | 鲜切花(万支) | 8.10 |
| 161 | 连山壮族瑶族自治县(粤) | 鲜切花(万支) | 8.00 |
| 162 | 雁山区(桂) | 鲜切花(万支) | 8.00 |
| 163 | 南皮县(冀) | 鲜切花(万支) | 7.13 |
| 164 | 邵阳县(湘) | 鲜切花(万支) | 5.50 |
| 165 | 芜湖县(皖) | 鲜切花(万支) | 5.00 |
| 166 | 肃州区(甘) | 鲜切花(万支) | 5.00 |
| 167 | 安国市(冀) | 鲜切花(万支) | 5.00 |
| 168 | 南乐县(豫) | 鲜切花(万支) | 5.00 |
| 169 | 顺庆区(川) | 鲜切花(万支) | 4.00 |
| 170 | 怀远县(皖) | 鲜切花(万支) | 3.00 |
| 171 | 开平区(冀) | 鲜切花(万支) | 3.00 |
| 172 | 柞水县(陕) | 鲜切花(万支) | 3.00 |
| 173 | 西峰区(甘) | 鲜切花(万支) | 2.30 |
| 174 | 灵寿县(冀) | 鲜切花(万支) | 2.00 |
| 175 | 石台县(皖) | 鲜切花(万支) | 1.00 |
| 176 | 郧西县(鄂) | 鲜切花(万支) | 1.00 |
| 177 | 海兴县(冀) | 鲜切花(万支) | 0.80 |
| 178 | 太和区(辽) | 鲜切叶(万支) | 50.00 |
| 179 | 灵璧县(皖) | 鲜切叶(万支) | 3.10 |
| 180 | 武宣县(桂) | 鲜切叶(万支) | 2.88 |

**表 13-13　西府海棠主产地产量**

| 序号 | 西府海棠主产地 | 花卉类别(单位) | 生产量 |
|---|---|---|---|
| 1 | 潢川县(豫) | 城市绿化苗(万株) | 60.00 |
| 2 | 坊子区(鲁) | 城市绿化苗(万株) | 10.00 |
| 3 | 山亭区(鲁) | 城市绿化苗(万株) | 8.00 |
| 4 | 高碑店市(冀) | 城市绿化苗(万株) | 5.00 |
| 5 | 侯马市(晋) | 城市绿化苗(万株) | 2.00 |
| 6 | 河东区(鲁) | 观赏苗木(万株) | 700.00 |
| 7 | 平泉县(冀) | 观赏苗木(万株) | 200.00 |
| 8 | 河间市(冀) | 观赏苗木(万株) | 125.00 |
| 9 | 博野县(冀) | 观赏苗木(万株) | 95.00 |
| 10 | 淄川区(鲁) | 观赏苗木(万株) | 50.00 |
| 11 | 曲阳县(冀) | 观赏苗木(万株) | 45.00 |
| 12 | 丰宁满族自治县(冀) | 观赏苗木(万株) | 32.00 |
| 13 | 辛集市(冀) | 观赏苗木(万株) | 25.00 |
| 14 | 广阳区(冀) | 观赏苗木(万株) | 20.00 |
| 15 | 涿州市(冀) | 观赏苗木(万株) | 14.00 |
| 16 | 满城县(冀) | 观赏苗木(万株) | 10.00 |
| 17 | 阳信县(鲁) | 观赏苗木(万株) | 8.50 |
| 18 | 邹平县(鲁) | 观赏苗木(万株) | 8.00 |
| 19 | 安平县(冀) | 观赏苗木(万株) | 7.40 |
| 20 | 迁安市(冀) | 观赏苗木(万株) | 7.00 |
| 21 | 长葛市(豫) | 观赏苗木(万株) | 5.20 |
| 22 | 运河区(冀) | 观赏苗木(万株) | 5.00 |
| 23 | 滦平县(冀) | 观赏苗木(万株) | 4.00 |
| 24 | 昌平区(京) | 观赏苗木(万株) | 1.00 |

**表 13-14　桂花主产地产量**

| 序号 | 桂花主产地 | 花卉类别(单位) | 生产量 |
|---|---|---|---|
| 1 | 南漳县(鄂) | 城市绿化苗(万株) | 355000.00 |
| 2 | 苏仙区(湘) | 城市绿化苗(万株) | 8650.00 |
| 3 | 石鼓区(湘) | 城市绿化苗(万株) | 5000.00 |
| 4 | 大余县(赣) | 城市绿化苗(万株) | 4000.00 |
| 5 | 长沙县(湘) | 城市绿化苗(万株) | 2653.00 |
| 6 | 颍州区(皖) | 城市绿化苗(万株) | 1800.00 |
| 7 | 岳西县(皖) | 城市绿化苗(万株) | 1500.00 |
| 8 | 临桂区(桂) | 城市绿化苗(万株) | 1500.00 |
| 9 | 岳阳县(湘) | 城市绿化苗(万株) | 1000.00 |
| 10 | 辰溪县(湘) | 城市绿化苗(万株) | 500.00 |
| 11 | 麒麟区(滇) | 城市绿化苗(万株) | 500.00 |
| 12 | 达川区(川) | 城市绿化苗(万株) | 400.00 |
| 13 | 恩阳区(川) | 城市绿化苗(万株) | 350.00 |
| 14 | 德安县(赣) | 城市绿化苗(万株) | 270.00 |
| 15 | 广丰县(赣) | 城市绿化苗(万株) | 265.00 |
| 16 | 潜江市(鄂) | 城市绿化苗(万株) | 200.00 |
| 17 | 无为县(皖) | 城市绿化苗(万株) | 190.00 |
| 18 | 洪江市(湘) | 城市绿化苗(万株) | 180.00 |

(续)

| 序号 | 桂花主产地 | 花卉类别(单位) | 生产量 |
|---|---|---|---|
| 19 | 社旗县(豫) | 城市绿化苗(万株) | 150.00 |
| 20 | 通城县(鄂) | 城市绿化苗(万株) | 150.00 |
| 21 | 津市市(湘) | 城市绿化苗(万株) | 150.00 |
| 22 | 湘乡市(湘) | 城市绿化苗(万株) | 130.00 |
| 23 | 修水县(赣) | 城市绿化苗(万株) | 127.00 |
| 24 | 邓州市(豫) | 城市绿化苗(万株) | 121.00 |
| 25 | 京山县(鄂) | 城市绿化苗(万株) | 110.00 |
| 26 | 桑植县(湘) | 城市绿化苗(万株) | 100.00 |
| 27 | 万年县(赣) | 城市绿化苗(万株) | 100.00 |
| 28 | 汝城县(湘) | 城市绿化苗(万株) | 86.00 |
| 29 | 桐城市(皖) | 城市绿化苗(万株) | 80.00 |
| 30 | 平桥区(豫) | 城市绿化苗(万株) | 78.00 |
| 31 | 永城市(豫) | 城市绿化苗(万株) | 76.10 |
| 32 | 汝南县(豫) | 城市绿化苗(万株) | 75.00 |
| 33 | 富顺县(川) | 城市绿化苗(万株) | 70.00 |
| 34 | 栾川县(豫) | 城市绿化苗(万株) | 60.00 |
| 35 | 济源市(豫) | 城市绿化苗(万株) | 55.00 |
| 36 | 保康县(鄂) | 城市绿化苗(万株) | 50.00 |
| 37 | 邵阳县(湘) | 城市绿化苗(万株) | 50.00 |
| 38 | 南郑县(陕) | 城市绿化苗(万株) | 50.00 |
| 39 | 旺苍县(川) | 城市绿化苗(万株) | 40.00 |
| 40 | 北仑区(浙) | 城市绿化苗(万株) | 40.00 |
| 41 | 望江县(皖) | 城市绿化苗(万株) | 39.40 |
| 42 | 张湾区(鄂) | 城市绿化苗(万株) | 35.00 |
| 43 | 开　县(渝) | 城市绿化苗(万株) | 33.00 |
| 44 | 南康市(赣) | 城市绿化苗(万株) | 30.00 |
| 45 | 岳池县(川) | 城市绿化苗(万株) | 30.00 |
| 46 | 铜梁县(渝) | 城市绿化苗(万株) | 30.00 |
| 47 | 大竹县(川) | 城市绿化苗(万株) | 28.00 |
| 48 | 新邵县(湘) | 城市绿化苗(万株) | 26.59 |
| 49 | 泾　县(皖) | 城市绿化苗(万株) | 25.00 |
| 50 | 利川市(鄂) | 城市绿化苗(万株) | 23.00 |
| 51 | 上蔡县(豫) | 城市绿化苗(万株) | 22.00 |
| 52 | 华蓥市(川) | 城市绿化苗(万株) | 22.00 |
| 53 | 普宁市(粤) | 城市绿化苗(万株) | 20.00 |
| 54 | 始兴县(粤) | 城市绿化苗(万株) | 20.00 |
| 55 | 长阳土家族自治县(鄂) | 城市绿化苗(万株) | 20.00 |
| 56 | 新晃侗族自治县(湘) | 城市绿化苗(万株) | 20.00 |
| 57 | 中方县(湘) | 城市绿化苗(万株) | 20.00 |
| 58 | 雨花区(湘) | 城市绿化苗(万株) | 20.00 |
| 59 | 资阳区(湘) | 城市绿化苗(万株) | 20.00 |
| 60 | 玉山县(赣) | 城市绿化苗(万株) | 20.00 |
| 61 | 资中县(川) | 城市绿化苗(万株) | 20.00 |
| 62 | 沾益县(滇) | 城市绿化苗(万株) | 20.00 |
| 63 | 新田县(湘) | 城市绿化苗(万株) | 18.00 |
| 64 | 北湖区(湘) | 城市绿化苗(万株) | 17.30 |
| 65 | 渠　县(川) | 城市绿化苗(万株) | 17.00 |
| 66 | 新　县(豫) | 城市绿化苗(万株) | 16.00 |
| 67 | 广昌县(赣) | 城市绿化苗(万株) | 16.00 |
| 68 | 黟　县(皖) | 城市绿化苗(万株) | 15.00 |
| 69 | 浈江区(粤) | 城市绿化苗(万株) | 15.00 |
| 70 | 晴隆县(黔) | 城市绿化苗(万株) | 15.00 |
| 71 | 彭山区(川) | 城市绿化苗(万株) | 15.00 |
| 72 | 屏山县(川) | 城市绿化苗(万株) | 15.00 |
| 73 | 仙桃市(鄂) | 城市绿化苗(万株) | 13.20 |
| 74 | 蒙城县(皖) | 城市绿化苗(万株) | 12.00 |
| 75 | 蜀山区(皖) | 城市绿化苗(万株) | 11.00 |
| 76 | 淮上区(皖) | 城市绿化苗(万株) | 10.00 |
| 77 | 蕉岭县(粤) | 城市绿化苗(万株) | 10.00 |
| 78 | 江口县(黔) | 城市绿化苗(万株) | 10.00 |
| 79 | 兴山县(鄂) | 城市绿化苗(万株) | 10.00 |
| 80 | 永定区(湘) | 城市绿化苗(万株) | 10.00 |
| 81 | 大英县(川) | 城市绿化苗(万株) | 10.00 |
| 82 | 颍泉区(皖) | 城市绿化苗(万株) | 9.80 |
| 83 | 永顺县(湘) | 城市绿化苗(万株) | 8.00 |
| 84 | 瑞金市(赣) | 城市绿化苗(万株) | 8.00 |
| 85 | 芷江侗族自治县(湘) | 城市绿化苗(万株) | 7.00 |
| 86 | 镜湖区(皖) | 城市绿化苗(万株) | 6.00 |
| 87 | 雨湖区(湘) | 城市绿化苗(万株) | 6.00 |
| 88 | 商州区(陕) | 城市绿化苗(万株) | 6.00 |
| 89 | 威远县(川) | 城市绿化苗(万株) | 6.00 |
| 90 | 禄劝彝族苗族自治县(滇) | 城市绿化苗(万株) | 6.00 |
| 91 | 黔江区(渝) | 城市绿化苗(万株) | 6.00 |
| 92 | 那坡县(桂) | 城市绿化苗(万株) | 5.00 |
| 93 | 思南县(黔) | 城市绿化苗(万株) | 5.00 |
| 94 | 沿河土家族自治县(黔) | 城市绿化苗(万株) | 5.00 |
| 95 | 阳新县(鄂) | 城市绿化苗(万株) | 5.00 |
| 96 | 双清区(湘) | 城市绿化苗(万株) | 5.00 |
| 97 | 进贤县(赣) | 城市绿化苗(万株) | 5.00 |
| 98 | 宾阳县(桂) | 城市绿化苗(万株) | 3.50 |
| 99 | 清新区(粤) | 城市绿化苗(万株) | 3.00 |
| 100 | 浦北县(桂) | 城市绿化苗(万株) | 3.00 |
| 101 | 邻水县(川) | 城市绿化苗(万株) | 3.00 |
| 102 | 旌阳区(川) | 城市绿化苗(万株) | 3.00 |
| 103 | 三山区(皖) | 城市绿化苗(万株) | 2.80 |
| 104 | 韶山市(湘) | 城市绿化苗(万株) | 2.60 |
| 105 | 涪城区(川) | 城市绿化苗(万株) | 2.50 |
| 106 | 黎川县(赣) | 城市绿化苗(万株) | 2.35 |
| 107 | 黄山区(皖) | 城市绿化苗(万株) | 2.00 |
| 108 | 澧　县(湘) | 城市绿化苗(万株) | 2.00 |

（续）

| 序号 | 桂花主产地 | 花卉类别(单位) | 生产量 |
|---|---|---|---|
| 109 | 略阳县(陕) | 城市绿化苗(万株) | 1.50 |
| 110 | 电白区(粤) | 城市绿化苗(万株) | 1.40 |
| 111 | 赤水市(黔) | 城市绿化苗(万株) | 1.22 |
| 112 | 江川县(滇) | 城市绿化苗(万株) | 1.13 |
| 113 | 怀宁县(皖) | 城市绿化苗(万株) | 1.00 |
| 114 | 盐亭县(川) | 城市绿化苗(万株) | 1.00 |
| 115 | 醴陵市(湘) | 城市绿化苗(万株) | 0.80 |
| 116 | 叙永县(川) | 观赏苗木(万株) | 152000.00 |
| 117 | 兰山区(鲁) | 观赏苗木(万株) | 140000.00 |
| 118 | 谢家集区(皖) | 观赏苗木(万株) | 50000.00 |
| 119 | 钟祥市(鄂) | 观赏苗木(万株) | 1000.00 |
| 120 | 平乐县(桂) | 观赏苗木(万株) | 521.00 |
| 121 | 酉阳土家族苗族自治县(渝) | 观赏苗木(万株) | 327.00 |
| 122 | 楚雄市(滇) | 观赏苗木(万株) | 316.00 |
| 123 | 内乡县(豫) | 观赏苗木(万株) | 270.00 |
| 124 | 云梦县(鄂) | 观赏苗木(万株) | 260.00 |
| 125 | 应城市(鄂) | 观赏苗木(万株) | 230.00 |
| 126 | 南明区(黔) | 观赏苗木(万株) | 153.00 |
| 127 | 桂东县(湘) | 观赏苗木(万株) | 150.00 |
| 128 | 襄州区(鄂) | 观赏苗木(万株) | 122.00 |
| 129 | 巴州区(川) | 观赏苗木(万株) | 105.00 |
| 130 | 连平县(粤) | 观赏苗木(万株) | 100.00 |
| 131 | 普安县(黔) | 观赏苗木(万株) | 100.00 |
| 132 | 光山县(豫) | 观赏苗木(万株) | 100.00 |
| 133 | 龙南县(赣) | 观赏苗木(万株) | 100.00 |
| 134 | 确山县(豫) | 观赏苗木(万株) | 90.00 |
| 135 | 新干县(赣) | 观赏苗木(万株) | 70.00 |
| 136 | 襄城县(豫) | 观赏苗木(万株) | 65.00 |
| 137 | 安化县(湘) | 观赏苗木(万株) | 65.00 |
| 138 | 庆元县(浙) | 观赏苗木(万株) | 60.00 |
| 139 | 长宁县(川) | 观赏苗木(万株) | 51.00 |
| 140 | 新化县(湘) | 观赏苗木(万株) | 50.00 |
| 141 | 金城江区(桂) | 观赏苗木(万株) | 38.80 |
| 142 | 永福县(桂) | 观赏苗木(万株) | 35.00 |
| 143 | 镇平县(豫) | 观赏苗木(万株) | 34.00 |
| 144 | 桐柏县(豫) | 观赏苗木(万株) | 30.00 |
| 145 | 东宝区(鄂) | 观赏苗木(万株) | 30.00 |
| 146 | 双峰县(湘) | 观赏苗木(万株) | 30.00 |
| 147 | 邛崃市(川) | 观赏苗木(万株) | 30.00 |
| 148 | 株洲县(湘) | 观赏苗木(万株) | 26.00 |
| 149 | 芦淞区(湘) | 观赏苗木(万株) | 24.00 |
| 150 | 肥西县(皖) | 观赏苗木(万株) | 20.00 |
| 151 | 遂平县(豫) | 观赏苗木(万株) | 20.00 |
| 152 | 阳新县(鄂) | 观赏苗木(万株) | 20.00 |
| 153 | 慈利县(湘) | 观赏苗木(万株) | 20.00 |

（续）

| 序号 | 桂花主产地 | 花卉类别(单位) | 生产量 |
|---|---|---|---|
| 154 | 永修县(赣) | 观赏苗木(万株) | 20.00 |
| 155 | 东兴区(川) | 观赏苗木(万株) | 18.00 |
| 156 | 衢江区(浙) | 观赏苗木(万株) | 18.00 |
| 157 | 金寨县(皖) | 观赏苗木(万株) | 15.00 |
| 158 | 赣　县(赣) | 观赏苗木(万株) | 14.00 |
| 159 | 安远县(赣) | 观赏苗木(万株) | 12.35 |
| 160 | 临沭县(鲁) | 观赏苗木(万株) | 12.00 |
| 161 | 三门县(浙) | 观赏苗木(万株) | 12.00 |
| 162 | 镇宁布依族苗族自治县(黔) | 观赏苗木(万株) | 10.00 |
| 163 | 莒　县(鲁) | 观赏苗木(万株) | 10.00 |
| 164 | 沙湾区(川) | 观赏苗木(万株) | 10.00 |
| 165 | 芦山县(川) | 观赏苗木(万株) | 10.00 |
| 166 | 广德县(皖) | 观赏苗木(万株) | 7.30 |
| 167 | 方城县(豫) | 观赏苗木(万株) | 7.00 |
| 168 | 长葛市(豫) | 观赏苗木(万株) | 7.00 |
| 169 | 蔡甸区(鄂) | 观赏苗木(万株) | 6.50 |
| 170 | 北塔区(湘) | 观赏苗木(万株) | 6.10 |
| 171 | 芜湖县(皖) | 观赏苗木(万株) | 6.00 |
| 172 | 薛城区(鲁) | 观赏苗木(万株) | 6.00 |
| 173 | 淅川县(豫) | 观赏苗木(万株) | 5.60 |
| 174 | 姚安县(滇) | 观赏苗木(万株) | 5.20 |
| 175 | 大冶市(鄂) | 观赏苗木(万株) | 5.00 |
| 176 | 洋　县(陕) | 观赏苗木(万株) | 5.00 |
| 177 | 会理县(川) | 观赏苗木(万株) | 3.99 |
| 178 | 翠屏区(川) | 观赏苗木(万株) | 3.50 |
| 179 | 施甸县(滇) | 观赏苗木(万株) | 3.00 |
| 180 | 万盛区(渝) | 观赏苗木(万株) | 3.00 |
| 181 | 彭水苗族土家族自治县(渝) | 观赏苗木(万株) | 3.00 |
| 182 | 霍山县(皖) | 观赏苗木(万株) | 2.00 |
| 183 | 揭阳市蓝城区(粤) | 观赏苗木(万株) | 2.00 |
| 184 | 平罗县(宁) | 观赏苗木(万株) | 2.00 |
| 185 | 禄丰县(滇) | 观赏苗木(万株) | 1.40 |
| 186 | 茶陵县(湘) | 观赏苗木(万株) | 1.30 |
| 187 | 合山市(桂) | 观赏苗木(万株) | 1.00 |
| 188 | 川汇区(豫) | 观赏苗木(万株) | 1.00 |
| 189 | 牟定县(滇) | 观赏苗木(万株) | 0.97 |
| 190 | 富源县(滇) | 观赏苗木(万株) | 0.80 |
| 191 | 淮阳县(豫) | 观赏苗木(万株) | 0.50 |
| 192 | 平利县(陕) | 观叶植物(万盆) | 0.80 |
| 193 | 龙南县(赣) | 花卉用种苗(千苗) | 1800.00 |
| 194 | 河东区(鲁) | 盆花(万盆) | 100.00 |
| 195 | 莒　县(鲁) | 盆花(万盆) | 60.40 |
| 196 | 沂水县(鲁) | 盆花(万盆) | 26.00 |
| 197 | 巴州区(川) | 盆花(万盆) | 25.00 |
| 198 | 射洪县(川) | 盆花(万盆) | 15.00 |

(续)

| 序号 | 桂花主产地 | 花卉类别(单位) | 生产量 |
|---|---|---|---|
| 199 | 安国市(冀) | 盆花(万盆) | 10.00 |
| 200 | 莒南县(鲁) | 盆花(万盆) | 10.00 |
| 201 | 灵璧县(皖) | 盆花(万盆) | 8.00 |
| 202 | 邹平县(鲁) | 盆花(万盆) | 8.00 |
| 203 | 兖州市(鲁) | 盆花(万盆) | 8.00 |
| 204 | 新华区(豫) | 盆花(万盆) | 1.00 |
| 205 | 峄城区(鲁) | 盆花(万盆) | 1.00 |
| 206 | 泰安市泰山景区(鲁) | 盆花(万盆) | 1.00 |
| 207 | 岳阳楼区(湘) | 盆花(万盆) | 0.50 |
| 208 | 双牌县(湘) | 盆景(万盆) | 5500.00 |
| 209 | 青州市(鲁) | 盆景(万盆) | 130.00 |
| 210 | 鹤峰县(鄂) | 盆景(万盆) | 30.00 |
| 211 | 连平县(粤) | 盆景(万盆) | 10.00 |
| 212 | 常宁市(湘) | 盆景(万盆) | 5.50 |
| 213 | 莒　县(鲁) | 盆景(万盆) | 3.50 |
| 214 | 新丰县(粤) | 盆景(万盆) | 3.30 |
| 215 | 昌乐县(鲁) | 盆景(万盆) | 0.70 |
| 216 | 黄州区(鄂) | 盆景(万盆) | 0.60 |
| 217 | 巴州区(川) | 鲜切花(万支) | 220.00 |
| 218 | 盐亭县(川) | 鲜切花(万支) | 50.00 |
| 219 | 武宣县(桂) | 鲜切花(万支) | 2.87 |
| 220 | 井研县(川) | 鲜切花(万支) | 1.20 |
| 221 | 芜湖县(皖) | 鲜切叶(万支) | 15.00 |
| 222 | 竹山县(鄂) | 穴盘苗 | 11.00 |

**表 13-15　杜鹃花主产地产量**

| 序号 | 杜鹃花主产地 | 花卉类别(单位) | 生产量 |
|---|---|---|---|
| 1 | 苏仙区(湘) | 城市绿化苗(万株) | 2850.00 |
| 2 | 长沙县(湘) | 城市绿化苗(万株) | 2354.00 |
| 3 | 汝城县(湘) | 城市绿化苗(万株) | 1023.00 |
| 4 | 孝南区(鄂) | 城市绿化苗(万株) | 900.00 |
| 5 | 通城县(鄂) | 城市绿化苗(万株) | 650.00 |
| 6 | 威海市经济技术开发区(鲁) | 城市绿化苗(万株) | 560.00 |
| 7 | 零陵区(湘) | 城市绿化苗(万株) | 500.00 |
| 8 | 洪江市(湘) | 城市绿化苗(万株) | 440.00 |
| 9 | 赫山区(湘) | 城市绿化苗(万株) | 400.00 |
| 10 | 东源县(粤) | 城市绿化苗(万株) | 350.00 |
| 11 | 武胜县(川) | 城市绿化苗(万株) | 210.00 |
| 12 | 麒麟区(滇) | 城市绿化苗(万株) | 200.00 |
| 13 | 象山县(浙) | 城市绿化苗(万株) | 110.00 |
| 14 | 五华县(粤) | 城市绿化苗(万株) | 100.00 |
| 15 | 上栗县(赣) | 城市绿化苗(万株) | 100.00 |
| 16 | 雨花区(湘) | 城市绿化苗(万株) | 80.00 |
| 17 | 津市市(湘) | 城市绿化苗(万株) | 73.00 |
| 18 | 无为县(皖) | 城市绿化苗(万株) | 60.00 |

(续)

| 序号 | 杜鹃主产地 | 花卉类别(单位) | 生产量 |
|---|---|---|---|
| 19 | 游仙区(川) | 城市绿化苗(万株) | 50.00 |
| 20 | 思南县(黔) | 城市绿化苗(万株) | 50.00 |
| 21 | 江口县(黔) | 城市绿化苗(万株) | 50.00 |
| 22 | 永顺县(湘) | 城市绿化苗(万株) | 20.00 |
| 23 | 大冶市(鄂) | 城市绿化苗(万株) | 20.00 |
| 24 | 洞口县(湘) | 城市绿化苗(万株) | 16.00 |
| 25 | 新晃侗族自治县(湘) | 城市绿化苗(万株) | 15.00 |
| 26 | 新　县(豫) | 城市绿化苗(万株) | 10.00 |
| 27 | 娄底市市辖区(湘) | 城市绿化苗(万株) | 10.00 |
| 28 | 茅箭区(鄂) | 城市绿化苗(万株) | 6.00 |
| 29 | 桐城市(皖) | 城市绿化苗(万株) | 5.00 |
| 30 | 蜀山区(皖) | 城市绿化苗(万株) | 5.00 |
| 31 | 韶山市(湘) | 城市绿化苗(万株) | 4.30 |
| 32 | 芷江侗族自治县(湘) | 城市绿化苗(万株) | 4.00 |
| 33 | 上高县(赣) | 城市绿化苗(万株) | 4.00 |
| 34 | 德安县(赣) | 城市绿化苗(万株) | 3.00 |
| 35 | 裕安区(皖) | 城市绿化苗(万株) | 2.80 |
| 36 | 阳新县(鄂) | 城市绿化苗(万株) | 2.00 |
| 37 | 旌德县(皖) | 城市绿化苗(万株) | 1.30 |
| 38 | 南岳区(湘) | 城市绿化苗(万株) | 1.00 |
| 39 | 澧　县(湘) | 城市绿化苗(万株) | 1.00 |
| 40 | 颍泉区(皖) | 城市绿化苗(万株) | 0.80 |
| 41 | 平利县(陕) | 城市绿化苗(万株) | 0.60 |
| 42 | 泸西县(滇) | 观赏苗木(万株) | 1100.00 |
| 43 | 婺城区(浙) | 观赏苗木(万株) | 330.00 |
| 44 | 钟祥市(鄂) | 观赏苗木(万株) | 300.00 |
| 45 | 江津区(渝) | 观赏苗木(万株) | 243.00 |
| 46 | 高　县(川) | 观赏苗木(万株) | 214.20 |
| 47 | 新化县(湘) | 观赏苗木(万株) | 200.00 |
| 48 | 双峰县(湘) | 观赏苗木(万株) | 200.00 |
| 49 | 禹州市(豫) | 观赏苗木(万株) | 180.00 |
| 50 | 埇桥区(皖) | 观赏苗木(万株) | 100.00 |
| 51 | 富顺县(川) | 观赏苗木(万株) | 80.00 |
| 52 | 霍山县(皖) | 观赏苗木(万株) | 30.00 |
| 53 | 旺苍县(川) | 观赏苗木(万株) | 26.00 |
| 54 | 株洲县(湘) | 观赏苗木(万株) | 20.00 |
| 55 | 中方县(湘) | 观赏苗木(万株) | 20.00 |
| 56 | 鄄城县(鲁) | 观赏苗木(万株) | 18.00 |
| 57 | 南郑县(陕) | 观赏苗木(万株) | 15.00 |
| 58 | 三门县(浙) | 观赏苗木(万株) | 14.00 |
| 59 | 衢江区(浙) | 观赏苗木(万株) | 12.00 |
| 60 | 竹山县(鄂) | 观赏苗木(万株) | 10.00 |
| 61 | 镇坪县(陕) | 观赏苗木(万株) | 10.00 |
| 62 | 蕉岭县(粤) | 观赏苗木(万株) | 10.00 |
| 63 | 贡井区(川) | 观赏苗木(万株) | 10.00 |

（续）

| 序号 | 杜鹃主产地 | 花卉类别(单位) | 生产量 |
| --- | --- | --- | --- |
| 64 | 会同县(湘) | 观赏苗木(万株) | 6.00 |
| 65 | 黔江区(渝) | 观赏苗木(万株) | 4.20 |
| 66 | 会理县(川) | 观赏苗木(万株) | 3.99 |
| 67 | 薛城区(鲁) | 观赏苗木(万株) | 2.00 |
| 68 | 大关县(滇) | 观赏苗木(万株) | 2.00 |
| 69 | 碧江区(黔) | 观赏苗木(万株) | 1.50 |
| 70 | 岚山区(鲁) | 观赏苗木(万株) | 1.00 |
| 71 | 公安县(鄂) | 观赏苗木(万株) | 0.95 |
| 72 | 泸　县(川) | 观赏苗木(万株) | 0.80 |
| 73 | 内江市市中区(川) | 观赏苗木(万株) | 0.70 |
| 74 | 港口区(桂) | 观赏苗木(万株) | 0.56 |
| 75 | 石泉县(陕) | 观赏苗木(万株) | 0.50 |
| 76 | 昭觉县(川) | 观叶植物(万盆) | 291.00 |
| 77 | 赣　县(赣) | 观叶植物(万盆) | 18.00 |
| 78 | 安远县(赣) | 观叶植物(万盆) | 8.10 |
| 79 | 鹤城区(湘) | 观叶植物(万盆) | 4.80 |
| 80 | 镇坪县(陕) | 观叶植物(万盆) | 2.00 |
| 81 | 黄平县(黔) | 观叶植物(万盆) | 2.00 |
| 82 | 庆元县(浙) | 观叶植物(万盆) | 0.90 |
| 83 | 金城江区(桂) | 观叶植物(万盆) | 0.50 |
| 84 | 龙南县(赣) | 花卉用种苗(千苗) | 50.00 |
| 85 | 振安区(辽) | 盆花(万盆) | 500.00 |
| 86 | 恩阳区(川) | 盆花(万盆) | 380.00 |
| 87 | 长沙县(湘) | 盆花(万盆) | 264.00 |
| 88 | 兴国县(赣) | 盆花(万盆) | 210.00 |
| 89 | 大冶市(鄂) | 盆花(万盆) | 30.00 |
| 90 | 青州市(鲁) | 盆花(万盆) | 27.00 |
| 91 | 洋　县(陕) | 盆花(万盆) | 20.00 |
| 92 | 兖州市(鲁) | 盆花(万盆) | 20.00 |
| 93 | 武城县(鲁) | 盆花(万盆) | 20.00 |
| 94 | 石城县(赣) | 盆花(万盆) | 15.00 |
| 95 | 鼎城区(湘) | 盆花(万盆) | 15.00 |
| 96 | 郧西县(鄂) | 盆花(万盆) | 14.00 |
| 97 | 仙桃市(鄂) | 盆花(万盆) | 13.00 |
| 98 | 襄汾县(晋) | 盆花(万盆) | 12.00 |
| 99 | 石家庄市桥西区(冀) | 盆花(万盆) | 12.00 |
| 100 | 维都林场(桂) | 盆花(万盆) | 10.00 |
| 101 | 蔡甸区(鄂) | 盆花(万盆) | 9.50 |
| 102 | 路北区(冀) | 盆花(万盆) | 9.00 |
| 103 | 莒　县(鲁) | 盆花(万盆) | 8.05 |
| 104 | 旌阳区(川) | 盆花(万盆) | 7.00 |
| 105 | 花山区(皖) | 盆花(万盆) | 6.00 |
| 106 | 阳新县(鄂) | 盆花(万盆) | 5.00 |
| 107 | 雁山区(桂) | 盆花(万盆) | 5.00 |
| 108 | 个旧市(滇) | 盆花(万盆) | 5.00 |

（续）

| 序号 | 杜鹃主产地 | 花卉类别(单位) | 生产量 |
| --- | --- | --- | --- |
| 109 | 藁城区(冀) | 盆花(万盆) | 5.00 |
| 110 | 蒙阴县(鲁) | 盆花(万盆) | 4.50 |
| 111 | 巴州区(川) | 盆花(万盆) | 4.20 |
| 112 | 丰宁满族自治县(冀) | 盆花(万盆) | 4.00 |
| 113 | 永丰县(赣) | 盆花(万盆) | 3.80 |
| 114 | 西安区(吉) | 盆花(万盆) | 3.00 |
| 115 | 陆川县(桂) | 盆花(万盆) | 3.00 |
| 116 | 九龙坡区(渝) | 盆花(万盆) | 3.00 |
| 117 | 定兴县(冀) | 盆花(万盆) | 3.00 |
| 118 | 大厂回族自治县(冀) | 盆花(万盆) | 3.00 |
| 119 | 安　县(川) | 盆花(万盆) | 3.00 |
| 120 | 盐山县(冀) | 盆花(万盆) | 2.80 |
| 121 | 信宜市(粤) | 盆花(万盆) | 2.60 |
| 122 | 桃城区(冀) | 盆花(万盆) | 2.50 |
| 123 | 涿州市(冀) | 盆花(万盆) | 2.00 |
| 124 | 黔江区(渝) | 盆花(万盆) | 2.00 |
| 125 | 南和县(冀) | 盆花(万盆) | 2.00 |
| 126 | 黄山区(皖) | 盆花(万盆) | 2.00 |
| 127 | 晋州市(冀) | 盆花(万盆) | 1.30 |
| 128 | 潢川县(豫) | 盆花(万盆) | 1.30 |
| 129 | 六枝特区(黔) | 盆花(万盆) | 1.21 |
| 130 | 嵩　县(豫) | 盆花(万盆) | 1.20 |
| 131 | 洞口县(湘) | 盆花(万盆) | 1.20 |
| 132 | 汶上县(鲁) | 盆花(万盆) | 1.10 |
| 133 | 峄城区(鲁) | 盆花(万盆) | 1.00 |
| 134 | 沂南县(鲁) | 盆花(万盆) | 1.00 |
| 135 | 蜀山区(皖) | 盆花(万盆) | 1.00 |
| 136 | 平山县(冀) | 盆花(万盆) | 1.00 |
| 137 | 二道区(吉) | 盆花(万盆) | 1.00 |
| 138 | 桐梓县(黔) | 盆花(万盆) | 0.63 |
| 139 | 新城区(内蒙古) | 盆花(万盆) | 0.60 |
| 140 | 忻府区(晋) | 盆花(万盆) | 0.50 |
| 141 | 淮上区(皖) | 盆花(万盆) | 0.50 |
| 142 | 樊城区(鄂) | 盆花(万盆) | 0.50 |
| 143 | 安福县(赣) | 盆花(万盆) | 0.50 |
| 144 | 钟祥市(鄂) | 盆景(万盆) | 50.00 |
| 145 | 旺苍县(川) | 盆景(万盆) | 30.00 |
| 146 | 连平县(粤) | 盆景(万盆) | 10.00 |
| 147 | 宜城市(鄂) | 盆景(万盆) | 5.00 |
| 148 | 武宣县(桂) | 盆景(万盆) | 4.20 |
| 149 | 邻水县(川) | 盆景(万盆) | 3.50 |
| 150 | 永兴县(湘) | 盆景(万盆) | 3.30 |
| 151 | 鹤峰县(鄂) | 盆景(万盆) | 3.00 |
| 152 | 闵行区(沪) | 盆景(万盆) | 2.20 |
| 153 | 新丰县(粤) | 盆景(万盆) | 2.10 |

(续)

| 序号 | 杜鹃主产地 | 花卉类别(单位) | 生产量 |
|---|---|---|---|
| 154 | 荣成市(鲁) | 盆景(万盆) | 2.00 |
| 155 | 都昌县(赣) | 盆景(万盆) | 2.00 |
| 156 | 三门县(浙) | 盆景(万盆) | 0.90 |
| 157 | 黄州区(鄂) | 盆景(万盆) | 0.50 |
| 158 | 常宁市(湘) | 盆景(万盆) | 0.50 |
| 159 | 新丰县(粤) | 鲜切花(万支) | 545.00 |
| 160 | 盐亭县(川) | 鲜切花(万支) | 100.00 |
| 161 | 宣汉县(川) | 鲜切花(万支) | 44.50 |
| 162 | 南明区(黔) | 鲜切花(万支) | 11.00 |
| 163 | 洋　县(陕) | 鲜切花(万支) | 8.00 |
| 164 | 嘉陵区(川) | 鲜切花(万支) | 7.53 |
| 165 | 宣恩县(鄂) | 鲜切花(万支) | 0.50 |
| 166 | 灵寿县(冀) | 鲜切花(万支) | 0.50 |

## 表 13-16　山茶花主产地产量

| 序号 | 山茶花主产地 | 花卉类别(单位) | 生产量 |
|---|---|---|---|
| 1 | 津市市(湘) | 城市绿化苗(万株) | 12.80 |
| 2 | 利川市(鄂) | 城市绿化苗(万株) | 1.00 |
| 3 | 黎川县(赣) | 城市绿化苗(万株) | 1.00 |
| 4 | 临川区(赣) | 观赏苗木(万株) | 75.00 |
| 5 | 乳源瑶族自治县(粤) | 观赏苗木(万株) | 68.00 |
| 6 | 连平县(粤) | 观赏苗木(万株) | 50.00 |
| 7 | 酉阳土家族苗族自治县(渝) | 观赏苗木(万株) | 37.00 |
| 8 | 大竹县(川) | 观赏苗木(万株) | 25.00 |
| 9 | 巴州区(川) | 观赏苗木(万株) | 8.00 |
| 10 | 卫东区(豫) | 盆花(万盆) | 21.00 |
| 11 | 临川区(赣) | 盆花(万盆) | 17.00 |
| 12 | 光山县(豫) | 盆花(万盆) | 10.00 |
| 13 | 巴州区(川) | 盆花(万盆) | 6.30 |
| 14 | 鼎城区(湘) | 盆花(万盆) | 5.00 |
| 15 | 商州区(陕) | 盆花(万盆) | 3.00 |
| 16 | 武陵区(湘) | 盆花(万盆) | 2.30 |
| 17 | 衡山县(湘) | 盆花(万盆) | 0.70 |
| 18 | 峄城区(鲁) | 盆花(万盆) | 0.50 |
| 19 | 连平县(粤) | 盆景(万盆) | 10.00 |
| 20 | 巴州区(川) | 鲜切花(万支) | 28.00 |
| 21 | 巴州区(川) | 鲜切叶(万支) | 31.50 |
| 22 | 石城县(赣) | 鲜切叶(万支) | 31.00 |

## 表 13-17　茶花主产地产量

| 序号 | 茶花主产地 | 花卉类别(单位) | 生产量 |
|---|---|---|---|
| 1 | 高　县(川) | 城市绿化苗(万株) | 530.00 |
| 2 | 吉安县(赣) | 城市绿化苗(万株) | 500.00 |
| 3 | 长沙县(湘) | 城市绿化苗(万株) | 326.00 |
| 4 | 麒麟区(滇) | 城市绿化苗(万株) | 100.00 |

(续)

| 序号 | 茶花主产地 | 花卉类别(单位) | 生产量 |
|---|---|---|---|
| 5 | 盐津县(滇) | 城市绿化苗(万株) | 100.00 |
| 6 | 富顺县(川) | 城市绿化苗(万株) | 80.00 |
| 7 | 象山县(浙) | 城市绿化苗(万株) | 28.00 |
| 8 | 竹山县(鄂) | 城市绿化苗(万株) | 14.00 |
| 9 | 瑞金市(赣) | 城市绿化苗(万株) | 13.00 |
| 10 | 蕉岭县(粤) | 城市绿化苗(万株) | 10.00 |
| 11 | 雨花区(湘) | 城市绿化苗(万株) | 10.00 |
| 12 | 广丰县(赣) | 城市绿化苗(万株) | 10.00 |
| 13 | 澧　县(湘) | 城市绿化苗(万株) | 5.00 |
| 14 | 临武县(湘) | 城市绿化苗(万株) | 4.00 |
| 15 | 广昌县(赣) | 城市绿化苗(万株) | 4.00 |
| 16 | 屏山县(川) | 城市绿化苗(万株) | 3.00 |
| 17 | 裕安区(皖) | 城市绿化苗(万株) | 2.80 |
| 18 | 宾阳县(桂) | 城市绿化苗(万株) | 2.50 |
| 19 | 利川市(鄂) | 城市绿化苗(万株) | 2.00 |
| 20 | 玉山县(赣) | 城市绿化苗(万株) | 2.00 |
| 21 | 德安县(赣) | 城市绿化苗(万株) | 2.00 |
| 22 | 彭山区(川) | 城市绿化苗(万株) | 1.20 |
| 23 | 怀宁县(皖) | 城市绿化苗(万株) | 1.00 |
| 24 | 岳阳县(湘) | 城市绿化苗(万株) | 1.00 |
| 25 | 永顺县(湘) | 城市绿化苗(万株) | 1.00 |
| 26 | 邵阳县(湘) | 城市绿化苗(万株) | 1.00 |
| 27 | 新晃侗族自治县(湘) | 城市绿化苗(万株) | 1.00 |
| 28 | 三山区(皖) | 城市绿化苗(万株) | 0.70 |
| 29 | 芷江侗族自治县(湘) | 城市绿化苗(万株) | 0.60 |
| 30 | 平利县(陕) | 城市绿化苗(万株) | 0.60 |
| 31 | 腾冲县(滇) | 城市绿化苗(万株) | 0.50 |
| 32 | 宣威市(滇) | 观赏苗木(万株) | 20000.00 |
| 33 | 楚雄市(滇) | 观赏苗木(万株) | 1760.00 |
| 34 | 婺城区(浙) | 观赏苗木(万株) | 1600.00 |
| 35 | 龙南县(赣) | 观赏苗木(万株) | 150.00 |
| 36 | 雁山区(桂) | 观赏苗木(万株) | 60.00 |
| 37 | 新化县(湘) | 观赏苗木(万株) | 50.00 |
| 38 | 邛崃市(川) | 观赏苗木(万株) | 42.00 |
| 39 | 长宁县(川) | 观赏苗木(万株) | 40.00 |
| 40 | 泸　县(川) | 观赏苗木(万株) | 31.30 |
| 41 | 江口县(黔) | 观赏苗木(万株) | 30.00 |
| 42 | 普宁市(粤) | 观赏苗木(万株) | 25.00 |
| 43 | 翠屏区(川) | 观赏苗木(万株) | 22.00 |
| 44 | 阳新县(鄂) | 观赏苗木(万株) | 20.00 |
| 45 | 安化县(湘) | 观赏苗木(万株) | 15.00 |
| 46 | 石城县(赣) | 观赏苗木(万株) | 15.00 |
| 47 | 株洲县(湘) | 观赏苗木(万株) | 12.00 |
| 48 | 新干县(赣) | 观赏苗木(万株) | 12.00 |
| 49 | 永修县(赣) | 观赏苗木(万株) | 10.00 |

（续）

| 序号 | 茶花主产地 | 花卉类别(单位) | 生产量 |
|---|---|---|---|
| 50 | 衢江区(浙) | 观赏苗木(万株) | 10.00 |
| 51 | 屈家岭管理区(鄂) | 观赏苗木(万株) | 8.00 |
| 52 | 松江区(沪) | 观赏苗木(万株) | 5.10 |
| 53 | 大冶市(鄂) | 观赏苗木(万株) | 5.00 |
| 54 | 会同县(湘) | 观赏苗木(万株) | 5.00 |
| 55 | 茶陵县(湘) | 观赏苗木(万株) | 5.00 |
| 56 | 三门县(浙) | 观赏苗木(万株) | 5.00 |
| 57 | 巴州区(川) | 观赏苗木(万株) | 4.00 |
| 58 | 泸溪县(湘) | 观赏苗木(万株) | 3.00 |
| 59 | 碧江区(黔) | 观赏苗木(万株) | 2.50 |
| 60 | 双峰县(湘) | 观赏苗木(万株) | 2.00 |
| 61 | 洞口县(湘) | 观赏苗木(万株) | 1.80 |
| 62 | 姚安县(滇) | 观赏苗木(万株) | 1.70 |
| 63 | 沅陵县(湘) | 观赏苗木(万株) | 1.30 |
| 64 | 石泉县(陕) | 观赏苗木(万株) | 1.00 |
| 65 | 维都林场(桂) | 观赏苗木(万株) | 0.62 |
| 66 | 禄丰县(滇) | 观赏苗木(万株) | 0.55 |
| 67 | 冷水滩区(湘) | 观叶植物(万盆) | 1.10 |
| 68 | 镇坪县(陕) | 观叶植物(万盆) | 1.00 |
| 69 | 金城江区(桂) | 观叶植物(万盆) | 0.50 |
| 70 | 龙南县(赣) | 花卉用种苗(千苗) | 200.00 |
| 71 | 老河口市(鄂) | 花卉用种子(千克) | 80.00 |
| 72 | 沙市区(鄂) | 盆花(万盆) | 140.00 |
| 73 | 筠连县(川) | 盆花(万盆) | 59.00 |
| 74 | 英山县(鄂) | 盆花(万盆) | 20.00 |
| 75 | 巴州区(川) | 盆花(万盆) | 14.00 |
| 76 | 贡井区(川) | 盆花(万盆) | 10.00 |
| 77 | 广昌县(赣) | 盆花(万盆) | 9.00 |
| 78 | 阳新县(鄂) | 盆花(万盆) | 7.00 |
| 79 | 邹平县(鲁) | 盆花(万盆) | 6.00 |
| 80 | 津市市(湘) | 盆花(万盆) | 3.00 |
| 81 | 合山市(桂) | 盆花(万盆) | 2.00 |
| 82 | 无极县(冀) | 盆花(万盆) | 2.00 |
| 83 | 仙桃市(鄂) | 盆花(万盆) | 2.00 |
| 84 | 西安区(吉) | 盆花(万盆) | 2.00 |
| 85 | 荣成市(鲁) | 盆花(万盆) | 2.00 |
| 86 | 岳阳楼区(湘) | 盆花(万盆) | 1.60 |
| 87 | 黔江区(渝) | 盆花(万盆) | 1.30 |
| 88 | 鹤峰县(鄂) | 盆花(万盆) | 1.10 |
| 89 | 藁城区(冀) | 盆花(万盆) | 1.00 |
| 90 | 新华区(豫) | 盆花(万盆) | 1.00 |
| 91 | 普安县(黔) | 盆花(万盆) | 0.50 |
| 92 | 建始县(鄂) | 盆花(万盆) | 0.50 |
| 93 | 新丰县(粤) | 盆景(万盆) | 4.20 |
| 94 | 灵璧县(皖) | 盆景(万盆) | 4.00 |
| 95 | 鹤城区(湘) | 盆景(万盆) | 3.60 |
| 96 | 当阳市(鄂) | 盆景(万盆) | 2.50 |
| 97 | 黄州区(鄂) | 盆景(万盆) | 0.60 |
| 98 | 会同县(湘) | 盆景(万盆) | 0.50 |
| 99 | 石泉县(陕) | 盆景(万盆) | 0.50 |
| 100 | 新丰县(粤) | 鲜切花(万支) | 552.00 |
| 101 | 吉安县(赣) | 鲜切叶(万支) | 80.00 |

**表 13-18　玫瑰主产地产量**

| 序号 | 玫瑰主产地 | 花卉类别(单位) | 生产量 |
|---|---|---|---|
| 1 | 麒麟区(滇) | 城市绿化苗(万株) | 2000.00 |
| 2 | 东平县(鲁) | 城市绿化苗(万株) | 300.00 |
| 3 | 周村区(鲁) | 城市绿化苗(万株) | 300.00 |
| 4 | 永城市(豫) | 城市绿化苗(万株) | 247.90 |
| 5 | 许昌县(豫) | 城市绿化苗(万株) | 155.00 |
| 6 | 望城区(湘) | 城市绿化苗(万株) | 120.00 |
| 7 | 华蓥市(川) | 城市绿化苗(万株) | 35.00 |
| 8 | 芷江侗族自治县(湘) | 城市绿化苗(万株) | 8.00 |
| 9 | 围场满族蒙古族自治县(冀) | 城市绿化苗(万株) | 5.50 |
| 10 | 侯马市(晋) | 城市绿化苗(万株) | 4.50 |
| 11 | 石鼓区(湘) | 工业及其他用途花卉(吨) | 1000.00 |
| 12 | 景泰县(甘) | 工业及其他用途花卉(千克) | 3000.00 |
| 13 | 泸西县(滇) | 观赏苗木(万株) | 1500.00 |
| 14 | 莱州市(鲁) | 观赏苗木(万株) | 200.00 |
| 15 | 遂平县(豫) | 观赏苗木(万株) | 194.00 |
| 16 | 殷都区(豫) | 观赏苗木(万株) | 160.00 |
| 17 | 呼兰区(黑) | 观赏苗木(万株) | 100.00 |
| 18 | 阿鲁科尔沁旗(内蒙古) | 观赏苗木(万株) | 80.00 |
| 19 | 淅川县(豫) | 观赏苗木(万株) | 65.00 |
| 20 | 邢台县(冀) | 观赏苗木(万株) | 57.00 |
| 21 | 镇坪县(陕) | 观赏苗木(万株) | 22.00 |
| 22 | 迁安市(冀) | 观赏苗木(万株) | 20.00 |
| 23 | 三门县(浙) | 观赏苗木(万株) | 15.00 |
| 24 | 丰宁满族自治县(冀) | 观赏苗木(万株) | 12.00 |
| 25 | 沿滩区(川) | 观赏苗木(万株) | 11.10 |
| 26 | 登封市(豫) | 观赏苗木(万株) | 10.30 |
| 27 | 复兴区(冀) | 观赏苗木(万株) | 10.00 |
| 28 | 略阳县(陕) | 观赏苗木(万株) | 3.00 |
| 29 | 内江市市中区(川) | 观赏苗木(万株) | 3.00 |
| 30 | 施甸县(滇) | 观赏苗木(万株) | 2.00 |
| 31 | 西峰区(甘) | 观赏苗木(万株) | 1.10 |
| 32 | 海港区(冀) | 观赏苗木(万株) | 1.00 |
| 33 | 庄浪县(甘) | 花卉用种苗(千苗) | 60.00 |

(续)

| 序号 | 玫瑰主产地 | 花卉类别(单位) | 生产量 |
|---|---|---|---|
| 34 | 登封市(豫) | 花卉用种子(千克) | 371.00 |
| 35 | 开远市(滇) | 盆花(万盆) | 200.00 |
| 36 | 阳新县(鄂) | 盆花(万盆) | 130.00 |
| 37 | 范　县(豫) | 盆花(万盆) | 85.00 |
| 38 | 江川县(滇) | 盆花(万盆) | 83.00 |
| 39 | 颍泉区(皖) | 盆花(万盆) | 75.19 |
| 40 | 定州市(冀) | 盆花(万盆) | 20.00 |
| 41 | 郧西县(鄂) | 盆花(万盆) | 20.00 |
| 42 | 武城县(鲁) | 盆花(万盆) | 11.00 |
| 43 | 禄劝彝族苗族自治县(滇) | 盆花(万盆) | 11.00 |
| 44 | 辰溪县(湘) | 盆花(万盆) | 10.00 |
| 45 | 赞皇县(冀) | 盆花(万盆) | 9.50 |
| 46 | 莒　县(鲁) | 盆花(万盆) | 5.80 |
| 47 | 藁城区(冀) | 盆花(万盆) | 5.00 |
| 48 | 魏　县(冀) | 盆花(万盆) | 2.50 |
| 49 | 信宜市(粤) | 盆花(万盆) | 2.00 |
| 50 | 邱　县(冀) | 盆花(万盆) | 1.50 |
| 51 | 台山市(粤) | 盆花(万盆) | 1.40 |
| 52 | 盐山县(冀) | 盆花(万盆) | 1.10 |
| 53 | 大城县(冀) | 盆花(万盆) | 0.80 |
| 54 | 平山县(冀) | 盆花(万盆) | 0.60 |
| 55 | 新丰县(粤) | 盆景(万盆) | 2.40 |
| 56 | 常宁市(湘) | 盆景(万盆) | 0.70 |
| 57 | 禄劝彝族苗族自治县(滇) | 食用及药用花卉(吨) | 11.00 |
| 58 | 鄄城县(鲁) | 食用及药用花卉(吨) | 10.00 |
| 59 | 花垣县(湘) | 食用及药用花卉(千克) | 1500.00 |
| 60 | 兰考县(豫) | 食用及药用花卉(千克) | 120.00 |
| 61 | 铜梁县(渝) | 食用及药用花卉(千克) | 6.00 |
| 62 | 绿园区(吉) | 鲜切花(万支) | 250000.00 |
| 63 | 晋宁县(滇) | 鲜切花(万支) | 212934.00 |
| 64 | 博爱县(豫) | 鲜切花(万支) | 50000.00 |
| 65 | 莒　县(鲁) | 鲜切花(万支) | 23006.00 |
| 66 | 泸西县(滇) | 鲜切花(万支) | 11000.00 |
| 67 | 石林彝族自治县(滇) | 鲜切花(万支) | 9152.12 |
| 68 | 禄丰县(滇) | 鲜切花(万支) | 5376.00 |
| 69 | 巴林左旗(内蒙古) | 鲜切花(万支) | 2800.00 |
| 70 | 永仁县(滇) | 鲜切花(万支) | 2256.00 |
| 71 | 平桥区(豫) | 鲜切花(万支) | 2050.00 |
| 72 | 郾城区(豫) | 鲜切花(万支) | 1700.00 |
| 73 | 凌源市(辽) | 鲜切花(万支) | 1700.00 |
| 74 | 榆中县(甘) | 鲜切花(万支) | 1338.00 |
| 75 | 清丰县(豫) | 鲜切花(万支) | 850.00 |
| 76 | 台安县(辽) | 鲜切花(万支) | 800.00 |
| 77 | 盐亭县(川) | 鲜切花(万支) | 800.00 |
| 78 | 花都区(粤) | 鲜切花(万支) | 708.00 |

(续)

| 序号 | 玫瑰主产地 | 花卉类别(单位) | 生产量 |
|---|---|---|---|
| 79 | 兰山区(鲁) | 鲜切花(万支) | 700.00 |
| 80 | 苍南县(浙) | 鲜切花(万支) | 666.00 |
| 81 | 新丰县(粤) | 鲜切花(万支) | 638.00 |
| 82 | 平谷区(京) | 鲜切花(万支) | 356.50 |
| 83 | 顺义区(京) | 鲜切花(万支) | 296.68 |
| 84 | 芦溪县(赣) | 鲜切花(万支) | 240.00 |
| 85 | 东洲区(辽) | 鲜切花(万支) | 232.00 |
| 86 | 台前县(豫) | 鲜切花(万支) | 180.00 |
| 87 | 个旧市(滇) | 鲜切花(万支) | 178.00 |
| 88 | 临川区(赣) | 鲜切花(万支) | 176.00 |
| 89 | 淮滨县(豫) | 鲜切花(万支) | 160.00 |
| 90 | 辉南县(吉) | 鲜切花(万支) | 150.00 |
| 91 | 青白江区(川) | 鲜切花(万支) | 150.00 |
| 92 | 惠民县(鲁) | 鲜切花(万支) | 144.00 |
| 93 | 平山县(冀) | 鲜切花(万支) | 141.00 |
| 94 | 梁平县(渝) | 鲜切花(万支) | 138.42 |
| 95 | 来凤县(鄂) | 鲜切花(万支) | 120.00 |
| 96 | 吉安县(赣) | 鲜切花(万支) | 120.00 |
| 97 | 江川县(滇) | 鲜切花(万支) | 120.00 |
| 98 | 兴仁县(黔) | 鲜切花(万支) | 100.00 |
| 99 | 江口县(黔) | 鲜切花(万支) | 100.00 |
| 100 | 古冶区(冀) | 鲜切花(万支) | 100.00 |
| 101 | 丰满区(吉) | 鲜切花(万支) | 100.00 |
| 102 | 振安区(辽) | 鲜切花(万支) | 100.00 |
| 103 | 喀喇沁左翼蒙古族自治县(辽) | 鲜切花(万支) | 100.00 |
| 104 | 朝阳县(辽) | 鲜切花(万支) | 100.00 |
| 105 | 龙南县(赣) | 鲜切花(万支) | 88.45 |
| 106 | 迁安市(冀) | 鲜切花(万支) | 80.00 |
| 107 | 平原县(鲁) | 鲜切花(万支) | 75.00 |
| 108 | 宣汉县(川) | 鲜切花(万支) | 73.50 |
| 109 | 连州市(粤) | 鲜切花(万支) | 65.00 |
| 110 | 南丰县(赣) | 鲜切花(万支) | 60.60 |
| 111 | 沿河土家族自治县(黔) | 鲜切花(万支) | 60.00 |
| 112 | 安国市(冀) | 鲜切花(万支) | 60.00 |
| 113 | 固安县(冀) | 鲜切花(万支) | 60.00 |
| 114 | 沙洋县(鄂) | 鲜切花(万支) | 60.00 |
| 115 | 招远市(鲁) | 鲜切花(万支) | 60.00 |
| 116 | 宝山区(沪) | 鲜切花(万支) | 59.67 |
| 117 | 岚山区(鲁) | 鲜切花(万支) | 55.00 |
| 118 | 长安区(冀) | 鲜切花(万支) | 53.60 |
| 119 | 卫东区(豫) | 鲜切花(万支) | 52.10 |
| 120 | 金山区(沪) | 鲜切花(万支) | 45.11 |
| 121 | 大武口区(宁) | 鲜切花(万支) | 40.00 |
| 122 | 大英县(川) | 鲜切花(万支) | 40.00 |
| 123 | 慈溪市(浙) | 鲜切花(万支) | 40.00 |

（续）

| 序号 | 玫瑰主产地 | 花卉类别(单位) | 生产量 |
|---|---|---|---|
| 124 | 仁寿县(川) | 鲜切花(万支) | 36.00 |
| 125 | 藁城区(冀) | 鲜切花(万支) | 35.00 |
| 126 | 会理县(川) | 鲜切花(万支) | 32.50 |
| 127 | 临洮县(甘) | 鲜切花(万支) | 32.00 |
| 128 | 管城回族区(豫) | 鲜切花(万支) | 30.00 |
| 129 | 阜南县(皖) | 鲜切花(万支) | 29.78 |
| 130 | 祁东县(湘) | 鲜切花(万支) | 27.00 |
| 131 | 肃州区(甘) | 鲜切花(万支) | 25.00 |
| 132 | 台山市(粤) | 鲜切花(万支) | 22.00 |
| 133 | 清苑县(冀) | 鲜切花(万支) | 21.00 |
| 134 | 迁西县(冀) | 鲜切花(万支) | 20.00 |
| 135 | 赞皇县(冀) | 鲜切花(万支) | 20.00 |
| 136 | 长垣县(豫) | 鲜切花(万支) | 20.00 |
| 137 | 龙山区(吉) | 鲜切花(万支) | 20.00 |
| 138 | 昭阳区(滇) | 鲜切花(万支) | 20.00 |
| 139 | 洪洞县(晋) | 鲜切花(万支) | 16.00 |
| 140 | 万载县(赣) | 鲜切花(万支) | 12.50 |
| 141 | 长丰县(皖) | 鲜切花(万支) | 12.00 |
| 142 | 滦　县(冀) | 鲜切花(万支) | 12.00 |
| 143 | 西华县(豫) | 鲜切花(万支) | 12.00 |
| 144 | 广昌县(赣) | 鲜切花(万支) | 12.00 |
| 145 | 柞水县(陕) | 鲜切花(万支) | 12.00 |
| 146 | 白银区(甘) | 鲜切花(万支) | 10.00 |
| 147 | 普安县(黔) | 鲜切花(万支) | 10.00 |
| 148 | 双滦区(冀) | 鲜切花(万支) | 10.00 |
| 149 | 彭山区(川) | 鲜切花(万支) | 10.00 |
| 150 | 禄劝彝族苗族自治县(滇) | 鲜切花(万支) | 10.00 |
| 151 | 井研县(川) | 鲜切花(万支) | 9.80 |
| 152 | 北镇市(辽) | 鲜切花(万支) | 9.00 |
| 153 | 东乡县(赣) | 鲜切花(万支) | 8.24 |
| 154 | 邱　县(冀) | 鲜切花(万支) | 8.00 |
| 155 | 满城县(冀) | 鲜切花(万支) | 6.30 |
| 156 | 红山区(内蒙古) | 鲜切花(万支) | 6.00 |
| 157 | 献　县(冀) | 鲜切花(万支) | 5.50 |
| 158 | 怀远县(皖) | 鲜切花(万支) | 5.00 |
| 159 | 松山区(内蒙古) | 鲜切花(万支) | 5.00 |
| 160 | 沂南县(鲁) | 鲜切花(万支) | 5.00 |
| 161 | 衡山县(湘) | 鲜切花(万支) | 4.83 |
| 162 | 津市市(湘) | 鲜切花(万支) | 3.50 |
| 163 | 合浦县(桂) | 鲜切花(万支) | 3.03 |
| 164 | 碧江区(黔) | 鲜切花(万支) | 3.00 |
| 165 | 容城县(冀) | 鲜切花(万支) | 3.00 |
| 166 | 灵寿县(冀) | 鲜切花(万支) | 3.00 |
| 167 | 普宁市(粤) | 鲜切花(万支) | 2.02 |
| 168 | 蓬江区(粤) | 鲜切花(万支) | 2.00 |
| 169 | 惠济区(豫) | 鲜切花(万支) | 2.00 |
| 170 | 阳泉市郊区(晋) | 鲜切花(万支) | 2.00 |
| 171 | 蔡甸区(鄂) | 鲜切花(万支) | 1.80 |
| 172 | 永胜县(滇) | 鲜切花(万支) | 1.63 |
| 173 | 港口区(桂) | 鲜切花(万支) | 1.60 |
| 174 | 宜州市(桂) | 鲜切花(万支) | 1.00 |
| 175 | 曲周县(冀) | 鲜切花(万支) | 1.00 |
| 176 | 南乐县(豫) | 鲜切花(万支) | 1.00 |
| 177 | 杨凌区农林局(陕) | 鲜切花(万支) | 1.00 |
| 178 | 郧西县(鄂) | 鲜切花(万支) | 0.60 |
| 179 | 冀州市(冀) | 鲜切花(万支) | 0.50 |
| 180 | 凤城市(辽) | 鲜切叶(万支) | 34.00 |
| 181 | 西峰区(甘) | 鲜切叶(万支) | 4.00 |
| 182 | 灵璧县(皖) | 鲜切叶(万支) | 3.00 |

**表 13-19　百合主产地产量**

| 序号 | 百合主产地 | 花卉类别(单位) | 生产量 |
|---|---|---|---|
| 1 | 麒麟区(滇) | 城市绿化苗(万株) | 100.00 |
| 2 | 龙潭区(吉) | 城市绿化苗(万株) | 4.00 |
| 3 | 义安区(皖) | 干花(万支) | 985.00 |
| 4 | 江油市(川) | 观赏苗木(万株) | 265.00 |
| 5 | 青原区(赣) | 观赏苗木(万株) | 20.00 |
| 6 | 三门县(浙) | 观赏苗木(万株) | 12.00 |
| 7 | 薛城区(鲁) | 观赏苗木(万株) | 10.00 |
| 8 | 魏　县(冀) | 观赏苗木(万株) | 3.00 |
| 9 | 茶陵县(湘) | 观赏苗木(万株) | 3.00 |
| 10 | 洞口县(湘) | 观赏苗木(万株) | 1.20 |
| 11 | 兴义市(黔) | 花卉用种苗(千苗) | 800.00 |
| 12 | 南郑县(陕) | 花卉用种球(千粒) | 300.00 |
| 13 | 北京市大东流苗圃(京) | 花卉用种球(千粒) | 33.89 |
| 14 | 昌平区(京) | 花卉用种球(千粒) | 30.00 |
| 15 | 港口区(桂) | 花卉用种球(千粒) | 0.63 |
| 16 | 滦南县(冀) | 盆花(万盆) | 59.00 |
| 17 | 青州市(鲁) | 盆花(万盆) | 50.00 |
| 18 | 濮阳县(豫) | 盆花(万盆) | 40.00 |
| 19 | 靖宇县(吉) | 盆花(万盆) | 15.00 |
| 20 | 广昌县(赣) | 盆花(万盆) | 12.28 |
| 21 | 藁城区(冀) | 盆花(万盆) | 5.00 |
| 22 | 射洪县(川) | 盆花(万盆) | 5.00 |
| 23 | 巴州区(川) | 盆花(万盆) | 5.00 |
| 24 | 桃城区(冀) | 盆花(万盆) | 4.00 |
| 25 | 二道区(吉) | 盆花(万盆) | 3.00 |
| 26 | 桐庐县(浙) | 盆花(万盆) | 3.00 |
| 27 | 平山县(冀) | 盆花(万盆) | 2.20 |
| 28 | 大城县(冀) | 盆花(万盆) | 2.10 |
| 29 | 旌阳区(川) | 盆花(万盆) | 2.00 |
| 30 | 岳阳楼区(湘) | 盆花(万盆) | 1.20 |

(续)

| 序号 | 百合主产地 | 花卉类别(单位) | 生产量 |
|---|---|---|---|
| 31 | 闵行区(沪) | 盆花(万盆) | 1.20 |
| 32 | 无极县(冀) | 盆花(万盆) | 1.00 |
| 33 | 南乐县(豫) | 盆花(万盆) | 1.00 |
| 34 | 三门县(浙) | 盆花(万盆) | 0.90 |
| 35 | 建始县(鄂) | 盆花(万盆) | 0.50 |
| 36 | 新丰县(粤) | 盆景(万盆) | 0.50 |
| 37 | 莱州市(鲁) | 食用及药用花卉(千克) | 30000.00 |
| 38 | 凌源市(辽) | 鲜切花(万支) | 51500.00 |
| 39 | 肥东县(皖) | 鲜切花(万支) | 50000.00 |
| 40 | 临安市(浙) | 鲜切花(万支) | 15200.00 |
| 41 | 阳宗海管理区(滇) | 鲜切花(万支) | 5000.00 |
| 42 | 崇明县(沪) | 鲜切花(万支) | 4000.00 |
| 43 | 江川县(滇) | 鲜切花(万支) | 1336.00 |
| 44 | 峨山彝族自治县(滇) | 鲜切花(万支) | 1160.40 |
| 45 | 太子河区(辽) | 鲜切花(万支) | 946.00 |
| 46 | 晋宁县(滇) | 鲜切花(万支) | 850.00 |
| 47 | 清新区(粤) | 鲜切花(万支) | 800.00 |
| 48 | 石屏县(滇) | 鲜切花(万支) | 670.00 |
| 49 | 盐亭县(川) | 鲜切花(万支) | 640.00 |
| 50 | 万载县(赣) | 鲜切花(万支) | 492.00 |
| 51 | 临川区(赣) | 鲜切花(万支) | 400.00 |
| 52 | 隆德县(宁) | 鲜切花(万支) | 323.00 |
| 53 | 兴庆区(宁) | 鲜切花(万支) | 270.00 |
| 54 | 平泉县(冀) | 鲜切花(万支) | 235.00 |
| 55 | 花都区(粤) | 鲜切花(万支) | 212.00 |
| 56 | 新丰县(粤) | 鲜切花(万支) | 203.00 |
| 57 | 漳河新区(鄂) | 鲜切花(万支) | 200.00 |
| 58 | 玉环市(浙) | 鲜切花(万支) | 200.00 |
| 59 | 石林彝族自治县(滇) | 鲜切花(万支) | 180.00 |
| 60 | 东洲区(辽) | 鲜切花(万支) | 178.00 |
| 61 | 获嘉县(豫) | 鲜切花(万支) | 160.00 |
| 62 | 沙市区(鄂) | 鲜切花(万支) | 143.00 |
| 63 | 长兴县(浙) | 鲜切花(万支) | 120.00 |
| 64 | 昌平区(京) | 鲜切花(万支) | 108.40 |
| 65 | 吉安县(赣) | 鲜切花(万支) | 100.00 |
| 66 | 振安区(辽) | 鲜切花(万支) | 100.00 |
| 67 | 武宁县(赣) | 鲜切花(万支) | 91.00 |
| 68 | 金山区(沪) | 鲜切花(万支) | 90.04 |
| 69 | 青浦区(沪) | 鲜切花(万支) | 90.00 |
| 70 | 顺城区(辽) | 鲜切花(万支) | 84.17 |
| 71 | 迁安市(冀) | 鲜切花(万支) | 80.00 |
| 72 | 沙洋县(鄂) | 鲜切花(万支) | 80.00 |
| 73 | 安国市(冀) | 鲜切花(万支) | 72.00 |
| 74 | 长垣县(豫) | 鲜切花(万支) | 65.00 |
| 75 | 宣汉县(川) | 鲜切花(万支) | 42.60 |

(续)

| 序号 | 百合主产地 | 花卉类别(单位) | 生产量 |
|---|---|---|---|
| 76 | 会理县(川) | 鲜切花(万支) | 32.00 |
| 77 | 长安区(冀) | 鲜切花(万支) | 24.20 |
| 78 | 九龙坡区(渝) | 鲜切花(万支) | 21.00 |
| 79 | 连州市(粤) | 鲜切花(万支) | 20.00 |
| 80 | 招远市(鲁) | 鲜切花(万支) | 20.00 |
| 81 | 开江县(川) | 鲜切花(万支) | 15.00 |
| 82 | 三河市(冀) | 鲜切花(万支) | 13.00 |
| 83 | 路北区(冀) | 鲜切花(万支) | 12.00 |
| 84 | 洪洞县(晋) | 鲜切花(万支) | 12.00 |
| 85 | 玉田县(冀) | 鲜切花(万支) | 10.00 |
| 86 | 黔江区(渝) | 鲜切花(万支) | 10.00 |
| 87 | 开平区(冀) | 鲜切花(万支) | 8.00 |
| 88 | 肃州区(甘) | 鲜切花(万支) | 5.00 |
| 89 | 双滦区(冀) | 鲜切花(万支) | 5.00 |
| 90 | 柞水县(陕) | 鲜切花(万支) | 5.00 |
| 91 | 昭阳区(滇) | 鲜切花(万支) | 5.00 |
| 92 | 井研县(川) | 鲜切花(万支) | 4.60 |
| 93 | 怀柔区(京) | 鲜切花(万支) | 4.00 |
| 94 | 梁山县(鲁) | 鲜切花(万支) | 4.00 |
| 95 | 广昌县(赣) | 鲜切花(万支) | 3.60 |
| 96 | 蓬江区(粤) | 鲜切花(万支) | 2.00 |
| 97 | 平山县(冀) | 鲜切花(万支) | 2.00 |
| 98 | 南丰县(赣) | 鲜切花(万支) | 2.00 |
| 99 | 都昌县(赣) | 鲜切花(万支) | 2.00 |
| 100 | 东乡县(赣) | 鲜切花(万支) | 1.92 |
| 101 | 西华县(豫) | 鲜切花(万支) | 1.50 |
| 102 | 信宜市(粤) | 鲜切花(万支) | 1.30 |
| 103 | 蔡甸区(鄂) | 鲜切花(万支) | 1.30 |
| 104 | 平谷区(京) | 鲜切花(万支) | 1.00 |
| 105 | 宜州市(桂) | 鲜切花(万支) | 1.00 |
| 106 | 碧江区(黔) | 鲜切花(万支) | 1.00 |
| 107 | 桃城区(冀) | 鲜切花(万支) | 1.00 |
| 108 | 宽城满族自治县(冀) | 鲜切花(万支) | 1.00 |
| 109 | 滦平县(冀) | 鲜切花(万支) | 0.70 |
| 110 | 西峰区(甘) | 鲜切花(万支) | 0.50 |
| 111 | 灵寿县(冀) | 鲜切花(万支) | 0.50 |
| 112 | 榆树市(吉) | 鲜切叶(万支) | 100.00 |
| 113 | 洋　县(陕) | 鲜切叶(万支) | 3.00 |

### 表 13-20　康乃馨主产地产量

| 序号 | 康乃馨主产地 | 花卉类别(单位) | 生产量 |
|---|---|---|---|
| 1 | 麒麟区(滇) | 城市绿化苗(万株) | 1000.00 |
| 2 | 青原区(赣) | 观赏苗木(万株) | 20.00 |
| 3 | 濮阳县(豫) | 盆花(万盆) | 100.00 |
| 4 | 颍泉区(皖) | 盆花(万盆) | 20.40 |

（续）

| 序号 | 康乃馨主产地 | 花卉类别(单位) | 生产量 |
|---|---|---|---|
| 5 | 隆德县(宁) | 盆花(万盆) | 7.00 |
| 6 | 青龙满族自治县(冀) | 盆花(万盆) | 5.00 |
| 7 | 襄城区(鄂) | 盆花(万盆) | 4.20 |
| 8 | 盐山县(冀) | 盆花(万盆) | 2.90 |
| 9 | 旌阳区(川) | 盆花(万盆) | 2.00 |
| 10 | 峄城区(鲁) | 盆花(万盆) | 1.00 |
| 11 | 新丰县(粤) | 盆景(万盆) | 0.50 |
| 12 | 晋宁县(滇) | 鲜切花(万支) | 92255.00 |
| 13 | 石林彝族自治县(滇) | 鲜切花(万支) | 33150.25 |
| 14 | 江川县(滇) | 鲜切花(万支) | 23875.00 |
| 15 | 肥东县(皖) | 鲜切花(万支) | 20000.00 |
| 16 | 兴庆区(宁) | 鲜切花(万支) | 3960.00 |
| 17 | 榆中县(甘) | 鲜切花(万支) | 1832.00 |
| 18 | 青浦区(沪) | 鲜切花(万支) | 553.00 |
| 19 | 凌源市(辽) | 鲜切花(万支) | 340.00 |
| 20 | 银海区(桂) | 鲜切花(万支) | 150.00 |
| 21 | 临川区(赣) | 鲜切花(万支) | 145.00 |
| 22 | 吉安县(赣) | 鲜切花(万支) | 100.00 |
| 23 | 迁安市(冀) | 鲜切花(万支) | 80.00 |
| 24 | 金山区(沪) | 鲜切花(万支) | 65.10 |
| 25 | 大武口区(宁) | 鲜切花(万支) | 40.00 |
| 26 | 会理县(川) | 鲜切花(万支) | 33.00 |
| 27 | 普安县(黔) | 鲜切花(万支) | 20.00 |
| 28 | 藁城区(冀) | 鲜切花(万支) | 20.00 |
| 29 | 广昌县(赣) | 鲜切花(万支) | 18.60 |
| 30 | 南丰县(赣) | 鲜切花(万支) | 13.20 |
| 31 | 临洮县(甘) | 鲜切花(万支) | 11.00 |
| 32 | 迁西县(冀) | 鲜切花(万支) | 10.00 |
| 33 | 招远市(鲁) | 鲜切花(万支) | 10.00 |
| 34 | 洪洞县(晋) | 鲜切花(万支) | 10.00 |
| 35 | 井研县(川) | 鲜切花(万支) | 3.40 |
| 36 | 信宜市(粤) | 鲜切花(万支) | 3.00 |
| 37 | 路北区(冀) | 鲜切花(万支) | 3.00 |
| 38 | 梁山县(鲁) | 鲜切花(万支) | 3.00 |
| 39 | 宜州市(桂) | 鲜切花(万支) | 2.00 |
| 40 | 西华县(豫) | 鲜切花(万支) | 2.00 |
| 41 | 张湾区(鄂) | 鲜切花(万支) | 2.00 |
| 42 | 杨凌区农林局(陕) | 鲜切花(万支) | 2.00 |
| 43 | 碧江区(黔) | 鲜切花(万支) | 1.80 |
| 44 | 灵寿县(冀) | 鲜切花(万支) | 1.50 |
| 45 | 港口区(桂) | 鲜切花(万支) | 1.30 |
| 46 | 宽城满族自治县(冀) | 鲜切花(万支) | 1.00 |
| 47 | 丰润区(冀) | 鲜切花(万支) | 1.00 |
| 48 | 东乡县(赣) | 鲜切花(万支) | 0.80 |
| 49 | 南皮县(冀) | 鲜切叶(万支) | 4.02 |
| 50 | 海兴县(冀) | 鲜切叶(万支) | 0.60 |

## 表 13-21　鸡冠花主产地产量

| 序号 | 鸡冠花主产地 | 花卉类别(单位) | 生产量 |
|---|---|---|---|
| 1 | 大武口区(宁) | 城市绿化苗(万株) | 120.00 |
| 2 | 新城区(内蒙古) | 城市绿化苗(万株) | 5.80 |
| 3 | 侯马市(晋) | 城市绿化苗(万株) | 4.50 |
| 4 | 洮南市(吉) | 城市绿化苗(万株) | 1.30 |
| 5 | 梁平县(渝) | 观赏苗木(万株) | 1716.00 |
| 6 | 肥乡县(冀) | 盆花(万盆) | 390.00 |
| 7 | 忻府区(晋) | 盆花(万盆) | 33.00 |
| 8 | 户　县(陕) | 盆花(万盆) | 32.00 |
| 9 | 涿州市(冀) | 盆花(万盆) | 20.00 |
| 10 | 丰宁满族自治县(冀) | 盆花(万盆) | 12.00 |
| 11 | 金凤区(宁) | 盆花(万盆) | 11.00 |
| 12 | 会宁县(甘) | 盆花(万盆) | 10.00 |
| 13 | 平罗县(宁) | 盆花(万盆) | 10.00 |
| 14 | 未央区(陕) | 盆花(万盆) | 9.00 |
| 15 | 固安县(冀) | 盆花(万盆) | 6.00 |
| 16 | 鼎城区(湘) | 盆花(万盆) | 6.00 |
| 17 | 莒　县(鲁) | 盆花(万盆) | 5.80 |
| 18 | 广阳区(冀) | 盆花(万盆) | 4.00 |
| 19 | 鹿泉区(冀) | 盆花(万盆) | 4.00 |
| 20 | 古冶区(冀) | 盆花(万盆) | 3.50 |
| 21 | 信宜市(粤) | 盆花(万盆) | 2.70 |
| 22 | 望都县(冀) | 盆花(万盆) | 2.00 |
| 23 | 陵城区(鲁) | 盆花(万盆) | 2.00 |
| 24 | 晋州市(冀) | 盆花(万盆) | 1.80 |
| 25 | 满城县(冀) | 盆花(万盆) | 1.00 |
| 26 | 藁城区(冀) | 盆花(万盆) | 1.00 |
| 27 | 枣强县(冀) | 盆花(万盆) | 0.50 |
| 28 | 榆树市(吉) | 鲜切花(万支) | 200.00 |
| 29 | 新丰县(粤) | 鲜切花(万支) | 62.00 |
| 30 | 会宁县(甘) | 鲜切花(万支) | 3.00 |
| 31 | 宜都市(鄂) | 穴盘苗(万株) | 450.00 |

## 表 13-22　紫叶李主产地产量

| 序号 | 紫叶李主产地 | 花卉类别(单位) | 生产量 |
|---|---|---|---|
| 1 | 潢川县(豫) | 城市绿化苗(万株) | 380.00 |
| 2 | 长沙县(湘) | 城市绿化苗(万株) | 252.00 |
| 3 | 龙潭区(吉) | 城市绿化苗(万株) | 250.00 |
| 4 | 河东区(鲁) | 城市绿化苗(万株) | 200.00 |
| 5 | 东平县(鲁) | 城市绿化苗(万株) | 50.00 |
| 6 | 兴义市(黔) | 城市绿化苗(万株) | 30.00 |
| 7 | 光山县(豫) | 城市绿化苗(万株) | 30.00 |
| 8 | 坊子区(鲁) | 城市绿化苗(万株) | 21.00 |
| 9 | 临夏市(甘) | 城市绿化苗(万株) | 20.00 |
| 10 | 涪城区(川) | 城市绿化苗(万株) | 14.00 |
| 11 | 侯马市(晋) | 城市绿化苗(万株) | 7.00 |

(续)

| 序号 | 紫叶李主产地 | 花卉类别(单位) | 生产量 |
|---|---|---|---|
| 12 | 关山林业管理局(甘) | 城市绿化苗(万株) | 5.00 |
| 13 | 双滦区(冀) | 城市绿化苗(万株) | 5.00 |
| 14 | 崆峒区(甘) | 城市绿化苗(万株) | 3.50 |
| 15 | 平罗县(宁) | 城市绿化苗(万株) | 2.20 |
| 16 | 镜湖区(皖) | 城市绿化苗(万株) | 2.00 |
| 17 | 淇滨区(豫) | 城市绿化苗(万株) | 2.00 |
| 18 | 茅箭区(鄂) | 城市绿化苗(万株) | 2.00 |
| 19 | 铁岭市经济开发区(辽) | 城市绿化苗(万株) | 2.00 |
| 20 | 莱芜市高新区(鲁) | 城市绿化苗(万株) | 2.00 |
| 21 | 大竹县(川) | 城市绿化苗(万株) | 2.00 |
| 22 | 西华县(豫) | 城市绿化苗(万株) | 1.30 |
| 23 | 三山区(皖) | 城市绿化苗(万株) | 1.00 |
| 24 | 汶上县(鲁) | 城市绿化苗(万株) | 1.00 |
| 25 | 威海市经济技术开发区(鲁) | 城市绿化苗(万株) | 1.00 |
| 26 | 旌阳区(川) | 城市绿化苗(万株) | 1.00 |
| 27 | 玉山县(赣) | 城市绿化苗(万株) | 0.50 |
| 28 | 新郑市(豫) | 干花(万支) | 2.00 |
| 29 | 永清县(冀) | 观赏苗木(万株) | 130.00 |
| 30 | 博野县(冀) | 观赏苗木(万株) | 80.00 |
| 31 | 桃城区(冀) | 观赏苗木(万株) | 70.00 |
| 32 | 濮阳县(豫) | 观赏苗木(万株) | 60.00 |
| 33 | 陵城区(鲁) | 观赏苗木(万株) | 59.00 |
| 34 | 邹平县(鲁) | 观赏苗木(万株) | 56.00 |
| 35 | 平泉县(冀) | 观赏苗木(万株) | 50.00 |
| 36 | 呼兰区(黑) | 观赏苗木(万株) | 50.00 |
| 37 | 邢台县(冀) | 观赏苗木(万株) | 45.00 |
| 38 | 景　县(冀) | 观赏苗木(万株) | 45.00 |
| 39 | 乐亭县(冀) | 观赏苗木(万株) | 42.20 |
| 40 | 淄川区(鲁) | 观赏苗木(万株) | 40.00 |
| 41 | 肥城市(鲁) | 观赏苗木(万株) | 32.00 |
| 42 | 玉田县(冀) | 观赏苗木(万株) | 30.00 |
| 43 | 广阳区(冀) | 观赏苗木(万株) | 24.20 |
| 44 | 长葛市(豫) | 观赏苗木(万株) | 23.00 |
| 45 | 南和县(冀) | 观赏苗木(万株) | 22.00 |
| 46 | 肥西县(皖) | 观赏苗木(万株) | 20.00 |
| 47 | 丰宁满族自治县(冀) | 观赏苗木(万株) | 20.00 |
| 48 | 固安县(冀) | 观赏苗木(万株) | 20.00 |
| 49 | 兖州市(鲁) | 观赏苗木(万株) | 20.00 |
| 50 | 宁阳县(鲁) | 观赏苗木(万株) | 19.10 |
| 51 | 巴州区(川) | 观赏苗木(万株) | 16.80 |
| 52 | 运河区(冀) | 观赏苗木(万株) | 15.00 |
| 53 | 肃宁县(冀) | 观赏苗木(万株) | 15.00 |
| 54 | 闻喜县(晋) | 观赏苗木(万株) | 14.00 |
| 55 | 鹿泉区(冀) | 观赏苗木(万株) | 12.00 |
| 56 | 嵩　县(豫) | 观赏苗木(万株) | 12.00 |

(续)

| 序号 | 紫叶李主产地 | 花卉类别(单位) | 生产量 |
|---|---|---|---|
| 57 | 忻府区(晋) | 观赏苗木(万株) | 10.43 |
| 58 | 安平县(冀) | 观赏苗木(万株) | 10.40 |
| 59 | 霍山县(皖) | 观赏苗木(万株) | 10.00 |
| 60 | 霸州市(冀) | 观赏苗木(万株) | 10.00 |
| 61 | 新泰市(鲁) | 观赏苗木(万株) | 10.00 |
| 62 | 辛集市(冀) | 观赏苗木(万株) | 9.00 |
| 63 | 广饶县(鲁) | 观赏苗木(万株) | 6.00 |
| 64 | 三门县(浙) | 观赏苗木(万株) | 6.00 |
| 65 | 晋州市(冀) | 观赏苗木(万株) | 5.50 |
| 66 | 芜湖县(皖) | 观赏苗木(万株) | 5.00 |
| 67 | 任　县(冀) | 观赏苗木(万株) | 5.00 |
| 68 | 曲阳县(冀) | 观赏苗木(万株) | 5.00 |
| 69 | 涿州市(冀) | 观赏苗木(万株) | 5.00 |
| 70 | 迁安市(冀) | 观赏苗木(万株) | 5.00 |
| 71 | 大城县(冀) | 观赏苗木(万株) | 5.00 |
| 72 | 汤阴县(豫) | 观赏苗木(万株) | 5.00 |
| 73 | 鸡泽县(冀) | 观赏苗木(万株) | 4.50 |
| 74 | 昌平区(京) | 观赏苗木(万株) | 3.00 |
| 75 | 新乐市(冀) | 观赏苗木(万株) | 3.00 |
| 76 | 故城县(冀) | 观赏苗木(万株) | 2.20 |
| 77 | 高碑店市(冀) | 观赏苗木(万株) | 2.00 |
| 78 | 阳信县(鲁) | 观赏苗木(万株) | 1.40 |
| 79 | 黔江区(渝) | 观赏苗木(万株) | 1.30 |
| 80 | 龙口市(鲁) | 观赏苗木(万株) | 1.20 |
| 81 | 滦平县(冀) | 观赏苗木(万株) | 1.00 |
| 82 | 株洲县(湘) | 观赏苗木(万株) | 1.00 |
| 83 | 阜城县(冀) | 观赏苗木(万株) | 0.50 |
| 84 | 巴州区(川) | 盆花(万盆) | 4.00 |
| 85 | 西华县(豫) | 鲜切花(万支) | 6.50 |

## 表 13-23　碧桃主产地产量

| 序号 | 碧桃主产地 | 花卉类别(单位) | 生产量 |
|---|---|---|---|
| 1 | 东平县(鲁) | 城市绿化苗(万株) | 80.00 |
| 2 | 坊子区(鲁) | 城市绿化苗(万株) | 60.00 |
| 3 | 潢川县(豫) | 城市绿化苗(万株) | 58.00 |
| 4 | 偃师市(豫) | 城市绿化苗(万株) | 27.00 |
| 5 | 郸城县(豫) | 城市绿化苗(万株) | 20.00 |
| 6 | 许昌县(豫) | 城市绿化苗(万株) | 12.00 |
| 7 | 颍泉区(皖) | 城市绿化苗(万株) | 10.50 |
| 8 | 夏邑县(豫) | 城市绿化苗(万株) | 10.00 |
| 9 | 竹山县(鄂) | 城市绿化苗(万株) | 10.00 |
| 10 | 山亭区(鲁) | 城市绿化苗(万株) | 10.00 |
| 11 | 仙桃市(鄂) | 城市绿化苗(万株) | 5.60 |
| 12 | 双滦区(冀) | 城市绿化苗(万株) | 5.00 |
| 13 | 禹会区(皖) | 城市绿化苗(万株) | 2.00 |

（续）

| 序号 | 碧桃主产地 | 花卉类别(单位) | 生产量 |
|---|---|---|---|
| 14 | 临洮县(甘) | 城市绿化苗(万株) | 2.00 |
| 15 | 金凤区(宁) | 城市绿化苗(万株) | 1.70 |
| 16 | 裕安区(皖) | 城市绿化苗(万株) | 1.20 |
| 17 | 西夏区(宁) | 城市绿化苗(万株) | 1.00 |
| 18 | 旌阳区(川) | 城市绿化苗(万株) | 1.00 |
| 19 | 兖州市(鲁) | 观赏苗木(万株) | 300.00 |
| 20 | 永清县(冀) | 观赏苗木(万株) | 230.00 |
| 21 | 桃城区(冀) | 观赏苗木(万株) | 50.00 |
| 22 | 清苑县(冀) | 观赏苗木(万株) | 50.00 |
| 23 | 安丘市(鲁) | 观赏苗木(万株) | 47.00 |
| 24 | 博野县(冀) | 观赏苗木(万株) | 40.00 |
| 25 | 邢台县(冀) | 观赏苗木(万株) | 33.00 |
| 26 | 莒　县(鲁) | 观赏苗木(万株) | 21.00 |
| 27 | 冀州市(冀) | 观赏苗木(万株) | 20.00 |
| 28 | 大城县(冀) | 观赏苗木(万株) | 20.00 |
| 29 | 固安县(冀) | 观赏苗木(万株) | 15.00 |
| 30 | 辛集市(冀) | 观赏苗木(万株) | 13.00 |
| 31 | 闻喜县(晋) | 观赏苗木(万株) | 12.00 |
| 32 | 肃宁县(冀) | 观赏苗木(万株) | 11.00 |
| 33 | 迁安市(冀) | 观赏苗木(万株) | 10.00 |
| 34 | 乐亭县(冀) | 观赏苗木(万株) | 10.00 |
| 35 | 新化县(湘) | 观赏苗木(万株) | 10.00 |
| 36 | 汤阴县(豫) | 观赏苗木(万株) | 7.20 |
| 37 | 青　县(冀) | 观赏苗木(万株) | 7.00 |
| 38 | 满城县(冀) | 观赏苗木(万株) | 6.00 |
| 39 | 鹿泉区(冀) | 观赏苗木(万株) | 6.00 |
| 40 | 芜湖县(皖) | 观赏苗木(万株) | 5.00 |
| 41 | 唐　县(冀) | 观赏苗木(万株) | 5.00 |
| 42 | 涿州市(冀) | 观赏苗木(万株) | 5.00 |
| 43 | 新泰市(鲁) | 观赏苗木(万株) | 5.00 |
| 44 | 安新县(冀) | 观赏苗木(万株) | 4.00 |
| 45 | 晋州市(冀) | 观赏苗木(万株) | 3.50 |
| 46 | 昌平区(京) | 观赏苗木(万株) | 3.00 |
| 47 | 任丘市(冀) | 观赏苗木(万株) | 3.00 |
| 48 | 任　县(冀) | 观赏苗木(万株) | 3.00 |
| 49 | 新华区(冀) | 观赏苗木(万株) | 3.00 |
| 50 | 故城县(冀) | 观赏苗木(万株) | 2.70 |
| 51 | 瓜州县(甘) | 观赏苗木(万株) | 2.00 |
| 52 | 运河区(冀) | 观赏苗木(万株) | 2.00 |
| 53 | 北戴河区(冀) | 观赏苗木(万株) | 2.00 |
| 54 | 龙安区(豫) | 观赏苗木(万株) | 2.00 |
| 55 | 南乐县(豫) | 观赏苗木(万株) | 2.00 |
| 56 | 容城县(冀) | 观赏苗木(万株) | 1.00 |
| 57 | 万全区(冀) | 观赏苗木(万株) | 1.00 |
| 58 | 内江市市中区(川) | 观赏苗木(万株) | 1.00 |
| 59 | 龙口市(鲁) | 观赏苗木(万株) | 0.60 |
| 60 | 襄汾县(晋) | 盆花(万盆) | 5.00 |

**表 13-24　栀子花主产地产量**

| 序号 | 栀子花主产地 | 花卉类别(单位) | 生产量 |
|---|---|---|---|
| 1 | 兴国县(赣) | 城市绿化苗(万株) | 17.10 |
| 2 | 沿河土家族自治县(黔) | 城市绿化苗(万株) | 8.00 |
| 3 | 岳阳县(湘) | 城市绿化苗(万株) | 2.00 |
| 4 | 武陵区(湘) | 城市绿化苗(万株) | 1.50 |
| 5 | 开江县(川) | 观赏苗木(万株) | 20.00 |
| 6 | 三门县(浙) | 观赏苗木(万株) | 13.00 |
| 7 | 中江县(川) | 观赏苗木(万株) | 11.50 |
| 8 | 射洪县(川) | 观赏苗木(万株) | 8.00 |
| 9 | 邻水县(川) | 观赏苗木(万株) | 8.00 |
| 10 | 阳新县(鄂) | 观赏苗木(万株) | 7.00 |
| 11 | 肥西县(皖) | 观赏苗木(万株) | 6.00 |
| 12 | 巴州区(川) | 观赏苗木(万株) | 4.20 |
| 13 | 镇宁布依族苗族自治县(黔) | 观赏苗木(万株) | 1.00 |
| 14 | 内江市市中区(川) | 观赏苗木(万株) | 0.50 |
| 15 | 潜江市(鄂) | 观叶植物(万盆) | 100.00 |
| 16 | 岳池县(川) | 盆花(万盆) | 60.00 |
| 17 | 巴州区(川) | 盆花(万盆) | 22.00 |
| 18 | 淮滨县(豫) | 盆花(万盆) | 6.00 |
| 19 | 涿州市(冀) | 盆花(万盆) | 5.00 |
| 20 | 襄城区(鄂) | 盆花(万盆) | 4.70 |
| 21 | 红山区(内蒙古) | 盆花(万盆) | 3.00 |
| 22 | 九龙坡区(渝) | 盆花(万盆) | 3.00 |
| 23 | 鹤峰县(鄂) | 盆花(万盆) | 2.50 |
| 24 | 兖州市(鲁) | 盆花(万盆) | 2.00 |
| 25 | 莒　县(鲁) | 盆花(万盆) | 1.50 |
| 26 | 新华区(豫) | 盆花(万盆) | 1.00 |
| 27 | 蚌山区(皖) | 盆花(万盆) | 0.58 |
| 28 | 丰宁满族自治县(冀) | 盆花(万盆) | 0.50 |
| 29 | 晋州市(冀) | 盆花(万盆) | 0.50 |
| 30 | 西安区(吉) | 盆花(万盆) | 0.50 |
| 31 | 黄州区(鄂) | 盆景(万盆) | 2.50 |
| 32 | 吉安县(赣) | 鲜切花(万支) | 1400.00 |
| 33 | 黔江区(渝) | 鲜切花(万支) | 105.00 |
| 34 | 彭山区(川) | 鲜切花(万支) | 40.00 |
| 35 | 巴州区(川) | 鲜切花(万支) | 15.00 |
| 36 | 息　县(豫) | 鲜切叶(万支) | 1.50 |

## 表 13-25 丁香类主产地产量

| 序号 | 丁香类主产地 | 花卉类别(单位) | 生产量 |
|---|---|---|---|
| 1 | 延寿县(黑) | 城市绿化苗(万株) | 120.00 |
| 2 | 潢川县(豫) | 城市绿化苗(万株) | 70.00 |
| 3 | 大同区(黑) | 城市绿化苗(万株) | 62.24 |
| 4 | 望奎县(黑) | 城市绿化苗(万株) | 30.00 |
| 5 | 海拉尔区(内蒙古) | 城市绿化苗(万株) | 30.00 |
| 6 | 双城区(黑) | 城市绿化苗(万株) | 15.00 |
| 7 | 利通区(宁) | 城市绿化苗(万株) | 12.00 |
| 8 | 城子河区(黑) | 城市绿化苗(万株) | 10.00 |
| 9 | 金凤区(宁) | 城市绿化苗(万株) | 7.80 |
| 10 | 萝北县(黑) | 城市绿化苗(万株) | 5.00 |
| 11 | 龙凤区(黑) | 城市绿化苗(万株) | 5.00 |
| 12 | 侯马市(晋) | 城市绿化苗(万株) | 4.50 |
| 13 | 西夏区(宁) | 城市绿化苗(万株) | 3.00 |
| 14 | 崆峒区(甘) | 城市绿化苗(万株) | 2.30 |
| 15 | 敦煌市(甘) | 城市绿化苗(万株) | 0.70 |
| 16 | 涉　县(冀) | 城市绿化苗(万株) | 0.60 |
| 17 | 闻喜县(晋) | 观赏苗木(万株) | 300.00 |
| 18 | 凤城市(辽) | 观赏苗木(万株) | 255.00 |
| 19 | 乐亭县(冀) | 观赏苗木(万株) | 97.00 |
| 20 | 平泉县(冀) | 观赏苗木(万株) | 90.00 |
| 21 | 丰润区(冀) | 观赏苗木(万株) | 80.00 |
| 22 | 让胡路区(黑) | 观赏苗木(万株) | 60.00 |
| 23 | 五常市(黑) | 观赏苗木(万株) | 50.00 |
| 24 | 玉田县(冀) | 观赏苗木(万株) | 39.90 |
| 25 | 忻府区(晋) | 观赏苗木(万株) | 35.80 |
| 26 | 丰宁满族自治县(冀) | 观赏苗木(万株) | 22.00 |
| 27 | 宣化区(冀) | 观赏苗木(万株) | 21.50 |
| 28 | 翁牛特旗(内蒙古) | 观赏苗木(万株) | 14.00 |
| 29 | 涿州市(冀) | 观赏苗木(万株) | 12.00 |
| 30 | 石泉县(陕) | 观赏苗木(万株) | 10.00 |
| 31 | 临夏市(甘) | 观赏苗木(万株) | 7.00 |
| 32 | 博野县(冀) | 观赏苗木(万株) | 6.00 |
| 33 | 北戴河区(冀) | 观赏苗木(万株) | 5.00 |
| 34 | 赤城县(冀) | 观赏苗木(万株) | 4.00 |
| 35 | 怀来县(冀) | 观赏苗木(万株) | 3.50 |
| 36 | 迁安市(冀) | 观赏苗木(万株) | 3.00 |
| 37 | 始兴县(粤) | 观赏苗木(万株) | 2.00 |
| 38 | 滦平县(冀) | 观赏苗木(万株) | 2.00 |
| 39 | 瓜州县(甘) | 观赏苗木(万株) | 1.00 |
| 40 | 双桥区(冀) | 观赏苗木(万株) | 1.00 |
| 41 | 二道区(吉) | 观赏苗木(万株) | 1.00 |
| 42 | 嘉峪关市(甘) | 观赏苗木(万株) | 0.80 |
| 43 | 海港区(冀) | 观赏苗木(万株) | 0.59 |
| 44 | 庄浪县(甘) | 花卉用种苗(千苗) | 400.00 |
| 45 | 顺城区(辽) | 盆花(万盆) | 726.11 |

(续)

| 序号 | 丁香类主产地 | 花卉类别(单位) | 生产量 |
|---|---|---|---|
| 46 | 阳新县(鄂) | 盆花(万盆) | 40.00 |
| 47 | 南和县(冀) | 盆花(万盆) | 20.00 |
| 48 | 长岭县(吉) | 盆花(万盆) | 12.00 |
| 49 | 阜城县(冀) | 盆花(万盆) | 1.10 |
| 50 | 白银区(甘) | 盆花(万盆) | 1.00 |
| 51 | 汶上县(鲁) | 盆花(万盆) | 1.00 |
| 52 | 岳阳楼区(湘) | 盆花(万盆) | 0.80 |
| 53 | 衡山县(湘) | 盆花(万盆) | 0.55 |
| 54 | 开江县(川) | 盆景(万盆) | 5.00 |

## 表 13-26 樱花主产地产量

| 序号 | 樱花主产地 | 花卉类别(单位) | 生产量 |
|---|---|---|---|
| 1 | 楚雄市(滇) | 城市绿化苗(万株) | 5500.00 |
| 2 | 长沙县(湘) | 城市绿化苗(万株) | 731.00 |
| 3 | 麒麟区(滇) | 城市绿化苗(万株) | 500.00 |
| 4 | 栾川县(豫) | 城市绿化苗(万株) | 225.00 |
| 5 | 枣阳市(鄂) | 城市绿化苗(万株) | 200.00 |
| 6 | 汝南县(豫) | 城市绿化苗(万株) | 170.00 |
| 7 | 潢川县(豫) | 城市绿化苗(万株) | 120.00 |
| 8 | 永城市(豫) | 城市绿化苗(万株) | 116.80 |
| 9 | 腾冲县(滇) | 城市绿化苗(万株) | 50.00 |
| 10 | 上蔡县(豫) | 城市绿化苗(万株) | 48.00 |
| 11 | 涪城区(川) | 城市绿化苗(万株) | 13.00 |
| 12 | 固镇县(皖) | 城市绿化苗(万株) | 10.00 |
| 13 | 威海市经济技术开发区(鲁) | 城市绿化苗(万株) | 10.00 |
| 14 | 坊子区(鲁) | 城市绿化苗(万株) | 8.00 |
| 15 | 衢江区(浙) | 城市绿化苗(万株) | 8.00 |
| 16 | 江川县(滇) | 城市绿化苗(万株) | 6.17 |
| 17 | 平桥区(豫) | 城市绿化苗(万株) | 5.00 |
| 18 | 玉山县(赣) | 城市绿化苗(万株) | 4.00 |
| 19 | 象山县(浙) | 城市绿化苗(万株) | 4.00 |
| 20 | 仙桃市(鄂) | 城市绿化苗(万株) | 3.00 |
| 21 | 侯马市(晋) | 城市绿化苗(万株) | 3.00 |
| 22 | 旌阳区(川) | 城市绿化苗(万株) | 3.00 |
| 23 | 宾阳县(桂) | 城市绿化苗(万株) | 2.50 |
| 24 | 三山区(皖) | 城市绿化苗(万株) | 2.00 |
| 25 | 镜湖区(皖) | 城市绿化苗(万株) | 2.00 |
| 26 | 平罗县(宁) | 城市绿化苗(万株) | 2.00 |
| 27 | 恩阳区(川) | 城市绿化苗(万株) | 2.00 |
| 28 | 孟连傣族拉祜族佤族自治县(滇) | 城市绿化苗(万株) | 2.00 |
| 29 | 山亭区(鲁) | 城市绿化苗(万株) | 1.50 |
| 30 | 旌德县(皖) | 城市绿化苗(万株) | 1.20 |
| 31 | 望江县(皖) | 城市绿化苗(万株) | 1.20 |
| 32 | 汶上县(鲁) | 城市绿化苗(万株) | 1.00 |
| 33 | 邹平县(鲁) | 观赏苗木(万株) | 285.00 |

（续）

| 序号 | 樱花主产地 | 花卉类别(单位) | 生产量 |
|---|---|---|---|
| 34 | 兖州市(鲁) | 观赏苗木(万株) | 200.00 |
| 35 | 安丘市(鲁) | 观赏苗木(万株) | 167.00 |
| 36 | 梁山县(鲁) | 观赏苗木(万株) | 132.00 |
| 37 | 钟祥市(鄂) | 观赏苗木(万株) | 100.00 |
| 38 | 沙湾区(川) | 观赏苗木(万株) | 100.00 |
| 39 | 巴州区(川) | 观赏苗木(万株) | 63.00 |
| 40 | 潜江市(鄂) | 观赏苗木(万株) | 50.00 |
| 41 | 岚山区(鲁) | 观赏苗木(万株) | 43.00 |
| 42 | 长葛市(豫) | 观赏苗木(万株) | 36.00 |
| 43 | 肥城市(鲁) | 观赏苗木(万株) | 25.00 |
| 44 | 淄川区(鲁) | 观赏苗木(万株) | 20.00 |
| 45 | 宁阳县(鲁) | 观赏苗木(万株) | 17.60 |
| 46 | 霸州市(冀) | 观赏苗木(万株) | 15.00 |
| 47 | 禄丰县(滇) | 观赏苗木(万株) | 13.40 |
| 48 | 德安县(赣) | 观赏苗木(万株) | 12.00 |
| 49 | 博野县(冀) | 观赏苗木(万株) | 11.00 |
| 50 | 蒙阴县(鲁) | 观赏苗木(万株) | 10.00 |
| 51 | 阳新县(鄂) | 观赏苗木(万株) | 6.00 |
| 52 | 三门县(浙) | 观赏苗木(万株) | 6.00 |
| 53 | 邯山区(冀) | 观赏苗木(万株) | 5.20 |
| 54 | 迁安市(冀) | 观赏苗木(万株) | 5.00 |
| 55 | 广饶县(鲁) | 观赏苗木(万株) | 4.50 |
| 56 | 肥西县(皖) | 观赏苗木(万株) | 4.00 |
| 57 | 涿州市(冀) | 观赏苗木(万株) | 4.00 |
| 58 | 株洲县(湘) | 观赏苗木(万株) | 4.00 |
| 59 | 闻喜县(晋) | 观赏苗木(万株) | 3.50 |
| 60 | 遂平县(豫) | 观赏苗木(万株) | 3.00 |
| 61 | 翠屏区(川) | 观赏苗木(万株) | 3.00 |
| 62 | 永修县(赣) | 观赏苗木(万株) | 2.50 |
| 63 | 施甸县(滇) | 观赏苗木(万株) | 2.20 |
| 64 | 姚安县(滇) | 观赏苗木(万株) | 2.17 |
| 65 | 仁寿县(川) | 观赏苗木(万株) | 1.60 |
| 66 | 新华区(冀) | 观赏苗木(万株) | 1.20 |
| 67 | 新乐市(冀) | 观赏苗木(万株) | 1.00 |
| 68 | 南乐县(豫) | 观赏苗木(万株) | 1.00 |
| 69 | 泸溪县(湘) | 观赏苗木(万株) | 1.00 |
| 70 | 石泉县(陕) | 观赏苗木(万株) | 1.00 |
| 71 | 大姚县(滇) | 观赏苗木(万株) | 0.56 |
| 72 | 晋州市(冀) | 观赏苗木(万株) | 0.50 |
| 73 | 常宁市(湘) | 观赏苗木(万株) | 0.50 |
| 74 | 连平县(粤) | 观叶植物(万盆) | 0.50 |
| 75 | 南郑县(陕) | 花卉用种苗(千苗) | 850.00 |
| 76 | 华宁县(滇) | 花卉用种苗(千苗) | 500.00 |
| 77 | 临洮县(甘) | 盆花(万盆) | 10.00 |
| 78 | 巴州区(川) | 盆花(万盆) | 5.00 |
| 79 | 新丰县(粤) | 鲜切花(万支) | 250.00 |
| 80 | 巴州区(川) | 鲜切花(万支) | 12.50 |
| 81 | 洋　县(陕) | 鲜切花(万支) | 6.00 |
| 82 | 巴州区(川) | 鲜切叶(万支) | 10.50 |

## 表 13-27　垂丝海棠主产地产量

| 序号 | 垂丝海棠主产地 | 花卉类别(单位) | 生产量 |
|---|---|---|---|
| 1 | 河东区(鲁) | 城市绿化苗(万株) | 600.00 |
| 2 | 许昌县(豫) | 城市绿化苗(万株) | 232.00 |
| 3 | 沾益县(滇) | 城市绿化苗(万株) | 50.00 |
| 4 | 潢川县(豫) | 城市绿化苗(万株) | 24.00 |
| 5 | 颍泉区(皖) | 城市绿化苗(万株) | 10.90 |
| 6 | 蕉岭县(粤) | 城市绿化苗(万株) | 10.00 |
| 7 | 涪城区(川) | 城市绿化苗(万株) | 10.00 |
| 8 | 江川县(滇) | 城市绿化苗(万株) | 4.58 |
| 9 | 仙桃市(鄂) | 城市绿化苗(万株) | 2.80 |
| 10 | 威海市经济技术开发区(鲁) | 城市绿化苗(万株) | 2.50 |
| 11 | 钟祥市(鄂) | 观赏苗木(万株) | 200.00 |
| 12 | 博野县(冀) | 观赏苗木(万株) | 76.00 |
| 13 | 长葛市(豫) | 观赏苗木(万株) | 67.50 |
| 14 | 冀州市(冀) | 观赏苗木(万株) | 20.00 |
| 15 | 迁西县(冀) | 观赏苗木(万株) | 20.00 |
| 16 | 邹平县(鲁) | 观赏苗木(万株) | 16.00 |
| 17 | 运河区(冀) | 观赏苗木(万株) | 8.00 |
| 18 | 肥西县(皖) | 观赏苗木(万株) | 5.00 |
| 19 | 唐　县(冀) | 观赏苗木(万株) | 5.00 |
| 20 | 涿州市(冀) | 观赏苗木(万株) | 3.00 |
| 21 | 新华区(冀) | 观赏苗木(万株) | 3.00 |
| 22 | 大城县(冀) | 观赏苗木(万株) | 2.00 |
| 23 | 安国市(冀) | 观赏苗木(万株) | 1.00 |
| 24 | 川汇区(豫) | 观赏苗木(万株) | 0.90 |
| 25 | 内江市市中区(川) | 观赏苗木(万株) | 0.80 |
| 26 | 东港区(鲁) | 花卉用种苗(千苗) | 5200.00 |
| 27 | 河东区(鲁) | 盆花(万盆) | 500.00 |
| 28 | 潢川县(豫) | 盆花(万盆) | 3.00 |
| 29 | 黄州区(鄂) | 盆花(万盆) | 1.00 |
| 30 | 新丰县(粤) | 盆景(万盆) | 0.50 |
| 31 | 新丰县(粤) | 鲜切花(万支) | 151.00 |

## 表 13-28　海棠花主产地产量

| 序号 | 海棠花主产地 | 花卉类别(单位) | 生产量 |
|---|---|---|---|
| 1 | 东平县(鲁) | 城市绿化苗(万株) | 130.00 |
| 2 | 栾川县(豫) | 城市绿化苗(万株) | 19.00 |
| 3 | 华蓥市(川) | 城市绿化苗(万株) | 11.50 |
| 4 | 洮南市(吉) | 城市绿化苗(万株) | 2.30 |

(续)

| 序号 | 海棠花主产地 | 花卉类别(单位) | 生产量 |
|---|---|---|---|
| 5 | 沂南县(鲁) | 城市绿化苗(万株) | 2.00 |
| 6 | 淮上区(皖) | 城市绿化苗(万株) | 1.00 |
| 7 | 灵寿县(冀) | 城市绿化苗(万株) | 1.00 |
| 8 | 东营区(鲁) | 城市绿化苗(万株) | 6000.00 |
| 9 | 永清县(冀) | 观赏苗木(万株) | 450.00 |
| 10 | 昌平区(京) | 盆花(万盆) | 310.00 |
| 11 | 钟祥市(鄂) | 观赏苗木(万株) | 200.00 |
| 12 | 兖州市(鲁) | 观赏苗木(万株) | 200.00 |
| 13 | 大城县(冀) | 观赏苗木(万株) | 100.00 |
| 14 | 梁山县(鲁) | 观赏苗木(万株) | 76.00 |
| 15 | 陵城区(鲁) | 观赏苗木(万株) | 55.00 |
| 16 | 桃城区(冀) | 观赏苗木(万株) | 40.00 |
| 17 | 景　县(冀) | 观赏苗木(万株) | 35.00 |
| 18 | 襄城县(豫) | 观赏苗木(万株) | 35.00 |
| 19 | 确山县(豫) | 观赏苗木(万株) | 30.00 |
| 20 | 固安县(冀) | 观赏苗木(万株) | 20.00 |
| 21 | 罗庄区(鲁) | 观赏苗木(万株) | 20.00 |
| 22 | 德城区(鲁) | 观赏苗木(万株) | 11.00 |
| 23 | 邯山区(冀) | 观赏苗木(万株) | 9.80 |
| 24 | 任　县(冀) | 观赏苗木(万株) | 9.00 |
| 25 | 广德县(皖) | 观赏苗木(万株) | 8.50 |
| 26 | 蒙城县(皖) | 观赏苗木(万株) | 8.00 |
| 27 | 峰峰矿区(冀) | 观赏苗木(万株) | 5.00 |
| 28 | 故城县(冀) | 观赏苗木(万株) | 4.50 |
| 29 | 广饶县(鲁) | 观赏苗木(万株) | 4.50 |
| 30 | 北戴河区(冀) | 观赏苗木(万株) | 4.20 |
| 31 | 盐山县(冀) | 观赏苗木(万株) | 3.60 |
| 32 | 平罗县(宁) | 观赏苗木(万株) | 3.00 |
| 33 | 新乐市(冀) | 观赏苗木(万株) | 2.00 |
| 34 | 海港区(冀) | 观赏苗木(万株) | 1.13 |
| 35 | 南乐县(豫) | 观赏苗木(万株) | 1.00 |
| 36 | 泸溪县(湘) | 观赏苗木(万株) | 1.00 |
| 37 | 石泉县(陕) | 观赏苗木(万株) | 1.00 |
| 38 | 万全区(冀) | 观赏苗木(万株) | 0.50 |
| 39 | 阎良区(陕) | 观叶植物(万盆) | 16.00 |
| 40 | 莒南县(鲁) | 盆花(万盆) | 220.00 |
| 41 | 开远市(滇) | 盆花(万盆) | 100.00 |
| 42 | 户　县(陕) | 盆花(万盆) | 20.00 |
| 43 | 新泰市(鲁) | 盆花(万盆) | 18.00 |
| 44 | 辛集市(冀) | 盆花(万盆) | 17.00 |
| 45 | 秀洲区(浙) | 盆花(万盆) | 15.00 |
| 46 | 海港区(冀) | 盆花(万盆) | 13.00 |
| 47 | 武城县(鲁) | 盆花(万盆) | 11.50 |
| 48 | 蒙阴县(鲁) | 盆花(万盆) | 8.00 |
| 49 | 石家庄市桥西区(冀) | 盆花(万盆) | 7.00 |
| 50 | 丰宁满族自治县(冀) | 盆花(万盆) | 6.00 |
| 51 | 开封县(豫) | 盆花(万盆) | 6.00 |
| 52 | 金凤区(宁) | 盆花(万盆) | 6.00 |
| 53 | 桃城区(冀) | 盆花(万盆) | 5.00 |
| 54 | 邢台县(冀) | 盆花(万盆) | 3.50 |
| 55 | 容城县(冀) | 盆花(万盆) | 3.00 |
| 56 | 黔江区(渝) | 盆花(万盆) | 2.40 |
| 57 | 岳阳楼区(湘) | 盆花(万盆) | 2.25 |
| 58 | 晋州市(冀) | 盆花(万盆) | 2.10 |
| 59 | 藁城区(冀) | 盆花(万盆) | 1.00 |
| 60 | 蠡　县(冀) | 盆花(万盆) | 1.00 |
| 61 | 平山县(冀) | 盆花(万盆) | 1.00 |
| 62 | 闵行区(沪) | 盆花(万盆) | 1.00 |
| 63 | 方城县(豫) | 盆花(万盆) | 0.90 |
| 64 | 鹤峰县(鄂) | 盆花(万盆) | 0.80 |
| 65 | 三门县(浙) | 盆花(万盆) | 0.60 |
| 66 | 西安区(吉) | 盆花(万盆) | 0.50 |
| 67 | 襄城县(豫) | 盆景(万盆) | 49.00 |
| 68 | 埇桥区(皖) | 鲜切花(万支) | 18.00 |
| 69 | 藁城区(冀) | 鲜切花(万支) | 7.00 |
| 70 | 宜都市(鄂) | 穴盘苗(万株) | 1800.00 |

**表 13-29　连翘主产地产量**

| 序号 | 连翘主产地 | 花卉类别(单位) | 生产量 |
|---|---|---|---|
| 1 | 九台区(吉) | 城市绿化苗(万株) | 160.00 |
| 2 | 龙潭区(吉) | 城市绿化苗(万株) | 120.00 |
| 3 | 侯马市(晋) | 城市绿化苗(万株) | 39.00 |
| 4 | 大同区(黑) | 城市绿化苗(万株) | 22.30 |
| 5 | 坊子区(鲁) | 城市绿化苗(万株) | 9.00 |
| 6 | 金凤区(宁) | 城市绿化苗(万株) | 8.30 |
| 7 | 西夏区(宁) | 城市绿化苗(万株) | 4.00 |
| 8 | 临夏市(甘) | 城市绿化苗(万株) | 3.50 |
| 9 | 围场满族蒙古族自治县(冀) | 城市绿化苗(万株) | 3.50 |
| 10 | 崆峒区(甘) | 城市绿化苗(万株) | 2.50 |
| 11 | 敦煌市(甘) | 城市绿化苗(万株) | 1.70 |
| 12 | 青铜峡市(宁) | 城市绿化苗(万株) | 0.50 |
| 13 | 呼兰区(黑) | 观赏苗木(万株) | 1000.00 |
| 14 | 丰宁满族自治县(冀) | 观赏苗木(万株) | 200.00 |
| 15 | 固安县(冀) | 观赏苗木(万株) | 120.00 |
| 16 | 乐亭县(冀) | 观赏苗木(万株) | 64.00 |
| 17 | 商州区(陕) | 观赏苗木(万株) | 30.00 |
| 18 | 吴桥县(冀) | 观赏苗木(万株) | 22.00 |
| 19 | 开平区(冀) | 观赏苗木(万株) | 20.00 |
| 20 | 迁安市(冀) | 观赏苗木(万株) | 20.00 |
| 21 | 涉　县(冀) | 观赏苗木(万株) | 18.00 |

（续）

| 序号 | 连翘主产地 | 花卉类别(单位) | 生产量 |
|---|---|---|---|
| 22 | 涿州市(冀) | 观赏苗木(万株) | 10.00 |
| 23 | 大城县(冀) | 观赏苗木(万株) | 10.00 |
| 24 | 莒　县(鲁) | 观赏苗木(万株) | 8.00 |
| 25 | 魏　县(冀) | 观赏苗木(万株) | 5.00 |
| 26 | 嵩　县(豫) | 观赏苗木(万株) | 5.00 |
| 27 | 瓜州县(甘) | 观赏苗木(万株) | 1.00 |
| 28 | 滦平县(冀) | 观赏苗木(万株) | 1.00 |
| 29 | 嘉峪关市(甘) | 观赏苗木(万株) | 0.80 |
| 30 | 海港区(冀) | 观赏苗木(万株) | 0.55 |
| 31 | 开远市(滇) | 盆花(万盆) | 300.00 |
| 32 | 围场满族蒙古族自治县(冀) | 食用及药用花卉(千克) | 1000.00 |
| 33 | 榆树市(吉) | 鲜切花(万支) | 100.00 |

## 表 13-30　木槿主产地产量

| 序号 | 木槿主产地 | 花卉类别(单位) | 生产量 |
|---|---|---|---|
| 1 | 宜都市(鄂) | 城市绿化苗(万株) | 500.00 |
| 2 | 许昌县(豫) | 城市绿化苗(万株) | 138.00 |
| 3 | 枣阳市(鄂) | 城市绿化苗(万株) | 100.00 |
| 4 | 永城市(豫) | 城市绿化苗(万株) | 75.90 |
| 5 | 济源市(豫) | 城市绿化苗(万株) | 44.00 |
| 6 | 颍泉区(皖) | 城市绿化苗(万株) | 14.21 |
| 7 | 雨花区(湘) | 城市绿化苗(万株) | 10.00 |
| 8 | 裕安区(皖) | 城市绿化苗(万株) | 4.60 |
| 9 | 威海市经济技术开发区(鲁) | 城市绿化苗(万株) | 4.00 |
| 10 | 镜湖区(皖) | 城市绿化苗(万株) | 3.00 |
| 11 | 威　县(冀) | 城市绿化苗(万株) | 1.00 |
| 12 | 平桥区(豫) | 城市绿化苗(万株) | 1.00 |
| 13 | 汶上县(鲁) | 城市绿化苗(万株) | 0.50 |
| 14 | 东平县(鲁) | 观赏苗木(万株) | 150.00 |
| 15 | 丰润区(冀) | 观赏苗木(万株) | 50.00 |
| 16 | 濮阳县(豫) | 观赏苗木(万株) | 50.00 |
| 17 | 长垣县(豫) | 观赏苗木(万株) | 40.00 |
| 18 | 陵城区(鲁) | 观赏苗木(万株) | 33.00 |
| 19 | 霸州市(冀) | 观赏苗木(万株) | 22.00 |
| 20 | 南和县(冀) | 观赏苗木(万株) | 20.00 |
| 21 | 唐　县(冀) | 观赏苗木(万株) | 10.00 |
| 22 | 北戴河区(冀) | 观赏苗木(万株) | 10.00 |
| 23 | 迁安市(冀) | 观赏苗木(万株) | 10.00 |
| 24 | 大城县(冀) | 观赏苗木(万株) | 10.00 |
| 25 | 嵩　县(豫) | 观赏苗木(万株) | 10.00 |
| 26 | 三门县(浙) | 观赏苗木(万株) | 9.00 |
| 27 | 肃宁县(冀) | 观赏苗木(万株) | 8.00 |
| 28 | 鹤山区(豫) | 观赏苗木(万株) | 8.00 |
| 29 | 莒　县(鲁) | 观赏苗木(万株) | 7.00 |
| 30 | 邯山区(冀) | 观赏苗木(万株) | 5.90 |

（续）

| 序号 | 木槿主产地 | 花卉类别(单位) | 生产量 |
|---|---|---|---|
| 31 | 乐亭县(冀) | 观赏苗木(万株) | 5.00 |
| 32 | 邢台县(冀) | 观赏苗木(万株) | 4.00 |
| 33 | 运河区(冀) | 观赏苗木(万株) | 3.00 |
| 34 | 定兴县(冀) | 观赏苗木(万株) | 3.00 |
| 35 | 新泰市(鲁) | 观赏苗木(万株) | 3.00 |
| 36 | 故城县(冀) | 观赏苗木(万株) | 2.60 |
| 37 | 肥西县(皖) | 观赏苗木(万株) | 2.00 |
| 38 | 涿州市(冀) | 观赏苗木(万株) | 2.00 |
| 39 | 鸡泽县(冀) | 观赏苗木(万株) | 2.00 |
| 40 | 井陉矿区(冀) | 观赏苗木(万株) | 2.00 |
| 41 | 新乐市(冀) | 观赏苗木(万株) | 2.00 |
| 42 | 邢台市桥东区(冀) | 观赏苗木(万株) | 1.00 |
| 43 | 阳信县(鲁) | 观赏苗木(万株) | 0.80 |
| 44 | 赵　县(冀) | 观赏苗木(万株) | 0.60 |
| 45 | 宁晋县(冀) | 观赏苗木(万株) | 0.50 |
| 46 | 红山区(内蒙古) | 盆花(万盆) | 4.00 |
| 47 | 冀州市(冀) | 盆景(万盆) | 50.00 |

## 表 13-31　黄杨类主产地产量

| 序号 | 黄杨类主产地 | 花卉类别(单位) | 生产量 |
|---|---|---|---|
| 1 | 潢川县(豫) | 城市绿化苗(万株) | 1150.00 |
| 2 | 新泰市(鲁) | 城市绿化苗(万株) | 920.00 |
| 3 | 井陉县(冀) | 城市绿化苗(万株) | 500.00 |
| 4 | 偃师市(豫) | 城市绿化苗(万株) | 500.00 |
| 5 | 东平县(鲁) | 城市绿化苗(万株) | 500.00 |
| 6 | 上蔡县(豫) | 城市绿化苗(万株) | 250.00 |
| 7 | 孟津县(豫) | 城市绿化苗(万株) | 200.00 |
| 8 | 平山县(冀) | 城市绿化苗(万株) | 69.80 |
| 9 | 莱芜市高新区(鲁) | 城市绿化苗(万株) | 12.00 |
| 10 | 寿　县(皖) | 城市绿化苗(万株) | 7.00 |
| 11 | 平桥区(豫) | 城市绿化苗(万株) | 6.00 |
| 12 | 崆峒区(甘) | 城市绿化苗(万株) | 3.00 |
| 13 | 望都县(冀) | 观赏苗木(万株) | 990.00 |
| 14 | 固安县(冀) | 观赏苗木(万株) | 900.00 |
| 15 | 馆陶县(冀) | 观赏苗木(万株) | 515.50 |
| 16 | 兴庆区(宁) | 观赏苗木(万株) | 318.00 |
| 17 | 涿州市(冀) | 观赏苗木(万株) | 260.00 |
| 18 | 肃宁县(冀) | 观赏苗木(万株) | 156.00 |
| 19 | 沂水县(鲁) | 观赏苗木(万株) | 156.00 |
| 20 | 南皮县(冀) | 观赏苗木(万株) | 126.30 |
| 21 | 河间市(冀) | 观赏苗木(万株) | 103.00 |
| 22 | 霸州市(冀) | 观赏苗木(万株) | 100.00 |
| 23 | 开平区(冀) | 观赏苗木(万株) | 80.00 |
| 24 | 内乡县(豫) | 观赏苗木(万株) | 60.00 |
| 25 | 确山县(豫) | 观赏苗木(万株) | 60.00 |

(续)

| 序号 | 黄杨类主产地 | 花卉类别(单位) | 生产量 |
|---|---|---|---|
| 26 | 玉田县(冀) | 观赏苗木(万株) | 50.00 |
| 27 | 兖州市(鲁) | 观赏苗木(万株) | 40.00 |
| 28 | 嵩　县(豫) | 观赏苗木(万株) | 38.00 |
| 29 | 鹿泉区(冀) | 观赏苗木(万株) | 35.00 |
| 30 | 邢台县(冀) | 观赏苗木(万株) | 33.00 |
| 31 | 迁安市(冀) | 观赏苗木(万株) | 33.00 |
| 32 | 辛集市(冀) | 观赏苗木(万株) | 25.00 |
| 33 | 吴桥县(冀) | 观赏苗木(万株) | 20.00 |
| 34 | 龙南县(赣) | 观赏苗木(万株) | 20.00 |
| 35 | 泊头市(冀) | 观赏苗木(万株) | 19.27 |
| 36 | 巴州区(川) | 观赏苗木(万株) | 16.80 |
| 37 | 盐山县(冀) | 观赏苗木(万株) | 16.50 |
| 38 | 海盐县(浙) | 观赏苗木(万株) | 11.60 |
| 39 | 鸡泽县(冀) | 观赏苗木(万株) | 10.50 |
| 40 | 黔江区(渝) | 观赏苗木(万株) | 10.00 |
| 41 | 青　县(冀) | 观赏苗木(万株) | 9.00 |
| 42 | 卫辉市(豫) | 观赏苗木(万株) | 8.20 |
| 43 | 三门县(浙) | 观赏苗木(万株) | 8.00 |
| 44 | 赞皇县(冀) | 观赏苗木(万株) | 6.50 |
| 45 | 任　县(冀) | 观赏苗木(万株) | 6.00 |
| 46 | 大厂回族自治县(冀) | 观赏苗木(万株) | 5.00 |
| 47 | 海港区(冀) | 观赏苗木(万株) | 4.07 |
| 48 | 故城县(冀) | 观赏苗木(万株) | 3.50 |
| 49 | 磁　县(冀) | 观赏苗木(万株) | 3.00 |
| 50 | 石泉县(陕) | 观赏苗木(万株) | 3.00 |
| 51 | 昌平区(京) | 观赏苗木(万株) | 2.00 |
| 52 | 孟村回族自治县(冀) | 观赏苗木(万株) | 2.00 |
| 53 | 饶阳县(冀) | 观赏苗木(万株) | 1.10 |
| 54 | 淮阳县(豫) | 观赏苗木(万株) | 0.70 |
| 55 | 夏邑县(豫) | 观叶植物(万盆) | 25.00 |
| 56 | 龙南县(赣) | 花卉用种苗(千苗) | 500.00 |
| 57 | 卫辉市(豫) | 盆花(万盆) | 8.80 |
| 58 | 巴州区(川) | 盆花(万盆) | 3.00 |
| 59 | 白银区(甘) | 盆花(万盆) | 1.00 |
| 60 | 翠屏区(川) | 盆景(万盆) | 52.00 |
| 61 | 灵璧县(皖) | 盆景(万盆) | 8.00 |

**表 13-32　紫薇类主产地产量**

| 序号 | 紫薇类主产地 | 花卉类别(单位) | 生产量 |
|---|---|---|---|
| 1 | 潢川县(豫) | 城市绿化苗(万株) | 730.00 |
| 2 | 新　县(豫) | 城市绿化苗(万株) | 410.00 |
| 3 | 恩阳区(川) | 城市绿化苗(万株) | 300.00 |
| 4 | 兴义市(黔) | 城市绿化苗(万株) | 300.00 |
| 5 | 河东区(鲁) | 城市绿化苗(万株) | 160.00 |
| 6 | 邓州市(豫) | 城市绿化苗(万株) | 146.00 |
| 7 | 万年县(赣) | 城市绿化苗(万株) | 100.00 |
| 8 | 长阳土家族自治县(鄂) | 城市绿化苗(万株) | 100.00 |
| 9 | 普安县(黔) | 城市绿化苗(万株) | 80.00 |
| 10 | 保康县(鄂) | 城市绿化苗(万株) | 68.00 |
| 11 | 望江县(皖) | 城市绿化苗(万株) | 60.00 |
| 12 | 无为县(皖) | 城市绿化苗(万株) | 60.00 |
| 13 | 梁平县(渝) | 城市绿化苗(万株) | 57.20 |
| 14 | 德安县(赣) | 城市绿化苗(万株) | 50.00 |
| 15 | 仙桃市(鄂) | 城市绿化苗(万株) | 33.00 |
| 16 | 桃源县(湘) | 城市绿化苗(万株) | 25.00 |
| 17 | 济源市(豫) | 城市绿化苗(万株) | 20.00 |
| 18 | 彭山区(川) | 城市绿化苗(万株) | 20.00 |
| 19 | 平桥区(豫) | 城市绿化苗(万株) | 20.00 |
| 20 | 浦北县(桂) | 城市绿化苗(万株) | 20.00 |
| 21 | 邵东县(湘) | 城市绿化苗(万株) | 20.00 |
| 22 | 思南县(黔) | 城市绿化苗(万株) | 20.00 |
| 23 | 桐城市(皖) | 城市绿化苗(万株) | 20.00 |
| 24 | 兴山县(鄂) | 城市绿化苗(万株) | 20.00 |
| 25 | 管城回族区(豫) | 城市绿化苗(万株) | 18.00 |
| 26 | 华蓥市(川) | 城市绿化苗(万株) | 18.00 |
| 27 | 高　县(川) | 城市绿化苗(万株) | 15.00 |
| 28 | 屏山县(川) | 城市绿化苗(万株) | 15.00 |
| 29 | 永顺县(湘) | 城市绿化苗(万株) | 15.00 |
| 30 | 玉山县(赣) | 城市绿化苗(万株) | 15.00 |
| 31 | 威海市经济技术开发区(鲁) | 城市绿化苗(万株) | 14.50 |
| 32 | 普宁市(粤) | 城市绿化苗(万株) | 12.00 |
| 33 | 颍泉区(皖) | 城市绿化苗(万株) | 10.02 |
| 34 | 瑞金市(赣) | 城市绿化苗(万株) | 9.00 |
| 35 | 坊子区(鲁) | 城市绿化苗(万株) | 8.00 |
| 36 | 涪城区(川) | 城市绿化苗(万株) | 8.00 |
| 37 | 资阳区(湘) | 城市绿化苗(万株) | 8.00 |
| 38 | 镜湖区(皖) | 城市绿化苗(万株) | 7.00 |
| 39 | 江川县(滇) | 城市绿化苗(万株) | 6.65 |
| 40 | 扶绥县(桂) | 城市绿化苗(万株) | 6.00 |
| 41 | 广昌县(赣) | 城市绿化苗(万株) | 6.00 |
| 42 | 泾　县(皖) | 城市绿化苗(万株) | 6.00 |
| 43 | 黟　县(皖) | 城市绿化苗(万株) | 6.00 |
| 44 | 侯马市(晋) | 城市绿化苗(万株) | 5.00 |
| 45 | 淇滨区(豫) | 城市绿化苗(万株) | 5.00 |
| 46 | 清新区(粤) | 城市绿化苗(万株) | 5.00 |
| 47 | 象山县(浙) | 城市绿化苗(万株) | 5.00 |
| 48 | 碧江区(黔) | 城市绿化苗(万株) | 4.00 |
| 49 | 宾阳县(桂) | 城市绿化苗(万株) | 3.00 |
| 50 | 茅箭区(鄂) | 城市绿化苗(万株) | 3.00 |
| 51 | 邵阳县(湘) | 城市绿化苗(万株) | 3.00 |

（续）

| 序号 | 紫薇类主产地 | 花卉类别(单位) | 生产量 |
|---|---|---|---|
| 52 | 蜀山区(皖) | 城市绿化苗(万株) | 3.00 |
| 53 | 黎川县(赣) | 城市绿化苗(万株) | 2.90 |
| 54 | 三山区(皖) | 城市绿化苗(万株) | 2.60 |
| 55 | 沿河土家族自治县(黔) | 城市绿化苗(万株) | 2.50 |
| 56 | 雨花区(湘) | 城市绿化苗(万株) | 2.00 |
| 57 | 番禺区(粤) | 城市绿化苗(万株) | 1.50 |
| 58 | 旌德县(皖) | 城市绿化苗(万株) | 1.20 |
| 59 | 黄山区(皖) | 城市绿化苗(万株) | 1.00 |
| 60 | 盐亭县(川) | 城市绿化苗(万株) | 1.00 |
| 61 | 通城县(鄂) | 城市绿化苗(万株) | 0.80 |
| 62 | 苏仙区(湘) | 观赏苗木(万株) | 7500.00 |
| 63 | 来安县(皖) | 观赏苗木(万株) | 7210.00 |
| 64 | 婺城区(浙) | 观赏苗木(万株) | 201.00 |
| 65 | 东平县(鲁) | 观赏苗木(万株) | 200.00 |
| 66 | 兖州市(鲁) | 观赏苗木(万株) | 200.00 |
| 67 | 社旗县(豫) | 观赏苗木(万株) | 160.00 |
| 68 | 汝南县(豫) | 观赏苗木(万株) | 150.00 |
| 69 | 肥城市(鲁) | 观赏苗木(万株) | 132.00 |
| 70 | 泸　县(川) | 观赏苗木(万株) | 120.00 |
| 71 | 安丘市(鲁) | 观赏苗木(万株) | 112.00 |
| 72 | 潜江市(鄂) | 观赏苗木(万株) | 100.00 |
| 73 | 来凤县(鄂) | 观赏苗木(万株) | 80.00 |
| 74 | 襄州区(鄂) | 观赏苗木(万株) | 54.00 |
| 75 | 安化县(湘) | 观赏苗木(万株) | 53.00 |
| 76 | 庆元县(浙) | 观赏苗木(万株) | 50.00 |
| 77 | 确山县(豫) | 观赏苗木(万株) | 50.00 |
| 78 | 邢台市桥西区(冀) | 观赏苗木(万株) | 50.00 |
| 79 | 固安县(冀) | 观赏苗木(万株) | 40.00 |
| 80 | 霸州市(冀) | 观赏苗木(万株) | 30.00 |
| 81 | 大城县(冀) | 观赏苗木(万株) | 30.00 |
| 82 | 桃城区(冀) | 观赏苗木(万株) | 30.00 |
| 83 | 巴州区(川) | 观赏苗木(万株) | 28.80 |
| 84 | 大竹县(川) | 观赏苗木(万株) | 20.00 |
| 85 | 射洪县(川) | 观赏苗木(万株) | 20.00 |
| 86 | 新泰市(鲁) | 观赏苗木(万株) | 20.00 |
| 87 | 长葛市(豫) | 观赏苗木(万株) | 19.00 |
| 88 | 合山市(桂) | 观赏苗木(万株) | 18.30 |
| 89 | 桐柏县(豫) | 观赏苗木(万株) | 15.50 |
| 90 | 广德县(皖) | 观赏苗木(万株) | 15.20 |
| 91 | 阳新县(鄂) | 观赏苗木(万株) | 12.00 |
| 92 | 衢江区(浙) | 观赏苗木(万株) | 11.00 |
| 93 | 博野县(冀) | 观赏苗木(万株) | 10.00 |
| 94 | 蒙阴县(鲁) | 观赏苗木(万株) | 10.00 |
| 95 | 中方县(湘) | 观赏苗木(万株) | 10.00 |

（续）

| 序号 | 紫薇类主产地 | 花卉类别(单位) | 生产量 |
|---|---|---|---|
| 96 | 北塔区(湘) | 观赏苗木(万株) | 8.60 |
| 97 | 任　县(冀) | 观赏苗木(万株) | 8.00 |
| 98 | 三门县(浙) | 观赏苗木(万株) | 8.00 |
| 99 | 遂川县(赣) | 观赏苗木(万株) | 7.00 |
| 100 | 株洲县(湘) | 观赏苗木(万株) | 6.80 |
| 101 | 遂平县(豫) | 观赏苗木(万株) | 6.00 |
| 102 | 唐　县(冀) | 观赏苗木(万株) | 6.00 |
| 103 | 涿州市(冀) | 观赏苗木(万株) | 5.00 |
| 104 | 陵城区(鲁) | 观赏苗木(万株) | 4.00 |
| 105 | 长宁县(川) | 观赏苗木(万株) | 3.66 |
| 106 | 永兴县(湘) | 观赏苗木(万株) | 3.20 |
| 107 | 泸溪县(湘) | 观赏苗木(万株) | 3.00 |
| 108 | 施甸县(滇) | 观赏苗木(万株) | 3.00 |
| 109 | 茶陵县(湘) | 观赏苗木(万株) | 2.50 |
| 110 | 大冶市(鄂) | 观赏苗木(万株) | 2.00 |
| 111 | 灵璧县(皖) | 观赏苗木(万株) | 2.00 |
| 112 | 淅川县(豫) | 观赏苗木(万株) | 2.00 |
| 113 | 旺苍县(川) | 观赏苗木(万株) | 1.50 |
| 114 | 樊城区(鄂) | 观赏苗木(万株) | 1.10 |
| 115 | 平罗县(宁) | 观赏苗木(万株) | 1.00 |
| 116 | 迁安市(冀) | 观赏苗木(万株) | 1.00 |
| 117 | 宣恩县(鄂) | 观赏苗木(万株) | 0.80 |
| 118 | 德城区(鲁) | 观赏苗木(万株) | 0.60 |
| 119 | 赵　县(冀) | 观赏苗木(万株) | 0.60 |
| 120 | 阜城县(冀) | 观赏苗木(万株) | 0.50 |
| 121 | 淮阳县(豫) | 观赏苗木(万株) | 0.50 |
| 122 | 江口县(黔) | 观叶植物(万盆) | 100.00 |
| 123 | 梁山县(鲁) | 观叶植物(万盆) | 5.00 |
| 124 | 慈利县(湘) | 观叶植物(万盆) | 1.00 |
| 125 | 东港区(鲁) | 花卉用种苗(千苗) | 7790.00 |
| 126 | 南郑县(陕) | 花卉用种苗(千苗) | 1200.00 |
| 127 | 龙南县(赣) | 花卉用种苗(千苗) | 500.00 |
| 128 | 蔡甸区(鄂) | 盆花(万盆) | 7.00 |
| 129 | 巴州区(川) | 盆花(万盆) | 6.30 |
| 130 | 黄州区(鄂) | 盆花(万盆) | 1.00 |
| 131 | 兖州市(鲁) | 盆景(万盆) | 700.00 |
| 132 | 来凤县(鄂) | 盆景(万盆) | 10.00 |
| 133 | 彭水苗族土家族自治县(渝) | 盆景(万盆) | 3.00 |
| 134 | 洋　县(陕) | 盆景(万盆) | 1.50 |
| 135 | 新丰县(粤) | 盆景(万盆) | 0.60 |
| 136 | 碧江区(黔) | 盆景(万盆) | 0.50 |
| 137 | 盐亭县(川) | 鲜切花(万支) | 50.00 |
| 138 | 宣汉县(川) | 鲜切花(万支) | 7.80 |
| 139 | 良庆区(桂) | 鲜切花(万支) | 3.76 |

表 13-33　矮牵牛主产地产量

（续）

| 序号 | 矮牵牛主产地 | 花卉类别(单位) | 生产量 |
|---|---|---|---|
| 1 | 甘州区(甘) | 城市绿化苗(万株) | 200.00 |
| 2 | 大武口区(宁) | 城市绿化苗(万株) | 130.00 |
| 3 | 湖滨区(豫) | 城市绿化苗(万株) | 30.00 |
| 4 | 大同县(晋) | 城市绿化苗(万株) | 30.00 |
| 5 | 木兰县(黑) | 城市绿化苗(万株) | 20.00 |
| 6 | 山丹县(甘) | 城市绿化苗(万株) | 10.00 |
| 7 | 蕉岭县(粤) | 城市绿化苗(万株) | 10.00 |
| 8 | 贡井区(川) | 城市绿化苗(万株) | 10.00 |
| 9 | 新城区(内蒙古) | 城市绿化苗(万株) | 7.70 |
| 10 | 青铜峡市(宁) | 城市绿化苗(万株) | 6.00 |
| 11 | 通河县(黑) | 城市绿化苗(万株) | 5.00 |
| 12 | 龙凤区(黑) | 城市绿化苗(万株) | 5.00 |
| 13 | 洮南市(吉) | 城市绿化苗(万株) | 3.00 |
| 14 | 颍泉区(皖) | 城市绿化苗(万株) | 2.10 |
| 15 | 永城市(豫) | 干花(万支) | 25.50 |
| 16 | 延寿县(黑) | 观赏苗木(万株) | 800.00 |
| 17 | 乌兰浩特市(内蒙古) | 观赏苗木(万株) | 100.00 |
| 18 | 武川县(内蒙古) | 观赏苗木(万株) | 70.00 |
| 19 | 嘉峪关市(甘) | 观赏苗木(万株) | 63.00 |
| 20 | 南丹县(桂) | 观赏苗木(万株) | 23.00 |
| 21 | 魏　县(冀) | 观赏苗木(万株) | 5.00 |
| 22 | 松江区(沪) | 花卉用种苗(千苗) | 500.00 |
| 23 | 龙口市(鲁) | 花卉用种苗(千苗) | 23.00 |
| 24 | 城子河区(黑) | 花卉用种苗(千苗) | 15.00 |
| 25 | 邹平县(鲁) | 盆花(万盆) | 860.90 |
| 26 | 莒南县(鲁) | 盆花(万盆) | 270.00 |
| 27 | 三河市(冀) | 盆花(万盆) | 200.00 |
| 28 | 兴庆区(宁) | 盆花(万盆) | 122.40 |
| 29 | 肃州区(甘) | 盆花(万盆) | 80.00 |
| 30 | 西夏区(宁) | 盆花(万盆) | 60.00 |
| 31 | 玉田县(冀) | 盆花(万盆) | 59.00 |
| 32 | 临夏市(甘) | 盆花(万盆) | 58.00 |
| 33 | 望花区(辽) | 盆花(万盆) | 50.00 |
| 34 | 永清县(冀) | 盆花(万盆) | 40.00 |
| 35 | 北戴河区(冀) | 盆花(万盆) | 36.00 |
| 36 | 户　县(陕) | 盆花(万盆) | 33.00 |
| 37 | 雨山区(皖) | 盆花(万盆) | 30.00 |
| 38 | 涿州市(冀) | 盆花(万盆) | 30.00 |
| 39 | 石家庄市桥西区(冀) | 盆花(万盆) | 28.00 |
| 40 | 忻府区(晋) | 盆花(万盆) | 27.00 |
| 41 | 临洮县(甘) | 盆花(万盆) | 26.00 |
| 42 | 莒　县(鲁) | 盆花(万盆) | 25.10 |
| 43 | 惠济区(豫) | 盆花(万盆) | 24.50 |
| 44 | 元氏县(冀) | 盆花(万盆) | 21.00 |
| 45 | 敦煌市(甘) | 盆花(万盆) | 20.00 |
| 46 | 永年县(冀) | 盆花(万盆) | 20.00 |
| 47 | 固安县(冀) | 盆花(万盆) | 20.00 |
| 48 | 双城区(黑) | 盆花(万盆) | 20.00 |
| 49 | 惠农区(宁) | 盆花(万盆) | 20.00 |
| 50 | 金凤区(宁) | 盆花(万盆) | 20.00 |
| 51 | 阳泉市郊区(晋) | 盆花(万盆) | 20.00 |
| 52 | 黔江区(渝) | 盆花(万盆) | 19.00 |
| 53 | 张北县(冀) | 盆花(万盆) | 18.00 |
| 54 | 高邑县(冀) | 盆花(万盆) | 16.00 |
| 55 | 路北区(冀) | 盆花(万盆) | 15.00 |
| 56 | 肇州县(黑) | 盆花(万盆) | 15.00 |
| 57 | 巴州区(川) | 盆花(万盆) | 12.50 |
| 58 | 会宁县(甘) | 盆花(万盆) | 10.00 |
| 59 | 平罗县(宁) | 盆花(万盆) | 10.00 |
| 60 | 襄汾县(晋) | 盆花(万盆) | 10.00 |
| 61 | 秀洲区(浙) | 盆花(万盆) | 10.00 |
| 62 | 未央区(陕) | 盆花(万盆) | 9.00 |
| 63 | 察哈尔右翼前旗(内蒙古) | 盆花(万盆) | 8.00 |
| 64 | 赞皇县(冀) | 盆花(万盆) | 7.00 |
| 65 | 瓜州县(甘) | 盆花(万盆) | 5.00 |
| 66 | 运河区(冀) | 盆花(万盆) | 5.00 |
| 67 | 广阳区(冀) | 盆花(万盆) | 5.00 |
| 68 | 高碑店市(冀) | 盆花(万盆) | 5.00 |
| 69 | 大厂回族自治县(冀) | 盆花(万盆) | 5.00 |
| 70 | 东平县(鲁) | 盆花(万盆) | 5.00 |
| 71 | 长治县(晋) | 盆花(万盆) | 5.00 |
| 72 | 海港区(冀) | 盆花(万盆) | 4.00 |
| 73 | 满城县(冀) | 盆花(万盆) | 3.50 |
| 74 | 井研县(川) | 盆花(万盆) | 3.20 |
| 75 | 魏　县(冀) | 盆花(万盆) | 2.50 |
| 76 | 淮上区(皖) | 盆花(万盆) | 2.00 |
| 77 | 芜湖县(皖) | 盆花(万盆) | 2.00 |
| 78 | 肃宁县(冀) | 盆花(万盆) | 2.00 |
| 79 | 开平区(冀) | 盆花(万盆) | 2.00 |
| 80 | 丰润区(冀) | 盆花(万盆) | 1.50 |
| 81 | 新乐市(冀) | 盆花(万盆) | 1.00 |
| 82 | 商水县(豫) | 盆花(万盆) | 0.80 |
| 83 | 桃城区(冀) | 盆花(万盆) | 0.50 |
| 84 | 怀来县(冀) | 盆花(万盆) | 0.50 |
| 85 | 迁西县(冀) | 盆花(万盆) | 0.50 |
| 86 | 东乌珠穆沁旗(内蒙古) | 盆花(万盆) | 0.50 |
| 87 | 临河区(内蒙古) | 穴盘苗(万株) | 400.00 |

**表 13-34　一串红主产地产量**

（续）

| 序号 | 一串红主产地 | 花卉类别(单位) | 生产量 | 序号 | 一串花主产地 | 花卉类别(单位) | 生产量 |
|---|---|---|---|---|---|---|---|
| 1 | 大武口区(宁) | 城市绿化苗(万株) | 70.00 | 46 | 辛集市(冀) | 盆花(万盆) | 12.00 |
| 2 | 海拉尔区(内蒙古) | 城市绿化苗(万株) | 20.00 | 47 | 鼎城区(湘) | 盆花(万盆) | 12.00 |
| 3 | 木兰县(黑) | 城市绿化苗(万株) | 10.00 | 48 | 永年县(冀) | 盆花(万盆) | 11.00 |
| 4 | 青铜峡市(宁) | 城市绿化苗(万株) | 6.00 | 49 | 金凤区(宁) | 盆花(万盆) | 11.00 |
| 5 | 蜀山区(皖) | 城市绿化苗(万株) | 5.00 | 50 | 平罗县(宁) | 盆花(万盆) | 10.00 |
| 6 | 侯马市(晋) | 城市绿化苗(万株) | 5.00 | 51 | 东平县(鲁) | 盆花(万盆) | 10.00 |
| 7 | 大同县(晋) | 城市绿化苗(万株) | 5.00 | 52 | 阳泉市郊区(晋) | 盆花(万盆) | 10.00 |
| 8 | 洮南市(吉) | 城市绿化苗(万株) | 3.50 | 53 | 凤城市(辽) | 盆花(万盆) | 9.00 |
| 9 | 山丹县(甘) | 城市绿化苗(万株) | 2.00 | 54 | 未央区(陕) | 盆花(万盆) | 9.00 |
| 10 | 二道江区(吉) | 观赏苗木(万株) | 260.00 | 55 | 南和县(冀) | 盆花(万盆) | 7.00 |
| 11 | 五华县(粤) | 观赏苗木(万株) | 100.00 | 56 | 运河区(冀) | 盆花(万盆) | 6.00 |
| 12 | 中方县(湘) | 观赏苗木(万株) | 30.00 | 57 | 吴桥县(冀) | 盆花(万盆) | 5.00 |
| 13 | 甘井子区(辽) | 观赏苗木(万株) | 15.00 | 58 | 任　县(冀) | 盆花(万盆) | 5.00 |
| 14 | 宁城县(内蒙古) | 观赏苗木(万株) | 13.80 | 59 | 高碑店市(冀) | 盆花(万盆) | 5.00 |
| 15 | 嘉峪关市(甘) | 观赏苗木(万株) | 5.00 | 60 | 平桥区(豫) | 盆花(万盆) | 5.00 |
| 16 | 呼兰区(黑) | 观赏苗木(万株) | 5.00 | 61 | 沂南县(鲁) | 盆花(万盆) | 5.00 |
| 17 | 襄城县(豫) | 观叶植物(万盆) | 85.00 | 62 | 广阳区(冀) | 盆花(万盆) | 4.96 |
| 18 | 察哈尔右翼前旗(内蒙古) | 观叶植物(万盆) | 8.00 | 63 | 寿　县(皖) | 盆花(万盆) | 4.00 |
| 19 | 镇坪县(陕) | 观叶植物(万盆) | 2.00 | 64 | 邢台县(冀) | 盆花(万盆) | 4.00 |
| 20 | 阿城区(黑) | 花卉用种苗(千苗) | 65.00 | 65 | 北戴河区(冀) | 盆花(万盆) | 4.00 |
| 21 | 阜新蒙古族自治县(辽) | 盆花(万盆) | 550.00 | 66 | 新乐市(冀) | 盆花(万盆) | 4.00 |
| 22 | 邹平县(鲁) | 盆花(万盆) | 458.00 | 67 | 长治县(晋) | 盆花(万盆) | 4.00 |
| 23 | 彭山区(川) | 盆花(万盆) | 180.00 | 68 | 井研县(川) | 盆花(万盆) | 3.60 |
| 24 | 兴庆区(宁) | 盆花(万盆) | 129.60 | 69 | 灵璧县(皖) | 盆花(万盆) | 3.00 |
| 25 | 玉田县(冀) | 盆花(万盆) | 120.00 | 70 | 满城县(冀) | 盆花(万盆) | 3.00 |
| 26 | 蔡甸区(鄂) | 盆花(万盆) | 100.00 | 71 | 鹿泉区(冀) | 盆花(万盆) | 3.00 |
| 27 | 赫山区(湘) | 盆花(万盆) | 100.00 | 72 | 陵城区(鲁) | 盆花(万盆) | 3.00 |
| 28 | 莒南县(鲁) | 盆花(万盆) | 90.00 | 73 | 敦煌市(甘) | 盆花(万盆) | 2.50 |
| 29 | 新泰市(鲁) | 盆花(万盆) | 62.00 | 74 | 肃宁县(冀) | 盆花(万盆) | 2.50 |
| 30 | 昌平区(京) | 盆花(万盆) | 55.00 | 75 | 崆峒区(甘) | 盆花(万盆) | 2.00 |
| 31 | 左云县(晋) | 盆花(万盆) | 50.00 | 76 | 藁城区(冀) | 盆花(万盆) | 2.00 |
| 32 | 巴州区(川) | 盆花(万盆) | 42.00 | 77 | 磁　县(冀) | 盆花(万盆) | 2.00 |
| 33 | 临洮县(甘) | 盆花(万盆) | 30.00 | 78 | 开平区(冀) | 盆花(万盆) | 2.00 |
| 34 | 涿州市(冀) | 盆花(万盆) | 30.00 | 79 | 双桥区(冀) | 盆花(万盆) | 2.00 |
| 35 | 户　县(陕) | 盆花(万盆) | 28.00 | 80 | 承德县(冀) | 盆花(万盆) | 2.00 |
| 36 | 淮上区(皖) | 盆花(万盆) | 20.00 | 81 | 宁阳县(鲁) | 盆花(万盆) | 1.60 |
| 37 | 古冶区(冀) | 盆花(万盆) | 20.00 | 82 | 滦平县(冀) | 盆花(万盆) | 1.40 |
| 38 | 石家庄市桥西区(冀) | 盆花(万盆) | 20.00 | 83 | 望都县(冀) | 盆花(万盆) | 1.20 |
| 39 | 路北区(冀) | 盆花(万盆) | 20.00 | 84 | 山海关区(冀) | 盆花(万盆) | 1.20 |
| 40 | 忻府区(晋) | 盆花(万盆) | 19.00 | 85 | 商水县(豫) | 盆花(万盆) | 1.20 |
| 41 | 莒　县(鲁) | 盆花(万盆) | 18.20 | 86 | 鹤峰县(鄂) | 盆花(万盆) | 1.20 |
| 42 | 平泉县(冀) | 盆花(万盆) | 18.00 | 87 | 汶上县(鲁) | 盆花(万盆) | 1.10 |
| 43 | 海港区(冀) | 盆花(万盆) | 16.70 | 88 | 白银区(甘) | 盆花(万盆) | 1.00 |
| 44 | 肃州区(甘) | 盆花(万盆) | 16.00 | 89 | 张北县(冀) | 盆花(万盆) | 1.00 |
| 45 | 惠济区(豫) | 盆花(万盆) | 16.00 | 90 | 复兴区(冀) | 盆花(万盆) | 1.00 |

(续)

| 序号 | 一串花主产地 | 花卉类别(单位) | 生产量 |
|---|---|---|---|
| 91 | 迁安市(冀) | 盆花(万盆) | 1.00 |
| 92 | 邱　县(冀) | 盆花(万盆) | 1.00 |
| 93 | 闵行区(沪) | 盆花(万盆) | 1.00 |
| 94 | 枣强县(冀) | 盆花(万盆) | 0.90 |
| 95 | 安平县(冀) | 盆花(万盆) | 0.68 |
| 96 | 鸡泽县(冀) | 盆花(万盆) | 0.60 |
| 97 | 景　县(冀) | 盆花(万盆) | 0.60 |
| 98 | 晋州市(冀) | 盆花(万盆) | 0.60 |
| 99 | 怀来县(冀) | 盆花(万盆) | 0.50 |
| 100 | 武邑县(冀) | 盆花(万盆) | 0.50 |
| 101 | 大名县(冀) | 盆花(万盆) | 0.50 |
| 102 | 方城县(豫) | 盆花(万盆) | 0.50 |
| 103 | 宝丰县(豫) | 盆景(万盆) | 1.00 |
| 104 | 芜湖县(皖) | 鲜切花(万支) | 10.00 |
| 105 | 禹会区(皖) | 鲜切花(万支) | 2.00 |
| 106 | 石台县(皖) | 鲜切花(万支) | 2.00 |
| 107 | 桃城区(冀) | 鲜切花(万支) | 0.84 |

**表 13-35　凤梨类主产地产量**

| 序号 | 凤梨类主产地 | 花卉类别(单位) | 生产量 |
|---|---|---|---|
| 1 | 石泉县(陕) | 观赏苗木(万株) | 0.50 |
| 2 | 邹平县(鲁) | 观叶植物(万盆) | 18.00 |
| 3 | 始兴县(粤) | 观叶植物(万盆) | 3.00 |
| 4 | 邯山区(冀) | 观叶植物(万盆) | 2.80 |
| 5 | 孟村回族自治县(冀) | 观叶植物(万盆) | 0.60 |
| 6 | 钟祥市(鄂) | 盆花(万盆) | 500.00 |
| 7 | 青州市(鲁) | 盆花(万盆) | 400.00 |
| 8 | 怀宁县(皖) | 盆花(万盆) | 100.00 |
| 9 | 松江区(沪) | 盆花(万盆) | 77.00 |
| 10 | 长安区(冀) | 盆花(万盆) | 58.50 |
| 11 | 顺义区(京) | 盆花(万盆) | 58.09 |
| 12 | 游仙区(川) | 盆花(万盆) | 50.00 |
| 13 | 花都区(粤) | 盆花(万盆) | 47.00 |
| 14 | 诸城市(鲁) | 盆花(万盆) | 30.00 |
| 15 | 涿州市(冀) | 盆花(万盆) | 25.00 |
| 16 | 广饶县(鲁) | 盆花(万盆) | 22.00 |
| 17 | 青浦区(沪) | 盆花(万盆) | 21.00 |
| 18 | 武城县(鲁) | 盆花(万盆) | 20.00 |
| 19 | 奉贤区(沪) | 盆花(万盆) | 19.80 |
| 20 | 新华区(冀) | 盆花(万盆) | 12.00 |
| 21 | 东洲区(辽) | 盆花(万盆) | 9.00 |
| 22 | 永清县(冀) | 盆花(万盆) | 8.00 |
| 23 | 鄄城县(鲁) | 盆花(万盆) | 8.00 |
| 24 | 兖州市(鲁) | 盆花(万盆) | 4.00 |
| 25 | 洪洞县(晋) | 盆花(万盆) | 4.00 |

(续)

| 序号 | 凤梨类主产地 | 花卉类别(单位) | 生产量 |
|---|---|---|---|
| 26 | 北京市大东流苗圃(京) | 盆花(万盆) | 3.41 |
| 27 | 昌平区(京) | 盆花(万盆) | 3.40 |
| 28 | 丰宁满族自治县(冀) | 盆花(万盆) | 2.00 |
| 29 | 蚌山区(皖) | 盆花(万盆) | 1.00 |
| 30 | 宁东林业局(陕) | 盆花(万盆) | 0.80 |
| 31 | 忻府区(晋) | 盆花(万盆) | 0.58 |
| 32 | 翠屏区(川) | 盆景(万盆) | 2.50 |
| 33 | 杨凌区农林局(陕) | 鲜切花(万支) | 3.00 |

**表 13-36　红檵木主产地产量**

| 序号 | 红檵木主产地 | 花卉类别(单位) | 生产量 |
|---|---|---|---|
| 1 | 北仑区(浙) | 城市绿化苗(万株) | 2500.00 |
| 2 | 长沙县(湘) | 城市绿化苗(万株) | 653.20 |
| 3 | 洪江市(湘) | 城市绿化苗(万株) | 340.00 |
| 4 | 岳阳县(湘) | 城市绿化苗(万株) | 200.00 |
| 5 | 麒麟区(滇) | 城市绿化苗(万株) | 200.00 |
| 6 | 雨花区(湘) | 城市绿化苗(万株) | 150.00 |
| 7 | 象山县(浙) | 城市绿化苗(万株) | 130.00 |
| 8 | 潢川县(豫) | 城市绿化苗(万株) | 100.00 |
| 9 | 宜都市(鄂) | 城市绿化苗(万株) | 100.00 |
| 10 | 颍泉区(皖) | 城市绿化苗(万株) | 60.10 |
| 11 | 黄平县(黔) | 城市绿化苗(万株) | 60.00 |
| 12 | 新晃侗族自治县(湘) | 城市绿化苗(万株) | 25.00 |
| 13 | 进贤县(赣) | 城市绿化苗(万株) | 25.00 |
| 14 | 蕉岭县(粤) | 城市绿化苗(万株) | 20.00 |
| 15 | 武冈市(湘) | 城市绿化苗(万株) | 10.00 |
| 16 | 武陵区(湘) | 城市绿化苗(万株) | 8.50 |
| 17 | 茅箭区(鄂) | 城市绿化苗(万株) | 8.00 |
| 18 | 芷江侗族自治县(湘) | 城市绿化苗(万株) | 8.00 |
| 19 | 裕安区(皖) | 城市绿化苗(万株) | 5.60 |
| 20 | 英山县(鄂) | 城市绿化苗(万株) | 5.10 |
| 21 | 碧江区(黔) | 城市绿化苗(万株) | 4.50 |
| 22 | 旌阳区(川) | 城市绿化苗(万株) | 4.00 |
| 23 | 沅陵县(湘) | 城市绿化苗(万株) | 2.20 |
| 24 | 威远县(川) | 城市绿化苗(万株) | 2.00 |
| 25 | 黟　县(皖) | 城市绿化苗(万株) | 1.00 |
| 26 | 慈利县(湘) | 观赏苗木(万株) | 150.00 |
| 27 | 高　县(川) | 观赏苗木(万株) | 106.00 |
| 28 | 南郑县(陕) | 观赏苗木(万株) | 60.00 |
| 29 | 巴州区(川) | 观赏苗木(万株) | 31.50 |
| 30 | 株洲县(湘) | 观赏苗木(万株) | 30.00 |
| 31 | 三门县(浙) | 观赏苗木(万株) | 23.00 |
| 32 | 中方县(湘) | 观赏苗木(万株) | 22.00 |
| 33 | 江口县(黔) | 观赏苗木(万株) | 20.00 |
| 34 | 庆元县(浙) | 观赏苗木(万株) | 20.00 |

（续）

| 序号 | 红檵木主产地 | 花卉类别(单位) | 生产量 |
|---|---|---|---|
| 35 | 黔江区(渝) | 观赏苗木(万株) | 15.00 |
| 36 | 阳新县(鄂) | 观赏苗木(万株) | 7.00 |
| 37 | 永兴县(湘) | 观赏苗木(万株) | 4.00 |
| 38 | 新田县(湘) | 观赏苗木(万株) | 4.00 |
| 39 | 万盛区(渝) | 观赏苗木(万株) | 2.00 |
| 40 | 辰溪县(湘) | 观叶植物(万盆) | 100.00 |
| 41 | 都昌县(赣) | 观叶植物(万盆) | 4.00 |
| 42 | 镇坪县(陕) | 观叶植物(万盆) | 1.00 |
| 43 | 龙南县(赣) | 花卉用种苗(千苗) | 1500.00 |
| 44 | 巴州区(川) | 盆花(万盆) | 13.00 |
| 45 | 宾阳县(桂) | 盆花(万盆) | 0.50 |
| 46 | 合山市(桂) | 盆花(万盆) | 0.50 |
| 47 | 鹤峰县(鄂) | 盆景(万盆) | 10.00 |
| 48 | 常宁市(湘) | 盆景(万盆) | 8.50 |
| 49 | 三门县(浙) | 盆景(万盆) | 0.60 |
| 50 | 津市市(湘) | 鲜切花(万支) | 1.50 |
| 51 | 洋　县(陕) | 鲜切叶(万支) | 1.90 |

## 表 13-37　红掌主产地产量

| 序号 | 红掌主产地 | 花卉类别(单位) | 生产量 |
|---|---|---|---|
| 1 | 利川市(鄂) | 城市绿化苗(万株) | 5.00 |
| 2 | 许昌县(豫) | 城市绿化苗(万株) | 2.00 |
| 3 | 苏家屯区(辽) | 观赏苗木(万株) | 5.00 |
| 4 | 丹凤县(陕) | 观赏苗木(万株) | 5.00 |
| 5 | 莱州市(鲁) | 观叶植物(万盆) | 20.00 |
| 6 | 新城区(内蒙古) | 观叶植物(万盆) | 0.50 |
| 7 | 崇明县(沪) | 盆花(万盆) | 6790.00 |
| 8 | 钟祥市(鄂) | 盆花(万盆) | 1500.00 |
| 9 | 广饶县(鲁) | 盆花(万盆) | 450.00 |
| 10 | 青州市(鲁) | 盆花(万盆) | 205.00 |
| 11 | 怀宁县(皖) | 盆花(万盆) | 100.00 |
| 12 | 攀枝花市西区(川) | 盆花(万盆) | 100.00 |
| 13 | 三河市(冀) | 盆花(万盆) | 85.00 |
| 14 | 颍泉区(皖) | 盆花(万盆) | 60.49 |
| 15 | 顺义区(京) | 盆花(万盆) | 60.17 |
| 16 | 清丰县(豫) | 盆花(万盆) | 60.00 |
| 17 | 昌平区(京) | 盆花(万盆) | 49.10 |
| 18 | 松江区(沪) | 盆花(万盆) | 39.50 |
| 19 | 涿州市(冀) | 盆花(万盆) | 35.00 |
| 20 | 新华区(冀) | 盆花(万盆) | 33.00 |
| 21 | 北京市大东流苗圃(京) | 盆花(万盆) | 29.15 |
| 22 | 邹平县(鲁) | 盆花(万盆) | 22.60 |
| 23 | 长安区(陕) | 盆花(万盆) | 14.00 |
| 24 | 长安区(冀) | 盆花(万盆) | 10.10 |
| 25 | 高邑县(冀) | 盆花(万盆) | 10.00 |
| 26 | 栾城区(冀) | 盆花(万盆) | 8.00 |
| 27 | 红山区(内蒙古) | 盆花(万盆) | 7.00 |
| 28 | 石家庄市桥西区(冀) | 盆花(万盆) | 6.00 |
| 29 | 鄄城县(鲁) | 盆花(万盆) | 6.00 |
| 30 | 桃城区(冀) | 盆花(万盆) | 5.00 |
| 31 | 兖州市(鲁) | 盆花(万盆) | 5.00 |
| 32 | 洪洞县(晋) | 盆花(万盆) | 4.50 |
| 33 | 莒　县(鲁) | 盆花(万盆) | 4.20 |
| 34 | 黔江区(渝) | 盆花(万盆) | 2.60 |
| 35 | 定兴县(冀) | 盆花(万盆) | 2.00 |
| 36 | 洋　县(陕) | 盆花(万盆) | 2.00 |
| 37 | 敦煌市(甘) | 盆花(万盆) | 1.00 |
| 38 | 杨凌区农林局(陕) | 盆花(万盆) | 1.00 |
| 39 | 忻府区(晋) | 盆花(万盆) | 0.76 |
| 40 | 陵城区(鲁) | 盆花(万盆) | 0.70 |
| 41 | 三门县(浙) | 盆花(万盆) | 0.60 |
| 42 | 丰宁满族自治县(冀) | 盆花(万盆) | 0.50 |
| 43 | 鹤峰县(鄂) | 盆花(万盆) | 0.50 |
| 44 | 贡井区(川) | 盆景(万盆) | 40.00 |
| 45 | 灵璧县(皖) | 盆景(万盆) | 3.00 |
| 46 | 新丰县(粤) | 盆景(万盆) | 0.50 |
| 47 | 固安县(冀) | 鲜切花(万支) | 20.00 |
| 48 | 万州区(渝) | 鲜切花(万支) | 0.80 |

## 表 13-38　红叶小檗主产地产量

| 序号 | 红叶小檗主产地 | 花卉类别(单位) | 生产量 |
|---|---|---|---|
| 1 | 潢川县(豫) | 城市绿化苗(万株) | 700.00 |
| 2 | 滦南县(冀) | 城市绿化苗(万株) | 300.00 |
| 3 | 临洮县(甘) | 城市绿化苗(万株) | 110.00 |
| 4 | 沂水县(鲁) | 城市绿化苗(万株) | 68.00 |
| 5 | 坊子区(鲁) | 城市绿化苗(万株) | 51.00 |
| 6 | 颍泉区(皖) | 城市绿化苗(万株) | 50.90 |
| 7 | 莱芜市高新区(鲁) | 城市绿化苗(万株) | 42.00 |
| 8 | 镇宁布依族苗族自治县(黔) | 城市绿化苗(万株) | 30.00 |
| 9 | 大武口区(宁) | 城市绿化苗(万株) | 30.00 |
| 10 | 枣阳市(鄂) | 城市绿化苗(万株) | 15.00 |
| 11 | 双滦区(冀) | 城市绿化苗(万株) | 10.00 |
| 12 | 侯马市(晋) | 城市绿化苗(万株) | 6.00 |
| 13 | 茅箭区(鄂) | 城市绿化苗(万株) | 4.00 |
| 14 | 望都县(冀) | 观赏苗木(万株) | 1480.00 |
| 15 | 邹平县(鲁) | 观赏苗木(万株) | 406.00 |
| 16 | 兴庆区(宁) | 观赏苗木(万株) | 369.00 |
| 17 | 易　县(冀) | 观赏苗木(万株) | 200.00 |
| 18 | 涿州市(冀) | 观赏苗木(万株) | 180.00 |
| 19 | 博野县(冀) | 观赏苗木(万株) | 160.00 |

(续)

| 序号 | 红叶小檗主产地 | 花卉类别(单位) | 生产量 |
|---|---|---|---|
| 20 | 清苑县(冀) | 观赏苗木(万株) | 155.00 |
| 21 | 鹿泉区(冀) | 观赏苗木(万株) | 70.00 |
| 22 | 开平区(冀) | 观赏苗木(万株) | 50.00 |
| 23 | 莱州市(鲁) | 观赏苗木(万株) | 50.00 |
| 24 | 肃宁县(冀) | 观赏苗木(万株) | 40.00 |
| 25 | 范　县(豫) | 观赏苗木(万株) | 40.00 |
| 26 | 乐亭县(冀) | 观赏苗木(万株) | 36.70 |
| 27 | 藁城区(冀) | 观赏苗木(万株) | 32.00 |
| 28 | 龙安区(豫) | 观赏苗木(万株) | 30.00 |
| 29 | 迁安市(冀) | 观赏苗木(万株) | 20.00 |
| 30 | 迁西县(冀) | 观赏苗木(万株) | 20.00 |
| 31 | 辛集市(冀) | 观赏苗木(万株) | 17.00 |
| 32 | 北戴河区(冀) | 观赏苗木(万株) | 8.00 |
| 33 | 邯山区(冀) | 观赏苗木(万株) | 5.10 |
| 34 | 石泉县(陕) | 观赏苗木(万株) | 5.00 |
| 35 | 大厂回族自治县(冀) | 观赏苗木(万株) | 4.00 |
| 36 | 武强县(冀) | 观赏苗木(万株) | 3.60 |
| 37 | 曲阳县(冀) | 观赏苗木(万株) | 3.00 |
| 38 | 忻府区(晋) | 观赏苗木(万株) | 2.50 |
| 39 | 龙口市(鲁) | 观赏苗木(万株) | 2.30 |
| 40 | 井陉矿区(冀) | 观赏苗木(万株) | 2.00 |
| 41 | 万全区(冀) | 观赏苗木(万株) | 0.50 |

**表 13-39　桧柏主产地产量**

| 序号 | 桧柏主产地 | 花卉类别(单位) | 生产量 |
|---|---|---|---|
| 1 | 潢川县(豫) | 城市绿化苗(万株) | 105.00 |
| 2 | 偃师市(豫) | 城市绿化苗(万株) | 55.00 |
| 3 | 金凤区(宁) | 城市绿化苗(万株) | 15.50 |
| 4 | 鹤山区(豫) | 城市绿化苗(万株) | 12.00 |
| 5 | 三山区(皖) | 城市绿化苗(万株) | 7.00 |
| 6 | 忻府区(晋) | 城市绿化苗(万株) | 6.83 |
| 7 | 山城区(豫) | 城市绿化苗(万株) | 5.00 |
| 8 | 侯马市(晋) | 城市绿化苗(万株) | 4.50 |
| 9 | 望都县(冀) | 观赏苗木(万株) | 960.00 |
| 10 | 涉　县(冀) | 观赏苗木(万株) | 65.00 |
| 11 | 兖州市(鲁) | 观赏苗木(万株) | 45.00 |
| 12 | 唐　县(冀) | 观赏苗木(万株) | 34.00 |
| 13 | 藁城区(冀) | 观赏苗木(万株) | 25.00 |
| 14 | 承德县(冀) | 观赏苗木(万株) | 25.00 |
| 15 | 大城县(冀) | 观赏苗木(万株) | 20.00 |
| 16 | 盐山县(冀) | 观赏苗木(万株) | 14.40 |
| 17 | 汝阳县(豫) | 观赏苗木(万株) | 11.24 |
| 18 | 薛城区(鲁) | 观赏苗木(万株) | 10.00 |
| 19 | 新乐市(冀) | 观赏苗木(万株) | 8.00 |
| 20 | 芜湖县(皖) | 观赏苗木(万株) | 5.00 |

(续)

| 序号 | 桧柏主产地 | 花卉类别(单位) | 生产量 |
|---|---|---|---|
| 21 | 龙安区(豫) | 观赏苗木(万株) | 4.00 |
| 22 | 井陉矿区(冀) | 观赏苗木(万株) | 3.00 |
| 23 | 迁安市(冀) | 观赏苗木(万株) | 2.00 |
| 24 | 满城县(冀) | 观赏苗木(万株) | 1.00 |
| 25 | 高碑店市(冀) | 观赏苗木(万株) | 1.00 |
| 26 | 南宫市(冀) | 盆景(万盆) | 11.00 |
| 27 | 榆树市(吉) | 鲜切叶(万支) | 50.00 |

**表 13-40　榕树(小叶榕)主产地产量**

| 序号 | 榕树(小叶榕)主产地 | 花卉类别(单位) | 生产量 |
|---|---|---|---|
| 1 | 楚雄市(滇) | 城市绿化苗(万株) | 5065.00 |
| 2 | 清城区(粤) | 城市绿化苗(万株) | 360.00 |
| 3 | 兴义市(黔) | 城市绿化苗(万株) | 300.00 |
| 4 | 元阳县(滇) | 城市绿化苗(万株) | 180.00 |
| 5 | 达川区(川) | 城市绿化苗(万株) | 100.00 |
| 6 | 富顺县(川) | 城市绿化苗(万株) | 60.00 |
| 7 | 陆川县(桂) | 城市绿化苗(万株) | 6.00 |
| 8 | 扶绥县(桂) | 城市绿化苗(万株) | 5.00 |
| 9 | 南康市(赣) | 城市绿化苗(万株) | 3.70 |
| 10 | 赤水市(黔) | 城市绿化苗(万株) | 2.60 |
| 11 | 龙南县(赣) | 城市绿化苗(万株) | 2.00 |
| 12 | 田阳县(桂) | 城市绿化苗(万株) | 0.80 |
| 13 | 大余县(赣) | 观赏苗木(万株) | 75.00 |
| 14 | 翠屏区(川) | 观赏苗木(万株) | 6.20 |
| 15 | 信宜市(粤) | 观赏苗木(万株) | 6.00 |
| 16 | 苏家屯区(辽) | 观赏苗木(万株) | 5.00 |
| 17 | 巴州区(川) | 观赏苗木(万株) | 5.00 |
| 18 | 禄丰县(滇) | 观赏苗木(万株) | 4.55 |
| 19 | 河口瑶族自治县(滇) | 观赏苗木(万株) | 3.50 |
| 20 | 台山市(粤) | 观赏苗木(万株) | 3.20 |
| 21 | 镇宁布依族苗族自治县(黔) | 观赏苗木(万株) | 2.00 |
| 22 | 大姚县(滇) | 观赏苗木(万株) | 2.00 |
| 23 | 三门县(浙) | 观叶植物(万盆) | 0.50 |
| 24 | 颍泉区(皖) | 盆花(万盆) | 30.40 |
| 25 | 涿州市(冀) | 盆花(万盆) | 10.00 |
| 26 | 东洲区(辽) | 盆花(万盆) | 2.00 |
| 27 | 新丰县(粤) | 盆景(万盆) | 1.90 |

**表 13-41　红叶石楠主产地产量**

| 序号 | 红叶石楠主产地 | 花卉类别(单位) | 生产量 |
|---|---|---|---|
| 1 | 全椒县(皖) | 城市绿化苗(万株) | 60000.00 |
| 2 | 北仑区(浙) | 城市绿化苗(万株) | 7020.00 |
| 3 | 麒麟区(滇) | 城市绿化苗(万株) | 2000.00 |
| 4 | 长沙县(湘) | 城市绿化苗(万株) | 1320.80 |
| 5 | 岳阳县(湘) | 城市绿化苗(万株) | 1100.00 |

（续）

| 序号 | 红叶石楠主产地 | 花卉类别(单位) | 生产量 |
|---|---|---|---|
| 6 | 潢川县(豫) | 城市绿化苗(万株) | 1086.00 |
| 7 | 掇刀区(鄂) | 城市绿化苗(万株) | 600.00 |
| 8 | 颍州区(皖) | 城市绿化苗(万株) | 590.00 |
| 9 | 零陵区(湘) | 城市绿化苗(万株) | 500.00 |
| 10 | 吉安县(赣) | 城市绿化苗(万株) | 500.00 |
| 11 | 洪江市(湘) | 城市绿化苗(万株) | 330.00 |
| 12 | 钟祥市(鄂) | 城市绿化苗(万株) | 300.00 |
| 13 | 兴义市(黔) | 城市绿化苗(万株) | 200.00 |
| 14 | 长宁县(川) | 城市绿化苗(万株) | 123.00 |
| 15 | 泾　县(皖) | 城市绿化苗(万株) | 120.00 |
| 16 | 赫山区(湘) | 城市绿化苗(万株) | 120.00 |
| 17 | 桐城市(皖) | 城市绿化苗(万株) | 100.00 |
| 18 | 颍泉区(皖) | 城市绿化苗(万株) | 99.20 |
| 19 | 偃师市(豫) | 城市绿化苗(万株) | 95.00 |
| 20 | 栾川县(豫) | 城市绿化苗(万株) | 90.50 |
| 21 | 汝南县(豫) | 城市绿化苗(万株) | 90.00 |
| 22 | 郸城县(豫) | 城市绿化苗(万株) | 90.00 |
| 23 | 邵阳县(湘) | 城市绿化苗(万株) | 60.00 |
| 24 | 保康县(鄂) | 城市绿化苗(万株) | 58.00 |
| 25 | 平桥区(豫) | 城市绿化苗(万株) | 50.00 |
| 26 | 枣阳市(鄂) | 城市绿化苗(万株) | 50.00 |
| 27 | 达川区(川) | 城市绿化苗(万株) | 50.00 |
| 28 | 叶　县(豫) | 城市绿化苗(万株) | 41.00 |
| 29 | 京山县(鄂) | 城市绿化苗(万株) | 35.00 |
| 30 | 铜梁县(渝) | 城市绿化苗(万株) | 35.00 |
| 31 | 西塞山区(鄂) | 城市绿化苗(万株) | 30.00 |
| 32 | 新晃侗族自治县(湘) | 城市绿化苗(万株) | 30.00 |
| 33 | 仙桃市(鄂) | 城市绿化苗(万株) | 28.80 |
| 34 | 张湾区(鄂) | 城市绿化苗(万株) | 25.00 |
| 35 | 屏山县(川) | 城市绿化苗(万株) | 25.00 |
| 36 | 大冶市(鄂) | 城市绿化苗(万株) | 20.00 |
| 37 | 山亭区(鲁) | 城市绿化苗(万株) | 20.00 |
| 38 | 武冈市(湘) | 城市绿化苗(万株) | 15.00 |
| 39 | 三山区(皖) | 城市绿化苗(万株) | 10.00 |
| 40 | 黟　县(皖) | 城市绿化苗(万株) | 10.00 |
| 41 | 怀宁县(皖) | 城市绿化苗(万株) | 10.00 |
| 42 | 忻城县(桂) | 城市绿化苗(万株) | 10.00 |
| 43 | 普安县(黔) | 城市绿化苗(万株) | 10.00 |
| 44 | 茅箭区(鄂) | 城市绿化苗(万株) | 10.00 |
| 45 | 蓝田县(陕) | 城市绿化苗(万株) | 10.00 |
| 46 | 西秀区(黔) | 城市绿化苗(万株) | 8.60 |
| 47 | 盐亭县(川) | 城市绿化苗(万株) | 8.00 |
| 48 | 江川县(滇) | 城市绿化苗(万株) | 7.87 |
| 49 | 威海市经济技术开发区(鲁) | 城市绿化苗(万株) | 7.00 |
| 50 | 芷江侗族自治县(湘) | 城市绿化苗(万株) | 6.00 |

（续）

| 序号 | 红叶石楠主产地 | 花卉类别(单位) | 生产量 |
|---|---|---|---|
| 51 | 新田县(湘) | 城市绿化苗(万株) | 6.00 |
| 52 | 资阳区(湘) | 城市绿化苗(万株) | 6.00 |
| 53 | 涪城区(川) | 城市绿化苗(万株) | 6.00 |
| 54 | 北湖区(湘) | 城市绿化苗(万株) | 5.30 |
| 55 | 英山县(鄂) | 城市绿化苗(万株) | 5.10 |
| 56 | 黄山区(皖) | 城市绿化苗(万株) | 5.00 |
| 57 | 旌阳区(川) | 城市绿化苗(万株) | 4.00 |
| 58 | 利川市(鄂) | 城市绿化苗(万株) | 3.00 |
| 59 | 澧　县(湘) | 城市绿化苗(万株) | 3.00 |
| 60 | 西华县(豫) | 城市绿化苗(万株) | 2.60 |
| 61 | 碧江区(黔) | 城市绿化苗(万株) | 2.00 |
| 62 | 韶山市(湘) | 城市绿化苗(万株) | 1.38 |
| 63 | 宛城区(豫) | 城市绿化苗(万株) | 1.05 |
| 64 | 河口瑶族自治县(滇) | 城市绿化苗(万株) | 1.00 |
| 65 | 汶上县(鲁) | 城市绿化苗(万株) | 0.80 |
| 66 | 香格里拉县(滇) | 城市绿化苗(万株) | 0.55 |
| 67 | 泸西县(滇) | 观赏苗木(万株) | 1200.00 |
| 68 | 桂东县(湘) | 观赏苗木(万株) | 400.00 |
| 69 | 安福县(赣) | 观赏苗木(万株) | 320.00 |
| 70 | 江津区(渝) | 观赏苗木(万株) | 250.00 |
| 71 | 龙子湖区(皖) | 观赏苗木(万株) | 200.00 |
| 72 | 邱　县(冀) | 观赏苗木(万株) | 200.00 |
| 73 | 长葛市(豫) | 观赏苗木(万株) | 162.50 |
| 74 | 慈利县(湘) | 观赏苗木(万株) | 160.00 |
| 75 | 光山县(豫) | 观赏苗木(万株) | 130.00 |
| 76 | 江口县(黔) | 观赏苗木(万株) | 100.00 |
| 77 | 汤阴县(豫) | 观赏苗木(万株) | 100.00 |
| 78 | 郧西县(鄂) | 观赏苗木(万株) | 100.00 |
| 79 | 彭州市(川) | 观赏苗木(万株) | 93.00 |
| 80 | 新干县(赣) | 观赏苗木(万株) | 70.00 |
| 81 | 确山县(豫) | 观赏苗木(万株) | 60.00 |
| 82 | 濮阳县(豫) | 观赏苗木(万株) | 50.00 |
| 83 | 德安县(赣) | 观赏苗木(万株) | 50.00 |
| 84 | 高　县(川) | 观赏苗木(万株) | 41.00 |
| 85 | 镇宁布依族苗族自治县(黔) | 观赏苗木(万株) | 30.00 |
| 86 | 遂平县(豫) | 观赏苗木(万株) | 30.00 |
| 87 | 嵩　县(豫) | 观赏苗木(万株) | 30.00 |
| 88 | 开封县(豫) | 观赏苗木(万株) | 30.00 |
| 89 | 庆元县(浙) | 观赏苗木(万株) | 30.00 |
| 90 | 巴州区(川) | 观赏苗木(万株) | 25.20 |
| 91 | 阳新县(鄂) | 观赏苗木(万株) | 25.00 |
| 92 | 南郑县(陕) | 观赏苗木(万株) | 25.00 |
| 93 | 镇平县(豫) | 观赏苗木(万株) | 21.00 |
| 94 | 迁西县(冀) | 观赏苗木(万株) | 20.00 |
| 95 | 龙安区(豫) | 观赏苗木(万株) | 20.00 |

(续)

| 序号 | 红叶石楠主产地 | 花卉类别(单位) | 生产量 |
|---|---|---|---|
| 96 | 东宝区(鄂) | 观赏苗木(万株) | 20.00 |
| 97 | 鄄城县(鲁) | 观赏苗木(万株) | 20.00 |
| 98 | 万盛区(渝) | 观赏苗木(万株) | 20.00 |
| 99 | 黔江区(渝) | 观赏苗木(万株) | 18.00 |
| 100 | 范　县(豫) | 观赏苗木(万株) | 17.20 |
| 101 | 莒　县(鲁) | 观赏苗木(万株) | 16.00 |
| 102 | 中方县(湘) | 观赏苗木(万株) | 15.00 |
| 103 | 三门县(浙) | 观赏苗木(万株) | 15.00 |
| 104 | 泸　县(川) | 观赏苗木(万株) | 10.80 |
| 105 | 株洲县(湘) | 观赏苗木(万株) | 10.00 |
| 106 | 汝阳县(豫) | 观赏苗木(万株) | 8.65 |
| 107 | 太康县(豫) | 观赏苗木(万株) | 7.00 |
| 108 | 肥西县(皖) | 观赏苗木(万株) | 5.00 |
| 109 | 蕉岭县(粤) | 观赏苗木(万株) | 5.00 |
| 110 | 大城县(冀) | 观赏苗木(万株) | 5.00 |
| 111 | 龙南县(赣) | 观赏苗木(万株) | 5.00 |
| 112 | 洋　县(陕) | 观赏苗木(万株) | 3.82 |
| 113 | 魏　县(冀) | 观赏苗木(万株) | 2.00 |
| 114 | 雨湖区(湘) | 观赏苗木(万株) | 2.00 |
| 115 | 公安县(鄂) | 观赏苗木(万株) | 1.55 |
| 116 | 东兴区(川) | 观赏苗木(万株) | 1.50 |
| 117 | 淮阳县(豫) | 观赏苗木(万株) | 0.60 |
| 118 | 冀州市(冀) | 观叶植物(万盆) | 60.00 |
| 119 | 翠屏区(川) | 观叶植物(万盆) | 4.60 |
| 120 | 平利县(陕) | 观叶植物(万盆) | 0.80 |
| 121 | 洋　县(陕) | 观叶植物(万盆) | 0.70 |
| 122 | 开远市(滇) | 盆花(万盆) | 300.00 |
| 123 | 云梦县(鄂) | 盆花(万盆) | 21.00 |
| 124 | 巴州区(川) | 盆花(万盆) | 5.00 |
| 125 | 岳阳楼区(湘) | 盆花(万盆) | 2.10 |
| 126 | 鹤峰县(鄂) | 盆景(万盆) | 13.00 |
| 127 | 宣汉县(川) | 鲜切花(万支) | 24.60 |
| 128 | 竹山县(鄂) | 穴盘苗(万株) | 20.00 |

**表 13-42　罗汉松主产地产量**

| 序号 | 罗汉松主产地 | 花卉类别(单位) | 生产量 |
|---|---|---|---|
| 1 | 长沙县(湘) | 城市绿化苗(万株) | 352.00 |
| 2 | 赫山区(湘) | 城市绿化苗(万株) | 220.00 |
| 3 | 银海区(桂) | 城市绿化苗(万株) | 120.00 |
| 4 | 潢川县(豫) | 城市绿化苗(万株) | 65.00 |
| 5 | 海城区(桂) | 城市绿化苗(万株) | 32.00 |
| 6 | 黄平县(黔) | 城市绿化苗(万株) | 30.00 |
| 7 | 普宁市(粤) | 城市绿化苗(万株) | 25.00 |
| 8 | 中方县(湘) | 城市绿化苗(万株) | 25.00 |
| 9 | 浦北县(桂) | 城市绿化苗(万株) | 20.00 |

(续)

| 序号 | 罗汉松主产地 | 花卉类别(单位) | 生产量 |
|---|---|---|---|
| 10 | 邵东县(湘) | 城市绿化苗(万株) | 10.00 |
| 11 | 清新区(粤) | 城市绿化苗(万株) | 6.00 |
| 12 | 新田县(湘) | 城市绿化苗(万株) | 5.00 |
| 13 | 雨花区(湘) | 城市绿化苗(万株) | 5.00 |
| 14 | 玉山县(赣) | 城市绿化苗(万株) | 3.00 |
| 15 | 仙桃市(鄂) | 城市绿化苗(万株) | 2.00 |
| 16 | 武冈市(湘) | 城市绿化苗(万株) | 2.00 |
| 17 | 双峰县(湘) | 城市绿化苗(万株) | 2.00 |
| 18 | 资阳区(湘) | 城市绿化苗(万株) | 2.00 |
| 19 | 望江县(皖) | 城市绿化苗(万株) | 1.00 |
| 20 | 宾阳县(桂) | 城市绿化苗(万株) | 1.00 |
| 21 | 洞口县(湘) | 城市绿化苗(万株) | 0.80 |
| 22 | 阳新县(鄂) | 城市绿化苗(万株) | 0.50 |
| 23 | 泸　县(川) | 观赏苗木(万株) | 20.60 |
| 24 | 连平县(粤) | 观赏苗木(万株) | 20.00 |
| 25 | 安远县(赣) | 观赏苗木(万株) | 9.35 |
| 26 | 三门县(浙) | 观赏苗木(万株) | 7.50 |
| 27 | 安化县(湘) | 观赏苗木(万株) | 3.00 |
| 28 | 株洲县(湘) | 观赏苗木(万株) | 2.00 |
| 29 | 台山市(粤) | 观赏苗木(万株) | 1.20 |
| 30 | 宣恩县(鄂) | 观赏苗木(万株) | 0.50 |
| 31 | 蓬江区(粤) | 观叶植物(万盆) | 1.10 |
| 32 | 台山市(粤) | 观叶植物(万盆) | 0.50 |
| 33 | 连平县(粤) | 观叶植物(万盆) | 0.50 |
| 34 | 岳阳楼区(湘) | 盆花(万盆) | 1.00 |
| 35 | 乳源瑶族自治县(粤) | 盆景(万盆) | 70.00 |
| 36 | 长沙县(湘) | 盆景(万盆) | 43.00 |
| 37 | 渠　县(川) | 盆景(万盆) | 3.00 |
| 38 | 黔江区(渝) | 盆景(万盆) | 1.00 |
| 39 | 新丰县(粤) | 盆景(万盆) | 0.70 |
| 40 | 蕉岭县(粤) | 盆景(万盆) | 0.50 |
| 41 | 桐庐县(浙) | 盆景(万盆) | 0.50 |
| 42 | 鼎城区(湘) | 观赏苗木(万株) | 1.00 |
| 43 | 卫东区(豫) | 盆花(万盆) | 1.30 |

**表 13-43　红枫主产地产量**

| 序号 | 红枫主产地 | 花卉类别(单位) | 生产量 |
|---|---|---|---|
| 1 | 麒麟区(滇) | 城市绿化苗(万株) | 500.00 |
| 2 | 东平县(鲁) | 城市绿化苗(万株) | 400.00 |
| 3 | 达川区(川) | 城市绿化苗(万株) | 100.00 |
| 4 | 沾益县(滇) | 城市绿化苗(万株) | 50.00 |
| 5 | 颍泉区(皖) | 城市绿化苗(万株) | 38.00 |
| 6 | 潢川县(豫) | 城市绿化苗(万株) | 28.00 |
| 7 | 新　县(豫) | 城市绿化苗(万株) | 11.00 |
| 8 | 江川县(滇) | 城市绿化苗(万株) | 3.29 |

（续）

| 序号 | 红枫主产地 | 花卉类别(单位) | 生产量 |
|---|---|---|---|
| 9 | 泾　县(皖) | 城市绿化苗(万株) | 3.00 |
| 10 | 蜀山区(皖) | 城市绿化苗(万株) | 3.00 |
| 11 | 仙桃市(鄂) | 城市绿化苗(万株) | 2.40 |
| 12 | 桐城市(皖) | 城市绿化苗(万株) | 2.00 |
| 13 | 碧江区(黔) | 城市绿化苗(万株) | 2.00 |
| 14 | 利川市(鄂) | 城市绿化苗(万株) | 2.00 |
| 15 | 三山区(皖) | 城市绿化苗(万株) | 1.50 |
| 16 | 裕安区(皖) | 城市绿化苗(万株) | 1.10 |
| 17 | 黟　县(皖) | 城市绿化苗(万株) | 1.00 |
| 18 | 茅箭区(鄂) | 城市绿化苗(万株) | 1.00 |
| 19 | 旌阳区(川) | 城市绿化苗(万株) | 1.00 |
| 20 | 宁晋县(冀) | 观赏苗木(万株) | 55.00 |
| 21 | 平泉县(冀) | 观赏苗木(万株) | 50.00 |
| 22 | 南郑县(陕) | 观赏苗木(万株) | 35.00 |
| 23 | 湛河区(豫) | 观赏苗木(万株) | 24.00 |
| 24 | 馆陶县(冀) | 观赏苗木(万株) | 21.00 |
| 25 | 翠屏区(川) | 观赏苗木(万株) | 21.00 |
| 26 | 大城县(冀) | 观赏苗木(万株) | 20.00 |
| 27 | 确山县(豫) | 观赏苗木(万株) | 20.00 |
| 28 | 莒　县(鲁) | 观赏苗木(万株) | 12.00 |
| 29 | 颍州区(皖) | 观赏苗木(万株) | 8.00 |
| 30 | 海港区(冀) | 观赏苗木(万株) | 7.00 |
| 31 | 巴州区(川) | 观赏苗木(万株) | 6.50 |
| 32 | 安化县(湘) | 观赏苗木(万株) | 5.00 |
| 33 | 大竹县(川) | 观赏苗木(万株) | 5.00 |
| 34 | 长葛市(豫) | 观赏苗木(万株) | 4.00 |
| 35 | 安平县(冀) | 观赏苗木(万株) | 3.50 |
| 36 | 三门县(浙) | 观赏苗木(万株) | 3.50 |
| 37 | 阳新县(鄂) | 观赏苗木(万株) | 3.00 |
| 38 | 邛崃市(川) | 观赏苗木(万株) | 3.00 |
| 39 | 永修县(赣) | 观赏苗木(万株) | 1.50 |
| 40 | 旺苍县(川) | 观赏苗木(万株) | 1.50 |
| 41 | 泸溪县(湘) | 观赏苗木(万株) | 1.00 |
| 42 | 冀州市(冀) | 观叶植物(万盆) | 50.00 |
| 43 | 江口县(黔) | 观叶植物(万盆) | 10.00 |
| 44 | 龙南县(赣) | 花卉用种苗(千苗) | 500.00 |
| 45 | 黄州区(鄂) | 盆景(万盆) | 1.00 |

**表 13-44　仙客来主产地产量**

| 序号 | 仙客来主产地 | 花卉类别(单位) | 生产量 |
|---|---|---|---|
| 1 | 海港区(冀) | 花卉用种球(千粒) | 1.00 |
| 2 | 青州市(鲁) | 盆花(万盆) | 137.00 |
| 3 | 颍泉区(皖) | 盆花(万盆) | 80.10 |
| 4 | 霸州市(冀) | 盆花(万盆) | 55.00 |
| 5 | 青龙满族自治县(冀) | 盆花(万盆) | 30.00 |

（续）

| 序号 | 仙客来主产地 | 花卉类别(单位) | 生产量 |
|---|---|---|---|
| 6 | 牟平区(鲁) | 盆花(万盆) | 27.00 |
| 7 | 涿州市(冀) | 盆花(万盆) | 15.00 |
| 8 | 丰宁满族自治县(冀) | 盆花(万盆) | 12.00 |
| 9 | 石家庄市桥西区(冀) | 盆花(万盆) | 12.00 |
| 10 | 栾城区(冀) | 盆花(万盆) | 10.00 |
| 11 | 红山区(内蒙古) | 盆花(万盆) | 10.00 |
| 12 | 鄄城县(鲁) | 盆花(万盆) | 10.00 |
| 13 | 东平县(鲁) | 盆花(万盆) | 10.00 |
| 14 | 鹿泉区(冀) | 盆花(万盆) | 9.00 |
| 15 | 运河区(冀) | 盆花(万盆) | 8.00 |
| 16 | 无极县(冀) | 盆花(万盆) | 5.00 |
| 17 | 赞皇县(冀) | 盆花(万盆) | 4.20 |
| 18 | 梁山县(鲁) | 盆花(万盆) | 4.00 |
| 19 | 旌阳区(川) | 盆花(万盆) | 4.00 |
| 20 | 邹平县(鲁) | 盆花(万盆) | 3.50 |
| 21 | 峄城区(鲁) | 盆花(万盆) | 3.00 |
| 22 | 潍城区(鲁) | 盆花(万盆) | 3.00 |
| 23 | 迁安市(冀) | 盆花(万盆) | 2.33 |
| 24 | 忻府区(晋) | 盆花(万盆) | 2.30 |
| 25 | 定兴县(冀) | 盆花(万盆) | 2.00 |
| 26 | 大厂回族自治县(冀) | 盆花(万盆) | 2.00 |
| 27 | 临洮县(甘) | 盆花(万盆) | 1.00 |
| 28 | 肃州区(甘) | 盆花(万盆) | 1.00 |
| 29 | 新市区(冀) | 盆花(万盆) | 1.00 |
| 30 | 滦平县(冀) | 盆花(万盆) | 0.60 |
| 31 | 翠屏区(川) | 盆景(万盆) | 2.20 |
| 32 | 平泉县(冀) | 鲜切花(万支) | 2.00 |

**表 13-45　富贵竹主产地产量**

| 序号 | 富贵竹主产地 | 花卉类别(单位) | 生产量 |
|---|---|---|---|
| 1 | 利川市(鄂) | 城市绿化苗(万株) | 20.00 |
| 2 | 洞口县(湘) | 城市绿化苗(万株) | 4.00 |
| 3 | 五华县(粤) | 观赏苗木(万株) | 300.00 |
| 4 | 射洪县(川) | 观赏苗木(万株) | 50.00 |
| 5 | 南丹县(桂) | 观赏苗木(万株) | 43.00 |
| 6 | 苏家屯区(辽) | 观赏苗木(万株) | 3.00 |
| 7 | 安国市(冀) | 观叶植物(万盆) | 30.00 |
| 8 | 赞皇县(冀) | 观叶植物(万盆) | 7.80 |
| 9 | 涿州市(冀) | 观叶植物(万盆) | 5.00 |
| 10 | 清城区(粤) | 观叶植物(万盆) | 3.10 |
| 11 | 会同县(湘) | 观叶植物(万盆) | 2.00 |
| 12 | 黔江区(渝) | 观叶植物(万盆) | 0.70 |
| 13 | 孟村回族自治县(冀) | 观叶植物(万盆) | 0.60 |
| 14 | 巴州区(川) | 盆花(万盆) | 42.00 |
| 15 | 濮阳县(豫) | 盆花(万盆) | 40.00 |

(续)

| 序号 | 富贵竹主产地 | 花卉类别(单位) | 生产量 |
|---|---|---|---|
| 16 | 射洪县(川) | 盆花(万盆) | 15.00 |
| 17 | 太康县(豫) | 盆花(万盆) | 6.00 |
| 18 | 连州市(粤) | 盆花(万盆) | 5.00 |
| 19 | 青　县(冀) | 盆花(万盆) | 4.00 |
| 20 | 大城县(冀) | 盆花(万盆) | 2.20 |
| 21 | 禹会区(皖) | 盆花(万盆) | 2.00 |
| 22 | 无极县(冀) | 盆花(万盆) | 2.00 |
| 23 | 岳阳楼区(湘) | 盆花(万盆) | 2.00 |
| 24 | 峄城区(鲁) | 盆花(万盆) | 2.00 |
| 25 | 盐山县(冀) | 盆花(万盆) | 1.30 |
| 26 | 芷江侗族自治县(湘) | 盆花(万盆) | 0.50 |
| 27 | 会理县(川) | 盆景(万盆) | 17.00 |
| 28 | 广昌县(赣) | 盆景(万盆) | 6.96 |
| 29 | 莒　县(鲁) | 盆景(万盆) | 3.10 |
| 30 | 灵璧县(皖) | 盆景(万盆) | 3.00 |
| 31 | 宝丰县(豫) | 盆景(万盆) | 2.00 |
| 32 | 陆川县(桂) | 盆景(万盆) | 1.00 |
| 33 | 新丰县(粤) | 盆景(万盆) | 0.80 |
| 34 | 黄州区(鄂) | 盆景(万盆) | 0.50 |
| 35 | 台山市(粤) | 鲜切叶(万支) | 1321.00 |
| 36 | 榆树市(吉) | 鲜切叶(万支) | 100.00 |
| 37 | 永清县(冀) | 鲜切叶(万支) | 25.00 |
| 38 | 藁城区(冀) | 鲜切叶(万支) | 8.00 |
| 39 | 洋　县(陕) | 鲜切叶(万支) | 7.00 |
| 40 | 西华县(豫) | 鲜切叶(万支) | 6.00 |
| 41 | 灵璧县(皖) | 鲜切叶(万支) | 6.00 |
| 42 | 永丰县(赣) | 鲜切叶(万支) | 3.60 |
| 43 | 丰润区(冀) | 鲜切叶(万支) | 1.80 |
| 44 | 井研县(川) | 鲜切叶(万支) | 1.30 |
| 45 | 灵寿县(冀) | 鲜切叶(万支) | 1.00 |
| 46 | 蓬江区(粤) | 鲜切叶(万支) | 1.00 |

**表 13-46　法桐主产地产量**

| 序号 | 法桐主产地 | 花卉类别(单位) | 生产量 |
|---|---|---|---|
| 1 | 长清区(鲁) | 城市绿化苗(万株) | 4338.00 |
| 2 | 济源市(豫) | 城市绿化苗(万株) | 3600.00 |
| 3 | 新泰市(鲁) | 城市绿化苗(万株) | 1320.00 |
| 4 | 河东区(鲁) | 城市绿化苗(万株) | 350.00 |
| 5 | 郸城县(豫) | 城市绿化苗(万株) | 150.00 |
| 6 | 许昌县(豫) | 城市绿化苗(万株) | 130.00 |
| 7 | 东平县(鲁) | 城市绿化苗(万株) | 120.00 |
| 8 | 偃师市(豫) | 城市绿化苗(万株) | 90.00 |
| 9 | 潢川县(豫) | 城市绿化苗(万株) | 60.00 |
| 10 | 夏邑县(豫) | 城市绿化苗(万株) | 50.00 |
| 11 | 坊子区(鲁) | 城市绿化苗(万株) | 40.00 |

(续)

| 序号 | 法桐主产地 | 花卉类别(单位) | 生产量 |
|---|---|---|---|
| 12 | 管城回族区(豫) | 城市绿化苗(万株) | 35.00 |
| 13 | 淇　县(豫) | 城市绿化苗(万株) | 30.00 |
| 14 | 浚　县(豫) | 城市绿化苗(万株) | 25.00 |
| 15 | 孟津县(豫) | 城市绿化苗(万株) | 20.00 |
| 16 | 杞　县(豫) | 城市绿化苗(万株) | 18.00 |
| 17 | 淇滨区(豫) | 城市绿化苗(万株) | 12.00 |
| 18 | 鹤山区(豫) | 城市绿化苗(万株) | 10.00 |
| 19 | 曲阳县(冀) | 城市绿化苗(万株) | 8.00 |
| 20 | 平乡县(冀) | 城市绿化苗(万株) | 5.00 |
| 21 | 息　县(豫) | 城市绿化苗(万株) | 4.80 |
| 22 | 侯马市(晋) | 城市绿化苗(万株) | 4.50 |
| 23 | 深州市(冀) | 城市绿化苗(万株) | 4.00 |
| 24 | 项城市(豫) | 城市绿化苗(万株) | 4.00 |
| 25 | 瑞金市(赣) | 城市绿化苗(万株) | 4.00 |
| 26 | 莱芜市高新区(鲁) | 城市绿化苗(万株) | 4.00 |
| 27 | 仙桃市(鄂) | 城市绿化苗(万株) | 3.00 |
| 28 | 威海市经济技术开发区(鲁) | 城市绿化苗(万株) | 2.50 |
| 29 | 裕安区(皖) | 城市绿化苗(万株) | 2.20 |
| 30 | 西华县(豫) | 城市绿化苗(万株) | 2.00 |
| 31 | 山城区(豫) | 城市绿化苗(万株) | 1.00 |
| 32 | 三山区(皖) | 城市绿化苗(万株) | 0.80 |
| 33 | 平舆县(豫) | 观赏苗木(万株) | 48000.00 |
| 34 | 兖州市(鲁) | 观赏苗木(万株) | 5600.00 |
| 35 | 清苑县(冀) | 观赏苗木(万株) | 460.00 |
| 36 | 邱　县(冀) | 观赏苗木(万株) | 400.00 |
| 37 | 民权县(豫) | 观赏苗木(万株) | 350.00 |
| 38 | 馆陶县(冀) | 观赏苗木(万株) | 265.00 |
| 39 | 新野县(豫) | 观赏苗木(万株) | 250.00 |
| 40 | 安阳县(豫) | 观赏苗木(万株) | 156.00 |
| 41 | 肥乡县(冀) | 观赏苗木(万株) | 150.00 |
| 42 | 成安县(冀) | 观赏苗木(万株) | 120.00 |
| 43 | 新乐市(冀) | 观赏苗木(万株) | 80.00 |
| 44 | 宁晋县(冀) | 观赏苗木(万株) | 57.00 |
| 45 | 鹿泉区(冀) | 观赏苗木(万株) | 57.00 |
| 46 | 河间市(冀) | 观赏苗木(万株) | 50.00 |
| 47 | 潜江市(鄂) | 观赏苗木(万株) | 50.00 |
| 48 | 长葛市(豫) | 观赏苗木(万株) | 41.60 |
| 49 | 确山县(豫) | 观赏苗木(万株) | 30.00 |
| 50 | 正定县(冀) | 观赏苗木(万株) | 29.80 |
| 51 | 吴桥县(冀) | 观赏苗木(万株) | 28.00 |
| 52 | 无极县(冀) | 观赏苗木(万株) | 28.00 |
| 53 | 乐亭县(冀) | 观赏苗木(万株) | 22.60 |
| 54 | 邢台市桥西区(冀) | 观赏苗木(万株) | 20.00 |
| 55 | 临漳县(冀) | 观赏苗木(万株) | 19.20 |
| 56 | 汤阴县(豫) | 观赏苗木(万株) | 18.80 |

（续）

| 序号 | 法桐主产地 | 花卉类别(单位) | 生产量 |
|---|---|---|---|
| 57 | 辛集市(冀) | 观赏苗木(万株) | 17.00 |
| 58 | 安新县(冀) | 观赏苗木(万株) | 10.00 |
| 59 | 峰峰矿区(冀) | 观赏苗木(万株) | 10.00 |
| 60 | 高碑店市(冀) | 观赏苗木(万株) | 10.00 |
| 61 | 大城县(冀) | 观赏苗木(万株) | 10.00 |
| 62 | 固安县(冀) | 观赏苗木(万株) | 7.00 |
| 63 | 广德县(皖) | 观赏苗木(万株) | 6.00 |
| 64 | 武强县(冀) | 观赏苗木(万株) | 5.00 |
| 65 | 湛河区(豫) | 观赏苗木(万株) | 4.00 |
| 66 | 淮阳县(豫) | 观赏苗木(万株) | 4.00 |
| 67 | 北戴河区(冀) | 观赏苗木(万株) | 3.10 |
| 68 | 井陉矿区(冀) | 观赏苗木(万株) | 3.00 |
| 69 | 魏　县(冀) | 观赏苗木(万株) | 2.00 |
| 70 | 龙安区(豫) | 观赏苗木(万株) | 2.00 |
| 71 | 赞皇县(冀) | 观赏苗木(万株) | 1.60 |
| 72 | 昌平区(京) | 观赏苗木(万株) | 1.00 |
| 73 | 阜城县(冀) | 观赏苗木(万株) | 0.50 |
| 74 | 藁城区(冀) | 鲜切叶(万支) | 1.00 |

**表 13-47　香樟主产地产量**

| 序号 | 香樟主产地 | 花卉类别(单位) | 生产量 |
|---|---|---|---|
| 1 | 麒麟区(滇) | 城市绿化苗(万株) | 1000.00 |
| 2 | 长沙县(湘) | 城市绿化苗(万株) | 865.00 |
| 3 | 湖口县(赣) | 城市绿化苗(万株) | 670.00 |
| 4 | 惠来县(粤) | 城市绿化苗(万株) | 250.00 |
| 5 | 达川区(川) | 城市绿化苗(万株) | 250.00 |
| 6 | 望江县(皖) | 城市绿化苗(万株) | 249.00 |
| 7 | 无为县(皖) | 城市绿化苗(万株) | 200.00 |
| 8 | 邵阳县(湘) | 城市绿化苗(万株) | 128.00 |
| 9 | 兴义市(黔) | 城市绿化苗(万株) | 120.00 |
| 10 | 汝城县(湘) | 城市绿化苗(万株) | 108.00 |
| 11 | 桐城市(皖) | 城市绿化苗(万株) | 100.00 |
| 12 | 邵东县(湘) | 城市绿化苗(万株) | 80.00 |
| 13 | 大竹县(川) | 城市绿化苗(万株) | 62.00 |
| 14 | 保康县(鄂) | 城市绿化苗(万株) | 46.00 |
| 15 | 开　县(渝) | 城市绿化苗(万株) | 41.00 |
| 16 | 中方县(湘) | 城市绿化苗(万株) | 35.00 |
| 17 | 临武县(湘) | 城市绿化苗(万株) | 32.00 |
| 18 | 大冶市(鄂) | 城市绿化苗(万株) | 30.00 |
| 19 | 南郑县(陕) | 城市绿化苗(万株) | 30.00 |
| 20 | 大英县(川) | 城市绿化苗(万株) | 30.00 |
| 21 | 铜梁县(渝) | 城市绿化苗(万株) | 30.00 |
| 22 | 瑞金市(赣) | 城市绿化苗(万株) | 27.00 |
| 23 | 平桥区(豫) | 城市绿化苗(万株) | 25.00 |
| 24 | 新邵县(湘) | 城市绿化苗(万株) | 25.00 |

（续）

| 序号 | 香椿主产地 | 花卉类别(单位) | 生产量 |
|---|---|---|---|
| 25 | 镇宁布依族苗族自治县(黔) | 城市绿化苗(万株) | 20.00 |
| 26 | 资阳区(湘) | 城市绿化苗(万株) | 20.00 |
| 27 | 威远县(川) | 城市绿化苗(万株) | 20.00 |
| 28 | 安　县(川) | 城市绿化苗(万株) | 13.00 |
| 29 | 进贤县(赣) | 城市绿化苗(万株) | 12.00 |
| 30 | 镜湖区(皖) | 城市绿化苗(万株) | 10.00 |
| 31 | 渠　县(川) | 城市绿化苗(万株) | 10.00 |
| 32 | 西秀区(黔) | 城市绿化苗(万株) | 8.50 |
| 33 | 三山区(皖) | 城市绿化苗(万株) | 8.00 |
| 34 | 晴隆县(黔) | 城市绿化苗(万株) | 8.00 |
| 35 | 北仑区(浙) | 城市绿化苗(万株) | 7.50 |
| 36 | 北湖区(湘) | 城市绿化苗(万株) | 5.50 |
| 37 | 禄劝彝族苗族自治县(滇) | 城市绿化苗(万株) | 5.00 |
| 38 | 雅长林场(桂) | 城市绿化苗(万株) | 4.21 |
| 39 | 阳新县(鄂) | 城市绿化苗(万株) | 4.00 |
| 40 | 江川县(滇) | 城市绿化苗(万株) | 3.54 |
| 41 | 清新区(粤) | 城市绿化苗(万株) | 3.00 |
| 42 | 旌阳区(川) | 城市绿化苗(万株) | 3.00 |
| 43 | 南康市(赣) | 城市绿化苗(万株) | 2.60 |
| 44 | 宾阳县(桂) | 城市绿化苗(万株) | 2.50 |
| 45 | 黟　县(皖) | 城市绿化苗(万株) | 2.00 |
| 46 | 栾川县(豫) | 城市绿化苗(万株) | 2.00 |
| 47 | 雨花区(湘) | 城市绿化苗(万株) | 2.00 |
| 48 | 龙南县(赣) | 城市绿化苗(万株) | 2.00 |
| 49 | 孟连傣族拉祜族佤族自治县(滇) | 城市绿化苗(万株) | 2.00 |
| 50 | 旌德县(皖) | 城市绿化苗(万株) | 1.20 |
| 51 | 黄山区(皖) | 城市绿化苗(万株) | 1.00 |
| 52 | 楚雄市(滇) | 城市绿化苗(万株) | 0.68 |
| 53 | 颍泉区(皖) | 城市绿化苗(万株) | 0.50 |
| 54 | 奉节县(渝) | 观赏苗木(万株) | 80.00 |
| 55 | 巴州区(川) | 观赏苗木(万株) | 39.90 |
| 56 | 禄丰县(滇) | 观赏苗木(万株) | 35.15 |
| 57 | 肥西县(皖) | 观赏苗木(万株) | 20.00 |
| 58 | 安化县(湘) | 观赏苗木(万株) | 20.00 |
| 59 | 慈利县(湘) | 观赏苗木(万株) | 20.00 |
| 60 | 安远县(赣) | 观赏苗木(万株) | 14.60 |
| 61 | 东宝区(鄂) | 观赏苗木(万株) | 12.00 |
| 62 | 沙湾区(川) | 观赏苗木(万株) | 10.00 |
| 63 | 永丰县(赣) | 观赏苗木(万株) | 8.00 |
| 64 | 北塔区(湘) | 观赏苗木(万株) | 6.70 |
| 65 | 镇坪县(陕) | 观赏苗木(万株) | 6.00 |
| 66 | 株洲县(湘) | 观赏苗木(万株) | 5.00 |
| 67 | 三门县(浙) | 观赏苗木(万株) | 5.00 |
| 68 | 洋　县(陕) | 观赏苗木(万株) | 4.80 |
| 69 | 冷水滩区(湘) | 观赏苗木(万株) | 4.40 |

(续)

| 序号 | 香椿主产地 | 花卉类别(单位) | 生产量 |
|---|---|---|---|
| 70 | 会理县(川) | 观赏苗木(万株) | 3.99 |
| 71 | 广德县(皖) | 观赏苗木(万株) | 3.90 |
| 72 | 大姚县(滇) | 观赏苗木(万株) | 3.10 |
| 73 | 宣恩县(鄂) | 观赏苗木(万株) | 1.50 |
| 74 | 牟定县(滇) | 观赏苗木(万株) | 1.28 |
| 75 | 茶陵县(湘) | 观赏苗木(万株) | 0.90 |
| 76 | 富源县(滇) | 观赏苗木(万株) | 0.80 |
| 77 | 翠屏区(川) | 观叶植物(万盆) | 2.40 |
| 78 | 新丰县(粤) | 盆景(万盆) | 1.70 |
| 79 | 黄州区(鄂) | 盆景(万盆) | 1.00 |
| 80 | 巴州区(川) | 鲜切叶(万支) | 5.00 |

## 表 13-48　银杏主产地产量

| 序号 | 银杏主产地 | 花卉类别(单位) | 生产量 |
|---|---|---|---|
| 1 | 恩阳区(川) | 城市绿化苗(万株) | 280.00 |
| 2 | 兴义市(黔) | 城市绿化苗(万株) | 200.00 |
| 3 | 新　县(豫) | 城市绿化苗(万株) | 101.00 |
| 4 | 长阳土家族自治县(鄂) | 城市绿化苗(万株) | 50.00 |
| 5 | 潢川县(豫) | 城市绿化苗(万株) | 44.00 |
| 6 | 汝城县(湘) | 城市绿化苗(万株) | 24.00 |
| 7 | 新晃侗族自治县(湘) | 城市绿化苗(万株) | 11.00 |
| 8 | 大英县(川) | 城市绿化苗(万株) | 10.00 |
| 9 | 屏山县(川) | 城市绿化苗(万株) | 8.00 |
| 10 | 仙桃市(鄂) | 城市绿化苗(万株) | 6.00 |
| 11 | 瑞金市(赣) | 城市绿化苗(万株) | 6.00 |
| 12 | 利川市(鄂) | 城市绿化苗(万株) | 5.00 |
| 13 | 涪城区(川) | 城市绿化苗(万株) | 4.00 |
| 14 | 平桥区(豫) | 城市绿化苗(万株) | 3.00 |
| 15 | 淇滨区(豫) | 城市绿化苗(万株) | 3.00 |
| 16 | 岳阳县(湘) | 城市绿化苗(万株) | 3.00 |
| 17 | 望江县(皖) | 城市绿化苗(万株) | 2.00 |
| 18 | 侯马市(晋) | 城市绿化苗(万株) | 2.00 |
| 19 | 大竹县(川) | 城市绿化苗(万株) | 2.00 |
| 20 | 旌阳区(川) | 城市绿化苗(万株) | 2.00 |
| 21 | 沿河土家族自治县(黔) | 城市绿化苗(万株) | 1.50 |
| 22 | 铜梁县(渝) | 城市绿化苗(万株) | 1.20 |
| 23 | 黟　县(皖) | 城市绿化苗(万株) | 1.00 |
| 24 | 灵寿县(冀) | 城市绿化苗(万株) | 0.50 |
| 25 | 威海市经济技术开发区(鲁) | 城市绿化苗(万株) | 0.50 |
| 26 | 兖州市(鲁) | 观赏苗木(万株) | 50.00 |
| 27 | 沙湾区(川) | 观赏苗木(万株) | 50.00 |
| 28 | 翠屏区(川) | 观赏苗木(万株) | 42.00 |
| 29 | 两当县(甘) | 观赏苗木(万株) | 40.00 |
| 30 | 古丈县(湘) | 观赏苗木(万株) | 40.00 |
| 31 | 巴州区(川) | 观赏苗木(万株) | 31.50 |

(续)

| 序号 | 银杏主产地 | 花卉类别(单位) | 生产量 |
|---|---|---|---|
| 32 | 兴仁县(黔) | 观赏苗木(万株) | 30.00 |
| 33 | 龙南县(赣) | 观赏苗木(万株) | 30.00 |
| 34 | 长垣县(豫) | 观赏苗木(万株) | 25.00 |
| 35 | 承德县(冀) | 观赏苗木(万株) | 20.00 |
| 36 | 潜江市(鄂) | 观赏苗木(万株) | 20.00 |
| 37 | 陵城区(鲁) | 观赏苗木(万株) | 18.00 |
| 38 | 开江县(川) | 观赏苗木(万株) | 15.00 |
| 39 | 慈利县(湘) | 观赏苗木(万株) | 15.00 |
| 40 | 南郑县(陕) | 观赏苗木(万株) | 15.00 |
| 41 | 三门县(浙) | 观赏苗木(万株) | 8.00 |
| 42 | 无极县(冀) | 观赏苗木(万株) | 7.00 |
| 43 | 桂东县(湘) | 观赏苗木(万株) | 6.00 |
| 44 | 镇坪县(陕) | 观赏苗木(万株) | 6.00 |
| 45 | 芦山县(川) | 观赏苗木(万株) | 6.00 |
| 46 | 北塔区(湘) | 观赏苗木(万株) | 5.40 |
| 47 | 昌平区(京) | 观赏苗木(万株) | 5.08 |
| 48 | 北戴河区(冀) | 观赏苗木(万株) | 5.00 |
| 49 | 项城市(豫) | 观赏苗木(万株) | 4.40 |
| 50 | 洋　县(陕) | 观赏苗木(万株) | 4.28 |
| 51 | 广德县(皖) | 观赏苗木(万株) | 3.40 |
| 52 | 迁安市(冀) | 观赏苗木(万株) | 2.00 |
| 53 | 鹤山区(豫) | 观赏苗木(万株) | 2.00 |
| 54 | 雨湖区(湘) | 观赏苗木(万株) | 2.00 |
| 55 | 旺苍县(川) | 观赏苗木(万株) | 2.00 |
| 56 | 射洪县(川) | 观赏苗木(万株) | 2.00 |
| 57 | 宣恩县(鄂) | 观赏苗木(万株) | 1.00 |
| 58 | 山海关区(冀) | 观赏苗木(万株) | 0.80 |
| 59 | 巴州区(川) | 盆花(万盆) | 4.20 |
| 60 | 三门县(浙) | 盆景(万盆) | 0.50 |

## 表 13-49　一品红主产地产量

| 序号 | 一品红主产地 | 花卉类别(单位) | 生产量 |
|---|---|---|---|
| 1 | 腾冲县(滇) | 城市绿化苗(万株) | 110.00 |
| 2 | 利川市(鄂) | 城市绿化苗(万株) | 5.00 |
| 3 | 会理县(川) | 观赏苗木(万株) | 3.99 |
| 4 | 鹰手营子矿区(冀) | 观叶植物(万盆) | 8.00 |
| 5 | 金城江区(桂) | 观叶植物(万盆) | 5.60 |
| 6 | 新城区(内蒙古) | 观叶植物(万盆) | 0.60 |
| 7 | 平利县(陕) | 花卉用种苗(千苗) | 2.10 |
| 8 | 新安县(豫) | 盆花(万盆) | 360.00 |
| 9 | 临武县(湘) | 盆花(万盆) | 215.00 |
| 10 | 昌平区(京) | 盆花(万盆) | 84.00 |
| 11 | 青州市(鲁) | 盆花(万盆) | 80.00 |
| 12 | 涿州市(冀) | 盆花(万盆) | 25.00 |
| 13 | 三河市(冀) | 盆花(万盆) | 25.00 |

（续）

| 序号 | 一品红主产地 | 花卉类别(单位) | 生产量 |
|---|---|---|---|
| 14 | 长安区(陕) | 盆花(万盆) | 14.00 |
| 15 | 辛集市(冀) | 盆花(万盆) | 12.00 |
| 16 | 高邑县(冀) | 盆花(万盆) | 10.00 |
| 17 | 黔江区(渝) | 盆花(万盆) | 9.00 |
| 18 | 莒　县(鲁) | 盆花(万盆) | 5.60 |
| 19 | 灵璧县(皖) | 盆花(万盆) | 5.00 |
| 20 | 蠡　县(冀) | 盆花(万盆) | 5.00 |
| 21 | 东洲区(辽) | 盆花(万盆) | 3.00 |
| 22 | 洋　县(陕) | 盆花(万盆) | 3.00 |
| 23 | 崆峒区(甘) | 盆花(万盆) | 2.00 |
| 24 | 承德县(冀) | 盆花(万盆) | 2.00 |
| 25 | 杨凌区农林局(陕) | 盆花(万盆) | 2.00 |
| 26 | 肃州区(甘) | 盆花(万盆) | 1.00 |
| 27 | 迁安市(冀) | 盆花(万盆) | 1.00 |
| 28 | 峄城区(鲁) | 盆花(万盆) | 1.00 |
| 29 | 宁东林业局(陕) | 盆花(万盆) | 1.00 |
| 30 | 晋州市(冀) | 盆花(万盆) | 0.90 |
| 31 | 敦煌市(甘) | 盆花(万盆) | 0.70 |
| 32 | 大名县(冀) | 盆花(万盆) | 0.50 |
| 33 | 永兴县(湘) | 盆景(万盆) | 3.30 |
| 34 | 富源县(滇) | 盆景(万盆) | 0.80 |
| 35 | 新丰县(粤) | 盆景(万盆) | 0.60 |
| 36 | 新丰县(粤) | 鲜切花(万支) | 50.00 |

**表 13-50　女贞主产地产量**

| 序号 | 女贞主产地 | 花卉类别(单位) | 生产量 |
|---|---|---|---|
| 1 | 扶沟县(豫) | 城市绿化苗(万株) | 4549.00 |
| 2 | 新泰市(鲁) | 城市绿化苗(万株) | 1180.00 |
| 3 | 济源市(豫) | 城市绿化苗(万株) | 615.00 |
| 4 | 麒麟区(滇) | 城市绿化苗(万株) | 500.00 |
| 5 | 深州市(冀) | 城市绿化苗(万株) | 313.00 |
| 6 | 新　县(豫) | 城市绿化苗(万株) | 303.00 |
| 7 | 汝南县(豫) | 城市绿化苗(万株) | 300.00 |
| 8 | 掇刀区(鄂) | 城市绿化苗(万株) | 300.00 |
| 9 | 达川区(川) | 城市绿化苗(万株) | 200.00 |
| 10 | 九台区(吉) | 城市绿化苗(万株) | 160.00 |
| 11 | 社旗县(豫) | 城市绿化苗(万株) | 120.00 |
| 12 | 宜都市(鄂) | 城市绿化苗(万株) | 100.00 |
| 13 | 郸城县(豫) | 城市绿化苗(万株) | 80.00 |
| 14 | 栾川县(豫) | 城市绿化苗(万株) | 75.00 |
| 15 | 管城回族区(豫) | 城市绿化苗(万株) | 60.00 |
| 16 | 东平县(鲁) | 城市绿化苗(万株) | 60.00 |
| 17 | 夏邑县(豫) | 城市绿化苗(万株) | 50.00 |
| 18 | 许昌县(豫) | 城市绿化苗(万株) | 32.00 |
| 19 | 平桥区(豫) | 城市绿化苗(万株) | 25.00 |

（续）

| 序号 | 女贞主产地 | 花卉类别(单位) | 生产量 |
|---|---|---|---|
| 20 | 上蔡县(豫) | 城市绿化苗(万株) | 20.00 |
| 21 | 新晃侗族自治县(湘) | 城市绿化苗(万株) | 20.00 |
| 22 | 铜梁县(渝) | 城市绿化苗(万株) | 15.00 |
| 23 | 龙潭区(吉) | 城市绿化苗(万株) | 12.00 |
| 24 | 资阳区(湘) | 城市绿化苗(万株) | 8.00 |
| 25 | 上高县(赣) | 城市绿化苗(万株) | 5.00 |
| 26 | 山亭区(鲁) | 城市绿化苗(万株) | 5.00 |
| 27 | 沿河土家族自治县(黔) | 城市绿化苗(万株) | 4.20 |
| 28 | 蜀山区(皖) | 城市绿化苗(万株) | 4.00 |
| 29 | 仙桃市(鄂) | 城市绿化苗(万株) | 4.00 |
| 30 | 三山区(皖) | 城市绿化苗(万株) | 3.00 |
| 31 | 黟　县(皖) | 城市绿化苗(万株) | 3.00 |
| 32 | 西华县(豫) | 城市绿化苗(万株) | 1.80 |
| 33 | 保康县(鄂) | 城市绿化苗(万株) | 1.50 |
| 34 | 香格里拉县(滇) | 城市绿化苗(万株) | 1.13 |
| 35 | 关山林业管理局(甘) | 城市绿化苗(万株) | 0.95 |
| 36 | 泸西县(滇) | 观赏苗木(万株) | 12000.00 |
| 37 | 邹平县(鲁) | 观赏苗木(万株) | 708.00 |
| 38 | 易　县(冀) | 观赏苗木(万株) | 300.00 |
| 39 | 潜江市(鄂) | 观赏苗木(万株) | 300.00 |
| 40 | 固安县(冀) | 观赏苗木(万株) | 210.00 |
| 41 | 涿州市(冀) | 观赏苗木(万株) | 185.00 |
| 42 | 长葛市(豫) | 观赏苗木(万株) | 182.00 |
| 43 | 武邑县(冀) | 观赏苗木(万株) | 146.00 |
| 44 | 霸州市(冀) | 观赏苗木(万株) | 110.00 |
| 45 | 郧西县(鄂) | 观赏苗木(万株) | 110.00 |
| 46 | 清苑县(冀) | 观赏苗木(万株) | 100.00 |
| 47 | 襄州区(鄂) | 观赏苗木(万株) | 85.00 |
| 48 | 开平区(冀) | 观赏苗木(万株) | 80.00 |
| 49 | 长垣县(豫) | 观赏苗木(万株) | 65.00 |
| 50 | 确山县(豫) | 观赏苗木(万株) | 50.00 |
| 51 | 内乡县(豫) | 观赏苗木(万株) | 45.00 |
| 52 | 中方县(湘) | 观赏苗木(万株) | 45.00 |
| 53 | 川汇区(豫) | 观赏苗木(万株) | 32.00 |
| 54 | 濮阳县(豫) | 观赏苗木(万株) | 30.00 |
| 55 | 迁安市(冀) | 观赏苗木(万株) | 15.00 |
| 56 | 三门县(浙) | 观赏苗木(万株) | 15.00 |
| 57 | 博野县(冀) | 观赏苗木(万株) | 13.00 |
| 58 | 鹤山区(豫) | 观赏苗木(万株) | 12.00 |
| 59 | 镇坪县(陕) | 观赏苗木(万株) | 10.00 |
| 60 | 山海关区(冀) | 观赏苗木(万株) | 8.00 |
| 61 | 方城县(豫) | 观赏苗木(万株) | 7.00 |
| 62 | 巴州区(川) | 观赏苗木(万株) | 6.20 |
| 63 | 广饶县(鲁) | 观赏苗木(万株) | 6.00 |
| 64 | 大厂回族自治县(冀) | 观赏苗木(万株) | 5.00 |

(续)

| 序号 | 女贞主产地 | 花卉类别(单位) | 生产量 |
|---|---|---|---|
| 65 | 杞　县(豫) | 观赏苗木(万株) | 4.60 |
| 66 | 洋　县(陕) | 观赏苗木(万株) | 4.50 |
| 67 | 阳新县(鄂) | 观赏苗木(万株) | 4.00 |
| 68 | 井陉矿区(冀) | 观赏苗木(万株) | 3.00 |
| 69 | 邱　县(冀) | 观赏苗木(万株) | 1.00 |
| 70 | 义马市(豫) | 观赏苗木(万株) | 1.00 |
| 71 | 龙安区(豫) | 观赏苗木(万株) | 1.00 |
| 72 | 宣恩县(鄂) | 观赏苗木(万株) | 1.00 |
| 73 | 汝阳县(豫) | 花卉用种苗(千苗) | 12.30 |
| 74 | 开远市(滇) | 盆花(万盆) | 100.00 |
| 75 | 巴州区(川) | 盆花(万盆) | 3.00 |
| 76 | 平罗县(宁) | 盆景(万盆) | 4.00 |
| 77 | 榆树市(吉) | 鲜切叶(万支) | 50.00 |

**表 13-51　栾树主产地产量**

| 序号 | 栾树主产地 | 花卉类别(单位) | 生产量 |
|---|---|---|---|
| 1 | 长清区(鲁) | 城市绿化苗(万株) | 1130.00 |
| 2 | 济源市(豫) | 城市绿化苗(万株) | 310.00 |
| 3 | 栾川县(豫) | 城市绿化苗(万株) | 222.50 |
| 4 | 兴义市(黔) | 城市绿化苗(万株) | 200.00 |
| 5 | 枣阳市(鄂) | 城市绿化苗(万株) | 100.00 |
| 6 | 东平县(鲁) | 城市绿化苗(万株) | 100.00 |
| 7 | 长沙县(湘) | 城市绿化苗(万株) | 87.60 |
| 8 | 社旗县(豫) | 城市绿化苗(万株) | 80.00 |
| 9 | 许昌县(豫) | 城市绿化苗(万株) | 80.00 |
| 10 | 汝南县(豫) | 城市绿化苗(万株) | 55.00 |
| 11 | 开　县(渝) | 城市绿化苗(万株) | 43.00 |
| 12 | 平桥区(豫) | 城市绿化苗(万株) | 35.00 |
| 13 | 无为县(皖) | 城市绿化苗(万株) | 30.00 |
| 14 | 夏邑县(豫) | 城市绿化苗(万株) | 30.00 |
| 15 | 武冈市(湘) | 城市绿化苗(万株) | 30.00 |
| 16 | 管城回族区(豫) | 城市绿化苗(万株) | 26.50 |
| 17 | 大冶市(鄂) | 城市绿化苗(万株) | 20.00 |
| 18 | 屏山县(川) | 城市绿化苗(万株) | 20.00 |
| 19 | 仙桃市(鄂) | 城市绿化苗(万株) | 19.00 |
| 20 | 淇滨区(豫) | 城市绿化苗(万株) | 12.00 |
| 21 | 杞　县(豫) | 城市绿化苗(万株) | 10.00 |
| 22 | 澧　县(湘) | 城市绿化苗(万株) | 10.00 |
| 23 | 雨花区(湘) | 城市绿化苗(万株) | 10.00 |
| 24 | 永定区(湘) | 城市绿化苗(万株) | 10.00 |
| 25 | 三山区(皖) | 城市绿化苗(万株) | 7.00 |
| 26 | 利川市(鄂) | 城市绿化苗(万株) | 5.00 |
| 27 | 中方县(湘) | 城市绿化苗(万株) | 5.00 |

(续)

| 序号 | 栾树主产地 | 花卉类别(单位) | 生产量 |
|---|---|---|---|
| 28 | 侯马市(晋) | 城市绿化苗(万株) | 5.00 |
| 29 | 蓝田县(陕) | 城市绿化苗(万株) | 5.00 |
| 30 | 涪城区(川) | 城市绿化苗(万株) | 4.00 |
| 31 | 龙南县(赣) | 城市绿化苗(万株) | 3.00 |
| 32 | 恩阳区(川) | 城市绿化苗(万株) | 3.00 |
| 33 | 旌德县(皖) | 城市绿化苗(万株) | 2.50 |
| 34 | 大竹县(川) | 城市绿化苗(万株) | 2.50 |
| 35 | 泾　县(皖) | 城市绿化苗(万株) | 2.00 |
| 36 | 旌阳区(川) | 城市绿化苗(万株) | 2.00 |
| 37 | 黔江区(渝) | 城市绿化苗(万株) | 1.20 |
| 38 | 黟　县(皖) | 城市绿化苗(万株) | 1.00 |
| 39 | 兖州市(鲁) | 观赏苗木(万株) | 396.00 |
| 40 | 民权县(豫) | 观赏苗木(万株) | 200.00 |
| 41 | 长葛市(豫) | 观赏苗木(万株) | 103.20 |
| 42 | 确山县(豫) | 观赏苗木(万株) | 80.00 |
| 43 | 馆陶县(冀) | 观赏苗木(万株) | 50.50 |
| 44 | 大城县(冀) | 观赏苗木(万株) | 30.00 |
| 45 | 襄城县(豫) | 观赏苗木(万株) | 29.00 |
| 46 | 内乡县(豫) | 观赏苗木(万株) | 27.00 |
| 47 | 嘉陵区(川) | 观赏苗木(万株) | 26.00 |
| 48 | 陵城区(鲁) | 观赏苗木(万株) | 18.00 |
| 49 | 辛集市(冀) | 观赏苗木(万株) | 17.00 |
| 50 | 蒙城县(皖) | 观赏苗木(万株) | 16.00 |
| 51 | 阳新县(鄂) | 观赏苗木(万株) | 15.00 |
| 52 | 巴州区(川) | 观赏苗木(万株) | 13.50 |
| 53 | 安新县(冀) | 观赏苗木(万株) | 10.00 |
| 54 | 迁安市(冀) | 观赏苗木(万株) | 10.00 |
| 55 | 景　县(冀) | 观赏苗木(万株) | 7.60 |
| 56 | 武强县(冀) | 观赏苗木(万株) | 5.00 |
| 57 | 翠屏区(川) | 观赏苗木(万株) | 4.30 |
| 58 | 丰宁满族自治县(冀) | 观赏苗木(万株) | 4.00 |
| 59 | 三门县(浙) | 观赏苗木(万株) | 4.00 |
| 60 | 万盛区(渝) | 观赏苗木(万株) | 3.00 |
| 61 | 淮阳县(豫) | 观赏苗木(万株) | 2.00 |
| 62 | 宣恩县(鄂) | 观赏苗木(万株) | 2.00 |
| 63 | 德安县(赣) | 观赏苗木(万株) | 2.00 |
| 64 | 内江市市中区(川) | 观赏苗木(万株) | 2.00 |
| 65 | 宁晋县(冀) | 观赏苗木(万株) | 0.90 |
| 66 | 登封市(豫) | 观赏苗木(万株) | 0.60 |
| 67 | 枣强县(冀) | 观赏苗木(万株) | 0.54 |
| 68 | 汝阳县(豫) | 花卉用种苗(千苗) | 61.24 |
| 69 | 鹤峰县(鄂) | 盆景(万盆) | 5.00 |
| 70 | 巴州区(川) | 鲜切花(万支) | 5.20 |
| 71 | 嘉陵区(川) | 鲜切叶(万支) | 30.00 |

## 表 13-52 红豆杉主产地产量

| 序号 | 红豆杉主产地 | 花卉类别(单位) | 生产量 |
|---|---|---|---|
| 1 | 金堂县(川) | 城市绿化苗(万株) | 50000.00 |
| 2 | 沾益县(滇) | 城市绿化苗(万株) | 500.00 |
| 3 | 新　县(豫) | 城市绿化苗(万株) | 263.00 |
| 4 | 兴义市(黔) | 城市绿化苗(万株) | 260.00 |
| 5 | 乳源瑶族自治县(粤) | 城市绿化苗(万株) | 230.00 |
| 6 | 九台区(吉) | 城市绿化苗(万株) | 120.00 |
| 7 | 麒麟区(滇) | 城市绿化苗(万株) | 100.00 |
| 8 | 汝城县(湘) | 城市绿化苗(万株) | 42.00 |
| 9 | 涪城区(川) | 城市绿化苗(万株) | 30.00 |
| 10 | 临武县(湘) | 城市绿化苗(万株) | 25.00 |
| 11 | 保康县(鄂) | 城市绿化苗(万株) | 20.00 |
| 12 | 新晃侗族自治县(湘) | 城市绿化苗(万株) | 15.00 |
| 13 | 黟　县(皖) | 城市绿化苗(万株) | 11.00 |
| 14 | 沿河土家族自治县(黔) | 城市绿化苗(万株) | 3.80 |
| 15 | 北湖区(湘) | 城市绿化苗(万株) | 3.50 |
| 16 | 新邵县(湘) | 城市绿化苗(万株) | 3.36 |
| 17 | 略阳县(陕) | 城市绿化苗(万株) | 3.00 |
| 18 | 利川市(鄂) | 城市绿化苗(万株) | 2.00 |
| 19 | 邵阳县(湘) | 城市绿化苗(万株) | 2.00 |
| 20 | 孟连傣族拉祜族佤族自治县(滇) | 城市绿化苗(万株) | 2.00 |
| 21 | 岳阳县(湘) | 城市绿化苗(万株) | 1.80 |
| 22 | 泾　县(皖) | 城市绿化苗(万株) | 1.00 |
| 23 | 三山区(皖) | 城市绿化苗(万株) | 1.00 |
| 24 | 黄山区(皖) | 城市绿化苗(万株) | 1.00 |
| 25 | 蓝田县(陕) | 城市绿化苗(万株) | 1.00 |
| 26 | 韶山市(湘) | 城市绿化苗(万株) | 0.60 |
| 27 | 香格里拉县(滇) | 城市绿化苗(万株) | 0.50 |
| 28 | 北川羌族自治县(川) | 观赏苗木(万株) | 2000.00 |
| 29 | 新化县(湘) | 观赏苗木(万株) | 200.00 |
| 30 | 南郑县(陕) | 观赏苗木(万株) | 120.00 |
| 31 | 广饶县(鲁) | 观赏苗木(万株) | 105.00 |
| 32 | 龙南县(赣) | 观赏苗木(万株) | 100.00 |
| 33 | 广德县(皖) | 观赏苗木(万株) | 50.00 |
| 34 | 两当县(甘) | 观赏苗木(万株) | 30.00 |
| 35 | 射洪县(川) | 观赏苗木(万株) | 30.00 |
| 36 | 连平县(粤) | 观赏苗木(万株) | 20.00 |
| 37 | 滦　县(冀) | 观赏苗木(万株) | 20.00 |
| 38 | 长宁县(川) | 观赏苗木(万株) | 20.00 |
| 39 | 海港区(冀) | 观赏苗木(万株) | 17.90 |
| 40 | 三门县(浙) | 观赏苗木(万株) | 15.00 |
| 41 | 维都林场(桂) | 观赏苗木(万株) | 8.67 |
| 42 | 株洲县(湘) | 观赏苗木(万株) | 8.00 |
| 43 | 苏家屯区(辽) | 观赏苗木(万株) | 7.00 |
| 44 | 新田县(湘) | 观赏苗木(万株) | 6.00 |
| 45 | 邹平县(鲁) | 观赏苗木(万株) | 2.00 |

(续)

| 序号 | 红豆杉主产地 | 花卉类别(单位) | 生产量 |
|---|---|---|---|
| 46 | 宽城满族自治县(冀) | 观赏苗木(万株) | 1.50 |
| 47 | 安化县(湘) | 观赏苗木(万株) | 1.50 |
| 48 | 大竹县(川) | 观赏苗木(万株) | 1.50 |
| 49 | 满城县(冀) | 观赏苗木(万株) | 1.00 |
| 50 | 慈利县(湘) | 观赏苗木(万株) | 1.00 |
| 51 | 桂东县(湘) | 观叶植物(万盆) | 200.00 |
| 52 | 黔江区(渝) | 观叶植物(万盆) | 0.70 |
| 53 | 洞口县(湘) | 观叶植物(万盆) | 0.60 |
| 54 | 连平县(粤) | 观叶植物(万盆) | 0.50 |
| 55 | 乳源瑶族自治县(粤) | 盆花(万盆) | 122.00 |
| 56 | 钟祥市(鄂) | 盆花(万盆) | 50.00 |
| 57 | 张湾区(鄂) | 盆花(万盆) | 20.00 |
| 58 | 射洪县(川) | 盆花(万盆) | 7.00 |
| 59 | 颍泉区(皖) | 盆花(万盆) | 2.80 |
| 60 | 临武县(湘) | 盆花(万盆) | 1.00 |
| 61 | 二道区(吉) | 盆花(万盆) | 1.00 |
| 62 | 岳阳楼区(湘) | 盆花(万盆) | 0.66 |
| 63 | 莲花县(赣) | 盆景(万盆) | 1260.00 |
| 64 | 兖州市(鲁) | 盆景(万盆) | 800.00 |
| 65 | 莒　县(鲁) | 盆景(万盆) | 4.50 |
| 66 | 连山壮族瑶族自治县(粤) | 盆景(万盆) | 1.60 |
| 67 | 建始县(鄂) | 盆景(万盆) | 0.90 |
| 68 | 邻水县(川) | 鲜切叶(万支) | 3.50 |

## 表 13-53 草花主产地产量

| 序号 | 草花主产地 | 花卉类别(单位) | 生产量 |
|---|---|---|---|
| 1 | 辉南县(吉) | 城市绿化苗(万株) | 1660.00 |
| 2 | 昌平区(京) | 城市绿化苗(万株) | 304.00 |
| 3 | 临洮县(甘) | 城市绿化苗(万株) | 260.00 |
| 4 | 武胜县(川) | 城市绿化苗(万株) | 250.00 |
| 5 | 奈曼旗(内蒙古) | 城市绿化苗(万株) | 200.00 |
| 6 | 利川市(鄂) | 城市绿化苗(万株) | 130.00 |
| 7 | 利通区(宁) | 城市绿化苗(万株) | 103.00 |
| 8 | 大同县(晋) | 城市绿化苗(万株) | 100.00 |
| 9 | 蕉岭县(粤) | 城市绿化苗(万株) | 50.00 |
| 10 | 开鲁县(内蒙古) | 城市绿化苗(万株) | 50.00 |
| 11 | 侯马市(晋) | 城市绿化苗(万株) | 14.00 |
| 12 | 长岭县(吉) | 城市绿化苗(万株) | 10.00 |
| 13 | 新化县(湘) | 观赏苗木(万株) | 200.00 |
| 14 | 陇　县(陕) | 观赏苗木(万株) | 20.00 |
| 15 | 碾子山区(黑) | 观赏苗木(万株) | 12.00 |
| 16 | 芜湖县(皖) | 观赏苗木(万株) | 10.00 |
| 17 | 金川区(甘) | 观赏苗木(万株) | 10.00 |
| 18 | 双城区(黑) | 观赏苗木(万株) | 10.00 |
| 19 | 顺城区(辽) | 观赏苗木(万株) | 1.20 |

(续)

| 序号 | 草花主产地 | 花卉类别(单位) | 生产量 |
|---|---|---|---|
| 20 | 清原满族自治县(辽) | 观叶植物(万盆) | 2400.00 |
| 21 | 松江区(沪) | 观叶植物(万盆) | 920.00 |
| 22 | 来安县(皖) | 观叶植物(万盆) | 35.00 |
| 23 | 金城江区(桂) | 观叶植物(万盆) | 20.00 |
| 24 | 宕昌县(甘) | 观叶植物(万盆) | 15.00 |
| 25 | 乾安县(吉) | 花卉用种苗(千苗) | 34000.00 |
| 26 | 南岸区(渝) | 盆花(万盆) | 41178.00 |
| 27 | 青州市(鲁) | 盆花(万盆) | 30000.00 |
| 28 | 渭滨区(陕) | 盆花(万盆) | 18006.00 |
| 29 | 顺义区(京) | 盆花(万盆) | 5734.09 |
| 30 | 长沙县(湘) | 盆花(万盆) | 1832.00 |
| 31 | 青浦区(沪) | 盆花(万盆) | 690.90 |
| 32 | 莒南县(鲁) | 盆花(万盆) | 380.00 |
| 33 | 恩阳区(川) | 盆花(万盆) | 350.00 |
| 34 | 奉贤区(沪) | 盆花(万盆) | 142.00 |
| 35 | 苏家屯区(辽) | 盆花(万盆) | 100.00 |
| 36 | 襄汾县(晋) | 盆花(万盆) | 72.00 |
| 37 | 固安县(冀) | 盆花(万盆) | 65.00 |
| 38 | 临洮县(甘) | 盆花(万盆) | 60.00 |
| 39 | 兴庆区(宁) | 盆花(万盆) | 35.00 |
| 40 | 宝山区(沪) | 盆花(万盆) | 35.00 |
| 41 | 北戴河区(冀) | 盆花(万盆) | 27.00 |
| 42 | 沂水县(鲁) | 盆花(万盆) | 20.00 |
| 43 | 金凤区(宁) | 盆花(万盆) | 19.00 |
| 44 | 北京市大东流苗圃(京) | 盆花(万盆) | 15.33 |
| 45 | 孟津县(豫) | 盆花(万盆) | 15.00 |
| 46 | 淮上区(皖) | 盆花(万盆) | 10.00 |
| 47 | 长葛市(豫) | 盆花(万盆) | 8.00 |
| 48 | 蜀山区(皖) | 盆花(万盆) | 6.00 |
| 49 | 白银区(甘) | 盆花(万盆) | 2.00 |
| 50 | 魏　县(冀) | 盆花(万盆) | 1.50 |
| 51 | 枣强县(冀) | 盆花(万盆) | 0.50 |
| 52 | 昭化区(川) | 盆景(万盆) | 24.00 |
| 53 | 黄州区(鄂) | 盆景(万盆) | 1.00 |
| 54 | 青浦区(沪) | 鲜切花(万支) | 800.00 |
| 55 | 昌平区(京) | 鲜切花(万支) | 163.90 |
| 56 | 成安县(冀) | 鲜切花(万支) | 130.00 |
| 57 | 迁西县(冀) | 鲜切花(万支) | 50.00 |
| 58 | 临沭县(鲁) | 鲜切花(万支) | 10.00 |
| 59 | 涉　县(冀) | 穴盘苗(万株) | 45.00 |

**表 13-54　其他主产地产量**

| 序号 | 其他花卉主产地 | 品种 | 花卉类别(单位) | 生产量 |
|---|---|---|---|---|
| 1 | 古交市(晋) | 矮雪轮 | 城市绿化苗(万株) | 1.00 |
| 2 | 崇明县(沪) | 巴西铁 | 观赏苗木(万株) | 495.00 |
| 3 | 邹平县(鲁) | 巴西铁 | 观叶植物(万盆) | 86.00 |
| 4 | 清城区(粤) | 巴西铁 | 观叶植物(万盆) | 2.30 |
| 5 | 忻府区(晋) | 巴西铁 | 观叶植物(万盆) | 0.60 |
| 6 | 安国市(冀) | 巴西铁 | 盆花(万盆) | 20.00 |
| 7 | 南和县(冀) | 巴西铁 | 盆花(万盆) | 3.00 |
| 8 | 杨凌区农林局(陕) | 巴西铁 | 盆花(万盆) | 0.60 |
| 9 | 普宁市(粤) | 巴西铁 | 鲜切叶(万支) | 1.25 |
| 10 | 滦平县(冀) | 白碧桃 | 观赏苗木(万株) | 1.00 |
| 11 | 旌德县(皖) | 白芨 | 城市绿化苗(万株) | 0.70 |
| 12 | 黄平县(黔) | 白芨 | 观赏苗木(万株) | 220.00 |
| 13 | 兴义市(黔) | 白芨 | 食用及药用花卉(吨) | 260.00 |
| 14 | 汉寿县(湘) | 白鹃梅 | 观赏苗木(万株) | 80.00 |
| 15 | 长清区(鲁) | 白皮松 | 城市绿化苗(万株) | 2950.00 |
| 16 | 栾川县(豫) | 白皮松 | 城市绿化苗(万株) | 985.00 |
| 17 | 徽　县(甘) | 白皮松 | 城市绿化苗(万株) | 600.00 |
| 18 | 成　县(甘) | 白皮松 | 城市绿化苗(万株) | 50.00 |
| 19 | 济源市(豫) | 白皮松 | 城市绿化苗(万株) | 32.00 |
| 20 | 淇　县(豫) | 白皮松 | 城市绿化苗(万株) | 4.00 |
| 21 | 平利县(陕) | 白皮松 | 城市绿化苗(万株) | 2.50 |
| 22 | 藁城区(冀) | 白皮松 | 城市绿化苗(万株) | 1.00 |
| 23 | 忻府区(晋) | 白皮松 | 城市绿化苗(万株) | 0.60 |
| 24 | 北镇市(辽) | 白皮松 | 观赏苗木(万株) | 70.00 |
| 25 | 海港区(冀) | 白皮松 | 观赏苗木(万株) | 30.77 |
| 26 | 迁西县(冀) | 白皮松 | 观赏苗木(万株) | 30.00 |
| 27 | 长葛市(豫) | 白皮松 | 观赏苗木(万株) | 27.60 |
| 28 | 汝阳县(豫) | 白皮松 | 观赏苗木(万株) | 8.27 |
| 29 | 昌平区(京) | 白皮松 | 观赏苗木(万株) | 3.00 |
| 30 | 长治县(晋) | 白皮松 | 观赏苗木(万株) | 3.00 |
| 31 | 迁安市(冀) | 白皮松 | 观赏苗木(万株) | 2.00 |
| 32 | 龙安区(豫) | 白皮松 | 观赏苗木(万株) | 0.80 |
| 33 | 宜阳县(豫) | 白皮松 |  | 14.63 |
| 34 | 元宝山区(内蒙古) | 百日草 | 城市绿化苗(万株) | 70.00 |
| 35 | 上蔡县(豫) | 百日草 | 城市绿化苗(万株) | 41.00 |
| 36 | 利川市(鄂) | 百日草 | 城市绿化苗(万株) | 10.00 |
| 37 | 罗江县(川) | 百日草 | 城市绿化苗(万株) | 10.00 |
| 38 | 蕉岭县(粤) | 百日草 | 城市绿化苗(万株) | 2.00 |
| 39 | 老河口市(鄂) | 百日草 | 观赏苗木(万株) | 280.00 |
| 40 | 平罗县(宁) | 百日草 | 观赏苗木(万株) | 10.00 |
| 41 | 九龙坡区(渝) | 百日草 | 盆花(万盆) | 198.00 |
| 42 | 北戴河区(冀) | 百日草 | 盆花(万盆) | 10.00 |
| 43 | 淮上区(皖) | 百日草 | 盆花(万盆) | 2.00 |
| 44 | 东乌珠穆沁旗(内蒙古) | 百日草 | 盆花(万盆) | 2.00 |
| 45 | 忻府区(晋) | 百日草 | 盆花(万盆) | 2.00 |
| 46 | 闵行区(沪) | 百日草 | 盆花(万盆) | 2.00 |
| 47 | 旌阳区(川) | 百日草 | 盆花(万盆) | 2.00 |

（续）

| 序号 | 其他花卉主产地 | 品种 | 花卉类别(单位) | 生产量 |
|---|---|---|---|---|
| 48 | 唐　县(冀) | 百日草 | 盆花(万盆) | 1.70 |
| 49 | 石城县(赣) | 百子莲 | 观赏苗木(万株) | 13.00 |
| 50 | 太康县(豫) | 薄荷 | 观赏苗木(万株) | 9.00 |
| 51 | 魏　县(冀) | 薄荷 | 观赏苗木(万株) | 5.00 |
| 52 | 襄汾县(晋) | 薄荷 | 盆花(万盆) | 5.00 |
| 53 | 卫辉市(豫) | 薄荷 | 盆花(万盆) | 3.20 |
| 54 | 兴义市(黔) | 北乌头 | 工业及其他用途花卉(吨) | 4.00 |
| 55 | 利川市(鄂) | 彩叶草 | 城市绿化苗(万株) | 20.00 |
| 56 | 三台县(川) | 彩叶草 | 观赏苗木(万株) | 0.50 |
| 57 | 昌平区(京) | 彩叶草 | 观叶植物(万盆) | 50.20 |
| 58 | 嵩　县(豫) | 彩叶草 | 观叶植物(万盆) | 2.00 |
| 59 | 赫山区(湘) | 彩叶草 | 盆花(万盆) | 120.00 |
| 60 | 永清县(冀) | 彩叶草 | 盆花(万盆) | 20.00 |
| 61 | 阳泉市郊区(晋) | 彩叶草 | 盆花(万盆) | 20.00 |
| 62 | 北戴河区(冀) | 彩叶草 | 盆花(万盆) | 7.00 |
| 63 | 旌阳区(川) | 彩叶草 | 盆花(万盆) | 6.00 |
| 64 | 忻府区(晋) | 彩叶草 | 盆花(万盆) | 4.20 |
| 65 | 竹山县(鄂) | 彩叶草 | 盆花(万盆) | 4.00 |
| 66 | 未央区(陕) | 彩叶草 | 盆花(万盆) | 4.00 |
| 67 | 临洮县(甘) | 彩叶草 | 盆花(万盆) | 3.00 |
| 68 | 开平区(冀) | 彩叶草 | 盆花(万盆) | 2.00 |
| 69 | 公安县(鄂) | 彩叶草 | 盆花(万盆) | 1.20 |
| 70 | 满城县(冀) | 彩叶草 | 盆花(万盆) | 1.00 |
| 71 | 商水县(豫) | 彩叶草 | 盆花(万盆) | 0.80 |
| 72 | 枣强县(冀) | 彩叶草 | 盆花(万盆) | 0.50 |
| 73 | 迁西县(冀) | 彩叶草 | 鲜切叶(万支) | 30.00 |
| 74 | 北戴河区(冀) | 草芙蓉 | 盆花(万盆) | 12.00 |
| 75 | 石台县(皖) | 草芙蓉 | 鲜切花(万支) | 1.00 |
| 76 | 北仑区(浙) | 茶梅 | 城市绿化苗(万株) | 810.00 |
| 77 | 象山县(浙) | 茶梅 | 城市绿化苗(万株) | 400.00 |
| 78 | 长沙县(湘) | 茶梅 | 城市绿化苗(万株) | 251.00 |
| 79 | 竹山县(鄂) | 茶梅 | 城市绿化苗(万株) | 12.00 |
| 80 | 德安县(赣) | 茶梅 | 城市绿化苗(万株) | 6.00 |
| 81 | 利川市(鄂) | 茶梅 | 城市绿化苗(万株) | 0.50 |
| 82 | 南郑县(陕) | 茶梅 | 观赏苗木(万株) | 10.00 |
| 83 | 三门县(浙) | 茶梅 | 观赏苗木(万株) | 9.00 |
| 84 | 蕉岭县(粤) | 茶梅 | 观赏苗木(万株) | 5.00 |
| 85 | 永修县(赣) | 茶梅 | 观赏苗木(万株) | 5.00 |
| 86 | 阳新县(鄂) | 茶梅 | 观赏苗木(万株) | 1.00 |
| 87 | 会同县(湘) | 茶梅 | 观赏苗木(万株) | 1.00 |
| 88 | 阳新县(鄂) | 茶梅 | 盆花(万盆) | 3.00 |
| 89 | 岳阳楼区(湘) | 茶梅 | 盆花(万盆) | 1.50 |
| 90 | 三门县(浙) | 茶梅 | 盆花(万盆) | 0.80 |
| 91 | 合山市(桂) | 茶梅 | 盆花(万盆) | 0.50 |

（续）

| 序号 | 其他花卉主产地 | 品种 | 花卉类别(单位) | 生产量 |
|---|---|---|---|---|
| 92 | 当阳市(鄂) | 茶梅 | 盆景(万盆) | 2.20 |
| 93 | 宣威市(滇) | 常春藤类 | 城市绿化苗(万株) | 200.00 |
| 94 | 揭阳市空港经济区(粤) | 常春藤类 | 城市绿化苗(万株) | 0.60 |
| 95 | 新泰市(鲁) | 常春藤类 | 观赏苗木(万株) | 42.00 |
| 96 | 薛城区(鲁) | 常春藤类 | 观赏苗木(万株) | 6.00 |
| 97 | 花山区(皖) | 常春藤类 | 观叶植物(万盆) | 3.80 |
| 98 | 饶阳县(冀) | 常春藤类 | 观叶植物(万盆) | 1.41 |
| 99 | 嵩　县(豫) | 常春藤类 | 观叶植物(万盆) | 1.10 |
| 100 | 金城江区(桂) | 常春藤类 | 观叶植物(万盆) | 0.50 |
| 101 | 青州市(鲁) | 常春藤类 | 盆花(万盆) | 60.00 |
| 102 | 定州市填报用户(冀) | 常春藤类 | 盆花(万盆) | 29.00 |
| 103 | 永清县(冀) | 常春藤类 | 盆花(万盆) | 8.00 |
| 104 | 故城县(冀) | 常春藤类 | 盆景(万盆) | 0.70 |
| 105 | 黄州区(鄂) | 常春藤类 | 盆景(万盆) | 0.50 |
| 106 | 迁西县(冀) | 常春藤类 | 鲜切叶(万支) | 50.00 |
| 107 | 夏邑县(豫) | 赤楠 | 城市绿化苗(万株) | 50.00 |
| 108 | 鼎城区(湘) | 赤楠 | 观赏苗木(万株) | 3.00 |
| 109 | 界首市(皖) | 赤楠 | 观叶植物(万盆) | 0.50 |
| 110 | 普宁市(粤) | 垂叶榕 | 城市绿化苗(万株) | 120.00 |
| 111 | 揭阳市空港经济区(粤) | 垂叶榕 | 城市绿化苗(万株) | 0.80 |
| 112 | 扶绥县(桂) | 垂叶榕 | 城市绿化苗(万株) | 0.80 |
| 113 | 肥城市(鲁) | 垂枝桃 | 观赏苗木(万株) | 13.60 |
| 114 | 蕉岭县(粤) | 葱兰 | 城市绿化苗(万株) | 10.00 |
| 115 | 洞口县(湘) | 葱兰 | 城市绿化苗(万株) | 5.50 |
| 116 | 攀枝花市东区(川) | 葱兰 | 城市绿化苗(万株) | 3.60 |
| 117 | 新化县(湘) | 葱兰 | 观赏苗木(万株) | 200.00 |
| 118 | 三门县(浙) | 葱兰 | 观赏苗木(万株) | 4.00 |
| 119 | 赫山区(湘) | 葱兰 | 观叶植物(万盆) | 350.00 |
| 120 | 彭山区(川) | 葱兰 | 盆花(万盆) | 25.00 |
| 121 | 竹山县(鄂) | 葱兰 | 盆花(万盆) | 7.00 |
| 122 | 襄城区(鄂) | 葱兰 | 盆花(万盆) | 2.40 |
| 123 | 新华区(豫) | 葱兰 | 盆花(万盆) | 1.00 |
| 124 | 潢川县(豫) | 翠柏 | 城市绿化苗(万株) | 25.00 |
| 125 | 利川市(鄂) | 翠柏 | 城市绿化苗(万株) | 10.00 |
| 126 | 洞口县(湘) | 翠柏 | 城市绿化苗(万株) | 5.00 |
| 127 | 仙桃市(鄂) | 翠柏 | 城市绿化苗(万株) | 3.60 |
| 128 | 涉　县(冀) | 翠柏 | 城市绿化苗(万株) | 0.50 |
| 129 | 濮阳县(豫) | 翠柏 | 观赏苗木(万株) | 30.00 |
| 130 | 芜湖县(皖) | 翠柏 | 观赏苗木(万株) | 10.00 |
| 131 | 鼎城区(湘) | 翠柏 | 观赏苗木(万株) | 2.00 |
| 132 | 新丰县(粤) | 翠柏 | 盆景(万盆) | 0.90 |
| 133 | 平果县(桂) | 大红花朱槿 | 观赏苗木(万株) | 6.00 |
| 134 | 襄汾县(晋) | 大红袍 | 盆花(万盆) | 5.00 |
| 135 | 邹平县(鲁) | 大花惠兰 | 观叶植物(万盆) | 36.00 |
| 136 | 石林彝族自治县(滇) | 大花惠兰 | 盆花(万盆) | 475.00 |

(续)

| 序号 | 其他花卉主产地 | 品种 | 花卉类别(单位) | 生产量 |
|---|---|---|---|---|
| 137 | 文登市(鲁) | 大花惠兰 | 盆花(万盆) | 36.00 |
| 138 | 江川县(滇) | 大花惠兰 | 盆花(万盆) | 24.00 |
| 139 | 莒　县(鲁) | 大花惠兰 | 盆花(万盆) | 9.50 |
| 140 | 绩溪县(皖) | 大花惠兰 | 盆花(万盆) | 2.00 |
| 141 | 碧江区(黔) | 大花惠兰 | 盆花(万盆) | 0.60 |
| 142 | 阳宗海管理区(滇) | 大花惠兰 | 盆景(万盆) | 200.00 |
| 143 | 禄劝彝族苗族自治县(滇) | 大花惠兰 | 鲜切花(万支) | 10.00 |
| 144 | 蕉岭县(粤) | 大丽花 | 观赏苗木(万株) | 5.00 |
| 145 | 三门县(浙) | 大丽花 | 观赏苗木(万株) | 3.50 |
| 146 | 九龙坡区(渝) | 大丽花 | 盆花(万盆) | 200.00 |
| 147 | 双城区(黑) | 大丽花 | 盆花(万盆) | 50.00 |
| 148 | 新泰市(鲁) | 大丽花 | 盆花(万盆) | 25.00 |
| 149 | 北戴河区(冀) | 大丽花 | 盆花(万盆) | 11.00 |
| 150 | 会宁县(甘) | 大丽花 | 盆花(万盆) | 10.00 |
| 151 | 潢川县(豫) | 大丽花 | 盆花(万盆) | 4.20 |
| 152 | 临洮县(甘) | 大丽花 | 盆花(万盆) | 2.00 |
| 153 | 旌阳区(川) | 大丽花 | 盆花(万盆) | 2.00 |
| 154 | 嵩　县(豫) | 大丽花 | 盆花(万盆) | 1.50 |
| 155 | 禹会区(皖) | 大丽花 | 盆花(万盆) | 1.00 |
| 156 | 肃州区(甘) | 大丽花 | 盆花(万盆) | 1.00 |
| 157 | 商水县(豫) | 大丽花 | 盆花(万盆) | 0.90 |
| 158 | 贡井区(川) | 大丽花 | 鲜切花(万支) | 20.00 |
| 159 | 临洮县(甘) | 大丽花 | 鲜切花(万支) | 5.00 |
| 160 | 青州市(鲁) | 大岩桐 | 盆花(万盆) | 90.00 |
| 161 | 井陉矿区(冀) | 大岩桐 | 盆花(万盆) | 0.50 |
| 162 | 靖宇县(吉) | 大岩桐 | 盆花(万盆) | 0.50 |
| 163 | 迁西县(冀) | 大岩桐 | 鲜切花(万支) | 20.00 |
| 164 | 元阳县(滇) | 大叶榕 | 城市绿化苗(万株) | 150.00 |
| 165 | 五华县(粤) | 大叶榕 | 城市绿化苗(万株) | 50.00 |
| 166 | 兴义市(黔) | 大叶榕 | 城市绿化苗(万株) | 30.00 |
| 167 | 瑞金市(赣) | 大叶榕 | 城市绿化苗(万株) | 8.00 |
| 168 | 旌阳区(川) | 大叶榕 | 城市绿化苗(万株) | 1.00 |
| 169 | 揭阳市空港经济区(粤) | 大叶榕 | 城市绿化苗(万株) | 0.90 |
| 170 | 田阳县(桂) | 大叶榕 | 城市绿化苗(万株) | 0.60 |
| 171 | 武宣县(桂) | 大叶榕 | 观赏苗木(万株) | 139.60 |
| 172 | 蕉岭县(粤) | 大叶榕 | 观赏苗木(万株) | 5.00 |
| 173 | 镇宁布依族苗族自治县(黔) | 大叶榕 | 观赏苗木(万株) | 3.00 |
| 174 | 北镇市(辽) | 大叶榕 | 盆花(万盆) | 146.00 |
| 175 | 杨凌区农林局(陕) | 大叶榕 | 盆花(万盆) | 0.50 |
| 176 | 竹山县(鄂) | 淡竹 | 城市绿化苗(万株) | 1000.00 |
| 177 | 德安县(赣) | 淡竹 | 城市绿化苗(万株) | 300.00 |
| 178 | 西峰区(甘) | 倒挂金钟 | 观赏苗木(万株) | 1.50 |
| 179 | 镇坪县(陕) | 倒挂金钟 | 观叶植物(万盆) | 1.00 |
| 180 | 长沙县(湘) | 倒挂金钟 | 盆花(万盆) | 32.00 |
| 181 | 蠡　县(冀) | 倒挂金钟 | 盆花(万盆) | 10.00 |

(续)

| 序号 | 其他花卉主产地 | 品种 | 花卉类别(单位) | 生产量 |
|---|---|---|---|---|
| 182 | 红山区(内蒙古) | 倒挂金钟 | 盆花(万盆) | 7.00 |
| 183 | 襄汾县(晋) | 倒挂金钟 | 盆花(万盆) | 5.00 |
| 184 | 涿州市(冀) | 倒挂金钟 | 盆花(万盆) | 2.00 |
| 185 | 莒　县(鲁) | 倒挂金钟 | 盆花(万盆) | 1.20 |
| 186 | 平山县(冀) | 倒挂金钟 | 盆花(万盆) | 0.90 |
| 187 | 阜城县(冀) | 倒挂金钟 | 盆花(万盆) | 0.80 |
| 188 | 临洮县(甘) | 倒挂金钟 | 盆花(万盆) | 0.50 |
| 189 | 利川市(鄂) | 灯台树 | 城市绿化苗(万株) | 2.00 |
| 190 | 麒麟区(滇) | 灯盏花 | 城市绿化苗(万株) | 500.00 |
| 191 | 兴义市(黔) | 灯盏花 | 食用及药用花卉(吨) | 12.00 |
| 192 | 金凤区(宁) | 地肤 | 盆花(万盆) | 5.00 |
| 193 | 新乐市(冀) | 地肤 | 盆花(万盆) | 1.00 |
| 194 | 嵩　县(豫) | 地肤 | 盆花(万盆) | 1.00 |
| 195 | 商水县(豫) | 地肤 | 盆花(万盆) | 0.80 |
| 196 | 公安县(鄂) | 地肤 | 盆花(万盆) | 0.70 |
| 197 | 罗江县(川) | 地锦 | 城市绿化苗(万株) | 100.00 |
| 198 | 侯马市(晋) | 地锦 | 城市绿化苗(万株) | 8.50 |
| 199 | 桃城区(冀) | 地锦 | 观赏苗木(万株) | 40.00 |
| 200 | 涿州市(冀) | 地锦 | 观叶植物(万盆) | 10.00 |
| 201 | 颍州区(皖) | 地石榴 | 城市绿化苗(万株) | 180.00 |
| 202 | 侯马市(晋) | 棣棠 | 城市绿化苗(万株) | 2.50 |
| 203 | 涿州市(冀) | 棣棠 | 观赏苗木(万株) | 5.00 |
| 204 | 西华县(豫) | 吊金钱 | 盆花(万盆) | 1.20 |
| 205 | 英德市(粤) | 兜兰 | 盆花(万盆) | 73.00 |
| 206 | 许昌县(豫) | 杜仲 | 城市绿化苗(万株) | 120.00 |
| 207 | 济源市(豫) | 杜仲 | 城市绿化苗(万株) | 40.00 |
| 208 | 竹山县(鄂) | 杜仲 | 城市绿化苗(万株) | 18.00 |
| 209 | 洞口县(湘) | 杜仲 | 城市绿化苗(万株) | 1.50 |
| 210 | 侯马市(晋) | 杜仲 | 城市绿化苗(万株) | 0.50 |
| 211 | 兴义市(黔) | 杜仲 | 工业及其他用途花卉(吨) | 16.00 |
| 212 | 莲花县(赣) | 杜仲 | 观赏苗木(万株) | 8600.00 |
| 213 | 奉节县(渝) | 杜仲 | 观赏苗木(万株) | 510.00 |
| 214 | 富顺县(川) | 杜仲 | 观赏苗木(万株) | 50.00 |
| 215 | 汝阳县(豫) | 杜仲 | 观赏苗木(万株) | 5.23 |
| 216 | 迁安市(冀) | 杜仲 | 观赏苗木(万株) | 1.00 |
| 217 | 灵宝市(豫) | 杜仲 | 食用及药用花卉(吨) | 13.00 |
| 218 | 仙桃市(鄂) | 对节白蜡 | 城市绿化苗(万株) | 16.00 |
| 219 | 钟祥市(鄂) | 对节白蜡 | 观赏苗木(万株) | 300.00 |
| 220 | 张湾区(鄂) | 对节白蜡 | 盆花(万盆) | 1.50 |
| 221 | 孝南区(鄂) | 对节白蜡 | 盆景(万盆) | 50.00 |
| 222 | 长沙县(湘) | 对节白蜡 | 盆景(万盆) | 19.00 |
| 223 | 屈家岭管理区(鄂) | 对节白蜡 | 盆景(万盆) | 4.00 |
| 224 | 仙桃市(鄂) | 对节白蜡 | 盆景(万盆) | 0.80 |
| 225 | 利川市(鄂) | 多花蔷薇 | 城市绿化苗(万株) | 2.00 |

（续）

| 序号 | 其他花卉主产地 | 品种 | 花卉类别(单位) | 生产量 |
|---|---|---|---|---|
| 226 | 侯马市(晋) | 多花蔷薇 | 城市绿化苗(万株) | 0.50 |
| 227 | 三门县(浙) | 多花蔷薇 | 观赏苗木(万株) | 12.00 |
| 228 | 北戴河区(冀) | 多花蔷薇 | 观赏苗木(万株) | 11.00 |
| 229 | 涿州市(冀) | 多花蔷薇 | 观赏苗木(万株) | 10.00 |
| 230 | 赞皇县(冀) | 多花蔷薇 | 观赏苗木(万株) | 5.50 |
| 231 | 射洪县(川) | 多花蔷薇 | 盆花(万盆) | 10.00 |
| 232 | 运河区(冀) | 多花蔷薇 | 盆花(万盆) | 4.00 |
| 233 | 潢川县(豫) | 多花蔷薇 | 盆花(万盆) | 2.00 |
| 234 | 岳阳楼区(湘) | 多花蔷薇 | 盆花(万盆) | 0.80 |
| 235 | 井研县(川) | 多花蔷薇 | 鲜切花(万支) | 3.40 |
| 236 | 临洮县(甘) | 飞燕草 | 城市绿化苗(万株) | 6.00 |
| 237 | 临洮县(甘) | 飞燕草 | 鲜切花(万支) | 4.00 |
| 238 | 黔江区(渝) | 费菜 | 盆花(万盆) | 5.00 |
| 239 | 襄汾县(晋) | 凤凰竹 | 盆花(万盆) | 3.00 |
| 240 | 三门县(浙) | 凤尾竹 | 观赏苗木(万株) | 4.00 |
| 241 | 松江区(沪) | 凤尾竹 | 观叶植物(万盆) | 1927.00 |
| 242 | 三门县(浙) | 凤尾竹 | 观叶植物(万盆) | 0.60 |
| 243 | 嵩　县(豫) | 凤尾竹 | 观叶植物(万盆) | 0.50 |
| 244 | 濮阳县(豫) | 凤尾竹 | 盆花(万盆) | 80.00 |
| 245 | 高邑县(冀) | 凤尾竹 | 盆花(万盆) | 5.00 |
| 246 | 颍泉区(皖) | 凤尾竹 | 盆花(万盆) | 4.90 |
| 247 | 巴州区(川) | 凤尾竹 | 盆花(万盆) | 4.50 |
| 248 | 洞口县(湘) | 凤尾竹 | 盆花(万盆) | 1.30 |
| 249 | 岳阳楼区(湘) | 凤尾竹 | 盆花(万盆) | 0.50 |
| 250 | 黄州区(鄂) | 凤尾竹 | 盆景(万盆) | 1.00 |
| 251 | 洋　县(陕) | 凤尾竹 | 鲜切叶(万支) | 5.00 |
| 252 | 九龙坡区(渝) | 凤仙花 | 盆花(万盆) | 245.00 |
| 253 | 昌平区(京) | 凤仙花 | 盆花(万盆) | 210.00 |
| 254 | 新安县(豫) | 凤仙花 | 盆花(万盆) | 40.00 |
| 255 | 涿州市(冀) | 凤仙花 | 盆花(万盆) | 20.00 |
| 256 | 高邑县(冀) | 凤仙花 | 盆花(万盆) | 10.00 |
| 257 | 黔江区(渝) | 凤仙花 | 盆花(万盆) | 5.50 |
| 258 | 红山区(内蒙古) | 凤仙花 | 盆花(万盆) | 5.00 |
| 259 | 海港区(冀) | 凤仙花 | 盆花(万盆) | 4.20 |
| 260 | 东洲区(辽) | 凤仙花 | 盆花(万盆) | 4.10 |
| 261 | 唐　县(冀) | 凤仙花 | 盆花(万盆) | 3.00 |
| 262 | 肃州区(甘) | 凤仙花 | 盆花(万盆) | 2.00 |
| 263 | 忻府区(晋) | 凤仙花 | 盆花(万盆) | 2.00 |
| 264 | 平山县(冀) | 凤仙花 | 盆花(万盆) | 1.50 |
| 265 | 阜城县(冀) | 凤仙花 | 盆花(万盆) | 0.60 |
| 266 | 崆峒区(甘) | 凤仙花 | 盆花(万盆) | 0.50 |
| 267 | 商水县(豫) | 凤仙花 | 盆花(万盆) | 0.50 |
| 268 | 新丰县(粤) | 凤仙花 | 鲜切花(万支) | 252.00 |
| 269 | 金山区(沪) | 扶郎花 | 鲜切花(万支) | 55.00 |
| 270 | 瑞金市(赣) | 扶桑 | 城市绿化苗(万株) | 7.00 |

（续）

| 序号 | 其他花卉主产地 | 品种 | 花卉类别(单位) | 生产量 |
|---|---|---|---|---|
| 271 | 攀枝花市东区(川) | 扶桑 | 城市绿化苗(万株) | 6.60 |
| 272 | 仙桃市(鄂) | 扶桑 | 城市绿化苗(万株) | 2.50 |
| 273 | 红岗区(黑) | 扶桑 | 盆花(万盆) | 100.00 |
| 274 | 红山区(内蒙古) | 扶桑 | 盆花(万盆) | 3.00 |
| 275 | 陵城区(鲁) | 扶桑 | 盆花(万盆) | 2.00 |
| 276 | 藁城区(冀) | 扶桑 | 盆花(万盆) | 1.00 |
| 277 | 藁城区(冀) | 扶桑 | 鲜切叶(万支) | 12.00 |
| 278 | 临洮县(甘) | 福禄考 | 城市绿化苗(万株) | 20.00 |
| 279 | 龙潭区(吉) | 福禄考 | 城市绿化苗(万株) | 6.00 |
| 280 | 海港区(冀) | 福禄考 | 城市绿化苗(万株) | 5.00 |
| 281 | 台安县(辽) | 福禄考 | 观赏苗木(万株) | 5000.00 |
| 282 | 三门县(浙) | 福禄考 | 观赏苗木(万株) | 7.00 |
| 283 | 嘉峪关市(甘) | 福禄考 | 观赏苗木(万株) | 0.60 |
| 284 | 五常市(黑) | 福禄考 | 花卉用种苗(千苗) | 20.00 |
| 285 | 易　县(冀) | 福禄考 | 盆花(万盆) | 100.00 |
| 286 | 涿州市(冀) | 福禄考 | 盆花(万盆) | 10.00 |
| 287 | 襄汾县(晋) | 福禄考 | 盆花(万盆) | 3.00 |
| 288 | 新乐市(冀) | 福禄考 | 盆花(万盆) | 1.00 |
| 289 | 临洮县(甘) | 福禄考 | 鲜切花(万支) | 22.00 |
| 290 | 南丹县(桂) | 柑橘 | 观赏苗木(万株) | 55.00 |
| 291 | 遂川县(赣) | 柑橘 | 观赏苗木(万株) | 21.00 |
| 292 | 浈江区(粤) | 柑橘 | 观叶植物(万盆) | 30.00 |
| 293 | 连平县(粤) | 柑橘 | 观叶植物(万盆) | 15.00 |
| 294 | 金城江区(桂) | 柑橘 | 观叶植物(万盆) | 1.30 |
| 295 | 连州市(粤) | 柑橘 | 盆花(万盆) | 5.00 |
| 296 | 洞口县(湘) | 柑橘 | 盆花(万盆) | 1.80 |
| 297 | 乳源瑶族自治县(粤) | 柑橘 | 盆景(万盆) | 122.00 |
| 298 | 新丰县(粤) | 柑橘 | 盆景(万盆) | 3.20 |
| 299 | 兴义市(黔) | 葛藤 | 食用及药用花卉(吨) | 200.00 |
| 300 | 桑植县(湘) | 珙桐 | 城市绿化苗(万株) | 20.00 |
| 301 | 元阳县(滇) | 珙桐 | 城市绿化苗(万株) | 5.00 |
| 302 | 利川市(鄂) | 珙桐 | 城市绿化苗(万株) | 1.00 |
| 303 | 略阳县(陕) | 珙桐 | 城市绿化苗(万株) | 0.80 |
| 304 | 确山县(豫) | 珙桐 | 观赏苗木(万株) | 6.00 |
| 305 | 翠屏区(川) | 珙桐 | 观赏苗木(万株) | 1.00 |
| 306 | 鹤峰县(鄂) | 珙桐 | 盆景(万盆) | 4.00 |
| 307 | 长沙县(湘) | 枸骨 | 城市绿化苗(万株) | 98.00 |
| 308 | 许昌县(豫) | 枸骨 | 城市绿化苗(万株) | 30.00 |
| 309 | 新　县(豫) | 枸骨 | 城市绿化苗(万株) | 7.10 |
| 310 | 旌德县(皖) | 枸骨 | 城市绿化苗(万株) | 4.50 |
| 311 | 黟　县(皖) | 枸骨 | 城市绿化苗(万株) | 1.00 |
| 312 | 川汇区(豫) | 枸骨 | 观赏苗木(万株) | 1.50 |
| 313 | 三门县(浙) | 观赏蕨 | 观赏苗木(万株) | 8.00 |
| 314 | 邹平县(鲁) | 观赏蕨 | 观叶植物(万盆) | 45.00 |
| 315 | 嵩　县(豫) | 观赏蕨 | 观叶植物(万盆) | 1.50 |

(续)

| 序号 | 其他花卉主产地 | 品种 | 花卉类别(单位) | 生产量 |
|---|---|---|---|---|
| 316 | 青州市(鲁) | 观赏蕨 | 盆花(万盆) | 40.00 |
| 317 | 永清县(冀) | 观赏蕨 | 盆花(万盆) | 6.00 |
| 318 | 旌阳区(川) | 观赏蕨 | 盆花(万盆) | 3.00 |
| 319 | 阜城县(冀) | 观赏蕨 | 盆花(万盆) | 1.50 |
| 320 | 新华区(豫) | 观赏蕨 | 盆花(万盆) | 1.00 |
| 321 | 酉阳土家族苗族自治县(渝) | 观赏蕨 | 盆景(万盆) | 57.00 |
| 322 | 迁西县(冀) | 观赏蕨 | 鲜切叶(万支) | 30.00 |
| 323 | 嵩　县(豫) | 观叶芋类 | 观叶植物(万盆) | 1.50 |
| 324 | 黔江区(渝) | 观叶芋类 | 观叶植物(万盆) | 0.60 |
| 325 | 花都区(粤) | 观叶芋类 | 盆花(万盆) | 356.00 |
| 326 | 崇明县(沪) | 观叶芋类 | 盆花(万盆) | 340.80 |
| 327 | 广饶县(鲁) | 观叶芋类 | 盆花(万盆) | 280.00 |
| 328 | 青州市(鲁) | 观叶芋类 | 盆花(万盆) | 160.00 |
| 329 | 长安区(冀) | 观叶芋类 | 盆花(万盆) | 71.80 |
| 330 | 青浦区(沪) | 观叶芋类 | 盆花(万盆) | 42.00 |
| 331 | 顺义区(京) | 观叶芋类 | 盆花(万盆) | 35.84 |
| 332 | 颍泉区(皖) | 观叶芋类 | 盆花(万盆) | 10.10 |
| 333 | 奉贤区(沪) | 观叶芋类 | 盆花(万盆) | 9.60 |
| 334 | 兖州市(鲁) | 观叶芋类 | 盆花(万盆) | 6.00 |
| 335 | 潢川县(豫) | 观叶芋类 | 盆花(万盆) | 4.00 |
| 336 | 碧江区(黔) | 观叶芋类 | 盆花(万盆) | 2.50 |
| 337 | 定南县(赣) | 观叶芋类 | 盆景(万盆) | 9.00 |
| 338 | 新丰县(粤) | 观叶芋类 | 盆景(万盆) | 0.70 |
| 339 | 杨凌区农林局(陕) | 观叶芋类 | 鲜切花(万支) | 1.00 |
| 340 | 恩阳区(川) | 光叶蔷薇 | 盆花(万盆) | 80.00 |
| 341 | 蕉岭县(粤) | 龟背竹 | 城市绿化苗(万株) | 10.00 |
| 342 | 利川市(鄂) | 龟背竹 | 城市绿化苗(万株) | 1.00 |
| 343 | 崇明县(沪) | 龟背竹 | 观叶植物(万盆) | 1190.00 |
| 344 | 邹平县(鲁) | 龟背竹 | 观叶植物(万盆) | 59.00 |
| 345 | 襄汾县(晋) | 龟背竹 | 观叶植物(万盆) | 10.00 |
| 346 | 赞皇县(冀) | 龟背竹 | 观叶植物(万盆) | 6.40 |
| 347 | 涿州市(冀) | 龟背竹 | 观叶植物(万盆) | 5.00 |
| 348 | 三门县(浙) | 龟背竹 | 观叶植物(万盆) | 0.70 |
| 349 | 蠡　县(冀) | 龟背竹 | 观叶植物(万盆) | 0.50 |
| 350 | 孟村回族自治县(冀) | 龟背竹 | 观叶植物(万盆) | 0.50 |
| 351 | 高邑县(冀) | 龟背竹 | 盆花(万盆) | 10.00 |
| 352 | 无极县(冀) | 龟背竹 | 盆花(万盆) | 9.00 |
| 353 | 石家庄市桥西区(冀) | 龟背竹 | 盆花(万盆) | 4.00 |
| 354 | 南和县(冀) | 龟背竹 | 盆花(万盆) | 2.50 |
| 355 | 迁安市(冀) | 龟背竹 | 盆花(万盆) | 2.00 |
| 356 | 临洮县(甘) | 龟背竹 | 盆花(万盆) | 0.50 |
| 357 | 会理县(川) | 龟背竹 | 盆景(万盆) | 16.50 |
| 358 | 莒　县(鲁) | 龟背竹 | 盆景(万盆) | 1.20 |
| 359 | 永清县(冀) | 龟背竹 | 鲜切叶(万支) | 6.00 |
| 360 | 元阳县(滇) | 桂竹香 | 城市绿化苗(万株) | 15.00 |

(续)

| 序号 | 其他花卉主产地 | 品种 | 花卉类别(单位) | 生产量 |
|---|---|---|---|---|
| 361 | 兴义市(黔) | 国兰 | 观赏苗木(万株) | 30.00 |
| 362 | 澄海区(粤) | 国兰 | 观叶植物(万盆) | 59.88 |
| 363 | 金城江区(桂) | 国兰 | 观叶植物(万盆) | 7.28 |
| 364 | 七坡林场(桂) | 国兰 | 盆景(万盆) | 2.00 |
| 365 | 普宁市(粤) | 海南菜豆 | 城市绿化苗(万株) | 20.00 |
| 366 | 无为县(皖) | 海桐 | 城市绿化苗(万株) | 45.00 |
| 367 | 雨花区(湘) | 海桐 | 城市绿化苗(万株) | 5.00 |
| 368 | 旌阳区(川) | 海桐 | 城市绿化苗(万株) | 2.00 |
| 369 | 侯马市(晋) | 海桐 | 城市绿化苗(万株) | 0.50 |
| 370 | 巴州区(川) | 海桐 | 观赏苗木(万株) | 8.40 |
| 371 | 海盐县(浙) | 海桐 | 观赏苗木(万株) | 7.60 |
| 372 | 三门县(浙) | 海桐 | 观赏苗木(万株) | 7.00 |
| 373 | 肥西县(皖) | 海桐 | 观赏苗木(万株) | 5.00 |
| 374 | 内江市市中区(川) | 海桐 | 观赏苗木(万株) | 3.00 |
| 375 | 阳新县(鄂) | 海桐 | 观赏苗木(万株) | 0.60 |
| 376 | 巴州区(川) | 海桐 | 盆花(万盆) | 2.10 |
| 377 | 麒麟区(滇) | 含笑 | 城市绿化苗(万株) | 500.00 |
| 378 | 潢川县(豫) | 含笑 | 城市绿化苗(万株) | 60.00 |
| 379 | 大冶市(鄂) | 含笑 | 城市绿化苗(万株) | 5.00 |
| 380 | 上高县(赣) | 含笑 | 城市绿化苗(万株) | 5.00 |
| 381 | 旌阳区(川) | 含笑 | 城市绿化苗(万株) | 2.00 |
| 382 | 新邵县(湘) | 含笑 | 城市绿化苗(万株) | 1.95 |
| 383 | 阳新县(鄂) | 含笑 | 观赏苗木(万株) | 20.00 |
| 384 | 蕉岭县(粤) | 含笑 | 观赏苗木(万株) | 5.00 |
| 385 | 蔡甸区(鄂) | 含笑 | 观赏苗木(万株) | 4.00 |
| 386 | 三门县(浙) | 含笑 | 观赏苗木(万株) | 4.00 |
| 387 | 碧江区(黔) | 含笑 | 观赏苗木(万株) | 1.00 |
| 388 | 常宁市(湘) | 含笑 | 观赏苗木(万株) | 0.50 |
| 389 | 洞口县(湘) | 含笑 | 观叶植物(万盆) | 0.50 |
| 390 | 南郑县(陕) | 含笑 | 花卉用种苗(千苗) | 25.00 |
| 391 | 开远市(滇) | 含笑 | 盆花(万盆) | 100.00 |
| 392 | 涿州市(冀) | 含笑 | 盆花(万盆) | 5.00 |
| 393 | 新丰县(粤) | 含笑 | 盆景(万盆) | 2.00 |
| 394 | 新丰县(粤) | 含笑 | 鲜切花(万支) | 497.00 |
| 395 | 息　县(豫) | 含羞草 | 观叶植物(万盆) | 1.60 |
| 396 | 孟村回族自治县(冀) | 含羞草 | 观叶植物(万盆) | 0.50 |
| 397 | 岳阳楼区(湘) | 含羞草 | 盆花(万盆) | 4.56 |
| 398 | 涿州市(冀) | 含羞草 | 盆花(万盆) | 3.00 |
| 399 | 西华县(豫) | 含羞草 | 盆花(万盆) | 2.00 |
| 400 | 鼎城区(湘) | 含羞草 | 盆花(万盆) | 2.00 |
| 401 | 晋州市(冀) | 含羞草 | 盆花(万盆) | 0.60 |
| 402 | 盐亭县(川) | 含羞草 | 鲜切花(万支) | 100.00 |
| 403 | 凤城市(辽) | 含羞草 | 鲜切花(万支) | 27.00 |
| 404 | 藁城区(冀) | 含羞草 | 鲜切花(万支) | 10.00 |
| 405 | 石台县(皖) | 含羞草 | 鲜切花(万支) | 5.00 |

（续）

| 序号 | 其他花卉主产地 | 品种 | 花卉类别(单位) | 生产量 |
|---|---|---|---|---|
| 406 | 桃城区(冀) | 荷包牡丹 | 观赏苗木(万株) | 30.00 |
| 407 | 临洮县(甘) | 荷包牡丹 | 鲜切花(万支) | 3.00 |
| 408 | 大武口区(宁) | 荷兰菊 | 城市绿化苗(万株) | 20.00 |
| 409 | 永昌县(甘) | 荷兰菊 | 城市绿化苗(万株) | 10.00 |
| 410 | 二道江区(吉) | 荷兰菊 | 观赏苗木(万株) | 98.00 |
| 411 | 正定县(冀) | 荷兰菊 | 盆花(万盆) | 98.00 |
| 412 | 临洮县(甘) | 荷兰菊 | 盆花(万盆) | 0.50 |
| 413 | 台安县(辽) | 荷兰菊 | 鲜切花(万支) | 500.00 |
| 414 | 高碑店市(冀) | 黑心菊 | 盆花(万盆) | 2.00 |
| 415 | 迁西县(冀) | 黑心菊 | 鲜切花(万支) | 10.00 |
| 416 | 枣阳市(鄂) | 红碧桃 | 城市绿化苗(万株) | 18.00 |
| 417 | 肥城市(鲁) | 红碧桃 | 观赏苗木(万株) | 20.00 |
| 418 | 迁西县(冀) | 红碧桃 | 观赏苗木(万株) | 10.00 |
| 419 | 嵩　县(豫) | 红碧桃 | 观赏苗木(万株) | 5.00 |
| 420 | 薛城区(鲁) | 红碧桃 | 观赏苗木(万株) | 3.00 |
| 421 | 迁安市(冀) | 红碧桃 | 观赏苗木(万株) | 2.00 |
| 422 | 宁阳县(鲁) | 红碧桃 | 观叶植物(万盆) | 14.00 |
| 423 | 竹山县(鄂) | 红碧桃 | 穴盘苗(万株) | 17.00 |
| 424 | 宣汉县(川) | 红花 | 鲜切花(万支) | 13.80 |
| 425 | 九台区(吉) | 红瑞木 | 城市绿化苗(万株) | 130.00 |
| 426 | 龙潭区(吉) | 红瑞木 | 城市绿化苗(万株) | 5.00 |
| 427 | 固安县(冀) | 红瑞木 | 观赏苗木(万株) | 90.00 |
| 428 | 玉田县(冀) | 红瑞木 | 观赏苗木(万株) | 50.00 |
| 429 | 丰宁满族自治县(冀) | 红瑞木 | 观赏苗木(万株) | 28.00 |
| 430 | 翁牛特旗(内蒙古) | 红瑞木 | 观赏苗木(万株) | 16.00 |
| 431 | 迁安市(冀) | 红瑞木 | 观赏苗木(万株) | 14.00 |
| 432 | 汤阴县(豫) | 红瑞木 | 观赏苗木(万株) | 10.00 |
| 433 | 北戴河区(冀) | 红瑞木 | 观赏苗木(万株) | 9.00 |
| 434 | 涿州市(冀) | 红瑞木 | 观赏苗木(万株) | 5.00 |
| 435 | 平罗县(宁) | 红瑞木 | 观赏苗木(万株) | 2.50 |
| 436 | 高碑店市(冀) | 红瑞木 | 观赏苗木(万株) | 2.00 |
| 437 | 井陉矿区(冀) | 红瑞木 | 观赏苗木(万株) | 2.00 |
| 438 | 山海关区(冀) | 红瑞木 | 观赏苗木(万株) | 0.60 |
| 439 | 濮阳县(豫) | 红叶小檗球 | 观赏苗木(万株) | 50.00 |
| 440 | 涿州市(冀) | 红叶小檗球 | 观赏苗木(万株) | 1.00 |
| 441 | 七坡林场(桂) | 红缘莲花掌 | 观叶植物(万盆) | 0.59 |
| 442 | 禄劝彝族苗族自治县(滇) | 厚朴 | 城市绿化苗(万株) | 6.00 |
| 443 | 奉节县(渝) | 厚朴 | 观赏苗木(万株) | 320.00 |
| 444 | 镇坪县(陕) | 厚朴 | 观赏苗木(万株) | 2.00 |
| 445 | 邻水县(川) | 厚朴 | 盆花(万盆) | 1.50 |
| 446 | 邻水县(川) | 厚朴 | 鲜切花(万支) | 2.50 |
| 447 | 社旗县(豫) | 槐树 | 城市绿化苗(万株) | 300.00 |
| 448 | 平乡县(冀) | 槐树 | 城市绿化苗(万株) | 10.00 |
| 449 | 中方县(湘) | 槐树 | 城市绿化苗(万株) | 10.00 |
| 450 | 忻府区(晋) | 槐树 | 城市绿化苗(万株) | 9.48 |

（续）

| 序号 | 其他花卉主产地 | 品种 | 花卉类别(单位) | 生产量 |
|---|---|---|---|---|
| 451 | 淇滨区(豫) | 槐树 | 城市绿化苗(万株) | 5.00 |
| 452 | 颍泉区(皖) | 槐树 | 城市绿化苗(万株) | 4.80 |
| 453 | 利川市(鄂) | 槐树 | 城市绿化苗(万株) | 3.00 |
| 454 | 金塔县(甘) | 槐树 | 城市绿化苗(万株) | 0.54 |
| 455 | 大城县(冀) | 槐树 | 观赏苗木(万株) | 533.00 |
| 456 | 兖州市(鲁) | 槐树 | 观赏苗木(万株) | 403.00 |
| 457 | 海港区(冀) | 槐树 | 观赏苗木(万株) | 254.98 |
| 458 | 馆陶县(冀) | 槐树 | 观赏苗木(万株) | 142.00 |
| 459 | 宁晋县(冀) | 槐树 | 观赏苗木(万株) | 66.00 |
| 460 | 迁安市(冀) | 槐树 | 观赏苗木(万株) | 30.00 |
| 461 | 新华区(冀) | 槐树 | 观赏苗木(万株) | 15.00 |
| 462 | 确山县(豫) | 槐树 | 观赏苗木(万株) | 10.00 |
| 463 | 鹿泉区(冀) | 槐树 | 观赏苗木(万株) | 9.00 |
| 464 | 滦平县(冀) | 槐树 | 观赏苗木(万株) | 6.00 |
| 465 | 晋州市(冀) | 槐树 | 观赏苗木(万株) | 4.10 |
| 466 | 武强县(冀) | 槐树 | 观赏苗木(万株) | 4.00 |
| 467 | 昌平区(京) | 槐树 | 观赏苗木(万株) | 2.00 |
| 468 | 邢台市桥东区(冀) | 槐树 | 观赏苗木(万株) | 2.00 |
| 469 | 高碑店市(冀) | 槐树 | 观赏苗木(万株) | 1.00 |
| 470 | 蓬江区(粤) | 槐树 | 观赏苗木(万株) | 0.50 |
| 471 | 枣强县(冀) | 槐树 | 观赏苗木(万株) | 0.50 |
| 472 | 竹山县(鄂) | 槐树 | 穴盘苗(万株) | 1.00 |
| 473 | 九台区(吉) | 黄刺玫 | 城市绿化苗(万株) | 80.00 |
| 474 | 大武口区(宁) | 黄刺玫 | 城市绿化苗(万株) | 30.00 |
| 475 | 利川市(鄂) | 黄刺玫 | 城市绿化苗(万株) | 5.00 |
| 476 | 金凤区(宁) | 黄刺玫 | 城市绿化苗(万株) | 4.30 |
| 477 | 康保县(冀) | 黄刺玫 | 城市绿化苗(万株) | 3.20 |
| 478 | 侯马市(晋) | 黄刺玫 | 城市绿化苗(万株) | 1.00 |
| 479 | 永昌县(甘) | 黄刺玫 | 城市绿化苗(万株) | 0.80 |
| 480 | 呼兰区(黑) | 黄刺玫 | 观赏苗木(万株) | 30.00 |
| 481 | 丰宁满族自治县(冀) | 黄刺玫 | 观赏苗木(万株) | 14.00 |
| 482 | 北戴河区(冀) | 黄刺玫 | 观赏苗木(万株) | 5.00 |
| 483 | 迁安市(冀) | 黄刺玫 | 观赏苗木(万株) | 3.00 |
| 484 | 平罗县(宁) | 黄刺玫 | 观赏苗木(万株) | 3.00 |
| 485 | 怀来县(冀) | 黄刺玫 | 观赏苗木(万株) | 0.50 |
| 486 | 冀州市(冀) | 黄刺玫 | 盆花(万盆) | 40.00 |
| 487 | 武宣县(桂) | 黄金榕 | 盆花(万盆) | 5.10 |
| 488 | 恩阳区(川) | 回欢草 | 盆花(万盆) | 35.00 |
| 489 | 兴义市(黔) | 惠兰 | 盆花(万盆) | 30.00 |
| 490 | 邹平县(鲁) | 惠兰 | 盆花(万盆) | 12.00 |
| 491 | 随州市经济技术开发区(鄂) | 惠兰 | 盆花(万盆) | 2.00 |
| 492 | 罗田县(鄂) | 惠兰 | 盆花(万盆) | 1.20 |
| 493 | 兖州市(鲁) | 惠兰 | 盆花(万盆) | 1.00 |
| 494 | 新丰县(粤) | 惠兰 | 盆景(万盆) | 0.80 |

(续)

| 序号 | 其他花卉主产地 | 品种 | 花卉类别(单位) | 生产量 |
|---|---|---|---|---|
| 495 | 罗田县(鄂) | 惠兰 | 鲜切花(万支) | 12.00 |
| 496 | 万州区(渝) | 惠兰 | 鲜切花(万支) | 3.00 |
| 497 | 洋　县(陕) | 惠兰 | 鲜切叶(万支) | 3.00 |
| 498 | 潢川县(豫) | 火棘 | 城市绿化苗(万株) | 90.00 |
| 499 | 黔江区(渝) | 火棘 | 城市绿化苗(万株) | 12.00 |
| 500 | 利川市(鄂) | 火棘 | 城市绿化苗(万株) | 5.00 |
| 501 | 镇宁布依族苗族自治县(黔) | 火棘 | 观赏苗木(万株) | 30.00 |
| 502 | 芜湖县(皖) | 火棘 | 观赏苗木(万株) | 5.00 |
| 503 | 鼎城区(湘) | 火棘 | 观赏苗木(万株) | 4.00 |
| 504 | 确山县(豫) | 火棘 | 观赏苗木(万株) | 3.00 |
| 505 | 镇坪县(陕) | 火棘 | 观赏苗木(万株) | 3.00 |
| 506 | 潢川县(豫) | 火棘 | 盆花(万盆) | 4.10 |
| 507 | 商水县(豫) | 霍香蓟 | 盆花(万盆) | 2.00 |
| 508 | 岳阳楼区(湘) | 藿香 | 盆花(万盆) | 2.00 |
| 509 | 恩阳区(川) | 鸡爪槭 | 城市绿化苗(万株) | 220.00 |
| 510 | 颍泉区(皖) | 鸡爪槭 | 城市绿化苗(万株) | 5.51 |
| 511 | 旌德县(皖) | 鸡爪槭 | 城市绿化苗(万株) | 1.20 |
| 512 | 利川市(鄂) | 鸡爪槭 | 城市绿化苗(万株) | 1.00 |
| 513 | 阳新县(鄂) | 鸡爪槭 | 城市绿化苗(万株) | 0.70 |
| 514 | 黟　县(皖) | 鸡爪槭 | 城市绿化苗(万株) | 0.50 |
| 515 | 沂水县(鲁) | 鸡爪槭 | 观赏苗木(万株) | 17.00 |
| 516 | 内江市市中区(川) | 鸡爪槭 | 观赏苗木(万株) | 2.00 |
| 517 | 阳新县(鄂) | 鸡爪槭 | 盆花(万盆) | 5.00 |
| 518 | 新丰县(粤) | 鸡爪槭 | 盆景(万盆) | 1.20 |
| 519 | 洋　县(陕) | 鸡爪槭 | 鲜切叶(万支) | 3.00 |
| 520 | 长沙县(湘) | 夹竹桃类 | 城市绿化苗(万株) | 95.00 |
| 521 | 津市市(湘) | 夹竹桃类 | 城市绿化苗(万株) | 15.00 |
| 522 | 五华县(粤) | 夹竹桃类 | 城市绿化苗(万株) | 10.00 |
| 523 | 凤城市(辽) | 夹竹桃类 | 观赏苗木(万株) | 945.00 |
| 524 | 三门县(浙) | 夹竹桃类 | 观赏苗木(万株) | 6.00 |
| 525 | 迁安市(冀) | 夹竹桃类 | 观赏苗木(万株) | 1.00 |
| 526 | 洞口县(湘) | 夹竹桃类 | 观叶植物(万盆) | 0.50 |
| 527 | 平果县(桂) | 夹竹桃类 | 盆景(万盆) | 3.00 |
| 528 | 宣汉县(川) | 夹竹桃类 | 鲜切花(万支) | 21.50 |
| 529 | 长沙县(湘) | 金弹子 | 城市绿化苗(万株) | 217.00 |
| 530 | 长阳土家族自治县(鄂) | 金弹子 | 城市绿化苗(万株) | 50.00 |
| 531 | 宜都市(鄂) | 金弹子 | 城市绿化苗(万株) | 2.00 |
| 532 | 利川市(鄂) | 金弹子 | 城市绿化苗(万株) | 1.00 |
| 533 | 南明区(黔) | 金弹子 | 盆花(万盆) | 8.99 |
| 534 | 高　县(川) | 金弹子 | 盆景(万盆) | 160.50 |
| 535 | 长沙县(湘) | 金弹子 | 盆景(万盆) | 81.00 |
| 536 | 张湾区(鄂) | 金弹子 | 盆景(万盆) | 6.00 |
| 537 | 来凤县(鄂) | 金弹子 | 盆景(万盆) | 1.00 |
| 538 | 碧江区(黔) | 金弹子 | 盆景(万盆) | 0.60 |
| 539 | 石泉县(陕) | 金弹子 | 盆景(万盆) | 0.50 |

(续)

| 序号 | 其他花卉主产地 | 品种 | 花卉类别(单位) | 生产量 |
|---|---|---|---|---|
| 540 | 思南县(黔) | 金光菊 | 城市绿化苗(万株) | 150.00 |
| 541 | 惠济区(豫) | 金光菊 | 盆花(万盆) | 31.00 |
| 542 | 魏　县(冀) | 金光菊 | 盆花(万盆) | 2.50 |
| 543 | 临洮县(甘) | 金光菊 | 鲜切花(万支) | 16.00 |
| 544 | 未央区(陕) | 金鸡菊 | 盆花(万盆) | 4.00 |
| 545 | 邱　县(冀) | 金鸡菊 | 盆花(万盆) | 1.00 |
| 546 | 贡井区(川) | 金鸡菊 | 盆景(万盆) | 20.00 |
| 547 | 邱　县(冀) | 金鸡菊 | 鲜切花(万支) | 5.00 |
| 548 | 桐城市(皖) | 金银花 | 城市绿化苗(万株) | 50000.00 |
| 549 | 岳阳县(湘) | 金银花 | 城市绿化苗(万株) | 10.00 |
| 550 | 奉节县(渝) | 金银花 | 观赏苗木(万株) | 28.50 |
| 551 | 射洪县(川) | 金银花 | 观赏苗木(万株) | 10.00 |
| 552 | 兖州市(鲁) | 金银花 | 观赏苗木(万株) | 6.00 |
| 553 | 藁城区(冀) | 金银花 | 观赏苗木(万株) | 5.00 |
| 554 | 霸州市(冀) | 金银花 | 观赏苗木(万株) | 5.00 |
| 555 | 魏　县(冀) | 金银花 | 观赏苗木(万株) | 5.00 |
| 556 | 迁安市(冀) | 金银花 | 观赏苗木(万株) | 2.00 |
| 557 | 薛城区(鲁) | 金银花 | 观赏苗木(万株) | 2.00 |
| 558 | 昌平区(京) | 金银花 | 观赏苗木(万株) | 1.00 |
| 559 | 山海关区(冀) | 金银花 | 观赏苗木(万株) | 0.50 |
| 560 | 岳阳楼区(湘) | 金银花 | 盆花(万盆) | 6.36 |
| 561 | 黔江区(渝) | 金银花 | 盆花(万盆) | 4.00 |
| 562 | 无极县(冀) | 金银花 | 盆花(万盆) | 1.00 |
| 563 | 鹤峰县(鄂) | 金银花 | 盆花(万盆) | 0.50 |
| 564 | 巨鹿县(冀) | 金银花 | 食用及药用花卉(吨) | 12050.00 |
| 565 | 兴义市(黔) | 金银花 | 食用及药用花卉(吨) | 600.00 |
| 566 | 鄄城县(鲁) | 金银花 | 食用及药用花卉(吨) | 50.00 |
| 567 | 大武口区(宁) | 金银木 | 城市绿化苗(万株) | 15.00 |
| 568 | 金凤区(宁) | 金银木 | 城市绿化苗(万株) | 3.10 |
| 569 | 侯马市(晋) | 金银木 | 城市绿化苗(万株) | 2.60 |
| 570 | 丰宁满族自治县(冀) | 金银木 | 观赏苗木(万株) | 40.00 |
| 571 | 大城县(冀) | 金银木 | 观赏苗木(万株) | 10.00 |
| 572 | 涿州市(冀) | 金银木 | 观赏苗木(万株) | 7.00 |
| 573 | 北戴河区(冀) | 金银木 | 观赏苗木(万株) | 6.00 |
| 574 | 翁牛特旗(内蒙古) | 金银木 | 观赏苗木(万株) | 4.00 |
| 575 | 山海关区(冀) | 金银木 | 观赏苗木(万株) | 1.10 |
| 576 | 迁安市(冀) | 金银木 | 观赏苗木(万株) | 1.00 |
| 577 | 潢川县(豫) | 锦带花 | 城市绿化苗(万株) | 150.00 |
| 578 | 九台区(吉) | 锦带花 | 城市绿化苗(万株) | 150.00 |
| 579 | 南岗区(黑) | 锦带花 | 城市绿化苗(万株) | 35.00 |
| 580 | 侯马市(晋) | 锦带花 | 城市绿化苗(万株) | 3.60 |
| 581 | 丰宁满族自治县(冀) | 锦带花 | 观赏苗木(万株) | 140.00 |
| 582 | 固安县(冀) | 锦带花 | 观赏苗木(万株) | 75.00 |
| 583 | 海港区(冀) | 锦带花 | 观赏苗木(万株) | 20.75 |
| 584 | 博野县(冀) | 锦带花 | 观赏苗木(万株) | 12.00 |

（续）

| 序号 | 其他花卉主产地 | 品种 | 花卉类别(单位) | 生产量 |
|---|---|---|---|---|
| 585 | 北戴河区(冀) | 锦带花 | 观赏苗木(万株) | 6.00 |
| 586 | 涿州市(冀) | 锦带花 | 观赏苗木(万株) | 5.00 |
| 587 | 山海关区(冀) | 锦带花 | 观赏苗木(万株) | 0.60 |
| 588 | 城子河区(黑) | 锦带花 | 花卉用种苗(千苗) | 20.00 |
| 589 | 凤城市(辽) | 锦熟黄杨 | 观赏苗木(万株) | 240.00 |
| 590 | 侯马市(晋) | 荆芥 | 城市绿化苗(万株) | 1.00 |
| 591 | 九台区(吉) | 景天 | 城市绿化苗(万株) | 140.00 |
| 592 | 大武口区(宁) | 景天 | 城市绿化苗(万株) | 70.00 |
| 593 | 侯马市(晋) | 景天 | 城市绿化苗(万株) | 7.00 |
| 594 | 库伦旗(内蒙古) | 景天 | 城市绿化苗(万株) | 1.00 |
| 595 | 台安县(辽) | 景天 | 观赏苗木(万株) | 4000.00 |
| 596 | 奈曼旗(内蒙古) | 景天 | 观赏苗木(万株) | 1000.00 |
| 597 | 个旧市(滇) | 景天 | 观赏苗木(万株) | 375.00 |
| 598 | 呼兰区(黑) | 景天 | 观赏苗木(万株) | 30.00 |
| 599 | 海港区(冀) | 景天 | 花卉用种苗(千苗) | 1041.00 |
| 600 | 阜新蒙古族自治县(辽) | 景天 | 盆花(万盆) | 130.00 |
| 601 | 新乐市(冀) | 景天 | 盆花(万盆) | 20.00 |
| 602 | 山海关区(冀) | 景天 | 盆花(万盆) | 1.50 |
| 603 | 白银区(甘) | 景天 | 盆花(万盆) | 1.00 |
| 604 | 枣强县(冀) | 景天 | 盆花(万盆) | 0.70 |
| 605 | 满城县(冀) | 景天 | 盆花(万盆) | 0.51 |
| 606 | 长宁县(川) | 九重葛 | 观赏苗木(万株) | 31.00 |
| 607 | 承德县(冀) | 韭菜莲 | 盆花(万盆) | 2.00 |
| 608 | 镇宁布依族苗族自治县(黔) | 桔梗 | 观赏苗木(万株) | 5.00 |
| 609 | 开远市(滇) | 桔梗 | 盆花(万盆) | 200.00 |
| 610 | 石林彝族自治县(滇) | 桔梗 | 鲜切花(万支) | 472.00 |
| 611 | 黄平县(黔) | 桔梗 | 鲜切花(万支) | 30.00 |
| 612 | 镇宁布依族苗族自治县(黔) | 蕨类 | 观赏苗木(万株) | 30.00 |
| 613 | 昌平区(京) | 蕨类 | 花卉用种苗(千苗) | 2550.00 |
| 614 | 北京市大东流苗圃(京) | 蕨类 | 花卉用种苗(千苗) | 405.29 |
| 615 | 北京市大东流苗圃(京) | 蕨类 | 盆花(万盆) | 5.08 |
| 616 | 颍泉区(皖) | 孔雀草 | 城市绿化苗(万株) | 18.50 |
| 617 | 洮南市(吉) | 孔雀草 | 城市绿化苗(万株) | 3.50 |
| 618 | 嘉峪关市(甘) | 孔雀草 | 观赏苗木(万株) | 2.00 |
| 619 | 蔡甸区(鄂) | 孔雀草 | 盆花(万盆) | 50.00 |
| 620 | 金凤区(宁) | 孔雀草 | 盆花(万盆) | 10.00 |
| 621 | 东昌府区(鲁) | 孔雀草 | 盆花(万盆) | 10.00 |
| 622 | 邯山区(冀) | 孔雀草 | 盆花(万盆) | 7.00 |
| 623 | 闵行区(沪) | 孔雀草 | 盆花(万盆) | 2.00 |
| 624 | 张北县(冀) | 孔雀草 | 盆花(万盆) | 1.00 |
| 625 | 海港区(冀) | 孔雀草 | 盆花(万盆) | 1.00 |
| 626 | 东乌珠穆沁旗(内蒙古) | 孔雀草 | 盆花(万盆) | 0.50 |
| 627 | 镇宁布依族苗族自治县(黔) | 苦竹 | 观赏苗木(万株) | 5.00 |
| 628 | 潢川县(豫) | 蜡梅 | 城市绿化苗(万株) | 140.00 |
| 629 | 达川区(川) | 蜡梅 | 城市绿化苗(万株) | 100.00 |
| 630 | 保康县(鄂) | 蜡梅 | 城市绿化苗(万株) | 6.00 |
| 631 | 栾川县(豫) | 蜡梅 | 城市绿化苗(万株) | 2.50 |
| 632 | 思南县(黔) | 蜡梅 | 城市绿化苗(万株) | 2.00 |
| 633 | 茅箭区(鄂) | 蜡梅 | 城市绿化苗(万株) | 0.50 |
| 634 | 巴州区(川) | 蜡梅 | 观赏苗木(万株) | 8.40 |
| 635 | 嵩　县(豫) | 蜡梅 | 观赏苗木(万株) | 4.00 |
| 636 | 三门县(浙) | 蜡梅 | 观赏苗木(万株) | 4.00 |
| 637 | 铜梁县(渝) | 蜡梅 | 观赏苗木(万株) | 2.50 |
| 638 | 翠屏区(川) | 蜡梅 | 观叶植物(万盆) | 5.00 |
| 639 | 巴州区(川) | 蜡梅 | 盆花(万盆) | 3.00 |
| 640 | 宁阳县(鲁) | 蜡梅 | 盆花(万盆) | 0.60 |
| 641 | 保康县(鄂) | 蜡梅 | 盆景(万盆) | 3.00 |
| 642 | 莒　县(鲁) | 蜡梅 | 盆景(万盆) | 1.50 |
| 643 | 嘉定区(沪) | 蜡梅 | 鲜切花(万支) | 136.40 |
| 644 | 巴州区(川) | 蜡梅 | 鲜切花(万支) | 35.00 |
| 645 | 宣汉县(川) | 蜡梅 | 鲜切花(万支) | 33.50 |
| 646 | 彭山区(川) | 蜡梅 | 鲜切花(万支) | 5.00 |
| 647 | 麒麟区(滇) | 兰草 | 城市绿化苗(万株) | 1000.00 |
| 648 | 南岳区(湘) | 兰草 | 城市绿化苗(万株) | 21.00 |
| 649 | 洞口县(湘) | 兰草 | 城市绿化苗(万株) | 8.00 |
| 650 | 澧　县(湘) | 兰草 | 城市绿化苗(万株) | 5.00 |
| 651 | 镇坪县(陕) | 兰草 | 观赏苗木(万株) | 8.00 |
| 652 | 金城江区(桂) | 兰草 | 观叶植物(万盆) | 10.30 |
| 653 | 松江区(沪) | 兰草 | 盆花(万盆) | 636.10 |
| 654 | 青浦区(沪) | 兰草 | 盆花(万盆) | 63.00 |
| 655 | 牟定县(滇) | 兰草 | 盆花(万盆) | 33.00 |
| 656 | 黔江区(渝) | 兰草 | 盆花(万盆) | 23.00 |
| 657 | 来凤县(鄂) | 兰草 | 盆花(万盆) | 20.00 |
| 658 | 巴州区(川) | 兰草 | 盆花(万盆) | 18.90 |
| 659 | 长安区(冀) | 兰草 | 盆花(万盆) | 13.20 |
| 660 | 鼎城区(湘) | 兰草 | 盆花(万盆) | 10.00 |
| 661 | 闵行区(沪) | 兰草 | 盆花(万盆) | 3.50 |
| 662 | 连州市(粤) | 兰草 | 盆花(万盆) | 2.50 |
| 663 | 潢川县(豫) | 兰草 | 盆花(万盆) | 2.30 |
| 664 | 涿州市(冀) | 兰草 | 盆花(万盆) | 2.00 |
| 665 | 国家级南宁经济技术开发区(桂) | 兰草 | 盆花(万盆) | 1.00 |
| 666 | 新华区(豫) | 兰草 | 盆花(万盆) | 1.00 |
| 667 | 西峰区(甘) | 兰草 | 盆花(万盆) | 0.80 |
| 668 | 黎川县(赣) | 兰草 | 盆花(万盆) | 0.60 |
| 669 | 钟祥市(鄂) | 兰草 | 盆景(万盆) | 50.00 |

(续)

| 序号 | 其他花卉主产地 | 品种 | 花卉类别(单位) | 生产量 |
|---|---|---|---|---|
| 670 | 安化县(湘) | 兰草 | 盆景(万盆) | 1.00 |
| 671 | 宣汉县(川) | 兰草 | 鲜切花(万支) | 54.80 |
| 672 | 宣恩县(鄂) | 兰草 | 鲜切花(万支) | 1.00 |
| 673 | 昌平区(京) | 连钱草 | 盆花(万盆) | 100.00 |
| 674 | 汶上县(鲁) | 铃兰 | 盆花(万盆) | 1.20 |
| 675 | 迁西县(冀) | 凌霄花类 | 观赏苗木(万株) | 30.00 |
| 676 | 涿州市(冀) | 凌霄花类 | 观赏苗木(万株) | 1.00 |
| 677 | 栾川县(豫) | 流苏 | 城市绿化苗(万株) | 170.00 |
| 678 | 沂南县(鲁) | 流苏 | 观赏苗木(万株) | 4.00 |
| 679 | 北京市大东流苗圃(京) | 流苏 | 观赏苗木(万株) | 0.55 |
| 680 | 莒　县(鲁) | 流苏 | 盆景(万盆) | 1.51 |
| 681 | 潢川县(豫) | 龙柏 | 城市绿化苗(万株) | 350.00 |
| 682 | 莱芜市高新区(鲁) | 龙柏 | 城市绿化苗(万株) | 25.00 |
| 683 | 坊子区(鲁) | 龙柏 | 城市绿化苗(万株) | 21.00 |
| 684 | 侯马市(晋) | 龙柏 | 城市绿化苗(万株) | 6.00 |
| 685 | 禹州市(豫) | 龙柏 | 观赏苗木(万株) | 551.00 |
| 686 | 芜湖县(皖) | 龙柏 | 观赏苗木(万株) | 5.00 |
| 687 | 龙安区(豫) | 龙柏 | 观赏苗木(万株) | 5.00 |
| 688 | 登封市(豫) | 龙柏 | 观赏苗木(万株) | 3.00 |
| 689 | 故城县(冀) | 龙柏 | 观赏苗木(万株) | 2.90 |
| 690 | 常宁市(湘) | 龙柏 | 盆景(万盆) | 3.40 |
| 691 | 灵璧县(皖) | 龙柏 | 盆景(万盆) | 2.00 |
| 692 | 灵璧县(皖) | 龙柏 | 鲜切叶(万支) | 6.00 |
| 693 | 泸　县(川) | 龙舌兰牡丹 | 观赏苗木(万株) | 40.00 |
| 694 | 岳阳楼区(湘) | 龙舌兰牡丹 | 盆花(万盆) | 2.24 |
| 695 | 临洮县(甘) | 楼斗菜 | 鲜切花(万支) | 2.00 |
| 696 | 涿州市(冀) | 麻叶绣线菊类 | 观赏苗木(万株) | 15.00 |
| 697 | 迁安市(冀) | 麻叶绣线菊类 | 观赏苗木(万株) | 10.00 |
| 698 | 东洲区(辽) | 马蔺 | 盆花(万盆) | 6.80 |
| 699 | 平谷区(京) | 马蹄莲 | 鲜切花(万支) | 4.00 |
| 700 | 路北区(冀) | 马蹄莲 | 鲜切花(万支) | 3.00 |
| 701 | 宜都市(鄂) | 麦冬 | 城市绿化苗(万株) | 3100.00 |
| 702 | 麒麟区(滇) | 麦冬 | 城市绿化苗(万株) | 3000.00 |
| 703 | 旌阳区(川) | 麦冬 | 城市绿化苗(万株) | 11.00 |
| 704 | 侯马市(晋) | 麦冬 | 城市绿化苗(万株) | 3.50 |
| 705 | 辛集市(冀) | 麦冬 | 观叶植物(万盆) | 12.00 |
| 706 | 北戴河区(冀) | 麦冬 | 盆花(万盆) | 5.00 |
| 707 | 雁江区(川) | 麦冬 | 盆花(万盆) | 0.60 |
| 708 | 攀枝花市东区(川) | 满天星 | 城市绿化苗(万株) | 1.20 |
| 709 | 二道江区(吉) | 满天星 | 观赏苗木(万株) | 400.00 |
| 710 | 射洪县(川) | 满天星 | 观赏苗木(万株) | 20.00 |
| 711 | 施甸县(滇) | 满天星 | 观赏苗木(万株) | 1.00 |
| 712 | 岳阳楼区(湘) | 满天星 | 盆花(万盆) | 12.00 |

(续)

| 序号 | 其他花卉主产地 | 品种 | 花卉类别(单位) | 生产量 |
|---|---|---|---|---|
| 713 | 藁城区(冀) | 满天星 | 盆花(万盆) | 5.00 |
| 714 | 莒　县(鲁) | 满天星 | 盆花(万盆) | 2.80 |
| 715 | 临武县(湘) | 满天星 | 盆花(万盆) | 1.00 |
| 716 | 鼎城区(湘) | 满天星 | 盆花(万盆) | 1.00 |
| 717 | 三河市(冀) | 满天星 | 鲜切花(万支) | 42.00 |
| 718 | 鹿泉区(冀) | 满天星 | 鲜切花(万支) | 30.00 |
| 719 | 藁城区(冀) | 满天星 | 鲜切花(万支) | 28.00 |
| 720 | 迁安市(冀) | 满天星 | 鲜切花(万支) | 20.00 |
| 721 | 南丰县(赣) | 满天星 | 鲜切花(万支) | 9.20 |
| 722 | 东洲区(辽) | 满天星 | 鲜切花(万支) | 6.10 |
| 723 | 定兴县(冀) | 满天星 | 鲜切花(万支) | 3.00 |
| 724 | 彭山区(川) | 满天星 | 鲜切花(万支) | 3.00 |
| 725 | 灵璧县(皖) | 满天星 | 鲜切花(万支) | 2.00 |
| 726 | 碧江区(黔) | 满天星 | 鲜切花(万支) | 1.60 |
| 727 | 西华县(豫) | 满天星 | 鲜切花(万支) | 1.50 |
| 728 | 北湖区(湘) | 毛竹 | 城市绿化苗(万株) | 6.50 |
| 729 | 平利县(陕) | 毛竹 | 城市绿化苗(万株) | 1.60 |
| 730 | 连平县(粤) | 毛竹 | 观赏苗木(万株) | 100.00 |
| 731 | 岳阳楼区(湘) | 毛竹 | 盆花(万盆) | 6.30 |
| 732 | 洋　县(陕) | 毛竹 | 鲜切叶(万支) | 3.00 |
| 733 | 潢川县(豫) | 梅花 | 城市绿化苗(万株) | 134.00 |
| 734 | 旌德县(皖) | 梅花 | 城市绿化苗(万株) | 1.35 |
| 735 | 旌阳区(川) | 梅花 | 城市绿化苗(万株) | 1.00 |
| 736 | 莱州市(鲁) | 梅花 | 观赏苗木(万株) | 8.00 |
| 737 | 三门县(浙) | 梅花 | 观赏苗木(万株) | 5.00 |
| 738 | 巴州区(川) | 梅花 | 观赏苗木(万株) | 4.50 |
| 739 | 淮阳县(豫) | 梅花 | 观赏苗木(万株) | 4.00 |
| 740 | 寿　县(皖) | 梅花 | 观赏苗木(万株) | 3.00 |
| 741 | 翠屏区(川) | 梅花 | 观赏苗木(万株) | 2.00 |
| 742 | 遂平县(豫) | 梅花 | 观赏苗木(万株) | 1.00 |
| 743 | 鼎城区(湘) | 梅花 | 盆花(万盆) | 8.00 |
| 744 | 巴州区(川) | 梅花 | 盆花(万盆) | 5.00 |
| 745 | 岳阳楼区(湘) | 梅花 | 盆花(万盆) | 3.83 |
| 746 | 卢氏县(豫) | 梅花 | 盆花(万盆) | 1.25 |
| 747 | 灵璧县(皖) | 梅花 | 盆景(万盆) | 3.00 |
| 748 | 宣汉县(川) | 梅花 | 鲜切花(万支) | 42.30 |
| 749 | 巴州区(川) | 梅花 | 鲜切花(万支) | 21.00 |
| 750 | 黔江区(渝) | 梅花 | 鲜切花(万支) | 10.00 |
| 751 | 平桥区(豫) | 梅花 | 鲜切花(万支) | 5.00 |
| 752 | 巴州区(川) | 梅花 | 鲜切叶(万支) | 15.50 |
| 753 | 广阳区(冀) | 美国红栌 | 观赏苗木(万株) | 10.00 |
| 754 | 迁安市(冀) | 美国红栌 | 观赏苗木(万株) | 8.00 |
| 755 | 海港区(冀) | 美国红栌 | 观赏苗木(万株) | 1.00 |
| 756 | 潢川县(豫) | 美人蕉 | 城市绿化苗(万株) | 45.00 |
| 757 | 大武口区(宁) | 美人蕉 | 城市绿化苗(万株) | 30.00 |

（续）

| 序号 | 其他花卉主产地 | 品种 | 花卉类别(单位) | 生产量 |
|---|---|---|---|---|
| 758 | 许昌县(豫) | 美人蕉 | 城市绿化苗(万株) | 20.00 |
| 759 | 大城县(冀) | 美人蕉 | 观赏苗木(万株) | 50.00 |
| 760 | 石家庄市桥西区(冀) | 美人蕉 | 盆花(万盆) | 17.00 |
| 761 | 运河区(冀) | 美人蕉 | 盆花(万盆) | 2.00 |
| 762 | 阜城县(冀) | 美人蕉 | 盆花(万盆) | 2.00 |
| 763 | 新乐市(冀) | 美人蕉 | 盆花(万盆) | 1.00 |
| 764 | 晋州市(冀) | 美人蕉 | 盆花(万盆) | 0.70 |
| 765 | 藁城区(冀) | 美人蕉 | 鲜切花(万支) | 5.00 |
| 766 | 麒麟区(滇) | 米兰 | 城市绿化苗(万株) | 500.00 |
| 767 | 阳新县(鄂) | 米兰 | 盆花(万盆) | 11.00 |
| 768 | 红山区(内蒙古) | 米兰 | 盆花(万盆) | 4.00 |
| 769 | 西安区(吉) | 米兰 | 盆花(万盆) | 0.50 |
| 770 | 会理县(川) | 米兰 | 盆景(万盆) | 16.50 |
| 771 | 利川市(鄂) | 茉莉花 | 城市绿化苗(万株) | 5.00 |
| 772 | 鄄城县(鲁) | 茉莉花 | 观赏苗木(万株) | 10.00 |
| 773 | 巴州区(川) | 茉莉花 | 观赏苗木(万株) | 3.50 |
| 774 | 金城江区(桂) | 茉莉花 | 观叶植物(万盆) | 1.20 |
| 775 | 衡南县(湘) | 茉莉花 | 花卉用种苗(千苗) | 10000.00 |
| 776 | 襄城县(豫) | 茉莉花 | 盆花(万盆) | 65.00 |
| 777 | 涿州市(冀) | 茉莉花 | 盆花(万盆) | 20.00 |
| 778 | 安国市(冀) | 茉莉花 | 盆花(万盆) | 10.00 |
| 779 | 阳新县(鄂) | 茉莉花 | 盆花(万盆) | 8.00 |
| 780 | 莒　县(鲁) | 茉莉花 | 盆花(万盆) | 4.50 |
| 781 | 邹平县(鲁) | 茉莉花 | 盆花(万盆) | 4.00 |
| 782 | 无极县(冀) | 茉莉花 | 盆花(万盆) | 2.00 |
| 783 | 新华区(豫) | 茉莉花 | 盆花(万盆) | 2.00 |
| 784 | 兖州市(鲁) | 茉莉花 | 盆花(万盆) | 2.00 |
| 785 | 汶上县(鲁) | 茉莉花 | 盆花(万盆) | 1.30 |
| 786 | 晋州市(冀) | 茉莉花 | 盆花(万盆) | 1.20 |
| 787 | 碧江区(黔) | 茉莉花 | 盆花(万盆) | 0.80 |
| 788 | 武邑县(冀) | 茉莉花 | 盆花(万盆) | 0.80 |
| 789 | 芷江侗族自治县(湘) | 茉莉花 | 盆花(万盆) | 0.60 |
| 790 | 昌乐县(鲁) | 茉莉花 | 盆景(万盆) | 0.70 |
| 791 | 宣汉县(川) | 茉莉花 | 鲜切花(万支) | 24.20 |
| 792 | 涪城区(川) | 木芙蓉 | 城市绿化苗(万株) | 2.00 |
| 793 | 巴州区(川) | 木芙蓉 | 观赏苗木(万株) | 27.30 |
| 794 | 三门县(浙) | 木芙蓉 | 观赏苗木(万株) | 2.50 |
| 795 | 巴州区(川) | 木芙蓉 | 盆花(万盆) | 3.00 |
| 796 | 巴州区(川) | 木芙蓉 | 鲜切花(万支) | 16.00 |
| 797 | 巴州区(川) | 木芙蓉 | 鲜切叶(万支) | 15.50 |
| 798 | 阜新蒙古族自治县(辽) | 木犀草 | 盆花(万盆) | 180.00 |
| 799 | 潢川县(豫) | 南天竹 | 城市绿化苗(万株) | 246.00 |
| 800 | 许昌县(豫) | 南天竹 | 城市绿化苗(万株) | 120.00 |
| 801 | 黟　县(皖) | 南天竹 | 城市绿化苗(万株) | 98.00 |
| 802 | 颍泉区(皖) | 南天竹 | 城市绿化苗(万株) | 8.15 |

（续）

| 序号 | 其他花卉主产地 | 品种 | 花卉类别(单位) | 生产量 |
|---|---|---|---|---|
| 803 | 茅箭区(鄂) | 南天竹 | 城市绿化苗(万株) | 3.00 |
| 804 | 旌德县(皖) | 南天竹 | 城市绿化苗(万株) | 2.50 |
| 805 | 巴州区(川) | 南天竹 | 观赏苗木(万株) | 21.00 |
| 806 | 肥西县(皖) | 南天竹 | 观赏苗木(万株) | 5.00 |
| 807 | 镇坪县(陕) | 南天竹 | 观叶植物(万盆) | 1.00 |
| 808 | 濮阳县(豫) | 南天竹 | 盆花(万盆) | 40.00 |
| 809 | 巴州区(川) | 南天竹 | 盆花(万盆) | 4.20 |
| 810 | 巴州区(川) | 南天竹 | 鲜切花(万支) | 5.20 |
| 811 | 巴州区(川) | 南天竹 | 鲜切叶(万支) | 21.00 |
| 812 | 麒麟区(滇) | 葡萄 | 城市绿化苗(万株) | 2000.00 |
| 813 | 九台区(吉) | 葡萄 | 城市绿化苗(万株) | 70.00 |
| 814 | 坊子区(鲁) | 葡萄 | 城市绿化苗(万株) | 20.00 |
| 815 | 侯马市(晋) | 葡萄 | 城市绿化苗(万株) | 2.00 |
| 816 | 辛集市(冀) | 葡萄 | 观赏苗木(万株) | 16.00 |
| 817 | 镇宁布依族苗族自治县(黔) | 葡萄 | 观赏苗木(万株) | 10.00 |
| 818 | 川汇区(豫) | 葡萄 | 观赏苗木(万株) | 9.00 |
| 819 | 肥西县(皖) | 葡萄 | 观赏苗木(万株) | 2.00 |
| 820 | 卫辉市(豫) | 葡萄 | 观叶植物(万盆) | 0.50 |
| 821 | 巴州区(川) | 葡萄 | 盆花(万盆) | 2.10 |
| 822 | 南郑县(陕) | 七叶树 | 城市绿化苗(万株) | 25.00 |
| 823 | 潢川县(豫) | 七叶树 | 城市绿化苗(万株) | 13.00 |
| 824 | 略阳县(陕) | 七叶树 | 城市绿化苗(万株) | 1.00 |
| 825 | 长垣县(豫) | 七叶树 | 观赏苗木(万株) | 20.00 |
| 826 | 两当县(甘) | 七叶树 | 观赏苗木(万株) | 10.00 |
| 827 | 冀州市(冀) | 七叶树 | 观赏苗木(万株) | 10.00 |
| 828 | 镇坪县(陕) | 七叶树 | 观赏苗木(万株) | 6.00 |
| 829 | 嵩　县(豫) | 七叶树 | 观赏苗木(万株) | 1.20 |
| 830 | 确山县(豫) | 七叶树 | 观赏苗木(万株) | 1.00 |
| 831 | 元宝山区(内蒙古) | 千日红 | 城市绿化苗(万株) | 35.00 |
| 832 | 利川市(鄂) | 千日红 | 城市绿化苗(万株) | 5.00 |
| 833 | 延寿县(黑) | 千日红 | 观赏苗木(万株) | 600.00 |
| 834 | 鹤山区(豫) | 千日红 | 观赏苗木(万株) | 8.00 |
| 835 | 三门县(浙) | 千日红 | 观赏苗木(万株) | 6.00 |
| 836 | 石城县(赣) | 千日红 | 盆花(万盆) | 15.00 |
| 837 | 中江县(川) | 千日红 | 盆花(万盆) | 9.80 |
| 838 | 闵行区(沪) | 千日红 | 盆花(万盆) | 1.00 |
| 839 | 石城县(赣) | 千日红 | 鲜切花(万支) | 30.00 |
| 840 | 潢川县(豫) | 青枫 | 城市绿化苗(万株) | 46.00 |
| 841 | 利川市(鄂) | 青枫 | 城市绿化苗(万株) | 19.00 |
| 842 | 旌德县(皖) | 青枫 | 城市绿化苗(万株) | 2.00 |
| 843 | 兖州市(鲁) | 青枫 | 观赏苗木(万株) | 120.00 |
| 844 | 银海区(桂) | 秋风 | 城市绿化苗(万株) | 5.00 |
| 845 | 清新区(粤) | 秋风 | 城市绿化苗(万株) | 2.00 |
| 846 | 浦北县(桂) | 秋风 | 城市绿化苗(万株) | 2.00 |

(续)

| 序号 | 其他花卉主产地 | 品种 | 花卉类别(单位) | 生产量 |
|---|---|---|---|---|
| 847 | 宾阳县(桂) | 秋风 | 城市绿化苗(万株) | 2.00 |
| 848 | 电白区(粤) | 秋风 | 城市绿化苗(万株) | 1.70 |
| 849 | 海城区(桂) | 秋风 | 城市绿化苗(万株) | 0.60 |
| 850 | 那坡县(桂) | 秋风 | 观赏苗木(万株) | 10.00 |
| 851 | 合山市(桂) | 秋风 | 观赏苗木(万株) | 1.20 |
| 852 | 浚　县(豫) | 楸树 | 城市绿化苗(万株) | 20.00 |
| 853 | 侯马市(晋) | 楸树 | 城市绿化苗(万株) | 2.00 |
| 854 | 汝南县(豫) | 楸树 | 观赏苗木(万株) | 128.00 |
| 855 | 淮阳县(豫) | 楸树 | 观赏苗木(万株) | 14.00 |
| 856 | 鹤山区(豫) | 楸树 | 观赏苗木(万株) | 5.00 |
| 857 | 睢阳区(豫) | 楸树 | 观赏苗木(万株) | 1.15 |
| 858 | 涿州市(冀) | 球根海棠 | 盆花(万盆) | 15.00 |
| 859 | 巴州区(川) | 球根海棠 | 盆花(万盆) | 3.00 |
| 860 | 峄城区(鲁) | 球根海棠 | 盆花(万盆) | 2.50 |
| 861 | 衡山县(湘) | 球根海棠 | 盆花(万盆) | 0.55 |
| 862 | 新丰县(粤) | 雀梅藤 | 盆景(万盆) | 2.60 |
| 863 | 九台区(吉) | 忍冬类 | 城市绿化苗(万株) | 80.00 |
| 864 | 丰宁满族自治县(冀) | 忍冬类 | 观赏苗木(万株) | 50.00 |
| 865 | 大余县(赣) | 瑞香 | 盆花(万盆) | 4000.00 |
| 866 | 新丰县(粤) | 瑞香 | 盆景(万盆) | 1.60 |
| 867 | 颍泉区(皖) | 三色堇 | 城市绿化苗(万株) | 6.44 |
| 868 | 安源区(赣) | 三色堇 | 观赏苗木(万株) | 10.00 |
| 869 | 三门县(浙) | 三色堇 | 观赏苗木(万株) | 10.00 |
| 870 | 双城区(黑) | 三色堇 | 观叶植物(万盆) | 10.00 |
| 871 | 邹平县(鲁) | 三色堇 | 观叶植物(万盆) | 5.00 |
| 872 | 松江区(沪) | 三色堇 | 花卉用种苗(千苗) | 1600.00 |
| 873 | 濮阳县(豫) | 三色堇 | 盆花(万盆) | 50.00 |
| 874 | 新安县(豫) | 三色堇 | 盆花(万盆) | 50.00 |
| 875 | 惠济区(豫) | 三色堇 | 盆花(万盆) | 30.00 |
| 876 | 彭山区(川) | 三色堇 | 盆花(万盆) | 30.00 |
| 877 | 户　县(陕) | 三色堇 | 盆花(万盆) | 26.00 |
| 878 | 北戴河区(冀) | 三色堇 | 盆花(万盆) | 20.00 |
| 879 | 黔江区(渝) | 三色堇 | 盆花(万盆) | 18.00 |
| 880 | 未央区(陕) | 三色堇 | 盆花(万盆) | 5.00 |
| 881 | 东洲区(辽) | 三色堇 | 盆花(万盆) | 4.70 |
| 882 | 金凤区(宁) | 三色堇 | 盆花(万盆) | 4.00 |
| 883 | 商水县(豫) | 三色堇 | 盆花(万盆) | 3.80 |
| 884 | 山海关区(冀) | 三色堇 | 盆花(万盆) | 2.00 |
| 885 | 临洮县(甘) | 三色堇 | 盆花(万盆) | 1.50 |
| 886 | 芜湖县(皖) | 三色堇 | 盆花(万盆) | 1.00 |
| 887 | 东洲区(辽) | 三色堇 | 鲜切花(万支) | 7.20 |
| 888 | 洋　县(陕) | 三色堇 | 鲜切花(万支) | 1.50 |
| 889 | 涿州市(冀) | 散尾葵 | 观叶植物(万盆) | 15.00 |
| 890 | 碧江区(黔) | 散尾葵 | 鲜切叶(万支) | 0.90 |
| 891 | 鄂托克前旗(内蒙古) | 山桃 | 城市绿化苗(万株) | 201.90 |

(续)

| 序号 | 其他花卉主产地 | 品种 | 花卉类别(单位) | 生产量 |
|---|---|---|---|---|
| 892 | 萝北县(黑) | 山桃 | 城市绿化苗(万株) | 10.00 |
| 893 | 青铜峡市(宁) | 山桃 | 城市绿化苗(万株) | 1.00 |
| 894 | 丰宁满族自治县(冀) | 山桃 | 观赏苗木(万株) | 45.00 |
| 895 | 迁安市(冀) | 山桃 | 观赏苗木(万株) | 21.00 |
| 896 | 固安县(冀) | 山桃 | 观赏苗木(万株) | 10.00 |
| 897 | 承德县(冀) | 山桃 | 观赏苗木(万株) | 10.00 |
| 898 | 北塔区(湘) | 山桃 | 观赏苗木(万株) | 9.30 |
| 899 | 平罗县(宁) | 山桃 | 观赏苗木(万株) | 8.46 |
| 900 | 博野县(冀) | 山桃 | 观赏苗木(万株) | 6.00 |
| 901 | 泸溪县(湘) | 山桃 | 观赏苗木(万株) | 2.00 |
| 902 | 满城县(冀) | 山桃 | 观赏苗木(万株) | 1.00 |
| 903 | 西安区(吉) | 山桃 | 盆花(万盆) | 0.50 |
| 904 | 禹州市(豫) | 山茱萸 | 观赏苗木(万株) | 120.00 |
| 905 | 上蔡县(豫) | 芍药 | 城市绿化苗(万株) | 15.00 |
| 906 | 利川市(鄂) | 芍药 | 城市绿化苗(万株) | 10.00 |
| 907 | 侯马市(晋) | 芍药 | 城市绿化苗(万株) | 3.00 |
| 908 | 范　县(豫) | 芍药 | 观赏苗木(万株) | 450.00 |
| 909 | 淮阳县(豫) | 芍药 | 观赏苗木(万株) | 1.00 |
| 910 | 西峰区(甘) | 芍药 | 观赏苗木(万株) | 0.50 |
| 911 | 谯城区(皖) | 芍药 | 盆花(万盆) | 8.00 |
| 912 | 巴州区(川) | 芍药 | 盆花(万盆) | 3.00 |
| 913 | 西安区(吉) | 芍药 | 盆花(万盆) | 0.50 |
| 914 | 梁山县(鲁) | 芍药 | 食用及药用花卉(吨) | 75.00 |
| 915 | 邓州市(豫) | 芍药 | 食用及药用花卉(千克) | 20.00 |
| 916 | 临洮县(甘) | 芍药 | 鲜切花(万支) | 120.00 |
| 917 | 深泽县(冀) | 芍药 | 鲜切花(万支) | 0.80 |
| 918 | 巴州区(川) | 芍药 | 鲜切叶(万支) | 31.50 |
| 919 | 德安县(赣) | 射干 | 城市绿化苗(万株) | 45.00 |
| 920 | 侯马市(晋) | 射干 | 城市绿化苗(万株) | 6.00 |
| 921 | 嵩　县(豫) | 射干 | 观赏苗木(万株) | 30.00 |
| 922 | 卫辉市(豫) | 射干 | 观赏苗木(万株) | 0.50 |
| 923 | 射洪县(川) | 麝香百合类 | 观赏苗木(万株) | 15.00 |
| 924 | 津市市(湘) | 麝香百合类 | 鲜切花(万支) | 1.30 |
| 925 | 九台区(吉) | 蓍草 | 城市绿化苗(万株) | 1200.00 |
| 926 | 嘉峪关市(甘) | 蓍草 | 观赏苗木(万株) | 1.00 |
| 927 | 临洮县(甘) | 蓍草 | 鲜切花(万支) | 7.00 |
| 928 | 北京市大东流苗圃(京) | 石斛兰 | 盆花(万盆) | 1.83 |
| 929 | 沿河土家族自治县(黔) | 石斛兰 | 盆景(万盆) | 0.80 |
| 930 | 桐庐县(浙) | 石斛兰 | 食用及药用花卉(千克) | 15200.00 |
| 931 | 庆元县(浙) | 石斛兰 | 食用及药用花卉(千克) | 8835.00 |
| 932 | 奉贤区(沪) | 石斛兰 | 食用及药用花卉(千克) | 3960.00 |
| 933 | 苍南县(浙) | 石斛兰 | 食用及药用花卉(千克) | 1000.00 |
| 934 | 雅长林场(桂) | 石斛兰 | 食用及药用花卉(千克) | 243.00 |
| 935 | 七坡林场(桂) | 石斛兰 | 食用及药用花卉(千克) | 90.00 |
| 936 | 涿州市(冀) | 石莲花 | 盆花(万盆) | 5.00 |

（续）

| 序号 | 其他花卉主产地 | 品种 | 花卉类别(单位) | 生产量 |
|---|---|---|---|---|
| 937 | 长沙县(湘) | 石榴 | 城市绿化苗(万株) | 42.00 |
| 938 | 中方县(湘) | 石榴 | 城市绿化苗(万株) | 5.00 |
| 939 | 利川市(鄂) | 石榴 | 城市绿化苗(万株) | 1.00 |
| 940 | 岳阳县(湘) | 石榴 | 城市绿化苗(万株) | 1.00 |
| 941 | 镇宁布依族苗族自治县(黔) | 石榴 | 观赏苗木(万株) | 100.00 |
| 942 | 鹿泉区(冀) | 石榴 | 观赏苗木(万株) | 10.00 |
| 943 | 镇坪县(陕) | 石榴 | 观赏苗木(万株) | 6.00 |
| 944 | 赞皇县(冀) | 石榴 | 观赏苗木(万株) | 1.50 |
| 945 | 巴州区(川) | 石榴 | 观赏苗木(万株) | 1.00 |
| 946 | 兴义市(黔) | 石榴 | 花卉用种苗(千苗) | 200.00 |
| 947 | 射洪县(川) | 石榴 | 盆花(万盆) | 7.00 |
| 948 | 巴州区(川) | 石榴 | 盆花(万盆) | 2.10 |
| 949 | 西安区(吉) | 石榴 | 盆花(万盆) | 0.70 |
| 950 | 黔江区(渝) | 石榴 | 盆景(万盆) | 1.00 |
| 951 | 巴州区(川) | 石榴 | 鲜切花(万支) | 11.50 |
| 952 | 武陵区(湘) | 石蒜 | 观赏苗木(万株) | 1.20 |
| 953 | 元阳县(滇) | 石竹 | 城市绿化苗(万株) | 200.00 |
| 954 | 九台区(吉) | 石竹 | 城市绿化苗(万株) | 90.00 |
| 955 | 海港区(冀) | 石竹 | 城市绿化苗(万株) | 0.75 |
| 956 | 三门县(浙) | 石竹 | 观赏苗木(万株) | 12.00 |
| 957 | 嘉峪关市(甘) | 石竹 | 观赏苗木(万株) | 6.00 |
| 958 | 肥西县(皖) | 石竹 | 观赏苗木(万株) | 5.00 |
| 959 | 安源区(赣) | 石竹 | 观赏苗木(万株) | 5.00 |
| 960 | 龙口市(鲁) | 石竹 | 观赏苗木(万株) | 0.50 |
| 961 | 新安县(豫) | 石竹 | 盆花(万盆) | 200.00 |
| 962 | 蔡甸区(鄂) | 石竹 | 盆花(万盆) | 80.00 |
| 963 | 西夏区(宁) | 石竹 | 盆花(万盆) | 34.00 |
| 964 | 金凤区(宁) | 石竹 | 盆花(万盆) | 14.00 |
| 965 | 邹平县(鲁) | 石竹 | 盆花(万盆) | 12.00 |
| 966 | 北戴河区(冀) | 石竹 | 盆花(万盆) | 5.00 |
| 967 | 津市市(湘) | 石竹 | 盆花(万盆) | 3.50 |
| 968 | 利通区(宁) | 石竹 | 盆花(万盆) | 3.00 |
| 969 | 忻府区(晋) | 石竹 | 盆花(万盆) | 3.00 |
| 970 | 湘乡市(湘) | 石竹 | 盆花(万盆) | 2.08 |
| 971 | 息　县(豫) | 石竹 | 盆花(万盆) | 1.90 |
| 972 | 莒　县(鲁) | 石竹 | 盆花(万盆) | 1.80 |
| 973 | 唐　县(冀) | 石竹 | 盆花(万盆) | 1.50 |
| 974 | 黄州区(鄂) | 石竹 | 盆景(万盆) | 0.50 |
| 975 | 宜都市(鄂) | 石竹 | 穴盘苗(万株) | 953.00 |
| 976 | 北仑区(浙) | 矢车菊 | 城市绿化苗(万株) | 20.00 |
| 977 | 武陵区(湘) | 矢车菊 | 观赏苗木(万株) | 2.00 |
| 978 | 三河市(冀) | 矢车菊 | 盆花(万盆) | 133.00 |
| 979 | 临洮县(甘) | 矢车菊 | 盆花(万盆) | 31.00 |
| 980 | 宣汉县(川) | 矢车菊 | 鲜切花(万支) | 15.80 |

（续）

| 序号 | 其他花卉主产地 | 品种 | 花卉类别(单位) | 生产量 |
|---|---|---|---|---|
| 981 | 侯马市(晋) | 柿 | 城市绿化苗(万株) | 5.00 |
| 982 | 利川市(鄂) | 柿 | 城市绿化苗(万株) | 2.00 |
| 983 | 临洮县(甘) | 鼠尾草 | 城市绿化苗(万株) | 24.00 |
| 984 | 武陵区(湘) | 鼠尾草 | 观赏苗木(万株) | 5.20 |
| 985 | 忻府区(晋) | 鼠尾草 | 盆花(万盆) | 2.00 |
| 986 | 麒麟区(滇) | 水仙 | 城市绿化苗(万株) | 500.00 |
| 987 | 利川市(鄂) | 水仙 | 城市绿化苗(万株) | 5.00 |
| 988 | 泸　县(川) | 水仙 | 观赏苗木(万株) | 10.50 |
| 989 | 港口区(桂) | 水仙 | 观赏苗木(万株) | 0.50 |
| 990 | 颍泉区(皖) | 水仙 | 盆花(万盆) | 8.63 |
| 991 | 巴州区(川) | 水仙 | 盆花(万盆) | 5.00 |
| 992 | 东洲区(辽) | 水仙 | 盆花(万盆) | 3.00 |
| 993 | 大城县(冀) | 水仙 | 盆花(万盆) | 2.00 |
| 994 | 三门县(浙) | 水仙 | 盆花(万盆) | 0.60 |
| 995 | 丰宁满族自治县(冀) | 水仙 | 盆花(万盆) | 0.50 |
| 996 | 西安区(吉) | 水仙 | 盆花(万盆) | 0.50 |
| 997 | 崇明县(沪) | 水仙 | 鲜切花(万支) | 5200.00 |
| 998 | 栾川县(豫) | 丝绵木 | 城市绿化苗(万株) | 18.00 |
| 999 | 侯马市(晋) | 丝绵木 | 城市绿化苗(万株) | 5.00 |
| 1000 | 邱　县(冀) | 丝绵木 | 观赏苗木(万株) | 300.00 |
| 1001 | 河间市(冀) | 丝绵木 | 观赏苗木(万株) | 150.00 |
| 1002 | 汤阴县(豫) | 丝绵木 | 观赏苗木(万株) | 100.00 |
| 1003 | 馆陶县(冀) | 丝绵木 | 观赏苗木(万株) | 32.00 |
| 1004 | 丰宁满族自治县(冀) | 丝绵木 | 观赏苗木(万株) | 30.00 |
| 1005 | 霸州市(冀) | 丝绵木 | 观赏苗木(万株) | 25.00 |
| 1006 | 陵城区(鲁) | 丝绵木 | 观赏苗木(万株) | 17.00 |
| 1007 | 大城县(冀) | 丝绵木 | 观赏苗木(万株) | 10.00 |
| 1008 | 涿州市(冀) | 丝绵木 | 观赏苗木(万株) | 2.00 |
| 1009 | 故城县(冀) | 丝绵木 | 观赏苗木(万株) | 1.60 |
| 1010 | 枣强县(冀) | 丝绵木 | 观赏苗木(万株) | 0.55 |
| 1011 | 宣汉县(川) | 四季竹 | 鲜切花(万支) | 34.80 |
| 1012 | 沾益县(滇) | 四照花 | 城市绿化苗(万株) | 100.00 |
| 1013 | 平利县(陕) | 塔柏 | 城市绿化苗(万株) | 2.00 |
| 1014 | 阳新县(鄂) | 塔柏 | 观赏苗木(万株) | 3.00 |
| 1015 | 红山区(内蒙古) | 昙花 | 盆花(万盆) | 2.00 |
| 1016 | 九台区(吉) | 唐菖蒲 | 城市绿化苗(万株) | 110.00 |
| 1017 | 侯马市(晋) | 唐菖蒲 | 城市绿化苗(万株) | 1.00 |
| 1018 | 永清县(冀) | 唐菖蒲 | 花卉用种球(千粒) | 120.00 |
| 1019 | 崇明县(沪) | 唐菖蒲 | 鲜切花(万支) | 54240.00 |
| 1020 | 凌源市(辽) | 唐菖蒲 | 鲜切花(万支) | 26000.00 |
| 1021 | 花都区(粤) | 唐菖蒲 | 鲜切花(万支) | 59.00 |
| 1022 | 红岗区(黑) | 唐菖蒲 | 鲜切花(万支) | 30.00 |
| 1023 | 管城回族区(豫) | 唐菖蒲 | 鲜切花(万支) | 29.00 |
| 1024 | 江川县(滇) | 唐菖蒲 | 鲜切花(万支) | 27.00 |
| 1025 | 肃州区(甘) | 唐菖蒲 | 鲜切花(万支) | 22.00 |

(续)

| 序号 | 其他花卉主产地 | 品种 | 花卉类别(单位) | 生产量 |
|---|---|---|---|---|
| 1026 | 迁西县(冀) | 唐菖蒲 | 鲜切花(万支) | 20.00 |
| 1027 | 松江区(沪) | 唐菖蒲 | 鲜切花(万支) | 12.00 |
| 1028 | 迁安市(冀) | 唐菖蒲 | 鲜切花(万支) | 10.00 |
| 1029 | 开平区(冀) | 唐菖蒲 | 鲜切花(万支) | 3.00 |
| 1030 | 平泉县(冀) | 唐菖蒲 | 鲜切花(万支) | 2.00 |
| 1031 | 沂南县(鲁) | 唐菖蒲 | 鲜切花(万支) | 2.00 |
| 1032 | 蔡甸区(鄂) | 唐菖蒲 | 鲜切花(万支) | 1.00 |
| 1033 | 临洮县(甘) | 唐菖蒲 | 鲜切叶(万支) | 3.00 |
| 1034 | 洋　县(陕) | 唐菖蒲 | 鲜切叶(万支) | 2.00 |
| 1035 | 侯马市(晋) | 藤本月季 | 城市绿化苗(万株) | 1.00 |
| 1036 | 射洪县(川) | 藤本月季 | 观赏苗木(万株) | 50.00 |
| 1037 | 涿州市(冀) | 藤本月季 | 观赏苗木(万株) | 5.00 |
| 1038 | 涿州市(冀) | 藤类 | 观赏苗木(万株) | 3.00 |
| 1039 | 大城县(冀) | 藤类 | 观叶植物(万盆) | 5.30 |
| 1040 | 金城江区(桂) | 藤类 | 观叶植物(万盆) | 1.50 |
| 1041 | 兖州市(鲁) | 藤类 | 盆花(万盆) | 27.00 |
| 1042 | 霸州市(冀) | 藤萝 | 观赏苗木(万株) | 30.00 |
| 1043 | 信宜市(粤) | 藤萝 | 观叶植物(万盆) | 3.50 |
| 1044 | 海兴县(冀) | 藤萝 | 盆花(万盆) | 1.00 |
| 1045 | 九台区(吉) | 天目琼花 | 城市绿化苗(万株) | 70.00 |
| 1046 | 涿州市(冀) | 天目琼花 | 观赏苗木(万株) | 2.00 |
| 1047 | 利通区(宁) | 天人菊 | 盆花(万盆) | 3.00 |
| 1048 | 雁江区(川) | 天竺桂 | 城市绿化苗(万株) | 80.00 |
| 1049 | 富顺县(川) | 天竺桂 | 城市绿化苗(万株) | 50.00 |
| 1050 | 开　县(渝) | 天竺桂 | 城市绿化苗(万株) | 26.00 |
| 1051 | 铜梁县(渝) | 天竺桂 | 城市绿化苗(万株) | 12.00 |
| 1052 | 渠　县(川) | 天竺桂 | 城市绿化苗(万株) | 8.00 |
| 1053 | 江川县(滇) | 天竺桂 | 城市绿化苗(万株) | 4.30 |
| 1054 | 大竹县(川) | 天竺桂 | 城市绿化苗(万株) | 1.50 |
| 1055 | 沿河土家族自治县(黔) | 天竺桂 | 城市绿化苗(万株) | 1.20 |
| 1056 | 旌阳区(川) | 天竺桂 | 城市绿化苗(万株) | 0.50 |
| 1057 | 巴州区(川) | 天竺桂 | 观赏苗木(万株) | 21.00 |
| 1058 | 翠屏区(川) | 天竺桂 | 观赏苗木(万株) | 16.00 |
| 1059 | 会理县(川) | 天竺桂 | 观赏苗木(万株) | 3.99 |
| 1060 | 仁寿县(川) | 天竺桂 | 观叶植物(万盆) | 5.60 |
| 1061 | 开远市(滇) | 天竺桂 | 盆花(万盆) | 100.00 |
| 1062 | 巴州区(川) | 天竺桂 | 盆花(万盆) | 13.00 |
| 1063 | 嘉陵区(川) | 天竺桂 | 鲜切叶(万支) | 30.00 |
| 1064 | 大竹县(川) | 贴梗海棠 | 城市绿化苗(万株) | 0.50 |
| 1065 | 宁阳县(鲁) | 贴梗海棠 | 观赏苗木(万株) | 13.50 |
| 1066 | 莒　县(鲁) | 贴梗海棠 | 观赏苗木(万株) | 8.00 |
| 1067 | 南郑县(陕) | 贴梗海棠 | 观赏苗木(万株) | 5.00 |
| 1068 | 巴州区(川) | 贴梗海棠 | 观赏苗木(万株) | 4.20 |
| 1069 | 涿州市(冀) | 贴梗海棠 | 观赏苗木(万株) | 1.00 |
| 1070 | 内江市市中区(川) | 贴梗海棠 | 观赏苗木(万株) | 1.00 |

(续)

| 序号 | 其他花卉主产地 | 品种 | 花卉类别(单位) | 生产量 |
|---|---|---|---|---|
| 1071 | 巴州区(川) | 贴梗海棠 | 盆花(万盆) | 8.40 |
| 1072 | 宁阳县(鲁) | 贴梗海棠 | 盆花(万盆) | 1.80 |
| 1073 | 新丰县(粤) | 贴梗海棠 | 盆景(万盆) | 1.40 |
| 1074 | 石泉县(陕) | 贴梗海棠 | 盆景(万盆) | 0.50 |
| 1075 | 新丰县(粤) | 贴梗海棠 | 鲜切花(万支) | 309.00 |
| 1076 | 昌平区(京) | 萎陵菜 | 盆花(万盆) | 100.00 |
| 1077 | 深州市(冀) | 卫矛类 | 城市绿化苗(万株) | 265.00 |
| 1078 | 滦南县(冀) | 卫矛类 | 城市绿化苗(万株) | 208.00 |
| 1079 | 九台区(吉) | 卫矛类 | 城市绿化苗(万株) | 80.00 |
| 1080 | 侯马市(晋) | 卫矛类 | 城市绿化苗(万株) | 12.00 |
| 1081 | 龙潭区(吉) | 卫矛类 | 城市绿化苗(万株) | 6.00 |
| 1082 | 金凤区(宁) | 卫矛类 | 城市绿化苗(万株) | 0.60 |
| 1083 | 固安县(冀) | 卫矛类 | 观赏苗木(万株) | 1200.00 |
| 1084 | 易　县(冀) | 卫矛类 | 观赏苗木(万株) | 400.00 |
| 1085 | 满城县(冀) | 卫矛类 | 观赏苗木(万株) | 145.26 |
| 1086 | 乐亭县(冀) | 卫矛类 | 观赏苗木(万株) | 65.00 |
| 1087 | 开平区(冀) | 卫矛类 | 观赏苗木(万株) | 50.00 |
| 1088 | 武强县(冀) | 卫矛类 | 观赏苗木(万株) | 40.00 |
| 1089 | 博野县(冀) | 卫矛类 | 观赏苗木(万株) | 30.00 |
| 1090 | 海港区(冀) | 卫矛类 | 观赏苗木(万株) | 24.11 |
| 1091 | 迁安市(冀) | 卫矛类 | 观赏苗木(万株) | 15.00 |
| 1092 | 忻府区(晋) | 卫矛类 | 观赏苗木(万株) | 13.59 |
| 1093 | 盐山县(冀) | 卫矛类 | 观赏苗木(万株) | 12.50 |
| 1094 | 涿州市(冀) | 卫矛类 | 观赏苗木(万株) | 5.00 |
| 1095 | 高碑店市(冀) | 卫矛类 | 观赏苗木(万株) | 5.00 |
| 1096 | 山海关区(冀) | 卫矛类 | 观赏苗木(万株) | 1.90 |
| 1097 | 长治县(晋) | 卫矛类 | 鲜切花(万支) | 75.00 |
| 1098 | 宁　县(甘) | 文冠果 | 工业及其他用途花卉(千克) | 140.00 |
| 1099 | 北京市大东流苗圃(京) | 文冠果 | 观赏苗木(万株) | 2.06 |
| 1100 | 镇坪县(陕) | 五味子类 | 观赏苗木(万株) | 15.00 |
| 1101 | 北仑区(浙) | 五针松 | 城市绿化苗(万株) | 82.00 |
| 1102 | 兖州市(鲁) | 五针松 | 观赏苗木(万株) | 7.00 |
| 1103 | 凤城市(辽) | 勿忘草 | 鲜切花(万支) | 23.00 |
| 1104 | 广昌县(赣) | 勿忘草 | 鲜切叶(万支) | 51.60 |
| 1105 | 零陵区(湘) | 仙人球 | 城市绿化苗(万株) | 20.00 |
| 1106 | 利川市(鄂) | 仙人球 | 城市绿化苗(万株) | 5.00 |
| 1107 | 长垣县(豫) | 仙人球 | 观赏苗木(万株) | 35.00 |
| 1108 | 三门县(浙) | 仙人球 | 观赏苗木(万株) | 15.00 |
| 1109 | 泸　县(川) | 仙人球 | 观赏苗木(万株) | 7.30 |
| 1110 | 灵璧县(皖) | 仙人球 | 观赏苗木(万株) | 3.00 |
| 1111 | 肥西县(皖) | 仙人球 | 观赏苗木(万株) | 3.00 |
| 1112 | 景　县(冀) | 仙人球 | 观叶植物(万盆) | 0.80 |
| 1113 | 濮阳县(豫) | 仙人球 | 盆花(万盆) | 50.00 |
| 1114 | 涿州市(冀) | 仙人球 | 盆花(万盆) | 10.00 |

（续）

| 序号 | 其他花卉主产地 | 品种 | 花卉类别（单位） | 生产量 |
|---|---|---|---|---|
| 1115 | 巴州区（川） | 仙人球 | 盆花（万盆） | 8.40 |
| 1116 | 无极县（冀） | 仙人球 | 盆花（万盆） | 6.00 |
| 1117 | 永清县（冀） | 仙人球 | 盆花（万盆） | 6.00 |
| 1118 | 盐山县（冀） | 仙人球 | 盆花（万盆） | 4.00 |
| 1119 | 吴桥县（冀） | 仙人球 | 盆花（万盆） | 2.00 |
| 1120 | 迁安市（冀） | 仙人球 | 盆花（万盆） | 2.00 |
| 1121 | 南乐县（豫） | 仙人球 | 盆花（万盆） | 2.00 |
| 1122 | 西华县（豫） | 仙人球 | 盆花（万盆） | 1.60 |
| 1123 | 大城县（冀） | 仙人球 | 盆花（万盆） | 1.00 |
| 1124 | 黔江区（渝） | 仙人球 | 盆花（万盆） | 1.00 |
| 1125 | 鹿泉区（冀） | 仙人球 | 盆花（万盆） | 0.95 |
| 1126 | 陵城区（鲁） | 仙人球 | 盆花（万盆） | 0.60 |
| 1127 | 丰宁满族自治县（冀） | 仙人球 | 盆花（万盆） | 0.50 |
| 1128 | 会理县（川） | 仙人球 | 盆景（万盆） | 16.00 |
| 1129 | 赞皇县（冀） | 仙人球 | 盆景（万盆） | 6.40 |
| 1130 | 巴州区（川） | 仙人球 | 鲜切叶（万支） | 10.50 |
| 1131 | 甘州区（甘） | 现代月季 | 城市绿化苗（万株） | 80.00 |
| 1132 | 滦南县（冀） | 现代月季 | 城市绿化苗（万株） | 60.00 |
| 1133 | 游仙区（川） | 现代月季 | 城市绿化苗（万株） | 10.00 |
| 1134 | 威海市经济技术开发区（鲁） | 现代月季 | 城市绿化苗（万株） | 3.00 |
| 1135 | 青铜峡市（宁） | 现代月季 | 城市绿化苗（万株） | 2.00 |
| 1136 | 兴庆区（宁） | 现代月季 | 观赏苗木（万株） | 325.80 |
| 1137 | 武邑县（冀） | 现代月季 | 观赏苗木（万株） | 104.00 |
| 1138 | 武陟县（豫） | 现代月季 | 观赏苗木（万株） | 80.00 |
| 1139 | 饶阳县（冀） | 现代月季 | 观赏苗木（万株） | 0.79 |
| 1140 | 辛集市（冀） | 现代月季 | 观叶植物（万盆） | 7.00 |
| 1141 | 新野县（豫） | 现代月季 | 盆花（万盆） | 80.00 |
| 1142 | 临洮县（甘） | 现代月季 | 盆花（万盆） | 20.00 |
| 1143 | 东洲区（辽） | 现代月季 | 盆花（万盆） | 8.10 |
| 1144 | 忻府区（晋） | 现代月季 | 盆花（万盆） | 2.70 |
| 1145 | 山海关区（冀） | 现代月季 | 盆花（万盆） | 2.00 |
| 1146 | 大名县（冀） | 现代月季 | 盆花（万盆） | 1.00 |
| 1147 | 环翠区（鲁） | 现代月季 | 鲜切花（万支） | 351.00 |
| 1148 | 长葛市（豫） | 现代月季 | 鲜切花（万支） | 320.00 |
| 1149 | 临洮县（甘） | 现代月季 | 鲜切花（万支） | 87.00 |
| 1150 | 徐水县（冀） | 现代月季 | 鲜切花（万支） | 9.00 |
| 1151 | 武陵区（湘） | 现代月季 | 鲜切花（万支） | 5.60 |
| 1152 | 蠡　县（冀） | 现代月季 | 鲜切花（万支） | 2.50 |
| 1153 | 镜湖区（皖） | 香雪球 | 城市绿化苗（万株） | 1.50 |
| 1154 | 涿州市（冀） | 小苍兰 | 盆花（万盆） | 3.00 |
| 1155 | 莒　县（鲁） | 小苍兰 | 盆花（万盆） | 2.40 |
| 1156 | 海拉尔区（内蒙古） | 小丽花 | 城市绿化苗（万株） | 40.00 |
| 1157 | 南和县（冀） | 小丽花 | 盆花（万盆） | 7.00 |
| 1158 | 东乌珠穆沁旗（内蒙古） | 小丽花 | 盆花（万盆） | 2.00 |

（续）

| 序号 | 其他花卉主产地 | 品种 | 花卉类别（单位） | 生产量 |
|---|---|---|---|---|
| 1159 | 九台区（吉） | 杏 | 城市绿化苗（万株） | 130.00 |
| 1160 | 威海市经济技术开发区（鲁） | 杏 | 城市绿化苗（万株） | 0.70 |
| 1161 | 呼兰区（黑） | 杏 | 观赏苗木（万株） | 5.00 |
| 1162 | 平罗县（宁） | 杏 | 观赏苗木（万株） | 4.18 |
| 1163 | 九台区（吉） | 绣球花 | 城市绿化苗（万株） | 150.00 |
| 1164 | 宜都市（鄂） | 绣球花 | 城市绿化苗（万株） | 21.00 |
| 1165 | 昌平区（京） | 绣球花 | 观赏苗木（万株） | 5.00 |
| 1166 | 武陵区（湘） | 绣球花 | 观赏苗木（万株） | 1.30 |
| 1167 | 花山区（皖） | 绣球花 | 观叶植物（万盆） | 2.00 |
| 1168 | 颍泉区（皖） | 绣球花 | 盆花（万盆） | 58.10 |
| 1169 | 秀洲区（浙） | 绣球花 | 盆花（万盆） | 10.00 |
| 1170 | 涿州市（冀） | 绣球花 | 盆花（万盆） | 3.00 |
| 1171 | 兴庆区（宁） | 绣球花 | 鲜切花（万支） | 21.00 |
| 1172 | 西华县（豫） | 绣球花 | 鲜切花（万支） | 1.30 |
| 1173 | 台安县（辽） | 萱草 | 观赏苗木（万株） | 2000.00 |
| 1174 | 北京市大东流苗圃（京） | 萱草 | 观赏苗木（万株） | 6.25 |
| 1175 | 二道区（吉） | 萱草 | 观赏苗木（万株） | 3.00 |
| 1176 | 海港区（冀） | 萱草 | 花卉用种苗（千苗） | 2233.00 |
| 1177 | 易　县（冀） | 萱草 | 盆花（万盆） | 700.00 |
| 1178 | 涿州市（冀） | 萱草 | 盆花（万盆） | 586.00 |
| 1179 | 西夏区（宁） | 萱草 | 盆花（万盆） | 32.00 |
| 1180 | 运河区（冀） | 萱草 | 盆花（万盆） | 4.00 |
| 1181 | 满城县（冀） | 萱草 | 盆花（万盆） | 2.20 |
| 1182 | 新乐市（冀） | 萱草 | 盆花（万盆） | 2.00 |
| 1183 | 平原县（鲁） | 萱草 | 鲜切花（万支） | 25.00 |
| 1184 | 汝南县（豫） | 雪松 | 城市绿化苗（万株） | 1374.00 |
| 1185 | 麒麟区（滇） | 雪松 | 城市绿化苗（万株） | 500.00 |
| 1186 | 上蔡县（豫） | 雪松 | 城市绿化苗（万株） | 24.00 |
| 1187 | 大竹县（川） | 雪松 | 城市绿化苗（万株） | 15.00 |
| 1188 | 侯马市（晋） | 雪松 | 城市绿化苗（万株） | 10.00 |
| 1189 | 威海市经济技术开发区（鲁） | 雪松 | 城市绿化苗（万株） | 9.50 |
| 1190 | 坊子区（鲁） | 雪松 | 城市绿化苗（万株） | 9.00 |
| 1191 | 香格里拉县（滇） | 雪松 | 城市绿化苗（万株） | 4.52 |
| 1192 | 江川县（滇） | 雪松 | 城市绿化苗（万株） | 2.64 |
| 1193 | 腾冲县（滇） | 雪松 | 城市绿化苗（万株） | 0.50 |
| 1194 | 象山县（浙） | 雪松 | 城市绿化苗（万株） | 0.50 |
| 1195 | 确山县（豫） | 雪松 | 观赏苗木（万株） | 100.00 |
| 1196 | 藁城区（冀） | 雪松 | 观赏苗木（万株） | 8.00 |
| 1197 | 鹤山区（豫） | 雪松 | 观赏苗木（万株） | 8.00 |
| 1198 | 三门县（浙） | 雪松 | 观赏苗木（万株） | 3.00 |
| 1199 | 龙安区（豫） | 雪松 | 观赏苗木（万株） | 0.80 |
| 1200 | 镇宁布依族苗族自治县（黔） | 雪松 | 观赏苗木（万株） | 0.50 |

(续)

| 序号 | 其他花卉主产地 | 品种 | 花卉类别(单位) | 生产量 |
|---|---|---|---|---|
| 1201 | 涿州市(冀) | 雁来红 | 盆花(万盆) | 20.00 |
| 1202 | 宾阳县(桂) | 羊蹄甲类 | 城市绿化苗(万株) | 3.00 |
| 1203 | 扶绥县(桂) | 羊蹄甲类 | 城市绿化苗(万株) | 3.00 |
| 1204 | 合山市(桂) | 羊蹄甲类 | 观赏苗木(万株) | 4.20 |
| 1205 | 翠屏区(川) | 羊蹄甲类 | 观赏苗木(万株) | 1.20 |
| 1206 | 蓬江区(粤) | 羊蹄甲类 | 观赏苗木(万株) | 0.50 |
| 1207 | 那坡县(桂) | 羊蹄甲类 | 鲜切花(万支) | 10.00 |
| 1208 | 腾冲县(滇) | 叶子花 | 城市绿化苗(万株) | 350.00 |
| 1209 | 元阳县(滇) | 叶子花 | 城市绿化苗(万株) | 200.00 |
| 1210 | 开远市(滇) | 叶子花 | 盆花(万盆) | 100.00 |
| 1211 | 石家庄市桥西区(冀) | 夜来香 | 盆花(万盆) | 3.00 |
| 1212 | 甘井子区(辽) | 一叶兰 | 观叶植物(万盆) | 3.00 |
| 1213 | 新丰县(粤) | 一叶兰 | 鲜切花(万支) | 143.00 |
| 1214 | 永清县(冀) | 一叶兰 | 鲜切叶(万支) | 55.00 |
| 1215 | 利川市(鄂) | 樱桃 | 城市绿化苗(万株) | 10.00 |
| 1216 | 宾阳县(桂) | 樱桃 | 城市绿化苗(万株) | 2.00 |
| 1217 | 侯马市(晋) | 樱桃 | 城市绿化苗(万株) | 1.00 |
| 1218 | 丰宁满族自治县(冀) | 樱桃 | 观赏苗木(万株) | 42.00 |
| 1219 | 镇宁布依族苗族自治县(黔) | 樱桃 | 观赏苗木(万株) | 30.00 |
| 1220 | 广阳区(冀) | 樱桃 | 观赏苗木(万株) | 30.00 |
| 1221 | 新泰市(鲁) | 樱桃 | 观赏苗木(万株) | 10.00 |
| 1222 | 故城县(冀) | 樱桃 | 观赏苗木(万株) | 1.50 |
| 1223 | 霍山县(皖) | 樱桃 | 观赏苗木(万株) | 1.00 |
| 1224 | 新丰县(粤) | 鹰爪枫 | 盆景(万盆) | 0.60 |
| 1225 | 侯马市(晋) | 迎春 | 城市绿化苗(万株) | 5.00 |
| 1226 | 黔江区(渝) | 迎春 | 城市绿化苗(万株) | 1.20 |
| 1227 | 固安县(冀) | 迎春 | 观赏苗木(万株) | 200.00 |
| 1228 | 新泰市(鲁) | 迎春 | 观赏苗木(万株) | 8.00 |
| 1229 | 三门县(浙) | 迎春 | 观赏苗木(万株) | 7.00 |
| 1230 | 大城县(冀) | 迎春 | 观赏苗木(万株) | 5.00 |
| 1231 | 瓜州县(甘) | 迎春 | 观赏苗木(万株) | 4.40 |
| 1232 | 迁安市(冀) | 迎春 | 观赏苗木(万株) | 2.00 |
| 1233 | 涿州市(冀) | 迎春 | 观赏苗木(万株) | 1.00 |
| 1234 | 嘉峪关市(甘) | 迎春 | 观赏苗木(万株) | 0.70 |
| 1235 | 卫辉市(豫) | 迎春 | 观赏苗木(万株) | 0.70 |
| 1236 | 山海关区(冀) | 迎春 | 观赏苗木(万株) | 0.50 |
| 1237 | 彭山区(川) | 迎春 | 盆花(万盆) | 20.00 |
| 1238 | 昌乐县(鲁) | 迎春 | 盆景(万盆) | 1.20 |
| 1239 | 临洮县(甘) | 羽扁豆 | 盆花(万盆) | 18.00 |
| 1240 | 游仙区(川) | 羽叶甘蓝 | 城市绿化苗(万株) | 20.00 |
| 1241 | 洮南市(吉) | 羽叶甘蓝 | 城市绿化苗(万株) | 1.90 |
| 1242 | 武陵区(湘) | 羽叶甘蓝 | 观叶植物(万盆) | 2.20 |
| 1243 | 莒南县(鲁) | 羽叶甘蓝 | 盆花(万盆) | 180.00 |
| 1244 | 新安县(豫) | 羽叶甘蓝 | 盆花(万盆) | 100.00 |

(续)

| 序号 | 其他花卉主产地 | 品种 | 花卉类别(单位) | 生产量 |
|---|---|---|---|---|
| 1245 | 阜新蒙古族自治县(辽) | 羽叶甘蓝 | 盆花(万盆) | 70.00 |
| 1246 | 户　县(陕) | 羽叶甘蓝 | 盆花(万盆) | 25.00 |
| 1247 | 北戴河区(冀) | 羽叶甘蓝 | 盆花(万盆) | 5.00 |
| 1248 | 肃州区(甘) | 羽叶甘蓝 | 盆花(万盆) | 2.00 |
| 1249 | 商水县(豫) | 羽叶甘蓝 | 盆花(万盆) | 0.80 |
| 1250 | 临洮县(甘) | 羽叶甘蓝 | 盆花(万盆) | 0.50 |
| 1251 | 九台区(吉) | 玉簪类 | 城市绿化苗(万株) | 120.00 |
| 1252 | 侯马市(晋) | 玉簪类 | 城市绿化苗(万株) | 2.00 |
| 1253 | 海港区(冀) | 玉簪类 | 城市绿化苗(万株) | 1.75 |
| 1254 | 北京市大东流苗圃(京) | 玉簪类 | 观赏苗木(万株) | 39.44 |
| 1255 | 二道区(吉) | 玉簪类 | 观赏苗木(万株) | 2.00 |
| 1256 | 海港区(冀) | 玉簪类 | 花卉用种苗(千苗) | 400.00 |
| 1257 | 涿州市(冀) | 玉簪类 | 盆花(万盆) | 210.00 |
| 1258 | 碧江区(黔) | 玉簪类 | 盆花(万盆) | 2.00 |
| 1259 | 平原县(鲁) | 玉簪类 | 鲜切花(万支) | 25.00 |
| 1260 | 洋　县(陕) | 玉簪类 | 鲜切叶(万支) | 2.00 |
| 1261 | 麒麟区(滇) | 郁金香 | 城市绿化苗(万株) | 500.00 |
| 1262 | 永年县(冀) | 郁金香 | 城市绿化苗(万株) | 50.00 |
| 1263 | 遂平县(豫) | 郁金香 | 观赏苗木(万株) | 98.00 |
| 1264 | 茶陵县(湘) | 郁金香 | 观赏苗木(万株) | 2.20 |
| 1265 | 呼兰区(黑) | 郁金香 | 观赏苗木(万株) | 2.00 |
| 1266 | 渠　县(川) | 郁金香 | 观叶植物(万盆) | 40.00 |
| 1267 | 五常市(黑) | 郁金香 | 花卉用种苗(千苗) | 10.00 |
| 1268 | 松江区(沪) | 郁金香 | 花卉用种球(千粒) | 893.40 |
| 1269 | 金川区(甘) | 郁金香 | 花卉用种球(千粒) | 260.00 |
| 1270 | 青州市(鲁) | 郁金香 | 盆花(万盆) | 600.00 |
| 1271 | 濮阳县(豫) | 郁金香 | 盆花(万盆) | 150.00 |
| 1272 | 游仙区(川) | 郁金香 | 盆花(万盆) | 150.00 |
| 1273 | 颍泉区(皖) | 郁金香 | 盆花(万盆) | 40.40 |
| 1274 | 旌阳区(川) | 郁金香 | 盆花(万盆) | 4.00 |
| 1275 | 闵行区(沪) | 郁金香 | 盆花(万盆) | 3.30 |
| 1276 | 峄城区(鲁) | 郁金香 | 盆花(万盆) | 2.00 |
| 1277 | 宽城满族自治县(冀) | 郁金香 | 盆花(万盆) | 1.00 |
| 1278 | 新丰县(粤) | 郁金香 | 盆景(万盆) | 0.50 |
| 1279 | 顺义区(京) | 郁金香 | 鲜切花(万支) | 120.60 |
| 1280 | 永清县(冀) | 郁金香 | 鲜切花(万支) | 120.00 |
| 1281 | 新丰县(粤) | 郁金香 | 鲜切花(万支) | 110.00 |
| 1282 | 江口县(黔) | 郁金香 | 鲜切花(万支) | 100.00 |
| 1283 | 兴庆区(宁) | 郁金香 | 鲜切花(万支) | 34.80 |
| 1284 | 沙洋县(鄂) | 郁金香 | 鲜切花(万支) | 20.00 |
| 1285 | 开平区(冀) | 郁金香 | 鲜切花(万支) | 2.00 |
| 1286 | 灵寿县(冀) | 郁金香 | 鲜切花(万支) | 1.20 |
| 1287 | 蔡甸区(鄂) | 郁金香 | 鲜切花(万支) | 1.00 |
| 1288 | 宜州市(桂) | 郁金香 | 鲜切花(万支) | 0.50 |
| 1289 | 梁山县(鲁) | 郁金香 | 鲜切叶(万支) | 5.00 |

（续）

| 序号 | 其他花卉主产地 | 品种 | 花卉类别(单位) | 生产量 |
|---|---|---|---|---|
| 1290 | 临洮县(甘) | 鸢尾类 | 城市绿化苗(万株) | 106.00 |
| 1291 | 滦南县(冀) | 鸢尾类 | 城市绿化苗(万株) | 50.00 |
| 1292 | 旌阳区(川) | 鸢尾类 | 城市绿化苗(万株) | 13.50 |
| 1293 | 侯马市(晋) | 鸢尾类 | 城市绿化苗(万株) | 3.00 |
| 1294 | 台安县(辽) | 鸢尾类 | 观赏苗木(万株) | 4000.00 |
| 1295 | 阳泉市郊区(晋) | 鸢尾类 | 观赏苗木(万株) | 25.00 |
| 1296 | 临武县(湘) | 鸢尾类 | 观赏苗木(万株) | 1.50 |
| 1297 | 海港区(冀) | 鸢尾类 | 花卉用种苗(千苗) | 648.00 |
| 1298 | 涿州市(冀) | 鸢尾类 | 盆花(万盆) | 760.00 |
| 1299 | 易　县(冀) | 鸢尾类 | 盆花(万盆) | 450.00 |
| 1300 | 濮阳县(豫) | 鸢尾类 | 盆花(万盆) | 40.00 |
| 1301 | 南宫市(冀) | 鸢尾类 | 盆花(万盆) | 10.00 |
| 1302 | 崇明县(沪) | 鸢尾类 | 鲜切花(万支) | 408.00 |
| 1303 | 新丰县(粤) | 鸢尾类 | 鲜切花(万支) | 114.00 |
| 1304 | 怀柔区(京) | 鸢尾类 | 鲜切花(万支) | 4.89 |
| 1305 | 开平区(冀) | 鸢尾类 | 鲜切花(万支) | 3.00 |
| 1306 | 栾川县(豫) | 元宝枫 | 城市绿化苗(万株) | 110.00 |
| 1307 | 侯马市(晋) | 元宝枫 | 城市绿化苗(万株) | 4.00 |
| 1308 | 丰宁满族自治县(冀) | 元宝枫 | 观赏苗木(万株) | 30.00 |
| 1309 | 鹿泉区(冀) | 元宝枫 | 观赏苗木(万株) | 8.00 |
| 1310 | 汤阴县(豫) | 元宝枫 | 观赏苗木(万株) | 5.00 |
| 1311 | 鹤山区(豫) | 元宝枫 | 观赏苗木(万株) | 4.00 |
| 1312 | 碧江区(黔) | 元宝枫 | 观赏苗木(万株) | 1.00 |
| 1313 | 巴州区(川) | 元宝枫 | 鲜切叶(万支) | 5.00 |
| 1314 | 北安市(黑) | 云杉 | 城市绿化苗(万株) | 1500.00 |
| 1315 | 香格里拉县(滇) | 云杉 | 城市绿化苗(万株) | 1245.11 |
| 1316 | 九台区(吉) | 云杉 | 城市绿化苗(万株) | 280.00 |
| 1317 | 龙潭区(吉) | 云杉 | 城市绿化苗(万株) | 50.00 |
| 1318 | 关山林业管理局(甘) | 云杉 | 城市绿化苗(万株) | 18.00 |
| 1319 | 新宾满族自治县(辽) | 云杉 | 城市绿化苗(万株) | 12.00 |
| 1320 | 双滦区(冀) | 云杉 | 城市绿化苗(万株) | 5.00 |
| 1321 | 白山市市辖区(吉) | 云杉 | 城市绿化苗(万株) | 4.00 |
| 1322 | 忻府区(晋) | 云杉 | 城市绿化苗(万株) | 3.12 |
| 1323 | 清原满族自治县(辽) | 云杉 | 观赏苗木(万株) | 650.00 |
| 1324 | 丰宁满族自治县(冀) | 云杉 | 观赏苗木(万株) | 520.00 |
| 1325 | 平泉县(冀) | 云杉 | 观赏苗木(万株) | 340.00 |
| 1326 | 承德县(冀) | 云杉 | 观赏苗木(万株) | 10.00 |
| 1327 | 长治市郊区(晋) | 云杉 | 观赏苗木(万株) | 6.80 |
| 1328 | 宽城满族自治县(冀) | 云杉 | 观赏苗木(万株) | 4.50 |
| 1329 | 景　县(冀) | 云竹 | 观叶植物(万盆) | 0.50 |
| 1330 | 嘉峪关市(甘) | 杂种香水月季 | 观赏苗木(万株) | 5.50 |
| 1331 | 长葛市(豫) | 杂种香水月季 | 盆花(万盆) | 1.00 |
| 1332 | 惠济区(豫) | 杂种香水月季 | 鲜切花(万支) | 2.30 |

（续）

| 序号 | 其他花卉主产地 | 品种 | 花卉类别(单位) | 生产量 |
|---|---|---|---|---|
| 1333 | 偃师市(豫) | 杂种香水月季 | 鲜切叶(万支) | 280.00 |
| 1334 | 满城县(冀) | 早园竹 | 观赏苗木(万株) | 1.00 |
| 1335 | 侯马市(晋) | 皂荚 | 城市绿化苗(万株) | 3.00 |
| 1336 | 巴州区(川) | 皂荚 | 观赏苗木(万株) | 2.10 |
| 1337 | 钟祥市(鄂) | 樟树 | 城市绿化苗(万株) | 500.00 |
| 1338 | 连平县(粤) | 樟树 | 城市绿化苗(万株) | 100.00 |
| 1339 | 富顺县(川) | 樟树 | 城市绿化苗(万株) | 40.00 |
| 1340 | 普宁市(粤) | 樟树 | 城市绿化苗(万株) | 12.00 |
| 1341 | 普宁市(粤) | 樟树 | 城市绿化苗(万株) | 12.00 |
| 1342 | 兴山县(鄂) | 樟树 | 城市绿化苗(万株) | 10.00 |
| 1343 | 雨湖区(湘) | 樟树 | 城市绿化苗(万株) | 6.40 |
| 1344 | 永定区(湘) | 樟树 | 城市绿化苗(万株) | 5.00 |
| 1345 | 沿河土家族自治县(黔) | 樟树 | 城市绿化苗(万株) | 2.60 |
| 1346 | 平利县(陕) | 樟树 | 城市绿化苗(万株) | 2.00 |
| 1347 | 宾阳县(桂) | 樟树 | 城市绿化苗(万株) | 1.50 |
| 1348 | 利川市(鄂) | 樟树 | 城市绿化苗(万株) | 1.00 |
| 1349 | 确山县(豫) | 樟树 | 观赏苗木(万株) | 10.00 |
| 1350 | 连平县(粤) | 樟树 | 观叶植物(万盆) | 0.50 |
| 1351 | 鼎城区(湘) | 长春花 | 盆花(万盆) | 23.00 |
| 1352 | 忻府区(晋) | 长春花 | 盆花(万盆) | 3.00 |
| 1353 | 洪洞县(晋) | 长寿花 | 观叶植物(万盆) | 2.00 |
| 1354 | 青州市(鲁) | 长寿花 | 盆花(万盆) | 150.00 |
| 1355 | 昌平区(京) | 长寿花 | 盆花(万盆) | 110.00 |
| 1356 | 阎良区(陕) | 长寿花 | 盆花(万盆) | 14.00 |
| 1357 | 红山区(内蒙古) | 长寿花 | 盆花(万盆) | 7.00 |
| 1358 | 莒　县(鲁) | 长寿花 | 盆花(万盆) | 5.50 |
| 1359 | 高碑店市(冀) | 长寿花 | 盆花(万盆) | 1.00 |
| 1360 | 峄城区(鲁) | 长寿花 | 盆花(万盆) | 1.00 |
| 1361 | 杨凌区农林局(陕) | 长寿花 | 盆花(万盆) | 1.00 |
| 1362 | 阜城县(冀) | 长寿花 | 盆花(万盆) | 0.50 |
| 1363 | 西华县(豫) | 长寿花 | 鲜切花(万支) | 2.00 |
| 1364 | 长阳土家族自治县(鄂) | 中华蚊母 | 城市绿化苗(万株) | 200.00 |
| 1365 | 宜都市(鄂) | 中华蚊母 | 城市绿化苗(万株) | 100.00 |
| 1366 | 镇坪县(陕) | 中华蚊母 | 观赏苗木(万株) | 2.00 |
| 1367 | 黔江区(渝) | 中华蚊母 | 盆景(万盆) | 1.00 |
| 1368 | 建始县(鄂) | 中华蚊母 | 盆景(万盆) | 0.50 |
| 1369 | 张湾区(鄂) | 中华蚊母 | 盆景(万盆) | 0.50 |
| 1370 | 石泉县(陕) | 中华蚊母 | 盆景(万盆) | 0.50 |
| 1371 | 范　县(豫) | 竹柳 | 城市绿化苗(万株) | 85.00 |
| 1372 | 泾　县(皖) | 竹柳 | 城市绿化苗(万株) | 12.00 |
| 1373 | 三山区(皖) | 竹柳 | 城市绿化苗(万株) | 2.00 |
| 1374 | 赤城县(冀) | 竹柳 | 观赏苗木(万株) | 150.00 |
| 1375 | 馆陶县(冀) | 竹柳 | 观赏苗木(万株) | 100.00 |
| 1376 | 蔚　县(冀) | 竹柳 | 观赏苗木(万株) | 72.00 |
| 1377 | 大城县(冀) | 竹柳 | 观赏苗木(万株) | 50.00 |
| 1378 | 辛集市(冀) | 竹柳 | 观赏苗木(万株) | 42.00 |
| 1379 | 兖州市(鲁) | 竹柳 | 观赏苗木(万株) | 40.00 |

(续)

| 序号 | 其他花卉主产地 | 品种 | 花卉类别(单位) | 生产量 |
|---|---|---|---|---|
| 1380 | 巴州区(川) | 竹柳 | 观赏苗木(万株) | 25.00 |
| 1381 | 乐亭县(冀) | 竹柳 | 观赏苗木(万株) | 19.90 |
| 1382 | 晋州市(冀) | 竹柳 | 观赏苗木(万株) | 12.50 |
| 1383 | 鸡泽县(冀) | 竹柳 | 观赏苗木(万株) | 6.00 |
| 1384 | 任丘市(冀) | 竹柳 | 观赏苗木(万株) | 5.00 |
| 1385 | 海港区(冀) | 竹柳 | 观赏苗木(万株) | 2.80 |
| 1386 | 方城县(豫) | 竹柳 | 观赏苗木(万株) | 1.50 |
| 1387 | 川汇区(豫) | 竹柳 | 观赏苗木(万株) | 0.80 |
| 1388 | 阳新县(鄂) | 竹柳 | 盆花(万盆) | 6.00 |
| 1389 | 九台区(吉) | 紫萼玉簪 | 城市绿化苗(万株) | 130.00 |
| 1390 | 襄汾县(晋) | 紫花地丁 | 盆花(万盆) | 3.00 |
| 1391 | 栾川县(豫) | 紫荆 | 城市绿化苗(万株) | 400.00 |
| 1392 | 潢川县(豫) | 紫荆 | 城市绿化苗(万株) | 70.00 |
| 1393 | 沿河土家族自治县(黔) | 紫荆 | 城市绿化苗(万株) | 3.50 |
| 1394 | 平罗县(宁) | 紫荆 | 城市绿化苗(万株) | 2.50 |
| 1395 | 碧江区(黔) | 紫荆 | 城市绿化苗(万株) | 1.80 |
| 1396 | 雅长林场(桂) | 紫荆 | 城市绿化苗(万株) | 1.22 |
| 1397 | 淇滨区(豫) | 紫荆 | 城市绿化苗(万株) | 1.00 |
| 1398 | 威海市经济技术开发区(鲁) | 紫荆 | 城市绿化苗(万株) | 1.00 |
| 1399 | 侯马市(晋) | 紫荆 | 城市绿化苗(万株) | 1.00 |
| 1400 | 泸　县(川) | 紫荆 | 观赏苗木(万株) | 120.00 |
| 1401 | 固安县(冀) | 紫荆 | 观赏苗木(万株) | 80.00 |
| 1402 | 奉节县(渝) | 紫荆 | 观赏苗木(万株) | 40.00 |
| 1403 | 巴州区(川) | 紫荆 | 观赏苗木(万株) | 37.80 |
| 1404 | 三门县(浙) | 紫荆 | 观赏苗木(万株) | 4.00 |
| 1405 | 涿州市(冀) | 紫荆 | 观赏苗木(万株) | 1.00 |
| 1406 | 内江市市中区(川) | 紫荆 | 观赏苗木(万株) | 0.50 |
| 1407 | 巴州区(川) | 紫荆 | 盆花(万盆) | 6.30 |
| 1408 | 泊头市(冀) | 紫罗兰 | 盆花(万盆) | 5.51 |
| 1409 | 襄城区(鄂) | 紫罗兰 | 盆花(万盆) | 3.20 |
| 1410 | 湘乡市(湘) | 紫罗兰 | 盆花(万盆) | 2.92 |
| 1411 | 衡山县(湘) | 紫罗兰 | 盆花(万盆) | 0.81 |
| 1412 | 新丰县(粤) | 紫罗兰 | 鲜切花(万支) | 131.00 |
| 1413 | 侯马市(晋) | 紫茉莉 | 城市绿化苗(万株) | 5.00 |
| 1414 | 唐　县(冀) | 紫茉莉 | 盆花(万盆) | 3.00 |
| 1415 | 临武县(湘) | 紫茉莉 | 盆花(万盆) | 1.95 |

(续)

| 序号 | 其他花卉主产地 | 品种 | 花卉类别(单位) | 生产量 |
|---|---|---|---|---|
| 1416 | 青铜峡市(宁) | 紫叶矮樱 | 城市绿化苗(万株) | 10.00 |
| 1417 | 侯马市(晋) | 紫叶矮樱 | 城市绿化苗(万株) | 6.00 |
| 1418 | 永昌县(甘) | 紫叶矮樱 | 城市绿化苗(万株) | 2.00 |
| 1419 | 永城市(豫) | 紫叶矮樱 | 干花(万支) | 95.30 |
| 1420 | 兴庆区(宁) | 紫叶矮樱 | 观赏苗木(万株) | 588.00 |
| 1421 | 永清县(冀) | 紫叶矮樱 | 观赏苗木(万株) | 110.00 |
| 1422 | 博野县(冀) | 紫叶矮樱 | 观赏苗木(万株) | 32.00 |
| 1423 | 丰宁满族自治县(冀) | 紫叶矮樱 | 观赏苗木(万株) | 12.00 |
| 1424 | 邯山区(冀) | 紫叶矮樱 | 观赏苗木(万株) | 8.10 |
| 1425 | 平罗县(宁) | 紫叶矮樱 | 观赏苗木(万株) | 2.10 |
| 1426 | 新乐市(冀) | 紫叶矮樱 | 观赏苗木(万株) | 1.00 |
| 1427 | 龙潭区(吉) | 紫叶稠李 | 城市绿化苗(万株) | 420.00 |
| 1428 | 九台区(吉) | 紫叶稠李 | 城市绿化苗(万株) | 130.00 |
| 1429 | 围场满族蒙古族自治县(冀) | 紫叶稠李 | 城市绿化苗(万株) | 3.00 |
| 1430 | 白山市市辖区(吉) | 紫叶稠李 | 城市绿化苗(万株) | 1.00 |
| 1431 | 二道江区(吉) | 紫叶稠李 | 观赏苗木(万株) | 210.00 |
| 1432 | 博野县(冀) | 紫叶稠李 | 观赏苗木(万株) | 72.00 |
| 1433 | 呼兰区(黑) | 紫叶稠李 | 观赏苗木(万株) | 10.00 |
| 1434 | 丰宁满族自治县(冀) | 紫叶稠李 | 观赏苗木(万株) | 6.00 |
| 1435 | 二道区(吉) | 紫叶稠李 | 观赏苗木(万株) | 1.00 |
| 1436 | 宁阳县(鲁) | 紫叶桃 | 观赏苗木(万株) | 10.00 |
| 1437 | 故城县(冀) | 紫叶桃 | 观赏苗木(万株) | 2.50 |
| 1438 | 涿州市(冀) | 紫叶桃 | 观赏苗木(万株) | 1.00 |
| 1439 | 南郑县(陕) | 紫竹 | 花卉用种苗(千苗) | 1100.00 |
| 1440 | 兴义市(黔) | 棕榈 | 城市绿化苗(万株) | 1500.00 |
| 1441 | 岳阳县(湘) | 棕榈 | 城市绿化苗(万株) | 2.00 |
| 1442 | 镇坪县(陕) | 棕榈 | 观赏苗木(万株) | 5.00 |
| 1443 | 巴州区(川) | 棕榈 | 观赏苗木(万株) | 3.00 |
| 1444 | 镇宁布依族苗族自治县(黔) | 棕榈 | 观赏苗木(万株) | 2.00 |
| 1445 | 松江区(沪) | 棕榈 | 盆花(万盆) | 23.90 |
| 1446 | 巴州区(川) | 棕榈 | 盆花(万盆) | 5.00 |
| 1447 | 阳新县(鄂) | 棕榈 | 鲜切叶(万支) | 150.00 |
| 1448 | 洋　县(陕) | 棕榈 | 鲜切叶(万支) | 3.00 |
| 1449 | 北戴河区(冀) | 醉蝶花 | 盆花(万盆) | 6.00 |

**表 13-55　草坪主产地产量**

| 序号 | 草坪主产地 | 产量(万平方米) |
|---|---|---|
| 1 | 顺义区(京) | 300.97 |
| 2 | 怀柔区(京) | 10.00 |
| 3 | 路北区(冀) | 238.00 |
| 4 | 涿州市(冀) | 66.70 |

(续)

| 序号 | 草坪主产地 | 产量(万平方米) |
|---|---|---|
| 5 | 香河县(冀) | 50.00 |
| 6 | 定州市(冀) | 23.50 |
| 7 | 玉田县(冀) | 16.00 |
| 8 | 曲周县(冀) | 6.20 |

(续)

| 序号 | 草坪主产地 | 产量(万平方米) |
|---|---|---|
| 9 | 任　县(冀) | 2.20 |
| 10 | 围场满族蒙古族自治县(冀) | 1.00 |
| 11 | 涉　县(冀) | 0.70 |
| 12 | 长治市郊区(晋) | 10.00 |

（续）

| 序号 | 草坪主产地 | 产量（万平方米） |
|---|---|---|
| 13 | 长治市城区（晋） | 10.00 |
| 14 | 古交市（晋） | 10.00 |
| 15 | 侯马市（晋） | 4.00 |
| 16 | 壶关县（晋） | 2.35 |
| 17 | 清徐县（晋） | 2.00 |
| 18 | 定襄县（晋） | 0.50 |
| 19 | 海拉尔区（内蒙古） | 2.00 |
| 20 | 大洼县（辽） | 63.00 |
| 21 | 普兰店市（辽） | 11.00 |
| 22 | 凌海市（辽） | 3.00 |
| 23 | 阜新蒙古族自治县（辽） | 0.80 |
| 24 | 敦化市（吉） | 37.00 |
| 25 | 延吉市（吉） | 2.80 |
| 26 | 白山市市辖区（吉） | 0.60 |
| 27 | 东丰县（吉） | 0.50 |
| 28 | 香坊区（黑） | 18.00 |
| 29 | 双城区（黑） | 0.60 |
| 30 | 青浦区（沪） | 700.00 |
| 31 | 奉贤区（沪） | 344.00 |
| 32 | 金山区（沪） | 291.69 |
| 33 | 崇明县（沪） | 172.10 |
| 34 | 松江区（沪） | 20.00 |
| 35 | 常熟市（苏） | 11813.00 |
| 36 | 武进区（苏） | 4356.00 |
| 37 | 如皋市（苏） | 1840.92 |
| 38 | 句容市（苏） | 1279.31 |
| 39 | 宜兴市（苏） | 600.00 |
| 40 | 锡山区（苏） | 257.97 |
| 41 | 太仓市（苏） | 73.37 |
| 42 | 泰兴市（苏） | 67.00 |
| 43 | 沭阳县（苏） | 50.00 |
| 44 | 大丰区（苏） | 50.00 |
| 45 | 溧阳市（苏） | 46.70 |
| 46 | 扬中市（苏） | 45.00 |
| 47 | 溧水县（苏） | 41.35 |
| 48 | 浦口区（苏） | 30.00 |
| 49 | 睢宁县（苏） | 18.30 |
| 50 | 惠山区（苏） | 16.00 |
| 51 | 盐都区（苏） | 15.00 |
| 52 | 滨海县（苏） | 15.00 |
| 53 | 盱眙县（苏） | 9.00 |
| 54 | 如东县（苏） | 5.00 |
| 55 | 邳州市（苏） | 1.50 |
| 56 | 新沂市（苏） | 1.05 |

（续）

| 序号 | 草坪主产地 | 产量（万平方米） |
|---|---|---|
| 57 | 宝应县（苏） | 0.67 |
| 58 | 余杭区（浙） | 1560.00 |
| 59 | 奉化区（浙） | 210.00 |
| 60 | 萧山区（浙） | 160.00 |
| 61 | 婺城区（浙） | 160.00 |
| 62 | 富阳区（浙） | 133.00 |
| 63 | 平湖市（浙） | 100.40 |
| 64 | 金东区（浙） | 72.00 |
| 65 | 武义县（浙） | 40.00 |
| 66 | 瑞安市（浙） | 36.00 |
| 67 | 衢江区（浙） | 35.00 |
| 68 | 诸暨市（浙） | 23.34 |
| 69 | 桐乡市（浙） | 23.30 |
| 70 | 莲都区（浙） | 20.00 |
| 71 | 天台县（浙） | 16.00 |
| 72 | 慈溪市（浙） | 13.00 |
| 73 | 临安市（浙） | 9.00 |
| 74 | 海盐县（浙） | 2.40 |
| 75 | 临海市（浙） | 1.30 |
| 76 | 余姚市（浙） | 1.00 |
| 77 | 象山县（浙） | 1.00 |
| 78 | 淳安县（浙） | 1.00 |
| 79 | 长兴县（浙） | 0.90 |
| 80 | 南谯区（皖） | 2330.00 |
| 81 | 颍上县（皖） | 233.00 |
| 82 | 定远县（皖） | 200.00 |
| 83 | 芜湖县（皖） | 67.00 |
| 84 | 霍山县（皖） | 30.00 |
| 85 | 望江县（皖） | 20.00 |
| 86 | 全椒县（皖） | 20.00 |
| 87 | 太湖县（皖） | 17.90 |
| 88 | 南陵县（皖） | 15.00 |
| 89 | 鸠江区（皖） | 12.50 |
| 90 | 庐江县（皖） | 12.30 |
| 91 | 肥西县（皖） | 12.00 |
| 92 | 禹会区（皖） | 10.00 |
| 93 | 镜湖区（皖） | 6.20 |
| 94 | 庐阳区（皖） | 5.50 |
| 95 | 潜山县（皖） | 3.00 |
| 96 | 霍邱县（皖） | 2.60 |
| 97 | 屯溪区（皖） | 2.00 |
| 98 | 裕安区（皖） | 1.20 |
| 99 | 桐城市（皖） | 1.20 |
| 100 | 石台县（皖） | 1.00 |

（续）

| 序号 | 草坪主产地 | 产量（万平方米） |
|---|---|---|
| 101 | 永泰县（闽） | 77.29 |
| 102 | 宁化县（闽） | 74.05 |
| 103 | 邵武市（闽） | 35.93 |
| 104 | 永定县（闽） | 33.35 |
| 105 | 武平县（闽） | 32.80 |
| 106 | 福安市（闽） | 32.17 |
| 107 | 明溪县（闽） | 25.85 |
| 108 | 尤溪县（闽） | 24.51 |
| 109 | 上杭县（闽） | 22.62 |
| 110 | 浦城县（闽） | 17.81 |
| 111 | 长汀县（闽） | 15.57 |
| 112 | 云霄县（闽） | 14.58 |
| 113 | 大田县（闽） | 13.09 |
| 114 | 连城县（闽） | 12.65 |
| 115 | 闽清县（闽） | 12.23 |
| 116 | 南安市（闽） | 12.16 |
| 117 | 建宁县（闽） | 11.76 |
| 118 | 建阳市（闽） | 11.64 |
| 119 | 建瓯市（闽） | 8.81 |
| 120 | 连江县（闽） | 8.01 |
| 121 | 清流县（闽） | 7.84 |
| 122 | 将乐县（闽） | 7.57 |
| 123 | 晋安区（闽） | 6.84 |
| 124 | 武夷山市（闽） | 6.79 |
| 125 | 德化县（闽） | 5.55 |
| 126 | 松溪县（闽） | 4.86 |
| 127 | 罗源县（闽） | 3.59 |
| 128 | 沙　县（闽） | 2.90 |
| 129 | 蕉城区（闽） | 2.70 |
| 130 | 仙游县（闽） | 2.65 |
| 131 | 安溪县（闽） | 2.51 |
| 132 | 延平区（闽） | 2.19 |
| 133 | 平和县（闽） | 2.14 |
| 134 | 永安市（闽） | 1.89 |
| 135 | 政和县（闽） | 1.46 |
| 136 | 光泽县（闽） | 1.02 |
| 137 | 永春县（闽） | 1.01 |
| 138 | 长泰县（闽） | 0.87 |
| 139 | 顺昌县（闽） | 0.75 |
| 140 | 漳平市（闽） | 0.70 |
| 141 | 华安县（闽） | 0.61 |
| 142 | 奉新县（赣） | 107.00 |
| 143 | 吉水县（赣） | 80.00 |
| 144 | 新干县（赣） | 62.00 |

(续)

| 序号 | 草坪主产地 | 产量(万平方米) |
|---|---|---|
| 145 | 南丰县(赣) | 54.00 |
| 146 | 上高县(赣) | 50.00 |
| 147 | 彭泽县(赣) | 40.00 |
| 148 | 横峰县(赣) | 30.00 |
| 149 | 乐安县(赣) | 25.00 |
| 150 | 广昌县(赣) | 21.45 |
| 151 | 分宜县(赣) | 20.00 |
| 152 | 都昌县(赣) | 20.00 |
| 153 | 赣　县(赣) | 18.00 |
| 154 | 吉安县(赣) | 15.00 |
| 155 | 渝水区(赣) | 13.36 |
| 156 | 临川区(赣) | 12.00 |
| 157 | 金溪县(赣) | 12.00 |
| 158 | 瑞金市(赣) | 11.00 |
| 159 | 宁都县(赣) | 10.00 |
| 160 | 会昌县(赣) | 10.00 |
| 161 | 石城县(赣) | 6.00 |
| 162 | 遂川县(赣) | 5.00 |
| 163 | 东乡县(赣) | 4.30 |
| 164 | 靖安县(赣) | 4.00 |
| 165 | 芦溪县(赣) | 3.30 |
| 166 | 余江县(赣) | 3.00 |
| 167 | 进贤县(赣) | 2.00 |
| 168 | 吉州区(赣) | 2.00 |
| 169 | 永修县(赣) | 1.60 |
| 170 | 袁州区(赣) | 1.00 |
| 171 | 玉山县(赣) | 1.00 |
| 172 | 永丰县(赣) | 1.00 |
| 173 | 宜丰县(赣) | 1.00 |
| 174 | 龙南县(赣) | 0.90 |
| 175 | 于都县(赣) | 0.80 |
| 176 | 修水县(赣) | 0.60 |
| 177 | 东营区(鲁) | 50.00 |
| 178 | 莱州市(鲁) | 40.00 |
| 179 | 宁阳县(鲁) | 36.00 |
| 180 | 长清区(鲁) | 21.00 |
| 181 | 临朐县(鲁) | 4.50 |
| 182 | 沂水县(鲁) | 4.10 |
| 183 | 桓台县(鲁) | 3.80 |
| 184 | 汶上县(鲁) | 2.70 |
| 185 | 潢川县(豫) | 35.00 |
| 186 | 新　县(豫) | 17.00 |
| 187 | 许昌县(豫) | 12.60 |
| 188 | 获嘉县(豫) | 9.00 |
| 189 | 卧龙区(豫) | 4.00 |
| 190 | 唐河县(豫) | 1.50 |
| 191 | 长葛市(豫) | 0.73 |
| 192 | 淮滨县(豫) | 0.50 |
| 193 | 竹山县(鄂) | 188.00 |
| 194 | 丹江口市(鄂) | 100.00 |
| 195 | 黄梅县(鄂) | 90.00 |
| 196 | 孝昌县(鄂) | 50.00 |
| 197 | 武穴市(鄂) | 30.02 |
| 198 | 大冶市(鄂) | 30.00 |
| 199 | 安陆市(鄂) | 20.00 |
| 200 | 仙桃市(鄂) | 12.60 |
| 201 | 兴山县(鄂) | 10.00 |
| 202 | 恩施市(鄂) | 8.30 |
| 203 | 黄州区(鄂) | 8.00 |
| 204 | 蔡甸区(鄂) | 8.00 |
| 205 | 阳新县(鄂) | 6.20 |
| 206 | 当阳市(鄂) | 2.30 |
| 207 | 随　县(鄂) | 2.20 |
| 208 | 孝南区(鄂) | 2.00 |
| 209 | 浠水县(鄂) | 2.00 |
| 210 | 京山县(鄂) | 2.00 |
| 211 | 洪湖市(鄂) | 2.00 |
| 212 | 宜都市(鄂) | 1.80 |
| 213 | 茅箭区(鄂) | 1.00 |
| 214 | 汉川市(鄂) | 0.80 |
| 215 | 岳阳县(湘) | 1100.00 |
| 216 | 辰溪县(湘) | 200.00 |
| 217 | 鼎城区(湘) | 160.00 |
| 218 | 汝城县(湘) | 142.00 |
| 219 | 芷江侗族自治县(湘) | 120.00 |
| 220 | 珠晖区(湘) | 100.00 |
| 221 | 湘潭县(湘) | 66.00 |
| 222 | 资阳区(湘) | 15.00 |
| 223 | 桂阳县(湘) | 14.50 |
| 224 | 宁远县(湘) | 13.20 |
| 225 | 涟源市(湘) | 12.10 |
| 226 | 东安县(湘) | 12.00 |
| 227 | 新化县(湘) | 10.00 |
| 228 | 石门县(湘) | 10.00 |
| 229 | 云溪区(湘) | 9.97 |
| 230 | 娄星区(湘) | 8.00 |
| 231 | 中方县(湘) | 5.00 |
| 232 | 永定区(湘) | 5.00 |
| 233 | 汉寿县(湘) | 5.00 |
| 234 | 赫山区(湘) | 4.00 |
| 235 | 资兴市(湘) | 3.60 |
| 236 | 衡阳县(湘) | 3.20 |
| 237 | 邵阳县(湘) | 3.00 |
| 238 | 邵东县(湘) | 3.00 |
| 239 | 祁东县(湘) | 2.80 |
| 240 | 蓝山县(湘) | 2.61 |
| 241 | 武陵区(湘) | 2.50 |
| 242 | 湘潭市市辖区(湘) | 2.00 |
| 243 | 常宁市(湘) | 2.00 |
| 244 | 新田县(湘) | 1.80 |
| 245 | 靖州苗族侗族自治县(湘) | 1.23 |
| 246 | 湘阴县(湘) | 1.10 |
| 247 | 雨花区(湘) | 1.00 |
| 248 | 隆回县(湘) | 1.00 |
| 249 | 道　县(湘) | 1.00 |
| 250 | 慈利县(湘) | 1.00 |
| 251 | 安化县(湘) | 1.00 |
| 252 | 衡南县(湘) | 0.50 |
| 253 | 南海区(粤) | 803.00 |
| 254 | 开平市(粤) | 38.00 |
| 255 | 清城区(粤) | 35.31 |
| 256 | 中山市(粤) | 23.50 |
| 257 | 乳源瑶族自治县(粤) | 22.50 |
| 258 | 番禺区(粤) | 10.00 |
| 259 | 蕉岭县(粤) | 9.11 |
| 260 | 英德市(粤) | 6.00 |
| 261 | 榕城区(粤) | 6.00 |
| 262 | 连南瑶族自治县(粤) | 5.07 |
| 263 | 从化市(粤) | 1.50 |
| 264 | 台山市(粤) | 1.00 |
| 265 | 始兴县(粤) | 1.00 |
| 266 | 柳江县(桂) | 2997.00 |
| 267 | 宾阳县(桂) | 540.00 |
| 268 | 江南区(桂) | 124.00 |
| 269 | 龙圩区(桂) | 90.00 |
| 270 | 兴宁区(桂) | 89.00 |
| 271 | 合浦县(桂) | 70.00 |
| 272 | 港北区(桂) | 57.25 |
| 273 | 玉州区(桂) | 43.00 |
| 274 | 万秀区(桂) | 13.00 |
| 275 | 陆川县(桂) | 10.00 |
| 276 | 钦南区(桂) | 9.50 |

（续）

| 序号 | 草坪主产地 | 产量（万平方米） |
|---|---|---|
| 277 | 柳北区（桂） | 9.42 |
| 278 | 融水苗族自治县（桂） | 8.00 |
| 279 | 龙胜各族自治县（桂） | 6.00 |
| 280 | 雁山区（桂） | 4.20 |
| 281 | 兴安县（桂） | 4.00 |
| 282 | 北流市（桂） | 1.30 |
| 283 | 国家级南宁经济技术开发区（桂） | 1.00 |
| 284 | 苍梧县（桂） | 0.80 |
| 285 | 桂平市（桂） | 0.64 |
| 286 | 江津区（渝） | 607.63 |
| 287 | 璧山区（渝） | 423.10 |
| 288 | 合川区（渝） | 26.00 |
| 289 | 永川区（渝） | 15.90 |
| 290 | 南川区（渝） | 6.00 |
| 291 | 彭水苗族土家族自治县（渝） | 3.00 |
| 292 | 黔江区（渝） | 2.30 |
| 293 | 荣昌区（渝） | 1.90 |
| 294 | 万州区（渝） | 0.56 |
| 295 | 富顺县（川） | 412.00 |
| 296 | 青白江区（川） | 266.00 |
| 297 | 长宁县（川） | 8.20 |
| 298 | 江油市（川） | 5.50 |
| 299 | 五通桥区（川） | 4.00 |
| 300 | 仁寿县（川） | 3.70 |
| 301 | 罗江县（川） | 2.50 |
| 302 | 巴州区（川） | 2.27 |
| 303 | 翠屏区（川） | 2.20 |
| 304 | 万源市（川） | 2.00 |
| 305 | 顺庆区（川） | 2.00 |
| 306 | 井研县（川） | 1.30 |
| 307 | 中江县（川） | 1.20 |
| 308 | 蓬安县（川） | 1.00 |
| 309 | 高　县（川） | 0.78 |
| 310 | 屏山县（川） | 0.50 |
| 311 | 江口县（黔） | 2.00 |
| 312 | 黄平县（黔） | 2.00 |
| 313 | 腾冲县（滇） | 23.00 |
| 314 | 元阳县（滇） | 21.50 |
| 315 | 大理市（滇） | 17.50 |
| 316 | 宣威市（滇） | 15.00 |
| 317 | 昭阳区（滇） | 10.00 |
| 318 | 楚雄市（滇） | 2.33 |
| 319 | 施甸县（滇） | 2.00 |
| 320 | 景洪市（滇） | 1.14 |
| 321 | 秦都区（陕） | 40.50 |
| 322 | 长安区（陕） | 13.30 |
| 323 | 镇坪县（陕） | 5.00 |
| 324 | 汉台区（陕） | 1.10 |
| 325 | 商州区（陕） | 1.00 |
| 326 | 灞桥区（陕） | 1.00 |
| 327 | 宁　县（甘） | 0.50 |
| 328 | 宕昌县（甘） | 0.50 |

## 表 14-1　木雕主产地产值

| 序号 | 木雕主产地 | 产值（万元） |
|---|---|---|
| 1 | 涞水县（冀） | 7160.00 |
| 2 | 武强县（冀） | 280.00 |
| 3 | 顺平县（冀） | 275.00 |
| 4 | 围场满族蒙古族自治县（冀） | 10.00 |
| 5 | 盂　县（晋） | 45.00 |
| 6 | 新宾满族自治县（辽） | 35000.00 |
| 7 | 桓仁满族自治县（辽） | 450.00 |
| 8 | 辉南县（吉） | 13800.00 |
| 9 | 汪清县（吉） | 3858.00 |
| 10 | 绿园区（吉） | 1200.00 |
| 11 | 龙潭区（吉） | 150.00 |
| 12 | 舒兰市（吉） | 6.00 |
| 13 | 桃山区（黑） | 1200.00 |
| 14 | 铁力市（黑） | 600.00 |
| 15 | 五常市（黑） | 100.00 |
| 16 | 萝北县（黑） | 50.00 |
| 17 | 普陀区（浙） | 4428000.00 |
| 18 | 仙居县（浙） | 74622.00 |
| 19 | 开化县（浙） | 19000.00 |
| 20 | 武义县（浙） | 13683.00 |
| 21 | 三门县（浙） | 13493.00 |
| 22 | 椒江区（浙） | 11785.00 |
| 23 | 临海市（浙） | 8225.00 |
| 24 | 黄岩区（浙） | 4318.00 |
| 25 | 德清县（浙） | 3800.00 |
| 26 | 义乌市（浙） | 2000.00 |
| 27 | 淳安县（浙） | 1763.00 |
| 28 | 龙湾区（浙） | 763.00 |
| 29 | 庆元县（浙） | 98.00 |
| 30 | 余杭区（浙） | 54.00 |
| 31 | 衢江区（浙） | 20.00 |
| 32 | 灵璧县（皖） | 78000.00 |
| 33 | 颍东区（皖） | 50583.00 |
| 34 | 颍上县（皖） | 2500.00 |
| 35 | 徽州区（皖） | 2400.00 |
| 36 | 霍山县（皖） | 1200.00 |
| 37 | 六安市叶集区（皖） | 1000.00 |
| 38 | 青阳县（皖） | 510.00 |
| 39 | 岳西县（皖） | 500.00 |
| 40 | 绩溪县（皖） | 400.00 |
| 41 | 黟　县（皖） | 210.00 |
| 42 | 潜山县（皖） | 180.00 |
| 43 | 石台县（皖） | 140.00 |
| 44 | 广丰县（赣） | 63350.00 |
| 45 | 南城县（赣） | 12000.00 |
| 46 | 余江县（赣） | 8000.00 |
| 47 | 东乡县（赣） | 7140.00 |
| 48 | 婺源县（赣） | 5500.00 |
| 49 | 玉山县（赣） | 3500.00 |
| 50 | 安福县（赣） | 1600.00 |
| 51 | 会昌县（赣） | 1450.00 |
| 52 | 临川区（赣） | 1200.00 |
| 53 | 上栗县（赣） | 1180.00 |
| 54 | 铅山县（赣） | 1100.00 |
| 55 | 南康市（赣） | 430.00 |
| 56 | 修水县（赣） | 400.00 |
| 57 | 青原区（赣） | 260.00 |
| 58 | 遂川县（赣） | 230.00 |
| 59 | 大余县（赣） | 150.00 |
| 60 | 分宜县（赣） | 60.00 |
| 61 | 莲花县（赣） | 58.00 |
| 62 | 曹　县（鲁） | 68450.00 |
| 63 | 薛城区（鲁） | 17377.00 |
| 64 | 肥城市（鲁） | 7400.00 |
| 65 | 沂源县（鲁） | 5000.00 |
| 66 | 曲阜市（鲁） | 5000.00 |
| 67 | 青州市（鲁） | 1650.00 |
| 68 | 坊子区（鲁） | 1000.00 |
| 69 | 鄄城县（鲁） | 300.00 |
| 70 | 峄城区（鲁） | 150.00 |
| 71 | 洛宁县（豫） | 17200.00 |
| 72 | 濮阳市高新区（豫） | 10000.00 |
| 73 | 范　县（豫） | 2600.00 |
| 74 | 新　县（豫） | 1230.00 |
| 75 | 嵩　县（豫） | 650.00 |
| 76 | 博爱县（豫） | 600.00 |
| 77 | 光山县（豫） | 500.00 |
| 78 | 管城回族区（豫） | 436.00 |

(续)

| 序号 | 木雕主产地 | 产值(万元) |
|---|---|---|
| 79 | 开封县(豫) | 348.00 |
| 80 | 桐柏县(豫) | 129.00 |
| 81 | 灵宝市(豫) | 100.00 |
| 82 | 宝丰县(豫) | 45.00 |
| 83 | 老城区(豫) | 12.00 |
| 84 | 谷城县(鄂) | 15000.00 |
| 85 | 南漳县(鄂) | 3500.00 |
| 86 | 咸丰县(鄂) | 2100.00 |
| 87 | 利川市(鄂) | 1200.00 |
| 88 | 阳新县(鄂) | 1100.00 |
| 89 | 竹山县(鄂) | 1000.00 |
| 90 | 掇刀区(鄂) | 1000.00 |
| 91 | 恩施市(鄂) | 1000.00 |
| 92 | 来凤县(鄂) | 800.00 |
| 93 | 老河口市(鄂) | 550.00 |
| 94 | 浠水县(鄂) | 500.00 |
| 95 | 房　县(鄂) | 500.00 |
| 96 | 武穴市(鄂) | 380.00 |
| 97 | 京山县(鄂) | 240.00 |
| 98 | 宜都市(鄂) | 200.00 |
| 99 | 保康县(鄂) | 180.00 |
| 100 | 长阳土家族自治县(鄂) | 100.00 |
| 101 | 随　县(鄂) | 60.00 |
| 102 | 广水市(鄂) | 50.00 |
| 103 | 孝南区(鄂) | 3.00 |
| 104 | 衡东县(湘) | 10000.00 |
| 105 | 永兴县(湘) | 6703.00 |
| 106 | 鹤城区(湘) | 5000.00 |
| 107 | 资兴市(湘) | 3326.00 |
| 108 | 珠晖区(湘) | 2500.00 |
| 109 | 祁东县(湘) | 2100.00 |
| 110 | 南岳区(湘) | 2000.00 |
| 111 | 洞口县(湘) | 2000.00 |
| 112 | 湘潭县(湘) | 1860.00 |
| 113 | 沅陵县(湘) | 1650.00 |
| 114 | 临武县(湘) | 1500.00 |
| 115 | 蓝山县(湘) | 1360.00 |
| 116 | 武陵区(湘) | 1350.00 |
| 117 | 攸　县(湘) | 1000.00 |
| 118 | 汨罗市(湘) | 930.00 |
| 119 | 衡山县(湘) | 804.90 |
| 120 | 醴陵市(湘) | 600.00 |
| 121 | 湘乡市(湘) | 580.00 |
| 122 | 安化县(湘) | 500.00 |
| 123 | 永顺县(湘) | 500.00 |

(续)

| 序号 | 木雕主产地 | 产值(万元) |
|---|---|---|
| 124 | 零陵区(湘) | 500.00 |
| 125 | 双牌县(湘) | 450.00 |
| 126 | 新宁县(湘) | 400.00 |
| 127 | 会同县(湘) | 400.00 |
| 128 | 桑植县(湘) | 280.00 |
| 129 | 东安县(湘) | 260.00 |
| 130 | 邵阳县(湘) | 230.00 |
| 131 | 新晃侗族自治县(湘) | 200.00 |
| 132 | 澧　县(湘) | 200.00 |
| 133 | 宁远县(湘) | 150.00 |
| 134 | 隆回县(湘) | 150.00 |
| 135 | 麻阳苗族自治县(湘) | 120.00 |
| 136 | 岳阳楼区(湘) | 110.00 |
| 137 | 靖州苗族侗族自治县(湘) | 109.00 |
| 138 | 桃江县(湘) | 100.00 |
| 139 | 洪江市(湘) | 92.00 |
| 140 | 赫山区(湘) | 90.00 |
| 141 | 芷江侗族自治县(湘) | 72.00 |
| 142 | 道　县(湘) | 61.00 |
| 143 | 永定区(湘) | 50.00 |
| 144 | 株洲县(湘) | 20.00 |
| 145 | 岳阳县(湘) | 15.00 |
| 146 | 湘潭市市辖区(湘) | 15.00 |
| 147 | 乳源瑶族自治县(粤) | 2120.00 |
| 148 | 和平县(粤) | 600.00 |
| 149 | 东源县(粤) | 560.00 |
| 150 | 化州市(粤) | 210.00 |
| 151 | 云城区(粤) | 200.00 |
| 152 | 台山市(粤) | 33.00 |
| 153 | 云安县(粤) | 25.00 |
| 154 | 新兴县(粤) | 3.10 |
| 155 | 东兴市(桂) | 365505.00 |
| 156 | 港北区(桂) | 1723.00 |
| 157 | 城中区(桂) | 1700.00 |
| 158 | 陆川县(桂) | 1600.00 |
| 159 | 万秀区(桂) | 1250.00 |
| 160 | 那坡县(桂) | 1000.00 |
| 161 | 昭平县(桂) | 850.00 |
| 162 | 博白县(桂) | 800.00 |
| 163 | 金城江区(桂) | 563.00 |
| 164 | 蒙山县(桂) | 280.00 |
| 165 | 钦北区(桂) | 254.00 |
| 166 | 北流市(桂) | 210.60 |
| 167 | 武宣县(桂) | 150.00 |
| 168 | 田林县(桂) | 100.00 |

(续)

| 序号 | 木雕主产地 | 产值(万元) |
|---|---|---|
| 169 | 忻城县(桂) | 80.00 |
| 170 | 平果县(桂) | 50.00 |
| 171 | 海城区(桂) | 10.00 |
| 172 | 南川区(渝) | 9693.00 |
| 173 | 黔江区(渝) | 3120.00 |
| 174 | 酉阳土家族苗族自治县(渝) | 1429.00 |
| 175 | 奉节县(渝) | 1000.00 |
| 176 | 梁平县(渝) | 572.00 |
| 177 | 綦江区(渝) | 20.00 |
| 178 | 彭水苗族土家族自治县(渝) | 15.00 |
| 179 | 芦山县(川) | 36000.00 |
| 180 | 纳溪区(川) | 4500.00 |
| 181 | 渠　县(川) | 1500.00 |
| 182 | 绵竹市(川) | 1224.00 |
| 183 | 三台县(川) | 1008.00 |
| 184 | 江油市(川) | 610.00 |
| 185 | 兴文县(川) | 500.00 |
| 186 | 西充县(川) | 388.00 |
| 187 | 翠屏区(川) | 350.00 |
| 188 | 甘洛县(川) | 250.00 |
| 189 | 高　县(川) | 218.00 |
| 190 | 安　县(川) | 180.00 |
| 191 | 长宁县(川) | 174.00 |
| 192 | 北川羌族自治县(川) | 120.00 |
| 193 | 江安县(川) | 50.00 |
| 194 | 平昌县(川) | 50.00 |
| 195 | 东兴区(川) | 36.30 |
| 196 | 万源市(川) | 5.00 |
| 197 | 黄平县(黔) | 19000.00 |
| 198 | 普安县(黔) | 2800.00 |
| 199 | 赤水市(黔) | 1310.00 |
| 200 | 沿河土家族自治县(黔) | 1280.00 |
| 201 | 江口县(黔) | 1000.00 |
| 202 | 西秀区(黔) | 500.00 |
| 203 | 六枝特区(黔) | 260.00 |
| 204 | 榕江县(黔) | 240.00 |
| 205 | 兴仁县(黔) | 200.00 |
| 206 | 碧江区(黔) | 140.00 |
| 207 | 镇宁布依族苗族自治县(黔) | 100.00 |
| 208 | 思南县(黔) | 100.00 |
| 209 | 册亨县(黔) | 20.00 |
| 210 | 腾冲县(滇) | 6245.00 |
| 211 | 墨江哈尼族自治县(滇) | 4084.00 |
| 212 | 文山市(滇) | 3840.00 |
| 213 | 罗平县(滇) | 2200.00 |

（续）

| 序号 | 木雕主产地 | 产值(万元) |
|---|---|---|
| 214 | 施甸县(滇) | 520.00 |
| 215 | 麒麟区(滇) | 500.00 |
| 216 | 耿马傣族佤族自治县(滇) | 383.00 |
| 217 | 师宗县(滇) | 290.00 |
| 218 | 易门县(滇) | 280.00 |
| 219 | 瑞丽市(滇) | 273.00 |
| 220 | 开远市(滇) | 250.00 |
| 221 | 元谋县(滇) | 200.00 |
| 222 | 威信县(滇) | 200.00 |
| 223 | 寻甸回族彝族自治县(滇) | 200.00 |
| 224 | 镇康县(滇) | 149.00 |
| 225 | 宣威市(滇) | 120.00 |
| 226 | 富源县(滇) | 100.00 |
| 227 | 江川县(滇) | 80.00 |
| 228 | 西山区(滇) | 65.00 |
| 229 | 孟连傣族拉祜族佤族自治县(滇) | 30.00 |
| 230 | 西盟佤族自治县(滇) | 14.00 |
| 231 | 屏边苗族自治县(滇) | 14.00 |
| 232 | 芒　市(滇) | 10.00 |
| 233 | 盐津县(滇) | 10.00 |
| 234 | 敦煌市(甘) | 753.00 |
| 235 | 文　县(甘) | 360.00 |
| 236 | 麦积区(甘) | 100.00 |
| 237 | 临潭县(甘) | 40.00 |

**表 14-2　竹雕主产地产值**

| 序号 | 竹雕主产地 | 产值(万元) |
|---|---|---|
| 1 | 余杭区(浙) | 14438.00 |
| 2 | 德清县(浙) | 2620.00 |
| 3 | 磐安县(浙) | 1151.00 |
| 4 | 象山县(浙) | 350.00 |
| 5 | 东阳市(浙) | 212.00 |
| 6 | 临安市(浙) | 120.00 |
| 7 | 衢江区(浙) | 14.00 |
| 8 | 颍上县(皖) | 2000.00 |
| 9 | 霍山县(皖) | 1500.00 |
| 10 | 徽州区(皖) | 1020.00 |
| 11 | 黟　县(皖) | 850.00 |
| 12 | 石台县(皖) | 170.00 |
| 13 | 泾　县(皖) | 50.00 |
| 14 | 潜山县(皖) | 50.00 |
| 15 | 安福县(赣) | 860.00 |
| 16 | 青原区(赣) | 558.00 |
| 17 | 乐安县(赣) | 259.00 |
| 18 | 遂川县(赣) | 160.00 |

（续）

| 序号 | 竹雕主产地 | 产值(万元) |
|---|---|---|
| 19 | 瑞金市(赣) | 136.00 |
| 20 | 宁都县(赣) | 100.00 |
| 21 | 宝丰县(豫) | 25.00 |
| 22 | 西峡县(豫) | 15.13 |
| 23 | 竹山县(鄂) | 500.00 |
| 24 | 利川市(鄂) | 1.00 |
| 25 | 衡山县(湘) | 2107.60 |
| 26 | 资兴市(湘) | 1620.00 |
| 27 | 桃江县(湘) | 1500.00 |
| 28 | 资阳区(湘) | 1000.00 |
| 29 | 娄星区(湘) | 829.00 |
| 30 | 双牌县(湘) | 700.00 |
| 31 | 石门县(湘) | 500.00 |
| 32 | 桑植县(湘) | 450.00 |
| 33 | 武陵区(湘) | 320.00 |
| 34 | 醴陵市(湘) | 300.00 |
| 35 | 茶陵县(湘) | 176.00 |
| 36 | 祁东县(湘) | 140.00 |
| 37 | 安化县(湘) | 120.00 |
| 38 | 赫山区(湘) | 80.00 |
| 39 | 汨罗市(湘) | 55.62 |
| 40 | 会同县(湘) | 50.00 |
| 41 | 邵阳县(湘) | 35.00 |
| 42 | 汉寿县(湘) | 30.00 |
| 43 | 道　县(湘) | 7.00 |
| 44 | 株洲县(湘) | 2.00 |
| 45 | 梅县区(粤) | 520.00 |
| 46 | 新兴县(粤) | 2.90 |
| 47 | 武宣县(桂) | 62.00 |
| 48 | 梁平县(渝) | 3672.24 |
| 49 | 万州区(渝) | 3589.00 |
| 50 | 酉阳土家族苗族自治县(渝) | 680.00 |
| 51 | 长宁县(川) | 3125.00 |
| 52 | 纳溪区(川) | 800.00 |
| 53 | 江安县(川) | 550.00 |
| 54 | 西充县(川) | 321.00 |
| 55 | 翠屏区(川) | 68.00 |
| 56 | 东兴区(川) | 18.50 |
| 57 | 赤水市(黔) | 1620.00 |
| 58 | 江口县(黔) | 50.00 |
| 59 | 六枝特区(黔) | 20.00 |
| 60 | 墨江哈尼族自治县(滇) | 1021.00 |
| 61 | 腾冲县(滇) | 270.00 |

**表 14-3　竹编主产地产值**

| 序号 | 竹编主产地 | 产值(万元) |
|---|---|---|
| 1 | 新昌县(浙) | 19625.00 |
| 2 | 德清县(浙) | 9800.00 |
| 3 | 缙云县(浙) | 9070.00 |
| 4 | 诸暨市(浙) | 6916.00 |
| 5 | 磐安县(浙) | 4737.00 |
| 6 | 淳安县(浙) | 3050.00 |
| 7 | 路桥区(浙) | 2148.00 |
| 8 | 黄岩区(浙) | 1568.00 |
| 9 | 松阳县(浙) | 790.00 |
| 10 | 三门县(浙) | 680.00 |
| 11 | 北仑区(浙) | 525.00 |
| 12 | 临安市(浙) | 223.00 |
| 13 | 衢江区(浙) | 52.00 |
| 14 | 舒城县(皖) | 28776.00 |
| 15 | 界首市(皖) | 5000.00 |
| 16 | 太湖县(皖) | 4000.00 |
| 17 | 颍上县(皖) | 4000.00 |
| 18 | 南谯区(皖) | 2500.00 |
| 19 | 旌德县(皖) | 2300.00 |
| 20 | 六安市叶集区(皖) | 1600.00 |
| 21 | 郎溪县(皖) | 1580.00 |
| 22 | 霍山县(皖) | 1550.00 |
| 23 | 庐江县(皖) | 1356.00 |
| 24 | 徽州区(皖) | 530.00 |
| 25 | 广德县(皖) | 350.00 |
| 26 | 祁门县(皖) | 251.00 |
| 27 | 潜山县(皖) | 140.00 |
| 28 | 裕安区(皖) | 126.60 |
| 29 | 岳西县(皖) | 100.00 |
| 30 | 石台县(皖) | 90.00 |
| 31 | 全椒县(皖) | 30.00 |
| 32 | 泾　县(皖) | 15.00 |
| 33 | 南陵县(皖) | 10.00 |
| 34 | 宁国市(皖) | 5.00 |
| 35 | 广昌县(赣) | 5685.00 |
| 36 | 章贡区(赣) | 4000.00 |
| 37 | 万载县(赣) | 3520.00 |
| 38 | 东乡县(赣) | 2300.00 |
| 39 | 袁州区(赣) | 1600.00 |
| 40 | 宜丰县(赣) | 705.60 |
| 41 | 永丰县(赣) | 400.00 |
| 42 | 大余县(赣) | 400.00 |
| 43 | 婺源县(赣) | 390.00 |
| 44 | 南城县(赣) | 320.00 |
| 45 | 瑞昌市(赣) | 300.00 |

(续)

| 序号 | 竹编主产地 | 产值(万元) |
|---|---|---|
| 46 | 定南县(赣) | 300.00 |
| 47 | 横峰县(赣) | 250.00 |
| 48 | 崇义县(赣) | 240.00 |
| 49 | 铅山县(赣) | 220.00 |
| 50 | 崇仁县(赣) | 200.00 |
| 51 | 吉安县(赣) | 110.00 |
| 52 | 万安县(赣) | 103.00 |
| 53 | 宁都县(赣) | 100.00 |
| 54 | 新建县(赣) | 100.00 |
| 55 | 赣　县(赣) | 65.00 |
| 56 | 上高县(赣) | 50.00 |
| 57 | 寻乌县(赣) | 32.00 |
| 58 | 石城县(赣) | 31.00 |
| 59 | 彭泽县(赣) | 26.00 |
| 60 | 分宜县(赣) | 10.00 |
| 61 | 坊子区(鲁) | 3600.00 |
| 62 | 新　县(豫) | 2310.00 |
| 63 | 新野县(豫) | 1610.00 |
| 64 | 博爱县(豫) | 900.00 |
| 65 | 商城县(豫) | 550.00 |
| 66 | 光山县(豫) | 300.00 |
| 67 | 嵩　县(豫) | 165.00 |
| 68 | 鲁山县(豫) | 100.00 |
| 69 | 汝阳县(豫) | 52.00 |
| 70 | 卫辉市(豫) | 45.00 |
| 71 | 淅川县(豫) | 10.00 |
| 72 | 竹山县(鄂) | 7910.00 |
| 73 | 鄂州市市辖区(鄂) | 7200.00 |
| 74 | 咸丰县(鄂) | 2498.00 |
| 75 | 阳新县(鄂) | 1210.00 |
| 76 | 来凤县(鄂) | 1200.00 |
| 77 | 宜都市(鄂) | 355.00 |
| 78 | 孝昌县(鄂) | 200.00 |
| 79 | 利川市(鄂) | 100.00 |
| 80 | 石首市(鄂) | 100.00 |
| 81 | 随　县(鄂) | 19.00 |
| 82 | 长阳土家族自治县(鄂) | 10.00 |
| 83 | 资兴市(湘) | 6839.00 |
| 84 | 永兴县(湘) | 5445.00 |
| 85 | 衡东县(湘) | 5000.00 |
| 86 | 湘潭县(湘) | 4600.00 |
| 87 | 湘阴县(湘) | 3500.00 |
| 88 | 珠晖区(湘) | 2500.00 |
| 89 | 中方县(湘) | 2200.00 |
| 90 | 会同县(湘) | 2000.00 |
| 91 | 蓝山县(湘) | 1750.00 |
| 92 | 溆浦县(湘) | 1560.00 |
| 93 | 双峰县(湘) | 1000.00 |
| 94 | 娄星区(湘) | 831.00 |
| 95 | 雨湖区(湘) | 800.00 |
| 96 | 双牌县(湘) | 600.00 |
| 97 | 安仁县(湘) | 520.00 |
| 98 | 临武县(湘) | 500.00 |
| 99 | 永顺县(湘) | 500.00 |
| 100 | 衡山县(湘) | 482.90 |
| 101 | 宜章县(湘) | 460.00 |
| 102 | 冷水江市(湘) | 385.00 |
| 103 | 醴陵市(湘) | 320.00 |
| 104 | 沅陵县(湘) | 305.00 |
| 105 | 安化县(湘) | 300.00 |
| 106 | 茶陵县(湘) | 290.00 |
| 107 | 汨罗市(湘) | 270.00 |
| 108 | 冷水滩区(湘) | 220.00 |
| 109 | 桃江县(湘) | 200.00 |
| 110 | 鼎城区(湘) | 180.00 |
| 111 | 慈利县(湘) | 180.00 |
| 112 | 凤凰县(湘) | 120.00 |
| 113 | 桑植县(湘) | 120.00 |
| 114 | 岳阳县(湘) | 100.00 |
| 115 | 新化县(湘) | 100.00 |
| 116 | 新晃侗族自治县(湘) | 100.00 |
| 117 | 宁乡县(湘) | 100.00 |
| 118 | 东安县(湘) | 90.00 |
| 119 | 芷江侗族自治县(湘) | 85.00 |
| 120 | 麻阳苗族自治县(湘) | 80.00 |
| 121 | 宁远县(湘) | 60.00 |
| 122 | 桂东县(湘) | 43.00 |
| 123 | 邵阳县(湘) | 32.00 |
| 124 | 道　县(湘) | 23.00 |
| 125 | 洪江市(湘) | 22.00 |
| 126 | 湘乡市(湘) | 18.00 |
| 127 | 株洲县(湘) | 12.00 |
| 128 | 望城区(湘) | 12.00 |
| 129 | 辰溪县(湘) | 10.00 |
| 130 | 永定区(湘) | 10.00 |
| 131 | 罗定市(粤) | 87589.00 |
| 132 | 信宜市(粤) | 85055.00 |
| 133 | 兴宁市(粤) | 17000.00 |
| 134 | 中山市(粤) | 3850.30 |
| 135 | 平远县(粤) | 3635.00 |
| 136 | 开平市(粤) | 2567.00 |
| 137 | 新丰县(粤) | 2059.00 |
| 138 | 梅县区(粤) | 1500.00 |
| 139 | 乳源瑶族自治县(粤) | 1250.00 |
| 140 | 和平县(粤) | 500.00 |
| 141 | 清新区(粤) | 350.00 |
| 142 | 云城区(粤) | 55.00 |
| 143 | 始兴县(粤) | 35.00 |
| 144 | 连平县(粤) | 30.00 |
| 145 | 新兴县(粤) | 3.30 |
| 146 | 博白县(桂) | 120100.00 |
| 147 | 武鸣县(桂) | 102350.00 |
| 148 | 北流市(桂) | 3500.40 |
| 149 | 灵山县(桂) | 700.00 |
| 150 | 隆安县(桂) | 500.00 |
| 151 | 西林县(桂) | 500.00 |
| 152 | 融水苗族自治县(桂) | 500.00 |
| 153 | 环江毛南族自治县(桂) | 358.00 |
| 154 | 合浦县(桂) | 300.00 |
| 155 | 平南县(桂) | 250.00 |
| 156 | 武宣县(桂) | 156.00 |
| 157 | 田阳县(桂) | 150.00 |
| 158 | 万秀区(桂) | 66.00 |
| 159 | 龙圩区(桂) | 40.00 |
| 160 | 横　县(桂) | 18.83 |
| 161 | 凌云县(桂) | 12.00 |
| 162 | 那坡县(桂) | 10.00 |
| 163 | 桂平市(桂) | 8.60 |
| 164 | 忻城县(桂) | 5.00 |
| 165 | 垫江县(渝) | 3000.00 |
| 166 | 黔江区(渝) | 2760.00 |
| 167 | 铜梁县(渝) | 2202.00 |
| 168 | 荣昌区(渝) | 830.00 |
| 169 | 开　县(渝) | 380.60 |
| 170 | 酉阳土家族苗族自治县(渝) | 220.00 |
| 171 | 合川区(渝) | 203.00 |
| 172 | 江津区(渝) | 4.00 |
| 173 | 彭水苗族土家族自治县(渝) | 3.00 |
| 174 | 青神县(川) | 41470.00 |
| 175 | 井研县(川) | 35600.00 |
| 176 | 东坡区(川) | 16229.00 |
| 177 | 江油市(川) | 5590.00 |
| 178 | 达川区(川) | 4960.00 |
| 179 | 兴文县(川) | 4500.00 |
| 180 | 渠　县(川) | 3485.00 |

（续）

| 序号 | 竹编主产地 | 产值(万元) |
|---|---|---|
| 181 | 长宁县(川) | 2898.00 |
| 182 | 仁寿县(川) | 1671.00 |
| 183 | 高坪区(川) | 1390.00 |
| 184 | 邛崃市(川) | 1200.00 |
| 185 | 沐川县(川) | 768.00 |
| 186 | 三台县(川) | 561.00 |
| 187 | 名山区(川) | 500.00 |
| 188 | 西充县(川) | 425.00 |
| 189 | 南江县(川) | 400.00 |
| 190 | 平昌县(川) | 350.00 |
| 191 | 武胜县(川) | 300.00 |
| 192 | 富顺县(川) | 180.00 |
| 193 | 东兴区(川) | 145.20 |
| 194 | 营山县(川) | 55.00 |
| 195 | 屏山县(川) | 50.00 |
| 196 | 华蓥市(川) | 50.00 |
| 197 | 高　县(川) | 48.50 |
| 198 | 罗江县(川) | 32.00 |
| 199 | 仁和区(川) | 25.00 |
| 200 | 米易县(川) | 20.00 |
| 201 | 大竹县(川) | 15.00 |
| 202 | 梓潼县(川) | 12.50 |
| 203 | 万源市(川) | 8.00 |
| 204 | 彭州市(川) | 5.00 |
| 205 | 蓬安县(川) | 2.00 |
| 206 | 榕江县(黔) | 1588.00 |
| 207 | 碧江区(黔) | 1200.00 |
| 208 | 普安县(黔) | 430.00 |
| 209 | 六枝特区(黔) | 320.00 |
| 210 | 思南县(黔) | 100.00 |
| 211 | 兴仁县(黔) | 50.00 |
| 212 | 沿河土家族自治县(黔) | 34.00 |
| 213 | 黄平县(黔) | 20.00 |
| 214 | 荔波县(黔) | 10.00 |
| 215 | 镇宁布依族苗族自治县(黔) | 5.00 |
| 216 | 黄果树林业绿化局(黔) | 2.00 |
| 217 | 墨江哈尼族自治县(滇) | 1245.00 |
| 218 | 罗平县(滇) | 1007.00 |
| 219 | 石屏县(滇) | 879.00 |
| 220 | 文山市(滇) | 850.00 |
| 221 | 威信县(滇) | 526.00 |
| 222 | 澜沧拉祜族自治县(滇) | 370.00 |
| 223 | 隆阳区(滇) | 340.00 |
| 224 | 宣威市(滇) | 200.00 |
| 225 | 禄丰县(滇) | 170.00 |
| 226 | 华坪县(滇) | 134.00 |
| 227 | 楚雄市(滇) | 131.00 |
| 228 | 贡山独龙族怒族自治县(滇) | 125.00 |
| 229 | 武定县(滇) | 96.00 |
| 230 | 镇康县(滇) | 76.00 |
| 231 | 富宁县(滇) | 60.00 |
| 232 | 富源县(滇) | 50.00 |
| 233 | 马龙县(滇) | 50.00 |
| 234 | 陆良县(滇) | 46.00 |
| 235 | 西畴县(滇) | 40.00 |
| 236 | 施甸县(滇) | 35.00 |
| 237 | 大关县(滇) | 30.00 |
| 238 | 鲁甸县(滇) | 30.00 |
| 239 | 通海县(滇) | 20.00 |
| 240 | 峨山彝族自治县(滇) | 20.00 |
| 241 | 孟连傣族拉祜族佤族自治县(滇) | 15.00 |
| 242 | 剑川县(滇) | 12.00 |
| 243 | 江川县(滇) | 4.50 |
| 244 | 盐津县(滇) | 3.00 |
| 245 | 红河县(滇) | 2.30 |
| 246 | 隆子县(藏) | 35.00 |
| 247 | 墨脱县(藏) | 12.73 |
| 248 | 南郑县(陕) | 700.00 |
| 249 | 平利县(陕) | 150.00 |
| 250 | 镇巴县(陕) | 20.00 |

## 表 14-4　藤编主产地产值

| 序号 | 藤编主产地 | 产值(万元) |
|---|---|---|
| 1 | 长安区(冀) | 14218.00 |
| 2 | 元氏县(冀) | 1000.00 |
| 3 | 五常市(黑) | 150.00 |
| 4 | 德清县(浙) | 2800.00 |
| 5 | 景宁畲族自治县(浙) | 851.00 |
| 6 | 黄岩区(浙) | 840.00 |
| 7 | 萧山区(浙) | 800.00 |
| 8 | 阜南县(皖) | 570029.00 |
| 9 | 霍邱县(皖) | 389355.00 |
| 10 | 颍上县(皖) | 6000.00 |
| 11 | 桐城市(皖) | 2500.00 |
| 12 | 六安市叶集区(皖) | 2000.00 |
| 13 | 太湖县(皖) | 1200.00 |
| 14 | 霍山县(皖) | 500.00 |
| 15 | 岳西县(皖) | 300.00 |
| 16 | 潜山县(皖) | 130.00 |
| 17 | 石台县(皖) | 30.00 |
| 18 | 南陵县(皖) | 20.00 |
| 19 | 怀远县(皖) | 5.00 |
| 20 | 广昌县(赣) | 4915.00 |
| 21 | 乐安县(赣) | 2950.00 |
| 22 | 泰和县(赣) | 1604.00 |
| 23 | 南康市(赣) | 900.00 |
| 24 | 新干县(赣) | 880.00 |
| 25 | 定南县(赣) | 372.00 |
| 26 | 靖安县(赣) | 360.00 |
| 27 | 寻乌县(赣) | 315.00 |
| 28 | 会昌县(赣) | 285.00 |
| 29 | 横峰县(赣) | 200.00 |
| 30 | 大余县(赣) | 200.00 |
| 31 | 宁都县(赣) | 200.00 |
| 32 | 赣　县(赣) | 117.00 |
| 33 | 永新县(赣) | 50.00 |
| 34 | 瑞金市(赣) | 29.00 |
| 35 | 石城县(赣) | 25.00 |
| 36 | 东乡县(赣) | 18.00 |
| 37 | 分宜县(赣) | 10.00 |
| 38 | 临沭县(鲁) | 156777.00 |
| 39 | 微山县(鲁) | 76930.00 |
| 40 | 鱼台县(鲁) | 68000.00 |
| 41 | 沂源县(鲁) | 6000.00 |
| 42 | 东平县(鲁) | 1200.00 |
| 43 | 河东区(鲁) | 600.00 |
| 44 | 宁阳县(鲁) | 120.00 |
| 45 | 任城区(鲁) | 100.00 |
| 46 | 固始县(豫) | 29100.00 |
| 47 | 宁陵县(豫) | 5960.00 |
| 48 | 新　县(豫) | 1810.00 |
| 49 | 渑池县(豫) | 1800.00 |
| 50 | 新野县(豫) | 720.00 |
| 51 | 方城县(豫) | 650.00 |
| 52 | 淮滨县(豫) | 500.00 |
| 53 | 嵩　县(豫) | 80.00 |
| 54 | 汝阳县(豫) | 46.00 |
| 55 | 卫辉市(豫) | 46.00 |
| 56 | 枣阳市(鄂) | 18000.00 |
| 57 | 沙市区(鄂) | 17750.00 |
| 58 | 襄州区(鄂) | 10080.00 |
| 59 | 竹山县(鄂) | 1910.00 |
| 60 | 咸丰县(鄂) | 850.00 |
| 61 | 京山县(鄂) | 110.00 |
| 62 | 利川市(鄂) | 100.00 |

(续)

| 序号 | 藤编主产地 | 产值(万元) |
| --- | --- | --- |
| 63 | 蓝山县(湘) | 2500.00 |
| 64 | 溆浦县(湘) | 1160.00 |
| 65 | 永兴县(湘) | 1067.00 |
| 66 | 双峰县(湘) | 1000.00 |
| 67 | 娄星区(湘) | 920.00 |
| 68 | 安仁县(湘) | 520.00 |
| 69 | 汨罗市(湘) | 342.00 |
| 70 | 沅陵县(湘) | 185.00 |
| 71 | 衡山县(湘) | 175.67 |
| 72 | 鼎城区(湘) | 150.00 |
| 73 | 资兴市(湘) | 125.00 |
| 74 | 冷水江市(湘) | 105.00 |
| 75 | 新化县(湘) | 100.00 |
| 76 | 安化县(湘) | 40.00 |
| 77 | 芷江侗族自治县(湘) | 38.00 |
| 78 | 道　县(湘) | 36.00 |
| 79 | 邵阳县(湘) | 33.00 |
| 80 | 宁远县(湘) | 30.00 |
| 81 | 新晃侗族自治县(湘) | 30.00 |
| 82 | 东安县(湘) | 18.00 |
| 83 | 兴宁市(粤) | 23600.00 |
| 84 | 中山市(粤) | 2140.50 |
| 85 | 乳源瑶族自治县(粤) | 1680.00 |
| 86 | 梅县区(粤) | 700.00 |
| 87 | 丰顺县(粤) | 527.00 |
| 88 | 东源县(粤) | 523.50 |
| 89 | 清新区(粤) | 230.00 |
| 90 | 连平县(粤) | 15.00 |
| 91 | 新兴县(粤) | 3.00 |
| 92 | 浦北县(桂) | 21250.00 |
| 93 | 都安瑶族自治县(桂) | 4544.00 |
| 94 | 岑溪市(桂) | 2250.00 |
| 95 | 灵山县(桂) | 660.00 |
| 96 | 平南县(桂) | 600.00 |
| 97 | 田阳县(桂) | 250.00 |
| 98 | 武宣县(桂) | 80.00 |
| 99 | 龙圩区(桂) | 10.00 |
| 100 | 容　县(桂) | 1.00 |
| 101 | 万州区(渝) | 721.00 |
| 102 | 合川区(渝) | 161.00 |
| 103 | 崇州市(川) | 7100.00 |
| 104 | 盐边县(川) | 1720.00 |
| 105 | 长宁县(川) | 829.00 |

(续)

| 序号 | 藤编主产地 | 产值(万元) |
| --- | --- | --- |
| 106 | 江油市(川) | 300.00 |
| 107 | 平昌县(川) | 250.00 |
| 108 | 高坪区(川) | 249.00 |
| 109 | 西充县(川) | 180.00 |
| 110 | 东兴区(川) | 36.30 |
| 111 | 万源市(川) | 8.50 |
| 112 | 钟山区(黔) | 3000.00 |
| 113 | 赤水市(黔) | 440.00 |
| 114 | 六枝特区(黔) | 80.00 |
| 115 | 思南县(黔) | 50.00 |
| 116 | 元阳县(滇) | 1550.00 |
| 117 | 沾益县(滇) | 1443.00 |
| 118 | 蒙自市(滇) | 942.00 |
| 119 | 腾冲县(滇) | 800.00 |
| 120 | 耿马傣族佤族自治县(滇) | 739.00 |
| 121 | 隆阳区(滇) | 450.00 |
| 122 | 文山市(滇) | 282.00 |
| 123 | 澜沧拉祜族自治县(滇) | 250.00 |
| 124 | 施甸县(滇) | 45.00 |
| 125 | 孟连傣族拉祜族佤族自治县(滇) | 15.00 |
| 126 | 南郑县(陕) | 2200.00 |
| 127 | 汉台区(陕) | 2008.00 |
| 128 | 平利县(陕) | 150.00 |
| 129 | 镇巴县(陕) | 120.00 |
| 130 | 宁　县(甘) | 3.00 |
| 131 | 青铜峡市(宁) | 50.00 |

## 表 14-5　棕编主产地产值

| 序号 | 棕编主产地 | 产值(万元) |
| --- | --- | --- |
| 1 | 三门县(浙) | 858.00 |
| 2 | 淳安县(浙) | 15.00 |
| 3 | 太湖县(皖) | 1270.00 |
| 4 | 怀宁县(皖) | 360.00 |
| 5 | 祁门县(皖) | 203.00 |
| 6 | 石台县(皖) | 40.00 |
| 7 | 潜山县(皖) | 20.00 |
| 8 | 宁都县(赣) | 5600.00 |
| 9 | 赣　县(赣) | 386.00 |
| 10 | 寻乌县(赣) | 208.00 |
| 11 | 修水县(赣) | 200.00 |
| 12 | 新建县(赣) | 150.00 |
| 13 | 永新县(赣) | 50.00 |
| 14 | 石城县(赣) | 20.00 |

(续)

| 序号 | 棕编主产地 | 产值(万元) |
| --- | --- | --- |
| 15 | 瑞金市(赣) | 7.90 |
| 16 | 新野县(豫) | 340.00 |
| 17 | 汝阳县(豫) | 51.20 |
| 18 | 咸丰县(鄂) | 320.00 |
| 19 | 竹山县(鄂) | 188.00 |
| 20 | 宜都市(鄂) | 180.00 |
| 21 | 浠水县(鄂) | 30.00 |
| 22 | 京山县(鄂) | 25.00 |
| 23 | 利川市(鄂) | 5.00 |
| 24 | 新化县(湘) | 500.00 |
| 25 | 醴陵市(湘) | 300.00 |
| 26 | 资兴市(湘) | 280.00 |
| 27 | 溆浦县(湘) | 210.00 |
| 28 | 沅陵县(湘) | 175.00 |
| 29 | 衡山县(湘) | 128.00 |
| 30 | 安化县(湘) | 80.00 |
| 31 | 临武县(湘) | 80.00 |
| 32 | 新晃侗族自治县(湘) | 50.00 |
| 33 | 祁东县(湘) | 38.00 |
| 34 | 邵阳县(湘) | 17.00 |
| 35 | 岳阳县(湘) | 12.00 |
| 36 | 道　县(湘) | 7.00 |
| 37 | 芷江侗族自治县(湘) | 2.00 |
| 38 | 乳源瑶族自治县(粤) | 620.00 |
| 39 | 武宣县(桂) | 36.00 |
| 40 | 万州区(渝) | 1718.00 |
| 41 | 黔江区(渝) | 865.00 |
| 42 | 酉阳土家族苗族自治县(渝) | 180.00 |
| 43 | 合川区(渝) | 54.00 |
| 44 | 彭水苗族土家族自治县(渝) | 5.00 |
| 45 | 江津区(渝) | 3.00 |
| 46 | 江油市(川) | 580.00 |
| 47 | 平昌县(川) | 200.00 |
| 48 | 东兴区(川) | 127.00 |
| 49 | 西充县(川) | 104.00 |
| 50 | 赤水市(黔) | 880.00 |
| 51 | 普安县(黔) | 50.00 |
| 52 | 思南县(黔) | 20.00 |
| 53 | 腾冲县(滇) | 150.00 |
| 54 | 盐津县(滇) | 20.00 |
| 55 | 大关县(滇) | 1.00 |
| 56 | 南郑县(陕) | 320.00 |
| 57 | 镇坪县(陕) | 120.00 |
| 58 | 镇巴县(陕) | 70.00 |

**表 15　2016 年驯化野生动物与利用**

（续）

| 序号 | 主产地 | 动物种类 | 驯养数量（只、头、条） |
|---|---|---|---|
| 1 | 宜宾县（川） | 猕猴 | 8000 |
| 2 | 平南县（桂） | 猕猴 | 4890 |
| 3 | 新野县（豫） | 猕猴 | 4520 |
| 4 | 永福县（桂） | 猕猴 | 4400 |
| 5 | 呈贡县（滇） | 猕猴 | 946 |
| 6 | 祁门县（皖） | 猕猴 | 806 |
| 7 | 耿马傣族佤族自治县（滇） | 猕猴 | 595 |
| 8 | 元江哈尼族彝族傣族自治县（滇） | 猕猴 | 550 |
| 9 | 南郑县（陕） | 猕猴 | 360 |
| 10 | 北戴河区（冀） | 猕猴 | 235 |
| 11 | 金山区（沪） | 猕猴 | 226 |
| 12 | 从化市（粤） | 猕猴 | 194 |
| 13 | 个旧市（滇） | 猕猴 | 139 |
| 14 | 正定县（冀） | 猕猴 | 130 |
| 15 | 曾都区（鄂） | 猕猴 | 100 |
| 16 | 茅箭区（鄂） | 猕猴 | 100 |
| 17 | 回民区（内蒙古） | 猕猴 | 98 |
| 18 | 宁蒗彝族自治县（滇） | 猕猴 | 83 |
| 19 | 五华区（滇） | 猕猴 | 75 |
| 20 | 内乡县（豫） | 猕猴 | 60 |
| 21 | 蓝田县（陕） | 猕猴 | 50 |
| 22 | 松滋市（鄂） | 猕猴 | 50 |
| 23 | 镇海区（浙） | 猕猴 | 46 |
| 24 | 颍上县（皖） | 猕猴 | 43 |
| 25 | 永川区（渝） | 猕猴 | 33 |
| 26 | 罗田县（鄂） | 猕猴 | 30 |
| 27 | 雨湖区（湘） | 猕猴 | 30 |
| 28 | 奉贤区（沪） | 猕猴 | 20 |
| 29 | 安丘市（鲁） | 猕猴 | 18 |
| 30 | 青浦区（沪） | 猕猴 | 12 |
| 31 | 翠屏区（川） | 猕猴 | 10 |
| 32 | 浑南区（辽） | 猕猴 | 10 |
| 33 | 从化市（粤） | 食蟹猴 | 59428 |
| 34 | 平南县（桂） | 食蟹猴 | 28600 |
| 35 | 防城区（桂） | 食蟹猴 | 13500 |
| 36 | 呈贡县（滇） | 食蟹猴 | 4481 |
| 37 | 武鸣县（桂） | 食蟹猴 | 1000 |
| 38 | 元江哈尼族彝族傣族自治县（滇） | 食蟹猴 | 250 |
| 39 | 奉贤区（沪） | 食蟹猴 | 40 |
| 40 | 富阳区（浙） | 松鼠猴 | 30 |
| 41 | 浑南区（辽） | 松鼠猴 | 11 |
| 42 | 湘潭县（湘） | 松鼠猴 | 10 |
| 43 | 龙井市（吉） | 狗熊 | 876 |
| 44 | 雁江区（川） | 狗熊 | 707 |
| 45 | 延吉市（吉） | 狗熊 | 519 |
| 46 | 都江堰市（川） | 狗熊 | 278 |
| 47 | 勉　县（陕） | 狗熊 | 200 |
| 48 | 资溪县（赣） | 狗熊 | 200 |
| 49 | 和龙市（吉） | 狗熊 | 115 |
| 50 | 安图森林经营局（吉） | 狗熊 | 72 |
| 51 | 同江市（黑） | 狗熊 | 60 |
| 52 | 铁岭市经济开发区（辽） | 狗熊 | 50 |
| 53 | 城子河区（黑） | 北极熊 | 53 |
| 54 | 都江堰市（川） | 小熊猫 | 45 |
| 55 | 浑南区（辽） | 小熊猫 | 11 |
| 56 | 婺城区（浙） | 小熊猫 | 5 |
| 57 | 翠屏区（川） | 小熊猫 | 4 |
| 58 | 北戴河区（冀） | 小熊猫 | 3 |
| 59 | 万州区（渝） | 小熊猫 | 3 |
| 60 | 大理市（滇） | 棕熊 | 467 |
| 61 | 桓仁满族自治县（辽） | 棕熊 | 146 |
| 62 | 北戴河区（冀） | 棕熊 | 32 |
| 63 | 巢湖市（皖） | 棕熊 | 15 |
| 64 | 回民区（内蒙古） | 棕熊 | 13 |
| 65 | 浑南区（辽） | 棕熊 | 13 |
| 66 | 北戴河区（冀） | 浣熊 | 15 |
| 67 | 浑南区（辽） | 浣熊 | 13 |
| 68 | 婺城区（浙） | 浣熊 | 13 |
| 69 | 都江堰市（川） | 黑熊 | 2833 |
| 70 | 瓯海区（浙） | 黑熊 | 2000 |
| 71 | 榆树市（吉） | 黑熊 | 1230 |
| 72 | 蒙自市（滇） | 黑熊 | 583 |
| 73 | 从化市（粤） | 黑熊 | 177 |
| 74 | 山河实验林场（黑） | 黑熊 | 88 |
| 75 | 崇义县（赣） | 黑熊 | 22 |
| 76 | 巴林左旗（内蒙古） | 马鹿 | 5600 |
| 77 | 伊春市市辖区（黑） | 马鹿 | 1779 |
| 78 | 建昌县（辽） | 马鹿 | 1300 |
| 79 | 阿城区（黑） | 马鹿 | 585 |
| 80 | 清原满族自治县（辽） | 马鹿 | 500 |
| 81 | 绥中县（辽） | 马鹿 | 500 |
| 82 | 龙井市（吉） | 马鹿 | 453 |
| 83 | 扎兰屯市（内蒙古） | 马鹿 | 380 |
| 84 | 昌邑区（吉） | 马鹿 | 300 |
| 85 | 双丰林业局（龙江森工） | 马鹿 | 287 |
| 86 | 阿鲁科尔沁旗（内蒙古） | 马鹿 | 220 |
| 87 | 克什克腾旗（内蒙古） | 马鹿 | 210 |
| 88 | 沙坡头区（宁） | 马鹿 | 200 |

(续)

| 序号 | 主产地 | 动物种类 | 驯养数量(只、头、条) |
|---|---|---|---|
| 89 | 抚远县(黑) | 马鹿 | 160 |
| 90 | 澄江县(滇) | 马鹿 | 150 |
| 91 | 红星林业局(龙江森工) | 马鹿 | 150 |
| 92 | 龙港区(辽) | 马鹿 | 150 |
| 93 | 乌伊岭林业局(龙江森工) | 马鹿 | 150 |
| 94 | 元宝山区(内蒙古) | 马鹿 | 150 |
| 95 | 建始县(鄂) | 马鹿 | 137 |
| 96 | 乌鲁木齐南山林场(新) | 马鹿 | 135 |
| 97 | 新宾满族自治县(辽) | 马鹿 | 125 |
| 98 | 渭源县(甘) | 马鹿 | 100 |
| 99 | 围场满族蒙古族自治县(冀) | 马鹿 | 93 |
| 100 | 盈江县(滇) | 马鹿 | 89 |
| 101 | 龙江县(黑) | 马鹿 | 86 |
| 102 | 民乐县(甘) | 马鹿 | 80 |
| 103 | 合水林业总场(甘) | 马鹿 | 64 |
| 104 | 青川县(川) | 马鹿 | 64 |
| 105 | 腾冲县(滇) | 马鹿 | 64 |
| 106 | 林西县(内蒙古) | 马鹿 | 60 |
| 107 | 乌苏林场(新) | 马鹿 | 56 |
| 108 | 昂昂溪区(黑) | 马鹿 | 50 |
| 109 | 承德县(冀) | 马鹿 | 50 |
| 110 | 鄂温克族自治旗(内蒙古) | 马鹿 | 50 |
| 111 | 奇台林场(新) | 马鹿 | 50 |
| 112 | 松山区(内蒙古) | 马鹿 | 50 |
| 113 | 五常市(黑) | 马鹿 | 50 |
| 114 | 旌阳区(川) | 马鹿 | 30 |
| 115 | 乌拉特前旗(内蒙古) | 马鹿 | 30 |
| 116 | 木栏围场国营林场(冀) | 马鹿 | 26 |
| 117 | 双阳区(吉) | 马鹿 | 25 |
| 118 | 额尔古纳市(内蒙古) | 马鹿 | 18 |
| 119 | 武威市市辖区(甘) | 马鹿 | 18 |
| 120 | 南岔林业局(龙江森工) | 马鹿 | 17 |
| 121 | 回民区(内蒙古) | 马鹿 | 12 |
| 122 | 北戴河区(冀) | 马鹿 | 10 |
| 123 | 关山林业管理局(甘) | 马鹿 | 10 |
| 124 | 黑河市直属林场(黑) | 马鹿 | 10 |
| 125 | 柴河林业局(龙江森工) | 马鹿 | 10 |
| 126 | 西丰县(辽) | 梅花鹿 | 123500 |
| 127 | 东丰县(吉) | 梅花鹿 | 67000 |
| 128 | 朝阳区(吉) | 梅花鹿 | 11000 |
| 129 | 磐石市(吉) | 梅花鹿 | 4631 |
| 130 | 龙山区(吉) | 梅花鹿 | 3720 |
| 131 | 江油市(川) | 梅花鹿 | 3550 |
| 132 | 辉南县(吉) | 梅花鹿 | 3500 |

(续)

| 序号 | 主产地 | 动物种类 | 驯养数量(只、头、条) |
|---|---|---|---|
| 133 | 金山屯林业局(龙江森工) | 梅花鹿 | 3500 |
| 134 | 东港市(辽) | 梅花鹿 | 3266 |
| 135 | 桃山林业局(龙江森工) | 梅花鹿 | 3220 |
| 136 | 德惠市(吉) | 梅花鹿 | 3000 |
| 137 | 丰满区(吉) | 梅花鹿 | 3000 |
| 138 | 乌马河林业局(龙江森工) | 梅花鹿 | 2920 |
| 139 | 陆良县(滇) | 梅花鹿 | 2826 |
| 140 | 迁西县(冀) | 梅花鹿 | 2800 |
| 141 | 九台区(吉) | 梅花鹿 | 2600 |
| 142 | 屈家岭管理区(鄂) | 梅花鹿 | 2500 |
| 143 | 双阳区(吉) | 梅花鹿 | 2100 |
| 144 | 靖宇县(吉) | 梅花鹿 | 2000 |
| 145 | 临江市(吉) | 梅花鹿 | 2000 |
| 146 | 铁岭市经济开发区(辽) | 梅花鹿 | 1900 |
| 147 | 大石桥市(辽) | 梅花鹿 | 1850 |
| 148 | 西山区(滇) | 梅花鹿 | 1573 |
| 149 | 清原满族自治县(辽) | 梅花鹿 | 1500 |
| 150 | 绥中县(辽) | 梅花鹿 | 1500 |
| 151 | 桦甸市(吉) | 梅花鹿 | 1250 |
| 152 | 高州市(粤) | 梅花鹿 | 1200 |
| 153 | 潜山县(皖) | 梅花鹿 | 1200 |
| 154 | 新宁县(湘) | 梅花鹿 | 1200 |
| 155 | 广丰县(赣) | 梅花鹿 | 1100 |
| 156 | 彭泽县(赣) | 梅花鹿 | 1100 |
| 157 | 京山县(鄂) | 梅花鹿 | 1065 |
| 158 | 白河林业局(吉) | 梅花鹿 | 1000 |
| 159 | 达川区(川) | 梅花鹿 | 1000 |
| 160 | 逊克县(黑) | 梅花鹿 | 950 |
| 161 | 伊春市市辖区(黑) | 梅花鹿 | 880 |
| 162 | 武义县(浙) | 梅花鹿 | 865 |
| 163 | 北票市(辽) | 梅花鹿 | 800 |
| 164 | 瑞安市(浙) | 梅花鹿 | 800 |
| 165 | 寿光市(鲁) | 梅花鹿 | 800 |
| 166 | 新宾满族自治县(辽) | 梅花鹿 | 800 |
| 167 | 翠峦林业局(龙江森工) | 梅花鹿 | 730 |
| 168 | 玉龙纳西族自治县(滇) | 梅花鹿 | 730 |
| 169 | 射洪县(川) | 梅花鹿 | 710 |
| 170 | 吴兴区(浙) | 梅花鹿 | 700 |
| 171 | 带岭实验局(龙江森工) | 梅花鹿 | 650 |
| 172 | 内乡县(豫) | 梅花鹿 | 650 |
| 173 | 朗乡林业局(龙江森工) | 梅花鹿 | 640 |
| 174 | 易门县(滇) | 梅花鹿 | 605 |
| 175 | 江津区(渝) | 梅花鹿 | 595 |
| 176 | 莲都区(浙) | 梅花鹿 | 530 |

（续）

| 序号 | 主产地 | 动物种类 | 驯养数量（只、头、条） |
|---|---|---|---|
| 177 | 朝阳县（辽） | 梅花鹿 | 500 |
| 178 | 佳木斯市郊区（黑） | 梅花鹿 | 500 |
| 179 | 柳河县（吉） | 梅花鹿 | 500 |
| 180 | 三台县（川） | 梅花鹿 | 500 |
| 181 | 石门县（湘） | 梅花鹿 | 500 |
| 182 | 蔡甸区（鄂） | 梅花鹿 | 490 |
| 183 | 瓯海区（浙） | 梅花鹿 | 473 |
| 184 | 紫云苗族布依族自治县（黔） | 梅花鹿 | 468 |
| 185 | 围场满族蒙古族自治县（冀） | 梅花鹿 | 460 |
| 186 | 五营林业局（龙江森工） | 梅花鹿 | 452 |
| 187 | 茂南区（粤） | 梅花鹿 | 431 |
| 188 | 西吉县（宁） | 梅花鹿 | 420 |
| 189 | 鹤北林业局（龙江森工） | 梅花鹿 | 400 |
| 190 | 马龙县（滇） | 梅花鹿 | 400 |
| 191 | 奉化区（浙） | 梅花鹿 | 360 |
| 192 | 晋宁县（滇） | 梅花鹿 | 360 |
| 193 | 汤原县（黑） | 梅花鹿 | 360 |
| 194 | 扎兰屯市（内蒙古） | 梅花鹿 | 360 |
| 195 | 宜章县（湘） | 梅花鹿 | 358 |
| 196 | 郧西县（鄂） | 梅花鹿 | 350 |
| 197 | 彰武县（辽） | 梅花鹿 | 340 |
| 198 | 都江堰市（川） | 梅花鹿 | 331 |
| 199 | 方正林业局（龙江森工） | 梅花鹿 | 330 |
| 200 | 梓潼县（川） | 梅花鹿 | 330 |
| 201 | 钦北区（桂） | 梅花鹿 | 323 |
| 202 | 峨眉山市（川） | 梅花鹿 | 320 |
| 203 | 栾川县（豫） | 梅花鹿 | 320 |
| 204 | 白狼林业局（内蒙古） | 梅花鹿 | 319 |
| 205 | 龙潭区（吉） | 梅花鹿 | 310 |
| 206 | 湖北省太子山林场管理局（鄂） | 梅花鹿 | 300 |
| 207 | 南江县（川） | 梅花鹿 | 300 |
| 208 | 汪清县（吉） | 梅花鹿 | 300 |
| 209 | 五常市（黑） | 梅花鹿 | 300 |
| 210 | 丹江口市（鄂） | 梅花鹿 | 298 |
| 211 | 岳塘区（湘） | 梅花鹿 | 287 |
| 212 | 石林彝族自治县（滇） | 梅花鹿 | 285 |
| 213 | 民乐县（甘） | 梅花鹿 | 280 |
| 214 | 美溪林业局（龙江森工） | 梅花鹿 | 275 |
| 215 | 湘潭县（湘） | 梅花鹿 | 262 |
| 216 | 大石头林业局（吉） | 梅花鹿 | 260 |
| 217 | 盖州市（辽） | 梅花鹿 | 257 |
| 218 | 大海林林业局（龙江森工） | 梅花鹿 | 251 |
| 219 | 昌乐县（鲁） | 梅花鹿 | 250 |
| 220 | 澄江县（滇） | 梅花鹿 | 250 |
| 221 | 金东区（浙） | 梅花鹿 | 250 |
| 222 | 永胜县（滇） | 梅花鹿 | 247 |
| 223 | 白河县（陕） | 梅花鹿 | 240 |
| 224 | 东方红林业局（龙江森工） | 梅花鹿 | 240 |
| 225 | 秦皇岛开发区（冀） | 梅花鹿 | 240 |
| 226 | 沂源县（鲁） | 梅花鹿 | 230 |
| 227 | 大英县（川） | 梅花鹿 | 220 |
| 228 | 兰溪市（浙） | 梅花鹿 | 220 |
| 229 | 良凤江国家森林公园（桂） | 梅花鹿 | 220 |
| 230 | 平利县（陕） | 梅花鹿 | 220 |
| 231 | 友好林业局（龙江森工） | 梅花鹿 | 201 |
| 232 | 宝山区（黑） | 梅花鹿 | 200 |
| 233 | 勃利县（黑） | 梅花鹿 | 200 |
| 234 | 昌黎县（冀） | 梅花鹿 | 200 |
| 235 | 峨山彝族自治县（滇） | 梅花鹿 | 200 |
| 236 | 古城区（滇） | 梅花鹿 | 200 |
| 237 | 光山县（豫） | 梅花鹿 | 200 |
| 238 | 临淄区（鲁） | 梅花鹿 | 200 |
| 239 | 龙圩区（桂） | 梅花鹿 | 200 |
| 240 | 望花区（辽） | 梅花鹿 | 200 |
| 241 | 渭源县（甘） | 梅花鹿 | 200 |
| 242 | 永川区（渝） | 梅花鹿 | 198 |
| 243 | 泾源县（宁） | 梅花鹿 | 193 |
| 244 | 双城区（黑） | 梅花鹿 | 190 |
| 245 | 鹤立林业局（龙江森工） | 梅花鹿 | 180 |
| 246 | 木栏围场国营林场（冀） | 梅花鹿 | 180 |
| 247 | 穆棱林业局（龙江森工） | 梅花鹿 | 180 |
| 248 | 让胡路区（黑） | 梅花鹿 | 180 |
| 249 | 上甘岭林业局（龙江森工） | 梅花鹿 | 180 |
| 250 | 长白朝鲜族自治县（吉） | 梅花鹿 | 171 |
| 251 | 昭阳区（滇） | 梅花鹿 | 170 |
| 252 | 兴仁县（黔） | 梅花鹿 | 168 |
| 253 | 楚雄市（滇） | 梅花鹿 | 165 |
| 254 | 永康市（浙） | 梅花鹿 | 165 |
| 255 | 露水河林业局（吉林森工） | 梅花鹿 | 160 |
| 256 | 天桥岭林业局（吉） | 梅花鹿 | 160 |
| 257 | 禹州市（豫） | 梅花鹿 | 159 |
| 258 | 玉山县（赣） | 梅花鹿 | 154 |
| 259 | 和林格尔县（内蒙古） | 梅花鹿 | 150 |
| 260 | 恒山区（黑） | 梅花鹿 | 150 |
| 261 | 莱阳市（鲁） | 梅花鹿 | 150 |
| 262 | 兴义市（黔） | 梅花鹿 | 150 |
| 263 | 西夏区（宁） | 梅花鹿 | 136 |
| 264 | 金山区（沪） | 梅花鹿 | 134 |

(续)

| 序号 | 主产地 | 动物种类 | 驯养数量(只、头、条) |
|---|---|---|---|
| 265 | 泽州县(晋) | 梅花鹿 | 133 |
| 266 | 江源区(吉) | 梅花鹿 | 125 |
| 267 | 含山县(皖) | 梅花鹿 | 123 |
| 268 | 昌邑区(吉) | 梅花鹿 | 120 |
| 269 | 大余县(赣) | 梅花鹿 | 120 |
| 270 | 奉贤区(沪) | 梅花鹿 | 120 |
| 271 | 藁城区(冀) | 梅花鹿 | 120 |
| 272 | 桦南林业局(龙江森工) | 梅花鹿 | 120 |
| 273 | 临安市(浙) | 梅花鹿 | 120 |
| 274 | 华坪县(滇) | 梅花鹿 | 119 |
| 275 | 徽州区(皖) | 梅花鹿 | 119 |
| 276 | 绩溪县(皖) | 梅花鹿 | 115 |
| 277 | 克什克腾旗(内蒙古) | 梅花鹿 | 115 |
| 278 | 抚远县(黑) | 梅花鹿 | 110 |
| 279 | 瑞丽市(滇) | 梅花鹿 | 109 |
| 280 | 房　县(鄂) | 梅花鹿 | 107 |
| 281 | 双鸭山林业局(龙江森工) | 梅花鹿 | 104 |
| 282 | 桂东县(湘) | 梅花鹿 | 102 |
| 283 | 鹤岗市市辖区(黑) | 梅花鹿 | 100 |
| 284 | 南川区(渝) | 梅花鹿 | 100 |
| 285 | 青铜峡市(宁) | 梅花鹿 | 100 |
| 286 | 颍上县(皖) | 梅花鹿 | 100 |
| 287 | 大姚县(滇) | 梅花鹿 | 98 |
| 288 | 惠阳区(粤) | 梅花鹿 | 97 |
| 289 | 景东彝族自治县(滇) | 梅花鹿 | 96 |
| 290 | 集安市(吉) | 梅花鹿 | 91 |
| 291 | 乐安县(赣) | 梅花鹿 | 91 |
| 292 | 黄岩区(浙) | 梅花鹿 | 90 |
| 293 | 缙云县(浙) | 梅花鹿 | 90 |
| 294 | 利辛县(皖) | 梅花鹿 | 90 |
| 295 | 宾川县(滇) | 梅花鹿 | 86 |
| 296 | 北仑区(浙) | 梅花鹿 | 85 |
| 297 | 仁寿县(川) | 梅花鹿 | 83 |
| 298 | 松阳县(浙) | 梅花鹿 | 83 |
| 299 | 本溪满族自治县(辽) | 梅花鹿 | 80 |
| 300 | 杭锦后旗(内蒙古) | 梅花鹿 | 80 |
| 301 | 嘉峪关市(甘) | 梅花鹿 | 80 |
| 302 | 开化县(浙) | 梅花鹿 | 80 |
| 303 | 绥江县(滇) | 梅花鹿 | 80 |
| 304 | 腾冲县(滇) | 梅花鹿 | 80 |
| 305 | 镇坪县(陕) | 梅花鹿 | 80 |
| 306 | 绥棱林业局(龙江森工) | 梅花鹿 | 79 |
| 307 | 青浦区(沪) | 梅花鹿 | 78 |
| 308 | 北戴河区(冀) | 梅花鹿 | 70 |

(续)

| 序号 | 主产地 | 动物种类 | 驯养数量(只、头、条) |
|---|---|---|---|
| 309 | 四方台区(黑) | 梅花鹿 | 70 |
| 310 | 通北林业局(龙江森工) | 梅花鹿 | 70 |
| 311 | 苇河林业局(龙江森工) | 梅花鹿 | 70 |
| 312 | 湘乐林业总场(甘) | 梅花鹿 | 70 |
| 313 | 建德市(浙) | 梅花鹿 | 65 |
| 314 | 芜湖县(皖) | 梅花鹿 | 65 |
| 315 | 元江哈尼族彝族傣族自治县(滇) | 梅花鹿 | 64 |
| 316 | 山河屯林业局(龙江森工) | 梅花鹿 | 62 |
| 317 | 关山林业管理局(甘) | 梅花鹿 | 61 |
| 318 | 浦江县(浙) | 梅花鹿 | 60 |
| 319 | 寻甸回族彝族自治县(滇) | 梅花鹿 | 60 |
| 320 | 宜良县(滇) | 梅花鹿 | 60 |
| 321 | 鹰手营子矿区(冀) | 梅花鹿 | 60 |
| 322 | 长葛市(豫) | 梅花鹿 | 60 |
| 323 | 斗门区(粤) | 梅花鹿 | 56 |
| 324 | 金阳县(川) | 梅花鹿 | 56 |
| 325 | 新平彝族傣族自治县(滇) | 梅花鹿 | 54 |
| 326 | 宁城县(内蒙古) | 梅花鹿 | 52 |
| 327 | 保康县(鄂) | 梅花鹿 | 50 |
| 328 | 北湖区(湘) | 梅花鹿 | 50 |
| 329 | 从化市(粤) | 梅花鹿 | 50 |
| 330 | 德兴市(赣) | 梅花鹿 | 50 |
| 331 | 奉节县(渝) | 梅花鹿 | 50 |
| 332 | 海林林业局(龙江森工) | 梅花鹿 | 50 |
| 333 | 浑南区(辽) | 梅花鹿 | 50 |
| 334 | 金川县(川) | 梅花鹿 | 50 |
| 335 | 开远市(滇) | 梅花鹿 | 50 |
| 336 | 邻水县(川) | 梅花鹿 | 50 |
| 337 | 宁　县(甘) | 梅花鹿 | 50 |
| 338 | 宁阳县(鲁) | 梅花鹿 | 50 |
| 339 | 阳山县(粤) | 梅花鹿 | 50 |
| 340 | 阳西县(粤) | 梅花鹿 | 50 |
| 341 | 中宁县(宁) | 梅花鹿 | 50 |
| 342 | 喀喇沁旗(内蒙古) | 梅花鹿 | 46 |
| 343 | 科尔沁左翼中旗(内蒙古) | 梅花鹿 | 46 |
| 344 | 资兴市(湘) | 梅花鹿 | 46 |
| 345 | 芒　市(滇) | 梅花鹿 | 44 |
| 346 | 乌拉特后旗(内蒙古) | 梅花鹿 | 44 |
| 347 | 拜泉县(黑) | 梅花鹿 | 42 |
| 348 | 新青林业局(龙江森工) | 梅花鹿 | 41 |
| 349 | 苍南县(浙) | 梅花鹿 | 40 |
| 350 | 浑源县(晋) | 梅花鹿 | 40 |
| 351 | 吉安县(赣) | 梅花鹿 | 40 |
| 352 | 利川市(鄂) | 梅花鹿 | 40 |

（续）

| 序号 | 主产地 | 动物种类 | 驯养数量（只、头、条） |
|---|---|---|---|
| 353 | 隆回县(湘) | 梅花鹿 | 40 |
| 354 | 密山市(黑) | 梅花鹿 | 40 |
| 355 | 敦化林业局(吉) | 梅花鹿 | 38 |
| 356 | 武定县(滇) | 梅花鹿 | 38 |
| 357 | 铁力林业局(龙江森工) | 梅花鹿 | 35 |
| 358 | 诸暨市(浙) | 梅花鹿 | 35 |
| 359 | 寿　县(皖) | 梅花鹿 | 32 |
| 360 | 镇海区(浙) | 梅花鹿 | 32 |
| 361 | 吉利区(豫) | 梅花鹿 | 30 |
| 362 | 九寨沟县(川) | 梅花鹿 | 30 |
| 363 | 禄劝彝族苗族自治县(滇) | 梅花鹿 | 30 |
| 364 | 南芬区(辽) | 梅花鹿 | 30 |
| 365 | 普安县(黔) | 梅花鹿 | 30 |
| 366 | 永仁县(滇) | 梅花鹿 | 30 |
| 367 | 五华区(滇) | 梅花鹿 | 29 |
| 368 | 额尔古纳市(内蒙古) | 梅花鹿 | 27 |
| 369 | 鲁甸县(滇) | 梅花鹿 | 27 |
| 370 | 山河实验林场(黑) | 梅花鹿 | 27 |
| 371 | 太湖县(皖) | 梅花鹿 | 27 |
| 372 | 孟津县(豫) | 梅花鹿 | 25 |
| 373 | 托克托县(内蒙古) | 梅花鹿 | 24 |
| 374 | 洋　县(陕) | 梅花鹿 | 23 |
| 375 | 望江县(皖) | 梅花鹿 | 22 |
| 376 | 信丰县(赣) | 梅花鹿 | 22 |
| 377 | 恩阳区(川) | 梅花鹿 | 20 |
| 378 | 磐安县(浙) | 梅花鹿 | 20 |
| 379 | 魏　县(冀) | 梅花鹿 | 20 |
| 380 | 义乌市(浙) | 梅花鹿 | 20 |
| 381 | 呈贡县(滇) | 梅花鹿 | 18 |
| 382 | 莒　县(鲁) | 梅花鹿 | 18 |
| 383 | 土默特右旗(内蒙古) | 梅花鹿 | 18 |
| 384 | 苏仙区(湘) | 梅花鹿 | 16 |
| 385 | 正宁林业总场(甘) | 梅花鹿 | 13 |
| 386 | 井冈山市(赣) | 梅花鹿 | 12 |
| 387 | 林口林业局(龙江森工) | 梅花鹿 | 12 |
| 388 | 泸　县(川) | 梅花鹿 | 11 |
| 389 | 巴东县(鄂) | 梅花鹿 | 10 |
| 390 | 察哈尔右翼前旗(内蒙古) | 梅花鹿 | 10 |
| 391 | 巢湖市(皖) | 梅花鹿 | 10 |
| 392 | 翠屏区(川) | 梅花鹿 | 10 |
| 393 | 丘北县(滇) | 梅花鹿 | 10 |
| 394 | 施甸县(滇) | 梅花鹿 | 10 |
| 395 | 永宁县(宁) | 梅花鹿 | 10 |
| 396 | 临安市(浙) | 麋鹿 | 120 |

（续）

| 序号 | 主产地 | 动物种类 | 驯养数量（只、头、条） |
|---|---|---|---|
| 397 | 围场满族蒙古族自治县(冀) | 麋鹿 | 23 |
| 398 | 北戴河区(冀) | 麋鹿 | 17 |
| 399 | 浑南区(辽) | 麋鹿 | 14 |
| 400 | 木栏围场国营林场(冀) | 麋鹿 | 13 |
| 401 | 应城市(鄂) | 白鹿 | 20 |
| 402 | 额尔古纳市(内蒙古) | 驼鹿 | 55 |
| 403 | 定海区(浙) | 河麂 | 2018 |
| 404 | 颍上县(皖) | 河麂 | 758 |
| 405 | 常宁市(湘) | 河麂 | 200 |
| 406 | 衡南县(湘) | 河麂 | 150 |
| 407 | 北湖区(湘) | 河麂 | 126 |
| 408 | 施甸县(滇) | 河麂 | 83 |
| 409 | 巢湖市(皖) | 河麂 | 70 |
| 410 | 苍南县(浙) | 河麂 | 50 |
| 411 | 缙云县(浙) | 河麂 | 30 |
| 412 | 柞水县(陕) | 河麂 | 28 |
| 413 | 诸暨市(浙) | 河麂 | 15 |
| 414 | 图们市(吉) | 驯鹿 | 325 |
| 415 | 马龙县(滇) | 驯鹿 | 100 |
| 416 | 额尔古纳市(内蒙古) | 驯鹿 | 60 |
| 417 | 婺城区(浙) | 驯鹿 | 10 |
| 418 | 渑池县(豫) | 野猪 | 28000 |
| 419 | 承德县(冀) | 野猪 | 23100 |
| 420 | 东方红林业局(龙江森工) | 野猪 | 17000 |
| 421 | 伊春市市辖区(黑) | 野猪 | 13000 |
| 422 | 栾川县(豫) | 野猪 | 12000 |
| 423 | 祁东县(湘) | 野猪 | 11000 |
| 424 | 分宜县(赣) | 野猪 | 10000 |
| 425 | 黄山区(皖) | 野猪 | 10000 |
| 426 | 平桥区(豫) | 野猪 | 8000 |
| 427 | 临海市(浙) | 野猪 | 7500 |
| 428 | 友好林业局(龙江森工) | 野猪 | 7425 |
| 429 | 芦山县(川) | 野猪 | 7000 |
| 430 | 兴宾区(桂) | 野猪 | 6523 |
| 431 | 漾濞彝族自治县(滇) | 野猪 | 6300 |
| 432 | 武鸣县(桂) | 野猪 | 6100 |
| 433 | 迁西县(冀) | 野猪 | 5500 |
| 434 | 临翔区(滇) | 野猪 | 5250 |
| 435 | 汝城县(湘) | 野猪 | 5123 |
| 436 | 巴州区(川) | 野猪 | 5000 |
| 437 | 东至县(皖) | 野猪 | 5000 |
| 438 | 清原满族自治县(辽) | 野猪 | 5000 |
| 439 | 乌马河林业局(龙江森工) | 野猪 | 5000 |
| 440 | 澜沧拉祜族自治县(滇) | 野猪 | 4524 |

(续)

| 序号 | 主产地 | 动物种类 | 驯养数量（只、头、条） |
|---|---|---|---|
| 441 | 青州市(鲁) | 野猪 | 4500 |
| 442 | 新丰县(粤) | 野猪 | 4000 |
| 443 | 巴东县(鄂) | 野猪 | 3880 |
| 444 | 汤原县(黑) | 野猪 | 3600 |
| 445 | 万源市(川) | 野猪 | 3500 |
| 446 | 无为县(皖) | 野猪 | 3500 |
| 447 | 梓潼县(川) | 野猪 | 3500 |
| 448 | 香格里拉县(滇) | 野猪 | 3260 |
| 449 | 绥棱林业局(龙江森工) | 野猪 | 3240 |
| 450 | 杨凌区农林局(陕) | 野猪 | 3000 |
| 451 | 迎春林业局(龙江森工) | 野猪 | 3000 |
| 452 | 禄丰县(滇) | 野猪 | 2900 |
| 453 | 扎兰屯市(内蒙古) | 野猪 | 2800 |
| 454 | 泾　县(皖) | 野猪 | 2707 |
| 455 | 大余县(赣) | 野猪 | 2500 |
| 456 | 淅川县(豫) | 野猪 | 2500 |
| 457 | 科尔沁区(内蒙古) | 野猪 | 2300 |
| 458 | 阳春市(粤) | 野猪 | 2250 |
| 459 | 湘潭县(湘) | 野猪 | 2160 |
| 460 | 岑溪市(桂) | 野猪 | 2100 |
| 461 | 大邑县(川) | 野猪 | 2000 |
| 462 | 克什克腾旗(内蒙古) | 野猪 | 2000 |
| 463 | 洮北区(吉) | 野猪 | 2000 |
| 464 | 新晃侗族自治县(湘) | 野猪 | 2000 |
| 465 | 腾冲县(滇) | 野猪 | 1868 |
| 466 | 沂源县(鲁) | 野猪 | 1800 |
| 467 | 镇坪县(陕) | 野猪 | 1800 |
| 468 | 鹤岗市市辖区(黑) | 野猪 | 1550 |
| 469 | 谷城县(鄂) | 野猪 | 1500 |
| 470 | 内乡县(豫) | 野猪 | 1500 |
| 471 | 洮南市(吉) | 野猪 | 1500 |
| 472 | 五常市(黑) | 野猪 | 1500 |
| 473 | 陆川县(桂) | 野猪 | 1400 |
| 474 | 彰武县(辽) | 野猪 | 1400 |
| 475 | 芒　市(滇) | 野猪 | 1344 |
| 476 | 乐昌市(粤) | 野猪 | 1318 |
| 477 | 金洞林场(湘) | 野猪 | 1300 |
| 478 | 清河林业局(龙江森工) | 野猪 | 1300 |
| 479 | 慈利县(湘) | 野猪 | 1270 |
| 480 | 南川区(渝) | 野猪 | 1200 |
| 481 | 南岔林业局(龙江森工) | 野猪 | 1168 |
| 482 | 大石头林业局(吉) | 野猪 | 1160 |
| 483 | 穆棱林业局(龙江森工) | 野猪 | 1140 |
| 484 | 巴林右旗(内蒙古) | 野猪 | 1104 |

(续)

| 序号 | 主产地 | 动物种类 | 驯养数量（只、头、条） |
|---|---|---|---|
| 485 | 石台县(皖) | 野猪 | 1100 |
| 486 | 宜良县(滇) | 野猪 | 1100 |
| 487 | 崇义县(赣) | 野猪 | 1000 |
| 488 | 东宝区(鄂) | 野猪 | 1000 |
| 489 | 江口县(黔) | 野猪 | 1000 |
| 490 | 浏阳市(湘) | 野猪 | 1000 |
| 491 | 内蒙古柴河林业局(内蒙古) | 野猪 | 1000 |
| 492 | 七台河市市辖区(黑) | 野猪 | 1000 |
| 493 | 双柏县(滇) | 野猪 | 1000 |
| 494 | 武胜县(川) | 野猪 | 1000 |
| 495 | 喜德县(川) | 野猪 | 1000 |
| 496 | 盐边县(川) | 野猪 | 1000 |
| 497 | 应城市(鄂) | 野猪 | 1000 |
| 498 | 广南县(滇) | 野猪 | 958 |
| 499 | 兴隆林业局(龙江森工) | 野猪 | 950 |
| 500 | 带岭实验局(龙江森工) | 野猪 | 910 |
| 501 | 辉南县(吉) | 野猪 | 907 |
| 502 | 黄泥河林业局(吉) | 野猪 | 900 |
| 503 | 鹤北林业局(龙江森工) | 野猪 | 898 |
| 504 | 都昌县(赣) | 野猪 | 880 |
| 505 | 宜都市(鄂) | 野猪 | 875 |
| 506 | 勃利县(黑) | 野猪 | 870 |
| 507 | 扎鲁特旗(内蒙古) | 野猪 | 860 |
| 508 | 北流市(桂) | 野猪 | 850 |
| 509 | 东丰县(吉) | 野猪 | 850 |
| 510 | 集宁区(内蒙古) | 野猪 | 810 |
| 511 | 北川羌族自治县(川) | 野猪 | 800 |
| 512 | 老边区(辽) | 野猪 | 800 |
| 513 | 龙川县(粤) | 野猪 | 800 |
| 514 | 青秀区(桂) | 野猪 | 800 |
| 515 | 三山区(皖) | 野猪 | 800 |
| 516 | 嵩　县(豫) | 野猪 | 800 |
| 517 | 兴宁市(粤) | 野猪 | 800 |
| 518 | 云龙县(滇) | 野猪 | 800 |
| 519 | 沾河林业局(龙江森工) | 野猪 | 800 |
| 520 | 彭山区(川) | 野猪 | 770 |
| 521 | 爱辉区(黑) | 野猪 | 740 |
| 522 | 五营林业局(龙江森工) | 野猪 | 730 |
| 523 | 朗乡林业局(龙江森工) | 野猪 | 720 |
| 524 | 南溪县(川) | 野猪 | 705 |
| 525 | 固阳县(内蒙古) | 野猪 | 700 |
| 526 | 铅山县(赣) | 野猪 | 700 |
| 527 | 桑植县(湘) | 野猪 | 700 |
| 528 | 沅陵县(湘) | 野猪 | 685 |

（续）

| 序号 | 主产地 | 动物种类 | 驯养数量（只、头、条） |
|---|---|---|---|
| 529 | 东京城林业局（龙江森工） | 野猪 | 680 |
| 530 | 麻栗坡县（滇） | 野猪 | 662 |
| 531 | 利川市（鄂） | 野猪 | 660 |
| 532 | 勐腊县（滇） | 野猪 | 652 |
| 533 | 阿鲁科尔沁旗（内蒙古） | 野猪 | 650 |
| 534 | 江源区（吉） | 野猪 | 650 |
| 535 | 宁海县（浙） | 野猪 | 650 |
| 536 | 砚山县（滇） | 野猪 | 647 |
| 537 | 白河县（陕） | 野猪 | 625 |
| 538 | 垫江县（渝） | 野猪 | 600 |
| 539 | 临安市（浙） | 野猪 | 600 |
| 540 | 沙坡头区（宁） | 野猪 | 600 |
| 541 | 阳新县（鄂） | 野猪 | 600 |
| 542 | 建始县（鄂） | 野猪 | 587 |
| 543 | 安图森林经营局（吉） | 野猪 | 580 |
| 544 | 北安市（黑） | 野猪 | 580 |
| 545 | 新青林业局（龙江森工） | 野猪 | 580 |
| 546 | 峨边彝族自治县（川） | 野猪 | 570 |
| 547 | 陆良县（滇） | 野猪 | 560 |
| 548 | 临江市（吉） | 野猪 | 550 |
| 549 | 和平县（粤） | 野猪 | 540 |
| 550 | 盈江县（滇） | 野猪 | 538 |
| 551 | 方正林业局（龙江森工） | 野猪 | 537 |
| 552 | 君山区（湘） | 野猪 | 530 |
| 553 | 清城区（粤） | 野猪 | 520 |
| 554 | 双丰林业局（龙江森工） | 野猪 | 520 |
| 555 | 牟定县（滇） | 野猪 | 516 |
| 556 | 安　县（川） | 野猪 | 500 |
| 557 | 登封市（豫） | 野猪 | 500 |
| 558 | 红塔区（滇） | 野猪 | 500 |
| 559 | 惠东县（粤） | 野猪 | 500 |
| 560 | 佳木斯市郊区（黑） | 野猪 | 500 |
| 561 | 嘉荫县（黑） | 野猪 | 500 |
| 562 | 靖宇县（吉） | 野猪 | 500 |
| 563 | 平利县（陕） | 野猪 | 500 |
| 564 | 双峰县（湘） | 野猪 | 500 |
| 565 | 绥中县（辽） | 野猪 | 500 |
| 566 | 汪清林业局（吉） | 野猪 | 500 |
| 567 | 游仙区（川） | 野猪 | 500 |
| 568 | 玉环市（浙） | 野猪 | 500 |
| 569 | 郧西县（鄂） | 野猪 | 500 |
| 570 | 安化县（湘） | 野猪 | 480 |
| 571 | 露水河林业局（吉林森工） | 野猪 | 480 |
| 572 | 铁力林业局（龙江森工） | 野猪 | 480 |

（续）

| 序号 | 主产地 | 动物种类 | 驯养数量（只、头、条） |
|---|---|---|---|
| 573 | 苇河林业局（龙江森工） | 野猪 | 471 |
| 574 | 梁山县（鲁） | 野猪 | 458 |
| 575 | 宾阳县（桂） | 野猪 | 450 |
| 576 | 上甘岭林业局（龙江森工） | 野猪 | 450 |
| 577 | 咸丰县（鄂） | 野猪 | 450 |
| 578 | 新平彝族傣族自治县（滇） | 野猪 | 430 |
| 579 | 建水县（滇） | 野猪 | 413 |
| 580 | 韩城市林业局（陕） | 野猪 | 410 |
| 581 | 建德市（浙） | 野猪 | 410 |
| 582 | 沧源佤族自治县（滇） | 野猪 | 400 |
| 583 | 和龙林业局（吉） | 野猪 | 400 |
| 584 | 赫山区（湘） | 野猪 | 400 |
| 585 | 马龙县（滇） | 野猪 | 400 |
| 586 | 木兰县（黑） | 野猪 | 400 |
| 587 | 宁城县（内蒙古） | 野猪 | 400 |
| 588 | 思茅区（滇） | 野猪 | 400 |
| 589 | 元宝山区（内蒙古） | 野猪 | 400 |
| 590 | 石林彝族自治县（滇） | 野猪 | 390 |
| 591 | 江华瑶族自治县（湘） | 野猪 | 380 |
| 592 | 南郑县（陕） | 野猪 | 380 |
| 593 | 新宾满族自治县（辽） | 野猪 | 380 |
| 594 | 宁国市（皖） | 野猪 | 367 |
| 595 | 翠峦林业局（龙江森工） | 野猪 | 352 |
| 596 | 上饶县（赣） | 野猪 | 350 |
| 597 | 双鸭山林业局（龙江森工） | 野猪 | 350 |
| 598 | 巍山彝族回族自治县（滇） | 野猪 | 338 |
| 599 | 敦化林业局（吉） | 野猪 | 335 |
| 600 | 江川县（滇） | 野猪 | 320 |
| 601 | 绥阳林业局（龙江森工） | 野猪 | 320 |
| 602 | 巢湖市（皖） | 野猪 | 310 |
| 603 | 东安县（湘） | 野猪 | 310 |
| 604 | 汤旺河林业局（龙江森工） | 野猪 | 310 |
| 605 | 永胜县（滇） | 野猪 | 310 |
| 606 | 白河林业局（吉） | 野猪 | 300 |
| 607 | 碧江区（黔） | 野猪 | 300 |
| 608 | 大兴沟林业局（吉） | 野猪 | 300 |
| 609 | 恩施市（鄂） | 野猪 | 300 |
| 610 | 奉节县（渝） | 野猪 | 300 |
| 611 | 盖州市（辽） | 野猪 | 300 |
| 612 | 集贤县（黑） | 野猪 | 300 |
| 613 | 景东彝族自治县（滇） | 野猪 | 300 |
| 614 | 九寨沟县（川） | 野猪 | 300 |
| 615 | 耒阳市（湘） | 野猪 | 300 |
| 616 | 临泉县（皖） | 野猪 | 300 |

(续)

| 序号 | 主产地 | 动物种类 | 驯养数量(只、头、条) |
|---|---|---|---|
| 617 | 罗城仫佬族自治县(桂) | 野猪 | 300 |
| 618 | 南票区(辽) | 野猪 | 300 |
| 619 | 磐石市(吉) | 野猪 | 300 |
| 620 | 邵阳县(湘) | 野猪 | 300 |
| 621 | 松山区(内蒙古) | 野猪 | 300 |
| 622 | 松阳县(浙) | 野猪 | 300 |
| 623 | 天桥岭林业局(吉) | 野猪 | 300 |
| 624 | 五大连池市(黑) | 野猪 | 300 |
| 625 | 寻甸回族彝族自治县(滇) | 野猪 | 300 |
| 626 | 余杭区(浙) | 野猪 | 300 |
| 627 | 余江县(赣) | 野猪 | 300 |
| 628 | 大石桥市(辽) | 野猪 | 280 |
| 629 | 电白区(粤) | 野猪 | 280 |
| 630 | 佛坪县(陕) | 野猪 | 280 |
| 631 | 麟游县(陕) | 野猪 | 276 |
| 632 | 额尔古纳市(内蒙古) | 野猪 | 267 |
| 633 | 巴林林业局(内蒙古) | 野猪 | 260 |
| 634 | 牙克石市(内蒙古) | 野猪 | 260 |
| 635 | 大关县(滇) | 野猪 | 250 |
| 636 | 大同县(晋) | 野猪 | 250 |
| 637 | 江永县(湘) | 野猪 | 250 |
| 638 | 秦皇岛开发区(冀) | 野猪 | 250 |
| 639 | 都江堰市(川) | 野猪 | 240 |
| 640 | 西畴县(滇) | 野猪 | 230 |
| 641 | 双江拉祜族佤族布朗族傣族自治县(滇) | 野猪 | 220 |
| 642 | 舒兰市(吉) | 野猪 | 218 |
| 643 | 金山屯林业局(龙江森工) | 野猪 | 210 |
| 644 | 孟连傣族拉祜族佤族自治县(滇) | 野猪 | 210 |
| 645 | 五岔沟林业局(内蒙古) | 野猪 | 210 |
| 646 | 富源县(滇) | 野猪 | 200 |
| 647 | 红古区(甘) | 野猪 | 200 |
| 648 | 华坪县(滇) | 野猪 | 200 |
| 649 | 晋宁县(滇) | 野猪 | 200 |
| 650 | 芦溪县(赣) | 野猪 | 200 |
| 651 | 麻城市(鄂) | 野猪 | 200 |
| 652 | 随　县(鄂) | 野猪 | 200 |
| 653 | 遂川县(赣) | 野猪 | 200 |
| 654 | 汪清县(吉) | 野猪 | 200 |
| 655 | 闻喜县(晋) | 野猪 | 200 |
| 656 | 玉龙纳西族自治县(滇) | 野猪 | 200 |
| 657 | 枣阳市(鄂) | 野猪 | 200 |
| 658 | 长阳土家族自治县(鄂) | 野猪 | 200 |
| 659 | 武定县(滇) | 野猪 | 187 |

(续)

| 序号 | 主产地 | 动物种类 | 驯养数量(只、头、条) |
|---|---|---|---|
| 660 | 湘乡市(湘) | 野猪 | 182 |
| 661 | 南江县(川) | 野猪 | 180 |
| 662 | 兴国县(赣) | 野猪 | 180 |
| 663 | 玉山县(赣) | 野猪 | 180 |
| 664 | 沾益县(滇) | 野猪 | 180 |
| 665 | 房　县(鄂) | 野猪 | 170 |
| 666 | 屏山县(川) | 野猪 | 170 |
| 667 | 楚雄市(滇) | 野猪 | 160 |
| 668 | 冷水滩区(湘) | 野猪 | 160 |
| 669 | 梁河县(滇) | 野猪 | 160 |
| 670 | 宾川县(滇) | 野猪 | 156 |
| 671 | 蒙自市(滇) | 野猪 | 152 |
| 672 | 安居区(川) | 野猪 | 150 |
| 673 | 柴河林业局(龙江森工) | 野猪 | 150 |
| 674 | 红星林业局(龙江森工) | 野猪 | 150 |
| 675 | 景谷傣族彝族自治县(滇) | 野猪 | 150 |
| 676 | 开　县(渝) | 野猪 | 150 |
| 677 | 兰坪白族普米族自治县(滇) | 野猪 | 150 |
| 678 | 龙江县(黑) | 野猪 | 150 |
| 679 | 邛崃市(川) | 野猪 | 150 |
| 680 | 师宗县(滇) | 野猪 | 150 |
| 681 | 新安县(豫) | 野猪 | 150 |
| 682 | 永清县(冀) | 野猪 | 150 |
| 683 | 长白朝鲜族自治县(吉) | 野猪 | 145 |
| 684 | 个旧市(滇) | 野猪 | 140 |
| 685 | 新化县(湘) | 野猪 | 140 |
| 686 | 翠屏区(川) | 野猪 | 130 |
| 687 | 丹凤县(陕) | 野猪 | 130 |
| 688 | 英德市(粤) | 野猪 | 130 |
| 689 | 永宁县(宁) | 野猪 | 130 |
| 690 | 大海林林业局(龙江森工) | 野猪 | 126 |
| 691 | 巴林左旗(内蒙古) | 野猪 | 120 |
| 692 | 凤泉区(豫) | 野猪 | 120 |
| 693 | 施甸县(滇) | 野猪 | 118 |
| 694 | 永川区(渝) | 野猪 | 110 |
| 695 | 绩溪县(皖) | 野猪 | 106 |
| 696 | 原阳县(豫) | 野猪 | 105 |
| 697 | 藁城区(冀) | 野猪 | 100 |
| 698 | 鹤城区(湘) | 野猪 | 100 |
| 699 | 会昌县(赣) | 野猪 | 100 |
| 700 | 建昌县(辽) | 野猪 | 100 |
| 701 | 柯桥区(浙) | 野猪 | 100 |
| 702 | 灵宝市(豫) | 野猪 | 100 |
| 703 | 宁安市(黑) | 野猪 | 100 |

（续）

| 序号 | 主产地 | 动物种类 | 驯养数量（只、头、条） |
|---|---|---|---|
| 704 | 宁远县（湘） | 野猪 | 100 |
| 705 | 曲江区（粤） | 野猪 | 100 |
| 706 | 威远县（川） | 野猪 | 100 |
| 707 | 新田县（湘） | 野猪 | 100 |
| 708 | 盐津县（滇） | 野猪 | 100 |
| 709 | 阳山县（粤） | 野猪 | 100 |
| 710 | 中宁县（宁） | 野猪 | 100 |
| 711 | 逊克县（黑） | 野猪 | 90 |
| 712 | 揭西县（粤） | 野猪 | 84 |
| 713 | 文山市（滇） | 野猪 | 82 |
| 714 | 丹江口市（鄂） | 野猪 | 80 |
| 715 | 卢氏县（豫） | 野猪 | 80 |
| 716 | 太湖县（皖） | 野猪 | 80 |
| 717 | 武江区（粤） | 野猪 | 80 |
| 718 | 瑞丽市（滇） | 野猪 | 74 |
| 719 | 乐安县（赣） | 野猪 | 72 |
| 720 | 宁　县（甘） | 野猪 | 70 |
| 721 | 略阳县（陕） | 野猪 | 69 |
| 722 | 广饶县（鲁） | 野猪 | 65 |
| 723 | 宁蒗彝族自治县（滇） | 野猪 | 65 |
| 724 | 大埔县（粤） | 野猪 | 62 |
| 725 | 怀宁县（皖） | 野猪 | 60 |
| 726 | 彭泽县（赣） | 野猪 | 60 |
| 727 | 永仁县（滇） | 野猪 | 60 |
| 728 | 镇康县（滇） | 野猪 | 60 |
| 729 | 钟祥市（鄂） | 野猪 | 60 |
| 730 | 奉化区（浙） | 野猪 | 56 |
| 731 | 横峰县（赣） | 野猪 | 56 |
| 732 | 澄江县（滇） | 野猪 | 53 |
| 733 | 铜鼓县（赣） | 野猪 | 53 |
| 734 | 泰和县（赣） | 野猪 | 52 |
| 735 | 乌兰浩特市（内蒙古） | 野猪 | 52 |
| 736 | 河津市（晋） | 野猪 | 50 |
| 737 | 奈曼旗（内蒙古） | 野猪 | 50 |
| 738 | 山河屯林业局（龙江森工） | 野猪 | 50 |
| 739 | 石屏县（滇） | 野猪 | 50 |
| 740 | 忻城县（桂） | 野猪 | 50 |
| 741 | 土默特右旗（内蒙古） | 野猪 | 49 |
| 742 | 北戴河区（冀） | 野猪 | 41 |
| 743 | 八家子林业局（吉） | 野猪 | 40 |
| 744 | 苍南县（浙） | 野猪 | 40 |
| 745 | 邻水县（川） | 野猪 | 40 |
| 746 | 禹州市（豫） | 野猪 | 36 |
| 747 | 上高县（赣） | 野猪 | 31 |

（续）

| 序号 | 主产地 | 动物种类 | 驯养数量（只、头、条） |
|---|---|---|---|
| 748 | 安岳县（川） | 野猪 | 30 |
| 749 | 东营区（鲁） | 野猪 | 30 |
| 750 | 洱源县（滇） | 野猪 | 30 |
| 751 | 九江县（赣） | 野猪 | 30 |
| 752 | 望奎县（黑） | 野猪 | 30 |
| 753 | 易门县（滇） | 野猪 | 30 |
| 754 | 颍上县（皖） | 野猪 | 30 |
| 755 | 赤城县（冀） | 野猪 | 28 |
| 756 | 三门县（浙） | 野猪 | 24 |
| 757 | 定南县（赣） | 野猪 | 23 |
| 758 | 太白县（陕） | 野猪 | 22 |
| 759 | 长丰县（皖） | 野猪 | 22 |
| 760 | 兰溪市（浙） | 野猪 | 21 |
| 761 | 肥城市（鲁） | 野猪 | 20 |
| 762 | 林西县（内蒙古） | 野猪 | 20 |
| 763 | 德兴市（赣） | 野猪 | 18 |
| 764 | 倘甸工业园区（滇） | 野猪 | 17 |
| 765 | 围场满族蒙古族自治县（冀） | 野猪 | 15 |
| 766 | 庄河市（辽） | 野猪 | 15 |
| 767 | 喀喇沁旗（内蒙古） | 野猪 | 12 |
| 768 | 黎城县（晋） | 野猪 | 12 |
| 769 | 大武口区（宁） | 野猪 | 11 |
| 770 | 诸暨市（浙） | 野猪 | 10 |
| 771 | 兴仁县（黔） | 獐猪 | 52 |
| 772 | 涿州市（冀） | 獐猪 | 40 |
| 773 | 桃源县（湘） | 豪猪 | 18000 |
| 774 | 武隆县（渝） | 豪猪 | 10300 |
| 775 | 兴宁市（粤） | 豪猪 | 8500 |
| 776 | 镇沅彝族哈尼族拉祜族自治县（滇） | 豪猪 | 7500 |
| 777 | 阳朔县（桂） | 豪猪 | 7080 |
| 778 | 会昌县（赣） | 豪猪 | 6200 |
| 779 | 腾冲县（滇） | 豪猪 | 4733 |
| 780 | 咸丰县（鄂） | 豪猪 | 4510 |
| 781 | 兴宾区（桂） | 豪猪 | 3652 |
| 782 | 东至县（皖） | 豪猪 | 3500 |
| 783 | 长宁县（川） | 豪猪 | 3000 |
| 784 | 六枝特区（黔） | 豪猪 | 2960 |
| 785 | 三台县（川） | 豪猪 | 2500 |
| 786 | 勐腊县（滇） | 豪猪 | 2190 |
| 787 | 通城县（鄂） | 豪猪 | 2100 |
| 788 | 垫江县（渝） | 豪猪 | 2060 |
| 789 | 江口县（黔） | 豪猪 | 2000 |
| 790 | 江津区（渝） | 豪猪 | 1860 |
| 791 | 施甸县（滇） | 豪猪 | 1698 |

(续)

| 序号 | 主产地 | 动物种类 | 驯养数量(只、头、条) |
| --- | --- | --- | --- |
| 792 | 从化市(粤) | 豪猪 | 1690 |
| 793 | 鹤城区(湘) | 豪猪 | 1612 |
| 794 | 綦江区(渝) | 豪猪 | 1553 |
| 795 | 黔江区(渝) | 豪猪 | 1547 |
| 796 | 茶陵县(湘) | 豪猪 | 1500 |
| 797 | 东川区(滇) | 豪猪 | 1500 |
| 798 | 洞口县(湘) | 豪猪 | 1500 |
| 799 | 江州区(桂) | 豪猪 | 1500 |
| 800 | 陇川县(滇) | 豪猪 | 1476 |
| 801 | 德兴市(赣) | 豪猪 | 1465 |
| 802 | 永定区(湘) | 豪猪 | 1450 |
| 803 | 利川市(鄂) | 豪猪 | 1432 |
| 804 | 景东彝族自治县(滇) | 豪猪 | 1400 |
| 805 | 芒　市(滇) | 豪猪 | 1290 |
| 806 | 红河县(滇) | 豪猪 | 1213 |
| 807 | 桑植县(湘) | 豪猪 | 1200 |
| 808 | 靖州苗族侗族自治县(湘) | 豪猪 | 1175 |
| 809 | 内江市市中区(川) | 豪猪 | 1150 |
| 810 | 元江哈尼族彝族傣族自治县(滇) | 豪猪 | 1150 |
| 811 | 巴东县(鄂) | 豪猪 | 1143 |
| 812 | 新田县(湘) | 豪猪 | 1100 |
| 813 | 蓝山县(湘) | 豪猪 | 1000 |
| 814 | 诸暨市(浙) | 豪猪 | 1000 |
| 815 | 铅山县(赣) | 豪猪 | 890 |
| 816 | 盈江县(滇) | 豪猪 | 878 |
| 817 | 建始县(鄂) | 豪猪 | 840 |
| 818 | 瑞丽市(滇) | 豪猪 | 806 |
| 819 | 保靖县(湘) | 豪猪 | 800 |
| 820 | 苍南县(浙) | 豪猪 | 800 |
| 821 | 江华瑶族自治县(湘) | 豪猪 | 790 |
| 822 | 乐昌市(粤) | 豪猪 | 700 |
| 823 | 大余县(赣) | 豪猪 | 670 |
| 824 | 常宁市(湘) | 豪猪 | 650 |
| 825 | 阳新县(鄂) | 豪猪 | 650 |
| 826 | 宣恩县(鄂) | 豪猪 | 620 |
| 827 | 安福县(赣) | 豪猪 | 600 |
| 828 | 江南区(桂) | 豪猪 | 586 |
| 829 | 攸　县(湘) | 豪猪 | 568 |
| 830 | 新丰县(粤) | 豪猪 | 550 |
| 831 | 邻水县(川) | 豪猪 | 540 |
| 832 | 望江县(皖) | 豪猪 | 540 |
| 833 | 南川区(渝) | 豪猪 | 500 |
| 834 | 柞水县(陕) | 豪猪 | 487 |
| 835 | 景谷傣族彝族自治县(滇) | 豪猪 | 473 |
| 836 | 澜沧拉祜族自治县(滇) | 豪猪 | 463 |
| 837 | 肥西县(皖) | 豪猪 | 440 |
| 838 | 麻阳苗族自治县(湘) | 豪猪 | 400 |
| 839 | 兴国县(赣) | 豪猪 | 400 |
| 840 | 连平县(粤) | 豪猪 | 380 |
| 841 | 威远县(川) | 豪猪 | 365 |
| 842 | 辰溪县(湘) | 豪猪 | 350 |
| 843 | 桂平市(桂) | 豪猪 | 350 |
| 844 | 高安市(赣) | 豪猪 | 340 |
| 845 | 梁河县(滇) | 豪猪 | 334 |
| 846 | 香格里拉县(滇) | 豪猪 | 306 |
| 847 | 洪江市(湘) | 豪猪 | 300 |
| 848 | 惠东县(粤) | 豪猪 | 300 |
| 849 | 金洞林场(湘) | 豪猪 | 300 |
| 850 | 屏山县(川) | 豪猪 | 300 |
| 851 | 上饶县(赣) | 豪猪 | 300 |
| 852 | 芜湖县(皖) | 豪猪 | 300 |
| 853 | 苏仙区(湘) | 豪猪 | 290 |
| 854 | 红塔区(滇) | 豪猪 | 280 |
| 855 | 高明区(粤) | 豪猪 | 250 |
| 856 | 始兴县(粤) | 豪猪 | 250 |
| 857 | 个旧市(滇) | 豪猪 | 240 |
| 858 | 镇康县(滇) | 豪猪 | 236 |
| 859 | 巴马瑶族自治县(桂) | 豪猪 | 232 |
| 860 | 倘甸工业园区(滇) | 豪猪 | 230 |
| 861 | 酉阳土家族苗族自治县(渝) | 豪猪 | 230 |
| 862 | 峨山彝族自治县(滇) | 豪猪 | 220 |
| 863 | 麻城市(鄂) | 豪猪 | 220 |
| 864 | 大关县(滇) | 豪猪 | 210 |
| 865 | 崇仁县(赣) | 豪猪 | 200 |
| 866 | 罗城仫佬族自治县(桂) | 豪猪 | 200 |
| 867 | 南江县(川) | 豪猪 | 200 |
| 868 | 屈家岭管理区(鄂) | 豪猪 | 200 |
| 869 | 寿　县(皖) | 豪猪 | 200 |
| 870 | 忻城县(桂) | 豪猪 | 200 |
| 871 | 新化县(湘) | 豪猪 | 200 |
| 872 | 易门县(滇) | 豪猪 | 200 |
| 873 | 户　县(陕) | 豪猪 | 182 |
| 874 | 万盛区(渝) | 豪猪 | 156 |
| 875 | 合江县(川) | 豪猪 | 155 |
| 876 | 开　县(渝) | 豪猪 | 155 |
| 877 | 钦北区(桂) | 豪猪 | 151 |
| 878 | 和平县(粤) | 豪猪 | 150 |
| 879 | 晴隆县(黔) | 豪猪 | 150 |

（续）

| 序号 | 主产地 | 动物种类 | 驯养数量（只、头、条） |
| --- | --- | --- | --- |
| 880 | 兴义市（黔） | 豪猪 | 150 |
| 881 | 永胜县（滇） | 豪猪 | 150 |
| 882 | 三都水族自治县（黔） | 豪猪 | 135 |
| 883 | 东莞市（粤） | 豪猪 | 130 |
| 884 | 麻栗坡县（滇） | 豪猪 | 125 |
| 885 | 修水县（赣） | 豪猪 | 125 |
| 886 | 勉　县（陕） | 豪猪 | 120 |
| 887 | 吉安县（赣） | 豪猪 | 110 |
| 888 | 衡东县（湘） | 豪猪 | 100 |
| 889 | 江川县（滇） | 豪猪 | 100 |
| 890 | 黎川县（赣） | 豪猪 | 100 |
| 891 | 龙马潭区（川） | 豪猪 | 100 |
| 892 | 融安县（桂） | 豪猪 | 100 |
| 893 | 武定县（滇） | 豪猪 | 100 |
| 894 | 兴安县（桂） | 豪猪 | 100 |
| 895 | 大埔县（粤） | 豪猪 | 98 |
| 896 | 横峰县（赣） | 豪猪 | 96 |
| 897 | 舒城县（皖） | 豪猪 | 90 |
| 898 | 平昌县（川） | 豪猪 | 85 |
| 899 | 砚山县（滇） | 豪猪 | 82 |
| 900 | 眉　县（陕） | 豪猪 | 79 |
| 901 | 慈利县（湘） | 豪猪 | 70 |
| 902 | 桃江县（湘） | 豪猪 | 70 |
| 903 | 芷江侗族自治县（湘） | 豪猪 | 70 |
| 904 | 云溪区（湘） | 豪猪 | 69 |
| 905 | 宁远县（湘） | 豪猪 | 60 |
| 906 | 翠屏区（川） | 豪猪 | 56 |
| 907 | 揭西县（粤） | 豪猪 | 50 |
| 908 | 紫金县（粤） | 豪猪 | 50 |
| 909 | 孟连傣族拉祜族佤族自治县（滇） | 豪猪 | 48 |
| 910 | 湘潭县（湘） | 豪猪 | 40 |
| 911 | 永平县（滇） | 豪猪 | 40 |
| 912 | 太湖县（皖） | 豪猪 | 35 |
| 913 | 洱源县（滇） | 豪猪 | 32 |
| 914 | 九寨沟县（川） | 豪猪 | 30 |
| 915 | 隆阳区（滇） | 豪猪 | 30 |
| 916 | 泸　县（川） | 豪猪 | 28 |
| 917 | 西山区（滇） | 豪猪 | 28 |
| 918 | 开远市（滇） | 豪猪 | 25 |
| 919 | 澄江县（滇） | 豪猪 | 20 |
| 920 | 都江堰市（川） | 豪猪 | 20 |
| 921 | 泰和县（赣） | 豪猪 | 10 |
| 922 | 大洼县（辽） | 银狐 | 176000 |
| 923 | 杜尔伯特蒙古族自治县（黑） | 银狐 | 135905 |
| 924 | 让胡路区（黑） | 银狐 | 41710 |
| 925 | 东港市（辽） | 银狐 | 25470 |
| 926 | 青州市（鲁） | 银狐 | 15000 |
| 927 | 南票区（辽） | 银狐 | 10000 |
| 928 | 灯塔市（辽） | 银狐 | 3000 |
| 929 | 兰考县（豫） | 银狐 | 3000 |
| 930 | 承德县（冀） | 银狐 | 1500 |
| 931 | 彰武县（辽） | 银狐 | 1300 |
| 932 | 伊春市市辖区（黑） | 银狐 | 1022 |
| 933 | 原阳县（豫） | 银狐 | 1008 |
| 934 | 民乐县（甘） | 银狐 | 480 |
| 935 | 昌邑区（吉） | 银狐 | 400 |
| 936 | 大同县（晋） | 银狐 | 200 |
| 937 | 惠民县（鲁） | 银狐 | 200 |
| 938 | 辽阳县（辽） | 北极狐 | 60000 |
| 939 | 东营区（鲁） | 北极狐 | 3000 |
| 940 | 武穴市（鄂） | 北极狐 | 2000 |
| 941 | 永宁县（宁） | 北极狐 | 1950 |
| 942 | 伊春市市辖区（黑） | 北极狐 | 1040 |
| 943 | 临川区（赣） | 北极狐 | 680 |
| 944 | 肥城市（鲁） | 北极狐 | 600 |
| 945 | 诸城市（鲁） | 水貂 | 8600000 |
| 946 | 昌黎县（冀） | 水貂 | 500000 |
| 947 | 普兰店市（辽） | 水貂 | 299500 |
| 948 | 东平县（鲁） | 水貂 | 200000 |
| 949 | 昌乐县（鲁） | 水貂 | 162000 |
| 950 | 青州市（鲁） | 水貂 | 150000 |
| 951 | 沾河林业局（龙江森工） | 水貂 | 105000 |
| 952 | 尚志市（黑） | 水貂 | 100000 |
| 953 | 东港市（辽） | 水貂 | 92440 |
| 954 | 喀喇沁旗（内蒙古） | 水貂 | 69000 |
| 955 | 双城区（黑） | 水貂 | 45000 |
| 956 | 灯塔市（辽） | 水貂 | 42000 |
| 957 | 河口区（鲁） | 水貂 | 28000 |
| 958 | 枣强县（冀） | 水貂 | 28000 |
| 959 | 孟家岗林场（黑） | 水貂 | 26000 |
| 960 | 新宾满族自治县（辽） | 水貂 | 24080 |
| 961 | 舒兰市（吉） | 水貂 | 20000 |
| 962 | 尚志国有林场管理局（黑） | 水貂 | 18600 |
| 963 | 伊春市市辖区（黑） | 水貂 | 12000 |
| 964 | 美溪林业局（龙江森工） | 水貂 | 10000 |
| 965 | 梁山县（鲁） | 水貂 | 5100 |
| 966 | 抚远县（黑） | 水貂 | 5000 |
| 967 | 昌邑区（吉） | 水貂 | 4500 |

(续)

| 序号 | 主产地 | 动物种类 | 驯养数量（只、头、条） |
|---|---|---|---|
| 968 | 鹤立林业局(龙江森工) | 水貂 | 4052 |
| 969 | 集宁区(内蒙古) | 水貂 | 3000 |
| 970 | 大石桥市(辽) | 水貂 | 2100 |
| 971 | 乌马河林业局(龙江森工) | 水貂 | 2100 |
| 972 | 让胡路区(黑) | 水貂 | 1673 |
| 973 | 翠峦林业局(龙江森工) | 水貂 | 1515 |
| 974 | 利辛县(皖) | 水貂 | 1005 |
| 975 | 肥城市(鲁) | 水貂 | 1000 |
| 976 | 永宁县(宁) | 水貂 | 800 |
| 977 | 岳西县(皖) | 水貂 | 600 |
| 978 | 峄城区(鲁) | 水貂 | 500 |
| 979 | 东方红林业局(龙江森工) | 水貂 | 350 |
| 980 | 绥棱林业局(龙江森工) | 水貂 | 316 |
| 981 | 大同县(晋) | 水貂 | 200 |
| 982 | 昌黎县(冀) | 狐狸 | 3500000 |
| 983 | 东平县(鲁) | 狐狸 | 50000 |
| 984 | 让胡路区(黑) | 狐狸 | 35530 |
| 985 | 林甸县(黑) | 狐狸 | 29955 |
| 986 | 枣强县(冀) | 狐狸 | 24500 |
| 987 | 梁山县(鲁) | 狐狸 | 20551 |
| 988 | 藁城区(冀) | 狐狸 | 20000 |
| 989 | 友好林业局(龙江森工) | 狐狸 | 15200 |
| 990 | 方正林业局(龙江森工) | 狐狸 | 11000 |
| 991 | 东京城林业局(龙江森工) | 狐狸 | 10000 |
| 992 | 海林林业局(龙江森工) | 狐狸 | 7557 |
| 993 | 沾河林业局(龙江森工) | 狐狸 | 7000 |
| 994 | 上甘岭林业局(龙江森工) | 狐狸 | 6850 |
| 995 | 河口区(鲁) | 狐狸 | 5600 |
| 996 | 金山屯林业局(龙江森工) | 狐狸 | 5200 |
| 997 | 贺兰县(宁) | 狐狸 | 5000 |
| 998 | 邹城市(鲁) | 狐狸 | 5000 |
| 999 | 汤旺河林业局(龙江森工) | 狐狸 | 3400 |
| 1000 | 亚布力林业局(龙江森工) | 狐狸 | 3349 |
| 1001 | 松山区(内蒙古) | 狐狸 | 3000 |
| 1002 | 武穴市(鄂) | 狐狸 | 3000 |
| 1003 | 讷河市(黑) | 狐狸 | 2920 |
| 1004 | 东方红林业局(龙江森工) | 狐狸 | 2000 |
| 1005 | 集宁区(内蒙古) | 狐狸 | 2000 |
| 1006 | 前郭尔罗斯蒙古族自治县(吉) | 狐狸 | 2000 |
| 1007 | 昌乐县(鲁) | 狐狸 | 1860 |
| 1008 | 磐石市(吉) | 狐狸 | 1700 |
| 1009 | 美溪林业局(龙江森工) | 狐狸 | 1500 |
| 1010 | 翠峦林业局(龙江森工) | 狐狸 | 1371 |
| 1011 | 扎兰屯市(内蒙古) | 狐狸 | 1250 |

(续)

| 序号 | 主产地 | 动物种类 | 驯养数量（只、头、条） |
|---|---|---|---|
| 1012 | 获嘉县(豫) | 狐狸 | 1200 |
| 1013 | 双丰林业局(龙江森工) | 狐狸 | 1110 |
| 1014 | 乌马河林业局(龙江森工) | 狐狸 | 950 |
| 1015 | 西夏区(宁) | 狐狸 | 880 |
| 1016 | 大武口区(宁) | 狐狸 | 660 |
| 1017 | 临江市(吉) | 狐狸 | 520 |
| 1018 | 岳西县(皖) | 狐狸 | 500 |
| 1019 | 桃山林业局(龙江森工) | 狐狸 | 300 |
| 1020 | 新青林业局(龙江森工) | 狐狸 | 300 |
| 1021 | 苇河林业局(龙江森工) | 狐狸 | 205 |
| 1022 | 丹凤县(陕) | 狐狸 | 200 |
| 1023 | 肥城市(鲁) | 狐狸 | 200 |
| 1024 | 利辛县(皖) | 狐狸 | 180 |
| 1025 | 临泽县(甘) | 狐狸 | 120 |
| 1026 | 乌兰浩特市(内蒙古) | 狐狸 | 80 |
| 1027 | 双塔区(辽) | 狐狸 | 50 |
| 1028 | 绥江县(滇) | 狐狸 | 40 |
| 1029 | 和平县(粤) | 果子狸 | 3730 |
| 1030 | 平利县(陕) | 果子狸 | 2500 |
| 1031 | 栾川县(豫) | 果子狸 | 1450 |
| 1032 | 鹤城区(湘) | 果子狸 | 1380 |
| 1033 | 保靖县(湘) | 果子狸 | 1200 |
| 1034 | 江南区(桂) | 果子狸 | 1100 |
| 1035 | 商州区(陕) | 果子狸 | 1000 |
| 1036 | 襄州区(鄂) | 果子狸 | 1000 |
| 1037 | 容　县(桂) | 果子狸 | 950 |
| 1038 | 藤　县(桂) | 果子狸 | 740 |
| 1039 | 武江区(粤) | 果子狸 | 700 |
| 1040 | 江安县(川) | 果子狸 | 600 |
| 1041 | 奉节县(渝) | 果子狸 | 500 |
| 1042 | 桃源县(湘) | 果子狸 | 500 |
| 1043 | 江津区(渝) | 果子狸 | 400 |
| 1044 | 沅陵县(湘) | 果子狸 | 390 |
| 1045 | 东乡县(赣) | 果子狸 | 380 |
| 1046 | 镇坪县(陕) | 果子狸 | 380 |
| 1047 | 霍山县(皖) | 果子狸 | 300 |
| 1048 | 石林彝族自治县(滇) | 果子狸 | 280 |
| 1049 | 铜鼓县(赣) | 果子狸 | 280 |
| 1050 | 巴东县(鄂) | 果子狸 | 230 |
| 1051 | 白河县(陕) | 果子狸 | 200 |
| 1052 | 慈利县(湘) | 果子狸 | 200 |
| 1053 | 江华瑶族自治县(湘) | 果子狸 | 120 |
| 1054 | 内乡县(豫) | 果子狸 | 120 |
| 1055 | 铅山县(赣) | 果子狸 | 120 |

（续）

| 序号 | 主产地 | 动物种类 | 驯养数量（只、头、条） |
| --- | --- | --- | --- |
| 1056 | 倘甸工业园区（滇） | 果子狸 | 115 |
| 1057 | 翠屏区（川） | 果子狸 | 100 |
| 1058 | 龙马潭区（川） | 果子狸 | 100 |
| 1059 | 麻阳苗族自治县（湘） | 果子狸 | 100 |
| 1060 | 寻甸回族彝族自治县（滇） | 果子狸 | 100 |
| 1061 | 丹凤县（陕） | 果子狸 | 80 |
| 1062 | 盈江县（滇） | 果子狸 | 71 |
| 1063 | 屏山县（川） | 果子狸 | 70 |
| 1064 | 都江堰市（川） | 果子狸 | 60 |
| 1065 | 耒阳市（湘） | 果子狸 | 60 |
| 1066 | 泰和县（赣） | 果子狸 | 60 |
| 1067 | 桂平市（桂） | 果子狸 | 50 |
| 1068 | 鹤峰县（鄂） | 果子狸 | 50 |
| 1069 | 莒　县（鲁） | 果子狸 | 50 |
| 1070 | 开　县（渝） | 果子狸 | 50 |
| 1071 | 宜宾县（川） | 果子狸 | 30 |
| 1072 | 宁远县（湘） | 果子狸 | 27 |
| 1073 | 泸　县（川） | 果子狸 | 18 |
| 1074 | 禹州市（豫） | 果子狸 | 15 |
| 1075 | 蒙自市（滇） | 果子狸 | 13 |
| 1076 | 昌黎县（冀） | 貉 | 10000000 |
| 1077 | 巴彦县（黑） | 貉 | 335500 |
| 1078 | 东平县（鲁） | 貉 | 100000 |
| 1079 | 杜尔伯特蒙古族自治县（黑） | 貉 | 96780 |
| 1080 | 林甸县（黑） | 貉 | 58723 |
| 1081 | 大洼县（辽） | 貉 | 25000 |
| 1082 | 东港市（辽） | 貉 | 19150 |
| 1083 | 海林林业局（龙江森工） | 貉 | 12516 |
| 1084 | 枣强县（冀） | 貉 | 12000 |
| 1085 | 方正林业局（龙江森工） | 貉 | 11370 |
| 1086 | 河口区（鲁） | 貉 | 9100 |
| 1087 | 兴城市（辽） | 貉 | 8000 |
| 1088 | 美溪林业局（龙江森工） | 貉 | 7500 |
| 1089 | 青州市（鲁） | 貉 | 6500 |
| 1090 | 东方红林业局（龙江森工） | 貉 | 3500 |
| 1091 | 栾川县（豫） | 貉 | 3500 |
| 1092 | 汤旺河林业局（龙江森工） | 貉 | 3400 |
| 1093 | 喀喇沁左翼蒙古族自治县（辽） | 貉 | 3000 |
| 1094 | 迎春林业局（龙江森工） | 貉 | 3000 |
| 1095 | 梁山县（鲁） | 貉 | 2698 |
| 1096 | 友好林业局（龙江森工） | 貉 | 2300 |
| 1097 | 鹤立林业局（龙江森工） | 貉 | 2084 |
| 1098 | 藁城区（冀） | 貉 | 2000 |
| 1099 | 鸡冠区（黑） | 貉 | 2000 |

（续）

| 序号 | 主产地 | 动物种类 | 驯养数量（只、头、条） |
| --- | --- | --- | --- |
| 1100 | 望奎县（黑） | 貉 | 2000 |
| 1101 | 永宁县（宁） | 貉 | 1900 |
| 1102 | 让胡路区（黑） | 貉 | 1700 |
| 1103 | 沾河林业局（龙江森工） | 貉 | 1700 |
| 1104 | 柴河林业局（龙江森工） | 貉 | 1500 |
| 1105 | 双丰林业局（龙江森工） | 貉 | 1470 |
| 1106 | 舒兰市（吉） | 貉 | 1400 |
| 1107 | 翠峦林业局（龙江森工） | 貉 | 1330 |
| 1108 | 金山屯林业局（龙江森工） | 貉 | 1000 |
| 1109 | 五营林业局（龙江森工） | 貉 | 1000 |
| 1110 | 上甘岭林业局（龙江森工） | 貉 | 850 |
| 1111 | 南岔林业局（龙江森工） | 貉 | 752 |
| 1112 | 朗乡林业局（龙江森工） | 貉 | 680 |
| 1113 | 苇河林业局（龙江森工） | 貉 | 666 |
| 1114 | 亚布力林业局（龙江森工） | 貉 | 526 |
| 1115 | 五常市（黑） | 貉 | 500 |
| 1116 | 乌伊岭林业局（龙江森工） | 貉 | 350 |
| 1117 | 通北林业局（龙江森工） | 貉 | 228 |
| 1118 | 大武口区（宁） | 貉 | 200 |
| 1119 | 连山区（辽） | 貉 | 200 |
| 1120 | 新青林业局（龙江森工） | 貉 | 200 |
| 1121 | 乌兰浩特市（内蒙古） | 貉 | 192 |
| 1122 | 房　县（鄂） | 林麝 | 432 |
| 1123 | 陇　县（陕） | 林麝 | 350 |
| 1124 | 灵宝市（豫） | 林麝 | 300 |
| 1125 | 勉　县（陕） | 林麝 | 288 |
| 1126 | 略阳县（陕） | 林麝 | 250 |
| 1127 | 太白县（陕） | 林麝 | 195 |
| 1128 | 怀来县（冀） | 林麝 | 98 |
| 1129 | 白山市市辖区（吉） | 林麝 | 39 |
| 1130 | 平利县（陕） | 林麝 | 20 |
| 1131 | 克什克腾旗（内蒙古） | 狍子 | 300 |
| 1132 | 抚远县（黑） | 狍子 | 210 |
| 1133 | 松山区（内蒙古） | 狍子 | 200 |
| 1134 | 围场满族蒙古族自治县（冀） | 狍子 | 170 |
| 1135 | 赤城县（冀） | 狍子 | 102 |
| 1136 | 临泽县（甘） | 狍子 | 80 |
| 1137 | 额尔古纳市（内蒙古） | 狍子 | 63 |
| 1138 | 汤原县（黑） | 狍子 | 55 |
| 1139 | 密山市（黑） | 狍子 | 18 |
| 1140 | 林西县（内蒙古） | 狍子 | 12 |
| 1141 | 嫩江县（黑） | 狍子 | 10 |
| 1142 | 回民区（内蒙古） | 金钱豹 | 4 |
| 1143 | 沂源县（鲁） | 金钱豹 | 4 |

(续)

| 序号 | 主产地 | 动物种类 | 驯养数量(只、头、条) |
|---|---|---|---|
| 1144 | 万州区(渝) | 金钱豹 | 1 |
| 1145 | 回民区(内蒙古) | 狼 | 26 |
| 1146 | 浑南区(辽) | 狼 | 23 |
| 1147 | 北戴河区(冀) | 狼 | 22 |
| 1148 | 乌兰浩特市(内蒙古) | 狼 | 4 |
| 1149 | 五华区(滇) | 狼 | 4 |
| 1150 | 婺城区(浙) | 狼 | 4 |
| 1151 | 翠屏区(川) | 狼 | 2 |
| 1152 | 额尔古纳市(内蒙古) | 狼 | 2 |
| 1153 | 万州区(渝) | 狼 | 1 |
| 1154 | 东营区(鲁) | 老虎 | 80 |
| 1155 | 长沙县(湘) | 老虎 | 49 |
| 1156 | 北戴河区(冀) | 老虎 | 36 |
| 1157 | 永川区(渝) | 老虎 | 30 |
| 1158 | 浑南区(辽) | 老虎 | 22 |
| 1159 | 回民区(内蒙古) | 老虎 | 13 |
| 1160 | 翠屏区(川) | 老虎 | 10 |
| 1161 | 五华区(滇) | 老虎 | 9 |
| 1162 | 婺城区(浙) | 老虎 | 3 |
| 1163 | 青原区(赣) | 老虎 | 2 |
| 1164 | 颍上县(皖) | 老虎 | 2 |
| 1165 | 雨湖区(湘) | 老虎 | 1 |
| 1166 | 北戴河区(冀) | 狮子 | 36 |
| 1167 | 婺城区(浙) | 狮子 | 3 |
| 1168 | 肥城市(鲁) | 狮子 | 2 |
| 1169 | 五华区(滇) | 狮子 | 2 |
| 1170 | 颍上县(皖) | 狮子 | 2 |
| 1171 | 浑南区(辽) | 海狮 | 3 |
| 1172 | 五华区(滇) | 河马 | 2 |
| 1173 | 翠屏区(川) | 河马 | 1 |
| 1174 | 浑南区(辽) | 河马 | 1 |
| 1175 | 颍上县(皖) | 河马 | 1 |
| 1176 | 乳源瑶族自治县(粤) | 海狸鼠 | 13050 |
| 1177 | 永福县(桂) | 海狸鼠 | 5000 |
| 1178 | 阳朔县(桂) | 海狸鼠 | 4698 |
| 1179 | 兴国县(赣) | 海狸鼠 | 3000 |
| 1180 | 北湖区(湘) | 海狸鼠 | 1200 |
| 1181 | 遂川县(赣) | 海狸鼠 | 1000 |
| 1182 | 安阳县(豫) | 海狸鼠 | 200 |
| 1183 | 宁远县(湘) | 海狸鼠 | 40 |
| 1184 | 三都水族自治县(黔) | 海狸鼠 | 40 |
| 1185 | 翠屏区(川) | 豚鼠 | 35000 |
| 1186 | 富宁县(滇) | 豚鼠 | 26000 |
| 1187 | 陆川县(桂) | 豚鼠 | 3000 |

(续)

| 序号 | 主产地 | 动物种类 | 驯养数量(只、头、条) |
|---|---|---|---|
| 1188 | 东源县(粤) | 仓鼠 | 1000 |
| 1189 | 邛崃市(川) | 仓鼠 | 15 |
| 1190 | 栾川县(豫) | 复齿鼯鼠 | 220 |
| 1191 | 卢氏县(豫) | 复齿鼯鼠 | 50 |
| 1192 | 栾川县(豫) | 麝鼠 | 1500 |
| 1193 | 九寨沟县(川) | 麝鼠 | 225 |
| 1194 | 汨罗市(湘) | 竹鼠 | 62000 |
| 1195 | 勐海县(滇) | 竹鼠 | 52000 |
| 1196 | 顺庆区(川) | 竹鼠 | 50000 |
| 1197 | 六枝特区(黔) | 竹鼠 | 27200 |
| 1198 | 勐腊县(滇) | 竹鼠 | 25392 |
| 1199 | 汝城县(湘) | 竹鼠 | 19685 |
| 1200 | 兴国县(赣) | 竹鼠 | 15000 |
| 1201 | 巴马瑶族自治县(桂) | 竹鼠 | 12100 |
| 1202 | 永福县(桂) | 竹鼠 | 12000 |
| 1203 | 兴宾区(桂) | 竹鼠 | 10456 |
| 1204 | 芒　市(滇) | 竹鼠 | 10322 |
| 1205 | 榕江县(黔) | 竹鼠 | 10100 |
| 1206 | 兴文县(川) | 竹鼠 | 10000 |
| 1207 | 孟连傣族拉祜族佤族自治县(滇) | 竹鼠 | 9100 |
| 1208 | 瑞丽市(滇) | 竹鼠 | 8350 |
| 1209 | 乳源瑶族自治县(粤) | 竹鼠 | 7500 |
| 1210 | 开远市(滇) | 竹鼠 | 7260 |
| 1211 | 施甸县(滇) | 竹鼠 | 6747 |
| 1212 | 浦北县(桂) | 竹鼠 | 6500 |
| 1213 | 洞口县(湘) | 竹鼠 | 5500 |
| 1214 | 禄劝彝族苗族自治县(滇) | 竹鼠 | 5200 |
| 1215 | 隆安县(桂) | 竹鼠 | 5000 |
| 1216 | 四会市(粤) | 竹鼠 | 5000 |
| 1217 | 江永县(湘) | 竹鼠 | 4600 |
| 1218 | 新平彝族傣族自治县(滇) | 竹鼠 | 4300 |
| 1219 | 碧江区(黔) | 竹鼠 | 4100 |
| 1220 | 平利县(陕) | 竹鼠 | 4000 |
| 1221 | 钦北区(桂) | 竹鼠 | 3660 |
| 1222 | 都江堰市(川) | 竹鼠 | 3550 |
| 1223 | 澜沧拉祜族自治县(滇) | 竹鼠 | 3543 |
| 1224 | 内江市市中区(川) | 竹鼠 | 3000 |
| 1225 | 平果县(桂) | 竹鼠 | 3000 |
| 1226 | 新晃侗族自治县(湘) | 竹鼠 | 3000 |
| 1227 | 新宁县(湘) | 竹鼠 | 3000 |
| 1228 | 郁南县(粤) | 竹鼠 | 3000 |
| 1229 | 麻栗坡县(滇) | 竹鼠 | 2895 |
| 1230 | 弥勒市(滇) | 竹鼠 | 2655 |
| 1231 | 大关县(滇) | 竹鼠 | 2650 |

（续）

| 序号 | 主产地 | 动物种类 | 驯养数量（只、头、条） |
|---|---|---|---|
| 1232 | 英德市（粤） | 竹鼠 | 2600 |
| 1233 | 陇川县（滇） | 竹鼠 | 2474 |
| 1234 | 镇康县（滇） | 竹鼠 | 2356 |
| 1235 | 紫金县（粤） | 竹鼠 | 2300 |
| 1236 | 荔浦县（桂） | 竹鼠 | 2200 |
| 1237 | 樟树市（赣） | 竹鼠 | 2100 |
| 1238 | 灌阳县（桂） | 竹鼠 | 2000 |
| 1239 | 桂东县（湘） | 竹鼠 | 2000 |
| 1240 | 会昌县（赣） | 竹鼠 | 2000 |
| 1241 | 宜宾县（川） | 竹鼠 | 2000 |
| 1242 | 绥江县（滇） | 竹鼠 | 1980 |
| 1243 | 建水县（滇） | 竹鼠 | 1820 |
| 1244 | 阳山县（粤） | 竹鼠 | 1700 |
| 1245 | 马关县（滇） | 竹鼠 | 1600 |
| 1246 | 安居区（川） | 竹鼠 | 1500 |
| 1247 | 凤庆县（滇） | 竹鼠 | 1500 |
| 1248 | 江津区（渝） | 竹鼠 | 1500 |
| 1249 | 田阳县（桂） | 竹鼠 | 1500 |
| 1250 | 湘潭县（湘） | 竹鼠 | 1500 |
| 1251 | 隆阳区（滇） | 竹鼠 | 1440 |
| 1252 | 綦江区（渝） | 竹鼠 | 1300 |
| 1253 | 容　县（桂） | 竹鼠 | 1300 |
| 1254 | 梁河县（滇） | 竹鼠 | 1230 |
| 1255 | 新田县（湘） | 竹鼠 | 1200 |
| 1256 | 和平县（粤） | 竹鼠 | 1100 |
| 1257 | 合山市（桂） | 竹鼠 | 1000 |
| 1258 | 双清区（湘） | 竹鼠 | 1000 |
| 1259 | 东安县（湘） | 竹鼠 | 950 |
| 1260 | 遂川县（赣） | 竹鼠 | 900 |
| 1261 | 易门县（滇） | 竹鼠 | 900 |
| 1262 | 藤　县（桂） | 竹鼠 | 850 |
| 1263 | 浏阳市（湘） | 竹鼠 | 800 |
| 1264 | 桃江县（湘） | 竹鼠 | 800 |
| 1265 | 武穴市（鄂） | 竹鼠 | 800 |
| 1266 | 大余县（赣） | 竹鼠 | 700 |
| 1267 | 兴仁县（黔） | 竹鼠 | 700 |
| 1268 | 怀集县（粤） | 竹鼠 | 680 |
| 1269 | 三都水族自治县（黔） | 竹鼠 | 650 |
| 1270 | 上高县（赣） | 竹鼠 | 650 |
| 1271 | 铅山县（赣） | 竹鼠 | 630 |
| 1272 | 巴东县（鄂） | 竹鼠 | 600 |
| 1273 | 芦溪县（赣） | 竹鼠 | 600 |
| 1274 | 靖西县（桂） | 竹鼠 | 550 |
| 1275 | 兴宁市（粤） | 竹鼠 | 550 |

（续）

| 序号 | 主产地 | 动物种类 | 驯养数量（只、头、条） |
|---|---|---|---|
| 1276 | 安　县（川） | 竹鼠 | 500 |
| 1277 | 保靖县（湘） | 竹鼠 | 500 |
| 1278 | 高州市（粤） | 竹鼠 | 500 |
| 1279 | 横峰县（赣） | 竹鼠 | 500 |
| 1280 | 开平市（粤） | 竹鼠 | 500 |
| 1281 | 乐昌市（粤） | 竹鼠 | 500 |
| 1282 | 南江县（川） | 竹鼠 | 500 |
| 1283 | 邵阳县（湘） | 竹鼠 | 500 |
| 1284 | 永顺县（湘） | 竹鼠 | 500 |
| 1285 | 永兴县（湘） | 竹鼠 | 500 |
| 1286 | 石林彝族自治县（滇） | 竹鼠 | 476 |
| 1287 | 德兴市（赣） | 竹鼠 | 430 |
| 1288 | 景谷傣族彝族自治县（滇） | 竹鼠 | 410 |
| 1289 | 广南县（滇） | 竹鼠 | 400 |
| 1290 | 洪江市（湘） | 竹鼠 | 400 |
| 1291 | 宁远县（湘） | 竹鼠 | 400 |
| 1292 | 增城区（粤） | 竹鼠 | 400 |
| 1293 | 瑞安市（浙） | 竹鼠 | 380 |
| 1294 | 攸　县（湘） | 竹鼠 | 350 |
| 1295 | 盐津县（滇） | 竹鼠 | 325 |
| 1296 | 宁海县（浙） | 竹鼠 | 300 |
| 1297 | 钦南区（桂） | 竹鼠 | 300 |
| 1298 | 双江拉祜族佤族布朗族傣族自治县（滇） | 竹鼠 | 300 |
| 1299 | 万盛区（渝） | 竹鼠 | 300 |
| 1300 | 酉阳土家族苗族自治县（渝） | 竹鼠 | 260 |
| 1301 | 苏仙区（湘） | 竹鼠 | 240 |
| 1302 | 常宁市（湘） | 竹鼠 | 200 |
| 1303 | 江华瑶族自治县（湘） | 竹鼠 | 200 |
| 1304 | 南康市（赣） | 竹鼠 | 200 |
| 1305 | 定南县（赣） | 竹鼠 | 194 |
| 1306 | 晋宁县（滇） | 竹鼠 | 180 |
| 1307 | 井冈山市（赣） | 竹鼠 | 180 |
| 1308 | 砚山县（滇） | 竹鼠 | 165 |
| 1309 | 洱源县（滇） | 竹鼠 | 160 |
| 1310 | 峨山彝族自治县（滇） | 竹鼠 | 120 |
| 1311 | 株洲县（湘） | 竹鼠 | 120 |
| 1312 | 翠屏区（川） | 竹鼠 | 100 |
| 1313 | 蒲江县（川） | 竹鼠 | 100 |
| 1314 | 浦江县（浙） | 竹鼠 | 100 |
| 1315 | 牟定县（滇） | 竹鼠 | 86 |
| 1316 | 北湖区（湘） | 竹鼠 | 80 |
| 1317 | 武江区（粤） | 竹鼠 | 75 |
| 1318 | 襄城区（鄂） | 竹鼠 | 70 |

(续)

| 序号 | 主产地 | 动物种类 | 驯养数量(只、头、条) |
|---|---|---|---|
| 1319 | 云　县(滇) | 竹鼠 | 70 |
| 1320 | 金洞林场(湘) | 竹鼠 | 50 |
| 1321 | 九江县(赣) | 竹鼠 | 50 |
| 1322 | 普安县(黔) | 竹鼠 | 50 |
| 1323 | 泾　县(皖) | 竹鼠 | 30 |
| 1324 | 禄丰县(滇) | 竹鼠 | 14 |
| 1325 | 崇义县(赣) | 中华竹鼠 | 20000 |
| 1326 | 慈利县(湘) | 中华竹鼠 | 17000 |
| 1327 | 阳朔县(桂) | 中华竹鼠 | 13200 |
| 1328 | 忻城县(桂) | 中华竹鼠 | 10000 |
| 1329 | 平南县(桂) | 中华竹鼠 | 6800 |
| 1330 | 腾冲县(滇) | 中华竹鼠 | 6688 |
| 1331 | 宾阳县(桂) | 中华竹鼠 | 6410 |
| 1332 | 鹿城区(浙) | 中华竹鼠 | 6000 |
| 1333 | 浈江区(粤) | 中华竹鼠 | 4500 |
| 1334 | 盈江县(滇) | 中华竹鼠 | 3348 |
| 1335 | 武鸣县(桂) | 中华竹鼠 | 3000 |
| 1336 | 连平县(粤) | 中华竹鼠 | 1500 |
| 1337 | 鹤城区(湘) | 中华竹鼠 | 1060 |
| 1338 | 桂平市(桂) | 中华竹鼠 | 1000 |
| 1339 | 青秀区(桂) | 中华竹鼠 | 1000 |
| 1340 | 信丰县(赣) | 中华竹鼠 | 1000 |
| 1341 | 沅陵县(湘) | 中华竹鼠 | 910 |
| 1342 | 乐业县(桂) | 中华竹鼠 | 900 |
| 1343 | 崇仁县(赣) | 中华竹鼠 | 800 |
| 1344 | 巍山彝族回族自治县(滇) | 中华竹鼠 | 800 |
| 1345 | 攸　县(湘) | 中华竹鼠 | 800 |
| 1346 | 麻阳苗族自治县(湘) | 中华竹鼠 | 600 |
| 1347 | 东川区(滇) | 中华竹鼠 | 500 |
| 1348 | 衡东县(湘) | 中华竹鼠 | 500 |
| 1349 | 三都水族自治县(黔) | 中华竹鼠 | 500 |
| 1350 | 泰和县(赣) | 中华竹鼠 | 400 |
| 1351 | 丘北县(滇) | 中华竹鼠 | 360 |
| 1352 | 大余县(赣) | 中华竹鼠 | 300 |
| 1353 | 南康市(赣) | 中华竹鼠 | 200 |
| 1354 | 祥云县(滇) | 中华竹鼠 | 100 |
| 1355 | 泸　县(川) | 中华竹鼠 | 60 |
| 1356 | 曲江区(粤) | 红颊竹鼠 | 500 |
| 1357 | 三都水族自治县(黔) | 红颊竹鼠 | 70 |
| 1358 | 辰溪县(湘) | 毛丝鼠 | 500 |
| 1359 | 余杭区(浙) | 巴西龟 | 80500 |
| 1360 | 茂南区(粤) | 巴西龟 | 4000 |
| 1361 | 奉新县(赣) | 巴西龟 | 123 |
| 1362 | 武江区(粤) | 巴西龟 | 90 |

(续)

| 序号 | 主产地 | 动物种类 | 驯养数量(只、头、条) |
|---|---|---|---|
| 1363 | 兖州市(鲁) | 巴西龟 | 20 |
| 1364 | 奉化区(浙) | 鳄龟 | 101 |
| 1365 | 大余县(赣) | 中华鳖 | 7000 |
| 1366 | 瑞安市(浙) | 中华鳖 | 2000 |
| 1367 | 怀集县(粤) | 中华鳖 | 1300 |
| 1368 | 耒阳市(湘) | 中华鳖 | 800 |
| 1369 | 吴兴区(浙) | 湾鳄 | 10000 |
| 1370 | 四会市(粤) | 湾鳄 | 5000 |
| 1371 | 资兴市(湘) | 湾鳄 | 6 |
| 1372 | 闵行区(沪) | 湾鳄 | 2 |
| 1373 | 万州区(渝) | 湾鳄 | 2 |
| 1374 | 吴兴区(浙) | 暹罗鳄 | 17000 |
| 1375 | 潮南区(粤) | 暹罗鳄 | 15800 |
| 1376 | 武鸣县(桂) | 暹罗鳄 | 3000 |
| 1377 | 寿　县(皖) | 暹罗鳄 | 142 |
| 1378 | 安阳县(豫) | 暹罗鳄 | 100 |
| 1379 | 顺义区(京) | 暹罗鳄 | 100 |
| 1380 | 禹州市(豫) | 暹罗鳄 | 12 |
| 1381 | 孝南区(鄂) | 尼罗鳄 | 50000 |
| 1382 | 舒兰市(吉) | 林蛙 | 200000000 |
| 1383 | 喀喇沁旗(内蒙古) | 林蛙 | 83200000 |
| 1384 | 西丰县(辽) | 林蛙 | 37000000 |
| 1385 | 清原满族自治县(辽) | 林蛙 | 32000000 |
| 1386 | 抚顺县(辽) | 林蛙 | 29000000 |
| 1387 | 安图县(吉) | 林蛙 | 19720000 |
| 1388 | 红石林业局(吉林森工) | 林蛙 | 11340000 |
| 1389 | 汪清县(吉) | 林蛙 | 10510000 |
| 1390 | 尚志市(黑) | 林蛙 | 9000000 |
| 1391 | 集安市(吉) | 林蛙 | 8130000 |
| 1392 | 磐石市(吉) | 林蛙 | 8000000 |
| 1393 | 珲春林业局(吉) | 林蛙 | 6617490 |
| 1394 | 敦化林业局(吉) | 林蛙 | 5112000 |
| 1395 | 开原市(辽) | 林蛙 | 5000000 |
| 1396 | 安图森林经营局(吉) | 林蛙 | 4770000 |
| 1397 | 柳河县(吉) | 林蛙 | 3200090 |
| 1398 | 珲春市(吉) | 林蛙 | 3000000 |
| 1399 | 大兴沟林业局(吉) | 林蛙 | 2884614 |
| 1400 | 黄泥河林业局(吉) | 林蛙 | 2566500 |
| 1401 | 图们市(吉) | 林蛙 | 2560000 |
| 1402 | 扎赉特旗(内蒙古) | 林蛙 | 2500000 |
| 1403 | 大石头林业局(吉) | 林蛙 | 2169000 |
| 1404 | 敦化市(吉) | 林蛙 | 1876500 |
| 1405 | 八家子林业局(吉) | 林蛙 | 1800000 |
| 1406 | 白河林业局(吉) | 林蛙 | 1760000 |

（续）

| 序号 | 主产地 | 动物种类 | 驯养数量（只、头、条） |
|---|---|---|---|
| 1407 | 抚松县（吉） | 林蛙 | 1755000 |
| 1408 | 和龙林业局（吉） | 林蛙 | 1620000 |
| 1409 | 天桥岭林业局（吉） | 林蛙 | 1600000 |
| 1410 | 浑江区（吉） | 林蛙 | 1260000 |
| 1411 | 汪清林业局（吉） | 林蛙 | 1050000 |
| 1412 | 太白县（陕） | 林蛙 | 1000000 |
| 1413 | 和龙市（吉） | 林蛙 | 750000 |
| 1414 | 利川市（鄂） | 林蛙 | 600000 |
| 1415 | 木兰县（黑） | 林蛙 | 400000 |
| 1416 | 龙井市（吉） | 林蛙 | 395000 |
| 1417 | 鹤岗市市辖区（黑） | 林蛙 | 300000 |
| 1418 | 嫩江县（黑） | 林蛙 | 300000 |
| 1419 | 龙江县（黑） | 林蛙 | 80000 |
| 1420 | 铁岭县（辽） | 林蛙 | 80000 |
| 1421 | 奈曼旗（内蒙古） | 林蛙 | 33740 |
| 1422 | 浠水县（鄂） | 林蛙 | 30000 |
| 1423 | 勃利县（黑） | 林蛙 | 20000 |
| 1424 | 邻水县（川） | 林蛙 | 14750 |
| 1425 | 瑞金市（赣） | 林蛙 | 8700 |
| 1426 | 永福县（桂） | 林蛙 | 8000 |
| 1427 | 鸡西市市辖区（黑） | 林蛙 | 5000 |
| 1428 | 额尔古纳市（内蒙古） | 林蛙 | 1600 |
| 1429 | 金山屯林业局（龙江森工） | 黑龙江林蛙 | 28500000 |
| 1430 | 沾河林业局（龙江森工） | 黑龙江林蛙 | 21000000 |
| 1431 | 五营林业局（龙江森工） | 黑龙江林蛙 | 20000000 |
| 1432 | 山河屯林业局（龙江森工） | 黑龙江林蛙 | 16020000 |
| 1433 | 兴隆林业局（龙江森工） | 黑龙江林蛙 | 11000000 |
| 1434 | 友好林业局（龙江森工） | 黑龙江林蛙 | 10000000 |
| 1435 | 南岔林业局（龙江森工） | 黑龙江林蛙 | 9500000 |
| 1436 | 鹤北林业局（龙江森工） | 黑龙江林蛙 | 8500000 |
| 1437 | 带岭实验局（龙江森工） | 黑龙江林蛙 | 7000000 |
| 1438 | 朗乡林业局（龙江森工） | 黑龙江林蛙 | 7000000 |
| 1439 | 汤旺河林业局（龙江森工） | 黑龙江林蛙 | 6200000 |
| 1440 | 亚布力林业局（龙江森工） | 黑龙江林蛙 | 4582000 |
| 1441 | 柴河林业局（龙江森工） | 黑龙江林蛙 | 3170000 |
| 1442 | 清河林业局（龙江森工） | 黑龙江林蛙 | 3000000 |
| 1443 | 五常市（黑） | 黑龙江林蛙 | 3000000 |
| 1444 | 苇河林业局（龙江森工） | 黑龙江林蛙 | 2540000 |
| 1445 | 迎春林业局（龙江森工） | 黑龙江林蛙 | 2400000 |
| 1446 | 鹤立林业局（龙江森工） | 黑龙江林蛙 | 2100000 |
| 1447 | 方正林业局（龙江森工） | 黑龙江林蛙 | 2045000 |
| 1448 | 通北林业局（龙江森工） | 黑龙江林蛙 | 1824000 |
| 1449 | 东方红林业局（龙江森工） | 黑龙江林蛙 | 1660000 |
| 1450 | 大海林林业局（龙江森工） | 黑龙江林蛙 | 1500000 |

（续）

| 序号 | 主产地 | 动物种类 | 驯养数量（只、头、条） |
|---|---|---|---|
| 1451 | 穆棱林业局（龙江森工） | 黑龙江林蛙 | 1200000 |
| 1452 | 海林林业局（龙江森工） | 黑龙江林蛙 | 912500 |
| 1453 | 双鸭山林业局（龙江森工） | 黑龙江林蛙 | 716000 |
| 1454 | 东京城林业局（龙江森工） | 黑龙江林蛙 | 551800 |
| 1455 | 桦南林业局（龙江森工） | 黑龙江林蛙 | 520000 |
| 1456 | 绥棱林业局（龙江森工） | 黑龙江林蛙 | 505000 |
| 1457 | 林口林业局（龙江森工） | 黑龙江林蛙 | 350000 |
| 1458 | 汤原县（黑） | 黑龙江林蛙 | 300000 |
| 1459 | 山河实验林场（黑） | 黑龙江林蛙 | 230000 |
| 1460 | 乌马河林业局（龙江森工） | 黑龙江林蛙 | 100000 |
| 1461 | 黑河市直属林场（黑） | 黑龙江林蛙 | 70000 |
| 1462 | 绥阳林业局（龙江森工） | 黑龙江林蛙 | 23000 |
| 1463 | 九寨沟县（川） | 黑龙江林蛙 | 12000 |
| 1464 | 来凤县（鄂） | 虎纹蛙 | 1250000 |
| 1465 | 襄城区（鄂） | 虎纹蛙 | 900000 |
| 1466 | 南川区（渝） | 虎纹蛙 | 600000 |
| 1467 | 仙居县（浙） | 虎纹蛙 | 228000 |
| 1468 | 垫江县（渝） | 虎纹蛙 | 180000 |
| 1469 | 贵溪市（赣） | 虎纹蛙 | 120000 |
| 1470 | 金山区（沪） | 虎纹蛙 | 100000 |
| 1471 | 黔江区（渝） | 虎纹蛙 | 100000 |
| 1472 | 天桥区（鲁） | 虎纹蛙 | 80000 |
| 1473 | 赫山区（湘） | 虎纹蛙 | 60000 |
| 1474 | 桐庐县（浙） | 虎纹蛙 | 50000 |
| 1475 | 新干县（赣） | 虎纹蛙 | 42000 |
| 1476 | 余杭区（浙） | 虎纹蛙 | 40000 |
| 1477 | 江津区（渝） | 虎纹蛙 | 35000 |
| 1478 | 旌阳区（川） | 虎纹蛙 | 30000 |
| 1479 | 永兴县（湘） | 虎纹蛙 | 21820 |
| 1480 | 鼎城区（湘） | 虎纹蛙 | 20000 |
| 1481 | 耒阳市（湘） | 虎纹蛙 | 20000 |
| 1482 | 平桥区（豫） | 虎纹蛙 | 15000 |
| 1483 | 横　县（桂） | 虎纹蛙 | 12000 |
| 1484 | 泸　县（川） | 虎纹蛙 | 10200 |
| 1485 | 瑞昌市（赣） | 虎纹蛙 | 8600 |
| 1486 | 开　县（渝） | 虎纹蛙 | 3700 |
| 1487 | 芷江侗族自治县（湘） | 虎纹蛙 | 3200 |
| 1488 | 青浦区（沪） | 虎纹蛙 | 2000 |
| 1489 | 椒江区（浙） | 虎纹蛙 | 1500 |
| 1490 | 铜鼓县（赣） | 棘胸蛙 | 2600000 |
| 1491 | 慈利县（湘） | 棘胸蛙 | 500000 |
| 1492 | 鹤峰县（鄂） | 棘胸蛙 | 383000 |
| 1493 | 瓯海区（浙） | 棘胸蛙 | 350000 |
| 1494 | 武定县（滇） | 棘胸蛙 | 332000 |

(续)

| 序号 | 主产地 | 动物种类 | 驯养数量(只、头、条) |
|---|---|---|---|
| 1495 | 临川区(赣) | 棘胸蛙 | 200000 |
| 1496 | 江川县(滇) | 棘胸蛙 | 177500 |
| 1497 | 桐庐县(浙) | 棘胸蛙 | 173000 |
| 1498 | 龙泉市(浙) | 棘胸蛙 | 153750 |
| 1499 | 安化县(湘) | 棘胸蛙 | 150000 |
| 1500 | 石门县(湘) | 棘胸蛙 | 150000 |
| 1501 | 开化县(浙) | 棘胸蛙 | 120000 |
| 1502 | 宁海县(浙) | 棘胸蛙 | 120000 |
| 1503 | 绩溪县(皖) | 棘胸蛙 | 110000 |
| 1504 | 松阳县(浙) | 棘胸蛙 | 96000 |
| 1505 | 莲都区(浙) | 棘胸蛙 | 85000 |
| 1506 | 都江堰市(川) | 棘胸蛙 | 65000 |
| 1507 | 黄山区(皖) | 棘胸蛙 | 60000 |
| 1508 | 苍梧县(桂) | 棘胸蛙 | 50000 |
| 1509 | 崇义县(赣) | 棘胸蛙 | 50000 |
| 1510 | 宁国市(皖) | 棘胸蛙 | 50000 |
| 1511 | 上饶县(赣) | 棘胸蛙 | 50000 |
| 1512 | 咸丰县(鄂) | 棘胸蛙 | 50000 |
| 1513 | 靖州苗族侗族自治县(湘) | 棘胸蛙 | 47000 |
| 1514 | 江永县(湘) | 棘胸蛙 | 38000 |
| 1515 | 腾冲县(滇) | 棘胸蛙 | 35000 |
| 1516 | 永胜县(滇) | 棘胸蛙 | 35000 |
| 1517 | 缙云县(浙) | 棘胸蛙 | 34240 |
| 1518 | 绥江县(滇) | 棘胸蛙 | 32000 |
| 1519 | 屏山县(川) | 棘胸蛙 | 30000 |
| 1520 | 英德市(粤) | 棘胸蛙 | 30000 |
| 1521 | 铅山县(赣) | 棘胸蛙 | 29800 |
| 1522 | 沅陵县(湘) | 棘胸蛙 | 27000 |
| 1523 | 衡东县(湘) | 棘胸蛙 | 20000 |
| 1524 | 奉新县(赣) | 棘胸蛙 | 14200 |
| 1525 | 黔江区(渝) | 棘胸蛙 | 13000 |
| 1526 | 三门县(浙) | 棘胸蛙 | 12200 |
| 1527 | 磐安县(浙) | 棘胸蛙 | 12000 |
| 1528 | 信丰县(赣) | 棘胸蛙 | 12000 |
| 1529 | 大余县(赣) | 棘胸蛙 | 11000 |
| 1530 | 兰溪市(浙) | 棘胸蛙 | 10000 |
| 1531 | 乐昌市(粤) | 棘胸蛙 | 10000 |
| 1532 | 临安市(浙) | 棘胸蛙 | 10000 |
| 1533 | 六枝特区(黔) | 棘胸蛙 | 10000 |
| 1534 | 宣州区(皖) | 棘胸蛙 | 8000 |
| 1535 | 德兴市(赣) | 棘胸蛙 | 7000 |
| 1536 | 瑞安市(浙) | 棘胸蛙 | 7000 |
| 1537 | 苍南县(浙) | 棘胸蛙 | 6000 |
| 1538 | 宣恩县(鄂) | 棘胸蛙 | 6000 |
| 1539 | 黎川县(赣) | 棘胸蛙 | 5000 |
| 1540 | 攸　县(湘) | 棘胸蛙 | 5000 |
| 1541 | 乳源瑶族自治县(粤) | 棘胸蛙 | 4000 |
| 1542 | 苏仙区(湘) | 棘胸蛙 | 3000 |
| 1543 | 诸暨市(浙) | 棘胸蛙 | 2500 |
| 1544 | 定海区(浙) | 棘胸蛙 | 2000 |
| 1545 | 徽州区(皖) | 棘胸蛙 | 2000 |
| 1546 | 宁远县(湘) | 棘胸蛙 | 2000 |
| 1547 | 北湖区(湘) | 棘胸蛙 | 1600 |
| 1548 | 祥云县(滇) | 棘胸蛙 | 1500 |
| 1549 | 开　县(渝) | 棘胸蛙 | 1200 |
| 1550 | 新宾满族自治县(辽) | 中国林蛙 | 458120000 |
| 1551 | 宽甸满族自治县(辽) | 中国林蛙 | 145000000 |
| 1552 | 桦甸市(吉) | 中国林蛙 | 11590520 |
| 1553 | 振安区(辽) | 中国林蛙 | 5000000 |
| 1554 | 东港市(辽) | 中国林蛙 | 4057000 |
| 1555 | 长白朝鲜族自治县(吉) | 中国林蛙 | 2758320 |
| 1556 | 辉南县(吉) | 中国林蛙 | 2650000 |
| 1557 | 露水河林业局(吉林森工) | 中国林蛙 | 664400 |
| 1558 | 东丰县(吉) | 中国林蛙 | 500000 |
| 1559 | 拜泉县(黑) | 中国林蛙 | 300000 |
| 1560 | 宝清县(黑) | 中国林蛙 | 100000 |
| 1561 | 宜宾县(川) | 中国林蛙 | 80000 |
| 1562 | 桓仁满族自治县(辽) | 中国林蛙 | 50000 |
| 1563 | 阳朔县(桂) | 中国林蛙 | 30000 |
| 1564 | 桂东县(湘) | 中国林蛙 | 20000 |
| 1565 | 额尔古纳市(内蒙古) | 中国林蛙 | 10200 |
| 1566 | 鸡东县(黑) | 中国林蛙 | 10000 |
| 1567 | 邛崃市(川) | 中国林蛙 | 6000 |
| 1568 | 都江堰市(川) | 猪蛙 | 2000000 |
| 1569 | 兴宁市(粤) | 猪蛙 | 5000 |
| 1570 | 宜宾县(川) | 黑斑蛙 | 11206000 |
| 1571 | 潜江市(鄂) | 黑斑蛙 | 10000000 |
| 1572 | 沙洋县(鄂) | 黑斑蛙 | 8000000 |
| 1573 | 洪湖市(鄂) | 黑斑蛙 | 6600000 |
| 1574 | 荆州区(鄂) | 黑斑蛙 | 6600000 |
| 1575 | 桃江县(湘) | 黑斑蛙 | 6100000 |
| 1576 | 南　县(湘) | 黑斑蛙 | 5470000 |
| 1577 | 武穴市(鄂) | 黑斑蛙 | 4600000 |
| 1578 | 东兴区(川) | 黑斑蛙 | 4000000 |
| 1579 | 麻城市(鄂) | 黑斑蛙 | 3300000 |
| 1580 | 监利县(鄂) | 黑斑蛙 | 3102000 |
| 1581 | 新化县(湘) | 黑斑蛙 | 1190000 |
| 1582 | 铜鼓县(赣) | 黑斑蛙 | 1000000 |

（续）

| 序号 | 主产地 | 动物种类 | 驯养数量（只、头、条） |
|---|---|---|---|
| 1583 | 江陵县(鄂) | 黑斑蛙 | 500000 |
| 1584 | 临泉县(皖) | 黑斑蛙 | 500000 |
| 1585 | 邵阳县(湘) | 黑斑蛙 | 500000 |
| 1586 | 江安县(川) | 黑斑蛙 | 400000 |
| 1587 | 宜秀区(皖) | 黑斑蛙 | 320000 |
| 1588 | 青川县(川) | 黑斑蛙 | 260000 |
| 1589 | 京山县(鄂) | 黑斑蛙 | 200000 |
| 1590 | 彭山区(川) | 黑斑蛙 | 200000 |
| 1591 | 石门县(湘) | 黑斑蛙 | 200000 |
| 1592 | 雨湖区(湘) | 黑斑蛙 | 200000 |
| 1593 | 高　县(川) | 黑斑蛙 | 180000 |
| 1594 | 颍上县(皖) | 黑斑蛙 | 180000 |
| 1595 | 钟祥市(鄂) | 黑斑蛙 | 130000 |
| 1596 | 洞口县(湘) | 黑斑蛙 | 120000 |
| 1597 | 绩溪县(皖) | 黑斑蛙 | 100000 |
| 1598 | 金乡县(鲁) | 黑斑蛙 | 100000 |
| 1599 | 湘潭市市辖区(湘) | 黑斑蛙 | 100000 |
| 1600 | 云溪区(湘) | 黑斑蛙 | 80000 |
| 1601 | 都江堰市(川) | 黑斑蛙 | 70000 |
| 1602 | 泸　县(川) | 黑斑蛙 | 50000 |
| 1603 | 永顺县(湘) | 黑斑蛙 | 50000 |
| 1604 | 芜湖县(皖) | 黑斑蛙 | 30000 |
| 1605 | 韶山市(湘) | 黑斑蛙 | 21000 |
| 1606 | 慈利县(湘) | 黑斑蛙 | 20000 |
| 1607 | 平利县(陕) | 黑斑蛙 | 20000 |
| 1608 | 长宁县(川) | 黑斑蛙 | 15000 |
| 1609 | 保靖县(湘) | 黑斑蛙 | 12000 |
| 1610 | 开　县(渝) | 黑斑蛙 | 10960 |
| 1611 | 万盛区(渝) | 黑斑蛙 | 10000 |
| 1612 | 夹江县(川) | 黑斑蛙 | 7500 |
| 1613 | 苏仙区(湘) | 黑斑蛙 | 7000 |
| 1614 | 宣州区(皖) | 黑斑蛙 | 6600 |
| 1615 | 攸　县(湘) | 黑斑蛙 | 6500 |
| 1616 | 崇仁县(赣) | 黑斑蛙 | 4000 |
| 1617 | 寿　县(皖) | 黑斑蛙 | 4000 |
| 1618 | 南溪县(川) | 黑斑蛙 | 3000 |
| 1619 | 建德市(浙) | 石蛙 | 448600 |
| 1620 | 祁东县(湘) | 石蛙 | 370000 |
| 1621 | 浏阳市(湘) | 石蛙 | 120000 |
| 1622 | 仙桃市(鄂) | 石蛙 | 120000 |
| 1623 | 江口县(黔) | 石蛙 | 100000 |
| 1624 | 乳源瑶族自治县(粤) | 石蛙 | 93900 |
| 1625 | 新平彝族傣族自治县(滇) | 石蛙 | 18000 |
| 1626 | 靖州苗族侗族自治县(湘) | 石蛙 | 10000 |
| 1627 | 蓝山县(湘) | 石蛙 | 10000 |
| 1628 | 普安县(黔) | 石蛙 | 10000 |
| 1629 | 酉阳土家族苗族自治县(渝) | 石蛙 | 8000 |
| 1630 | 江华瑶族自治县(湘) | 石蛙 | 5000 |
| 1631 | 双江拉祜族佤族布朗族傣族自治县(滇) | 石蛙 | 5000 |
| 1632 | 新晃侗族自治县(湘) | 石蛙 | 5000 |
| 1633 | 麻阳苗族自治县(湘) | 石蛙 | 3000 |
| 1634 | 盐津县(滇) | 石蛙 | 3000 |
| 1635 | 利川市(鄂) | 石蛙 | 1000 |
| 1636 | 三台县(川) | 蛇 | 362000 |
| 1637 | 阳春市(粤) | 蛇 | 179900 |
| 1638 | 钦南区(桂) | 蛇 | 164560 |
| 1639 | 兴宾区(桂) | 蛇 | 105623 |
| 1640 | 宁远县(湘) | 蛇 | 100000 |
| 1641 | 钦北区(桂) | 蛇 | 85612 |
| 1642 | 电白区(粤) | 蛇 | 80520 |
| 1643 | 忻城县(桂) | 蛇 | 80000 |
| 1644 | 灵山县(桂) | 蛇 | 78782 |
| 1645 | 恩阳区(川) | 蛇 | 66000 |
| 1646 | 罗城仫佬族自治县(桂) | 蛇 | 45000 |
| 1647 | 瑞丽市(滇) | 蛇 | 40290 |
| 1648 | 零陵区(湘) | 蛇 | 40000 |
| 1649 | 四会市(粤) | 蛇 | 36000 |
| 1650 | 江州区(桂) | 蛇 | 30000 |
| 1651 | 邵东县(湘) | 蛇 | 30000 |
| 1652 | 迎江区(皖) | 蛇 | 30000 |
| 1653 | 祁门县(皖) | 蛇 | 29600 |
| 1654 | 襄州区(鄂) | 蛇 | 29000 |
| 1655 | 涟源市(湘) | 蛇 | 28850 |
| 1656 | 靖西县(桂) | 蛇 | 27800 |
| 1657 | 沿滩区(川) | 蛇 | 27020 |
| 1658 | 增城区(粤) | 蛇 | 26895 |
| 1659 | 武陵区(湘) | 蛇 | 26400 |
| 1660 | 垫江县(渝) | 蛇 | 24900 |
| 1661 | 陇川县(滇) | 蛇 | 23000 |
| 1662 | 仙居县(浙) | 蛇 | 22300 |
| 1663 | 高州市(粤) | 蛇 | 21200 |
| 1664 | 谷城县(鄂) | 蛇 | 20000 |
| 1665 | 信丰县(赣) | 蛇 | 19000 |
| 1666 | 东宝区(鄂) | 蛇 | 18000 |
| 1667 | 横　县(桂) | 蛇 | 18000 |
| 1668 | 南川区(渝) | 蛇 | 18000 |
| 1669 | 岳池县(川) | 蛇 | 18000 |

(续)

| 序号 | 主产地 | 动物种类 | 驯养数量(只、头、条) |
|---|---|---|---|
| 1670 | 碧江区(黔) | 蛇 | 16800 |
| 1671 | 北流市(桂) | 蛇 | 16600 |
| 1672 | 平昌县(川) | 蛇 | 16000 |
| 1673 | 新干县(赣) | 蛇 | 15200 |
| 1674 | 通城县(鄂) | 蛇 | 14000 |
| 1675 | 掇刀区(鄂) | 蛇 | 13000 |
| 1676 | 洞口县(湘) | 蛇 | 12000 |
| 1677 | 江津区(渝) | 蛇 | 12000 |
| 1678 | 平南县(桂) | 蛇 | 12000 |
| 1679 | 兴国县(赣) | 蛇 | 12000 |
| 1680 | 合浦县(桂) | 蛇 | 11970 |
| 1681 | 江安县(川) | 蛇 | 11000 |
| 1682 | 南郑县(陕) | 蛇 | 11000 |
| 1683 | 青州市(鲁) | 蛇 | 11000 |
| 1684 | 桃源县(湘) | 蛇 | 11000 |
| 1685 | 阳新县(鄂) | 蛇 | 11000 |
| 1686 | 咸丰县(鄂) | 蛇 | 10300 |
| 1687 | 昌邑区(吉) | 蛇 | 10000 |
| 1688 | 盐边县(川) | 蛇 | 10000 |
| 1689 | 巴马瑶族自治县(桂) | 蛇 | 9600 |
| 1690 | 云溪区(湘) | 蛇 | 9000 |
| 1691 | 合江县(川) | 蛇 | 8000 |
| 1692 | 沅陵县(湘) | 蛇 | 7850 |
| 1693 | 瑞金市(赣) | 蛇 | 7800 |
| 1694 | 翠屏区(川) | 蛇 | 7740 |
| 1695 | 高安市(赣) | 蛇 | 7700 |
| 1696 | 双清区(湘) | 蛇 | 7500 |
| 1697 | 砚山县(滇) | 蛇 | 7500 |
| 1698 | 攸　县(湘) | 蛇 | 7500 |
| 1699 | 隆昌县(川) | 蛇 | 7100 |
| 1700 | 上高县(赣) | 蛇 | 6200 |
| 1701 | 慈利县(湘) | 蛇 | 6000 |
| 1702 | 兴宁市(粤) | 蛇 | 6000 |
| 1703 | 曲江区(粤) | 蛇 | 5900 |
| 1704 | 天台县(浙) | 蛇 | 5872 |
| 1705 | 崇仁县(赣) | 蛇 | 5700 |
| 1706 | 蓝山县(湘) | 蛇 | 5500 |
| 1707 | 保靖县(湘) | 蛇 | 5000 |
| 1708 | 江华瑶族自治县(湘) | 蛇 | 5000 |
| 1709 | 开化县(浙) | 蛇 | 5000 |
| 1710 | 黎川县(赣) | 蛇 | 5000 |
| 1711 | 沙湾区(川) | 蛇 | 5000 |
| 1712 | 武鸣县(桂) | 蛇 | 5000 |
| 1713 | 义乌市(浙) | 蛇 | 5000 |
| 1714 | 英德市(粤) | 蛇 | 5000 |

(续)

| 序号 | 主产地 | 动物种类 | 驯养数量(只、头、条) |
|---|---|---|---|
| 1715 | 永顺县(湘) | 蛇 | 5000 |
| 1716 | 酉阳土家族苗族自治县(渝) | 蛇 | 5000 |
| 1717 | 余江县(赣) | 蛇 | 5000 |
| 1718 | 湘潭县(湘) | 蛇 | 4800 |
| 1719 | 奉节县(渝) | 蛇 | 4700 |
| 1720 | 建始县(鄂) | 蛇 | 4630 |
| 1721 | 苏仙区(湘) | 蛇 | 4500 |
| 1722 | 内江市市中区(川) | 蛇 | 4000 |
| 1723 | 长宁县(川) | 蛇 | 4000 |
| 1724 | 龙泉市(浙) | 蛇 | 3985 |
| 1725 | 南溪县(川) | 蛇 | 3550 |
| 1726 | 都江堰市(川) | 蛇 | 3500 |
| 1727 | 泰和县(赣) | 蛇 | 3200 |
| 1728 | 吉水县(赣) | 蛇 | 3166 |
| 1729 | 惠阳区(粤) | 蛇 | 3150 |
| 1730 | 泸　县(川) | 蛇 | 3100 |
| 1731 | 武义县(浙) | 蛇 | 3100 |
| 1732 | 德兴市(赣) | 蛇 | 3060 |
| 1733 | 玉山县(赣) | 蛇 | 3020 |
| 1734 | 白河县(陕) | 蛇 | 3000 |
| 1735 | 苍梧县(桂) | 蛇 | 3000 |
| 1736 | 江永县(湘) | 蛇 | 3000 |
| 1737 | 乐昌市(粤) | 蛇 | 3000 |
| 1738 | 芦溪县(赣) | 蛇 | 3000 |
| 1739 | 泸溪县(湘) | 蛇 | 3000 |
| 1740 | 普安县(黔) | 蛇 | 3000 |
| 1741 | 邵阳县(湘) | 蛇 | 3000 |
| 1742 | 永康市(浙) | 蛇 | 2800 |
| 1743 | 祥云县(滇) | 蛇 | 2600 |
| 1744 | 乳源瑶族自治县(粤) | 蛇 | 2050 |
| 1745 | 德保县(桂) | 蛇 | 2000 |
| 1746 | 六枝特区(黔) | 蛇 | 2000 |
| 1747 | 宁海县(浙) | 蛇 | 2000 |
| 1748 | 松阳县(浙) | 蛇 | 2000 |
| 1749 | 玉环市(浙) | 蛇 | 2000 |
| 1750 | 彭山区(川) | 蛇 | 1500 |
| 1751 | 绥江县(滇) | 蛇 | 1500 |
| 1752 | 永定区(湘) | 蛇 | 1500 |
| 1753 | 郁南县(粤) | 蛇 | 1300 |
| 1754 | 永修县(赣) | 蛇 | 1080 |
| 1755 | 连平县(粤) | 蛇 | 1000 |
| 1756 | 莲都区(浙) | 蛇 | 1000 |
| 1757 | 韶山市(湘) | 蛇 | 1000 |
| 1758 | 始兴县(粤) | 蛇 | 1000 |
| 1759 | 武江区(粤) | 蛇 | 1000 |

（续）

| 序号 | 主产地 | 动物种类 | 驯养数量（只、头、条） |
|---|---|---|---|
| 1760 | 宜城市（鄂） | 蛇 | 1000 |
| 1761 | 郧西县（鄂） | 蛇 | 1000 |
| 1762 | 桃江县（湘） | 蛇 | 800 |
| 1763 | 宜宾县（川） | 蛇 | 800 |
| 1764 | 黄平县（黔） | 蛇 | 600 |
| 1765 | 开　县（渝） | 蛇 | 600 |
| 1766 | 黎城县（晋） | 蛇 | 600 |
| 1767 | 巴东县（鄂） | 蛇 | 580 |
| 1768 | 凤庆县（滇） | 蛇 | 500 |
| 1769 | 徽州区（皖） | 蛇 | 500 |
| 1770 | 靖州苗族侗族自治县（湘） | 蛇 | 500 |
| 1771 | 邻水县（川） | 蛇 | 500 |
| 1772 | 邛崃市（川） | 蛇 | 500 |
| 1773 | 双峰县（湘） | 蛇 | 500 |
| 1774 | 温岭市（浙） | 蛇 | 500 |
| 1775 | 新晃侗族自治县（湘） | 蛇 | 500 |
| 1776 | 株洲县（湘） | 蛇 | 500 |
| 1777 | 竹山县（鄂） | 黑眉蛇 | 4500 |
| 1778 | 桃江县（湘） | 黑眉蛇 | 2800 |
| 1779 | 耒阳市（湘） | 黑眉蛇 | 2000 |
| 1780 | 青川县（川） | 黑眉蛇 | 2000 |
| 1781 | 开　县（渝） | 黑眉蛇 | 770 |
| 1782 | 利川市（鄂） | 王锦蛇 | 102200 |
| 1783 | 襄城区（鄂） | 王锦蛇 | 60000 |
| 1784 | 大观区（皖） | 王锦蛇 | 30000 |
| 1785 | 安化县（湘） | 王锦蛇 | 18500 |
| 1786 | 鹤城区（湘） | 王锦蛇 | 16000 |
| 1787 | 洪江区（湘） | 王锦蛇 | 15500 |
| 1788 | 来凤县（鄂） | 王锦蛇 | 13000 |
| 1789 | 房　县（鄂） | 王锦蛇 | 8050 |
| 1790 | 麻城市（鄂） | 王锦蛇 | 8000 |
| 1791 | 武隆县（渝） | 王锦蛇 | 6500 |
| 1792 | 慈利县（湘） | 王锦蛇 | 6000 |
| 1793 | 柯桥区（浙） | 王锦蛇 | 6000 |
| 1794 | 耒阳市（湘） | 王锦蛇 | 6000 |
| 1795 | 黔江区（渝） | 王锦蛇 | 4700 |
| 1796 | 资兴市（湘） | 王锦蛇 | 4600 |
| 1797 | 苏仙区（湘） | 王锦蛇 | 4500 |
| 1798 | 桃江县（湘） | 王锦蛇 | 4500 |
| 1799 | 武穴市（鄂） | 王锦蛇 | 4500 |
| 1800 | 竹山县（鄂） | 王锦蛇 | 4500 |
| 1801 | 白河县（陕） | 王锦蛇 | 3500 |
| 1802 | 文山市（滇） | 王锦蛇 | 3400 |
| 1803 | 兴义市（黔） | 王锦蛇 | 3200 |

（续）

| 序号 | 主产地 | 动物种类 | 驯养数量（只、头、条） |
|---|---|---|---|
| 1804 | 浏阳市（湘） | 王锦蛇 | 3000 |
| 1805 | 恩阳区（川） | 王锦蛇 | 2800 |
| 1806 | 监利县（鄂） | 王锦蛇 | 2500 |
| 1807 | 巴东县（鄂） | 王锦蛇 | 2100 |
| 1808 | 南　县（湘） | 王锦蛇 | 2000 |
| 1809 | 青川县（川） | 王锦蛇 | 2000 |
| 1810 | 攸　县（湘） | 王锦蛇 | 2000 |
| 1811 | 云溪区（湘） | 王锦蛇 | 2000 |
| 1812 | 永修县（赣） | 王锦蛇 | 1600 |
| 1813 | 平桥区（豫） | 王锦蛇 | 1500 |
| 1814 | 温岭市（浙） | 王锦蛇 | 1500 |
| 1815 | 望江县（皖） | 王锦蛇 | 1375 |
| 1816 | 芷江侗族自治县（湘） | 王锦蛇 | 1300 |
| 1817 | 钟祥市（鄂） | 王锦蛇 | 1250 |
| 1818 | 三山区（皖） | 王锦蛇 | 1200 |
| 1819 | 开　县（渝） | 王锦蛇 | 1110 |
| 1820 | 怀宁县（皖） | 王锦蛇 | 1000 |
| 1821 | 孟津县（豫） | 王锦蛇 | 1000 |
| 1822 | 寿　县（皖） | 王锦蛇 | 1000 |
| 1823 | 松阳县（浙） | 王锦蛇 | 1000 |
| 1824 | 衡东县（湘） | 王锦蛇 | 800 |
| 1825 | 腾冲县（滇） | 王锦蛇 | 544 |
| 1826 | 鹤峰县（鄂） | 王锦蛇 | 500 |
| 1827 | 丘北县（滇） | 王锦蛇 | 500 |
| 1828 | 利川市（鄂） | 乌梢蛇 | 121000 |
| 1829 | 安　县（川） | 乌梢蛇 | 10000 |
| 1830 | 大观区（皖） | 乌梢蛇 | 10000 |
| 1831 | 威远县（川） | 乌梢蛇 | 7900 |
| 1832 | 怀宁县（皖） | 乌梢蛇 | 7500 |
| 1833 | 龙马潭区（川） | 乌梢蛇 | 4800 |
| 1834 | 耒阳市（湘） | 乌梢蛇 | 4000 |
| 1835 | 松阳县（浙） | 乌梢蛇 | 3000 |
| 1836 | 泰和县（赣） | 乌梢蛇 | 3000 |
| 1837 | 望江县（皖） | 乌梢蛇 | 2940 |
| 1838 | 长阳土家族自治县（鄂） | 乌梢蛇 | 2900 |
| 1839 | 青川县（川） | 乌梢蛇 | 2000 |
| 1840 | 浠水县（鄂） | 乌梢蛇 | 2000 |
| 1841 | 钟祥市（鄂） | 乌梢蛇 | 1250 |
| 1842 | 开　县（渝） | 乌梢蛇 | 1010 |
| 1843 | 临安市（浙） | 乌梢蛇 | 1000 |
| 1844 | 南　县（湘） | 乌梢蛇 | 1000 |
| 1845 | 万州区（渝） | 乌梢蛇 | 1000 |
| 1846 | 武隆县（渝） | 乌梢蛇 | 1000 |
| 1847 | 巴东县（鄂） | 乌梢蛇 | 700 |

(续)

| 序号 | 主产地 | 动物种类 | 驯养数量(只、头、条) |
|---|---|---|---|
| 1848 | 邛崃市(川) | 乌梢蛇 | 500 |
| 1849 | 阳朔县(桂) | 眼镜蛇 | 47390 |
| 1850 | 浦北县(桂) | 眼镜蛇 | 42100 |
| 1851 | 永川区(渝) | 眼镜蛇 | 41000 |
| 1852 | 宾阳县(桂) | 眼镜蛇 | 27970 |
| 1853 | 江南区(桂) | 眼镜蛇 | 12000 |
| 1854 | 平果县(桂) | 眼镜蛇 | 11500 |
| 1855 | 环江毛南族自治县(桂) | 眼镜蛇 | 8000 |
| 1856 | 武鸣县(桂) | 眼镜蛇 | 7500 |
| 1857 | 奉节县(渝) | 眼镜蛇 | 7300 |
| 1858 | 英德市(粤) | 眼镜蛇 | 6500 |
| 1859 | 藤　县(桂) | 眼镜蛇 | 6000 |
| 1860 | 阳山县(粤) | 眼镜蛇 | 6000 |
| 1861 | 武穴市(鄂) | 眼镜蛇 | 5300 |
| 1862 | 三都水族自治县(黔) | 眼镜蛇 | 4580 |
| 1863 | 盈江县(滇) | 眼镜蛇 | 4000 |
| 1864 | 青秀区(桂) | 眼镜蛇 | 3000 |
| 1865 | 桂平市(桂) | 眼镜蛇 | 2000 |
| 1866 | 綦江区(渝) | 眼镜蛇 | 2000 |
| 1867 | 腾冲县(滇) | 眼镜蛇 | 2000 |
| 1868 | 茂南区(粤) | 眼镜蛇 | 1787 |
| 1869 | 云安县(粤) | 眼镜蛇 | 1000 |
| 1870 | 紫金县(粤) | 眼镜蛇 | 1000 |
| 1871 | 从化市(粤) | 眼镜蛇 | 910 |
| 1872 | 东莞市(粤) | 眼镜蛇 | 900 |
| 1873 | 惠城区(粤) | 眼镜蛇 | 780 |
| 1874 | 翠屏区(川) | 蟒蛇 | 2 |
| 1875 | 斗门区(粤) | 蟒蛇 | 2 |
| 1876 | 万州区(渝) | 蟒蛇 | 1 |
| 1877 | 德清县(浙) | 菜蛇 | 5821550 |
| 1878 | 石门县(湘) | 菜蛇 | 50000 |
| 1879 | 新化县(湘) | 菜蛇 | 20000 |
| 1880 | 祁东县(湘) | 菜蛇 | 16000 |
| 1881 | 田阳县(桂) | 菜蛇 | 16000 |
| 1882 | 兴义市(黔) | 菜蛇 | 10300 |
| 1883 | 渝水区(赣) | 菜蛇 | 10000 |
| 1884 | 陆川县(桂) | 菜蛇 | 8600 |
| 1885 | 兴宁市(粤) | 菜蛇 | 4100 |
| 1886 | 阳新县(鄂) | 菜蛇 | 4000 |
| 1887 | 龙马潭区(川) | 菜蛇 | 2000 |
| 1888 | 那坡县(桂) | 菜蛇 | 2000 |
| 1889 | 宜秀区(皖) | 菜蛇 | 1600 |
| 1890 | 万州区(渝) | 菜蛇 | 1000 |
| 1891 | 芷江侗族自治县(湘) | 菜蛇 | 1000 |

(续)

| 序号 | 主产地 | 动物种类 | 驯养数量(只、头、条) |
|---|---|---|---|
| 1892 | 宾阳县(桂) | 水律蛇 | 48650 |
| 1893 | 从化市(粤) | 水律蛇 | 23684 |
| 1894 | 容　县(桂) | 水律蛇 | 13000 |
| 1895 | 隆安县(桂) | 水律蛇 | 8000 |
| 1896 | 海城区(桂) | 水律蛇 | 6000 |
| 1897 | 武穴市(鄂) | 水律蛇 | 5800 |
| 1898 | 合山市(桂) | 水律蛇 | 5000 |
| 1899 | 源城区(粤) | 水律蛇 | 2150 |
| 1900 | 阳西县(粤) | 水律蛇 | 2000 |
| 1901 | 紫金县(粤) | 水律蛇 | 2000 |
| 1902 | 惠城区(粤) | 水律蛇 | 1500 |
| 1903 | 云安县(粤) | 水律蛇 | 1500 |
| 1904 | 三都水族自治县(黔) | 水律蛇 | 1050 |
| 1905 | 蓝山县(湘) | 孔雀 | 10000 |
| 1906 | 沙洋县(鄂) | 孔雀 | 5000 |
| 1907 | 石林彝族自治县(滇) | 孔雀 | 2850 |
| 1908 | 永康市(浙) | 孔雀 | 2500 |
| 1909 | 昂昂溪区(黑) | 孔雀 | 2000 |
| 1910 | 随　县(鄂) | 孔雀 | 2000 |
| 1911 | 淅川县(豫) | 孔雀 | 2000 |
| 1912 | 奉贤区(沪) | 孔雀 | 1100 |
| 1913 | 上饶县(赣) | 孔雀 | 1000 |
| 1914 | 永顺县(湘) | 孔雀 | 1000 |
| 1915 | 金东区(浙) | 孔雀 | 400 |
| 1916 | 都江堰市(川) | 孔雀 | 350 |
| 1917 | 江津区(渝) | 孔雀 | 350 |
| 1918 | 东营区(鲁) | 孔雀 | 340 |
| 1919 | 乌兰浩特市(内蒙古) | 孔雀 | 312 |
| 1920 | 东安县(湘) | 孔雀 | 310 |
| 1921 | 昌邑区(吉) | 孔雀 | 300 |
| 1922 | 芜湖县(皖) | 孔雀 | 300 |
| 1923 | 义乌市(浙) | 孔雀 | 300 |
| 1924 | 屈家岭管理区(鄂) | 孔雀 | 250 |
| 1925 | 勐腊县(滇) | 孔雀 | 230 |
| 1926 | 勐海县(滇) | 孔雀 | 200 |
| 1927 | 铜鼓县(赣) | 孔雀 | 200 |
| 1928 | 枣阳市(鄂) | 孔雀 | 200 |
| 1929 | 北戴河区(冀) | 孔雀 | 111 |
| 1930 | 临泽县(甘) | 孔雀 | 100 |
| 1931 | 余江县(赣) | 孔雀 | 100 |
| 1932 | 广饶县(鲁) | 孔雀 | 80 |
| 1933 | 南溪县(川) | 孔雀 | 80 |
| 1934 | 澄江县(滇) | 孔雀 | 72 |
| 1935 | 路桥区(浙) | 孔雀 | 70 |

（续）

| 序号 | 主产地 | 动物种类 | 驯养数量（只、头、条） |
|---|---|---|---|
| 1936 | 阳曲县（晋） | 孔雀 | 60 |
| 1937 | 椒江区（浙） | 孔雀 | 55 |
| 1938 | 永川区（渝） | 孔雀 | 50 |
| 1939 | 东河区（内蒙古） | 孔雀 | 45 |
| 1940 | 资兴市（湘） | 孔雀 | 45 |
| 1941 | 蒲江县（川） | 孔雀 | 42 |
| 1942 | 翠屏区（川） | 孔雀 | 40 |
| 1943 | 隆阳区（滇） | 孔雀 | 40 |
| 1944 | 杭锦后旗（内蒙古） | 孔雀 | 30 |
| 1945 | 倘甸工业园区（滇） | 孔雀 | 28 |
| 1946 | 颍上县（皖） | 孔雀 | 25 |
| 1947 | 沂源县（鲁） | 孔雀 | 13 |
| 1948 | 斗门区（粤） | 孔雀 | 12 |
| 1949 | 青原区（赣） | 孔雀 | 12 |
| 1950 | 湘乡市（湘） | 孔雀 | 12 |
| 1951 | 京山县（鄂） | 蓝孔雀 | 12000 |
| 1952 | 德安县（赣） | 蓝孔雀 | 8500 |
| 1953 | 武穴市（鄂） | 蓝孔雀 | 7000 |
| 1954 | 无为县（皖） | 蓝孔雀 | 6000 |
| 1955 | 安丘市（鲁） | 蓝孔雀 | 5130 |
| 1956 | 黄山区（皖） | 蓝孔雀 | 5000 |
| 1957 | 宁国市（皖） | 蓝孔雀 | 5000 |
| 1958 | 西吉县（宁） | 蓝孔雀 | 5000 |
| 1959 | 兴义市（黔） | 蓝孔雀 | 5000 |
| 1960 | 桐城市（皖） | 蓝孔雀 | 4700 |
| 1961 | 谷城县（鄂） | 蓝孔雀 | 4000 |
| 1962 | 江川县（滇） | 蓝孔雀 | 3700 |
| 1963 | 巢湖市（皖） | 蓝孔雀 | 3220 |
| 1964 | 定海区（浙） | 蓝孔雀 | 3000 |
| 1965 | 衡东县（湘） | 蓝孔雀 | 3000 |
| 1966 | 苍南县（浙） | 蓝孔雀 | 2550 |
| 1967 | 莲都区（浙） | 蓝孔雀 | 2550 |
| 1968 | 铅山县（赣） | 蓝孔雀 | 2500 |
| 1969 | 阎良区（陕） | 蓝孔雀 | 2100 |
| 1970 | 永年县（冀） | 蓝孔雀 | 2000 |
| 1971 | 远安县（鄂） | 蓝孔雀 | 1798 |
| 1972 | 柞水县（陕） | 蓝孔雀 | 1750 |
| 1973 | 新晃侗族自治县（湘） | 蓝孔雀 | 1500 |
| 1974 | 广丰县（赣） | 蓝孔雀 | 1200 |
| 1975 | 温岭市（浙） | 蓝孔雀 | 1200 |
| 1976 | 宁海县（浙） | 蓝孔雀 | 1100 |
| 1977 | 梁河县（滇） | 蓝孔雀 | 1001 |
| 1978 | 肥西县（皖） | 蓝孔雀 | 1000 |
| 1979 | 湘潭县（湘） | 蓝孔雀 | 1000 |

（续）

| 序号 | 主产地 | 动物种类 | 驯养数量（只、头、条） |
|---|---|---|---|
| 1980 | 奉化区（浙） | 蓝孔雀 | 950 |
| 1981 | 临川区（赣） | 蓝孔雀 | 929 |
| 1982 | 玉环市（浙） | 蓝孔雀 | 900 |
| 1983 | 瑞丽市（滇） | 蓝孔雀 | 883 |
| 1984 | 让胡路区（黑） | 蓝孔雀 | 850 |
| 1985 | 兰溪市（浙） | 蓝孔雀 | 820 |
| 1986 | 徽州区（皖） | 蓝孔雀 | 800 |
| 1987 | 泸溪县（湘） | 蓝孔雀 | 800 |
| 1988 | 寿　县（皖） | 蓝孔雀 | 800 |
| 1989 | 蔡甸区（鄂） | 蓝孔雀 | 720 |
| 1990 | 万盛区（渝） | 蓝孔雀 | 700 |
| 1991 | 北戴河区（冀） | 蓝孔雀 | 647 |
| 1992 | 磐安县（浙） | 蓝孔雀 | 510 |
| 1993 | 芜湖县（皖） | 蓝孔雀 | 500 |
| 1994 | 青铜峡市（宁） | 蓝孔雀 | 480 |
| 1995 | 渝北区（渝） | 蓝孔雀 | 443 |
| 1996 | 六枝特区（黔） | 蓝孔雀 | 400 |
| 1997 | 瑞昌市（赣） | 蓝孔雀 | 400 |
| 1998 | 泰和县（赣） | 蓝孔雀 | 400 |
| 1999 | 芷江侗族自治县（湘） | 蓝孔雀 | 400 |
| 2000 | 株洲县（湘） | 蓝孔雀 | 400 |
| 2001 | 垫江县（渝） | 蓝孔雀 | 370 |
| 2002 | 勉　县（陕） | 蓝孔雀 | 350 |
| 2003 | 瑞安市（浙） | 蓝孔雀 | 350 |
| 2004 | 武陵区（湘） | 蓝孔雀 | 320 |
| 2005 | 新平彝族傣族自治县（滇） | 蓝孔雀 | 320 |
| 2006 | 阳谷县（鲁） | 蓝孔雀 | 310 |
| 2007 | 户　县（陕） | 蓝孔雀 | 303 |
| 2008 | 保靖县（湘） | 蓝孔雀 | 300 |
| 2009 | 临泉县（皖） | 蓝孔雀 | 300 |
| 2010 | 桐庐县（浙） | 蓝孔雀 | 300 |
| 2011 | 偃师市（豫） | 蓝孔雀 | 300 |
| 2012 | 宜秀区（皖） | 蓝孔雀 | 300 |
| 2013 | 洪湖市（鄂） | 蓝孔雀 | 250 |
| 2014 | 莒　县（鲁） | 蓝孔雀 | 217 |
| 2015 | 内江市市中区（川） | 蓝孔雀 | 200 |
| 2016 | 邛崃市（川） | 蓝孔雀 | 200 |
| 2017 | 西山区（滇） | 蓝孔雀 | 200 |
| 2018 | 襄城区（鄂） | 蓝孔雀 | 200 |
| 2019 | 永川区（渝） | 蓝孔雀 | 200 |
| 2020 | 钟祥市（鄂） | 蓝孔雀 | 200 |
| 2021 | 五华区（滇） | 蓝孔雀 | 180 |
| 2022 | 泽州县（晋） | 蓝孔雀 | 160 |
| 2023 | 沾益县（滇） | 蓝孔雀 | 160 |

(续)

| 序号 | 主产地 | 动物种类 | 驯养数量（只、头、条） |
|---|---|---|---|
| 2024 | 迎江区(皖) | 蓝孔雀 | 150 |
| 2025 | 芒　市(滇) | 蓝孔雀 | 130 |
| 2026 | 来安县(皖) | 蓝孔雀 | 127 |
| 2027 | 三门县(浙) | 蓝孔雀 | 123 |
| 2028 | 薛城区(鲁) | 蓝孔雀 | 122 |
| 2029 | 掇刀区(鄂) | 蓝孔雀 | 120 |
| 2030 | 缙云县(浙) | 蓝孔雀 | 120 |
| 2031 | 开远市(滇) | 蓝孔雀 | 120 |
| 2032 | 宜宾县(川) | 蓝孔雀 | 120 |
| 2033 | 个旧市(滇) | 蓝孔雀 | 119 |
| 2034 | 大余县(赣) | 蓝孔雀 | 100 |
| 2035 | 建水县(滇) | 蓝孔雀 | 100 |
| 2036 | 信丰县(赣) | 蓝孔雀 | 100 |
| 2037 | 兖州市(鲁) | 蓝孔雀 | 100 |
| 2038 | 开　县(渝) | 蓝孔雀 | 95 |
| 2039 | 松阳县(浙) | 蓝孔雀 | 82 |
| 2040 | 桃江县(湘) | 蓝孔雀 | 80 |
| 2041 | 栾川县(豫) | 蓝孔雀 | 70 |
| 2042 | 望江县(皖) | 蓝孔雀 | 68 |
| 2043 | 利辛县(皖) | 蓝孔雀 | 60 |
| 2044 | 禹州市(豫) | 蓝孔雀 | 56 |
| 2045 | 满城县(冀) | 蓝孔雀 | 55 |
| 2046 | 鼎城区(湘) | 蓝孔雀 | 50 |
| 2047 | 合江县(川) | 蓝孔雀 | 50 |
| 2048 | 江永县(湘) | 蓝孔雀 | 50 |
| 2049 | 兴国县(赣) | 蓝孔雀 | 50 |
| 2050 | 湘乡市(湘) | 蓝孔雀 | 32 |
| 2051 | 北湖区(湘) | 蓝孔雀 | 28 |
| 2052 | 河津市(晋) | 蓝孔雀 | 25 |
| 2053 | 彭州市(川) | 蓝孔雀 | 25 |
| 2054 | 安阳县(豫) | 蓝孔雀 | 20 |
| 2055 | 楚雄市(滇) | 蓝孔雀 | 20 |
| 2056 | 洱源县(滇) | 蓝孔雀 | 20 |
| 2057 | 土默特右旗(内蒙古) | 蓝孔雀 | 15 |
| 2058 | 威远县(川) | 蓝孔雀 | 11 |
| 2059 | 都江堰市(川) | 蓝孔雀 | 10 |
| 2060 | 肥城市(鲁) | 蓝孔雀 | 10 |
| 2061 | 浑南区(辽) | 蓝孔雀 | 10 |
| 2062 | 颍上县(皖) | 蓝孔雀 | 10 |
| 2063 | 宁国市(皖) | 白孔雀 | 4000 |
| 2064 | 北戴河区(冀) | 白孔雀 | 44 |
| 2065 | 托克托县(内蒙古) | 白孔雀 | 8 |
| 2066 | 武威市市辖区(甘) | 白孔雀 | 7 |
| 2067 | 永年县(冀) | 白孔雀 | 6 |

(续)

| 序号 | 主产地 | 动物种类 | 驯养数量（只、头、条） |
|---|---|---|---|
| 2068 | 浑南区(辽) | 白孔雀 | 4 |
| 2069 | 蓬安县(川) | 金丝雀 | 4 |
| 2070 | 额尔古纳市(内蒙古) | 蒙古兔 | 25 |
| 2071 | 宁城县(内蒙古) | 兔 | 360000 |
| 2072 | 五营林业局(龙江森工) | 兔 | 77502 |
| 2073 | 枣强县(冀) | 兔 | 76500 |
| 2074 | 获嘉县(豫) | 兔 | 60000 |
| 2075 | 让胡路区(黑) | 兔 | 44000 |
| 2076 | 新青林业局(龙江森工) | 兔 | 36993 |
| 2077 | 汤旺河林业局(龙江森工) | 兔 | 30000 |
| 2078 | 朗乡林业局(龙江森工) | 兔 | 16840 |
| 2079 | 青州市(鲁) | 兔 | 16500 |
| 2080 | 东丰县(吉) | 兔 | 15000 |
| 2081 | 桃山林业局(龙江森工) | 兔 | 9495 |
| 2082 | 迁西县(冀) | 兔 | 9000 |
| 2083 | 双鸭山林业局(龙江森工) | 兔 | 8500 |
| 2084 | 承德县(冀) | 兔 | 8200 |
| 2085 | 东方红林业局(龙江森工) | 兔 | 6000 |
| 2086 | 上甘岭林业局(龙江森工) | 兔 | 5500 |
| 2087 | 乌马河林业局(龙江森工) | 兔 | 5100 |
| 2088 | 潜山县(皖) | 兔 | 5000 |
| 2089 | 清河林业局(龙江森工) | 兔 | 5000 |
| 2090 | 金山屯林业局(龙江森工) | 兔 | 4800 |
| 2091 | 翠峦林业局(龙江森工) | 兔 | 4697 |
| 2092 | 双丰林业局(龙江森工) | 兔 | 3700 |
| 2093 | 龙井市(吉) | 兔 | 3137 |
| 2094 | 美溪林业局(龙江森工) | 兔 | 3000 |
| 2095 | 带岭实验局(龙江森工) | 兔 | 2000 |
| 2096 | 苇河林业局(龙江森工) | 兔 | 1870 |
| 2097 | 三门县(浙) | 兔 | 1300 |
| 2098 | 石台县(皖) | 兔 | 1200 |
| 2099 | 芜湖县(皖) | 兔 | 1000 |
| 2100 | 新安县(豫) | 兔 | 950 |
| 2101 | 南江县(川) | 兔 | 840 |
| 2102 | 赤城县(冀) | 兔 | 700 |
| 2103 | 黎川县(赣) | 兔 | 700 |
| 2104 | 泾源县(宁) | 兔 | 620 |
| 2105 | 友好林业局(龙江森工) | 兔 | 510 |
| 2106 | 集宁区(内蒙古) | 兔 | 500 |
| 2107 | 桐庐县(浙) | 兔 | 500 |
| 2108 | 颍上县(皖) | 兔 | 400 |
| 2109 | 安居区(川) | 兔 | 300 |
| 2110 | 澄江县(滇) | 兔 | 300 |
| 2111 | 柯桥区(浙) | 兔 | 300 |

（续）

| 序号 | 主产地 | 动物种类 | 驯养数量（只、头、条） |
|---|---|---|---|
| 2112 | 科尔沁左翼中旗（内蒙古） | 兔 | 300 |
| 2113 | 奉新县（赣） | 兔 | 240 |
| 2114 | 奉化区（浙） | 兔 | 220 |
| 2115 | 上高县（赣） | 兔 | 200 |
| 2116 | 苍南县（浙） | 兔 | 120 |
| 2117 | 乌伊岭林业局（龙江森工） | 兔 | 120 |
| 2118 | 巴东县（鄂） | 兔 | 100 |
| 2119 | 五岔沟林业局（内蒙古） | 兔 | 100 |
| 2120 | 麻城市（鄂） | 草兔 | 500 |
| 2121 | 藁城区（冀） | 鸵鸟 | 2500 |
| 2122 | 满城县（冀） | 鸵鸟 | 1200 |
| 2123 | 临海市（浙） | 鸵鸟 | 1050 |
| 2124 | 腾冲县（滇） | 鸵鸟 | 685 |
| 2125 | 让胡路区（黑） | 鸵鸟 | 550 |
| 2126 | 射洪县（川） | 鸵鸟 | 400 |
| 2127 | 西山区（滇） | 鸵鸟 | 320 |
| 2128 | 钟祥市（鄂） | 鸵鸟 | 305 |
| 2129 | 祥云县（滇） | 鸵鸟 | 300 |
| 2130 | 临安市（浙） | 鸵鸟 | 200 |
| 2131 | 屈家岭管理区（鄂） | 鸵鸟 | 200 |
| 2132 | 扎赉特旗（内蒙古） | 鸵鸟 | 150 |
| 2133 | 临泽县（甘） | 鸵鸟 | 110 |
| 2134 | 黎城县（晋） | 鸵鸟 | 100 |
| 2135 | 石林彝族自治县（滇） | 鸵鸟 | 100 |
| 2136 | 牟定县（滇） | 鸵鸟 | 68 |
| 2137 | 翠屏区（川） | 鸵鸟 | 50 |
| 2138 | 汉台区（陕） | 鸵鸟 | 50 |
| 2139 | 松山区（内蒙古） | 鸵鸟 | 50 |
| 2140 | 楚雄市（滇） | 鸵鸟 | 35 |
| 2141 | 禄丰县（滇） | 鸵鸟 | 28 |
| 2142 | 邻水县（川） | 鸵鸟 | 20 |
| 2143 | 普安县（黔） | 鸵鸟 | 20 |
| 2144 | 易门县（滇） | 鸵鸟 | 20 |
| 2145 | 土默特右旗（内蒙古） | 鸵鸟 | 15 |
| 2146 | 颍上县（皖） | 鸵鸟 | 15 |
| 2147 | 浑南区（辽） | 鸵鸟 | 11 |
| 2148 | 陇川县（滇） | 鸵鸟 | 10 |
| 2149 | 广丰县（赣） | 非洲鸵鸟 | 500 |
| 2150 | 晋宁县（滇） | 非洲鸵鸟 | 240 |
| 2151 | 文山市（滇） | 非洲鸵鸟 | 130 |
| 2152 | 三门县（浙） | 非洲鸵鸟 | 80 |
| 2153 | 开远市（滇） | 非洲鸵鸟 | 30 |
| 2154 | 颍上县（皖） | 非洲鸵鸟 | 10 |
| 2155 | 光山县（豫） | 大美洲驼 | 500 |

（续）

| 序号 | 主产地 | 动物种类 | 驯养数量（只、头、条） |
|---|---|---|---|
| 2156 | 巴东县（鄂） | 蜈蚣 | 7251000 |
| 2157 | 淳安县（浙） | 蜈蚣 | 20000 |
| 2158 | 侯马市（晋） | 蝎子 | 50000 |
| 2159 | 内江市市中区（川） | 蝎子 | 30000 |
| 2160 | 乌拉特后旗（内蒙古） | 石鸡 | 40000 |
| 2161 | 淳安县（浙） | 石鸡 | 18500 |
| 2162 | 红古区（甘） | 石鸡 | 8000 |
| 2163 | 东营区（鲁） | 石鸡 | 2500 |
| 2164 | 东河区（内蒙古） | 石鸡 | 950 |
| 2165 | 乌兰浩特市（内蒙古） | 石鸡 | 850 |
| 2166 | 西夏区（宁） | 石鸡 | 600 |
| 2167 | 赤城县（冀） | 石鸡 | 400 |
| 2168 | 景谷傣族彝族自治县（滇） | 石鸡 | 320 |
| 2169 | 克什克腾旗（内蒙古） | 石鸡 | 150 |
| 2170 | 三台县（川） | 白腹锦鸡 | 42000 |
| 2171 | 安丘市（鲁） | 白腹锦鸡 | 2020 |
| 2172 | 永顺县（湘） | 白腹锦鸡 | 500 |
| 2173 | 浑源县（晋） | 白腹锦鸡 | 300 |
| 2174 | 奉贤区（沪） | 白腹锦鸡 | 150 |
| 2175 | 周村区（鲁） | 白腹锦鸡 | 100 |
| 2176 | 宁国市（皖） | 白腹锦鸡 | 73 |
| 2177 | 江川县（滇） | 白腹锦鸡 | 50 |
| 2178 | 禹州市（豫） | 白腹锦鸡 | 25 |
| 2179 | 彭州市（川） | 白腹锦鸡 | 12 |
| 2180 | 惠民县（鲁） | 白腹锦鸡 | 10 |
| 2181 | 浑江区（吉） | 山鸡 | 1110000 |
| 2182 | 江口县（黔） | 山鸡 | 50000 |
| 2183 | 金洞林场（湘） | 山鸡 | 50000 |
| 2184 | 寻甸回族彝族自治县（滇） | 山鸡 | 50000 |
| 2185 | 平原县（鲁） | 山鸡 | 30000 |
| 2186 | 温岭市（浙） | 山鸡 | 24000 |
| 2187 | 绥江县（滇） | 山鸡 | 14000 |
| 2188 | 苍南县（浙） | 山鸡 | 10000 |
| 2189 | 通城县（鄂） | 山鸡 | 8000 |
| 2190 | 松山区（内蒙古） | 山鸡 | 5000 |
| 2191 | 增城区（粤） | 山鸡 | 5000 |
| 2192 | 攀枝花市西区（川） | 山鸡 | 4500 |
| 2193 | 克什克腾旗（内蒙古） | 山鸡 | 2500 |
| 2194 | 渭源县（甘） | 山鸡 | 2000 |
| 2195 | 万盛区（渝） | 山鸡 | 1500 |
| 2196 | 沿河土家族自治县（黔） | 山鸡 | 1500 |
| 2197 | 英德市（粤） | 山鸡 | 1500 |
| 2198 | 禄丰县（滇） | 山鸡 | 1300 |
| 2199 | 峨山彝族自治县（滇） | 山鸡 | 1200 |

(续)

| 序号 | 主产地 | 动物种类 | 驯养数量（只、头、条） |
|---|---|---|---|
| 2200 | 盐津县(滇) | 山鸡 | 1000 |
| 2201 | 元宝山区(内蒙古) | 山鸡 | 1000 |
| 2202 | 清城区(粤) | 山鸡 | 900 |
| 2203 | 舞钢市(豫) | 山鸡 | 800 |
| 2204 | 湘潭县(湘) | 山鸡 | 630 |
| 2205 | 户　县(陕) | 山鸡 | 500 |
| 2206 | 围场满族蒙古族自治县(冀) | 山鸡 | 500 |
| 2207 | 中宁县(宁) | 山鸡 | 300 |
| 2208 | 开鲁县(内蒙古) | 山鸡 | 200 |
| 2209 | 湘乡市(湘) | 山鸡 | 200 |
| 2210 | 紫金县(粤) | 山鸡 | 150 |
| 2211 | 额尔古纳市(内蒙古) | 山鸡 | 113 |
| 2212 | 大英县(川) | 七彩山鸡 | 220000 |
| 2213 | 承德县(冀) | 七彩山鸡 | 180200 |
| 2214 | 黄山区(皖) | 七彩山鸡 | 100000 |
| 2215 | 三台县(川) | 七彩山鸡 | 90000 |
| 2216 | 颍州区(皖) | 七彩山鸡 | 85000 |
| 2217 | 平利县(陕) | 七彩山鸡 | 60000 |
| 2218 | 榕江县(黔) | 七彩山鸡 | 37000 |
| 2219 | 富宁县(滇) | 七彩山鸡 | 27500 |
| 2220 | 颍上县(皖) | 七彩山鸡 | 19402 |
| 2221 | 永定区(湘) | 七彩山鸡 | 17500 |
| 2222 | 旌阳区(川) | 七彩山鸡 | 15180 |
| 2223 | 瑞金市(赣) | 七彩山鸡 | 14500 |
| 2224 | 武隆县(渝) | 七彩山鸡 | 12000 |
| 2225 | 兴义市(黔) | 七彩山鸡 | 12000 |
| 2226 | 都江堰市(川) | 七彩山鸡 | 11050 |
| 2227 | 南江县(川) | 七彩山鸡 | 10740 |
| 2228 | 威远县(川) | 七彩山鸡 | 10242 |
| 2229 | 建昌县(辽) | 七彩山鸡 | 10000 |
| 2230 | 陆川县(桂) | 七彩山鸡 | 10000 |
| 2231 | 灌阳县(桂) | 七彩山鸡 | 8000 |
| 2232 | 昭阳区(滇) | 七彩山鸡 | 7400 |
| 2233 | 徽州区(皖) | 七彩山鸡 | 6000 |
| 2234 | 玉龙纳西族自治县(滇) | 七彩山鸡 | 6000 |
| 2235 | 巴东县(鄂) | 七彩山鸡 | 5650 |
| 2236 | 渝北区(渝) | 七彩山鸡 | 5200 |
| 2237 | 钟祥市(鄂) | 七彩山鸡 | 5100 |
| 2238 | 安　县(川) | 七彩山鸡 | 5000 |
| 2239 | 鼎城区(湘) | 七彩山鸡 | 5000 |
| 2240 | 含山县(皖) | 七彩山鸡 | 5000 |
| 2241 | 罗平县(滇) | 七彩山鸡 | 5000 |
| 2242 | 七里河区(甘) | 七彩山鸡 | 5000 |
| 2243 | 电白区(粤) | 七彩山鸡 | 4000 |

(续)

| 序号 | 主产地 | 动物种类 | 驯养数量（只、头、条） |
|---|---|---|---|
| 2244 | 耒阳市(湘) | 七彩山鸡 | 4000 |
| 2245 | 迁西县(冀) | 七彩山鸡 | 2900 |
| 2246 | 武定县(滇) | 七彩山鸡 | 2500 |
| 2247 | 祥云县(滇) | 七彩山鸡 | 2500 |
| 2248 | 平乐县(桂) | 七彩山鸡 | 2104 |
| 2249 | 茶陵县(湘) | 七彩山鸡 | 2000 |
| 2250 | 大石桥市(辽) | 七彩山鸡 | 2000 |
| 2251 | 蒙自市(滇) | 七彩山鸡 | 2000 |
| 2252 | 桐城市(皖) | 七彩山鸡 | 2000 |
| 2253 | 忻城县(桂) | 七彩山鸡 | 2000 |
| 2254 | 永顺县(湘) | 七彩山鸡 | 2000 |
| 2255 | 舟曲县(甘) | 七彩山鸡 | 2000 |
| 2256 | 诸暨市(浙) | 七彩山鸡 | 2000 |
| 2257 | 南溪县(川) | 七彩山鸡 | 1950 |
| 2258 | 井陉矿区(冀) | 七彩山鸡 | 1500 |
| 2259 | 湘潭县(湘) | 七彩山鸡 | 1500 |
| 2260 | 云龙县(滇) | 七彩山鸡 | 1500 |
| 2261 | 南华县(滇) | 七彩山鸡 | 1060 |
| 2262 | 长阳土家族自治县(鄂) | 七彩山鸡 | 1020 |
| 2263 | 安岳县(川) | 七彩山鸡 | 1000 |
| 2264 | 龙马潭区(川) | 七彩山鸡 | 1000 |
| 2265 | 青铜峡市(宁) | 七彩山鸡 | 1000 |
| 2266 | 嵩　县(豫) | 七彩山鸡 | 1000 |
| 2267 | 万盛区(渝) | 七彩山鸡 | 1000 |
| 2268 | 扎兰屯市(内蒙古) | 七彩山鸡 | 1000 |
| 2269 | 宜都市(鄂) | 七彩山鸡 | 850 |
| 2270 | 麦积区(甘) | 七彩山鸡 | 800 |
| 2271 | 中宁县(宁) | 七彩山鸡 | 800 |
| 2272 | 枣阳市(鄂) | 七彩山鸡 | 750 |
| 2273 | 开　县(渝) | 七彩山鸡 | 720 |
| 2274 | 平桥区(豫) | 七彩山鸡 | 600 |
| 2275 | 巧家县(滇) | 七彩山鸡 | 600 |
| 2276 | 舒城县(皖) | 七彩山鸡 | 530 |
| 2277 | 赤城县(冀) | 七彩山鸡 | 500 |
| 2278 | 翠屏区(川) | 七彩山鸡 | 500 |
| 2279 | 屏山县(川) | 七彩山鸡 | 500 |
| 2280 | 乳源瑶族自治县(粤) | 七彩山鸡 | 500 |
| 2281 | 武鸣县(桂) | 七彩山鸡 | 500 |
| 2282 | 攸　县(湘) | 七彩山鸡 | 500 |
| 2283 | 始兴县(粤) | 七彩山鸡 | 300 |
| 2284 | 盐津县(滇) | 七彩山鸡 | 300 |
| 2285 | 长宁县(川) | 七彩山鸡 | 300 |
| 2286 | 阳谷县(鲁) | 七彩山鸡 | 260 |
| 2287 | 绩溪县(皖) | 七彩山鸡 | 250 |

（续）

| 序号 | 主产地 | 动物种类 | 驯养数量（只、头、条） |
|---|---|---|---|
| 2288 | 奉节县（渝） | 七彩山鸡 | 240 |
| 2289 | 沙湾区（川） | 七彩山鸡 | 200 |
| 2290 | 泰和县（赣） | 七彩山鸡 | 200 |
| 2291 | 桐庐县（浙） | 七彩山鸡 | 200 |
| 2292 | 永平县（滇） | 七彩山鸡 | 200 |
| 2293 | 牟定县（滇） | 七彩山鸡 | 170 |
| 2294 | 西山区（滇） | 七彩山鸡 | 150 |
| 2295 | 象山县（浙） | 七彩山鸡 | 150 |
| 2296 | 宾川县（滇） | 七彩山鸡 | 100 |
| 2297 | 华池县（甘） | 七彩山鸡 | 100 |
| 2298 | 彭山区（川） | 七彩山鸡 | 100 |
| 2299 | 永康市（浙） | 七彩山鸡 | 100 |
| 2300 | 扎鲁特旗（内蒙古） | 沙鸡 | 700 |
| 2301 | 额尔古纳市（内蒙古） | 沙鸡 | 113 |
| 2302 | 卢氏县（豫） | 红腹锦鸡 | 4030 |
| 2303 | 九寨沟县（川） | 红腹锦鸡 | 2300 |
| 2304 | 安丘市（鲁） | 红腹锦鸡 | 2020 |
| 2305 | 青铜峡市（宁） | 红腹锦鸡 | 2000 |
| 2306 | 瑞昌市（赣） | 红腹锦鸡 | 690 |
| 2307 | 永顺县（湘） | 红腹锦鸡 | 500 |
| 2308 | 奉贤区（沪） | 红腹锦鸡 | 412 |
| 2309 | 白河县（陕） | 红腹锦鸡 | 360 |
| 2310 | 都江堰市（川） | 红腹锦鸡 | 300 |
| 2311 | 佛坪县（陕） | 红腹锦鸡 | 300 |
| 2312 | 文　县（甘） | 红腹锦鸡 | 300 |
| 2313 | 湘潭县（湘） | 红腹锦鸡 | 230 |
| 2314 | 户　县（陕） | 红腹锦鸡 | 200 |
| 2315 | 屈家岭管理区（鄂） | 红腹锦鸡 | 200 |
| 2316 | 宁国市（皖） | 红腹锦鸡 | 151 |
| 2317 | 洋　县（陕） | 红腹锦鸡 | 136 |
| 2318 | 河口区（鲁） | 红腹锦鸡 | 100 |
| 2319 | 内江市市中区（川） | 红腹锦鸡 | 100 |
| 2320 | 周村区（鲁） | 红腹锦鸡 | 100 |
| 2321 | 北戴河区（冀） | 红腹锦鸡 | 84 |
| 2322 | 江川县（滇） | 红腹锦鸡 | 50 |
| 2323 | 彭州市（川） | 红腹锦鸡 | 36 |
| 2324 | 广饶县（鲁） | 红腹锦鸡 | 30 |
| 2325 | 鼎城区（湘） | 红腹锦鸡 | 20 |
| 2326 | 惠民县（鲁） | 红腹锦鸡 | 20 |
| 2327 | 禹州市（豫） | 红腹锦鸡 | 17 |
| 2328 | 颍上县（皖） | 红腹锦鸡 | 10 |
| 2329 | 合作市（甘） | 珠鸡 | 10000 |
| 2330 | 承德县（冀） | 珠鸡 | 5000 |
| 2331 | 洮南市（吉） | 珠鸡 | 2600 |

（续）

| 序号 | 主产地 | 动物种类 | 驯养数量（只、头、条） |
|---|---|---|---|
| 2332 | 都江堰市（川） | 珠鸡 | 2200 |
| 2333 | 察哈尔右翼前旗（内蒙古） | 珠鸡 | 2000 |
| 2334 | 集宁区（内蒙古） | 珠鸡 | 2000 |
| 2335 | 青铜峡市（宁） | 珠鸡 | 2000 |
| 2336 | 乌兰浩特市（内蒙古） | 珠鸡 | 1750 |
| 2337 | 察哈尔右翼中旗（内蒙古） | 珠鸡 | 1500 |
| 2338 | 贺兰县（宁） | 珠鸡 | 920 |
| 2339 | 赤城县（冀） | 珠鸡 | 600 |
| 2340 | 禹州市（豫） | 珠鸡 | 430 |
| 2341 | 扎鲁特旗（内蒙古） | 珠鸡 | 400 |
| 2342 | 北戴河区（冀） | 珠鸡 | 320 |
| 2343 | 科尔沁左翼中旗（内蒙古） | 珠鸡 | 280 |
| 2344 | 奈曼旗（内蒙古） | 珠鸡 | 180 |
| 2345 | 屈家岭管理区（鄂） | 珠鸡 | 100 |
| 2346 | 克什克腾旗（内蒙古） | 珠鸡 | 40 |
| 2347 | 临猗县（晋） | 珠鸡 | 20 |
| 2348 | 托克托县（内蒙古） | 珠鸡 | 10 |
| 2349 | 柞水县（陕） | 火鸡 | 4025 |
| 2350 | 松山区（内蒙古） | 火鸡 | 3000 |
| 2351 | 青铜峡市（宁） | 火鸡 | 1000 |
| 2352 | 乌兰浩特市（内蒙古） | 火鸡 | 850 |
| 2353 | 邵阳县（湘） | 火鸡 | 600 |
| 2354 | 长宁县（川） | 火鸡 | 350 |
| 2355 | 广饶县（鲁） | 火鸡 | 250 |
| 2356 | 宁国市（皖） | 火鸡 | 200 |
| 2357 | 三门县（浙） | 火鸡 | 60 |
| 2358 | 都江堰市（川） | 火鸡 | 50 |
| 2359 | 薛城区（鲁） | 火鸡 | 24 |
| 2360 | 井陉矿区（冀） | 火鸡 | 15 |
| 2361 | 浑南区（辽） | 火鸡 | 13 |
| 2362 | 安丘市（鲁） | 火鸡 | 10 |
| 2363 | 湘潭县（湘） | 野鸡 | 34200 |
| 2364 | 巴东县（鄂） | 野鸡 | 25760 |
| 2365 | 南川区（渝） | 野鸡 | 25000 |
| 2366 | 东丰县（吉） | 野鸡 | 22000 |
| 2367 | 蓝山县（湘） | 野鸡 | 20000 |
| 2368 | 栾川县（豫） | 野鸡 | 18800 |
| 2369 | 竹山县（鄂） | 野鸡 | 15000 |
| 2370 | 瑞丽市（滇） | 野鸡 | 11400 |
| 2371 | 内江市市中区（川） | 野鸡 | 11000 |
| 2372 | 临泽县（甘） | 野鸡 | 10600 |
| 2373 | 乌拉特后旗（内蒙古） | 野鸡 | 10000 |
| 2374 | 新平彝族傣族自治县（滇） | 野鸡 | 8000 |
| 2375 | 梓潼县（川） | 野鸡 | 8000 |

(续)

| 序号 | 主产地 | 动物种类 | 驯养数量(只、头、条) |
|---|---|---|---|
| 2376 | 北安市(黑) | 野鸡 | 6900 |
| 2377 | 安陆市(鄂) | 野鸡 | 6000 |
| 2378 | 东安县(湘) | 野鸡 | 6000 |
| 2379 | 南溪县(川) | 野鸡 | 4980 |
| 2380 | 淅川县(豫) | 野鸡 | 4500 |
| 2381 | 兴安县(桂) | 野鸡 | 4500 |
| 2382 | 永胜县(滇) | 野鸡 | 4000 |
| 2383 | 乌兰浩特市(内蒙古) | 野鸡 | 3710 |
| 2384 | 韩城市林业局(陕) | 野鸡 | 3600 |
| 2385 | 北湖区(湘) | 野鸡 | 3100 |
| 2386 | 翠屏区(川) | 野鸡 | 3100 |
| 2387 | 小金县(川) | 野鸡 | 3010 |
| 2388 | 师宗县(滇) | 野鸡 | 3000 |
| 2389 | 永川区(渝) | 野鸡 | 3000 |
| 2390 | 赤城县(冀) | 野鸡 | 2800 |
| 2391 | 开　县(渝) | 野鸡 | 2700 |
| 2392 | 察哈尔右翼中旗(内蒙古) | 野鸡 | 2650 |
| 2393 | 广饶县(鲁) | 野鸡 | 2600 |
| 2394 | 赫山区(湘) | 野鸡 | 2200 |
| 2395 | 安居区(川) | 野鸡 | 2000 |
| 2396 | 察哈尔右翼前旗(内蒙古) | 野鸡 | 2000 |
| 2397 | 奉节县(渝) | 野鸡 | 2000 |
| 2398 | 集安市(吉) | 野鸡 | 2000 |
| 2399 | 双峰县(湘) | 野鸡 | 2000 |
| 2400 | 翁牛特旗(内蒙古) | 野鸡 | 2000 |
| 2401 | 新晃侗族自治县(湘) | 野鸡 | 2000 |
| 2402 | 游仙区(川) | 野鸡 | 2000 |
| 2403 | 余江县(赣) | 野鸡 | 2000 |
| 2404 | 扎鲁特旗(内蒙古) | 野鸡 | 1770 |
| 2405 | 兴国县(赣) | 野鸡 | 1500 |
| 2406 | 长丰县(皖) | 野鸡 | 1350 |
| 2407 | 牟定县(滇) | 野鸡 | 1300 |
| 2408 | 大关县(滇) | 野鸡 | 1250 |
| 2409 | 陆良县(滇) | 野鸡 | 1200 |
| 2410 | 颍上县(皖) | 野鸡 | 1200 |
| 2411 | 长安区(陕) | 野鸡 | 1180 |
| 2412 | 利辛县(皖) | 野鸡 | 1100 |
| 2413 | 侯马市(晋) | 野鸡 | 1000 |
| 2414 | 林西县(内蒙古) | 野鸡 | 1000 |
| 2415 | 西夏区(宁) | 野鸡 | 1000 |
| 2416 | 喜德县(川) | 野鸡 | 1000 |
| 2417 | 原阳县(豫) | 野鸡 | 1000 |
| 2418 | 芒　市(滇) | 野鸡 | 800 |
| 2419 | 舞钢市(豫) | 野鸡 | 800 |

(续)

| 序号 | 主产地 | 动物种类 | 驯养数量(只、头、条) |
|---|---|---|---|
| 2420 | 华宁县(滇) | 野鸡 | 700 |
| 2421 | 垫江县(渝) | 野鸡 | 500 |
| 2422 | 宁国市(皖) | 野鸡 | 500 |
| 2423 | 井冈山市(赣) | 野鸡 | 350 |
| 2424 | 杭锦后旗(内蒙古) | 野鸡 | 300 |
| 2425 | 夹江县(川) | 野鸡 | 300 |
| 2426 | 马龙县(滇) | 野鸡 | 300 |
| 2427 | 科尔沁左翼中旗(内蒙古) | 野鸡 | 200 |
| 2428 | 峄城区(鲁) | 野鸡 | 200 |
| 2429 | 沾益县(滇) | 野鸡 | 200 |
| 2430 | 土默特右旗(内蒙古) | 野鸡 | 120 |
| 2431 | 巴马瑶族自治县(桂) | 野鸡 | 100 |
| 2432 | 江达县(藏) | 野鸡 | 100 |
| 2433 | 柯桥区(浙) | 野鸡 | 100 |
| 2434 | 湘乡市(湘) | 野鸡 | 50 |
| 2435 | 房　县(鄂) | 野鸡 | 40 |
| 2436 | 托克托县(内蒙古) | 野鸡 | 17 |
| 2437 | 宣威市(滇) | 贵妃鸡 | 12000 |
| 2438 | 平桥区(豫) | 贵妃鸡 | 7000 |
| 2439 | 含山县(皖) | 贵妃鸡 | 2000 |
| 2440 | 青铜峡市(宁) | 贵妃鸡 | 2000 |
| 2441 | 广饶县(鲁) | 贵妃鸡 | 1400 |
| 2442 | 开　县(渝) | 贵妃鸡 | 150 |
| 2443 | 六枝特区(黔) | 雉鸡 | 12000 |
| 2444 | 英德市(粤) | 雉鸡 | 7000 |
| 2445 | 靖州苗族侗族自治县(湘) | 雉鸡 | 5000 |
| 2446 | 黔江区(渝) | 雉鸡 | 2000 |
| 2447 | 巍山彝族回族自治县(滇) | 雉鸡 | 2000 |
| 2448 | 桃江县(湘) | 雉鸡 | 1600 |
| 2449 | 椒江区(浙) | 雉鸡 | 1020 |
| 2450 | 路桥区(浙) | 雉鸡 | 650 |
| 2451 | 沿河土家族自治县(黔) | 雉鸡 | 600 |
| 2452 | 和平县(粤) | 雉鸡 | 300 |
| 2453 | 额尔古纳市(内蒙古) | 雉鸡 | 230 |
| 2454 | 永仁县(滇) | 雉鸡 | 220 |
| 2455 | 华坪县(滇) | 雉鸡 | 123 |
| 2456 | 海盐县(浙) | 绿头鸭 | 267300 |
| 2457 | 洪湖市(鄂) | 绿头鸭 | 50000 |
| 2458 | 奉化区(浙) | 绿头鸭 | 25000 |
| 2459 | 辽阳县(辽) | 绿头鸭 | 20000 |
| 2460 | 慈溪市(浙) | 绿头鸭 | 18000 |
| 2461 | 京山县(鄂) | 绿头鸭 | 13000 |
| 2462 | 苍南县(浙) | 绿头鸭 | 11500 |
| 2463 | 君山区(湘) | 绿头鸭 | 3700 |

（续）

| 序号 | 主产地 | 动物种类 | 驯养数量（只、头、条） |
|---|---|---|---|
| 2464 | 太湖县（皖） | 绿头鸭 | 2500 |
| 2465 | 泰和县（赣） | 绿头鸭 | 2100 |
| 2466 | 桐城市（皖） | 绿头鸭 | 2000 |
| 2467 | 望江县（皖） | 绿头鸭 | 1800 |
| 2468 | 芜湖县（皖） | 绿头鸭 | 1000 |
| 2469 | 贺兰县（宁） | 绿头鸭 | 866 |
| 2470 | 利辛县（皖） | 绿头鸭 | 300 |
| 2471 | 禹州市（豫） | 绿头鸭 | 260 |
| 2472 | 科尔沁左翼中旗（内蒙古） | 绿头鸭 | 200 |
| 2473 | 永宁县（宁） | 绿头鸭 | 131 |
| 2474 | 都江堰市（川） | 绿头鸭 | 120 |
| 2475 | 鹤城区（湘） | 绿头鸭 | 100 |
| 2476 | 铅山县（赣） | 绿头野鸭 | 34000 |
| 2477 | 来凤县（鄂） | 绿头野鸭 | 30000 |
| 2478 | 莲都区（浙） | 绿头野鸭 | 12000 |
| 2479 | 拜泉县（黑） | 绿头野鸭 | 10000 |
| 2480 | 安新县（冀） | 绿头野鸭 | 9000 |
| 2481 | 宜秀区（皖） | 绿头野鸭 | 4770 |
| 2482 | 光山县（豫） | 绿头野鸭 | 4000 |
| 2483 | 玉龙纳西族自治县（滇） | 绿头野鸭 | 2800 |
| 2484 | 昌邑区（吉） | 绿头野鸭 | 2600 |
| 2485 | 桐乡市（浙） | 绿头野鸭 | 2500 |
| 2486 | 包河区（皖） | 绿头野鸭 | 2000 |
| 2487 | 广饶县（鲁） | 绿头野鸭 | 1200 |
| 2488 | 都江堰市（川） | 绿头野鸭 | 500 |
| 2489 | 颍上县（皖） | 绿头野鸭 | 110 |
| 2490 | 监利县（鄂） | 斑嘴鸭 | 800000 |
| 2491 | 温岭市（浙） | 斑嘴鸭 | 35000 |
| 2492 | 永修县（赣） | 斑嘴鸭 | 23200 |
| 2493 | 望江县（皖） | 斑嘴鸭 | 9395 |
| 2494 | 鼎城区（湘） | 斑嘴鸭 | 5000 |
| 2495 | 茶陵县（湘） | 斑嘴鸭 | 3000 |
| 2496 | 鹤城区（湘） | 斑嘴鸭 | 2000 |
| 2497 | 太湖县（皖） | 斑嘴鸭 | 1000 |
| 2498 | 兰溪市（浙） | 斑嘴鸭 | 800 |
| 2499 | 丘北县（滇） | 斑嘴鸭 | 800 |
| 2500 | 翁牛特旗（内蒙古） | 斑嘴鸭 | 400 |
| 2501 | 巢湖市（皖） | 斑嘴鸭 | 300 |
| 2502 | 颍上县（皖） | 斑嘴鸭 | 200 |
| 2503 | 永宁县（宁） | 斑嘴鸭 | 127 |
| 2504 | 江川县（滇） | 黑天鹅 | 220 |
| 2505 | 光山县（豫） | 黑天鹅 | 200 |
| 2506 | 河口区（鲁） | 黑天鹅 | 200 |
| 2507 | 邛崃市（川） | 黑天鹅 | 200 |

（续）

| 序号 | 主产地 | 动物种类 | 驯养数量（只、头、条） |
|---|---|---|---|
| 2508 | 奉贤区（沪） | 黑天鹅 | 150 |
| 2509 | 望江县（皖） | 黑天鹅 | 130 |
| 2510 | 丘北县（滇） | 黑天鹅 | 123 |
| 2511 | 颍上县（皖） | 黑天鹅 | 91 |
| 2512 | 惠民县（鲁） | 黑天鹅 | 57 |
| 2513 | 富阳区（浙） | 黑天鹅 | 28 |
| 2514 | 浑南区（辽） | 黑天鹅 | 24 |
| 2515 | 湘潭县（湘） | 黑天鹅 | 10 |
| 2516 | 泸　县（川） | 白天鹅 | 5000 |
| 2517 | 南涧彝族自治县（滇） | 白天鹅 | 4000 |
| 2518 | 城步苗族自治县（湘） | 白天鹅 | 3000 |
| 2519 | 威远县（川） | 白天鹅 | 800 |
| 2520 | 广丰县（赣） | 白天鹅 | 500 |
| 2521 | 河口区（鲁） | 白天鹅 | 200 |
| 2522 | 内江市市中区（川） | 白天鹅 | 180 |
| 2523 | 丘北县（滇） | 白天鹅 | 122 |
| 2524 | 邻水县（川） | 白天鹅 | 100 |
| 2525 | 阳谷县（鲁） | 白天鹅 | 92 |
| 2526 | 望江县（皖） | 白天鹅 | 20 |
| 2527 | 惠民县（鲁） | 白天鹅 | 10 |
| 2528 | 芜湖县（皖） | 灰天鹅 | 35000 |
| 2529 | 温岭市（浙） | 灰天鹅 | 17000 |
| 2530 | 临海市（浙） | 灰天鹅 | 9900 |
| 2531 | 椒江区（浙） | 灰天鹅 | 1000 |
| 2532 | 永川区（渝） | 灰天鹅 | 1000 |
| 2533 | 三门县（浙） | 灰天鹅 | 900 |
| 2534 | 洪江市（湘） | 灰天鹅 | 400 |
| 2535 | 江津区（渝） | 灰天鹅 | 150 |
| 2536 | 望江县（皖） | 灰天鹅 | 16 |
| 2537 | 望江县（皖） | 疣鼻天鹅 | 16 |
| 2538 | 藁城区（冀） | 鹌鹑 | 221000 |
| 2539 | 舒兰市（吉） | 鹌鹑 | 15000 |
| 2540 | 东丰县（吉） | 鹌鹑 | 11000 |
| 2541 | 浠水县（鄂） | 鹌鹑 | 2000 |
| 2542 | 井陉矿区（冀） | 鹌鹑 | 1500 |
| 2543 | 新安县（豫） | 鹌鹑 | 1300 |
| 2544 | 桐城市（皖） | 鹌鹑 | 1200 |
| 2545 | 和平县（粤） | 鹌鹑 | 1000 |
| 2546 | 安丘市（鲁） | 鸳鸯 | 820 |
| 2547 | 奉贤区（沪） | 鸳鸯 | 310 |
| 2548 | 湘潭县（湘） | 鸳鸯 | 260 |
| 2549 | 来安县（皖） | 鸳鸯 | 115 |
| 2550 | 安福县（赣） | 鸳鸯 | 100 |
| 2551 | 颍上县（皖） | 鸳鸯 | 32 |

(续)

| 序号 | 主产地 | 动物种类 | 驯养数量(只、头、条) |
|---|---|---|---|
| 2552 | 浑南区(辽) | 鸳鸯 | 23 |
| 2553 | 禹州市(豫) | 鸳鸯 | 15 |
| 2554 | 栾川县(豫) | 鹧鸪 | 15500 |
| 2555 | 兴国县(赣) | 鹧鸪 | 10000 |
| 2556 | 都江堰市(川) | 鹧鸪 | 1650 |
| 2557 | 中宁县(宁) | 鹧鸪 | 1450 |
| 2558 | 苍南县(浙) | 鹧鸪 | 1000 |
| 2559 | 和平县(粤) | 鹧鸪 | 1000 |
| 2560 | 禹州市(豫) | 鹧鸪 | 451 |
| 2561 | 奈曼旗(内蒙古) | 鹧鸪 | 90 |
| 2562 | 浑南区(辽) | 鹧鸪 | 10 |
| 2563 | 利川市(鄂) | 中华大蟾蜍 | 2156000 |
| 2564 | 昌邑区(吉) | 中华大蟾蜍 | 50000 |
| 2565 | 屏山县(川) | 中华大蟾蜍 | 20000 |
| 2566 | 浦江县(浙) | 中华大蟾蜍 | 20000 |
| 2567 | 旌德县(皖) | 中华大蟾蜍 | 13000 |
| 2568 | 颍上县(皖) | 中华大蟾蜍 | 5000 |
| 2569 | 寒亭区(鲁) | 牡丹鹦鹉 | 50 |
| 2570 | 邛崃市(川) | 牡丹鹦鹉 | 50 |
| 2571 | 桃江县(湘) | 牡丹鹦鹉 | 5 |
| 2572 | 花都区(粤) | 金刚鹦鹉 | 460 |
| 2573 | 寒亭区(鲁) | 金刚鹦鹉 | 30 |
| 2574 | 湘乡市(湘) | 金刚鹦鹉 | 20 |
| 2575 | 桃江县(湘) | 金刚鹦鹉 | 6 |
| 2576 | 颍上县(皖) | 金刚鹦鹉 | 6 |
| 2577 | 云梦县(鄂) | 虎皮鹦鹉 | 800000 |
| 2578 | 获嘉县(豫) | 虎皮鹦鹉 | 2000 |
| 2579 | 颍上县(皖) | 虎皮鹦鹉 | 120 |
| 2580 | 五华区(滇) | 虎皮鹦鹉 | 20 |
| 2581 | 浑南区(辽) | 虎皮鹦鹉 | 17 |
| 2582 | 桃江县(湘) | 虎皮鹦鹉 | 12 |
| 2583 | 颍上县(皖) | 鸡尾鹦鹉 | 9 |
| 2584 | 浑南区(辽) | 鸡尾鹦鹉 | 1 |
| 2585 | 通城县(鄂) | 凤头鹦鹉 | 1000 |
| 2586 | 桃江县(湘) | 凤头鹦鹉 | 10 |
| 2587 | 颍上县(皖) | 凤头鹦鹉 | 7 |
| 2588 | 获嘉县(豫) | 费氏牡丹鹦鹉 | 1400 |
| 2589 | 桃江县(湘) | 费氏牡丹鹦鹉 | 10 |
| 2590 | 上高县(赣) | 非洲鹦鹉 | 290 |
| 2591 | 嘉峪关市(甘) | 非洲鹦鹉 | 66 |
| 2592 | 定海区(浙) | 非洲鹦鹉 | 50 |
| 2593 | 寒亭区(鲁) | 非洲鹦鹉 | 50 |
| 2594 | 望江县(皖) | 非洲鹦鹉 | 38 |
| 2595 | 桃江县(湘) | 非洲鹦鹉 | 20 |
| 2596 | 蓝山县(湘) | 白鹇 | 2000 |
| 2597 | 始兴县(粤) | 白鹇 | 800 |
| 2598 | 大余县(赣) | 白鹇 | 610 |
| 2599 | 安丘市(鲁) | 白鹇 | 300 |
| 2600 | 宁国市(皖) | 白鹇 | 228 |
| 2601 | 湘潭县(湘) | 白鹇 | 200 |
| 2602 | 北戴河区(冀) | 白鹇 | 131 |
| 2603 | 禹州市(豫) | 白鹇 | 15 |
| 2604 | 奉贤区(沪) | 白鹇 | 12 |
| 2605 | 望江县(皖) | 斑头雁 | 1375 |
| 2606 | 西山区(滇) | 斑头雁 | 800 |
| 2607 | 丘北县(滇) | 斑头雁 | 400 |
| 2608 | 江川县(滇) | 斑头雁 | 200 |
| 2609 | 武威市市辖区(甘) | 斑头雁 | 23 |
| 2610 | 浑南区(辽) | 斑头雁 | 22 |
| 2611 | 惠民县(鲁) | 斑头雁 | 20 |
| 2612 | 渑池县(豫) | 大雁 | 32000 |
| 2613 | 永修县(赣) | 大雁 | 18500 |
| 2614 | 拜泉县(黑) | 大雁 | 10500 |
| 2615 | 梁子湖区(鄂) | 大雁 | 10000 |
| 2616 | 彭泽县(赣) | 大雁 | 10000 |
| 2617 | 邛崃市(川) | 大雁 | 10000 |
| 2618 | 咸丰县(鄂) | 大雁 | 10000 |
| 2619 | 茶陵县(湘) | 大雁 | 5000 |
| 2620 | 阎良区(陕) | 大雁 | 3600 |
| 2621 | 抚远县(黑) | 大雁 | 3000 |
| 2622 | 浏阳市(湘) | 大雁 | 3000 |
| 2623 | 桐城市(皖) | 大雁 | 3000 |
| 2624 | 周村区(鲁) | 大雁 | 3000 |
| 2625 | 洮南市(吉) | 大雁 | 2670 |
| 2626 | 来凤县(鄂) | 大雁 | 2000 |
| 2627 | 科尔沁左翼中旗(内蒙古) | 大雁 | 1820 |
| 2628 | 临安市(浙) | 大雁 | 1200 |
| 2629 | 安阳县(豫) | 大雁 | 1000 |
| 2630 | 鼎城区(湘) | 大雁 | 1000 |
| 2631 | 黎城县(晋) | 大雁 | 1000 |
| 2632 | 丘北县(滇) | 大雁 | 1000 |
| 2633 | 宜秀区(皖) | 大雁 | 900 |
| 2634 | 威远县(川) | 大雁 | 750 |
| 2635 | 鹤城区(湘) | 大雁 | 600 |
| 2636 | 让胡路区(黑) | 大雁 | 540 |
| 2637 | 望江县(皖) | 大雁 | 540 |
| 2638 | 光山县(豫) | 大雁 | 500 |
| 2639 | 建德市(浙) | 大雁 | 360 |

（续）

| 序号 | 主产地 | 动物种类 | 驯养数量（只、头、条） |
|---|---|---|---|
| 2640 | 广饶县(鲁) | 大雁 | 350 |
| 2641 | 沂源县(鲁) | 大雁 | 302 |
| 2642 | 和平县(粤) | 大雁 | 300 |
| 2643 | 惠城区(粤) | 大雁 | 300 |
| 2644 | 东营区(鲁) | 大雁 | 230 |
| 2645 | 永康市(浙) | 大雁 | 200 |
| 2646 | 泸　县(川) | 大雁 | 140 |
| 2647 | 江川县(滇) | 大雁 | 120 |
| 2648 | 林西县(内蒙古) | 大雁 | 120 |
| 2649 | 远安县(鄂) | 大雁 | 120 |
| 2650 | 额尔古纳市(内蒙古) | 大雁 | 103 |
| 2651 | 安新县(冀) | 大雁 | 100 |
| 2652 | 柯桥区(浙) | 大雁 | 100 |
| 2653 | 桐庐县(浙) | 大雁 | 100 |
| 2654 | 栾川县(豫) | 大雁 | 90 |
| 2655 | 来安县(皖) | 大雁 | 80 |
| 2656 | 澄江县(滇) | 大雁 | 50 |
| 2657 | 都江堰市(川) | 大雁 | 50 |
| 2658 | 奈曼旗(内蒙古) | 大雁 | 50 |
| 2659 | 内江市市中区(川) | 大雁 | 50 |
| 2660 | 屏山县(川) | 大雁 | 50 |
| 2661 | 湘潭县(湘) | 大雁 | 40 |
| 2662 | 颍上县(皖) | 大雁 | 28 |
| 2663 | 易门县(滇) | 大雁 | 20 |
| 2664 | 让胡路区(黑) | 鹧鸪 | 300 |
| 2665 | 彭州市(川) | 鹧鸪 | 291 |
| 2666 | 牟定县(滇) | 鹧鸪 | 240 |
| 2667 | 陇川县(滇) | 鹧鸪 | 27 |
| 2668 | 诸暨市(浙) | 鹧鸪 | 20 |
| 2669 | 浑南区(辽) | 鹧鸪 | 16 |
| 2670 | 武威市市辖区(甘) | 鹧鸪 | 4 |
| 2671 | 颍上县(皖) | 鹧鸪 | 4 |
| 2672 | 万州区(渝) | 鹧鸪 | 3 |
| 2673 | 沂源县(鲁) | 鹧鸪 | 3 |
| 2674 | 肥城市(鲁) | 鹧鸪 | 1 |
| 2675 | 乌兰浩特市(内蒙古) | 鹧鸪 | 1 |
| 2676 | 安丘市(鲁) | 环颈雉 | 50060 |
| 2677 | 芜湖县(皖) | 环颈雉 | 38000 |
| 2678 | 保康县(鄂) | 环颈雉 | 30000 |
| 2679 | 利川市(鄂) | 环颈雉 | 28000 |
| 2680 | 上饶县(赣) | 环颈雉 | 25000 |
| 2681 | 奉新县(赣) | 环颈雉 | 18100 |
| 2682 | 泾　县(皖) | 环颈雉 | 10000 |
| 2683 | 兰溪市(浙) | 环颈雉 | 10000 |

（续）

| 序号 | 主产地 | 动物种类 | 驯养数量（只、头、条） |
|---|---|---|---|
| 2684 | 临川区(赣) | 环颈雉 | 10000 |
| 2685 | 横峰县(赣) | 环颈雉 | 8000 |
| 2686 | 莲都区(浙) | 环颈雉 | 8000 |
| 2687 | 月湖区(赣) | 环颈雉 | 8000 |
| 2688 | 高安市(赣) | 环颈雉 | 6000 |
| 2689 | 香格里拉县(滇) | 环颈雉 | 5681 |
| 2690 | 湘潭县(湘) | 环颈雉 | 5300 |
| 2691 | 信丰县(赣) | 环颈雉 | 5000 |
| 2692 | 罗平县(滇) | 环颈雉 | 4500 |
| 2693 | 宜宾县(川) | 环颈雉 | 4400 |
| 2694 | 三门县(浙) | 环颈雉 | 4300 |
| 2695 | 共青城市(赣) | 环颈雉 | 4000 |
| 2696 | 衡东县(湘) | 环颈雉 | 4000 |
| 2697 | 青铜峡市(宁) | 环颈雉 | 3000 |
| 2698 | 浏阳市(湘) | 环颈雉 | 2800 |
| 2699 | 青川县(川) | 环颈雉 | 2700 |
| 2700 | 泰和县(赣) | 环颈雉 | 2605 |
| 2701 | 上高县(赣) | 环颈雉 | 2600 |
| 2702 | 中宁县(宁) | 环颈雉 | 2500 |
| 2703 | 个旧市(滇) | 环颈雉 | 2203 |
| 2704 | 都昌县(赣) | 环颈雉 | 2000 |
| 2705 | 江安县(川) | 环颈雉 | 2000 |
| 2706 | 麻栗坡县(滇) | 环颈雉 | 2000 |
| 2707 | 芷江侗族自治县(湘) | 环颈雉 | 1850 |
| 2708 | 南郑县(陕) | 环颈雉 | 1600 |
| 2709 | 鹤峰县(鄂) | 环颈雉 | 1500 |
| 2710 | 怀集县(粤) | 环颈雉 | 1200 |
| 2711 | 镇巴县(陕) | 环颈雉 | 1200 |
| 2712 | 镇海区(浙) | 环颈雉 | 1000 |
| 2713 | 长安区(陕) | 环颈雉 | 960 |
| 2714 | 樟树市(赣) | 环颈雉 | 800 |
| 2715 | 禹州市(豫) | 环颈雉 | 746 |
| 2716 | 宣恩县(鄂) | 环颈雉 | 600 |
| 2717 | 雨湖区(湘) | 环颈雉 | 500 |
| 2718 | 巴东县(鄂) | 环颈雉 | 400 |
| 2719 | 寿　县(皖) | 环颈雉 | 400 |
| 2720 | 腾冲县(滇) | 环颈雉 | 350 |
| 2721 | 京山县(鄂) | 环颈雉 | 300 |
| 2722 | 芒　市(滇) | 环颈雉 | 300 |
| 2723 | 安福县(赣) | 环颈雉 | 250 |
| 2724 | 北戴河区(冀) | 环颈雉 | 215 |
| 2725 | 崇仁县(赣) | 环颈雉 | 200 |
| 2726 | 涿州市(冀) | 环颈雉 | 200 |
| 2727 | 洱源县(滇) | 环颈雉 | 170 |

(续)

| 序号 | 主产地 | 动物种类 | 驯养数量(只、头、条) |
|---|---|---|---|
| 2728 | 户　县(陕) | 环颈雉 | 120 |
| 2729 | 建水县(滇) | 环颈雉 | 40 |
| 2730 | 施甸县(滇) | 环颈雉 | 30 |
| 2731 | 云溪区(湘) | 环颈雉 | 25 |
| 2732 | 沂源县(鲁) | 环颈雉 | 12 |
| 2733 | 湘潭县(湘) | 白冠长尾雉 | 80 |
| 2734 | 北戴河区(冀) | 白冠长尾雉 | 78 |
| 2735 | 禹州市(豫) | 白冠长尾雉 | 15 |
| 2736 | 邛崃市(川) | 七彩文鸟 | 200 |
| 2737 | 利川市(鄂) | 尖吻蝮 | 5130 |
| 2738 | 上饶县(赣) | 尖吻蝮 | 3000 |
| 2739 | 宁国市(皖) | 尖吻蝮 | 2150 |

(续)

| 序号 | 主产地 | 动物种类 | 驯养数量(只、头、条) |
|---|---|---|---|
| 2740 | 莲都区(浙) | 尖吻蝮 | 1000 |
| 2741 | 遂川县(赣) | 尖吻蝮 | 600 |
| 2742 | 巴东县(鄂) | 尖吻蝮 | 400 |
| 2743 | 丘北县(滇) | 尖吻蝮 | 300 |
| 2744 | 松阳县(浙) | 尖吻蝮 | 300 |
| 2745 | 泰和县(赣) | 尖吻蝮 | 280 |
| 2746 | 渭源县(甘) | 刺猬 | 500 |
| 2747 | 巴东县(鄂) | 刺猬 | 300 |
| 2748 | 永顺县(湘) | 刺猬 | 300 |
| 2749 | 梁山县(鲁) | 刺猬 | 280 |
| 2750 | 怀集县(粤) | 刺猬 | 100 |
| 2751 | 麻栗坡县(滇) | 刺猬 | 80 |

**表 16-1　人参主产地产量**

| 序号 | 人参主产地 | 产量(吨) |
|---|---|---|
| 1 | 新宾满族自治县(辽) | 1080.00 |
| 2 | 凤城市(辽) | 919.00 |
| 3 | 宽甸满族自治县(辽) | 700.00 |
| 4 | 抚顺县(辽) | 146.00 |
| 5 | 本溪满族自治县(辽) | 51.00 |
| 6 | 清河区(辽) | 35.00 |
| 7 | 桓仁满族自治县(辽) | 15.00 |
| 8 | 长白朝鲜族自治县(吉) | 7921.00 |
| 9 | 集安市(吉) | 5974.50 |
| 10 | 抚松县(吉) | 5515.50 |
| 11 | 辉南县(吉) | 1110.00 |
| 12 | 和龙市(吉) | 390.00 |
| 13 | 蛟河市(吉) | 378.00 |
| 14 | 高新开发区(吉) | 60.00 |
| 15 | 图们市(吉) | 52.00 |
| 16 | 东昌区(吉) | 50.00 |
| 17 | 黄泥河林业局(吉) | 28.00 |
| 18 | 白河林业局(吉) | 15.00 |
| 19 | 逊克县(黑) | 700.00 |
| 20 | 尚志市(黑) | 105.00 |
| 21 | 鸡东县(黑) | 100.00 |
| 22 | 庆安国有林场管理局(黑) | 90.00 |
| 23 | 虎林市(黑) | 80.00 |
| 24 | 绥棱县(黑) | 20.00 |
| 25 | 邹城市(鲁) | 1049.00 |
| 26 | 汉寿县(湘) | 10.00 |
| 27 | 露水河林业局(吉林森工) | 483.00 |
| 28 | 临江林业局(吉林森工) | 372.00 |
| 29 | 泉阳林业局(吉林森工) | 150.00 |

(续)

| 序号 | 人参主产地 | 产量(吨) |
|---|---|---|
| 30 | 三岔子林业局(吉林森工) | 34.00 |
| 31 | 红石林业局(吉林森工) | 21.00 |
| 32 | 穆棱林业局(龙江森工) | 374.00 |
| 33 | 桃山林业局(龙江森工) | 125.00 |
| 34 | 八面通林业局(龙江森工) | 115.00 |
| 35 | 绥阳林业局(龙江森工) | 32.00 |
| 36 | 方正林业局(龙江森工) | 30.00 |
| 37 | 双鸭山林业局(龙江森工) | 10.00 |

**表 16-2　刺五加主产地产量**

| 序号 | 刺五加主产地 | 产量(吨) |
|---|---|---|
| 1 | 新宾满族自治县(辽) | 5820.00 |
| 2 | 凤城市(辽) | 1418.00 |
| 3 | 清原满族自治县(辽) | 850.00 |
| 4 | 抚顺县(辽) | 146.00 |
| 5 | 东港市(辽) | 55.00 |
| 6 | 桓仁满族自治县(辽) | 40.00 |
| 7 | 振安区(辽) | 20.00 |
| 8 | 平山区(辽) | 20.00 |
| 9 | 本溪市经济开发区(辽) | 20.00 |
| 10 | 辉南县(吉) | 175.00 |
| 11 | 靖宇县(吉) | 100.00 |
| 12 | 白河林业局(吉) | 80.00 |
| 13 | 九台区(吉) | 30.00 |
| 14 | 虎林市(黑) | 8000.00 |
| 15 | 转山实验林场(黑) | 1000.00 |
| 16 | 海林市(黑) | 700.00 |

(续)

| 序号 | 刺五加主产地 | 产量(吨) |
|---|---|---|
| 17 | 抚远县(黑) | 200.00 |
| 18 | 延寿县(黑) | 12.00 |
| 19 | 阿城区(黑) | 11.25 |
| 20 | 兴义市(黔) | 12.00 |
| 21 | 南岔林业局(龙江森工) | 2500.00 |
| 22 | 朗乡林业局(龙江森工) | 1655.00 |
| 23 | 东方红林业局(龙江森工) | 900.00 |
| 24 | 桃山林业局(龙江森工) | 810.00 |
| 25 | 双丰林业局(龙江森工) | 400.00 |
| 26 | 方正林业局(龙江森工) | 335.00 |
| 27 | 五营林业局(龙江森工) | 268.00 |
| 28 | 带岭实验局(龙江森工) | 254.00 |
| 29 | 翠峦林业局(龙江森工) | 172.00 |
| 30 | 汤旺河林业局(龙江森工) | 156.00 |
| 31 | 乌马河林业局(龙江森工) | 90.00 |
| 32 | 铁力林业局(龙江森工) | 80.00 |
| 33 | 大海林林业局(龙江森工) | 66.00 |
| 34 | 美溪林业局(龙江森工) | 65.00 |
| 35 | 迎春林业局(龙江森工) | 40.00 |
| 36 | 金山屯林业局(龙江森工) | 33.00 |
| 37 | 亚布力林业局(龙江森工) | 30.00 |
| 38 | 乌伊岭林业局(龙江森工) | 30.00 |
| 39 | 新青林业局(龙江森工) | 30.00 |
| 40 | 红星林业局(龙江森工) | 30.00 |
| 41 | 海林林业局(龙江森工) | 20.00 |
| 42 | 穆棱林业局(龙江森工) | 12.00 |
| 43 | 上甘岭林业局(龙江森工) | 12.00 |
| 44 | 山河屯林业局(龙江森工) | 10.00 |

## 表 16-3　杜仲主产地产量

| 序号 | 杜仲主产地 | 产量(吨) |
|---|---|---|
| 1 | 六合区(苏) | 211.00 |
| 2 | 三门县(浙) | 50.00 |
| 3 | 祁门县(皖) | 816.00 |
| 4 | 义安区(皖) | 77.00 |
| 5 | 怀宁县(皖) | 34.00 |
| 6 | 峡江县(赣) | 1608.75 |
| 7 | 芦溪县(赣) | 820.00 |
| 8 | 湘东区(赣) | 800.00 |
| 9 | 遂川县(赣) | 650.00 |
| 10 | 武宁县(赣) | 165.00 |
| 11 | 安福县(赣) | 56.00 |
| 12 | 修水县(赣) | 49.00 |
| 13 | 永丰县(赣) | 12.00 |
| 14 | 永新县(赣) | 12.00 |
| 15 | 青州市(鲁) | 30.00 |
| 16 | 灵宝市(豫) | 6000.00 |
| 17 | 商城县(豫) | 110.00 |
| 18 | 禹州市(豫) | 105.00 |
| 19 | 汤阴县(豫) | 38.00 |
| 20 | 桐柏县(豫) | 30.00 |
| 21 | 宝丰县(豫) | 30.00 |
| 22 | 夷陵区(鄂) | 8456.00 |
| 23 | 利川市(鄂) | 1000.00 |
| 24 | 长阳土家族自治县(鄂) | 500.00 |
| 25 | 南漳县(鄂) | 450.00 |
| 26 | 五峰土家族自治县(鄂) | 300.00 |
| 27 | 茅箭区(鄂) | 200.00 |
| 28 | 竹山县(鄂) | 100.00 |
| 29 | 京山县(鄂) | 60.00 |
| 30 | 通城县(鄂) | 29.00 |
| 31 | 谷城县(鄂) | 25.00 |
| 32 | 来凤县(鄂) | 20.00 |
| 33 | 武穴市(鄂) | 15.00 |
| 34 | 新宁县(湘) | 200.00 |
| 35 | 新化县(湘) | 200.00 |
| 36 | 安化县(湘) | 150.00 |
| 37 | 冷水江市(湘) | 135.00 |
| 38 | 蓝山县(湘) | 92.00 |
| 39 | 祁阳县(湘) | 47.00 |
| 40 | 洞口县(湘) | 46.00 |
| 41 | 麻阳苗族自治县(湘) | 45.00 |
| 42 | 桂东县(湘) | 44.00 |
| 43 | 新晃侗族自治县(湘) | 30.00 |
| 44 | 会同县(湘) | 25.00 |
| 45 | 北塔区(湘) | 21.00 |
| 46 | 耒阳市(湘) | 20.00 |
| 47 | 新田县(湘) | 20.00 |
| 48 | 武陵源区(湘) | 12.00 |
| 49 | 衡东县(湘) | 10.00 |
| 50 | 湘乡市(湘) | 10.00 |
| 51 | 娄星区(湘) | 10.00 |
| 52 | 隆林各族自治县(桂) | 100.00 |
| 53 | 兴安县(桂) | 23.00 |
| 54 | 开　县(渝) | 7636.00 |
| 55 | 南川区(渝) | 2400.00 |
| 56 | 武隆县(渝) | 643.00 |
| 57 | 黔江区(渝) | 40.00 |
| 58 | 万州区(渝) | 30.00 |
| 59 | 万源市(川) | 4000.00 |
| 60 | 三台县(川) | 1660.00 |
| 61 | 北川羌族自治县(川) | 720.00 |
| 62 | 沐川县(川) | 600.00 |
| 63 | 邛崃市(川) | 550.00 |
| 64 | 南部县(川) | 450.00 |
| 65 | 古蔺县(川) | 360.00 |
| 66 | 宜宾县(川) | 340.00 |
| 67 | 崇州市(川) | 188.00 |
| 68 | 蓬安县(川) | 98.00 |
| 69 | 屏山县(川) | 50.00 |
| 70 | 越西县(川) | 43.00 |
| 71 | 兴文县(川) | 42.00 |
| 72 | 犍为县(川) | 21.00 |
| 73 | 平武县(川) | 15.00 |
| 74 | 西充县(川) | 14.00 |
| 75 | 珙　县(川) | 12.00 |
| 76 | 华蓥市(川) | 11.50 |
| 77 | 顺庆区(川) | 10.00 |
| 78 | 思南县(黔) | 445.00 |
| 79 | 正安县(黔) | 320.50 |
| 80 | 赤水市(黔) | 292.00 |
| 81 | 贞丰县(黔) | 150.00 |
| 82 | 兴仁县(黔) | 133.00 |
| 83 | 碧江区(黔) | 25.00 |
| 84 | 三都水族自治县(黔) | 20.00 |
| 85 | 古城区(滇) | 50.00 |
| 86 | 泸西县(滇) | 10.00 |
| 87 | 城固县(陕) | 3100.00 |
| 88 | 石泉县(陕) | 1250.00 |
| 89 | 洋　县(陕) | 1160.00 |
| 90 | 西乡县(陕) | 306.00 |
| 91 | 千阳县(陕) | 240.00 |
| 92 | 佛坪县(陕) | 60.00 |
| 93 | 丹凤县(陕) | 59.00 |

## 表 16-4　五味子主产地产量

| 序号 | 五味子主产地 | 产量(吨) |
|---|---|---|
| 1 | 桓仁满族自治县(辽) | 750.00 |
| 2 | 清原满族自治县(辽) | 570.00 |
| 3 | 抚顺县(辽) | 135.00 |
| 4 | 普兰店市(辽) | 80.00 |
| 5 | 东港市(辽) | 62.00 |
| 6 | 辽阳县(辽) | 28.00 |
| 7 | 集安市(吉) | 2579.00 |
| 8 | 靖宇县(吉) | 1001.00 |
| 9 | 和龙市(吉) | 130.00 |
| 10 | 抚松县(吉) | 111.30 |
| 11 | 珲春市(吉) | 70.00 |
| 12 | 图们市(吉) | 50.00 |
| 13 | 黄泥河林业局(吉) | 46.00 |
| 14 | 蛟河市(吉) | 30.00 |
| 15 | 长白朝鲜族自治县(吉) | 27.00 |
| 16 | 大石头林业局(吉) | 11.00 |
| 17 | 尚志市(黑) | 600.00 |
| 18 | 桦南县(黑) | 230.00 |
| 19 | 逊克县(黑) | 77.00 |
| 20 | 双城区(黑) | 55.00 |
| 21 | 木兰县(黑) | 37.50 |
| 22 | 延寿县(黑) | 35.00 |
| 23 | 汤原县(黑) | 32.00 |
| 24 | 萝北县(黑) | 30.00 |
| 25 | 佳木斯市郊区(黑) | 30.00 |
| 26 | 集贤县(黑) | 15.00 |
| 27 | 铁力市(黑) | 10.00 |
| 28 | 武穴市(鄂) | 10.00 |
| 29 | 鹤庆县(滇) | 485.00 |
| 30 | 丹凤县(陕) | 520.00 |
| 31 | 蓝田县(陕) | 50.00 |
| 32 | 周至县(陕) | 12.00 |
| 33 | 三岔子林业局(吉林森工) | 61.00 |
| 34 | 双丰林业局(龙江森工) | 850.00 |
| 35 | 朗乡林业局(龙江森工) | 473.00 |
| 36 | 南岔林业局(龙江森工) | 450.00 |
| 37 | 亚布力林业局(龙江森工) | 320.00 |
| 38 | 五营林业局(龙江森工) | 310.00 |
| 39 | 东方红林业局(龙江森工) | 260.00 |

(续)

| 序号 | 五味子主产地 | 产量(吨) |
|---|---|---|
| 40 | 铁力林业局(龙江森工) | 225.00 |
| 41 | 鹤立林业局(龙江森工) | 222.00 |
| 42 | 美溪林业局(龙江森工) | 220.00 |
| 43 | 桃山林业局(龙江森工) | 200.00 |
| 44 | 新青林业局(龙江森工) | 126.00 |
| 45 | 方正林业局(龙江森工) | 85.00 |
| 46 | 翠峦林业局(龙江森工) | 85.00 |
| 47 | 大海林林业局(龙江森工) | 76.00 |
| 48 | 鹤北林业局(龙江森工) | 75.00 |
| 49 | 迎春林业局(龙江森工) | 72.00 |
| 50 | 双鸭山林业局(龙江森工) | 65.00 |
| 51 | 林口林业局(龙江森工) | 52.00 |
| 52 | 带岭实验局(龙江森工) | 40.00 |
| 53 | 东京城林业局(龙江森工) | 35.00 |
| 54 | 绥阳林业局(龙江森工) | 32.00 |
| 55 | 穆棱林业局(龙江森工) | 30.00 |
| 56 | 上甘岭林业局(龙江森工) | 26.00 |
| 57 | 汤旺河林业局(龙江森工) | 25.00 |
| 58 | 金山屯林业局(龙江森工) | 16.00 |
| 59 | 桦南林业局(龙江森工) | 15.00 |
| 60 | 乌伊岭林业局(龙江森工) | 15.00 |
| 61 | 乌马河林业局(龙江森工) | 10.00 |

## 表 16-5 黄柏主产地产量

| 序号 | 黄柏主产地 | 产量(吨) |
|---|---|---|
| 1 | 武宁县(赣) | 88.00 |
| 2 | 利川市(鄂) | 3000.00 |
| 3 | 长阳土家族自治县(鄂) | 400.00 |
| 4 | 来凤县(鄂) | 200.00 |
| 5 | 通城县(鄂) | 27.00 |
| 6 | 五峰土家族自治县(鄂) | 25.00 |
| 7 | 新化县(湘) | 3000.00 |
| 8 | 桑植县(湘) | 850.00 |
| 9 | 新宁县(湘) | 200.00 |
| 10 | 安化县(湘) | 120.00 |
| 11 | 冷水江市(湘) | 100.00 |
| 12 | 桂东县(湘) | 79.00 |
| 13 | 蓝山县(湘) | 45.00 |
| 14 | 武陵源区(湘) | 20.00 |
| 15 | 祁阳县(湘) | 19.00 |
| 16 | 常宁市(湘) | 15.00 |
| 17 | 会同县(湘) | 13.00 |
| 18 | 衡东县(湘) | 10.00 |
| 19 | 武隆县(渝) | 2598.00 |
| 20 | 南川区(渝) | 2400.00 |

(续)

| 序号 | 黄柏主产地 | 产量(吨) |
|---|---|---|
| 21 | 开　县(渝) | 1441.00 |
| 22 | 黔江区(渝) | 650.00 |
| 23 | 万州区(渝) | 20.00 |
| 24 | 万源市(川) | 2800.00 |
| 25 | 荥经县(川) | 1337.00 |
| 26 | 北川羌族自治县(川) | 1060.00 |
| 27 | 邛崃市(川) | 860.00 |
| 28 | 古蔺县(川) | 450.00 |
| 29 | 宜宾县(川) | 425.00 |
| 30 | 崇州市(川) | 206.00 |
| 31 | 屏山县(川) | 200.00 |
| 32 | 平武县(川) | 160.00 |
| 33 | 蓬安县(川) | 70.00 |
| 34 | 邻水县(川) | 52.00 |
| 35 | 犍为县(川) | 37.00 |
| 36 | 珙　县(川) | 18.00 |
| 37 | 越西县(川) | 14.00 |
| 38 | 赤水市(黔) | 175.00 |
| 39 | 正安县(黔) | 147.00 |
| 40 | 贞丰县(黔) | 120.00 |
| 41 | 思南县(黔) | 44.00 |
| 42 | 六枝特区(黔) | 30.00 |
| 43 | 西乡县(陕) | 128.00 |

## 表 16-6 金银花主产地产量

| 序号 | 金银花主产地 | 产量(吨) |
|---|---|---|
| 1 | 巨鹿县(冀) | 12050.00 |
| 2 | 南和县(冀) | 2850.00 |
| 3 | 平乡县(冀) | 720.00 |
| 4 | 任　县(冀) | 209.00 |
| 5 | 藁城区(冀) | 60.00 |
| 6 | 阳城县(晋) | 21.50 |
| 7 | 广德县(皖) | 2363.00 |
| 8 | 涡阳县(皖) | 450.00 |
| 9 | 寿　县(皖) | 100.00 |
| 10 | 蜀山区(皖) | 10.00 |
| 11 | 潜山县(皖) | 10.00 |
| 12 | 临川区(赣) | 1600.00 |
| 13 | 袁州区(赣) | 400.00 |
| 14 | 湖口县(赣) | 214.00 |
| 15 | 万载县(赣) | 135.00 |
| 16 | 芦溪县(赣) | 135.00 |
| 17 | 玉山县(赣) | 95.00 |
| 18 | 永丰县(赣) | 80.00 |
| 19 | 武宁县(赣) | 70.00 |

(续)

| 序号 | 金银花主产地 | 产量(吨) |
|---|---|---|
| 20 | 上饶县(赣) | 54.00 |
| 21 | 赣　县(赣) | 42.00 |
| 22 | 余江县(赣) | 30.00 |
| 23 | 永新县(赣) | 26.00 |
| 24 | 上栗县(赣) | 25.00 |
| 25 | 宜丰县(赣) | 22.60 |
| 26 | 平邑县(鲁) | 55000.00 |
| 27 | 新泰市(鲁) | 500.00 |
| 28 | 宁阳县(鲁) | 220.00 |
| 29 | 临沂市蒙山旅游区(鲁) | 130.00 |
| 30 | 鄄城县(鲁) | 120.00 |
| 31 | 沂水县(鲁) | 97.00 |
| 32 | 齐河县(鲁) | 60.00 |
| 33 | 无棣县(鲁) | 50.00 |
| 34 | 东平县(鲁) | 50.00 |
| 35 | 肥城市(鲁) | 18.00 |
| 36 | 曹　县(鲁) | 16.00 |
| 37 | 武城县(鲁) | 10.00 |
| 38 | 登封市(豫) | 2080.00 |
| 39 | 南乐县(豫) | 900.00 |
| 40 | 睢　县(豫) | 500.00 |
| 41 | 淅川县(豫) | 300.00 |
| 42 | 商水县(豫) | 280.00 |
| 43 | 太康县(豫) | 150.00 |
| 44 | 淮滨县(豫) | 30.00 |
| 45 | 辉县市(豫) | 26.00 |
| 46 | 梁园区(豫) | 24.00 |
| 47 | 偃师市(豫) | 20.00 |
| 48 | 阳新县(鄂) | 320.00 |
| 49 | 来凤县(鄂) | 80.00 |
| 50 | 通城县(鄂) | 38.00 |
| 51 | 仙桃市(鄂) | 10.00 |
| 52 | 涟源市(湘) | 7580.00 |
| 53 | 冷水江市(湘) | 1850.00 |
| 54 | 洪江市(湘) | 1200.00 |
| 55 | 隆回县(湘) | 500.00 |
| 56 | 岳阳县(湘) | 400.00 |
| 57 | 北湖区(湘) | 400.00 |
| 58 | 永兴县(湘) | 234.00 |
| 59 | 桑植县(湘) | 220.00 |
| 60 | 汨罗市(湘) | 115.00 |
| 61 | 芷江侗族自治县(湘) | 109.00 |
| 62 | 麻阳苗族自治县(湘) | 40.00 |
| 63 | 耒阳市(湘) | 40.00 |
| 64 | 城步苗族自治县(湘) | 40.00 |

（续）

| 序号 | 金银花主产地 | 产量（吨） |
|---|---|---|
| 65 | 汝城县（湘） | 23.00 |
| 66 | 汉寿县（湘） | 20.00 |
| 67 | 邵阳县（湘） | 16.00 |
| 68 | 醴陵市（湘） | 10.00 |
| 69 | 澧　县（湘） | 10.00 |
| 70 | 和平县（粤） | 10.00 |
| 71 | 隆林各族自治县（桂） | 950.00 |
| 72 | 青秀区（桂） | 300.00 |
| 73 | 昭平县（桂） | 32.00 |
| 74 | 秀山土家族苗族自治县（渝） | 5000.00 |
| 75 | 开　县（渝） | 2500.00 |
| 76 | 黔江区（渝） | 150.00 |
| 77 | 铜梁县（渝） | 40.00 |
| 78 | 奉节县（渝） | 29.00 |
| 79 | 沐川县（川） | 1000.00 |
| 80 | 游仙区（川） | 50.00 |
| 81 | 屏山县（川） | 30.00 |
| 82 | 兴仁县（黔） | 433.00 |
| 83 | 紫云苗族布依族自治县（黔） | 285.00 |
| 84 | 思南县（黔） | 132.00 |
| 85 | 兴义市（黔） | 60.00 |
| 86 | 晴隆县（黔） | 32.00 |
| 87 | 三都水族自治县（黔） | 12.00 |
| 88 | 景东彝族自治县（滇） | 49.00 |
| 89 | 禄劝彝族苗族自治县（滇） | 15.00 |
| 90 | 蓝田县（陕） | 20.00 |

**表 16-7　厚朴主产地产量**

| 序号 | 厚朴主产地 | 产量（吨） |
|---|---|---|
| 1 | 景宁畲族自治县（浙） | 820.00 |
| 2 | 衢江区（浙） | 420.00 |
| 3 | 芦溪县（赣） | 998.00 |
| 4 | 峡江县（赣） | 702.00 |
| 5 | 湘东区（赣） | 400.00 |
| 6 | 遂川县（赣） | 250.00 |
| 7 | 武宁县（赣） | 112.00 |
| 8 | 上饶县（赣） | 56.00 |
| 9 | 乐安县（赣） | 15.00 |
| 10 | 安福县（赣） | 11.00 |
| 11 | 长阳土家族自治县（鄂） | 600.00 |
| 12 | 五峰土家族自治县（鄂） | 45.00 |
| 13 | 来凤县（鄂） | 21.00 |
| 14 | 安化县（湘） | 700.00 |
| 15 | 新化县（湘） | 680.00 |
| 16 | 桑植县（湘） | 500.00 |
| 17 | 桂东县（湘） | 266.00 |
| 18 | 蓝山县（湘） | 212.00 |
| 19 | 新宁县（湘） | 150.00 |
| 20 | 永兴县（湘） | 145.00 |
| 21 | 冷水江市（湘） | 90.00 |
| 22 | 洞口县（湘） | 55.00 |
| 23 | 麻阳苗族自治县（湘） | 35.00 |
| 24 | 北湖区（湘） | 30.00 |
| 25 | 新田县（湘） | 15.00 |
| 26 | 隆回县（湘） | 15.00 |
| 27 | 常宁市（湘） | 11.00 |
| 28 | 衡东县（湘） | 10.00 |
| 29 | 新晃侗族自治县（湘） | 10.00 |
| 30 | 连山壮族瑶族自治县（粤） | 83.00 |
| 31 | 黔江区（渝） | 659.00 |
| 32 | 南川区（渝） | 54.00 |
| 33 | 万州区（渝） | 10.00 |
| 34 | 北川羌族自治县（川） | 4000.00 |
| 35 | 三台县（川） | 1100.00 |
| 36 | 万源市（川） | 1050.00 |
| 37 | 平武县（川） | 900.00 |
| 38 | 古蔺县（川） | 460.00 |
| 39 | 崇州市（川） | 138.00 |
| 40 | 邻水县（川） | 52.00 |
| 41 | 彭州市（川） | 20.00 |
| 42 | 蓬安县（川） | 14.00 |
| 43 | 倘甸工业园区（滇） | 10.00 |
| 44 | 城固县（陕） | 3100.00 |
| 45 | 洋　县（陕） | 2507.00 |
| 46 | 西乡县（陕） | 1686.00 |
| 47 | 佛坪县（陕） | 50.00 |

**表 16-8　蜂蜜主产地产量**

| 序号 | 蜂蜜主产地 | 产量（吨） |
|---|---|---|
| 1 | 东丰县（吉） | 139.00 |
| 2 | 黄泥河林业局（吉） | 100.00 |
| 3 | 汪清林业局（吉） | 90.00 |
| 4 | 安图森林经营局（吉） | 35.20 |
| 5 | 延寿县（黑） | 380.00 |
| 6 | 逊克县（黑） | 203.90 |
| 7 | 鸡东县（黑） | 60.00 |
| 8 | 建德市（浙） | 50.00 |
| 9 | 浦江县（浙） | 33.00 |
| 10 | 裕安区（皖） | 12.00 |
| 11 | 五峰土家族自治县（鄂） | 18.00 |
| 12 | 来凤县（鄂） | 15.00 |
| 13 | 中方县（湘） | 350.00 |
| 14 | 桑植县（湘） | 100.00 |
| 15 | 澧　县（湘） | 20.00 |
| 16 | 高州市（粤） | 199.00 |
| 17 | 北流市（桂） | 250.20 |
| 18 | 九寨沟县（川） | 200.00 |
| 19 | 兴义市（黔） | 500.00 |
| 20 | 腾冲县（滇） | 390.00 |
| 21 | 维西傈僳族自治县（滇） | 379.30 |
| 22 | 禄劝彝族苗族自治县（滇） | 250.00 |
| 23 | 凤庆县（滇） | 90.00 |
| 24 | 盈江县（滇） | 63.10 |
| 25 | 贡山独龙族怒族自治县（滇） | 61.00 |
| 26 | 孟连傣族拉祜族佤族自治县（滇） | 50.00 |
| 27 | 麒麟区（滇） | 30.00 |
| 28 | 宁蒗彝族自治县（滇） | 30.00 |
| 29 | 双柏县（滇） | 25.58 |
| 30 | 南郑县（陕） | 350.00 |
| 31 | 文　县（甘） | 200.00 |
| 32 | 两当县（甘） | 80.00 |
| 33 | 岷　县（甘） | 72.00 |

**表 16-9　板蓝根主产地产量**

| 序号 | 板蓝根主产地 | 产量（吨） |
|---|---|---|
| 1 | 围场满族蒙古族自治县（冀） | 50.00 |
| 2 | 奈曼旗（内蒙古） | 1038.00 |
| 3 | 洮南市（吉） | 245.00 |
| 4 | 让胡路区（黑） | 303.00 |
| 5 | 红岗区（黑） | 100.00 |
| 6 | 龙江县（黑） | 80.00 |
| 7 | 太和县（皖） | 2000.00 |
| 8 | 临泉县（皖） | 300.00 |
| 9 | 固镇县（皖） | 100.00 |
| 10 | 龙南县（赣） | 130.00 |
| 11 | 彭泽县（赣） | 60.00 |
| 12 | 峡江县（赣） | 29.25 |
| 13 | 德安县（赣） | 25.00 |
| 14 | 曹　县（鲁） | 930.00 |
| 15 | 邓州市（豫） | 50.00 |
| 16 | 利川市（鄂） | 2000.00 |
| 17 | 竹山县（鄂） | 1000.00 |
| 18 | 麻城市（鄂） | 80.00 |
| 19 | 汝城县（湘） | 56.00 |
| 20 | 和平县（粤） | 1300.00 |

(续)

| 序号 | 板蓝根主产地 | 产量(吨) |
|---|---|---|
| 21 | 乳源瑶族自治县(粤) | 1220.00 |
| 22 | 荔波县(黔) | 100.00 |
| 23 | 兴义市(黔) | 30.00 |
| 24 | 元阳县(滇) | 6500.00 |
| 25 | 姚安县(滇) | 50.00 |
| 26 | 商南县(陕) | 1420.00 |
| 27 | 千阳县(陕) | 820.00 |
| 28 | 永寿县(陕) | 520.00 |
| 29 | 山阳县(陕) | 41.00 |
| 30 | 山丹县(甘) | 1178.00 |
| 31 | 徽　县(甘) | 1029.00 |
| 32 | 榆中县(甘) | 590.00 |
| 33 | 崆峒区(甘) | 500.00 |
| 34 | 城关区(甘) | 200.00 |
| 35 | 兰州新区(甘) | 200.00 |
| 36 | 舟曲县(甘) | 15.00 |
| 37 | 绥棱林业局(龙江森工) | 165.00 |
| 38 | 苇河林业局(龙江森工) | 10.00 |

**表 16-10　桔梗主产地产量**

| 序号 | 桔梗主产地 | 产量(吨) |
|---|---|---|
| 1 | 丰宁满族自治县(冀) | 23.00 |
| 2 | 松山区(内蒙古) | 200.00 |
| 3 | 喀喇沁左翼蒙古族自治县(辽) | 270.00 |
| 4 | 凌源市(辽) | 41.00 |
| 5 | 振安区(辽) | 20.00 |
| 6 | 舒兰市(吉) | 350.00 |
| 7 | 安图森林经营局(吉) | 17.00 |
| 8 | 昌邑区(吉) | 10.00 |
| 9 | 宝清县(黑) | 1800.00 |
| 10 | 鸡东县(黑) | 600.00 |
| 11 | 太和县(皖) | 3000.00 |
| 12 | 临泉县(皖) | 200.00 |
| 13 | 砀山县(皖) | 18.74 |
| 14 | 武宁县(赣) | 43.00 |
| 15 | 沂源县(鲁) | 5000.00 |
| 16 | 梁山县(鲁) | 262.00 |
| 17 | 新泰市(鲁) | 225.00 |
| 18 | 邹城市(鲁) | 120.00 |
| 19 | 广饶县(鲁) | 30.00 |
| 20 | 临朐县(鲁) | 20.00 |
| 21 | 桑植县(湘) | 220.00 |
| 22 | 开　县(渝) | 2153.00 |
| 23 | 奉节县(渝) | 790.00 |
| 24 | 昭化区(川) | 110.00 |

(续)

| 序号 | 桔梗主产地 | 产量(吨) |
|---|---|---|
| 25 | 兴仁县(黔) | 100.00 |
| 26 | 兴义市(黔) | 30.00 |
| 27 | 玉龙纳西族自治县(滇) | 5762.20 |
| 28 | 香格里拉县(滇) | 543.60 |
| 29 | 东川区(滇) | 42.50 |

**表 16-11　天麻主产地产量**

| 序号 | 天麻主产地 | 产量(吨) |
|---|---|---|
| 1 | 东港市(辽) | 16.00 |
| 2 | 辉南县(吉) | 860.00 |
| 3 | 靖宇县(吉) | 200.00 |
| 4 | 抚松县(吉) | 68.70 |
| 5 | 白河林业局(吉) | 25.00 |
| 6 | 桦甸市(吉) | 10.00 |
| 7 | 金寨县(皖) | 14705.00 |
| 8 | 商水县(豫) | 35.00 |
| 9 | 汝阳县(豫) | 11.30 |
| 10 | 兴山县(鄂) | 20000.00 |
| 11 | 英山县(鄂) | 306.00 |
| 12 | 麻城市(鄂) | 200.00 |
| 13 | 靖州苗族侗族自治县(湘) | 1900.00 |
| 14 | 洪江市(湘) | 380.00 |
| 15 | 鹤城区(湘) | 50.00 |
| 16 | 苏仙区(湘) | 15.00 |
| 17 | 新宁县(湘) | 10.00 |
| 18 | 开　县(渝) | 49.50 |
| 19 | 利州区(川) | 30.00 |
| 20 | 普安县(黔) | 260.00 |
| 21 | 永胜县(滇) | 1244.00 |
| 22 | 盐津县(滇) | 750.00 |
| 23 | 腾冲县(滇) | 400.00 |
| 24 | 禄劝彝族苗族自治县(滇) | 350.00 |
| 25 | 鹤庆县(滇) | 246.00 |
| 26 | 玉龙纳西族自治县(滇) | 133.40 |
| 27 | 古城区(滇) | 100.00 |
| 28 | 通海县(滇) | 100.00 |
| 29 | 威信县(滇) | 51.00 |
| 30 | 富源县(滇) | 20.00 |
| 31 | 商南县(陕) | 142.00 |
| 32 | 蓝田县(陕) | 20.00 |
| 33 | 三岔子林业局(吉林森工) | 12.00 |

**表 16-12　党参主产地产量**

| 序号 | 党参主产地 | 产量(吨) |
|---|---|---|
| 1 | 围场满族蒙古族自治县(冀) | 110.00 |
| 2 | 松山区(内蒙古) | 20.00 |
| 3 | 清原满族自治县(辽) | 720.00 |
| 4 | 辉南县(吉) | 172.00 |
| 5 | 桦甸市(吉) | 20.00 |
| 6 | 舒兰市(吉) | 10.00 |
| 7 | 峡江县(赣) | 5850.00 |
| 8 | 利川市(鄂) | 1000.00 |
| 9 | 竹山县(鄂) | 1000.00 |
| 10 | 新化县(湘) | 120.00 |
| 11 | 开　县(渝) | 910.00 |
| 12 | 奉节县(渝) | 318.00 |
| 13 | 资中县(川) | 3000.00 |
| 14 | 汉源县(川) | 2100.00 |
| 15 | 九寨沟县(川) | 300.00 |
| 16 | 木里藏族自治县(川) | 67.00 |
| 17 | 会理县(川) | 59.00 |
| 18 | 兴仁县(黔) | 100.00 |
| 19 | 镇宁布依族苗族自治县(黔) | 12.50 |
| 20 | 漾濞彝族自治县(滇) | 350.00 |
| 21 | 倘甸工业园区(滇) | 20.00 |
| 22 | 禄劝彝族苗族自治县(滇) | 10.00 |
| 23 | 太白林业局(陕) | 12.00 |
| 24 | 岷　县(甘) | 56241.00 |
| 25 | 通渭县(甘) | 800.00 |
| 26 | 宕昌县(甘) | 750.00 |
| 27 | 榆中县(甘) | 560.00 |
| 28 | 崆峒区(甘) | 200.00 |
| 29 | 古浪县(甘) | 120.00 |
| 30 | 西峰区(甘) | 120.00 |
| 31 | 舟曲县(甘) | 10.00 |

**表 16-13　石斛主产地产量**

| 序号 | 石斛主产地 | 产量(吨) |
|---|---|---|
| 1 | 柯桥区(浙) | 416.00 |
| 2 | 富阳区(浙) | 347.00 |
| 3 | 余姚市(浙) | 138.00 |
| 4 | 黄岩区(浙) | 74.60 |
| 5 | 新昌县(浙) | 56.00 |
| 6 | 诸暨市(浙) | 50.00 |
| 7 | 吴兴区(浙) | 50.00 |
| 8 | 兰溪市(浙) | 17.00 |
| 9 | 三门县(浙) | 15.00 |
| 10 | 天台县(浙) | 15.00 |
| 11 | 象山县(浙) | 15.00 |

（续）

| 序号 | 石斛主产地 | 产量（吨） |
|---|---|---|
| 12 | 修水县（赣） | 1200.00 |
| 13 | 余江县（赣） | 15.00 |
| 14 | 连平县（粤） | 110.00 |
| 15 | 武江区（粤） | 70.00 |
| 16 | 仁化县（粤） | 10.00 |
| 17 | 黄冕林场（桂） | 33.75 |
| 18 | 合江县（川） | 7800.00 |
| 19 | 夹江县（川） | 250.00 |
| 20 | 兴仁县（黔） | 450.00 |
| 21 | 沿河土家族自治县（黔） | 20.00 |
| 22 | 龙陵县（滇） | 2700.00 |
| 23 | 芒　市（滇） | 2200.00 |
| 24 | 耿马傣族佤族自治县（滇） | 2000.00 |
| 25 | 隆阳区（滇） | 1365.20 |
| 26 | 瑞丽市（滇） | 1258.00 |
| 27 | 腾冲县（滇） | 746.00 |
| 28 | 盈江县（滇） | 730.36 |
| 29 | 孟连傣族拉祜族佤族自治县（滇） | 500.00 |
| 30 | 勐海县（滇） | 333.00 |
| 31 | 陇川县（滇） | 302.00 |
| 32 | 禄劝彝族苗族自治县（滇） | 300.00 |
| 33 | 云　县（滇） | 240.00 |
| 34 | 施甸县（滇） | 230.00 |
| 35 | 昌宁县（滇） | 103.00 |
| 36 | 漾濞彝族自治县（滇） | 80.00 |
| 37 | 双江拉祜族佤族布朗族傣族自治县（滇） | 78.00 |
| 38 | 墨江哈尼族自治县（滇） | 69.00 |
| 39 | 景东彝族自治县（滇） | 60.00 |
| 40 | 宁洱哈尼族彝族自治县（滇） | 56.00 |
| 41 | 禄丰县（滇） | 21.00 |
| 42 | 楚雄市（滇） | 13.00 |
| 43 | 石林彝族自治县（滇） | 12.00 |

**表 16-14　百合主产地产量**

| 序号 | 百合主产地 | 产量（吨） |
|---|---|---|
| 1 | 三门县（浙） | 350.00 |
| 2 | 郎溪县（皖） | 1000.00 |
| 3 | 旌德县（皖） | 600.00 |
| 4 | 都昌县（赣） | 32.00 |
| 5 | 修水县（赣） | 10.00 |
| 6 | 来凤县（鄂） | 600.00 |
| 7 | 麻城市（鄂） | 20.00 |
| 8 | 宜都市（鄂） | 10.00 |
| 9 | 龙山县（湘） | 65000.00 |

（续）

| 序号 | 百合主产地 | 产量（吨） |
|---|---|---|
| 10 | 沅陵县（湘） | 650.00 |
| 11 | 永定区（湘） | 550.00 |
| 12 | 汉寿县（湘） | 300.00 |
| 13 | 新化县（湘） | 300.00 |
| 14 | 安化县（湘） | 200.00 |
| 15 | 祁东县（湘） | 108.00 |
| 16 | 隆回县（湘） | 100.00 |
| 17 | 新宁县（湘） | 80.00 |
| 18 | 会同县（湘） | 70.00 |
| 19 | 武陵源区（湘） | 25.00 |
| 20 | 新晃侗族自治县（湘） | 20.00 |
| 21 | 忻城县（桂） | 20.00 |
| 22 | 黔江区（渝） | 785.00 |
| 23 | 江津区（渝） | 500.00 |
| 24 | 铜梁县（渝） | 200.00 |
| 25 | 奉节县（渝） | 23.00 |
| 26 | 会理县（川） | 59.00 |
| 27 | 昭化区（川） | 12.00 |
| 28 | 普安县（黔） | 50.00 |
| 29 | 宣威市（滇） | 2100.00 |
| 30 | 元阳县（滇） | 533.00 |
| 31 | 江川县（滇） | 10.00 |

**表 16-15　银杏主产地产量**

| 序号 | 银杏主产地 | 产量（吨） |
|---|---|---|
| 1 | 东台市（苏） | 12200.00 |
| 2 | 邳州市（苏） | 4200.00 |
| 3 | 高港区（苏） | 4003.00 |
| 4 | 姜堰区（苏） | 2700.00 |
| 5 | 海安县（苏） | 2400.00 |
| 6 | 赣榆区（苏） | 1926.00 |
| 7 | 大丰区（苏） | 1680.00 |
| 8 | 新沂市（苏） | 1150.00 |
| 9 | 兴化市（苏） | 1025.00 |
| 10 | 靖江市（苏） | 1000.00 |
| 11 | 沭阳县（苏） | 928.00 |
| 12 | 滨海县（苏） | 600.00 |
| 13 | 灌云县（苏） | 500.00 |
| 14 | 睢宁县（苏） | 433.00 |
| 15 | 海陵区（苏） | 300.00 |
| 16 | 六合区（苏） | 245.00 |
| 17 | 响水县（苏） | 201.00 |
| 18 | 江阴市（苏） | 180.00 |
| 19 | 丹阳市（苏） | 140.00 |
| 20 | 海门市（苏） | 134.00 |

（续）

| 序号 | 银杏主产地 | 产量（吨） |
|---|---|---|
| 21 | 阜宁县（苏） | 90.00 |
| 22 | 泰兴市（苏） | 12.00 |
| 23 | 景宁畲族自治县（浙） | 10.00 |
| 24 | 怀远县（皖） | 10.00 |
| 25 | 武宁县（赣） | 165.00 |
| 26 | 禹州市（豫） | 100.00 |
| 27 | 孝昌县（鄂） | 10000.00 |
| 28 | 黄梅县（鄂） | 1000.00 |
| 29 | 大悟县（鄂） | 683.00 |
| 30 | 夷陵区（鄂） | 398.00 |
| 31 | 建始县（鄂） | 350.00 |
| 32 | 浠水县（鄂） | 12.00 |
| 33 | 衡阳县（湘） | 270.00 |
| 34 | 祁阳县（湘） | 16.00 |
| 35 | 兴安县（桂） | 3090.00 |
| 36 | 黔江区（渝） | 1630.00 |
| 37 | 南川区（渝） | 200.00 |
| 38 | 邻水县（川） | 80.00 |
| 39 | 威远县（川） | 35.00 |
| 40 | 正安县（黔） | 84.00 |
| 41 | 梁河县（滇） | 34.00 |
| 42 | 城固县（陕） | 334.00 |
| 43 | 西乡县（陕） | 65.00 |

**表 16-16　黄芪主产地产量**

| 序号 | 黄芪主产地 | 产量（吨） |
|---|---|---|
| 1 | 宁晋县（冀） | 600.00 |
| 2 | 围场满族蒙古族自治县（冀） | 155.00 |
| 3 | 广灵县（晋） | 780.00 |
| 4 | 武川县（内蒙古） | 3177.00 |
| 5 | 奈曼旗（内蒙古） | 625.80 |
| 6 | 克什克腾旗（内蒙古） | 560.00 |
| 7 | 凌源市（辽） | 82.00 |
| 8 | 舒兰市（吉） | 106.00 |
| 9 | 佳木斯市郊区（黑） | 585.00 |
| 10 | 逊克县（黑） | 450.00 |
| 11 | 抚远县（黑） | 400.00 |
| 12 | 萝北县（黑） | 100.00 |
| 13 | 爱辉区（黑） | 75.00 |
| 14 | 沂源县（鲁） | 3000.00 |
| 15 | 沂水县（鲁） | 73.00 |
| 16 | 木里藏族自治县（川） | 18.19 |
| 17 | 东川区（滇） | 15.00 |
| 18 | 子洲县（陕） | 300.00 |
| 19 | 千阳县（陕） | 210.00 |

(续)

| 序号 | 黄芪主产地 | 产量(吨) |
|---|---|---|
| 20 | 商南县(陕) | 43.00 |
| 21 | 山阳县(陕) | 36.00 |
| 22 | 太白林业局(陕) | 15.00 |
| 23 | 岷　县(甘) | 107535.06 |
| 24 | 礼　县(甘) | 17400.00 |
| 25 | 山丹县(甘) | 2148.00 |
| 26 | 榆中县(甘) | 930.00 |
| 27 | 城关区(甘) | 800.00 |
| 28 | 兰州新区(甘) | 800.00 |
| 29 | 宕昌县(甘) | 580.00 |
| 30 | 西峰区(甘) | 200.00 |
| 31 | 崆峒区(甘) | 150.00 |
| 32 | 大海林林业局(龙江森工) | 28.00 |

**表 16-17　其他中药材主产地产量**

(续)

| 序号 | 其他中药材主产地 | 品种 | 产量(吨) |
|---|---|---|---|
| 1 | 社旗县(豫) | 艾叶 | 9000.00 |
| 2 | 浠水县(鄂) | 艾叶 | 3000.00 |
| 3 | 曹　县(鲁) | 艾叶 | 2000.00 |
| 4 | 竹山县(鄂) | 艾叶 | 1000.00 |
| 5 | 青州市(鲁) | 艾叶 | 500.00 |
| 6 | 襄城区(鄂) | 艾叶 | 460.00 |
| 7 | 忻城县(桂) | 艾叶 | 360.00 |
| 8 | 开　县(渝) | 艾叶 | 280.00 |
| 9 | 利川市(鄂) | 艾叶 | 100.00 |
| 10 | 德安县(赣) | 艾叶 | 60.00 |
| 11 | 祁门县(皖) | 艾叶 | 55.00 |
| 12 | 汤阴县(豫) | 艾叶 | 50.00 |
| 13 | 赣　县(赣) | 艾叶 | 22.00 |
| 14 | 醴陵市(湘) | 艾叶 | 20.00 |
| 15 | 镇平县(豫) | 艾叶 | 15.00 |
| 16 | 蓝山县(湘) | 艾叶 | 13.00 |
| 17 | 怀宁县(皖) | 艾叶 | 10.00 |
| 18 | 兴国县(赣) | 艾叶 | 10.00 |
| 19 | 乳源瑶族自治县(粤) | 桉 | 1220.00 |
| 20 | 石屏县(滇) | 桉 | 1100.00 |
| 21 | 兴仁县(黔) | 桉 | 10.00 |
| 22 | 长洲区(桂) | 巴戟天 | 500.00 |
| 23 | 和平县(粤) | 巴戟天 | 230.00 |
| 24 | 醴陵市(湘) | 巴戟天 | 20.00 |
| 25 | 古城区(滇) | 白附子 | 100.00 |
| 26 | 南漳县(鄂) | 白果 | 2200.00 |
| 27 | 石泉县(陕) | 白果 | 1250.00 |
| 28 | 万源市(川) | 白果 | 950.00 |
| 29 | 桑植县(湘) | 白果 | 100.00 |
| 30 | 普安县(黔) | 白果 | 75.00 |
| 31 | 连南瑶族自治县(粤) | 白果 | 51.00 |
| 32 | 洋　县(陕) | 白果 | 45.00 |
| 33 | 平乐县(桂) | 白果 | 36.00 |
| 34 | 宜宾县(川) | 白果 | 30.00 |
| 35 | 咸丰县(鄂) | 白果 | 25.00 |
| 36 | 远安县(鄂) | 白果 | 20.00 |
| 37 | 宁阳县(鲁) | 白果 | 16.00 |
| 38 | 振安区(辽) | 白果 | 10.00 |
| 39 | 衡南县(湘) | 白果 | 10.00 |
| 40 | 珙　县(川) | 白果 | 10.00 |
| 41 | 兴义市(黔) | 白果 | 10.00 |
| 42 | 东乡县(赣) | 白花蛇 | 629.60 |
| 43 | 彭泽县(赣) | 白花蛇 | 90.00 |
| 44 | 广德县(皖) | 白芨 | 1470.00 |
| 45 | 新宁县(湘) | 白芨 | 800.00 |
| 46 | 临泉县(皖) | 白芨 | 500.00 |
| 47 | 禄劝彝族苗族自治县(滇) | 白芨 | 400.00 |
| 48 | 玉龙纳西族自治县(滇) | 白芨 | 169.10 |
| 49 | 宁洱哈尼族彝族自治县(滇) | 白芨 | 158.00 |
| 50 | 谷城县(鄂) | 白芨 | 150.00 |
| 51 | 旌德县(皖) | 白芨 | 132.00 |
| 52 | 马龙县(滇) | 白芨 | 100.00 |
| 53 | 东至县(皖) | 白芨 | 70.00 |
| 54 | 修水县(赣) | 白芨 | 65.00 |
| 55 | 泸西县(滇) | 白芨 | 50.00 |
| 56 | 施甸县(滇) | 白芨 | 30.00 |
| 57 | 木里藏族自治县(川) | 白芨 | 27.00 |
| 58 | 旺苍县(川) | 白芨 | 20.00 |
| 59 | 黄平县(黔) | 白芨 | 20.00 |
| 60 | 镇宁布依族苗族自治县(黔) | 白芨 | 10.00 |
| 61 | 古城区(滇) | 白芨 | 10.00 |
| 62 | 永平县(滇) | 白芨 | 10.00 |
| 63 | 麻城市(鄂) | 白芨 | 30.00 |
| 64 | 谯城区(皖) | 白芍 | 130000.00 |
| 65 | 柘城县(豫) | 白芍 | 4596.00 |
| 66 | 涡阳县(皖) | 白芍 | 4300.00 |
| 67 | 虞城县(豫) | 白芍 | 4000.00 |
| 68 | 资中县(川) | 白芍 | 3000.00 |
| 69 | 洛宁县(豫) | 白芍 | 2000.00 |
| 70 | 蚌山区(皖) | 白芍 | 500.00 |
| 71 | 夏邑县(豫) | 白芍 | 450.00 |
| 72 | 新泰市(鲁) | 白芍 | 400.00 |
| 73 | 零陵区(湘) | 白芍 | 350.00 |
| 74 | 睢　县(豫) | 白芍 | 110.00 |

(续)

| 序号 | 其他中药材主产地 | 品种 | 产量(吨) |
|---|---|---|---|
| 75 | 舞钢市(豫) | 白芍 | 100.00 |
| 76 | 曹　县(鲁) | 白芍 | 90.80 |
| 77 | 芜湖县(皖) | 白芍 | 45.00 |
| 78 | 永城市(豫) | 白芍 | 34.90 |
| 79 | 麻城市(鄂) | 白芍 | 20.00 |
| 80 | 垫江县(渝) | 白芍 | 18.00 |
| 81 | 临漳县(冀) | 白芍 | 10.00 |
| 82 | 安国市(冀) | 白术 | 13333.00 |
| 83 | 咸丰县(鄂) | 白术 | 8500.00 |
| 84 | 谯城区(皖) | 白术 | 8000.00 |
| 85 | 灵宝市(豫) | 白术 | 2000.00 |
| 86 | 东川区(滇) | 白术 | 960.00 |
| 87 | 宁晋县(冀) | 白术 | 800.00 |
| 88 | 东昌府区(鲁) | 白术 | 700.00 |
| 89 | 利川市(鄂) | 白术 | 200.00 |
| 90 | 来凤县(鄂) | 白术 | 200.00 |
| 91 | 修水县(赣) | 白术 | 158.00 |
| 92 | 淳安县(浙) | 白术 | 150.00 |
| 93 | 东阳市(浙) | 白术 | 104.00 |
| 94 | 北湖区(湘) | 白术 | 100.00 |
| 95 | 砀山县(皖) | 白术 | 61.37 |
| 96 | 曹　县(鲁) | 白术 | 60.00 |
| 97 | 龙山县(湘) | 白术 | 60.00 |
| 98 | 竹溪县(鄂) | 白术 | 35.00 |
| 99 | 永城市(豫) | 白术 | 27.10 |
| 100 | 沙湾区(川) | 白术 | 20.00 |
| 101 | 兴仁县(黔) | 白术 | 12.00 |
| 102 | 建德市(浙) | 白术 | 10.00 |
| 103 | 谯城区(皖) | 白芷 | 50000.00 |
| 104 | 安国市(冀) | 白芷 | 12500.00 |
| 105 | 资中县(川) | 白芷 | 4000.00 |
| 106 | 开　县(渝) | 白芷 | 930.00 |
| 107 | 鄄城县(鲁) | 白芷 | 300.00 |
| 108 | 茶陵县(湘) | 白芷 | 150.00 |
| 109 | 安居区(川) | 白芷 | 75.00 |
| 110 | 竹溪县(鄂) | 白芷 | 50.00 |
| 111 | 永城市(豫) | 白芷 | 24.50 |
| 112 | 固镇县(皖) | 白芷 | 10.00 |
| 113 | 耒阳市(湘) | 败酱草 | 1200.00 |
| 114 | 利川市(鄂) | 半夏 | 1600.00 |
| 115 | 侯马市(晋) | 半夏 | 496.80 |
| 116 | 古城区(滇) | 半夏 | 200.00 |
| 117 | 天门市(鄂) | 半夏 | 167.50 |
| 118 | 潜江市(鄂) | 半夏 | 150.00 |
| 119 | 麻阳苗族自治县(湘) | 半夏 | 50.00 |

(续)

| 序号 | 其他中药材主产地 | 品种 | 产量(吨) |
|---|---|---|---|
| 120 | 兴义市(黔) | 半夏 | 50.00 |
| 121 | 竹溪县(鄂) | 半夏 | 45.00 |
| 122 | 砀山县(皖) | 半夏 | 35.52 |
| 123 | 普安县(黔) | 半夏 | 20.00 |
| 124 | 彭泽县(赣) | 半夏 | 15.00 |
| 125 | 峡江县(赣) | 薄荷 | 27.00 |
| 126 | 靖安县(赣) | 薄荷 | 15.00 |
| 127 | 固镇县(皖) | 薄荷 | 10.00 |
| 128 | 镇宁布依族苗族自治县(黔) | 薄荷 | 10.00 |
| 129 | 富源县(滇) | 薄荷 | 10.00 |
| 130 | 磐安县(浙) | 贝母 | 7644.00 |
| 131 | 红星林业局(龙江森工) | 贝母 | 2200.00 |
| 132 | 定海区(浙) | 贝母 | 1940.00 |
| 133 | 铁力林业局(龙江森工) | 贝母 | 1864.00 |
| 134 | 海林林业局(龙江森工) | 贝母 | 1600.00 |
| 135 | 亚布力林业局(龙江森工) | 贝母 | 1250.00 |
| 136 | 利川市(鄂) | 贝母 | 1200.00 |
| 137 | 汤旺河林业局(龙江森工) | 贝母 | 850.00 |
| 138 | 带岭实验局(龙江森工) | 贝母 | 600.00 |
| 139 | 奉节县(渝) | 贝母 | 579.00 |
| 140 | 辉南县(吉) | 贝母 | 450.00 |
| 141 | 桦甸市(吉) | 贝母 | 400.00 |
| 142 | 苍南县(浙) | 贝母 | 223.00 |
| 143 | 五营林业局(龙江森工) | 贝母 | 136.00 |
| 144 | 修水县(赣) | 贝母 | 130.00 |
| 145 | 上甘岭林业局(龙江森工) | 贝母 | 100.00 |
| 146 | 翠峦林业局(龙江森工) | 贝母 | 66.00 |
| 147 | 苇河林业局(龙江森工) | 贝母 | 58.00 |
| 148 | 美溪林业局(龙江森工) | 贝母 | 52.00 |
| 149 | 龙山县(湘) | 贝母 | 50.00 |
| 150 | 黄岩区(浙) | 贝母 | 30.60 |
| 151 | 桃山林业局(龙江森工) | 贝母 | 30.00 |
| 152 | 大海林林业局(龙江森工) | 贝母 | 23.00 |
| 153 | 乌马河林业局(龙江森工) | 贝母 | 12.00 |
| 154 | 穆棱林业局(龙江森工) | 贝母 | 10.00 |
| 155 | 耒阳市(湘) | 苍耳子 | 20.00 |
| 156 | 南漳县(鄂) | 苍术 | 850.00 |
| 157 | 郧西县(鄂) | 苍术 | 580.00 |
| 158 | 丰宁满族自治县(冀) | 苍术 | 50.00 |
| 159 | 阿荣旗(内蒙古) | 苍术 | 50.00 |
| 160 | 讷河市(黑) | 苍术 | 50.00 |
| 161 | 麻城市(鄂) | 苍术 | 40.00 |
| 162 | 围场满族蒙古族自治县(冀) | 苍术 | 15.00 |
| 163 | 木里藏族自治县(川) | 苍术 | 10.00 |
| 164 | 福贡县(滇) | 草果 | 30000.00 |

(续)

| 序号 | 其他中药材主产地 | 品种 | 产量(吨) |
|---|---|---|---|
| 165 | 盈江县(滇) | 草果 | 5911.00 |
| 166 | 龙陵县(滇) | 草果 | 5600.00 |
| 167 | 元阳县(滇) | 草果 | 5518.00 |
| 168 | 贡山独龙族怒族自治县(滇) | 草果 | 2555.00 |
| 169 | 屏边苗族自治县(滇) | 草果 | 2492.80 |
| 170 | 澜沧拉祜族自治县(滇) | 草果 | 863.00 |
| 171 | 景东彝族自治县(滇) | 草果 | 143.00 |
| 172 | 禄劝彝族苗族自治县(滇) | 草乌 | 16000.00 |
| 173 | 永胜县(滇) | 草乌 | 6124.30 |
| 174 | 东川区(滇) | 草乌 | 603.00 |
| 175 | 玉龙纳西族自治县(滇) | 草乌 | 332.50 |
| 176 | 宁蒗彝族自治县(滇) | 草乌 | 15.00 |
| 177 | 楚雄市(滇) | 草乌 | 13.00 |
| 178 | 辉县市(豫) | 侧柏叶 | 125.00 |
| 179 | 镇宁布依族苗族自治县(黔) | 侧柏叶 | 20.00 |
| 180 | 宁强县(陕) | 茶树 | 5650.00 |
| 181 | 乳源瑶族自治县(粤) | 茶树 | 2250.00 |
| 182 | 台山市(粤) | 茶树 | 263.00 |
| 183 | 镇宁布依族苗族自治县(黔) | 茶树 | 50.00 |
| 184 | 兴义市(黔) | 茶树 | 20.00 |
| 185 | 汉源县(川) | 柴胡 | 5000.00 |
| 186 | 徽　县(甘) | 柴胡 | 3623.00 |
| 187 | 闻喜县(晋) | 柴胡 | 500.00 |
| 188 | 利川市(鄂) | 柴胡 | 500.00 |
| 189 | 通渭县(甘) | 柴胡 | 500.00 |
| 190 | 南漳县(鄂) | 柴胡 | 450.00 |
| 191 | 榆中县(甘) | 柴胡 | 250.00 |
| 192 | 涉　县(冀) | 柴胡 | 200.00 |
| 193 | 岷　县(甘) | 柴胡 | 195.00 |
| 194 | 文　县(甘) | 柴胡 | 150.00 |
| 195 | 辉县市(豫) | 柴胡 | 129.00 |
| 196 | 迭部县(甘) | 柴胡 | 127.00 |
| 197 | 抚远县(黑) | 柴胡 | 120.00 |
| 198 | 舒兰市(吉) | 柴胡 | 105.00 |
| 199 | 永寿县(陕) | 柴胡 | 90.00 |
| 200 | 垣曲县(晋) | 柴胡 | 65.00 |
| 201 | 丰宁满族自治县(冀) | 柴胡 | 43.00 |
| 202 | 围场满族蒙古族自治县(冀) | 柴胡 | 40.00 |
| 203 | 九台区(吉) | 柴胡 | 30.00 |
| 204 | 麟游县(陕) | 柴胡 | 26.00 |
| 205 | 舟曲县(甘) | 柴胡 | 20.00 |
| 206 | 兴义市(黔) | 菖蒲 | 20.00 |
| 207 | 辉南县(吉) | 车前子 | 165.00 |
| 208 | 修水县(赣) | 车前子 | 140.00 |
| 209 | 渝水区(赣) | 车前子 | 24.00 |
| 210 | 兴义市(黔) | 车前子 | 20.00 |
| 211 | 利川市(鄂) | 沉香 | 10.00 |
| 212 | 仁寿县(川) | 陈皮 | 46.00 |
| 213 | 利川市(鄂) | 陈皮 | 10.00 |
| 214 | 澧　县(湘) | 陈皮 | 10.00 |
| 215 | 宝清县(黑) | 赤芍 | 4200.00 |
| 216 | 东川区(滇) | 赤芍 | 2860.00 |
| 217 | 抚远县(黑) | 赤芍 | 1500.00 |
| 218 | 逊克县(黑) | 赤芍 | 140.00 |
| 219 | 讷河市(黑) | 赤芍 | 50.00 |
| 220 | 阿荣旗(内蒙古) | 赤芍 | 20.00 |
| 221 | 虎林市(黑) | 赤小豆 | 5000.00 |
| 222 | 九台区(吉) | 虫草 | 20.00 |
| 223 | 鱼台县(鲁) | 虫草 | 15.00 |
| 224 | 兴义市(黔) | 川椒 | 40.00 |
| 225 | 兴义市(黔) | 川楝子 | 30.00 |
| 226 | 资中县(川) | 川芎 | 2800.00 |
| 227 | 金口河区(川) | 川芎 | 675.00 |
| 228 | 开　县(渝) | 川芎 | 165.00 |
| 229 | 香格里拉县(滇) | 川芎 | 76.80 |
| 230 | 辉南县(吉) | 穿山甲 | 280.00 |
| 231 | 辉南县(吉) | 穿山龙 | 340.00 |
| 232 | 麟游县(陕) | 穿山龙 | 313.00 |
| 233 | 延寿县(黑) | 穿山龙 | 300.00 |
| 234 | 鹰手营子矿区(冀) | 穿山龙 | 10.00 |
| 235 | 礼　县(甘) | 大黄 | 28350.00 |
| 236 | 开　县(渝) | 大黄 | 8228.00 |
| 237 | 奉节县(渝) | 大黄 | 4362.00 |
| 238 | 洱源县(滇) | 大黄 | 2400.00 |
| 239 | 克什克腾旗(内蒙古) | 大黄 | 750.00 |
| 240 | 岷　县(甘) | 大黄 | 337.50 |
| 241 | 宕昌县(甘) | 大黄 | 230.00 |
| 242 | 迭部县(甘) | 大黄 | 52.00 |
| 243 | 白玉林业局(川) | 大黄 | 50.00 |
| 244 | 碌曲县(甘) | 大黄 | 30.00 |
| 245 | 舟曲县(甘) | 大黄 | 25.00 |
| 246 | 永寿县(陕) | 大黄 | 24.00 |
| 247 | 施甸县(滇) | 大黄 | 10.00 |
| 248 | 古城区(滇) | 大蓟 | 10.00 |
| 249 | 耒阳市(湘) | 大青叶 | 200.00 |
| 250 | 奉节县(渝) | 大枣 | 35.00 |
| 251 | 新泰市(鲁) | 丹参 | 16280.00 |
| 252 | 谯城区(皖) | 丹参 | 11000.00 |
| 253 | 沂源县(鲁) | 丹参 | 5000.00 |
| 254 | 平邑县(鲁) | 丹参 | 4900.00 |

（续）

| 序号 | 其他中药材主产地 | 品种 | 产量(吨) |
|---|---|---|---|
| 255 | 仙桃市(鄂) | 丹参 | 2000.00 |
| 256 | 曹　县(鲁) | 丹参 | 1222.00 |
| 257 | 临沂市蒙山旅游区(鲁) | 丹参 | 1200.00 |
| 258 | 东平县(鲁) | 丹参 | 1000.00 |
| 259 | 禄劝彝族苗族自治县(滇) | 丹参 | 800.00 |
| 260 | 桐城市(皖) | 丹参 | 750.00 |
| 261 | 西秀区(黔) | 丹参 | 677.00 |
| 262 | 临泉县(皖) | 丹参 | 600.00 |
| 263 | 沂水县(鲁) | 丹参 | 552.00 |
| 264 | 安居区(川) | 丹参 | 456.00 |
| 265 | 奈曼旗(内蒙古) | 丹参 | 326.60 |
| 266 | 义马市(豫) | 丹参 | 300.00 |
| 267 | 肥城市(鲁) | 丹参 | 266.00 |
| 268 | 东川区(滇) | 丹参 | 137.50 |
| 269 | 孟津县(豫) | 丹参 | 100.00 |
| 270 | 汶上县(鲁) | 丹参 | 80.00 |
| 271 | 宁阳县(鲁) | 丹参 | 38.00 |
| 272 | 辉县市(豫) | 丹参 | 35.00 |
| 273 | 平陆县(晋) | 丹参 | 30.00 |
| 274 | 泰安市泰山景区(鲁) | 丹参 | 30.00 |
| 275 | 麻城市(鄂) | 丹参 | 30.00 |
| 276 | 商水县(豫) | 丹参 | 25.00 |
| 277 | 钢城区(鲁) | 丹参 | 15.00 |
| 278 | 罗江县(川) | 丹参 | 15.00 |
| 279 | 广饶县(鲁) | 丹参 | 12.00 |
| 280 | 谯城区(皖) | 丹皮 | 150000.00 |
| 281 | 南陵县(皖) | 丹皮 | 3800.00 |
| 282 | 涡阳县(皖) | 丹皮 | 3000.00 |
| 283 | 泾　县(皖) | 丹皮 | 100.00 |
| 284 | 砀山县(皖) | 丹皮 | 71.23 |
| 285 | 永城市(豫) | 丹皮 | 46.10 |
| 286 | 舞钢市(豫) | 丹皮 | 10.00 |
| 287 | 岷　县(甘) | 当归 | 93024.00 |
| 288 | 汉源县(川) | 当归 | 20000.00 |
| 289 | 礼　县(甘) | 当归 | 15300.00 |
| 290 | 金口河区(川) | 当归 | 6250.00 |
| 291 | 和政县(甘) | 当归 | 5120.00 |
| 292 | 宕昌县(甘) | 当归 | 650.00 |
| 293 | 宣威市(滇) | 当归 | 530.00 |
| 294 | 香格里拉县(滇) | 当归 | 507.90 |
| 295 | 文　县(甘) | 当归 | 300.00 |
| 296 | 宾川县(滇) | 当归 | 165.00 |
| 297 | 利川市(鄂) | 当归 | 100.00 |
| 298 | 永胜县(滇) | 当归 | 83.50 |
| 299 | 禄劝彝族苗族自治县(滇) | 当归 | 80.00 |

（续）

| 序号 | 其他中药材主产地 | 品种 | 产量(吨) |
|---|---|---|---|
| 300 | 山丹县(甘) | 当归 | 47.00 |
| 301 | 古城区(滇) | 当归 | 20.00 |
| 302 | 古浪县(甘) | 当归 | 15.40 |
| 303 | 丰宁满族自治县(冀) | 当归 | 15.00 |
| 304 | 武宁县(赣) | 当归 | 13.50 |
| 305 | 倘甸工业园区(滇) | 当归 | 10.00 |
| 306 | 舟曲县(甘) | 当归 | 10.00 |
| 307 | 盖州市(辽) | 地龙 | 210.00 |
| 308 | 利川市(鄂) | 独活 | 100.00 |
| 309 | 竹山县(鄂) | 番木瓜 | 10000.00 |
| 310 | 沾河林业局(龙江森工) | 返魂草 | 300.00 |
| 311 | 舒兰市(吉) | 返魂草 | 140.00 |
| 312 | 藁城区(冀) | 防风 | 1900.00 |
| 313 | 清原满族自治县(辽) | 防风 | 600.00 |
| 314 | 洮南市(吉) | 防风 | 300.00 |
| 315 | 围场满族蒙古族自治县(冀) | 防风 | 200.00 |
| 316 | 逊克县(黑) | 防风 | 154.00 |
| 317 | 闻喜县(晋) | 防风 | 105.00 |
| 318 | 乌拉特前旗(内蒙古) | 防风 | 100.00 |
| 319 | 岷　县(甘) | 防风 | 75.90 |
| 320 | 龙江县(黑) | 防风 | 60.00 |
| 321 | 垣曲县(晋) | 防风 | 22.00 |
| 322 | 海林市(黑) | 防风 | 20.00 |
| 323 | 桦南县(黑) | 防风 | 20.00 |
| 324 | 阿城区(黑) | 防风 | 16.00 |
| 325 | 彭泽县(赣) | 防己 | 15.00 |
| 326 | 新宁县(湘) | 榧子 | 20.00 |
| 327 | 澧　县(湘) | 枫香 | 60.00 |
| 328 | 耒阳市(湘) | 枫香 | 12.00 |
| 329 | 靖州苗族侗族自治县(湘) | 茯苓 | 56000.00 |
| 330 | 成　县(甘) | 茯苓 | 1500.00 |
| 331 | 景谷傣族彝族自治县(滇) | 茯苓 | 1483.00 |
| 332 | 岑溪市(桂) | 茯苓 | 1230.00 |
| 333 | 墨江哈尼族自治县(滇) | 茯苓 | 614.00 |
| 334 | 桑植县(湘) | 茯苓 | 600.00 |
| 335 | 昭化区(川) | 茯苓 | 600.00 |
| 336 | 景东彝族自治县(滇) | 茯苓 | 447.00 |
| 337 | 澜沧拉祜族自治县(滇) | 茯苓 | 380.00 |
| 338 | 镇康县(滇) | 茯苓 | 200.00 |
| 339 | 古城区(滇) | 茯苓 | 150.00 |
| 340 | 旌德县(皖) | 茯苓 | 110.00 |
| 341 | 昌宁县(滇) | 茯苓 | 102.94 |
| 342 | 腾冲县(滇) | 茯苓 | 100.00 |
| 343 | 永胜县(滇) | 茯苓 | 65.20 |
| 344 | 武宁县(赣) | 茯苓 | 61.00 |

(续)

| 序号 | 其他中药材主产地 | 品种 | 产量(吨) |
|---|---|---|---|
| 345 | 潜山县(皖) | 茯苓 | 50.00 |
| 346 | 忻城县(桂) | 茯苓 | 15.00 |
| 347 | 昭平县(桂) | 茯苓 | 12.00 |
| 348 | 大姚县(滇) | 茯苓 | 12.00 |
| 349 | 木里藏族自治县(川) | 茯苓 | 11.69 |
| 350 | 耒阳市(湘) | 浮萍 | 300.00 |
| 351 | 玉龙纳西族自治县(滇) | 附子 | 20654.30 |
| 352 | 宾川县(滇) | 附子 | 7500.00 |
| 353 | 宁蒗彝族自治县(滇) | 附子 | 5000.00 |
| 354 | 香格里拉县(滇) | 附子 | 1446.50 |
| 355 | 禄劝彝族苗族自治县(滇) | 附子 | 400.00 |
| 356 | 永胜县(滇) | 附子 | 195.21 |
| 357 | 漾濞彝族自治县(滇) | 附子 | 150.00 |
| 358 | 龙陵县(滇) | 附子 | 50.00 |
| 359 | 姚安县(滇) | 附子 | 20.00 |
| 360 | 广德县(皖) | 覆盆子 | 1575.00 |
| 361 | 天门市(鄂) | 覆盆子 | 200.00 |
| 362 | 兴仁县(黔) | 覆盆子 | 140.00 |
| 363 | 旌德县(皖) | 覆盆子 | 88.00 |
| 364 | 黄山区(皖) | 覆盆子 | 40.00 |
| 365 | 彭泽县(赣) | 覆盆子 | 10.80 |
| 366 | 瓜州县(甘) | 甘草 | 11594.00 |
| 367 | 金塔县(甘) | 甘草 | 4416.00 |
| 368 | 山丹县(甘) | 甘草 | 3924.00 |
| 369 | 杭锦旗(内蒙古) | 甘草 | 2500.00 |
| 370 | 榆中县(甘) | 甘草 | 1660.00 |
| 371 | 城关区(甘) | 甘草 | 800.00 |
| 372 | 兰州新区(甘) | 甘草 | 800.00 |
| 373 | 集宁区(内蒙古) | 甘草 | 681.00 |
| 374 | 磴口县(内蒙古) | 甘草 | 220.00 |
| 375 | 奈曼旗(内蒙古) | 甘草 | 213.90 |
| 376 | 阿拉善右旗(内蒙古) | 甘草 | 200.00 |
| 377 | 子洲县(陕) | 甘草 | 200.00 |
| 378 | 和林格尔县(内蒙古) | 甘草 | 62.00 |
| 379 | 峡江县(赣) | 甘草 | 35.50 |
| 380 | 洮南市(吉) | 甘草 | 20.00 |
| 381 | 喀喇沁旗(内蒙古) | 甘草 | 15.00 |
| 382 | 达拉特旗(内蒙古) | 甘草 | 12.00 |
| 383 | 托克托县(内蒙古) | 甘草 | 10.00 |
| 384 | 甘孜县(川) | 甘松 | 12.00 |
| 385 | 侯马市(晋) | 甘遂 | 151.53 |
| 386 | 上饶县(赣) | 干姜 | 525.00 |
| 387 | 铜鼓县(赣) | 干姜 | 300.00 |
| 388 | 赣　县(赣) | 干姜 | 215.00 |
| 389 | 武宁县(赣) | 干姜 | 155.00 |
| 390 | 靖安县(赣) | 干姜 | 10.00 |
| 391 | 昭化区(川) | 葛根 | 6000.00 |
| 392 | 禄劝彝族苗族自治县(滇) | 葛根 | 4000.00 |
| 393 | 蕉岭县(粤) | 葛根 | 1840.00 |
| 394 | 罗江县(川) | 葛根 | 1000.00 |
| 395 | 兴仁县(黔) | 葛根 | 700.00 |
| 396 | 耒阳市(湘) | 葛根 | 600.00 |
| 397 | 古城区(滇) | 葛根 | 500.00 |
| 398 | 金堂县(川) | 葛根 | 360.00 |
| 399 | 和平县(粤) | 葛根 | 300.00 |
| 400 | 横峰县(赣) | 葛根 | 290.00 |
| 401 | 彭泽县(赣) | 葛根 | 250.00 |
| 402 | 蓝山县(湘) | 葛根 | 237.00 |
| 403 | 旌德县(皖) | 葛根 | 200.00 |
| 404 | 利川市(鄂) | 葛根 | 200.00 |
| 405 | 镇宁布依族苗族自治县(黔) | 葛根 | 125.00 |
| 406 | 来凤县(鄂) | 葛根 | 50.00 |
| 407 | 新化县(湘) | 葛根 | 50.00 |
| 408 | 会同县(湘) | 葛根 | 30.00 |
| 409 | 广德县(皖) | 葛根 | 26.00 |
| 410 | 施甸县(滇) | 葛根 | 20.00 |
| 411 | 澧　县(湘) | 葛根 | 10.00 |
| 412 | 三都水族自治县(黔) | 钩藤 | 10.00 |
| 413 | 玉门市(甘) | 枸杞子 | 40971.00 |
| 414 | 乌拉特前旗(内蒙古) | 枸杞子 | 12820.00 |
| 415 | 巨鹿县(冀) | 枸杞子 | 11880.00 |
| 416 | 西夏区(宁) | 枸杞子 | 4800.00 |
| 417 | 山丹县(甘) | 枸杞子 | 2908.00 |
| 418 | 惠农区(宁) | 枸杞子 | 2400.00 |
| 419 | 孝南区(鄂) | 枸杞子 | 840.00 |
| 420 | 永昌县(甘) | 枸杞子 | 700.00 |
| 421 | 建始县(鄂) | 枸杞子 | 600.00 |
| 422 | 永登县(甘) | 枸杞子 | 475.00 |
| 423 | 瓜州县(甘) | 枸杞子 | 461.00 |
| 424 | 托克托县(内蒙古) | 枸杞子 | 120.00 |
| 425 | 渑池县(豫) | 枸杞子 | 110.00 |
| 426 | 禹州市(豫) | 枸杞子 | 87.00 |
| 427 | 磴口县(内蒙古) | 枸杞子 | 84.00 |
| 428 | 金凤区(宁) | 枸杞子 | 64.00 |
| 429 | 土默特左旗(内蒙古) | 枸杞子 | 50.00 |
| 430 | 万州区(渝) | 枸杞子 | 30.00 |
| 431 | 辽阳县(辽) | 枸杞子 | 28.00 |
| 432 | 围场满族蒙古族自治县(冀) | 枸杞子 | 15.00 |
| 433 | 肃州区(甘) | 枸杞子 | 15.00 |
| 434 | 安国市(冀) | 瓜蒌 | 20625.00 |

（续）

| 序号 | 其他中药材主产地 | 品种 | 产量(吨) |
|---|---|---|---|
| 435 | 谯城区(皖) | 瓜蒌 | 11000.00 |
| 436 | 修水县(赣) | 瓜蒌 | 109.00 |
| 437 | 潜山县(皖) | 瓜蒌 | 85.00 |
| 438 | 彭泽县(赣) | 瓜蒌 | 54.00 |
| 439 | 祁东县(湘) | 贯众 | 60.00 |
| 440 | 高州市(粤) | 何首乌 | 7761.00 |
| 441 | 兴仁县(黔) | 何首乌 | 3080.00 |
| 442 | 青秀区(桂) | 何首乌 | 320.00 |
| 443 | 利川市(鄂) | 何首乌 | 300.00 |
| 444 | 兴义市(黔) | 何首乌 | 120.00 |
| 445 | 武陵源区(湘) | 何首乌 | 40.00 |
| 446 | 普安县(黔) | 何首乌 | 30.00 |
| 447 | 陆川县(桂) | 何首乌 | 12.00 |
| 448 | 淮阳县(豫) | 黑芝麻 | 640.00 |
| 449 | 拜泉县(黑) | 黑芝麻 | 309.25 |
| 450 | 利川市(鄂) | 黑芝麻 | 30.00 |
| 451 | 商水县(豫) | 黑芝麻 | 10.00 |
| 452 | 奉节县(渝) | 红豆杉 | 900.00 |
| 453 | 北川羌族自治县(川) | 红豆杉 | 800.00 |
| 454 | 梅县区(粤) | 红豆杉 | 200.00 |
| 455 | 新宁县(湘) | 红豆杉 | 150.00 |
| 456 | 桑植县(湘) | 红豆杉 | 30.00 |
| 457 | 三都水族自治县(黔) | 红豆杉 | 21.00 |
| 458 | 昌宁县(滇) | 红豆杉 | 12.43 |
| 459 | 江北区(浙) | 红豆杉 | 10.00 |
| 460 | 永胜县(滇) | 红花 | 659.17 |
| 461 | 平罗县(宁) | 红花 | 45.00 |
| 462 | 兴义市(黔) | 胡桃肉 | 60.00 |
| 463 | 桑植县(湘) | 虎杖 | 200.00 |
| 464 | 昭化区(川) | 虎杖 | 140.00 |
| 465 | 黔江区(渝) | 虎杖 | 115.00 |
| 466 | 奉节县(渝) | 虎杖 | 50.00 |
| 467 | 宁蒗彝族自治县(滇) | 花椒 | 1980.00 |
| 468 | 孟津县(豫) | 花椒 | 500.00 |
| 469 | 利川市(鄂) | 花椒 | 300.00 |
| 470 | 麒麟区(滇) | 花椒 | 250.00 |
| 471 | 正安县(黔) | 花椒 | 168.00 |
| 472 | 芷江侗族自治县(湘) | 花椒 | 132.75 |
| 473 | 奉节县(渝) | 花椒 | 125.00 |
| 474 | 腾冲县(滇) | 花椒 | 120.00 |
| 475 | 岷　县(甘) | 花椒 | 79.20 |
| 476 | 灵寿县(冀) | 花椒 | 70.00 |
| 477 | 漾濞彝族自治县(滇) | 花椒 | 69.00 |
| 478 | 九寨沟县(川) | 花椒 | 68.00 |
| 479 | 昌宁县(滇) | 花椒 | 65.70 |

（续）

| 序号 | 其他中药材主产地 | 品种 | 产量(吨) |
|---|---|---|---|
| 480 | 晴隆县(黔) | 花椒 | 54.00 |
| 481 | 沿河土家族自治县(黔) | 花椒 | 44.00 |
| 482 | 思南县(黔) | 花椒 | 23.00 |
| 483 | 昭化区(川) | 花椒 | 20.00 |
| 484 | 金堂县(川) | 花椒 | 16.00 |
| 485 | 富源县(滇) | 花椒 | 10.00 |
| 486 | 陆川县(桂) | 淮山 | 70.00 |
| 487 | 山阳县(陕) | 黄姜 | 21412.00 |
| 488 | 商南县(陕) | 黄姜 | 1745.00 |
| 489 | 澧　县(湘) | 黄姜 | 1000.00 |
| 490 | 千阳县(陕) | 黄姜 | 968.00 |
| 491 | 始兴县(粤) | 黄姜 | 320.00 |
| 492 | 北湖区(湘) | 黄姜 | 120.00 |
| 493 | 阳新县(鄂) | 黄姜 | 110.00 |
| 494 | 安化县(湘) | 黄姜 | 100.00 |
| 495 | 富源县(滇) | 黄姜 | 60.00 |
| 496 | 新晃侗族自治县(湘) | 黄姜 | 40.00 |
| 497 | 屏山县(川) | 黄姜 | 40.00 |
| 498 | 会理县(川) | 黄荆 | 59.00 |
| 499 | 耒阳市(湘) | 黄荆 | 40.00 |
| 500 | 广德县(皖) | 黄精 | 1144.00 |
| 501 | 旌德县(皖) | 黄精 | 450.00 |
| 502 | 盐津县(滇) | 黄精 | 450.00 |
| 503 | 修水县(赣) | 黄精 | 360.00 |
| 504 | 永胜县(滇) | 黄精 | 261.00 |
| 505 | 麒麟区(滇) | 黄精 | 150.00 |
| 506 | 西畴县(滇) | 黄精 | 124.00 |
| 507 | 辰溪县(湘) | 黄精 | 100.00 |
| 508 | 腾冲县(滇) | 黄精 | 100.00 |
| 509 | 祁门县(皖) | 黄精 | 78.00 |
| 510 | 鹤城区(湘) | 黄精 | 50.00 |
| 511 | 兴义市(黔) | 黄精 | 50.00 |
| 512 | 马龙县(滇) | 黄精 | 50.00 |
| 513 | 龙山县(湘) | 黄精 | 40.00 |
| 514 | 奉节县(渝) | 黄精 | 33.00 |
| 515 | 施甸县(滇) | 黄精 | 30.00 |
| 516 | 泸溪县(湘) | 黄精 | 20.00 |
| 517 | 都江堰市(川) | 黄精 | 20.00 |
| 518 | 株洲县(湘) | 黄精 | 10.00 |
| 519 | 开　县(渝) | 黄连 | 7050.00 |
| 520 | 北川羌族自治县(川) | 黄连 | 929.00 |
| 521 | 珙　县(川) | 黄连 | 200.00 |
| 522 | 沙湾区(川) | 黄连 | 80.00 |
| 523 | 姚安县(滇) | 黄连 | 70.00 |
| 524 | 龙山县(湘) | 黄连 | 30.00 |

(续)

| 序号 | 其他中药材主产地 | 品种 | 产量(吨) |
|---|---|---|---|
| 525 | 平邑县(鲁) | 黄芩 | 5050.00 |
| 526 | 赤城县(冀) | 黄芩 | 673.00 |
| 527 | 闻喜县(晋) | 黄芩 | 670.00 |
| 528 | 侯马市(晋) | 黄芩 | 616.77 |
| 529 | 龙城区(辽) | 黄芩 | 333.00 |
| 530 | 围场满族蒙古族自治县(冀) | 黄芩 | 330.00 |
| 531 | 永寿县(陕) | 黄芩 | 204.00 |
| 532 | 子洲县(陕) | 黄芩 | 110.00 |
| 533 | 麟游县(陕) | 黄芩 | 107.00 |
| 534 | 东平县(鲁) | 黄芩 | 100.00 |
| 535 | 凌源市(辽) | 黄芩 | 83.00 |
| 536 | 丰宁满族自治县(冀) | 黄芩 | 63.00 |
| 537 | 鹰手营子矿区(冀) | 黄芩 | 30.00 |
| 538 | 阳曲县(晋) | 黄芩 | 20.00 |
| 539 | 喀喇沁旗(内蒙古) | 黄芩 | 20.00 |
| 540 | 平陆县(晋) | 黄芩 | 10.00 |
| 541 | 元宝山区(内蒙古) | 黄芩 | 10.00 |
| 542 | 高州市(粤) | 藿香 | 122.00 |
| 543 | 乳源瑶族自治县(粤) | 鸡血藤 | 625.00 |
| 544 | 镇宁布依族苗族自治县(黔) | 鸡血藤 | 10.00 |
| 545 | 西畴县(滇) | 姜黄 | 16.00 |
| 546 | 珙　县(川) | 绞股蓝 | 670.00 |
| 547 | 兴义市(黔) | 绞股蓝 | 10.00 |
| 548 | 鼎城区(湘) | 金樱子 | 27.00 |
| 549 | 涉　县(冀) | 荆芥 | 750.00 |
| 550 | 麻城市(鄂) | 菊花 | 30000.00 |
| 551 | 阳曲县(晋) | 菊花 | 1500.00 |
| 552 | 淳安县(浙) | 菊花 | 960.00 |
| 553 | 天门市(鄂) | 菊花 | 750.00 |
| 554 | 东平县(鲁) | 菊花 | 490.00 |
| 555 | 武宁县(赣) | 菊花 | 263.00 |
| 556 | 永城市(豫) | 菊花 | 256.00 |
| 557 | 桐城市(皖) | 菊花 | 150.00 |
| 558 | 永兴县(湘) | 菊花 | 145.00 |
| 559 | 临漳县(冀) | 菊花 | 80.00 |
| 560 | 临西县(冀) | 菊花 | 60.00 |
| 561 | 永丰县(赣) | 菊花 | 60.00 |
| 562 | 万载县(赣) | 菊花 | 50.00 |
| 563 | 广饶县(鲁) | 菊花 | 50.00 |
| 564 | 永年县(冀) | 菊花 | 30.00 |
| 565 | 临泉县(皖) | 菊花 | 30.00 |
| 566 | 耒阳市(湘) | 菊花 | 20.00 |
| 567 | 忻城县(桂) | 菊花 | 15.00 |
| 568 | 潜山县(皖) | 菊花 | 10.00 |
| 569 | 罗江县(川) | 决明子 | 83.00 |

(续)

| 序号 | 其他中药材主产地 | 品种 | 产量(吨) |
|---|---|---|---|
| 570 | 辉县市(豫) | 决明子 | 80.00 |
| 571 | 阳信县(鲁) | 决明子 | 60.00 |
| 572 | 赤城县(冀) | 苦参 | 7500.00 |
| 573 | 围场满族蒙古族自治县(冀) | 苦参 | 3000.00 |
| 574 | 成　县(甘) | 苦参 | 500.00 |
| 575 | 西畴县(滇) | 苦参 | 160.00 |
| 576 | 康平县(辽) | 苦参 | 100.00 |
| 577 | 喀喇沁左翼蒙古族自治县(辽) | 苦参 | 70.00 |
| 578 | 丰宁满族自治县(冀) | 苦参 | 40.00 |
| 579 | 建平县(辽) | 苦参 | 21.00 |
| 580 | 和政县(甘) | 款冬花 | 75.00 |
| 581 | 陵川县(晋) | 连翘 | 4758.00 |
| 582 | 沁源县(晋) | 连翘 | 4000.00 |
| 583 | 沁水县(晋) | 连翘 | 4000.00 |
| 584 | 涉　县(冀) | 连翘 | 2500.00 |
| 585 | 安泽县(晋) | 连翘 | 2245.00 |
| 586 | 黎城县(晋) | 连翘 | 1400.00 |
| 587 | 长子县(晋) | 连翘 | 1380.00 |
| 588 | 阳城县(晋) | 连翘 | 1290.00 |
| 589 | 翼城县(晋) | 连翘 | 500.00 |
| 590 | 渑池县(豫) | 连翘 | 326.00 |
| 591 | 古　县(晋) | 连翘 | 250.00 |
| 592 | 闻喜县(晋) | 连翘 | 235.00 |
| 593 | 沁　县(晋) | 连翘 | 150.00 |
| 594 | 青州市(鲁) | 连翘 | 100.00 |
| 595 | 高平市(晋) | 连翘 | 13.00 |
| 596 | 围场满族蒙古族自治县(冀) | 连翘 | 10.00 |
| 597 | 靖州苗族侗族自治县(湘) | 灵芝 | 2597.00 |
| 598 | 旌德县(皖) | 灵芝 | 550.00 |
| 599 | 八步区(桂) | 灵芝 | 375.00 |
| 600 | 和平县(粤) | 灵芝 | 130.00 |
| 601 | 祁门县(皖) | 灵芝 | 84.00 |
| 602 | 抚远县(黑) | 灵芝 | 60.00 |
| 603 | 永丰县(赣) | 灵芝 | 50.00 |
| 604 | 崇义县(赣) | 灵芝 | 50.00 |
| 605 | 武宁县(赣) | 灵芝 | 37.00 |
| 606 | 始兴县(粤) | 灵芝 | 35.00 |
| 607 | 抚松县(吉) | 灵芝 | 32.50 |
| 608 | 会昌县(赣) | 灵芝 | 15.62 |
| 609 | 昭平县(桂) | 灵芝 | 13.00 |
| 610 | 信丰县(赣) | 灵芝 | 10.00 |
| 611 | 云　县(滇) | 龙胆草 | 6516.00 |
| 612 | 景东彝族自治县(滇) | 龙胆草 | 1092.00 |
| 613 | 清原满族自治县(辽) | 龙胆草 | 710.00 |
| 614 | 桦南县(黑) | 龙胆草 | 30.00 |

（续）

| 序号 | 其他中药材主产地 | 品种 | 产量(吨) |
|---|---|---|---|
| 615 | 辉南县(吉) | 龙胆草 | 10.00 |
| 616 | 耒阳市(湘) | 芦根 | 300.00 |
| 617 | 兴义市(黔) | 露蜂房 | 50.00 |
| 618 | 伊金霍洛旗(内蒙古) | 麻黄 | 10000.00 |
| 619 | 鄂托克前旗(内蒙古) | 麻黄 | 2620.00 |
| 620 | 达拉特旗(内蒙古) | 麻黄 | 700.00 |
| 621 | 兴义市(黔) | 麻黄根 | 200.00 |
| 622 | 耒阳市(湘) | 马齿苋 | 2000.00 |
| 623 | 兴国县(赣) | 马齿苋 | 12.00 |
| 624 | 围场满族蒙古族自治县(冀) | 马齿苋 | 10.00 |
| 625 | 古城区(滇) | 玛咖 | 3000.00 |
| 626 | 宁蒗彝族自治县(滇) | 玛咖 | 2500.00 |
| 627 | 香格里拉县(滇) | 玛咖 | 50.00 |
| 628 | 倘甸工业园区(滇) | 玛咖 | 50.00 |
| 629 | 襄城区(鄂) | 麦冬 | 7200.00 |
| 630 | 仙桃市(鄂) | 麦冬 | 2800.00 |
| 631 | 麻阳苗族自治县(湘) | 麦冬 | 15.00 |
| 632 | 澧　县(湘) | 芒硝 | 4500.00 |
| 633 | 东平县(鲁) | 玫瑰花 | 600.00 |
| 634 | 肥城市(鲁) | 玫瑰花 | 140.00 |
| 635 | 永城市(豫) | 玫瑰花 | 57.30 |
| 636 | 围场满族蒙古族自治县(冀) | 玫瑰花 | 30.00 |
| 637 | 桐柏县(豫) | 木瓜 | 2534.00 |
| 638 | 洋　县(陕) | 木瓜 | 810.00 |
| 639 | 河东区(鲁) | 木瓜 | 660.00 |
| 640 | 商南县(陕) | 木瓜 | 637.00 |
| 641 | 綦江区(渝) | 木瓜 | 500.00 |
| 642 | 万盛区(渝) | 木瓜 | 100.00 |
| 643 | 舞钢市(豫) | 木瓜 | 50.00 |
| 644 | 宝丰县(豫) | 木瓜 | 35.00 |
| 645 | 武陵源区(湘) | 木瓜 | 30.00 |
| 646 | 新野县(豫) | 木瓜 | 10.00 |
| 647 | 辉南县(吉) | 木通 | 55.00 |
| 648 | 蓝山县(湘) | 木通 | 15.50 |
| 649 | 玉龙纳西族自治县(滇) | 木香 | 39570.80 |
| 650 | 文　县(甘) | 木香 | 20000.00 |
| 651 | 开　县(渝) | 木香 | 6882.00 |
| 652 | 北川羌族自治县(川) | 木香 | 5000.00 |
| 653 | 洱源县(滇) | 木香 | 3900.00 |
| 654 | 禄劝彝族苗族自治县(滇) | 木香 | 1100.00 |
| 655 | 漾濞彝族自治县(滇) | 木香 | 400.00 |
| 656 | 香格里拉县(滇) | 木香 | 293.60 |
| 657 | 永胜县(滇) | 木香 | 112.70 |
| 658 | 古城区(滇) | 木香 | 100.00 |
| 659 | 白玉林业局(川) | 木香 | 45.00 |
| 660 | 大姚县(滇) | 木香 | 22.00 |
| 661 | 耒阳市(湘) | 南蛇藤 | 100.00 |
| 662 | 江津区(渝) | 柠檬 | 5000.00 |
| 663 | 铜梁县(渝) | 柠檬 | 4000.00 |
| 664 | 迭部县(甘) | 牛蒡子 | 121.00 |
| 665 | 耒阳市(湘) | 牛蒡子 | 20.00 |
| 666 | 大姚县(滇) | 牛蒡子 | 15.00 |
| 667 | 长洲区(桂) | 牛大力 | 500.00 |
| 668 | 青秀区(桂) | 牛大力 | 290.00 |
| 669 | 榆中县(甘) | 牛黄 | 480.00 |
| 670 | 金口河区(川) | 牛膝 | 22500.00 |
| 671 | 汉源县(川) | 牛膝 | 3000.00 |
| 672 | 奉节县(渝) | 牛膝 | 751.00 |
| 673 | 兴义市(黔) | 女贞子 | 20.00 |
| 674 | 兴义市(黔) | 枇杷叶 | 300.00 |
| 675 | 新宾满族自治县(辽) | 蒲公英 | 4700.00 |
| 676 | 辉南县(吉) | 蒲公英 | 3600.00 |
| 677 | 清原满族自治县(辽) | 蒲公英 | 600.00 |
| 678 | 耒阳市(湘) | 蒲公英 | 40.00 |
| 679 | 襄城区(鄂) | 蒲公英 | 35.00 |
| 680 | 嫩江县(黑) | 蒲公英 | 20.00 |
| 681 | 集贤县(黑) | 蒲公英 | 20.00 |
| 682 | 桦甸市(吉) | 蒲公英 | 14.00 |
| 683 | 围场满族蒙古族自治县(冀) | 蒲公英 | 10.00 |
| 684 | 白山市市辖区(吉) | 蒲公英 | 10.00 |
| 685 | 宁阳县(鲁) | 蒲公英 | 10.00 |
| 686 | 耒阳市(湘) | 千金藤 | 10.00 |
| 687 | 奉节县(渝) | 前胡 | 1602.00 |
| 688 | 昭化区(川) | 前胡 | 150.00 |
| 689 | 彭泽县(赣) | 前胡 | 19.30 |
| 690 | 淮滨县(豫) | 芡实 | 300.00 |
| 691 | 固始县(豫) | 芡实 | 30.00 |
| 692 | 迭部县(甘) | 羌活 | 1760.00 |
| 693 | 九寨沟县(川) | 羌活 | 300.00 |
| 694 | 白玉林业局(川) | 羌活 | 10.00 |
| 695 | 玉龙纳西族自治县(滇) | 秦艽 | 18986.00 |
| 696 | 香格里拉县(滇) | 秦艽 | 1099.80 |
| 697 | 永胜县(滇) | 秦艽 | 40.50 |
| 698 | 迭部县(甘) | 秦艽 | 20.00 |
| 699 | 安居区(川) | 青蒿 | 760.00 |
| 700 | 耒阳市(湘) | 青蒿 | 500.00 |
| 701 | 开　县(渝) | 青蒿 | 130.00 |
| 702 | 龙山县(湘) | 青蒿 | 100.00 |
| 703 | 会理县(川) | 青蒿 | 44.00 |
| 704 | 民勤县(甘) | 肉苁蓉 | 800.00 |

(续)

| 序号 | 其他中药材主产地 | 品种 | 产量(吨) |
|---|---|---|---|
| 705 | 阿拉善右旗(内蒙古) | 肉苁蓉 | 610.00 |
| 706 | 磴口县(内蒙古) | 肉苁蓉 | 320.00 |
| 707 | 木里藏族自治县(川) | 肉苁蓉 | 171.04 |
| 708 | 阿拉善左旗(内蒙古) | 肉苁蓉 | 142.18 |
| 709 | 高台县(甘) | 肉苁蓉 | 100.00 |
| 710 | 德庆县(粤) | 肉桂 | 52970.00 |
| 711 | 高要市(粤) | 肉桂 | 20415.00 |
| 712 | 乳源瑶族自治县(粤) | 肉桂 | 630.00 |
| 713 | 信宜市(粤) | 肉桂 | 395.00 |
| 714 | 飞马林场(粤) | 肉桂 | 87.00 |
| 715 | 北流市(桂) | 肉桂 | 21.30 |
| 716 | 武宁县(赣) | 肉桂 | 11.00 |
| 717 | 文山市(滇) | 三七 | 5000.00 |
| 718 | 腾冲县(滇) | 三七 | 4050.00 |
| 719 | 石屏县(滇) | 三七 | 1500.00 |
| 720 | 泸西县(滇) | 三七 | 1000.00 |
| 721 | 禄劝彝族苗族自治县(滇) | 三七 | 400.00 |
| 722 | 永胜县(滇) | 三七 | 230.20 |
| 723 | 麒麟区(滇) | 三七 | 200.00 |
| 724 | 弥勒市(滇) | 三七 | 150.00 |
| 725 | 江川县(滇) | 三七 | 150.00 |
| 726 | 倘甸工业园区(滇) | 三七 | 60.00 |
| 727 | 个旧市(滇) | 三七 | 54.00 |
| 728 | 墨江哈尼族自治县(滇) | 三七 | 22.00 |
| 729 | 普安县(黔) | 三七 | 20.00 |
| 730 | 开远市(滇) | 三七 | 10.00 |
| 731 | 兴义市(黔) | 三叶青 | 10.00 |
| 732 | 阳新县(鄂) | 桑葚 | 230.00 |
| 733 | 潜山县(皖) | 桑葚 | 20.00 |
| 734 | 兴国县(赣) | 桑葚 | 10.00 |
| 735 | 仙桃市(鄂) | 桑葚 | 10.00 |
| 736 | 奉节县(渝) | 桑葚 | 10.00 |
| 737 | 普安县(黔) | 桑葚 | 10.00 |
| 738 | 连南瑶族自治县(粤) | 桑叶 | 12622.00 |
| 739 | 奉节县(渝) | 桑叶 | 6333.00 |
| 740 | 乳源瑶族自治县(粤) | 桑叶 | 3100.00 |
| 741 | 修水县(赣) | 桑叶 | 480.00 |
| 742 | 麻城市(鄂) | 桑叶 | 200.00 |
| 743 | 耒阳市(湘) | 桑叶 | 80.00 |
| 744 | 蓝山县(湘) | 桑叶 | 21.00 |
| 745 | 安国市(冀) | 沙参 | 11200.00 |
| 746 | 逊克县(黑) | 沙参 | 300.00 |
| 747 | 会理县(川) | 沙参 | 79.00 |
| 748 | 桓仁满族自治县(辽) | 沙参 | 50.00 |
| 749 | 安图森林经营局(吉) | 沙参 | 30.00 |

(续)

| 序号 | 其他中药材主产地 | 品种 | 产量(吨) |
|---|---|---|---|
| 750 | 围场满族蒙古族自治县(冀) | 沙棘 | 2521.60 |
| 751 | 岷　县(甘) | 沙棘 | 75.00 |
| 752 | 桦川县(黑) | 沙棘 | 50.00 |
| 753 | 碌曲县(甘) | 沙棘 | 20.00 |
| 754 | 屏山县(川) | 砂仁 | 15000.00 |
| 755 | 信宜市(粤) | 砂仁 | 400.00 |
| 756 | 水富县(滇) | 砂仁 | 400.00 |
| 757 | 孟连傣族拉祜族佤族自治县(滇) | 砂仁 | 320.00 |
| 758 | 屏边苗族自治县(滇) | 砂仁 | 302.50 |
| 759 | 墨江哈尼族自治县(滇) | 砂仁 | 295.00 |
| 760 | 澜沧拉祜族自治县(滇) | 砂仁 | 213.90 |
| 761 | 翠屏区(川) | 砂仁 | 30.00 |
| 762 | 云　县(滇) | 砂仁 | 22.00 |
| 763 | 永胜县(滇) | 砂仁 | 11.16 |
| 764 | 靖西县(桂) | 山豆根 | 1161.75 |
| 765 | 安国市(冀) | 山药 | 30500.00 |
| 766 | 温　县(豫) | 山药 | 20000.00 |
| 767 | 淮阳县(豫) | 山药 | 7350.00 |
| 768 | 鄄城县(鲁) | 山药 | 2000.00 |
| 769 | 玉龙纳西族自治县(滇) | 山药 | 1940.20 |
| 770 | 侯马市(晋) | 山药 | 1848.00 |
| 771 | 东平县(鲁) | 山药 | 1200.00 |
| 772 | 桓仁满族自治县(辽) | 山药 | 800.00 |
| 773 | 泾　县(皖) | 山药 | 80.00 |
| 774 | 水富县(滇) | 山药 | 30.00 |
| 775 | 新野县(豫) | 山药 | 20.00 |
| 776 | 新化县(湘) | 山银花 | 6000.00 |
| 777 | 丹凤县(陕) | 山萸肉 | 7000.00 |
| 778 | 淳安县(浙) | 山萸肉 | 2620.00 |
| 779 | 周至县(陕) | 山萸肉 | 1523.00 |
| 780 | 阳城县(晋) | 山萸肉 | 1378.00 |
| 781 | 洋　县(陕) | 山萸肉 | 1100.00 |
| 782 | 城固县(陕) | 山萸肉 | 250.00 |
| 783 | 万州区(渝) | 山萸肉 | 40.00 |
| 784 | 黎城县(晋) | 山萸肉 | 35.00 |
| 785 | 方城县(豫) | 山萸肉 | 30.00 |
| 786 | 临安市(浙) | 山萸肉 | 20.00 |
| 787 | 内乡县(豫) | 山萸肉 | 15.00 |
| 788 | 汝阳县(豫) | 山萸肉 | 11.22 |
| 789 | 青州市(鲁) | 山萸肉 | 10.00 |
| 790 | 湘乡市(湘) | 山萸肉 | 10.00 |
| 791 | 辉县市(豫) | 山楂 | 790.00 |
| 792 | 阳城县(晋) | 山楂 | 371.00 |
| 793 | 辉南县(吉) | 山楂 | 220.00 |
| 794 | 大石桥市(辽) | 山楂 | 200.00 |

（续）

| 序号 | 其他中药材主产地 | 品种 | 产量（吨） |
|---|---|---|---|
| 795 | 盖州市（辽） | 山楂 | 130.00 |
| 796 | 乳源瑶族自治县（粤） | 山楂 | 122.00 |
| 797 | 东平县（鲁） | 山楂 | 100.00 |
| 798 | 舞钢市（豫） | 山楂 | 40.00 |
| 799 | 贞丰县（黔） | 山茱萸 | 60.00 |
| 800 | 武穴市（鄂） | 山茱萸 | 20.00 |
| 801 | 谯城区（皖） | 芍药 | 180000.00 |
| 802 | 虞城县（豫） | 芍药 | 1000.00 |
| 803 | 庆城县（甘） | 芍药 | 500.00 |
| 804 | 高密市（鲁） | 芍药 | 200.00 |
| 805 | 太康县（豫） | 芍药 | 80.00 |
| 806 | 西峰区（甘） | 芍药 | 50.00 |
| 807 | 迭部县（甘） | 芍药 | 28.00 |
| 808 | 商水县（豫） | 芍药 | 15.00 |
| 809 | 曹　县（鲁） | 芍药 | 10.00 |
| 810 | 谯城区（皖） | 射干 | 1200.00 |
| 811 | 宁晋县（冀） | 射干 | 700.00 |
| 812 | 涉　县（冀） | 射干 | 250.00 |
| 813 | 围场满族蒙古族自治县（冀） | 射干 | 100.00 |
| 814 | 东川区（滇） | 射干 | 30.00 |
| 815 | 汝城县（湘） | 升麻 | 310.00 |
| 816 | 侯马市（晋） | 生地 | 2511.50 |
| 817 | 连南瑶族自治县（粤） | 生姜 | 4480.00 |
| 818 | 乳源瑶族自治县（粤） | 生姜 | 3108.00 |
| 819 | 兴仁县（黔） | 生姜 | 2760.00 |
| 820 | 永胜县（滇） | 生姜 | 574.60 |
| 821 | 西秀区（黔） | 生姜 | 560.00 |
| 822 | 五华县（粤） | 生姜 | 500.00 |
| 823 | 茶陵县（湘） | 生姜 | 389.00 |
| 824 | 耒阳市（湘） | 生姜 | 100.00 |
| 825 | 苏仙区（湘） | 生姜 | 85.00 |
| 826 | 潜山县（皖） | 生姜 | 60.00 |
| 827 | 黄平县（黔） | 生姜 | 60.00 |
| 828 | 会理县（川） | 生姜 | 59.00 |
| 829 | 北流市（桂） | 生姜 | 51.60 |
| 830 | 新化县（湘） | 生姜 | 50.00 |
| 831 | 盐津县（滇） | 生姜 | 20.00 |
| 832 | 瑞金市（赣） | 生姜 | 13.00 |
| 833 | 乐安县（赣） | 生姜 | 12.00 |
| 834 | 怀远县（皖） | 石榴 | 500.00 |
| 835 | 石台县（皖） | 石榴 | 20.00 |
| 836 | 普安县（黔） | 石榴 | 20.00 |
| 837 | 会理县（川） | 石榴皮 | 207.00 |
| 838 | 铜梁县（渝） | 使君子 | 300.00 |
| 839 | 乳源瑶族自治县（粤） | 苏木 | 1120.00 |

（续）

| 序号 | 其他中药材主产地 | 品种 | 产量（吨） |
|---|---|---|---|
| 840 | 辉南县（吉） | 苏子 | 120.00 |
| 841 | 鸡东县（黑） | 苏子 | 100.00 |
| 842 | 阿拉善右旗（内蒙古） | 锁阳 | 2200.00 |
| 843 | 阿拉善左旗（内蒙古） | 锁阳 | 261.24 |
| 844 | 攸　县（湘） | 太子参 | 500.00 |
| 845 | 分宜县（赣） | 太子参 | 200.00 |
| 846 | 兴仁县（黔） | 太子参 | 80.00 |
| 847 | 兴仁县（黔） | 桃仁 | 80.00 |
| 848 | 镇宁布依族苗族自治县（黔） | 桃仁 | 30.00 |
| 849 | 永胜县（滇） | 天冬 | 1534.10 |
| 850 | 西秀区（黔） | 头花蓼 | 5504.00 |
| 851 | 北流市（桂） | 土沉香 | 35.40 |
| 852 | 开　县（渝） | 土大黄 | 12240.00 |
| 853 | 英山县（鄂） | 土茯苓 | 810.00 |
| 854 | 黄平县（黔） | 土茯苓 | 600.00 |
| 855 | 耒阳市（湘） | 土茯苓 | 300.00 |
| 856 | 鼎城区（湘） | 土茯苓 | 19.00 |
| 857 | 虎林市（黑） | 菟丝子 | 240.00 |
| 858 | 平罗县（宁） | 菟丝子 | 220.00 |
| 859 | 萝北县（黑） | 菟丝子 | 100.00 |
| 860 | 青铜峡市（宁） | 菟丝子 | 20.00 |
| 861 | 达川区（川） | 乌梅 | 18000.00 |
| 862 | 天台县（浙） | 乌药 | 15.00 |
| 863 | 湖口县（赣） | 吴茱萸 | 240.00 |
| 864 | 汨罗市（湘） | 吴茱萸 | 80.00 |
| 865 | 武宁县（赣） | 吴茱萸 | 25.00 |
| 866 | 进贤县（赣） | 吴茱萸 | 14.00 |
| 867 | 思南县（黔） | 吴茱萸 | 13.00 |
| 868 | 横峰县（赣） | 吴茱萸 | 10.00 |
| 869 | 乳源瑶族自治县（粤） | 梧桐 | 2109.00 |
| 870 | 桑植县（湘） | 五倍子 | 550.00 |
| 871 | 永定区（湘） | 五倍子 | 400.00 |
| 872 | 五峰土家族自治县（鄂） | 五倍子 | 250.00 |
| 873 | 正安县（黔） | 五倍子 | 105.00 |
| 874 | 来凤县（鄂） | 五倍子 | 100.00 |
| 875 | 西乡县（陕） | 五倍子 | 98.00 |
| 876 | 荔波县（黔） | 五倍子 | 41.00 |
| 877 | 邻水县（川） | 五倍子 | 40.00 |
| 878 | 三都水族自治县（黔） | 五倍子 | 20.00 |
| 879 | 文登市（鲁） | 西洋参 | 4500.00 |
| 880 | 抚松县（吉） | 西洋参 | 655.80 |
| 881 | 金寨县（皖） | 西洋参 | 170.00 |
| 882 | 留坝县（陕） | 西洋参 | 18.00 |
| 883 | 麻城市（鄂） | 细根胡枝子 | 60.00 |
| 884 | 新宾满族自治县（辽） | 细辛 | 1595.00 |

(续)

| 序号 | 其他中药材主产地 | 品种 | 产量(吨) |
|---|---|---|---|
| 885 | 清原满族自治县(辽) | 细辛 | 950.00 |
| 886 | 凤城市(辽) | 细辛 | 551.00 |
| 887 | 桓仁满族自治县(辽) | 细辛 | 400.00 |
| 888 | 阜新蒙古族自治县(辽) | 细辛 | 400.00 |
| 889 | 迭部县(甘) | 细辛 | 222.00 |
| 890 | 东港市(辽) | 细辛 | 14.00 |
| 891 | 桐柏县(豫) | 夏枯草 | 7525.00 |
| 892 | 曹　县(鲁) | 夏枯草 | 450.00 |
| 893 | 昭化区(川) | 夏枯草 | 160.00 |
| 894 | 麻城市(鄂) | 夏枯草 | 100.00 |
| 895 | 耒阳市(湘) | 夏枯草 | 80.00 |
| 896 | 会昌县(赣) | 夏枯草 | 10.72 |
| 897 | 会理县(川) | 小茴香 | 109.00 |
| 898 | 鲁山县(豫) | 辛夷 | 850.00 |
| 899 | 五峰土家族自治县(鄂) | 辛夷 | 250.00 |
| 900 | 环　县(甘) | 杏仁 | 100.00 |
| 901 | 围场满族蒙古族自治县(冀) | 杏仁 | 60.00 |
| 902 | 盂　县(晋) | 杏仁 | 30.00 |
| 903 | 华池县(甘) | 杏仁 | 15.00 |
| 904 | 永胜县(滇) | 续断 | 3938.70 |
| 905 | 洱源县(滇) | 续断 | 1500.00 |
| 906 | 玉龙纳西族自治县(滇) | 续断 | 1001.10 |
| 907 | 腾冲县(滇) | 续断 | 730.00 |
| 908 | 木里藏族自治县(川) | 续断 | 164.00 |
| 909 | 东川区(滇) | 续断 | 132.00 |
| 910 | 东平县(鲁) | 玄参 | 2000.00 |
| 911 | 龙山县(湘) | 玄参 | 600.00 |
| 912 | 麻城市(鄂) | 雪莲花 | 300.00 |
| 913 | 甘孜县(川) | 雪莲花 | 25.00 |
| 914 | 富阳区(浙) | 延胡索 | 107.00 |
| 915 | 耒阳市(湘) | 盐肤木 | 200.00 |
| 916 | 江陵县(鄂) | 野菊花 | 5000.00 |
| 917 | 乳源瑶族自治县(粤) | 野菊花 | 630.00 |
| 918 | 开远市(滇) | 野菊花 | 10.00 |
| 919 | 围场满族蒙古族自治县(冀) | 益母草 | 60.00 |
| 920 | 高州市(粤) | 益智仁 | 700.00 |
| 921 | 信宜市(粤) | 益智仁 | 580.00 |
| 922 | 兴仁县(黔) | 薏苡仁 | 72824.00 |
| 923 | 墨江哈尼族自治县(滇) | 薏苡仁 | 21.00 |
| 924 | 新宾满族自治县(辽) | 淫羊藿 | 2580.00 |
| 925 | 桓仁满族自治县(辽) | 淫羊藿 | 400.00 |
| 926 | 麟游县(陕) | 淫羊藿 | 182.00 |
| 927 | 新宁县(湘) | 淫羊藿 | 50.00 |
| 928 | 西秀区(黔) | 鱼腥草 | 2685.00 |
| 929 | 禄丰县(滇) | 鱼腥草 | 1596.00 |
| 930 | 鹤城区(湘) | 鱼腥草 | 200.00 |
| 931 | 楚雄市(滇) | 鱼腥草 | 86.00 |
| 932 | 姚安县(滇) | 鱼腥草 | 70.00 |
| 933 | 和平县(粤) | 鱼腥草 | 60.00 |
| 934 | 普安县(黔) | 鱼腥草 | 50.00 |
| 935 | 砚山县(滇) | 鱼腥草 | 50.00 |
| 936 | 新晃侗族自治县(湘) | 鱼腥草 | 30.00 |
| 937 | 大姚县(滇) | 鱼腥草 | 14.00 |
| 938 | 连平县(粤) | 鱼腥草 | 10.00 |
| 939 | 慈利县(湘) | 玉竹 | 9000.00 |
| 940 | 凤城市(辽) | 玉竹 | 3500.00 |
| 941 | 涟源市(湘) | 玉竹 | 3180.00 |
| 942 | 汉寿县(湘) | 玉竹 | 1720.00 |
| 943 | 祁东县(湘) | 玉竹 | 1100.00 |
| 944 | 清原满族自治县(辽) | 玉竹 | 980.00 |
| 945 | 安化县(湘) | 玉竹 | 800.00 |
| 946 | 东港市(辽) | 玉竹 | 259.00 |
| 947 | 会理县(川) | 玉竹 | 139.00 |
| 948 | 桑植县(湘) | 玉竹 | 120.00 |
| 949 | 振安区(辽) | 玉竹 | 85.00 |
| 950 | 苏仙区(湘) | 玉竹 | 50.00 |
| 951 | 云和县(浙) | 元胡 | 678.00 |
| 952 | 商南县(陕) | 元胡 | 520.00 |
| 953 | 东阳市(浙) | 元胡 | 258.00 |
| 954 | 苍南县(浙) | 元胡 | 150.00 |
| 955 | 天台县(浙) | 元胡 | 132.00 |
| 956 | 建德市(浙) | 元胡 | 90.00 |
| 957 | 黄岩区(浙) | 元胡 | 10.00 |
| 958 | 闻喜县(晋) | 远志 | 260.00 |
| 959 | 侯马市(晋) | 远志 | 207.90 |
| 960 | 宛城区(豫) | 月季 | 900.00 |
| 961 | 孟津县(豫) | 皂刺 | 500.00 |
| 962 | 竹山县(鄂) | 皂角 | 1910.00 |
| 963 | 谯城区(皖) | 知母 | 5500.00 |
| 964 | 都昌县(赣) | 栀子 | 5025.00 |
| 965 | 孝南区(鄂) | 栀子 | 3375.00 |
| 966 | 唐河县(豫) | 栀子 | 3000.00 |
| 967 | 翠屏区(川) | 栀子 | 3000.00 |
| 968 | 临川区(赣) | 栀子 | 2500.00 |
| 969 | 郎溪县(皖) | 栀子 | 2250.00 |
| 970 | 进贤县(赣) | 栀子 | 1400.00 |
| 971 | 苍南县(浙) | 栀子 | 950.00 |
| 972 | 宾阳县(桂) | 栀子 | 300.00 |
| 973 | 德兴市(赣) | 栀子 | 170.00 |
| 974 | 开　县(渝) | 栀子 | 140.00 |

(续)

| 序号 | 其他中药材主产地 | 品种 | 产量(吨) |
|---|---|---|---|
| 975 | 冷水江市(湘) | 栀子 | 100.00 |
| 976 | 上栗县(赣) | 栀子 | 80.00 |
| 977 | 三门县(浙) | 栀子 | 50.00 |
| 978 | 新干县(赣) | 栀子 | 50.00 |
| 979 | 上高县(赣) | 栀子 | 14.00 |
| 980 | 浠水县(鄂) | 栀子 | 12.00 |
| 981 | 铜梁县(渝) | 枳壳 | 3000.00 |
| 982 | 万载县(赣) | 枳壳 | 362.00 |
| 983 | 新干县(赣) | 枳壳 | 320.00 |
| 984 | 万源市(川) | 枳壳 | 200.00 |
| 985 | 前锋区(川) | 枳壳 | 70.00 |
| 986 | 都昌县(赣) | 枳壳 | 33.00 |
| 987 | 珙　县(川) | 枳壳 | 20.00 |
| 988 | 威远县(川) | 枳壳 | 15.00 |
| 989 | 巍山彝族回族自治县(滇) | 重楼 | 331.00 |
| 990 | 永胜县(滇) | 重楼 | 225.13 |
| 991 | 永平县(滇) | 重楼 | 200.00 |
| 992 | 镇康县(滇) | 重楼 | 170.00 |
| 993 | 玉龙纳西族自治县(滇) | 重楼 | 168.70 |
| 994 | 元阳县(滇) | 重楼 | 150.00 |
| 995 | 漾濞彝族自治县(滇) | 重楼 | 140.00 |
| 996 | 东川区(滇) | 重楼 | 136.00 |
| 997 | 香格里拉县(滇) | 重楼 | 116.70 |
| 998 | 宾川县(滇) | 重楼 | 108.00 |
| 999 | 西畴县(滇) | 重楼 | 84.00 |
| 1000 | 盐津县(滇) | 重楼 | 75.00 |
| 1001 | 龙陵县(滇) | 重楼 | 60.00 |
| 1002 | 禄丰县(滇) | 重楼 | 56.00 |
| 1003 | 景东彝族自治县(滇) | 重楼 | 49.00 |
| 1004 | 武定县(滇) | 重楼 | 42.00 |
| 1005 | 腾冲县(滇) | 重楼 | 37.06 |
| 1006 | 墨江哈尼族自治县(滇) | 重楼 | 32.00 |
| 1007 | 西山区(滇) | 重楼 | 30.00 |
| 1008 | 楚雄市(滇) | 重楼 | 27.00 |
| 1009 | 施甸县(滇) | 重楼 | 10.00 |
| 1010 | 辉南县(吉) | 猪苓 | 340.00 |
| 1011 | 蓝田县(陕) | 猪苓 | 200.00 |
| 1012 | 留坝县(陕) | 猪苓 | 150.00 |
| 1013 | 汝阳县(豫) | 猪苓 | 15.65 |
| 1014 | 两当县(甘) | 猪苓 | 10.00 |
| 1015 | 耒阳市(湘) | 竹叶 | 80.00 |
| 1016 | 耒阳市(湘) | 紫花地丁 | 60.00 |
| 1017 | 兴义市(黔) | 紫花地丁 | 60.00 |
| 1018 | 安国市(冀) | 紫苏 | 10000.00 |
| 1019 | 耒阳市(湘) | 紫苏 | 200.00 |
| 1020 | 宁晋县(冀) | 紫菀 | 600.00 |
| 1021 | 曹　县(鲁) | 紫菀 | 100.00 |
| 1022 | 临西县(冀) | 紫菀 | 75.00 |

## 表 17　2016 年主要森林旅游资源与利用

| 序号 | 县(旗、市、区、局、场) | 森林公园及自然保护区(名称) | 级别 | 实际接待人数(万人次) | 旅游总收入(万元) | 其中:门票收入(万元) |
|---|---|---|---|---|---|---|
| 1 | 北京市西山林场(京) | 北京西山国家森林公园 | 国家 | 200.00 | 524.46 | 400.00 |
| 2 | 北戴河区(冀) | 秦皇岛野生动物园 | 国家 | 85.00 | 6800.00 | 6800.00 |
| 3 | 赤城县(冀) | 大海陀自然保护区 | 国家 | 5.00 | 15.00 | |
| 4 | 赤城县(冀) | 黑龙山森林公园 | 国家 | 1.30 | 33.00 | 8.00 |
| 5 | 丰宁满族自治县(冀) | 白云古洞景区 | 国家 | 12.40 | 992.00 | 620.00 |
| 6 | 丰宁满族自治县(冀) | 河北丰宁海留图国家级湿地公园 | 国家 | 14.40 | 4880.00 | 1728.00 |
| 7 | 丰宁满族自治县(冀) | 九龙松景区 | 国家 | 1.80 | 54.00 | 54.00 |
| 8 | 阜平县(冀) | 天生桥国家森林公园 | 国家 | 15.00 | 4200.00 | 1500.00 |
| 9 | 涞水县(冀) | 野三坡国家森林公园 | 国家 | 385.00 | 15000.00 | |
| 10 | 临城县(冀) | 蝎子沟国家级森林公园 | 国家 | 3.00 | 200.00 | 20.00 |
| 11 | 灵寿县(冀) | 五岳寨森林公园 | 国家 | 144.00 | 100000.00 | 5700.00 |
| 12 | 滦平县(冀) | 白草洼国家森林公园 | 国家 | 5.00 | 72.00 | 72.00 |
| 13 | 木栏围场国营林场(冀) | 河北省木兰围场国家森林公园 | 国家 | 0.20 | 5.00 | 5.00 |
| 14 | 内丘县(冀) | 太子岩景区 | 国家 | 19.00 | 730.00 | 275.00 |
| 15 | 平泉县(冀) | 辽河源国家森林公园 | 国家 | 5.00 | 300.00 | 100.00 |
| 16 | 平山县(冀) | 河北驼梁自然保护区 | 国家 | 80.90 | 5624.00 | 2930.00 |

(续)

| 序号 | 县(旗、市、区、局、场) | 森林公园及自然保护区(名称) | 级别 | 实际接待人数(万人次) | 旅游总收入(万元) | 其中:门票收入(万元) |
|---|---|---|---|---|---|---|
| 17 | 平山县(冀) | 平山天桂山风景名胜区 | 国家 | 40.29 | 3165.00 | 2480.00 |
| 18 | 迁西县(冀) | 达峪林场 | 国家 | 55.00 | 16000.00 | 5700.00 |
| 19 | 曲阳县(冀) | 虎山风景区 | 国家 | 3.00 | 450.00 | 300.00 |
| 20 | 塞罕坝机械林场(冀) | 河北省塞罕坝国家级森林公园 | 国家 | 51.05 | 4800.30 | 4396.00 |
| 21 | 山海关区(冀) | 山海关区森林公园 | 国家 | 18.00 | 644.00 | |
| 22 | 尚义县(冀) | 察汗淖湿地公园 | 国家 | 8.00 | 100.00 | |
| 23 | 双桥区(冀) | 磬锤峰国家森林公园 | 国家 | 5.00 | 370.00 | 300.00 |
| 24 | 唐　县(冀) | 古北岳国家森林公园 | 国家 | 26.00 | 810.00 | |
| 25 | 围场满族蒙古族自治县(冀) | 塞罕坝国家森林公园 | 国家 | 55.90 | 4395.00 | 4395.00 |
| 26 | 蔚　县(冀) | 小五台山国家级自然保护区 | 国家 | 2.40 | 2160.00 | 168.00 |
| 27 | 武安市(冀) | 河北青崖寨国家级自然保护区 | 国家 | 68.00 | 4800.00 | |
| 28 | 雾灵山国家级自然保护区(冀) | 河北雾灵山国家级自然保护区 | 国家 | 17.94 | 2098.55 | 1799.65 |
| 29 | 邢台县(冀) | 大峡谷 | 国家 | 4.46 | 152.40 | 152.40 |
| 30 | 邢台县(冀) | 九龙峡 | 国家 | 80.20 | 564.70 | 564.70 |
| 31 | 邢台县(冀) | 前南峪森林公园 | 国家 | 25.50 | 976.10 | 976.10 |
| 32 | 邢台县(冀) | 天河山 | 国家 | 17.14 | 332.00 | 332.00 |
| 33 | 邢台县(冀) | 天梯山 | 国家 | 11.00 | 258.80 | 258.80 |
| 34 | 邢台县(冀) | 英谈历史文化古村 | 国家 | 6.45 | 28.70 | 28.70 |
| 35 | 邢台县(冀) | 云梦山 | 国家 | 11.20 | 278.90 | 278.90 |
| 36 | 邢台县(冀) | 紫金山 | 国家 | 28.00 | 917.70 | 917.70 |
| 37 | 兴隆县(冀) | 兴隆县六里坪林场国家森林公园 | 国家 | 0.70 | 35.00 | 30.00 |
| 38 | 易　县(冀) | 易州森林公园 | 国家 | 30.00 | 1200.00 | 55.00 |
| 39 | 浑源县(晋) | 恒山森林公园 | 国家 | 76.58 | 5479.00 | 5479.00 |
| 40 | 黎城县(晋) | 黄崖洞国家级森林公园 | 国家 | 17.40 | 430.00 | 320.00 |
| 41 | 沁源县(晋) | 沁源县灵空山自然保护区 | 国家 | 30.00 | 1000.00 | 170.00 |
| 42 | 忻府区(晋) | 禹王洞国家森林公园 | 国家 | 1.50 | 18.00 | 18.00 |
| 43 | 阳城县(晋) | 蟒河自然保护区 | 国家 | 56.70 | 5615.90 | 2837.20 |
| 44 | 永济市(晋) | 五老峰 | 国家 | 10.00 | 412.00 | 120.00 |
| 45 | 垣曲县(晋) | 历山国家级自然保护区 | 国家 | 30.00 | 10000.00 | 7000.00 |
| 46 | 长治市郊区(晋) | 老顶山国家森林公园 | 国家 | 52.00 | 6800.00 | |
| 47 | 阿鲁科尔沁旗(内蒙古) | 高格斯台罕乌拉保护区 | 国家 | 4.50 | 3168.00 | |
| 48 | 敖汉旗(内蒙古) | 大黑山自然保护区 | 国家 | 2.30 | 1610.00 | 560.00 |
| 49 | 巴林右旗(内蒙古) | 赛罕乌拉国家级自然保护区 | 国家 | 0.85 | 570.00 | 30.00 |
| 50 | 巴林左旗(内蒙古) | 乌兰坝国家自然保护区 | 国家 | 0.76 | 510.00 | |
| 51 | 巴林左旗(内蒙古) | 召庙 | 国家 | 1.52 | 1018.00 | |
| 52 | 达拉特旗(内蒙古) | 恩格贝森林公园 | 国家 | 6.00 | 2710.00 | 1500.00 |
| 53 | 达拉特旗(内蒙古) | 响沙湾生态旅游区 | 国家 | 11.74 | 5440.00 | 3700.00 |
| 54 | 东胜区(内蒙古) | 九成功旅游区 | 国家 | 42.00 | 5230.00 | 5230.00 |
| 55 | 东乌珠穆沁旗(内蒙古) | 内蒙古宝格达乌拉国家森林公园 | 国家 | 3.00 | 100.00 | |
| 56 | 额济纳旗(内蒙古) | 内蒙古额济纳胡杨林国家级自然保护区 | 国家 | 13.50 | 2970.00 | 2970.00 |
| 57 | 鄂托克前旗(内蒙古) | 大沙头生态文化旅游区 | 国家 | 8.00 | 780.00 | 480.00 |
| 58 | 鄂托克前旗(内蒙古) | 鄂尔多斯文化旅游村 | 国家 | 1.40 | 53.00 | 42.00 |
| 59 | 鄂托克前旗(内蒙古) | 上海庙欢乐大草原旅游景区 | 国家 | 6.00 | 450.00 | 360.00 |
| 60 | 鄂温克族自治旗(内蒙古) | 莫和尔图国家湿地公园 | 国家 | 0.30 | 8.00 | 8.00 |

（续）

| 序号 | 县（旗、市、区、局、场） | 森林公园及自然保护区（名称） | 级别 | 实际接待人数（万人次） | 旅游总收入（万元） | 其中：门票收入（万元） |
|---|---|---|---|---|---|---|
| 61 | 海拉尔区（内蒙古） | 海拉尔西山国家森林公园 | 国家 | 14.39 | 102.68 | 102.68 |
| 62 | 杭锦后旗（内蒙古） | 河套森林公园 | 国家 | 1.50 | 350.00 | 50.00 |
| 63 | 杭锦旗（内蒙古） | 杭锦旗七星湖旅游区 | 国家 | 6.58 | 4408.25 | |
| 64 | 红花尔基林业局（内蒙古） | 红花尔基樟子松国家级森林公园 | 国家 | 1.00 | 103.00 | |
| 65 | 红山区（内蒙古） | 红山国家森林公园 | 国家 | 3.00 | 120.00 | |
| 66 | 回民区（内蒙古） | 呼和浩特市乌素图森林公园 | 国家 | 2.50 | 72.00 | 72.00 |
| 67 | 喀喇沁旗（内蒙古） | 马鞍山国家森林公园 | 国家 | 3.50 | 3000.00 | 700.00 |
| 68 | 喀喇沁旗（内蒙古） | 旺业甸国家级森林公园 | 国家 | 8.50 | 6000.00 | 1700.00 |
| 69 | 科尔沁左翼后旗（内蒙古） | 大青沟 | 国家 | 50.00 | 15000.00 | |
| 70 | 克什克腾旗（内蒙古） | 白音敖包自然保护区 | 国家 | 7.51 | 700.00 | |
| 71 | 克什克腾旗（内蒙古） | 桦木沟生态旅游 | 国家 | 10.50 | 15000.00 | |
| 72 | 克什克腾旗（内蒙古） | 黄岗梁国家森林公园 | 国家 | 15.00 | 17000.00 | |
| 73 | 克什克腾旗（内蒙古） | 克旗达里诺尔自然保护区 | 国家 | 6.00 | 500.00 | |
| 74 | 克什克腾旗（内蒙古） | 世界地质公园青山景区 | 国家 | 18.00 | 16500.00 | |
| 75 | 奈曼旗（内蒙古） | 内蒙古奈曼孟家段湿地公园 | 国家 | 10.00 | 70.00 | |
| 76 | 宁城县（内蒙古） | 藏龙谷景区 | 国家 | 4.50 | 3150.00 | 2700.00 |
| 77 | 宁城县（内蒙古） | 大坝沟生态旅游景区 | 国家 | 7.00 | 4900.00 | 2800.00 |
| 78 | 宁城县（内蒙古） | 杜鹃山景区 | 国家 | 4.60 | 3220.00 | 1800.00 |
| 79 | 宁城县（内蒙古） | 黑里河道须沟生态旅游景区 | 国家 | 16.00 | 11122.00 | 9600.00 |
| 80 | 翁牛特旗（内蒙古） | 花果营子林场勃隆克沙漠旅游区 | 国家 | 1.86 | 1268.70 | |
| 81 | 乌拉特前旗（内蒙古） | 乌拉山森林公园 | 国家 | 0.50 | 50.00 | 30.00 |
| 82 | 乌拉特前旗（内蒙古） | 乌梁素海 | 国家 | 10.00 | 500.00 | 400.00 |
| 83 | 五岔沟林业局（内蒙古） | 好森沟国家森林公园 | 国家 | 95.00 | 850.00 | 710.00 |
| 84 | 五原县（内蒙古） | 黄河湿地自然保护区 | 国家 | 66.45 | 36320.00 | |
| 85 | 武川县（内蒙古） | 哈达门森林公园 | 国家 | 3.40 | 326.00 | 86.00 |
| 86 | 元宝山区（内蒙古） | 兴隆国家森林公园 | 国家 | 2.50 | 1200.00 | |
| 87 | 北票市（辽） | 大黑山自然保护区 | 国家 | 4.70 | 26.27 | 0.04 |
| 88 | 北镇市（辽） | 闾山自然保护区 | 国家 | 110.00 | 22000.00 | 3000.00 |
| 89 | 本溪满族自治县（辽） | 关门山国家森林公园 | 国家 | 60.00 | 4000.00 | 2400.00 |
| 90 | 本溪满族自治县（辽） | 汤森林公园 | 国家 | 20.00 | 600.00 | 400.00 |
| 91 | 本溪满族自治县（辽） | 铁刹山森林公园 | 国家 | 30.00 | 350.00 | 210.00 |
| 92 | 大连市金州新区（辽） | 大赫山国家级森林公园 | 国家 | 34.00 | 670.00 | 340.00 |
| 93 | 法库县（辽） | 五龙山自然保护区 | 国家 | 15.63 | 2500.00 | 1200.00 |
| 94 | 凤城市（辽） | 大梨树自然保护区 | 国家 | 52.00 | 42000.00 | |
| 95 | 凤城市（辽） | 凤凰山自然保护区 | 国家 | 36.00 | 21828.00 | |
| 96 | 阜新蒙古族自治县（辽） | 海棠山国家级自然保护区 | 国家 | 600.00 | 2500.00 | 500.00 |
| 97 | 盖州市（辽） | 盖州市森林公园 | 国家 | 29.10 | 5820.00 | 1455.00 |
| 98 | 甘井子区（辽） | 大连金龙寺森林公园 | 国家 | 20.00 | 236.00 | 236.00 |
| 99 | 甘井子区（辽） | 大连西郊国家森林公园 | 国家 | 139.40 | 17990.00 | 13575.00 |
| 100 | 弓长岭区（辽） | 辽宁大汤河国家湿地公园 | 国家 | 87.00 | 24000.00 | |
| 101 | 桓仁满族自治县（辽） | 库区国家森林公园 | 国家 | 5.00 | 200.00 | 80.00 |
| 102 | 浑南区（辽） | 棋盘山风景区 | 国家 | 200.00 | 59400.00 | |
| 103 | 建昌县（辽） | 白狼山国家级自然保护区 | 国家 | 5.50 | 1100.00 | 220.00 |
| 104 | 建平县（辽） | 建平县牛河梁红山文化遗址 | 国家 | 150.00 | 1000.00 | 50.00 |

(续)

| 序号 | 县(旗、市、区、局、场) | 森林公园及自然保护区(名称) | 级别 | 实际接待人数(万人次) | 旅游总收入(万元) | 其中:门票收入(万元) |
|---|---|---|---|---|---|---|
| 105 | 喀喇沁左翼蒙古族自治县(辽) | 辽宁楼子山国家级自然保护区 | 国家 | 2.00 | 200.00 | |
| 106 | 康平县(辽) | 康平县金沙滩国家沙漠公园 | 国家 | 2.00 | 800.00 | |
| 107 | 康平县(辽) | 康平县辽河湿地公园 | 国家 | 5.00 | 2000.00 | |
| 108 | 宽甸满族自治县(辽) | 青山沟森林公园 | 国家 | 4.70 | 1200.00 | 689.00 |
| 109 | 连山区(辽) | 虹螺山国家级自然保护区 | 国家 | 7.50 | 301.00 | |
| 110 | 辽中区(辽) | 辽中蒲河国家湿地公园 | 国家 | 20.00 | 300.00 | 20.00 |
| 111 | 龙港区(辽) | 葫芦山庄 | 国家 | 212.50 | 17000.00 | 17000.00 |
| 112 | 旅顺口区(辽) | 203 国家森林公园 | 国家 | 200.00 | 410.00 | 21.00 |
| 113 | 南芬区(辽) | 大冰沟森林公园 | 国家 | 1.50 | 50.00 | 45.00 |
| 114 | 普兰店市(辽) | 普兰店国家级森林公园 | 国家 | 19.50 | 780.00 | 350.00 |
| 115 | 双塔区(辽) | 凤凰山国家森林公园 | 国家 | 7.00 | 1500.00 | 600.00 |
| 116 | 西丰县(辽) | 冰砬山深林公园 | 国家 | 3.00 | 670.00 | 8.00 |
| 117 | 新宾满族自治县(辽) | 新宾满族自治县岗山森林公园 | 国家 | 12.00 | 1200.00 | 800.00 |
| 118 | 新宾满族自治县(辽) | 新宾满族自治县和睦森林公园 | 国家 | 25.00 | 2800.00 | 1200.00 |
| 119 | 新宾满族自治县(辽) | 新宾满族自治县猴石森林公园 | 国家 | 35.00 | 3500.00 | 2200.00 |
| 120 | 兴城市(辽) | 兴城市首山森林公园 | 国家 | 10.00 | 200.00 | |
| 121 | 庄河市(辽) | 大连天门山国家森林公园 | 国家 | 25.07 | 1968.15 | 514.07 |
| 122 | 庄河市(辽) | 辽宁仙人洞国家森林公园 | 国家 | 49.00 | 5730.00 | 4900.00 |
| 123 | 庄河市(辽) | 银石滩国家森林公园 | 国家 | 15.00 | 1500.00 | 680.00 |
| 124 | 白城市市辖区(吉) | 查干浩特旅游渡假村 | 国家 | 11.00 | 420.00 | 28.00 |
| 125 | 大石头林业局(吉) | 大石头亚光湖国家湿地公园 | 国家 | 0.36 | 280.00 | |
| 126 | 东丰县(吉) | 东丰县南照山公园 | 国家 | 200.00 | 1100.00 | |
| 127 | 桦甸市(吉) | 南楼山 AAA 级景区 | 国家 | 2.00 | 20.00 | |
| 128 | 集安市(吉) | 五女峰国家森林公园 | 国家 | 9.00 | 2500.00 | 600.00 |
| 129 | 蛟河市(吉) | 吉林省拉法山国家森林公园 | 国家 | 23.66 | 45652.00 | 1285.00 |
| 130 | 九台区(吉) | 庙旅游区香山 | 国家 | 300.00 | 3600.00 | |
| 131 | 临江市(吉) | 吉林临江五道沟国家湿地公园 | 国家 | 5.00 | 300.00 | 50.00 |
| 132 | 柳河县(吉) | 柳河三仙夹森林公园 | 国家 | 3.00 | 400.00 | 150.00 |
| 133 | 柳河县(吉) | 罗通山自然保护区 | 国家 | 2.00 | 100.00 | 100.00 |
| 134 | 磐石市(吉) | 磐石市莲花山森林公园 | 国家 | 5.00 | 300.00 | 100.00 |
| 135 | 双阳区(吉) | 吊水壶国家森林公园 | 国家 | 2.80 | 238.00 | 238.00 |
| 136 | 松原市市辖区(吉) | 查干湖旅游经济开发区 | 国家 | 86.50 | 89022.00 | 312.00 |
| 137 | 汪清林业局(吉) | 吉林兰家大峡谷国家森林公园 | 国家 | 2.00 | 7.50 | 7.50 |
| 138 | 长春市净月经济开发区(吉) | 长春净月潭旅游森林公园 | 国家 | 480.00 | 116250.00 | 82310.00 |
| 139 | 阿城区(黑) | 金龙山国家级森林公园 | 国家 | 15.70 | 709.00 | 617.00 |
| 140 | 宝清县(黑) | 完达山森林公园 | 国家 | 25.00 | 155.00 | 50.00 |
| 141 | 大同区(黑) | 红旗林场 | 国家 | 2.60 | 32.00 | |
| 142 | 丹清河实验林场(黑) | 丹清河国家森林公园 | 国家 | 23.00 | 220.00 | 25.00 |
| 143 | 抚远县(黑) | 黑瞎子岛 | 国家 | 120.00 | 3400.00 | 1500.00 |
| 144 | 富锦市(黑) | 五顶山国家级森林公园 | 国家 | 0.60 | 8.50 | 4.00 |
| 145 | 鹤岗市市辖区(黑) | 黑龙江鹤岗国家森林公园 | 国家 | 2.50 | 250.00 | 50.00 |
| 146 | 呼兰区(黑) | 黑龙江呼兰河口湿地公园 | 国家 | 35.00 | 6000.00 | 2500.00 |
| 147 | 呼兰区(黑) | 黑龙江省呼兰国家级森林公园 | 国家 | 5.00 | 100.00 | |
| 148 | 虎林市(黑) | 乌苏里江国家森林公园 | 国家 | 5.00 | 480.00 | 200.00 |

（续）

| 序号 | 县(旗、市、区、局、场) | 森林公园及自然保护区(名称) | 级别 | 实际接待人数(万人次) | 旅游总收入(万元) | 其中:门票收入(万元) |
|---|---|---|---|---|---|---|
| 149 | 嘉荫县(黑) | 茅兰沟国家级森林公园 | 国家 | 11.00 | 3033.00 | 715.00 |
| 150 | 萝北县(黑) | 黑龙江太平沟自然保护区 | 国家 | 0.85 | 171.00 | 171.00 |
| 151 | 宁安市(黑) | 宁安市火山口森林公园 | 国家 | 14.50 | 2340.00 | 1160.00 |
| 152 | 七台河市市辖区(黑) | 勃利县西大圈国家森林公园 | 国家 | 10.00 | 280.00 | 27.00 |
| 153 | 庆安国有林场管理局(黑) | 望龙山国家森林公园 | 国家 | 7.00 | 80.00 | |
| 154 | 绥滨县(黑) | 月牙湖国家湿地公园 | 国家 | 3.00 | 100.00 | 22.00 |
| 155 | 绥芬河市(黑) | 绥芬河国家森林公园 | 国家 | 0.30 | 61.00 | 1.50 |
| 156 | 孙吴县(黑) | 胜山要塞国家森林公园 | 国家 | 0.87 | 35.00 | 34.90 |
| 157 | 同江市(黑) | 街津山国家森林公园 | 国家 | 2.50 | 150.00 | |
| 158 | 五常市(黑) | 龙凤国家森林公园 | 国家 | 3.50 | 170.00 | 45.00 |
| 159 | 五大连池市管委会(黑) | 五大连池国家森林公园 | 国家 | 16.80 | 840.00 | 840.00 |
| 160 | 延寿县(黑) | 延寿县长寿山森林公园 | 国家 | 1.20 | 80.00 | 45.00 |
| 161 | 伊春市市辖区(黑) | 茅兰沟国家森林公园 | 国家 | 4.50 | 1344.00 | 330.00 |
| 162 | 伊春市市辖区(黑) | 伊春兴安国家森林公园 | 国家 | 5.30 | 1355.00 | |
| 163 | 崇明县(沪) | 东平国家森林公园 | 国家 | 150.00 | 6000.00 | 6000.00 |
| 164 | 奉贤区(沪) | 上海海湾国家森林公园 | 国家 | 50.50 | 2700.00 | 2700.00 |
| 165 | 苍南县(浙) | 玉苍山国家森林公园 | 国家 | 30.00 | 4030.00 | 885.00 |
| 166 | 建德市(浙) | 富春江森林公园 | 国家 | 120.00 | 37500.00 | |
| 167 | 开化县(浙) | 古田山自然保护区 | 国家 | 2.58 | 230.00 | 55.00 |
| 168 | 开化县(浙) | 钱江源森林公园 | 国家 | 22.00 | 475.00 | 475.00 |
| 169 | 柯桥区(浙) | 兰亭森林公园 | 国家 | 19.80 | 249.00 | 194.00 |
| 170 | 平湖市(浙) | 九龙山国家森林公园 | 国家 | 40.60 | 3740.00 | 812.00 |
| 171 | 普陀区(浙) | 朱家尖大青山国家公园 | 国家 | 120.00 | 18781.00 | 9781.00 |
| 172 | 庆元县(浙) | 百山祖自然保护区 | 国家 | 7.05 | 1269.00 | 349.94 |
| 173 | 衢江区(浙) | 紫薇山国家森林公园 | 国家 | 30.00 | 6000.00 | |
| 174 | 松阳县(浙) | 松阳卯山国家森林公园 | 国家 | 1.20 | 3600.00 | |
| 175 | 泰顺县(浙) | 泰顺县乌岩岭自然保护区 | 国家 | 100.00 | 200.00 | 100.00 |
| 176 | 天台县(浙) | 华顶国家森林公园 | 国家 | 24.80 | 4953.00 | 1886.00 |
| 177 | 桐庐县(浙) | 大奇山森林公园 | 国家 | 36.07 | 1330.32 | 1248.68 |
| 178 | 温岭市(浙) | 大溪国家森林公园 | 国家 | 52.00 | 9250.00 | 2050.00 |
| 179 | 武义县(浙) | 牛头山国家森林公园 | 国家 | 92.00 | 5000.00 | |
| 180 | 仙居县(浙) | 仙居国家森林公园 | 国家 | 487.92 | 650127.00 | |
| 181 | 鄞州区(浙) | 宁波市天童森林国家公园 | 国家 | 2.70 | 150.00 | 24.00 |
| 182 | 永嘉县(浙) | 龙湾潭森林公园 | 国家 | 12.00 | 520.00 | 520.00 |
| 183 | 永康市(浙) | 方岩自然保护区 | 国家 | 260.00 | 18900.00 | 14060.00 |
| 184 | 诸暨市(浙) | 白塔湖国家湿地公园 | 国家 | 12.00 | 304.00 | 288.00 |
| 185 | 诸暨市(浙) | 五泄国家森林公园 | 国家 | 58.00 | 2000.00 | 1600.00 |
| 186 | 诸暨市(浙) | 诸暨香榧国家森林公园 | 国家 | 65.00 | 12030.00 | 30.00 |
| 187 | 八公山区(皖) | 八公山区国家森林公园 | 国家 | 80.00 | 3200.00 | 3200.00 |
| 188 | 包河区(皖) | 滨湖湿地森林公园 | 国家 | 100.00 | 3000.00 | |
| 189 | 滁州市沙河集林业总场(皖) | 皇甫山森林公园 | 国家 | 6.20 | 2764.00 | 230.00 |
| 190 | 滁州市市辖区(皖) | 琅琊山国家森林公园 | 国家 | 95.00 | 10000.00 | 500.00 |
| 191 | 枞阳县(皖) | 浮山国家森林公园 | 国家 | 41.00 | 420.00 | 385.00 |
| 192 | 东至县(皖) | 池州市东至县升金湖国家级自然保护区 | 国家 | 19.00 | 1350.00 | |

(续)

| 序号 | 县(旗、市、区、局、场) | 森林公园及自然保护区(名称) | 级别 | 实际接待人数(万人次) | 旅游总收入(万元) | 其中:门票收入(万元) |
|---|---|---|---|---|---|---|
| 193 | 东至县(皖) | 东至县大历山风景区 | 国家 | 28.00 | 3060.00 | 36.00 |
| 194 | 繁昌县(皖) | 马仁国家森林公园 | 国家 | 80.00 | 18500.00 | 7000.00 |
| 195 | 肥东县(皖) | 管湾湿地公园 | 国家 | 1.50 | 330.00 | |
| 196 | 肥西县(皖) | 安徽三河国家级湿地公园 | 国家 | 50.00 | 150.00 | |
| 197 | 肥西县(皖) | 官亭国家级生态园 | 国家 | 30.00 | 50.00 | |
| 198 | 肥西县(皖) | 紫蓬山国家森林公园 | 国家 | 30.00 | 100.00 | |
| 199 | 凤阳县(皖) | 韭山森林公园 | 国家 | 108.00 | 38400.00 | |
| 200 | 广德县(皖) | 横山国家森林公园 | 国家 | 90.00 | 12150.00 | |
| 201 | 含山县(皖) | 安徽太湖山国家森林公园 | 国家 | 3.77 | 60.13 | |
| 202 | 和　县(皖) | 和县鸡笼山国家森林公园 | 国家 | 12.00 | 28500.00 | |
| 203 | 黄山区(皖) | 安徽黄山国家森林公园 | 国家 | 4.00 | 100.00 | |
| 204 | 黄山区(皖) | 安徽太平湖国家湿地公园 | 国家 | 100.00 | 10000.00 | 5500.00 |
| 205 | 金寨县(皖) | 天堂寨森林公园 | 国家 | 259.00 | 127000.00 | 6614.00 |
| 206 | 泾　县(皖) | 泾县水西国家森林公园 | 国家 | 65.00 | 1500.00 | |
| 207 | 庐江县(皖) | 冶父山国家森林公园 | 国家 | 67.89 | 14859.00 | 1357.80 |
| 208 | 祁门县(皖) | 黄山市祁门县牯牛降自然保护区 | 国家 | 62.00 | 31000.00 | 6200.00 |
| 209 | 潜山县(皖) | 天柱山国家森林公园 | 国家 | 690.00 | 596200.00 | 18350.00 |
| 210 | 青阳县(皖) | 九华山国家森林公园 | 国家 | 6.00 | 1400.00 | 400.00 |
| 211 | 全椒县(皖) | 神山国家森林公园 | 国家 | 10.00 | 500.00 | 100.00 |
| 212 | 寿　县(皖) | 八公山国家森林公园(寿县景区) | 国家 | 120.00 | 7200.00 | 1500.00 |
| 213 | 蜀山区(皖) | 大蜀山森林公园 | 国家 | 100.00 | 350.00 | |
| 214 | 太湖县(皖) | 花亭湖国家湿地公园 | 国家 | 352.58 | 88140.00 | 1500.00 |
| 215 | 屯溪区(皖) | 花山谜窟 | 国家 | 30.00 | 4200.00 | 2700.00 |
| 216 | 无为县(皖) | 天井山国家森林公园 | 国家 | 0.50 | 32.00 | |
| 217 | 萧　县(皖) | 萧县皇藏峪国家森林公园 | 国家 | 46.00 | 4700.00 | |
| 218 | 宿松县(皖) | 石莲洞国家森林公园 | 国家 | 8.70 | 2100.00 | |
| 219 | 宣州区(皖) | 安徽扬子鳄国家级自然保护区 | 国家 | 11.80 | 350.00 | 275.00 |
| 220 | 宣州区(皖) | 敬亭山国家森林公园 | 国家 | 203.00 | 2300.00 | 483.00 |
| 221 | 宜秀区(皖) | 安徽大龙山国家森林公园 | 国家 | 3.00 | 35.00 | 30.00 |
| 222 | 岳西县(皖) | 古井园国家级自然保护区 | 国家 | 0.10 | 10.00 | |
| 223 | 岳西县(皖) | 妙道山国家森林公园 | 国家 | 2.00 | 370.00 | 20.00 |
| 224 | 安福县(赣) | 安福武功山风景名胜区 | 国家 | 120.00 | 20800.00 | 13880.00 |
| 225 | 安远县(赣) | 江西省安远县三百山保护区 | 国家 | 32.00 | 7048.00 | 4578.00 |
| 226 | 崇义县(赣) | 齐云山自然保护区 | 国家 | 5.00 | 1000.00 | |
| 227 | 崇义县(赣) | 阳明山国家森林公园 | 国家 | 153.39 | 27250.00 | 382.35 |
| 228 | 大余县(赣) | 大余县梅关国家森林公园 | 国家 | 43.00 | 4210.00 | 1530.00 |
| 229 | 德兴市(赣) | 大茅山风景名胜区 | 国家 | 70.00 | 1500.00 | 1100.00 |
| 230 | 赣　县(赣) | 江西大湖江湿地公园 | 国家 | 4.00 | 2400.00 | |
| 231 | 广丰县(赣) | 上饶市铜钹山国家级森林公园 | 国家 | 27.75 | 40442.00 | |
| 232 | 广丰县(赣) | 铜钹山自然保护区 | 国家 | 10.59 | 15061.00 | |
| 233 | 横峰县(赣) | 横峰县岑山国家森林公园 | 国家 | 0.50 | 500.00 | |
| 234 | 龙南县(赣) | 九连山森林公园 | 国家 | 10.00 | 1200.00 | 300.00 |
| 235 | 南丰县(赣) | 傩湖国家湿地公园 | 国家 | 5.30 | 6000.00 | |
| 236 | 宁都县(赣) | 宁都县翠微峰森林公园 | 国家 | 10.00 | 6650.00 | 240.00 |

（续）

| 序号 | 县(旗、市、区、局、场) | 森林公园及自然保护区（名称） | 级别 | 实际接待人数（万人次） | 旅游总收入（万元） | 其中:门票收入（万元） |
|---|---|---|---|---|---|---|
| 237 | 彭泽县(赣) | 江西彭泽国家森林公园 | 国家 | 30.00 | 6000.00 | 1200.00 |
| 238 | 彭泽县(赣) | 桃红岭梅花鹿国家自然保护区 | 国家 | 3.00 | 15.00 | |
| 239 | 鄱阳县(赣) | 鄱阳湖国家湿地公园 | 国家 | 305.00 | 90067.00 | |
| 240 | 铅山县(赣) | 鹅湖山国家森林公园 | 国家 | 20.00 | 1200.00 | 380.00 |
| 241 | 铅山县(赣) | 武夷山自然保护区 | 国家 | 0.71 | 8.00 | |
| 242 | 瑞金市(赣) | 赣江源国家级自然保护区 | 国家 | 2.96 | 63.50 | |
| 243 | 上饶县(赣) | 五府山国家森林公园 | 国家 | 30.00 | 5100.00 | |
| 244 | 上犹县(赣) | 五指峰国家森林公园 | 国家 | 5.90 | 9.84 | |
| 245 | 石城县(赣) | 赣江源自然保护区 | 国家 | 90.00 | 18000.00 | 15130.00 |
| 246 | 铜鼓县(赣) | 天柱峰国家森林公园 | 国家 | 20.00 | 6850.00 | 680.00 |
| 247 | 婺源县(赣) | 灵岩洞森林保护区 | 国家 | 12.00 | 1000.00 | 280.00 |
| 248 | 宜丰县(赣) | 官山自然保护区 | 国家 | 1.80 | 450.00 | |
| 249 | 永修县(赣) | 柘林湖国家森林公园 | 国家 | 46.00 | 5520.00 | |
| 250 | 玉山县(赣) | 怀玉山国家森林公园 | 国家 | 10.50 | 19852.00 | |
| 251 | 袁州区(赣) | 明月山森林公园 | 国家 | 10.00 | 5070.00 | 2000.00 |
| 252 | 章贡区(赣) | 峰山森林公园 | 国家 | 50.00 | 10329.00 | |
| 253 | 樟树市(赣) | 阁皂山国家森林公园 | 国家 | 66.80 | 12600.00 | |
| 254 | 安丘市(鲁) | 留山古火山国家森林公园 | 国家 | 70.00 | 1280.00 | 500.00 |
| 255 | 博山区(鲁) | 鲁山国家森林公园 | 国家 | 25.00 | 650.00 | 420.00 |
| 256 | 博山区(鲁) | 五阳湖湿地公园 | 国家 | 10.00 | 350.00 | |
| 257 | 博山区(鲁) | 原山国家森林公园 | 国家 | 110.00 | 3500.00 | 1500.00 |
| 258 | 东平县(鲁) | 东平县腊山国家森林公园 | 国家 | 100.00 | 10000.00 | 8000.00 |
| 259 | 肥城市(鲁) | 牛山森林公园 | 国家 | 10.00 | 60.00 | 20.00 |
| 260 | 钢城区(鲁) | 棋山幽峡森林公园 | 国家 | 50.00 | 3000.00 | |
| 261 | 环翠区(鲁) | 双岛国家森林公园 | 国家 | 40.00 | 1200.00 | 415.00 |
| 262 | 莒南县(鲁) | 莒南县天马岛旅游区 | 国家 | 30.00 | 4100.00 | 3500.00 |
| 263 | 莱芜市雪野旅游区(鲁) | 华山森林公园 | 国家 | 1.00 | 5.00 | |
| 264 | 莱芜市雪野旅游区(鲁) | 龙山森林公园 | 国家 | 6.00 | 360.00 | 80.00 |
| 265 | 临朐县(鲁) | 沂山国家森林公园 | 国家 | 100.00 | 7800.00 | |
| 266 | 临沭县(鲁) | 沭河湿地公园 | 国家 | 15.00 | 500.00 | 300.00 |
| 267 | 龙口市(鲁) | 龙口南山旅游度假区 | 国家 | 14.00 | 11440.00 | 1520.00 |
| 268 | 罗庄区(鲁) | 临沂武河国家湿地公园 | 国家 | 30.00 | 8000.00 | |
| 269 | 蒙阴县(鲁) | 孟良崮战役纪念馆 | 国家 | 500.00 | 1000.00 | |
| 270 | 栖霞市(鲁) | 牙山国家森林公园 | 国家 | 3.50 | 18.00 | |
| 271 | 青州市(鲁) | 弥河湿地公园 | 国家 | 35.00 | 100.00 | 20.00 |
| 272 | 青州市(鲁) | 仰天山森林公园 | 国家 | 37.86 | 1559.00 | 1248.00 |
| 273 | 曲阜市(鲁) | 曲阜尼山国家森林公园 | 国家 | 300.00 | 8000.00 | 2000.00 |
| 274 | 荣成市(鲁) | 伟德山国家森林公园 | 国家 | 2.90 | 107.00 | 40.00 |
| 275 | 山亭区(鲁) | 枣庄市抱犊崮森林公园 | 国家 | 23.60 | 320.00 | 315.00 |
| 276 | 泰安市泰山景区(鲁) | 泰山国家森林公园 | 国家 | 560.00 | 112000.00 | 34000.00 |
| 277 | 潍坊市峡山区(鲁) | 峡山湖国家湿地公园 | 国家 | 2.50 | 25.00 | |
| 278 | 无棣县(鲁) | 黄河岛湿地公园 | 国家 | 2.90 | 57.00 | 57.00 |
| 279 | 五莲县(鲁) | 五莲山旅游风景区 | 国家 | 100.00 | 12000.00 | |
| 280 | 新泰市(鲁) | 莲花山森林公园 | 国家 | 42.00 | 18500.00 | 500.00 |

(续)

| 序号 | 县(旗、市、区、局、场) | 森林公园及自然保护区(名称) | 级别 | 实际接待人数(万人次) | 旅游总收入(万元) | 其中:门票收入(万元) |
|---|---|---|---|---|---|---|
| 281 | 沂南县(鲁) | 孟良崮森林公园 | 国家 | 3.20 | 130.00 | 80.00 |
| 282 | 峄城区(鲁) | 古石榴国家森林公园 | 国家 | 120.00 | 20000.00 | 7500.00 |
| 283 | 长岛县(鲁) | 山东长岛国家级自然保护区 | 国家 | 355.00 | 315000.00 | 14200.00 |
| 284 | 诸城市(鲁) | 密州森林公园 | 国家 | 44.94 | 5617.00 | 1640.00 |
| 285 | 淄川区(鲁) | 峨庄古村落森林公园 | 国家 | 42.00 | 3545.00 | 915.00 |
| 286 | 邹平县(鲁) | 鹤伴山国家森林公园 | 国家 | 12.00 | 694.00 | 360.00 |
| 287 | 博爱县(豫) | 河南太行山猕猴国家级自然保护区 | 国家 | 31.00 | 4121.00 | 3280.00 |
| 288 | 光山县(豫) | 大苏山国家森林公园 | 国家 | 200.00 | 8000.00 | 1000.00 |
| 289 | 淮阳县(豫) | 河南淮阳龙湖国家湿地公园 | 国家 | 130.00 | 10000.00 | 4000.00 |
| 290 | 梁园区(豫) | 黄河故道国家级森林公园 | 国家 | 5.00 | 625.00 | 100.00 |
| 291 | 林州市(豫) | 五龙洞森林公园 | 国家 | 13.00 | 190.00 | 75.00 |
| 292 | 龙亭区(豫) | 万岁山森林公园 | 国家 | 10.00 | 243.00 | 150.00 |
| 293 | 鲁山县(豫) | 尧山自然保护区 | 国家 | 35.00 | 8500.00 | |
| 294 | 栾川县(豫) | 老君山 | 国家 | 79.00 | 9600.00 | 3900.00 |
| 295 | 栾川县(豫) | 龙峪湾 | 国家 | 19.50 | 3250.00 | 130.00 |
| 296 | 罗山县(豫) | 董寨国家级自然保护区 | 国家 | 253.00 | 106000.00 | 1000.00 |
| 297 | 洛宁县(豫) | 神灵寨森林公园 | 国家 | 350.00 | 18995.00 | 384.00 |
| 298 | 孟津县(豫) | 黄河湿地自然保护区 | 国家 | 25.00 | 200.00 | |
| 299 | 南乐县(豫) | 南乐县马颊河国家湿地公园 | 国家 | 35.00 | 3100.00 | |
| 300 | 南召县(豫) | 宝天曼 | 国家 | 542.00 | 63418.00 | 3797.00 |
| 301 | 内乡县(豫) | 宝天曼生物圈保护区 | 国家 | 13.60 | 1600.00 | 750.00 |
| 302 | 平桥区(豫) | 信阳市平桥两河口国家湿地公园 | 国家 | 15.00 | 300.00 | |
| 303 | 平桥区(豫) | 信阳天目山国家级森林公园 | 国家 | 5.00 | 200.00 | |
| 304 | 濮阳市高新区(豫) | 濮上生态园区 | 国家 | 20.00 | 2000.00 | |
| 305 | 濮阳县(豫) | 金堤河国家湿地公园 | 国家 | 25.00 | 2241.00 | |
| 306 | 淇　县(豫) | 淇县云梦山国家森林公园 | 国家 | 150.00 | 10500.00 | 4500.00 |
| 307 | 确山县(豫) | 薄山森林公园 | 国家 | 15.00 | 4500.00 | 600.00 |
| 308 | 三门峡市市辖区(豫) | 亚武山国家森林公园 | 国家 | 30.00 | 50.00 | |
| 309 | 商城县(豫) | 河南大别山国家级自然保护区 | 国家 | 38.00 | 8700.00 | 980.00 |
| 310 | 商城县(豫) | 河南商城黄柏山国家森林公园 | 国家 | 42.00 | 9900.00 | 1560.00 |
| 311 | 嵩　县(豫) | 白云山 | 国家 | 159.60 | 6500.00 | 4638.00 |
| 312 | 嵩　县(豫) | 木札岭 | 国家 | 129.10 | 4900.00 | 2840.00 |
| 313 | 嵩　县(豫) | 天池山 | 国家 | 127.20 | 4800.00 | 2544.00 |
| 314 | 遂平县(豫) | 嵖岈山森林公园 | 国家 | 225.00 | 21301.00 | 7000.00 |
| 315 | 舞钢市(豫) | 石漫滩国家森林公园 | 国家 | 33.00 | 6811.00 | |
| 316 | 西峡县(豫) | 西峡寺山森林公园 | 国家 | 3.40 | 58.00 | 51.00 |
| 317 | 新　县(豫) | 连康山国家及自然保护区 | 国家 | 350.00 | 11200.00 | |
| 318 | 新安县(豫) | 新安县黄河湿地保护区 | 国家 | 15.00 | 130.00 | |
| 319 | 新安县(豫) | 新安县郁山国家森林公园 | 国家 | 16.00 | 240.00 | |
| 320 | 新城区(豫) | 平顶山白龟湖国家湿地公园 | 国家 | 9.20 | 1600.00 | |
| 321 | 信阳市市辖区(豫) | 长生谷景区 | 国家 | 10.00 | 250.00 | 250.00 |
| 322 | 修武县(豫) | 河南云台山国家级森林公园 | 国家 | 120.00 | 12239.00 | |
| 323 | 禹州市(豫) | 鸠山大鸿寨森林公园 | 国家 | 230.00 | 3997.00 | 414.00 |
| 324 | 安陆市(鄂) | 安陆古银杏森林公园管理局 | 国家 | 70.00 | 28000.00 | 5600.00 |

（续）

| 序号 | 县(旗、市、区、局、场) | 森林公园及自然保护区(名称) | 级别 | 实际接待人数(万人次) | 旅游总收入(万元) | 其中:门票收入(万元) |
|---|---|---|---|---|---|---|
| 325 | 保康县(鄂) | 湖北省保康县五道峡自然保护区 | 国家 | 16.80 | 51357.60 | 1344.00 |
| 326 | 保康县(鄂) | 湖北省保康县尧治河生态公园 | 国家 | 34.00 | 103938.00 | 4080.00 |
| 327 | 蔡甸区(鄂) | 武汉市蔡甸区九真森林公园 | 国家 | 53.00 | 7950.00 | 3710.00 |
| 328 | 蔡甸区(鄂) | 武汉市蔡甸区嵩阳森林公园 | 国家 | 41.00 | 3280.00 | 1230.00 |
| 329 | 赤壁市(鄂) | 陆水湖国家湿地公园 | 国家 | 10.00 | 10000.00 | |
| 330 | 丹江口市(鄂) | 丹江口市国家级森林公园 | 国家 | 200.00 | 20000.00 | 10000.00 |
| 331 | 当阳市(鄂) | 玉泉寺国家森林公园 | 国家 | 80.00 | 860.00 | 200.00 |
| 332 | 樊城区(鄂) | 长寿岛湿地公园 | 国家 | 10.00 | 1000.00 | |
| 333 | 房　县(鄂) | 湖北诗经源国家森林公园 | 国家 | 0.15 | 15.00 | |
| 334 | 谷城县(鄂) | 谷城县汉江国家湿地公园 | 国家 | 5.00 | 1800.00 | |
| 335 | 谷城县(鄂) | 谷城县南河自然保护区 | 国家 | 5.00 | 650.00 | |
| 336 | 谷城县(鄂) | 薤山国家级森林公园 | 国家 | 29.00 | 1115.00 | 310.00 |
| 337 | 广水市(鄂) | 大贵寺森林公园 | 国家 | 30.00 | 300.00 | 50.00 |
| 338 | 广水市(鄂) | 中华山森林公园 | 国家 | 5.00 | 300.00 | 36.00 |
| 339 | 鹤峰县(鄂) | 木林子自然保护区 | 国家 | 0.37 | 186.00 | |
| 340 | 湖北省太子山林场管理局(鄂) | 湖北省太子山国家森林公园 | 国家 | 9.40 | 1249.20 | 564.00 |
| 341 | 京山县(鄂) | 湖北虎爪山国家森林公园 | 国家 | 1.90 | 1500.00 | |
| 342 | 荆门市市辖区(鄂) | 湖北省千佛洞国家森林公园 | 国家 | 0.63 | 133.00 | |
| 343 | 荆州区(鄂) | 荆州区八岭山国家森林公园 | 国家 | 10.00 | 100.00 | 50.00 |
| 344 | 麻城市(鄂) | 湖北五脑山国家森林公园 | 国家 | 103.80 | 4600.00 | 156.00 |
| 345 | 茅箭区(鄂) | 赛武当国家级自然保护区 | 国家 | 5.00 | 1500.00 | 125.00 |
| 346 | 松滋市(鄂) | 洈水国家森林公园 | 国家 | 34.60 | 68400.00 | |
| 347 | 随州市市辖区(鄂) | 大洪山国家森林公园 | 国家 | 35.00 | 200.00 | 30.00 |
| 348 | 通城县(鄂) | 通城县大溪湿地公园 | 国家 | 25.00 | 700.00 | |
| 349 | 五峰土家族自治县(鄂) | 柴埠溪国家森林公园 | 国家 | 7.70 | 1046.00 | 796.00 |
| 350 | 浠水县(鄂) | 三角山国家森林公园 | 国家 | 10.00 | 1700.00 | 600.00 |
| 351 | 仙桃市(鄂) | 仙桃市沙湖国家湿地公园 | 国家 | 30.80 | 18000.00 | |
| 352 | 咸丰县(鄂) | 坪坝营国家级森林公园 | 国家 | 487.45 | 118950.00 | 96000.00 |
| 353 | 襄州区(鄂) | 鹿门寺国家森林公园 | 国家 | 6.00 | 560.00 | 120.00 |
| 354 | 兴山县(鄂) | 龙门河国家森林公园 | 国家 | 0.34 | 28.60 | 22.50 |
| 355 | 阳新县(鄂) | 阳新王英仙岛湖风景旅游区 | 国家 | 25.40 | 15500.00 | |
| 356 | 宜都市(鄂) | 天龙湾国家湿地公园 | 国家 | 5.00 | 500.00 | 400.00 |
| 357 | 云梦县(鄂) | 涢水湿地公园 | 国家 | 60.00 | 560.00 | |
| 358 | 郧　县(鄂) | 湖北苍浪山 | 国家 | 35.00 | 310.00 | |
| 359 | 郧西县(鄂) | 汉江瀑布群森林公园 | 国家 | 35.00 | 16000.00 | 2850.00 |
| 360 | 枣阳市(鄂) | 白竹园寺 | 国家 | 20.00 | 1000.00 | 800.00 |
| 361 | 长阳土家族自治县(鄂) | 清江国家森林公园 | 国家 | 100.00 | 10100.00 | |
| 362 | 长阳土家族自治县(鄂) | 清江画廊风景区 | 国家 | 700.00 | 580000.00 | 6000.00 |
| 363 | 钟祥市(鄂) | 大口国家森林公园 | 国家 | 10.00 | 2500.00 | 500.00 |
| 364 | 竹山县(鄂) | 湖北堵河源国家级自然保护区 | 国家 | 0.91 | 1988.00 | |
| 365 | 安化县(湘) | 六步溪国家自然保护区 | 国家 | 28.00 | 5500.00 | |
| 366 | 安乡县(湘) | 黄山头国家森林公园 | 国家 | 110.00 | 980.00 | 385.00 |
| 367 | 茶陵县(湘) | 茶陵云阳森林公园 | 国家 | 52.00 | 164.00 | 84.00 |
| 368 | 常宁市(湘) | 湖南天堂山国家森林公园 | 国家 | 80.00 | 31000.00 | 50.00 |

(续)

| 序号 | 县(旗、市、区、局、场) | 森林公园及自然保护区(名称) | 级别 | 实际接待人数(万人次) | 旅游总收入(万元) | 其中:门票收入(万元) |
|---|---|---|---|---|---|---|
| 369 | 城步苗族自治县(湘) | 两江峡江国家森林公园 | 国家 | 5.00 | 400.00 | |
| 370 | 城步苗族自治县(湘) | 南山牧场 | 国家 | 10.00 | 1300.00 | 800.00 |
| 371 | 道　县(湘) | 道县月岩森林公园 | 国家 | 5.08 | 3689.00 | |
| 372 | 鼎城区(湘) | 湖南省常德市花岩溪国家森林公园 | 国家 | 10.00 | 3000.00 | 210.00 |
| 373 | 东安县(湘) | 舜皇山国家森林公园 | 国家 | 15.33 | 41790.00 | 766.00 |
| 374 | 洞口县(湘) | 罗溪森林公园 | 国家 | 26.80 | 19242.00 | |
| 375 | 凤凰县(湘) | 南华山国家森林公园 | 国家 | 12.00 | 800.00 | 600.00 |
| 376 | 古丈县(湘) | 高望界国家级自然保护区 | 国家 | 5.00 | 18300.00 | |
| 377 | 古丈县(湘) | 坐龙峡森林公园 | 国家 | 10.00 | 20113.00 | |
| 378 | 桂东县(湘) | 湖南省八面山自然保护区 | 国家 | 32.00 | 10560.00 | 2880.00 |
| 379 | 鹤城区(湘) | 怀化市中坡国家森林公园 | 国家 | 54.00 | 11733.00 | |
| 380 | 衡阳县(湘) | 湖南省衡阳县岣嵝峰国家级森林公园 | 国家 | 50.00 | 7511.00 | 2000.00 |
| 381 | 洪江区(湘) | 嵩云山国家森林公园 | 国家 | 310.00 | 87000.00 | |
| 382 | 会同县(湘) | 湖南省鹰嘴界国家级自然保护区 | 国家 | 25.00 | 6000.00 | |
| 383 | 吉首市(湘) | 矮寨国家森林公园 | 国家 | 25.00 | 15500.00 | |
| 384 | 嘉禾县(湘) | 嘉禾国家森林公园 | 国家 | 4.00 | 1050.00 | |
| 385 | 金洞林场(湘) | 金洞国家森林公园 | 国家 | 8.00 | 2400.00 | 1600.00 |
| 386 | 津市市(湘) | 嘉山国家森林公园 | 国家 | 20.00 | 2000.00 | |
| 387 | 津市市(湘) | 毛里湖国家湿地公园 | 国家 | 16.00 | 1000.00 | |
| 388 | 靖州苗族侗族自治县(湘) | 湖南靖州国家森林公园 | 国家 | 7.50 | 2152.00 | |
| 389 | 靖州苗族侗族自治县(湘) | 五龙潭国家湿地公园 | 国家 | 3.50 | 1045.00 | |
| 390 | 蓝山县(湘) | 湘江源国家森林公园 | 国家 | 7.50 | 11250.00 | 1125.00 |
| 391 | 耒阳市(湘) | 耒水国家湿地公园 | 国家 | 2.00 | 200.00 | |
| 392 | 临武县(湘) | 西瑶绿谷国家森林公园 | 国家 | 25.00 | 9989.00 | |
| 393 | 南岳区(湘) | 南岳衡山国家级自然保护区 | 国家 | 875.70 | 698400.00 | 38300.00 |
| 394 | 平江县(湘) | 幕阜山国家森林公园 | 国家 | 5.00 | 2000.00 | 300.00 |
| 395 | 祁东县(湘) | 四明山国家森林公园 | 国家 | 4.20 | 800.00 | |
| 396 | 祁阳县(湘) | 永州市金洞国家级森林公园 | 国家 | 4.60 | 4750.00 | 3650.00 |
| 397 | 汝城县(湘) | 九龙江森林公园 | 国家 | 10.00 | 66.00 | 66.00 |
| 398 | 韶山市(湘) | 滴水洞景区 | 国家 | 55.00 | 15800.00 | 1100.00 |
| 399 | 邵阳县(湘) | 天子湖国家湿地公园 | 国家 | 3.00 | 10.00 | |
| 400 | 双峰县(湘) | 水府庙湿地公园 | 国家 | 150.00 | 1000.00 | |
| 401 | 苏仙区(湘) | 飞天山国家地质公园 | 国家 | 31.60 | 1264.00 | 948.00 |
| 402 | 苏仙区(湘) | 苏仙岭－万华岩风景名胜区 | 国家 | 83.00 | 912.00 | 562.00 |
| 403 | 绥宁县(湘) | 黄桑自然保护区 | 国家 | 13.00 | 960.00 | |
| 404 | 桃江县(湘) | 湖南桃花江国家森林公园 | 国家 | 95.00 | 2650.00 | 160.00 |
| 405 | 望城区(湘) | 黑麋峰森林公园 | 国家 | 50.00 | 100.00 | 30.00 |
| 406 | 武陵源区(湘) | 张家界国家森林公园 | 国家 | 565.00 | 303856.00 | 53567.00 |
| 407 | 新化县(湘) | 新化县大熊山国家森林公园 | 国家 | 35.00 | 3000.00 | 120.00 |
| 408 | 新宁县(湘) | 舜皇山国家级森林公园 | 国家 | 12.00 | 7580.00 | |
| 409 | 新邵县(湘) | 岳坪峰国家森林公园 | 国家 | 12.00 | 960.00 | 140.00 |
| 410 | 新田县(湘) | 福音山国家森林公园 | 国家 | 33.00 | 3900.00 | |
| 411 | 溆浦县(湘) | 湖南溆浦国家森林公园 | 国家 | 132.00 | 10900.00 | 230.00 |
| 412 | 溆浦县(湘) | 思蒙国家湿地公园 | 国家 | 50.00 | 7500.00 | |

（续）

| 序号 | 县(旗、市、区、局、场) | 森林公园及自然保护区（名称） | 级别 | 实际接待人数（万人次） | 旅游总收入（万元） | 其中:门票收入（万元） |
|---|---|---|---|---|---|---|
| 413 | 宜章县(湘) | 莽山国家森林公园 | 国家 | 27.50 | 41206.00 | 2943.00 |
| 414 | 永定区(湘) | 天门山森林公园 | 国家 | 550.00 | 22000.00 | 19000.00 |
| 415 | 永定区(湘) | 天泉山国家森林公园 | 国家 | 4.00 | 24.00 | 18.00 |
| 416 | 永顺县(湘) | 不二门国家森林公园 | 国家 | 10.00 | 500.00 | |
| 417 | 永顺县(湘) | 小溪国家级自然保护区 | 国家 | 8.00 | 300.00 | |
| 418 | 沅陵县(湘) | 借母溪保护区 | 国家 | 6.00 | 2970.00 | |
| 419 | 沅陵县(湘) | 沅陵国家森林公园 | 国家 | 5.00 | 2100.00 | |
| 420 | 岳阳县(湘) | 大云山森林公园 | 国家 | 20.00 | 1240.00 | 246.00 |
| 421 | 资兴市(湘) | 东江湖国家森林公园 | 国家 | 536.90 | 451841.20 | 235000.00 |
| 422 | 资兴市(湘) | 天鹅山 | 国家 | 85.00 | 135.00 | |
| 423 | 资阳区(湘) | 黄家湖湿地公园 | 国家 | 5.00 | 2000.00 | 1500.00 |
| 424 | 广宁县(粤) | 广宁县竹海森林公园 | 国家 | 9.69 | 48488.00 | 581.00 |
| 425 | 惠州市属总林场(粤) | 广东南昆山森林公园 | 国家 | 173.30 | 45319.00 | 1683.00 |
| 426 | 蕉岭县(粤) | 广东镇山国家森林公园 | 国家 | 23.00 | 3980.00 | |
| 427 | 揭西县(粤) | 揭阳大北山国家森林公园 | 国家 | 32.00 | 2134.80 | 13.50 |
| 428 | 乐昌市(粤) | 龙王潭森林公园 | 国家 | 30.00 | 650.00 | 225.00 |
| 429 | 茂名市属总林场(粤) | 广东茂名森林公园 | 国家 | 65.00 | 1195.00 | 1057.00 |
| 430 | 梅县区(粤) | 梅县雁鸣湖国家森林公园 | 国家 | 50.00 | 7800.00 | 417.00 |
| 431 | 南澳县(粤) | 黄花山森林公园 | 国家 | 70.00 | 205.00 | 20.00 |
| 432 | 南海区(粤) | 西樵山 | 国家 | 183.60 | 8620.00 | |
| 433 | 平远县(粤) | 广东南台山国家森林公园 | 国家 | 90.00 | 100.00 | |
| 434 | 仁化县(粤) | 丹霞山世界自然遗产保护区 | 国家 | 273.00 | 69805.00 | 5590.60 |
| 435 | 台山市(粤) | 北峰山国家森林公园 | 国家 | 6.00 | 230.00 | 5.00 |
| 436 | 新丰江林管局(粤) | 广东省新丰江国家森林公园 | 国家 | 213.20 | 15897.40 | 7797.40 |
| 437 | 新丰县(粤) | 新丰鲁古河国家湿地公园 | 国家 | 0.20 | 113.00 | |
| 438 | 阳山县(粤) | 广东省第一峰风景区 | 国家 | 57.00 | 2543.00 | |
| 439 | 英德市(粤) | 广东省石门台国家级自然保护区 | 国家 | 34.00 | 1870.00 | 1000.00 |
| 440 | 郁南县(粤) | 广东郁南大河国家湿地公园 | 国家 | 1.00 | 50.00 | |
| 441 | 郁南县(粤) | 广东郁南大王山国家森林公园 | 国家 | 15.00 | 900.00 | |
| 442 | 德保县(桂) | 德保红枫森林公园 | 国家 | 17.00 | 32.00 | 28.00 |
| 443 | 防城区(桂) | 广西北仑河国家级自然保护区 | 国家 | 1.50 | 110.00 | |
| 444 | 防城区(桂) | 广西防城金花茶国家级自然保护区 | 国家 | 10.00 | 650.00 | |
| 445 | 防城区(桂) | 广西十万大山国家级自然保护区 | 国家 | 22.00 | 1850.00 | |
| 446 | 灌阳县(桂) | 千家洞国家级自然保护区 | 国家 | 37.00 | 40200.00 | |
| 447 | 桂平市(桂) | 广西龙潭国家森林公园 | 国家 | 12.30 | 520.00 | 360.00 |
| 448 | 横　县(桂) | 广西九龙瀑布群国家森林公园 | 国家 | 6.06 | 215.00 | 185.00 |
| 449 | 江州区(桂) | 广西板利自然保护区 | 国家 | 0.13 | 30.00 | 6.50 |
| 450 | 金秀瑶族自治县(桂) | 大瑶山国家级森林公园 | 国家 | 354.09 | 261300.00 | 3624.00 |
| 451 | 良凤江国家森林公园(桂) | 南宁良凤江国家森林公园 | 国家 | 20.10 | 1450.00 | 318.54 |
| 452 | 龙胜各族自治县(桂) | 龙胜温泉国家森林公园 | 国家 | 81.47 | 46437.90 | |
| 453 | 融水苗族自治县(桂) | 广西元宝山自然保护区 | 国家 | 203.00 | 175800.00 | |
| 454 | 三门江林场(桂) | 三门江国家森林公园 | 国家 | 50.00 | 571.00 | |
| 455 | 象山区(桂) | 龙泉国家森林公园 | 国家 | 100.00 | 5000.00 | 1000.00 |
| 456 | 资源县(桂) | 八角寨国家森林公园 | 国家 | 80.00 | 60000.00 | 12000.00 |

(续)

| 序号 | 县(旗、市、区、局、场) | 森林公园及自然保护区(名称) | 级别 | 实际接待人数(万人次) | 旅游总收入(万元) | 其中:门票收入(万元) |
|---|---|---|---|---|---|---|
| 457 | 巴南区(渝) | 桥口坝国家森林公园 | 国家 | 28.00 | 1323.00 | 198.00 |
| 458 | 璧山区(渝) | 青龙湖国家森林公园 | 国家 | 10.01 | 3651.00 | |
| 459 | 江津区(渝) | 大圆洞国家森林公园 | 国家 | 8.00 | 500.00 | |
| 460 | 江津区(渝) | 四面山风景名胜区 | 国家 | 60.00 | 20000.00 | 3000.00 |
| 461 | 开　县(渝) | 雪宝山国家级森林公园 | 国家 | 4.20 | 860.00 | |
| 462 | 梁平县(渝) | 东山国家森公园 | 国家 | 20.59 | 32.03 | |
| 463 | 南川区(渝) | 金佛山国家森林公园 | 国家 | 80.00 | 28000.00 | 1500.00 |
| 464 | 南川区(渝) | 重庆南川山王坪喀斯特国家生态公园 | 国家 | 5.50 | 303.00 | 115.00 |
| 465 | 彭水苗族土家族自治县(渝) | 茂云山国家森林公园 | 国家 | 46.00 | 2064.00 | 1495.00 |
| 466 | 黔江区(渝) | 黔江国家森林公园 | 国家 | 318.76 | 81595.00 | 1500.00 |
| 467 | 铜梁县(渝) | 毓青山国家森林公园 | 国家 | 2.60 | 46.50 | |
| 468 | 万盛区(渝) | 黑山国家森林公园 | 国家 | 155.00 | 14461.00 | 6863.00 |
| 469 | 万州区(渝) | 重庆市铁峰山国家森林公园 | 国家 | 10.40 | 450.00 | |
| 470 | 武隆县(渝) | 仙女山森林公园 | 国家 | 576.90 | 98776.00 | 39500.00 |
| 471 | 永川区(渝) | 茶山竹海国家森林公园 | 国家 | 65.00 | 9380.00 | 760.00 |
| 472 | 酉阳土家族苗族自治县(渝) | 巴尔盖国家森林公园 | 国家 | 28.00 | 2800.00 | |
| 473 | 酉阳土家族苗族自治县(渝) | 桃花源国家森林公园 | 国家 | 65.00 | 19000.00 | 7000.00 |
| 474 | 酉阳土家族苗族自治县(渝) | 酉水河国家湿地公园 | 国家 | 33.00 | 1400.00 | |
| 475 | 安　县(川) | 千佛山国家级森林公园 | 国家 | 12.00 | 500.00 | |
| 476 | 巴塘县(川) | 措普国家森林公园 | 国家 | 6.10 | 4900.00 | |
| 477 | 巴州区(川) | 天马山国家森林公园 | 国家 | 13.04 | 2568.00 | 26.00 |
| 478 | 白玉县(川) | 察青松多白唇鹿国家级自然保护区 | 国家 | 6.80 | 3300.00 | |
| 479 | 北川羌族自治县(川) | 四川北川国家森林公园 | 国家 | 72.00 | 19664.00 | 7990.00 |
| 480 | 苍溪县(川) | 苍溪国家森林公园 | 国家 | 10.00 | 3423.00 | |
| 481 | 达川区(川) | 四川省铁山国家级森林公园 | 国家 | 18.00 | 3200.00 | |
| 482 | 大英县(川) | 东方生态旅游度假区 | 国家 | 40.00 | 20000.00 | |
| 483 | 大竹县(川) | 五峰山国家森林公园 | 国家 | 57.20 | 4008.00 | 405.00 |
| 484 | 稻城县(川) | 海子山国家级自然保护区 | 国家 | 20.00 | 20000.00 | |
| 485 | 高坪区(川) | 四川凌云山国家森林公园 | 国家 | 133.00 | 23940.00 | 180.00 |
| 486 | 广安区(川) | 邓小平故居 | 国家 | 41.00 | 33948.00 | |
| 487 | 华蓥市(川) | 华蓥山国家森林公园 | 国家 | 110.00 | 36260.00 | 15400.00 |
| 488 | 剑阁县(川) | 剑门关森林公园 | 国家 | 744.80 | 138490.00 | |
| 489 | 开江县(川) | 宝石水库风景区 | 国家 | 5.00 | 2000.00 | |
| 490 | 开江县(川) | 金山寺 | 国家 | 18.00 | 6240.00 | 1800.00 |
| 491 | 理塘县(川) | 海子山自然保护区 | 国家 | 1.50 | 2055.00 | |
| 492 | 力邱河林业局(川) | 四川荷花海国家森林公园 | 国家 | 3.50 | 35.00 | |
| 493 | 利州区(川) | 广元市天曌山国家级森林公园 | 国家 | 47.80 | 6216.00 | 1361.00 |
| 494 | 邻水县(川) | 天易谷 | 国家 | 75.00 | 29000.00 | 12000.00 |
| 495 | 泸定县(川) | 海螺沟森林公园 | 国家 | 44.80 | 38010.00 | |
| 496 | 美姑县(川) | 美姑大风顶自然保护区 | 国家 | 1.60 | 240.00 | |
| 497 | 米易县(川) | 白坡山自然保护区 | 国家 | 5.00 | 1073.00 | |
| 498 | 米易县(川) | 二滩国家森林公园 | 国家 | 18.00 | 4100.00 | |
| 499 | 沐川县(川) | 四川沐川国家森林公园 | 国家 | 135.00 | 96300.00 | |
| 500 | 纳溪区(川) | 泸州市纳溪区普照山景区 | 国家 | 30.00 | 29000.00 | |

(续)

| 序号 | 县(旗、市、区、局、场) | 森林公园及自然保护区(名称) | 级别 | 实际接待人数(万人次) | 旅游总收入(万元) | 其中:门票收入(万元) |
|---|---|---|---|---|---|---|
| 501 | 纳溪区(川) | 纳溪区凤凰湖风景区 | 国家 | 41.00 | 33100.00 | |
| 502 | 纳溪区(川) | 纳溪天仙硐风景名胜区 | 国家 | 62.00 | 42800.00 | 500.00 |
| 503 | 南江县(川) | 米仓山国家森林公园 | 国家 | 56.61 | 24275.00 | 4750.00 |
| 504 | 彭山区(川) | 彭祖山风景区 | 国家 | 52.00 | 423.60 | 314.70 |
| 505 | 彭州市(川) | 白水河国家级自然保护区 | 国家 | 6.00 | 150.00 | |
| 506 | 彭州市(川) | 白水河国家森林公园 | 国家 | 25.00 | 6012.00 | |
| 507 | 平昌县(川) | 驷马河国家湿地公园 | 国家 | 25.27 | 10850.00 | |
| 508 | 平昌县(川) | 镇龙山国家森林公园 | 国家 | 40.21 | 20692.00 | |
| 509 | 普格县(川) | 螺髻山自然保护区 | 国家 | 26.40 | 4031.00 | 3408.00 |
| 510 | 青川县(川) | 唐家河自然保护区 | 国家 | 48.80 | 32940.00 | 3610.00 |
| 511 | 邛崃市(川) | 天台山国家森林公园 | 国家 | 50.00 | 1341.00 | 295.00 |
| 512 | 渠　县(川) | 四川省大坡森林公园 | 国家 | 14.70 | 2993.00 | 875.00 |
| 513 | 沙湾区(川) | 美女峰国家森林公园 | 国家 | 5.00 | 500.00 | |
| 514 | 射洪县(川) | 射洪县侏罗纪公园 | 国家 | 55.00 | 20974.00 | |
| 515 | 通江县(川) | 空山国家森林公园 | 国家 | 96.54 | 40205.00 | |
| 516 | 万源市(川) | 花萼山自然保护区 | 国家 | 13.00 | 200.00 | |
| 517 | 旺苍县(川) | 米仓山国家自然保护区 | 国家 | 113.00 | 35001.00 | 244.00 |
| 518 | 叙永县(川) | 叙永县西溪自然保护风景区 | 国家 | 50.00 | 24300.00 | |
| 519 | 宣汉县(川) | 百里峡自然保护区 | 国家 | 20.60 | 2970.00 | |
| 520 | 宣汉县(川) | 四川宣汉国家森林公园 | 国家 | 46.42 | 10342.00 | 42.80 |
| 521 | 盐亭县(川) | 盐亭县高山公园 | 国家 | 143.00 | 133.00 | |
| 522 | 长宁县(川) | 长宁县竹海自然保护区 | 国家 | 292.33 | 105238.80 | 21156.30 |
| 523 | 昭化区(川) | 柏林湖国家湿地公园 | 国家 | 26.00 | 14000.00 | |
| 524 | 梓潼县(川) | 七曲山国家森林公园 | 国家 | 322.47 | 56302.00 | 13967.00 |
| 525 | 碧江区(黔) | 九龙洞国家级风景名胜区 | 国家 | 3.50 | 12300.00 | 315.00 |
| 526 | 赤水市(黔) | 燕子岩森林公园 | 国家 | 111.00 | 49750.00 | 4650.00 |
| 527 | 赤水市(黔) | 竹海国家森林公园 | 国家 | 88.00 | 22650.00 | 3450.00 |
| 528 | 黄平县(黔) | 舞阳湖国家森林公园 | 国家 | 60.00 | 600.00 | |
| 529 | 荔波县(黔) | 贵州茂兰国家级自然保护区 | 国家 | 100.00 | 4000.00 | 2000.00 |
| 530 | 茂兰国家级自然保护区(黔) | 贵州茂兰国家级自然保护区 | 国家 | 14.16 | 6088.80 | 424.80 |
| 531 | 思南县(黔) | 思南白鹭湖国家湿地公园 | 国家 | 15.00 | 2000.00 | |
| 532 | 兴义市(黔) | 万峰林喀斯特自然保护区 | 国家 | 81.20 | 5201.25 | 3850.00 |
| 533 | 沧源佤族自治县(滇) | 南滚河国家级自然保护区 | 国家 | 2.00 | 100.00 | |
| 534 | 楚雄市(滇) | 紫溪山国家级森林公园 | 国家 | 15.00 | 210.00 | 175.00 |
| 535 | 大理市(滇) | 大理苍山洱海国家级自然保护区 | 国家 | 96.70 | 54628.00 | 11604.00 |
| 536 | 江川县(滇) | 江川区星云湖国家湿地公园 | 国家 | 25.00 | 1200.00 | |
| 537 | 澜沧拉祜族自治县(滇) | 澜沧国家森林公园 | 国家 | 90.00 | 31000.00 | |
| 538 | 隆阳区(滇) | 高黎贡山自然保护区 | 国家 | 0.15 | 20.00 | |
| 539 | 陆良县(滇) | 五峰山国家级森林公园 | 国家 | 77.61 | 250.00 | 220.00 |
| 540 | 罗平县(滇) | 鲁布革森林公园 | 国家 | 171.03 | 78000.00 | 2845.45 |
| 541 | 芒　市(滇) | 云南勐巴娜西珍奇园 | 国家 | 16.08 | 210.00 | 186.00 |
| 542 | 弥渡县(滇) | 东山国家森林公园 | 国家 | 0.70 | 3.68 | 3.68 |
| 543 | 石屏县(滇) | 石屏县异龙湖湿地公园 | 国家 | 200.00 | 1000.00 | |
| 544 | 思茅区(滇) | 太阳森林公园 | 国家 | 54.00 | 7792.00 | |

(续)

| 序号 | 县(旗、市、区、局、场) | 森林公园及自然保护区(名称) | 级别 | 实际接待人数(万人次) | 旅游总收入(万元) | 其中:门票收入(万元) |
|---|---|---|---|---|---|---|
| 545 | 巍山彝族回族自治县(滇) | 巍宝山国家森林公园 | 国家 | 16.00 | 283.63 | 233.56 |
| 546 | 西山区(滇) | 棋盘山国家级森林公园 | 国家 | 4.85 | 133.20 | 48.50 |
| 547 | 西山区(滇) | 西山国家级风景名胜区 | 国家 | 111.00 | 2630.00 | 1314.00 |
| 548 | 香格里拉县(滇) | 普达措国家森林公园 | 国家 | 137.33 | 32652.46 | 28040.23 |
| 549 | 祥云县(滇) | 清华洞国家级森林公园 | 国家 | 14.00 | 380.00 | 220.00 |
| 550 | 新平彝族傣族自治县(滇) | 新平磨盘山国家森林公园 | 国家 | 6.16 | 380.37 | 196.18 |
| 551 | 易门县(滇) | 龙泉国家森林公园 | 国家 | 29.15 | 22.00 | 9.00 |
| 552 | 永平县(滇) | 云南永平宝台山国家森林公园 | 国家 | 1.36 | 16.00 | |
| 553 | 沾益县(滇) | 珠江源森林公园 | 国家 | 10.50 | 4895.00 | 3000.00 |
| 554 | 昭阳区(滇) | 大山包自然保护区 | 国家 | 23.95 | 11280.89 | 890.09 |
| 555 | 类乌齐县(藏) | 类乌齐马鹿国家级自然保护区 | 国家 | 1.00 | 10.00 | |
| 556 | 墨脱县(藏) | 雅鲁藏布大峡谷国家级自然保护区 | 国家 | 7.59 | 7405.87 | 281.42 |
| 557 | 灞桥区(陕) | 洪庆山国家森林公园 | 国家 | 11.00 | 82.00 | |
| 558 | 凤　县(陕) | 屋梁山自然保护区 | 国家 | 32.00 | 26690.00 | 1884.00 |
| 559 | 佛坪县(陕) | 秦岭人与自然博物馆 | 国家 | 5.00 | 260.00 | 150.00 |
| 560 | 汉台区(陕) | 汉中天台国家森林公园 | 国家 | 6.00 | 4500.00 | 125.00 |
| 561 | 汉阴县(陕) | 凤凰山国家森林公园 | 国家 | 40.00 | 17991.00 | |
| 562 | 户　县(陕) | 太平国家森林公园 | 国家 | 63.53 | 2482.93 | 1491.93 |
| 563 | 户　县(陕) | 朱雀国家森林公园 | 国家 | 23.85 | 1925.98 | 752.82 |
| 564 | 黄龙山林业局(陕) | 陕西黄龙山国家森林公园 | 国家 | 55.00 | 8250.00 | |
| 565 | 岚皋县(陕) | 南宫山国家森林公园 | 国家 | 79.00 | 10780.00 | 7900.00 |
| 566 | 蓝田县(陕) | 王顺山森林公园 | 国家 | 50.00 | 2500.00 | |
| 567 | 临潼区(陕) | 骊山风景林场 | 国家 | 230.00 | 23900.00 | |
| 568 | 留坝县(陕) | 陕西紫柏山国家级森林公园 | 国家 | 15.00 | 1200.00 | 300.00 |
| 569 | 略阳县(陕) | 五龙洞国家森林公园 | 国家 | 4.00 | 1500.00 | 150.00 |
| 570 | 马头滩林业局(陕) | 宝鸡天台山国家森林公园嘉陵江源头景区 | 国家 | 15.00 | 1610.00 | 750.00 |
| 571 | 眉　县(陕) | 太白山国家森林公园 | 国家 | 87.80 | 12991.50 | 7902.00 |
| 572 | 南郑县(陕) | 黎坪国家森林公园 | 国家 | 78.00 | 39000.00 | 4680.00 |
| 573 | 宁陕县(陕) | 宁陕县上坝河生态公园 | 国家 | 3.50 | 592.00 | 105.00 |
| 574 | 平利县(陕) | 陕西省平利县千家坪森林公园 | 国家 | 8.00 | 2000.00 | |
| 575 | 千阳县(陕) | 千湖国家湿地公园 | 国家 | 10.00 | 1145.00 | 280.00 |
| 576 | 山阳县(陕) | 陕西天竺山国家森林公园 | 国家 | 104.00 | 20408.00 | 7267.00 |
| 577 | 商南县(陕) | 金丝峡国家森林公园 | 国家 | 61.20 | 4628.00 | 3257.70 |
| 578 | 太白林业局(陕) | 黄柏塬国家级自然保护区 | 国家 | 1.20 | 54.00 | 36.00 |
| 579 | 太白林业局(陕) | 青峰侠 | 国家 | 3.60 | 148.00 | 108.00 |
| 580 | 太白县(陕) | 青峰侠国家森林公园 | 国家 | 200.00 | 38628.00 | 10000.00 |
| 581 | 西乡县(陕) | 陕西米仓山自然保护区 | 国家 | 1.80 | 320.00 | |
| 582 | 辛家山林业局(陕) | 通天河国家森林公园 | 国家 | 4.97 | 285.20 | 219.00 |
| 583 | 旬邑县(陕) | 石门山国家森林公园 | 国家 | 3.00 | 400.00 | 90.00 |
| 584 | 洋　县(陕) | 陕西省国家长青自然保护区(含华阳景区) | 国家 | 15.00 | 2250.00 | 1200.00 |
| 585 | 洋　县(陕) | 陕西省朱鹮国家自然保护区 | 国家 | 6.00 | 400.00 | 120.00 |
| 586 | 印台区(陕) | 玉华宫森林公园 | 国家 | 79.00 | 42500.00 | 837.00 |
| 587 | 柞水县(陕) | 牛背梁国家森林公园 | 国家 | 86.00 | 24585.00 | 11065.00 |
| 588 | 长安区(陕) | 终南山森林公园 | 国家 | 11.20 | 790.00 | 600.00 |

（续）

| 序号 | 县(旗、市、区、局、场) | 森林公园及自然保护区(名称) | 级别 | 实际接待人数(万人次) | 旅游总收入(万元) | 其中:门票收入(万元) |
|---|---|---|---|---|---|---|
| 589 | 周至县(陕) | 陕西黑河国家森林公园 | 国家 | 10.20 | 362.00 | 105.00 |
| 590 | 成　县(甘) | 成县鸡峰山国家级森林公园 | 国家 | 20.00 | 1200.00 | 800.00 |
| 591 | 城关区(甘) | 兰州徐家山国家森林公园 | 国家 | 23.00 | 68.00 | 68.00 |
| 592 | 宕昌县(甘) | 官鹅沟国家森林公园 | 国家 | 100.00 | 4500.00 | 700.00 |
| 593 | 甘州区(甘) | 甘州区黑河湿地自然保护区 | 国家 | 10.00 | 10.00 | |
| 594 | 和政县(甘) | 松鸣岩过 AAAA 级森林公园 | 国家 | 36.10 | 145.60 | 113.20 |
| 595 | 景泰县(甘) | 寿鹿山国家森林公园 | 国家 | 3.00 | 40.00 | 20.00 |
| 596 | 两当县(甘) | 两当县云屏风景区 | 国家 | 5.00 | 800.00 | 150.00 |
| 597 | 庆城县(甘) | 周祖陵森林公园 | 国家 | 60.98 | 1128.00 | 450.00 |
| 598 | 文　县(甘) | 文县国家级森林公园 | 国家 | 15.00 | 60.00 | 60.00 |
| 599 | 漳　县(甘) | 贵清山森林公园 | 国家 | 150.00 | 200.00 | 200.00 |
| 600 | 舟曲县(甘) | 舟曲县大峡沟国家森林公园 | 国家 | 5.00 | 150.00 | |
| 601 | 金凤区(宁) | 森淼生态旅游区 | 国家 | 57.00 | 1800.00 | 1596.00 |
| 602 | 西吉县(宁) | 西吉县火石寨森林公园 | 国家 | 100.00 | 407.00 | |
| 603 | 哈密林场(新) | 新疆哈密天山国家森林公园 | 国家 | 10.00 | 39.62 | 8.00 |
| 604 | 吉木萨尔林场(新) | 新疆车师古道国家森林公园 | 国家 | 1.20 | 31.00 | 9.00 |
| 605 | 奇台林场(新) | 江布拉克国家森林公园 | 国家 | 50.10 | 2265.00 | 1350.00 |
| 606 | 沙湾林场(新) | 新疆鹿角湾国家森林公园 | 国家 | 0.10 | 14.00 | |
| 607 | 乌苏林场(新) | 乌苏佛山国家森林公园 | 国家 | 12.50 | 408.00 | 365.00 |
| 608 | 白石山林业局(吉林森工) | 吉林白石山国家森林公园 | 国家 | 1.20 | 800.00 | |
| 609 | 红石林业局(吉林森工) | 红石国家森林公园 | 国家 | 5.31 | 1552.00 | 552.00 |
| 610 | 露水河林业局(吉林森工) | 露水河国家森林公园 | 国家 | 3.20 | 645.00 | 31.90 |
| 611 | 松江河林业有限公司(吉林森工) | 松江河国家级森林公园 | 国家 | 4.20 | 1398.00 | |
| 612 | 大海林林业局(龙江森工) | 雪乡国家森林公园 | 国家 | 64.47 | 45102.29 | 4567.25 |
| 613 | 东方红林业局(龙江森工) | 黑龙江珍宝岛国家森林公园 | 国家 | 23.00 | 5493.00 | |
| 614 | 东京城林业局(龙江森工) | 镜泊湖国家森林公园 | 国家 | 17.50 | 5500.00 | 3.70 |
| 615 | 方正林业局(龙江森工) | 方正龙山国家森林公园 | 国家 | 8.10 | 121.00 | 103.50 |
| 616 | 海林林业局(龙江森工) | 黑龙江夹皮沟国家森林公园 | 国家 | 16.50 | 1677.50 | 82.50 |
| 617 | 鹤北林业局(龙江森工) | 黑龙江红松国家森林公园 | 国家 | 24.80 | 4786.00 | |
| 618 | 柴河林业局(龙江森工) | 威虎山国家森林公园 | 国家 | 52.98 | 25500.00 | 2687.50 |
| 619 | 桦南林业局(龙江森工) | 黑龙江七星峰国家森林公园 | 国家 | 1.00 | 1825.00 | |
| 620 | 金山屯林业局(龙江森工) | 金山国家森林公园 | 国家 | 19.53 | 3108.00 | 279.00 |
| 621 | 美溪林业局(龙江森工) | 回龙湾国家森林公园 | 国家 | 22.00 | 3300.00 | 1320.00 |
| 622 | 穆棱林业局(龙江森工) | 六峰山国家森林公园 | 国家 | 16.00 | 856.00 | |
| 623 | 南岔林业局(龙江森工) | 黑龙江仙翁山国家森林公园 | 国家 | 14.00 | 5020.00 | 280.00 |
| 624 | 山河屯林业局(龙江森工) | 凤凰山国家森林公园 | 国家 | 29.50 | 18108.00 | 2680.00 |
| 625 | 上甘岭林业局(龙江森工) | 溪水国家森林公园 | 国家 | 18.23 | 3060.00 | 120.00 |
| 626 | 双鸭山林业局(龙江森工) | 青山国家森林公园 | 国家 | 31.00 | 6050.00 | 71.00 |
| 627 | 汤旺河林业局(龙江森工) | 小兴安岭石林国家森林公园 | 国家 | 21.40 | 1300.00 | 1100.00 |
| 628 | 桃山林业局(龙江森工) | 桃山国家森林公园 | 国家 | 13.00 | 4460.00 | 610.00 |
| 629 | 铁力林业局(龙江森工) | 日月峡国家森林公园 | 国家 | 14.80 | 144.90 | 29.60 |
| 630 | 苇河林业局(龙江森工) | 八里湾国家森林公园 | 国家 | 19.45 | 5911.38 | 219.85 |
| 631 | 乌马河林业局(龙江森工) | 乌马河国家森林公园 | 国家 | 23.50 | 4241.00 | 384.00 |
| 632 | 五营林业局(龙江森工) | 五营国家森林公园 | 国家 | 20.50 | 4241.00 | 384.00 |

(续)

| 序号 | 县(旗、市、区、局、场) | 森林公园及自然保护区(名称) | 级别 | 实际接待人数(万人次) | 旅游总收入(万元) | 其中:门票收入(万元) |
|---|---|---|---|---|---|---|
| 633 | 兴隆林业局(龙江森工) | 兴隆国家森林公园 | 国家 | 1.60 | 1376.00 | |
| 634 | 亚布力林业局(龙江森工) | 亚布力国家森林公园 | 国家 | 57.30 | 31126.00 | 220.00 |
| 635 | 沾河林业局(龙江森工) | 大沾河国家森林公园 | 国家 | 0.40 | 100.00 | 70.00 |
| 636 | 安新县(冀) | 白洋淀自然保护区 | 省 | 75.00 | 9100.00 | 4000.00 |
| 637 | 赤城县(冀) | 温泉度假村 | 省 | 5.10 | 250.00 | 3.00 |
| 638 | 沽源县(冀) | 老掌沟省级森林公园 | 省 | 12.00 | 600.00 | 600.00 |
| 639 | 怀来县(冀) | 河北黄龙山庄省级森林公园 | 省 | 8.00 | 850.00 | 100.00 |
| 640 | 井陉矿区(冀) | 清凉湾湿地公园 | 省 | 11.00 | 400.00 | |
| 641 | 井陉县(冀) | 南寺掌自然保护区 | 省 | 40.00 | 2000.00 | 1600.00 |
| 642 | 宽城满族自治县(冀) | 都山森林望海公园 | 省 | 0.32 | 8.00 | 6.00 |
| 643 | 临城县(冀) | 天台山 | 省 | 5.00 | 280.00 | 100.00 |
| 644 | 迁安市(冀) | 白羊峪旅游区 | 省 | 21.00 | 4100.00 | 800.00 |
| 645 | 迁安市(冀) | 迁安市乐活生态采摘观光园 | 省 | 13.50 | 1850.00 | |
| 646 | 迁安市(冀) | 迁安市乐丫文化产业园 | 省 | 12.50 | 2700.00 | |
| 647 | 迁安市(冀) | 山叶口省级森林公园 | 省 | 20.00 | 4000.00 | 800.00 |
| 648 | 迁安市(冀) | 桃园林果采摘园 | 省 | 5.00 | 200.00 | |
| 649 | 迁安市(冀) | 徐流口省级森林公园 | 省 | 11.00 | 1950.00 | 500.00 |
| 650 | 清河县(冀) | 快活林森林公园 | 省 | 5.00 | 215.00 | |
| 651 | 尚义县(冀) | 大青山森林公园 | 省 | 5.50 | 80.00 | |
| 652 | 双滦区(冀) | 双塔山森林公园 | 省 | 9.30 | 354.00 | 280.00 |
| 653 | 唐　县(冀) | 全胜峡景区 | 省 | 47.00 | 1300.00 | 940.00 |
| 654 | 唐　县(冀) | 西胜沟景区 | 省 | 32.00 | 1040.00 | 600.00 |
| 655 | 唐海县(冀) | 曹妃甸区湿地自然保护区 | 省 | 12.00 | 7500.00 | |
| 656 | 蔚　县(冀) | 空中草原森林公园 | 省 | 2.40 | 1440.00 | 144.00 |
| 657 | 张北县(冀) | 河北仙娜都省级森林公园 | 省 | 2.00 | 5.00 | 2.00 |
| 658 | 张北县(冀) | 张北县坝头森林省级公园 | 省 | 16.00 | 40.00 | 20.00 |
| 659 | 张北县(冀) | 张北县桦皮岭省级森林公园 | 省 | 8.00 | 18.00 | 12.00 |
| 660 | 大同县(晋) | 大同县火山群森林公园 | 省 | 7.00 | 560.00 | |
| 661 | 广灵县(晋) | 山西省壶流河湿地省级自然保护区 | 省 | 5.00 | 100.00 | |
| 662 | 清徐县(晋) | 山西省葡峰森林公园 | 省 | 1.20 | 48.00 | |
| 663 | 屯留县(晋) | 老爷山森林公园 | 省 | 3.00 | 350.00 | 350.00 |
| 664 | 阳曲县(晋) | 凌井沟省级自然保护区 | 省 | 1.50 | 20.00 | |
| 665 | 阳泉市郊区(晋) | 翠枫山自然保护区 | 省 | 4.50 | 113.00 | 113.00 |
| 666 | 阿鲁科尔沁旗(内蒙古) | 沙日温都保护区 | 省 | 2.00 | 1408.00 | |
| 667 | 巴林右旗(内蒙古) | 南山森林公园 | 省 | 0.80 | 536.00 | |
| 668 | 额尔古纳市(内蒙古) | 哈乌尔河景区 | 省 | 9.00 | 271.40 | 271.40 |
| 669 | 额尔古纳市(内蒙古) | 亚洲第一湿地 | 省 | 46.70 | 2353.60 | 2353.60 |
| 670 | 鄂伦春自治旗(内蒙古) | 鄂伦春自治旗嘎仙洞森林公园 | 省 | 0.70 | 30.00 | 30.00 |
| 671 | 九原区(内蒙古) | 梅力更自然保护区 | 省 | 10.00 | 750.00 | 750.00 |
| 672 | 科尔沁左翼中旗(内蒙古) | 乌斯吐自然保护区 | 省 | 0.77 | 241.00 | |
| 673 | 林西县(内蒙古) | 林西县九佛山旅游区 | 省 | 0.21 | 381.30 | |
| 674 | 松山区(内蒙古) | 老府林场乌梁苏森林公园 | 省 | 0.80 | 536.00 | |
| 675 | 兴和县(内蒙古) | 苏木山森林公园 | 省 | 3.50 | 80.00 | 70.00 |
| 676 | 准格尔旗(内蒙古) | 油松王旅游景区 | 省 | 3.37 | 380.00 | |

(续)

| 序号 | 县(旗、市、区、局、场) | 森林公园及自然保护区(名称) | 级别 | 实际接待人数(万人次) | 旅游总收入(万元) | 其中:门票收入(万元) |
|---|---|---|---|---|---|---|
| 677 | 朝阳县(辽) | 清风岭 | 省 | 20.00 | 520.00 | |
| 678 | 凤城市(辽) | 蒲石河森林公园 | 省 | 32.00 | 11877.00 | |
| 679 | 阜新蒙古族自治县(辽) | 关山省级自然保护区 | 省 | 3.00 | 10.00 | 4.00 |
| 680 | 阜新蒙古族自治县(辽) | 老鹰窝山省级自然保护区 | 省 | 10.00 | 35.00 | 10.00 |
| 681 | 盖州市(辽) | 玉石水库自然保护区 | 省 | 4.80 | 720.00 | |
| 682 | 甘井子区(辽) | 大连大黑石省级森林公园 | 省 | 60.00 | 1130.00 | |
| 683 | 桓仁满族自治县(辽) | 枫林谷森林公园 | 省 | 19.70 | 1100.00 | 670.00 |
| 684 | 喀喇沁左翼蒙古族自治县(辽) | 辽宁省龙凤山森林公园 | 省 | 18.00 | 10500.00 | 300.00 |
| 685 | 开原市(辽) | 龙潭寺 | 省 | 10.00 | 500.00 | 300.00 |
| 686 | 康平县(辽) | 万亩松旅游景区 | 省 | 15.00 | 5000.00 | |
| 687 | 康平县(辽) | 卧龙湖自然保护区 | 省 | 15.00 | 7000.00 | |
| 688 | 宽甸满族自治县(辽) | 花脖山森林公园 | 省 | 1.10 | 31.80 | 27.80 |
| 689 | 宽甸满族自治县(辽) | 黄椅山森林公园 | 省 | 3.00 | 142.00 | 45.80 |
| 690 | 宽甸满族自治县(辽) | 天华山森林公园 | 省 | 5.00 | 240.00 | 170.00 |
| 691 | 宽甸满族自治县(辽) | 天桥沟森林公园 | 省 | 28.00 | 1000.00 | 400.00 |
| 692 | 连山区(辽) | 灵山寺森林公园 | 省 | 4.00 | 430.00 | 200.00 |
| 693 | 辽宁实验林场(辽) | 浑河源省级森林公园 | 省 | 1.00 | 105.00 | 1.00 |
| 694 | 辽阳县(辽) | 辽阳核伙沟森林公园 | 省 | 6.00 | 960.00 | 150.00 |
| 695 | 凌海市(辽) | 岩井寺 | 省 | 20.00 | 150.00 | 75.00 |
| 696 | 清原满族自治县(辽) | 红河峡谷国家级森林公园 | 省 | 70.00 | 35000.00 | 28200.00 |
| 697 | 清原满族自治县(辽) | 辽宁浑河源省级保护区 | 省 | 35.00 | 950.00 | 380.00 |
| 698 | 绥中县(辽) | 妙峰森林公园 | 省 | 5.00 | 80.00 | 8.00 |
| 699 | 绥中县(辽) | 锥峰森林公园 | 省 | 3.00 | 5.00 | |
| 700 | 新邱区(辽) | 元宝山森林公园 | 省 | 0.30 | 30.00 | |
| 701 | 兴城市(辽) | 兴城市河口湿地公园 | 省 | 5.00 | 15.00 | |
| 702 | 岫岩满族自治县(辽) | 龙泉湖风景区 | 省 | 20.00 | 660.00 | |
| 703 | 岫岩满族自治县(辽) | 龙潭湾风景区 | 省 | 6.00 | 79.00 | |
| 704 | 岫岩满族自治县(辽) | 清凉山风景区 | 省 | 3.20 | 32.00 | |
| 705 | 九台区(吉) | 石头口门水库 | 省 | 80.00 | 1600.00 | |
| 706 | 上营森林经营局(吉) | 青顶山红叶长廊景区 | 省 | 5.00 | 623.00 | |
| 707 | 长白朝鲜族自治县(吉) | 十五道沟望天鹅景区 | 省 | 32.00 | 1113.00 | 378.00 |
| 708 | 阿城区(黑) | 哈尔滨北方森林动物园 | 省 | 10.00 | 743.00 | 650.00 |
| 709 | 道外区(黑) | 滨江湿地旅游风景区 | 省 | 25.70 | 22642.00 | 1285.00 |
| 710 | 抚远县(黑) | 华夏东极森林公园 | 省 | 25.00 | 1100.00 | |
| 711 | 富锦市(黑) | 荷兰郇省级森林公园 | 省 | 0.50 | 7.00 | 3.00 |
| 712 | 鹤岗市市辖区(黑) | 黑龙江鹤岗金顶山省级地质公园 | 省 | 2.00 | 200.00 | 38.00 |
| 713 | 黑河市直属林场(黑) | 爱辉省级森林公园 | 省 | 3.20 | 95.00 | 25.00 |
| 714 | 集贤县(黑) | 七星峰森林公园 | 省 | 3.00 | 65.90 | 65.90 |
| 715 | 密山市(黑) | 铁西森林公园 | 省 | 11.50 | 4263.00 | |
| 716 | 碾子山区(黑) | 蛇洞山省级森林公园 | 省 | 34.00 | 8294.00 | |
| 717 | 逊克县(黑) | 东山省级森林公园 | 省 | 1.40 | 80.00 | |
| 718 | 建德市(浙) | 新安江森林公园 | 省 | 42.00 | 14400.00 | 4320.00 |
| 719 | 椒江区(浙) | 大陈岛 | 省 | 128.00 | 21645.00 | |
| 720 | 柯桥区(浙) | 千年香榧森林公园 | 省 | 13.00 | 180.00 | |

(续)

| 序号 | 县(旗、市、区、局、场) | 森林公园及自然保护区(名称) | 级别 | 实际接待人数(万人次) | 旅游总收入(万元) | 其中:门票收入(万元) |
|---|---|---|---|---|---|---|
| 721 | 柯桥区(浙) | 香雪梅海森林公园 | 省 | 12.00 | 110.00 | |
| 722 | 鹿城区(浙) | 浙江省温州市西郊森林公园 | 省 | 6.80 | 2457.00 | |
| 723 | 宁海县(浙) | 南溪温泉森林公园 | 省 | 62.00 | 9861.00 | 6200.00 |
| 724 | 桐庐县(浙) | 白云源森林公园 | 省 | 7.44 | 369.55 | 296.89 |
| 725 | 义乌市(浙) | 德胜岩森林公园 | 省 | 100.00 | 1500.00 | 1500.00 |
| 726 | 义乌市(浙) | 华溪森林公园 | 省 | 14.00 | 288.00 | 249.00 |
| 727 | 永嘉县(浙) | 四海山森林公园 | 省 | 2.00 | 200.00 | 33.00 |
| 728 | 玉环市(浙) | 大鹿岛森林公园 | 省 | 60.00 | 2100.00 | |
| 729 | 长兴县(浙) | 长兴县尹家边扬子鳄自然保护区 | 省 | 5.00 | 70.00 | |
| 730 | 诸暨市(浙) | 三界尖森林公园 | 省 | 8.00 | 70.00 | |
| 731 | 滁州市管店林业总场(皖) | 老嘉山森林公园 | 省 | 9.00 | 2546.00 | |
| 732 | 当涂县(皖) | 太白森林公园 | 省 | 25.00 | 8750.00 | |
| 733 | 砀山县(皖) | 黄河湿地自然保护区 | 省 | 64.50 | 16857.00 | |
| 734 | 东至县(皖) | 安徽省天台山森林公园 | 省 | 3.50 | 16.00 | |
| 735 | 肥东县(皖) | 浮槎山森林公园 | 省 | 2.00 | 400.00 | |
| 736 | 凤台县(皖) | 凤台县茅仙洞省级森林公园 | 省 | 7.60 | 550.00 | 150.00 |
| 737 | 广德县(皖) | 柏垫茅田山省级森林公园 | 省 | 50.00 | 1100.00 | |
| 738 | 广德县(皖) | 东亭阳岱山省级森林公园 | 省 | 50.00 | 1200.00 | |
| 739 | 广德县(皖) | 卢村笄山竹海森林公园 | 省 | 600.00 | 30500.00 | |
| 740 | 黄山区(皖) | 黄山樵山省级森林公园 | 省 | 1.00 | 100.00 | |
| 741 | 霍邱县(皖) | 安徽安阳山省级森林公园 | 省 | 6.80 | 1008.00 | 136.00 |
| 742 | 霍山县(皖) | 佛子岭自然保护区 | 省 | 500.00 | 54000.00 | |
| 743 | 霍山县(皖) | 南岳山森林公园 | 省 | 300.00 | 31000.00 | |
| 744 | 绩溪县(皖) | 障山省级森林公园 | 省 | 40.00 | 1100.00 | 1000.00 |
| 745 | 泾　县(皖) | 泾县江南第一漂 | 省 | 16.00 | 2600.00 | 800.00 |
| 746 | 泾　县(皖) | 泾县水墨汀溪景区 | 省 | 32.00 | 4500.00 | 1550.00 |
| 747 | 泾　县(皖) | 泾县月亮湾景区 | 省 | 15.00 | 2000.00 | 800.00 |
| 748 | 来安县(皖) | 白鹭岛森林公园 | 省 | 52.00 | 40000.00 | 10000.00 |
| 749 | 明光市(皖) | 女山湖湿地自然保护区 | 省 | 2.60 | 900.00 | 260.00 |
| 750 | 南陵县(皖) | 小格里森林公园 | 省 | 5.00 | 60.00 | 50.00 |
| 751 | 南陵县(皖) | 丫山花海石林风景区 | 省 | 40.00 | 5600.00 | 4500.00 |
| 752 | 舒城县(皖) | 万佛山自然保护区 | 省 | 85.30 | 64600.00 | 4025.00 |
| 753 | 桐城市(皖) | 安徽省龙眠山省级森林公园 | 省 | 1.50 | 700.00 | 20.00 |
| 754 | 桐城市(皖) | 安庆沿江湿地珍稀水禽自然保护区 | 省 | 12.00 | 800.00 | 30.00 |
| 755 | 望江县(皖) | 望江县武昌湖湿地保护区 | 省 | 5.00 | 500.00 | |
| 756 | 五河县(皖) | 大巩山森林公园 | 省 | 10.00 | 1000.00 | |
| 757 | 谢家集区(皖) | 卧龙山森林公园 | 省 | 0.66 | 10.00 | |
| 758 | 黟　县(皖) | 五溪山自然保护区 | 省 | 5.00 | 350.00 | 100.00 |
| 759 | 宜秀区(皖) | 安徽巨石山省级森林公园 | 省 | 25.00 | 5444.00 | 180.00 |
| 760 | 颍上县(皖) | 颍上县八里河自然保护区 | 省 | 60.00 | 42000.00 | 900.00 |
| 761 | 崇仁县(赣) | 灵芝峰自然保护区 | 省 | 3.00 | 2200.00 | |
| 762 | 崇义县(赣) | 章江源自然保护区 | 省 | 5.00 | 1000.00 | |
| 763 | 德安县(赣) | 义门陈森林公园 | 省 | 17.00 | 20.00 | |
| 764 | 分宜县(赣) | 分宜县大砻下生态林场 | 省 | 5.10 | 56.00 | |

（续）

| 序号 | 县(旗、市、区、局、场) | 森林公园及自然保护区（名称） | 级别 | 实际接待人数（万人次） | 旅游总收入（万元） | 其中:门票收入（万元） |
|---|---|---|---|---|---|---|
| 765 | 广丰县(赣) | 江西省大南省级森林公园 | 省 | 3.70 | 5259.00 | |
| 766 | 广丰县(赣) | 江西省广丰三山省级森林公园 | 省 | 3.82 | 5433.00 | |
| 767 | 广丰县(赣) | 江西省六石岩省级森林公园 | 省 | 13.90 | 19761.00 | |
| 768 | 广丰县(赣) | 江西省龙华山省级森林公园 | 省 | 10.60 | 14070.00 | |
| 769 | 吉州区(赣) | 江西省君华省级森林公园 | 省 | 25.00 | 87.00 | |
| 770 | 乐安县(赣) | 江西老虎脑自然保护区 | 省 | 0.80 | 3980.00 | 480.00 |
| 771 | 临川区(赣) | 金山寺 | 省 | 85.00 | 11700.00 | |
| 772 | 临川区(赣) | 汝水公园 | 省 | 48.00 | 390.00 | |
| 773 | 龙南县(赣) | 武当山森林公园 | 省 | 20.00 | 12803.00 | 1000.00 |
| 774 | 彭泽县(赣) | 彭泽兆吉沟红色旅游景区 | 省 | 5.00 | 40.00 | |
| 775 | 瑞昌市(赣) | 瑞昌市青山森林公园 | 省 | 4.00 | 145.00 | |
| 776 | 瑞金市(赣) | 罗汉岩省级森林公园 | 省 | 12.90 | 710.00 | 35.60 |
| 777 | 上高县(赣) | 上高九峰森林公园 | 省 | 1.50 | 3.00 | |
| 778 | 上栗县(赣) | 鸡冠山省级森林公园 | 省 | 3.00 | 80.00 | |
| 779 | 上饶县(赣) | 清水湾森林公园 | 省 | 1.60 | 280.00 | |
| 780 | 上饶县(赣) | 远泉西郊公园 | 省 | 15.00 | 2670.00 | |
| 781 | 石城县(赣) | 通天寨森林公园 | 省 | 115.00 | 18800.00 | 5750.00 |
| 782 | 万载县(赣) | 九龙庙森林公园 | 省 | 27.90 | 17380.00 | |
| 783 | 婺源县(赣) | 大鄣山自然保护区 | 省 | 3.20 | 210.00 | 65.00 |
| 784 | 婺源县(赣) | 理田园森林保护区 | 省 | 2.00 | 120.00 | |
| 785 | 婺源县(赣) | 鸳鸯湖保护区 | 省 | 5.00 | 300.00 | 80.00 |
| 786 | 婺源县(赣) | 珍珠山自然保护区 | 省 | 1.00 | 60.00 | |
| 787 | 宜丰县(赣) | 宜丰螺峰尖森林公园 | 省 | 1.60 | 200.00 | |
| 788 | 宜丰县(赣) | 宜丰县禅文化园 | 省 | 3.50 | 350.00 | |
| 789 | 宜丰县(赣) | 宜丰县马形山森林公园 | 省 | 0.60 | 90.00 | |
| 790 | 宜丰县(赣) | 宜丰县南屏公园 | 省 | 4.50 | 450.00 | |
| 791 | 宜丰县(赣) | 宜丰县仙隐洞森林公园 | 省 | 0.50 | 75.00 | |
| 792 | 永丰县(赣) | 永丰县水浆自然保护区 | 省 | 2.00 | 3150.00 | |
| 793 | 永修县(赣) | 云居山省级自然保护区 | 省 | 16.00 | 1920.00 | |
| 794 | 于都县(赣) | 于都县罗田岩省级森林公园 | 省 | 13.50 | 180.00 | |
| 795 | 于都县(赣) | 于都县屏山省级森林公园 | 省 | 20.00 | 600.00 | |
| 796 | 渝水区(赣) | 百丈峰 | 省 | 5.00 | 600.00 | |
| 797 | 玉山县(赣) | 江西玉山信江源省级自然保护区 | 省 | 6.10 | 10370.00 | |
| 798 | 玉山县(赣) | 玉山冰江省级森林公园 | 省 | 3.59 | 4100.00 | |
| 799 | 昌乐县(鲁) | 仙月湖湿地公园 | 省 | 9.00 | 330.00 | |
| 800 | 昌乐县(鲁) | 远古火山群生态林场 | 省 | 4.20 | 120.00 | |
| 801 | 东营区(鲁) | 东营市东营区龙居黄河森林公园 | 省 | 10.00 | 500.00 | 200.00 |
| 802 | 肥城市(鲁) | 肥城剪云山 | 省 | 2.00 | 16.00 | 10.00 |
| 803 | 肥城市(鲁) | 肥城云蒙山 | 省 | 1.60 | 6.00 | 6.00 |
| 804 | 费　县(鲁) | 费县塔山省级森林公园 | 省 | 300.00 | 7000.00 | 1500.00 |
| 805 | 福山区(鲁) | 峆卢寺省级森林公园 | 省 | 40.00 | 4800.00 | |
| 806 | 海阳市(鲁) | 海阳招虎山省级自然保护区 | 省 | 16.50 | 10560.00 | 1320.00 |
| 807 | 惠民县(鲁) | 惠民县孙子故里孙子公园 | 省 | 4.00 | 5.00 | |
| 808 | 莱州市(鲁) | 大基山自然保护区 | 省 | 31.00 | 3300.00 | 810.00 |

(续)

| 序号 | 县(旗、市、区、局、场) | 森林公园及自然保护区(名称) | 级别 | 实际接待人数(万人次) | 旅游总收入(万元) | 其中:门票收入(万元) |
|---|---|---|---|---|---|---|
| 809 | 兰陵县(鲁) | 文峰山森林公园 | 省 | 4.50 | 78.00 | 40.00 |
| 810 | 乐陵市(鲁) | 山东乐陵金丝小枣森林公园 | 省 | 6.00 | 200.00 | 120.00 |
| 811 | 临沭县(鲁) | 冠山风景旅游区 | 省 | 20.00 | 1200.00 | 600.00 |
| 812 | 蒙阴县(鲁) | 岱崮地貌 | 省 | 200.00 | 1000.00 | |
| 813 | 蒙阴县(鲁) | 中山寺度假村 | 省 | 80.00 | 420.00 | |
| 814 | 宁阳县(鲁) | 神童山森林公园 | 省 | 80.00 | 11886.00 | 782.00 |
| 815 | 平原县(鲁) | 山东省鲁北平原森林公园 | 省 | 6.00 | 13.00 | |
| 816 | 青州市(鲁) | 驼山森林公园 | 省 | 3.05 | 79.80 | 79.80 |
| 817 | 曲阜市(鲁) | 曲阜九仙山森林公园 | 省 | 300.00 | 2000.00 | 500.00 |
| 818 | 山亭区(鲁) | 莲青山省级森林公园 | 省 | 4.00 | 20.80 | 10.00 |
| 819 | 山亭区(鲁) | 龙门观省级森林公园 | 省 | 3.00 | 5.00 | |
| 820 | 山亭区(鲁) | 石佛寺省级森林公园 | 省 | 2.00 | 5.00 | |
| 821 | 山亭区(鲁) | 藤花峪省级森林公园 | 省 | 1.80 | 26.00 | |
| 822 | 寿光市(鲁) | 寿光渤海森林公园 | 省 | 45.00 | 500.00 | 200.00 |
| 823 | 微山县(鲁) | 南四湖省级自然保护区 | 省 | 498.00 | 298300.00 | |
| 824 | 文登市(鲁) | 文登市天福山森林公园 | 省 | 6.50 | 120.00 | |
| 825 | 五莲县(鲁) | 大青山旅游风景区 | 省 | 60.00 | 8000.00 | |
| 826 | 武城县(鲁) | 武城县四女寺湿地公园 | 省 | 1.00 | 10.00 | |
| 827 | 新泰市(鲁) | 朝阳洞森林公园 | 省 | 15.00 | 1200.00 | 300.00 |
| 828 | 新泰市(鲁) | 九顶皇山旅游公园 | 省 | 10.00 | 750.00 | 150.00 |
| 829 | 新泰市(鲁) | 太平山自然保护区 | 省 | 8.00 | 3500.00 | |
| 830 | 新泰市(鲁) | 新汶森林公园 | 省 | 25.00 | 4200.00 | 500.00 |
| 831 | 沂源县(鲁) | 鲁山森林公园 | 省 | 15.00 | 140.00 | 140.00 |
| 832 | 长清区(鲁) | 大峰山森林公园 | 省 | 7.40 | 102.00 | 83.00 |
| 833 | 长清区(鲁) | 卧龙峪森林公园 | 省 | 0.84 | 53.00 | 14.20 |
| 834 | 长清区(鲁) | 五峰山森林公园 | 省 | 13.50 | 178.00 | 76.40 |
| 835 | 招远市(鲁) | 招远罗山省级自然保护区 | 省 | 35.00 | 2100.00 | 1500.00 |
| 836 | 诸城市(鲁) | 绿园森林公园 | 省 | 0.80 | 100.00 | |
| 837 | 安阳县(豫) | 安阳马鞍山森林公园 | 省 | 0.50 | 1.50 | |
| 838 | 登封市(豫) | 大熊山森林公园 | 省 | 6.80 | 76.30 | |
| 839 | 登封市(豫) | 香山森林公园 | 省 | 2.50 | 17.10 | |
| 840 | 范　县(豫) | 毛楼生态旅游区 | 省 | 25.00 | 2950.00 | |
| 841 | 方城县(豫) | 方城县国有大寺林场 | 省 | 2.00 | 200.00 | |
| 842 | 方城县(豫) | 七峰山森林公园 | 省 | 9.00 | 1100.00 | 400.00 |
| 843 | 凤泉区(豫) | 凤凰山省级森林公园 | 省 | 7.50 | 75.00 | |
| 844 | 固始县(豫) | 安山森林公园 | 省 | 11.00 | 550.00 | 220.00 |
| 845 | 淮滨县(豫) | 淮滨淮南湿地自然保护区 | 省 | 2.00 | 100.00 | 5.00 |
| 846 | 林州市(豫) | 白泉森林公园 | 省 | 9.00 | 85.00 | |
| 847 | 龙安区(豫) | 河南省龙泉省级公园 | 省 | 10.00 | 200.00 | 50.00 |
| 848 | 孟津县(豫) | 小浪底森林公园 | 省 | 30.00 | 3000.00 | 300.00 |
| 849 | 内黄县(豫) | 二帝陵森林公园 | 省 | 121.00 | 6200.00 | 2000.00 |
| 850 | 平桥区(豫) | 信阳市震雷山森林公园 | 省 | 85.00 | 1500.00 | |
| 851 | 濮阳县(豫) | 濮阳县张挥森林公园 | 省 | 4.00 | 359.00 | |
| 852 | 确山县(豫) | 乐山森林公园 | 省 | 35.00 | 10500.00 | 1400.00 |

（续）

| 序号 | 县(旗、市、区、局、场) | 森林公园及自然保护区（名称） | 级别 | 实际接待人数（万人次） | 旅游总收入（万元） | 其中:门票收入（万元） |
|---|---|---|---|---|---|---|
| 853 | 汝阳县(豫) | 大虎岭森林公园 | 省 | 5.36 | 213.00 | |
| 854 | 汝阳县(豫) | 西泰山景区 | 省 | 170.00 | 22689.00 | |
| 855 | 桐柏县(豫) | 桐柏县太白顶自然保护区 | 省 | 82.00 | 7519.00 | 4100.00 |
| 856 | 卫辉市(豫) | 跑马岭地质公园 | 省 | 16.95 | 3971.00 | 508.50 |
| 857 | 卧龙区(豫) | 独山森林公园 | 省 | 10.00 | 90.00 | 50.00 |
| 858 | 息　县(豫) | 息洲森林公园 | 省 | 1.20 | 200.00 | |
| 859 | 新密市(豫) | 神仙洞省级森林公园 | 省 | 100.00 | 2600.00 | 2000.00 |
| 860 | 偃师市(豫) | 双龙山省级森林公园 | 省 | 10.00 | 30.00 | 8.00 |
| 861 | 叶　县(豫) | 望夫石森林公园 | 省 | 3.00 | 65.00 | |
| 862 | 义马市(豫) | 河南省清风山森林公园 | 省 | 0.70 | 40.00 | |
| 863 | 驿城区(豫) | 金顶山省级森林公园 | 省 | 73.00 | 1900.00 | 1095.00 |
| 864 | 荥阳市(豫) | 环翠峪森林公园 | 省 | 43.00 | 1100.00 | 550.00 |
| 865 | 荥阳市(豫) | 桃花峪森林公园 | 省 | 55.00 | 1200.00 | 700.00 |
| 866 | 荥阳市(豫) | 郑州黄河湿地省级自然保护区 | 省 | 68.00 | 800.00 | |
| 867 | 禹州市(豫) | 禹州森林植物园 | 省 | 200.00 | 1000.00 | |
| 868 | 镇平县(豫) | 菩提寺森林公园 | 省 | 80.00 | 11000.00 | 4000.00 |
| 869 | 保康县(鄂) | 湖北省保康县官山森林公园 | 省 | 2.20 | 723.00 | |
| 870 | 蔡甸区(鄂) | 湖北省沉湖湿地自然保护区 | 省 | 73.00 | 9490.00 | |
| 871 | 蔡甸区(鄂) | 湖北省后官湖湿地公园 | 省 | 160.00 | 25600.00 | |
| 872 | 蔡甸区(鄂) | 索子长河湿地公园 | 省 | 23.00 | 4600.00 | 414.00 |
| 873 | 曾都区(鄂) | 湖北随州银杏森林公园 | 省 | 50.00 | 15000.00 | 3500.00 |
| 874 | 大冶市(鄂) | 雷山森林公园 | 省 | 60.00 | 6500.00 | 900.00 |
| 875 | 丹江口市(鄂) | 龙口省级森林公园 | 省 | 10.00 | 1000.00 | |
| 876 | 丹江口市(鄂) | 五朵峰自然保护区 | 省 | 50.00 | 5000.00 | |
| 877 | 当阳市(鄂) | 青龙湖国家湿地公园 | 省 | 10.00 | 400.00 | 50.00 |
| 878 | 鄂州市市辖区(鄂) | 葛山森林公园 | 省 | 98.00 | 1200.00 | |
| 879 | 鄂州市市辖区(鄂) | 沼山森林公园 | 省 | 30.00 | 150.00 | |
| 880 | 恩施市(鄂) | 铜盆水森林公园 | 省 | 1.00 | 100.00 | 50.00 |
| 881 | 房　县(鄂) | 房县野人谷省级自然保护区 | 省 | 30.00 | 12000.00 | 1000.00 |
| 882 | 房　县(鄂) | 湖北柳树垭省级森林公园 | 省 | 0.30 | 20.00 | |
| 883 | 公安县(鄂) | 湖北省公安县黄山头森林公园 | 省 | 1.93 | 390.00 | 38.60 |
| 884 | 谷城县(鄂) | 承恩寺森林公园 | 省 | 18.00 | 25.00 | |
| 885 | 鹤峰县(鄂) | 八峰山森林公园 | 省 | 0.71 | 355.00 | |
| 886 | 黄梅县(鄂) | 五祖寺森林公园 | 省 | 100.00 | 10000.00 | 300.00 |
| 887 | 京山县(鄂) | 湖北绿林山省级森林公园 | 省 | 180.00 | 99000.00 | 1950.00 |
| 888 | 来凤县(鄂) | 湖北永灵山省级森林公园 | 省 | 1.00 | 50.00 | |
| 889 | 老河口市(鄂) | 百花山森林公园 | 省 | 2.20 | 160.00 | |
| 890 | 麻城市(鄂) | 麻城市龟峰山风景区森林公园 | 省 | 78.00 | 23500.00 | 2200.00 |
| 891 | 石首市(鄂) | 南岳山森林公园 | 省 | 50.00 | 150.00 | |
| 892 | 随　县(鄂) | 随县太白顶风景名胜区 | 省 | 6.00 | 1800.00 | |
| 893 | 通城县(鄂) | 通城县国有锡山森林公园 | 省 | 12.00 | 300.00 | |
| 894 | 通城县(鄂) | 通城县岳姑山自然保护区 | 省 | 15.00 | 300.00 | |
| 895 | 武穴市(鄂) | 横岗山森林公园武穴管理区 | 省 | 13.70 | 1994.00 | |
| 896 | 浠水县(鄂) | 斗方山自然保护小区 | 省 | 8.00 | 580.00 | 240.00 |

(续)

| 序号 | 县(旗、市、区、局、场) | 森林公园及自然保护区(名称) | 级别 | 实际接待人数(万人次) | 旅游总收入(万元) | 其中:门票收入(万元) |
|---|---|---|---|---|---|---|
| 897 | 下陆区(鄂) | 东方山森林公园 | 省 | 45.00 | 2000.00 | 300.00 |
| 898 | 仙桃市(鄂) | 赵西苑森林公园 | 省 | 20.50 | 8000.00 | |
| 899 | 阳新县(鄂) | 阳新县莲花湖湿地公园 | 省 | 5.00 | 500.00 | |
| 900 | 阳新县(鄂) | 阳新县七峰山生态旅游区 | 省 | 2.00 | 40.00 | |
| 901 | 阳新县(鄂) | 阳新县网湖湿地公园 | 省 | 6.00 | 600.00 | |
| 902 | 宜都市(鄂) | 梁山自然保护区 | 省 | 4.00 | 150.00 | 80.00 |
| 903 | 宜都市(鄂) | 宋山森林公园 | 省 | 10.00 | 500.00 | 300.00 |
| 904 | 英山县(鄂) | 英山县大别山主峰风景区 | 省 | 85.00 | 34000.00 | 1100.00 |
| 905 | 英山县(鄂) | 英山县桃花冲风景区 | 省 | 43.00 | 21000.00 | 1100.00 |
| 906 | 云梦县(鄂) | 台湖自然保护区 | 省 | 22.00 | 140.00 | |
| 907 | 郧西县(鄂) | 五龙河自然保护区 | 省 | 30.00 | 13500.00 | 2450.00 |
| 908 | 张湾区(鄂) | 大西沟自然保护区 | 省 | 5.00 | 3000.00 | |
| 909 | 安化县(湘) | 雪峰湖国家湿地公园 | 省 | 37.00 | 7800.00 | |
| 910 | 安化县(湘) | 柘溪森林公园 | 省 | 78.00 | 38000.00 | 4200.00 |
| 911 | 常宁市(湘) | 常宁市大义山自然保护区 | 省 | 13.45 | 48.00 | 30.00 |
| 912 | 辰溪县(湘) | 仙人岩林场 | 省 | 1.00 | 50.00 | |
| 913 | 辰溪县(湘) | 燕子洞 | 省 | 1.00 | 150.00 | 30.00 |
| 914 | 大祥区(湘) | 金山湖休闲山庄 | 省 | 3.60 | 3272.00 | |
| 915 | 汉寿县(湘) | 汉寿县鹿溪省级森林公园 | 省 | 23.00 | 3500.00 | |
| 916 | 鹤城区(湘) | 怀化市凉山森林公园 | 省 | 12.00 | 350.00 | |
| 917 | 衡东县(湘) | 湖南衡东天光山 | 省 | 20.00 | 2000.00 | 150.00 |
| 918 | 衡南县(湘) | 衡南县江口鸟洲管理区 | 省 | 1.80 | 0.70 | |
| 919 | 衡南县(湘) | 岐山森林公园管理区 | 省 | 35.46 | 1333.82 | |
| 920 | 君山区(湘) | 君山区天井山省级森林公园 | 省 | 1.60 | 225.00 | |
| 921 | 耒阳市(湘) | 蔡伦竹海 | 省 | 8.00 | 950.00 | |
| 922 | 冷水江市(湘) | 紫云峰森林公园 | 省 | 1.65 | 330.00 | |
| 923 | 冷水滩区(湘) | 四明山省级森林公园 | 省 | 9.00 | 900.00 | |
| 924 | 澧　县(湘) | 天供山林场 | 省 | 0.92 | 33.00 | 28.00 |
| 925 | 涟源市(湘) | 涟源市包围山森林公园 | 省 | 8.40 | 428.00 | |
| 926 | 隆回县(湘) | 隆回县白马山森林公园 | 省 | 5.00 | 100.00 | |
| 927 | 隆回县(湘) | 隆回县望云山森林公园 | 省 | 4.50 | 60.00 | |
| 928 | 汨罗市(湘) | 神鼎山森林公园 | 省 | 11.50 | 625.00 | |
| 929 | 平江县(湘) | 福寿山森林公园 | 省 | 4.50 | 1500.00 | 225.00 |
| 930 | 平江县(湘) | 连云山森林公园 | 省 | 3.50 | 1100.00 | 175.00 |
| 931 | 祁阳县(湘) | 祁阳县大江森林公园 | 省 | 1.30 | 2200.00 | 1800.00 |
| 932 | 石峰区(湘) | 九郎山森林公园 | 省 | 7.20 | 610.00 | |
| 933 | 石峰区(湘) | 石峰公园 | 省 | 24.00 | 1820.00 | |
| 934 | 双峰县(湘) | 九峰山林场 | 省 | 7.00 | 100.00 | |
| 935 | 苏仙区(湘) | 王仙岭生态公园 | 省 | 29.80 | 1024.00 | 450.00 |
| 936 | 武陵源区(湘) | 索溪峪自然保护区 | 省 | 1123.00 | 417567.54 | 73258.10 |
| 937 | 武陵源区(湘) | 天子山自然保护区 | 省 | 38.00 | 9964.10 | 1785.20 |
| 938 | 武陵源区(湘) | 杨家界自然保护区 | 省 | 245.00 | 85465.65 | 15116.30 |
| 939 | 湘潭县(湘) | 齐白石森林公园 | 省 | 4.30 | 272.00 | |
| 940 | 新邵县(湘) | 白水洞风景名胜区 | 省 | 10.00 | 900.00 | 180.00 |

（续）

| 序号 | 县(旗、市、区、局、场) | 森林公园及自然保护区（名称） | 级别 | 实际接待人数（万人次） | 旅游总收入（万元） | 其中:门票收入（万元） |
|---|---|---|---|---|---|---|
| 941 | 新邵县(湘) | 白云岩风景名胜区 | 省 | 10.00 | 800.00 | 200.00 |
| 942 | 永兴县(湘) | 湖南永兴丹霞国家森林公园 | 省 | 13.80 | 14.30 | 10.58 |
| 943 | 岳阳楼区(湘) | 麻布山森林公园 | 省 | 20.00 | 1600.00 | |
| 944 | 长沙县(湘) | 湖南省大山冲省级森林公园 | 省 | 3.62 | 172.00 | |
| 945 | 蒸湘区(湘) | 雨母山风景名胜区 | 省 | 35.10 | 6120.00 | |
| 946 | 芷江侗族自治县(湘) | 三道坑自然保护区 | 省 | 210.00 | 1506.00 | |
| 947 | 中方县(湘) | 康龙自然保护区 | 省 | 15.00 | 2400.00 | |
| 948 | 佛冈县(粤) | 佛冈县观音山 | 省 | 3.00 | 750.00 | 120.00 |
| 949 | 鹤山市(粤) | 广东大雁山森林公园 | 省 | 43.00 | 243.00 | 215.00 |
| 950 | 花都区(粤) | 王子山森林公园 | 省 | 1.40 | 104.00 | 42.00 |
| 951 | 惠州市属总林场(粤) | 广东天堂山森林公园 | 省 | 15.00 | 520.00 | 50.00 |
| 952 | 蕉岭县(粤) | 广东省长潭自然保护区 | 省 | 20.00 | 3850.00 | |
| 953 | 蕉岭县(粤) | 广东长潭森林公园 | 省 | 10.00 | 2213.00 | |
| 954 | 乐昌市(粤) | 后洞森林生态旅游 | 省 | 10.00 | 135.00 | 25.00 |
| 955 | 连山林场(粤) | 广东鹰扬关森林公园 | 省 | 1.50 | 32.10 | 20.50 |
| 956 | 龙川县(粤) | 霍山森林公园 | 省 | 30.00 | 2300.00 | 160.00 |
| 957 | 平远县(粤) | 广东平远龙文黄田省级自然保护区 | 省 | 6.50 | 3900.00 | |
| 958 | 平远县(粤) | 平远县五指石省级风景名胜区 | 省 | 48.49 | 29094.00 | 2327.00 |
| 959 | 乳源瑶族自治县(粤) | 南水湖湿地公园 | 省 | 35.00 | 7000.00 | 700.00 |
| 960 | 乳源瑶族自治县(粤) | 乳源大峡谷自然保护区 | 省 | 35.00 | 7000.00 | 2100.00 |
| 961 | 始兴县(粤) | 刘张家山森林公园 | 省 | 25.00 | 1230.00 | |
| 962 | 新丰县(粤) | 广东新丰云髻山省级自然保护区 | 省 | 27.30 | 27985.00 | 70.00 |
| 963 | 英德市(粤) | 英德宝晶宫风景名胜区 | 省 | 22.00 | 2640.00 | 1760.00 |
| 964 | 郁南县(粤) | 广东省九星湖省级湿地公园 | 省 | 3.00 | 150.00 | |
| 965 | 郁南县(粤) | 广东省同乐大山省级自然保护区 | 省 | 8.00 | 450.00 | |
| 966 | 靖西县(桂) | 底定自然保护区 | 省 | 5.00 | 8800.00 | |
| 967 | 凌云县(桂) | 广西凌云县森林公园 | 省 | 28.86 | 10100.00 | 4865.00 |
| 968 | 六万林场(桂) | 广西六万大山森林公园 | 省 | 5.12 | 23.56 | 16.95 |
| 969 | 隆安县(桂) | 广西龙虎山自然保护区 | 省 | 10.00 | 1200.00 | 600.00 |
| 970 | 陆川县(桂) | 龙颈瀑布 | 省 | 58.00 | 700.00 | 240.00 |
| 971 | 陆川县(桂) | 谢鲁山庄 | 省 | 240.00 | 8600.00 | 3200.00 |
| 972 | 马山县(桂) | 马山县弄拉自然保护区 | 省 | 115.30 | 2306.00 | |
| 973 | 那坡县(桂) | 广西老虎跳保护区 | 省 | 4.30 | 4181.60 | |
| 974 | 浦北县(桂) | 广西五皇山自治区级森林公园 | 省 | 61.53 | 12520.00 | 60.00 |
| 975 | 钦北区(桂) | 广西钦州市八寨沟旅游区 | 省 | 80.21 | 50147.00 | 4713.00 |
| 976 | 万秀区(桂) | 白云山公园 | 省 | 95.00 | 450.00 | |
| 977 | 巴南区(渝) | 重庆东温泉森林公园 | 省 | 9.00 | 492.00 | |
| 978 | 垫江县(渝) | 重庆市垫江县宝鼎森林公园 | 省 | 5.00 | 20.00 | |
| 979 | 垫江县(渝) | 重庆市垫江县明月山森林公园 | 省 | 0.50 | 2.00 | |
| 980 | 江津区(渝) | 重庆市滚子坪森林公园 | 省 | 5.00 | 100.00 | |
| 981 | 江津区(渝) | 重庆市临峰山森林公园 | 省 | 12.00 | 500.00 | |
| 982 | 江津区(渝) | 重庆市云雾坪森林公园 | 省 | 10.00 | 500.00 | |
| 983 | 九龙坡区(渝) | 三多桥白鹭自然保护区 | 省 | 5.00 | 6.00 | |
| 984 | 九龙坡区(渝) | 重庆市白塔坪森林公园 | 省 | 30.00 | 42.00 | |

(续)

| 序号 | 县(旗、市、区、局、场) | 森林公园及自然保护区(名称) | 级别 | 实际接待人数(万人次) | 旅游总收入(万元) | 其中:门票收入(万元) |
|---|---|---|---|---|---|---|
| 985 | 九龙坡区(渝) | 重庆市尖刀山森林公园 | 省 | 13.00 | 17.00 | |
| 986 | 开　县(渝) | 南山市级森林公园 | 省 | 6.40 | 1520.00 | |
| 987 | 梁平县(渝) | 百里竹海 | 省 | 34.32 | 4118.40 | 171.60 |
| 988 | 铜梁县(渝) | 重庆市西温泉山森林公园 | 省 | 32.00 | 495.00 | |
| 989 | 万盛区(渝) | 九锅箐森林公园 | 省 | 3.80 | 166.00 | |
| 990 | 酉阳土家族苗族自治县(渝) | 青华山 | 省 | 1.80 | 180.00 | |
| 991 | 渝北区(渝) | 重庆市渝北区玉峰山森林公园 | 省 | 1.75 | 210.00 | |
| 992 | 安岳县(川) | 四川省千佛寨森林公园 | 省 | 41.00 | 41600.00 | |
| 993 | 苍溪县(川) | 四川九龙山自然保护区 | 省 | 6.00 | 5910.00 | |
| 994 | 朝天区(川) | 广元市朝天区水磨沟自然保护区 | 省 | 190.81 | 55006.00 | |
| 995 | 翠屏区(川) | 四川七星山森林公园 | 省 | 32.28 | 1680.00 | |
| 996 | 达川区(川) | 达县雷音铺森林公园 | 省 | 10.00 | 1800.00 | |
| 997 | 达川区(川) | 达县真佛山风景区 | 省 | 5.00 | 500.00 | |
| 998 | 道孚县(川) | 四川省亿比措省级自然保护区 | 省 | 3.80 | 4001.00 | |
| 999 | 德格县(川) | 德格县新路海自然保护区 | 省 | 0.98 | 1078.98 | 356.06 |
| 1000 | 都江堰市(川) | 四川省灵岩山森林公园 | 省 | 4.90 | 595.00 | |
| 1001 | 峨边彝族自治县(川) | 黑竹沟风景区 | 省 | 82.96 | 46458.00 | |
| 1002 | 富顺县(川) | 青山岭森林公园 | 省 | 98.50 | 22033.00 | |
| 1003 | 高　县(川) | 高县七仙湖湿地公园 | 省 | 12.85 | 1927.50 | |
| 1004 | 古蔺县(川) | 红龙湖森林公园 | 省 | 12.80 | 148.00 | |
| 1005 | 江油市(川) | 江油市观雾山森林公园 | 省 | 4.00 | 720.00 | |
| 1006 | 金阳县(川) | 四川百草坡省级自然保护区 | 省 | 3.00 | 750.00 | |
| 1007 | 旌阳区(川) | 巍螺山森林公园 | 省 | 17.00 | 520.00 | |
| 1008 | 九龙县(川) | 贡嘎山自然区 | 省 | 13.00 | 17300.00 | |
| 1009 | 开江县(川) | 明月水湖 | 省 | 5.00 | 1000.00 | |
| 1010 | 康定县(川) | 木格措景区 | 省 | 16.60 | 2692.90 | 1319.50 |
| 1011 | 理　县(川) | 毕棚沟 | 省 | 384.00 | 9445.00 | |
| 1012 | 邻水县(川) | 白龙峡 | 省 | 30.00 | 10000.00 | 6000.00 |
| 1013 | 邻水县(川) | 罗家洞森林公园 | 省 | 40.00 | 16000.00 | |
| 1014 | 龙马潭区(川) | 九狮山风景区 | 省 | 11.00 | 3000.00 | |
| 1015 | 炉霍县(川) | 卡沙湖省级自然保护区 | 省 | 7.80 | 6200.00 | |
| 1016 | 泸　县(川) | 玉蟾山省级森林公园 | 省 | 4.10 | 176.00 | 85.00 |
| 1017 | 冕宁县(川) | 四川省冕宁县灵山森林公园 | 省 | 23.65 | 1374.20 | 1045.00 |
| 1018 | 木里藏族自治县(川) | 鸭咀自然保护区 | 省 | 4.00 | 1929.00 | |
| 1019 | 南溪县(川) | 云台湖森林公园 | 省 | 35.50 | 7390.00 | |
| 1020 | 南溪县(川) | 云台湖湿地公园 | 省 | 36.30 | 7590.00 | |
| 1021 | 彭州市(川) | 四川省白鹿森林公园 | 省 | 15.00 | 12157.00 | |
| 1022 | 蓬安县(川) | 蓬安县白云山森林公园 | 省 | 73.00 | 1773.90 | |
| 1023 | 平昌县(川) | 四川驷马自然保护区 | 省 | 21.44 | 11838.00 | |
| 1024 | 仁寿县(川) | 黑龙滩森林公园 | 省 | 158.00 | 27808.00 | |
| 1025 | 三台县(川) | 四川省凤凰山森林公园 | 省 | 1420.00 | 35418.00 | |
| 1026 | 射洪县(川) | 平安森林公园 | 省 | 29.00 | 9000.00 | |
| 1027 | 顺庆区(川) | 崇仙境森林公园 | 省 | 0.50 | 20.00 | |
| 1028 | 通川区(川) | 凤凰山公园 | 省 | 160.00 | 20000.00 | |

（续）

| 序号 | 县(旗、市、区、局、场) | 森林公园及自然保护区（名称） | 级别 | 实际接待人数（万人次） | 旅游总收入（万元） | 其中:门票收入（万元） |
|---|---|---|---|---|---|---|
| 1029 | 通川区(川) | 犀牛山 | 省 | 70.00 | 2100.00 | |
| 1030 | 万源市(川) | 四川省东林山森林公园 | 省 | 8.00 | 80.00 | |
| 1031 | 万源市(川) | 四川省黑宝山森林公园 | 省 | 10.00 | 250.00 | |
| 1032 | 威远县(川) | 四川省茨菇塘森林公园 | 省 | 6.00 | 600.00 | |
| 1033 | 武胜县(川) | 白坪－飞龙新农村旅游区 | 省 | 47.50 | 13350.00 | 445.00 |
| 1034 | 武胜县(川) | 龙女湖湿地公园 | 省 | 6.00 | 360.00 | |
| 1035 | 西昌市(川) | 泸山森林公园 | 省 | 50.00 | 460.00 | 150.00 |
| 1036 | 叙永县(川) | 叙永县何家沟自然保护区 | 省 | 65.00 | 30600.00 | |
| 1037 | 叙永县(川) | 叙永县玉皇观省级风景区 | 省 | 30.00 | 15000.00 | |
| 1038 | 盐源县(川) | 泸沽湖湿地自然保护区 | 省 | 25.00 | 15017.00 | |
| 1039 | 宜宾县(川) | 石城山森林公园 | 省 | 16.73 | 8699.00 | 1906.00 |
| 1040 | 宜宾县(川) | 永兴荷莲湿地公园 | 省 | 10.76 | 5201.00 | 289.00 |
| 1041 | 营山县(川) | 太蓬山森林公园 | 省 | 50.00 | 800.00 | |
| 1042 | 昭化区(川) | 翠云廊省级古柏自然保护区 | 省 | 35.00 | 18000.00 | |
| 1043 | 昭化区(川) | 栖凤峡森林公园 | 省 | 29.00 | 20000.00 | |
| 1044 | 资中县(川) | 白云峡森林公园 | 省 | 1.00 | 20.00 | |
| 1045 | 荔波县(黔) | 荔波兰鼎山森林公园 | 省 | 15.60 | 1560.00 | |
| 1046 | 六枝特区(黔) | 月亮河森林公园 | 省 | 12.83 | 1090.55 | |
| 1047 | 思南县(黔) | 思南县万圣山森林公园 | 省 | 10.00 | 1500.00 | |
| 1048 | 宁蒗彝族自治县(滇) | 泸沽湖自然保护区 | 省 | 132.00 | 66000.00 | 13200.00 |
| 1049 | 屏边苗族自治县(滇) | 屏边县大围山风景名胜区 | 省 | 5.60 | 214.38 | 162.36 |
| 1050 | 丘北县(滇) | 云南丘北普者黑省级自然保护区 | 省 | 345.10 | 83852.00 | 6800.00 |
| 1051 | 腾冲县(滇) | 北海湿地省级自然保护区 | 省 | 35.00 | 1432.00 | 1008.00 |
| 1052 | 宣威市(滇) | 云南省宣威市分水岭森林公园 | 省 | 50.00 | 5000.00 | |
| 1053 | 漾濞彝族自治县(滇) | 脉地大花园 | 省 | 12.00 | 1500.00 | |
| 1054 | 漾濞彝族自治县(滇) | 石门关景区 | 省 | 20.00 | 3000.00 | |
| 1055 | 灞桥区(陕) | 白鹿塬森林公园 | 省 | 3.00 | 46.00 | |
| 1056 | 淳化县(陕) | 仲山森林公园 | 省 | 23.00 | 2022.00 | 320.00 |
| 1057 | 佛坪县(陕) | 佛坪县熊猫谷景区 | 省 | 38.00 | 2925.00 | 1140.00 |
| 1058 | 汉滨区(陕) | 陕西省凤凰山森林公园 | 省 | 10.00 | 725.00 | |
| 1059 | 汉台区(陕) | 陕西省省级褒河森林公园 | 省 | 7.00 | 1000.00 | 52.00 |
| 1060 | 岚皋县(陕) | 神仙河省级森林公园 | 省 | 14.00 | 2020.00 | 800.00 |
| 1061 | 蓝田县(陕) | 玉山森林公园 | 省 | 20.00 | 500.00 | |
| 1062 | 蓝田县(陕) | 紫云山森林公园 | 省 | 25.00 | 600.00 | |
| 1063 | 洛南县(陕) | 陕西省玉虚洞 | 省 | 0.60 | 80.00 | 30.00 |
| 1064 | 眉　县(陕) | 红河谷森林公园 | 省 | 42.65 | 2595.68 | 1653.61 |
| 1065 | 宁东林业局(陕) | 宁东森林公园 | 省 | 1.60 | 126.00 | 33.60 |
| 1066 | 宁强县(陕) | 宁强县汉水源森林公园 | 省 | 1.20 | 360.00 | 36.00 |
| 1067 | 平利县(陕) | 平利县女娲山森林公园 | 省 | 3.00 | 800.00 | |
| 1068 | 岐山县(陕) | 崛山森林公园景区 | 省 | 0.58 | 12.00 | |
| 1069 | 三原县(陕) | 嵯峨山森林公园 | 省 | 1.20 | 4661.00 | |
| 1070 | 雁塔区(陕) | 陕西省西安雁塔森林公园 | 省 | 43.00 | 2835.00 | 200.00 |
| 1071 | 宜君县(陕) | 陕西省太安自然保护区 | 省 | 0.60 | 6.00 | |
| 1072 | 长安区(陕) | 沣峪森林公园 | 省 | 7.40 | 145.00 | 98.00 |

(续)

| 序号 | 县(旗、市、区、局、场) | 森林公园及自然保护区(名称) | 级别 | 实际接待人数(万人次) | 旅游总收入(万元) | 其中:门票收入(万元) |
|---|---|---|---|---|---|---|
| 1073 | 长安区(陕) | 太兴山森林公园 | 省 | 3.00 | 160.00 | 90.00 |
| 1074 | 长安区(陕) | 西安祥峪森林公园 | 省 | 7.00 | 230.00 | 150.00 |
| 1075 | 紫阳县(陕) | 陕西省紫阳县擂鼓台森林公园 | 省 | 3.00 | 500.00 | 60.00 |
| 1076 | 城关区(甘) | 五一山省级森林生态旅游区 | 省 | 0.73 | 20.61 | 3.64 |
| 1077 | 崇信县(甘) | 五龙山省级森林公园 | 省 | 1.20 | 120.00 | 40.00 |
| 1078 | 迭部县(甘) | 腊子口风景区 | 省 | 13.00 | 201.00 | |
| 1079 | 迭部县(甘) | 扎尕那风景区 | 省 | 12.00 | 183.00 | 60.00 |
| 1080 | 华池县(甘) | 双塔森林公园 | 省 | 5.00 | 300.00 | |
| 1081 | 环　县(甘) | 兴隆山森林公园 | 省 | 8.00 | 15.00 | |
| 1082 | 金塔县(甘) | 金塔沙漠胡杨林景区 | 省 | 12.00 | 1620.00 | 520.00 |
| 1083 | 碌曲县(甘) | 甘肃省则岔森林公园 | 省 | 26.40 | 14336.00 | 660.00 |
| 1084 | 山丹县(甘) | 焉支山森林公园 | 省 | 20.00 | 1000.00 | 200.00 |
| 1085 | 玉门市(甘) | 昌马自然保护区 | 省 | 0.26 | 6.00 | |
| 1086 | 正宁林业总场(甘) | 调令关森林公园 | 省 | 5.60 | 118.00 | 2.00 |
| 1087 | 舟曲县(甘) | 甘肃省舟曲县拉尕山省级森林公园 | 省 | 5.00 | 500.00 | |
| 1088 | 卓尼县(甘) | 卓尼县九洞山省级森林公园 | 省 | 5.00 | 10.00 | |
| 1089 | 泾源县(宁) | 老龙潭景区 | 省 | 9.00 | 4800.00 | 200.00 |
| 1090 | 泾源县(宁) | 凉殿峡景区 | 省 | 20.00 | 15000.00 | 1800.00 |
| 1091 | 青铜峡市(宁) | 青铜峡市库区 | 省 | 100.00 | 2000.00 | 2000.00 |
| 1092 | 呼图壁林场(新) | 呼图壁林场南山森林公园 | 省 | 0.30 | 17.22 | |
| 1093 | 木垒林场(新) | 新疆大龙王森林公园 | 省 | 2.70 | 71.60 | 27.00 |
| 1094 | 鹤立林业局(龙江森工) | 红旗森林公园 | 省 | 0.12 | 6.00 | |
| 1095 | 朗乡林业局(龙江森工) | 朗乡森林公园 | 省 | 1.50 | 79.00 | |
| 1096 | 朗乡林业局(龙江森工) | 林中园森林公园 | 省 | 2.20 | 52.00 | |
| 1097 | 朗乡林业局(龙江森工) | 清翠森林公园 | 省 | 0.65 | 76.00 | |
| 1098 | 清河林业局(龙江森工) | 清河森林公园 | 省 | 1.70 | 691.00 | 56.00 |
| 1099 | 绥棱林业局(龙江森工) | 绥棱白马石森林公园 | 省 | 0.85 | 49.80 | |
| 1100 | 绥阳林业局(龙江森工) | 绥阳小天桥森林公园 | 省 | 12.00 | 3500.00 | |
| 1101 | 新青林业局(龙江森工) | 新青森林公园 | 省 | 3.00 | 200.00 | 90.00 |
| 1102 | 友好林业局(龙江森工) | 友好森林公园 | 省 | 1.00 | 390.00 | 40.00 |
| 1103 | 丛台区(冀) | 紫山风景区 | 地 | 20.00 | 150.00 | 100.00 |
| 1104 | 井陉矿区(冀) | 清凉山风景区 | 地 | 11.00 | 450.00 | 330.00 |
| 1105 | 阿鲁科尔沁旗(内蒙古) | 根皮庙 | 地 | 5.50 | 3516.00 | |
| 1106 | 巴林左旗(内蒙古) | 石房子 | 地 | 0.63 | 422.00 | |
| 1107 | 杭锦旗(内蒙古) | 鄂尔多斯草原旅游区 | 地 | 6.62 | 1470.56 | |
| 1108 | 红山区(内蒙古) | 南山生态园 | 地 | 3.00 | 120.00 | |
| 1109 | 乌拉特前旗(内蒙古) | 桦背风景区 | 地 | 1.00 | 60.00 | 60.00 |
| 1110 | 乌拉特前旗(内蒙古) | 维信高尔夫度假村 | 地 | 3.00 | 80.00 | 30.00 |
| 1111 | 伊金霍洛旗(内蒙古) | 成吉思汗旅游区 | 地 | 104.20 | 19000.00 | 19000.00 |
| 1112 | 朝阳县(辽) | 槐树洞 | 地 | 7.00 | 180.00 | |
| 1113 | 大石桥市(辽) | 老轿顶自然保护区 | 地 | 11.00 | 185.00 | |
| 1114 | 大石桥市(辽) | 迷镇山 | 地 | 60.00 | 650.00 | |
| 1115 | 大石桥市(辽) | 蟠龙山公园 | 地 | 63.00 | 1550.00 | |
| 1116 | 凤城市(辽) | 帽盔山森林公园 | 地 | 12.00 | 3560.00 | |

（续）

| 序号 | 县（旗、市、区、局、场） | 森林公园及自然保护区（名称） | 级别 | 实际接待人数（万人次） | 旅游总收入（万元） | 其中：门票收入（万元） |
|---|---|---|---|---|---|---|
| 1117 | 双塔区（辽） | 梨树沟 | 地 | 2.00 | 750.00 | 200.00 |
| 1118 | 太平区（辽） | 塔子沟风景区 | 地 | 1.70 | 60.00 | |
| 1119 | 振安区（辽） | 丹东市五龙山森林公园 | 地 | 18.00 | 5100.00 | 900.00 |
| 1120 | 鸡冠区（黑） | 鸡西动植物园 | 地 | 5.00 | 100.00 | |
| 1121 | 鸡冠区（黑） | 穆棱河公园 | 地 | 15.00 | 300.00 | |
| 1122 | 黄岩区（浙） | 黄山富山大裂谷 | 地 | 4.20 | 560.00 | 110.00 |
| 1123 | 黄岩区（浙） | 浙江省台州市布袋山区 | 地 | 6.20 | 1100.00 | 30.00 |
| 1124 | 柯桥区（浙） | 大香林森林公园 | 地 | 66.10 | 1477.10 | 1065.85 |
| 1125 | 桐庐县（浙） | 琴溪香谷森林公园 | 地 | 12.98 | 237.97 | 169.48 |
| 1126 | 桐庐县（浙） | 天堂山森林公园 | 地 | 3.26 | 68.91 | 65.38 |
| 1127 | 桐庐县（浙） | 天子地森林公园 | 地 | 18.18 | 1516.82 | 579.14 |
| 1128 | 镇海区（浙） | 九龙湖森林公园 | 地 | 158.37 | 13111.36 | 904.35 |
| 1129 | 肥东县（皖） | 龙栖地湿地公园 | 地 | 8.00 | 1900.00 | |
| 1130 | 怀远县（皖） | 四方湖湿地自然保护区 | 地 | 5.00 | 300.00 | |
| 1131 | 安丘市（鲁） | 青云山市级森林公园 | 地 | 95.00 | 4553.00 | 1350.00 |
| 1132 | 博山区（鲁） | 金牛山森林公园 | 地 | 0.50 | 25.00 | 3.80 |
| 1133 | 博山区（鲁） | 莲花山森林公园 | 地 | 2.00 | 120.00 | 100.00 |
| 1134 | 博山区（鲁） | 樵岭前森林公园 | 地 | 8.10 | 610.00 | 190.00 |
| 1135 | 博山区（鲁） | 天佛山森林公园 | 地 | 2.00 | 105.00 | 45.00 |
| 1136 | 博山区（鲁） | 杏花山森林公园 | 地 | 2.50 | 210.00 | |
| 1137 | 博山区（鲁） | 志公坪森林公园 | 地 | 0.15 | 16.00 | 3.00 |
| 1138 | 东平县（鲁） | 东平县东平湖湿地保护区 | 地 | 500.00 | 35000.00 | 12000.00 |
| 1139 | 奎文区（鲁） | 金宝乐园 | 地 | 35.00 | 2500.00 | 2500.00 |
| 1140 | 莱芜市高新区（鲁） | 大崮山 | 地 | 5.50 | 650.00 | |
| 1141 | 莱芜市雪野旅游区（鲁） | 马鞍山森林公园 | 地 | 1.50 | 6.00 | |
| 1142 | 临朐县（鲁） | 石门坊 | 地 | 25.00 | 1050.00 | |
| 1143 | 青州市（鲁） | 逄山森林公园 | 地 | 3.60 | 230.00 | 40.00 |
| 1144 | 青州市（鲁） | 双镇森林公园 | 地 | 3.50 | 82.00 | |
| 1145 | 青州市（鲁） | 泰和山风景区 | 地 | 35.75 | 4556.00 | 3560.00 |
| 1146 | 山亭区（鲁） | 鸡冠崮市级森林公园 | 地 | 0.50 | 1.00 | |
| 1147 | 新泰市（鲁） | 白马寺森林公园 | 地 | 6.00 | 416.00 | 35.00 |
| 1148 | 新泰市（鲁） | 和圣园森林公园 | 地 | 20.00 | 1500.00 | 300.00 |
| 1149 | 新泰市（鲁） | 墨石山森林公园 | 地 | 24.00 | 4200.00 | 300.00 |
| 1150 | 新泰市（鲁） | 青云山森林公园 | 地 | 14.00 | 950.00 | |
| 1151 | 阳谷县（鲁） | 景阳冈旅游区 | 地 | 70.00 | 3080.00 | |
| 1152 | 沂南县（鲁） | 五彩山森林公园 | 地 | 10.00 | 450.00 | |
| 1153 | 沂源县（鲁） | 凤凰山森林公园 | 地 | 6.00 | 10.00 | 10.00 |
| 1154 | 沂源县（鲁） | 杏花村森林公园 | 地 | 10.00 | 30.00 | |
| 1155 | 沂源县（鲁） | 织女洞森林公园 | 地 | 12.00 | 150.00 | 120.00 |
| 1156 | 长清区（鲁） | 凤凰岭森林公园 | 地 | 3.20 | 43.50 | |
| 1157 | 长清区（鲁） | 金箭山森林公园 | 地 | 2.40 | 73.00 | |
| 1158 | 长清区（鲁） | 莲台山森林公园 | 地 | 10.60 | 223.10 | 27.40 |
| 1159 | 长清区（鲁） | 马山森林公园 | 地 | 2.10 | 23.00 | |
| 1160 | 长清区（鲁） | 双泉庵森林公园 | 地 | 6.80 | 172.00 | |

(续)

| 序号 | 县(旗、市、区、局、场) | 森林公园及自然保护区(名称) | 级别 | 实际接待人数(万人次) | 旅游总收入(万元) | 其中:门票收入(万元) |
|---|---|---|---|---|---|---|
| 1161 | 淄川区(鲁) | 马鞍山森林公园 | 地 | 15.00 | 368.00 | 120.00 |
| 1162 | 淄川区(鲁) | 孟子山森林公园 | 地 | 6.00 | 37.00 | 10.00 |
| 1163 | 淄川区(鲁) | 三龙山森林公园 | 地 | 3.50 | 235.00 | 90.00 |
| 1164 | 淄川区(鲁) | 卧虎山森林公园 | 地 | 1.20 | 40.00 | 10.00 |
| 1165 | 淄川区(鲁) | 雁山森林公园 | 地 | 0.70 | 47.70 | |
| 1166 | 安阳县(豫) | 宝山灵泉寺森林公园 | 地 | 1.00 | 1.50 | 0.50 |
| 1167 | 安阳县(豫) | 塔山森林公园 | 地 | 0.50 | 1.00 | |
| 1168 | 登封市(豫) | 朝阳沟森林公园 | 地 | 2.80 | 32.40 | |
| 1169 | 惠济区(豫) | 郑州黄河风景名胜区 | 地 | 79.00 | 7900.00 | 4740.00 |
| 1170 | 郏　县(豫) | 郏县眼明寺森林公园 | 地 | 10.00 | 1150.00 | |
| 1171 | 林州市(豫) | 柏尖山森林公园 | 地 | 19.00 | 310.00 | |
| 1172 | 林州市(豫) | 天平山森林公园 | 地 | 5.00 | 95.00 | 80.00 |
| 1173 | 鄂州市市辖区(鄂) | 麻羊垴森林公园 | 地 | 30.00 | 120.00 | |
| 1174 | 来凤县(鄂) | 湖北来凤古架山古杨梅州级自然保护区 | 地 | 5.00 | 500.00 | 5.00 |
| 1175 | 来凤县(鄂) | 湖北来凤老板沟野生动植物州级自然保护区 | 地 | 0.10 | 1.00 | |
| 1176 | 沙洋县(鄂) | 沙洋长湖湿地自然保护区 | 地 | 10.00 | 2000.00 | |
| 1177 | 阳新县(鄂) | 阳新县父子山登山健身步道 | 地 | 2.90 | 500.00 | |
| 1178 | 临澧县(湘) | 太浮山森林公园 | 地 | 14.00 | 1220.00 | |
| 1179 | 惠州市属总林场(粤) | 惠州龙门温泉森林公园 | 地 | 91.88 | 26904.65 | 2065.15 |
| 1180 | 惠州市属总林场(粤) | 惠州南山森林公园(惠东) | 地 | 12.98 | 179.31 | |
| 1181 | 惠州市属总林场(粤) | 惠州三谷寨森林公园 | 地 | 85.05 | 5042.03 | 472.77 |
| 1182 | 惠州市属总林场(粤) | 惠州香溪堡森林公园 | 地 | 30.24 | 1795.49 | 604.80 |
| 1183 | 蕉岭县(粤) | 皇佑笔自然保护区 | 地 | 23.00 | 3960.00 | |
| 1184 | 蕉岭县(粤) | 蕉岭石礤市级森林公园 | 地 | 30.00 | 1350.00 | |
| 1185 | 蕉岭县(粤) | 蕉岭县龙潭市级森林公园 | 地 | 10.00 | 348.00 | |
| 1186 | 乳源瑶族自治县(粤) | 乳源泉水自然保护区 | 地 | 30.00 | 6000.00 | 600.00 |
| 1187 | 新丰县(粤) | 新丰鲁古河市级自然保护区 | 地 | 13.20 | 12040.00 | |
| 1188 | 云安县(粤) | 大绀山自然保护点 | 地 | 1.20 | 30.00 | |
| 1189 | 云安县(粤) | 云浮东山森林公园 | 地 | 3.00 | 15.00 | |
| 1190 | 东兴市(桂) | 东兴市屏峰雨林公园 | 地 | 15.00 | 1200.00 | |
| 1191 | 田阳县(桂) | 百东河水源林自然保护区 | 地 | 1.00 | 12.00 | |
| 1192 | 万秀区(桂) | 圣文园公园 | 地 | 35.00 | 360.00 | 90.00 |
| 1193 | 万秀区(桂) | 仙人湖公园 | 地 | 25.00 | 156.00 | |
| 1194 | 永川区(渝) | 重庆市代家店森林公园 | 地 | 13.50 | 1255.00 | |
| 1195 | 永川区(渝) | 重庆市黄瓜山森林公园 | 地 | 26.00 | 3810.00 | |
| 1196 | 永川区(渝) | 重庆市石笋山森林公园 | 地 | 13.00 | 930.00 | |
| 1197 | 永川区(渝) | 重庆市桃花源森林公园 | 地 | 3.20 | 406.00 | 3.00 |
| 1198 | 德格县(川) | 德格县多普沟自然保护区 | 地 | 0.82 | 902.82 | 297.93 |
| 1199 | 嘉陵区(川) | 太和白鹭自然保护区 | 地 | 96.00 | 2578.00 | |
| 1200 | 开江县(川) | 飞云温泉 | 地 | 15.00 | 4000.00 | 1500.00 |
| 1201 | 木里藏族自治县(川) | 巴丁娜姆自然保护区 | 地 | 0.50 | 241.00 | |
| 1202 | 木里藏族自治县(川) | 木里大寺 | 地 | 2.50 | 1206.00 | |
| 1203 | 木里藏族自治县(川) | 恰朗多吉自然保护区 | 地 | 1.50 | 724.00 | |
| 1204 | 西充县(川) | 百福寺森林公园 | 地 | 122.16 | 24164.00 | |

（续）

| 序号 | 县(旗、市、区、局、场) | 森林公园及自然保护区（名称） | 级别 | 实际接待人数（万人次） | 旅游总收入（万元） | 其中:门票收入（万元） |
|---|---|---|---|---|---|---|
| 1205 | 兴文县(川) | 兴文县香水山森林公园 | 地 | 14.06 | 29890.00 | 2166.00 |
| 1206 | 宣汉县(川) | 笔架山风景区 | 地 | 33.50 | 2400.00 | |
| 1207 | 兴仁县(黔) | 兴仁县清水河自然保护区 | 地 | 1.00 | 50.00 | |
| 1208 | 大姚县(滇) | 大姚县昙华山州级自然保护区 | 地 | 3.00 | 37.00 | |
| 1209 | 剑川县(滇) | 石宝山自然保护区 | 地 | 80.97 | 110000.00 | 275.88 |
| 1210 | 弥渡县(滇) | 太极山自然保护区 | 地 | 6.50 | 30.00 | |
| 1211 | 牟定县(滇) | 牟定县化佛山自然保护区 | 地 | 6.04 | 302.00 | |
| 1212 | 双柏县(滇) | 白竹山自然保护区 | 地 | 70.53 | 56067.93 | |
| 1213 | 武定县(滇) | 武定县狮子山州级自然保护区 | 地 | 78.00 | 11687.00 | 657.61 |
| 1214 | 永仁县(滇) | 永仁县方山自然保护区 | 地 | 129.84 | 11640.00 | 1298.40 |
| 1215 | 元谋县(滇) | 元革县土林自然保护区 | 地 | 30.00 | 1671.00 | 1671.00 |
| 1216 | 淳化县(陕) | 爷台山自然保护区 | 地 | 30.00 | 3780.00 | 440.00 |
| 1217 | 镇坪县(陕) | 镇坪县飞渡峡休闲现代园区 | 地 | 21.00 | 960.00 | 510.00 |
| 1218 | 柏乡县(冀) | 柏乡县汉牡丹园 | 县 | 5.50 | 400.00 | 275.00 |
| 1219 | 赤城县(冀) | 冰山梁景区 | 县 | 0.60 | 4.00 | 1.00 |
| 1220 | 磁　县(冀) | 龙洞沟 | 县 | 1.00 | 50.00 | |
| 1221 | 磁　县(冀) | 炉峰山 | 县 | 1.00 | 50.00 | |
| 1222 | 磁　县(冀) | 滏泉湖 | 县 | 16.00 | 1008.00 | |
| 1223 | 满城县(冀) | 满城陵山汉墓 | 县 | 7.00 | 410.00 | |
| 1224 | 满城县(冀) | 满城柿子沟 | 县 | 4.70 | 400.00 | |
| 1225 | 内丘县(冀) | 寒山景区 | 县 | 10.00 | 468.00 | |
| 1226 | 迁安市(冀) | 成山景区 | 县 | 0.50 | 25.00 | |
| 1227 | 迁安市(冀) | 挂云山景区 | 县 | 6.65 | 1000.00 | 200.00 |
| 1228 | 迁安市(冀) | 红峪山庄 | 县 | 1.00 | 100.00 | 20.00 |
| 1229 | 迁安市(冀) | 皇姑寺景区 | 县 | 1.00 | 30.00 | 30.00 |
| 1230 | 迁安市(冀) | 灵山景区 | 县 | 1.00 | 30.00 | 30.00 |
| 1231 | 迁安市(冀) | 迁安塔寺峪景区 | 县 | 12.12 | 1911.00 | 545.00 |
| 1232 | 顺平县(冀) | 顺平县龙潭湖风景区 | 县 | 2.50 | 95.00 | |
| 1233 | 邢台县(冀) | 白云山 | 县 | 0.40 | 3.80 | 3.80 |
| 1234 | 邢台县(冀) | 小西天 | 县 | 4.50 | 68.70 | 68.70 |
| 1235 | 邢台县(冀) | 张果老山 | 县 | 6.35 | 39.50 | 39.50 |
| 1236 | 永清县(冀) | 永清森林公园 | 县 | 70.00 | 200.00 | |
| 1237 | 赵　县(冀) | 赵县梨区 | 县 | 110.00 | 2850.00 | |
| 1238 | 屯留县(晋) | 嶷山森林公园 | 县 | 1.00 | 50.00 | |
| 1239 | 中阳县(晋) | 柏洼山森林公园 | 县 | 0.12 | 3.00 | 3.00 |
| 1240 | 阿鲁科尔沁旗(内蒙古) | 阿日宝力高沙地 | 县 | 2.00 | 1408.00 | |
| 1241 | 阿鲁科尔沁旗(内蒙古) | 巴彦花水库 | 县 | 2.50 | 1760.00 | |
| 1242 | 东河区(内蒙古) | 南海湿地自然保护区 | 县 | 25.00 | 165.00 | 95.00 |
| 1243 | 鄂托克旗(内蒙古) | 阿尔载石窟寺旅游景区 | 县 | 0.20 | 40.00 | |
| 1244 | 鄂托克旗(内蒙古) | 碧海阳光温泉度假村 | 县 | 4.80 | 2654.00 | |
| 1245 | 鄂托克旗(内蒙古) | 布龙湖旅游景区 | 县 | 0.50 | 900.00 | |
| 1246 | 和林格尔县(内蒙古) | 大南山生态文化旅游园区 | 县 | 92.22 | 30810.00 | |
| 1247 | 回民区(内蒙古) | 呼和浩特市动物园 | 县 | 25.00 | 1000.00 | 1000.00 |
| 1248 | 库伦旗(内蒙古) | 库伦银沙湾景区 | 县 | 16.90 | 7000.00 | 85.00 |

(续)

| 序号 | 县(旗、市、区、局、场) | 森林公园及自然保护区(名称) | 级别 | 实际接待人数(万人次) | 旅游总收入(万元) | 其中:门票收入(万元) |
|---|---|---|---|---|---|---|
| 1249 | 林西县(内蒙古) | 林西县大冷山森林公园 | 县 | 2.19 | 4378.70 | |
| 1250 | 奈曼旗(内蒙古) | 青龙山洼旅游区 | 县 | 10.00 | 40.00 | |
| 1251 | 松山区(内蒙古) | 松山区东山皇家漫甸 | 县 | 0.60 | 402.00 | |
| 1252 | 卓资县(内蒙古) | 红召九龙湾 | 县 | 2.00 | 300.00 | 30.00 |
| 1253 | 鲅鱼圈区(辽) | 碧霞山森林公园 | 县 | 70.00 | 1500.00 | |
| 1254 | 鲅鱼圈区(辽) | 墩台山森林公园 | 县 | 70.00 | 3000.00 | |
| 1255 | 鲅鱼圈区(辽) | 青龙山森林公园 | 县 | 100.00 | 4000.00 | |
| 1256 | 鲅鱼圈区(辽) | 望儿山森林公园 | 县 | 10.00 | 2000.00 | 400.00 |
| 1257 | 朝阳县(辽) | 苏营子湿地 | 县 | 10.00 | 260.00 | |
| 1258 | 大洼县(辽) | 红海滩湿地旅游度假区 | 县 | 45.00 | 52000.00 | 3100.00 |
| 1259 | 宏伟区(辽) | 龙石风景旅游管理区 | 县 | 80.80 | 2800.00 | |
| 1260 | 建昌县(辽) | 龙潭大峡谷 | 县 | 5.00 | 1000.00 | 400.00 |
| 1261 | 南票区(辽) | 九龙公园 | 县 | 10.00 | 60.00 | |
| 1262 | 溪湖区(辽) | 溪湖东风湖滑雪场 | 县 | 11.00 | 1300.00 | 1100.00 |
| 1263 | 岫岩满族自治县(辽) | 药山风景区 | 县 | 3.50 | 35.00 | |
| 1264 | 彰武县(辽) | 柳河湿地沿岸保护区 | 县 | 0.30 | 50.00 | 3.00 |
| 1265 | 东丰县(吉) | 东丰县丽水山庄 | 县 | 15.00 | 220.00 | 5.00 |
| 1266 | 东丰县(吉) | 吉林省江城森林植物园 | 县 | 40.00 | 950.00 | 300.00 |
| 1267 | 莲花山开发区(吉) | 长春莲花山生态旅游度假区 | 县 | 96.00 | 73025.00 | 2230.00 |
| 1268 | 龙潭区(吉) | 金珠花海 | 县 | 10.00 | 450.00 | 200.00 |
| 1269 | 舒兰市(吉) | 九龙山森林公园 | 县 | 80.00 | 1500.00 | |
| 1270 | 昂昂溪区(黑) | 水师森林公园 | 县 | 18.00 | 4500.00 | |
| 1271 | 道里区(黑) | 长岭湖 | 县 | 4.50 | 800.00 | |
| 1272 | 杜尔伯特蒙古族自治县(黑) | 连环湖水禽保护区 | 县 | 0.20 | 6.00 | 6.00 |
| 1273 | 杜尔伯特蒙古族自治县(黑) | 新店林场野生动物保护区 | 县 | 0.20 | 4.00 | 4.00 |
| 1274 | 林甸县(黑) | 鹤鸣湖旅游度假区 | 县 | 14.50 | 2900.00 | 1000.00 |
| 1275 | 四方台区(黑) | 紫云岭森林公园 | 县 | 11.50 | 230.00 | |
| 1276 | 建德市(浙) | 绿荷塘森林公园 | 县 | 4.00 | 816.00 | 132.00 |
| 1277 | 三门县(浙) | 大岙坑自然景观保护小区 | 县 | 7.60 | 2425.00 | |
| 1278 | 三门县(浙) | 湫水山森林公园 | 县 | 17.00 | 4145.00 | |
| 1279 | 三门县(浙) | 瑞云山自然景观保护小区 | 县 | 2.50 | 495.00 | |
| 1280 | 东至县(皖) | 东至县马坑紫石塔自然保护区 | 县 | 3.50 | 220.00 | |
| 1281 | 东至县(皖) | 东至县仙寓山－南溪古寨风景区 | 县 | 4.00 | 330.00 | |
| 1282 | 固镇县(皖) | 香雪园度假区 | 县 | 20.00 | 500.00 | 400.00 |
| 1283 | 固镇县(皖) | 玉鹏生态文化园 | 县 | 10.00 | 200.00 | 100.00 |
| 1284 | 祁门县(皖) | 黄山市祁门县牯牛降九龙池景区 | 县 | 55.00 | 27500.00 | 3300.00 |
| 1285 | 祁门县(皖) | 柏溪燕山 | 县 | 33.00 | 8250.00 | |
| 1286 | 祁门县(皖) | 祁门县祁山镇青萝寺 | 县 | 3.00 | 150.00 | |
| 1287 | 青阳县(皖) | 佛缘谷漂流 | 县 | 1.00 | 130.00 | 70.00 |
| 1288 | 青阳县(皖) | 九华大峡谷 | 县 | 1.00 | 5.00 | |
| 1289 | 青阳县(皖) | 乐活农庄 | 县 | 1.00 | 200.00 | |
| 1290 | 青阳县(皖) | 齐春生态庄园 | 县 | 3.00 | 450.00 | |
| 1291 | 颍州区(皖) | 颍州西湖景区 | 县 | 11.50 | 5350.00 | 5350.00 |
| 1292 | 裕安区(皖) | 九公寨 | 县 | 18.60 | 3862.00 | |

（续）

| 序号 | 县(旗、市、区、局、场) | 森林公园及自然保护区（名称） | 级别 | 实际接待人数（万人次） | 旅游总收入（万元） | 其中:门票收入（万元） |
|---|---|---|---|---|---|---|
| 1293 | 裕安区(皖) | 龙井沟 | 县 | 10.80 | 2160.00 | |
| 1294 | 定南县(赣) | 国营定南县云台山林场 | 县 | 0.36 | 9.00 | |
| 1295 | 东乡县(赣) | 东乡佛岭县级自然保护区 | 县 | 180.00 | 15260.00 | 1000.00 |
| 1296 | 共青城市(赣) | 共青城市富华山景区 | 县 | 4.00 | 320.00 | |
| 1297 | 吉安县(赣) | 福华山自然保护区 | 县 | 0.60 | 250.00 | |
| 1298 | 吉安县(赣) | 吉安县河坑自然保护区 | 县 | 0.50 | 210.00 | |
| 1299 | 吉安县(赣) | 吉安县罗口自然保护区 | 县 | 0.60 | 251.00 | |
| 1300 | 吉安县(赣) | 江口自然保护区 | 县 | 0.30 | 126.00 | |
| 1301 | 吉安县(赣) | 娑罗山自然保护区 | 县 | 0.10 | 42.00 | |
| 1302 | 吉安县(赣) | 银湾桥自然保护区 | 县 | 0.20 | 85.00 | |
| 1303 | 吉安县(赣) | 樟坑自然保护区 | 县 | 0.60 | 252.00 | |
| 1304 | 泰和县(赣) | 泰和县天湖山自然保护区 | 县 | 4.00 | 1726.00 | |
| 1305 | 泰和县(赣) | 泰和县紫瑶山自然保护区 | 县 | 4.20 | 1896.00 | |
| 1306 | 婺源县(赣) | 文公山自然保护区 | 县 | 2.00 | 120.00 | 50.00 |
| 1307 | 峡江县(赣) | 江西玉笥山县级自然保护区 | 县 | 40.00 | 11466.00 | 10176.00 |
| 1308 | 湘东区(赣) | 碧湖潭国家森林公园 | 县 | 8.00 | 2235.00 | |
| 1309 | 兴国县(赣) | 江西三僚风水文化村 | 县 | 12.00 | 6000.00 | 960.00 |
| 1310 | 兴国县(赣) | 江西园岭森林公园 | 县 | 2.40 | 720.00 | |
| 1311 | 兴国县(赣) | 均福山森林公园 | 县 | 1.80 | 540.00 | |
| 1312 | 宜丰县(赣) | 宜丰洞山风景名胜区 | 县 | 2.50 | 525.00 | |
| 1313 | 宜丰县(赣) | 宜丰黄檗山风景名胜区 | 县 | 1.00 | 200.00 | |
| 1314 | 永修县(赣) | 燕山旅游公司龙源峡景区 | 县 | 2.00 | 240.00 | |
| 1315 | 永修县(赣) | 柘林湖桃花溪漂流景区 | 县 | 6.00 | 720.00 | |
| 1316 | 资溪县(赣) | 资溪县大觉山景区 | 县 | 86.76 | 112795.00 | |
| 1317 | 坊子区(鲁) | 九龙涧森林公园 | 县 | 1.50 | 30.00 | 30.00 |
| 1318 | 莱山区(鲁) | 烟台植物园 | 县 | 12.00 | 250.00 | 120.00 |
| 1319 | 莱芜市雪野旅游区(鲁) | 吕祖泉生态旅游区 | 县 | 10.60 | 1020.00 | 402.80 |
| 1320 | 临沂市高新技术产业开发区(鲁) | 曹家峪风景区 | 县 | 10.00 | 550.00 | |
| 1321 | 荣成市(鲁) | 石岛山市级森林公园 | 县 | 60.30 | 6913.20 | 4000.00 |
| 1322 | 天桥区(鲁) | 黄河森林公园 | 县 | 24.00 | 360.00 | 120.00 |
| 1323 | 阳信县(鲁) | 阳信县万亩梨园风景区 | 县 | 8.00 | 1800.00 | |
| 1324 | 诸城市(鲁) | 大山森林公园 | 县 | 4.00 | 500.00 | |
| 1325 | 宝丰县(豫) | 尖山坡 | 县 | 2.10 | 256.00 | |
| 1326 | 登封市(豫) | 情人谷景区 | 县 | 5.60 | 63.20 | |
| 1327 | 二七区(豫) | 侯寨乡樱桃沟 | 县 | 241.00 | 4830.00 | |
| 1328 | 二七区(豫) | 马寨镇 | 县 | 100.00 | 1100.00 | |
| 1329 | 管城回族区(豫) | 潮湖生态园 | 县 | 2.80 | 160.00 | |
| 1330 | 龙安区(豫) | 凤凰岗森林公园 | 县 | 10.00 | 100.00 | 50.00 |
| 1331 | 内乡县(豫) | 方山森林公园 | 县 | 5.00 | 50.00 | |
| 1332 | 内乡县(豫) | 七星潭森林公园 | 县 | 7.00 | 750.00 | 400.00 |
| 1333 | 内乡县(豫) | 桃花源森林公园 | 县 | 3.00 | 350.00 | 200.00 |
| 1334 | 内乡县(豫) | 云露山森林公园 | 县 | 6.30 | 600.00 | 320.00 |
| 1335 | 宁陵县(豫) | 宁陵县万顷梨园 | 县 | 13.47 | 1526.00 | |
| 1336 | 汝阳县(豫) | 龙隐景区 | 县 | 54.00 | 1689.00 | |

(续)

| 序号 | 县(旗、市、区、局、场) | 森林公园及自然保护区(名称) | 级别 | 实际接待人数(万人次) | 旅游总收入(万元) | 其中:门票收入(万元) |
|---|---|---|---|---|---|---|
| 1337 | 商水县(豫) | 练集镇美人指葡萄生态园 | 县 | 0.40 | 200.00 | |
| 1338 | 商水县(豫) | 陆捷生态园 | 县 | 0.80 | 120.00 | |
| 1339 | 商水县(豫) | 商水县白鹭森林公园 | 县 | 1.50 | 160.00 | |
| 1340 | 商水县(豫) | 商水县和畅生态园 | 县 | 0.30 | 30.00 | |
| 1341 | 商水县(豫) | 商水县银杏博览园 | 县 | 0.50 | 50.00 | |
| 1342 | 商水县(豫) | 指南针采摘园 | 县 | 1.00 | 50.00 | |
| 1343 | 西华县(豫) | 黄桥观花及旅游 | 县 | 6.50 | 400.00 | 180.00 |
| 1344 | 西峡县(豫) | 老界岭风景区 | 县 | 6.10 | 480.00 | 350.00 |
| 1345 | 西峡县(豫) | 龙潭沟风景区 | 县 | 8.00 | 390.00 | 390.00 |
| 1346 | 新安县(豫) | 新安县城北森林公园 | 县 | 12.00 | 50.00 | |
| 1347 | 新安县(豫) | 新安县翠屏山森林公园 | 县 | 7.00 | 30.00 | |
| 1348 | 新安县(豫) | 新安县世纪生态园 | 县 | 22.00 | 50.00 | |
| 1349 | 新野县(豫) | 新野县白河滩湿地公园 | 县 | 10.00 | 1747.00 | |
| 1350 | 新郑市(豫) | 始祖山国家森林公园 | 县 | 20.00 | 3190.00 | 319.00 |
| 1351 | 殷都区(豫) | 殷都区生态观光园 | 县 | 4.51 | 320.00 | 320.00 |
| 1352 | 虞城县(豫) | 黄河故道森林公园 | 县 | 20.00 | 300.00 | |
| 1353 | 虞城县(豫) | 虞城县森林公园 | 县 | 40.00 | 500.00 | |
| 1354 | 禹州市(豫) | 浅井逍遥观景区 | 县 | 65.00 | 360.00 | 33.00 |
| 1355 | 禹州市(豫) | 无梁周定王陵旅游景区 | 县 | 65.00 | 200.00 | 35.00 |
| 1356 | 禹州市(豫) | 吴道子故里景区 | 县 | 45.00 | 210.00 | |
| 1357 | 长葛市(豫) | 葛天源风景区 | 县 | 5.50 | 550.00 | 350.00 |
| 1358 | 长葛市(豫) | 鑫亮源生态园 | 县 | 1.50 | 150.00 | 75.00 |
| 1359 | 巴东县(鄂) | 巴山森林公园 | 县 | 3.00 | 50.00 | |
| 1360 | 东宝区(鄂) | 圣景山风景区 | 县 | 50.00 | 53000.00 | 220.00 |
| 1361 | 东宝区(鄂) | 仙居乡村游景区 | 县 | 20.00 | 3000.00 | 290.00 |
| 1362 | 鹤峰县(鄂) | 董家河 | 县 | 1.50 | 768.00 | |
| 1363 | 鹤峰县(鄂) | 满山红烈士陵园 | 县 | 0.56 | 280.00 | |
| 1364 | 鹤峰县(鄂) | 屏山 | 县 | 1.20 | 591.00 | |
| 1365 | 鹤峰县(鄂) | 五里五龙山 | 县 | 0.20 | 108.00 | |
| 1366 | 鹤峰县(鄂) | 走马将军岩 | 县 | 0.40 | 196.00 | |
| 1367 | 鹤峰县(鄂) | 走马木耳山万亩生态茶园 | 县 | 0.68 | 342.00 | |
| 1368 | 黄梅县(鄂) | 玫瑰谷漂流景区 | 县 | 10.00 | 1000.00 | 400.00 |
| 1369 | 孝昌县(鄂) | 观音湖生态文化旅游度假区 | 县 | 5.00 | 9500.00 | |
| 1370 | 孝南区(鄂) | 湖北金卉庄园 | 县 | 60.00 | 4000.00 | 2000.00 |
| 1371 | 宜都市(鄂) | 三峡九凤谷生态旅游度假区 | 县 | 10.00 | 1000.00 | 500.00 |
| 1372 | 大祥区(湘) | 松坡公园 | 县 | 2.00 | 2957.00 | |
| 1373 | 道　县(湘) | 道县两河口县级森林公园 | 县 | 2.60 | 2008.00 | |
| 1374 | 道　县(湘) | 道县桥头林场自然保护区 | 县 | 0.50 | 189.00 | |
| 1375 | 道　县(湘) | 道县潇水县级自然保护区 | 县 | 0.31 | 800.00 | |
| 1376 | 道　县(湘) | 道县宜山岭森林公园 | 县 | 1.60 | 1100.00 | |
| 1377 | 澧　县(湘) | 彭山公园 | 县 | 3.80 | 500.00 | 200.00 |
| 1378 | 临湘市(湘) | 五尖山国家森林公园 | 县 | 91.76 | 1816.00 | 82.80 |
| 1379 | 汨罗市(湘) | 八景洞风景名胜区 | 县 | 0.99 | 360.00 | |
| 1380 | 邵阳县(湘) | 河伯岭自然保护区 | 县 | 4.50 | 20.00 | |

（续）

| 序号 | 县(旗、市、区、局、场) | 森林公园及自然保护区（名称） | 级别 | 实际接待人数（万人次） | 旅游总收入（万元） | 其中:门票收入（万元） |
|---|---|---|---|---|---|---|
| 1381 | 双峰县(湘) | 黄龙林场 | 县 | 4.00 | 60.00 | |
| 1382 | 双峰县(湘) | 猪婆山林场 | 县 | 4.00 | 60.00 | |
| 1383 | 新化县(湘) | 新化县古台山森林公园 | 县 | 5.50 | 650.00 | |
| 1384 | 新田县(湘) | 秀峰岭自然保护区 | 县 | 4.50 | 1050.00 | |
| 1385 | 溆浦县(湘) | 米粮洞自然保护区 | 县 | 5.00 | 700.00 | |
| 1386 | 溆浦县(湘) | 圣人山自然保护区 | 县 | 6.00 | 700.00 | |
| 1387 | 雨花区(湘) | 石燕湖森林公园 | 县 | 80.00 | 8000.00 | 6000.00 |
| 1388 | 株洲县(湘) | 凤凰山森林公园 | 县 | 1.20 | 120.00 | |
| 1389 | 资兴市(湘) | 八面山 | 县 | 4.50 | 8.00 | |
| 1390 | 资兴市(湘) | 天鹅山 | 县 | 4.50 | 6.00 | |
| 1391 | 德庆县(粤) | 盘龙峡生态旅游区 | 县 | 781.30 | 502376.00 | 190903.00 |
| 1392 | 丰顺县(粤) | 八乡山大峡谷 | 县 | 2.00 | 1350.00 | 176.00 |
| 1393 | 丰顺县(粤) | 龙归寨瀑布 | 县 | 20.00 | 8000.00 | 2000.00 |
| 1394 | 丰顺县(粤) | 龙鲸河漂流 | 县 | 40.00 | 13345.00 | 6720.00 |
| 1395 | 高明区(粤) | 泰康山森林公园 | 县 | 25.00 | 510.00 | 300.00 |
| 1396 | 高明区(粤) | 皂幕山森林公园 | 县 | 10.00 | 170.00 | 160.00 |
| 1397 | 高州市(粤) | 仙人洞森林公园 | 县 | 2.50 | 98.00 | 50.00 |
| 1398 | 化州市(粤) | 化州市播扬斋公岭森林公园 | 县 | 2.00 | 538.00 | |
| 1399 | 化州市(粤) | 化州市飞鹅岭自然保护区 | 县 | 5.18 | 853.00 | |
| 1400 | 化州市(粤) | 化州市福音地自然保护区 | 县 | 2.00 | 2100.00 | |
| 1401 | 化州市(粤) | 化州市合江百足岭森林公园 | 县 | 2.00 | 538.00 | |
| 1402 | 化州市(粤) | 化州市尖岗岭森林公园 | 县 | 16.81 | 16873.00 | |
| 1403 | 化州市(粤) | 化州市橘州生态林公园 | 县 | 8.30 | 563.00 | |
| 1404 | 化州市(粤) | 化州市六王林场自然保护区 | 县 | 5.83 | 7780.00 | |
| 1405 | 化州市(粤) | 化州市六王山森林公园 | 县 | 6.88 | 12188.00 | |
| 1406 | 化州市(粤) | 化州市天堂岭自然保护区 | 县 | 6.88 | 11112.00 | |
| 1407 | 化州市(粤) | 化州市中火岭森林公园 | 县 | 8.52 | 8340.00 | |
| 1408 | 蕉岭县(粤) | 广福赤岭森林公园 | 县 | 10.00 | 1588.00 | |
| 1409 | 蕉岭县(粤) | 蕉岭县逢甲县级森林公园 | 县 | 10.00 | 348.00 | |
| 1410 | 蕉岭县(粤) | 蕉岭县满山红县级森林公园 | 县 | 20.00 | 237.00 | |
| 1411 | 蕉岭县(粤) | 蕉岭县南礤镇竹海县级森林公园 | 县 | 10.00 | 234.00 | |
| 1412 | 蕉岭县(粤) | 蕉岭县三圳镇花诰山县级森林公园 | 县 | 10.00 | 766.00 | |
| 1413 | 蕉岭县(粤) | 蓝坊会仙洞森林公园 | 县 | 10.00 | 1230.00 | |
| 1414 | 蕉岭县(粤) | 新铺雷公坑森林公园 | 县 | 10.00 | 1635.00 | |
| 1415 | 连南瑶族自治县(粤) | 东山森林公园 | 县 | 5.00 | 80.00 | |
| 1416 | 连南瑶族自治县(粤) | 三江湿地公园 | 县 | 13.00 | 450.00 | |
| 1417 | 连南瑶族自治县(粤) | 三江镇狮子山森林公园 | 县 | 3.00 | 100.00 | |
| 1418 | 连南瑶族自治县(粤) | 三排镇姊妹亭森林公园 | 县 | 18.50 | 290.00 | |
| 1419 | 连南瑶族自治县(粤) | 涡水镇盘王庙森林公园 | 县 | 3.00 | 100.00 | |
| 1420 | 连南瑶族自治县(粤) | 西北山森林公园 | 县 | 10.00 | 110.00 | |
| 1421 | 连山壮族瑶族自治县(粤) | 连山金子山景区 | 县 | 4.10 | 2257.00 | 205.00 |
| 1422 | 连山壮族瑶族自治县(粤) | 连山县大旭山景区 | 县 | 3.00 | 600.00 | 60.00 |
| 1423 | 连山壮族瑶族自治县(粤) | 连山县鹰扬关景区 | 县 | 2.00 | 400.00 | 40.00 |
| 1424 | 南沙区(粤) | 南沙湿地公园 | 县 | 20.00 | 1350.00 | 1350.00 |

(续)

| 序号 | 县(旗、市、区、局、场) | 森林公园及自然保护区(名称) | 级别 | 实际接待人数(万人次) | 旅游总收入(万元) | 其中:门票收入(万元) |
|---|---|---|---|---|---|---|
| 1425 | 乳源瑶族自治县(粤) | 红豆杉自然保护区 | 县 | 18.50 | 3700.00 | 555.00 |
| 1426 | 乳源瑶族自治县(粤) | 乳源大谭河自然保护区 | 县 | 18.00 | 3600.00 | 360.00 |
| 1427 | 始兴县(粤) | 澄江镇南石岩森林公园 | 县 | 2.00 | 600.00 | 40.00 |
| 1428 | 顺德区(粤) | 翠湖森林公园 | 县 | 6.89 | 246.00 | 246.00 |
| 1429 | 四会市(粤) | 四会市奇石河森林公园 | 县 | 10.00 | 400.00 | 150.00 |
| 1430 | 新丰县(粤) | 广东新丰雪山森林公园 | 县 | 0.20 | 138.00 | |
| 1431 | 新丰县(粤) | 新丰丰城雪山顶森林公园 | 县 | 4.40 | 3211.00 | |
| 1432 | 新丰县(粤) | 新丰黄礤西莲山森林公园 | 县 | 7.10 | 5161.00 | |
| 1433 | 新丰县(粤) | 新丰回龙新村森林公园 | 县 | 3.20 | 2373.00 | |
| 1434 | 新丰县(粤) | 新丰司茅坪清心礤森林公园 | 县 | 2.50 | 1810.00 | |
| 1435 | 新丰县(粤) | 新丰县大席森林公园 | 县 | 2.50 | 1821.00 | |
| 1436 | 新丰县(粤) | 新丰县红叶主题森林公园 | 县 | 0.30 | 142.00 | |
| 1437 | 新丰县(粤) | 新丰县黄礤樱花公园 | 县 | 14.90 | 11171.00 | 100.00 |
| 1438 | 新丰县(粤) | 新丰县岭南五彩世界森林公园 | 县 | 0.30 | 132.00 | |
| 1439 | 新丰县(粤) | 新丰县沙田森林公园 | 县 | 1.90 | 1398.00 | |
| 1440 | 新丰县(粤) | 新丰县雁塔森林公园 | 县 | 5.30 | 2793.00 | |
| 1441 | 新丰县(粤) | 新丰小正崖婆石森林公园 | 县 | 2.50 | 1815.00 | |
| 1442 | 信宜市(粤) | 信宜市大仁山旅游区 | 县 | 25.00 | 130.00 | 65.00 |
| 1443 | 信宜市(粤) | 信宜市石根山旅游区 | 县 | 8.00 | 100.00 | 80.00 |
| 1444 | 信宜市(粤) | 信宜市太华山森林公园 | 县 | 20.00 | 200.00 | 105.00 |
| 1445 | 信宜市(粤) | 信宜市天马山旅游区 | 县 | 30.00 | 350.00 | 200.00 |
| 1446 | 阳山县(粤) | 贤令山风景区 | 县 | 79.00 | 1441.00 | |
| 1447 | 英德市(粤) | 英德市奇洞温泉小镇 | 县 | 5.00 | 600.00 | 425.00 |
| 1448 | 云安县(粤) | 云安区东升森林公园 | 县 | 0.90 | 10.00 | |
| 1449 | 云安县(粤) | 云安区高吊水森林公园 | 县 | 0.80 | 10.00 | |
| 1450 | 云安县(粤) | 云安区凌霄岩森林公园 | 县 | 1.00 | 12.00 | |
| 1451 | 云安县(粤) | 云安区头盔山森林公园 | 县 | 0.30 | 1.00 | |
| 1452 | 云安县(粤) | 云安区崖鹰山森林公园 | 县 | 2.00 | 12.00 | |
| 1453 | 云安县(粤) | 云浮市凤凰山森林公园 | 县 | 0.30 | 0.70 | |
| 1454 | 增城区(粤) | 兰溪森林公园 | 县 | 50.00 | 1200.00 | |
| 1455 | 港北区(桂) | 青牛谷 | 县 | 4.50 | 1424.00 | |
| 1456 | 合浦县(桂) | 红树林保护区 | 县 | 43.00 | 21000.00 | |
| 1457 | 靖西县(桂) | 古文自然保护区 | 县 | 4.00 | 9000.00 | |
| 1458 | 陆川县(桂) | 龙珠湖景区 | 县 | 80.00 | 4800.00 | 2400.00 |
| 1459 | 那坡县(桂) | 德孚保护区 | 县 | 3.20 | 3318.40 | |
| 1460 | 平果县(桂) | 平果县马四坡农业观光园 | 县 | 3.80 | 2830.00 | 710.00 |
| 1461 | 平果县(桂) | 平果县通天河风景区 | 县 | 2.60 | 1950.00 | 480.00 |
| 1462 | 平果县(桂) | 平果县鸳鸯滩漂流风景区 | 县 | 3.20 | 2400.00 | 620.00 |
| 1463 | 巴南区(渝) | 重庆南泉森林公园 | 县 | 8.00 | 602.00 | |
| 1464 | 奉节县(渝) | 重庆奉节梅溪河湿地县级自然保护区 | 县 | 20.00 | 280.00 | 150.00 |
| 1465 | 梁平县(渝) | 滑石古寨 | 县 | 41.82 | 2059.20 | |
| 1466 | 翠屏区(川) | 宜宾市翠屏区 | 县 | 23.50 | 3760.00 | |
| 1467 | 得荣县(川) | 嘎金自然保护区 | 县 | 1.55 | 1750.00 | |
| 1468 | 德格县(川) | 德格县阿木拉自然保护区 | 县 | 0.65 | 715.65 | 236.16 |

（续）

| 序号 | 县(旗、市、区、局、场) | 森林公园及自然保护区(名称) | 级别 | 实际接待人数(万人次) | 旅游总收入(万元) | 其中:门票收入(万元) |
|---|---|---|---|---|---|---|
| 1469 | 德格县(川) | 德格县阿须自然保护区 | 县 | 0.49 | 539.49 | 178.03 |
| 1470 | 德格县(川) | 德格县志巴沟自然保护区 | 县 | 0.33 | 363.33 | 119.89 |
| 1471 | 东兴区(川) | 乡村生态旅游及其他 | 县 | 300.20 | 13000.00 | 10.00 |
| 1472 | 都江堰市(川) | 莲花湖森林公园 | 县 | 21.00 | 1740.00 | |
| 1473 | 高　县(川) | 乡村生态旅游区 | 县 | 74.00 | 25900.00 | |
| 1474 | 开江县(川) | 宝塔坝万亩荷花池 | 县 | 10.00 | 2500.00 | |
| 1475 | 开江县(川) | 峨城山 | 县 | 5.00 | 500.00 | |
| 1476 | 康定县(川) | 跑马山森林公园 | 县 | 9.66 | 309.90 | 289.70 |
| 1477 | 理塘县(川) | 格木自然区 | 县 | 0.50 | 685.00 | |
| 1478 | 理塘县(川) | 扎嘎神山自然保护区 | 县 | 1.00 | 1370.00 | |
| 1479 | 邻水县(川) | 清水谷度假中心 | 县 | 20.00 | 2000.00 | |
| 1480 | 邻水县(川) | 铜锣山生态旅游中心 | 县 | 20.00 | 8000.00 | |
| 1481 | 南部县(川) | 升钟湖湿地公园 | 县 | 210.00 | 22000.00 | |
| 1482 | 色达县(川) | 色达县泥拉坝湿地自然保护区 | 县 | 2.20 | 144.00 | |
| 1483 | 色达县(川) | 色达县年龙自然保护区 | 县 | 3.20 | 216.00 | |
| 1484 | 射洪县(川) | 金华山陈子昂读书台 | 县 | 9.00 | 9535.00 | |
| 1485 | 顺庆区(川) | 西山风景区 | 县 | 60.00 | 1500.00 | 100.00 |
| 1486 | 武胜县(川) | 印山公园 | 县 | 12.00 | 1170.00 | |
| 1487 | 武胜县(川) | 中滩湿地公园 | 县 | 2.00 | 120.00 | |
| 1488 | 叙永县(川) | 叙永县人脚板山森林公园 | 县 | 20.00 | 5200.00 | |
| 1489 | 游仙区(川) | 游仙区水禽湿地自然保护区 | 县 | 29.60 | 4580.00 | |
| 1490 | 游仙区(川) | 渔父村森林公园 | 县 | 5.80 | 391.00 | |
| 1491 | 西秀区(黔) | 知青公园 | 县 | 5.00 | 10.00 | |
| 1492 | 峨山彝族自治县(滇) | 峨山彝人谷竹海 | 县 | 3.00 | 500.00 | 300.00 |
| 1493 | 峨山彝族自治县(滇) | 高香万亩生态茶园 | 县 | 5.00 | 300.00 | 150.00 |
| 1494 | 华宁县(滇) | 华宁县象鼻温泉森林公园 | 县 | 2.50 | 530.00 | |
| 1495 | 江川县(滇) | 江川区白山寺森林公园 | 县 | 10.00 | 120.00 | |
| 1496 | 江川县(滇) | 江川县李家山古滇国墓葬遗址森林旅游区 | 县 | 3.00 | 12.00 | 10.00 |
| 1497 | 马龙县(滇) | 马过河凤龙湾公园 | 县 | 1.00 | 60.00 | 20.00 |
| 1498 | 马龙县(滇) | 马龙县香炉山森林公园 | 县 | 2.00 | 120.00 | 40.00 |
| 1499 | 麒麟区(滇) | 沿江湿地 | 县 | 100.00 | 10000.00 | 1000.00 |
| 1500 | 瑞丽市(滇) | 瑞丽市莫里热带风景区 | 县 | 23.92 | 940.00 | |
| 1501 | 石屏县(滇) | 石屏县秀山森林公园 | 县 | 20.00 | 150.00 | 100.00 |
| 1502 | 腾冲县(滇) | 火山森林公园 | 县 | 53.00 | 2042.00 | 1671.90 |
| 1503 | 腾冲县(滇) | 银杏村森林公园 | 县 | 32.00 | 5000.00 | 770.00 |
| 1504 | 腾冲县(滇) | 樱花谷森林公园 | 县 | 1.77 | 71.60 | 71.60 |
| 1505 | 腾冲县(滇) | 云峰山森林公园 | 县 | 7.60 | 1099.90 | 134.90 |
| 1506 | 通海县(滇) | 秀山公园 | 县 | 11.40 | 148.00 | 114.00 |
| 1507 | 西盟佤族自治县(滇) | 西盟县勐梭龙潭 | 县 | 1.90 | 78.00 | 78.00 |
| 1508 | 宣威市(滇) | 万松居旅游度假村 | 县 | 30.00 | 300.00 | 150.00 |
| 1509 | 昭阳区(滇) | 昭阳区大龙洞森林公园 | 县 | 54.78 | 1893.72 | 564.09 |
| 1510 | 泾阳县(陕) | 张家山风景旅游区 | 县 | 0.10 | 3.00 | 3.00 |
| 1511 | 洛南县(陕) | 洛南县老君山 | 县 | 4.20 | 670.00 | 189.00 |
| 1512 | 西乡县(陕) | 午子山 | 县 | 22.30 | 1156.00 | 398.00 |

(续)

| 序号 | 县(旗、市、区、局、场) | 森林公园及自然保护区(名称) | 级别 | 实际接待人数(万人次) | 旅游总收入(万元) | 其中:门票收入(万元) |
|---|---|---|---|---|---|---|
| 1513 | 长武县(陕) | 红星森林公园 | 县 | 1.85 | 380.00 | |
| 1514 | 两当县(甘) | 两当县灵官峡森林公园 | 县 | 2.00 | 15.00 | 12.00 |
| 1515 | 七里河区(甘) | 兰州石佛沟国家级森林公园 | 县 | 3.30 | 40.00 | 40.00 |
| 1516 | 泾源县(宁) | 胭脂峡旅游景区 | 县 | 5.00 | 2100.00 | |
| 1517 | 西吉县(宁) | 西吉县龙王坝村 | 县 | 10.00 | 220.00 | |

**表 18-1　蜂蜜主产地产量**

(续)

| 序号 | 蜂蜜主产地 | 养蜂户数(户) | 蜜蜂饲养(群) | 蜂蜜产量(千克) |
|---|---|---|---|---|
| 1 | 昌平区(京) | 281 | 15506 | 432366.00 |
| 2 | 房山区(京) | 1041 | 30673 | 406795.15 |
| 3 | 顺义区(京) | 138 | 20002 | 150000.00 |
| 4 | 怀柔区(京) | 190 | 15000 | 120000.00 |
| 5 | 通州区(京) | 17 | 1048 | 20000.00 |
| 6 | 平山县(冀) | 520 | 3100 | 77000.00 |
| 7 | 宁晋县(冀) | 210 | 370 | 55122.00 |
| 8 | 宽城满族自治县(冀) | 30 | 2010 | 30070.00 |
| 9 | 丰宁满族自治县(冀) | 90 | 2700 | 12660.00 |
| 10 | 永年县(冀) | 4 | | 8710.00 |
| 11 | 大名县(冀) | 98 | | 2100.00 |
| 12 | 围场满族蒙古族自治县(冀) | 6 | 13 | 2000.00 |
| 13 | 平泉县(冀) | 20 | 27 | 1700.00 |
| 14 | 鸡泽县(冀) | 4 | 80 | 500.00 |
| 15 | 垣曲县(晋) | 150 | 15000 | 150000.00 |
| 16 | 忻府区(晋) | 105 | | 100400.00 |
| 17 | 泽州县(晋) | | 2000 | 50000.00 |
| 18 | 阳曲县(晋) | 110 | 120 | 13500.00 |
| 19 | 黎城县(晋) | 200 | 2000 | 4700.00 |
| 20 | 古交市(晋) | 10 | | 1000.00 |
| 21 | 平陆县(晋) | 7 | 7 | 610.00 |
| 22 | 奈曼旗(内蒙古) | | | 50000.00 |
| 23 | 乌审旗(内蒙古) | 132 | 18200 | 30000.00 |
| 24 | 凌源市(辽) | 855 | 60500 | 3850000.00 |
| 25 | 北票市(辽) | 120 | | 200000.00 |
| 26 | 清原满族自治县(辽) | 300 | 14500 | 150000.00 |
| 27 | 盖州市(辽) | 32 | 1856 | 37120.00 |
| 28 | 新宾满族自治县(辽) | 460 | 8600 | 35700.00 |
| 29 | 康平县(辽) | 150 | 1000 | 10000.00 |
| 30 | 桓仁满族自治县(辽) | 60 | | 2000.00 |
| 31 | 抚顺县(辽) | 68 | 1780 | 1605.00 |
| 32 | 安图县(吉) | 20 | | 3523000.00 |
| 33 | 敦化市(吉) | 3501 | 3910 | 2600100.00 |
| 34 | 和龙市(吉) | 240 | 14400 | 493000.00 |
| 35 | 黄泥河林业局(吉) | 30 | 3200 | 200000.00 |
| 36 | 汪清林业局(吉) | 150 | 1800 | 180000.00 |
| 37 | 磐石市(吉) | 73 | 2610 | 167800.00 |
| 38 | 舒兰市(吉) | 54 | 4138 | 165520.00 |
| 39 | 东丰县(吉) | 8 | 230 | 139000.00 |
| 40 | 和龙林业局(吉) | | | 124000.00 |
| 41 | 敦化林业局(吉) | | | 122850.00 |
| 42 | 龙山区(吉) | 67 | 356 | 67562.00 |
| 43 | 临江市(吉) | 45 | | 52000.00 |
| 44 | 白河林业局(吉) | | | 50000.00 |
| 45 | 蛟河市(吉) | 82 | 5253 | 49110.00 |
| 46 | 大石头林业局(吉) | | | 40750.00 |
| 47 | 安图森林经营局(吉) | | | 35200.00 |
| 48 | 珲春林业局(吉) | | | 24367.00 |
| 49 | 图们市(吉) | 5 | 530 | 13100.00 |
| 50 | 靖宇县(吉) | 13 | | 12000.00 |
| 51 | 龙潭区(吉) | 220 | 420 | 8000.00 |
| 52 | 辉南县(吉) | 172 | 6500 | 7800.00 |
| 53 | 八家子林业局(吉) | | 80 | 7500.00 |
| 54 | 长白朝鲜族自治县(吉) | 142 | 7972 | 6912.00 |
| 55 | 白山市市辖区(吉) | 35 | 1400 | 2600.00 |
| 56 | 大兴沟林业局(吉) | 10 | | 2400.00 |
| 57 | 天桥岭林业局(吉) | 70 | 3315 | 2000.00 |
| 58 | 宁安市(黑) | 40 | 3000 | 2252000.00 |
| 59 | 延寿县(黑) | | 22000 | 830000.00 |
| 60 | 方正县(黑) | 30 | | 525000.00 |
| 61 | 通河县(黑) | 5 | 3000 | 400000.00 |
| 62 | 木兰县(黑) | 200 | | 300000.00 |
| 63 | 鹤岗市市辖区(黑) | 66 | 6600 | 221100.00 |
| 64 | 逊克县(黑) | 50 | 7000 | 203883.00 |
| 65 | 嘉荫县(黑) | 173 | | 160000.00 |
| 66 | 集贤县(黑) | 14 | 1600 | 160000.00 |
| 67 | 孙吴县(黑) | 10 | 78000 | 120000.00 |
| 68 | 北安市(黑) | | | 60000.00 |

（续）

| 序号 | 蜂蜜主产地 | 养蜂户数（户） | 蜜蜂饲养（群） | 蜂蜜产量（千克） |
|---|---|---|---|---|
| 69 | 鸡东县(黑) | 60 | | 60000.00 |
| 70 | 巴彦县(黑) | 18 | | 57000.00 |
| 71 | 萝北县(黑) | 15 | | 50000.00 |
| 72 | 绥棱县(黑) | 10 | 1 | 31800.00 |
| 73 | 抚远县(黑) | 5 | 2100 | 17000.00 |
| 74 | 孟家岗林场(黑) | 8 | | 16800.00 |
| 75 | 丹清河实验林场(黑) | 2 | 420 | 16800.00 |
| 76 | 爱辉区(黑) | 20 | 500 | 12500.00 |
| 77 | 阿城区(黑) | | 2147 | 8600.00 |
| 78 | 汤原县(黑) | 50 | 500 | 7813.00 |
| 79 | 五常市(黑) | 160 | | 7500.00 |
| 80 | 同江市(黑) | 8 | | 6500.00 |
| 81 | 虎林市(黑) | 220 | 30000 | 6000.00 |
| 82 | 绥芬河市(黑) | 9 | | 5000.00 |
| 83 | 山河实验林场(黑) | 10 | 2800 | 5000.00 |
| 84 | 嫩江县(黑) | 20 | | 4500.00 |
| 85 | 五大连池市(黑) | | 2000 | 3000.00 |
| 86 | 鸡西市市辖区(黑) | 60 | | 2000.00 |
| 87 | 黑河市直属林场(黑) | 5 | | 1050.00 |
| 88 | 呼玛县(黑) | 3 | 132 | 1000.00 |
| 89 | 明水县(黑) | 5 | | 1000.00 |
| 90 | 转山实验林场(黑) | | | 500.00 |
| 91 | 兰溪市(浙) | 1385 | 153000 | 10860000.00 |
| 92 | 桐庐县(浙) | 412 | 64500 | 5500000.00 |
| 93 | 宁海县(浙) | 900 | 90000 | 3000000.00 |
| 94 | 永康市(浙) | | | 739000.00 |
| 95 | 萧山区(浙) | 70 | 12700 | 550000.00 |
| 96 | 松阳县(浙) | | | 210000.00 |
| 97 | 义乌市(浙) | | 4906 | 203000.00 |
| 98 | 三门县(浙) | | | 90000.00 |
| 99 | 建德市(浙) | | | 50000.00 |
| 100 | 温岭市(浙) | | | 49600.00 |
| 101 | 淳安县(浙) | 23 | | 22380.00 |
| 102 | 莲都区(浙) | 1145 | 18000 | 20000.00 |
| 103 | 龙湾区(浙) | | | 17600.00 |
| 104 | 椒江区(浙) | | | 15000.00 |
| 105 | 临海市(浙) | | | 10000.00 |
| 106 | 路桥区(浙) | | | 9400.00 |
| 107 | 黄岩区(浙) | | | 5500.00 |
| 108 | 象山县(浙) | 103 | 13200 | 2650.00 |
| 109 | 天台县(浙) | | | 1050.00 |
| 110 | 瑞安市(浙) | | | 1000.00 |
| 111 | 洞头县(浙) | 1 | | 1000.00 |
| 112 | 桐城市(皖) | 250 | 15400 | 1200000.00 |

（续）

| 序号 | 蜂蜜主产地 | 养蜂户数（户） | 蜜蜂饲养（群） | 蜂蜜产量（千克） |
|---|---|---|---|---|
| 113 | 芜湖县(皖) | 50 | 6000 | 480000.00 |
| 114 | 枞阳县(皖) | 102 | 7500 | 270000.00 |
| 115 | 霍山县(皖) | 180 | 400 | 50000.00 |
| 116 | 潜山县(皖) | 160 | 280 | 23000.00 |
| 117 | 怀宁县(皖) | 21 | 460 | 20700.00 |
| 118 | 五河县(皖) | 150 | 150 | 20000.00 |
| 119 | 大观区(皖) | 5 | 800 | 18000.00 |
| 120 | 旌德县(皖) | 20 | 231 | 11550.00 |
| 121 | 临泉县(皖) | 560 | 6890 | 8900.00 |
| 122 | 石台县(皖) | 180 | | 7000.00 |
| 123 | 东至县(皖) | 45 | | 4900.00 |
| 124 | 颍州区(皖) | 15 | | 2765.00 |
| 125 | 泾　县(皖) | 20 | | 2000.00 |
| 126 | 黟　县(皖) | 4 | | 1865.00 |
| 127 | 祁门县(皖) | 120 | 2714 | 1250.00 |
| 128 | 龙南县(赣) | 60 | 3010 | 180300.00 |
| 129 | 铜鼓县(赣) | 97 | 10278 | 154170.00 |
| 130 | 婺源县(赣) | 403 | 8560 | 128450.00 |
| 131 | 武宁县(赣) | | | 76780.00 |
| 132 | 上高县(赣) | 310 | 465 | 75600.00 |
| 133 | 芦溪县(赣) | 52 | 62 | 70000.00 |
| 134 | 新干县(赣) | 113 | 2188 | 63303.00 |
| 135 | 莲花县(赣) | 286 | | 57200.00 |
| 136 | 遂川县(赣) | 1000 | 10000 | 55000.00 |
| 137 | 崇义县(赣) | 330 | 3597 | 55000.00 |
| 138 | 乐安县(赣) | 55 | 80 | 51800.00 |
| 139 | 上饶县(赣) | 6025 | 65300 | 50100.00 |
| 140 | 永新县(赣) | 6 | | 40000.00 |
| 141 | 兴国县(赣) | | | 40000.00 |
| 142 | 德安县(赣) | 20 | | 35000.00 |
| 143 | 永丰县(赣) | 200 | 6000 | 30000.00 |
| 144 | 南康市(赣) | 350 | 1800 | 20000.00 |
| 145 | 于都县(赣) | 95 | 1900 | 19500.00 |
| 146 | 会昌县(赣) | 500 | | 18000.00 |
| 147 | 赣　县(赣) | 85 | 102 | 9600.00 |
| 148 | 吉安县(赣) | 40 | | 6500.00 |
| 149 | 石城县(赣) | 25 | 700 | 5500.00 |
| 150 | 修水县(赣) | 500 | | 5500.00 |
| 151 | 万载县(赣) | 260 | 12000 | 5000.00 |
| 152 | 定南县(赣) | 30 | | 4900.00 |
| 153 | 靖安县(赣) | | | 4500.00 |
| 154 | 瑞金市(赣) | 27 | 14390 | 3600.00 |
| 155 | 分宜县(赣) | 1000 | | 3000.00 |
| 156 | 德兴市(赣) | 505 | 680 | 2500.00 |

(续)

| 序号 | 蜂蜜主产地 | 养蜂户数（户） | 蜜蜂饲养（群） | 蜂蜜产量（千克） |
|---|---|---|---|---|
| 157 | 余江县(赣) | 90 | | 1200.00 |
| 158 | 寻乌县(赣) | | | 1200.00 |
| 159 | 宜丰县(赣) | 1019 | | 1080.00 |
| 160 | 上栗县(赣) | 20 | 50 | 350.00 |
| 161 | 铅山县(赣) | 215 | | 310.00 |
| 162 | 吉水县(赣) | 4 | | 200.00 |
| 163 | 青州市(鲁) | 450 | 27500 | 370000.00 |
| 164 | 冠　县(鲁) | 300 | 12000 | 300000.00 |
| 165 | 博山区(鲁) | 46 | | 120000.00 |
| 166 | 蒙阴县(鲁) | 110 | | 109000.00 |
| 167 | 曲阜市(鲁) | 500 | 600 | 100000.00 |
| 168 | 临沂市蒙山旅游区(鲁) | 30 | 30 | 50000.00 |
| 169 | 莱芜市高新区(鲁) | 12 | 12 | 48000.00 |
| 170 | 沂源县(鲁) | 300 | 37000 | 39000.00 |
| 171 | 兖州市(鲁) | 16 | 700 | 35000.00 |
| 172 | 肥城市(鲁) | 85 | 2125 | 30281.00 |
| 173 | 临淄区(鲁) | 55 | 700 | 25000.00 |
| 174 | 栖霞市(鲁) | 21 | | 19870.00 |
| 175 | 梁山县(鲁) | 23 | 325 | 18500.00 |
| 176 | 宁阳县(鲁) | 650 | 420 | 6008.00 |
| 177 | 新泰市(鲁) | 165 | | 4710.00 |
| 178 | 汶上县(鲁) | 20 | | 4200.00 |
| 179 | 东平县(鲁) | 20 | 20 | 3000.00 |
| 180 | 曹　县(鲁) | 16 | 1591 | 1250.00 |
| 181 | 乐陵市(鲁) | 55 | 550 | 650.00 |
| 182 | 登封市(豫) | 230 | 8300 | 415000.00 |
| 183 | 林州市(豫) | 130 | 130 | 250000.00 |
| 184 | 尉氏县(豫) | 240 | 50000 | 180000.00 |
| 185 | 桐柏县(豫) | 78 | 3417 | 144590.00 |
| 186 | 新密市(豫) | 1500 | | 130000.00 |
| 187 | 栾川县(豫) | 500 | 10000 | 102000.00 |
| 188 | 淮滨县(豫) | 35 | 40 | 100000.00 |
| 189 | 邓州市(豫) | 135 | 6800 | 82000.00 |
| 190 | 南乐县(豫) | 50 | 1950 | 70000.00 |
| 191 | 偃师市(豫) | 300 | 1000 | 30000.00 |
| 192 | 镇平县(豫) | 76 | 153 | 24500.00 |
| 193 | 西峡县(豫) | 15 | | 11300.00 |
| 194 | 新野县(豫) | 15 | | 500.00 |
| 195 | 淅川县(豫) | | | 450.00 |
| 196 | 内乡县(豫) | 40 | 55 | 200.00 |
| 197 | 保康县(鄂) | 2000 | 20500 | 2910000.00 |
| 198 | 随　县(鄂) | 390 | 33219 | 2850000.00 |
| 199 | 麻城市(鄂) | 2300 | 30000 | 2500000.00 |
| 200 | 东宝区(鄂) | 34 | 8170 | 1549000.00 |

(续)

| 序号 | 蜂蜜主产地 | 养蜂户数（户） | 蜜蜂饲养（群） | 蜂蜜产量（千克） |
|---|---|---|---|---|
| 201 | 云梦县(鄂) | 220 | | 420000.00 |
| 202 | 大悟县(鄂) | 120 | | 150000.00 |
| 203 | 京山县(鄂) | 2000 | 25000 | 118800.00 |
| 204 | 房　县(鄂) | | | 116812.00 |
| 205 | 神农架林区(鄂) | 2100 | 2625 | 82000.00 |
| 206 | 巴东县(鄂) | 2000 | 28000 | 60000.00 |
| 207 | 枝江市(鄂) | 12 | 15000 | 30000.00 |
| 208 | 南漳县(鄂) | 1756 | 289 | 28000.00 |
| 209 | 来凤县(鄂) | 1970 | 4500 | 18000.00 |
| 210 | 五峰土家族自治县(鄂) | 15000 | 9000 | 15000.00 |
| 211 | 当阳市(鄂) | 18 | 32 | 13000.00 |
| 212 | 英山县(鄂) | 825 | | 11000.00 |
| 213 | 随州市市辖区(鄂) | 65 | 1225 | 9180.00 |
| 214 | 兴山县(鄂) | | 500 | 5000.00 |
| 215 | 宜都市(鄂) | 80 | 400 | 4000.00 |
| 216 | 石首市(鄂) | 53 | 53 | 3500.00 |
| 217 | 孝昌县(鄂) | 20 | | 3000.00 |
| 218 | 阳新县(鄂) | 103 | | 2546.00 |
| 219 | 竹山县(鄂) | 1918 | | 2000.00 |
| 220 | 罗田县(鄂) | 20 | 100 | 1500.00 |
| 221 | 浠水县(鄂) | 8 | 50 | 1000.00 |
| 222 | 广水市(鄂) | 120 | 200 | 1000.00 |
| 223 | 襄城区(鄂) | 25 | 720 | 960.00 |
| 224 | 张湾区(鄂) | 10 | 20 | 700.00 |
| 225 | 茅箭区(鄂) | 20 | 20 | 500.00 |
| 226 | 浏阳市(湘) | 4760 | 178000 | 1650000.00 |
| 227 | 鼎城区(湘) | 140 | 18000 | 810000.00 |
| 228 | 岳阳县(湘) | 500 | | 500000.00 |
| 229 | 石门县(湘) | 11400 | 30000 | 300000.00 |
| 230 | 安化县(湘) | 374 | 14985 | 299700.00 |
| 231 | 泸溪县(湘) | 200 | 8000 | 200000.00 |
| 232 | 中方县(湘) | 98 | 3000 | 200000.00 |
| 233 | 资兴市(湘) | 2345 | 21220 | 132732.00 |
| 234 | 新宁县(湘) | 600 | 9000 | 90000.00 |
| 235 | 北湖区(湘) | 2100 | | 54000.00 |
| 236 | 祁东县(湘) | 60 | 300 | 53000.00 |
| 237 | 慈利县(湘) | 280 | 10000 | 50000.00 |
| 238 | 永顺县(湘) | 5000 | 20000 | 43700.00 |
| 239 | 常宁市(湘) | 28 | 1000 | 40000.00 |
| 240 | 荷塘区(湘) | | 16 | 32200.00 |
| 241 | 麻阳苗族自治县(湘) | 33 | | 28000.00 |
| 242 | 湘乡市(湘) | 180 | | 22500.00 |
| 243 | 新化县(湘) | 142 | 15500 | 21000.00 |
| 244 | 新邵县(湘) | 150 | 3500 | 20000.00 |

（续）

| 序号 | 蜂蜜主产地 | 养蜂户数（户） | 蜜蜂饲养（群） | 蜂蜜产量（千克） |
|---|---|---|---|---|
| 245 | 保靖县(湘) | 320 | | 15000.00 |
| 246 | 邵阳县(湘) | 65 | 3500 | 12000.00 |
| 247 | 城步苗族自治县(湘) | 23 | | 11900.00 |
| 248 | 沅陵县(湘) | 320 | 12117 | 11300.00 |
| 249 | 株洲县(湘) | 28 | 560 | 11200.00 |
| 250 | 绥宁县(湘) | 42 | 520 | 10400.00 |
| 251 | 洞口县(湘) | 68 | | 8400.00 |
| 252 | 汝城县(湘) | 12 | 892 | 5002.00 |
| 253 | 桑植县(湘) | 1500 | | 5000.00 |
| 254 | 东安县(湘) | 22 | | 3450.00 |
| 255 | 永兴县(湘) | 216 | 1650 | 3420.00 |
| 256 | 临武县(湘) | 75 | 1120 | 3320.00 |
| 257 | 辰溪县(湘) | 30 | | 3000.00 |
| 258 | 桂东县(湘) | 660 | 1880 | 2900.00 |
| 259 | 双峰县(湘) | 60 | | 2500.00 |
| 260 | 芷江侗族自治县(湘) | 590 | 2350 | 2430.00 |
| 261 | 湘潭县(湘) | 220 | | 2250.00 |
| 262 | 蓝山县(湘) | 52 | 260 | 1500.00 |
| 263 | 衡南县(湘) | 5 | | 1000.00 |
| 264 | 零陵区(湘) | 30 | 2500 | 1000.00 |
| 265 | 湘阴县(湘) | 5 | | 1000.00 |
| 266 | 冷水江市(湘) | 14 | 90 | 550.00 |
| 267 | 冷水滩区(湘) | 8 | 8 | 520.00 |
| 268 | 隆回县(湘) | 15 | | 500.00 |
| 269 | 耒阳市(湘) | 100 | 200 | 400.00 |
| 270 | 望城区(湘) | 5 | 150 | 200.00 |
| 271 | 罗定市(粤) | 350 | 93400 | 934000.00 |
| 272 | 蕉岭县(粤) | 2910 | | 653340.00 |
| 273 | 新丰县(粤) | 34 | 70 | 648200.00 |
| 274 | 信宜市(粤) | | | 511300.00 |
| 275 | 平远县(粤) | 962 | 25000 | 200000.00 |
| 276 | 英德市(粤) | 200 | | 124000.00 |
| 277 | 五华县(粤) | 1000 | | 60000.00 |
| 278 | 化州市(粤) | 1089 | | 54630.00 |
| 279 | 乐昌市(粤) | 15 | 2700 | 40100.00 |
| 280 | 始兴县(粤) | 252 | 5250 | 35600.00 |
| 281 | 云城区(粤) | 30 | 150 | 35000.00 |
| 282 | 和平县(粤) | 483 | 23 | 30000.00 |
| 283 | 普宁市(粤) | 18 | 356 | 13953.00 |
| 284 | 云安县(粤) | 700 | 2100 | 8400.00 |
| 285 | 连州市(粤) | 420 | 2100 | 7562.00 |
| 286 | 南雄市(粤) | | 1335 | 6600.00 |
| 287 | 连平县(粤) | 5 | | 5000.00 |
| 288 | 浈江区(粤) | 10 | 0 | 5000.00 |

（续）

| 序号 | 蜂蜜主产地 | 养蜂户数（户） | 蜜蜂饲养（群） | 蜂蜜产量（千克） |
|---|---|---|---|---|
| 289 | 郁南县(粤) | 185 | 12950 | 3500.00 |
| 290 | 四会市(粤) | 38 | 1100 | 3000.00 |
| 291 | 东源县(粤) | 48 | 480 | 2400.00 |
| 292 | 乳源瑶族自治县(粤) | 58 | 6 | 2230.00 |
| 293 | 河源市属总林场(粤) | 10 | | 600.00 |
| 294 | 浦北县(桂) | 1987 | 102156 | 2155000.00 |
| 295 | 昭平县(桂) | 2030 | 46720 | 594000.00 |
| 296 | 苍梧县(桂) | | 13856 | 185000.00 |
| 297 | 合浦县(桂) | 631 | | 90000.00 |
| 298 | 防城区(桂) | 121 | 3500 | 40245.00 |
| 299 | 上思县(桂) | 760 | 12000 | 40000.00 |
| 300 | 钦北区(桂) | 160 | 9277 | 39110.00 |
| 301 | 金秀瑶族自治县(桂) | 63 | 4840 | 38720.00 |
| 302 | 那坡县(桂) | 850 | 5850 | 30250.00 |
| 303 | 黄冕林场(桂) | | | 25125.00 |
| 304 | 钦南区(桂) | | | 19000.00 |
| 305 | 田阳县(桂) | 620 | 620 | 18750.00 |
| 306 | 万秀区(桂) | 356 | 16330 | 8000.00 |
| 307 | 蒙山县(桂) | 580 | 12658 | 6654.00 |
| 308 | 靖西县(桂) | 912 | 1362 | 5500.00 |
| 309 | 隆林各族自治县(桂) | 203 | 620 | 2026.00 |
| 310 | 长洲区(桂) | 50 | 500 | 2000.00 |
| 311 | 北流市(桂) | 136 | 1710 | 1920.00 |
| 312 | 藤　县(桂) | 189 | 189 | 1198.00 |
| 313 | 陆川县(桂) | 40 | 1300 | 700.00 |
| 314 | 灵山县(桂) | 2530 | 5220 | 267.00 |
| 315 | 武隆县(渝) | 22420 | 41390 | 413900.00 |
| 316 | 梁平县(渝) | 1500 | 16605 | 287288.14 |
| 317 | 合川区(渝) | 3016 | 16850 | 202200.00 |
| 318 | 江津区(渝) | 500 | 13000 | 180000.00 |
| 319 | 酉阳土家族苗族自治县(渝) | | 35110 | 180000.00 |
| 320 | 开　县(渝) | 1259 | 28804 | 156162.00 |
| 321 | 永川区(渝) | 230 | 7000 | 98000.00 |
| 322 | 南川区(渝) | 6500 | 85000 | 72000.00 |
| 323 | 黔江区(渝) | | 22500 | 10300.00 |
| 324 | 彭水苗族土家族自治县(渝) | 2000 | 2000 | 2000.00 |
| 325 | 九寨沟县(川) | 600 | | 200000.00 |
| 326 | 南江县(川) | 1025 | | 170000.00 |
| 327 | 屏山县(川) | 125 | 5000 | 80000.00 |
| 328 | 金口河区(川) | 500 | 4000 | 80000.00 |
| 329 | 万源市(川) | 520 | 1700 | 65000.00 |
| 330 | 仁寿县(川) | 201 | 3042 | 21871.00 |
| 331 | 翠屏区(川) | 70 | 210 | 12000.00 |
| 332 | 邻水县(川) | 20 | 25 | 10000.00 |

(续)

| 序号 | 蜂蜜主产地 | 养蜂户数（户） | 蜜蜂饲养（群） | 蜂蜜产量（千克） |
|---|---|---|---|---|
| 333 | 三台县(川) | 100 | 2000 | 8000.00 |
| 334 | 北川羌族自治县(川) | 320 | 933 | 4000.00 |
| 335 | 平昌县(川) | 650 | 1500 | 2000.00 |
| 336 | 顺庆区(川) | 20 | 100 | 2000.00 |
| 337 | 蓬安县(川) | 72 | | 1730.00 |
| 338 | 米易县(川) | 20 | | 500.00 |
| 339 | 兴文县(川) | 125 | 200 | 400.00 |
| 340 | 嘉陵区(川) | 10 | 85 | 260.00 |
| 341 | 道孚林业局(川) | | | 200.00 |
| 342 | 梓潼县(川) | 50 | | 100.00 |
| 343 | 兴义市(黔) | 560 | 14500 | 500000.00 |
| 344 | 黄平县(黔) | 3600 | 5600 | 52000.00 |
| 345 | 道真仡佬族苗族自治县(黔) | 1000 | 1500 | 33333.00 |
| 346 | 沿河土家族自治县(黔) | 220 | 10 | 11000.00 |
| 347 | 普安县(黔) | 500 | 1500 | 7500.00 |
| 348 | 六枝特区(黔) | 400 | 1200 | 6000.00 |
| 349 | 榕江县(黔) | | | 3000.00 |
| 350 | 兴仁县(黔) | 150 | 150 | 2000.00 |
| 351 | 江口县(黔) | 200 | | 2000.00 |
| 352 | 黄果树林业绿化局(黔) | | | 800.00 |
| 353 | 镇宁布依族苗族自治县(黔) | 5 | 5 | 300.00 |
| 354 | 腾冲县(滇) | 452 | 24000 | 390000.00 |
| 355 | 维西傈僳族自治县(滇) | 2000 | | 379375.00 |
| 356 | 洱源县(滇) | | | 199000.00 |
| 357 | 罗平县(滇) | 22 | 784 | 170000.00 |
| 358 | 隆阳区(滇) | | | 168700.00 |
| 359 | 镇沅彝族哈尼族拉祜族自治县(滇) | | 37300 | 168000.00 |
| 360 | 景东彝族自治县(滇) | | | 149000.00 |
| 361 | 永胜县(滇) | 3200 | 21000 | 120000.00 |
| 362 | 耿马傣族佤族自治县(滇) | 25 | | 105000.00 |
| 363 | 玉龙纳西族自治县(滇) | | | 98000.00 |
| 364 | 剑川县(滇) | 509 | 13053 | 96024.00 |
| 365 | 景谷傣族彝族自治县(滇) | 1042 | 101310 | 77000.00 |
| 366 | 宣威市(滇) | 500 | 7500 | 75000.00 |
| 367 | 勐海县(滇) | 4600 | | 73000.00 |
| 368 | 施甸县(滇) | 652 | 6866 | 62000.00 |
| 369 | 贡山独龙族怒族自治县(滇) | 600 | | 61045.00 |
| 370 | 漾濞彝族自治县(滇) | 3500 | | 60000.00 |
| 371 | 镇康县(滇) | | | 31000.00 |
| 372 | 大姚县(滇) | | | 30451.00 |
| 373 | 绥江县(滇) | 129 | 14530 | 29060.00 |
| 374 | 双柏县(滇) | | 4000 | 25584.00 |
| 375 | 大关县(滇) | 20 | 2000 | 25000.00 |
| 376 | 禄劝彝族苗族自治县(滇) | 350 | 6000 | 20000.00 |

(续)

| 序号 | 蜂蜜主产地 | 养蜂户数（户） | 蜜蜂饲养（群） | 蜂蜜产量（千克） |
|---|---|---|---|---|
| 377 | 西畴县(滇) | | | 15500.00 |
| 378 | 临翔区(滇) | | | 12000.00 |
| 379 | 建水县(滇) | | | 10000.00 |
| 380 | 姚安县(滇) | | | 10000.00 |
| 381 | 兰坪白族普米族自治县(滇) | 980 | | 10000.00 |
| 382 | 华坪县(滇) | | | 8000.00 |
| 383 | 楚雄市(滇) | 15 | | 6100.00 |
| 384 | 倘甸工业园区(滇) | 210 | 1475 | 5700.00 |
| 385 | 五华区(滇) | 21 | 23 | 5300.00 |
| 386 | 江川县(滇) | 27 | 102 | 3800.00 |
| 387 | 孟连傣族拉祜族佤族自治县(滇) | 300 | 1100 | 3500.00 |
| 388 | 晋宁县(滇) | 2 | 1800 | 3200.00 |
| 389 | 宁蒗彝族自治县(滇) | 200 | | 3000.00 |
| 390 | 宾川县(滇) | 3600 | 11000 | 3000.00 |
| 391 | 盐津县(滇) | 35 | 150 | 3000.00 |
| 392 | 西山区(滇) | 65 | | 2606.50 |
| 393 | 南华县(滇) | 160 | 516 | 2520.00 |
| 394 | 富源县(滇) | 50 | 1200 | 2000.00 |
| 395 | 巍山彝族回族自治县(滇) | 100 | 1200 | 1800.00 |
| 396 | 牟定县(滇) | | | 1200.00 |
| 397 | 通海县(滇) | 21 | 80 | 300.00 |
| 398 | 师宗县(滇) | 150 | 2000 | 120.00 |
| 399 | 麟游县(陕) | 532 | 2710 | 1044000.00 |
| 400 | 陇　县(陕) | 1 | 1200 | 486000.00 |
| 401 | 岚皋县(陕) | 5800 | 64400 | 480000.00 |
| 402 | 太白县(陕) | | 67884 | 341550.00 |
| 403 | 佛坪县(陕) | 850 | 16500 | 200000.00 |
| 404 | 略阳县(陕) | 758 | | 160000.00 |
| 405 | 千阳县(陕) | 68 | | 144000.00 |
| 406 | 凤　县(陕) | 135 | | 135000.00 |
| 407 | 镇坪县(陕) | 280 | | 121300.00 |
| 408 | 商南县(陕) | 5520 | | 62760.00 |
| 409 | 太白林业局(陕) | 153 | 3300 | 45000.00 |
| 410 | 留坝县(陕) | 150 | | 45000.00 |
| 411 | 宁陕县(陕) | 55 | | 36547.00 |
| 412 | 横山县(陕) | 35 | 2000 | 25000.00 |
| 413 | 南郑县(陕) | 410 | | 18000.00 |
| 414 | 龙草坪林业局(陕) | 34 | 1044 | 10640.00 |
| 415 | 黄龙山林业局(陕) | 42 | 1300 | 10000.00 |
| 416 | 丹凤县(陕) | 300 | 8000 | 7000.00 |
| 417 | 定边县(陕) | | 860 | 5200.00 |
| 418 | 汉西林业局(陕) | 19 | 518 | 5020.00 |
| 419 | 宁西林业局(陕) | | 520 | 4550.00 |
| 420 | 商州区(陕) | 100 | 3000 | 3000.00 |

（续）

| 序号 | 蜂蜜主产地 | 养蜂户数（户） | 蜜蜂饲养（群） | 蜂蜜产量（千克） |
|---|---|---|---|---|
| 421 | 宁东林业局（陕） | 62 | 564 | 2400.00 |
| 422 | 马头滩林业局（陕） | 3 | 200 | 500.00 |
| 423 | 迭部县（甘） | 302 | 2960 | 59200.00 |
| 424 | 景泰县（甘） | 35 | 4000 | 50000.00 |
| 425 | 麦积区（甘） | 38 | 2080 | 31200.00 |
| 426 | 宕昌县（甘） | 360 | | 20000.00 |
| 427 | 宁　县（甘） | 50 | 1200 | 16000.00 |
| 428 | 康乐县（甘） | 12 | 5500 | 5500.00 |
| 429 | 华池县（甘） | 300 | 628 | 3000.00 |
| 430 | 环　县（甘） | 25 | 162 | 1300.00 |
| 431 | 渭源县（甘） | 30 | 1600 | 1200.00 |
| 432 | 甘州区（甘） | 15 | 700 | 1000.00 |
| 433 | 临潭县（甘） | 22 | 100 | 500.00 |
| 434 | 盐池县（宁） | 120 | 13200 | 800000.00 |
| 435 | 泾源县（宁） | 1250 | 31000 | 285000.00 |
| 436 | 西吉县（宁） | 140 | 1150 | 9200.00 |
| 437 | 西夏区（宁） | 12 | 13 | 5500.00 |
| 438 | 青铜峡市（宁） | 10 | 20 | 3000.00 |
| 439 | 穆棱林业局（龙江森工） | | 15000 | 974490.00 |
| 440 | 迎春林业局（龙江森工） | | 45000 | 706000.00 |
| 441 | 清河林业局（龙江森工） | | 9400 | 680000.00 |
| 442 | 双鸭山林业局（龙江森工） | | 5500 | 511000.00 |
| 443 | 东京城林业局（龙江森工） | | 10000 | 500000.00 |
| 444 | 东方红林业局（龙江森工） | | 20000 | 500000.00 |
| 445 | 双丰林业局（龙江森工） | | 6940 | 450000.00 |
| 446 | 绥阳林业局（龙江森工） | | 6813 | 408000.00 |
| 447 | 铁力林业局（龙江森工） | | 5700 | 399000.00 |
| 448 | 带岭实验局（龙江森工） | | 4300 | 300000.00 |

（续）

| 序号 | 蜂蜜主产地 | 养蜂户数（户） | 蜜蜂饲养（群） | 蜂蜜产量（千克） |
|---|---|---|---|---|
| 449 | 绥棱林业局（龙江森工） | | 8949 | 298000.00 |
| 450 | 汤旺河林业局（龙江森工） | | 4680 | 281000.00 |
| 451 | 方正林业局（龙江森工） | | 5155 | 260000.00 |
| 452 | 鹤北林业局（龙江森工） | | 5000 | 250000.00 |
| 453 | 乌马河林业局（龙江森工） | | 4100 | 225500.00 |
| 454 | 美溪林业局（龙江森工） | | 4900 | 210000.00 |
| 455 | 桦南林业局（龙江森工） | | 2000 | 176000.00 |
| 456 | 朗乡林业局（龙江森工） | | 3733 | 170000.00 |
| 457 | 苇河林业局（龙江森工） | | 4102 | 164000.00 |
| 458 | 山河屯林业局（龙江森工） | | 3220 | 161000.00 |
| 459 | 桃山林业局（龙江森工） | | 2500 | 150000.00 |
| 460 | 兴隆林业局（龙江森工） | | 3019 | 121000.00 |
| 461 | 鹤立林业局（龙江森工） | | 1540 | 100000.00 |
| 462 | 大海林林业局（龙江森工） | | 4906 | 97000.00 |
| 463 | 乌伊岭林业局（龙江森工） | | 2400 | 84000.00 |
| 464 | 亚布力林业局（龙江森工） | | 1620 | 81000.00 |
| 465 | 海林林业局（龙江森工） | | 2000 | 80000.00 |
| 466 | 南岔林业局（龙江森工） | | 2507 | 70000.00 |
| 467 | 通北林业局（龙江森工） | | 4558 | 68000.00 |
| 468 | 五营林业局（龙江森工） | | 1380 | 64000.00 |
| 469 | 柴河林业局（龙江森工） | | 1560 | 62000.00 |
| 470 | 上甘岭林业局（龙江森工） | | 1800 | 61500.00 |
| 471 | 金山屯林业局（龙江森工） | | 2500 | 60000.00 |
| 472 | 翠峦林业局（龙江森工） | | 1360 | 47600.00 |
| 473 | 沾河林业局（龙江森工） | | 927 | 33000.00 |
| 474 | 林口林业局（龙江森工） | | 820 | 21000.00 |
| 475 | 友好林业局（龙江森工） | | 3000 | 6000.00 |
| 476 | 红星林业局（龙江森工） | | 250 | 2000.00 |

**表 18-2　蜂王浆主产地产量**

| 序号 | 蜂王浆主产地 | 产量（千克） |
|---|---|---|
| 1 | 平谷区（京） | 16800.00 |
| 2 | 怀柔区（京） | 16000.00 |
| 3 | 昌平区（京） | 3710.00 |
| 4 | 房山区（京） | 3039.30 |
| 5 | 通州区（京） | 2000.00 |
| 6 | 顺义区（京） | 1300.00 |
| 7 | 平山县（冀） | 230.00 |
| 8 | 宽城满族自治县（冀） | 205.00 |
| 9 | 黎城县（晋） | 2300.00 |
| 10 | 泽州县（晋） | 300.00 |
| 11 | 北票市（辽） | 3000.00 |
| 12 | 凌源市（辽） | 1245.00 |
| 13 | 盖州市（辽） | 928.00 |

（续）

| 序号 | 蜂王浆主产地 | 产量（千克） |
|---|---|---|
| 14 | 抚顺县（辽） | 715.00 |
| 15 | 康平县（辽） | 350.00 |
| 16 | 磐石市（吉） | 5800.00 |
| 17 | 辉南县（吉） | 1200.00 |
| 18 | 靖宇县（吉） | 1200.00 |
| 19 | 龙潭区（吉） | 1000.00 |
| 20 | 蛟河市（吉） | 905.00 |
| 21 | 舒兰市（吉） | 820.00 |
| 22 | 临江市（吉） | 300.00 |
| 23 | 白山市市辖区（吉） | 185.00 |
| 24 | 长白朝鲜族自治县（吉） | 110.00 |
| 25 | 天桥岭林业局（吉） | 100.00 |
| 26 | 宝清县（黑） | 20000.00 |

（续）

| 序号 | 蜂王浆主产地 | 产量（千克） |
|---|---|---|
| 27 | 集贤县（黑） | 4800.00 |
| 28 | 通河县（黑） | 3000.00 |
| 29 | 孙吴县（黑） | 2400.00 |
| 30 | 丹清河实验林场（黑） | 2100.00 |
| 31 | 虎林市（黑） | 800.00 |
| 32 | 绥棱县（黑） | 530.00 |
| 33 | 五大连池市（黑） | 500.00 |
| 34 | 五常市（黑） | 300.00 |
| 35 | 嘉荫县（黑） | 300.00 |
| 36 | 孟家岗林场（黑） | 210.00 |
| 37 | 萝北县（黑） | 200.00 |
| 38 | 汤原县（黑） | 60.00 |
| 39 | 抚远县（黑） | 55.00 |

(续)

| 序号 | 蜂王浆主产地 | 产量(千克) |
|---|---|---|
| 40 | 桐庐县(浙) | 1150000.00 |
| 41 | 兰溪市(浙) | 956000.00 |
| 42 | 萧山区(浙) | 70000.00 |
| 43 | 永康市(浙) | 40100.00 |
| 44 | 秀洲区(浙) | 4340.00 |
| 45 | 莲都区(浙) | 3200.00 |
| 46 | 象山县(浙) | 120.00 |
| 47 | 枞阳县(皖) | 200000.00 |
| 48 | 芜湖县(皖) | 48000.00 |
| 49 | 桐城市(皖) | 13000.00 |
| 50 | 大观区(皖) | 12000.00 |
| 51 | 绩溪县(皖) | 8000.00 |
| 52 | 怀宁县(皖) | 1840.00 |
| 53 | 五河县(皖) | 1500.00 |
| 54 | 霍山县(皖) | 1200.00 |
| 55 | 旌德县(皖) | 693.00 |
| 56 | 东至县(皖) | 600.00 |
| 57 | 潜山县(皖) | 520.00 |
| 58 | 黟　县(皖) | 45.00 |
| 59 | 新干县(赣) | 11668.00 |
| 60 | 东乡县(赣) | 5000.00 |
| 61 | 上高县(赣) | 3300.00 |
| 62 | 德兴市(赣) | 2000.00 |
| 63 | 德安县(赣) | 2000.00 |
| 64 | 遂川县(赣) | 1000.00 |
| 65 | 南康市(赣) | 510.00 |
| 66 | 永丰县(赣) | 500.00 |
| 67 | 余江县(赣) | 500.00 |
| 68 | 分宜县(赣) | 400.00 |
| 69 | 乐安县(赣) | 140.00 |
| 70 | 沂源县(鲁) | 29500.00 |
| 71 | 肥城市(鲁) | 6056.00 |
| 72 | 蒙阴县(鲁) | 5200.00 |
| 73 | 临淄区(鲁) | 2800.00 |
| 74 | 青州市(鲁) | 2000.00 |
| 75 | 博山区(鲁) | 2000.00 |
| 76 | 博山区(鲁) | 2000.00 |
| 77 | 临沂市蒙山旅游区(鲁) | 1500.00 |
| 78 | 高青县(鲁) | 1500.00 |
| 79 | 东平县(鲁) | 1200.00 |
| 80 | 宁阳县(鲁) | 1116.00 |
| 81 | 汶上县(鲁) | 1100.00 |
| 82 | 乐陵市(鲁) | 450.00 |
| 83 | 新泰市(鲁) | 285.00 |
| 84 | 兖州市(鲁) | 225.00 |

(续)

| 序号 | 蜂王浆主产地 | 产量(千克) |
|---|---|---|
| 85 | 曹　县(鲁) | 37.00 |
| 86 | 尉氏县(豫) | 18000.00 |
| 87 | 南乐县(豫) | 14260.00 |
| 88 | 登封市(豫) | 8400.00 |
| 89 | 淮滨县(豫) | 3000.00 |
| 90 | 栾川县(豫) | 200.00 |
| 91 | 东宝区(鄂) | 151000.00 |
| 92 | 随　县(鄂) | 40000.00 |
| 93 | 京山县(鄂) | 40000.00 |
| 94 | 保康县(鄂) | 5700.00 |
| 95 | 巴东县(鄂) | 3000.00 |
| 96 | 来凤县(鄂) | 1650.00 |
| 97 | 宜都市(鄂) | 1600.00 |
| 98 | 麻城市(鄂) | 1000.00 |
| 99 | 襄城区(鄂) | 660.00 |
| 100 | 当阳市(鄂) | 500.00 |
| 101 | 广水市(鄂) | 100.00 |
| 102 | 随州市市辖区(鄂) | 45.00 |
| 103 | 浠水县(鄂) | 40.00 |
| 104 | 鼎城区(湘) | 62000.00 |
| 105 | 浏阳市(湘) | 48000.00 |
| 106 | 洪江市(湘) | 36800.00 |
| 107 | 新化县(湘) | 6225.00 |
| 108 | 新宁县(湘) | 6000.00 |
| 109 | 北湖区(湘) | 5000.00 |
| 110 | 茶陵县(湘) | 3000.00 |
| 111 | 荷塘区(湘) | 1700.00 |
| 112 | 资兴市(湘) | 1250.00 |
| 113 | 祁东县(湘) | 1000.00 |
| 114 | 双峰县(湘) | 1000.00 |
| 115 | 衡南县(湘) | 1000.00 |
| 116 | 慈利县(湘) | 700.00 |
| 117 | 麻阳苗族自治县(湘) | 330.00 |
| 118 | 城步苗族自治县(湘) | 260.00 |
| 119 | 耒阳市(湘) | 100.00 |
| 120 | 泸溪县(湘) | 100.00 |
| 121 | 隆回县(湘) | 60.00 |
| 122 | 常宁市(湘) | 36.00 |
| 123 | 望城区(湘) | 20.00 |
| 124 | 蕉岭县(粤) | 4010.00 |
| 125 | 乳源瑶族自治县(粤) | 350.00 |
| 126 | 北流市(桂) | 130.00 |
| 127 | 万秀区(桂) | 100.00 |
| 128 | 陆川县(桂) | 14.00 |
| 129 | 开　县(渝) | 20385.00 |

(续)

| 序号 | 蜂王浆主产地 | 产量(千克) |
|---|---|---|
| 130 | 酉阳土家族苗族自治县(渝) | 3760.00 |
| 131 | 梁平县(渝) | 1298.44 |
| 132 | 彭水苗族土家族自治县(渝) | 300.00 |
| 133 | 江津区(渝) | 20.00 |
| 134 | 万源市(川) | 29000.00 |
| 135 | 三台县(川) | 12000.00 |
| 136 | 屏山县(川) | 600.00 |
| 137 | 蓬安县(川) | 156.00 |
| 138 | 兴义市(黔) | 5000.00 |
| 139 | 黄平县(黔) | 20.00 |
| 140 | 永胜县(滇) | 2000.00 |
| 141 | 宁蒗彝族自治县(滇) | 1000.00 |
| 142 | 五华区(滇) | 820.00 |
| 143 | 盐津县(滇) | 400.00 |
| 144 | 腾冲县(滇) | 300.00 |
| 145 | 红河县(滇) | 60.00 |
| 146 | 定边县(陕) | 1020.00 |
| 147 | 陇　县(陕) | 800.00 |
| 148 | 商州区(陕) | 600.00 |
| 149 | 南郑县(陕) | 420.00 |
| 150 | 略阳县(陕) | 220.00 |
| 151 | 成　县(甘) | 2000.00 |
| 152 | 景泰县(甘) | 500.00 |
| 153 | 渭源县(甘) | 120.00 |
| 154 | 甘州区(甘) | 100.00 |
| 155 | 盐池县(宁) | 2000.00 |

**表 18-3　蜂胶主产地产量**

| 序号 | 蜂胶主产地 | 产量(千克) |
|---|---|---|
| 1 | 怀柔区(京) | 1950.00 |
| 2 | 房山区(京) | 1130.00 |
| 3 | 平谷区(京) | 1100.00 |
| 4 | 顺义区(京) | 500.00 |
| 5 | 昌平区(京) | 270.00 |
| 6 | 宁晋县(冀) | 215.00 |
| 7 | 永年县(冀) | 38.00 |
| 8 | 平山县(冀) | 17.00 |
| 9 | 黎城县(晋) | 300.00 |
| 10 | 泽州县(晋) | 100.00 |
| 11 | 抚顺县(辽) | 1698.00 |
| 12 | 盖州市(辽) | 110.00 |
| 13 | 龙井市(吉) | 250584.00 |
| 14 | 龙潭区(吉) | 6000.00 |
| 15 | 磐石市(吉) | 1760.00 |
| 16 | 长白朝鲜族自治县(吉) | 465.00 |

（续）

| 序号 | 蜂胶主产地 | 产量（千克） |
|---|---|---|
| 17 | 蛟河市（吉） | 271.00 |
| 18 | 辉南县（吉） | 200.00 |
| 19 | 天桥岭林业局（吉） | 100.00 |
| 20 | 舒兰市（吉） | 92.00 |
| 21 | 宝清县（黑） | 2000.00 |
| 22 | 虎林市（黑） | 400.00 |
| 23 | 通河县（黑） | 300.00 |
| 24 | 汤原县（黑） | 30.00 |
| 25 | 丹清河实验林场（黑） | 15.00 |
| 26 | 孟家岗林场（黑） | 10.50 |
| 27 | 桐庐县（浙） | 50000.00 |
| 28 | 兰溪市（浙） | 5000.00 |
| 29 | 象山县（浙） | 2650.00 |
| 30 | 萧山区（浙） | 400.00 |
| 31 | 永康市（浙） | 370.00 |
| 32 | 莲都区（浙） | 170.00 |
| 33 | 秀洲区（浙） | 72.50 |
| 34 | 桐城市（皖） | 10000.00 |
| 35 | 东至县（皖） | 9000.00 |
| 36 | 绩溪县（皖） | 8000.00 |
| 37 | 芜湖县（皖） | 720.00 |
| 38 | 旌德县（皖） | 34.00 |
| 39 | 新干县（赣） | 320.00 |
| 40 | 乐安县（赣） | 12.00 |
| 41 | 青州市（鲁） | 2750.00 |
| 42 | 临沂市蒙山旅游区（鲁） | 2000.00 |
| 43 | 冠　县（鲁） | 1800.00 |
| 44 | 沂源县（鲁） | 1600.00 |
| 45 | 汶上县（鲁） | 850.00 |
| 46 | 东平县（鲁） | 400.00 |
| 47 | 高青县（鲁） | 320.00 |
| 48 | 新泰市（鲁） | 175.00 |
| 49 | 临淄区（鲁） | 150.00 |
| 50 | 乐陵市（鲁） | 85.00 |
| 51 | 兖州市（鲁） | 35.00 |
| 52 | 南乐县（豫） | 1500.00 |
| 53 | 登封市（豫） | 1400.00 |
| 54 | 桐柏县（豫） | 1000.00 |
| 55 | 尉氏县（豫） | 800.00 |
| 56 | 淮滨县（豫） | 500.00 |
| 57 | 东宝区（鄂） | 9500.00 |
| 58 | 保康县（鄂） | 5600.00 |
| 59 | 随州市经济技术开发区（鄂） | 5000.00 |
| 60 | 巴东县（鄂） | 500.00 |
| 61 | 随　县（鄂） | 400.00 |

（续）

| 序号 | 蜂胶主产地 | 产量（千克） |
|---|---|---|
| 62 | 广水市（鄂） | 100.00 |
| 63 | 麻城市（鄂） | 100.00 |
| 64 | 京山县（鄂） | 10.00 |
| 65 | 新化县（湘） | 16650.00 |
| 66 | 洪江市（湘） | 13460.00 |
| 67 | 新宁县（湘） | 7000.00 |
| 68 | 鼎城区（湘） | 4500.00 |
| 69 | 沅陵县（湘） | 4500.00 |
| 70 | 资兴市（湘） | 2560.00 |
| 71 | 北湖区（湘） | 2000.00 |
| 72 | 浏阳市（湘） | 2000.00 |
| 73 | 常宁市（湘） | 36.00 |
| 74 | 蕉岭县（粤） | 36621.00 |
| 75 | 乳源瑶族自治县（粤） | 150.00 |
| 76 | 浦北县（桂） | 15000.00 |
| 77 | 万秀区（桂） | 50.00 |
| 78 | 那坡县（桂） | 19.00 |
| 79 | 酉阳土家族苗族自治县（渝） | 140.00 |
| 80 | 彭水苗族土家族自治县（渝） | 100.00 |
| 81 | 梁平县（渝） | 55.71 |
| 82 | 万源市（川） | 8500.00 |
| 83 | 蓬安县（川） | 69.00 |
| 84 | 宾川县（滇） | 500.00 |
| 85 | 宁蒗彝族自治县（滇） | 500.00 |
| 86 | 永德县（滇） | 500.00 |
| 87 | 五华区（滇） | 360.00 |
| 88 | 孟连傣族拉祜族佤族自治县（滇） | 280.00 |
| 89 | 腾冲县（滇） | 100.00 |
| 90 | 永胜县（滇） | 100.00 |
| 91 | 南郑县（陕） | 9000.00 |
| 92 | 景泰县（甘） | 500.00 |
| 93 | 盐池县（宁） | 150.00 |

## 表 18-4　蜂花粉主产地产量

| 序号 | 蜂花粉主产地 | 产量（千克） |
|---|---|---|
| 1 | 房山区（京） | 13337.80 |
| 2 | 怀柔区（京） | 5300.00 |
| 3 | 顺义区（京） | 4100.00 |
| 4 | 平谷区（京） | 3700.00 |
| 5 | 昌平区（京） | 492.00 |
| 6 | 大名县（冀） | 5700.00 |
| 7 | 宁晋县（冀） | 2755.00 |
| 8 | 永年县（冀） | 702.00 |
| 9 | 黎城县（晋） | 6000.00 |
| 10 | 泽州县（晋） | 650.00 |

（续）

| 序号 | 蜂花粉主产地 | 产量（千克） |
|---|---|---|
| 11 | 凌源市（辽） | 120000.00 |
| 12 | 盖州市（辽） | 1856.00 |
| 13 | 抚顺县（辽） | 669.00 |
| 14 | 磐石市（吉） | 12250.00 |
| 15 | 蛟河市（吉） | 6350.00 |
| 16 | 龙潭区（吉） | 1000.00 |
| 17 | 舒兰市（吉） | 685.00 |
| 18 | 辉南县（吉） | 660.00 |
| 19 | 天桥岭林业局（吉） | 500.00 |
| 20 | 临江市（吉） | 50.00 |
| 21 | 长白朝鲜族自治县（吉） | 20.00 |
| 22 | 宝清县（黑） | 30000.00 |
| 23 | 通河县（黑） | 15000.00 |
| 24 | 孙吴县（黑） | 3000.00 |
| 25 | 绥棱县（黑） | 1590.00 |
| 26 | 虎林市（黑） | 1500.00 |
| 27 | 五大连池市（黑） | 1000.00 |
| 28 | 萝北县（黑） | 600.00 |
| 29 | 孟家岗林场（黑） | 420.00 |
| 30 | 汤原县（黑） | 150.00 |
| 31 | 兰溪市（浙） | 385000.00 |
| 32 | 桐庐县（浙） | 360000.00 |
| 33 | 宁海县（浙） | 150000.00 |
| 34 | 萧山区（浙） | 75000.00 |
| 35 | 莲都区（浙） | 27000.00 |
| 36 | 永康市（浙） | 19160.00 |
| 37 | 秀洲区（浙） | 2580.00 |
| 38 | 象山县（浙） | 320.00 |
| 39 | 桐城市（皖） | 140000.00 |
| 40 | 芜湖县（皖） | 30000.00 |
| 41 | 绩溪县（皖） | 20000.00 |
| 42 | 旌德县（皖） | 1200.00 |
| 43 | 东至县（皖） | 380.00 |
| 44 | 永丰县（赣） | 50000.00 |
| 45 | 石城县（赣） | 5000.00 |
| 46 | 乐安县（赣） | 10.00 |
| 47 | 沂源县（鲁） | 21000.00 |
| 48 | 曹　县（鲁） | 3000.00 |
| 49 | 临沂市蒙山旅游区（鲁） | 2000.00 |
| 50 | 青州市（鲁） | 2000.00 |
| 51 | 兖州市（鲁） | 1750.00 |
| 52 | 汶上县（鲁） | 1500.00 |
| 53 | 乐陵市（鲁） | 400.00 |
| 54 | 临淄区（鲁） | 380.00 |
| 55 | 新泰市（鲁） | 305.00 |

(续)

| 序号 | 蜂花粉主产地 | 产量(千克) |
|---|---|---|
| 56 | 淮滨县(豫) | 60000.00 |
| 57 | 尉氏县(豫) | 53000.00 |
| 58 | 唐河县(豫) | 4050.00 |
| 59 | 桐柏县(豫) | 2000.00 |
| 60 | 登封市(豫) | 700.00 |
| 61 | 淅川县(豫) | 80.00 |
| 62 | 麻城市(鄂) | 150000.00 |
| 63 | 随　县(鄂) | 60000.00 |
| 64 | 保康县(鄂) | 13300.00 |
| 65 | 广水市(鄂) | 6000.00 |
| 66 | 巴东县(鄂) | 2000.00 |
| 67 | 来凤县(鄂) | 600.00 |
| 68 | 京山县(鄂) | 10.00 |
| 69 | 北湖区(湘) | 92000.00 |
| 70 | 浏阳市(湘) | 92000.00 |
| 71 | 新化县(湘) | 16650.00 |
| 72 | 鼎城区(湘) | 4200.00 |
| 73 | 新宁县(湘) | 3000.00 |
| 74 | 慈利县(湘) | 2000.00 |
| 75 | 麻阳苗族自治县(湘) | 1000.00 |
| 76 | 湘阴县(湘) | 100.00 |
| 77 | 临武县(湘) | 100.00 |
| 78 | 常宁市(湘) | 71.00 |
| 79 | 云城区(粤) | 6080.00 |
| 80 | 云安县(粤) | 2800.00 |
| 81 | 乳源瑶族自治县(粤) | 600.00 |
| 82 | 浦北县(桂) | 10000.00 |
| 83 | 万秀区(桂) | 30.00 |
| 84 | 那坡县(桂) | 19.00 |
| 85 | 开　县(渝) | 27725.00 |
| 86 | 梁平县(渝) | 6457.88 |
| 87 | 江津区(渝) | 300.00 |
| 88 | 彭水苗族土家族自治县(渝) | 50.00 |
| 89 | 万源市(川) | 920000.00 |
| 90 | 三台县(川) | 200.00 |
| 91 | 兴义市(黔) | 20000.00 |
| 92 | 永胜县(滇) | 5000.00 |
| 93 | 腾冲县(滇) | 2000.00 |
| 94 | 五华区(滇) | 500.00 |
| 95 | 盐津县(滇) | 200.00 |
| 96 | 孟连傣族拉祜族佤族自治县(滇) | 200.00 |
| 97 | 宁蒗彝族自治县(滇) | 100.00 |
| 98 | 南郑县(陕) | 3000.00 |
| 99 | 陇　县(陕) | 300.00 |
| 100 | 景泰县(甘) | 2500.00 |
| 101 | 盐池县(宁) | 8000.00 |

# 林产品进出口

# FOREIGN TRADES STATISTICS OF FOREST PRODUCTS

## 原木出口量值表

| 国家/地区 | 出口数量（立方米） | 出口金额（千美元） |
| --- | --- | --- |
| 44034990 未列名本章子目注释二所列热带木原木 | | |
| 合计 | 19188.00 | 5621.04 |
| 越南 | 18316.00 | 5352.76 |
| 泰国 | 550.00 | 188.06 |
| 孟加拉国 | 322.00 | 80.23 |
| 44039930 红木原木 | | |
| 合计 | 644.00 | 416.52 |
| 越南 | 598.00 | 324.25 |
| 缅甸 | 46.00 | 92.27 |
| 44039990 未列名非针叶木原木 | | |
| 合计 | 74733.00 | 23755.83 |
| 越南 | 70771.00 | 22607.63 |
| 泰国 | 2527.00 | 723.41 |
| 中国台澎金马关税区 | 1435.00 | 424.79 |

## 原木进口量值表

| 国家/地区 | 进口数量（立方米） | 进口金额（千美元） |
| --- | --- | --- |
| 44031000 用油漆、着色剂、杂酚油等防腐剂处理的原木 | | |
| 合计 | 332074.00 | 58904.12 |
| 新西兰 | 331954.00 | 58867.98 |
| 美国 | 16.00 | 23.40 |
| 朝鲜 | 104.00 | 12.74 |
| 44032010 红松和樟子松原木 | | |
| 合计 | 4636767.00 | 491188.73 |
| 俄罗斯 | 3592028.00 | 387695.17 |
| 乌克兰 | 921532.00 | 91325.77 |
| 立陶宛 | 34341.00 | 3493.96 |
| 白俄罗斯 | 35383.00 | 3212.24 |
| 拉脱维亚 | 30353.00 | 3118.05 |
| 波兰 | 12749.00 | 1274.48 |
| 爱沙尼亚 | 7068.00 | 708.28 |
| 法国 | 1478.00 | 164.36 |
| 比利时 | 891.00 | 106.00 |
| 丹麦 | 941.00 | 89.44 |
| 美国 | 3.00 | 1.00 |
| 44032020 白松(云杉和冷杉)原木 | | |
| 合计 | 5549715.00 | 703180.17 |
| 俄罗斯 | 3184056.00 | 357170.54 |
| 美国 | 1156982.00 | 188861.00 |
| 加拿大 | 562139.00 | 82889.21 |
| 法国 | 127605.00 | 14688.99 |
| 爱沙尼亚 | 97669.00 | 10935.05 |
| 丹麦 | 85858.00 | 9480.14 |
| 白俄罗斯 | 88256.00 | 9212.72 |
| 朝鲜 | 63634.00 | 7781.25 |
| 罗马尼亚 | 24840.00 | 3647.04 |
| 澳大利亚 | 24629.00 | 3072.73 |
| 拉脱维亚 | 26564.00 | 2966.06 |
| 立陶宛 | 25437.00 | 2784.51 |
| 日本 | 21882.00 | 2703.65 |
| 挪威 | 16940.00 | 1896.63 |
| 新西兰 | 13158.00 | 1676.43 |
| 捷克 | 12969.00 | 1520.77 |
| 波兰 | 12185.00 | 1329.73 |
| 德国 | 1473.00 | 190.97 |
| 斯洛文尼亚 | 1058.00 | 108.89 |
| 瑞典 | 994.00 | 107.51 |
| 乌克兰 | 979.00 | 93.97 |
| 斯洛伐克 | 315.00 | 34.37 |
| 韩国 | 54.00 | 22.25 |
| 芬兰 | 39.00 | 5.78 |
| 44032030 辐射松原木 | | |
| 合计 | 14085982.00 | 1607172.70 |
| 新西兰 | 11230388.00 | 1321269.89 |
| 澳大利亚 | 2779871.00 | 278516.05 |
| 南非 | 49686.00 | 5135.09 |
| 智利 | 25272.00 | 2159.86 |
| 美国 | 491.00 | 49.95 |
| 津巴布韦 | 128.00 | 24.34 |
| 巴西 | 146.00 | 17.52 |
| 44032040 落叶松原木 | | |
| 合计 | 2414175.00 | 241308.30 |
| 俄罗斯 | 2400963.00 | 239769.16 |
| 新西兰 | 5587.00 | 642.80 |
| 朝鲜 | 3985.00 | 376.07 |
| 美国 | 1129.00 | 183.95 |
| 波兰 | 1327.00 | 154.75 |
| 法国 | 563.00 | 85.59 |
| 丹麦 | 573.00 | 80.56 |
| 加拿大 | 45.00 | 14.45 |
| 中国台澎金马关税区 | 2.00 | 0.67 |
| 日本 | 1.00 | 0.31 |
| 44032050 花旗松原木 | | |
| 合计 | 1872420.00 | 287709.01 |
| 美国 | 902734.00 | 150243.15 |
| 加拿大 | 625720.00 | 95217.59 |
| 新西兰 | 327344.00 | 40009.22 |
| 法国 | 11734.00 | 1619.68 |
| 澳大利亚 | 3744.00 | 451.39 |
| 德国 | 425.00 | 85.35 |
| 丹麦 | 719.00 | 82.62 |
| 44032090 未列名针叶木原木 | | |
| 合计 | 5106567.00 | 722125.44 |
| 美国 | 2393768.00 | 352468.38 |
| 加拿大 | 1592115.00 | 233164.78 |
| 日本 | 468615.00 | 55258.05 |
| 澳大利亚 | 456775.00 | 52099.21 |
| 俄罗斯 | 72154.00 | 10987.16 |
| 新西兰 | 57001.00 | 7812.99 |
| 哥斯达黎加 | 13609.00 | 3435.00 |
| 乌拉圭 | 27620.00 | 2876.11 |
| 危地马拉 | 2952.00 | 849.31 |
| 朝鲜 | 3942.00 | 757.06 |
| 巴西 | 4608.00 | 457.47 |
| 老挝 | 541.00 | 329.85 |
| 丹麦 | 2222.00 | 317.60 |
| 越南 | 3414.00 | 301.03 |
| 中国台澎金马关税区 | 607.00 | 196.39 |
| 缅甸 | 2027.00 | 193.28 |
| 南非 | 1207.00 | 145.76 |
| 法国 | 1387.00 | 143.31 |
| 比利时 | 1166.00 | 129.29 |
| 萨尔瓦多 | 397.00 | 121.40 |
| 厄瓜多尔 | 102.00 | 31.14 |
| 德国 | 221.00 | 29.63 |
| 波兰 | 105.00 | 15.26 |
| 印度尼西亚 | 11.00 | 5.50 |
| 韩国 | 1.00 | 0.50 |
| 44034100 深红色红柳安木、浅红色红柳安木及巴栲红柳安木原木 | | |
| 合计 | 23106.00 | 4743.09 |
| 马来西亚 | 20804.00 | 4420.09 |
| 澳大利亚 | 670.00 | 126.47 |
| 乌拉圭 | 749.00 | 116.22 |
| 巴西 | 879.00 | 78.71 |
| 缅甸 | 4.00 | 1.60 |
| 44034910 柚木原木 | | |
| 合计 | 65233.00 | 40856.24 |
| 缅甸 | 44952.00 | 29862.59 |

（续）

| 国家/地区 | 进口数量（立方米） | 进口金额（千美元） |
|---|---|---|
| 哥斯达黎加 | 5526.00 | 3306.38 |
| 老挝 | 5740.00 | 2450.66 |
| 巴拿马 | 3635.00 | 2094.39 |
| 加纳 | 1680.00 | 984.95 |
| 巴西 | 883.00 | 444.25 |
| 厄瓜多尔 | 687.00 | 363.07 |
| 哥伦比亚 | 579.00 | 329.21 |
| 墨西哥 | 436.00 | 286.50 |
| 中国台澎金马关税区 | 226.00 | 276.24 |
| 马来西亚 | 651.00 | 270.25 |
| 坦桑尼亚 | 25.00 | 53.73 |
| 贝宁 | 70.00 | 40.84 |
| 尼日利亚 | 34.00 | 25.24 |
| 科特迪瓦 | 33.00 | 19.36 |
| 乌干达 | 20.00 | 12.84 |
| 印度 | 6.00 | 11.46 |
| 赞比亚 | 17.00 | 10.83 |
| 尼加拉瓜 | 19.00 | 7.64 |
| 危地马拉 | 14.00 | 5.82 |
| 44034920 奥克曼木(奥克榄)原木 | | |
| 合计 | 852261.00 | 217933.25 |
| 赤道几内亚 | 527788.00 | 128262.51 |
| 刚果(布) | 324473.00 | 89670.74 |
| 44034930 龙脑香木(克隆木)原木 | | |
| 合计 | 10014.00 | 2622.96 |
| 马来西亚 | 10014.00 | 2622.96 |
| 44034940 山樟木(香木)原木 | | |
| 合计 | 13682.00 | 3818.58 |
| 马来西亚 | 13673.00 | 3817.65 |
| 缅甸 | 9.00 | 0.93 |
| 44034950 印加木(波罗格)原木 | | |
| 合计 | 252930.00 | 101663.98 |
| 巴布亚新几内亚 | 248921.00 | 99055.52 |
| 马来西亚 | 3889.00 | 2547.95 |
| 几内亚 | 86.00 | 43.17 |
| 加纳 | 34.00 | 17.34 |
| 44034960 大干巴豆木(门格里斯或康派斯)原木 | | |
| 合计 | 14016.00 | 3022.49 |
| 巴布亚新几内亚 | 6982.00 | 1734.89 |
| 马来西亚 | 7034.00 | 1287.60 |
| 44034970 异翅香木原木 | | |
| 合计 | 60376.00 | 11055.74 |
| 巴布亚新几内亚 | 59761.00 | 10968.85 |

（续）

| 国家/地区 | 进口数量（立方米） | 进口金额（千美元） |
|---|---|---|
| 所罗门群岛 | 615.00 | 86.89 |
| 44034990 未列名本章子目注释二所列热带木原木 | | |
| 合计 | 592914.00 | 162570.35 |
| 赤道几内亚 | 197500.00 | 45036.70 |
| 喀麦隆 | 129175.00 | 35772.73 |
| 刚果(布) | 78667.00 | 25793.83 |
| 中非 | 66421.00 | 21787.16 |
| 利比里亚 | 37185.00 | 7840.64 |
| 马来西亚 | 17033.00 | 6985.23 |
| 老挝 | 17842.00 | 3239.14 |
| 刚果(金) | 7011.00 | 2884.60 |
| 巴布亚新几内亚 | 11618.00 | 1956.58 |
| 安哥拉 | 4821.00 | 1699.97 |
| 尼日利亚 | 1826.00 | 1224.70 |
| 苏里南 | 3738.00 | 1143.71 |
| 澳大利亚 | 5047.00 | 1055.39 |
| 菲律宾 | 2060.00 | 916.96 |
| 所罗门群岛 | 5479.00 | 821.47 |
| 墨西哥 | 657.00 | 699.82 |
| 加蓬 | 1568.00 | 694.34 |
| 加纳 | 627.00 | 392.54 |
| 哥伦比亚 | 738.00 | 355.81 |
| 尼加拉瓜 | 183.00 | 351.09 |
| 秘鲁 | 602.00 | 346.95 |
| 中国台澎金马关税区 | 767.00 | 339.35 |
| 贝宁 | 415.00 | 228.87 |
| 赞比亚 | 254.00 | 211.40 |
| 圭亚那 | 418.00 | 146.42 |
| 德国 | 73.00 | 144.54 |
| 新加坡 | 479.00 | 117.16 |
| 伯利兹 | 108.00 | 71.85 |
| 瓦努阿图 | 51.00 | 62.92 |
| 印度尼西亚 | 105.00 | 57.98 |
| 厄瓜多尔 | 226.00 | 57.94 |
| 阿根廷 | 40.00 | 33.02 |
| 莫桑比克 | 64.00 | 32.00 |
| 纳米比亚 | 41.00 | 22.55 |
| 危地马拉 | 24.00 | 18.00 |
| 冈比亚 | 17.00 | 12.27 |
| 马达加斯加 | 17.00 | 7.14 |
| 斐济 | 16.00 | 3.93 |
| 印度 | 1.00 | 1.84 |
| 美国 | 0.00 | 1.81 |

（续）

| 国家/地区 | 进口数量（立方米） | 进口金额（千美元） |
|---|---|---|
| 44039100 栎木(橡木)原木 | | |
| 合计 | 849245.00 | 252950.64 |
| 美国 | 245880.00 | 92693.08 |
| 法国 | 272621.00 | 65835.62 |
| 俄罗斯 | 150787.00 | 50230.23 |
| 德国 | 65630.00 | 16208.74 |
| 比利时 | 50805.00 | 12233.49 |
| 加拿大 | 20369.00 | 6453.66 |
| 朝鲜 | 14106.00 | 2116.31 |
| 斯洛文尼亚 | 6689.00 | 1684.88 |
| 捷克 | 4364.00 | 1107.34 |
| 丹麦 | 4270.00 | 986.50 |
| 卢森堡 | 2679.00 | 665.55 |
| 斯洛伐克 | 2121.00 | 468.30 |
| 克罗地亚 | 1697.00 | 436.85 |
| 罗马尼亚 | 1739.00 | 422.38 |
| 保加利亚 | 1064.00 | 319.37 |
| 塞尔维亚 | 1029.00 | 275.66 |
| 荷兰 | 1121.00 | 262.78 |
| 匈牙利 | 718.00 | 195.26 |
| 乌克兰 | 437.00 | 117.01 |
| 摩尔多瓦 | 425.00 | 72.32 |
| 瑞士 | 250.00 | 61.11 |
| 瑞典 | 156.00 | 35.19 |
| 西班牙 | 88.00 | 21.69 |
| 英国 | 55.00 | 19.97 |
| 日本 | 48.00 | 14.17 |
| 爱沙尼亚 | 97.00 | 13.15 |
| 44039200 山毛榉木原木 | | |
| 合计 | 596468.00 | 110739.05 |
| 德国 | 327516.00 | 61443.97 |
| 法国 | 87054.00 | 15837.42 |
| 丹麦 | 48008.00 | 8996.96 |
| 比利时 | 33579.00 | 6373.18 |
| 瑞士 | 28613.00 | 5427.57 |
| 卢森堡 | 27690.00 | 5228.73 |
| 捷克 | 12279.00 | 2195.95 |
| 斯洛伐克 | 11773.00 | 2011.77 |
| 波兰 | 11911.00 | 1644.26 |
| 瑞典 | 4746.00 | 911.19 |
| 斯洛文尼亚 | 1406.00 | 242.18 |
| 巴布亚新几内亚 | 938.00 | 228.63 |
| 西班牙 | 680.00 | 124.94 |
| 荷兰 | 163.00 | 41.01 |

(续)

| 国家/地区 | 进口数量（立方米） | 进口金额（千美元） |
|---|---|---|
| 美国 | 63.00 | 21.59 |
| 克罗地亚 | 47.00 | 9.11 |
| 日本 | 2.00 | 0.60 |
| 44039910 楠木原木 | | |
| 合计 | 163.00 | 127.27 |
| 中国台澎金马关税区 | 156.00 | 102.32 |
| 意大利 | 6.00 | 23.20 |
| 德国 | 0.00 | 1.53 |
| 日本 | 1.00 | 0.21 |
| 44039920 樟木原木 | | |
| 合计 | 561.00 | 335.66 |
| 中国台澎金马关税区 | 372.00 | 282.19 |
| 日本 | 84.00 | 29.53 |
| 印度尼西亚 | 30.00 | 7.85 |
| 圭亚那 | 19.00 | 6.35 |
| 巴布亚新几内亚 | 47.00 | 5.20 |
| 澳大利亚 | 9.00 | 4.54 |
| 44039930 红木原木 | | |
| 合计 | 791876.00 | 810506.22 |
| 尼日利亚 | 220563.00 | 159142.15 |
| 老挝 | 97470.00 | 156220.31 |
| 缅甸 | 74181.00 | 138328.99 |
| 冈比亚 | 110205.00 | 79845.25 |
| 加纳 | 110117.00 | 79377.71 |
| 越南 | 35720.00 | 52145.47 |
| 塞拉利昂 | 40170.00 | 28934.84 |
| 印度 | 594.00 | 21902.09 |
| 印度尼西亚 | 8683.00 | 16143.77 |
| 贝宁 | 22134.00 | 15955.50 |
| 莫桑比克 | 16305.00 | 10734.45 |
| 刚果(金) | 14002.00 | 8202.46 |
| 巴拿马 | 2554.00 | 7219.96 |
| 刚果(布) | 11456.00 | 6836.38 |
| 科特迪瓦 | 7119.00 | 5137.55 |
| 马来西亚 | 2522.00 | 4795.60 |
| 马里 | 6131.00 | 4411.80 |
| 柬埔寨 | 2011.00 | 3476.83 |
| 尼加拉瓜 | 1127.00 | 3388.31 |
| 多哥 | 3187.00 | 2311.43 |
| 瓦努阿图 | 1317.00 | 1228.15 |
| 几内亚 | 1417.00 | 1024.10 |
| 危地马拉 | 542.00 | 930.23 |
| 墨西哥 | 332.00 | 669.28 |
| 伯利兹 | 431.00 | 625.46 |

(续)

| 国家/地区 | 进口数量（立方米） | 进口金额（千美元） |
|---|---|---|
| 哥斯达黎加 | 140.00 | 418.08 |
| 赞比亚 | 440.00 | 290.94 |
| 喀麦隆 | 386.00 | 269.23 |
| 泰国 | 140.00 | 209.05 |
| 几内亚比绍 | 223.00 | 159.91 |
| 巴布亚新几内亚 | 59.00 | 55.52 |
| 巴西 | 14.00 | 46.99 |
| 赤道几内亚 | 84.00 | 24.56 |
| 纳米比亚 | 36.00 | 20.52 |
| 新加坡 | 60.00 | 17.73 |
| 菲律宾 | 4.00 | 5.62 |
| 44039950 水曲柳原木 | | |
| 合计 | 94651.00 | 30821.62 |
| 俄罗斯 | 94651.00 | 30821.62 |
| 44039960 北美硬阔叶木(包括樱桃木、黑胡桃木、枫木)原木 | | |
| 合计 | 428523.00 | 205460.43 |
| 美国 | 378748.00 | 188720.35 |
| 加拿大 | 34810.00 | 13592.82 |
| 法国 | 6055.00 | 1216.61 |
| 斯洛伐克 | 4523.00 | 977.86 |
| 比利时 | 1608.00 | 318.30 |
| 丹麦 | 1081.00 | 222.32 |
| 德国 | 579.00 | 115.19 |
| 乌克兰 | 429.00 | 99.04 |
| 塞尔维亚 | 256.00 | 72.82 |
| 罗马尼亚 | 50.00 | 29.28 |
| 斯洛文尼亚 | 111.00 | 28.46 |
| 缅甸 | 199.00 | 25.48 |
| 日本 | 19.00 | 19.57 |
| 墨西哥 | 19.00 | 15.13 |
| 越南 | 16.00 | 3.64 |
| 摩尔多瓦 | 20.00 | 3.57 |
| 44039980 其他温带非针叶木原木 | | |
| 合计 | 2214870.00 | 290310.60 |
| 俄罗斯 | 1660880.00 | 191667.82 |
| 拉脱维亚 | 261818.00 | 36343.66 |
| 美国 | 96210.00 | 32488.02 |
| 爱沙尼亚 | 66485.00 | 7925.95 |
| 日本 | 2648.00 | 2915.30 |
| 罗马尼亚 | 18086.00 | 2715.11 |
| 塞尔维亚 | 7905.00 | 2077.16 |
| 法国 | 13978.00 | 1884.55 |
| 新西兰 | 17927.00 | 1812.94 |

(续)

| 国家/地区 | 进口数量（立方米） | 进口金额（千美元） |
|---|---|---|
| 比利时 | 13191.00 | 1700.89 |
| 朝鲜 | 10948.00 | 1515.01 |
| 巴西 | 9013.00 | 1212.67 |
| 乌拉圭 | 6169.00 | 991.44 |
| 加拿大 | 6094.00 | 961.42 |
| 保加利亚 | 3626.00 | 931.36 |
| 列支敦士登 | 4241.00 | 888.35 |
| 德国 | 6022.00 | 723.91 |
| 智利 | 2743.00 | 450.04 |
| 挪威 | 2297.00 | 315.77 |
| 波兰 | 1214.00 | 151.87 |
| 立陶宛 | 765.00 | 137.78 |
| 意大利 | 28.00 | 123.72 |
| 摩尔多瓦 | 531.00 | 101.07 |
| 奥地利 | 766.00 | 82.00 |
| 丹麦 | 554.00 | 74.54 |
| 乌克兰 | 276.00 | 39.75 |
| 捷克 | 139.00 | 25.43 |
| 白俄罗斯 | 132.00 | 18.72 |
| 瓦努阿图 | 78.00 | 10.34 |
| 越南 | 24.00 | 9.64 |
| 西班牙 | 51.00 | 7.71 |
| 斯洛文尼亚 | 24.00 | 4.73 |
| 韩国 | 3.00 | 1.41 |
| 前南马其顿 | 4.00 | 0.55 |
| 44039990 未列名非针叶木原木 | | |
| 合计 | 7863152.00 | 1715327.51 |
| 巴布亚新几内亚 | 2913960.00 | 457906.69 |
| 所罗门群岛 | 2290798.00 | 362837.96 |
| 莫桑比克 | 539823.00 | 280203.48 |
| 喀麦隆 | 366763.00 | 101793.70 |
| 赤道几内亚 | 358025.00 | 87428.83 |
| 赞比亚 | 56603.00 | 84307.71 |
| 尼日利亚 | 91360.00 | 50967.45 |
| 澳大利亚 | 360160.00 | 40385.91 |
| 刚果(布) | 78412.00 | 23036.46 |
| 苏里南 | 75587.00 | 21638.30 |
| 加纳 | 36816.00 | 20214.72 |
| 利比里亚 | 107457.00 | 20118.32 |
| 圭亚那 | 43326.00 | 19257.63 |
| 安哥拉 | 36266.00 | 16537.76 |
| 美国 | 122282.00 | 11849.94 |
| 刚果(金) | 10229.00 | 9851.16 |
| 贝宁 | 16455.00 | 9157.56 |

（续）

| 国家/地区 | 进口数量（立方米） | 进口金额（千美元） |
|---|---|---|
| 冈比亚 | 14875.00 | 8405.63 |
| 塞拉利昂 | 13988.00 | 7995.36 |
| 巴拿马 | 12840.00 | 7843.42 |
| 老挝 | 39871.00 | 7449.11 |
| 巴西 | 64942.00 | 6472.14 |
| 乌拉圭 | 33415.00 | 5535.91 |
| 马来西亚 | 20206.00 | 5179.90 |
| 新西兰 | 47042.00 | 4464.32 |
| 坦桑尼亚 | 5067.00 | 4395.77 |
| 厄瓜多尔 | 14353.00 | 3878.95 |
| 墨西哥 | 4802.00 | 3547.65 |
| 中国台澎金马关税区 | 7988.00 | 3411.60 |
| 缅甸 | 11239.00 | 2481.06 |
| 哥伦比亚 | 4137.00 | 2476.38 |
| 加蓬 | 3128.00 | 1846.63 |
| 中非 | 3256.00 | 1677.06 |
| 日本 | 1161.00 | 1556.32 |
| 科特迪瓦 | 2555.00 | 1438.57 |
| 越南 | 3805.00 | 1422.39 |
| 几内亚 | 2361.00 | 1380.40 |
| 玻利维亚 | 1554.00 | 1338.17 |
| 塞尔维亚 | 4773.00 | 1324.95 |
| 危地马拉 | 2623.00 | 1288.41 |
| 保加利亚 | 4699.00 | 1196.53 |
| 巴拉圭 | 1702.00 | 1125.18 |
| 阿根廷 | 1495.00 | 1012.29 |
| 印度尼西亚 | 3145.00 | 862.16 |
| 智利 | 6924.00 | 717.19 |
| 法国 | 3448.00 | 707.50 |
| 塞内加尔 | 1040.00 | 627.28 |
| 尼加拉瓜 | 414.00 | 431.34 |
| 朝鲜 | 2810.00 | 337.54 |
| 秘鲁 | 563.00 | 309.52 |
| 马里 | 527.00 | 290.44 |
| 意大利 | 57.00 | 267.19 |
| 瓦努阿图 | 256.00 | 262.27 |
| 新喀里多尼亚 | 20.00 | 238.30 |
| 多哥 | 441.00 | 237.43 |
| 南非 | 1381.00 | 212.10 |
| 新加坡 | 1362.00 | 195.43 |
| 萨尔瓦多 | 461.00 | 166.26 |
| 泰国 | 710.00 | 159.36 |

（续）

| 国家/地区 | 进口数量（立方米） | 进口金额（千美元） |
|---|---|---|
| 纳米比亚 | 141.00 | 141.27 |
| 俄罗斯 | 637.00 | 134.68 |
| 哥斯达黎加 | 416.00 | 128.91 |
| 丹麦 | 611.00 | 124.48 |
| 拉脱维亚 | 801.00 | 116.94 |
| 加拿大 | 845.00 | 114.16 |
| 菲律宾 | 264.00 | 107.67 |
| 罗马尼亚 | 750.00 | 105.93 |
| 爱沙尼亚 | 771.00 | 99.87 |
| 柬埔寨 | 179.00 | 94.14 |
| 葡萄牙 | 236.00 | 78.16 |
| 津巴布韦 | 264.00 | 71.01 |
| 乌克兰 | 498.00 | 69.18 |
| 多米尼加 | 255.00 | 59.83 |
| 西班牙 | 80.00 | 50.83 |
| 帕劳 | 75.00 | 30.04 |
| 斯洛伐克 | 41.00 | 28.64 |
| 德国 | 123.00 | 25.42 |
| 摩尔多瓦 | 83.00 | 24.10 |
| 比利时 | 172.00 | 23.74 |
| 肯尼亚 | 41.00 | 22.29 |
| 立陶宛 | 87.00 | 10.71 |
| 瑞士 | 24.00 | 5.87 |
| 中国 | 0.00 | 0.70 |

## 锯材出口量值表

| 国家/地区 | 出口数量（立方米） | 出口金额（千美元） |
|---|---|---|
| 44069000 已浸渍铁道及电车道枕木 | | |
| 合计 | 2026.00 | 959.26 |
| 中国台澎金马关税区 | 604.00 | 344.45 |
| 越南 | 431.00 | 202.39 |
| 巴基斯坦 | 102.00 | 95.56 |
| 日本 | 299.00 | 89.73 |
| 伊拉克 | 80.00 | 45.67 |
| 肯尼亚 | 107.00 | 33.12 |
| 孟加拉国 | 35.00 | 24.52 |
| 埃及 | 82.00 | 24.23 |
| 菲律宾 | 52.00 | 23.87 |
| 马来西亚 | 24.00 | 14.48 |
| 韩国 | 25.00 | 12.75 |
| 东帝汶 | 69.00 | 9.23 |
| 委内瑞拉 | 4.00 | 8.76 |

（续）

| 国家/地区 | 出口数量（立方米） | 出口金额（千美元） |
|---|---|---|
| 纳米比亚 | 18.00 | 7.32 |
| 安哥拉 | 50.00 | 6.65 |
| 斯里兰卡 | 14.00 | 5.11 |
| 尼日尔 | 8.00 | 4.15 |
| 莫桑比克 | 9.00 | 4.13 |
| 阿尔及利亚 | 10.00 | 1.80 |
| 挪威 | 2.00 | 0.80 |
| 苏丹 | 1.00 | 0.56 |
| 44071010 纵锯纵切刨或旋切红松和樟子松木材，厚＞6mm | | |
| 合计 | 28981.00 | 19603.93 |
| 日本 | 25139.00 | 16394.61 |
| 韩国 | 3159.00 | 2808.29 |
| 泰国 | 408.00 | 295.70 |
| 中国台澎金马关税区 | 102.00 | 52.42 |
| 澳大利亚 | 9.00 | 21.87 |
| 荷兰 | 149.00 | 21.54 |
| 西班牙 | 7.00 | 6.88 |
| 苏丹 | 8.00 | 2.63 |
| 44071020 纵锯纵切刨或旋切白松（云、冷杉）木材，厚＞6mm | | |
| 合计 | 10907.00 | 7332.49 |
| 日本 | 8693.00 | 5768.64 |
| 墨西哥 | 378.00 | 569.66 |
| 韩国 | 752.00 | 478.95 |
| 几内亚 | 320.00 | 160.00 |
| 澳大利亚 | 39.00 | 115.43 |
| 莫桑比克 | 220.00 | 65.85 |
| 埃塞俄比亚 | 220.00 | 62.01 |
| 中国台澎金马关税区 | 119.00 | 53.72 |
| 马达加斯加 | 89.00 | 29.14 |
| 巴基斯坦 | 22.00 | 9.13 |
| 塞拉利昂 | 20.00 | 8.09 |
| 菲律宾 | 10.00 | 3.31 |
| 坦桑尼亚 | 11.00 | 2.94 |
| 斯里兰卡 | 8.00 | 2.91 |
| 苏丹 | 5.00 | 1.92 |
| 蒙古 | 1.00 | 0.78 |
| 44071030 纵锯、纵切刨或旋切的辐射松木材，厚＞6mm | | |
| 合计 | 41413.00 | 25391.20 |
| 韩国 | 21169.00 | 13270.72 |
| 日本 | 17464.00 | 10757.28 |
| 中国台澎金马关税区 | 1396.00 | 850.40 |

(续)

| 国家/地区 | 出口数量（立方米） | 出口金额（千美元） |
| --- | --- | --- |
| 澳大利亚 | 286.00 | 175.08 |
| 越南 | 575.00 | 136.91 |
| 马尔代夫 | 164.00 | 64.97 |
| 吉布提 | 180.00 | 44.10 |
| 毛里求斯 | 59.00 | 38.36 |
| 加拿大 | 22.00 | 16.88 |
| 基里巴斯 | 60.00 | 14.58 |
| 新西兰 | 20.00 | 13.87 |
| 缅甸 | 12.00 | 4.34 |
| 新喀里多尼亚 | 4.00 | 3.32 |
| 以色列 | 2.00 | 0.34 |
| 古巴 | 0.00 | 0.05 |
| 44071040 经纵锯、纵切刨或旋切的花旗松木材，厚>6mm | | |
| 合计 | 1692.00 | 1130.95 |
| 日本 | 1298.00 | 1005.13 |
| 纳米比亚 | 311.00 | 86.76 |
| 沙特阿拉伯 | 50.00 | 20.31 |
| 韩国 | 21.00 | 12.90 |
| 毛里塔尼亚 | 12.00 | 5.85 |
| 44071090 其他纵锯切、刨或旋切的针叶木木材，厚>6mm | | |
| 合计 | 27195.00 | 18036.34 |
| 日本 | 14899.00 | 11515.77 |
| 韩国 | 5612.00 | 3767.94 |
| 印度尼西亚 | 1918.00 | 740.12 |
| 巴基斯坦 | 1616.00 | 656.03 |
| 吉布提 | 1220.00 | 451.71 |
| 德国 | 210.00 | 358.40 |
| 马来西亚 | 369.00 | 167.56 |
| 沙特阿拉伯 | 159.00 | 64.64 |
| 中国台澎金马关税区 | 150.00 | 57.21 |
| 多米尼克 | 175.00 | 49.57 |
| 中国香港 | 197.00 | 42.26 |
| 柬埔寨 | 300.00 | 29.24 |
| 南苏丹 | 95.00 | 27.10 |
| 喀麦隆 | 38.00 | 17.45 |
| 美国 | 52.00 | 16.90 |
| 赤道几内亚 | 19.00 | 13.04 |
| 埃塞俄比亚 | 32.00 | 11.31 |
| 印度 | 69.00 | 9.65 |
| 毛里塔尼亚 | 25.00 | 9.24 |
| 加拿大 | 3.00 | 8.60 |
| 菲律宾 | 8.00 | 8.36 |

(续)

| 国家/地区 | 出口数量（立方米） | 出口金额（千美元） |
| --- | --- | --- |
| 巴巴多斯 | 9.00 | 4.31 |
| 塞拉利昂 | 3.00 | 3.00 |
| 苏丹 | 5.00 | 2.66 |
| 朝鲜 | 8.00 | 1.88 |
| 英国 | 1.00 | 1.76 |
| 马尔代夫 | 2.00 | 0.39 |
| 泰国 | 1.00 | 0.28 |
| 44072500 经纵锯切刨或旋切的红柳安木材，厚>6mm | | |
| 合计 | 1675.00 | 549.84 |
| 中国香港 | 1673.00 | 549.75 |
| 缅甸 | 2.00 | 0.09 |
| 44072600 纵锯切刨或旋切的白黄柳安木等木材，厚>6mm | | |
| 合计 | 2538.00 | 696.99 |
| 中国香港 | 2538.00 | 696.99 |
| 44072700 纵锯切刨或旋切的沙比利木材，厚>6mm | | |
| 合计 | 30.00 | 21.27 |
| 马来西亚 | 30.00 | 21.27 |
| 44072910 经纵锯切刨切或旋切的柚木木材，厚>6mm | | |
| 合计 | 11789.00 | 14362.64 |
| 印度 | 6775.00 | 8829.50 |
| 泰国 | 1370.00 | 1603.62 |
| 巴基斯坦 | 1516.00 | 1363.07 |
| 中国台澎金马关税区 | 1350.00 | 1196.90 |
| 美国 | 106.00 | 440.18 |
| 马来西亚 | 271.00 | 415.69 |
| 日本 | 85.00 | 154.00 |
| 比利时 | 85.00 | 121.75 |
| 韩国 | 44.00 | 80.41 |
| 加纳 | 20.00 | 39.88 |
| 意大利 | 37.00 | 28.80 |
| 土耳其 | 40.00 | 28.31 |
| 中国香港 | 49.00 | 14.69 |
| 马尔代夫 | 4.00 | 13.44 |
| 斯洛文尼亚 | 8.00 | 10.40 |
| 克罗地亚 | 17.00 | 7.68 |
| 澳大利亚 | 4.00 | 5.36 |
| 朝鲜 | 5.00 | 4.63 |
| 新加坡 | 3.00 | 4.35 |
| 44072920 纵锯切刨或旋切非洲桃花心木木材，厚>6mm | | |

(续)

| 国家/地区 | 出口数量（立方米） | 出口金额（千美元） |
| --- | --- | --- |
| 合计 | 2.00 | 0.47 |
| 韩国 | 2.00 | 0.47 |
| 44072930 经纵锯切、刨或旋切的波罗格木木材，厚>6mm | | |
| 合计 | 60.00 | 96.46 |
| 韩国 | 60.00 | 96.46 |
| 44072990 其他纵锯切、刨或旋切的子目注释二所列的热带木木材，厚>6mm | | |
| 合计 | 1300.00 | 558.98 |
| 越南 | 610.00 | 235.55 |
| 韩国 | 89.00 | 153.48 |
| 中国台澎金马关税区 | 518.00 | 119.47 |
| 斯里兰卡 | 74.00 | 44.52 |
| 印度尼西亚 | 7.00 | 5.57 |
| 日本 | 2.00 | 0.40 |
| 44079100 经纵锯纵切、刨或旋切的栎木木材，厚>6mm | | |
| 合计 | 6409.00 | 7979.27 |
| 日本 | 3139.00 | 3608.36 |
| 德国 | 1631.00 | 2510.68 |
| 韩国 | 808.00 | 1061.77 |
| 比利时 | 303.00 | 256.27 |
| 瑞典 | 93.00 | 126.92 |
| 英国 | 59.00 | 71.57 |
| 美国 | 33.00 | 62.60 |
| 丹麦 | 64.00 | 62.57 |
| 澳大利亚 | 44.00 | 58.19 |
| 加拿大 | 58.00 | 55.58 |
| 越南 | 122.00 | 44.99 |
| 荷兰 | 15.00 | 20.28 |
| 马来西亚 | 13.00 | 18.14 |
| 伊朗 | 18.00 | 13.12 |
| 留尼汪 | 6.00 | 7.23 |
| 牙买加 | 3.00 | 1.00 |
| 44079200 经纵锯纵切、刨或旋切山毛榉木木材，厚>6mm | | |
| 合计 | 1.00 | 0.69 |
| 日本 | 1.00 | 0.69 |
| 44079300 经纵锯纵切、刨或旋切枫木木材，厚>6mm | | |
| 合计 | 975.00 | 850.52 |
| 印度尼西亚 | 581.00 | 552.12 |
| 越南 | 153.00 | 131.58 |
| 韩国 | 133.00 | 111.98 |

（续）

| 国家/地区 | 出口数量（立方米） | 出口金额（千美元） |
|---|---|---|
| 日本 | 108.00 | 54.85 |
| 44079400 经纵锯纵切、刨或旋切樱桃木木材，厚＞6mm | | |
| 合计 | 10.00 | 17.20 |
| 日本 | 10.00 | 17.20 |
| 44079500 经纵锯纵切、刨或旋切白蜡木材，厚＞6mm | | |
| 合计 | 7162.00 | 5901.55 |
| 日本 | 5753.00 | 4788.18 |
| 韩国 | 1404.00 | 1106.99 |
| 越南 | 5.00 | 6.38 |
| 44079910 纵锯切刨或旋切的樟木、楠木、红木，厚＞6mm | | |
| 合计 | 6.00 | 8.15 |
| 日本 | 6.00 | 8.15 |
| 44079920 经纵锯切、刨或旋切的泡桐木材，厚＞6mm | | |
| 合计 | 84101.00 | 58347.35 |
| 美国 | 25951.00 | 20867.18 |
| 日本 | 21864.00 | 15554.17 |
| 韩国 | 9018.00 | 4090.94 |
| 中国台澎金马关税区 | 2580.00 | 3740.17 |
| 澳大利亚 | 2997.00 | 2280.71 |
| 德国 | 3258.00 | 1743.51 |
| 马来西亚 | 2348.00 | 1167.58 |
| 越南 | 2388.00 | 1103.65 |
| 西班牙 | 1796.00 | 1022.15 |
| 法国 | 1403.00 | 874.06 |
| 意大利 | 1493.00 | 769.37 |
| 斯洛文尼亚 | 1583.00 | 744.34 |
| 阿联酋 | 657.00 | 622.43 |
| 尼加拉瓜 | 1302.00 | 620.06 |
| 荷兰 | 509.00 | 381.46 |
| 加拿大 | 563.00 | 345.86 |
| 哥斯达黎加 | 720.00 | 341.49 |
| 泰国 | 236.00 | 182.22 |
| 孟加拉国 | 290.00 | 136.38 |
| 哥伦比亚 | 258.00 | 131.24 |
| 瑞士 | 180.00 | 129.86 |
| 波兰 | 181.00 | 124.50 |
| 比利时 | 255.00 | 116.95 |
| 俄罗斯 | 203.00 | 114.26 |
| 海地 | 177.00 | 113.90 |
| 克罗地亚 | 239.00 | 108.79 |

（续）

| 国家/地区 | 出口数量（立方米） | 出口金额（千美元） |
|---|---|---|
| 留尼汪 | 182.00 | 102.05 |
| 突尼斯 | 95.00 | 94.54 |
| 南非 | 168.00 | 84.30 |
| 英国 | 97.00 | 83.14 |
| 捷克 | 180.00 | 81.56 |
| 阿尔巴尼亚 | 167.00 | 79.37 |
| 秘鲁 | 114.00 | 57.69 |
| 希腊 | 134.00 | 54.02 |
| 墨西哥 | 107.00 | 52.60 |
| 萨尔瓦多 | 80.00 | 40.61 |
| 菲律宾 | 65.00 | 36.13 |
| 印度尼西亚 | 66.00 | 32.75 |
| 危地马拉 | 59.00 | 31.22 |
| 新加坡 | 9.00 | 24.00 |
| 斐济 | 38.00 | 21.17 |
| 巴拿马 | 27.00 | 13.08 |
| 马耳他 | 21.00 | 9.88 |
| 葡萄牙 | 25.00 | 8.91 |
| 智利 | 12.00 | 7.66 |
| 爱沙尼亚 | 6.00 | 4.42 |
| 以色列 | 0.00 | 0.47 |
| 芬兰 | 0.00 | 0.39 |
| 沙特阿拉伯 | 0.00 | 0.20 |
| 44079930 经纵锯切、刨或旋切的北美硬阔叶材，厚＞6mm | | |
| 合计 | 8178.00 | 9777.21 |
| 德国 | 4706.00 | 5624.64 |
| 日本 | 1061.00 | 1558.67 |
| 意大利 | 1092.00 | 1187.54 |
| 韩国 | 537.00 | 597.73 |
| 越南 | 299.00 | 263.14 |
| 印度尼西亚 | 221.00 | 241.08 |
| 美国 | 172.00 | 203.14 |
| 波兰 | 80.00 | 87.75 |
| 马来西亚 | 3.00 | 6.37 |
| 中国台澎金马关税区 | 5.00 | 5.99 |
| 以色列 | 2.00 | 1.16 |
| 44079980 纵锯切刨或旋切其他温带非针叶木材，厚＞6mm | | |
| 合计 | 11432.00 | 12612.09 |
| 日本 | 9600.00 | 10433.19 |
| 韩国 | 1498.00 | 1944.66 |
| 美国 | 98.00 | 112.71 |

（续）

| 国家/地区 | 出口数量（立方米） | 出口金额（千美元） |
|---|---|---|
| 尼泊尔 | 24.00 | 27.05 |
| 中国台澎金马关税区 | 38.00 | 25.66 |
| 越南 | 96.00 | 25.56 |
| 马来西亚 | 46.00 | 14.96 |
| 马耳他 | 23.00 | 14.04 |
| 塞浦路斯 | 8.00 | 12.43 |
| 肯尼亚 | 1.00 | 1.85 |
| 44079990 其他纵锯切、刨或旋切的非叶木木材，厚＞6mm | | |
| 合计 | 14172.00 | 9985.29 |
| 越南 | 4453.00 | 3230.10 |
| 日本 | 5199.00 | 2450.27 |
| 韩国 | 2456.00 | 2398.32 |
| 中国台澎金马关税区 | 723.00 | 696.71 |
| 美国 | 452.00 | 549.47 |
| 澳大利亚 | 184.00 | 243.60 |
| 瑞典 | 92.00 | 123.31 |
| 加拿大 | 50.00 | 72.04 |
| 沙特阿拉伯 | 153.00 | 40.47 |
| 中国香港 | 71.00 | 38.80 |
| 加蓬 | 35.00 | 35.62 |
| 吉布提 | 19.00 | 28.74 |
| 孟加拉国 | 180.00 | 24.36 |
| 刚果（金） | 49.00 | 22.92 |
| 马来西亚 | 13.00 | 12.06 |
| 东帝汶 | 28.00 | 11.46 |
| 印度尼西亚 | 2.00 | 4.97 |
| 巴西 | 6.00 | 1.52 |
| 新加坡 | 6.00 | 0.48 |
| 安哥拉 | 1.00 | 0.10 |

## 锯材进口量值表

| 国家/地区 | 进口数量（立方米） | 进口金额（千美元） |
|---|---|---|
| 44061000 未浸渍铁道及电车道枕木 | | |
| 合计 | 14452.00 | 2585.32 |
| 俄罗斯 | 14350.00 | 2524.90 |
| 加蓬 | 102.00 | 60.29 |
| 泰国 | 0.00 | 0.12 |
| 44069000 已浸渍铁道及电车道枕木 | | |
| 合计 | 806.00 | 158.05 |
| 朝鲜 | 656.00 | 118.28 |
| 美国 | 127.00 | 20.82 |

(续)

| 国家/地区 | 进口数量(立方米) | 进口金额(千美元) |
| --- | --- | --- |
| 中国 | 1.00 | 15.26 |
| 俄罗斯 | 21.00 | 2.94 |
| 国(地)别不详 | 1.00 | 0.75 |
| 44071010 纵锯纵切刨或旋切红松和樟子松木材,厚>6mm | | |
| 合计 | 7790921.00 | 1362944.92 |
| 俄罗斯 | 7477109.00 | 1294981.93 |
| 芬兰 | 91257.00 | 21493.29 |
| 瑞典 | 93321.00 | 19682.12 |
| 德国 | 84857.00 | 17787.59 |
| 立陶宛 | 8075.00 | 2001.30 |
| 乌克兰 | 11677.00 | 1860.03 |
| 爱沙尼亚 | 7060.00 | 1514.30 |
| 拉脱维亚 | 7533.00 | 1376.11 |
| 波兰 | 3626.00 | 929.25 |
| 白俄罗斯 | 1508.00 | 330.12 |
| 英国 | 1435.00 | 298.44 |
| 奥地利 | 832.00 | 155.02 |
| 捷克 | 660.00 | 124.82 |
| 巴西 | 652.00 | 110.71 |
| 日本 | 435.00 | 89.75 |
| 斯洛伐克 | 133.00 | 76.93 |
| 罗马尼亚 | 343.00 | 44.58 |
| 美国 | 197.00 | 33.42 |
| 意大利 | 45.00 | 27.40 |
| 蒙古 | 90.00 | 15.17 |
| 哈萨克斯坦 | 76.00 | 12.66 |
| 44071020 纵锯切刨或旋切白松(云、冷杉)木材,厚>6mm | | |
| 合计 | 8106889.00 | 1456291.47 |
| 加拿大 | 3704666.00 | 580856.26 |
| 俄罗斯 | 2807862.00 | 504523.92 |
| 芬兰 | 819463.00 | 193786.76 |
| 瑞典 | 532680.00 | 117029.82 |
| 德国 | 70672.00 | 15947.42 |
| 奥地利 | 36065.00 | 8847.45 |
| 丹麦 | 23911.00 | 7086.89 |
| 拉脱维亚 | 26306.00 | 5430.68 |
| 日本 | 8034.00 | 4186.97 |
| 美国 | 14046.00 | 3390.34 |
| 爱沙尼亚 | 13347.00 | 3005.40 |
| 韩国 | 3171.00 | 1967.72 |
| 挪威 | 6265.00 | 1407.35 |
| 立陶宛 | 6765.00 | 1403.05 |

(续)

| 国家/地区 | 进口数量(立方米) | 进口金额(千美元) |
| --- | --- | --- |
| 乌克兰 | 6020.00 | 1196.38 |
| 捷克 | 5373.00 | 1075.07 |
| 罗马尼亚 | 5727.00 | 1061.78 |
| 朝鲜 | 5371.00 | 832.52 |
| 英国 | 3034.00 | 510.15 |
| 波兰 | 2150.00 | 509.40 |
| 瑞士 | 409.00 | 504.09 |
| 荷兰 | 1731.00 | 392.16 |
| 中国台澎金马关税区 | 481.00 | 326.77 |
| 波黑 | 1036.00 | 249.21 |
| 印度尼西亚 | 85.00 | 193.67 |
| 克罗地亚 | 371.00 | 124.34 |
| 新西兰 | 478.00 | 117.96 |
| 法国 | 436.00 | 98.78 |
| 比利时 | 589.00 | 98.26 |
| 白俄罗斯 | 294.00 | 65.72 |
| 意大利 | 7.00 | 54.62 |
| 中国 | 42.00 | 9.93 |
| 塞尔维亚 | 2.00 | 0.66 |
| 44071030 纵锯、纵切刨或旋切的辐射松木材,厚>6mm | | |
| 合计 | 1185253.00 | 284944.57 |
| 智利 | 744478.00 | 177553.79 |
| 新西兰 | 355813.00 | 89387.16 |
| 澳大利亚 | 46153.00 | 8790.35 |
| 西班牙 | 25150.00 | 6011.77 |
| 巴西 | 8312.00 | 1840.36 |
| 阿根廷 | 2652.00 | 590.97 |
| 荷兰 | 85.00 | 158.13 |
| 乌拉圭 | 412.00 | 106.10 |
| 加拿大 | 457.00 | 94.64 |
| 瑞典 | 314.00 | 70.13 |
| 中国台澎金马关税区 | 175.00 | 60.98 |
| 美国 | 245.00 | 57.85 |
| 俄罗斯 | 212.00 | 51.10 |
| 津巴布韦 | 217.00 | 44.43 |
| 芬兰 | 146.00 | 40.41 |
| 越南 | 68.00 | 38.26 |
| 日本 | 310.00 | 28.22 |
| 南非 | 6.00 | 10.54 |
| 立陶宛 | 48.00 | 9.40 |
| 44071040 经纵锯、纵切刨或旋切的花旗松木材,厚>6mm | | |
| 合计 | 228351.00 | 37244.08 |

(续)

| 国家/地区 | 进口数量(立方米) | 进口金额(千美元) |
| --- | --- | --- |
| 加拿大 | 164381.00 | 27342.45 |
| 美国 | 52330.00 | 8607.13 |
| 日本 | 9952.00 | 954.03 |
| 英国 | 1310.00 | 267.95 |
| 新西兰 | 359.00 | 53.40 |
| 中国台澎金马关税区 | 19.00 | 19.11 |
| 44071090 其他纵锯切、刨或旋切的针叶树木材,厚>6mm | | |
| 合计 | 3763226.00 | 649519.34 |
| 加拿大 | 1351679.00 | 233788.25 |
| 俄罗斯 | 1323440.00 | 200409.41 |
| 美国 | 572280.00 | 107820.73 |
| 巴西 | 234031.00 | 44407.48 |
| 瑞典 | 65286.00 | 14180.70 |
| 阿根廷 | 59334.00 | 13135.25 |
| 芬兰 | 40098.00 | 9466.52 |
| 日本 | 32231.00 | 6243.93 |
| 德国 | 17953.00 | 3977.35 |
| 乌拉圭 | 14404.00 | 3413.32 |
| 新西兰 | 3967.00 | 2302.74 |
| 澳大利亚 | 3886.00 | 1901.37 |
| 波兰 | 3333.00 | 1677.40 |
| 乌克兰 | 8176.00 | 1288.11 |
| 拉脱维亚 | 4243.00 | 1247.08 |
| 英国 | 4807.00 | 931.38 |
| 朝鲜 | 6616.00 | 799.71 |
| 爱沙尼亚 | 3160.00 | 606.65 |
| 立陶宛 | 2518.00 | 492.36 |
| 罗马尼亚 | 2278.00 | 374.56 |
| 智利 | 865.00 | 231.60 |
| 西班牙 | 6448.00 | 225.70 |
| 中国台澎金马关税区 | 335.00 | 127.23 |
| 越南 | 660.00 | 108.77 |
| 津巴布韦 | 332.00 | 101.22 |
| 白俄罗斯 | 129.00 | 78.09 |
| 法国 | 120.00 | 46.54 |
| 马达加斯加 | 315.00 | 42.50 |
| 韩国 | 90.00 | 26.88 |
| 葡萄牙 | 99.00 | 24.74 |
| 老挝 | 32.00 | 15.98 |
| 厄瓜多尔 | 18.00 | 9.99 |
| 肯尼亚 | 1.00 | 6.24 |
| 马来西亚 | 56.00 | 6.23 |
| 赞比亚 | 6.00 | 1.79 |

（续）

| 国家/地区 | 进口数量（立方米） | 进口金额（千美元） |
|---|---|---|
| 意大利 | 0.00 | 0.97 |
| 中国 | 0.00 | 0.30 |
| 南非 | 0.00 | 0.28 |
| 44072100 经纵锯切刨或旋切的美洲桃花心木材,厚>6mm | | |
| 合计 | 17250.00 | 10298.49 |
| 印度尼西亚 | 15779.00 | 9389.11 |
| 越南 | 666.00 | 378.67 |
| 菲律宾 | 552.00 | 273.98 |
| 巴西 | 250.00 | 254.67 |
| 斐济 | 3.00 | 1.84 |
| 秘鲁 | 0.00 | 0.21 |
| 44072200 经纵锯切刨或旋切的肉豆蔻等木材,厚>6mm | | |
| 合计 | 44029.00 | 40826.53 |
| 厄瓜多尔 | 39686.00 | 38617.80 |
| 巴布亚新几内亚 | 3917.00 | 1927.45 |
| 澳大利亚 | 102.00 | 88.63 |
| 印度尼西亚 | 154.00 | 84.22 |
| 巴西 | 92.00 | 62.46 |
| 乌拉圭 | 76.00 | 43.85 |
| 阿根廷 | 2.00 | 2.12 |
| 44072500 经纵锯切刨或旋切的红柳安木材,厚>6mm | | |
| 合计 | 13137.00 | 4707.99 |
| 马来西亚 | 6620.00 | 1999.29 |
| 印度尼西亚 | 4202.00 | 1900.75 |
| 乌拉圭 | 598.00 | 342.25 |
| 安哥拉 | 1449.00 | 289.92 |
| 澳大利亚 | 135.00 | 122.65 |
| 巴西 | 133.00 | 44.66 |
| 德国 | 0.00 | 8.48 |
| 44072600 纵锯切刨或旋切的白黄柳安木等木材,厚>6mm | | |
| 合计 | 14870.00 | 4657.19 |
| 马来西亚 | 11009.00 | 3011.18 |
| 中国台澎金马关税区 | 1990.00 | 722.41 |
| 印度尼西亚 | 1010.00 | 394.13 |
| 澳大利亚 | 470.00 | 310.65 |
| 巴西 | 333.00 | 120.06 |
| 意大利 | 58.00 | 98.76 |
| 44072700 纵锯切刨或旋切的沙比利木材,厚>6mm | | |
| 合计 | 74195.00 | 51628.90 |

（续）

| 国家/地区 | 进口数量（立方米） | 进口金额（千美元） |
|---|---|---|
| 喀麦隆 | 31554.00 | 21699.44 |
| 刚果(布) | 26116.00 | 18363.45 |
| 中非 | 10346.00 | 7184.61 |
| 加蓬 | 4655.00 | 3315.03 |
| 安哥拉 | 719.00 | 517.27 |
| 刚果(金) | 717.00 | 496.87 |
| 尼日利亚 | 43.00 | 34.19 |
| 越南 | 31.00 | 13.33 |
| 赤道几内亚 | 14.00 | 4.71 |
| 44072800 纵锯切刨或旋切的伊罗科木木材,厚>6mm | | |
| 合计 | 37.00 | 19.92 |
| 加蓬 | 37.00 | 19.92 |
| 44072910 经纵锯切刨切或旋切的柚木木材,厚>6mm | | |
| 合计 | 56677.00 | 39283.01 |
| 缅甸 | 38043.00 | 27918.07 |
| 老挝 | 11137.00 | 5761.52 |
| 印度尼西亚 | 3615.00 | 2739.77 |
| 贝宁 | 1333.00 | 814.94 |
| 科特迪瓦 | 785.00 | 588.02 |
| 巴西 | 874.00 | 530.15 |
| 中国台澎金马关税区 | 184.00 | 333.58 |
| 委内瑞拉 | 267.00 | 199.06 |
| 墨西哥 | 73.00 | 86.32 |
| 苏里南 | 173.00 | 80.69 |
| 泰国 | 28.00 | 58.71 |
| 巴拿马 | 78.00 | 54.98 |
| 越南 | 9.00 | 48.33 |
| 赞比亚 | 41.00 | 33.50 |
| 马来西亚 | 20.00 | 19.93 |
| 加纳 | 17.00 | 15.35 |
| 德国 | 0.00 | 0.11 |
| 44072920 纵锯切刨切或旋切非洲桃花心木材,厚>6mm | | |
| 合计 | 8119.00 | 4324.57 |
| 加蓬 | 6897.00 | 3093.02 |
| 中国台澎金马关税区 | 271.00 | 557.29 |
| 喀麦隆 | 266.00 | 174.07 |
| 安哥拉 | 201.00 | 141.64 |
| 科特迪瓦 | 138.00 | 106.40 |
| 新加坡 | 149.00 | 91.01 |
| 刚果(金) | 32.00 | 62.13 |
| 贝宁 | 65.00 | 40.54 |

（续）

| 国家/地区 | 进口数量（立方米） | 进口金额（千美元） |
|---|---|---|
| 印度尼西亚 | 63.00 | 29.04 |
| 越南 | 17.00 | 15.90 |
| 尼日利亚 | 20.00 | 13.44 |
| 加纳 | 0.00 | 0.09 |
| 44072930 经纵锯切、刨或旋切的波罗格木木材,厚>6mm | | |
| 合计 | 133922.00 | 115957.76 |
| 印度尼西亚 | 130003.00 | 112756.39 |
| 马来西亚 | 1747.00 | 1540.45 |
| 巴布亚新几内亚 | 1362.00 | 1017.42 |
| 所罗门群岛 | 603.00 | 541.32 |
| 老挝 | 91.00 | 53.80 |
| 哥伦比亚 | 116.00 | 48.37 |
| 44072990 其他纵锯切、刨或旋切的子目注释二所列的热带木木材,厚>6mm | | |
| 合计 | 230655.00 | 106953.80 |
| 加蓬 | 107045.00 | 45407.68 |
| 马来西亚 | 34902.00 | 14584.44 |
| 喀麦隆 | 29735.00 | 14581.66 |
| 巴西 | 12778.00 | 8415.47 |
| 加纳 | 15589.00 | 7679.99 |
| 印度尼西亚 | 5581.00 | 3749.02 |
| 刚果(布) | 3488.00 | 1654.68 |
| 中国台澎金马关税区 | 2175.00 | 1461.16 |
| 缅甸 | 2431.00 | 1338.49 |
| 贝宁 | 1594.00 | 1233.02 |
| 越南 | 1732.00 | 1194.61 |
| 尼日利亚 | 1648.00 | 1148.19 |
| 老挝 | 5632.00 | 1085.56 |
| 秘鲁 | 768.00 | 595.05 |
| 科特迪瓦 | 828.00 | 441.62 |
| 赞比亚 | 253.00 | 263.35 |
| 泰国 | 686.00 | 249.13 |
| 印度 | 49.00 | 215.77 |
| 安哥拉 | 314.00 | 182.96 |
| 几内亚 | 222.00 | 160.32 |
| 赤道几内亚 | 385.00 | 147.42 |
| 巴拉圭 | 210.00 | 146.47 |
| 美国 | 290.00 | 135.20 |
| 菲律宾 | 598.00 | 125.97 |
| 圭亚那 | 310.00 | 124.42 |
| 苏里南 | 171.00 | 124.41 |
| 日本 | 617.00 | 116.97 |
| 中非 | 192.00 | 89.41 |

(续)

| 国家/地区 | 进口数量（立方米） | 进口金额（千美元） |
|---|---|---|
| 利比里亚 | 107.00 | 72.41 |
| 玻利维亚 | 86.00 | 68.32 |
| 莫桑比克 | 90.00 | 48.26 |
| 柬埔寨 | 50.00 | 43.01 |
| 所罗门群岛 | 40.00 | 33.90 |
| 俄罗斯 | 34.00 | 9.99 |
| 西班牙 | 13.00 | 6.66 |
| 巴拿马 | 10.00 | 6.66 |
| 德国 | 2.00 | 6.34 |
| 澳大利亚 | 0.00 | 5.83 |
| 意大利 | 0.00 | 0.04 |
| 44079100 经纵锯纵切、刨或旋切的栎木木材，厚＞6mm | | |
| 合计 | 1378667.00 | 803795.85 |
| 美国 | 1119938.00 | 671960.29 |
| 俄罗斯 | 168054.00 | 79640.25 |
| 加拿大 | 30864.00 | 20831.67 |
| 法国 | 27471.00 | 14418.10 |
| 乌克兰 | 10796.00 | 5076.17 |
| 德国 | 8216.00 | 4141.09 |
| 越南 | 2534.00 | 1569.65 |
| 克罗地亚 | 2518.00 | 1552.74 |
| 罗马尼亚 | 974.00 | 671.51 |
| 意大利 | 1030.00 | 560.19 |
| 奥地利 | 801.00 | 507.71 |
| 日本 | 395.00 | 452.06 |
| 斯洛伐克 | 474.00 | 359.24 |
| 波黑 | 543.00 | 276.54 |
| 比利时 | 418.00 | 233.23 |
| 匈牙利 | 518.00 | 226.77 |
| 朝鲜 | 599.00 | 200.01 |
| 瑞典 | 414.00 | 197.91 |
| 立陶宛 | 445.00 | 194.93 |
| 泰国 | 408.00 | 181.02 |
| 捷克 | 238.00 | 94.11 |
| 英国 | 170.00 | 77.30 |
| 波兰 | 183.00 | 54.90 |
| 保加利亚 | 123.00 | 49.88 |
| 中国 | 40.00 | 45.43 |
| 贝宁 | 54.00 | 38.83 |
| 澳大利亚 | 56.00 | 36.92 |
| 苏里南 | 142.00 | 32.11 |
| 韩国 | 74.00 | 27.97 |
| 塞尔维亚 | 49.00 | 25.81 |

(续)

| 国家/地区 | 进口数量（立方米） | 进口金额（千美元） |
|---|---|---|
| 丹麦 | 57.00 | 24.50 |
| 斯洛文尼亚 | 27.00 | 16.87 |
| 中国台澎金马关税区 | 17.00 | 10.03 |
| 巴西 | 11.00 | 5.90 |
| 摩尔多瓦 | 16.00 | 4.19 |
| 荷兰 | 0.00 | 0.03 |
| 44079200 经纵锯纵切、刨或旋切山毛榉木木材，厚＞6mm | | |
| 合计 | 503313.00 | 191338.36 |
| 罗马尼亚 | 213726.00 | 79333.93 |
| 德国 | 125165.00 | 46695.39 |
| 波黑 | 38564.00 | 15104.39 |
| 克罗地亚 | 27596.00 | 11001.06 |
| 法国 | 25143.00 | 10492.54 |
| 塞尔维亚 | 23016.00 | 9484.48 |
| 波兰 | 17159.00 | 6209.67 |
| 意大利 | 11375.00 | 4532.45 |
| 奥地利 | 8830.00 | 3533.36 |
| 乌克兰 | 5288.00 | 1877.08 |
| 斯洛伐克 | 1787.00 | 774.46 |
| 丹麦 | 1720.00 | 712.75 |
| 匈牙利 | 1405.00 | 477.20 |
| 保加利亚 | 837.00 | 338.52 |
| 黑山 | 556.00 | 221.07 |
| 日本 | 125.00 | 155.06 |
| 瑞士 | 311.00 | 123.97 |
| 俄罗斯 | 255.00 | 85.27 |
| 斯洛文尼亚 | 161.00 | 69.25 |
| 比利时 | 148.00 | 51.14 |
| 芬兰 | 72.00 | 33.40 |
| 美国 | 68.00 | 28.91 |
| 中国台澎金马关税区 | 5.00 | 2.92 |
| 哈萨克斯坦 | 1.00 | 0.12 |
| 44079300 经纵锯纵切、刨或旋切枫木木材，厚＞6mm | | |
| 合计 | 58833.00 | 33699.25 |
| 美国 | 42071.00 | 23133.99 |
| 加拿大 | 13091.00 | 7333.90 |
| 乌克兰 | 1951.00 | 930.08 |
| 罗马尼亚 | 787.00 | 700.32 |
| 日本 | 126.00 | 497.76 |
| 克罗地亚 | 77.00 | 336.28 |
| 德国 | 146.00 | 310.69 |
| 奥地利 | 102.00 | 119.65 |

(续)

| 国家/地区 | 进口数量（立方米） | 进口金额（千美元） |
|---|---|---|
| 挪威 | 32.00 | 89.15 |
| 韩国 | 31.00 | 74.04 |
| 俄罗斯 | 269.00 | 73.73 |
| 法国 | 90.00 | 40.25 |
| 英国 | 24.00 | 16.36 |
| 塞尔维亚 | 0.00 | 15.88 |
| 中国台澎金马关税区 | 18.00 | 15.21 |
| 意大利 | 1.00 | 6.01 |
| 黑山 | 17.00 | 5.71 |
| 西班牙 | 0.00 | 0.25 |
| 44079400 经纵锯纵切、刨或旋切樱桃木木材，厚＞6mm | | |
| 合计 | 151985.00 | 104322.15 |
| 美国 | 146633.00 | 100742.79 |
| 加拿大 | 4849.00 | 3192.49 |
| 智利 | 307.00 | 171.51 |
| 中国台澎金马关税区 | 50.00 | 101.06 |
| 奥地利 | 3.00 | 36.96 |
| 克罗地亚 | 51.00 | 26.33 |
| 俄罗斯 | 25.00 | 18.42 |
| 日本 | 24.00 | 16.61 |
| 罗马尼亚 | 43.00 | 16.00 |
| 44079500 经纵锯纵切、刨或旋切白蜡木木材，厚＞6mm | | |
| 合计 | 507834.00 | 290719.85 |
| 美国 | 355917.00 | 220014.04 |
| 俄罗斯 | 115472.00 | 50481.52 |
| 加拿大 | 18581.00 | 12366.27 |
| 德国 | 5762.00 | 2473.06 |
| 法国 | 3096.00 | 1269.61 |
| 克罗地亚 | 2645.00 | 1194.28 |
| 乌克兰 | 2495.00 | 971.08 |
| 罗马尼亚 | 1116.00 | 474.28 |
| 波黑 | 756.00 | 469.70 |
| 奥地利 | 733.00 | 328.88 |
| 意大利 | 558.00 | 287.29 |
| 匈牙利 | 205.00 | 72.07 |
| 日本 | 128.00 | 71.16 |
| 爱沙尼亚 | 61.00 | 65.31 |
| 塞尔维亚 | 55.00 | 40.84 |
| 捷克 | 88.00 | 39.95 |
| 韩国 | 24.00 | 38.47 |
| 越南 | 88.00 | 30.04 |
| 比利时 | 39.00 | 27.67 |

（续）

| 国家/地区 | 进口数量（立方米） | 进口金额（千美元） |
|---|---|---|
| 摩尔多瓦 | 15.00 | 3.82 |
| 中国台澎金马关税区 | 0.00 | 0.52 |
| 44079910 纵锯切刨或旋切的樟木、楠木、红木，厚＞6mm | | |
| 合计 | 80388.00 | 126327.43 |
| 印度尼西亚 | 30783.00 | 59538.26 |
| 老挝 | 27245.00 | 45290.71 |
| 贝宁 | 6435.00 | 5082.69 |
| 尼日利亚 | 6262.00 | 4917.10 |
| 塞拉利昂 | 1890.00 | 1493.64 |
| 越南 | 837.00 | 1373.25 |
| 几内亚 | 1815.00 | 1301.20 |
| 尼加拉瓜 | 324.00 | 1264.65 |
| 喀麦隆 | 170.00 | 826.04 |
| 泰国 | 407.00 | 681.87 |
| 马来西亚 | 537.00 | 634.10 |
| 加蓬 | 965.00 | 554.79 |
| 缅甸 | 310.00 | 549.54 |
| 加纳 | 628.00 | 502.60 |
| 柬埔寨 | 293.00 | 494.38 |
| 印度 | 153.00 | 391.02 |
| 巴拿马 | 100.00 | 306.92 |
| 所罗门群岛 | 118.00 | 154.80 |
| 坦桑尼亚 | 138.00 | 138.31 |
| 巴布亚新几内亚 | 163.00 | 135.74 |
| 冈比亚 | 121.00 | 86.89 |
| 刚果（金） | 111.00 | 82.10 |
| 刚果（布） | 113.00 | 77.37 |
| 莫桑比克 | 112.00 | 75.24 |
| 中国台澎金马关税区 | 113.00 | 66.71 |
| 菲律宾 | 37.00 | 53.51 |
| 利比里亚 | 47.00 | 41.44 |
| 韩国 | 14.00 | 40.07 |
| 危地马拉 | 20.00 | 34.78 |
| 玻利维亚 | 25.00 | 30.29 |
| 科特迪瓦 | 38.00 | 29.29 |
| 东帝汶 | 14.00 | 28.22 |
| 匈牙利 | 5.00 | 19.37 |
| 日本 | 10.00 | 18.45 |
| 厄瓜多尔 | 17.00 | 6.48 |
| 罗马尼亚 | 16.00 | 5.12 |
| 美国 | 2.00 | 0.48 |
| 44079920 经纵锯切、刨或旋切的泡桐木木材，厚＞6mm | | |

（续）

| 国家/地区 | 进口数量（立方米） | 进口金额（千美元） |
|---|---|---|
| 合计 | 9.00 | 0.99 |
| 日本 | 3.00 | 0.50 |
| 美国 | 6.00 | 0.49 |
| 44079930 经纵锯切、刨或旋切的北美硬阔叶材，厚＞6mm | | |
| 合计 | 509216.00 | 278750.37 |
| 美国 | 501674.00 | 273159.23 |
| 加拿大 | 6170.00 | 5001.27 |
| 罗马尼亚 | 426.00 | 218.36 |
| 日本 | 130.00 | 94.81 |
| 德国 | 124.00 | 66.24 |
| 乌克兰 | 158.00 | 63.36 |
| 拉脱维亚 | 293.00 | 52.72 |
| 俄罗斯 | 87.00 | 34.65 |
| 中国台澎金马关税区 | 81.00 | 30.59 |
| 喀麦隆 | 73.00 | 29.15 |
| 44079980 纵锯切刨或旋切其他温带非针叶木材，厚＞6mm | | |
| 合计 | 992154.00 | 234481.34 |
| 俄罗斯 | 874208.00 | 191814.70 |
| 美国 | 44079.00 | 17847.73 |
| 拉脱维亚 | 30977.00 | 8437.90 |
| 爱沙尼亚 | 12979.00 | 4983.65 |
| 立陶宛 | 6872.00 | 2025.57 |
| 芬兰 | 4276.00 | 1976.91 |
| 克罗地亚 | 4034.00 | 1695.32 |
| 白俄罗斯 | 4251.00 | 1116.79 |
| 日本 | 1184.00 | 936.48 |
| 加拿大 | 1844.00 | 788.94 |
| 瑞典 | 2037.00 | 708.32 |
| 乌克兰 | 1962.00 | 476.83 |
| 中国台澎金马关税区 | 377.00 | 231.49 |
| 智利 | 286.00 | 197.84 |
| 印度尼西亚 | 88.00 | 190.78 |
| 乌拉圭 | 354.00 | 190.41 |
| 波兰 | 502.00 | 165.14 |
| 德国 | 288.00 | 105.24 |
| 澳大利亚 | 139.00 | 87.57 |
| 罗马尼亚 | 238.00 | 83.28 |
| 朝鲜 | 395.00 | 79.54 |
| 保加利亚 | 189.00 | 57.02 |
| 斯洛文尼亚 | 144.00 | 48.77 |
| 比利时 | 62.00 | 42.80 |
| 西班牙 | 13.00 | 30.90 |

（续）

| 国家/地区 | 进口数量（立方米） | 进口金额（千美元） |
|---|---|---|
| 墨西哥 | 44.00 | 30.18 |
| 瓦努阿图 | 27.00 | 28.37 |
| 奥地利 | 54.00 | 22.83 |
| 中国 | 111.00 | 20.10 |
| 巴布亚新几内亚 | 12.00 | 15.55 |
| 马来西亚 | 18.00 | 12.96 |
| 哈萨克斯坦 | 50.00 | 9.90 |
| 韩国 | 15.00 | 7.71 |
| 法国 | 24.00 | 7.36 |
| 坦桑尼亚 | 1.00 | 4.26 |
| 格鲁吉亚 | 20.00 | 2.06 |
| 意大利 | 0.00 | 0.16 |
| 44079990 其他纵锯切、刨或旋切的非叶木木材，厚＞6mm | | |
| 合计 | 5661203.00 | 1902629.50 |
| 泰国 | 4019848.00 | 1269612.76 |
| 越南 | 459142.00 | 149348.29 |
| 加蓬 | 172955.00 | 112938.64 |
| 马来西亚 | 211939.00 | 77050.35 |
| 秘鲁 | 56288.00 | 47234.95 |
| 菲律宾 | 312064.00 | 43460.01 |
| 印度尼西亚 | 79608.00 | 28966.84 |
| 美国 | 69698.00 | 24956.64 |
| 喀麦隆 | 27181.00 | 23315.99 |
| 莫桑比克 | 26543.00 | 17289.14 |
| 巴西 | 23924.00 | 15430.71 |
| 柬埔寨 | 41503.00 | 12570.29 |
| 乌拉圭 | 16465.00 | 9194.09 |
| 澳大利亚 | 13909.00 | 8903.43 |
| 玻利维亚 | 7243.00 | 6395.31 |
| 缅甸 | 17146.00 | 5661.56 |
| 赞比亚 | 6140.00 | 5621.94 |
| 刚果（布） | 8794.00 | 5075.38 |
| 贝宁 | 8013.00 | 4888.75 |
| 坦桑尼亚 | 4267.00 | 3975.75 |
| 老挝 | 23703.00 | 3666.54 |
| 几内亚 | 5715.00 | 3432.33 |
| 加纳 | 6430.00 | 2645.54 |
| 苏里南 | 5089.00 | 1963.08 |
| 中国台澎金马关税区 | 2820.00 | 1647.08 |
| 哥伦比亚 | 2693.00 | 1451.00 |
| 俄罗斯 | 4689.00 | 1441.95 |
| 尼日利亚 | 2073.00 | 1339.80 |
| 克罗地亚 | 2409.00 | 1026.22 |

(续)

| 国家/地区 | 进口数量（立方米） | 进口金额（千美元） |
|---|---|---|
| 加拿大 | 2711.00 | 945.04 |
| 德国 | 1644.00 | 915.81 |
| 巴拿马 | 1034.00 | 868.35 |
| 安哥拉 | 1527.00 | 846.16 |
| 意大利 | 865.00 | 838.21 |
| 赤道几内亚 | 1409.00 | 789.03 |
| 巴拉圭 | 915.00 | 767.87 |
| 阿根廷 | 493.00 | 673.94 |
| 斯里兰卡 | 2059.00 | 607.09 |
| 拉脱维亚 | 1613.00 | 576.23 |
| 波兰 | 827.00 | 476.73 |
| 芬兰 | 1020.00 | 455.96 |
| 奥地利 | 692.00 | 338.64 |
| 厄瓜多尔 | 780.00 | 315.46 |
| 圭亚那 | 390.00 | 314.27 |
| 智利 | 350.00 | 258.10 |
| 巴布亚新几内亚 | 281.00 | 179.20 |
| 南非 | 319.00 | 166.27 |
| 乌克兰 | 592.00 | 164.02 |
| 刚果(金) | 248.00 | 151.63 |
| 科特迪瓦 | 200.00 | 151.23 |
| 塞拉利昂 | 122.00 | 139.90 |
| 爱沙尼亚 | 292.00 | 133.58 |
| 瑞典 | 296.00 | 113.91 |
| 日本 | 158.00 | 106.98 |
| 罗马尼亚 | 261.00 | 103.58 |
| 印度 | 17.00 | 97.33 |
| 利比里亚 | 176.00 | 96.05 |
| 马达加斯加 | 444.00 | 95.28 |
| 立陶宛 | 326.00 | 78.16 |
| 津巴布韦 | 222.00 | 67.70 |
| 中国 | 197.00 | 60.17 |
| 西班牙 | 17.00 | 45.04 |
| 冈比亚 | 68.00 | 44.33 |
| 法国 | 33.00 | 21.31 |
| 韩国 | 75.00 | 19.97 |
| 危地马拉 | 23.00 | 19.24 |
| 孟加拉国 | 37.00 | 16.57 |
| 所罗门群岛 | 19.00 | 14.05 |
| 墨西哥 | 15.00 | 12.89 |
| 白俄罗斯 | 36.00 | 11.80 |
| 朝鲜 | 82.00 | 11.48 |
| 新西兰 | 17.00 | 9.18 |
| 尼加拉瓜 | 10.00 | 5.62 |
| 挪威 | 0.00 | 1.78 |

## 人造板出口量值表

(续)

| 国家/地区 | 出口数量（千克） | 出口金额（千美元） |
|---|---|---|
| 44081011 用胶合板等制的针叶木饰面用单板,厚≤6mm | | |
| 合计 | 15117.00 | 72.90 |
| 吉尔吉斯斯坦 | 9072.00 | 31.75 |
| 韩国 | 400.00 | 30.70 |
| 莫桑比克 | 3105.00 | 5.45 |
| 吉布提 | 2540.00 | 5.00 |
| 44081019 其他针叶木饰面用单板,厚≤6mm | | |
| 合计 | 1609787.00 | 6388.89 |
| 菲律宾 | 1491000.00 | 5990.45 |
| 韩国 | 54579.00 | 181.36 |
| 巴基斯坦 | 18679.00 | 107.12 |
| 瑞典 | 11440.00 | 68.33 |
| 中国台澎金马关税区 | 25500.00 | 19.34 |
| 日本 | 7378.00 | 11.58 |
| 美国 | 1137.00 | 10.23 |
| 印度尼西亚 | 74.00 | 0.48 |
| 44081020 针叶木制胶合板用单板,厚≤6mm | | |
| 合计 | 181243.00 | 100.23 |
| 越南 | 157643.00 | 63.90 |
| 意大利 | 15000.00 | 27.08 |
| 中国台澎金马关税区 | 3600.00 | 4.64 |
| 肯尼亚 | 5000.00 | 4.62 |
| 44081090 其他纵锯切、刨或旋切的针叶木木材,厚≤6mm | | |
| 合计 | 4840105.00 | 20936.96 |
| 德国 | 1358392.00 | 6464.72 |
| 日本 | 841383.00 | 3340.80 |
| 墨西哥 | 683745.00 | 2967.29 |
| 美国 | 573029.00 | 2262.39 |
| 英国 | 355679.00 | 1659.59 |
| 泰国 | 254048.00 | 959.09 |
| 越南 | 198201.00 | 794.12 |
| 荷兰 | 162514.00 | 683.72 |
| 比利时 | 116942.00 | 608.77 |
| 韩国 | 111691.00 | 439.98 |
| 阿根廷 | 37811.00 | 229.81 |
| 中国台澎金马关税区 | 60202.00 | 212.91 |
| 莱索托 | 26616.00 | 91.46 |
| 土耳其 | 10956.00 | 63.60 |
| 突尼斯 | 22157.00 | 57.78 |
| 意大利 | 8858.00 | 35.88 |
| 葡萄牙 | 6776.00 | 27.99 |

(续)

| 国家/地区 | 出口数量（千克） | 出口金额（千美元） |
|---|---|---|
| 南非 | 2473.00 | 18.10 |
| 孟加拉国 | 6786.00 | 10.35 |
| 法国 | 1832.00 | 8.52 |
| 捷克 | 14.00 | 0.08 |
| 44083111 用胶合板等制饰面单板,红柳安木制,厚≤6mm | | |
| 合计 | 39220.00 | 125.25 |
| 马达加斯加 | 34400.00 | 123.09 |
| 莫桑比克 | 4400.00 | 1.80 |
| 斐济 | 420.00 | 0.36 |
| 44083119 其他饰面用单板,红柳安木制,厚≤6mm | | |
| 合计 | 117008.00 | 478.32 |
| 越南 | 116750.00 | 466.00 |
| 日本 | 258.00 | 12.32 |
| 44083190 其他纵锯切刨或旋切的红柳安木木材,厚≤6mm | | |
| 合计 | 140019.00 | 34.46 |
| 中国台澎金马关税区 | 140019.00 | 34.46 |
| 44083911 用胶合板等制其他子目注释二所列的热带木饰面用单板,厚≤6mm | | |
| 合计 | 1101347.00 | 6384.36 |
| 加拿大 | 157435.00 | 1446.60 |
| 韩国 | 193265.00 | 1054.08 |
| 西班牙 | 148055.00 | 775.51 |
| 美国 | 47515.00 | 670.32 |
| 埃及 | 264382.00 | 441.62 |
| 中国台澎金马关税区 | 84845.00 | 396.66 |
| 马来西亚 | 30495.00 | 320.33 |
| 阿联酋 | 40590.00 | 275.41 |
| 澳大利亚 | 28325.00 | 262.11 |
| 墨西哥 | 24844.00 | 195.93 |
| 俄罗斯 | 21285.00 | 99.51 |
| 菲律宾 | 4265.00 | 83.41 |
| 泰国 | 13532.00 | 81.89 |
| 哥伦比亚 | 10130.00 | 63.36 |
| 日本 | 7315.00 | 45.93 |
| 阿根廷 | 9515.00 | 45.75 |
| 意大利 | 4095.00 | 34.37 |
| 印度尼西亚 | 2760.00 | 26.31 |
| 智利 | 1390.00 | 12.60 |
| 斯里兰卡 | 2368.00 | 12.49 |
| 比利时 | 2190.00 | 10.74 |
| 越南 | 851.00 | 8.75 |

（续）

| 国家/地区 | 出口数量（千克） | 出口金额（千美元） |
|---|---|---|
| 南非 | 650.00 | 8.04 |
| 卡塔尔 | 435.00 | 5.48 |
| 德国 | 507.00 | 4.62 |
| 新加坡 | 308.00 | 2.55 |
| 44083919 其他子目注释二所列的热带木制饰面用单板，厚≤6mm | | |
| 合计 | 1467182.00 | 3212.77 |
| 日本 | 214019.00 | 2140.76 |
| 中国台澎金马关税区 | 941147.00 | 465.97 |
| 意大利 | 122134.00 | 167.19 |
| 马来西亚 | 29402.00 | 104.51 |
| 中国香港 | 8560.00 | 85.62 |
| 泰国 | 98208.00 | 70.54 |
| 越南 | 26777.00 | 55.80 |
| 印度尼西亚 | 8536.00 | 36.28 |
| 埃塞俄比亚 | 5460.00 | 31.20 |
| 新加坡 | 2691.00 | 24.31 |
| 喀麦隆 | 5500.00 | 17.60 |
| 南非 | 657.00 | 8.37 |
| 葡萄牙 | 2961.00 | 2.67 |
| 阿联酋 | 1000.00 | 0.98 |
| 菲律宾 | 130.00 | 0.98 |
| 44083920 其他子目注释二所列的热带木制胶合板用单板，厚≤6mm | | |
| 合计 | 4551694.00 | 7260.67 |
| 美国 | 951110.00 | 1993.71 |
| 菲律宾 | 1745160.00 | 1965.37 |
| 墨西哥 | 503090.00 | 1154.72 |
| 中国台澎金马关税区 | 751507.00 | 842.14 |
| 以色列 | 219320.00 | 581.29 |
| 越南 | 193800.00 | 277.48 |
| 南非 | 46710.00 | 139.35 |
| 印度尼西亚 | 62030.00 | 120.55 |
| 加拿大 | 47780.00 | 118.12 |
| 哥伦比亚 | 9640.00 | 25.45 |
| 澳大利亚 | 4207.00 | 18.83 |
| 英国 | 5340.00 | 12.02 |
| 埃塞俄比亚 | 12000.00 | 11.64 |
| 44083990 其他纵锯切、刨或旋切的子目注释二所列的热带木木材，厚≤6mm | | |
| 合计 | 6968.00 | 41.78 |
| 以色列 | 2295.00 | 23.31 |
| 中国香港 | 673.00 | 8.26 |
| 日本 | 1500.00 | 6.87 |

（续）

| 国家/地区 | 出口数量（千克） | 出口金额（千美元） |
|---|---|---|
| 苏丹 | 2500.00 | 3.34 |
| 44089011 用胶合板等制其他非针叶木饰面单板，厚≤6mm | | |
| 合计 | 3295683.00 | 15471.18 |
| 俄罗斯 | 1385088.00 | 6977.19 |
| 美国 | 293072.00 | 2558.28 |
| 意大利 | 101751.00 | 640.42 |
| 哥伦比亚 | 75649.00 | 499.80 |
| 中国台澎金马关税区 | 353577.00 | 460.36 |
| 巴西 | 92985.00 | 451.95 |
| 阿联酋 | 85300.00 | 410.97 |
| 越南 | 118152.00 | 373.42 |
| 新加坡 | 48627.00 | 341.76 |
| 西班牙 | 49238.00 | 274.02 |
| 澳大利亚 | 33069.00 | 260.82 |
| 阿根廷 | 43654.00 | 237.23 |
| 波兰 | 38696.00 | 236.30 |
| 葡萄牙 | 40155.00 | 208.12 |
| 埃及 | 225325.00 | 189.49 |
| 墨西哥 | 35144.00 | 173.25 |
| 韩国 | 20256.00 | 119.71 |
| 阿尔巴尼亚 | 48097.00 | 111.98 |
| 黎巴嫩 | 14575.00 | 101.78 |
| 荷兰 | 7500.00 | 99.06 |
| 菲律宾 | 37699.00 | 85.12 |
| 印度 | 15721.00 | 78.18 |
| 巴基斯坦 | 50930.00 | 67.35 |
| 苏丹 | 3203.00 | 65.50 |
| 立陶宛 | 10590.00 | 63.89 |
| 奥地利 | 8795.00 | 57.51 |
| 巴林 | 7886.00 | 42.00 |
| 泰国 | 5240.00 | 32.50 |
| 马来西亚 | 6191.00 | 30.50 |
| 加拿大 | 3399.00 | 26.60 |
| 日本 | 4509.00 | 26.25 |
| 智利 | 3477.00 | 25.78 |
| 秘鲁 | 3376.00 | 23.80 |
| 德国 | 2486.00 | 21.55 |
| 白俄罗斯 | 2491.00 | 12.63 |
| 印度尼西亚 | 1245.00 | 10.87 |
| 保加利亚 | 1000.00 | 9.50 |
| 阿曼 | 1422.00 | 8.92 |
| 孟加拉国 | 1274.00 | 8.76 |
| 委内瑞拉 | 1237.00 | 8.05 |

（续）

| 国家/地区 | 出口数量（千克） | 出口金额（千美元） |
|---|---|---|
| 厄瓜多尔 | 1200.00 | 7.05 |
| 巴拿马 | 605.00 | 6.94 |
| 斯里兰卡 | 1197.00 | 6.82 |
| 萨尔瓦多 | 640.00 | 4.13 |
| 巴布亚新几内亚 | 6300.00 | 3.78 |
| 斯洛文尼亚 | 686.00 | 3.67 |
| 危地马拉 | 310.00 | 2.36 |
| 克罗地亚 | 780.00 | 1.65 |
| 卡塔尔 | 200.00 | 1.40 |
| 马尔代夫 | 1044.00 | 0.96 |
| 喀麦隆 | 300.00 | 0.64 |
| 汤加 | 250.00 | 0.52 |
| 斐济 | 90.00 | 0.12 |
| 44089012 温带非针叶木制其他饰面用单板，厚≤6mm | | |
| 合计 | 8001122.00 | 21651.11 |
| 日本 | 4086978.00 | 9871.37 |
| 马来西亚 | 2041345.00 | 4850.72 |
| 越南 | 323821.00 | 1352.92 |
| 伊朗 | 258064.00 | 1116.18 |
| 印度尼西亚 | 326055.00 | 954.39 |
| 中国香港 | 115677.00 | 793.61 |
| 中国台澎金马关税区 | 72677.00 | 513.73 |
| 韩国 | 155216.00 | 503.15 |
| 葡萄牙 | 105900.00 | 472.50 |
| 墨西哥 | 102954.00 | 280.00 |
| 德国 | 61325.00 | 251.68 |
| 斯洛文尼亚 | 42660.00 | 228.32 |
| 柬埔寨 | 231327.00 | 224.43 |
| 阿联酋 | 17617.00 | 79.38 |
| 澳大利亚 | 15720.00 | 43.81 |
| 瑞典 | 6370.00 | 33.99 |
| 荷兰 | 6865.00 | 23.33 |
| 泰国 | 7458.00 | 22.71 |
| 沙特阿拉伯 | 6200.00 | 17.56 |
| 智利 | 600.00 | 6.71 |
| 莫桑比克 | 4250.00 | 6.35 |
| 乌兹别克斯坦 | 12040.00 | 4.27 |
| 英国 | 3.00 | 0.01 |
| 44089013 竹制饰面用单板，厚≤6mm | | |
| 合计 | 8495.00 | 58.19 |
| 土耳其 | 4750.00 | 25.56 |
| 荷兰 | 2245.00 | 18.81 |
| 日本 | 1500.00 | 13.82 |

(续)

| 国家/地区 | 出口数量(千克) | 出口金额(千美元) |
| --- | --- | --- |
| 44089019 其他非针叶木饰面用单板,厚≤6mm | | |
| 合计 | 76069393.00 | 102286.80 |
| 越南 | 16682994.00 | 19582.52 |
| 印度 | 22250760.00 | 19028.53 |
| 马来西亚 | 4802130.00 | 8256.48 |
| 韩国 | 3245528.00 | 7031.37 |
| 中国台澎金马关税区 | 3244287.00 | 5161.61 |
| 泰国 | 3919056.00 | 5015.39 |
| 日本 | 2105933.00 | 4301.98 |
| 墨西哥 | 1555921.00 | 3051.16 |
| 印度尼西亚 | 1062302.00 | 2793.08 |
| 埃及 | 3963671.00 | 2321.21 |
| 西班牙 | 1475400.00 | 2277.72 |
| 美国 | 515715.00 | 1994.75 |
| 阿联酋 | 549330.00 | 1868.56 |
| 菲律宾 | 3138944.00 | 1791.63 |
| 新加坡 | 365816.00 | 1638.06 |
| 斯里兰卡 | 1146436.00 | 1610.07 |
| 秘鲁 | 363618.00 | 1466.35 |
| 意大利 | 228502.00 | 1261.30 |
| 巴基斯坦 | 1310838.00 | 1247.45 |
| 澳大利亚 | 656876.00 | 1179.93 |
| 俄罗斯 | 230626.00 | 1175.14 |
| 荷兰 | 93549.00 | 658.41 |
| 孟加拉国 | 286939.00 | 635.20 |
| 沙特阿拉伯 | 283400.00 | 597.82 |
| 哥伦比亚 | 240966.00 | 587.52 |
| 斯洛文尼亚 | 127220.00 | 452.06 |
| 南非 | 272430.00 | 447.93 |
| 波兰 | 62708.00 | 393.28 |
| 伊朗 | 159526.00 | 382.81 |
| 智利 | 159965.00 | 319.36 |
| 希腊 | 68835.00 | 303.90 |
| 柬埔寨 | 199149.00 | 294.39 |
| 以色列 | 181254.00 | 287.95 |
| 葡萄牙 | 103660.00 | 252.73 |
| 厄瓜多尔 | 147564.00 | 247.54 |
| 巴拿马 | 60592.00 | 247.47 |
| 英国 | 77574.00 | 245.43 |
| 中国香港 | 78170.00 | 171.74 |
| 阿尔巴尼亚 | 74528.00 | 147.15 |
| 德国 | 59920.00 | 139.86 |
| 乌克兰 | 22547.00 | 139.72 |

(续)

| 国家/地区 | 出口数量(千克) | 出口金额(千美元) |
| --- | --- | --- |
| 土耳其 | 88175.00 | 133.70 |
| 阿根廷 | 42400.00 | 131.68 |
| 拉脱维亚 | 38700.00 | 120.44 |
| 文莱 | 18625.00 | 99.69 |
| 巴西 | 33110.00 | 88.06 |
| 科威特 | 12638.00 | 69.87 |
| 比利时 | 14481.00 | 67.48 |
| 叙利亚 | 26400.00 | 62.25 |
| 尼日利亚 | 33500.00 | 59.50 |
| 阿曼 | 14862.00 | 54.18 |
| 乌兹别克斯坦 | 18375.00 | 47.78 |
| 法国 | 2340.00 | 47.15 |
| 捷克 | 16296.00 | 44.54 |
| 加拿大 | 15633.00 | 36.21 |
| 加蓬 | 4325.00 | 34.63 |
| 卡塔尔 | 9410.00 | 33.90 |
| 黎巴嫩 | 14700.00 | 26.83 |
| 坦桑尼亚 | 39900.00 | 24.46 |
| 危地马拉 | 14540.00 | 22.99 |
| 安哥拉 | 9400.00 | 17.25 |
| 摩洛哥 | 8300.00 | 16.97 |
| 古巴 | 1500.00 | 12.97 |
| 特立尼达和多巴哥 | 414.00 | 7.41 |
| 巴勒斯坦 | 9670.00 | 4.35 |
| 中国澳门 | 154.00 | 4.13 |
| 马绍尔群岛 | 2008.00 | 3.61 |
| 匈牙利 | 1630.00 | 3.17 |
| 新西兰 | 308.00 | 2.85 |
| 塞尔维亚 | 2050.00 | 1.12 |
| 瑞典 | 370.00 | 1.11 |
| 44089021 温带非针叶木制胶合板用单板,厚≤6mm | | |
| 合计 | 1780379.00 | 1196.21 |
| 日本 | 901845.00 | 553.07 |
| 埃及 | 649600.00 | 404.35 |
| 越南 | 126140.00 | 145.16 |
| 美国 | 84000.00 | 58.52 |
| 中国台澎金马关税区 | 17820.00 | 16.50 |
| 印度尼西亚 | 204.00 | 15.93 |
| 韩国 | 770.00 | 2.68 |
| 44089029 其他非针叶木制胶合板用单板,厚≤6mm | | |
| 合计 | 54839777.00 | 42364.95 |
| 韩国 | 20964050.00 | 15838.40 |

(续)

| 国家/地区 | 出口数量(千克) | 出口金额(千美元) |
| --- | --- | --- |
| 印度 | 8902433.00 | 9694.55 |
| 越南 | 4020717.00 | 4179.41 |
| 中国台澎金马关税区 | 5013634.00 | 2248.89 |
| 马来西亚 | 3560224.00 | 2081.21 |
| 菲律宾 | 5056660.00 | 2023.40 |
| 柬埔寨 | 2565412.00 | 1793.43 |
| 埃及 | 1885950.00 | 1528.17 |
| 泰国 | 1194678.00 | 728.41 |
| 斯里兰卡 | 287300.00 | 473.10 |
| 美国 | 336713.00 | 346.39 |
| 巴基斯坦 | 179800.00 | 292.97 |
| 印度尼西亚 | 385414.00 | 274.05 |
| 西班牙 | 65225.00 | 118.84 |
| 墨西哥 | 39126.00 | 114.66 |
| 南非 | 38180.00 | 94.92 |
| 马拉维 | 46555.00 | 73.44 |
| 孟加拉国 | 47660.00 | 68.77 |
| 日本 | 63100.00 | 65.07 |
| 以色列 | 21301.00 | 54.58 |
| 巴林 | 9375.00 | 48.37 |
| 希腊 | 35000.00 | 42.66 |
| 赞比亚 | 22500.00 | 40.22 |
| 坦桑尼亚 | 24600.00 | 31.98 |
| 厄瓜多尔 | 27500.00 | 25.20 |
| 英国 | 7840.00 | 18.38 |
| 秘鲁 | 3520.00 | 17.60 |
| 洪都拉斯 | 21000.00 | 14.84 |
| 荷兰 | 1419.00 | 12.71 |
| 肯尼亚 | 4600.00 | 5.80 |
| 巴西 | 3579.00 | 5.01 |
| 新加坡 | 770.00 | 2.95 |
| 伊朗 | 1450.00 | 2.54 |
| 加拿大 | 1082.00 | 1.71 |
| 波兰 | 690.00 | 1.50 |
| 巴拿马 | 400.00 | 0.80 |
| 澳大利亚 | 320.00 | 0.03 |
| 44089091 温带非针叶木制经纵刨旋切的木材,厚≤6mm | | |
| 合计 | 11854106.00 | 23520.75 |
| 墨西哥 | 2434852.00 | 4327.01 |
| 越南 | 1988602.00 | 3741.42 |
| 泰国 | 1215380.00 | 2712.30 |
| 日本 | 920128.00 | 2353.12 |
| 美国 | 779214.00 | 1713.80 |

（续）

| 国家/地区 | 出口数量（千克） | 出口金额（千美元） |
|---|---|---|
| 土耳其 | 568032.00 | 1542.24 |
| 巴基斯坦 | 565896.00 | 1236.72 |
| 印度尼西亚 | 468756.00 | 1001.88 |
| 中国台澎金马关税区 | 962443.00 | 1001.14 |
| 马来西亚 | 292850.00 | 758.61 |
| 巴西 | 400242.00 | 509.50 |
| 秘鲁 | 167805.00 | 397.53 |
| 印度 | 230642.00 | 367.50 |
| 伊朗 | 160335.00 | 347.41 |
| 奥地利 | 128706.00 | 251.50 |
| 缅甸 | 140486.00 | 241.94 |
| 柬埔寨 | 93803.00 | 228.84 |
| 斯洛文尼亚 | 72310.00 | 176.50 |
| 德国 | 74101.00 | 155.71 |
| 厄瓜多尔 | 64260.00 | 136.18 |
| 英国 | 49981.00 | 131.23 |
| 捷克 | 48488.00 | 123.27 |
| 韩国 | 11772.00 | 30.58 |
| 意大利 | 7920.00 | 12.20 |
| 法国 | 2400.00 | 9.82 |
| 荷兰 | 1050.00 | 6.33 |
| 芬兰 | 742.00 | 4.79 |
| 索马里 | 2819.00 | 0.80 |
| 危地马拉 | 44.00 | 0.55 |
| 塞浦路斯 | 47.00 | 0.35 |
| 44089099 其他非针叶木制经纵刨旋切的木材，厚≤6mm | | |
| 合计 | 14899109.00 | 28423.39 |
| 越南 | 5434905.00 | 11437.83 |
| 印度 | 6450460.00 | 7992.59 |
| 巴西 | 666409.00 | 2259.56 |
| 德国 | 440576.00 | 1626.48 |
| 泰国 | 573022.00 | 1342.01 |
| 委内瑞拉 | 426490.00 | 1291.81 |
| 印度尼西亚 | 284105.00 | 538.48 |
| 菲律宾 | 99240.00 | 301.74 |
| 英国 | 92357.00 | 290.49 |
| 日本 | 93649.00 | 258.34 |
| 韩国 | 79310.00 | 204.87 |
| 美国 | 70242.00 | 186.81 |
| 马来西亚 | 29608.00 | 147.43 |
| 荷兰 | 9413.00 | 96.02 |
| 巴基斯坦 | 46800.00 | 93.98 |
| 意大利 | 9252.00 | 92.52 |

（续）

| 国家/地区 | 出口数量（千克） | 出口金额（千美元） |
|---|---|---|
| 芬兰 | 1965.00 | 43.80 |
| 厄瓜多尔 | 21344.00 | 40.75 |
| 中国台澎金马关税区 | 8897.00 | 39.05 |
| 哥伦比亚 | 13224.00 | 37.22 |
| 比利时 | 5388.00 | 31.13 |
| 萨尔瓦多 | 9410.00 | 24.16 |
| 土耳其 | 10313.00 | 19.45 |
| 布隆迪 | 19240.00 | 10.07 |
| 巴林 | 1572.00 | 7.63 |
| 中国香港 | 1486.00 | 7.43 |
| 法国 | 347.00 | 1.63 |
| 墨西哥 | 17.00 | 0.07 |
| 孟加拉国 | 68.00 | 0.06 |
| 44101100 木制碎料板 | | |
| 合计 | 77986783.00 | 41242.57 |
| 阿联酋 | 6977459.00 | 5930.10 |
| 中国台澎金马关税区 | 5413898.00 | 3218.93 |
| 埃及 | 1291803.00 | 2691.06 |
| 韩国 | 7530309.00 | 2593.09 |
| 日本 | 2504544.00 | 2564.61 |
| 沙特阿拉伯 | 6652832.00 | 2535.46 |
| 菲律宾 | 4104720.00 | 1602.90 |
| 马来西亚 | 2929903.00 | 1393.11 |
| 卡塔尔 | 1197360.00 | 1370.53 |
| 印度尼西亚 | 2503482.00 | 1185.57 |
| 美国 | 1601226.00 | 1156.36 |
| 澳大利亚 | 893182.00 | 1017.14 |
| 智利 | 2831569.00 | 962.09 |
| 新加坡 | 1649152.00 | 885.36 |
| 肯尼亚 | 2507986.00 | 814.25 |
| 墨西哥 | 1022241.00 | 611.60 |
| 印度 | 951907.00 | 607.97 |
| 葡萄牙 | 956508.00 | 577.67 |
| 中国香港 | 1352838.00 | 574.86 |
| 英国 | 769912.00 | 526.45 |
| 缅甸 | 1499293.00 | 520.13 |
| 俄罗斯 | 1381494.00 | 513.95 |
| 泰国 | 855252.00 | 473.79 |
| 尼日利亚 | 1133924.00 | 465.72 |
| 哥伦比亚 | 1007620.00 | 443.30 |
| 蒙古 | 4004359.00 | 438.79 |
| 吉布提 | 1039833.00 | 426.54 |
| 南非 | 661755.00 | 372.86 |
| 埃塞俄比亚 | 1099780.00 | 349.52 |

（续）

| 国家/地区 | 出口数量（千克） | 出口金额（千美元） |
|---|---|---|
| 越南 | 377068.00 | 326.96 |
| 巴林 | 859228.00 | 319.69 |
| 危地马拉 | 703540.00 | 291.07 |
| 阿尔及利亚 | 826068.00 | 289.87 |
| 加拿大 | 495349.00 | 280.66 |
| 古巴 | 834225.00 | 277.02 |
| 哥斯达黎加 | 704496.00 | 266.33 |
| 斯里兰卡 | 619127.00 | 228.54 |
| 尼泊尔 | 485747.00 | 225.94 |
| 阿曼 | 379760.00 | 193.65 |
| 加纳 | 140096.00 | 187.21 |
| 巴拿马 | 271664.00 | 117.17 |
| 斐济 | 138968.00 | 114.89 |
| 多米尼加 | 266147.00 | 108.46 |
| 安哥拉 | 100155.00 | 91.74 |
| 马达加斯加 | 114994.00 | 84.08 |
| 奥地利 | 156288.00 | 84.02 |
| 秘鲁 | 218515.00 | 79.30 |
| 叙利亚 | 107140.00 | 74.64 |
| 苏里南 | 201060.00 | 73.55 |
| 孟加拉国 | 211423.00 | 66.05 |
| 厄瓜多尔 | 25000.00 | 46.15 |
| 新西兰 | 86385.00 | 43.38 |
| 伊拉克 | 205429.00 | 41.12 |
| 巴基斯坦 | 118344.00 | 40.31 |
| 苏丹 | 68159.00 | 38.95 |
| 黎巴嫩 | 88871.00 | 38.43 |
| 马拉维 | 144169.00 | 34.52 |
| 以色列 | 102504.00 | 33.93 |
| 科威特 | 94000.00 | 31.44 |
| 尼加拉瓜 | 73820.00 | 30.68 |
| 科特迪瓦 | 60700.00 | 25.00 |
| 马尔代夫 | 27680.00 | 22.27 |
| 约旦 | 59980.00 | 20.27 |
| 爱尔兰 | 31737.00 | 19.33 |
| 新喀里多尼亚 | 44275.00 | 17.71 |
| 赞比亚 | 3474.00 | 16.74 |
| 比利时 | 4000.00 | 16.04 |
| 西班牙 | 19000.00 | 14.08 |
| 乌兹别克斯坦 | 14980.00 | 12.54 |
| 巴布亚新几内亚 | 28680.00 | 11.01 |
| 德国 | 1144.00 | 10.63 |
| 玻利维亚 | 34450.00 | 10.58 |
| 法国 | 27720.00 | 10.45 |

(续)

| 国家/地区 | 出口数量（千克） | 出口金额（千美元） |
|---|---|---|
| 洪都拉斯 | 18782.00 | 6.15 |
| 克罗地亚 | 13200.00 | 6.14 |
| 纳米比亚 | 2100.00 | 6.00 |
| 乌干达 | 8102.00 | 5.97 |
| 拉脱维亚 | 5679.00 | 5.46 |
| 蒙特塞拉特 | 6500.00 | 5.16 |
| 留尼汪 | 8474.00 | 4.55 |
| 土耳其 | 4753.00 | 3.91 |
| 亚美尼亚 | 3500.00 | 2.98 |
| 白俄罗斯 | 2390.00 | 2.00 |
| 柬埔寨 | 3180.00 | 1.30 |
| 朝鲜 | 3330.00 | 1.11 |
| 圭亚那 | 1940.00 | 0.68 |
| 巴巴多斯 | 420.00 | 0.45 |
| 斯洛文尼亚 | 208.00 | 0.35 |
| 坦桑尼亚 | 2100.00 | 0.19 |
| 巴西 | 365.00 | 0.09 |
| 伊朗 | 60.00 | 0.03 |
| 44101200 木制定向刨花板(OSB) | | |
| 合计 | 54916368.00 | 17046.85 |
| 智利 | 10906480.00 | 3566.62 |
| 蒙古 | 28199956.00 | 3500.85 |
| 马来西亚 | 754874.00 | 1904.50 |
| 俄罗斯 | 3276519.00 | 991.10 |
| 菲律宾 | 1142221.00 | 680.88 |
| 坦桑尼亚 | 186918.00 | 594.95 |
| 韩国 | 1542781.00 | 513.78 |
| 日本 | 1122024.00 | 486.99 |
| 中国台澎金马关税区 | 1176942.00 | 402.39 |
| 沙特阿拉伯 | 232126.00 | 297.05 |
| 肯尼亚 | 289512.00 | 264.38 |
| 新加坡 | 317345.00 | 237.26 |
| 美国 | 135505.00 | 226.02 |
| 土耳其 | 463396.00 | 215.42 |
| 吉布提 | 110419.00 | 207.80 |
| 印度 | 374842.00 | 205.49 |
| 澳大利亚 | 249166.00 | 194.19 |
| 泰国 | 546856.00 | 191.76 |
| 越南 | 497440.00 | 181.11 |
| 危地马拉 | 295197.00 | 179.66 |
| 伊拉克 | 27600.00 | 176.10 |
| 缅甸 | 679518.00 | 170.94 |
| 尼日利亚 | 234419.00 | 163.00 |
| 阿尔及利亚 | 57420.00 | 153.84 |

(续)

| 国家/地区 | 出口数量（千克） | 出口金额（千美元） |
|---|---|---|
| 巴拿马 | 59618.00 | 136.02 |
| 阿联酋 | 301335.00 | 135.23 |
| 多米尼加 | 236020.00 | 80.12 |
| 摩洛哥 | 28267.00 | 64.92 |
| 朝鲜 | 145232.00 | 55.82 |
| 科威特 | 107748.00 | 54.41 |
| 塞舌尔 | 12110.00 | 53.45 |
| 纳米比亚 | 30800.00 | 51.43 |
| 安哥拉 | 42510.00 | 41.31 |
| 留尼汪 | 104280.00 | 40.56 |
| 加纳 | 17680.00 | 39.84 |
| 孟加拉国 | 96300.00 | 37.74 |
| 以色列 | 19800.00 | 35.20 |
| 南非 | 5095.00 | 34.41 |
| 墨西哥 | 75301.00 | 32.86 |
| 埃塞俄比亚 | 76450.00 | 32.79 |
| 黎巴嫩 | 31630.00 | 30.57 |
| 毛里求斯 | 4000.00 | 28.00 |
| 土库曼斯坦 | 34878.00 | 23.31 |
| 毛里塔尼亚 | 7200.00 | 22.40 |
| 阿根廷 | 53700.00 | 21.68 |
| 萨尔瓦多 | 54000.00 | 19.85 |
| 中国香港 | 28790.00 | 18.23 |
| 新西兰 | 24235.00 | 15.48 |
| 汤加 | 11200.00 | 15.34 |
| 哈萨克斯坦 | 15962.00 | 13.19 |
| 莫桑比克 | 4000.00 | 11.50 |
| 哥斯达黎加 | 26500.00 | 10.58 |
| 巴基斯坦 | 15790.00 | 10.48 |
| 巴林 | 25820.00 | 10.19 |
| 柬埔寨 | 30000.00 | 9.78 |
| 特立尼达和多巴哥 | 28337.00 | 9.72 |
| 加拿大 | 21900.00 | 8.89 |
| 乌克兰 | 25500.00 | 8.82 |
| 印度尼西亚 | 1995.00 | 8.78 |
| 罗马尼亚 | 27680.00 | 8.49 |
| 秘鲁 | 9773.00 | 8.48 |
| 约旦 | 26000.00 | 7.66 |
| 巴巴多斯 | 22510.00 | 7.45 |
| 埃及 | 21900.00 | 6.27 |
| 哥伦比亚 | 14851.00 | 5.99 |
| 巴布亚新几内亚 | 13250.00 | 5.91 |
| 东帝汶 | 16000.00 | 5.67 |
| 意大利 | 17220.00 | 5.34 |

(续)

| 国家/地区 | 出口数量（千克） | 出口金额（千美元） |
|---|---|---|
| 中非 | 16400.00 | 5.03 |
| 比利时 | 1686.00 | 4.75 |
| 阿曼 | 7217.00 | 4.11 |
| 圭亚那 | 10500.00 | 4.06 |
| 法属圭亚那 | 6160.00 | 3.93 |
| 佛得角 | 14000.00 | 3.66 |
| 克罗地亚 | 8500.00 | 3.35 |
| 法国 | 1132.00 | 3.35 |
| 津巴布韦 | 10900.00 | 3.34 |
| 刚果(金) | 135.00 | 3.13 |
| 马达加斯加 | 4300.00 | 3.12 |
| 波黑 | 1090.00 | 3.03 |
| 贝宁 | 400.00 | 2.80 |
| 几内亚 | 900.00 | 2.39 |
| 洪都拉斯 | 5530.00 | 2.31 |
| 英国 | 1542.00 | 2.23 |
| 德国 | 2200.00 | 0.69 |
| 斯里兰卡 | 30250.00 | 0.60 |
| 乌干达 | 624.00 | 0.44 |
| 荷兰 | 116.00 | 0.20 |
| 古巴 | 132.00 | 0.13 |
| 芬兰 | 11.00 | 0.01 |
| 44101900 其他木制类似板(例如,华夫板) | | |
| 合计 | | |
| 印度 | 25417303.00 | 23641.69 |
| 埃及 | 6366479.00 | 10733.56 |
| 美国 | 2262681.00 | 3781.63 |
| 韩国 | 2714473.00 | 3418.55 |
| 俄罗斯 | 741191.00 | 2750.31 |
| 越南 | 618246.00 | 1663.79 |
| 马来西亚 | 1533121.00 | 1639.96 |
| 新加坡 | 589745.00 | 1000.32 |
| 日本 | 286047.00 | 779.96 |
| 巴基斯坦 | 524334.00 | 779.66 |
| 斯里兰卡 | 453673.00 | 547.18 |
| 中国台澎金马关税区 | 338210.00 | 547.06 |
| 墨西哥 | 251052.00 | 512.34 |
| 波兰 | 87864.00 | 506.86 |
| 芬兰 | 110232.00 | 433.61 |
| 加纳 | 94740.00 | 378.96 |
| 印度尼西亚 | 267625.00 | 369.26 |
| 菲律宾 | 420493.00 | 322.97 |
| 阿联酋 | 135517.00 | 315.51 |
| 英国 | 157950.00 | 308.40 |

（续）

| 国家/地区 | 出口数量（千克） | 出口金额（千美元） |
|---|---|---|
| 青尼亚 | 955462.00 | 285.02 |
| 立陶宛 | 50709.00 | 279.69 |
| 伊拉克 | 1228019.00 | 261.12 |
| 孟加拉国 | 239903.00 | 257.42 |
| 泰国 | 102630.00 | 228.79 |
| 智利 | 106155.00 | 180.53 |
| 葡萄牙 | 31481.00 | 176.06 |
| 巴西 | 46092.00 | 165.77 |
| 加拿大 | 31499.00 | 155.16 |
| 中国香港 | 75747.00 | 145.80 |
| 澳大利亚 | 66343.00 | 130.38 |
| 土耳其 | 86400.00 | 130.36 |
| 巴林 | 24690.00 | 124.64 |
| 南非 | 181550.00 | 116.49 |
| 缅甸 | 285168.00 | 113.49 |
| 柬埔寨 | 257356.00 | 107.78 |
| 厄瓜多尔 | 57730.00 | 88.48 |
| 沙特阿拉伯 | 190276.00 | 83.93 |
| 西班牙 | 14650.00 | 77.45 |
| 阿曼 | 13975.00 | 72.79 |
| 哥伦比亚 | 28903.00 | 69.63 |
| 以色列 | 21599.00 | 67.56 |
| 希腊 | 35245.00 | 65.19 |
| 德国 | 26830.00 | 57.44 |
| 荷兰 | 34148.00 | 52.45 |
| 新西兰 | 45497.00 | 47.34 |
| 乌干达 | 56465.00 | 41.49 |
| 巴拿马 | 20010.00 | 35.53 |
| 马尔代夫 | 16695.00 | 34.30 |
| 哈萨克斯坦 | 8245.00 | 31.17 |
| 卡塔尔 | 22370.00 | 30.55 |
| 危地马拉 | 49220.00 | 29.80 |
| 塔吉克斯坦 | 119540.00 | 29.09 |
| 秘鲁 | 42799.00 | 26.98 |
| 埃塞俄比亚 | 50000.00 | 26.20 |
| 黎巴嫩 | 26174.00 | 23.26 |
| 洪都拉斯 | 40050.00 | 15.14 |
| 阿尔巴尼亚 | 12660.00 | 14.76 |
| 意大利 | 7350.00 | 14.48 |
| 伊朗 | 4792.00 | 14.40 |
| 摩洛哥 | 5292.00 | 13.87 |
| 乌克兰 | 2430.00 | 13.26 |
| 安哥拉 | 27000.00 | 10.26 |
| 文莱 | 870.00 | 7.93 |

（续）

| 国家/地区 | 出口数量（千克） | 出口金额（千美元） |
|---|---|---|
| 特立尼达和多巴哥 | 986.00 | 7.84 |
| 坦桑尼亚 | 4960.00 | 7.44 |
| 爱尔兰 | 16000.00 | 7.19 |
| 佛得角 | 44000.00 | 6.88 |
| 朝鲜 | 18415.00 | 6.34 |
| 挪威 | 3454.00 | 6.03 |
| 刚果(金) | 15600.00 | 5.93 |
| 赤道几内亚 | 1241.00 | 5.73 |
| 马达加斯加 | 11530.00 | 5.32 |
| 巴布亚新几内亚 | 4890.00 | 3.16 |
| 法国 | 2009.00 | 2.80 |
| 比利时 | 2659.00 | 1.86 |
| 科威特 | 2225.00 | 1.01 |
| 塞浦路斯 | 474.00 | 1.00 |
| 瑞士 | 1560.00 | 0.85 |
| 斐济 | 110.00 | 0.60 |
| 多米尼加 | 560.00 | 0.56 |
| 哥斯达黎加 | 100.00 | 0.53 |
| 瑞典 | 216.00 | 0.35 |
| 瓦努阿图 | 490.00 | 0.30 |
| 尼泊尔 | 147.00 | 0.14 |
| 乌拉圭 | 16.00 | 0.09 |
| 丹麦 | 52.00 | 0.02 |
| 44109011 麦稻秸秆制碎料板 | | |
| 合计 | 3549520.00 | 2093.51 |
| 美国 | 1774542.00 | 889.17 |
| 日本 | 237365.00 | 416.74 |
| 中国台澎金马关税区 | 714984.00 | 301.28 |
| 英国 | 259101.00 | 222.03 |
| 马来西亚 | 276078.00 | 107.15 |
| 荷兰 | 100901.00 | 53.30 |
| 新加坡 | 87008.00 | 38.58 |
| 韩国 | 73744.00 | 38.31 |
| 德国 | 11999.00 | 11.59 |
| 新喀里多尼亚 | 12556.00 | 10.40 |
| 中国香港 | 838.00 | 4.04 |
| 斯里兰卡 | 20.00 | 0.63 |
| 印度尼西亚 | 284.00 | 0.15 |
| 澳大利亚 | 100.00 | 0.14 |
| 44109019 其他木质材料制碎料板 | | |
| 合计 | 2545117.00 | 1060.99 |
| 智利 | 1656882.00 | 496.85 |
| 萨尔瓦多 | 492400.00 | 190.29 |
| 印度尼西亚 | 47870.00 | 101.61 |

（续）

| 国家/地区 | 出口数量（千克） | 出口金额（千美元） |
|---|---|---|
| 马来西亚 | 19360.00 | 98.74 |
| 韩国 | 195440.00 | 58.07 |
| 西班牙 | 19043.00 | 31.15 |
| 美国 | 18605.00 | 27.72 |
| 尼日利亚 | 40980.00 | 15.52 |
| 厄立特里亚 | 10600.00 | 14.55 |
| 越南 | 20412.00 | 11.85 |
| 新西兰 | 5110.00 | 9.03 |
| 阿尔及利亚 | 865.00 | 3.37 |
| 巴拿马 | 16900.00 | 1.69 |
| 南苏丹 | 650.00 | 0.55 |
| 44109090 其他木质材料制定向刨花板(OSB)及类似板(例如,华夫板) | | |
| 合计 | 3614414.00 | 2625.11 |
| 中国台澎金马关税区 | 2942971.00 | 1785.49 |
| 新加坡 | 53396.00 | 219.70 |
| 韩国 | 296589.00 | 159.77 |
| 美国 | 14928.00 | 78.90 |
| 日本 | 76542.00 | 71.06 |
| 墨西哥 | 30185.00 | 49.77 |
| 沙特阿拉伯 | 51110.00 | 46.43 |
| 巴拿马 | 19601.00 | 45.62 |
| 澳大利亚 | 15775.00 | 36.77 |
| 泰国 | 29475.00 | 22.22 |
| 巴基斯坦 | 28000.00 | 20.25 |
| 荷兰 | 2764.00 | 16.58 |
| 马来西亚 | 6137.00 | 12.01 |
| 刚果(金) | 5440.00 | 11.85 |
| 新西兰 | 1579.00 | 10.83 |
| 厄瓜多尔 | 25680.00 | 7.78 |
| 阿根廷 | 849.00 | 7.01 |
| 多哥 | 3311.00 | 6.02 |
| 巴西 | 1343.00 | 4.48 |
| 加拿大 | 955.00 | 2.61 |
| 法国 | 1000.00 | 2.00 |
| 孟加拉国 | 400.00 | 1.75 |
| 坦桑尼亚 | 2470.00 | 1.70 |
| 斯洛文尼亚 | 1140.00 | 1.30 |
| 埃及 | 1276.00 | 1.15 |
| 以色列 | 123.00 | 0.75 |
| 挪威 | 1200.00 | 0.74 |
| 智利 | 2.00 | 0.29 |
| 中国香港 | 53.00 | 0.20 |
| 阿曼 | 120.00 | 0.12 |

(续)

| 国家/地区 | 出口数量(千克) | 出口金额(千美元) |
|---|---|---|
| 44111211 未机械加工中密度板,密度>0.8g/cucm,厚≤5mm | | |
| 合计 | 31578769.00 | 14120.79 |
| 伊朗 | 12145725.00 | 4008.56 |
| 越南 | 4601114.00 | 1765.52 |
| 阿尔及利亚 | 2478801.00 | 1175.61 |
| 中国台澎金马关税区 | 2456015.00 | 888.40 |
| 西班牙 | 177412.00 | 802.27 |
| 墨西哥 | 877762.00 | 438.08 |
| 韩国 | 695212.00 | 332.05 |
| 吉布提 | 123764.00 | 331.59 |
| 美国 | 400083.00 | 324.75 |
| 尼日利亚 | 69650.00 | 324.13 |
| 埃塞俄比亚 | 866374.00 | 289.33 |
| 日本 | 418473.00 | 283.76 |
| 马来西亚 | 218607.00 | 273.77 |
| 孟加拉国 | 102340.00 | 250.14 |
| 古巴 | 302450.00 | 229.70 |
| 苏丹 | 649000.00 | 207.36 |
| 摩洛哥 | 45869.00 | 201.41 |
| 蒙古 | 2101118.00 | 191.46 |
| 加纳 | 288521.00 | 187.90 |
| 沙特阿拉伯 | 228690.00 | 181.25 |
| 印度 | 176998.00 | 128.38 |
| 朝鲜 | 272321.00 | 92.03 |
| 秘鲁 | 169507.00 | 90.01 |
| 缅甸 | 238650.00 | 81.11 |
| 新加坡 | 20270.00 | 80.77 |
| 斐济 | 17160.00 | 79.71 |
| 喀麦隆 | 18649.00 | 78.33 |
| 俄罗斯 | 120592.00 | 67.35 |
| 巴基斯坦 | 161499.00 | 54.14 |
| 法国 | 10006.00 | 52.23 |
| 洪都拉斯 | 133356.00 | 49.82 |
| 坦桑尼亚 | 9680.00 | 44.56 |
| 泰国 | 92810.00 | 43.64 |
| 菲律宾 | 15065.00 | 43.32 |
| 肯尼亚 | 84582.00 | 41.48 |
| 马尔代夫 | 11080.00 | 40.05 |
| 文莱 | 8305.00 | 39.86 |
| 阿联酋 | 116582.00 | 39.13 |
| 斯里兰卡 | 112000.00 | 33.50 |
| 所罗门群岛 | 73650.00 | 32.57 |
| 莫桑比克 | 77680.00 | 24.94 |

(续)

| 国家/地区 | 出口数量(千克) | 出口金额(千美元) |
|---|---|---|
| 巴拿马 | 10105.00 | 24.88 |
| 印度尼西亚 | 52947.00 | 24.06 |
| 阿塞拜疆 | 74640.00 | 23.62 |
| 哥伦比亚 | 54686.00 | 20.66 |
| 南非 | 28074.00 | 18.16 |
| 加拿大 | 20936.00 | 14.52 |
| 危地马拉 | 34350.00 | 13.76 |
| 马达加斯加 | 32000.00 | 12.00 |
| 科威特 | 26300.00 | 11.09 |
| 瓦努阿图 | 15000.00 | 8.61 |
| 中国香港 | 26660.00 | 7.76 |
| 澳大利亚 | 3163.00 | 7.05 |
| 比利时 | 102.00 | 3.08 |
| 斯洛文尼亚 | 5641.00 | 3.05 |
| 巴西 | 5000.00 | 2.33 |
| 英国 | 293.00 | 0.81 |
| 中国澳门 | 225.00 | 0.67 |
| 苏里南 | 1200.00 | 0.38 |
| 萨尔瓦多 | 25.00 | 0.35 |
| 44111219 经机械加工中密度板,密度>0.8g/cucm,厚≤5mm | | |
| 合计 | 71236680.00 | 50083.24 |
| 巴基斯坦 | 10375347.00 | 7554.44 |
| 伊朗 | 7077596.00 | 4556.14 |
| 美国 | 3052308.00 | 3984.12 |
| 肯尼亚 | 3215053.00 | 2647.15 |
| 日本 | 1741973.00 | 2637.29 |
| 孟加拉国 | 7365796.00 | 2209.38 |
| 印度 | 2688273.00 | 2099.62 |
| 埃及 | 2991945.00 | 2079.31 |
| 韩国 | 2292422.00 | 2008.01 |
| 埃塞俄比亚 | 3361172.00 | 1738.03 |
| 沙特阿拉伯 | 1822826.00 | 1368.11 |
| 墨西哥 | 1531186.00 | 1291.16 |
| 中国台澎金马关税区 | 2448429.00 | 1283.50 |
| 尼日利亚 | 2398906.00 | 1275.03 |
| 阿尔及利亚 | 1554501.00 | 1037.72 |
| 马来西亚 | 596468.00 | 1025.08 |
| 伊拉克 | 803198.00 | 878.12 |
| 阿联酋 | 1295382.00 | 763.21 |
| 约旦 | 899071.00 | 675.63 |
| 越南 | 1006132.00 | 613.94 |
| 利比亚 | 734860.00 | 563.70 |
| 摩洛哥 | 422791.00 | 537.11 |

(续)

| 国家/地区 | 出口数量(千克) | 出口金额(千美元) |
|---|---|---|
| 泰国 | 854021.00 | 492.85 |
| 以色列 | 425994.00 | 399.33 |
| 苏丹 | 1130220.00 | 387.31 |
| 俄罗斯 | 377494.00 | 337.70 |
| 吉布提 | 489556.00 | 320.24 |
| 中国香港 | 393354.00 | 299.56 |
| 哥伦比亚 | 252462.00 | 277.03 |
| 菲律宾 | 329977.00 | 226.72 |
| 印度尼西亚 | 255860.00 | 211.99 |
| 西班牙 | 138302.00 | 204.62 |
| 南非 | 345141.00 | 204.59 |
| 多米尼加 | 449630.00 | 184.04 |
| 利比里亚 | 359128.00 | 178.23 |
| 蒙古 | 1034379.00 | 162.11 |
| 卡塔尔 | 178536.00 | 157.16 |
| 阿富汗 | 143240.00 | 153.88 |
| 澳大利亚 | 121645.00 | 145.59 |
| 坦桑尼亚 | 257668.00 | 145.50 |
| 斯里兰卡 | 275855.00 | 144.69 |
| 缅甸 | 300009.00 | 141.31 |
| 新加坡 | 108770.00 | 134.64 |
| 危地马拉 | 137500.00 | 127.30 |
| 冈比亚 | 217282.00 | 118.61 |
| 加拿大 | 138044.00 | 116.94 |
| 也门 | 157080.00 | 100.65 |
| 尼加拉瓜 | 182294.00 | 100.09 |
| 塞内加尔 | 83000.00 | 96.78 |
| 朝鲜 | 254964.00 | 92.65 |
| 巴西 | 100415.00 | 88.76 |
| 古巴 | 75944.00 | 84.38 |
| 法国 | 55396.00 | 75.50 |
| 科威特 | 102968.00 | 74.53 |
| 莫桑比克 | 269858.00 | 73.32 |
| 秘鲁 | 143740.00 | 67.97 |
| 德国 | 26842.00 | 67.16 |
| 马达加斯加 | 206120.00 | 66.04 |
| 塞拉利昂 | 155484.00 | 65.61 |
| 法属波利尼西亚 | 89092.00 | 58.51 |
| 突尼斯 | 53508.00 | 50.72 |
| 阿尔巴尼亚 | 17933.00 | 49.08 |
| 英国 | 26372.00 | 48.03 |
| 赞比亚 | 54000.00 | 47.52 |
| 加纳 | 42696.00 | 44.94 |
| 索马里 | 102940.00 | 43.79 |

（续）

| 国家/地区 | 出口数量（千克） | 出口金额（千美元） |
|---|---|---|
| 巴拿马 | 20285.00 | 41.78 |
| 毛里求斯 | 41316.00 | 40.79 |
| 梅利利亚 | 9366.00 | 39.99 |
| 塞舌尔 | 7728.00 | 39.57 |
| 新西兰 | 8520.00 | 34.82 |
| 哥斯达黎加 | 60313.00 | 34.02 |
| 马里 | 36060.00 | 32.28 |
| 黎巴嫩 | 50370.00 | 31.84 |
| 苏里南 | 47000.00 | 28.87 |
| 阿根廷 | 3290.00 | 26.32 |
| 贝宁 | 57200.00 | 26.03 |
| 巴林 | 39537.00 | 17.98 |
| 马尔代夫 | 29548.00 | 17.93 |
| 意大利 | 18196.00 | 16.33 |
| 喀麦隆 | 14970.00 | 13.36 |
| 佛得角 | 500.00 | 13.30 |
| 爱沙尼亚 | 7500.00 | 12.60 |
| 克罗地亚 | 14500.00 | 12.34 |
| 萨尔瓦多 | 23168.00 | 12.07 |
| 瑞士 | 8472.00 | 11.88 |
| 希腊 | 12814.00 | 10.63 |
| 叙利亚 | 17551.00 | 10.53 |
| 斯洛伐克 | 9690.00 | 9.27 |
| 乌兹别克斯坦 | 9718.00 | 8.07 |
| 洪都拉斯 | 21470.00 | 7.16 |
| 冰岛 | 19000.00 | 7.01 |
| 土耳其 | 7890.00 | 5.75 |
| 牙买加 | 7800.00 | 5.50 |
| 厄瓜多尔 | 8800.00 | 5.41 |
| 智利 | 10837.00 | 4.23 |
| 特立尼达和多巴哥 | 6100.00 | 3.24 |
| 所罗门群岛 | 4400.00 | 3.16 |
| 阿曼 | 5500.00 | 2.08 |
| 马拉维 | 3040.00 | 1.56 |
| 卢旺达 | 2145.00 | 0.74 |
| 丹麦 | 738.00 | 0.63 |
| 毛里塔尼亚 | 1000.00 | 0.45 |
| 44111221 辐射松制的中密度板，0.5g/cucm < 密度≤0.8g/cucm，厚≤5mm | | |
| 合计 | 10560.00 | 3.65 |
| 朝鲜 | 9850.00 | 3.22 |
| 缅甸 | 710.00 | 0.43 |
| 44111229 其他中密度板 0.5g/cucm < 密度≤0.8g/cucm，厚≤5mm | | |

（续）

| 国家/地区 | 出口数量（千克） | 出口金额（千美元） |
|---|---|---|
| 合计 | 50105474.00 | 33479.77 |
| 尼日利亚 | 8619817.00 | 5611.79 |
| 吉布提 | 4972436.00 | 2497.11 |
| 沙特阿拉伯 | 3735031.00 | 2421.92 |
| 埃及 | 4028592.00 | 1856.36 |
| 印度 | 1349401.00 | 1312.03 |
| 阿尔及利亚 | 2638715.00 | 1244.75 |
| 墨西哥 | 1630213.00 | 1096.64 |
| 南非 | 1968439.00 | 1049.97 |
| 科威特 | 1560908.00 | 1031.49 |
| 巴基斯坦 | 1334323.00 | 973.03 |
| 阿联酋 | 1670777.00 | 868.01 |
| 肯尼亚 | 883034.00 | 764.00 |
| 菲律宾 | 1333335.00 | 763.07 |
| 比利时 | 231870.00 | 758.39 |
| 约旦 | 590446.00 | 678.71 |
| 埃塞俄比亚 | 1802431.00 | 674.01 |
| 阿富汗 | 676017.00 | 583.01 |
| 澳大利亚 | 503187.00 | 579.36 |
| 孟加拉国 | 1170403.00 | 552.77 |
| 摩洛哥 | 250120.00 | 528.44 |
| 美国 | 636049.00 | 496.16 |
| 新加坡 | 215620.00 | 398.70 |
| 苏丹 | 921662.00 | 356.05 |
| 坦桑尼亚 | 167081.00 | 285.00 |
| 马尔代夫 | 105928.00 | 280.92 |
| 冈比亚 | 576620.00 | 280.69 |
| 伊拉克 | 387881.00 | 255.55 |
| 朝鲜 | 447600.00 | 233.72 |
| 越南 | 382115.00 | 211.34 |
| 西班牙 | 90165.00 | 206.38 |
| 安哥拉 | 49130.00 | 201.02 |
| 马来西亚 | 119238.00 | 190.66 |
| 多米尼加 | 351129.00 | 188.27 |
| 缅甸 | 549523.00 | 187.83 |
| 利比亚 | 63068.00 | 161.69 |
| 科特迪瓦 | 46200.00 | 156.73 |
| 以色列 | 85070.00 | 156.56 |
| 危地马拉 | 211246.00 | 149.06 |
| 伊朗 | 190148.00 | 148.68 |
| 印度尼西亚 | 100550.00 | 144.73 |
| 卡塔尔 | 204947.00 | 137.53 |
| 莫桑比克 | 197074.00 | 133.43 |
| 秘鲁 | 47980.00 | 130.97 |

（续）

| 国家/地区 | 出口数量（千克） | 出口金额（千美元） |
|---|---|---|
| 加纳 | 181124.00 | 130.59 |
| 加拿大 | 83642.00 | 128.91 |
| 马达加斯加 | 184232.00 | 116.17 |
| 阿曼 | 211330.00 | 114.02 |
| 中国香港 | 312316.00 | 110.06 |
| 叙利亚 | 264450.00 | 99.55 |
| 所罗门群岛 | 28595.00 | 96.43 |
| 英国 | 30904.00 | 84.50 |
| 刚果(金) | 29070.00 | 82.15 |
| 意大利 | 19600.00 | 76.40 |
| 新西兰 | 39234.00 | 75.93 |
| 斯里兰卡 | 117921.00 | 74.20 |
| 中国台澎金马关税区 | 45366.00 | 71.40 |
| 科摩罗 | 34100.00 | 68.50 |
| 索马里 | 138689.00 | 67.97 |
| 刚果(布) | 20696.00 | 63.98 |
| 洪都拉斯 | 161836.00 | 57.83 |
| 法国 | 17389.00 | 54.96 |
| 智利 | 121142.00 | 53.54 |
| 荷属安地列斯 | 14914.00 | 45.60 |
| 文莱 | 17478.00 | 42.61 |
| 巴拿马 | 13505.00 | 42.51 |
| 贝宁 | 48440.00 | 40.74 |
| 乌兹别克斯坦 | 28473.00 | 40.58 |
| 古巴 | 78090.00 | 39.86 |
| 日本 | 16915.00 | 38.28 |
| 塞内加尔 | 9800.00 | 38.12 |
| 赞比亚 | 47400.00 | 36.59 |
| 乌干达 | 58640.00 | 34.90 |
| 黎巴嫩 | 79463.00 | 34.32 |
| 毛里求斯 | 11918.00 | 33.40 |
| 巴林 | 45157.00 | 32.46 |
| 多哥 | 15904.00 | 31.01 |
| 泰国 | 13230.00 | 28.81 |
| 特立尼达和多巴哥 | 26500.00 | 27.93 |
| 纳米比亚 | 7670.00 | 27.61 |
| 荷兰 | 15435.00 | 24.70 |
| 罗马尼亚 | 7050.00 | 24.53 |
| 阿塞拜疆 | 68600.00 | 22.90 |
| 哥伦比亚 | 36257.00 | 21.80 |
| 帕劳 | 7380.00 | 20.96 |
| 哥斯达黎加 | 57350.00 | 20.21 |
| 尼加拉瓜 | 46216.00 | 20.13 |
| 蒙古 | 39444.00 | 17.04 |

(续)

| 国家/地区 | 出口数量（千克） | 出口金额（千美元） |
|---|---|---|
| 挪威 | 9307.00 | 16.25 |
| 喀麦隆 | 4050.00 | 15.39 |
| 萨尔瓦多 | 20536.00 | 14.95 |
| 巴西 | 27500.00 | 14.57 |
| 韩国 | 27072.00 | 10.55 |
| 哈萨克斯坦 | 2100.00 | 9.60 |
| 几内亚 | 2860.00 | 8.12 |
| 厄瓜多尔 | 7600.00 | 6.47 |
| 阿尔巴尼亚 | 14400.00 | 6.00 |
| 土耳其 | 1400.00 | 5.48 |
| 柬埔寨 | 7430.00 | 5.19 |
| 也门 | 12000.00 | 4.80 |
| 斐济 | 8435.00 | 3.57 |
| 德国 | 2710.00 | 2.63 |
| 斯洛文尼亚 | 6000.00 | 2.11 |
| 亚美尼亚 | 850.00 | 1.52 |
| 马拉维 | 2840.00 | 1.40 |
| 44111291 未加工中密度板，密度≤0.5g/cucm，厚≤5mm | | |
| 合计 | 471597.00 | 271.90 |
| 埃塞俄比亚 | 136400.00 | 48.93 |
| 危地马拉 | 23150.00 | 48.58 |
| 墨西哥 | 117578.00 | 39.24 |
| 伊拉克 | 16000.00 | 31.68 |
| 澳大利亚 | 47000.00 | 19.51 |
| 斯里兰卡 | 25800.00 | 18.84 |
| 孟加拉国 | 47860.00 | 15.62 |
| 肯尼亚 | 400.00 | 11.74 |
| 阿联酋 | 21000.00 | 11.00 |
| 土耳其 | 9333.00 | 8.31 |
| 叙利亚 | 4000.00 | 6.00 |
| 加纳 | 17500.00 | 5.59 |
| 尼日利亚 | 1320.00 | 2.66 |
| 美国 | 456.00 | 1.47 |
| 尼加拉瓜 | 2380.00 | 1.26 |
| 中国澳门 | 800.00 | 1.16 |
| 菲律宾 | 620.00 | 0.31 |
| 44111299 加工中密度板，密度≤0.5g/cucm，厚≤5mm | | |
| 合计 | 13085869.00 | 9207.05 |
| 吉布提 | 2886365.00 | 1184.45 |
| 墨西哥 | 1654109.00 | 723.36 |
| 伊拉克 | 569460.00 | 605.79 |
| 埃及 | 805462.00 | 529.86 |

(续)

| 国家/地区 | 出口数量（千克） | 出口金额（千美元） |
|---|---|---|
| 中国香港 | 531502.00 | 493.50 |
| 马来西亚 | 273772.00 | 439.78 |
| 新加坡 | 89991.00 | 409.22 |
| 越南 | 462105.00 | 383.43 |
| 以色列 | 277615.00 | 355.75 |
| 美国 | 385377.00 | 293.01 |
| 阿联酋 | 273962.00 | 264.86 |
| 肯尼亚 | 419414.00 | 262.45 |
| 哥伦比亚 | 403190.00 | 259.97 |
| 日本 | 114446.00 | 239.38 |
| 沙特阿拉伯 | 420984.00 | 223.69 |
| 印度尼西亚 | 244175.00 | 205.69 |
| 南非 | 299035.00 | 177.29 |
| 科威特 | 261150.00 | 151.51 |
| 伊朗 | 180342.00 | 122.23 |
| 克罗地亚 | 75194.00 | 104.42 |
| 埃塞俄比亚 | 191680.00 | 102.25 |
| 多米尼加 | 214890.00 | 92.02 |
| 朝鲜 | 183368.00 | 91.62 |
| 尼日利亚 | 113830.00 | 85.64 |
| 巴拿马 | 48025.00 | 80.88 |
| 阿曼 | 23013.00 | 76.20 |
| 泰国 | 89454.00 | 70.38 |
| 秘鲁 | 36340.00 | 70.37 |
| 孟加拉国 | 55150.00 | 65.86 |
| 卡塔尔 | 52060.00 | 62.74 |
| 危地马拉 | 72250.00 | 62.45 |
| 澳大利亚 | 210337.00 | 62.29 |
| 加拿大 | 49194.00 | 60.54 |
| 特立尼达和多巴哥 | 177900.00 | 56.87 |
| 突尼斯 | 38478.00 | 51.49 |
| 新西兰 | 16168.00 | 48.50 |
| 俄罗斯 | 35349.00 | 47.94 |
| 波黑 | 39600.00 | 47.09 |
| 阿尔及利亚 | 30190.00 | 43.18 |
| 约旦 | 38400.00 | 38.78 |
| 智利 | 73190.00 | 35.12 |
| 苏丹 | 80400.00 | 34.80 |
| 毛里求斯 | 45140.00 | 32.69 |
| 菲律宾 | 55930.00 | 30.84 |
| 萨尔瓦多 | 23100.00 | 28.28 |
| 阿富汗 | 39600.00 | 27.70 |
| 莫桑比克 | 67100.00 | 27.29 |
| 马达加斯加 | 55100.00 | 21.74 |

(续)

| 国家/地区 | 出口数量（千克） | 出口金额（千美元） |
|---|---|---|
| 巴基斯坦 | 26184.00 | 21.73 |
| 洪都拉斯 | 36700.00 | 18.54 |
| 荷兰 | 1680.00 | 18.48 |
| 斯里兰卡 | 42766.00 | 17.30 |
| 牙买加 | 16900.00 | 16.89 |
| 印度 | 14000.00 | 16.42 |
| 利比亚 | 16800.00 | 16.20 |
| 委内瑞拉 | 28050.00 | 14.54 |
| 所罗门群岛 | 34500.00 | 14.39 |
| 中国台澎金马关税区 | 10978.00 | 11.43 |
| 英国 | 4493.00 | 10.95 |
| 哈萨克斯坦 | 19424.00 | 9.51 |
| 西班牙 | 10199.00 | 8.19 |
| 挪威 | 1879.00 | 7.82 |
| 瓦努阿图 | 17070.00 | 6.87 |
| 加纳 | 9226.00 | 6.38 |
| 贝宁 | 2160.00 | 1.98 |
| 苏里南 | 4760.00 | 1.38 |
| 中国澳门 | 1338.00 | 1.18 |
| 缅甸 | 3000.00 | 0.97 |
| 莱索托 | 762.00 | 0.60 |
| 德国 | 114.00 | 0.12 |
| 44111311 未加工中密度板，密度＞0.8g/cucm，5mm＜厚≤9mm | | |
| 合计 | 3022933.00 | 1230.29 |
| 沙特阿拉伯 | 2079551.00 | 593.27 |
| 美国 | 451708.00 | 448.22 |
| 古巴 | 155970.00 | 62.60 |
| 阿尔及利亚 | 66500.00 | 31.08 |
| 印度 | 25383.00 | 20.31 |
| 阿联酋 | 27000.00 | 13.84 |
| 朝鲜 | 44575.00 | 11.10 |
| 菲律宾 | 25670.00 | 10.27 |
| 危地马拉 | 21050.00 | 7.62 |
| 蒙古 | 73800.00 | 7.49 |
| 埃塞俄比亚 | 15936.00 | 6.93 |
| 孟加拉国 | 17868.00 | 6.36 |
| 乌克兰 | 9109.00 | 6.12 |
| 柬埔寨 | 3920.00 | 2.55 |
| 韩国 | 4223.00 | 2.24 |
| 中国香港 | 670.00 | 0.30 |
| 44111319 加工中密度板，密度＞0.8g/cucm，5mm＜厚≤9mm | | |
| 合计 | 377646931.00 | 256731.61 |

（续）

| 国家/地区 | 出口数量（千克） | 出口金额（千美元） |
|---|---|---|
| 美国 | 60804780.00 | 53196.32 |
| 俄罗斯 | 34508109.00 | 23726.98 |
| 韩国 | 28058191.00 | 19555.53 |
| 伊朗 | 25215545.00 | 15005.29 |
| 智利 | 22310531.00 | 13557.61 |
| 印度 | 19529248.00 | 12428.49 |
| 乌兹别克斯坦 | 11579217.00 | 10508.35 |
| 哥伦比亚 | 15545687.00 | 10013.48 |
| 澳大利亚 | 10855293.00 | 8232.58 |
| 沙特阿拉伯 | 11757430.00 | 6901.31 |
| 格鲁吉亚 | 9492490.00 | 5637.62 |
| 越南 | 9254230.00 | 5195.76 |
| 加拿大 | 7168829.00 | 5039.33 |
| 厄瓜多尔 | 8289115.00 | 4816.50 |
| 南非 | 8706379.00 | 4808.35 |
| 乌克兰 | 7804015.00 | 4685.73 |
| 泰国 | 6689066.00 | 4159.45 |
| 马来西亚 | 5970821.00 | 3842.88 |
| 阿联酋 | 4888552.00 | 3722.90 |
| 墨西哥 | 5855226.00 | 3459.10 |
| 巴基斯坦 | 4742162.00 | 2951.02 |
| 秘鲁 | 4547329.00 | 2862.76 |
| 阿根廷 | 4548257.00 | 2801.09 |
| 罗马尼亚 | 4798126.00 | 2554.37 |
| 菲律宾 | 3874600.00 | 2505.95 |
| 印度尼西亚 | 3651802.00 | 2407.59 |
| 埃及 | 3999127.00 | 1908.64 |
| 中国台澎金马关税区 | 1935819.00 | 1152.26 |
| 吉尔吉斯斯坦 | 1539661.00 | 952.17 |
| 缅甸 | 1353806.00 | 846.07 |
| 巴林 | 1375911.00 | 838.56 |
| 塔吉克斯坦 | 991552.00 | 824.85 |
| 玻利维亚 | 1206662.00 | 781.29 |
| 英国 | 1085221.00 | 711.53 |
| 塞尔维亚 | 1309258.00 | 606.58 |
| 乌拉圭 | 949911.00 | 548.04 |
| 土库曼斯坦 | 929569.00 | 513.48 |
| 尼泊尔 | 771394.00 | 493.71 |
| 哈萨克斯坦 | 553404.00 | 486.85 |
| 黎巴嫩 | 830789.00 | 475.92 |
| 保加利亚 | 987049.00 | 459.52 |
| 比利时 | 469447.00 | 439.35 |
| 科威特 | 713745.00 | 435.55 |
| 毛里求斯 | 721590.00 | 416.16 |

（续）

| 国家/地区 | 出口数量（千克） | 出口金额（千美元） |
|---|---|---|
| 挪威 | 591465.00 | 413.59 |
| 意大利 | 637275.00 | 398.35 |
| 肯尼亚 | 661296.00 | 381.52 |
| 约旦 | 625190.00 | 379.88 |
| 新加坡 | 600666.00 | 373.40 |
| 特立尼达和多巴哥 | 551791.00 | 335.28 |
| 巴西 | 527870.00 | 302.66 |
| 阿尔巴尼亚 | 519125.00 | 298.03 |
| 哥斯达黎加 | 426081.00 | 275.88 |
| 西班牙 | 414351.00 | 260.18 |
| 新西兰 | 309431.00 | 242.61 |
| 日本 | 251278.00 | 219.17 |
| 希腊 | 390592.00 | 212.38 |
| 贝宁 | 309000.00 | 200.89 |
| 斯里兰卡 | 286600.00 | 200.42 |
| 摩尔多瓦 | 200704.00 | 196.79 |
| 多哥 | 289300.00 | 189.92 |
| 白俄罗斯 | 235770.00 | 185.06 |
| 叙利亚 | 444951.00 | 181.63 |
| 爱尔兰 | 298890.00 | 180.27 |
| 委内瑞拉 | 252995.00 | 170.58 |
| 卡塔尔 | 295762.00 | 170.54 |
| 土耳其 | 426778.00 | 166.05 |
| 吉布提 | 266656.00 | 159.59 |
| 中国香港 | 191506.00 | 144.50 |
| 留尼汪 | 221852.00 | 135.69 |
| 前南马其顿 | 239548.00 | 134.41 |
| 埃塞俄比亚 | 356312.00 | 134.24 |
| 立陶宛 | 189356.00 | 126.46 |
| 伊拉克 | 188913.00 | 122.54 |
| 多米尼加 | 210610.00 | 122.10 |
| 荷兰 | 151398.00 | 109.37 |
| 马达加斯加 | 187452.00 | 105.65 |
| 孟加拉国 | 146342.00 | 96.53 |
| 加纳 | 156180.00 | 96.36 |
| 亚美尼亚 | 178759.00 | 94.06 |
| 苏丹 | 234911.00 | 90.48 |
| 以色列 | 146499.00 | 87.92 |
| 尼日利亚 | 130967.00 | 87.27 |
| 匈牙利 | 116600.00 | 86.24 |
| 文莱 | 109976.00 | 78.14 |
| 德国 | 126874.00 | 76.51 |
| 危地马拉 | 114042.00 | 72.74 |
| 波黑 | 109900.00 | 66.28 |

（续）

| 国家/地区 | 出口数量（千克） | 出口金额（千美元） |
|---|---|---|
| 塞浦路斯 | 107025.00 | 65.15 |
| 利比亚 | 111812.00 | 64.59 |
| 捷克 | 101800.00 | 61.28 |
| 法国 | 87173.00 | 57.64 |
| 坦桑尼亚 | 104210.00 | 56.36 |
| 津巴布韦 | 92424.00 | 56.03 |
| 拉脱维亚 | 95674.00 | 47.21 |
| 法属波利尼西亚 | 75440.00 | 43.23 |
| 蒙古 | 372230.00 | 42.50 |
| 巴哈马 | 72801.00 | 40.58 |
| 牙买加 | 53500.00 | 36.26 |
| 也门 | 68436.00 | 36.15 |
| 巴拿马 | 55210.00 | 35.82 |
| 黑山 | 61874.00 | 33.61 |
| 巴布亚新几内亚 | 52618.00 | 31.11 |
| 索马里 | 70560.00 | 30.89 |
| 阿尔及利亚 | 34050.00 | 28.09 |
| 摩洛哥 | 41605.00 | 26.30 |
| 马耳他 | 49340.00 | 25.48 |
| 圭亚那 | 41140.00 | 23.28 |
| 克罗地亚 | 44351.00 | 22.67 |
| 安哥拉 | 22498.00 | 19.29 |
| 赞比亚 | 27979.00 | 17.87 |
| 马尔代夫 | 28792.00 | 17.13 |
| 老挝 | 21156.00 | 16.71 |
| 古巴 | 25062.00 | 16.51 |
| 刚果(布) | 26300.00 | 15.97 |
| 圣卢西亚 | 22923.00 | 14.84 |
| 博茨瓦纳 | 18105.00 | 14.47 |
| 朝鲜 | 33053.00 | 13.98 |
| 阿富汗 | 20900.00 | 13.37 |
| 新喀里多尼亚 | 19124.00 | 12.89 |
| 巴巴多斯 | 17515.00 | 10.65 |
| 莱索托 | 15764.00 | 10.00 |
| 莫桑比克 | 15990.00 | 9.88 |
| 喀麦隆 | 3199.00 | 9.20 |
| 塞内加尔 | 16120.00 | 9.12 |
| 尼加拉瓜 | 16400.00 | 8.92 |
| 葡萄牙 | 4121.00 | 4.36 |
| 洪都拉斯 | 7858.00 | 3.24 |
| 芬兰 | 40.00 | 0.02 |

44111321 辐射松制的中密度板，5mm < 厚≤9mm

| | | |
|---|---|---|
| 合计 | 2031211.00 | 8134.31 |

(续)

| 国家/地区 | 出口数量(千克) | 出口金额(千美元) |
|---|---|---|
| 日本 | 1124096.00 | 3820.05 |
| 科威特 | 212360.00 | 899.32 |
| 马来西亚 | 157413.00 | 786.83 |
| 中国台澎金马关税区 | 137927.00 | 631.38 |
| 印度 | 45902.00 | 227.18 |
| 毛里求斯 | 33524.00 | 150.58 |
| 新加坡 | 26143.00 | 144.63 |
| 加纳 | 32900.00 | 138.91 |
| 塞内加尔 | 28514.00 | 132.65 |
| 西班牙 | 24000.00 | 127.20 |
| 沙特阿拉伯 | 26860.00 | 123.50 |
| 安哥拉 | 19883.00 | 117.94 |
| 萨摩亚 | 15200.00 | 79.04 |
| 阿尔及利亚 | 13650.00 | 69.98 |
| 刚果(金) | 11167.00 | 67.00 |
| 泰国 | 11360.00 | 58.20 |
| 印度尼西亚 | 6700.00 | 40.20 |
| 以色列 | 7142.00 | 40.00 |
| 柬埔寨 | 6650.00 | 39.90 |
| 毛里塔尼亚 | 8300.00 | 39.84 |
| 巴巴多斯 | 8300.00 | 39.84 |
| 黎巴嫩 | 6620.00 | 39.72 |
| 坦桑尼亚 | 6600.00 | 39.60 |
| 越南 | 7200.00 | 39.60 |
| 卡塔尔 | 8720.00 | 39.24 |
| 冈比亚 | 6520.00 | 39.12 |
| 巴拿马 | 7985.00 | 37.53 |
| 巴布亚新几内亚 | 9950.00 | 34.83 |
| 贝宁 | 8654.00 | 34.62 |
| 科摩罗 | 4347.00 | 25.21 |
| 肯尼亚 | 4439.00 | 19.98 |
| 马达加斯加 | 1000.00 | 6.00 |
| 多哥 | 1185.00 | 4.74 |
| 44111329 其他中密度板 0.5g/cucm < 密度≤0.8g/cucm,5mm < 厚≤9mm | | |
| 合计 | 37381929.00 | 17288.85 |
| 埃及 | 6525097.00 | 2317.47 |
| 越南 | 5639518.00 | 1947.63 |
| 美国 | 992874.00 | 1315.18 |
| 埃塞俄比亚 | 2511094.00 | 1074.57 |
| 阿尔及利亚 | 2432508.00 | 792.11 |
| 古巴 | 1061494.00 | 783.70 |
| 斯里兰卡 | 1573727.00 | 699.66 |
| 阿联酋 | 1295140.00 | 673.97 |

(续)

| 国家/地区 | 出口数量(千克) | 出口金额(千美元) |
|---|---|---|
| 吉布提 | 1437641.00 | 658.94 |
| 约旦 | 1248788.00 | 561.58 |
| 伊朗 | 1076991.00 | 505.67 |
| 巴基斯坦 | 1336958.00 | 501.59 |
| 澳大利亚 | 312565.00 | 360.94 |
| 乌兹别克斯坦 | 688902.00 | 351.79 |
| 伊拉克 | 673737.00 | 313.85 |
| 尼日利亚 | 780928.00 | 308.92 |
| 沙特阿拉伯 | 559613.00 | 299.16 |
| 格鲁吉亚 | 584302.00 | 275.62 |
| 塔吉克斯坦 | 437990.00 | 242.42 |
| 肯尼亚 | 606572.00 | 234.99 |
| 南非 | 485358.00 | 231.46 |
| 日本 | 113623.00 | 230.30 |
| 菲律宾 | 446794.00 | 205.16 |
| 缅甸 | 468250.00 | 156.26 |
| 坦桑尼亚 | 405905.00 | 155.85 |
| 哥伦比亚 | 310920.00 | 155.51 |
| 印度 | 306084.00 | 152.18 |
| 特立尼达和多巴哥 | 176053.00 | 131.72 |
| 苏丹 | 365581.00 | 110.66 |
| 阿富汗 | 58817.00 | 97.05 |
| 墨西哥 | 138473.00 | 93.99 |
| 吉尔吉斯斯坦 | 116408.00 | 79.44 |
| 加纳 | 206182.00 | 77.69 |
| 马来西亚 | 71041.00 | 75.68 |
| 韩国 | 56546.00 | 69.67 |
| 危地马拉 | 119414.00 | 65.27 |
| 英国 | 82621.00 | 55.94 |
| 朝鲜 | 74132.00 | 52.53 |
| 智利 | 126675.00 | 51.79 |
| 新加坡 | 95321.00 | 51.29 |
| 印度尼西亚 | 135810.00 | 50.48 |
| 中国香港 | 26736.00 | 47.31 |
| 阿根廷 | 82755.00 | 43.12 |
| 阿曼 | 114511.00 | 42.37 |
| 泰国 | 56569.00 | 40.62 |
| 希腊 | 35441.00 | 38.11 |
| 加拿大 | 17023.00 | 36.15 |
| 俄罗斯 | 60952.00 | 36.13 |
| 多米尼加 | 42316.00 | 31.50 |
| 黎巴嫩 | 86644.00 | 28.72 |
| 土库曼斯坦 | 55695.00 | 28.08 |
| 巴林 | 48079.00 | 27.77 |

(续)

| 国家/地区 | 出口数量(千克) | 出口金额(千美元) |
|---|---|---|
| 厄瓜多尔 | 63100.00 | 27.61 |
| 索马里 | 47514.00 | 25.16 |
| 卡塔尔 | 29045.00 | 19.61 |
| 毛里求斯 | 32350.00 | 18.54 |
| 科威特 | 42966.00 | 16.73 |
| 马达加斯加 | 33871.00 | 16.46 |
| 洪都拉斯 | 39004.00 | 15.97 |
| 马尔代夫 | 25668.00 | 14.42 |
| 多哥 | 17188.00 | 11.40 |
| 贝宁 | 21562.00 | 11.37 |
| 哈萨克斯坦 | 6046.00 | 11.03 |
| 莫桑比克 | 20000.00 | 10.80 |
| 摩洛哥 | 39112.00 | 10.77 |
| 挪威 | 17500.00 | 10.61 |
| 斐济 | 26097.00 | 10.09 |
| 巴西 | 27000.00 | 10.08 |
| 新西兰 | 4115.00 | 7.36 |
| 留尼汪 | 24375.00 | 7.24 |
| 意大利 | 1249.00 | 7.06 |
| 突尼斯 | 5949.00 | 6.27 |
| 乌拉圭 | 11700.00 | 5.12 |
| 乌干达 | 11160.00 | 4.96 |
| 法国 | 4352.00 | 4.83 |
| 巴拿马 | 15333.00 | 4.76 |
| 亚美尼亚 | 3500.00 | 4.10 |
| 文莱 | 12536.00 | 3.96 |
| 中国澳门 | 810.00 | 3.93 |
| 塞内加尔 | 3546.00 | 3.34 |
| 尼加拉瓜 | 10372.00 | 3.17 |
| 法属圭亚那 | 3550.00 | 2.18 |
| 中国台澎金马关税区 | 150.00 | 1.79 |
| 新喀里多尼亚 | 3870.00 | 1.46 |
| 刚果(金) | 5428.00 | 1.44 |
| 乌克兰 | 1121.00 | 1.39 |
| 瓜德罗普 | 2110.00 | 1.22 |
| 摩尔多瓦 | 30.00 | 1.06 |
| 叙利亚 | 2150.00 | 0.96 |
| 法属波利尼西亚 | 1870.00 | 0.70 |
| 卢旺达 | 1462.00 | 0.41 |
| 44111391 未加工中密度板,密度≤0.5g/cucm,5mm < 厚≤9mm | | |
| 合计 | 334396.00 | 166.19 |
| 波兰 | 139000.00 | 76.84 |
| 阿联酋 | 43000.00 | 27.62 |

（续）

| 国家/地区 | 出口数量（千克） | 出口金额（千美元） |
|---|---|---|
| 埃塞俄比亚 | 72000.00 | 27.30 |
| 韩国 | 15218.00 | 7.68 |
| 印度尼西亚 | 17500.00 | 7.58 |
| 缅甸 | 19088.00 | 7.03 |
| 留尼汪 | 8400.00 | 3.96 |
| 索马里 | 11890.00 | 3.86 |
| 马来西亚 | 770.00 | 2.46 |
| 孟加拉国 | 4600.00 | 1.11 |
| 墨西哥 | 1930.00 | 0.67 |
| 蒙古 | 1000.00 | 0.09 |
| 44111399 加工中密度板，密度≤0.5g/cucm，5mm＜厚≤9mm | | |
| 合计 | 1734130.00 | 1171.04 |
| 吉布提 | 654060.00 | 257.19 |
| 伊拉克 | 274740.00 | 123.11 |
| 英国 | 18027.00 | 122.92 |
| 墨西哥 | 113295.00 | 106.11 |
| 特立尼达和多巴哥 | 122500.00 | 97.22 |
| 日本 | 9482.00 | 67.73 |
| 葡萄牙 | 81060.00 | 48.97 |
| 越南 | 32225.00 | 42.73 |
| 埃塞俄比亚 | 52700.00 | 39.83 |
| 新加坡 | 19580.00 | 37.15 |
| 科威特 | 49782.00 | 26.40 |
| 美国 | 44401.00 | 25.04 |
| 马来西亚 | 28088.00 | 21.64 |
| 阿曼 | 52000.00 | 19.45 |
| 赤道几内亚 | 20000.00 | 18.42 |
| 印度 | 21705.00 | 14.30 |
| 中国香港 | 4935.00 | 12.91 |
| 沙特阿拉伯 | 17310.00 | 9.87 |
| 埃及 | 30488.00 | 9.81 |
| 缅甸 | 4370.00 | 8.95 |
| 阿联酋 | 15447.00 | 8.92 |
| 德国 | 1431.00 | 8.63 |
| 多米尼加 | 12320.00 | 7.52 |
| 柬埔寨 | 5936.00 | 6.58 |
| 菲律宾 | 9024.00 | 5.41 |
| 洪都拉斯 | 10630.00 | 4.94 |
| 瓦努阿图 | 8950.00 | 3.20 |
| 毛里求斯 | 6000.00 | 3.00 |
| 留尼汪 | 4125.00 | 2.86 |
| 朝鲜 | 3330.00 | 2.00 |
| 澳大利亚 | 366.00 | 1.12 |

（续）

| 国家/地区 | 出口数量（千克） | 出口金额（千美元） |
|---|---|---|
| 智利 | 131.00 | 1.02 |
| 斐济 | 1980.00 | 1.01 |
| 加拿大 | 741.00 | 0.96 |
| 以色列 | 231.00 | 0.90 |
| 古巴 | 800.00 | 0.72 |
| 刚果（布） | 1320.00 | 0.64 |
| 中国澳门 | 90.00 | 0.58 |
| 克罗地亚 | 38.00 | 0.50 |
| 泰国 | 396.00 | 0.28 |
| 俄罗斯 | 22.00 | 0.23 |
| 萨尔瓦多 | 26.00 | 0.21 |
| 南非 | 48.00 | 0.05 |
| 44111411 未加工中密度板，密度＞0.8g/cucm，厚＞9mm | | |
| 合计 | 1199481.00 | 374.93 |
| 越南 | 207824.00 | 105.78 |
| 菲律宾 | 282018.00 | 98.71 |
| 蒙古 | 582570.00 | 71.80 |
| 吉布提 | 35536.00 | 31.99 |
| 朝鲜 | 51634.00 | 31.37 |
| 中国澳门 | 2740.00 | 13.70 |
| 柬埔寨 | 21928.00 | 10.91 |
| 埃塞俄比亚 | 11668.00 | 4.92 |
| 澳大利亚 | 1010.00 | 3.86 |
| 乌克兰 | 2208.00 | 1.28 |
| 墨西哥 | 345.00 | 0.62 |
| 44111419 加工中密度板，密度＞0.8g/cucm，厚＞9mm | | |
| 合计 | 538635655.00 | 381480.03 |
| 美国 | 227723691.00 | 173563.51 |
| 加拿大 | 84043949.00 | 54542.36 |
| 俄罗斯 | 70918853.00 | 42683.51 |
| 澳大利亚 | 25708829.00 | 19520.45 |
| 英国 | 14876211.00 | 11991.42 |
| 越南 | 18748870.00 | 11437.31 |
| 罗马尼亚 | 11709484.00 | 6849.58 |
| 格鲁吉亚 | 9885413.00 | 5495.05 |
| 乌兹别克斯坦 | 7044888.00 | 4574.54 |
| 缅甸 | 6323233.00 | 4116.33 |
| 爱尔兰 | 5782089.00 | 3485.05 |
| 伊朗 | 5156189.00 | 3400.04 |
| 沙特阿拉伯 | 2920139.00 | 2993.12 |
| 马来西亚 | 2399040.00 | 2128.62 |
| 印度 | 2622265.00 | 2120.12 |

（续）

| 国家/地区 | 出口数量（千克） | 出口金额（千美元） |
|---|---|---|
| 厄瓜多尔 | 2181803.00 | 1882.78 |
| 智利 | 2661620.00 | 1848.58 |
| 南非 | 2202385.00 | 1792.68 |
| 巴基斯坦 | 2280042.00 | 1610.74 |
| 哈萨克斯坦 | 2240721.00 | 1493.40 |
| 阿联酋 | 1629017.00 | 1460.57 |
| 中国台澎金马关税区 | 1643582.00 | 1444.52 |
| 新西兰 | 1825169.00 | 1383.27 |
| 泰国 | 2115575.00 | 1319.68 |
| 法国 | 1128711.00 | 1172.11 |
| 墨西哥 | 1139112.00 | 883.99 |
| 新加坡 | 555845.00 | 869.76 |
| 哥伦比亚 | 833284.00 | 794.98 |
| 蒙古 | 1907889.00 | 746.63 |
| 玻利维亚 | 1063500.00 | 686.12 |
| 秘鲁 | 397926.00 | 670.50 |
| 塔吉克斯坦 | 902792.00 | 650.76 |
| 比利时 | 772948.00 | 614.20 |
| 乌克兰 | 1014665.00 | 568.82 |
| 摩尔多瓦 | 726496.00 | 540.71 |
| 日本 | 92993.00 | 537.51 |
| 吉尔吉斯斯坦 | 835736.00 | 534.47 |
| 肯尼亚 | 899877.00 | 530.28 |
| 希腊 | 881905.00 | 506.16 |
| 阿根廷 | 720097.00 | 492.84 |
| 菲律宾 | 304820.00 | 395.38 |
| 韩国 | 290367.00 | 365.54 |
| 印度尼西亚 | 441018.00 | 359.73 |
| 前南马其顿 | 579597.00 | 332.99 |
| 黎巴嫩 | 418623.00 | 288.56 |
| 卡塔尔 | 301335.00 | 269.97 |
| 西班牙 | 338326.00 | 262.79 |
| 塞尔维亚 | 465974.00 | 244.00 |
| 吉布提 | 240674.00 | 224.35 |
| 土耳其 | 345719.00 | 220.18 |
| 土库曼斯坦 | 313527.00 | 215.06 |
| 埃及 | 322334.00 | 198.67 |
| 约旦 | 341061.00 | 196.55 |
| 阿尔巴尼亚 | 311688.00 | 192.20 |
| 阿塞拜疆 | 297828.00 | 190.16 |
| 中国香港 | 149538.00 | 179.97 |
| 埃塞俄比亚 | 345901.00 | 177.56 |
| 巴林 | 175226.00 | 176.83 |
| 克罗地亚 | 294160.00 | 175.56 |

(续)

| 国家/地区 | 出口数量（千克） | 出口金额（千美元） |
|---|---|---|
| 特立尼达和多巴哥 | 163329.00 | 169.21 |
| 巴拿马 | 72926.00 | 168.14 |
| 毛里求斯 | 252831.00 | 166.08 |
| 乌拉圭 | 171616.00 | 163.40 |
| 亚美尼亚 | 397874.00 | 152.42 |
| 文莱 | 166060.00 | 135.29 |
| 保加利亚 | 212830.00 | 132.19 |
| 朝鲜 | 205572.00 | 114.92 |
| 阿尔及利亚 | 275000.00 | 113.90 |
| 尼泊尔 | 167584.00 | 106.32 |
| 巴西 | 71518.00 | 92.35 |
| 伊拉克 | 88135.00 | 75.18 |
| 危地马拉 | 109217.00 | 70.16 |
| 立陶宛 | 113699.00 | 69.59 |
| 波黑 | 99770.00 | 60.32 |
| 意大利 | 67143.00 | 60.30 |
| 德国 | 78121.00 | 60.01 |
| 柬埔寨 | 109548.00 | 58.71 |
| 阿富汗 | 109048.00 | 58.44 |
| 瑞典 | 49134.00 | 52.28 |
| 斯里兰卡 | 41333.00 | 50.15 |
| 哥斯达黎加 | 33554.00 | 40.13 |
| 委内瑞拉 | 25657.00 | 39.88 |
| 马达加斯加 | 49300.00 | 39.76 |
| 马尔代夫 | 53715.00 | 37.89 |
| 马拉维 | 1903.00 | 35.57 |
| 多米尼加 | 18320.00 | 29.43 |
| 荷兰 | 39012.00 | 28.78 |
| 中国澳门 | 4174.00 | 25.76 |
| 葡萄牙 | 40001.00 | 25.30 |
| 匈牙利 | 34100.00 | 24.80 |
| 科威特 | 21119.00 | 23.69 |
| 以色列 | 32481.00 | 23.54 |
| 黑山 | 38593.00 | 22.21 |
| 新喀里多尼亚 | 34610.00 | 20.77 |
| 牙买加 | 25380.00 | 20.62 |
| 塞浦路斯 | 23958.00 | 20.25 |
| 莫桑比克 | 22068.00 | 19.60 |
| 巴布亚新几内亚 | 22695.00 | 17.91 |
| 尼日利亚 | 14263.00 | 17.22 |
| 赞比亚 | 8686.00 | 16.46 |
| 法属波利尼西亚 | 26776.00 | 15.40 |
| 尼加拉瓜 | 17700.00 | 15.19 |
| 摩洛哥 | 20380.00 | 14.70 |

(续)

| 国家/地区 | 出口数量（千克） | 出口金额（千美元） |
|---|---|---|
| 苏丹 | 21013.00 | 11.96 |
| 马耳他 | 6275.00 | 11.87 |
| 留尼汪 | 6445.00 | 11.85 |
| 利比亚 | 9897.00 | 11.74 |
| 圭亚那 | 7179.00 | 10.89 |
| 白俄罗斯 | 19722.00 | 10.68 |
| 津巴布韦 | 6806.00 | 10.57 |
| 加纳 | 11801.00 | 10.26 |
| 捷克 | 16000.00 | 10.20 |
| 斯洛文尼亚 | 17660.00 | 10.19 |
| 奥地利 | 17800.00 | 10.01 |
| 安哥拉 | 8672.00 | 9.95 |
| 坦桑尼亚 | 10320.00 | 7.67 |
| 洪都拉斯 | 6043.00 | 6.00 |
| 巴哈马 | 13026.00 | 5.49 |
| 孟加拉国 | 18000.00 | 4.50 |
| 利比里亚 | 1000.00 | 3.85 |
| 科特迪瓦 | 840.00 | 3.25 |
| 拉脱维亚 | 5100.00 | 2.65 |
| 博茨瓦纳 | 1486.00 | 2.40 |
| 塞内加尔 | 1248.00 | 1.58 |
| 巴巴多斯 | 579.00 | 1.00 |
| 巴拉圭 | 82.00 | 0.97 |
| 斯洛伐克 | 1024.00 | 0.77 |
| 苏里南 | 1400.00 | 0.74 |
| 挪威 | 550.00 | 0.65 |
| 南苏丹 | 215.00 | 0.65 |
| 圣卢西亚 | 190.00 | 0.40 |
| 44111421 辐射松制的中密度板,厚 > 9mm | | |
| 合计 | 5364521.00 | 12517.91 |
| 日本 | 5280338.00 | 12431.81 |
| 美国 | 27491.00 | 27.13 |
| 德国 | 12394.00 | 22.71 |
| 科特迪瓦 | 844.00 | 11.95 |
| 缅甸 | 16236.00 | 8.98 |
| 越南 | 18000.00 | 6.09 |
| 印度 | 2092.00 | 4.69 |
| 澳大利亚 | 7126.00 | 4.56 |
| 44111429 其他中密度板 0.5g/cucm < 密度≤0.8g/cucm,厚 > 9mm | | |
| 合计 | 696857777.00 | 269113.48 |
| 沙特阿拉伯 | 185589454.00 | 57108.28 |
| 尼日利亚 | 93257632.00 | 37179.39 |
| 阿联酋 | 88965680.00 | 32515.61 |

(续)

| 国家/地区 | 出口数量（千克） | 出口金额（千美元） |
|---|---|---|
| 伊朗 | 69728949.00 | 21361.50 |
| 越南 | 32119942.00 | 9030.66 |
| 日本 | 4204894.00 | 7896.07 |
| 肯尼亚 | 16611204.00 | 5779.27 |
| 埃塞俄比亚 | 18926548.00 | 5574.10 |
| 美国 | 6572039.00 | 5129.27 |
| 乌兹别克斯坦 | 7783375.00 | 4809.10 |
| 巴基斯坦 | 6995451.00 | 4277.58 |
| 约旦 | 9640511.00 | 4219.28 |
| 埃及 | 14454944.00 | 4003.50 |
| 印度 | 4589354.00 | 3514.96 |
| 吉布提 | 7966957.00 | 2892.42 |
| 古巴 | 5888557.00 | 2863.99 |
| 伊拉克 | 7285526.00 | 2850.54 |
| 斯里兰卡 | 7324896.00 | 2830.87 |
| 苏丹 | 8861661.00 | 2743.36 |
| 索马里 | 7082812.00 | 2416.24 |
| 墨西哥 | 4794629.00 | 2301.10 |
| 菲律宾 | 4211920.00 | 2235.96 |
| 阿尔及利亚 | 5042102.00 | 2173.50 |
| 马来西亚 | 2198140.00 | 2131.74 |
| 黎巴嫩 | 5146680.00 | 2122.74 |
| 南非 | 3067793.00 | 2117.48 |
| 阿曼 | 5588850.00 | 1922.01 |
| 坦桑尼亚 | 5259445.00 | 1745.96 |
| 吉尔吉斯斯坦 | 2657523.00 | 1727.64 |
| 毛里求斯 | 3541774.00 | 1556.82 |
| 孟加拉国 | 3572891.00 | 1368.41 |
| 哈萨克斯坦 | 2048626.00 | 1353.70 |
| 澳大利亚 | 1704335.00 | 1319.06 |
| 新加坡 | 808999.00 | 1317.05 |
| 缅甸 | 4026394.00 | 1258.57 |
| 加纳 | 2622219.00 | 1128.73 |
| 朝鲜 | 2265645.00 | 1090.81 |
| 摩洛哥 | 2404927.00 | 1007.84 |
| 英国 | 1068841.00 | 937.93 |
| 西班牙 | 812115.00 | 905.56 |
| 卡塔尔 | 2005988.00 | 868.94 |
| 智利 | 1783696.00 | 766.46 |
| 加拿大 | 920718.00 | 764.07 |
| 科威特 | 1258201.00 | 666.35 |
| 塔吉克斯坦 | 1488400.00 | 622.75 |
| 巴拿马 | 355408.00 | 599.28 |
| 中国香港 | 798805.00 | 568.91 |

（续）

| 国家/地区 | 出口数量（千克） | 出口金额（千美元） |
|---|---|---|
| 秘鲁 | 396442.00 | 559.50 |
| 利比亚 | 969913.00 | 545.52 |
| 危地马拉 | 1040689.00 | 540.76 |
| 马尔代夫 | 1131265.00 | 528.78 |
| 以色列 | 881348.00 | 520.79 |
| 俄罗斯 | 699317.00 | 459.86 |
| 新西兰 | 482012.00 | 459.66 |
| 特立尼达和多巴哥 | 1003713.00 | 440.88 |
| 阿富汗 | 296090.00 | 430.37 |
| 巴林 | 925453.00 | 412.30 |
| 叙利亚 | 1008777.00 | 411.69 |
| 马达加斯加 | 489605.00 | 359.11 |
| 乌干达 | 1008029.00 | 353.71 |
| 多米尼加 | 771129.00 | 339.01 |
| 苏里南 | 665611.00 | 323.94 |
| 希腊 | 371136.00 | 298.50 |
| 也门 | 734848.00 | 297.53 |
| 比利时 | 441620.00 | 270.90 |
| 中国台澎金马关税区 | 161499.00 | 239.76 |
| 荷兰 | 179583.00 | 239.38 |
| 韩国 | 517770.00 | 237.63 |
| 哥伦比亚 | 320116.00 | 220.33 |
| 意大利 | 267047.00 | 211.35 |
| 荷属安地列斯 | 391403.00 | 209.79 |
| 哥斯达黎加 | 359630.00 | 199.32 |
| 葡萄牙 | 232083.00 | 195.48 |
| 泰国 | 123490.00 | 180.47 |
| 委内瑞拉 | 345952.00 | 179.89 |
| 塞内加尔 | 236475.00 | 158.65 |
| 厄瓜多尔 | 471000.00 | 154.77 |
| 印度尼西亚 | 101509.00 | 150.87 |
| 留尼汪 | 320580.00 | 150.42 |
| 波兰 | 225293.00 | 150.12 |
| 毛里塔尼亚 | 59240.00 | 144.34 |
| 丹麦 | 159718.00 | 142.50 |
| 所罗门群岛 | 104612.00 | 128.23 |
| 尼加拉瓜 | 293425.00 | 121.46 |
| 克罗地亚 | 137434.00 | 109.68 |
| 莫桑比克 | 121921.00 | 104.65 |
| 土耳其 | 175077.00 | 102.46 |
| 刚果(金) | 32192.00 | 101.85 |
| 洪都拉斯 | 190101.00 | 95.24 |
| 波多黎各 | 61000.00 | 93.00 |
| 文莱 | 52917.00 | 89.97 |

（续）

| 国家/地区 | 出口数量（千克） | 出口金额（千美元） |
|---|---|---|
| 阿根廷 | 116532.00 | 87.09 |
| 德国 | 133964.00 | 84.51 |
| 帕劳 | 21976.00 | 84.46 |
| 刚果(布) | 33800.00 | 80.12 |
| 萨尔瓦多 | 139447.00 | 79.12 |
| 巴布亚新几内亚 | 119047.00 | 78.81 |
| 玻利维亚 | 96770.00 | 78.56 |
| 巴西 | 104480.00 | 73.82 |
| 乌拉圭 | 24830.00 | 63.91 |
| 纳米比亚 | 17100.00 | 63.59 |
| 斐济 | 145388.00 | 62.64 |
| 挪威 | 65522.00 | 61.46 |
| 柬埔寨 | 120674.00 | 60.86 |
| 土库曼斯坦 | 80312.00 | 58.85 |
| 圭亚那 | 168320.00 | 57.50 |
| 法国 | 86903.00 | 56.00 |
| 安哥拉 | 64022.00 | 53.88 |
| 贝宁 | 138882.00 | 52.49 |
| 格鲁吉亚 | 116041.00 | 46.60 |
| 瓜德罗普 | 71910.00 | 43.82 |
| 突尼斯 | 55292.00 | 42.10 |
| 保加利亚 | 55711.00 | 41.23 |
| 牙买加 | 67400.00 | 33.70 |
| 喀麦隆 | 17959.00 | 33.33 |
| 塞舌尔 | 20806.00 | 26.65 |
| 科摩罗 | 6500.00 | 25.16 |
| 瑞典 | 9235.00 | 24.63 |
| 乌克兰 | 27850.00 | 24.20 |
| 科特迪瓦 | 57914.00 | 23.21 |
| 亚美尼亚 | 28450.00 | 22.15 |
| 海地 | 5620.00 | 21.08 |
| 法属圭亚那 | 40420.00 | 20.79 |
| 马拉维 | 24190.00 | 20.34 |
| 蒙古 | 31050.00 | 19.93 |
| 汤加 | 18350.00 | 19.25 |
| 圣卢西亚 | 42054.00 | 18.82 |
| 赤道几内亚 | 18500.00 | 18.59 |
| 马耳他 | 14450.00 | 18.50 |
| 卢旺达 | 45351.00 | 16.10 |
| 捷克 | 17120.00 | 12.39 |
| 冈比亚 | 2850.00 | 11.00 |
| 冰岛 | 30300.00 | 8.46 |
| 阿塞拜疆 | 14016.00 | 8.45 |
| 新喀里多尼亚 | 15950.00 | 8.00 |

（续）

| 国家/地区 | 出口数量（千克） | 出口金额（千美元） |
|---|---|---|
| 阿尔巴尼亚 | 18500.00 | 7.45 |
| 摩尔多瓦 | 10160.00 | 7.42 |
| 法属波利尼西亚 | 15630.00 | 5.79 |
| 圣文森特和格林纳丁斯 | 805.00 | 2.13 |
| 塞浦路斯 | 2720.00 | 1.95 |
| 斯洛文尼亚 | 9625.00 | 1.65 |
| 斯洛伐克 | 2750.00 | 0.84 |
| 多哥 | 440.00 | 0.24 |
| 赞比亚 | 375.00 | 0.11 |
| 44111491 未加工中密度板，密度≤0.5g/cucm，厚>9mm | | |
| 合计 | 3104241.00 | 1205.79 |
| 埃塞俄比亚 | 851592.00 | 237.96 |
| 古巴 | 747720.00 | 206.48 |
| 英国 | 77094.00 | 121.11 |
| 阿联酋 | 287524.00 | 118.16 |
| 以色列 | 270502.00 | 115.97 |
| 肯尼亚 | 214887.00 | 80.16 |
| 越南 | 97900.00 | 62.70 |
| 马来西亚 | 15230.00 | 50.47 |
| 墨西哥 | 130420.00 | 41.64 |
| 印度 | 81800.00 | 35.82 |
| 智利 | 79500.00 | 23.66 |
| 巴拿马 | 54200.00 | 23.31 |
| 尼日利亚 | 24158.00 | 18.43 |
| 留尼汪 | 25100.00 | 11.07 |
| 乌兹别克斯坦 | 16720.00 | 10.49 |
| 秘鲁 | 26388.00 | 9.63 |
| 苏丹 | 36000.00 | 9.40 |
| 沙特阿拉伯 | 13187.00 | 6.99 |
| 马达加斯加 | 22917.00 | 6.40 |
| 孟加拉国 | 4925.00 | 5.03 |
| 索马里 | 14380.00 | 4.84 |
| 乌克兰 | 5104.00 | 3.42 |
| 菲律宾 | 2783.00 | 1.13 |
| 哥斯达黎加 | 3380.00 | 1.10 |
| 中国香港 | 399.00 | 0.21 |
| 日本 | 245.00 | 0.11 |
| 朝鲜 | 186.00 | 0.09 |
| 44111499 未加工中密度板，密度≤0.5g/cucm，厚>9mm | | |
| 合计 | 29944801.00 | 24048.41 |
| 肯尼亚 | 7397115.00 | 2810.16 |

（续）

| 国家/地区 | 出口数量（千克） | 出口金额（千美元） |
|---|---|---|
| 美国 | 2215784.00 | 2573.60 |
| 古巴 | 4092267.00 | 2526.16 |
| 吉布提 | 3652550.00 | 1495.40 |
| 摩洛哥 | 203920.00 | 1298.02 |
| 新加坡 | 239857.00 | 1117.76 |
| 阿联酋 | 719027.00 | 861.86 |
| 马来西亚 | 420020.00 | 822.30 |
| 伊朗 | 2323404.00 | 798.56 |
| 阿尔及利亚 | 539924.00 | 769.90 |
| 意大利 | 305335.00 | 675.75 |
| 菲律宾 | 297967.00 | 560.68 |
| 印度 | 463667.00 | 476.70 |
| 伊拉克 | 725560.00 | 430.56 |
| 澳大利亚 | 165036.00 | 395.25 |
| 以色列 | 1103190.00 | 391.25 |
| 日本 | 52128.00 | 290.74 |
| 尼日利亚 | 320915.00 | 271.10 |
| 斯里兰卡 | 170793.00 | 249.68 |
| 坦桑尼亚 | 327510.00 | 238.37 |
| 英国 | 50115.00 | 214.18 |
| 中国香港 | 111804.00 | 212.26 |
| 孟加拉国 | 47288.00 | 207.32 |
| 越南 | 233905.00 | 206.45 |
| 埃塞俄比亚 | 492352.00 | 202.17 |
| 荷兰 | 47302.00 | 177.88 |
| 沙特阿拉伯 | 113762.00 | 170.78 |
| 南非 | 108109.00 | 160.36 |
| 巴拿马 | 45663.00 | 157.33 |
| 韩国 | 22165.00 | 137.43 |
| 墨西哥 | 199403.00 | 137.21 |
| 新西兰 | 260487.00 | 136.95 |
| 特立尼达和多巴哥 | 241500.00 | 132.91 |
| 卡塔尔 | 51195.00 | 123.47 |
| 毛里塔尼亚 | 28148.00 | 122.90 |
| 葡萄牙 | 26580.00 | 119.61 |
| 泰国 | 52831.00 | 117.75 |
| 西班牙 | 74485.00 | 114.11 |
| 毛里求斯 | 59733.00 | 107.30 |
| 苏丹 | 218804.00 | 97.89 |
| 埃及 | 160319.00 | 95.23 |
| 斐济 | 137780.00 | 91.91 |
| 科威特 | 204462.00 | 86.70 |
| 塞内加尔 | 18580.00 | 83.61 |
| 中国台澎金马关税区 | 46482.00 | 82.48 |

（续）

| 国家/地区 | 出口数量（千克） | 出口金额（千美元） |
|---|---|---|
| 土耳其 | 91891.00 | 78.56 |
| 加拿大 | 27501.00 | 77.41 |
| 秘鲁 | 24615.00 | 75.59 |
| 法国 | 33584.00 | 71.91 |
| 利比亚 | 15560.00 | 70.02 |
| 黎巴嫩 | 47196.00 | 69.01 |
| 约旦 | 57658.00 | 67.23 |
| 所罗门群岛 | 16660.00 | 60.27 |
| 贝宁 | 15100.00 | 59.44 |
| 几内亚 | 11700.00 | 52.65 |
| 印度尼西亚 | 8505.00 | 51.86 |
| 苏里南 | 107040.00 | 49.52 |
| 冈比亚 | 10800.00 | 48.60 |
| 博茨瓦纳 | 12280.00 | 42.76 |
| 缅甸 | 121157.00 | 41.34 |
| 马达加斯加 | 40348.00 | 39.92 |
| 中国澳门 | 3436.00 | 39.86 |
| 德国 | 9286.00 | 39.75 |
| 加纳 | 57415.00 | 36.75 |
| 智利 | 71898.00 | 36.14 |
| 巴布亚新几内亚 | 7650.00 | 34.43 |
| 蒙古 | 17016.00 | 30.98 |
| 乌干达 | 79600.00 | 26.63 |
| 乌兹别克斯坦 | 4600.00 | 26.25 |
| 洪都拉斯 | 70240.00 | 24.84 |
| 阿曼 | 50660.00 | 23.50 |
| 新喀里多尼亚 | 18965.00 | 22.99 |
| 阿尔巴尼亚 | 4980.00 | 22.41 |
| 哈萨克斯坦 | 6860.00 | 20.65 |
| 瑞士 | 9626.00 | 18.10 |
| 巴林 | 7788.00 | 15.84 |
| 阿根廷 | 3710.00 | 14.43 |
| 莫桑比克 | 3000.00 | 13.50 |
| 比利时 | 24500.00 | 13.17 |
| 哥伦比亚 | 16907.00 | 13.16 |
| 巴基斯坦 | 2608.00 | 12.07 |
| 多米尼加 | 6257.00 | 11.48 |
| 纳米比亚 | 2250.00 | 10.13 |
| 马尔代夫 | 15500.00 | 7.00 |
| 委内瑞拉 | 1610.00 | 3.89 |
| 津巴布韦 | 864.00 | 3.28 |
| 安哥拉 | 1370.00 | 3.21 |
| 巴拉圭 | 1300.00 | 3.15 |
| 乌拉圭 | 912.00 | 3.15 |

（续）

| 国家/地区 | 出口数量（千克） | 出口金额（千美元） |
|---|---|---|
| 俄罗斯 | 3600.00 | 2.63 |
| 罗马尼亚 | 3002.00 | 2.00 |
| 巴西 | 746.00 | 1.87 |
| 朝鲜 | 2360.00 | 1.43 |
| 牙买加 | 1850.00 | 1.14 |
| 波兰 | 287.00 | 0.79 |
| 留尼汪 | 610.00 | 0.78 |
| 瑞典 | 135.00 | 0.36 |
| 多哥 | 270.00 | 0.24 |
| 挪威 | 254.00 | 0.22 |
| 斯洛文尼亚 | 61.00 | 0.18 |
| 44119210 未加工木纤维板，密度>0.8g/cucm | | |
| 合计 | 141278.00 | 72.60 |
| 美国 | 72056.00 | 28.40 |
| 越南 | 16500.00 | 16.92 |
| 朝鲜 | 49152.00 | 12.29 |
| 沙特阿拉伯 | 1450.00 | 7.50 |
| 中国澳门 | 1120.00 | 6.72 |
| 巴布亚新几内亚 | 1000.00 | 0.77 |
| 44119290 加工木纤维板，密度>0.8g/cucm | | |
| 合计 | 204089665.00 | 127350.71 |
| 美国 | 48664685.00 | 31697.96 |
| 加拿大 | 50110399.00 | 29527.88 |
| 韩国 | 12367673.00 | 9317.38 |
| 澳大利亚 | 11767334.00 | 8000.15 |
| 伊朗 | 9583070.00 | 6196.09 |
| 越南 | 4710578.00 | 3936.53 |
| 苏丹 | 8087588.00 | 3100.83 |
| 印度 | 3978878.00 | 2657.22 |
| 智利 | 3910331.00 | 2546.09 |
| 南非 | 3279156.00 | 2371.86 |
| 缅甸 | 3494864.00 | 2214.69 |
| 泰国 | 4058754.00 | 2211.56 |
| 沙特阿拉伯 | 3646389.00 | 2191.92 |
| 英国 | 3215387.00 | 2078.63 |
| 哥伦比亚 | 2599063.00 | 1769.94 |
| 墨西哥 | 2478300.00 | 1640.62 |
| 蒙古 | 7284204.00 | 1306.40 |
| 尼日利亚 | 2587639.00 | 1277.73 |
| 爱尔兰 | 1918882.00 | 1226.03 |
| 吉布提 | 1646919.00 | 980.72 |
| 马来西亚 | 960548.00 | 794.59 |
| 阿根廷 | 801691.00 | 621.18 |
| 伊拉克 | 669982.00 | 596.46 |

（续）

| 国家/地区 | 出口数量（千克） | 出口金额（千美元） |
|---|---|---|
| 俄罗斯 | 887937.00 | 576.94 |
| 新西兰 | 758008.00 | 480.79 |
| 阿联酋 | 747702.00 | 448.99 |
| 日本 | 435222.00 | 425.34 |
| 菲律宾 | 191737.00 | 350.91 |
| 乌克兰 | 548872.00 | 322.48 |
| 巴基斯坦 | 464254.00 | 322.09 |
| 阿尔巴尼亚 | 516697.00 | 319.33 |
| 黎巴嫩 | 453224.00 | 293.47 |
| 挪威 | 510373.00 | 269.85 |
| 中国台澎金马关税区 | 314386.00 | 267.74 |
| 新加坡 | 110225.00 | 262.66 |
| 肯尼亚 | 111841.00 | 219.81 |
| 印度尼西亚 | 304036.00 | 202.15 |
| 埃塞俄比亚 | 333802.00 | 193.53 |
| 巴西 | 249475.00 | 171.42 |
| 波兰 | 299314.00 | 166.50 |
| 格鲁吉亚 | 354380.00 | 151.37 |
| 哥斯达黎加 | 185905.00 | 148.67 |
| 厄瓜多尔 | 206658.00 | 147.08 |
| 玻利维亚 | 203340.00 | 144.12 |
| 中国香港 | 81373.00 | 143.72 |
| 斯洛文尼亚 | 183995.00 | 140.24 |
| 科威特 | 132883.00 | 134.36 |
| 中国澳门 | 76144.00 | 124.42 |
| 埃及 | 236074.00 | 123.50 |
| 摩洛哥 | 46390.00 | 116.20 |
| 阿塞拜疆 | 166418.00 | 113.29 |
| 加纳 | 44712.00 | 113.25 |
| 希腊 | 175997.00 | 110.83 |
| 约旦 | 177720.00 | 104.35 |
| 葡萄牙 | 138400.00 | 103.42 |
| 孟加拉国 | 124384.00 | 102.67 |
| 以色列 | 137000.00 | 102.10 |
| 巴拿马 | 117627.00 | 96.73 |
| 塞浦路斯 | 137659.00 | 94.16 |
| 卡塔尔 | 244614.00 | 91.66 |
| 意大利 | 115280.00 | 84.18 |
| 文莱 | 136846.00 | 83.13 |
| 老挝 | 40937.00 | 82.69 |
| 西班牙 | 107500.00 | 78.01 |
| 坦桑尼亚 | 88358.00 | 72.32 |
| 莫桑比克 | 44349.00 | 64.69 |
| 塔吉克斯坦 | 98200.00 | 64.37 |

（续）

| 国家/地区 | 出口数量（千克） | 出口金额（千美元） |
|---|---|---|
| 巴林 | 101166.00 | 63.22 |
| 特立尼达和多巴哥 | 78679.00 | 55.14 |
| 马达加斯加 | 45046.00 | 53.84 |
| 毛里求斯 | 84000.00 | 47.57 |
| 秘鲁 | 64810.00 | 46.73 |
| 安哥拉 | 46996.00 | 45.64 |
| 塞内加尔 | 64758.00 | 44.68 |
| 荷兰 | 21473.00 | 43.92 |
| 斯里兰卡 | 65899.00 | 40.10 |
| 斐济 | 82000.00 | 36.86 |
| 法国 | 39891.00 | 31.23 |
| 利比亚 | 31971.00 | 29.35 |
| 乌拉圭 | 43206.00 | 29.29 |
| 危地马拉 | 41780.00 | 28.83 |
| 瓦努阿图 | 60100.00 | 24.29 |
| 多米尼加 | 39600.00 | 23.05 |
| 马拉维 | 4986.00 | 19.68 |
| 圭亚那 | 29668.00 | 18.14 |
| 津巴布韦 | 19424.00 | 16.51 |
| 尼泊尔 | 21360.00 | 14.83 |
| 阿曼 | 13900.00 | 14.60 |
| 牙买加 | 21095.00 | 14.34 |
| 克罗地亚 | 19086.00 | 12.08 |
| 柬埔寨 | 12885.00 | 11.95 |
| 马耳他 | 18170.00 | 11.54 |
| 哈萨克斯坦 | 30520.00 | 11.10 |
| 科特迪瓦 | 17836.00 | 10.72 |
| 所罗门群岛 | 25515.00 | 10.36 |
| 巴巴多斯 | 14254.00 | 10.21 |
| 巴布亚新几内亚 | 8054.00 | 9.26 |
| 基里巴斯 | 20064.00 | 8.44 |
| 塞舌尔 | 19513.00 | 7.66 |
| 马尔代夫 | 5717.00 | 4.88 |
| 阿尔及利亚 | 6000.00 | 4.62 |
| 洪都拉斯 | 5521.00 | 2.90 |
| 德国 | 2160.00 | 1.28 |
| 44119310 辐射松制的纤板，0.5g/cucm＜密度≤0.9g/cucm | | |
| 合计 | 191408.00 | 525.33 |
| 马来西亚 | 69954.00 | 419.72 |
| 日本 | 55154.00 | 75.43 |
| 中国台澎金马关税区 | 66300.00 | 30.17 |
| 44119390 木纤板，0.5g/cucm＜密度≤0.10g/cucm | | |

（续）

| 国家/地区 | 出口数量（千克） | 出口金额（千美元） |
|---|---|---|
| 合计 | 6157248.00 | 12622.57 |
| 印度尼西亚 | 1364280.00 | 2959.47 |
| 越南 | 1211972.00 | 2327.53 |
| 墨西哥 | 907337.00 | 2096.73 |
| 泰国 | 631350.00 | 1429.52 |
| 印度 | 530409.00 | 1176.09 |
| 吉布提 | 270972.00 | 432.43 |
| 土耳其 | 111505.00 | 354.93 |
| 马来西亚 | 22094.00 | 216.78 |
| 巴基斯坦 | 95994.00 | 198.50 |
| 中国台澎金马关税区 | 85916.00 | 198.42 |
| 新加坡 | 67740.00 | 190.12 |
| 中国香港 | 13943.00 | 189.66 |
| 缅甸 | 75900.00 | 139.52 |
| 孟加拉国 | 362210.00 | 124.11 |
| 伊拉克 | 241450.00 | 122.33 |
| 日本 | 18881.00 | 73.79 |
| 阿根廷 | 10980.00 | 57.35 |
| 伊朗 | 26380.00 | 54.11 |
| 阿尔巴尼亚 | 17000.00 | 39.98 |
| 德国 | 11590.00 | 39.82 |
| 俄罗斯 | 11770.00 | 35.45 |
| 美国 | 15359.00 | 34.81 |
| 中国澳门 | 3058.00 | 28.74 |
| 韩国 | 3294.00 | 18.84 |
| 阿联酋 | 11345.00 | 16.63 |
| 秘鲁 | 2620.00 | 12.96 |
| 马达加斯加 | 17270.00 | 10.57 |
| 柬埔寨 | 4200.00 | 9.33 |
| 菲律宾 | 900.00 | 9.00 |
| 喀麦隆 | 4100.00 | 8.53 |
| 比利时 | 542.00 | 5.36 |
| 沙特阿拉伯 | 785.00 | 3.58 |
| 法国 | 1637.00 | 2.41 |
| 加拿大 | 817.00 | 1.47 |
| 洪都拉斯 | 672.00 | 1.43 |
| 朝鲜 | 362.00 | 1.42 |
| 丹麦 | 614.00 | 0.87 |
| 44119410 木纤板，0.35g/cucm＜密度≤0.5g/cucm | | |
| 合计 | 2067721.00 | 1636.04 |
| 尼日利亚 | 1692378.00 | 1096.72 |
| 美国 | 56856.00 | 157.70 |
| 日本 | 8793.00 | 81.26 |

(续)

| 国家/地区 | 出口数量（千克） | 出口金额（千美元） |
| --- | --- | --- |
| 加拿大 | 16949.00 | 71.31 |
| 澳大利亚 | 49840.00 | 52.39 |
| 墨西哥 | 85844.00 | 50.41 |
| 新加坡 | 20365.00 | 38.81 |
| 法国 | 6311.00 | 25.35 |
| 马达加斯加 | 14520.00 | 19.84 |
| 印度 | 3436.00 | 15.12 |
| 菲律宾 | 104814.00 | 12.95 |
| 韩国 | 2250.00 | 6.69 |
| 泰国 | 1460.00 | 3.10 |
| 厄瓜多尔 | 3000.00 | 2.07 |
| 瑞典 | 513.00 | 1.72 |
| 乌兹别克斯坦 | 334.00 | 0.35 |
| 巴基斯坦 | 58.00 | 0.26 |
| 44119421 未加工木纤板，密度≤0.35g/cucm | | |
| 合计 | 25660.00 | 51.62 |
| 美国 | 25175.00 | 49.85 |
| 日本 | 485.00 | 1.77 |
| 44119429 加工木纤板，密度≤0.35g/cucm | | |
| 合计 | 2941219.00 | 6768.21 |
| 美国 | 1797384.00 | 3699.31 |
| 菲律宾 | 175889.00 | 441.35 |
| 西班牙 | 127784.00 | 370.48 |
| 马来西亚 | 136700.00 | 357.85 |
| 俄罗斯 | 50437.00 | 200.83 |
| 尼日利亚 | 56345.00 | 171.95 |
| 阿联酋 | 38234.00 | 167.26 |
| 印度 | 77856.00 | 154.80 |
| 科威特 | 65080.00 | 148.74 |
| 孟加拉国 | 42407.00 | 114.30 |
| 澳大利亚 | 34625.00 | 108.39 |
| 新加坡 | 30680.00 | 108.08 |
| 越南 | 17906.00 | 83.98 |
| 坦桑尼亚 | 16191.00 | 56.64 |
| 肯尼亚 | 24150.00 | 54.38 |
| 缅甸 | 14956.00 | 52.67 |
| 斯里兰卡 | 13980.00 | 50.78 |
| 丹麦 | 23000.00 | 46.00 |
| 帕劳 | 22100.00 | 44.20 |
| 吉布提 | 10500.00 | 39.90 |
| 特立尼达和多巴哥 | 8305.00 | 39.86 |
| 阿根廷 | 7460.00 | 34.33 |
| 日本 | 14400.00 | 25.00 |
| 巴布亚新几内亚 | 47920.00 | 18.94 |

(续)

| 国家/地区 | 出口数量（千克） | 出口金额（千美元） |
| --- | --- | --- |
| 文莱 | 9200.00 | 18.40 |
| 瑞典 | 7700.00 | 15.40 |
| 牙买加 | 2745.00 | 13.34 |
| 朝鲜 | 5175.00 | 12.60 |
| 英国 | 6000.00 | 12.00 |
| 刚果(金) | 2400.00 | 11.52 |
| 沙特阿拉伯 | 4800.00 | 9.60 |
| 所罗门群岛 | 4800.00 | 9.60 |
| 利比亚 | 4522.00 | 9.04 |
| 马达加斯加 | 2200.00 | 8.48 |
| 印度尼西亚 | 3799.00 | 7.64 |
| 比利时 | 2700.00 | 5.40 |
| 巴拿马 | 3300.00 | 4.11 |
| 安哥拉 | 3698.00 | 3.85 |
| 塞拉利昂 | 505.00 | 3.72 |
| 智利 | 1855.00 | 3.71 |
| 荷兰 | 245.00 | 3.67 |
| 毛里求斯 | 1650.00 | 3.30 |
| 喀麦隆 | 3600.00 | 3.20 |
| 毛里塔尼亚 | 1500.00 | 3.00 |
| 斐济 | 1416.00 | 2.83 |
| 葡萄牙 | 1300.00 | 2.21 |
| 汤加 | 8600.00 | 2.01 |
| 泰国 | 852.00 | 1.70 |
| 卡塔尔 | 490.00 | 1.60 |
| 赞比亚 | 700.00 | 1.42 |
| 德国 | 118.00 | 1.38 |
| 中国台澎金马关税区 | 89.00 | 1.20 |
| 加拿大 | 660.00 | 1.08 |
| 中国香港 | 99.00 | 0.91 |
| 乌兹别克斯坦 | 212.00 | 0.28 |
| 44123100 其他薄板制胶合板至少一表层是子目注释二所列的热带木，厚≤6mm | | |
| 合计 | 168325474.00 | 225750.71 |
| 美国 | 39004283.00 | 99624.11 |
| 伊拉克 | 12659965.00 | 15479.92 |
| 澳大利亚 | 7232259.00 | 14889.07 |
| 韩国 | 19273500.00 | 9958.48 |
| 英国 | 6217522.00 | 9221.24 |
| 墨西哥 | 6813614.00 | 6586.43 |
| 菲律宾 | 10084944.00 | 6015.83 |
| 比利时 | 6143655.00 | 5457.27 |
| 中国澳门 | 4073406.00 | 4743.86 |
| 日本 | 4564185.00 | 4480.48 |

(续)

| 国家/地区 | 出口数量（千克） | 出口金额（千美元） |
| --- | --- | --- |
| 越南 | 2356189.00 | 3640.41 |
| 新西兰 | 2058297.00 | 3533.30 |
| 泰国 | 3313411.00 | 2459.69 |
| 以色列 | 853050.00 | 2284.34 |
| 荷兰 | 2939647.00 | 2247.68 |
| 智利 | 1831918.00 | 2062.89 |
| 阿联酋 | 2681665.00 | 2016.54 |
| 哥斯达黎加 | 3002260.00 | 2015.04 |
| 中国香港 | 1562648.00 | 1940.40 |
| 尼加拉瓜 | 2513110.00 | 1820.54 |
| 加拿大 | 1062654.00 | 1715.83 |
| 南非 | 1391683.00 | 1587.09 |
| 埃及 | 1536854.00 | 1460.85 |
| 哥伦比亚 | 1745024.00 | 1394.94 |
| 危地马拉 | 1842180.00 | 1331.65 |
| 新加坡 | 1522621.00 | 1246.25 |
| 印度 | 935341.00 | 1215.72 |
| 中国台澎金马关税区 | 1748855.00 | 1187.09 |
| 卡塔尔 | 1717980.00 | 1131.96 |
| 沙特阿拉伯 | 1552668.00 | 1107.29 |
| 马来西亚 | 586939.00 | 901.55 |
| 西班牙 | 850460.00 | 901.29 |
| 法国 | 1106469.00 | 849.08 |
| 斯里兰卡 | 1333550.00 | 827.15 |
| 意大利 | 744475.00 | 801.59 |
| 德国 | 1192516.00 | 799.94 |
| 多米尼加 | 1027690.00 | 694.03 |
| 秘鲁 | 616164.00 | 644.80 |
| 肯尼亚 | 625239.00 | 549.29 |
| 巴拿马 | 1024560.00 | 539.50 |
| 海地 | 714950.00 | 489.96 |
| 利比亚 | 428744.00 | 342.90 |
| 伊朗 | 272800.00 | 267.38 |
| 爱尔兰 | 113600.00 | 228.28 |
| 波多黎各 | 300460.00 | 218.30 |
| 牙买加 | 363600.00 | 217.76 |
| 吉布提 | 124210.00 | 184.02 |
| 芬兰 | 227420.00 | 173.51 |
| 丹麦 | 115890.00 | 163.75 |
| 巴林 | 201129.00 | 154.61 |
| 俄罗斯 | 63505.00 | 147.84 |
| 科威特 | 204000.00 | 126.72 |
| 印度尼西亚 | 90221.00 | 123.53 |
| 埃塞俄比亚 | 190296.00 | 120.00 |

（续）

| 国家/地区 | 出口数量（千克） | 出口金额（千美元） |
|---|---|---|
| 约旦 | 140965.00 | 116.39 |
| 科特迪瓦 | 140500.00 | 102.32 |
| 特立尼达和多巴哥 | 139250.00 | 93.64 |
| 巴基斯坦 | 109230.00 | 90.83 |
| 赤道几内亚 | 58580.00 | 88.07 |
| 尼日利亚 | 63527.00 | 77.59 |
| 塞舌尔 | 123300.00 | 72.75 |
| 莫桑比克 | 61652.00 | 66.88 |
| 摩洛哥 | 69940.00 | 64.02 |
| 厄瓜多尔 | 68460.00 | 51.21 |
| 马达加斯加 | 15666.00 | 49.91 |
| 基里巴斯 | 24480.00 | 48.96 |
| 冈比亚 | 13000.00 | 47.19 |
| 毛里求斯 | 38226.00 | 39.74 |
| 斐济 | 54600.00 | 39.01 |
| 文莱 | 53012.00 | 37.51 |
| 马提尼克 | 55350.00 | 33.91 |
| 黎巴嫩 | 55350.00 | 33.75 |
| 圣卢西亚 | 55100.00 | 32.12 |
| 加纳 | 12199.00 | 28.45 |
| 委内瑞拉 | 25550.00 | 26.41 |
| 萨尔瓦多 | 33400.00 | 25.83 |
| 洪都拉斯 | 22519.00 | 23.32 |
| 萨摩亚 | 26200.00 | 23.03 |
| 希腊 | 7345.00 | 22.04 |
| 圣文森特和格林纳丁斯 | 27500.00 | 18.11 |
| 阿曼 | 19540.00 | 16.65 |
| 巴布亚新几内亚 | 17073.00 | 14.48 |
| 斯洛文尼亚 | 3700.00 | 11.22 |
| 乌拉圭 | 11090.00 | 11.10 |
| 坦桑尼亚 | 7242.00 | 6.12 |
| 巴巴多斯 | 5100.00 | 4.72 |
| 哈萨克斯坦 | 5025.00 | 3.85 |
| 塞内加尔 | 2244.00 | 1.98 |
| 所罗门群岛 | 1734.00 | 1.53 |
| 安哥拉 | 1673.00 | 1.48 |
| 刚果(金) | 1020.00 | 0.90 |
| 科摩罗 | 857.00 | 0.76 |

44123210 其他薄板制胶合板至少一表层是温带木，厚≤6mm

| 国家/地区 | 出口数量（千克） | 出口金额（千美元） |
|---|---|---|
| 合计 | 4361567520.00 | 3271322.90 |
| 美国 | 803349142.00 | 714831.76 |
| 菲律宾 | 404786286.00 | 298482.13 |
| 阿联酋 | 323660469.00 | 228573.59 |
| 英国 | 265577770.00 | 199213.00 |
| 日本 | 281863395.00 | 195515.08 |
| 越南 | 142722367.00 | 119543.24 |
| 沙特阿拉伯 | 181895702.00 | 112135.39 |
| 泰国 | 158577162.00 | 103014.01 |
| 以色列 | 140911480.00 | 100593.90 |
| 加拿大 | 72756371.00 | 75799.17 |
| 阿尔及利亚 | 88683456.00 | 59102.20 |
| 墨西哥 | 62397584.00 | 54238.75 |
| 比利时 | 68983099.00 | 44893.58 |
| 韩国 | 65361458.00 | 43752.69 |
| 伊拉克 | 64467490.00 | 43066.97 |
| 埃及 | 63755420.00 | 42996.65 |
| 卡塔尔 | 77092785.00 | 42978.47 |
| 尼日利亚 | 55841972.00 | 42343.07 |
| 印度 | 37492877.00 | 40969.46 |
| 马来西亚 | 47383422.00 | 37165.05 |
| 德国 | 55923555.00 | 36735.24 |
| 新加坡 | 55734458.00 | 33734.80 |
| 印度尼西亚 | 34931864.00 | 33289.03 |
| 中国台澎金马关税区 | 48204343.00 | 31155.58 |
| 澳大利亚 | 29612158.00 | 30324.36 |
| 科威特 | 50801088.00 | 30158.35 |
| 法国 | 37777520.00 | 27349.52 |
| 阿曼 | 43265615.00 | 26048.13 |
| 柬埔寨 | 17483726.00 | 23093.42 |
| 波兰 | 32659910.00 | 19785.58 |
| 智利 | 26685174.00 | 17225.70 |
| 巴林 | 24181488.00 | 15835.30 |
| 缅甸 | 18660347.00 | 14518.87 |
| 荷兰 | 15803364.00 | 13308.28 |
| 肯尼亚 | 19703282.00 | 12607.95 |
| 西班牙 | 13649394.00 | 12313.35 |
| 古布提 | 13162437.00 | 12299.51 |
| 俄罗斯 | 25364023.00 | 12138.91 |
| 巴基斯坦 | 19233299.00 | 11591.99 |
| 斯里兰卡 | 15613459.00 | 11433.42 |
| 爱尔兰 | 16024689.00 | 10684.20 |
| 毛里求斯 | 13607895.00 | 9889.30 |
| 巴拿马 | 15551197.00 | 9713.84 |
| 格鲁吉亚 | 14638987.00 | 8919.56 |
| 南非 | 11906234.00 | 8147.58 |
| 中国香港 | 5541489.00 | 8107.52 |
| 保加利亚 | 15120845.00 | 7990.69 |
| 秘鲁 | 11355910.00 | 7291.97 |
| 黎巴嫩 | 12210655.00 | 7065.29 |
| 瑞典 | 7953776.00 | 6824.41 |
| 坦桑尼亚 | 10285388.00 | 6642.59 |
| 危地马拉 | 8401343.00 | 6460.29 |
| 新西兰 | 7102116.00 | 6162.30 |
| 索马里 | 6833860.00 | 5496.56 |
| 挪威 | 7210168.00 | 5485.78 |
| 土库曼斯坦 | 9332455.00 | 5144.44 |
| 罗马尼亚 | 8796243.00 | 4960.91 |
| 苏丹 | 8949458.00 | 4738.75 |
| 约旦 | 7309857.00 | 4602.04 |
| 马尔代夫 | 5369885.00 | 4129.07 |
| 多米尼加 | 5736679.00 | 3828.86 |
| 丹麦 | 5155337.00 | 3659.39 |
| 哥伦比亚 | 4256618.00 | 3591.40 |
| 希腊 | 5662747.00 | 3579.57 |
| 孟加拉国 | 4821652.00 | 3576.13 |
| 古巴 | 4947612.00 | 3528.31 |
| 意大利 | 3791613.00 | 3325.53 |
| 东帝汶 | 4044741.00 | 3295.74 |
| 海地 | 3723672.00 | 3079.09 |
| 加纳 | 4663527.00 | 2909.55 |
| 洪都拉斯 | 2530037.00 | 2829.17 |
| 哥斯达黎加 | 4087864.00 | 2800.04 |
| 哈萨克斯坦 | 4458620.00 | 2787.73 |
| 摩洛哥 | 3003780.00 | 2667.49 |
| 葡萄牙 | 4046148.00 | 2634.51 |
| 留尼汪 | 4222505.00 | 2615.96 |
| 尼加拉瓜 | 3303227.00 | 2471.41 |
| 波多黎各 | 3282021.00 | 2452.23 |
| 埃塞俄比亚 | 3500351.00 | 2442.50 |
| 利比亚 | 3404215.00 | 2098.66 |
| 牙买加 | 2556270.00 | 2004.92 |
| 乌克兰 | 3280359.00 | 1862.00 |
| 莫桑比克 | 2631578.00 | 1858.81 |
| 萨尔瓦多 | 2287375.00 | 1677.82 |
| 阿根廷 | 1862640.00 | 1634.64 |
| 利比里亚 | 2070280.00 | 1584.18 |
| 克罗地亚 | 1964092.00 | 1396.26 |
| 伊朗 | 2376840.00 | 1391.09 |
| 塞浦路斯 | 1689314.00 | 1217.35 |
| 塞舌尔 | 1634879.00 | 1211.15 |

(续)

| 国家/地区 | 出口数量（千克） | 出口金额（千美元） |
|---|---|---|
| 斐济 | 1619240.00 | 1200.12 |
| 马达加斯加 | 1984313.00 | 1184.34 |
| 马约特 | 1764737.00 | 1151.45 |
| 芬兰 | 1195070.00 | 1148.90 |
| 新喀里多尼亚 | 1863643.00 | 1129.89 |
| 土耳其 | 1462541.00 | 1097.42 |
| 法属波利尼西亚 | 1582420.00 | 1048.76 |
| 朝鲜 | 1317420.00 | 1040.31 |
| 塞拉利昂 | 1467670.00 | 1025.01 |
| 塞内加尔 | 1293126.00 | 980.09 |
| 赤道几内亚 | 1576490.00 | 973.91 |
| 贝宁 | 1171980.00 | 881.90 |
| 马耳他 | 1366510.00 | 876.52 |
| 阿尔巴尼亚 | 1152537.00 | 846.79 |
| 委内瑞拉 | 1085551.00 | 828.40 |
| 安哥拉 | 1124190.00 | 802.85 |
| 萨摩亚 | 1145914.00 | 802.82 |
| 苏里南 | 1213630.00 | 797.47 |
| 巴布亚新几内亚 | 1156346.00 | 760.72 |
| 所罗门群岛 | 1081888.00 | 732.74 |
| 乌拉圭 | 1073873.00 | 724.41 |
| 科摩罗 | 968687.00 | 683.98 |
| 冈比亚 | 1029180.00 | 667.92 |
| 特立尼达和多巴哥 | 705909.00 | 509.11 |
| 拉脱维亚 | 814737.00 | 480.90 |
| 马提尼克 | 610300.00 | 479.16 |
| 瓦努阿图 | 608272.00 | 467.88 |
| 斯洛文尼亚 | 502978.00 | 452.51 |
| 多哥 | 633283.00 | 437.12 |
| 爱沙尼亚 | 622620.00 | 406.53 |
| 阿鲁巴 | 551797.00 | 386.64 |
| 瓜德罗普 | 597480.00 | 364.01 |
| 科特迪瓦 | 518723.00 | 350.99 |
| 叙利亚 | 605358.00 | 348.40 |
| 立陶宛 | 553385.00 | 326.06 |
| 黑山 | 548600.00 | 315.49 |
| 乌干达 | 431184.00 | 298.76 |
| 塔吉克斯坦 | 414510.00 | 263.58 |
| 文莱 | 398668.00 | 259.80 |
| 圣卢西亚 | 351970.00 | 250.45 |
| 刚果(金) | 394588.00 | 236.45 |
| 纳米比亚 | 323660.00 | 221.34 |
| 几内亚 | 348560.00 | 216.52 |
| 前南马其顿 | 315440.00 | 199.31 |

(续)

| 国家/地区 | 出口数量（千克） | 出口金额（千美元） |
|---|---|---|
| 伯利兹 | 231540.00 | 185.18 |
| 乌兹别克斯坦 | 279815.00 | 182.18 |
| 卢旺达 | 232400.00 | 181.08 |
| 匈牙利 | 280260.00 | 175.85 |
| 博茨瓦纳 | 241364.00 | 167.27 |
| 布基纳法索 | 240700.00 | 166.87 |
| 玻利维亚 | 212400.00 | 161.77 |
| 梅利利亚 | 191500.00 | 161.62 |
| 巴巴多斯 | 198550.00 | 149.01 |
| 法属圭亚那 | 220540.00 | 148.67 |
| 喀麦隆 | 211940.00 | 147.57 |
| 汤加 | 224335.00 | 145.01 |
| 厄瓜多尔 | 104635.00 | 117.44 |
| 佛得角 | 188230.00 | 116.29 |
| 毛里塔尼亚 | 160827.00 | 112.12 |
| 津巴布韦 | 151280.00 | 110.63 |
| 巴拉圭 | 127900.00 | 98.48 |
| 荷属安地列斯 | 51000.00 | 85.75 |
| 马里 | 85880.00 | 81.68 |
| 马拉维 | 115065.00 | 77.73 |
| 蒙古 | 129932.00 | 74.04 |
| 密克罗尼西亚 | 116940.00 | 71.60 |
| 中非 | 156100.00 | 71.56 |
| 多米尼克 | 105050.00 | 68.62 |
| 塞尔维亚 | 104800.00 | 68.11 |
| 圭亚那 | 82868.00 | 62.78 |
| 巴勒斯坦 | 102900.00 | 61.53 |
| 冰岛 | 24211.00 | 57.62 |
| 尼泊尔 | 76000.00 | 57.17 |
| 安提瓜和巴布达 | 81077.00 | 55.35 |
| 刚果(布) | 65160.00 | 54.54 |
| 赞比亚 | 65512.00 | 50.22 |
| 基里巴斯 | 62194.00 | 44.37 |
| 特克斯和凯科斯群岛 | 52220.00 | 42.56 |
| 亚美尼亚 | 68160.00 | 42.36 |
| 布隆迪 | 51780.00 | 41.41 |
| 库腊索岛 | 51000.00 | 39.01 |
| 圣文森特和格林纳丁斯 | 53630.00 | 37.20 |
| 瑞士 | 12100.00 | 32.51 |
| 阿塞拜疆 | 50000.00 | 31.60 |
| 圣多美和普林西比 | 46000.00 | 29.02 |
| 开曼群岛 | 27500.00 | 22.61 |

(续)

| 国家/地区 | 出口数量（千克） | 出口金额（千美元） |
|---|---|---|
| 也门 | 28000.00 | 21.03 |
| 帕劳 | 25000.00 | 17.79 |
| 图瓦卢 | 24300.00 | 16.12 |
| 吉尔吉斯斯坦 | 11760.00 | 15.18 |
| 斯洛伐克 | 4576.00 | 14.34 |
| 突尼斯 | 13200.00 | 13.70 |
| 老挝 | 12500.00 | 13.00 |
| 瓦利斯和浮图纳 | 13937.00 | 9.43 |
| 加蓬 | 12200.00 | 8.07 |
| 马绍尔群岛 | 11500.00 | 7.49 |
| 瑙鲁 | 11500.00 | 7.35 |
| 巴西 | 4075.00 | 5.34 |
| 诺福克岛 | 665.00 | 2.53 |
| 奥地利 | 780.00 | 1.86 |
| 44123290 其他薄板制胶合板至少一表层非针叶木,厚≤6mm | | |
| 合计 | 278769358.00 | 207574.05 |
| 韩国 | 117623645.00 | 60625.77 |
| 美国 | 15850992.00 | 34834.00 |
| 英国 | 41075532.00 | 25556.40 |
| 澳大利亚 | 16742695.00 | 15669.22 |
| 以色列 | 18421585.00 | 14938.33 |
| 日本 | 11480251.00 | 11702.56 |
| 中国香港 | 16711649.00 | 10503.36 |
| 中国台澎金马关税区 | 9964844.00 | 5432.15 |
| 朝鲜 | 7692697.00 | 4619.64 |
| 加拿大 | 1543352.00 | 2753.25 |
| 新加坡 | 4119819.00 | 2587.21 |
| 瑞典 | 1254558.00 | 2504.86 |
| 沙特阿拉伯 | 3396280.00 | 2232.17 |
| 荷兰 | 655372.00 | 1999.45 |
| 越南 | 2492179.00 | 1930.16 |
| 菲律宾 | 2419742.00 | 1649.65 |
| 意大利 | 367415.00 | 1100.22 |
| 墨西哥 | 742197.00 | 945.30 |
| 南非 | 422272.00 | 886.70 |
| 巴基斯坦 | 825818.00 | 883.02 |
| 泰国 | 1137934.00 | 825.06 |
| 德国 | 524021.00 | 795.05 |
| 比利时 | 652824.00 | 467.26 |
| 柬埔寨 | 656854.00 | 458.76 |
| 印度 | 500405.00 | 316.53 |
| 马来西亚 | 238922.00 | 241.64 |
| 智利 | 221313.00 | 230.23 |

（续）

| 国家/地区 | 出口数量（千克） | 出口金额（千美元） |
| --- | --- | --- |
| 阿联酋 | 207870.00 | 151.48 |
| 新西兰 | 114840.00 | 112.16 |
| 印度尼西亚 | 62600.00 | 104.23 |
| 肯尼亚 | 86870.00 | 69.00 |
| 加纳 | 103800.00 | 55.93 |
| 西班牙 | 38080.00 | 50.83 |
| 尼日利亚 | 48300.00 | 50.32 |
| 厄瓜多尔 | 14920.00 | 31.26 |
| 留尼汪 | 54000.00 | 27.53 |
| 法属波利尼西亚 | 10930.00 | 26.45 |
| 波兰 | 56000.00 | 25.21 |
| 黎巴嫩 | 6097.00 | 21.20 |
| 孟加拉国 | 27545.00 | 20.23 |
| 希腊 | 27860.00 | 19.64 |
| 阿曼 | 25600.00 | 18.00 |
| 牙买加 | 25820.00 | 17.81 |
| 爱沙尼亚 | 7300.00 | 17.59 |
| 斐济 | 30273.00 | 17.50 |
| 毛里求斯 | 27300.00 | 15.46 |
| 马达加斯加 | 27350.00 | 10.09 |
| 巴林 | 3600.00 | 7.05 |
| 秘鲁 | 11248.00 | 6.85 |
| 斯里兰卡 | 4800.00 | 2.99 |
| 喀麦隆 | 3000.00 | 2.88 |
| 捷克 | 1600.00 | 1.96 |
| 马尔代夫 | 1334.00 | 1.01 |
| 中国澳门 | 843.00 | 0.66 |
| 乌克兰 | 730.00 | 0.34 |
| 土耳其 | 157.00 | 0.28 |
| 中非 | 3524.00 | 0.23 |
| 44123900 其他薄板制胶合板，厚≤6mm | | |
| 合计 | 379291004.00 | 239788.60 |
| 韩国 | 111540871.00 | 62757.30 |
| 中国台澎金马关税区 | 74912868.00 | 39854.03 |
| 日本 | 28131750.00 | 19824.55 |
| 英国 | 29937455.00 | 19787.15 |
| 中国香港 | 27784935.00 | 15519.29 |
| 美国 | 10257481.00 | 12831.61 |
| 新加坡 | 16444210.00 | 11239.52 |
| 澳大利亚 | 6662795.00 | 7089.10 |
| 比利时 | 8685435.00 | 5584.89 |
| 印度尼西亚 | 7048053.00 | 4816.71 |

（续）

| 国家/地区 | 出口数量（千克） | 出口金额（千美元） |
| --- | --- | --- |
| 马来西亚 | 3362629.00 | 4343.59 |
| 法国 | 7318296.00 | 4340.09 |
| 阿联酋 | 4133253.00 | 3536.73 |
| 泰国 | 4500245.00 | 3035.79 |
| 菲律宾 | 1430187.00 | 1880.15 |
| 巴布亚新几内亚 | 499405.00 | 1645.72 |
| 德国 | 2437336.00 | 1522.36 |
| 阿尔及利亚 | 2857710.00 | 1481.53 |
| 墨西哥 | 1024146.00 | 1133.82 |
| 以色列 | 1685198.00 | 1115.27 |
| 柬埔寨 | 1465826.00 | 954.18 |
| 西班牙 | 1513544.00 | 924.62 |
| 沙特阿拉伯 | 1242483.00 | 784.28 |
| 越南 | 867412.00 | 730.34 |
| 蒙古 | 7390802.00 | 704.73 |
| 缅甸 | 1338212.00 | 552.08 |
| 印度 | 409407.00 | 518.11 |
| 埃及 | 670487.00 | 514.91 |
| 肯尼亚 | 766314.00 | 490.09 |
| 巴林 | 763060.00 | 473.41 |
| 希腊 | 642480.00 | 409.98 |
| 加拿大 | 387066.00 | 402.01 |
| 朝鲜 | 463373.00 | 398.55 |
| 坦桑尼亚 | 575152.00 | 386.36 |
| 荷兰 | 526059.00 | 385.46 |
| 毛里求斯 | 277106.00 | 362.13 |
| 吉布提 | 493368.00 | 358.22 |
| 马尔代夫 | 526800.00 | 351.98 |
| 尼日利亚 | 515760.00 | 342.90 |
| 新西兰 | 365546.00 | 326.55 |
| 伊拉克 | 393844.00 | 323.40 |
| 赞比亚 | 370220.00 | 263.26 |
| 丹麦 | 139308.00 | 260.19 |
| 阿曼 | 366084.00 | 250.28 |
| 埃塞俄比亚 | 376388.00 | 244.30 |
| 斯里兰卡 | 138157.00 | 228.43 |
| 葡萄牙 | 374770.00 | 226.73 |
| 老挝 | 220968.00 | 214.41 |
| 科威特 | 404600.00 | 211.87 |
| 安哥拉 | 187329.00 | 211.45 |
| 巴基斯坦 | 294100.00 | 203.23 |
| 南非 | 173310.00 | 197.13 |

（续）

| 国家/地区 | 出口数量（千克） | 出口金额（千美元） |
| --- | --- | --- |
| 吉尔吉斯斯坦 | 293593.00 | 191.35 |
| 中国澳门 | 391030.00 | 186.55 |
| 瑞典 | 112803.00 | 177.09 |
| 黎巴嫩 | 142904.00 | 158.16 |
| 几内亚 | 270373.00 | 138.84 |
| 卡塔尔 | 218490.00 | 136.11 |
| 莫桑比克 | 102392.00 | 135.40 |
| 斐济 | 169030.00 | 127.71 |
| 喀麦隆 | 106500.00 | 123.07 |
| 波兰 | 102360.00 | 98.86 |
| 苏里南 | 17356.00 | 98.74 |
| 约旦 | 110938.00 | 84.88 |
| 特立尼达和多巴哥 | 96150.00 | 79.81 |
| 加纳 | 70955.00 | 69.82 |
| 塞舌尔 | 69057.00 | 68.11 |
| 贝宁 | 18710.00 | 65.59 |
| 爱尔兰 | 100000.00 | 63.95 |
| 格鲁吉亚 | 99834.00 | 63.88 |
| 巴拿马 | 51125.00 | 63.86 |
| 哥伦比亚 | 58280.00 | 63.37 |
| 孟加拉国 | 119629.00 | 62.82 |
| 所罗门群岛 | 18420.00 | 58.67 |
| 阿根廷 | 9538.00 | 57.71 |
| 毛里塔尼亚 | 105296.00 | 52.72 |
| 牙买加 | 82500.00 | 50.96 |
| 土库曼斯坦 | 51840.00 | 46.38 |
| 卢旺达 | 56820.00 | 44.93 |
| 刚果（金） | 55828.00 | 42.87 |
| 智利 | 14471.00 | 41.79 |
| 刚果（布） | 46675.00 | 40.91 |
| 科摩罗 | 27160.00 | 39.68 |
| 乌干达 | 74200.00 | 38.36 |
| 伊朗 | 89000.00 | 36.00 |
| 赤道几内亚 | 52730.00 | 34.75 |
| 波多黎各 | 54685.00 | 30.33 |
| 东帝汶 | 28077.00 | 28.30 |
| 苏丹 | 38550.00 | 27.48 |
| 佛得角 | 46810.00 | 26.99 |
| 留尼汪 | 43280.00 | 24.77 |
| 秘鲁 | 4043.00 | 21.94 |
| 多米尼克 | 27500.00 | 21.03 |
| 危地马拉 | 27640.00 | 18.76 |

(续)

| 国家/地区 | 出口数量（千克） | 出口金额（千美元） |
|---|---|---|
| 哈萨克斯坦 | 44690.00 | 18.38 |
| 哥斯达黎加 | 25000.00 | 16.25 |
| 阿尔巴尼亚 | 25600.00 | 15.75 |
| 俄罗斯 | 24480.00 | 15.18 |
| 纳米比亚 | 21600.00 | 13.21 |
| 瓦努阿图 | 11843.00 | 12.50 |
| 乍得 | 12897.00 | 9.31 |
| 塞拉利昂 | 32000.00 | 9.08 |
| 津巴布韦 | 14000.00 | 9.00 |
| 奥地利 | 41792.00 | 8.74 |
| 塞内加尔 | 11520.00 | 7.90 |
| 科特迪瓦 | 10520.00 | 7.50 |
| 马达加斯加 | 2800.00 | 7.44 |
| 法属圭亚那 | 5400.00 | 6.93 |
| 乌兹别克斯坦 | 810.00 | 6.02 |
| 圭亚那 | 8508.00 | 5.94 |
| 厄瓜多尔 | 1080.00 | 4.75 |
| 瑞士 | 400.00 | 4.73 |
| 古巴 | 3400.00 | 3.66 |
| 挪威 | 4298.00 | 3.56 |
| 中非 | 4307.00 | 3.55 |
| 利比里亚 | 1600.00 | 2.78 |
| 意大利 | 1700.00 | 2.58 |
| 汤加 | 5100.00 | 2.53 |
| 亚美尼亚 | 1029.00 | 0.98 |
| 委内瑞拉 | 115.00 | 0.87 |
| 多哥 | 330.00 | 0.59 |
| 巴哈马 | 750.00 | 0.45 |
| 洪都拉斯 | 1810.00 | 0.24 |
| 土耳其 | 110.00 | 0.12 |
| 巴巴多斯 | 1350.00 | 0.06 |
| 44129410 其他木块芯胶合板等至少一表层是非针叶木 | | |
| 合计 | 150130514.00 | 376869.87 |
| 美国 | 31352093.00 | 83622.41 |
| 比利时 | 16009021.00 | 45510.12 |
| 德国 | 14171988.00 | 40279.87 |
| 加拿大 | 11130277.00 | 35084.84 |
| 意大利 | 9689370.00 | 29820.51 |
| 英国 | 10222764.00 | 26228.80 |
| 荷兰 | 8575525.00 | 23858.73 |
| 澳大利亚 | 3886862.00 | 11769.25 |

(续)

| 国家/地区 | 出口数量（千克） | 出口金额（千美元） |
|---|---|---|
| 瑞典 | 3673096.00 | 11039.87 |
| 中国香港 | 8600121.00 | 7852.29 |
| 日本 | 5108575.00 | 7571.77 |
| 丹麦 | 1845311.00 | 5881.23 |
| 法国 | 1475138.00 | 4792.71 |
| 西班牙 | 1518107.00 | 4389.37 |
| 墨西哥 | 1527563.00 | 4281.70 |
| 约旦 | 3796375.00 | 3675.01 |
| 以色列 | 1241994.00 | 3373.44 |
| 斯洛文尼亚 | 1041005.00 | 2733.64 |
| 新加坡 | 1914602.00 | 2586.67 |
| 挪威 | 580091.00 | 1792.96 |
| 伊拉克 | 1694014.00 | 1571.37 |
| 韩国 | 581274.00 | 1485.71 |
| 南非 | 422311.00 | 1286.63 |
| 阿联酋 | 626330.00 | 1214.48 |
| 阿根廷 | 416432.00 | 1132.19 |
| 奥地利 | 291324.00 | 1079.61 |
| 新西兰 | 330873.00 | 1027.73 |
| 波兰 | 890335.00 | 1005.67 |
| 俄罗斯 | 293365.00 | 943.24 |
| 瑞士 | 287050.00 | 932.56 |
| 克罗地亚 | 309312.00 | 925.06 |
| 智利 | 289150.00 | 872.68 |
| 印度 | 512830.00 | 577.25 |
| 爱沙尼亚 | 185040.00 | 535.26 |
| 菲律宾 | 416578.00 | 526.09 |
| 摩洛哥 | 625400.00 | 432.09 |
| 卡塔尔 | 303980.00 | 355.09 |
| 芬兰 | 94520.00 | 320.09 |
| 中国台澎金马关税区 | 279768.00 | 307.67 |
| 沙特阿拉伯 | 441917.00 | 270.63 |
| 埃及 | 395199.00 | 264.89 |
| 爱尔兰 | 128675.00 | 254.70 |
| 黎巴嫩 | 260600.00 | 253.96 |
| 葡萄牙 | 78292.00 | 253.33 |
| 泰国 | 72621.00 | 245.37 |
| 巴基斯坦 | 257619.00 | 200.19 |
| 哥伦比亚 | 54149.00 | 171.77 |
| 马来西亚 | 36640.00 | 161.03 |
| 巴西 | 44000.00 | 147.85 |
| 坦桑尼亚 | 175940.00 | 136.68 |

(续)

| 国家/地区 | 出口数量（千克） | 出口金额（千美元） |
|---|---|---|
| 朝鲜 | 224351.00 | 134.13 |
| 冰岛 | 41038.00 | 130.23 |
| 土耳其 | 125002.00 | 127.65 |
| 马拉维 | 165662.00 | 119.44 |
| 尼日利亚 | 66709.00 | 109.46 |
| 刚果(金) | 54170.00 | 95.57 |
| 危地马拉 | 32430.00 | 92.48 |
| 阿尔及利亚 | 139229.00 | 90.35 |
| 科摩罗 | 6560.00 | 88.56 |
| 吉布提 | 80250.00 | 70.91 |
| 马尔代夫 | 55000.00 | 66.18 |
| 乌拉圭 | 19600.00 | 65.29 |
| 肯尼亚 | 56500.00 | 60.05 |
| 缅甸 | 106000.00 | 59.40 |
| 秘鲁 | 17385.00 | 58.47 |
| 文莱 | 68600.00 | 55.70 |
| 苏丹 | 57115.00 | 49.08 |
| 古巴 | 41100.00 | 42.22 |
| 伊朗 | 15600.00 | 41.62 |
| 莫桑比克 | 52000.00 | 38.81 |
| 蒙古 | 299200.00 | 26.97 |
| 安哥拉 | 16450.00 | 22.82 |
| 多米尼加 | 5283.00 | 21.19 |
| 毛里求斯 | 23519.00 | 20.27 |
| 斯里兰卡 | 28252.00 | 18.89 |
| 赤道几内亚 | 18110.00 | 15.89 |
| 刚果(布) | 18000.00 | 14.78 |
| 巴布亚新几内亚 | 18048.00 | 14.57 |
| 塞内加尔 | 17360.00 | 12.24 |
| 加纳 | 15092.00 | 8.79 |
| 多哥 | 8400.00 | 8.51 |
| 突尼斯 | 7400.00 | 7.83 |
| 越南 | 24000.00 | 7.10 |
| 斐济 | 9280.00 | 7.04 |
| 阿富汗 | 2000.00 | 5.71 |
| 特立尼达和多巴哥 | 1550.00 | 5.10 |
| 尼泊尔 | 4000.00 | 4.60 |
| 巴哈马 | 14400.00 | 4.55 |
| 索马里 | 12100.00 | 3.12 |
| 马耳他 | 720.00 | 2.87 |
| 马达加斯加 | 2890.00 | 1.88 |
| 孟加拉国 | 2415.00 | 1.11 |

（续）

| 国家/地区 | 出口数量（千克） | 出口金额（千美元） |
| --- | --- | --- |
| 捷克 | 245.00 | 1.08 |
| 柬埔寨 | 2000.00 | 1.04 |
| 波黑 | 83.00 | 0.35 |
| 44129491 其他木块芯胶合板等至少一表层是子目注释二所列的热带木 | | |
| 合计 | 71893.00 | 58.09 |
| 朝鲜 | 45772.00 | 35.44 |
| 保加利亚 | 14625.00 | 11.00 |
| 刚果(金) | 6446.00 | 7.62 |
| 厄立特里亚 | 1500.00 | 1.65 |
| 吉布提 | 1800.00 | 1.20 |
| 孟加拉国 | 1750.00 | 1.19 |
| 44129492 其他木块芯胶合板等至少一表层是木碎料板 | | |
| 合计 | 33310.00 | 12.09 |
| 朝鲜 | 15000.00 | 6.38 |
| 中国香港 | 17510.00 | 5.51 |
| 帕劳 | 800.00 | 0.21 |
| 44129499 其他木块芯、侧板条芯、板条芯胶合板 | | |
| 合计 | 4543138.00 | 6388.88 |
| 德国 | 2370389.00 | 3177.31 |
| 意大利 | 340089.00 | 799.75 |
| 加拿大 | 229158.00 | 790.42 |
| 中国台澎金马关税区 | 537252.00 | 348.14 |
| 日本 | 51681.00 | 221.29 |
| 孟加拉国 | 269610.00 | 176.60 |
| 比利时 | 121000.00 | 147.03 |
| 越南 | 119355.00 | 107.40 |
| 赤道几内亚 | 107965.00 | 104.39 |
| 马来西亚 | 50994.00 | 101.78 |
| 葡萄牙 | 31100.00 | 75.43 |
| 泰国 | 35528.00 | 46.25 |
| 新西兰 | 25650.00 | 45.45 |
| 荷兰 | 25900.00 | 33.00 |
| 莫桑比克 | 36660.00 | 32.41 |
| 法国 | 24900.00 | 30.71 |
| 阿根廷 | 11900.00 | 29.74 |
| 阿尔及利亚 | 25500.00 | 20.62 |
| 菲律宾 | 36715.00 | 15.76 |
| 印度 | 15070.00 | 13.85 |
| 毛里塔尼亚 | 25210.00 | 13.12 |
| 美国 | 4000.00 | 10.76 |
| 新加坡 | 3865.00 | 10.44 |

（续）

| 国家/地区 | 出口数量（千克） | 出口金额（千美元） |
| --- | --- | --- |
| 苏丹 | 15000.00 | 9.76 |
| 马拉维 | 10000.00 | 9.19 |
| 韩国 | 1970.00 | 6.39 |
| 朝鲜 | 9000.00 | 4.74 |
| 马尔代夫 | 2900.00 | 2.75 |
| 塞拉利昂 | 1400.00 | 2.40 |
| 墨西哥 | 2204.00 | 1.10 |
| 巴布亚新几内亚 | 1080.00 | 0.66 |
| 英国 | 47.00 | 0.13 |
| 波黑 | 46.00 | 0.11 |
| 44129910 其他胶合板等至少一表层是非针叶木 | | |
| 合计 | 475920997.00 | 853388.35 |
| 美国 | 189842601.00 | 418342.99 |
| 加拿大 | 33565621.00 | 78110.77 |
| 英国 | 18538229.00 | 42009.68 |
| 日本 | 10792084.00 | 41309.31 |
| 韩国 | 16035707.00 | 31467.64 |
| 中国香港 | 38464538.00 | 29848.14 |
| 澳大利亚 | 8767670.00 | 22149.10 |
| 比利时 | 5870671.00 | 17087.79 |
| 埃及 | 32237882.00 | 12944.04 |
| 马来西亚 | 5035306.00 | 12733.53 |
| 德国 | 4239668.00 | 11971.15 |
| 意大利 | 3770506.00 | 11712.82 |
| 荷兰 | 4430315.00 | 10821.54 |
| 阿尔及利亚 | 17205911.00 | 8984.09 |
| 约旦 | 19190320.00 | 8155.13 |
| 柬埔寨 | 3661429.00 | 7865.82 |
| 墨西哥 | 4574585.00 | 7283.73 |
| 越南 | 3395574.00 | 6992.63 |
| 沙特阿拉伯 | 9719360.00 | 5910.06 |
| 阿联酋 | 4354111.00 | 4444.23 |
| 泰国 | 1846311.00 | 4220.74 |
| 印度 | 1565558.00 | 4026.61 |
| 菲律宾 | 2149134.00 | 4008.31 |
| 以色列 | 2570986.00 | 4002.10 |
| 南非 | 1333711.00 | 3798.34 |
| 俄罗斯 | 1302158.00 | 3689.24 |
| 爱尔兰 | 1210719.00 | 3382.51 |
| 伊拉克 | 6109737.00 | 3112.74 |
| 中国台澎金马关税区 | 1192883.00 | 2836.77 |
| 西班牙 | 898783.00 | 2733.98 |
| 新西兰 | 833411.00 | 2372.71 |

（续）

| 国家/地区 | 出口数量（千克） | 出口金额（千美元） |
| --- | --- | --- |
| 新加坡 | 1320840.00 | 2254.41 |
| 黎巴嫩 | 4948100.00 | 2034.08 |
| 法国 | 741844.00 | 1986.34 |
| 智利 | 673940.00 | 1603.25 |
| 瑞典 | 616977.00 | 1588.31 |
| 阿根廷 | 594959.00 | 1080.96 |
| 缅甸 | 1141282.00 | 1014.33 |
| 斯洛文尼亚 | 430738.00 | 1014.07 |
| 芬兰 | 221629.00 | 735.17 |
| 哈萨克斯坦 | 65905.00 | 727.48 |
| 丹麦 | 198885.00 | 696.80 |
| 斯里兰卡 | 661720.00 | 694.03 |
| 中国澳门 | 260146.00 | 583.34 |
| 阿曼 | 607350.00 | 471.32 |
| 肯尼亚 | 603724.00 | 457.28 |
| 圣马力诺 | 127630.00 | 457.10 |
| 危地马拉 | 267322.00 | 450.85 |
| 马尔代夫 | 238480.00 | 445.33 |
| 巴基斯坦 | 608394.00 | 418.72 |
| 秘鲁 | 195396.00 | 400.65 |
| 卡塔尔 | 422521.00 | 395.96 |
| 克罗地亚 | 258010.00 | 390.83 |
| 印度尼西亚 | 122413.00 | 389.23 |
| 苏丹 | 764006.00 | 337.50 |
| 挪威 | 93966.00 | 335.48 |
| 毛里求斯 | 477616.00 | 322.89 |
| 坦桑尼亚 | 521508.00 | 292.08 |
| 巴拿马 | 367236.00 | 284.69 |
| 加纳 | 641508.00 | 284.06 |
| 朝鲜 | 608297.00 | 259.05 |
| 斐济 | 350130.00 | 249.56 |
| 哥伦比亚 | 110656.00 | 244.95 |
| 赤道几内亚 | 186600.00 | 169.40 |
| 圣其茨和尼维斯 | 46988.00 | 160.71 |
| 巴林 | 239234.00 | 148.64 |
| 孟加拉国 | 104583.00 | 120.69 |
| 吉布提 | 121872.00 | 108.33 |
| 波兰 | 29518.00 | 103.03 |
| 瑞士 | 34400.00 | 99.84 |
| 埃塞俄比亚 | 214934.00 | 84.87 |
| 科威特 | 180476.00 | 81.92 |
| 土库曼斯坦 | 152574.00 | 68.57 |
| 巴哈马 | 16532.00 | 67.68 |
| 葡萄牙 | 32556.00 | 67.48 |

(续)

| 国家/地区 | 出口数量(千克) | 出口金额(千美元) |
|---|---|---|
| 尼日利亚 | 73621.00 | 64.53 |
| 格鲁吉亚 | 23449.00 | 55.26 |
| 巴拉圭 | 30780.00 | 50.19 |
| 保加利亚 | 18890.00 | 45.19 |
| 希腊 | 13075.00 | 44.52 |
| 波多黎各 | 7423.00 | 39.60 |
| 乌兹别克斯坦 | 6926.00 | 39.06 |
| 塔吉克斯坦 | 11362.00 | 36.36 |
| 爱沙尼亚 | 19188.00 | 33.34 |
| 罗马尼亚 | 9136.00 | 31.74 |
| 乌拉圭 | 12564.00 | 28.52 |
| 萨尔瓦多 | 11650.00 | 28.32 |
| 亚美尼亚 | 49852.00 | 28.02 |
| 所罗门群岛 | 15110.00 | 26.62 |
| 厄立特里亚 | 7520.00 | 26.32 |
| 利比亚 | 55000.00 | 25.68 |
| 莫桑比克 | 21000.00 | 25.41 |
| 特立尼达和多巴哥 | 6700.00 | 21.09 |
| 塞浦路斯 | 5993.00 | 20.47 |
| 安哥拉 | 13622.00 | 19.75 |
| 土耳其 | 51950.00 | 19.32 |
| 多米尼加 | 7895.00 | 18.61 |
| 苏里南 | 27500.00 | 18.31 |
| 乌干达 | 26600.00 | 15.39 |
| 尼泊尔 | 9000.00 | 15.33 |
| 古巴 | 1426.00 | 13.95 |
| 阿富汗 | 28000.00 | 13.91 |
| 乌克兰 | 6000.00 | 13.16 |
| 巴西 | 2490.00 | 11.55 |
| 拉脱维亚 | 4645.00 | 8.46 |
| 蒙古 | 1203.00 | 7.47 |
| 瓜德罗普 | 1089.00 | 7.23 |
| 赞比亚 | 1976.00 | 6.85 |
| 塞舌尔 | 3170.00 | 5.81 |
| 奥地利 | 580.00 | 3.74 |
| 黑山 | 2300.00 | 3.70 |
| 博茨瓦纳 | 1280.00 | 3.40 |
| 哥斯达黎加 | 480.00 | 2.01 |
| 委内瑞拉 | 1678.00 | 0.71 |
| 44129991 其他胶合板等至少一表层是子目注释二所列的热带木层 | | |
| 合计 | 67673.00 | 144.87 |
| 中国澳门 | 42918.00 | 99.59 |
| 哥伦比亚 | 23030.00 | 35.49 |

(续)

| 国家/地区 | 出口数量(千克) | 出口金额(千美元) |
|---|---|---|
| 斐济 | 1725.00 | 9.80 |
| 44129992 其他胶合板等至少一表层是木碎料板 | | |
| 合计 | 5575309.00 | 7081.10 |
| 中国澳门 | 5431946.00 | 6847.18 |
| 越南 | 40000.00 | 89.27 |
| 马里 | 28500.00 | 46.17 |
| 加蓬 | 26800.00 | 39.99 |
| 汤加 | 22800.00 | 23.95 |
| 萨摩亚 | 17020.00 | 21.87 |
| 莫桑比克 | 7000.00 | 8.27 |
| 加拿大 | 680.00 | 3.00 |
| 澳大利亚 | 400.00 | 1.16 |
| 日本 | 163.00 | 0.25 |
| 44129999 未列名胶合板、单板饰面板及类似的多层板 | | |
| 合计 | 17039642.00 | 14589.45 |
| 阿联酋 | 4231255.00 | 2747.43 |
| 沙特阿拉伯 | 4161885.00 | 2587.20 |
| 德国 | 1651000.00 | 2282.75 |
| 中国澳门 | 946962.00 | 1171.32 |
| 阿尔及利亚 | 1432464.00 | 948.60 |
| 意大利 | 409000.00 | 608.47 |
| 挪威 | 593550.00 | 550.00 |
| 韩国 | 511233.00 | 425.01 |
| 印度 | 163730.00 | 418.72 |
| 巴林 | 516820.00 | 373.70 |
| 朝鲜 | 254454.00 | 271.78 |
| 卡塔尔 | 398265.00 | 258.92 |
| 荷兰 | 170920.00 | 243.73 |
| 中国香港 | 343412.00 | 232.59 |
| 马来西亚 | 51489.00 | 215.98 |
| 赤道几内亚 | 153590.00 | 157.66 |
| 澳大利亚 | 160489.00 | 157.12 |
| 日本 | 26108.00 | 143.38 |
| 法国 | 104800.00 | 139.87 |
| 美国 | 85445.00 | 107.80 |
| 肯尼亚 | 126335.00 | 85.15 |
| 中国台澎金马关税区 | 81063.00 | 83.57 |
| 几内亚 | 50865.00 | 64.13 |
| 印度尼西亚 | 109200.00 | 49.52 |
| 塞内加尔 | 20408.00 | 35.76 |
| 瓦努阿图 | 6689.00 | 34.46 |
| 菲律宾 | 61960.00 | 33.15 |

(续)

| 国家/地区 | 出口数量(千克) | 出口金额(千美元) |
|---|---|---|
| 坦桑尼亚 | 30699.00 | 30.07 |
| 莫桑比克 | 40950.00 | 27.50 |
| 巴布亚新几内亚 | 40584.00 | 23.64 |
| 埃及 | 27420.00 | 16.48 |
| 卢旺达 | 16900.00 | 12.84 |
| 缅甸 | 17500.00 | 8.21 |
| 苏丹 | 2600.00 | 7.82 |
| 格林纳达 | 7500.00 | 6.72 |
| 新加坡 | 3634.00 | 5.88 |
| 新西兰 | 6330.00 | 5.29 |
| 密克罗尼西亚 | 1400.00 | 4.90 |
| 吉布提 | 2912.00 | 3.54 |
| 以色列 | 11411.00 | 3.00 |
| 科特迪瓦 | 2900.00 | 1.80 |
| 智利 | 421.00 | 1.50 |
| 哥伦比亚 | 1575.00 | 1.08 |
| 刚果(金) | 1020.00 | 0.85 |
| 柬埔寨 | 300.00 | 0.37 |
| 巴基斯坦 | 195.00 | 0.20 |

### 人造板进口量值表

| 国家/地区 | 进口数量(千克) | 进口金额(千美元) |
|---|---|---|
| 44081019 其他针叶木饰面用单板,厚≤6mm | | |
| 合计 | 517042.00 | 2312.66 |
| 加拿大 | 78854.00 | 830.95 |
| 中国台澎金马关税区 | 136308.00 | 793.88 |
| 俄罗斯 | 268489.00 | 339.48 |
| 瑞士 | 3261.00 | 106.16 |
| 韩国 | 6266.00 | 78.64 |
| 美国 | 3166.00 | 74.89 |
| 德国 | 7217.00 | 37.87 |
| 日本 | 3307.00 | 26.95 |
| 奥地利 | 8050.00 | 18.52 |
| 印度尼西亚 | 1580.00 | 3.00 |
| 意大利 | 195.00 | 1.73 |
| 乌克兰 | 288.00 | 0.44 |
| 罗马尼亚 | 17.00 | 0.09 |
| 喀麦隆 | 44.00 | 0.05 |
| 44081020 针叶木制胶合板用单板,厚≤6mm | | |
| 合计 | 25985087.00 | 5712.32 |
| 俄罗斯 | 25479381.00 | 5590.26 |
| 马达加斯加 | 273090.00 | 54.39 |
| 智利 | 228526.00 | 50.00 |

（续）

| 国家/地区 | 进口数量（千克） | 进口金额（千美元） |
| --- | --- | --- |
| 中国台澎金马关税区 | 4020.00 | 12.82 |
| 意大利 | 65.00 | 4.73 |
| 德国 | 5.00 | 0.12 |
| 44081090 其他纵锯切、刨或旋切的针叶木木材，厚≤6mm | | |
| 合计 | 10610161.00 | 4276.67 |
| 印度尼西亚 | 341071.00 | 1681.81 |
| 俄罗斯 | 9897944.00 | 907.57 |
| 加拿大 | 113824.00 | 862.08 |
| 美国 | 38702.00 | 542.53 |
| 西班牙 | 7207.00 | 108.43 |
| 奥地利 | 8187.00 | 47.24 |
| 中国台澎金马关税区 | 22761.00 | 43.05 |
| 芬兰 | 99292.00 | 39.34 |
| 瑞典 | 78460.00 | 29.93 |
| 德国 | 726.00 | 9.03 |
| 瑞士 | 16.00 | 2.35 |
| 中国 | 920.00 | 2.30 |
| 罗马尼亚 | 1047.00 | 0.96 |
| 意大利 | 1.00 | 0.04 |
| 日本 | 3.00 | 0.00 |
| 44083111 用胶合板等制饰面单板，红柳桉木制，厚≤6mm | | |
| 合计 | 1146.00 | 25.15 |
| 日本 | 1146.00 | 25.15 |
| 44083119 其他饰面用单板，红柳桉木制，厚≤6mm | | |
| 合计 | 204786.00 | 281.82 |
| 马来西亚 | 196830.00 | 238.56 |
| 土耳其 | 520.00 | 26.57 |
| 印度尼西亚 | 7376.00 | 15.28 |
| 日本 | 60.00 | 1.40 |
| 44083120 制胶合板用单板，红柳桉木制，厚≤6mm | | |
| 合计 | 312419.00 | 136.26 |
| 马来西亚 | 64029.00 | 50.96 |
| 印度尼西亚 | 34380.00 | 42.61 |
| 泰国 | 133060.00 | 19.18 |
| 越南 | 78000.00 | 19.12 |
| 澳大利亚 | 2950.00 | 4.39 |
| 44083911 用胶合板等制其他子目注释二所列的热带木饰面用单板，厚≤6mm | | |
| 合计 | 31675.00 | 88.94 |
| 中国 | 25000.00 | 47.88 |

（续）

| 国家/地区 | 进口数量（千克） | 进口金额（千美元） |
| --- | --- | --- |
| 中国台澎金马关税区 | 4923.00 | 39.36 |
| 意大利 | 1752.00 | 1.69 |
| 44083919 其他其他子目注释二所列的热带木制饰面用单板，厚≤6mm | | |
| 合计 | 1361556.00 | 4460.34 |
| 加蓬 | 695018.00 | 1232.83 |
| 意大利 | 33264.00 | 606.21 |
| 法国 | 130550.00 | 593.78 |
| 缅甸 | 138598.00 | 538.35 |
| 加纳 | 123023.00 | 419.69 |
| 日本 | 10644.00 | 251.53 |
| 喀麦隆 | 74559.00 | 181.87 |
| 印度尼西亚 | 87694.00 | 177.51 |
| 印度 | 12578.00 | 162.68 |
| 中国台澎金马关税区 | 23752.00 | 97.33 |
| 葡萄牙 | 9005.00 | 38.94 |
| 德国 | 2368.00 | 26.28 |
| 美国 | 1964.00 | 25.06 |
| 墨西哥 | 237.00 | 24.72 |
| 加拿大 | 4484.00 | 23.32 |
| 马来西亚 | 4248.00 | 20.21 |
| 巴西 | 4164.00 | 14.81 |
| 西班牙 | 155.00 | 8.82 |
| 科特迪瓦 | 3075.00 | 6.15 |
| 捷克 | 1900.00 | 6.02 |
| 尼加拉瓜 | 118.00 | 2.12 |
| 马达加斯加 | 95.00 | 1.71 |
| 奥地利 | 60.00 | 0.31 |
| 苏里南 | 1.00 | 0.05 |
| 刚果（金） | 1.00 | 0.03 |
| 秘鲁 | 1.00 | 0.03 |
| 44083920 其他子目注释二所列的热带木制胶合板用单板，厚≤6mm | | |
| 合计 | 5771143.00 | 4582.07 |
| 喀麦隆 | 4082090.00 | 2986.61 |
| 加蓬 | 574900.00 | 658.16 |
| 马来西亚 | 735838.00 | 280.01 |
| 柬埔寨 | 263795.00 | 213.35 |
| 印度尼西亚 | 91087.00 | 152.20 |
| 西班牙 | 17466.00 | 132.86 |
| 美国 | 234.00 | 105.81 |
| 印度 | 4584.00 | 43.51 |
| 意大利 | 1149.00 | 9.56 |

（续）

| 国家/地区 | 进口数量（千克） | 进口金额（千美元） |
| --- | --- | --- |
| 44083990 其他纵锯切、刨或旋切的子目注释二所列的热带木木材，厚≤6mm | | |
| 合计 | 843419.00 | 1539.24 |
| 喀麦隆 | 723621.00 | 1049.85 |
| 印度 | 11893.00 | 186.03 |
| 中国台澎金马关税区 | 31838.00 | 135.77 |
| 泰国 | 7290.00 | 37.88 |
| 加纳 | 838.00 | 33.76 |
| 西班牙 | 24060.00 | 20.11 |
| 意大利 | 940.00 | 16.84 |
| 马来西亚 | 28610.00 | 14.81 |
| 厄瓜多尔 | 4679.00 | 14.50 |
| 英国 | 268.00 | 10.56 |
| 加拿大 | 7541.00 | 7.14 |
| 美国 | 88.00 | 7.07 |
| 越南 | 672.00 | 2.36 |
| 印度尼西亚 | 1060.00 | 2.16 |
| 玻利维亚 | 5.00 | 0.30 |
| 巴布亚新几内亚 | 16.00 | 0.12 |
| 44089011 用胶合板等制其他非针叶木饰面单板，厚≤6mm | | |
| 合计 | 171267.00 | 248.20 |
| 乌克兰 | 127027.00 | 143.88 |
| 荷兰 | 14700.00 | 37.82 |
| 德国 | 7781.00 | 34.78 |
| 法国 | 10915.00 | 13.90 |
| 刚果（金） | 4945.00 | 7.58 |
| 印度 | 1746.00 | 3.42 |
| 中国台澎金马关税区 | 1650.00 | 2.35 |
| 日本 | 376.00 | 1.73 |
| 西班牙 | 1014.00 | 1.41 |
| 意大利 | 649.00 | 1.01 |
| 玻利维亚 | 464.00 | 0.33 |
| 44089012 温带非针叶木制其他饰面用单板，厚≤6mm | | |
| 合计 | 14661332.00 | 25715.33 |
| 俄罗斯 | 11572801.00 | 12341.10 |
| 德国 | 91242.00 | 3708.50 |
| 美国 | 766431.00 | 2122.37 |
| 乌克兰 | 988770.00 | 1547.64 |
| 捷克 | 42786.00 | 1449.57 |
| 中国台澎金马关税区 | 69059.00 | 1339.38 |
| 意大利 | 93564.00 | 797.16 |
| 西班牙 | 126733.00 | 405.15 |

(续)

| 国家/地区 | 进口数量(千克) | 进口金额(千美元) |
|---|---|---|
| 罗马尼亚 | 258320.00 | 255.19 |
| 拉脱维亚 | 162158.00 | 252.68 |
| 葡萄牙 | 78430.00 | 203.72 |
| 芬兰 | 71554.00 | 200.29 |
| 澳大利亚 | 25644.00 | 166.55 |
| 爱沙尼亚 | 125020.00 | 165.53 |
| 日本 | 8455.00 | 157.55 |
| 波黑 | 88650.00 | 130.88 |
| 法国 | 3300.00 | 115.69 |
| 土耳其 | 34890.00 | 108.52 |
| 越南 | 19677.00 | 94.90 |
| 斯洛文尼亚 | 7799.00 | 56.93 |
| 克罗地亚 | 12366.00 | 37.52 |
| 韩国 | 1203.00 | 24.86 |
| 瑞士 | 8236.00 | 12.35 |
| 巴西 | 3090.00 | 10.85 |
| 奥地利 | 100.00 | 5.07 |
| 玻利维亚 | 1000.00 | 3.12 |
| 喀麦隆 | 47.00 | 2.08 |
| 中国 | 7.00 | 0.18 |
| 44089019 其他非针叶木饰面用单板,厚≤6mm | | |
| 合计 | 9505054.00 | 24805.29 |
| 美国 | 2215279.00 | 6590.45 |
| 印度 | 235414.00 | 2828.94 |
| 德国 | 360780.00 | 2358.65 |
| 意大利 | 384328.00 | 2348.44 |
| 中国台澎金马关税区 | 278790.00 | 992.15 |
| 玻利维亚 | 199459.00 | 988.35 |
| 越南 | 2192598.00 | 876.53 |
| 加纳 | 295941.00 | 749.05 |
| 捷克 | 148355.00 | 704.35 |
| 印度尼西亚 | 618688.00 | 690.33 |
| 乌克兰 | 444415.00 | 566.25 |
| 葡萄牙 | 227153.00 | 554.72 |
| 法国 | 124851.00 | 476.20 |
| 拉脱维亚 | 440068.00 | 461.94 |
| 西班牙 | 146730.00 | 415.21 |
| 斯洛文尼亚 | 85857.00 | 409.98 |
| 罗马尼亚 | 17903.00 | 383.03 |
| 奥地利 | 58018.00 | 332.04 |
| 喀麦隆 | 91034.00 | 282.27 |
| 英国 | 19459.00 | 279.29 |
| 土耳其 | 42818.00 | 267.99 |

(续)

| 国家/地区 | 进口数量(千克) | 进口金额(千美元) |
|---|---|---|
| 爱沙尼亚 | 197099.00 | 224.83 |
| 日本 | 57009.00 | 218.85 |
| 斐济 | 216249.00 | 143.10 |
| 巴西 | 43305.00 | 138.45 |
| 澳大利亚 | 45354.00 | 138.32 |
| 科特迪瓦 | 31130.00 | 105.31 |
| 韩国 | 5537.00 | 74.33 |
| 俄罗斯 | 40616.00 | 43.31 |
| 芬兰 | 14259.00 | 42.48 |
| 安哥拉 | 179000.00 | 41.52 |
| 马来西亚 | 12110.00 | 24.04 |
| 缅甸 | 6500.00 | 12.12 |
| 刚果(布) | 3435.00 | 11.89 |
| 泰国 | 17644.00 | 11.06 |
| 哥斯达黎加 | 3200.00 | 10.52 |
| 克罗地亚 | 1590.00 | 4.49 |
| 加拿大 | 92.00 | 2.60 |
| 马达加斯加 | 1812.00 | 1.00 |
| 刚果(金) | 555.00 | 0.50 |
| 尼加拉瓜 | 619.00 | 0.30 |
| 中国 | 0.00 | 0.15 |
| 苏里南 | 1.00 | 0.00 |
| 44089021 温带非针叶木制胶合板用单板,厚≤6mm | | |
| 合计 | 27221014.00 | 9538.55 |
| 俄罗斯 | 18727947.00 | 6604.66 |
| 乌克兰 | 4209526.00 | 1303.61 |
| 爱沙尼亚 | 1977108.00 | 1056.95 |
| 印度尼西亚 | 2119400.00 | 364.76 |
| 美国 | 56050.00 | 107.13 |
| 芬兰 | 117818.00 | 60.56 |
| 加拿大 | 11300.00 | 16.91 |
| 中国台澎金马关税区 | 1534.00 | 16.29 |
| 意大利 | 273.00 | 7.17 |
| 西班牙 | 58.00 | 0.50 |
| 44089029 其他非针叶木制胶合板用单板,厚≤6mm | | |
| 合计 | 543830544.00 | 60337.65 |
| 越南 | 519818204.00 | 53003.81 |
| 俄罗斯 | 9235281.00 | 3158.63 |
| 马来西亚 | 7366093.00 | 2563.47 |
| 坦桑尼亚 | 2189550.00 | 395.30 |
| 泰国 | 2160880.00 | 336.73 |
| 马达加斯加 | 1559670.00 | 262.25 |

(续)

| 国家/地区 | 进口数量(千克) | 进口金额(千美元) |
|---|---|---|
| 加拿大 | 95391.00 | 158.67 |
| 印度尼西亚 | 638828.00 | 157.08 |
| 加纳 | 63343.00 | 53.69 |
| 中国 | 23500.00 | 49.10 |
| 爱沙尼亚 | 68510.00 | 37.86 |
| 巴西 | 120304.00 | 33.03 |
| 安哥拉 | 392020.00 | 32.67 |
| 意大利 | 1815.00 | 29.22 |
| 拉脱维亚 | 18837.00 | 20.77 |
| 喀麦隆 | 38082.00 | 19.05 |
| 德国 | 14854.00 | 11.32 |
| 芬兰 | 17976.00 | 9.84 |
| 葡萄牙 | 250.00 | 1.34 |
| 日本 | 1372.00 | 1.24 |
| 中国台澎金马关税区 | 1761.00 | 1.14 |
| 柬埔寨 | 3389.00 | 0.90 |
| 加蓬 | 601.00 | 0.51 |
| 韩国 | 32.00 | 0.02 |
| 法国 | 1.00 | 0.01 |
| 44089091 温带非针叶木制经纵刨旋切的木材,厚≤6mm | | |
| 合计 | 15372314.00 | 10923.08 |
| 俄罗斯 | 13876543.00 | 10185.86 |
| 乌克兰 | 1393569.00 | 439.23 |
| 西班牙 | 37370.00 | 221.33 |
| 美国 | 17844.00 | 33.58 |
| 中国台澎金马关税区 | 21764.00 | 27.52 |
| 马来西亚 | 24409.00 | 11.70 |
| 印度 | 504.00 | 1.66 |
| 塞尔维亚 | 56.00 | 0.86 |
| 德国 | 142.00 | 0.57 |
| 加拿大 | 5.00 | 0.52 |
| 芬兰 | 108.00 | 0.25 |
| 44089099 其他非针叶木制经纵刨旋切的木材,厚≤6mm | | |
| 合计 | 4030712.00 | 2624.48 |
| 美国 | 362999.00 | 1058.51 |
| 印度 | 24716.00 | 287.10 |
| 泰国 | 3363890.00 | 246.66 |
| 德国 | 9690.00 | 186.42 |
| 意大利 | 33041.00 | 167.39 |
| 韩国 | 1802.00 | 155.29 |
| 玻利维亚 | 22575.00 | 109.30 |
| 日本 | 108.00 | 94.70 |

（续）

| 国家/地区 | 进口数量（千克） | 进口金额（千美元） |
|---|---|---|
| 捷克 | 17293.00 | 63.50 |
| 中国 | 6051.00 | 54.14 |
| 俄罗斯 | 104758.00 | 40.62 |
| 印度尼西亚 | 19475.00 | 33.21 |
| 尼加拉瓜 | 640.00 | 30.64 |
| 法国 | 2356.00 | 22.20 |
| 芬兰 | 85.00 | 18.22 |
| 斯洛文尼亚 | 1305.00 | 9.32 |
| 巴西 | 1671.00 | 9.31 |
| 乌克兰 | 25100.00 | 8.96 |
| 中国台澎金马关税区 | 4075.00 | 8.34 |
| 土耳其 | 2500.00 | 8.24 |
| 加蓬 | 1081.00 | 4.67 |
| 越南 | 24303.00 | 3.86 |
| 克罗地亚 | 262.00 | 2.96 |
| 马达加斯加 | 13.00 | 0.67 |
| 柬埔寨 | 923.00 | 0.27 |
| 44101100 木制碎料板 | | |
| 合计 | 226712693.00 | 65885.12 |
| 马来西亚 | 84470204.00 | 19283.09 |
| 泰国 | 62149010.00 | 15061.56 |
| 罗马尼亚 | 19262414.00 | 5874.80 |
| 意大利 | 5913192.00 | 5368.84 |
| 越南 | 19403530.00 | 5154.12 |
| 德国 | 8986737.00 | 5137.80 |
| 日本 | 3572631.00 | 1946.81 |
| 俄罗斯 | 6741006.00 | 1565.16 |
| 西班牙 | 3337328.00 | 1082.13 |
| 印度尼西亚 | 2530224.00 | 932.63 |
| 奥地利 | 1053666.00 | 715.82 |
| 瑞士 | 404816.00 | 645.77 |
| 巴西 | 2125949.00 | 535.41 |
| 美国 | 971615.00 | 508.60 |
| 新西兰 | 1190840.00 | 408.15 |
| 拉脱维亚 | 596291.00 | 245.55 |
| 葡萄牙 | 505572.00 | 234.60 |
| 土耳其 | 958940.00 | 232.85 |
| 立陶宛 | 808265.00 | 196.04 |
| 白俄罗斯 | 717573.00 | 175.73 |
| 英国 | 419515.00 | 174.19 |
| 比利时 | 265150.00 | 166.64 |
| 韩国 | 156030.00 | 121.64 |
| 法国 | 71473.00 | 53.01 |
| 波兰 | 36641.00 | 26.55 |

（续）

| 国家/地区 | 进口数量（千克） | 进口金额（千美元） |
|---|---|---|
| 丹麦 | 50000.00 | 18.27 |
| 澳大利亚 | 11203.00 | 6.77 |
| 菲律宾 | 824.00 | 2.90 |
| 瑞典 | 684.00 | 2.75 |
| 芬兰 | 803.00 | 2.23 |
| 孟加拉国 | 160.00 | 2.04 |
| 中国台澎金马关税区 | 317.00 | 2.03 |
| 以色列 | 90.00 | 0.65 |
| 44101200 木制定向刨花板(OSB) | | |
| 合计 | 144821664.00 | 55499.02 |
| 罗马尼亚 | 45416087.00 | 16348.80 |
| 巴西 | 34609176.00 | 12478.35 |
| 德国 | 27694749.00 | 11900.12 |
| 加拿大 | 25997996.00 | 11366.69 |
| 意大利 | 3930580.00 | 1348.66 |
| 泰国 | 3536750.00 | 870.26 |
| 马来西亚 | 2516050.00 | 648.65 |
| 俄罗斯 | 678126.00 | 271.44 |
| 美国 | 192122.00 | 92.42 |
| 中国台澎金马关税区 | 22733.00 | 57.45 |
| 日本 | 75070.00 | 51.47 |
| 白俄罗斯 | 128751.00 | 51.22 |
| 瑞典 | 16910.00 | 5.08 |
| 奥地利 | 3792.00 | 3.67 |
| 澳大利亚 | 606.00 | 2.29 |
| 中国 | 243.00 | 0.85 |
| 韩国 | 1762.00 | 0.52 |
| 圣马力诺 | 25.00 | 0.37 |
| 土耳其 | 95.00 | 0.32 |
| 越南 | 14.00 | 0.23 |
| 比利时 | 23.00 | 0.15 |
| 西班牙 | 4.00 | 0.01 |
| 44101900 其他木制类似板(例如,华夫板) | | |
| 合计 | 214651287.00 | 62103.07 |
| 泰国 | 122834042.00 | 31010.65 |
| 罗马尼亚 | 28976175.00 | 13852.23 |
| 马来西亚 | 53220483.00 | 12459.81 |
| 意大利 | 3541606.00 | 1657.00 |
| 奥地利 | 2090875.00 | 1521.46 |
| 越南 | 2398919.00 | 563.59 |
| 德国 | 467711.00 | 323.61 |
| 中国台澎金马关税区 | 421965.00 | 289.05 |
| 日本 | 311020.00 | 223.15 |
| 葡萄牙 | 229140.00 | 84.10 |

（续）

| 国家/地区 | 进口数量（千克） | 进口金额（千美元） |
|---|---|---|
| 比利时 | 98175.00 | 68.39 |
| 法国 | 50064.00 | 17.05 |
| 印度 | 6917.00 | 16.48 |
| 美国 | 1460.00 | 10.31 |
| 西班牙 | 30.00 | 2.38 |
| 中国 | 2166.00 | 1.46 |
| 瑞士 | 353.00 | 1.11 |
| 英国 | 30.00 | 0.62 |
| 韩国 | 38.00 | 0.38 |
| 瑞典 | 97.00 | 0.18 |
| 荷兰 | 6.00 | 0.06 |
| 新加坡 | 15.00 | 0.02 |
| 44109019 其他木质材料制碎料板 | | |
| 合计 | 135768.00 | 178.02 |
| 美国 | 119627.00 | 124.63 |
| 日本 | 15972.00 | 26.85 |
| 奥地利 | 144.00 | 26.34 |
| 意大利 | 25.00 | 0.20 |
| 44109090 其他木质材料制定向刨花板(OSB)及类似板(例如,华夫板) | | |
| 合计 | 686233.00 | 356.91 |
| 罗马尼亚 | 611799.00 | 275.32 |
| 奥地利 | 46421.00 | 35.95 |
| 英国 | 1100.00 | 18.11 |
| 中国台澎金马关税区 | 22260.00 | 14.64 |
| 西班牙 | 3576.00 | 10.03 |
| 德国 | 1016.00 | 2.56 |
| 美国 | 21.00 | 0.15 |
| 意大利 | 40.00 | 0.15 |
| 44111211 未机械加工中密度板,密度>0.8g/cucm,厚≤5mm | | |
| 合计 | 13169325.00 | 5552.59 |
| 新西兰 | 7842534.00 | 3379.30 |
| 澳大利亚 | 1679866.00 | 789.30 |
| 印度尼西亚 | 2198739.00 | 698.64 |
| 泰国 | 452898.00 | 271.97 |
| 波兰 | 509016.00 | 212.83 |
| 阿根廷 | 381424.00 | 160.14 |
| 马来西亚 | 78985.00 | 31.83 |
| 智利 | 25538.00 | 7.54 |
| 加拿大 | 325.00 | 1.05 |
| 44111219 经机械加工中密度板,密度>0.8g/cucm,厚≤5mm | | |
| 合计 | 2080936.00 | 2119.94 |

(续)

| 国家/地区 | 进口数量（千克） | 进口金额（千美元） |
|---|---|---|
| 美国 | 157565.00 | 584.93 |
| 日本 | 274151.00 | 503.52 |
| 泰国 | 360115.00 | 237.61 |
| 印度尼西亚 | 508190.00 | 174.69 |
| 阿根廷 | 256477.00 | 131.62 |
| 中国台澎金马关税区 | 80572.00 | 131.31 |
| 澳大利亚 | 248006.00 | 124.01 |
| 匈牙利 | 44543.00 | 85.23 |
| 新西兰 | 57952.00 | 27.83 |
| 韩国 | 6921.00 | 26.79 |
| 瑞典 | 49134.00 | 26.68 |
| 德国 | 4965.00 | 17.16 |
| 马来西亚 | 22720.00 | 15.75 |
| 法国 | 254.00 | 13.90 |
| 意大利 | 7615.00 | 7.87 |
| 英国 | 960.00 | 7.45 |
| 巴西 | 180.00 | 1.28 |
| 墨西哥 | 413.00 | 0.88 |
| 中国 | 72.00 | 0.71 |
| 南非 | 115.00 | 0.37 |
| 加拿大 | 16.00 | 0.36 |
| 44111221 辐射松制的中密度板,0.5g/cucm < 密度≤0.8g/cucm,厚≤5mm | | |
| 合计 | 8247693.00 | 3641.58 |
| 新西兰 | 7744212.00 | 3427.77 |
| 澳大利亚 | 407652.00 | 156.54 |
| 韩国 | 73594.00 | 34.63 |
| 日本 | 22195.00 | 22.60 |
| 奥地利 | 40.00 | 0.05 |
| 44111229 其他中密度板 0.5g/cucm < 密度≤0.8g/cucm,厚≤5mm | | |
| 合计 | 10630295.00 | 4499.73 |
| 泰国 | 5845245.00 | 2028.27 |
| 新西兰 | 1682564.00 | 887.25 |
| 澳大利亚 | 1134227.00 | 746.60 |
| 印度尼西亚 | 1384036.00 | 459.57 |
| 南非 | 122400.00 | 131.06 |
| 马来西亚 | 259579.00 | 81.11 |
| 巴西 | 179772.00 | 55.64 |
| 美国 | 5843.00 | 52.00 |
| 日本 | 7883.00 | 38.24 |
| 德国 | 3482.00 | 13.70 |
| 瑞典 | 1798.00 | 4.12 |
| 越南 | 3450.00 | 2.13 |

(续)

| 国家/地区 | 进口数量（千克） | 进口金额（千美元） |
|---|---|---|
| 意大利 | 16.00 | 0.02 |
| 44111291 未加工中密度板,密度≤0.5g/cucm,厚≤5mm | | |
| 合计 | 411169.00 | 182.27 |
| 澳大利亚 | 370308.00 | 166.64 |
| 马来西亚 | 24171.00 | 8.06 |
| 新西兰 | 11770.00 | 5.11 |
| 美国 | 4920.00 | 2.47 |
| 44111299 加工中密度板,密度≤0.5g/cucm,厚≤5mm | | |
| 合计 | 2212988.00 | 988.17 |
| 澳大利亚 | 1296584.00 | 583.46 |
| 新西兰 | 676887.00 | 314.97 |
| 印度尼西亚 | 151524.00 | 54.42 |
| 马来西亚 | 85644.00 | 29.61 |
| 日本 | 2220.00 | 3.93 |
| 荷兰 | 62.00 | 0.83 |
| 土耳其 | 60.00 | 0.63 |
| 意大利 | 7.00 | 0.26 |
| 中国台澎金马关税区 | 0.00 | 0.05 |
| 44111311 未加工中密度板,密度 > 0.8g/cucm,5mm < 厚≤9mm | | |
| 合计 | 1411419.00 | 646.39 |
| 澳大利亚 | 1060667.00 | 485.84 |
| 新西兰 | 145255.00 | 54.47 |
| 马来西亚 | 80481.00 | 37.08 |
| 美国 | 25948.00 | 24.42 |
| 中国台澎金马关税区 | 49628.00 | 22.33 |
| 泰国 | 49432.00 | 22.24 |
| 日本 | 8.00 | 0.01 |
| 44111319 加工中密度板,密度 > 0.8g/cucm,5mm < 厚≤9mm | | |
| 合计 | 39475347.00 | 36676.93 |
| 德国 | 17658637.00 | 16264.04 |
| 比利时 | 7137946.00 | 8667.38 |
| 瑞士 | 9697722.00 | 8004.32 |
| 奥地利 | 2412690.00 | 1880.55 |
| 波兰 | 533728.00 | 407.85 |
| 泰国 | 534240.00 | 374.94 |
| 智利 | 789096.00 | 296.26 |
| 西班牙 | 171470.00 | 270.27 |
| 美国 | 248906.00 | 232.75 |
| 法国 | 89137.00 | 102.76 |
| 荷兰 | 51144.00 | 52.86 |

(续)

| 国家/地区 | 进口数量（千克） | 进口金额（千美元） |
|---|---|---|
| 白俄罗斯 | 68630.00 | 44.25 |
| 挪威 | 10296.00 | 26.66 |
| 中国 | 16186.00 | 11.76 |
| 俄罗斯 | 15660.00 | 9.38 |
| 新西兰 | 24249.00 | 8.40 |
| 韩国 | 4301.00 | 8.07 |
| 葡萄牙 | 8033.00 | 5.94 |
| 澳大利亚 | 550.00 | 2.84 |
| 印度 | 1213.00 | 1.97 |
| 日本 | 226.00 | 1.18 |
| 加拿大 | 195.00 | 1.08 |
| 柬埔寨 | 30.00 | 0.36 |
| 沙特阿拉伯 | 18.00 | 0.31 |
| 印度尼西亚 | 950.00 | 0.29 |
| 意大利 | 39.00 | 0.24 |
| 土耳其 | 55.00 | 0.24 |
| 44111321 辐射松制的中密度板,5mm < 厚≤9mm | | |
| 合计 | 9799392.00 | 4432.00 |
| 新西兰 | 8765132.00 | 4104.36 |
| 智利 | 517703.00 | 151.62 |
| 巴西 | 297149.00 | 91.45 |
| 澳大利亚 | 210998.00 | 76.93 |
| 日本 | 5890.00 | 5.57 |
| 葡萄牙 | 2520.00 | 2.08 |
| 44111329 其他中密度板 0.5g/cucm < 密度≤0.8g/cucm,5mm < 厚≤9mm | | |
| 合计 | 4537832.00 | 3469.27 |
| 德国 | 1536926.00 | 1366.02 |
| 印度尼西亚 | 1610963.00 | 1013.31 |
| 比利时 | 378151.00 | 662.00 |
| 泰国 | 571511.00 | 178.54 |
| 新西兰 | 145059.00 | 68.22 |
| 澳大利亚 | 122995.00 | 62.62 |
| 中国 | 95852.00 | 43.13 |
| 中国台澎金马关税区 | 12756.00 | 31.91 |
| 马来西亚 | 42902.00 | 18.41 |
| 韩国 | 13192.00 | 16.42 |
| 希腊 | 1282.00 | 3.39 |
| 日本 | 3737.00 | 1.49 |
| 意大利 | 295.00 | 1.44 |
| 伊朗 | 114.00 | 1.33 |
| 智利 | 2062.00 | 0.61 |
| 奥地利 | 30.00 | 0.45 |

（续）

| 国家/地区 | 进口数量（千克） | 进口金额（千美元） |
|---|---|---|
| 越南 | 5.00 | 0.01 |
| 44111391 未加工中密度板，密度≤0.5g/cucm，5mm＜厚≤9mm | | |
| 合计 | 771510.00 | 241.32 |
| 新西兰 | 648160.00 | 194.45 |
| 泰国 | 123350.00 | 46.87 |
| 44111399 加工中密度板，密度≤0.5g/cucm，5mm＜厚≤9mm | | |
| 合计 | 371210.00 | 308.07 |
| 澳大利亚 | 262901.00 | 118.31 |
| 西班牙 | 25168.00 | 79.60 |
| 加拿大 | 39629.00 | 28.52 |
| 德国 | 11059.00 | 27.11 |
| 比利时 | 22642.00 | 24.13 |
| 中国台澎金马关税区 | 2007.00 | 13.02 |
| 瑞士 | 7088.00 | 12.76 |
| 拉脱维亚 | 280.00 | 2.42 |
| 日本 | 381.00 | 1.90 |
| 美国 | 54.00 | 0.31 |
| 泰国 | 1.00 | 0.00 |
| 44111411 未加工中密度板，密度＞0.8g/cucm，厚＞9mm | | |
| 合计 | 81526.00 | 43.00 |
| 德国 | 43837.00 | 21.84 |
| 澳大利亚 | 24402.00 | 14.42 |
| 新西兰 | 13221.00 | 6.13 |
| 泰国 | 40.00 | 0.48 |
| 奥地利 | 26.00 | 0.13 |
| 阿联酋 | 0.00 | 0.02 |
| 44111419 加工中密度板，密度＞0.8g/cucm，厚＞9mm | | |
| 合计 | 9812863.00 | 11059.33 |
| 德国 | 5061583.00 | 4911.92 |
| 瑞士 | 2025095.00 | 2140.75 |
| 比利时 | 1031665.00 | 2092.71 |
| 奥地利 | 406224.00 | 434.83 |
| 意大利 | 137154.00 | 419.05 |
| 日本 | 192091.00 | 256.38 |
| 西班牙 | 80974.00 | 128.13 |
| 荷兰 | 129875.00 | 112.47 |
| 中国 | 211272.00 | 103.58 |
| 中国台澎金马关税区 | 42405.00 | 84.30 |
| 巴西 | 227324.00 | 72.62 |
| 美国 | 2620.00 | 69.80 |

（续）

| 国家/地区 | 进口数量（千克） | 进口金额（千美元） |
|---|---|---|
| 挪威 | 43158.00 | 65.53 |
| 法国 | 41996.00 | 50.61 |
| 新西兰 | 101129.00 | 43.62 |
| 泰国 | 48471.00 | 24.24 |
| 沙特阿拉伯 | 17000.00 | 18.46 |
| 葡萄牙 | 4966.00 | 13.86 |
| 菲律宾 | 240.00 | 8.05 |
| 韩国 | 3615.00 | 3.68 |
| 加拿大 | 538.00 | 1.45 |
| 俄罗斯 | 1740.00 | 1.30 |
| 澳大利亚 | 465.00 | 0.80 |
| 中国香港 | 189.00 | 0.50 |
| 瑞典 | 1070.00 | 0.44 |
| 英国 | 4.00 | 0.28 |
| 44111421 辐射松制的中密度板，厚＞9mm | | |
| 合计 | 19647289.00 | 8248.67 |
| 新西兰 | 14409029.00 | 6511.63 |
| 智利 | 2277794.00 | 650.80 |
| 巴西 | 1722059.00 | 528.89 |
| 澳大利亚 | 1066806.00 | 416.94 |
| 葡萄牙 | 53693.00 | 39.75 |
| 马来西亚 | 63333.00 | 38.16 |
| 日本 | 39890.00 | 33.78 |
| 德国 | 14316.00 | 27.80 |
| 美国 | 367.00 | 0.91 |
| 中国 | 2.00 | 0.01 |
| 44111429 其他中密度板 0.5g/cucm＜密度≤0.8g/cucm，厚＞9mm | | |
| 合计 | 24518176.00 | 14555.26 |
| 意大利 | 5918444.00 | 3793.07 |
| 日本 | 5080602.00 | 3466.80 |
| 澳大利亚 | 2415982.00 | 1225.20 |
| 西班牙 | 984445.00 | 1179.12 |
| 越南 | 4193323.00 | 942.94 |
| 德国 | 719566.00 | 915.26 |
| 泰国 | 2447535.00 | 769.77 |
| 韩国 | 33227.00 | 475.51 |
| 印度尼西亚 | 872853.00 | 384.28 |
| 马来西亚 | 729921.00 | 280.41 |
| 比利时 | 97090.00 | 261.64 |
| 葡萄牙 | 138492.00 | 254.47 |
| 罗马尼亚 | 114500.00 | 189.06 |
| 智利 | 492856.00 | 145.37 |
| 美国 | 24657.00 | 82.00 |

（续）

| 国家/地区 | 进口数量（千克） | 进口金额（千美元） |
|---|---|---|
| 卢森堡 | 171111.00 | 73.69 |
| 法国 | 652.00 | 42.46 |
| 中国台澎金马关税区 | 44092.00 | 28.06 |
| 伊朗 | 21740.00 | 19.36 |
| 波兰 | 6890.00 | 11.90 |
| 中国 | 5198.00 | 8.71 |
| 奥地利 | 2629.00 | 3.39 |
| 土耳其 | 980.00 | 1.42 |
| 新西兰 | 1112.00 | 0.85 |
| 希腊 | 239.00 | 0.46 |
| 新加坡 | 40.00 | 0.08 |
| 44111491 未加工中密度板，密度≤0.5g/cucm，厚＞9mm | | |
| 合计 | 482332.00 | 254.52 |
| 泰国 | 455900.00 | 246.49 |
| 韩国 | 23815.00 | 6.22 |
| 西班牙 | 2617.00 | 1.81 |
| 44111499 未加工中密度板，密度≤0.5g/cucm，厚＞9mm | | |
| 合计 | 1016504.00 | 470.93 |
| 德国 | 116195.00 | 234.72 |
| 巴西 | 195118.00 | 67.24 |
| 意大利 | 5809.00 | 38.81 |
| 美国 | 1711.00 | 29.34 |
| 马来西亚 | 627584.00 | 23.66 |
| 日本 | 1983.00 | 15.62 |
| 瑞士 | 1102.00 | 13.99 |
| 新西兰 | 21932.00 | 12.93 |
| 葡萄牙 | 14587.00 | 10.29 |
| 罗马尼亚 | 5408.00 | 9.92 |
| 智利 | 24078.00 | 7.75 |
| 比利时 | 212.00 | 2.21 |
| 中国 | 268.00 | 2.16 |
| 伊朗 | 435.00 | 1.31 |
| 中国台澎金马关税区 | 32.00 | 0.75 |
| 奥地利 | 30.00 | 0.19 |
| 西班牙 | 19.00 | 0.05 |
| 泰国 | 1.00 | 0.00 |
| 44119210 未加工木纤维板，密度＞0.8g/cucm | | |
| 合计 | 1956901.00 | 1243.42 |
| 美国 | 807309.00 | 663.57 |
| 葡萄牙 | 1000608.00 | 502.84 |
| 新西兰 | 98732.00 | 62.96 |
| 印度尼西亚 | 48168.00 | 12.08 |

(续)

| 国家/地区 | 进口数量(千克) | 进口金额(千美元) |
|---|---|---|
| 日本 | 58.00 | 1.26 |
| 泰国 | 2026.00 | 0.71 |
| 44119290 加工木纤维板,密度>0.8g/cucm | | |
| 合计 | 15785894.00 | 18253.61 |
| 德国 | 11568626.00 | 11066.16 |
| 荷兰 | 1553355.00 | 3973.67 |
| 比利时 | 1129333.00 | 1154.84 |
| 波兰 | 499516.00 | 548.52 |
| 美国 | 399143.00 | 431.50 |
| 葡萄牙 | 137097.00 | 396.01 |
| 奥地利 | 89191.00 | 245.57 |
| 马来西亚 | 258639.00 | 221.12 |
| 智利 | 30646.00 | 67.38 |
| 西班牙 | 43371.00 | 57.28 |
| 法国 | 33882.00 | 33.35 |
| 意大利 | 7820.00 | 20.20 |
| 匈牙利 | 19932.00 | 12.60 |
| 丹麦 | 1394.00 | 9.97 |
| 越南 | 144.00 | 5.01 |
| 日本 | 2220.00 | 3.47 |
| 中国台澎金马关税区 | 8376.00 | 3.46 |
| 中国 | 615.00 | 1.13 |
| 南非 | 106.00 | 0.65 |
| 泰国 | 2013.00 | 0.58 |
| 国(地)别不详 | 205.00 | 0.49 |
| 瑞典 | 60.00 | 0.28 |
| 英国 | 12.00 | 0.19 |
| 中国香港 | 198.00 | 0.19 |
| 44119310 辐射松制的纤板,0.5g/cucm<密度≤0.9g/cucm | | |
| 合计 | 1060939.00 | 329.82 |
| 新西兰 | 1060930.00 | 329.82 |
| 日本 | 9.00 | 0.01 |
| 44119390 木纤板,0.5g/cucm<密度≤0.10g/cucm | | |
| 合计 | 16414456.00 | 6909.99 |
| 澳大利亚 | 12738024.00 | 5065.83 |
| 韩国 | 2676170.00 | 1087.72 |
| 美国 | 332768.00 | 417.21 |
| 泰国 | 234658.00 | 75.13 |
| 瑞士 | 26755.00 | 70.91 |
| 马来西亚 | 185500.00 | 56.91 |
| 新西兰 | 67568.00 | 44.85 |
| 智利 | 133205.00 | 39.96 |

(续)

| 国家/地区 | 进口数量(千克) | 进口金额(千美元) |
|---|---|---|
| 德国 | 14742.00 | 36.73 |
| 法国 | 213.00 | 7.56 |
| 比利时 | 4132.00 | 4.54 |
| 西班牙 | 442.00 | 2.05 |
| 波兰 | 279.00 | 0.58 |
| 44119410 木纤板,0.35g/cucm<密度≤0.5g/cucm | | |
| 合计 | 17832.00 | 91.39 |
| 比利时 | 5237.00 | 26.29 |
| 意大利 | 5932.00 | 21.56 |
| 美国 | 2890.00 | 21.27 |
| 德国 | 2954.00 | 15.27 |
| 丹麦 | 296.00 | 3.27 |
| 加拿大 | 90.00 | 2.43 |
| 韩国 | 433.00 | 1.29 |
| 44119429 加工木纤板,密度≤0.35g/cucm | | |
| 合计 | 747570.00 | 1298.72 |
| 德国 | 396070.00 | 995.51 |
| 泰国 | 241956.00 | 120.98 |
| 美国 | 59412.00 | 105.21 |
| 澳大利亚 | 30230.00 | 47.82 |
| 日本 | 12100.00 | 12.40 |
| 新加坡 | 1920.00 | 4.78 |
| 韩国 | 2441.00 | 4.54 |
| 意大利 | 186.00 | 2.90 |
| 奥地利 | 2366.00 | 1.80 |
| 比利时 | 193.00 | 1.42 |
| 葡萄牙 | 550.00 | 0.80 |
| 瑞士 | 21.00 | 0.27 |
| 西班牙 | 45.00 | 0.17 |
| 波兰 | 80.00 | 0.12 |
| 44123100 其他薄板制胶合板至少一表层是子目注释二所列的热带木,厚≤6mm | | |
| 合计 | 15372717.00 | 16989.93 |
| 印度尼西亚 | 9390099.00 | 7949.02 |
| 马来西亚 | 5281976.00 | 7737.83 |
| 日本 | 260921.00 | 660.64 |
| 中国台澎金马关税区 | 230216.00 | 401.68 |
| 澳大利亚 | 18007.00 | 40.16 |
| 德国 | 11522.00 | 36.43 |
| 缅甸 | 12870.00 | 31.49 |
| 厄瓜多尔 | 6620.00 | 31.01 |
| 柬埔寨 | 99659.00 | 28.89 |
| 泰国 | 20885.00 | 28.27 |

(续)

| 国家/地区 | 进口数量(千克) | 进口金额(千美元) |
|---|---|---|
| 中国 | 26729.00 | 19.61 |
| 西班牙 | 9378.00 | 15.30 |
| 美国 | 1704.00 | 5.63 |
| 印度 | 1981.00 | 2.79 |
| 丹麦 | 150.00 | 1.20 |
| 44123210 其他薄板制胶合板至少一表层是温带木,厚≤6mm | | |
| 合计 | 34889023.00 | 41916.37 |
| 俄罗斯 | 27396891.00 | 18246.31 |
| 中国台澎金马关税区 | 1450930.00 | 11421.88 |
| 日本 | 1486890.00 | 3520.58 |
| 芬兰 | 1905923.00 | 2770.28 |
| 德国 | 411667.00 | 2501.77 |
| 意大利 | 292450.00 | 674.94 |
| 西班牙 | 126031.00 | 506.13 |
| 美国 | 99634.00 | 495.07 |
| 中国 | 284519.00 | 377.71 |
| 乌克兰 | 625774.00 | 374.44 |
| 克罗地亚 | 83442.00 | 350.80 |
| 印度尼西亚 | 97304.00 | 114.38 |
| 马来西亚 | 178707.00 | 87.32 |
| 白俄罗斯 | 40655.00 | 87.26 |
| 波兰 | 49208.00 | 68.72 |
| 拉脱维亚 | 71206.00 | 67.85 |
| 越南 | 188226.00 | 57.87 |
| 英国 | 4672.00 | 45.05 |
| 菲律宾 | 25460.00 | 37.00 |
| 斯洛伐克 | 24444.00 | 31.86 |
| 爱沙尼亚 | 8976.00 | 29.85 |
| 新西兰 | 23350.00 | 16.77 |
| 加拿大 | 3789.00 | 14.00 |
| 奥地利 | 4280.00 | 11.02 |
| 丹麦 | 4000.00 | 4.17 |
| 澳大利亚 | 210.00 | 1.84 |
| 乌拉圭 | 357.00 | 1.17 |
| 法国 | 28.00 | 0.32 |
| 南非 | 0.00 | 0.05 |
| 44123290 其他薄板制胶合板至少一表层非针叶木,厚≤6mm | | |
| 合计 | 35657982.00 | 26091.26 |
| 马来西亚 | 27042820.00 | 16698.22 |
| 印度尼西亚 | 7986549.00 | 8037.01 |
| 拉脱维亚 | 8574.00 | 611.96 |
| 俄罗斯 | 192508.00 | 223.41 |

（续）

| 国家/地区 | 进口数量（千克） | 进口金额（千美元） |
|---|---|---|
| 意大利 | 98245.00 | 161.86 |
| 日本 | 127672.00 | 117.29 |
| 德国 | 15723.00 | 80.41 |
| 中国 | 32014.00 | 46.59 |
| 越南 | 81176.00 | 40.77 |
| 西班牙 | 47244.00 | 32.52 |
| 芬兰 | 11644.00 | 16.28 |
| 中国台澎金马关税区 | 12027.00 | 13.99 |
| 荷兰 | 1667.00 | 10.17 |
| 美国 | 100.00 | 0.66 |
| 法国 | 19.00 | 0.14 |
| 44123900 其他薄板制胶合板，厚≤6mm | | |
| 合计 | 19331209.00 | 20177.37 |
| 俄罗斯 | 5662702.00 | 5762.31 |
| 芬兰 | 3100552.00 | 4305.61 |
| 马来西亚 | 3113870.00 | 2486.80 |
| 印度尼西亚 | 2474717.00 | 2474.37 |
| 英国 | 163274.00 | 913.92 |
| 爱沙尼亚 | 644565.00 | 891.21 |
| 缅甸 | 867603.00 | 640.78 |
| 越南 | 1995209.00 | 614.98 |
| 日本 | 338112.00 | 489.43 |
| 中国 | 94772.00 | 487.80 |
| 智利 | 365818.00 | 307.75 |
| 中国台澎金马关税区 | 83346.00 | 177.90 |
| 美国 | 182811.00 | 175.28 |
| 意大利 | 55398.00 | 130.66 |
| 德国 | 43120.00 | 77.81 |
| 加拿大 | 52460.00 | 43.17 |
| 法国 | 13735.00 | 42.27 |
| 波兰 | 2296.00 | 37.26 |
| 比利时 | 11070.00 | 36.81 |
| 拉脱维亚 | 22644.00 | 30.92 |
| 菲律宾 | 30936.00 | 29.55 |
| 澳大利亚 | 2668.00 | 7.77 |
| 厄瓜多尔 | 1192.00 | 7.68 |
| 新西兰 | 7794.00 | 3.85 |
| 挪威 | 264.00 | 0.88 |
| 瑞典 | 150.00 | 0.41 |
| 奥地利 | 15.00 | 0.16 |
| 新加坡 | 116.00 | 0.05 |
| 44129410 其他木块芯胶合板等至少一表层是非针叶木 | | |
| 合计 | 3047109.00 | 5628.59 |

（续）

| 国家/地区 | 进口数量（千克） | 进口金额（千美元） |
|---|---|---|
| 波兰 | 401472.00 | 1061.03 |
| 爱沙尼亚 | 265172.00 | 1004.15 |
| 印度尼西亚 | 1275095.00 | 945.51 |
| 德国 | 142042.00 | 771.09 |
| 马来西亚 | 289261.00 | 510.59 |
| 匈牙利 | 145147.00 | 421.86 |
| 意大利 | 122255.00 | 355.43 |
| 中国 | 287366.00 | 303.91 |
| 捷克 | 43364.00 | 143.28 |
| 加拿大 | 26538.00 | 52.64 |
| 俄罗斯 | 43266.00 | 33.93 |
| 美国 | 4094.00 | 11.21 |
| 奥地利 | 1426.00 | 8.76 |
| 荷兰 | 288.00 | 2.73 |
| 日本 | 275.00 | 1.89 |
| 越南 | 30.00 | 0.37 |
| 比利时 | 11.00 | 0.13 |
| 法国 | 7.00 | 0.09 |
| 44129491 其他木块芯胶合板等至少一表层是子目注释二所列的热带木 | | |
| 合计 | 49586.00 | 88.27 |
| 印度尼西亚 | 30667.00 | 28.37 |
| 马来西亚 | 7634.00 | 21.31 |
| 日本 | 5510.00 | 20.90 |
| 捷克 | 5775.00 | 17.70 |
| 44129492 其他木块芯胶合板等至少一表层是木碎料板 | | |
| 合计 | 64143.00 | 39.55 |
| 中国 | 63382.00 | 36.30 |
| 日本 | 300.00 | 2.99 |
| 中国香港 | 461.00 | 0.26 |
| 44129499 其他木块芯、侧板条芯、板条芯胶合板 | | |
| 合计 | 91706.00 | 1090.65 |
| 意大利 | 56651.00 | 1041.69 |
| 智利 | 23757.00 | 19.86 |
| 印度尼西亚 | 7413.00 | 15.07 |
| 日本 | 896.00 | 9.06 |
| 加拿大 | 2469.00 | 4.10 |
| 中国台澎金马关税区 | 495.00 | 0.82 |
| 中国 | 25.00 | 0.06 |
| 44129910 其他胶合板等至少一表层是非针叶木 | | |
| 合计 | 8555771.00 | 24069.95 |

（续）

| 国家/地区 | 进口数量（千克） | 进口金额（千美元） |
|---|---|---|
| 马来西亚 | 1590466.00 | 3983.08 |
| 比利时 | 1379215.00 | 3884.92 |
| 奥地利 | 1278953.00 | 3469.27 |
| 瑞典 | 492147.00 | 2855.60 |
| 芬兰 | 662804.00 | 2794.74 |
| 波兰 | 470794.00 | 1910.66 |
| 德国 | 282851.00 | 1251.77 |
| 意大利 | 262933.00 | 1166.22 |
| 波黑 | 212601.00 | 671.40 |
| 中国 | 499431.00 | 387.97 |
| 俄罗斯 | 115833.00 | 350.68 |
| 美国 | 399712.00 | 345.47 |
| 印度尼西亚 | 581524.00 | 344.95 |
| 日本 | 170415.00 | 206.15 |
| 斯洛文尼亚 | 37561.00 | 91.13 |
| 白俄罗斯 | 17644.00 | 58.34 |
| 韩国 | 29243.00 | 51.29 |
| 越南 | 15038.00 | 42.23 |
| 法国 | 10709.00 | 35.39 |
| 印度 | 13963.00 | 34.73 |
| 克罗地亚 | 10500.00 | 34.61 |
| 葡萄牙 | 3090.00 | 30.59 |
| 中国台澎金马关税区 | 10034.00 | 17.84 |
| 匈牙利 | 2432.00 | 15.44 |
| 爱沙尼亚 | 1517.00 | 13.68 |
| 瑞士 | 1514.00 | 7.58 |
| 立陶宛 | 817.00 | 5.57 |
| 泰国 | 266.00 | 3.00 |
| 挪威 | 1280.00 | 2.75 |
| 加拿大 | 402.00 | 1.90 |
| 荷兰 | 0.00 | 0.67 |
| 阿联酋 | 3.00 | 0.17 |
| 西班牙 | 79.00 | 0.14 |
| 44129991 其他胶合板等至少一表层是子目注释二所列的热带木层 | | |
| 合计 | 17075.00 | 73.34 |
| 中国台澎金马关税区 | 11525.00 | 54.53 |
| 日本 | 5061.00 | 17.27 |
| 马来西亚 | 145.00 | 0.82 |
| 韩国 | 241.00 | 0.56 |
| 奥地利 | 103.00 | 0.17 |
| 44129992 其他胶合板等至少一表层是木碎料板 | | |
| 合计 | 1776.00 | 2.44 |

(续)

| 国家/地区 | 进口数量(千克) | 进口金额(千美元) |
|---|---|---|
| 日本 | 1636.00 | 1.97 |
| 澳大利亚 | 140.00 | 0.47 |
| 44129999 未列名胶合板、单板饰面板及类似的多层板 | | |
| 合计 | 1938199.00 | 2077.81 |
| 芬兰 | 599785.00 | 608.07 |
| 俄罗斯 | 984754.00 | 453.06 |
| 日本 | 70811.00 | 358.98 |
| 德国 | 29479.00 | 335.73 |
| 加拿大 | 114509.00 | 96.74 |
| 奥地利 | 39157.00 | 79.28 |
| 美国 | 46426.00 | 72.32 |
| 挪威 | 5444.00 | 30.88 |
| 中国台澎金马关税区 | 12619.00 | 14.75 |
| 马来西亚 | 23460.00 | 10.73 |
| 韩国 | 2176.00 | 5.01 |
| 新西兰 | 7432.00 | 4.81 |
| 荷兰 | 1038.00 | 3.72 |
| 西班牙 | 1032.00 | 3.00 |
| 土耳其 | 42.00 | 0.40 |
| 菲律宾 | 35.00 | 0.35 |

## 木质家具出口量值表

| 国家/地区 | 出口数量(件) | 出口金额(千美元) |
|---|---|---|
| 94016110 皮革或再生皮革面的带软垫的木框架坐具 | | |
| 合计 | 16441846.00 | 2914952.84 |
| 美国 | 7255153.00 | 1396740.03 |
| 英国 | 1774754.00 | 293947.31 |
| 韩国 | 1116889.00 | 260971.16 |
| 澳大利亚 | 648539.00 | 144711.35 |
| 加拿大 | 743840.00 | 130392.21 |
| 日本 | 675282.00 | 104612.13 |
| 法国 | 612824.00 | 85072.73 |
| 德国 | 458438.00 | 42340.19 |
| 中国香港 | 150449.00 | 40753.34 |
| 荷兰 | 308227.00 | 34199.16 |
| 新加坡 | 84044.00 | 28046.88 |
| 新西兰 | 114798.00 | 20524.16 |
| 南非 | 133552.00 | 19798.63 |
| 比利时 | 158052.00 | 19596.29 |
| 西班牙 | 151231.00 | 19584.39 |
| 印度 | 100416.00 | 17496.01 |
| 阿联酋 | 80500.00 | 16149.93 |

(续)

| 国家/地区 | 出口数量(件) | 出口金额(千美元) |
|---|---|---|
| 中国台澎金马关税区 | 95300.00 | 14509.67 |
| 爱尔兰 | 81344.00 | 13118.36 |
| 沙特阿拉伯 | 62517.00 | 12156.68 |
| 丹麦 | 238095.00 | 11805.58 |
| 墨西哥 | 80752.00 | 11554.26 |
| 以色列 | 61673.00 | 11203.81 |
| 泰国 | 44626.00 | 10157.68 |
| 智利 | 88147.00 | 9902.01 |
| 马来西亚 | 64185.00 | 8930.21 |
| 秘鲁 | 32478.00 | 8015.92 |
| 意大利 | 101144.00 | 7761.68 |
| 印度尼西亚 | 40264.00 | 7617.49 |
| 波多黎各 | 28381.00 | 6640.07 |
| 瑞典 | 103913.00 | 5823.22 |
| 菲律宾 | 31340.00 | 5446.71 |
| 乌拉圭 | 23860.00 | 5205.39 |
| 波兰 | 116514.00 | 4646.66 |
| 哥伦比亚 | 21526.00 | 4438.26 |
| 巴拿马 | 17930.00 | 3578.16 |
| 瑞士 | 15144.00 | 3496.34 |
| 留尼汪 | 10580.00 | 3285.79 |
| 葡萄牙 | 27975.00 | 2994.61 |
| 越南 | 9910.00 | 2956.74 |
| 中国澳门 | 12098.00 | 2808.80 |
| 哥斯达黎加 | 11093.00 | 2786.59 |
| 芬兰 | 25398.00 | 2772.76 |
| 挪威 | 22170.00 | 2382.60 |
| 俄罗斯 | 10475.00 | 2272.39 |
| 阿尔及利亚 | 15363.00 | 1967.41 |
| 加纳 | 13248.00 | 1840.20 |
| 斯洛文尼亚 | 10298.00 | 1543.95 |
| 多米尼加 | 6295.00 | 1542.72 |
| 摩洛哥 | 7647.00 | 1479.14 |
| 黎巴嫩 | 7051.00 | 1412.35 |
| 希腊 | 35731.00 | 1399.66 |
| 克罗地亚 | 11066.00 | 1351.96 |
| 罗马尼亚 | 7930.00 | 1320.61 |
| 塞内加尔 | 7743.00 | 1283.22 |
| 巴西 | 39792.00 | 1265.28 |
| 蒙古 | 3793.00 | 1222.80 |
| 阿根廷 | 25035.00 | 1134.19 |
| 肯尼亚 | 6229.00 | 1133.45 |
| 危地马拉 | 9228.00 | 1102.94 |
| 塞浦路斯 | 5440.00 | 1061.77 |

(续)

| 国家/地区 | 出口数量(件) | 出口金额(千美元) |
|---|---|---|
| 伊朗 | 3512.00 | 1029.60 |
| 厄瓜多尔 | 4652.00 | 1007.25 |
| 巴基斯坦 | 3595.00 | 973.31 |
| 坦桑尼亚 | 8905.00 | 966.52 |
| 科特迪瓦 | 3488.00 | 936.93 |
| 科威特 | 5873.00 | 885.99 |
| 约旦 | 5413.00 | 731.12 |
| 安哥拉 | 5327.00 | 730.08 |
| 毛里求斯 | 4112.00 | 726.68 |
| 刚果(布) | 2778.00 | 726.29 |
| 冰岛 | 4486.00 | 712.58 |
| 埃及 | 3995.00 | 672.11 |
| 奥地利 | 3609.00 | 670.86 |
| 爱沙尼亚 | 7612.00 | 668.09 |
| 萨尔瓦多 | 3694.00 | 660.87 |
| 马耳他 | 2184.00 | 634.13 |
| 拉脱维亚 | 5064.00 | 623.85 |
| 刚果(金) | 2179.00 | 609.34 |
| 保加利亚 | 5468.00 | 602.91 |
| 巴林 | 3106.00 | 558.48 |
| 斯洛伐克 | 2766.00 | 555.95 |
| 卡塔尔 | 3462.00 | 504.98 |
| 莫桑比克 | 3033.00 | 470.08 |
| 阿曼 | 2958.00 | 466.20 |
| 尼日利亚 | 7199.00 | 453.19 |
| 喀麦隆 | 2619.00 | 433.23 |
| 吉布提 | 4594.00 | 432.63 |
| 缅甸 | 2798.00 | 431.23 |
| 土耳其 | 2304.00 | 428.24 |
| 乌兹别克斯坦 | 2097.00 | 423.41 |
| 捷克 | 3643.00 | 413.36 |
| 乌克兰 | 2272.00 | 365.81 |
| 立陶宛 | 4953.00 | 358.49 |
| 孟加拉国 | 1878.00 | 349.62 |
| 乌干达 | 1224.00 | 339.23 |
| 新喀里多尼亚 | 893.00 | 332.40 |
| 哈萨克斯坦 | 2060.00 | 317.38 |
| 柬埔寨 | 840.00 | 295.54 |
| 文莱 | 2065.00 | 293.76 |
| 委内瑞拉 | 750.00 | 289.49 |
| 赞比亚 | 653.00 | 272.39 |
| 加蓬 | 1026.00 | 271.57 |
| 津巴布韦 | 1208.00 | 262.32 |
| 特立尼达和多巴哥 | 1036.00 | 250.79 |

（续）

| 国家/地区 | 出口数量（件） | 出口金额（千美元） |
|---|---|---|
| 法属圭亚那 | 646.00 | 244.98 |
| 阿尔巴尼亚 | 1071.00 | 241.12 |
| 几内亚 | 789.00 | 214.31 |
| 瓜德罗普 | 674.00 | 212.87 |
| 朝鲜 | 1535.00 | 212.59 |
| 格鲁吉亚 | 1976.00 | 203.63 |
| 斯里兰卡 | 1798.00 | 200.22 |
| 多哥 | 820.00 | 193.94 |
| 马提尼克 | 525.00 | 192.60 |
| 赤道几内亚 | 460.00 | 192.20 |
| 牙买加 | 1118.00 | 182.22 |
| 尼加拉瓜 | 782.00 | 173.28 |
| 突尼斯 | 392.00 | 166.96 |
| 贝宁 | 1505.00 | 165.14 |
| 洪都拉斯 | 867.00 | 151.06 |
| 海地 | 941.00 | 141.38 |
| 冈比亚 | 298.00 | 133.60 |
| 马达加斯加 | 695.00 | 129.31 |
| 斐济 | 341.00 | 107.40 |
| 巴布亚新几内亚 | 547.00 | 105.57 |
| 埃塞俄比亚 | 529.00 | 102.07 |
| 纳米比亚 | 1284.00 | 98.51 |
| 马里 | 712.00 | 94.24 |
| 匈牙利 | 2047.00 | 88.20 |
| 苏丹 | 587.00 | 84.50 |
| 布基纳法索 | 314.00 | 80.60 |
| 法属波利尼西亚 | 220.00 | 77.67 |
| 玻利维亚 | 570.00 | 77.12 |
| 伊拉克 | 1963.00 | 73.05 |
| 卢森堡 | 142.00 | 69.21 |
| 马拉维 | 321.00 | 69.09 |
| 百慕大 | 184.00 | 64.59 |
| 利比里亚 | 340.00 | 63.20 |
| 老挝 | 310.00 | 60.87 |
| 塔吉克斯坦 | 824.00 | 60.32 |
| 阿鲁巴 | 239.00 | 60.14 |
| 巴勒斯坦 | 635.00 | 56.25 |
| 马尔代夫 | 1216.00 | 55.85 |
| 塞尔维亚 | 343.00 | 49.06 |
| 卢旺达 | 132.00 | 43.42 |
| 摩尔多瓦 | 171.00 | 39.11 |
| 巴哈马 | 151.00 | 38.69 |
| 东帝汶 | 100.00 | 33.29 |
| 吉尔吉斯斯坦 | 340.00 | 32.73 |

（续）

| 国家/地区 | 出口数量（件） | 出口金额（千美元） |
|---|---|---|
| 巴拉圭 | 231.00 | 32.20 |
| 尼泊尔 | 108.00 | 32.05 |
| 莱索托 | 471.00 | 30.40 |
| 苏里南 | 262.00 | 29.96 |
| 特克斯和凯科斯群岛 | 40.00 | 25.60 |
| 尼日尔 | 113.00 | 24.11 |
| 马约特 | 469.00 | 19.63 |
| 博茨瓦纳 | 257.00 | 18.92 |
| 利比亚 | 518.00 | 18.07 |
| 亚美尼亚 | 38.00 | 16.25 |
| 叙利亚 | 29.00 | 15.59 |
| 索马里 | 761.00 | 15.50 |
| 多米尼克 | 82.00 | 15.23 |
| 阿塞拜疆 | 52.00 | 15.13 |
| 黑山 | 568.00 | 14.23 |
| 南苏丹 | 39.00 | 12.25 |
| 波黑 | 226.00 | 12.15 |
| 塞拉利昂 | 21.00 | 9.58 |
| 科摩罗 | 363.00 | 8.91 |
| 古巴 | 60.00 | 8.07 |
| 斯威士兰 | 5.00 | 7.71 |
| 巴巴多斯 | 48.00 | 6.43 |
| 圭亚那 | 52.00 | 6.32 |
| 毛里塔尼亚 | 168.00 | 4.78 |
| 荷属安地列斯 | 200.00 | 4.28 |
| 塞舌尔 | 65.00 | 2.24 |
| 白俄罗斯 | 10.00 | 2.08 |
| 圣其茨和尼维斯 | 11.00 | 1.63 |
| 阿富汗 | 2.00 | 1.05 |
| 瓦努阿图 | 6.00 | 0.96 |
| 中非 | 4.00 | 0.55 |
| 圣卢西亚 | 3.00 | 0.40 |
| 伯利兹 | 18.00 | 0.21 |
| 94016190 其他带软垫的木框架坐具 | | |
| 合计 | 53367215.00 | 4794372.59 |
| 美国 | 22131111.00 | 1958785.86 |
| 日本 | 3340958.00 | 397904.17 |
| 澳大利亚 | 2198026.00 | 234338.51 |
| 英国 | 2750911.00 | 214780.77 |
| 加拿大 | 2075131.00 | 180263.56 |
| 沙特阿拉伯 | 994014.00 | 176085.74 |
| 韩国 | 1438374.00 | 174394.19 |
| 新加坡 | 929991.00 | 162986.34 |

（续）

| 国家/地区 | 出口数量（件） | 出口金额（千美元） |
|---|---|---|
| 法国 | 2582114.00 | 142567.85 |
| 阿联酋 | 822771.00 | 131158.43 |
| 德国 | 1832510.00 | 76354.77 |
| 马来西亚 | 423592.00 | 70932.03 |
| 荷兰 | 1199917.00 | 42676.63 |
| 西班牙 | 693737.00 | 41294.07 |
| 墨西哥 | 372064.00 | 39901.05 |
| 新西兰 | 318206.00 | 38466.41 |
| 比利时 | 941810.00 | 34351.93 |
| 智利 | 408007.00 | 30551.68 |
| 中国香港 | 326380.00 | 30275.58 |
| 南非 | 393868.00 | 29755.07 |
| 丹麦 | 713129.00 | 29018.48 |
| 意大利 | 454712.00 | 28550.26 |
| 科威特 | 194479.00 | 27654.46 |
| 瑞典 | 608506.00 | 27484.22 |
| 泰国 | 212317.00 | 26136.14 |
| 印度 | 281884.00 | 25907.07 |
| 以色列 | 261188.00 | 25654.48 |
| 印度尼西亚 | 178992.00 | 21690.52 |
| 中国台澎金马关税区 | 237348.00 | 21172.91 |
| 爱尔兰 | 217708.00 | 20234.51 |
| 波多黎各 | 151850.00 | 18727.47 |
| 波兰 | 576658.00 | 17111.89 |
| 秘鲁 | 129079.00 | 13714.60 |
| 巴拿马 | 106947.00 | 13306.44 |
| 菲律宾 | 123440.00 | 13067.41 |
| 卡塔尔 | 58974.00 | 11840.08 |
| 留尼汪 | 49797.00 | 11504.05 |
| 阿曼 | 92066.00 | 9885.22 |
| 哈萨克斯坦 | 159281.00 | 9757.58 |
| 俄罗斯 | 102667.00 | 9545.66 |
| 巴林 | 60055.00 | 9431.05 |
| 葡萄牙 | 131107.00 | 8746.63 |
| 挪威 | 150872.00 | 8226.15 |
| 巴西 | 136816.00 | 8002.48 |
| 乌拉圭 | 59884.00 | 7841.10 |
| 阿根廷 | 91567.00 | 6709.12 |
| 文莱 | 25218.00 | 6660.71 |
| 中国澳门 | 38967.00 | 6501.85 |
| 肯尼亚 | 46181.00 | 5974.17 |
| 希腊 | 148129.00 | 5904.29 |
| 哥伦比亚 | 81264.00 | 5714.28 |
| 越南 | 54570.00 | 5448.71 |

(续)

| 国家/地区 | 出口数量(件) | 出口金额(千美元) |
|---|---|---|
| 多米尼加 | 37732.00 | 5313.26 |
| 塞浦路斯 | 32628.00 | 5199.46 |
| 约旦 | 27800.00 | 4704.60 |
| 罗马尼亚 | 43670.00 | 4685.92 |
| 埃及 | 22512.00 | 4322.01 |
| 哥斯达黎加 | 45228.00 | 4004.51 |
| 芬兰 | 48758.00 | 3995.82 |
| 危地马拉 | 35791.00 | 3709.88 |
| 黎巴嫩 | 26866.00 | 3506.77 |
| 加纳 | 21203.00 | 3071.67 |
| 特立尼达和多巴哥 | 21705.00 | 2585.68 |
| 伊拉克 | 50684.00 | 2535.33 |
| 摩洛哥 | 32794.00 | 2407.19 |
| 拉脱维亚 | 38557.00 | 2377.58 |
| 伊朗 | 32685.00 | 2266.77 |
| 厄瓜多尔 | 17155.00 | 2140.56 |
| 萨尔瓦多 | 15067.00 | 2080.00 |
| 蒙古 | 35693.00 | 2058.54 |
| 毛里求斯 | 12771.00 | 1809.30 |
| 塞内加尔 | 14216.00 | 1735.01 |
| 乌克兰 | 23887.00 | 1675.52 |
| 克罗地亚 | 20890.00 | 1674.12 |
| 爱沙尼亚 | 20248.00 | 1644.13 |
| 瑞士 | 57789.00 | 1544.93 |
| 阿尔及利亚 | 25173.00 | 1540.27 |
| 奥地利 | 32776.00 | 1538.76 |
| 巴基斯坦 | 16507.00 | 1473.55 |
| 尼日利亚 | 20661.00 | 1393.29 |
| 马耳他 | 12766.00 | 1386.92 |
| 格鲁吉亚 | 11633.00 | 1380.39 |
| 斯里兰卡 | 10488.00 | 1368.27 |
| 洪都拉斯 | 14018.00 | 1303.84 |
| 苏丹 | 4053.00 | 1216.92 |
| 牙买加 | 10294.00 | 1203.22 |
| 乌兹别克斯坦 | 9845.00 | 1172.71 |
| 科特迪瓦 | 7456.00 | 1144.13 |
| 斯洛文尼亚 | 21736.00 | 1117.09 |
| 新喀里多尼亚 | 6267.00 | 1088.74 |
| 吉布提 | 9869.00 | 1070.72 |
| 索马里 | 6148.00 | 1067.19 |
| 瓜德罗普 | 4111.00 | 1054.73 |
| 吉尔吉斯斯坦 | 16032.00 | 1023.53 |
| 坦桑尼亚 | 27894.00 | 1011.64 |
| 刚果(金) | 5565.00 | 1005.07 |

(续)

| 国家/地区 | 出口数量(件) | 出口金额(千美元) |
|---|---|---|
| 缅甸 | 7238.00 | 980.56 |
| 马提尼克 | 3040.00 | 906.13 |
| 尼加拉瓜 | 5875.00 | 863.39 |
| 保加利亚 | 13575.00 | 852.17 |
| 柬埔寨 | 2989.00 | 827.39 |
| 土耳其 | 7873.00 | 809.66 |
| 立陶宛 | 13932.00 | 717.42 |
| 莫桑比克 | 9856.00 | 710.55 |
| 捷克 | 14044.00 | 685.13 |
| 安哥拉 | 9230.00 | 672.22 |
| 圭亚那 | 4307.00 | 664.52 |
| 阿尔巴尼亚 | 6388.00 | 619.08 |
| 冰岛 | 5961.00 | 610.98 |
| 法属波利尼西亚 | 2660.00 | 577.74 |
| 利比亚 | 9825.00 | 565.27 |
| 加蓬 | 2653.00 | 489.36 |
| 刚果(布) | 3875.00 | 452.14 |
| 喀麦隆 | 3429.00 | 439.83 |
| 赤道几内亚 | 2515.00 | 432.90 |
| 苏里南 | 2383.00 | 426.26 |
| 法属圭亚那 | 2180.00 | 422.31 |
| 贝宁 | 6068.00 | 395.59 |
| 老挝 | 1416.00 | 380.93 |
| 孟加拉国 | 3673.00 | 374.25 |
| 斯洛伐克 | 13793.00 | 367.40 |
| 赞比亚 | 1354.00 | 357.89 |
| 马尔代夫 | 3212.00 | 356.13 |
| 匈牙利 | 10070.00 | 326.10 |
| 阿塞拜疆 | 2695.00 | 319.01 |
| 朝鲜 | 2570.00 | 313.06 |
| 古巴 | 3563.00 | 281.52 |
| 塞尔维亚 | 4882.00 | 281.18 |
| 几内亚 | 2843.00 | 272.42 |
| 巴勒斯坦 | 895.00 | 264.89 |
| 乌干达 | 2480.00 | 257.46 |
| 巴布亚新几内亚 | 1819.00 | 257.23 |
| 马约特 | 1251.00 | 255.83 |
| 巴拉圭 | 3630.00 | 241.17 |
| 多哥 | 1420.00 | 232.95 |
| 斐济 | 2521.00 | 229.11 |
| 埃塞俄比亚 | 1650.00 | 214.28 |
| 纳米比亚 | 1927.00 | 210.40 |
| 塔吉克斯坦 | 2963.00 | 210.27 |
| 玻利维亚 | 2100.00 | 202.34 |

(续)

| 国家/地区 | 出口数量(件) | 出口金额(千美元) |
|---|---|---|
| 突尼斯 | 2577.00 | 201.67 |
| 马里 | 1750.00 | 200.86 |
| 马达加斯加 | 1690.00 | 200.10 |
| 亚美尼亚 | 2826.00 | 193.95 |
| 海地 | 1530.00 | 177.75 |
| 博茨瓦纳 | 4553.00 | 150.08 |
| 尼日尔 | 468.00 | 145.81 |
| 委内瑞拉 | 1506.00 | 132.17 |
| 巴巴多斯 | 1042.00 | 128.59 |
| 布基纳法索 | 735.00 | 121.97 |
| 荷属安地列斯 | 1249.00 | 119.15 |
| 塞舌尔 | 1018.00 | 118.34 |
| 伯利兹 | 1015.00 | 112.24 |
| 巴哈马 | 1074.00 | 98.76 |
| 马拉维 | 1008.00 | 95.95 |
| 安提瓜和巴布达 | 743.00 | 95.15 |
| 阿鲁巴 | 836.00 | 95.00 |
| 摩尔多瓦 | 146.00 | 82.49 |
| 冈比亚 | 508.00 | 75.49 |
| 白俄罗斯 | 1137.00 | 75.02 |
| 萨摩亚 | 479.00 | 68.83 |
| 毛里塔尼亚 | 1114.00 | 67.85 |
| 利比里亚 | 758.00 | 67.84 |
| 圣卢西亚 | 303.00 | 54.20 |
| 津巴布韦 | 528.00 | 53.83 |
| 卢旺达 | 336.00 | 49.78 |
| 列支敦士登 | 204.00 | 44.81 |
| 也门 | 753.00 | 44.58 |
| 库腊索岛 | 495.00 | 43.32 |
| 东帝汶 | 254.00 | 40.49 |
| 圣马丁岛 | 68.00 | 38.29 |
| 佛得角 | 311.00 | 32.73 |
| 特克斯和凯科斯群岛 | 48.00 | 30.72 |
| 南苏丹 | 113.00 | 27.86 |
| 科摩罗 | 229.00 | 20.62 |
| 土库曼斯坦 | 578.00 | 18.43 |
| 百慕大 | 127.00 | 17.69 |
| 叙利亚 | 80.00 | 17.37 |
| 圣文森特和格林纳丁斯 | 65.00 | 16.50 |
| 黑山 | 488.00 | 14.77 |
| 塞拉利昂 | 53.00 | 13.51 |
| 多米尼克 | 80.00 | 11.81 |

（续）

| 国家/地区 | 出口数量（件） | 出口金额（千美元） |
|---|---|---|
| 密克罗尼西亚 | 127.00 | 9.75 |
| 波黑 | 33.00 | 6.97 |
| 开曼群岛 | 19.00 | 6.92 |
| 卢森堡 | 20.00 | 6.54 |
| 马绍尔群岛 | 98.00 | 6.33 |
| 尼泊尔 | 30.00 | 5.60 |
| 摩纳哥 | 195.00 | 5.01 |
| 帕劳 | 63.00 | 4.97 |
| 瓦努阿图 | 154.00 | 4.73 |
| 斯威士兰 | 74.00 | 3.92 |
| 安道尔 | 54.00 | 3.58 |
| 圣其茨和尼维斯 | 64.00 | 3.26 |
| 阿富汗 | 2.00 | 1.81 |
| 前南马其顿 | 10.00 | 1.04 |
| 莱索托 | 8.00 | 0.79 |
| 汤加 | 1.00 | 0.54 |
| 94016900 其他木框架坐具 | | |
| 合计 | 30273609.00 | 679785.30 |
| 美国 | 6078770.00 | 181225.28 |
| 德国 | 2736333.00 | 50701.95 |
| 日本 | 2233214.00 | 48158.99 |
| 新加坡 | 525832.00 | 36682.11 |
| 英国 | 1983230.00 | 34889.68 |
| 马来西亚 | 525568.00 | 26964.63 |
| 澳大利亚 | 1303144.00 | 25011.28 |
| 中国台澎金马关税区 | 316166.00 | 20800.49 |
| 西班牙 | 1214959.00 | 18957.44 |
| 法国 | 1282978.00 | 18851.21 |
| 韩国 | 870972.00 | 18437.84 |
| 加拿大 | 794554.00 | 17785.15 |
| 荷兰 | 1568061.00 | 17476.37 |
| 瑞典 | 727167.00 | 12607.47 |
| 波兰 | 803982.00 | 10705.25 |
| 阿联酋 | 407470.00 | 9538.81 |
| 中国香港 | 280270.00 | 9380.80 |
| 意大利 | 587576.00 | 8085.24 |
| 菲律宾 | 164381.00 | 7586.52 |
| 比利时 | 479494.00 | 7564.74 |
| 丹麦 | 256131.00 | 7497.82 |
| 印度 | 276112.00 | 6228.14 |
| 泰国 | 308112.00 | 6180.05 |
| 沙特阿拉伯 | 265758.00 | 5381.85 |
| 巴西 | 264865.00 | 5012.97 |
| 墨西哥 | 326504.00 | 4889.98 |

（续）

| 国家/地区 | 出口数量（件） | 出口金额（千美元） |
|---|---|---|
| 南非 | 244645.00 | 4778.99 |
| 智利 | 329173.00 | 4140.34 |
| 巴拿马 | 112403.00 | 4022.19 |
| 俄罗斯 | 250428.00 | 3689.92 |
| 新西兰 | 149862.00 | 3353.53 |
| 以色列 | 176424.00 | 2997.81 |
| 印度尼西亚 | 120771.00 | 2224.84 |
| 瑞士 | 144020.00 | 1949.89 |
| 阿尔及利亚 | 391150.00 | 1763.65 |
| 阿根廷 | 126679.00 | 1715.93 |
| 秘鲁 | 50495.00 | 1634.95 |
| 爱尔兰 | 53259.00 | 1527.96 |
| 越南 | 40300.00 | 1490.42 |
| 希腊 | 87257.00 | 1379.67 |
| 芬兰 | 50789.00 | 1285.79 |
| 哥伦比亚 | 72536.00 | 1197.92 |
| 葡萄牙 | 91634.00 | 993.42 |
| 伊拉克 | 69822.00 | 912.11 |
| 摩洛哥 | 35170.00 | 796.05 |
| 斯洛文尼亚 | 80966.00 | 773.03 |
| 罗马尼亚 | 49463.00 | 719.09 |
| 奥地利 | 56671.00 | 646.45 |
| 巴基斯坦 | 26463.00 | 640.91 |
| 阿曼 | 15046.00 | 614.88 |
| 加纳 | 25115.00 | 614.75 |
| 乌克兰 | 35745.00 | 611.72 |
| 乌拉圭 | 36046.00 | 577.95 |
| 拉脱维亚 | 62357.00 | 569.54 |
| 中国澳门 | 15409.00 | 551.51 |
| 科威特 | 18821.00 | 507.70 |
| 哥斯达黎加 | 40906.00 | 505.79 |
| 挪威 | 21931.00 | 469.44 |
| 克罗地亚 | 25162.00 | 458.33 |
| 肯尼亚 | 22164.00 | 452.90 |
| 伊朗 | 18269.00 | 430.38 |
| 黎巴嫩 | 11168.00 | 403.04 |
| 马耳他 | 5725.00 | 402.33 |
| 斯里兰卡 | 15786.00 | 398.40 |
| 坦桑尼亚 | 25271.00 | 374.96 |
| 吉布提 | 2729.00 | 366.85 |
| 文莱 | 10058.00 | 355.52 |
| 缅甸 | 13203.00 | 346.48 |
| 约旦 | 6211.00 | 310.08 |
| 土耳其 | 16225.00 | 301.61 |

（续）

| 国家/地区 | 出口数量（件） | 出口金额（千美元） |
|---|---|---|
| 卡塔尔 | 11726.00 | 300.04 |
| 塞内加尔 | 9296.00 | 300.03 |
| 尼日利亚 | 8125.00 | 293.55 |
| 安哥拉 | 13809.00 | 291.40 |
| 哈萨克斯坦 | 7794.00 | 281.20 |
| 莫桑比克 | 12611.00 | 273.50 |
| 危地马拉 | 22514.00 | 271.65 |
| 巴拉圭 | 6026.00 | 270.83 |
| 斯洛伐克 | 16263.00 | 267.45 |
| 塞浦路斯 | 13803.00 | 259.66 |
| 毛里求斯 | 17916.00 | 253.01 |
| 孟加拉国 | 3521.00 | 245.31 |
| 波多黎各 | 5654.00 | 223.57 |
| 阿尔巴尼亚 | 7615.00 | 218.70 |
| 保加利亚 | 11936.00 | 218.26 |
| 立陶宛 | 17016.00 | 213.36 |
| 突尼斯 | 48055.00 | 199.77 |
| 多米尼加 | 7044.00 | 199.45 |
| 喀麦隆 | 6659.00 | 190.96 |
| 爱沙尼亚 | 5433.00 | 183.65 |
| 贝宁 | 7244.00 | 178.47 |
| 捷克 | 9268.00 | 177.01 |
| 格鲁吉亚 | 7115.00 | 173.01 |
| 尼加拉瓜 | 7475.00 | 171.86 |
| 科特迪瓦 | 15395.00 | 167.65 |
| 加蓬 | 2941.00 | 164.17 |
| 乌兹别克斯坦 | 5091.00 | 162.24 |
| 巴林 | 2960.00 | 132.43 |
| 留尼汪 | 6909.00 | 124.02 |
| 利比亚 | 4749.00 | 114.50 |
| 马尔代夫 | 3857.00 | 113.17 |
| 巴布亚新几内亚 | 3780.00 | 110.81 |
| 厄瓜多尔 | 6757.00 | 102.22 |
| 索马里 | 2326.00 | 97.03 |
| 毛里塔尼亚 | 702.00 | 92.36 |
| 老挝 | 934.00 | 90.01 |
| 博茨瓦纳 | 2817.00 | 86.05 |
| 津巴布韦 | 3504.00 | 84.49 |
| 刚果（布） | 4120.00 | 81.85 |
| 马达加斯加 | 2272.00 | 72.79 |
| 洪都拉斯 | 6376.00 | 70.74 |
| 几内亚 | 3136.00 | 66.27 |
| 朝鲜 | 2084.00 | 65.75 |
| 萨尔瓦多 | 4839.00 | 60.56 |

(续)

| 国家/地区 | 出口数量（件） | 出口金额（千美元） |
|---|---|---|
| 牙买加 | 1344.00 | 60.10 |
| 柬埔寨 | 1358.00 | 59.84 |
| 纳米比亚 | 1305.00 | 58.08 |
| 海地 | 5564.00 | 52.59 |
| 埃及 | 1489.00 | 52.59 |
| 刚果(金) | 2299.00 | 52.05 |
| 斐济 | 7415.00 | 45.82 |
| 安提瓜和巴布达 | 944.00 | 44.90 |
| 马约特 | 1590.00 | 44.24 |
| 塔吉克斯坦 | 2065.00 | 39.36 |
| 蒙古 | 3475.00 | 37.43 |
| 玻利维亚 | 2264.00 | 34.75 |
| 叙利亚 | 1114.00 | 32.68 |
| 利比里亚 | 2064.00 | 32.32 |
| 委内瑞拉 | 965.00 | 31.72 |
| 赞比亚 | 780.00 | 31.68 |
| 冰岛 | 679.00 | 29.89 |
| 也门 | 4392.00 | 29.72 |
| 科摩罗 | 1575.00 | 29.71 |
| 马拉维 | 1929.00 | 28.80 |
| 多哥 | 1217.00 | 27.67 |
| 新喀里多尼亚 | 1693.00 | 26.99 |
| 赤道几内亚 | 720.00 | 25.86 |
| 吉尔吉斯斯坦 | 1104.00 | 24.57 |
| 埃塞俄比亚 | 1254.00 | 22.40 |
| 塞尔维亚 | 1322.00 | 21.19 |
| 佛得角 | 2568.00 | 16.81 |
| 匈牙利 | 1005.00 | 15.84 |
| 圭亚那 | 1880.00 | 15.31 |
| 冈比亚 | 646.00 | 12.92 |
| 马里 | 947.00 | 12.33 |
| 黑山 | 819.00 | 12.19 |
| 苏丹 | 106.00 | 12.05 |
| 摩尔多瓦 | 1844.00 | 11.08 |
| 巴哈马 | 106.00 | 10.39 |
| 巴勒斯坦 | 360.00 | 10.03 |
| 亚美尼亚 | 416.00 | 9.64 |
| 前南马其顿 | 310.00 | 7.54 |
| 塞拉利昂 | 194.00 | 7.20 |
| 尼日尔 | 728.00 | 6.42 |
| 阿塞拜疆 | 370.00 | 6.22 |
| 乌干达 | 123.00 | 5.80 |
| 法属波利尼西亚 | 269.00 | 5.53 |
| 白俄罗斯 | 1000.00 | 5.20 |

(续)

| 国家/地区 | 出口数量（件） | 出口金额（千美元） |
|---|---|---|
| 阿富汗 | 1038.00 | 5.05 |
| 巴巴多斯 | 162.00 | 4.98 |
| 塞舌尔 | 180.00 | 4.97 |
| 列支敦士登 | 162.00 | 3.87 |
| 尼泊尔 | 279.00 | 3.64 |
| 特立尼达和多巴哥 | 158.00 | 3.55 |
| 格林纳达 | 160.00 | 3.20 |
| 苏里南 | 108.00 | 2.98 |
| 波黑 | 240.00 | 1.92 |
| 阿鲁巴 | 76.00 | 1.90 |
| 汤加 | 107.00 | 1.90 |
| 瓜德罗普 | 30.00 | 1.80 |
| 圣文森特和格林纳丁斯 | 2.00 | 1.73 |
| 东帝汶 | 50.00 | 1.67 |
| 布基纳法索 | 54.00 | 1.62 |
| 瓦努阿图 | 105.00 | 1.42 |
| 开曼群岛 | 21.00 | 1.13 |
| 乍得 | 9.00 | 1.08 |
| 萨摩亚 | 97.00 | 0.59 |
| 南苏丹 | 24.00 | 0.42 |
| 土库曼斯坦 | 43.00 | 0.33 |
| 伯利兹 | 96.00 | 0.23 |
| 94033000 办公室用木家具 | | |
| 合计 | 17685954.00 | 1141253.10 |
| 美国 | 7086500.00 | 412983.85 |
| 新加坡 | 575668.00 | 111043.58 |
| 日本 | 1214199.00 | 61819.16 |
| 马来西亚 | 331284.00 | 53893.81 |
| 韩国 | 1506379.00 | 42783.08 |
| 沙特阿拉伯 | 435302.00 | 41265.50 |
| 阿联酋 | 347850.00 | 37363.56 |
| 印度 | 337469.00 | 32596.96 |
| 澳大利亚 | 600863.00 | 31071.76 |
| 中国香港 | 413377.00 | 22553.31 |
| 加拿大 | 299998.00 | 21303.29 |
| 墨西哥 | 229451.00 | 18850.63 |
| 英国 | 441248.00 | 18802.51 |
| 巴拿马 | 115905.00 | 12393.68 |
| 菲律宾 | 231893.00 | 12042.70 |
| 印度尼西亚 | 136310.00 | 10799.68 |
| 中国台澎金马关税区 | 114480.00 | 9751.35 |
| 德国 | 167165.00 | 9594.73 |
| 尼日利亚 | 75912.00 | 7676.64 |

(续)

| 国家/地区 | 出口数量（件） | 出口金额（千美元） |
|---|---|---|
| 科威特 | 79436.00 | 7465.91 |
| 荷兰 | 460539.00 | 7174.35 |
| 加纳 | 53624.00 | 6166.58 |
| 阿曼 | 72505.00 | 6106.25 |
| 法国 | 216194.00 | 5657.47 |
| 阿尔及利亚 | 78967.00 | 5180.78 |
| 南非 | 62040.00 | 5150.16 |
| 智利 | 137169.00 | 5138.20 |
| 泰国 | 102336.00 | 5084.19 |
| 肯尼亚 | 43377.00 | 4552.16 |
| 新西兰 | 85704.00 | 4252.04 |
| 伊拉克 | 43653.00 | 4248.66 |
| 摩洛哥 | 40954.00 | 4141.98 |
| 西班牙 | 49662.00 | 4009.15 |
| 巴西 | 64546.00 | 3881.75 |
| 塞内加尔 | 38529.00 | 3770.91 |
| 吉布提 | 32079.00 | 3348.30 |
| 卡塔尔 | 29593.00 | 3342.31 |
| 以色列 | 50376.00 | 3204.42 |
| 秘鲁 | 64770.00 | 2887.87 |
| 苏丹 | 9145.00 | 2561.84 |
| 中国澳门 | 16417.00 | 2555.69 |
| 坦桑尼亚 | 23889.00 | 2282.60 |
| 意大利 | 48076.00 | 2267.13 |
| 越南 | 16155.00 | 2163.95 |
| 巴基斯坦 | 18476.00 | 2160.79 |
| 科特迪瓦 | 23376.00 | 2083.85 |
| 哥伦比亚 | 44952.00 | 1970.13 |
| 马耳他 | 32159.00 | 1965.21 |
| 俄罗斯 | 12968.00 | 1947.90 |
| 巴林 | 16800.00 | 1906.60 |
| 多米尼加 | 124472.00 | 1807.63 |
| 哥斯达黎加 | 40453.00 | 1635.45 |
| 斯里兰卡 | 12210.00 | 1589.92 |
| 孟加拉国 | 14703.00 | 1553.21 |
| 波兰 | 80677.00 | 1545.94 |
| 缅甸 | 16664.00 | 1447.19 |
| 希腊 | 34017.00 | 1387.03 |
| 莫桑比克 | 15114.00 | 1386.23 |
| 喀麦隆 | 13226.00 | 1351.37 |
| 贝宁 | 9689.00 | 1338.41 |
| 刚果(金) | 11815.00 | 1316.34 |
| 蒙古 | 12269.00 | 1258.45 |
| 柬埔寨 | 4786.00 | 1230.58 |

（续）

| 国家/地区 | 出口数量（件） | 出口金额（千美元） |
|---|---|---|
| 丹麦 | 64405.00 | 1187.74 |
| 黎巴嫩 | 9362.00 | 1175.48 |
| 阿根廷 | 51351.00 | 1084.19 |
| 安哥拉 | 7793.00 | 1054.52 |
| 毛里塔尼亚 | 5129.00 | 1047.47 |
| 约旦 | 10514.00 | 1021.40 |
| 特立尼达和多巴哥 | 12583.00 | 1012.12 |
| 比利时 | 17528.00 | 965.36 |
| 埃及 | 8217.00 | 947.27 |
| 文莱 | 5289.00 | 891.29 |
| 牙买加 | 13895.00 | 877.61 |
| 刚果(布) | 7428.00 | 874.87 |
| 危地马拉 | 28725.00 | 814.33 |
| 瑞典 | 40269.00 | 774.88 |
| 爱尔兰 | 14992.00 | 729.85 |
| 马达加斯加 | 11722.00 | 696.96 |
| 几内亚 | 4675.00 | 654.22 |
| 加蓬 | 5942.00 | 643.53 |
| 马尔代夫 | 8815.00 | 628.39 |
| 马里 | 2404.00 | 612.56 |
| 古巴 | 2649.00 | 561.56 |
| 乌拉圭 | 8560.00 | 551.26 |
| 萨尔瓦多 | 13622.00 | 539.97 |
| 吉尔吉斯斯坦 | 7201.00 | 537.70 |
| 赞比亚 | 3307.00 | 537.15 |
| 厄瓜多尔 | 26611.00 | 536.27 |
| 波多黎各 | 9919.00 | 527.81 |
| 拉脱维亚 | 3572.00 | 524.04 |
| 埃塞俄比亚 | 2678.00 | 498.06 |
| 乌干达 | 2744.00 | 479.09 |
| 多哥 | 4668.00 | 471.47 |
| 叙利亚 | 5144.00 | 445.71 |
| 马拉维 | 4137.00 | 433.69 |
| 乌兹别克斯坦 | 5456.00 | 428.22 |
| 毛里求斯 | 4648.00 | 415.85 |
| 索马里 | 3838.00 | 403.04 |
| 洪都拉斯 | 7581.00 | 391.14 |
| 巴布亚新几内亚 | 3845.00 | 391.00 |
| 尼加拉瓜 | 5885.00 | 387.07 |
| 格鲁吉亚 | 2411.00 | 370.79 |
| 葡萄牙 | 16477.00 | 343.24 |
| 爱沙尼亚 | 1805.00 | 335.85 |
| 老挝 | 1166.00 | 328.66 |
| 哈萨克斯坦 | 1210.00 | 319.16 |

（续）

| 国家/地区 | 出口数量（件） | 出口金额（千美元） |
|---|---|---|
| 海地 | 2243.00 | 301.40 |
| 博茨瓦纳 | 2599.00 | 287.23 |
| 委内瑞拉 | 1271.00 | 273.72 |
| 赤道几内亚 | 1343.00 | 270.62 |
| 塔吉克斯坦 | 1116.00 | 267.29 |
| 乌克兰 | 2335.00 | 262.42 |
| 利比亚 | 2374.00 | 254.87 |
| 津巴布韦 | 2486.00 | 254.58 |
| 克罗地亚 | 12128.00 | 253.84 |
| 厄立特里亚 | 758.00 | 245.11 |
| 罗马尼亚 | 2628.00 | 216.74 |
| 尼日尔 | 2485.00 | 203.67 |
| 玻利维亚 | 5034.00 | 201.07 |
| 保加利亚 | 2198.00 | 179.73 |
| 捷克 | 2470.00 | 178.55 |
| 纳米比亚 | 1296.00 | 173.78 |
| 卢旺达 | 1582.00 | 173.25 |
| 尼泊尔 | 1699.00 | 165.54 |
| 朝鲜 | 1870.00 | 159.69 |
| 巴巴多斯 | 6219.00 | 151.14 |
| 斐济 | 1591.00 | 124.54 |
| 瑞士 | 1139.00 | 122.06 |
| 阿尔巴尼亚 | 1914.00 | 118.91 |
| 利比里亚 | 830.00 | 115.24 |
| 挪威 | 1054.00 | 109.91 |
| 塞拉利昂 | 727.00 | 104.18 |
| 新喀里多尼亚 | 1350.00 | 89.61 |
| 圭亚那 | 1137.00 | 87.28 |
| 苏里南 | 600.00 | 79.16 |
| 伊朗 | 653.00 | 78.26 |
| 莱索托 | 824.00 | 77.93 |
| 塞浦路斯 | 1232.00 | 74.80 |
| 马约特 | 734.00 | 70.38 |
| 芬兰 | 1800.00 | 64.89 |
| 冈比亚 | 475.00 | 64.55 |
| 布基纳法索 | 370.00 | 61.76 |
| 匈牙利 | 1944.00 | 60.62 |
| 土耳其 | 502.00 | 49.69 |
| 科摩罗 | 726.00 | 47.40 |
| 圣其茨和尼维斯 | 239.00 | 46.71 |
| 中非 | 313.00 | 46.29 |
| 塞舌尔 | 360.00 | 43.73 |
| 东帝汶 | 309.00 | 43.13 |
| 瓜德罗普 | 674.00 | 42.31 |

（续）

| 国家/地区 | 出口数量（件） | 出口金额（千美元） |
|---|---|---|
| 阿塞拜疆 | 16.00 | 35.05 |
| 斯洛文尼亚 | 2709.00 | 33.38 |
| 留尼汪 | 1207.00 | 32.98 |
| 马提尼克 | 550.00 | 31.86 |
| 佛得角 | 224.00 | 29.68 |
| 南苏丹 | 72.00 | 27.92 |
| 瓦努阿图 | 328.00 | 24.70 |
| 巴拉圭 | 482.00 | 22.37 |
| 多米尼克 | 138.00 | 20.94 |
| 阿富汗 | 510.00 | 20.63 |
| 奥地利 | 41.00 | 19.92 |
| 格林纳达 | 160.00 | 15.84 |
| 立陶宛 | 297.00 | 15.64 |
| 亚美尼亚 | 93.00 | 14.99 |
| 萨摩亚 | 82.00 | 13.16 |
| 也门 | 350.00 | 11.06 |
| 前南马其顿 | 371.00 | 10.20 |
| 法属波利尼西亚 | 138.00 | 10.03 |
| 斯洛伐克 | 42.00 | 9.45 |
| 冰岛 | 145.00 | 8.41 |
| 土库曼斯坦 | 3.00 | 6.39 |
| 汤加 | 37.00 | 6.25 |
| 法属圭亚那 | 180.00 | 3.58 |
| 乍得 | 18.00 | 3.28 |
| 圣卢西亚 | 55.00 | 2.39 |
| 大洋洲其他国家(地区) | 1.00 | 1.89 |
| 巴勒斯坦 | 8.00 | 1.62 |
| 图瓦卢 | 42.00 | 1.16 |
| 所罗门群岛 | 26.00 | 0.88 |
| 布隆迪 | 4.00 | 0.81 |
| 巴哈马 | 1.00 | 0.36 |
| 安提瓜和巴布达 | 7.00 | 0.25 |
| 94034000 厨房用木家具 | | |
| 合计 | 26853585.00 | 1479761.85 |
| 美国 | 19965403.00 | 972104.99 |
| 新加坡 | 359492.00 | 86061.25 |
| 英国 | 569060.00 | 70033.18 |
| 澳大利亚 | 1851024.00 | 68013.99 |
| 日本 | 547126.00 | 34995.81 |
| 加拿大 | 568852.00 | 33760.77 |
| 德国 | 557076.00 | 30647.59 |
| 马来西亚 | 115424.00 | 19156.51 |
| 南非 | 115355.00 | 18389.32 |

(续)

| 国家/地区 | 出口数量(件) | 出口金额(千美元) |
|---|---|---|
| 中国香港 | 240051.00 | 15136.46 |
| 韩国 | 146923.00 | 8811.29 |
| 阿联酋 | 63363.00 | 8740.98 |
| 丹麦 | 74482.00 | 7889.42 |
| 法国 | 120227.00 | 7203.24 |
| 新西兰 | 185722.00 | 6226.07 |
| 沙特阿拉伯 | 82449.00 | 5904.93 |
| 荷兰 | 162699.00 | 4661.54 |
| 越南 | 52409.00 | 4289.81 |
| 印度 | 64800.00 | 3800.67 |
| 瑞典 | 42702.00 | 3783.78 |
| 比利时 | 44881.00 | 3116.10 |
| 西班牙 | 54980.00 | 3049.69 |
| 墨西哥 | 41227.00 | 3009.22 |
| 肯尼亚 | 20693.00 | 2604.54 |
| 泰国 | 46752.00 | 2555.18 |
| 菲律宾 | 30072.00 | 2550.01 |
| 中国澳门 | 6703.00 | 2479.50 |
| 中国台澎金马关税区 | 37976.00 | 2165.39 |
| 以色列 | 75153.00 | 2160.30 |
| 缅甸 | 9612.00 | 2057.54 |
| 挪威 | 16999.00 | 2048.93 |
| 巴拿马 | 23168.00 | 1933.63 |
| 坦桑尼亚 | 15890.00 | 1700.92 |
| 博茨瓦纳 | 11679.00 | 1557.56 |
| 意大利 | 81062.00 | 1485.03 |
| 卡塔尔 | 15933.00 | 1474.28 |
| 加纳 | 14695.00 | 1324.68 |
| 柬埔寨 | 1303.00 | 1180.16 |
| 巴林 | 14750.00 | 1178.36 |
| 牙买加 | 36073.00 | 1154.35 |
| 尼日利亚 | 15607.00 | 1152.89 |
| 巴基斯坦 | 19070.00 | 1112.78 |
| 印度尼西亚 | 27466.00 | 1063.26 |
| 莫桑比克 | 8042.00 | 981.98 |
| 智利 | 10149.00 | 930.97 |
| 阿曼 | 6988.00 | 891.23 |
| 吉布提 | 8492.00 | 867.20 |
| 安哥拉 | 3032.00 | 843.95 |
| 利比亚 | 5226.00 | 789.93 |
| 波兰 | 9146.00 | 776.23 |
| 乌兹别克斯坦 | 8283.00 | 752.94 |
| 阿尔及利亚 | 10277.00 | 727.44 |
| 伊拉克 | 9756.00 | 680.55 |

(续)

| 国家/地区 | 出口数量(件) | 出口金额(千美元) |
|---|---|---|
| 俄罗斯 | 8547.00 | 653.23 |
| 科威特 | 4051.00 | 642.28 |
| 哈萨克斯坦 | 1800.00 | 638.63 |
| 秘鲁 | 9238.00 | 618.02 |
| 巴布亚新几内亚 | 3317.00 | 611.63 |
| 文莱 | 3690.00 | 575.16 |
| 孟加拉国 | 5631.00 | 554.17 |
| 巴哈马 | 12911.00 | 523.85 |
| 摩洛哥 | 4418.00 | 462.27 |
| 埃及 | 707.00 | 430.44 |
| 留尼汪 | 4671.00 | 424.08 |
| 拉脱维亚 | 4115.00 | 418.57 |
| 毛里求斯 | 5503.00 | 413.01 |
| 爱尔兰 | 2235.00 | 407.02 |
| 刚果(金) | 1677.00 | 382.04 |
| 多米尼加 | 3928.00 | 358.65 |
| 赞比亚 | 1868.00 | 346.13 |
| 黎巴嫩 | 4824.00 | 333.38 |
| 蒙古 | 5943.00 | 332.87 |
| 斯里兰卡 | 2633.00 | 331.56 |
| 特立尼达和多巴哥 | 3568.00 | 331.40 |
| 波多黎各 | 2959.00 | 304.97 |
| 伊朗 | 5282.00 | 292.68 |
| 安提瓜和巴布达 | 4018.00 | 291.51 |
| 朝鲜 | 6515.00 | 281.36 |
| 哥伦比亚 | 5398.00 | 274.03 |
| 希腊 | 12659.00 | 267.52 |
| 吉尔吉斯斯坦 | 465.00 | 265.94 |
| 塞内加尔 | 1929.00 | 263.13 |
| 刚果(布) | 1080.00 | 237.86 |
| 马尔代夫 | 3882.00 | 235.31 |
| 乌拉圭 | 5631.00 | 228.52 |
| 埃塞俄比亚 | 15555.00 | 228.14 |
| 苏丹 | 1760.00 | 211.02 |
| 爱沙尼亚 | 1362.00 | 210.36 |
| 塞舌尔 | 516.00 | 209.14 |
| 约旦 | 1329.00 | 203.31 |
| 委内瑞拉 | 1823.00 | 199.46 |
| 阿根廷 | 9519.00 | 195.05 |
| 葡萄牙 | 9677.00 | 189.42 |
| 索马里 | 2026.00 | 173.03 |
| 瑞士 | 2946.00 | 160.79 |
| 洪都拉斯 | 3216.00 | 144.21 |
| 科特迪瓦 | 1706.00 | 141.90 |

(续)

| 国家/地区 | 出口数量(件) | 出口金额(千美元) |
|---|---|---|
| 哥斯达黎加 | 1940.00 | 130.79 |
| 荷属安地列斯 | 682.00 | 126.68 |
| 纳米比亚 | 2621.00 | 110.60 |
| 芬兰 | 757.00 | 103.36 |
| 赤道几内亚 | 1165.00 | 102.11 |
| 巴拉圭 | 247.00 | 96.87 |
| 阿尔巴尼亚 | 590.00 | 94.83 |
| 阿鲁巴 | 1146.00 | 89.76 |
| 保加利亚 | 433.00 | 88.53 |
| 多哥 | 595.00 | 83.33 |
| 立陶宛 | 1477.00 | 72.40 |
| 开曼群岛 | 3890.00 | 71.78 |
| 乌克兰 | 617.00 | 71.46 |
| 尼加拉瓜 | 744.00 | 70.22 |
| 瓦努阿图 | 14.00 | 68.92 |
| 马耳他 | 443.00 | 68.30 |
| 危地马拉 | 2534.00 | 65.28 |
| 圭亚那 | 1085.00 | 65.25 |
| 塞拉利昂 | 64.00 | 61.99 |
| 贝宁 | 635.00 | 59.20 |
| 格鲁吉亚 | 435.00 | 58.86 |
| 乌干达 | 107.00 | 58.01 |
| 瓜德罗普 | 390.00 | 56.00 |
| 厄立特里亚 | 21.00 | 55.00 |
| 冈比亚 | 233.00 | 54.95 |
| 圣马丁岛 | 157.00 | 54.87 |
| 冰岛 | 458.00 | 51.91 |
| 斐济 | 266.00 | 46.23 |
| 新喀里多尼亚 | 338.00 | 45.44 |
| 捷克 | 942.00 | 44.87 |
| 津巴布韦 | 373.00 | 40.18 |
| 几内亚 | 145.00 | 37.85 |
| 马提尼克 | 264.00 | 35.56 |
| 巴西 | 1602.00 | 34.64 |
| 喀麦隆 | 110.00 | 34.23 |
| 莱索托 | 30.00 | 28.84 |
| 马达加斯加 | 145.00 | 28.11 |
| 法属波利尼西亚 | 44.00 | 25.63 |
| 加蓬 | 96.00 | 21.56 |
| 罗马尼亚 | 284.00 | 21.30 |
| 克罗地亚 | 1163.00 | 20.88 |
| 马拉维 | 217.00 | 20.36 |
| 卢旺达 | 14.00 | 18.45 |
| 塔吉克斯坦 | 71.00 | 17.31 |

（续）

| 国家/地区 | 出口数量（件） | 出口金额（千美元） |
| --- | --- | --- |
| 尼泊尔 | 116.00 | 17.05 |
| 所罗门群岛 | 66.00 | 15.45 |
| 南苏丹 | 6.00 | 13.80 |
| 玻利维亚 | 99.00 | 12.27 |
| 古巴 | 15.00 | 11.52 |
| 斯威士兰 | 105.00 | 10.24 |
| 密克罗尼西亚 | 11.00 | 9.23 |
| 匈牙利 | 704.00 | 8.45 |
| 库克群岛 | 1.00 | 8.20 |
| 拉丁美洲其他国家(地区) | 3.00 | 7.80 |
| 塞浦路斯 | 36.00 | 6.76 |
| 厄瓜多尔 | 87.00 | 6.06 |
| 巴勒斯坦 | 21.00 | 6.02 |
| 土耳其 | 46.00 | 5.92 |
| 老挝 | 3.00 | 5.88 |
| 也门 | 70.00 | 5.60 |
| 佛得角 | 36.00 | 4.20 |
| 斯洛伐克 | 52.00 | 4.02 |
| 圣文森特和格林纳丁斯 | 1.00 | 3.73 |
| 马里 | 16.00 | 3.42 |
| 阿塞拜疆 | 20.00 | 3.14 |
| 萨尔瓦多 | 25.00 | 3.13 |
| 马约特 | 20.00 | 3.06 |
| 萨摩亚 | 60.00 | 2.87 |
| 土库曼斯坦 | 1.00 | 2.10 |
| 伯利兹 | 2.00 | 1.02 |
| 摩纳哥 | 56.00 | 0.86 |
| 东帝汶 | 2.00 | 0.78 |
| 科摩罗 | 1.00 | 0.47 |
| 中非 | 10.00 | 0.46 |
| 利比里亚 | 6.00 | 0.27 |
| 奥地利 | 2.00 | 0.07 |
| 94035010 卧室用红木家具 | | |
| 合计 | 314.00 | 528.53 |
| 泰国 | 77.00 | 237.23 |
| 加拿大 | 56.00 | 76.70 |
| 喀麦隆 | 7.00 | 62.81 |
| 澳大利亚 | 15.00 | 46.24 |
| 中国台澎金马关税区 | 26.00 | 30.70 |
| 马来西亚 | 9.00 | 19.62 |
| 日本 | 44.00 | 14.27 |
| 乌兹别克斯坦 | 2.00 | 12.28 |

（续）

| 国家/地区 | 出口数量（件） | 出口金额（千美元） |
| --- | --- | --- |
| 俄罗斯 | 38.00 | 9.68 |
| 中国香港 | 10.00 | 6.52 |
| 中国澳门 | 10.00 | 4.50 |
| 新加坡 | 6.00 | 4.36 |
| 美国 | 3.00 | 2.06 |
| 英国 | 3.00 | 0.78 |
| 德国 | 2.00 | 0.61 |
| 新西兰 | 6.00 | 0.18 |
| 94035091 卧室用天然漆(大漆)漆木家具 | | |
| 合计 | 5054.00 | 331.73 |
| 乌兹别克斯坦 | 4977.00 | 313.92 |
| 印度尼西亚 | 70.00 | 15.70 |
| 澳大利亚 | 4.00 | 1.61 |
| 中国台澎金马关税区 | 3.00 | 0.50 |
| 94035099 其他卧室用木家具 | | |
| 合计 | 36098003.00 | 4559865.53 |
| 中国香港 | 7541318.00 | 1035036.33 |
| 美国 | 7128767.00 | 940063.32 |
| 英国 | 2481705.00 | 304628.10 |
| 新加坡 | 1429124.00 | 302685.01 |
| 日本 | 2645604.00 | 238611.52 |
| 马来西亚 | 1281662.00 | 234999.49 |
| 沙特阿拉伯 | 1392657.00 | 178165.18 |
| 澳大利亚 | 1519190.00 | 148322.55 |
| 韩国 | 1166240.00 | 143494.24 |
| 阿联酋 | 845540.00 | 131517.27 |
| 加拿大 | 478132.00 | 61596.71 |
| 南非 | 426606.00 | 61511.02 |
| 德国 | 992632.00 | 55915.07 |
| 印度 | 342339.00 | 40634.23 |
| 法国 | 574917.00 | 39479.98 |
| 意大利 | 385076.00 | 38456.25 |
| 墨西哥 | 215649.00 | 34510.74 |
| 巴拿马 | 176182.00 | 33611.40 |
| 阿曼 | 254930.00 | 31265.55 |
| 中国台澎金马关税区 | 260599.00 | 29913.94 |
| 伊拉克 | 277106.00 | 29908.38 |
| 菲律宾 | 197846.00 | 26455.73 |
| 荷兰 | 314357.00 | 20663.78 |
| 新西兰 | 214183.00 | 18656.59 |
| 摩洛哥 | 189540.00 | 18192.02 |
| 以色列 | 168251.00 | 17109.16 |
| 中国澳门 | 49425.00 | 16310.54 |
| 比利时 | 175449.00 | 16003.31 |

（续）

| 国家/地区 | 出口数量（件） | 出口金额（千美元） |
| --- | --- | --- |
| 西班牙 | 166301.00 | 15524.62 |
| 越南 | 86902.00 | 14897.36 |
| 印度尼西亚 | 142989.00 | 14536.57 |
| 阿尔及利亚 | 147935.00 | 13517.98 |
| 泰国 | 106823.00 | 13002.36 |
| 科威特 | 115905.00 | 12659.99 |
| 俄罗斯 | 77647.00 | 10331.33 |
| 卡塔尔 | 60441.00 | 8069.72 |
| 尼日利亚 | 69720.00 | 8042.78 |
| 肯尼亚 | 64799.00 | 7504.06 |
| 波兰 | 119124.00 | 6829.62 |
| 塞内加尔 | 62725.00 | 6538.44 |
| 马耳他 | 33899.00 | 6357.06 |
| 乌兹别克斯坦 | 72560.00 | 6288.32 |
| 坦桑尼亚 | 78829.00 | 6273.00 |
| 智利 | 71873.00 | 5996.86 |
| 利比亚 | 50998.00 | 5796.44 |
| 约旦 | 43130.00 | 5544.53 |
| 瑞典 | 120582.00 | 5488.87 |
| 蒙古 | 63631.00 | 5459.78 |
| 丹麦 | 110893.00 | 5442.77 |
| 秘鲁 | 31238.00 | 5363.80 |
| 伊朗 | 50214.00 | 5157.10 |
| 希腊 | 48286.00 | 4837.09 |
| 巴基斯坦 | 51865.00 | 4784.15 |
| 朝鲜 | 31046.00 | 4106.08 |
| 吉布提 | 29474.00 | 4090.46 |
| 巴林 | 27312.00 | 4008.77 |
| 缅甸 | 21415.00 | 3594.80 |
| 黎巴嫩 | 23811.00 | 3478.48 |
| 文莱 | 18629.00 | 3456.56 |
| 安哥拉 | 25750.00 | 3238.23 |
| 索马里 | 27431.00 | 3172.47 |
| 爱尔兰 | 38064.00 | 2941.70 |
| 加纳 | 33756.00 | 2896.38 |
| 马尔代夫 | 18068.00 | 2841.23 |
| 埃及 | 10837.00 | 2668.08 |
| 莫桑比克 | 20117.00 | 2302.00 |
| 罗马尼亚 | 14277.00 | 2258.36 |
| 波多黎各 | 14017.00 | 1880.83 |
| 哈萨克斯坦 | 15660.00 | 1848.06 |
| 斯里兰卡 | 13042.00 | 1792.27 |
| 喀麦隆 | 13580.00 | 1768.89 |
| 博茨瓦纳 | 16492.00 | 1756.64 |

(续)

| 国家/地区 | 出口数量(件) | 出口金额(千美元) |
|---|---|---|
| 格鲁吉亚 | 15785.00 | 1753.12 |
| 拉脱维亚 | 11413.00 | 1706.27 |
| 乌拉圭 | 17904.00 | 1663.15 |
| 毛里求斯 | 15678.00 | 1575.79 |
| 阿塞拜疆 | 10184.00 | 1540.01 |
| 纳米比亚 | 11691.00 | 1530.12 |
| 毛里塔尼亚 | 10913.00 | 1500.23 |
| 乌克兰 | 12857.00 | 1467.05 |
| 几内亚 | 15044.00 | 1453.31 |
| 瑞士 | 23298.00 | 1432.44 |
| 挪威 | 34449.00 | 1384.94 |
| 贝宁 | 11035.00 | 1330.71 |
| 孟加拉国 | 12486.00 | 1225.68 |
| 葡萄牙 | 9282.00 | 1186.01 |
| 开曼群岛 | 2674.00 | 1147.00 |
| 爱沙尼亚 | 10884.00 | 1140.43 |
| 巴布亚新几内亚 | 8483.00 | 1139.01 |
| 哥伦比亚 | 21713.00 | 1120.55 |
| 巴西 | 6159.00 | 1110.81 |
| 刚果(金) | 9894.00 | 1079.31 |
| 多米尼加 | 7071.00 | 1065.41 |
| 科特迪瓦 | 8170.00 | 1040.54 |
| 哥斯达黎加 | 13440.00 | 963.30 |
| 塔吉克斯坦 | 7637.00 | 954.82 |
| 斐济 | 7140.00 | 858.90 |
| 斯洛文尼亚 | 6700.00 | 838.65 |
| 马约特 | 7620.00 | 837.77 |
| 柬埔寨 | 4761.00 | 763.57 |
| 牙买加 | 3679.00 | 755.34 |
| 刚果(布) | 7513.00 | 731.54 |
| 苏丹 | 12546.00 | 710.20 |
| 多哥 | 6950.00 | 686.49 |
| 留尼汪 | 7307.00 | 664.02 |
| 塞浦路斯 | 7174.00 | 655.10 |
| 加蓬 | 4875.00 | 654.04 |
| 厄瓜多尔 | 7246.00 | 563.28 |
| 马达加斯加 | 5775.00 | 557.49 |
| 危地马拉 | 4991.00 | 505.63 |
| 冈比亚 | 4857.00 | 485.82 |
| 特立尼达和多巴哥 | 1619.00 | 469.35 |
| 埃塞俄比亚 | 3059.00 | 462.74 |
| 赞比亚 | 3198.00 | 458.76 |
| 奥地利 | 3449.00 | 438.57 |
| 老挝 | 1368.00 | 417.43 |

(续)

| 国家/地区 | 出口数量(件) | 出口金额(千美元) |
|---|---|---|
| 亚美尼亚 | 2444.00 | 388.02 |
| 突尼斯 | 3719.00 | 387.33 |
| 克罗地亚 | 4980.00 | 356.17 |
| 也门 | 5076.00 | 336.73 |
| 委内瑞拉 | 1802.00 | 333.87 |
| 芬兰 | 3037.00 | 322.43 |
| 阿尔巴尼亚 | 2721.00 | 312.80 |
| 科摩罗 | 2677.00 | 306.38 |
| 乌干达 | 1910.00 | 302.65 |
| 塞舌尔 | 2818.00 | 294.90 |
| 土耳其 | 3468.00 | 293.93 |
| 阿根廷 | 3559.00 | 289.29 |
| 赤道几内亚 | 2101.00 | 286.02 |
| 海地 | 2668.00 | 282.54 |
| 斯洛伐克 | 2738.00 | 260.68 |
| 尼加拉瓜 | 2319.00 | 251.64 |
| 巴拉圭 | 1020.00 | 247.06 |
| 保加利亚 | 2618.00 | 235.34 |
| 马拉维 | 1822.00 | 228.26 |
| 吉尔吉斯斯坦 | 713.00 | 222.00 |
| 荷属安地列斯 | 2152.00 | 216.38 |
| 立陶宛 | 3576.00 | 208.31 |
| 马里 | 2626.00 | 207.42 |
| 安提瓜和巴布达 | 806.00 | 197.60 |
| 新喀里多尼亚 | 2561.00 | 191.27 |
| 土库曼斯坦 | 1939.00 | 183.82 |
| 中非 | 1178.00 | 181.24 |
| 法属波利尼西亚 | 1688.00 | 171.45 |
| 冰岛 | 1123.00 | 159.70 |
| 利比里亚 | 1420.00 | 157.43 |
| 津巴布韦 | 1496.00 | 154.49 |
| 卢旺达 | 688.00 | 151.67 |
| 瓜德罗普 | 683.00 | 125.06 |
| 萨尔瓦多 | 752.00 | 119.21 |
| 叙利亚 | 1212.00 | 115.77 |
| 苏里南 | 773.00 | 93.02 |
| 巴巴多斯 | 452.00 | 84.06 |
| 莱索托 | 638.00 | 81.03 |
| 洪都拉斯 | 777.00 | 66.93 |
| 尼日尔 | 769.00 | 66.50 |
| 东帝汶 | 562.00 | 63.02 |
| 巴哈马 | 277.00 | 61.42 |
| 巴勒斯坦 | 484.00 | 60.54 |
| 法属圭亚那 | 789.00 | 52.64 |

(续)

| 国家/地区 | 出口数量(件) | 出口金额(千美元) |
|---|---|---|
| 格林纳达 | 386.00 | 50.18 |
| 佛得角 | 744.00 | 49.79 |
| 黑山 | 270.00 | 48.98 |
| 捷克 | 1454.00 | 48.33 |
| 塞拉利昂 | 191.00 | 45.86 |
| 摩纳哥 | 369.00 | 43.71 |
| 匈牙利 | 379.00 | 42.86 |
| 玻利维亚 | 296.00 | 39.84 |
| 白俄罗斯 | 420.00 | 34.95 |
| 阿鲁巴 | 335.00 | 30.83 |
| 萨摩亚 | 348.00 | 30.79 |
| 南苏丹 | 110.00 | 30.32 |
| 圣卢西亚 | 205.00 | 28.67 |
| 塞尔维亚 | 275.00 | 25.61 |
| 摩尔多瓦 | 347.00 | 21.67 |
| 圣文森特和格林纳丁斯 | 42.00 | 14.78 |
| 圭亚那 | 242.00 | 12.52 |
| 斯威士兰 | 126.00 | 12.30 |
| 瓦努阿图 | 107.00 | 12.11 |
| 波黑 | 255.00 | 10.48 |
| 汤加 | 77.00 | 7.85 |
| 密克罗尼西亚 | 82.00 | 7.71 |
| 马绍尔群岛 | 110.00 | 7.71 |
| 厄立特里亚 | 8.00 | 4.51 |
| 所罗门群岛 | 50.00 | 3.25 |
| 古巴 | 13.00 | 2.34 |
| 伯利兹 | 30.00 | 2.29 |
| 尼泊尔 | 7.00 | 0.36 |
| 帕劳 | 10.00 | 0.03 |
| 94036010 其他红木家具 | | |
| 合计 | 8734.00 | 5634.52 |
| 泰国 | 1290.00 | 1845.11 |
| 美国 | 829.00 | 1105.89 |
| 中国台澎金马关税区 | 690.00 | 880.04 |
| 日本 | 4759.00 | 809.66 |
| 加拿大 | 79.00 | 209.16 |
| 马来西亚 | 178.00 | 156.16 |
| 新加坡 | 359.00 | 142.45 |
| 澳大利亚 | 67.00 | 122.76 |
| 秘鲁 | 77.00 | 111.10 |
| 英国 | 10.00 | 54.62 |
| 中国澳门 | 156.00 | 52.71 |
| 印度尼西亚 | 26.00 | 40.40 |

（续）

| 国家/地区 | 出口数量（件） | 出口金额（千美元） |
|---|---|---|
| 喀麦隆 | 23.00 | 33.78 |
| 俄罗斯 | 71.00 | 20.79 |
| 中国香港 | 10.00 | 13.63 |
| 越南 | 32.00 | 10.85 |
| 巴西 | 15.00 | 8.25 |
| 德国 | 24.00 | 6.20 |
| 卡塔尔 | 7.00 | 5.06 |
| 奥地利 | 11.00 | 2.67 |
| 阿联酋 | 2.00 | 1.52 |
| 土耳其 | 7.00 | 1.08 |
| 沙特阿拉伯 | 11.00 | 0.53 |
| 墨西哥 | 1.00 | 0.10 |
| 94036091 其他天然漆（大漆）漆木家具 | | |
| 合计 | 2604.00 | 761.03 |
| 日本 | 504.00 | 583.39 |
| 美国 | 1780.00 | 139.57 |
| 中国香港 | 78.00 | 17.60 |
| 德国 | 90.00 | 9.11 |
| 新加坡 | 2.00 | 3.49 |
| 墨西哥 | 2.00 | 2.50 |
| 中国澳门 | 10.00 | 2.36 |
| 法国 | 91.00 | 1.57 |
| 澳大利亚 | 28.00 | 0.90 |
| 印度 | 10.00 | 0.34 |
| 古巴 | 8.00 | 0.12 |
| 柬埔寨 | 1.00 | 0.09 |
| 94036099 未列名木家具 | | |
| 合计 | 151887322.00 | 6631307.10 |
| 美国 | 48355696.00 | 2319564.27 |
| 中国香港 | 4212939.00 | 447768.35 |
| 日本 | 12945138.00 | 341817.05 |
| 英国 | 10522043.00 | 324610.64 |
| 澳大利亚 | 6080051.00 | 257401.16 |
| 新加坡 | 1701724.00 | 243927.13 |
| 德国 | 10224416.00 | 238615.05 |
| 加拿大 | 4340711.00 | 210129.02 |
| 法国 | 6660744.00 | 204550.99 |
| 马来西亚 | 1817071.00 | 187941.45 |
| 沙特阿拉伯 | 2665412.00 | 160934.86 |
| 韩国 | 3637880.00 | 138681.48 |
| 阿联酋 | 1525456.00 | 127016.66 |
| 中国台澎金马关税区 | 1413415.00 | 101860.50 |
| 荷兰 | 5711352.00 | 96367.66 |
| 印度 | 1379332.00 | 94859.37 |

（续）

| 国家/地区 | 出口数量（件） | 出口金额（千美元） |
|---|---|---|
| 比利时 | 2261501.00 | 60321.19 |
| 西班牙 | 2196978.00 | 51757.50 |
| 瑞典 | 1546846.00 | 50510.81 |
| 南非 | 804792.00 | 50061.66 |
| 意大利 | 2050261.00 | 43878.23 |
| 丹麦 | 1542720.00 | 43634.32 |
| 菲律宾 | 770977.00 | 41817.83 |
| 中国澳门 | 158038.00 | 41377.27 |
| 泰国 | 1088413.00 | 38798.47 |
| 波兰 | 1440191.00 | 37506.95 |
| 墨西哥 | 850150.00 | 34300.72 |
| 新西兰 | 923151.00 | 33840.77 |
| 智利 | 1289335.00 | 33787.36 |
| 秘鲁 | 345486.00 | 32351.91 |
| 阿尔及利亚 | 569029.00 | 26811.08 |
| 印度尼西亚 | 953518.00 | 26763.72 |
| 巴拿马 | 406008.00 | 26412.21 |
| 以色列 | 664778.00 | 22780.91 |
| 尼日利亚 | 212180.00 | 20219.36 |
| 俄罗斯 | 373465.00 | 19978.86 |
| 科威特 | 320720.00 | 19606.45 |
| 越南 | 145155.00 | 17486.64 |
| 挪威 | 294010.00 | 16366.16 |
| 巴西 | 354834.00 | 13902.75 |
| 坦桑尼亚 | 190275.00 | 11253.93 |
| 肯尼亚 | 146636.00 | 11193.37 |
| 伊拉克 | 218145.00 | 10989.36 |
| 塞内加尔 | 106105.00 | 9913.87 |
| 阿曼 | 115357.00 | 9710.73 |
| 加纳 | 122380.00 | 9567.70 |
| 哥伦比亚 | 558128.00 | 9490.85 |
| 希腊 | 636510.00 | 9405.51 |
| 吉布提 | 82757.00 | 8174.41 |
| 摩洛哥 | 128527.00 | 8136.17 |
| 卡塔尔 | 73796.00 | 7808.24 |
| 爱尔兰 | 211285.00 | 6815.82 |
| 瑞士 | 241548.00 | 6660.51 |
| 安哥拉 | 82556.00 | 6521.27 |
| 阿根廷 | 224922.00 | 6473.93 |
| 文莱 | 54568.00 | 6355.46 |
| 斯洛文尼亚 | 244129.00 | 6068.92 |
| 拉脱维亚 | 209466.00 | 5862.60 |
| 葡萄牙 | 276137.00 | 5719.98 |
| 乌兹别克斯坦 | 55587.00 | 5581.59 |

（续）

| 国家/地区 | 出口数量（件） | 出口金额（千美元） |
|---|---|---|
| 罗马尼亚 | 144319.00 | 5520.96 |
| 黎巴嫩 | 77950.00 | 5243.91 |
| 孟加拉国 | 48190.00 | 5176.03 |
| 约旦 | 40937.00 | 5023.69 |
| 巴林 | 93046.00 | 5011.55 |
| 多米尼加 | 99290.00 | 4862.25 |
| 芬兰 | 100831.00 | 4553.24 |
| 巴基斯坦 | 76212.00 | 4454.57 |
| 乌克兰 | 77725.00 | 4403.08 |
| 奥地利 | 92997.00 | 3922.60 |
| 埃及 | 37136.00 | 3770.81 |
| 科特迪瓦 | 81718.00 | 3753.04 |
| 伊朗 | 42372.00 | 3733.17 |
| 斯里兰卡 | 46147.00 | 3582.88 |
| 哈萨克斯坦 | 20456.00 | 3472.39 |
| 毛里求斯 | 53472.00 | 3412.01 |
| 利比亚 | 58423.00 | 3375.03 |
| 莫桑比克 | 37692.00 | 3054.80 |
| 波多黎各 | 90621.00 | 2954.26 |
| 乌拉圭 | 105101.00 | 2917.29 |
| 克罗地亚 | 101606.00 | 2902.66 |
| 柬埔寨 | 7835.00 | 2765.42 |
| 哥斯达黎加 | 112773.00 | 2751.85 |
| 贝宁 | 29707.00 | 2459.51 |
| 巴布亚新几内亚 | 34516.00 | 2410.29 |
| 缅甸 | 27137.00 | 2408.33 |
| 格鲁吉亚 | 23351.00 | 2403.59 |
| 刚果（金） | 35165.00 | 2389.05 |
| 爱沙尼亚 | 48329.00 | 2323.60 |
| 阿尔巴尼亚 | 27077.00 | 2281.57 |
| 几内亚 | 24077.00 | 2252.00 |
| 刚果（布） | 22796.00 | 2250.52 |
| 马耳他 | 29755.00 | 2243.54 |
| 土耳其 | 58515.00 | 2147.73 |
| 斯洛伐克 | 50728.00 | 2119.63 |
| 捷克 | 73320.00 | 2082.05 |
| 危地马拉 | 63782.00 | 2046.68 |
| 索马里 | 20906.00 | 2008.97 |
| 多哥 | 47971.00 | 1896.64 |
| 喀麦隆 | 19806.00 | 1678.00 |
| 马达加斯加 | 19398.00 | 1571.34 |
| 牙买加 | 20435.00 | 1523.02 |
| 蒙古 | 29656.00 | 1496.25 |
| 立陶宛 | 87168.00 | 1464.50 |

(续)

| 国家/地区 | 出口数量(件) | 出口金额(千美元) |
|---|---|---|
| 马尔代夫 | 12660.00 | 1358.43 |
| 博茨瓦纳 | 23408.00 | 1352.32 |
| 厄瓜多尔 | 78079.00 | 1303.66 |
| 突尼斯 | 17941.00 | 1291.29 |
| 朝鲜 | 22188.00 | 1241.99 |
| 特立尼达和多巴哥 | 18290.00 | 1234.66 |
| 保加利亚 | 40281.00 | 1171.80 |
| 塞浦路斯 | 26551.00 | 1088.38 |
| 加蓬 | 11541.00 | 989.70 |
| 匈牙利 | 44390.00 | 935.42 |
| 留尼汪 | 28145.00 | 918.03 |
| 冈比亚 | 9084.00 | 879.91 |
| 亚美尼亚 | 8280.00 | 821.85 |
| 纳米比亚 | 12283.00 | 809.49 |
| 也门 | 42286.00 | 776.44 |
| 古巴 | 30625.00 | 762.53 |
| 斐济 | 14972.00 | 703.56 |
| 赤道几内亚 | 6076.00 | 676.88 |
| 洪都拉斯 | 15931.00 | 674.16 |
| 马约特 | 7850.00 | 633.89 |
| 乌干达 | 3793.00 | 629.47 |
| 荷属安地列斯 | 6543.00 | 592.26 |
| 尼加拉瓜 | 9146.00 | 584.25 |
| 阿塞拜疆 | 4500.00 | 583.41 |
| 新喀里多尼亚 | 12947.00 | 555.62 |
| 津巴布韦 | 6683.00 | 527.40 |
| 毛里塔尼亚 | 9438.00 | 522.36 |
| 塔吉克斯坦 | 5028.00 | 511.58 |
| 马拉维 | 4364.00 | 500.13 |
| 塞尔维亚 | 10362.00 | 488.17 |
| 冰岛 | 9148.00 | 485.82 |
| 萨尔瓦多 | 26664.00 | 484.53 |
| 委内瑞拉 | 6026.00 | 464.97 |
| 玻利维亚 | 8426.00 | 463.88 |
| 圭亚那 | 6485.00 | 450.53 |
| 老挝 | 1005.00 | 436.18 |
| 土库曼斯坦 | 3319.00 | 392.60 |
| 赞比亚 | 3205.00 | 388.25 |
| 利比里亚 | 6134.00 | 385.68 |
| 马里 | 5462.00 | 382.72 |
| 科摩罗 | 3462.00 | 334.39 |
| 瓜德罗普 | 4066.00 | 325.34 |
| 埃塞俄比亚 | 2152.00 | 324.90 |
| 海地 | 10658.00 | 324.86 |

(续)

| 国家/地区 | 出口数量(件) | 出口金额(千美元) |
|---|---|---|
| 法属波利尼西亚 | 6555.00 | 324.36 |
| 黑山 | 8274.00 | 287.86 |
| 吉尔吉斯斯坦 | 2567.00 | 277.54 |
| 叙利亚 | 3950.00 | 253.13 |
| 巴拉圭 | 3503.00 | 238.53 |
| 开曼群岛 | 801.00 | 225.73 |
| 巴哈马 | 1415.00 | 200.25 |
| 圣卢西亚 | 849.00 | 180.83 |
| 苏丹 | 4562.00 | 175.54 |
| 卢旺达 | 614.00 | 166.13 |
| 巴勒斯坦 | 2546.00 | 160.47 |
| 苏里南 | 1651.00 | 141.25 |
| 摩尔多瓦 | 1185.00 | 134.58 |
| 马提尼克 | 2458.00 | 132.86 |
| 前南马其顿 | 2115.00 | 127.13 |
| 阿鲁巴 | 1049.00 | 125.81 |
| 安提瓜和巴布达 | 446.00 | 108.49 |
| 东帝汶 | 1032.00 | 101.46 |
| 法属圭亚那 | 1415.00 | 74.00 |
| 尼泊尔 | 1871.00 | 71.75 |
| 阿富汗 | 1818.00 | 71.03 |
| 中非 | 975.00 | 68.25 |
| 白俄罗斯 | 1363.00 | 67.42 |
| 瓦努阿图 | 1236.00 | 64.34 |
| 巴巴多斯 | 7871.00 | 61.88 |
| 佛得角 | 1582.00 | 59.17 |
| 萨摩亚 | 904.00 | 55.85 |
| 塞舌尔 | 613.00 | 54.18 |
| 帕劳 | 502.00 | 47.11 |
| 布基纳法索 | 474.00 | 41.70 |
| 塞拉利昂 | 633.00 | 37.14 |
| 库腊索岛 | 770.00 | 36.72 |
| 圣其茨和尼维斯 | 221.00 | 30.59 |
| 卢森堡 | 32.00 | 27.47 |
| 伯利兹 | 1349.00 | 26.02 |
| 波黑 | 517.00 | 25.66 |
| 摩纳哥 | 200.00 | 23.92 |
| 南苏丹 | 79.00 | 21.93 |
| 格林纳达 | 210.00 | 20.79 |
| 圣马丁岛 | 172.00 | 20.79 |
| 尼日尔 | 711.00 | 14.68 |
| 密克罗尼西亚 | 86.00 | 10.67 |
| 几内亚比绍 | 152.00 | 8.80 |
| 汤加 | 63.00 | 6.87 |

(续)

| 国家/地区 | 出口数量(件) | 出口金额(千美元) |
|---|---|---|
| 安道尔 | 45.00 | 5.84 |
| 所罗门群岛 | 60.00 | 5.19 |
| 瑙鲁 | 285.00 | 4.90 |
| 斯威士兰 | 65.00 | 4.82 |
| 百慕大 | 154.00 | 4.75 |
| 圣文森特和格林纳丁斯 | 5.00 | 4.07 |
| 库克群岛 | 214.00 | 2.75 |
| 多米尼克 | 38.00 | 2.34 |
| 莱索托 | 10.00 | 0.58 |
| 列支敦士登 | 4.00 | 0.31 |

### 木质家具进口量值表

| 国家/地区 | 进口数量(件) | 进口金额(千美元) |
|---|---|---|
| 94016110 皮革或再生皮革面的带软垫的木框架坐具 | | |
| 合计 | 112977.00 | 81915.44 |
| 意大利 | 28495.00 | 51253.54 |
| 美国 | 2709.00 | 5838.69 |
| 越南 | 15400.00 | 4366.79 |
| 德国 | 3364.00 | 3030.21 |
| 泰国 | 7282.00 | 2737.06 |
| 墨西哥 | 1712.00 | 2547.51 |
| 波兰 | 2548.00 | 2348.17 |
| 印度尼西亚 | 20492.00 | 1665.94 |
| 中国 | 2738.00 | 1608.61 |
| 挪威 | 1212.00 | 1044.94 |
| 罗马尼亚 | 2102.00 | 699.27 |
| 法国 | 383.00 | 625.96 |
| 丹麦 | 702.00 | 510.13 |
| 马来西亚 | 7080.00 | 468.15 |
| 瑞士 | 177.00 | 417.12 |
| 波黑 | 6259.00 | 382.98 |
| 英国 | 369.00 | 368.13 |
| 日本 | 6337.00 | 309.91 |
| 韩国 | 861.00 | 307.64 |
| 菲律宾 | 438.00 | 250.82 |
| 西班牙 | 214.00 | 237.32 |
| 中国台澎金马关税区 | 373.00 | 160.90 |
| 比利时 | 331.00 | 141.60 |
| 斯洛文尼亚 | 176.00 | 141.44 |
| 葡萄牙 | 81.00 | 67.06 |
| 荷兰 | 201.00 | 61.84 |

（续）

| 国家/地区 | 进口数量（件） | 进口金额（千美元） |
|---|---|---|
| 新加坡 | 102.00 | 61.82 |
| 奥地利 | 88.00 | 57.36 |
| 印度 | 539.00 | 51.26 |
| 中国香港 | 23.00 | 32.62 |
| 立陶宛 | 29.00 | 26.82 |
| 澳大利亚 | 22.00 | 18.42 |
| 匈牙利 | 12.00 | 15.20 |
| 瑞典 | 5.00 | 12.56 |
| 洪都拉斯 | 1.00 | 9.61 |
| 加拿大 | 19.00 | 9.00 |
| 土耳其 | 27.00 | 8.34 |
| 拉脱维亚 | 11.00 | 4.00 |
| 塞尔维亚 | 5.00 | 3.94 |
| 南非 | 14.00 | 2.88 |
| 捷克 | 3.00 | 2.36 |
| 以色列 | 3.00 | 1.90 |
| 圣马力诺 | 4.00 | 1.89 |
| 芬兰 | 5.00 | 1.76 |
| 保加利亚 | 12.00 | 0.82 |
| 国（地）别不详 | 4.00 | 0.50 |
| 新西兰 | 10.00 | 0.40 |
| 巴西 | 1.00 | 0.16 |
| 巴基斯坦 | 2.00 | 0.12 |
| 94016190 其他带软垫的木框架坐具 | | |
| 合计 | 389193.00 | 80473.98 |
| 意大利 | 18861.00 | 32614.89 |
| 美国 | 16273.00 | 16128.08 |
| 越南 | 133161.00 | 7612.49 |
| 墨西哥 | 3726.00 | 3813.90 |
| 马来西亚 | 140824.00 | 3002.19 |
| 中国 | 21182.00 | 2902.05 |
| 印度尼西亚 | 9075.00 | 2496.11 |
| 泰国 | 10063.00 | 1766.51 |
| 法国 | 1357.00 | 1395.62 |
| 波兰 | 4863.00 | 1306.93 |
| 德国 | 1453.00 | 1001.05 |
| 西班牙 | 2039.00 | 878.57 |
| 英国 | 782.00 | 827.80 |
| 圣马力诺 | 784.00 | 692.04 |
| 日本 | 6250.00 | 443.51 |
| 丹麦 | 1345.00 | 326.74 |
| 菲律宾 | 312.00 | 303.42 |
| 葡萄牙 | 474.00 | 301.48 |
| 中国台澎金马关税区 | 1815.00 | 278.67 |

（续）

| 国家/地区 | 进口数量（件） | 进口金额（千美元） |
|---|---|---|
| 比利时 | 1198.00 | 272.35 |
| 土耳其 | 961.00 | 257.56 |
| 荷兰 | 1299.00 | 239.14 |
| 埃及 | 685.00 | 215.46 |
| 挪威 | 124.00 | 189.54 |
| 中国香港 | 190.00 | 169.23 |
| 新加坡 | 404.00 | 154.39 |
| 立陶宛 | 88.00 | 146.04 |
| 罗马尼亚 | 5129.00 | 139.59 |
| 印度 | 2647.00 | 105.59 |
| 瑞典 | 231.00 | 61.84 |
| 澳大利亚 | 94.00 | 57.57 |
| 希腊 | 96.00 | 54.53 |
| 韩国 | 693.00 | 50.31 |
| 爱沙尼亚 | 134.00 | 50.28 |
| 加拿大 | 186.00 | 43.13 |
| 波黑 | 76.00 | 41.36 |
| 新西兰 | 78.00 | 29.88 |
| 洪都拉斯 | 63.00 | 25.46 |
| 瑞士 | 7.00 | 19.12 |
| 奥地利 | 13.00 | 8.11 |
| 斯洛文尼亚 | 6.00 | 7.71 |
| 巴基斯坦 | 65.00 | 7.69 |
| 阿联酋 | 24.00 | 7.05 |
| 匈牙利 | 10.00 | 6.92 |
| 以色列 | 9.00 | 6.38 |
| 巴西 | 2.00 | 5.91 |
| 爱尔兰 | 2.00 | 1.84 |
| 保加利亚 | 6.00 | 1.64 |
| 沙特阿拉伯 | 7.00 | 1.47 |
| 斯里兰卡 | 7.00 | 1.42 |
| 拉脱维亚 | 2.00 | 0.96 |
| 前南马其顿 | 1.00 | 0.78 |
| 国（地）别不详 | 6.00 | 0.66 |
| 捷克 | 1.00 | 0.57 |
| 南非 | 9.00 | 0.29 |
| 布隆迪 | 1.00 | 0.18 |
| 94016900 其他木框架坐具 | | |
| 合计 | 2155172.00 | 87902.51 |
| 越南 | 1030708.00 | 57594.45 |
| 马来西亚 | 420691.00 | 5647.23 |
| 印度尼西亚 | 83285.00 | 5066.97 |
| 泰国 | 159774.00 | 3708.94 |
| 罗马尼亚 | 207053.00 | 2761.73 |

（续）

| 国家/地区 | 进口数量（件） | 进口金额（千美元） |
|---|---|---|
| 波兰 | 113207.00 | 2388.54 |
| 意大利 | 4768.00 | 1870.29 |
| 老挝 | 8955.00 | 1422.65 |
| 中国 | 11844.00 | 1281.39 |
| 保加利亚 | 48293.00 | 913.84 |
| 丹麦 | 5949.00 | 782.23 |
| 美国 | 2734.00 | 726.48 |
| 立陶宛 | 15908.00 | 495.21 |
| 德国 | 1808.00 | 354.71 |
| 法国 | 1080.00 | 285.44 |
| 波黑 | 12050.00 | 280.49 |
| 洪都拉斯 | 1713.00 | 269.25 |
| 斯洛文尼亚 | 3567.00 | 246.60 |
| 印度 | 5018.00 | 219.13 |
| 日本 | 1167.00 | 215.18 |
| 芬兰 | 724.00 | 160.03 |
| 瑞典 | 2359.00 | 125.71 |
| 中国台澎金马关税区 | 1930.00 | 115.61 |
| 韩国 | 662.00 | 95.68 |
| 英国 | 294.00 | 93.50 |
| 爱沙尼亚 | 1508.00 | 82.09 |
| 柬埔寨 | 2717.00 | 80.75 |
| 尼日利亚 | 505.00 | 80.37 |
| 澳大利亚 | 444.00 | 66.69 |
| 菲律宾 | 711.00 | 63.65 |
| 西班牙 | 318.00 | 54.36 |
| 比利时 | 616.00 | 51.88 |
| 荷兰 | 345.00 | 47.05 |
| 葡萄牙 | 84.00 | 45.92 |
| 新西兰 | 52.00 | 33.75 |
| 匈牙利 | 825.00 | 21.02 |
| 新加坡 | 331.00 | 20.37 |
| 中国香港 | 175.00 | 20.09 |
| 土耳其 | 112.00 | 18.99 |
| 捷克 | 67.00 | 15.42 |
| 奥地利 | 35.00 | 13.19 |
| 巴基斯坦 | 277.00 | 8.96 |
| 拉脱维亚 | 35.00 | 8.47 |
| 塞内加尔 | 30.00 | 8.34 |
| 斯里兰卡 | 141.00 | 8.10 |
| 巴西 | 8.00 | 5.83 |
| 瑞士 | 14.00 | 4.54 |
| 科特迪瓦 | 16.00 | 2.91 |
| 牙买加 | 6.00 | 2.55 |

(续)

| 国家/地区 | 进口数量（件） | 进口金额（千美元） |
|---|---|---|
| 克罗地亚 | 20.00 | 2.42 |
| 圣马力诺 | 18.00 | 1.97 |
| 塞尔维亚 | 17.00 | 1.88 |
| 孟加拉国 | 30.00 | 1.48 |
| 突尼斯 | 4.00 | 1.32 |
| 南非 | 26.00 | 1.21 |
| 缅甸 | 8.00 | 0.98 |
| 俄罗斯 | 1.00 | 0.97 |
| 加拿大 | 7.00 | 0.77 |
| 约旦 | 2.00 | 0.60 |
| 尼泊尔 | 36.00 | 0.60 |
| 阿联酋 | 2.00 | 0.58 |
| 蒙古 | 10.00 | 0.40 |
| 智利 | 10.00 | 0.37 |
| 埃及 | 60.00 | 0.25 |
| 巴拉圭 | 6.00 | 0.15 |
| 巴勒斯坦 | 2.00 | 0.04 |
| 94033000 办公室用木家具 | | |
| 合计 | 394523.00 | 33256.64 |
| 葡萄牙 | 158811.00 | 6618.02 |
| 德国 | 71105.00 | 5627.38 |
| 波兰 | 42814.00 | 4009.30 |
| 斯洛伐克 | 30434.00 | 3539.40 |
| 意大利 | 13721.00 | 3169.28 |
| 美国 | 1101.00 | 2146.26 |
| 立陶宛 | 42048.00 | 2108.82 |
| 越南 | 10895.00 | 1547.73 |
| 日本 | 4062.00 | 723.94 |
| 奥地利 | 605.00 | 551.87 |
| 中国台澎金马关税区 | 2426.00 | 502.65 |
| 捷克 | 8480.00 | 356.27 |
| 瑞典 | 1194.00 | 346.68 |
| 韩国 | 1642.00 | 261.98 |
| 丹麦 | 523.00 | 211.94 |
| 英国 | 147.00 | 210.41 |
| 澳大利亚 | 67.00 | 153.09 |
| 泰国 | 573.00 | 150.67 |
| 印度尼西亚 | 565.00 | 117.74 |
| 加拿大 | 73.00 | 116.67 |
| 荷兰 | 81.00 | 107.45 |
| 中国 | 977.00 | 98.14 |
| 法国 | 114.00 | 97.67 |

(续)

| 国家/地区 | 进口数量（件） | 进口金额（千美元） |
|---|---|---|
| 瑞士 | 27.00 | 96.11 |
| 马来西亚 | 596.00 | 88.22 |
| 芬兰 | 17.00 | 71.63 |
| 新加坡 | 347.00 | 71.20 |
| 西班牙 | 27.00 | 39.86 |
| 印度 | 314.00 | 16.11 |
| 新西兰 | 68.00 | 15.68 |
| 老挝 | 35.00 | 15.40 |
| 中国香港 | 284.00 | 13.46 |
| 菲律宾 | 79.00 | 12.66 |
| 罗马尼亚 | 28.00 | 10.13 |
| 巴西 | 36.00 | 8.95 |
| 土耳其 | 58.00 | 6.51 |
| 柬埔寨 | 10.00 | 4.33 |
| 挪威 | 90.00 | 2.83 |
| 塞内加尔 | 5.00 | 1.93 |
| 比利时 | 6.00 | 1.83 |
| 斯洛文尼亚 | 8.00 | 1.52 |
| 克罗地亚 | 4.00 | 1.50 |
| 墨西哥 | 8.00 | 1.29 |
| 斯里兰卡 | 1.00 | 0.69 |
| 多米尼加 | 13.00 | 0.43 |
| 拉脱维亚 | 1.00 | 0.33 |
| 爱尔兰 | 1.00 | 0.28 |
| 爱沙尼亚 | 1.00 | 0.22 |
| 尼泊尔 | 1.00 | 0.22 |
| 94034000 厨房用木家具 | | |
| 合计 | | |
| 德国 | 477598.00 | 106633.71 |
| 意大利 | 38034.00 | 20560.43 |
| 印度尼西亚 | 7260.00 | 2699.92 |
| 韩国 | 67811.00 | 2239.86 |
| 圣马力诺 | 1602.00 | 1153.28 |
| 罗马尼亚 | 5564.00 | 853.36 |
| 日本 | 782.00 | 850.02 |
| 斯洛文尼亚 | 5865.00 | 790.23 |
| 马来西亚 | 10177.00 | 629.55 |
| 越南 | 7591.00 | 609.13 |
| 中国 | 8254.00 | 549.30 |
| 法国 | 234.00 | 448.87 |
| 奥地利 | 189.00 | 340.72 |
| 美国 | 154.00 | 277.08 |

(续)

| 国家/地区 | 进口数量（件） | 进口金额（千美元） |
|---|---|---|
| 波兰 | 2894.00 | 232.47 |
| 西班牙 | 238.00 | 195.24 |
| 泰国 | 1376.00 | 132.10 |
| 英国 | 1126.00 | 121.73 |
| 葡萄牙 | 72.00 | 99.55 |
| 丹麦 | 745.00 | 93.11 |
| 老挝 | 254.00 | 90.85 |
| 澳大利亚 | 115.00 | 66.48 |
| 瑞士 | 23.00 | 57.88 |
| 比利时 | 84.00 | 53.45 |
| 中国台澎金马关税区 | 112.00 | 51.86 |
| 立陶宛 | 5295.00 | 48.62 |
| 印度 | 256.00 | 26.08 |
| 中国香港 | 71.00 | 22.31 |
| 波黑 | 56.00 | 15.52 |
| 荷兰 | 7.00 | 13.16 |
| 新加坡 | 20.00 | 7.03 |
| 土耳其 | 49.00 | 5.49 |
| 柬埔寨 | 41.00 | 3.92 |
| 菲律宾 | 7.00 | 3.84 |
| 瑞典 | 2.00 | 3.01 |
| 俄罗斯 | 9.00 | 2.13 |
| 斯洛伐克 | 1.00 | 1.78 |
| 匈牙利 | 2.00 | 1.70 |
| 加拿大 | 10.00 | 0.96 |
| 乌克兰 | 7.00 | 0.89 |
| 斯里兰卡 | 1.00 | 0.75 |
| 孟加拉国 | 4.00 | 0.57 |
| 巴西 | 7.00 | 0.51 |
| 以色列 | 2.00 | 0.45 |
| 尼泊尔 | 3.00 | 0.10 |
| 多米尼加 | 1.00 | 0.06 |
| 94035010 卧室用红木家具 | | |
| 合计 | 52059.00 | 11300.52 |
| 越南 | 50748.00 | 10784.98 |
| 老挝 | 1198.00 | 458.39 |
| 印度尼西亚 | 71.00 | 27.82 |
| 泰国 | 29.00 | 13.59 |
| 中国 | 1.00 | 6.52 |
| 意大利 | 1.00 | 2.81 |
| 美国 | 1.00 | 2.14 |
| 英国 | 2.00 | 1.58 |

（续）

| 国家/地区 | 进口数量（件） | 进口金额（千美元） |
|---|---|---|
| 巴基斯坦 | 4.00 | 1.50 |
| 柬埔寨 | 4.00 | 1.19 |
| 94035091 卧室用天然漆（大漆）漆木家具 | | |
| 合计 | 262.00 | 127.45 |
| 意大利 | 35.00 | 75.38 |
| 土耳其 | 203.00 | 34.39 |
| 法国 | 6.00 | 8.99 |
| 美国 | 5.00 | 8.15 |
| 印度 | 1.00 | 0.39 |
| 日本 | 12.00 | 0.16 |
| 94035099 其他卧室用木家具 | | |
| 合计 | 1193563.00 | 161916.28 |
| 意大利 | 45638.00 | 43987.46 |
| 波兰 | 446857.00 | 31312.86 |
| 越南 | 169981.00 | 24879.81 |
| 美国 | 7140.00 | 7405.47 |
| 阿联酋 | 6046.00 | 6230.56 |
| 印度尼西亚 | 27249.00 | 5767.18 |
| 泰国 | 79268.00 | 5076.90 |
| 罗马尼亚 | 71922.00 | 4447.10 |
| 瑞典 | 37708.00 | 4434.17 |
| 德国 | 43144.00 | 4316.78 |
| 立陶宛 | 35219.00 | 3791.41 |
| 斯洛伐克 | 22995.00 | 3178.12 |
| 马来西亚 | 24227.00 | 2748.17 |
| 中国 | 19065.00 | 2743.49 |
| 圣马力诺 | 3989.00 | 1864.92 |
| 丹麦 | 18633.00 | 1529.01 |
| 英国 | 529.00 | 1156.47 |
| 法国 | 703.00 | 798.28 |
| 菲律宾 | 649.00 | 696.28 |
| 西班牙 | 2080.00 | 638.86 |
| 韩国 | 2057.00 | 483.56 |
| 中国台澎金马关税区 | 939.00 | 474.19 |
| 俄罗斯 | 94954.00 | 465.17 |
| 葡萄牙 | 485.00 | 446.50 |
| 奥地利 | 263.00 | 340.61 |
| 拉脱维亚 | 2907.00 | 291.05 |
| 巴西 | 3069.00 | 274.97 |
| 土耳其 | 1393.00 | 255.49 |
| 波黑 | 12216.00 | 229.00 |
| 比利时 | 739.00 | 225.24 |
| 乌克兰 | 7779.00 | 205.93 |

（续）

| 国家/地区 | 进口数量（件） | 进口金额（千美元） |
|---|---|---|
| 爱沙尼亚 | 377.00 | 165.09 |
| 日本 | 609.00 | 163.01 |
| 荷兰 | 630.00 | 159.19 |
| 希腊 | 117.00 | 127.33 |
| 斯洛文尼亚 | 259.00 | 115.87 |
| 瑞士 | 13.00 | 114.22 |
| 老挝 | 276.00 | 92.96 |
| 印度 | 618.00 | 81.23 |
| 加拿大 | 53.00 | 33.20 |
| 尼日利亚 | 132.00 | 22.55 |
| 新加坡 | 14.00 | 21.12 |
| 澳大利亚 | 215.00 | 14.17 |
| 白俄罗斯 | 57.00 | 13.65 |
| 中国香港 | 29.00 | 12.10 |
| 墨西哥 | 31.00 | 10.91 |
| 洪都拉斯 | 18.00 | 10.79 |
| 乌兹别克斯坦 | 56.00 | 9.68 |
| 克罗地亚 | 63.00 | 8.24 |
| 南非 | 8.00 | 7.34 |
| 柬埔寨 | 28.00 | 6.13 |
| 哥伦比亚 | 1.00 | 5.64 |
| 巴基斯坦 | 9.00 | 5.23 |
| 匈牙利 | 13.00 | 4.19 |
| 孟加拉国 | 32.00 | 4.11 |
| 缅甸 | 1.00 | 3.50 |
| 斯里兰卡 | 3.00 | 2.10 |
| 塞尔维亚 | 10.00 | 1.69 |
| 国（地）别不详 | 18.00 | 1.63 |
| 以色列 | 2.00 | 1.19 |
| 刚果（金） | 10.00 | 1.04 |
| 埃塞俄比亚 | 7.00 | 0.89 |
| 蒙古 | 5.00 | 0.40 |
| 沙特阿拉伯 | 2.00 | 0.38 |
| 智利 | 3.00 | 0.37 |
| 捷克 | 1.00 | 0.19 |
| 94036010 其他红木家具 | | |
| 合计 | 192742.00 | 26626.65 |
| 越南 | 183572.00 | 24859.49 |
| 老挝 | 5691.00 | 1067.56 |
| 印度尼西亚 | 2762.00 | 284.49 |
| 中国 | 177.00 | 154.46 |
| 意大利 | 86.00 | 152.84 |
| 泰国 | 105.00 | 62.25 |

（续）

| 国家/地区 | 进口数量（件） | 进口金额（千美元） |
|---|---|---|
| 巴基斯坦 | 277.00 | 11.79 |
| 柬埔寨 | 14.00 | 9.74 |
| 新加坡 | 7.00 | 9.22 |
| 英国 | 9.00 | 5.56 |
| 中国台澎金马关税区 | 37.00 | 3.79 |
| 法国 | 3.00 | 3.25 |
| 国（地）别不详 | 2.00 | 2.22 |
| 94036091 其他天然漆（大漆）漆木家具 | | |
| 合计 | 475.00 | 142.14 |
| 意大利 | 82.00 | 57.02 |
| 法国 | 15.00 | 35.75 |
| 美国 | 161.00 | 15.80 |
| 日本 | 98.00 | 5.62 |
| 匈牙利 | 6.00 | 4.88 |
| 德国 | 2.00 | 4.82 |
| 荷兰 | 1.00 | 4.78 |
| 比利时 | 23.00 | 4.39 |
| 中国 | 1.00 | 3.85 |
| 澳大利亚 | 15.00 | 3.32 |
| 印度尼西亚 | 33.00 | 1.17 |
| 西班牙 | 1.00 | 0.46 |
| 印度 | 37.00 | 0.30 |
| 94036099 未列名木家具 | | |
| 合计 | 5966340.00 | 338049.21 |
| 意大利 | 706226.00 | 92037.61 |
| 波兰 | 1766004.00 | 40715.55 |
| 越南 | 755151.00 | 36984.76 |
| 立陶宛 | 535954.00 | 24304.78 |
| 泰国 | 511807.00 | 17711.10 |
| 美国 | 11164.00 | 16959.31 |
| 印度尼西亚 | 137729.00 | 15066.45 |
| 斯洛伐克 | 198294.00 | 12556.01 |
| 德国 | 46193.00 | 11408.09 |
| 马来西亚 | 263839.00 | 11088.60 |
| 瑞典 | 295885.00 | 7986.26 |
| 中国 | 25475.00 | 7505.23 |
| 捷克 | 145008.00 | 5907.73 |
| 罗马尼亚 | 50881.00 | 5297.62 |
| 法国 | 4570.00 | 3039.77 |
| 英国 | 960.00 | 2975.01 |
| 菲律宾 | 3766.00 | 2837.79 |
| 波黑 | 107486.00 | 2539.77 |

(续)

| 国家/地区 | 进口数量(件) | 进口金额(千美元) |
|---|---|---|
| 中国台澎金马关税区 | 20222.00 | 2492.91 |
| 拉脱维亚 | 80981.00 | 2043.23 |
| 葡萄牙 | 127244.00 | 1988.64 |
| 丹麦 | 16323.00 | 1615.68 |
| 印度 | 12426.00 | 1594.42 |
| 日本 | 4506.00 | 1405.77 |
| 俄罗斯 | 36956.00 | 1360.34 |
| 西班牙 | 1844.00 | 1179.78 |
| 奥地利 | 1396.00 | 1147.52 |
| 韩国 | 10101.00 | 869.68 |
| 比利时 | 3208.00 | 745.83 |
| 斯洛文尼亚 | 46181.00 | 728.72 |
| 白俄罗斯 | 15838.00 | 634.12 |
| 荷兰 | 1899.00 | 549.85 |
| 巴西 | 4856.00 | 404.33 |
| 克罗地亚 | 4273.00 | 283.15 |
| 老挝 | 842.00 | 224.99 |
| 爱沙尼亚 | 219.00 | 189.08 |
| 土耳其 | 812.00 | 174.77 |
| 加拿大 | 200.00 | 162.65 |
| 中国香港 | 374.00 | 146.35 |
| 挪威 | 1160.00 | 140.06 |
| 澳大利亚 | 453.00 | 118.75 |
| 瑞士 | 39.00 | 99.99 |
| 新加坡 | 438.00 | 96.56 |
| 新西兰 | 361.00 | 87.18 |
| 洪都拉斯 | 76.00 | 85.45 |
| 柬埔寨 | 751.00 | 76.46 |
| 巴基斯坦 | 579.00 | 54.73 |
| 墨西哥 | 96.00 | 53.84 |
| 朝鲜 | 875.00 | 52.53 |
| 尼日利亚 | 206.00 | 51.55 |
| 保加利亚 | 2714.00 | 51.54 |
| 匈牙利 | 312.00 | 45.76 |
| 圣马力诺 | 198.00 | 45.48 |
| 乌克兰 | 562.00 | 34.85 |
| 南非 | 70.00 | 20.89 |
| 斯里兰卡 | 48.00 | 16.82 |
| 芬兰 | 37.00 | 12.12 |
| 孟加拉国 | 66.00 | 12.05 |
| 塞尔维亚 | 16.00 | 3.30 |
| 阿联酋 | 14.00 | 2.91 |

(续)

| 国家/地区 | 进口数量(件) | 进口金额(千美元) |
|---|---|---|
| 蒙古 | 8.00 | 2.59 |
| 以色列 | 23.00 | 2.55 |
| 国(地)别不详 | 19.00 | 2.31 |
| 中国澳门 | 3.00 | 2.21 |
| 希腊 | 8.00 | 2.04 |
| 尼泊尔 | 48.00 | 1.85 |
| 尼加拉瓜 | 1.00 | 1.84 |
| 沙特阿拉伯 | 10.00 | 1.77 |
| 智利 | 8.00 | 1.19 |
| 牙买加 | 1.00 | 1.00 |
| 厄瓜多尔 | 1.00 | 0.72 |
| 埃塞俄比亚 | 1.00 | 0.65 |
| 塞内加尔 | 2.00 | 0.58 |
| 巴拉圭 | 1.00 | 0.40 |
| 缅甸 | 4.00 | 0.37 |
| 刚果(金) | 2.00 | 0.35 |
| 约旦 | 1.00 | 0.30 |
| 多米尼加 | 13.00 | 0.23 |
| 所罗门群岛 | 4.00 | 0.16 |
| 阿尔巴尼亚 | 18.00 | 0.07 |

## 木制品出口量值表

| 国家/地区 | 出口数量(千克) | 出口金额(千美元) |
|---|---|---|
| 44091010 任一边、端或面制成连续形状针叶木地板条 | | |
| 合计 | 938936.00 | 1313.44 |
| 日本 | 772851.00 | 974.35 |
| 美国 | 75298.00 | 148.05 |
| 安哥拉 | 37000.00 | 110.36 |
| 孟加拉国 | 11723.00 | 26.11 |
| 吉布提 | 21800.00 | 15.73 |
| 以色列 | 6533.00 | 13.07 |
| 印度 | 3230.00 | 7.87 |
| 尼泊尔 | 1100.00 | 5.75 |
| 韩国 | 4213.00 | 4.70 |
| 荷兰 | 500.00 | 2.25 |
| 菲律宾 | 1900.00 | 2.10 |
| 哈萨克斯坦 | 1970.00 | 2.06 |
| 澳大利亚 | 88.00 | 0.55 |
| 中国台澎金马关税区 | 200.00 | 0.32 |
| 新西兰 | 498.00 | 0.15 |
| 乌兹别克斯坦 | 32.00 | 0.02 |

(续)

| 国家/地区 | 出口数量(千克) | 出口金额(千美元) |
|---|---|---|
| 44091090 其他任一边、端或面制成连续形状针叶木木材 | | |
| 合计 | 8963720.00 | 15025.86 |
| 日本 | 6190814.00 | 8045.26 |
| 美国 | 1114945.00 | 3299.73 |
| 韩国 | 759594.00 | 1445.68 |
| 中国台澎金马关税区 | 264580.00 | 523.48 |
| 尼日利亚 | 290074.00 | 458.93 |
| 新加坡 | 63202.00 | 343.89 |
| 中国澳门 | 71469.00 | 327.96 |
| 马来西亚 | 83057.00 | 238.03 |
| 澳大利亚 | 11267.00 | 51.67 |
| 加拿大 | 23421.00 | 50.67 |
| 巴拿马 | 9254.00 | 49.97 |
| 文莱 | 17521.00 | 49.94 |
| 阿联酋 | 20472.00 | 47.68 |
| 中国香港 | 10422.00 | 31.58 |
| 俄罗斯 | 4212.00 | 30.90 |
| 波兰 | 9560.00 | 16.91 |
| 赤道几内亚 | 19800.00 | 13.45 |
| 菲律宾 | 56.00 | 0.14 |
| 44092910 其他任一边、端或面成连续状非针叶木地板条 | | |
| 合计 | 147897902.00 | 210521.29 |
| 美国 | 68789406.00 | 100103.75 |
| 日本 | 27070194.00 | 39502.75 |
| 英国 | 15763868.00 | 22609.25 |
| 加拿大 | 14208539.00 | 19743.38 |
| 韩国 | 8529910.00 | 9506.83 |
| 澳大利亚 | 4889569.00 | 6439.99 |
| 法国 | 2293493.00 | 3062.79 |
| 俄罗斯 | 649029.00 | 1532.37 |
| 比利时 | 830367.00 | 1330.76 |
| 中国香港 | 999792.00 | 1202.06 |
| 印度 | 534173.00 | 834.85 |
| 阿联酋 | 487235.00 | 637.52 |
| 菲律宾 | 351274.00 | 422.04 |
| 新加坡 | 222922.00 | 369.19 |
| 荷兰 | 235758.00 | 367.89 |
| 巴基斯坦 | 161371.00 | 306.56 |
| 马来西亚 | 228883.00 | 224.24 |
| 泰国 | 135536.00 | 220.47 |
| 罗马尼亚 | 164500.00 | 209.15 |
| 吉布提 | 127714.00 | 148.73 |

（续）

| 国家/地区 | 出口数量（千克） | 出口金额（千美元） |
|---|---|---|
| 中国台澎金马关税区 | 98970.00 | 123.75 |
| 赞比亚 | 59380.00 | 117.05 |
| 斯洛文尼亚 | 100349.00 | 107.99 |
| 意大利 | 72663.00 | 100.50 |
| 埃及 | 47258.00 | 93.89 |
| 埃塞俄比亚 | 48162.00 | 90.25 |
| 沙特阿拉伯 | 60951.00 | 87.47 |
| 肯尼亚 | 79706.00 | 86.93 |
| 新西兰 | 66196.00 | 84.80 |
| 西班牙 | 58878.00 | 80.89 |
| 爱尔兰 | 65932.00 | 73.84 |
| 波兰 | 39829.00 | 71.80 |
| 伊朗 | 54157.00 | 66.87 |
| 卡塔尔 | 30518.00 | 46.39 |
| 哥伦比亚 | 39900.00 | 46.13 |
| 土库曼斯坦 | 45140.00 | 45.15 |
| 巴拿马 | 21700.00 | 32.48 |
| 塞浦路斯 | 19000.00 | 30.80 |
| 刚果（布） | 5444.00 | 28.75 |
| 缅甸 | 10260.00 | 22.70 |
| 保加利亚 | 13883.00 | 21.59 |
| 中国澳门 | 7072.00 | 21.33 |
| 斯里兰卡 | 12700.00 | 20.32 |
| 越南 | 10479.00 | 20.09 |
| 吉尔吉斯斯坦 | 10520.00 | 17.88 |
| 科威特 | 21300.00 | 16.07 |
| 约旦 | 6400.00 | 15.22 |
| 阿根廷 | 19500.00 | 14.49 |
| 黎巴嫩 | 5512.00 | 12.80 |
| 马尔代夫 | 5917.00 | 12.68 |
| 新喀里多尼亚 | 8700.00 | 12.00 |
| 南非 | 3500.00 | 11.81 |
| 瑞典 | 13242.00 | 11.51 |
| 挪威 | 4729.00 | 10.87 |
| 希腊 | 5054.00 | 10.51 |
| 乌克兰 | 3444.00 | 8.14 |
| 阿尔及利亚 | 1320.00 | 7.85 |
| 孟加拉国 | 6360.00 | 7.70 |
| 朝鲜 | 853.00 | 7.03 |
| 柬埔寨 | 624.00 | 5.64 |
| 牙买加 | 4660.00 | 5.59 |
| 亚美尼亚 | 5085.00 | 5.30 |
| 土耳其 | 4080.00 | 5.09 |
| 哈萨克斯坦 | 2240.00 | 3.99 |

（续）

| 国家/地区 | 出口数量（千克） | 出口金额（千美元） |
|---|---|---|
| 乌兹别克斯坦 | 1250.00 | 3.75 |
| 索马里 | 8400.00 | 3.39 |
| 巴西 | 4780.00 | 3.39 |
| 多米尼加 | 1600.00 | 2.36 |
| 德国 | 1490.00 | 2.34 |
| 斯洛伐克 | 2300.00 | 2.25 |
| 瑞士 | 1300.00 | 2.10 |
| 巴林 | 450.00 | 2.04 |
| 尼日利亚 | 1232.00 | 1.20 |
| 44092990 其他任一边、端或面成连续形状非针叶木木材 | | |
| 合计 | 4497720.00 | 7600.28 |
| 日本 | 2989523.00 | 3895.53 |
| 美国 | 831558.00 | 1907.37 |
| 中国香港 | 109991.00 | 272.93 |
| 马来西亚 | 24545.00 | 203.54 |
| 印度 | 93750.00 | 155.50 |
| 韩国 | 6865.00 | 147.00 |
| 伊拉克 | 60965.00 | 123.51 |
| 加拿大 | 22835.00 | 104.20 |
| 澳大利亚 | 39899.00 | 99.19 |
| 新加坡 | 10240.00 | 82.87 |
| 英国 | 17072.00 | 81.21 |
| 荷兰 | 19728.00 | 68.02 |
| 以色列 | 22733.00 | 67.38 |
| 中国澳门 | 5867.00 | 53.81 |
| 俄罗斯 | 16373.00 | 53.50 |
| 摩洛哥 | 21224.00 | 38.20 |
| 阿联酋 | 27424.00 | 36.93 |
| 土耳其 | 8486.00 | 26.29 |
| 吉布提 | 13724.00 | 18.83 |
| 埃及 | 14802.00 | 16.62 |
| 卡塔尔 | 3915.00 | 16.44 |
| 中国台澎金马关税区 | 68000.00 | 15.29 |
| 菲律宾 | 8485.00 | 14.97 |
| 朝鲜 | 11000.00 | 14.54 |
| 科威特 | 5638.00 | 14.36 |
| 巴基斯坦 | 26000.00 | 11.50 |
| 毛里求斯 | 2951.00 | 9.75 |
| 赞比亚 | 743.00 | 8.50 |
| 斯里兰卡 | 989.00 | 7.36 |
| 莫桑比克 | 150.00 | 5.06 |
| 波多黎各 | 1150.00 | 4.16 |
| 孟加拉国 | 500.00 | 4.13 |

（续）

| 国家/地区 | 出口数量（千克） | 出口金额（千美元） |
|---|---|---|
| 瑞典 | 2761.00 | 4.11 |
| 越南 | 38.00 | 3.09 |
| 德国 | 1980.00 | 2.97 |
| 新西兰 | 2130.00 | 2.62 |
| 马尔代夫 | 524.00 | 1.74 |
| 希腊 | 480.00 | 1.59 |
| 尼泊尔 | 200.00 | 1.44 |
| 法国 | 918.00 | 1.40 |
| 比利时 | 622.00 | 1.00 |
| 瑞士 | 520.00 | 0.70 |
| 肯尼亚 | 132.00 | 0.57 |
| 塞浦路斯 | 286.00 | 0.56 |
| 南非 | 4.00 | 0.02 |
| 44140010 辐射松制的画框、相框、镜框及类似品 | | |
| 合计 | 4415462.00 | 9698.04 |
| 美国 | 3296768.00 | 7597.03 |
| 荷兰 | 360395.00 | 568.11 |
| 英国 | 198891.00 | 325.91 |
| 德国 | 158551.00 | 225.78 |
| 西班牙 | 82764.00 | 223.72 |
| 加拿大 | 98291.00 | 214.16 |
| 澳大利亚 | 54735.00 | 127.55 |
| 日本 | 50310.00 | 122.17 |
| 法国 | 48772.00 | 99.57 |
| 沙特阿拉伯 | 3715.00 | 47.75 |
| 墨西哥 | 16748.00 | 41.53 |
| 爱尔兰 | 7048.00 | 26.27 |
| 南非 | 9512.00 | 15.94 |
| 意大利 | 4740.00 | 13.39 |
| 希腊 | 6422.00 | 12.84 |
| 马来西亚 | 3623.00 | 9.06 |
| 新加坡 | 3268.00 | 7.07 |
| 中国香港 | 4495.00 | 6.56 |
| 智利 | 3638.00 | 5.82 |
| 哥伦比亚 | 1392.00 | 5.03 |
| 韩国 | 589.00 | 1.51 |
| 秘鲁 | 749.00 | 1.20 |
| 瑞士 | 46.00 | 0.07 |
| 44140090 其他木制的画框、相框、镜框及类似品 | | |
| 合计 | 156811519.00 | 415767.58 |
| 美国 | 76188908.00 | 186451.40 |
| 英国 | 11013922.00 | 30155.16 |

(续)

| 国家/地区 | 出口数量（千克） | 出口金额（千美元） |
|---|---|---|
| 德国 | 8009724.00 | 22715.62 |
| 日本 | 5709567.00 | 22558.95 |
| 澳大利亚 | 9123463.00 | 20081.03 |
| 荷兰 | 6765870.00 | 16113.76 |
| 加拿大 | 5198395.00 | 12621.14 |
| 比利时 | 4877777.00 | 11363.80 |
| 法国 | 3574203.00 | 9484.42 |
| 意大利 | 1901223.00 | 7350.11 |
| 西班牙 | 2337473.00 | 7058.55 |
| 墨西哥 | 1090387.00 | 5597.95 |
| 新加坡 | 953583.00 | 5125.92 |
| 马来西亚 | 987637.00 | 4581.45 |
| 瑞典 | 1411110.00 | 4189.42 |
| 韩国 | 1141237.00 | 3530.67 |
| 波兰 | 1097566.00 | 3238.25 |
| 智利 | 982617.00 | 2840.38 |
| 新西兰 | 1060544.00 | 2413.57 |
| 丹麦 | 752577.00 | 2141.57 |
| 阿联酋 | 492739.00 | 2078.80 |
| 俄罗斯 | 737432.00 | 2052.32 |
| 中国香港 | 434499.00 | 2016.24 |
| 多米尼加 | 897282.00 | 1733.27 |
| 希腊 | 723561.00 | 1712.97 |
| 菲律宾 | 601204.00 | 1537.33 |
| 爱沙尼亚 | 730858.00 | 1515.00 |
| 尼日利亚 | 518385.00 | 1385.04 |
| 土耳其 | 452385.00 | 1345.82 |
| 南非 | 495163.00 | 1265.10 |
| 中国台澎金马关税区 | 393676.00 | 1188.73 |
| 爱尔兰 | 385692.00 | 1173.88 |
| 沙特阿拉伯 | 317194.00 | 1163.82 |
| 以色列 | 384539.00 | 1161.26 |
| 巴西 | 274379.00 | 1088.54 |
| 巴拿马 | 252487.00 | 992.75 |
| 阿根廷 | 352017.00 | 977.90 |
| 吉布提 | 455338.00 | 929.65 |
| 泰国 | 307147.00 | 924.56 |
| 挪威 | 332076.00 | 924.48 |
| 印度尼西亚 | 188702.00 | 657.24 |
| 印度 | 133202.00 | 640.78 |
| 芬兰 | 132383.00 | 466.21 |
| 葡萄牙 | 160471.00 | 417.25 |
| 哥伦比亚 | 137422.00 | 416.56 |
| 秘鲁 | 138386.00 | 408.09 |

(续)

| 国家/地区 | 出口数量（千克） | 出口金额（千美元） |
|---|---|---|
| 埃及 | 107445.00 | 317.39 |
| 伊拉克 | 161783.00 | 292.44 |
| 柬埔寨 | 110793.00 | 290.03 |
| 奥地利 | 132691.00 | 276.62 |
| 尼加拉瓜 | 163017.00 | 262.98 |
| 黎巴嫩 | 76149.00 | 255.17 |
| 摩洛哥 | 98017.00 | 182.47 |
| 克罗地亚 | 56289.00 | 178.05 |
| 贝宁 | 96530.00 | 174.32 |
| 格鲁吉亚 | 35542.00 | 172.42 |
| 斯洛文尼亚 | 60968.00 | 169.53 |
| 乌克兰 | 42703.00 | 162.14 |
| 哥斯达黎加 | 56288.00 | 157.35 |
| 罗马尼亚 | 34268.00 | 146.66 |
| 危地马拉 | 43800.00 | 132.65 |
| 立陶宛 | 37220.00 | 130.05 |
| 巴布亚新几内亚 | 74668.00 | 125.07 |
| 中国澳门 | 32434.00 | 121.52 |
| 斐济 | 27163.00 | 111.74 |
| 瑞士 | 31039.00 | 110.05 |
| 伊朗 | 15087.00 | 109.46 |
| 约旦 | 46648.00 | 108.07 |
| 厄瓜多尔 | 28084.00 | 101.39 |
| 匈牙利 | 32075.00 | 98.77 |
| 科威特 | 22806.00 | 98.08 |
| 加纳 | 49638.00 | 96.02 |
| 捷克 | 20744.00 | 93.93 |
| 越南 | 18252.00 | 85.85 |
| 波多黎各 | 25680.00 | 81.56 |
| 文莱 | 25331.00 | 76.10 |
| 毛里求斯 | 8529.00 | 65.43 |
| 乌拉圭 | 20742.00 | 63.05 |
| 乌兹别克斯坦 | 38470.00 | 58.70 |
| 孟加拉国 | 10922.00 | 57.59 |
| 塞浦路斯 | 15105.00 | 55.63 |
| 萨尔瓦多 | 26975.00 | 54.05 |
| 巴基斯坦 | 20214.00 | 53.90 |
| 阿尔及利亚 | 16007.00 | 53.73 |
| 斯洛伐克 | 13391.00 | 49.00 |
| 突尼斯 | 12639.00 | 48.04 |
| 马耳他 | 12662.00 | 47.59 |
| 埃塞俄比亚 | 11805.00 | 46.55 |
| 塞内加尔 | 15312.00 | 44.93 |
| 巴林 | 8365.00 | 43.96 |

(续)

| 国家/地区 | 出口数量（千克） | 出口金额（千美元） |
|---|---|---|
| 几内亚 | 22880.00 | 43.34 |
| 哈萨克斯坦 | 10796.00 | 40.03 |
| 阿曼 | 8844.00 | 39.21 |
| 坦桑尼亚 | 12733.00 | 35.18 |
| 留尼汪 | 14820.00 | 34.50 |
| 缅甸 | 9932.00 | 34.18 |
| 委内瑞拉 | 12592.00 | 28.05 |
| 古巴 | 7415.00 | 26.83 |
| 保加利亚 | 11386.00 | 23.76 |
| 卡塔尔 | 1792.00 | 23.74 |
| 肯尼亚 | 9005.00 | 21.29 |
| 利比亚 | 8462.00 | 20.83 |
| 斯里兰卡 | 14766.00 | 20.18 |
| 玻利维亚 | 8862.00 | 19.49 |
| 拉脱维亚 | 21451.00 | 15.86 |
| 马尔代夫 | 2190.00 | 13.65 |
| 冰岛 | 3065.00 | 11.16 |
| 阿尔巴尼亚 | 3757.00 | 11.14 |
| 洪都拉斯 | 5585.00 | 11.04 |
| 科特迪瓦 | 1800.00 | 7.86 |
| 法属波利尼西亚 | 3438.00 | 5.84 |
| 新喀里多尼亚 | 3438.00 | 5.84 |
| 南苏丹 | 65.00 | 5.46 |
| 赤道几内亚 | 1422.00 | 3.90 |
| 阿鲁巴 | 1092.00 | 3.58 |
| 亚美尼亚 | 1500.00 | 3.00 |
| 巴拉圭 | 644.00 | 2.71 |
| 黑山 | 1408.00 | 1.61 |
| 尼日尔 | 642.00 | 1.39 |
| 塞尔维亚 | 266.00 | 1.10 |
| 巴巴多斯 | 532.00 | 1.00 |
| 牙买加 | 756.00 | 0.98 |
| 利比里亚 | 464.00 | 0.93 |
| 吉尔吉斯斯坦 | 183.00 | 0.84 |
| 苏丹 | 1998.00 | 0.60 |
| 朝鲜 | 218.00 | 0.29 |
| 安哥拉 | 58.00 | 0.24 |
| 叙利亚 | 195.00 | 0.20 |
| 蒙古 | 350.00 | 0.06 |
| 伯利兹 | 25.00 | 0.03 |
| 44151000 木制箱、盒、桶及类似的包装容器；电缆卷筒 | | |
| 合计 | 18143363.00 | 34754.27 |
| 美国 | 5248269.00 | 9439.06 |

（续）

| 国家/地区 | 出口数量（千克） | 出口金额（千美元） |
|---|---|---|
| 德国 | 1602809.00 | 4499.96 |
| 日本 | 3560973.00 | 3943.77 |
| 韩国 | 1168376.00 | 2121.33 |
| 中国香港 | 1420076.00 | 1956.71 |
| 英国 | 384882.00 | 1783.09 |
| 新加坡 | 615975.00 | 1626.34 |
| 荷兰 | 336867.00 | 1248.35 |
| 马来西亚 | 379609.00 | 1037.74 |
| 澳大利亚 | 673484.00 | 937.04 |
| 法国 | 175828.00 | 577.51 |
| 沙特阿拉伯 | 65900.00 | 504.57 |
| 印度 | 297361.00 | 394.88 |
| 中国台澎金马关税区 | 159155.00 | 391.83 |
| 印度尼西亚 | 431784.00 | 363.97 |
| 越南 | 63671.00 | 359.24 |
| 西班牙 | 124183.00 | 342.56 |
| 巴拿马 | 38053.00 | 323.90 |
| 意大利 | 123623.00 | 276.56 |
| 菲律宾 | 228296.00 | 229.54 |
| 新西兰 | 206868.00 | 209.66 |
| 加拿大 | 62845.00 | 193.09 |
| 阿联酋 | 36484.00 | 164.94 |
| 比利时 | 79964.00 | 154.45 |
| 瑞典 | 34035.00 | 143.13 |
| 墨西哥 | 30048.00 | 137.11 |
| 斯里兰卡 | 54226.00 | 119.51 |
| 泰国 | 86571.00 | 104.23 |
| 南非 | 33595.00 | 89.81 |
| 秘鲁 | 13183.00 | 89.17 |
| 智利 | 23756.00 | 77.49 |
| 朝鲜 | 35282.00 | 77.27 |
| 葡萄牙 | 22167.00 | 67.94 |
| 丹麦 | 14679.00 | 58.30 |
| 中国澳门 | 21242.00 | 57.78 |
| 科威特 | 6846.00 | 48.99 |
| 波多黎各 | 14404.00 | 43.35 |
| 俄罗斯 | 4355.00 | 41.19 |
| 以色列 | 9616.00 | 40.02 |
| 希腊 | 11057.00 | 39.54 |
| 爱尔兰 | 7473.00 | 38.28 |
| 黎巴嫩 | 36707.00 | 36.38 |
| 叙利亚 | 2153.00 | 34.81 |
| 立陶宛 | 7716.00 | 34.33 |
| 瑞士 | 11446.00 | 32.05 |

（续）

| 国家/地区 | 出口数量（千克） | 出口金额（千美元） |
|---|---|---|
| 伊朗 | 7679.00 | 29.65 |
| 巴林 | 41763.00 | 28.39 |
| 尼日利亚 | 7616.00 | 26.50 |
| 安哥拉 | 5894.00 | 20.92 |
| 挪威 | 7196.00 | 20.86 |
| 土耳其 | 21361.00 | 18.89 |
| 奥地利 | 7338.00 | 15.55 |
| 塔吉克斯坦 | 30250.00 | 12.62 |
| 伊拉克 | 2897.00 | 12.07 |
| 匈牙利 | 15281.00 | 11.73 |
| 巴西 | 2788.00 | 11.53 |
| 特立尼达和多巴哥 | 3340.00 | 10.59 |
| 卡塔尔 | 5760.00 | 5.61 |
| 洪都拉斯 | 792.00 | 4.35 |
| 老挝 | 893.00 | 3.99 |
| 布隆迪 | 1224.00 | 3.71 |
| 乌拉圭 | 1057.00 | 3.31 |
| 萨摩亚 | 680.00 | 2.72 |
| 巴基斯坦 | 2075.00 | 2.68 |
| 毛里求斯 | 209.00 | 2.67 |
| 多米尼加 | 4171.00 | 2.21 |
| 波兰 | 704.00 | 2.10 |
| 约旦 | 787.00 | 1.73 |
| 塞内加尔 | 212.00 | 1.54 |
| 斯洛文尼亚 | 458.00 | 1.37 |
| 肯尼亚 | 360.00 | 1.31 |
| 塞浦路斯 | 303.00 | 1.17 |
| 波黑 | 329.00 | 1.15 |
| 也门 | 1768.00 | 0.80 |
| 哥伦比亚 | 168.00 | 0.48 |
| 缅甸 | 760.00 | 0.39 |
| 罗马尼亚 | 88.00 | 0.27 |
| 萨尔瓦多 | 144.00 | 0.25 |
| 加纳 | 1020.00 | 0.23 |
| 突尼斯 | 84.00 | 0.11 |
| 哈萨克斯坦 | 22.00 | 0.08 |
| 44152010 辐射松制托板箱形托盘及其他装载板托盘护框 | | |
| 合计 | 229765.00 | 287.80 |
| 新加坡 | 189900.00 | 240.59 |
| 泰国 | 18900.00 | 23.54 |
| 加拿大 | 15500.00 | 15.66 |
| 美国 | 5465.00 | 8.02 |

（续）

| 国家/地区 | 出口数量（千克） | 出口金额（千美元） |
|---|---|---|
| 44152090 木托板、箱形托盘及其他装载木板;托盘护框 | | |
| 合计 | 38932472.00 | 29060.12 |
| 中国香港 | 18723007.00 | 8079.04 |
| 韩国 | 6718781.00 | 6688.83 |
| 新加坡 | 1873961.00 | 2480.18 |
| 马来西亚 | 2126555.00 | 2321.19 |
| 美国 | 527848.00 | 1676.40 |
| 日本 | 1543095.00 | 1672.44 |
| 中国澳门 | 815665.00 | 1363.58 |
| 越南 | 1917569.00 | 1066.24 |
| 泰国 | 1548155.00 | 808.53 |
| 中国台澎金马关税区 | 559510.00 | 300.56 |
| 菲律宾 | 257367.00 | 239.20 |
| 英国 | 107309.00 | 213.35 |
| 比利时 | 197752.00 | 196.27 |
| 印度 | 144427.00 | 181.02 |
| 法国 | 88313.00 | 166.46 |
| 阿联酋 | 67906.00 | 148.31 |
| 巴拿马 | 16311.00 | 141.61 |
| 澳大利亚 | 26100.00 | 101.60 |
| 荷兰 | 68328.00 | 93.68 |
| 奥地利 | 288202.00 | 85.28 |
| 德国 | 72156.00 | 84.76 |
| 柬埔寨 | 102872.00 | 80.81 |
| 西班牙 | 23174.00 | 75.90 |
| 葡萄牙 | 121101.00 | 74.53 |
| 毛里塔尼亚 | 30300.00 | 60.65 |
| 印度尼西亚 | 214119.00 | 52.46 |
| 沙特阿拉伯 | 52545.00 | 49.75 |
| 卡塔尔 | 125265.00 | 47.06 |
| 南苏丹 | 39200.00 | 40.48 |
| 尼日利亚 | 55000.00 | 37.42 |
| 伊拉克 | 36734.00 | 37.37 |
| 芬兰 | 1447.00 | 32.83 |
| 以色列 | 5591.00 | 29.38 |
| 吉尔吉斯斯坦 | 60680.00 | 29.13 |
| 牙买加 | 40500.00 | 27.27 |
| 加拿大 | 1289.00 | 26.75 |
| 巴基斯坦 | 10829.00 | 24.89 |
| 厄立特里亚 | 29500.00 | 23.70 |
| 孟加拉国 | 37147.00 | 23.17 |
| 丹麦 | 16089.00 | 21.93 |
| 阿曼 | 46826.00 | 17.98 |

(续)

| 国家/地区 | 出口数量（千克） | 出口金额（千美元） |
|---|---|---|
| 莫桑比克 | 24560.00 | 16.08 |
| 塞内加尔 | 24802.00 | 14.95 |
| 斯洛文尼亚 | 12050.00 | 11.58 |
| 巴林 | 20900.00 | 10.20 |
| 黎巴嫩 | 7293.00 | 9.43 |
| 阿根廷 | 21885.00 | 8.93 |
| 苏丹 | 23800.00 | 8.06 |
| 秘鲁 | 280.00 | 7.84 |
| 意大利 | 5504.00 | 6.80 |
| 土耳其 | 6139.00 | 6.62 |
| 斐济 | 4570.00 | 5.21 |
| 缅甸 | 12411.00 | 4.80 |
| 伊朗 | 1312.00 | 4.52 |
| 朝鲜 | 5225.00 | 3.66 |
| 埃塞俄比亚 | 4800.00 | 3.07 |
| 波兰 | 283.00 | 2.50 |
| 瑞典 | 666.00 | 2.30 |
| 新西兰 | 3304.00 | 2.29 |
| 马里 | 3300.00 | 1.74 |
| 挪威 | 500.00 | 1.61 |
| 俄罗斯 | 3899.00 | 1.24 |
| 巴西 | 1073.00 | 1.06 |
| 墨西哥 | 1625.00 | 0.96 |
| 匈牙利 | 867.00 | 0.95 |
| 科威特 | 1979.00 | 0.61 |
| 罗马尼亚 | 282.00 | 0.44 |
| 希腊 | 62.00 | 0.26 |
| 马耳他 | 47.00 | 0.19 |
| 南非 | 21.00 | 0.10 |
| 约旦 | 6.00 | 0.05 |
| 埃及 | 3.00 | 0.04 |
| 蒙古 | 350.00 | 0.04 |
| 哈萨克斯坦 | 9.00 | 0.04 |
| 文莱 | 140.00 | 0.02 |
| 44160010 辐射松制大桶、琵琶桶、盆等箍桶及零件 | | |
| 合计 | 1546.00 | 18.93 |
| 法国 | 1546.00 | 18.93 |
| 44160090 木制大桶、琵琶桶、盆等木制箍桶及其零件 | | |
| 合计 | 1075102.00 | 3417.99 |
| 英国 | 187412.00 | 531.04 |
| 日本 | 193372.00 | 528.09 |
| 美国 | 191785.00 | 506.83 |
| 新加坡 | 37049.00 | 350.66 |
| 澳大利亚 | 64065.00 | 239.04 |
| 荷兰 | 69983.00 | 186.75 |
| 乌兹别克斯坦 | 131208.00 | 173.15 |
| 马来西亚 | 9523.00 | 117.83 |
| 芬兰 | 11027.00 | 85.31 |
| 加拿大 | 24497.00 | 77.63 |
| 中国台澎金马关税区 | 13917.00 | 60.07 |
| 德国 | 14007.00 | 57.89 |
| 韩国 | 12592.00 | 56.49 |
| 波兰 | 14878.00 | 56.15 |
| 阿联酋 | 4485.00 | 38.28 |
| 瑞典 | 7646.00 | 36.20 |
| 土耳其 | 5660.00 | 35.48 |
| 伊朗 | 5834.00 | 30.17 |
| 中国香港 | 8538.00 | 25.10 |
| 爱尔兰 | 11371.00 | 22.53 |
| 摩洛哥 | 8440.00 | 22.43 |
| 新西兰 | 6171.00 | 21.16 |
| 俄罗斯 | 2584.00 | 15.40 |
| 奥地利 | 1555.00 | 14.00 |
| 利比亚 | 1620.00 | 11.34 |
| 比利时 | 2970.00 | 10.85 |
| 伊拉克 | 2871.00 | 10.73 |
| 斯洛文尼亚 | 930.00 | 10.58 |
| 意大利 | 2248.00 | 9.31 |
| 突尼斯 | 4465.00 | 8.46 |
| 阿尔及利亚 | 4411.00 | 8.07 |
| 法国 | 2165.00 | 7.33 |
| 立陶宛 | 1196.00 | 7.18 |
| 泰国 | 2238.00 | 6.55 |
| 巴拿马 | 972.00 | 5.15 |
| 保加利亚 | 529.00 | 4.23 |
| 爱沙尼亚 | 615.00 | 3.79 |
| 丹麦 | 1039.00 | 3.25 |
| 乌克兰 | 1080.00 | 2.80 |
| 捷克 | 304.00 | 2.43 |
| 科威特 | 404.00 | 2.36 |
| 毛里求斯 | 160.00 | 1.98 |
| 中国澳门 | 765.00 | 1.79 |
| 智利 | 1807.00 | 1.75 |
| 缅甸 | 463.00 | 1.57 |
| 越南 | 1280.00 | 1.20 |
| 西班牙 | 126.00 | 1.08 |
| 巴西 | 240.00 | 0.95 |
| 瑞士 | 88.00 | 0.94 |
| 以色列 | 312.00 | 0.93 |
| 印度 | 1433.00 | 0.66 |
| 塞浦路斯 | 46.00 | 0.41 |
| 约旦 | 44.00 | 0.36 |
| 哥伦比亚 | 111.00 | 0.34 |
| 哈萨克斯坦 | 42.00 | 0.33 |
| 希腊 | 24.00 | 0.32 |
| 秘鲁 | 145.00 | 0.27 |
| 肯尼亚 | 23.00 | 0.18 |
| 挪威 | 47.00 | 0.18 |
| 孟加拉国 | 21.00 | 0.17 |
| 委内瑞拉 | 96.00 | 0.15 |
| 沙特阿拉伯 | 66.00 | 0.11 |
| 菲律宾 | 30.00 | 0.06 |
| 墨西哥 | 46.00 | 0.06 |
| 黎巴嫩 | 4.00 | 0.03 |
| 葡萄牙 | 9.00 | 0.03 |
| 巴基斯坦 | 3.00 | 0.02 |
| 瓦努阿图 | 14.00 | 0.02 |
| 苏丹 | 1.00 | 0.02 |
| 44170010 辐射松制工具等；扫帚及刷子；鞋靴楦及楦头 | | |
| 合计 | 167483.00 | 198.04 |
| 日本 | 163344.00 | 190.42 |
| 美国 | 931.00 | 3.99 |
| 越南 | 440.00 | 2.36 |
| 韩国 | 1680.00 | 0.80 |
| 墨西哥 | 493.00 | 0.38 |
| 澳大利亚 | 590.00 | 0.07 |
| 刚果(金) | 5.00 | 0.02 |
| 44170090 木制工具等；扫帚及刷子等；木鞋靴楦及楦头 | | |
| 合计 | 58703159.00 | 129315.09 |
| 新加坡 | 8587006.00 | 24435.85 |
| 马来西亚 | 7529930.00 | 21556.03 |
| 阿联酋 | 8270848.00 | 17141.93 |
| 印度 | 3473291.00 | 8980.83 |
| 沙特阿拉伯 | 4364352.00 | 4638.24 |
| 南非 | 1535515.00 | 3884.98 |
| 伊拉克 | 2861178.00 | 3859.84 |
| 埃及 | 2561319.00 | 3305.45 |
| 韩国 | 1188322.00 | 3240.64 |

（续）

| 国家/地区 | 出口数量（千克） | 出口金额（千美元） |
|---|---|---|
| 印度尼西亚 | 1249375.00 | 3017.62 |
| 日本 | 929734.00 | 2397.41 |
| 美国 | 714409.00 | 2299.71 |
| 巴拿马 | 874475.00 | 2118.19 |
| 智利 | 628338.00 | 1766.92 |
| 秘鲁 | 505714.00 | 1541.63 |
| 西班牙 | 780731.00 | 1537.76 |
| 墨西哥 | 625543.00 | 1517.91 |
| 马耳他 | 358544.00 | 1501.66 |
| 土耳其 | 601809.00 | 1149.25 |
| 阿根廷 | 230679.00 | 1149.17 |
| 斯里兰卡 | 545390.00 | 1087.71 |
| 尼日利亚 | 915416.00 | 1067.32 |
| 越南 | 231642.00 | 1062.00 |
| 以色列 | 618663.00 | 1009.39 |
| 中国台澎金马关税区 | 271931.00 | 909.14 |
| 约旦 | 639610.00 | 833.29 |
| 文莱 | 193219.00 | 739.38 |
| 坦桑尼亚 | 182013.00 | 652.13 |
| 阿尔及利亚 | 471020.00 | 639.56 |
| 危地马拉 | 319134.00 | 630.99 |
| 突尼斯 | 478897.00 | 547.63 |
| 吉布提 | 261276.00 | 537.95 |
| 利比亚 | 783060.00 | 518.71 |
| 肯尼亚 | 206781.00 | 511.44 |
| 安哥拉 | 182096.00 | 510.63 |
| 黎巴嫩 | 288406.00 | 505.15 |
| 荷兰 | 86910.00 | 451.65 |
| 中国香港 | 210713.00 | 364.12 |
| 科威特 | 169765.00 | 359.11 |
| 阿曼 | 149961.00 | 335.69 |
| 意大利 | 379868.00 | 290.98 |
| 叙利亚 | 229889.00 | 268.00 |
| 德国 | 54415.00 | 262.46 |
| 法国 | 54821.00 | 251.99 |
| 泰国 | 257821.00 | 251.76 |
| 哥伦比亚 | 101760.00 | 244.85 |
| 梅利利亚 | 85080.00 | 243.60 |
| 罗马尼亚 | 231175.00 | 201.67 |
| 摩洛哥 | 61622.00 | 200.72 |
| 菲律宾 | 48213.00 | 166.26 |
| 澳大利亚 | 28591.00 | 150.59 |
| 加纳 | 211822.00 | 150.03 |
| 也门 | 208956.00 | 147.87 |

（续）

| 国家/地区 | 出口数量（千克） | 出口金额（千美元） |
|---|---|---|
| 巴西 | 113256.00 | 138.95 |
| 希腊 | 81228.00 | 124.42 |
| 巴基斯坦 | 34531.00 | 121.80 |
| 英国 | 60070.00 | 116.13 |
| 卡塔尔 | 78279.00 | 112.50 |
| 萨尔瓦多 | 32098.00 | 111.60 |
| 加拿大 | 23799.00 | 104.33 |
| 苏丹 | 247580.00 | 86.98 |
| 索马里 | 28725.00 | 86.07 |
| 古巴 | 38950.00 | 83.66 |
| 多米尼加 | 57489.00 | 72.84 |
| 比利时 | 27494.00 | 72.19 |
| 埃塞俄比亚 | 58265.00 | 70.89 |
| 巴林 | 41174.00 | 66.16 |
| 牙买加 | 12741.00 | 58.36 |
| 毛里塔尼亚 | 43363.00 | 57.65 |
| 阿尔巴尼亚 | 130245.00 | 53.13 |
| 波兰 | 8049.00 | 44.76 |
| 乌拉圭 | 42114.00 | 39.07 |
| 马达加斯加 | 43615.00 | 39.02 |
| 海地 | 31656.00 | 37.85 |
| 柬埔寨 | 3224.00 | 37.13 |
| 瑞典 | 5760.00 | 37.06 |
| 塞内加尔 | 15572.00 | 28.58 |
| 利比里亚 | 23349.00 | 28.16 |
| 俄罗斯 | 34525.00 | 28.09 |
| 刚果(金) | 19128.00 | 27.74 |
| 贝宁 | 100488.00 | 27.51 |
| 特立尼达和多巴哥 | 46637.00 | 26.43 |
| 毛里求斯 | 16842.00 | 25.40 |
| 新西兰 | 9096.00 | 23.27 |
| 莫桑比克 | 24349.00 | 20.87 |
| 伊朗 | 29551.00 | 14.50 |
| 拉脱维亚 | 14000.00 | 14.00 |
| 厄瓜多尔 | 5840.00 | 12.12 |
| 喀麦隆 | 7407.00 | 10.01 |
| 尼加拉瓜 | 3220.00 | 9.40 |
| 塞尔维亚 | 12350.00 | 9.02 |
| 法属波利尼西亚 | 3549.00 | 7.61 |
| 丹麦 | 828.00 | 7.56 |
| 孟加拉国 | 12912.00 | 6.16 |
| 刚果(布) | 1525.00 | 6.10 |
| 波多黎各 | 8561.00 | 5.28 |
| 科特迪瓦 | 2680.00 | 5.18 |

（续）

| 国家/地区 | 出口数量（千克） | 出口金额（千美元） |
|---|---|---|
| 赤道几内亚 | 7726.00 | 4.68 |
| 芬兰 | 563.00 | 4.63 |
| 圣多美和普林西比 | 1840.00 | 4.43 |
| 冈比亚 | 565.00 | 4.32 |
| 中国澳门 | 1450.00 | 4.10 |
| 马尔代夫 | 4232.00 | 3.74 |
| 乌兹别克斯坦 | 1475.00 | 3.67 |
| 所罗门群岛 | 1188.00 | 2.26 |
| 加蓬 | 1328.00 | 2.15 |
| 爱沙尼亚 | 990.00 | 2.11 |
| 斯洛文尼亚 | 814.00 | 2.10 |
| 塞浦路斯 | 2314.00 | 2.03 |
| 爱尔兰 | 566.00 | 1.94 |
| 哥斯达黎加 | 715.00 | 1.93 |
| 科摩罗 | 1730.00 | 1.63 |
| 巴布亚新几内亚 | 554.00 | 1.30 |
| 塞拉利昂 | 1683.00 | 1.15 |
| 委内瑞拉 | 500.00 | 1.05 |
| 纳米比亚 | 893.00 | 0.79 |
| 布隆迪 | 374.00 | 0.61 |
| 冰岛 | 230.00 | 0.56 |
| 新喀里多尼亚 | 578.00 | 0.51 |
| 马里 | 720.00 | 0.43 |
| 圭亚那 | 140.00 | 0.42 |
| 黑山 | 560.00 | 0.38 |
| 基里巴斯 | 245.00 | 0.29 |
| 乌干达 | 536.00 | 0.29 |
| 厄立特里亚 | 386.00 | 0.24 |
| 赞比亚 | 240.00 | 0.22 |
| 中非 | 254.00 | 0.18 |
| 瓦努阿图 | 150.00 | 0.16 |
| 格林纳达 | 58.00 | 0.13 |
| 东帝汶 | 130.00 | 0.09 |
| 密克罗尼西亚 | 25.00 | 0.07 |
| 卢旺达 | 10.00 | 0.06 |
| 奥地利 | 11.00 | 0.06 |
| 斐济 | 97.00 | 0.05 |
| 葡萄牙 | 33.00 | 0.05 |
| 多米尼克 | 71.00 | 0.04 |
| 津巴布韦 | 23.00 | 0.01 |
| 44181010 辐射松制窗法兰西式(落地)窗及其框架 | | |
| 合计 | 13833.00 | 23.06 |
| 韩国 | 10383.00 | 11.30 |

(续)

| 国家/地区 | 出口数量(千克) | 出口金额(千美元) |
|---|---|---|
| 美国 | 1150.00 | 8.26 |
| 加拿大 | 2300.00 | 3.50 |
| 44181090 木制窗、法兰西式(落地)窗及其木制框架 | | |
| 合计 | 32326609.00 | 176509.40 |
| 美国 | 9117812.00 | 51135.57 |
| 澳大利亚 | 4515285.00 | 36190.38 |
| 中国香港 | 7221426.00 | 34871.46 |
| 英国 | 3415528.00 | 20262.20 |
| 日本 | 4279382.00 | 11532.58 |
| 韩国 | 1125356.00 | 7208.21 |
| 荷兰 | 621916.00 | 4327.26 |
| 南非 | 245656.00 | 1204.33 |
| 新西兰 | 138531.00 | 1203.80 |
| 越南 | 144046.00 | 1003.36 |
| 尼日利亚 | 168556.00 | 890.09 |
| 阿联酋 | 106678.00 | 760.71 |
| 贝宁 | 150958.00 | 758.50 |
| 法国 | 162474.00 | 601.38 |
| 德国 | 270991.00 | 561.45 |
| 比利时 | 67662.00 | 514.08 |
| 马来西亚 | 45128.00 | 417.45 |
| 中国台澎金马关税区 | 59413.00 | 407.41 |
| 印度 | 63986.00 | 258.10 |
| 加拿大 | 37519.00 | 254.99 |
| 爱尔兰 | 43474.00 | 221.77 |
| 新加坡 | 27103.00 | 211.33 |
| 伊朗 | 22810.00 | 188.17 |
| 波兰 | 29604.00 | 166.87 |
| 智利 | 45150.00 | 154.56 |
| 巴拿马 | 14203.00 | 144.59 |
| 沙特阿拉伯 | 15045.00 | 138.57 |
| 俄罗斯 | 20033.00 | 104.06 |
| 丹麦 | 19022.00 | 102.44 |
| 希腊 | 14825.00 | 102.08 |
| 约旦 | 16537.00 | 85.76 |
| 老挝 | 3378.00 | 66.92 |
| 西班牙 | 9400.00 | 50.11 |
| 泰国 | 9930.00 | 47.08 |
| 莫桑比克 | 9850.00 | 38.96 |
| 罗马尼亚 | 11208.00 | 38.21 |
| 菲律宾 | 5882.00 | 29.41 |
| 意大利 | 15360.00 | 27.12 |
| 以色列 | 3571.00 | 26.56 |

(续)

| 国家/地区 | 出口数量(千克) | 出口金额(千美元) |
|---|---|---|
| 芬兰 | 2785.00 | 25.18 |
| 巴布亚新几内亚 | 4185.00 | 23.86 |
| 墨西哥 | 2146.00 | 21.77 |
| 伊拉克 | 2784.00 | 18.24 |
| 古巴 | 190.00 | 18.00 |
| 塞尔维亚 | 5633.00 | 15.21 |
| 葡萄牙 | 2990.00 | 12.12 |
| 乌干达 | 743.00 | 10.41 |
| 苏丹 | 1390.00 | 9.71 |
| 匈牙利 | 580.00 | 9.62 |
| 瑞典 | 1293.00 | 7.28 |
| 中国澳门 | 2470.00 | 5.98 |
| 柬埔寨 | 335.00 | 4.96 |
| 巴林 | 546.00 | 4.43 |
| 马尔代夫 | 1100.00 | 4.13 |
| 秘鲁 | 878.00 | 2.63 |
| 哥斯达黎加 | 334.00 | 2.48 |
| 科威特 | 889.00 | 2.27 |
| 挪威 | 306.00 | 1.35 |
| 马耳他 | 83.00 | 0.58 |
| 巴西 | 48.00 | 0.57 |
| 斯里兰卡 | 37.00 | 0.41 |
| 阿曼 | 161.00 | 0.21 |
| 牙买加 | 15.00 | 0.17 |
| 44182000 木制门及其框架和门槛 | | |
| 合计 | 322063523.00 | 659377.83 |
| 美国 | 82380509.00 | 162292.96 |
| 日本 | 34603793.00 | 101985.44 |
| 中国香港 | 34317962.00 | 72296.58 |
| 英国 | 18611821.00 | 39004.67 |
| 罗马尼亚 | 27610221.00 | 30229.41 |
| 加拿大 | 14329628.00 | 24194.94 |
| 新加坡 | 7144961.00 | 21720.09 |
| 阿联酋 | 5499236.00 | 15411.84 |
| 中国澳门 | 4001342.00 | 14924.29 |
| 澳大利亚 | 2936967.00 | 10973.39 |
| 尼日利亚 | 6697489.00 | 10739.58 |
| 法国 | 3354376.00 | 10382.25 |
| 爱尔兰 | 4801005.00 | 9158.08 |
| 菲律宾 | 4485247.00 | 8056.34 |
| 委内瑞拉 | 2515916.00 | 7928.80 |
| 韩国 | 4220675.00 | 6107.40 |
| 沙特阿拉伯 | 2765395.00 | 6101.34 |
| 保加利亚 | 4669530.00 | 4917.18 |

(续)

| 国家/地区 | 出口数量(千克) | 出口金额(千美元) |
|---|---|---|
| 伊拉克 | 5092414.00 | 4681.17 |
| 巴基斯坦 | 1303995.00 | 4109.23 |
| 印度 | 1336036.00 | 3722.80 |
| 卡塔尔 | 1369211.00 | 3389.88 |
| 格鲁吉亚 | 2933775.00 | 3135.20 |
| 土耳其 | 2961749.00 | 3129.87 |
| 以色列 | 1792095.00 | 3084.42 |
| 越南 | 1192737.00 | 2836.58 |
| 肯尼亚 | 748274.00 | 2728.12 |
| 科威特 | 1833011.00 | 2592.69 |
| 比利时 | 1618470.00 | 2405.73 |
| 阿尔及利亚 | 1292448.00 | 2292.17 |
| 阿尔巴尼亚 | 2168127.00 | 2260.96 |
| 巴拿马 | 890617.00 | 2186.47 |
| 伊朗 | 1530756.00 | 2183.62 |
| 摩尔多瓦 | 1869200.00 | 2063.43 |
| 马来西亚 | 353522.00 | 2055.68 |
| 土库曼斯坦 | 1690676.00 | 2023.40 |
| 埃及 | 2104068.00 | 1998.68 |
| 吉布提 | 572646.00 | 1879.47 |
| 加纳 | 691668.00 | 1851.42 |
| 阿曼 | 715938.00 | 1782.18 |
| 古巴 | 1048810.00 | 1712.24 |
| 泰国 | 938362.00 | 1602.55 |
| 塞内加尔 | 348603.00 | 1512.28 |
| 马尔代夫 | 464759.00 | 1490.46 |
| 荷兰 | 588615.00 | 1456.10 |
| 巴林 | 468256.00 | 1455.07 |
| 坦桑尼亚 | 489019.00 | 1304.81 |
| 亚美尼亚 | 1081791.00 | 1264.74 |
| 墨西哥 | 587796.00 | 1218.49 |
| 中国台澎金马关税区 | 355790.00 | 1125.47 |
| 安哥拉 | 351430.00 | 1082.76 |
| 斯里兰卡 | 283575.00 | 1080.58 |
| 多米尼加 | 296130.00 | 1059.84 |
| 刚果(布) | 313732.00 | 1012.80 |
| 利比亚 | 894284.00 | 1008.04 |
| 塞尔维亚 | 906434.00 | 970.74 |
| 莫桑比克 | 265729.00 | 931.14 |
| 乌拉圭 | 653347.00 | 849.23 |
| 刚果(金) | 206067.00 | 791.29 |
| 毛里求斯 | 229660.00 | 785.83 |
| 黎巴嫩 | 294001.00 | 774.78 |
| 立陶宛 | 686770.00 | 754.35 |

（续）

| 国家/地区 | 出口数量（千克） | 出口金额（千美元） |
|---|---|---|
| 特立尼达和多巴哥 | 276740.00 | 739.37 |
| 牙买加 | 156722.00 | 738.20 |
| 南非 | 386730.00 | 726.55 |
| 希腊 | 648051.00 | 690.14 |
| 苏丹 | 271162.00 | 625.32 |
| 巴布亚新几内亚 | 174526.00 | 587.73 |
| 赤道几内亚 | 68830.00 | 536.50 |
| 马达加斯加 | 138684.00 | 508.95 |
| 几内亚 | 99040.00 | 497.90 |
| 智利 | 261570.00 | 475.28 |
| 卢旺达 | 178758.00 | 469.49 |
| 柬埔寨 | 112971.00 | 445.02 |
| 蒙古 | 1166823.00 | 438.59 |
| 乌克兰 | 553116.00 | 420.51 |
| 海地 | 170658.00 | 393.20 |
| 孟加拉国 | 78466.00 | 391.54 |
| 冈比亚 | 176491.00 | 379.94 |
| 尼泊尔 | 136222.00 | 372.53 |
| 喀麦隆 | 70259.00 | 361.77 |
| 阿塞拜疆 | 272589.00 | 351.34 |
| 加蓬 | 63077.00 | 335.42 |
| 科特迪瓦 | 75191.00 | 291.60 |
| 哥伦比亚 | 185921.00 | 278.43 |
| 约旦 | 76719.00 | 275.11 |
| 波多黎各 | 22346.00 | 269.30 |
| 缅甸 | 123279.00 | 267.18 |
| 文莱 | 73751.00 | 264.44 |
| 赞比亚 | 108865.00 | 248.53 |
| 埃塞俄比亚 | 113492.00 | 247.32 |
| 秘鲁 | 92991.00 | 246.46 |
| 多哥 | 54255.00 | 245.18 |
| 马拉维 | 53396.00 | 244.86 |
| 印度尼西亚 | 98748.00 | 243.27 |
| 塔吉克斯坦 | 132213.00 | 232.53 |
| 哥斯达黎加 | 207713.00 | 226.54 |
| 贝宁 | 46672.00 | 215.39 |
| 俄罗斯 | 117494.00 | 214.64 |
| 博茨瓦纳 | 70372.00 | 214.57 |
| 阿根廷 | 161749.00 | 204.10 |
| 朝鲜 | 66908.00 | 199.16 |
| 莱索托 | 48358.00 | 187.62 |
| 摩洛哥 | 57673.00 | 185.63 |
| 意大利 | 95068.00 | 163.08 |
| 玻利维亚 | 105597.00 | 153.22 |

（续）

| 国家/地区 | 出口数量（千克） | 出口金额（千美元） |
|---|---|---|
| 巴拉圭 | 104142.00 | 148.78 |
| 黑山 | 116756.00 | 147.36 |
| 巴西 | 92134.00 | 126.07 |
| 索马里 | 40674.00 | 125.44 |
| 老挝 | 26281.00 | 122.41 |
| 危地马拉 | 72205.00 | 121.26 |
| 斐济 | 64443.00 | 120.11 |
| 新西兰 | 40552.00 | 109.22 |
| 哈萨克斯坦 | 22368.00 | 103.58 |
| 突尼斯 | 52632.00 | 98.74 |
| 马耳他 | 80353.00 | 97.92 |
| 马里 | 37950.00 | 97.52 |
| 西班牙 | 38765.00 | 94.48 |
| 吉尔吉斯斯坦 | 34820.00 | 92.96 |
| 洪都拉斯 | 58810.00 | 92.75 |
| 汤加 | 23627.00 | 92.14 |
| 巴哈马 | 24232.00 | 88.24 |
| 萨摩亚 | 47990.00 | 85.18 |
| 安提瓜和巴布达 | 21199.00 | 81.32 |
| 所罗门群岛 | 31255.00 | 78.21 |
| 瑞典 | 29536.00 | 77.75 |
| 德国 | 42032.00 | 76.73 |
| 苏里南 | 53100.00 | 75.71 |
| 塞浦路斯 | 21227.00 | 71.64 |
| 厄立特里亚 | 19440.00 | 68.30 |
| 塞舌尔 | 11696.00 | 59.95 |
| 帕劳 | 7776.00 | 58.72 |
| 津巴布韦 | 39328.00 | 58.61 |
| 荷属安地列斯 | 23174.00 | 58.12 |
| 新喀里多尼亚 | 40103.00 | 57.37 |
| 毛里塔尼亚 | 29921.00 | 55.18 |
| 马绍尔群岛 | 11200.00 | 40.98 |
| 厄瓜多尔 | 23836.00 | 39.82 |
| 克罗地亚 | 22519.00 | 38.76 |
| 斯洛伐克 | 9788.00 | 36.10 |
| 马提尼克 | 9516.00 | 34.55 |
| 科摩罗 | 5358.00 | 33.92 |
| 留尼汪 | 25165.00 | 31.17 |
| 阿富汗 | 34035.00 | 30.50 |
| 法属波利尼西亚 | 10600.00 | 30.13 |
| 利比里亚 | 11668.00 | 29.80 |
| 丹麦 | 5801.00 | 28.80 |
| 马约特 | 5744.00 | 27.25 |
| 布基纳法索 | 20993.00 | 26.02 |

（续）

| 国家/地区 | 出口数量（千克） | 出口金额（千美元） |
|---|---|---|
| 斯威士兰 | 4788.00 | 22.62 |
| 开曼群岛 | 3500.00 | 18.17 |
| 瓦努阿图 | 12256.00 | 17.27 |
| 葡萄牙 | 5520.00 | 16.20 |
| 圭亚那 | 5380.00 | 15.58 |
| 冰岛 | 2125.00 | 15.25 |
| 密克罗尼西亚 | 10123.00 | 12.48 |
| 波黑 | 8684.00 | 12.06 |
| 拉脱维亚 | 2630.00 | 12.02 |
| 南苏丹 | 4232.00 | 11.85 |
| 前南马其顿 | 6900.00 | 10.81 |
| 塞拉利昂 | 3380.00 | 10.66 |
| 波兰 | 9200.00 | 9.90 |
| 东帝汶 | 1000.00 | 9.00 |
| 多米尼克 | 7270.00 | 8.98 |
| 也门 | 3398.00 | 7.48 |
| 挪威 | 1634.00 | 6.96 |
| 捷克 | 1410.00 | 6.59 |
| 叙利亚 | 1080.00 | 3.24 |
| 乌干达 | 6500.00 | 3.13 |
| 匈牙利 | 2850.00 | 2.97 |
| 巴巴多斯 | 240.00 | 2.82 |
| 阿鲁巴 | 600.00 | 1.64 |
| 乌兹别克斯坦 | 843.00 | 1.63 |
| 斯洛文尼亚 | 719.00 | 1.41 |
| 佛得角 | 420.00 | 0.93 |
| 纳米比亚 | 235.00 | 0.79 |
| 布隆迪 | 800.00 | 0.70 |
| 法属圭亚那 | 340.00 | 0.44 |
| 44184000 木制水泥构件的模板 | | |
| 合计 | 24557774.00 | 21656.55 |
| 朝鲜 | 4173629.00 | 3838.45 |
| 越南 | 1431523.00 | 1360.96 |
| 中国香港 | 1579827.00 | 1155.45 |
| 巴基斯坦 | 1082033.00 | 1013.64 |
| 吉布提 | 1123304.00 | 925.89 |
| 墨西哥 | 389660.00 | 895.00 |
| 塔吉克斯坦 | 685910.00 | 824.42 |
| 柬埔寨 | 1264060.00 | 823.05 |
| 肯尼亚 | 1028976.00 | 811.32 |
| 巴拿马 | 396000.00 | 748.44 |
| 马来西亚 | 679293.00 | 564.29 |
| 阿尔及利亚 | 710512.00 | 535.56 |
| 文莱 | 236320.00 | 497.17 |

(续)

| 国家/地区 | 出口数量（千克） | 出口金额（千美元） |
|---|---|---|
| 印度尼西亚 | 804483.00 | 482.62 |
| 阿联酋 | 475562.00 | 473.46 |
| 新加坡 | 502356.00 | 472.83 |
| 科威特 | 647652.00 | 446.57 |
| 莫桑比克 | 499772.00 | 443.59 |
| 孟加拉国 | 616550.00 | 431.65 |
| 中国澳门 | 176700.00 | 339.28 |
| 菲律宾 | 325095.00 | 298.37 |
| 美国 | 346400.00 | 298.07 |
| 埃塞俄比亚 | 409780.00 | 284.64 |
| 澳大利亚 | 200236.00 | 207.64 |
| 埃及 | 66928.00 | 191.80 |
| 坦桑尼亚 | 255512.00 | 186.80 |
| 赞比亚 | 173918.00 | 173.44 |
| 委内瑞拉 | 236345.00 | 164.01 |
| 斯里兰卡 | 250850.00 | 163.19 |
| 牙买加 | 263670.00 | 146.74 |
| 赤道几内亚 | 137830.00 | 134.41 |
| 利比里亚 | 153910.00 | 128.24 |
| 喀麦隆 | 184530.00 | 121.19 |
| 塞内加尔 | 124500.00 | 117.81 |
| 缅甸 | 197108.00 | 113.52 |
| 多哥 | 126090.00 | 112.79 |
| 巴布亚新几内亚 | 177568.00 | 104.04 |
| 韩国 | 126215.00 | 94.49 |
| 纳米比亚 | 143697.00 | 93.46 |
| 卢旺达 | 115360.00 | 92.87 |
| 瓦努阿图 | 120050.00 | 85.30 |
| 新西兰 | 66280.00 | 82.09 |
| 乌兹别克斯坦 | 75150.00 | 76.18 |
| 乌干达 | 97261.00 | 69.48 |
| 卡塔尔 | 98671.00 | 62.82 |
| 刚果(金) | 87210.00 | 61.13 |
| 也门 | 87500.00 | 58.63 |
| 毛里塔尼亚 | 90466.00 | 53.03 |
| 科摩罗 | 92480.00 | 50.18 |
| 马尔代夫 | 98100.00 | 49.82 |
| 中国台澎金马关税区 | 73700.00 | 46.63 |
| 玻利维亚 | 61600.00 | 43.74 |
| 尼日利亚 | 104160.00 | 42.60 |
| 泰国 | 41057.00 | 42.43 |
| 尼泊尔 | 47880.00 | 36.87 |
| 加纳 | 68250.00 | 33.49 |
| 苏丹 | 44905.00 | 30.52 |

(续)

| 国家/地区 | 出口数量（千克） | 出口金额（千美元） |
|---|---|---|
| 沙特阿拉伯 | 34800.00 | 30.48 |
| 津巴布韦 | 55000.00 | 29.45 |
| 老挝 | 34000.00 | 26.91 |
| 南非 | 33623.00 | 25.02 |
| 哥斯达黎加 | 38400.00 | 22.18 |
| 科特迪瓦 | 42051.00 | 18.92 |
| 乍得 | 33000.00 | 16.50 |
| 安哥拉 | 26410.00 | 16.32 |
| 俄罗斯 | 22774.00 | 16.07 |
| 圣其茨和尼维斯 | 30000.00 | 15.42 |
| 芬兰 | 14000.00 | 14.98 |
| 中非 | 19150.00 | 14.15 |
| 秘鲁 | 1600.00 | 14.08 |
| 安提瓜和巴布达 | 18550.00 | 14.00 |
| 蒙古 | 98258.00 | 13.21 |
| 马拉维 | 18000.00 | 12.24 |
| 博茨瓦纳 | 22000.00 | 12.00 |
| 马里 | 19200.00 | 11.51 |
| 厄立特里亚 | 16800.00 | 11.10 |
| 汤加 | 9259.00 | 10.70 |
| 哥伦比亚 | 9090.00 | 10.00 |
| 萨摩亚 | 14500.00 | 9.21 |
| 贝宁 | 7590.00 | 7.82 |
| 斐济 | 1500.00 | 7.69 |
| 圣多美和普林西比 | 9979.00 | 7.60 |
| 圭亚那 | 13200.00 | 6.84 |
| 刚果(布) | 10800.00 | 6.60 |
| 塞拉利昂 | 6850.00 | 6.22 |
| 南苏丹 | 9940.00 | 5.53 |
| 佛得角 | 5400.00 | 3.37 |
| 白俄罗斯 | 5000.00 | 2.26 |
| 约旦 | 1866.00 | 1.29 |
| 加蓬 | 800.00 | 0.84 |
| 44185000 木瓦及木制盖屋板 | | |
| 合计 | 7308027.00 | 8282.98 |
| 美国 | 5466546.00 | 6212.72 |
| 加拿大 | 1377270.00 | 1395.17 |
| 韩国 | 253619.00 | 356.13 |
| 中国台澎金马关税区 | 51271.00 | 90.79 |
| 古巴 | 19000.00 | 38.68 |
| 伊朗 | 21314.00 | 38.33 |
| 摩洛哥 | 27189.00 | 34.01 |
| 日本 | 31370.00 | 31.54 |
| 毛里求斯 | 14125.00 | 25.02 |

(续)

| 国家/地区 | 出口数量（千克） | 出口金额（千美元） |
|---|---|---|
| 缅甸 | 4079.00 | 24.47 |
| 比利时 | 26421.00 | 16.28 |
| 赞比亚 | 10600.00 | 12.07 |
| 中国香港 | 4625.00 | 5.32 |
| 德国 | 154.00 | 1.61 |
| 巴林 | 444.00 | 0.84 |
| 44186000 木制柱及樑 | | |
| 合计 | 12206634.00 | 12892.56 |
| 日本 | 8518383.00 | 7847.56 |
| 阿联酋 | 1618708.00 | 2365.06 |
| 韩国 | 308325.00 | 416.97 |
| 加拿大 | 147398.00 | 306.05 |
| 阿根廷 | 185012.00 | 284.27 |
| 中国香港 | 190048.00 | 219.63 |
| 中国澳门 | 244263.00 | 181.89 |
| 菲律宾 | 70700.00 | 141.01 |
| 美国 | 57469.00 | 114.50 |
| 中国台澎金马关税区 | 104291.00 | 105.59 |
| 荷兰 | 182315.00 | 105.39 |
| 阿尔及利亚 | 43100.00 | 90.10 |
| 吉布提 | 61155.00 | 71.47 |
| 古巴 | 22100.00 | 70.11 |
| 马尔代夫 | 52440.00 | 60.73 |
| 科特迪瓦 | 44191.00 | 52.52 |
| 哥伦比亚 | 34500.00 | 51.51 |
| 泰国 | 11940.00 | 50.52 |
| 哈萨克斯坦 | 588.00 | 41.75 |
| 巴基斯坦 | 34760.00 | 37.88 |
| 斯洛伐克 | 24000.00 | 34.69 |
| 比利时 | 49055.00 | 31.89 |
| 马来西亚 | 27492.00 | 27.67 |
| 新加坡 | 6084.00 | 25.50 |
| 埃塞俄比亚 | 36240.00 | 15.19 |
| 圣多美和普林西比 | 12960.00 | 14.72 |
| 瓦努阿图 | 42700.00 | 14.39 |
| 赞比亚 | 10157.00 | 13.27 |
| 澳大利亚 | 853.00 | 11.99 |
| 尼日利亚 | 8400.00 | 11.56 |
| 英国 | 9975.00 | 8.98 |
| 伊拉克 | 6963.00 | 8.36 |
| 肯尼亚 | 7256.00 | 8.07 |
| 缅甸 | 9228.00 | 7.46 |
| 莫桑比克 | 4607.00 | 7.15 |
| 圣卢西亚 | 3500.00 | 5.66 |

（续）

| 国家/地区 | 出口数量（千克） | 出口金额（千美元） |
|---|---|---|
| 卡塔尔 | 720.00 | 5.66 |
| 安哥拉 | 3700.00 | 4.94 |
| 德国 | 2723.00 | 4.90 |
| 埃及 | 720.00 | 2.77 |
| 丹麦 | 400.00 | 2.70 |
| 西班牙 | 3929.00 | 2.05 |
| 加纳 | 389.00 | 1.91 |
| 意大利 | 880.00 | 1.58 |
| 印度 | 740.00 | 1.58 |
| 沙特阿拉伯 | 250.00 | 1.55 |
| 斯里兰卡 | 283.00 | 0.80 |
| 希腊 | 470.00 | 0.60 |
| 南非 | 106.00 | 0.27 |
| 几内亚比绍 | 168.00 | 0.22 |
| 44187100 马赛克地板用已装拼的木地板 | | |
| 合计 | 87399.00 | 263.47 |
| 日本 | 60048.00 | 156.86 |
| 澳大利亚 | 7894.00 | 49.79 |
| 西班牙 | 5275.00 | 15.83 |
| 新加坡 | 6255.00 | 14.91 |
| 菲律宾 | 3350.00 | 11.59 |
| 以色列 | 2232.00 | 4.69 |
| 老挝 | 800.00 | 3.93 |
| 孟加拉国 | 396.00 | 3.28 |
| 哈萨克斯坦 | 300.00 | 1.62 |
| 美国 | 792.00 | 0.82 |
| 哥伦比亚 | 57.00 | 0.17 |
| 44187290 其他多层已装拼的木地板 | | |
| 合计 | 4573379.00 | 9700.18 |
| 美国 | 2509476.00 | 6692.01 |
| 中国澳门 | 471319.00 | 919.37 |
| 朝鲜 | 404851.00 | 513.31 |
| 荷兰 | 120190.00 | 395.74 |
| 中国香港 | 721712.00 | 330.63 |
| 英国 | 62632.00 | 132.55 |
| 韩国 | 30537.00 | 113.56 |
| 日本 | 23278.00 | 108.26 |
| 哈萨克斯坦 | 33070.00 | 99.48 |
| 印度 | 13579.00 | 76.27 |
| 菲律宾 | 57740.00 | 69.76 |
| 加拿大 | 20675.00 | 59.58 |
| 马来西亚 | 9440.00 | 40.35 |
| 澳大利亚 | 15426.00 | 29.24 |
| 新加坡 | 30443.00 | 27.27 |

（续）

| 国家/地区 | 出口数量（千克） | 出口金额（千美元） |
|---|---|---|
| 以色列 | 11050.00 | 20.14 |
| 德国 | 1460.00 | 16.09 |
| 比利时 | 4802.00 | 13.80 |
| 中国台澎金马关税区 | 8416.00 | 10.71 |
| 毛里求斯 | 1228.00 | 6.02 |
| 缅甸 | 13245.00 | 5.06 |
| 斯里兰卡 | 1073.00 | 4.00 |
| 乌拉圭 | 776.00 | 3.91 |
| 希腊 | 730.00 | 3.00 |
| 阿联酋 | 2548.00 | 2.96 |
| 沙特阿拉伯 | 1260.00 | 2.93 |
| 苏丹 | 540.00 | 2.93 |
| 阿富汗 | 1883.00 | 1.26 |
| 44187990 其他已装拼的木地板 | | |
| 合计 | 11886338.00 | 16240.46 |
| 美国 | 8006163.00 | 9639.20 |
| 韩国 | 606927.00 | 1309.58 |
| 朝鲜 | 1300973.00 | 1021.18 |
| 日本 | 423425.00 | 676.35 |
| 英国 | 201417.00 | 507.20 |
| 中国香港 | 299730.00 | 429.81 |
| 缅甸 | 77240.00 | 424.54 |
| 新加坡 | 98623.00 | 291.06 |
| 加拿大 | 144456.00 | 259.05 |
| 印度 | 53342.00 | 165.80 |
| 澳大利亚 | 112245.00 | 157.04 |
| 摩洛哥 | 39600.00 | 118.80 |
| 马来西亚 | 49914.00 | 114.33 |
| 莫桑比克 | 51170.00 | 102.30 |
| 加纳 | 27640.00 | 99.84 |
| 毛里求斯 | 20700.00 | 75.58 |
| 德国 | 21310.00 | 68.98 |
| 泰国 | 15293.00 | 63.35 |
| 哈萨克斯坦 | 21436.00 | 60.56 |
| 菲律宾 | 23248.00 | 58.94 |
| 巴拿马 | 6850.00 | 56.88 |
| 丹麦 | 16368.00 | 53.25 |
| 安哥拉 | 27200.00 | 45.50 |
| 赞比亚 | 20240.00 | 45.38 |
| 肯尼亚 | 12500.00 | 44.10 |
| 中国台澎金马关税区 | 22534.00 | 41.81 |
| 智利 | 15900.00 | 28.40 |
| 巴基斯坦 | 39533.00 | 27.75 |
| 俄罗斯 | 6417.00 | 27.53 |

（续）

| 国家/地区 | 出口数量（千克） | 出口金额（千美元） |
|---|---|---|
| 罗马尼亚 | 17287.00 | 25.94 |
| 文莱 | 7000.00 | 24.90 |
| 比利时 | 5000.00 | 19.00 |
| 马尔代夫 | 5000.00 | 15.60 |
| 阿曼 | 4000.00 | 15.20 |
| 阿联酋 | 4500.00 | 14.04 |
| 意大利 | 4000.00 | 12.48 |
| 尼日利亚 | 7032.00 | 11.38 |
| 印度尼西亚 | 7156.00 | 10.86 |
| 刚果(布) | 6873.00 | 10.53 |
| 吉布提 | 3000.00 | 9.36 |
| 新西兰 | 2753.00 | 8.04 |
| 哥斯达黎加 | 20592.00 | 7.97 |
| 多哥 | 1522.00 | 7.96 |
| 黎巴嫩 | 5905.00 | 7.09 |
| 南非 | 3808.00 | 5.71 |
| 马耳他 | 1250.00 | 5.63 |
| 墨西哥 | 1326.00 | 3.35 |
| 瓦努阿图 | 3400.00 | 2.98 |
| 土耳其 | 1213.00 | 2.43 |
| 沙特阿拉伯 | 8827.00 | 2.28 |
| 中国澳门 | 1361.00 | 1.51 |
| 柬埔寨 | 380.00 | 1.24 |
| 法国 | 469.00 | 0.49 |
| 赤道几内亚 | 290.00 | 0.43 |
| 44190031 木制一次性筷子 | | |
| 合计 | 69484227.00 | 58048.56 |
| 日本 | 51450326.00 | 43557.25 |
| 韩国 | 14455605.00 | 10670.24 |
| 美国 | 1680743.00 | 1784.76 |
| 中国台澎金马关税区 | 387560.00 | 371.03 |
| 澳大利亚 | 261542.00 | 280.17 |
| 智利 | 195806.00 | 195.12 |
| 德国 | 164473.00 | 169.04 |
| 新西兰 | 140074.00 | 166.92 |
| 加拿大 | 114918.00 | 152.44 |
| 英国 | 58810.00 | 100.41 |
| 印度尼西亚 | 119159.00 | 93.49 |
| 法国 | 72170.00 | 72.03 |
| 西班牙 | 67963.00 | 70.81 |
| 新加坡 | 30215.00 | 56.66 |
| 瑞典 | 28364.00 | 51.20 |
| 墨西哥 | 61305.00 | 45.64 |
| 马来西亚 | 51735.00 | 45.58 |

（续）

| 国家/地区 | 出口数量（千克） | 出口金额（千美元） |
|---|---|---|
| 巴西 | 47100.00 | 35.17 |
| 泰国 | 27797.00 | 31.56 |
| 委内瑞拉 | 21875.00 | 25.73 |
| 中国香港 | 3610.00 | 15.61 |
| 荷兰 | 13649.00 | 12.53 |
| 土耳其 | 5280.00 | 11.19 |
| 乌拉圭 | 4000.00 | 8.60 |
| 菲律宾 | 5606.00 | 6.70 |
| 沙特阿拉伯 | 3000.00 | 4.50 |
| 多米尼加 | 3650.00 | 2.96 |
| 科威特 | 765.00 | 2.07 |
| 斐济 | 1000.00 | 2.00 |
| 肯尼亚 | 640.00 | 1.66 |
| 阿联酋 | 842.00 | 1.60 |
| 以色列 | 1425.00 | 0.93 |
| 爱沙尼亚 | 1140.00 | 0.72 |
| 莫桑比克 | 99.00 | 0.53 |
| 挪威 | 649.00 | 0.41 |
| 意大利 | 645.00 | 0.36 |
| 丹麦 | 418.00 | 0.26 |
| 南非 | 76.00 | 0.24 |
| 苏丹 | 6.00 | 0.12 |
| 斯里兰卡 | 15.00 | 0.11 |
| 巴基斯坦 | 18.00 | 0.06 |
| 中国澳门 | 20.00 | 0.06 |
| 哈萨克斯坦 | 126.00 | 0.06 |
| 牙买加 | 8.00 | 0.05 |
| 44190099 其他木制餐具及厨房用具 | | |
| 合计 | 38176297.00 | 172515.36 |
| 美国 | 8383200.00 | 39021.91 |
| 日本 | 3874163.00 | 27027.11 |
| 英国 | 3706092.00 | 14485.82 |
| 德国 | 2682260.00 | 11477.07 |
| 澳大利亚 | 3222492.00 | 11051.10 |
| 荷兰 | 2239803.00 | 7489.85 |
| 加拿大 | 947878.00 | 4544.96 |
| 韩国 | 982518.00 | 4538.49 |
| 新加坡 | 585678.00 | 4345.27 |
| 法国 | 850028.00 | 3642.14 |
| 西班牙 | 757485.00 | 3540.12 |
| 意大利 | 837914.00 | 3344.09 |
| 丹麦 | 575598.00 | 2978.98 |
| 瑞典 | 478135.00 | 2836.00 |
| 马来西亚 | 360131.00 | 2696.91 |

（续）

| 国家/地区 | 出口数量（千克） | 出口金额（千美元） |
|---|---|---|
| 中国香港 | 599400.00 | 2545.72 |
| 比利时 | 712701.00 | 2302.43 |
| 阿联酋 | 540683.00 | 1959.65 |
| 中国台澎金马关税区 | 372311.00 | 1936.66 |
| 土耳其 | 455405.00 | 1774.38 |
| 沙特阿拉伯 | 364448.00 | 1327.18 |
| 新西兰 | 371496.00 | 1272.95 |
| 波兰 | 361649.00 | 1252.08 |
| 俄罗斯 | 271493.00 | 963.33 |
| 墨西哥 | 264979.00 | 954.37 |
| 巴拿马 | 209907.00 | 910.32 |
| 以色列 | 219310.00 | 832.49 |
| 挪威 | 145103.00 | 765.73 |
| 芬兰 | 123119.00 | 765.18 |
| 南非 | 195407.00 | 715.00 |
| 泰国 | 130342.00 | 577.89 |
| 巴西 | 110119.00 | 575.57 |
| 利比亚 | 99772.00 | 573.15 |
| 阿尔及利亚 | 253911.00 | 557.61 |
| 捷克 | 129493.00 | 548.30 |
| 智利 | 134850.00 | 526.83 |
| 科威特 | 176340.00 | 507.75 |
| 印度 | 106433.00 | 392.16 |
| 希腊 | 90770.00 | 364.89 |
| 菲律宾 | 71594.00 | 351.16 |
| 印度尼西亚 | 182412.00 | 307.82 |
| 伊朗 | 33896.00 | 278.52 |
| 卡塔尔 | 50844.00 | 228.77 |
| 黎巴嫩 | 49212.00 | 226.25 |
| 瑞士 | 46065.00 | 217.12 |
| 奥地利 | 70749.00 | 195.30 |
| 秘鲁 | 27406.00 | 191.74 |
| 阿根廷 | 42341.00 | 176.20 |
| 葡萄牙 | 34910.00 | 155.76 |
| 波多黎各 | 51737.00 | 150.40 |
| 爱尔兰 | 33334.00 | 149.56 |
| 伊拉克 | 34489.00 | 138.83 |
| 哥伦比亚 | 25789.00 | 131.51 |
| 斯洛文尼亚 | 34527.00 | 124.21 |
| 立陶宛 | 17526.00 | 116.76 |
| 埃及 | 26195.00 | 101.23 |
| 罗马尼亚 | 23051.00 | 94.29 |
| 巴基斯坦 | 13659.00 | 94.20 |
| 乌拉圭 | 16689.00 | 84.10 |

（续）

| 国家/地区 | 出口数量（千克） | 出口金额（千美元） |
|---|---|---|
| 哥斯达黎加 | 16520.00 | 82.50 |
| 哈萨克斯坦 | 21581.00 | 76.27 |
| 摩洛哥 | 39962.00 | 70.45 |
| 约旦 | 19908.00 | 69.23 |
| 洪都拉斯 | 25556.00 | 67.37 |
| 克罗地亚 | 17513.00 | 61.43 |
| 越南 | 2205.00 | 41.49 |
| 爱沙尼亚 | 6941.00 | 35.00 |
| 巴林 | 10507.00 | 34.90 |
| 斯洛伐克 | 12815.00 | 34.62 |
| 乌克兰 | 5651.00 | 33.90 |
| 巴哈马 | 10138.00 | 33.05 |
| 厄瓜多尔 | 9642.00 | 33.01 |
| 中国澳门 | 4922.00 | 30.73 |
| 阿塞拜疆 | 9865.00 | 27.30 |
| 阿曼 | 6457.00 | 25.92 |
| 多米尼加 | 6016.00 | 23.67 |
| 突尼斯 | 8967.00 | 23.63 |
| 尼日利亚 | 16240.00 | 23.52 |
| 新喀里多尼亚 | 10189.00 | 23.13 |
| 法属波利尼西亚 | 10988.00 | 22.45 |
| 巴布亚新几内亚 | 3683.00 | 21.81 |
| 拉脱维亚 | 1610.00 | 15.91 |
| 叙利亚 | 5196.00 | 15.65 |
| 乌兹别克斯坦 | 8485.00 | 12.30 |
| 科特迪瓦 | 1710.00 | 10.88 |
| 危地马拉 | 3118.00 | 9.79 |
| 留尼汪 | 3204.00 | 9.41 |
| 柬埔寨 | 9685.00 | 9.34 |
| 塞浦路斯 | 2392.00 | 8.55 |
| 加纳 | 2855.00 | 8.14 |
| 萨尔瓦多 | 1665.00 | 7.92 |
| 匈牙利 | 2091.00 | 7.11 |
| 孟加拉国 | 1788.00 | 6.60 |
| 坦桑尼亚 | 1827.00 | 6.42 |
| 塞内加尔 | 702.00 | 6.34 |
| 吉布提 | 2800.00 | 5.60 |
| 塞尔维亚 | 1040.00 | 5.42 |
| 蒙古 | 31230.00 | 5.10 |
| 巴拉圭 | 1877.00 | 4.92 |
| 也门 | 1403.00 | 4.59 |
| 肯尼亚 | 1181.00 | 4.45 |
| 斐济 | 296.00 | 3.42 |
| 南苏丹 | 500.00 | 2.46 |

（续）

| 国家/地区 | 出口数量（千克） | 出口金额（千美元） |
|---|---|---|
| 斯里兰卡 | 360.00 | 2.14 |
| 阿尔巴尼亚 | 413.00 | 2.12 |
| 格鲁吉亚 | 625.00 | 2.04 |
| 毛里求斯 | 539.00 | 1.89 |
| 马耳他 | 320.00 | 1.15 |
| 苏丹 | 1002.00 | 0.90 |
| 安哥拉 | 207.00 | 0.87 |
| 缅甸 | 55.00 | 0.68 |
| 冰岛 | 67.00 | 0.52 |
| 老挝 | 60.00 | 0.40 |
| 中非 | 43.00 | 0.33 |
| 科摩罗 | 11.00 | 0.33 |
| 刚果(金) | 35.00 | 0.30 |
| 白俄罗斯 | 34.00 | 0.25 |
| 几内亚 | 36.00 | 0.11 |
| 多哥 | 20.00 | 0.10 |
| 佛得角 | 94.00 | 0.09 |
| 马尔代夫 | 80.00 | 0.08 |
| 多米尼克 | 24.00 | 0.06 |
| 巴巴多斯 | 51.00 | 0.06 |
| 牙买加 | 20.00 | 0.05 |
| 文莱 | 3.00 | 0.03 |
| 尼加拉瓜 | 17.00 | 0.03 |
| 埃塞俄比亚 | 18.00 | 0.03 |
| 阿富汗 | 1.00 | 0.01 |
| 44201011 木刻 | | |
| 合计 | 52750.00 | 1079.96 |
| 日本 | 14974.00 | 776.95 |
| 美国 | 16197.00 | 115.00 |
| 新加坡 | 5891.00 | 68.53 |
| 越南 | 383.00 | 45.10 |
| 中国台澎金马关税区 | 6017.00 | 33.36 |
| 泰国 | 3957.00 | 16.72 |
| 德国 | 684.00 | 9.95 |
| 韩国 | 1341.00 | 3.56 |
| 阿联酋 | 101.00 | 2.84 |
| 中国香港 | 246.00 | 1.70 |
| 菲律宾 | 1141.00 | 1.21 |
| 印度 | 229.00 | 1.00 |
| 比利时 | 340.00 | 1.00 |
| 巴林 | 230.00 | 0.88 |
| 毛里求斯 | 1.00 | 0.87 |
| 加拿大 | 570.00 | 0.63 |
| 马来西亚 | 420.00 | 0.38 |

（续）

| 国家/地区 | 出口数量（千克） | 出口金额（千美元） |
|---|---|---|
| 乌兹别克斯坦 | 14.00 | 0.17 |
| 沙特阿拉伯 | 14.00 | 0.13 |
| 44201020 木扇 | | |
| 合计 | 405929.00 | 5639.41 |
| 西班牙 | 214838.00 | 3040.97 |
| 日本 | 55819.00 | 1264.48 |
| 英国 | 29045.00 | 449.65 |
| 美国 | 27791.00 | 200.93 |
| 意大利 | 13638.00 | 199.66 |
| 墨西哥 | 19854.00 | 104.95 |
| 韩国 | 11681.00 | 71.28 |
| 葡萄牙 | 802.00 | 52.83 |
| 印度尼西亚 | 9280.00 | 49.92 |
| 希腊 | 3050.00 | 38.63 |
| 阿联酋 | 5508.00 | 32.75 |
| 土耳其 | 3630.00 | 26.62 |
| 中国香港 | 2182.00 | 20.15 |
| 法国 | 1411.00 | 19.93 |
| 德国 | 1446.00 | 17.84 |
| 奥地利 | 668.00 | 12.32 |
| 荷兰 | 1147.00 | 9.45 |
| 马耳他 | 336.00 | 5.51 |
| 瑞士 | 115.00 | 3.71 |
| 新加坡 | 765.00 | 3.39 |
| 丹麦 | 989.00 | 3.10 |
| 摩洛哥 | 197.00 | 2.64 |
| 南非 | 509.00 | 1.91 |
| 印度 | 465.00 | 1.69 |
| 立陶宛 | 230.00 | 1.04 |
| 马来西亚 | 36.00 | 0.99 |
| 马尔代夫 | 60.00 | 0.66 |
| 危地马拉 | 96.00 | 0.55 |
| 哥伦比亚 | 72.00 | 0.50 |
| 阿根廷 | 165.00 | 0.40 |
| 阿尔巴尼亚 | 90.00 | 0.31 |
| 澳大利亚 | 4.00 | 0.29 |
| 泰国 | 1.00 | 0.21 |
| 中国台澎金马关税区 | 1.00 | 0.10 |
| 加拿大 | 1.00 | 0.03 |
| 多米尼加 | 5.00 | 0.03 |
| 沙特阿拉伯 | 2.00 | 0.01 |
| 44201090 其他木制小雕像及装饰品 | | |
| 合计 | 116390302.00 | 623464.40 |
| 美国 | 60793651.00 | 289548.36 |

（续）

| 国家/地区 | 出口数量（千克） | 出口金额（千美元） |
|---|---|---|
| 德国 | 9861691.00 | 56178.28 |
| 荷兰 | 8481016.00 | 45739.98 |
| 英国 | 6793794.00 | 34713.53 |
| 日本 | 2537648.00 | 27199.41 |
| 中国台澎金马关税区 | 2845931.00 | 15449.99 |
| 意大利 | 2118162.00 | 14908.21 |
| 加拿大 | 2485299.00 | 13076.21 |
| 法国 | 2242133.00 | 12172.28 |
| 西班牙 | 1692577.00 | 10638.58 |
| 马来西亚 | 1141301.00 | 10593.70 |
| 新加坡 | 1088381.00 | 10216.12 |
| 澳大利亚 | 1602404.00 | 10104.53 |
| 比利时 | 1329227.00 | 9004.29 |
| 墨西哥 | 662609.00 | 5035.11 |
| 沙特阿拉伯 | 825585.00 | 3918.03 |
| 波兰 | 632572.00 | 3739.82 |
| 丹麦 | 572051.00 | 3725.02 |
| 希腊 | 468857.00 | 3573.13 |
| 阿联酋 | 736523.00 | 3226.10 |
| 瑞典 | 484105.00 | 3055.92 |
| 中国香港 | 598949.00 | 2811.63 |
| 南非 | 462478.00 | 2291.68 |
| 巴拿马 | 326666.00 | 2220.93 |
| 以色列 | 498529.00 | 1960.57 |
| 韩国 | 327294.00 | 1890.22 |
| 瑞士 | 197437.00 | 1712.42 |
| 俄罗斯 | 275509.00 | 1599.66 |
| 土耳其 | 237542.00 | 1575.89 |
| 印度 | 338962.00 | 1205.16 |
| 爱尔兰 | 165904.00 | 1098.30 |
| 斯洛文尼亚 | 136566.00 | 1056.81 |
| 巴西 | 161833.00 | 1036.78 |
| 捷克 | 105160.00 | 1031.56 |
| 奥地利 | 151594.00 | 993.40 |
| 挪威 | 186163.00 | 982.40 |
| 科威特 | 174026.00 | 842.56 |
| 新西兰 | 179809.00 | 831.90 |
| 保加利亚 | 104247.00 | 803.82 |
| 智利 | 144337.00 | 772.31 |
| 芬兰 | 99153.00 | 654.37 |
| 葡萄牙 | 91530.00 | 623.06 |
| 秘鲁 | 63293.00 | 544.28 |
| 阿根廷 | 117101.00 | 538.75 |
| 菲律宾 | 116939.00 | 537.05 |

(续)

| 国家/地区 | 出口数量（千克） | 出口金额（千美元） |
|---|---|---|
| 文莱 | 36643.00 | 520.55 |
| 匈牙利 | 46774.00 | 486.83 |
| 泰国 | 146830.00 | 484.32 |
| 黎巴嫩 | 88584.00 | 469.69 |
| 阿尔及利亚 | 204414.00 | 436.36 |
| 乌克兰 | 82563.00 | 372.18 |
| 印度尼西亚 | 70003.00 | 326.74 |
| 哥伦比亚 | 46964.00 | 315.36 |
| 越南 | 60511.00 | 281.96 |
| 斯洛伐克 | 28766.00 | 277.11 |
| 摩洛哥 | 66204.00 | 276.69 |
| 马耳他 | 32082.00 | 264.14 |
| 伊朗 | 47571.00 | 254.74 |
| 波多黎各 | 46699.00 | 236.13 |
| 卡塔尔 | 38717.00 | 214.48 |
| 伊拉克 | 58711.00 | 187.79 |
| 拉脱维亚 | 26247.00 | 175.77 |
| 罗马尼亚 | 23761.00 | 165.98 |
| 克罗地亚 | 18872.00 | 153.88 |
| 巴林 | 24044.00 | 146.70 |
| 爱沙尼亚 | 18230.00 | 127.12 |
| 塞浦路斯 | 15136.00 | 115.88 |
| 坦桑尼亚 | 33409.00 | 107.44 |
| 尼日利亚 | 40630.00 | 98.54 |
| 利比亚 | 15967.00 | 87.56 |
| 巴基斯坦 | 11048.00 | 87.21 |
| 阿曼 | 17397.00 | 87.09 |
| 肯尼亚 | 76521.00 | 85.10 |
| 多米尼加 | 19636.00 | 82.30 |
| 中国澳门 | 25165.00 | 79.74 |
| 哥斯达黎加 | 16920.00 | 76.01 |
| 乌拉圭 | 18789.00 | 69.22 |
| 埃及 | 48897.00 | 67.61 |
| 危地马拉 | 29346.00 | 66.56 |
| 约旦 | 12528.00 | 66.07 |
| 厄瓜多尔 | 8775.00 | 62.73 |
| 斯里兰卡 | 15378.00 | 58.93 |
| 留尼汪 | 5128.00 | 50.19 |
| 冰岛 | 2702.00 | 42.76 |
| 巴布亚新几内亚 | 2489.00 | 32.52 |
| 白俄罗斯 | 1324.00 | 29.89 |
| 突尼斯 | 6168.00 | 29.48 |
| 黑山 | 3467.00 | 29.11 |
| 立陶宛 | 5131.00 | 28.62 |

(续)

| 国家/地区 | 出口数量（千克） | 出口金额（千美元） |
|---|---|---|
| 萨尔瓦多 | 15744.00 | 26.03 |
| 塞尔维亚 | 3412.00 | 23.02 |
| 荷属安地列斯 | 836.00 | 22.33 |
| 巴拉圭 | 4992.00 | 22.07 |
| 斐济 | 14240.00 | 21.40 |
| 孟加拉国 | 2433.00 | 18.25 |
| 洪都拉斯 | 3922.00 | 16.00 |
| 毛里求斯 | 3547.00 | 15.06 |
| 库克群岛 | 333.00 | 14.38 |
| 喀麦隆 | 675.00 | 13.44 |
| 刚果(金) | 2104.00 | 12.76 |
| 尼加拉瓜 | 3148.00 | 11.56 |
| 巴哈马 | 2271.00 | 10.58 |
| 加纳 | 4803.00 | 10.31 |
| 柬埔寨 | 1903.00 | 9.29 |
| 巴巴多斯 | 2924.00 | 7.55 |
| 牙买加 | 792.00 | 7.54 |
| 哈萨克斯坦 | 1019.00 | 6.78 |
| 亚美尼亚 | 576.00 | 6.58 |
| 阿尔巴尼亚 | 4374.00 | 6.31 |
| 叙利亚 | 2550.00 | 5.10 |
| 特立尼达和多巴哥 | 1644.00 | 4.73 |
| 科特迪瓦 | 932.00 | 3.95 |
| 吉布提 | 1056.00 | 3.85 |
| 莫桑比克 | 2960.00 | 3.64 |
| 玻利维亚 | 577.00 | 3.30 |
| 开曼群岛 | 90.00 | 3.26 |
| 朝鲜 | 900.00 | 1.80 |
| 格鲁吉亚 | 262.00 | 1.72 |
| 乌兹别克斯坦 | 316.00 | 1.25 |
| 法属波利尼西亚 | 345.00 | 0.87 |
| 苏丹 | 1232.00 | 0.74 |
| 刚果(布) | 75.00 | 0.57 |
| 几内亚比绍 | 877.00 | 0.45 |
| 瓜德罗普 | 180.00 | 0.27 |
| 马提尼克 | 24.00 | 0.17 |
| 新喀里多尼亚 | 39.00 | 0.15 |
| 社会群岛 | 14.00 | 0.08 |
| 蒙古 | 500.00 | 0.08 |
| 尼泊尔 | 2.00 | 0.05 |
| 44209010 镶嵌木 | | |
| 合计 | 97412.00 | 371.20 |
| 越南 | 45062.00 | 139.51 |
| 西班牙 | 17683.00 | 95.77 |

(续)

| 国家/地区 | 出口数量（千克） | 出口金额（千美元） |
|---|---|---|
| 奥地利 | 6237.00 | 34.44 |
| 美国 | 18056.00 | 34.22 |
| 阿联酋 | 1744.00 | 22.46 |
| 日本 | 4282.00 | 15.59 |
| 巴拿马 | 484.00 | 15.15 |
| 英国 | 2514.00 | 12.08 |
| 沙特阿拉伯 | 1040.00 | 1.45 |
| 以色列 | 60.00 | 0.23 |
| 东帝汶 | 225.00 | 0.20 |
| 中国香港 | 22.00 | 0.09 |
| 伊朗 | 3.00 | 0.02 |
| 44209090 珠宝或刀具木盒及类似品；第94章以外木家具 | | |
| 合计 | 62221227.00 | 295686.19 |
| 美国 | 19599574.00 | 95577.40 |
| 日本 | 5218078.00 | 29412.04 |
| 德国 | 3942323.00 | 18043.76 |
| 英国 | 3697741.00 | 17016.99 |
| 荷兰 | 4903989.00 | 14239.46 |
| 新加坡 | 1206247.00 | 11373.82 |
| 法国 | 2420146.00 | 9761.72 |
| 澳大利亚 | 2042385.00 | 7669.46 |
| 马来西亚 | 996447.00 | 7121.13 |
| 韩国 | 1706581.00 | 6845.54 |
| 瑞士 | 587582.00 | 6777.16 |
| 中国香港 | 1164554.00 | 6409.93 |
| 意大利 | 1284329.00 | 6222.93 |
| 加拿大 | 1347530.00 | 5889.87 |
| 西班牙 | 1586638.00 | 5823.55 |
| 沙特阿拉伯 | 1269828.00 | 5476.72 |
| 墨西哥 | 626175.00 | 4212.06 |
| 波兰 | 1121816.00 | 4119.81 |
| 阿联酋 | 636630.00 | 4079.85 |
| 比利时 | 917395.00 | 3003.39 |
| 巴拿马 | 274303.00 | 2509.80 |
| 中国台澎金马关税区 | 649755.00 | 2341.90 |
| 俄罗斯 | 376293.00 | 1718.10 |
| 丹麦 | 344128.00 | 1530.29 |
| 瑞典 | 295309.00 | 1279.43 |
| 巴西 | 305033.00 | 1214.49 |
| 南非 | 167901.00 | 1032.26 |
| 以色列 | 263473.00 | 978.24 |
| 葡萄牙 | 230814.00 | 922.99 |
| 泰国 | 192630.00 | 763.12 |

（续）

| 国家/地区 | 出口数量（千克） | 出口金额（千美元） |
|---|---|---|
| 科威特 | 146152.00 | 706.64 |
| 希腊 | 205859.00 | 675.09 |
| 斯洛文尼亚 | 153845.00 | 655.03 |
| 新西兰 | 170793.00 | 648.40 |
| 秘鲁 | 77436.00 | 637.52 |
| 智利 | 139139.00 | 627.80 |
| 土耳其 | 116831.00 | 530.86 |
| 印度 | 132603.00 | 513.96 |
| 芬兰 | 99341.00 | 426.54 |
| 挪威 | 152684.00 | 414.43 |
| 阿根廷 | 118981.00 | 412.31 |
| 捷克 | 83112.00 | 353.33 |
| 爱尔兰 | 79813.00 | 349.80 |
| 多米尼加 | 63019.00 | 338.28 |
| 奥地利 | 43166.00 | 337.12 |
| 古巴 | 67230.00 | 301.73 |
| 印度尼西亚 | 126084.00 | 272.56 |
| 越南 | 31878.00 | 254.44 |
| 埃及 | 68624.00 | 236.71 |
| 洪都拉斯 | 41331.00 | 226.12 |
| 乌克兰 | 52297.00 | 220.07 |
| 拉脱维亚 | 41970.00 | 215.13 |
| 黎巴嫩 | 37364.00 | 198.57 |
| 文莱 | 24231.00 | 198.08 |
| 约旦 | 32164.00 | 164.76 |
| 利比亚 | 34104.00 | 162.82 |
| 阿曼 | 15117.00 | 150.48 |
| 伊拉克 | 45808.00 | 149.88 |
| 克罗地亚 | 35401.00 | 144.05 |
| 匈牙利 | 28371.00 | 119.47 |
| 哥伦比亚 | 25022.00 | 109.48 |
| 伊朗 | 22928.00 | 108.46 |
| 菲律宾 | 14828.00 | 107.79 |
| 卡塔尔 | 25193.00 | 103.79 |
| 乌拉圭 | 25173.00 | 101.06 |
| 中国澳门 | 31059.00 | 85.24 |
| 斯洛伐克 | 10343.00 | 67.25 |
| 摩洛哥 | 9391.00 | 64.86 |
| 立陶宛 | 19485.00 | 64.21 |
| 波多黎各 | 18033.00 | 64.18 |
| 斯里兰卡 | 17358.00 | 63.39 |
| 危地马拉 | 11133.00 | 57.53 |
| 孟加拉国 | 3955.00 | 50.19 |
| 亚美尼亚 | 9044.00 | 45.46 |

（续）

| 国家/地区 | 出口数量（千克） | 出口金额（千美元） |
|---|---|---|
| 爱沙尼亚 | 12850.00 | 44.74 |
| 罗马尼亚 | 11858.00 | 42.99 |
| 厄瓜多尔 | 9822.00 | 37.18 |
| 毛里求斯 | 5617.00 | 35.13 |
| 巴林 | 7246.00 | 33.08 |
| 哥斯达黎加 | 4903.00 | 32.47 |
| 阿尔及利亚 | 9370.00 | 25.83 |
| 突尼斯 | 3353.00 | 24.23 |
| 肯尼亚 | 4245.00 | 23.99 |
| 尼加拉瓜 | 2718.00 | 22.72 |
| 尼日利亚 | 9650.00 | 22.02 |
| 格鲁吉亚 | 2552.00 | 21.12 |
| 马耳他 | 4312.00 | 20.98 |
| 柬埔寨 | 4251.00 | 18.18 |
| 马提尼克 | 2476.00 | 17.38 |
| 哈萨克斯坦 | 3983.00 | 17.38 |
| 白俄罗斯 | 1556.00 | 15.64 |
| 卢森堡 | 1323.00 | 15.16 |
| 巴基斯坦 | 1559.00 | 11.22 |
| 塞浦路斯 | 2395.00 | 10.57 |
| 冰岛 | 1665.00 | 10.13 |
| 塞尔维亚 | 2341.00 | 9.39 |
| 巴拉圭 | 2644.00 | 8.88 |
| 萨尔瓦多 | 1995.00 | 7.73 |
| 黑山 | 1380.00 | 7.70 |
| 也门 | 884.00 | 6.19 |
| 加纳 | 4580.00 | 6.18 |
| 保加利亚 | 2155.00 | 4.68 |
| 加蓬 | 1201.00 | 4.44 |
| 列支敦士登 | 73.00 | 4.00 |
| 特立尼达和多巴哥 | 950.00 | 3.70 |
| 叙利亚 | 1279.00 | 3.23 |
| 摩纳哥 | 56.00 | 3.19 |
| 巴巴多斯 | 3151.00 | 2.44 |
| 阿尔巴尼亚 | 101.00 | 1.46 |
| 缅甸 | 855.00 | 1.34 |
| 斐济 | 217.00 | 1.31 |
| 新喀里多尼亚 | 362.00 | 1.15 |
| 法属波利尼西亚 | 282.00 | 1.12 |
| 巴布亚新几内亚 | 186.00 | 0.97 |
| 蒙古 | 4510.00 | 0.76 |
| 赞比亚 | 185.00 | 0.68 |
| 留尼汪 | 421.00 | 0.62 |
| 塞内加尔 | 100.00 | 0.44 |

（续）

| 国家/地区 | 出口数量（千克） | 出口金额（千美元） |
|---|---|---|
| 科特迪瓦 | 278.00 | 0.31 |
| 阿鲁巴 | 17.00 | 0.12 |
| 44211000 木制衣架 | | |
| 合计 | 51249572.00 | 192993.91 |
| 美国 | 8338388.00 | 31925.40 |
| 德国 | 3969592.00 | 14821.23 |
| 荷兰 | 3758173.00 | 11752.41 |
| 西班牙 | 3407880.00 | 11201.45 |
| 日本 | 2369661.00 | 10263.34 |
| 英国 | 2713939.00 | 9485.31 |
| 新加坡 | 1081128.00 | 9037.93 |
| 法国 | 2431196.00 | 8653.19 |
| 瑞典 | 2507817.00 | 8408.30 |
| 韩国 | 1646392.00 | 6231.16 |
| 中国香港 | 1075364.00 | 5994.59 |
| 澳大利亚 | 1629949.00 | 5091.55 |
| 俄罗斯 | 1531394.00 | 4918.77 |
| 意大利 | 961795.00 | 4000.07 |
| 马来西亚 | 966162.00 | 3589.13 |
| 墨西哥 | 808718.00 | 3495.49 |
| 巴拿马 | 441444.00 | 3291.48 |
| 波兰 | 1211288.00 | 3269.89 |
| 加拿大 | 881435.00 | 3074.47 |
| 阿联酋 | 629875.00 | 2975.00 |
| 土耳其 | 885823.00 | 2546.00 |
| 巴西 | 670169.00 | 2069.76 |
| 丹麦 | 490855.00 | 2020.68 |
| 阿根廷 | 623227.00 | 1873.88 |
| 沙特阿拉伯 | 302614.00 | 1685.73 |
| 比利时 | 450616.00 | 1596.65 |
| 印度 | 328763.00 | 1576.12 |
| 智利 | 391947.00 | 1084.89 |
| 瑞士 | 313532.00 | 1051.32 |
| 中国台澎金马关税区 | 197501.00 | 1037.87 |
| 乌克兰 | 356114.00 | 1003.41 |
| 秘鲁 | 281305.00 | 949.95 |
| 印度尼西亚 | 213110.00 | 866.45 |
| 新西兰 | 250935.00 | 751.85 |
| 泰国 | 179521.00 | 739.65 |
| 希腊 | 202802.00 | 733.90 |
| 葡萄牙 | 231514.00 | 720.69 |
| 哥伦比亚 | 204733.00 | 664.37 |
| 以色列 | 159216.00 | 661.05 |
| 挪威 | 175225.00 | 628.30 |

(续)

| 国家/地区 | 出口数量（千克） | 出口金额（千美元） |
|---|---|---|
| 斯洛伐克 | 178047.00 | 576.76 |
| 南非 | 131615.00 | 532.45 |
| 芬兰 | 153448.00 | 506.94 |
| 爱尔兰 | 146534.00 | 427.92 |
| 越南 | 112253.00 | 365.26 |
| 拉脱维亚 | 129194.00 | 359.98 |
| 斯洛文尼亚 | 67253.00 | 302.36 |
| 菲律宾 | 69730.00 | 299.92 |
| 马耳他 | 30698.00 | 268.64 |
| 摩洛哥 | 66491.00 | 224.58 |
| 奥地利 | 65741.00 | 223.06 |
| 罗马尼亚 | 72088.00 | 207.75 |
| 立陶宛 | 58164.00 | 195.70 |
| 乌拉圭 | 43552.00 | 184.92 |
| 哥斯达黎加 | 55150.00 | 169.10 |
| 科威特 | 32517.00 | 128.44 |
| 阿尔及利亚 | 36948.00 | 124.15 |
| 毛里求斯 | 5509.00 | 115.02 |
| 巴基斯坦 | 40604.00 | 108.18 |
| 伊朗 | 28068.00 | 104.82 |
| 爱沙尼亚 | 28077.00 | 99.50 |
| 黎巴嫩 | 23978.00 | 99.16 |
| 中国澳门 | 16732.00 | 97.59 |
| 哈萨克斯坦 | 31381.00 | 94.46 |
| 克罗地亚 | 28225.00 | 88.52 |
| 阿曼 | 8470.00 | 81.36 |
| 捷克 | 18272.00 | 77.80 |
| 巴拉圭 | 22663.00 | 77.74 |
| 突尼斯 | 33023.00 | 76.74 |
| 伊拉克 | 13482.00 | 74.66 |
| 吉布提 | 16991.00 | 61.81 |
| 巴林 | 7742.00 | 59.09 |
| 古巴 | 13226.00 | 58.10 |
| 保加利亚 | 20069.00 | 57.96 |
| 约旦 | 3918.00 | 54.37 |
| 卡塔尔 | 10241.00 | 53.92 |
| 文莱 | 8782.00 | 49.53 |
| 波多黎各 | 17629.00 | 48.90 |
| 马尔代夫 | 3169.00 | 42.13 |
| 多米尼加 | 11948.00 | 40.32 |
| 格鲁吉亚 | 12688.00 | 28.95 |
| 埃及 | 1515.00 | 28.69 |
| 黑山 | 9507.00 | 28.67 |
| 塞尔维亚 | 12118.00 | 28.25 |

(续)

| 国家/地区 | 出口数量（千克） | 出口金额（千美元） |
|---|---|---|
| 危地马拉 | 11062.00 | 26.87 |
| 孟加拉国 | 5411.00 | 26.61 |
| 白俄罗斯 | 7381.00 | 25.65 |
| 匈牙利 | 5736.00 | 25.14 |
| 玻利维亚 | 3231.00 | 20.50 |
| 蒙古 | 2734.00 | 18.94 |
| 斯里兰卡 | 3317.00 | 18.78 |
| 厄瓜多尔 | 6031.00 | 18.09 |
| 委内瑞拉 | 2380.00 | 17.15 |
| 牙买加 | 4590.00 | 15.17 |
| 塞浦路斯 | 4685.00 | 11.57 |
| 肯尼亚 | 1979.00 | 10.70 |
| 塞舌尔 | 350.00 | 9.81 |
| 洪都拉斯 | 3090.00 | 8.34 |
| 冰岛 | 1775.00 | 7.61 |
| 乌兹别克斯坦 | 3542.00 | 7.28 |
| 老挝 | 540.00 | 5.95 |
| 几内亚比绍 | 416.00 | 5.29 |
| 特立尼达和多巴哥 | 950.00 | 3.77 |
| 巴布亚新几内亚 | 447.00 | 3.64 |
| 瓦努阿图 | 982.00 | 3.26 |
| 科特迪瓦 | 942.00 | 3.17 |
| 阿尔巴尼亚 | 3348.00 | 3.15 |
| 缅甸 | 748.00 | 2.98 |
| 圣卢西亚 | 616.00 | 2.96 |
| 喀麦隆 | 540.00 | 2.25 |
| 塞内加尔 | 584.00 | 1.98 |
| 留尼汪 | 335.00 | 1.68 |
| 吉尔吉斯斯坦 | 390.00 | 1.40 |
| 萨尔瓦多 | 1065.00 | 1.17 |
| 加纳 | 190.00 | 1.06 |
| 莫桑比克 | 225.00 | 1.01 |
| 法属波利尼西亚 | 310.00 | 0.81 |
| 尼泊尔 | 153.00 | 0.60 |
| 斐济 | 22.00 | 0.59 |
| 埃塞俄比亚 | 75.00 | 0.56 |
| 尼加拉瓜 | 509.00 | 0.52 |
| 苏丹 | 40.00 | 0.38 |
| 朝鲜 | 200.00 | 0.30 |
| 阿塞拜疆 | 40.00 | 0.16 |
| 乌干达 | 32.00 | 0.13 |
| 柬埔寨 | 17.00 | 0.09 |
| 44219010 木制卷轴、纡子、筒管、缝纫用线轴及类似品 | | |

(续)

| 国家/地区 | 出口数量（千克） | 出口金额（千美元） |
|---|---|---|
| 合计 | 616387.00 | 2080.54 |
| 意大利 | 58833.00 | 641.39 |
| 荷兰 | 111706.00 | 319.94 |
| 美国 | 58812.00 | 248.84 |
| 比利时 | 126141.00 | 234.25 |
| 中国香港 | 124886.00 | 105.62 |
| 孟加拉国 | 8295.00 | 88.60 |
| 加拿大 | 20223.00 | 87.55 |
| 法国 | 11555.00 | 63.09 |
| 中国台澎金马关税区 | 4418.00 | 60.10 |
| 韩国 | 11600.00 | 53.56 |
| 德国 | 12381.00 | 52.28 |
| 日本 | 11513.00 | 37.42 |
| 以色列 | 3016.00 | 17.49 |
| 丹麦 | 2500.00 | 13.13 |
| 中国澳门 | 18675.00 | 12.61 |
| 瑞士 | 2680.00 | 9.25 |
| 朝鲜 | 6132.00 | 8.18 |
| 新加坡 | 508.00 | 5.08 |
| 英国 | 531.00 | 5.08 |
| 希腊 | 1391.00 | 2.78 |
| 阿联酋 | 2070.00 | 2.38 |
| 西班牙 | 2000.00 | 2.35 |
| 印度 | 11660.00 | 2.20 |
| 阿塞拜疆 | 956.00 | 2.06 |
| 新西兰 | 2577.00 | 1.76 |
| 澳大利亚 | 848.00 | 1.75 |
| 俄罗斯 | 77.00 | 0.74 |
| 波兰 | 60.00 | 0.39 |
| 约旦 | 330.00 | 0.37 |
| 芬兰 | 13.00 | 0.32 |
| 44219021 木制圆签圆棒冰果棒压舌片及类似一次性制品 | | |
| 合计 | 62186698.00 | 84128.39 |
| 日本 | 12476949.00 | 17604.73 |
| 美国 | 10209484.00 | 13888.16 |
| 韩国 | 4368515.00 | 5510.09 |
| 印度 | 4277018.00 | 3954.55 |
| 印度尼西亚 | 2223535.00 | 3577.95 |
| 泰国 | 1431620.00 | 2296.67 |
| 意大利 | 1237258.00 | 2134.30 |
| 土耳其 | 1872554.00 | 2086.46 |
| 埃及 | 1437052.00 | 1827.26 |
| 巴基斯坦 | 632684.00 | 1714.73 |

（续）

| 国家/地区 | 出口数量（千克） | 出口金额（千美元） |
|---|---|---|
| 西班牙 | 1135955.00 | 1693.03 |
| 英国 | 1225616.00 | 1661.19 |
| 德国 | 1464525.00 | 1646.78 |
| 伊朗 | 1615991.00 | 1638.60 |
| 荷兰 | 1028475.00 | 1564.85 |
| 墨西哥 | 946738.00 | 1479.75 |
| 加拿大 | 816618.00 | 1361.45 |
| 法国 | 482827.00 | 1347.66 |
| 俄罗斯 | 714038.00 | 1195.86 |
| 巴西 | 984413.00 | 977.56 |
| 澳大利亚 | 550103.00 | 796.27 |
| 菲律宾 | 328438.00 | 736.72 |
| 马来西亚 | 417856.00 | 720.84 |
| 摩洛哥 | 390001.00 | 693.54 |
| 中国香港 | 377879.00 | 689.62 |
| 哥伦比亚 | 421448.00 | 688.98 |
| 沙特阿拉伯 | 525863.00 | 630.21 |
| 阿根廷 | 601818.00 | 585.15 |
| 阿尔及利亚 | 620932.00 | 510.63 |
| 南非 | 386549.00 | 461.66 |
| 乌克兰 | 127287.00 | 426.78 |
| 阿联酋 | 409567.00 | 420.61 |
| 希腊 | 218354.00 | 395.87 |
| 孟加拉国 | 307476.00 | 391.05 |
| 中国台澎金马关税区 | 305072.00 | 357.98 |
| 以色列 | 255410.00 | 326.60 |
| 约旦 | 160847.00 | 294.41 |
| 丹麦 | 210129.00 | 281.70 |
| 智利 | 240251.00 | 266.13 |
| 克罗地亚 | 160612.00 | 263.73 |
| 爱尔兰 | 130984.00 | 258.66 |
| 黎巴嫩 | 207365.00 | 255.96 |
| 也门 | 280722.00 | 254.22 |
| 葡萄牙 | 164794.00 | 235.96 |
| 危地马拉 | 203282.00 | 231.01 |
| 波兰 | 148047.00 | 219.35 |
| 伊拉克 | 496209.00 | 219.14 |
| 比利时 | 131514.00 | 210.90 |
| 秘鲁 | 136799.00 | 198.86 |
| 瑞典 | 103651.00 | 182.18 |
| 朝鲜 | 182984.00 | 169.53 |
| 哥斯达黎加 | 161698.00 | 165.51 |
| 爱沙尼亚 | 151070.00 | 165.24 |
| 罗马尼亚 | 98438.00 | 154.98 |

（续）

| 国家/地区 | 出口数量（千克） | 出口金额（千美元） |
|---|---|---|
| 立陶宛 | 135213.00 | 136.61 |
| 斯里兰卡 | 63227.00 | 102.37 |
| 新加坡 | 65254.00 | 101.80 |
| 新西兰 | 78349.00 | 100.95 |
| 突尼斯 | 69018.00 | 98.38 |
| 哈萨克斯坦 | 93815.00 | 95.91 |
| 格鲁吉亚 | 114777.00 | 81.00 |
| 瑞士 | 36220.00 | 79.31 |
| 巴拿马 | 57819.00 | 73.83 |
| 多米尼加 | 93427.00 | 69.46 |
| 斯洛文尼亚 | 41767.00 | 62.90 |
| 萨尔瓦多 | 52693.00 | 59.38 |
| 保加利亚 | 29921.00 | 59.15 |
| 洪都拉斯 | 21668.00 | 58.18 |
| 尼加拉瓜 | 108529.00 | 56.47 |
| 越南 | 40715.00 | 55.79 |
| 叙利亚 | 133020.00 | 55.26 |
| 芬兰 | 21327.00 | 48.51 |
| 毛里求斯 | 19440.00 | 46.42 |
| 利比亚 | 121755.00 | 44.05 |
| 委内瑞拉 | 77498.00 | 43.97 |
| 乌拉圭 | 40135.00 | 39.68 |
| 厄瓜多尔 | 27200.00 | 35.98 |
| 卡塔尔 | 48743.00 | 35.74 |
| 肯尼亚 | 22695.00 | 35.67 |
| 土库曼斯坦 | 45737.00 | 35.33 |
| 阿曼 | 36106.00 | 33.05 |
| 乌干达 | 7747.00 | 28.55 |
| 科威特 | 28682.00 | 27.49 |
| 巴拉圭 | 9986.00 | 23.58 |
| 奥地利 | 9812.00 | 21.17 |
| 斐济 | 42900.00 | 17.82 |
| 乌兹别克斯坦 | 7546.00 | 17.59 |
| 加纳 | 6395.00 | 15.99 |
| 捷克 | 19893.00 | 15.95 |
| 拉丁美洲其他国家（地区） | 7800.00 | 12.09 |
| 牙买加 | 4320.00 | 11.77 |
| 拉脱维亚 | 9750.00 | 11.37 |
| 特立尼达和多巴哥 | 4880.00 | 10.48 |
| 赞比亚 | 3690.00 | 10.33 |
| 塞浦路斯 | 3544.00 | 8.75 |
| 匈牙利 | 3440.00 | 8.66 |
| 前南马其顿 | 8640.00 | 8.64 |

（续）

| 国家/地区 | 出口数量（千克） | 出口金额（千美元） |
|---|---|---|
| 阿富汗 | 2820.00 | 8.60 |
| 挪威 | 2957.00 | 8.58 |
| 玻利维亚 | 3129.00 | 8.19 |
| 缅甸 | 10500.00 | 8.18 |
| 塞尔维亚 | 21620.00 | 8.17 |
| 吉尔吉斯斯坦 | 24250.00 | 7.76 |
| 科特迪瓦 | 2340.00 | 7.03 |
| 波黑 | 4271.00 | 6.50 |
| 阿尔巴尼亚 | 2290.00 | 5.71 |
| 巴林 | 15374.00 | 5.66 |
| 古巴 | 5325.00 | 5.19 |
| 塞内加尔 | 1300.00 | 4.40 |
| 马里 | 1136.00 | 3.98 |
| 波多黎各 | 2961.00 | 3.70 |
| 蒙古 | 2280.00 | 3.22 |
| 巴巴多斯 | 1200.00 | 2.40 |
| 布基纳法索 | 660.00 | 1.95 |
| 留尼汪 | 401.00 | 1.66 |
| 柬埔寨 | 560.00 | 1.60 |
| 斯洛伐克 | 3600.00 | 1.20 |
| 纳米比亚 | 3850.00 | 1.19 |
| 摩尔多瓦 | 1310.00 | 1.10 |
| 埃塞俄比亚 | 192.00 | 1.02 |
| 刚果（金） | 443.00 | 0.89 |
| 布隆迪 | 364.00 | 0.88 |
| 尼日尔 | 260.00 | 0.63 |
| 法属波利尼西亚 | 100.00 | 0.48 |
| 刚果（布） | 130.00 | 0.43 |
| 加蓬 | 130.00 | 0.43 |
| 马达加斯加 | 100.00 | 0.29 |
| 马耳他 | 390.00 | 0.20 |
| 新喀里多尼亚 | 31.00 | 0.16 |
| 中国澳门 | 17.00 | 0.05 |
| 44219090 未列名木制品 | | |
| 合计 | 718025167.00 | 1872252.67 |
| 美国 | 271111300.00 | 602308.12 |
| 日本 | 78155916.00 | 269255.83 |
| 英国 | 47386669.00 | 150901.01 |
| 德国 | 37691980.00 | 105895.90 |
| 韩国 | 41878587.00 | 86904.84 |
| 荷兰 | 28218579.00 | 81087.25 |
| 澳大利亚 | 32665025.00 | 70667.30 |
| 法国 | 17966061.00 | 45455.16 |
| 加拿大 | 20588669.00 | 40384.65 |

(续)

| 国家/地区 | 出口数量（千克） | 出口金额（千美元） |
|---|---|---|
| 中国香港 | 13679758.00 | 38192.16 |
| 西班牙 | 8684056.00 | 32735.34 |
| 意大利 | 8929517.00 | 29139.73 |
| 中国台澎金马关税区 | 7861907.00 | 26324.82 |
| 比利时 | 9235163.00 | 24838.66 |
| 马来西亚 | 7323319.00 | 23188.57 |
| 新加坡 | 4125066.00 | 18819.52 |
| 墨西哥 | 6198053.00 | 15476.54 |
| 阿联酋 | 4222388.00 | 14189.01 |
| 印度 | 5540899.00 | 12739.96 |
| 沙特阿拉伯 | 3816943.00 | 12539.55 |
| 越南 | 5042553.00 | 12525.76 |
| 南非 | 4823176.00 | 11427.86 |
| 波兰 | 2184497.00 | 8203.92 |
| 新西兰 | 2286583.00 | 8111.57 |
| 瑞典 | 1984746.00 | 7120.36 |
| 中国澳门 | 2635118.00 | 6408.42 |
| 泰国 | 1576362.00 | 6114.42 |
| 丹麦 | 1503328.00 | 5981.93 |
| 俄罗斯 | 1700071.00 | 5665.85 |
| 智利 | 1589085.00 | 5175.22 |
| 伊拉克 | 3525396.00 | 5153.61 |
| 菲律宾 | 2787906.00 | 4779.73 |
| 土耳其 | 1091806.00 | 4733.70 |
| 以色列 | 1900501.00 | 4478.20 |
| 爱尔兰 | 876429.00 | 4120.47 |
| 巴拿马 | 803770.00 | 3662.41 |
| 印度尼西亚 | 1340300.00 | 3588.17 |
| 阿根廷 | 2321697.00 | 3500.79 |
| 巴西 | 685605.00 | 3302.80 |
| 瑞士 | 832479.00 | 3268.51 |
| 斯洛文尼亚 | 1053856.00 | 2715.35 |
| 尼日利亚 | 1322706.00 | 2658.94 |
| 巴基斯坦 | 1985083.00 | 2314.34 |
| 科威特 | 510368.00 | 2157.01 |
| 秘鲁 | 520493.00 | 2137.89 |
| 希腊 | 540402.00 | 2123.99 |
| 挪威 | 514142.00 | 1826.30 |
| 芬兰 | 631324.00 | 1802.17 |
| 突尼斯 | 510634.00 | 1784.40 |
| 哥伦比亚 | 381811.00 | 1676.30 |
| 文莱 | 452879.00 | 1635.37 |
| 伊朗 | 990715.00 | 1609.29 |

(续)

| 国家/地区 | 出口数量（千克） | 出口金额（千美元） |
|---|---|---|
| 多米尼加 | 441896.00 | 1497.83 |
| 马耳他 | 338346.00 | 1352.34 |
| 罗马尼亚 | 516972.00 | 1225.00 |
| 葡萄牙 | 437772.00 | 1147.86 |
| 阿曼 | 570197.00 | 997.03 |
| 萨尔瓦多 | 1357320.00 | 966.44 |
| 卡塔尔 | 292196.00 | 954.02 |
| 奥地利 | 251825.00 | 948.30 |
| 斯里兰卡 | 371733.00 | 928.55 |
| 危地马拉 | 375419.00 | 914.56 |
| 黎巴嫩 | 319370.00 | 903.43 |
| 波多黎各 | 206861.00 | 873.44 |
| 埃及 | 404966.00 | 869.29 |
| 肯尼亚 | 345227.00 | 839.02 |
| 摩洛哥 | 270067.00 | 831.12 |
| 贝宁 | 159217.00 | 741.23 |
| 阿尔及利亚 | 267177.00 | 679.88 |
| 捷克 | 182672.00 | 675.47 |
| 克罗地亚 | 349732.00 | 658.19 |
| 博茨瓦纳 | 166304.00 | 579.88 |
| 孟加拉国 | 140481.00 | 571.65 |
| 牙买加 | 147346.00 | 466.92 |
| 乌拉圭 | 155588.00 | 439.14 |
| 约旦 | 192373.00 | 438.77 |
| 加纳 | 169580.00 | 385.03 |
| 科特迪瓦 | 57701.00 | 375.30 |
| 乌克兰 | 144879.00 | 355.21 |
| 哥斯达黎加 | 81742.00 | 343.13 |
| 乌兹别克斯坦 | 180698.00 | 328.44 |
| 坦桑尼亚 | 127165.00 | 327.20 |
| 拉脱维亚 | 107159.00 | 326.66 |
| 所罗门群岛 | 60882.00 | 313.40 |
| 埃塞俄比亚 | 140789.00 | 305.12 |
| 叙利亚 | 67165.00 | 304.32 |
| 巴林 | 91864.00 | 287.50 |
| 立陶宛 | 87591.00 | 234.97 |
| 匈牙利 | 79578.00 | 234.46 |
| 巴布亚新几内亚 | 37774.00 | 218.38 |
| 厄瓜多尔 | 103802.00 | 218.32 |
| 利比亚 | 223732.00 | 214.71 |
| 安哥拉 | 84390.00 | 213.63 |
| 特立尼达和多巴哥 | 62749.00 | 196.90 |
| 巴巴多斯 | 39003.00 | 162.30 |

(续)

| 国家/地区 | 出口数量（千克） | 出口金额（千美元） |
|---|---|---|
| 缅甸 | 98789.00 | 160.98 |
| 柬埔寨 | 136181.00 | 158.71 |
| 阿鲁巴 | 25081.00 | 157.38 |
| 蒙古 | 44274.00 | 155.09 |
| 哈萨克斯坦 | 78207.00 | 154.93 |
| 塞尔维亚 | 65072.00 | 145.96 |
| 新喀里多尼亚 | 64883.00 | 143.81 |
| 百慕大 | 13221.00 | 141.12 |
| 塞浦路斯 | 43647.00 | 139.86 |
| 格鲁吉亚 | 68921.00 | 120.66 |
| 赤道几内亚 | 109897.00 | 114.94 |
| 乌干达 | 35532.00 | 114.47 |
| 保加利亚 | 25995.00 | 113.48 |
| 莫桑比克 | 87123.00 | 113.06 |
| 爱沙尼亚 | 25473.00 | 109.64 |
| 阿塞拜疆 | 26644.00 | 99.37 |
| 毛里求斯 | 23027.00 | 95.26 |
| 也门 | 64256.00 | 85.10 |
| 尼加拉瓜 | 51516.00 | 82.31 |
| 古巴 | 28193.00 | 77.91 |
| 马尔代夫 | 34327.00 | 76.78 |
| 塞内加尔 | 13533.00 | 54.94 |
| 斯洛伐克 | 15583.00 | 53.95 |
| 海地 | 30941.00 | 51.45 |
| 留尼汪 | 24824.00 | 48.76 |
| 格林纳达 | 16190.00 | 46.89 |
| 圣多美和普林西比 | 15354.00 | 45.55 |
| 吉布提 | 20891.00 | 44.66 |
| 斐济 | 35039.00 | 43.06 |
| 索马里 | 20197.00 | 42.74 |
| 刚果(金) | 8186.00 | 41.02 |
| 圣卢西亚 | 12100.00 | 38.74 |
| 荷属安地列斯 | 8195.00 | 38.20 |
| 赞比亚 | 14778.00 | 37.34 |
| 冰岛 | 5930.00 | 33.14 |
| 朝鲜 | 22790.00 | 33.07 |
| 阿富汗 | 41602.00 | 29.03 |
| 刚果(布) | 16086.00 | 25.89 |
| 巴拉圭 | 10007.00 | 22.77 |
| 摩尔多瓦 | 9000.00 | 20.07 |
| 布基纳法索 | 5940.00 | 18.90 |
| 委内瑞拉 | 6987.00 | 18.84 |
| 多哥 | 12462.00 | 15.37 |

（续）

| 国家/地区 | 出口数量（千克） | 出口金额（千美元） |
|---|---|---|
| 津巴布韦 | 9750.00 | 15.31 |
| 洪都拉斯 | 8161.00 | 15.21 |
| 玻利维亚 | 3215.00 | 12.62 |
| 法属波利尼西亚 | 2151.00 | 12.02 |
| 伯利兹 | 2042.00 | 11.84 |
| 圣文森特和格林纳丁斯 | 2500.00 | 11.31 |
| 喀麦隆 | 2558.00 | 9.98 |
| 阿尔巴尼亚 | 5641.00 | 9.79 |
| 前南马其顿 | 1723.00 | 9.53 |
| 波黑 | 3717.00 | 8.69 |
| 马拉维 | 10000.00 | 8.58 |
| 东帝汶 | 12900.00 | 8.00 |
| 冈比亚 | 1804.00 | 7.98 |
| 黑山 | 3484.00 | 7.64 |
| 马达加斯加 | 2706.00 | 6.89 |
| 马绍尔群岛 | 1320.00 | 6.15 |
| 纳米比亚 | 10940.00 | 5.92 |
| 多米尼克 | 3366.00 | 5.69 |
| 苏丹 | 2494.00 | 5.68 |
| 塞舌尔 | 1500.00 | 5.40 |
| 白俄罗斯 | 1715.00 | 5.28 |
| 卢森堡 | 300.00 | 5.13 |
| 吉尔吉斯斯坦 | 1128.00 | 4.76 |
| 瓦努阿图 | 1951.00 | 4.76 |
| 尼泊尔 | 1660.00 | 4.12 |
| 巴哈马 | 3224.00 | 3.66 |
| 毛里塔尼亚 | 1326.00 | 3.29 |
| 几内亚 | 658.00 | 3.29 |
| 利比里亚 | 2699.00 | 3.28 |
| 厄立特里亚 | 1780.00 | 2.21 |
| 圭亚那 | 733.00 | 1.89 |
| 老挝 | 92.00 | 1.71 |
| 摩纳哥 | 713.00 | 1.33 |
| 几内亚比绍 | 140.00 | 1.20 |
| 苏里南 | 1316.00 | 0.74 |
| 亚美尼亚 | 44.00 | 0.74 |
| 塔吉克斯坦 | 255.00 | 0.55 |
| 瓜德罗普 | 360.00 | 0.54 |
| 土库曼斯坦 | 575.00 | 0.46 |
| 圣马力诺 | 303.00 | 0.39 |
| 中非 | 110.00 | 0.25 |
| 南苏丹 | 45.00 | 0.23 |

（续）

| 国家/地区 | 出口数量（千克） | 出口金额（千美元） |
|---|---|---|
| 尼日尔 | 185.00 | 0.14 |
| 马提尼克 | 33.00 | 0.04 |

## 木制品进口量值表

| 国家/地区 | 进口数量（千克） | 进口金额（千美元） |
|---|---|---|
| 44091010 任一边、端或面制成连续形状针叶木地板条 | | |
| 合计 | 753013.00 | 479.14 |
| 俄罗斯 | 600000.00 | 209.08 |
| 瑞典 | 114211.00 | 119.36 |
| 日本 | 5629.00 | 36.73 |
| 葡萄牙 | 11231.00 | 22.38 |
| 荷兰 | 1950.00 | 18.52 |
| 芬兰 | 8756.00 | 18.18 |
| 意大利 | 1580.00 | 14.41 |
| 德国 | 2221.00 | 10.41 |
| 奥地利 | 732.00 | 8.27 |
| 美国 | 2176.00 | 8.10 |
| 瑞士 | 375.00 | 5.63 |
| 中国 | 3061.00 | 3.84 |
| 丹麦 | 350.00 | 3.49 |
| 罗马尼亚 | 581.00 | 0.42 |
| 印度尼西亚 | 160.00 | 0.32 |
| 44091090 其他任一边、端或面制成连续形状针叶木木材 | | |
| 合计 | 255307.00 | 505.96 |
| 挪威 | 57916.00 | 169.29 |
| 日本 | 14886.00 | 144.36 |
| 比利时 | 16190.00 | 67.96 |
| 俄罗斯 | 65746.00 | 34.89 |
| 立陶宛 | 1955.00 | 24.66 |
| 德国 | 24098.00 | 20.79 |
| 新西兰 | 67265.00 | 19.21 |
| 瑞典 | 3727.00 | 15.16 |
| 芬兰 | 1627.00 | 6.74 |
| 爱沙尼亚 | 1895.00 | 2.84 |
| 国(地)别不详 | 2.00 | 0.05 |
| 44092910 其他任一边、端或面成连续状非针叶木地板条 | | |
| 合计 | 7674908.00 | 20944.09 |
| 美国 | 5303664.00 | 15010.21 |
| 意大利 | 262032.00 | 2073.91 |

（续）

| 国家/地区 | 进口数量（千克） | 进口金额（千美元） |
|---|---|---|
| 爱沙尼亚 | 403157.00 | 618.50 |
| 印度尼西亚 | 584053.00 | 584.11 |
| 加拿大 | 270228.00 | 462.67 |
| 德国 | 81432.00 | 414.05 |
| 巴拉圭 | 157960.00 | 380.86 |
| 奥地利 | 119799.00 | 280.67 |
| 匈牙利 | 43303.00 | 200.20 |
| 立陶宛 | 62064.00 | 169.94 |
| 泰国 | 57640.00 | 154.13 |
| 芬兰 | 7639.00 | 86.07 |
| 日本 | 9970.00 | 84.91 |
| 法国 | 93200.00 | 74.14 |
| 波兰 | 3101.00 | 56.81 |
| 丹麦 | 4200.00 | 53.65 |
| 老挝 | 19060.00 | 28.76 |
| 柬埔寨 | 13595.00 | 27.18 |
| 中国 | 25035.00 | 26.41 |
| 中国台澎金马关税区 | 38009.00 | 21.54 |
| 哈萨克斯坦 | 51076.00 | 21.40 |
| 越南 | 296.00 | 20.76 |
| 马来西亚 | 39473.00 | 18.94 |
| 克罗地亚 | 4814.00 | 17.34 |
| 比利时 | 4080.00 | 12.51 |
| 土耳其 | 2523.00 | 11.66 |
| 葡萄牙 | 435.00 | 10.32 |
| 白俄罗斯 | 3344.00 | 9.01 |
| 韩国 | 6981.00 | 6.04 |
| 缅甸 | 1259.00 | 5.88 |
| 刚果(金) | 1456.00 | 0.97 |
| 斯洛文尼亚 | 5.00 | 0.33 |
| 中国香港 | 25.00 | 0.22 |
| 44092990 其他任一边、端或面成连续形状非针叶木木材 | | |
| 合计 | 18612028.00 | 29126.30 |
| 印度尼西亚 | 16873832.00 | 25345.58 |
| 美国 | 773839.00 | 2243.12 |
| 意大利 | 22044.00 | 419.71 |
| 荷兰 | 225509.00 | 328.04 |
| 加拿大 | 155532.00 | 282.19 |
| 比利时 | 20479.00 | 128.15 |
| 巴西 | 377240.00 | 122.74 |
| 爱沙尼亚 | 17892.00 | 66.25 |
| 乌克兰 | 56250.00 | 44.32 |
| 日本 | 7387.00 | 31.34 |

(续)

| 国家/地区 | 进口数量（千克） | 进口金额（千美元） |
|---|---|---|
| 斯洛伐克 | 20170.00 | 31.13 |
| 老挝 | 22230.00 | 29.53 |
| 泰国 | 36301.00 | 24.15 |
| 匈牙利 | 1960.00 | 15.99 |
| 中国台澎金马关税区 | 751.00 | 9.57 |
| 丹麦 | 270.00 | 2.72 |
| 德国 | 249.00 | 1.51 |
| 芬兰 | 89.00 | 0.23 |
| 白俄罗斯 | 4.00 | 0.04 |
| 44140010 辐射松制的画框、相框、镜框及类似品 | | |
| 合计 | 72.00 | 2.33 |
| 意大利 | 23.00 | 1.39 |
| 斯洛伐克 | 29.00 | 0.79 |
| 德国 | 20.00 | 0.16 |
| 44140090 其他木制的画框、相框、镜框及类似品 | | |
| 合计 | 152264.00 | 1421.60 |
| 中国 | 37022.00 | 366.33 |
| 印度 | 17590.00 | 172.10 |
| 美国 | 5062.00 | 155.66 |
| 法国 | 1031.00 | 88.66 |
| 泰国 | 5270.00 | 80.36 |
| 意大利 | 2267.00 | 77.37 |
| 罗马尼亚 | 34151.00 | 65.41 |
| 波兰 | 14346.00 | 65.14 |
| 印度尼西亚 | 13325.00 | 64.68 |
| 西班牙 | 2980.00 | 62.84 |
| 英国 | 1159.00 | 53.57 |
| 马来西亚 | 4337.00 | 38.37 |
| 瑞士 | 338.00 | 35.07 |
| 日本 | 495.00 | 31.95 |
| 越南 | 3064.00 | 14.36 |
| 菲律宾 | 540.00 | 10.10 |
| 中国香港 | 521.00 | 9.78 |
| 中国台澎金马关税区 | 2933.00 | 5.22 |
| 韩国 | 2876.00 | 4.90 |
| 荷兰 | 412.00 | 4.75 |
| 瑞典 | 672.00 | 4.12 |
| 丹麦 | 153.00 | 3.31 |
| 土耳其 | 388.00 | 2.01 |
| 巴西 | 853.00 | 1.90 |
| 捷克 | 7.00 | 0.92 |
| 比利时 | 143.00 | 0.78 |

(续)

| 国家/地区 | 进口数量（千克） | 进口金额（千美元） |
|---|---|---|
| 圣马力诺 | 22.00 | 0.44 |
| 伊朗 | 55.00 | 0.37 |
| 斯洛伐克 | 28.00 | 0.32 |
| 德国 | 63.00 | 0.27 |
| 新加坡 | 8.00 | 0.22 |
| 挪威 | 100.00 | 0.20 |
| 缅甸 | 50.00 | 0.10 |
| 加拿大 | 3.00 | 0.06 |
| 44151000 木制箱、盒、桶及类似的包装容器；电缆卷筒 | | |
| 合计 | 3434492.00 | 6621.61 |
| 中国 | 2210646.00 | 4029.73 |
| 巴西 | 303492.00 | 651.21 |
| 日本 | 197049.00 | 541.79 |
| 荷兰 | 380428.00 | 471.85 |
| 美国 | 22823.00 | 193.72 |
| 奥地利 | 8086.00 | 139.39 |
| 西班牙 | 151134.00 | 97.84 |
| 法国 | 29116.00 | 90.34 |
| 德国 | 6760.00 | 89.09 |
| 马来西亚 | 36296.00 | 48.30 |
| 英国 | 7496.00 | 41.97 |
| 意大利 | 16053.00 | 41.66 |
| 瑞典 | 19999.00 | 31.80 |
| 波兰 | 19427.00 | 27.82 |
| 捷克 | 3116.00 | 25.23 |
| 俄罗斯 | 1160.00 | 25.00 |
| 以色列 | 2582.00 | 20.82 |
| 印度 | 2308.00 | 8.71 |
| 丹麦 | 371.00 | 8.41 |
| 中国台澎金马关税区 | 8203.00 | 8.09 |
| 菲律宾 | 312.00 | 3.45 |
| 立陶宛 | 2926.00 | 3.25 |
| 泰国 | 499.00 | 3.01 |
| 澳大利亚 | 454.00 | 2.85 |
| 韩国 | 54.00 | 2.64 |
| 加拿大 | 892.00 | 2.24 |
| 爱沙尼亚 | 385.00 | 2.13 |
| 瑞士 | 73.00 | 1.87 |
| 南非 | 503.00 | 1.73 |
| 新加坡 | 22.00 | 1.42 |
| 比利时 | 492.00 | 1.31 |
| 智利 | 519.00 | 0.73 |
| 印度尼西亚 | 199.00 | 0.57 |

(续)

| 国家/地区 | 进口数量（千克） | 进口金额（千美元） |
|---|---|---|
| 越南 | 110.00 | 0.49 |
| 巴基斯坦 | 55.00 | 0.31 |
| 国(地)别不详 | 2.00 | 0.24 |
| 中国香港 | 60.00 | 0.21 |
| 克罗地亚 | 306.00 | 0.19 |
| 葡萄牙 | 14.00 | 0.16 |
| 缅甸 | 70.00 | 0.05 |
| 44152010 辐射松制托板箱形托盘及其他装载板托盘护框 | | |
| 合计 | 355959.00 | 148.01 |
| 立陶宛 | 66400.00 | 65.48 |
| 中国 | 223627.00 | 49.32 |
| 德国 | 45350.00 | 25.49 |
| 拉脱维亚 | 10350.00 | 3.20 |
| 韩国 | 5603.00 | 3.04 |
| 波兰 | 4515.00 | 0.92 |
| 泰国 | 114.00 | 0.57 |
| 44152090 木托板、箱形托盘及其他装载木板;托盘护框 | | |
| 合计 | 19493933.00 | 11294.78 |
| 中国 | 11533684.00 | 3508.38 |
| 德国 | 1554272.00 | 2740.94 |
| 瑞典 | 4161847.00 | 2398.67 |
| 丹麦 | 821679.00 | 1034.51 |
| 荷兰 | 25293.00 | 285.58 |
| 拉脱维亚 | 346708.00 | 282.27 |
| 立陶宛 | 229524.00 | 196.43 |
| 波兰 | 292053.00 | 180.56 |
| 韩国 | 71693.00 | 149.86 |
| 美国 | 22318.00 | 105.41 |
| 意大利 | 26386.00 | 70.96 |
| 印度 | 52487.00 | 68.26 |
| 西班牙 | 111194.00 | 60.72 |
| 捷克 | 42240.00 | 33.03 |
| 法国 | 32795.00 | 30.52 |
| 中国台澎金马关税区 | 52018.00 | 27.95 |
| 中国香港 | 45550.00 | 24.97 |
| 日本 | 6792.00 | 16.95 |
| 马来西亚 | 20537.00 | 13.85 |
| 英国 | 462.00 | 13.60 |
| 斯洛伐克 | 41.00 | 12.10 |
| 巴西 | 425.00 | 8.58 |
| 新加坡 | 5509.00 | 8.11 |
| 芬兰 | 12771.00 | 7.60 |

（续）

| 国家/地区 | 进口数量（千克） | 进口金额（千美元） |
|---|---|---|
| 泰国 | 18754.00 | 6.27 |
| 爱沙尼亚 | 1430.00 | 1.52 |
| 国（地）别不详 | 6.00 | 1.46 |
| 印度尼西亚 | 77.00 | 0.91 |
| 瑞士 | 200.00 | 0.86 |
| 菲律宾 | 20.00 | 0.76 |
| 斯洛文尼亚 | 370.00 | 0.71 |
| 奥地利 | 855.00 | 0.50 |
| 加拿大 | 3420.00 | 0.42 |
| 匈牙利 | 45.00 | 0.38 |
| 越南 | 203.00 | 0.37 |
| 澳大利亚 | 20.00 | 0.24 |
| 比利时 | 20.00 | 0.19 |
| 智利 | 50.00 | 0.17 |
| 乌拉圭 | 80.00 | 0.15 |
| 墨西哥 | 105.00 | 0.08 |
| 44160090 木制大桶、琵琶桶、盆等木制箍桶及其零件 | | |
| 合计 | 602979.00 | 5296.20 |
| 法国 | 403840.00 | 4354.01 |
| 美国 | 90794.00 | 315.73 |
| 匈牙利 | 24239.00 | 204.46 |
| 葡萄牙 | 5898.00 | 89.12 |
| 澳大利亚 | 11234.00 | 87.17 |
| 意大利 | 26828.00 | 64.20 |
| 智利 | 12301.00 | 59.20 |
| 西班牙 | 14303.00 | 55.37 |
| 英国 | 6094.00 | 18.73 |
| 德国 | 981.00 | 15.98 |
| 克罗地亚 | 1500.00 | 15.71 |
| 中国 | 1494.00 | 5.87 |
| 越南 | 98.00 | 2.53 |
| 印度尼西亚 | 633.00 | 1.91 |
| 中国台澎金马关税区 | 64.00 | 1.57 |
| 南非 | 441.00 | 1.17 |
| 阿根廷 | 959.00 | 0.68 |
| 日本 | 105.00 | 0.67 |
| 韩国 | 80.00 | 0.50 |
| 奥地利 | 25.00 | 0.37 |
| 泰国 | 142.00 | 0.36 |
| 比利时 | 163.00 | 0.28 |
| 印度 | 67.00 | 0.19 |
| 以色列 | 180.00 | 0.13 |
| 斯洛文尼亚 | 100.00 | 0.11 |

（续）

| 国家/地区 | 进口数量（千克） | 进口金额（千美元） |
|---|---|---|
| 亚美尼亚 | 150.00 | 0.10 |
| 菲律宾 | 24.00 | 0.06 |
| 罗马尼亚 | 80.00 | 0.02 |
| 新加坡 | 12.00 | 0.02 |
| 黎巴嫩 | 150.00 | 0.01 |
| 44170010 辐射松制工具等；扫帚及刷子；鞋靴楦及楦头 | | |
| 合计 | 1.00 | 0.28 |
| 法国 | 0.00 | 0.15 |
| 日本 | 1.00 | 0.13 |
| 44170090 木制工具等；扫帚及刷子等；木鞋靴楦及楦头 | | |
| 合计 | 193877.00 | 1231.34 |
| 日本 | 18498.00 | 825.75 |
| 中国 | 8835.00 | 109.62 |
| 美国 | 9362.00 | 52.09 |
| 葡萄牙 | 264.00 | 42.00 |
| 巴西 | 7369.00 | 38.38 |
| 斯里兰卡 | 28769.00 | 29.86 |
| 柬埔寨 | 21147.00 | 27.65 |
| 法国 | 109.00 | 19.83 |
| 意大利 | 289.00 | 18.87 |
| 中国台澎金马关税区 | 11048.00 | 18.26 |
| 英国 | 1477.00 | 9.45 |
| 越南 | 26174.00 | 8.74 |
| 捷克 | 2921.00 | 8.35 |
| 印度尼西亚 | 4712.00 | 5.95 |
| 俄罗斯 | 51710.00 | 5.17 |
| 中国香港 | 24.00 | 3.85 |
| 瑞典 | 957.00 | 3.00 |
| 德国 | 33.00 | 1.14 |
| 西班牙 | 49.00 | 0.88 |
| 马来西亚 | 3.00 | 0.75 |
| 荷兰 | 84.00 | 0.69 |
| 克罗地亚 | 4.00 | 0.57 |
| 国（地）别不详 | 0.00 | 0.21 |
| 墨西哥 | 2.00 | 0.18 |
| 尼泊尔 | 26.00 | 0.06 |
| 挪威 | 1.00 | 0.03 |
| 瑞士 | 0.00 | 0.03 |
| 泰国 | 10.00 | 0.01 |
| 44181010 辐射松制窗法兰西式（落地）窗及其框架 | | |
| 合计 | 1330.00 | 13.37 |

（续）

| 国家/地区 | 进口数量（千克） | 进口金额（千美元） |
|---|---|---|
| 波兰 | 1330.00 | 13.37 |
| 44181090 木制窗、法兰西式（落地）窗及其木制框架 | | |
| 合计 | 296199.00 | 3627.28 |
| 奥地利 | 159920.00 | 2262.04 |
| 德国 | 35136.00 | 586.84 |
| 丹麦 | 59234.00 | 342.74 |
| 挪威 | 8943.00 | 101.37 |
| 美国 | 6978.00 | 100.71 |
| 韩国 | 5746.00 | 88.25 |
| 芬兰 | 2910.00 | 52.91 |
| 日本 | 1303.00 | 48.37 |
| 比利时 | 753.00 | 15.59 |
| 尼泊尔 | 14536.00 | 14.21 |
| 加拿大 | 188.00 | 6.27 |
| 波兰 | 165.00 | 3.93 |
| 爱沙尼亚 | 120.00 | 1.51 |
| 中国 | 41.00 | 0.87 |
| 意大利 | 64.00 | 0.77 |
| 匈牙利 | 63.00 | 0.44 |
| 中国台澎金马关税区 | 31.00 | 0.31 |
| 泰国 | 68.00 | 0.16 |
| 44182000 木制门及其框架和门槛 | | |
| 合计 | 604799.00 | 4964.63 |
| 德国 | 143331.00 | 1901.64 |
| 西班牙 | 69465.00 | 1316.84 |
| 意大利 | 44469.00 | 422.53 |
| 日本 | 95114.00 | 361.70 |
| 瑞士 | 13200.00 | 232.37 |
| 美国 | 33509.00 | 205.26 |
| 比利时 | 22874.00 | 129.12 |
| 印度尼西亚 | 51537.00 | 75.28 |
| 韩国 | 28074.00 | 47.59 |
| 挪威 | 4943.00 | 45.05 |
| 越南 | 10460.00 | 41.84 |
| 奥地利 | 1914.00 | 40.01 |
| 柬埔寨 | 17237.00 | 30.98 |
| 中国 | 19854.00 | 20.49 |
| 尼泊尔 | 11105.00 | 20.31 |
| 芬兰 | 1060.00 | 18.56 |
| 菲律宾 | 22704.00 | 16.51 |
| 中国台澎金马关税区 | 5735.00 | 12.19 |
| 加拿大 | 310.00 | 7.59 |
| 泰国 | 2867.00 | 4.37 |

(续)

| 国家/地区 | 进口数量（千克） | 进口金额（千美元） |
|---|---|---|
| 马来西亚 | 1582.00 | 2.39 |
| 斯洛文尼亚 | 415.00 | 1.83 |
| 乌克兰 | 665.00 | 1.82 |
| 文莱 | 294.00 | 1.61 |
| 印度 | 712.00 | 1.60 |
| 新加坡 | 650.00 | 1.31 |
| 葡萄牙 | 170.00 | 1.23 |
| 荷兰 | 60.00 | 0.97 |
| 阿联酋 | 238.00 | 0.88 |
| 英国 | 115.00 | 0.63 |
| 中国香港 | 90.00 | 0.09 |
| 罗马尼亚 | 46.00 | 0.06 |
| 44184000 木制水泥构件的模板 | | |
| 合计 | 508619.00 | 1615.25 |
| 德国 | 334226.00 | 1340.28 |
| 西班牙 | 125630.00 | 212.03 |
| 奥地利 | 32251.00 | 47.64 |
| 印度尼西亚 | 16512.00 | 15.30 |
| 44185000 木瓦及木制盖屋板 | | |
| 合计 | 6530.00 | 9.92 |
| 爱沙尼亚 | 6180.00 | 8.91 |
| 罗马尼亚 | 350.00 | 1.01 |
| 44186000 木制柱及梁 | | |
| 合计 | 1949112.00 | 2109.57 |
| 芬兰 | 1268234.00 | 1217.49 |
| 奥地利 | 182085.00 | 235.20 |
| 美国 | 99788.00 | 165.74 |
| 德国 | 130105.00 | 150.60 |
| 日本 | 90078.00 | 102.47 |
| 意大利 | 4813.00 | 67.25 |
| 捷克 | 3960.00 | 40.32 |
| 爱沙尼亚 | 39184.00 | 38.96 |
| 加拿大 | 23371.00 | 38.19 |
| 俄罗斯 | 88000.00 | 21.88 |
| 法国 | 12955.00 | 21.12 |
| 泰国 | 4400.00 | 5.63 |
| 印度 | 2139.00 | 4.73 |
| 44187100 马赛克地板用已装拼的木地板 | | |
| 合计 | 48203.00 | 91.42 |
| 越南 | 18137.00 | 31.84 |
| 英国 | 18736.00 | 19.45 |
| 意大利 | 1398.00 | 18.40 |
| 印度尼西亚 | 8568.00 | 14.07 |
| 白俄罗斯 | 1364.00 | 7.67 |

(续)

| 国家/地区 | 进口数量（千克） | 进口金额（千美元） |
|---|---|---|
| 44187290 其他多层已装拼的木地板 | | |
| 合计 | 14453195.00 | 48676.55 |
| 印度尼西亚 | 3276473.00 | 10422.30 |
| 德国 | 2899232.00 | 8342.64 |
| 奥地利 | 1672300.00 | 7558.53 |
| 立陶宛 | 1941696.00 | 5781.31 |
| 波兰 | 961300.00 | 3209.65 |
| 西班牙 | 1052757.00 | 2753.13 |
| 意大利 | 388862.00 | 2429.64 |
| 匈牙利 | 617934.00 | 1806.63 |
| 爱沙尼亚 | 529671.00 | 1531.81 |
| 芬兰 | 228886.00 | 1268.84 |
| 马来西亚 | 222635.00 | 962.02 |
| 美国 | 193168.00 | 859.11 |
| 克罗地亚 | 162639.00 | 622.42 |
| 英国 | 21832.00 | 248.90 |
| 巴拉圭 | 62100.00 | 192.64 |
| 法国 | 15125.00 | 92.04 |
| 瑞典 | 18417.00 | 91.79 |
| 葡萄牙 | 8744.00 | 73.86 |
| 越南 | 18959.00 | 72.39 |
| 日本 | 43161.00 | 59.60 |
| 荷兰 | 11720.00 | 54.77 |
| 俄罗斯 | 28866.00 | 51.55 |
| 泰国 | 16921.00 | 40.29 |
| 中国台澎金马关税区 | 21260.00 | 36.80 |
| 乌拉圭 | 9140.00 | 33.58 |
| 乌克兰 | 13578.00 | 30.02 |
| 加拿大 | 4089.00 | 20.31 |
| 中国 | 6438.00 | 14.21 |
| 瑞士 | 722.00 | 3.53 |
| 塞尔维亚 | 276.00 | 2.55 |
| 中国香港 | 750.00 | 2.52 |
| 比利时 | 604.00 | 2.04 |
| 土耳其 | 1412.00 | 1.73 |
| 印度 | 1300.00 | 1.26 |
| 澳大利亚 | 200.00 | 1.17 |
| 墨西哥 | 28.00 | 1.00 |
| 44187990 其他已装拼的木地板 | | |
| 合计 | 3106836.00 | 7354.27 |
| 丹麦 | 1157731.00 | 4027.00 |
| 印度尼西亚 | 810932.00 | 752.82 |
| 德国 | 269384.00 | 736.87 |
| 越南 | 431961.00 | 721.66 |

(续)

| 国家/地区 | 进口数量（千克） | 进口金额（千美元） |
|---|---|---|
| 美国 | 143085.00 | 353.21 |
| 匈牙利 | 34715.00 | 140.83 |
| 中国台澎金马关税区 | 47233.00 | 131.10 |
| 意大利 | 24674.00 | 119.19 |
| 奥地利 | 25536.00 | 94.23 |
| 日本 | 7637.00 | 48.83 |
| 葡萄牙 | 22036.00 | 47.47 |
| 加拿大 | 25515.00 | 41.12 |
| 比利时 | 24581.00 | 38.45 |
| 乌克兰 | 58180.00 | 36.23 |
| 瑞典 | 7036.00 | 17.88 |
| 柬埔寨 | 6052.00 | 13.37 |
| 西班牙 | 3519.00 | 12.97 |
| 英国 | 1130.00 | 4.52 |
| 法国 | 1013.00 | 4.24 |
| 马来西亚 | 783.00 | 3.89 |
| 波兰 | 400.00 | 3.16 |
| 斯里兰卡 | 1484.00 | 2.29 |
| 爱沙尼亚 | 2010.00 | 1.46 |
| 泰国 | 133.00 | 0.83 |
| 中国 | 4.00 | 0.59 |
| 菲律宾 | 72.00 | 0.08 |
| 44189090 其他建筑用木工制品 | | |
| 合计 | 973996.00 | 3290.34 |
| 意大利 | 235195.00 | 1177.95 |
| 奥地利 | 122356.00 | 671.20 |
| 日本 | 166098.00 | 659.85 |
| 印度尼西亚 | 101583.00 | 170.01 |
| 德国 | 29094.00 | 165.21 |
| 瑞典 | 65183.00 | 90.88 |
| 波兰 | 18712.00 | 82.71 |
| 中国 | 23228.00 | 47.63 |
| 法国 | 22576.00 | 43.92 |
| 美国 | 24445.00 | 42.48 |
| 泰国 | 42456.00 | 34.70 |
| 俄罗斯 | 95453.00 | 22.61 |
| 西班牙 | 1144.00 | 18.34 |
| 加拿大 | 1659.00 | 14.97 |
| 爱沙尼亚 | 14403.00 | 13.44 |
| 马来西亚 | 774.00 | 6.24 |
| 荷兰 | 1375.00 | 5.66 |
| 比利时 | 296.00 | 5.47 |
| 韩国 | 2613.00 | 4.94 |
| 中国台澎金马关税区 | 880.00 | 4.75 |

（续）

| 国家/地区 | 进口数量（千克） | 进口金额（千美元） |
|---|---|---|
| 越南 | 1127.00 | 2.79 |
| 菲律宾 | 2764.00 | 1.32 |
| 丹麦 | 70.00 | 0.97 |
| 澳大利亚 | 199.00 | 0.86 |
| 罗马尼亚 | 100.00 | 0.51 |
| 英国 | 185.00 | 0.47 |
| 葡萄牙 | 10.00 | 0.28 |
| 塞尔维亚 | 9.00 | 0.13 |
| 印度 | 5.00 | 0.06 |
| 挪威 | 4.00 | 0.05 |
| 44190031 木制一次性筷子 | | |
| 合计 | 18803630.00 | 9663.30 |
| 俄罗斯 | 17356258.00 | 9057.79 |
| 蒙古 | 1065160.00 | 379.44 |
| 朝鲜 | 325104.00 | 120.29 |
| 中国 | 6408.00 | 48.61 |
| 日本 | 28731.00 | 35.61 |
| 越南 | 21400.00 | 17.27 |
| 泰国 | 23.00 | 2.86 |
| 韩国 | 546.00 | 1.44 |
| 44190099 其他木制餐具及厨房用具 | | |
| 合计 | 3976083.00 | 9025.63 |
| 罗马尼亚 | 942663.00 | 2214.38 |
| 美国 | 107425.00 | 1643.13 |
| 泰国 | 208209.00 | 895.74 |
| 老挝 | 1986275.00 | 681.81 |
| 日本 | 22388.00 | 597.14 |
| 捷克 | 50246.00 | 456.55 |
| 中国 | 65021.00 | 395.98 |
| 越南 | 252422.00 | 330.37 |
| 中国台澎金马关税区 | 13036.00 | 320.58 |
| 菲律宾 | 31983.00 | 306.91 |
| 印度 | 52305.00 | 242.62 |
| 意大利 | 19523.00 | 161.85 |
| 德国 | 6109.00 | 154.78 |
| 瑞典 | 7891.00 | 109.69 |
| 韩国 | 3364.00 | 85.47 |
| 印度尼西亚 | 12303.00 | 64.50 |
| 加蓬 | 171987.00 | 62.26 |
| 巴西 | 9846.00 | 58.80 |
| 澳大利亚 | 2098.00 | 40.35 |
| 加拿大 | 1562.00 | 33.59 |
| 法国 | 1752.00 | 33.10 |
| 保加利亚 | 438.00 | 23.75 |

（续）

| 国家/地区 | 进口数量（千克） | 进口金额（千美元） |
|---|---|---|
| 英国 | 766.00 | 22.76 |
| 芬兰 | 437.00 | 20.31 |
| 丹麦 | 282.00 | 18.92 |
| 突尼斯 | 983.00 | 15.90 |
| 斯洛文尼亚 | 491.00 | 6.42 |
| 克罗地亚 | 796.00 | 5.11 |
| 波兰 | 474.00 | 4.46 |
| 葡萄牙 | 33.00 | 3.12 |
| 巴基斯坦 | 2063.00 | 2.39 |
| 中国香港 | 101.00 | 1.90 |
| 土耳其 | 255.00 | 1.56 |
| 比利时 | 36.00 | 1.53 |
| 新加坡 | 13.00 | 1.41 |
| 俄罗斯 | 15.00 | 1.04 |
| 荷兰 | 33.00 | 0.90 |
| 立陶宛 | 18.00 | 0.85 |
| 尼泊尔 | 219.00 | 0.77 |
| 瑞士 | 75.00 | 0.75 |
| 西班牙 | 13.00 | 0.36 |
| 阿联酋 | 22.00 | 0.31 |
| 国(地)别不详 | 3.00 | 0.28 |
| 柬埔寨 | 28.00 | 0.24 |
| 以色列 | 11.00 | 0.20 |
| 马来西亚 | 26.00 | 0.20 |
| 斯里兰卡 | 10.00 | 0.19 |
| 匈牙利 | 19.00 | 0.19 |
| 墨西哥 | 5.00 | 0.11 |
| 新西兰 | 8.00 | 0.09 |
| 沙特阿拉伯 | 2.00 | 0.06 |
| 阿尔巴尼亚 | 0.00 | 0.01 |
| 44201011 木刻 | | |
| 合计 | 58326.00 | 198.62 |
| 印度尼西亚 | 18270.00 | 50.07 |
| 越南 | 8743.00 | 33.27 |
| 中国 | 673.00 | 27.47 |
| 泰国 | 2521.00 | 23.34 |
| 南非 | 12039.00 | 14.19 |
| 斯里兰卡 | 446.00 | 14.01 |
| 中国台澎金马关税区 | 1201.00 | 13.53 |
| 马来西亚 | 11800.00 | 5.12 |
| 日本 | 72.00 | 4.11 |
| 缅甸 | 1600.00 | 3.63 |
| 法国 | 79.00 | 2.86 |
| 加拿大 | 174.00 | 1.58 |

（续）

| 国家/地区 | 进口数量（千克） | 进口金额（千美元） |
|---|---|---|
| 美国 | 39.00 | 1.24 |
| 印度 | 197.00 | 1.19 |
| 坦桑尼亚 | 42.00 | 0.90 |
| 柬埔寨 | 115.00 | 0.53 |
| 意大利 | 83.00 | 0.43 |
| 尼泊尔 | 90.00 | 0.40 |
| 瑞典 | 1.00 | 0.34 |
| 比利时 | 10.00 | 0.17 |
| 安哥拉 | 1.00 | 0.13 |
| 韩国 | 130.00 | 0.11 |
| 44201020 木扇 | | |
| 合计 | 2816.00 | 13.19 |
| 日本 | 27.00 | 8.53 |
| 中国 | 28.00 | 2.13 |
| 缅甸 | 2550.00 | 1.05 |
| 西班牙 | 32.00 | 0.88 |
| 韩国 | 179.00 | 0.59 |
| 国(地)别不详 | 0.00 | 0.02 |
| 44201090 其他木制小雕像及装饰品 | | |
| 合计 | 1570101.00 | 5898.48 |
| 泰国 | 493021.00 | 1536.47 |
| 印度 | 95366.00 | 586.34 |
| 印度尼西亚 | 194760.00 | 583.92 |
| 中国台澎金马关税区 | 107732.00 | 420.97 |
| 意大利 | 6577.00 | 350.89 |
| 中国 | 12135.00 | 272.36 |
| 巴基斯坦 | 128756.00 | 265.84 |
| 日本 | 35381.00 | 262.89 |
| 美国 | 14149.00 | 242.72 |
| 越南 | 35839.00 | 201.44 |
| 缅甸 | 256963.00 | 194.98 |
| 尼泊尔 | 53689.00 | 188.68 |
| 德国 | 10586.00 | 165.00 |
| 菲律宾 | 30910.00 | 100.14 |
| 芬兰 | 576.00 | 61.15 |
| 荷兰 | 7870.00 | 48.40 |
| 马来西亚 | 25110.00 | 36.34 |
| 西班牙 | 1951.00 | 35.39 |
| 肯尼亚 | 3568.00 | 33.94 |
| 法国 | 1159.00 | 31.30 |
| 丹麦 | 1180.00 | 27.44 |
| 比利时 | 2605.00 | 26.41 |
| 柬埔寨 | 7653.00 | 26.34 |
| 老挝 | 6151.00 | 23.97 |

(续)

| 国家/地区 | 进口数量（千克） | 进口金额（千美元） |
|---|---|---|
| 瑞典 | 319.00 | 18.19 |
| 英国 | 1182.00 | 14.81 |
| 南非 | 805.00 | 13.84 |
| 波兰 | 112.00 | 12.81 |
| 斯里兰卡 | 2044.00 | 12.48 |
| 新加坡 | 347.00 | 12.31 |
| 津巴布韦 | 4850.00 | 11.78 |
| 加拿大 | 319.00 | 9.80 |
| 俄罗斯 | 99.00 | 9.44 |
| 韩国 | 929.00 | 6.59 |
| 中国香港 | 1296.00 | 6.52 |
| 多哥 | 7265.00 | 6.23 |
| 新西兰 | 895.00 | 5.91 |
| 摩洛哥 | 4913.00 | 4.99 |
| 贝宁 | 600.00 | 4.13 |
| 毛里求斯 | 22.00 | 3.41 |
| 葡萄牙 | 343.00 | 3.38 |
| 突尼斯 | 376.00 | 2.96 |
| 奥地利 | 314.00 | 2.77 |
| 阿联酋 | 31.00 | 1.71 |
| 爱沙尼亚 | 20.00 | 1.67 |
| 苏丹 | 16.00 | 1.63 |
| 巴林 | 18.00 | 1.50 |
| 拉脱维亚 | 15.00 | 1.28 |
| 挪威 | 40.00 | 1.24 |
| 朝鲜 | 8882.00 | 0.88 |
| 瑞士 | 38.00 | 0.56 |
| 立陶宛 | 10.00 | 0.54 |
| 克罗地亚 | 10.00 | 0.35 |
| 捷克 | 1.00 | 0.30 |
| 埃及 | 38.00 | 0.28 |
| 土耳其 | 62.00 | 0.26 |
| 罗马尼亚 | 115.00 | 0.25 |
| 尼日利亚 | 10.00 | 0.12 |
| 不丹 | 32.00 | 0.10 |
| 哥伦比亚 | 6.00 | 0.07 |
| 乌克兰 | 40.00 | 0.04 |
| 塞内加尔 | 0.00 | 0.03 |
| 巴西 | 0.00 | 0.02 |
| 44209010 镶嵌木 | | |
| 合计 | 853.00 | 8.28 |
| 法国 | 853.00 | 8.28 |

(续)

| 国家/地区 | 进口数量（千克） | 进口金额（千美元） |
|---|---|---|
| 44209090 珠宝或刀具木盒及类似品;第94章以外木家具 | | |
| 合计 | 1384718.00 | 5253.01 |
| 中国 | 68228.00 | 1051.42 |
| 波兰 | 492354.00 | 786.38 |
| 德国 | 478826.00 | 588.78 |
| 意大利 | 76204.00 | 546.25 |
| 泰国 | 128277.00 | 540.75 |
| 法国 | 6503.00 | 492.22 |
| 印度 | 20567.00 | 280.81 |
| 越南 | 39807.00 | 258.18 |
| 印度尼西亚 | 3473.00 | 116.30 |
| 瑞士 | 1013.00 | 78.32 |
| 捷克 | 30903.00 | 67.24 |
| 日本 | 1309.00 | 57.49 |
| 菲律宾 | 909.00 | 56.73 |
| 美国 | 1241.00 | 55.80 |
| 韩国 | 1401.00 | 44.19 |
| 老挝 | 10855.00 | 37.08 |
| 中国台澎金马关税区 | 4330.00 | 33.25 |
| 巴基斯坦 | 9763.00 | 27.87 |
| 毛里求斯 | 134.00 | 19.85 |
| 挪威 | 121.00 | 13.94 |
| 中国香港 | 673.00 | 11.89 |
| 西班牙 | 228.00 | 11.08 |
| 罗马尼亚 | 1523.00 | 9.72 |
| 荷兰 | 1465.00 | 9.52 |
| 英国 | 248.00 | 7.47 |
| 秘鲁 | 416.00 | 7.24 |
| 马来西亚 | 438.00 | 6.98 |
| 新加坡 | 806.00 | 4.92 |
| 葡萄牙 | 63.00 | 3.90 |
| 澳大利亚 | 534.00 | 3.87 |
| 匈牙利 | 420.00 | 3.85 |
| 瑞典 | 150.00 | 3.64 |
| 丹麦 | 193.00 | 3.63 |
| 尼泊尔 | 545.00 | 2.20 |
| 哥伦比亚 | 20.00 | 1.84 |
| 比利时 | 91.00 | 1.61 |
| 俄罗斯 | 53.00 | 1.42 |
| 古巴 | 91.00 | 1.19 |
| 斯里兰卡 | 118.00 | 0.90 |

(续)

| 国家/地区 | 进口数量（千克） | 进口金额（千美元） |
|---|---|---|
| 伊朗 | 48.00 | 0.89 |
| 斯洛伐克 | 26.00 | 0.51 |
| 白俄罗斯 | 77.00 | 0.45 |
| 加蓬 | 19.00 | 0.38 |
| 土耳其 | 9.00 | 0.34 |
| 柬埔寨 | 23.00 | 0.22 |
| 斯洛文尼亚 | 100.00 | 0.20 |
| 缅甸 | 27.00 | 0.07 |
| 塞尔维亚 | 2.00 | 0.07 |
| 加拿大 | 85.00 | 0.06 |
| 阿联酋 | 2.00 | 0.05 |
| 奥地利 | 7.00 | 0.05 |
| 国(地)别不详 | 0.00 | 0.01 |
| 44211000 木制衣架 | | |
| 合计 | 294247.00 | 1618.96 |
| 中国 | 135847.00 | 812.15 |
| 意大利 | 12732.00 | 325.13 |
| 越南 | 95606.00 | 137.28 |
| 乌克兰 | 1703.00 | 63.42 |
| 波兰 | 4065.00 | 34.93 |
| 法国 | 964.00 | 33.89 |
| 泰国 | 14570.00 | 32.59 |
| 韩国 | 1517.00 | 24.49 |
| 美国 | 727.00 | 24.45 |
| 西班牙 | 420.00 | 18.30 |
| 土耳其 | 620.00 | 17.02 |
| 日本 | 496.00 | 16.09 |
| 克罗地亚 | 1854.00 | 15.86 |
| 立陶宛 | 3036.00 | 14.84 |
| 印度尼西亚 | 4471.00 | 9.92 |
| 马来西亚 | 12462.00 | 9.76 |
| 德国 | 175.00 | 9.01 |
| 丹麦 | 1921.00 | 8.01 |
| 英国 | 350.00 | 4.90 |
| 中国香港 | 228.00 | 2.15 |
| 荷兰 | 224.00 | 1.27 |
| 瑞士 | 45.00 | 1.23 |
| 爱沙尼亚 | 30.00 | 0.96 |
| 印度 | 115.00 | 0.82 |
| 南非 | 13.00 | 0.21 |
| 澳大利亚 | 27.00 | 0.15 |
| 中国台澎金马关税区 | 28.00 | 0.08 |

（续）

| 国家/地区 | 进口数量（千克） | 进口金额（千美元） |
|---|---|---|
| 塞尔维亚 | 1.00 | 0.06 |
| 44219010 木制卷轴、纡子、筒管、缝纫用线轴及类似品 | | |
| 合计 | 248037.00 | 619.61 |
| 美国 | 119939.00 | 474.19 |
| 中国 | 117308.00 | 72.74 |
| 法国 | 6860.00 | 37.80 |
| 印度 | 646.00 | 28.25 |
| 西班牙 | 303.00 | 3.96 |
| 加拿大 | 1105.00 | 2.02 |
| 中国台澎金马关税区 | 1875.00 | 0.63 |
| 泰国 | 1.00 | 0.02 |
| 44219021 木制圆签圆棒冰果棒压舌片及类似一次性制品 | | |
| 合计 | 11953350.00 | 10837.07 |
| 俄罗斯 | 6143611.00 | 6501.21 |
| 朝鲜 | 5647351.00 | 3985.34 |
| 中国 | 151358.00 | 303.46 |
| 美国 | 6848.00 | 18.15 |
| 阿联酋 | 542.00 | 9.20 |
| 日本 | 444.00 | 8.13 |
| 泰国 | 424.00 | 5.96 |
| 中国台澎金马关税区 | 2132.00 | 1.09 |
| 比利时 | 30.00 | 0.92 |
| 埃及 | 147.00 | 0.89 |
| 乌克兰 | 170.00 | 0.69 |
| 挪威 | 19.00 | 0.48 |
| 韩国 | 96.00 | 0.35 |
| 意大利 | 8.00 | 0.27 |
| 印度尼西亚 | 27.00 | 0.23 |
| 马来西亚 | 7.00 | 0.14 |
| 加拿大 | 43.00 | 0.08 |
| 西班牙 | 1.00 | 0.08 |
| 立陶宛 | 15.00 | 0.07 |
| 奥地利 | 8.00 | 0.06 |
| 德国 | 14.00 | 0.05 |
| 墨西哥 | 8.00 | 0.05 |
| 土耳其 | 16.00 | 0.04 |
| 中国香港 | 10.00 | 0.04 |
| 瑞士 | 1.00 | 0.03 |
| 中国澳门 | 10.00 | 0.02 |
| 菲律宾 | 4.00 | 0.01 |
| 法国 | 2.00 | 0.01 |

（续）

| 国家/地区 | 进口数量（千克） | 进口金额（千美元） |
|---|---|---|
| 阿曼 | 4.00 | 0.01 |
| 瑞典 | 0.00 | 0.01 |
| 44219090 未列名木制品 | | |
| 合计 | 709884235.00 | 612895.89 |
| 印度尼西亚 | 654570563.00 | 515262.23 |
| 厄瓜多尔 | 10467256.00 | 38884.09 |
| 越南 | 32491962.00 | 18341.53 |
| 巴布亚新几内亚 | 2189665.00 | 12151.80 |
| 中国 | 485363.00 | 6818.34 |
| 德国 | 430956.00 | 4235.41 |
| 意大利 | 77507.00 | 2050.77 |
| 马来西亚 | 3484506.00 | 1827.77 |
| 泰国 | 1483405.00 | 1466.01 |
| 罗马尼亚 | 626535.00 | 1462.40 |
| 日本 | 388163.00 | 1434.85 |
| 美国 | 241367.00 | 1226.05 |
| 西班牙 | 32111.00 | 995.47 |
| 匈牙利 | 684011.00 | 754.98 |
| 法国 | 33608.00 | 647.83 |
| 中国台澎金马关税区 | 60558.00 | 520.61 |
| 瑞士 | 17700.00 | 512.65 |
| 波黑 | 99986.00 | 500.88 |
| 波兰 | 156427.00 | 470.27 |
| 拉脱维亚 | 343999.00 | 366.41 |
| 印度 | 22788.00 | 308.02 |
| 加纳 | 21702.00 | 302.92 |
| 丹麦 | 18106.00 | 198.13 |
| 菲律宾 | 174164.00 | 194.84 |
| 芬兰 | 80500.00 | 186.75 |
| 韩国 | 60420.00 | 179.45 |
| 葡萄牙 | 77644.00 | 153.06 |
| 柬埔寨 | 195928.00 | 119.25 |
| 孟加拉国 | 241284.00 | 116.66 |
| 英国 | 3064.00 | 109.69 |
| 俄罗斯 | 62332.00 | 102.11 |
| 加蓬 | 112782.00 | 91.37 |
| 朝鲜 | 54200.00 | 76.14 |
| 贝宁 | 98611.00 | 72.05 |
| 荷兰 | 21675.00 | 71.22 |
| 巴西 | 31079.00 | 70.03 |
| 奥地利 | 19097.00 | 68.18 |
| 塞尔维亚 | 2589.00 | 58.47 |
| 捷克 | 5899.00 | 50.36 |

（续）

| 国家/地区 | 进口数量（千克） | 进口金额（千美元） |
|---|---|---|
| 加拿大 | 109700.00 | 49.11 |
| 比利时 | 27529.00 | 48.53 |
| 瑞典 | 7027.00 | 42.39 |
| 斯里兰卡 | 3343.00 | 35.68 |
| 挪威 | 608.00 | 30.51 |
| 澳大利亚 | 4791.00 | 24.60 |
| 南非 | 1210.00 | 22.10 |
| 斯洛文尼亚 | 2444.00 | 20.17 |
| 新加坡 | 2747.00 | 19.92 |
| 墨西哥 | 5286.00 | 16.93 |
| 中国香港 | 1043.00 | 16.61 |
| 斯洛伐克 | 113.00 | 16.12 |
| 立陶宛 | 356.00 | 13.56 |
| 哈萨克斯坦 | 26345.00 | 12.56 |
| 老挝 | 7024.00 | 11.46 |
| 毛里求斯 | 267.00 | 10.22 |
| 埃及 | 2000.00 | 9.00 |
| 国(地)别不详 | 371.00 | 8.23 |
| 巴基斯坦 | 4554.00 | 6.67 |
| 乌克兰 | 1643.00 | 4.85 |
| 突尼斯 | 318.00 | 4.16 |
| 土耳其 | 3105.00 | 3.09 |
| 阿根廷 | 663.00 | 2.36 |
| 爱沙尼亚 | 131.00 | 2.17 |
| 克罗地亚 | 868.00 | 1.80 |
| 黑山 | 695.00 | 1.17 |
| 希腊 | 3.00 | 0.94 |
| 尼泊尔 | 205.00 | 0.76 |
| 塞内加尔 | 35.00 | 0.65 |
| 乌干达 | 3.00 | 0.12 |
| 智利 | 264.00 | 0.12 |
| 秘鲁 | 23.00 | 0.12 |
| 新西兰 | 6.00 | 0.11 |
| 阿联酋 | 2.00 | 0.05 |
| 摩洛哥 | 1.00 | 0.03 |

## 木片出口量值表

| 国家/地区 | 出口数量（千克） | 出口金额（千美元） |
|---|---|---|
| 44012100 针叶木的木片或木粒 | | |
| 合计 | 767.00 | 0.56 |
| 中国香港 | 37.00 | 0.20 |
| 巴西 | 380.00 | 0.16 |
| 美国 | 160.00 | 0.12 |

(续)

| 国家/地区 | 出口数量（千克） | 出口金额（千美元） |
|---|---|---|
| 芬兰 | 190.00 | 0.08 |
| 44012200 非针叶木的木片或木粒 | | |
| 合计 | 5530496.00 | 822.38 |
| 瑞典 | 5415040.00 | 731.03 |
| 澳大利亚 | 22456.00 | 32.66 |
| 韩国 | 8051.00 | 15.34 |
| 日本 | 17315.00 | 11.78 |
| 英国 | 961.00 | 7.79 |
| 朝鲜 | 35704.00 | 6.43 |
| 新西兰 | 3360.00 | 4.69 |
| 中国香港 | 11458.00 | 3.50 |
| 意大利 | 11160.00 | 3.25 |
| 加拿大 | 62.00 | 2.43 |
| 美国 | 34.00 | 1.53 |
| 新加坡 | 517.00 | 0.84 |
| 印度 | 106.00 | 0.45 |
| 泰国 | 4000.00 | 0.40 |
| 马来西亚 | 37.00 | 0.19 |
| 巴西 | 235.00 | 0.06 |

## 木片进口量值表

| 国家/地区 | 进口数量（千克） | 进口金额（千美元） |
|---|---|---|
| 44012100 针叶木的木片或木粒 | | |
| 合计 | 399173875.00 | 64192.98 |
| 澳大利亚 | 284752412.00 | 47697.31 |
| 美国 | 41179046.00 | 6969.70 |
| 斐济 | 44015170.00 | 6880.93 |
| 俄罗斯 | 25914110.00 | 1904.52 |
| 南非 | 2297873.00 | 365.36 |
| 德国 | 330499.00 | 208.02 |
| 荷兰 | 184407.00 | 63.24 |
| 越南 | 209788.00 | 32.52 |
| 韩国 | 4650.00 | 16.64 |
| 马来西亚 | 170000.00 | 14.78 |
| 巴西 | 88265.00 | 11.75 |
| 日本 | 7507.00 | 6.48 |
| 英国 | 14400.00 | 5.57 |
| 加拿大 | 266.00 | 5.37 |
| 新加坡 | 46.00 | 2.69 |
| 智利 | 144.00 | 2.56 |
| 奥地利 | 4800.00 | 2.43 |
| 乌克兰 | 207.00 | 1.61 |
| 新西兰 | 130.00 | 1.26 |

(续)

| 国家/地区 | 进口数量（千克） | 进口金额（千美元） |
|---|---|---|
| 法国 | 155.00 | 0.25 |
| 44012200 非针叶木的木片或木粒 | | |
| 合计 | 11170664877.00 | 1847665.68 |
| 澳大利亚 | 3724873606.00 | 679067.00 |
| 越南 | 4202723374.00 | 637236.48 |
| 泰国 | 1386562842.00 | 207554.06 |
| 智利 | 778924690.00 | 146877.95 |
| 印度尼西亚 | 718853877.00 | 116833.51 |
| 巴西 | 282657413.00 | 51422.83 |
| 马来西亚 | 62130071.00 | 7005.45 |
| 俄罗斯 | 12204490.00 | 732.27 |
| 法国 | 117542.00 | 426.05 |
| 美国 | 118679.00 | 250.16 |
| 德国 | 88718.00 | 80.68 |
| 南非 | 1276083.00 | 76.05 |
| 意大利 | 5469.00 | 49.75 |
| 爱沙尼亚 | 37332.00 | 34.19 |
| 匈牙利 | 1800.00 | 8.05 |
| 拉脱维亚 | 80500.00 | 3.28 |
| 丹麦 | 2250.00 | 2.49 |
| 中国台澎金马关税区 | 4000.00 | 1.69 |
| 中国 | 142.00 | 1.49 |
| 新西兰 | 66.00 | 0.84 |
| 西班牙 | 20.00 | 0.52 |
| 日本 | 900.00 | 0.47 |
| 加拿大 | 900.00 | 0.25 |
| 乌拉圭 | 10.00 | 0.12 |
| 瓦努阿图 | 103.00 | 0.05 |

## 木炭出口量值表

| 国家/地区 | 出口数量（千克） | 出口金额（千美元） |
|---|---|---|
| 44029000 其他木炭(包括果壳炭及果核炭)，不论是否结块 | | |
| 合计 | 51176254.00 | 68306.00 |
| 日本 | 29555578.00 | 21251.99 |
| 沙特阿拉伯 | 3853137.00 | 12824.01 |
| 阿联酋 | 1435003.00 | 3621.48 |
| 以色列 | 1454830.00 | 2389.74 |
| 南非 | 1227673.00 | 2273.74 |
| 印度 | 390557.00 | 1919.07 |
| 阿曼 | 471521.00 | 1748.94 |
| 伊朗 | 567960.00 | 1737.35 |
| 土耳其 | 417167.00 | 1561.98 |

(续)

| 国家/地区 | 出口数量（千克） | 出口金额（千美元） |
|---|---|---|
| 利比亚 | 517825.00 | 1531.05 |
| 韩国 | 2665538.00 | 1394.78 |
| 科威特 | 541681.00 | 1315.98 |
| 约旦 | 260244.00 | 999.39 |
| 美国 | 670463.00 | 838.89 |
| 阿尔及利亚 | 484979.00 | 808.23 |
| 西班牙 | 388692.00 | 717.80 |
| 伊拉克 | 266984.00 | 664.70 |
| 也门 | 158258.00 | 621.18 |
| 英国 | 241817.00 | 597.38 |
| 塞拉利昂 | 74508.00 | 594.65 |
| 希腊 | 333897.00 | 574.68 |
| 摩洛哥 | 230948.00 | 512.09 |
| 塔吉克斯坦 | 316220.00 | 509.71 |
| 巴基斯坦 | 146697.00 | 505.03 |
| 澳大利亚 | 864695.00 | 501.17 |
| 印度尼西亚 | 258826.00 | 422.91 |
| 尼日利亚 | 123948.00 | 407.68 |
| 巴林 | 162919.00 | 399.37 |
| 比利时 | 443237.00 | 342.78 |
| 越南 | 55250.00 | 335.23 |
| 埃及 | 81682.00 | 320.68 |
| 黎巴嫩 | 194567.00 | 312.20 |
| 突尼斯 | 53432.00 | 267.83 |
| 中国澳门 | 337209.00 | 260.55 |
| 俄罗斯 | 99668.00 | 196.16 |
| 德国 | 101314.00 | 188.39 |
| 多米尼加 | 158124.00 | 184.88 |
| 泰国 | 59448.00 | 181.68 |
| 巴西 | 96879.00 | 181.63 |
| 乌克兰 | 36338.00 | 148.38 |
| 新西兰 | 180409.00 | 137.97 |
| 瑞典 | 56771.00 | 134.17 |
| 利比里亚 | 22980.00 | 126.39 |
| 毛里塔尼亚 | 41819.00 | 124.32 |
| 叙利亚 | 31139.00 | 124.05 |
| 荷兰 | 44275.00 | 93.42 |
| 芬兰 | 52192.00 | 86.22 |
| 丹麦 | 80389.00 | 85.07 |
| 马来西亚 | 52281.00 | 82.31 |
| 卡塔尔 | 21313.00 | 78.59 |
| 保加利亚 | 19332.00 | 77.65 |
| 中国台澎金马关税区 | 85667.00 | 65.52 |
| 塞内加尔 | 22032.00 | 63.02 |

（续）

| 国家/地区 | 出口数量（千克） | 出口金额（千美元） |
|---|---|---|
| 加拿大 | 20394.00 | 60.10 |
| 阿根廷 | 8502.00 | 53.99 |
| 匈牙利 | 8719.00 | 51.48 |
| 朝鲜 | 42030.00 | 51.20 |
| 拉脱维亚 | 79746.00 | 43.86 |
| 肯尼亚 | 6992.00 | 40.28 |
| 格鲁吉亚 | 15085.00 | 38.90 |
| 中国香港 | 102414.00 | 38.51 |
| 墨西哥 | 10019.00 | 37.09 |
| 意大利 | 40257.00 | 35.61 |
| 哥伦比亚 | 13381.00 | 29.50 |
| 阿富汗 | 9781.00 | 25.07 |
| 菲律宾 | 110000.00 | 24.90 |
| 挪威 | 19558.00 | 24.83 |
| 巴拿马 | 6393.00 | 24.35 |
| 贝宁 | 9491.00 | 23.06 |
| 葡萄牙 | 4159.00 | 23.03 |
| 马尔代夫 | 7565.00 | 21.39 |
| 几内亚 | 3993.00 | 21.04 |
| 法国 | 9223.00 | 19.16 |
| 哈萨克斯坦 | 17378.00 | 16.40 |
| 奥地利 | 11312.00 | 16.18 |
| 巴勒斯坦 | 2323.00 | 12.15 |
| 乌兹别克斯坦 | 6553.00 | 11.75 |
| 特立尼达和多巴哥 | 28918.00 | 11.73 |
| 留尼汪 | 2695.00 | 10.82 |
| 孟加拉国 | 13465.00 | 9.61 |
| 津巴布韦 | 3739.00 | 8.63 |
| 东帝汶 | 2405.00 | 7.60 |
| 苏丹 | 1687.00 | 6.90 |
| 加纳 | 13522.00 | 6.89 |
| 塞浦路斯 | 4822.00 | 6.20 |
| 智利 | 1443.00 | 6.01 |
| 莫桑比克 | 3000.00 | 5.96 |
| 新加坡 | 1000.00 | 5.64 |
| 吉布提 | 1152.00 | 5.39 |
| 科特迪瓦 | 1544.00 | 4.23 |
| 新喀里多尼亚 | 12300.00 | 4.00 |
| 瑞士 | 1825.00 | 3.10 |
| 罗马尼亚 | 1248.00 | 2.77 |
| 白俄罗斯 | 2000.00 | 2.50 |
| 乌干达 | 600.00 | 2.37 |
| 斯洛文尼亚 | 375.00 | 1.61 |
| 毛里求斯 | 348.00 | 1.20 |

（续）

| 国家/地区 | 出口数量（千克） | 出口金额（千美元） |
|---|---|---|
| 波兰 | 233.00 | 1.16 |
| 莱索托 | 127.00 | 1.00 |
| 爱尔兰 | 262.00 | 0.79 |
| 斯里兰卡 | 162.00 | 0.58 |
| 坦桑尼亚 | 78.00 | 0.46 |
| 玻利维亚 | 1100.00 | 0.43 |
| 所罗门群岛 | 54.00 | 0.21 |
| 柬埔寨 | 100.00 | 0.15 |
| 布基纳法索 | 300.00 | 0.15 |
| 赞比亚 | 170.00 | 0.12 |

## 木炭进口量值表

| 国家/地区 | 进口数量（千克） | 进口金额（千美元） |
|---|---|---|
| 44029000 其他木炭(包括果壳炭及果核炭)，不论是否结块 | | |
| 合计 | 159201444.00 | 45756.36 |
| 老挝 | 47442804.00 | 9437.65 |
| 印度尼西亚 | 22747733.00 | 8664.47 |
| 菲律宾 | 19386948.00 | 7989.43 |
| 缅甸 | 30377364.00 | 6039.77 |
| 孟加拉国 | 6915635.00 | 3713.85 |
| 马来西亚 | 9447902.00 | 2614.00 |
| 越南 | 6055414.00 | 2448.57 |
| 泰国 | 5365165.00 | 2249.58 |
| 俄罗斯 | 7545063.00 | 1300.25 |
| 印度 | 1113949.00 | 507.17 |
| 科特迪瓦 | 1202456.00 | 310.78 |
| 尼日利亚 | 899563.00 | 143.95 |
| 朝鲜 | 355492.00 | 79.56 |
| 中国台澎金马关税区 | 28800.00 | 64.80 |
| 美国 | 57676.00 | 50.40 |
| 日本 | 11674.00 | 42.34 |
| 韩国 | 27751.00 | 33.05 |
| 加纳 | 143160.00 | 24.66 |
| 比利时 | 6240.00 | 17.34 |
| 巴拉圭 | 21920.00 | 8.14 |
| 德国 | 2880.00 | 7.74 |
| 纳米比亚 | 26554.00 | 3.23 |
| 西班牙 | 19110.00 | 2.87 |
| 新加坡 | 6.00 | 1.84 |
| 墨西哥 | 18.00 | 0.48 |
| 英国 | 146.00 | 0.24 |
| 瑞典 | 20.00 | 0.11 |
| 瑞士 | 1.00 | 0.08 |

## 软木出口量值表

| 国家/地区 | 出口数量（千克） | 出口金额（千美元） |
|---|---|---|
| 45011000 未加工或简单加工的天然软木 | | |
| 合计 | 1022.00 | 5.34 |
| 美国 | 324.00 | 4.11 |
| 澳大利亚 | 250.00 | 0.75 |
| 英国 | 448.00 | 0.48 |
| 45019020 碎的、粒状的或粉状的软木 | | |
| 合计 | 282817.00 | 282.50 |
| 日本 | 30270.00 | 67.56 |
| 中国台澎金马关税区 | 46100.00 | 46.36 |
| 中国香港 | 140000.00 | 36.10 |
| 孟加拉国 | 14200.00 | 34.44 |
| 印度尼西亚 | 9220.00 | 27.15 |
| 巴基斯坦 | 19508.00 | 23.39 |
| 韩国 | 16009.00 | 21.45 |
| 越南 | 5260.00 | 16.32 |
| 土耳其 | 1000.00 | 5.00 |
| 伊朗 | 750.00 | 2.80 |
| 印度 | 500.00 | 1.93 |
| 45020000 除去表皮或成方块、板、片或条状的天然软木 | | |
| 合计 | 932.00 | 6.06 |
| 德国 | 874.00 | 3.90 |
| 西班牙 | 58.00 | 2.16 |
| 45031000 天然软木塞子 | | |
| 合计 | 52019.00 | 494.91 |
| 美国 | 26810.00 | 294.01 |
| 哥伦比亚 | 1984.00 | 57.40 |
| 西班牙 | 5479.00 | 39.31 |
| 波兰 | 665.00 | 18.50 |
| 乌兹别克斯坦 | 743.00 | 18.00 |
| 法国 | 1277.00 | 16.30 |
| 中国香港 | 9535.00 | 11.00 |
| 澳大利亚 | 988.00 | 10.69 |
| 加拿大 | 1156.00 | 7.84 |
| 新西兰 | 621.00 | 5.74 |
| 越南 | 589.00 | 4.51 |
| 巴拿马 | 68.00 | 3.02 |
| 丹麦 | 566.00 | 2.38 |
| 毛里求斯 | 90.00 | 1.59 |
| 巴西 | 398.00 | 0.94 |
| 英国 | 472.00 | 0.83 |
| 菲律宾 | 144.00 | 0.60 |
| 阿联酋 | 38.00 | 0.50 |
| 阿塞拜疆 | 34.00 | 0.48 |

(续)

| 国家/地区 | 出口数量(千克) | 出口金额(千美元) |
|---|---|---|
| 荷兰 | 45.00 | 0.46 |
| 土耳其 | 68.00 | 0.34 |
| 黎巴嫩 | 93.00 | 0.23 |
| 比利时 | 150.00 | 0.19 |
| 日本 | 6.00 | 0.04 |
| 泰国 | 0.00 | 0.01 |
| 45039000 其他天然软木制品 | | |
| 合计 | 61168.00 | 370.45 |
| 日本 | 37399.00 | 140.52 |
| 意大利 | 1725.00 | 69.38 |
| 韩国 | 11984.00 | 58.95 |
| 美国 | 1543.00 | 33.42 |
| 英国 | 250.00 | 15.36 |
| 伊朗 | 250.00 | 12.75 |
| 中国台澎金马关税区 | 306.00 | 11.24 |
| 新加坡 | 3356.00 | 9.68 |
| 荷兰 | 2864.00 | 8.58 |
| 比利时 | 750.00 | 7.78 |
| 瑞典 | 450.00 | 1.53 |
| 加拿大 | 52.00 | 0.62 |
| 泰国 | 90.00 | 0.46 |
| 俄罗斯 | 149.00 | 0.19 |
| 45041000 压制软木块、板、片及条;任何形状的压制软木砖、瓦 | | |
| 合计 | 3732651.00 | 10995.94 |
| 美国 | 1356729.00 | 3193.16 |
| 德国 | 399504.00 | 1496.92 |
| 日本 | 284205.00 | 1045.65 |
| 韩国 | 145016.00 | 735.40 |
| 加拿大 | 249961.00 | 627.32 |
| 意大利 | 128887.00 | 468.54 |
| 俄罗斯 | 146728.00 | 409.05 |
| 英国 | 121492.00 | 388.05 |
| 瑞典 | 96927.00 | 287.19 |
| 比利时 | 70269.00 | 203.88 |
| 西班牙 | 68043.00 | 191.95 |
| 澳大利亚 | 95422.00 | 191.40 |
| 波兰 | 59401.00 | 177.61 |
| 法国 | 61789.00 | 173.60 |
| 奥地利 | 47037.00 | 149.60 |
| 阿联酋 | 54866.00 | 143.06 |
| 新西兰 | 35029.00 | 122.58 |
| 中国台澎金马关税区 | 14932.00 | 119.34 |
| 中国香港 | 28055.00 | 96.32 |

(续)

| 国家/地区 | 出口数量(千克) | 出口金额(千美元) |
|---|---|---|
| 荷兰 | 19291.00 | 81.20 |
| 马来西亚 | 25282.00 | 59.29 |
| 哥伦比亚 | 20936.00 | 55.63 |
| 越南 | 27497.00 | 55.01 |
| 丹麦 | 12599.00 | 50.31 |
| 新加坡 | 13243.00 | 38.20 |
| 沙特阿拉伯 | 8683.00 | 34.24 |
| 巴林 | 7860.00 | 34.24 |
| 墨西哥 | 15218.00 | 30.56 |
| 印度 | 12300.00 | 27.38 |
| 巴西 | 11933.00 | 25.23 |
| 厄瓜多尔 | 9103.00 | 22.14 |
| 智利 | 5020.00 | 20.36 |
| 安哥拉 | 6417.00 | 18.32 |
| 以色列 | 10266.00 | 16.58 |
| 巴基斯坦 | 5220.00 | 16.34 |
| 秘鲁 | 5920.00 | 16.02 |
| 罗马尼亚 | 4332.00 | 13.96 |
| 菲律宾 | 3614.00 | 12.15 |
| 挪威 | 3600.00 | 11.42 |
| 阿根廷 | 3310.00 | 9.53 |
| 希腊 | 4231.00 | 8.98 |
| 柬埔寨 | 2680.00 | 8.97 |
| 土耳其 | 414.00 | 8.63 |
| 伊朗 | 3263.00 | 8.62 |
| 泰国 | 5986.00 | 8.04 |
| 爱沙尼亚 | 1356.00 | 7.84 |
| 黎巴嫩 | 3082.00 | 7.63 |
| 立陶宛 | 492.00 | 6.98 |
| 克罗地亚 | 1544.00 | 6.73 |
| 危地马拉 | 1250.00 | 6.52 |
| 爱尔兰 | 1260.00 | 6.36 |
| 巴拿马 | 775.00 | 6.20 |
| 拉脱维亚 | 1315.00 | 5.66 |
| 斯洛文尼亚 | 1092.00 | 3.85 |
| 乌拉圭 | 876.00 | 3.00 |
| 阿尔巴尼亚 | 1355.00 | 2.80 |
| 塞浦路斯 | 307.00 | 2.71 |
| 白俄罗斯 | 1050.00 | 2.70 |
| 印度尼西亚 | 790.00 | 2.63 |
| 南非 | 1365.00 | 2.54 |
| 芬兰 | 310.00 | 2.40 |
| 瑞士 | 471.00 | 2.27 |
| 约旦 | 195.00 | 1.08 |

(续)

| 国家/地区 | 出口数量(千克) | 出口金额(千美元) |
|---|---|---|
| 卡塔尔 | 402.00 | 1.06 |
| 捷克 | 204.00 | 0.82 |
| 乌克兰 | 240.00 | 0.72 |
| 保加利亚 | 164.00 | 0.63 |
| 葡萄牙 | 120.00 | 0.60 |
| 哥斯达黎加 | 120.00 | 0.16 |
| 中国澳门 | 5.00 | 0.07 |
| 缅甸 | 1.00 | 0.04 |
| 45049000 其他压制软木及其制品 | | |
| 合计 | 3364685.00 | 9115.44 |
| 美国 | 1682840.00 | 3365.71 |
| 日本 | 311988.00 | 976.50 |
| 德国 | 176836.00 | 486.58 |
| 荷兰 | 159999.00 | 462.76 |
| 加拿大 | 150092.00 | 441.48 |
| 澳大利亚 | 185344.00 | 432.04 |
| 新加坡 | 47590.00 | 333.25 |
| 法国 | 41354.00 | 282.38 |
| 英国 | 45747.00 | 160.80 |
| 中国台澎金马关税区 | 35432.00 | 157.08 |
| 俄罗斯 | 27725.00 | 146.42 |
| 韩国 | 32551.00 | 142.21 |
| 哥伦比亚 | 26912.00 | 140.42 |
| 印度尼西亚 | 42213.00 | 132.66 |
| 中国香港 | 31002.00 | 125.95 |
| 比利时 | 34933.00 | 124.82 |
| 意大利 | 29186.00 | 114.20 |
| 瑞典 | 35602.00 | 110.03 |
| 马来西亚 | 26112.00 | 109.52 |
| 泰国 | 19780.00 | 90.64 |
| 沙特阿拉伯 | 18038.00 | 86.81 |
| 哈萨克斯坦 | 6257.00 | 72.48 |
| 西班牙 | 16483.00 | 65.69 |
| 阿联酋 | 15719.00 | 51.29 |
| 波兰 | 12389.00 | 43.52 |
| 墨西哥 | 15065.00 | 39.58 |
| 丹麦 | 8662.00 | 35.31 |
| 奥地利 | 11097.00 | 35.13 |
| 以色列 | 14343.00 | 34.01 |
| 希腊 | 5024.00 | 31.08 |
| 突尼斯 | 24019.00 | 27.54 |
| 葡萄牙 | 4186.00 | 23.02 |
| 南非 | 3585.00 | 21.01 |
| 智利 | 7657.00 | 19.10 |

（续）

| 国家/地区 | 出口数量（千克） | 出口金额（千美元） |
|---|---|---|
| 新西兰 | 6870.00 | 18.22 |
| 巴西 | 7518.00 | 16.32 |
| 巴拿马 | 2935.00 | 14.35 |
| 厄瓜多尔 | 2889.00 | 13.21 |
| 阿根廷 | 693.00 | 10.32 |
| 瑞士 | 1086.00 | 9.52 |
| 挪威 | 2004.00 | 9.47 |
| 捷克 | 3409.00 | 9.26 |
| 斯里兰卡 | 2160.00 | 8.93 |
| 多米尼加 | 1392.00 | 8.53 |
| 印度 | 3169.00 | 8.38 |
| 乌克兰 | 929.00 | 7.25 |
| 罗马尼亚 | 4356.00 | 7.24 |
| 秘鲁 | 1106.00 | 6.38 |
| 菲律宾 | 1400.00 | 5.63 |
| 乌拉圭 | 1110.00 | 3.52 |
| 爱尔兰 | 710.00 | 3.20 |
| 乌兹别克斯坦 | 729.00 | 3.05 |
| 危地马拉 | 2037.00 | 2.84 |
| 摩洛哥 | 1191.00 | 2.57 |
| 黎巴嫩 | 1233.00 | 2.26 |
| 塞浦路斯 | 1452.00 | 2.19 |
| 哥斯达黎加 | 896.00 | 2.09 |
| 斯洛文尼亚 | 154.00 | 1.68 |
| 萨尔瓦多 | 369.00 | 1.61 |
| 克罗地亚 | 725.00 | 1.58 |
| 匈牙利 | 833.00 | 1.40 |
| 卡塔尔 | 605.00 | 1.39 |
| 约旦 | 133.00 | 1.38 |
| 格鲁吉亚 | 537.00 | 1.18 |
| 拉脱维亚 | 665.00 | 1.16 |
| 土耳其 | 150.00 | 1.15 |
| 所罗门群岛 | 644.00 | 1.09 |
| 吉尔吉斯斯坦 | 460.00 | 1.07 |
| 土库曼斯坦 | 456.00 | 1.02 |
| 委内瑞拉 | 264.00 | 0.79 |
| 科威特 | 275.00 | 0.61 |
| 利比里亚 | 313.00 | 0.61 |
| 阿尔巴尼亚 | 175.00 | 0.38 |
| 巴布亚新几内亚 | 204.00 | 0.38 |
| 阿尔及利亚 | 207.00 | 0.32 |
| 马达加斯加 | 209.00 | 0.24 |
| 巴基斯坦 | 74.00 | 0.17 |
| 塞尔维亚 | 76.00 | 0.16 |

（续）

| 国家/地区 | 出口数量（千克） | 出口金额（千美元） |
|---|---|---|
| 中国澳门 | 5.00 | 0.15 |
| 莫桑比克 | 45.00 | 0.11 |
| 玻利维亚 | 11.00 | 0.10 |
| 尼日利亚 | 60.00 | 0.06 |

## 软木进口量值表

| 国家/地区 | 进口数量（千克） | 进口金额（千美元） |
|---|---|---|
| 45011000 未加工或简单加工的天然软木 | | |
| 合计 | 1996778.00 | 6133.84 |
| 葡萄牙 | 1816268.00 | 5518.54 |
| 西班牙 | 138720.00 | 482.74 |
| 意大利 | 40740.00 | 131.36 |
| 阿尔及利亚 | 1050.00 | 1.20 |
| 45019010 软木废料 | | |
| 合计 | 3973.00 | 3.00 |
| 美国 | 3973.00 | 3.00 |
| 45019020 碎的、粒状的或粉状的软木 | | |
| 合计 | 709554.00 | 789.94 |
| 葡萄牙 | 239694.00 | 264.58 |
| 阿尔及利亚 | 264378.00 | 247.72 |
| 意大利 | 188610.00 | 178.37 |
| 日本 | 4060.00 | 57.13 |
| 美国 | 12362.00 | 38.43 |
| 德国 | 420.00 | 2.41 |
| 中国台澎金马关税区 | 30.00 | 1.31 |
| 45020000 除去表皮或成方块、板、片或条状的天然软木 | | |
| 合计 | 12399.00 | 90.86 |
| 意大利 | 10025.00 | 70.77 |
| 阿尔及利亚 | 1774.00 | 18.16 |
| 葡萄牙 | 590.00 | 1.71 |
| 韩国 | 10.00 | 0.22 |
| 45031000 天然软木塞子 | | |
| 合计 | 358322.00 | 6800.33 |
| 葡萄牙 | 224829.00 | 3957.63 |
| 意大利 | 87751.00 | 2442.13 |
| 阿尔及利亚 | 34716.00 | 237.03 |
| 西班牙 | 9321.00 | 118.57 |
| 法国 | 1369.00 | 34.68 |
| 美国 | 33.00 | 5.62 |
| 日本 | 303.00 | 4.64 |
| 丹麦 | 0.00 | 0.03 |

（续）

| 国家/地区 | 进口数量（千克） | 进口金额（千美元） |
|---|---|---|
| 45039000 其他天然软木制品 | | |
| 合计 | 224320.00 | 752.52 |
| 葡萄牙 | 210588.00 | 565.18 |
| 美国 | 4394.00 | 81.70 |
| 阿尔及利亚 | 8508.00 | 66.27 |
| 日本 | 480.00 | 33.43 |
| 意大利 | 40.00 | 2.66 |
| 西班牙 | 160.00 | 1.98 |
| 匈牙利 | 120.00 | 0.97 |
| 中国 | 12.00 | 0.23 |
| 柬埔寨 | 18.00 | 0.09 |
| 法国 | 0.00 | 0.02 |
| 45041000 压制软木块、板、片及条；任何形状的压制软木砖、瓦 | | |
| 合计 | 5226972.00 | 23638.82 |
| 葡萄牙 | 3189928.00 | 14519.62 |
| 意大利 | 745369.00 | 4170.70 |
| 西班牙 | 767890.00 | 2246.76 |
| 法国 | 78528.00 | 997.27 |
| 日本 | 16103.00 | 466.12 |
| 阿尔及利亚 | 195070.00 | 337.61 |
| 突尼斯 | 116000.00 | 268.16 |
| 瑞士 | 52469.00 | 164.74 |
| 中国 | 2380.00 | 143.66 |
| 德国 | 41262.00 | 127.89 |
| 中国台澎金马关税区 | 10031.00 | 54.04 |
| 美国 | 5389.00 | 53.35 |
| 印度 | 4608.00 | 29.09 |
| 英国 | 197.00 | 13.72 |
| 新加坡 | 105.00 | 12.82 |
| 越南 | 781.00 | 10.82 |
| 比利时 | 354.00 | 9.87 |
| 加拿大 | 280.00 | 9.25 |
| 奥地利 | 185.00 | 1.74 |
| 瑞典 | 43.00 | 1.53 |
| 澳大利亚 | 0.00 | 0.06 |
| 45049000 其他压制软木及其制品 | | |
| 合计 | 648554.00 | 3208.05 |
| 葡萄牙 | 267952.00 | 1763.77 |
| 西班牙 | 271630.00 | 713.85 |
| 荷兰 | 272.00 | 276.31 |
| 菲律宾 | 22932.00 | 144.25 |
| 意大利 | 8510.00 | 89.39 |
| 中国台澎金马关税区 | 2374.00 | 81.42 |

(续)

| 国家/地区 | 进口数量(千克) | 进口金额(千美元) |
|---|---|---|
| 德国 | 1666.00 | 66.38 |
| 中国 | 24651.00 | 33.84 |
| 美国 | 245.00 | 15.60 |
| 俄罗斯 | 47900.00 | 7.66 |
| 英国 | 202.00 | 5.17 |
| 日本 | 177.00 | 4.35 |
| 法国 | 0.00 | 3.21 |
| 中国香港 | 33.00 | 1.18 |
| 土耳其 | 7.00 | 0.95 |
| 韩国 | 2.00 | 0.63 |
| 罗马尼亚 | 1.00 | 0.08 |
| 国(地)别不详 | 0.00 | 0.02 |
| 斯洛文尼亚 | 0.00 | 0.01 |

## 木浆出口量值表

| 国家/地区 | 出口数量(千克) | 出口金额(千美元) |
|---|---|---|
| 47010000 机械木浆 | | |
| 合计 | 29360.00 | 38.17 |
| 朝鲜 | 29360.00 | 38.17 |
| 47020000 化学木浆、溶解级 | | |
| 合计 | 18512.00 | 16.84 |
| 朝鲜 | 15000.00 | 12.45 |
| 俄罗斯 | 3512.00 | 4.39 |
| 47031100 未漂白的针叶木烧碱木浆或硫酸盐木浆 | | |
| 合计 | 1015529.00 | 442.12 |
| 印度尼西亚 | 730977.00 | 263.64 |
| 泰国 | 266029.00 | 165.03 |
| 喀麦隆 | 18498.00 | 13.26 |
| 中国香港 | 25.00 | 0.17 |
| 澳大利亚 | 0.00 | 0.02 |
| 美国 | 0.00 | 0.01 |
| 47032100 半漂白或漂白的针叶木烧碱木浆或硫酸盐木浆 | | |
| 合计 | 16621125.00 | 11528.89 |
| 伊朗 | 11920799.00 | 8208.70 |
| 朝鲜 | 692352.00 | 543.66 |
| 俄罗斯 | 572212.00 | 366.68 |
| 莫桑比克 | 330666.00 | 221.78 |
| 斯里兰卡 | 279201.00 | 206.61 |
| 巴基斯坦 | 299224.00 | 191.50 |
| 日本 | 95941.00 | 160.59 |
| 马拉维 | 279374.00 | 160.22 |

(续)

| 国家/地区 | 出口数量(千克) | 出口金额(千美元) |
|---|---|---|
| 中国香港 | 258705.00 | 159.78 |
| 坦桑尼亚 | 187604.00 | 155.31 |
| 阿联酋 | 240675.00 | 151.70 |
| 韩国 | 169092.00 | 136.77 |
| 乌兹别克斯坦 | 181097.00 | 112.41 |
| 蒙古 | 163044.00 | 107.47 |
| 肯尼亚 | 118040.00 | 91.33 |
| 叙利亚 | 108929.00 | 74.07 |
| 加纳 | 100624.00 | 70.44 |
| 孟加拉国 | 98454.00 | 64.85 |
| 吉布提 | 76338.00 | 57.00 |
| 喀麦隆 | 86950.00 | 37.87 |
| 委内瑞拉 | 51905.00 | 35.24 |
| 尼日利亚 | 50421.00 | 32.27 |
| 苏丹 | 25917.00 | 27.86 |
| 南非 | 40432.00 | 26.57 |
| 乌干达 | 38600.00 | 22.77 |
| 土库曼斯坦 | 25364.00 | 22.03 |
| 埃及 | 25283.00 | 19.72 |
| 缅甸 | 25272.00 | 17.19 |
| 拉脱维亚 | 24969.00 | 15.98 |
| 科威特 | 22443.00 | 13.92 |
| 埃塞俄比亚 | 6904.00 | 8.05 |
| 多米尼加 | 22396.00 | 5.82 |
| 瑞典 | 792.00 | 2.04 |
| 越南 | 1033.00 | 0.67 |
| 芬兰 | 73.00 | 0.05 |
| 47032900 半漂白或漂白非针叶木烧碱木浆或硫酸盐木浆 | | |
| 合计 | 10050936.00 | 5206.77 |
| 伊朗 | 4130093.00 | 2407.55 |
| 泰国 | 4492286.00 | 2073.82 |
| 马来西亚 | 617411.00 | 344.86 |
| 德国 | 443263.00 | 157.37 |
| 日本 | 212847.00 | 125.54 |
| 朝鲜 | 136373.00 | 87.13 |
| 韩国 | 12633.00 | 7.07 |
| 瑞典 | 6030.00 | 3.44 |
| 47042900 半漂白或漂白的非针叶木亚硫酸盐木浆 | | |
| 合计 | 53375.00 | 30.80 |
| 巴基斯坦 | 52000.00 | 29.37 |
| 韩国 | 1350.00 | 1.41 |
| 玻利维亚 | 25.00 | 0.02 |

(续)

| 国家/地区 | 出口数量(千克) | 出口金额(千美元) |
|---|---|---|
| 47050000 用机械与化学联合制浆法制得的木浆 | | |
| 合计 | 1500.00 | 3.51 |
| 巴基斯坦 | 1500.00 | 3.51 |
| 47061000 棉短绒纸浆 | | |
| 合计 | 62963971.00 | 88059.26 |
| 韩国 | 14897927.00 | 19372.39 |
| 荷兰 | 10171852.00 | 13308.34 |
| 泰国 | 7697868.00 | 10812.88 |
| 日本 | 6169446.00 | 9256.56 |
| 比利时 | 4076877.00 | 5565.81 |
| 英国 | 1980336.00 | 3772.34 |
| 意大利 | 2313935.00 | 3261.75 |
| 德国 | 2261674.00 | 3086.80 |
| 巴西 | 1863592.00 | 2593.41 |
| 法国 | 1609148.00 | 2317.04 |
| 印度尼西亚 | 1433070.00 | 2194.62 |
| 斯洛文尼亚 | 1251678.00 | 1928.36 |
| 美国 | 1212521.00 | 1684.37 |
| 印度 | 1066493.00 | 1631.90 |
| 墨西哥 | 1247591.00 | 1523.79 |
| 芬兰 | 1138280.00 | 1454.31 |
| 南非 | 837889.00 | 1185.55 |
| 菲律宾 | 553033.00 | 773.52 |
| 乌克兰 | 380909.00 | 520.65 |
| 中国香港 | 76180.00 | 486.44 |
| 缅甸 | 192595.00 | 410.55 |
| 土耳其 | 190376.00 | 296.47 |
| 瑞典 | 120600.00 | 187.30 |
| 刚果(金) | 41366.00 | 120.88 |
| 俄罗斯 | 63215.00 | 89.47 |
| 安哥拉 | 17388.00 | 71.29 |
| 西班牙 | 25964.00 | 41.93 |
| 伊朗 | 24641.00 | 40.90 |
| 瑞士 | 16672.00 | 25.96 |
| 朝鲜 | 19951.00 | 25.59 |
| 也门 | 8904.00 | 13.67 |
| 匈牙利 | 2000.00 | 4.41 |
| 47062000 从回收(废碎)纸或纸板提取的纤维浆 | | |
| 合计 | 561565.00 | 232.12 |
| 中国香港 | 179948.00 | 65.72 |
| 日本 | 64160.00 | 45.15 |
| 菲律宾 | 105535.00 | 33.15 |

（续）

| 国家/地区 | 出口数量（千克） | 出口金额（千美元） |
|---|---|---|
| 越南 | 114918.00 | 32.40 |
| 新加坡 | 12422.00 | 20.84 |
| 澳大利亚 | 37037.00 | 9.85 |
| 中国台澎金马关税区 | 24000.00 | 9.60 |
| 阿富汗 | 12707.00 | 8.59 |
| 马来西亚 | 6400.00 | 2.31 |
| 科威特 | 3000.00 | 1.92 |
| 比利时 | 1209.00 | 1.81 |
| 美国 | 104.00 | 0.72 |
| 墨西哥 | 125.00 | 0.08 |
| 47069100 其他纤维状纤维素机械浆 | | |
| 合计 | 51890.00 | 48.25 |
| 印度尼西亚 | 11460.00 | 19.80 |
| 美国 | 20000.00 | 19.20 |
| 朝鲜 | 20130.00 | 9.22 |
| 蒙古 | 300.00 | 0.03 |
| 47069200 其他纤维状纤维素化学浆 | | |
| 合计 | 1150317.00 | 799.35 |
| 德国 | 771400.00 | 493.39 |
| 美国 | 185900.00 | 161.63 |
| 波兰 | 168000.00 | 136.42 |
| 印度尼西亚 | 22370.00 | 4.41 |
| 马来西亚 | 1000.00 | 1.20 |
| 韩国 | 1000.00 | 1.16 |
| 日本 | 355.00 | 1.05 |
| 越南 | 292.00 | 0.09 |
| 47069300 其他用机械和化学联合法制得的纤维状纤维素浆 | | |
| 合计 | 3500.00 | 1.25 |
| 中国台澎金马关税区 | 3500.00 | 1.25 |
| 47071000 回收（废碎）的未漂白牛皮纸或瓦楞纸及纸板 | | |
| 合计 | 1846263.00 | 344.09 |
| 尼日利亚 | 1846260.00 | 344.08 |
| 美国 | 3.00 | 0.01 |
| 47072000 回收（废碎）漂白化学木浆制未经本体染色纸 | | |
| 合计 | 109090.00 | 29.54 |
| 孟加拉国 | 51390.00 | 18.71 |
| 坦桑尼亚 | 35400.00 | 6.63 |
| 肯尼亚 | 22300.00 | 4.21 |
| 47079000 回收（废碎）的其他纸及纸板，包括未分选的 | | |
| 合计 | 372529.00 | 163.91 |

（续）

| 国家/地区 | 出口数量（千克） | 出口金额（千美元） |
|---|---|---|
| 加拿大 | 372529.00 | 163.91 |
| 48010000 成卷或成张的新闻纸 | | |
| 合计 | 12852400.00 | 12567.80 |
| 朝鲜 | 4774256.00 | 3215.76 |
| 中国香港 | 4346312.00 | 2300.83 |
| 柬埔寨 | 934542.00 | 1523.61 |
| 新加坡 | 142755.00 | 1038.42 |
| 澳大利亚 | 139996.00 | 833.31 |
| 越南 | 703977.00 | 499.66 |
| 马来西亚 | 107901.00 | 411.30 |
| 缅甸 | 303863.00 | 343.42 |
| 孟加拉国 | 71002.00 | 330.41 |
| 喀麦隆 | 60281.00 | 311.05 |
| 中国台澎金马关税区 | 19965.00 | 222.27 |
| 厄立特里亚 | 377678.00 | 196.39 |
| 阿联酋 | 21088.00 | 163.03 |
| 印度 | 19357.00 | 158.07 |
| 韩国 | 21585.00 | 156.59 |
| 菲律宾 | 99481.00 | 105.83 |
| 新西兰 | 20485.00 | 92.18 |
| 沙特阿拉伯 | 35900.00 | 80.05 |
| 英国 | 38610.00 | 72.93 |
| 美国 | 75875.00 | 54.23 |
| 中国澳门 | 97757.00 | 49.22 |
| 荷兰 | 9920.00 | 46.62 |
| 秘鲁 | 28935.00 | 33.51 |
| 俄罗斯 | 24804.00 | 29.80 |
| 巴基斯坦 | 68658.00 | 27.80 |
| 乌克兰 | 21000.00 | 23.10 |
| 约旦 | 32943.00 | 23.07 |
| 也门 | 25000.00 | 22.41 |
| 印度尼西亚 | 12227.00 | 22.37 |
| 萨尔瓦多 | 27904.00 | 18.90 |
| 法国 | 41300.00 | 17.21 |
| 日本 | 8148.00 | 16.66 |
| 肯尼亚 | 24185.00 | 16.06 |
| 津巴布韦 | 14100.00 | 15.95 |
| 伊朗 | 7300.00 | 14.43 |
| 毛里求斯 | 14067.00 | 12.85 |
| 斯里兰卡 | 10594.00 | 12.66 |
| 南非 | 14660.00 | 11.37 |
| 德国 | 20793.00 | 10.11 |
| 黎巴嫩 | 1700.00 | 9.16 |
| 加拿大 | 7364.00 | 7.99 |

（续）

| 国家/地区 | 出口数量（千克） | 出口金额（千美元） |
|---|---|---|
| 毛里塔尼亚 | 10200.00 | 5.71 |
| 加纳 | 5000.00 | 4.76 |
| 马里 | 2200.00 | 1.47 |
| 哥斯达黎加 | 1296.00 | 1.30 |
| 智利 | 3050.00 | 1.22 |
| 泰国 | 1276.00 | 1.20 |
| 埃塞俄比亚 | 1000.00 | 0.88 |
| 比利时 | 30.00 | 0.59 |
| 以色列 | 80.00 | 0.06 |
| 48021010 宣纸 | | |
| 合计 | 989188.00 | 6901.30 |
| 日本 | 394586.00 | 4148.61 |
| 韩国 | 350416.00 | 1757.10 |
| 中国台澎金马关税区 | 141726.00 | 340.64 |
| 柬埔寨 | 21120.00 | 184.95 |
| 阿联酋 | 7189.00 | 98.43 |
| 越南 | 3440.00 | 47.40 |
| 马来西亚 | 4146.00 | 46.24 |
| 澳大利亚 | 24793.00 | 38.59 |
| 利比亚 | 7906.00 | 31.62 |
| 刚果（金） | 1605.00 | 30.69 |
| 美国 | 6512.00 | 25.73 |
| 加拿大 | 3864.00 | 20.22 |
| 肯尼亚 | 700.00 | 18.62 |
| 英国 | 1646.00 | 15.35 |
| 荷兰 | 1240.00 | 11.52 |
| 新加坡 | 2915.00 | 11.15 |
| 土耳其 | 1151.00 | 10.50 |
| 中国香港 | 1200.00 | 8.01 |
| 比利时 | 1112.00 | 7.95 |
| 法国 | 1643.00 | 7.60 |
| 赞比亚 | 1200.00 | 6.24 |
| 新西兰 | 2686.00 | 4.97 |
| 俄罗斯 | 930.00 | 3.43 |
| 德国 | 544.00 | 3.33 |
| 巴西 | 665.00 | 3.24 |
| 阿尔及利亚 | 850.00 | 2.98 |
| 菲律宾 | 639.00 | 2.97 |
| 芬兰 | 963.00 | 1.90 |
| 泰国 | 204.00 | 1.75 |
| 印度尼西亚 | 152.00 | 1.49 |
| 中国澳门 | 260.00 | 1.04 |
| 葡萄牙 | 131.00 | 0.91 |
| 爱沙尼亚 | 120.00 | 0.84 |

(续)

| 国家/地区 | 出口数量(千克) | 出口金额(千美元) |
|---|---|---|
| 波兰 | 144.00 | 0.64 |
| 阿根廷 | 45.00 | 0.62 |
| 丹麦 | 151.00 | 0.60 |
| 蒙古 | 10.00 | 0.53 |
| 南非 | 60.00 | 0.47 |
| 爱尔兰 | 50.00 | 0.40 |
| 伊拉克 | 140.00 | 0.28 |
| 安哥拉 | 35.00 | 0.24 |
| 罗马尼亚 | 15.00 | 0.23 |
| 保加利亚 | 18.00 | 0.23 |
| 西班牙 | 26.00 | 0.18 |
| 白俄罗斯 | 44.00 | 0.16 |
| 乌克兰 | 32.00 | 0.12 |
| 塞舌尔 | 14.00 | 0.11 |
| 瑞典 | 15.00 | 0.10 |
| 格林纳达 | 25.00 | 0.08 |
| 秘鲁 | 20.00 | 0.06 |
| 斐济 | 4.00 | 0.04 |
| 坦桑尼亚 | 10.00 | 0.04 |
| 贝宁 | 15.00 | 0.03 |
| 斯洛文尼亚 | 19.00 | 0.03 |
| 哥伦比亚 | 9.00 | 0.03 |
| 老挝 | 1.00 | 0.02 |
| 意大利 | 17.00 | 0.02 |
| 冰岛 | 7.00 | 0.01 |
| 卢旺达 | 4.00 | 0.01 |
| 塔吉克斯坦 | 2.00 | 0.01 |
| 埃塞俄比亚 | 0.00 | 0.01 |
| 马拉维 | 1.00 | 0.00 |
| 斯里兰卡 | 1.00 | 0.00 |
| 48021090 其他手工制纸及纸板 | | |
| 合计 | 1537844.00 | 6913.38 |
| 日本 | 480791.00 | 3361.87 |
| 韩国 | 433202.00 | 1916.55 |
| 墨西哥 | 157405.00 | 253.77 |
| 美国 | 66236.00 | 179.07 |
| 马来西亚 | 15704.00 | 173.87 |
| 新加坡 | 9906.00 | 149.88 |
| 俄罗斯 | 26078.00 | 100.78 |
| 荷兰 | 23486.00 | 99.82 |
| 意大利 | 15274.00 | 95.08 |
| 秘鲁 | 39322.00 | 68.47 |
| 印度 | 19907.00 | 44.35 |
| 芬兰 | 4829.00 | 42.52 |

(续)

| 国家/地区 | 出口数量(千克) | 出口金额(千美元) |
|---|---|---|
| 澳大利亚 | 30775.00 | 36.97 |
| 柬埔寨 | 43544.00 | 36.80 |
| 缅甸 | 1521.00 | 32.41 |
| 以色列 | 22909.00 | 32.18 |
| 智利 | 23061.00 | 31.04 |
| 英国 | 20685.00 | 29.02 |
| 厄瓜多尔 | 16953.00 | 26.36 |
| 瑞典 | 3334.00 | 25.76 |
| 土耳其 | 14267.00 | 24.36 |
| 印度尼西亚 | 4271.00 | 23.77 |
| 沙特阿拉伯 | 15840.00 | 19.49 |
| 法国 | 5518.00 | 18.22 |
| 乌拉圭 | 10327.00 | 16.61 |
| 哥伦比亚 | 8870.00 | 15.47 |
| 立陶宛 | 5288.00 | 14.83 |
| 德国 | 1778.00 | 13.23 |
| 中国香港 | 7882.00 | 9.22 |
| 多米尼加 | 2876.00 | 4.17 |
| 西班牙 | 712.00 | 2.84 |
| 肯尼亚 | 351.00 | 2.63 |
| 中国台澎金马关税区 | 481.00 | 2.50 |
| 比利时 | 240.00 | 2.40 |
| 挪威 | 25.00 | 1.81 |
| 阿联酋 | 3210.00 | 1.50 |
| 加拿大 | 124.00 | 1.28 |
| 莫桑比克 | 702.00 | 1.05 |
| 土库曼斯坦 | 33.00 | 0.66 |
| 朝鲜 | 90.00 | 0.36 |
| 越南 | 29.00 | 0.33 |
| 捷克 | 0.00 | 0.06 |
| 马达加斯加 | 8.00 | 0.02 |

## 木浆进口量值表

| 国家/地区 | 进口数量(千克) | 进口金额(千美元) |
|---|---|---|
| 47010000 机械木浆 | | |
| 合计 | 2588921.00 | 1923.70 |
| 美国 | 925699.00 | 1135.29 |
| 德国 | 1450420.00 | 670.80 |
| 瑞典 | 190648.00 | 83.59 |
| 日本 | 3620.00 | 17.85 |
| 法国 | 17186.00 | 13.92 |
| 意大利 | 1203.00 | 1.45 |
| 丹麦 | 7.00 | 0.79 |

(续)

| 国家/地区 | 进口数量(千克) | 进口金额(千美元) |
|---|---|---|
| 中国台澎金马关税区 | 138.00 | 0.01 |
| 47020000 化学木浆、溶解级 | | |
| 合计 | 2246047535.00 | 2110415.71 |
| 巴西 | 477855888.00 | 459518.92 |
| 美国 | 299900971.00 | 358897.32 |
| 南非 | 287077821.00 | 253413.45 |
| 印度尼西亚 | 230545743.00 | 203041.65 |
| 奥地利 | 160268481.00 | 145435.13 |
| 加拿大 | 168177877.00 | 144085.46 |
| 芬兰 | 147048295.00 | 123548.13 |
| 瑞典 | 96218171.00 | 83918.81 |
| 日本 | 92625976.00 | 80741.27 |
| 葡萄牙 | 93414826.00 | 79773.10 |
| 泰国 | 80666658.00 | 69647.41 |
| 捷克 | 67537821.00 | 59583.50 |
| 挪威 | 34958587.00 | 39274.44 |
| 法国 | 9749782.00 | 9530.52 |
| 埃及 | 348.00 | 5.63 |
| 意大利 | 290.00 | 0.98 |
| 47031100 未漂白的针叶木烧碱木浆或硫酸盐木浆 | | |
| 合计 | 647975878.00 | 344770.88 |
| 智利 | 168462769.00 | 96035.55 |
| 日本 | 131406198.00 | 68897.14 |
| 俄罗斯 | 116588308.00 | 53537.88 |
| 美国 | 102196050.00 | 52916.25 |
| 加拿大 | 72003911.00 | 42162.97 |
| 芬兰 | 26908443.00 | 13669.69 |
| 瑞典 | 13756536.00 | 8385.36 |
| 奥地利 | 13480396.00 | 7154.50 |
| 新西兰 | 2592139.00 | 1675.17 |
| 巴西 | 502478.00 | 292.31 |
| 英国 | 59400.00 | 19.60 |
| 德国 | 17000.00 | 18.69 |
| 中国台澎金马关税区 | 2250.00 | 5.77 |
| 47031900 未漂白的非针叶木烧碱木浆或硫酸盐木浆 | | |
| 合计 | 2587728.00 | 919.94 |
| 俄罗斯 | 2587706.00 | 919.84 |
| 芬兰 | 22.00 | 0.10 |
| 47032100 半漂白或漂白的针叶木烧碱木浆或硫酸盐木浆 | | |
| 合计 | 8035094058.00 | 4770622.93 |
| 加拿大 | 2644956196.00 | 1569743.28 |

（续）

| 国家/地区 | 进口数量（千克） | 进口金额（千美元） |
|---|---|---|
| 美国 | 1612666043.00 | 996834.97 |
| 智利 | 1337953859.00 | 792218.93 |
| 俄罗斯 | 1120364153.00 | 628595.03 |
| 芬兰 | 945085296.00 | 565676.10 |
| 瑞典 | 100070202.00 | 58863.92 |
| 新西兰 | 82482975.00 | 49204.11 |
| 巴西 | 81201319.00 | 44757.06 |
| 德国 | 56026459.00 | 33929.73 |
| 阿根廷 | 30279857.00 | 17014.06 |
| 乌拉圭 | 6751686.00 | 3780.95 |
| 奥地利 | 5800087.00 | 3311.22 |
| 日本 | 3920849.00 | 2197.97 |
| 印度尼西亚 | 3784641.00 | 2002.82 |
| 比利时 | 2729300.00 | 1855.98 |
| 斯洛文尼亚 | 538298.00 | 302.35 |
| 韩国 | 265045.00 | 169.69 |
| 泰国 | 70044.00 | 67.45 |
| 挪威 | 66960.00 | 46.87 |
| 荷兰 | 44880.00 | 22.13 |
| 墨西哥 | 19449.00 | 14.71 |
| 中国台澎金马关税区 | 9405.00 | 6.22 |
| 菲律宾 | 5000.00 | 4.59 |
| 中国 | 2055.00 | 2.82 |
| 47032900 半漂白或漂白非针叶木烧碱木浆或硫酸盐木浆 | | |
| 合计 | 8329195823.00 | 4254938.37 |
| 巴西 | 4189899464.00 | 2084399.27 |
| 印度尼西亚 | 1904293653.00 | 976522.21 |
| 乌拉圭 | 811685053.00 | 451935.37 |
| 智利 | 563674830.00 | 292849.31 |
| 美国 | 224371308.00 | 118910.09 |
| 加拿大 | 200034113.00 | 102996.68 |
| 俄罗斯 | 166606267.00 | 88873.03 |
| 南非 | 89885774.00 | 44748.73 |
| 日本 | 47991292.00 | 23896.93 |
| 法国 | 39334016.00 | 23528.33 |
| 芬兰 | 29031291.00 | 16262.01 |
| 中国台澎金马关税区 | 17939600.00 | 7900.32 |
| 西班牙 | 12026436.00 | 5748.88 |
| 葡萄牙 | 10184853.00 | 4950.08 |
| 韩国 | 7810109.00 | 3736.64 |
| 瑞典 | 5321538.00 | 3170.11 |
| 泰国 | 5046399.00 | 2525.45 |
| 马来西亚 | 1504834.00 | 777.44 |

（续）

| 国家/地区 | 进口数量（千克） | 进口金额（千美元） |
|---|---|---|
| 新加坡 | 1000651.00 | 470.45 |
| 比利时 | 982808.00 | 456.12 |
| 中国香港 | 522510.00 | 245.58 |
| 斯洛伐克 | 48524.00 | 34.07 |
| 意大利 | 500.00 | 1.28 |
| 47041100 未漂白的针叶木亚硫酸盐木浆 | | |
| 合计 | 10943240.00 | 4887.34 |
| 俄罗斯 | 10822760.00 | 4748.78 |
| 日本 | 120480.00 | 138.55 |
| 47041900 未漂白的非针叶木亚硫酸盐木浆 | | |
| 合计 | 22256.00 | 25.75 |
| 德国 | 22000.00 | 24.60 |
| 巴西 | 256.00 | 1.15 |
| 47042100 半漂白或漂白的针叶木亚硫酸盐木浆 | | |
| 合计 | 8649598.00 | 4346.19 |
| 俄罗斯 | 5132302.00 | 2325.74 |
| 加拿大 | 3317296.00 | 1910.03 |
| 瑞典 | 200000.00 | 110.42 |
| 47042900 半漂白或漂白的非针叶木亚硫酸盐木浆 | | |
| 合计 | 6340978.00 | 5412.41 |
| 德国 | 4589368.00 | 4441.41 |
| 印度尼西亚 | 1509310.00 | 831.93 |
| 瑞典 | 192000.00 | 88.32 |
| 美国 | 14191.00 | 32.86 |
| 南非 | 36047.00 | 17.72 |
| 日本 | 60.00 | 0.16 |
| 芬兰 | 2.00 | 0.02 |
| 47050000 用机械与化学联合制浆法制得的木浆 | | |
| 合计 | 1729638571.00 | 698855.32 |
| 加拿大 | 1291277256.00 | 521581.62 |
| 新西兰 | 280595114.00 | 112038.59 |
| 瑞典 | 75794428.00 | 32098.26 |
| 挪威 | 40950180.00 | 15343.08 |
| 芬兰 | 21308216.00 | 9506.78 |
| 俄罗斯 | 8361745.00 | 3561.52 |
| 西班牙 | 5132582.00 | 2091.03 |
| 意大利 | 1857038.00 | 811.83 |
| 荷兰 | 1464540.00 | 647.46 |
| 德国 | 1308163.00 | 520.44 |
| 日本 | 504600.00 | 303.67 |
| 韩国 | 940890.00 | 242.26 |

（续）

| 国家/地区 | 进口数量（千克） | 进口金额（千美元） |
|---|---|---|
| 泰国 | 10000.00 | 75.23 |
| 美国 | 115054.00 | 29.09 |
| 中国台澎金马关税区 | 18765.00 | 4.48 |
| 47061000 棉短绒纸浆 | | |
| 合计 | 2931835.00 | 6219.52 |
| 美国 | 2827385.00 | 6038.00 |
| 乌兹别克斯坦 | 100000.00 | 160.00 |
| 日本 | 4450.00 | 21.52 |
| 47062000 从回收（废碎）纸或纸板提取的纤维浆 | | |
| 合计 | 12583389.00 | 5907.66 |
| 德国 | 5724078.00 | 3268.98 |
| 美国 | 2782672.00 | 1031.47 |
| 加拿大 | 2212983.00 | 865.52 |
| 比利时 | 1005500.00 | 431.67 |
| 马来西亚 | 385170.00 | 97.59 |
| 中国台澎金马关税区 | 230760.00 | 73.88 |
| 日本 | 80076.00 | 61.53 |
| 英国 | 61480.00 | 28.23 |
| 菲律宾 | 33000.00 | 22.80 |
| 黎巴嫩 | 32420.00 | 13.62 |
| 韩国 | 35250.00 | 12.38 |
| 47069100 其他纤维状纤维素机械浆 | | |
| 合计 | 2081.00 | 19.87 |
| 日本 | 1081.00 | 13.53 |
| 菲律宾 | 1000.00 | 6.34 |
| 47069200 其他纤维状纤维素化学浆 | | |
| 合计 | 24497423.00 | 27634.11 |
| 泰国 | 19698656.00 | 12855.01 |
| 西班牙 | 1804202.00 | 8192.36 |
| 菲律宾 | 702547.00 | 3455.15 |
| 法国 | 558486.00 | 1672.99 |
| 突尼斯 | 448000.00 | 751.43 |
| 比利时 | 868520.00 | 384.83 |
| 伊朗 | 182076.00 | 112.00 |
| 日本 | 22665.00 | 77.11 |
| 德国 | 68320.00 | 52.52 |
| 美国 | 108138.00 | 28.12 |
| 印度尼西亚 | 5294.00 | 22.85 |
| 加拿大 | 11460.00 | 15.89 |
| 黎巴嫩 | 17160.00 | 6.86 |
| 印度 | 1528.00 | 6.65 |
| 俄罗斯 | 173.00 | 0.26 |
| 澳大利亚 | 198.00 | 0.08 |

(续)

| 国家/地区 | 进口数量（千克） | 进口金额（千美元） |
|---|---|---|
| 47069300 其他用机械和化学联合法制得的纤维状纤维素浆 | | |
| 合计 | 1479337.00 | 2576.77 |
| 菲律宾 | 430875.00 | 1857.32 |
| 泰国 | 824774.00 | 586.87 |
| 伊朗 | 223688.00 | 132.58 |
| 47071000 回收(废碎)的未漂白牛皮纸或瓦楞纸及纸板 | | |
| 合计 | 16735876200.00 | 3059474.41 |
| 美国 | 7160824131.00 | 1370100.28 |
| 英国 | 2481488364.00 | 429854.10 |
| 日本 | 1169536962.00 | 216563.84 |
| 荷兰 | 1042178488.00 | 179896.31 |
| 意大利 | 877107864.00 | 149759.02 |
| 西班牙 | 717952100.00 | 124708.07 |
| 中国香港 | 451276833.00 | 84716.47 |
| 比利时 | 396343613.00 | 69509.54 |
| 澳大利亚 | 370404338.00 | 65619.79 |
| 加拿大 | 331921769.00 | 62912.48 |
| 法国 | 347007734.00 | 59513.28 |
| 韩国 | 353842308.00 | 59408.82 |
| 德国 | 197833557.00 | 33902.12 |
| 墨西哥 | 131853171.00 | 25163.48 |
| 爱尔兰 | 130488322.00 | 22657.88 |
| 希腊 | 108838372.00 | 19580.34 |
| 中国台澎金马关税区 | 79581939.00 | 15043.42 |
| 新加坡 | 75379180.00 | 13991.67 |
| 葡萄牙 | 71556025.00 | 12400.91 |
| 多米尼加 | 39224334.00 | 7205.93 |
| 中国澳门 | 28564000.00 | 5675.27 |
| 危地马拉 | 29257552.00 | 5465.33 |
| 波多黎各 | 20457933.00 | 3999.18 |
| 挪威 | 22911565.00 | 3741.76 |
| 萨尔瓦多 | 18658502.00 | 3473.97 |
| 波兰 | 13975380.00 | 2399.84 |
| 洪都拉斯 | 9086495.00 | 1689.03 |
| 克罗地亚 | 7530960.00 | 1417.51 |
| 俄罗斯 | 7780007.00 | 1351.35 |
| 爱沙尼亚 | 6432780.00 | 1181.54 |
| 文莱 | 6219221.00 | 1023.38 |
| 斯洛文尼亚 | 4987000.00 | 909.64 |
| 也门 | 4702120.00 | 763.50 |
| 哥斯达黎加 | 3300514.00 | 637.31 |
| 尼加拉瓜 | 2853106.00 | 517.15 |

(续)

| 国家/地区 | 进口数量（千克） | 进口金额（千美元） |
|---|---|---|
| 以色列 | 2012151.00 | 377.35 |
| 新西兰 | 1973130.00 | 371.35 |
| 马耳他 | 2067682.00 | 353.71 |
| 塞浦路斯 | 1589850.00 | 323.87 |
| 巴拿马 | 1148973.00 | 223.85 |
| 拉脱维亚 | 1161060.00 | 212.66 |
| 巴哈马 | 1152683.00 | 212.55 |
| 海地 | 839853.00 | 160.25 |
| 菲律宾 | 498040.00 | 99.61 |
| 科威特 | 506540.00 | 98.78 |
| 沙特阿拉伯 | 503000.00 | 98.09 |
| 巴西 | 503360.00 | 84.56 |
| 牙买加 | 303994.00 | 59.44 |
| 中国 | 259345.00 | 44.85 |
| 47072000 回收(废碎)漂白化学木浆制未经本体染色纸 | | |
| 合计 | 874955262.00 | 202854.32 |
| 美国 | 266769139.00 | 64825.40 |
| 日本 | 191101520.00 | 42928.18 |
| 荷兰 | 87771140.00 | 20315.14 |
| 澳大利亚 | 57713772.00 | 12821.34 |
| 中国香港 | 52303832.00 | 11053.24 |
| 西班牙 | 45516185.00 | 10510.34 |
| 德国 | 28087587.00 | 6654.44 |
| 英国 | 24938750.00 | 5603.76 |
| 加拿大 | 22166760.00 | 5308.09 |
| 比利时 | 19278480.00 | 4269.50 |
| 韩国 | 17044140.00 | 4093.00 |
| 法国 | 16674560.00 | 3747.54 |
| 希腊 | 9900535.00 | 2312.56 |
| 以色列 | 10532730.00 | 2253.31 |
| 新加坡 | 5406770.00 | 1387.02 |
| 意大利 | 3788780.00 | 923.44 |
| 中国台澎金马关税区 | 2717785.00 | 813.58 |
| 新西兰 | 3213449.00 | 700.76 |
| 巴西 | 2513370.00 | 583.09 |
| 科威特 | 1895240.00 | 404.19 |
| 新喀里多尼亚 | 1155870.00 | 282.41 |
| 沙特阿拉伯 | 998480.00 | 232.87 |
| 多米尼加 | 954297.00 | 216.87 |
| 爱尔兰 | 872290.00 | 203.66 |
| 芬兰 | 321320.00 | 107.65 |
| 阿联酋 | 351180.00 | 75.73 |
| 海地 | 328749.00 | 75.58 |

(续)

| 国家/地区 | 进口数量（千克） | 进口金额（千美元） |
|---|---|---|
| 文莱 | 262371.00 | 54.90 |
| 牙买加 | 161701.00 | 49.42 |
| 约旦 | 214480.00 | 47.33 |
| 47073000 回收(废碎)的主要由机械浆制成的纸或纸板 | | |
| 合计 | 5201857521.00 | 854318.47 |
| 美国 | 3354855522.00 | 538273.03 |
| 加拿大 | 745952261.00 | 113304.72 |
| 中国香港 | 276918095.00 | 52938.29 |
| 日本 | 219178890.00 | 46404.09 |
| 澳大利亚 | 269720643.00 | 42211.76 |
| 英国 | 215205513.00 | 37806.46 |
| 意大利 | 41722740.00 | 8104.53 |
| 中国台澎金马关税区 | 11345870.00 | 2731.45 |
| 巴西 | 13218350.00 | 2694.91 |
| 比利时 | 10322930.00 | 1826.29 |
| 韩国 | 7602890.00 | 1469.11 |
| 新西兰 | 8488662.00 | 1352.96 |
| 文莱 | 4886820.00 | 874.34 |
| 爱尔兰 | 3885060.00 | 770.80 |
| 中国澳门 | 3542850.00 | 750.08 |
| 法国 | 2874220.00 | 465.33 |
| 荷兰 | 1836050.00 | 367.66 |
| 新加坡 | 1798210.00 | 335.26 |
| 希腊 | 1566970.00 | 321.76 |
| 德国 | 1625545.00 | 254.07 |
| 挪威 | 1255320.00 | 229.51 |
| 墨西哥 | 994416.00 | 201.46 |
| 塞浦路斯 | 778910.00 | 170.49 |
| 科威特 | 511870.00 | 110.56 |
| 西班牙 | 428040.00 | 97.54 |
| 沙特阿拉伯 | 384800.00 | 65.42 |
| 多米尼加 | 277570.00 | 55.01 |
| 泰国 | 216390.00 | 41.11 |
| 牙买加 | 164432.00 | 33.08 |
| 波多黎各 | 170079.00 | 32.91 |
| 巴拿马 | 102603.00 | 20.01 |
| 缅甸 | 25000.00 | 4.51 |
| 47079000 回收(废碎)的其他纸及纸板,包括未分选的 | | |
| 合计 | 5685578997.00 | 872292.88 |
| 美国 | 2006823819.00 | 285931.22 |
| 日本 | 1263271081.00 | 234192.68 |
| 英国 | 1162481702.00 | 166569.98 |

（续）

| 国家/地区 | 进口数量（千克） | 进口金额（千美元） |
|---|---|---|
| 加拿大 | 362469734.00 | 51079.62 |
| 荷兰 | 281528180.00 | 43043.33 |
| 澳大利亚 | 163290886.00 | 22719.56 |
| 意大利 | 104335320.00 | 16068.01 |
| 爱尔兰 | 104934080.00 | 15367.65 |
| 比利时 | 60508526.00 | 9605.86 |
| 新西兰 | 43588042.00 | 6481.16 |
| 法国 | 37565740.00 | 5392.10 |
| 希腊 | 28708209.00 | 4439.64 |
| 德国 | 21168507.00 | 3758.15 |
| 沙特阿拉伯 | 5023050.00 | 1229.43 |
| 韩国 | 6013132.00 | 939.34 |
| 克罗地亚 | 5412480.00 | 858.61 |
| 西班牙 | 3753030.00 | 705.95 |
| 巴西 | 4481080.00 | 615.03 |
| 新加坡 | 3117050.00 | 533.33 |
| 斯洛文尼亚 | 2696130.00 | 458.97 |
| 中国香港 | 2093731.00 | 309.77 |
| 中国台澎金马关税区 | 1141090.00 | 271.39 |
| 多米尼加 | 1910230.00 | 265.30 |
| 爱沙尼亚 | 1665340.00 | 252.46 |
| 泰国 | 1298653.00 | 246.50 |
| 墨西哥 | 1441567.00 | 227.88 |
| 挪威 | 774320.00 | 129.55 |
| 俄罗斯 | 698220.00 | 109.61 |
| 牙买加 | 760995.00 | 102.12 |
| 波多黎各 | 743183.00 | 91.68 |
| 中国澳门 | 334000.00 | 73.21 |
| 萨尔瓦多 | 477823.00 | 69.63 |
| 葡萄牙 | 432660.00 | 50.20 |
| 塞浦路斯 | 262320.00 | 42.65 |
| 以色列 | 156380.00 | 27.14 |
| 南非 | 120959.00 | 20.06 |
| 文莱 | 77500.00 | 10.88 |
| 奥地利 | 20248.00 | 3.25 |
| 48010000 成卷或成张的新闻纸 | | |
| 合计 | 60246158.00 | 29812.67 |
| 韩国 | 39510451.00 | 18158.32 |
| 加拿大 | 6578297.00 | 3605.91 |
| 美国 | 3945544.00 | 2481.93 |
| 芬兰 | 3365526.00 | 2076.67 |
| 比利时 | 4248509.00 | 1884.86 |
| 新西兰 | 1177793.00 | 824.55 |

（续）

| 国家/地区 | 进口数量（千克） | 进口金额（千美元） |
|---|---|---|
| 俄罗斯 | 419098.00 | 315.27 |
| 日本 | 779379.00 | 280.82 |
| 澳大利亚 | 141854.00 | 99.30 |
| 中国 | 46983.00 | 45.74 |
| 马来西亚 | 24789.00 | 28.08 |
| 中国台澎金马关税区 | 5000.00 | 9.31 |
| 西班牙 | 2903.00 | 1.54 |
| 捷克 | 32.00 | 0.39 |
| 48021010 宣纸 | | |
| 合计 | 13655.00 | 93.18 |
| 日本 | 6950.00 | 50.38 |
| 泰国 | 3320.00 | 33.61 |
| 中国台澎金马关税区 | 3330.00 | 5.62 |
| 中国 | 7.00 | 2.43 |
| 韩国 | 22.00 | 1.00 |
| 国(地)别不详 | 0.00 | 0.10 |
| 尼泊尔 | 26.00 | 0.04 |
| 48021090 其他手工制纸及纸板 | | |
| 合计 | 98851.00 | 148.74 |
| 尼泊尔 | 22999.00 | 67.35 |
| 日本 | 14501.00 | 27.23 |
| 中国 | 25782.00 | 17.51 |
| 朝鲜 | 18930.00 | 16.88 |
| 泰国 | 13620.00 | 10.66 |
| 丹麦 | 132.00 | 3.77 |
| 印度尼西亚 | 2525.00 | 1.62 |
| 中国台澎金马关税区 | 155.00 | 0.93 |
| 葡萄牙 | 26.00 | 0.87 |
| 美国 | 122.00 | 0.86 |
| 德国 | 2.00 | 0.75 |
| 英国 | 57.00 | 0.30 |
| 比利时 | 0.00 | 0.01 |

## 竹藤出口量值表

| 国家/地区 | 出口数量（千克） | 出口金额（千美元） |
|---|---|---|
| 44021000 竹炭，不论是否结块 | | |
| 合计 | 16993825.00 | 33371.10 |
| 伊朗 | 6498007.00 | 12847.34 |
| 日本 | 3845698.00 | 9183.35 |
| 美国 | 554928.00 | 2003.84 |
| 韩国 | 1098145.00 | 1592.54 |
| 沙特阿拉伯 | 694855.00 | 1236.05 |

（续）

| 国家/地区 | 出口数量（千克） | 出口金额（千美元） |
|---|---|---|
| 印度 | 260360.00 | 980.81 |
| 科威特 | 415082.00 | 700.32 |
| 约旦 | 451719.00 | 684.83 |
| 阿联酋 | 505901.00 | 563.05 |
| 中国香港 | 153902.00 | 432.47 |
| 荷兰 | 61245.00 | 380.29 |
| 比利时 | 273870.00 | 287.62 |
| 加拿大 | 326758.00 | 271.77 |
| 德国 | 94184.00 | 248.50 |
| 马来西亚 | 218044.00 | 234.53 |
| 中国台澎金马关税区 | 184101.00 | 216.72 |
| 土耳其 | 474482.00 | 172.39 |
| 肯尼亚 | 10700.00 | 135.14 |
| 瑞典 | 126098.00 | 127.25 |
| 埃及 | 35659.00 | 113.02 |
| 巴基斯坦 | 126145.00 | 108.88 |
| 利比亚 | 72422.00 | 92.06 |
| 英国 | 103177.00 | 91.50 |
| 摩洛哥 | 62964.00 | 83.69 |
| 澳大利亚 | 37454.00 | 64.07 |
| 巴林 | 9866.00 | 54.26 |
| 黎巴嫩 | 57801.00 | 49.60 |
| 巴西 | 35152.00 | 49.19 |
| 新加坡 | 29115.00 | 48.40 |
| 以色列 | 14036.00 | 41.53 |
| 阿尔及利亚 | 16091.00 | 38.26 |
| 伊拉克 | 6625.00 | 28.65 |
| 西班牙 | 19363.00 | 28.08 |
| 毛里塔尼亚 | 6454.00 | 27.58 |
| 法国 | 11598.00 | 26.73 |
| 突尼斯 | 21420.00 | 25.67 |
| 泰国 | 4234.00 | 14.31 |
| 拉脱维亚 | 10226.00 | 12.68 |
| 也门 | 3284.00 | 12.39 |
| 中国澳门 | 2910.00 | 8.48 |
| 墨西哥 | 3380.00 | 6.27 |
| 菲律宾 | 1000.00 | 5.60 |
| 哈萨克斯坦 | 1980.00 | 4.95 |
| 尼泊尔 | 3000.00 | 4.62 |
| 吉尔吉斯斯坦 | 22430.00 | 4.49 |
| 智利 | 1318.00 | 3.95 |
| 俄罗斯 | 3600.00 | 3.60 |
| 斯里兰卡 | 13250.00 | 3.49 |

(续)

| 国家/地区 | 出口数量（千克） | 出口金额（千美元） |
|---|---|---|
| 贝宁 | 495.00 | 2.87 |
| 莫桑比克 | 820.00 | 2.64 |
| 罗马尼亚 | 793.00 | 2.12 |
| 意大利 | 1650.00 | 1.44 |
| 乌克兰 | 1008.00 | 0.94 |
| 秘鲁 | 277.00 | 0.87 |
| 波兰 | 183.00 | 0.82 |
| 保加利亚 | 1861.00 | 0.81 |
| 阿根廷 | 250.00 | 0.78 |
| 马尔代夫 | 1504.00 | 0.73 |
| 希腊 | 260.00 | 0.67 |
| 科特迪瓦 | 158.00 | 0.55 |
| 塞内加尔 | 191.00 | 0.47 |
| 奥地利 | 224.00 | 0.34 |
| 卡塔尔 | 14.00 | 0.14 |
| 印度尼西亚 | 24.00 | 0.09 |
| 朝鲜 | 70.00 | 0.04 |
| 新西兰 | 10.00 | 0.03 |
| 44092110 任何一边、端或面制成连续形状的竹地板条块 | | |
| 合计 | 163072970.00 | 251884.45 |
| 美国 | 104421172.00 | 161000.54 |
| 澳大利亚 | 21021099.00 | 29998.53 |
| 荷兰 | 5103283.00 | 8596.75 |
| 德国 | 3540280.00 | 5548.28 |
| 日本 | 2180124.00 | 4739.73 |
| 英国 | 2913874.00 | 4203.79 |
| 法国 | 1645399.00 | 2629.72 |
| 墨西哥 | 1422074.00 | 2529.93 |
| 波兰 | 1413018.00 | 2092.76 |
| 新西兰 | 1174833.00 | 1930.51 |
| 韩国 | 1749667.00 | 1927.12 |
| 比利时 | 949990.00 | 1868.61 |
| 以色列 | 1155972.00 | 1830.49 |
| 意大利 | 998470.00 | 1494.50 |
| 马来西亚 | 556600.00 | 1141.15 |
| 阿塞拜疆 | 876960.00 | 1097.01 |
| 丹麦 | 581547.00 | 1078.55 |
| 菲律宾 | 678850.00 | 1014.58 |
| 南非 | 700072.00 | 969.90 |
| 加拿大 | 623021.00 | 964.17 |
| 俄罗斯 | 642487.00 | 959.93 |
| 秘鲁 | 598920.00 | 898.74 |
| 西班牙 | 518233.00 | 880.98 |

(续)

| 国家/地区 | 出口数量（千克） | 出口金额（千美元） |
|---|---|---|
| 克罗地亚 | 385530.00 | 733.23 |
| 斯里兰卡 | 446777.00 | 696.83 |
| 厄瓜多尔 | 493199.00 | 692.24 |
| 泰国 | 420504.00 | 682.97 |
| 印度 | 415772.00 | 613.48 |
| 土耳其 | 128140.00 | 603.40 |
| 肯尼亚 | 311829.00 | 602.73 |
| 阿联酋 | 361675.00 | 555.72 |
| 罗马尼亚 | 367632.00 | 526.74 |
| 越南 | 278174.00 | 485.15 |
| 新加坡 | 290289.00 | 468.99 |
| 智利 | 270764.00 | 452.01 |
| 哥伦比亚 | 259067.00 | 421.31 |
| 斯洛文尼亚 | 282122.00 | 381.74 |
| 摩洛哥 | 194419.00 | 317.39 |
| 中国台澎金马关税区 | 140948.00 | 261.04 |
| 伊朗 | 168273.00 | 225.59 |
| 捷克 | 108675.00 | 194.87 |
| 挪威 | 121988.00 | 190.19 |
| 立陶宛 | 118614.00 | 169.43 |
| 巴西 | 129204.00 | 166.56 |
| 哥斯达黎加 | 118160.00 | 160.37 |
| 印度尼西亚 | 40774.00 | 152.48 |
| 中国香港 | 96391.00 | 148.61 |
| 马尔代夫 | 73305.00 | 140.05 |
| 黑山 | 80904.00 | 137.64 |
| 希腊 | 91940.00 | 136.77 |
| 瑞典 | 96295.00 | 131.49 |
| 格鲁吉亚 | 89684.00 | 129.51 |
| 葡萄牙 | 77127.00 | 123.62 |
| 莫桑比克 | 74399.00 | 122.56 |
| 多米尼加 | 81297.00 | 114.44 |
| 埃及 | 79708.00 | 102.96 |
| 巴拿马 | 41730.00 | 98.85 |
| 乌克兰 | 12681.00 | 96.50 |
| 洪都拉斯 | 71750.00 | 91.84 |
| 阿根廷 | 66518.00 | 90.80 |
| 保加利亚 | 56180.00 | 80.54 |
| 沙特阿拉伯 | 55824.00 | 77.06 |
| 危地马拉 | 54862.00 | 75.47 |
| 黎巴嫩 | 44000.00 | 67.63 |
| 乌拉圭 | 40450.00 | 54.10 |
| 巴基斯坦 | 30181.00 | 53.17 |
| 芬兰 | 38979.00 | 52.65 |

(续)

| 国家/地区 | 出口数量（千克） | 出口金额（千美元） |
|---|---|---|
| 缅甸 | 39843.00 | 52.06 |
| 土库曼斯坦 | 35934.00 | 43.84 |
| 新喀里多尼亚 | 29900.00 | 43.05 |
| 利比亚 | 28562.00 | 39.59 |
| 科威特 | 24220.00 | 37.29 |
| 吉布提 | 17893.00 | 35.82 |
| 瓦努阿图 | 12145.00 | 32.34 |
| 巴林 | 19099.00 | 31.84 |
| 安哥拉 | 20460.00 | 29.45 |
| 法属波利尼西亚 | 15389.00 | 28.43 |
| 瑞士 | 15658.00 | 25.72 |
| 柬埔寨 | 16549.00 | 24.92 |
| 匈牙利 | 17480.00 | 22.81 |
| 朝鲜 | 12000.00 | 22.80 |
| 拉脱维亚 | 2540.00 | 21.30 |
| 白俄罗斯 | 15460.00 | 18.34 |
| 塞浦路斯 | 13791.00 | 17.83 |
| 埃塞俄比亚 | 22332.00 | 16.61 |
| 毛里求斯 | 6648.00 | 12.79 |
| 阿曼 | 6141.00 | 8.31 |
| 文莱 | 3500.00 | 5.87 |
| 孟加拉国 | 3597.00 | 4.82 |
| 马达加斯加 | 2893.00 | 4.58 |
| 爱尔兰 | 3450.00 | 4.22 |
| 蒙古 | 3600.00 | 3.86 |
| 阿尔巴尼亚 | 2886.00 | 3.52 |
| 马耳他 | 696.00 | 3.50 |
| 巴哈马 | 2300.00 | 3.45 |
| 卡塔尔 | 1903.00 | 2.87 |
| 毛里塔尼亚 | 1216.00 | 2.43 |
| 尼泊尔 | 1050.00 | 1.47 |
| 瓜德罗普 | 700.00 | 1.09 |
| 喀麦隆 | 456.00 | 0.69 |
| 44092190 其他任何一边、端或面制成连续形状的竹材 | | |
| 合计 | 876702.00 | 3703.95 |
| 荷兰 | 189068.00 | 1014.89 |
| 波兰 | 162401.00 | 849.02 |
| 美国 | 144406.00 | 503.83 |
| 韩国 | 107688.00 | 392.69 |
| 德国 | 130561.00 | 377.71 |
| 日本 | 22913.00 | 115.40 |
| 南非 | 23882.00 | 103.26 |
| 巴西 | 20526.00 | 91.13 |

（续）

| 国家/地区 | 出口数量（千克） | 出口金额（千美元） |
|---|---|---|
| 比利时 | 14401.00 | 48.03 |
| 俄罗斯 | 11323.00 | 46.70 |
| 澳大利亚 | 15560.00 | 37.23 |
| 英国 | 6770.00 | 33.24 |
| 意大利 | 3073.00 | 19.93 |
| 中国台澎金马关税区 | 12471.00 | 17.85 |
| 奥地利 | 1340.00 | 10.99 |
| 瑞士 | 1610.00 | 9.24 |
| 新西兰 | 2764.00 | 7.58 |
| 捷克 | 1510.00 | 5.13 |
| 加拿大 | 1000.00 | 5.00 |
| 法国 | 1225.00 | 4.92 |
| 西班牙 | 600.00 | 3.15 |
| 泰国 | 240.00 | 2.07 |
| 墨西哥 | 315.00 | 1.09 |
| 越南 | 312.00 | 1.08 |
| 巴拿马 | 240.00 | 1.06 |
| 阿联酋 | 125.00 | 0.90 |
| 瑞典 | 160.00 | 0.48 |
| 匈牙利 | 214.00 | 0.32 |
| 丹麦 | 4.00 | 0.03 |
| 44121019 其他薄板制竹胶板单板饰面板多层板，厚≤6mm | | |
| 合计 | 14969741.00 | 15770.19 |
| 美国 | 650432.00 | 2554.09 |
| 坦桑尼亚 | 1970335.00 | 1392.29 |
| 西班牙 | 308965.00 | 1151.72 |
| 刚果（布） | 1060425.00 | 944.34 |
| 埃塞俄比亚 | 1049538.00 | 911.78 |
| 安哥拉 | 698998.00 | 693.72 |
| 泰国 | 916380.00 | 559.78 |
| 肯尼亚 | 579990.00 | 504.14 |
| 朝鲜 | 822610.00 | 485.61 |
| 赞比亚 | 524833.00 | 455.77 |
| 加纳 | 478871.00 | 386.29 |
| 阿尔及利亚 | 407210.00 | 346.34 |
| 莫桑比克 | 425354.00 | 321.32 |
| 荷兰 | 249200.00 | 261.18 |
| 越南 | 193160.00 | 230.04 |
| 乌干达 | 239070.00 | 193.99 |
| 俄罗斯 | 219120.00 | 192.27 |
| 塞内加尔 | 225695.00 | 189.88 |
| 毛里塔尼亚 | 117293.00 | 187.34 |
| 津巴布韦 | 217048.00 | 180.19 |

（续）

| 国家/地区 | 出口数量（千克） | 出口金额（千美元） |
|---|---|---|
| 帕劳 | 43530.00 | 172.95 |
| 日本 | 68788.00 | 171.90 |
| 沙特阿拉伯 | 109540.00 | 162.16 |
| 菲律宾 | 141945.00 | 146.02 |
| 斯里兰卡 | 140747.00 | 141.60 |
| 澳大利亚 | 92184.00 | 125.87 |
| 巴基斯坦 | 147134.00 | 122.91 |
| 加拿大 | 29616.00 | 117.23 |
| 印度 | 131698.00 | 107.75 |
| 几内亚 | 177000.00 | 107.47 |
| 乌兹别克斯坦 | 69390.00 | 102.32 |
| 东帝汶 | 117666.00 | 99.46 |
| 马来西亚 | 90548.00 | 95.82 |
| 卢旺达 | 122955.00 | 92.65 |
| 印度尼西亚 | 83290.00 | 91.16 |
| 洪都拉斯 | 114190.00 | 90.70 |
| 哥斯达黎加 | 91910.00 | 90.47 |
| 刚果（金） | 107160.00 | 84.59 |
| 新加坡 | 40621.00 | 83.09 |
| 吉布提 | 107453.00 | 76.36 |
| 牙买加 | 92060.00 | 73.89 |
| 毛里求斯 | 87590.00 | 67.31 |
| 韩国 | 67692.00 | 63.10 |
| 南非 | 62709.00 | 57.96 |
| 比利时 | 41000.00 | 47.56 |
| 乍得 | 29753.00 | 46.64 |
| 塔吉克斯坦 | 52600.00 | 44.27 |
| 玻利维亚 | 45030.00 | 44.16 |
| 科特迪瓦 | 51065.00 | 43.77 |
| 孟加拉国 | 12473.00 | 43.07 |
| 柬埔寨 | 49000.00 | 41.39 |
| 爱沙尼亚 | 35000.00 | 41.00 |
| 希腊 | 35000.00 | 41.00 |
| 马尔代夫 | 35812.00 | 39.80 |
| 墨西哥 | 29049.00 | 33.42 |
| 马达加斯加 | 19400.00 | 27.53 |
| 卡塔尔 | 103645.00 | 26.47 |
| 尼日利亚 | 29455.00 | 25.32 |
| 喀麦隆 | 36130.00 | 24.85 |
| 苏丹 | 36410.00 | 24.50 |
| 马拉维 | 25000.00 | 24.43 |
| 阿根廷 | 45800.00 | 22.44 |
| 巴拿马 | 29138.00 | 22.37 |
| 贝宁 | 38200.00 | 21.38 |

（续）

| 国家/地区 | 出口数量（千克） | 出口金额（千美元） |
|---|---|---|
| 纳米比亚 | 35420.00 | 21.38 |
| 加蓬 | 32732.00 | 21.10 |
| 赤道几内亚 | 25650.00 | 20.73 |
| 拉脱维亚 | 17500.00 | 20.50 |
| 瑞典 | 17500.00 | 20.50 |
| 阿联酋 | 26026.00 | 18.56 |
| 文莱 | 7330.00 | 17.59 |
| 也门 | 26993.00 | 17.45 |
| 丹麦 | 17000.00 | 16.40 |
| 伊朗 | 19900.00 | 16.38 |
| 缅甸 | 27400.00 | 15.80 |
| 阿曼 | 30390.00 | 15.04 |
| 巴布亚新几内亚 | 14830.00 | 13.14 |
| 塞尔维亚 | 19594.00 | 13.07 |
| 格林纳达 | 15000.00 | 12.28 |
| 南苏丹 | 13700.00 | 12.27 |
| 科摩罗 | 13301.00 | 12.15 |
| 约旦 | 13070.00 | 12.00 |
| 埃及 | 15580.00 | 10.65 |
| 马里 | 11300.00 | 9.88 |
| 以色列 | 5146.00 | 9.61 |
| 圭亚那 | 11300.00 | 9.00 |
| 莱索托 | 10500.00 | 7.57 |
| 哥伦比亚 | 11500.00 | 7.50 |
| 智利 | 8650.00 | 7.39 |
| 塞舌尔 | 6820.00 | 7.10 |
| 利比里亚 | 8000.00 | 6.84 |
| 委内瑞拉 | 7084.00 | 6.30 |
| 佛得角 | 10200.00 | 5.78 |
| 法国 | 1618.00 | 5.08 |
| 海地 | 10472.00 | 3.00 |
| 罗马尼亚 | 4200.00 | 2.58 |
| 新西兰 | 410.00 | 2.02 |
| 尼泊尔 | 1152.00 | 1.04 |
| 乌克兰 | 1524.00 | 0.36 |
| 中国香港 | 46.00 | 0.06 |
| 44121020 其他薄板制竹胶板，单板饰面板及类似多层板 | | |
| 合计 | 3720020.00 | 2770.09 |
| 马来西亚 | 3514520.00 | 2612.99 |
| 比利时 | 118119.00 | 91.61 |
| 美国 | 71581.00 | 50.47 |
| 佛得角 | 15800.00 | 15.03 |

(续)

| 国家/地区 | 出口数量（千克） | 出口金额（千美元） |
|---|---|---|
| 44121091 其他竹胶合板单板饰面板至少有一表层子目注释二所列的 | | |
| 合计 | 18270.00 | 40.38 |
| 美国 | 18270.00 | 40.38 |
| 44121092 其他竹胶合板类似多层板至少一表层木碎料板 | | |
| 合计 | 94066.00 | 62.69 |
| 喀麦隆 | 81666.00 | 58.69 |
| 阿尔及利亚 | 12400.00 | 4.00 |
| 44121099 其他竹制胶合板、单板饰面板及类似的多层板 | | |
| 合计 | 29645296.00 | 54038.11 |
| 美国 | 16858858.00 | 33317.10 |
| 马来西亚 | 4296367.00 | 4270.61 |
| 荷兰 | 1775879.00 | 3676.14 |
| 比利时 | 785441.00 | 1385.92 |
| 德国 | 724555.00 | 1177.65 |
| 加拿大 | 491538.00 | 876.60 |
| 韩国 | 484168.00 | 839.40 |
| 法国 | 524058.00 | 796.92 |
| 澳大利亚 | 320314.00 | 796.59 |
| 丹麦 | 257766.00 | 774.29 |
| 英国 | 312988.00 | 662.98 |
| 日本 | 120158.00 | 496.62 |
| 印度 | 134019.00 | 436.13 |
| 土耳其 | 74800.00 | 399.57 |
| 越南 | 180994.00 | 392.06 |
| 新西兰 | 117450.00 | 385.77 |
| 南非 | 148232.00 | 305.82 |
| 哥伦比亚 | 130731.00 | 241.13 |
| 伊朗 | 96734.00 | 208.97 |
| 洪都拉斯 | 5535.00 | 172.05 |
| 中国台澎金马关税区 | 64154.00 | 159.14 |
| 西班牙 | 69075.00 | 138.01 |
| 意大利 | 68934.00 | 128.52 |
| 波兰 | 70660.00 | 110.09 |
| 毛里求斯 | 122660.00 | 102.44 |
| 喀麦隆 | 78092.00 | 99.62 |
| 智利 | 66354.00 | 98.14 |
| 巴布亚新几内亚 | 95161.00 | 88.47 |
| 吉布提 | 60000.00 | 88.05 |
| 挪威 | 41800.00 | 82.63 |
| 泰国 | 6582.00 | 73.62 |
| 以色列 | 22720.00 | 72.87 |

(续)

| 国家/地区 | 出口数量（千克） | 出口金额（千美元） |
|---|---|---|
| 莫桑比克 | 69000.00 | 69.13 |
| 赞比亚 | 69120.00 | 64.84 |
| 古巴 | 75000.00 | 64.83 |
| 瑞士 | 24168.00 | 64.55 |
| 巴基斯坦 | 99730.00 | 64.24 |
| 印度尼西亚 | 7075.00 | 55.75 |
| 乌拉圭 | 24700.00 | 54.63 |
| 希腊 | 30200.00 | 52.72 |
| 斯洛文尼亚 | 24491.00 | 51.94 |
| 新加坡 | 38059.00 | 50.80 |
| 塔吉克斯坦 | 73880.00 | 41.77 |
| 埃塞俄比亚 | 51992.00 | 41.29 |
| 马里 | 51350.00 | 39.09 |
| 马尔代夫 | 21740.00 | 38.00 |
| 缅甸 | 64000.00 | 36.85 |
| 中国香港 | 13810.00 | 35.38 |
| 巴西 | 3813.00 | 34.35 |
| 留尼汪 | 12350.00 | 26.54 |
| 菲律宾 | 15778.00 | 26.44 |
| 肯尼亚 | 22794.00 | 24.91 |
| 阿尔及利亚 | 26630.00 | 23.40 |
| 奥地利 | 2200.00 | 18.90 |
| 捷克 | 8433.00 | 18.68 |
| 巴拿马 | 6705.00 | 18.22 |
| 斯里兰卡 | 31212.00 | 18.00 |
| 委内瑞拉 | 16720.00 | 16.15 |
| 沙特阿拉伯 | 1500.00 | 14.62 |
| 博茨瓦纳 | 20150.00 | 13.01 |
| 阿联酋 | 10028.00 | 11.66 |
| 贝宁 | 11940.00 | 10.68 |
| 苏丹 | 10000.00 | 9.00 |
| 阿尔巴尼亚 | 5200.00 | 8.95 |
| 刚果(布) | 11300.00 | 8.50 |
| 几内亚 | 11500.00 | 8.50 |
| 安哥拉 | 35134.00 | 7.99 |
| 纳米比亚 | 9000.00 | 6.62 |
| 墨西哥 | 3130.00 | 6.58 |
| 加纳 | 8000.00 | 5.00 |
| 刚果(金) | 5120.00 | 4.50 |
| 亚美尼亚 | 425.00 | 3.14 |
| 瑞典 | 1338.00 | 3.03 |
| 阿塞拜疆 | 720.00 | 2.80 |
| 约旦 | 6000.00 | 2.74 |
| 巴巴多斯 | 1120.00 | 2.64 |

(续)

| 国家/地区 | 出口数量（千克） | 出口金额（千美元） |
|---|---|---|
| 黎巴嫩 | 517.00 | 2.11 |
| 摩洛哥 | 1412.00 | 0.72 |
| 克罗地亚 | 35.00 | 0.05 |
| 44187210 其他多层已装拼的竹地板 | | |
| 合计 | 54637329.00 | 99676.48 |
| 美国 | 44782662.00 | 81966.39 |
| 澳大利亚 | 2819181.00 | 4450.50 |
| 荷兰 | 1145622.00 | 2059.03 |
| 阿塞拜疆 | 594000.00 | 1372.80 |
| 德国 | 488730.00 | 1066.71 |
| 波兰 | 644080.00 | 895.14 |
| 意大利 | 412289.00 | 823.33 |
| 英国 | 274106.00 | 558.25 |
| 罗马尼亚 | 405992.00 | 518.02 |
| 肯尼亚 | 268783.00 | 446.68 |
| 希腊 | 210926.00 | 434.01 |
| 比利时 | 183372.00 | 331.20 |
| 印度 | 160206.00 | 323.92 |
| 克罗地亚 | 129907.00 | 300.92 |
| 日本 | 129807.00 | 267.67 |
| 俄罗斯 | 208064.00 | 264.89 |
| 智利 | 145415.00 | 260.98 |
| 前南马其顿 | 100920.00 | 242.21 |
| 韩国 | 100201.00 | 233.85 |
| 圭亚那 | 111224.00 | 232.81 |
| 伊朗 | 129554.00 | 220.10 |
| 哥伦比亚 | 110668.00 | 199.03 |
| 丹麦 | 78872.00 | 194.24 |
| 秘鲁 | 64915.00 | 158.73 |
| 菲律宾 | 64416.00 | 138.24 |
| 斯洛文尼亚 | 61495.00 | 130.14 |
| 格鲁吉亚 | 34132.00 | 123.56 |
| 西班牙 | 55210.00 | 118.46 |
| 法国 | 60849.00 | 110.25 |
| 巴西 | 62826.00 | 105.50 |
| 中国台澎金马关税区 | 36343.00 | 102.45 |
| 埃及 | 41655.00 | 91.42 |
| 沙特阿拉伯 | 54919.00 | 84.31 |
| 摩洛哥 | 44406.00 | 82.05 |
| 加拿大 | 41982.00 | 72.54 |
| 缅甸 | 33052.00 | 63.94 |
| 朝鲜 | 54129.00 | 62.24 |
| 巴基斯坦 | 43700.00 | 57.29 |
| 伊拉克 | 35208.00 | 53.60 |

（续）

| 国家/地区 | 出口数量（千克） | 出口金额（千美元） |
|---|---|---|
| 阿联酋 | 21860.00 | 50.49 |
| 尼日利亚 | 32310.00 | 50.22 |
| 新喀里多尼亚 | 24480.00 | 46.01 |
| 以色列 | 17898.00 | 45.78 |
| 墨西哥 | 29123.00 | 41.18 |
| 吉布提 | 16700.00 | 40.80 |
| 泰国 | 13420.00 | 28.53 |
| 新西兰 | 13401.00 | 27.87 |
| 马来西亚 | 5560.00 | 27.80 |
| 新加坡 | 4660.00 | 22.34 |
| 留尼汪 | 12600.00 | 21.75 |
| 马尔代夫 | 4683.00 | 15.87 |
| 莫桑比克 | 5600.00 | 13.11 |
| 中国香港 | 4515.00 | 11.51 |
| 南非 | 3664.00 | 8.20 |
| 马达加斯加 | 840.00 | 4.20 |
| 阿曼 | 1350.00 | 1.61 |
| 加纳 | 700.00 | 1.07 |
| 巴林 | 147.00 | 0.80 |
| 44187910 其他已装拼的竹地板 | | |
| 合计 | 7502813.00 | 11598.89 |
| 美国 | 4570623.00 | 6575.34 |
| 德国 | 860964.00 | 1220.54 |
| 澳大利亚 | 379753.00 | 729.82 |
| 秘鲁 | 336460.00 | 531.33 |
| 法国 | 203700.00 | 447.28 |
| 智利 | 203548.00 | 365.20 |
| 菲律宾 | 193340.00 | 356.20 |
| 意大利 | 123361.00 | 239.35 |
| 卡塔尔 | 113013.00 | 229.44 |
| 伊朗 | 80822.00 | 137.02 |
| 印度 | 41180.00 | 74.43 |
| 加拿大 | 41790.00 | 72.11 |
| 西班牙 | 45888.00 | 68.90 |
| 印度尼西亚 | 27922.00 | 54.39 |
| 泰国 | 36220.00 | 53.54 |
| 韩国 | 36460.00 | 53.26 |
| 英国 | 29259.00 | 49.90 |
| 日本 | 13493.00 | 43.11 |
| 巴西 | 23747.00 | 41.37 |
| 以色列 | 15416.00 | 39.55 |
| 比利时 | 25561.00 | 31.18 |
| 马来西亚 | 7768.00 | 28.81 |
| 科威特 | 10841.00 | 26.25 |

（续）

| 国家/地区 | 出口数量（千克） | 出口金额（千美元） |
|---|---|---|
| 毛里求斯 | 17130.00 | 26.00 |
| 新西兰 | 20997.00 | 25.67 |
| 墨西哥 | 11080.00 | 21.21 |
| 哥伦比亚 | 13000.00 | 20.20 |
| 挪威 | 6531.00 | 15.74 |
| 朝鲜 | 7515.00 | 10.82 |
| 荷兰 | 3360.00 | 6.15 |
| 摩洛哥 | 1380.00 | 2.37 |
| 中国台澎金马关税区 | 450.00 | 1.70 |
| 哥斯达黎加 | 241.00 | 0.72 |
| 44190032 竹制一次性筷子 | | |
| 合计 | 90544632.00 | 188253.64 |
| 日本 | 30270780.00 | 69622.12 |
| 中国台澎金马关税区 | 26021161.00 | 47208.09 |
| 美国 | 10148293.00 | 19816.06 |
| 泰国 | 5632330.00 | 10912.16 |
| 俄罗斯 | 2395976.00 | 5401.10 |
| 韩国 | 1850922.00 | 4051.28 |
| 巴西 | 1475339.00 | 3292.48 |
| 加拿大 | 1317654.00 | 3037.37 |
| 中国香港 | 1353302.00 | 2261.04 |
| 英国 | 803052.00 | 2181.03 |
| 澳大利亚 | 803269.00 | 1900.33 |
| 德国 | 712345.00 | 1746.69 |
| 法国 | 757334.00 | 1684.95 |
| 印度尼西亚 | 757539.00 | 1563.54 |
| 马来西亚 | 708552.00 | 1560.50 |
| 新加坡 | 438868.00 | 1079.40 |
| 意大利 | 550028.00 | 1042.51 |
| 菲律宾 | 484021.00 | 1018.45 |
| 西班牙 | 325890.00 | 788.64 |
| 墨西哥 | 364215.00 | 672.19 |
| 以色列 | 284813.00 | 608.58 |
| 乌克兰 | 340674.00 | 597.01 |
| 奥地利 | 268705.00 | 589.86 |
| 荷兰 | 285933.00 | 569.26 |
| 阿联酋 | 136437.00 | 365.83 |
| 中国澳门 | 171425.00 | 364.21 |
| 葡萄牙 | 138309.00 | 333.89 |
| 波兰 | 140005.00 | 288.02 |
| 越南 | 113594.00 | 283.30 |
| 阿根廷 | 131216.00 | 278.84 |
| 瑞典 | 151966.00 | 270.92 |
| 南非 | 134949.00 | 251.98 |

（续）

| 国家/地区 | 出口数量（千克） | 出口金额（千美元） |
|---|---|---|
| 缅甸 | 62890.00 | 221.64 |
| 比利时 | 79661.00 | 197.91 |
| 智利 | 77667.00 | 190.20 |
| 土耳其 | 67485.00 | 184.85 |
| 丹麦 | 73888.00 | 181.53 |
| 挪威 | 58727.00 | 176.04 |
| 立陶宛 | 60829.00 | 119.04 |
| 文莱 | 33305.00 | 110.45 |
| 芬兰 | 42634.00 | 109.79 |
| 印度 | 18275.00 | 97.44 |
| 黎巴嫩 | 48221.00 | 95.40 |
| 哥伦比亚 | 33285.00 | 84.68 |
| 新西兰 | 33208.00 | 78.86 |
| 塞浦路斯 | 36238.00 | 73.09 |
| 瑞士 | 17890.00 | 72.58 |
| 哈萨克斯坦 | 50600.00 | 63.60 |
| 希腊 | 31565.00 | 55.56 |
| 摩洛哥 | 21616.00 | 49.54 |
| 沙特阿拉伯 | 21218.00 | 43.75 |
| 拉脱维亚 | 20460.00 | 41.62 |
| 科威特 | 17916.00 | 41.03 |
| 卡塔尔 | 18180.00 | 36.43 |
| 秘鲁 | 18588.00 | 35.72 |
| 委内瑞拉 | 14305.00 | 30.70 |
| 爱沙尼亚 | 14242.00 | 29.52 |
| 爱尔兰 | 12044.00 | 24.58 |
| 巴拿马 | 8203.00 | 21.23 |
| 斯洛文尼亚 | 11350.00 | 20.63 |
| 埃及 | 11025.00 | 18.94 |
| 捷克 | 11167.00 | 18.18 |
| 哥斯达黎加 | 5280.00 | 12.80 |
| 约旦 | 5480.00 | 7.86 |
| 朝鲜 | 7650.00 | 7.84 |
| 罗马尼亚 | 5170.00 | 7.48 |
| 马耳他 | 3570.00 | 7.06 |
| 特立尼达和多巴哥 | 1600.00 | 6.08 |
| 阿曼 | 1675.00 | 4.90 |
| 乌拉圭 | 1920.00 | 4.75 |
| 阿尔巴尼亚 | 4900.00 | 4.21 |
| 摩尔多瓦 | 2160.00 | 3.20 |
| 加纳 | 1040.00 | 2.96 |
| 匈牙利 | 925.00 | 2.75 |
| 斯里兰卡 | 1514.00 | 2.57 |
| 毛里求斯 | 1520.00 | 2.36 |

(续)

| 国家/地区 | 出口数量(千克) | 出口金额(千美元) |
|---|---|---|
| 格鲁吉亚 | 1447.00 | 2.30 |
| 马达加斯加 | 526.00 | 1.95 |
| 肯尼亚 | 655.00 | 1.65 |
| 马尔代夫 | 282.00 | 1.50 |
| 巴林 | 900.00 | 1.47 |
| 塞内加尔 | 320.00 | 0.60 |
| 巴基斯坦 | 240.00 | 0.60 |
| 安哥拉 | 76.00 | 0.39 |
| 乌兹别克斯坦 | 184.00 | 0.17 |
| 中非 | 5.00 | 0.03 |
| 尼日尔 | 15.00 | 0.01 |
| 44190091 其他竹制餐具及厨房用具 | | |
| 合计 | 60678157.00 | 238442.34 |
| 美国 | 17476590.00 | 69544.79 |
| 德国 | 7471506.00 | 26824.57 |
| 日本 | 2269012.00 | 15841.28 |
| 荷兰 | 4274508.00 | 13777.65 |
| 澳大利亚 | 2163771.00 | 11469.63 |
| 土耳其 | 2628378.00 | 11430.32 |
| 法国 | 2556745.00 | 9108.24 |
| 英国 | 2562598.00 | 8966.79 |
| 加拿大 | 2413170.00 | 7147.81 |
| 比利时 | 1445223.00 | 5517.65 |
| 西班牙 | 1403740.00 | 4620.95 |
| 波兰 | 1393816.00 | 4270.91 |
| 中国台澎金马关税区 | 1035401.00 | 3835.38 |
| 意大利 | 1075375.00 | 3815.08 |
| 俄罗斯 | 1006576.00 | 3769.77 |
| 瑞典 | 766012.00 | 3702.83 |
| 韩国 | 769789.00 | 3367.02 |
| 巴西 | 782663.00 | 2915.01 |
| 伊朗 | 471208.00 | 2309.66 |
| 墨西哥 | 530784.00 | 2150.36 |
| 中国香港 | 488067.00 | 1980.46 |
| 新加坡 | 328168.00 | 1840.65 |
| 以色列 | 388648.00 | 1411.21 |
| 丹麦 | 298716.00 | 1301.99 |
| 智利 | 332335.00 | 1290.62 |
| 沙特阿拉伯 | 307054.00 | 1230.01 |
| 新西兰 | 227996.00 | 1139.85 |
| 马来西亚 | 272296.00 | 1108.82 |
| 南非 | 324669.00 | 1097.09 |
| 菲律宾 | 165128.00 | 962.74 |
| 阿联酋 | 231404.00 | 881.70 |

(续)

| 国家/地区 | 出口数量(千克) | 出口金额(千美元) |
|---|---|---|
| 斯洛文尼亚 | 374041.00 | 841.28 |
| 阿根廷 | 171963.00 | 583.25 |
| 印度 | 154962.00 | 559.40 |
| 奥地利 | 192016.00 | 520.99 |
| 葡萄牙 | 126151.00 | 511.15 |
| 巴拿马 | 90731.00 | 493.44 |
| 哥伦比亚 | 105731.00 | 439.67 |
| 瑞士 | 90207.00 | 438.37 |
| 泰国 | 81135.00 | 397.86 |
| 挪威 | 107112.00 | 371.25 |
| 立陶宛 | 96096.00 | 317.24 |
| 科威特 | 62907.00 | 273.68 |
| 芬兰 | 70062.00 | 257.06 |
| 罗马尼亚 | 122546.00 | 243.58 |
| 爱沙尼亚 | 54232.00 | 233.74 |
| 哥斯达黎加 | 44218.00 | 224.79 |
| 乌拉圭 | 56045.00 | 214.78 |
| 秘鲁 | 50376.00 | 194.94 |
| 洪都拉斯 | 47338.00 | 160.57 |
| 爱尔兰 | 54988.00 | 152.82 |
| 乌克兰 | 43213.00 | 149.01 |
| 摩洛哥 | 50151.00 | 146.97 |
| 克罗地亚 | 37866.00 | 141.22 |
| 越南 | 48609.00 | 140.78 |
| 斯里兰卡 | 42913.00 | 134.39 |
| 希腊 | 36880.00 | 131.79 |
| 伊拉克 | 21014.00 | 122.93 |
| 印度尼西亚 | 21922.00 | 116.01 |
| 多米尼加 | 23136.00 | 111.67 |
| 拉脱维亚 | 28517.00 | 110.57 |
| 哈萨克斯坦 | 26969.00 | 102.60 |
| 保加利亚 | 23838.00 | 77.60 |
| 阿曼 | 12786.00 | 72.89 |
| 捷克 | 20803.00 | 72.13 |
| 阿尔及利亚 | 34994.00 | 71.12 |
| 危地马拉 | 13292.00 | 71.09 |
| 塞浦路斯 | 18411.00 | 66.25 |
| 厄瓜多尔 | 15028.00 | 60.36 |
| 加纳 | 16037.00 | 49.31 |
| 黎巴嫩 | 11984.00 | 46.59 |
| 萨尔瓦多 | 12117.00 | 42.76 |
| 卡塔尔 | 6611.00 | 29.81 |
| 中国澳门 | 12936.00 | 29.12 |
| 埃及 | 5934.00 | 24.27 |

(续)

| 国家/地区 | 出口数量(千克) | 出口金额(千美元) |
|---|---|---|
| 缅甸 | 9047.00 | 19.46 |
| 阿塞拜疆 | 4096.00 | 19.19 |
| 巴拉圭 | 5500.00 | 17.10 |
| 尼加拉瓜 | 3438.00 | 16.02 |
| 乌兹别克斯坦 | 3390.00 | 15.71 |
| 利比亚 | 1600.00 | 13.50 |
| 肯尼亚 | 2407.00 | 12.91 |
| 蒙古 | 3897.00 | 12.08 |
| 玻利维亚 | 1328.00 | 11.34 |
| 尼日利亚 | 534.00 | 11.30 |
| 波多黎各 | 4960.00 | 11.20 |
| 巴林 | 3534.00 | 11.16 |
| 格鲁吉亚 | 3174.00 | 10.95 |
| 文莱 | 3006.00 | 10.58 |
| 斯洛伐克 | 2369.00 | 7.81 |
| 柬埔寨 | 7695.00 | 7.70 |
| 朝鲜 | 1849.00 | 6.12 |
| 巴布亚新几内亚 | 479.00 | 5.64 |
| 冰岛 | 736.00 | 5.58 |
| 约旦 | 4084.00 | 5.33 |
| 坦桑尼亚 | 924.00 | 4.62 |
| 匈牙利 | 2135.00 | 4.33 |
| 孟加拉国 | 1126.00 | 2.73 |
| 毛里求斯 | 863.00 | 2.72 |
| 莫桑比克 | 689.00 | 2.46 |
| 塞内加尔 | 234.00 | 2.25 |
| 巴基斯坦 | 1056.00 | 2.07 |
| 特立尼达和多巴哥 | 370.00 | 2.05 |
| 阿尔巴尼亚 | 1084.00 | 1.94 |
| 马耳他 | 177.00 | 1.40 |
| 叙利亚 | 878.00 | 1.32 |
| 波黑 | 738.00 | 0.85 |
| 牙买加 | 506.00 | 0.80 |
| 几内亚 | 48.00 | 0.17 |
| 巴巴多斯 | 17.00 | 0.06 |
| 埃塞俄比亚 | 4.00 | 0.02 |
| 苏丹 | 5.00 | 0.02 |
| 中非 | 6.00 | 0.01 |
| 马里 | 10.00 | 0.00 |
| 44201012 竹刻 | | |
| 合计 | 3250.00 | 39.58 |
| 瑞士 | 618.00 | 17.49 |
| 法国 | 360.00 | 13.67 |
| 新加坡 | 489.00 | 4.79 |

（续）

| 国家/地区 | 出口数量（千克） | 出口金额（千美元） |
|---|---|---|
| 英国 | 1778.00 | 2.93 |
| 巴基斯坦 | 5.00 | 0.70 |
| 44219022 竹制圆签圆棒冰果棒压舌片及类似一次性制品 | | |
| 合计 | 91173492.00 | 232403.65 |
| 印度 | 18982025.00 | 33409.21 |
| 日本 | 7316894.00 | 23420.77 |
| 印度尼西亚 | 6057119.00 | 16819.49 |
| 美国 | 5247296.00 | 14955.48 |
| 巴西 | 5097147.00 | 13594.83 |
| 泰国 | 3409621.00 | 12171.63 |
| 荷兰 | 5697731.00 | 10116.77 |
| 越南 | 2840240.00 | 9560.87 |
| 马来西亚 | 2755156.00 | 9389.63 |
| 中国台澎金马关税区 | 2833547.00 | 6164.17 |
| 韩国 | 2155871.00 | 5314.15 |
| 意大利 | 1832339.00 | 4746.37 |
| 英国 | 1426235.00 | 4301.99 |
| 法国 | 1063560.00 | 4166.61 |
| 中国香港 | 1244163.00 | 4162.98 |
| 新加坡 | 1011937.00 | 3849.06 |
| 西班牙 | 1059754.00 | 3837.29 |
| 德国 | 1275982.00 | 3424.01 |
| 希腊 | 1289793.00 | 3247.20 |
| 哥伦比亚 | 1231106.00 | 2978.68 |
| 加拿大 | 1261994.00 | 2943.36 |
| 俄罗斯 | 1028589.00 | 2918.10 |
| 土耳其 | 1246966.00 | 2909.74 |
| 墨西哥 | 879938.00 | 2821.65 |
| 比利时 | 772720.00 | 2621.76 |
| 澳大利亚 | 691913.00 | 2072.62 |
| 菲律宾 | 663909.00 | 1975.05 |
| 阿联酋 | 800657.00 | 1888.66 |
| 沙特阿拉伯 | 659154.00 | 1703.73 |
| 尼日利亚 | 712072.00 | 1418.42 |
| 以色列 | 506835.00 | 1231.01 |
| 南非 | 362674.00 | 998.41 |
| 智利 | 407369.00 | 977.80 |
| 波兰 | 466713.00 | 969.41 |
| 缅甸 | 248246.00 | 902.25 |
| 朝鲜 | 870643.00 | 789.38 |
| 斯里兰卡 | 331043.00 | 713.51 |
| 阿根廷 | 241154.00 | 696.59 |
| 巴拿马 | 107348.00 | 622.76 |

（续）

| 国家/地区 | 出口数量（千克） | 出口金额（千美元） |
|---|---|---|
| 阿尔及利亚 | 408093.00 | 612.51 |
| 秘鲁 | 270021.00 | 589.98 |
| 伊朗 | 232466.00 | 569.03 |
| 坦桑尼亚 | 285266.00 | 510.43 |
| 黎巴嫩 | 206157.00 | 507.47 |
| 阿曼 | 249752.00 | 499.00 |
| 肯尼亚 | 246567.00 | 469.12 |
| 立陶宛 | 105732.00 | 444.51 |
| 伊拉克 | 188472.00 | 426.74 |
| 罗马尼亚 | 150872.00 | 394.02 |
| 厄瓜多尔 | 294096.00 | 375.97 |
| 乌克兰 | 93626.00 | 339.90 |
| 埃及 | 168992.00 | 315.27 |
| 拉脱维亚 | 107708.00 | 294.62 |
| 哥斯达黎加 | 50900.00 | 291.18 |
| 巴基斯坦 | 173600.00 | 269.98 |
| 瑞典 | 76376.00 | 259.85 |
| 安哥拉 | 124013.00 | 257.48 |
| 巴拉圭 | 115772.00 | 247.50 |
| 新西兰 | 76129.00 | 235.36 |
| 摩洛哥 | 97627.00 | 233.88 |
| 多米尼加 | 84414.00 | 228.32 |
| 萨尔瓦多 | 56672.00 | 197.93 |
| 喀麦隆 | 77722.00 | 175.38 |
| 丹麦 | 64232.00 | 167.76 |
| 危地马拉 | 60396.00 | 154.40 |
| 文莱 | 37881.00 | 154.21 |
| 加纳 | 86815.00 | 153.11 |
| 叙利亚 | 62593.00 | 150.09 |
| 突尼斯 | 61135.00 | 138.92 |
| 约旦 | 43253.00 | 121.57 |
| 科特迪瓦 | 50129.00 | 110.27 |
| 葡萄牙 | 41987.00 | 100.50 |
| 芬兰 | 48833.00 | 91.60 |
| 乌拉圭 | 32836.00 | 89.13 |
| 斯洛文尼亚 | 25163.00 | 88.96 |
| 匈牙利 | 25602.00 | 78.00 |
| 保加利亚 | 25344.00 | 70.74 |
| 塞浦路斯 | 30427.00 | 69.72 |
| 哈萨克斯坦 | 25202.00 | 68.73 |
| 科威特 | 11283.00 | 64.53 |
| 刚果(金) | 14757.00 | 63.28 |
| 乌兹别克斯坦 | 27473.00 | 62.28 |
| 吉布提 | 27016.00 | 58.47 |

（续）

| 国家/地区 | 出口数量（千克） | 出口金额（千美元） |
|---|---|---|
| 吉尔吉斯斯坦 | 33781.00 | 56.85 |
| 挪威 | 29602.00 | 54.84 |
| 爱尔兰 | 13193.00 | 52.86 |
| 格鲁吉亚 | 11505.00 | 51.64 |
| 孟加拉国 | 25059.00 | 48.39 |
| 捷克 | 13616.00 | 43.43 |
| 马达加斯加 | 23120.00 | 43.29 |
| 利比亚 | 16409.00 | 40.96 |
| 中国澳门 | 18867.00 | 37.36 |
| 阿尔巴尼亚 | 14493.00 | 35.82 |
| 波多黎各 | 18254.00 | 27.17 |
| 贝宁 | 7094.00 | 23.76 |
| 爱沙尼亚 | 12341.00 | 19.81 |
| 乌干达 | 12000.00 | 19.68 |
| 牙买加 | 2078.00 | 19.22 |
| 多哥 | 7900.00 | 19.20 |
| 冰岛 | 3950.00 | 15.05 |
| 委内瑞拉 | 14382.00 | 14.95 |
| 克罗地亚 | 5758.00 | 14.81 |
| 古巴 | 4288.00 | 14.68 |
| 塞内加尔 | 805.00 | 13.96 |
| 白俄罗斯 | 3801.00 | 13.59 |
| 卡塔尔 | 4623.00 | 13.31 |
| 巴林 | 1314.00 | 12.89 |
| 塞尔维亚 | 2511.00 | 11.55 |
| 毛里求斯 | 2974.00 | 10.12 |
| 加蓬 | 10770.00 | 10.07 |
| 留尼汪 | 10345.00 | 9.05 |
| 前南马其顿 | 3600.00 | 6.62 |
| 巴布亚新几内亚 | 720.00 | 6.49 |
| 马拉维 | 1285.00 | 5.60 |
| 几内亚 | 1466.00 | 5.57 |
| 瑞士 | 651.00 | 4.88 |
| 洪都拉斯 | 1270.00 | 3.64 |
| 阿鲁巴 | 450.00 | 3.38 |
| 埃塞俄比亚 | 1357.00 | 2.92 |
| 特立尼达和多巴哥 | 1815.00 | 2.27 |
| 马耳他 | 1103.00 | 2.08 |
| 瓦努阿图 | 800.00 | 1.10 |
| 尼加拉瓜 | 619.00 | 0.91 |
| 也门 | 1360.00 | 0.84 |
| 莫桑比克 | 158.00 | 0.63 |
| 冈比亚 | 700.00 | 0.54 |
| 毛里塔尼亚 | 380.00 | 0.36 |

(续)

| 国家/地区 | 出口数量(千克) | 出口金额(千美元) |
|---|---|---|
| 奥地利 | 48.00 | 0.28 |
| 新喀里多尼亚 | 22.00 | 0.11 |
| 46012100 竹制的席子、席料及帘子 | | |
| 合计 | 23081899.00 | 74075.72 |
| 美国 | 4321440.00 | 17771.27 |
| 中国台澎金马关税区 | 3135125.00 | 10774.49 |
| 越南 | 2295637.00 | 8693.70 |
| 日本 | 2400688.00 | 7336.96 |
| 韩国 | 1275816.00 | 3574.29 |
| 意大利 | 1228026.00 | 2920.52 |
| 德国 | 828555.00 | 2444.49 |
| 西班牙 | 753822.00 | 2180.67 |
| 墨西哥 | 384447.00 | 1512.40 |
| 马来西亚 | 604697.00 | 1398.64 |
| 加拿大 | 395055.00 | 1317.82 |
| 俄罗斯 | 482877.00 | 1143.01 |
| 法国 | 358927.00 | 1120.43 |
| 荷兰 | 340390.00 | 1042.38 |
| 以色列 | 404567.00 | 717.98 |
| 澳大利亚 | 267506.00 | 706.59 |
| 土耳其 | 277714.00 | 700.03 |
| 波兰 | 261621.00 | 668.43 |
| 乌克兰 | 297974.00 | 602.34 |
| 智利 | 225598.00 | 585.04 |
| 南非 | 175450.00 | 536.34 |
| 英国 | 213190.00 | 509.54 |
| 印度 | 258968.00 | 505.08 |
| 希腊 | 248538.00 | 470.80 |
| 比利时 | 127840.00 | 420.05 |
| 阿根廷 | 120393.00 | 327.22 |
| 伊朗 | 112959.00 | 282.38 |
| 哥伦比亚 | 89481.00 | 216.47 |
| 阿联酋 | 84510.00 | 214.71 |
| 巴西 | 61220.00 | 213.22 |
| 沙特阿拉伯 | 62873.00 | 205.34 |
| 哥斯达黎加 | 34339.00 | 196.46 |
| 留尼汪 | 31586.00 | 173.06 |
| 瑞典 | 60580.00 | 158.03 |
| 泰国 | 38436.00 | 149.00 |
| 巴基斯坦 | 65407.00 | 141.10 |
| 新加坡 | 48500.00 | 140.34 |
| 中国香港 | 41458.00 | 138.03 |
| 斯里兰卡 | 32651.00 | 133.70 |
| 匈牙利 | 56346.00 | 130.97 |

(续)

| 国家/地区 | 出口数量(千克) | 出口金额(千美元) |
|---|---|---|
| 立陶宛 | 47160.00 | 127.61 |
| 秘鲁 | 40350.00 | 112.15 |
| 印度尼西亚 | 51452.00 | 102.76 |
| 丹麦 | 35243.00 | 100.90 |
| 阿曼 | 30778.00 | 96.23 |
| 拉脱维亚 | 27457.00 | 90.16 |
| 埃及 | 37610.00 | 76.09 |
| 葡萄牙 | 24868.00 | 72.03 |
| 叙利亚 | 19575.00 | 59.35 |
| 克罗地亚 | 14788.00 | 53.16 |
| 毛里求斯 | 18958.00 | 52.43 |
| 保加利亚 | 12144.00 | 48.58 |
| 斯洛文尼亚 | 21736.00 | 47.04 |
| 瑞士 | 12971.00 | 42.61 |
| 黎巴嫩 | 15850.00 | 40.93 |
| 巴拿马 | 11525.00 | 32.76 |
| 新西兰 | 11446.00 | 32.17 |
| 罗马尼亚 | 12852.00 | 31.14 |
| 加纳 | 8900.00 | 30.62 |
| 乌拉圭 | 12426.00 | 30.35 |
| 危地马拉 | 9733.00 | 27.15 |
| 特立尼达和多巴哥 | 6304.00 | 25.22 |
| 马耳他 | 5868.00 | 23.47 |
| 新喀里多尼亚 | 7657.00 | 22.59 |
| 多米尼加 | 2869.00 | 21.94 |
| 菲律宾 | 7074.00 | 21.93 |
| 巴拉圭 | 6300.00 | 17.51 |
| 法属波利尼西亚 | 5317.00 | 16.94 |
| 斯洛伐克 | 6981.00 | 16.64 |
| 捷克 | 5306.00 | 16.39 |
| 厄瓜多尔 | 4048.00 | 15.64 |
| 奥地利 | 4273.00 | 14.52 |
| 摩洛哥 | 12133.00 | 12.88 |
| 巴林 | 2638.00 | 10.76 |
| 圭亚那 | 1611.00 | 8.54 |
| 塞浦路斯 | 4143.00 | 7.75 |
| 缅甸 | 3260.00 | 7.29 |
| 尼日利亚 | 750.00 | 6.34 |
| 约旦 | 3888.00 | 5.49 |
| 芬兰 | 1266.00 | 3.33 |
| 肯尼亚 | 1385.00 | 3.18 |
| 挪威 | 333.00 | 3.18 |
| 中国澳门 | 620.00 | 2.98 |
| 朝鲜 | 1925.00 | 2.74 |

(续)

| 国家/地区 | 出口数量(千克) | 出口金额(千美元) |
|---|---|---|
| 乌兹别克斯坦 | 1310.00 | 2.73 |
| 马尔代夫 | 180.00 | 1.62 |
| 埃塞俄比亚 | 250.00 | 1.13 |
| 阿尔及利亚 | 290.00 | 1.08 |
| 科摩罗 | 130.00 | 0.82 |
| 牙买加 | 160.00 | 0.78 |
| 莫桑比克 | 174.00 | 0.28 |
| 爱沙尼亚 | 26.00 | 0.18 |
| 马里 | 30.00 | 0.14 |
| 突尼斯 | 146.00 | 0.10 |
| 塞内加尔 | 5.00 | 0.05 |
| 蒙古 | 200.00 | 0.04 |
| 斐济 | 20.00 | 0.02 |
| 46012200 藤制的席子、席料及帘子 | | |
| 合计 | 71076.00 | 304.42 |
| 美国 | 19337.00 | 118.55 |
| 中国台澎金马关税区 | 8887.00 | 55.38 |
| 越南 | 21040.00 | 46.88 |
| 黎巴嫩 | 10200.00 | 39.78 |
| 中国香港 | 2685.00 | 12.30 |
| 新加坡 | 1778.00 | 7.45 |
| 哥伦比亚 | 1050.00 | 5.25 |
| 保加利亚 | 315.00 | 4.29 |
| 菲律宾 | 791.00 | 3.96 |
| 希腊 | 205.00 | 3.42 |
| 土耳其 | 465.00 | 2.56 |
| 意大利 | 1595.00 | 1.64 |
| 沙特阿拉伯 | 1232.00 | 1.59 |
| 西班牙 | 433.00 | 0.44 |
| 智利 | 336.00 | 0.35 |
| 日本 | 149.00 | 0.20 |
| 新西兰 | 189.00 | 0.19 |
| 马来西亚 | 358.00 | 0.16 |
| 德国 | 31.00 | 0.04 |
| 46012911 灯心草属材料制的席子、席料及帘子 | | |
| 合计 | 23812048.00 | 107221.91 |
| 日本 | 23366956.00 | 106043.77 |
| 中国台澎金马关税区 | 84250.00 | 274.41 |
| 希腊 | 114268.00 | 234.18 |
| 美国 | 73144.00 | 197.11 |
| 克罗地亚 | 56716.00 | 124.59 |
| 意大利 | 20205.00 | 68.43 |
| 英国 | 16993.00 | 57.39 |

（续）

| 国家/地区 | 出口数量（千克） | 出口金额（千美元） |
|---|---|---|
| 西班牙 | 7875.00 | 23.49 |
| 韩国 | 2338.00 | 22.93 |
| 葡萄牙 | 6543.00 | 21.22 |
| 马来西亚 | 8437.00 | 20.64 |
| 荷兰 | 4638.00 | 18.91 |
| 加拿大 | 6474.00 | 18.48 |
| 巴西 | 4524.00 | 16.43 |
| 新加坡 | 1931.00 | 15.53 |
| 印度 | 17733.00 | 15.25 |
| 土耳其 | 10304.00 | 13.98 |
| 泰国 | 3466.00 | 13.20 |
| 中国香港 | 1460.00 | 8.50 |
| 印度尼西亚 | 550.00 | 4.39 |
| 墨西哥 | 1400.00 | 3.43 |
| 波兰 | 737.00 | 2.42 |
| 阿联酋 | 414.00 | 1.74 |
| 德国 | 675.00 | 1.45 |
| 卡塔尔 | 17.00 | 0.06 |
| 46012919 其他草制的席子、席料及帘子 | | |
| 合计 | 5680815.00 | 13240.77 |
| 科威特 | 385695.00 | 2928.34 |
| 日本 | 1853788.00 | 2388.60 |
| 法国 | 554375.00 | 1083.64 |
| 英国 | 607709.00 | 1006.66 |
| 荷兰 | 526831.00 | 977.99 |
| 美国 | 241319.00 | 849.74 |
| 德国 | 325708.00 | 646.70 |
| 西班牙 | 144439.00 | 432.11 |
| 俄罗斯 | 88289.00 | 339.44 |
| 阿根廷 | 113884.00 | 316.99 |
| 意大利 | 111796.00 | 286.14 |
| 巴西 | 62850.00 | 246.30 |
| 比利时 | 65262.00 | 197.25 |
| 中国台澎金马关税区 | 121572.00 | 161.48 |
| 土耳其 | 50004.00 | 144.96 |
| 加拿大 | 57614.00 | 144.94 |
| 希腊 | 60226.00 | 134.72 |
| 加纳 | 18700.00 | 121.00 |
| 斯洛文尼亚 | 35699.00 | 120.13 |
| 马来西亚 | 69749.00 | 119.27 |
| 秘鲁 | 31393.00 | 63.00 |
| 新加坡 | 23035.00 | 51.99 |
| 乌克兰 | 3463.00 | 47.92 |
| 中国香港 | 10412.00 | 42.38 |

（续）

| 国家/地区 | 出口数量（千克） | 出口金额（千美元） |
|---|---|---|
| 智利 | 11706.00 | 38.65 |
| 埃及 | 5225.00 | 32.76 |
| 澳大利亚 | 6136.00 | 32.74 |
| 韩国 | 12279.00 | 27.86 |
| 阿联酋 | 5787.00 | 24.13 |
| 克罗地亚 | 7359.00 | 22.31 |
| 哥斯达黎加 | 6166.00 | 20.48 |
| 墨西哥 | 5244.00 | 19.59 |
| 黎巴嫩 | 9653.00 | 15.73 |
| 巴拿马 | 4153.00 | 14.17 |
| 以色列 | 3840.00 | 12.24 |
| 危地马拉 | 1860.00 | 10.73 |
| 罗马尼亚 | 3816.00 | 9.96 |
| 朝鲜 | 7200.00 | 8.64 |
| 摩洛哥 | 2480.00 | 7.87 |
| 葡萄牙 | 2680.00 | 7.73 |
| 尼日利亚 | 600.00 | 7.68 |
| 匈牙利 | 2592.00 | 7.38 |
| 乌拉圭 | 2700.00 | 7.04 |
| 丹麦 | 1845.00 | 6.64 |
| 萨尔瓦多 | 2529.00 | 6.22 |
| 波兰 | 1615.00 | 6.06 |
| 沙特阿拉伯 | 1071.00 | 5.99 |
| 塞浦路斯 | 1793.00 | 5.57 |
| 菲律宾 | 159.00 | 5.50 |
| 挪威 | 484.00 | 4.15 |
| 保加利亚 | 1239.00 | 3.84 |
| 泰国 | 543.00 | 3.50 |
| 新西兰 | 845.00 | 3.00 |
| 瑞典 | 780.00 | 1.80 |
| 瓜德罗普 | 390.00 | 1.29 |
| 奥地利 | 176.00 | 1.00 |
| 阿尔及利亚 | 342.00 | 0.98 |
| 阿塞拜疆 | 180.00 | 0.90 |
| 哈萨克斯坦 | 242.00 | 0.89 |
| 洪都拉斯 | 196.00 | 0.75 |
| 马提尼克 | 221.00 | 0.73 |
| 法属波利尼西亚 | 171.00 | 0.65 |
| 尼加拉瓜 | 147.00 | 0.56 |
| 印度尼西亚 | 70.00 | 0.50 |
| 法属圭亚那 | 88.00 | 0.29 |
| 肯尼亚 | 290.00 | 0.26 |
| 中国澳门 | 20.00 | 0.15 |
| 伊朗 | 58.00 | 0.11 |

（续）

| 国家/地区 | 出口数量（千克） | 出口金额（千美元） |
|---|---|---|
| 多哥 | 23.00 | 0.07 |
| 纳米比亚 | 10.00 | 0.03 |
| 46012921 苇帘 | | |
| 合计 | 27635195.00 | 34148.67 |
| 日本 | 13561516.00 | 18663.62 |
| 美国 | 3021415.00 | 2916.83 |
| 意大利 | 2332437.00 | 2476.09 |
| 法国 | 1890680.00 | 2046.39 |
| 西班牙 | 821687.00 | 1203.62 |
| 韩国 | 767204.00 | 1078.60 |
| 比利时 | 995560.00 | 1008.84 |
| 澳大利亚 | 847651.00 | 919.23 |
| 英国 | 873072.00 | 885.26 |
| 德国 | 558864.00 | 703.26 |
| 荷兰 | 498492.00 | 592.39 |
| 希腊 | 399117.00 | 513.98 |
| 以色列 | 276888.00 | 295.61 |
| 智利 | 126476.00 | 120.61 |
| 克罗地亚 | 103352.00 | 103.50 |
| 斯洛文尼亚 | 83065.00 | 76.54 |
| 加拿大 | 81060.00 | 75.53 |
| 瑞士 | 48141.00 | 52.05 |
| 爱尔兰 | 21920.00 | 46.44 |
| 塞浦路斯 | 43310.00 | 40.74 |
| 波兰 | 36692.00 | 36.72 |
| 保加利亚 | 8521.00 | 27.18 |
| 丹麦 | 19680.00 | 27.15 |
| 波多黎各 | 31328.00 | 24.72 |
| 爱沙尼亚 | 25582.00 | 23.90 |
| 罗马尼亚 | 19120.00 | 23.88 |
| 哥伦比亚 | 15229.00 | 19.78 |
| 拉脱维亚 | 15376.00 | 19.64 |
| 新西兰 | 14145.00 | 16.43 |
| 巴西 | 9357.00 | 13.37 |
| 哥斯达黎加 | 13720.00 | 12.46 |
| 黑山 | 8340.00 | 12.44 |
| 阿根廷 | 12480.00 | 11.29 |
| 黎巴嫩 | 9201.00 | 8.61 |
| 南非 | 7500.00 | 7.40 |
| 瑞典 | 5720.00 | 7.34 |
| 芬兰 | 6394.00 | 6.04 |
| 法属波利尼西亚 | 4920.00 | 5.72 |
| 乌拉圭 | 5346.00 | 5.65 |
| 新喀里多尼亚 | 3184.00 | 5.01 |

(续)

| 国家/地区 | 出口数量(千克) | 出口金额(千美元) |
| --- | --- | --- |
| 泰国 | 2740.00 | 4.09 |
| 新加坡 | 3139.00 | 3.54 |
| 马来西亚 | 1500.00 | 2.59 |
| 捷克 | 1258.00 | 2.02 |
| 瓜德罗普 | 1830.00 | 1.64 |
| 法属圭亚那 | 708.00 | 0.69 |
| 马提尼克 | 263.00 | 0.26 |
| 中国香港 | 15.00 | 0.03 |
| 46012929 芦苇制的席子、席料 | | |
| 合计 | 5514155.00 | 4365.49 |
| 荷兰 | 4391011.00 | 3464.39 |
| 德国 | 692750.00 | 640.57 |
| 法国 | 203240.00 | 201.21 |
| 丹麦 | 225500.00 | 54.82 |
| 加拿大 | 1170.00 | 2.57 |
| 俄罗斯 | 244.00 | 0.89 |
| 英国 | 225.00 | 0.79 |
| 中国澳门 | 15.00 | 0.24 |
| 46012990 其他植物材料制的席子、席料及帘子 | | |
| 合计 | 8922283.00 | 23631.88 |
| 美国 | 663936.00 | 6286.12 |
| 西班牙 | 3255705.00 | 6076.41 |
| 法国 | 1294620.00 | 2199.31 |
| 墨西哥 | 196995.00 | 2176.02 |
| 荷兰 | 803626.00 | 1383.38 |
| 印度 | 170354.00 | 1063.97 |
| 比利时 | 904284.00 | 987.55 |
| 英国 | 512361.00 | 687.42 |
| 波兰 | 108302.00 | 317.34 |
| 希腊 | 141069.00 | 305.73 |
| 德国 | 121679.00 | 215.44 |
| 以色列 | 166208.00 | 211.53 |
| 澳大利亚 | 40326.00 | 167.07 |
| 俄罗斯 | 70583.00 | 150.78 |
| 阿联酋 | 17875.00 | 136.02 |
| 日本 | 37286.00 | 120.83 |
| 阿根廷 | 28870.00 | 108.07 |
| 秘鲁 | 11116.00 | 92.88 |
| 意大利 | 59613.00 | 85.65 |
| 智利 | 20461.00 | 69.37 |
| 泰国 | 10226.00 | 68.37 |
| 中国台澎金马关税区 | 18657.00 | 63.44 |
| 加拿大 | 26655.00 | 56.63 |

(续)

| 国家/地区 | 出口数量(千克) | 出口金额(千美元) |
| --- | --- | --- |
| 韩国 | 2478.00 | 55.26 |
| 罗马尼亚 | 9073.00 | 50.28 |
| 越南 | 15800.00 | 49.61 |
| 塞浦路斯 | 45098.00 | 45.79 |
| 立陶宛 | 20025.00 | 45.22 |
| 哥伦比亚 | 4455.00 | 34.78 |
| 中国香港 | 2905.00 | 31.89 |
| 挪威 | 12200.00 | 27.69 |
| 丹麦 | 21550.00 | 22.75 |
| 瑞典 | 14820.00 | 22.18 |
| 南非 | 26300.00 | 22.15 |
| 克罗地亚 | 8827.00 | 17.12 |
| 乌拉圭 | 1400.00 | 16.60 |
| 斯里兰卡 | 1533.00 | 15.56 |
| 加纳 | 4318.00 | 15.55 |
| 哥斯达黎加 | 1470.00 | 15.07 |
| 保加利亚 | 4560.00 | 14.88 |
| 印度尼西亚 | 1296.00 | 12.72 |
| 玻利维亚 | 3906.00 | 12.71 |
| 新加坡 | 2759.00 | 11.78 |
| 摩洛哥 | 12000.00 | 11.67 |
| 沙特阿拉伯 | 1596.00 | 9.58 |
| 巴基斯坦 | 1221.00 | 7.17 |
| 瑞士 | 1848.00 | 6.55 |
| 黎巴嫩 | 9015.00 | 6.14 |
| 爱尔兰 | 6500.00 | 5.77 |
| 巴拿马 | 510.00 | 5.40 |
| 菲律宾 | 325.00 | 4.50 |
| 阿曼 | 514.00 | 1.56 |
| 拉脱维亚 | 850.00 | 0.95 |
| 新西兰 | 240.00 | 0.76 |
| 瓜德罗普 | 610.00 | 0.74 |
| 坦桑尼亚 | 240.00 | 0.70 |
| 瓦努阿图 | 40.00 | 0.65 |
| 新喀里多尼亚 | 244.00 | 0.30 |
| 巴西 | 50.00 | 0.20 |
| 牙买加 | 560.00 | 0.16 |
| 塞拉利昂 | 140.00 | 0.15 |
| 利比里亚 | 200.00 | 0.04 |
| 46019210 竹制的缏条及类似产品,不论是否缝合成宽条 | | |
| 合计 | 635886.00 | 1374.45 |
| 西班牙 | 225881.00 | 358.06 |
| 中国台澎金马关税区 | 114334.00 | 351.14 |

(续)

| 国家/地区 | 出口数量(千克) | 出口金额(千美元) |
| --- | --- | --- |
| 日本 | 115097.00 | 298.05 |
| 荷兰 | 43866.00 | 185.12 |
| 韩国 | 39676.00 | 42.84 |
| 比利时 | 30981.00 | 37.62 |
| 意大利 | 21889.00 | 34.89 |
| 美国 | 14832.00 | 27.06 |
| 法国 | 18961.00 | 22.26 |
| 乌克兰 | 5000.00 | 5.00 |
| 中国香港 | 48.00 | 3.84 |
| 波兰 | 2301.00 | 2.46 |
| 德国 | 618.00 | 2.37 |
| 加拿大 | 661.00 | 1.92 |
| 塞浦路斯 | 432.00 | 0.62 |
| 新加坡 | 516.00 | 0.53 |
| 巴西 | 124.00 | 0.45 |
| 缅甸 | 669.00 | 0.24 |
| 46019290 竹制其他平行连结或编结的产品 | | |
| 合计 | 14792160.00 | 38728.19 |
| 日本 | 987065.00 | 4085.09 |
| 意大利 | 1714739.00 | 3778.95 |
| 美国 | 1214156.00 | 3429.89 |
| 马来西亚 | 1016908.00 | 2601.23 |
| 阿联酋 | 461911.00 | 2278.36 |
| 英国 | 1109421.00 | 2113.01 |
| 韩国 | 667954.00 | 1988.18 |
| 荷兰 | 818692.00 | 1822.33 |
| 法国 | 1175342.00 | 1805.13 |
| 以色列 | 615671.00 | 1648.86 |
| 中国台澎金马关税区 | 543643.00 | 1616.42 |
| 澳大利亚 | 999849.00 | 1557.37 |
| 德国 | 548285.00 | 1270.28 |
| 西班牙 | 365796.00 | 1072.86 |
| 波兰 | 261817.00 | 845.74 |
| 新加坡 | 179166.00 | 610.63 |
| 俄罗斯 | 191721.00 | 571.94 |
| 巴西 | 138378.00 | 377.76 |
| 摩洛哥 | 85082.00 | 355.41 |
| 加拿大 | 140503.00 | 315.09 |
| 秘鲁 | 63300.00 | 301.57 |
| 比利时 | 165108.00 | 294.72 |
| 墨西哥 | 92282.00 | 273.78 |
| 希腊 | 143859.00 | 266.99 |
| 罗马尼亚 | 31781.00 | 256.13 |
| 智利 | 81110.00 | 244.44 |

（续）

| 国家/地区 | 出口数量（千克） | 出口金额（千美元） |
|---|---|---|
| 伊朗 | 43422.00 | 238.63 |
| 乌克兰 | 104289.00 | 206.29 |
| 印度 | 59258.00 | 204.20 |
| 印度尼西亚 | 73547.00 | 199.00 |
| 马耳他 | 48560.00 | 199.00 |
| 沙特阿拉伯 | 35411.00 | 161.32 |
| 巴基斯坦 | 16503.00 | 160.35 |
| 哥伦比亚 | 50627.00 | 150.00 |
| 斯洛文尼亚 | 63534.00 | 146.92 |
| 拉脱维亚 | 43513.00 | 129.26 |
| 新西兰 | 123342.00 | 128.76 |
| 巴拿马 | 32297.00 | 114.46 |
| 约旦 | 27473.00 | 98.93 |
| 葡萄牙 | 31189.00 | 96.85 |
| 立陶宛 | 20830.00 | 70.00 |
| 阿根廷 | 24712.00 | 69.42 |
| 泰国 | 11773.00 | 68.08 |
| 瑞典 | 42284.00 | 62.52 |
| 土耳其 | 18350.00 | 57.91 |
| 匈牙利 | 1492.00 | 57.28 |
| 南非 | 14881.00 | 51.37 |
| 埃及 | 9400.00 | 39.09 |
| 中国香港 | 12282.00 | 33.62 |
| 危地马拉 | 8120.00 | 28.60 |
| 新喀里多尼亚 | 7363.00 | 27.94 |
| 菲律宾 | 1081.00 | 23.86 |
| 奥地利 | 4074.00 | 15.49 |
| 丹麦 | 4414.00 | 14.65 |
| 巴林 | 6547.00 | 12.75 |
| 乌拉圭 | 5985.00 | 10.66 |
| 捷克 | 5057.00 | 10.63 |
| 斯里兰卡 | 2362.00 | 9.12 |
| 越南 | 2640.00 | 7.14 |
| 瓦努阿图 | 423.00 | 6.98 |
| 科特迪瓦 | 2572.00 | 5.63 |
| 马尔代夫 | 2220.00 | 5.40 |
| 留尼汪 | 10137.00 | 4.31 |
| 阿曼 | 1312.00 | 4.22 |
| 保加利亚 | 968.00 | 3.10 |
| 伊拉克 | 1900.00 | 2.85 |
| 斯洛伐克 | 567.00 | 2.57 |
| 毛里求斯 | 585.00 | 1.75 |
| 摩尔多瓦 | 300.00 | 1.01 |
| 瑞士 | 59.00 | 0.76 |

（续）

| 国家/地区 | 出口数量（千克） | 出口金额（千美元） |
|---|---|---|
| 芬兰 | 260.00 | 0.73 |
| 挪威 | 172.00 | 0.72 |
| 克罗地亚 | 153.00 | 0.69 |
| 塞内加尔 | 130.00 | 0.63 |
| 科威特 | 101.00 | 0.44 |
| 中国澳门 | 150.00 | 0.21 |
| 46019310 藤制的缏条及类似产品，不论是否缝合成宽条 | | |
| 合计 | 71258.00 | 983.50 |
| 德国 | 31555.00 | 333.57 |
| 巴西 | 7236.00 | 173.64 |
| 意大利 | 7627.00 | 154.27 |
| 日本 | 4116.00 | 151.61 |
| 西班牙 | 4967.00 | 52.31 |
| 阿根廷 | 791.00 | 21.40 |
| 中国台澎金马关税区 | 2544.00 | 15.46 |
| 波兰 | 967.00 | 14.16 |
| 英国 | 699.00 | 13.03 |
| 韩国 | 550.00 | 12.93 |
| 澳大利亚 | 1532.00 | 8.95 |
| 马来西亚 | 1085.00 | 7.87 |
| 土耳其 | 71.00 | 6.29 |
| 中国香港 | 2718.00 | 4.30 |
| 法国 | 61.00 | 3.41 |
| 斯洛文尼亚 | 679.00 | 3.40 |
| 泰国 | 1080.00 | 2.79 |
| 美国 | 2647.00 | 2.65 |
| 爱沙尼亚 | 45.00 | 0.55 |
| 新加坡 | 233.00 | 0.47 |
| 荷兰 | 55.00 | 0.46 |
| 46019390 藤制其他平行连结或编结的产品 | | |
| 合计 | 216207.00 | 711.58 |
| 德国 | 56434.00 | 254.06 |
| 西班牙 | 109118.00 | 138.42 |
| 巴拿马 | 3980.00 | 99.50 |
| 意大利 | 13079.00 | 72.65 |
| 美国 | 9477.00 | 26.99 |
| 日本 | 1898.00 | 25.54 |
| 法国 | 1666.00 | 14.99 |
| 加拿大 | 108.00 | 13.06 |
| 荷兰 | 2002.00 | 11.84 |
| 毛里求斯 | 378.00 | 9.26 |
| 墨西哥 | 1758.00 | 7.71 |
| 新加坡 | 2916.00 | 7.22 |

（续）

| 国家/地区 | 出口数量（千克） | 出口金额（千美元） |
|---|---|---|
| 中国香港 | 8078.00 | 6.96 |
| 阿联酋 | 1320.00 | 5.49 |
| 波兰 | 175.00 | 4.68 |
| 印度尼西亚 | 840.00 | 3.86 |
| 巴西 | 958.00 | 3.69 |
| 捷克 | 173.00 | 1.66 |
| 泰国 | 612.00 | 1.47 |
| 沙特阿拉伯 | 185.00 | 0.94 |
| 澳大利亚 | 287.00 | 0.62 |
| 厄瓜多尔 | 430.00 | 0.46 |
| 马来西亚 | 255.00 | 0.22 |
| 以色列 | 50.00 | 0.21 |
| 印度 | 30.00 | 0.07 |
| 46019491 未列名植物编结材料编成的缏条及类似产品 | | |
| 合计 | 68548.00 | 327.52 |
| 美国 | 8340.00 | 77.45 |
| 越南 | 10129.00 | 69.29 |
| 意大利 | 13461.00 | 54.53 |
| 秘鲁 | 720.00 | 34.19 |
| 朝鲜 | 11120.00 | 19.32 |
| 荷兰 | 3160.00 | 18.47 |
| 土耳其 | 2400.00 | 12.48 |
| 西班牙 | 1276.00 | 11.72 |
| 墨西哥 | 986.00 | 7.30 |
| 德国 | 3490.00 | 6.98 |
| 英国 | 2538.00 | 5.08 |
| 日本 | 85.00 | 3.02 |
| 中国香港 | 2570.00 | 2.24 |
| 沙特阿拉伯 | 888.00 | 1.15 |
| 丹麦 | 600.00 | 0.95 |
| 斯洛伐克 | 346.00 | 0.87 |
| 新加坡 | 2250.00 | 0.87 |
| 巴拿马 | 3620.00 | 0.72 |
| 澳大利亚 | 360.00 | 0.72 |
| 马来西亚 | 191.00 | 0.15 |
| 拉脱维亚 | 18.00 | 0.03 |
| 46019499 未列名植物编结材料制其他平行连结或编结品 | | |
| 合计 | 8115720.00 | 26846.58 |
| 法国 | 2051048.00 | 6222.10 |
| 西班牙 | 1772716.00 | 5670.32 |
| 英国 | 763342.00 | 2776.93 |
| 美国 | 414653.00 | 2201.31 |

(续)

| 国家/地区 | 出口数量（千克） | 出口金额（千美元） |
|---|---|---|
| 日本 | 365431.00 | 1962.90 |
| 比利时 | 582086.00 | 1823.63 |
| 荷兰 | 524621.00 | 1598.53 |
| 以色列 | 254257.00 | 1143.49 |
| 澳大利亚 | 409749.00 | 935.55 |
| 新西兰 | 312162.00 | 645.34 |
| 德国 | 256536.00 | 432.45 |
| 意大利 | 135401.00 | 422.25 |
| 波兰 | 32902.00 | 133.15 |
| 加拿大 | 30223.00 | 131.18 |
| 爱尔兰 | 16757.00 | 90.69 |
| 阿联酋 | 45953.00 | 85.37 |
| 韩国 | 25060.00 | 84.87 |
| 俄罗斯 | 27839.00 | 61.30 |
| 瑞典 | 9329.00 | 51.10 |
| 斯洛伐克 | 8090.00 | 43.08 |
| 毛里求斯 | 7650.00 | 34.75 |
| 土耳其 | 173.00 | 33.75 |
| 墨西哥 | 6486.00 | 25.39 |
| 芬兰 | 8220.00 | 23.76 |
| 新喀里多尼亚 | 6858.00 | 22.00 |
| 希腊 | 13808.00 | 21.82 |
| 巴基斯坦 | 800.00 | 18.01 |
| 哥斯达黎加 | 452.00 | 16.90 |
| 中国香港 | 1177.00 | 16.25 |
| 罗马尼亚 | 3104.00 | 14.95 |
| 沙特阿拉伯 | 3905.00 | 14.37 |
| 南非 | 3510.00 | 11.48 |
| 瑞士 | 3647.00 | 11.25 |
| 克罗地亚 | 5499.00 | 10.80 |
| 爱沙尼亚 | 1176.00 | 10.07 |
| 拉脱维亚 | 1376.00 | 6.90 |
| 丹麦 | 750.00 | 5.25 |
| 葡萄牙 | 574.00 | 5.16 |
| 肯尼亚 | 1350.00 | 4.83 |
| 泰国 | 514.00 | 4.68 |
| 挪威 | 450.00 | 3.90 |
| 智利 | 720.00 | 3.54 |
| 越南 | 3200.00 | 3.52 |
| 牙买加 | 652.00 | 3.26 |
| 中国台澎金马关税区 | 387.00 | 2.31 |
| 塞浦路斯 | 606.00 | 0.81 |
| 哥伦比亚 | 171.00 | 0.77 |
| 印度尼西亚 | 120.00 | 0.36 |

(续)

| 国家/地区 | 出口数量（千克） | 出口金额（千美元） |
|---|---|---|
| 约旦 | 230.00 | 0.21 |
| 46021100 竹制篮筐及其他编结品 | | |
| 合计 | 25579567.00 | 141672.08 |
| 美国 | 3437988.00 | 27385.98 |
| 日本 | 1726470.00 | 14578.41 |
| 马来西亚 | 1070872.00 | 10858.29 |
| 以色列 | 3448908.00 | 10298.93 |
| 意大利 | 2279141.00 | 8504.53 |
| 新加坡 | 1093344.00 | 7558.24 |
| 英国 | 1893459.00 | 7107.23 |
| 德国 | 1356027.00 | 6216.89 |
| 法国 | 1649583.00 | 5878.78 |
| 中国香港 | 855421.00 | 4991.16 |
| 荷兰 | 600281.00 | 3729.86 |
| 墨西哥 | 271404.00 | 3388.84 |
| 阿联酋 | 387413.00 | 2645.26 |
| 西班牙 | 440494.00 | 2485.72 |
| 加拿大 | 366926.00 | 2244.01 |
| 澳大利亚 | 531522.00 | 2187.67 |
| 俄罗斯 | 392833.00 | 2108.82 |
| 波兰 | 504486.00 | 2093.85 |
| 韩国 | 291595.00 | 2081.69 |
| 巴拿马 | 191264.00 | 1628.89 |
| 比利时 | 258930.00 | 1428.10 |
| 中国台澎金马关税区 | 357779.00 | 1347.85 |
| 土耳其 | 195404.00 | 891.46 |
| 葡萄牙 | 350846.00 | 861.01 |
| 沙特阿拉伯 | 104879.00 | 721.47 |
| 希腊 | 204769.00 | 649.08 |
| 南非 | 75506.00 | 589.98 |
| 阿根廷 | 81049.00 | 570.18 |
| 巴西 | 86065.00 | 480.00 |
| 智利 | 92483.00 | 460.24 |
| 泰国 | 33693.00 | 402.25 |
| 罗马尼亚 | 61182.00 | 374.96 |
| 丹麦 | 45962.00 | 365.01 |
| 拉脱维亚 | 37034.00 | 355.40 |
| 捷克 | 58850.00 | 286.81 |
| 斯洛文尼亚 | 93788.00 | 248.40 |
| 匈牙利 | 27582.00 | 220.62 |
| 科威特 | 22315.00 | 215.30 |
| 印度 | 45797.00 | 204.24 |
| 阿尔及利亚 | 26692.00 | 180.32 |
| 爱尔兰 | 18929.00 | 167.91 |

(续)

| 国家/地区 | 出口数量（千克） | 出口金额（千美元） |
|---|---|---|
| 菲律宾 | 34636.00 | 146.21 |
| 立陶宛 | 18491.00 | 138.10 |
| 吉布提 | 16750.00 | 130.65 |
| 瑞典 | 16696.00 | 124.99 |
| 克罗地亚 | 20873.00 | 110.10 |
| 多米尼加 | 19856.00 | 106.03 |
| 阿曼 | 9823.00 | 103.02 |
| 越南 | 6841.00 | 100.73 |
| 芬兰 | 20210.00 | 97.73 |
| 加纳 | 11760.00 | 92.90 |
| 尼日利亚 | 11476.00 | 79.26 |
| 乌拉圭 | 5031.00 | 78.03 |
| 利比亚 | 18781.00 | 77.65 |
| 哥伦比亚 | 13961.00 | 75.23 |
| 摩洛哥 | 21095.00 | 74.15 |
| 爱沙尼亚 | 19018.00 | 72.86 |
| 奥地利 | 13372.00 | 71.70 |
| 坦桑尼亚 | 9150.00 | 70.92 |
| 孟加拉国 | 1820.00 | 70.04 |
| 东帝汶 | 8950.00 | 69.81 |
| 埃及 | 17413.00 | 54.75 |
| 新西兰 | 8058.00 | 53.53 |
| 文莱 | 6667.00 | 51.99 |
| 秘鲁 | 8858.00 | 50.56 |
| 挪威 | 7105.00 | 50.45 |
| 乌克兰 | 12197.00 | 49.31 |
| 塞尔维亚 | 5821.00 | 47.54 |
| 中国澳门 | 20427.00 | 39.61 |
| 波多黎各 | 4430.00 | 38.54 |
| 斯洛伐克 | 8308.00 | 35.62 |
| 危地马拉 | 5423.00 | 34.13 |
| 黎巴嫩 | 23557.00 | 33.75 |
| 萨尔瓦多 | 4932.00 | 33.67 |
| 哥斯达黎加 | 4140.00 | 26.99 |
| 瑞士 | 2605.00 | 17.25 |
| 叙利亚 | 4585.00 | 13.77 |
| 马耳他 | 2877.00 | 12.83 |
| 白俄罗斯 | 2480.00 | 12.70 |
| 伊拉克 | 3173.00 | 11.01 |
| 洪都拉斯 | 1760.00 | 10.29 |
| 印度尼西亚 | 1398.00 | 10.11 |
| 尼加拉瓜 | 1368.00 | 8.44 |
| 哈萨克斯坦 | 1746.00 | 7.72 |
| 塞内加尔 | 547.00 | 7.51 |

（续）

| 国家/地区 | 出口数量（千克） | 出口金额（千美元） |
|---|---|---|
| 马尔代夫 | 37195.00 | 7.39 |
| 约旦 | 1575.00 | 6.90 |
| 保加利亚 | 799.00 | 6.36 |
| 突尼斯 | 1242.00 | 6.10 |
| 埃塞俄比亚 | 900.00 | 5.99 |
| 卡塔尔 | 1035.00 | 5.64 |
| 巴布亚新几内亚 | 952.00 | 5.20 |
| 格鲁吉亚 | 173.00 | 4.87 |
| 斯里兰卡 | 820.00 | 4.59 |
| 肯尼亚 | 902.00 | 3.81 |
| 黑山 | 920.00 | 3.68 |
| 伊朗 | 1168.00 | 2.95 |
| 厄瓜多尔 | 1456.00 | 2.60 |
| 牙买加 | 900.00 | 2.60 |
| 乌兹别克斯坦 | 26.00 | 1.26 |
| 苏丹 | 1150.00 | 1.25 |
| 塞舌尔 | 71.00 | 1.12 |
| 科特迪瓦 | 82.00 | 0.62 |
| 毛里求斯 | 110.00 | 0.41 |
| 喀麦隆 | 45.00 | 0.34 |
| 刚果(金) | 45.00 | 0.34 |
| 马里 | 38.00 | 0.28 |
| 贝宁 | 38.00 | 0.28 |
| 摩纳哥 | 2.00 | 0.25 |
| 赞比亚 | 31.00 | 0.22 |
| 刚果(布) | 26.00 | 0.20 |
| 瓦努阿图 | 78.00 | 0.18 |
| 新喀里多尼亚 | 50.00 | 0.16 |
| 尼泊尔 | 50.00 | 0.16 |
| 柬埔寨 | 40.00 | 0.15 |
| 卢森堡 | 42.00 | 0.14 |
| 冰岛 | 10.00 | 0.13 |
| 巴林 | 31.00 | 0.09 |
| 蒙古 | 120.00 | 0.02 |
| 莫桑比克 | 15.00 | 0.01 |
| 46021200 藤制篮筐及其他编结品 | | |
| 合计 | 8260803.00 | 62189.93 |
| 美国 | 1548190.00 | 16111.02 |
| 荷兰 | 1124436.00 | 8404.07 |
| 英国 | 2237938.00 | 7463.19 |
| 德国 | 863485.00 | 7300.71 |
| 新加坡 | 248971.00 | 3471.65 |
| 日本 | 307011.00 | 3383.25 |
| 马来西亚 | 262267.00 | 2458.82 |

（续）

| 国家/地区 | 出口数量（千克） | 出口金额（千美元） |
|---|---|---|
| 巴拿马 | 60044.00 | 1044.54 |
| 波兰 | 113281.00 | 1012.99 |
| 加拿大 | 148672.00 | 1000.58 |
| 比利时 | 145918.00 | 958.51 |
| 西班牙 | 84567.00 | 847.85 |
| 希腊 | 40791.00 | 839.21 |
| 法国 | 61834.00 | 755.70 |
| 阿联酋 | 35029.00 | 690.89 |
| 澳大利亚 | 134965.00 | 653.07 |
| 墨西哥 | 82325.00 | 532.36 |
| 意大利 | 52906.00 | 524.39 |
| 爱尔兰 | 96095.00 | 382.98 |
| 韩国 | 38007.00 | 342.32 |
| 中国香港 | 46220.00 | 305.61 |
| 俄罗斯 | 32508.00 | 281.94 |
| 阿根廷 | 29941.00 | 261.39 |
| 丹麦 | 32729.00 | 241.87 |
| 中国台澎金马关税区 | 41962.00 | 217.42 |
| 土耳其 | 45958.00 | 211.78 |
| 瑞典 | 20082.00 | 201.34 |
| 波多黎各 | 10779.00 | 195.27 |
| 沙特阿拉伯 | 41209.00 | 162.61 |
| 巴西 | 11427.00 | 154.86 |
| 泰国 | 19831.00 | 131.79 |
| 立陶宛 | 12043.00 | 113.15 |
| 印度 | 20859.00 | 97.98 |
| 南非 | 9431.00 | 94.36 |
| 斯洛文尼亚 | 10447.00 | 72.54 |
| 挪威 | 8681.00 | 71.47 |
| 厄瓜多尔 | 6189.00 | 70.97 |
| 新西兰 | 9648.00 | 67.56 |
| 葡萄牙 | 6984.00 | 66.93 |
| 芬兰 | 8809.00 | 63.03 |
| 克罗地亚 | 9860.00 | 62.67 |
| 智利 | 6711.00 | 60.69 |
| 瑞士 | 7760.00 | 54.74 |
| 哥伦比亚 | 3002.00 | 52.07 |
| 文莱 | 5642.00 | 51.75 |
| 以色列 | 11269.00 | 50.94 |
| 柬埔寨 | 3550.00 | 49.70 |
| 保加利亚 | 2658.00 | 47.23 |
| 奥地利 | 5004.00 | 42.42 |
| 多米尼加 | 4276.00 | 38.15 |
| 秘鲁 | 2844.00 | 37.61 |

（续）

| 国家/地区 | 出口数量（千克） | 出口金额（千美元） |
|---|---|---|
| 伊拉克 | 9537.00 | 36.16 |
| 乌拉圭 | 3681.00 | 35.28 |
| 匈牙利 | 4868.00 | 30.15 |
| 危地马拉 | 2432.00 | 28.30 |
| 伊朗 | 6106.00 | 24.21 |
| 科威特 | 6650.00 | 23.23 |
| 巴基斯坦 | 2759.00 | 15.14 |
| 捷克 | 2023.00 | 14.42 |
| 苏丹 | 10773.00 | 14.36 |
| 黎巴嫩 | 5557.00 | 13.11 |
| 留尼汪 | 2302.00 | 10.83 |
| 哈萨克斯坦 | 1982.00 | 10.11 |
| 坦桑尼亚 | 2400.00 | 10.08 |
| 哥斯达黎加 | 1187.00 | 10.08 |
| 摩洛哥 | 2328.00 | 10.05 |
| 约旦 | 1429.00 | 9.84 |
| 印度尼西亚 | 1590.00 | 9.13 |
| 埃及 | 1960.00 | 8.28 |
| 巴拉圭 | 347.00 | 7.68 |
| 巴林 | 1420.00 | 6.89 |
| 白俄罗斯 | 504.00 | 6.41 |
| 斯洛伐克 | 2329.00 | 6.33 |
| 拉脱维亚 | 759.00 | 5.51 |
| 新喀里多尼亚 | 1575.00 | 5.47 |
| 爱沙尼亚 | 421.00 | 4.38 |
| 越南 | 1465.00 | 4.38 |
| 斯里兰卡 | 1900.00 | 3.71 |
| 塞舌尔 | 1600.00 | 3.57 |
| 阿曼 | 545.00 | 2.36 |
| 马耳他 | 156.00 | 2.08 |
| 黑山 | 720.00 | 1.53 |
| 特立尼达和多巴哥 | 501.00 | 1.44 |
| 塞浦路斯 | 214.00 | 1.10 |
| 中国澳门 | 425.00 | 0.90 |
| 安哥拉 | 180.00 | 0.75 |
| 塞尔维亚 | 83.00 | 0.54 |
| 罗马尼亚 | 221.00 | 0.50 |
| 菲律宾 | 93.00 | 0.48 |
| 乌兹别克斯坦 | 407.00 | 0.41 |
| 乌克兰 | 73.00 | 0.29 |
| 多米尼克 | 21.00 | 0.23 |
| 海地 | 205.00 | 0.20 |
| 斐济 | 30.00 | 0.12 |
| 46021910 草制篮筐及其他编结品 | | |

（续）

| 国家/地区 | 出口数量（千克） | 出口金额（千美元） |
|---|---|---|
| 合计 | 16011351.00 | 116123.98 |
| 美国 | 5379508.00 | 39699.59 |
| 日本 | 2251461.00 | 16859.63 |
| 德国 | 1202064.00 | 7453.46 |
| 英国 | 1503920.00 | 6555.22 |
| 墨西哥 | 364107.00 | 4817.99 |
| 荷兰 | 888149.00 | 4701.65 |
| 西班牙 | 359416.00 | 3882.98 |
| 马来西亚 | 294167.00 | 3576.69 |
| 新加坡 | 206976.00 | 3553.97 |
| 意大利 | 489855.00 | 2975.54 |
| 法国 | 307990.00 | 2491.36 |
| 澳大利亚 | 282904.00 | 2328.08 |
| 加拿大 | 286057.00 | 2260.17 |
| 比利时 | 319437.00 | 1689.63 |
| 韩国 | 191804.00 | 1664.64 |
| 巴拿马 | 73205.00 | 979.36 |
| 波兰 | 136309.00 | 868.89 |
| 阿联酋 | 76846.00 | 835.12 |
| 俄罗斯 | 93653.00 | 769.10 |
| 丹麦 | 77382.00 | 588.06 |
| 阿根廷 | 65934.00 | 517.63 |
| 中国台澎金马关税区 | 74428.00 | 513.28 |
| 芬兰 | 70855.00 | 485.19 |
| 瑞典 | 72974.00 | 467.46 |
| 新西兰 | 64249.00 | 422.33 |
| 土耳其 | 70430.00 | 372.95 |
| 斯里兰卡 | 6211.00 | 362.95 |
| 以色列 | 48687.00 | 345.86 |
| 泰国 | 27937.00 | 334.42 |
| 巴西 | 40660.00 | 324.48 |
| 伊朗 | 65697.00 | 321.28 |
| 克罗地亚 | 166987.00 | 303.16 |
| 葡萄牙 | 33257.00 | 270.86 |
| 挪威 | 32973.00 | 256.80 |
| 中国香港 | 19274.00 | 226.73 |
| 沙特阿拉伯 | 30888.00 | 203.82 |
| 希腊 | 55692.00 | 162.74 |
| 秘鲁 | 5928.00 | 152.56 |
| 斯洛文尼亚 | 18604.00 | 122.80 |
| 越南 | 53060.00 | 122.13 |
| 智利 | 26600.00 | 121.92 |
| 瑞士 | 13577.00 | 120.04 |
| 爱尔兰 | 21719.00 | 115.33 |

（续）

| 国家/地区 | 出口数量（千克） | 出口金额（千美元） |
|---|---|---|
| 捷克 | 8179.00 | 114.62 |
| 爱沙尼亚 | 9833.00 | 74.14 |
| 南非 | 13336.00 | 70.52 |
| 乌拉圭 | 7555.00 | 62.23 |
| 阿尔及利亚 | 4910.00 | 60.77 |
| 科威特 | 10565.00 | 59.56 |
| 印度 | 14689.00 | 54.64 |
| 拉脱维亚 | 10503.00 | 43.04 |
| 斯洛伐克 | 3090.00 | 32.01 |
| 奥地利 | 4833.00 | 31.91 |
| 卡塔尔 | 3341.00 | 26.18 |
| 多米尼加 | 2005.00 | 24.72 |
| 乌克兰 | 2980.00 | 22.37 |
| 伊拉克 | 2892.00 | 21.54 |
| 危地马拉 | 4316.00 | 21.23 |
| 黎巴嫩 | 3924.00 | 20.72 |
| 罗马尼亚 | 3195.00 | 20.69 |
| 尼日利亚 | 4100.00 | 18.72 |
| 菲律宾 | 3519.00 | 17.63 |
| 立陶宛 | 1249.00 | 14.86 |
| 哥斯达黎加 | 2246.00 | 14.66 |
| 巴基斯坦 | 2327.00 | 13.50 |
| 塞浦路斯 | 1179.00 | 13.20 |
| 哥伦比亚 | 1551.00 | 13.08 |
| 荷属安地列斯 | 1200.00 | 12.00 |
| 印度尼西亚 | 2029.00 | 10.97 |
| 埃及 | 2271.00 | 10.21 |
| 匈牙利 | 2386.00 | 6.23 |
| 塞尔维亚 | 1034.00 | 5.15 |
| 波多黎各 | 1052.00 | 3.52 |
| 厄瓜多尔 | 1472.00 | 2.34 |
| 冰岛 | 417.00 | 1.98 |
| 毛里求斯 | 408.00 | 1.94 |
| 白俄罗斯 | 181.00 | 1.85 |
| 格鲁吉亚 | 290.00 | 1.06 |
| 约旦 | 200.00 | 1.00 |
| 巴林 | 90.00 | 0.57 |
| 斐济 | 30.00 | 0.47 |
| 塞拉利昂 | 136.00 | 0.18 |
| 阿曼 | 6.00 | 0.12 |
| 马尔代夫 | 1.00 | 0.01 |
| 46021930 柳条制篮筐及其他编结品 | | |
| 合计 | 50474393.00 | 444691.81 |
| 美国 | 8139923.00 | 89191.74 |

（续）

| 国家/地区 | 出口数量（千克） | 出口金额（千美元） |
|---|---|---|
| 英国 | 6956278.00 | 54095.98 |
| 德国 | 4714934.00 | 40762.90 |
| 荷兰 | 5244460.00 | 39504.97 |
| 意大利 | 3837961.00 | 28781.89 |
| 波兰 | 2307611.00 | 23826.97 |
| 韩国 | 1623769.00 | 20053.08 |
| 西班牙 | 2297293.00 | 17272.26 |
| 法国 | 2460380.00 | 16346.48 |
| 泰国 | 936170.00 | 12362.09 |
| 日本 | 1315850.00 | 10086.49 |
| 加拿大 | 825950.00 | 9127.99 |
| 比利时 | 1264033.00 | 8306.30 |
| 俄罗斯 | 544110.00 | 5794.11 |
| 瑞典 | 807602.00 | 5688.29 |
| 南非 | 470235.00 | 4953.89 |
| 阿联酋 | 464805.00 | 4953.02 |
| 土耳其 | 461582.00 | 4429.44 |
| 澳大利亚 | 556222.00 | 4204.67 |
| 丹麦 | 510338.00 | 4107.73 |
| 希腊 | 509322.00 | 3741.57 |
| 挪威 | 534608.00 | 3418.24 |
| 沙特阿拉伯 | 252321.00 | 2221.27 |
| 捷克 | 211910.00 | 2016.61 |
| 以色列 | 221148.00 | 1824.00 |
| 墨西哥 | 228786.00 | 1815.10 |
| 爱尔兰 | 236695.00 | 1731.09 |
| 芬兰 | 200379.00 | 1660.55 |
| 印度 | 109690.00 | 1391.68 |
| 新西兰 | 128484.00 | 1339.13 |
| 匈牙利 | 118224.00 | 1316.79 |
| 中国香港 | 102118.00 | 1300.97 |
| 瑞士 | 215105.00 | 1222.35 |
| 拉脱维亚 | 87494.00 | 1097.04 |
| 马来西亚 | 99535.00 | 995.84 |
| 中国台澎金马关税区 | 71054.00 | 918.00 |
| 葡萄牙 | 91635.00 | 872.67 |
| 智利 | 88309.00 | 813.41 |
| 新加坡 | 102156.00 | 768.50 |
| 斯洛文尼亚 | 91240.00 | 733.13 |
| 哈萨克斯坦 | 38971.00 | 575.53 |
| 巴西 | 60541.00 | 557.58 |
| 多米尼加 | 43471.00 | 546.12 |
| 伊朗 | 42548.00 | 516.35 |
| 奥地利 | 52117.00 | 500.24 |

（续）

| 国家/地区 | 出口数量（千克） | 出口金额（千美元） |
|---|---|---|
| 科威特 | 75625.00 | 495.89 |
| 乌拉圭 | 33883.00 | 472.24 |
| 克罗地亚 | 59110.00 | 451.19 |
| 立陶宛 | 39981.00 | 404.18 |
| 罗马尼亚 | 45396.00 | 398.58 |
| 黎巴嫩 | 37807.00 | 384.50 |
| 巴拿马 | 28330.00 | 332.84 |
| 乌克兰 | 40011.00 | 331.36 |
| 阿根廷 | 42415.00 | 330.29 |
| 哥斯达黎加 | 25897.00 | 316.72 |
| 约旦 | 20010.00 | 264.09 |
| 爱沙尼亚 | 33028.00 | 254.00 |
| 塞浦路斯 | 22145.00 | 229.80 |
| 卡塔尔 | 38780.00 | 214.30 |
| 斯洛伐克 | 26712.00 | 187.15 |
| 摩洛哥 | 15896.00 | 185.89 |
| 保加利亚 | 16958.00 | 181.05 |
| 秘鲁 | 17892.00 | 175.84 |
| 哥伦比亚 | 25991.00 | 150.80 |
| 特立尼达和多巴哥 | 9607.00 | 140.72 |
| 阿尔及利亚 | 17650.00 | 114.98 |
| 白俄罗斯 | 8252.00 | 103.47 |
| 阿曼 | 9500.00 | 88.83 |
| 波多黎各 | 13155.00 | 85.45 |
| 伊拉克 | 6022.00 | 70.90 |
| 马耳他 | 7205.00 | 63.55 |
| 菲律宾 | 5684.00 | 46.46 |
| 冰岛 | 5757.00 | 46.29 |
| 越南 | 5218.00 | 44.00 |
| 危地马拉 | 4663.00 | 42.50 |
| 安道尔 | 2590.00 | 37.52 |
| 巴哈马 | 6990.00 | 35.73 |
| 塞舌尔 | 1764.00 | 35.68 |
| 格鲁吉亚 | 2092.00 | 22.61 |
| 尼日利亚 | 2320.00 | 21.51 |
| 塞尔维亚 | 2753.00 | 19.05 |
| 萨尔瓦多 | 3650.00 | 18.25 |
| 肯尼亚 | 2637.00 | 17.34 |
| 乌兹别克斯坦 | 4363.00 | 16.89 |
| 印度尼西亚 | 2818.00 | 15.49 |
| 厄瓜多尔 | 4201.00 | 14.75 |
| 埃及 | 4657.00 | 14.47 |
| 毛里求斯 | 2232.00 | 12.93 |
| 苏丹 | 5448.00 | 12.64 |

（续）

| 国家/地区 | 出口数量（千克） | 出口金额（千美元） |
|---|---|---|
| 巴林 | 1872.00 | 9.74 |
| 摩尔多瓦 | 1298.00 | 8.16 |
| 莫桑比克 | 1575.00 | 7.88 |
| 利比亚 | 2250.00 | 6.85 |
| 法属波利尼西亚 | 1024.00 | 4.59 |
| 留尼汪 | 260.00 | 2.19 |
| 斯里兰卡 | 285.00 | 1.54 |
| 玻利维亚 | 448.00 | 1.16 |
| 新喀里多尼亚 | 99.00 | 1.01 |
| 柬埔寨 | 83.00 | 0.47 |
| 马提尼克 | 17.00 | 0.40 |
| 法属圭亚那 | 17.00 | 0.40 |
| 圣卢西亚 | 138.00 | 0.30 |
| 瓜德罗普 | 50.00 | 0.19 |
| 蒙古 | 500.00 | 0.08 |
| 文莱 | 6.00 | 0.08 |
| 中非 | 4.00 | 0.02 |
| 塞拉利昂 | 5.00 | 0.01 |
| 46021990 其他植物材料制篮筐等编结品;丝瓜络制品 | | |
| 合计 | 13884264.00 | 111123.46 |
| 美国 | 3963921.00 | 35775.24 |
| 墨西哥 | 833202.00 | 11530.43 |
| 英国 | 1172381.00 | 6622.17 |
| 荷兰 | 1381288.00 | 6341.11 |
| 日本 | 601494.00 | 5789.64 |
| 德国 | 891696.00 | 5375.90 |
| 意大利 | 772062.00 | 4964.50 |
| 泰国 | 216336.00 | 3933.05 |
| 加拿大 | 383063.00 | 3684.96 |
| 西班牙 | 642258.00 | 3297.89 |
| 新加坡 | 199710.00 | 2700.14 |
| 巴拿马 | 208050.00 | 2105.14 |
| 法国 | 295424.00 | 2081.17 |
| 瑞典 | 242340.00 | 1589.59 |
| 波兰 | 223326.00 | 1474.08 |
| 韩国 | 118608.00 | 1283.70 |
| 澳大利亚 | 218512.00 | 1255.72 |
| 俄罗斯 | 112802.00 | 1090.14 |
| 比利时 | 233914.00 | 1053.65 |
| 南非 | 80559.00 | 988.67 |
| 丹麦 | 82592.00 | 838.89 |
| 以色列 | 128929.00 | 814.56 |
| 爱尔兰 | 61779.00 | 743.14 |

（续）

| 国家/地区 | 出口数量（千克） | 出口金额（千美元） |
|---|---|---|
| 土耳其 | 77743.00 | 591.19 |
| 阿联酋 | 79196.00 | 581.34 |
| 马来西亚 | 41673.00 | 533.70 |
| 希腊 | 129826.00 | 486.80 |
| 沙特阿拉伯 | 68343.00 | 448.12 |
| 中国香港 | 32026.00 | 301.82 |
| 挪威 | 34235.00 | 284.21 |
| 芬兰 | 9191.00 | 238.98 |
| 巴西 | 21468.00 | 166.95 |
| 新西兰 | 30271.00 | 161.40 |
| 斯洛文尼亚 | 19243.00 | 152.75 |
| 伊朗 | 11473.00 | 139.01 |
| 瑞士 | 23716.00 | 123.59 |
| 中国台澎金马关税区 | 15169.00 | 121.14 |
| 印度 | 10083.00 | 116.50 |
| 阿根廷 | 10297.00 | 114.31 |
| 葡萄牙 | 15153.00 | 105.72 |
| 乌克兰 | 9644.00 | 83.47 |
| 捷克 | 9713.00 | 81.03 |
| 智利 | 8803.00 | 80.62 |
| 哥斯达黎加 | 19840.00 | 76.28 |
| 摩洛哥 | 8279.00 | 59.44 |
| 黎巴嫩 | 12283.00 | 55.45 |
| 匈牙利 | 15790.00 | 47.93 |
| 秘鲁 | 3590.00 | 46.34 |
| 菲律宾 | 3016.00 | 42.82 |
| 中国澳门 | 7762.00 | 41.46 |
| 乌拉圭 | 6932.00 | 41.24 |
| 爱沙尼亚 | 6689.00 | 38.47 |
| 罗马尼亚 | 6352.00 | 36.27 |
| 阿尔及利亚 | 5780.00 | 35.68 |
| 印度尼西亚 | 3721.00 | 32.41 |
| 拉脱维亚 | 3390.00 | 31.70 |
| 哥伦比亚 | 2950.00 | 27.44 |
| 马耳他 | 4288.00 | 25.98 |
| 危地马拉 | 7135.00 | 24.20 |
| 牙买加 | 2262.00 | 22.71 |
| 毛里求斯 | 1230.00 | 20.01 |
| 奥地利 | 3845.00 | 19.60 |
| 越南 | 994.00 | 17.06 |
| 保加利亚 | 3208.00 | 13.77 |
| 立陶宛 | 3765.00 | 13.57 |
| 科威特 | 1957.00 | 13.10 |
| 塞浦路斯 | 2000.00 | 11.40 |

(续)

| 国家/地区 | 出口数量(千克) | 出口金额(千美元) |
| --- | --- | --- |
| 斯洛伐克 | 8650.00 | 10.85 |
| 利比亚 | 5508.00 | 9.81 |
| 冰岛 | 677.00 | 8.72 |
| 多米尼加 | 1420.00 | 7.54 |
| 萨尔瓦多 | 1472.00 | 7.26 |
| 也门 | 919.00 | 6.43 |
| 肯尼亚 | 1593.00 | 6.14 |
| 波多黎各 | 1298.00 | 4.89 |
| 洪都拉斯 | 1245.00 | 4.44 |
| 阿曼 | 439.00 | 4.36 |
| 白俄罗斯 | 276.00 | 2.80 |
| 克罗地亚 | 332.00 | 1.60 |
| 科特迪瓦 | 316.00 | 1.49 |
| 尼加拉瓜 | 403.00 | 1.48 |
| 塞内加尔 | 209.00 | 0.92 |
| 喀麦隆 | 139.00 | 0.62 |
| 刚果(金) | 139.00 | 0.62 |
| 留尼汪 | 114.00 | 0.54 |
| 刚果(布) | 123.00 | 0.53 |
| 朝鲜 | 80.00 | 0.41 |
| 马里 | 70.00 | 0.31 |
| 赞比亚 | 70.00 | 0.31 |
| 贝宁 | 70.00 | 0.31 |
| 卡塔尔 | 50.00 | 0.27 |
| 伊拉克 | 47.00 | 0.20 |
| 阿塞拜疆 | 22.00 | 0.12 |
| 瓜德罗普 | 7.00 | 0.05 |
| 法属圭亚那 | 6.00 | 0.04 |
| 47063000 其他纤维状纤维素竹浆 | | |
| 合计 | 3196382.00 | 2696.01 |
| 德国 | 1897766.00 | 1478.35 |
| 比利时 | 359305.00 | 359.31 |
| 美国 | 247764.00 | 237.88 |
| 日本 | 159200.00 | 142.38 |
| 中国台澎金马关税区 | 140303.00 | 118.12 |
| 澳大利亚 | 118800.00 | 115.62 |
| 印度 | 82132.00 | 84.48 |
| 泰国 | 51694.00 | 35.94 |
| 英国 | 39600.00 | 35.37 |
| 沙特阿拉伯 | 40000.00 | 27.11 |
| 土耳其 | 19800.00 | 22.71 |
| 芬兰 | 19825.00 | 18.99 |

(续)

| 国家/地区 | 出口数量(千克) | 出口金额(千美元) |
| --- | --- | --- |
| 瑞典 | 12211.00 | 7.65 |
| 中国香港 | 1982.00 | 5.95 |
| 韩国 | 5000.00 | 4.89 |
| 加拿大 | 1000.00 | 1.27 |
| 48236100 竹浆纸或纸板制的盘、碟、盆、杯及类似品 | | |
| 合计 | 2774792.00 | 8066.78 |
| 美国 | 1652701.00 | 3134.09 |
| 南非 | 108828.00 | 658.13 |
| 菲律宾 | 95417.00 | 372.29 |
| 沙特阿拉伯 | 99624.00 | 334.96 |
| 加拿大 | 100139.00 | 286.87 |
| 西班牙 | 47886.00 | 247.31 |
| 中国香港 | 76978.00 | 237.67 |
| 澳大利亚 | 54296.00 | 202.72 |
| 阿尔及利亚 | 27616.00 | 158.26 |
| 以色列 | 26375.00 | 149.80 |
| 马来西亚 | 26674.00 | 142.55 |
| 伊朗 | 22925.00 | 141.50 |
| 英国 | 21359.00 | 121.76 |
| 尼日利亚 | 22129.00 | 115.37 |
| 新加坡 | 21191.00 | 106.42 |
| 委内瑞拉 | 5200.00 | 98.80 |
| 约旦 | 56571.00 | 92.07 |
| 比利时 | 13757.00 | 80.69 |
| 斯里兰卡 | 10157.00 | 78.77 |
| 肯尼亚 | 18505.00 | 74.51 |
| 伊拉克 | 11768.00 | 72.79 |
| 瑞典 | 12628.00 | 59.02 |
| 巴基斯坦 | 10714.00 | 49.52 |
| 法国 | 6322.00 | 47.89 |
| 新西兰 | 12660.00 | 46.77 |
| 安哥拉 | 5337.00 | 45.71 |
| 中国台澎金马关税区 | 12290.00 | 43.57 |
| 巴西 | 9736.00 | 39.24 |
| 利比亚 | 6859.00 | 38.55 |
| 刚果(金) | 7154.00 | 37.53 |
| 黎巴嫩 | 4670.00 | 32.74 |
| 坦桑尼亚 | 9458.00 | 32.62 |
| 塔吉克斯坦 | 6380.00 | 31.33 |
| 印度 | 4087.00 | 30.14 |
| 土耳其 | 4160.00 | 30.13 |

(续)

| 国家/地区 | 出口数量(千克) | 出口金额(千美元) |
| --- | --- | --- |
| 特立尼达和多巴哥 | 3171.00 | 29.29 |
| 德国 | 17091.00 | 28.50 |
| 阿联酋 | 7980.00 | 26.68 |
| 意大利 | 6678.00 | 25.62 |
| 印度尼西亚 | 8375.00 | 25.39 |
| 越南 | 6402.00 | 25.17 |
| 科威特 | 5861.00 | 24.61 |
| 克罗地亚 | 3774.00 | 23.76 |
| 波多黎各 | 4297.00 | 23.42 |
| 阿曼 | 5400.00 | 22.68 |
| 斯洛文尼亚 | 3583.00 | 22.27 |
| 保加利亚 | 3707.00 | 21.86 |
| 俄罗斯 | 5670.00 | 19.51 |
| 塞浦路斯 | 4620.00 | 19.40 |
| 吉布提 | 4440.00 | 18.87 |
| 马尔代夫 | 1995.00 | 18.62 |
| 秘鲁 | 4778.00 | 18.38 |
| 日本 | 3770.00 | 16.73 |
| 智利 | 2632.00 | 15.93 |
| 圭亚那 | 2574.00 | 15.63 |
| 哈萨克斯坦 | 2200.00 | 15.40 |
| 加纳 | 4500.00 | 14.70 |
| 贝宁 | 3720.00 | 14.14 |
| 塞内加尔 | 3080.00 | 12.07 |
| 埃及 | 2190.00 | 11.02 |
| 斐济 | 2358.00 | 9.48 |
| 格鲁吉亚 | 1005.00 | 8.69 |
| 危地马拉 | 2121.00 | 7.45 |
| 洪都拉斯 | 1567.00 | 7.29 |
| 孟加拉国 | 1398.00 | 6.79 |
| 波兰 | 695.00 | 6.60 |
| 科特迪瓦 | 1282.00 | 6.11 |
| 巴拿马 | 1840.00 | 6.01 |
| 巴布亚新几内亚 | 384.00 | 3.33 |
| 荷兰 | 1173.00 | 3.16 |
| 哥伦比亚 | 583.00 | 3.11 |
| 厄瓜多尔 | 358.00 | 3.04 |
| 芬兰 | 492.00 | 2.32 |
| 希腊 | 773.00 | 2.28 |
| 丹麦 | 300.00 | 2.04 |
| 毛里求斯 | 178.00 | 1.53 |
| 巴林 | 296.00 | 1.33 |

（续）

| 国家/地区 | 出口数量（千克） | 出口金额（千美元） |
|---|---|---|
| 莫桑比克 | 361.00 | 0.72 |
| 罗马尼亚 | 108.00 | 0.61 |
| 多米尼加 | 216.00 | 0.61 |
| 中国澳门 | 200.00 | 0.60 |
| 喀麦隆 | 57.00 | 0.45 |
| 博茨瓦纳 | 165.00 | 0.43 |
| 阿尔巴尼亚 | 101.00 | 0.42 |
| 奥地利 | 117.00 | 0.23 |
| 蒙古 | 1450.00 | 0.17 |
| 汤加 | 42.00 | 0.14 |
| 墨西哥 | 85.00 | 0.11 |
| 布基纳法索 | 48.00 | 0.07 |
| 94015100 竹制或藤制的坐具 | | |
| 合计 | 2124297.00 | 12940.57 |
| 美国 | 582670.00 | 2096.56 |
| 波兰 | 99996.00 | 1050.88 |
| 意大利 | 79331.00 | 884.31 |
| 比利时 | 72818.00 | 873.09 |
| 新加坡 | 86066.00 | 852.49 |
| 澳大利亚 | 189399.00 | 777.36 |
| 德国 | 163839.00 | 617.16 |
| 韩国 | 74516.00 | 498.46 |
| 土耳其 | 28996.00 | 381.36 |
| 加拿大 | 69731.00 | 337.58 |
| 丹麦 | 72683.00 | 293.79 |
| 印度 | 23905.00 | 293.46 |
| 罗马尼亚 | 24591.00 | 284.88 |
| 英国 | 63350.00 | 271.75 |
| 爱沙尼亚 | 18571.00 | 263.10 |
| 以色列 | 19144.00 | 222.77 |
| 葡萄牙 | 17268.00 | 217.40 |
| 马来西亚 | 49017.00 | 201.67 |
| 中国台澎金马关税区 | 36888.00 | 200.11 |
| 荷兰 | 12981.00 | 192.66 |
| 芬兰 | 17077.00 | 166.14 |
| 新西兰 | 17301.00 | 165.54 |
| 日本 | 19301.00 | 141.38 |
| 俄罗斯 | 16514.00 | 124.52 |
| 菲律宾 | 19511.00 | 121.49 |
| 黑山 | 7980.00 | 105.80 |
| 挪威 | 13862.00 | 91.81 |
| 法国 | 25528.00 | 85.99 |

（续）

| 国家/地区 | 出口数量（千克） | 出口金额（千美元） |
|---|---|---|
| 西班牙 | 22544.00 | 79.33 |
| 沙特阿拉伯 | 26515.00 | 72.39 |
| 墨西哥 | 19915.00 | 62.65 |
| 巴西 | 6415.00 | 56.21 |
| 希腊 | 5236.00 | 50.91 |
| 立陶宛 | 5936.00 | 48.38 |
| 泰国 | 10997.00 | 48.34 |
| 巴林 | 3575.00 | 46.38 |
| 巴拿马 | 4651.00 | 45.29 |
| 克罗地亚 | 4185.00 | 44.51 |
| 约旦 | 4037.00 | 37.44 |
| 伊朗 | 2207.00 | 36.83 |
| 中国香港 | 6657.00 | 36.24 |
| 伊拉克 | 6815.00 | 36.00 |
| 塞内加尔 | 1655.00 | 30.16 |
| 秘鲁 | 1136.00 | 28.74 |
| 毛里求斯 | 3221.00 | 28.49 |
| 瑞典 | 7708.00 | 28.24 |
| 孟加拉国 | 1322.00 | 27.40 |
| 阿联酋 | 3352.00 | 27.24 |
| 斯里兰卡 | 4830.00 | 27.04 |
| 捷克 | 1815.00 | 25.15 |
| 黎巴嫩 | 5867.00 | 21.32 |
| 尼日利亚 | 3924.00 | 21.19 |
| 阿根廷 | 6974.00 | 19.92 |
| 索马里 | 2220.00 | 11.99 |
| 安哥拉 | 2195.00 | 11.67 |
| 海地 | 726.00 | 11.64 |
| 阿曼 | 1685.00 | 9.21 |
| 智利 | 1772.00 | 8.56 |
| 巴巴多斯 | 2156.00 | 8.02 |
| 哥伦比亚 | 1463.00 | 7.93 |
| 巴哈马 | 219.00 | 6.11 |
| 乌兹别克斯坦 | 2338.00 | 6.02 |
| 南非 | 1218.00 | 5.68 |
| 中国澳门 | 1230.00 | 5.42 |
| 博茨瓦纳 | 1680.00 | 4.90 |
| 印度尼西亚 | 775.00 | 4.87 |
| 乌拉圭 | 1244.00 | 3.84 |
| 留尼汪 | 1100.00 | 3.79 |
| 荷属安地列斯 | 470.00 | 3.72 |
| 卡塔尔 | 570.00 | 3.50 |

（续）

| 国家/地区 | 出口数量（千克） | 出口金额（千美元） |
|---|---|---|
| 巴布亚新几内亚 | 783.00 | 2.73 |
| 科威特 | 973.00 | 2.67 |
| 朝鲜 | 920.00 | 2.63 |
| 加纳 | 503.00 | 1.87 |
| 格鲁吉亚 | 295.00 | 1.86 |
| 拉脱维亚 | 135.00 | 1.64 |
| 文莱 | 445.00 | 1.59 |
| 爱尔兰 | 179.00 | 1.35 |
| 哈萨克斯坦 | 45.00 | 1.30 |
| 埃及 | 160.00 | 1.27 |
| 蒙古 | 1033.00 | 1.17 |
| 坦桑尼亚 | 253.00 | 1.07 |
| 也门 | 600.00 | 0.99 |
| 肯尼亚 | 75.00 | 0.59 |
| 马达加斯加 | 112.00 | 0.32 |
| 科特迪瓦 | 77.00 | 0.32 |
| 斐济 | 14.00 | 0.30 |
| 奥地利 | 120.00 | 0.22 |
| 马拉维 | 25.00 | 0.20 |
| 苏丹 | 135.00 | 0.18 |
| 贝宁 | 21.00 | 0.10 |
| 莫桑比克 | 10.00 | 0.04 |
| 94015900 柳条及类似材料制的坐具 | | |
| 合计 | 210877.00 | 719.40 |
| 美国 | 95429.00 | 284.14 |
| 丹麦 | 8100.00 | 79.65 |
| 伊朗 | 26256.00 | 51.85 |
| 韩国 | 12445.00 | 45.67 |
| 新加坡 | 4342.00 | 39.65 |
| 新西兰 | 5778.00 | 33.55 |
| 匈牙利 | 7841.00 | 21.09 |
| 西班牙 | 6974.00 | 21.00 |
| 德国 | 6052.00 | 20.37 |
| 朝鲜 | 10787.00 | 15.98 |
| 中国台澎金马关税区 | 4171.00 | 15.85 |
| 阿联酋 | 5573.00 | 14.85 |
| 澳大利亚 | 3842.00 | 14.78 |
| 英国 | 1032.00 | 13.86 |
| 泰国 | 2174.00 | 8.32 |
| 荷兰 | 2338.00 | 6.24 |
| 比利时 | 961.00 | 5.20 |
| 中国香港 | 1205.00 | 4.63 |

(续)

| 国家/地区 | 出口数量(千克) | 出口金额(千美元) |
|---|---|---|
| 印度尼西亚 | 1201.00 | 4.62 |
| 芬兰 | 954.00 | 4.37 |
| 法国 | 810.00 | 3.60 |
| 乌拉圭 | 1180.00 | 3.09 |
| 苏丹 | 240.00 | 2.79 |
| 乌兹别克斯坦 | 777.00 | 2.72 |
| 安哥拉 | 257.00 | 0.91 |
| 意大利 | 58.00 | 0.60 |
| 加拿大 | 100.00 | 0.03 |
| 94038100 竹制或藤制家具 | | |
| 合计 | 22127208.00 | 74591.07 |
| 美国 | 6979655.00 | 21789.42 |
| 德国 | 4344555.00 | 16645.20 |
| 英国 | 1128856.00 | 3872.24 |
| 荷兰 | 1260684.00 | 3497.78 |
| 澳大利亚 | 1136902.00 | 3284.72 |
| 韩国 | 785747.00 | 3031.57 |
| 法国 | 972067.00 | 2909.79 |
| 新加坡 | 273712.00 | 1906.42 |
| 意大利 | 565074.00 | 1898.40 |
| 日本 | 352153.00 | 1852.90 |
| 西班牙 | 420204.00 | 1198.49 |
| 瑞典 | 462082.00 | 1172.49 |
| 马来西亚 | 140835.00 | 1072.86 |
| 比利时 | 346046.00 | 1056.33 |
| 丹麦 | 328474.00 | 945.57 |
| 中国台澎金马关税区 | 223260.00 | 820.36 |
| 波兰 | 346226.00 | 785.31 |
| 加拿大 | 262849.00 | 783.46 |
| 新西兰 | 214105.00 | 603.33 |
| 中国香港 | 137842.00 | 581.20 |
| 阿联酋 | 170817.00 | 561.71 |
| 奥地利 | 153941.00 | 483.21 |
| 墨西哥 | 135028.00 | 413.36 |
| 斯洛文尼亚 | 129779.00 | 404.11 |
| 俄罗斯 | 101362.00 | 401.00 |
| 沙特阿拉伯 | 131830.00 | 392.95 |
| 泰国 | 98409.00 | 386.18 |
| 葡萄牙 | 63627.00 | 224.53 |
| 以色列 | 56460.00 | 137.69 |
| 挪威 | 40701.00 | 118.43 |
| 智利 | 26273.00 | 108.06 |

(续)

| 国家/地区 | 出口数量(千克) | 出口金额(千美元) |
|---|---|---|
| 捷克 | 31039.00 | 107.70 |
| 南非 | 29070.00 | 99.17 |
| 秘鲁 | 17241.00 | 83.10 |
| 伊拉克 | 17270.00 | 79.99 |
| 印度 | 21709.00 | 70.09 |
| 芬兰 | 15078.00 | 64.15 |
| 巴拿马 | 7348.00 | 63.26 |
| 希腊 | 8744.00 | 45.19 |
| 巴西 | 10226.00 | 44.33 |
| 黎巴嫩 | 6977.00 | 40.79 |
| 罗马尼亚 | 12338.00 | 37.96 |
| 土耳其 | 9690.00 | 34.69 |
| 爱尔兰 | 7575.00 | 31.75 |
| 坦桑尼亚 | 4608.00 | 31.10 |
| 斯里兰卡 | 6212.00 | 29.71 |
| 印度尼西亚 | 6395.00 | 27.36 |
| 瑞士 | 15424.00 | 27.26 |
| 菲律宾 | 7287.00 | 25.99 |
| 波多黎各 | 9372.00 | 25.70 |
| 巴巴多斯 | 7644.00 | 19.49 |
| 爱沙尼亚 | 7000.00 | 19.00 |
| 立陶宛 | 5990.00 | 18.51 |
| 阿曼 | 4911.00 | 18.11 |
| 阿根廷 | 3578.00 | 17.02 |
| 塞内加尔 | 4278.00 | 14.24 |
| 斯洛伐克 | 3246.00 | 13.83 |
| 约旦 | 3525.00 | 13.32 |
| 尼泊尔 | 1823.00 | 11.44 |
| 伊朗 | 1080.00 | 8.94 |
| 科特迪瓦 | 2561.00 | 8.37 |
| 文莱 | 2385.00 | 8.16 |
| 斐济 | 16635.00 | 7.88 |
| 哈萨克斯坦 | 1015.00 | 7.76 |
| 多米尼加 | 2085.00 | 7.01 |
| 安哥拉 | 2092.00 | 6.75 |
| 刚果(金) | 2137.00 | 6.49 |
| 加纳 | 1463.00 | 6.45 |
| 朝鲜 | 1250.00 | 6.00 |
| 荷属安地列斯 | 1152.00 | 5.76 |
| 乌拉圭 | 1517.00 | 5.23 |
| 毛里求斯 | 813.00 | 5.15 |
| 哥伦比亚 | 1300.00 | 5.13 |

(续)

| 国家/地区 | 出口数量(千克) | 出口金额(千美元) |
|---|---|---|
| 哥斯达黎加 | 825.00 | 5.10 |
| 巴林 | 2304.00 | 4.92 |
| 刚果(布) | 1376.00 | 4.88 |
| 科威特 | 1791.00 | 3.84 |
| 乌克兰 | 1053.00 | 3.17 |
| 克罗地亚 | 964.00 | 2.98 |
| 贝宁 | 782.00 | 2.55 |
| 乌兹别克斯坦 | 908.00 | 2.38 |
| 厄瓜多尔 | 599.00 | 2.08 |
| 塞浦路斯 | 480.00 | 1.88 |
| 尼日利亚 | 144.00 | 1.73 |
| 中国澳门 | 1635.00 | 1.72 |
| 留尼汪 | 364.00 | 1.29 |
| 瓦努阿图 | 68.00 | 0.90 |
| 格鲁吉亚 | 47.00 | 0.72 |
| 埃塞俄比亚 | 86.00 | 0.71 |
| 不丹 | 129.00 | 0.70 |
| 蒙古 | 860.00 | 0.54 |
| 孟加拉国 | 100.00 | 0.48 |
| 苏丹 | 55.00 | 0.12 |
| 94038910 柳条及类似材料制家具 | | |
| 合计 | 308183.00 | 2593.03 |
| 英国 | 63980.00 | 771.14 |
| 美国 | 124715.00 | 753.73 |
| 意大利 | 25912.00 | 292.28 |
| 新加坡 | 19051.00 | 247.66 |
| 墨西哥 | 12560.00 | 165.53 |
| 德国 | 29016.00 | 155.98 |
| 西班牙 | 13706.00 | 57.95 |
| 黎巴嫩 | 1769.00 | 52.00 |
| 日本 | 7994.00 | 49.99 |
| 科威特 | 3366.00 | 14.08 |
| 阿根廷 | 1501.00 | 11.63 |
| 澳大利亚 | 723.00 | 5.66 |
| 保加利亚 | 1668.00 | 5.41 |
| 新西兰 | 280.00 | 3.84 |
| 克罗地亚 | 812.00 | 2.63 |
| 加拿大 | 332.00 | 1.17 |
| 比利时 | 256.00 | 1.14 |
| 拉脱维亚 | 502.00 | 1.09 |
| 韩国 | 40.00 | 0.12 |

## 竹藤进口量值表

| 国家/地区 | 进口数量（千克） | 进口金额（千美元） |
|---|---|---|
| 44021000 竹炭，不论是否结块 | | |
| 合计 | 136876.00 | 274.44 |
| 韩国 | 128071.00 | 165.36 |
| 中国台澎金马关税区 | 6901.00 | 87.62 |
| 日本 | 600.00 | 18.34 |
| 中国 | 1304.00 | 3.05 |
| 英国 | 0.00 | 0.07 |
| 44092110 任何一边、端或面制成连续形状的竹地板条块 | | |
| 合计 | 64620.00 | 35.84 |
| 澳大利亚 | 63852.00 | 31.58 |
| 中国 | 647.00 | 3.69 |
| 中国香港 | 61.00 | 0.39 |
| 德国 | 60.00 | 0.18 |
| 44092190 其他任何一边、端或面制成连续形状的竹材 | | |
| 合计 | 11.00 | 0.05 |
| 英国 | 11.00 | 0.05 |
| 44121019 其他薄板制竹胶板单板饰面板多层板，厚≤6mm | | |
| 合计 | 107376.00 | 234.05 |
| 意大利 | 20770.00 | 60.89 |
| 瑞士 | 2770.00 | 42.79 |
| 美国 | 5672.00 | 40.14 |
| 印度尼西亚 | 46560.00 | 35.22 |
| 中国台澎金马关税区 | 15642.00 | 21.03 |
| 芬兰 | 1675.00 | 17.59 |
| 日本 | 281.00 | 6.93 |
| 中国 | 330.00 | 5.19 |
| 俄罗斯 | 1198.00 | 1.93 |
| 德国 | 8750.00 | 0.97 |
| 新加坡 | 148.00 | 0.65 |
| 印度 | 80.00 | 0.58 |
| 波兰 | 3500.00 | 0.16 |
| 44121099 其他竹制胶合板、单板饰面板及类似的多层板 | | |
| 合计 | 17.00 | 4.74 |
| 美国 | 10.00 | 2.61 |
| 中国 | 7.00 | 2.13 |
| 44187210 其他多层已装拼的竹地板 | | |
| 合计 | 14400.00 | 10.96 |
| 澳大利亚 | 14400.00 | 10.96 |

（续）

| 国家/地区 | 进口数量（千克） | 进口金额（千美元） |
|---|---|---|
| 44190032 竹制一次性筷子 | | |
| 合计 | 26949.00 | 37.62 |
| 中国 | 10899.00 | 19.78 |
| 日本 | 15459.00 | 9.50 |
| 阿联酋 | 537.00 | 8.19 |
| 德国 | 54.00 | 0.15 |
| 44190091 其他竹制餐具及厨房用具 | | |
| 合计 | 189804.00 | 1820.74 |
| 越南 | 143251.00 | 799.85 |
| 中国台澎金马关税区 | 8180.00 | 624.93 |
| 日本 | 5222.00 | 191.91 |
| 中国 | 27365.00 | 157.63 |
| 德国 | 3202.00 | 26.63 |
| 澳大利亚 | 233.00 | 6.51 |
| 印度尼西亚 | 756.00 | 4.34 |
| 法国 | 245.00 | 2.92 |
| 捷克 | 420.00 | 1.87 |
| 意大利 | 329.00 | 1.52 |
| 美国 | 483.00 | 1.47 |
| 新加坡 | 0.00 | 0.70 |
| 韩国 | 104.00 | 0.22 |
| 英国 | 12.00 | 0.14 |
| 国(地)别不详 | 0.00 | 0.07 |
| 丹麦 | 2.00 | 0.03 |
| 44201012 竹刻 | | |
| 合计 | 1365.00 | 9.34 |
| 印度尼西亚 | 1365.00 | 9.34 |
| 44219022 竹制圆签圆棒冰果棒压舌片及类似一次性制品 | | |
| 合计 | 13527.00 | 48.78 |
| 阿联酋 | 8750.00 | 32.12 |
| 中国 | 4638.00 | 15.40 |
| 德国 | 15.00 | 0.28 |
| 美国 | 16.00 | 0.27 |
| 日本 | 15.00 | 0.24 |
| 比利时 | 2.00 | 0.20 |
| 印度尼西亚 | 34.00 | 0.19 |
| 斯里兰卡 | 51.00 | 0.05 |
| 法国 | 5.00 | 0.02 |
| 西班牙 | 1.00 | 0.01 |
| 越南 | 0.00 | 0.00 |
| 46012100 竹制的席子、席料及帘子 | | |

（续）

| 国家/地区 | 进口数量（千克） | 进口金额（千美元） |
|---|---|---|
| 合计 | 42237.00 | 99.94 |
| 中国 | 32539.00 | 79.67 |
| 越南 | 2721.00 | 11.07 |
| 中国台澎金马关税区 | 4848.00 | 5.57 |
| 美国 | 1813.00 | 2.90 |
| 印度尼西亚 | 276.00 | 0.27 |
| 荷兰 | 21.00 | 0.24 |
| 日本 | 3.00 | 0.12 |
| 韩国 | 8.00 | 0.06 |
| 国(地)别不详 | 2.00 | 0.04 |
| 马来西亚 | 6.00 | 0.00 |
| 46012200 藤制的席子、席料及帘子 | | |
| 合计 | 547.00 | 5.77 |
| 印度尼西亚 | 547.00 | 5.77 |
| 46012911 灯心草属材料制的席子、席料及帘子 | | |
| 合计 | 865.00 | 17.80 |
| 日本 | 842.00 | 17.57 |
| 中国 | 23.00 | 0.23 |
| 46012919 其他草制的席子、席料及帘子 | | |
| 合计 | 41463.00 | 238.77 |
| 越南 | 40135.00 | 220.32 |
| 美国 | 1081.00 | 12.32 |
| 中国 | 49.00 | 4.03 |
| 日本 | 198.00 | 1.95 |
| 泰国 | 0.00 | 0.16 |
| 46012990 其他植物材料制的席子、席料及帘子 | | |
| 合计 | 46923.00 | 175.61 |
| 中国台澎金马关税区 | 28836.00 | 95.77 |
| 越南 | 12812.00 | 61.18 |
| 菲律宾 | 1918.00 | 15.12 |
| 印度尼西亚 | 810.00 | 2.57 |
| 朝鲜 | 2525.00 | 0.76 |
| 泰国 | 14.00 | 0.18 |
| 印度 | 7.00 | 0.03 |
| 中国 | 1.00 | 0.01 |
| 46019210 竹制的缏条及类似产品，不论是否缝合成宽条 | | |
| 合计 | 22.00 | 0.35 |
| 中国台澎金马关税区 | 22.00 | 0.35 |
| 46019290 竹制其他平行连结或编结的产品 | | |
| 合计 | 21479.00 | 89.54 |

(续)

| 国家/地区 | 进口数量（千克） | 进口金额（千美元） |
|---|---|---|
| 越南 | 20791.00 | 84.70 |
| 中国 | 536.00 | 2.65 |
| 日本 | 114.00 | 1.35 |
| 中国台澎金马关税区 | 36.00 | 0.59 |
| 英国 | 2.00 | 0.25 |
| 46019310 藤制的缏条及类似产品，不论是否缝合成宽条 | | |
| 合计 | 8.00 | 1.11 |
| 韩国 | 7.00 | 0.97 |
| 日本 | 1.00 | 0.14 |
| 46019390 藤制其他平行连结或编结的产品 | | |
| 合计 | 920.00 | 13.87 |
| 中国香港 | 441.00 | 7.75 |
| 菲律宾 | 56.00 | 3.53 |
| 印度尼西亚 | 215.00 | 2.02 |
| 美国 | 197.00 | 0.39 |
| 中国 | 11.00 | 0.18 |
| 46019491 未列名植物编结材料编成的缏条及类似产品 | | |
| 合计 | 1273172.00 | 1172.26 |
| 越南 | 1270234.00 | 1162.26 |
| 菲律宾 | 2938.00 | 10.00 |
| 46019499 未列名植物编结材料制其他平行连结或编结品 | | |
| 合计 | 90717.00 | 312.60 |
| 中国 | 60784.00 | 231.68 |
| 印度尼西亚 | 2856.00 | 28.48 |
| 越南 | 15505.00 | 27.29 |
| 中国台澎金马关税区 | 3033.00 | 16.37 |
| 菲律宾 | 8447.00 | 8.28 |
| 印度 | 76.00 | 0.45 |
| 孟加拉国 | 16.00 | 0.06 |
| 46021100 竹制篮筐及其他编结品 | | |
| 合计 | 90008.00 | 641.05 |
| 越南 | 83937.00 | 541.39 |
| 泰国 | 705.00 | 27.98 |
| 意大利 | 176.00 | 21.06 |
| 日本 | 974.00 | 15.91 |
| 中国台澎金马关税区 | 1289.00 | 12.43 |
| 中国 | 849.00 | 10.98 |
| 印度尼西亚 | 1455.00 | 8.42 |
| 菲律宾 | 190.00 | 1.01 |
| 美国 | 13.00 | 0.56 |
| 缅甸 | 364.00 | 0.56 |

(续)

| 国家/地区 | 进口数量（千克） | 进口金额（千美元） |
|---|---|---|
| 瑞典 | 8.00 | 0.44 |
| 韩国 | 41.00 | 0.17 |
| 印度 | 4.00 | 0.10 |
| 法国 | 1.00 | 0.02 |
| 马来西亚 | 0.00 | 0.00 |
| 乌克兰 | 2.00 | 0.00 |
| 46021200 藤制篮筐及其他编结品 | | |
| 合计 | 243066.00 | 1798.86 |
| 印度尼西亚 | 137249.00 | 803.06 |
| 越南 | 87587.00 | 770.40 |
| 菲律宾 | 9861.00 | 85.63 |
| 缅甸 | 5429.00 | 81.32 |
| 泰国 | 958.00 | 30.97 |
| 中国 | 1654.00 | 23.83 |
| 意大利 | 83.00 | 0.92 |
| 中国台澎金马关税区 | 147.00 | 0.77 |
| 塞内加尔 | 18.00 | 0.59 |
| 中国香港 | 7.00 | 0.46 |
| 丹麦 | 10.00 | 0.37 |
| 法国 | 4.00 | 0.29 |
| 比利时 | 35.00 | 0.08 |
| 加拿大 | 1.00 | 0.07 |
| 英国 | 9.00 | 0.04 |
| 马来西亚 | 3.00 | 0.03 |
| 加纳 | 6.00 | 0.02 |
| 美国 | 5.00 | 0.02 |
| 46021910 草制篮筐及其他编结品 | | |
| 合计 | 217963.00 | 1171.73 |
| 越南 | 207309.00 | 1042.27 |
| 印度尼西亚 | 2450.00 | 35.50 |
| 菲律宾 | 4014.00 | 32.87 |
| 中国 | 366.00 | 25.36 |
| 南非 | 185.00 | 12.52 |
| 泰国 | 943.00 | 5.77 |
| 意大利 | 12.00 | 5.30 |
| 加纳 | 21.00 | 3.79 |
| 朝鲜 | 2461.00 | 2.73 |
| 日本 | 11.00 | 1.47 |
| 马达加斯加 | 21.00 | 1.26 |
| 孟加拉国 | 102.00 | 1.06 |
| 瑞典 | 42.00 | 0.74 |
| 法国 | 8.00 | 0.69 |
| 韩国 | 15.00 | 0.21 |
| 厄瓜多尔 | 1.00 | 0.15 |

(续)

| 国家/地区 | 进口数量（千克） | 进口金额（千美元） |
|---|---|---|
| 西班牙 | 2.00 | 0.05 |
| 46021930 柳条制篮筐及其他编结品 | | |
| 合计 | 122332.00 | 211.38 |
| 朝鲜 | 114135.00 | 104.00 |
| 中国 | 7700.00 | 78.82 |
| 法国 | 18.00 | 24.97 |
| 印度尼西亚 | 381.00 | 1.98 |
| 菲律宾 | 59.00 | 0.73 |
| 英国 | 9.00 | 0.54 |
| 日本 | 13.00 | 0.16 |
| 泰国 | 6.00 | 0.11 |
| 美国 | 3.00 | 0.04 |
| 德国 | 8.00 | 0.04 |
| 46021990 其他植物材料制篮筐等编结品；丝瓜络制品 | | |
| 合计 | 273453.00 | 1954.86 |
| 越南 | 203160.00 | 1403.78 |
| 印度尼西亚 | 35696.00 | 250.64 |
| 中国 | 21437.00 | 158.40 |
| 意大利 | 25.00 | 53.41 |
| 印度 | 6664.00 | 39.22 |
| 菲律宾 | 1665.00 | 10.54 |
| 墨西哥 | 359.00 | 9.99 |
| 朝鲜 | 800.00 | 6.00 |
| 孟加拉国 | 1080.00 | 5.74 |
| 法国 | 60.00 | 3.84 |
| 西班牙 | 53.00 | 3.82 |
| 斯里兰卡 | 975.00 | 2.60 |
| 摩洛哥 | 146.00 | 2.40 |
| 巴基斯坦 | 813.00 | 2.01 |
| 马达加斯加 | 8.00 | 1.92 |
| 日本 | 10.00 | 0.30 |
| 肯尼亚 | 0.00 | 0.15 |
| 泰国 | 6.00 | 0.07 |
| 德国 | 3.00 | 0.03 |
| 荷兰 | 493.00 | 0.03 |
| 47063000 其他纤维状纤维素竹浆 | | |
| 合计 | 266604.00 | 100.30 |
| 缅甸 | 263200.00 | 90.10 |
| 美国 | 3402.00 | 10.19 |
| 中国 | 2.00 | 0.00 |
| 48236100 竹浆纸或纸板制的盘、碟、盆、杯及类似品 | | |
| 合计 | 1860.00 | 7.09 |

（续）

| 国家/地区 | 进口数量（千克） | 进口金额（千美元） |
|---|---|---|
| 中国 | 1260.00 | 4.56 |
| 意大利 | 230.00 | 1.47 |
| 澳大利亚 | 20.00 | 0.59 |
| 日本 | 21.00 | 0.32 |
| 美国 | 326.00 | 0.12 |
| 德国 | 3.00 | 0.03 |
| 94015100 竹制或藤制的坐具 | | |
| 合计 | 452691.00 | 2099.86 |
| 印度尼西亚 | 292760.00 | 1311.00 |
| 越南 | 76203.00 | 313.93 |
| 丹麦 | 7229.00 | 175.86 |
| 菲律宾 | 5904.00 | 128.13 |
| 尼泊尔 | 66132.00 | 75.44 |
| 美国 | 1370.00 | 44.36 |
| 意大利 | 555.00 | 23.04 |
| 中国 | 1360.00 | 11.54 |
| 西班牙 | 75.00 | 3.98 |
| 法国 | 30.00 | 3.21 |
| 中国台澎金马关税区 | 143.00 | 1.86 |
| 荷兰 | 57.00 | 1.83 |
| 日本 | 75.00 | 1.66 |

（续）

| 国家/地区 | 进口数量（千克） | 进口金额（千美元） |
|---|---|---|
| 加拿大 | 90.00 | 1.58 |
| 葡萄牙 | 362.00 | 1.32 |
| 泰国 | 140.00 | 0.74 |
| 英国 | 33.00 | 0.19 |
| 马来西亚 | 128.00 | 0.15 |
| 中国香港 | 45.00 | 0.07 |
| 94015900 柳条及类似材料制的坐具 | | |
| 合计 | 96083.00 | 340.62 |
| 越南 | 86733.00 | 274.54 |
| 德国 | 7768.00 | 48.06 |
| 加拿大 | 825.00 | 7.50 |
| 美国 | 340.00 | 6.46 |
| 意大利 | 173.00 | 3.23 |
| 日本 | 82.00 | 0.36 |
| 印度尼西亚 | 95.00 | 0.24 |
| 菲律宾 | 55.00 | 0.20 |
| 中国 | 12.00 | 0.03 |
| 94038100 竹制或藤制家具 | | |
| 合计 | 184407.00 | 890.45 |
| 越南 | 73424.00 | 373.99 |
| 印度尼西亚 | 81731.00 | 352.96 |

（续）

| 国家/地区 | 进口数量（千克） | 进口金额（千美元） |
|---|---|---|
| 中国 | 26061.00 | 99.41 |
| 菲律宾 | 788.00 | 17.45 |
| 丹麦 | 979.00 | 15.61 |
| 美国 | 350.00 | 9.30 |
| 意大利 | 383.00 | 8.43 |
| 日本 | 137.00 | 5.36 |
| 中国台澎金马关税区 | 219.00 | 4.15 |
| 中国香港 | 20.00 | 1.35 |
| 德国 | 146.00 | 1.04 |
| 缅甸 | 61.00 | 0.47 |
| 加拿大 | 37.00 | 0.41 |
| 沙特阿拉伯 | 25.00 | 0.33 |
| 新西兰 | 15.00 | 0.15 |
| 马来西亚 | 16.00 | 0.02 |
| 英国 | 15.00 | 0.02 |
| 94038910 柳条及类似材料制家具 | | |
| 合计 | 277.00 | 3.95 |
| 越南 | 112.00 | 2.60 |
| 美国 | 120.00 | 1.32 |
| 印度尼西亚 | 45.00 | 0.03 |

# 参加编纂地、县级单位名单

## 北京市

丰台区园林绿化局
房山区园林绿化局
通州区园林绿化局
顺义区园林绿化局
昌平区园林绿化局
怀柔区园林绿化局
平谷区园林绿化局
平谷区人民政府果品办公室
密云县园林绿化局
**市园林绿化局直属单位**
西山林场
共青林场
大东流苗圃
黄垡苗圃

## 河北省

石家庄市林业局
长安区农办
桥西区农办
新华区农办
井陉矿区林业局
藁城区林业局
鹿泉区林业局
栾城区林业局
晋州市林业局
新乐市林业局
井陉县林业局
正定县林业局
行唐县林业局
灵寿县林业局
高邑县林业局
深泽县林业局
赞皇县林业局
无极县林业局
平山县林业局
元氏县林业局
赵县林业局
石家庄市高新区
**张家口市林业局**
宣化区农委
下花园区农委
张北县林业局
康保县林业局
沽源县林业局
尚义县林业局
蔚县林业局
阳原县林业局
怀安县林业局
万全县林业局
怀来县林业局
涿鹿县林业局
赤城县林业局
崇礼县林业局
张家口市林场
张家口市高新区农委
**承德市林业局**
双桥区林业局
双滦区林水局
鹰手营子矿区林水局
承德县林业局
兴隆县林业局
平泉县林业局
滦平县林业局
隆化县林业局
丰宁满族自治县林业局
宽城满族自治县林业局
围场满族蒙古族自治县林业局
滦平林场管理局
**秦皇岛市林业局**
海港区林业局
山海关区林业局
北戴河区林业局
昌黎县林业局
抚宁县林业局
卢龙县林业局
青龙满族自治县林业局
秦皇岛开发区林业局
北戴河新区林业局
**唐山市林业局**
路北区农林畜牧水产局
路南区农林畜牧水产局
古冶区农林畜牧水产局
开平区农林畜牧水产局
丰润区林业局
丰南区林业局
遵化市林业局
迁安市林业局
滦县林业局
滦南县林业局
乐亭县林业局
迁西县林业局
玉田县林业局
唐海县农林畜牧水产局
芦台经济技术开发区农委
汉沽管理区农业局
**廊坊市林业局**
广阳区林业局
安次区林业局
霸州市林业局
三河市林业局
固安县林业局
永清县林业局
香河县林业局
大城县林业局
文安县林业局
大厂回族自治县林业局

**保定市林业局**
新市区农业局
北市区农业局
涿州市农业局
安国市林业局
高碑店市农牧局
满城县林业局
清苑县农业局
易县林业局
徐水县林业局
涞源县林业局
定兴县林业局
顺平县林业局
唐县林业局
望都县林业局
涞水县林业局
高阳县林业局
安新县农业局
雄县农业局
容城县农牧局
曲阳县林业局
阜平县林业局
博野县农业局
蠡县林业局
**沧州市林业局**
运河区农林局
新华区农林局
泊头市林业局
任丘市林业局
黄骅市林业局
河间市林业局
沧县林业局
青县林业局
东光县林业局
海兴县农林局
盐山县农林局
肃宁县林业局
南皮县林业局
吴桥县农林局
献县林业局
孟村回族自治县农林局
临港经济技术开发区林业局
南大港管理区林业局
**衡水市林业局**
桃城区林业局
冀州市林业局
深州市林业局
枣强县林业局
武邑县林业局
武强县林业局
饶阳县林业局
安平县林业局
故城县林业局
景县林业局
阜城县林业局
**邢台市林业局**
桥东区农业局
桥西区农业局
南宫市林业局
沙河市林业局
邢台县林业局
临城县林业局
内丘县林业局
柏乡县林业局
隆尧县林业局
任县林业局
南和县林业局
宁晋县林业局
巨鹿县林业局
新河县林业局
广宗县林业局
平乡县林业局
威县林业局
清河县林业局
临西县林业局
高新技术开发区农业办
大曹庄管委会
**邯郸市林业局**
丛台区农牧局
邯山区农牧局
复兴区农牧局
峰峰矿区林业局
武安市林业局
临漳县林业局
成安县林业局
大名县林业局
涉县林业局
磁县林业局
肥乡县林业局
永年县林业局
邱县林业局
鸡泽县林业局
广平县林业局
馆陶县林业局
魏县林业局
曲周县林业局
**辛集市林业局**
**定州市林业局**
**省直属单位**
塞罕坝机械化林场
木兰围场国有林场管理局
河北雾灵山国家级自然保护区管理局
小五台国家级自然保护区管理局
河北省林业示范场

## 山西省

太原市林业局
尖草坪区林业局
万柏林区林业局
古交市林业局
清徐县林业局
阳曲县林业局
**大同市林业局**
南郊区林业局
新荣区林业局
阳高县林业局
天镇县林业局
广灵县林业局
灵丘县林业局
浑源县林业局
左云县林业局
大同县林业局
长城山林场
恒山林场
桦林背林场
十里河林场
大同市植物园
**朔州市林业局**
朔城区林业局
山阴县林业局
**阳泉市林业局**
郊区林业局

平定县林业局
盂县林业局
**长治市林业局**
城区林业局
郊区林业局
潞城市林业局
长治县林业局
襄垣县林业局
屯留县林业局
平顺县林业局
黎城县林业局
壶关县林业局
长子县林业局
武乡县林业局
沁县林业局
沁源县林业局
**晋城市林业局**
高平市林业局
泽州县林业局
沁水县林业局
阳城县林业局
陵川县林业局
**忻州市林业局**
忻府区林业局
定襄县林业局
五台县林业局
神池县林业局
岢岚县林业局
河曲县林业局
保德县林业局
**晋中市林业局**
榆次区林业局
介休市林业局
榆社县林业局
左权县林业局
和顺县林业局
昔阳县林业局
寿阳县林业局
太谷县林业局
祁县林业局
平遥县林业局
灵石县林业局
**临汾市林业局**
尧都区林业局
侯马市林业局
霍州市林业局
曲沃县林业局
翼城县林业局
襄汾县林业局
洪洞县林业局
古县林业局
安泽县林业局
浮山县林业局
吉县林业局
乡宁县林业局
蒲县林业局
大宁县林业局
隰县林业局
永和县林业局
汾西县林业局
**运城市林业局**
永济市林业局
河津市林业局
临猗县林业局
新绛县林业局
稷山县林业局
闻喜县林业局
夏县林业局
平陆县林业局
垣曲县林业局
**吕梁市林业局**
临县林业局
中阳县林业局
交口县林业局

## 内蒙古自治区

呼和浩特市林业局
新城区林业局
回民区林业局
赛罕区林业局
托克托县林业局
和林格尔县林业局
清水河县林业局
武川县林业局
土默特左旗林业局
**包头市林业局**
昆都仑区林业局
东河区林业局
青山区林业局
石拐区林业局
九原区林业局
固阳县林业局
土默特右旗林业局
达尔罕茂明安联合旗林业局
稀土高新区林业局
**乌海市林业局**
海勃湾区林业局
海南区林业局
乌达区林业局
**赤峰市林业局**
红山区林业局
元宝山区林业局
松山区林业局
宁城县林业局
林西县林业局
阿鲁科尔沁旗林业局
巴林左旗林业局
巴林右旗林业局
克什克腾旗林业局
翁牛特旗林业局
喀喇沁旗林业局
敖汉旗林业局
**通辽市林业局**
科尔沁区林业局
霍林郭勒市林业局
开鲁县林业局
库伦旗林业局
奈曼旗林业局
扎鲁特旗林业局
科尔沁左翼中旗林业局
科尔沁左翼后旗林业局
通辽经济技术开发区林业局
**呼伦贝尔市林业局**
海拉尔区林业局
扎兰屯市林业局
牙克石市林业局
额尔古纳市林业局
根河市林业局
阿荣旗林业局
陈巴尔虎旗林业局
新巴尔虎左旗林业局
新巴尔虎右旗林业局

莫力达瓦达斡尔族自治旗林业局
鄂伦春自治旗林业局
鄂温克族自治旗林业局
免渡河林业局
乌奴尔林业局
巴林林业局
南木林业局
红花尔基林业局
柴河林业局
**鄂尔多斯市林业局**
东胜区林业局
达拉特旗林业局
准格尔旗林业局
鄂托克前旗林业局
鄂托克旗林业局
杭锦旗林业局
乌审旗林业局
伊金霍洛旗林业局
**乌兰察布市林业局**
集宁区林业局
丰镇市林业局
卓资县林业局
化德县林业局
商都县林业局
兴和县林业局
察哈尔右翼前旗林业局
察哈尔右翼中旗林业局
察哈尔右翼后旗林业局
四子王旗林业局
**巴彦淖尔市林业局**
临河区林业局
五原县林业局
磴口县林业局
乌拉特前旗林业局
乌拉特中旗林业局
乌拉特后旗林业局
杭锦后旗林业局
**兴安盟林业局**
乌兰浩特市林业局
阿尔山市林业局
突泉县林业局
科尔沁右翼中旗林业局
扎赉特旗林业局
白狼林业局
五岔沟林业局
**锡林郭勒盟林业局**
东乌珠穆沁旗林业局
正蓝旗林业局
**阿拉善盟林业局**
阿拉善左旗林业局
阿拉善右旗林业局
额济纳旗林业局
孪井滩示范区林业局

## 辽宁省

沈阳市林业局
苏家屯区农林局
浑南区林业局
沈北新区农林局
于洪区农林局
新民市林业局
辽中区林业局
康平县林业局
法库县林业局
**朝阳市林业局**
双塔区林业局
龙城区林业局
北票市林业局
凌源市林业局
朝阳县林业局
建平县林业局
喀喇沁左翼蒙古族自治县林业局
**阜新市林业局**
细河区农林水利局
海州区农村经济工作办公室
新邱区林业局
太平区农林水利局
清河门区农村经济局
彰武县林业局
阜新蒙古族自治县林果局
**铁岭市林业局产业办**
银州区林业局
清河区林业局
调兵山市林业局
开原市林业局
铁岭县林业局
西丰县林业局
昌图县林业局
铁岭经济开发区林业局
**抚顺市林业局**
顺城区农发局
东洲区农发局
望花区农发局
抚顺县林业局
新宾满族自治县林业局
清原满族自治县林业局
**本溪市林业局**
本溪市农委
平山区林业局
溪湖区林业局
明山区林业局
南芬区林业局
本溪满族自治县林业局
桓仁满族自治县林业局
本溪市经济开发区林业局
**辽阳市林业局**
文圣区农村经济局
宏伟区农村经济局
弓长岭区农村经济局
太子河区农村经济局
灯塔市林业局
辽阳县林业局
**鞍山市林业局**
千山区农村经济发展局
海城市林业局
台安县林业局
岫岩满族自治县林业局
千山风景区林业局
开发区林业局
**丹东市林业局**
振兴区林业局
元宝区农发局
振安区林业局
凤城市林业局
东港市林业局
宽甸满族自治县林业局
**大连市林业局**
甘井子区农发局
旅顺口区农林水利局
金州新区农林水利局
瓦房店市林业局
普兰店市林业局

庄河市林业水利局
长海县林业局
保税区林业局
高新技术园区林业局
花园口经济开发区林业局
长兴岛临港工业区林业局
**营口市林业局**
鲅鱼圈区林业局
老边区农委
大石桥市林业局
盖州市林业局
**盘锦市农林局**
大洼县农村经济局
盘山县农村经济局
**锦州市林业局**
太和区林业水利局
凌海市林业局
北镇市林业局
黑山县林业局
义县林业果树局
**葫芦岛市林业局**
龙港区林业局
连山区林业局
南票区林业局
兴城市林业局
绥中县林业局
建昌县林业局
**省直属单位**
辽宁实验林场
生态实验林场
森林经营研究所
固沙造林研究所
干旱地区造林研究所

## 吉林省

长春市林业局
南关区林业局
朝阳区林业局
宽城区林业局
二道区林业局
绿园区林业局
双阳区林业局
德惠市林业局
九台市林业局
榆树市林业局
农安县林业局
净月经济开发区林业局
高新开发区林业局
经济开发区林业局
西新开发区林业局
莲花山开发区林业局
**白城市林业局**
市辖区林业局
洮北区林业局
洮南市林业局
**松原市林业局**
市辖区林业局
长岭县林业局
乾安县林业局
前郭尔罗斯蒙古族自治县林业局
**吉林市林业局**
龙潭区林业局
昌邑区林业局
丰满区林业局
磐石市林业局
蛟河市林业局
桦甸市林业局
舒兰市林业局
**四平市林业局**
公主岭市林业局
梨树县林业局
伊通满族自治县林业局
**辽源市林业局**
市辖区林业局
龙山区林业局
西安区林业局
东丰县林业局
**通化市林业局**
东昌区林业局
二道江区林业局
集安市林业局
辉南县林业局
柳河县林业局
**白山市林业局**
市辖区林业局
浑江区林业局
江源区林业局
临江市林业局
抚松县林业局
靖宇县林业局
长白朝鲜族自治县林业局
**延边朝鲜族自治州林业局**
延吉市林业局
图们市林业局
敦化市林业局
珲春市林业局
龙井市林业局
和龙市林业局
汪清县林业局
安图县林业局
**长白山森工集团**
黄泥河林业局
敦化林业局
大石头林业局
八家子林业局
和龙林业局
汪清林业局
大兴沟林业局
天桥岭林业局
白河林业局
珲春林业局
安图森林经营局
珲春森林山公司
新元木业公司
**吉林厅林业局**
上营森林经营局

## 黑龙江省

哈尔滨市林业局
松北区农林局
道里区农林局
南岗区农林局
道外区农林局
平房区农林局
香坊区农林局
呼兰区林业局
阿城区林业局
双城市林业局
尚志市林业局
五常市林业局
依兰县林业局
方正县林业局

宾县林业局
巴彦县林业局
木兰县林业局
通河县林业局
延寿县林业局
转山实验林场
山河实验林场
丹清河实验林场
胜利实验林场
**齐齐哈尔市林业局**
市辖区林业局
昂昂溪区林业局
碾子山区林业局
讷河市林业局
龙江县林业局
甘南县林业局
克山县林业局
克东县林业局
拜泉县林业局
**黑河市林业局**
爱辉区林业局
北安市林业局
五大连池市林业局
嫩江县林业局
逊克县林业局
孙吴县林业局
五大连池风景区管理委员会
市直属林场
**大庆市林业局**
萨尔图区农林局
龙凤区农林局
让胡路区农林局
大同区林业局
红岗区农林局
肇州县林业局
肇源县林业局
林甸县林业局
杜尔伯特蒙古族自治县林业局
**伊春市林业局**
市辖区林业局
铁力市林业局
嘉荫县林业局
**鹤岗市林业局**
市辖区林业局
萝北县林业局
绥滨县林业局
**佳木斯市林业局**
郊区林业局
同江市林业局
富锦市林业局
桦南县林业局
桦川县林业局
汤原县林业局
孟家岗林场
**双鸭山市林业局**
市辖区林业局
四方台区林业局
宝山区林业局
集贤县林业局
宝清县林业局
饶河县林业局
**七台河市林业局**
市辖区林业局
桃山区林业局
新兴区林业局
茄子河区林业局
勃利县林业局
**鸡西市林业局**
市辖区林业局
鸡冠区林业局
恒山区人民政府林业站
梨树区林业站
城子河区林业站
麻山区林业局
虎林市林业局
密山市林业局
鸡东县林业局
**牡丹江市林业局**
海林市林业局
宁安市林业局
林口县林业局
**绥化市林业局**
北林区林业局
海伦市林业局
望奎县林业局
绥棱县林管局
**大兴安岭地区行署营林局**
呼玛县林业局
塔河县林业局
漠河县林业局
**直属单位**
绥芬河市林业局
抚远县林业局
尚志国有林场管理局
庆安国有林场管理局

## 上海市

闵行区林业站
宝山区林业站
嘉定区林业站
金山区林业站
松江区林业站
青浦区林业站
奉贤区林业署
崇明县农业委员会

## 江苏省

南京市林业局
浦口区林业局
六合区林业局
雨花台区林业局
江宁区林业局
溧水县林业局
高淳县林业局
**徐州市林业局**
贾汪区林业局
铜山区林业局
邳州市林业局
新沂市林业局
睢宁县林业局
沛县林业局
丰县林业局
**连云港市林业局**
连云区林业局
海州区林业局
赣榆区林业局
灌云县林业局
东海县林业局
灌南县林业局
**宿迁市林业局**
宿城区林业局
宿豫区林业局

沭阳县林业局
泗阳县林业局
泗洪县林业局
**淮安市林业局**
淮安区林业局
淮阴区林业局
金湖县林业局
盱眙县林业局
洪泽县林业局
涟水县林业局
**盐城市林业局**
亭湖区林业局
盐都区林业局
东台市林业局
大丰区林业局
射阳县林业局
阜宁县林业局
滨海县海洋林业渔业局
响水县林业局
建湖县林业局
**扬州市林业局**
邗江区林业局
广陵区林业局
江都区林业局
仪征市林业局
高邮市林业局
宝应县农业委员会
**泰州市林业局**
海陵区林业局
高港区林业局
姜堰区林业局
靖江市林业局
泰兴市林业局
兴化市林业局
**南通市林业局**
港闸区林业局
通州区林业局
海门市林业局
启东市林业局
如皋市林业局
如东县林业局
海安县林业局
**镇江市林业局**
京口区林业局
润州区林业局
丹徒区林业局
扬中市林业局
丹阳市农业委员会
句容市林业局
**常州市林业局**
武进区林业局
溧阳市林业局
金坛市林业局
**无锡市林业局**
滨湖区林业局
惠山区林业局
锡山区林业局
江阴市林业局
宜兴市林业局
**苏州市林业局**
吴中区林业局
相城区林业局
吴江区林业局
昆山市林业局
太仓市林业局
常熟市林业站
张家港市林业局

## 浙江省

杭州市林业局
余杭区林业局
萧山区林业局
临安市林业局
富阳市林业局
建德市林业局
桐庐县林业局
淳安县林业局
**湖州市林业局**
吴兴区林业局
南浔区林业局
长兴县林业局
德清县林业局
安吉县林业局
**嘉兴市林业局**
秀洲区林业局
平湖市林业局
桐乡市林业局
海盐县林业局
**舟山市林业局**
定海区林业局
普陀区林业局
岱山县林业局
嵊泗县林业局
**宁波市林业局**
江北区林业局
北仑区林业局
镇海区林业局
鄞州区林业局
慈溪市林业局
余姚市林业局
奉化区林业局
宁海县林业局
象山县林业局
**绍兴市林业局**
越城区林业局
柯桥区林业局
上虞区林业局
诸暨市林业局
新昌县林业局
**衢州市林业局**
衢江区林业局
江山市林业局
开化县林业局
**金华市林业局**
婺城区林业局
金东区林业局
兰溪市林业局
永康市林业局
义乌市林业局
东阳市林业局
武义县林业局
浦江县林业局
磐安县林业局
**台州市林业局**
椒江区林业局
黄岩区林业局
路桥区林业局
临海市林业局
温岭市林业局
三门县林业局
天台县林业局
仙居县林业局

玉环市林业局
**温州市林业局**
鹿城区林业局
龙湾区林业局
瓯海区林业局
洞头区林业局
瑞安市林业局
永嘉县林业局
泰顺县林业局
苍南县林业局
**丽水市林业局**
莲都区林业局
龙泉市林业局
青田县林业局
缙云县林业局
遂昌县林业局
松阳县林业局
云和县林业局
庆元县林业局
景宁畲族自治县林业局

## 安徽省

合肥市林业局
蜀山区林业局
庐阳区林业局
瑶海区林业局
包河区林业局
巢湖市林业局
长丰县林业局
肥东县林业局
肥西县林业局
庐江县林业局
**宿州市林业局**
埇桥区林业局
砀山县林业局
萧县林业局
灵璧县林业局
**阜阳市林业局**
颍州区林业局
颍东区林业局
颍泉区林业局
界首市林业局
临泉县林业局
太和县林业局
阜南县林业局
颍上县林业局
**亳州市林业局**
谯城区林业局
涡阳县林业局
蒙城县林业局
利辛县林业局
**蚌埠市林业局**
蚌山区林业局
龙子湖区林业局
禹会区林业局
淮上区林业局
怀远县林业局
五河县林业局
固镇县林业局
**淮南市林业局**
田家庵区林业局
大通区林业局
谢家集区林业局
八公山区林业局
潘集区林业局
凤台县林业局
寿县林业局
毛集实验区林业局
**滁州市林业局**
市辖区林业局
琅琊区农委
南谯区林业局
明光市林业局
天长市林业局
来安县林业局
全椒县林业局
定远县林业局
凤阳县林业局
管店林业总场
沙河集林业总场
琅琊山林场
**马鞍山市林业局**
博望区林业局
雨山区林业局
花山区林业局
当涂县林业局
含山县林业局
和县林业局
市直属林场
**芜湖市林业局**
鸠江区林业局
弋江区林业局
三山区林业局
镜湖区林业局
芜湖县林业局
繁昌县林业局
南陵县林业局
无为县林业局
**铜陵市林业局**
市辖区林业局
铜官区林业局
义安区林业局
郊区林业局
枞阳县林业局
**安庆市林业局**
大观区林业局
迎江区林业局
宜秀区林业局
桐城市林业局
怀宁县林业局
潜山县林业局
太湖县林业局
宿松县林业局
望江县林业局
岳西县林业局
**黄山市林业局**
屯溪区林业局
黄山区林业局
徽州区林业局
歙县林业局
休宁县林业局
黟县林业局
祁门县林业局
**六安市林业局**
金安区林业局
裕安区林业局
叶集区林业局
霍邱县林业局
舒城县林业局
金寨县林业局
霍山县林业局
**池州市林业局**
东至县林业局

石台县林业局
青阳县林业局
**宣城市林业局**
宣州区林业局
宁国市林业局
郎溪县林业局
广德县林业局
泾县林业局
旌德县林业局
绩溪县林业局

## 福建省

福州市林业局
晋安区林业局
长乐市林业局
闽侯县林业局
连江县林业局
罗源县林业局
闽清县林业局
永泰县林业局
**南平市林业局**
延平区林业局
邵武市林业局
武夷山市林业局
建瓯市林业局
建阳市林业局
顺昌县林业局
浦城县林业局
光泽县林业局
松溪县林业局
政和县林业局
**三明市林业局**
梅列区林业局
三元区林业局
永安市林业局
明溪县林业局
清流县林业局
宁化县林业局
大田县林业局
尤溪县林业局
沙县林业局
将乐县林业局
泰宁县林业局
建宁县林业局
**莆田市林业局**
城厢区林业局
涵江区林业局
仙游县林业局
**泉州市林业局**
南安市林业局
惠安县林业局
安溪县林业局
永春县林业局
德化县林业局
**漳州市林业局**
芗城区林业局
龙海市林业局
云霄县林业局
漳浦县林业局
长泰县林业局
南靖县林业局
平和县林业局
华安县林业局
**龙岩市林业局**
新罗区林业局
漳平市林业局
长汀县林业局
永定县林业局
上杭县林业局
武平县林业局
连城县林业局
**宁德市林业局**
蕉城区林业局
福安市林业局

## 江西省

南昌市林业局
市辖区林业局
新建县林业局
安义县林业局
进贤县林业局
**九江市林业局**
庐山区林业局
瑞昌市林业局
共青城市林业局
九江县林业局
武宁县林业局
修水县林业局
永修县林业局
德安县林业局
都昌县林业局
湖口县林业局
彭泽县林业局
**鹰潭市林业局**
月湖区林业局
贵溪市林业局
余江县林业局
**新余市林业局**
渝水区林业局
分宜县林业局
**萍乡市林业局**
安源区林业局
湘东区林业局
莲花县林业局
上栗县林业局
芦溪县林业局
**赣州市林业局**
章贡区林业局
瑞金市林业局
南康市林业局
赣县林业局
信丰县林业局
大余县林业局
上犹县林业局
崇义县林业局
安远县林业局
龙南县林业局
定南县林业局
全南县林业局
宁都县林业局
于都县林业局
兴国县林业局
会昌县林业局
寻乌县林业局
石城县林业局
**上饶市林业局**
信州区林业局
德兴市林业局
上饶县林业局
广丰县林业局
玉山县林业局
铅山县林业局

横峰县林业局
余干县林业局
鄱阳县林业局
万年县林业局
婺源县林业局
**抚州市林业局**
临川区林业局
南城县林业局
黎川县林业局
南丰县林业局
崇仁县林业局
乐安县林业局
宜黄县林业局
金溪县林业局
资溪县林业局
东乡县林业局
广昌县林业局
**宜春市林业局**
袁州区林业局
丰城市林业局
樟树市林业局
高安市林业局
奉新县林业局
万载县林业局
上高县林业局
宜丰县林业局
靖安县林业局
铜鼓县林业局
**吉安市林业局**
吉州区林业局
青原区林业局
井冈山市林业局
吉安县林业局
吉水县林业局
峡江县林业局
新干县林业局
永丰县林业局
泰和县林业局
遂川县林业局
万安县林业局
安福县林业局
永新县林业局

## 山东省

济南市林业局
天桥区林业局
长清区林业局
济阳县林业局
**聊城市林业局**
东昌府区林业局
临清市林业局
阳谷县林业局
莘县林业局
茌平县林业局
东阿县林业局
冠县林业局
高唐县林业局
**德州市林业局**
德城区林业局
乐陵市林业局
陵县林业局
临邑县林业局
齐河县林业局
平原县林业局
武城县林业局
**枣庄市林业局**
薛城区林业局
峄城区林业局
山亭区林业局
**东营市林业局**
东营区林业局
河口区林业局
垦利县林业局
广饶县林业局
**淄博市林业站**
张店区林业局
淄川区林业局
博山区林业局
临淄区林业局
周村区林业局
桓台县林业局
高青县林业局
沂源县林业局
**潍坊市林业局**
市辖区林业局
奎文区林业局
潍城区农林局
寒亭区林业局
坊子区林业局
峡山区林业局
安丘市林业局
昌邑市林业局
高密市林业局
青州市林业局
诸城市林业局
寿光市林业局
临朐县林业局
昌乐县林业局
**烟台市林业局**
莱山区林业局
芝罘区林业局
福山区林业局
牟平区林业局
栖霞市林业局
海阳市林业局
龙口市林业局
莱阳市林业局
莱州市林业局
蓬莱市林业局
招远市林业局
长岛县林业局
**威海市林业局**
市辖区林业局
环翠区林业局
荣成市林业局
乳山市林业局
文登市林业局
威海市经济技术开发区林业局
威海市工业新区林业局
威海市高技术产业开发区林业局
**日照市林业局**
东港区林业局
岚山区林业局
五莲县林业局
莒县林业局
**临沂市林业局**
兰山区林业局
罗庄区林业局
河东区林业局
郯城县林业局
兰陵县林业局

莒南县林业局
沂水县林业局
蒙阴县林业局
平邑县林业局
费县林业局
沂南县林业局
临沭县林业局
高新技术产业开发区林业局
经济技术开发区林业局
临港经济开发区林业局
蒙山旅游区林业局
**济宁市林业局**
任城区林业局
兖州区林业局
曲阜市林业局
邹城市林业局
微山县林业局
鱼台县林业局
金乡县林业局
嘉祥县林业局
汶上县林业局
泗水县林业局
梁山县林业局
**泰安市林业局**
泰山区林业局
岱岳区林业局
新泰市林业局
肥城市林业局
宁阳县林业局
东平县林业局
高新区林业局
泰山景区林业局
**莱芜市林业局**
莱城区林业局
钢城区林业局
高新区林业局
雪野旅游区林业局
经济开发区林业局
**滨州市林业局**
滨城区林业局
惠民县林业局
阳信县林业局
无棣县林业局
沾化县林业局
博兴县林业局
邹平县林业局
**菏泽市林业局**
曹县林业局
鄄城县林业局
东明县林业局

## 河南省

郑州市林业局
中原区农经委
二七区农经委
管城回族区农委会
金水区农经委
上街区农经委
惠济区林业局
新郑市林业局
登封市林业局
新密市林业局
荥阳市林业局
中牟县林业局
**三门峡市林业和园林局**
市辖区林业局
湖滨区林业局
义马市农林和农机局
灵宝市林业局
渑池县林业局
陕县林业局
卢氏县林业局
**洛阳市林业局**
老城区林业局
瀍河回族区林业局
吉利区林业局
洛龙区林业局
偃师市林业局
孟津县林业局
新安县林业局
栾川县林业局
嵩县林业局
汝阳县林业局
宜阳县林业局
洛宁县林业局
伊川县林业局
高新区林业局
伊洛工业园区林业局
**焦作市林业局**
孟州市林业局
修武县林业局
博爱县林业局
武陟县林业局
温县林业局
**新乡市林业局**
卫滨区农村工作委员会
红旗区农村工作委员会
凤泉区林业局
牧野区农林局
卫辉市林业局
辉县市林业局
新乡县林业局
获嘉县林业局
原阳县林业局
封丘县林业局
长垣县林业局
**鹤壁市林业局**
淇滨区林业局
山城区林业局
鹤山区林业局
浚县林业局
淇县林业局
**安阳市林业局**
北关区农林水务局
文峰区农林水牧局
殷都区农林水牧局
龙安区林业局
林州市林业局
安阳县林业局
汤阴县林业局
内黄县林业局
**濮阳市林业局**
华龙区林业局
清丰县林业局
南乐县林业局
范县林业局
台前县林业局
濮阳县林业局
高新区农业科技服务中心
**开封市农林局**
龙亭区林业局
顺河回族区林业局

鼓楼区林业局
禹王台区林业局
杞县林业局
通许县林业局
尉氏县林业局
开封县林业局
兰考县林业局
**商丘市林业局**
梁园区林业局
睢阳区林业局
永城市林业局
虞城县林业局
民权县林业局
宁陵县林业局
睢县林业局
夏邑县林业局
柘城县林业局
**许昌市林业局**
东城区农村工作局
魏都区林业局
禹州市农业林业局
长葛市林业局
许昌县林业局
襄城县林业局
许昌市经济技术开发区农村工作局
**漯河市林业和园林局**
郾城区林业技术推广站
临颍县林业局
**平顶山市林业局**
市辖区林业局
新华区农林水利局
卫东区农林水利局
湛河区农林水利局
石龙区林业畜牧局
新城区林业局
舞钢市林业局
汝州市林业局
宝丰县林业局
叶县林业局
鲁山县林业局
郏县林业局
**南阳市林业局**
卧龙区林业局
宛城区林业局
邓州市林业局
南召县林业局
方城县林业局
西峡县林业局
镇平县林业局
内乡县林业局
淅川县林业局
社旗县林业局
唐河县林业局
新野县林业局
桐柏县林业局
**信阳市林业局**
市辖区林业局
浉河区林业局
平桥区林业局
息县林业局
淮滨县林业局
潢川县林业局
光山县林业局
固始县林业局
商城县林业局
罗山县林业局
新县林业局
**周口市林业局**
川汇区林业局
项城市林业局
扶沟县林业局
西华县林业局
商水县林业局
太康县林业局
郸城县林业局
淮阳县林业局
沈丘县林业局
**驻马店市林业局**
驿城区林业局
确山县林业局
泌阳县林业局
遂平县林业局
上蔡县林业局
汝南县林业局
平舆县林业局
正阳县林业局
**济源市林业局**

## 湖北省

武汉市林业局
蔡甸区林业局
黄陂区林业局
**十堰市林业局**
茅箭区林业局
张湾区林业局
丹江口市林业局
郧县林业局
竹山县林业局
房县林业局
郧西县林业局
竹溪县林业局
**襄阳市林业局**
襄城区林业局
樊城区林业局
襄州区林业局
老河口市林业局
枣阳市林业局
宜城市林业局
南漳县林业局
谷城县林业局
保康县林业局
**荆门市林业局**
市辖区林业局
东宝区林业局
掇刀区林业局
钟祥市林业局
沙洋县林业局
京山县林业局
屈家岭管理区林业局
漳河新区林业局
**孝感市林业局**
孝南区林业局
应城市林业局
安陆市林业局
汉川市林业局
孝昌县林业局
大悟县林业局
云梦县林业局
**黄冈市林业局**
黄州区林业局
麻城市林业局
武穴市林业局

红安县林业局
罗田县林业局
英山县林业局
浠水县林业局
黄梅县林业局
**鄂州市林业局**
市辖区林业局
鄂城区林业局
梁子湖区林业局
华容区林业局
**黄石市林业局**
下陆区林业局
黄石港区林业局
西塞山区林业局
铁山区林业局
大冶市林业局
阳新县林业局
**咸宁市林业局**
咸安区林业局
赤壁市林业局
嘉鱼县林业局
通城县林业局
通山县林业局
**荆州市林业局**
沙市区林业局
荆州区林业局
石首市林业局
洪湖市林业局
松滋市林业局
江陵县林业局
公安县林业局
监利县林业局
**宜昌市林业局**
夷陵区林业局
枝江市林业局
宜都市林业局
当阳市林业局
远安县林业局
兴山县林业局
秭归县林业局
长阳土家族自治县林业局
五峰土家族自治县林业局
**随州市林业局**
市辖区林业局
曾都区林业局
广水市林业局
随县林业局
经济技术开发区林业局
**省直辖县级行政单位**
仙桃市林业局
天门市林业局
潜江市林业局
神农架林区林业管理局
太子山林场管理局
**恩施土家族苗族自治州林业局**
恩施市林业局
利川市林业局
建始县林业局
巴东县林业局
宣恩县林业局
咸丰县林业局
来凤县林业局
鹤峰县林业局

## 湖南省

长沙市林业局
岳麓区农林水利局
芙蓉区农林水利局
天心区农林水利局
开福区农林水利局
雨花区农林水利局
浏阳市林业局
长沙县林业局
望城县林业局
宁乡县林业局
**张家界市林业局**
永定区林业局
武陵源区林业局
慈利县林业局
桑植县林业局
**常德市林业局**
市辖区林业局
武陵区林业局
鼎城区林业局
津市市林业局
安乡县林业局
汉寿县林业局
澧县林业局
临澧县林业局
桃源县林业局
石门县林业局
**益阳市林业局**
赫山区林业局
资阳区林业局
沅江市林业局
南县林业局
桃江县林业局
安化县林业局
**岳阳市林业局**
市辖区林业局
岳阳楼区农林局
君山区林业局
云溪区林业局
汨罗市林业局
临湘市林业局
岳阳县林业局
华容县林业局
湘阴县林业局
平江县林业局
**株洲市林业局**
市辖区林业局
天元区农村工作局
荷塘区农村工作局
芦淞区农村工作局
石峰区农村工作局
醴陵市林业局
株洲县林业局
攸县林业局
茶陵县林业局
炎陵县林业局
**湘潭市林业局**
市辖区林业局
岳塘区林业局
雨湖区林业局
湘乡市林业局
韶山市林业局
湘潭县林业局
**衡阳市林业局**
蒸湘区林业局
雁峰区林业局
珠晖区林业局
石鼓区林业局

南岳区农林局
常宁市林业局
耒阳市林业局
衡阳县林业局
衡南县林业局
衡山县林业局
衡东县林业局
祁东县林业局
**郴州市林业局**
北湖区林业局
苏仙区林业局
资兴市林业局
桂阳县林业局
永兴县林业局
宜章县林业局
嘉禾县林业局
临武县林业局
汝城县林业局
桂东县林业局
安仁县林业局
**永州市林业局**
冷水滩区林业局
零陵区林业局
东安县林业局
道县林业局
宁远县林业局
江永县林业局
蓝山县林业局
新田县林业局
双牌县林业局
祁阳县林业局
江华瑶族自治县林业局
金桐林场
**邵阳市林业局**
大祥区农林局
双清区农林局
北塔区林业局
武冈市林业局
邵东县林业局
邵阳县林业局
新邵县林业局
隆回县林业局
洞口县林业局
绥宁县林业局
新宁县林业局
城步苗族自治县林业局
**怀化市林业局**
洪江区林业局
鹤城区林业局
洪江市林业局
沅陵县林业局
辰溪县林业局
溆浦县林业局
中方县林业局
会同县林业局
麻阳苗族自治县林业局
新晃侗族自治县林业局
芷江侗族自治县林业局
靖州苗族侗族自治县林业局
通道侗族自治县林业局
**娄底市林业局**
市辖区林业局
娄星区林业局
冷水江市林业局
涟源市林业局
双峰县林业局
新化县林业局
**湘西土家族苗族自治州林业局**
吉首市林业局
泸溪县林业局
凤凰县林业局
花垣县林业局
保靖县林业局
古丈县林业局
永顺县林业局
龙山县林业局

## 广东省

广州市林业局
白云区林业局
黄埔区林业局
番禺区林业局
花都区林业局
南沙区林业局
增城市林业局
从化市林业局
**清远市林业局**
清城区林业局
英德市林业局
连州市林业局
佛冈县林业局
阳山县林业局
清新县林业局
连山壮族瑶族自治县林业局
连南瑶族自治县林业局
清远市属总林场
**韶关市林业局**
浈江区林业局
武江区林业局
曲江区林业局
乐昌市林业局
南雄市林业局
始兴县林业局
仁化县林业局
翁源县林业局
新丰县林业局
乳源瑶族自治县林业局
**河源市林业局**
源城区林业局
紫金县林业局
龙川县林业局
连平县林业局
和平县林业局
东源县林业局
新丰江林管局
河源市属总林场
**梅州市林业局**
梅江区林业局
兴宁市林业局
梅县林业局
大埔县林业局
丰顺县林业局
五华县林业局
平远县林业局
蕉岭县林业局
**中山市林业局**
**潮州市林业局**
饶平县林业局
**汕头市林业局**
金平区林业局
濠江区林业局
潮阳区林业局

潮南区林业局
澄海区林业局
南澳县林业局
**揭阳市林业局**
榕城区林业局
揭东区林业局
普宁市林业局
揭西县林业局
惠来县林业局
蓝城区林业局
空港经济区林业局
普侨区林业局
大南山侨区林业局
**惠州市林业局**
惠城区林业局
惠阳区林业局
惠东县林业局
惠州市属总林场
**东莞市林业局**
大岭山林场
清溪林场
大屏嶂林场
**珠海市林业局**
香洲区林业局
斗门区林业局
金湾区林业局
横琴新区林业局
高栏港区林业局
万山区林业局
高新区林业局
**江门市林业局**
蓬江区林业局
江海区林业局
恩平市林业局
台山市林业局
开平市林业局
鹤山市林业局
**佛山市林业局**
禅城区林业局
南海区林业局
顺德区林业局
三水区林业局
高明区林业局
**肇庆市林业局**
端州区林业局
大旺高新区林业局
高要市林业局
四会市林业局
广宁县林业局
怀集县林业局
封开县林业局
德庆县林业局
肇庆市林业总场
**云浮市林业局**
云城区林业局
罗定市林业局
云安县林业局
新兴县林业局
郁南县林业局
大云雾林场
龙埇林场
飞马林场
同乐林场
水台林场
**阳江市林业局**
海陵区林业局
阳春市林业局
阳西县林业局
阳东县林业局
阳江林场
**茂名市林业局**
茂南区林业局
电白区林业局
化州市林业局
信宜市林业局
高州市林业局
茂名市属总林场
**省直属单位**
西江林业局
龙眼洞林场
樟木头林场
乐昌林场
连山林场
东江林场
九连山林场

**广西壮族自治区**

南宁市林业局
青秀区农林水利局
兴宁区农林水利局
江南区农林水利局
西乡塘区农林水利局
良庆区农林水利局
邕宁区农林水利局
武鸣区农林水利局
隆安县林业局
马山县林业局
上林县林业局
宾阳县林业局
横县林业局
国家级南宁经济技术开发区林业局
**桂林市林业局**
临桂区林业局
秀峰区林业局
叠彩区林业局
象山区林业局
七星区林业局
雁山区林业局
阳朔县林业局
灵川县林业局
全州县林业局
兴安县林业局
永福县林业局
灌阳县林业局
资源县林业局
平乐县林业局
荔浦县林业局
龙胜各族自治县林业局
恭城瑶族自治县林业局
**柳州市林业局**
柳北区林业局
城中区林业局
鱼峰区林业局
柳南区林业局
柳江县林业局
柳城县林业局
鹿寨县林业局
融安县林业局
融水苗族自治县林业局
三江侗族自治县林业局
**梧州市林业局**
长洲区林业局
万秀区林业局

龙圩区林业局
岑溪市林业局
苍梧县林业局
藤县林业局
蒙山县林业局
**贵港市林业局**
港北区林业局
港南区林业局
覃塘区林业局
桂平市林业局
平南县林业局
**玉林市林业局**
玉州区林业局
福绵区林业局
北流市林业局
容　县林业局
陆川县林业局
博白县林业局
兴业县林业局
**钦州市林业局**
钦南区林业局
钦北区林业局
灵山县林业局
浦北县林业局
**北海市林业局**
海城区林业局
银海区林业局
铁山港区林业局
合浦县林业局
**防城港市林业局**
港口区林业局
防城区林业局
东兴市林业局
上思县林业局
**崇左市林业局**
江州区林业局
凭祥市林业局
扶绥县林业局
宁明县林业局
龙州县林业局
大新县林业局
天等县林业局
**百色市林业局**
右江区林业局
靖西市林业局
田阳县林业局
田东县林业局
平果县林业局
德保县林业局
那坡县林业局
凌云县林业局
乐业县林业局
西林县林业局
田林县林业局
隆林各族自治县林业局
**河池市林业局**
金城江区林业局
宜州市林业局
南丹县林业局
天峨县林业局
凤山县林业局
东兰县林业局
巴马瑶族自治县林业局
都安瑶族自治县林业局
大化瑶族自治县林业局
罗城仫佬族自治县林业局
环江毛南族自治县林业局
**来宾市林业局**
兴宾区林业局
合山市林业局
忻城县林业局
象州县林业局
武宣县林业局
金秀瑶族自治县林业局
**贺州市林业局**
八步区林业局
平桂管理区林业局
昭平县林业局
钟山县林业局
富川瑶族自治县林业局
**直属单位**
高峰林场
七坡林场
博白林场
六万林场
东门林场
派阳山林场
雅长林场
黄冕林场
三门江林场
钦廉林场
大桂山林场
维都林场
良凤江国家森林公园
中国林科院热林中心
广西生态学院
广西林业集团有限公司

## 重庆市

大渡口区林业绿化办公室
九龙坡区农林水利局
南岸区农林水利局
綦江区林业局
万盛区林业局
渝北区林业局
巴南区林业局
万州区林业局
涪陵区林业局
黔江区林业局
江津区林业局
合川区林业局
永川区林业局
南川区林业局
铜梁县林业局
荣昌县林业局
璧山县林业局
垫江县林业局
武隆县林业局
梁平县林业局
开县林业局
奉节县林业局
云阳县林业局
秀山土家族苗族自治县林业局
酉阳土家族苗族自治县林业局
彭水苗族土家族自治县林业局

## 四川省

成都市林业局
龙泉驿区林业局
青白江区林业局
新都区林业局
温江区林业局

都江堰市林业局
彭州市林业局
邛崃市林业局
崇州市林业局
金堂县林业局
双流县林业局
郫县林业局
大邑县林业局
蒲江县林业局
新津县林业局
**广元市林业局**
利州区林业局
朝天区林业局
昭化区林业局
旺苍县林业局
青川县林业局
剑阁县林业局
苍溪县林业局
**绵阳市林业局**
涪城区林业局
游仙区林业局
江油市林业局
三台县林业局
盐亭县林业局
安县林业局
梓潼县林业局
北川羌族自治县林业局
平武县林业局
**德阳市林业局**
旌阳区林业局
什邡市林业局
绵竹市林业局
罗江县林业局
中江县林业局
**南充市林业局**
顺庆区林业局
高坪区林业局
嘉陵区林业局
阆中市林业局
南部县林业局
营山县林业局
蓬安县林业局
仪陇县林业局
西充县林业局
**广安市林业局**
广安区林业局
前锋区林业局
华蓥市林业局
岳池县林业局
武胜县林业局
邻水县林业局
**遂宁市林业局**
安居区林业局
蓬溪县林业局
射洪县林业局
大英县林业局
**内江市林业局**
市中区林业局
东兴区林业局
威远县林业局
资中县林业局
隆昌县林业局
**乐山市林业局**
市辖区林业局
市中区林业局
沙湾区林业局
五通桥区林业局
金口河区林业局
峨眉山市林业局
犍为县林业局
井研县林业局
夹江县林业局
沐川县林业局
峨边彝族自治县林业局
马边彝族自治县林业局
**自贡市林业局**
贡井区林业局
沿滩区林业局
富顺县林业局
**泸州市林业局**
纳溪区林业局
龙马潭区林业局
泸县林业局
合江县林业局
叙永县林业局
古蔺县林业局
**宜宾市林业局**
翠屏区林业局
宜宾县林业局
南溪县林业局
江安县林业局
长宁县林业局
高县林业局
筠连县林业局
珙县林业局
兴文县林业局
屏山县林业局
**攀枝花市林业局**
东区林业局
西区林业局
仁和区林业局
米易县林业局
盐边县林业局
普威林业局
市国营林场总场
**巴中市林业局**
巴州区林业局
恩阳区林业局
通江县林业局
南江县林业局
平昌县林业局
**达州市林业局**
通川区林业局
达川区林业局
万源市林业局
宣汉县林业局
开江县林业局
大竹县林业局
渠县林业局
**资阳市林业局**
雁江区林业局
简阳市林业局
乐至县林业局
安岳县林业局
**眉山市林业局**
东坡区林业局
仁寿县林业局
彭山县林业局
洪雅县林业局
丹棱县林业局
青神县林业局
**雅安市林业局**
市辖区林业局

雨城区林业局
名山县林业局
荥经县林业局
汉源县林业局
石棉县林业局
天全县林业局
芦山县林业局
宝兴县林业局
**阿坝藏族羌族自治州林业局**
汶川县林业局
理县林业局
九寨沟县林业局
金川县林业局
小金县林业局
黑水县林业局
**甘孜藏族自治州林业局**
康定县林业局
泸定县林业局
丹巴县林业局
九龙县林业局
雅江县林业局
道孚县林业局
炉霍县林业局
甘孜县林业局
新龙县林业局
德格县林业局
白玉县林业局
色达县林业局
理塘县林业局
巴塘县林业局
乡城县林业局
稻城县林业局
得荣县林业局
丹巴林业局
道孚林业局
炉霍林业局
白玉林业局
力邱河林业局
翁达林业局
甘孜州林业工程处
**凉山彝族自治州林业局**
西昌市林业局
盐源县林业局
德昌县林业局
会理县林业局
会东县林业局
宁南县林业局
普格县林业局
布拖县林业局
金阳县林业局
昭觉县林业局
喜德县林业局
冕宁县林业局
越西县林业局
甘洛县林业局
美姑县林业局
雷波县林业局
木里藏族自治县林业局
**省直属单位**
大渡河造林局

## 贵州省

贵阳市林业局
乌当区林业局
南明区林业局
花溪区林业局
开阳县林业局
**六盘水市林业局**
钟山区林业局
六枝特区林业局
**遵义市林业局**
赤水市林业局
桐梓县林业局
正安县林业局
道真仡佬族苗族自治县林业局
**安顺市林业局**
市辖区林业局
西秀区林业局
平坝县林业局
普定县林业局
镇宁布依族苗族自治县林业局
紫云苗族布依族自治县林业局
开发区农林牧水局
黄果树林业绿化局
**铜仁市林业局**
碧江区林业局
江口县林业局
石阡县林业局
思南县林业局
沿河土家族自治县林业局
**黔东南苗族侗族自治州林业局**
黄平县林业局
镇远县林业局
榕江县林业局
**黔南布依族苗族自治州林业局**
荔波县林业局
惠水县林业局
三都水族自治县林业局
**黔西南布依族苗族自治州林业局**
兴义市林业局
兴仁县林业局
普安县林业局
晴隆县林业局
贞丰县林业局
册亨县林业局
**省直属单位**
茂兰国家级自然保护区管理局

## 云南省

昆明市林业局
呈贡区林业局
五华区林业局
官渡区林业局
西山区林业局
东川区林业局
晋宁县林业局
富民县林业局
宜良县林业局
石林彝族自治县林业局
禄劝彝族苗族自治县林业局
寻甸回族彝族自治县林业局
阳宗海风景名胜区管理委员会
昆明市经济技术开发区林业局
倘甸工业园区林业局
**曲靖市林业局**
麒麟区林业局
宣威市林业局
马龙县林业局
陆良县林业局
师宗县林业局
罗平县林业局
富源县林业局

会泽县林业局
沾益县林业局
**玉溪市林业局**
红塔区林业局
江川县林业局
澄江县林业局
通海县林业局
华宁县林业局
易门县林业局
峨山彝族自治县林业局
新平彝族傣族自治县林业局
元江哈尼族彝族傣族自治县林业局
**保山市林业局**
隆阳区林业局
施甸县林业局
腾冲县林业局
龙陵县林业局
昌宁县林业局
**昭通市林业局**
昭阳区林业局
鲁甸县林业局
巧家县林业局
盐津县林业局
大关县林业局
永善县林业局
绥江县林业局
镇雄县林业局
威信县林业局
水富县林业局
**丽江市林业局**
古城区林业局
永胜县林业局
华坪县林业局
玉龙纳西族自治县林业局
宁蒗彝族自治县林业局
**普洱市林业局**
思茅区林业局
宁洱哈尼族彝族自治县林业局
墨江哈尼族自治县林业局
景东彝族自治县林业局
景谷傣族彝族自治县林业局
镇沅彝族哈尼族拉祜族自治县林业局
江城哈尼族彝族自治县林业局
孟连傣族拉祜族佤族自治县林业局
澜沧拉祜族自治县林业局
西盟佤族自治县林业局
**临沧市林业局**
临翔区林业局
凤庆县林业局
云县林业局
永德县林业局
镇康县林业局
双江拉祜族佤族布朗族傣族自治县林业局
耿马傣族佤族自治县林业局
沧源佤族自治县林业局
**德宏傣族景颇族自治州林业局**
芒市林业局
瑞丽市林业局
梁河县林业局
盈江县林业局
陇川县林业局
**怒江傈僳族自治州林业局**
福贡县林业局
贡山独龙族怒族自治县林业局
兰坪白族普米族自治县林业局
**迪庆藏族自治州林业局**
香格里拉县林业局
维西傈僳族自治县林业局
**大理白族自治州林业局**
大理市林业局
祥云县林业局
宾川县林业局
弥渡县林业局
永平县林业局
云龙县林业局
洱源县林业局
剑川县林业局
鹤庆县林业局
漾濞彝族自治县林业局
南涧彝族自治县林业局
巍山彝族回族自治县林业局
**楚雄彝族自治州林业局**
楚雄市林业局
双柏县林业局
牟定县林业局
南华县林业局
姚安县林业局
大姚县林业局
永仁县林业局
元谋县林业局
武定县林业局
禄丰县林业局
**红河哈尼族彝族自治州林业局**
蒙自市林业局
个旧市林业局
开远市林业局
弥勒市林业局
建水县林业局
石屏县林业局
泸西县林业局
元阳县林业局
红河县林业局
绿春县林业局
屏边苗族自治县林业局
金平苗族瑶族傣族自治县林业局
河口瑶族自治县林业局
**文山壮族苗族自治州林业局**
文山市林业局
砚山县林业局
西畴县林业局
麻栗坡县林业局
马关县林业局
丘北县林业局
广南县林业局
富宁县林业局
**西双版纳傣族自治州林业局**
景洪市林业局
勐海县林业局
勐腊县林业局
**滇中产业聚焦区(新区)林业局**
嵩明县林业局

## 西藏自治区

昌都地区林业局
昌都县林业局
江达县林业局
类乌齐县林业局
丁青县林业局
芒康县林业局

洛隆县林业局
边坝县林业局
**林芝地区林业局**
墨脱县林业局
波密县林业局
察隅县林业局
朗县林业局
**山南地区林业局**
乃东县林业局
隆子县林业局
**日喀则地区林业局**
萨迦县林业局
亚东县林业局

## 陕西省

西安市林业局
未央区林业局
灞桥区林业局
雁塔区林业局
阎良区林业局
临潼区林业局
长安区林业局
蓝田县林业局
周至县林业局
户县林业局
高陵县林业局
**延安市林业局**
宝塔区林业局
延长县林业局
延川县林业局
子长县林业局
安塞县林业局
志丹县林业局
吴起县林业局
甘泉县林业局
富县林业局
洛川县林业局
宜川县林业局
黄龙县林业局
黄陵县林业局
桥山林业局
桥北林业局
劳山林业局
黄龙山林业局
**铜川市林业局**
耀州区林业局
王益区林业局
印台区林业局
宜君县林业局
**咸阳市林业局**
秦都区林业局
三原县林业局
泾阳县林业局
永寿县林业局
旬邑县林业局
礼泉县林业局
淳化县林业局
长武县林业局
**宝鸡市林业局**
金台区林业局
渭滨区林业局
陈仓区林业局
凤翔县林业局
岐山县林业局
扶风县林业局
眉县林业局
陇县林业局
千阳县林业局
麟游县林业局
凤县林业局
太白县林业局
辛家山林业局
马头滩林业局
**汉中市林业局**
汉台区林业局
南郑县林业局
城固县林业局
洋县林业局
西乡县林业局
勉县林业局
宁强县林业局
略阳县林业局
镇巴县林业局
留坝县林业局
佛坪县林业局
**榆林市林业局**
榆阳区林业局
神木县林业局
府谷县林业局
横山县林业局
靖边县林业局
定边县林业局
绥德县林业局
米脂县林业局
佳县林业局
吴堡县林业局
清涧县林业局
子洲县林业局
**安康市林业局**
汉滨区林业局
紫阳县林业局
镇坪县林业局
旬阳县林业局
石泉县林业局
平利县林业局
宁陕县林业局
岚皋县林业局
汉阴县林业局
白河县林业局
**商洛市林业局**
商州区林业局
洛南县林业局
丹凤县林业局
商南县林业局
山阳县林业局
镇安县林业局
柞水县林业局
**陕西省森林资源管理局**
太白林业局
宁西林业局
宁东林业局
龙草坪林业局
汉西林业局
长青林业局
西安林产化学工厂
陕西省胶合板厂
陕西省林产品贸易总公司
陕西省林产品经销公司
陕西省林业机械研究所
陕西省森林职工医院
**省直属单位**
杨凌区农林局

韩城市林业局

## 甘肃省

兰州市林业局
城关区林业局
七里河区林业局
西固区林业局
红古区林业局
兰州新区林业局
永登县林业局
皋兰县林业局
榆中县林业局
**嘉峪关市林业局**
**金昌市林业局**
金川区林业局
永昌县林业局
**白银市林业局**
白银区林业局
平川区林业局
靖远县林业局
会宁县林业局
景泰县林业局
**天水市林业局**
秦州区林业局
麦积区林业局
清水县林业局
秦安县林业局
甘谷县林业局
武山县林业局
张家川回族自治县林业局
**武威市林业局**
市辖区林业局
民勤县林业局
古浪县林业局
天祝藏族自治县林业局
**酒泉市林业局**
肃州区林业局
玉门市林业局
敦煌市林业局
金塔县林业局
瓜州县林业局
肃北蒙古族自治县林业局
阿克塞哈萨克族自治县林业局
**张掖市林业局**
甘州区林业局
民乐县林业局
临泽县林业局
高台县林业局
山丹县林业局
肃南裕固族自治县林业局
**庆阳市林业局**
市辖区林业局
西峰区林业局
庆城县林业局
环县林业局
华池县林业局
合水县林业局
正宁县林业局
宁县林业局
镇原县林业局
正宁林业总场
湘乐林业总场
华池林业总场
合水林业总场
**平凉市林业局**
崆峒区林业局
泾川县林业局
崇信县林业局
华亭县林业局
庄浪县林业局
关山林业管理局
**定西市林业局**
安定区林业局
通渭县林业局
临洮县林业局
漳县林业局
岷县林业局
渭源县林业局
陇西县林业局
巉口林业试验场
**陇南市林业局**
武都区林业局
成县林业局
宕昌县林业局
康县林业局
文县林业局
西和县林业局
礼县林业局
徽县林业局
两当县林业局
**临夏回族自治州林业局**
临夏市林业局
临夏县林业局
康乐县林业局
广河县林业局
和政县林业局
积石山保安族东乡族撒拉族自治县林业局
**甘南藏族自治州林业局**
合作市林业局
临潭县林业局
卓尼县林业局
舟曲县林业局
迭部县林业局
碌曲县林业局
夏河县林业局

## 宁夏回族自治区

银川市林业局
兴庆区林业局
金凤区林业局
西夏区林业局
灵武市林业局
永宁县林业局
贺兰县林业局
灵武白芨滩国家级自然保护区管理局
**石嘴山市林业局**
大武口区林业局
惠农区林业局
平罗县林业局
**吴忠市林业局**
利通区林业局
青铜峡市林业局
盐池县林业局
同心县林业局
红寺堡开发区林业局
**固原市林业局**
原州区林业局
西吉县林业局
隆德县林业局
泾源县林业局
彭阳县林业局

**中卫市林业局**
沙坡头区林业局
中宁县林业局
海原县林业局
**省直属单位**
宁夏仁存渡护岸林场
农垦事业管理局

## 新疆维吾尔自治区

伊犁哈萨克自治州林业局
尼勒克县林业局
**新疆天山东部国有林管理局**
哈密林场
木垒林场
奇台林场
玛纳斯南山林场
呼图壁林场
吉木萨尔林场
沙湾林场
乌苏林场
板房沟林场
乌鲁木齐南山林场

## 吉林森工集团

临江林业局
三岔子林业局
湾沟林业局
松江河林业局
泉阳林业局
露水河林业局
白石山林业局
红石林业局
吉林森工集团股份公司
吉林森工集团泉阳泉饮品有限公司
金桥木业有限公司
吉林森工人造板集团有限公司

## 龙江森工集团

牡丹江林业管理局
大海林林业局
柴河林业局
东京城林业局
穆棱林业局
绥阳林业局
海林林业局
林口林业局
八面通林业局
**合江林业管理局**
桦南林业局
双鸭山林业局
鹤立林业局
鹤北林业局
东方红林业局
迎春林业局
清河林业局
**伊春林业管理局**
双丰林业局
铁力林业局
桃山林业局
朗乡林业局
南岔林业局
金山屯林业局
美溪林业局
乌马河林业局
翠峦林业局
友好林业局
上甘岭林业局
五营林业局
红星林业局
新青林业局
汤旺河林业局
乌伊岭林业局
带岭实验局
**松花江林业管理局**
山河屯林业局
苇河林业局
亚布力林业局
方正林业局
兴隆林业局
绥棱林业局
通北林业局
沾河林业局
新工木材综合加工厂
**集团直属单位**
松江胶合板厂

## 大兴安岭林业集团

大兴安岭林管局
新林林业局
塔河林业局
十八站林业局